经济学手册
**HAND BOOKS
IN ECONOMICS**

[美] K.J. 阿罗　[美]

U0492728

区域和城市经济学手册

[美] 吉尔斯·杜兰顿

[美] 约翰·弗农·亨德森　　主编

[美] 威廉·斯特兰奇

郝寿义　孙兵　王家庭　王振坡　｜ 等译

郝寿义　孙兵　｜ 校

中国财经出版传媒集团
经济科学出版社
Economic Science Press

图字：01－2017－0633

Copyright© 2015 Elsevier B. V. All rights reserved. © 2015 原书版权归 Elsevier B. V. 所有。

This edition of Handbook of Regional and Urban Economics Vol. 5 SET by Gilles Duranton, Vernon Henderson, William Strange is published by arrangement with ELSEVIER B. V. of Radarweg 29, 1043 NX Amsterdam, Netherlands.

图书在版编目（CIP）数据

区域和城市经济学手册. 第5卷/（美）吉尔斯·
杜兰顿（Gilles Duranton）主编；赫寿义等译. —北京：
经济科学出版社，2017. 12
书名原文：Handbook of Regional and Urban Economics Vol. 5
ISBN 978－7－5141－8683－3

Ⅰ. ①区…　Ⅱ. ①吉…②郝…　Ⅲ. ①区域经济学－手册
②城市经济学－手册　Ⅳ. ①F061. 5－62②F290－62

中国版本图书馆 CIP 数据核字（2017）第 283354 号

责任编辑：孙丽丽　程憬怡
责任校对：徐领柱
责任印制：李　鹏

区域和城市经济学手册：第 5 卷

[美] 吉尔斯·杜兰顿　约翰·弗农·亨德森　威廉·斯特兰奇　主编
经济科学出版社出版、发行　新华书店经销
社址：北京市海淀区阜成路甲 28 号　邮编：100142
总编部电话：010－88191217　发行部电话：010－88191522
网址：www. esp. com. cn
电子邮件：esp@ esp. com. cn
天猫网店：经济科学出版社旗舰店
网址：http://jjkxcbs. tmall. com
北京季蜂印刷有限公司印装
787×1092　16 开　101.75 印张　1880000 字
2017 年 12 月第 1 版　2017 年 12 月第 1 次印刷
印数：0001—2000 册
ISBN 978－7－5141－8683－3　定价：439.00 元
（图书出现印装问题，本社负责调换。电话：010－88191510）
（版权所有　侵权必究　打击盗版　举报热线：010－88191661
QQ：2242791300　营销中心电话：010－88191537
电子邮箱：dbts@ esp. com. cn）

译　者　序①

　　区域和城市经济学是一门历史相对较短的经济学分支学科。虽然杜能、韦伯、霍特林、廖什等学者从 19 世纪开始就为空间经济分析做出了开创性的工作，但直到 20 世纪 50 年代中期，区域经济学才作为地理区位—配置问题研究的分析框架为人们接受。尤其是，20 世纪 60 年代以后，随着阿朗索的《区位与土地利用》一书的出版，城市经济学开始成为一门具备统一理论基础的学科。区域和城市经济学虽然只有 60 多年的历史，但是其已发展成为具有明确研究对象和巨大研究潜力的经济学科之一。区域和城市经济学不仅在理论体系上不断完善，而且经验研究方法取得快速发展，逐步成为一门理论与方法完备的经济学分支。《区域和城市经济学手册》（以下简称手册）的价值就在于它全面地反映了区域和城市经济学的研究内容、研究方向、研究方法以及最新的研究成果。通过它，我们可以把握区域和城市经济学研究动态以及最新的成果。借着《手册》第 5 卷中译本的翻译和出版，我们对手册 1～5 卷的主要内容进行梳理，从中可以看到区域与城市经济学研究的演进过程。

一、不同阶段的《区域和城市经济学手册》对区域和城市经济学研究文献的总结

　　过去 50 多年区域和城市经济学已经发展成为"具有坚定的研究方向和巨大研究潜力的成熟的经济学科之一"，但是区域和城市经济学的发展也遭遇挑战。20 世纪 50 年代中期，区域经济学才作为地理区位—配置问题研究的分析框架，被人们接受。然而，"区域和城市经济学在 80 年代开始衰落……这一领域不再有 70 年代那样的活力和能量……但是转折始于 90 年代早期，学科重新获得了动力。区域和城市经济学再次成为热点……"（阿诺特）。这主要得益于

---

① 译者序的主要内容曾公开发表于《区域经济评论》2017 年第 4 期，马洪福参与了该文的写作。

20世纪90年代以来，新经济地理等理论研究的兴起为区域和城市经济学研究提供了新的理论和研究方法。《手册》（第1~5卷）全面系统归纳和总结了各个时期的区域和城市经济学的研究成果，具体如图1所示：

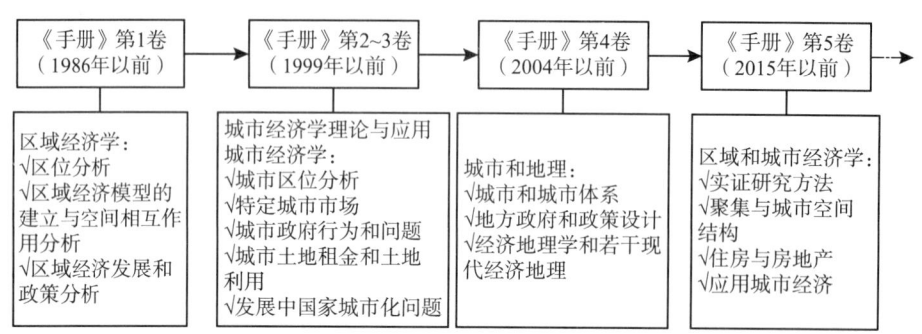

图1　《手册》研究内容脉络

《手册》第1~3卷总结20世纪90年代及之前区域和城市经济学的研究成果。《手册》第1卷主要对1986年之前的区域和城市经济学研究成果进行了总结，归纳了区位分析（包括产业和居住区位）、区域经济模型的建立与空间相互作用分析和区域经济发展和政策分析等区域经济学的三个重要研究领域的研究成果。与第1卷不同，《手册》第2卷比较全面地概括了1987年之后的城市经济学理论，主要归纳总结城市区位分析（住宅区位、企业区位以及城市均衡结构）、特定城市市场（住房市场、城市交通与城市公共设施等）与城市问题、城市土地租金和土地利用、城市政府行为和发展中国家的城市化问题。《手册》第3卷则归纳总结了应用城市经济学的主要研究成果，是对《手册》第2卷的补充。应用城市经济学更多强调应用研究以及经济现象的研究方法，该卷主要概括了城市空间及相关研究、城市的特定市场、城市公共经济学和发展中国家的城市等方面的应用研究。从这一时期的研究可以看出，区域经济学和城市经济学被作为既相互联系又相互区别的经济学科。

《手册》第4卷是继第1卷、第2卷和第3卷后，对20世纪90年代前后的区域和城市经济学领域的学术进展和知识的又一次全面和系统的归纳总结。这一时期区域和城市经济学领域学术发展出现了一些新的趋势和特点，如新经济地理学、用主流经济学的标准语言讨论区域和城市经济问题。其中对集聚经济的探讨，深化了对集聚经济本质的认识。第4卷的重点主要集中于不同空间规模（邻里、城市和区域）的集聚，内容很多是理论性的，有相当部分属于理论章节，而且在理论和经验之间存在着明显的脱节。第4卷还恰逢克鲁格曼新经济地理学的影响达到顶峰，对集聚的强调意味着很多传统的城市问题没有被涵盖。《手册》第5卷是对第4卷出版后的十年间的研究成果的归纳，既概括了集聚及相关领域取得的学术成果，同时对城市和区域经济学其他的研究领域和方法的扩展进行了总结。该时期的区域和城市经济研究一方面完善集聚经济理论，如集聚经济的经验研究、异质主体的集聚理论和创新与集聚等，深化了对集聚经济本质的认识。另一方面，区域和城市经济学更加注重方法的研究，如对区域和城市经济学的因果推断、结构化估计与空间方法的探讨等。此外，区域和城市经济学对传统研究主题的回归也是这一时期研究的特点和趋势，如对城市住房、城市交通、城市土地利用、城市税收和城市犯罪等研究。该时期的研究表明区域经济学和城市经济学渐趋融合，研究边界逐渐模糊。空间分析重在探究集聚经济的微观机制，揭示空间主体异质性对经济活动空间分布的影响。研究逐步由宏观同质空间向微观异质空间转变，由单纯的地理空间向地理空间与社会空间并行研究转变。

综上所述，《手册》第1~5卷比较系统全面地概览了区域和城市经济学理论与应用的演进，在每个不同时期，区域和城市经济学研究具有一定的阶段特点。《手册》体现了全面反映区域和城市经济学研究方向、研究方法以及最新研究成果的价值，是我国区域和城市经济学研究需要重点参考的研究文献。

二、区域经济学和城市经济学的关系

保罗·克鲁格曼在提出新经济地理理论时，指出："什么是经济活动最显著的地理特征？简短的回答当然是集中，即生产活动在空间上的显著集中。"经济学说史表明，为搞清经济活动的空间问题，很多经济学家已经进行了一些探索，如主流经济学的比较成本理论、国际贸易理论等。但是，主流经济学往往将空间因素排除在外，在一个没有空间维度的仙境中分析经济现象。区域和城市经济学与主流经济学理论的主要区别在于，其正确论述作为各种区位—配置现象之源地的地理空间，在地理空间的内在本质、复杂空间经济系统的时空演化方面取得了巨大的进展。

《手册》第1~3卷对区域和城市研究文献分别进行了归纳。依据手册对区域经济学和城市经济学研究内容的总结，可以看出两个学科既具有内在的密切联系，同时在概念、假定、问题或范式上也存在一定差异。具体而言，《手册》第1卷总结了1986年之前的区域经济学研究成果，该时期的区域经济学研究范围主要集中于区域经济学在区位分析（包括产业和居住区位）、区域经济模型的建立与空间相互作用分析和区域经济发展和政策分析等三个重要领域的研究。《手册》第 2～3 卷重点概括了城市经济学的理论体系和应用，城市经济学建立了以阿隆索—穆斯—米尔斯的城市土地利用模型与亨德森的城市体系模型为基础的统一城市理论体系，进而对城市形成与发展的微观基础、城市特定市场与城市问题、城市土地租金与土地利用、地方政府支出和税收等问题进行了研究。因此，与区域经济学研究相比，城市经济学具备系统的理论体系；同时，城市经济学更加注重城市内部结构与城市体系的分析，如密度分析、规模分布等问题。这说明城市经济学的研究更侧重于城市内部微观主体的经济行为，而区域经济学则显得更为宏观。

然而，在《手册》第 4 卷归纳的区域和城市经济研究成果中，城市和区域被作为一个整体进行概览，很多主题体现了城市和区域研究边界融合的趋势，如城市体系理论、蔓延和城市增长、邻里效应、新经济地理以及许多关于经济地理的经验分析。区域和城市经济研究的融合反映了城市化推动城市地区范围扩大并逐渐融合成区域的现实，区域经济学和城市经济学的研究对象趋于重叠。《手册》第 5 卷中也对城市和区域研究的渐趋融合进行了概述，如克劳斯·迪斯梅特和弗农·亨德森在《国家内部发展的经济地理》中指出，对城乡差别的考察，基于从"更农村"（更小或/和密度更小）和"更城市"（更大和/或密度更大）的角度出发，将区位视为一种"连续性区位"。他们还指出，一旦一个国家变得日益城市化，这些变化以及空间分布经常会从较为狭隘的视角加以考察，只关注城市部门。正如理查森和赫克曼与斯特朗在研究中强调对区域概念的界定主要是独立界定的空间单位，通常是国家经济内的一个地区，区域之间因节点城市或首位城市的不同而不同，或因历史因素的不同而不同。这也可以从该时期的区域和城市经济研究向传统的主题的回归中看出，如对城市住房、城市税收、城市运输、空间政策等问题的研究。区域和城市空间的考察只是选择的尺度以及所包含的空间要素的差异，随着城市化的发展，城市的郊区化和农村规模的缩小，城市和区域的边界融合是一种趋势。

根据《手册》第 1～5 卷对区域和城市研究成果的总结我们可以得出，区域经济学和城市经济学的研究对象渐趋融合，其中对空间的内在本质以及空间经济系统的时空演化是其主要研究重点，并注重微观主体行为及微观基础的分析。如果说两者存在区别，仅仅在于对空间尺度的认识；但随着城市化的发展、城市规模扩大与分散，区域和城市的研究边界也在不断融合。

三、区域和城市经济学的空间分析

区域和城市经济学研究经济活动的空间分布与协调，而空间经济的一个显著特征是土地的利用强度差异很大，即生产消费活动往往集中于某一特定空间，而不是均匀分布。这也带来了人口、就业和财富的空间分布不均衡成为一种常态的经济景观。区域和城市经济学则把研究的重点放在解释经济活动非均匀分布上，分析经济主体分布不平衡的结果和空间经济的效率。可以看出，《手册》第1~5卷中空间分析研究主要从区位分析和集聚经济考察了空间经济活动集聚的本质。

首先，区位分析是区域和城市经济学的中心议题，传统的区域和城市经济学强调活动的空间集聚产生的经济和不经济之间的权衡。《手册》第1~3卷对区域和城市区位分析的研究成果进行了总结，尤其是《手册》第2~3卷对城市区位理论进行系统研究。《手册》第1卷归纳了基于杜能、韦伯、克里斯塔勒、廖什等学者对区位分析的成果发展的现代区位理论；该时期的区位理论更多是通过将新古典经济学和古典区位论相结合来分析厂商和家庭的区位选择。城市企业区位理论主要以韦伯、杜能的研究为范式和以霍特林、廖什的研究为范式进行研究。但是，对住宅区位理论的关注甚少，集中关注住房市场选择的研究流派也是基于消费者行为的效用最大化和居住流动性分析。《手册》第2卷和第3卷重点对城市经济学的理论和应用进行总结，城市经济学的空间分析一方面继承了杜能、廖什等古典区位论学者的研究思想，分析了城市企业的区位选择。另一方面，城市经济学的理论基础是阿朗索提出的标准区位模型。通过该模型能够得到有关竞租函数、土地消费量和人口密度等定性结论；穆特—米尔斯发展了该模型，对通勤成本和效用函数加以完善，得出了区位均衡的条件，也为城市空间均衡分析提供了理论基础。后继的学者关于住房的研究更加深化对区域住房市场供求理论、住房政策、住房环境特征等因素对城市住宅区位选择的影响；并将享乐分析引入住房市场的分析，研究对住房特征和环境福利设施的需求。由于家庭既是厂商投入的主要供给者，又是厂商产出的主要消费者，家庭的选择和厂商的选择是相互影响的。这一时期的学者已经注意到运输成本对空间经济活动分布的影响，把区位看作距离的函数；但是，大多数研究对运输成本进行同一化处理，使用相同的运费率或看成与所运货物重量成正比，对城市交通的研究相对有限。这在此后的城市经济学研究中得到更多的关注。尤其是，城市经济学对城市空间结构、城市体系以及城市特定市场的研究得到进一步的深化。通过《手册》第1~3卷对区域和城市经济学的研究成果总结可知，早期的学者已经注意到生产的不可分性带来企业的空间集中以及空间相互作用；但研究主要集中于集聚经济的效益（外生）与运输成本的衡量。虽然学者分析了由生产的完全竞争均衡向非完全竞争均衡转变，但是未能找到集聚经济的微观机制，未能揭开集聚经济的本质，这主要受制于一定阶段的研究方法与工具。

其次，对于集聚经济的本质以及城市集聚经济的微观机制的探讨，在《手册》第4卷中进行了详细的总结论述；《手册》第4卷总结的区域和城市经济研究成果在一定程度上弥补了手册第1~3卷研究的不足，从而为学科发展注入了新动力。该时期的区域和城市经济研究更加注重对集聚经济本质的研究。杜兰顿和普加将城市集聚经济的微观基础划分为共享、匹配和学习三种类型，并分别构建了一个或多个核心模型，更好地解释了空间经济活动为何如此集中的问题，以及人口、就业和财富的不平衡分布。以克鲁格曼、藤田和蒂斯等为代表的新经济地理学派，通过构建中间投入模型、知识溢出模型和垂直联系等模型等，对集聚经济的微观基础进行了论证，从而解释了企业区位的选择。同时，《手册》第4卷在对集聚经济的微观基础、性质和来源文献研究总结之上，分析了城市体系、城市规模演进、蔓延与城市增长等相关的理论文献。然而，第4卷的重点主要集中于不同空间规模（邻里、城市和区域）的集聚，内容很多是理论性的，有相当部分属于理论章节，而且在理论和经验之间存在着明显的脱节。《手册》第5卷总结了异质主体的集聚理论，并对集聚经济进行经验分析。正如文中指出，个体和企业层面的数据表明城市总体的宏观关系体现了大量的微观异质性。该时期的研究弥补了新经济地理学研究的不足，同时异质性集聚理论对城市体系进行了分析，并在允许工人和企业可以在城市间自由流动的前提下，探讨了集聚经济、城市成本、异质区位基础因素、异质工人和企业以及选择效应如何相互作用并形成城市的规模、构成、生产率和城市不平等，这在一定程度上补充了《手册》第4卷杜兰顿和普加所编写的关于城市集聚经济微观基础的内容。

再次，城市住宅区位和企业生产区位的选择，以及两者相互作用决定了城市区域的一般空间均衡模型；同时，《手册》还对城市体系、城市的动态变化进行了归纳总结。综合《手册》第1~5卷对已有区域和城市经济学对空间均衡与空间体系的研究，学者主要对城市的形成、城市空间结构、城市规模与分布、城市空间的动态变化等进行了研究。学者首先对城市内部的空间结构进行了解析，主要描述了城市内部建筑物的密度和高度、居民和企业的分布，并分析了封闭城市和开放城市下结构、城市数量和规模分布的变化。城市均衡模型多是单中心城市假设，并且忽略了城市的运输系统，对城市规模和数量的分析处于描述阶段。后继学者逐渐研究了城市规模分布及其规律，如帕累托分布、随机分布、齐普夫法则。同时，基于对城市集聚经济理论的研究，寻找城市的最优规模以及影响城市增长的决定因素。关于城市增长与蔓延，格莱泽和卡恩在《手册》第5卷中总结认为城市可视为人和企业间物理空间的缺乏；如果这样，城市的存在是为了消除商品、居民和思想的运输成本，而且运输技术决定了城市形态。此外，对蔓延的程度（分散化和密度）和原因（交通运输、土地需求和政治作用等）进行了总结分析。其中，交通运输技术以及运输成本成为影响城市蔓延的重要因素。城市经济学已对城市交通进行了深入的研究，如比斯利和科普在《手册》第2卷从理论上总结了关于城市交通的供给与需求模型以及城市交通决策等；而斯莫尔和伊瓦涅斯在《手册》第3卷进一步总结了城市交通中出现的交通拥挤、空气污染、交通事故和公共交通等相关问题对城市空间结构的影响，以及未来的城市交通政策。另外，雷丁和特纳在《手册》第5卷关于运输成本和经济活动的空间组织中描述道，地理空间上的经济活动组织的关键在于商品和人的运输。大部分的消费都要求成品的运输，或是转移到那些供应商品和服务之处。劳动力的迁移的通勤成本与商品的运输成本既影响着住宅区位的选择，也决定着城市土地的利用和企业区位的选择。城市的外部环境、交通运输等空间特征对住宅区位、企业区位，乃至空间均衡具有重要的影响。然而，这些外部性产品在一定程度上属于公共物品或准公共物品，需要政府提供。而这些公共设施和产品的提供既涉及到区位选择，又会关系到资金来源与成本问题。区域和城市经济学已经对公共设施的内涵与区位选择、公共设施对集聚经济的影响进行了探究，并构建了城市公共设施选址模型，分析了不同区域尺度上的公共设施选址决策。同时，作为公共服务和设施提供的资金来源，城市经济学一直关注城市公共服务的融资、地方或城市公共产品的理论研究分析。他们研究了具体的融资来源和税收的征收问题。随着研究的深化，越来越多的学者注重城市层次的税收问题，马吕斯·布鲁尔哈特等在手册第5卷中总结了关于城市税收的研究，指出城市层次的税务机关通常位于联邦征税金字塔体系的底层，多数国家还包括中间层次（州、省等）以及国家层次。通过总结相关的文献研究，分析了城市征税的理论依据以及城市税收所具有的三个重要特征：税收当局之间的相互依赖性（水平和垂直）、辖区规模的非对称性和集聚经济的潜力，这也深化对城市政治经济学和财政分权的认识。

最后，区域和城市经济学所研究的空间具有动态性。很多区位在经济地位上表现出了异乎寻常的持续性，且经济地位的巨大差异在邻里和大都市区两个层次上都是常见的；但是由各种人均收入指标来衡量的经济地位的变化却是常见的。罗森塔尔的研究表明，区位的经济地位在邻里和MSA这两个层次往往都随着时间而发生改变。斯图尔特·罗森塔尔和史蒂芬·罗斯在《手册》第5卷中回顾近期的文献，这些文献思考并解释了邻里和城市经济地位的上升和下降趋势。在邻里层次，讨论了邻里经济地位的静态和动态变化。通过研究发现，耐久但缓慢衰败的住房、运输基础设施和自我强化的溢出效应都会影响地方收入动态，持久的自然优势、设施以及政府的政策也有同样的影响力。斯蒂芬·N.杜劳夫根据已有文献总结指出，邻里效应对个体行为和邻里构成影响，一些包含溢出效应的邻里模型至少在正式结构上和增长（内生）模型相似，这在区域和城市经济学中与企业和工人区位决策的离散选择模型、空间竞争模型存在很多相似。乔治奥·陶帕和伊夫·泽诺在《手册》第5卷通过概览关于邻里和社会网络及其对行为和经济影响的研究，并讨论邻里和社会网络在犯罪、教育和劳动市场中作用的经验和理论分析，其所分析的不同之处在于邻里效应文献主要关注居住邻里如何对居民形成机会、选择和结果，对城市政策、城市和邻里演化、隔离和不平等的发展等有重要启示。关于网络理论和经验的研究主要关注联系的社会空间及其对结果的影响，不包括地理空间。而传统的区域和城市经济学对区域和城市增长的影响因素研究主要从增长的要素投入进行分析，如爱德华·J.马莱茨基等在《手册》第1卷分析了技术和劳动及其资本异质性对区域增长的影响；格雷姆·R.克兰普顿在《手册》第2卷分析了城市劳动市场的空间特征：一方面，分析了居住地和工作地点区位之间的相互联系、流动性和就业搜寻之间的联系；另一方面，分析了不同层次的劳动力市场，如技能、性别和家庭地位等如何影响劳动力市场效率差异，进而带来城市间的差异。恩里克·莫雷蒂则总结研究人力资本总水平的提高对城市经济的影响，分析了教育的外部收益效应对生产率的溢出、犯罪和选举等的影响。

区域和城市经济学对空间分析的研究表明，区位分析和集聚分析均对经济活动分布的集聚本质进行了研究。两者的不同之处主要在于前者假设集聚经济收益外生存在，而后者则没有；但两者均是建立在均质空间上的空间分析，直至异质集聚理论的出现，才开始对集聚空间的异质性进行研究，这表明将微观主体的异质纳入微观机制的研究成为空间分析的重要趋向。

四、区域和城市经济模型与经验研究方法

彼得·尼茨坎普和埃德温·S.米尔斯在《手册》第1卷中指出，经济学的计量革命对区域经济学方法论产生重大影响。区域和城市计量经济模型的出现导致了分析手段相当严谨以及进步。大量可获取的数据以及现代方法的逐步采用深刻改变了经验研究的性质，经验研究越来越重视模型的调整而不是"刻意加工数据"；基于经济理论模型构建与检验的结构化方法被更为广泛的使用。《手册》第1~5卷在论述总结了区域和城市经济学研究中构建的模型，尤其是《手册》第5卷对经验研究方法进行了总结，这是《手册》系列第一次明

显包括关于方法学的章节。根据手册第 1～5 卷对区域和城市经济学研究成果
的总结，可以发现区域和城市经济学一方面通过将主流经济学的经济模型方法
引入区域和城市经济学研究，来构建包含空间因素的空间相互作用模型；另一
方面区域和城市经济学更加重视经验研究，在理论模型的基础上通过选择相应
的计量指标与方法，模拟、检验与评价经济现象。

　　首先，区域和城市经济学对模型的理论框架和微观经济基础的研究，更多
是基于主流经济学的理论基础，其中主要是微观理论工具。最初，杜能、韦伯
和廖什等学者区位选择理论更多是借鉴新古典经济学的研究方法，分析成本最
小化和利润最大化条件下的厂商区位选择；同时，将新古典经济学的供求理论
和定价理论应用到区域和城市经济分析中，构建了空间生产均衡模型。《手
册》第 1 卷总结了区位选择的线性规划模型、运输与区域间商品流动模型、区
域和多区域经济模型等，其显著特点是国家层次的宏观模型在区域层次的应用
主要借鉴新古典经济学的研究。《手册》第 2、3 卷则是基于阿朗索—穆特—
米尔斯的理论模型和亨德森的城市体系的一般均衡模型设计，构建了完整的城
市经济理论模型，并应用于解释城市经济现象。《手册》第 2、3 卷总结了阿
朗索的土地市场模型、穆特—米尔斯的住房模型、亨德森的城市一般均衡体系
模型、动态城市模型、享乐分析模型等。但是，受限于新古典经济学理论假设
和研究方法的局限性，传统的区域和城市经济学对于经济活动的空间集聚解释
能力有限。《手册》第 2、3 卷虽然对集聚经济进行了研究，但是集聚经济的
本质仍是一个谜。新经济地理学学派对传统经济学的理论框架进行了修正，打
破了规模报酬不变和完全竞争的市场结构，通过引入规模报酬递增和不完全竞
争框架，研究了集聚经济的微观理论机制，在一定程度上解释了经济活动为何
在空间上高度集聚。《手册》第 4 卷则主要概览了关于集聚经济本质的研究，
如城市集聚经济的性质、来源、微观基础等研究，在一定程度上揭开了集聚经
济这一 "黑箱"。当然，随着理论研究的深入和现实问题的出现，新经济地理
学的研究假设被证明阻碍了对现实经济活动空间分布的解释。后继学者在不断
地放松新经济地理学假设的基础上，引入微观主体的异质性，进而进一步完善
了理论基础。《手册》第 5 卷中集聚和城市空间结构中则对集聚经济理论模型
进行了补充，构建了包含微观异质性主体的理论模型，并分析了基于理论模型
的经验指标的选择。此外，《手册》第 5 卷的经验研究方法中，因果推断、结
构化方法和空间方法中，对区域和城市经济学的理论模型构建和经验研究的关
系进行论述，如何识别区域和城市经济现象之间的因果关系，进而正确地进行
结构化估计，成为区域和城市经济经验研究的重要方法。

　　其次，区域和城市经济与经济学、数量经济学、社会学、地理学等学科的

联系日益紧密，研究领域已经变得越来越具有经验导向。对区域和城市正确定量分析的基本前提是数据的有效性和对数据的正确处理。随着计算机技术和数据库技术的发展，使得应用更为复杂但更为精确的模型成为可能。《手册》第5卷中对20世纪80年代以来的经验研究进行了统计，具体如表1。表1说明经验研究已经成为区域和城市经济研究的重要领域，经验研究模型更为复杂，研究方法也不断地完善；但除表1外列举的方法，《手册》第1～5卷还总结关于对数—线性模型、非参数方法、空间方法、断点回归等方法。

表1　　　　　　在《城市经济学》杂志中不同经验方法的使用程度　　　　单位：%

（1980～2010 经验研究文章比例）

年份	经验研究	最小二乘法	工具变量法	logit/probit	面板数据	双重差分	随机化	匹配方法
1980	57	87	10	3	0	0	0	0
1990	49	79	17	13	4	0	0	0
2000	62	64	32	36	14	4	0	0
2010	71	77	46	26	62	8	3	5

注：作者是根据相应年份所有发表在城市经济学期刊上的文章计算的。本表格来源于《手册》第5卷。

此外，随着计算技术的发展，计算机模拟还被用来分析给定城市内部的空间模型，如根据家庭和厂商的区位选择行为进行模拟，可以得出在外部冲击条件下，城市区域的时序变化。计算机模拟更具有动态性特征，《手册》的第2卷总结城市区位的计算机模拟模型，主要考察了城市区位土地利用预测模型和城市住宅市场计算机模拟模型。《手册》第4卷对集聚经济本质的研究更多在于数值模拟，通过计算机模拟不同的条件下空间经济活动的分布与城市体系的动态变化。计算机信息技术和统计分析方法的不断完善有助于区域和城市经济学更加准确地分析空间相互作用，解决传统的计量经济模型中出现的一些如内生性、误差等问题。如何识别空间相互作用成为区域和城市经济学计量研究的重要主题。纳撒尼尔·鲍姆－斯诺和费尔南多·费雷拉、托马斯·霍姆斯和霍尔格·西格分别在《手册》第5卷中回顾了近期关于区域和城市经济学研究中所使用数据的因果关系的识别，前者从模型的构建、方法的选择和变量的选取等做了详细的叙述，构建出区域和城市经济分析的完整计量模型过程，这与之前的学者仅仅通过将理论模型简单引入相区别；后者则通过结构化模型，分析了如何选择与设定、估计一个基于理论的计量模型，而该类模型区别于传统基于统计方法的模型。斯蒂夫·吉本斯和埃莉奥诺拉·帕塔基尼在《手册》第5卷中回顾了关于空间数据的分析方法，其在对随机性概念等空间数据的性质进行探讨的基础上，重点讨论了个体在空间存在相互影响的线性回归模型。然而，空间相互影响如何界定成为复杂的问题，研究会因为用来描述这些效应的术语通常是不精确的且取决于不同的背景而更加复杂。例如，"空间交互影响""社会交互影响""邻里效应""社会资本""网络效应"以及"同辈效应"等都被视为同义的短语，但却有着不同的内涵。乔治奥·陶帕和伊夫·泽诺在第5卷中的邻里和网络效应中概览了关于邻里和社会网络及其对行为和经济影响的研究，并讨论邻里和社会网络在犯罪、教育和劳动市场中作用的经验和理论分析，其总结了邻里效应和网络效应的不同的检测模型，反映了地理空间和社会空间相互作用的区别。

最后，区域和城市经济的经验研究不仅仅在于通过计量模型来分析社会经济现象，而且区域和城市研究还注重评价性模型分析。这主要体现在通过借鉴统计学、运筹学等相关学科的研究方法，构建合理的空间经济评价体系，按照一定的标准作出评价和决策。《手册》第1卷给出了聚合分析、相关分析、主成分分析、谱分析等常用统计方法，并对定性统计模型和多目标决策分析理论进行了详细的总结。《手册》第3卷中对生活质量估测、城市劳动力市场的不协调等问题进行了评估。《手册》第4卷对运用准"自然试验"法研究城市增长的文献进行了总结。《手册》第5卷则对于因果关系的判断、结构化估计和空间方法进行了讨论，并叙述了对空间政策、计量问题识别等问题的研究。区域和城市研究的经验分析不仅仅在于简单的引用计量模型，而是开始注重在识别区域和城市经济现象因果关系的基础上，运用符合经济理论模型的结构化方法，来评析区域和城市问题与政策。

根据《手册》第1～5卷对区域和城市经济理论模型与研究方法的总结，基于经济理论的经验模型识别、选择与估计是未来区域和城市理论与经验研究的主要方向。

五、区域和城市经济发展和政策分析

空间经济活动分布的不平衡是一种常态的经济景观，不平衡分布往往会进一步影响人口、就业和财富的不均衡。空间经济不平衡似乎是路径依赖的，并带有偶然性，这造成区域和城市间的差异，并带一系列的社会问题。区域和城市发展的政策问题常出现在经济效率和社会公平的界面上，效率目标通常在区域和城市政策分析中起重要作用。那么，协调区域和城市经济发展中出现的差异与不均衡，解决区域和城市发展遇到的问题，需要通过制定和实施相应的政策来加以弥补。《手册》第1~5卷对区域和城市发展和政策进行了总结，既分析了发展中国家的发展政策，同时也强调了针对发达国家城市化过程中出现的问题区域的政策。

首先，《手册》第1~5卷对发展中出现的问题及其政策进行了总结。空间经济的集中分布，必然造成人口、就业和财富的非均衡发展，这不仅仅表现为发达国家和发展中国家之间的差距，还表现为城乡差异。与发达的核心地区相比，落后地区（常常是边缘地区）的增长率低、产业结构陈旧和失业率高等问题突出，对于该类地区如何发展，区域和城市经济学已经给出相应的对策。在《手册》第1卷中，H. W. 理查森和P. M. 汤罗指出空间不均衡发展可由累积因果模型、基本模型和新古典模型来解释，这些解释方式存在不同的政策含义，如新古典主义观点侧重强调生产要素，强调标准化的制造部门的作用。《手册》的第2、3卷集中对发展中国家的城市化模式、城市增长、公共政策与城市问题（土地使用、交通和环境等问题）、发展中国家的贫困以及移民等问题进行了详细的总结，并归纳了城市有效和平等发展的政策。伊森·刘易斯和乔瓦尼·佩利在《手册》第5卷的移民与城市和区域经济一章中，分析了移民及其对城市与区域经济的影响，主要关注的是生产率和劳动力市场，并指出移民政策通常是国家层次的，但国际移民往往更容易影响地方经济。简·K. 布吕克纳和索米克·V. 拉尔在第5卷发展中国家的城市：乡村—城市迁移、土地使用权缺乏保障和可负担住房的短缺一章中，总结了乡村—城市迁移的经验以及影响迁移因素的经验研究，如把接近公共服务引入迁移决策、气候移民等，并总结了对城市最优规模的理论模型和经验研究，以及发展中国家房地产市场的特点，即土地使用权缺乏保障。因此，对发展中国家区域发展和政策研究重要集中在城市化、人口迁移以及由此带来的经济效率和社会公平的平衡问题。

区域政策不仅仅集中于落后地区的问题，同时也关注城市中心区的"问题区域"。在20世纪70年代以来，人们日益认识到城市和区域增长带来的负外部性，如拥挤、污染、犯罪和福利设施缺乏等问题。正如《手册》第1卷指出的，除了边缘地区，许多城市的中心区也被认为是"问题区域"，如衰败的中心商业区。拉克斯曼纳和博尔顿在《手册》第1卷中从理论和经验分析的角度，广泛地、综合地考察了区域能源和环境市场以及政策问题，分析了能源和环境资源的空间分布不均对收入水平的不平衡的影响。空间经济的一个显著特点是土地利用强度的差异，而关于城市土地利用和城市土地租金则是城市经济学理论研究的基础。《手册》第2、3卷总结归纳了与城市土地利用相关的城市住房、城市交通、城市公共设施以及相关的问题和政策。格莱泽和卡恩在《手册》第4卷归纳得出，对土地的需求和撤离恶化的城市中心是蔓延的重要因素。空间变革最显著的特征可能是日益增强的城市化。那么，如何界定城市边界成为城市增长的重要研究内容，然而，城市土地利用是城市经济学的重要基础，吉尔斯·杜兰顿和迭戈·普加在《手册》第5卷中概括了城市土地利用的相关文献研究，提供一系列由单中心城市模型衍生发展的城市土地利用理论文献的综合研究，包括处理多个内生性商业中心、异质性的不同空间尺度和耐久性住宅的扩展，回顾了关于城市土地区位价格和发展的差异、城市中不同家庭的区位选择模式、建设无序蔓延和居住区分散及就业分散等问题的经验分析文献。克劳斯·迪斯梅特和弗农·亨德森在《手册》第5卷国家内部发展的经济地理一章的总结中指出，通过不同视角（城乡差异和部门）观察不同空间尺度下的空间变革，其中，对城乡差别的考察，基于从"更农村"（更小或/和密度更小）和"更城市"（更大和/或密度更大）的角度出发，将区位视为一种"连续性区位"；分析人口和收入的收敛与发散，以及经济活动与人口分布模式的重塑。而通过部门视角观察国家发展和成熟经济行为的结构转型来聚焦连续区位。

综上所述，区域和城市发展政策通常指向问题区域，这不仅仅是解决落后地区（边缘地区）问题的政策，还包括对城市中心问题区域的政策。从区域和城市经济发展政策的研究总结来看，区域和城市经济学更加注重探究空间政策的理论基础。《手册》第5卷的空间政策指出，现有文献已将集聚经济、知识溢出和知识经济、产业地方化、空间错配等作为空间政策的理论基础。另一方面，区域和城市经济研究更加注重对空间政策的评估，《手册》第5卷中的空间政策中总结如何识别政策的影响，同时对住房市场政策、转移拨款、企业区等案例对政策的影响与干预经验性分析进行了概括。

六、区域和城市经济研究趋向

解释为什么经济活动在空间上如此集中，是区域和城市经济学研究的核心议题。正如胡佛认为，区域或"空间"经济学可以归纳为这样的问题：何事在何地，为何，以及应该如何？而对于何地的研究是区域和城市经济的中心。从《手册》第1~5卷对区域和城市经济学研究成果的总结来看，对于"何地"的研究随着经济理论、计量模型与经验方法、发展阶段的演变，逐步揭开了集聚经济的本质，研究也从均质空间逐步向非均质空间转变，更加注重对微观主体异质性的分析。根据《手册》第1~5卷的总结，可以得出区域和城市经济研究呈现出如下的趋向：

首先，区域和城市经济所研究的空间由均质化向非均质化转变，空间经济主体由宏观同质性向微观异质性转变。集聚经济是区域和城市的本质特征，集聚经济的微观基础仍是研究的重点。通过引入微观异质性，如厂商生产成本的差异、劳动技能的差别、消费偏好的不同，弥补了新经济地理学理论的宏观同质性假设，对空间经济活动的解释更加现实。异质性集聚理论研究了城市体系，并在允许工人和企业可以在城市间自由流动的前提下，探讨了集聚经济、城市成本、异质区位基础因素、异质工人和企业以及选择效应如何相互作用并形成城市的规模、构成、生产率和城市不平等。同时，很多文献注重对集聚经济的经验研究，如格莱泽和梅尔首先提出要区分静态效应和动态效应，并研究了如何识别集聚效应的密度、规模和空间范围等，以及怎样选择集聚经济的衡量指标，分析集聚经济的类型，进一步丰富了集聚经济对经济活动空间分布的解释。此外，邻里和网络效应被应用于分析区域和城市空间特征，而两者所分析的空间不同之处在于，邻里效应存在于地理空间，网络效应存在于社会空间；两种空间所包含的要素不同，导致空间选择的行为差异，这也就决定了从非均质空间探究微观主体行为。

其次，区域和城市经济学研究越来越具有经验导向，评价性研究越来越重要。区域和城市经济研究的经验分析对方法的重视程度提高，如何构建符合经济理论的经验模型，并识别其中的因果关系，对区域和城市经济现象做出评估，成为当前经验研究的主要方向。如随机试验已经被成功地应用于发现数据因果关系，通过将非随机试验和随机试验等方法引入，能够根据描述城市与区域现象的数据集进行最为可靠的处理效应估计，而包括双重差分方法、不同的固定效应方法、倾向得分匹配方法、工具变量方法以及断点回归方法等被证明行之有效的识别方法，被用来识别出感兴趣参数的数据中的变异来源。同时，鉴于经济模型对经验模型设定以及解释处理效应估计结果的重要性，学者运用结构化方法识别在观测或者试验数据中永远无法被识别的参数。对因果关系的识别能够使得计量模型能够比较准确地反映数据变异的源泉；也弥补了传统的区域和城市计量模型简单对统计模型的运用，以及计量工具使用中存在的问题。

最后，区域和城市经济研究对象重叠，区域和城市经济学越来越被作为一个整体来研究。克劳斯·迪斯梅特和弗农·亨德森指出传统农村和城市地区的划分，未能发掘一个国家空间转变的全面而丰富的内涵。从"更农村"（更小或/和密度更小）和"更城市"（更大和/或密度更大）的角度出发，将区位视为一种"连续性区位"。人口和经济行为沿着这一"连续区位"的分布，随着发展而发生显著变化，这一变化将影响我们如何看待一个国家整体的经济地理。一旦一个国家变得日益城市化，这些变化以及空间分布经常会从较为狭隘的视角加以考察，只关注城市部门。在城市部门内部，不同城市层级间存在巨大差异性，不同层级经济行为的转换也不同。关于城市住宅市场、城市交通、城市贫困、城市公共设施和城市移民等已有大量研究，而近期学者进一步深化了对城市土地市场、城市税收和城市犯罪等问题的研究，区域和城市经济的研究更加注重城市部分的研究。

《手册》第1~5卷对国外区域和城市经济研究的归纳表明，区域和城市经济学把重点主要放在空间的内在本质以及复杂空间系统的时空演变；同时，空间只有加入要素才具有研究意义，要素配置需要空间主体来完成，不同的空间主体决定了区域和城市经济的研究必须注重微观主体的异质性研究。此外，国外区域和城市经济学更加注重理论模型和经验研究，并不断地完善经验研究方法。

七、对中国区域和城市经济研究的启示

相比国外，我国区域和城市经济学研究相对较晚，20世纪七八年代才起步。目前，我国区域和城市经济学已快速发展，在很多领域取得了丰富的研究成果，为我国推进区域经济发展和城市化进程提供了重要的理论指导。但是，国内区域和城市经济学研究仍存在一些问题，如对区域和城市经济学研究认识的偏差、理论和经验模型与方法的欠缺、政策的设计与评估等方面，与国外的研究存在差距。《手册》第1~5卷所归纳的国外区域和城市经济学研究，对我国的区域和城市经济研究存在以下几点启示：

首先，要正确认识区域经济学和城市经济学的关系。对《手册》第1~5卷的梳理清晰表明，国外正在从把区域经济学和城市经济学早期分开研究向把区域和城市经济作为一个整体来研究，区域经济学和城市经济学的研究边界逐渐重合，区域经济学和城市经济学研究内容和研究对象重叠。随着城市化水平的提高，推动城市地区范围扩大并逐渐融合成为区域；而空间的差异在于土地利用的强度存在差异，简单的将空间划分为城市和农村，并不能从整体上发掘空间的转变。我们应该借鉴国外学者提出的从"更农村"（更小或/和密度更小）和"更城市"（更大和/或密度更大）的角度，将区位视为一种"连续性区位"。探究在这种连续性区位上人口的移动、要素的流动对经济活动空间分布的影响。同时，作为一门与经济学、社会学、地理学、公共财政学、数量经

济学等多学科交叉的学科，未来我国区域和城市经济学应进一步细化研究领域，如城市政治经济学、城市交通、城市犯罪、城市住房、城市税收等，丰富区域和城市经济学的学科体系。

其次，注重空间研究的多维度、多要素分析。空间问题本身是一个综合性的整体，一方面考虑到存在的空间尺度和空间分割问题，研究空间就需要考虑不同区域主体内部和主体之间溢出的内容，这体现了空间研究主体视角下的开放性，这也正是空间计量经济学在当下之所以如此火热的原因。另一方面还由于任何尺度的空间本身就是一个有机整体，所以就需要考虑多个方面的因素，这体现为空间研究的开放性，区域和城市经济学分析不仅仅要关注资本、劳动力、技术、资源和能源等经济要素，还要将社会、文化、政治、生态等相关的因素纳入空间研究中。目前，国外学者通过邻里效应和网络效应分别考察了地理空间和社会空间要素对经济活动分布的影响。未来我国的区域和城市经济研究应该更具开放性，从多区域、多要素角度研究我国经济活动的空间分布，扩宽空间研究的范围。

再次，区域和城市经济学在宏观研究的基础上，要更加注重微观机制的研究。通过运用与主流经济学、地理学、数理经济学等相关的微观经济分析理论，研究空间要素配置主体的经济行为，能够揭开经济活动空间集聚的本质，解释现实的空间不均衡现象。我国的区域和城市经济发展相对较晚，尚未形成比较统一的理论体系，缺乏基于我国经济活动现象的微观机制的研究，更多的是借鉴国外的研究成果应用于解释我国的经济活动。但是，由于缺乏对空间要素的多维性的考虑，使得一些理论研究难以有效对经济活动的现状做出合理的解释。未来我国区域和城市经济研究，应该在借鉴国外先进理论的基础上，研究纳入我国异质要素的空间经济的微观经济机制。

最后，对区域和城市经济的理论模型与研究方法进行有效的创新。《手册》第1~5卷总结了很多的理论模型与研究方法，值得我们借鉴学习。第5卷对研究方法的总结，启示我们要对区域和城市经济研究的方法进行有效的创新；尤其是对于评价性研究应给予充分的重视。目前，我国区域经济发展的不平衡问题比较突出，区域经济发展差距在一定程度上存在扩大的趋势；同时，城市区域内部的问题正在逐步地凸显。如何通过构建理论模型解释区域和城市经济发展，并对区域和城市经济政策作出评价，应该成为区域和城市经济学研究的核心。特别是，对区域和城市政策作出正确的评价，需要通过方法创新来科学研究政策效应。

和前几卷的翻译工作一样，对本卷的翻译工作，我们高度重视，在前几卷翻译工作的基础上，组建了以孙兵、王家庭、王振坡、黄凌翔等为首的专业翻译团队，既能保持《手册》第 5 卷翻译的一致性和连续性，又能使其可长期跟踪该《手册》的翻译工作。本卷翻译的具体分工如下：郝寿义译导论，曹清峰译第 1、2、3 章，张永恒译第 4、5 章，谢延钊译第 6 章，王家庭译第 7、20 章，黄凌翔译第 8 章，孙兵译第 9、17、18、23 章，王振坡译第 10 章，石坚译第 11、15、16、19 章，郝元译第 12 章，郝元、马洪福译第 13 章，郝元、程栋、马洪福译第 14 章，赖迪辉译第 21 章，刘建朝译第 22 章，孙兵译主题词索引；翻译初稿完成后，由孙兵（负责导论、7、10、15、16、19、21、22 章）、王家庭（负责 1、2、3、4、5、6 章）、王振坡（负责 8、9、17、18、20、23 章）、黄凌翔（负责 11、12 章）、石坚（负责 13、14 章）分别进行二校；最后，由郝寿义和孙兵对全书进行终校并定稿，孙兵承担了整卷翻译的具体组织和统稿工作。

感谢南开大学经济与社会发展研究院和周恩来政府管理学院对本卷翻译工作给予的有力支持。本卷的翻译工作得到了经济科学出版社编辑孙丽丽和程憬怡等的全力支持和帮助，她们的支持和帮助使本卷翻译工作得以顺利完成，在此，我要对她们的工作表示感谢，对她们的专业素养和认真的工作态度深表钦佩。

尽管译者在本卷的翻译过程中尽了自己最大的努力，但由于水平有限，书中肯定有许多不足之处，恳请广大专家和读者们批评指正。

郝寿义

2017 年 10 月于南开园

前　言

　　自 2004 年《手册》最后一卷（第 4 卷）出版以来，区域和城市经济学领域有了显著的进展。

　　第 4 卷的重点主要集中于不同空间规模（邻里、城市和区域）的集聚，内容很多是理论性的，有相当部分属于理论章节，而且在理论和经验之间存在着明显的脱节。第 4 卷还恰逢克鲁格曼新经济地理学的影响达到顶峰，对集聚的强调意味着很多传统的城市问题没有被涵盖。因此，政策讨论局限于集聚问题，例如，区域不平等和市场一体化的影响（伴随着对"全球化"和欧洲、北美经济一体化加深的忧虑）。第 4 卷出版后的十年间，集聚及相关领域仍继续取得进展，但城市和区域经济学其他的研究领域和方法也有了重要的拓展。

　　本卷部分是对传统城市研究主题的回归，《手册》系列中的第 1～3 卷涵盖了这些主题。其中一个例子是住房，它在过去十年间取得了重要的进展。美国和很多发达国家出现的住房危机肯定是住房研究复兴的部分原因。此外，还有很多重要的讨论是关于美国和其他国家的城市蔓延及其影响以及土地利用管制是如何影响城市形态的。技术和立法也改变了我们买卖住房的方式。因此，《区域和城市经济学手册》第 5 卷特别强调住房和物业市场。

　　住房不是城市研究关注的唯一新主题，运输对城市的影响、邻里和城市动态、城市设施、城市环境问题、城市犯罪、城市成本、土地利用、迁移以及其他主题都重新得到关注。发展中国家和发达国家都在思考这些问题，第 5 卷也反映了这些知识的扩展。

　　方法是城市和区域经济的另一个重要变化。区域和城市经济学手册系列第一次明显包括关于方法学的章节。大量可获取的数据以及"现代"方法的逐步采用深刻改变了经验研究的性质。这些方法（结构的和准实验的）被更为广泛地使用。本卷的章节中指出了这一点，但同时也指出许多城市和区域研究仍然有待方法的提升。此外，这些章节还提出诸多独特研究方法挑战，它们源于城市和区域研究中使用的空间数据。因而，直接从劳动经济学或产业组织理论中借用方法通常是不够的。幸运的是，关于方法的章节以及其他特定主题都提供了大量关于如何取得进展的建议。在多数情形下，这涉及在理论和经验研究之间建立更为密切的联系。

所有这些问题对公共政策有重要启示。第 5 卷包括关于政策主题的章节，而这些在前几卷中很少涉及，例如抵押贷款、基于位置的政策和城市犯罪。本卷还包括了一些更为传统的问题，例如税收竞争、邻里效应和住房政策，这些传统问题仍然非常重要，但却用更为可信的经验方法进行探讨。尽管这些章节尤为关注政策，其他多数章节也至少在一定程度上与政策相关联，这是出于城市和区域经济学科的应用性考量。

最后，我们把本卷中的章节视为实现理论和经验有效结合的重要尝试，它们既包括了城市经济学的诸多元素，又与政策相关。当然，如果把本卷放在一起，各章节之间存在明显的缺口，正如城市与区域经济学各领域之间存在缺口。例如，过多关于城市问题的经验证据基于美国的城市。尽管有两章讨论发展中国家，但仍需要更多的关于发展中国家城市现象的文献。还有一个例子，尽管有一章讨论区域间运输网络评估问题，但却并未涵盖一些传统的和正在发展的主题，如模式选择、交通高峰定价、使用引致运输成本来评价城市设施，等等。我们希望这些和其他缺口会激励年轻（以及不那么年轻）的研究人员扩展我们的知识。

很多人和一些组织的帮助使本卷得以顺利完成，我们对此表示感谢。作者的贡献是显而易见的，这些论文在多伦多大学罗特曼管理学院房地产中心和沃顿房地产系发起的会议上被与会者提升。部分论文还在城市经济协会会议、北美区域科学协会会议和美国房地产和城市经济学协会全国会议上提交。我们感谢那些使这些交流得以实现的人们和组织。我们还对爱思唯尔的帮助和专业性表示感谢，尤其是乔斯林·柴普赛特－帕吉奥和斯科特·本特利。最后，我们都感谢我们周围的人，感谢他们的耐心和帮助。

吉尔斯·杜兰顿

弗农·亨德森

威廉·斯特兰奇

2014 年 11 月 4 日

目　　录

第 2 篇　集聚和城市空间结构

第 5B 卷
第 3 篇　住房和房地产

第4篇 应用城市经济学

第17章 城市税收

马吕斯·布鲁尔哈特 山姆·布克维斯基
库尔特·斯密德亨尼 / 1055

第18章 空间政策

大卫·纽马克 海伦·辛普森 / 1122

第 1 篇

经 验 方 法

第 1 章
城市与区域经济学中的因果推断

纳撒尼尔·鲍姆 – 斯诺

美国布朗大学经济学院

费尔南多·费雷拉

美国宾夕法尼亚大学沃顿商学院

摘要

发现数据中的因果关系是社会科学学术探究中的重要方面,本章对城市与区域经济学研究中已经被成功地应用于发现数据因果关系的方法进行了讨论。对于任何成功的经验研究而言,关键是能够仔细考察能用来识别出感兴趣参数的数据中的变异来源。对于这些参数的解释,必须考虑它们潜在的异质性,而其异质性往往同时是可观测变量与不可观测变量的函数。

关键词

因果推断　城市经济学　区域经济学　研究设计　经验方法　处理效应

JEL 分类码

R1

1.1 引　言

在最近的几十年间,城市与区域经济学研究领域已经变得越来越具有经验导向。在 1990 年,《城市经济学》杂志(*Journal of Urban Economics*)中 49% 的公开发表作品是经验性的，而到 2010 年则增长到了 71%。同时，常用的经验方法也已经发生了变化，大部分经验文献在 1990 年仅利用了截面回归方法，而到了 2010 年则更倾向于采用工具变量、面板数据以及非线性模型等方法。进一步地，当前研究格外注重应用那些能够灵活处理标准的变量缺失偏误问题的研究设计。尽管在 1990 年有少量文献试图处理这些问题，而到了 2010 年，有超过一半的经验文献至少应用了一种比普通最小二乘法更为复杂的研究设计来估计因果参数，例如双重差分、匹配与工具变量方法。然而，对于这些更为复杂估计方法的可靠性仍然莫衷一是。尽管许多研究在没有对识别出的数据变异来源以及何种处理效应正在被研究进行探讨的前提下机械地应用经验方法，但一般而言，城市经济学中经验研究的可靠性自 1990 年以来已经有了显著提高。表 1 - 1 分别详述了在 1980 年、1990 年、2000 年以及 2010 年发表在《城市经济学》杂志中经验性文献的比重以及经验方法的分布。

表 1 - 1 　　　　　　在《城市经济学》杂志中不同经验方法的
使用程度（1980 ~ 2010） 　　　　单位：%

年份	经验研究	最小二乘法	工具变量法	logit/probit	面板数据	双重差分	随机化	匹配方法
				经验研究文章比例				
1980	57	87	10	3	0	0	0	0
1990	49	79	17	13	4	0	0	0
2000	62	64	32	36	14	4	0	0
2010	71	77	46	26	62	8	3	5

注：作者是根据相应年份所有发表在《城市经济学》杂志上的文章计算的。

本章对已经被研究者们所成功应用的经验研究方法进行了讨论，这些经验研究方法能够根据描述城市与区域现象的数据集进行最为可靠的处理效应估计。我们的处理强调了随机化方法的重要性，这一方法的重要性已经被其他领域广为重视，最明显的是发展经济学领域。随机试验是发现处理效应的一个重要工具，特别是基于政策评估的动机（Duflo et al.，2008）。然而，与劳动经济学等其他领域相比，进行实地试验对城市与区域经济学家而言往往更具挑战性以及更昂贵。在城市背景下，一般均衡效应往往更容易发生，即处理组会干扰控制组。同时，这些一般均衡效应的性质往往是城市与区域经济研究者的研究目的。在基于非试验数据的研究中，劳动经济学家往往运用更高的标准来衡量估计出的因果效应的可靠性。通常在缺乏试验数据的情况下，这里我们运用已经被证明行之有效的识别方法来进行可靠的处理效应估计，这些方法包括双重差分方法、不同的固定效应方法、倾向得分匹配方法、工具变量方法以及断点回归方法等。我们也讨论了处理效应的异质性以及不同识别方法结果上的差异可能只是反映了数据中不同的因果关系。我们强调没有一种识别方法是始终完美的，特别是在没有试验数据的情况下（或者即使在有试验数据的大多数情况下）。同时，在考虑处理中的因果效应时，假定世界中存在一个处理效应的分布是非常有用的。处理中的选择（无论是对可观测特征还是对不可观测特征而言）以及处理效应的异质性使得经验研究更为复杂。

本章反复强调的主题之一是如下原则，这也适用于所有的经验方法：对于用来估计感兴趣参数的处理变量而言，考虑其变异的来源是至关重要的。区分这个"识别到的变异"允许研究者考虑两个核心问题。首先，是否存在同时影响结果以及与处理变量中识别到的变异相关的不可观测变量。如果这样的缺失变量存在，那么估计得到的处理变量系数是有偏和不一致的。我们通常将这种情况称为"内生性问题"。其次，如果将总体视为存在这种识别到的变异的数据的子集，这会有多强的代表性。如果对这种变异明确的识别仅存在于总体一个小的不具代表性的子集中，那么表明估计得到的处理变量的系数适用性有限且很难推广到其他总体。

本章中我们讨论了不同识别方法的主要性质，这些方法都假定了一个简单的线性数据生成过程并且处理效应存在异质性。每一部分都引用了文献中的文章，以方便对这些方法更复杂的应用感兴趣的读者。这种结构允许我们方便解释不同经验研究方法间的关系，同时为探讨其在城市与区域经济学中的应用留下了空间。每一部分在使用这些研究方法时，我们通过讨论最近文献中的几个例子来说明其应用。

鉴于经济模型对经验模型设定以及解释处理效应估计结果的重要性，我们在第 2 章中回顾了关于结构化经验模型的相关材料，以作为对本章所讨论材料的补充。第 2 章也考虑了如何发现城市与区域数据中的因果关系，但利用的是比本章更为复杂的模型方式。结构化方法的优势在于其允许我们识别在观测或者试验数据中永远无法被识别的参数。相对于本章考虑得更不具体的处理效应参数而言，估计一个模型"深层"的参数有助于对潜在政策变动进行更复杂的反事实模拟评估。然而，结构化模型的本质特性使其需要很多假设，而这些假设对于应用随机化方法来识别处理效应往往过于严格。此外，由于模型经常被错误设定，相对于本章讨论的以数据为基础的处理效应，这些由理论推导得出的处理效应往往更不可靠。在说明处理效应中的因果关系时，我们尽可能地在经济模型背景下或者将其作为单独参数进行解释。

尽管城市经济学领域最近在提高经验方法方面已经取得了很大进步，但我们希望通过本章鼓励研究者们更加细心地思考何种特定的处理效应正在被识别与估计来促进我们经验研究结果可靠性的提高。需要为我们研究领域辩护的是，目前仅报告回归结果而不对所使用的计量回归方法合理性进行说明的做法已经不被认可。然而，我们希望我们能够在这个最低要求上更进一步。这包括我们不再简单地尝试几个不同的方法然后期待最好的结果，而没有首先认真考察不同方法在何种条件下是有效的或者每种方法可能捕捉到了不同的（或者联合的）因果关系。

本章安排如下：1.2 节构建了一个作为讨论基础的经验研究框架，定义了不同的处理效应并且考虑了随机化的重要性。1.3 节简要考虑了利用空间加总数据的一些结果。1.4 节考虑了从纯观测数据中发现因果效应的方法。1.5 节考虑了根据不可观测变量对处理进行分类的非随机情况下的不同方法，并进一步转移到对工具变量方法的讨论。1.6 节介绍了不同类型的断点回归方法的应用。最后，1.7 节对全章进行了总结。

1.2 经 验 研 究 框 架

在该部分，我们设计了一个贯穿全章使用的经验研究框架，以作为讨论和拓展的基础。我们关于数据生成过程性质的设定有助于考虑因果推断中的基本问题。尤其是我们强调了用来识别感兴趣因果关系的处理变量的变异来源的重要性。充分利用处理变量中的显式随机或者伪随机变异来源对于可靠地识别任何数据集中的因果关系具有关键作用。我们也考虑了处理变量中潜在的异质因果关系效应对感兴趣结果的启示。

一般而言，我们对一个处理变量向量 T 以及结果向量 γ 之间的因果关系感兴趣。对于每个观测值 i，一个关于结果 γ 的灵活的数据生成过程可以表示为如下线性方程：

$$\gamma_i = T_i\beta_i + X_i\delta_i + U_i + e_i \tag{1.1}$$

到目前为止，我们将每个观测值视为个人、家庭或者企业，而不是地理区域。存在一个可观测的控制变量向量 X，向量 U 包括所有影响结果的不可观测因素。我们可以将 U 视为 $W\rho$，其中 W 是一个不可观测变量向量，ρ 是在任何情况下都不会被识别出的参数集合。为了表述方便，我们将 $W\rho$ 合并为 U。给定 U 的存在，结果 γ 中任何的随机性 e 都可以被视为经典的（不相关的）测量误差，或者等价地基于统计目的，将其视为基本的可能来源于潜在经济模型的随机性，同时，e 与 T，U 以及 X 是不相关的。此外，我们对于估计 X_i 的系数 δ_i 不感兴趣，但基于表述目的将其与我们感兴趣的系数 β_i 进行分别定义是有用的。

注意到，通过允许系数用 i 来标注，我们用一种非常一般的方式来表述预测值与感兴趣的结果之间的关系。为了估计每个个体的系数 β_i，一些进一步的假设是必须的。通过允许 T 中包括处理变量以及处理变量与控制变量交互项的多项式、同时 X 中包括控制变量的多项式，具有线性性质的式（1.1）可以包括非线性关系。

将式（1.1）视为由个人或企业行为推导出的描述感兴趣结果变量 γ 的"结构化"方程是有用的。对于诸如企业产出或者增加值等结果变量而言，这个结构化方程可以由诸如生产函数等机制模型导出。对于城市与区域问题而言，式（1.1）通常被视为描述居民或者企业行为理论模型的一个均衡条件。在上述任意一种情况下，我们通常将 T，X 以及 U 视为外生的。这意味着这些变量是在模型之外被决定的并且在模型中不相互影响。

尽管式（1.1）的线性特征可以来源于均衡条件中的分离可加性，但是一般而言，经过对数变换后，通过对静态模型均衡条件关于时间进行微分，我们可以更加一般地说明采用线性形式进行经验研究的合理性。换句话说，如果由某些个体行为模型导出如下均衡条件：$\gamma = f(T, X, U, e)$，将其求导可以得到类似于式（1.1）的形式作为近似，其中 f 的偏微分用系数表示，每个变量都采用一阶差分的形式。具体来看：

$$
\begin{aligned}
\Delta\gamma_i \approx{} & \Delta T_i \frac{\partial f(T_i, X_i, U_i, e_i)}{\partial T} + \Delta X_i \frac{\partial f(T_i, X_i, U_i, e_i)}{\partial X} \\
& + \Delta U_i \frac{\partial f(T_i, X_i, U_i, e_i)}{\partial U} + \Delta e_i \frac{\partial f(T_i, X_i, U_i, e_i)}{\partial e}
\end{aligned}
$$

其中 Δ 表示关于时间的差分。注意到，根据相应情形，上述表达式可以等价地表述为半对数或者弹性的形式。如果每个个体在基期的处理状态都相同且 $\tilde{X}_i$ 包括 1、ΔX_i、在基期的 X_i 以及不同的交互项，上述表达式可以化简为：

$$
\Delta\gamma_i = \Delta T_i B(X_i, U_i) + \tilde{X}_i D(U_i) + \varepsilon_i \tag{1.2}
$$

式（1.2）与式（1.1）非常相似，通过对 γ，T 与 X 的重新阐释，式（1.2）基本上可以作为估计的基础。[①] 注意到误差项 ε 同时包括了不可观测变量 U 与残差随机项 e 的变动，由于它包括了不可观测变量的变动，因此 ε 极有可能与 ΔT 相关。此外，我们可以发现 ε 可能表现出异方差性。正如我们将要

---

① 在一些情形下，对空间而不是时间进行差分可以更合适。我们将此问题的更完整讨论留给由 Gibbons 等所写的关于空间方法的第 3 章以及我们在 1.6 部分关于断点回归的相关讨论。

在1.4节研究的，这种一阶差分的形式具有能够差分掉 U 中任何不随时间变化因素的优势，但是也存在增加误差项方差的潜在劣势。

推导式（1.2）的过程具有很多重要的一般性实践启示。首先，一阶差分数据的重要性体现在至少对于 γ、T 和 X 的微小变动而言，其允许研究者将非线性关系线性化。其次，当处理变量对所有个体都相同时，获得期初的信息是有用的。再次，这个几乎最简单的模型将参数表述为异质性的观测变量与不可观测变量的函数。如果被估计的模型被确定为真实的数据生成过程（实际上可能永远不是），那么式（1.2）中的系数可以得到模型中部分或者所有的参数。即使个体模型的参数不能被识别，$B(x, u)$ 表示对于具有 (x, u) 特征的个体而言，T 对 γ 的因果效应。不管潜在真实的数据生成过程是什么，这个目标往往是研究者的内在研究兴趣所在。最后，控制变量集合 $\tilde{X}$ 的准确形式严重依赖于潜在的经济模型，因此，这也使其很容易被错误设定。基于这方面的原因，运用能够将 $\tilde{X}$ 中因素去掉的估计量具有很大的优势。

本章关于处理效应估计的讨论主要集中在处理对结果的"全效应"，或者全微分 $\dfrac{d\gamma}{dT}$。当然，将全效应分解为直接或者间接效应，即考虑处理变量对结果的独立影响或者通过其他预测值来产生影响的因果联系也是有趣的（Pearl，2009）。全效应与直接或间接效应之间的区别是如下的统计重述，即上述作为讨论起点的具有均衡条件 $\gamma = f(T, X, U, e)$ 这一类的经济模型在其右手边仅包括外生变量。在经济学应用中，将处理效应分解为直接与间接效应通常通过某些模型结构来实现，根据定义，间接效应通过一些内生机制来产生作用。在1.4与1.5节中，我们将在考虑特定估计量性质情况下重新讨论直接与间接效应。

1.2.1　二元处理的情形

尽管在城市与区域经济研究中通常涉及更复杂的情形，但我们这里首先考虑处理是二元的情况。对这种简单情形的分析是一个很简明的起点，因为其在文献中已经得到了很好的阐释，在统计学文献中可以追溯到鲁宾（Rubin，1974）以及进一步的讨论霍兰（Holland，1986），经济学方面的文献可以追溯到罗伊（Roy，1951）。由于迪纳尔与李（DiNardo and Lee，2011）也对二元处理背景下的因果关系进行了详细探讨，因此我们这里将一些拓展的详细细节留给他们来讨论。实际上，本章的主要任务是将他们探讨的不同经验识别方法拓展到处理是连续的以及空间数据的情形。但众所周知的是，二元处理背景的简化是很重要的，因为我们在本章探讨的不同估计量的性质是适用于二元处理情形的。

在式（1.1）设定的基础上，对于任一处理水平，一个二元的处理变量可以产生如下方程，其中被处理的观测值 $T=1$，而未被处理（控制）的观测值 $T=0$：

$$\gamma_i^0 = X_i\delta_i + U_i + e_i$$
$$\gamma_i^1 = \beta_i + X_i\delta_i + U_i + e_i$$

这两个方程分别描述了每个个体 i 是否被处理时的潜在结果。因此个体 i 由处理导致的因果效应是 β_i。当总体中所有的个体都被考虑时，这个结果实际上是结果变量 γ 在不同处理状态下两个不同的分布。我们通常通过比较这两个分布的成分差异来评估处理效应。

这个二元处理的例子可以清晰表明，在没有对数据生成过程进行进一步假设的情况下，即使拥有完美的数据，我们也不能获得每一个具体 β_i 的值。这就是因果推断中的基本问题：没有任何个体可以同时处在被处理组与未被处理组中。换句话说，对于任何总体与样本内的单个成员而言，并没有反事实存在，因为每个个体要么被处理、要么没有被处理。用霍兰（1986）的话说，如果每个个体都有自身的处理效应，那么并不存在"个体同质性"。即使我们拥有面板数据从而可以观测到处理前与处理后的个体，处理前与处理后的背景也与处理本身存在共线性。换句话说，背景可以被视为向量 X（如果没有被解释的话，或者 U）的一个要素。每个个体与时间段的组合都会有其自身的观测指标，因此有其自身的处理效应。[②]

为了能够进一步发现处理因果效应中的信息，我们需要将思考集中在如何识别总体中处理效应分布的基本要素。这也引出了我们在本章强调的基本问题：如何区分那些在可观测变量与不可观测变量上具有很强相似性但是却受到不同程度处理影响的群体。如果处理效应对每一个个体都是不同的，那么个体在定义上是如此根本性的不同，因此任何试图获得分布 β_i 相关信息的努力都是徒劳的。为了在处理效应的识别上取得进展，我们需要对上述方程中的系数施加约束条件从而使其在个体间不具有唯一性，但是仅可能在具有不同可观测与不可观测变量的个体间具有唯一性。描述上述过程的一个一般性公式如下所示：

---

② 在一些例子中，研究者假定非观测变量不随时间变化并试图利用个体固定效应与处理变量的交互项来估计个体处理效应。De La Roca 与 Puga（2014）的工作便以劳动力市场历史中的城市规模对个体工资概况的影响为例估计了因果效应。1.3 节对如何利用固定效应识别方法对类似例子中因果效应进行可靠估计所需的假设进行了详细讨论。

$$\gamma_i^0 = X_i D(U_i) + U_i + e_i$$
$$\gamma_i^1 = B(X_i, U_i) + X_i D(U_i) + U_i + e_i$$

由于在函数 $B(\cdot)$ 中捕捉到的处理效应的分布仅依赖于被处理个体的特征，而不依赖于个体自身的身份，因此我们想象可以找到另外一个具有相同可观测与不可观测特征、因而是与被处理个体可比的个体。在实践中，由于根据定义我们不会获知任何个体的不可观测特征，正如赫克曼和维特拉奇尔（Heckman and Vytlacil，2005）的研究，在没有经济模型的约束下，对于任何特定的不可观测因素 U 而言，我们没有任何方法来获取其边际处理效应（Marginal Treatment Effect，MTE）。根据处理是如何分配的，我们只能潜在地获得不同关于 $B(X, U)$ 在总体中分布的统计信息。注意到我们将可观测变量 X 的系数约束为仅是 U 的函数。为了解释 X 潜在的非线性（与 U 交互）影响，我们可以将 X 定义为包括多项式与交互项的情况。

1.2.2 分类的处理效应

在探讨具有连续型处理效应的经验模型之前，在二元的处理背景下考虑不同类型的处理效应是有用的。正如下文所阐释的，这些处理效应的定义在经过微小的调整后便可以拓展到连续型处理效应的情形。在下面的部分，我们将仔细地考察何种处理效应可以被何种估计量识别出来。

一种概念化二元处理情形的方法是假定在总体中存在两个反事实的分布 γ^0 与 γ^1，这两个分布仅有的区别在于其是否受到处理。在对上述经验模型施加这种约束后，在给定类型 (x, u) 时，这两个分布在个体间的差异是 $B(x, u)$。

与因果效应联系最紧密的是边际处理效应。根据赫克曼和维特拉奇尔（2005），我们将 $MTE(x, u)$ 定义为具有 $X = x$ 与 $U = u$ 特征的个体的因果效应：

$$MTE(x, u) \equiv E[\gamma^1 - \gamma^0 \mid X = x, U = u] = B(x, u)$$

尽管 MTE 是一个有用的构造，但只有在具体经济模型的背景下我们才有可能获得任何特定的 MTE。这是因为 MTE 是被研究者永远不会直接知道的不可观测变量 U 标注的，而 U 只能通过具体模型的结构才能分配给个体。赫克曼和维特拉奇尔（2005）在他们识别的 MTE 全部分布的基础上，考虑了一个简单拓展的罗伊类型的分类模型（Roy，1951）。所以其他的处理效应可以被视为不同 MTE 组合的加权平均。

阿巴迪等（Abadie et al.，2002）的无条件分位处理效应（Quantile Treatment Effects，QTEs）提供了根据已经被实现的结果变量标注的处理效应分布的信息。对分位 τ 的 QTE 是在第 τ 分位处的分布 γ^0 与 γ^1 间的差异，即在第 τ 分位处的分布 $f(B(X, U))$。QTEs 提供了处理在结果变量分布不同部分上的影响是否有差异的信息。阿塞和因本斯（Athey and Imbens，2006）展示了如何在没有函数形式限制、仅假定处理具有随机性的情况下估计 γ^0 与 γ^1 的全部分布，从而可以计算所有的 QTEs。计算 QTE 的难点在于其要求潜在结果变量的分布具有很强的随机性，而这往往很难达到。QTEs 并没有提供关于个体的不可观测特征适用于谁的信息，尽管我们可以在给定 $X = x$ 时，类似地定义关于不可观测变量条件分布的 QTEs $f_x(B(x, U))$。

或许最普通的处理效应是平均处理效应（Average Treatment Effect，ATE）。ATE 描述了对于具体特定可观测特征 x 的总体全部成员的平均处理效应，具体如下所示：

$$ATE(x) = E(\gamma^1 - \gamma^0 \mid X = x) = \int B(x, U) dF(U \mid X = x)$$

研究者通常对某一个特定部分整体的 ATE 不感兴趣，而对全部整体的 ATE 更感兴趣：

$$ATE = E(\gamma^1 - \gamma^0) = \int B(X, U) dF(X, U)$$

对于 ATE 有一点很重要，那就是如果没有很强的假设，那么在大多数经验背景下 ATE 都是难以获得的。原因在于在缺乏广泛随机性的情况下，总有一些群体要么总是被处理、要么总是不被处理。由于 ATE 的计算需要知道分布 (X, U) 在所有点上的 MTE，因此 $f(X, U)$ 支集中只处于被处理状态以及未被处理状态的部分必须根据模型假设推导出其 MTE 分布。根据相应的方法，用来计算 MTE 分布的模型可以是统计模型或者经济模型。

最早由因本斯和安格里斯特（Imbens and Angrist，1994）定义以及比约克伦和莫菲特（Bjorklund and Moffitt，1987）讨论过的局部平均处理效应（Local Average Treatment Effect，LATE），是指 X 与 U 联合分布子集的平均处理效应，而这些子集是指通过显式或者伪随机过程纳入或者排除出处理中的。假定存在一个工具变量 Z，其允许研究者构造个体终止存在于处理组或者控制组中的概率。假定构造 Z 的值为 z 到 z'，其中对于所有的 X 与 U 的组合而言 $\Pr(D = 1 \mid Z = z) > \Pr(D = 1 \mid Z = z')$[3]，由此可将 LATE 定义为：

$$LATE(z, z') \equiv \frac{E[y \mid Z = z] - E[y \mid Z = z']}{\Pr(D = 1 \mid Z = z) - \Pr(D = 1 \mid Z = z')} \tag{1.3}$$

---

③　将 LATE 定义为由 Z 引起的某些进入处理组的变动与其他退出处理组的变动也是可行的。然而，在一定程度上这种双向的流动是不可观测的，也是难以解释的，因为其混合了某些代理人的正向处理效应与其他代理人的负向处理效应。

换句话说，LATE 衡量了用 γ 均值表示的最新被处理部分的变动相对于全部被处理部分的变动，这个定义可以通过所有 MTEs 的简单加权平均值来理解。

$$LATE(z,\ z') = \frac{\int B(X,\ U)\,[\,\Pr(D=1\mid Z=z,\ X,\ U) - \Pr(D=1\mid Z=z',\ X,\ U)\,]\,dF(X,\ U)}{\Pr(D=1\mid Z=z) - \Pr(D=1\mid Z=z')}$$

这里可以发现其权重依赖于相对于工具变量 Z 的变动而言的，进入到处理组而不是控制组的相对概率。一般而言，这种方式构造的工具变量会使所有可观测与不可观测变量被处理的概率增加。赫克曼和维特拉奇尔（2005）在一个结构模型的背景下对 LATE 进行了解释，该结构模型中 U 的每个值都明确决定了是否进入处理组的决策。

与 MTE，QTE 和 ATE 不同，LATE 是在现实背景下定义的，因为现实背景决定了 $(z,\ z')$。LATE 是一个重要的概念，因此它是当 X 与 U 某些支集的子集中存在随机性的时候，唯一一种能被识别的处理效应。[④]

处理的目的（Intention To Treat，ITT）是提供处理的平均效应。对许多项目评价而言，这是一个政策相关的处理效应，因为许多被提供了参加政府项目机会的人并不想真正地接受这些项目。假如那些处在被提供处理的组中的个体有 $Z=1$，而那么没有被提供处理的个体（处理组）有 $Z=0$。如果可能的话，对于那些愿意接受处理的个体有 $D=1$，不愿接受的有 $D=0$。我们假定处理组中的个体在任何情况下都不能获得处理的机会。因此，如果 $Z=0$，D 必须等于 0。然而，那些在处理组中的个体可以拒绝处理，因此对于某些个体而言，$Z=1$ 且 $D=0$。给定上述情况并假定被提供处理的组中成员的关系是随机的，我们有：

$$
\begin{aligned}
ITT &\equiv E(\gamma\mid Z=1) - E(\gamma\mid Z=0)\\
&= E(\gamma^1\mid Z=1,\ D=1)\Pr(D=1\mid Z=1) - E(\gamma^0\mid Z=0,\ D=1)\Pr(D=1\mid Z=0)\\
&= E(\gamma^1 - \gamma^0\mid D=1)\Pr(D=1)\\
&= \int B(X,\ U)\Pr(D=1\mid X,\ U)dF(X,\ U)
\end{aligned}
$$

这个关于 ITT 的简单表达式假定了由于处理的随机化，$E(\gamma^0\mid Z=1,\ D=0) = E(\gamma^0\mid Z=0,\ D=0)$。与上述考虑的其他处理效应类似，ITT 可以以 X 为条件。

被处理的处理效应（Treatment on the Treated，TT）是那些主动选择接受处理个体的平均处理效应，其可被表示为：

---

④　如果假定对 $X=x$ 而言，Z 中存在一些变异，那么 LATE 也可以被表示为以 X 的值为条件。

$$TT \equiv E(\gamma^1 - \gamma^0 \mid D = 1)$$

$$= \frac{\int B(X, U) \Pr(D = 1 \mid X, U) dF(X, U)}{\int \Pr(D = 1 \mid X, U) dF(X, U)}$$

注意到 TT 的值一般要大于 ITT，因为 TT 是被定义在 D 只等于 1 的情况下。上述关于 TT 的表达式被写成了以每个 X 与 U 的组合被处理的概率为权重对 MTE 进行加权的结果，U 的值越大表明个体有更大的概率被选入处理中，并被分布 $f(X, U)$ 中选择个体进入处理的比例标准化。与此密切相关的未被处理的处理效应是指那么没有主动选择接受处理个体的平均处理效应。注意到如果每个个体都选择主动接受处理，那么 $ITT = TT = ATE$。

为了更具体地说明不同处理效应的差别，我们在一个向机会靠拢项目（Moving To Opportunity，MTO）试验的背景下对它们进行了比较。该试验是根据"第八条住房券法案"，将 20 世纪 90 年代中期五个城市居住在公共住房中的居民随机分为两个组。没有被提供住房券的控制组的数据也被收集了。那些在"第八条法案"处理组中的家庭会接受一张住房券，对于愿意接受这个住房券的房东而言，该住房券会以补贴租金的形式来实现。这个试验处理组中的居民会被提供额外建议并被要求迁移到一个贫困率低于 10% 的街区，并在那里至少居住 1 年时间。处理组与控制组家庭的基础信息会在随机试验之前以及处理之后的若干时期被收集，让我们以劳动市场收入为例作为"第八条法案"处理组的结果。

在所有居住在公共住房中的居民总体中，每个家庭都有一些特定的可观测与不可观测特征 (x, u)。$MTE(x, u)$ 表示的是将一个拥有 (x, u) 特征公共住房家庭迁移到"第八条法案"所要求的住房中对家庭收入的因果影响。因为 MTE 被理解为每个家庭被分配为不同的 U 以及不同的处理效应，因此对于每个 (x, u) 而言只有一个可能的 MTE。对于 τ 的 QTE 则是在所有被处理的家庭都服从这一处理时，处理组与控制组在 τ 分位收入水平上的比较。$ATE(x)$ 则是当所有被处理的家庭都服从处理时，对于具有特征 x 的家庭在处理组与控制组中的平均收入差异。ITT 是处理组与控制组的平均收入差异，而不管处理组中的家庭是否愿意接受住房券。TT 则是处理组中主动接受住房券的家庭与控制组中那些如果被提供住房券也会主动接受的家庭之间的平均收入差异。在二元的处理背景下，LATE 等同于 TT，这是因为提供住房券这一行为构造了家庭离开公共住房迁移到受"第八条法案"补贴住房的概率。正如我们在 1.5 部分进一步讨论的，LATE 这一术语通常在用工具变量来研究一个连续的处理变量对某一个结果影响的因果关系时被引用。例如，由于住房券的提供使得被处理的家庭相对于控制组中的家庭以更高的概率迁移到一个低贫困率的街区，我们就可以理解街区贫困率对家庭收入的局部平均处理效应。这个局部平均边际效应仅适用于那么受处理诱导而迁移到具有更低贫困率街区的家庭。

1.2.3　连续型处理的情形

当处理是连续的情形，我们不再假定总体中的每个个体存在两个对立的状态 γ_i^0 与 γ_i^1，我们假定连续的对立状态，用 γ_i^T 来表示。为了与文献中保持一致以及允许数据生成过程中的参数可以利用标准估计技术得到，我们仅对式（1.1）施加一些额外的约束，并主要关注如下线性模型：

$$\gamma_i = T_i B(X_i,\ U_i) + X_i D(U_i) + U_i + e_i \tag{1.4}$$

尽管上式通常可被理解为一个线性方程，但这里没有必要将（1.4）理解为严格的线性形式，因为 T 可以包含由连续型处理变量多项式组成的向量，正如 X 可以包含更高阶的项一样。注意到我们通常不考虑 $B(X_i,\ U_i)$ 与 $D(U_i)$ 是其自身处理变量函数的情况。

只需经过微小修正，上文讨论的各种处理效应都可以适用于连续型处理变量的情况（Heckma et al.，2006）。一般而言，连续型处理变量的处理效应必须通过处理变量所涉及的具体值来标注。例如，上一小节定义的处理变量的值由 0 到 1 时的平均处理效应，可以被写为 $ATE_{0,1}(x)$。由于式（1.4）的线性假设（或者 $B(\cdot)$ 不是其自身 T 的函数），所以不管处理变量的单位周期是多大，在连续情况下任何处理效应都是相同的。因此，对于所有的 q，存在 $ATE_{0,1}(x) = ATE_{q,q+1}(x)$。因此，对于 T 中任意的单位周期，经过很小的调整，上述定义的每一个处理效应都可以在连续的情况下继续保持其定义。当然，上述结果来源于特定假设并且当超出 T 的支集时可能不再成立。

需要强调的一点是尽管我们偶尔考虑 $B(X_i,\ U_i) = \beta$ 的情况，许多经验研究必须注意一种可能性，那就是我们感兴趣的处理变量的因果效应中，可能存在一些个体间"必要"的异质性。如果是这种情况，关于处理效应同质性的假设会导致对经验结果的无效解释。在本章的内容中，我们会展示在城市与区域经济者常用的发现因果关系的方法中，β 分布中的哪一部分可以被相应的估计方法识别出来。

1.2.4　随机化

本部分试图利用经济行为模型作为经验研究起点的动机存在一个困难，那就是对于一个待估计方程而言，作为研究者我们永远不会确定什么是"正确"的经验形式，因为我们不可能知道 γ 的真实数据生成过程。即使我们确实知道哪些变量属于 X 和 W，但通常是不同的特定经济模型对于数据生成过程有着相同的外生变量作为输入变量。结构性参数只有在其所属的结构模型被定义的情况下才是有意义的。因此，与其致力于发现结构性参数，我们发现更有用的是将经验研究工作集中在发现特定的处理效应，同时也可以在特定的结构模型背景下得到解释。这样做的主要挑战在于几乎总是有那些影响 γ 同时可能与处理变量相关的不可观测变量。这个便是经典的计量模型的识别问题。

解决这一识别问题的一种方法是承认即使处理变量 T 是随机的，对于发现 $B(X, U)$ 中的相关信息而言，我们没有必要观测 X 和 U 的值。随机化的作用在于它将不同 T 的值分配给了具有相同 X 和 U 的个体。因此，它构造出了具有可比性的被处理与未被处理的不同总体。当然，我们需要随机化而不是仅仅基于可观测变量的分布规则来达到这一目的的原因在于 U 是不可观测的。从其本质上而言，在所有处理水平上，总体中 T 的纯随机过程平衡了 X 和 U 的联合分布。

总体中 T 的纯随机过程与式（1.4）描述的数据生成过程，可以很明确地发现在一个 γ 关于 T 的回归中，最小二乘估计量 β 可以产生 ATE，具体来看，

$$plim(\hat{\beta}_{OLS}) = E[B(X, U)] = ATE$$

上式便是处理组与控制组的平均差异。直观上来看，产生这种结果的原因在于随机化使得总体中每个个体分布获得了其相应的处理水平。有人或许期望在这个回归中通过控制 X 来减小误差的方差，也就是减小 $\hat{\beta}_{OLS}$ 的标准误。更进一步地，我们可以更直接地通过引入 T 与时间的交互项对 γ 进行回归来估计一系列的特定平均处理效应，这些交互项捕捉到了 X 支集的不同部分。例如，如果研究者对拥有集合 A 与 B 中可观测属性的个体的平均处理效应感兴趣，那么研究者可以用最小二乘法估计如下回归方程：

$$\gamma = T1(X \in A)\beta_A + T1(X \in B)\beta_B + X\delta + \varepsilon$$

在这个方程中，$1(\cdot)$ 是指标方程。该方程的结果是 $plim(\hat{\beta}_{AOLS}) = E[B(X, U) \mid X \in A]$。其中，由最小二乘方法估计得到的 $\hat{\beta}_A$ 捕捉到了分布 X 在集合 A 中那一部分的平均处理效应。在这里很重要的一点是我们需要认识到集合 A 与 B 中不可观测变量的分布可能是非常不同的。这里不可能知道导致最小二乘估计值 β_A 与 β_B 可能存在差异是否是由于集合 A 中包含的可观测变量分布或者与可观测变量相关的不可观测变量分布与集合 B 不同所导致的。我们可以进一步将这个程序拓展以估计一个更广泛的平均处理效应的集合。

利用简单最小二乘法来估计处理效应通常需要明确的随机化过程。然而，

随机控制试验的实施可能是非常具有挑战性和代价高昂的。迪弗洛等（Duflo et al.，2008）为试图在实地试验中将随机化作为研究设计一部分的研究者提供了一个实践指南与工具包。[⑤] 对于所有试验一个普遍性的问题是对一个处理在全部总体范围内进行随机化通常是不可能或者不可行的。小的样本规模通常使得对子样本处理效应的推断是困难的。基于这个原因，对处理效应异质性的估计通常仅限于在回归模型中引入 T 与 X 的交互项。[⑥]

个人参加随机化试验很少是强制的，这意味着那些参与者可能与其他总体在一些非观测特征上存在差别。因此，处理的随机化通常仅发生在感兴趣总体中的一部分。例如，在向机会靠拢项目试验中，住房券仅会被提供给那些最初有动机出现在项目推介会上的家庭，尽管我们可以知道那些参与向机会靠拢项目者是否与未参加者在某些可观测特征上存在差别，但他们可能在一些影响福利水平与劳动力市场结果的不可观测特征上存在显著差别。换句话说，因为被随机化的样本几乎总是在某些不可观测变量上是自选择的，任何结果必然只适用于这一自选择的群体。因此，对没有外推的情况下，分布 U 支集某些部分中的处理效应是不会被识别出的。同样重要的是，一些被提供了处理的个体通常不会接受它。换句话说，即使控制组与处理组拥有相同的不可观测变量分布，但那些实际上被处理的与没有被处理的个体其不可观测变量分布仍然存在差异。在这些情况下，得到处理效应的全部分布通常是不可行的，因此研究者们主要关注对 ITT 和 TT 进行估计。

路德维格等（Ludwig et al.，2013）总结了利用项目实施 10~15 年后的数据估计的向机会靠拢项目的处理效应。他们发现项目对经济产出、青年教育以及身体健康没有任何可察觉的影响。然后，他们确实发现了对精神健康与主观幸福感的正向影响。克林等（Kling et al.，2007）的研究也支持了这一证据，他们在项目实施的 5~8 年后，发现向机会靠拢项目对女孩行为有正向影响，而对男孩行为有负向影响。加利亚尼等（Galiani et al.，2012）利用随机化的向机会靠拢项目估计了一个关于街区选择的结构模型。在给定从未实行其他住房券分配政策的情况下，他们利用他们的估计发现了被住房券接受者所选择的街区的贫困率的对立分布。他们发现通过限制目的街区可以显著地降低接受住房券的行为，并且当对街区目的地的限制过于强时会适得其反。这是一个很好

---

⑤ 大部分美国研究者实施的随机控制试验可以在 AEA RCT 网站上找到。尽管这是一个自愿的登记，但是 AEA 鼓励所有新的随机控制试验进行登记。

⑥ 当研究者对总体中特定部分的处理效应感兴趣时，相对于它们在总体中的比重，这些部分通常被过度抽样。当利用这些群体的数据来发现其他的处理效应或者参数时，我们必须对样本进行赋权以确保这些被过度抽样的样本不会对估计的贡献不成比例（相对于它们在总体中比重）。

的利用清晰的识别来发现结构模型参数的例子，并且最终一系列处理效应可以单独通过非理论方法来得到。

无论是项目影响还是到街区影响，对 MTO 项目因果效应的外推都有许多潜在的担忧。实际上，住房券导致的街区的改善与迁移的中断是结合在一起的，街区质量的改善并没有达到足以产生统计上可检验效应的程度，住房券的接受者往往自主选择特定的目的街区，向机会靠拢项目的结果并不能推广到其他情形。此外，向机会靠拢项目试验提供了很少的关于接近 50% 比例的，虽然接受了住房券但并没有选择离开公共住房的家庭迁移效应的信息。尽管存在这些警示，向机会靠拢项目试验仍然产生了很多关于街区质量变动对个体影响的可靠估计。尤其是，这些研究削弱了"空间错配假设"，该假设认为低质量的街区与较少的工作机会加剧了贫困街区的高失业率（Kain，1992）。

处理的随机化过程已经产生了与提高住房条件的内部与外部效应相关的有意义的数据。加利亚尼等（2013）检验了在萨尔瓦多、墨西哥与乌拉圭为贫民随机提供预制件房屋的影响。他们发现相对于控制组，受益者在劳动力市场上的表现并没有提高，但提高了幸福感与居住条件。弗里德曼（Freedman，2014）发现在圣路易斯与密苏里针对家庭修缮随机分配的税收信贷微弱地提高了街区住房的价值。

正如大多数情况下处理效应的估计一样，利用随机分配处理的数据的一个重要问题是潜在一般均衡效应的存在。将处理组与控制组在结果上的平均差别解释为处理效应需要强单位处理值假设（Stable Unit Treatment Value Assumption，SUTVA）（Cox，1958），这意味着对于一个被处理的观测值而言，其对控制组观测值的结果不会产生直接或者间接的影响。例如，在向机会靠拢项目试验中，如果一些控制组的家庭听到了实验组中家庭的街区迁移选择并且根据这个信息进行了行动，强单位处理值假设就会被违背了。为了避免这个问题，在发展中经济体的许多随机控制试验都建立在村落层面而不是家庭层面。然后，鉴于许多城市与区域经济学感兴趣的问题本质上是关于城市而不是乡村运行的，因此这种策略在我们领域的应用可能是有限的。尽管如此，随机控制试验在回答城市与区域问题时会变得越来越普遍，因为随着快速的城市化进程，在发展中国家评估城市政策干预的影响正变得越来越重要。

另一种随机化过程被用来分析因果效应的情形是同辈效应（peer effects）。没有随机化过程是很难绕开下面这一问题的，那就是人们通常根据相互关联的不可观测因素分成同等的群体，包括学校中的班级与人际关系网。萨克多特（Sacerdote，2001）利用达特茅斯大学新生室友的随机分配来研究大学表现中的同辈效应。拜尔等（Bayer et al.，2009）利用少年犯监房的随机分配来识别再犯罪中的同辈效应。然而，利用在空军学院收集的试验数据，卡瑞尔等（Carrell et al. , 2013）在最低能力的组中发现了负向的同辈效应，这或许部分因为内生的小群体将他们与能力最高的同伴分隔开来。在田纳西州星工程项目中，第一年学生被随机分配教室这一行为也用来识别同辈效应；例如，可参见格雷厄姆（Graham, 2008）。

本章剩余的大部分内容都是在针对处理进行明确的随机化不可行的情况下来考虑如何发现处理效应的策略。1.4 部分主要考虑了如何间接控制不可观测变量的不同策略。1.5 部分考虑了如何识别和有效利用处理中伪随机变异的不同方法。1.6 部分考虑了如何充分利用处理中的非连续性。作为一个一般性的准则，我们重申无论利用何种经验方法，对研究者最重要的是能够理解用来识别感兴趣参数的变异来源。基于如上理由的全面考虑通常能够揭示潜在的内生性问题，这种内生性问题可以是处理变量可能与 W 中的因素相关，或者在一定程度上被估计的处理效应仅适用于总体特定的一小部分。

当识别处理效应时，在很多情况下随机化或者控制不可观测变量的可靠策略都是不可行的，这或许并不完美。为了识别处理效应，主要可行的替代方法是利用模型模拟的方法来明确地对异质性与分离均衡进行建模。霍姆斯和西格（Holmes and Sieg）在第二章对这种结构化的选择进行了详细讨论。需要强调的是，为了获得可靠的处理效应估计，结构模型所需要的假设比对处理效应进行随机化方法所需要的假设要更强。此外，为了保证模型导出结果的可靠性，仍然需要仔细考虑估计过程中所利用数据的变异来源；并且，是否这些变异来源是随机的（很可能不是）或者至少与那些非常重要但未被明确模型化的机制不相关。

1.3　空间加总

在深入研究各种具体的识别方法与计量估计量之前，我们简要研究下拥有空间加总结构的数据，这些数据是由个人、家庭和企业的数据在空间上加总而来。这种数据结构可能是由数据提供者施加的或者被研究者所选择的，因为处理是在区域层面而非个体层面被实施的。当空间加总的数据结构是由研究者选择的时，这种数据结构主要是为了减轻违背 SUTVA 假设的忧虑，这种违背会出现在有着不同处理水平但地理上相互邻近的单元产生外溢效应的情况下。为了避免这一潜在问题，研究者们通常将数据加总至地方劳动力市场或者都市区所在区域的水平上。

假设处理与其结果是在某种空间加总的水平上被观测到，例如，统计区或者邮政代码水平上，并将其用 j 来表示。在二元处理情况下，当处理被应用于每个区位上 (x, u) 的相同部分时，这是一个很强的假设，数据生成过程方程变为：

$$\tilde{\gamma}_j = S_j \tilde{B}(X_j, U_j) + \frac{1}{N_j} \sum_{i(j)} X_i D(U_i) + \tilde{U}_j + \tilde{\varepsilon}_j$$

在这个方程中，波浪线（~）表示所有在 j 内观测值的样本均值。N_j 是 j 内的全部样本观测值，S_j 是 j 内被处理的观测值所占的比重，且 $\tilde{B}(X_j, U_j) = \int B(X, U) dF_j(X, U)$，其中 $F_j(X, U)$ 是单位 j 内 X 与 U 的联合累积分布函数。注意到因为系数 $D(U_i)$ 是异质的，因此 $\frac{1}{N_j} \sum_{i(j)} X_i D(U_i)$ 不能像通常一样被简化为均值 $\tilde{X}_j$ 的简单函数。因此，除非 $D(U_i) = \delta$，控制 X 中每个元素的均值并不能恰当地控制单个个体的观测值。因此，在这种加总的情况下，不仅控制每个可观测特征的均值，而且尽可能地控制其整体分布也是有意义的。因此，如果区域内 X 的均值都是可观测的控制变量，我们可以认为 j 内 X 中其他要素的分布是 $\tilde{U}_j$ 的一部分[7]。

在一个更一般的连续型处理与异质处理效应的情况下，加总会导致用不可分的项 $\frac{1}{N_j} \sum_{i(j)} T_i B(X_i, U_i)$ 代替上式中的项 $S_j \tilde{B}(X_j, U_j)$。在没有对潜在的数据生成过程进行进一步假设的基础上，对 $B(X, U)$ 进行估计是非常困难的。一个常见的简化假设是假定区域间存在完全的分类。在蒂伯特（Tiebout, 1956）模型中这种假设可以被视为对均衡的合理近似，正如埃普尔和普拉特（Epple and Platt, 1998）所阐释的。这个结构化假设在良好的空间加总水平上会更准确，利用该假设我们可以得到如下数据生成过程：

$$\tilde{\gamma}_j = T_j B(X_j, U_j) + X_j D(U_j) + U_j + \tilde{u}_j$$

由于在每个区域 j 内 X 和 U 都是同质的，我们只需要将这些因素用 j 来标注来表示在 j 内任意分位数上它们的分布。如果没有这种同质假设，可以清晰地发现我们在用空间加总数据来发现 $B(X, U)$ 中的信息时会取得一些进展，但是即使处理有着明确随机化过程的情况下，利用微观数据或者采用分类模型的结构对于发现处理效应是更有利的。

除了拥有一个如式（1.4）所描述的数据生成过程，在一些情况下我们

---

[7]　如果研究目的是发现个体层面（而不是区域 j 层面）的平均处理效应，我们应该用 N_j 进行加权估计。这样做可以允许拥有较多样本的区域对估计结果的影响比拥有较少个体的区域要大。然而，如果研究目的是发现区域层面的平均处理效应，我们则不必对估计结果进行这种加权处理。

可以决定处理自身是在地方区域水平上实施的。例如，联邦特许区（Federal Empowerment Zone）项目将不同形式的政府补贴来处理特定的统计区，清洁空气法案则用污染减排来处理不同的县。利用这些分类的政策，我们通常对地方居民或者企业的影响感兴趣。在地方区域（如统计区）水平上，数据生成过程是：

$$\tilde{\gamma}_j = T_j \tilde{B}(X_j, U_j) + \frac{1}{N_j} \sum_{i(j)} X_j D(U_j) + \tilde{U}_j + \tilde{u}_j \tag{1.5}$$

如上所示，在这个方程中，$\tilde{B}(X_j, U_j)$ 表示在给定单位 j 内 X 与 U 的分布时，在每个区域 j 内的平均处理效应。在这种情况下，我们不必假定在地方区域内总体或者处理是同质的以便能够在发现 $B(X_j, U_j)$ 时取得进展。尤其是，在给定在 T_j 中全局的随机化过程以及相关接受处理的区位没有发生变化时，那么根据迭代期望法则，平均结果关于（用每个区域 j 总体加权的）虚拟处理变量进行最小二乘回归可以得到处理变量的系数。

这里的一个关键假设是每个区域 j 内的总体组成结构不会因处理而变化，这是一个很强的假设。如果处理改变了特定区域的设施价值，我们可以预期特定类型的居民会从没有受到处理的区域迁移到被处理的区域。因此，即使最初的处理在空间上是随机的，这也改变了在每个区位 $f_j(X, U)$ 的总体分布，且破坏了识别 $E[\tilde{B}(X_j, U_j)]$ 所必需的 T 与 $\tilde{U}$ 之间的正交性。尽管我们可以在数据中搜寻这种关于可观测变量 X 的再分类现象，但是由于此时中介结果现在是内生的，将这种中介结果作为控制组可能会使处理效应的估计产生偏误。切利尼等（Cellini et al., 2010）在动态模型的情况下提供了处理这种情况的一种替代方法。再一次强调，利用考虑了分类效应的经济学行为模型会有助于计量识别。

这里我们考虑的最终数据加总结构是指将一个都市区或其他大的空间单位作为一个观测值，这个观测值可以是不同时点上的。这类高度加总数据的问题只能在以下情况下得到解答，那就是全部的数据生成过程必须在地方劳动力市场或者包含一系列微观交互影响的水平上被描述。我们在承认式（1.4）中同时存在异质处理效应、每个劳动力市场内个体间异质的处理以及空间滞后的前提下，通过把式（1.4）加总到地方劳动力市场水平上可以理解上述概念。例如，测度地方劳动力市场内集聚经济的大小（Glaeser et al., 1992; Henderson et al., 1995）以及测度高速公路对城市分散化的影响（Baum-Snow, 2007）或者利用空间加总结构的数据来研究城市增长（Duranton and Turner, 2012）。这些例子中，由于数据是由微观数据加总而来的，因此分类效应以及一般均衡效应的存在都使得计量识别非常困难。在这些类型的应用中，我们通常将处理视为发生在大都市区的空间水平上，因此即使大都市区中的一些区域即使没有被明确地处理，但也会通过一般均衡效应而受到间接影响。这种经验策略要想取得成功，数据必须在充分的空间水平上进行加总，以保证观测值间的联系最少。如果数据没有被充分地加总，空间个体间的外溢效应导致的内生性问题会非常难以处理。

下面的方程描述了对一些地方劳动力市场加总统计量 γ 而言的数据生成过程，例如总人口或者 GDP：

$$\gamma_k = T_k B(X_k, U_k) + X_k D(U_k) + U_k + u_k \tag{1.6}$$

在这个方程中，k 表示地方劳动力市场或者其他高度加总的空间单位，例如州。在这种情况下，估计系数可以是异质的，因此其可能是 k 内家庭或者企业特征的分布，或者其他 k 的总体特征的函数，无论是何种情况，我们将其表示为 (X_k, U_k)。如果感兴趣的处理效应是关于个体的，那么这个方程类似于式（1.5），我们必须考虑 k 中的总体因为处理的实施而进行的任何潜在的分类行为。如果研究目的是大都市区这一空间加总层面的处理效应，这个方程与式（1.4）非常类似，当然也会面临着计量识别与估计结果解释上的同样挑战，尽管这种机制可能因为空间分类效应而非常脆弱。一个与现实中微观分析的重要区别在于，现实中的观测值往往是很少的。例如，美国大都市圈的历史数据有时仅包括全国范围内 100 个区域的信息。利用这种有限数量的观测值，如果处理变量被定义的过于非参数化，统计功效会下降得非常快。因此，对于发现式（1.6）中关于 $B(\cdot)$ 的大量信息而言，很少的统计功效可以提供。

概括而言，关于经验模型中利用空间数据的一个普遍担忧在于如果没有实施恰当的修正，标准误很可能被低估了。这是因为临近的不可观测变量中的因素往往使其自身成为相关的误差项。空间或者时期相关的不可观测变量 W（或者与之等价的 γ 中未被解释的部分）是为什么空间相关误差项反复出现的原因。伯特兰等（Bertrand et al., 2004）在每个集群有固定观测值但是集群的数量趋向于无限情况下，讨论了区块自举法（block bootstrap）（Efron and Tibishirani，1994）和集群方法（Moulton，1990；1986）如何解释这些问题。卡梅伦等（Cameron et al., 2008）在集群数量较少的情况下，利用蒙特卡洛模拟比较了不同计算标准误的方法。他们的结果显示当集群是独立的且集群的数量很少时，"集群原始自举法 t 值"可以产生最精确的统计估计量。贝斯特等（Bester et al., 2011）讨论了异方差——自相关一致估计量，并且在集群不是独立的、集群数量是固定的但是每个集群内观测值的数量趋向于无限以及存在空间相关误差项的情况下，拓展了集群方法的参数估计。

现在我们已经详细阐释了在城市与区域经验研究中最常出现的各种数据生

成过程的不同可能，我们进一步考虑识别处理效应的不同经验方法。

1.4 观测变量的选择

对于发现数据中可靠的因果关系而言，拥有由明确或者拟随机过程产生的数据源通常是更好的方法，但是仍然有很多重要的问题并不能轻易地利用这种经验方法得到解答。正如在本部分中，我们考虑了在不能随机化的情况下发现因果关系的其他选择。在 T 与 U 不相关或者 T 是完全随机化这种不太可能的情况下，应该明确的是利用最小二乘方估计式（1.4）只能得到平均处理效应 $E[B(X, U)]$。因此，本部分仅考虑在随机化不可行的情况下针对简单最小二乘法的其他替代方法，因而不会对感兴趣的经济关系中不可观测变量的影响进行解释。这些其他方法包括固定效应、双重差分以及匹配估计量。我们强调这些方法或者本章中其他部分讨论的方法有时可以被成功地综合运用。在许多情况下，运用非试验估计量的关键是处理组与控制组的选择。选择控制组的主要目的在于选择一系列观测值，其不可观测特征分布与处理组中的变量是相似的。尽管在稳健性检验中将所有的未被处理变量都分布到处理组中是标准做法，但下面我们仍将通过检验可观测变量的分布来给出一些正式的选择以便说明如何这样做。例如，最后一小部分讨论了将控制组中的观测值重新赋权从而与处理组中相应可观测变量分布相匹配的估计量。

对于选择最令人信服的识别方法而言，我们强调这是一门科学，同时也几乎是一门艺术。具体的选择严重依赖于具体的情况以及可用的数据结构。例如，如果可用的数据包括个体面板数据，那么固定效应便是可行的。如果数据结构是两个重复的截面，那么双重差分方法可能是最合适的。即使在我们考察的识别方法中，具体的实施细节也需要很多决策。正是基于如此的考虑，我们希望本部分能提供一个关于可用方法的一般性指导以及它们的优劣势与在公开研究中的应用，而不是仅仅提供如何实施经验研究工作的具体菜单。

1.4.1 固定效应方法

固定效应与面板方法可以被用于每个个体或者空间单元拥有多期观测值的情形。在回归中引入固定效应是为了从误差项中去除所有不随时间变化，或者不随空间变化（如果不同个体是在同一区域被观测的）的不可观测变量。这意味着通过引入固定效应（或者双重差分方法，我们将会在下面的部分中讨论它，这是一个通常包含固定效应的特殊识别方法），任何不随时间变化的不可观测变量都被控制住了。我们分别在不同总量水平上考虑个人或企业、家庭和空间单元的面板数据的应用。

对于个体 i 在时间 t，一个一般性的固定效应回归方程如下所示：

$$\gamma_{it} = T_{it}\beta + X_{it}\delta + \alpha_i + \varepsilon_{it} \tag{1.7}$$

在没有固定效应项 α_i 时，β 通过比较不用水平 T 上个体 i 的结果差异被识别得到。固定效应的引入等价于将 γ，T 和 X 关于其在 i 内的样本均值进行差分。因此，在如式（1.7）的固定效应回归中，β 通过比较个体内部 γ 随 T 的变化（或者差分）被识别得到。个体间 T 的变化没有提供用来识别 β 的信息。当超过两个时期时，我们也可以利用一阶差分数据来估计式（1.7），并通过比较个体内的二阶差分来识别 β。

因为上面回归中 β 是通过比较个体内 T 随时间的变化来识别的，因此那些在 T 上变异大的个体对估计 β 的影响要更大。因此，如果个体间处理效应是异质的 β_i，$\hat{\beta}_{FE}$ 实际上并没有描述平均处理效应，而是描述了个体处理效应的加权值，其权重为每个个体对总体识别的贡献。实际上，吉本斯等（Gibbons et al.，2013）得到了针对 β 的固定效应估计量为：

$$\hat{\beta}_{FE} = \sum_{i=1}^{I} \left(\frac{N_i}{N} \hat{\beta}_i \frac{\widehat{Var}\ (\tilde{T}_i)}{\widehat{Var}\ (\tilde{T})} \right)$$

在这个表达式中，$\tilde{T}$ 是将 T 映射到包括固定效应在内的其他协方差上的残差，$\widehat{Var}(\tilde{T}_i)$ 则是其在 i 内的方差，$\widehat{Var}(\tilde{T})$ 则是其在全部数据范围内的方差。结合上述的直觉，$\hat{\beta}_{FE}$ 是个体处理效应的特定加权。如果处理效应的异质性是重要的，我们可以在下面的交互回归方程中估计个体处理效应 β_i，该方程中的 $\tilde{\alpha}_i$ 与式（1.7）中的 α_i 是不同的：

$$\gamma_{it} = T_{it}\beta_i + X_{it}\delta + \tilde{\alpha}_i + \varepsilon_{it}$$

然后，上述个体处理效应可以根据需要任意地被平均。例如，伍德里奇（Wooldridge，2005）建议"样本加权"的处理效应，该效应在样本中每个个体包含的观测值相同情况下 $\left[如 \sum_{i=1}^{I} \left(\frac{N_i}{N} \hat{\beta}_i \right) \right]$ 与平均处理效应是相同的。不幸的是，在许多应用中对于一些个体而言，T 随时间并没有变化，从而使得识别个体处理效应、样本加权的处理效应与平均处理效应是不可能的。

在城市经济学研究中，带有个体固定效应的回归方程被广泛地用于解释城市规模或者密度通过集聚经济对工资乃至生产率的影响。格莱泽和马雷（Glaeser and Maré，2001）、库姆斯等（Combes et al.，2008）、鲍姆－斯诺和帕文（Baum-Snow and Pavan，2012）、德拉洛卡和普加（De La Roca and Puga，

2014）以及其他研究者估计了工资对数对工作经验、城市规模与个体固定效应的明瑟方程，其形式如下：

$$\ln w_{it} = \beta \left[citysize \right]_{it} + X_{it}\delta + \alpha_i + \varepsilon_{it} \qquad (1.8)$$

对城市规模变量系数 β 的识别来自于个体在不同规模城市中的迁移活动。注意到，城市规模可以被具体化为用虚拟处理变量向量或者连续处理变量向量衡量的城市规模。在如式（1.4）的数据生成过程情况下，个体固定效应项 α_i 的作用是控制 U_i 中不随时间变化的因素。因此，可以将 α_i 解释为不随时间变化的能力或者技能因素。这些研究一致性地发现，在控制了个体固定效应后，工资与城市规模之间存在很强的关系，尽管个体固定效应的引入会使得城市规模或密度系数的估计值下降约三分之一或者一半。这个结果的直观启示在于尽管城市规模与工作之间存在因果关系，但是在通过工资评价集聚经济时，考虑拥有高固定效应（不可观测的能力因素）的个体向大城市的迁移是很重要的。

对这些研究中识别的最大威胁在于有些不可观测变量表明工资与劳动力市场收入与在不同城市中的迁移决策是相互联系的。受到正向不可观测生产率冲击的个体更有可能迁移往大城市。这些潜在的缺失变量可以是婚姻状况、中奖、照顾生病的亲人、失业或者为了开始一个更好的工作而迁移。这些不可观测变量都是 U_i 中随时间变化的部分，尽管有的人可以认为城市间就职率与离职率的变动应该被视为城市生产率变动的一部分⑧。如果这种内生的迁移决策是重要的，与没有利用固定效应而仅利用个体间的差异相比，只利用个体内部在城市规模上的变动在估计 β 时实际上会引入更多偏误。不管怎样，固定效应模型没有利用任何控制组中的信息，这些控制组中的个体尽管没有迁移，但是与居住在不同规模城市中的个体拥有相似的不可观测变量⑨。

异质处理效应之所以在我们的考虑中是最重要的主要基于两方面的原因：首先，那些迁移更频繁的个体在估计城市规模效应 β 被赋予了更大的权重。如果拥有更高工资增速的更有能力的人迁移会更加频繁，那么他们在估计 β 时被给予了更大的权重。如果是这种情况，他们的 U 在边际处理效应分布 $B(X,U)$ 中被过度抽样了，因此 β 可能高估了平均处理效应。其次，在劳动力进入市场不久后更容易迁移这一事实意味着固定效应估计量主要发现了那

---

⑧ 尽管不同规模的城市在就职率与离职率上的差异通常被视为集聚经济的一个机制，这个数据生成过程内在地与工作匹配动态联系在一起。因此，在式（1.8）的情况下被估计方程是永远不会捕捉到这一数据生成过程的，工作的搜寻与匹配出现在 U_i 中而不是将其视为城市规模系数的一部分是更明确的。Baum–Snow 和 Pavan（2012）考虑了如何利用一个动态结构模型来估计集聚经济中的搜寻与匹配问题。

⑨ 在样本期内仍然在同一地点的个体的观测值确实提高了 δ 的估计精度。

些在职业生涯早期、而不是职业生涯平均阶段个体的因果效应。用 1.2 部分的语言来说，我们可以将劳动力市场工作经验视为 X 中的一个要素，并且边际处理效应 $B(X, U)$ 在某些特定 X 的取值上相对于其他取值要更大。因此，即使没有变量缺失问题，在这种情况下固定效应估计量只是发现了一个特定的局部平均处理效应，并且高估了平均处理效应，这是因为对高能力与在职业生涯早期迁移个体的过度抽样。在计量识别中没有考虑这种处理效应异质性会导致固定效应估计量的偏误，在这种情况下固定效应不再是对个体能力的良好测度。这些观测值来自德拉洛卡和普加（2014）利用的西班牙数据以及鲍姆 – 斯诺和帕文（2012）利用美国数据针对城市规模对工资影响的评估。

当处理中缺乏随机性的时候，在不利用结构模型的情况下，迄今为止文献中在处理这种内生迁移问题时仅是部分成功的，如鲍姆 – 斯诺和帕文（2012）的研究。德拉洛卡和普加（2014）通过允许 β 与 δ 在个体间是不同的，在处理异质处理效应方面取得了一定进展。他们通过首先捕捉固定效应然后交互的方式对经验模型进行了迭代估计，直到一系列稳定的固定效应被估计得到。他们发现大城市中高能力个体的工作经验回报要更大，但是工资水平的差异并没有在很大程度上依赖能力。通过检验不同区位固定效应的分布，库姆斯等（2012）认为在法国的数据中选择性迁移的影响并没有大到可以使真实的平均处理效应与最小二乘法估计值之间产生明显区别，鲍姆 – 斯诺和帕文（2012）与德拉洛卡和普加（2014）也得到了相同结论。

固定效应方法的另一种标准应用情况是在特征模型中。利用住房交易价格与家庭住房特征数据，固定效应可以去掉不随时间变化的住房特征对家庭住房价值的贡献。重复交易的特征模型（其最初并没有包括家庭住房可观测特征）是住房价格指数的基础，这可以追溯到贝利等（Bailey et al.，1963），并包括标准普尔指数，凯斯—席勒指数（Case and Shiller，1987；1989）。重复交易指数利用如下的回归方程来构建，通常也对误差项中潜在的异方差进行调整。

$$\ln p_{ijt} = \beta_{jt} + X_{ijt}\delta + \alpha_i + \varepsilon_{ijt}$$

在上面的方程中，$\ln p_{ijt}$ 是在时间 t 市场 j 中住房 i 的市场交易价格的对数。固定效应项 α_i 解释了不可观测的住房固定特征，β_{jt} 捕捉到了时间 t 市场 j 的房价指数，X_{ijt} 包括了随时间变化的住房特征。罗森塔尔（Rosenthal，2014）在他的研究中，利用一个类似的形式来控制不可观测的住房特征，并将方程左边替换为住房所有者收入的对数。

这种重复交易的形式也构成了一些评估不同公共产品与服务支付意愿研究的基础，这类研究包括关于实际与获得到的教育质量的不同方面。例如，菲格里奥和卢卡斯（Figlio and Lucas，2004）检验了在佛罗里达州，当新的包含地方学校质量的简报公之于众时，房价与居民流动性是如何变化的。为了达到这一目的，他们设定 $\beta_{jt} = \mu_{jt} + T_{jt}\beta + X_{jt}^s\gamma$。在这个表达式中，$T_{jt}$ 是一个向量，其包含一系列表示国家分配给地方学校级别的虚拟变量，X_{jt}^s 包含学校特征的向量。对处理效应 β 的估计反映了学校等级对地方住房价值的因果关系。这里计量识别之所以能够进行是因为被报告的小学的等级是一个意外事件，并包括大量随机噪声，因此不太可能与街区的不可观测变量相关。此外，地方学校的所有随时间变化的可观测特征都被 X^s 控制了，并且由于固定效应 α_i 的存在，这里学校等级与关于住房价值的不可观测变量之间不存在相关关系。因此对系数 β 的解释是学校等级变动对住房价值的平均影响。这里必须意识到很重要的一点，那就是对等级 A 学校影响的识别主要是利用居住在富裕街区家庭的变异得到的，这些家庭对学校质量有很高的要求，然后等级 F 学校的影响主要是利用贫困街区的家庭识别得到的。因此，这些局部处理效应仅仅适用于整体家庭分布的一部分样本，这些部分样本在相应的学校等级上发生了变化。

除了 β 估计量的局部性质，对特征回归的明确解释需要认真考虑住房价格的数据生成过程。始于罗森（Rosen，1974）的特征模型表明一个产品质量属性的变化可能会导致消费者购买那种产品的构成发生变化。此外，住房供给曲线的弹性决定了在多大程度上这种质量变动会被反映到价格而不是数量上。在这种情况下，地方可获得的学校质量的提高以及因此导致的地方住房需求曲线的外移可能主要是由更富裕的家庭希望搬入那个街区导致的。这些更富裕的居民可能寻求更多数量的住房服务，这种需求的变动会促使开发商提高住房存量。因此，如上文设定的回归一样，如果其被良好识别并且 β 是学校等级对住房价格的因果效应，那么将 β 解释为对于任何潜在购买者而言在地方公共品增加时的边际支付意愿是不明确的。事实上，菲格里奥和卢卡斯（2004）表明 A 等级学校会诱使高成绩学生进入学校的招生区域，这些学生的父母更愿意为学校质量支付更多。格林斯通和加拉格尔（Greenstone and Gallagher，2008）利用统计区水平的总量层面房价数据考虑了如何发现危险废弃物清理的福利影响。一般而言，不同属性的街区往往由不同的家庭构成，上述标准特征方程中的 β 仅仅发现了在家庭对街区特征偏好都相同的这一强假设下的边际支付意愿[10]。

---

⑩ 识别对街区属性的异质边际支付意愿通常需要额外的经济模型。Bayer 等（2007）的文章（我们在 1.6 部分会讨论）说明了如何利用结构化模型结合断点回归识别方法来控制不可观测的街区特征，以便发现街区的学校质量与社会统计特征支付意愿的分布。Kuminoff 等（2013）提供了住房市场上供给与需求均衡的结构化模型，这些模型可以用来识别对公共品的支付意愿。

　　另一个固定效应被有效运用的情况是用来控制截面或者地理编号的重复截面数据中的不可观测街区特征。一个通常的设定具有如下形式，其中 j 表示地方单位例如统计区或者街道：

$$\gamma_{ijt} = b_{jt} + T_{ijt}\beta + X_{ijt}\delta + \varepsilon_{ijt}$$

　　坎贝尔等（Campbell et al.，2011）利用上述形式检验了被迫销售对房价的影响。在他们的设定中，处理是一个虚拟变量，当住房交易不是自愿时等于 1，否则等于 0。统计区与时期固定效应 b_{jt} 控制了家庭可能在社会经济条件较差的街区中更倾向于被迫销售其住房的可能性。奥特等（Autor et al.，2014）采用一个类似的形式估计了马萨诸塞州剑桥实施租赁限制对住房价值的影响，且艾伦等（Ellen et al.，2013）这样做检验了失去房屋赎回权对犯罪的影响。拜尔等（2008）在评估工作推荐网络的影响时，利用统计区的固定效应控制了不可观测的工作选择效应。他们基本的识别假设是那些寻找家庭住房的人只能在一个特定区块族群中最多找到一处住房，但他们发现以个体和区块固定效应为条件，生活与工作在同一个区块是强相关的。

　　利用空间单位固定效应的标准做法存在一个有些随意的特点，那就是每个观测值只被分配了一个特定的空间区域固定效应，即使在同一区域内，观测值的区位也是不同的。换句话说，那些在统计区边缘的观测值可能更多地受邻近区域非观测变量外溢效应的影响，且并不是所有 j 区域内的区位都可能有相同的不可观测特征。在一定程度上处理的异质性可以表示为区位的函数（例如由于邻近区域外溢效应的影响），或者说与子区域水平的非观测特征是相互联系的，此时，β 的估计值将是有偏和不一致的。一种解决这种问题的方法是采用空间移动平均的形式。我们将上式中的 b_{jt} 替换为：

$$b_{ijt} = \sum_k \left[W \left[dist(i, k) \right] \tilde{b}_{kt} \right]$$

　　假定特定区位 i 与空间单位 k，我们可以将邻近区域的固定效应进行加权平均。在这个式子中，$W(\cdot)$ 是加权函数，当观测值间的距离为 0 时等于 1，并随着距离的增加递减。这个加权函数中有待估计参数 ρ，并具有标准的指数或者线性衰减形式，如 $W(d) = e^{-\rho d}$ 或者 $W(d) = \max\left[1 - \dfrac{d}{\rho}, 0\right]$。对固定效应和 $\tilde{b}_{kt}$ 以及衰减参数 ρ 的估计可以利用非线性最小二乘法或者广义矩法来实现。对于较小的空间加总水平而言，我们也可以将这种形式拓展到包括可分的个体固定效应。这是空间移动平均模型（可以控制误差项中的内生部分）的一个特例，吉本斯等在第 3 章中对其进行了详细讨论。

　　我们将在下一小部分讨论将固定效应估计量应用于地方劳动力市场加总数据的情形。

1.4.2　双重差分方法

双重差分识别方法是固定效应特别广泛的一个应用。如果要实施该方法，通常需要处理组与控制组分别在不同时期被观测到的数据结构，并且其中至少一个时期对处理组与控制组而言都是相同的。尽管有些研究中处理组与控制组是在不同的地点或背景、而不是在不同时期进行比较的，通常而言，对时间进行差分发生在处理还没有被实施的最初时期。对时间进行差分通常包括组别或者子组别的固定效应，可以消除误差项中导致处理组与控制组差异的不随时间变化的不可观测因素 U。对组别进行差分，通常包括时间固定效应，可以消除处理组与控制组中相同的随时间变化的不可观测因素 U。双重差分方法中的主要识别假设是不可观测变量中的随时间可变因素与处理是不相关的。双重差分方法可以被进一步拓展到处理是在不同时点上或者包括更多差分的情形。

双重差分方法的实施是很明确的。我们可以将感兴趣的参数视为处理组与一个处理前虚拟变量的交互项。我们可以等价地比较处理组与控制组在处理实施前与实施后结果上的均值差异来计算一个简单的双重差分。下面这个可以被最小二乘法估计的回归方程包括了针对面板数据的标准双重差分形式，其中 β 是我们感兴趣的参数。它包含一个时期固定效应 ρ_t，个体固定效应 κ_i 以及处理变量 T_{it}，其中处理变量只有在处理后的时期才是非零的。

$$\gamma_{it} = \rho_t + \kappa_i + T_{it}\beta + X_{it}\delta + \varepsilon_{it} \tag{1.9}$$

我们可能希望控制 X，然而如果不可观测变量已经被双重差分变量差分掉的话，那么可观测的控制变量 X 应该也会被差分掉。因此，在大多数情况下控制 X 对于估计 β 是没有影响的。下面我们将会考虑 X 与 T 相关的情况下控制 X 的结果。为了获得双重差分估计量，我们必须获得处理前与处理后两个时期中至少一个时期的数据。为了表述方便，我们将处理前的时期用 0 表示，而把处理后的时期用 1 表示。

根据具体的情况，双重差分估计量可以一致性地发现不同处理效应或者完全不能发现处理效应。在式（1.5）描述的数据生成过程中，对处理效应的任何一致性估计都需要任何对 U 的冲击与处理是不相关的。换句话说，处理组与控制组在时期 0 与时期 1 的差异必须是随机的。关键的识别假设用数学可以表示为：

$$\left(E[U \mid T_1 = 1, \ t = 1] - E[U \mid T_1 = 1, \ t = 0]\right) -$$
$$\left(E[U \mid T_1 = 0, \ t = 1] - E[U \mid T_1 = 0, \ t = 0]\right) = 0 \tag{1.10}$$

这个假设只有在处理组与控制组中随时间变化的不可观测因素上是相同的情况下才是有效的。即使处理组与控制组中不可观测变量的分布不同，对处理组与控制组关于时间进行差分也可以消除处理组与控制组间的所有固定差异。对同一时点上的不同组进行差分则可以控制处理前与处理后的环境差异。在假定处理组与控制组在任何不可观测变量上的差异都是不随时间变化的前提下，比较上述两个差分可以得到处理组全部可观测与不可观测变量分布上的平均处理效应。

我们可以很明确地发现，只有当所有处理组中的个体都受到了处理、而控制组没有受到处理、同时处理是完全随机化的情况下，$\hat{\beta}_{OLS}$ 可以一致地估计 $ATE = E[B(X, U)]$，这意味着处理组与控制组拥有相同的可观测与不可观测变量的联合分布。然而，由于双重差分估计量通常被用于处理可以被选择的情况，因此很难说 $\hat{\beta}_{OLS}$ 估计得到的是 ATE。处理中的选择可以被理解为针对空间单位或者空间单位内的个体而言的。因为空间单位不能选择不参与处理，如果研究目的是空间单元层面而不是个体层面，那么一个良好识别的双重差分估计量只是发现了如式（1.6）数据生成过程所示的 TT。如果我们认为处理在空间单位层面上被实施而我们的研究目的是如式（1.5）所示的个体，那么我们可以认为双重差分估计量将 TT 传递给了空间单位。然而，如果那些 $T_{it} = 1$ 的个体可以选择拒绝处理，并且那些被提供处理的个体在整个样本中是有代表性的，那么双重差分估计量最多发现了个体层面的 ITT。如果研究者有关于个体主动选择接受处理的概率的相关信息，那么这个 ITT 可以被调整为个体层面的 TT。

当处理被实施在特定区域层面、而个体层面的表现是我们感兴趣的情形时，双重差分识别方法的应用也是很普遍的。尽管研究者可能会担心这种个体层面的结果可能仅在空间加总水平上被报告，例如统计区或县（如式（1.5）所示）。在这种情况下，实践中通常将被处理的区域视为处理组，在这些区域中的个体通常更有可能被处理。对这种识别的一个重要威胁在于在这种情况下所利用的加总数据中可能存在处理组与控制组中个体的分类行为。如果处理对于未被处理区域中的个体是有价值的，那么他们可能会迁移到被处理的区域，从而会替代那些从处理中没有得到好处的个体。这种与处理相关的不可观测变量的分类行为会违背式（1.10）中关于加总数据的识别条件，从而使得双重差分识别方法无效。

一个用来表示处理组与控制组中的不可观测变量分布在多大可能上是不同的指标是区分处理组与控制组在处理前的趋势。例如，如果控制组在时期 0 受到了一个正向冲击并在时期 0 到 1 期间向其长期均值回归，这会导致双重差分估计量高估了真实的处理效应。类似地，如果处理组在处理前受到了一个负向冲击，这也会使处理看起来貌似存在因果关系，而这只不过是向均值回归的趋势而已。实际上，在许多情况下个体被选择实施处理只是暂时性的，因为其观测的价值较低。这种对识别的威胁通常被称为"阿什菲尔特摸彩"（Ashenfelter，1978）。

作为经验研究者，我们通常可以获得可用的可观测变量来作为控制变量，但是否总是应该应用这些变量是不明确的。实际上，我们可以将 X 中的大部分因素视为像 W 中的因素构成 U 一样，除了 X 中的因素是可观测的。如果双重差分方法被恰当应用时，在 X 中包括这些因素不会影响式（1.9）中 β 的估计。然而，在一些情况下 X 中的一些因素可能反映了个体对处理的响应行为。如果这种现象发生了（例如处理组与控制组被定义在空间单元而不是个体层面），那么控制 X 是恰当的，因为其在两个时期再平衡了处理组与控制组。换句话说，上述列出的两个识别要求可能确实是以 X 为条件的（即使不是无条件的）。然而，如果式（1.9）中 X 的引入影响到了 β 的估计，因此可观测变量的分类行为是存在的，那么这意味着不可观测变量也可能存在分类行为，从而使上式识别假设无效。因此，通过比较是否引入 X 两种情况下 β 估计值的差异在一定程度上可以作为判断不可观测变量的分类行为是否使被估计参数产生偏误的指标。

在一些情况下，X 中的因素可能直接对处理做出反应。例如，一些区域的收入在由于受到联邦资助而提高的同时，也会对感兴趣的结果 γ（例如住房自有率）产生影响。在这个例子中，控制收入会影响 β 的估计。因为在没有控制收入时假定 $E(T\varepsilon)=0$，此时 β 表示全微分；而控制收入后，β 仅表示一个偏微分。然而，控制像收入这种内生变量会存在违背基本识别条件 $E(T\varepsilon)=0$ 的风险，从而使得 $\hat{\beta}_{OLS}$ 变成不一致的。在这个例子中，如果收入是 T 以及 ε 中不可观测变量的函数，从而使得 T 与 ε 相关，那么就会违背上述识别条件。因此，在收入不变的情况下发现 T 对 γ 偏效应的一个相对更好的方法是直接估计对收入的处理效应（将其视为结果），然后将其效应分离出来从而发现处理对感兴趣结果 γ 的剩余处理效应，当然这需要从其他地方知道 $\frac{\partial \gamma}{\partial X}$ 的信息。

海姆等（Ham et al.，2011）利用不同形式的双重差分估计量来评估了一些经济发展项目的不同影响，包括联邦特许区项目。这个项目的第一轮始于1994年，其主要目的是对雇佣地方居民的企业提供税收信贷，降低社区发展的借贷成本以及承诺对社区发展的巨额捐赠。11 个城市中的一系列贫困统计区被选入了这个项目。海姆等（2011）利用统计区数据评估了联邦特许区项目对贫困、劳动收入以及就业的影响，并且发现联邦特许区项目提高了上述所有结果。他们最初分析利用的是 1990 年与 2000 年的统计区数据，并利用邻近的统计区作为控制组。我们可能会担心在 1990 年之前受到负向冲击的统计区可能会被选入这个项目，从而违背了在处理前有相同趋势的假定。为了处理这个问题，他们利用 1980 年与 1990 年进行了第三次差分，从而构建了一个三重差分估计量。在实践中，我们可以对双重差分估计量在两个时间段内再进行一次差分来构建三重差分估计量。在这种情况下三重差分估计量的优势在于能够去除控制组与处理组中不可观测变量的任何线性趋势。然而，任何高阶（例如二次）趋势并没有被解释，同时处理可以会改变处理组自身构成的可能性也没有被解释。换句话说，如果在 1990 年与 2000 年处理组与控制组在居民与企业构成方面是不同的，且这种差异是不能被完全观测到，那么任何估计只是部分反映了这种结构的变动。

比索等（Busso et al.，2013）对联邦特许区项目的评估也采用了双重差分与三重差分的方法，但其处理组是那些几乎从没被拒绝加入联邦特许区项目的其他城市。与海姆等（2011）的研究以一样，利用这种控制组的缺点在于它们可能由于比最终被纳入项目的城市状况稍微好一些而在第一轮中没有被纳入该项目。比索等（2013）研究方法的优点在于他们在估计中，对控制组中的可观测变量进行了重新加权，从而比相同权重的标准最小二乘法可比性更强。这一研究将会在下面的部分中与克莱恩和莫瑞提（Kline and Moretti，2014）利用相同估计量对田纳西开发署长期影响的研究一起进行进一步的讨论。

格林斯通等（Greenstone et al.，2010）利用双重差分估计量研究了新进入的工业企业对在位企业全要素生产率的影响。他们的处理组是那些接受了新工业企业进入的国家，而控制组是几乎没有拒绝工业企业进入的国家，其思路是上述处理组与控制组在不可观测因素上是类似的，事实上文章也显示了这样的证据。文章对新工业企业进入前后处理组与控制组中在位企业的全要素生产率差异进行了比较。他们的结果显示那些新的大型工业企业对在位企业的全要素生产率平均有大约 5% 的外溢效应，且在密切联系的行业中外溢效应要更强。这是关于集聚正向外溢效应的一个直接证据。

图 1-1 来自于格林斯通等（2010），其对如何实施双重差分方法进行了说明。上面的图显示处理组与控制组国家中在位企业在新企业进入 7 年前与 5 年后的平均全要素生产率，且新企业进入前的那一年被标准化为 0，下面的图显示了处理组与控制组在每个时期的差异，可以发现在 0 时期后有一个显著的提升。图中处理组与控制组在处理前后的差距表示诸如式（1.9）形式的最简单的双重差分估计量。作者将这个最简单形式的双重差分估计量拓展到了对处理

进行动态响应的情况。格林斯通和加拉格尔（2008）利用一个类似的方法研究发现有害废弃物清理站对附近区域的房价、住房数量、人口以及人口构成有微弱影响。这些研究可被视为 1.6 部分详细讨论的断点回归的一个特例。

所有产业：成功者与失败者

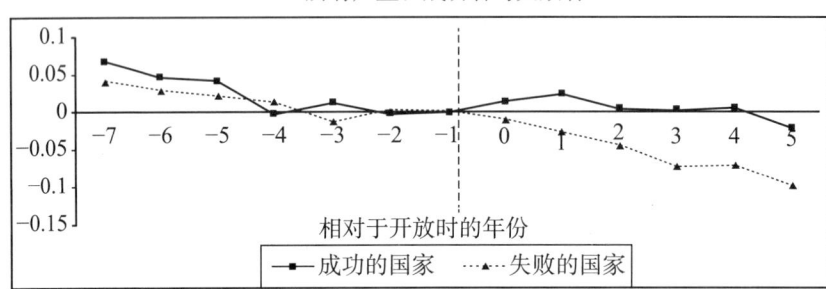

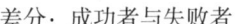

差分：成功者与失败者

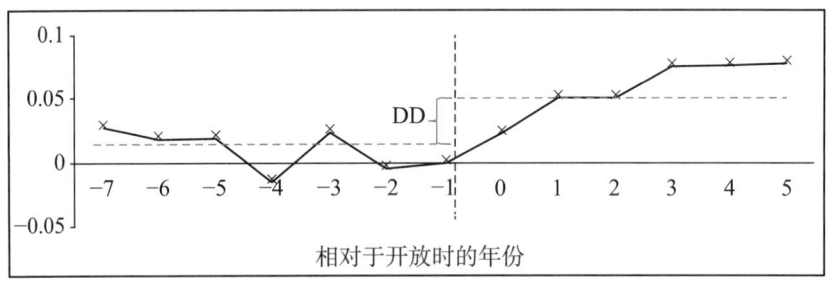

图 1-1 "成功"与"失败"国家在位企业的
全要素生产率，引自格林斯通等（2010）

城市与区域经济学中利用双重差分与三重差分的出色研究具体如下。菲尔德（Field，2007）通过比较是否拥有土地产权的违章建筑者，检验了秘鲁土地产权对劳动力供给的影响。科斯塔和卡恩（2000）通过比较大城市与小城市中拥有不同人口统计学特征群体的差异，检验了在多大程度上大城市有利于促进"强势夫妻"的选址与形成。林登和拉克夫（Linden and Rockoff，2008）表明离性侵者居住的地方更近的住房，其价值要下降。基于类似的脉络，施瓦茨等（Schwartz et al.，2006）表明在纽约新被补贴的住房开发活动会对其邻近区域住房价值的提高要更多。这两个空间双重差分研究利用了比式（1.9）更灵活的形式，因为其回归形式允许由于对处理在空间上的响应而产生的变动。

双重差分方法也被用于大都市区或者县层面的数据生成过程。例如，雷丁和斯特姆（Redding and Sturm，2008）的研究表明在德国分裂后，接近西德边界区域的人口增长率要更低，然而在合并后它们的人口增长率变得比其他区域要更高。这项研究利用了时间之间以及边界与非边界区域之间的差分。鲍姆－斯诺和卢茨（Baum-Snow and Lutz，2011）评估了学校反种族隔离政策对居民区位的影响。这项研究通过比较最近刚被实施学校反种族隔离政策的大都市区与那些在 1970 年或者 1980 年没有被实施该政策的区域之间的差异来识别这一影响。样本中所有的大都市区分别在 1960 年与 1990 年都没有被处理以及被处理。该研究采用了式（1.9）的回归形式，其中 i 表示大都市区，T_{it} 二元虚拟变量，用来衡量该都市区是否在时间 t 被法院要求在学校实施反隔离政策。由于存在与处理同时性的变动，处理组与控制组的具体构成要依赖于具体年份。在这种情况下的识别依赖于不可观测变量与处理不相关。由于所有大都市区在样本期内仅仅经历了一次由未被处理转向被处理的情况，因此相应估计得到的处理效应可以广泛适用于整个样本范围内并被可以被理解为针对被考察的大都市区域的平均处理效应。

阿巴迪等（2014）描述了在双重差分类型的研究中，如何利用"合成的控制变量"来构造控制组。这种方法通常被应用于当处理组观测值的数量非常少或者仅由一个单位构成，而备选的控制组观测值则有很多的情况。由于随意的挑选特定的单位作为控制组可能很难代表与处理组相对的反事实，因此作者没有采用这种做法，而是说明了如何构建一个基于所有可用控制观测值加权的组合，其权重被设定为与被处理观测值的接近程度。相应的处理效应估计量为 $\hat{\beta} = Y_{1t} - \sum_{j=2}^{J=1} w_j^* Y_{jt}$，其中 Y_{1t} 是在时间 t 被处理个体的结果，Y_{jt} 是控制组的结果，w_j^* 则是权重的集合。这些权重是按照最小化处理前处理组与控制组特征之间的距离这一标准来选取的。例如，阿巴迪和加德亚萨瓦尔（Abadie and Gardeazabal，2003）和阿巴迪等（2010）将向量 W^* 的值选为使下式最小化的 W 值：

$$\sum_{m=1}^{k} v_m (X_{1m} - X_{0m}W)^2$$

在这个式子中，X_{1m} 表示被处理观测值特征 m 的平均值，X_{0m} 表示对控制组而言相同特征组成的向量，这两个变量都是在处理之前被计算的。进一步的，v_m 衡量特征 m 的重要性，其可以通过特征 m 对结果的预测能力来衡量。合成控制变量方法的问题在于处理之前特征与距离标准的选取可以是非常特殊的，由于不同趋势或不可观测成分的存在，我们可能对控制组赋予了过多的权重，从而没有恰当地构造出反事实。但是这种方法的有趣之处在于它允许处理组的简单构造。在下面的部分，我们将会分析更直接运用这种思想的匹配方法。

1.4.3　匹配方法

目前讨论的双重差分与固定效应方法只有当处理在处理前被观测到以及随时间变化的不可观测变量与处理不相关的情况下才是可靠的。然而，在很多情况下或者处理前的时期无法被观测到，或者处理组与控制组中不同的随时间变化的不可观测变量与结果是相关的。对这种问题的一个潜在解决方法是利用能够包含可观测变量信息的估计量来推断不可观测变量的信息。我们在处理是二元的情况下进行研究。

作为一个研究起点，考虑我们利用截面数据，试图发现常系数版本的式（1.1）所示的数据生成过程的因果关系。换句话说，假设数据生成过程如下所示：

$$\gamma_i = T_i\beta + X_i\delta + W_i\rho + \mu_i$$

注意到，根据假设这是一个常系数模型。如果 W 与 T 是不相关的，那么最小二乘估计量 β 就是平均处理效应。如果不可观测特征 W 与处理是相关的话，用最小二乘法估计这个方程会产生有偏的估计。解决这一潜在偏误的一种常用探索性方法是通过变换不同的控制变量集合 X 来估计这个方程。这个思路实际上是将变量由不可观测变量 W 移到可观测变量 X 中，估计量 β 方差的任何减小都表明缺失变量偏误都在影响 β 的估计。如果随着额外控制变了的引入 β 变得稳定，我们可以更有信心的认为缺失变量偏误不是一个问题。这种方法有效性的关键在于模型的 R^2 会随着变量由 W 移到 X 的过程中逐渐增大。如果 R^2 不再增大，那么不相关变量的真实系数为 0。控制变量集合 X 的另一关键问题在于其在一定程度上能够代表所有可能的控制变量集合 $[X\ W]$。在本部分的最后，我们会考虑文献中如何利用成比例的选择偏误假设来修正这一偏误的例子，并将这一直觉正式化。

在缺乏明确随机化的情况下估计因果效应的标准做法是利用倾向得分匹配估计量。这种估计量的思路最早由罗森鲍姆和鲁宾（Rosenbaum and Rubin，1983）提出，该思路比较了拥有相同倾向被处理的个体在结果上的差异，这些个体中有些被处理了，而有些没有被处理。这个潜在的"倾向得分" $P(X)$ 是被处理的概率，并且仅依赖于可观测变量，这个得分可以通过估计具有灵活形式的线性概率模型或者逻辑回归模型来得到。

匹配估计量的主要困难在于它们必须假定进入或者退出处理的选择完全是

被可观测变量或者与结果无关的不可观测变量预测的。如果不可观测变量同时影响结果和个体是否被处理，那么在任何给定的倾向得分水平上被处理与未被处理的观测值是不可比的，并且匹配估计量对于估计处理效应没有用。如果不可观测变量影响结果但不影响被处理的概率，那么匹配估计量对于处理效应仍然是有启发性的。这一直觉与对最小二乘回归识别的潜在威胁是相同的，因此并不意外最小二乘法只是倾向得分匹配估计量的一种特殊形式。赫克曼和纳瓦罗－洛萨诺（Heckman and Navarro-Lozano，2004）表明匹配估计量对所用的条件集合非常敏感，并认为选择被明确模型化的控制函数方法要更稳健。我们在下面部分的开头简要考虑这些方法。

　　正式地，为了使倾向得分匹配估计量产生对处理效应的一致估计，下面的条件必须得到满足（Wooldridge，2002）：

$$E(y^0 \mid X, T) = E(y^0 \mid X), \quad E(y^1 \mid X, T) = E(y^1 \mid X) \qquad (1.11)$$

　　这些条件说明，对于那些受到处理以及没有受到处理的个体而言，无论其是否受到处理，其结果的均值是相同的。换句话说，被处理实际上不能预测被处理与未被处理个体相关状态的结果。这些假设有时候被称为"可观测变量的选择"，因为他们允许被选择进入处理完全是由 X 而不是 U 预测的。这个假设意味着 $TT(x) = ATE(x)$，但不是必须地意味着 $TT = ATE$。

　　假如可用的数据集有丰富的可观测变量，并且在倾向得分与处理状态中有关于（与处理相关的）不可观测变量是否是导致偏误的原因的信息。如果被处理观测值与未被处理观测值在倾向得分上有很少的交集，这表明尽管处理组与控制组在可观测变量上是不同的，但其更有可能在不可观测变量上也存在不同。由此可知，倾向得分存在交集的区域是倾向匹配得分估计量可以提供更信服识别的区域。因此，画出被处理观测值与未被处理观测值关于倾向得分的图，以及在相应倾向得分水平上的处理效应是有启发性的，这样可以获得在哪个得分范围内不可观测变量更不会促使个体选择进入处理的直观感觉。为了计算这样的一个处理效应，我们可以利用非参数方法来估计条件期望 $E(\gamma \mid P(X), T=1)$ 与 $E(\gamma \mid P(X), T=0)$，然后对每个 $P(X)$ 的值计算差分。这利用了不可观测变量在一定程度上类似于可观测变量的事实。

　　图 1 - 2 提供了两个示意图，图（a）显示处理组与控制组观测值的密度是倾向得分的函数。在这个例子中，处理组与控制组之间的交集很少。事实上，只有很少的几个同时来自处理组与控制组的观测值有类似的倾向得分。图（b）提供了对处理组与控制组而言一些虚构的结果关于倾向得分的散点图。为了使图显得不太紧促，标准误差带没有被包括在图中。然而，需要明确的是标准误差带在数据更多区域的 $P(X)$ 取值上要更窄。换句话说，即使计算处

理组中倾向得分较低的区域处的非参数回归的线是可能的，但由于在该区域内数据较少，因此估计会是很不精确的。图1－2的主要信息是在大多数的得分上，处理组与控制组中可比的观测值很少。这两个组通常在倾向得分接近0.5的区域的可比性最强，在其他区域可能不具有可比性。因此，将研究的处理效应限制在倾向得分具有可比性的处理组与控制组的观测值上是有意义的。[⑪]

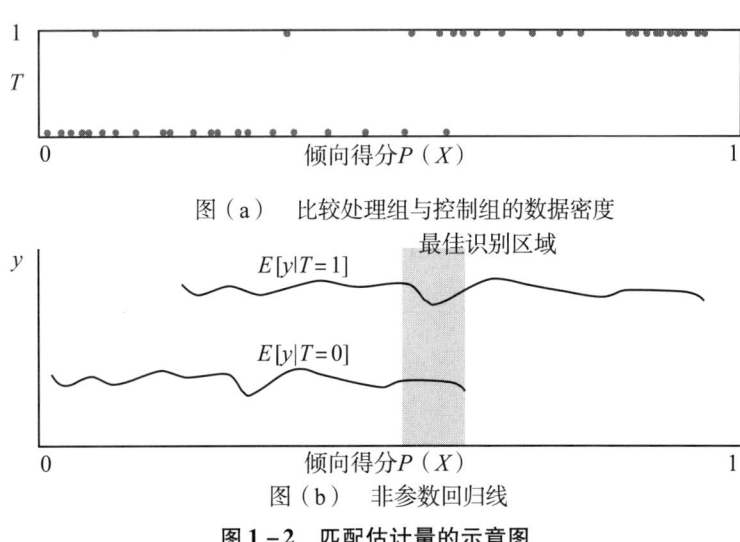

图（a）　比较处理组与控制组的数据密度

图（b）　非参数回归线

图1－2　匹配估计量的示意图

正如德黑加和沃赫拜（Dehejia and Wahba，2002）讨论的，如果相对于备选的控制组中观测值的数量，处理组中观测值的数量不够多，那么通过识别在被处理变量倾向得分邻近区域内被匹配的观测值，对识别一个合理的控制组是一个有效的方法。他们建议选择一个倾向得分窗口，并且只利用那些在这个窗口内的控制变量观测值。给定由此得到的控制组观测值足够接近处理组的观测值，我们可按下式来计算 TT：

$$\widehat{TT} = \frac{1}{N_{T=1}} \sum_{T_i=1} \left(\gamma_i - \frac{1}{J_i} \sum_{j(i)} \gamma_j \right)$$

在这个式子中，$N_{T=1}$ 是被处理的观测值的总量，J_i 是对于被处理观测值 i 而言被匹配的控制变量。这些与 i 匹配的控制变量被表示为 $j(i)$。没有被匹配的被处理观测值被去掉了，此时经过适当的再解释 TT 仅能适用于剩余的被处理观测值。

---

⑪　尽管我们愿意用一个城市经济学中的例子来作诸如图1－2的图，但在我们领域很少用到这种图。

倾向得分匹配估计量的标准应用需要式（1.11）中的严格假定，并利用所有可得的数据。给定第一步估计得到的倾向得分 $P(X)$，可以在第二步中利用最小二乘法估计以下方程：

$$\gamma_i = \alpha_0 + \alpha_1 T_i + \alpha_2 P(X_i) + \alpha_3 T_i(P(X_i) - E[P(X)]) + \varepsilon_i$$

在这个回归中，当 $P(X)$ 中的 $E[\gamma^1 \mid P(X)]$ 与 $E[\gamma^0 \mid P(X)]$ 都是线性的情况下，α_1 是平均处理效应。一个可以允许直接地发现 $ATE(x)$ 与 $TT(x)$、但更加非参数化的方法是估计下面这样的回归：

$$\gamma_i = b_0 + b_1 T_i + X_i B_2 + T_i(X_i - \overline{X})B_3 + u_i$$

在这里，$ATE(x) = TT(x) = b_1 + (x - \bar{x})B_3$，并且 $ATE = b_1$。如果没有处理效应异质性以及 $ATE(x) = ATE$，这个方程可以被化简为一个标准的 γ 关于 T 和 X 的线性回归。如果在利用线性概率模型计算倾向得分以及没有处理效应异质性的情况下，也可以将第一个方程简化为标准的最小二乘法回归。因此，我们可以将最小二乘法理解为不包括处理效应异质性的倾向得分匹配估计量。

最近一些对匹配估计量的出色应用已经采用了克莱恩（2011）研究的变体，其包括两步。首先，估计如下形式的回归：

$$\gamma_i = c_0 + c_1 T_i + (1 - T_i)X_i C_2 + e_i$$

这里，X 只在控制组而不在处理组中。其目的在于决定瓦哈卡—布林德（Oaxaca – Blinder）类型的权重 C_2，并在下面处理效应的计算中作为输入变量：

$$\widehat{TT} = \hat{c}_1 - \frac{1}{N_{T=1}} \sum_{i=1}^{N} T_i X_i \widehat{C_2}$$

这种方法比较了拥有同样 X 分布的处理组与控制组中观测值的平均结果差异。在第一步中未被处理的观测值的信息被用来决定当被处理变量没有被处理时结果的均值。克莱恩（2011）表明这种做法等价于重新加权的倾向得分估计量。

当有足够的理由相信处理组与控制组在不可观测变量上是相似的时候（以 X 为条件），应用倾向得分匹配方法是最好的。在最近的成功应用中，经常将匹配估计量与双重差分类型的估计量进行结合，从而使处理组与控制组在不可观测变量上是类似的。此外，未被处理的一些观测值通常从控制组中被去除，以便尽可能地使处理组与控制组具有可比性。这种倾向得分匹配估计量的应用是一个稍微更复杂版本的双重差分估计量，因为它们对控制组中观测值进行重新赋权使其与处理组中的观测值类似。

比索等（2013）利用瓦哈卡—布林德类型的估计量比较了实施联邦特许区项目的统计区与被拒绝进入该项目的统计区的结果差异。他们发现实施联邦特许区项目的统计区在总就业上提高了 12%~21%，在周工资上提高了 8%~13%，而在房租与人口构成上变化很小，尽管住房价值与拥有大学学历的居民比重提高了。他们通过比较那些与实施联邦特许区项目统计区有相似特征但没有被纳入项目的统计区与相同的控制组进行比较，发现没有显著影响。克莱恩和莫瑞提（2014）在他们关于田纳西河开发署的评估中，利用了相同的估计量。他们去除掉了那些与田纳西河开发区域邻近的区域以及控制组组中倾向得分在最低 25% 范围内的县。他们的估计表明田纳西河开发对制造业就业、收入、土地价值有长期显著正向影响，而对农业就业则有负向影响。

戈比永等（Gobillon et al.，2012）利用了一个标准的重新加权的倾向匹配估计量评估了法国企业开发区计划（enterprise zone program）的影响，该计划主要是对雇佣地方工人的企业进行补贴。他们发现该计划对失业人口就业只有很小的显著影响。麦克米伦和麦克唐纳（McMillen and McDonald，2002）利用相同的估计量检验了在芝加哥哪一种类型的分区制在其实施后会立刻对土地价值产生影响。在利用倾向得分匹配了实施分区制的居民用地与商业用地在分区制实施前的特征后，他们发现居民用地经历了更大的价格升值。与上述其他研究相比，该研究中的倾向得分估计量可能更有说服力，因为处理是根据可观测变量进行分配的，这是由于地块很难根据不可观测特征而决定是否被处理。当然，当分析对象是个体时，这种分类行为导致的问题要更严重。

除了在观测变量可选择的情况下发现处理效应以外，倾向匹配得分方法也可以用于识别控制组中被匹配的观测值，这种情况适用于当一个特殊的观测变量集合被处理，而潜在控制组中的大量观测值必须削减以便恰当配对的情况。阿尔西娜等（Alesina et al.，2004）利用这一方法评价了种族异质性对辖区数量的影响。他们将那些在非裔人口至少在 1910~1920 年（第一次世界大战期间）与 1940~1950 年（第二次世界大战期间）期间上升 2 个百分点的北部州划为处理组。他们的挑战是如何识别出与处理组在可观测与不可观测特征上尽可能相同的控制组。为了达到这一目标，他们首先利用线性概率模型对所有县估计了一个倾向得分，该回归是该县的处理状态关于州虚拟变量以及不同县人口学特征变量的回归。与德黑加和沃赫拜（2002）相同，他们在被处理的县在任何可观测变量都没有差异的区域识别出了倾向得分窗口。然后，分别对处理组与控制组进行了描述性与回归分析。结果显示种族异质性的提高可以很强地预测县内校区数量的下降。

除了利用倾向得分匹配来识别出与处理组可观测变量类似的控制组，在连续型处理的情况中另一个方法是将 X 视为潜在控制变量的代表性集合。阿尔通吉等（Altonji et al.，2005）评估了缺失变量偏误的程度，他们研究了天主教学校对高中毕业率、大学录取率与分数的因果关系。他们的基础假设是在削弱选择性偏误上，引入额外随机选择的不可观测变量与在最小二乘回归中在 X 中引入其他可用的可观测变量的作用是相同的。奥斯特（Oster，2013）将这一假设重新写为如下等比例假设关系：

$$\nu = \frac{\mathrm{Cov}(T,\ X\delta)}{\mathrm{Var}(X\delta)} = \frac{\mathrm{Cov}(T,\ W\rho)}{\mathrm{Var}(W\rho)}$$

换句话说，可观测变量与处理之间的关系与不可观测变量与处理之间的关系是成比例的。

为了应用这一估计量，考虑如下可被最小二乘法估计的两个回归方程，可以得到 β' 与 β'' 以及 R' 与 R'' 的 R^2。

$$\gamma = \alpha' + T\beta' + \varepsilon'$$
$$\gamma = \alpha'' + T\beta'' + X\delta'' + \varepsilon''$$

估计这些回归得到它们的系数与 R^2 后，剩下的目的是得到常数 ν 与通常估计整个模型才能得到的最大的 R^2。这些值可以用在下面包含了对最小二乘回归偏误进行修正的关系中：

$$\beta \xrightarrow{P} \beta'' - \nu \frac{(\beta' - \beta'')(R_{\max} - R'')}{(R'' - R')}$$

当然，这里的主要困难在于 ν 与 $R_{\max}$ 是未知的。但是我们可以通过在给定 $R_{\max} = 1$ 时，通过决定 ν 来保证 $\beta = 0$ 时偏误的大小来得到思路。推断偏误修正系数所需的标准误需要利用自举法来实现。

应用匹配、双重差分以及固定效应估计量的主要困难在于随机化的缺失。在一些情况下，所有的这些估计量必须在假定存在 T 关于其他可观测变量的分布是随机的情况下才能应用。下面部分对工具变量估计量的介绍将集中考虑 T 中存在一定随机性的情况，这种情况往往是被潜在假定的。

1.5　工具变量估计量

当处理是内生的时候，工具变量估计量可以用来对感兴趣处理变量的系数进行一致地估计。一种理解这种内生性问题的方式是将处理变量视为由另一个包括不可观测变量的线性方程产生，这个线性方程中的不可观测变量与主方程中的不可观测变量相关。这会导致 T 会与主方程残差项中的部分 U 相关，从而使最小二乘法估计的系数是有偏和不一致的。用结构系统的语言来说，在不对分布进行特殊假定情况下，为了识别两个方程中的系数，必须满足"排除性约束"，即至少一个可观测变量在一个方程中被排除出来。用单方程回归的语言来说，必要有一个"工具"变量来将 T 中与主方程误差项不相关的那部分变异分离出来。我们将这种变异称为"拟随机性"，因为工具变量的作用本质上是将 T 中的随机变动识别出来。

为了对工具变量估计量的结构性背景有更多了解，我们来考虑格罗瑙（Gronau，1974）与赫克曼（1979）是如何估计经典的罗伊（1951）模型。在这个模型中，有一个个体可能自我选择的二元处理变量 T，因为该处理对个体可能是有价值的。这种自我选择导致了在线性回归中 T 与误差项相关。其中，潜在的数据生成过程被假定如下：

$$\gamma^0 = X\delta_0 + U_0 ; \quad \gamma^1 = X\delta_1 + U_1$$

赫克曼（1979）表明如果 U_0 与 U_1 是联合正态分布的，我们可以识别出 δ_1 以及选择进入处理的证据。其关键在于是否主动接受处理的选择可以利用只有那些 $\gamma^1 > \gamma^0$ 才会选择进入处理的个体来明确识别出来。从操作上看，估计这个模型的一种方法是利用"赫克曼两步法"。首先，将处理视为 X 的函数，利用线性概率模型来预测处理的概率。其次，估计如下方程：

$$\gamma^1 = X\delta_1 + \rho\sigma_u\lambda(X\gamma) + \varepsilon$$

在这个方程中，$\lambda(\cdot)$ 是由第一步构建得到的逆米尔斯比率，其控制了进入处理的选择。由于在最初时候 γ^0 是永远不会被观测到的，标准的处理并不会有针对 γ^0 的第二个方程，尽管也可以通过类似的逻辑构建出一个。ρ 估计值的符号与大小表明了根据不可观测变量选择进入处理的本质。这项研究的一个重要启示在于我们可以将进入处理的非随机选择行为视为一个缺失变量问题。其难点在于如果残差项如果不是联合正态分布的，除非施加额外的约束，模型就会被错误设定且第二步方程中的估计就会是不一致的。

阿尔通吉等（2005）在他们评估参加天主教学校对大学录取影响的研究中，也考虑了一个两个方程的结构系统。他们利用一个包括一系列人口学特征变量的多元线性概率模型预测了天主教学校与大学的录取率，因此天主教学校的录取率是一个明确的内生处理变量。他们的研究表明处理变量 T 系数的估计是如何严重依赖于两个方程中残差项的相关程度。残差项的高相关表明有更多类似的不可观测因素同时影响天主教学校与大学的录取率。因此，天主教学校录取率的因果影响下降，因为该变量仅反映了随着残差相关性的提高更多被选择的学生。⑫ 在式（1.4）是数据生成过程的情况下，破坏 T 与 U 之间潜在相关（这导致了最小二乘法估计与线性概率模型估计的不一致）的一种方法是找到一个可以预测 T 但是与 U 不相关的变量。这就是工具变量，或者排除性约束。

总的来看，工具变量估计量用来破坏 T 与 U 之间的潜在相关性。这种相关的存在可能是因为 U 值更大的个体会比其他个体更容易进入处理，正如两方程结构选择模型中 T 是内生的是由于它是被第二个方程产生的。或者是，不管 T 是从哪里来的，这种相关之所以可以存在是因为 U 中有研究者无法控制的与 T 相关的变量，这变成了一个变量缺失问题。这两种不同的方法来思考为什么 $E(TU) \neq 0$ 原因有不同的历史，但有很多相同的内涵。

1.5.1　基础

基于数学上的精确性考虑，我们将工具变量估计量视为在下述方程组中来识别 β：

$$\gamma_i = T_i\beta + X_i\delta + \varepsilon_i \tag{1.12}$$

$$T_i = Z_i^1\zeta_1 + X\zeta_2 + \omega_i \tag{1.13}$$

在第二个方程中，Z^1 是排除性工具变量的集合，为了使模型能够被识别，一个处理变量必须有至少一个对应的工具变量。这些额外的 Z^1 在第一个方程中被"排除"出来。在第一方程中，根据式（1.4），注意到 $\varepsilon_i = U_i + e_i$。将外生变量集合表示为 $Z = \begin{bmatrix} Z^1 X \end{bmatrix}$。如果 $E(Z\varepsilon) = 0$ 以及式（1.13）中排除性工具变量的系数在统计上不等于 0，那么工具变量估计量可以一致地估计 β。有时候，我们利用如下上述两方程系统的"简约形式"：

$$\gamma_i = Z_i^1\phi_1 + X_i\phi_2 + \psi_i$$

如果每个内生变量只有一个排除性工具变量，那么一个估计 β 的简单方法是利用间接最小二乘法（Indirect Least Squares，ILS）：$\hat{\beta}_{ILS} = \dfrac{\hat{\phi}_{1OLS}}{\hat{\zeta}_{1OLS}}$。另一个估计 β 的直观方法是将式（1.13）代入到式（1.4）中，然后在估计中明确地包括一个对 ω_i 的代理变量，可得式（1.14）如下：

$$\gamma_i = T_i\beta + X_i\delta + \hat{\omega}_i\zeta + e_i \tag{1.14}$$

---

⑫　Neal（1997）考虑了一个类似的多元线性概率模型来研究了同一问题，除了他在毕业方程中没有包括宗教信仰与地方天主教人口密度。这些排除性约束允许估计两个方程间残差的协方差以及方程中天主教学校教育变量的系数。

这个代理变量的作用是作为与 T_i 相关的不可观测变量的"控制函数"。在上述线性情况下，β 可以利用式（1.13）第一步一致估计得到的 ω_i 被恰当地估计出来。这种方法与两阶段最小二乘法（2SLS）是密切联系的，在两阶段最小二乘法中，$\hat{T}_i$ 被第一阶段预测出来并代入到式（1.12）中 T_i 的位置，然后利用最小二乘法可以估计得到 $\hat{\beta}_{2SLS}$。[13] 然而，正如因本斯和伍德里奇（Imbens and Wooldridge，2007）所讨论的，当处理非线性模型时，控制方程方法有时会提供额外的灵活性。此外，系数 ζ 有一个有用的经济学解释，当观测者受到的处理超出其由 Z^1 和 X 预测的预期时，ω_i 为正，因此我们可以将这些个体解释为从处理中获得了超预期收益的个体。因此，ζ 的符号表明那些获得超预期收益的个体相对于那些低预期收益的个体其结果 γ 是变好还是变坏了。换句话说，ζ 告诉我们选择进入处理的本质，这与赫克曼（1979）中的逆米尔斯比率的作用类似，在赫克曼和荷诺尔（Heckman and Honoré et al.，1990）以及罗伊模型经验部分（Roy，1951）对此进行了充分的说明。

除了间接最小二乘法、两阶段最小二乘法、控制函数方法以及利用矩条件 $E\left[Z^1\varepsilon\right]=0$ 的广义矩法，在式（1.12）与式（1.13）中的两方程系统中，有限信息的极大似然估计也是估计 β 的一个选择，尽管有限信息的极大似然估计在小样本中是最稳健的。当模型被恰当识别时，所有上述方法都是等价的，这意味着外生变量与内生变量的数量是相同的。最近的研究发现两阶段最小二乘法在拥有较多工具变量的情况下更稳健（Kolesar et al.，2013）。

成功应用工具变量法的关键是选择合适的排除性工具变量。一种有用的思路是将工具变量视为 T 中以 X 为条件的随机变异来源。换句话说，一个性质良好的工具变量可以在 T 中产生与 U 中任何不可观测变量都不相关的变异（以 X 为条件）。因此，最好的工具变量能够在 T 中产生真正的不以 X 为条件的随机变异。利用这种通常只能在明确随机化过程中才能产生的理想工具变量，谨慎的研究者从而能够在避免控制 X 中的任何因素并避免引入一个潜在内生变量的风险。我们将在下面的部分讨论在断点回归的背景下利用工具变量作为工具来利用明确的随机化过程。

更典型的情况是研究者担心一些处理 T 的内生性但却并没有明确随机化过程是否是可用。下面是选择备选工具变量的一种思路：考虑 T 中所有变异的来源，然后从这个单子中选择最不可能与能够直接预测 γ 的变量相关或者只与能够预测 γ 的外生变量相关的因素。提出这样一个单子需要创造性与对处理分配

---

[13] 对于两阶段最小二乘法估计而言，很重要的一点是标准差的计算应该根据实际的而不是估计 T_i 得到的残差 ε_i。

过程的仔细研究。尽管文献中有许多拓展的检验，这里并没有对变量外生性的直接检验方法，只有在每个特定情况下对其外生性的论证。下一步是通过估计第一步方程（1.13）来评估工具变量是否是 T 的强预测量。如果不是，研究者需要继续寻找。我们需要注意不同的强工具变量被识别到的情况，下面将对其进行讨论。

如果检验被排除的工具变量系数是否显著异于零的 F 统计量大于 9，那么工具变量是 T 足够强的预测量从而 β 的估计标准误是可用的。[14] 否则 β 的标准误必须向上调整以便处理"弱工具变量"问题。斯托克和余吴（Stock and Yogo，2005）提供了评价工具变量效度的 F 检验的标准显著值。当进行工具变量的识别时，我们应该仅仅控制那些预测与工具变量相关的变量，从而避免引入内生变量。

尽管目前假设一个相同的系数 β，但通常我们预期 T 会存在异质的系数 $B(X, U)$。理解工具变量估计的关键是认识到工具变量只是发现了局部平均处理效应（LATE），即只是对以 X 为条件、对那些受工具变量影响的子总体而言的平均处理效应（Imbens and Angrist，1994）。对于从任何给定的工具变量中得到的特定局部平均处理效应，通常需要更多的研究来收集其相关信息。连续型处理变量与工具变量的情况尤其需要一些探究性的工作来决定被估计得到的处理效应是由哪个工具变量得来的。在多个工具变量的情况下，会变得更加复杂。事实上，赫克曼等（2006）表明在许多工具变量的情况下，通常是不可能知道哪个边际处理效应是由哪个工具变量估计得到的。

由于工具变量估计量只是发现了局部平均处理效应，同时在城市经济学应用中通常难以发现一个有效的工具变量，更何况找到许多。因此，在大多数情况下每次只用一个工具变量，用其他可能的工具变量作为稳健性检验是谨慎的做法。一次应用多个工具变量的唯一原因是一个工具变量自身太弱。尽管应用多个工具变量时可以通过在转换不同工具变量时检验 β 的稳定性来作为工具变量有效性的检验，然而这一过程主要假定一个常系数的数据生成过程。如果系数是异质的，可能的情况是不同工具变量产生了不同的处理效应估计，即产生了不同的局部平均处理效应。

1.5.2　城市经济学中工具变量的例子

在城市与区域经济学研究中，工具变量经验研究方法在单个观测值被加

---

[14]　这等价于在只有一个工具变量的时候 t 统计量是否大于 3。

总到地方劳动力市场水平的情况下已经得到了广泛应用。换句话说，数据生成过程或者如式（1.6）那样在总量水平上被理解，或者基于个体层面但处理是在加总的地理单位水平上被实施的，如式（1.5）那样，因此，数据生成过程本身已经最好地适应了工具变量估计量的要求。下面我们回顾一下工具变量是如何成功地将地方劳动力需求与劳动供给冲击、基础设施建设、地方经济发展政策的实施以及不同集聚外溢效应驱动力中的外生因素分离出来的例子。

工具变量在经济学中的经典应用是将在某些市场中外生的供给或需求变动分离出来。由于供给与需求在本质上是由理论构建的，当分析中包含经济模型以便组织思路的时候，用工具变量来分离需求或者供给冲击可能是最有效的。鉴于供给—需求分析范式在经济学中的核心地位，利用工具变量来分离供给或需求中的外生冲击有很长的传统。例如，安格里斯特等（2000）利用著名的富尔顿街鱼市数据（Graddy，1995），利用天气变量作为供给变动的外生变异来源估计了需求系统的参数。

沿着这一传统，在城市与区域经济学研究中工具变量的另一个广泛应用是分离地方劳动力市场中的外生变异来源。巴尔季克（Bartik，1991）以及布兰查德和卡茨（Blanchard and Katz，1992）研究了这一类最常用的工具变量。其思路将地方劳动力市场需求的变动与每个部门内仅来自于全国的冲击分离开，因此清除潜在的地方劳动力市场内生冲击导致的就业与工作的变动。尽管这一类的工具变量已经被应用于识别地方劳动力供给函数的参数，但其被更广泛地应用于分离大都市区层面的工资与就业波动。

有两种最常用的方法来构建上述"巴尔季克"工具变量。数量版本的工具变量通过将每个劳动力市场的产业就业构成固定在基期年份，然后计算每个产业的就业人数按照全国速度增长时，为了保持产业构成不变所需要的就业增长率。价格版本的工具变量则是计算当每个劳动力市场的产业就业构成被固定在某个基期年份时，通过计算当每个产业的工资按照全国速度增长时，为了保持产业构成不变所需要的工资增长率。为了减轻基期年份产业构成与影响结果的不可观测变量间存在联系的这一潜在担忧，研究者们通常将产业构成的基期年份选择早于其他用于估计的变量。[15]

大量研究利用这样的工具变量来进行识别，纳托维迪格多（Notowidigdo，2013）利用这些外生的工具变量研究表明对地方劳动力市场的正向冲击导致的

---

[15] 为了减轻地方劳动力市场可能会影响全国就业或者工作增长的担心，许多研究在计算全国部门增长率时排除了自身所在的劳动力市场或者州。这意味着工具变量的增长构成对每个观测值而言都是稍微不同的。

人口增加数量要多于负向需求冲击导致的人口减少数量，并且这种非对称性对低技能劳动力的影响更明显。然而，他发现住房价格、工资与房租并没有表现出相同的非对称反映。利用一个罗巴克（Roback，1982）形式的空间均衡模型的结构，这些结果可以被解释为每个人的低流动成本与凹的住房供给函数。将相同的外生变异应用于地方住房需求的识别上，对整个模型的广义矩估计表明当受到对劳动力需求的负向冲击时，低技能劳动力比高技能劳动力从转移支付中被补偿的更多，这也解释了为什么这两个群体的流动比率不同。在纳托维迪格多（2013）之前，邦特和霍尔泽（Bound and Holzer，2000）检验了人口技能对劳动力需求外生冲击的一般均衡响应，戴蒙德（Diamond，2013）利用巴尔季克工具变量研究了地方劳动力市场需求冲击如何导致劳动力构成与专门技能设施的连锁变动。博斯坦等（Boustan et al.，2013）利用巴尔季克工具变量的研究表明，收入不平等增长更大的辖区收集了更多地方政府的财政收入和更高的支出。卢特默（Luttmer，2005）在一个简约形式中利用巴尔季克工具变量来控制平均地区收入的变动，其研究表明即使每个人的收入都在增长，那些收入比其邻居低的居民幸福感要更低。古尔德等（2002）利用巴尔季克冲击作为收入的工具变量，检验了收入与地方犯罪率之间的关系。

在一项重要的研究中，萨斯（Saiz，2010）利用巴尔季克工具变量分离了与一个衡量土地禁止开发程度的指标以及住房市场规制水平交互时的地方住房需求的外生冲击，估计了美国每个大都市区的住房供给弹性。他估计了如下形式的反住房供给方程：

$$\Delta \ln P_k = \alpha_0 + \alpha_1 \Delta \ln Q_k + \alpha_2 unavailable\_land_k \Delta \ln Q_k + \alpha_3 WRI_k \Delta \ln Q_k + u_k$$

其中 k 表示大都市区，P 表示住房价格，Q 表示住房数量，WRI 是地方住房市场的规制指数，并在 1970～2000 年期间内进行了差分。巴尔季克工具变量提供了所有包括 $\Delta \ln Q_k$ 项的外生冲击。[16] 这项研究中估计的住房供给弹性已经被广泛应用。博德里等（Beaudry et al.，2014）的研究在一个包含失业与工资议价摩擦的空间均衡模型中，将这一估计与巴尔季克工具变量交互在一起形成了一系列工具变量。在金融文献中，米安和苏菲（Mian and Sufi，2009）与钱尼等（Chaney et al.，2012）是利用萨斯（2010）住房供给弹性指标的两项主要研究。

巴尔季克工具变量中可识别的变异主要来源于各个地方劳动力市场间在基

---

[16]　Saiz（2010）也利用了一月份的日照时间与移民流入量作为 $\Delta \ln Q_k$ 中额外的变异来源，同时将福音派基督徒的盛行率作为 WRI_k 的一个外生变量来源。

期年份不同的产业构成。因此，这些工具变量的有效性依赖于产业构成与不可观测变量都不会与能够直接预测结果的因素相关。对于任何工具变量而言，这一识别假设的可靠性依赖于工具变量被应用的具体情况。一般而言，我们可能会担心基期年份的产业构成可能会与劳动供给趋势相关的基本面因素相关。例如，制造业密集型城市的衰退一方面可能是由于在这些城市对技能的需求减少的更多；另一方面也可能是因为这些城市由于废弃制造业设施导致相对设施价值上的加速衰退，从而使其衰退更明显。换句话说，劳动供给的负向移动可能会与劳动需求的负向移动相关。事实上，当巴尔季克工具变量被应用于一位数分类的行业时，初始的制造业份额倾向于导致工具变量中的很多变异。在这些例子中，我们可以将工具变量视为在制造业密集与非制造业密集城市间产生了一个对照。最后，根据巴尔季克工具变量是如何被应用的，其可能分离了劳动需求中不同部分的变异（根据基期产业技能构成的不同）。两个地方劳动力市场可能因为一个城市在零售与批发业上的繁荣、而另一在城市在商业服务业上的繁荣而被预测有相似的就业增长，用单位效率来衡量的话，后一个城市的劳动需求可能会经历一个更大的向外移动，这种情况下用数量来衡量可能会更恰当些。

工具变量的另一个广泛应用是分离地方劳动力供给中的外生变异。根据卡德（Card，2001），这种思路的常用方法是利用人口迁移冲击。正如在刘易斯和佩利（Lewis and Peri）所写的第十章所详细讨论的，这种变异在人口迁移文献中已经被广泛地应用，作为国内地方劳动力市场迁入者的工具变量。这一工具变量通常将基期年份世界不同区域流入美国的移民定居在各大城市中所占的比重乘以接下来的时期内流入美国的移民总数，然后将来源于不同区域的移民进行加总。[⑰] 正如在刘易斯（2011）的研究中，一个类似的策略被应用于被观测到的技能以便产生不同地方劳动力市场间在相对劳动力供给上的变异。博斯坦（2010）利用一个历史道路工具变量研究了"二战"后北部大都市区域非洲裔美国人口的变动。

工具变量也被广泛应用于分离基础设施项目中的外生变异。针对交通基础设施变异最常用的工具变量是历史上的规划与网络。例如，鲍姆－斯诺（2007）估计了美国大都市区高速公路建设对人口分散化的影响。它发现每条高速公路将中心城市人口的约9%分散到了郊区。他利用1947年联邦规划设计的高速公路系统作为外生的变异来源，该经验研究的有效性依赖于

---

⑰ 在利用 Bartik 工具变量时，一些研究在计算全国水平的移民数量时会将自身所在的地方劳动力市场或者州去掉。

1947 年的高速公路规划主要是基于军事与城市间贸易目的，地方旅游需求在制订该计划时并没有被考虑。90% 的联邦资金承诺保证了事实上所有被规划的高速公路以及附加的大量服务于当地旅行需求的州际道路系统都被建成了。鲍姆－斯诺（Baum－Snow，2007）主要估计了 1950～2000 年中心城市人口关于高速公路的差分回归方程，并控制了大都市区域人口，以便包括州际道路系统被建设的整个时间范围。该研究识别成功的关键在于控制可能会与高速公路相关的变量以及驱动人口分散化的变量。为达到这一目的，研究控制了不同形式的中心城市规模、1950 年中心城市人口以及产业结构。鲍姆－斯诺（2007）也报告了利用 1950 年与 1990 年的数据、控制大都市区域与年份固定效应的双重差分估计量的估计结果。迈克尔斯（Michaels，2008）利用 1944 年规划作为服务于农村的高速公路的工具变量，研究了市场一体化如何更好地改变了劳动力技能需求。尽管这个工具变量不是足够强的，他也尝试利用每个县东西向与南北向存在的城市作为工具变量，因为州际道路系统是以此为方向的。

杜兰顿和特纳（Duranton and Turner，2011；2012）以及杜兰顿（2014）也利用 1947 年的规划作为高速公路的工具变量，但其进一步补充了 1898 年的铁路路线与在 1528～1850 年的大陆探险路线。这些研究分别评估了高速公路对城市内出行、城市增长与区域间贸易构成的影响。类似地，鲍姆－斯诺等（2014）在他们关于 1990 年后中国城市形态的变化研究中，利用历史上的城市道路与铁路网络作为工具变量。利用历史上的基础设施作为工具变量的思路在于，尽管这些基础设施在今天已经过时了，但它作为道路的功能被保存了下来，从而使现代建设的成本更低。丁克曼（Dinkelman，2011）利用土地坡度作为南非农村电气化流行的工具变量。她发现与新高速公路的作用类似，电气化可以导致就业的增长。正如在这本手册第二章由雷丁和特纳（Redding and Turner）详细讨论的，如何区分基础设施对增长与再分配的影响仍然是一个开放的问题。无论他们的解释如何，良好识别的工具变量可以在一定程度上发现基础设施的因果效应。

霍克斯比（Hoxby，2000）是在地方公共财政文献中较早地利用工具变量估计的研究之一。该研究尝试发现公立学校竞争（用大都市区域内公立校区的数量来衡量）对学生考试成绩的影响。为了解释校区数量中的潜在内生性，霍克斯比的思路是利用大都市区内的河流来作为工具变量。这一思路主要是基于拥有更多河流的大都市区域拥有更多的校区，因为历史上对学生而言跨过河流去上学是很困难，但这些自然特征并不会直接影响今天的人力资本水平与积累。当然，识别的关键在于能够控制与河流相关且能够影响学生成绩的因素。例如，拥有更多河流的大都市区域更也可能位于一个国家中最有生产力的区域，例如东北部与中西部。因此，控制父母的受教育水平和结果可能是很重要的。[18] 最近的研究中，塞拉托等（Serrato et al.，2014）利用城市十年人口普查作为工具变量来分离联邦转移支付中的外生变异，发现每单位联邦支出的地方收入乘数为1.57，每个额外工作的财政成本是每年30 000美元。

工具变量另一种常用的变异是政治权力与政治动机。例如，利维特（Levitt，1997）在其关于警察对犯罪的研究中，利用市长选举周期作为给定月份内城市中实施的政策数量的工具变量。其思路是打算再次参与选举的市长会为了减少犯罪而加强政策力量。与间接最小二乘法的思路一致，该研究比较了选举周期与其他时期的犯罪率。当然，分离警察的因果效应需要控制在选举周期内其他的政策变动。[19] 汉森（Hanson，2009）与汉森和罗林（Hanson and Rohlin，2011）利用国会赋税委员会中的代表数量作为对被提议的联邦资助授权区的工具变量。

我们希望这个对工具变量在城市与区域经济学研究中的不全面回顾已经表明可靠的工具变量的应用远不是一个机械过程。与任何经验研究方法一样，工具变量方法的成功应用需要仔细地思考正在识别的变异。我们必须对每个工具变量的外生性（以其他外生控制变量为条件）做出有说服力的论证，或者等价地工具变量中剩余的变异与影响结果的不可观测因素是不相关的。此外，理想化的情况是能够对每个工具变量估计产生的局部平均处理效应进行说明。

在处理被明确随机化的情况下，如在1.2.4部分讨论的一样，我们可以利用工具变量的机制来发现TT。卡茨等（2001）对这一过程进行了详细说明。在MTO项目背景下，将受第八法案影响的处理组家庭分配 $Z=1$，控制组中的家庭分配 $Z=0$；如果家庭在获得一张第八法案住房券后搬出公共住房，那么 $D=1$，否则 $D=0$。我们可以将 Z 视为对 D 的一个有效工具变量，由于获得住房券的家庭会选择是否用它，因此 D 是内生的。回忆1.2.2部分对LATE的定义有，在二元处理的背景下 $LATE \equiv \dfrac{E[\gamma \mid Z=1] - E[\gamma \mid Z=0]}{\Pr(D=1 \mid Z=1) - \Pr(D=1 \mid Z=0)}$，其中分子是 Z 在 D 关于 Z 的"简约型"回归中的系数，分母是 Z 在 D 关于 Z 的"第一阶段"回归中的系数。此外，回忆1.2.2部分中的定义 $TT \equiv E(\gamma^1 - \gamma^0 \mid D=1) = \dfrac{E[\gamma \mid Z=1] - E[\gamma \mid Z=0]}{\Pr(D=1 \mid Z=1)}$。因此，当 $\Pr(D=1 \mid Z=0)=0$ 时，$TT = LATE$，或

---

[18] Rothstein（2007）利用额外数据对该问题进行了进一步的分析。

[19] 参见 McCrary（2002）对相同数据集的再次分析。

者说控制组中的成员都没有用第八法案住房券搬出公共住房。

工具变量估计量在断点回归中的应用也是很普遍的，下面部分将对其进行详细介绍。

1.6　断点回归

正如李和勒米厄（Lee and Lemieux，2010）以及因本斯与勒米厄（Imbens and Lemieux，2008）在最近综述中所证明的，在过去的十年间断点回归在经济学中的应用迅速增长。我们关于断点回归的解释在这段时间内也发生了改变。最初将断点回归视为处理可观测变量选择的另一种方法，因而是工具变量的一种类型，然后最终将断点回归定义在非自然试验情况下实施随机化的一种创新性方法。在这一部分，我们将讨论对断点回归框架的不同解释、如何应用这一方法的相关细节以及其在城市与区域经济学中的出色应用。尽管直到最近以前，断点回归在城市经济学研究中的应用仍然很少见，[20] 但这一方法表现出了很强的未来研究前景。正如在其他经济学领域中经历的那样，我们希望断点回归方法在城市经济学领域的应用也随着时间不断增长。本部分可视为该方法的入门，更详细的介绍参见李和勒米厄（2010）以及因本斯与勒米厄（2008）。

1.6.1　基本框架和解释

作为一种经验研究方法，断点回归的应用需要两个主要前提。第一，研究者需要知道选择进入处理的规则，且在处理是如何被分配的过程中存在断点。例如，美国的城市经常举行公投来询问当地公民是否同意发行债券来融资，以用于当地公共基础设施建设。这个例子中的选择规则是同意债券发行的得票比率，让我们以三分之二为例。这个处理中的断点是明确的：那些公投少于三分之二得票的城市将不会融资，而那些得票超过三分之二的城市则可以发行债券并在公共基础设施上进行投资。第二，个体不能超过选择临界点进行分类。根据定义，这种"选择"将会使得无法比较选择临界点任意两端的处理组与控制组中的相似个体。没有内生的分类行为意味着城市不能操作公投以便得到额外的选票来达到三分之二的临界点。在本部分在最后我们将讨论研究者如何处

---

[20]　例如，在最近的 2010 年《城市经济学》杂志中没有一篇应用断点回归方法的文章。

理违背这一条件的情况，例如，在一个边界类型的应用中，分类可能会随着时间发生。

如果上述两个条件都得到了满足，断点回归估计量将会提供处理组与控制组中个体间的比较，其中每个个体通过一个单一指数（即选择规则）被匹配起来。这个单一指数通常被称为分配变量（assignment variable）。

为正式地表达这些概念，定义 γ_i 为感兴趣的结果，T_i 为二元的处理变量，假定 $\beta_i = \beta$ 以及 X_i 是协变量向量：

$$\gamma_i = \alpha + T_i\beta + X_i\delta + U_i + e_i \tag{1.15}$$

其中 $T_i = 1(Z_i \geqslant z_0)$，$Z_i$ 是选择进入处理的单个指数，z_0 是断点临界值。拥有 $Z_i \geqslant z_0$ 的个体被分配进入了处理组，其他个体被分配进入了控制组。这种设定通常被称为"明确"断点回归设计（"sharp" RD design），因为在选择规则已知和确定的情况下处理状态是明显的。在这个设定中，在临界点附近 T_i 对 γ_i 的平均处理效应为：

$$
\begin{aligned}
E[\gamma_i \mid Z_i = z_0 + \Delta] - E[\gamma_i \mid Z_i = z_0 - \Delta] = \beta &+ \{E[X_i\delta \mid Z_i = z_0 + \Delta] \\
&- E[X_i\delta \mid Z_i = z_0 - \Delta]\} + \{E[U_i + e_i \mid Z_i = z_0 + \Delta] \\
&- E[U_i + e_i \mid Z_i = z_0 - \Delta]\}
\end{aligned}
$$

注意到这个平均处理效应仅适用于那些在临界点附近的个体。为了识别平均处理效应需要两个关键假设。第一个假设是 X_i 与 Z_i 联合分布的连续性。这个假设可以使上式中的项 $\{E[X_i\delta \mid Z_i = z_0 + \Delta] - E[X_i\delta \mid Z_i = z_0 - \Delta]\}$ 忽略不计，并保证处理组与控制组在断点附近有相似的可观测特征。这是假设可以通过数据来很容易地检验，这也是为什么将断点回归解释为可观测变量选择框架的一种类型的原因之一。第二个假设是不可观测因素（$U_i + e_i$）与 Z_i 的联合分布是连续的，这也可以使项 $\{E[U_i + e_i \mid Z_i = z_0 + \Delta] - E[U_i + e_i \mid Z_i = z_0 - \Delta]\}$ 忽略不计，这个假设是永远不会被检验到的。这种类型的断点回归在一定程度上类似于随机分配。在临界点附近，给定上述两个假设，处理组与控制组中个体的分配是外生的。

在一些情况下，选择规则可能并不是确定的。例如，即使当地方公民同意发行债券，但市场状况可能阻止政府融资；或者那些进行发债公投的美国城市在今天可能失败了，但在未来可能会成功。这些事件都会使得选择规则成为一个概率方程，由此形成了所谓的模糊断点回归设计（fuzzy RD design）。正式地，处理状态 T_i 可被改写为：

$$T_i = \theta_0 + \theta_1 G_i + \mu_i$$

其中 $G_i = 1(Z_i \geqslant z_0)$，$\mu_i$ 是决定处理状态的其他不可观测因素。将 T_i 与 G_i 新的方程代入到结果方程中可得：

$$\gamma_i = \alpha + \beta\theta_0 + G_i\beta\theta_1 + u_i\beta + X_i\delta + U_i + e_i$$

在临界点处的新的处理效应变为：

$$E[\gamma_i \mid Z_i = z_0 + \Delta] - E[\gamma_i \mid Z_i = z_0 - \Delta] = \beta\theta_1 +$$
$$\beta\{E[\mu_i \mid Z_i = z_0 + \Delta] - E[\mu_i \mid Z_i = z_0 - \Delta]\} +$$
$$\{E[X_i\delta \mid Z_i = z_0 + \Delta] - E[X_i\delta \mid Z_i = z_0 - \Delta]\} +$$
$$\{E[U_i + e_i \mid Z_i = z_0 + \Delta] - E[U_i + e_i \mid Z_i = z_0 - \Delta]\}$$

为了估计参数 β，我们首先回到参数 θ_1，建立 G_i 与 T_i 之间的关系：

$$E[T_i \mid Z_i = z_0 + \Delta] - E[T_i \mid Z_i = z_0 - \Delta] = \theta_1 +$$
$$\{E[\mu_i \mid Z_i = z_0 + \Delta] - E[\mu_i \mid Z_i = z_0 - \Delta]\}$$

利用在简约形式中单个指数 Z_i 对 γ_i 影响得到的比率可以得到局部平均处理效应：

$$\beta = \frac{E[y_i \mid Z_i = z_0 + \Delta] - E[y_i \mid Z_i = z_0 - \Delta]}{E[T_i \mid Z_i = z_0 + \Delta] - E[T_i \mid Z_i = z_0 - \Delta]} \tag{1.16}$$

这个表达式与式（1.3）定义的局部平均处理效应非常相似。其原因在于模糊断点回归可以被视为给出了一个只是针对某些个体的局部平均处理效应。如果分配变量的值超过临界使得进入处理的个体集合是随机的，那么这与明确断点回归情况下估计得到的平均处理效应是一致的。然而，如果模糊断点回归发生在一部分个体在超出临界点时不服从处理（可能是因为他们与服从者相比在一些可观测与不可观测变量上存在不同）情况下，模糊断点回归只允许研究者发现局部边际平均处理效应，这也可被视为特殊版本的被处理的处理效应（TT）。

模糊断点回归的有效性依赖于下面假设：（1）在临界点附近处理组与控制组是随机分配的；（2）存在一个很强的第一阶段来估计 θ_1；（3）存在一个排除性约束，使得可以忽略掉项 $E[\mu_i \mid Z_i = z_0 + \Delta] - E[\mu_i \mid Z_i = z_0 - \Delta]$。[21] 这与前面介绍的工具变量方法非常相似，因此模糊断点回归有时候也被称为局部工具变量。

正如迪纳尔和李（DiNardo and Lee，2011）强调的那样，基于简化的工具变量的解释丢失了断点回归方法最重要的特征：对处理组与控制组的随机分配。即使断点回归方法类似于工具变量方法，该方法的核心特征在于能够在一个非试验的情况下模拟随机分配。事实上，模糊断点回归方法可以更恰当地被称为局部随机化的工具变量方法。

㉑　这个方法也依赖于一个单调性假设，这与在工具变量情况下明确地解释局部平均处理效应类似。这意味着当个体超过分配变量的临界点时，对每个可观测变量 X 与不可观测变量 U 组合而言，其被处理的概率会提高。

断点回归中的一个重要问题是外部有效性，正如对该方法的一种潜在解释为"它仅估计了那些靠近临界点个体的处理效应"。迪纳尔和李（2011）澄清了这种对断点回归的解释，他们认为个体并不能选择他们相对于临界点的具体位置。如果是这种情况，那么断点回归估计可以被视为加权的平均效应，其权重与个体的分配变量事先处在临界点附近的可能性成比例。

无论是利用明显的还是模糊的方法，断点回归方法提供了使经验估计接近于随机情形的一种方法。正如在前面部分讨论的，随机化是经验研究工作中的圣杯，任何能利用非试验方法模拟随机试验特征的方法必然会受到研究者的欢迎。

1.6.2 应用

断点回归之所以受欢迎不仅因为其与随机试验的关系，而且是由于其框架的清晰性。断点回归估计可以清晰地用图来表示。标准的断点回归图会作出处理变量与结果的条件与非条件均值。继续债券发行的例子，切利尼等（2010）给出了在债券公投中每个学生的平均资本支出与平均经费（见图1－3）。这个简单的图首先表明一个处理的存在：当发债被同意仅三年后，得票率高于临界值的学区其总支出与资本支出都增加了。这也检验了该研究的明确程度：在公投三年前与三年后，那些没有通过发债的学区（得票率低于临界值）的总支出与资本支出是相似的。这些结果表明在给定的邻近水平附近，处理组与控制组存在明显的断点。

另一个类似的作图方法可以用来检验研究设计的有效性。所有的协变量都会在图中被画出来，每个协变量的断点统计检验也应该被报告出来。这是对处理组与控制组在断点临界值附近处是否有平衡特征的主要检验。另一个是对断点附近分类行为的检验，可以通过将所有观测值对分配变量进行作图，这会检验在临界值每端的观测数量是否不成比例，这可以潜在地反映个体改变其自身处理状态的能力，从而使得研究失效——参见麦克拉里（McCrary，2008）。在现实中这种分类效应也通常会以其他协变量差分的形式出现。最后，其他常用的稳健性检验包括对被预先假定的协变量断点的检验（在处理有时间趋势的情况下），对结果变量是否在一个虚拟的临界点呈现出断点（意味着断点仅发生在真实的临界点），对其他不相关的结果是否与分配变量存在一个类似的断点关系进行检验（这意味着处理可能不是唯一影响结果的机制）。

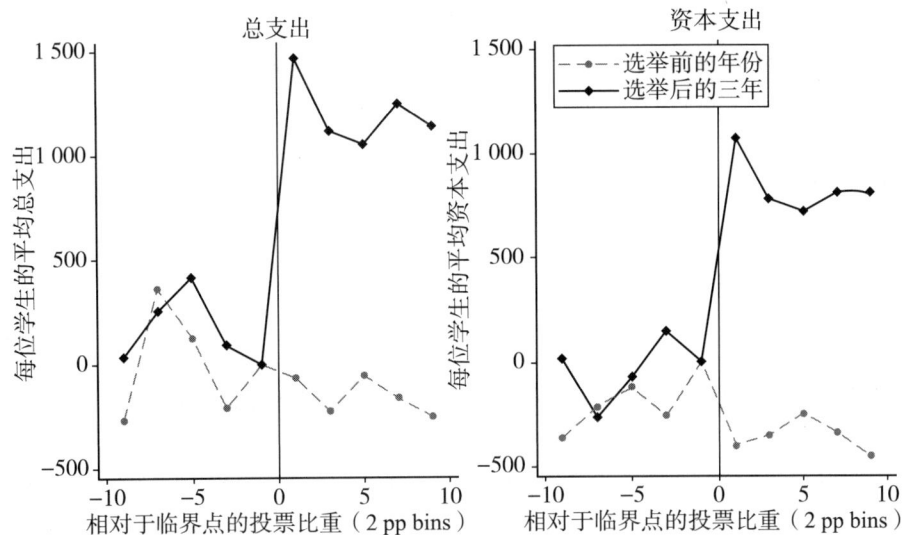

图 1 - 3　相对于投票份额（选举前一年与选举后三年）的每位学生总支出与资本支出（Cellini et al.，2010）。 该图给出了相对于发债公投中投票份额的每位学生的平均总支出（左图）与平均资本支出（右图），公投被分为两组：在 **0.001%** 与 **2%** 间通过公投的被分配为 **1**，类似地没有通过公投的被分配为 **-1**，均值是基于年固定效应计算的，**-1** 组被标准化为 **0**。

在许多断点回归应用中也画出了平均处理效应（对分配变量无条件均值）的参数或者非参数估计。当参数估计被应用时，画图分析可以帮助选择断点回归单一指数的函数形式。正如在前面提到的，分配变量 Z_i 可以被解释为衡量结果与处理状态关系中被观测到的偏误的一个单一指数。如果这个单一指数在断点回归临界点 z_0 处是平滑的，那么表明 γ_i 中的不连续性都是由 T_i 造成的。在最简单的情形中，如果结果 γ_i 与分配变量 Z_i 不相关，一个诸如 $\gamma_i = \alpha_0 + T_i\beta + \varepsilon_i$ 形式的简单回归可以产生对平均处理效应的恰当估计。一个更普遍的情况为 γ_i 是 Z_i 的函数，其两者在临界点附近有相似的斜率。一个应用明确断点回归估计的更一般的模型为：

$$\gamma_i = \alpha_0 + T_i\alpha_1 + f_1(z_0 - Z_i)1(Z_i < z_0) + f_2(Z_i - z_0)1(Z_i \geqslant z_0) + X_i\delta + \epsilon_i$$

$$(1.17)$$

其中，在断点回归中，$T_i = 1(Z_i \geqslant z_0)$，许多研究者将 $f_1(\cdot)$ 与 $f_2(\cdot)$ 设定为被估计系数的二次或三次函数形式，并通过排除常数项来施加 $f_1(0) = f_2(0) = 0$ 的限制。在式（1.17）中引入 α_0 可允许当 $Z = z_0 - \Delta$ 时，γ_0 是非零的。这个方程可以通过最小二乘法进行估计，其潜在的思路是通过比较临

界点 z_0 附近的处理组与控制组。式（1.17）中控制函数 $f_1(\cdot)$ 与 $f_2(\cdot)$ 的作用是控制可观测与不可观测变量中远离分配变量临界点的（连续）趋势。尽管当断点回归被合理运用时在回归中额外地控制可观测变量 X 不是必要的，但通常为了减少误差项方差与更精确地估计 α_1 仍会在回归中引入。与在双重差分估计量中引入可观测测变量的讨论相同，不要引入内生变量是很重要的。此外，通常我们不会利用那些过于远离临界点 z_0 的数据进行估计，因为这些观测值对识别没有帮助，但会影响控制函数的参数估计。

在模糊断点回归设计中，在经验模型式（1.17）的基础上可以进一步估计局部平均处理效应。然后，这些研究者必须考虑辅助处理方程：

$$T_i = \gamma_0 + D_i\rho + g_1(z_0 - Z_i)1(Z_i < z_0) + g_2(Z_i - z_0)1(Z_i \geq z_0) + X_i v + u_i$$

其中 $D_i = 1(Z_i \geq z_0)$，T_i 在式（1.17）中只是一个衡量处理的指标。由于现在是一个联立方程模型，因此模糊断点回归的局部平均处理效应可用任何工具变量来估计得到。与式（1.16）相同，模糊断点回归局部平均处理效应的间接最小二乘法估计值为 $\dfrac{\hat{\alpha}_1}{\hat{\rho}}$。

非参数估计可以被用来估计断点临界点上的平均处理效应，参见哈恩（Hahn，2011）。断点回归设计随机化的本质特征使得大多数估计方法得到的结论都是类似的。如果根据不同估计方法得到的平均处理效应差异很大，那么这通常是存在一个更为根本问题的表现，例如在 z_0 附近观测值的数量很少。实际上，非参数方法在实际应用中的一个主要限制在于其通常需要在临界点附近大量的观测值，特别是当非参数估计对边界处带宽的选择很敏感的情况。

到目前为止，我们已经假定我们知道分配变量在处理变量断点处的显著水平 z_0。在一些情况下，这个显著水平是不知道的。估计"结构性断点" z_0 与 z_0 处的处理效应是可能的，这可以通过最小二乘法对每一个备选的 z_0 估计式（1.17）来得到，然后选择使 R^2 最大的 $\hat{z}_0$。卡德·大卫和罗斯坦（Card David and Rothstein，2008）是在城市经济学文献中利用该方法值得关注的例子。

1.6.3　城市经济学中断点回归的例子

在城市经济有很多应用断点回归的例子。费雷拉和捷尔科（Ferreira and Gyourko，2009）研究了地方政治对美国城市财政表现的影响。查伊和格林斯通（Chay and Greenstone，2005）研究了美国各县对空气质量改善的支付意愿。
鲍姆 – 斯诺和马里昂（Baum-Snow and Marion，2009）估计了低收入补贴对邻
里环境的影响。费雷拉（Ferreira，2010）研究了房产税对居民流动性的影响。
彭斯（Pence，2006）研究了按揭信贷对贷款规模的影响。在下面的小部分我
们首先讨论前面提到的债券公投的例子，然后讨论"边界断点"研究设计的
应用，这是断点回归的一个特殊应用。

切利尼等（2010）研究了教育支出的重要性。在这个例子中有两个主要
的识别障碍。首先，资源可能内生的，支出通常与学生的经济社会条件有关。
其次，估计得到的教育投资的影响可能没有完全捕捉到学生的所有可衡量的收
益，例如非学术性收益。为了处理第二个问题，他们转向了住房市场。根据标
准理论（Oates，1969），如果相对于所支付的税收，住房购买者对某处住房的
价值更重视，那么支出的增加会导致更高的住房价格，这意味着最初的低税率
是无效的。

为了能够分离出教育投资中的外生变异，他们根据加利福尼亚州实施债券
发行公投的校区划分了处理组与控制组。其逻辑在于那些公投通过债券发行的
校区与那些公投没有通过债券发行的校区是相似的。他们通过三种方法检验和
确认了这一假设：他们表明处理组与控制组在（发行债券）成功临界点的附
近有着平衡的协变量，他们表明在债券发行前的趋势与结果也是平衡的，并且
他们表明用得票率衡量的债券分布在临界点附近不是非连续的。

他们也通过在债券公投结束后的以后时期中校区的特征来判断其设计是
明显的还是模糊的。没有通过发债公投的校区在未来的 5 年内更有可能通过
和同意另一种发行债券方式。作者通过 ITT 与 TT 两个估计量处理了发债公投
的动态性质。估计表明发行债券会导致房价上升约 6%，该效应一般在公投结
束 2 ~ 3 年以后才出现并持续大约 10 年。最后，他们将 TT 估计量转化为了边
际住房购买者的支付意愿。尽管在一些公共选择研究的文献中强调了"利维
坦"式的政府，但加利福尼亚州例子的估计结果与此相反。

现在我们考虑边界断点研究设计。许多研究者已经利用地理边界来构造更
多可比的处理组与控制组来缓和变量缺失问题。例如，霍姆斯（1998）试图
从某个州其他专属特征中分离出该州政策的影响。正如在 1.4.2 部分讨论的那
样，将双重差分估计方法应用于大的地理区域（如州）往往使不恰当的。霍
姆斯的策略是关注两个州的边界区域，其中一个州有就业保障法，而另一个州
没有就业保障法。对于位于边界两侧的城市而言，其地理条件、气候、土地肥
沃程度、是否邻近原材料与港口、河流等条件基本是相同的，因此这种研究设
计减轻了缺失变量导致在潜在偏误。通过检验这些边界区域，霍姆斯（1998）

发现边界两侧中偏好商业那侧的制造业活动更活跃。

但是，边界通常不同随机分配的，它们往往遵循一定的地理特征，例如河流；或者是政治进程的结果，例如州之间为了确定国会选区而确定边界。这种随机化的缺失表明对于被边界分开的区域而言，至少有一个因素不是相似的。例如，一些边界被用来分离不同的辖区，例如城市、校区、县、州或者国家。即使边界是随机分配的，对于经济个体而言也有足够的机会根据不可观测特征进行跨边界移动。

这些问题可以在关于学校质量评估的例子中进行说明。布莱克（Black，1999）为了估计学校质量的影响，比较了不同入学区边界两侧的房价。这里之所以用入学区而不是用校区边界是因为在入学区边界两侧，当地公共服务的提供是相同的。而用校区边界则会产生两个问题：校区边界可能也是城市或者县之间的边界，因此不同的校区可能有完全不同的学校融资方式；入学区边界两侧则有相似的融资方式，因此不太可能被用于分离不同类型的辖区。此外，布莱克也表明距边界的距离也是有影响的。只有在小于0.2英里的距离内，才有可能保证当地特征的相似性。

然而，即使那些相对准确的入学区也可能没有处理家庭的内生分类问题。鉴于学校质量在边界处的不连续性，我们或许会预期居民的分类行为会导致边界两侧的家庭特征呈现出不连续性（即使最初边界两侧家庭的特征是相同的）。拜尔等（2007）以旧金山海湾区域为例报告了这些不连续性。高收入、高教育水平的白人家庭更倾向于集中在入学区中学校质量更高的一侧，这种差距即使在距离边界很近的范围内仍然是显著的。鉴于这种分类行为，在评估学校质量时，控制邻里的人口学特征是很重要的，因为房价差异可能反映了学校质量或者其他社会人口特征上的不连续性。与布莱克（1999）的研究一样，拜尔等（2007）发现在标准的特征回归中引入边界固定效应会降低学校质量的估计值。但是他们也发现当更精确的社会人口特征被加入时，学校质量的影响会进一步下降约50%。

其他需要注意的问题是，即使最全面的数据集也不可能包括所有影响住房价格的经济人口特征。同时，大部分数据集只拥有有限的关于住房的详细特征，例如楼层的类型等。如果这些不可观测的住房特征与不可观测的人口学特征在边界间是不同的，识别就会产生偏误。当边界在最近被重新随机调整，因而家庭或者企业还没有足够的时间进行反应的情况下上述问题可以被减轻。

在另一个利用边界不连续性的经验研究中，特纳等（2014）为了分解土地利用管制的福利影响，检验了不同城市边界间土地价格的差异。其逻辑在于如果土地利用管制在空间上（一直到边界）的实施是均匀的，我们可以通过跨边界比较来发现土地利用管制的直接成本。土地管制的间接（溢出）成本可以利用空间差分估计量（对土地规制政策变动的辖区与其邻近的辖区进行差分）来得到。土地管制的供给效应可以由不同城市边界间被开发的土地份额差异来反映出来。他们的研究表明土地管制政策在以上三种情况下都与土地价值与福利存在显著负相关。

最近劳动经济学与公共财政的研究中也发现了许多在斜率上的不连续性，并利用了所谓的 RK（Regression Kink）方法（Card David and Weber，2012）。这些扭结是许多政策规则的一个常见特点，例如计算失业保险收入的公式。卡德等认为 RK 方法的原理与断点回归方法是相似的，RK 方法也是基于在政策扭结点上对结果变量（如失业时间长度）与处理变量（失业收益水平）进行比较。然而与断点回归方法比较结果变量与处理变量水平值的差异不同，RK 方法则是通过比较结果变量与处理变量在扭结点处的斜率差异。与断点回归方法相同的是，对 RK 方法识别的威胁之一是在扭结点处的分类效应。这种分类效应会导致分配变量分布在扭结点处出现可观察到的集聚，从而违背了 RK 方法的潜在假设。然而，尽管这种集聚会使得断点回归方法与 RK 方法无效，但许多公共经济学的研究者，例如赛斯（Saez，2010）和切迪等（Chetty et al.，2011）已经能够利用这种形式的集聚来识别对不同公共政策（例如收入所得税）的行为反应。这种"集聚设计"的内在逻辑是通过对实际数据中的集聚与没有政策扭结的行为模型的预测值之间进行比较。在其他情况都相同时，上述两者的任何差异都可以直接归因于扭结点附近的政策变动。在住房市场中这种方法的最新应用有百斯特和克莱文（Best and Kleven，2014），库普茨奇和门罗（Kopczuk and Munroe，2014）以及德·福斯科和帕齐奥雷克（De Fusco and Paciorek，2014）。

最后，在一些情况中我们或许会发现断点回归与 RK 是在同一个临界点，参见特纳（Turner，2012）。随着研究者们不断加强对数据中潜在变异来源的理解，这些领域的研究会在近年不断进步，从而允许对难以进行可靠估计的非试验数据进行识别。

1.7　结　　论

本章罗列了城市与区域经济学中用来识别因果关系的成功实践。我们希望我们已经成功地传递了如下思维，那就是高质量经验研究的实施需要创造性与仔细的思考。除了需要对采用何种一般性的经验方法进行决策外，针对特定问题与数据的相对较小的决策也是很多的。一般而言，有两个核心的考虑应该贯穿所有试图发现数据中因果关系的经验研究工作始终，第一是必须考虑用来识别感兴趣关系的处理变量中的变异来源，第二是必须明确何种处理效应正在被估计。

我们可以看到城市与区域经济研究中经验研究的一个明朗前景。城市与区域经济问题研究中经济理论与经验研究的结合使得我们领域可以在经济学中重要问题上取得令人信服的进展。大量详细的空间数据为我们在新领域中开展严谨的研究提供了更多机会。事实上，尽管发现处理效应是重要的，对于新问题而言，对数据中存在的模式进行描述性解释可能是更重要的。特别是在我们领域，经常由于新的可利用数据而不知所措，第一步应该是对现实有个初步了解，这样做通常可以得到关于用来发现因果关系的可靠识别方法的新思路。

参考文献

Abadie, A., Angrist, J., Imbens, G., 2002. Instrumental variables estimatesof the effect of subsidized training on the quantiles of trainee earnings. Econometrica 70, 91–117.

Abadie, A., Diamond, A., Hainmueller, J., 2010. Synthetic control methods for comparative case studies: estimating the effect of california's tobacco control program. J. Am. Stat. Assoc. 105, 493–505.

Abadie, A., Diamond, A., Hainmueller, J., 2014. Comparative politics and the synthetic control method. Am. J. Polit. Sci. (Online, forthcoming).

Abadie, A., Gardeazabal, J., 2003. The economic costs of conflict: a case study of the basque country. Am. Econ. Rev. 93, 113–132.

Alesina, A., Baqir, R., Hoxby, C., 2004. Political jurisdictions in heterogeneous communities. J. Polit. Econ. 112, 348–396.

Altonji, J., Elder, T., Taber, C., 2005. Selection on observed andunobserved variables: assessing the effectiveness of catholic schools. J. Polit. Econ. 113, 151–184.

Angrist, J., Graddy, K., Imbens, G., 2000. The interpretation of instrumental variables estimators in simultaneous equations models with an application to the demand for fish. Rev. Econ. Stud. 67, 499–527.

Ashenfelter, O., 1978. Estimating the effect of training programs on earnings. Rev. Econ. Stat. 60, 47–57.

Athey, S., Imbens, G., 2006. Identification and inference in nonlinear difference-in-differences models. Econometrica 74, 431–497.

Autor, D., Palmer, C., Pathak, P., 2014. Housing market spillovers: evidence from the end of rent control in Cambridge Massachusetts. J. Polit. Econ. 122, 661–717.

Bailey, M., Muth, R., Nourse, H., 1963. A regression method for real estate price index construction. J. Am. Stat. Assoc. 58, 933–942.

Bartik, T., 1991. Who Benefits from State and Local Economic Development Policies? Upjohn Institute, Kalamzoo, MI.

Baum-Snow, N., 2007. Did highways cause suburbanization? Q. J. Econ. 122, 775–805.

Baum-Snow, N., Brandt, L., Henderson, J.V., Turner, M., Zhang, Q., 2014. Roads, Railroads and Decentralization of Chinese Cities (manuscript).

Baum-Snow, N., Lutz, B., 2011. School desegregation, school choice and changes in residential location patterns by race. Am. Econ. Rev. 101, 3019–3046.

Baum-Snow, N., Marion, J., 2009. The effects of low income housing tax credit developments on neighborhoods. J. Publ. Econ. 93, 654–666.

Baum-Snow, N., Pavan, R., 2012. Understanding the city size wage gap. Rev. Econ. Stud. 79, 88–127.

Bayer, P., Ferreira, F., McMillan, R., 2007. A unified framework for measuring preferences for schools and neighborhoods. J. Polit. Econ. 115, 588–638.

Bayer, P., Hjalmarsson, R., Pozen, D., 2009. Building criminal capital behind bars: peer effects in juvenile corrections. Q. J. Econ. 124, 105–147.

Bayer, P., Ross, S., Topa, G., 2008. Place of work and place of residence: informal hiring networks and labor market outcomes. J. Polit. Econ. 116, 1150–1196.

Beaudry, P., Green, D., Sand, B., 2014. Spatial equilibrium with unemployment and wage bargaining: theory and estimation. J. Urban Econ. 79, 2–19.

Bertrand, M., Duflo, E., Mullainathan, S., 2004. How much should we trust differences-in-differences estimates? Q. J. Econ. 119, 249–275.

Best, M.C., Kleven, H.J., 2014. Housing Market Responses to Transaction Taxes: Evidence from Notches and Stimulus in the UK. Mimeo.

Bester, A., Conley, T., Hansen, C., 2011. Inference with dependent data using cluster covariance estimators. J. Econometr. 165, 137–151.

Bjorklund, A., Moffitt, R., 1987. The estimation of wage gains and welfare gains in self-selection models. Rev. Econ. Stat. 69, 42–49.

Black, S., 1999. Do better schools matter? Parental valuation of elementary education. Q. J. Econ. 114, 577–599.

Blanchard, O.J., Katz, L.F., 1992. Regional evolutions. Brook. Pap. Econ. Act. 1, 1–69.

Bound, J., Holzer, H.J., 2000. Demand shifts, population adjustments and labor market outcomes during the 1980's. J. Labor Econ. 18, 20–54.

Boustan, L., Ferreira, F., Winkler, H., Zolt, E.M., 2013. The effect of income inequality on taxation and public expenditures: evidence from U.S. municipalities and school districts, 1970–2000. Rev. Econ. Stat. 95, 1291–1302.

Boustan, L.P., 2010. Was postwar suburbanization "white flight"? Evidence-from the black migration. Q. J. Econ. 125, 417–443.

Busso, M., Gregory, J., Kline, P., 2013. Assessing the incidence and efficiency of a prominentplace based policy. Am. Econ. Rev. 103, 897–947.

Cameron, A.C., Gelbach, J.B., Miller, D.L., 2008. Bootstrap-based improvements for inference with clustered errors. Rev. Econ. Stat. 90, 414–427.

Campbell, J., Giglio, S., Pathak, P., 2011. Forced sales and house prices. Am. Econ. Rev. 101, 2108–2131.

Card, D., 2001. Immigrant inflows, native outflows, and the local labor market impacts of higher immigration. J. Labor Econ. 19, 22–64.

Card David, A.M., Rothstein, J., 2008. Tipping and the dynamics of segregation. Q. J. Econ. 123, 177–218.

Card David, David Lee, Z.P., Weber, A., 2012. Nonlinear policy rules and the identification and estimation of causal effects in a generalized regression kink design, NBER Working paper No. 18564.

Carrell, S., Sacerdote, B., West, J., 2013. From natural variation to optimal policy? The importance of endogenous peer group formation. Econometrica 81, 855–882.

Case, K., Shiller, R., 1987. Prices of Single Family Homes Since 1970: New Indexes for Four Cities. New England Economic Review, Boston, MA September/October.

Case, K., Shiller, R., 1989. The efficiency of the market for single-family homes. Am. Econ. Rev. 79, 125–137.

Cellini, S., Ferreira, F., Rothstein, J., 2010. The value of school facility investments: evidence from a dynamic regression discontinuity design. Q. J. Econ. 125, 215–261.

Chaney, T., Sraer, D., Thesmar, D., 2012. The collateral channel: how real estate shocks affect corporate investment. Am. Econ. Rev. 102, 2381–2409.

Chay, K., Greenstone, M., 2005. Does air quality matter? Evidence from the housing market. J. Polit. Econ. 113, 376–424.

Chetty, R., Friedman, J.N., Hilger, N., Saez, E., Schanzenbach, D., Yagan, D., 2011. How does your kindergarten classroom affect your earnings? Evidence from project STAR. Q. J. Econ. 126, 1593–1660.

Combes, P.P., Duranton, G., Gobillon, L., 2008. Spatial wage disparities: sorting matters! J. Urban Econ. 63, 723–742.

Combes, P.P., Duranton, G., Gobillon, L., Roux, S., 2012. Sorting and local wage and skill distributions in france. Reg. Sci. Urban Econ. 42, 913–930.

Costa, D., Kahn, M., 2000. Power couples: changes in the locational choice of the college educated, 1940–1990. Q. J. Econ. 115, 1287–1315.

Cox, D.R., 1958. Some problems connected with statistical inference. Ann. Math. Stat. 29, 357–372.

De La Roca, J., Puga, D., 2014. Learning by Working in Big Cities (manuscript).

Dehejia, R., Wahba, S., 2002. Propensity score-matching methods for nonexperimental causal studies. Rev. Econ. Stat. 84, 151–161.

Diamond, R., 2013. The Determinants and Welfare Implications of US Workers' Diverging Location Choices by Skill: 1980–2000 (manuscript).

DiNardo, J., Lee, D., 2011. Program evaluation and research designs. In: Orley, A., David, C. (Eds.), Handbook of Labor Economics. Part A, Vol 4. Elsevier, Amsterdam, pp. 463–536.

Dinkelman, T., 2011. The effects of rural electrification on employment: new evidence from South Africa. Am. Econ. Rev. 101, 3078–3108.

Duflo, E., Glennerster, R., Kremer, M., 2008. Using randomization in development economics research: A toolkit. In: Srinivasan, T.N., Behrman, J. (Eds.), Handbook of Development Economics. Volume 4. Elsevier, Amsterdam, pp. 3895–3962.

Duranton, G., Morrow, P., Turner, M.A., 2014. Roads and trade: evidence from the U.S. Rev. Econ. Stud. 81, 681–724.

Duranton, G., Turner, M., 2011. The fundamental law of road congestion: evidence from the US. Am. Econ. Rev. 101, 2616–2652.

Duranton, G., Turner, M., 2012. Urban growth and transportation. Rev. Econ. Stud. 79, 1407–1440.

Efron, B., Tibishirani, R., 1994. An Introduction to the Bootstrap. Monograph in Applied Statistics and Probability, No 57, Chapman & Hall, New York, NY.

Ellen, I., Lacoe, J., Sharygin, C., 2013. Do foreclosures cause crime? J. Urban Econ. 74, 59–70.

Epple, D., Platt, G., 1998. Equilibrium and local redistribution in an urban economy when households differ in both preferences and incomes. J. Urban Econ. 43, 23–51.

Ferreira, F., 2010. You can take it with you: proposition 13 tax benefits, residential mobility, and willingness to pay for housing amenities. J. Publ. Econ. 94, 661–673.

Ferreira, F., Gyourko, J., 2009. Do political parties matter? Evidence from U.S. cities. Q. J. Econ. 124, 399–422.

Field, E., 2007. Entitled to work: urban property rights and labor supply in Peru. Q. J. Econ. 122, 1561–1602.

Figlio, D., Lucas, M., 2004. What's in a grade? School report cards and the housing market. Am. Econ. Rev. 94, 591–605.

Freedman, M., 2014. Tax Incentives and Housing Investment in Low Income Neighborhoods (manuscript).

Fusco, De, Anthony, A., Paciorek, A., 2014. The interest rate elasticity of mortgage demand: evidence from bunching at the conforming loan limit. Fin. Econ. Disc. Ser. 2014-11.

Galiani, S., Gertler, P., Cooper, R., Martinez, S., Ross, A., Undurraga, R., 2013. Shelter from the Storm: Upgrading Housing Infrastructure in Latin American Slums. NBER Working paper 19322.

Galiani, S., Murphy, A., Pantano, J., 2012. Estimating Neighborhood Choice Models: Lessons from a Housing Assistance Experiment (manuscript).

Gibbons, C., Serrato, J.C.S., Urbancic, M., 2013. Broken or Fixed Effects? Working paper.

Glaeser, E., Hedi Kallal, J.S., Shleifer, A., 1992. Growth in cities. J. Polit. Econ. 100, 1126–1152.

Glaeser, E., Maré, D., 2001. Cities and skills. J. Labor Econ. 19, 316–342.

Gobillon, L., Magnac, T., Selod, H., 2012. Do unemployed workers benefit from enterprise zones? The french experience. J. Publ. Econ. 96, 881–892.

Gould, E., Weinberg, B., Mustard, D., 2002. Crime rates and local labor market opportunities in the United States: 1979–1997. Rev. Econ. Stat. 84, 45–61.

Graddy, K., 1995. Testing for imperfect competition at the fulton fish market. Rand J. Econ. 26, 75–92.

Graham, B., 2008. Identifying social interactions through conditional variance restrictions. Econometrica 76, 643–660.

Greenstone, M., Gallagher, J., 2008. Does hazardous waste matter? Evidence from the housing market and the superfund program. Q. J. Econ. 123, 951–1003.

Greenstone, M., Hornbeck, R., Moretti, E., 2010. Identifying agglomeration spillovers: evidence from winners and losers of large plant openings. J. Polit. Econ. 118, 536–598.

Gronau, R., 1974. Wage comparisons. a selectivity bias. J. Polit. Econ. 82, 1119–1143.

Hahn, J., Todd, P., van der Klaauw, W., 2001. Identification and estimation of treatment effects with a regression-discontinuity design. Econometrica 69, 201–209.

Ham, J., Swenson, C., Imbroglu, A., Song, H., 2011. Government programs can improve local labor markets: evidence from state enterprise zones, federal empowerment zones and federal enterprise community. J. Publ. Econ. 95, 779–797.

Hanson, A., 2009. Local employment, poverty, and property value effects of geographically-targeted tax incentives: an instrumental variables approach. Reg. Sci. Urban Econ. 39, 721–731.

Hanson, A., Rohlin, S., 2011. The effect of location based tax incentives on establishment location and employment across industry sectors. Publ. Financ. Rev. 39, 195–225.

Heckman, J., 1979. Sample selection bias as a specification error. Econometrica 47, 153–162.

Heckman, J., Honoré, B., 1990. The empirical content of the roy model. Econometrica 58, 1121–1149.

Heckman, J., Navarro-Lozano, S., 2004. Using matching, instrumental variables, and control functions to estimate economic choice models. Rev. Econ. Stat. 86, 30–57.

Heckman, J., Urzua, S., Vytlacil, E., 2006. Understanding instrumental variables in models with essential heterogeneity. Rev. Econ. Stat. 88, 389–432.

Heckman, J., Vytlacil, E., 2005. Structural equations, treatment effects, and econometric policy evaluation. Econometrica 73, 669–738.

Henderson, V., Kuncoro, A., Turner, M., 1995. Industrial development in cities. J. Polit. Econ 103, 1067–1090.

Holland, P., 1986. Statistics and causal inference. J. Am. Stat. Assoc. 81, 945–960.

Holmes, T., 1998. The effects of state policies on the location of industry: evidence from state borders. J. Polit. Econ. 106, 667–705.

Hoxby, C., 2000. Does competition among public schools benefit students and taxpayers? Am. Econ. Rev. 90, 1209–1238.

Imbens, G., Angrist, J., 1994. Identification and estimation of local average treatment effects. Econometrica 62, 467–475.

Imbens, G., Lemieux, T., 2008. Regression discontinuity designs: a guide to practice. J. Econometr. 142, 615–635.

Imbens, G., Wooldridge, J., 2007. Control function and related methods. In: What's New In Econometrics? NBER Lecture Note 6.

Kain, J.F., 1992. The spatial mismatch hypothesis: three decades later. Hous. Pol. Debate 3, 371–462.

Katz, L.F., Kling, J.R., Liebman, J.B., 2001. Moving to opportunity in Boston: early results of a randomized mobility experiment. Q. J. Econ. 116, 607–654.

Kline, P., 2011. Oaxaca-blinder as a reweighting estimator. Am. Econ. Rev. 101, 532–537.

Kline, P., Moretti, E., 2014. Local economic development, agglomeration economies, and the big push: 100 years of evidence from the Tennessee valley authority. Q. J. Econ. 129, 275–331.

Kling, J., Liebman, J., Katz, L., 2007. Experimental analysis of neighborhood effects. Econometrica 75, 83–119.

Kolesar, M., Chetty, R., Friedman, J., E.G., 2013. Identification and Inference with Many Invalid Instruments (manuscript).

Kopczuk, W., Munroe, D.J., 2014. Mansion tax: the effect of transfer taxes on the residential real estate market. Am. Econ. J. Econ. Pol. (forthcoming).

Kuminoff, N.V., Smith, V.K., Timmins, C., 2013. The new economics of equilibrium sorting and policy evaluation using housing markets. J. Econ. Liter. 51, 1007–1062.

Lee, D., Lemieux, T., 2010. Regression discontinuity designs in economics. J. Econ. Liter. 48, 281–355.

Levitt, S., 1997. Using electoral cycles in police hiring to estimate the effect of police on crime. Am. Econ. Rev. 87, 270–290.

Lewis, E., 2011. Immigration, skill mix, and capital skill complementarity. Q. J. Econ. 126, 1029–1069.

Linden, L., Rockoff, J., 2008. Estimates of the impact of crime risk onproperty values from megan's laws. Am. Econ. Rev. 98, 1103–1127.

Ludwig, J., Duncan, G.J., Gennetian, L.A., Katz, L.F., Kessler, R.C., Kling, J.R., Sanbonmatsu, L., 2013. Long-term neighborhood effects on low-income families: evidence from moving to opportunity. Am. Econ. Rev. 103, 226–231.

Luttmer, E., 2005. Neighbors as negatives: relative earnings and well-being. Q. J. Econ. 130, 963–1002.

McCrary, J., 2002. Using electoral cycles in police hiring to estimate the effect of police on crime: comment. Am. Econ. Rev. 92, 1236–1243.

McCrary, J., 2008. Manipulation of the running variable in the regression discontinuity design: a density test.

J. Econometr. 142, 698–714.

McMillen, D., McDonald, J., 2002. Land values in a newly zoned city. Rev. Econ. Stat. 84, 62–72.

Mian, A., Sufi, A., 2009. The consequences of mortgage credit expansion: evidence from the U.S. mortgage default crisis. Q. J. Econ. 124, 1449–1496.

Michaels, G., 2008. The effect of trade on the demand for skill—evidence from the interstate highway system. Rev. Econ. Stat. 90, 683–701.

Moulton, B., 1986. Random group effects and the precision of regressionestimates. J. Econometr. 32, 385–397.

Moulton, B., 1990. An illustration of a pitfall in estimating the effects of aggregate variables on micro units. Rev. Econ. Stat. 72, 334–338.

Neal, D., 1997. The effects of catholic secondary schooling on educational achievement. J. Labor Econ. 15, 98–123.

Notowidigdo, 2013. The Incidence of Local Labor Demand Shocks (manuscript).

Oates, W.E., 1969. The effects of property taxes and local public spending on property values: an empirical study of tax capitalization and the tiebout hypothesis. J. Polit. Econ. 77, 957–971.

Oster, E., 2013. Unobservable Selection and Coefficient Stability: Theory and Validation. Working paper.

Pearl, J., 2009. Causal inference in statistics: an overview. Stat. Surv. 3, 96–146.

Pence, K.M., 2006. Foreclosing on opportunity: state laws and mortgage credit. Rev. Econ. Stat. 88, 177–182.

Redding, S., Sturm, D., 2008. The costs of remoteness: evidence from german division and reunification. Am. Econ. Rev. 98, 1766–1797.

Roback, J., 1982. Wages, rents and the quality of life. J. Polit. Econ. 90, 1257–1278.

Rosen, S., 1974. Hedonic prices and implicit markets: product differentiation in pure competition. J. Polit. Econ. 82, 34–55.

Rosenbaum, P.R., Rubin, D.B., 1983. The central role of the propensity score in observational studies for causal effects. Biometrika 70, 41–55.

Rosenthal, S., 2014. Are private markets and filtering a viable source of low-income housing? Estimates from a "repeat income" model. Am. Econ. Rev. 104, 687–706.

Rothstein, J., 2007. Does competition among public schools benefit students and taxpayers? A comment on hoxby (2000). Am. Econ. Rev. 97, 2026–2037.

Roy, A.D., 1951. Some thoughts on the distribution of earnings. Oxf. Econ. Pap. New Ser. 3, 135–146.

Rubin, D.B., 1974. Estimating causal effects of treatments in randomized and nonrandomized studies. J. Educ. Psychol. 66, 688–701.

Sacerdote, B., 2001. Peer effects with random assignment: results for Dartmouth roommates. Q. J. Econ. 116, 681–704.

Saez, E., 2010. Do taxpayers bunch at kink points? Am. Econ. J. Econ. Pol. 2, 180–212.

Saiz, A., 2010. The geographic determinants of housing supply. Q. J. Econ. 125, 1253–1296.

Schwartz, A.E., Ellen, I.G., Voicu, I., Schill, M., 2006. The external effects of place-based subsidized housing. Reg. Sci. Urban Econ. 36, 679–707.

Serrato, S., Carlos, J., Wingender, P., 2014. Estimating Local Fiscal Multipliers (manuscript).

Stock, J., Yogo, M., 2005. Testing for weak instruments in linear IV regression. In: Stock, J., Andrews, D. (Eds.), Identification and Inference for Econometric Models: Essays in Honor of Thomas J. Rothenberg. Cambridge University Press, Cambridge, pp. 109–120.

Tiebout, C., 1956. A pure theory of local expenditures. J. Polit. Econ. 64, 416–424.

Turner, M.A., Haughwout, A., van der Klaauw, W., 2014. Land use regulation and welfare. Econometrica 82, 1341–1403.

Turner, N., 2012. Who benefits from student aid? The economic incidence of tax based federal student aid. Econ. Educ. Rev. 31, 463–481.

Wooldridge, J., 2002. Econometric Analysis of Cross Section and Panel Data. MIT Press, Cambridge, MA.

Wooldridge, J., 2005. Inverse probability weighted M-estimators for sample selection, attrition, and stratification. Port. Econ. J. 1, 117–139.

第 *2* 章
城市经济学中的结构化估计

托马斯·霍姆斯
美国明尼苏达大学
明尼阿波利斯联邦储备银行
霍尔格·西格
美国宾夕法尼亚大学

摘要

　　结构化估计是一种明确依据经济理论的实证经济学研究方法，其要求经济模型、估计与经验分析必须是内在一致的。本章从三方面介绍了结构化方法在城市经济学中的应用：（1）离散区位选择；（2）财政竞争与地方公共品供给；（3）区域专业化分工。在每一个应用中，我们首先讨论了模型选择与设定的一般准则，其次讨论了模型的识别与估计问题，最后讨论了如何将估计得到的结构化模型用于政策分析。

关键词

　　结构化估计　财政竞争　公共品供给　区域专业化分工

JEL 分类码

　　R10　R23　R51

2.1　结构化估计引言

　　在实证经济学中，结构化估计是一种明确依据经济理论的研究方法。结构化估计要求经济模型、估计与经验分析必须是内在一致的。结构化估计也可以被定义为一种理论导向的估计：其目的是估计一个与观测数据完全相符的被明确定义的经济模型。因此，结构化估计与那些或者完全依据统计模型，或者隐含地依据经济理论的方法是存在区别的。① 一个结构化估计通常由以下三步组成：（1）模型选择与设定；（2）识别与估计；（3）政策分析。我们对上述每一步都进行了详细讨论，然后通过几个具体应用来说明分析中会遇到的方法论问题。

2.1.1　模型选择与设定

应用结构化估计的第一步是选择或者设定一个经济模型。这些模型可以是完全信息条件下的简单静态决策模型，也可以是在不对称信息下的复杂动态均衡模型。

我们必须承认，结构化估计对一个模型的要求与研究者想要的要求可能是不同的。如果经济模型能够捕捉到所需要的关键因素，大部分研究者就已经很满足了。在结构化估计中，我们搜寻能够帮助我们理解真实世界、并与被观测到的结果相一致的模型。因此，我们需要那些不苛刻、具有足够灵活性来符合观测数据的模型。灵活性对于研究者而言并不是一个必备要求，特别是当研究目的是为了分析性地刻画模型的性质。

研究者通常不愿意处理参数化情况下的模型，因为他们的目的是追求普适性。例如，如果一个证明严重地依赖于函数形式，那么大多数研究者会认为该证明用途有限。灵活的经济模型的一个属性是其均衡解往往需要利用数值计算来得到，换句话说，没有解析解。均衡解的数值计算需要一个特定的完全参数化的模型。因此，参数化方法对于微观经济学以及大部分的现代定量宏观经济学模型而言是很自然的。但是，关键问题在于如何确定参数的取值以及模型是否与观测数据相一致。结构化估计为一大类经济模型如何选择合理的参数取值以及评价模型的匹配度提供了最信服的方法。

2.1.2　识别与估计

另外，结构化估计要求我们在经济模型中包括一个恰当的误差结构。由

---

① 例如，在项目评估中最常用的方法是依据 Neyman（1932）与 Fisher（1935）的研究，他们的研究表明可以利用反映了处理状态差异的潜在结果来评估一个项目的影响。因此，这种应用的通常目的是估计平均处理效应。这是一个完全的统计模型，有很强的灵活性从而在很多学科有广泛的应用。

于理论与经验必须是内在一致的，因此被考虑的经济模型必须能够产生一个良好设定的统计模型。[2] 根据定义，任何经济模型都是对真实世界的一个抽象。因此，经济模型不可能是"真实"数据生成过程的一个准确代表。这个批评并不仅是针对结构化估计的，因为它也适用于任何纯粹的统计建模与估计方法。我们感兴趣的是找到那些利用传统统计假设与识别检验不能被数据拒绝的经济模型。当然，被数据拒绝的模型对增加我们的知识也是有益的。这些模型为我们如何提高建模方法与更好地理解所探究的问题提供了指导。

估计结构化模型的标准方法需要研究者计算最优决策规则或者模型的均衡，从而能够衡量相关目标方程的极值点。这是一种全局解的方法，因为整个模型完全都是在计算机上被设定的。在许多应用中，通常并没有现成的统计方法可以利用。相反地，标准方法包括对经济模型进行编程，尽管不同的程序与方法可以用来求解这个模型。[3] 在给定参数取值情况下求解经济模型的过程被称为"内循环"，并且通常包括一个不动点计算（例如，给定一个内生变量向量，模型中的个体进行决策并最终导致相同的内生变量向量，从而满足均衡条件）。同样，当参数取值变化时，根据一定标准求解与数据拟合最好的最大化问题被称为"外循环"。这种外循环与内循环方法通常被称为"嵌套不动点"算法。

无论我们在何种情况下应用嵌套不动点算法，均衡的存在性与唯一性都是分析的重点。均衡的唯一性并不是大部分经济模型的普遍性质，特别是那些为了适合进行结构化估计而灵活性很强的经济模型。此外，证明均衡的唯一性可能是非常具有挑战性的。[4] 均衡的非唯一性会导致在估计与比较静态分析中众所周知的许多问题。有时我们或许仅考虑均衡模型特定的可观测特征，并且仅约束一部分的均衡条件。通过以观测到的结果为条件，我们通常可以规避多重均衡问题。

全局解估计方法的另一个潜在缺点是其计算强度大。由于众所周知的维度诅咒（如在动态规划中遇到的），我们很可能很快就超出可行约束的范围。[5]

因此，我们通常希望获得能不依赖全局解方法的估计方法。通常情况下，我们利用均衡的必要条件来识别和估计一个模型的参数，具体可采用一

---

② 注意到，这是另一个与研究者自身观点无关的要求。

③ 关于求解经济模型算法的一个有用参考文献是 Judd（1998），另一个利用 C 语言编程的关于数值算法的标准文献是 Press 等（1988）。

④ 例如，我们仅有的关于阿罗—德布罗模型均衡唯一性的一般性证明必须依赖对于超额需求函数性质的严格假设。

⑤ 参见 Rust（1994）在动态离散选择模型背景下对计算复杂程度的讨论。

阶差分、不等式约束或者边界无差异条件的形式。我们将其称为"局部解"方法。⑥ 这些方法要更为优雅，但也更难得到，因为它们通常需要利用模型中的特殊特征，发现这些方法需要很强的创造力。

参数化方法对于识别或者估计并不是必须的。检查我们的经济模型是否可以在更弱的函数形式下被识别是有用的。这些方法会使我们进一步思考非参数或者半参数方法来进行识别与估计。注意到，识别与估计在很大程度上依赖于可得到的数据，换句话说，研究者的信息集。因此，识别和估计与研究者的数据收集决策是密切联系的。

一旦我们得到并应用了一种估计方法，我们必须考察我们的模型是否与数据相符。拟合度可以用估计中被利用的矩或者未被利用的矩来衡量。同时，我们希望能够验证我们的模型，换句话说，我们能够利用正式的检验方法来判断模型是否与数据相符以及是否被严重误设。文献中已经提出了大量的方法。首先，我们可以利用形式检验（通常根据过度识别条件）。其次，我们可以利用样本外预测来评价模型。其核心思路是判断我们的模型是否可以预测保留样本中的结果。最后，我们有时可以获取试验数据从而允许我们能够识别特定的处理与因果效应，进而我们可以研究我们的理论模型是否能够产生相似大小的处理效应。⑦

2.1.3　政策分析

应用结构化估计的第三步也是最后一步是政策分析。在这里，其目的是对政策问题进行回答，我们可以实施回溯性政策分析与前景性政策分析。

回溯性政策分析是在样本观测期内对发生在过去的政策干预进行评价。其重要目的是估计被观测到的政策干预的处理效应。不出意外，在这里结构化方法与非结构化方法是相互竞争的两类方法。正如卢卡斯（Lucas，1976）指出的，利用一个内在一致的框架来评估政策变动有很多令人信服的原因。如果我们对政策的非边际与一般均衡效应感兴趣的时候，结构化方法尤其有用。

前景性分析主要针对尚未制定的政策。再一次地，利用一个定义良好且内在一致的理论框架来评估政策的可能影响具有一些明显的优势。鉴于在城市经

---

⑥　在结构化估计中，利用局部解方法的一些早期文献包括 Heckman 和 MaCurdy（1980），以及 Hansen 和 Singleton（1982）。参见 Holmes（2011）对最近利用不等式方法来估计经济密度研究的介绍。

⑦　Keane 和 Wolpin（1997）与 Todd 和 Wolpin（2006）对模型检验的不同方法进行了详细讨论。

济学中，对政策的大规模试验性评估通常是昂贵且不可行的，结构化方法是实施前景性分析最可靠的方法。

2.1.4　应用

上文已经对结构化方法进行了一个回顾，现在我们开始讨论如何在城市与区域经济学中应用这些方法，主要用三个例子来说明一般性的方法论准则。鉴于我们主要讨论方法论，无法对利用结构化方法的研究文献进行全面综述。[⑧] 第一个应用是关于区位选择的。这是一个经典问题，其最早在麦克法登（McFadden）获得诺贝尔奖的关于离散选择的研究中被强调（McFadden，1978）。正如之前强调的，结构化估计通常需要研究者自己写源代码。关于离散选择的研究已经得到充分发展，相关应用指南与可靠的计算机代码可以在网上获得。

第二个应用是关于税收竞争与地方公共品供给的研究。城市的一个重要功能是提供重要的公共品与公共服务，如初级与中级教育、惩治犯罪以及基础设施建设等。家庭是流动的，在一定程度上，家庭会根据公共产品、服务以及地方设施的差异进行区位选择决策。这一分析将家庭区位选择的需求与政府所能提供的供给结合在一起。由于我们的重点是经验分析，因此政治经济模型被用来模型化地方政府的行为。在这一类研究中，我们一般不会发现存在现成的软件，但对在该领域进行研究的一般步骤进行了说明。

第三个应用考虑了最近关于经济活动空间分布的研究，包括阿尔费尔特（Ahlfeldt et al.，2014）对柏林城市内部结构的分析，霍姆斯和史蒂文斯（Holmes and Stevens，2014）对美国区域间产业专业化分工的分析。我们在该方面的讨论主要强调（1）模型的设定；（2）识别与估计的基本程序；（3）这些模型如何被用于政策分析。

2.2　居民选择的显示性偏好模型

在城市与区域经济学中介绍结构化估计方法的一个自然起点是麦克法登关于离散选择模型估计的开创性工作。推动这些方法发展的主要原因之一是在居

---

⑧　我们没有讨论许多利用结构化方法的文章，例如 Holmes（2005），Gould（2007），Baum-Snow 和 Pavan（2012），Kennan 和 Walker（2011）以及 Combeset 等（2012）。

民区位选择上的应用。在本部分，我们简要回顾一下麦克法登得到的结果，并对为什么研究者仍然致力于解决麦克法登在 20 世纪 70 年代初遇到的同样问题的原因进行讨论。

现代离散选择模型的内在决策理论框架是很明确的。我们考虑一个需要在不同街区 j 进行选择的家庭 i。在每个街区内存在有限数量的住房类型 k。一个基本的随机效用模型假定对于街区 j 和住房 k 的家庭 i 而言，其间接效用函数为：

$$u_{ijk} = x_j'\beta + z_k'\gamma + \alpha(\gamma_i - p_{jk}) + \epsilon_{ijk} \tag{2.1}$$

其中，x_j 是街区 j 可观测特征组成的向量，z_k 是住房可观测特征组成的向量，γ_i 是家庭收入，p_{jk} 是在街区 j 内 k 类型住房的价格。每个家庭选择相应的住房——街区组合来最大化其效用。这个行为模型的一个重要启示是家庭在进行确定性决策，换句话说，对于每一个家庭而言，存在一个唯一的住房—街区组合来最大化其效用。

麦克法登（1974）说明了如何得到一个定义良好的且与上述经济理论模型内在一致的计量模型。这里有两个假设非常值得注意。首先，我们需要假定研究者与家庭的信息集是不同的。尽管家庭可以观测到包括误差项（ε_{ijk}）在内的所有关键变量，但研究者只能观测到 x_j、z_k、γ_i 与 p_{jk}，以及用 d_{ijk} 表示的一系列指标，其中当家庭 i 选择街区 j 类型 k 的住房时 $d_{ijk} = 1$，否则 $d_{ijk} = 0$。将不可观测的误差项积分掉可以得到性质良好的条件选择概率，并为模型参数的极大似然估计量提供了关键要素。

其次，如果误差项在 i，j，k 间是独立同分布，并且服从 I 类型的极值分布，我们可以得到如下众所周知的条件 logit 选择概率：

$$\Pr\{d_{ijk} = 1 \mid x, z, p, \gamma_i\} = \frac{\exp\{x_j'\beta + z_k'\gamma + \alpha(\gamma_i - p_{jk})\}}{\sum_{n=1}^{J} \sum_{m=1}^{K} \exp\{x_n'\beta + z_m'\gamma + \alpha(\gamma_i - p_{nm})\}}$$

$$\tag{2.2}$$

上述简单的 logit 模型的一个重要优点是条件选择概率有一个封闭解。在估计中遇到的主要问题是似然函数关于其参数是非线性的。因此，估计必须利用数值计算。所有标准的统计软件包都允许研究者实现这一运算。标准误可以利用极大似然估计量的标准公式来计算。

Logit 模型一个不太令人满意的性质是其他非相关属性的独立性。其含义是两个不同产品条件选择概率的比值仅依赖于这两个产品的相对效用。简单 logit 模型另一个不受欢迎的性质是其会导致总量需求函数很不合理的替代模式。自身以及交叉价格弹性主要是一个单一参数（α）的函数，并且主要受市场份额而不是两个产品在特征空间中邻近程度的影响。

解决这一问题的一种方法是放松特殊偏好在区位以及住房之间是独立的这一假设。麦克法登（1978）将残差项分布模型化为一个拓展的极值分布，产生了嵌套 logit 模型。在我们的应用中，我们主要假定由于一些不可观测的街区特征，在一个给定街区内，对住房特殊偏好的冲击是相关的。这种嵌套 logit 模型的一个主要优势是条件选择概率仍然有封闭解，同时估计可以在一个标准的参数化极大似然框架内进行。再一次强调，绝大多数计量软件都可以估计嵌套 logit 模型。因此，在应用这一估计量与计算标准误时不会遇到很多技术性问题。嵌套 logit 模型的一个缺点是研究者在估计前必须选择一个嵌套结构。因此，我们必须有很强的理论来相信哪一种住房—街区组合最有可能是密切替代的。因此，给定一个实际应用，我们必须对所研究城市的街区结构有充分的了解。

另一种替代方法主要是依据随机系数方法[9]，这样我们可以避免在估计前施加一个替代结构，并且仍然可以产生符合现实的替代模式。假定如下的效用函数：

$$ijk = x_j'\beta_i + z_k'\gamma_i + \alpha_i(\gamma_i - p_{jk}) + \epsilon_{ijk} \tag{2.3}$$

其中 γ_i、β_i 与 α_i 是随机系数。常用的方法通常假设这些随机系数是正态分布。我们可以很明确地发现在随机系数 logit 模型中替代性主要受观测到的住房与街区特征的影响。有着相似随机效用系数值的家庭会在有着相似特征的住房—街区组合间进行替代。

随机系数模型的一个主要缺点是条件选择概率不再有封闭解，并且必须通过数值计算才能得到。如果有很多的可观测特征，从而需要计算高维度的积分，这一过程可能会相当困难。这些挑战在一定程度上推动了基于模拟的估计量的发展（参见 Newey and McFadden，1994；对模拟得到的极大似然估计量一致性与渐进正态性的一些基本介绍）。例如，在贾德（Judd，1998）中，一系列可以允许研究者求解这些积分问题的算法已经被开发出来。关于这些方法的一个出色应用是由洱斯汀等提出（Hasting，2006），他们研究了在德国梅克伦堡州夏洛特校区内家庭在学校间的分类问题。他们根据一个事先的特殊选择机制，评估了开放注册政策的影响。[10]

需求估计也很重视不可观测产品特征的作用（Berry，1994）。在我们应用的情况下，不可观测特征可以出现在街区层面或者住房层面。考虑街区层面的

---

⑨　关于该方法的详细讨论可参见 Train（2003）。

⑩　贝叶斯估计量可以用于估计带有随机系数的离散选择模型。Bajari 和 Kahn（2005）在一个类似框架下利用这些方法研究了种族分类与同辈效应问题。

不可观测特征，研究者们通常不知道哪一个街区是受欢迎的。更重要的是，我们对街区或者住房质量的衡量可能是很有限、很不全面的。令 ξ_j 表示研究未能很好衡量的表示街区质量的不可观测特征。家庭效用可以被表示为如下方程：

$$u_{ijk} = x_j'\beta_i + z_k'\gamma_i + \alpha_i(\gamma_i - p_{jk}) + \xi_j + \epsilon_{ijk} \tag{2.4}$$

这个区位选择模型在数学结构上与贝里等（Berry et al., 1995）估计的需求函数几乎相同。贝里等（1995）研究的主要思路是不可观测的产品特征可以通过匹配每个产品的市场份额来得到。该模型中其余的参数可以利用广义矩法来估计得到，广义矩方法利用工具变量处理了住房价格与街区不可观测特征间的相关性。注意到，贝里·莱文索恩·佩克斯（Berry-Levinsohn-Pakes）估计量是一个嵌套的不动点估计量。其内循环是利用反市场份额方程来计算产品的不可观测特征，其外循环是评估相关的矩条件并在参数空间上进行搜索。

最初估计这一类的模型需要大量的编程工作，因为标准的软件包没有包括这一类模型的模块。然而，现在无论是有用的入门指南（Nevo，2000）还是一系列的程序都可以公开获得。这一改变表明了结构化估计的一个重要方面，那就是尽管结构化估计需要很强的方法创新，但可以发现，这些技术使后来修改与应用这些技术的难度大大降低了。⑪ 将这一经验方法引入到城市经济学的出色研究有拜尔（Bayer，2001），拜尔等（2004）以及拜尔等（2007），他们估计了海湾地区家庭的分类模型。

将这些模型进行拓展从而能够处理内生的街区特征或者同辈效应也是很重要的。例如，一个街区的吸引力部分来源于邻居的特征。例如，家庭可能更愿意居住在一个高收入家庭比重更高的街区，因为高收入家庭可能会带来正外部性。在这些模型中存在三个额外的挑战。首先，同辈效应必须与条件选择概率以及相应的分类均衡是内在一致的。其次，内生的同辈效应会导致多重均衡，从而产生计算与估计中的更多问题。最后，利用相似住房—街区组合外生特征的标准贝里—莱文索恩—佩克斯工具变量方法不再是必然可行的了，因为我们处理的内生街区特征很可能与不可观测特征相关。⑫ 发现可靠的工具变量可能是非常具有挑战性的。一些相关的研究有费雷拉（Ferreira，2009）研究了加

---

⑪ 如 Berry 等（2004）讨论的那样，标准误的计算仍然是重要的。大部分的研究者在模型中更喜欢利用自举法标准误。

⑫ Bayer 和 Timmins（2005）以及 Bayer 等（2007）在上式随机效用模型情况下对这些问题进行了详细讨论。也可参见本手册对同辈效应与分类效应的综述。Epple 等（2014）估计了一个校区运营能力的博弈模型，其中学校质量主要是根据同辈效应定义的。

利福尼亚州房产税限制对家庭分类的影响，加利亚尼（Galliani et al.，2012）在他们关于住房救济试验有效性的研究中利用随机分配的住房券作为工具变量。

研究者们也开始在模型中引入动态性。区位选择与住房投资本质上是一个影响不同时间段的动态决策过程。因此，采用一个动态框架具有一定的意义。一般而言，我们可以按照拉斯特（Rust，1987）得到一个动态版本的 logit 模型，但在区位选择下这样做的难度很大。考虑最近墨菲（Murphy，2013），该研究利用海湾地区的数据估计了一个动态离散选择模型。在衡量土地（与住房）价格时存在的一个重要问题是，在动态模型中，家庭必须根据对未来土地与住房价格的预期来决定开发一块土地是否是最优的。这会导致两个问题。首先，我们必须根据简单的时间序列方法来描述价格预期。其次，我们需要针对每一个区位的定价方程（假定在一个街区内的土地或者住房是同质的），这可能会使得状态空间的维度放大，从而产生动态规划相关的问题。[13] 目前可以获得一些估计动态离散选择模型的指南，其中最出色的拉斯特（1994）中的章节。只要在极大似然估计框架内，估计和推断仍然是很明确的。多亏很多期刊关于公开估计代码的要求，目前一些软件可以被用来理解估计算法的基础结构，但是，每个估计应用都需要一些编程。

最后，研究者们已经在住房市场存在配给制的情况下来估计离散选择模型。赫耶尔和西格（Geyer and Sieg，2013）开发和估计了一个可以捕捉公共住房超额需求的离散选择模型。其关键问题在于当家庭受配给制限制从而无法获得选择集合中的所有要素时，简单的离散选择模型会导致估计偏误。这篇文章的思路是利用一个完全设定的供给与需求模型来捕捉配给制的机制，并刻画家庭的内生选择集合。再一次地，我们必须利用一个嵌套不动点算法来估计这类模型。该研究的主要发现是相对于没有考虑配给制的简单离散选择估计量，对于拥有公共住房社区而言，配给制意味着更高的福利收益。

2.3　财政竞争与公共品供给

接下来我们开始讨论财政竞争与地方公共品供给的文献。正如上面提到的，城市的一个重要功能是提供重要的公共品与服务。家庭是流动的，并且会

---

[13]　其他利用动态方法的研究有 Bishop（2011），其利用了一个 Hotz - Miller 条件选择概率估计量；Bayer 等（2012）利用一个动态不平稳模型研究了区域劳动力市场上的区位分类问题。

根据公共品、公共服务与地方设施的差异进行区位选择。文献中提出的这些模型结合了家庭区位选择的需求端，这与我们上面的研究是类似的。其中，政治经济模型常被用来模型地方政府的行为。

我们通过对一个一般性的财政竞争模型进行介绍来开始2.3.1部分，以便为大部分的经验研究提供一个基本框架。我们对这个模型的关键部分进行了拓展并定义了均衡。最后，我们讨论了该模型更复杂的形式、如何利用数值方法计算均衡以及有用的拓展。

在2.3.2部分，我们转向了经验问题的讨论。首先，我们全面描述了这类模型的主要预测，并提出了识别和估计该模型参数的多阶段方法。在本部分最后，我们讨论了对函数形式依赖较小的其他估计量。

在2.3.3部分，我们转向了政策分析。考虑了两个例子：第一例子估计了洛杉矶对提高空气质量的支付意愿问题。我们讨论了如何构建与上述模型一致的局部和一般均衡衡量指标。第二个例子考虑了分散化的潜在收益，并在一个一般均衡模型中对分散化与集中化的结果进行了比较。

2.3.1 理论

对于任何结构化估计而言，其起点应该是一个允许我们强调主要研究问题的理论模型。在这个应用中，我们在一个地方辖区系统中，考虑了财政竞争与公共品供给的问题。[14] 该研究将关于公共品需求与居民选择的研究与描述地方政府公共品与服务供给的政治经济模型研究结合在一起。

2.3.1.1 偏好与异质性

我们考虑一个由 J 个社区组成的城市或者大都市区域，其他每个社区都有固定的边界。每个社区都有一个地方住房市场，并提供公共品 g，征收房产税率 t。存在一个由不同收入家庭组成的连续体 γ。不同家庭对公共产品的偏好也是不同的，用 α 来表示。注意到不可观测的偏好异质性在如何经验模型中是必须与被观测到的家庭选择相一致的重要因素，因为有着相同可观测特征的家庭通常不会做出相同的决策。

---

[14] 我们的理论模型主要建立在以下研究的基础上：Ellickson（1973），Westhoff（1977），Epple et al.（1984），Goodspeed（1989），Epple and Romer（1991），Nechyba（1997），Fernandez and Rogerson（1996），Benabou（1996a，b），Durlauf（1996），Fernandez and Rogerson（1998），Epple and Platt（1998），Glomm and Lagunoff（1999），Henderson and Thisse（2001），Benabou（2002），Rothstein（2006），and Ortalo-Magne and Rady（2006）。

家庭是价格接受者，并且其偏好被定义在当地公共品、住房服务 h 和复合私人商品 b。家庭关于其预算约束来最大化其效用：

$$\max_{(h,b)} U(\alpha,\ g,\ h,\ b)$$
$$\text{s. t. } (1+t)p^h h = \gamma - b \tag{2.5}$$

由此可以得到住房需求函数 $h(p,\ \gamma;\ a,\ g)$，相应的间接需求函数为：

$$V(\alpha,\ g,\ p,\ \gamma) = U(\alpha,\ g,\ h(p,\ \gamma,\ \alpha),\ \gamma - ph(p,\ \gamma,\ \alpha,\ g)) \tag{2.6}$$

其中 $p = (1+t)p^h$，考虑在 $(g,\ p)$ 平面内的无差异曲线的斜率为：

$$M(\alpha,\ g,\ p,\ \gamma) = \frac{\partial V(\alpha,\ g,\ p,\ \gamma)/\partial g}{\partial V(\alpha,\ g,\ p,\ \gamma)/\partial p} \tag{2.7}$$

对于给定的 α，如果 $M(\cdot)$ 关于 γ 是单调的，那么在 $(g,\ p)$ 平面内的无差异曲线满足唯一相交性质。类似地，对于给定的 γ，$M(\cdot)$ 关于 α 的单调性也会产生唯一相交性质。正如我们在下面将会看到的，唯一相交性质对于描述家庭的分类与投票行为具有关键作用。在结构化估计中面临的一个挑战是如何找到一个没有过度约束的灵活的参数化模型。[15] 一个有前景的参数化间接效用函数如下所示：

$$V(g,\ p,\ \gamma,\ \alpha) = \left\{ \alpha g^\rho + \left(e^{\frac{\gamma^{1-\nu}-1}{1-\nu}} e^{-\frac{Bp^{\eta+1}-1}{1+\eta}} \right)^\rho \right\}^{1/\rho} \tag{2.8}$$

其中 α 是家庭分配给公共品的相对权重。罗伊等式意味着住房需求函数为：

$$h = Bp^\eta \gamma^\nu \tag{2.9}$$

注意到 η 是住房的价格弹性，ν 是收入弹性，这个需求函数是对需求的一个有用描述，因为它并没有将收入或者价格弹性约束为一单位。[16] 注意到，如果 $\rho < 0$，这个效用函数符合唯一相交性质。

2.3.1.2　家庭分类

这个模型的一个目的是在一系列社区中解释家庭的分类问题。由于没有迁移成本，因此家庭通过选择 j 来最大化：

$$\max_j V(\alpha,\ g_j,\ p_j,\ \gamma) \tag{2.10}$$

定义集合 C_j 为居住在社区 j 中的家庭集合：

$$C_j = \left\{ (\alpha,\ \gamma) \mid V(\alpha,\ g_j,\ p_j,\ \gamma) \geqslant \max_{i \neq j} V(\alpha,\ g_i,\ p_i,\ \gamma) \right\} \tag{2.11}$$

图 2-1 显示了在 $(p,\ g)$ 空间上的分类结果。它考虑了 $j-1$，j 与 $j+1$

---

[15]　我们将会在下面讨论非参数或者半参数识别方法。

[16]　为了避免随机奇异性，我们可以很容易地将这个框架进行拓展，并假定在家庭已经选择好街区后，家庭的住房需求或者支出受家庭显示出的误差项的约束，但家庭住房需求或支出不影响街区的选择。等价地，可以假定估计中被观测到的住房需求受测量误差的约束。我们在应用中遵循了这种方法。

三个社区的情况。它画出了每个家庭在社区 j 与 $j-1$ 间是无差异的无差异曲线 $\gamma_{j-1}(\alpha)$，类似地，它也画出了每个家庭在社区 j 与 $j+1$ 间是无差异的无差异曲线 $\gamma_j(\alpha)$。注意对每一个给定水平的 α 而言，在社区 j 与 $j+1$ 间无差异的家庭的收入比在社区 j 与 $j-1$ 间无差异的家庭的收入要高。因此，我们有 $\gamma_j(\alpha) > \gamma_{j-1}(\alpha)$。唯一相交性意味着更高收入水平家庭的无差异曲线斜率相对于低收入水平家庭要更陡峭。最后，图 2-1 也画出了在给定收入 $\gamma_j(\alpha) > \gamma > \gamma_{j-1}(\alpha)$ 情况下每个家庭的无差异曲线，这种类型的家庭严格偏好居住在社区 j。

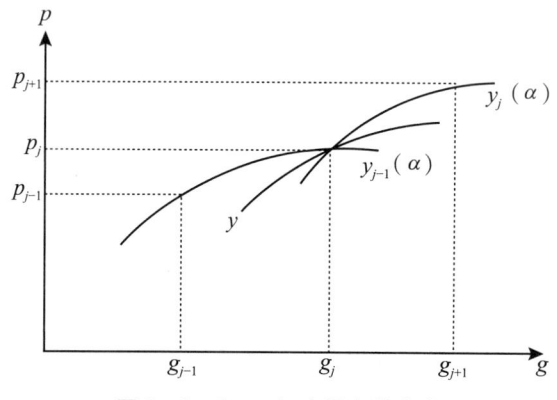

图 2-1 (p, g) 空间上的分类

或者，我们通过得到边界无差异点 $\alpha_j(\gamma)$ 来描述家庭的分类行为，具体定义如下：

$$V(\alpha_j(\gamma), g_j, p_j, \gamma) = V(\alpha_j(\gamma), g_{j+1}, p_{j+1}, \gamma) \tag{2.12}$$

因此上式是 $\gamma_j(\alpha)$ 的倒数。给定我们的参数化过程，这些边界无差异条件可以被写为：

$$\ln\alpha - \rho\left(\frac{\gamma^{1-\nu} - 1}{1-\nu}\right) = \ln\left(\frac{Q_{j+1} - Q_j}{g_j^\rho - g_{j+1}^\rho}\right) = K_j \tag{2.13}$$

其中，

$$Q_j = e^{-\frac{\rho}{1+\eta}(Bp_j^{\eta+1} - 1)} \tag{2.14}$$

图 2-2 描述了在均衡状态时，$(\ln\gamma, \ln\alpha)$ 空间上家庭在不同社区的分类。通过截距 K 的点描述了边界无差异条件，通过截距 L 的点描述了在每个社区内决定性表决者的集合（在下面会详细解释）。

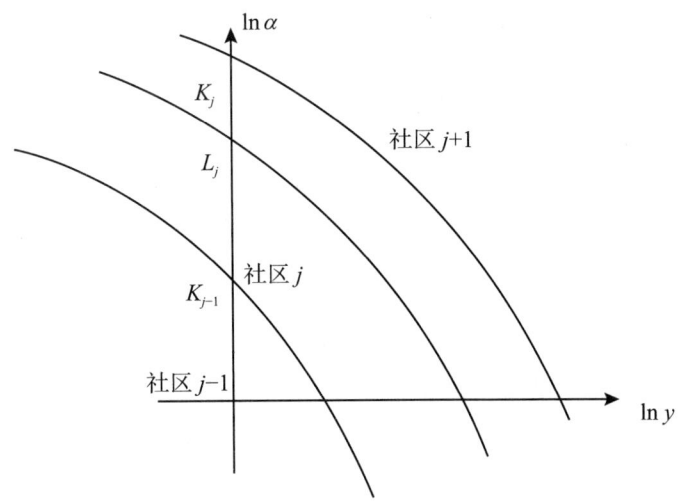

图 2 - 2　家庭在社区间与社区内的分布

2.3.1.3　社区规模，住房市场与预算

社区 j 的规模（或者市场份额）为：

$$n_j = P(C_j) = \int_{C_j} f(\alpha,\ \gamma)\,d\gamma d\alpha \tag{2.15}$$

住房总需求被定义为：

$$H_j^d = \int_{C_j} h(p_j,\ \alpha,\ \gamma)f(\alpha,\ \gamma)\,d\gamma d\alpha \tag{2.16}$$

土地被缺位的土地所有者所有，社区 j 的住房总供给依赖于住房的税后价格 p_j^h 与社区 j 中的土地面 l_j。因此，我们有：

$$H_j^s = H(l_j,\ p_j^h) \tag{2.17}$$

一个常用的住房供给函数为 $H_j^s = l_j[p^h]^\tau$，注意到 τ 是价格弹性，l_j 衡量的是土地可利用程度。每个社区中住房市场在均衡状态都是出清的。

社区 j 的预算必须是平衡的，这意味着：

$$t_j p_j^h \int_{C_j} h(p_j,\ \alpha,\ \gamma)f(\alpha,\ \gamma)\,d\gamma d\alpha / P(C_j) = c(g_j) \tag{2.18}$$

其中，$c(g)$ 是在给定 g 下每个家庭的成本。[17]

下面我们内生化地方公共品的供给，假定在每个社区内居民对财政与税收政策进行表决。费尔南德斯和福格森（Fernandez and Fogerson，1996）给出了如下的假设：

---

[17]　在定量研究中通常采用线性的成本函数，这意味着 $c(g) = c_0 + c_1 g$。

1. 家庭在选择居住在哪个社区时对所有社区的均衡房价、税收以及开支都有完美预期。

2. 住房市场在所有社区都是出清的。

3. 家庭对每个社区内可行的税率与公共品供给水平进行投票表决。

因此，每个社区的构成、税后价格以及住房总消费在投票表决前被决定。在投票时，投票者将每个社区的人口边界与住房市场的产出视为给定的。这个假设意味着在投票阶段，可行的政策集合由以下方程给出：

$$p_j(g) = p_j^h + \frac{c(g_j)}{H_j/P(C_j)} \qquad (2.19)$$

在文献中这个集合有时候也会被称为政府服务可行前沿（Government-services Possibility Frontier，GPF）。

考虑在 GPF 上的一个点 (g^*, p^*)，如果在一个投票中 GPF 上没有其他点能够打败 (g^*, p^*)，那么我们将点 (g^*, p^*) 称为多数规则均衡。[18]

因此，投票者更偏好的 g 的水平可以通过在上述可行约束下最大化间接效用函数 $V(\alpha, g_j, p_j, \gamma)$ 来得到。唯一相交性意味着对于任何收入水平 γ 而言，拥有更高（更低）α 值的家庭对地方公共品的需要会更高（更低）。因此，存在一个函数 $\tilde{\alpha}_j(\gamma)$ 来刻画关键投票者的集合。这个方程可以被以下条件隐含地定义：

$$\int_0^\infty \int_{a_{j-1}(\gamma)}^{\tilde{\alpha}_j(\gamma)} f(\alpha, y) d\alpha dy = \frac{1}{2} P(C_j) \qquad (2.20)$$

给定参数化过程，关键投票者为：

$$\ln\alpha - \rho\left(\frac{\gamma^{1-\nu} - 1}{1 - \nu}\right) = L_j = \ln\left(\frac{Be^{-\rho\frac{Bp_j^{\eta+1} - 1}{1+\eta}} p_j^\eta p_j'(g)}{g_j^{\rho - 1}}\right) \qquad (2.21)$$

参见图 2 - 2 对此进行的说明。

2.3.1.4 均衡

定义 2.1

一个社区间均衡是由一个社区集合 $\{1, \cdots, J\}$ 组成，一个家庭的连续体 C；家庭特征 α 与 γ 的分布 P 以及 C 在不同社区间的分区 $\{C_1, \cdots, C_j\}$，因此每个社区的人口数量都是正值，即 $0 < n_j^* < 1$；一个价格与税收向量 $(p_1^*, t_1^*, \cdots, p_J^*, t_J^*)$；一个公共产品支出的分布 $(g_1^*, \cdots, g_J^*)$ 以及 (h^*, b^*) 的分布。对于每个家庭 (α, γ) 而言，需要满足下述条件：

---

[18] 注意到在这个模型中，诚实地进行投票是一个占优策略。

1. 居住在社区 j 中的每个家庭 (α, γ) 在预算约束下最大化其效用[19]:

$$(h^*, b^*) = \arg \max_{(h,b)} U(\alpha, g_j^*, h, b)$$

$$\text{s. t. } p_j^* h = y - b$$

2. 每个家庭只居住在一个社区中，且没有家庭想迁移到一个不同的社区。换句话说，对于居住在社区 j 的家庭而言，需要满足下列条件:

$$V(\alpha, g_j^*, p_j^*, \gamma) \geq \max_{i \neq j} V(\alpha, g_i^*, p_i^*, \gamma) \tag{2.22}$$

3. 住房市场在每个社区都是出清的:

$$\int_{C_j} h^*(p_j^*, \gamma, \alpha) f(\alpha, \gamma) dy d\alpha = H_j^s\left(\frac{p_j^*}{1 + t_j^*}\right) \tag{2.23}$$

4. 每个社区的人口数量如下:

$$n_j^* = P(C_j^*) = \int_{C_j} f(\alpha, \gamma) dy d\alpha \tag{2.24}$$

5. 每个社区的预算约束是平衡的:

$$\frac{t_j^*}{1 + t_j^*} p_j^* \int_{C_j} h^*(p_j^*, \gamma, \alpha) f(\alpha, \gamma) d\gamma d\alpha / n_j = c(g_j^*) \tag{2.25}$$

6. 在每个社区中都有一个投票均衡:对于每个社区中被投票者视为可行分布的所有 (g_j, t_j)，至少有一半的投票者相对于其他可行的 (g_j, t_j) 更喜欢 (g_j^*, t_j^*)。

均衡的存在性可以在一系列正则条件下得到，埃普尔等（Epple et al.，1984；1993）进行了讨论。一般而言，不存在关于唯一性的证明，在这一类模型中可能会在一定范围内存在非唯一性。多重均衡是可以出现的，因此公共品供给的不同内生水平可能与家庭最优决策以及市场出清条件是一致的。因此，这些均衡在不同社区间会存在不同的内生房价水平与居民分类模式。然而，卡拉布莱斯等（Calabrese et al.，2006）证明了在给定社区规模与等级分布的情况下，只会存在一个与之相一致的均衡。换句话说，不同的均衡会导致不同的规模分布与 (p, g) 的等级。

2.3.1.5 均衡的性质

鉴于我们已经定义了模型的均衡，因此我们需要进一步来描述均衡的性质。从结构化估计的角度而言，这些性质是很有趣的，因此它们提供了（a）一些可以被检验的预测以及（b）用来构造估计量正交条件的必要条件。[20]

---

[19] 严格来说，几乎每个家庭都需要满足这些条件，具有零测度的家庭行为集合的微分是可能的。

[20] 我们在 2.3.2 部分会说明如何利用空间无差异坐标点与投票坐标点来构造模型关键参数的估计量。

埃普尔和普拉特（Epple and Platt，1998）表明对于一个区位均衡的分布而言，必须存在一个有序的社区组合 $\{(g_1, p_1)，\cdots，(g_J, p_J)\}$，因此我们有以下条件：

1. 边界无差异性。在边界处的个体集合在两个社区间是无差异的：
$$I_j = \{(\alpha, \gamma) \mid V(\alpha, g_j, p_j, \gamma) = V(\alpha, g_{j+1}, p_{j+1}, \gamma)\}$$

2. 层次性。令 $\gamma_j(\alpha)$ 表示上述方程定义的隐函数，然后，对每个 α，在给定 $\gamma_j(\alpha) > \gamma > \gamma_{j-1}(\alpha)$ 条件下，社区 j 的居民由那些拥有收入 γ 的居民组成。

3. 递增约束。考虑两个社区 i 和 j，其中 $p_i > p_j$，因此当且仅当 $\gamma_i(\alpha) > \gamma_j(\alpha)$ 时，$g_i > g_j$。

4. 每个社区存在一个唯一的多数投票均衡。

5. 均衡是家庭 (γ, α) 在向下倾斜的 $\tilde{\gamma}_j(\alpha)$ 上的最优选择，并满足
$$\int_{\alpha}^{\bar{\alpha}} \int_{\gamma}^{\tilde{\gamma}_j(\alpha)} f_j(\gamma, \alpha) d\gamma d\alpha = 0.5P(C_j)。$$

6. 对于居住在社区 j 中的家庭 (γ, α) 而言，在 (α, γ) 空间中位于 $\tilde{\gamma}_j(\alpha)$ 东北（西南）的家庭比均衡状态偏好更高（更低）的税率。

我们在下面会说明如何利用这些性质来估计模型的参数。

2.3.1.6　均衡的计算

由于均衡只能通过数值方法来计算，我们需要一个算法来对均衡进行计算。注意到均衡可以利用一个向量 $(t_j, p_j, g_j)_{j=1}^{J}$ 来描述。为了计算这个均衡，我们需要求解一个 $J \times 3$ 的非线性方程组：预算约束，住房市场均衡以及投票条件。当我们求解得到了方程组的解时，我们同时也需要检验二阶条件。

对于实施反事实的政策分析而言，均衡的计算是很关键的，特别是当我们有足够的理由相信政策的变动会导致重要的一般均衡效应时。如果我们想利用嵌套不动点方法来进行估计，均衡的计算也是很重要的。我们在下一部分详细讨论这些问题。

2.3.1.7　拓展

同辈效应与私立学校

卡拉布莱斯等（2006）建立了一个拓展的同辈效应模型。用 q 表示地方公共品供给的质量依赖于每个家庭的支出 g 以及用 $\bar{\gamma}$ 表示的同辈的质量：

$$q_j = g_j \left(\frac{\bar{\gamma}_j}{\bar{\gamma}}\right)^{\phi} \tag{2.26}$$

其中，同辈的质量可以用社区的平均收入来衡量：

$$\overline{\gamma}_j = \int_{C_j} \gamma f(\alpha, \gamma) d\gamma d\alpha / n_j \qquad (2.27)$$

费雷亚（Ferreya, 2007）为了研究不同教育券项目的有效性，在一个能够估计住房存量的模型中引入了私立学校竞争与同辈效应。

设施与异质性

上述模型的一个重要不足是其假定家庭只根据地方公共品的供给进行分类。正如埃普尔等（Epple et al., 2010a）讨论的那样，在不改变模型结构的情况下，解释设施的外生变化也是可能的。然而，允许超过一种的内生公共品是很困难的，因为当对多种政策进行投票时很难保证投票均衡的存在。因此，财政竞争的经验研究文献中主要考虑了以上讨论的模型。

动态性

伯拉布（Benabou, 1996b），伯拉布（2002）以及费尔南德斯和罗杰森（Fernandez and Rogerson, 1998）在研究税收竞争时利用一个世代交叠模型对上述模型进行了重新解释。在他们的模型中，年轻的个体不做决策。因此，个体仅在某一时点上做决策。埃普尔等（2012）对该方法进行了拓展，建立了一个个体在其生命周期不同时点上进行决策的世代交叠模型。这个模型捕捉到了生命周期中更偏好的政策的差异，可以被用来研究公共教育供给中的代际冲突。这个冲突之所以会产生是因为年纪大的没有孩子的家庭支持提供高质量教育服务的动机要弱于年轻的有适龄孩子的家庭。

埃普尔等表明社区间被观测到的教育政策差异不仅是收入差异的结果，在一些教育服务低质量的城市社区中，还受年龄差异以及由年龄较大的投票者主导的政治进程的影响。年老的家庭的流动会产生政策的财政正外部性，因为这为每个学生创造了更多的税基。这个正的税收外部性可以抵消由于年老家庭倾向于投票同意较低的教育开支而产生的负效应。因此，由年龄导致的分类可以减轻由于收入分类导致的教育不平等。[21]

2.3.2　识别与估计

结构化估计的第二步是模型参数设计一个估计方法。在这一阶段，一个有用的方法是检验我们写出的模型是否与我们想要解释的程式化事实是基本一致的。在本文应用的背景下，我们知道社区边界很少变动（Epple and Romer, 1989）。

---

[21]　只有少量模型在动态模型下分析了投票表决行为。Coate（2011）模型化了在决定分区政策的地方选举中的向前看行为。通过采用一个更简单的结构（该结构下住房的选择是有限的，且异质性与房价被建筑成本决定），该研究可以利用一个更一般的方法进行投票。

因此，我们不需要处理社区的进入与退出。我们也知道在大多数美国城市区域的社区中，住房价格、平均收入、支出与房产税等存在很大差异。我们的模型看起来很适合处理这些异质性。在家庭层面，我们观测到在社区内与社区间存在显著的收入与住房支出异质性。再次强调，我们的模型与这些程式化事实是基本一致的。

2.3.2.1 研究者的信息集

我们设计一个估计方法之前，一个关键的步骤是描述研究者的信息集。注意到这个描述在很大程度上依赖于可用的数据源。如果我们将我们的注意限制在公开总量数据，那么我们可以将这个应用中研究者的信息集总结如下。对于一个大都市区域中的所有社区而言，我们可以观测到税率和支出；收入和社区规模的边际分布；以及用 x 表示的不同区位设施状况的向量。严格而言，住房价格并没有被观测到，但可以以西格等（Sieg et al.，2012）讨论的方法进行估计。或者说，住房价格应该被视为潜变量。[22]

2.3.2.2 模型的预测

下面，对模型的主要预测进行总结是很有用的：

1. 该模型预测家庭在不同社区间会根据收入进行分类。

2. 该模型预测家庭的分类受税收与支出政策差异的驱动，且这些差异至少会部分地资本化到房价中。

3. 该模型预测被观测到的税收与支出政策必须与每个社区决定性投票者的偏好相一致。

我们必须设计一种内在相一致的方法来检验模型的这些预测。

2.3.2.3 家庭根据收入进行分类

更正式地说，该模型预测家庭在社区间根据收入进行分布。直观地来看，我们可以通过将模型预测得到的在每个社区内收入的边际分布 $f_j(\gamma)$ 与美国的实际普查数据进行匹配来检验模型的预测。

为了正式地表达上述思路，回忆社区 j 的规模为：

$$P(C_j) = \int_{-\infty}^{\infty} \int_{K_{j-1}+\rho\frac{\gamma^{1-\nu}-1}{1-\nu}}^{K_j+\rho\frac{\gamma^{1-\nu}-1}{1-\nu}} f(\ln\alpha,\ \ln\gamma)\,d\ln\alpha d\ln\gamma \qquad (2.28)$$

估计的关键是我们能够发现可以将社区专属的截距项 $(K_0,\cdots,K_J)$（迭代地）表示为社区规模 $(P(C_1),\cdots,P(C_J))$ 的函数，且模型的参数为：

---

[22] 地方层面的包含区位标识的微观数据只能通过普查数据中心才能获得。

$$K_0 = -\infty$$

$$K_j = K_j(K_{j-1}, P(C_j) \mid \rho, \mu_\gamma, \sigma_\gamma, \mu_\alpha, \sigma_\alpha, \lambda, \nu), \quad j = 1, \cdots, J-1$$

$$K_J = \infty$$

$$(2.29)$$

该结构背后的逻辑是很简单明了的。[23] 根据定义，$K_0 = -\infty$，这构成了社区 1 的下界。当我们提高 K_1 的值时，我们会使得图 2-2 中描述的在社区 1 与社区 2 中无差异的边界点向西北方向移动。我们继续提高 K_1 的值，一直到社区 1 中人口的预测值与实际值相等。这一步骤会确定 K_1 的值。为了确定 K_2 的值，我们提高 K_2 的值使得在社区 2 与社区 3 中无差异的边界点向西北方向移动。我们继续这一步骤，一直到所有 K_j 的值都被确定出来。[24] 最后，注意到我们也可以从最富裕的社区开始计算。

令 q 为在区间 $(0, 1)$ 内的任意值，同时令 $\zeta_j(q)$ 表示收入分布的第 q 分位数。换句话说，$\zeta_j(q)$ 被定义为 $F(\zeta_j(q)) = q$。我们观测到每个社区实际的收入分布。对 $\zeta_j(q)$ 的一个估计量为：

$$\zeta_j^N(q) = F_{j,N}^{-1}(q) \tag{2.30}$$

其中，$F_{j,N}^{-1}(\cdot)$ 是实际收入分布函数的倒数。

模型预测的社区 j 收入分布的第 q 分位数被定义如下：

$$\int_{-\infty}^{\ln(\zeta_j(q))} \int_{K_{j-1}+\rho\frac{\gamma^{1-v}-1}{1-v}}^{K_j+\rho\frac{\gamma^{1-v}-1}{1-v}} f(\ln\alpha, \ln\gamma)\, d\ln\alpha d\ln\gamma = qP(C_j) \tag{2.31}$$

给定模型的参数，所有 J 个社区的收入分布函数可以完全由分布函数（μ_γ，μ_α，λ，σ_γ，σ_α）、斜率系数 ρ、曲率参数 v、社区专属截距项（K_0，$\cdots$，K_J）被确定。

埃普尔和 Sieg（1999）利用 25% 分位数、中位数、75% 分位数进行了估计。为了表述方法，我们将 $3 \times J$ 个约束条件合并成一个向量：

$$e_N(\theta_1) = \left\{ \begin{array}{l} \ln(\zeta_1(0.25, \theta_1)) - \ln(\zeta_1^N(0.25)) \\ \ln(\zeta_1(0.50, \theta_1)) - \ln(\zeta_1^N(0.50)) \\ \ln(\zeta_1(0.75, \theta_1)) - \ln(\zeta_1^N(0.75)) \\ \cdots \\ \ln(\zeta_J(0.25, \theta_1)) - \ln(\zeta_J^N(0.25)) \\ \ln(\zeta_J(0.50, \theta_1)) - \ln(\zeta_J^N(0.50)) \\ \ln(\zeta_J(0.75, \theta_1)) - \ln(\zeta_J^N(0.75)) \end{array} \right\} \tag{2.32}$$

---

[23] 正式的证明参见 Epple 和 Sieg（1999）。

[24] 注意到这一算法与 Berry（1994）在随机效用模型中提出的份额反演算法是类似的。

其中，θ_1 是在该阶段被识别出来的参数向量。埃普尔和西格（1999）表明我们在该阶段只能识别以下的参数：$\mu_{\ln y}$，$\sigma_{\ln y}$，λ，$\dfrac{\rho}{\sigma_{\ln \alpha}}$ 以及 v。

如果模型是被正确设定的，那么随着样本中家庭的数量趋向于无穷，观测值与预测值分位数上的差距会逐渐消失。这个估计是被简化过的，因为社区 j 收入分布的分位数仅通过 K_j 来依赖于 (p_j, g_j)，而这可以利用观测到的社区规模进行迭代计算。因此，我们可以利用以下的最小距离估计量来估计模型潜在的结构性参数的一个子集：

$$\theta_1^N = \arg \min_{\theta_1 \in \Theta_1} \left\{ e_N(\theta_1)' A_N e_N(\theta_1) \right\}$$

$$\text{s. t. } K_j = K_j(K_{j-1}, P(C_j) \mid \theta_1), \quad j = 1, \cdots, J-1$$

其中，θ_1 是未知的参数向量，A_N 是权重矩阵。这是一个标准的非线性参数估计量。标准误可以利用纽维和麦克法登（1994）中的标准公式来计算。注意到，为了计算渐进标准误，我们需要家庭的数量趋向于无穷，但社区的数量不必趋向于无穷。

埃普尔和西格（1999）发现这些估计量会产生合理的估计值并具有很高的精度。收入分位数的整体拟合程度很显著，特别是鉴于模型仅依赖很少数量参数的情况下。模型的形式在传统的显著水平下被拒绝，这主要是因为我们不能很好地匹配贫穷社区中较低分位数水平的收入。埃普尔等（2010a）表明利用非参数方法来估计和识别收入与公共品偏好的联合分布是可行的。[25] 更重要的是，埃普尔等（2010c）类似的分析表明埃普尔和西格（1999）中模型被拒绝主要是因为参数的对数——正太分布假设。如果我们放松这一假设并保持上述其他假设不变，仅根据描述社区规模与地方收入分布的数据，我们不能拒绝上述模型。通过构建埃普尔等（2010c）提出的半参数估计量，我们可以与观测到的每个社区收入分布的完美拟合。因此，我们认为上述构建的模型与社区层面的收入分布观测数据是完全·致的。

2.3.2.4 公共品供给

第一阶段的估计产生了一系列的社区专属截距项 K_j。给定这些截距项，与观测数据一致的公共品供给水平可以由以下迭代形式给出：

$$g_j = \left\{ g_1^\rho - \sum_{i=2}^{j} (Q_i - Q_{i-1}) \exp(-K_i) \right\}^{1/\rho} \tag{2.33}$$

㉕ 从技术角度而言，收入的边际分布被识别出来了。另外，我们只能识别偏好分布（以收入为条件）上有限的几个点。这些点与邻近街区间边界上的点相对应。对于那些没有在边界上的点，我们只能提供其分布的上界与下界。这些界限随着差异化街区数量的增加而变窄。

为了获得一个定义良好的计量模型，我们需要区分观测到的与不可观测的公共品供给。一个自然的起点是假定用人均支出衡量的观测到的公共品供给是真实公共品供给加噪声项。

一个更一般的设定假定公共品供给水平可以表示为社区 j 可观测特征 x_j 与不可观测特征 ε_j 共同组成的指数：

$$g_j = x_j' \gamma + \epsilon_j \tag{2.34}$$

其中，γ 是一个待估计参数向量。指数 x_j' 的第一部分是地方政府支出，其系数被标准化为 1。特征 ε_j 可以被家庭观测到，但不能被研究者观测到。我们假定 $E(\varepsilon_j \mid z_j) = 0$，其中 z_j 是工具变量向量。定义：

$$m_j(\theta) = g_j - x_j' \gamma \tag{2.35}$$

我们可以利用广义矩估计量来估计该模型的参数，该估计量被定义如下：

$$\theta = \arg \min_{\theta \in \Theta} \left\{ \frac{1}{J} \sum_{j=1}^{J} z_j m_j(\theta) \right\}' V^{-1} \left\{ \frac{1}{J} \sum_{j=1}^{J} z_j m_j(\theta) \right\} \tag{2.36}$$

其中 z_j 是工具变量的集合。埃普尔和西格（1999）认为可以利用社区功能的等级来作为工具变量。因此，我们可以识别并估计如下额外的参数：γ，$\mu_{\ln\alpha}$，$\sigma_{\ln\alpha}$，ρ 和 η。埃普尔和西格（1999）发现这些估计是合理的且模型的拟合度是良好的。标准误可以利用纽维和麦克法登（1994）中的标准公式来近似计算。注意到，我们在计算渐进标准误时需要社区的数量趋向于无穷。

2.3.2.5 投票

该模型可以决定大都市区中每个社区的税率、教育支出、平均住房支出水平。我们需要判断这些因素的水平是否与均衡状态家庭的最优分类和投票是一致的。再一次地，我们采用了局部解的方法，并且利用了投票对可观测到的税收与支出政策进行约束的必要条件。埃普尔等（2001）也采用了这一方法。他们发现上述讨论的简单投票模型与数据不相符。更加复杂的投票模型表现得要更好。

另外，我们也可以采用全局解方法，并利用嵌套不动点算法来估计模型中剩余的参数，卡拉布莱斯等（2006）采用了后一种方法。他们修正了 2.3.1.7 部分讨论的均衡算法，计算了满足以下要求的均衡分布：（a）最优的家庭分类；（b）预算平衡；（c）多数规则均衡，且与观测到的社区规模一致。这些分布在一定程度上是由每个社区存在的住房供给函数导致的住房市场均衡。我们可以进一步利用拟极大似然估计量，将均衡支出、税率、平均住房消费的值与观测数据进行匹配。卡拉布莱斯等（2006）的文章也证实了埃普尔等（2001）

发现的简单模型与实际数据不符的结论。然而，一个拓展的模型显著提高了模型的拟合度，在该模型中公共品供给质量不仅依赖于支出，而且依赖于地方同辈效应。

2.3.2.6　识别与估计住房供给函数

最后，我们简要探讨下如何估计住房供给函数。如果我们将土地价格与结构视为已知的，那么方法上的问题会很少出现。然而，在估计住房供给函数中遇到的主要问题是每幢住房的住房服务数量与每单位住房服务的价格对于研究者而言是不可观测的。不过，我们可以观察到每单位住房的价值（或者租金支出），而这同时包含了每单位住房服务的产品价格与每幢住房中住房服务的数量。[26]

埃普尔等（2010b）通过将住房数量与价格视为潜变量，提供了一种新的更灵活的方法来估计住房生产函数。他们识别与估计的方法是基于对偶理论。假定住房生产函数满足规模报酬不变，我们可以用土地利用数量来标准化产出。尽管我们不能观测到住房数量与价格，但我们通常可以观测到每单位土地的住房价值。这篇文章的关键点在于住房价格是单位土地面积住房价值的单调递增函数。由于住房价格是不可观测的，研究主要关注单位土地面积的住房价值。规模报酬不变与自由进入也意味着均衡中土地开发者的利润为零。我们可以利用零利润条件来得到另一个间接利润函数，以表示土地价格函数与单位土地面积的住房价值。将间接利润函数关于（不可观测的）住房价格进行求导可得到隐含地描述了单位土地面积住房供给函数的微分方程。更重要的是，这个微分方程仅依赖一个研究者可以进行一致估计的函数。利用最近由宾夕法尼亚州阿勒格尼县建立的一个更复杂的数据库，他们发现这个新方法可以提供对潜在的住房生产函数以及住房供给函数的一个合理估计。

2.3.3　政策分析

一旦我们发现一个模型与数据拟合良好，并通过了标准的设定检验，那么我们可以利用这个模型进行反事实政策分析。在这里，我们考虑两个应用。第一个应用是估计空气质量改善的社会福利；第二个应用则主要研究分散化的收益。

---

[26]　该问题与生产函数估计中价格缺失的问题是类似的。这个问题之所以会出现是因为研究者通常只能观测到收益，而不是价格与数量。如果产品价格在地方或区域间存在很大变化，那么收益不是对数量的一个良好代理变量。

2.3.3.1 评估规制项目：清洁空气法案

一个重要的需求是评估诸如清洁空气法案这样的公共规制项目的效率。通常在成本—收益分析中，采用的大部分方法主要用来评估一个相对较小的项目，从而可以在一个局部均衡框架下进行分析。西格等（2004）说明了如何利用上述讨论的方法，设计一种可以评估大空间范围内公共品或者设施变动的经济影响。他们研究了洛杉矶，在美国空气质量最差的城市。由于南加利福尼亚州拥有良好的空气质量检测系统，我们可以获得高质量的数据。在 1990 年至 1995 年间，南加利福尼亚州经历了显著的空气质量提高。在研究区域臭氧集中度总体上下降了 18.9%。在不同社区间，臭氧的变化范围从上升 2.7%，到下降 33%。在洛杉矶，超过联邦 1 小时臭氧标准的天数下降了 27%，由 120 天到 88 天。我们试图估计空气质量改善带来的社会福利。

一个重要的区别是要区分局部均衡与一般均衡福利效应的测度。正如斯科奇默（Scotchmer，1986，pp. 61 – 62）指出的，"设施的改善会导致被改善区域不动产值与人口数量的变化。改善的短期收益发生在住房存量与人口分布调整之前，而长期收益则发生在住房存在与人口变化之后。文献中并没有注意区分短期与长期收益，这可能是因为边际改善价值在这两种情况中是相同的"。考虑如下情形，我们外生地将每个社区公共品供给水平由 g_j 改变到 $\bar{g}_j$。在我们的应用中，空气质量改善导致的公共品供给的变化是由联邦与州空气污染政策导致的。传统的局部均衡中对一单位公共品变化的希克斯支付意愿 WTP_{PE} 被定义如下：

$$V(\alpha, \ y - \mathrm{WTP}_{\mathrm{PE}}, \ \bar{g}_j, \ p_j) = V(\alpha, \ y, \ g_j, \ p_j) \qquad (2.37)$$

家庭会根据这些变化来调整其居住的社区。这样的分析意味着房价也可以调整。对政策变化的评估应该反映由于任何社区专属公共品变动所导致的房价变动。我们定义如下的一般均衡支付意愿：

$$V(\alpha, \ y - \mathrm{WTP}_{\mathrm{GE}}, \ \bar{g}_k, \ \bar{p}_k) = V(\alpha, \ y, \ g_j, \ p_j) \qquad (2.38)$$

其中，$k(j)$ 表示在新的（原有的）均衡中被选定的社区。由于家庭可以调整其居住区位，因此 $(\bar{g}_k, \ \bar{p}_k)$ 与 $(g_j, \ p_j)$ 的下标并不一致。

利用洛杉矶在 1990 年的数据，西格等（2004）估计了与前面部分讨论的模型类似的分类模型的参数。他们发现支付意愿的范围为收入的 1% ~ 3%。该模型预测了空气质量大幅改善的社区其房价会显著提高，而空气质量小幅改善的社区其房价会下降。因此，局部均衡收益通常会被房价的上升所抵消。在校区层面上，一般均衡与局部均衡福利效应的比值为 0.28 ~ 8.81，平均有接近 50% 的差距。此外，局部均衡与一般均衡的收益分布存在很大差异。

西格等（2004）利用2000～2010年规划的臭氧集中度以及家庭对住房偏好、教育与空气质量的估计值，对环保局提出的政策进行了前景分析。他们测算了洛杉矶区域中家庭的一般均衡支付意愿。在家庭层面，估计得到的该政策的一般均衡收益为每年33美元到2 400美元（用1990年的美元来计算的）。[27]

2.3.3.2 分散化与集中化

蒂伯特（Tiebout，1956）这篇重要文章中的一个关键问题是：是否地方公共品的分散化提供以及居民在辖区间的选择会导致资源的有效率分配。构造一个简单的资源分配不是有效率的蒂伯特模型并不难（Bewley，1981）。然而，一旦我们考虑更符合现实的模型，这个问题变得更难以回答。此外，我们希望获得对潜在的无效率程度的定量认识。

卡拉布莱斯等（2012）试图同时回答这些问题。他们得到了与2.3.1部分类似的模型的最优条件。他们表明一个有效率的差异化分配必须满足一些相对直观的条件。首先，社会规划者依赖定额税，并将房产税设置为零。其次，每个社区内公共品的提供水平符合萨缪尔森条件。最后，每个家庭被分配进入一个社区来最大化其效用。最后一个条件不是很明显，因为家庭会导致财政外部性。

然后，分析的第二步是部分定量化均衡中出现的效率损失。他们校准了模型，并且分别比较了分散与集中情况下有效率配置时房产税均衡中的福利。分散化征收房产税的效率损失是很大的，会耗散大部分有效率的分散化可以带来的潜在福利收益。在房产税均衡中，分散化通常是更有效率的。社区选择中的外部性会使分散化与房产税征收不能实现其效率：贫穷的家庭会集聚在富裕的社区，通过消费更少的住房避税来搭便车。他们发现采用多辖区均衡的家庭平均补偿变动为478美元，每个家庭对土地所有者的平均补偿变动为－162美元。因此，分散化的蒂伯特（Tiebout）均衡会导致意味着对每个家庭而言平均316美元的福利损失，这相当于1980年家庭平均收入的1.3%。

2.4 经济活动的空间分布

理解经济活动在空间上是如何分布的是城市与区域经济学的核心内容。本部分考虑了关于这一问题的两个应用：产业的区域分工与城市的内部结构。首

---

[27] Tra（2010）利用洛杉矶类似的数据集估计了一个随机效用模型。他的发现与Sieg等（2004）是可比的。Wu和Cho（2003）也研究了环境设施在家庭分类中的作用。Walsh（2007）估计了一个模型研究了北加利福尼亚州控制城市蔓延政策的影响，该模型区分了公共与私人提供的空地。

先，我们构建了在这两个应用中使用的模型，并讨论了其识别与估计。其次，我们强调了在利用估计得到的模型评估现实政策效应时应该注意的问题。

尽管讨论的重点是方法，但我们仍然强调沿着我们讨论的主线，结构化模型中可以被强调的有趣问题。第一个应该是关于产业区域分工的模型。利用一个成功的定量模型，我们可以评估诸如交通基础设施如何影响区域分工模式这样的问题。第二个应该是关于人们居住和工作在同一个城市的模型，其考虑了将工人与居民集中在某一区位时产生的密度经济。如果我们可以成功开发一个用计算机计算的城市定量模型，我们就可以评估规制、补贴以及基础设施投资如何影响人们在哪里工作与生活，以及这些政策如何影响生产率与福利水平。注意到，鉴于在城市与区域经济学领域的重要性，本手册的其他章节也探究了经济活动空间分布的不同方面。尤其是，孔贝斯和戈比永（Combes and Gobillon）写的第 5 章中回顾了在集聚经济文献中的经验发现，其中也包括结构化方法的发现。[28] 此外，在第 8 章中，杜兰顿和普加（Duranton and Puga）回顾了城市土地利用的理论与经验文献。尽管其他章节主要集中在结果的讨论上，再一次地，这里主要讨论方法。

2.4.1 区域分工

第一个应该主要是将伊顿和科特姆（Eaton and Kortum，2002）的贸易模型应用于区域情形下，其中区域类似于国家。注意在我们接下来关于城市内部结构的第二个应用中，我们会假定工人在城市的不同区位是可以流动的。相反，在我们第一个应用中，除了商品可以流动，其他要素在不同区位不能流动。唐纳森（Donaldson，即将出版）利用这一框架评估了从中国不断增加的进口对美国制造区区域分布的影响。在本部分的论述中，我们主要考虑霍姆斯和史蒂文斯（2014）的版本。

2.4.1.1 模型的建立

假设在产业中连续的差异化产品，每个产品用 $\omega \in [0, 1]$ 来表示，共有 J 个不同的区位，每个用 j 表示。为了表述方便，假定在区位 j 只有一个企业能够生产产品 ω。令 $z_{\omega,j}$ 为企业的生产率，用每单位投入的产出来表示，令 w_j 为在区位 j 每单位投入的成本。令 $z \equiv (z_{\omega,1}, z_{\omega,2}, \cdots, z_{\omega,J})$ 表示所有企业的生产率向量，令 $F(z_\omega)$ 为其联合分布函数。将产品从一个区位运输到另一个区

---

[28] 参见 Combes et al. (2011)，Rosenthal and Strange (2004)。

位存在运输成本。与文献中常用的假设一致，我们假定冰山运输成本。具体而言，从 j 运输 1 单位产品到 k，$d_j^k \geq 1$ 单位产品必须被运输。假定 $d_j^j = 1$ 以及 $d_j^k > 1$，$k \neq j$。换句话说，同一区位内的运输不存在运输成本，但在区位间存在严格为正的运输成本。对于企业 j 而言，运输一单位产品到 k 的成本为：

$$c_{\omega,j}^k = \frac{w_j d_j^k}{z_{\omega,j}} \tag{2.39}$$

从所有 J 个区位向 k 提供产品的最小成本为：

$$\underline{c}_\omega^k = \min_j c_{\omega,j}^k \tag{2.40}$$

求解式（2.40），令 j^k 为向 k 出售产品成本最低的企业。如果联合分布函数 $F(z_\omega)$ 是连续的，除了零测度集外，最低成本企业 j^k 是唯一的。如果企业在每个市场 k 采用伯特兰价格竞争形式，k 中最优效率的企业 j^k 可以进行交易。对于一个给定的产品 ω，在 j 中的企业成为最有效率企业的可能性依赖于生产率的联合分布函数，运输成本 d_j^k 以及投入成本（w_1，w_2，…，w_J）。

伊顿和科特姆（2002）对联合分布函数 $F(z_\omega)$ 采用了一个特殊假设，从而产生了一个非常容易处理的框架。具体而言，个体企业的生产率被认为来自弗莱彻（Frecher）分布。企业间的生产率是独立的，且在区位 j 企业生产率的累积分布函数为：

$$F_j(z) = e^{-T_j z^{-\theta}} \tag{2.41}$$

形状参数 θ 控制着分布的曲率，且在不同区位间是不变的。θ 越小，企业间的生产率差异越大。规模参数 T_j 允许不同区位的平均生产率水平存在差异；T_j 越高表明区位 j 的企业可以获得更高的平均生产率水平。令 $G_j^k(c)$ 为由区位 j 运输到区位 k 的成本 c_j^k 的累积分布函数。这可以通过将式（2.39）代入到式（2.40）来得到。将该方程写成累积分布函数的补集是很方便的（大于 c_j^k 的概率）：

$$1 - G_j^k(c_j^k) = e^{-T_j(w_j d_j^k)^{-\theta}(c_j^k)^\theta} \tag{2.42}$$

这个方程与式（2.41）有相同的函数形式，除了规模参数包括了工资与运输成本。考虑（$\underline{c}^k$）的累积分布函数 $\underline{G}^k(\underline{c}^k)$，来自于不同区位的最低成本。将这个方程写成其补集的形式，我们可以计算得到在所有区位中成本高于 $\underline{c}^k$ 的概率。换句话说：

$$1 - \underline{G}^k(\underline{c}^k) = \prod_{j=1}^{J} \left[1 - G_j^k(\underline{c}^k) \right]$$
$$= e^{-\sum_{j=1}^{J} T_j(w_j d_j^k)^{-\theta}(\underline{c}^k)^\theta} \tag{2.43}$$

注意到式（2.43）中函数的形状参数的形式与式（2.42）是相同的，只是现在规模因素是在不同区位中不同成本分布规模因素的和。这是弗莱彻分布的一个很方便的性质。此外，简单的计算可以得到在区位 j 企业是服务于区位 k 的最低成本企业的概率表达式如下：

$$\pi_j^k = \frac{T_j(w_j d_j^k)^{-\theta}}{\sum_{s=1}^{J} T_s(w_s d_s^k)^{-\theta}} \tag{2.44}$$

这个公式是很直观的。分子是在区位 k 进行销售的企业 j 的生产率指数，并与生产率参数 T_j 成比例变化，与投入成本以及从 j 到 k 的运输成本反向变化。这个公式将企业 j 的生产率与来源于所有其他区位的企业的生产率指数的和进行比较。在伊顿和科特姆（2002）中，企业的定价是竞争性的。伯纳德等（Bernard et al.，2003）将这一框架拓展到了寡头垄断的情形。在需求具有不变弹性的假设下，区位 k 的销售份额以及来源于区位 j 的销售份额都由式（2.44）给出。因此，如果 X^k 表示在区位 k 所有的产业支出，同时 Y_j^k 表示在区位 j 的企业向区位 k 的销售额，并且如果 Y_j 表示区位 j 向所有目的地的总销售额，那么：

$$Y_j = \sum_{k=1}^{S} Y_j^k = \sum_{k=1}^{S} \frac{T_j(w_j d_j^k)^{-\theta}}{\sum_{s=1}^{J} T_s(w_s d_s^k)^{-\theta}} X^k \tag{2.45}$$

这是一个有用的公式，可以将每个区位的支出与销售额与区位层面的生产率参数、投入价格以及运输成本联系在一起。从这个公式中，我们可以发现，如果一个产业的生产率水平高、投入成本低、向较高支出份额区位的运输成本低，那么这个产业会倾向于集聚在区位 j。[29] 下面的第二个应用中应用了相同的弗莱彻分布得到了易于处理的城市内部不同区位间均衡通勤流量的表达式。

2.4.1.2　估计与识别

下面我们转向识别与估计问题。为了对运输成本施加更多结构，令 m_j^k 为区位 j 与区位 k 之间用英里衡量的距离，同时假定冰山运输成本仅依赖距离。换句话说，$d_j^k = f(m_j^k)$，其中 $f(0) = 1$，并且 $f'(m) > 0$。进一步地，定义一个函数 $h(m)$ 为：

$$h(m_j^k) \equiv (d_j^k)^{-\theta} = f(m_j^k)^{-\theta} \tag{2.46}$$

---

[29]　erson 和 Wincoop（2003）在其他公式中得到了一个类似的方程。

我们可以将其视为一个距离折现。当距离为零时等于 1，并且随着距离的增加严格递减，同时依赖于冰山运输成本的增长率以及生产率分布的形状参数 θ。下面，定义 $\gamma_j \equiv T_j w_j^{-\theta}$，这是技术水平 T_j、在区位 j 的工资以及形状参数 θ 的一个组合。在局部均衡情况下，工资 w_j 是固定的，技术水平 T_j 是外生的，复合参数 γ_j 现在可以从结构化方法的角度来对待。我们在下面的政策分析中讨论其他内容。

利用我们对 $h(m_j^k)$ 与 γ_j 的定义，我们可以将式（2.45）改写为：

$$Y_j = \sum_{k=1}^{S} \frac{\gamma_j h(m_j^k)}{\sum_{s=1}^{J} \gamma_s h(m_s^k)} X^k , \quad j = 1, \cdots, J \qquad (2.47)$$

为了便于讨论，假定距离折现函数 $h(\cdot)$ 对被考虑的所有特定产业都是已知的。假定我们有数据 $\{Y_j, X^k, m_j^k\}$ 以及所有的 j 和 k。换句话说，在每个区位生产的数值、距离信息等都是已知的。成本效率向量 $\gamma = (\gamma_1, \gamma_2, \cdots, \gamma_J)$ 通过式（2.47）给出的方程来识别。这个识别受一个相乘的常数约束，因此需要进行标准化，例如，如果 $Y_1 > 0$，那么 $\gamma_1 = 1$。见阿尔费尔特等（2014）附录中定理 A.1 通过求解式（2.47）对 γ 存在唯一性的证明（仍然要进行标准化）。霍姆斯和史蒂文斯（2014）描述了一个求解不动点解的迭代程序。将 γ_j 视为区位层面的固定效应来求解可以很好地拟合数据。雷丁和斯特姆（Redding and Sturm，2008）以及贝伦斯等（Behrens et al.，2013）也进行了类似计算。

上述讨论是在给定距离折现变量 $h(m)$ 的情况下进行的。假定距离折现变量事先不知道。在这种情况下，关于运输距离的数据是很有用的。在关于贸易的文献中对贸易流量如何随距离变化已经有很长的研究传统，其中一个例子是安德森和范温库帕（Anderson and van Wincoop，2003）讨论的引力模型。这里我们主要关注霍姆斯和史蒂文斯（Holmes and Stevens，2014）中采用的方法。在该研究利用的普查数据中，对于某一区位 j 而言，来源于所有企业的总运输量是可以观测到的（这就是 Y_j）。此外，在每一目的地流入量的估计可以获得（例如 X^k）。除了这些总量数据，该文章还利用了个体交易的随机样本，其中目的地与来源地都被提供了。令距离折现函数可以被向量 η 进行参数化。换句话说，我们可以写成 $h(m, \eta)$。在给定 X^k 以及 Y_j 值的情况下，通过满足式（2.47）来选择（γ, η）的值最大化运输样本的似然函数，这篇文章同时估计了 $\gamma = (\gamma_1, \gamma_2, \cdots, \gamma_J)$ 以及 η。如果货运倾向于走短的距离，那么估计得到的距离折现函数 $h(m, \hat{\eta})$ 随距离会出现急剧下降（数据中这样的例子包括混凝土行业等）。在那些需要长运输距离的例子中，估计得到的距离折现函数会在 1 处相对平缓变动（例如有医疗设备行业）。

2.4.2 城市内部结构

我们的讨论是基于阿尔费尔特等（2014）的工作，其估计了关于柏林的一个城市结构模型（也可参见本卷杜兰顿和普加（2015）对阿尔费尔特等（2014）的讨论）。城市内部结构理论主要关注通勤者在居住的地方与工作的地方之间的流动以及来自密度经济的外溢收益。柏林为我们提高了一个很好的研究背景，因为柏林墙阻止了通勤者的上述流动。该文章利用柏林墙存在之前、之间以及之后时期的数据来估计了一个同时考虑通勤者与外溢流动的模型。

这篇文章建立在城市经济学关于城市内部结构长期研究传统的基础上，可以追溯到单中心城市模型的研究。这个经典的早期模型对于揭示理论分析的重点，例如通勤成本的变化是如何影响土地价格是非常有用的。但是该模型关于土地被用来居住而不是生产、所有居民前往一个点工作的抽象被没有反映真实城市的情况。卢卡斯和罗斯 – 汉森博格（Lucas and Rossi-Hansberg, 2002）对其进行了一个重要的拓展，其中土地可以同时被用来居住和生产。再次说明，这种结构的目的是揭示理论分析的要点，其中一个抽象是城市是同心圆形状的。此外，工人不存在异质性，这意味着所有工人居住在城市的同一个地方，并通勤前往同一个地点进行工作。阿尔费尔特等（2014）估计了一个实际城市的结构模型，其方法也不同于这些简化假设。他们的模型明确的考虑了空间上具有非均质特征的土地，同时城市也不是圆形的。他们考虑了个人的异质性，个人会因为雇主不同、居住区位不同而有着不同的工作匹配质量。最后，这个模型同时允许消费端与生产端存在外溢效应。

2.4.2.1 模型的建立

我们简要回顾一下模型的设定。个人可以自由流动，并且可以选择是否居住在城市中。如果选择居住在城市中，那么需要从 j 个区位中选择在哪里工作与居住。企业可以自由流动以选择在哪里生产，给定数量的土地可以被用来生产和居住。不同区位的生产率存在差异，这是由外生的土地特征以及由于邻近区位就业水平与其导致的外溢效应等内生因素导致的。具体而言，在区位 j 的生产率指数 A_j 为：

$$A_j = \gamma_j^\lambda a_j \tag{2.48}$$

其中 a_j 是外生的土地质量，γ_j 是区位 j 从城市中所有其他区位所接受到的总外溢效应，具体被定义为：

$$\gamma_j = \sum_{k=1}^{J} e^{-\delta m_j^k} \tilde{Y}_k, \ \lambda \geqslant 0, \ \delta \geqslant 0 \tag{2.49}$$

在这个式子中，$\tilde{Y}_k$ 是区位 k 的就业，m_j^k 为区位 j 与区位 k 之间的距离。参数 δ 控制着外溢效应随距离的衰减速度。参数 λ 决定了总外溢效应如何转化为生产率上的收益。类似地，在区位 j 存在一个外生的消费设施水平 b_j 以及来自于邻近居民的内生外溢因素（与生产端具有相同的函数形式但参数不同）。模型的最后部分是关于个人的选择。选择居住在城市中的个人从所有可能的居住与工作区位组合中来获得其匹配质量。除了通勤成本与匹配质量，个人还需要考虑工资随其工作区位的变化。在选择在哪里居住的决策中，个人必须考虑房租与消费设施的水平。

注意到这个模型是很灵活和一般的，外生的生产率水平 a_j 可以在不同区位自由变化。类似地，内生的消费设施水平也可以自由变化。允许这种一般性是很重要的，因为如果这种变化存在但我们忽略它时，我们可能错误地将观测到的就业或者居民的集聚归结于外生效应，而实际上土地质量的内生变化也发挥了重要作用。

为了技术上的方便，类似于上一个应用，阿尔费尔特等（2014）在工作或居住的匹配质量分布上，利用了伊顿和科特姆（2002）中的弗莱彻分布，该假设可以产生一个易于处理的方法。

2.4.2.2　估计与识别

在我们第一个应用中，识别区位专属的生产率与距离折现函数背后的逻辑是很明确的。但在阿尔费尔特等（2014）关于城市内部居住与工作区位的模型中，这个问题要更加复杂。我们重点强调两个挑战。首先，将自然优势（来源于每个区位 j 外生的生产率因素 a_j）从知识溢出分离出来是很困难的。假如我们观察到一个区位拥有高密度的工人与高水平的地租。这是因为具有较高外生生产率水平 a_j 的区位吸引了更多的可以支付租金的工人？还是因为反向的因果关系，即工人集聚水平高的区位应用更高的生产率，从而能够支付租金？或者答案处于上述两种情况之间。

第二个问题是当存在知识溢出时，在给定模型结构参数的取值后，会存在潜在的多重均衡。例如，工人可以只是因为其他人也集聚在那里而选择集聚在点 A（例如，集聚是自我实现的）。当工人集聚在不同的点 B 时，其他的均衡也可以存在。多重均衡的可能对于识别与估计以及政策分析都有重要的潜在意义。

阿尔费尔特等（2014）在利用柏林墙建立和倒塌的历史数据时遇到了这些问题。他们将这些事件视为拟试验变动，从而将其用来识别模型的结构化参数。数据在一个良好的地理层面上被收集，包括 16 000 个城市街道，以及在时间 t 街道 j 的居民数量 X_t^j，时间 t 街道 j 的就业量 $Y_{j,t}$，时间 t 街道 j 的地租 $r_{j,t}$。在阿尔费尔特等（2014）模型中，区位 j 的工资与生产率变量 T_j 在产业分工中的作用是相同的，阿尔费尔特等（2014）中的一个公式与式（2.45）类似。区位层面的工资水平是不可观测的，利用在上一部分区域分工中推断不可观测的区位层面生产率水平相同的方法，可以对区位层面的工资水平进行推断。

令 β 为模型中所有参数组成的向量，例如知识溢出弹性 λ、式（2.48）中出现的空间折现参数 δ。令 $a_{j,t}$ 和 $b_{j,t}$ 分别为在时间 t 区位 j 生产与消费中的自然优势参数，我们将其写成向量的形式 a_t 与 b_t，其要素对应 J 个区位。令 (X_t, Y_t, r_t) 为包含了每个街道居民数量、工人数量以及租金率的向量。尽管可能会出现多重均衡，但这篇文章的一个重要结论是在固定参数向量 β 以及给定数据 (X_t, Y_t, r_t) 的情况下，会存在唯一的与均衡相一致的 (a_t, b_t) 的值。[30] 从直观上来看，回忆前面的讨论，即如果我们同时观测到高集聚与高租金，那么我们可以将这些发现完全归结于自然优势，而不是外溢效应；或者全部归结于外溢效应而不是自然优势，或者介于两者之间。但在现在的讨论中，为了保持均衡条件成立，当我们将参数向量 β 视为给定的，我们控制了来源于外溢效应的影响，相应的 (a_t, b_t) 只能被归结于自然优势。因此，从估计的角度来看，上述提到的第二个问题，即潜在的多重均衡的问题已经不再是一个问题。

下面我们转向第一个挑战，即分离外溢效应与自然优势。根据上文的讨论，在给定模型参数以及观测数据的情况下，该文章推断出了每个区位 j 在生产中的自然优势的值 a_j 和消费设施的值 b_j。其中关键的识别假设在于那些自然优势变量随时间的任何变化都与该区位与柏林墙的距离无关。该文章估计得到了生产和消费中显著的外溢效应。基于 1936 ~ 1986 年（当柏林墙被建立起来）的估计与基于 1986 ~ 2006 年（当柏林墙倒下时）的估计结果是非常相似的。主导外溢效应估计的数据的特点是在柏林墙被建立起来时，其邻近的地价急剧下降，当柏林墙倒下时，相反的情况出现了。为了理解上述机制在模型中是如何运行的，假设我们让知识外溢效应不发挥作用。靠近柏林墙附近土地价格的急剧下降意味着自然优势在柏林墙附近必须有对称的下降，而这与识别假

---

[30] 这个唯一性要受约束于一些标准化过程。

设是不一致的。

2.4.3 政策分析

正如2.1部分所强调的，对经验研究工作而言，结构化方法的一个重要优势是可以利用估计出的模型进行前景政策分析。在本部分的开始，我们提到了一系列有趣的政策问题，这些问题可以用我们这里讨论的这些模型来分析。现在我们集中讨论对于揭示方法论上的关键点有用的特定例子。在产业分工模型中，我们评估了向国外竞争者开放国内产业会如何影响区域生产的分布。霍姆斯和史蒂文斯（2014）通过评估来自中国进口的区域影响进行了这样一个研究，现在我们考虑这个研究的一个简化版本。

根据我们上文讨论的区域分工模型，我们首先估计不同区位的成本效率向量 γ 以及控制距离折现函数 $h(m, \eta)$ 的参数 η。假设进口最初是被禁止的，然后我们考虑的特定政策开始允许进口，但仍然有进口配额的限制。假定世界市场会使得进口一直流入直到达到配额。假设配额是按照进口额占国内市场的5%这一标准制定的。为了简化分析，假设所有的进口货物必须经过同一个港口（位于新的区位 $J+1$），从该港口到其他区位的距离折现函数与第一步估计的相同。假定被研究的产业相对较小，因此进口不会影响工资水平。最后，消费者的效用函数是柯布—道格拉斯形式，因此在任意两个区位 j 和 k 产业的相对支出份额 $\dfrac{X^k}{X^j}$ 是不变的。

结合上述所有的假设，我们可以发现在保持其他区位的成本效率指数 γ_j，$j \le J$ 以及距离折现函数 $h(m, \eta)$ 不变情况下，政策等价于创造了一个新的区位 $J+1$，其自身的效率参数为 γ_{J+1} 且没有消费，即 $X_{J+1} = 0$。对于任何给定的 γ_{J+1} 的值，我们可以利用式（2.47）将其加总至 $J+1$ 来求解每个区位的销售额 $Y_j^{新}$，其中"新"意味着在政策变动之后。γ_{J+1} 的值越高，进口额 $Y_{J+1}^{新}$ 越大，同时在每个区位国内产量 $Y_j^{新}$，$j \le J$ 越低。我们挑选那些进口额 $Y_{J+1}^{新}$ 等于国内市场5%的 γ_{J+1}，然后我们比较 $Y_j^{新}$ 与 $Y_j^{旧}$ 来检验贸易的区域影响。一般而言，这个效应根据运输成本（国内邻近港口的生产者受到的损害要更大）、区位生产率水平、邻近区位生产率水平的作用，随着区位而发生变化。

现在我们已经有了一个结构化模型的恰当例子，并对其进行了估计与识别，并展示了相应的政策试验。下面我们用这个例子来说明更多问题。

首先，注意到我们在没有利用估计得到的距离折现函数 $h(m, \eta)$ 的情况下进行了这次特殊的政策试验。注意该函数是其他参数的组合。我们之所以能够这样做是因为这里的潜在政策变动没有考虑距离折现。当然，在进行政策分析时，也存在一些其他的政策变动需要我们估计模型中的这些深层次参数，例如旨在降低运输成本的基础设施投资。唐纳森（即将出版）在关于印度公路网建设对生产率影响的分析中便需要这些深层的结构参数来进行分析。其分析中的一个关键步骤是利用价格随空间变化的数据来直接推断运输成本及其在铁路网建设后的变化。[31]

其次，我们保持了工资水平不变。如果被考虑的行业在某一区位的就业份额中占据显著的比重，那么政策试验将会导致当地工资水平的变化。换句话说，之前保持不变的成本效率参数 $\gamma_j = T_j w_j^{-\theta}$ 现在是变化的。如果上述情况是重要的话，那么必须对分析进行拓展以便引入一个包含区域工资的结构化模型。此外，生产率分布中的形状参数 θ 必须被估计出来。

我们保持了生产率参数 T_j 保持不变。如果生产率仅反映了自然优势的话，这种做法是合理的。但如果知识溢出发挥了潜在重要作用的话，这种做法是有问题的。尤其是，假定区位生产率规模参数具有以下形式，类似于阿尔费尔特等（2014）：

$$T_j = a_j N_j^{\lambda} \tag{2.50}$$

其中 a_j 是自然优势，N_j 是在区位 j 的产业总就业，同时 λ 是知识溢出弹性。到目前为止我们简单地假定 $\lambda = 0$，因此 $T_j = a_j$，但现在我们考虑 $\lambda > 0$ 的情况。在伊顿和科特姆（2002）中，在区位 j 对投入的均衡支出占收益的比重为 $\frac{\theta}{1+\theta}$，或者 $w_j N_j = \frac{\theta}{1+\theta} Y_j$。求解 N_j 并将其代入到式（2.50），我们可以将区位 j 的成本效率写为：

$$\gamma_j = T_j w_j^{-\theta} = a_j \left(\frac{\frac{\theta}{1+\theta} Y_j}{w_j} \right)^{\lambda} w_j^{-\theta} \tag{2.51}$$

假定现在我们拥有区位 j 的工资数据。如果我们将 θ 和 λ 视为已知的，根据我们前面的分析，在进行一定的标准化后，我们可以求解式（2.47）来得到一个唯一的解向量 $a = (a_1, a_2, \cdots, a_J)$。利用这些设定，分析可以从两个角度展开。如果可行的话，理想的程序是返回到估计阶段来对 θ 和 λ 进行估计。例如，在阿尔费尔特等（2014）中获得满足正交条件的工具变量是可能的。如果估计 θ 和 λ 不可行的话，研究者可以采用具有稳健分析形式的第二种方法。这个估计是在 $\lambda = 0$ 提供基准情况下进行的，我们首先讨论了 $\lambda = 0$ 假设下的政策试验。下面对引入知识溢出情况下结果的变化进行讨论。大量关于

---

[31]　参见 Duranton 等（2014）的一个相关分析。

λ 的估计在文献中可以被发现。$\lambda = 0.1$ 被认为是较高的取值。下面来看参数 θ，注意到 $\frac{\theta}{1+\theta}$ 被认为是收益中可变成本的份额。θ 从 3 到 9 变化等价于从 0.75 到 0.9 的可变成本份额。这一范围包括了文献中不同研究得到的不同取值（例如在 Eaton and Kortum（2002）中 $\theta = 8.28$）。下面考虑在 $\theta \in [3，9]$ 以及 $\lambda \in [0，0.10]$ 范围内对模型进行重新估计，同时对每种情况下的政策试验进行再模拟。这提供了一系列的政策效应估计值，其中 $\lambda = 0$ 对应基准情况。（在这种极端情况下，θ 的选择与政策试验无关）。运输成本可能是决定进口对不同区域相对影响大小的首要因素（例如靠近港口的区位受的影响最大），而知识溢出可能是次要因素。如果是这样的话，稳健性分析会使这些结果更加明确。在任何情况下，这里的讨论强调了结构化经验方法如何产生可以作为研究依据以及被拓展的模型。除了允许考虑集聚经济会如何导致结果上的变化，这个模型可以被进一步被拓展来回答被模拟的问题。

我们回到多重均衡的问题上来对有关政策试验的讨论进行总结。在 $\lambda = 0$ 的基准情况下，均衡是唯一的。正如在文献中被很好地说明的那样，多重均衡只有在 $\lambda > 0$ 的情况下才是可能的。在这种情况下会存在正反馈，其中增加产量会降低成本，从而使增加产量的动机增强，而一个产业可以集聚在多个不同的潜在区域。假定存在一个政策干预，同时模型中估计得到了多重均衡，但哪一个均衡是重要的那个呢？这是一个困难的问题，但我们可以进行一些观测。首先，尽管当 $\lambda > 0$ 时多重均衡是可能的，但在有足够的曲率（例如运输成本或者拥挤成本情况下，）可能存在唯一均衡。如果研究者确认了唯一性，那么便解决了这个问题。其次，均衡可能在基准模型邻近区域的局部范围内是唯一的。如果政策干预很小，一个合理的做法是考虑局部均衡中的比较静态。最后，正如鲍亚里等（Bajari et al.，2010a），对均衡过程的选择性估计也是可能的。

2.4.4 产业组织文献中进入模型的相关研究

当上面讨论的模型存在溢出效应时，不同决策者会产生交互影响。在经济学中对决策者间交互作用的研究是一个一般性的问题。最近，产业组织文献对该类模型进行了拓展，其主要通过设计一个局部解方法来研究企业如何进入市场，尤其是包含了动态过程。我们将上文的讨论与这类文献联系在一起。

在产业组织文献考虑的环境中，通常决策者的数量相对较少，这种情况下意识到进入是离散的这一点非常重要。在城市与区域经济学的应用中，通常将离散型从潜在的经济环境中抽象出去，正如上面的例子一样。当有相对较多的决策者相互影响时，这种抽象是有用的。但当城市与区域经济研究中利用较大地理层面的数据集时，被研究的交互作用被限制在一个很小的范围内，其中决策者的数量会相对较少。在这些情况下，将离散性引入分析是很有用的，这里也在离散的情况下进行讨论。在任何情况下，下面讨论的局部解方法都可被拓展到包括大量相互影响的决策者的情况。[32] 作为讨论的起点，一个有用的步骤是对布罗克和杜劳夫（Brock and Durlauf, 2001）中关于社会交互影响的经典离散选择模型进行回顾。我们可以将该文章视为接近上一版手册时的研究情况（See Durlauf, 2004）。在这个模型中，单个个体制定决策的收益依赖于其他个体的决策。在一个产业集聚模型的情况下，假定在给定区位 j 有 I 个潜在进入者（用 i 标注）。令 a_j 来衡量区位 j 的自然优势，令 N_j 表示区位 j 进入的企业总量。定义 U_{ij}^E 和 U_{ij}^N 分别为企业 i 进入与不进入市场 j 的利润，假定利润具有以下形式：

$$U_{ij}^E = \beta^E + \beta^a a_j + \beta^N N_j + \varepsilon_{ij}^E \tag{2.52}$$
$$U_{ij}^N = \varepsilon_{ij}^N \tag{2.53}$$

在这个式子中，β^a 是自然优势的权重，β^N 是企业交互影响的权重。冲击 ε_{ij}^E 与 ε_{ij}^N 是独立同分布的，且是只能由潜在进入者 i 观测到的私人信息。在纳什均衡中，企业会将其他企业的策略视为给定的，这规定了企业的进入决策仅来源于其私人冲击。在其他企业的进入策略是给定的情况下，令 EN_j 为对于某一企业而言，以其自身的进入为条件的预期的企业进入数量。注意到 $EN_j \geq 1$，因为这个数量包括企业自身。将预期进入 EN_j 带入到收益 U_{ij}^E 中，企业 i 在以下条件下才会进入：

$$\beta^E + \beta^a a_j + \beta^N EN_j + \varepsilon_{ij}^E \geq \varepsilon_{ij}^N \tag{2.54}$$

上式可以被写成冲击差分形式的临界条件：

$$\varepsilon_{ij}^E - \varepsilon_{ij}^N \geq f_{ij}(EN_j) \equiv -(\beta^E + \beta^a a_j + \beta^N EN_j) \tag{2.55}$$

因此，从预期进入 EN_j 的值开始，我们得到了进入规则（2.55），由此我们可以计算期望进入水平。当 EN_j 向其自身映射时，均衡才是不动点。正如布罗克和杜劳夫（2001）强调的，如果 β^N 是正值且足够大，会出现多重均衡。如果预期进入很高，同时 $\beta^N > 0$，进入会更具有吸引力，同时高进入就会自我实现。如果自然优势的系数 β^a 为正，拥有较高自然优势的区位倾向于进入更多的企业。[33]

---

[32]　例如，参见 Weintraub 等（2008）。
[33]　注意到关于自然优势 a_j 的这种单调性的说明忽视了当多重均衡存在时可能会导致的复杂性。

－97－

对于估计而言，布罗克和杜劳夫（2001）表明如果私人冲击是极值，同时 EN_j 是可观测的，那么参数 β^E，β^a 和 β^N 可以作为一个标准的 logit 模型来进行估计。尽管 EN_j 可能会随着 a_j 增加，但这只是在非线性形式下（通过离散地进入）。这与之前曼斯基（Manski，1993）均值线性公式相反，在该模型中与 EN_j 类似的变量是与 a_j 类似的变量的线性函数，这意味着与 β^a 与 β^N 类似的变量不能被单独识别。研究者通常不愿采用那些严重依赖函数形式的识别方法。根据研究的经济问题提出排除性约束具有很大的价值。例如，假定潜在进入者在生产率 ω_i 上存在差异，假定上文提到的进入后的利润指标 U_{ij}^E 可以被拓展为包括一个额外的项 $\beta^\omega \omega_i$。换句话说：

$$U_{ij}^E = \beta^E + \beta^\omega \omega_i + \beta^a a_j + \beta^N N_j + \varepsilon_{ij}^E \tag{2.56}$$

假定企业生产率是共同知识。当 $\beta^\omega > 0$，其他条件不变，ω_i 的值越高，企业 i 越可能进入。这设定了一个排除性约束，其中对于一些其他的企业 i' 而言，较高的生产率水平 ω_i' 对其利润没有直接影响，而只是间接影响企业 i' 进入市场的可能性。

现在我们将上述讨论与产业组织文献的最新发展联系在一起。这类文献对分析具有如式（2.52）的收益结构博弈模型非常感兴趣，尽管其分析的重点是交互参数 β^N 为负值的情况。换句话说，个体会因为其他个体的进入而受到损失。例如，如果在医药市场，如果企业需要与更多的竞争者分享市场，那么这个企业会受到损失；此外，竞争的加剧也对产品价格施加向下的压力（Bresnahan and Reiss，1991）。最近的研究主要考虑动态的情况。[34] 回到上面讨论的问题，我们发现动态性增加了两个因素。首先，决定进入的个体不仅要考虑现在的利润，也会考虑未来的利润以及进入在未来何时进行。其次，当个体制定了进入决策时，一般而言行业中已经存在了在位企业。尽管文献通常考虑 $\beta^N < 0$ 的情况，这一技术上的改进也适用于 $\beta^N > 0$ 的情况。

令 γ_{ijt} 为表示在时间 i 区位 j 企业 i 是一个在位企业的指示变量（之前已经进入了），令 $y_t = (\gamma_{1jt}, \gamma_{2jt}, \cdots, \gamma_{Ijt})$ 为表示在位状态的向量。类似地，令 ω 为企业生产率向量。在区位 j 时间 t 开始时产业的状态是 $s_{jt} = (a_j, \omega, y_t)$，即区位的自然优势、企业生产率以及一系列已经进入的企业。企业目前在时期 t 进入市场 j 的收益由式（2.56）给出。可以很明确地发现嵌套不动点在这里是如何运行的：对于给定的参数集，求解均衡然后根据以下标准来调整参数以便能最好地拟合数据。然后，为了计算的方便，在劳动力市场的离散选择研究中，根据霍茨和米勒（Hotz and Miller，1993）开发的技术，目前文献主要采

---

[34] 参见 Aguirregabiria 和 Mira（2010）对此进行的总结。

用两步法。其逻辑是在第一阶段估计行为关系，然后在第二阶段调整参数来使得行为理性化。

为了便于解释，首先假定状态 $s_{jt} = (a_j, \omega, y_t)$ 对行业参与者是共同知识，同时也可以被研究这一问题的研究者观测到。此外，在多重均衡的情况下，假定相同的均衡是以数据中所有区位的样本的状态 s_{jt} 为条件的。给定 s_{jt}，进入决策会依据根据每个对 i 和 j 的冲击 ε_{ij}^E 与 ε_{ij}^N 的实现来进行，同时进入决策也会产生针对每一个 i 和 j 而言的进入概率 $p_{ij}(s_{jt})$。这是一个条件选择概率。由于 s_{jt} 可以被研究者观测到，因此我们可以获得样本平均水平上 $\hat{p}_{ij}(s_{jt})$ 的估计。第一步中估计得到的 $\hat{p}_{ij}(s_{jt})$ 的值包含了个体的选择行为。在第二步中，不同的方法可以被用来恢复第一步估计的选择行为的结构化参数。为了简明起见，我们考虑一个简单的特例：进入是静态的（持续一个周期），收益与式 (2.52) 完全相同。在给定企业 i 已经进入以及进入的状态，令 $\widehat{E_i N_j}(s_{jt})$ 为企业 i 视角的对预期进入的企业数量的估计。这可以表示为：

$$\widehat{E_i N_j}(s_{jt}) = 1 + \sum_{k \neq i} \hat{p}_{kj}(s_{jt}) \tag{2.57}$$

如果企业 i 进入，它会将其自身也计算在预期的潜在进入者数量之中。现在用 $\widehat{E_i N_j}(s_{jt})$ 在式 (2.56) 中代替 EN_j，因此结构化参数向量 $\beta = (\beta^E, \beta^\omega, \beta^a, \beta^N)$ 可以作为一个标准的 logit 模型来进行估计。[⑤] 这种方法的简化之处是其将一个复杂的博弈交互作用理论模型简化为估计一个易于处理的决策理论模型。注意到在刚才描述的估计程序中，甚至求解一次均衡也不是必须的。

在对方法进行概述的基础上，现在我们将其与我们对阿尔费尔特等（2014）工作的讨论联系在一起，首先在分析中引入潜在的多重均衡因素。在阿尔费尔特等（2014）中，对均衡的选择并没有做出任何假设，然而在两步法中，有必要假定相同的均衡是以 s_{jt} 为条件发挥作用的。阿尔费尔特等（2014）提供了一个全局解方法。相反，两步法是一个局部解方法，这种技术上简化的代价是必须增加一个额外的假设。

进一步地，回忆阿尔费尔特等（2014）是很灵活的，其可以允许不可测的自然优势存在。但最终，这篇文章能够这样做的原因是利用了柏林墙建立与倒塌这一变动带来的拟试验数据。两步法假定研究者可以观察到 s_{jt}，其包含了除企业专属私有冲击 ε_{ij}^E 与 ε_{ij}^N 之外的所有信息。这种局限性是一个严重的问题，因为一个自然的预期是企业拥有研究者不能观测到的区位信息。最近的工作已经对两步法进行了拓展，从而允许不可观测的、持续的、区位专属的质

---

⑤　Bajari 等（2010b）提供了一个有效的非参数方法来估计静态交互模型。

量冲击（See Aguirregabiria and Mira，2000；Arcidiacono and Miller，2011 与 Aguirregabiria and Nevo，2013 中的讨论）。这种方法可以被视为与固定效应方法相反的随机效应方法。尤其是，永久性的区位专属不可观测冲击自身是不能被识别的，但冲击的分布可以被识别出来。例如，在可观测状态 s_{jt} 不变的情况下，如果数据中的模式是某些区位倾向于存在持续低的进入水平，而某些区位存在持续高的进入水平，那么这可以由随机效应中的分散性来解释。

两步法已经被用于城市与区域经济学中的许多问题，虽然目前为止只局限在几个例子。一个例子是铃木（Suzuki，2013）的工作，其检验了土地利用规则对旅店行业进入与退出的影响。另一项工作是拜尔等（2012）利用这种方法估计了一个住房需求模型。在模型中，自有住房者对其邻居的特征也有偏好，因此必须对其邻居的情况进行预测。这一方法类似于企业在市场中进行进入决策时会对接下来将要发生的进入进行预测。

两步法的一个有趣方面是其在结构化估计与描述性研究中建立了一座桥梁。第一步的本质是描述行为。然而在这个方法中，对行为的描述可以解释正规模型中的均衡关系。

2.5 结　论

结构化估计需要创造性，良好的经济建模技巧，对计量方法的深入理解，计算、编程与数据处理技巧，对公共政策的兴趣与理解。我们希望这篇综述文章可以激励那些不怕困难和挑战的研究者来探究结构化估计方法在城市经济学中的应用。

从以后来看，我们不难预期计算机辅助决策在未来将会发挥更大的作用。无论是软件还是硬件的计算能力都会继续提高。这种能力为研究者开发更强大的算法来求解复杂与挑战性的问题提供了机会。通过结合机器的计算能力、准确性与人类的创造性，我们将会解决目前看起来完全不能处理的问题。

结构化估计模型可以被视为在一个更广泛的决策支持系统框架下，提供定量模型与算法的一种良好方法。在其他经济学领域，例如资产定价与组合管理、消费者需求分析或者货币政策方面，结构化估计模型已经广泛地应用于帮助家庭、企业和政府部门制定更有效的决策。因此，目前的挑战是在城市与区域经济学中开发同样成功的定量模型。下一代的城市经济学者需要迎接这一挑战。

致　　谢

我们感谢与 Nate Baum-Snow，Gilles Duranton，Dennis Epple，Vernon Henderson，Andy Postlewaite 和 Will Strange 有益的对话和详尽的讨论，本章表达了作者的观点，与明尼亚波利斯联邦储备银行、联邦储备委员会和联邦储备体系无关。

参考文献

Aguirregabiria, V., Mira, P., 2007. Sequential estimation of dynamic discrete games. Econometrica 75, 1–53.

Aguirregabiria, V., Mira, P., 2010. Dynamic discrete choice structural models: a survey. J. Econom. 156, 38–67.

Aguirregabiria, V., Nevo, A., 2013. Recent developments in empirical IO: dynamic demand and dynamic games. In: Acemoglu, D., Arellano, M., Deckel, E. (Eds.), Advances in Economics and Econometrics. In: Tenth World Congress, vol. 3. Cambridge University Press, Cambridge, pp. 53–122.

Ahlfeldt, G., Redding, S., Sturm, D., Wolf, N., 2014. The economics of density: evidence from the Berlin Wall. NBER Working paper 20354, July 2014.

Anderson, J., van Wincoop, E., 2003. Gravity with gravitas: a solution to the border puzzle. Am. Econ. Rev. 93, 170–192.

Arcidiacono, P., Miller, R., 2011. Conditional choice probability estimation of dynamic discrete choice models with unobserved heterogeneity. Econometrica 79, 1823–1867.

Bajari, P., Kahn, M.E., 2005. Estimating housing demand with an application to explaining racial segregation in cities. J. Bus. Econ. Stat. 23, 20–33.

Bajari, P., Hong, H., Krainer, J., Nekipelov, D., 2010a. Estimating static models of strategic interactions. J. Bus. Econ. Stat. 28, 469–482.

Bajari, P., Hong, H., Ryan, S., 2010b. Identification and estimation of a discrete game of complete information. Econometrica 78, 1529–1568.

Baum-Snow, N., Pavan, R., 2012. Understanding the city size wage premium. Rev. Econ. Stud. 79, 88–127.

Bayer, P., 2001. Exploring differences in the demand for school quality: an empirical analysis of school choice in California, Working paper.

Bayer, P., Timmins, C., 2005. On the equilibrium properties of locational sorting models. J. Urban Econ. 57, 462–477.

Bayer, P., McMillan, R., Rueben, K., 2004. The causes and consequences of residential segregation: an equilibrium analysis of neighborhood sorting, Working paper.

Bayer, P., Ferreira, F., McMillan, R., 2007. A unified framework for measuring preferences for schools and neighborhoods. J. Polit. Econ. 115, 588–638.

Bayer, P., McMillan, R., Murphy, A., Timmins, C., 2012. A dynamic model of demand for houses and neighborhoods, Working paper.

Behrens, K., Mion, G., Murata, Y., Sudekum, J., 2013. Spatial frictions. IZA DP Working paper No. 7175.

Benabou, R., 1996a. Equity and efficiency in human capital investments: the local connection. Rev. Econ. Stud. 63, 237–264.

Benabou, R., 1996b. Heterogeneity, stratification and growth: macroeconomic effects of community structure and school finance. Am. Econ. Rev. 86, 584–609.

Benabou, R., 2002. Tax and education policy in a heterogeneous-agent economy: maximize growth and efficiency? Econometrica 70, 481–517.

Bernard, A., Eaton, J., Jensen, J.B., Kortum, S., 2003. Plants and productivity in international trade. Am. Econ. Rev. 93, 1268–1290.

Berry, S., 1994. Estimating discrete-choice models of product differentiation. Rand J. Econ. 25, 242–262.

Berry, S., Levinsohn, J., Pakes, A., 1995. Automobile prices in market equilibrium. Econometrica 63, 841–890.

Berry, S., Linton, O., Pakes, A., 2004. Limit theorems for estimating parameters of differentiated product demand systems. Rev. Econ. Stud. 71, 613–654.

Bewley, T.F., 1981. A critique of Tiebout's theory of local public expenditures. Econometrica 49, 713–740.

Bishop, K., 2011. A dynamic model of location choice and hedonic valuation, Working paper.

Bresnahan, T.F., Reiss, P.C., 1991. Entry and competition in concentrated markets. J. Polit. Econ. 99, 977–1009.

Brock, W., Durlauf, S., 2001. Discrete choice with social interactions. Rev. Econ. Stud. 68, 235–260.

Calabrese, S., Epple, D., Romer, T., Sieg, H., 2006. Local public good provision: voting, peer effects, and mobility. J. Public Econ. 90, 959–981.

Calabrese, S., Epple, D., Romano, R., 2012. Inefficiencies from metropolitan political and fiscal decentralization: failures of Tiebout competition. Rev. Econ. Stud. 79, 1081–1111.

Coate, S., 2011. Property taxation, zoning, and efficiency: a dynamic analysis. NBER Working paper 17145.

Combes, P., Duranton, G., Gobillon, L., 2011. The identification of agglomeration economies. J. Econ. Geogr. 11, 253–266.

Combes, P., Duranton, G., Gobillon, L., Puga, D., Roux, S., 2012. The productivity advantages of large cities: distinguishing agglomeration from firm selection. Econometrica 80, 2543–2594.

Donaldson, D., forthcoming. Railroads of the Raj: Estimating the impact of transportation infrastructure. Am. Econ. Rev.

Duranton, G., Puga, D., 2015. Urban land use. In: Duranton, G., Henderson, J.V., Strange, W. (Eds.), Handbook of Regional and Urban Economics, vol. 5. Elsevier, Amsterdam, pp. 467–560.

Duranton, G., Morrow, P., Turner, M., 2014. Roads and trade: evidence from the US. Rev. Econ. Stud. 81 (2), 681–724.

Durlauf, S., 1996. A theory of persistent income inequality. J. Econ. Growth 1, 75–93.

Durlauf, S., 2004. Neighborhood effects. In: Henderson, J.V., Thisse, J.F. (Eds.), Handbook of Regional and Urban Economics, vol. 4. Elsevier, Amsterdam, pp. 2173–2242.

Eaton, J., Kortum, S., 2002. Technology, geography, and trade. Econometrica 70, 1741–1779.

Ellickson, B., 1973. A generalization of the pure theory of public goods. Am. Econ. Rev. 63, 417–432.

Epple, D., Platt, G., 1998. Equilibrium and local redistribution in an urban economy when households differ in both preferences and incomes. J. Urban Econ. 43, 23–51.

Epple, D., Romer, T., 1989. On the flexibility of municipal boundaries. J. Urban Econ. 26, 307–319.

Epple, D., Romer, T., 1991. Mobility and redistribution. J. Polit. Econ. 99, 828–858.

Epple, D., Sieg, H., 1999. Estimating equilibrium models of local jurisdictions. J. Polit. Econ. 107, 645–681.

Epple, D., Filimon, R., Romer, T., 1984. Equilibrium among local jurisdictions: toward an integrated treatment of voting and residential choice. J. Public Econ. 24, 281–308.

Epple, D., Filimon, R., Romer, T., 1993. Existence of voting and housing equilibrium in a system of communities with property taxes. Reg. Sci. Urban Econ. 23, 585–610.

Epple, D., Romer, T., Sieg, H., 2001. Interjurisdictional sorting and majority rule: an empirical analysis. Econometrica 69, 1437–1465.

Epple, D., Gordon, B., Sieg, H., 2010a. Drs. Muth and Mills meet Dr. Tiebout: integrating location-specific amenities into multi-community equilibrium models. J. Reg. Sci. 50, 381–400.

Epple, D., Gordon, B., Sieg, H., 2010b. A new approach to estimating the production function for housing. Am. Econ. Rev. 100, 905–924.

Epple, D., Peress, M., Sieg, H., 2010c. Identification and semiparametric estimation of equilibrium models of local jurisdictions. Am. Econ. J. Microecon. 2, 195–220.

Epple, D., Romano, R., Sieg, H., 2012. The life cycle dynamics within metropolitan communities. J. Public Econ. 96, 255–268.

Epple, D., Jha, A., Sieg, H., 2014. Estimating a game of managing school district capacity as parents vote with their feet, Working paper.

Fernandez, R., Rogerson, R., 1996. Income distribution, communities, and the quality of public education. Q. J. Econ. 111, 135–164.

Fernandez, R., Rogerson, R., 1998. Public education and income distribution: a dynamic quantitative evaluation of education-finance reform. Am. Econ. Rev. 88, 813–833.

Ferreira, F., 2009. You can take it with you: Proposition 13 tax benefits, residential mobility, and willingness to pay for housing amenities, Working paper.

Ferreyra, M., 2007. Estimating the effects of private school vouchers in multi-district economies. Am. Econ. Rev. 97, 789–817.

Fisher, R., 1935. Design of Experiments. Hafner, New York.

Galliani, S., Murphy, A., Pantano, J., 2012. Estimating neighborhood choice models: lessons from a housing assistance experiment, Working paper.

Geyer, J., Sieg, H., 2013. Estimating an model of excess demand for public housing. Quant. Econ. 4, 483–513.

Glomm, G., Lagunoff, R., 1999. A dynamic Tiebout theory of voluntary vs involuntary provision of public goods. Rev. Econ. Stud. 66, 659–677.

Goodspeed, T., 1989. A reexamination of the use of ability-to-pay taxes by local governments. J. Public Econ. 38, 319–342.

Gould, E., 2007. Cities, workers, and wages: a structural analysis of the urban wage premium. Rev. Econ. Stud. 74, 477–506.

Hansen, L.P., Singleton, K., 1982. Generalized instrumental variables estimation of nonlinear rational expectations models. Econometrica 50, 1269–1286.

Hastings, J., Kane, T., Staiger, D., 2006. Paternal preferences and school competition: evidence from a public school choice program, Working paper.

Heckman, J., MaCurdy, T., 1980. A life cycle model of female labour supply. Rev. Econ. Stud. 47, 47–74.

Henderson, J.V., Thisse, J.F., 2001. On strategic community development. J. Polit. Econ. 109, 546–569.

Holmes, T.J., 2005. The location of sales offices and the attraction of cities. J. Polit. Econ. 113, 551–581.

Holmes, T., 2011. The diffusion of Wal-Mart and economies of density. Econometrica 79, 253–302.

Holmes, T., Stevens, J., 2014. An alternative theory of the plant size distribution, with geography and intra- and international trade. J. Polit. Econ. 122, 369–421.

Hotz, J., Miller, R., 1993. Conditional choice probabilities and estimation of dynamic models. Rev. Econ. Stud. 60, 497–529.

Judd, K., 1998. Numerical Methods in Economics. MIT Press, Cambridge.

Keane, M., Wolpin, K., 1997. The career decisions of young men. J. Polit. Econ. 105, 473–523.

Kennan, J., Walker, J., 2011. The effect of expected income on individual migration decisions. Econometrica 79, 211–251.

Lucas Jr., R.E., 1976. Econometric policy evaluation: a critique. In: Brunner, K., Meltzer, A. (Eds.), The Phillips Curve and Labor Markets, Carnegie-Rochester Conference Series on Public Policy, vol 1. American Elsevier, New York, pp. 19–46.

Lucas Jr., R.E., Rossi-Hansberg, E., 2002. On the internal structure of cities. Econometrica 70, 1445–1476.

Manski, C.F., 1993. Identification of endogenous social effects: the reflection problem. Rev. Econ. Stud. 60, 531–542.

McFadden, D., 1974. The measurement of urban travel demand. J. Public Econ. 3, 303–328.

McFadden, D., 1978. Modelling the choice of residential location. In: Karlqvist, A., Snickars, F., Weibull, J. (Eds.), Spatial Interaction Theory and Planning Models. Elsevier North-Holland, Amsterdam, pp. 531–552.

Murphy, A., 2013. A dynamic model of housing supply, Working paper.

Nechyba, T., 1997. Local property and state income taxes: the role of interjurisdictional competition and collusion. J. Polit. Econ. 105, 351–384.

Nevo, A., 2000. A practitioner's guide to estimation of random-coefficients logit models of demand. J. Econ. Manag. Strateg. 9, 513–548.

Newey, W.K., McFadden, D., 1994. Large sample estimation and hypothesis testing. In: Engle, R.F., McFadden, D.L. (Eds.), Handbook of Econometrics, vol. 4. Elsevier, Amsterdam, pp. 2111–2245.

Neyman, J., 1923. On the application of probability theory to agricultural experiments: essay on principles. Transl. Stat. Sci. 5, 465–472.

Ortalo-Magne, F., Rady, S., 2006. Housing market dynamics: on the contribution of income shocks and credit constraints. Rev. Econ. Stud. 73, 459–485.

Press, W., Teukolsky, S., Vetterling, W., Flannery, B., 1988. Numerical Recipes in C: The Art of Scientific Computing. Cambridge University Press, Cambridge.

Redding, S., Sturm, D., 2008. The costs of remoteness: evidence from German division and reunification. Am. Econ. Rev. 98, 1766–1797.

Rosenthal, S., Strange, W., 2004. Evidence on the nature and sources of agglomeration economies. In: Henderson, J.V., Thisse, J.F. (Eds.), Handbook of Regional and Urban Economics, vol. 4. Elsevier, Amsterdam, pp. 2119–2171.

Rothstein, J., 2006. Good principals or good peers? Parental valuation of school characteristics, Tiebout equilibrium, and the incentive effects of competition among jurisdictions. Am. Econ. Rev. 96, 1333–1350.

Rust, J., 1987. Optimal replacement of GMC bus engines: an empirical model of Harold Zurcher. Econometrica 55, 999–1033.

Rust, J., 1994. Structural estimation of Markov decision processes. In: Engle, R.F., McFadden, D.L. (Eds.), Handbook of Econometrics, vol. 4. Elsevier, Amsterdam, pp. 3081–3143.

Scotchmer, S., 1986. The short-run and long-run benefits of environmental improvement. Public Econ. 30, 61–81.

Sieg, H., Smith, V.K., Banzhaf, S., Walsh, R., 2002. Interjurisdictional housing prices in locational equilibrium. J. Urban Econ. 52, 131–153.

Sieg, H., Smith, V.K., Banzhaf, S., Walsh, R., 2004. Estimating the general equilibrium benefits of large changes in spatially delineated public goods. Int. Econ. Rev. 45, 1047–1077.

Suzuki, J., 2013. Land use regulation as a barrier to entry: evidence from the Texas lodging industry. Int. Econ. Rev. 54, 495–523.

Tiebout, C., 1956. A pure theory of local expenditures. J. Polit. Econ. 64, 416–424.

Todd, P., Wolpin, K., 2006. Assessing the impact of a school subsidy program in Mexico: using a social experiment to validate a dynamic behavioral model of child schooling and fertility. Am. Econ. Rev. 96, 1384–1417.

Tra, C., 2010. A discrete choice equilibrium approach to valuing large environmental changes. J. Public Econ. 94, 183–196.

Train, K.E., 2003. Discrete Choice Methods with Simulation. Cambridge University Press, Cambridge.

Walsh, R., 2007. Endogenous open space amenities in a locational equilibrium. J. Urban Econ. 61, 319–344.

Weintraub, G., Benkard, C.L., Van Roy, B., 2008. Markov perfect industry dynamics with many firms. Econometrica 76, 1375–1411.

Westhoff, F., 1977. Existence of equilibrium in economies with a local public good. J. Econ. Theory 14, 84–112.

Wu, J., Cho, S., 2003. Estimating households' preferences for environmental amenities using equilibrium models of local jurisdictions. Scott. J. Polit. Econ. 50, 189–206.

Yoon, C., 2012. The decline of the Rust Belt, Working paper.

第3章
空间方法

斯蒂夫·吉本斯
亨利·奥弗曼
英国伦敦经济学院
埃莉奥诺拉·帕塔基尼
美国康奈尔大学

摘要

　　本章的内容主要是关于空间数据的分析方法。在对随机性概念等空间数据的性质进行探讨的基础上，我们重点讨论了个体在空间中存在相互影响的线性回归模型。将空间变量引入标准的线性回归提供了一种灵活的方法来描述空间相互影响，但也使得对感兴趣参数的估计与解释变得更复杂。这些模型的估计会导致三个主要挑战："反映问题"，缺失变量问题，以及由于分类效应导致的问题。我们考虑了这些问题的可能解决方法，尤其重点关注了对空间相互作用性质的约束。我们表明，在利用简约形式估计来解决这些问题的经验研究方法中——固定效应或者空间差分方法——类似的假设是隐含存在的。这些一般性的经验对政策评估文献也是适用的。

关键词

　　空间分析　空间计量　邻里效应　集聚　权重矩阵

JEL 分类码

　　R　C1　C5

3.1 引　言

　　本章的内容主要是关于分析空间数据的方法。对每一个观测值而言，当区位只是一个额外的信息时，其并未增加分析和理解空间现象原因的难度。然而，当个体间可以相互影响时，相对区位可能在决定这些相互影响的性质时发挥了重要作用。在这些空间相互依赖的情况下，分析的难度显著提高，这也是目前认识与方法论上的一个争论。本章则主要关注这些问题。

　　即使观测单位位于一定的空间上，对于理解与这些观测单位相关的数据而言，区位也可能是不相关的。在这种情况下，将空间维度视为随机的是有意义的——这个观点可以利用空间统计的概念来更精确地定义（Cressie，1993；Diggle，2003）。相反，当区位有重要作用时，空间维度就是非随机的，如果我们允许并且解释这种非随机性，我们对数据的理解就会增加。这种非随机性在城市经济学中是普遍存在的。为什么个人与企业在地理上会集中于城市区域？这些集聚会如何影响产出且为什么有些城市表现得比其他城市要更好？在多大程度上特定产业的企业会在地理上集聚？为什么这些集聚会发生，以及这些集聚会如何影响企业的行为？城市内部贫困的集聚究竟是个体结果的表现还是其决定因素？区位是如何影响了个人、企业以及其他组织（包括政府），以及区位将会如何帮助我们理解经济社会活动的结果？

　　对这些非随机性问题的回答对于增进我们对城市经济学的理解具有核心地位。不幸的是，正如我们在下面所详细解释的那样，对是否违背非随机性进行检验并不是简单明了的。对导致空间非随机性的不同结果在思维上进行区分也是很困难的，因为这需要我们对共同影响与可能会解释观测到的非随机现象的交互影响之间进行区分。例如，所有居住在纽约市的个人都可能受到城市密度、居住成本或者其他共享的环境因素的影响。因此，他们的结果——例如工资、健康、行为以及幸福感会随着这些因素的变化而变化。然而，这种个体间结果上的相关性并不一定意味着这些个体之间相互直接影响。相反，如果每个纽约人的行为受到其他纽约人行为（预期）的直接影响，那么个体间的这种相关性就是社会相互影响的结果。

　　对这些问题的研究会因为用来描述这些效应的术语通常是不精确的且取决于不同的背景而更加复杂。例如，"空间交互影响""社会交互影响""邻里效应""社会资本""网络效应"以及"同辈效应"等都被视为同义的短语，但却有着不同的内涵（Ioannides，2013）。这些术语上的差异可能也反映了基于不同经验形式的理论模型的差异。例如，在网络效应的文献中，网络效应的定义通常是基于相互依赖的目标函数（效用、利润函数等）。如果我的效用（选择）依赖于你的，反之亦然，那么数据中观测到的均衡结果是我们双方效用函数的复合函数。而一般情况下的影响并不意味着这种相互依赖性。然而，在广义角度定义的社会交互作用并不需要在目标函数中包括这种直接的相互依赖性（Manski，2000）。社会交互作用可以包括信息的可得性，例如，关于教育的价值、工作机会或者个人自身能力的信息（Banerjee and Besley，1991）。社会交互作用也可能由于个体面临着相同的约束条件而出现，例如，当一个孩子的不礼貌行为使得老师的注意力从另一个孩子身上转移开时，这会使得这两个孩子都会做出不礼貌行为（这是对教育中同辈效应的一个标准解释）。相反，在空间经济学文献中，结果中的空间交互作用可在没有对其潜在的目标函数与经济学微观基础进行具体说明的情况下，在个体或者区域层面被设定。当然，这取决于研究者是否可以在不依赖相互影响的目标函数的前提下从微观层面设定模型。新经济地理学传统的许多模型表明这确实是可行的。例如，在克鲁格曼（Krugman，1991b）的核心——边缘模型中，企业足够小从而能够忽略它们之间的相互影响（因此可以忽略它们之间的反应），同时工人的效用函数仅依赖于工业品与农业品的消费（与其他工人的效用函数不直接相关）。然而，在这些模型中企业与工人的均衡区位都是相互依赖的。[①]类似地，在城市同辈效应的文献中，伯拉布（Benabou，1993）的研究表明，当邻居同辈的技能影响（在学校中）获取技能的成本时，分离是如何发生的；同时，这会如何相应地影响获取技能的动机。埃普尔和罗马诺（Epple and Romano，2011）回顾了一系列在没有引入直接相互依赖的目标函数的情况下，解释社会交互作用的其他理论模型。

抛开术语上的差异，最近关于空间计量（以及其他关于网络效应的文献）的研究已经表明，对于识别包括交互影响的空间模型的参数或者因果关系而言，个人、企业或者区位上的相互联系是非常重要的。这类文献已经为我们提供了关于这类数据生成过程的一个更好理解，从而使我们能够在实践中大体上区分导致不同随机性的原因与信息。特别是对区分两大类的交互结构是重要的。一方面，一种情况是一群人或者企业可能会在彼此间产生相互影响。例如，位于同一个集群中的企业、处在同一个社区中的个人会共同产生相互影响。例如，对这种情况的估计需要取决于集群层面的研发支出是否影响企业层

---

① 类似地，在不需要引入相互依赖的目标函数的情况下，一系列的搜寻模型也可以用来为空间交互作用提供微观基础。例如，参见 Patacchini and Zenou（2007）和 Zenou（2009）。

面的研发支出[2]，或者是否地方的犯罪率与个人的犯罪倾向是相关的。[3] 在这种情况下交互体系是完备的，因为给定群体内的所有个体都与该群体内的其他个体相互联系。

在这种背景下区分共同影响与交互影响是非常具有挑战性的，因为当我们将企业或者个人的决策倾向视为其所在群体平均行为的函数来进行估计时，会产生一种特殊类型的内生性问题。尤其是，当结果被模型化为群体结果（如研发），以及外生的个体与群体特征（如企业的年龄与企业的平均年龄）的线性函数时，对群体结果的影响以及其他群体层面特征的影响进行区分是很困难的。从计量经济学角度而言，除非我们对交互作用的结构或者其他方面施加特定约束，否则会出现这一问题，因为群体平均的结果与其他群体平均层面的外生变量是完全或者接近完全共线的。从概念上讲，这一问题的实质是群体的平均结果是群体中其他成员结果或者行为的加总，因此是对群体中其他成员个体特征的加总。这个问题便是著名的"反映问题"（Manski，1993）。这个经常被误解的问题，从而导致大量对邻里效应与同辈效应的不恰当解释。具体而言，即使在决定个体行为的外生特征集合是不可得的情况下，群体平均变量正的显著系数通常被错误地理解为识别到了内生的社会交互效应。这一问题在群组的分配是随机的情况下也很普遍，例如萨克多特（Sacerdote，2001）的研究。

交互效应的另一种情况是群体中一些、但并非全部的个人或者企业相互影响；换句话说，交互体系是"不完备的"。例如，企业层面的研发支出可能只受特定同辈企业的影响，而不是受集群（或者行业）整体的影响。[4] 如果公司 A 与公司 B 相互影响，公司 B 同时与公司 A 和公司 C 相互影响，但是公司 C 不影响公司 A，那么这个交互体系就是不完备的。一般而言，在这种情况下，群体结果的影响与其他群体层面特征的影响可以被单独识别。沿着一个类似的脉络，个人在做出决策时可能只受其他一部分（而非全部）邻居的影响。如果我们可以识别这样一个交互体系的细节，那么就可以避免反映问题。事实上，这就是空间计量文献中通过利用标准的空间权重矩阵来解决识别问题的方法。我们将在下文进一步深入讨论这些问题。

---

② 例如，参见 Jaffe（1989）最早提出的拓展的知识生产函数。

③ Case 和 Katz（1991）提供了一个较早的例子。

④ 网络的重要性在生产率（广义上的）的研究中早已经得到了承认。然而，经验研究倾向于总体统计量的构建（例如社会网络分析的测度），并将其视为知识生产函数中的一个额外变量。例如，参见 Abbasi（2011）等以及 Harhoff 等（2013）。第二类文献将对网络的冲击视为同辈结构变动的外生来源。例如，参见 Borjas and Doran（2012）。直到最近才注意到将网络结构视为识别的来源，正如我们在3.4 部分进一步讨论的那样。

不幸的是，在实践中，我们对真实的交互结构拥有详细信息的情况是很少的——特别是在一般的空间交互影响的情况下。当我们不知道可以解释结果的所有相关因素或者共同影响，以及不知道交互的结果或者其是否是内生（例如个体的决策不仅会影响他们是如何被影响的，也决定谁被影响）的情况下，对不同的原因进行区分变得更加困难。在这些情况下，吉本斯和奥弗曼（Gibbons and Overman，2012）提出了一个简约形式的方法，通过发现可靠的外生变异来对起作用的因果关系进行识别。再一次地，我们将在下文进一步讨论这些问题。

本章的结构如下。我们在3.2部分对模型化空间数据的基本知识进行了介绍，并在3.3部分给出了更正式的说明，主要讨论了包含空间效应的线性回归模型，同时，这一部分也考虑了空间与社会交互作用的区分。在3.4部分，我们讨论了观测数据的识别与估计问题，并重点考虑了空间交互作用的存在是如何使得用来识别的简约形式方法可能变得更复杂。另一个重点是拟自然试验情况下的简约形式，在这种情况下研究者可以利用随机化产生的外生来源的变异来应用自然试验方法。这一方法与处理效应的估计是密切联系的。我们把3.5部分用来考虑出现空间交互作用情况下的处理效应估计。3.6部分对全章进行了总结。

3.2 空间数据中的非随机性

所有的空间数据构成了可以被确定在空间上的观测单位的基础。区位信息为我们提供了某一观测值相对于其他观测值的位置（距离和方向）并可以被许多方式所记录。在许多例子中，我们主要对物理区位感兴趣，但我们讨论的方法可以被更广泛地应用（例如对于一个非物理网络中的位置）。图3-1展示了一个标准化的空间数据集，从而允许我们能够介绍一些基本的识别问题。在图中每个平面都标注了两组观测值。组员通过不同的符号来识别——空心圆圈表示组员1，实心圆点表示组员2。在左手边的平面上，所有观测值的位置是随机决定的，而在右手边的平面，所有观测值的位置是非随机决定的（实心圆点朝向南部和西南部，而空心圆圈朝向北部和东部）。

这一类型空间数据随机性的精确含义可以利用分析空间点模式的概念来正式表述（Cressie，1993；Diggle，2003）。传统上来看，这类文献主要探讨的零假设都是具有完全空间随机性，其假定空间是同质的，因此点分布在任何位置上的可能性都是相等的。正如杜兰顿和奥弗曼（2005）探讨的，在许多经济领域中，当区位选择受到大量因素约束时，这一假设很可能是无效的。为了强调这一问题，他们提出了将感兴趣的样本分布与一些参照分布进行比较。在他们的具体应用中，感兴趣的群体是具体的工业部门，而参照的分布则是英国制造业的整体区位。与这一分布相比较可以允许我们检验具体部门的地理集聚——集聚程度及其统计显著性。

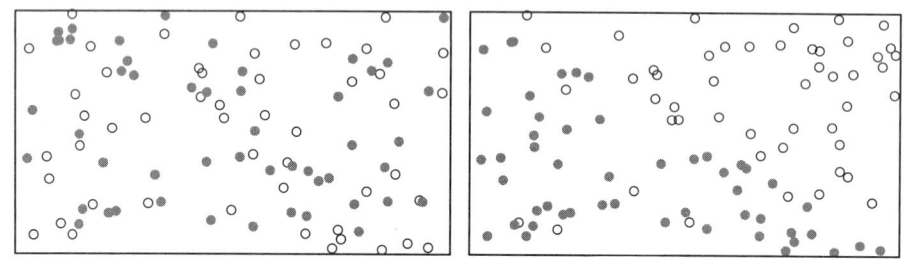

图 3 - 1　随机性与非随机性

对于给定的空间数据，随机性可以被唯一地定义（或者利用同质空间的假设，或者相对于某些参照分布），但对随机性的偏离可以发生在很多维度。例如，在梅西和丹顿（Massey and Denton，1987）关于美国种族隔离的研究中，他们从五个维度描述了种族隔离：均质性、集中度、曝光度、聚类度与向心性。与这些导致非随机性的多个原因相反，对偏离随机性的检验必须基于能够描述潜在分布的指数的计算。一个给定的指数在零假设下会有一个唯一的分布，但是检验的效力通常要取决于导致非随机性的原因。在许多情况下，在零假设下的分布通常是不可解析得到的，这使得检验只能依靠自举法来确定恰当的检验值。总而言之，尽管从概念上定义随机性是简单的，但在实践中对偏离随机性进行检验是更为复杂的。

直到最近，主流经济学文献仍然在很大程度上忽视了这些问题，并主要应用基于地区数据（例如社区、区位）来描述数据特定特征的指数。例如，在种族隔离文献中，卡特勒等（Cutler et al.，1999）采用了两个隔离指数。第一个是对差异性的测度，其描述了"非裔人口的比重怎样调整才能使种族在城市内部均匀分布"。第二个是隔离的测度，其描述了非裔跟白人的接触程度。这两个指数在长期内的变化然后被用来描述"美国少数民族集聚区的兴衰"。在国际贸易文献中，类似的指数诸如空间基尼系数与克鲁格曼分工/集中度指数（恰好是差异性指数的两倍）已经被用来描述分工模式与地理集聚。再一次地，其关注点仍然是指数随时间的变化或者在不同地理区域与产业间进行对比，而不是关于偏离随机性的统计显著性。埃利森和格莱泽（Ellison and Glaeser，

1997）因为担心随机性的恰当定义，其研究与统计点模式更加接近。但他们关于高度与中度空间集聚的标准仍然取决于任意的临界点，这些临界点是通过观测到的指数在产业间的分布定义的，而非基于以随机性为条件的潜在指数分布。库姆斯和奥弗曼（2004）对不同的指标进行了综述和评价。

借鉴空间点模式文献中的思路，大量的研究者研究设计出了检验非随机性的新一代指标，这些指标可以用于具有详细区位信息的非加总数据。所有的这些检验都用到了不同点之间的双边距离分布信息，从而允许对样本与参照分布进行比较。杜兰顿和奥弗曼（2005）基于所有双边距离集合的密度函数进行了上述比较。与此相反，马尔孔和普埃奇（Marcon and Puech，2003）则利用累积分布函数构造了更传统的测度指标（Ripley 的 K 和 L；Ripley，1976）。这类文献接下来的贡献主要是设计了另外的检验指标，这些检验指标的不同之处主要体现在距离分布被用于评价非随机性的方式不同。这些检验中的一些检验对大分布进行了简化计算——记住双边距离的计算次数是以样本点的平方进行增加的。其他研究者（例如，Klier and McMillen，2008；Vitali et al.，2009；Ellison et al.，2010；Kosfeld et al.，2011）已经提出了基于全部双边距离分布的渐进或者改进算法的检验指标，并类似地降低了计算难度。舍尔和布伦纳（Scholl and Brenner，2012）对不同的测度方法提供了一个相对较新的综述，同时舍尔和布伦纳（2013）对计算中的问题进行了讨论。关于什么是检验偏离随机性"最好"方法的争论仍然在继续。我们自己的观点是，当我们想要检验非随机性时，相对于是否要将空间视为连续的这一最重要的决策而言，关于选用何种方法的决策是次要的。如果数据能够允许，利用空间点文献中的思路并将空间视为连续的，而不是离散的，可以允许对非随机性进行更有效力的检验。

不幸的是，在许多情况中，研究者仅能获得观测单位在区域而非个体层面的空间加总数据。杜兰顿和奥弗曼（2005）将这一加总的过程称为"将地图上的点移动到盒子中的单位"。任何这种离散化和相应的加总过程都意味着信息的损失，从而使得对偏离随机性的检验更加困难。然而，研究者通常只能获取这种地区数据。在这些情况下，对非随机性的检验可以基于个体的集中/分离程度，正如上面讨论的，这已经在人口和产业区位文献中得到应用（例如Herfindahl – Hirschman 指数，克鲁格曼/差异化指数，以及 Ellison and Glaeser指数；分别参见 Herfindahl，1959；Hirschman，1964；Krugman，1991a；Ellison and Glaeser，1997），或者基于在空间统计与计量文献中发展出来的"全局空间联系指标"（例如 Moran's I 或者 Getis – Ord 统计量；分别参见 Moran，1950；Getis and Ord，1992）。

　　一旦我们应用了一个或者多个这种检验，并且拒绝了具有随机性的零假设，我们可能想发现这一非随机性发生在我们所研究的地理区域的哪个地方。例如，一旦我们发现纽约市的犯罪在空间上是非随机的，我们可能想看到纽约的犯罪热点区域是哪里。现有的一系列方法可以实现这一目的，目前可以利用综合数据分析以及地理信息系统的作图功能和其他的相关空间软件来实现。利用点形式的数据，在现代的地理信息系统中可以轻松地应用核密度与空间插值方法来可视化上述模式。对于更多加总数据的"局部空间关系指标"（Anselin，1995），例如局部莫兰 I（Moran's I）和格蒂斯—奥德 Gi（Getis – Ord Gi）统计量（只是它们对应的全局指标的空间非加总部分）在标准的地理信息系统软件中也可以轻易进行统计检验，并将这些局部与空间的偏离可视化（See Felkner and Townsend，2011 中的一个例子）。然而，所有的这些方法都是纯粹描述性的，并没有说明偏离随机性的原因（或者结果）。这些问题的存在也是激励本章剩余部分对这些空间方法的拓展与应用进行详细讨论的原因。对非随机区位的可能原因以及非随机区位对区位选择的反馈影响为我们理解前面的困难提供了一些思路。例如，假设图 3 – 1 中的点表示企业或者工人，同时其颜色表示不同类型的经济活动。图 3 – 1 右边面中的非随机模式可以以多种方式出现。第一，企业可能在空间是随机分布的，但区位的一些特征随空间发生变化进而影响结果。我们可能认为农民根据其生产的作物类型在空间上是随机分布的，同时其生产受到不同区位潜在的土地类型与肥沃程度的影响。[5] 第二，区位可能会对结果没有因果影响，但是结果可能会存在空间相关，因为异质的个人或者企业在空间上是非随机分布的。我们可能会认为高学历工人在一个地区进行研究与开发，而低学历工人在另一个地区装配制造业产品。[6] 第三，个人或者企业可能在空间上是随机分布的，但它们可能相互影响，因此一个主体的决策会影响其他主体的结果。我们可能认为每个学生在不同大学的专业间进行选择，其中每个学生的决策会影响他们同学的决策。[7] 类似地，在研究开发活动中，知识可能会在邻近的科学家之间进行有益的溢出，因此某一特定领域研究决策的实施，或者发明专利的注册在空间上呈现系统性的变化（可以由点的颜色来表示）。第四，个人或者企业可能在空间上是非随机分布的，同时其

---

　　[5]　例如，参见 Holmes 和 Lee（2012）试图区分是否土地特征或者经济密度能够解释北达科他州的作物种植选择。

　　[6]　例如，参见 Ellison 和 Glaeser（1997）考虑了"自然优势"在解释工业活动地理集聚中的作用。他们广义层面上定义的自然优势允许资源（如煤炭）、要素禀赋（如技术工人）以及影响地理集中的密度的作用。换句话说，他们评估了第一、第二以及第四类因素（我们文中列出的）在决定经济活动中的作用。

　　[7]　例如，参见 Sacerdote（2001）以及 De Giorgi 等（2010）的研究。

邻近个体的特征会直接影响其结果。例如，在受教育的、有工作的和成功的邻居中成长对于提高孩子关于其人生机会的预期是有益的，这可能会直接影响他们自身的教育结果以及就业结果。[8]

理解非随机性的原因要求我们能够区分这四种导致非随机性的不同原因，在一些情况下一个或者多个原因可能可以解释对随机性的偏离。在经验研究情况下，这种情况会更为复杂，因为我们可能没有观测到所有影响结果的个体因素。这使得区分不同非随机性的原因要更为困难。这也增加了对非随机性的一个潜在解释——就是对可观测变量而言，个体看起来是随机分布的，但就决定结果的不可观测特征而言，个体实际上是非随机的。下一部分会正式讨论多种这类问题并考虑了为了使我们能够区分导致非随机性的不同原因，什么信息是必需的。

3.3 空间模型

这一部分建立了一个包含个体在空间上交互影响的线性模型的一般框架。通过引入"空间变量"，我们将表明标准的回归方法是如何适应空间因素的。这可以允许个体的结果可以被与之相互影响的其他个体的选择、结果与特征所影响，同时被该个体所在区位的其他特征所影响。在实践中，这些空间变量通常被设定为相邻区位观测值的组合，并通过一系列的空间或者组权重标量进行加总。传统上而言，文献中已经将这些信息总结为一个空间权重矩阵（在网络文献中用 G 表示，在空间计量文献中用 W 表示），该矩阵是在参照组定义的基础上构造的——可能会影响其他个体结果的个人与企业的集合。我们在下面提供了很多这样的例子。参照组的性质与个体结果对组员的依赖方式对空间模型的解释、估计与识别有根本性的意义。我们在本部分主要处理解释问题，同时也考虑了空间因素被忽略情况下的估计结果的含义。接下来下一部分会说明参照组的性质（被权重矩阵的结构所捕捉）是如何决定空间变量的参数能否被识别与估计的（如果是这样，那么恰当的识别策略是什么）。

3.3.1 线性空间模型的形式

我们首先开始讨论标准的线性回归模型，其中变量 y 是诸如企业、个人或

---

[8] 大量关于儿童邻里效应的文献考虑了这种可能性；例如，Aaronson（1998），Patacchini and Zenou（2012）以及 Gibbons 等（2013）。

者家庭（或者地区加总层面的这些单位，例如按照邮区进行加总）这些单位的观测值。为了下文行文的方便，我们将这些观测单位都称为"个体"。我们省略截距项并假定所有的变量都是偏离均值的，因此我们可以写出如下的标准线性回归模型：

$$y_i = x_i' \gamma + \varepsilon_i \qquad (3.1)$$

其中 y_i 是一些结果，例如产出（对于企业而言）或者收入（对于个人而言），x_i 是一个特征向量，例如资本、劳动和原材料投入（对于企业而言），或者教育程度、年龄、性别等（对于个人而言），这些特征决定了结果并可以在数据中被观测到。影响结果的不可观测特征用 ε_i 表示。接下来我们假定 ε_i 是随机的，并暂且搁置由于 ε_i 是非随机的以及与 x_i 相关导致的潜在问题，因为这种情况是众所周知的，因此我们在这里不再强调这一问题。[9] 这是一个完全的非空间模型，因为其没有明确参照来说明个体位于空间中的哪个地方、它们所处的空间的任何特征以及个体间的任何相互影响。对于我们想要模型化其行为的个体，假设我们可以获得关于其所处区域 s 的额外信息，该信息可以使数据成为空间数据。变量 s_i 可以是空间中被坐标标注的一个点，或者是一个地理区位，或者是其他区位标识（学校，网络中的位置等）。

现在，让我们通过增加新的项来修改式（3.1），这个新的项反映了个体选择或者结果 y_i 可能不仅受到其自身特征的影响，还受到与其相互影响的其他个体的选择、结果与特征的影响以及个体 i 所在区位 s_i 其他特征的影响。个体可能会因为众多原因而相互影响，但这里最重要的是它们之间的交互影响，这是以它们空间区位 s 间的关系为基础的——例如，它们是邻居或者都属于某个共同的群体。正如我们已经说明的，空间模式主要通过两个主要路径出现：（1）地区特征对个体的影响，这同时决定了个体所能具有的特征，并通过现有异质个体在空间上的分类实现的；以及（2）相邻个体间的相互影响。当研究这些空间因素的重要性时——经济体中的空间特征如何影响个体以及邻近的个体间如何相互影响——一个能够涵盖研究者们利用线性回归所能做的几乎所有事情的一个框架，是基于式（3.1）的拓展形式：

$$y_i = x_i' \gamma + m_y(y, s)_i' \beta + m_x(x, s)_i' \theta + m_z(z, s)_i' \delta + m_v(v, s)_i \lambda + \varepsilon_i \qquad (3.2)$$

在这里，跟前面相同，y_i 是位于区位 s_i 的个体的结果，x_i 是个体 i 的特征向量。表达式 $m.(.,s_i)$ 是对空间变量的一个一般性表达，其含义我们会在

---

⑨ 一般而言，一个教科书水平的处理可以参见 Angrist 和 Pischke（2009）。其第 1 章考虑了 Angrist 和 Pischke（2009）提倡的自然试验范式可以如何应用于城市经济学的因果推断问题。在本章中，Baum - Snow 和 Ferreira 通过着重考虑引入空间或者社会交互作用的复杂性对 Angrist 和 Pischke（2009）第 1 章进行了完善。

下面进行详细说明。利用区位向量 s 的信息，这些函数可以生成与区位 s_i 相互联系的线性的，或者有时是非线性的加总变量。我们考虑了关于结果（γ_i）的四种类型的空间变量，个体特征向量（x_i），其他主体的特征向量（z_i）（除了个体 i），以及一个可以捕捉个体或者其他主体不可观测特征的变量（v_i）。在这一阶段我们的设定都是很一般化的，因此我们可以允许 $m.(.,s_i)$ 的形式与 γ，x，z 和 v 的形式不同，且对于 x 和 z 而言，这些向量中的元素也不同，因此每个变量都有其自身的总量或者平均函数。

区位间的空间关系构成了加总的基础，其可以通过地理空间上的绝对或者相对位置来定义，这些位置可以位于网络内部或者用其他方法来确定。一般而言，这些方程 $m.(.,s_i)$ 可以从不同的方式来看待，其可以被视为构成了在区位 s_i 对变量均值或者期望的估计，可以被视为估计了变量如何在区位 s_i 进行变动的平滑函数，或者被视为区位 s 间关系的结构化表示。根据具体的情况，这些函数可以捕捉被动或者主动的人际效应（可被分为"外部性"与"交互性"）。这些效应可以直接发生或者以市场为中介（例如，纯/技术外部性与金钱外部性间的区别）。

为了给出一个具体的例子，这里考虑的结果可以是对个人而言的收入，同时这里的目的是利用个人的样本来估计式（3.2）。如果 γ_i 是个人的收入，那么 $m_\gamma(\gamma,s)$ 可以允许一些个人结果进行空间加总——例如，居住在同一城市的个人的平均收入——可能会影响个人收入。向量 x_i 可以包括个人的受教育年限，因此 $m_x(x,s)_i$ 可以被定义为涵盖了某些相互影响的群体的平均受教育年限——例如，工作在同一个城市中的个人。向量 z_i 可以包括在辅助的企业样本中企业的行业分类标识，因此 $m_z(z,s)_i$ 中一部分可以被定义为捕捉到了所在城市 i 中行业目录中每类企业的比重或者企业总数。向量 z_i 可以包括从气象站得到的年平均气温，因此 $m_z(z,s)_i$ 中的第二部分可得到城市的平均气温。在这个例子中，受教育工人的比重（$m_z(z,s)_i$ 的一部分）可能会对收入有直接影响或者存在一个资金效应（如果受教育工人的比重也衡量了劳动供给，尽管企业的数量也衡量了劳动需求）。[⑩] 重要的是，式（3.2）允许加总的不可观测变量 $m_v(v,s)_i$ 影响 γ_i，从而允许或者个人在不可观测因素上存在空间相互影响，或者存在其他来源的空间相关的冲击同时影响空间相互联系的个体。继续讨论上面的例子，v_i 可以包括在 x 中没有被表示出来的个人能力因素，或者个人所在的区位 s 所拥有的不可观测的生产率优势，但并没有被 z 中变量所表

---

⑩ 这一区别在人力资本外部性的文献中已经得到了考虑（Ciccone and Peri, 2006），但在集聚经济文献中关于生产率效应与城市工资溢价的研究中在很大程度上仍然被忽视了。

示。再一次地，空间加总变量 $m_v(v, s)_i$ 可以被定义为这些不可观测因素的均值。当然，为了估计一个面板或者重复截面数据，将这一形式增加一个时间维度也是可行的，但这里我们仅限于探讨截面的例子。

对于区位 s_j 变量的观测值集合而言，"空间"变量 $m.(., s_i)$ 通常是邻近区域观测值与区位 s_i 与 s_j 之间根据距离（或者其他衡量相互联系程度的指标）进行加总的一系列空间或者群组权重 $g_{ik}(s_i, s_j)$ 的线性组合。让我们定义：

$$m_x(x, s_i) = \sum_{j=1}^{M} g_{ij}(s_i, s_j) \cdot x_j = G_{xi}x \qquad (3.3)$$

其中 G_{xi} 是一个关于区位 s_i 权重集合的 $1 \times M$ 行向量，且 x 是对于区位 s_1，s_2，$\cdots$，s_M 一个 $M \times 1$ 列向量。有时对于所有的观测值 i 而言，用矩阵表示会更方便，其中 G 是一个 $N \times M$ 矩阵，因此：

$$m_x(x, s) = G_x x \qquad (3.4)$$

对 z，γ 和 v 的解释也是类似的。注意到，对于待估计方程（3.2）而言，当空间变量是由 N 个个体加总而来的时候，$N = M$。利用方程（3.4）以及 γ，x 和 v 的类似表达式，方程（3.2）可变为：

$$y = X\gamma + G_y y\beta + G_x X\theta + G_z Z\delta + G_v v\lambda + \varepsilon \qquad (3.5)$$

上述形式是在空间计量文献中最常用的，其中权重矩阵通常被指定为 W 而不是 G，假定不同变量间是相同的（因此 $W_\gamma = W_x = W_z = W_v$），且 $W\gamma$，WX，WZ 被叫作"空间滞后项"。对方程（3.5）施加相应约束可以产生某种类型的空间计量模型——例如，空间自相关模型（$\delta = 0$，$\lambda = 0$，$\theta = 0$），空间滞后 x 模型[⑪]（$\beta = 0$，$\lambda = 0$），空间杜宾模型（$\lambda = 0$），以及空间误差模型（$\beta = 0$，$\delta = 0$）。在接下来，相对于记号 W，我们将优先使用记号 G，因为记号 W 已经与设定相邻区域关系的空间权重集合，以及试图通过统计检验模型拟合程度从而在不同备选模型中进行选择的空间计量文献联系在一起了。另外，我们希望我们的注意力主要集中在这一事实，那就是社会或者空间群体内部的交互作用本质在理论解释、识别与估计中具有核心地位。

相反，社会交互作用的文献通常喜欢另一种记号，其中方程（3.2）与方程（3.5）通常都写成 i 所属群组中变量的期望值的形式。这里，取期望意味着群组的平均特征（可观测或者不可观测），或者是关于尚未被个体观测或者意识到的行为或者特征的期望。在社会交互作用文献中具体的结构形式与方程

---

⑪ 在许多应用空间计量研究中，Z 与 X 的区分通常是不重要的，这些研究通常处理的是加总的空间单元数据。在这种情况下，对个体（x）的数据与对其他空间主体（z）的数据已经隐含在第一阶段的加总中了，因此，关于空间滞后 x 模型的标准术语没有对 x 与 z 进行区分。

（3.2）类似，因此：

$$y_i = x_i' \gamma + E(y \mid G_i)\beta + E(x \mid G_i)'\theta + E(z \mid G_i)'\delta + E(v \mid G_i)'\lambda + \varepsilon_i \qquad (3.6)$$

在实践中，在实施经验研究的过程中，期望通常被其经验研究中的相应估计值取代，其中 $\hat{E}(\gamma \mid G_i) = G_\gamma \gamma$，$\hat{E}(x \mid G_i) = G_x x$ 以及 $\hat{E}(z \mid G_i) = G_z z$。因此空间模型与社会交互作用模型是部分同形的。曼斯基（Manski, 1993）在这类形式的模型中引入了一个有用的交互项。在该类型的交互项中，β 表示"内生"效应，其中个体的行为、结果或者选择会对其之前的行为结果或者参照组中其他成员的选择进行反应。相反，θ 表示个体对观测到的外生或者群组的先定特征（例如年龄、性别等）进行反应的"背景式"或者"外生的"交互影响。曼斯基将 λ 视为"关联"效应，其中同辈的群组专属的不可观测因素会同时影响个体与同辈的行为。例如，学校中同一个班级的儿童可能会受到相同因素的影响，例如不可观测的好的老师，这可以导致个体和同辈之间产生关联，并看起来相互影响，但是实际上并不是这样的。当然，一些这样的同辈的群组专属因素可能是可以被观测的（例如教师资格证与薪水），这些可观测特征的效应在我们的记号中被 δ 所捕捉。

3.3.2　详述相互联系

现在我们开始讨论文献中常用的定义参照组的不同方法——那些影响其他个体结果的个体集合。参照组的性质以及个体结果受其他组员影响的方式对空间模型的解释、估计与识别具有根本性的意义。

G 的一个最基础的结构是块组（block grouping）结构，该结构已经被潜在地用于许多表面上并不是"空间的"回归应用中。假定有 N 个人（或者企业，家庭，区域等；为了表述方便，我们继续集中探讨个人）被分在 $k = 1, \cdots, K$ 个组中，每个组有 n_k 个成员，$i = 1, \cdots, n_k$，$\sum_{k=1}^{K} n_k = N$。这个交互体系可以被一个矩阵 $G = \{g_{ij}\}$ 来表示，如果 i 与 j 联系（或者与 j 交互影响），那么该矩阵的元素 $g_{ij} = 1$，否则为 0。通常这些矩阵都是行标准化的，因此将一个 $N \times N$ 矩阵 G 与一个 $N \times 1$ 向量 x 相乘会得到一个 $N \times 1$ 的空间均值向量。[12] 例如，考虑 7 个人，他们来自两个街区：$k = 1, 2$。个人 $i = \{1, 2, 3\}$ 属于街区 $k = 1$，且个人 $i = \{4, 5, 6, 7\}$ 属于街区 $k = 2$。联系矩阵如下所示：

---

[12] 我们将在下文详细讨论平均与加总问题。

$$G = \begin{array}{c} \\ 1 \\ 2 \\ 3 \\ 4 \\ 5 \\ 6 \\ 7 \end{array} \begin{bmatrix} 1 & 2 & 3 & 4 & 5 & 6 & 7 \\ \frac{1}{3} & \frac{1}{3} & \frac{1}{3} & 0 & 0 & 0 & 0 \\ \frac{1}{3} & \frac{1}{3} & \frac{1}{3} & 0 & 0 & 0 & 0 \\ \frac{1}{3} & \frac{1}{3} & \frac{1}{3} & 0 & 0 & 0 & 0 \\ 0 & 0 & 0 & \frac{1}{4} & \frac{1}{4} & \frac{1}{4} & \frac{1}{4} \\ 0 & 0 & 0 & \frac{1}{4} & \frac{1}{4} & \frac{1}{4} & \frac{1}{4} \\ 0 & 0 & 0 & \frac{1}{4} & \frac{1}{4} & \frac{1}{4} & \frac{1}{4} \\ 0 & 0 & 0 & \frac{1}{4} & \frac{1}{4} & \frac{1}{4} & \frac{1}{4} \end{bmatrix},$$

$$GG = \begin{array}{c} \\ 1 \\ 2 \\ 3 \\ 4 \\ 5 \\ 6 \\ 7 \end{array} \begin{bmatrix} 1 & 2 & 3 & 4 & 5 & 6 & 7 \\ \frac{1}{3} & \frac{1}{3} & \frac{1}{3} & 0 & 0 & 0 & 0 \\ \frac{1}{3} & \frac{1}{3} & \frac{1}{3} & 0 & 0 & 0 & 0 \\ \frac{1}{3} & \frac{1}{3} & \frac{1}{3} & 0 & 0 & 0 & 0 \\ 0 & 0 & 0 & \frac{1}{4} & \frac{1}{4} & \frac{1}{4} & \frac{1}{4} \\ 0 & 0 & 0 & \frac{1}{4} & \frac{1}{4} & \frac{1}{4} & \frac{1}{4} \\ 0 & 0 & 0 & \frac{1}{4} & \frac{1}{4} & \frac{1}{4} & \frac{1}{4} \\ 0 & 0 & 0 & \frac{1}{4} & \frac{1}{4} & \frac{1}{4} & \frac{1}{4} \end{bmatrix} \tag{3.7}$$

注意到，在这个例子中权重被设定为 $\frac{1}{n_k}$ 来进行行标准化，其中 n_k 是在群组 k 中街区的数量。更重要的是，这个矩阵有两个重要的性质。首先，它是斜方块，可传递的，因此 i 邻居的邻居是 i 的邻居。其次，它是一个幂等矩阵，因此 $GG = G$ 这个性质对于解释是有用的，但对于估计则是有害的。解释是很明确的：对所有的个人而言，从 1 到 3 和 4 到 7 的变化都是在同一个给定的街区内，因此其空间影响会被限制在那个街区内。事实上，在这个例子中，矩阵中的值同时表示了组员以及个体间相互影响的程度。G 的其他形式则不是这种情况。

实践中常用的一个简单修正是排除 i 作为其自身邻居的情况，因此对角线都为 0。这会保持传递性，尽管此时矩阵已经不是幂等矩阵，例如：

$$
G = \begin{bmatrix}
 & 1 & 2 & 3 & 4 & 5 & 6 & 7 \\
1 & 0 & \frac{1}{2} & \frac{1}{2} & 0 & 0 & 0 & 0 \\
2 & \frac{1}{2} & 0 & \frac{1}{2} & 0 & 0 & 0 & 0 \\
3 & \frac{1}{2} & \frac{1}{2} & 0 & 0 & 0 & 0 & 0 \\
4 & 0 & 0 & 0 & 0 & \frac{1}{3} & \frac{1}{3} & \frac{1}{3} \\
5 & 0 & 0 & 0 & \frac{1}{3} & 0 & \frac{1}{3} & \frac{1}{3} \\
6 & 0 & 0 & 0 & \frac{1}{3} & \frac{1}{3} & 0 & \frac{1}{3} \\
7 & 0 & 0 & 0 & \frac{1}{3} & \frac{1}{3} & \frac{1}{3} & 0
\end{bmatrix},
$$

$$
GG = \begin{bmatrix}
 & 1 & 2 & 3 & 4 & 5 & 6 & 7 \\
1 & \frac{1}{2} & \frac{1}{4} & \frac{1}{4} & 0 & 0 & 0 & 0 \\
2 & \frac{1}{4} & \frac{1}{2} & \frac{1}{4} & 0 & 0 & 0 & 0 \\
3 & \frac{1}{4} & \frac{1}{4} & \frac{1}{2} & 0 & 0 & 0 & 0 \\
4 & 0 & 0 & 0 & \frac{1}{3} & \frac{2}{9} & \frac{2}{9} & \frac{2}{9} \\
5 & 0 & 0 & 0 & \frac{2}{9} & \frac{1}{3} & \frac{2}{9} & \frac{2}{9} \\
6 & 0 & 0 & 0 & \frac{2}{9} & \frac{2}{9} & \frac{1}{3} & \frac{2}{9} \\
7 & 0 & 0 & 0 & \frac{2}{9} & \frac{2}{9} & \frac{2}{9} & \frac{1}{3}
\end{bmatrix} \tag{3.8}
$$

G 的简单结构可以通过两个最近的邻居来描述，此时 G 已经不再具有传递性和幂等性质，其中 1 最接近 2 和 7，2 最接近 1 和 3，3 最接近 2 和 4，4 最接近 3 和 5，5 最接近 4 和 6，6 最接近 5 和 1。联系矩阵 G 如下所示，在这种情况下可以清晰地发现 $GG \neq G$——换句话说，i 邻居的邻居不再是 i 的邻居：

$$G = \begin{bmatrix} & 1 & 2 & 3 & 4 & 5 & 6 & 7 \\ 1 & \frac{1}{3} & \frac{1}{3} & 0 & 0 & 0 & 0 & \frac{1}{3} \\ 2 & \frac{1}{3} & \frac{1}{3} & \frac{1}{3} & 0 & 0 & 0 & 0 \\ 3 & 0 & \frac{1}{3} & \frac{1}{3} & \frac{1}{3} & 0 & 0 & 0 \\ 4 & 0 & 0 & \frac{1}{3} & \frac{1}{3} & \frac{1}{3} & 0 & 0 \\ 5 & 0 & 0 & 0 & \frac{1}{3} & \frac{1}{3} & \frac{1}{3} & 0 \\ 6 & 0 & 0 & 0 & 0 & \frac{1}{3} & \frac{1}{3} & \frac{1}{3} \\ 7 & \frac{1}{3} & 0 & 0 & 0 & 0 & \frac{1}{3} & \frac{1}{3} \end{bmatrix},$$

$$GG = \begin{bmatrix} & 1 & 2 & 3 & 4 & 5 & 6 & 7 \\ 1 & \frac{1}{3} & \frac{2}{9} & \frac{1}{9} & 0 & 0 & \frac{1}{9} & \frac{2}{9} \\ 2 & \frac{2}{9} & \frac{1}{3} & \frac{2}{9} & \frac{1}{9} & 0 & 0 & \frac{1}{9} \\ 3 & \frac{1}{9} & \frac{2}{9} & \frac{1}{3} & \frac{2}{9} & \frac{1}{9} & 0 & 0 \\ 4 & 0 & \frac{1}{9} & \frac{2}{9} & \frac{1}{3} & \frac{2}{9} & \frac{1}{9} & 0 \\ 5 & 0 & 0 & \frac{1}{9} & \frac{2}{9} & \frac{1}{3} & \frac{2}{9} & \frac{1}{9} \\ 6 & \frac{1}{9} & 0 & 0 & \frac{1}{9} & \frac{2}{9} & \frac{1}{3} & \frac{2}{9} \\ 7 & \frac{2}{9} & \frac{1}{9} & 0 & 0 & \frac{1}{9} & \frac{2}{9} & \frac{1}{3} \end{bmatrix} \quad (3.9)$$

当个人被要求找出他们最接近的两个朋友时，类似的矩阵可以总结出影响模式。[13] 当然，对于所有 i 而言，邻居的数量并不需要相同。允许相邻邻居数

---

[13] 例如，在国家青少年健康纵向研究计划中要求 7~12 年级的青少年报告 5 为男性与 5 为女性朋友。Fryer and Torelli（2010），Calvó – Armengol et al.（2009），Weinberg（2007），和 Ioannides（2013）提供了其他例子。

量的变化,这种类型的 G 矩阵可以产生一个在空间计量文献包括区域(社区、区域等而不是个人)的回归中常用的邻近矩阵,这些权重用来表示区域间是否有共同边界。前面的例子可以对应依次围绕着一个圆圈的 7 个区域的临接矩阵,其中区域 1 与区域 2 和 7 邻近,区域 2 和区域 1 和 3 邻近等。

从这三个例子可以明显地看出,不同形式的 G 提供了一个相对灵活的方式来构建空间加权变量。一些其他的常用结构(包括构造 G 的结构)主要是基于:

- 在交互作用发生的范围内,以选择的一个固定的距离临界点为基础的"缓冲区"。
- 广义临接与共边临接(对于有两个或更高维度的地形图),这两者的区别在于是否将仅在某个定点接触的两个区域视为临接的,或者仅将那些有共同边界的区位视为临接的。
- 距离权重的倒数。
- 沿某些网络的联系指标。

注意到,根据交互作用的性质不同,矩阵 G 可以是对称的,也可以是非对称的。如果任意两个单位存在双边的影响,那么矩阵 G 就是对称的——在行标准化的例子中——当每个单位有相同数量的邻居时。而如果交互作用被假定为单向的,或者如果个体邻居的数量不同,那么矩阵 G 就是不对称的。当然,恰当的定义要根据具体的应用。同时,注意到空间群组或者权重矩阵可以被定义为邻近观测值的空间均值或者加总的值。为了产生平均值,在上面的例子中矩阵 G 必须对行进行标准化,因此每行权重的和都是 1。换句话说,对于位于区位 s 的观测值的空间权重而言,其权重向量为:

$$G_i = \frac{1}{\sum\limits_{j=1}^{M} g_{ij}(s_i, s_j)} \times [g_{i1}(s_i, s_1), g_{i2}(s_i, s_2), \cdots, g_{iN}(s_i, s_N)]$$

对加总而言,其权重矩阵为:

$$G_i = [g_{i1}(s_i, s_1), g_{i2}(s_i, s_2), \cdots, g_{iN}(s_i, s_N)]$$

这两个处理中的区别是很重要的,因为加总过程会将相邻个人、企业或者区域的效应进行相加,因此考虑了被权重结构所说明的群组内部的个体的数量。相反,平均过程将相互邻近的个人、企业或者区域的数量的影响消除了。平均过程在大多数领域中是一种标准方法,包括在邻里与同辈效应的研究中(Epple and Romano,2011)。加总过程通常在集聚经济、交通可达性的研究中更为恰当,此时其研究的重点是经济总体或者"市场潜力"(Graham,2007;Melo et al.,2009),尽管在城市人力资本外部性的文献中普遍的更喜欢应用平均过程（参见第5章）。在没有经济含义指导的情况下，利用统计检验在不同形式间进行选择是可行的。在诸如式（3.2）的回归形式中，对是否利用加总还是平均形式进行检验基本上是很简单的，因为这两种形式都被嵌套在表达式 $n_{ki}m_x(x, s)'_i\theta_1 + m_x(x, s)'_i\theta_2 + n_{ki}\theta_3$ 中，其中 n_{ki} 是个人 i 所在群组的大小，$m_x(x, s)_i$ 是行标准化的（平均）加总算子，而 $n_{ki}m_x(x, s)_i$ 是两者的交互影响，这会产生一个非行标准化的（加总的）形式。将所有的这些项包括在回归形式中，并对参数的约束进行检验可以提供一种方法对这些情况进行统计上的区分，其中 $\theta_2 = \theta_3 = 0$，$\theta_1 \neq 0$ 意味着加总，而 $\theta_1 = 0$，$\theta_2 \neq 0$，$\theta_3 \neq 0$ 意味着单独的均值与群组大小是更相关的。当然，在进行这样的检验时会遇到很多实际的共线性问题。刘等（2014）利用网络数据提出了另一个检验程序来区分局部均值与局部加总模型。

另一个潜在的问题是，是否变量被取均值的个体数量随着样本规模的增加而增加（"填充"渐进性）。被取均值的个体数量被构造为随着逆距离权重或者固定距离缓冲区群组的规模增加而增加，这对于块对角结构也是相同的。相反，这对于其临接矩阵是基于固定地理区域结构的情况（除非样本规模随着同一区域不同时间观察值的增加而扩大），或者拥有固定数量最近邻居或者朋友等情况下是不必要的。在这种情况下样本规模的扩大要求更多的群组（"域增长"渐进性）。这一问题是重要的，因为它会影响空间均值 $m_x(x, s)_i$ 的方差以及 $m_v(x, s)_i$ 随样本规模增加时的表现，并将会关系到我们对这些空间模型的识别与估计。

3.3.3 解释

大量关于城市、区域以及邻里问题的研究以及对同辈群体与其他社会交互作用的研究是基于方程（3.2）的一些形式进行的。在这类研究中，通常首要问题是估计一个或者更多的 δ 和 θ 中的要素、个人（x_i）或者其他主体（z_i）可观测到的空间加总特征对个人结果 γ 的影响，或者有时是对估计 β 的影响以及邻近个体结果（γ_i）对单个主体结果的影响。

例如，在一个典型的关于邻里效应对儿童教育的研究中，γ 可以是一个儿童的教育成绩，$G_\gamma\gamma$（用矩阵表示）是邻里儿童的教育成绩的均值，x 可以包括儿童之前的成绩、年龄、性别和家庭背景，$G_x x$ 可以包括邻里儿童这些特征的均值，且 $G_z z$ 可以包括儿童的家庭区位属性（当地学校的平均质量、图书馆的数量或者到最近学校的平均距离）。$G_v v$ 中潜在的不可观测因素包括当地学校的教学质量、邻居的志向以及其他促进教育的当地资源等。这类文献在第9

章中进行了探讨。我们来举第二个例子，集聚对企业生产率影响的研究通常将 γ_i 设定为企业的产出，并约束 $G_\gamma\gamma$ 的系数 $\beta=0$，同时定义 $G_x x$ 衡量了根据邻近企业就业量加总得到的就业密度，或者将 $G_z z$ 定义为衡量了根据辅助的人口样本或者人口普查对人口或者收入加总得到的市场潜力。诸如资本、劳动或者原材料投入的企业特征出现在 x 中。$G_v v$ 中的不可观测变量可以包括气候、地形或者其他当地的生产率优势。根据是否是 $G_x x$ 或者 $G_z z$ 的形式，系数 θ 或者 δ 可以被解释为集聚经济对全要素生产率的影响，第 5 章对这类文献进行了总结。

研究者在这类应用中采用方程（3.2）的主要目的通常是估计方程右边一个或者多个变量变动与结果 γ_i 变动之间的因果关系。对因果关系的一个良好定义是一个很争议的主题，并存在很多的解释。[14] 对因果估计的一个定义是 γ 中的期望变动是对右边某些特定变量外生变动的响应，这包括所有的通过影响 γ 的因素（这些因素也被右边变量的外生变动所影响）起作用的间接效应。对因果关系的另一个定义是在其他因素不变的情况下，γ 的变动与 x 的变动是对应的。这里我们对这些定义并不担忧，除了要注意对于理解 $G_\gamma\gamma$ 的系数 β 而言都不是很令人满意。由于 $G_\gamma\gamma$ 是对因变量的加总，其在总体或者样本内部直接地外生被操控是毫无意义的。同时，当其他因素不变时，它也不可能是变动的。因为如果其他因素是不变的话，那么 γ 就是不变的，因此 $G_\gamma\gamma$ 也是不变的。回到教育的例子，一个可以直接控制邻居平均教育结果的假想实验是不可能的。相反，我们需要控制其他决定教育结果的因素（例如 $G_z z$ 中的教师质量，或者 $G_x x$ 中的邻居构成，或者 $G_v v$ 中的不可观测决定因素）从而进一步改变平均教育结果。但在这种情况下这意味着 $G_z z$、$G_x x$ 或者 $G_v v$ 中的一个变动。正如下面我们将会看到的，当我们通过对总体中的其他子群组改变 $G_z z$ 和 $G_x x$ 来控制 $G_v v$，存在一种 G 的结构可以使我们将方程（3.2）用于总体中的一个子群组。我们将在 3.5 部分回到这一问题。给定这些概念上的问题，另一个替代方法是将方程（3.2）视为一种结构性的、像定律一样的决定了 γ 生成过程的关系，其目的也是估计描述了这一过程的参数，从而将 β 因果关系的解释问题搁置在一边。在这种情况下，被估计的形式需要从潜在的理论模型中推导出来。第 2 章提供了进一步的讨论。

3.3.3.1　空间与社会交互作用

在上文描述的一类模型中，它们对 $G_\gamma\gamma$ 的系数 β 进行了结构化解释，我们

---

[14]　例如，参见"Con out of Economics"symposium in the Journal of Economic Perspectives，24（2）（spring 2010）。也可参见 Heckman（2005）。

将其称为社会交互作用模型。作为一类模型，社会交互作用模型是在微观层面上模型化主体间的行为。具体来看，在个体可以观测到他们所属的群组、特别是可以预测组内其他个体行为的情况下，社会交互作用模型估计了描述了个体行为方式的参数。这些模型以及它们的行为基础已经在最近的研究文献中得到很大关注，并在第9章中进行了详细探讨。它们为我们这里考虑的空间方法提供了两个重要的洞见。首先，该研究使我们意识到，G 的结构对于识别（在结果 $G_\gamma \gamma$ 中）存在内生交互影响的模型具有重要作用。我们将在下一部分讨论这一问题。其次，或许相对没有更广泛被承认的是，社会交互作用的文献澄清了在何种情况下关于 γ 的结构化方程将要包括 $G_\gamma \gamma$ 中的项。

事实上，那些个体关于某些行为进行同时决策的社会交互作用模型是仅有关于 γ 的结构方程可以包括 $G_\gamma \gamma$ 中项的一类模型。要了解这一点，注意到在任何情况下，如果决策中没有直接的交互影响，我们可以将个体 i 的结果解释为其自身特征与群组特征的函数（不需要知道 $G_\gamma \gamma$）。一个具体的例子可能有助于说明这一点。假设一种情况，其中个人要决定其出售住房的价格。我们可能认为个人定价可能要用到的一项信息是最近其邻近住房的出售价格。在这种情况下，将个人的住房价格模型化为邻近住房价格 $G_\gamma \gamma$ 的函数是很方便的。但这不是一个结构化的形式，因为出售的时机意味着早先住房的价格并不会被邻近住房未来的售价所决定（忽略任何可能影响住房需求的预期效应）。在拥有关于出售价格和时机的信息后，合适的结构化形式没有包括 $G_\gamma \gamma$ 中的项，因为从任何个体的角度来看，邻近住房的售价都是先定的，因此可以被视为 X 中的一个要素。[15] 相反，只有当社会交互影响中的决策是同时进行的情况下，关于 γ 的结构方程可以包括 $G_\gamma \gamma$ 中的项。例如，一个青少年的吸烟决策可能同时取决于他朋友（$G_\gamma \gamma$）的决策——这是一个基于对行为相互预期的同时决策——尽管即使在这里，一个人的吸烟决策可能受其朋友已有行为的影响要更大（在这种情况下时机是起作用的，同时 $G_\gamma \gamma$ 并不进入关于 γ 的结构化形式）。[16]

根据空间计量的应用文献，在 γ 中包括空间滞后项的适用范围比看上去要小得多。实际上，在该类文献中，$G_\gamma \gamma$ 中的项通常没有考虑决策是否是真的是同时进行的。在一些情况下，这一假设是合理的。例如，在税收竞争文献中，

---

⑮ 一个经验研究的例子可参见 Eerola 和 Lyytikainen（2012），他们利用关于过去住房销售的部分公开公共数据检验了过去交易的信息对现在住房价格的影响。Ioannides 和 Zabel（2008），Kiel 和 Zabel（2008）以及 Ioannides（2013）在一个特征模型中，对邻里效应对住房需求以及邻里信息使用的影响进行了更一般的讨论。

⑯ 例如，参见 Krauth（2005），Nakajima（2007），Simons‐Morton 和 Farhat（2010）综述了同辈群体对青少年吸烟影响的研究。

如果不同政府为了响应邻近辖区的（预期）税率而同时设定税率，那么当地的税率就是邻近地方政府税率的函数。一般来说，许多空间模型只是假定任何交互作用（在邻里或学校中个人间的，邻居间或者其他相互联系的公司间，发明者与其他创新主体间，相邻的政府间与其他组织间，等等）都可以用来论证引入 G_γ 中项的合理性。

3.3.3.2　金钱与技术外部性

另一个在文献中较少引起注意的重要区别是，空间交互作用是由于金钱外部性还是技术外部性引起的。正如我们上面讨论的，在一个一般的空间模型中，G_γ，GX 和 GZ 中的项可以捕捉直接的或者以市场为中介的交互作用（例如，可能分布捕捉了技术与金钱外部性）。我们已经举例说明了上述两种情况何时会发生。例如，新经济地理中的模型推动了在经验研究中将区域 i 的就业模型化为邻近区域就业 G_γ 的函数。正如我们在 3.1 部分所解释的，在这些模型中企业足够小，从而能够忽略对其他企业的影响（因此忽略了来自其他企业的反应），尽管工人的效用函数仍然只取决于工业品与农业品的消费（并不直接取决于其他工人的效用）。在这种情况下，至少在一般的空间形式中，这两种外部性可以等价地被观测到，如果实际工作想要区分这两种不同来源的交互性，理论研究需要提供更多的结构。第 2 章对此进行了进一步讨论。

3.4　识　　别

所有利用空间数据的研究者都会遇到一个根本性的挑战，那就是方程（3.2）的识别与估计是一个很困难的经验研究过程。这些调整包括（a）所谓的反映问题，（b）出现具有相关性的不可观测变量或者一般冲击，以及（c）分类效应——换句话说，存在与区位决策和结果相关的缺失变量。当目的是估计 β（例如，群组结果或行为个体结果的影响）并区别于 θ（例如，群组特征的影响）时，问题（a）会出现。尽管不管我们是否在存在内生交互作用的情况下估计模型，问题（b）和问题（c）都会出现。我们将依次考虑这些问题并讨论了现有文献提出的解决方法。

3.4.1　空间自相关的不可观测变量，当其与可观测变量不相关时

即使在最简单的情况下，当我们知道组员的结构以及决定结果的个体或者

群组变量时，反映问题仍然可以阻止我们对所有系数的估计。当不可观测因素也在群组层面上变动时，当我们的目的是单独估计 β（群组的行为或者结果对个体结果的影响）和 θ（群组特征的影响）时，这一问题会出现。这些变量的出现意味着估计必须能够从简约形式外生变量的参数中重构结构化参数。而这在没有施加进一步约束的情况下，这通常是不可能的。

为了集中探讨这一问题，让我们首先假定组员是外生的，且这些不可观测变量与可观测特征是不相关的。不可观测变量中可能存在空间自相关，因为个人在不可观测的维度上相互影响。例如，在一个邻里效应对学校等级影响的模型中，个人努力程度（对研究者而言是不可观测的）可能会影响同一街区内其他人的努力程度，即使努力能够产生效果之前。——学校的等级（γ）——是可观测的。或者不可观测变量中可能存在空间自相关也可能是因为组员接触到了相似的不可观测因素而产生，不同的群体也会受到来自所在区域冲击的影响，而这些冲击与群体的表现并没有直接联系。这些过程都会表现为不可观测变量的自相关，因此从研究者角度也可以同样观测到这种自相关。

正如上面提到的，曼斯基（1993）将这种情况称为"关联效应"，群组专属的不可观测因素的出现，尽管与个人可观测变量不相关，但也会影响个人和群组的行为。空间计量经济学者将包含这种空间自相关的模型称为空间误差模型。其他领域的应用经济学者通常将其称为"共同冲击"，这主要是为了说明位于同一空间或者同辈群体中的个体会受到共同的不可观测因素的影响。当估计是基于观测性的调查、普查或者官方数据以及没有明确的试验或者政策构造的数据的时候，这种群组专属的在不可观测变量上的差异几乎是不可避免的。当我们对估计 β 不感兴趣时，这些不可观测的同时与和不相关的因素的出现不需要对标准误进行调整。针对组内相关和异方差标准误的标准修正方法在这种情况下也是适用的（Cameron and Miller, 2015）。然而，这些方法需要离散的空间群组，其中不同组间是不相关的，并且空间最好是被视为连续的。康利（Conley, 1999）提供了一个针对连续空间的类似方法。对这些问题的更深入讨论，参见巴里奥斯等（Barrios et al., 2012）。另外，研究者可以采用蒙特卡洛模拟方法，其中零假设的分布是利用在空间上的随机分配模拟得到的，这是空间统计中的一个常用方法。[17] 不幸的是，包含 $G_\gamma \gamma$ 的模型要更为麻烦。

对于包含 $G_\gamma \gamma$ 的模型而言，不可观测效应的出现，即使与被包含的变量不

---

[17] 当检验标准误的修正是否合理时，对回归分析中得到的残差进行空间自相关检验是很有用的。这些检验可以基于 Moran 的 I 或者其他衡量了空间自相关的统计量，正如 3.2 部分介绍的。

相关，也会导致一个根本的估计问题。因为普通最小二乘法对 β 的估计——内生效应或者空间自相关参数——是有偏和不一致的。背后的原因在于模型此时是一个联立方程模型。对于任何个体而言，群组的结果 $G_\gamma \gamma$ 部分由个体的结果所决定。因此，对于个体而言，群组的结果与个体自身的不可观测变量明确相关。换句话说，空间滞后项包含了"邻居"（同一组的成员）的因变量，从而会进一步包括他们邻居的空间滞后项等，这会导致空间滞后 $G_\gamma \gamma$ 与误差项之间的相关性——换句话说，[18]

$$\plim_{n \to \infty} = n^{-1}(G_y y' \varepsilon) = 0 \tag{3.10}$$

因此，除非 $\beta = 0$，否则最小二乘法对诸如方程（3.5）形式的模型的参数估计结果是有内在偏误的。这是一个由于空间背景下个体间双向反馈机制的存在导致的内生性问题。自安瑟兰（Anselin, 1988）后的大量空间计量文献，都特别关注这一问题，并采用了极大似然估计或者工具变量估计量（在模型存在外生变量的情况下）来解决这一问题。[19] 尽管这个基本的估计问题存在很普遍，但其解决思路是很容易理解的。这一偏误的发生是由于虽然 $G_\gamma \gamma$ 决定了 γ、但没有被包括在估计方程中，这是很好理解的，附录 A 对此进行了讨论。而潜在的参数是否能够被识别则是一个更本质的问题（或者等价地，是否存在有效的工具变量）。这也是我们现在要讨论的问题。

3.4.1.1 反映问题

为了集中探讨这一特定问题，我们定义不可观测变量为 $u = G_v v \lambda + \varepsilon$。我们假定其与可观测特征 x 和 z 是不相关的——换句话说，不存在分类效应或者缺失空间变量问题（我们会在 3.4.3 部分回到这一问题）。利用 u 的定义，我们可以将方程（3.5）写为：

$$y = X\gamma + G_y y\beta + G_x X\theta + G_z Z\delta + u \tag{3.11}$$

左乘 $G_\gamma \gamma$ 可以得到：

$$G_y y = G_y X\gamma + G_y G_y y\beta + G_y G_x X\theta + G_y G_z Z\delta + G_y u \tag{3.12}$$

现在，从模型结构中可以发现，即使 $E[u \mid X, Z] = 0$，空间加总或者平均的 γ 与 $G_\gamma \gamma$ 是与 u 明确相关的。很显然 $E[u \mid G_\gamma \gamma] \neq 0$，同时对方程（3.11）的最小二乘估计也是有偏的。鉴于空间平均的 γ 与剩下的空间平均的不可观

---

[18] 从更技术的角度来说，纯粹的空间自相关模型 $\gamma = G_\gamma \gamma \beta + \varepsilon$ 拥有如下简约形式：$\gamma = (I - G_\gamma \gamma \beta)^{-1} \varepsilon$。因此，$G_\gamma \gamma = G_\gamma (I - G_\gamma \gamma \beta)^{-1} \varepsilon$。让我们定义 $S = G_\gamma (I - G_\gamma \gamma \beta)^{-1}$，然后 $E(G_\gamma y', \varepsilon) = E(\varepsilon'^{-1} G'_\gamma, \varepsilon) = E(\text{tr}(S\varepsilon'), \varepsilon) = \text{tr}(S)E(\varepsilon'\varepsilon) \neq 0$。因此，没有理由认为 $\text{tr}(S) = 0$。

[19] 参见 Lee（2004）对极大似然估计方法的详细介绍以及 Kelejian 和 Prucha（1998；1999；2004；2010）对工具变量方法的详细介绍。对线性空间模型估计方法的一个基本综述可见 Anselin（1988）。

测变量是相互依赖的（共同的不可观测交互作用/冲击/关联效应），在方程 (3.11) 中估计 β 的方法必须依赖于能够从简约形式的外生变量 X 和 Z 的参数中重构 β、θ 和 δ 的参数。这个简约形式可以通过将方程（3.11）中的 $G_\gamma \gamma$ 替代出来，从而得到一个仅包含外生变量及其滞后项的表达式。不幸的是，一般而言，在没有施加更多约束的情况下，从简约形式中重构出这些参数并不容易。

重构方程（3.11）简约形式中的参数之所以是很困难的，根本问题在于在这种线性形式中，在目前除了 $G_\gamma \gamma$ 是被空间不可观测变量 u 决定的情况以外，空间平均的结果 $G_\gamma \gamma$ 很有可能与空间平均的外生变量 GX 和 GZ 是完全共线性的。除非对 G 的结构或者形式的其他方面施加特定类型的约束，这一问题不会改变，我们将在后面详细讨论这一问题。换句话说，$m(r, s)$ 是对在区位 s 所有"邻居"（相关的组员）结果或者行为的加总，因此只是对区位 s 所有邻居的 $m_x(x, s)_i$，$m_z(z, s)_i$（和 u）的加总。

可以很容易地看到，如果我们选择一个与方程（3.7）一样的，非常简单的均值构造的、块对角的、幂等以及传递的群组结构，并定义 $G = G_\gamma = G_x = G_z$。在这种情况下：

$$y = X\gamma + G_y\beta + GX\theta + GZ\delta + u \tag{3.13}$$

$$G_y = GX\gamma + G_y\beta + GX\theta + GZ\delta + Gu$$
$$= GX(\gamma + \theta)/(1 - \beta) + GZ\delta/(1 - \beta) + Gu/(1 - \beta) \tag{3.14}$$

将方程（3.14）中 $G_\gamma \gamma$ 的表达式代入到 γ 的表达式中可以得到一个简约形式：

$$y = X\gamma(1 - \beta) + GX(\gamma\beta + \theta)/(1 - \beta) + GZ\delta/(1 - \beta) + u + Gu\beta/(1 - \beta) \tag{3.15}$$

$$y = X\tilde{\gamma} + GX\tilde{\theta} + GZ\tilde{\delta} + \tilde{u} \tag{3.16}$$

在这个简约形式中，参数 β、θ 和 δ 不能从组合参数 $\tilde{\theta} = (\gamma\beta + \theta)/(1 - \beta)$ 以及 $\tilde{\delta} = \delta/(1 - \beta)$ 中被单独识别出来。这就是曼斯基（1993）的"反映问题"（reflection problem），这是曼斯基最早在社会交互作用的情况下提出来的，其中我们试图推断个体行为是否受到个体所属群组平均行为的影响。尽管我们在上文的论述中假定 G 是一个幂等矩阵，但反映问题并不仅限于这种情况。例如，在空间计量中经常出现的，即使我们在定义 G 时排除了其对自身的影响——换句话说，我们像方程（3.8）一样将 G 的对角线元素设为 0 使其成为非幂等矩阵，反映问题仍然会出现。为了说明这一点，定义 G^* 和 G 分别为针对同一群组结构的零对角线矩阵与非零对角线矩阵，同时组员的数量相同，都为 M。由此可得：

$$G^* = \frac{M}{M-1}G - \frac{1}{M-1}I$$

从上式可以明显发现在 G^* 中没有额外的信息能够用来识别，因此它与 G 的唯一区别在于缺少了个体 i 对每个组的贡献。为了更正式地看到这一点，定义 $a = \frac{M}{M-1}$ 以及 $b = \frac{1}{M-1}$。现在，利用方程（3.13）中的零对角矩阵并忽略 G_z，由于 z 来自没有被研究的主体，因此零对角线是不相关的。

$$\begin{aligned}
y &= X\gamma + G^* y\beta + G^* X\theta + u \\
&= X\gamma + G_y\beta b + GX\theta b - ay\beta - aX\theta + u \\
&= G_y\beta b + X(\gamma - a\theta)/(1+a\beta) + GX\theta b/(1+a\beta) + u/(1+a\beta) \quad (3.17)
\end{aligned}$$

很明显地，比较式（3.17）与式（3.13），我们发现当群组规模相同时，就识别而言，利用零对角矩阵并没有什么收获，因为我们没有额外的外生变量。当群组规模扩大时，类似的论证也是成立的，因为 $M \xrightarrow{\lim} \infty\, a = 1$ 以及 $M \xrightarrow{\lim} \infty\, b = 1$，因此 $M \xrightarrow{\lim} \infty\, G^* = G$。一般而言，当 $G\gamma$，GX，GZ 构成了 γ，X，Z 条件均值或者期望的情况下，反映问题一般而言都会发生。[20]

总的来看，为了估计诸如式（3.5）或者式（3.6）那样的方程，研究者必须观测到数据中由 $G_\gamma\gamma$，G_xX，G_zZ 定义的空间均质的差异，否则没有足够的变异来进行估计。但是如果群组专属的差异导致了 $G_\gamma\gamma$，G_xX，G_zZ 中的变异，那么它们几乎可以确定地导致不同组在不可观测变量上的差异。在大群组中的个体（例如来自城市的普查数据），这些差异只会因为个体在空间上存在非随机的分类而出现。在更小的群组中（例如根据朋友网络得到的样本），分配到这些群组中的过程也必须是非随机的，或者群组必须足够小从而使研究者能够从群组均值的随机抽样变动中进行估计。当然，如果研究者在实施一项试验或者调查某项特定政策干预的结果，那么研究者可能会对个体分配到组中的过程有更大的控制，并能够构造感兴趣的变量 G_xX 和 G_zZ。我们将在 3.5 部分重新回到这些问题上。但是对观测数据而言，除非我们能够施加进一步的限

---

[20] 当群组规模很小且组间存在差异时，利用一个零对角块对角矩阵来识别方程（3.13）中的参数在技术上是可行的，例如 Lee（2007）和 Bramoullé 等（2009）的研究。识别的可行性主要是依据这一现实，那就是给定群组内个体的邻里效应与同辈效应是组内均值的加权平均及其自身对均值的贡献度。这些权重随着群组规模而变化。对于给定的个体，G 产生的简单均值与 G^* 产生的均值之间的关系是 $G_i^* y = \frac{M_k}{M_k-1}G_i y - \frac{y_i}{M_k-1}$。技术上来讲，识别可以根据权重 $\frac{M_k}{M_k-1}$。这是明显是一个脆弱的识别来源，特别是当样本规模对结果有单独影响时。此外，在实践中，随着群组规模变得逐渐相同，$Var(M_k) \to 0$，群组规模逐渐变大，$\frac{M_k}{M_k-1} \to 1$ 以及 $\frac{1}{M_k-1} \to 0$，也可能会产生问题。

制，那么反映问题是很有可能发生的。

3.4.1.2 反映问题的解决方法

对于反映问题引起的识别上的挑战而言，有很多可能的解决方法。

第一种方法由于该问题源于这一事实，那就是个体的结果与群组均值的结果是线性关系，进而群组均值的结果与群组均值的特征也是线性关系，因此利用非线性的函数形式提供了参数化解决方法（Brock and Durlauf, 2001）。例如，如果结果是二元的（吸烟或者不吸烟），吸烟的概率与个体特征是非线性关系，因此识别可以根据假定的协变量与吸烟概率之间关系的函数形式来进行。然而，这种类型的结构化假设需要明确假定理论结构是提前已知的。进一步的讨论可见第 9 章和约安尼季斯（Ioannides, 2013）。经验研究方面的例子可见西拉卡亚（Sirakaya, 2006），索伊蒂凡特和库热曼（Soetevant and Kooreman, 2007），李和李（Li and Lee, 2009），克劳特（Krauth, 2005），以及中岛（Nakajima, 2007）。

第二种方法是根据理论推理对参数施加约束。很明显，正如上面所讨论的，令 $\beta=0$ 同时假定不存在内生效应会是一种解决思路，但如果我们的目的估计 β 或者对 γ 的结构化估计感兴趣，这一方法就不再奏效。对群组均值 GX 的全部或者部分系数进行约束会是另一种可能思路。换句话说，如果存在影响结果的 x_γ，但其所在组均值不影响结果，那么该组均值可以被用作方程（3.13）中 $G\gamma$ 的工具变量。这些假设都非常难以论证，同时对 θ 的排除性约束也显得有些随意。例如，古克斯和莫林（Goux and Maurin, 2007）在他们关于法国邻里效应的研究中，试验了利用邻居的年龄作为邻居教育成就的工具变量，但他们也承认邻居的年龄可能也有直接影响。加维里亚和拉斐尔（Gaviria and Raphael, 2001）则假设 GX 中完全不存在背景效应。

第三种方法建立在我们在 3.3.2 部分对交互矩阵 G 的讨论的基础上。该方法依赖于对矩阵 G 的结构施加非块对角或者非传递性的特定约束，并且具有 $GG \neq G$ 的性质。这种识别方法很早便已经在空间计量文献中被提出来了（Kelejian and Prucha, 1998）。最近，相同的方法已经是大量利用网络数据处理同辈效应识别与估计的研究的焦点（例如，Bramoullé et al., 2009；Calvó - Armengol et al., 2009；Lee et al., 2010；Lin, 2010；Liu and Lee, 2010；Liu et al., 2012）。

在式（3.11）一般化的空间模型中，如果 G 可以被一个已知的非重叠的群组结构所描述，例如 $G_\gamma G_\gamma \neq G_\gamma$，$G_\gamma G_x \neq G_x$ 或者 $G_\gamma G_z \neq G_z$，那么参数 β，θ 和 δ 就可以被单独识别。更明确地说，假定 $G_\gamma = G_x = G_z = G$，但是 $GG \neq G$。跟

之前一样，我们可以通过与 G 相乘而得到一个关于 G_γ 的表达式：

$$y = X\gamma + G_y\beta + GX\theta + GZ\delta + u \tag{3.18}$$

$$Gy = GX\gamma + G_y\beta + GX\theta + GZ\delta + Gu$$

$$= GX(\gamma + \theta)/(1 - \beta) + GZ\delta/(1 - \beta) + Gu/(1 - \beta) \tag{3.19}$$

然而，现在当我们将 G_γ 代回到估计方程时候，$GG \neq G$ 的事实意味着我们最终会得到 G^2X，G^2Z 和 $G^2\gamma$ 中的项（利用 $GG = G^2$ 的记号）。重复代入 G_γ 可得到方程（3.11）的简约形式为：

$$y = X\gamma + GX(\gamma\beta + \theta) + G^2X(\gamma\beta^2 + \theta\beta) + G^3X(\gamma\beta^3 + \theta\beta^2)$$

$$+ \cdots + GZ\delta + G^2Z\delta\beta + G^3Z\delta\beta^2 + \cdots + u + Gu\beta + G^2u\beta + \cdots \tag{3.20}$$

在这个例子中，与方程（3.15）相比，存在新的空间二阶滞后以及多阶滞后的外生变量 G^2X，G^3X，$\cdots$ 以及 G^2Z，G^3Z，$\cdots$ 等，这些变量仅通过 $G_\gamma\gamma$ 来影响 γ。简约形式参数的数量至少与结构参数一样多，因此从技术上来看，结构参数是可以被识别的。例如，向量 GZ 和 G^2Z 相应要素的系数之比可以提供对 β 的估计，这个估计与对 $\gamma(X$ 的系数）的估计结合可以从 GX 的系数中估计出 θ 来。另外，我们可以利用 G^2X，G^3X，$\cdots$ 以及 G^2Z，G^3Z，$\cdots$ 中的项在两阶段最小二乘法中直接作为 $G_\gamma\gamma$ 的工具变量。该结果之后的直觉是很简单的：当交互作用结果是不完备的时候，我们可以发现"我邻居的邻居"，他们的行为只能通过影响我的邻居而影响我。从而这些第二层邻居的特征与我邻居的行为相关，但对我的行为没有直接影响，满足了作为工具变量的相关性与排除性标准。

一般而言，这些结果具有很广泛的适应性，因为在真实世界的背景下，一个个人或者企业可能不一定必然会受到给定群组中所有其他个体的影响。例如，一个行业中的企业可能不会与行业中的其他所有企业都有联系，但是可能只会跟从它们那里购买产出的企业产生联系。或者一个儿童不会受学校中所有儿童的影响，但可能只会受他脸书好友的影响。这些都是不完备网络的例子——换句话说，每个人不会与所有的其他人都有联系。相反，每个个体有其自身的联系群体，且在每个个体间都是不同的。当上述情况发生时，$GG \neq G$，这就可以解决刚才讨论的反映问题。网络结构为得到正式结构归纳灵感提供了一个很好的背景。考虑图 3-2 所示的一个拥有 A，B，C 三个个体的简单网络。

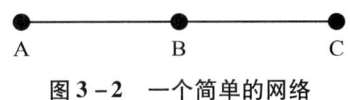

图 3-2　一个简单的网络

A 和 B 一起弹钢琴，B 和 C 一起游泳，但是 A 和 C 从没有碰过面。因此，C 影响 A 行为的唯一方式是通过 B。因此 C 的特征是 B 的行为对 A 影响的一个良好工具变量，因为其确实会影响 B 的行为但没有直接影响 A 的行为。

为了识别网络效应，我们只需要一个这种非传递性；然而，在大多数真实世界的网络中，会有大量的这种非传递性。

尽管这个对反映问题的解决方法可以适用于大量的情况，但它在许多空间条件下的应用是很有问题的。这种识别方法依赖个体间详细准确的交互关系数据（我们必须准确地知道谁跟谁交互影响）。如果关系被错误设定，那么就违背了排除性约束。回到我们在图 3 - 2 中的例子，如果 C 实际上认识 A 但我们假定她不知道，那么识别就会失败。在网络文献中，对交互体系的约束通常要根据用来识别相关联系专门收集的数据来进行（Bramoullé et al.，2009；Calvó - Armengol et al.，2009；Lee et al.，2010；Lin，2010；Liu and Lee，2010；Liu et al.，2012）或者明确地由理论得出。

相反，在空间计量文献中，$GG \neq G$ 的要求通常通过利用来自一系列常用的空间权重矩阵来得到满足——例如，根据广义临接与共边临接，或者距离权重的倒数，这些都是 3.3.2 部分讨论的非块对角与非幂等矩阵。根据我们的观点，尽管 $GG \neq G$ 可以解决反映问题，但任何这些约束都需要根据制度、政策、理论或者（在网络文献中）用来识别相关联系而专门收集的数据来进行仔细论证。这是在简单地应用许多常用的空间权重矩阵时难以达到的效果。

不幸的是，如果这些约束（是否根据数据进行仔细论证）是无效的，那么识别就会失败。网络文献表明缺失数据（在节点上，而不是在联系上）问题可能并没有那么严重。赫莫斯和蒲特纳（Helmers and Patnam，2014），刘等（2012），以及刘等（2013）研究了由于抽样导致的个体数据的随机缺失（但所有的联系可以被观测到），从而使得社会网络被误设的情况下，基于估计量提供了蒙特卡洛模拟的证据。刘等（2013）设计了一个非线性估计量来强调网络中的抽样问题。这些共同的发现表明在所有的样本规模以及所有的空间参数取值上，对已知的网络结构进行随机抽样会导致估计中一个一致的向下偏误。换句话说，在更正式的情况中，非系统性的测量误差会导致参数的衰减偏误。这意味着，在已知网络结构但对节点的测量存在随机误差时，被估计参数很有可能对社会交互作用的重要性提供了一个更低的界限。然而，当同辈效应不存在时，随机测量误差也有很小的可能会使我们检验到同辈效应的存在（见 Conley and Molinari，2007；Kelejian and Prucha，2007 对方差—协方差估计量对区位误设稳健性的研究）。换句话说，如果 G 是已知的，唯一的测量误差来源是关于特定节点的随机缺失数据，对同辈效应的点估计可能会被高估，且标准误仍然大体不变。然而，注意到，当这些缺失数据不再是随机的或者交互作用的结构存在误差的情况时（例如，由于交互作用结构的内生性，网络中缺失了联系，或者 $GG \neq G$ 的约束已经通过选择一个常用的空间权重矩阵而被施加），这些结果不能提供太多的保证。

即使当 G 是已知的，且网络不是完备的，因此 G^2X，G^3X，G^2Z，G^3Z 等可以提供有效的工具变量，弱工具变量问题也可能是对识别与估计的一个严重威胁。[21] 如果工具变量 G^2X，G^3X，G^2Z，G^3Z 与解释变量 GX 和 GZ 是高度相关，因此是以 GX 和 GZ 为条件的，那么就会出现弱工具变量问题。因此，尽管识别在技术上是可行的，但工具变量中用来估计的变异可能不足。当 G 表示邻近个体或者地区间的空间联系时，这是一个潜在的严重问题。当 G 是行标准化从而可以产生其邻居的均值时，在 X 和 Z 间会存在很强的空间自相关（在经验研究中通常是这样）。例如，在这种情况下，Gx 估计了在每个区位基于其邻近区位 x 值的 x 的均值，G^2x 估计了在每个区位基于 x 均值的均值的均值。因此，Gx，G^2x，G^3x 只是利用不同的权重体系，估计了在每个区位 x 的均值。实际上，这种利用邻近来估计区位专属均值的方法支持了在地理信息系统中采用的非参数核回归方法以及空间插值方法。在实践中，当由 G 形成的群体很小时，在这些均值中可能会有足够的抽样变异来保证 Gx，G^2x，G^3x 以及更高阶的空间滞后项并不是完全线性相关的，因此估计可能是可行的。然而，正如 3.3 部分最后提到的，当群组中观测值的数量很大时，这一问题会尤为严重。由 Gx，G^2x，G^3x 估计得到的均值会随着群组规模趋向于无穷而逐渐收敛于在每个区位 x 的总体均值，这意味着所有的空间滞后项都是完全线性相关的，因此识别也就失败了。[22]

当关于社会联系的信息是丰富的，并且如果个体对其朋友的选择是多样的时候，在利用个体数据的关于同辈群组网络的研究中（参见第 9 章），弱工具变量问题并没有那么普遍。在这种情况下，与存在空间自相关的空间情况不同，一个人朋友的特征对其自身的特征提供了很少或者没有提供信息。然而，当同辈群组是由很强的协调或者不协调的匹配过程形成的时候，弱工具变量问题仍然可能对估计和识别造成威胁。[23]

---

[21] 正如 Bound 等（1995）讨论的，弱工具变量会导致很多问题。具有弱工具变量的两阶段最小二乘估计量对于小样本是有偏的。违背排除性约束导致的任何不一致性都会被弱工具变量进一步放大。最终，估计得到的标准误可能会太小。当担心存在弱工具变量时，Stock 等（2002）提出了一个可以用来选择工具变量的一阶段 F 检验。

[22] 例如，在个体 1 000 个最近的邻居中变量 X 的均值可能与个体最近的邻居的 1 000 个最近邻居的均值并没有很大不同，因此 Gx，G^2x，G^3x 等将会是几乎完全共线性的。

[23] Lee 和 Liu（2010）提出了一个利用额外工具变量的广义矩方法试图来规避弱工具变量问题。

我们已经考虑三种对反映问题的可能解决方法——利用函数形式变换、施加排除性约束以及利用诸如 $GG \neq G$ 的非完备交互矩阵。在最近主要利用网络数据来对同辈效应进行识别与估计的社会交互作用文献中，最后一种方法得到了很大的重视。这些方法可以用于更广泛的空间情况。然而，任何这种约束都需要根据制度、政策或理论以及为了识别相关联系而专门收集的数据仔细论证其合理性。尽管这些问题已经在网络文献和空间计量理论文献中得到了仔细的考察，但大部分应用研究工作仍然仅依据常用的空间权重矩阵来施加约束。

3.4.2　空间自相关的不可观测变量，当其与可观测变量相关时

到目前为止，我们仍然没有考虑式（3.2）或式（3.5）中一种可能性，那就是利用矩阵形式表达的空间或者群组专属的不可观测变量 $m_v(v, s)_i$ 或者 $G_v v$ 与解释变量相关。如果我们允许这种可能并允许不可观测变量 $u = G_v v \lambda + \varepsilon$ 与可观测特征 x 和 z 是相关的，那么就会出现第二个挑战。在很多情况下，观测到的个人、区位以及邻里特征 x，$G_x x$ 和 $G_z z$ 很有可能与不可观测的区位和邻里特征是相关的。我们可以识别出两种机制。首先，组员是外生的时候，对于同一群组中的个体而言，相关性会由于空间缺失变量而出现。这些缺失的变量可能会直接影响 γ，或者他们可能决定了 x 和 z 从而间接的影响 γ。其次，当组员是内生的，相关也可能会由于具有不同特征 x 的个体进入拥有不同 $G_v v$ 的区位导致的。例如，在研究城市工资与城市教育关系的集聚经济文献中，这一问题会由于教育回报高的城市会具有能够鼓励个体来获取更多教育的不可观测因素（在人力资本文献中也是相同的，见 Moretti，2004 的综述），或者受教育程度高的工人会迁移到那些教育回报高的城市（在城市工资溢价的文献中也是相同的，例如 Combes et al.，2008）而出现。无论在任何情况下，如果影响城市教育回报的因素不全都是可观测的，x 与空间加总的 x（如 $G_x x$）或者 $G_z z$ 中包含的变量都会与 $G_v v$ 相关。

注意到城市经济学文献中一般认为 $G_x x$ 和 $G_z z$ 存在两种与 $G_v v$ 产生相关的机制，但一般而言都倾向于认为这三种机制的重要性是相同的。然而，在大多数情况中，当组员是内生的时候，"分类效应"是应该得到优先考虑的。换句话说，$G_x x$ 和 $G_z z$ 与 $G_v v$ 之间的相关性是因为 G_x，G_z 和 G_v 是内生的导致的。在这一小部分，我们不考虑这种可能性，仅考虑组员是外生（尽管不必随时间是固定的）以及空间缺失的变量是相关（对于同一群组中的个体而言）的情况。

假定研究目的是估计一个不存在内生交互作用的形式，这或者是由于内生交互作用已经被去除，或者被视为具有内生形式模型的一个简约形式。我们主要关注那些可以被空间权重矩阵集合表达的空间交互作用，这意味着：

$$y = X\gamma + G_x X\theta + G_z Z\delta + G_v v\lambda + \varepsilon \tag{3.21}$$

估计方程（3.21）的标准非试验方法是利用某种方法将估计方程变形，消除掉 $G_v v$，从而使其不再进入估计方程中。例如，一个采用日渐增多的方法是对 $G_v v$ 进行"空间差分"，该方法将所有变量减去一些经过恰当构建的空间均值（Holmes，1998）。现在，假定我们知道 G_v，因此空间差分等价于将方程（3.21）左乘一个变换矩阵 $[I - G_v]$ 来得到（其中 ζ 是另外一个随机误差项）：

$$y - G_v y = (X - G_v X)\gamma + (G_v - G_v G_x)X\theta + (G_z - G_v G_z)Z\delta$$
$$+ (G_v - G_v G_v)v\lambda + \zeta \tag{3.22}$$

如果 $plim(G_v - G_v G_v)v = 0$，这个变换可以去掉空间不可观测变量 $G_v v$，从而可以允许利用最小二乘法来一致地估计方程（3.22）。从上面可以清晰地看出，如果我们知道 G_v 并且 G_v 有一个幂等矩阵的结构，这一条件就可以得到满足。在这种情况下 $G_v - G_v G_v = 0$，因此：

$$y - G_v y = (X - G_v X)\gamma + (G_v - G_v G_x)X\theta + (G_z - G_v G_z)Z\delta + \zeta \tag{3.23}$$

这样一个标准的固定效应估计量，其中变量都已经利用某些组均值进行了差分（其中组是被 G_v 定义的）或者回归中包括了根据 G_v 定义的组虚拟变量的集合。

实际上，如果我们拥有可以提供个体不同时间观测值的面板数据，并定义 G_v 对于每一个体都有一个块组结构，那么这就是标准的固定效应估计量。变换矩阵 $[I - G_v]$ 消除了个体层面的均值，当群组特征仅与个体层面不随时间变化的不可观测因素相关时，这可以允许我们一致地来估计方程（3.21）。如果个体层面随时间变化的冲击与群体层面的特征相关，那么它们仍然会导致不一致的估计。这是标准的明瑟工资方程在估计城市层面的生产率或工资差异时采用的方法（Combes et al.，2008；Di Addario and Patacchini，2008；Mion and Naticchioni，2009；De la Roca and Puga，2014，Gibbons et al.，2014 以及许多其他的研究）。在该类文献中，识别假设是城市区位（组员）可以与不随时间变化的个体因素相关（例如能力），但不能与随时间变化的冲击相关（例如对个体收入的冲击）。

与标准的个体固定效应估计方法一样，空间差分方法的应用存在明显限制。在缺乏任何其他信息的情况下，我们只能得到空间权重/群组方程 $m(., s)$ 对于所有变量都是相同的——换句话说，$G_x = G_z = G_v = G$。在这种情况下，方程

（3.23）可以被化简为：

$$y - G_y = (X - GX)\gamma + \zeta \tag{3.24}$$

注意到空间差分同时去除了 $GX\theta$ 与 $GZ\delta$，因此尽管 X 的参数 γ 被识别出来了，但空间变量 GX 或者 GZ 的参数没有被识别出来。换句话说，这仅仅是一个很标准的问题，那就是与群组固定效应共线性的变量的参数是不能被估计的。可以明确地发现，如果我们假设就不可观测变量 G_v 而言，如果其关联结构与可观测变量（G_x 和 G_z）的不同，那么利用 G_v 的空间均值来对变量进行除均值将不会消除 GX 和 GZ，从而可以允许估计 θ 和 δ。[24] 然而，假定可观测变量与不可观测变量的关联结构不同，是一个很强的假设。这个讨论说明了一个关键问题：即使在最基本的消除空间不可观测变量的方法中，研究者们都对观测值之间的相互联系、矩阵 G 的结构（从可观测与不可观测方面将不同的观测值联系在一起）做出了一个很强的假设。

在有些情况下，这个假设也可以提供一个合理的近似。例如，在一项关于邻里效应对劳动力市场结构影响的研究中，可能会假定感兴趣的观测变量——例如，邻居的失业率——在邻居层面是相互联系的（由 G_x 来定义），但是不可观测的劳动力市场需求因素（G_v）是在一个更大的劳动力市场层面起作用的。一个好的研究应该将这一识别假设建立在一个良好的理论论证或者支撑证据（例如，关于制度安排的证据）的基础上。

一个在空间情况中日渐流行的方法，"边界断点"设计（是断点回归的一个空间版本）明确论证了为可观测变量与不可观测变量设置不同权重的合理性。在该情况下，研究者引用制度或者政策相关的规则来论证假定我们感兴趣的特征的空间关联与影响不可观测变量 v 的特征的空间关联是存在很大差异的。例如，这种差异可能是由于行政边界导致了断点，从而使得 G_zZ 在空间上变化，但行政边界并没有导致 G_vv 随空间变化。传统的应用包括学校质量对住房价格的影响（Black，1999），地方税收对企业就业的影响（Duranton et al.，2011），以及对地区计划的评估（Mayer et al.，2012；Einio and Overman，2014）。这种边界断点设计等同于将 G_v 定义为一个块对角矩阵，拥有共同最近边界以及（在一定的距离临界点内）接近边界的区域会被设定为非零（行标准化）的权重。另外，G_z 是这样被构造的，对于位于 s_i 的个体 i 而言，其行会将非零权重分配给在行政边界相同一侧的区域，并将零权重（或者更小的权重）分配给那些相对于区位 s_i 在不同行政区的区域。这样约束 G_v 隐含地假定了靠近同一个行政边界的观测值拥有共同的空间不可观测变量，但区域层面的决定因

---

[24] 如上所示，对 γ 的估计不需要这个假设。

素是在行政区或次行政区层面上起作用的。在这个边界断点回归设计中，对识别的主要危险是这个假设可能得不到满足。例如，个体可能会因为 $G_z z$ 中的跨边界差异而跨边界移动，因此，不可观测的个体特征在边界间也存在差异，这会导致在跨过边界时 $G_v v$ 中产生变动。再一次强调，在这个例子中关于 $G_v v$ 结构的假设失效了。

对空间差分/固定效应方法的思想也存在一些拓展，其中 G 不再是幂等矩阵，但是 $plim[G_v G_v] = plim[G_v]$。在 G_v 构成了对每个区位 s 中 v 的均值的估计的情况下，这无疑是正确的，因为 $E[E[v|s]|s] = E[v|s]$。如果在 G 中的每一行中，$g(s)$ 是这样被构造的，那就是它是由权重 $[gi1, gi2, gi2, \cdots]$（这些权重随着区位 1，2，3 与 s 之间的距离递减）组成，并可以被加总为 1（这会导致一个标准的核权重结构），就属于这种情况。吉本斯和梅钦（2003）和吉本斯（2004）介绍了该方法的应用。然而，最基本的问题仍然存在，那就是用来加总空间变量 $G_x X\theta$ 和 $G_z Z\delta$ 的空间权重必须与在变换中用来清除不可观测变量 v 的空间权重不同。

至于反映问题，如果 $G_\gamma = G_x = G_z = G_v = G$ 是已知的，且网络是不完备的，那么 $G^2 X$，$G^3 X$，$G^2 Z$，$G^3 Z$，$\cdots$ 仍然可以为 $G\gamma$ 提供有效的工具变量，但不能为 Gx 和 Gz 提供。换句话说，对于 G 而言一个非完备的结构可以解决反映问题，并允许在出现与可观测变量相关的同辈群组专属效应的情况下，来估计内生效应的参数。但是这不能为我们提供 Gx 或者 Gz 系数的估计。更一般地来看，另一种思考这种带有分类效应以及相关空间冲击的空间模型的思路是将其视为一类更一般的问题，其中 x 和 z 可能会与误差项相关，因此解决方法是寻找与被包括的变量不相关的外生变量来作为工具变量。该方法需要对合适的工具变量进行理论推断。然而，工具变量必须与空间不可观测因素正交，因此通常需要将工具变量与基于空间差分的方法结合起来使用（例如，参见 Duranton et al.，2011）。

总而言之，当组员是外生的，并且存在与可观测变量相关的不可观测变量时，我们估计感兴趣参数的能力要取决于空间交互作用的结构。如果我们愿意假设个体在不可观测方面上的相互影响可以通过一个对称和幂等的关系矩阵 G_v 来描述，那么这些不可观测变量可以通过标准的差分/估计效应方法来消除掉。如果我们希望估计空间解释变量 $G_x X$ 和 $G_z Z$ 的系数，我们必须进一步假定个体间的相互联系（它们形成了解释变量在群组水平或者空间上的均值）必须与 G_v 不同。如果这个假设可以得到满足，那么空间差分/固定效应方法就消除了空间自相关的不可观测变量，但没有消除空间解释变量。这些假设对于估计 $G_\gamma \gamma$ 都不是充分的。如果我们想估计 $G_\gamma \gamma$ 的系数，那么我们必须假定存在一个已知的不完备关系矩阵。这可以解决反映问题并允许估计 $G_\gamma\gamma$ 的系数，但不能估计 G_xX 或者 G_zZ 的系数（无论在结构化形式还是简约形式中）。

注意到本部分讨论的问题及其解决方法与针对标准的变量缺失问题的讨论在本质上是相同的，只是在不考虑空间关系起作用的情况下，可观测变量与不可观测变量之间关联路径可能不会那么明确。缺失空间变量的一个微妙结果便是所谓的修正的地区单位问题（参见 Openshaw, 1983；Wong, 2009；Briant et al., 2010），其中参数估计结果随着分析所采用的空间加总单位的变化而变化。我们将在附录 A 中详细讨论这一问题。

3.4.3　分类与空间不可观测变量

在前面的部分我们考虑了在式（3.2）或式（3.5）中的一个明确可能性，那就是存在空间或者群组专属的不可观测变量 $m_v(v, s)_i$ 或者用矩阵形式表示的 G_vv 与解释变量是相关的。我们那里的讨论假定组员是外生的。在本部分中，我们允许组员是内生的。正如上面讨论的，尽管在城市经济学文献中一般认为这两条分别通过 G_xx 与 G_zz 的机制可能与 G_vv 相关，但大都倾向于平等对待这些情况。然而，当组员是内生的时候，G_xx、G_zz 与 G_vv 的相关性可能因为 G_x、G_z 和 G_v 是内生的而产生。

如果影响区位的个体层面变量也会影响结果，那么固定效应方法对于缓解这一问题几乎是无能为力的，因为当减去一个组均值时，个体层面的不可观测因素并不能被消除掉。回到城市工资溢价的例子中，如果不可观测冲击（例如劳动力市场环境的变化）同时影响工资和区位，那么包含个体和城市水平的固定效应不能一致地来识别城市工资溢价。

在大多数城市经济学文献中，对这一问题的回答表明在缺乏空间随机分配的情况下，这已经是能够取得的最好结果（我们将在下一部分进一步考虑这一问题）。另一个替代方法是对区位问题施加更多的结构约束。例如，约安尼季斯和扎贝尔（Ioannides and Zabel, 2008）在估计住房结构需求中的邻里效应时，利用影响邻居选择的因素作为邻居住房结构的工具变量。当研究者准备对邻居的选择过程施加更多结构约束时，分类模型以及特征模型的文献或许可以为邻里效应的识别提供进一步的理论洞见。

针对内生的组员问题，在网络文献中已经发展出了不同的估计方法。这些方法目前还没有应用于空间背景，但可能是很有帮助的（尤其是对采用了更具结构性方法的研究者而言）。目前主要有三种方法。在第一种方法中，参数化模型假设与贝叶斯推断方法被用于将网络形式的模型与基于已形成网络的行为模型结合在一起。这些选择方程是基于个体选择的，并考虑了不可观测变量之间所有可能的相关性。这是一个计算强度高的方法，其中网络的结构方程与结果方程是被同时估计的（Goldsmith – Pinkham and Imbens，2013；Hsieh and Lee，2013；Mele，2013；Del Bello et al.，2014；Patacchini and Rainone，2014）。另一种方法是频率论方法，其中，在模型化结果决策之前，一个基于个体决策的选择方程被增加到第一步中。一个个体层面选择的修正项被加到结果方程中。估计量的性质可以解析得到。注意到，尽管该方法类似于赫克曼（Heckman）类型的估计，但由于复杂的截面交互行为体系，推断是更为困难的。刘等（2012）考虑了这一方法。最后，另一种处理可能的网络内生性的方法是利用群组水平的选择修正项。这个群组水平的选择修正项可以被视为一个群组固定效应或者直接被估计出来。可以利用李（1983）的参数方法或者达尔（Dahl，2002）中的半参数方法来进行估计。贺拉斯等（Horrace et al.，2013）等讨论了该方法。

在利用网络结构作为识别来源的同辈群组/社会交互作用文献中，网络或者"要素"固定效应优势可以被用来控制进入自我包含的网络或者网络子集中的行为（Bramoullé et al.，2009；Calvó – Armengol et al.，2009；Lee et al.，2010；Lin，2010；Liu and Lee，2010）。例如，那些父母受教育水平低或者受教育水平低于平均值的儿童更可能进入那里人力资本较低的同辈组成的群体。如果驱动这种选择的变量并不是完全可被观测的，那么（不可观测的）群组专属因素与目标回归因子之间的潜在相关性就是主要的偏误来源。对于那些相关联系的大量个体而言，假定个人自然地会进入不相关的子全体，或者可以基于关联性来分离出不同的子群体，那么社会网络数据的丰富性（其中我们通过网络来观测个体）为我们利用网络固定效应提供了可能的出路。对于源于具有相似不可观测特征个体进入一个网络导致的选择偏误而言，网络固定效应是一个潜在的补救方法。其内在的假设是不可观测的特征对于每个特定网络内的个人而言都是相同的。[25] 当网络很小的时候这可能是一个合理的假设——例如，一个学校学生组成的网络。然而当网络包括大量的个体，同时这些个体不必由于相同的原因而走到一起——例如，一个基于商务社交网站 LinkedIn 中联系的网络——这不再是一个可行的方法，因为此时认为不断变动的不可观测因素对所有成员都是相同的是很不合理的。正如在另一个例子中，即使所有的不动产属于同一网络的购买者和出售者，住房市场中的交易网络包括了大量的具有不同类型不可观测变量的不动产。在这种情况下，利用网络固定效应并不能消除内生

㉕　对该假设进行检验可以利用最近由 Goldsmith – Pinkham 和 Imbens（2013）提出的方法。Patacchini 和 Venanzoni（2014）将这一方法用于城市领域。

性问题。另外一个类似的情况是金融数据的交易网络中。在这种情况下，当交易的数量很高时，网络固定效应不再是一个有效的方法，尽管拓扑结构仍然包含了有价值的信息（参见 Cohen－Cole et al.，2014）。很明显地，为了定义固定效应，必须能够将个体分为在网络中不直接或间接相关的互斥的集合（或者单位），因此这种方法不适用于网络中的个体都是间接相互联系的情况。

3.4.4　空间方法与识别

　　总的来说，所有处理空间数据的研究者都要面对根本的识别与估计挑战。空间方法部分地解决了这些问题。这些方法包括对函数形式的约束，对直接影响结果的外生变量的约束，以及对可能会解决反映问题与允许识别交互效应的交互作用性质的约束。但如果这些约束是无效的化，识别就会失败。如果缺失变量与可观测变量相关导致更多的识别问题出现。无论估计模型是否存在内生交互影响，这些挑战都会出现。对这些问题的标准解决方法（例如固定效应，空间差分）需要对空间交互作用的性质进行约束。将这些方法在空间计量的框架内进行表述会使得这些约束更明确。如果由于空间上的分类效应（空间是内生的）导致缺失变量问题的产生，这会导致进一步的识别问题。再一次地，在空间计量的框架内重新表述分类效应，特别是给出空间交互矩阵，有助于澄清这些问题。网络文献和空间计量文献也提出解决分类问题的方法，尽管所有的这些方法都需要对决定区位的模型施加进一步的假设和约束。当研究者不愿意施加这些约束的情况下，在缺乏空间随机分布的情况下，利用标准的空间方法（例如固定效应或者空间差分）可以提供目前我们所能希望达到的最好结果。不幸的是，最近的文献甚至对随机分布在多大程度上是有用的也产生了疑问。这是我们接下来要讨论的问题。

3.5　当个体间的结果（在空间上）是相互依赖情况下的处理效应

　　在本部分，我们将重新在政策评估文献的框架下进行讨论，我们的目的是估计某些政策干预的处理（因果）效应。[26] 我们会考虑明确的试验——例如，

---

　　[26]　日渐增多的文献考虑了处理效应在经济问题中的应用。早期的综述包括 Angrist 和 Krueger（1999）以及 Heckman 等（1999），而 Lee（2005）提供了一个教科书水平的介绍。Angrist 和 Pischke（2011）以及其他大量的学者提供了进一步的讨论。

随机控制试验——可以在多大程度上被设计用来克服上面提到的识别问题。通过在一个不同的概念框架下考虑问题，这样做有助于强化在上文中的直觉，以及在空间或者网络依赖性可能是重要的情况下，与利用随机控制试验的评估文献联系在一起。

3.5.1 （集群）随机化不能解决反映问题

正如上文讨论的，当不可观测因素也在群组层面变动时，反映问题会阻止从 θ（邻居特征的影响）中单独估计出 β（邻居结果或者行为对个体结果的影响）。不幸的是，正如本部分表明的，如果没有施加进一步的约束，一般而言随机化并不能解决反映问题。

为了理解这一点，考虑一个从标准的线性（空间）模型中进行参数识别的试验设计，其中结果 y 被个体特征与结果同时决定，参照组的一些可观测与不可观测特征（为了简化分析，我们忽略 Z，并假定它被包括在 X 中，同时我们压缩常数项）：

$$y = X\gamma + G_y y\beta + G_x X\theta + u \tag{3.25}$$

如果每个个体最多是一个参照组的成员（G 是块对角矩阵），那么随机控制试验可以利用现有的参照组作为随机处理分布的基础。换句话说，这个群组，而非个体，可以被随机化到处理中。这是集群随机试验采用的方法，该方法在公共健康文献中已经得到了广泛应用（例如，参见 Campbell et al. ，2004）。注意到，尽管 G 可能是被内生决定的，将不同群组随机化到处理中保证了 u 与处理的状态（至少当可用的群组数量有很多时）是不相关的。我们可以将处理模型化为当其他条件不变的情况下，对所有处理组中的成员改变了 x_i 中的一些要素。鉴于在每个群组中存在完备的交互作用（假定 G 是行标准化的），$G_y\gamma$ 和 $G_x X$ 构成了每个群组内的样本均值。因此，处理通过 x_i 来直接影响个体，并通过 $G_y\gamma$ 和 $G_x X$ 间接影响个体。正如曼斯基（2013）强调的以及下文要进一步讨论的那样，这些假设意味着对处理反应函数（描述了结果随处理的变化方式）施加的约束并不是不重要的。

假设我们有两个群组，组 0 和组 1，其中对组 1 的所有成员而言，处理是随机分布的，而组 0 中则不是。我们有，

处理组：$E[y \mid 1] = E[x \mid 1](\gamma + \theta)/(1 - \beta) + E[u \mid 1]/(1 - \beta)$ (3.26)

控制组：$E[y \mid 0] = E[x \mid 0](\gamma + \theta)/(1 - \beta) + E[u \mid 0]/(1 - \beta)$ (3.27)

其中，在给定 $E[x \mid 1] - E[x \mid 0] = 0$，$E[u \mid 1] - E[u \mid 0] = 0$ 的情况下，随机分配意味着 $E[y \mid 1] - E[y \mid 0] = 0$。在其他条件不变的情况下，通过对处

理组（组1）中所有成员改变 x_i 中的一些要素，现在我们令所有的处理组成员都接受一些已知的处理。这可以得到简约形式，处理的因果效应为：

$$E[y|1] - E[y|0] = (E[x|1] - E[x|0])(\gamma + \theta)/(1 - \beta)$$
$$= x^*(\gamma + \theta)/(1 - \beta) \tag{3.28}$$

对许多政策分析的目的而言，这已经足够了，但是我们可以明确发现集群随机化并没有解决反映问题以及允许单独估计 γ、θ 和 $(1 - \beta)$。当控制集群内处理的分配时，进一步从社会交互作用导致的影响中单独识别出政策干预的直接影响（γ）也是可能的。我们在附录 B 中举了一个例子。然而，注意到，当个体仅是一个群组的成员时，对群组成员进行控制并不能解决反映问题或者允许我们单独识别 θ 和 $(1 - \beta)$。

此外，注意到，当（a）组员是内生的，或者（b）存在影响结果的缺失（群组特有的）变量，将集群随机化应用于现存的参照组会产生推断问题。这两种情况都意味着个体特征与其所在群组其他成员的特征是相关的。无论是对可观测还是不可观测特征而言，群组内的相关会降低有效的样本量，具体要取决于组内相关的大小以及群组相对于样本总量的平均大小。当组内相关等于1（因此就决定 γ 的特征而言，个体在组内是相同的），有效的样本规模等于群组的数量。当决定 γ 的特征的组内相关性为0，有效的样本规模就等于两个组中个体的总量。对于中间的情形，仅根据群组数量进行的推断会导致标准误太大，而利用个体的总量则会导致标准误太小。当群组的数量很小而组内相关性很高时，利用传统的标准误（根据群组大小）会存在恶化统计效力（当零假设是错误的时候，正确地拒绝没有处理效应的零假设的概率）的问题。

当研究者控制了组员时，将个体在处理组与控制组中进行随机分配，而不是对现有所有成员随机分配处理，会有助于解决推断中的问题。这是因为在给定组员不再是内生决定的情况下，个体层面的随机化减少了可观测与不可观测特征的组内相关性。同时，它也保证了当不可观测特征在组内相关时，u 与处理状态是不相关。然而，即使我们将个体随机地分配到处理组和控制组中，如果我们希望这些个体在处理组中相互影响，那么他们必须同时位于某处（如果它们没有共同位于一个地方），这样他们将会受到区位专属不可观测变量的影响。因此，即使这种形式的随机化也不能完全解决推断中的问题。

在实践中，对群组内的组员和处理的分配进行如此强的控制通常是很困难的。但是恰当的随机控制试验有助于理清为了从个体交互影响中单独识别出直接效应 γ 所需要的拟随机变异。以随机反应函数的假设为条件[20]，一个同时控

---

[20] 换句话说，处理通过 x_i 直接影响个体，并通过 $G_\gamma\gamma$ 和 $G_x X$ 来间接影响个体。

制组员和个体进入处理的分配的随机控制试验可以允许我们消除基于不可观测变量在两个组间的选择导致的偏误，同时估计 x 的变化以及群组均值 x 变化的影响。如果可以利用两种来源的拟随机变异：第一种决定了进入处理的分配，第二种决定了进入参照组的分配，第一章讨论的针对非试验数据因果分析的拟自然试验方法可以很好地适用于这一问题。然而，注意到，简单的处理/控制随机化并不能解决单独识别 β 和 θ 的"反映问题"，因此很明显，基于拟随机变异的方法也不能解决这个问题。

那么是否存在能够单独识别 β 和 θ 的试验呢？跟之前一样，为了能够识别，我们必须对该问题的结构施加更多约束。从3.4部分可以明确地发现，一个合适的识别策略必须依靠重叠但不完备的网络结构。附录B提供了一个满足这些标准完全假想的试验的例子。

可以发现，在方程（1）这种一般的空间模型中，要单独识别因果参数，一个成功的随机控制试验所需的要求是很严格的。有两个关键因素是必须的：（a）不同组中包含随机性；（b）存在一个可行的"不完备"网络结构，该网络结构定义了这些群组个体间的交互关系。即使这样，在设计这样一个假想实验来回答空间问题时，也会存在明显的问题，例如关于邻里效应与地理溢出效应的问题。例如，在附录B中讨论的假想试验中，个体被分配进入一个控制组与三个处理组中（组1~组3）。对识别而言的关键约束是组1与组2中的个体相互联系，组2中的个体与组3联系，但是组1和组3的个体不相互联系。如果这些联系是在空间下的，那下面的分析就不那么明确了。由于组1必须与组2在空间上相互重叠，组2必须与组3在空间上重叠，因此在地理空间上很难保证组3不与组1重叠。鉴于设计一个假象试验来重构这些参数的困难，当不存在明确的随机性或者 G 的真实结构是不可知的时候，从观测数据中发现这些参数将是很困难的。

一旦我们放松了到目前为止施加给反应函数的约束（处理通过 x_i 来直接影响个体，通过 $G_\gamma \gamma$ 和 $G_x X$ 来间接影响个体），这一情况会变得更加复杂。正如曼斯基（2013）强调的，一旦我们允许存在社会交互作用，继续保持个体结果仅随自身处理变化、而不随总体中其他成员的处理变化这一假设是很困难的。换句话说，构成了许多处理效应研究基础的强单位处理值假设（Rubin，1978）很可能不被满足。正如曼斯基（2013）所明确说明的，强单位处理值假设，或者"个体化的处理反应"假设（他这样称呼的）在存在社会交互作用的情况是约束性很强的。事实上，在上面的例子中，我们去掉了这个假设，并允许处理效应依赖于是个体处理水平与群组的平均处理水平（由 $G_\gamma \gamma$ 和 $G_x X$ 捕捉到的）。曼斯基（2013）将其定义为函数化交互反映（交互作用仅能通过组间某些处理的分布函数来发生——在这种情况下是均值）。放松这一假设可以产生曼斯基所说的分布性交互影响（其中个体处理的反应取决于组内其他个体处理的分布，而不取决于群组或者被处理个体的规模）。进一步放松假设可以产生匿名的交互作用（个人 j 的结果与其所在群体中其他成员受到处理的排列无关，但与群组的规模有关系）。日益增加的对处理反应函数更弱的假设使得识别更加困难。例如，如果处理是可观测的同时个体会根据处理进行分类，那么处理也会影响群组的结构。总而言之，即使在 G 是已知的且其结构满足 $GG \neq G$ 的情况下，对于识别感兴趣的处理效应而言，对处理反应函数的性质做出进一步的假设也是必须的。文献中对这些问题的探讨尚处于起步阶段。

3.5.2 随机化与识别

在应用城市经济学研究中，在缺乏明确随机化的情况下，越来越普遍地认为空间方法（例如固定效应、空间差分方法）的应用代表了"我们所能做的最好的"。尽管这可能是正确的，本部分表明随机化自身对于解决基本的识别问题也可能不是足够的，特别是其目的是识别内生的邻里效应或者在空间计量中识别空间相关的个体的外溢效应。即使当研究者已经控制了群组结果和处理，从 θ（邻居特征的影响）中单独识别 β（邻居结果或行为对个体结果的影响）也并不是简单易行的。对处理反应（例如恰当的函数形式）以及组员内生性（特别是对处理而言）的不确定性使得这一问题更为复杂，同时也给那些试图识别简约形式处理效应的研究者们提出了新的一系列挑战。考虑后一问题的研究将会受到应用处理效应研究的广泛关注。然而，这些新兴的研究表明大量的应用研究要依靠对处理反应函数的约束，特别是个体处理反应假设，在实践中可能得不到满足。处理这些问题是对那些试图在空间情况下发展和应用处理效应方法的研究的关键挑战之一。

3.6　结　　论

本章主要是关于分析空间数据的方法。在对空间数据的性质、测度以及偏离随机性的检验进行讨论之后，我们主要关注了包括个体空间上相互作用的线性回归模型。将空间变量引入到标准的线性回归模型中——利用所有区位的信息，能够产生与某一特定区位相互联系的变量的空间（通常是线性的）加总——为描述这些交互关系提供了一种灵活的方法。这就会导致一个问题，那就是我们是否可以忽略这些空间变量，但仍然能够正确地决定某些特定变量 x 对一些结果 γ 的影响。但是，正如通常那样，模型形式误设——这种情况下忽视了个体间的交互作用（当实际上是相关关联的时候）——意味着最小二乘法的结果是有误导性的。在一些情况下——例如，当我们对某些政策干预 x 对结果 γ 的影响感兴趣时——最小二乘法导致的偏误可能问题不大。在其他情况下，这种偏误将会是一个问题。这也是为什么要探讨如何估计存在空间交互作用的模型的一个原因。另一个更重要的原因在于空间交互作用本身可能是我们感兴趣的对象。

一旦我们的注意力转向估计包括空间变量的模型的估计，我们会遇到三个根本性的挑战，这些挑战在空间背景下会更重要：所谓的反映问题，意味着关联效应（或者共同冲击）的缺失变量的出现，以及由于分类效应导致的问题。

在利用观测数据的大部分情况下，除非我们能够施加进一步的约束，反映问题很可能会发生。我们考虑了三种解决方法，包括对函数形式的约束、对直接影响结果的外生变量的（排除性）约束，以及对交互作用性质的约束。通过利用空间权重矩阵（假定交互作用是不完备的，因而具有 $GG \neq G$ 的性质），最后一种解决方法已经在空间计量文献中得到了广泛应用。这一方法最近在社会交互作用文献中更为常用，该方法利用网络联系的结果来对内生效应构造有效的工具变量（通过利用间接朋友的特征）。然而，根据我们的观点，这些约束需要根据制度、政策或者理论（或者根据为了识别相关联系而收集的数据）来仔细论证其合理性。这些问题已经在网络和理论空间计量文献中得到了仔细的考察，但许多应用研究仍然继续利用常用的空间权重矩阵来施加约束。不幸的是，如果这些约束（无论是否被仔细论证其合理性）是无效的，识别就会失败。

对于一些特别是在试验数据范式下进行研究的研究而言，与这些技术相关的信息要求是很深刻的，因此他们可能更偏好对简约形式进行估计，并集中探讨由于分类效应以及空间变量缺失导致的问题。然而，正如我们已经表明的，在常用的经验方法中——固定效应或空间差分方法——被用来解决这些问题的关于 G 的结构的类似假设是隐含存在的。上文我们的讨论明确地利用了这些假设，这意味着在构建应用微观计量研究时，需要对一般空间形式的更大应用进行论证。不幸的是，当缺失变量是由内生分类行为导致的时候，如果不对决定区位的过程施加进一步约束，是很难取得进展的。我们表明这些一般的教训对政策评估文献而言也是存在的，该类文献的目的是估计一些政策干预的因果效应。尤其是，对于一个试图在一个一般空间模型中单独识别因果参数的随机控制试验而言，想要取得成功，其所需的要求是很严格的。这些困难包括设计一个利用观测数据来强调研究中的挑战的假想试验，同时指出解决这些问题时随机控制试验的局限性。

如果本章中有一个首要信息的话，那就是尽管利用空间统计和计量技术来回答城市经济学中的相关问题肯定是一个很有前景的研究领域，但这里不能机械地应用这些技术。正如我们在本章中讨论的那样，会存在大量的挑战与不同的可能解决方法。最后，选择最恰当的模型、识别与估计方法要取决于潜在的空间效应的机制，而不能仅仅根据统计上的考虑。

附录 A：缺失空间变量的偏误

即使当估计空间或者社会交互作用不是主要目标时，缺失了重要的空间变量或者描述了社会交互作用的变量都会对其他参数的估计产生重要影响。这只是一个标准的缺失变量问题。在正文中，我们表明了个体间的交互影响可能会源于（1）群组层面上个体特征的影响；（2）其他主体群组层面特征的影响；（3）参照组中其他个体结果的影响。在对其他变量效应进行估计时，任何这些交互作用的缺失都会导致偏误，尽管在实践中这些偏误的重要性在一定程度上取决于估计目的。

假定交互作用仅通过群组层面的特征发生——换句话说，背景效应——因此方程（3.5）变为（利用矩阵记号）：

$$y = X\gamma + G_x X\theta + \varepsilon$$

现在假设我们试图利用一个（错误设定的）标准回归模型来估计 γ，其中个体结果只取决于其自身的特征：

$$y = X\gamma + \varepsilon \tag{A.1}$$

根据设定由于 $G_x X$ 与 X 是相关的，现在这是一个由于缺少 $G_x X\theta$ 导致的标准的缺失变量偏误。最小二乘法对 γ 的估计偏误随着邻居或者同辈特征（决定个体结果 θ）重要性的提高而增加：

$$\hat{\gamma}_{OLS} = \gamma + (X'X)^{-1} X' G_x X\theta \tag{A.2}$$

一个类似的论证对群组 $G_z Z$ 外部特征的缺失也是成立的，此时正确的形式为：

$$y = X\gamma + G_z Z\delta + \varepsilon$$

很明显地，偏误的程度要取决于 $G_z Z$ 和 X 的相关程度。

另外，假设交互作用确实是由于个体对其他个体结果的反应导致的——换句话说，内生效应——因此方程（3.5）变为：

$$y = X\gamma + G_y y\beta + \varepsilon$$

如果我们利用方程（A.1）错误地估计了 γ，此时最小二乘估计量为：

$$
\begin{aligned}
\hat{\gamma}_{OLS} &= \gamma + (X'X)^{-1}X'G_y\gamma\beta \\
&= \gamma + (X'X)^{-1}X'G_yX\gamma\beta + (X'X)^{-1}X'G_y^2\gamma\beta^2 \\
&= \gamma + (X'X)^{-1}X'G_yX\gamma\beta + (X'X)^{-1}X'G_y^2X\gamma\beta^2 \\
&\quad + (X'X)^{-1}X'G_y^3X\gamma\beta^3 + \cdots
\end{aligned}
\tag{A.3}
$$

通过重复相加，就可以得到一个无限的误差项的多项式。如果 $\beta > 0$，最小二乘法将是有偏的。当 β 趋向于 1 时（此时估计量没有被定义），偏误会趋向于无穷；当随着 β 趋向于 0 时，偏误会趋向于 0。这一偏误的直观原因在于 X 通过 γ 起作用的效应被邻居或者同辈间的反馈所放大，同时 X 对一个个体的影响也会影响其邻居，反之亦然。G_y 是像在方程（3.7）中所构造的那样，这个偏误的形式可以被化简为：

$$\hat{\gamma}_{OLS} = \gamma + (X'X)^{-1}X'G_yX\gamma\beta/(1-\beta) \tag{A.4}$$

最后，让我们考虑群组层面特征和结果同时发生交互作用的情形——换句话说，真实的关系为：

$$\gamma = X\gamma + G_y\gamma\beta + G_xX\theta + \varepsilon$$

如果我们利用模型（A.1）来估计 γ——换句话说，在同时缺失内生效应 $G_y\gamma$ 以及背景效应 $G_x x$ 的情况下——最小二乘估计量为

$$
\begin{aligned}
\hat{\gamma}_{OLS} &= \gamma + (X'X)^{-1}X'G_xX\theta + (X'X)^{-1}X'G_y\gamma\beta \\
&= \gamma + (X'X)^{-1}X'G_xX\theta + (X'X)^{-1}X'G_yX\gamma\beta \\
&\quad + (X'X)^{-1}X'G_yGxX\theta\beta + (X'X)^{-1}X'G_y^2\gamma\beta^2 \\
&= \gamma + (X'X)^{-1}X'G_xX\theta + (X'X)^{-1}X'G_yX\gamma\beta \\
&\quad + (X'X)^{-1}X'G_yGxX\theta\beta + (X'X)^{-1}X'G_y^2X\gamma\beta^2 \\
&\quad + (X'X)^{-1}X'G_y^2G_xX\theta\beta^2 + \cdots
\end{aligned}
\tag{A.5}
$$

再一次地，如果 $G_y = G_x = G$ 是一个简单的块对角均值构造的幂等矩阵，上式可以被化简为：

$$\hat{\gamma}_{OLS} = \gamma + (X'X)^{-1}X'GX(\gamma\beta + \theta)/(1-\beta) \tag{A.6}$$

如果我们忽略 $\beta\gamma = -\delta$ 的情况，最小二估计量将会是有偏的，且其偏误同时取决于 β 和 θ。当 β 趋向于 1 或者 θ 趋向于无穷时，这个偏误会趋向于无穷；当 β 和 θ 都趋向于 0 时，这个偏误会趋向于 0。再一次地，这个偏误包括了由于背景交互作用（通过 θ 起作用）以及个体影响 γ 缺失导致的影响，并都会被邻居 β 间的反馈机制所放大。

当然，如果政策制定者对某些处理 X 的影响感兴趣，那么这个"偏误的"

参数恰好是政策制定者所感兴趣的：政策影响的简约形式，考虑了个体间空间交互作用的放大效应——无论是从个体被其自身处理 γ 影响的意义上，还是从个体被邻居处理 γ 影响的意义上而言，因为这里存在通过处理导致的结果起作用的反馈 $\left(\text{相乘的因素} \dfrac{1}{(1-\beta)}\right)$。这个估计是否应该被考虑要取决于正文中探讨的因果关系的定义，尽管在项目影响文献中这个误差项确实经常被解释为因果参数。无论如何，这个对最小二乘法系数简约形式的解释是为什么对政策处理效应感兴趣的研究者相对于描述不同类型的空间或者社会交互作用而言，更加关心对识别的其他挑战。我们在3.5节对这些问题进行了进一步讨论。

在一些情况中，当研究者的兴趣是试图理解空间或者社会交互作用的结构、而不是功利性的政策目的时，这种简约形式的解释可能不是很有帮助。一个研究者可能对结构参数 γ，或者交互项 θ 和 β 的识别特别感兴趣。如果简单地忽略交互效应并不是一个好的选择，那么研究者需要采用允许包含这些交互作用的方法来进行估计，尽管我们3.4部分中已经表明，对这些参数的识别并不是很容易的。

缺失空间变量也会导致很多问题，因为它会导致通常被称为可修正区位单位的问题（例如，See Openshaw, 1983；Wong, 2009；Briant et al., 2010）。这个问题是当分析所使用的数据的空间加总水平发生变化时，用来估计参数的经验观测值可以发生很大变化（例如，从个体微观数据加总到社区、区域，或者如 Briant et al., 2010 所示的提取规则的几何加总）。在回归应用中导致这个问题的原因从上面的讨论中可以清晰地发现，那就是改变加总水平就是改变了个体影响 γ 以及由于空间交互作用导致的影响（或者其他空间变量）的相对权重。例如，假定在个体层面潜在的关系是：

$$y = X\gamma + G_x X\theta + \varepsilon$$

与上面的第一个例子一样，我们利用个体数据在缺失空间变量 $G_x X$ 的情况下，估计 γ 对 X 的一个回归。如上文所示，最小二乘法估计是 $\hat{\gamma}_{OLS} = \gamma + (X'X)^{-1}X'G_x X\theta$。这是一个根据 $G_x X$ 和 X 的样本协方差以及 X 的样本方差的 γ 和 θ 的加权平均。当我们从更高的地理层面对个体层面数据进行加总时，θ 的权重会一直增加，如果我们在 G_x 定义的空间加总水平上进行估计——换句话说，我们估计 $G_x\gamma = G_x X\gamma + G_x X\theta + \varepsilon$——直到我们得到 $\hat{\gamma}_{OLS} = \gamma + \theta$。如果缺失的变量不是 $G_x X$，而是其他的与 X 相关的空间变量，那么类似的问题也会出现。

附录 B：当出现空间集群内部的交互作用时，进行参数识别的假想随机控制试验

在 3.5 部分，我们注意到标准的集群化随机控制试验设计只能识别一个组合参数，该组合参数描述了一项政策干预的直接影响以及在空间集群中被处理的个体间的背景与内生交互作用带来的社会乘数影响的组合。然而，我们注意到试验可以被设计为用来重构部分或者全部这些参数。在这里，我们提供了一些简单例子，我们希望这可以解释在识别具有空间和社会交互影响的模型的参数时遇到的更一般的问题。

当被随机处理的空间集群内部出现交互作用时，方程（3.26）所示的标准集群化随机控制试验可以允许我们来估计一项政策干预 x^* 的总体影响：$E[y\,|\,1] - E[y\,|\,0] = x^*(\gamma + \theta)/(1-\beta)$。

从现在假设，除了随机的处理某些集群（处理组），同时不处理其他的集群（控制组），我们可以控制每个集群内部被随机处理的个体所占的份额。我们利用 s 来表示在集群内部被处理的个体所占的份额，因此对一些个体而言 $E[x\,|\,1] - E[x\,|\,0] = x^*$，但是对集群而言我们有 $E[x\,|\,s] = x^*s$。

利用这个试验，我们可以估计每个集群中被处理的个体、没被处理的个体以及每个集群的结果的平均值，该均值会随着被处理的份额 s 变化而变化。[28] 集群中的平均结果为：

$$E[y\,|\,s] = \beta E[y\,|\,s] + x^*s(\gamma + \theta)$$
$$= x^*s(\gamma + \theta)/(1-\beta) \tag{B.1}$$

在被处理份额为 s 的集群中，直接被处理个体：

$$E[y\,|\,1,\,s] = \beta E[y\,|\,s] + x^*(\gamma + s\theta)$$
$$= x^*s[\beta(\gamma + \theta)/(1-\beta) + \theta] + \gamma x^* \tag{B.2}$$

在被处理份额为 s 的集群中，间接被处理个体：

$$E[y\,|\,0,\,s] = \beta E[y\,|\,s] + x^*s\theta$$
$$= x^*s[\beta(\gamma + \theta)/(1-\beta) + \theta] \tag{B.3}$$

将被处理的均值减去未被处理的均值可以得到处理的直接影响为：

$$E[y\,|\,1,\,s] - E[y\,|\,0,\,s] = x^*\gamma \tag{B.4}$$

因此，在有两个或者更多集群可用，并具有不同的被处理份额时，我们可

---

[28]　对于诸如（3.6）的个体结果而言，这里我们假定标准的线性均值表达式。

以识别出 γ 和一个表示社会交互作用强度的组合参数 $\beta(\gamma+\theta)/(1-\beta)+\theta$。但是，这仍然没有解决反映问题并允许单独估计 θ 和 $(1-\beta)$。[29]

试图单独识别内生交互效应 β 是更复杂的，正如3.4部分所讨论的，这需要试验结果模拟网络群组结构来作为识别的前提。这里的思路是构造一些没有被直接处理的个体、一些被间接处理（通过与被直接处理个体的相互影响）的个体（内生和背景效应），以及一些只与被间接处理的个体相互影响的被间接处理的个体（内生效应）。

我们构造四组个体（组0，1，2和3），其中组0是控制组。个体被随机地分配到同样大小的组1，2和3中，其中组1中的个体与组2中的某个个体相互影响，同时这个组2中的个体也与组3中的个体相互影响，但是组1中的个体不与组3中的个体相互影响。同时，为了简化表示，我们假定在给定群组中的个体不与该组中其他个体相互影响。再一次地，我们不考虑这一交互系统是如何被增强的现实情况。个体在这三个群组中的分布是随机的，因此对于所有的 j 和 k，$E[\gamma\,|\,j]-E[\gamma\,|\,k]=E[x\,|\,j]-E[x\,|\,k]=E[u\,|\,j]-E[u\,|\,k]=0$。组1受一个政策干预 x^* 的约束。

根据设定，对于每个组中只有两个个体的简单例子而言，矩阵 G 的结构为：

$$G=\begin{array}{c} \\ a \\ b \\ c \\ d \\ e \\ f \\ g \\ h \end{array}\begin{array}{c} \begin{array}{cccccccc} a & b & c & d & e & f & g & h \end{array} \\ \left[\begin{array}{cccccccc} 0 & 0 & 0 & 0 & 0 & 0 & 0 & 0 \\ 0 & 0 & 0 & 0 & 0 & 0 & 0 & 0 \\ 0 & 0 & 0 & 0 & 1 & 0 & 0 & 0 \\ 0 & 0 & 0 & 0 & 0 & 1 & 0 & 0 \\ 0 & 0 & 0.5 & 0 & 0 & 0 & 0.5 & 0 \\ 0 & 0 & 0 & 0.5 & 0 & 0 & 0 & 0.5 \\ 0 & 0 & 0 & 0 & 1 & 0 & 0 & 0 \\ 0 & 0 & 0 & 0 & 0 & 1 & 0 & 0 \end{array}\right] \end{array}$$

其中，a 和 b 属于组0，c 和 d 属于组1，e 和 f 属于组2，以及 g 和 h 属于组3。很明显地，$GG\neq G$，因此我们可以直接应用3.4部分的结果。然而，再一次地，我们认为在随机控制试验范式下求解这个特定例子具有很强的启发性，其可以帮助我们加深对识别是如何实现的理解，同时告诉我们在非试验情况下进行识别会是多么困难。

---

[29] 我们也可以利用群组分配来完全分离某些个体，从而识别 θ 和 $(1-\beta)$。对于被分离出的个体而言，被处理的与未被处理的个体期望结果之间的差异是 $E[\gamma\,|\,1]-E[\gamma\,|\,0]=(E[x\,|\,1]-E[x\,|\,0])\gamma=x^*\gamma$，这可以估计直接影响 γ。

根据标准的线性交互作用结果，并利用记号 $DE[x_i \,|\, j] = E[x_i \,|\, j] - E[x_i \,|\, 0]$ 等（跟控制组均值的差异），我们可以得到每个群组中个体的如下表达式为：

$$E[y \,|\, 0] = E[x \,|\, 0]\gamma + E[u \,|\, 0] \tag{B.5}$$

$$E[y \,|\, 1] = E[y \,|\, 2]\beta + E[x \,|\, 1]\gamma + E[u \,|\, 1] \tag{B.6}$$

$$E[y \,|\, 2] = (E[y \,|\, 1] + E[y \,|\, 3])\beta/2 + (E[x \,|\, 1] + E[x \,|\, 3])\theta/2$$
$$+ E[x \,|\, 2]\gamma + E[u \,|\, 2] \tag{B.7}$$

$$E[y \,|\, 3] = E[y \,|\, 2]\beta + E[x \,|\, 2]\theta + E[x \,|\, 3]\gamma + E[u \,|\, 3] \tag{B.8}$$

在组 1 中存在的随机化与政策干预：

$$DE[y \,|\, 1] = DE[y \,|\, 2]\beta + x^{*}\gamma \tag{B.9}$$

$$DE[y \,|\, 2] = (DE[y \,|\, 1] + DE[y \,|\, 3])\beta/2 + x^{*}\theta/2 \tag{B.10}$$

$$DE[y \,|\, 3] = DE[y \,|\, 2]\beta \tag{B.11}$$

通过替换方程（B.10）中的 $DE[\gamma \,|\, 1]$ 和 $DE[\gamma \,|\, 3]$，我们可以得到 $DE[\gamma \,|\, 2]$ 的简约形式为：

$$DE[y \,|\, 2] = DE[y \,|\, 2]\beta^{2} + x^{*}(\gamma\beta + \theta)/2$$
$$= x(\gamma\beta + \theta)/2(1 - \beta^{2})$$
$$= x^{*}\pi \tag{B.12}$$

其中 π 是一个组合参数 $\dfrac{(\gamma\beta/2 + \theta)}{2(1 - \beta^{2})}$。

由于 $DE[\gamma \,|\, 3] = x^{*}\pi\beta$ 以及 $DE[\gamma \,|\, 2] = x^{*}\pi$，$\beta = DE[\gamma \,|\, 3]/DE[\gamma \,|\, 2]$。换句话说，通过对组 3 与组 0 的平均结果取差分，并除以组 2 与组 0 平均结果的差分，就可以得到内生交互作用系数 β 的估计值。这等价于利用政策干预 x^{*} 作为 $DE[\gamma \,|\, 3]$ 关于 $DE[\gamma \,|\, 2]$ 回归中的工具变量而进行的工具变量估计（这与 3.4 部分所示的网络文献中的识别方法很相似）。

参考文献

Aaronson, D., 1998. Using sibling data to estimate the impact of neighborhoods on children's educational outcomes. J. Hum. Resour. 33 (4), 915–946.

Abbasi, A., Altmann, J., Hossain, L., 2011. Identifying the effects of co-authorship networks on the performance of scholars: a correlation and regression analysis of performance measures and social network analysis measures. J. Informetr. 5 (4), 594–607.

Angrist, J., Krueger, A., 1999. Empirical strategies in labor economics. In: Ashenfelter, A., Card, D. (Eds.), Handbook of Labor Economics 3A. North-Holland, Amsterdam.

Angrist, J., Pischke, J.S., 2009. Mostly harmless econometrics. Princeton University Press, Princeton.

Angrist, J., Pischke, J.S., 2011. The credibility revolution in empirical economics: how better research design is taking the con out of econometrics. J. Econ. Perspect. 24, 3–30.

Anselin, L., 1988. Spatial Econometrics: Methods and Models. Kluwer Academic Publishers, Dordrecht.

Anselin, L., 1995. Local indicators of spatial association. Geogr. Anal. 27 (2), 93–115.

Banerjee, A., Besley, T., 1991. Peer Group Externalities and Learning Incentives: A Theory of Nerd Behavior. Princeton University, Mimeo.

Barrios, T., Diamond, R., Imbens, G.W., Kolesar, M., 2012. Clustering, spatial correlations, and random-ization inference. J. Am. Stat. Assoc. 107 (498), 578–591.

Benabou, R., 1993. Workings of a city: location, education, and production quarterly. J. Econ. 108, 619–652.

Black, S.E., 1999. Do better schools matter? Parental valuation of elementary education. Q. J. Econ. 577–599.

Borjas, G., Doran, K., 2012. The collapse of the Soviet Union and the productivity of American mathema-ticians. Q. J. Econ. 127 (3), 1143–1203.

Bound, J., Jaeger, D., Baker, R., 1995. Problems with instrumental variables estimation when the correlation between the instruments and the endogenous explanatory variable is weak. J. Am. Stat. Assoc. 90 (430), 443–450.

Bramoullé, Y., Djebbari, H., Fortin, B., 2009. Identification of peer effects through social networks. J. Econom. 150, 41–55.

Briant, A., Combes, P.P., Lafourcade, M., 2010. Dots to boxes: do the size and shape of spatial units jeop-ardize economic geography estimations? J. Urban Econ. 67 (3), 287–302.

Brock, W.A., Durlauf, S.N., 2001. Interactions-based models. In: Heckman, J.J., Leamer, E.E. (Eds.), Hand-book of Econometrics, first ed., vol. 5. Elsevier, pp. 3297–3380 (Chapter 54).

Calvó-Armengol, A., Patacchini, E., Zenou, Y., 2009. Peer effects and social networks in education. Rev. Econ. Stud. 76, 1239–1267.

Cameron, A.C., Miller, D.L., 2015. A practitioner's guide to cluster-robust inference. J. Hum. Resour. forthcoming.

Campbell, M.K., Elbourne, D.R., Altman, D.G., 2004. CONSORT statement: extension to cluster randomised trials. BMJ 328, 702.

Case, A., Katz, L., 1991. The company you keep: the effects of family and neighborhood on disadvantaged youths. National Bureau of Economic Research, Inc, NBER Working papers 3705.

Ciccone, A., Peri, G., 2006. Identifying human-capital externalities: theory with applications. Rev. Econ. Stud. 73 (2), 381–412, Oxford University Press.

Cohen-Cole, E., Kirilenko, A., Patacchini, E., 2014. Trading networks and liquidity provision. J. Financ. Econ. 113 (2), 235–251.

Combes, P.P., Overman, H.G., 2004. The spatial distribution of economic activities in the European Union. In: Henderson, J.V., Thisse, J.F. (Eds.), Handbook of Regional and Urban Economics. Cities and Geog-raphy, vol. 4. Elsevier, Amsterdam.

Combes, P.P., Duranton, G., Gobillon, L., 2008. Spatial wage disparities: sorting matters!. J. Urban Econ. 63 (2), 723–742.

Conley, T.G., 1999. GMM estimation with cross sectional dependence. J. Econom. 92 (1), 1–45, Elsevier.

Conley, T.G., Molinari, F., 2007. Spatial correlation robust inference with errors in location or distance. J. Econom. 140, 76–96.

Cressie, N.A.C., 1993. Statistics for Spatial Data. John Wiley, New York.

Cutler, D.M., Glaeser, E.L., Vigdor, J.L., 1999. The rise and decline of the American Ghetto. J. Polit. Econ. 107 (3), 455–506.

Dahl, G.B., 2002. Mobility and the returns to education: testing a Roy model with multiple markets. Econometrica 70, 2367–2420.

De Giorgi, G., Pellizzari, M., Redaelli, S., 2010. Identification of social interactions through partially over-lapping peer groups. Am. Econ. J. Appl. Econ. 2 (2), 241–275.

De la Roca, J., Puga, D., 2014. Learning by working in big cities. CEMFI.

Del Bello, C., Patacchini, E., Zenou, Y., 2014. Peer effects: social or geographical distance? Working paper.

Di Addario, S., Patacchini, E., 2008. Wages and the city. Evidence from Italy. Labour Econ. 15 (5), 1040–1061.

Diggle, P.J., 2003. Statistical Analysis of Spatial Point Patterns. Oxford University Press, New York.

Duranton, G., Overman, H.G., 2005. Testing for localisation using micro geographic data. Rev. Econ. Stud. 72, 1077–1106.

Duranton, G., Gobillon, L., Overman, H.G., 2011. Assessing the effects of local taxation using microgeo-graphic data. Econ. J. 121, 1017–1046.

Eerola, E., Lyytikainen, T., 2012. On the role of public price information in housing markets. Government Institute for Economic Research, VATT Working papers 30/2012.

Einio, E., Overman, H.G., 2014. The effects of spatially targeted enterprise initiatives: evidence from UK LEGI. LSE.

Ellison, G., Glaeser, E.L., 1997. Geographic concentration in U.S. manufacturing industries: a dartboard approach. J. Polit. Econ. 105 (5), 889–927, University of Chicago Press.

Ellison, G., Glaeser, E.L., Kerr, W., 2010. What causes industry agglomeration? Evidence from coagglomeration patterns. Am. Econ. Rev. 100, 1195–1213.

Epple, D., Romano, R.E., 2011. Peer effects in education: a survey of the theory and evidence. In: Benhabib, J., Bisin, A., Jackson, M.O. (Eds.), Handbook of Social Economics, vol. 1B. Elsevier, Amsterdam (Chapter 20).

Felkner, J.S., Townsend, R.M., 2011. The geographic concentration of enterprise in developing countries. Q. J. Econ. 126 (4), 2005–2061.

Fryer, R., Torelli, P., 2010. An empirical analysis of 'Acting White'. J. Public Econ. 94 (5–6), 380–396.

Gaviria, A., Raphael, S., 2001. School-based peer effects and juvenile behavior. Rev. Econ. Stat. 83 (2), 257–268, MIT Press.

Getis, A., Ord, J.K., 1992. The analysis of spatial association by use of distance statistics. Geogr. Anal. 24, 189–206.

Gibbons, S., 2004. The costs of urban property crime. Econ. J. 114 (498), F441–F463.

Gibbons, S., Machin, S., 2003. Valuing English primary schools. J. Urban Econ. 53 (2), 197–219.

Gibbons, S., Overman, H.G., 2012. Mostly pointless spatial econometrics. J. Reg. Sci. 52 (2), 172–191.

Gibbons, S., Silva, O., Weinhardt, F., 2013. Everybody needs good neighbours? Evidence from students' outcomes in England. Econ. J. 123 (571), 831–874.

Gibbons, S., Overman, H.G., Pelkonen, P., 2014. Area disparities in Britain: understanding the contribution of people versus place through variance decompositions. Oxf. Bull. Econ. Stat. 76 (5), 745–763.

Goldsmith-Pinkham, P., Imbens, G.W., 2013. Social networks and the identification of peer effects. J. Bus. Econ. Stat. 31, 253–264.

Goux, D., Maurin, E., 2007. Close neighbours matter: neighbourhood effects on early performance at school. Econ. J. 117 (523), 1193–1215, Royal Economic Society.

Graham, D.J., 2007. Agglomeration, productivity and transport investment. J. Transp. Econ. Policy 41 (3), 317–343.

Harhoff, D., Hiebel, M., Hoisl, K., 2013. The impact of network structure and network behavior on inventor productivity. Munich Center for Innovation and Entrepreneurship Research (MCIER). Max Planck Institute.

Heckman, J., 2005. The scientific model of causality. Sociol. Method. 35 (1), 1–97.

Heckman, J., Lalonde, R., Smith, J., 1999. The economics and econometrics of active labour market programs. In: Ashenfelter, A., Card, D. (Eds.), Handbook of Labor Economics, vol. 3A, North-Holland, Amsterdam.

Helmers, C., Patnam, M., 2014. Does the rotten child spoil his companion? Spatial peer effects among children in rural India. Quant. Econ. 5 (1), 67–121.

Herfindahl, O.C., 1959. Copper Costs and Prices: 1870–1957. The John Hopkins Press, Baltimore, MD.

Hirschman, A.O., 1964. The paternity of an index. Am. Econ. Rev. 54 (5), 761.

Holmes, T., 1998. The effect of state policies on the location of manufacturing: evidence from state borders. J. Polit. Econ. 106, 667–705.

Holmes, T.J., Lee, S., 2012. Economies of density versus natural advantage: crop choice on the back forty. Rev. Econ. Stat. 94 (1), 1–19, MIT Press.

Horrace, C.W., Liu, X., Patacchini, E., 2013. Endogenous network production function with selectivity. Syracuse University, Working paper.

Hsieh, C.S., Lee, L.F., 2013. A social interaction model with endogenous friendship formation and selectivity. Ohio State University, Working paper.

Ioannides, Y., 2013. From Neighborhoods to Nations: The Economics of Social Interactions. Princeton University Press, Amsterdam.

Ioannides, Y., Zabel, J., 2008. Interactions, neighbourhood selection and housing demand. J. Urban Econ. 63, 229–252.

Jaffe, A., 1989. Real effects of academic research. Am. Econ. Rev. 79 (5), 957–970.

Kelejian, H.H., Prucha, I.R., 1998. A generalized spatial two-stage least squares procedure for estimating a spatial autoregressive model with autoregressive disturbance. J. Real Estate Financ. Econ. 17, 99–121.

Kelejian, H.H., Prucha, I.R., 1999. A generalized moments estimator for the autoregressive parameter in a spatial model. Int. Econ. Rev. 40, 509–533.

Kelejian, H.H., Prucha, I.R., 2004. Estimation of simultaneous systems of spatially interrelated cross sectional equations. J. Econom. 118, 27–50.

Kelejian, H., Prucha, I.R., 2007. HAC estimation in a spatial framework. J. Econom. 140, 131–154.

Kelejian, H.H., Prucha, I.R., 2010. Specification and estimation of spatial autoregressive models with auto-regressive and heteroskedastic disturbances. J. Econom. 157, 53–67.

Kiel, K., Zabel, J., 2008. Location, location, location: the 3L approach to house price determination. J. Hous. Econ. 17, 175–190.

Klier, T., McMillen, D.P., 2008. Evolving agglomeration in the U.S. auto supplier industry. J. Reg. Sci. 48 (1), 245–267.

Kosfeld, R., Eckey, H.-F., Lauridsen, J., 2011. Spatial point pattern analysis and industry concentration. Ann. Reg. Sci. 47, 311–328.

Krauth, B., 2005. Peer effects and selection effects on smoking among Canadian youth. Can. J. Econ. 38 (3), 414–433.

Krugman, P., 1991a. Geography and Trade. MIT Press, Cambridge, MA.

Krugman, P., 1991b. Increasing returns and economic geography. J. Polit. Econ. 99 (3), 483–499.

Kuminoff, N., Kerry Smith, V., Timmins, C., 2013. The new economics of equilibrium sorting and policy evaluation using housing markets. J. Econ. Lit. 51 (4), 1007–1062.

Lee, L.-F., 1983. Generalized econometric models with selectivity. Econometrica 51, 507–512.

Lee, L.-F., 2004. Asymptotic distributions of quasi-maximum likelihood estimators for spatial econometric models. Econometrica 72, 1899–1926.

Lee, M.-J., 2005. Micro-Econometrics for Policy, Program and Treatment Effects. Oxford University Press, Oxford.

Lee, L.-F., 2007. Identification and estimation of econometric models with group interactions, contextual factors and fixed effects. J. Econom. 140, 333–374.

Lee, L.-F., Liu, X., 2010. Efficient GMM estimation of high order spatial autoregressive models with auto-regressive disturbances. Econ. Theory 26, 187–230.

Lee, L.-F., Liu, X., Lin, X., 2010. Specification and estimation of social interaction models with network structures. Econom. J. 13, 145–176.

Li, J., Lee, L., 2009. Binary choice under social interactions: an empirical study with and without subjective data on expectations. J. Appl. Econ. 24, 257–281.

Lin, X., 2010. Identifying peer effects in student academic achievement by a spatial autoregressive model with group unobservables. J. Urban Econ. 28, 825–860.

Liu, X., Lee, L.-F., 2010. GMM estimation of social interaction models with centrality. J. Econom. 159, 99–115.

Liu, X., Patacchini, E., Zenou, Y., Lee, L.-F., 2012. Criminal networks: who is the key player? CEPR Discussion Paper No. 8772.

Liu, X., Patacchini, E., Rainone, E., 2013. The allocation of time in sleep: a social network model with sampled data. CEPR Discussion Paper No. 9752.

Liu, X., Patacchini, E., Zenou, Y., 2014. Endogenous peer effects: local aggregate or local average? J. Econ. Behav. Organ. 103, 39–59.

Manski, C.F., 1993. Identification of endogenous effects: the reflection problem. Rev. Econ. Stud. 60, 531–542, 84, 600–616.

Manski, C.F., 2000. Economic analysis of social interactions. J. Econ. Perspect. 14 (3), 115–136.

Manski, C.F., 2013. Identification of treatment response with social interactions. Econom. J. 16 (1), S1–S23.

Marcon, E., Puech, F., 2003. Evaluating the geographic concentration of industries using distance-based methods. J. Econ. Geogr. 4 (3), 409–428.

Massey, D.S., Denton, N.A., 1987. Trends in the residential segregation of Blacks, Hispanics, and Asians: 1970–1980. Am. Sociol. Rev. 94, 802–825.

Mayer, T., Mayneris, F., Py, L., 2012. The impact of urban enterprise zones on establishments location decisions: evidence from French ZFUs. PSE.

Mele, A., 2013. Approximate variational inference for a model of social interactions. Working papers 13–16, NET Institute.

Melo, P.C., Graham, D.J., Noland, R.B., 2009. A meta-analysis of estimates of urban agglomeration economies. Reg. Sci. Urban Econ. 39, 332–342.

Mion, G., Naticchioni, P., 2009. The spatial sorting and matching of skills and firms. Can. J. Econ. 42, 28–55 [Revue canadienne d'économique].

Moran, P.A.P., 1950. Notes on continuous stochastic phenomena. Biometrika 37 (1), 17–23.

Moretti, E., 2004. Human capital externalities in cities. In: Henderson, J.V., Thisse, J.F. (Eds.), Handbook of Regional and Urban Economics. Cities and Geography, vol. 4. Elsevier, Amsterdam.

Nakajima, R., 2007. Measuring peer effects on youth smoking behaviour. Rev. Econ. Stud. 74, 897–935.

Openshaw, S., 1983. The Modifiable Areal Unit Problem. Geo Books, Norwich.

Patacchini, E., Rainone, E., 2014. The word on banking—social ties, trust, and the adoption of financial products, EIEF Discussion Paper No. 1404.

Patacchini, E., Venanzoni, G., 2014. Peer effects in the demand for housing quality. J. Urban Econ. 83, 6–17.

Patacchini, E., Zenou, Y., 2007. Spatial dependence in local unemployment rates. J. Econ. Geogr. 7, 169–191.

Patacchini, E., Zenou, Y., 2012. Neighborhood effects and parental involvement in the intergenerational transmission of education. J. Reg. Sci. 51 (5), 987–1013.

Ripley, B.D., 1976. The second-order analysis of stationary point processes. J. Appl. Probab. 13, 255–266.

Rubin, D.B., 1978. Bayesian inference for causal effects: the role of randomization. Ann. Stat. 6 (1), 34–58.

Sacerdote, B., 2001. Peer effects with random assignment: results for Dartmouth roommates. Q. J. Econ. 116, 681–704.

Scholl, T., Brenner, T., 2012. Detecting spatial clustering using a firm-level cluster index. Working papers on Innovation and Space 02.12: 1-29.

Scholl, T., Brenner, T., 2013. Optimizing distance-based methods for big data analysis. Philipps-Universität Marburg, Working papers on Innovation and Space.

Simons-Morton, B., Farhat, T., 2010. Recent findings on peer group influences on adolescent smoking. J. Prim. Prev. 31 (4), 191–208.

Sirakaya, S., 2006. Recidivism and social interactions. J. Am. Stat. Assoc. 101 (475), 863–875.

Soetevant, A., Kooreman, P., 2007. A discrete choice model with social interactions: with an application to high school teen behaviour. J. Appl. Econ. 22, 599–624.

Stock, J., Wright, J., Yogo, M., 2002. A survey of weak instruments and weak identification in generalized method of moments. J. Bus. Econ. Stat. 20 (4), 518–529.

Vitali, S., Mauro, N., Fagiolo, G., 2009. Spatial localization in manufacturing: a cross-country analysis. LEM Working paper Series 4, 1–37.

Weinberg, R., 2007. Social interactions with endogenous associations. NBER Working paper No. 13038.

Wong, D., 2009. The modifiable areal unit problem (MAUP). In: Fotheringham, A.S., Rogerson, P. (Eds.), The SAGE Handbook of Spatial Analysis. Sage Publications Ltd, London, pp. 105–124.

Zenou, Y., 2009. Urban Labour Markets. Cambridge University Press, Cambridge.

第 2 篇

集聚和城市空间结构

第 *4* 章
异质主体的集聚理论

克里斯蒂安·贝伦斯

加拿大魁北克大学蒙特利尔分校经济学院
俄罗斯莫斯科国立高等经济学院
加拿大魁北克大学蒙特利尔分校国际关系、经济政策和就业中心
英国伦敦经济政策研究中心

弗雷德里克·罗伯特—尼佑德

英国伦敦经济政策研究中心
瑞士日内瓦大学经济管理学院
英国伦敦政治经济学院空间经济研究中心

摘要

本章用一个统一的框架概括了集聚理论的最新研究进展。我们重点强调了区位基础因素、集聚经济、异质主体的空间排序和选择效应是如何影响城市规模、生产率、城市构成以及城市的不平等,此外还包括城市体系的规模分布。

关键词

集聚　异质主体　选择　排序　不平等　城市规模分布

JEL 分类码

R12　D31

4.1 引　言

城市在许多方面都存在差异。无数的小城市和中等城市以及少数大城市同时存在。有些城市有多样化的经济基础，也有些城市专业化于某个产业或城市的某些功能。一些大城市吸引了大量的人才，而许多小城市却连本地人口都难以留住。但是，更重要的是城市在生产率方面的差异：大城市的单位资本产出要远高于小城市。这一城市生产率溢价可能是因为区位基础因素、集聚经济、人才在大城市的排序或者是因为大城市会选择更有效率的企业家或企业而产生的。从马歇尔（Marshall，1890）开始，大量文献对集聚经济给予了足够的关注，集聚经济下，高密度的企业和工人可以对其他企业和工人产生正的外部性。这些研究大都是基于代表性主体的研究框架。这一框架被证明对分析很多产生城市生产率溢价的微观经济基础非常有用。但是它却难以解释经验研究所发现的劳动力素质和企业的生产率在大城市中都更高这种现象。按照定义，它也很少用于对城市分布状况的研究。

个体和企业层面的数据表明，城市总体的宏观关系体现了大量的微观异质性。理论学者开始为这些问题构建模型，希望在一个系统的框架里为解释这些异质性提供微观基础。本章将集聚理论的最新进展纳入到一个关于城市体系的一般框架中。为此，我们把亨德森（Henderson，1974）的标准模型在多个维度上进行了拓展，尤其是异质主体[①]。这样做可以让我们根据微观的异质性来分析城市宏观层面上的结果，也可以更好地理解现实数据所反映的各种现象。我们也展示了如何将这一框架应用到一些当前正在研究的问题中，并对如何将它应用到当前的理论进行说明。其中一点就是排序和选择是有内在联系的，在局部均衡中的合理假设与城市体系模型中的一般均衡存在逻辑上的不一致。

本章的结构安排如下，4.2 使用美国城市的截面数据说明以下典型事实，这有助于理解我们的框架：

事实 1（规模和基础因素）：人口规模和城市密度与基础因素有正向关系。

事实 2（城市溢价）：平均收入和城市规模的绝对弹性大约是 8%，房租中位数和城市规模的绝对弹性大约是 9%。

---

① 其他领域也出现了关于工人和企业异质性的新理论。可以参考 Grossman（2013），Melitz 和 Redding（2014）分别从工人和企业异质性的角度对国际贸易理论所做的回顾。

事实 3（排序）：大学以上文化程度的工人比例随城市规模递增。

事实 4（选择）：个体经营者的比例和城市密度、新企业的净进入率负相关，从而可能存在选择效应。

事实 5（不平等）：城市收入的基尼系数和城市规模正相关，城市生产率溢价随教育水平递增。

事实 6（齐普夫法则）：美国的地区规模分布大致服从对数正态分布以及美国大都市统计区（MSAs）的城市规模分布近似服从幂率法则（即齐普夫法则）。

本章的其他部分是理论研究。4.3 从介绍同质主体的标准城市体系模型开始分析。我们将其拓展为区位间可以存在异质的基础因素，并说明出现的均衡类型如何和事实 1（规模和基础因素）、事实 2（城市溢价）相一致，并在一定假设下也能和事实 6（齐普夫法则）相一致。我们也阐述了城市在产业和功能专业化方面的不同。4.4 引入了异质主体，并说明了模型在排序下如何与事实 2（城市溢价）、事实 3（排序）和事实 6（齐普夫法则）相吻合。后一个结论非常令人震惊，因为这是用静态模型做出的分析，并完全由异质主体在城市间的排序所决定。我们还说明了在什么条件下，包含异质主体的模型会产生选择，正像事实 4（选择）那样，大城市究竟意味着什么以及它们如何和排序相联系。4.5 在之前的基础上解释了事实 5（不平等）。我们说明了工人的异质性、排序和选择是如何与集聚经济相互作用并使城市规模和城市不平等之间产生正向的均衡关系。这一尝试说明我们在这个领域知道的还太少，仍有很多工作要做。

在进行下一步之前，需要强调的是我们的框架是完全静态的，因此，它并不适合研究像城市兴衰这样的重要变动，比如纽约在形成之前所经历的停滞和衰退，或者像最近发生在底特律和匹兹堡的事件。房屋存量和城市基础设施的贬值速度很慢，这使住房价格和房租比城市人口的波动要大得多（Henderson and Venables，2009）。该手册中由迪斯梅特和亨德森（Desmet and Henderson's，2015）所撰写的章节对城市体系的蔓延和动态性进行了更系统的探讨。

我们还要强调本章在写作过程中所遇到的困难和一些特别的选择。我们选择有针对性地对一些主题进行深入研究而不是对所有问题泛泛而谈。比如我们只用城市的模型而不是"区域科学"和"新经济地理学"的，更注重宏观层面和异质性的研究，我们认为这一章是对该手册第四卷杜兰顿和普加（Duranton and Puga，2004）所编写的关于城市集聚经济微观基础的自然补充。在那里，杜兰顿和普加（2004）研究了城市规模给定条件下促使集聚经济形成的微观机制，而我们则假定存在整个城市层面的规模报酬递增。另外，我们还研究了城市体系，并在允许工人和企业可以在城市间自由流动的前提下，探讨了集聚经济、城市成本、异质区位基础因素、异质工人和企业以及选择效应如何相互作用并形成城市的规模、构成、生产率和城市不平等。之前的城市体系对微观层面的异质性并未给予太多关注，我们则在其基础上进行了多个方面的拓展研究（参见 Abdel‑Rahman and Anas，2004 可以有个大致的了解）。

4.2　四个因素和两个阶段：数据观察

在开始我们的研究和分析之前，首先观察一组重要的典型事实[②]。为了使这一节更为简洁，我们只大致描述出影响城市收入、生产率和规模分布前两个阶段的四个重要因素，随后，我们将结合经验研究给出更详细的结论。

我们强调的用于解释城市规模、城市构成以及由此所产生的城市生产率收益的四个重要因素是：（a）区位基础因素；（b）聚集经济；（c）异质主体的空间排序；（d）选择效应。这四个因素——单独或者共同影响了经济活动的空间分布和城市内及城市间第一阶段的生产率和工资分布。它们也影响——主要是共同影响了这些分布的第二个阶段。从规范的角度看，第二个阶段的影响更为重要，但直到现在，我们并未给予太多关注。

4.2.1　区位基础因素

区位是异质的。它们在禀赋（自然资源、地域构成、土地肥沃程度等）、可达性（是否有基础设施、是否有可通航的河流及港口、在城市体系中的相对

---

② 数据来源："地区"数据来自于美国统计局文件（SUB‑EST2012. csv）"注册地和未成年市民分类数据库：乡村居民人口估计：2010 年 4 月 1 日至 2012 年 7 月 1 日"。它包含 81 631 个地区。对大城市，我们使用美国 363 个大都市区的 2010 年人口普查数据和 2010 年美国社区调查 5 年估计数据（美国统计局）。2010 年城市群的数据来自地名索引统计文件（Gaz_ua_national. txt）。我们利用"2010 大都市和小城市统计区的城市地域关系文件"（ua_cbsa_rel_10. txt）的数据汇总了大都市和小城市的城市群数据。根据这一文件，我们计算了 363 个美国陆地大都市区的密度（除了阿拉斯加、夏威夷和波多黎各）。通过只保留大都市统计区的城市地域和排除没有被划分为城市地域的大都市统计区，我们还在大都市统计区层面上计算了它们的"集群密度"（变量 ua = 99 999）。这产生了两类大都市统计区的衡量密度：综合密度 D 和集群密度 b。我们还有大都市统计区的总人口和"集群"人口。我们也按照Wheeler（2004）的方法计算了"城市集群"密度，其中大都市统计区的集群密度是单个城市集群通过人口比例加权后得到的平均密度。"大都市统计区地质条件"变量是按照 Rosenthal 和 Strange（2008b）的方式利用美国地质调查数据的地质灾害、山体滑坡和沉积岩地域的数据构建的。为了阐述方便，我们将这三个指标加总后再取对数。关于新增企业、破产企业和小企业数量的数据来自于美国统计局的县郡商业模式数据（文件 msa_totals_emplchange_2009‑2010. xls 和 msa_naicssector_2010. xls）。关于自然设施的数据来自美国农业局（文件 natamenf_1. xls）。最后，州级层面的风险资本数据来自国家风险资本协会（文件 RigionalAggregateData42010FINAL. xls）。

区位等）以及其他很多第一性和第二性的自然属性（气候、消费和生产设施、地质和气象灾难等）上都存在差异。我们把这些因素都重新统一到"区位基础因素"这一框架内。区位基础因素的鲜明特点是它外生于我们的静态经济分析，并且它既可能吸引人口和经济活动（好的区位基础因素，比如宜人的气候），也可能阻止它们（坏的区位基础因素，比如有很多自然灾难）。图 4-1 的左图描述了美国大城市统计区中（好的）设施类型与规模之间的统计关系。大都市统计区舒适指数（由美国农业管理局编制）考虑了六个重要因素：一月份平均气温、一月份平均光照时间、七月份平均温度、七月份平均相对湿度、水域面积比例和地貌指数③。分数越高代表该区位的舒适度越高——例如，光照较多且气候温和的地区都会受到居民的欢迎。

从图 4-1 的左图可以看出，有（好的）设施的地区平均规模较大。从图 4-1 的右图可以看出，在控制住环境设施的影响后④，恶劣的地质条件（更高的地震发生率或山体滑坡风险，更大的沉积岩地域）会使地区平均规模较小。

但是，城市规模和生产率的经验研究表明，区位基础因素只能解释已经观察到的大约五分之一的地理集中（Ellison and Glaeser，1999），理论研究大多都忽略了这一因素。但是，区位基础因素确实和其他集聚机制共同作用并形成了各种经济结果。它们确定了城市的位置并解释了为什么那些地区和城市规模对大的冲击和技术变化有灵活的弹性（Davis and Weinstein，2002；Bleakley and Lin，2012）。后边我们会谈到，这也有助于解释城市的规模分布。

4.2.2 集聚经济

产业内和产业间的相互作用导致了基于多种类型的互补和不可分割。我们把所有这些机制重新整合到集聚经济这一框架中来。它们包括匹配、共享和学习外部性（Duranton and Puga，2004），这些机制可以在产业内（地方化经济）发生，也可以在产业间（城市化经济）发生。劳动力市场池、投入产出联系和知识溢出是应用最广的用来判断城市规模报酬递增存在性的马歇尔机制。

图 4-2 的左图说明了集聚经济在美国大都市统计区截面上的存在性。平均

---

③ 一月份平均温度较高及更多的光照时间代表好的设施，而较高的七月平均温度和相对湿度则代表不好的设施。地貌指数较高代表拥有更多难以利用的土地（取值范围从 1 到 21：1 代表平原，21 代表高山），它一方面表明了土地的稀缺度（Saiz，2010），另一方面，陡峭的地形可能提供更好的设施，比如更自由的视野。最后，较大的水域面积是消费环境设施但却限制了土地供给。它对人口规模的影响提前难以确定。

④ 图 4-1 的右图说明，在未控制环境的影响时，恶劣的地质条件和人口规模正相关。原因是某种有利环境（如温度）比某种不利环境（如地震风险）对人们的影响更高。这一点在加利福尼亚和美国西海岸确实如此，在那里有较高的地震风险和山体滑坡风险，但是气候宜人。

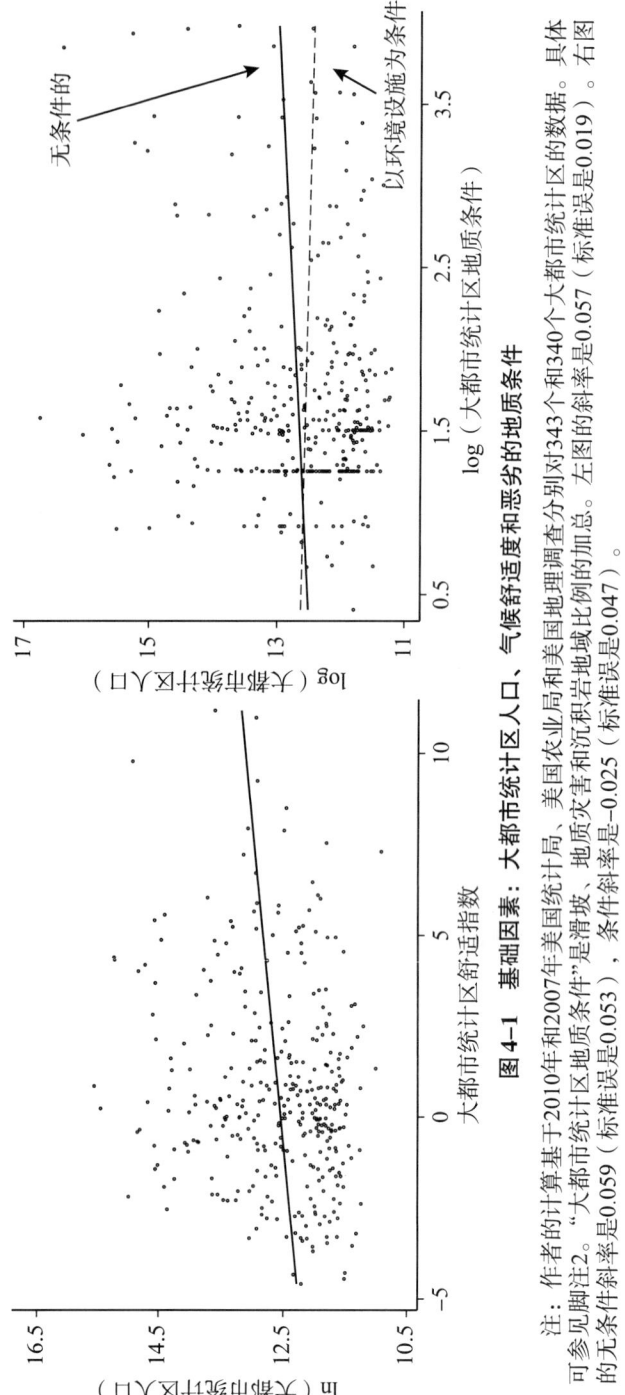

图4-1 基础因素：大都市统计区人口、气候舒适度和恶劣的地质条件

注：作者的计算基于2010年和2007年美国统计局、美国农业局和美国地理调查对343个和340个大都市统计区的数据。具体可参见脚注2。"大都市统计区地质条件"是滑坡、地质灾害和沉积岩地域比例的加总。左图的斜率是0.057（标准误差是0.019）。右图的无条件斜率是0.059（标准误差是0.053），条件斜率是−0.025（标准误差是0.047）。

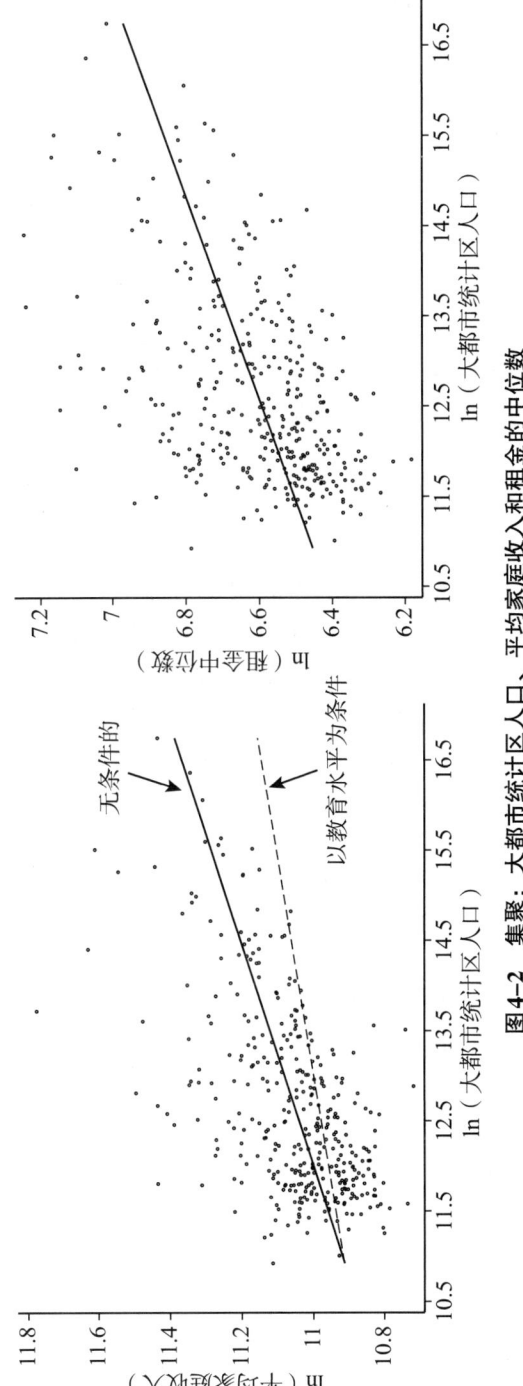

图4-2 集聚：大都市统计区人口、平均家庭收入和租金的中位数

注：作者的计算基于2010年美国人口调查局363个大都市统计区的数据。更多细节参考脚注2。左图的无条件斜率是0.081（标准误0.006），条件斜率是0.042（标准误0.005）。右图的斜率是0.088（标准误0.008）。

家庭收入和城市人口的无条件规模弹性是 0.081，并在 1% 以内显著。这一估计结果正好落在文献中估计结果的范围内：收入或生产率关于人口（或人口密度）的估计弹性在 2% ~ 10% 之间，这主要取决于估计方法和数据选择的不同（Rosenthal and Strange，2004；Melo et al.，2009）。图 4 - 2 的右图描述了相应的城市成本（简化为拥堵成本）和人口之间的关系，用大都市统计区中租金总额的中位数代表城市成本。在我们的样本中，城市成本和城市人口的估计弹性是 0.088，且在 1% 以内显著。可以看出这两个估计结果非常接近：差距是 0.007，但并不显著⑤。在文献中，关于城市拥堵弹性测度的研究并不像集聚经济那样吸引了较多关注，因此，此时讨论估计结果的合理统计范围显得过早，最近的研究表明城市拥堵和集聚弹性之差为正但却很小（Combes et al.，2014）。我们将在后边说明这对于空间均衡和城市规模分布的重要意义。

4.2.3 异质主体的排序

虽然城市在规模、生产率和城市成本之间差异是最容易被观察到的，但城市构成也存在很大不同。最主要地，城市在产业结构上存在差异：多样化与专业化城市并存，没有任何一个城市是整个国民经济的简单复制（Helsley and Strange，2014）。城市可能根据它们的产业构成在水平方向上和根据城市的功能构成在垂直方向上存在差异（Duranton and Puga，2005）。城市也会在人力资本、所吸引的工人和技能以及企业家和公司的"品质"上存在差异。图 4 - 3 描述了它们之间的关系，图形表明在大都市统计区中，高技能劳动力的份额与大都市统计区的规模（左图）和密度（右图）高度相关。在排序这一统一框架下，所有机制都表明异质主体、企业和产业都会做出不同的区位选择。

最近的文献表明了排序效应在数据中的稳健性，城市间工人的"品质"差异可以解释高达 40% ~ 50% 的城市规模和生产率之间的关系（Combes et al.，2008），图 4 - 2 的左图证实了这一结论，当控制了高技能劳动力份额这一因素后⑥，工资的规模弹性从 0.081 下降到 0.049。由于区域密度和专业化程度存在地区差异，因此排序强度也存在地区差异，但排序本质上是一个非

---

⑤ 差异的估计标准误差是 0.011，t 统计量是 0.63，P 值是 0.53。

⑥ 如何认识"技能"和"能力"是一个很难的经验问题。Bacolod 等（2009a，b；2010）曾强调在水平方向上的技能和垂直方向上的能力（教育）上有很重要的区别。这一区分无论对经验工作还是对研究城市集聚经济的微观基础都很重要，但对我们从宏观角度研究城市不是很重要。因此我们可能会交替使用"技能""能力"或者"教育"，主要是从垂直的方向上来认识它们的。

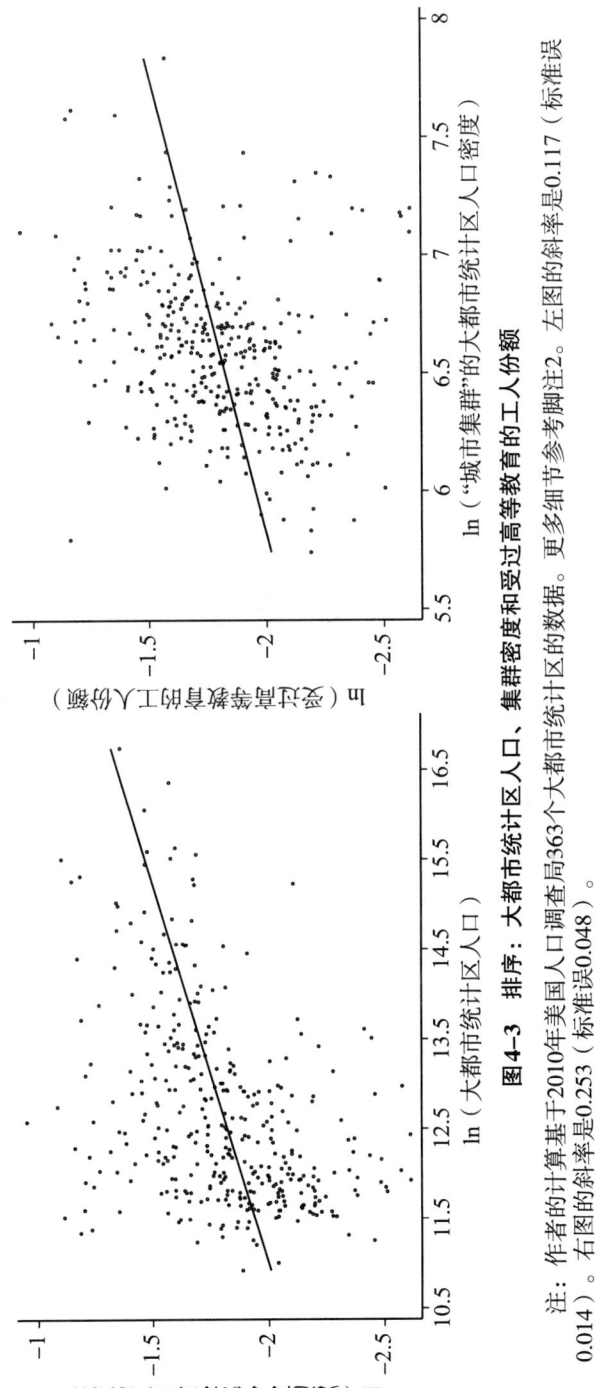

图4-3 排序：大都市统计区人口、集群密度和受过高等教育的工人份额

注：作者的计算基于2010年美国人口调查局363个大都市统计区的数据。更多细节参考脚注2。左图的斜率是0.117（标准误0.014）。右图的斜率是0.253（标准误0.048）。

常普遍的现象并在产业间有所不同：大城市中，大约80%的技能差异发生在产业内部，而只有20%的技能差异能够解释产业构成方面的不同（Hendricks，2011）。

4.2.4　选择效应

城市的规模、密度、产业构成和人力资本都影响着对创新精神的激励和产生不同职业的可能性。无论是新建还是经营一个公司都存在风险，而这些风险由城市的特征决定。虽然大城市在新公司创立方面具有一定优势（Duranton and Puga，2001），但大城市也有更多强有力的竞争者，从而会降低小企业家或新进企业的成功率。它们也会提高工资水平，并因此改变工薪阶层和个体经营者与企业家之间的相对收入水平。我们把所有影响主体职业选择和企业或企业家市场决策行为的机制都统一到"选择"这一框架中。

图4-4表明了美国大都市统计区中对企业家才能的选择。由于对企业家才能的界定仍没有一个统一的标准，我们使用大都市统计区中个体经营者的比例、企业平均规模或者企业净进入率（新增企业数减破产企业数再除以企业总数）这些文献中经常使用的代理变量代替（Glaeser and Kerr，2009）[7]。从图4-4的左图可以看出，在美国，大都市统计区的规模和个体经营者比例之间的关系并不明确。但是，表4-1表明，大都市统计区的密度和个体经营者比例之间存在显著的负向关系[8]。此外，从图4-4的右图和表4-1的最后一列可以看出，在较大的大都市统计区中，企业的净进入率较低，而且大城市或者拥有更多个体经营者的城市的企业平均规模都较小，后两个特点与企业产出和对风险资本投资的不同衡量有正向关系。[9]

图4-4的右图和表4-1中的一些关系说明可能存在"选择效应"。例如，大城市的企业（产出）营业额非常高。我们将会发现，选择效应的存在和方向与市场规模或密度之间的关系在理论上是不确定的：有更多还是更少的企业能够存活下来，或企业家比例是增加还是降低都严格依赖于对模型的选择。这一结论可以说明为什么当前的经验证据是难以令人信服的。

---

⑦　Glaeser和Kerr（2009，pp. 624 - 679）使用"新进入的独立公司"来衡量企业家才能。他们只重点关注了制造业的企业家才能，但我们的数据包含了所有企业。他们注意到"所得到的2000年的企业进入量和个体经营比率之间的相关性在城市和州级层面上分别为0.36和0.66，和企业平均规模的相关性较高，达到 - 0.59到 - 0.80。"表4 - 1说明我们所得到的相关性的符号与此相同，但是和平均规模的相关性较低。

⑧　用简单的最小二乘法估计的密度弹性是 - 0.032，而且在1%水平上显著。

⑨　需要注意的是要遵循次序。风险资本只有州级层面的数据，且单位资本的计算和州人口相关。因此，我们无法说明大都市统计区州内风险资本的变动。

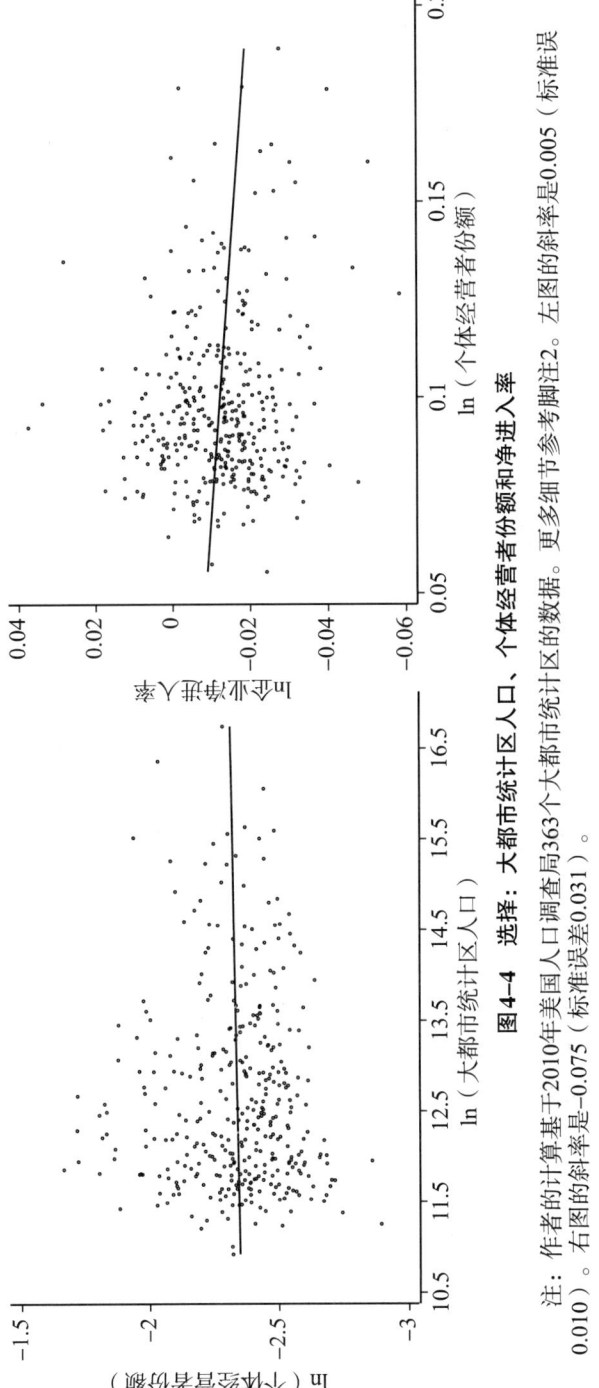

图4-4 选择：大都市统计区人口、个体经营者份额和净进入率

注：作者的计算基于2010年美国人口调查局363个大都市统计区的数据。更多细节参考脚注2。左图的斜率是0.005（标准误0.010）。右图的斜率是−0.075（标准误差0.031）。

表 4 - 1   "企业家才能"衡量指标和大都市统计区规模之间的关系

"企业家才能"的衡量

变量	个体经营者（比例）	Log（平均企业就业）	进入率	Log（大都市统计区人口）
Log（大都市统计区人口）	0.006 2	0.350 2*	0.550 1*	—
Log（大都市统计区密度）	-0.130 8*	0.335 9*	0.248 2*	0.638 2*
Log（平均企业就业）	-0.701 8*	—	-0.139 4*	0.350 2*
退出率	0.397 9*	-0.201 9*	0.752 0*	0.507 9*
进入率	0.349 8*	-0.139 4*	—	0.550 1*
净进入率	-0.125 8*	0.114 4*	0.211 9*	-0.023 1
产出（挠动）	0.401 0*	-0.182 6*	0.919 3*	0.566 4*
风险投资交易（人均交易数目）	0.141 7*	-0.139 6*	-0.019 7	0.151 4*
风险投资（人均金额，美元）	0.079 1	-0.102 8	0.031 4	0.140 3*
风险投资（每单金额，美元）	0.129 8*	-0.136 6*	0.113 9	0.087 1
高学历份额	0.200 6*	0.010 4	0.241 4*	0.401 0*

注：数据使用的信息可参见脚注2。三个风险资本变量只以州级层面构建（利用州级层面的单位资本的人数衡量）。将它们加总可以得到大都市统计区多个州的相关数据。* 表示在5%以内显著。

4.2.5　不平等和城市规模

城市的规模和密度与其内部结构、居民的职业选择和商业成功率密切相关。它们也和经济结果的不平等程度相关。数据稳健的表明大城市的不平等程度更高（Glaeser et al. , 2010；Baum - Snow and Pavan，2014），如图 4 - 5 所示。

左图描述了大都市统计区规模和收入基尼系数所衡量的不平等之间的关系。城市的人力资本构成对不平等程度有很大影响：当教育水平（用大学毕业生比例衡量）得到控制后，基尼系数的规模弹性从 0.11 下降到 0.08。但是，在受教育水平最高的人选择大城市这一排序效应之外，规模大小也影响着城市的不平等程度。原因之一就是集聚和人力资本的排序、选择之间的相互作用扩

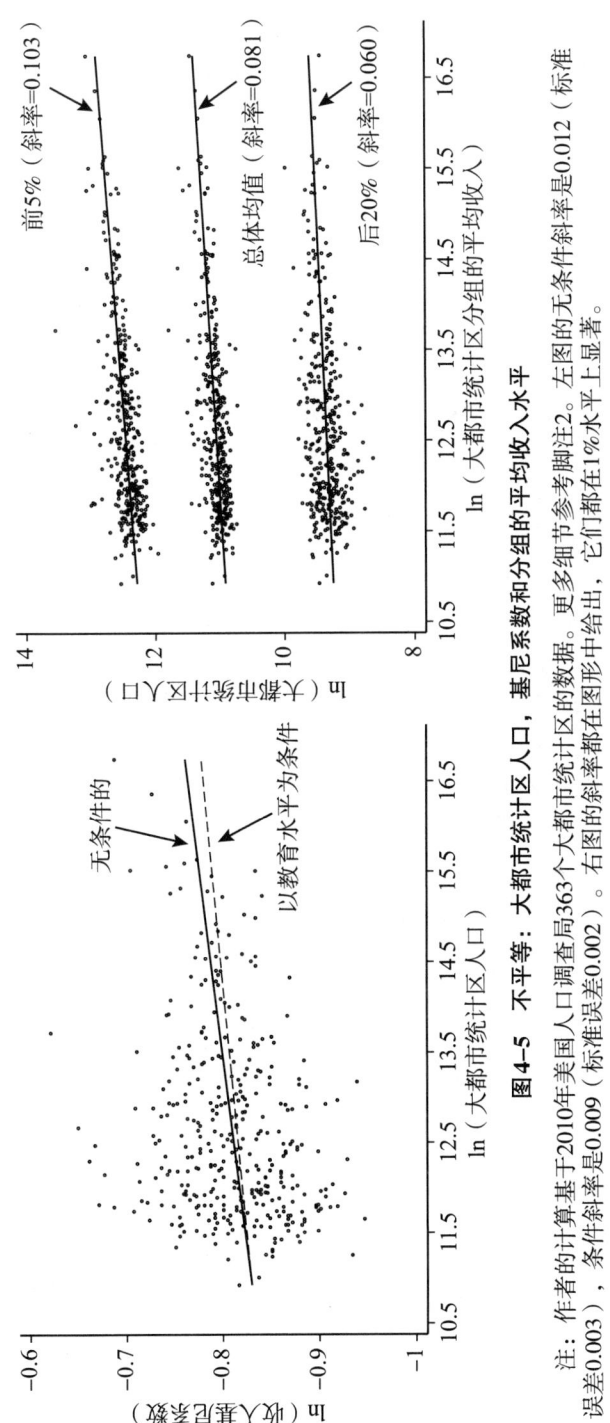

图 4-5 不平等：大都市统计区人口、基尼系数和分组的平均收入水平

注：作者的计算基于 2010 年美国人口调查局 363 个大都市统计区的数据。更多细节参考脚注 2。左图的无条件斜率是 0.012（标准误差 0.003），条件斜率是 0.009（标准误差 0.002）。右图的斜率都在图形中给出，它们都在 1% 水平上显著。

大了收入的分布（Combes et al.，2012；Baum - Snow and Pavan，2014）。从图4 - 5 的右图可以看出，收入的规模弹性随收入水平递增，这意味着高收入或者高生产率工人和企业的存在使集聚经济存在非对称性。

4.2.6 城市规模分布

人口的空间分布在世界上许多国家都存在很明显的经验规律。图4 - 6用美国的数据说明了这些规律。有两点值得我们注意，首先，从图4 - 6的左图可以看出，美国居民点的分布非常接近于对数正态分布（Eeckhout，2004）。众所周知，该分布的上尾很难和帕累托分布相区分。因此城市体系中最大城市的规模分布接近服从幂率法则。然后从图4 - 6的右图可以看出，两者确实非常接近：美国大城市的规模分布服从齐普夫法则——即服从一个形状参数为1的帕累托分布（Gabaix and Ioannides，2004；Gabaix，1999）。[10]

4.2.7 总结

之前的经验关系指出了关注城市整体结果的集聚模型应该包含的主要因素。然而早期研究大都只重视对单个因素的分析，我们认为把它们共同考虑非常重要，尤其是在考虑分布问题时更是如此。为了理解这四个因素（异质基础因素、集聚经济以及异质主体的选择和排序）如何相互作用并形成生产率和收入分配的两个不同阶段（平均和分散），可以考虑以下简单的例子。假定更有能力的个体或是拥有更高认知能力的个体在大城市的收益更高（Bacolod，2009a），原因可能是大城市有更高强度的信息交换，或者是认知能力较高的人能够获取和处理的信息较多，而市场越大，信息蕴含的价值就越高，或者是这些原因的其他组合。集聚经济——在我们的模型里表现为知识溢出——和主体能力之间的互补导致了排序的存在，即能力更高的人会选择到大城市。然后，更多的高技能主体又使城市的生产率更高，这也使他们所在的地区更难获得成功——正像是斯科塞斯的电影歌词里唱的那样："纽约、纽约，如果我能在这里成功，我将可以在任何地方都获得成功。"选择效应和大城市不断增加的城市成本使那些能力较低的人重新返回其来源地，或是挫败那些已经居住在大城市的人，而那些没有被挫败的人则会获取大城市的规模收益。因此，排序、选

---

⑩ Rozenfeld 等（2011）发现即使按照卫星数据将美国的地区按照地理连接地域划分，这些地区的分布也服从齐普夫法则。这说明在区域划分时，分布对于空间分割（或未分割）的方式非常敏感，这让我们想起经典的"可塑性面积单元问题"，它给空间分析带来了很大麻烦。

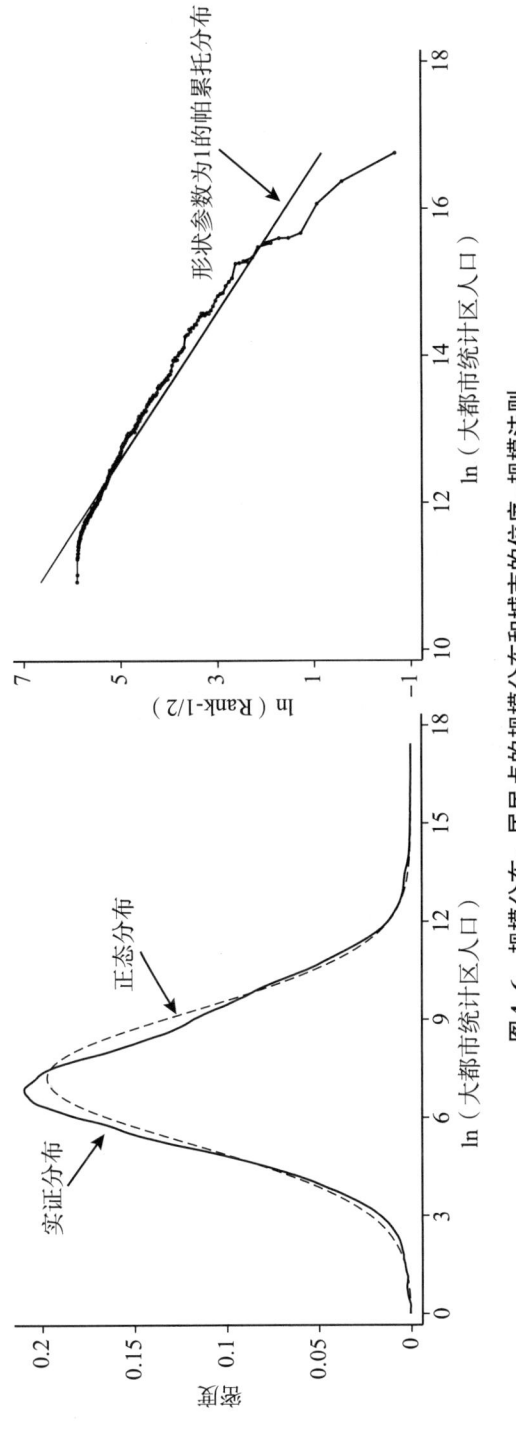

图 4-6　规模分布：居民点的规模分布和城市的位序-规模法则

注：作者的计算基于 2010 年美国人口调查局 81 631 个居民点（左图）和 363 个大都市统计区（右图）的数据。更多细节参考脚注 2。右图估计的斜率是 -0.922（标准误差 0.009）。我们参照加贝斯和伊布拉希莫夫 (2011) 的方法扣除了 1/2 的序列。

择和集聚经济的相互作用形成了工资的分布，并加剧不同规模城市之间的收入不平等。另外，它们还有助于形成均衡的城市规模分布。

4.3 集 聚

现在我们开始介绍贯穿本章的模型框架。这一框架可以很灵活的把和城市规模、城市构成以及城市生产率相关的各个方面都囊括进来。它也能包含前面数据中所反映的各种定性关系，从而可以让我们很合理的对它进行经验研究。我们对导致城市规模报酬递增的具体微观机制并不感兴趣，因此只是假设它已经存在。这会大大降低我们建立一个统一框架的难度。我们会根据理论的不同需要逐步丰富这一标准框架。在分析集聚经济时，我们仍保持其一般性，而在分析排序、选择和不平等时会逐步完善这一结构。为了引入一些记号并建立这个（熟悉的）框架，我们首先讨论同质主体下的集聚理论。

4.3.1 主要构成

理论框架的基本构成和记号是这样的。第一，有一个包含 C 个地点的集合。不失一般性，一个地点最多只能容纳一个城市。我们把城市——以及其所在的地点——标记为 c，并将内生决定的城市数量记为 C。第二，存在 I 个（非常多）完全竞争产业，记为 i。每个产业生产同质最终消费品。简单起见，我们仍使用亨德森（1974）的标准模型并假定最终产品在城市内不存在贸易成本，之后我们还会引入对某类城市特有的非贸易品。[11] 每种产品的生产都需要劳动力和资本，且两种要素都可以在城市间自由流动。工人在本地就业并获取本地工资，资本则可以在全球流动并获取相同收益率。假定产业 i 在城市 c 的总产出 Y_{ic} 为：

$$Y_{ic} = \mathbb{A}_{ic}\mathbb{L}_{ic}K_{ic}^{1-\theta_i}L_{ic}^{\theta_i} \tag{4.1}$$

其中，$\mathbb{A}_{ic}$ 代表产业和城市特有的生产率指数，也就是"全要素生产率"（TFP）；K_{ic} 和 L_{ic} 分别代表资本和劳动力投入，$1 < \theta_i \leq 1$ 代表整个经济体劳动力投入所占份额；$\mathbb{L}_{ic}$ 代表在城市 c 中 i 产业的企业所获得的集聚效应。

最终产品的生产是完全竞争的，这些产业中的企业投入劳动力和资本进行

---

[11] 大城市里的大量非贸易消费品很明显已经成为促进集聚的动力。近些年的文献已经从把城市仅看成是生产地转为认为其是对本地设施、产品和服务消费的"消费者城市"（Glaeser et al., 2001; Lee, 2010; Couture, 2014）。

生产，并给定等式（4.1）中的全要素生产率$\mathbb{A}_{ic}$和集聚效应$\mathbb{L}_{ic}$。在下文中，资本集中会对单个经济主体产生外部性，但现在，我们暂时把它们看作包含标准集聚机制的一个黑箱。（参见 Duranton and Puga，2004 和 Puga，2010 对城市集聚经济的微观基础可以有个大概了解）。之后我们会打开这些黑箱并研究其微观基础，尤其是和城市构成、异质主体的排序和选择相关的内容。

4.3.2　标准模型

首先，我们按照亨德森（1974）标准模型的思想建立一个关于城市体系的简易模型。在这个模型中，城市集聚和规模分布是由一些地区之间的外部集聚效应和无法说明的全要素生产率分布来推动的。现在我们假定主体之间无差异，但区位基础因素不同。

4.3.2.1　均衡、最优和最大的城市规模

考虑一个单一产业和只有劳动力一种要素投入的经济体（$I=1$，$\theta_i=1$）。整个经济中有$\bar{L}$个同质劳动力分布在各个城市中。城市形成是内生的。所有城市都生产相同的同质最终产品，该产品可以自由贸易并作为计价物。每个城市都有一个外生的全要素生产率$\mathbb{A}_c>0$。这些城市特有的全要素生产率是和城市建立位置相关的区位基础因素。简而言之，$\mathbb{A}_c$包含了地点 c 形成城市的所有比较优势：全要素生产率更高的地点更容易形成城市。不失一般性，我们把城市按照全要素生产率进行排序：$\mathbb{A}_1\geqslant\mathbb{A}_2\geqslant\cdots\geqslant\mathbb{A}_c$。

为了在均衡时能形成城市，我们还假定生产在城市层面上是规模报酬递增的，根据式（4.1），总产出 Y_c 是：

$$Y_c=\mathbb{A}_c\mathbb{L}_cL_c \tag{4.2}$$

劳动力市场的完全竞争和零利润条件使整个城市的工资随城市规模递增：$w_c=\mathbb{A}_c\mathbb{L}_c$。对外部性$\mathbb{L}_c$最简单的描述是它只由城市规模决定：$\mathbb{L}_c=L_c^\epsilon$，令 ϵ 代表外部性，它是和城市人口相关的集聚经济弹性，且 $\epsilon>0$。包含匹配、共享和学习外部性的许多微观经济基础将提高递减的外部效应（Duranton and Puga，2004）。工人在扣除城市的生活成本后，将工资花费在计价物产品上。假定单位资本的城市成本是L_C^γ，参数 γ 代表和城市规模相关的拥堵弹性。在单中心城市模型里，γ 是和通勤距离相关的通勤成本弹性（Fujita，1989）。我们也可以认为城市成本是地点特有的，并定义为$\mathbb{B}_cL_c^\gamma$。如果地点之间的生产率$\mathbb{A}_c$和城市成本 $\mathbb{B}_c$ 都存在差异，我们大都通过来$\mathbb{A}_c/\mathbb{B}_c$重新定义地点 c 的净优势。简单起见，令所有 c 上的$\mathbb{B}_c=1$。假定消费者的偏好是线性的，则在城市 c 居住的效用是：

$$u_c(L_c) = \mathbb{A}_c L_c^{\epsilon} - L_c^{\gamma} \tag{4.3}$$

在本章中，根据研究目的的不同，我们主要关注两类配置。在 4.3.3 研究城市构成时，我们描述了地方政府在福利最大化下的配置特征。简单起见，我们沿用这一规范做法。在所有其他分析中，我们都描述均衡配置的特征，另外我们还设定了完全就业的条件：

$$\sum_{c \in C} L_c \leqslant \overline{L} \tag{4.4}$$

当主体同质且劳动力可以完全流动时，空间均衡要求存在相同的均衡效用水平 $u^* > 0$，即

$$\forall c \in C: (u_c - u^*) L_c = 0, \; u_c \leqslant u^* \tag{4.5}$$

且满足式（4.4）。也就是说，在达到均衡时，效用水平在所有形成城市的地点上都相等。空间均衡是"在区域和城市经济学中唯一最重要的概念……基本原则就是所有物体都不再流动"（Glaeser，2008，p.4）。之后我们将看到在异质主体下，这一概念需要进行重大修改。除非特别提到，我们在本章将保持自由流动的假设。效用水平式（4.3）和无差异条件式（4.5）可以表示如下：

$$u_c = \mathbb{A}_c L_c^{\epsilon} \left(1 - \frac{L_c^{\gamma - \epsilon}}{\mathbb{A}_c} \right) = u^* \tag{4.6}$$

利用它可以得到城市的均衡规模 L_c^* 是 u^* 的函数。只有在边际效用随城市规模递减，同时所有城市在均衡时必须都有人居住时，均衡才是稳定的，这就要求：

$$\frac{\partial u_c}{\partial L_c} = \epsilon \, \mathbb{A}_c L_c^{\epsilon - 1} \left(1 - \frac{\gamma}{\epsilon} \frac{L_c^{\gamma - \epsilon}}{\mathbb{A}_c} \right) < 0 \tag{4.7}$$

在城市规模达到均衡 L_c^* 时成立。从式（4.6）和式（4.7）可以很容易看出，稳定均衡必须满足 $\gamma > \epsilon$，即随着城市人口的增加，城市成本的上升要快于城市生产率的上升。这样的话，城市规模就是有界的，人们才不会全都生活在唯一的大城市中。因此我们假定参数满足这一条件。$\gamma - \epsilon$ 实际上，似乎很小，后边将会说明这有非常重要的理论含义。

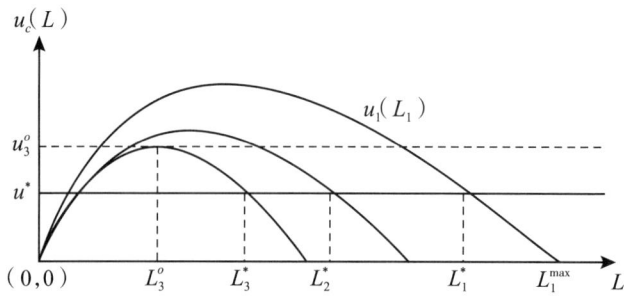

图 4-7 具有不同 $\mathbb{A}_c$ 的城市规模

同时满足完全就业条件式（4.4）、无差异条件式（4.6）和稳定性条件式（4.7）的分散均衡有很多，在缺乏能够协调建立新城市的主体（如政府和地产开发商[12]）时，城市规模较低所产生的规模报酬递增是其协调失灵的主要原因。很难确定究竟会达到哪个均衡（既确定地点又确定城市规模），但它已经提前被 $\mathbb{A}_c$ 的分布状况、可以建立城市的地点数量以及经济中的总人口数所决定。图 4-7 说明了三个具有不同潜在全要素生产率（$\mathbb{A}_1 > \mathbb{A}_2 > \mathbb{A}_3$）的城市所达到的分散均衡。均衡满足式（4.4）、式（4.6）和式（4.7），并给城市体系的所有居民带来 u^* 的效用水平。在城市数量较少或较多的情况下（分别会产生更高或更低的均衡效用），也有可能达到其他均衡。为了解出均衡的选择问题，文献中经常假定存在大量竞争性的土地开发商。当地点是同质时，土地开发商所形成的均衡是唯一且（一般情况下）有效的，这是两个已经被验证也被认可的特点（参见 Henderson，1988；Desmet and Henderson，2015。也可参见 Becker and Henderson 2000b 中关于城市形成的政治经济学）。当地点是异质时，虽然有土地开发商存在下的均衡可能是有效的，但任何分散均衡（地点之间不可以转换）一般都是无效的。详细描述这类均衡已经超出本章的范围[13]。均衡条件下的城市规模比地方政府选择效用最大化时所达到的城市规模要大。从全国范围来看，当地点是异质时，有些城市规模可能过大，但也有可

---

[12] 协调失灵的问题根源在于单一主体建立新城市的效用为零，因此他们不会去做。Henderson 和 Venables（2009）建立了一个动态模型，其中具有前瞻性的建设者提供不可改变的住房和基础设施，这是沉没成本。通过这样的设定，无论是私人还是地方政府都能够解决这个协调问题，并且经济的城市均衡增长路径变得唯一。由于我们并不考虑动态条件而只关注静态均衡，这就需要能够解决协调失灵的"静态"机制。位置和主体的异质将被证明非常有用。尤其是，异质主体和城市间按能力的排序可能有助于对均衡的优化（见 4.4）。另外，像 Lee 和 li（2013）那样增加一个住房市场也可以确定城市规模。

[13] 在 Behrens 和 Robert-Nicoud（2014a）中，我们发现城市间达到社会最优时的人口配置和完全竞争条件下土地开发商所达到的（唯一）均衡配置是一致的，并具有如下特点：（a）只有生产率最高的地区才会被开发，而且地区生产率越高，城市规模越大；（b）（总的）均衡效用随 $\mathbb{A}_c$ 递增，均衡效用在扣除给土地开发商的转移支付后在城市间达到均衡，并稍小于 u_C^o，这里 u_C^o 指在生产率最低的城市居住所能获得的最大效用（从而所有拥有超边际区位的开发商都可以获得纯利润）；（c）任意城市 c 的社会最优规模严格小于 L_c^{max}；（d）任意城市 c 的社会最优规模严格大于由地方政府选择的城市规模 L_C^o，但两者的最小值有可能相同。如果 $C \subseteq \mathbb{R}$ 且 $\mathbb{A}(c)$ 是一个连续变量，则 $u^* \leqslant u_c^o$ 且 $L_C^* \geqslant L_C^o$。需要注意的是，由地方政府决定的配置可以对人口进行驱离（采取分区限制、绿带政策或划定城市边界），这样可以最大化当前居民的福利水平，但却违背了达到城市均衡的无差异条件式（4.6），因为：

$$u\left(L_c^o\right) = \frac{\gamma - \epsilon}{\epsilon}\left(\frac{\epsilon}{\gamma}\mathbb{A}_c\right)^{\frac{\gamma}{\gamma - \epsilon}}$$

随 $\mathbb{A}_c$ 递增。也就是说拥有优质设施地区的居民比其他地区的居民更幸运，因为他们的地区领导者不会把限制社区规模对其他人所产生的负面影响内在化。这产生了很有趣的公共政策和政治经济问题——例如，拥有优质设施的地区是否应当采取税收或补贴计划来吸引某种类型的人口迁移，并将城市规模超出不存在转移支付时的规模 L_c^o。Albouy 和 Seegert（2012）提出了几个类似观点，并分析了在土地异质和由土地所有权和联邦税收所导致的城市间外部性存在的情况下，市场可能形成过小规模城市的条件。

能过小[14]。为了描述分散均衡的共同特点，我们首先推导出可行的城市规模边界。令 L_c^{max} 代表城市的最大规模，它由那些有能力来城市居住却并未做出这种选择的人的效用所决定，方便起见我们把该效用标准化为 0。然后，把 $u^* = 0$ 代入式（4.6）并解出 L_c 得：

$$L_c^{max} = \mathbb{A}_c^{\frac{1}{\gamma - \epsilon}} \tag{4.8}$$

令 L_c^o 代表由城市 c 的地方政府在本地居民福利最大化下所选择的城市规模，此时地方政府直接采取限制进入而非采用价格歧视的办法来区分现有居民和潜在居民。通过式（4.7）和 $\gamma > \epsilon$ 可以得到均衡城市规模的下界。式（4.3）对 L_c 求极大值后可以解出为：

$$L_c^o = \left(\frac{\epsilon}{\gamma} \mathbb{A}_c \right)^{\frac{1}{\gamma - \epsilon}} \tag{4.9}$$

式（4.8）和式（4.9）代表了城市规模的下界和上界，它们都和 $\mathbb{A}_c^{\frac{1}{\gamma - \epsilon}}$ 成比例。在任意空间均衡下，效用水平 u^* 的取值范围是 $[0, u_c^o]$，u_c^o 代表在 $\mathbb{A}_c$ 最小的城市中可以达到的最大效用（在图 4 - 7 所描述的三个城市所达到的分散均衡中，u_c^o 就是 u_3^o）。在 $u^* < u_C^o$ 的任意均衡下，城市规模都偏大，因为个人进行区位选择时，不会考虑他的进入对城市现有居民所带来的负面作用。在考虑产业再集聚的效率时，这种协调失灵非常重要（Helsley and Strange，2014）。我们将会在 4.3.3.1 讨论这点。

上述关于均衡城市规模边界的结论对我们分析均衡城市规模的分布有什么启示呢？重新整理式（4.6）可以得到

$$L_c^* = \left(\mathbb{A}_c - \frac{u^*}{L_c^* \epsilon} \right)^{\frac{1}{\gamma - \epsilon}} \tag{4.10}$$

式（4.10）表明，L_c^* 小于 $\mathbb{A}_c^{\frac{1}{\gamma - \epsilon}}$，但随着 L_c^* 的变大会逐步接近 $\mathbb{A}_c^{\frac{1}{\gamma - \epsilon}}$（因为 $\lim_{L_c^* \to \infty} u^* / L_c^* = 0$）。因此，均衡城市规模分布 L_c^* 的上尾继承了由全要素生产率分布所决定的特点，L_c^0 和 L_c^{max} 也是如此。也就是说，$\mathbb{A}_c$ 的分布对大城市的均衡规模分布起着决定性作用。我们将在下一节说明这一特点的含义。

我们可以把由式（4.7）到式（4.10）所决定的标准模型的特点总结如下：

---

[14] 最优配置需要使所有已开发地区的净边际收益均等化。Henderson（1988）得出了异质区位下的一些结论，有些是很有启发性的。也可参见 Vermeulen（2011），Albouy and Seegert（2012）以及 Albouy et al.（2015）。

命题 4.1（均衡规模）：令 $\gamma > \epsilon > 0$ 且假定在城市之外能获得的效用水平为 0，则在任意稳定均衡下，城市规模 $L_c^* \in \left[L_c^0, L_c^{max} \right]$，且效用水平 $u^* \in \left[0, u_c^0 \right]$。均衡城市规模大于由地方政府所选择的城市规模，且 L_c^0 和 L_c^{max} 都和 $\mathbb{A}_c$ 成比例。最后，在均衡时，城市规模分布的上尾服从全要素生产率 $\mathbb{A}_c$ 的分布形式。

对于该命题有四点说明：第一，虽然所有主体都可以在城市自由居住，但有些主体可能选择远离城市。当在城市之外的居住选择很多和/或能促使城市形成的潜在地点太少并因此难以承载所有人口时，这种情况就会发生。第二，并非所有地点都需要建立城市。既然 L_c^0 和 L_c^{max} 都随 $\mathbb{A}_c$ 增加，当区位基础因素较好时，给定任意数量的地点，这一关系成立的可能性更大，因为取值在两者之间的 L_c^* 也必然随 $\mathbb{A}_c$ 增加。[15] 第三，数据已经表明了城市规模和 $\mathbb{A}_c$（由自然舒适指数或地质条件指数代替）之间的经验关系，正像图 4 - 1 的两个图中所描述的那样。把人口数取对数后和大都市统计区的舒适指数回归可以得到一个正的规模弹性 0.057，并在 1% 水平上显著。最后，我们已经在 4.2.2 说明 $\gamma - \epsilon$ 的值很小。根据命题 4.1 和等式（4.10），我们可以得到，$\mathbb{A}_c$ 很小的变化将会导致城市均衡规模出现较大差异。换句话说，我们可能会看到即使在一个区位间基础因素相差不大的世界里，也会存在规模差异较大的城市。

4.3.2.2　城市的规模分布

一个众所周知且引人关注的规律是城市的规模分布大致服从对数正态分布，并且其上尾接近形状参数为 1 的帕累托分布：在（大）城市中存在齐普夫法则（Gabaix，1999；Eeckhout，2004；Gabaix and Ioannides，2004）。[16] 图 4 - 6 描述了这两个特点。只有对 $\mathbb{A}_c$ 的分布做出特定假设，标准模型才能显示出这一被经验证实的城市规模分布规律，这是标准模型曾被批判的特点。但是，最近的研究进展表明，模型也可以在异质区位假设下产生这种分布特征。[17] 命题 4.1 表明城市规模分布延续了 $\mathbb{A}_c$ 的分布特征，至少表现在该分布的

---

[15]　把每个地点按照生产率递减的顺序排列是一个合理的假设。Bleakley 和 lin（2012，P. 589）提出"区位基础因素"是预测城市形成的一个很好指标。在研究了可通航运输线路的"交点"后（运输地点或者在 Behrens（2007）中是运输中心），他们发现"在美国东南部，运输的迹象在今天非常明显，基本上两条河流交汇的每个位置上都有不同规模的城市出现"。那些是形成城市的最佳位置。但是，需要记住的是，在偏好异质的前提下，将会按地区之间的顺序进行选择，即产生路径依赖问题（Arthur，1994）。换句话说，生产率最高的地区并不一定先形成城市，这取决于它的具体位置，一般情况下会有多种均衡发展路径。

[16]　理论上，对数正态分布和帕累托分布在尾部有很大不同，但在实际运用中很难做出区分。主要原因在于，根据定义我们需要选择较远的尾部地区进行比较，但是较少的样本量（尤其对于城市来说，因为只有极少的特大城市）使任何估计都不够精确。

[17]　在 4.4.1 节表明，当异质主体在城市间排序时，可能有其他机制在发挥相同的作用。Hsu（2012）利用产业间固定成本的差异和中心地理论，还给出另一种产生齐普夫法则的解释。

上尾上。特别是当$\mathbb{A}_c$服从幂率法则（或对数正态分布）时，$\mathbb{L}_c$的上尾也服从幂率法则（或对数正态分布）。那么，问题就在于为什么$\mathbb{A}_c$应该服从这一特殊分布形式。李和李（Lee and Li，2013）表明如果$\mathbb{A}_c$包含了大量随机分布且无较大关联的潜在因素a_{fc}（其中，$f=1，2，\cdots，F$代表不同的因素），那么城市规模分布将收敛到一个对数正态分布，而它的上尾服从齐普夫法则。随机增长理论是从动态角度研究城市规模分布时广泛应用到的理论，而上述结论是利用静态方法得出的结论（Gabaix，1999；Eeckhout，2004；Duranton，2006；Rossi-Hansberg and Wright，2007）。这里，随机冲击（要素）是沿着截面而非时间上的堆积。这些要素可以被广泛认为包含一个地区中的消费设施、生产设施以及任何与土地供给相关的因素。事实上，它们可能包括所有和地区合意性相关的特点。每个因素也依赖于城市的规模，即它受到由$a_{fc}L_c^{\epsilon_f}$所决定的集聚经济的限制。令：

$$\mathbb{A}_c \equiv \prod_f a_{fc} \ \text{and} \ \mathbb{L}_c \equiv \prod_f L_c^{\epsilon_f} \qquad (4.11)$$

并假定生产函数如式（4.2）所示。令$\epsilon \equiv \sum_f \epsilon_f$包括由所有潜在因素产生的集聚效应。和标准模型一样，在边际上，拥堵成本要高于集聚经济，即$\gamma > \epsilon$。把$\mathbb{A}_c$和$\mathbb{L}_c$代入（4.8），假定在城市外部居住的效用水平为0，因此$u^* = 0$，可以得到均衡的城市规模是$L_c^* = \mathbb{A}_c^{1/(\gamma-\epsilon)}$。令$\alpha_{fc} \equiv \ln a_{fc}$，取对数后可以得到：

$$\ln L_c^* = \frac{1}{\gamma - \epsilon} \left(\sum_{f=1}^F \hat{\alpha}_{fc} + \sum_{f=1}^F \overline{\alpha}_{fc} \right) \qquad (4.12)$$

其中，定义$\hat{\alpha}_{fc} = \ln \alpha_{fc} - \ln \overline{a_{fc}}$代表对这些因素取对数后的离差，$\overline{a_{fc}}$是$\alpha_{fc}$的几何平均值。Lee和Li（2013）表明，利用中心极限定理，在式（4.12）的中心随机变量$\sum_{f=1}^F \hat{\alpha}_{fc}$里引入一个特殊的变量，就可以发现城市规模分布渐进收敛于一个对数正态分布$\ln \mathcal{N} \left(\frac{1}{\gamma-\epsilon} \sum_{j=1}^J \overline{\alpha_{fc}}, \ \frac{\sigma^2 F}{(\gamma-\epsilon)^2} \right)$，其中$\sigma^2$代表部分之和的方差极限。[18]

和其他渐进问题一样，究竟和极限接近到什么程度才是合理的？李和李（2013）对随机产生的因素进行蒙特卡洛模拟后发现：（a）城市规模分布快速收敛于对数正态分布；（b）即使因素数量很少且高度相关时，上尾分布依然服从齐普夫法则。但是，一个重要问题是随机因素和我们观察的现实世界没有任何对应关系。在我们考虑真实因素而不是模拟的因素时，为了评估之前结论

---

[18] 式（4.12）表明，保证结论成立的一个关键条件是函数形式必须是乘法可分的。应用普遍的柯布—道格拉斯形式的表达式和固定替代弹性（CES）表达式都满足这一条件。

的准确性，我们选取美国农业局郡县层面的设施数据来代表 α_{fc}，使用类似于 4.2.1 节中舒适指数的六个因素来构建相应的 $\mathbb{A}_c$。[19]

$\mathbb{A}_c$ 的分布如图 4 - 8 的左图所示，它和正态分布有相同的均值和标准误。可以看出，即使只有六个可观测因素也能够显示其服从对数正态分布。[20] 但是，即使因素的分布服从对数正态分布，它们也必须和城市规模严格正相关才能使理论具有较强的解释力。也就是说，较高的 $\mathbb{A}_c$ 应当和大城市相匹配。从图 4 - 8 的右图可以看出，虽然区位基础因素和城市规模之间存在显著的正向关系，但还是不够清晰。在 363 个大都市统计区中，人口的对数值和环境设施项之间的线性关系只有 0.147，斯皮尔曼等级系数是 0.142。也就是说，我们用各因素所决定的 $\mathbb{A}_c$ 也只能解释美国大都市统计区规模分布的 2.2%，即使 $\mathbb{A}_c$ 也服从对数正态分布。[21] $\mathbb{A}_c$ 并非依靠自身的对数正态分布来保证分布结果和城市规模的等级相匹配，并因此切断了环境设施分布和城市规模分布之间的理论联系。正像 4.2.1 节所说的，这一发现也说明，在现代经济中，区位基础因素不再是我们所观察到的城市规模分布的主要决定因素。因此，我们不得不去寻找城市规模分布的其他解释，4.4.1.4 节我们将再对此进行讨论。

4.3.2.3 "黑箱"的内部：拓展与说明

现在我们用标准模型对 ϵ、γ 和 $\mathbb{A}_c$ 这些主要参数做一些前期的说明工作。为此，我们要研究模型中"黑箱"里边的内容。

ϵ 内部

从杜兰顿和普加（2004）和普加（Puga，2010）可以发现，和集聚经济相关的文献为 ϵ 提供了微观基础。例如，如果集聚经济源于投入共享，Y_c 是无差异中间品的 CES 加总，生产中只投入劳动力一种要素，且规模报酬递增（和 Ethier，1982 一样），那么 $\epsilon = 1/(\sigma - 1)$，其中 $\sigma > 1$ 是任意两种投入的替代弹性。另外，如果 Y_c 的生产需要完成一系列外在的工作，并且城市居民将其时间用于学习和生产（如 Becker and Murphy，1992；Becker and Henderson，2000a），学习可以提高劳动力的有效产出弹性 $\theta \in (0, 1)$，那么，大城市将对

---

[19]　这些因素是一月平均气温、一月平均光照时间、七月平均温度的倒数、七月平均相对湿度的倒数、水域面积比例、地貌指数的倒数。对每个因素都取对数后再取其离差，加总后得到一个郡县特有的值。然后将这些值按照每个郡县地表面积在大都市统计区的占比进行加权，这就形成与大都市统计区规模分布相匹配的大都市统计区特有的 $\mathbb{A}_c$。

[20]　无论是使用 Shapiro - Wilk、Shapiro - Francia 或是偏度和峰度检验其正态性，我们都无法拒绝在 5%（以及几乎在 10%）水平上原假设成立，即我们的大都市统计区的舒适要素服从对数正态分布。

[21]　这可能是由于我们只关注了很少的消费设施，但它的影响似乎并没有那么大。这一发现和 Behrens 等（2013）非常相似，他们使用了一个结构模型来分析城市规模分布的 logit 选择问题。把那些选择的概率和自然设施进行回归后得到一个很小的正系数，但也对城市规模分布的解释力度不够。

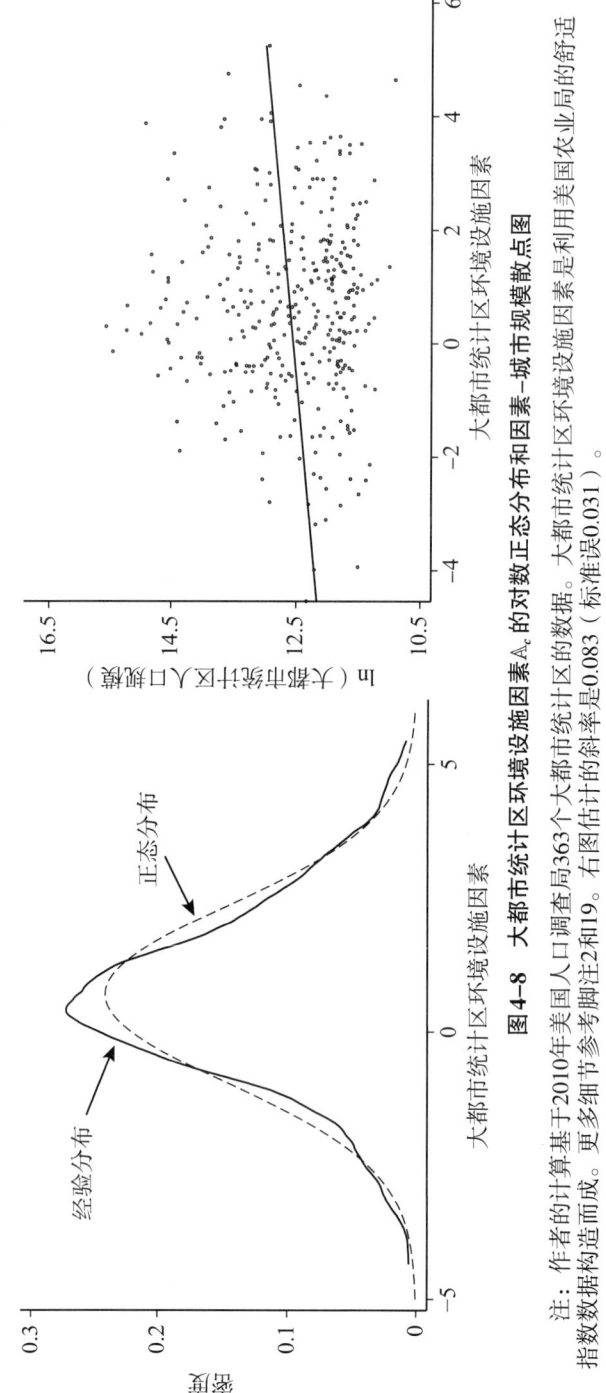

图4-8 大都市统计区环境设施因素 A_c 的对数正态分布和因素-城市规模散点图

注：作者的计算基于2010年美国人口调查局363个大都市统计区的数据。大都市统计区环境设施因素是利用美国农业局的舒适指数数据构造而成。右图估计的斜率是0.083（标准误0.031）。更多细节参考脚注2和19。

劳动力进行更好的区分，这会导致整个城市的规模报酬递增，此时 $\epsilon = \theta$。[22] 在工人必须同时完成多项工作的模型中，可以得到同样的结论，其中的干中学效应可以提高完成一项工作的生产率，弹性为 θ。所有这些模型中最需要注意的是，尽管存在非常不同的内在微观机制，但都得出了如式（4.2）一样的简化函数形式，不同的只是对 ϵ 变化结构的解释。罗森塔尔和斯特兰奇（Rosenthal and Strange，2004）和梅洛等（Melo et al.，2009）对集聚经济研究的经验文献整理后发现，文献中使用了多种计量方法，且研究了许多国家，所估计的该参数值都介于 0.02 和 0.1 之间。现在城市经济学家们能够达成共识的 ϵ 的真实值接近于较低的临界值，尤其是使用个体数据并控制了个体不可观测的异质性后，另外还需要处理好各种内生性问题（参见本手册中 Combes and Gobillon，2015 撰写的相关章节）。

γ 内部

和集聚经济的微观经济基础相比，关于城市成本 γ 微观经济基础的研究文献较少。理论上，在一维的阿朗索–穆特–米尔斯模型中，γ 等于到中央商务区单位距离的通勤成本弹性（Fujita and Ogawa，1982；Lucas and Rossi–Hansberg，2002）。它也和赫尔普曼（Helpman，1998）模型中与住房消费相关的效用弹性相等，该模型假定住房存量外生。对 γ 估计的经验文献更少，我们知道的只有孔贝斯等（Combes et al.，2014）。由于城市成本 γ 和集聚经济 ϵ 的相对大小对我们理解空间均衡的实证或规范的特点非常重要，这使我们非常为难，因此，对这两个弹性的准确估计非常重要。线性城市和线性通勤成本这一最简易模型为我们提供了一个非常大的估计结果 $\gamma = 1$。和已有少数可用的估计结果相比，这明显偏大，它们的估计值大约是 2%。

A_c 内部

全要素生产率参数 A_c 和城市的产业或功能构成、地区状况和交通基础设施相关。我们已经看到地区特有的潜在因素的异质性可能会产生齐普夫法则。但是，正如齐普夫法则的随机增长理论所示，该理论并未提到 A_c 的微观内容构成。地区的异质性可能来源于很多重要方面：生产和消费设施、禀赋、自然资源以及交通条件导致市场接近的区位优势。这已经引起了新经济地理学的关注，但多区域模型因其复杂性而对此研究的较少。因为在多城市或多区域研究中，相对位置不仅会影响需求（正效应），还会影响市场竞争（负效应）。关

---

[22]　集聚经济可能来源于对垂直的能力或者水平的技能方面的投资。（Kim，1989）规模较大的市场会吸引在水平方向上的技能投资（对特定的职业是有用的）而不是垂直方向上的能力投资（对任何职业都有用），因为匹配在规模大的市场里效率更高。

于城市的文献大多忽略了城市间的贸易成本：和经典的贸易理论一样，贸易成本通常为零或无限大。

贝伦斯等（Behrens et al.，2009）将克鲁格曼（Krugman，1980）的本地市场效应模型扩展到多区位。模型中有一个可以在地区间自由流动且规模报酬递增的部门，生产差异化产品，并且地区间存在贸易成本，还有一个不能在地区间流动且规模报酬不变的部门，生产的产品可以自由贸易。后一种部门存在由地区决定的外生生产率差异，地区 c 的生产率是 $1/z_c$，可流动部门在地区之间的相对优势也存在差异：$a_c = (1/m_c)/(1/z_c)$。最后，地区之间的进入成本也存在差异，即所有地区之间的贸易成本都采取冰山交易形式，由 $C * C$ 的矩阵 Φ 代表，其内部元素 $\Phi_{c,c'}$ 代表地区 c 和 c' 之间的贸易自由度，$\Phi_{c,c'} \in [0, 1]$，当地区 c 和 c' 之间禁止贸易时，$\Phi_{c,c'} = 0$，当双边贸易不存在贸易成本时，$\Phi_{c,c'} = 1$。贝伦斯等（2009）表明地区 c 的均衡单位资本产出是 $y_c = \mathbb{A}_c$，其中 $\mathbb{A}_c \equiv A_c(\Phi, \{\alpha_c\}_{c \in C}, 1/z_c)$，单位资本产出随地区生产率递增，地区生产率是由其自身的生产率参数（$1/z_c$ 和 a_c）、所有其他地区生产率参数的空间加权和经济体中的空间运输成本结构共同组成的一个复杂组合。直觉上，市场接近性更好的地区——即接近生产率较高的市场，并且那里的收入水平也较高——因其接近消费者而具有区位优势。但是，进入那些市场也需要面对和更多、更有效率企业之间的竞争，这可能会抵消部分区位优势。企业在地区间的空间配置以及所产生的生产率分布完全由这两种力量的权衡所决定。[23]

另一个可以被纳入我们标准模型的是迪斯梅特和罗西－汉斯博格的研究（Desmet and Rossi－Hansberg，2013）。在他们的模型中，城市 c 中同质计价物产品的单位资本产出是

$$\gamma_c = A_c \mathbb{L}_c k_c^{1-\theta} h_c^{\theta} \tag{4.13}$$

其中，k_c 和 h_c 分别代表单位资本和工作时间；$\mathbb{A}_c$ 代表城市特有的生产率指数；$\mathbb{L}_c = L_c^{\epsilon}$ 代表集聚外部性。除了劳动和闲暇的选择是内生之外，式（4.13）和式（4.1）是一样的：每个消费者都拥有一单位的时间，他可以选择分配 h_c 的时间用于工作，$1 - h_c$ 的时间用于闲暇。消费者偏好是对计价物产品的消费 u_c（和之前我们使用的收入减去城市成本一样）、闲暇和消费设施 a_c 的对数线性组合，$v_c = \ln u_c + \varphi \ln(1 - h_c) + a_c$。

在每个规模为 L_c 的城市 c 中，地方政府对总劳动收入 $L_c w_c h_c$ 征收 τ_c 单位的税率用于改善交通基础设施。因此，消费者对计价物产品的消费为 $u_c = w_c h_c$

---

[23] Behrens 等（2013）的模型中也是如此。在他们的模型中，城市间市场准入的差异源于对异质性企业的选择临界值。我们将在 4.4.2 对选择效应进行更多研究。

$(1 - \tau_c) - R_c$，R_c 代表城市 c 的居民需要承担的单位资本城市成本（通勤成本加上土地租金）。假定是单中心城市，选择合适的计量单位可以得到单位资本城市成本为 $R_c = L_c^\gamma$。

消费者通过选择劳动或闲暇来实现效用最大化，生产者则通过选择不同的劳动力和资本投入实现成本最小化。加入城市成本 R_c 的表达式后，投入的最优决策可以得到单位资本的消费和产出分别为：

$$u_c = \theta(1 - \tau_c)\gamma_c - L_c^\gamma \ \text{和} \ y_c = \kappa A_c^{\frac{1}{\theta}} L_c^{\frac{\epsilon}{\theta}} h_c$$

其中 $\kappa > 0$ 代表一组参数。迪斯梅特和罗西—汉斯博格（2013）表明 $h_c \equiv h_c(\tau_c, A_c, L_c)$ 是 L_c 的单调递增函数：在大城市，工人愿意投入更多的工作时间（Rosenthal and Strange，2008a）。因此，$u_c = \mathbb{A}_c h_c(\tau_c, A_c, L_c) L_c^{\frac{\epsilon}{\theta}} - L_c^\gamma$，其中 $\mathbb{A}_c = \mathbb{A}_c(\tau_c, A_c) = \kappa\theta(1 - \tau_c) A_c^{\frac{1}{\theta}}$。如果效用是消费的线性函数且劳动力供给不变（和我们之前的假定一样），我们将得到和式（4.3）结构类似的均衡关系。城市间不同的税率 τ_c 和生产率参数 A_c 将通过全要素生产率 $\mathbb{A}_c$ 来扩大或缩小均衡城市规模。[24] 但是劳动力供给是可变的且效用大小取决于收入、闲暇和消费设施。因此效用均等化下的空间均衡条件有些复杂：

$$\ln\left[\mathbb{A}_c h_c(\tau_c, A_c, L_c) L_c^{\frac{\epsilon}{\theta}} - L_c^\gamma \right] + \psi\ln\left[1 - h_c(\tau_c, A_c, L_c) \right] + a_c = u^*$$

$$(4.14)$$

一般均衡下的 u^* 是由主体自由流动决定的。城市间同质主体的均衡配置依赖于城市之间的三个因素：（a）本地税收 τ_c，也称为"劳动楔子"；（b）外生的生产率差异 A_c；（c）外生的消费设施差异 a_c。一般情况下，均衡城市规模会随 A_c 和 a_c 递增，随 τ_c 递减。

迪斯梅特和罗西—汉斯博格（2013）的主要贡献是将他们的空间一般均衡模型（4.14）以一个结构化的方式应用到数据中。[25] 为此，他们首先从结构方程中估计了生产率指数 A_c 和劳动楔子 τ_c，然后倒推出设施 a_c——以生产率指数 A_c 和劳动楔子 τ_c 为条件，模型得到的结果和观测到的 2005～2008 年美国

---

[24] Desmet 和 Rossi–Hansberg（2013）的完整模型由于还内生化了税收而显得更为复杂。为了解出均衡，他们假设地方政府必须提供和城市工资和总通勤成本成比例的基础设施，并且会随地方政府的无效率程度 g_c 而增加。假定政府预算平衡，则要求 $\tau_c \propto g_c L_c^\gamma$，即拥有低效率政府的大城市会有更高的税率。

[25] 更多关于城市经济学结构方法使用的信息可以看由 Holmes 和 Sieg（2014）为本卷所撰写的相关章节。Behrens 等（2013）在一个非常不同的条件下也做了类似分析。他们使用一个多城市的一般均衡模型，模型建立在由 Behrens 和 Murata（2007）所建立的垄断竞争框架下。在这个框架中，异质企业生产多种差异化的消费品，且消费品可以在城市间以一定成本进行贸易。Behrens 等（2013）的主要目的是为了量化贸易摩擦和运输成本对单个城市规模、城市的规模分布和总生产率的影响。他们发现在考虑了贸易摩擦和运输成本后，城市规模分布非常稳定。

192 个城市的规模分布一样。然后他们评估了 a_c 和文献中经常使用的、多种代表生活品质的指标之间的关系。他们最终借鉴"城市会计"的方法对模型进行了校准。目的是为了分别量化不同的劳动楔子 τ_c、生产率 A_c 和环境设施 a_c 对城市规模、福利和城市规模分布的影响。实现方法是当控制 τ_c、A_c 和 a_c 三种机制中的一个时，通过模拟反事实的变化，即如果"我们将某个特征利用人口的加权平均消除其差异时"，将会发生什么？（Desmet and Rossi - Hansberg，2013，P. 2312）。他们发现这会造成大量的人口迁移，但福利变化却很小。[26] 也就是说，可能存在的较大冲击会使主体在城市间迁移，但只会产生很小的福利收益（See Behrens，2014a）。在包含消费和生产外部性的美国数据中，这些结论表现出了较好的稳健性。相比较而言，迪斯梅特（Desmet，2013）将中国的数据用于该模型却得到了较少的人口迁移和较大的福利效应。

4.3.3　城市的构成：产业、功能和技能

到此为止，城市之间只存在外在基础因素方面的差异。产业结构的不同可能是城市之间最明显的差异。城市之间还存在许多其他方面的差异，尤其是它们所具备的功能和城市居民的类型。在这一节，我们总结了研究集聚经济和城市产业构成、功能构成和技能构成之间关系的文献。阿卜杜勒 - 拉赫曼和阿纳斯（Abdel - Rahman and Anas，2004）以及杜兰顿和普加（Duranton and Puga，2000）对早期文献进行了全面的概括，我们所得到的关于产业构成方面的许多结论都来源于此。关于产业构成，大城市生产构成的多样性比小城市要强（Henderson，1997；Helsley and Strange，2014）。另外，大城市和小城市专业化的部门不同，当存在非常大的产业变动时，产业构成可以迅速改变（Duranton，2007）。[27] 关于功能构成方面，大企业可以将价值链大量分割并外包给独立的供应商。不同规模的城市专业化于价值链上不同的工作或功能，其中大城市吸引总部而小城市则进行生产或履行常规性工作（Duranton and Puga，2005；Henderson and Ono，2008）。最后，城市之间也存在技能构成方面的差异。大城市能比小城市吸引更多的高技能工人（Combes et al.，2008；Hendricks，2011）。

---

[26] Behrens 等（2013）在一个异质主体的模型中得出相反的结论。在控制了贸易摩擦和城市摩擦后，他们发现人口的迁移非常小，但福利和生产率收益却很大。正像 Behrens 等（2013）指出的，他们模型中所表现出的较小的福利影响可能来源于其同质性主体的假设。

[27] 小城市生产的产品通常只是大城市生产产品的一部分。参见在 Mori 等（2008）的经验研究中所提出的"数量 - 均等化规模法则"。

4.3.3.1 产业构成

我们把式 (4.1) 修改如下。考虑一个拥有 I 个不同产业的经济体,令 p_i 代表产品 i 的价格,产品可以自由贸易,Y_i 代表总产出。那么城市 c 中产业 i 的产出值是

$$p_i Y_{ic} = p_i \; \mathbb{J}_c \mathbb{U}_c \mathbb{L}_{ic} \mathbb{A}_{ic} L_{ic} \tag{4.15}$$

其中,$\mathbb{L}_{ic}$ 现在代表地方化经济的程度(即给定一个行业,该行业的本地就业水平对该行业企业所带来的规模经济程度),$\mathbb{U}_c$ 代表城市化经济的程度(即本地就业水平对所有行业所带来的外部规模经济程度),$\mathbb{J}_c$ 代表由雅各布斯 (Jacobs,1969) 提出的产业多样性所带来的外部性。在式 (4.15) 中,为了简化,我们假设城市化经济和雅各布斯外部性以同样的方式影响所有产业。

模型的均衡条件是:(a) 在任意城市 c 的所有产业中,工人都获得相同的名义工资,也就是说,对所有 i 来说,$w_c \geq p_i \; \mathbb{J}_c \mathbb{U}_c \mathbb{L}_{ic} \mathbb{A}_{ic}$,当 $L_{ic} > 0$ 时,等号成立。(b) 在所有已居住的城市里有相同的效用水平,即对某个 u^*,当 $L_c > 0$ 时,满足 $u_c = w_c - L_c^\gamma = u^*$。和地方化经济和城市化经济相一致的最简单函数形式分别是 $\mathbb{L}_{ic} = L_{ic}^v$ 和 $\mathbb{U}_c = L_c^\epsilon$。文献中最简单的雅各布斯外部性的函数形式如 (4.16),它帮助我们完成了很多研究。

$$\mathbb{J}_c = \left[\sum_{i=1}^{I} \left(\frac{L_{ic}}{L_c} \right)^\rho \right]^{\frac{1}{\rho}} \tag{4.16}$$

其中 $\rho < 1$ 是决定不同产业互补性的参数:ρ 为负说明不同产业的就业水平严格互补,为正说明为替代关系,趋近于 1 则说明多样性并不重要(因为 $\lim_{\rho \to 1} \mathbb{J}_c = 1$)。[28] 在式 (4.16) 中,产业多样性有助于提高城市劳动生产率。为了看清楚这点,可以发现如果城市 c 完全专业化于某个产业,则 $\mathbb{J}_c \in \{0, 1\}$,而当所有产业都相同时,$\mathbb{J}_c = I^{-1+1/\rho}$。[29] 在后边的研究中会得到 $\rho < 1$,所以 $\mathbb{J}_c > 1$(多样化提高了城市生产率)。还可以看到,式 (4.16) 是零次齐次的,因此它只度量了城市产业多样化的程度(规模效应包含在 $\mathbb{U}_c$ 和 $\mathbb{L}_{ic}$ 中)。

专业化

首先考虑藤田和蒂斯 (Fujita and Thisse,2013) 第 4 章中的模型。在这个研究中,雅各布斯外部性和城市化经济都不存在($\rho = 1$ 和 $v = 0$),且地区间不

---

[28] 参见 Helsley (2011) 对雅各布斯外部性微观经济基础的最新研究。

[29] 如果对某些 i 来说,$L_{ic} = L_c$,那么当 $\rho \leq 0$ 时,$\mathbb{J}_c = 0$,当 $\rho > 0$ 时,$\mathbb{J}_c = 1$。

存在外生差异（对所有 c，$\mathbb{A}_{ic} = \mathbb{A}_c$）。任意产业的产出都可以在所有城市进行自由贸易。因此，在同一个城市里，引入两个或更多的产业不会产生更多收益（Henderson，1974）。简单的反证法就可对此做出说明。假定任意一个规模为 L_c 的城市里有至少两种不同产业，单位资本城市成本是 L_c^γ，产业 i 工人的单位资本总收入是 $\mathbb{A}_i L_{ic}^\epsilon$。当城市 c 拥有超过一个产业时意味着 $L_{ic} < L_c$。然后考虑另一个专业化于产业 i 的城市 c'，其就业为 $L_{c'} = L_{ic'} = L_{ic}$。从而产业 i 工人的单位资本收入减去城市成本后等于 $\mathbb{A}_i L_{ic'}^\epsilon - L_c^\gamma$，根据 $L_{ic'} = L_{ic}$ 和 $L_{ic} < L_c$ 可知，该式严格大于 $\mathbb{A}_i L_c^\epsilon - L_c^\gamma$。因此，一个竞争性的土地开发商能够通过建立一个专业化城市 c' 获利，并吸引来自地区 c 产业 i 的工人。均衡时不存在多样化的城市，这个城市体系模型的唯一均衡就是所有城市都专业化于某个产业，并且它们的（最优）规模只由其专业化的产业决定。因此，我们可以把城市按照其专业化的产业作为下标，并得到以下命题。

命题 4.2（产业专业化）假定对所有的 i 和 c，满足 $\rho = 1$，$v = 0$ 和 $\mathbb{A}_{ic} = \mathbb{A}_i$，则竞争性的土地开发商将使所有城市都专业化于某个产业，这是唯一的空间均衡，最优规模是：

$$L_i = \left(p_i \, \frac{\epsilon}{\gamma} \, \mathbb{A}_i \right)^{\frac{1}{\gamma - \epsilon}} \tag{4.17}$$

命题第一部分（专业化）的证明已经在上文给出。第二部分是因为竞争性的土地开发商要建立一个能为主体提供最大效用水平的城市，即专业化将得到和之前我们只考虑单一产业时同样的结论。注意在多产业环境下，$L_c^{\gamma-\epsilon}$ 的分布不再需要服从 $\mathbb{A}_c$ 的分布，式（4.17）中的（内生的）价格可能会打破命题 4.1 所强调的两者之间的关系。注意城市是完全专业化的且在罗西—汉斯博格和赖特（Rossi – Hansberg and Wright，2007）的随机增长模型中，它们的规模分布仍完全遵循齐普夫法则。

产业配置

关于城市产业、职业和/或技能配置的文献可以追溯至亨德森（1974，1988）。戴维斯和丁格尔（Davis and Dingel，2014）正使用组织理论的方法（Sattinger，1993；Costinot，2009）在一个多维环境中对其进行研究。[30] 这里，我们只研究城市的产业配置。为了和我们之前的框架保持一致，假定产业在地方化经济程度上存在差异，即给定 ϵ_i。另外，每个地区对不同产业的适宜性可能不同，且存在一个有限的、比较大的地区集合 $C = \{1, 2, \cdots, C\}$。我们仍然假定 $v =$

---

[30] 也可参见 Holmes 和 Stevens（2014）在厂商－规模分布空间模式研究中的应用和 Redding（2012）在区域不平等和福利研究中的应用。

0，$\rho = 1$。令 $\mathbb{A}_{ic}$ 是产业 i 地区特有的全要素生产率指数。假定所有产品都不存在贸易成本，因此名义工资扣除城市成本后就是效用水平。我们还假设所有的产品都很重要——即它们必须在一些城市被生产出来。地方政府的目的是最大化当地居民的效用水平。主体可以在城市内部的不同产业之间自由流动。我们忽略整数限制并假定所有城市都是完全专业化的（当 C 连续时，这基本上是正确的）。

我们通过三个步骤来解这个问题。第一步，我们解出地方政府 c 基于产业 i 所选择的城市规模。正像命题 4.2 表明的，如果城市是完全专业化的，那么在地区 c 专业化于产业 i 的地方政府会选择的城市规模由式（4.17）决定。它为其居民提供的效用是：

$$u_{ic} = \left(\frac{\gamma}{\epsilon_i} - 1 \right) \left(p_i \frac{\epsilon_i}{\gamma} \mathbb{A}_{ic} \right)^{\frac{\gamma}{\gamma - \epsilon_i}} \tag{4.18}$$

第二步，地方政府选择专业化于能够产生最大效用的产业，即对 u_{ic} 求极大值。然后城市根据其比较优势选择专业化。比较优势的类型是基于李嘉图技术和外部规模经济的组合。为了看到第一种比较优势，我们先剔除外部规模经济的差异，并对所有的 i，暂时令 $\epsilon_i = \epsilon$。考虑两个城市 c 和 d，如果满足下列比较优势法则，则城市 c 专业化于产品 i 的生产而城市 d 专业化于产品 j 的生产：

$$\frac{A_{cj}}{A_{ci}} < \frac{p_i}{p_j} < \frac{A_{dj}}{A_{di}}$$

这就是著名的李嘉图比较优势法则。

对于我们更感兴趣的 $\epsilon_i \neq \epsilon_j$ 时的情况则无法写出其表达式。这里求解的办法是将其作为配置问题进行处理，即我们按照科斯蒂诺特（Costinot，2009）的方法把产业和城市进行匹配。这是我们的第三步也是最后一步。对式（4.18）取对数并微分后，可以很容易证明：$\dfrac{\partial^2 \ln u_{ic}}{\partial \varepsilon_i \partial \mathbb{A}_{ic}} = \dfrac{\gamma}{(\gamma - \varepsilon)^2} \dfrac{1}{\mathbb{A}_{ic}} > 0$；

即效用在产业—地区特征 $\mathbb{A}_{ic}$ 和集聚经济 ϵ_i 上是对数超模的。那么配置结果就是产业和城市之间的正向协调匹配。城市位置的优劣和集聚经济的强度是互补的：$\mathbb{A}_{ic}$ 高的城市将专业化于 ϵ_i 高的产品进行生产。

产生上述结论的原因主要是因为产业和城市之间的互补性、地方政府的存在（能够对要进入城市的移民进行驱逐）和雅各布斯外部性的存在。当主体可以在城市之间自由流动且存在产业间外部性时，赫尔斯利和斯特兰奇（Helsley and Strange，2014）表明一般都会发生无效率的产业再集聚。迁移是提高效率较少的方式。专业化的城市一般都过大，尽管再集聚的城市一般也都过大且并不具备合理的产业构成。[31] 部分多产业和产业间外部性的问题是由其分布造成的，即城市之间的产业分布影响一个产业的最优区位。如果是那样的话，（对数）超模形式可能并不存在，但只有这种形式才会产生多种布局类型而不按照一般的方式布局产业。在 4.4 节我们研究异质工人的排序时也会出现类似问题。

在这个模型中，城市产业专业化完全解释了城市规模的差异。但是完全专业化的城市与现实并不吻合，因此产业专业化并不能成为静态角度合理解释齐普夫法则（事实 6）的主要原因。像 4.3.2.2 节讨论的那样，模型至少需要按照李和李（Lee and Li, 2013）的方式增加一个随机增长部分，或者像 4.4.1.4 节那样，在存在异质工人的排序时，加入自选择约束。另外，我们可以考虑在什么条件下城市会在均衡时形成多样化的产业结构。

多样化

一般情况下，城市就业的最优产业构成一方面依赖于之前谈到的地方化经济和较高的城市成本之间的权衡，另一方面依赖于雅各布斯多样化收益，或是阿卜杜勒－拉赫曼和阿纳斯（2004）所使用的城市层面的"范围经济"[32]。为了看清楚这点，假设所有产业都对称且所有地区都是同质的（对所有的 c 和 i，满足 $\mathbb{A}_{ic} = A > 0$），则最优配置意味着对所有 i 满足 $p_i = p$。不失一般性，选择合适的计量单位使 $p\mathbb{A} = 1$。考虑两个规模都为 L 的城市，城市 c 完全专业化（对一些 i，满足 $L_{ic} = L$，而 $j \neq i$ 时，满足 $L_{jc} = 0$,），城市 c' 完全多样化（对所有 i，满足 $L_{ic'} = L/I$）。在我们的研究中，假设两个城市的城市成本相等，城市 c 的名义工资是 $w_c = L^{\epsilon+v}$，把 $\mathbb{J}_{c'} = I^{-1+1/\rho}$ 和 $L_{ic'} = L/I$ 分别代入式（4.15）后，可以得到城市 c' 的名义工资 $w_{c'} = L^{\epsilon+v} I^{-\epsilon} I^{-1+1/\rho}$。当且仅当 $1 + \epsilon < 1/\rho$ 成立时，可以得到 $w_{c'} > w_c$，也就是说，如果多样化的好处 $1/\rho$ 大于地方化经济程度 ϵ 时，城市的最优选择应该是多样化。因为 $\epsilon > 0$，所以之前的研究只在 $\rho < 1$ 时成立，即产业间是互补的。[33]

4.3.3.2 功能构成

在区域之间进行的价值链分割（离岸外包）和超出企业的经营范围（外

---

[31] 关于再集聚是无效率的结论为经验研究提供了重要启示。事实上，关于集聚经济的经验工作越来越重视再集聚的模式（Ellison, 2010），并以此来对各种促进集聚形成的马歇尔机制进行梳理。主要识别假设是可观测到的再集聚是"有效率的"，因此名义要素回报完全反映了集聚经济的存在和强度。不幸的是，正像 Helsley and Strange（2014）表明那样，这可能并不是事实。

[32] 也可参见 Abdel－Rahman 和 Fujita（1993）。通过假定城市间可以自由贸易，我们省略了城市多样化的另一个潜在原因：运输成本的节约（Abdel－Rahman, 1996）。

[33] $\rho > 1$ 这个假设和雅各布斯的假设相反，但和 Sartre 的观点"他人即是地狱"一致，即多样化降低每个人的生产率。在这个例子中，当 c 完全多样化时，$\mathbb{J}_c = I^{-1+1/\rho} < 1$；当 c 完全专业化时，$\mathbb{J}_c = 1$。很明显，前者的城市劳动生产率高于后者。这源于城市的拥挤力，并因此会产生专业化的城市。

包）也会对我们认识城市构成有所帮助（Ota and Fujita，1993；Rossi – Hansberg et al.，2009）。杜兰顿和普加（Duranton and Puga，2005）和亨德森和小野（Henderson and Ono，2008）表明城市正快速按照其功能进行专业化，而罗西—汉斯博格等（Rossi – Hansberg et al.，2009）发现在城市内部也存在同样的现象：城市中心专业化于复杂的工作，而郊区则专业化于流水线（办公室之外的）工作。

在这一部分，我们关注企业不同活动的区位选择而不再是城市的产业构成。我们首先从一个代表性产业入手，到本节最后，我们会简单讨论多个产业的情况。

代表性产业

我们按照杜兰顿和普加（2005）和大田和藤田（Ota and Fujita，1993）的思路，认为企业对其不同环节的区位选择是根据对接近性—地方化（proximity-localization）的权衡决定的。这些作者都采用了一种技术性的方法，即企业总部和生产设施之间的协调成本随它们之间的地理距离递增。亨德森和小野（Henderson and Ono，2008）验证了这一理论和经验证据的一致性。我们把这些模型按下述方法整理到我们的框架中。每个企业都有总部和制造业活动，且每个活动都受益于它自身所产生的地方化经济。也就是说，一个企业的总部和其他企业总部的接近会提升自身生产率，制造业厂商和其他制造业厂商之间的接近也会提升自身生产率。有两种类型的工作，M（对制造商）和 H（对总部），每种都专业化于一种类型的活动。经济体中的所有工人在完成两种工作的能力上是同质的。令下标 v 和 f 分别代表实施一体化和功能专业化的城市。如果一个行业的代表性厂商将其总部和生产线布局在一个城市中（该城市是垂直联系的），则其产出是：

$$Y_v = \mathbb{A}(\mathbb{M}M)^\lambda(\mathbb{H}H)^{1-\lambda} \qquad (4.19)$$

如布局在两个不同的地区（即城市不是垂直联系的），则其产出是 $Y_f = Y_v/\tau$。在式（4.19）中，$0 < \lambda < 1$ 代表生产中的劳动力份额，M 和 H 分别代表企业在制造活动和总部部门的就业量，$\mathbb{M}$ 和 $\mathbb{H}$ 则分别代表每项工作的地方化经济程度，$\tau > 1$ 代表两项工作分散布局所产生的协调成本，采用萨缪尔森的"冰山"成本形式。和之前类似，地方化经济的最简单形式是 $\mathbb{M} = M^\epsilon$ 和 $\mathbb{H} = H^v$，ϵ 和 v 分别代表基于制造业厂商和总部所产生的集聚经济弹性。为了以最简单方式突出模型的主要观点，我们假设两类活动是对称的，即 $\epsilon = v$ 且 $\lambda = 1/2$。[34] 令 $h \equiv$

---

[34] 实际上，高档服务业的集聚效应更强（Combes et al.，2008；Davis and Henderson，2008；Dekle and Eaton，1999）。注意 $\epsilon > v$ 意味着服务型城市大于制造型城市，和现实相符，这也可以部分解释类似底特律和谢菲尔德这些前制造业巨头的艰难转型。感谢 Gilles Duranton 为我们指出这一点。

$H/(H+M)$ 表示生产中履行总部功能的劳动力份额，令 $L=H+M$ 表示劳动力规模。由于模型中 H 和 M 是对称的，因此可以推测最优配置也是对称的。我们可以把单位资本（平均）效用表示为：

$$u(\mathbb{I}_v) = \tau^{\mathbb{I}_v-1}\mathbb{A}\big[(1-h)h\big]^{\frac{1+\epsilon}{2}}L^\epsilon - \mathbb{I}_v L^\gamma - (1-\mathbb{I}_v)L^\gamma\big[(1-h)^{1+\gamma} + h^{1+\gamma}\big]$$

$$(4.20)$$

当企业是空间垂直一体化时，$\mathbb{I}_v=1$，而当总部和制造活动在不同的专业化城市时，$\mathbb{I}_v=0$。对接近性（因 $\tau>1$）和拥挤性（$h^{1+\gamma} + (1-h)^{1+\gamma}<1$）之间的权衡关系在式（4.20）中表现得非常清晰。

首先考虑垂直一体化的城市，即城市里只有垂直一体化的企业（$\mathbb{I}_v=1$）。城市的最优规模和构成分别是：

$$L_v = \left(\frac{\epsilon}{\gamma}\frac{\mathbb{A}}{2^{1+\epsilon}}\right)^{\frac{1}{\gamma-\epsilon}} \text{ and } h_v = \frac{1}{2}$$

$$(4.21)$$

可以看出一体化城市的最优规模（4.21）和标准模型（4.9）的结构是一致的。

然后我们讨论功能型城市（$\mathbb{I}_v=0$），即城市完全专业化于总部或制造活动，我们还可以得到 $h_f=1/2$，从而总部型和制造型城市的最优规模都等于：

$$H_f = M_f = \left(\frac{\epsilon}{\gamma}\frac{\mathbb{A}}{2\tau}\right)^{\frac{1}{\gamma-\epsilon}}$$

$$(4.22)$$

下边我们把相关值代入 $u(\mathbb{I}_v)$ 的表达式（4.20）后，就可以比较式（4.21）和式（4.22）的特点。在这两个例子中，拥挤成本都等于最优配置产出的 $\frac{\epsilon}{\gamma}$。功能型城市的产出和拥挤成本都低于垂直一体化城市的产出和拥挤成本，两者都依赖模型的参数设定。具体的，垂直一体化城市和功能型城市的平均效用（对计价物产品 Y 的消费量）分别等于：

$$u_v \equiv u(1) = \frac{\gamma-\epsilon}{\epsilon}\left(\frac{\epsilon}{\gamma}\frac{\mathbb{A}}{2^{1+\epsilon}}\right)^{\frac{\gamma}{\gamma-\epsilon}} \text{ and } u_f \equiv u(0)\frac{\gamma-\epsilon}{\epsilon}\left(\frac{\epsilon}{\gamma}\frac{\mathbb{A}}{2\tau}\right)^{\frac{\gamma}{\gamma-\epsilon}} \quad (4.23)$$

根据式（4.21）、式（4.22）和式（4.23）可以得到如下命题：

命题 4.3（功能专业化）。当且仅当协调成本足够低和/或地方化经济足够强时，功能型城市的规模要大于垂直一体化城市，并且会产生更高的效用水平：

$$u_f > u_v \text{ 和 } H_f = M_f > L_v \text{ 当且仅当 } 1 < \tau < \tau_{vf} \equiv 2^\epsilon \quad (4.24)$$

当协调成本很低时，依靠远处的总部来协调制造活动所损失的产出也较低。由于拥挤成本是产出的一个固定比例，从而可以得到功能型城市的规模和对计价物产品的单位资本消费都随协调成本递减。和垂直一体化城市相比，功能专业化所带来的强大的集聚经济扩大了产出节约或损失的水平。

杜兰顿和普加（Duranton and Puga，2005）提出了命题 4.3 在时间序列方面的含义（也可参见本卷 Desmet and Henderson，2015 的章节）：通讯技能的改变使协调成本随时间下降，从而使城市更加的功能专业化。当产业的集聚经济程度不同时，我们还可以强调命题 4.3 在截面上的含义：给定 τ，一个地方化经济较小的产业（低 ϵ）更倾向于垂直一体化并形成垂直一体化型的城市。

多产业的功能构成

我们把式（4.15）和式（4.16）代入式（4.19），并以此来研究存在城市化经济和雅各布斯外部性时，不同产业的总部和制造活动的区位选择。具体的，在生产函数中考虑 I 个对称产业 $Y_i(\mathbb{I}_v) = \tau^{\mathbb{I}_v-1}\mathbb{A}(\mathbb{M}M_i)^{\frac{1}{2}}(\mathbb{H}H_i)^{\frac{1}{2}}$，其中 $\mathbb{M} = \left(\sum_{j=1}^{J} M_j^\rho\right)^{\frac{\epsilon}{\rho}}$ 和 $\mathbb{H} = \left(\sum_{j=1}^{J} H_j^\rho\right)^{\frac{\epsilon}{\rho}}$。从该式可以得出两个结论：第一，模型从产业到生产要素都是对称的，从而我们可以合理的预期这些变量在任意最优配置上也是对称的。第二，该式假设不存在地方化经济，当 $\epsilon > 0$ 时，存在城市化经济，当 $\rho < 1$ 时，存在雅各布斯经济。如果所有不等式成立，城市最优时要求城市中存在所有产业，那么唯一的问题就是决策者是否会建立垂直一体化城市或功能专业化城市。

假定对所有产品的偏好都是对称的，从而对所有 i，满足 $p_i = p$。通过对计价物的选择令 $p \equiv 1$。则规模为 L 的垂直一体化城市产出为：

$$Y_v \equiv \sum_{i=1}^{I} Y_i(1) = I\mathbb{A}\left[I\left(\frac{L}{2I}\right)^\rho\right]^{\frac{\epsilon}{\rho}}\frac{L}{2I} = \mathbb{A}I^{\left(\frac{1}{\rho}-1\right)\epsilon}\left(\frac{L}{2}\right)^{1+\epsilon}$$

第一个等式利用了模型的对称性假定（对所有 i，满足 $M_i = H_i = L/2I$），化简后可得第二个等式。将单位资本产出减去城市成本后得到 $u = \dfrac{Y}{L} - L^\gamma$，对 L 取极大值可以得到 $L_v = \left(\dfrac{\epsilon \, \mathbb{A}I^{\left(\frac{1}{\rho}-1\right)\epsilon}}{\gamma \quad 2^{1+\epsilon}}\right)^{\frac{1}{\gamma-\epsilon}}$，当 $I = 1$ 时，该式和式（4.21）相同。现在开始讨论两个功能型城市的共同产出（一个制造型城市和一个总部型城市）。令 $M = H = L/2$ 代表这些城市的（相同的）规模。则共同产出等于 $Y_f \equiv \sum_{i=1}^{I} Y_i(0) = \dfrac{\mathbb{A}}{\tau}I^{\left(\frac{1}{\rho}-1\right)\epsilon}\left(\dfrac{L}{2}\right)^{1+\epsilon}$，将单位资本产出减去城市成本后得到 $u = \dfrac{Y}{L} - L^\gamma$，对 L 取极大值，可以得到 $L/2$ 为 $M_f = H_f = \left(\dfrac{\epsilon \, \mathbb{A}I^{\left(\frac{1}{\rho}-1\right)\epsilon}}{\gamma \quad 2\tau}\right)^{\frac{1}{\gamma-\epsilon}}$，当 $I = 1$ 时该式再次和式（4.22）相同。在最优城市规模中，单位资本效用水平 u_v 和 u_f 都和式（4.23）成比例，即 $u_v \equiv u(1) = \dfrac{\gamma-\epsilon}{\epsilon}\left(\dfrac{\epsilon \, \mathbb{A}I^{\left(\frac{1}{\rho}-1\right)\epsilon}}{\gamma \quad 2^{1+\epsilon}}\right)^{\frac{\gamma}{\gamma-\epsilon}}$ 和 $u_f \equiv u(0) = $

$\dfrac{\gamma-\epsilon}{\epsilon}\left(\dfrac{\epsilon}{\gamma}\dfrac{\mathbb{A}I^{\left(\frac{1}{\rho}-1\right)\epsilon}}{2\tau}\right)^{\frac{\gamma}{\gamma-\epsilon}}$。然后，立刻可以得到式（4.24）在当前情况下也成立。我们认为当且仅当协调成本足够低和/或城市化经济足够强时，城市将选择功能专业化。

新兴城市群和产品生命周期

我们的框架也能够将产品生命周期和价值链上各生产工序的区位联系起来。杜兰顿和普加（Duranton and Puga，2001）发现在法国和美国存在一种现象，即企业将其创新活动布局在较大且多样性较强的新兴城市中，之后再将其生产工序布局在较小的专业化于该产业的制造业城市中。原因是当处于产品生命周期的早期阶段时，企业面临着不确定性，并需要研究它们的最优生产流程，而当它们发现并掌握了最优生产流程后，就需要充分利用地方化经济对生产活动所带来的好处。

杜兰顿和普加（2001）提出了一个具有微观基础的动态模型来解释这些现象。但是，也可以利用我们的静态框架来表述他们的思想。一个产品的发展包括试错阶段以及行业经验对其他产业的溢出阶段：每个人都可以从其他人的错误中学习并获得成功。[35] 因此，在创新阶段，城市化经济和雅各布斯经济更重要，而地方化经济的作用稍弱。在式（4.15）和式（4.16）中，发展阶段中城市化经济和雅各布斯经济的存在意味着 $v^I>0$（规模效应）和 $\rho^I<1$（多样化效应），上标 I 代表"创新"。相反，处于生产阶段时，地方化经济的存在意味着 $\epsilon^M>0$，此时，城市化经济和雅各布斯外部性的重要性相对较弱，这意味着 $v^M=0$ 和 $\rho^M=1$，上标 M 代表"制造业"。

4.3.3.3 技能构成

亨德里克斯（Hendricks，2011）表明美国大城市的技能相对充裕，并且一个城市80%的充裕技能都和其产业构成无关。换句话说，大城市所有产业的技能强度都比小城市要强。此外，熟练工人的城市溢价和他们受雇的产业无关，这意味着人力资本的外部性广泛存在于城市的各个产业（见 Moretti，2004 对经验研究的总结）。

为了看清楚我们的框架如何对此进行解释，假定经济体中存在两类劳动力，非熟练工人和熟练工人。令 L_c 代表城市规模，h_c 代表熟练工人比例，代

㉟ Ossa（2013）建立了一个模型，在模型中，企业的成功或者失败可以影响进入者对一个地区是否适合生产的价值判断，模型表明即使在不存在生产外部性时，集聚也会发生。大城市之所以大的部分原因是因为它让潜在进入者感觉到大城市为新产品的成功提供了更适宜的环境。

表性产业的单位资本产出减去城市成本后得到 $u_c = \mathbb{A}_c[\mathbb{L}_c h_c^\rho + (1 - h_c)^\rho]^{\frac{1}{\rho}} - L_c^\gamma$，其中 $\rho < 1$ 且 $\mathbb{L}_c = L_c^\epsilon$。该式假定规模效应存在技能偏向，而本地生产设施 $\mathbb{A}_c$ 和之前一样是希克斯中性的。将单位资本产出减去城市成本后，分别对熟练工人比例和城市规模求极大值，可以得到城市规模是：

$$L_c = \left(\frac{h_c}{1 - h_c}\right)^{\frac{1-\rho}{\epsilon}} \text{和} \quad L_c^{\gamma - \epsilon} = \frac{\epsilon}{\gamma} \frac{\mathbb{A}_c}{\rho} h_c^\rho (1 - h_c)^{-\frac{(1-\rho)2}{\rho}} \tag{4.25}$$

从式（4.25）可以看出城市规模 L_c 和城市的技能充裕度 h_c 正相关，且在正则条件下，都随本地设施 $\mathbb{A}_c$ 递增。㊱ 这体现了亨德里克斯（2011）所发现的技能充裕度和城市规模之间的正向关系。

之前的机制是依赖于全要素生产率 $\mathbb{A}_c$ 的异质和技能偏向的规模效应才产生了城市规模和技能之间的正向关系。现在我们将表明，当不存在这些假设时，城市间异质主体的排序也能产生同样的关系。

4.4　排序和选择

在这一节，我们的目标是要建立一个异质主体在城市间排序和城市内对异质主体选择的框架。在下文中，我们将排序作为异质工人和企业所做的不同区位选择，将选择看作是职业选择（工人）或市场进入选择（企业）。我们的框架虽然简单，但足以体现和这些问题相关的主要观点，也能够涵盖研究这些问题的最新模型。我们还指出困扰排序和选择模型的两个主要困难：产生于城市内的一般均衡反馈和函数形式的选择。在排序模型里，许多超模型的研究都排除了一般均衡反馈，从而使异质主体和城市间的匹配问题非常复杂。在选择模型里，选择效应可以以任何方式存在，因此在没有具体函数形式时，无法给出清晰的比较静态结论。虽然文献中使用了一些解决这两个困难的方法，我们依然认为任何关于城市间排序和城市内部选择的分析都非常复杂，并且不可能产生非常稳健的结论。理论和经验分析的相互验证对我们如何选择（明确的）"正确的"模型非常重要。

㊱　利用两个式子消除 L_c 后，可以得到 h_c 是关于 $\mathbb{A}_c$ 和模型中其他参数的隐函数：

$$\frac{h_c^{(1-\rho)\frac{\gamma}{\epsilon} - 1}}{(1 - h_c)^{(1-\rho)\left(\frac{\gamma}{\epsilon} - \frac{1}{\rho}\right)}} = \mathbb{A}_c \frac{\epsilon}{\rho\gamma}$$

如果 $\frac{\gamma}{\epsilon} > \min\left\{\frac{1}{1-\rho}, \frac{1}{\rho}\right\}$，则 h_c 随 $\mathbb{A}_c$ 递增。

4.4.1 排序

我们首先分析排序，可以看出在一般均衡下排序和选择是密切相关的。这也为我们在下一节对选择的分析提供了基础。

4.4.1.1 一个简易模型

我们对亨德森（1974）的标准模型进行简单拓展，假设模型中的个体拥有不同的能力。然后在模型中可以得到（a）排序下的空间均衡；（b）在集聚经济的规模弹性 ϵ 和城市成本的规模弹性 γ 都很小（已经被数据证实）时所能得出的一些结论；（c）γ/ϵ 接近于 1 时，关于城市规模分布的一些结论。之后我们会说明模型是如何把文献中关于异质工人（Behrens et al.，2014a；Davis and Dingel，2013；Eeckhout et al.，2014）或异质企业在区位间排序（Baldwin and Okubo，2006；Forslid and Okubo，2014；Gaubert，2014；Nocke，2006）的模型进行概括或联系到一起的。令 $t \in [\underline{t}, \bar{t}]$ 代表服从概率分布函数 $f(\cdot)$ 和累积分布函数 $F(\cdot)$ 的个体特征。简单起见，我们可以将 t 当作"能力"，工人的能力越高 t 值越大。和标准城市模型一样，工人可以在城市间自由流动。假定总人口固定为 $\bar{L}$，城市的数量 C 和规模 L_c 与之前一样，都由工人的区位选择内生决定。从而，每个城市的能力构成由异质个体的区位选择内生决定。在均衡条件下，每个工人选择一个城市，因此 $\bar{L} = \sum_c L_c$。

假定能力为 t 的工人能够提供 t^a 单位的有效劳动，其中 $a > 0$。城市 c 的劳动力在技术规模收益式（4.2）不变条件下，生产同质的自由贸易最终消费品。通过假定对所有 c 满足 $\mathbb{A}_c = \mathbb{A}$，来忽略地区的异质性，因此，单位有效劳动的工资是 $w_c = \mathbb{A}\mathbb{L}_c$。假定集聚经济只依赖城市规模，即 $\mathbb{L}_c \equiv L_c^\epsilon$，且偏好是线性的，则城市 c 中 t 型主体的效用水平是：

$$u_c(t) = \mathbb{A}L_c^\epsilon t^a - L_c^\gamma \tag{4.26}$$

注意式（4.26）的能力和集聚经济是互补的：较大的城市规模给最有能力主体带来的收益并非成比例增加。这是推动更有能力的主体到大城市排序的主要力量，它也成为上一节式（4.25）的"微观对等"。可以看出，在主体的能力之间并不存在直接相互作用：在一个地区里，一种类型主体的排序并不依赖于该地区其他主体的状况。在高贝尔（Gaubert，2014）关于企业空间排序的例子中，这一假设是受到限制的，但却大大简化了分析。㊲ 当在一个城市的支付依赖于城市构成时——依赖于所有其他主体的选择——事情将变得更加复杂。我们将在 4.4.1.6 对此进行讨论。

通过式（4.26）可以很容易证明单交特征：

$$\frac{\partial^2 u_c}{\partial t \partial L_c}(t) > 0 \tag{4.27}$$

成立。因此，效用在能力和城市规模上是超模的，这意味着在均衡时会存在正向协调匹配（Sattinger, 1993）。简言之，主体会根据其自身能力在城市间排序。式（4.26）和式（4.27）都能得到这一结论，即在达到均衡时，并非所有类型的主体都会选择相同城市。原因是城市成本并不像城市收益那样随能力变化。因此，在大城市，只有能力更高的主体才能承担起较高的城市成本，因为他们的收入较高，而能力低的主体会选择在城市成本较低的小城市居住。㊳

4.4.1.2　离散城市的空间均衡

令 $C = \{1, 2, \cdots, C\}$ 是外生的城市集合。根据式（4.27）的正向协调匹配，我们知道具有相同能力的主体不会居住在同类城市中，因此，我们可以得到按照能力对城市划分的均衡。令 t_c 为在两个连续城市 c 和 $c+1$ 之间可以无差异居住的边际主体的能力，根据这些临界值的定义可以得到

$$\mathbb{A} L_c^\epsilon t_c^a - L_c^\gamma = \mathbb{A} L_{c+1}^\epsilon t_c^a - L_{c+1}^\gamma, \quad \text{因此 } t_c^a = \frac{1}{\mathbb{A}} \frac{1 - \left(\frac{L_c}{L_{c+1}}\right)^\gamma}{1 - \left(\frac{L_c}{L_{c+1}}\right)^\epsilon} L_{c+1}^{\gamma - \epsilon} \tag{4.28}$$

和 4.3.2 的标准模型一样，表达式（4.28）只给出了能力分布的临界值和均衡时达到的城市规模。任何均衡必须能够呈现出基于正向协调匹配所产生的能力

㊲　Gaubert（2014）使用了和我们类似的假设，但重点强调异质企业的排序。在她的模型中，贸易是无成本的，这意味着企业在城市之间的空间分布对产业价格指数没有影响。因此，企业的区位选择由城市规模决定，而不是根据由企业生产率决定的城市构成或产业的整体空间分布决定。

㊳　正向协调匹配并不需要在排序模型中存在，尤其是在一般均衡中。例如，在 Krugman（1991）的基础上，Mori 和 Turrini（2005）研究表明，技能更高的主体对市场规模的敏感性较弱，因为他们可以更容易地通过和其他区域之间的贸易弥补所遭受的额外成本。当贸易成本足够高时，这种效应可能意味着在市场规模和技能排序之间存在（与现实有些不符）反向关系：技能更高的人可能实际上都集中在一个较小区域。Wrede（2013）拓展了 Mori 和 Turrini（2005）的研究，纳入了 Helpman（1998）中的住房，并假定不存在通勤成本。然后他的模型就和我们的非常相似，并且预测在区间间存在按照能力的排序，即能力更高的区域规模更大且具有较高的工资和房价。Venables（2011）建立了一个不完全信息下的模型，模型中能力最强的工人通过居住在较大的、居住成本更昂贵的城市证明他的能力。

分割和城市规模随能力递增的情况。当不存在任何开发商和地方政府时，多数均衡都可以通过排序而得以实现。

为了表述方便，我们假定 ϵ，$\gamma \to 0$ 且 $\epsilon/\gamma \to 1$。也就是说，我们假定集聚经济的规模弹性 ϵ 和城市成本的规模弹性 γ 都很小且有同样的数量级。虽然对于"小"到什么程度存在争论，但根据我们在经验分析中得到的 $\hat{\epsilon} = 0.081$ 和 $\hat{\gamma} = 0.088$（见 4.2），可以得到 $\hat{\gamma}/\hat{\epsilon} = 1.068$，它非常接近于 1，两者之差 $\hat{\gamma} - \hat{\epsilon} = 0.007$ 也非常小，但统计上并不显著。最近的一些研究利用微观数据和适当的识别策略对 ϵ 和 γ 进行了估计，结果发现两者可能更小且它们的差 $\gamma - \epsilon$ 也会很小（Combes et al.，2008，2014）。将上述两者比值的条件代入式（4.28）的左侧后，式（4.28）可以被重新整理为：

$$t_c^a \approx \frac{1}{\mathbb{A}} L_{c+1}^{\gamma-\epsilon} \lim_{\epsilon,\gamma \to 0} \frac{1 - \left(\dfrac{L_c}{L_{c+1}}\right)^{\gamma}}{1 - \left(\dfrac{L_c}{L_{c+1}}\right)^{\epsilon}} = \frac{1}{\mathbb{A}} \frac{\gamma}{\epsilon} L_{c+1}^{\gamma-\epsilon} \tag{4.29}$$

根据（4.29），我们可以得到城市 c 和 $c-1$ 的能力比值为：

$$\left(\frac{t_c}{t_{c-1}}\right)^a = \left(\frac{L_{c+1}}{L_c}\right)^{\gamma-\epsilon} \Rightarrow L_{c+1} = L_c \left(\frac{t_c}{t_{c-1}}\right)^{\gamma-\epsilon} > L_c \tag{4.30}$$

最后一个不等式源于 $\gamma > \epsilon$ 和 $t_c > t_{c-1}$。在我们的估计中，城市规模可以被直接的表示为能力最低居民的函数：

$$L_c = L(t_c) = \left(\frac{\epsilon}{\gamma} \mathbb{A} t_c^a\right)^{\frac{1}{\gamma-\epsilon}} \tag{4.31}$$

很明显，均衡城市规模随能力的临界值递增：t_c 越大，城市的能力越强，且均衡规模也越大。[39] 回想我们得到的关于 $\gamma - \epsilon$ 的估计值是百分位级别的值，可以发现上述表达式中的弹性 $1/(\gamma - \epsilon)$ 将非常大：城市间较小的能力差异会导致巨大的城市规模差异，能力更高的城市也有更高的平均生产率。令：

$$\bar{t}_c \equiv \left(\int_{t_c}^{t_{c+1}} t^a \mathrm{d}F_c(t)\right)^{\frac{1}{a}} \tag{4.32}$$

代表城市的平均能力，其中 $F_c(\cdot)$ 是城市特有的能力分布。然后我们可以得到 $y_c = \mathbb{A}_c L_c^{\epsilon}$，其中 $\mathbb{A}_c \equiv \mathbb{A} \bar{t}_c^{\alpha}$ 代表城市特有的全要素生产率，它取决于地区特征 $\mathbb{A}$——在简易模型中所有地区都是相同的——和由人力资本 $\bar{t}_c$ 内

---

[39] 无论能力在城市之间如何划分，该条件都成立。即使存在多重均衡，每个均衡对应的临界值都随城市规模递增而上移。很明显，式（4.31）严格依赖这些限制条件。但是，当城市规模分布的上尾足够厚时，L_c/L_{c+1} 将快速变小，从而式（4.28）意味着 $t_c^{\alpha} \approx L_{c+1}^{\gamma-\epsilon}/\mathbb{A}$。式（4.31）的含义基本符合这一研究。

生决定的地区构成，从而，生产率的增加依赖于经典的集聚经济（通过 L_c^ϵ）和人力资本构成效应（通过 $\bar{t}_c^\alpha$）。后者大概能够解释不同规模城市工资差异的 40% ~ 50%（Combes et al.，2008）。通过式（4.26），我们可以得到的效用水平为：

$$u_c(t) = \left(\frac{\epsilon}{\gamma}\mathbb{A}t_c^\alpha\right)^{\frac{\gamma}{\gamma-\epsilon}}\left[\frac{\epsilon}{\gamma}\left(\frac{t}{t_c}\right)^\alpha - 1\right]，因此$$

$$\bar{u}_c = y_c - L_C^\gamma = \left(\frac{\epsilon}{\gamma}\mathbb{A}t_c^\alpha\right)^{\frac{\gamma}{\gamma-\epsilon}}\left[\frac{\gamma}{\epsilon}\left(\frac{\bar{t}_c}{t_c}\right)^\alpha - 1\right]$$

第一个表达式的效用随自身能力递增，但和城市最低能力 t_c 之间的关系并不明确。一方面，在其他条件不变时，一个能力更高的城市意味着该城市拥有更多的有效劳动进而生产率水平也更高，这对所有城市居民都有益，对能力较高的人益处则更大，参考莫瑞提（Moretti，2004）可以对城市人力资本外部性的文献有一个更全面的了解。另一方面，根据式（4.31）可知，对于能力较高的城市来说，城市规模较大，拥挤成本也较高，而这会对所有城市居民都产生不利影响。第二个表达式表明，当满足 $\dfrac{\bar{t}_c}{t_c}$ 在城市间保持不变这一条件时（和 Behrens et al.，2014a 一样），平均效用是 t_c 的凸函数：能力更高的主体可以借助大城市的形成提高自己的能力，从而我们可以得到以下结论：

命题 4.4（排序和城市规模）在简易的排序模型里，均衡城市规模 L_c 和单位资本产出 y_c 都是城市主体平均能力 $\bar{t}_c$ 的增函数，城市 c 中主体 t 的均衡效用水平随个人能力递增但和 t_c 的关系并不明确。

图 4-9 说明了不同主体在三个城市之间的排序。能力最低的主体选择规模最小的第一类城市，中等能力主体会选择第二类规模稍微大点的城市，能力最高的主体选择第三类规模最大的城市。和之前分析的一样，能力和效用——以及能力和城市规模——之间的均衡关系是凸的，能力较强主体在大城市的收益最多，并且大城市必须"足够大"才能阻止能力较低主体的到来。

可以得出以下三点结论：第一，由能力最低的主体确定使其感到无差异的城市规模。城市规模的任意增加都将使该类主体向更小的城市迁移以节约城市成本，并且在每个城市里，能力较高的主体一般都会有较高的效用水平。第二，也是上一点的直接推论，当不存在流动摩擦，即所有地区的效用水平都相等时，空间均衡的标准条件就不再存在，因为所有城市都有同样的主体，除了那种在两个城市间都感到无差异的边际类型主体外，其他所有主体都会在他居住的城市获得更高的效用。⑩ 总之，在一个存在主体差异并且区位选择偏好存在差异的世界里，在所有居住地都拥有相同效用水平将不再成立，式（4.6）的空间均衡等式——"区域间的核心理论工具"（Glaeser and Gottlieb，2009，P.984）——必须被修正，这有非常重要的理论和实际意义。⑪ 最后，从图 4 - 3 左图可以看出，数据已经证实了"能力"和城市规模之间的正向关系，这说明排序存在！

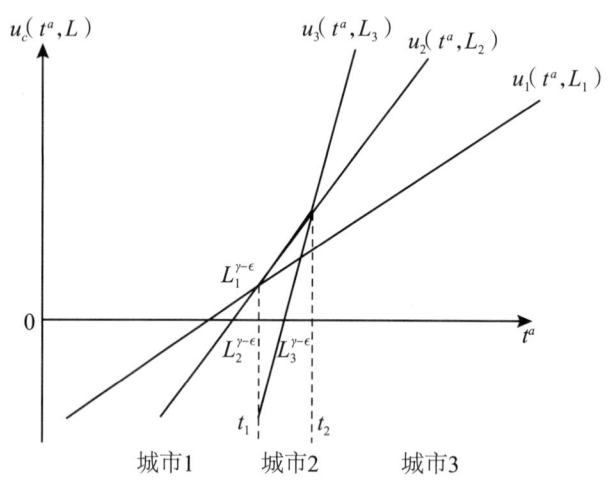

图 4 - 9   不同主体在三类城市的排序

在此之前，我们考察了"离散城市"，即城市之间能力的跨度为 $[t_c, t_{c+1}]$。离散城市将导致能力空间的离散分割。虽然这和现实情况相符，因为城市里居住着多种能力的主体，但连续均衡的存在让模型的后续工作很难做。为了求出模型的结果，需要明确这种分割，解出相对城市规模，并选择一个城市规模的绝对级别（通过外部条件的明确），依靠对分割和标准的选择，会出现大量均衡，部分原因是我们事先指定了城市结构，然后才确定了均衡条件，或者，我们可以研究未事先指定城市结构时的情况，此时主体能够根据城市规模和城市构成形成各种类型的城市。

---

⑩   最近的文献大多不再研究不包括摩擦或异质性的简单空间均衡，并认为效用在区域间是相等的。Behrens 等（2013），Diamond（2013），Gaubert（2014）以及 Kline 和 Moretti（2014）都通过引入明确的流动性摩擦或假定主体存在区位偏好差异放松这一条件。为了使模型的均衡会随参数变换而平滑变动，后一种方法之前曾被应用到新经济地理模型中，例如 Murata（2003）和 Tabuchi 等（2002）。

⑪   例如，当存在主体在区位间的自选择时，将个体收入对整个城市的平均人力资本回归会得到一个有偏的结果（当拥有类似能力的主体做出相同选择时，存在正向偏误，因为误差项和 $\bar{t}^a$ 正相关。）

4.4.1.3 连续城市的空间均衡

下面假定主体能够做出最优的城市选择，因为他们决定了——根据自身能力——愿意居住的城市规模。形式上，一个能力为 t 的主体根据城市规模最大化他或她的效用水平，即主体从所有可能的城市规模中选择一个。这里，我们假定城市集 $C = [0, C]$ 连续，各种类型的城市都能形成，并且城市数量 C 内生，这实际上是贝伦斯等（Behrens et al.，2014a）的模型。一阶条件是[42]：

$$\max_{L_c} u_c(t) \Rightarrow \mathbb{A}\epsilon L_c^{\epsilon-1} t^a - \gamma L_c^{\gamma-1} = 0 \tag{4.33}$$

可以得到能力为 t 的主体所偏好的城市规模是：

$$L_c(t) = \left(\frac{\epsilon}{\gamma}\mathbb{A}t^a\right)^{\frac{1}{\gamma-\epsilon}} \tag{4.34}$$

容易证明，在城市规模达到均衡时，二阶条件成立。

需要做出五点说明：第一，比较式（4.31）和式（4.34）可以发现它们的结构相同，区别在于式（4.31）是针对边际主体，而式（4.34）是针对任意主体的。在大量离散城市和连续城市下，主体排序的均衡非常接近，直觉上，在连续模型里，所有主体对相同规模的城市几乎是无差异的。然而，每个主体都会根据他或她的能力有他或她最偏好的城市规模。

第二，式（4.34）给出了能力和城市规模之间的唯一映射：最优情况下，两种不同类型的主体不会选择居住在相同规模的城市。这大大缩小了城市的能力构成：城市间的能力是同质的，而且正向协调匹配意味着能力更高的主体会居住在更大的城市。我们将在下一节探讨它对城市规模分布的意义。由于每个主体都会选择他或她最喜欢的城市，所以这是一个稳定均衡，因为没有人可以从偏离均衡中获益。在城市间的能力分割有许多潜在均衡（见上一节离散情况下的讨论），但并非所有主体都居住在他们所偏好的城市里，即使他们可以选择城市规模。在主体能够对城市形成的数量和愿意居住的城市规模进行选择时，如何在静态模型里实现均衡仍然是一个值得研究的问题。

第三，异质能力和城市的连续分布凸化了主体在城市间的配置问题。我们可以按照下述方法考虑这一凸化问题，在离散情况下，城市 c 中 t 型主体的效用是 $u_c(t) = \mathbb{A}L_c^{\epsilon}(t^a - t_c^a \epsilon/\gamma)$，该式是 t^a 的一个线性函数（回想 L_c 只依赖于边

---

[42] 在这里，假设城市构成不产生影响非常重要。一般情况下，主体面临的困难包含两个方面：城市规模的选择和城市构成的选择。后者使问题变得更加复杂。Behrens 等（2014a）为了简化问题，假设城市是"能力同质"的——即城市里只存在一类能力。在他的研究里，通过解一个微分方程来得到 $L_c(t)$。在我们的简易模型里，能力构成并不重要，因此城市规模是唯一的选择变量，并且城市像式（4.34）那样被简化为"能力同质"的。

际类型 t_c 的情况）。城市 c 的 L_c 的变化将会改变城市的能力构成（见图 4–9），但当 L_c 的变化不是很大时，均衡仍可以维持：城市规模并不唯一确定。在连续情况下，最优规模的城市中 t 型主体的效用是 $u_c(t) = \mathbb{A}L_c^\epsilon t^\alpha(1 - \epsilon/\gamma) = (\epsilon/\gamma)^{\epsilon/(\gamma-\epsilon)}(\mathbb{A}t^\alpha)^{\gamma/(\gamma-\epsilon)}(1 - \epsilon/\gamma)$，该式是 t^α 的严格凸函数。凸性是因为当城市规模随代表性居民的能力改变时，能力的提升对效用水平的促进作用远高于线性情况下。和离散情况下相反，这里的规模——能力关系是唯一的。直觉上，一个城市不可能比式（4.34）更大或更小，因为任意一个规模和能力相近城市的存在都能使主体获取更高的效用。

第四，t 型城市的单位资本产出是 $y_c = \mathbb{A}L_c^\epsilon t^\alpha$。取对数后，该式变为：

$$\ln y_c = \kappa_1 + \epsilon\ln L_c + a\ln t_c \tag{4.35}$$

或者：

$$\ln y_c = \kappa_2 + \gamma\ln L_c \tag{4.36}$$

其中式（4.36）是利用式（4.34）得到的。因此，对生产率 y_c 和城市规模 L_c 取对数后回归，将得到排序被控制时式（4.35）的集聚经济弹性，或排序未被控制时式（4.36）的城市成本弹性。

最后，对式（4.34）取对数，我们可以得到 $\ln t_c = \kappa + \dfrac{\gamma-\epsilon}{\alpha}\ln L_c$，$\kappa$ 为常数项。当 $\gamma - \epsilon$ 很小时，能力和城市规模的弹性也很小：在美国的数据中，"教育"对城市规模的弹性是 0.117（见图 4–3 的左图）。大城市只显示出轻微的高"能力"——由城市人口的教育水平衡量——说明教育水平的微小差异会导致较大的城市规模差异。因此，正像一些学者所说的那样，能力和城市规模之间较小的弹性绝不意味着排序不重要。

4.4.1.4 城市规模的含义

之前已经表明，异质主体在城市间的排序会产生不同均衡规模的城市。该理论对城市规模分布意味着什么呢？我们现在使用连续分布下的城市说明它对城市规模分布的重要影响。首先可以得到总人口中 t 型主体的"数量"是 $\overline{L}f(t)$。前面已经说明，t 型主体偏好的城市规模 $L(t)$ 可以由式（4.34）得到。假定存在 $n(t)$ 个这种类型的城市，因为在均衡时，所有主体只能选择一个城市，从而得到 $\overline{L}f(t) = n(t)L(t)$，或者等价的，

$$n(t) = \frac{\overline{L}f(t)}{L(t)} \tag{4.37}$$

令 C 代表经济体中的城市总数，城市的累积分布函数 $N(.)$ 是：

$$N(\tau) = \frac{\overline{L}}{C}\int_0^\tau \frac{f(t)}{L(t)}dt$$

利用式（4.34）可以得到$\dfrac{f(t)}{L(t)} = \dfrac{f(\xi L(t)^{\frac{\gamma-\epsilon}{\alpha}})}{L(t)}$和$dL = \dfrac{\alpha}{\xi(\gamma-\epsilon)}L(t)^{1-\frac{\gamma-\epsilon}{\alpha}}dt$，其

中$\xi \equiv \left(\dfrac{\epsilon}{\gamma}\mathbb{A}\right)^{-\frac{1}{\alpha}}$是一个正的参数集。利用能力的分布和能力与城市规模之间的

关系进行替换，可以得到城市规模的密度分布和累积分布分别为：

$$n(L) = \frac{\overline{L}\eta\xi}{C}(\xi L^\eta)L^{\eta-2} \text{ 和 } N(L) \frac{\overline{L}\eta\xi}{C}\int_0^\ell f(\xi\ell^\eta)\ell^{\eta-2}d\ell \qquad (4.38)$$

其中$\eta \equiv \dfrac{\gamma-\epsilon}{\alpha}$。（4.38）在$\eta = 0$处的一阶逼近是：

$$n(L) = \kappa L^{-2} \qquad (4.39)$$

其中$\kappa \equiv \dfrac{\overline{L}\eta\xi}{C}f(\xi) > 0$是一个符号为正的常数（$\eta$一直为正）。利用这一表达式

和完全就业条件$\overline{L} = \displaystyle\int_{L(\underline{t})}^{L(\overline{t})} n(L)LdL$，可以解出均衡的城市数量是：

$$C = \eta\xi f(\xi)\left[lnL(\overline{t}) - lnL(\underline{t})\right]\overline{L}$$

即城市数量和人口规模成正比。城市体系在均衡时保持规模报酬不变，因此，通过式（4.39）可以得到以下命题（Behrens et al.，2014a）。

命题4.5（齐普夫法则）。假定主体按照式（4.34）在城市之间排序，则

在取极限$\eta \equiv \dfrac{\gamma-\epsilon}{\alpha} \to 0$时，城市的规模分布服从形状参数为1的帕累托分布。

图4-6的右图说明了这一关系。齐普夫法则在该模型中成立主要是因为它并不依赖于人口中能力的潜在分布。换句话说，当$\gamma-\epsilon$很小时——数据似乎证明了这点——无论潜在的能力分布如何，模型中的城市规模分布都趋近于齐普夫法则。[43]为得到这一结论，需要两个重要也相对合理的条件：第一，城市"数量"——更精确的应为城市总数——和每种能力之间的关系是内生的。第二，城市规模也是内生的，且主体可以对其偏好的城市类型排序。由于任意t型主体都有一个更偏好的城市规模，而城市规模是能力的连续函数，将能力的幂指数取的足够大就意味着城市的规模分布是齐普夫分布的类型。

如果吉布拉定律成立，在稳态时，随机增长模型也（接近于）能够产生齐普夫法则。吉布拉定律在最近的经验研究中受到了质疑（See Michaels et al.，2012）。迪斯梅特和拉巴波特（Desmet and Rappaport，2013）表明一旦分布是

---

[43]　Behrens 等（2014a）研究表明，当η较小时，向齐普夫法则的收敛会非常快。对于经验研究中经常使用的η值，拟合的城市规模分布与形状参数为1的帕累托分布非常接近。

齐普夫类型（不是其他类型的），吉布拉定律似乎也将成立。这一节的模型展示了一种可能产生齐普夫法则的机制，正像休（Hsu，2012）和李和李（Lee and Li，2013）的模型一样。[44] 我们模型的一个独特优点是，它通过给参数赋予大家都认可的值就能够产生齐普夫法则，而与能力的潜在分布无关（我们无法观察的）。

4.4.1.5 一些缺陷和扩展

4.4.1.1 模型的优点是简单，但是缺陷太多。首先，和文献中几乎所有的模型一样（如 Mori and Turrini，2005；Nocke，2006；Baldwin and Okubo，2006；Okubo et al.，2010），它预测了在一维空间的严格排序。但是众所周知，城市之间存在大量的生产率重叠现象。总体上，大城市可以承载更多有能力的主体，而从数据上几乎无法将城市按照企业生产率和主体的教育水平严格划分（Combes et al.，2012；Eeckhout et al.，2014；Forslid and Okubo，2014）。例如，虽然在美国的数据中，熟练工人份额和城市规模的相关系数非常显著（见图4-3的左图），但将两者取对数后回归的 R^2 只有 0.161。[45]

我们利用连续城市集下的简易模型可以很容易的将贝伦斯等（Behrens et al.，2014a）的思想进行扩展，即把生产率的不完全排序融入其中。它包括两个阶段，其中的主体按照事前信号（他们的能力）进行排序，但是事后的生产率却并不确定。假定在选择城市 c 之后，每个主体都受到一个随机生产率的冲击 $s \in [0, \bar{s}_c]$，该冲击的累积分布函数为 $G_c(\cdot)$。我们可以将 s 当作幸运或者"巧合"——主体在正确的时间出现在正确的地点。主体可以提供的有效劳动依赖于主体的能力 t 和冲击 s 的乘积：$\varphi \equiv s \times t$。令 $\Phi_c(\cdot)$ 是城市 c 的生产率分布，明显的，即使两个城市有相似但不同的能力构成，最终也会导致生产率分布的较大重叠。然后我们可以根据式（4.32）对 $\bar{t}_c$ 的定义得到城市 c 的期望工资是：

$$\mathbb{E}w_c(t) = \mathbb{A}L_c^\epsilon \int_0^{\bar{t}_c^a \bar{s}_c} \varphi^a \mathrm{d}\Phi_c(\varphi) = \mathbb{A}\underbrace{\left(\int_0^{\bar{s}_c} s^a \mathrm{d}G_c(s)\right) \bar{t}_c^a L_c^\epsilon}_{= \mathbb{A}_c(\mathbb{A},\, \bar{t}_c,\, G_c(\cdot))}$$

很明显，全要素生产率 $\mathbb{A}_c$ 是城市特有的，它是排序和城市特有冲击分布的函数，并且在所有城市中，工资和生产率都是非退化分布，具有高能力个体的城

---

[44] Hsu（2012）在静态框架下也得到了齐普夫法则。依靠中心地理论和固定成本，该机制和这里提到的其他两个模型存在很大差异。

[45] 美国的技能排序在1980到2000年间是增加的。Diamond（2013）研究了关于福利不平等的结论。

市生产率分布随机占优于低能力个体的城市生产率分布。[46]

另一种产生不完全排序的方式假定主体根据目标函数的随机因素选择区位，像贝伦斯等（2013）或高贝尔（Gaubert，2014）中一样。方法是消费者或企业的区位选择中既有一个确定性部分（利润或间接效用），也有一个随机部分。在随机部分的常用假设分布下——如果它服从 I 型的极值分布——区位选择概率就是 logit 形式并将允许区位间的不完全排序：能够观测到的同类主体并不需要做相同的区位选择。一般的，更有能力的主体将会选择大城市，但是城市的分布类型却较为模糊。通过加入一个类似于威德（Wrede，2013）的确定性类型——独立的"家庭依附"项，也能够得出同样的结论。

最后，之前的模型预测了正向协调匹配。总体来讲，大城市居住着能力较高的主体，大城市的生产率分布一阶随机占优于小城市。但是，最近的一些经验证据表明，法国工人（Combes et al.，2012）、美国工人（Eeckhout et al.，2014）和日本企业（Forslid and Okubo，2014）在大城市的生产率分布都呈现厚的左尾和右尾特征。换句话说，较大的市场似乎吸引了生产率最高和最低的工人和企业，大城市的不平等程度也因此变得更高，因为那里居住的高生产率主体和低生产率主体并不成比例。经验证据显示的双向排序非常有趣，已经建立的双向排序模型无论在理论上还是在经验检验机制上都存在缺陷，[47] 这说明还需要做出一些重要补充。在大城市，对于技能分布左尾厚尾性的解释可以包括多个方面：更慷慨的福利政策、熟练和非熟练工人的互补性（如富裕家庭雇佣非熟练工人做家务以及照顾孩子等）、更多的公共住房、移民效应或者如格莱泽等（Glaeser et al.，2008）所指出的公共交通的存在。正像我们在下一节所表明的，在存在选择效应时，复杂的一般均衡效应能导致技能分布上尾的超模性和下尾的子模性。由于仍未确定究竟是什么导致了双向排序，我们认为在这个领域仍有很多工作要做。

4.4.1.6 分布起作用时的排序（选择的序幕）

在 4.4.1.1 的简易模型里，主体只根据城市规模和城市的平均能力进行区位选择：能力更高城市中的单位资本有效劳动也越高。在一个高能力城市居住本身并不会有任何好处或者坏处。但是，很多原因使我们相信城市的能力构成

---

[46] 由于大城市有多种保险机制以及更多的机会等，因此假设大城市的平均冲击较好是合理的。这是另一种促进按照全要素生产率排序的力量：更多有能力的工人将选择有更好冲击的地方，因为他们可能从好的冲级中获利较多而在坏的冲级中受损较少。

[47] 数据的模式究竟是因为"双向排序"还是"选择和排序"提前并不清楚，我们将在下一节重点分析。可能会存在单向排序——更大的市场吸引更多能力更高的主体——但之后的选择会淘汰其中的一部分。那些主体最终成为低生产率主体，正如数据中我们看到的那样。

在一些细节方面会直接影响到这些选择。一方面，住在一个有更多高能力企业家的城市会有很多好处，比如廉价的中间产品或者工人的高工资。它也会给工人提供更有效的交流，大家可以互相学习，尤其是当学习效果依赖于其他人的能力时（Davis and Dingel，2013）。另一方面，和许多能力高的人居住在一起也会有它的弊端，最明显的，它会加剧竞争，因为每个人都必须面对更多、能力也更高的竞争对手。无论两方面的最终效应如何，可以明确的一点是，一般情况下，所有主体的区位选择都至少部分的依赖于其他主体的选择——即排序内生于城市之间的整体能力分布。当整个能力分布按照贝伦斯等（Behrens et al.，2014a）和戴维斯和丁格尔（Davis and Dingel，2013）的方式形成时，排序就会产生。贝伦斯等（2014a）认为主体会依据自身能力在城市之间排序。和4.4.1.5一样，生产率 φ 依赖于"能力"和"运气"。生产率足够高的主体——他们的生产率超过了某个城市特有的选择临界值 φ_c ——变成了企业家并生产在本地组装的中间品，这些中间品按照 CES 加总的形式投入到竞争性的最终部门，获取的利润是 $\pi_c(\varphi)$。和我们的简易模型一样，其他主体成为工人且提供 φ^α 单位的有效劳动，获得工资 $w_c\varphi^\alpha \leqslant \pi_c(\varphi)$。在这种情况下，城市 c 的工资和单位资本产出分别是：

$$w_c = \frac{1}{1+\epsilon} \left(\int_{\varphi_c}^{\infty} \varphi^{\frac{1}{\epsilon}} \mathrm{d}\Phi_c(\varphi) \right)^{\epsilon} L_c^{\epsilon} \text{ 且}$$

$$y_c = \underbrace{\left(\int_{\varphi_c}^{\infty} \varphi^{\frac{1}{\epsilon}} \mathrm{d}\Phi_c(\varphi) \right)^{\epsilon} \left(\int_0^{\varphi_c} \varphi^a \mathrm{d}\Phi_c(\varphi) \right) L_c^{\epsilon}}_{= \mathbb{A}_c(\varphi_c, \Phi_c)} \quad (4.40)$$

其中，$\Phi_c(\cdot)$ 是城市特有的生产率分布。可以看出，全要素生产率 $\mathbb{A}_c$ 是内生的并依赖于排序（通过生产率分布 Φ_c）和选择（通过临界值 φ_c），工资也是如此。这以很重要的方式影响着异质主体的区位选择。在贝伦斯等（2014a）的模型里，当一个城市被选择后，随机冲击 s 发生，主体的区位选择因此依赖于能力为 t 的主体在所有城市的期望效用水平。对任意城市 c 的期望效用水平是：

$$\mathbb{E}u_c(t) = \int_0^{\bar{s}_c} \max\{\pi_c(st), w_c(st)^{\alpha}\} \mathrm{d}G_c(s) - L_c^{\gamma}$$

从上述表达式可以很清楚地看出，简单的单交特征 $\frac{\partial \mathbb{E}u_c(t)}{\partial t \partial L_c} > 0$ 并非必须成立。因为在一般均衡下，选择的临界值 φ_c 和整个生产率分布 $\Phi_c(\cdot)$ 都依赖于城市规模 L_c。4.4.2 已经表明，一般情况下很难评估较大的市场是否存在更严格 $\left(\frac{\partial \varphi_c}{\partial L_c} > 0 \right)$ 的选择。因此，虽然排序是先验存在的但却很难描述清楚：正向协调匹配通常并不存在。

城市的能力构成可能影响排序的另一种途径是当存在学习外部性时。考虑下述对戴维斯和丁格尔（2013）模型的简单变换。存在两种类型的工人，第一类工人生产非贸易品，生产遵循规模报酬不变且不存在外部性，第二类工人生产可自由交换的贸易品，该部门生产率受到学习外部性的影响。每个工人都有 t 单位的有效劳动可以用于工作或学习。在均衡时，城市 c 中 $t \geqslant \underline{t}_c$ 的工人生产贸易品，而其他工人生产非贸易品。换句话说，模型决定了职业选择。令 $\beta \in (0, 1)$ 代表工人用于学习的时间比例（这是一个选择变量）。城市 c 在贸易部门就业的 t 型工人产出为[48]：

$$y_c(t) = (\beta t)^{\alpha_c} \left[(1 - \beta) t \, \mathbb{L}_c \right]^{1 - \alpha_c} \tag{4.41}$$

第一项是将时间用于工作的产出，而第二项是学习对生产率提高的影响。这里 $\alpha_c \in (1/3, 1/2)$ 是城市特有的参数，它代表了学习对主体生产率的重要性。式（4.41）表明了促使能力排序的主要力量：主体的能力越高，他从较大的学习外部性中受益也更多。

将式（4.41）关于 β 取最大值得到 $\beta^* = \dfrac{\alpha_c}{1 - 2\alpha_c}$，该式随 α_c 递增并和能力无关。[49] 学习外部性 $\mathbb{L}_c$ 依赖城市中所有主体分配给这个活动的时间（规模效应）和该城市主体的平均能力（结构效应）。假定：

$$\mathbb{L}_c = \mathbb{I}_c^\epsilon \cdot \bar{t}_c, \text{ 其中 } \mathbb{I}_c = L_c \int_{t \geqslant \underline{t}_c} (1 - \beta_c) \mathrm{d}F_c(t) \text{ 和 } \bar{t}_c = \frac{1}{1 - F_c(\underline{t}_c)} \int_{t \geqslant \underline{t}_c} t \mathrm{d}F_c(t) \tag{4.42}$$

分别代表规模效应和结构效应。计算后可以得到规模效应是 $\mathbb{I}_c = L_c \dfrac{1 - 3\alpha_c}{1 - 2\alpha_c} [1 - F_c(\underline{t}_c)]$，这意味着当有更多主体参加学习时就会有更大的溢出潜力。结构效应意味着学习效果随参加学习主体的平均能力递增。这两种效应都依赖主体的选择，选择的临界值由 $\underline{t}_c$ 决定。

把 β^* 和式（4.42）代入式（4.41），可以得到城市 c 的平均生产率：

$$y_c = \underbrace{\kappa_c \bar{t}_c^{2 - \alpha_c} [1 - F_c(\underline{t}_c)]^{\epsilon(1 - \alpha_c) + 1}}_{= \mathbb{A}_c(\underline{t}_c, F_c)} L_c^{\epsilon(1 - \alpha_c)} \tag{4.43}$$

其中 κ_c 是由 α_c、β 和 ϵ 决定的参数。全要素生产率 $\mathbb{A}_c$ 再一次依赖于城市间内生的能力分布 $F_c(\cdot)$ 和城市内部对职业的选择（由 $\underline{t}_c$ 代表）。一般情况下，

---

[48] 这一表达式排除了 Davis 和 Dingel（2013）中的"零学习"均衡。那些均衡并没有特别含义。

[49] 就像 Davis 和 Dingel（2013）中那样，虽然认为能力更高的工人可能从学习中受益更多似乎是合理的，并因此应当在均衡时选择更高的 β 值，而我们的假设在简化模型后仍然能够保留其核心观点。

临界值本身就是城市规模和城市之间能力分布的函数。简言之，t_c、$F_c(\cdot)$ 和 L_c 在城市层面上被同时确定，并且区位均衡条件必须成立，此时，每个主体都选择了他或她最偏好的地区。注意式（4.40）和式（4.43）很相似。两个模型都预测排序和选择的相互作用决定了城市的生产率优势，后边我们还会对此进行讨论。

虽然城市之间工人的排序曾经是研究重点，但越来越多的文献开始研究企业的排序（See Baldwin and Okubo, 2006；Forslid and Okubo, 2014；Nocke, 2006；Okubo et al., 2010）。从另一个角度讲，可以利用我们研究企业家排序的方法来探讨企业的排序，因为大多数企业都是随他们的经营者迁移的。[50] 高贝尔（Gaubert, 2014）假定企业的实际生产率是 $\psi(t, L_c)$，其中 t 是企业的潜在生产率。潜在生产率通过 ψ 与由城市规模所代表的集聚经济相互作用。利用高贝尔多产业 CES 模型中简单的单部门变量可以得到生产率为 t 的企业利润为：

$$\pi_c(t) = \mathbb{A}_c \mathbb{P}_c^{\sigma-1} \left(\frac{\psi(t, L_c)}{w_c} \right)^{\sigma-1} \tag{4.44}$$

其中 $\mathbb{A}_c$ 是城市特有的全要素生产率指数，$\mathbb{P}_c$ 是城市特有的 CES 价格指数，w_c 是城市特有的工资水平，以及 $\sigma > 1$ 代表需求弹性。从式（4.44）可以看出，企业的生产率 t 和城市规模 L_c 直接通过 ψ 相互作用，并通过城市变量 $\mathbb{A}_c$、$\mathbb{P}_c$ 和 w_c 发生间接作用。对式（4.44）取对数并微分后可以看到，依赖于企业自身 t 的城市变量 $\mathbb{A}_c$、$\mathbb{P}_c$ 和 w_c 都不再存在，我们看到，当且仅当 ψ 是对数超模时，利润函数在 t 和 L_c 上也是对数超模的：

$$\frac{\partial^2 \ln \pi_c(t)}{\partial L_c \partial t} > 0 \Longleftrightarrow \frac{\partial^2 \ln \psi(t, L_c)}{\partial L_c \partial t} > 0$$

即利润函数延续了生产率函数 ψ 的对数超模性，进而意味着生产率更高的企业会排序到更大的城市。

需要做出以下四点说明：第一，一般情况下，只有当利润是城市总体和 ψ 的对数线性函数时，这一排序结果才成立。ψ 是 CES 偏好下的研究，放松 CES 偏好意味着利润通常情况下不再是 ψ 和 L_c 的乘法可分，这种情况下，ψ 的对数超模性既没必要也不足以产生 π 的对数超模性。第二，利润的对数线性形

---

[50] 经验证据表明工资的大量空间差异源于工人的排序（Combes et al., 2008），企业按照规模和生产率的排序只发挥很小的作用（Mion and Naticchioni, 2009）。另外，研究企业的排序比较困难，因为，以 4 年为周期，在法国只有 5% 的企业会重新进行区位选择（Duranton and Puga, 2001）。其他国家的数据也大致相当，且大多数的迁移都是在同一大都市范围内的短距离迁移。因此，进入和退出的动态模式是可观测的，且这些大都源于选择效应的存在。

式意味着只有 t 和 L_c 的直接相互作用才能影响企业的排序。如果我们放松对 ψ 的对数超模假设（相对较强），高贝尔（2014）的模型也将变成由城市（内生）生产率主要影响区位选择的排序模型，如果这样的话，按照我们下一节的方法，将很难对其求解。第三，在有了排序和选择（后边会有更多研究）的合理微观基础后，我们仍对均衡时 ψ 对 t 和 L_c 的对数超模性并不清楚。第四，在一般均衡条件下，城市规模通过 $\mathbb{P}_c$ 和 w_c 与主体 t 的间接相互作用可能足以产生排序。例如，在赫尔普曼（Helpman，1998）的模型中，住房供给是无弹性的，$w(L_c)$ 是 L_c 的增函数，以此来补偿工人由于高房价所产生的交通成本，这将对利润（高成本会降低利润，但还有整个城市的收入效应）有负面影响，从而可能使生产率更高的主体在大城市的收益更高，并因此而产生排序。下一节将重点讨论这些一般均衡效应是如何影响职业选择并与排序发生相互作用。

4.4.2　选择

现在将简单介绍下近些年才引起我们关注的一个领域：选择。在开始之前，有必要对相关术语做出解释。我们可以想象有两种类型的选择：生存选择和职业选择。生存选择是指霍本海因—梅里兹（Hopenhayn – Melitz）类型的随机选择，其中的进入者必须以支付一定的沉没成本来检验其生产率水平，并最终决定是否仍能在这个市场中存活（Hopenhayn，1992；Melitz，2003；Melitz and Ottaviano，2008；Zhelobodko et al.，2012）。职业选择是确定性选择，其中的主体依靠能力来决定是去经营一个企业还是当工人（Lucas，1978）[51]。简单起见，我们在下文中只讨论职业选择。[52] 城市 c 对能力的选择临界值 t_c 决定了主体的不同职业选择（企业或企业家 VS. 工人）。

我们的目的并非要建立一个关于选择的完整模型，只是为了提炼出一些核心观点。我们的研究重点是关于选择、排序和集聚的相互作用。在这一节，我们将说明选择和排序是互为因果、相互对等的，从而在经验研究中很难对两者进行区分（Combes et al.，2012）。我们也会在经济模型中说明，一般情况下市场规模对选择的影响都不明确——即并不清楚大的市场是否会有更多或更少的企业（企业家），以及市场规模是否会提高竞争效应。这个结论主要是由选

---

[51]　在空间领域，对前者进行的研究有 Ottaviano（2012），Behrens 等（2014b）以及 Behrens 和 Robert – Nicoud（2014b）。对后者进行的研究有 Davis 和 Dingel（2013），Behrens 等（2014a）以及 Behrens 等（2014c）。

[52]　参见 Melitz 和 Redding（2014）对国际贸易研究中生存选择的最新回顾。Mra'zova' 和 Neary（2012）在异质企业模型里给出了更多关于选择效应的内容。

择、排序和集聚在一般均衡下的相互作用而产生的。

4.4.2.1 一个简易模型

虽然排序能够在非常一般的假设下研究，但对选择的研究却需要给模型施加很多条件。确切地说，我们需要一个受到主体相对位置——和市场中的其他主体相比——影响的模型。异质主体的不完全竞争模型通常能够满足这一要求。因此，选择可以很方便的在带有异质性的垄断竞争一般均衡模型中研究，在那里主体的报酬依赖多种因素，比如市场规模、市场的技能构成以及竞争者的数量。建立一个完善的模型超出了本章的范围，但一个简易模型可以让我们突出当前研究中的一些主要问题。

考虑一个由异质厂商（企业家）组成的集合，他们在城市 c 生产差异化的非贸易消费品或服务。$F_c(\cdot)$ 为城市 c 的能力累积分布，取值范围为 $[\underline{t}_c, \bar{t}_c]$。为了更明确地表明我们的观点，假定该分布给定，尤其是 $\bar{t}_c$ 给定——即我们忽略城市间的排序，因为很难同时对选择和排序做出分析。在这一节的后边，我们将讨论既包含内生的能力分布 $F_c(\cdot)$，又包含该分布与选择相互作用的困难。

单位有效劳动工资为 w_c，能力为 t 的工人提供 t^α 单位的有效劳动。假定企业生产率随能力递增，另外还假定能力高的主体更容易成为企业家（这需要企业家收入随 t 增加的速度要高于 α），因此，在均衡时，能力更高的主体（有 $t > t_c$）将成为企业家。令 t_c 为职业选择的临界值（简单点即临界值），能力为 t 的企业家用 $1/t$ 单位的有效劳动能够生产一单位产出。企业家最大化以下利润函数：

$$\pi_c(t) = \left(p_c(t) - \frac{w_c}{L_c^\epsilon t} \right) L_c x_c(t) \tag{4.45}$$

其中 $p_c(t)$ 是企业家销售的多样化产品的价格，L_c^ϵ 是集聚外部性的简化形式，$L_c x_c(t)$ 是城市 c 企业家所面对的总需求，$x_c(t)$ 是单位资本需求。[53] 从式（4.45）可以看出，企业家能力 t 和集聚外部性 L_c^ϵ 是互补。和之前的分析一样，这是推动高能力主体到大城市排序的主要力量。但是，当存在选择时，事情变得非常复杂，因为在一般均衡下，市场规模对利润的影响非常大。在下一节会说明，互补性也是扩大企业家收入分布的主要力量，并因此导致大城市的

---

[53] 简单起见，假定总需求 $X_c(t) = L_c x_c(t)$。在拟线性条件下或者偏好是总需求依赖于某个汇总统计（广义拉格朗日乘子）时，该式都成立。后面的特点相当于为子效用函数的倒数增加了准可分性，这和 Behrens 和 Murata（2007）一样。

收入不平等程度更高。

对式（4.45）关于价格取极大值可以得到：

$$p_c(t) = \frac{\varepsilon_{x,p}}{\varepsilon_{x,p}-1} \frac{w_c}{L_c^\epsilon t} \tag{4.46}$$

其中 $\varepsilon_{x,p} = 1/r(x_c(t))$ 是单位资本需求 $x_c(t)$ 的价格弹性，也可以使用"多样性偏好"（RLV）$r(\cdot)$ 来表示（Zhelobodko et al.，2012）。[54] 在规模为 L_c 的城市中，能力为 $t \geq t_c$ 的主体进行多样化生产所获得的利润是：

$$\pi_c(t) = \underbrace{\frac{r(x_c(t))}{1-r(x_c(t))} \frac{w_c}{t}}_{\mu(t,t_c,L_c)} L_c^{1-\epsilon} x_t \tag{4.47}$$

其中 $\mu(t, t_c, L_c)$ 指 t 型主体在临界值 t_c、和规模为 L_c 的城市中的边际利润。

生产差异化产品的企业家集合由临界值 t_c 内生决定。更正式的，主体根据他们能够获得的最大收入自主选择职业（当企业家或工人），成为企业家的临界条件为：

$$\pi_c(t_c) - w_c t_c^a L_c^\xi = 0 \tag{4.48}$$

其中 L_c^ξ 是使工人生产率更高（增加他们的有效劳动）的集聚外部性。换句话说，临界企业家获取的利润等于他或她作为工人的工资所得，而所有可以满足 $\pi_c(t) > w_c t^\alpha L_c^\xi$ 的能力为 t 的主体都成为企业家，其他则成为工人。

以下是需要重点解决的问题：城市规模 L_c 通过 t_c 对职业结构会产生什么样的影响？城市的能力构成 $F_c(\cdot)$ 和不同的集聚外部性如何与选择相互作用？我们将在下一节观察组内和组间的收入分布状况。

4.4.2.2　对 CES 的说明

简单起见，我们首先从常用的 CES 偏好开始研究：$u(x) = x^\rho$。在这种形式中，$r(x_c(t)) = 1 - \rho$ 是一个独立于个体消费（也因此独立于城市规模）的常数。加总的 CES 需求可以表示为 $L_c x_c(t) = L_c[\mathbb{A}_c/p_c(t)]^{1/(1-\rho)}$，其中 $\mathbb{A}_c$ 是城市特有的市场加总，它依赖城市的收入分布，但它由每个给定的企业家决定。根据（4.46）可以得到固定加成的定价水平：$p_c(t) = w_c/(\rho L_c^\epsilon t)$。

将 $x_c(t)$ 和 $p_c(t)$ 代入利润函数可得：

---

[54]　在加法可分模型里，其中的效用函数为 $U = \int u(x_t) dF_c(t)$，还有 $\varepsilon_{x,p} = 1/r(x_t)$，其中 $r(x) = -\frac{xu''(x)}{u'(x)} \in (0, 1)$。式（4.46）把企业的利润和子效用函数 u 的性质（通过 RLV）唯一的联系到一起。市场规模影响选择的方式主要取决于 $r(\cdot)$ 的特点，并由此也取决于偏好的特点。注意 $r(\cdot)$ 是个人消费 x_t 的函数，且一般情况下，它既不是一个常数也不是一个单调函数。

$$\pi_c(t) = \rho^{\frac{\rho}{1-\rho}}(1-\rho)L_c^{1+\epsilon\frac{\rho}{1-\rho}}\mathbb{A}_c^{\frac{1}{1-\rho}}\left(\frac{w_c}{t}\right)^{\frac{\rho}{\rho-1}}$$

然后，职业选择条件 $\pi_c(t_c) = w_c t_c^\alpha L_c^\xi$ 可以写为：

$$L_c^{1+\epsilon\frac{\rho}{1-\rho}-\xi}\left(\frac{\mathbb{A}_c}{w_c}\right)^{\frac{1}{1-\rho}} = t_c^{a-\frac{\rho}{1-\rho}}\rho^{\frac{\rho}{1-\rho}}\frac{1}{1-\rho} \tag{4.49}$$

在一般均衡下，$\mathbb{A}_c/w_c$ 由整个城市的市场出清条件决定。劳动市场出清条件是未成为企业家的主体成为由企业家雇用的工人，即：

$$\int_{\underline{t}_c}^{t_c} t^a L_c^\xi \mathrm{d}F_c(t) = \int_{t_c}^{\bar{t}_c}\frac{L_c x_c(t)}{L_c^\epsilon t}\mathrm{d}F_c(t) \tag{4.50}$$

将表达式 $L_c x_c(t) = L_c(\mathbb{A}_c/p_c(t))^{1/(1-\rho)}$ 代入并化简后，可以得到：

$$\underbrace{L_c^{1+\epsilon\frac{\rho}{1-\rho}-\xi}\left(\frac{\mathbb{A}_c}{w_c}\right)^{\frac{1}{1-\rho}}\rho^{\frac{1}{1-\rho}}}_{ZPC}\int_{t_c}^{\bar{t}_c}t^{\frac{\rho}{1-\rho}}\mathrm{d}F_c(t) = \int_{\underline{t}_c}^{t_c}t^a\mathrm{d}F_c(t)$$

$$\Rightarrow t_c^{a-\frac{\rho}{1-\rho}}\frac{\rho}{1-\rho}\int_{t_c}^{\bar{t}_c}t^{\frac{\rho}{1-\rho}}\mathrm{d}F_c(t) = \int_{\underline{t}_c}^{t_c}t^a\mathrm{d}F_c(t)$$

其中，我们利用选择条件（4.49）代替了 ZPC。可以看出，最终条件只依赖选择临界值 t_c。因此，虽然利润随 L_c 递增，但是能力分布条件——由分布 $F_c(\cdot)$ 和取值范围 $[\underline{t}_c, \bar{t}_c]$ 决定——下的选择临界值 t_c 却独立于城市规模。原因是 $\mathbb{A}_c/w_c$ 由整个城市的一般均衡内生决定，L_c 的任意增加将引起 $\mathbb{A}_c/w_c$ 的上升，因此，在均衡时，利润和工人工资以相同比例增加。最终使得当偏好为 CES 形式时，城市规模 L_c 和选择没有任何关系，两个具有相同能力构成但不同规模的城市有同样的选择临界值和同样比例的企业家。这些发现似乎和孔贝斯等（Combes et al.，2012）的经验结果一致，也和我们所观察到的结果一致：在美国，个体经营者的比例（代表创新能力）独立于城市规模（见图 4-4 的左图）。但是可以看出排序仍然对选择有影响：在均衡时，潜在能力分布较好的城市 c 比 c'——比如，因为 $F_c(\cdot)$ 一阶随机占优于 $F_{c'}(\cdot)$——有更大的 t_c。

之前的分析忽略了两个主要信息：第一，选择效应是一般均衡固有的现象。因为大城市（尤其是大都市统计区）可以被看作一个大的经济系统，考虑一般均衡效应非常重要。忽视这些效应可能导致我们错误的评估市场规模和能力构成对经济结果的影响。大城市的市场竞争可能非常激烈，但它们的市场规模也很大且更多元化，因此将收入效应和资源约束纳入分析非常重要。第二，排序会导致选择。一旦排序被控制后，市场规模将可能会或者不会对选择产生更多影响。换句话说，较大的市场可能有也可能没有"更严格的选择"（由排序决定）。在上边例子中，选择效应的缺失是因为市场规模，因为 CES 结构下的利润是不变的（Zhelobodko et al.，2012；Behrens et al.，2014a，c）。然而，选择仍然受到城市能力构成的影响。一般均衡效应在起作用。

4.4.2.3　CES 之外的结构

CES 结构被认为是非常极端的特例。遗憾的是，在更一般的偏好和需求下，我们对选择的了解很少。我们只是知道在一般均衡下，选择临界值 t_c 通常依赖于 L_c，主要因为利润是 L_c 的函数并且是可变的。研究市场规模影响异质厂商选择的两个模型是奥塔维亚诺（Ottaviano，2012）和贝伦斯和罗伯特—尼佑德（Behrens and Robert – Nicoud，2014b）。他们在梅里兹和奥塔维亚诺（Melitz and Ottaviano，2008）二次偏好模型的基础上，分别研究了在新经济地理和单中心城市框架下，市场规模和选择之间的关系。但是，在那些模型中都不存在技能排序。在绝对风险厌恶偏好不变基础上建立的模型也存在同样的问题（Behrens et al.，2013，2014b）。在存在明确的选择效应下，我们还未发现任何能够展示城市间排序的模型。

贝伦斯等（Behrens et al.，2014c）在拟线性条件下，利用一般可加的偏好表明，较大的市场可能会有更严格的选择（较少的企业家）或者更弱的选择（较多的企业家），主要取决于偏好的特点。⑤ 在许多更一般化的研究中（如 Vives，2001），需求和消费水平的弹性变得更小，从而较大城市的选择更激烈，并且企业家的数量也更少。⑥ 有些模型认为较大的市场会降低价格和利润，我们怀疑这些模型可能会产生更多选择对排序的影响，但是，据我们所知，对这方面的研究至今仍很少。

4.4.2.4　选择和排序

选择和排序如何相互作用呢？我们之前利用一个简易模型表明，即使市场规模并不直接起作用，排序也会引起选择。很明显，通过改变主体的支付结构，选择也会对排序产生影响。排序的主要问题依然是更大的市场是否会导致能力更高的企业家获利更多。根据式（4.47）可以得到单交条件（回想我们曾经假定城市的能力分布 $F_c(\cdot)$ 固定不变）：

---

⑤　城市规模 L_c 的变化对选择临界值 t_c 的影响——并因此对企业家份额和多样化程度产生影响——会有多种可能，这取决于 $u(\cdot)$ 的规模弹性和 RLV。

⑥　这种类型的偏好包括 Melitz 和 Ottaviano（2008），Ottaviano（2012）以及 Behrens 和 Robert – Nicoud（2014b）的拟线性二次模型，还有 Behrens 和 Murata（2007）以及 Behrens et al.（2013，2014b）的绝对风险厌恶不变的表达式。

$$\frac{\partial^2 \pi_c(t)}{\partial L_c \partial_t} = (1-\epsilon) L^{-\epsilon}\left(\frac{\partial x}{\partial t}\mu + \frac{\partial \mu}{\partial t}x\right) + L^{1-\epsilon}\left(\frac{\partial^2 \mu}{\partial t \partial L_c} + \frac{\partial \mu}{\partial t}\frac{\partial x}{\partial L_c} + \frac{\partial^2 x}{\partial t \partial L_c}\mu + \frac{\partial x}{\partial t}\frac{\partial \mu}{\partial L_c}\right)$$

$$+ \frac{\partial t_c}{\partial L_c} L^{1-\epsilon}\left(\frac{\partial^2 \mu}{\partial t \partial t_c}x + \frac{\partial^2 x}{\partial t \partial t_c}\mu + \frac{\partial \mu}{\partial t}\frac{\partial x}{\partial t}\mu + \frac{\partial x}{\partial t}\frac{\partial \mu}{\partial t_c}\right)$$

上式右边第一项是"利润边际效应"，取决于利润和产出随生产率变化的情况。首先，生产率更高企业的销量也更多（$\partial x/\partial t > 0$；Zhelobodko et al.，2012）。其次，生产率对利润边际的影响（$\partial \mu/\partial t$）一般都不确定，取决于 RLV，即 $r(\cdot)$ 是生产率的增函数还是减函数。在 CES 条件下，第一项确定为正，但并非一般性结论。

第二项描述了影响企业家利润的能力和规模之间的相互作用。该项的符号也不确定。但是，一般情况下，$\partial x/\partial t$ 和 $\partial x/\partial L_c$ 的符号分别为正和负，其他项的符号则无法提前确定。例如，在合理偏好下，每单位利润可能随市场规模和生产率递增或递减。

最后一项是选择效应（$\partial t_c/\partial L_c$），它也不确定。和我们前边讨论的一样，选择效应 $\partial t_c/\partial L_c$ 的符号通常也不确定。主要原因是它取决于模型的许多方面，尤其是对偏好的设定。

总之，即使在包含异质主体选择的简易模型里，能够提前确定的关于主体在一般均衡时如何在城市之间排序的内容也很少。产生这一结论的主要原因是排序会产生选择（通过 $F_c(\cdot)$ 和 L_c），选择又会改变经营企业的报酬。依据能力较强主体的报酬是否随城市规模递增或递减，我们可能会（也可能不会）观察到在城市之间的正向协调匹配排序。超模性可能并不成立，在不存在超模性的前提下分析排序非常困难。许多包含重要排序类型的均衡只在理论层面上存在。

4.4.2.5 经验含义和结论

区分选择和排序有一个非常强的概念基础：是区位选择还是职业选择（作为选择或是选择的结果）。将两者在经验上区分是很难做到的。图 4 – 10 对主要困难进行说明。图 4 – 10 中标签（a）的箭头表明从能力构成到城市规模的因果关系：竞争更激烈的城市会阻止人们进入，同等条件下，人们宁可"第一个进入农村而不是第二个进入罗马"，我们称之为排序。图 4 – 10 中标签（b）的箭头说明还存在从城市规模到能力的逆向因果关系：城市的能力构成会随城市规模而变化，我们称之为选择。计量经济学家观察到了城市体系的均衡组合 (t_c, L_c)。为了识别选择，将排序外生的剔除很有必要，同样，要识别出排序也需要首先外生的剔除选择的影响。由于排序是内生的，所以这一工作非常困难。最后，由于选择和排序是同时被观察到的，因此很难在事后对两者做出区分，这意味着生产率构成在市场之间的变化是有序的。[57]

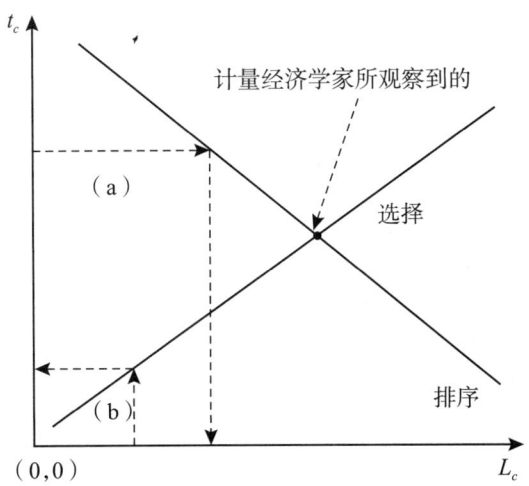

图 4 - 10　选择和排序的相互作用

截至目前，关于选择效应的经验证据是多方面的。这可能是由于它理论上的模糊性，也可能是由于排序效应和它的内在联系。迪·阿达里奥和韦利（Di Addario and Vuri，2010）在意大利的省级数据中发现企业家的比例随人口和就业密度递增。但是，一旦个体特征和教育水平被控制后，企业家比例将随市场规模递减。在意大利，当一个省的人口密度增加一倍时，大学生毕业 3 年以后成为企业家的概率下降了 2 ~ 3 个百分点。产业内企业家之间的竞争似乎能够解释大约 1/3 的 "选择效应"。但是，生存条件决定了在密度较高省份的成功企业家能够从集聚中获益：他们和城市规模相关的收入弹性大概是 2% ~ 3%。佐藤等（Sato et al.，2012）在日本的城市中也得到了类似结论。利用调查数据，他们发现在规模和密度都较大的城市中，个人希望成为企业家的事前比例都较高：密度增加 10% 使希望成为企业家的人口比例增加大约 1%。但是，它却大大降低了事后希望成为企业家的比例，因此，在密度更高的日本城市里，实际观察到的企业家比例较低。

总之，经验证据表明较大市场中会有更多希望成为企业家的人（更多的进

---

[57]　Okubo 等（2010）在提到 "排序" 时，认为它是异质主体的 "空间选择"，这个术语清晰地表明选择和排序实际上是如何内在联系的。

入者），但是只有很小比例的进入者能够取得成功（更严格的选择）。[58] 然而那些能够在较大市场获得成功的企业家会表现得更好，这使密度更高的市场也更加不平等。西维尔森（Syverson，2004，2007）和坎贝尔和霍本海因（Campbell and Hopenhayn，2005）在美国较大市场中发现了更多关于正向选择效应的证据。相比较而言，孔贝斯等（2012）比较了法国的大城市和小城市，却并未发现选择效应的存在——由企业生产率的分布是否存在左侧截尾决定。这一结论的假设是大城市和小城市的潜在（不可观测的）生产率是一样的，所得出的结论与 CES 模型相同。

4.5　不　平　等

不同主体有着不同的收入水平，因此，很自然的我们需要研究收入分配的第二个阶段。具体地说，你可能会问大城市是否比小城镇更加不平等？是什么机制扩大了大城市的收入分配差距？以及不平等如何受到排序和选择的影响？

在上述章节中，我们已经讨论了城市的规模（集聚经济）和构成（选择和排序）是如何影响职业选择和个体收入的。因此它也很自然会影响城市内部的收入分配。图 4-5 表明大城市比小城市更不平等，它还意味着这一效应是结构和规模效应（左图）与工资分布差异所产生的城市溢价（右图）相互作用的结果。实际上，无论我们是否控制城市的能力构成（利用大学毕业生比例作为代理变量），城市规模和城市基尼系数的偏相关关系都为正，并且，控制能力构成（虚线）的系数值要比不控制时（实线）要大。

至少有两个理由表明研究城市不平等的原因和影响非常重要。第一，收入和财富的不平等在许多国家似乎都在上升（Piketty，2014），要理解这种在国家层面的上升至少需要对城市规模和收入不平等的正向关系有所了解。事实上，鲍姆-斯诺和帕文（Baum-Snow and Pavan，2014）表明，对于 1979~2007 年美国收入不平等的扩大，大城市收入不平等的高增长可以至少解释其中的 1/4。[59] 第二，地方收入不平等本身也会起作用：当在更小范围内观察时，人们会感觉到更强的不平等，并且城市不仅是形成不平等的场所，它们也会产生改变这种不平等的机制（选择和排序）。正因为如此，为了降低不平等程度

---

[58] Behrens 和 Robert-Nicoud（2014b）中模型的理论预测和这个发现一致。

[59] Baum-Snow 和 Pavan（2014）中的收入不平等程度是利用小时工资取对数后的方差来衡量的。

及其负面影响，制定的政策需要重点考虑城市的作用，这是一个复杂的问题，因为规模较大地区的再分配政策可能会导致富人的流出和穷人的流入，而这一现象被认为直接造成了纽约 20 世纪 70 年代的财政危机。

假定城市 c 的人口规模为 L_c，能力构成为 F_c，则居住在该城市里能力为 t 的个体收入水平是 $y(t, L_c, F_c)$。我们立刻可以得到任意城市的收入分布都具有能力分布的一些特点，并且城市的规模和构成都会影响分布形状。在这一节，我们将对式（4.27）做两点修改，并以此来研究城市的规模和构成如何与城市不平等相联系，城市的不平等程度由城市收入水平的基尼系数来衡量，我们从排序开始研究。

4.5.1　排序和城市不平等

首先考虑以下式（4.26）的一般形式：

$$y(t, L_c, F_c) = \mathbb{A}_c t^a L_c^\epsilon \qquad (4.51)$$

其中 $\mathbb{A}_c$ 是全要素生产率指数，F_c 是城市 c 的能力构成。为了求解，假定能力分布 F_c 是城市特有的且服从对数正态分布[60]：

$$\ln t \sim \mathcal{N}(\mu_{tc}, \sigma_{tc}^2) \qquad (4.52)$$

式（4.51）和式（4.52）共同表明城市 c 的收入水平 y 也服从对数正态分布且基尼系数只是城市 c 的对数收入标准差的函数（Aitchison and Brown，1963）：

$$\text{Gini}(L_c, F_c) = 2\Phi\left(\frac{\sigma_{yc}}{\sqrt{2}}\right) - 1 \qquad (4.53)$$

其中 $\Phi(\cdot)$ 是累积正态分布且 $\sigma_{yc} = \alpha\sigma_{tc}$ 是对数收入的标准差。根据 $\Phi'(\cdot) > 0$ 和 σ_{yc} 的定义可以立刻得到收入的不平等程度随能力的不平等程度（结构效应）递增，即：

$$\frac{\partial \text{Gini}(L_c, F_c)}{\partial \sigma_{tc}} = \frac{\partial \text{Gini}(L_c, F_c)}{\partial \sigma_{yc}} \frac{\partial \sigma_{yc}}{\partial \sigma_{tc}} = a\sqrt{2}\phi\left(\frac{\sigma_{yc}}{\sqrt{2}}\right) > 0 \qquad (4.54)$$

其中 $\phi(\cdot)$ 是正态分布的密度，第二个等式源自对 σ_{yc} 的定义。可以看出，城市规模对收入基尼系数没有直接影响。[61] 这是因为在（4.51）中，不同能力的人从集聚经济中的获益程度相同。

---

[60]　这一假设可以使我们只用考虑两个参数 μ_{tc} 和 σ_{tc} 就可确定能力的整体分布，这简化了下边的分析。

[61]　注意，城市规模对收入水平的方差有正效应，$\text{var}_{yc} = \exp(2\mu_{yc} + \sigma_{yc}^2)[\exp(\sigma_{yc}^2) - 1]$，其中 $\mu_{yc} = \mu_{tc} + \ln \mathbb{A}_c + \epsilon\ln L_c$。

从上一节我们知道，排序和选择效应使大城市和小城市的构成截然不同，也就是说，在一般均衡下，L_c 和 F_c 是共同确定的。因此我们可以得到：

$$\frac{\mathrm{dGini}(L_c, F_c)}{\mathrm{d}L_c} = \frac{\partial \mathrm{Gini}(L_c, F_c)}{\partial \sigma_{tc}} \frac{\mathrm{d}\sigma_{tc}}{\mathrm{d}L_c}$$

其中的偏导数项来自式（4.54）。图4-5的左图显示城市基尼系数和城市规模之间存在正的偏相关关系，当且仅当 $\mathrm{d}\sigma_{tc}/\mathrm{d}L_c > 0$ 满足时，该简易框架与图形所示一致。如果像孔贝斯等（2012）和埃克赫特等（Eeckhout et al.，2014）一样，城市的能力差异随城市规模递增，或者如果大城市吸引了更高比例的熟练工人（因此能力的方差随城市规模递增），那么不平等必然存在。格莱泽等（Glaeser et al.，2009）表明美国大都市区的技能分布差异可以解释三分之一的基尼系数变动，他们还表明技能回报的变动大概可以解释高达一半的城市间收入不平等的变动，下边我们将对此做出解释。

4.5.2 集聚和城市不平等

在上述章节中，集聚经济对不同能力人的影响程度相同，这与现实并不相符。惠勒（Wheeler，2001）和鲍姆－斯诺和帕文（Baum－Snow and Pavan，2012）利用个体资料分别估计了美国城市规模对工人产生的技能溢价和工作经验的收益。[62] 戴维斯和丁格尔（Davis and Dingel，2013）与贝伦斯和罗伯特—尼佑德（Behrens and Robert－Nicoud，2014b）建立了一个能够呈现城市规模和生产率回报之间正向关系的理论框架。在4.5.3，我们将对罗伯特—尼佑德（Robert－Nicoud，2014b）详细介绍。据我们所知，前一篇文献中的协调机制类似于罗森（Rosen）的1981"明星效应"——将市场合理的重新表述为城市市场，后一篇文献提出了竞争促进效应，即认为生产率更高的主体能够获得更高的市场份额，这是能得到该理论预测的唯一机制。

为了对此进行说明，现在我们将（4.26）修改如下：

$$y(t, L_c, F_c) = \mathbb{A}_c L_c^{a+\epsilon t}, \text{ where } t \sim \mathcal{N}(\mu_t, \sigma_t) \qquad (4.55)$$

该表达式和式（4.51）及（4.52）存在两点不同。首先，式（4.55）的 y 在规模和能力上是对数超模的，但在（4.51）中只是超模的："简单的"超模性并不足以产生个体能力和城市规模之间的互补性。其次，能力服从正态分布，并且我们假定能力构成在城市间保持不变，也就是说，对所有 c 满足 $F_c = F$。

---

[62] Baum－Snow 和 Pavan（2014）的研究也证明和这一机制相符。这些作者还发现城市不平等和城市规模之间的正向关系在1979到2007年间有所增强，并认为它是导致美国城市组内不平等程度上升的主要原因。

和之前一样，我们构造的收入水平和能力分布的函数形式意味着收入服从对数正态分布，并且城市基尼系数由式（4.53）决定。不同的是对数收入的标准差随城市规模递增，这和鲍姆 – 斯诺和帕文（Baum – Snow and Pavan，2014）的经验结果一致：

$$\sigma_{yc} = \sigma_t \epsilon \ln L_c \tag{4.56}$$

将式（4.53）和式（4.56）相结合可以发现，城市不平等程度随城市规模递增：

$$\frac{\partial \mathrm{Gini}(L_c,\ F_c)}{\partial \ln L_c} = \frac{\partial \mathrm{Gini}(L_c,\ F_c)}{\partial \sigma_{yc}} \frac{\partial \sigma_{yc}}{\partial \ln L_c} = \sigma_t \epsilon \sqrt{2} \phi \left(\frac{\sigma_{yc}}{\sqrt{2}} \right) > 0 \tag{4.57}$$

其中的第二个表达式来自式（4.56）。根据城市经济学的观点，集聚经济给最有能力个体的收益并不成比例：城市溢价随能力递增。根据劳动经济学的观点，假定可观测技能接近于不可观测的能力，这意味着技能溢价随城市规模递增。

将上述内容整合到一起，最终我们假定城市规模和个体能力与式（4.55）一样都是对数超模的，还和 4.5.1 一样，假定能力分布是城市特有的：

$$y(t,\ L_c,\ F_c) = \mathbb{A}_c L_c^{a + \epsilon t}, \ \text{其中} \ t \sim \mathcal{N}(\mu_{tc},\ \sigma_{tc}) \tag{4.58}$$

然后可以得到城市不平等和城市规模之间的关系是规模效应和结构效应的总和：

$$\frac{\mathrm{dGini}(L_c,\ F_c)}{\mathrm{d}L_c} = \frac{\partial \mathrm{Gini}(L_c,\ F_c)}{\partial L_c} + \frac{\partial \mathrm{Gini}(L_c,\ F_c)}{\partial \sigma_{ct}} \frac{\mathrm{d}\sigma_{ct}}{\mathrm{d}L_c}$$

$$= \sqrt{2} \epsilon \frac{L_c}{\sigma_{tc}} \left(1 + \ln L_c \frac{\mathrm{d} \ln \sigma_{tc}}{\mathrm{d} \ln L_c} \right) \phi \left(\frac{\sigma_{yc}}{\sqrt{2}} \right)$$

其中第二个等式源于式（4.54）、式（4.57）和式（4.58）。当 $\mathrm{d}\sigma_{tc}/\mathrm{d}L_c > 0$ 时，两项都为正。图 4 – 5 左图中实线部分是该表达式的现实表现。[63]

4.5.3　选择和城市不平等

到目前为止，我们依据城市的能力构成、城市规模或两者的共同作用得到了城市不平等，但其中并未出现选择。为了研究选择和城市不平等的关系，我们利用下列假设引入选择。第一，假定选择有一个简单的形式，高于某一临界能力 t_c 的个体收入具有式（4.51）的形式，其他人的取值则为 0：

---

[63]　城市密度和不平等的经验关系并不太清晰。利用从 1970 到 1990 年间工人的微观数据和对收入不平等程度的不同衡量——其中一个对可观测个体特征进行了校准——Wheeler（2004）发现大都市区密度和不平等程度之间存在稳健且显著的负向关系，即使控制了大量其他因素之后依然如此。这意味着城市密度的增加使低收入工人的受益程度比高收入工人要高，这与密度高的城市有着较小的收入不平等程度相符。

$$y(t, t_c, L_c) = \begin{cases} 0 & \text{if} \quad t \leq t_c \\ \mathbb{A}_c t^a L_c^{\epsilon} & \text{if} \quad t > t_c \end{cases} \tag{4.59}$$

令城市 c 中获取零收入人口的比例为 $\Phi_c(t_c)$，即"失败率"。第二，我们排除了排序并假定能力构成在城市之间不变——即对所有 c，满足 $F_c = F$——并且能力和式（4.52）一样服从对数正态分布。第三，我们假定高于生存选择临界值 t_c 的能力条件分布非常接近于形状参数为 $k > 1$ 的帕累托分布：

$$F(t \mid t \geq t_c) = 1 - \left(\frac{t_c}{t} \right)^k \tag{4.60}$$

我们基于两个原因采用这一近似。第一，帕累托分布和式（4.52）对数正态分布的上尾非常接近——尾部基本完全一致。第二，与式（4.59）和式（4.60）相关的基尼系数具有简单的函数形式：

$$\text{Gini}(t_c, L_c) = \Phi(t_c) + \frac{1}{2ak - 1} [1 - \Phi(t_c)] = \frac{1 + 2(ak - 1)\Phi(t_c)}{2ak - 1} \tag{4.61}$$

但是，和条件对数正态分布 $\Phi(t \mid t \geq t_c)$ 相关的基尼系数却不是这样。式（4.61）的第一部分是对基尼系数中零收入者和能力高于 t_c 的收入者的分解，$1/(2\alpha k - 1)$ 是能力高于 t_c 这一群体的基尼系数。注意，只有当 $\alpha k > 1$ 时，该基尼系数的表达式才有效，因为根据定义，基尼系数必须小于1。由式（4.61）的第二项可知，基尼系数随着由 $\Phi(t_c)$ 所决定的选择强度递增。

我们建立一个城市体系的模型，该模型和贝伦斯和罗伯特—尼佑德（Behrens and Robert–Nicoud, 2014b）的简易模型有相同的性质。和梅里兹和奥塔维亚诺（Melitz and Ottaviano, 2008）一样，采用拟线性二次形式的偏好且 t 服从帕累托分布。具有不同 $\mathbb{A}_c$ 的城市 c 中事先居住着同质工人，均衡时，具有较大 $\mathbb{A}_c$ 的城市可以吸引更多工人。相应的，大城市的市场竞争也更强，最终只有较小比例的工人通过自选择成为企业家——即失败率 $\Phi(t_c)$ 随城市规模递增。这与我们对美国所描述的事实4（选择）相同，并且和迪·阿达里奥和韦利（Di Addario and Vuri, 2010）和佐藤等（Sato et al., 2012）分别对意大利和日本的经验研究结果一致。回顾在贝伦斯和罗伯特—尼佑德（Behrens and Robert–Nicoud, 2014b）中，工人在进行区位选择之前是同质的，我们发现成功成为企业家的回报随城市规模递增。在式（4.59）中，后面的效应并不存在，但却能够说明我们在4.5.2中所建立的模型。

最终，我们可以计算出不存在排序和集聚效应下的城市不平等和城市规模之间的关系为：

$$\frac{\text{dGini}(t_c, L_c)}{\text{d}L_c} = \frac{\partial \text{Gini}(t_c, L_c)}{\partial L_c} \frac{\text{d}t_c}{\text{d}L_c} = 2\phi(t_c) \frac{ak - 1}{2ak - 1} \frac{\text{d}t_c}{\text{d}L_c}$$

当且仅当 $dt_c/dL_c>0$ 时，上式为正，其中我们用到了式（4.61）对 t_c 的偏导数。因此选择和规模之间的相互作用可能有助于解释图 4 - 5。贝伦斯等（Behrens et al.，2014c）表明城市选择和城市规模之间的均衡关系依赖于模型中偏好的函数形式，理论上它甚至可以是非单调的，这也意味着规模对不平等的影响可能是非单调的。

4.6　结　　论

我们从多个角度纳入异质工人、企业和区位拓展标准模型。该框架可以解释 4.2 中所有重要的典型事实，并且它也有助于研究是哪种异质性在起作用。工人和企业异质的两个直接结果是选择和排序。这两个机制——和它们与集聚经济和区位基础因素之间的相互作用——形成了城市的生产率分布、收入分布和技能分布。我们还认为，在具有异质主体城市体系的一般均衡领域，还有很多工作要做，虽然困难，但这方面的进展将对我们完整分析主体在城市间排序、职业选择和从城市规模中的收益获取与成本付出来说非常重要，首先对此做出研究（虽然是在两个城市环境下的）的是戴维斯和丁格尔（Davis and Dingel，2013）。我们在此指出具有异质主体选择和排序的城市模型需要拓展的多个途径。第一，我们需要建立能够体现排序和选择与整个城市的收入效应和收入分布相互作用的模型。如果想更好的理解排序和选择如何影响城市不平等，以及城市体系的改变如何影响宏观经济，这将非常重要。不幸的是，在存在收入分布和明显收入效应的条件下，将排序和选择模型化非常困难，过度依赖代表性主体模型可能是一个原因，尽管它应用方便，但对研究排序、选择和不平等却作用甚微。要想更深入理解选择和排序之间的相互作用还需要对区分它们的经验方法进行更深入的思考。

第二，在存在异质主体时，这些主体在城市内部的配置成为我们感兴趣的话题。主体如何在城市内部规划自己，城市间和城市内的异质如何相互作用并形成城市体系？有大量关于城市内部结构的文献，但那些文献都是基于代表性主体的，且只关注城市结构对聚集经济、土地租金和土地利用的影响（Beckman，1976；Fujita and Ogawa，1982；Lucas and Rossi - Hansberg，2002；Mossay and Picard，2011）。在这些文献中纳入异质主体非常重要。比如，如果主体在城市间以明确的方式排序——富人对较好区位的竞争更为激烈，并付出更高的土地租金——城市中实际收入的不平等可能和名义收入的不平等之间有很大差异。城市体系中不同城市之间也是如此，理解异质主体如何在城市间和城市内部进行配置对于理解我们所观察到的收入和不平等的类型非常重要。戴维斯和丁格尔（Davis and Dingel，2014）在这个方向走出了第一步。

第三，在城市模型中，异质企业和工人并未真正相互作用。但是，劳动经济学对其相互影响的研究却有很长的历史（参见 Abowd et al.，1999 等）。国际贸易领域也正在出现越来越多研究异质企业和工人之间匹配的文献（Help-man et al.，2010）。将企业—工人匹配模型应用到城市中来似乎是很合理的拓展，这可能有助于更好理解我们从数据中看到的许多特点。例如，米恩和那提齐恩尼（Mion and Naticchioni，2009）使用意大利的雇主—工人的匹配数据解释了企业和工人之间的协调匹配。[64] 但是，协调匹配在较小的市场或者是密度较小的市场中更强，这也意味着较大的市场或密度较大的市场中匹配质量的重要性较弱。据我们所知，研究这些的理论并不多见，研究异质工人和企业的模型需要在这方面继续努力。

第四，细心的读者应该已经注意到我们的模型未包含亨德森（1974）标准模型中的运输或贸易成本，因此城市之间的相对区位是无关的：对包含异质流动主体的多城市贸易模型做出分析的难度非常大，但是我们需要在这个方向做出努力，从而可以更好的理解全球化下的空间格局、城市内部的贸易流动以及城市体系的演化。简而言之，我们需要在模型中抛弃贸易完全禁止或完全自由流动的假设。我们需要将空间重新纳入城市经济理论，正像从 20 世纪 90 年代开始的空间在国际贸易中的回归一样，在城市体系中纳入异质性和运输成本并形成新城市经济学的时机到了。

致　谢

我们感谢 Bob Helsley 在文章早期阶段的输入工作，Bob 本应该是这篇文章的作者之一，但不幸的是其他过多繁忙的工作使他难以抽身。我们还感谢唐·戴维斯（Don Davis）和我们的讨论以及编辑 Gilles Duranton、Vernon Henderso 和 Will Strange 所给予的非常有价值的评论和建议。The' ophile Bougna 为我们提供了极好的研究帮助。我们感谢加拿大社会科学与人口研究中心和加拿大全球化区域影响研究中心的资金支持。

---

[64] 在劳动经济学中，企业和工人之间的正向协调匹配，或者说其存在性是一个非常困难且仍没有定论的问题。

参考文献

Abdel-Rahman, H.M., 1996. When do cities specialize in production? Reg. Sci. Urban Econ. 26, 1–22.

Abdel-Rahman, H.M., Anas, A., 2004. Theories of systems of cities. In: Henderson, J.V., Thisse, J.F. (Eds.), Handbook of Regional and Urban Economics, vol. 4. Elsevier, North-Holland, pp. 2293–2339.

Abdel-Rahman, H.M., Fujita, M., 1993. Specialization and diversification in a system of cities. J. Urban Econ. 3, 189–222.

Abowd, J.M., Kramarz, F., Margolis, D.N., 1999. High-wage workers and highwage firms. Econometrica 67, 251–333.

Aitchison, J., Brown, J.A.C., 1963. The Lognormal Distribution. Cambridge Univ. Press, Cambridge, UK.

Albouy, D., Seegert, N., 2012. The Optimal Population Distribution Across Cities and the Private-SocialWedge. Univ. of Michigan, processed.

Albouy, D., Behrens, K., Robert-Nicoud, F.L., Seegert, N., 2015. Are cities too big? Optimal city size and the Henry George theorem revisited, in progress.

Arthur, W.B., 1994. Increasing Returns and Path Dependence in the Economy. University of Michigan Press, Ann Arbor, MI.

Bacolod, M., Blum, B.S., Strange, W.C., 2009a. Skills in the city. J. Urban Econ. 65, 136–153.

Bacolod, M., Blum, B.S., Strange, W.C., 2009b. Urban interactions: soft skills vs. specialization. J. Econ. Geogr. 9, 227–262.

Bacolod, M., Blum, B.S., Strange, W.C., 2010. Elements of skill: traits, intelligences, and agglomeration. J. Reg. Sci. 50, 245–280.

Baldwin, R.E., Okubo, T., 2006. Heterogeneous firms, agglomeration and economic geography: spatial selection and sorting. J. Econ. Geogr. 6, 323–346.

Baum-Snow, N., Pavan, R., 2012. Understanding the city size wage gap. Rev. Econ. Stud. 79, 88–127.

Baum-Snow, N., Pavan, R., 2014. Inequality and city size. Rev. Econ. Stat. 95, 1535–1548.

Becker, G.S., Murphy, K.M., 1992. The division of labor, coordination costs, and knowledge. Q. J. Econ. 107, 1137–1160.

Becker, R., Henderson, J.V., 2000a. Intra industry specialization and urban development. In: Huriot, J.M., Thisse, J.F. (Eds.), The Economics of Cities. Cambridge University Press, Cambridge.

Becker, R., Henderson, J.V., 2000b. Political economy of city sizes and formation. J. Urban Econ. 48, 453–484.

Beckman, M.J., 1976. Spatial equilibrium in the dispersed city. In: Papageorgiou, Y.Y. (Ed.), Mathematical Land Use Theory. Lexington Books, Lexington, MA.

Behrens, K., 2007. On the location and lock-in of cities: geography vs transportation technology. Reg. Sci. Urban Econ. 37, 22–45.

Behrens, K., Murata, Y., 2007. General equilibrium models of monopolistic competition: a new approach. J. Econ. Theory 136, 776–787.

Behrens, K., Robert-Nicoud, F.L., 2014a. Equilibrium and optimal urban systems with heterogeneous land, in progress.

Behrens, K., Robert-Nicoud, F.L., 2014b. Survival of the fittest in cities: urbanisation and inequality. Econ. J. 124 (581), 1371–1400.

Behrens, K., Lamorgese, A.R., Ottaviano, G.I.P., Tabuchi, T., 2009. Beyond the home market effect: market size and specialization in a multi-country world. J. Int. Econ. 79, 259–265.

Behrens, K., Mion, G., Murata, Y., Südekum, J., 2013. Spatial frictions. Univ. of Québec at Montréal; Univ. of Surrey; Nihon University; and Univ. of Duisburg-Essen, processed.

Behrens, K., Duranton, G., Robert-Nicoud, F.L., 2014a. Productive cities: sorting, selection and agglomeration. J. Pol. Econ. 122, 507–553.

Behrens, K., Mion, G., Murata, Y., Südekum, J., 2014b. Trade, wages, and productivity. Int. Econ. Rev. (forthcoming).

Behrens, K., Pokrovsky, D., Zhelobodko, E., 2014c. Market size, entrepreneurship, and income inequality. Technical Report, Centre for Economic Policy Research, London, UK Discussion Paper 9831.

Bleakley, H., Lin, J., 2012. Portage and path dependence. Q. J. Econ. 127, 587–644.

Campbell, J.R., Hopenhayn, H.A., 2005. Market size matters. J. Industr. Econ. LIII, 1–25.

Combes, P.P., Gobillon, L., 2015. The empirics of agglomeration economies. In: Duranton, G., Henderson, J.V., Strange, W.C. (Eds.), Handbook of Regional and Urban Economics, vol. 5. Elsevier, North-Holland, pp. 247–348.

Combes, P.P., Duranton, G., Gobillon, L., 2008. Spatialwage disparities: sorting matters! J. Urban Econ. 63, 723–742.

Combes, P.P., Duranton, G., Gobillon, L., Puga, D., Roux, S., 2012. The productivity advantages of large cities: distinguishing agglomeration from firm selection. Econometrica 80, 2543–2594.

Combes, P.P., Duranton, G., Gobillon, L., 2014. The Costs of Agglomeration: Land Prices in French Cities. University of Pennsylvania, Wharton School, in progress.

Costinot, A., 2009. An elementary theory of comparative advantage. Econometrica 77, 1165–1192.

Couture, V., 2014. Valuing the Consumption Benefits of Urban Density. University of California Berkeley, processed.

Davis, D.R., Dingel, J.I., 2013. A Spatial Knowledge Economy. Columbia University, processed.

Davis, D.R., Dingel, J.I., 2014. The comparative advantage of cities. NBER Working paper 20602. National Bureau of Economic Research.

Davis, J.C., Henderson, J.V., 2008. The agglomeration of headquarters. Reg. Sci. Urban Econ. 38, 445–460.

Davis, D.R., Weinstein, D.E., 2002. Bones, bombs, and break points: the geography of economic activity. Am. Econ. Rev. 92, 1269–1289.

Dekle, R., Eaton, J., 1999. Agglomeration and land rents: Evidence from the prefectures. J. Urban Econ. 46, 200–214.

Desmet, K., Henderson, J.V., 2015. The geography of development within countries. In: Duranton, G., Henderson, J.V., Strange, W.C. (Eds.), Handbook of Regional and Urban Economics, vol. 5. Elsevier, North-Holland, pp. 1457–1517.

Desmet, K., Rappaport, J., 2013. The settlement of the United States, 1800 to 2000: the long transition towards Gibrat's law. Discussion Paper 9353, Centre for Economic Policy Research, London, UK.

Desmet, K., Rossi-Hansberg, E., 2013. Urban accounting and welfare. Am. Econ. Rev. 103, 2296–2327.

Di Addario, S., Vuri, D., 2010. Entrepreneurship and market size: the case of young college graduates in Italy. Labour Econ. 17 (5), 848–858.

Diamond, R., 2013. The Determinants and Welfare Implications of US Workers' Diverging Location Choices by Skill: 1980–2000. Stanford University, processed.

Duranton, G., 2006. Some foundations for zipf's law: product proliferation and local spillovers. Reg. Sci. Urban Econ. 36, 542–563.

Duranton, G., 2007. Urban evolutions: the fast, the slow, and the still. Am. Econ. Rev. 97, 197–221.

Duranton, G., Puga, D., 2000. Diversity and specialisation in cities: why, where and when does it matter? Urban Stud. 37, 533–555.

Duranton, G., Puga, D., 2001. Nursery cities: urban diversity, process innovation, and the life cycle of products. Am. Econ. Rev. 91, 1454–1477.

Duranton, G., Puga, D., 2004. Micro-foundations of urban agglomeration economies. In: Henderson, J.V., Thisse, J.F. (Eds.), Handbook of Regional and Urban Economics, vol. 4. Elsevier, North-Holland, pp. 2063–2117.

Duranton, G., Puga, D., 2005. From sectoral to functional urban specialisation. J. Urban Econ. 57, 343–370.

Eeckhout, J., 2004. Gibrat's law for (all) cities. Am. Econ. Rev. 94, 1429–1451.

Eeckhout, J., Pinheiro, R., Schmidheiny, K., 2014. Spatial sorting. J. Pol. Econ. 122, 554–620.

Ellison, G., Glaeser, E.L., 1999. The geographic concentration of industry: does natural advantage explain agglomeration? Am. Econ. Rev. Pap. Proc. 89, 311–316.

Ellison, G.D., Glaeser, E.L., Kerr, W.R., 2010. What causes industry agglomeration? Evidence from coagglomeration patterns. Am. Econ. Rev. 100, 1195–1213.

Ethier, W., 1982. National and international returns to scale in the modern theory of international trade. Am. Econ. Rev. 72, 389–405.

Forslid, R., Okubo, T., 2014. Spatial relocation with heterogeneous firms and heterogeneous sectors. Reg. Sci. Urban Econ. 46, 42–56.

Fujita, M., 1989. Urban Economic Theory. MIT Press, Cambridge, MA.

Fujita, M., cois Thisse, J.F., 2013. Economics of Agglomeration: Cities, Industrial Location, and Globalization, second ed. Cambridge University Press, Cambrige, MA.

Fujita, M., Ogawa, H., 1982. Multiple equilibria and structural transition of non-monocentric urban configurations. Reg. Sci. Urban Econ. 12, 161–196.

Gabaix, X., 1999. Zipf's law for cities: an explanation. Q. J. Econ. 114, 739–767.

Gabaix, X., Ibragimov, R., 2011. Rank-1/2: a simple way to improve the OLS estimation of tail exponents. J. Bus. Econ. Stat. 29, 24–39.

Gabaix, X., Ioannides, Y.M., 2004. The evolution of city size distributions. In: Henderson, J.V., Thisse, J.F. (Eds.), Handbook of Regional and Urban Economics, vol. 4. Elsevier, North-Holland, pp. 2341–2378.

Gaubert, C., 2014. Firm Sorting and Agglomeration. Princeton University, processed.

Glaeser, E.L., 2008. Cities, Agglomeration, and Spatial Equilibrium. Oxford University Press, Oxford, UK.

Glaeser, E.L., Gottlieb, J.D., 2009. The wealth of cities: agglomeration economies and spatial equilibrium in the United States. J. Econ. Liter. 47, 983–1028.

Glaeser, E.L., Kerr, W.R., 2009. Local industrial conditions and entrepreneurship: how much of the spatial distribution can we explain? J. Econ. Manag. Strateg. 18, 623–663.

Glaeser, E.L., Kahn, M.E., Rappaport, J., 2008. Why do the poor live in cities? The role of public transportation. J. Urban Econ. 63, 1–24.

Glaeser, E.L., Resseger, M., Tobia, K., 2009. Inequality in cities. J. Reg. Sci. 49 (4), 617–646.

Glaeser, E.L., Kolko, J., Saiz, A., 2001. Consumer city. J. Econ. Geogr. 1, 27–50.

Grossman, G.M., 2013. Heterogeneous workers and international trade. Rev. World Econ. 149, 211–245.

Helpman, E., 1998. The size of regions. In: Pines, D., Sadka, E., Zilcha, I. (Eds.), Topics in Public Economics. Cambridge University Press, Cambridge, UK, pp. 33–54.

Helpman, E., Itskhoki, O., Redding, S.J., 2010. Inequality and unemployment in a global economy. Econometrica 78, 1239–1283.

Helsley, R.W., Strange, W.C., 2011. Entrepreneurs and cities: complexity, thickness, and balance. Reg. Sci. Urban Econ. 44, 550–559.

Helsley, R.W., Strange, W.C., 2014. Coagglomeration, clusters, and the scale and composition of cities. J. Pol. Econ. 122 (5), 1064–1093.

Henderson, J.V., 1974. The sizes and types of cities. Am. Econ. Rev. 64, 640–656.

Henderson, J.V., 1988. Urban Development: Theory, Fact and Illusion. Oxford University Press, New York, NY.

Henderson, J.V., 1997. Medium size cities. Reg. Sci. Urban Econ. 27, 583–612.

Henderson, J.V., Ono, Y., 2008. Where do manufacturing firms locate their headquarters? J. Urban Econ. 63, 431–450.

Henderson, J.V., Venables, A.J., 2009. The dynamics of city formation. Rev. Econ. Dyn. 12, 233–254.

Hendricks, L., 2011. The skill composition of US cities. Int. Econ. Rev. 52, 1–32.

Holmes, T.J., Sieg, H., 2014. Structural estimation in urban economics. In: Duranton, G., Henderson, J.V., Strange, W.C. (Eds.), Handbook of Regional and Urban Economics, vol. 5. Elsevier, North-Holland.

Holmes, T.J., Stevens, J.J., 2014. An alternative theory of the plant size distribution, with geography and intra- and international trade. J. Pol. Econ. 122 (2), 369–421.

Hopenhayn, H.A., 1992. Entry, exit, and firm dynamics in long run equilibrium. Econometrica 60, 1127–1150.

Hsu, W.T., 2012. Central place theory and city size distribution. Econ. J. 122, 903–922.

Jacobs, J., 1969. The Economy of Cities. Vintage, New York, NY.

Kim, S., 1989. Labor specialization and the extent of the market. J. Pol. Econ. 97, 692–705.

Kline, P., Moretti, E., 2014. People, places, and public policy: some simple welfare economics of local economic development programs. Ann. Rev. Econ. 6 (1), 629–662.

Krugman, P.R., 1980. Scale economies, product differentiation, and the pattern of trade. Am. Econ. Rev. 70, 950–959.

Krugman, P.R., 1991. Increasing returns and economic geography. J. Pol. Econ. 99, 483–499.

Lee, S., 2010. Ability sorting and consumer city. J. Urban Econ. 68, 20–33.

Lee, S., Li, Q., 2013. Uneven landscapes and city size distributions. J. Urban Econ. 78, 19–29.

Lucas Jr., R.E., 1978. On the size distribution of business firms. Bell J. Econ. 9, 508–523.

Lucas Jr., R.E., Rossi-Hansberg, E., 2002. On the internal structure of cities. Econometrica 70, 1445–1476.

Marshall, A., 1890. Principles of Economics, eighth ed. Macmillan and Co., Ltd, London, UK, (1920) edition.

Matano, A., Naticchioni, P., 2012. Wage distribution and the spatial sorting of workers. J. Econ. Geogr. 12, 379–408.

Melitz, M.J., 2003. The impact of trade on intra-industry reallocations and aggregate industry productivity. Econometrica 71, 1695–1725.

Melitz, M.J., Ottaviano, G.I.P., 2008. Market size, trade and productivity. Rev. Econ. Stud. 75, 295–316.

Melitz, M.J., Redding, S.J., 2014. Heterogeneous firms and trade. In: Helpman, E., Gopinath, G., Rogoff, K. (Eds.), Handbook of International Economics, vol. 4. Elsevier, North-Holland, pp. 1–54.

Melo, P.C., Graham, D.J., Noland, R.B., 2009. A meta-analysis of estimates of urban agglomeration economies. Reg. Sci. Urban Econ. 39, 332–342.

Michaels, G., Rauch, F., Redding, S.J., 2012. Urbanization and structural transformation. Q. J. Econ. 127, 535–586.

Mion, G., Naticchioni, P., 2009. The spatial sorting and matching of skills and firms. Can. J. Econ. 42, 28–55.

Moretti, E., 2004. Human capital externalities in cities. In: Henderson, J.V., cois Thisse, J.F. (Eds.), In: Handbook of Regional and Urban Economics, vol. 4. Elsevier, North-Holland, pp. 2243–2291.

Mori, T., Turrini, A., 2005. Skills, agglomeration and segmentation. Eur. Econ. Rev. 49, 201–225.

Mori, T., Nishikimi, K., Smith, T.E., 2008. The number-average size rule: a new empirical relationship between industrial location and city size. J. Reg. Sci. 48, 165–211.

Mossay, P., Picard, P.M., 2011. On spatial equilibria in a social interaction model. J. Econ. Theory 146, 2455–2477.

Mrázová, M., Neary, J.P., 2013. Selection Effects with Heterogeneous Firms. University of Surrey and Oxford University, processed.

Murata, Y., 2003. Product diversity, taste heterogeneity, and geographic distribution of economic activities: market vs. non-market interactions. J. Urban Econ. 53, 126–144.

Nocke, V., 2006. A gap for me: entrepreneurs and entry. J. Eur. Econ. Assoc. 4, 929–956.

Okubo, T., Picard, P.M., cois Thisse, J.F., 2010. The spatial selection of heterogeneous firms. J. Int. Econ. 82, 230–237.

Ossa, R., 2013. A gold rush theory of economic development. J. Econ. Geogr. 13, 107–117.

Ota, M., Fujita, M., 1993. Communication technologies and spatial organization of multi-unit firms in metropolitan areas. Reg. Sci. Urban Econ. 23, 695–729.

Ottaviano, G.I.P., 2012. Agglomeration, trade, and selection. Reg. Sci. Urban Econ. 42, 987–997.

Piketty, T., 2014. Capital in the 21st Century. Harvard University Press, Cambridge, MA.

Puga, D., 2010. Themagnitude and causes of agglomeration economies. J. Reg. Sci. 50, 203–219.

Redding, S.J., 2012. Goods trade, factormobility and welfare. Technical Report, National Bureau for Economic Research, Cambridge, MA, NBER Discussion Paper.

Rosen, S., 1981. The economics of superstars. Am. Econ. Rev. 71, 845–858.

Rosenthal, S.S., Strange, W.C., 2004. Evidence on the nature and sources of agglomeration economies. In: Henderson, J.V., cois Thisse, J.F. (Eds.), In: Handbook of Regional and Urban Economics, vol. 1. Elsevier, North-Holland, pp. 2119–2171.

Rosenthal, S.S., Strange, W.C., 2008a. Agglomeration and hours worked. Rev. Econ. Stat. 90, 105–118.

Rosenthal, S.S., Strange, W.C., 2008b. The attenuation of human capital spillovers. J. Urban Econ. 64, 373–389.

Rossi-Hansberg, E., Wright, M.L.J., 2007. Urban structure and growth. Rev. Econ. Stud. 74, 597–624.

Rossi-Hansberg, E., Sarte, P.D., Owens III, R., 2009. Firm fragmentation and urban patterns. Int. Econ. Rev. 50, 143–186.

Rozenfeld, H.D., Rybski, D., Gabaix, X., Makse, H.A., 2011. The area and population of cities: new insights from a different perspective on cities. Am. Econ. Rev. 101, 2205–2225.

Saiz, A., 2010. The geographic determinants of housing supply. Q. J. Econ. 125, 1253–1296.

Sato, Y., Tabuchi, T., Yamamoto, K., 2012. Market size and entrepreneurship. J. Econ. Geogr. 12, 1139–1166.

Sattinger, M., 1993. Assignments models of the distribution of earnings. J. Econ. Liter. 31, 831–880.

Syverson, C., 2004. Market structure and productivity: a concrete example. J. Pol. Econ. 112, 1181–1222.

Syverson, C., 2007. Prices, spatial competition and heterogeneous producers: an empirical test. J. Ind. Econ. LV. 197–222.

Tabuchi, T., cois Thisse, J.F., 2002. Taste heterogeneity, labor mobility and economic geography. J. Dev. Econ. 69, 155–177.

Venables, A.J., 2011. Productivity in cities: self-selection and sorting. J. Econ. Geogr. 11, 241–251.

Vermeulen, W., 2011. Agglomeration Externalities and Urban Growth Controls. SERB Discussion Paper

0093, Spatial Economics Research Centre, London School of Economics.

Vives, X., 2001. Oligopoly Pricing: Old Ideas and New Tools. MIT Press, Cambridge, MA.

Wheeler, C.H., 2001. Search, sorting, and urban agglomeration. J. Lab. Econ. 19, 879–899.

Wheeler, C.H., 2004. Wage inequality and urban density. J. Econ. Geogr. 4, 421–437.

Wrede, M., 2013. Heterogeneous skills and homogeneous land: segmentation and agglomeration. J. Econ. Geogr. 13, 767–798.

Zhelobodko, E., Kokovin, S., Parenti, M., cois Thisse,, J.F., 2012. Monopolistic competition: beyond the constant elasticity of substitution. Econometrica 80, 2765–2784.

第5章
集聚经济的经验研究

皮埃尔—菲利普·库姆斯
法国艾克斯—马赛大学经济学院
法国马赛科学研究院和法国社会科学高等学院
法国巴黎政治学院经济学系
英国伦敦经济政策研究中心

洛朗·戈比永
英国伦敦经济政策研究中心
法国巴黎人口学研究所
法国巴黎经济学院
德国波恩劳动研究所

摘要

我们建立了一个统一框架讨论集聚效应本地决定因素的经验文献。首先介绍决定单一和总体经验设定的理论机制，然后逐步引入静态效应、动态效应和工人的内生区位选择。我们强调了本地密度对生产率的影响，但也考虑了许多有理论支撑的其他本地决定因素。其次开始讨论经验问题，需要重点考虑的问题有本地和个体层面的内生性问题、选择工资还是全要素生产率来衡量生产率的问题、空间规模的作用、企业特征和函数形式的问题。我们考察了发达经济体和发展中经济体中生产率本地决定因素的估计影响、就业和企业的区位选择。最后对尝试识别和量化具体集聚机制的研究进行探讨。

关键词

集聚收益　密度　排序　学习　区位选择

JEL 分类码

R12　R23　J31

5.1　引　言

正在进行的城市化有时候被认为是集聚收益超过集聚成本的证据，否则企业和工人仍将保持分散分布。但是，可想而知，集聚经济的强度除了依赖发展阶段和地区外，还依赖工人和产业的类型。这是准确量化集聚经济的第一个动机，也是本章所介绍文献的主要目的。另外，企业和工人的目标，即利润和效用，通常和总体福利并不一致，或者和政策制定者的目标并不一致，因为他们主要关注的是生产率或就业。即使目标一致，个体决策也可能不会导致总体最优，因为企业和工人在进行区位选择时，不一定能准确估计到空间集中的社会效益。一般说来，在人们判断是需要大城市还是小城市时，有必要对集聚经济的强度做出准确估计。如果你认为当前的城市规模分布不是最优，那也需要做出这种评估，从而可以制定出合适的政策（比如税收或规定）来影响主体的区位选择，并最终实现社会最优。最后，很多非空间问题也会间接受到企业或工人在城市间迁移范围的影响，比如，个体的不平等以及为此所需制定的政策。当工人可以自由流动而且他们可以对工资回报的区域差异产生快速反应时，不平等问题可能不会很严重。解决这些问题需要首先对集聚经济的强度有个正确评估。

当本地经济的规模增加时，集聚经济包括所有可以增加企业或工人收益的效应，内容非常广泛。从马歇尔（Marshall，1890）将集聚效应划分为技术溢出、劳动力池和中间品投入联系，到当前应用最广泛的由杜兰顿和普加（Duranton and Puga，2004）提出的共享、匹配和学习效应，文献中对产生集聚经济的机制给出多种分类方法。共享效应包括从投入多样性、产业专业化、对本地不可分商品和设施的共享以及风险共享中所获得的收益；匹配效应指企业和工人之间匹配数量和质量的提高；学习效应包括知识的产生、扩散和累积。最后，我们希望对每个组成部分的重要性做出经验评估。遗憾的是，文献中仍未实现这一目标，我们看到只有少数文献尝试区分集聚经济背后的不同途径。它们大都是描述性分析，我们会在本章最后呈现给大家。我们还给大家介绍了大量文献，它们尝试评估空间集中对本地结果的总体影响，或是评估比如产业结构、劳动力构成或者是与较大地区的邻近效应等本地经济许多其他特征所产生的总体影响。换句话说，我们评估的是本地特征通过多种途径形成的集聚对本地结果所产生的影响，而并非途径本身。本地生产率和工资曾经是关注的焦点，但我们还介绍了一些研究本地特征对就业和企业区位选择产生影响的文献。

当估计一个本地特征的总体影响时，比如本地就业密度对本地生产率的影响，你不可能知道估计的结果主要来源于共享、匹配还是学习机制中的哪一个，或者是由它们共同决定。当城市规模超过门槛值时，大多数集聚效应会由正变负，或者会伴随着产生一些负效应，我们无法判断是否有一些正效应被抵消，而只能估计出净效应。另外，有些机制意味着集聚会立刻产生静态收益，而其他效应则是动态的并且影响着地区增长。我们把所有这些理论都纳入到分析框架，因为这对我们准确选择经验设定、对结论做出解释以及对估计问题的讨论都是必需的。重要的是，即使还不能分离识别集聚经济的各个机制，只是知道当增加城市每平方米雇用工人的数量后生产率会增加的程度，这也对理解企业或工人的区位选择非常重要，或者是对经济政策的制定非常重要。

我们看到评估本地特征的作用已经变得非常重要。除了将要提到的一些问题外，主要的困难是你不是要去识别本地特征和本地结果之间的关系，而是要识别其因果效应。由于本地层面和个体层面的内生性问题，采用简单方法可能会导致有偏估计。本地层面的内生性可能来自遗失变量问题，因为遗失变量可能会既影响本地结果又影响本地特征，也可能来自逆向因果关系，因为一些地区较好的平均本地结果能吸引更多的公司和工人，而这又会反过来影响本地特征。当工人根据个人因素在区位间选择时，就会出现个体层面的内生性，因为这些个体因素无法在设定中进行控制，比如不可观测的能力，或者当他们根据准确的个体结果进行区位决策时，个体结果却依赖和本地特征相联系的个体冲击，这也会产生内生性问题。处理这些不同的内生性可能是这个领域在近十几年里的最大进展。不考虑这些内生性就无法评估本地结果的决定因素，因此，我们大量讨论了内生性的来源和文献中提出的解决办法。

因为存在多种集聚机制，并且也有很多研究本地特征对不同本地结果影响的文献，所以有必要首先对文献中估计设定的理论基础做出说明。5.2从一个简易模型开始，并提出研究本地生产率决定因素的相关设定。然后，在研究个体特征的作用和个体区位选择时，将模型从静态拓展到动态框架，从而可以容纳更多机制。这有助于说明一些内生性问题。5.3介绍了文献中已经研究过的对生产率有影响的所有本地特征，并将它们和理论联系起来。有了这样一个理论背景，我们就可以在 5.4 更系统的探讨一系列经验问题，主要是本地和个体层面的内生性考虑及其处理方法。我们也探讨了是选择工资还是全要素生产率来衡量生产率的问题，还有空间规模的作用、企业特征和函数形式的问题。5.5 介绍了估计的集聚效应对生产率的影响程度，主要包括密度效应、空间范围和对不同的产业、技能和城市规模可能产生的异质性问题。5.5 还介绍了使用结构方法或利用自然实验所得到的最新研究成果，以及本地经济中产业结构的作用（即产业专业化和多样性）和人力资本外部性的相关结论。最近的研究成果对发展中经济体和发达经济体进行了详细区分，因为对它们的研究结论经常是不同的，当前也正在逐步拓展对它们的研究。在考虑了相关理论和对经验指标的选择后，5.6 估计了集聚对就业和企业区位选择的影响，而不再是对生产率的影响。最后，5.7 介绍了尝试识别集聚经济影响途径的文献，这是当前文献关注的一个方向。

本章结构没有按照该领域的发展阶段安排。文献是从一个不确定的目标开始，在城市——产业层面上估计了大量本地决定因素对就业增长的影响（Glaeser et al. , 1992；Henderson et al. , 1995）。但是，在了解到可能存在的一些严重解释问题和内生性后，文献开始变得非常谨慎，开始只重点研究静态集聚效应对本地生产率的影响（See Ciccone and Hall，1996；Glaeser and Mare'，2001；Combes et al. , 2008a）。这也可能是因为出现了新的个体层面面板资料。最新成果包含了更多影响，比如之前文献已经提到的动态效应（See de la Roca and Puga，2012），或者利用结构模型建立更完善的框架，其中包含内生的区位选择和企业与工人之间的异质性问题（See Gould，2007；Baum - Snow and Pavan，2012）。我们用一个简易而不是很严谨的框架分析生产率本地决定因素的影响，然后进行拓展。文献中提到的大多数成果都会包括进来，包括早期对就业增长的关注。在谈到影响的重要性时，我们主要关注罗森塔尔和斯特兰奇（Rosenthal and Strange，2004）之后的成果，但是当对我们的讨论有用时，也会参考一些早期研究。

但是，我们仍有很多相关主题没有包括，主要是因为它们的内容太多，手册编辑为它们安排了专门的章节进行讨论。特别是我们可以识别出集聚效应有一个机制是技术溢出，从而可以研究集聚和创新的关系。而该主题由卡利诺和克尔（Carlino and Kerr，2015）介绍，他还讨论了关于集聚和创新精神的文献，因为这通常是以技术溢出为基础。同样的，我们也没有包括关于集聚经济和空间政策之间相互作用的文献，因为纽马克和辛普森（Neumark and Simpson，2015）对此进行了介绍。最后，我们也没有介绍衡量空间集中的不同研究。但是，在本章的后边我们会提到空间集中指数，因为一些文章会利用它进行回归并依此识别集聚经济的机制。

5.2 机制和相关设定

在讨论对集聚经济的估计之前，必须首先对文献中已经被经验证明的理论和决定机制进行说明。本节介绍这些理论以后，我们就能正确的解释估计结果并讨论可能存在的问题。

5.2.1 静态集聚效应和个体技能

5.2.1.1 技能和本地效应的分离识别

早期文献从总体层面研究集聚经济，如区域或城市。本地市场的结果通常和一组本地变量进行回归。在这一节，我们主要关注密度对劳动生产率的影响，两者都需要进行对数处理，劳动生产率用名义工资衡量。这和西科尼和霍尔（Ciccone and Hall，1996）的研究一致，他们对最近文献研究的演变有重要影响。其他本地决定因素的作用，比如市场准入（market access）、产业多样性或者专业化也会被考虑，这些都将在5.3详细讨论。其他的本地产出比如产业就业增长或者企业的区位选择将在5.6讨论。

我们首先考虑企业和工人不存在个体异质的情况。令 $Y_{c,t}$ 是代表性企业 t 期在市场 c 的产出。企业使用两种投入，劳动力 $L_{c,t}$，和其他生产要素 $K_{c,t}$，比如土地、资本或中间品投入。企业利润是：

$$\pi_{c,t} = p_{c,t}Y_{c,t} - \omega_{c,t}L_{c,t} - r_{c,t}K_{c,t} \tag{5.1}$$

其中 $p_{c,t}$ 代表生产的产品价格，$w_{c,t}$ 代表本地劳动市场的工资率，$r_{c,t}$ 代表非劳动投入的单位成本。假定生产函数是柯布－道格拉斯形式的，可以写为：

$$Y_{c,t} = \frac{A_{c,t}}{\alpha^{\alpha}(1-\alpha)^{1-\alpha}}(s_{c,t}L_{c,t})^{\alpha}K_{c,t}^{1-\alpha} \tag{5.2}$$

其中 $0<\alpha<1$ 是一个参数，$A_{c,t}$ 代表本地全要素生产率，$s_{c,t}$ 代表本地劳动技能。只要假定所有本地企业和工人都一样，这些数据就只依赖于 c 和 t。相应的，对 $p_{c,t}$，$w_{c,t}$ 和 $r_{c,t}$ 也是如此。下边的讨论是在一个竞争均衡假设下完成的，利用投入使用最优的一阶条件可以得到：

$$w_{c,t} = \left(p_{c,t}\frac{A_{c,t}}{(r_{c,t})^{1-\alpha}}\right)^{1/\alpha}s_{c,t} \equiv B_{c,t}s_{c,t} \tag{5.3}$$

本地平均名义工资取决于劳动技能 $s_{c,t}$ 和本地生产率的综合效应 $B_{c,t}$。该等式足以包含文献涉及的所有集聚效应。如果我们追溯到布坎南（Buchanan，1969），在那里，城市是企业和消费者共享不可分割产品的地方，如飞机场、大学和医院，这产生了第一种类型的集聚经济。在这里，劳动生产率综合效应 $B_{c,t}$ 及由此产生的本地平均工资在大城市都较高，因为本地（公共）产品的存在使 $A_{c,t}$ 较大。这和第一种类型的纯本地外部性一致，因为它不是通过市场调节产生的。第二种类型的纯本地外部性在本质上有很大不同，它只在空间集中能产生本地知识溢出并使企业更有效率时才会出现，这在早期的内生增长模型中已经提到，比如卢卡斯（Lucas，1988）。这类机制再次使大城市的 $A_{c,t}$ 更大。目前，我们内在的假定所有这些效应都是瞬时的并只影响当期的 $A_{c,t}$。这对我们下边进行更深入的讨论是一个重要条件。

经济学家也曾关注过许多通过本地市场发生作用的集聚机制，有时被叫作"金钱外部性"。因为大城市的市场更容易进入，产品价格 $p_{c,t}$ 较高，投入成本 $r_{c,t}$ 也较低。所有效应都使 $B_{c,t}$ 更大。[1] 最终你希望分别评估纯外部性或是本地市场效应是否对本地生产率有重要影响，或者市场效应中的价格效应所产生的本地生产率收益是否和产品或投入密切相关。但是，这种评估很难，大量经验文献只是量化了本地经济特征对生产率的整体影响。特别是，之前已经表明工资和密度之间的正向关系可能是因为纯外部性以及产品或投入的价格效应。

另外，城市规模不仅会产生集聚经济也会产生分散力。典型地，不能完全流动的投入成本 $r_{c,t}$ 在大城市非常高，土地是一个非常极端的例子。如果和进入大城市获取市场收益相比，所产生的竞争足够激烈，那么，大城市的产品价格 $p_{c,t}$ 就会比小城市更低。对本地公共产品的拥挤也会出现，这会降低 $A_{c,t}$。还需要注意的是如果本地劳动市场不是竞争性的，式（5.3）的右边应当乘以一个能够代表本地工人议价能力的系数。如果工人在大城市的议价能力更强，他们的名义工资就更高，这会形成集聚效应。或者，大城市较低的议价能力是一个分散力。工资和密度之间的关系只反映了集聚经济和分散力的综合影响。当

---

① 当一个企业的产品在多个市场销售时，$p_{c,t}$ 是企业单位销售产品的平均收入，其中包括贸易成本，当前的分析能够很容易的被拓展，比如 Combes（2011）。令 $Y_{c,r,t}$ 代表企业对任意其他市场 r 的出口，产出价值是所有市场销售产值的加总，$p_{c,t}Y_{c,t} = \sum_r (p_{c,r,t} - \tau_{c,r,t})Y_{c,r,t} = (\sum_r (p_{c,r,t} - \tau_{c,r,t})\phi_{c,r,t})Y_{c,t}$，其中 $p_{c,r,t}$ 是企业在市场 r 的价格，$\tau_{c,r,t}$ 是企业在市场 r 销售的贸易成本，$\phi_{c,r,t} = \dfrac{Y_{c,r,t}}{Y_{c,t}}$ 是在那里销售的产出份额。因此，$p_{c,t} = \sum_r (p_{c,r,t} - \tau_{c,r,t})\phi_{c,r,t}$ 是企业在所有市场的价格减去贸易成本后，再通过每个市场销售份额进行加权后的平均价格。类似地，当企业从多个市场购买投入时，距离市场越近，企业的平均单位投入成本 $r_{c,t}$ 也越低。

可以识别空间集中的净效应时，就无法确定究竟发生了哪种机制。相反的，如果你想单独量化市场效应通过 $r_{c,t}$ 和 $p_{c,t}$ 所产生的影响，需要采取的一个策略是控制所产生的纯外部性，比如本地公共产品或本地溢出的影响。

如果能够得到关于本地交通拥堵或者住房/土地价格的数据的话，你也可以考虑控制分散力。这是区分集聚经济和分散力的开始。重要的是，引入住房/土地价格的动机是因为它们会影响投入成本，而不是像罗巴克（Roback，1982）中，为了使不同地方的工人满足无差异条件而需要在均衡时对低工资或高工资人群做出的补偿。事实上，在这里我们关注的是生产率的决定因素而不是均衡关系。通常情况下，根据式（5.3），土地价格被认为对名义工资有负面影响，但均衡效应意味着两者之间存在正向关系。当工资和土地价格在均衡时被同时决定时，控制土地或住房价格会导致难以处理的内生性偏误（见 5.4 的讨论）。这意味着如果土地占投入成本的比例很小，在回归时不对它的价格进行控制可能更好，这通常也是实际情况。

检验工资补偿模型的相关性和量化城市之间实际工资的不平等是个有趣的问题，但需要同时考虑名义工资、生活成本和生活福利设施的作用。有大量文献探讨了这些问题（Albouy，2009；Moretti，2013），结论部分我们会简单介绍。在我们的模型里，只需要考虑集聚经济对生产率的影响，名义工资就是相应的因变量而没必要控制土地价格。

现在我们讨论本地劳动技能的作用，在式（5.3）中由 $s_{c,t}$ 代表。如果工人具有不受区位变化影响的技能，通常指从父母那里遗传的或是通过教育获得的技能，你一定不想把技能效应包含在集聚经济中，因为它相当于本地劳动力的一个纯结构效应，而不是由本地工人相互作用导致的生产率提高。从而可能城市中有大量熟练工人的原因不是因为集聚经济的存在。比如，如果熟练工人比不熟练工更看重城市生活福利设施（比如和文化和夜生活相关的），或者从历史的观点看，如果大城市居住着更多技能型人才，并将技能传授给仍居住在那里的他们的孩子，这都会使大城市存在大量熟练工人。如果估计策略没有控制城市对高技能的选择，其他本地变量比如密度将起作用，集聚经济的影响则可能被夸大。或者也可能是城市使人们的技能变得更高，就像卢卡斯（1988）提到的，大城市有较强的学习效应或者高技能人群会产生更多的本地外部性。那样的话，不对城市的技能水平进行控制是估计城市规模所产生的总集聚效应的正确方式。结构效应和集聚效应都会提前产生，并且对本地技能或教育水平的衡量包含这两种效应。这里在城市层面上讨论的综合方法并未考虑个体异质性，也无法分别识别这两种效应。这是它的第一个重要限制，采用个体数据对解决这个问题非常有用，下边会详细阐述。

最后一个重要问题是集聚效应的时间跨度。你可以认为生产率及其决定的工资会随市场调节的集聚效应而快速调整（通过 $r_{c,t}$ 和 $p_{c,t}$ 改变），但它们一定不是因为影响 $A_{c,t}$ 和 $s_{c,t}$ 的纯本地外部性而变化的。因此，文献尝试对静态和动态集聚效应进行区分。当集聚效应是静态时，$B_{c,t}$ 立刻被本地特征的当期值而不是被其过去值影响。这意味着在给定年份里，较大的城市规模只能影响当年的本地生产率，未来城市规模的任何变化会瞬间转化为本地生产率的变化。相比而言，最近的文献同时考虑了本地特征可能存在的一些长期效应，又叫动态效应。这里我们只关注静态效应，从 5.2.2 开始引入动态效应。

现在我们开始讨论包含静态集聚效应的第一个经验设定，其中的生产率综合效应 $B_{c,t}$ 被定义为本地特征和一些本地不可观测效应的简化形式，其中的所有指标都要进行对数处理。平均本地技能 $s_{c,t}$ 被指定为本地教育水平和一些本地不可观测项的对数线性函数。所有不可观测部分的加总被看作一个随机残差项，记为 $\eta_{c,t}$。记 $y_{c,t}$ 是对本地结果的衡量，这里指本地工资的对数，根据式 (5.3) 我们可以得到

$$y_{c,t} = Z_{c,t}\gamma + \eta_{c,t} \tag{5.4}$$

其中 $Z_{c,t}$ 包含代表本地综合生产率和技能的变量。如果解释变量是密度和只包括技能结构效应的本地技能变量，在随机部分和解释变量之间就没有相关性，那么用最小二乘法得到的生产率和密度之间的弹性估计值就是对总的集聚经济的一致估计。从政策制定的角度看，即使并未识别集聚经济和分散力的作用途径，对该弹性的估计也非常重要。比如，本地产出对密度的弹性估计值是 0.03，它意味着城市规模扩大两倍（已知在许多国家地区密度的四分位点通常是 10），生产率将会增加 $2^{0.03} - 1 \approx 2.1\%$，因为无论是纯外部性还是市场集聚效应都比任何分散效应要大。

像 5.1 提到的那样，经验目标一般是识别因果效应——即改变一些本地特征会对本地结果有什么影响。除了下边讨论的其他内生性外，式 (5.4) 的第一个问题是密度会和残差中包含的一些本地不可观测技能相关。例如，本地技能的代理变量，如学历可能并不足以代表能够影响生产率的所有技能。如果不可观测技能在区位间随机分布，则对密度参数的 OLS 估计就是对集聚经济的一致估计。或者，如果不可观测技能和密度相关，将会产生内生性，从而 OLS 估计就是有偏的。

利用面板数据也可以考虑不可观测技能，这需要将我们的研究拓展到异质工人。现在假定本地有效劳动由异质工人提供的所有有效劳动构成——即 $s_{c,t}L_{c,t} = \sum_{i \in \{c,t\}} s_{i,t}\ell_{i,t}$，其中 $\ell_{i,t}$ 是个体 i 提供的小时工作时间，$s_{i,t}$ 是在 t 期的

个体效率。工资总额是 $\sum_{i \in |c,t|} w_{i,t}\ell_{i,t}$ ，其中 $w_{i,t}$ 是个体工资。利润最大化可以得到：

$$w_{i,t} = B_{c,t}s_{i,t} \tag{5.5}$$

令 $X_{i,t}$ 代表随时间变化的可观测个体特征，u_i 代表要估计的个体固定效应。我们还假定个体效率可以被写为个体特有构成 $\exp(X_{i,t}\theta + u_i)$ 和残差 $\exp(\epsilon_{i,t})$ 的函数，分别代表与个体相关和时间相关的随机效应。u_i 代表个体不可观测技能的影响，并假定不随时间变化。对式（5.5）取对数，并利用和式（5.4）相同的集聚效应设定可以得到：

$$y_{i,t} = u_i + X_{i,t}\theta + Z_{c(i,t),t}\gamma + \eta_{c(i,t),t} + \epsilon_{i,t} \tag{5.6}$$

其中 $y_{i,t}$ 是个体本地结果，这里选取 t 期个体工资的对数代替，$c(i,t)$ 是个体 i 在 t 期所在的劳动市场。注意，我们隐含的假定在所有工人、地区和产业之间有相同的本地特征效应 γ。5.2.1.2 将讨论在不同情况下的影响。现在我们认为个体固定效应只代表不可观测的技能，我们将在 5.2.2 认为它也能代表学习效应，而学习效应可能取决于城市规模的大小。

格莱泽和马雷（Glaeser 和 Maré，2001）首先提出可以使用个体数据并把式（5.6）中的个体固定效应引入，这将大大降低由于技能度量所产生的偏误。最重要的是，个体固定效应使我们可以控制所有的个体技能特征，这些特征及其产生的影响都可以被认为不随时间改变。个体技能特征包括教育水平，这通常能够观测到，但也包括许多很难观测到的其他特征，比如父母和祖父母的教育水平、家庭中孩子的数量、儿童时代的流动性及其个性。因为个体固定效应会和一些本地变量相关，如密度，所以你可以认为本地特征的效应并不代表由于个体特征排序所产生的结构效应。

个体数据的第二个优点是所有可观测个体特征的本地平均可以和个体特征或个体固定效应同时引入本地变量。尤其是，当个体固定效应控制了个体教育水平时，你可以认为 $Z_{c,t}$ 是任意教育水平的本地比例，并以此来估计高技能工人是否对其他工人产生了人力资本的本地外部性。[②] 然后，本地变量，比如密度的估计效应就和集聚经济一致，而不是和教育外部性一致。正像上边讨论的那样，使用总体数据无法区分这些影响。

可以通过对式（5.6）的一阶差分来识别本地效应的来源，这消除了不可观测的个体效应。简单起见，在个体结果中只考虑两个部分，即 $y_{i,t} = Z_{c(i,t),t}\gamma + u_i$，其中 $Z_{c,t}$ 只包含密度。对于在连续两期都处在同一个本地市场 c 中的个体来说，结果的一阶差分为 $y_{i,t} - y_{i,t-1} = (Z_{c,t} - Z_{c,t-1})\gamma$，用本地市场密度的时间变化识

---

② 这种基于外部性的解释需要给予更多关注，这将在 5.3.3 讨论。

别密度效应 γ。对从市场 c 迁移到市场 c' 的个体来说，我们有 $y_{i,t} - y_{i,t-1} = (Z_{c',t} - Z_{c,t-1})\gamma$，密度的空间和时间变化都被用来识别密度效应。即使没有迁移者也能识别出集聚经济，但只能通过定居者的时间变化得到。这是因为只有一个估计参数，将定居者的一阶差分在本地——时间层面上平均后，就可以得到 $Z \times (T-1)$ 个独立关系，其中 Z 是本地市场的数量。

注意我们暂时假定定居者和迁移者的设定都相同——即个体参数 θ、本地特征效应 γ 和随机部分的分布都一样。如果不同意这一假设，因为能准确地识别每个子样本，所以你可以分别对定居者和迁移者估计式（5.6），进而利用分开估计的结果检验两组是否相同。

一旦把式（5.6）利用一阶差分（或被映射到个体内部维度）剔除个体固定效应之后，就可以直接采用 OLS 估计，但是标准误的计算却成为一个问题。事实上，不可观测的本地效应和工人在劳动力市场的流动性使方差矩阵的结构非常复杂。对流动个体来说，设定的一阶差分包括两个不同的不可观测本地冲击 $\eta_{c',t}$ 和 $\eta_{c,t-1}$，以及这些冲击在流动个体之间变化的位置（c 和 c'），即使对那些一开始就在同一个本地市场上的个体来说也是如此，因为他们可能没有相同的迁移目标。因此没有办法把个体进行合适的排序来得到一个简单的方差矩阵，并将每一期的标准误按区位汇总在一起。这会使我们忽略不可观测的本地效应，但正像莫尔顿（Moulton，1990）表明的，这会导致本地变量的估计标准误存在严重偏差。

通过两步法则既能解决这个问题还有利于和更一般的框架保持一致。考虑下面两个等式构成的系统：

$$y_{i,t} = u_i + X_{i,t}\theta + \beta_{c(i,t),t} + \epsilon_{i,t} \qquad (5.7)$$
$$\beta_{c,t} = Z_{c,t}\gamma + \eta_{c,t} \qquad (5.8)$$

其中，$\beta_{c,t}$ 是本地时间固定效应，代表所有能够被观测到和未被观测到的本地——时间变量。这种固定效应可以代表本地不可观测部分，引入它使个体冲击服从独立分布的假设更加合理。设定也更一般化，因为它考虑了本地——时间不可观测特征和个体特征之间可能存在的关系。从而减少了产生偏误的来源，相应的这会增加对本地特征估计的一致性。

这个模型的估计更需要依赖识别，现在需要有区位间的迁移者。简单起见，假定模型的第一个等式可以写为 $y_{i,t} = \beta_{c(i,t),t} + u_i$。对定居者和迁移者分别写出该设定的一阶差分，可以得到 $y_{i,t} - y_{i,t-1} = \beta_{c,t} - \beta_{c,t-1}$ 和 $y_{i,t} - y_{i,t-1} = \beta_{c',t} - \beta_{c,t-1}$。对每一期的每个区位都有一个参数 $\beta_{c,t}$ 需要识别。如果没有迁移者，你需要和之前一样对定居者按照本地时间层面将该式进行平均，最终得到（$Z-1$）$\times T$ 个独立关系，但却有 $Z \times T$ 个参数需要估计。换句话说，你能够识别任意区位本地效应随时间的变化，而不是区位之间的差异。

相比而言，当既有定居者又有迁移者时，将设定双重差分就一定能够实现识别。对一个迁移到区位 c' 的迁移者 i' 和一个一直在区位 c 的定居者 i 来说，他们的工资都会随时间变化，变化的差异是 $(y_{i',t} - y_{i',t-1} - (y_{i,t} - y_{i,t-1})) = \beta_{c',t} - \beta_{c,t}$。对任意两个区位，通过迁移者和定居者之间工资增长的差异可以识别两个区位间本地效应的差异。此外，和之前一样，定居者工资的增长也识别了本地效应随时间的变化。当本地市场通过定居者和迁移者的流动可以很好地相互连接时，所有的 $\beta_{c,t}$ 都能够被识别，直到没有差异而被标准化为零。相互连接意味着任意一对本地—时间组合 (c, t) 和 (c', t') 能够通过成对的本地—时间组合链 $(j, \tau - 1)$ 和 (j', τ) 联系到一起，比如，如果 $j \neq j'$，指迁移者在 $\tau - 1$ 期和 τ 期之间从 j 迁移到 j'，或者如果 $j = j'$，指定居者一直待在 j 地区。[③] 换句话说，假定资料中的每一组区位间都存在迁移者，从而有 $Z^2 \times (T-1)$ 个独立关系且只有 $Z \times T - 1$ 个参数需要估计。更重要的是，现在需要假定迁移者和定居者的设定相同，否则识别是不可能的。或者，更多的结构方法有助于从某种程度上解决识别问题，5.2.4 将对此进行介绍。

最后注意，实际上在第一步就估计了式（5.7）。面板估计方法会使用组内估计，因为计算机会给每个需要考虑固定效应 u_i 的个体赋予一个虚拟变量。然后把 $\beta_{c,t}$ 的估计值代入式（5.8）。最终设定是利用线性方法在第二阶段估计的，包括一个被标准化为零的本地—时间固定效应的观测值。在计算标准误时，必须考虑第一阶段估计的因变量的样本误，可以采用可行广义最小二乘法估计（更多计算细节可以参考 Combes et al.，2008a）。关于内生性处理的估计策略将在 5.4 进行更深入讨论，但是，我们首先需要将模型进行扩展，从而能够包含更复杂的集聚机制。

5.2.1.2 本地效应的不同影响

上面通过利润最大化使我们的设定强调了集聚效应可能和纯外部性，或者和产品或投入价格有关。很明显，这些途径在产业间可能存在差异。例如，密度效应在高科技产业可能会较大，因为其技术外部性较高，产品或投入价格效应取决于每个产业内的贸易成本。只需要将设定拓展为下式就可以考虑产业间集聚机制的异质性：

$$y_{i,t} = u_i + X_{i,t}\theta + Z_{c(i,t),t}\gamma_{s(i,t)} + \eta_{c(i,t),s(i,t),t} + \epsilon_{i,t} \tag{5.9}$$

---

③ 如果本地市场没有完全相互连接，成组的完全相互连接的本地时间组合必须事先定义，从而每一组的本地时间固定效应都能被识别，直到有一个被标准化为零。更详细的描述，读者可以参考由 Abowd et al.（1999）最初提出的关于在工资等式中同时识别工人和企业固定效应的文献。

其中 $s(i, t)$ 是个体 i 在 t 时刻就业的产业，γ_s 是产业 s 的本地特征效应，$\eta_{c,s,t}$ 是本地产业时间冲击。有多种方法可以估计该式。最简单的方法是将样本按照产业划分后，利用 5.2.1.1 的方法分别对每个产业估计。但是，这意味着产业间解释变量的系数和个体固定效应都不必相同，理论上说这可能有用也可能没用，还会使估计值损失一定的精度。另一种方法是在解释变量中考虑密度或任意其他本地特征和产业虚拟变量的交互项，并按照之前的方法在个体内部估计设定，从而得到它们的参数，即 γ_s。

本地产业时间随机效应 $\eta_{c,s,t}$ 的异方差可能会再次导致估计的标准误有偏。为了解决这个问题，可以在下列等式中利用本地产业时间固定效应 $\beta_{c,s,t}$ 进行两步法估计：

$$y_{i,t} = u_i + X_{i,t}\theta + \beta_{c(i,t),s(i,t),t} + \epsilon_{i,t} \tag{5.10}$$
$$\beta_{c,s,t} = Z_{c,t}\gamma_s + \eta_{c,s,t} \tag{5.11}$$

一旦在个体维度展现式（5.10），就可以像之前估计本地时间固定效应那样，使用 OLS 估计本地产业时间固定效应。如果通过工人在区位和产业间的流动能够很好地把所有区位和产业联系起来，它就可以被认为是一个标准化为零的影响。[④] 把估计结果代入式（5.11）是第二步的估计。

重要的是，引入产业维度会增加本地特征的数量，而且它们都有集聚效应。在实践中区分城市化经济和地方化经济已经变得非常普通。但是，城市化经济的外部性来源于区位的特征，比如密度；地方化经济的外部性来源于地区内部的产业特征。因此，文献在研究集聚经济的决定因素时，都认为城市化经济只和区位相关，而地方化经济和区位与产业都相关。通常认为地方化经济的本地决定因素是专业化，即一个产业的本地就业比例。当利用密度可以评估生产率是否随本地经济整体规模递增时，利用专业化则可以评估它是否随产业本地规模递增，产业中的企业和工人数量决定了本地产业规模。可以在整个地区或产业地区层面区分上述纯外部性和市场外部性。根据这些结论，第二步你可以按下式进行估计：

$$\beta_{c,s,t} = Z_{c,t}\gamma_s + W_{c,s,t}\delta_s + \eta_{c,s,t} \tag{5.12}$$

其中 $W_{c,s,t}$ 是包含专业化的地方化经济决定因素；$Z_{c,t}$ 是城市化经济的决定因素。5.3 将详细描述文献所考虑的所有本地特征。

这个方法有一个问题是在第一步估计的固定效应的数量会随区位数量快速递增，我们还不知道哪个研究按此进行了估计。另一种方法是，你可以按照孔

---

④　和之前一样，如果不是所有区位和产业都完全联系到一起，需要事先对成组的固定效应定义。当然，产业的数量越多，本地产业时间固定效应就越不可能被全部识别。

贝斯等（Combes et al.，2008a）所建议的，把所有策略混合到一起估计，即：

$$y_{i,t} = u_i + X_{i,t}\theta + \beta_{c(i,t),t} + W_{c(i,t),s(i,t),t}\delta_{s(i,t)} + \epsilon_{i,t} \tag{5.13}$$

$$\beta_{c,t} = Z_{c,t}\gamma + \eta_{c,t} \tag{5.14}$$

这个模型比式（5.10）和式（5.12）的局限更大，因为在第一步并未控制不可观测的本地产业时间效应，在第二步又假定城市化经济的决定因素在产业间具有相同影响（即 γ 不依赖于产业）。但是，在第一步控制了不可观测的本地时间效应后，仍然能识别出地方化经济决定因素的不同效应。

理论上很容易说明集聚效应在不同类型工人之间是不同的。比如，一些证据表明，生产率越高的工人也是能从集聚中获利更多的人（参见 Glaeser and Mare'，2001；Combes et al.，2012c；de la Roca and Puga，2012）。例如，可以利用类似式（5.9）的设定研究密度对不同学历人群所产生的异质效应。你只需要考虑与密度相关的学历相关的系数而不是产业相关的系数。但是，学历一般不随时间改变，因此，当采用两步法时，意味着每个学历的本地时间固定效应必须都标准化为零。另一个估计策略是分别对每个学历利用两步法估计，这种方法的精确度要比在产业中采取类似方法要高，因为对任意给定个体的所有观测值都在同样的学历子样本中，所以对每个工人都只需估计唯一的个体固定效应。

但是，学历可能并不足以完全体现个体的技能差异。你可能认为密度效应对每个个体都是特有的，就像下列设定：

$$y_{i,t} = u_i + X_{i,t}\theta + Z_{c(i,t),t}\gamma_i + \eta_{c(i,t),t} + \epsilon_{i,t} \tag{5.15}$$

其中 γ_i 是个体固定效应。利用迭代法可以得到估计参数。[5] 对任意给定的 θ，你可以用每个个体的 $y_{i,t} - X_{i,t}\theta$ 对 $Z_{c(i,t),t}$ 进行回归。这将得到对 γ_i 和 u_i 的估计。然后，将 $y_{i,t} - Z_{c(i,t),t}\gamma_i - u_i$ 对 $X_{i,t}$ 进行回归就可以得到对 θ 的估计。利用迭代得到的参数重复上述过程，直到出现收敛。

也可以对模型做进一步拓展，认为区位一般对本地结果都有不同影响，而不是只有密度才有。有人在研究中考虑了本地固定效应和个体固定效应的交互项，这相当于说不是密度效应而是所有本地特征的共同效应，无论这些效应是否被观测到，个体之间都是不同的。这个研究中两步法的第一步变为：

$$y_{i,t} = u_i + X_{i,t}\theta + \beta_{c(i,t),t} + \delta_{c(i,t),t}v_i + \epsilon_{i,t} \tag{5.16}$$

识别约束条件是 $\sum_i v_i = 0$ 以及一个标准化为零的本地项 $\delta_{c,t}$。和之前一样，可以利用迭代法估计设定。在第二步用参数 $\delta_{c,t}$ 的估计值对本地变量进行回归，并以此评估集聚经济影响不可观测个体特征本地收益的程度。使设定更

---

⑤ 该方法受到 Bai（2009）的启发，他利用这种方法估计了要素模型。

加完善的另一种拓展是加入随个体变化的个体特征。需要注意的是，当有许多个体特有效应以非可加的方式进入模型时，将估计的时间跨度拉大很有意义，但并不能保证利用较长的时期就可以得到参数的合理估计。不管怎样，在这最后一段的多数设定在未来研究中都有用。

5.2.2 集聚经济的动态影响

到目前为止，我们认为集聚经济对生产率有瞬时效应，并在之后的各期没有更多影响。事实上，集聚经济是动态的，它能够产生持久影响，比如当技术溢出增加了本地生产率时，或是像卢卡斯（1988）所说的那样，当个体在大城市学习的更多或者更快时。你甚至可以认为，从大城市向小城市的迁移能够把个体在集聚中的生产率收益部分转移到新的区位，并且能够比那些没有在大城市工作过的个体具有更高的生产率。如果是那样的话，本地特征会对 $A_{c,t}$ 和 $s_{i,t}$ 的增长产生影响，而这就会产生动态效应，这都包含在式（5.5）中。你也可以认为动态效应通过 $p_{c,t}$ 和 $r_{c,t}$ 起作用，例如，集聚有利于关于产品质量和投入质量的信息扩散，相应的这又会对不同时期的价格变化产生影响（例如，在不完全竞争下，价格由生产商决定时）。因此，即使动态效应与技术溢出及学习效应密切相关，市场集聚经济也能够表现出动态特点。最终，识别问题和在静态集聚经济下一样，你通常只能估计出动态外部性的综合影响而不是它们确切的作用途径。注意，尝试对本地产业就业的集聚效应进行识别的文献可以追溯至格莱泽等（Glaeser et al.，1992）和亨德森等（Henderson et al.，1995），他们从一开始就采用了动态观点，我们将在 5.6.1 介绍这篇文献。

这一节我们将说明之前的生产率设定如何包含动态效应。格莱泽和梅尔（Glaeser and Mare'，2001）首先提出要区分静态效应和动态效应，下面，我们将根据他们的思想和德拉洛卡和普加（de la Roca and Puga，2012）的拓展进行深入探讨，德拉洛卡和普加（2012）是当前关于这一主题最完善的研究之一。对一个只包含静态本地效应的模型，可以写为 $y_{i,t} = u_i + \beta_{c(i,t),t} + \epsilon_{i,t}$，个体生产率增长率只和静态效应的时间差相关：

$$y_{i,t} - y_{i,t-1} = \beta_{c(i,t),t} - \beta_{c(i,t-1),t-1} + \varepsilon_{i,t} \tag{5.17}$$

其中 $\varepsilon_{i,t}$ 是误差项。[⑥] 通过假定 $t \geqslant 1$ 就可以引入动态本地效应的简单形式：

$$y_{i,t} - y_{i,t-1} = \beta_{c(i,t),t} - \beta_{c(i,t-1),t-1} + \mu_{c(i,t-1),t-1} + \varepsilon_{i,t} \tag{5.18}$$

其中 $\mu_{c,t-1}$ 是城市 c 在 $t-1$ 期的固定效应，相当于城市 c 从 $t-1$ 期到 t 期

---

⑥ 本章中，我们将 $\varepsilon_{i,t}$ 看作代表残差的通用标记，这会在不同情况下大量使用到。

生产率增长的效应，并由此得到动态本地效应。有趣的是，这意味着：

$$y_{i,t} = y_{i,1} + \beta_{c(i,t),t} + \sum_{k=1}^{t-1} \mu_{c(i,t-k),t-k} + \zeta_{i,t} \tag{5.19}$$

其中 $\zeta_{i,t}$ 是误差项。该式包含了本地效应的过去值，并说明即使动态效应只影响本地结果的年增长率，它也确实对水平值存在持久影响。为了得到这个设定，我们做了一些重要假设。现在我们将详细描述并讨论如何放松这些假设。

第一个内在假设是动态效应可以随时间完全转移。例如，知识即使在很多年以后也不会贬值。为了考虑这个问题，可以在式（5.18）中引入城市过去值 $\mu_{c(i,t-1),t-k}$ 的负效应，其系数绝对值小于1，且 $k > 1$，这会产生一个自回归设定，当模型按照水平值重写时，$\mu_{c(i,t-1),t-k}$ 会有一个随时间滞后产生的递减效应。

重要的是，和迁移者相比，式（5.19）对研究定居者更有意义。动态本地效应可能也依赖于个体在 t 期所处的区位，并因此和迁移者的目标区位有关。无论迁移到更大的城市或者更小的城市（或如果它们就待在原地），大城市的个体通过学习效应可能不会从同样的生产率收益中获利。换句话说，动态收益在区位之间并非必须全部转移，转移程度取决于区位特征。因此，假定动态效应既取决于初始地又取决于目的地非常重要，重新写出本地产出的设定可以得到

$$y_{i,t} = y_{i,1} + \beta_{c(i,t),t} + \sum_{k=1}^{t-1} \mu_{c(i,t-k),c(i,t),t-k} + \zeta_{i,t} \tag{5.20}$$

其中 $\mu_{j,c,\tau}$ 是 $\tau < t$ 期在 j 城市，而 t 期在 c 城市的随时间变化的固定效应。问题是动态效应要估计的参数数量变得非常大（面板数据中区位数量乘以年数的平方）。为使模型能够识别，必须给参数施加约束条件。例如，对 $t-1$ 期和 t 期都待在相同区位的工人来说，即 $c(i, t-1) = c(i, t)$，将模型按照一阶差分写出：

$$y_{i,t} - y_{i,t-1} = \beta_{c(i,t),t} - \beta_{c(i,t-1),t-1} + \mu_{c(i,t-1),c(i,t),t-1} + \varepsilon_{i,t} \tag{5.21}$$

可以看出，很难对静态集聚效应的演变和动态效应做出区分（对研究迁移者来说也是如此）。当观察到定居者的生产率变化时，你无法判断是因为静态本地效应的变化还是因为发生了动态本地效应。

德拉洛卡和普加（2012）做了一些假设来识别模型，并显著减少了需要估计的参数数量。他们假设静态效应和动态效应都不随时间改变，即 $\beta_{c,t} = \beta_c$ 和 $\mu_{j,c,t-k} = \mu_{j,c}$。在这些假设下，$\mu_{c,c}$ 既代表动态效应又代表静态效应的演变，这可以从式（5.21）看出，其中静态效应的演变现在被固定为零。在分别评

估静态效应和动态效应的重要性时，需要记住这点，因为这无法从 β_c 和 $\mu_{j,c}$ 的解释能力中得到。在这些假设下，通过引入个体在每个区位居住的年数可以写出更简洁的设定：

$$y_{i,t} = u_i + X_{i,t}\theta + \beta_{c(i,t)} + \sum_j \mu_{j,c(i,t)} e_{i,j,t} + \epsilon_{i,t} \qquad (5.22)$$

其中 $e_{i,j,t}$ 是到 t 期为止个体 i 在城市 j 所获得的经验（到 t 期为止个体在那里居住的年数），$\mu_{j,c}$ 代表工人在城市 c 居住时，该经验一年期的价值。当 c 和给定的 j 不同时，你可以检验 $\mu_{j,c}$ 之间是否存在统计上的差异——即是否能够按照式（5.19）的假设那样，区位特有经验能或不能以相同程度转移到其他区位。你也可以分别量化 β_c 和 $\mu_{c,c}$ 的重要性，它们并不能分别代表静态和动态效应的重要性。评估工资动态效应的早期尝试有格莱泽和梅尔（2001）、惠勒（Wheeler，2006）和扬克乌（Yankow，2006），他们都是在做了一些约束后，采用了该设定的简易形式，主要是区分了迁移到大城市对工资增长率的影响。

然后，在第二步可以评估依赖本地经济特征的动态效应程度，还能评估可转移性是否和目的区位的密度相关。考虑设定：

$$\mu_{j,c} = Z_{j,\,.}\,(\Psi + Z_{c,\,.}\,\upsilon) + \zeta_{j,c} \qquad (5.23)$$

其中 $Z_{j,\,.}$ 是包括密度在内的区位 j 的特征矢量的所有各期平均。在这个设定中，产生学习效应的区位的密度效应是 $Z_{j,\,.}$，比如密度中各变量的线性函数。很明显，所有这些动态设定都能把产业间的异质性包含在本地变量中，或者一些可能的地方化效应中。

另一种考虑静态效应时间变化和动态效应的方法可能只需一步就能估计出密度效应，首先令：

$$\beta_{c,t} = Z_{c,t}\gamma + \eta_{c,t} \qquad (5.24)$$

$$\mu_{j,c,t} = Z_{j,t}\,(\Psi + Z_{c,t}\upsilon) + \zeta_{j,c,t} \qquad (5.25)$$

然后将这些式子代入式（5.20）。这可以得到一个设定，它的系数和不同的密度项相关，利用线性面板的方法可以直接估计这些系数。该方法的局限还是难以计算考虑不可观测本地冲击的标准误，因为当模型按一阶差分或者在组内维度重写时，工人的迁移使误差项的方差矩阵变得非常复杂。另外，可以更好地评估静态和动态集聚效应的解释能力。

最后，将该框架一般化后可以研究个体静态效应和动态效应都异质的情况。式（5.20）变为

$$y_{i,t} = u_i + X_{i,t}\theta + \beta_{c(i,t),t} + \delta_{c(i,t),t}v_i + \sum_{k=1}^{t-1} (\mu_{c(i,t-k),c(i,t),t-k} + \lambda_{c(i,t-k),c(i,t),t-k}r_i) + \epsilon_{i,t}$$

$$(5.26)$$

其中 v_i 和 r_i 是个体固定效应，用来判断识别假设 $\sum_i v_i = \sum_i r_i = 0$。通过施加更多识别条件，比如假设静态和动态效应并不取决于时间，再利用和上一节类似的迭代法就可以得到参数的估计值。注意还没有按该式进行估计的研究，德拉洛卡和普加（2012）是与此最接近的研究之一，他们把空间限制为三种类型的城市规模（这避免了第二步的估计，从而使他们只需要比较这三类经验效应）。重要的是，他们还假设个体异质效应在静态和动态方面都相同——即 $v_i = r_i$。德考斯特和奥弗曼（D'Costa and Overman，2014）尝试在德拉洛卡和普加（2012）的基础上进行完善。他们在允许 $v_i \neq r_i$ 存在的基础上，利用一阶差分得到了参数的估计值，但他们排除了迁移者，这样就可以避免处理城市之间的动态效应。

5.2.3 本地工人—企业匹配效应的拓展模型

集聚通过提高本地劳动市场上工人和企业的匹配数量和质量来提高生产率，马歇尔（1890）首先强调了这种效应（See Duranton and Puga（2004）可以了解这类机制）。大城市较好的匹配质量可以被认为是上一节所估计的本地固定效应 $\beta_{c,t}$，它还代表静态效应。城市的匹配过程也会造成更换工作的频率增加，这会促进生产率的增长。假定在每一期 t，一个居住在地区 c 的工人可以获得工资为 $\tilde{y}_{i,t}$ 的工作的概率是 ϕ_c，这能把动态匹配的外部性纳入到我们的框架。假定工人在本地劳动市场更换工作没有成本，如果有一个工作机会的工资高于现有工资水平，他就接受这个工作。为了阐述方便，假定迁移者不接受他在初始区位上的任何工作，但是一旦发生了迁移，他就要接受目的区位的工作。假定接受这个工作的概率和市场中定居者的一样。我们还暂时假定除非更换工作，不会再有任何动态效应。为使工人接受工作，在 t 期的工资为 $y_{i,t} + \Delta_{i,t}$，其中 $y_{i,t}$ 由式（5.7）给定，$\Delta_{i,t} = \max(0, \tilde{y}_{i,t} - y_{i,t})$。然后可以得到个体工资为：

$$y_{i,t} = u_i + X_{i,t}\theta + \beta_{c,t} + \sum_{\tau=1}^{t-1} 1_{\{O(i,\tau)=1\}}\Delta_{i,\tau} + \epsilon_{i,t} \tag{5.27}$$

其中 $O(i, \tau)$ 是虚拟变量，当个体 i 在 $\tau-1$ 期到 τ 期接受工作时取 1，否则取 0。

如果工人在两期之间不更换工作就不存在动态匹配收益，工资的增长为：

$$y_{i,t} - y_{i,t-1} = (X_{i,t} - X_{i,t-1})\theta + \beta_{c,t} - \beta_{c,t-1} + \varepsilon_{i,t} \tag{5.28}$$

其中 $\varepsilon_{i,t} = \epsilon_{i,t} - \epsilon_{i,t-1}$。

如果工人在区位 c 内更换工作，匹配效应的提高会产生工资溢价 $\Delta_{i,t}$，工资的增长为：

$$y_{i,t} - y_{i,t-1} = (X_{i,t} - X_{i,t-1})\theta + \tilde{\beta}_{c,t} - \beta_{c,t-1} + v_{i,t} \qquad (5.29)$$

其中，$\tilde{\beta}_{c,t} = \beta_{c,t} + E(\Delta_{i,t} \mid i \in (c,\ t-1),\ i \in (c,\ t))$ 是定居者不更换工作的本地固定效应和更换工作时生产率期望收益的总和，新的残差为 $v_{i,t} = \varepsilon_{i,t} + \Delta_{i,t} - E(\Delta_{i,t} \mid i \in (c,\ t-1),\ i \in (c,\ t))$。

如果工人在两个区位 c 和 c' 之间更换工作，工资的增长为：

$$y_{i,t} - y_{i,t-1} = (X_{i,t} - X_{i,t-1})\theta + \beta_{c',t}^c - \beta_{c,t-1} + v_{i,t} \qquad (5.30)$$

其中 $\beta_{c',t}^c = \beta_{c,t} + E(\Delta_{i,t} \mid i \in (c,\ t-1),\ i \in (c,\ t))$ 是定居者在目标区位保持原来工作的本地固定效应和从城市 c 到城市 c' 更换工作的生产率期望收益。[7] 该收益可能受到两个城市的影响，比如，因为它可能和城市之间的距离或者和它们的产业结构有联系。

分别对改变工作和未改变工作的定居者的工资增长回归可以得到本地效应的差异，这就是匹配效应，因为 $(\tilde{\beta}_{c,t} - \beta_{c,t}) - (\beta_{c,t} - \beta_{c,t-1}) = E(\Delta_{i,t} \mid i \in (c,\ t-1),\ i \in (c',\ t))$。如果更换工作可以通过提高匹配提高生产率，那么该差额在任意区位 c 都应为正。如果集聚扩大了动态匹配效应，更换工作的概率应当随密度递增，$\tilde{\beta}_{c,t} - \beta_{c,t}$ 的差异在密度较大地区也应更大。更一般的，为了评估哪种本地特征是动态匹配效应的决定因素，你可以进行第二步回归：

$$\tilde{\beta}_{c,t} - \beta_{c,t} = Z_{c,t}\Phi + \eta_{c,t} \qquad (5.31)$$

其中，$Z_{c,t}$ 是本地特征的矢量。还没有人估计过这种模型，但是惠勒（Wheeler，2006）是最接近的研究之一。由于资料太少，惠勒（2006）无法识别本地时间固定效应的作用，但他采用了工人更换工作的面板数据，这相当于直接把式（5.31）和作为唯一本地特征的本地市场规模代入式（5.28）和式（5.29）的差额中，以此评估匹配效应随本地市场规模递增的程度。

认为工人工资的增长既随工作变化也随城市变化非常复杂，因此需要做的一个重要假设（上一节是内在假设）是区位选择外生。当把迁移者作为识别的来源时，为了得到对本地效应的一致估计，区位选择不应依赖由工资决定的个体区位冲击，模型中所有解释变量和参数决定了工资状况。[8] 由于另一个本地劳动市场会给工人提供更好的工作机会，或者他们和公司的初始匹配不是很好，所以工人会经常迁移，因此上述假设是有争议的。依此类推，我们可以认为对迁移者和定居者来说更换工作是内生的，这会影响本节设定对本地效应的估计。这当然很重要，因此明智的做法是采用另一种方法将区位和工作选择的

---

　　[7]　事实上，如果工人预期未来工资会上涨，则他可能会迁移，并有一个迁移的工资临界值。这种跨期行为在这里的静态模型中无法分析，但是可以在下一节的动态框架中分析。
　　[8]　5.4.2 会从计量经济学的角度对这一假设进行深入探讨。

内生性都明确考虑进去。这可以利用跨期区位选择的动态模型来做，但是需要对估计式施加更复杂的结构。现在开始讨论这类结构方法，主要的前提条件和之前一样。

5.2.4 内生的跨期区位选择

到此为止，我们在一个静态框架下研究了静态和动态集聚效应，其中工人的区位选择严格外生：工人不考虑由于他们的迁移或者更换工作给本地工作机会所造成的冲击。当工人在考虑另一个工作机会时，就像是他们具有前瞻性，并且能够把要选择区位的所有可能结果都考虑到一样。鲍姆—斯诺和帕文（Baum – Snow and Pavan，2012）表明，把静态和动态集聚效应都引入区位选择的动态模型是可以实现的。[⑨] 虽然模型结构有助于实现识别，但有时候很难评估在不同假设下，哪些结论会保持不变。简单起见，我们介绍了就业工人模型的主要机制，并认为不存在失业和消费设施，鲍姆—斯诺和帕文（2012）放松了这些假设。增加一个州并且增加导致州际迁移的外生机制（如工作机会的消失和出现）可以很容易的加入失业问题。通过引入不影响本地工资的本地特有效用来考虑消费设施。

可以把个体不可观测的异质性模型转化为一个离散分布（而不是个体固定效应）。存在 H 类工人，记为 $h = 1，\cdots，K$。工人 i 在区位 c 得到一份工作，工作匹配度 $\varsigma_{i,c}$ 服从区位特有的分布。对一个给定工作，匹配对所有人只进行一次且不随时间改变。$h(i)$ 型工人 i 在市场 c 的工资和工作的匹配度 $\varsigma_{i,c}$ 是式（5.22）的变量，即：

$$y_{i,c,t}(\varsigma_{i,c}) = X_{i,t}\theta + \beta_{h(i),c,t} + \sum_j \mu_{h(i),j,c}e_{i,j,t} + \varsigma_{i,c} + \epsilon_{i,c,t} \tag{5.32}$$

其中 $\beta_{h,c,t}$ 是静态区位效应，$\mu_{h,j,c}$ 是本地特有经验效应，$\epsilon_{i,c,t}$ 是白噪声。注意，虽然工资取决于白噪声的分布，为使记号简单，我们并不通过它来标记工资。和上一节的重要差异是现在我们对任意区位 c 都有了其在每一期的潜在工资设定。因此，现在需要用 c 标记工资，即我们将潜在工资记为 $y_{i,c,t}$ 而不是之前的 $y_{i,t}$。

跨期效用和区位选择由下列方式决定。考虑在 t 期居住在城市 c 的 $h(i)$ 类型工人 i。他的工资为 $y_{i,c,t}$，在期末可能会在原有区位更换工作或者迁移到另一个区位。工人只需要能在另一个区位得到工作，迁移就会发生（就像为了

[⑨] Gould（2007）还提出了一个动态模型，其中的到校率也是内生的。也可参考 Beaudry et al. (2014) 的动态模型，其中包括静态集聚效应的搜寻摩擦和工资议价，但不包括动态集聚效应。

简化我们排除了失业一样）。h 型工人在区位 c 得到一个工作的概率是 $\phi_{h,c}$，在区位 $j \neq c$ 得到一个工作的概率是 $\phi_{h,c,j}$。在本地市场更换工作的成本是 C。如果工人在城市 c 和 j 之间迁移，需要付出的迁移成本是 $M_{c,j}$。记 $V_{i,c,t}(\varsigma_{i,c})$ 是个体在 t 期居住在城市 c 的跨期效用，工作匹配度是 $\varsigma_{i,c}$。这个跨期效用可以表示为递归形式：

$$V_{i,c,t}(\varsigma_{i,c}) = y_{i,c,t}(\varsigma_{i,c}) + \phi_{h(i),c} E_{\varsigma_i} \max[V_{i,c,t+1}(\varsigma_{i,c}), V_{i,c,t+1}(\varsigma_c) - C]$$
$$+ \sum_{j \neq c} \phi_{h(i),c,j} E_{\varsigma_i} \max[V_{i,c,t+1}(\varsigma_{i,c}), V_{i,j,t+1}(\varsigma_j) - M_{c,j}] \qquad (5.33)$$

其中期望的计算取决于所有未来随机项的分布，包括当一个人在同一区位更换工作的匹配度 ς_c 和迁移到区位 j 的匹配度 ς_j（不是当前工作的实际匹配度 $\varsigma_{i,c}$）。第一项和当前区位的工资水平相关，第二项是在当前区位的期望工资。它取决于接受一个工作的概率和未来跨期效用的期望，如果工作值得接受，它就和新工作相关，否则就和现有工作相关。第三项是在其他区位工作的期望工资。它取决于在每个区位工作的概率和未来跨期效用的期望，如果迁移，则跨期期望效用和要迁入的区位相关，否则就和当前区位相关。

通过历史事件得到个体的各种可能后（他们是否会更换工作、是否会更换区位以及每一期的工资水平），可以通过极大似然法对模型进行估计。对随机部分和匹配部分的分布做一些假设就能把模型参数化，假定它们服从均值为零，方差可估计的正态分布。每种类型个体都有其分布概率，把这些概率纳入待估计参数集后，依靠大量的这种个体就可以把不可观测的异质性模型化。根据赫克曼和辛格（Heckman and Singer，1984），概率的计算包括对不可观测部分的整合。

一旦得到对参数 $\beta_{h,c,t}$、$\mu_{h,j,c}$、$\phi_{h,c}$ 和 $\phi_{h,c,j}$ 的估计值，就可以利用方差分析分别评估静态和动态本地效应的重要性，匹配效应也是如此。估计参数也可以和密度回归（或任意其他本地变量），并以此评估它们如何随区位特征发生变化。但是，现实中的区位数量和相关参数通常都太大而难以进行经验分析。另一种方法是将区位按照密度的四分位数加总，然后把每一组看作一个区位，一旦得到参数的估计，就可以评估密度更高的区位组是否有更高的估计值。

总之，在评估集聚经济本地决定因素的影响时，用结构化方法把区位选择和工资联合建模是考虑工人流动内生性的有用工具，但这还从来没有合理的用线性面板模型做过。尽管如此，它仍需要对模型的结构做出重要假设，包括对随机参数的假设。霍姆斯和西格（Holmes and Sieg，2015）对城市经济学的结构方法做了更详细探讨。

5.3 集聚效应的本地决定因素

我们已经提出，文献中通常都是估计集聚经济本地特征的总影响，而不是对集聚途径的重要性进行估计（虽然在 5.7 会介绍一些例外）。上一节间接提到了一些本地特征，尤其是就业密度。这一节将对文献中提到的所有特征给出详细定义，并对它们在集聚经济中发挥的作用做出解释。对集聚经济本地决定因素影响结果的估计通常都是针对某个具体产业，因为使用的数据是按照区位或产业加总，或者是因为只考虑给定产业的企业或工人的个体结果。考虑到这些，需要在设定中包含两种类型的本地特征：那些不是产业特有且形成城市化经济的，以及那些产业特有并形成地方化经济的。我们说明了本地市场规模、本地经济的产业结构和本地劳动力的构成如何影响集聚经济，并进而影响本地结果。我们将看到在每个研究都既存在城市化经济又存在地方化经济。

5.3.1 集聚效应的密度、规模和空间范围

式（5.3）表明完全的市场集聚机制包含本地经济规模。按照这种机制，就业、人口或产量是衡量本地经济规模最重要的变量。它们之间的关系通常都过于密切而无法单独识别，但又必须只对其中一个做出分析。一般情况下，无论使用哪个变量，得到的结论都非常相似。就业通常比人口更受到青睐，首先是因为它能更好地反映地方经济的活动程度，第二是因为一些其他本地变量（下边会对此进行描述）只能用就业来构造。产量的缺点是它比就业更容易产生内生性（见 5.4 部分）。

人们通常将模型中的生产率和规模取对数后再进行分析，因为这更易于作出解释，而且估计的参数是常弹性的。这也会降低随机成分取极值的概率，并使它接近正态分布，在显著性检验时会经常用到这点。

西科尼和霍尔（Ciccone and Hall，1996）认为本地经济规模应当用单位土地上的个体数量衡量——即密度。事实上，地理单元的空间范围通常有很大差异，因为这些单元通常以行政边界为基础。这可能也会产生随意的边界效应，这和文献中的可塑性面积单元问题有关——即一些经验工作得到的结论取决于对空间的分类，尤其是空间单元的规模和形态。使用密度则会降低对本地经济规模的衡量偏误，这和布莱恩等（Briant et al.，2010）一致，他表明使用更一致的经验策略会大大减少可塑性面积单元问题。

重要的是，理论上来说，根据式（5.3）中纯外部性和本地市场外部性的微观基础，本地密度或本地就业水平能够影响效应的程度。因此，不能将参数限制为一个变量或其他变量。典型地，如果集聚收益超过集聚成本，人们会预期本地经济的密度和规模都会对本地生产率有正向影响。当在设定中以对数形式考虑变量时，同时利用密度和土地面积就可以非常方便的考虑两种效应（但未考虑就业）。保持土地面积不变，密度效应反映增加城市人口的数量或增加密度的收益；或者保持密度不变，土地面积反映了增加城市空间范围的收益（即成比例的增加土地面积和就业）。在设定中，就业和土地面积的任意组合可以得到相同的主要参数，但必须对系数认真解释，因为有：

$$\beta \ln \mathrm{den}_{c,t} + \mu \ln \mathrm{area}_{c,t} = \beta \ln \mathrm{emp}_{c,t} + \varrho \ln \mathrm{area}_{c,t}, \text{其中 } \varrho = \mu - \beta \qquad (5.34)$$

其中 $\mathrm{emp}_{c,t}$ 是区位 c 在 t 期的总体就业，$\mathrm{area}_{c,t}$ 是土地面积，$\mathrm{den}_{c,t} = \dfrac{\mathrm{emp}_{c,t}}{\mathrm{area}_{c,t}}$ 是密度。该等式表明，虽然给定土地面积下的总体就业效应和给定土地面积下的密度效应都与参数 β 有关，但是给定总体就业下的土地面积效应 ϱ 等于给定密度下的土地面积效应 μ 和密度效应 β 之差。事实上，即使密度和空间范围都会产生集聚收益，ϱ 仍然可能为负。根据一个负的估计认为存在集聚成本，或是根据一个不显著的估计系数认为空间范围不会产生集聚收益都是错误的。当使用密度和土地面积时，如果所有估计系数都显著为正，则存在集聚收益。

企业和远处的市场进行贸易时，相距较远的主体之间会产生信息交换。大量研究评估了本地溢出超出本地单元边界的空间范围。任何本节中提到的城市化和地方化效应都会产生溢出，但大多数文献都只考虑了本地规模的影响。空间计量经济学通常会考虑所有本地决定因素的溢出，但却假定所有因素的溢出效应在距离上相同，这使内生性的处理更为困难（参见 5.4.5.4）。可以设想一个非常灵活的设定，其中的密度随距离工人或企业区位的远近而不同。通常情况下，你可以在设定引入更多衡量密度的变量，该变量衡量距离中心区 20、50、100、150、200 公里等地区的密度。但是，有时候数据的变化并不足以证实有这么多的密度效应。因此，从哈里斯（Harris, 1954）开始的一些作者都给贸易和交流成本的影响施加了更多条件，比如假定它们的影响和距离的倒数成比例，具有代表性的就是下面的哈里斯市场潜力公式：

$$\mathrm{MP}_{c,t} = \sum_{\ell \neq c} \frac{\mathrm{den}_{\ell,t}}{d_{c,\ell}} \qquad (5.35)$$

其中 $d_{c,\ell}$ 是区位 c 和 ℓ 之间的距离。

有很多可以计算市场潜力的变量，因为你可以使用人口、就业或产出的平均值或密度值来衡量市场规模。可以同时考虑多个市场潜力变量（例如，一个是密度，另一个是土地面积），也可以对评估贸易成本或沟通成本的方式进行优化，比如不再使用直线距离，而是使用道路的实际距离或是真实的贸易成本和沟通成本。但是，正像孔贝斯和拉富尔卡德（Combes and Lafourcade，2005）所表明的那样，所有的市场潜力变量通常都高度相关而只需对其中一个进行识别。如果用密度衡量本地经济规模，则利用密度计算市场潜力就具有高度的一致性。重要的是，自身区位被排除在哈里斯市场潜力式（5.35）之外，由此得到的是"外部的"市场潜力，它们的影响通常能和自身地区规模的影响分开识别。不管怎样，对于自身密度来说，你无法判断市场潜力的影响是基于市场的还是纯的外部性，或更一般的说法是哪种机制在起作用。

藤田等（Fujita et al.，1999）在以迪克西—斯蒂格利茨（Dixit – Stiglitz）垄断竞争为基础的经济地理模型中强调，本地名义工资是一个特定变量的增函数，即"结构化市场准入"（structural market access），它和哈里斯市场潜力联系紧密。直觉上，迪克西—斯蒂格利茨模型认为哈里斯的设定需要通过考虑不完全竞争来引入本地价格效应，不完全竞争会对供给和需求产生不同影响，从而使制造业产品在不同区位存在价格差异。换句话说，远处的地区现在通过式（5.3）的 $p_{c,t}$ 产生影响，并由结构化市场准入变量代表。需要注意的是结构化市场准入变量把自己和远处区位的规模效应进行了加总，从而它需要对区位之间以及区位内部的贸易成本进行一致度量。这是一个需要考虑的问题，因为通常没有国内贸易成本的数据，所以至今仍然没有完全满意的方法对它做出评估。处理这个问题的常用方法是特别动态（*ad hoc*），即假定在同一区位内，贸易成本和土地面积的平方根成比例。

有趣的是，雷丁和维纳布尔斯（Redding and Venables，2004）在一个中间品投入多样化的模型中提出另一个和市场准入非常相似的变量，被称为"结构化供给准入"（structural supply access），并用它决定式（5.3）的投入价格 $r_{c,t}$。供给准入越大，投入价格越低且名义工资越高。因为结构化市场准入和供给准入的理论联系非常密切，这使它们取决于不同品种之间的替代弹性，比如没有相对应的经验部分可以直接构造。汉森（Hanson，2005）第一个建议把市场准入和观测值之间建立理论联系，尤其是本地住房市场。雷丁和维纳布尔斯（2004）还选择了另一种方法，他们在第一步用贸易重力等式估计市场准入和供给准入，然后把估计值带入第二步的工资等式。孔贝斯和拉富尔卡德（Combes and Lafourcade，2011）表明包含集聚经济市场准入和供给准入的结构化设定也能在古诺竞争环境下得到。

不幸的是，结构化市场准入和供给准入一般都高度相关，主要是因为和集聚效应相关的循环因果关系使家庭、企业和中间品投入供给都选择了相同区位。[⑩] 因此很难区分它们各自的影响。为了同时考虑来自本地技术水平 $A_{c,t}$ 和劳动力技能 $s_{c,t}$ 的纯集聚效应，你还必须记住，同时出现的技术溢出意味着要在设定中增加一个标准的哈里斯市场潜力。但是，它本身与结构化市场准入和供给准入高度相关，通常三个变量中只会有一个有显著影响。当只考虑结构化市场准入时，即使采用结构化方法，你也无法排除它可能会代表诸如迪克西和斯蒂格利茨的经济地理模型中所存在的其他集聚效应。

5.3.2　产业专业化和多样性

地区规模影响本地生产率的理论清晰的表明，很多影响都和特定产业相关。它们取决于结构参数，比如贸易和交流成本、产品多样化程度或规模报酬递增的程度，这些都是和具体产业相关的指标。根据 5.2.1.2 的内容，这说明在使用简易方法时，应当考虑密度、土地面积和产业间哈里斯市场潜力的不同效应。换句话说，考虑本地产业结构的第一种方法是研究城市化经济决定因素对特定产业的影响。与之相反，可以利用理论上构建的和特定产业相关的结构化市场准入变量和供给准入变量，并认为它们和地方化经济相关。这些是产业内的集聚效应，决定因素是由区位、时期和产业决定的本地特征，按上一节的标记就是 $\{c,\ s,\ t\}$。

通常情况下，作者不会构建和特定产业相关的结构化市场准入变量和供给准入变量，因为无法得到相关数据。另外，你可以考虑代表本地经济产业特征的其他变量。在引入和地方化经济相关的变量时，你需要非常认真的考虑，以避免引入像本地经济规模这种和城市化经济相关的变量。我们首先考虑区位内产业规模的作用。通常情况下，如果所有区位的所有产业份额都相等，那将无法识别这个变量的影响。总体就业越多的地区，其所有产业的就业都越多，一个产业较高的生产率会增加该产业就业，但不会强于总体就业较高所产生的影响。尽管如此，因为当所有区位都有同样的产业构成时，地方化效应似乎并不起任何作用，你可能会将大城市较高的产业生产率归功于本地经济较高的总体就业，即城市化经济。当不同区位的产业份额不同时，总体就业和产业就业在各区位之间的比例也不相同，这同样需要解决识别问题。无论是地区总体就业较高导致产业就业较高，还是在给定总体就业下，该产业就业比例较高，产业

---

⑩　集聚经济增加生产率从而吸引企业，这既会导致对本地劳动力和中间品投入需求的增加，也会导致工资和投入价格的增加，从而吸引工人和中间品供应商。相应的，工人和供应商的流动放大从集聚经济产生的生产率收益，从而吸引更多的企业，依次类推。

就业都会产生生产率收益。$emp_{c,s,t}$是指t期产业s在区位c上的就业，它可以代表这两种效应。把就业按照本地经济内部的产品比例进行分解，就可以区分这两种效应，一个是代表专业化的变量（或 Henderson et al.（1995）称为集中度），另一个是本地经济规模：$emp_{c,s,t} = spe_{c,s,t}emp_{c,t}$，其中$spe_{c,s,t} = \dfrac{emp_{c,s,t}}{emp_{c,t}}$。

为了解释方便，孔贝斯（Combes，2000）提出在使用对数形式的设定时，必须先考虑专业化然后再考虑总体就业（或就业密度）。当分别存在城市化经济和地方化经济时，这两个变量的预期影响都为正。

因为所有变量都采用对数形式，所以如果总体就业（或密度）和产业就业（不是专业化）都被考虑时，还需要对相同参数进行识别。但是，你需注意对它们的解释。我们有：

$$\beta\ln emp_{c,t} + \vartheta\ln spe_{c,s,t} = \varrho\ln emp_{c,t} + \vartheta\ln emp_{c,t}，\text{且} \varrho = \beta - \vartheta \qquad (5.36)$$

该等式表明，虽然给定总体就业下的专业化效应和产业就业效应有相同的ϑ值，但给定产业就业下的总体就业效应ϱ等于给定专业化下的总体就业效应β和产业就业效应ϑ之差。马丁等（Martin et al.，2011）在研究了法国之后得到了对ϱ的一个并不显著的估计，但这并不意味着不存在城市化效应，而是意味着专业化效应和总体就业效应相互抵消了，两者通常都为正。[11] 最后，你可以考虑产业就业的密度（而不是它的水平），就像我们考虑总体就业的密度而不是它的水平那样。我们并不建议使用这个设定，因为它可能会像对产业就业水平那样产生同样的误解。

不同产业之间会有思想的交融和创新传递，所以产业多样化是有利的，雅各布斯（Jacobs，1969）使这一直觉得到了广泛认可。这也可以被形式化，比如杜兰顿和普加（Duranton and Puga，2001），另外还有很多文献都提出了对多样化的衡量问题。应用最广泛的可能是赫芬达尔指数的倒数，它是利用本地就业的产业份额构建的：

$$div_{c,t} = \left[\sum_s \left(\frac{emp_{c,s,t}}{emp_{c,t}} \right)^2 \right]^{-1}$$

由于专业化也在设定中，如果在计算$div_{c,t}$时能把自身产业移除，就会更容易解释。如果那样的话，因为专业化和产业本地份额有关，而多样化和所有其他产业的就业分布有关，所以这两个指数能清晰的代表两种不同机制。特别

---

[11] Glaeser et al.（1992）和 Henderson et al.（1995）的早期研究也认为应当采用产业就业的份额而不是水平值代表地方化经济。但是，由于这些作者研究的是产业就业增长的决定因素，而不是生产率的，所以他们认为必须同时引入产业就业的水平值，因为并非所有变量都采用了对数形式，所以就可以识别它的影响。如果是那样的话，识别就只能求助于非线性化，但这会产生误导，正像 Combes（2000）所强调的那样。我们将在5.6.1重新讨论这点。

的，由于专业化是地方化经济的决定因素，赫芬达尔指数就是城市化经济的决定因素。注意当产业数量非常多时，在计算中剔除自身产业只会产生很小的差异，从而包含和不包含自身产业所得到的赫芬达尔指数之间的相关性非常大。

赫芬达尔指数有个不好的特点，就是它的取值受所计算的单位数量影响很大，在这里指产业数量。$\text{div}_{c,t}$ 的取值范围是 $[1, S_{c,t}]$，其中 $S_{c,t}$ 是 t 期区位 c 的产业总数。当采用更详细的产业分类时，区位间 $S_{c,t}$ 的变化更大，和产业间实际就业分布相比，赫芬达尔指数就会偏大。基于这个原因，孔贝斯等（Combes et al.，2004）建议在回归中同时引入赫芬达尔指数和代表产业空间分布不均等程度的地方产业数量，并以此评估产业多样化的作用。

另一种解决办法是采用其他类型的产业多样化指数，但它们都有缺点。例如，一些作者建议用克鲁格曼（Krugman，1991a）提出的克鲁格曼指数。它有时候也被称为克鲁格曼专业化指数，这其实会产生误导，因为它实际上衡量的是不存在多样化时的情况，而专业化是我们刚才看到的那样。克鲁格曼指数衡量的是本地产业分布比例和总体产业分布比例的差距：

$$\text{K} - \text{index}_{c,t} = \sum_s \left| \frac{\text{emp}_{c,s,t}}{\text{emp}_{c,t}} - \frac{\text{emp}_{s,t}}{\text{emp}_t} \right|$$

其中 $\text{emp}_{s,t}$ 是产业 s 的总体就业，emp_t 是总体就业。

因为克鲁格曼指数可能为零，所以无法以对数形式表示。多样化指数可以用 1 减去克鲁格曼指数后再取对数得到。这里需要注意，当不同产业的本地就业分布和整个地区的分布一样时，多样化程度达到最大，而当本地所有产业的就业比例都相等时，多样化程度就较小。

除了在设定中使用产业自身的专业化和多样化变量外，还可以在其中引入和每个产业专业化水平相关的变量。这些变量除了取决于产业自身外，还取决于计算的是哪个产业的专业化，最终会得到一个系数矩阵。通过这种方法可以识别每个产业内部的本地外部性以及任意两个产业之间的外部性（不能认为两个产业对称）。这可能更像雅各布斯（1969）的想法，她认为大量其他产业的存在会对自身生产率有正影响，但却内在的假定不能把它们都用来计算多样化指数。利用产业就业构建哈里斯市场潜力可以用来评估远处地区专业化的影响。但是，数据的变化可能无法识别这些设定的所有效应。内生性问题也被扩大，5.4.2 将对此做出详细解释，应该同时为所有变量都设定工具变量，但实践表明这非常困难。

最后，给定本地总体就业和产业就业，可能影响地方化经济的另一个产业特征是本地产业就业的分布情况，即本地产业就业是集中在少数几个企业还是在多个企业之间平均分配？通常情况下，大企业吸收本地效应的能力更强，而小企业则很难避免产生知识溢出，同时它从溢出中得到的收益也最多。本地企业规模分布也会影响本地投入品市场和非贸易品市场的竞争程度。有了这种认识之后，格莱泽等（Glaeser et al.，1992）表明可以把本地产业的平均企业规模作为地方化经济的另一个决定因素：

$$size_{c,s,t} = \frac{emp_{c,s,t}}{n_{c,s,t}}$$

其中 $n_{c,s,t}$ 是 t 期产业 s 在区位 c 的企业数量。按照孔贝斯等（2004）的建议，该变量也可以和赫芬达尔指数一样使用本地产业就业中各企业的份额计算。该指数代表本地生产的集中度，可以写为：

$$pcon_{c,s,t} = \sum_{j \in (c,s,t)} \left(\frac{emp_{j,t}}{emp_{c,s,t}} \right)^2$$

其中 $emp_{j,t}$ 是厂商 j 的就业。注意该变量的取值取决于本地产业的厂商数 $n_{c,s,t}$，因此需要把它同时引入设定。或者更直观的，你可能更愿意直接利用平均企业规模 $size_{c,s,t}$ 代替（因为当采用对数形式时，$spec_{c,s,t}$、$size_{c,s,t}$ 和 $n_{c,s,t}$ 会产生共线性）。

重要的是，因为 $size_{c,s,t}$ 和 $pcon_{c,s,t}$ 取决于企业的区位选择及其生产规模，它们都会受到因变量（本地生产率）的直接影响，和其他本地特征相比，这会产生更严重的内生性。5.4 将对此详细讨论。除非有稳健的检验方法，我们应当避免引入地方化经济的这些决定因素。

5.3.3　人力资本外部性

还有一些文献试图识别人力资本外部性。他们把本地生产率和本地人力资本回归，主要指标有本地就业中熟练工人的比例或者本地熟练工人和非熟练工人的比值。令人惊讶的是，除了少数文献以外，比如孔贝斯等（Combes et al.，2008a），其他代表集聚效应的本地特征大都没有被引入回归。正像我们看到的那样，没有潜在原因可以解释为什么不同的集聚经济途径可能会受到所有本地特征的影响。另外，人力资本变量可能和一些未被控制的本地特征有关，比如密度，它们之间通常正相关，因此这并不只代表人力资本的影响。

除了人力资本外部性，另一个困难是本地熟练工人比例的估计系数代表了熟练工人和非熟练工人之间的不完全替代。当该比例增加时，两类工人都能从外部性受益，但非熟练工人能获得更多的正效应，因为他们的数量会相对变少，从而增加其边际生产率。相反地，替代效应会给熟练工人造成相反的影响。利用下列生产函数拓展我们之前的框架，可以说明这一识别问题：

$$y_{c,t} = \left[(A_{c,t}^H H_{c,t})^\rho + (A_{c,t}^L L_{c,t})^\rho \right]^{\frac{\alpha}{\rho}} K_{c,t}^{1-\alpha} \tag{5.37}$$

其中 $A_{c,t}^j$ 是拥有 j 技能工人的生产率，$j=H$ 代表高技能工人，$j=L$ 代表低技能工人，$H_{c,t}$ 是高技能工人的数量，$L_{c,t}$ 是低技能工人的数量，ρ 是一个参数且 $\rho < 1$。生产函数采取柯布—道格拉斯形式，由劳动和其他投入品 $K_{c,t}$ 组成，其中劳动力是由高技能工人和低技能工人构成的常替代函数（CES），替代弹性等于 $-1/(1-\rho)$。和之前一样，以单位有效劳动计算工人数量，比如：

$$H_{c,t} = \sum_{i\,\text{high-skilled} \in \{c,t\}} s_{i,t} \ell_{i,t} \tag{5.38}$$

$$L_{c,t} = \sum_{i\,\text{low-skilled} \in \{c,t\}} s_{i,t} \ell_{i,t} \tag{5.39}$$

其中 $\ell_{i,t}$ 是工作小时数，$s_{i,t}$ 是个体 i 在 t 期的单位小时有效劳动。至于人力资本外部性，由于拥有不同技能，高技能工人和低技能工人的比例 $S_{i,t} = H_{c,t}/L_{c,t}$ 一定会影响工人的生产率，比如：

$$A_{c,t}^H = (S_{c,t})^{\gamma^H} \quad \text{and} \quad A_{c,t}^L = (S_{c,t})^{\gamma^L} \tag{5.40}$$

其中 γ^j 代表 j 技能工人的人力资本外部性程度。简单起见，假定 $S_{c,t}$ 并不影响其他的集聚途径——即产出和其他投入品价格——也没有其他的本地特征起作用。按照 5.2 的方法，利用一阶条件就可以得到劳动和资本的最优值，从而可以得到个体层面的工资水平。高技能工人和低技能工人的工资水平 $w_{i,t}^j$，$j=H$、L，分别是：

$$w_{i,t}^H = \frac{\alpha}{(1-\alpha)^{1-1/\rho}} r_{c,t}^{1-1/\rho} p_{c,t}^{1/\alpha} s_{i,t} (A_{c,t}^H)^\rho \left[(A_{c,t}^H)^\rho + (A_{c,t}^L)^\rho S_{c,t}^{-\rho} \right]^{\frac{1-\rho}{\rho}} \tag{5.41}$$

$$w_{i,t}^L = \frac{\alpha}{(1-\alpha)^{1-1/\rho}} r_{c,t}^{1-1/\rho} p_{c,t}^{1/\alpha} s_{i,t} (A_{c,t}^L)^\rho \left[(A_{c,t}^H)^\rho + (A_{c,t}^L)^\rho S_{c,t}^{-\rho} \right]^{\frac{1-\rho}{\rho}} S_{c,t}^{1-\rho} \tag{5.42}$$

对 $S_{c,t}$ 求导可以得到高技能工人和低技能工人的工资弹性分别是：

$$\delta_{c,t}^H = \gamma^H - \phi_{c,t}(1-\rho)(1+\gamma^H-\gamma^L) \tag{5.43}$$

$$\delta_{c,t}^L = \gamma^L + (1-\phi_{c,t})(1-\rho)(1+\gamma^H-\gamma^L) \tag{5.44}$$

其中 $\phi_{c,t}$ 是高技能工人工资总额与所有工资总额的比值。

对这些弹性有几点说明，更重要的是，它们不仅代表人力资本外部性的影响还代表高技能工人和低技能工人的替代程度。假定两类工人都存在人力资本外部性，但对高技能工人的影响要高于对低技能工人的影响 $\gamma^H > \gamma^L$，如果这样的话，低技能工人对 $S_{c,t}$ 的工资弹性 $\delta_{c,t}^L$ 总为正，因为外部性和替代效应都随它们的生产率递增。相对比可以发现，高技能工人的工资弹性 $\delta_{c,t}^H$ 却可能为正也可能为负，因为替代效应和外部性效应的方向相反。根据莫瑞提（Moretti，2004a）和西科尼和佩利（Ciccone and Peri，2006）我们知道，即使把高技能工人和低技能工人分开研究，把工资取对数后再对 $S_{c,t}$ 进行简单回归也不能得到人力资本外部性的程度。但是，经过简单拓展后，设定就既能识别外部性效应又能识别替代效应。

由于没有说明为什么不同空间的工资比例 $\phi_{c,t}$ 是个常数，所以式（5.43）和式（5.44）中的工资弹性 $\delta_{c,t}^{H}$ 和 $\delta_{c,t}^{L}$ 在区位之间就不同。这说明工资不仅需要和人力资本变量 $S_{c,t}$ 回归，还需要和人力资本和 $\phi_{c,t}$ 的交互项回归（设定中同时也包括个体固定效应、个体变量和影响其他集聚经济的本地变量）。因为对两类工人来说，这两个变量的系数不一样，所以需要对高技能工人和低技能工人分别回归。根据式（5.43）和式（5.44），你会发现，有四个系数可以用来估计这三个参数 γ^{H}、γ^{L} 和 ρ。模型是过度识别的，因此可能需要进行参数检验。

西科尼和佩利（2006）提出了另一种方法，但只能估计人力资本外部性的平均效应，而不是两类工人特有的效应。我们简单介绍下这种方法。西科尼和佩利（2006）利用本地就业中每类工人的比例对工资加权，并将其作为本地平均工资，$w_{c,t} = s_{c,t} w_{c,t}^{H} + (1 - s_{c,t}) w_{c,t}^{L}$，其中 $s_{c,t}$ 是本地就业中高技能工人的比例。保持 $s_{c,t}$ 不变，平均工资对 $S_{c,t}$ 的弹性是：

$$\frac{\partial \log w_{c,t}}{\partial \log s_{c,t}} = \phi_{c,t} \gamma^{H} + (1 - \phi_{c,t}) \gamma^{L} \qquad (5.45)$$

根据弹性的定义，在短期内该关系并不随时间变化。在保持本地工人比例不变而 $S_{c,t}$ 发生变化时，西科尼和佩利（2006）近似的认为该式可以用来研究工资在 t 和 t' 期之间（在他们的研究中是1970年和1990年）的长期波动，$S_{c,t}$ 和工资都需进行对数处理。更详细的，他们首先利用 t 期的本地工人构成来构造一个 t' 期的城市工资指数：

$$\tilde{w}_{c,t'} = s_{c,t} w_{c,t'}^{H} + (1 - s_{c,t}) w_{c,t'}^{L} \qquad (5.46)$$

然后把工资的差异 $\log \tilde{w}_{c,t'} - \log w_{c,t}$ 对 $\log S_{c,t'} - \log S_{c,t}$ 进行回归，得到的结果是由式（5.45）给出的人力资本外部性的加权平均。

$S_{c,t}$ 随时间变化的原因仍然不是很清楚。保持高技能工人在总就业中的比例 $s_{c,t}$ 不变意味着高技能工人和低技能工人的数量之比 $S_{c,t}$ 也不变。由于式（5.45）右边的系数被认为是常数，这会产生另一个问题，因为 $\phi_{c,t}$ 是城市特有的，所以它在城市之间并不相同。最后，虽然计算工资 $\tilde{w}_{c,t'}$ 应当使用固定在 t 期的本地工人构成，但它也包括两类工人在 t' 期的工资 $w_{c,t'}^{j}$。当保持就业构成不变时，这都不是工人将要得到的工资。事实上，两期的实际工资变动可能会受到本地工人构成变化的影响。

使用CES生产函数可以突出高技能工人和低技能工人之间替代弹性的作用，

在估计式中可以发现这点。利用柯布—道格拉斯生产函数也会得到类似分析，但这里的替代弹性被固定为 - 1（特别的，当 ρ 趋近于零时就得到了柯布—道格拉斯形式的设定）。在这种情况下，本地劳动成本比例不变，并且由两组工人在柯布—道格拉斯函数中的系数决定。尽管如此，即使柯布—道格拉斯生产函数的系数在区位间不同，我们提出的方法仍然可以使用。

最后，可以使用其他变量衡量本地人力资本外部性，比如总体就业中高技能工人的比例。变量选择最终取决于对特别动态函数形式的选择。例如莫瑞提（Moretti，2004a）和孔贝斯等（Combes et al.，2008a）把个体工资的对数和本地总体就业中高技能工人的比例回归，而不是和高、低技能工人的数量之比回归。控制住个体固定效应以及个体和本地特征后，即使对高技能工人和低技能工人分开估计，也只能识别出混合在一起的外部性效应和替代效应，即识别问题仍然存在。为了分别识别出这两种效应，像上边提到的那样，在工资总额中增加人力资本变量和本地高技能工人比例之间相互作用的设定可能是有用的。

5.4　估计策略

我们已经对理论和经验设定之间的联系以及对估计系数的解释进行了说明，现在将转向经验问题。首先，我们讨论如何使用 TFP 而不是名义工资来衡量生产率，然后讨论在估计工资或 TFP 时出现的内生性问题，我们还介绍了文献中处理这些问题的方法及其局限性，最后，我们将讨论一系列其他经验问题，比如空间规模、函数形式、可观测技能的衡量以及空间滞后模型。

5.4.1　工资和 TFP

到此为止，我们主要使用工人层面的名义工资衡量生产率。或者，你可以使用企业层面的产出值或增加值来衡量。这会使衡量生产率的设定与 5.2 的生产函数一致。我们重新写出企业层面的生产函数：

$$Y_{j,t} = \frac{A_{c,t}}{\alpha^{\alpha}(1-\alpha)^{1-\alpha}}(s_{j,t}L_{j,t})^{\alpha}K_{j,t}^{1-\alpha} \tag{5.47}$$

其中 j 代表企业，$Y_{j,t}$ 是企业产出，$s_{j,t}$ 是平均劳动技能，它在不同企业之间可以存在差异，$L_{j,t}$ 和 $K_{j,t}$ 分别是劳动力投入和其他投入，$A_{c,t}$ 是本地特有的技术水平（或者我们可以认为，在相同的本地劳动市场，不同企业的技术水平不同，但这不会改变产出，所以我们更喜欢使用一个简洁的设定）。产出值为 $p_{j,t}Y_{j,t}$，其中 $p_{j,t}$ 是单位产出的企业平均收入（更多细节可参见脚注 1）。可以得到 TFP 的对数为：

$$\ln p_{j,t}Y_{j,t} - \alpha \ln L_{j,t} - (1-\alpha)\ln K_{j,t} = \ln \frac{p_{j,t}A_{i,t}s_{j,t}^{\alpha}}{\alpha^{\alpha}(1-\alpha)^{1-\alpha}} \tag{5.48}$$

式（5.48）的 TFP 形式上和式（5.3）取对数后的工资等价。它可以把 TFP（不是工资）和一些本地特征联系起来，比如密度，它通过企业价格 $p_{j,t}$、平均劳动技能 $s_{j,t}$ 和本地技术水平 $A_{c,t}$ 成为集聚经济的决定因素。

如果资料中报告的是增加值而不是产出值，就可以在生产函数中纳入中间消费品。例如，考虑生产函数是里昂惕夫式的，中间消费品 $I_{j,t}$ 在产出中的份额为 α，另外还具有式（5.47）的柯布—道格拉斯函数形式：

$$Y_{j,t} = \min\left(\frac{I_{j,t}}{\alpha}, \frac{A_{c,t}}{\alpha^{\alpha}(1-\alpha)^{1-\alpha}}(s_{j,t}L_{j,t})^{\alpha}K_{j,t}^{1-\alpha}\right) \tag{5.49}$$

利润最大化会得到中间消费品和生产是成比例的，即：

$$\ln(p_{j,t}Y_{j,t} - v_{j,t}I_{j,t}) - \alpha \ln L_{j,t} - (1-\alpha)\ln K_{j,t} = \ln \frac{(p_{j,t}-\alpha v_{j,t})A_{c,t}s_{j,t}^{\alpha}}{\alpha^{\alpha}(1-\alpha)^{1-\alpha}} \tag{5.50}$$

左边是根据增加值衡量的 TFP，$v_{j,t}$ 是中间投入的单位价格。当使用产出值衡量 TFP 时，可以采用类似分析方法。由于现在的产出价格扣除了中间消费品的单位成本，所以对估计参数的解释会稍有不同。

利用工资分析有两点重要不同，因为以产出值考虑 TFP 时，依赖本地特征的项是 $p_{j,t}A_{c,t}s_{j,t}^{\alpha}$，而以名义工资考虑时，是 $(p_{c,t}A_{c,t}/(r_{c,t})^{1-\alpha})^{1/\alpha}s_{c,t}$（见等式（5.3））。除了劳动之外的本地投入成本并不进入产出值的设定，集聚经济的决定因素只能反映和技术水平、产出价格和平均技能相关的影响。这意味土地和住房价格不再产生影响。这很明显是个优点，因为我们看到在工资的回归式中很难解释住房价格的影响，并且利用住房价格作解释变量会产生严重的内生性。另外，和利用工资回归得到的结果相比，利用 TFP 回归得到的集聚经济弹性必须乘以生产函数中的劳动力份额 $1/\alpha$，由于这两个原因，在研究 TFP或者工资时，本地特征效应的经济含义也不同。

还需要注意的是，工资通常是和劳动生产率成比例而不是相等，比例大小取决于企业在本地的垄断能力。影响因素可能和集聚经济的一些本地决定因素有关，但你可能不想考虑集聚效应的空间差异。当本地垄断能力的差异是由比如两个国家之间公共机构的差异造成的，而不是由本地劳动市场竞争程度的差异造成时，集聚效应就可能不存在空间差异。使用 TFP 可以避免对本地垄断能力和集聚经济之间的关系做出任何假设。最后需要注意的是，在这里的框架中，集聚效应可能不仅像上一节那样会在地区层面起作用，也会在企业层面起作用，因为产出价格 $p_{j,t}$ 和平均劳动技能 $s_{j,t}$ 现在是企业特有的。在使用工资时，可能也需要考虑这些，我们把相关讨论放到 5.4.4。

另外一个经验问题是企业的 TFP，即式（5.48）的左侧无法在数据中直接观测到，它需要估计参数 α。[12] 但是，产出、劳动和其他投入是由企业同时决定的，这会产生内生性，所以利用 OLS 得到的估计是有偏的。有多种方法可以保证 α 的一致性，比如根据阿雷拉诺和邦德（Arellano and Bond，1991）及其后来研究者的想法，可以利用广义矩估计方法（GMM）对产出值的一阶差分（处理企业的不可观测部分）估计，并利用劳动和其他投入的滞后值作为工具变量，或者利用复杂的半参方法控制不可观测部分，但它利用了很多关于投资（Olley and Pakes，1996）或中间消费品（Levinsohn and Petrin，2003）的信息。还没有哪种方法能得到大家的一致认可，因此需要使用多种方法做稳健性检验。

此外，集聚变量也可能是内生的，原因将在下一节说明，这也需要做出处理。可以使用的一种方法是两步法，在第一步，利用刚才提到的其中一种方法估计生产函数且不引入任何本地变量，得到本地时间残差的平均值后，在第二步将其对一些本地特征回归。下面我们会详细描述在第二步中处理内生性的方法。另外，根据对个体工资研究时提出的建议（更多细节可参考 Combes et al.，2010），可以在第一步引入本地时间固定效应，再将估计值引入第二步的回归。第二种方法的优点是它从个体层面完全控制了与企业变量相关的不可观测本地冲击。最后一种方法是估计产出值 $p_{j,t}Y_{j,t}$ 的设定，其中把投入和本地特征同时作为解释变量和工具变量。这种方法由亨德森（Henderson，2003）提出，他使用 GMM 对产出值进行了估计。

5.4.2　内生性问题

现在我们详细描述可能存在的内生性问题及其解决办法。当估计本地特征对个体结果的影响时，在个体层面和本地经济层面都会出现内生性。为了看出这点，我们将式（5.6）重新写为：

$$y_{i,t} = u_i + X_{i,t}\theta + \sum_c [Z_{c,t}\gamma + \eta_{c,t}] 1_{|c(i,t)=c|} + \epsilon_{i,t} \qquad (5.51)$$

其中 $1_{|c(i,t)=c|}$ 是虚拟变量，当个体 i 在 t 期位于地区 c 时取值为 1。该式包

---

[12] 你可以放松规模报酬不变的假设对劳动之外的投入参数进行估计，而且不需要假定它们在投入成本中的总比例等于 $1-\alpha$。

括了和每个本地市场相关的可观测本地效应 $Z_{c,t}$ 和不可观测本地效应 $\eta_{c,t}$，并在个体层面做出明确的区位选择 $1_{\{c(i,t)=c\}}$。

当 $Z_{c,t}$ 中的一个变量，比如密度，和本地随机部分 $\eta_{c,t}$ 相关时，就会出现本地层面的内生性。这是因为逆向因果关系或遗失本地变量都会对密度和工资产生直接影响，从而产生内生性。当较高的本地平均工资吸引工人时，就会增加本地劳动的数量并因此增加密度，从而产生逆向因果关系。如果是这样的话，对密度的估计系数可能会有一个正向偏误（尽管集聚经济会使密度对工资产生正向影响）。

一些本地设施会决定本地的密度和工资，但如果 $Z_{c,t}$ 没有包括它们，而由本地随机部分包括时，就会出现遗失变量问题。生产设施，比如机场、运输基础设施和大学会提高生产率并吸引工人，这都会使密度增加。因此，密度的估计系数也会产生正向偏误。根据罗巴克（Roback，1982），文化遗产或社交生活这些消费设施会增加地区对工人的吸引力，从而增加密度。这类设施不会对生产率产生直接影响，但它们所导致的住房需求的增加会使土地更加昂贵。最终使本地企业使用的土地相对于劳动力来说偏少，当土地和劳动是不完全替代时就会降低劳动生产率。这会导致对密度的估计产生负向偏误，因为密度和导致降低生产率的遗失变量之间正相关。

最后，本地的不可观测部分代表本地层面的平均个体工资冲击。该冲击的大小取决于密度，因为工人在更密集的本地市场可以获得更高的工资，比如因为匹配的效果更好。你可能认为匹配效应是集聚经济的一部分，因此就不存在内生性。或者，你可能只对由密度所反应的知识溢出效应和产品市场准入效应感兴趣，这会对密度的估计效应有正向偏误，因为匹配机制失灵。

当地区虚拟变量 $1_{\{c(i,t)=c\}}$ 和个体误差项 $\epsilon_{i,t}$ 相关时，个体层面也需要考虑内生性。如果设定中有一些个体特征没有得到控制，比如一些不可观测的能力，并且当工人按照这些个体特征在区位间排序时就会产生内生性。个体固定效应 u_i 代表不随时间变化的个体特征的作用，5.2.1 强调了它的重要性。但是工人仍可能按照 $\epsilon_{i,t}$ 中一些不可观测的随时间变化的特征在空间排序。

当工人的区位选择依赖一些本地市场的确切工资水平时，个体层面也会产生内生性，尤其是当工人已经知道要接受工作的工资水平时。注意，这类偏误和匹配机制密切相关，虽然个体可以任意选择区位，但匹配效应也指工人在一些本地市场有较好的平均状况。重要的是，只要个体区位选择只依赖设定中的解释变量，也可以依赖个体固定效应或一些随时间变化的个体特征，比如年龄和本地时间固定效应，就不会有内生性偏误。孔贝斯等（Combes et al.，2011）详细讨论了这些内生性问题。

5.4.3 内生本地决定因素的处理

文献主要通过几种不同的方法来处理本地层面的内生性。一个简单方法是在估计设定中包括不随时间变化的本地固定效应，并利用面板数据解决不随时间变化的遗失本地变量问题。一些作者使用其他变量作为影响本地集聚经济的工具变量，比如本地历史或地理变量。采用的估计方法仍然是 GMM，利用本地决定因素的滞后值作为自身的工具变量，但它们的有效性依赖于严格的假设条件。最后，还有文献采用了自然实验的方法，并在其中融入和集聚经济相关的对本地特征的冲击。本节将对这几种方法作出分析。读者也可以参考鲍姆—斯诺和费雷拉（Baum‐Snow and Ferreira，2015）编写的本书中关于因果关系的章节。

对于关注估计设定完整性的考虑来说，非结构方化方法能够处理个体层面的内生性，但是，我们并不知道它与个体和本地时间固定效应相比的贡献程度如何。5.2.4 介绍的考虑动态框架的结构方法很明显是研究内生个体区位选择的常用方法。

相比而言，我们并不知道如何用非结构化的方法处理个体层面的内生性，现在关注的仍然是设定中包含个体和本地时间固定效应的程度。5.2.4 介绍的考虑动态框架的结构方法很明显是研究内生个体区位选择的常用方法。

5.4.3.1 本地固定效应

集聚经济的本地决定因素会产生内生性，原因之一是一些遗失变量和本地结果会同时决定集聚经济的本地决定因素。特别的，当遗失的设施既影响本地生产率又影响本地人口时，就会产生内生性。当有了面板数据时，处理这个问题的一个方法就是在估计式中包含不随时间变化的本地固定效应。有多种原因会导致这种方法的估计效果可能不是很好。第一，它无法处理随时间变化的遗失变量，例如，新机场或车站的建设，或者是随时间变化而得到增加的本地需求以及本地企业与工人的表现。第二，逆向因果关系使不随时间变化的本地固定效应无助于解决内生性问题，比如期望工资或生产率较高的区位会吸引更多的企业和工人。第三，识别只依赖于集聚经济本地结果和本地决定因素的时间变化。由于面板数据的时间跨度一般都很短，而短期内考虑的样本规模和变化通常都很有限，因此这样计算的本地决定因素的变化可能有误，进而造成高度有偏的估计结果。对随时间变化较小的本地特征来说，这类问题尤其重要，因为经济趋近于空间均衡。⑬ 除非和集聚经济相联系，否则很难把它们和影响生产率的长期特点区分。但是，你可以尝试在设定中使用工具变量识别它们的影响。

5.4.3.2 用历史和地理变量作为工具变量

另一种处理本地层面内生性的方法是找到既能处理逆向因果关系又能处理遗失设施的工具变量。这些工具变量需要具备两个条件：相关性和外生性。相关性意味着它们和所代替的变量 $Z_{c,t}$ 之间有联系，外生性意味着它们和总的随机项 $\eta_{c,t}$ 之间没有联系。外生性的两个必要条件是这些工具和遗失的本地变量之间没有联系且不受结果影响。

有多种类型的工具变量。第一类是历史工具，更具体点就是衡量集聚经济变量的长期滞后值（See Ciccone and Hall, 1996；Combes et al., 2008a）。人口或密度的历史值之间通常是有联系的，因为本地住房存量、办公楼和工厂的维持时间都较长，从而会对本地人口和经济活动产生惯性。如果滞后期足够长（如 150 年），这些工具就一定是外生的，因为经济活动的类型会发生改变（农业转变为工业，然后再转变为服务业），并且有时候战争会重新塑造要研究的地域。很久以前的本地结果可能会影响历史人口，但今天的本地结果不可能和它们还有联系。本地的永久性特征可能会影响过去的区位选择，并且仍影响现在的本地生产率，比如该地区在国家的核心地位，宜人的气候或是接近海岸线或有一条大河之类的地理特点。如果在回归中不能完全控制这些特征，本地历史人口就可能不是外生的。

第二类工具是和该地区地质条件相关的地理变量（See Rosenthal and Strange, 2008；Combes et al., 2010）。这些变量主要描述了土壤构成、岩层深度、含水量、土壤可蚀性和地质灾害与滑坡风险。因为成百上千年以来，土壤条件对农业都非常重要，有了农业以后人类才开始定居，从此制造业和服务业也才开始发展，所以它们之间是相关的。外生性是因为人类对土壤和地理条件的影响几乎可以完全忽略，并且它们对大多数现代活动的生产率都不产生影响。

一些作者认为消费设施可以作为工具变量，因为根据罗巴克（Roback，1982）的模型，消费设施会吸引工人到来并因此决定了本地人口，所以它们之间有相关性，而外生性是因为消费设施不会直接影响本地生产率。但这并不一定，因为工人的流入会对本地土地市场产生压力，这相应的会激励企业在生产

---

⑬ 这并不一定意味着它们不会影响集聚经济的程度。

过程中用更多的劳动力代替土地，我们之前已经提到这点。因此消费设施会对生产率产生影响而不是外生的。所以，当能够得到消费设施的数据时，我们主张把它作为控制变量而不是工具变量。

事实上，历史变量通常是非常有用的工具变量，尤其是过去的人口，它预示了人口在空间分布的主要趋势。地理变量也非常重要，但程度稍弱，它们对被代替变量的解释力不是很高。假设至少存在一类有效的工具变量，那么通过比较不同的工具变量，外生性就可以得到准确的检验。实际上，萨根检验潜在的比较了所有工具变量组合的估计值，当这些估计值不存在显著差异时，检验通过。这需要假设至少有一类工具有效，以使由这类工具得到的工具变量估计值是一致的。否则，将得到所有工具变量都无效的检验结果，不同工具组合的工具变量估计值都将趋近同样的错误值。言外之意是不适合采用非常接近的工具变量（比如 150、160 和 180 年前的人口）做外生性检验，因为所有的估计系数都会产生相同的偏误，从而过度识别检验无法拒绝外生性。使用不同类型的工具进行过度识别检验非常有意义。例如，历史和地理变量似乎满足这些特点：对很久以前的人来说，即使地理条件最初影响他们的区位选择，但从那时以后，许多其他因素也会影响人口的空间分布，并使一百年前的本地历史人口和本地地理条件的相关性减弱。一些作者，比如斯托克和余吴（Stock and Yogo，2005）开始研究弱工具检验，以此评估不同工具变量是否对其自身有足够的解释力，可以同时使用它们来得到有意义的过度识别检验。我们应当对这类检验做系统介绍。

最后，自从因本斯和安格里斯特（Imbens and Angrist，1994）以来，就已经强调工具变量只能识别本地平均处理效应，即工具变量特有的效应，而不是必需的平均处理效应。当工具变量在回归中为观测对象赋予不同权重时，两者之间就会出现差异，在这里的观测对象是区位。例如，由于数据的可得性，当前总人口的工具变量可能使用城市历史人口而不是历史总人口（See Combes et al.，2008a）。那样的话，工具变量就和当前人口较大区位的相关性更强。事实上，对很久以前的所有地区来说，该工具变量的取值都为零，因为当时并没有城市人口，只是近代以来，在规模较大的地区出现城市以后，这才有了城市人口的变化。总之，前面已经提到，我们需要使用不同类型的工具变量检验是否会产生相似的估计，另外需要记住，这里对不同估计结果的解释存在争议。

5.4.3.3　广义矩估计

面板数据处理内生性问题的第三类方法是使用一阶差分 GMM，利用变量滞后值的水平值或一阶差分值作相应的工具变量。主要有两种类型的设定曾按这种方法进行过估计，它们都包含集聚经济的决定因素：城市—产业层面就业的动态设定（Henderson，1997；Combes et al.，2004）和 TFP 或工资的静态或动态设定（Henderson，2003；Mion，2004；Graham et al.，2010；Martin et al.，2011）。像5.4.1描述的那样，研究生产率的文献大都对生产函数进行对数处理，认为生产函数中的企业产出或增加值是劳动力、其他投入（通常指物质资本）、决定集聚经济的本地变量、可能存在的及时性和企业固定效应的函数，企业固定效应代表了不随时间变化的企业和本地效应。将 t 期和 $t-1$ 期的设定进行一阶差分消除企业固定效应。当没有企业层面的数据时，也可以在地区层面采用同样的方法。当在一步中估计出所有变量的影响时，劳动力、资本和本地变量的一阶差分都同时利用它们在 $t-k$ 期的过去值和/或它们的过去水平作为工具变量，其中 $k \geqslant 2$。当采用两步法时，即在第一步估计 TFP 的设定，然后在第二步把本地时间残差的平均值或本地时间固定效应和本地特征进行回归，在每一步都可以使用类似的工具变量。最后，格雷厄姆等（Graham et al.，2010）提出了另一种方法，即向量自回归模型，其中第一个等式把劳动生产率的当期值和它的过去值及本地特征的过去值联系起来，其他等式把本地特征的当期值和它们的过去值及生产率的过去值联系起来。所有等式都同时采用动态 GMM 估计，并利用格兰杰检验评估生产率和本地特征之间的逆向因果关系。

像5.6.1描述的那样，关于就业的研究将 t 期的城市产业就业动态的描述为其在 $t-1$，…，$t-k$（其中 $k \geqslant 1$）期的滞后值、其他随时间变化的本地特征和城市产业固定效应的函数。孔贝斯等（Combes et al.，2004）提出因变量的滞后值既代表均值回归又代表集聚的规模效应，而本地特征则代表其他类型的集聚经济。[14] 再次把设定重写为 t 期和 $t-1$ 期的一阶差分，城市产业人口一阶差分的工具变量是其在 $t-k$ 期之前的水平，其中 $k \geqslant 3$，其他本地变量的工具变量是其在 $t-2$ 期的值。

当工具变量满足相关性和外生性时，GMM 就是有效的。工具变量的相关性通常都没有问题，因为本地变量都会存在惯性且时间跨度一般都较短（最多几十年）。外生性则最有可能出问题。比如把城市产业就业 $y_{z,s,t}$ 的一阶差分 $\Delta y_{z,s,t} = y_{z,s,t} - y_{z,s,t-1}$ 对其滞后值 $\Delta y_{z,s,t-1}$ 进行回归时，使用 $\Delta y_{z,s,t-1}$ 的过去值 $\Delta y_{z,s,t-2}$ 作为工具变量。如果就业设定的冲击 $v_{z,s,t}$ 序列相关，就无法满足外生性的条件。这会导致冲击的一阶差分 $\Delta v_{z,s,t}$ 和过去的就业水平 $y_{z,s,t-1}$ 相关。

---

[14] 注意这里也有5.6.1讨论的具体解释问题。

例如，产业城市冲击可能会持续多年，从而不可能满足外生性。你可能希望使用更远的过去值 $y_{z,s,t-k}$（其中 k 远大于 2）作为工具变量来降低偏误，但当数据只有 15 或 20 年时，这种方法可能也会失效。检验外生性是否有效的通常做法是使用 $t-1$ 期之前就业的多个滞后值作为工具变量，并使用萨根检验判断过度识别问题。由于这种检验的工具变量来源相同，即都来自因变量本身，所以并不可信。正像之前表明的那样，应当把不同类型的变量及结果的过去值一起作为工具变量做过度识别检验，这样的结论才更有意义。总之，我们建议不要采用使用滞后值作工具变量的 GMM 方法去识别本地决定因素的作用。

5.4.3.4　自然实验

另一种处理内生性的方法是自然实验，它会对那些和结果没有直接关系的因素产生非常大的本地冲击。这种方法的大概思想是把经历冲击地区和未经历冲击地区的平均结果变化进行对比后评估相关变量的影响。有时候并不知道冲击的具体大小，而只能识别其产生的影响（如集聚因素的变化乘以变量的系数）。为了体现这点，考虑下列综合模型：

$$\beta_{c,t} = Z_{c,t}\gamma + \theta_c + \eta_{c,t} \tag{5.52}$$

其中 $\beta_{c,t}$ 是本地结果，比如在第一步中利用个体数据对本地时间固定效应的估计，$Z_{c,t}$ 包括决定集聚效应的本地特征，θ_c 是本地固定效应，代表不随时间变化本地特征的影响。通常做法是将模型写成一阶差分来消除城市固定效应：

$$\Delta\beta_{c,t} = \Delta Z_{c,t}\gamma + \Delta\eta_{c,t} \tag{5.53}$$

控制不随时间变化的本地效应会产生衡量问题，这在上边已经做过讨论，除此之外，还有一个问题是由于存在不可观测的随时间变化的设施或逆向因果关系，因此，本地变量的变化 $\Delta Z_{c,t}$ 可能和残差的变化 $\Delta\eta_{c,t}$ 相关。利用自然实验可以避免这个问题。假定存在一个子集为经历了冲击或"处理"的地区，记为 N_{tr}（tr 指"处理的"），从 τ 期开始对本地变量产生影响，即 $Z_{c,t} = \overline{Z}_{c,t} + \phi 1_{\{t \geqslant \tau\}}$，其中 $\overline{Z}_{c,t}$ 是不存在冲击下的本地变量，$1_{\{t \geqslant \tau\}}$ 代表是否受到冲击的虚拟变量。再假定存在一个子集是从 τ 期开始未经历过任何冲击的地区，记为 N_{ntr}，（ntr 指"未处理的"）。冲击效应在 $\tau-1$ 期和 τ 期之间的双重差分估计是处理组地区和未处理组地区（非处理组地区）平均产出的差异，即：

$$\widehat{\phi\gamma} = \frac{1}{N_{tr}}\sum_{c \in tr}\Delta\beta_{c,\tau} - \frac{1}{N_{ntr}}\sum_{c \in ntr}\Delta\beta_{c,\tau} \tag{5.54}$$

如果处理组和非处理组的地区数量趋于无穷，并且处理组和非处理组的本地变量增长和未处理时的冲击都相似时，该估计就收敛于冲击 $\phi\gamma$ 的真实效应：

$$E\left[\Delta\overline{Z}_{c,t} \mid c \in \mathrm{tr}\right] = E\left[\Delta\overline{Z}_{c,t} \mid c \in \mathrm{ntr}\right] \quad \text{and}$$

$$E\left[\Delta\eta_{c,t} \mid c \in \mathrm{tr}\right] = E\left[\Delta\eta_{c,t} \mid c \in \mathrm{ntr}\right] \tag{5.55}$$

注意，当观测到冲击 ϕ 的值时，才有可能发现本地变量的边际效应 γ。

利用自然实验的困难是如何找到一个和处理组非常相似的非处理组，除了冲击之外，两组的本地特征都经历了相似的变化，从而它们的不可观测特征的演变也相似（条件 5.55）。如果这不能成立，可以用匹配策略对两组做进一步比较，或者可以采用断点回归的方法识别本地处理效应。

自然实验的一个局限是无法确定其外在效度，尤其是当使用两种互补策略时。冲击可能和某个特定因素有关，处理组和未处理组可能无法代表整个城市集。因此从自然实验获得的估计可能无法代表冲击对整个城市集的平均效应。

一些文献，例如汉森（Hanson，1997）、雷丁和斯特姆（Redding and Sturm，2008）和格林斯通等（Greenstone et al.，2010），在使用自然实验方面取得了一些进展，他们利用这种方法研究了集聚经济本地决定因素对企业产出的影响。我们会在 5.5.4 详细描述他们的方法及结论。

5.4.4　企业特征的处理

到此为止，我们认为生产函数中企业的 TFP 受所在区位影响而不受企业任何内在特征影响。你可能会说企业的管理团队存在差异，有些可能会更有效率，而这会导致企业生产率的差异。另外，也可能存在企业按照管理效率在空间的排序——例如，拥有较好管理团队的企业会建立在较大的区位。异质企业的国际贸易模型也表明，因为竞争效应和集聚收益并不相关，所以只有能力最强的企业才能在较大的市场生存（See Melitz and Ottaviano，2008），如果存在这样的企业选择效应而未完全考虑企业异质性，那么对本地特征，比如城市规模的估计效应将是有偏的。

按照我们对产出和投入价格所做的那样，令 TFP 是企业特有而不是地区特有，就可以在 5.4.1 得到的企业产出设定中考虑企业生产率的异质性。在工资回归中考虑企业异质性的一个方法是在类似式（5.6）的工资设定中加入企业固定效应，设定变为：

$$y_{i,t} = u_i + v_{j(i)} + X_{i,t}\theta + Z_{c(i,t),t}\gamma + \eta_{c(i,t),t} + \epsilon_{i,t} \tag{5.56}$$

其中 $j(i)$ 是个体 i 的企业，v_j 是企业固定效应。需要讨论两个问题。第一，永远不可能通过在回归中纳入本地层面的解释变量来完全控制所有生产设施。因此，企业固定效应一定代表了所有不随时间变化的本地遗失变量的影响，并且它们不能被简单的解释为企业效应。理论上，这对于解释工人和企业固定效应之间的关系非常重要。这个关系并非必须代表工人企业的匹配效应，它也能代表工人地区的匹配效应，其中存在企业按照不可观测本地特征的排序。

第二，如果可能的话，在标准误的计算中，很难考虑随时间变化的本地不可观测部分。事实上，由于不能从企业固定效应中把本地时间固定效应单独识别出来，所以 5.2.1.1 中提到的两步法无法使用。之所以如此是因为企业没有发生空间迁移，从而使它们的本地平均效应和本地效应混在一起。不可观测本地效应越大，最小二乘估计中标准误的偏误就越大。集聚经济的一些因素似乎有非常显著的影响，但如果完全考虑了不可观测的本地效应，它们的影响就不再显著。

另一种方法是引入和企业特征相关的代理变量，例如与管理或组织相关的变量，而不是企业固定效应。然后你可以在计算标准误时，使用两步法充分考虑本地不可观测部分。但是很难找到这样的代理变量，当只用一步进行估计时，企业变量可能也代表了本地不可观测部分的影响，这是由于集聚经济的存在。尤其是一些作者把企业规模作为解释变量并且不控制本地时间固定效应（See Mion and Naticchioni，2009）。企业规模可能不仅代表企业生产率，还代表规模收益递增所产生的集聚收益，较好的市场准入会导致规模收益递增。你可能试图使用和本地平均企业规模之间的差异来区分企业生产率。控制企业规模的另一个局限是它依赖和时间有关的冲击，该冲击也会影响工资水平。这同时也会产生估计偏误。注意，对大多数企业的可观测特征来说，所有这些问题都很常见。

孔贝斯等（Combes et al.，2012b）提出企业异质性本身就可以用来区分集聚效应和竞争效应。他们建立了一个增加值的设定，其中只有劳动、资本和技术。企业的 TFP 用企业层面计算的残差衡量。异质企业的经济地理模型表明，可以通过比较大城市和小城市的企业 TFP 分布来检验是否存在集聚效应和竞争效应。和小城市相比，如果大城市的分布是右移的，则大城市的所有企业都将从集聚效应中获益。和小城市相比，如果大城市的分布是左侧截尾的，则大城市的竞争将更为激烈，而这会导致大量低效率企业无法在大城市生存。考虑右移和左侧截尾的变化后，对法国的估计结果表明只存在集聚效应而不存在竞争效应。

5.4.5 其他经验问题

5.4.5.1 空间规模

很多文献在衡量本地决定因素产生影响的空间规模上存在差异。主要有两个原因：对每种集聚机制发挥作用的空间范围未达成共识，并且通常情况下，任何本地决定因素都有多种机制而且它们的相对强度会随空间规模发生变化。理论表明集聚效应的空间范围取决于它们的类型。例如，虽然技术溢出通常需要面对面交流，但其他集聚效应比如投入产出联系却只在较大范围内才会发挥作用，比如区域层面上。这在实际中更为复杂，因为改变空间单元的规模通常包括改变它们的形状，而它们的改变都会产生可塑性面积单元问题，这在前边已经提到。但是，布莱恩等（Briant et al.，2010）表明在特定的研究中，比如估计地区密度对个体工资的影响时，利用个体固定效应考虑个体不可观测的异质性比形状的变化更重要。改变单元规模会有较大影响，但设定的误设只会产生较小偏误。因此在衡量本地特征时，选择合适的设定似乎比选择合适的空间单元更重要。事实上，当空间规模不一样时，估计式的差异有助于找到在不同规模下发挥作用的集聚机制。知识溢出、人力资本外部性和匹配效应是在近距离最普遍的集聚力——即城市内部甚至是相邻城市。相比而言，经济地理学所强调的最终产品和中间产品的市场准入效应是导致更大范围内本地结果差异的主要集聚力，比如区域。

有了这些结论后，一些文献试图评估本地特征影响的空间范围以及它们在哪个范围的影响力最强。最常用的方法是在合适范围内考虑一个个体或区位，然后围绕它以递增的半径画圆。分别只用每个圆环内部的区位就可以计算任意本地特征的价值，然后在设定中加入各个圆环内该特征的值来检验和本地特征相关的集聚效应空间范围。在首先使用这种方法对美国所做的研究中，罗森塔尔和斯特兰奇（Rosenthal and Strange，2003）研究了本地企业创新，迪斯梅特和法肯姆普斯（Desmet and Fafchamps，2005）研究了本地就业。在罗森塔尔和斯特兰奇（2003）里，他们认为本地活动只在邮区中心一英里范围内，且研究了以此为中心的三个环状地带，第一个环包括了 1 到 5 英里之间的活动，第二个环包括 5 到 10 英里之间的活动，第三个环包括 10 到 15 英里之间的活动。在迪斯梅特和法肯姆普斯（2005）里，第一个环包括距离县城 0 到 5 公里之间的活动，第二个包括 5 到 10 公里之间的活动，第三个包括 10 到 20 公里之间的活动，依次类推，每 10 公里一个环，直到 100 公里。当圆环距离中心越远，所产生的影响递减时，集聚效应被认为随距离的增加而递减。集聚效应的空间范围由本地特征不再有显著影响的距离决定。集聚效应的强度会随距离先递增后递减，转折点就是强度最大的空间规模。

5.4.5.2　可观测技能的衡量

个体技能的区位分布是不均匀的。例如，孔贝斯等（Combes et al.，2008a）利用法国数据对工资等式进行了估计，估计得到的个体固定效应和区位固定效应严格正相关。巴科洛德等（Bacolod et al.，2010）发现特性、智力和教育在美国的分布都不均匀。巴科洛德等（Bacolod et al.，2009a）表明城市规模与认知能力、人际交往能力正相关，但和运动技能和体能负相关。巴科洛德等（2009b）证明，大城市的熟练工人比小城市熟练工人的技能更高，而且大城市最不熟练工人的技能比小城市要更低。这和孔贝斯等（Combes et al.，2012c）和埃克赫特（Eeckhout et al.，2014）的结论一致，他们分别利用个体固定效应和学历来衡量个人技能。这两篇文章都认为大城市的技能分布方差更大，且向右偏移。和之前讨论的一样，在估计集聚经济对经济结果的影响时，技能发挥了两个特定作用。第一，技能本身可以作为集聚经济的一个因素。第二，区位间可能存在技能的排序，在衡量和集聚经济相关的本地特征的影响时，对它的控制会非常有助于避免产生偏误。

像上边提到的那样，在使用面板数据时，可以在工资等式中引入个体固定效应而不用明确技能的形式。这有两点缺陷，即识别必须依赖移动个体以及很难识别出影响生产率的个体特征。当没有面板数据时就不能使用该方法，但是可以使用多种对可观测技能的衡量，只是未能控制不可观测的个体特征。在劳动经济学中，很久以前就开始使用学历或受教育年限衡量技能高低，杜兰顿和摩纳特瑞迪斯（Duranton and Monastiriotis，2002）和惠顿和刘易斯（Wheaton and Lewis，2002）是采用这种方法的两个早期研究，他们分别研究了英国和美国的情况。还有使用社会职业分类的"职业"度量技能高低的，这通常都记录在劳动力就业调查中。它代表了工人所做的具体工作以及过去职业的部分影响，因此可以认为它和当前技能的相关性要强于受教育水平和当前技能的相关性。另外，由于职业和工作相关并由工资水平共同决定，所以就需要考虑内生性。对于这个内生性，还没有明确的解决办法，除非使用结构方法把工资和职业选择统一到一个模型中。

引入对特性和智力的衡量是一个有趣选择。巴科洛德等（Bacolod et al.，2009a，2010）借鉴心理学的研究方法，使用职业名称词典中详细的职业信息对此进行了衡量，他们使用了工作职责的信息和主成分分析，最终得到了和认知技能、人际交往能力、运动技能和体能相关的四个指数。我们可以评估个体在刚刚完成学业以后，如何从工作中提高这四个方面的能力。根据劳动经济学的研究，巴科洛德等（2009a）也使用武装部队资格测验、Rotter 指数和美国大学入学考试的 SAT 成绩进一步控制工人的能力，这些都较好的代表了受教育水平。也有人尝试使用其他间接的代理变量控制技能。福和罗斯（Fu and Ross，2013）使用了住宅的区位虚拟变量，并认为住宅区位的选择和偏好相关，而它们似乎都和个体生产率有偏相关关系。同时，住宅区位可能是内生的，因为对它的选择需要考虑工作地点和工资水平。

5.4.5.3 函数形式和集聚收益递减

大多数文献都采用对数线性形式估计本地结果和本地特征的关系。当弹性介于 0 到 1 之间时，就意味着水平的函数形式是凹且非递减的。这只是一个粗略估计，理论上并不能解释为什么本地结果的对数值和本地决定因素的对数值是线性关系。但是理论研究却预测集聚的边际收益会随城市规模递减，比如因为本地拥挤会随城市的增长而递增。第一个熟练工人对一个区位产生的人力资本外部性非常大，但是随着熟练工人的增加，每增加一个熟练工人所产生的边际收益会逐步降低。大部分技术溢出都符合这一规律。孔贝斯和拉富尔卡德（Combes and Lafourcade，2011）提出了包含可变利润和策略互动的经济地理学模型，他们认为短期内只要区位间的非对称性不是很大，集聚收益都大于集聚成本，但是在最大区位的进一步集聚会得到相反的结论。像 5.2.1 阐述的那样，一些途径会对本地生产率产生负的影响，比如无论城市规模多大，人口的增加都会导致土地价格的上涨。当城市非常大时，这就会变成主要影响。更一般地，我们预期集聚收益是递增且凹的，即初期的斜率很大，而集聚成本的增长则是凸的，即初期的斜率基本为零。如果是这样的话，两者的差距就是凹的且呈钟型。从而集聚经济因素之间的关系在超过一定阀值之后会递减，尤其是人口规模和本地结果。

检验非对数线性关系存在的最简单方法是在设定中增加本地决定因素对数值的平方项，也可以使用高阶多项式这种更复杂的函数形式。例如区和亨德森（Au and Henderson，2006b）利用中国城市的数据，采用非线性设定把城市的增加值对其规模进行回归。格雷厄姆（Graham，2007）首创了一种方法，利用了超越对数生产函数和两种对城市密度的有效度量。有效密度用于计算市场潜力，它使用了直线距离或考虑交通拥堵的广义运输成本。相应的衡量用来估计集聚收益递减的程度——即密度的影响是凹的以及它与交通拥堵的联系。最后注意，还可以研究其他本地特征和结果的影响是否也是凹的。例如，马丁等

（Martin et al.，2011）量化了专业化和企业增加值之间的非线性关系。总之，文献大都表明集聚收益是递减的（参见5.5）。事实上，在估计非线性影响时，你应当经常检查使用的观测值是否涵盖了解释非线性影响的整个区间。否则，对它的解释就是基于外推法而不是数据的实际特征。

5.4.5.4　空间滞后模型

空间计量经济学中有个空间滞后模型，它可以为研究集聚经济本地决定因素的影响提供更多信息。这些模型会把本地结果和毗邻地区结果的加权平均进行回归，或者和毗邻地区外生特征的加权平均进行回归，或者同时和两者一起回归，其中的权重随距离递减，有时也会考虑残差的空间相关关系（更多内容可参见 Lesage and Pace，2009）。可以认为毗邻地区结果或特征的加权平均代表了集聚效应。这类模型的常用估计方法是极大似然法。它的一个重要局限是其参数假设，尤其是关于空间对集聚效应和残差分布的影响。

正像吉本斯和奥弗曼（Gibbons and Overman，2012）所强调的那样，空间分析中有一个曼斯基（Manski）反身性问题，众所周知，该问题很难得到完全处理。比如在一个研究中，把个体工资对毗邻地区的学历结构进行回归，因为你预期人力资本外部性的溢出会超出空间单元的范围。这一结构可能是内生的，因为受教育水平较高的工人可能会被吸引到工资水平较高的工人附近，特别是因为他们能为本地公共产品提供财政支持。

面板估计方法会使用相关变量一阶差分的长期滞后值作为工具变量，根据这一思想，空间计量经济学经常使用高阶空间滞后作为工具变量来处理反身性问题。但是，这类方法需要对空间效应的程度做出假设。事实上，你需要假设这些效应只包括很近的毗邻地区，而更远的毗邻地区不会对结果有直接影响，所以可以用它们构建工具变量来验证排他性约束。但是可能较远的毗邻地区也会对结果有直接影响，从而工具变量失效。还有一个问题是无法通过过度识别检验来正确评估工具变量的有效性，因为所有工具变量都是通过同样的基本变量构建的，虽然是基于不同距离计算的，但所受的主要冲击相同。

总之，主要的识别问题仍然存在：你需要利用自然实验或有效的工具来识别集聚经济本地决定因素的影响，而空间滞后模型对此毫无用处。科拉多和芬格尔顿（Corrado and Fingleton，2012）、吉本斯和奥弗曼（2012）、麦克米伦（McMillen，2012）和吉本斯等（Gibbons et al.，2015）介绍了空间计量经济学对这一问题更全面的讨论。

5.5 生产率本地决定因素的影响程度

前面几节介绍了可以用来估计集聚经济本地决定因素影响的方法，也对主要的计量经济学假设做出说明和解释。文献中很少完全不变地使用这些经验策略，通常都会稍作转化。这就很难比较它们的结论，有时候得出的结论也会相互矛盾。我们研究了这些文献及其结论，并根据前面的内容尽量突出估计方法所做的主要假设。我们首先介绍大量关于密度对生产率平均影响的文献。然后介绍了少数的几篇估计城市规模、工人技能或产业之间异质效应的文章。我们还回顾了关于集聚效应空间范围的文献，其中包括如何使用自然实验解决内生性问题。然后描述了关于专业化、多样性和人力资本外部性的相关结论，最后一节介绍从发展中国家得到的一些结论。

5.5.1 密度经济

现在已经知道经济活动的本地密度会增加企业和工人的生产率。下边的大量研究都会得出这一结论。它们有些使用区域层面的综合数据，把工资或 TFP 的对数值和当前就业或人口密度的对数值进行回归。在控制一些本地变量，但不考虑逆向因果关系和个体不可观测的异质性后，空间排序就得以处理，这时得到的弹性平均值介于 0.04 ~ 0.07。正如梅洛等（Melo et al.，2009）所强调的那样，当考虑不同的国家、产业或时间周期时，估计结果的差异也非常大。一些研究甚至估计出了更大的范围，但使用的控制变量通常都较少。弹性区间介于 0.04 ~ 0.07，这意味着密度增加两倍时，生产率会提高 3% ~ 5%。在发达国家，后 10% 国家的密度通常比前 10% 国家的密度至少高 2 ~ 3 倍，甚至可能高达到 15 倍（当考虑欧洲或一些国家内部的地区时），每十分位间距的生产率差距可能高达 20%。

对总体内生性的校正通常只会对弹性有很小影响。使用工具变量会使它们降低 10% ~ 20%，有时候也不会对估计产生影响或者可能只会使它们增加一点。相比而言，利用个体数据并且引入个体固定效应来控制空间选择会对生产率和密度的估计弹性产生较大影响。该弹性可以被一个大于 2 的数相除并会达到 0.02 左右。正像下边描述的那样，研究不同的国家以及对技能控制方法的不同（个体固定效应或可观测技能变量），排序偏误的程度也可能会有显著不同。

现在介绍两个具体估计，西科尼和霍尔（Ciccone and Hall，1996）和罗森塔尔和斯特兰奇（Rosenthal and Strange，2008）分别使用 1988 年和 2000 年的总体数据对美国进行研究，得到的生产率和密度之间的弹性值非常接近，在 0.04～0.05。第一个研究中使用历史变量（即滞后的人口、滞后的人口密度或滞后的铁路网）作为密度的工具变量，第二个研究使用的是地理变量（地质灾害和滑坡风险、沉积岩地域的比例）。在这两个研究中，工具变量对估计的影响都很小，即使有也只是略微增加了生产率和密度的弹性。

一些研究尝试估计欧洲地区的这一弹性值。西科尼（Ciccone，2002）重复了西科尼和霍尔（1996）的做法，对法国、德国、意大利、西班牙和英国的 NUTS3 类地区进行研究。他的主要工具变量是土地面积，在 5.3.1 中我们认为这种工具变量并不可靠，因为它会对生产率产生直接影响。他得到的 1992 年的弹性值在 0.05 左右。有趣的是，他也没能证明集聚效应在国家之间有显著不同。有两个最新研究在分析中增加了更多国家，但是需要使用更大的空间单元。布鲁尔哈特和马西斯（Brulhart and Mathys，2008）考虑了 20 个西欧和东欧国家的 245 个 NUTS2 类地区，西欧国家的样本期间是 1980～2003 年，东欧国家的样本期间只有 1990～2003 年，还考虑了覆盖制造业和金融服务业的八个产业。他们在估计中考虑了一阶差分，并使用 GMM 处理内生性。遗憾的是，采用不同经验策略得到的结论似乎差异很大。不过，他们估计的集聚收益非常大，生产率和密度的长期弹性达到 0.13。有趣的是，集聚效应的强度似乎随时间递增。这和经济地理学是一致的，经济地理学中预期贸易成本和集聚收益之间的关系曲线呈钟型。在过去几十年里，欧洲的贸易成本有所下降，欧洲经济似乎位于曲线的右侧，那里的贸易成本变得更小，集聚效应得到强化。福斯特和施特尔（Foster and Stehrer，2009）得到了和西科尼（2002）非常接近的估计，福斯特和施特尔（2009）利用了 26 个欧洲国家 255 个 NUTS2 类地区 1998～2005 年 6 个产业的面板数据，其中包括布鲁尔哈特和马西斯（2008）未考虑到的"农业、林业和渔业"。他们也得到了更多结论，即新成员方集聚经济的程度要高于老成员方。但是，他们也和西科尼（2002）一样，使用土地面积作为唯一的外生工具变量，并认为区域的技能结构外生，这很难令人信服。马罗可等（Marrocu et al.，2013）进一步拓展了国家、区域的数量和时间跨度，但却未考虑内生性，他们认为新成员方的专业化收益更加普遍，而老成员方的多样化收益更多。

大量早期研究估计了单一国家的集聚经济对地区总体工资或 TFP 的影响。我们并未对这些研究做出总结，因为罗森塔尔和斯特兰奇（Rosenthal and Strange，2004）已经做了这项工作。我们主要关注最近的一些文献，他们使用了包括工人和企业准确位置在内的大量个体层面的资料。

格莱泽和马雷（Glaeser and Mare'，2001）是第一个评估集聚对工资影响的文献，其中的工资扣除了个体固定效应，他们是基于美国的研究。遗憾的是，他们的资料规模无法对工资和密度的弹性做出评估，但可以利用虚拟变量评估城市规模的影响。基于同样原因也导致难以对使用美国数据的惠勒（Wheeler，2006）和扬克乌（Yankow，2006）的估计效应与其他文献做对比。孔贝斯等（Combes et al.，2008a）在个体层面估计了所有法国城市的密度对工资产生的影响，他考虑了个体固定效应并利用 5.2.1.1 介绍的两步法来考虑总体的内生性。他们发现工资和密度的弹性在 0.030 左右，这是不考虑个体不可观测异质性时弹性的一半。孔贝斯等（Combes et al.，2010）采用了更完善的工具策略，得到的估计值是 0.027。这和德拉洛卡和普加（de la Roca and Puga，2012）对西班牙的研究结果非常接近，当不控制动态集聚效应时，估计值是 0.025。米恩和那提齐恩尼（Mion and Naticchioni，2009）按照孔贝斯等（2008a）的方法对意大利进行了分析，得到了一个更小的估计结果 0.01，但仍非常显著。德考斯特和奥弗曼（D'Costa and Overman，2014）利用英国的数据得到的弹性值是 0.016。格鲁特等（Groot et al.，2014）对荷兰进行了研究，并控制了许多个体变量和城市产业时间固定效应，但未控制个体固定效应，得到的估计结果是 0.021。[15]

孔贝斯等（2008a）还表明个体能力在区位间不是随机分布的。高技能工人更经常在生产率高的城市居住，同时这里也是密度更高的地区。个体和地区固定效应的相关系数是 0.29，个体固定效应和密度的相关系数高达 0.44。这就是为什么在控制个体特征后，生产率和密度的弹性估计值会产生较大变化的主要原因。米恩和那提齐恩尼（2009）发现在意大利的排序并不明显，因为他们得到的个体固定效应和密度的相关系数是 0.21。德拉洛卡和普加（2012）表明在不考虑动态集聚效应时，在西班牙存在空间排序，德考斯特和奥弗曼（2014）表明当同时考虑静态和动态效应时，在英国也存在空间排序。

德拉洛卡和普加（2012）对技能的作用进行了深入讨论，并利用西班牙的数据表明，一旦在设定中考虑了动态集聚效应，个体固定效应的解释能力将大大降低。正像 5.2.2 描述的那样，动态效应由在不同城市规模的时间花费变量来代表。当在设定中未包含这些变量时，个体固定效应就代表大城市里较多的时间花费。城市经历变量的引入使德拉洛卡和普加（2012）可以把个体固

---

[15] 和这些参考文献相比较，当考虑美国兄弟姐妹的个体数据时，Krashinsky（2011）发现在引入家庭固定效应时，平均城市工资溢价变得不再显著，因为在城市存在家庭的排序。

定效应所代表的个体技能的影响从动态集聚收益中分离出来。为了评估动态收益，德拉洛卡和普加（2012）考虑了一个城市层面的数量，它代表不随时间变化的城市固定效应总和与工人在城市里居住 7 年的经验积累效应（这是样本中工人的平均时间长度）。该数量和密度之间的弹性是 0.049，它包含了静态和动态的集聚效应，几乎是它与城市固定效应弹性值 0.025 的两倍。通过在设定中加入个体固定效应和城市经历的交互项可以估计对于能力更强的工人来说，动态收益更大。可能有些奇怪的是，动态收益独立于工人随后要迁移到的城市规模。因此，在区位间的学习效应有相同的可转移性。

按照与德拉洛卡和普加（2012）类似的经验策略，德考斯特和奥弗曼（2014）在英国也发现了动态效应，但比西班牙的弱。尤其是动态收益似乎只有一次，即只在城市的第一年能获得，而且不随时间累积（除了那些低于 21 岁的最年轻工人）。这和费伯曼和弗里德曼（Faberman and Freedman，2013）得到的结论一样，他们利用美国的数据研究了企业年龄对密度收益回报的影响后发现，几乎所有收益都是在企业建立的第一年获得的。鲍姆—斯诺和帕文（2012）使用的结构化方法使他们可以考虑内生个体区位选择、静态和动态的异质性集聚收益和匹配效应。他们对美国的研究结论和对西班牙的类似。集聚的静态收益和动态收益都存在，静态收益对解释小城市和中等城市的差异更重要，而动态收益更有助于解释中等城市和大城市的差异。相反地，个体排序和匹配效应在城市工资溢价方面只起到次要作用。

由于计算的限制，许多研究只考虑了城市规模的类型，而不是分别研究每个城市。另外，在德拉洛卡和普加（2012）的研究中，动态集聚经济的异质个体效应被认为和个体技能的直接效应一样，并且静态集聚效应不是技能特有的，然而在德考斯特和奥弗曼（2014）的研究中，工人之间的静态和动态集聚效应都相同。最后，纳入不随时间变化的城市固定效应使城市经历也代表了静态集聚收益的时间演进。其他在设定中同时考虑静态和动态效应的最近研究都和格莱泽和马雷（2001）类似，包括莱默和穆勒（Lehmer and Moller，2010）所做的研究，他们对德国研究后发现，一旦考虑了企业规模和个体固定效应，就只会发生动态效应。卡尔森（Carlsen et al.，2013）研究了挪威后发现，不同教育水平的静态收益相同，而动态收益随教育水平递增。王（Wang，2013）对美国研究后发现静态和动态收益都存在，并且对越年轻和教育水平越高的工人来说，这些收益都更强。最后，德拉洛卡和普加（2012）和鲍姆—斯诺和帕文（2012）同时开创性的研究了静态和动态效应对工资的影响，其中考虑了工人可观测和不可观测的异质性。5.2 已经提出了这个方向的进一步研究工作。

正像 5.4.1 讨论的那样，TFP 比工资更有研究价值，因为它直接衡量了生产率，并且通常可以得到公司或企业层面的计算结果，但在解释时需要做出改变。另外，即使有了个体数据，在估计集聚收益对 TFP 的影响时，还没能提出令人信服的控制个体技能的方法，我们已经看到按照技能的排序会产生较大偏误。亨德森（Henderson，2003）对美国的研究和辛加诺和斯基瓦尔迪（Cingano and Schivardi，2004）对意大利的研究是第一批研究企业层面 TFP 的。但是他们对可能存在的内生性偏误的评估是片面的。亨德森（2003）利用 GMM 对投入使用和本地变量都设置了工具变量，还提到了我们在 5.4.3.3 中所做的几点说明。辛加诺和斯基瓦尔迪（2004）采用 Olley – Pakes 估计方法，但只考虑了投入使用的内生性。格雷厄姆（Graham，2009）利用企业层面的 TFP 数据对英国进行了估计，但他对投入使用和本地效应都没有使用工具变量。迪·贾钦托（Di Giacinto et al.，2014）使用意大利数据分别评估了位于城市和工业区对企业层面 TFP 的影响，其中只对投入使用引入了工具变量，并考虑本地经济规模的工具变量，只是把它作为控制变量。孔贝斯等（Combes et al.，2010）使用 Olley – Pakes 方法估计了法国企业的 TFP，并使用估计值构建对本地 TFP 的衡量，然后利用历史和地理变量作为工具变量把它对密度回归。马丁（Martin et al.，2011）使用解释变量的滞后值作为工具变量，并利用 GMM 进行了估计。据我们所知，对包括德国和西班牙在内的大量欧洲国家来说，还没有得出集聚效应对 TFP 有益的估计。

关于 TFP 的研究通常都认为企业生产率会有非常显著的集聚收益，虽然有些作者并未得到这个结论（见 5.3.2 的讨论），因为他们都错误的同时控制了产业就业水平（不是比例）。梅洛等（Melo et al.，2009）表明使用 TFP 对密度的平均估计弹性要高于使用工资的估计结果，大约能高 50% 左右，这在孔贝斯等（2010）的研究中也是如此，他利用同样的资料把两种类型的估计值都进行了计算，并使用相同的工具变量考虑内生性。事实上，孔贝斯等（2010）得到的 TFP 对密度的弹性是 0.034 ~ 0.050，而利用工资得到的弹性是 0.027。根据我们的模型，很难对它们的估计差异做出解释。在工资等式中，所有影响都由生产函数中的劳动力份额做了调整。另外，集聚经济通过劳动力之外的投入成本，比如土地和中间投入品（见 5.4.1）来影响工资而不是 TFP。利用工资和 TFP 回归会得到不同结果的更主要原因可能是在利用 TFP 研究时，无法有效的控制个体技能。如何在 TFP 的估计式中完全考虑工人不可观测的异质性是未来的一个研究方向。

5.5.2 异质性效应

正像 5.4.5.3 说明的那样，本地特征对生产率的影响应当是钟型的，因为集聚收益是递增且凹的，而集聚成本是递增且凸的。本地特征边际效应的变化是第一种类型的异质性。例如，增加城市规模的收益对小城市是正的且非常大，而对非常大的城市却是负的，这种预测需要进行检验，比如评估城市规模是否最优。

大多数研究并不报告对集聚效应估计的凹度。区和亨德森（Au and Henderson，2006b）是一个例外，他们的估计结果表明，中国的城市生产率和城市规模之间呈钟型关系且大多数城市都位于峰值的左边，即它们的规模都太小而无法获得最高的生产率水平。格雷厄姆（Graham，2007）首创了一种基于道路交通拥堵的方法，估计结果显示英国的集聚收益是递减的并且和交通拥堵有联系。他一共分析了九个产业，其中有五个都体现出密度效应呈凹性。另外，当考虑拥堵时，在七个产业中都出现了递增的密度弹性。这和预期一致，因为当不考虑拥堵时，密度弹性反映了总的净密度效应，即同时考虑了正效应和负效应。在英国，拥堵可以代表高达 30% 的集聚效应。

集聚效应在产业间也可能不同，因为集聚经济的强度依赖产业特征。但是，按产业所做的估计仍然很少。一个原因可能是经验模型的设定，尤其是必须按照产业来设定有效的工具变量。另一个原因是缺乏每个产业的本地数据。布鲁尔哈特和马西斯（2008）和福斯特和施特尔（2009）是个例外，但他们的研究是基于欧洲地区的，并且没有控制个体效应。在他们选择的产业中，只有一个没有得到显著的集聚效应。这个产业是农业，它的区域密度会产生负影响，这也非常符合直觉。给定农业生产的土地份额，再加上土地价格随密度递增的实际情况，迁移到密度更小的地区明显是该产业提高生产率的最佳选择。森川（Morikawa，2011）对美国的服务业进行了分析，并利用企业层面的数据估计了企业 TFP 和密度的弹性，但并未使用工具变量。它得到的弹性区间比较大，在 0.07 ~ 0.15。梅洛等（2009）在综合分析后认为，制造业的集聚效应总的来说要强于服务业。

不同类型的工人或企业所产生的集聚经济也不相同，一些研究试图评估这种影响程度。例如，巴科洛德等（Bacolod et al.，2009b）和艾比莱特等（Abel et al.，2012）对美国的研究、迪·阿达里奥和帕塔基尼（Di Addario and Patacchini，2008）对意大利的研究以及格鲁特和德·格鲁特（Groot and de Groot，2014）对荷兰的研究，结果都符合我们的直觉，即城市的教育回报更高。林德利和麦肖恩（Lindley and Machin，2014）对美国的研究也是如此，然后他们还评估了在1980~2010年，集聚经济所导致的技能结构变化和教育回报的变化对州际工资不平等的影响。艾尔弗利（Elvery，2010）对美国大都市区观察后发现，技术密集型产业中的企业应当集中到教育回报更高且规模更大的城市。李（Lee，2010）是非常少有的只对一个产业做出研究的文献，他发现在美国的保健产业中，城市工资溢价随技能递减。他利用劳动供给效应解释他的结论，因为高技能的保健从业人员都是外科医生、牙医或足医生，他们比护士或按摩师都更容易受到城市生活的吸引，而这会降低他们在大城市的工资水平。

古尔德（Gould，2007）使用结构方法控制内生的区位选择，结果发现静态和动态集聚收益在白领工人中都存在，但在蓝领工人中却并非如此。马塔诺和那提齐恩尼（Matano and Naticchioni，2012）采用分位数回归对意大利进行了研究，在控制了不可观测工人特征的排序后得到了与此类似的结论，他们发现集聚效应似乎随着工资分布有所加强。这和孔贝斯等（Combes et al.，2012b）得到的结论一样，他们利用法国企业层面TFP的分布表明，效率最高企业的密度收益比效率最低企业要高。例如，生产率处于前1/4企业的密度收益是处于后1/4企业的3倍。他还发现规模最大企业的密度收益更高。规模超过100个工人的企业比只有6~10个工人的企业收益要多50%。亨德森（2003）和马丁等（Martin et al.，2011）从反向研究后认为，小企业的专业化效应更强，但这两篇文章衡量专业化用的是产业就业水平而不是比例。因此，他们有些混淆了密度效应和专业化效应，5.3.2已经对此做了解释。

集聚会产生不同的生产率收益，有些学者分析了它的原因，但很少会同时考虑逆向因果关系和遗失本地变量所产生的内生性。例如罗森塔尔和斯特兰奇（Rosenthal and Strange，2003）研究了美国的数据后发现，对业余人员来说，工作小时数随密度递减，但对专业人员却是递增的，并且这种效应在年轻工人中更明显。此外，年轻专业人员的工作时间对和其他年轻专业人员的接近性非常敏感。巴科洛德等（Bacolod et al.，2009a）研究了哪种技能的回报和城市规模正相关。他们认为在大城市中，只有认知能力的和社交技能才会得到更高的回报，而运动技能和体能的回报较低。根据这些结论，安德松（Andersson et al.，2015）发现在瑞典，一旦考虑了技能的空间排序，就只有非常规性工作才会从集聚中获益。

不同的人口群体可能会产生不同的集聚收益，但这方面的证据仍然很少。菲米斯特（Phimister，2005）研究了英国城市规模溢价在性别方面的差异，他控制了个体固定效应，但没有考虑内生性问题。他发现女性的城市溢价更大，尤其是对已经结婚或同居的女性。阿纳特（Ananat et al., 2013）研究了美国种族之间的差异，他们和福和罗斯（Fu and Ross, 2013）一样，通过对住宅的区位选择控制不可观测的工人异质性，但没有处理本地层面的内生性。他们发现集聚效应在种族之间是不同的，当城市增加一百万居民时，非裔和白人之间的工资差距增加 2.5%。

5.5.3　密度效应的空间范围

文献中得到的另一个稳健结论是集聚效应在空间是快速衰减的。集聚经济的空间溢出并不多。对于广告代理行业来说，阿扎吉和亨德森（Arzaghi and Henderson, 2008）发现了集聚效应主要发生在 500 米范围内，然后会发生快速的空间衰减。这个衰减速度当然过于极端，对更一般的产业来说并不具有代表性，但是可以发现集聚效应在 100 公里之外很少还有显著的，并且临界值通常也很低。

第一种评估集聚效应空间范围的方法是把自身区位规模和其他区位的规模都考虑到一个市场潜力变量里。按照 5.3.1 描述的那样，我们可以使用哈里斯市场潜力，它是对包括自身区位在内的所有空间单元的简单加总，单元规模（或密度）通过所研究的区位或单元之间的距离进行分割。也可以利用经济地理模型中更结构化的市场潜力。重要的是，在所有研究中都隐含的假定集聚效应存在非常强的空间衰减。例如，当贸易成本和距离负相关时，经济活动在 20 公里以外的影响比在 5 公里以外低 4 倍，在 100 公里以外的影响比在 10 公里以外低 10 倍，依次类推。远处地区的经济规模会产生正效应，并且该效应呈空间衰减，这在经验研究中很少被拒绝。例如海德和迈耶（Head and Mayer, 2006）对欧洲 NUTS2 类地区研究后发现，当既不考虑本地技能也不考虑内生性时，哈里斯市场潜力和结构化市场潜力都会显著增加地区工资，两个变量有相同的解释力。霍尔（Holl, 2012）基于实际交通网络的距离评估了哈里斯市场潜力的影响，其中使用了历史人口、地理和历史运输网络作为工具变量。他发现哈里斯市场潜力对西班牙的地区工资有正效应。米恩（Mion, 2004）和布科曼等（Brakman et al., 2004）是两篇采用结构化方法的早期研究，他们分别研究了意大利和德国，之后又出现了汉森（Hanson, 2005），他发现即使不考虑技能的排序和内生性，结构化市场潜力对地区工资也有正效应。布科曼等（Brakman et al., 2006）、布赖因利希（Breinlich, 2006）、布科曼等（Brakman et al., 2009）和博斯克等（Bosker et al., 2010）表明在欧洲的 NUTS2 类地区中，结构化市场潜力对单位资本 GDP 的影响为正。法拉赫等

（Fallah et al. , 2011）表明在美国大都市区，结构化市场潜力的影响在工资分布的顶端更强。5.5.7将讨论一些对发展中国家的研究结果。

如果距离差异会产生不同的本地外部性，那么分别评估自身密度和市场潜力的作用必然很有意义。除了在设定中引入密度外，外部市场潜力的引入通常也会对本地生产率有非常显著的正效应。例如孔贝斯等（Combes et al. , 2008a，2010）对法国研究后发现即使对密度和市场潜力都设定了工具变量且考虑个体不可观测的异质性，两个变量仍然有非常显著的正效应。福斯特和施特尔（2009）研究了欧洲NUTS2类地区，他在引入了密度之后又引入了市场潜力，市场潜力采取指数形式代表其他地区集聚经济的空间衰减——即下降的速度甚至比距离的倒数下降得更快。对指数函数尝试不同的系数后，他们发现只有空间衰减最强的函数才有显著影响。注意，通常情况下在回归中引入外部市场潜力只会轻微降低自身密度的影响。

第二种评估集聚经济空间衰减的方法是在设定中引入远处地区的经济规模。西科尼（Ciccone，2002）发现在欧洲NUTS3类地区中，毗邻地区的产出对本地生产率有正效应。但是他并未报告影响系数的大小，也没有检验位于更远地区的影响。赖斯等（Rice et al. , 2006）对英国研究后发现，集聚经济随距离的增加快速减弱。远处的市场会影响本地工资和生产率，但是时间距离为40~80分钟的市场产生的影响是时间距离少于40分钟的市场所产生影响的1/4，时间距离为80~120分钟的市场没有显著的影响。罗森塔尔和斯特兰奇（Rosenthal and Strange，2008）估计了地区周围的就业集中对工资的影响，他们发现在美国的城市中有更大的空间梯度，0~5米处环状地区的影响比5~25米处环状地区的影响大4~5倍，到了更外围地区（25~50米处和50~100米处），他们发现了更小的影响但通常并不显著。迪·阿达里奥和帕塔基尼（Di Addario and Patacchini，2008）得到的意大利的空间模式与此类似，本地人口规模的影响在0~4公里处最大，到12公里以外就不再显著。

5.5.4　利用自然实验评估的市场准入效应

正像本章表明的那样，处理内生性的方法并不总是令人信服，在一些研究中，作者甚至并不处理这个问题。一些最近发表的文献提出使用自然实验作为本地经济规模变化的原因，并以此来避免产生内生性。格林斯通等（Greenstone et al. , 2010）利用美国一些郡县对大工厂的引进检验集聚效应对企业TFP的影响。虽然不可能对冲击的确切程度量化评估，但这类工厂影响了集聚经济的强度。为引进大工厂的郡县找到一个相关控制组的主要方法来源于一个房地产杂志，即《百万美元工厂》，它给出了所有大工厂最终选择迁入的郡县名称（成功者）和经历了长时间选择但最终却没有被选择的郡县名称（第二名）。格林斯通等（2010）表明，总体来说第二名的郡县和获胜被选择的郡县有相似特点。利用只包括获胜郡县和第二名郡县的面板数据，可以研究新工厂的到来对现有工厂的影响。把是否在获胜组的虚拟变量和大工厂到来后的时间虚拟变量设定一个交互项，然后让企业 TFP 对该交互项进行回归。交互项的估计系数相当于估计值的二阶差分。结果显示估计值显著为正且非常大，尤其对和新工厂拥有同样劳动和技术的现有工厂来说更是如此。虽然识别新工厂效应的经验策略非常可信，但仍然无法获知工厂的到来和集聚溢出强度之间的联系（见 5.4.3.4 的论述）。另外，由于研究的郡县样本量太少，所以很难认可其外在效度。

　　利用自然实验评估市场潜力影响的文章主要使用边界是否开放来控制企业或城市与相邻企业或城市的联系。一个早期研究是汉森（Hanson，1997），他研究了 20 世纪 80 年代墨西哥贸易改革的影响，贸易改革使墨西哥从封闭经济转向了和外国进行贸易的开放经济，尤其是和美国的贸易开放。边界开放增加了市场潜力，尤其是对美国和墨西哥交界地区的企业。可以发现边界的开放吸引了更多企业到交界地区来，而距边界较远的墨西哥大城市中出现了企业集中度下降的情况。最近一个利用自然实验所做的很有意思的研究是雷丁和斯特姆（Redding and Sturm，2008），他们研究了 1949 年德国分割对东、西德边界西侧城市增长的影响。[16] 边界切断了与东部地区城市的联系，因此降低了它们的市场潜力。位于距离边界更远地区的城市受此影响较小，因为它们和西欧的其他城市之间有更好的联系。最后，雷丁和斯特姆（2008）比较了距离边界较近和较远地区西部城市的人口增长，在对国家分割之前，两组城市的人口增长有相同趋势。格林斯通等（2010）按照相同的思路对西部城市进行了研究，把是否接近东、西德边界的虚拟变量与是否在 1949 年之后的虚拟变量组成交互项，然后使城市增长对此回归。结果表明德国的分割导致接近边界地区城市人口的大幅下降。[17] 正像预期的那样，这对小城市的影响更大，因为小城市的市场规模太小而需要更多依赖其他城市的市场。其他更有意义的研究包括评估德国分割使市场潜力指数下降的程度，并根据这一冲击的衡量和双重差分估计

---

　　⑯　注意这里的结果是城市增长而不是本节其他文献所研究的生产率。这是因为我们要回顾所有使用自然实验的重要文章。其他关于城市增长的文献将在 5.6 部分回顾。

　　⑰　后续研究（Ahlfeldt et al.，2012）表明柏林的分裂和重新统一对西柏林的土地价格梯度和就业有显著影响，且该影响和东柏林以前主要经济活动的集中相近，但对沿柏林墙的其他更贫穷偏远地区的影响并不显著。

来推导人口增长和市场潜力的弹性。可以把该系数和利用最小二乘法得到的结果做对比。

5.5.5 专业化和多样性

现在我们回顾评估地方化经济影响本地生产率的文献。使用的主要变量是专业化，由本地经济中相关产业的份额代表。评估它对本地生产率的影响需要控制总体活动的规模或密度。在许多研究中，当同时引入密度和专业化时，两者都会对生产率产生显著的正效应。例如，辛加诺和斯基瓦尔迪（Cingano and Schivardi，2004）表明在意大利，当把所有产业综合考虑时，就呈现这一特征，他们还发现了非常强的空间衰减，因为毗邻地区的专业化对本地生产率没有影响。孔贝斯等（Combes et al.，2008a）分别估计了法国每个产业的专业化对工资的影响，发现在99个产业中有94个都显著为正，在商业服务业和两个高科技产业中的影响更大，这两个高科技产业是医疗器械和人造纤维。这也符合常识，因为这些产业都有很强的技术溢出效应。这些结论都证实了亨德森（2003）的研究结论，他发现高科技产业在美国有更大的专业化效应。马丁（Martin et al.，2011）发现法国的专业化对企业生产率有非常显著的正效应，而在专业化达到一定程度后会变负，这和地方化效应的凹性一致。根据欧洲的数据，布鲁尔哈特和马西斯（Brulhart and Mathys，2008）发现，产业自身的密度会对单位工人产出有负效应，需要注意的是其中剔除了金融服务业。利用空间变异分析法，孔贝斯等（2008a）发现虽然总体就业密度是造成生产率空间差异的主要原因，但专业化的解释力仍然很弱。

按照雅各布斯（1969）的理解和许多经济地理学模型中多样化偏好的作用，地区的总体产业多样性成为另一个受到欢迎的用于解释生产率的变量。但是，对它的估计结果并不稳健。有时候显著为正，如孔贝斯等（2008a，2010）对法国的研究；有时候显著为负，如辛加诺和斯基瓦尔迪（2004）对意大利的研究；而大部分情况下都是不显著的，比如亨德森（2003）对美国的研究。虽然多样化背后的含义很丰富，但它似乎并没产生什么影响。这可能是由于衡量多样化的方式造成的，因为它通常采用赫芬达尔指数或者克鲁格曼指数代替，而这两个指数的计算需要本地经济有非常全的产业分类，然后用各产业份额计算得到。另外，一些产业可能只能从一部分其他产业中受益，而不是赫芬达尔指数中假设的所有其他产业。为了解决这个问题，莫瑞提（Moretti，2004b）衡量了产业的接近性，并据此对美国进行了研究，结果发现在经济上相近的产业之间有更大的溢出，这更好的验证了雅各布斯的想法。

5.5.6　人力资本外部性

我们已经提到专业人员或高学历工人的本地份额对生产率有很多影响，并且很难对这些影响做出区分。首先，当使用城市或区域层面的综合数据时，无法单独识别熟练工人对平均生产率的直接结构效应和人力资本外部性效应。当使用个体数据时，可以评估本地熟练工人的份额对个体生产率的作用，引入个体变量或个体固定效应时，可以同时考虑直接结构效应。但是，5.3.3 表明，熟练工人的本地份额不仅代表外部性效应还代表替代效应，替代效应和非熟练工人的份额正相关而和熟练工人的份额负相关。

进入 21 世纪以来，大量文献对人力资本外部性的存在性和程度进行了讨论。莫瑞提（2004a，b）发现人力资本有非常显著的正效应，而西科尼和佩利（Ciccone and Peri, 2006）得到的估计值却并不显著。无论哪类研究都难以令人信服。莫瑞提（2004a）采用现在常用的方法把个体工资对大学以上工人比例进行了回归，但该比例既包含外部性效应又包含替代效应。莫瑞提（2004b）在研究 TFP 时也是如此。此外，西科尼和佩利（2006）运用偏离份额法控制替代效应，但来源的识别仍然不清楚，5.3.3 已经对此做出了解释。重要的是，还没有研究同时控制可能存在的密度收益，因为密度通常和本地人力资本正相关。

其他文章大都使用了和莫瑞提（2004a）同样的方法，得到的结论也类似。罗森塔尔和斯特兰奇（2008）发现在美国，大学以上本地工人比例也有同样的正效应。在考虑了该比例在不同位置上的差异后，他们还发现人力资本外部性的影响随距离增加而快速衰减。大学以上工人比例的影响在距离工作地点 0 ~ 5 英里的环状区域是 5 ~ 25 英里的环状区域内的 3.5 倍。这些结论和福（Fu, 2007）一样，他研究了波士顿大都市区人口普查区块的数据，结果发现人力资本外部性在 3 英里之外快速递减。

还有一些关于欧洲的研究，赖斯（Rice et al., 2006）评估了英国不同资格等级工人比例的作用，并发现它对工资和生产率都有正效应。但是，由于是在个体层面而不是本地层面所做的估计，所以无法分别量化结构效应和外部性效应。孔贝斯等（2008a）对法国的研究使分别量化成为可能，他们发现在控制本地时间固定效应以后，即使还控制了个体固定效应和年龄，产业内本地专业人员比例对个体工资也有正效应，本地时间固定效应主要代表了密度效应。类似的，罗德里格斯—波斯和特利欧斯（Rodríguez - Pose and Tselios, 2012）在使用个体数据并控制了个体特征和区域时间固定效应后，发现欧洲地区教育水平对个体收入的影响为正。

有意思的是，当生产率和工资的数据都能得到时，你还能评估集聚的生产率收益有多少被转化为工人的工资收益。但还没有关于欧洲这方面的研究，莫瑞提（2004b）研究了美国后发现，对城市之间高级人力资本和低级人力资本所估计出的生产率差异和制造业工人可观测的工资差异非常相近，这意味着人力资本效应几乎完全转化给了工人。由于在这个研究未控制不可观测的工人异质性，生产率和工资差异的相似性也可能是由于结构效应，因为结构效应会影响工资和TFP。

5.5.7　发展中经济体

现在我们介绍集聚经济在一些发展中国家存在的经验结果。相关文献都是最近的研究成果，并且还需要对更多国家做出研究。已有研究是关于中国、印度和哥伦比亚的市场规模对工资的影响。通常情况下很难得到面板数据，因此，一般不可能考虑不可观测的个体异质性。个体差异可以通过一些个体的解释变量来考虑，比如合格证书、性别和年龄，或者当个体被雇用时，通过被雇用的职业或企业类型来考虑。总之，市场规模在发展中国家的影响比在发达国家大。例如，孔贝斯等（Combes et al.，2013）研究了中国87个地级市的密度对个体工资的影响，密度的工具变量有周边状况、城市的历史地位和距离历史名城的距离，结果发现和密度相关的工资弹性是0.10~0.12，这比在发达国家大3倍左右。绍文等（Chauvin et al.，2014）利用印度地区层级的数据评估了密度对个体年收入的影响，也得到了0.09~0.12的较大弹性值。杜兰顿（Duranton，2014）在本地劳动市场层面对地区进行控制后，研究了哥伦比亚人口对个体工资的影响（相当于研究了密度效应）。采用的工具变量是历史人口或土壤条件（侵蚀性和肥沃度）。估计的弹性是0.05，低于中国和印度的结果，但仍大于发达国家的估计结果。

还有一些研究从总体层面衡量了生产率。亨德森等（Henderson et al.，2001）利用韩国1983~1993年5个产业组在50个城市的面板数据，评估了城市人口对单位工人增加值的影响。他们并未在任何产业发现规模效应，得到的结论是基于时间演化的，但却没有考虑城市人口的内生性。类似的，李等（Lee et al.，2010）发现在考虑了本地固定效应和一些控制变量后，韩国的人口密度对企业层面的单位工人产出没有显著影响。区和亨德森（Au and Henderson，2006a，2006b）研究了20世纪90年代中国城市层面的总体就业及其平方项对单位工人产出的影响，其中使用了和产出没有关系的城市规划和城市设施作为工具变量。他们控制了制造业和服务业的本地份额，并且总体就业影响的形成可以随这些比例的变化而变化。他们发现总体就业对单位工人产出的影响是凹的。中国大多数城市规模似乎都比集聚经济最大时要低50%。这可以通过户籍制度解释，户籍制度把工人的社会权利大多限制在其出生地，并因此限制了他们的流动，在90年代时的限制更为严格。

还有几篇研究企业生产率的文献。拉尔等（Lall et al.，2004）分别对印度11个产业研究了城市密度对企业生产率的影响，并联合估计了生产函数和成本函数，但只在一个产业发现了显著为正的影响。斋藤和戈皮纳特（Saito and Gopinath，2009）量化了智利区域人口对食品产业企业生产率的影响，并利用 Levinsohn – Petrin 方法对生产函数进行了估计，得到的弹性值在0.07左右，且显著为正。在两篇文章里，作者都没有处理集聚经济本地决定因素的内生性。

一些早期文章认为市场潜力的作用随本地经济规模而变化。拉尔等（2004）研究了哈里斯市场潜力在印度的影响，他们创新性的使用准确的运输时间而不是距离来构造市场潜力变量。该变量包含了自身区位，并在多个产业中发现了并不显著的负效应。还有一些类似研究，但在计算市场潜力时剔除了自身区位的作用，并以此把规模效应从本地经济和外部市场中区分出来。有趣的是，杜兰顿（2014）利用哥伦比亚的数据得到的外部市场潜力对工资的影响显著为负。原因可能是当工人像克鲁格曼（1991b）提出的那样能够完全流动时，没有形成完全集聚的空间均衡意味着较大地区的较低名义工资可以和较好的市场准入相互补充，因为较好的市场准入会降低消费品价格。孔贝斯等（2013）发现一旦同时使用其他本地决定因素作为工具变量，中国的市场潜力就对工资没有显著影响，虽然区和亨德森（2006a）发现市场潜力对单位工人产出有正效应，但并未设定工具变量。

一些文章受到雷丁和维纳布尔斯（Redding and Venables，2004）和汉森（2005）的影响，采用准结构方法研究了经济地理模型中提出的结构化市场准入和供给商准入对工资的影响。它的局限是准入变量的构建包含了自身区位，从而无法把自身本地经济规模的影响与外部市场和供给商准入的影响相区分。埃米提和卡梅伦（Amiti and Cameron，2007）研究了印度尼西亚企业层面两个准入变量对工资的影响，但他们没有把两个准入变量完全结构化，也没有利用工具变量考虑内生性问题。他们发现市场准入和供给商准入都有正效应，但只有10%的市场准入效应超过108公里，也只有10%的供给商效应超过262公里。

法利（Fally et al.，2010）使用两步法评估了巴西的市场准入和供给商准入对个体工资的影响。首先，按照孔贝斯等（Combes et al.，2008a）的方法，对包含州产业固定效应和个体特征的工资等式进行估计，由于是截面数据，所以只能在产业层面研究并且不包含个体固定效应。其次，把估计的州产业固定效应对市场和供给商准入的结构化度量回归，这种结构度量严格按照雷丁和维纳布尔斯（2004）提出的方法得到，他们根据一个经济地理学模型推导的贸易流设定估计市场准入和供给商准入。创新之处是衡量了产业层面的贸易流，而其他文章使用的是总的贸易流，但这只能得到总的准入变量。[18] 在使用最小二乘法估计时，市场准入变量和供给商准入变量对工资都有显著的正效应。然后从设定中移除供给商准入变量，并只为市场准入变量设定工具变量（由于两个变量高度相关，所以它们很少同时显著），结果发现市场准入仍然对工资有显著的正效应。

最后，赫林和庞塞特（Hering and Poncet，2010）评估了中国 56 个城市的市场准入对个体工资的影响。他们也按雷丁和维纳布尔斯（2004）提出的方法构建了市场准入变量，但却没有考虑供给商准入变量的作用。利用个体可观测特征代表劳动技能，并使用一步估计策略，赫林和庞塞特（2010）选择集中指数作为市场准入的工具变量，结果表明对熟练工人有更大且显著的正效应。

需要注意的是，在所有这些文献中，结构化准入变量是估计式中唯一考虑的集聚经济本地决定因素。由于还有一些不能从经济地理学模型中推导出的其他本地决定因素效应，因此如果它们和准入变量相关，就无法区分它们的影响，尤其是当它们的影响随距离逐渐减弱时更是如此。

除了市场规模以外，一些文章还研究了其他集聚经济本地决定因素。亨德森等（Henderson et al.，2001）评估了韩国产业专业化（由产业的本地就业衡量）对生产率的影响。结果发现在他们研究的所有产业中都存在地方化经济，影响程度也和对美国的研究结果相似。洛佩兹和苏德克姆（Lopez and Suedekum，2009）研究了智利的地方化经济和集聚溢出对企业 TFP 的影响。他们认为上下游企业之间的溢出和投入产出联系相关，还发现产业内企业的数量和地方化效应一样有正效应，上游产业企业数量和单向集聚溢出一样有正效应。斋藤和戈皮纳特（Saito and Gopinath，2009）评估了智利食品产业多样化对企业 TFP 的影响，但影响并不显著，这里衡量多样化用的是赫芬达尔指数。这些文章都没有考虑本地决定因素的内生性和工人的空间排序。

---

[18] 按照 5.2.1 的建议，第二阶段可以对每个产业分别估计，但可能由于地区的数量（27 个州）太少，所以大家更偏好把所有产业汇总到一起。

5.6　集聚经济对生产率以外的影响

虽然已经对本地变量如何影响生产率做了简单说明，但还有很多尝试识别集聚经济其他结果的文献。这些结果包括就业或就业增长以及企业的区位选择。现在我们开始介绍这类文献，并把它和我们研究生产率时建立的理论框架相联系。这使我们在做解释时可以突出所遇到的困难。尽管如此，我们仍调查了在过去十几年里所得到的结论。

5.6.1　产业就业

首先关注本地产业就业的决定因素。我们介绍了文献中估计设定的理论背景，其次对估计系数做出解释，最后介绍相关文献所得出的结论。

5.6.1.1　从生产率外部性到就业增长

在 20 世纪 90 年代，对集聚经济做经验研究的两篇早期文献是格莱泽等（Glaeser et al.，1992）和亨德森等（Henderson et al.，1995），他们没有直接研究本地生产率的决定因素，而是研究了产业层面本地就业增长的决定因素。一个可能原因是以前很难得到合适地理范围内（比如城市或本地劳动市场）的工资或 TFP 的数据，对个体数据来说更是如此。同时，就业本身就是本地结果关注的重点，尤其对政策制定者来说，比如当区域失业差距和欧洲的一样大时。

为了推导就业等式并可以对文献所得到的结论做出解释，我们建立了一个类似分析生产率时使用的理论框架。这在下边会更清晰，必须建立一个产业层面的生产函数，并且规模报酬可变，考虑：

$$Y_{c,s,t} = \frac{A_{c,s,t}}{\alpha_1^{1-\alpha_2}\alpha_2^{\alpha_2}}\ (s_{c,t}L_{c,s,t})^{\alpha_1}K_{c,s,t}^{\alpha_2} \tag{5.57}$$

其中 $\alpha_1 + \alpha_2 < 1$。一阶条件使投入回报等于边际生产率即：

$$w_{c,s,t} = \frac{\alpha_1 p_{c,s,t}A_{c,s,t}}{\alpha_1^{1-\alpha_2}\alpha_2^{\alpha_2}}s_{c,s,t}^{\alpha_1}L_{c,s,t}^{\alpha_1-1}K_{c,s,t}^{\alpha_2} \tag{5.58}$$

$$r_{c,t} = \frac{\alpha_2 p_{c,s,t}A_{c,s,t}}{\alpha_1^{1-\alpha_2}\alpha_2^{\alpha_2}}s_{c,s,t}^{\alpha_1}L_{c,s,t}^{\alpha_1}K_{c,s,t}^{\alpha_2-1} \tag{5.59}$$

由式（5.58）可以得到资本的设定，代入式（5.59）后可以得到：

$$L_{c,s,t} = \left(\frac{p_{c,s,t} A_{c,s,t} s_{c,s,t}^{\alpha_1}}{w_{c,s,t}^{1-\alpha_2} r_{c,st}^{\alpha_2}} \right)^{1/1-\alpha_1-\alpha_2} \tag{5.60}$$

我们先不考虑工资的影响，这在后边会进行讨论。对本地特征如何影响 $p_{c,s,t}$、$A_{c,s,t}$ 和 $r_{c,s,t}$ 的假设与 5.2 一样，我们可以利用式（5.60）构建一个经验设定，其中本地产业就业（代替工资）的对数被表示为本地变量的函数，比如本地密度、土地面积和专业化：

$$\ln L_{c,s,t} = \beta \ln den_{c,t} + \mu \ln area_{c,t} + \vartheta \ln spe_{c,s,t} + v_{c,s,t} \tag{5.61}$$

和生产率的研究一样，首先需要注意的是，无法识别集聚经济的确切途径，因为决定集聚效应的本地特征不仅通过技术进步对就业产生影响，还通过投入价格和产品价格产生影响。重要的是，无法识别专业化的作用，由于因变量，即产业就业是专业化和密度的对数线性组合，所以为了简化必须对各项重新整合。之所以在产业层面定义生产函数就是为了解决识别问题。通过对比还可以研究其他本地变量的作用，因为式（5.61）意味着：

$$\ln L_{c,s,t} = \frac{\beta - \vartheta}{1-\vartheta} \ln den_{c,t} + \frac{\mu - \vartheta}{1-\vartheta} \ln area_{c,t} + v_{c,s,t} \tag{5.62}$$

现在的本地决定因素中已经扣除了专业化的影响，并且无法单独识别它们的影响。[19] 文献中最初提出可以利用非线性化来识别和专业化相关的静态集聚效应，非线性化是指在式（5.61）中除了包含专业化的水平值外还要包括其对数形式作为本地变量，但这很难做出解释，尤其当两种效应的估计符号不同时，比如亨德森等（Henderson et al.，1995）。所以应当避免将参数的识别依赖于特定的函数形式。

格莱泽等（Glaeser et al.，1992）建议把式（5.60）重新写成一阶差分形式，然后认为本地变量的增长率而不是水平值是本地决定因素的函数。他们把本地变量理解为技术进步的决定因素，但这些变量也代表了集聚经济的作用，集聚经济正像式（5.60）那样通过产品和投入价格发挥作用。现在可以把专业化包含在本地特征中，其影响也可以单独识别。相应的设定是：

$$\ln L_{c,s,t} - \ln L_{c,s,t-1} = \tilde{\beta} \ln den_{c,t-1} + \tilde{\mu} \ln area_{c,t-1} + \tilde{\vartheta} \ln spe_{c,s,t-1} + \varepsilon_{c,s,t} \tag{5.63}$$

本地变量的系数代表了动态集聚效应，比如逐渐提高的学习效应，而不是式（5.62）中的静态学习效应。

当残差存在序列自相关时，即使不存在静态和动态的集聚效应，也可以从式（5.62）中推导出类似式（5.63）的本地产业就业的动态设定，比如假

---

⑲　个体工资可以使我们把个体技能的作用从人力资本外部性中分离识别，按照类似的方式，企业层面的数据使我们可以利用企业就业对产业就业回归来识别产业就业的影响。据我们所知，之前还没有人这么做过。

定 $v_{c,s,t}$ 服从 AR（1）过程，即：

$$v_{c,s,t} = (1-\rho)v_{c,s,t-1} + \varepsilon_{c,s,t} \tag{5.64}$$

其中 $0 < \rho < 1$ 且残差 $\varepsilon_{c,s,t}$ 是独立同分布。当不存在集聚效应，即式（5.62）退化为 $v_{c,s,t} = \ln L_{c,s,t}$，并且如果我们考虑 $L_{c,s,t} = \text{den}_{c,t} \cdot \text{area}_{c,t} \cdot \text{spe}_{c,s,t}$ 时，式（5.64）意味着：

$$\begin{aligned}
\ln L_{c,s,t} - \ln L_{c,s,t-1} &= -\rho \ln L_{c,s,t-1} + \varepsilon_{c,s,t} \\
&= -\rho \ln \text{den}_{c,t-1} - \rho \ln \text{area}_{c,t-1} - \rho \ln \text{spe}_{c,s,t-1} + \varepsilon_{c,s,t}
\end{aligned} \tag{5.65}$$

它的解释变量和式（5.63）相同，但是却限定系数为负且都相等。这说明当估计和式（5.63）类似的设定时，即使存在动态集聚经济，本地变量的系数也可能是负的，实际上文献中也已经得到了这一符号。

把式（5.61）、式（5.63）和式（5.65）放到一起，你就可以考虑一个既包含静态集聚效应也包含动态集聚效应的设定（和我们在 5.2.2 对生产率的研究一样），其中还包含残差的序列自相关，即：

$$\begin{aligned}
\ln L_{c,s,t} - \ln L_{c,s,t-1} = &-\rho \ln L_{c,s,t-1} + \beta(\ln \text{den}_{c,t} - \ln \text{den}_{c,t-1}) \\
&+ \mu(\ln \text{area}_{c,t} - \ln \text{area}_{c,t-1}) + \vartheta(\ln \text{spe}_{c,s,t} - \ln \text{spe}_{c,s,t-1}) \\
&+ \tilde{\beta} \ln \text{den}_{c,t-1} + \tilde{\mu} \ln \text{area}_{c,t-1} + \tilde{\vartheta} \ln \text{spe}_{c,s,t-1} + \varepsilon_{c,s,t}
\end{aligned} \tag{5.66}$$

该式包含了静态效应的时间变化、动态效应和由残差序列自相关所产生的产业就业的惯性。[20] 重新整理该式消除当前和过去的产业专业化（因为没有识别它们的系数），最终我们得到：

$$\begin{aligned}
\ln L_{c,s,t} - \ln L_{c,s,t-1} = &\frac{\tilde{\vartheta}-\rho}{1-\vartheta} \ln L_{c,s,t-1} + \frac{\beta-\vartheta}{1-\vartheta} \ln \text{den}_{c,t} + \frac{\mu-\vartheta}{1-\vartheta} \ln \text{area}_{c,t} \\
&+ \frac{\tilde{\beta}-\beta+\vartheta-\tilde{\vartheta}}{1-\vartheta} \ln \text{den}_{c,t-1} + \frac{\tilde{\mu}-\mu+\vartheta-\tilde{\vartheta}}{1-\vartheta} \ln \text{area}_{c,t-1} + \varepsilon_{c,s,t}
\end{aligned} \tag{5.67}$$

这与亨德森（Henderson，1997）和孔贝斯等（Combes et al.，2004）估计的设定非常相近。另外，你可以把过去的产业就业 $L_{c,s,t-1}$ 替换为 $\text{den}_{c,t-1} \cdot \text{area}_{c,t-1} \cdot \text{spe}_{c,s,t-1}$ 来分析包含过去专业化的设定，但是需要识别的参数相同。

遗憾的是，式（5.67）中的五个系数是由七个我们同样感兴趣的参数构成的，因此即使能够处理变量中的内生性问题，也很难对估计系数做出解释。例如，过去产业就业的负效应不仅和正的专业化静态效应伴随的序列惯性相容，也和负的专业化静态效应伴随的序列惯性相容。类似的，过去本地决定因

---

[20]　该设定和上边的设定并不完全一致，它可能会得到一个一致但却非常复杂的设定。

素的正效应和一些静态或动态集聚效应的负效应不相容。由于相关参数比需要估计的系数还多，所以我们无法区分不同的效应。可以在模型中增加其他的本地特征，比如市场潜力或多样性，以及产业就业的多期滞后，并利用统计检验来确定最终应当滞后的期数。但是，由于这些变量把静态和动态效应混合到一起，这就又出现了识别问题。

到此为止，关于式（5.60）我们仍未讨论的一点是，如果你希望只用 $p_{c,s,t}$、$A_{c,s,t}$ 和 $r_{c,s,t}$ 来解释本地特征的影响而不考虑 $w_{c,s,t}$ 的作用时（与对生产率的分析是一致的），就应当把本地工资（或者如果因变量是就业增长的话，就使用本地工资增长）作为一个控制变量纳入设定。因为在估计劳动需求时，预期本地工资对就业有负效应。对给定工资水平，集聚效应会增加劳动需求，因此我们预期密度、面积和市场潜力等因素对本地就业的影响为正，这和对生产率的研究一样。

但是，控制了工资就意味着只得到了集聚经济的局部均衡效应。它相当于集聚经济对劳动需求的直接影响，但并没有研究集聚使工资改变后对需求产生的反馈效应。另外，从计量经济学的观点看，当因变量是生产率时，根据以上分析，控制工资以后会产生更严重的内生性问题。

也可以不对本地工资进行控制，但那样的话，本地特征就不只通过 $p_{c,s,t}$、$A_{c,s,t}$ 和 $r_{c,s,t}$，也会通过 $w_{c,s,t}$ 对本地就业产生影响，并且工资会产生负的影响。通常情况下，集聚经济会提高名义工资，并相应降低劳动需求。此时，集聚经济对就业的总体影响就变得模糊，尤其是它有可能会是负的。一方面，增加 $p_{c,s,t}$ 和 $A_{c,s,t}$ 而降低 $r_{c,s,t}$ 的集聚经济可能对就业产生积极作用；另一方面，它们也会提高 $w_{c,s,t}$，而这会对就业产生负面影响。当密度对本地就业的影响为负时，我们无法确定到底发生了哪种情况，即如果密度对生产率有负效应，则它对就业的影响也为负，因为生产率和就业正相关；而如果密度对生产率有正效应，则相应的它和工资正相关，从而两者共同对就业产生负效应。例如辛加诺和斯基瓦尔迪（Cingano and Schivardi，2004）同样也利用意大利的数据，对生产率和就业的一些共同决定因素得到了不同的符号。这表明集聚经济对本地生产率的正效应实际上会变成对本地就业的负效应，孔贝斯（Combes，2000）首先提出了这个问题。

最后，孔贝斯等（Combes et al.，2004）也建议把本地就业分成单位企业就业和本地企业数两项：

$$\ln L_{c,s,t} = \ln\left(\frac{L_{c,s,t}}{n_{c,s,t}}n_{c,s,t}\right) = \ln\frac{L_{c,s,t}}{n_{c,s,t}} + \ln n_{c,s,t} \qquad (5.68)$$

其中 $n_{c,s,t}$ 是产业内的本地企业数。可以在现有企业里根据企业数量评估本地特征对平均就业的影响。事实上，城市化和地方化变量会在就业范围和强度上都有不同影响。一阶差分可以发现集聚经济是否对企业的内部增长和外延增长有相同或相反的作用，或者对其中哪种就业增长的影响更强。我们注意到有些作者根据生产率的研究方法，评估了本地人力资本对就业增长的影响，比如西蒙（Simon，2004）对美国的研究以及苏德克姆（Suedekum，2008，2010）对德国的研究。高技能工人和低技能工人之间的替代效应使解释再次变得模糊，这在 5.3.3 已经有所讨论。

5.6.1.2　总就业、专业化、多样性和人力资本

除了把本地密度换成本地总就业外，在就业增长的回归和生产率的回归中引入的解释变量非常相似。估计的设定一般都包括如式（5.63）那样的动态集聚效应，但不包括静态效应。总就业影响产业就业增长的结论明确的表明文献中关于本地就业增长的研究结论是多样的。除了由于采用不同国家和时期所导致的样本差异外，上一节还说明了使用不同设定会如何对估计效应的解释产生影响。例如孔贝斯（2000）对法国研究后发现，本地市场规模在制造业中对产业就业增长有积极作用，但在服务业中却有负面作用。维拉德坎斯—马沙尔（Viladecans - Marsal，2004）对西班牙的六个产业研究后发现，有三个产业中的本地市场规模对产业就业的影响并不显著，而在其他三个产业中的影响呈钟型。布雷恩等（Blien et al.，2006）拓展了布雷恩和苏德克姆（Blien and Suedekum，2005）的分析，发现在德国的制造业和服务业中，本地市场规模对产业就业增长都有积极的作用。最近有两篇研究意大利的文献，一个是把制造业和服务业混在一起研究（Mameli et al.，2008），另一个只研究了商业服务业（Micucci and Di Giacinto，2009）。两个都认为总就业对产业就业增长有积极影响。

上文已经提出集聚效应的空间衰减问题非常重要。迪斯梅特和法肯姆普斯（Desmet and Fafchamps，2005）研究了美国不同位置的总就业和产业就业份额对本地就业增长的影响。他们表明对非服务性产业来说，比如制造业和建筑业，当距离中心区 20 公里以内时，该影响为负，但在处于 20~70 公里时，影响为正，但却很小。这说明就业从总就业较高的市中心向周边地区转移。服务业的总就业有不同的影响：在距离中心区 5 公里以内时，影响系数为正，但在 5~20 公里时，影响系数是一个很小的负数。这说明就业在市中心增长很快，但在周边地区则增长较慢。遗憾的是，对欧洲这方面的研究非常少。维拉德坎斯 - 马沙尔（2004）研究了西班牙毗邻城市的本地特征对产业就业的影响。她一共研究了六个产业，并在其中两个产业里发现本地总就业和毗邻地区就业

有非常显著的正效应。索莱－奥莱和维拉德坎斯－马沙尔（Solé－Ollé and Viladecans－Marsal，2004）以同样方式还对西班牙进行了研究，结果表明大都市区直辖市的增长对郊区的增长有积极作用。米库奇和迪·贾钦托（Micucci and Di Giacinto，2009）在意大利发现远处地区对本地就业增长也有显著的影响。

已经发现多样性对生产率的影响并不稳健，它对产业就业增长的影响也是如此。虽然格莱泽等（Glaeser et al.，1992）发现多样性（由城市内最大的五个产业份额衡量）对产业就业增长的影响为正，亨德森等（Henderson et al.，1995）使用由所有地方产业得到的赫芬达尔指数代表多样性，但只在两个高科技产业中得到了显著的正效应。对于法国，孔贝斯（2000）利用同样的多样化指数，发现它对服务业的就业增长有正效应，虽然在少数制造业中也为正效应，但在大多数制造业中都为负效应。对于西班牙，维拉德坎斯－马沙尔（2004）在三个产业得到了对就业的静态正效应，而在其他产业中是负效应，其中有两个的影响并不显著。布雷恩等（2006）发现在德国的制造业和服务业中，多样化对就业增长都有正效应，并且在制造业中的影响更强。马梅利等（Mameli et al.，2008）发现多样化在意大利也有显著的正效应。

很难对专业化的影响做出评估，因为它对集聚经济的影响无法从之前提到的产业就业的均值回归过程中分离出来。在孔贝斯（2000）、布雷恩等（2006）以及马梅利等（2008）分别对法国、德国和意大利的研究中，制造业和服务业中专业化的影响都是负的。这可能是因为强均值回归更好的抵消了正的集聚效应。范·苏斯特等（Van Soest et al.，2006）发现在荷兰的专业化效应为正，但它的影响范围很小，并且会随着距离的增加而快速消失。

格莱泽等（1992）使利用本地产业的平均企业规模作为衡量地方化经济的变量普遍起来，5.3.2已经对此进行了讨论。孔贝斯（2000）对法国的研究和布雷恩等（2006）对德国的研究结果都表明，无论在制造业还是服务业中，大企业的出现都会降低就业增长。为了得到本地企业规模的作用，孔贝斯（2000）引入了代表企业规模差异的赫芬达尔指数。他发现就业在本地大企业的集中不利于本地增长。因此，在法国，最利于促进就业增长的市场结构似乎是拥有规模比较平均的小企业。另一个难以解释的研究是马梅利等（2008），他利用意大利的数据发现大多数本地决定因素对本地就业的影响都不稳健，也就是说它们的符号会随使用的产业分类情况而变化。

最后，无论是西蒙（2004）对美国的研究还是苏德克姆（Suedekum，2008）对德国的研究，都发现本地人力资本对总就业增长有积极作用。但是，后者研究了最不熟练工人就业增长的影响，它证实了两组工人之间有较强的替代效应和较弱的集聚效应。

5.6.1.3 动态设定

一个重要问题是集聚经济因素产生较大影响所花费的时间。利用面板资料已经得到了一系列研究成果，它们联合估计了本地因变量和集聚经济本地决定因素的动态性，其中包括静态和动态集聚效应的多期滞后。换句话说，他们不是估计 5.6.1 的设定，而是采用完全自回归模型进行估计，这最初是在亨德森（1997）对美国城市的研究中使用的。一旦使用这类模型，本地决定因素的短期影响就可以从它们的长期影响中区分出来。

例如，布雷恩等（2006）表明，无论在制造业还是服务业中，多样化在德国的影响随时间快速消失。这意味着多样化没有长期效应。相似的，在两个产业中，本地企业规模的短期影响很显著而长期影响并不显著。如上所述，孔贝斯等（2004）建议把产业就业分解为单位企业平均就业和本地产业的企业数量。然后利用法国数据对这两个因变量采用向量自回归模型进行估计（Fuchs，2011 采用同样的方法对德国进行了估计）。结果表明影响现有企业增长的本地决定因素不必和促进新企业建立的本地决定因素完全相同。总之，这一调整过程在美国比在法国和德国有更大惯性。对于法国和德国，1 年以后的滞后值就不再显著。这与亨德森（1997）对美国的研究相比非常奇怪，因为他发现在美国 6 年或 7 年以后的滞后值还很显著。

遗憾的是，正如 5.6.1.1 强调的，仍然很难根据静态和动态集聚效应对估计系数做出解释，因为每个估计系数中都包含两类效应。另外，即使向量自回归模型的结构使他们可以通过动态面板估计方法非常合理的处理内生性，但正像 5.4.3.3 对集聚效应讨论的那样，这也是有争议的。最后，采用动态设定的文献仍然是描述性的，并不一定能根据集聚经济对这些效应做出解释。

5.6.2 企业的区位选择

一些作者没有评估集聚经济本地决定因素对生产率或产业就业的影响，而是试图评估这些因素对企业区位选择的影响。企业应当在期望利润最高的地方选址。因为利润会随生产率递增，所以生产率的本地决定因素也会影响企业的区位选择。这是本节方法的直觉。它通常是和外商直接投资（FDI）的区位选择和企业创新因素相联系。

5.6.2.1 策略和方法的考虑

为了评估企业区位选择中本地决定因素的作用，卡尔顿（Carlton，1983）建议使用由麦克法登（McFadden，1974）建立的离散选择建模策略。他的思想是，对任意给定企业，每个区位的价值依赖于确定的本地利润和特有成分。本地利润对所有企业都相同，但特有成分随企业而变化（对给定企业来说，区位间的特有成分服从独立同分布）。这会使企业不都选择相同的区位，但这并不符合实际情况。假定特有成分服从极值法则，则企业区位选择就可以很容易利用 logistic 模型或者 logit 模型进行估计。

经济地理模型基于本地利润预测企业的区位选择，因为在不完全竞争下，企业的短期利润不等于零。从而区位选择的影响因素与生产率等式（5.50）（产品和中间投入品的价格、企业的技术水平和工人效率）和名义工资等式中的因素相同。最终，生产率经验设定中的所有城市化和地方化变量都可以用来解释企业的区位选择。但是，这比在产业就业中更难解释，因为有时候直接效应和间接效应会发挥相反的作用。事实上，利润不仅依赖于生产率还依赖于投入使用和产出数量，它们本身都受到集聚效应的影响但却没有被引入回归。你也可以选择是否控制本地工资水平，但对它的解释和在产业就业中不再相同。很难给出明确合理的解释，因为有许多效应都在发挥作用，并以非线性的方式共同影响本地利润。

另外，正是由于存在企业和工人的区位选择，所以几乎所有用于解释区位选择的本地变量都是内生的。这会导致逆向因果关系，从而影响大多数的集聚经济本地决定因素。遗憾的是，文献中关于企业区位选择的经验研究对这类问题处理的非常少，甚至比生产率和就业本地决定因素的经验研究中还少。作者最多把解释变量滞后一期，这当然不足以纠正可能发生的内生性偏误。为了处理遗失本地变量问题，一些作者纳入了区域虚拟变量，这里的区域地理规模大于区位选择中所考虑的范围，还有一些作者利用时间序列并引入本地固定效应。和生产率的研究一样，这里也需做几点同样重要的说明，5.4.3 已经对此进行了阐述。

基于这些原因，关于企业区位选择的文献大都是描述性的。评估集聚效应影响企业区位选择的一个更好的方法是采用更为结构化的方法，但它的缺陷是只能考虑很有限的几个集聚途径。

除了这些局限外，在研究企业在国家之间的区位选择时，也可以使用包含多个阶段的嵌套 logit 模型。例如，企业首先选择设立在哪个国家，然后根据这个选择再决定国家内的城市或地区。现在还需要考虑两个随机部分，一个和地区相关, 一个和国家相关, 而且假定它们都独立存在。这种结构产生了一个总的随机部分, 它和给定国家的不同地区相关, 这种关系可以和模型的其他参数同时被估计出来。事实上, 一旦确定了地域的整体划分 (即国家或大陆, 再把它们分为地区或城市), 就可以分别估计区位选择本地决定因素在不同空间规模的影响。嵌套 logit 模型的优点是限制了给定阶段企业可能选择的区位数量。考虑到当前计算机的性能, 这是一个很受欢迎的特点, 尤其是如果要在模型里引入固定效应时 (对产业或其他地理范围)。在经验研究中, 这些估计策略也可以采取简化形式, 如卡尔顿 (1983), 或者更结构化的方法, 其中的企业区位选择是经济地理模型的一部分, 如海德和迈耶 (Head and Mayer, 2004)。

离散区位选择模型主要被用于研究 FDI, 因为国内企业的流动性更弱, 所以相对于它们来说, 更容易识别决定 FDI 区位选择的因素。特别地, 跨国企业的区位选择有相对短的时间周期, 不会像国内企业那样有历史偶然性。这使它们更适合用来验证集聚效应的存在性。很多文章还用了另一种方法, 它把一个地区的企业数量作为因变量, 利用简单的 Tobit 模型或计数模型, 如 Poisson 模型或是负二项模型, 甚至是线性模型研究它的决定因素。Tobit 模型考虑了因变量的左审查, 但认为这一变量是连续的。计数模型的主要优点和 logit 模型一样, 对选择的数量没有计算限制, 但是对残差分布有非常强的假设。标准的线性模型没有对残差分布施加任何假设条件, 而且对协变量数量要求非常灵活, 但它忽略了数据的离散特点和左审查。

5.6.2.2 离散区位选择模型

在本地经济特征影响 FDI 区位选择的早期研究中, 海德等 (Head et al., 1999) 研究了美国大陆 50 个州的企业区位选择决定因素, 而吉马良斯等 (Guimaraes et al., 2000) 用同样方法研究了葡萄牙 275 个地区的状况, 这里的地区规模更小。因为我们的调查是基于城市和地区角度的, 所以没有讨论在国家之间的区位选择。但是, 即使主要的集聚经济特点似乎有所不同, 它们的结论和国家内的区位选择并没有显著差异。

正如理论所预期的那样, 对 FDI 区位选择有正效应的第一个系统因素是本地经济规模。例如, 海德等 (1999) 用本地总收入来衡量市场规模, 而吉马良斯等 (2000) 用制造业就业和服务业就业两个变量来衡量。决定企业区位选择的其他因素还有市场准入。吉马良斯等 (2000) 使用到葡萄牙主要城市的距离作为代理变量。海德和迈耶 (2004) 比较了欧洲层面的哈里斯市场潜力变量和结构化市场潜力变量的效果, 并以此解释日本子公司在欧洲 NUT2 类区域的区位选择。他们发现即使控制了很多其他变量，两者都对区位选择有显著的正效应。巴西莱等（Basile et al.，2008）分析了不同国籍的跨国企业在8个欧洲国家50个地区内的区位选择。他们发现如果同时考虑外部市场潜力和地区自身的总增加值，两者都有显著的正效应，但这两种效应似乎主要由欧洲跨国企业的区位选择决定，对非欧洲的跨国企业却并不显著。

市场潜力的正效应似乎非常普遍，当在不同维度分解数据时，更验证了这一结论。例如克罗泽等（Crozet et al.，2004）研究了法国后发现，市场潜力对来自任何国家的FDI都有正效应。在研究德国的FDI时，斯皮斯（Spies，2010）对每个产业分别估计后发现市场潜力的影响总是为正。普斯泰拉和雷斯米尼（Pusterla and Resmini，2007）研究了四个东欧国家NUT2类地区的FDI，发现本地制造业就业和市场潜力变量对FDI的影响都为正，虽然大多影响都是对低科技产业而不是对高科技产业的。

和关于生产率决定因素的文献一样，市场潜力中衡量距离的函数形式——大多数研究中都采用距离的倒数——假定集聚效应在空间快速衰减。文献对距离的作用作了深入研究。例如，巴西莱（Basile，2004）发现，在意大利相邻省的集聚对FDI有负效应，同时，在本省的集聚则有正效应。有趣的是，可以把外商收购和初始投资区分开，结果发现本地企业的数量只对外商收购有显著正效应。但是，把电力消费衡量的本地需求也引入设定后发现，它对两类企业都有正效应。因为企业的区位选择更加自由，所以用初始投资来评估集聚效应的作用更受研究者的欢迎。

这类文献还系统考虑了一个不在本地生产率或增长估计式中的变量：地区以前的外商投资。该变量会产生相反的作用。一方面，因为它可以反映有利于新FDI的地区不可观测特征，或是因为它反映了可能对新FDI有用的现有商业网络，所以可能会吸引未来的FDI。另一方面，竞争效应也使以前外商投资的存在可能会对新FDI有负面影响。理论上，很难评估这个变量如何与集聚经济的其他本地决定因素相互作用，尤其是和本地经济规模的关系。一般情况下，如果没有相关的工具变量和自然实验，就很难识别它们的因果效应。

已经发现当期的FDI和以前的FDI正相关。例如，对欧洲地区的研究结果表明过去的FDI会吸引日本子公司的投资（Head and Mayer，2004）。在意大利，过去的FDI既会吸引外商收购也会增加初始投资（Basile，2004）。在对德国（Spies，2010）、东欧国家（Pusterla and Resmini，2007）和爱尔兰（Barrios et al.，2006）的研究中，过去的投资对低科技产业和高科技产业都会有影响。巴西莱等（Basile et al.，2008）发现在欧洲地区，外资的存在不仅对欧洲的FDI，也对非欧洲的FDI由正向影响。克罗泽等（Crozet et al.，2004）通过研究法国 FDI 的来源后发现，只有特定几个国家的过去值会有正效应，观测到的最大影响来自日本、美国、比利时和英国。最后，德弗罗等（Devereux et al.，2007）发现，在英国的过去外商投资对国内企业和 FDI 两类新投资的影响都为正，对 FDI 的影响更大。利用距离母国或总部的距离这些变量也可以间接检验社会和商业网络的作用，克罗泽等（2004）和巴西莱等（2008）分别研究了法国和欧洲地区，发现它对地区 FDI 的影响为负。一般情况下，语言相同也会对 FDI 有预期的正效应，这可以作为交流外部性存在的间接证据。

　　和生产率的研究一样，很多作者也研究了本地产业特征对区位选择的影响。已经发现 FDI 和专业化之间有非常系统的正相关关系，用相关产业的本地企业数衡量专业化程度，研究欧洲层面用相关产业的本国企业数量（Head and Mayer，2004），研究国家层面的如葡萄牙（Guimaraes et al.，2000）、法国（Crozet et al.，2004）或英国（Devereux et al.，2007）用相关产业的地区企业数量。德弗罗等（2007）也发现本地产业多样性有正效应。对爱尔兰，巴西莱等（Barrios et al.，2006）发现自从 20 世纪 80 年代以来，多样性对 FDI 有显著的正效应，但之前并没有，而且专业化只对高科技企业没有影响。相反地，虽然多样化并不影响低科技企业，但专业化却对低科技 FDI 有正效应。希尔伯特和沃伊库（Hilber and Voicu，2010）研究了罗马尼亚后发现，国内外特定产业的集聚措施会正向影响 FDI，但引入地区固定效应后，只有国内集聚的影响是稳健的，另外还发现毗邻地区的国内特定产业集聚也有相同影响，而且引入地区固定效应会使估计的多样化的正效应更稳健。

　　吉马良斯等（Guimaraes et al.，2000）区分了制造业和服务业集中的影响，并发现服务业集中的影响较大。之后的研究证实了这个结论，尤其是对东欧地区。切希利克（Cieślik，2005）发现在波兰的 NUTS3 类地区中（49 个地区），服务业集中对 FDI 有显著且很大的正效应，希尔伯特和沃伊库（Hilber and Voicu，2010）在罗马尼亚的 NUTS3 类地区中（21 个地区）也得到了相同结论，即使在设定中包括地区固定效应，比如，在罗马尼亚，服务业就业密度增加 10.0% 会使该地区吸引外商投资的可能性平均增加 11.9%。

　　可以看到，我们的结论是多元的，它们在同样的方向上有或大或小的影响（因为作者通常估计不同的设定），但这仍然难以进行比较和解释（因为有很多可能的效应和可能存在的逆向因果关系）。

　　当研究本地劳动市场对 FDI 的影响时，这些问题甚至更重要，文献已经对此有所研究。尤其是已经研究了本地劳动成本的影响，但是，作者很少能同时控制本地劳动的质量，这是一个很重要的问题。理论上，单位有效劳动的成本会影响区位选择，但通常情况下只能得到名义成本。当不考虑劳动效率时，工资对区位选择的正效应可能体现了高技能工人的作用。另外，工资和企业的区位选择是被同时确定的，而这种内生性通常并未被提到。当把本地失业率引入设定并且它的微观基础甚至更不清晰时，该内生性可能更重要。较高的失业率说明可能有大量的劳动供给，并因此产生低工资，或者相反，由于工资太高而导致失业。最终，由于经验设定缺乏相关的理论基础，所以我们认为并不能从这些变量的影响中得到太多结论。这就是为什么我们不详细描述它们估计结果的原因，我们认为需要用更合适的理论来解释本地劳动市场的作用。

5.6.2.3　企业创新和创新精神

最近的一些文献认为新企业的区位选择及其决定因素很有研究价值，因为现有企业建立新工厂的区位选择受到企业现有工厂区位的影响，所以它有助于研究新工厂的区位选择，同时，它在解释集聚效应的作用和程度上更有效。遗憾的是，正如格莱泽等（Glaeser et al.，2010b）指出的那样，这类研究相对较少。卡利诺和克尔（Carlino and Kerr，2015）对研究创新的一些文献进行了梳理。这里我们以更一般的方式描述关于企业创新决定因素的研究。

在对美国的研究中，罗森塔尔和斯特兰奇（Rosenthal and Strange，2003）发现当距离自己第一英里的本产业就业较大时，企业创新就非常重要，但是该效应会随距离快速消失。事实上，第一英里内的影响比第 2~5 英里处的影响要大 10~1 000 倍。他们没有发现城市化对企业创新有任何稳健的影响。格莱泽和克尔（Glaeser and Kerr，2009）建议把那些并非源于现有企业的创新分离出来，因为这是对创新活动的更好度量。本地的活动水平似乎有助于提高创新精神，因为会伴随着出现许多小的供应商。格莱泽等（Glaeser et al.，2010a）发现企业家选择的并不是高回报地区，而是选择有更多本地企业家的地区。利用同样的资料，按照研究本地产业就业影响因素的文献中采用的方法，德尔加多等（Delgado et al.，2010）在设定中纳入了动态效应，并认为均值回归效应和集聚收益共存。

在对其他国家的研究中，菲格雷多等（Figueiredo et al.，2002）研究了葡萄牙企业家的区位选择。有趣的是，他们区分了本国和非本国的企业家，发现集聚效应只存在于非本国的企业家中。在一个合适的地理规模下，阿劳索 – 卡罗德和维拉德坎斯 – 马沙尔（Arauzo – Carod and Viladecans – Marsal，2009）发现西班牙的企业创新会随所在产业已有企业的数量递增，该效应越大，产业的技术水平越高。最后，原田（Harada，2005）和佐藤等（Sato et al.，2012）发现，在日本，较大的市场规模会增加人们创业的意愿，这使个体最终成为企业家的比例呈 U 型特征。实际上，无论地区大小，人们都容易成为企业家。

相比而言，阿达里奥和韦利（Addario and Vuri，2010）对意大利的研究发现人口密度会降低成为企业家的概率，即使企业家的收入在高密度的地区更高。[21]

　　总之，得到的结论是多元的，这可能和不同的估计设定以及处理内生性的方式有关，尤其是这些问题并非总能得到解决。然而，关于企业家区位选择的文献正在快速增加，一旦这些文献有了更好的理论支持，并更好的考虑了空间排序和逆向因果关系，将会得到关于创新精神本地决定因素的更有趣的结论。

5.7　集聚机制的识别

　　评估集聚经济决定因素影响本地结果的文献估计了本地变量的总效应，但它没有研究集聚的基本机制。最近的一些文献尝试从三个方面识别这些机制。一些文章关注了工作搜寻与匹配效应，并评估和生产率相关的集聚效应是否和本地劳动市场运行的方式相关。还有些学者采取了间接的方式，他们检验了和产业特征相关的空间集中或企业的共同选址是否和马歇尔的三个集聚机制：劳动力池、知识溢出和投入产出联系相关联。最后，一些案例研究提出要量化特定的集聚效应。

5.7.1　劳动力流动、专业化、匹配和培训

　　有些集聚收益来源于工作流动性的增加以及工人与企业之间较好的匹配。一些研究评估了集聚是否会增加工人在公司、产业或职业之间的流动性，以及是否会增加失业者找到工作的机会。弗里德曼（Freedman，2008）使用美国纵向雇主—工人匹配资料，研究了一个州的软件出版业专业化对工人就业流动性和收入动态的影响。在一个以 25 公里为半径的范围内，较高的专业化会增加在两个软件业工作之间更换的可能性。工资回归也表明在 25 公里半径内，专业化会降低初始工资，但也和更大的工资变化幅度有关，从而会产生工资溢价。

　　利用国家青年纵向调查资料，惠勒（Wheeler，2008）评估了本地人口、密度和多样性对产业间劳动力流动的影响，这种流动性依赖于以往工作变换的次数。当查看初次工作变换的样本时，他发现在更大且更多样化的本地市场中，更容易发生产业的变化。一旦控制了多种工作，正向关系就变为负的。因

为总的来说较大市场的工人也倾向于更少的改变工作，这说明集聚有利于劳动力市场的匹配。按照同样的思路，布利克利和林（Bleakley and Lin，2012）利用美国的数据，研究了大都市区就业密度对职业和产业变化的影响。他们使用历史本地密度作为当前本地密度的工具变量，使用的是州级层面的相关数据。结果发现在密度更高的市场上，职业和产业的变化率更低，但对年轻工人来说，这一结论却是相反的，这和惠勒（2008）的解释一致。自身产业或自身职业的本地就业份额也对产业和职业的变化有负效应。

迪·阿达里奥（Di Addario，2011）研究了意大利的集聚变量对工作搜寻的影响。他估计了本地人口和专业化如何影响那些未受到雇用且正在寻找工作的个体找到工作的概率，并使用历史人口、地质灾害和土壤特征作为集聚的工具变量。总之，结论显示更多的本地人口以及位于一个产业区或特区会增加被雇佣的概率。相反的，没有发现任何变量会对搜寻行为产生影响。

一些作者研究了工人和企业的匹配是否在更大/更密地区的效率更高。5.2.3在静态框架下讨论了评估匹配对生产率影响的方法。在这些研究中，惠勒（Wheeler，2006）发现工资增长在大城市中更重要，这一差异主要和更换工作所导致的工资增长差异相关。这和大城市有较好的匹配一致。但是，他并没有考虑工作和区位变化的内生性问题。这可以利用更为结构化的方法来解决，5.2.4对此做出了说明。鲍姆—斯诺和帕文（Baum – Snow and Pavan，2012）估计了一个结构模型后发现，相对于其他静态和动态集聚效应来说，匹配质量对所观测到的城市规模溢价影响很小。结论的差异可能来源于静态和动态模型结构上的差异，更具体点就是如何处理个体选择的内生性问题。

还有另一种用来评估匹配质量的静态方法。安德松等（Andersson et al.，2007）使用加利福尼亚和佛罗里达的工人—企业匹配的面板数据估计包含工人和企业固定效应的工资等式。然后他们对每个县的企业计算了企业固定效应和企业内部平均工人固定效应之间的关系。这是在县级层面上对平均企业固定效应、平均工人固定效应和密度回归的。密度的估计系数显著为正，这说明在密度更高的地区匹配效果更好。菲格雷多等（Figueiredo et al.，2014）利用葡萄牙雇主—雇员的面板数据评估了密度如何影响工人和企业的匹配。他们的经验策略分为两个步骤。首先，他们估计了一个包含工人、企业和匹配效果的工资方程。其次，把估计的匹配效果对相关解释变量进行回归，主要包括密度、专业化和工人与企业的固定效应。第二步对密度的估计结果并不显著。专业化的影响只在10%水平上显著为正。我们仍不清楚单一的匹配效应究竟能在多大程度上代表工人和企业的互补效应。在第一步的设定中工资被表示为对数形式，这意味着工人的指数化产出和企业固定效应也有互补性。

最后，安迪尼等（Andini et al.，2013）评估了意大利的工人和企业对劳动力池的衡量是否存在密度效应（划分为一个产业区）。他们在本地劳动市场层面衡量密度，并使用历史值作为工具变量。对个体造成的结果有雇主或工作类型的改变或者两者都改变、职场学习、过去的经验、企业培训、技能转移、更换工人或找到新工作的困难、专业化的衡量以及经验和教育水平的合适程度。对企业造成的结果是自愿退出的比例、同样产业内以前工人再就业的比例、培训主要工人所需要的天数、对新工人的教育水平和经验的衡量。总之，结论支持劳动力池的相关理论，但证明能力较弱，可能是因为资料太少。特别是有证据表明集聚对营业额、在职培训和工资匹配的提高有正效应。

另一个可能会提高城市生产率的机制是任务专业化。主要观点是这有利于劳动分工，但分工受到市场规模的限制。因此较大市场里的劳动分工更细。有很少的几篇文献研究了劳动分工和城市规模之间的关系。杜兰顿和佳伊特（Duranton and Jayet，2011）利用法国1990年的人口普查资料，使用其中114个部门454个职业超过500万个工人的信息研究了这一关系。研究结果表明即使考虑了城市间不均匀的产业分布，大城市的稀缺行业里也有较高比例的工人。例如，巴黎和法国最小城市之间的差异在70%左右。对于德国，科克（Kok，2014）表明工作专业化及其必需的技能水平会随城市规模递增。据我们所知，还没有人研究城市规模、劳动分工和生产率之间的联系。

综上所述，一些作者研究了知识溢出是否源于工人在同一个本地劳动市场的企业之间的流动。塞拉菲内利（Serafinelli，2014）在意大利的威尼托区发现，生产率高的企业雇用一个有经验的工人会显著增加其他企业的生产率。根据他的结论，当本地劳动市场增加一个新的高生产率企业时，工人流动可以解释由其他企业带来的生产率收益的15%左右。孔贝斯和杜兰顿（Combes and Duranton，2006）建立了一个模型，模型中企业的区位选择取决于是否能通过从其他企业挖取工人来提高企业的生产率。但是，除非付给工人更高的工资，否则工人还会被其他企业挖走，而这会提高企业的生产成本。一些作者提出可以通过研究企业内部培训如何随城市规模变化来间接的检验这一理论，培训的另一种途径是挖取别的公司已经培训过的工人。布鲁内洛和甘巴罗托（Brunello and Gambarotto，2007）、布鲁内洛和帕乌拉（Brunello and Paola，2008）以及马尔曼和沃尔特（Muehlemann and Wolter，2011）分别研究了意大利、英国和瑞士后发现，规模较大市场中的在职培训实际上更少，这在英国表现的更明显。

总的来说，关于流动性、工作搜寻和培训的文献研究了与劳动市场相关的集聚机制，这是个很有意思的尝试。但大多还都是描述性的，需要从理论上考虑更基础的方法。

5.7.2　产业空间集中和共同集聚

根据马歇尔（1890），集聚经济有三类主要的机制：知识溢出、劳动力池和投入产出联系，有一类文献试图识别出每种机制的单独效应。为此，一些文章拓展了5.6提出的就业或企业创新的设定，在其中包含了代表这三类机制的变量。我们首先会看到有大量文章计算了每个产业的空间集中指数或共同集聚指数，然后把这些指数与三类集聚机制相关的产业特征回归。由于这些分析通常没有一个明确的理论框架，所以，目前这类文献大多都是描述性的。

金（Kim，1995）是最先对一些产业计算空间集中指数的文献之一，他采用的是空间基尼集中指数（See Combes et al.，2008b），并把它对产业特征回归，尤其是对平均企业规模回归。目的是要验证规模报酬递增程度更高产业的空间集中程度是否也更高，规模报酬递增程度更高的特征就是均衡时会产生更大的企业。他把美国分成9个大区，对20个产业在1980~1987年的5个时间点计算了空间集中指数。在设定中引入生产中原材料的比例来控制比较优势对空间集中的影响，还使用产业固定效应代表不随时间变化的产业效应。

这类经验策略有很大局限性。即使简单的经济地理学模型也表明，规模报酬递增和贸易成本及产业差异化程度共同确定了均衡时的空间集中程度（See Combes et al.，2008b）。但是，设定中只引入了三个产业特征中的一个，因此必须严格假设任意其他两个特征和第一个特征之间没有关系，或者它们随时间的变化足够小，从而产业固定效应可以代表它们。如果可以得到贸易成本和产品差异指数，当然也不能把它们直接引入设定，因为理论模型通常认为结果和主要参数之间是非线性关系，所以把这些特征直接作为分离可加的线性解释变量就过于极端也过于简化了。类似的，比较优势理论强调生产函数中要素强度和地区要素禀赋之间的相互作用。只控制要素强度而不控制禀赋的空间分布会导致忽视产生地区专业化的作用。最后，还有一些没有考虑到的影响空间集中的机制，比如知识溢出和劳动力池。

还有一些研究通过拓展估计式来评估其他集聚机制的作用。[22] 罗森塔尔和斯特兰奇（Rosenthal and Strange，2001）在这个方向上做了有意义的尝试。他使用美国4位数制造业的埃利森和格莱泽（Ellison and Glaeser，1997）指数度量空间集中。三类机制都得到了研究。用已发货的制造业和非制造业投入比例

---

[22]　他们也使用了非常详细的数据，虽然时间周期较短。

度量投入共享，用单位发货价值的创新度量知识溢出，另外还有作者使用R&D 投入度量知识溢出。使用发货价值减去投入品的购买价值后再除以工人的数量、管理人员的比例和学士以上工人比例来度量劳动力池。这仍与我们的直觉不相符，因为需要特殊劳动技能的行业会由于集中而获得更多收益。还可以引入很多其他控制变量，它们大都和初始投入使用相关，从而可以再次引入比较优势效应。因为只能得到截面数据，所以只能引入 3 位数而不是 4 位数水平的产业固定效应。埃利森和格莱泽指数的构造考虑了和产业平均工厂规模相关的生产集中指数。因此，并不清楚是否还需要控制企业的规模，罗森塔尔和斯特兰奇（2001）没有考虑这一因素。

罗森塔尔和斯特兰奇（2001）做的主要是这类研究。虽然劳动力池有正效应，但只有在一个小范围度量空间集中时（一个邮递区号），知识溢出才对空间集中产生正效应。对制造业投入的依赖会影响州级层面的集聚，但不会在更小范围内产生影响。相比而言，对服务业投入的依赖对州级层面的集聚有负效应。奥弗曼和普加（Overman and Puga，2010）提出了另一种间接度量劳动力池的方法。他假设如果有一个充足的劳动力池，那么这个劳动力池会使企业能更有效的抵御生产率的冲击。利用英国企业层面的面板数据，他们度量了异常就业冲击，并把它按时间和产业内的企业进行平均。结果发现经历过异常就业冲击更大产业的空间集中程度更高。

很久以前，奇尼茨（Chinitz，1961）提出依靠产业特征检验产业共同集聚的程度，这是另一种检验集聚经济是否存在的方法。埃利森等（Ellison et al.，2010）更系统的使用了这一方法，他研究了美国制造业选址的接近程度。思路是计算两个产业的共同集聚指数，并把它对两个产业的接近程度回归，产业接近程度用劳动力池、知识溢出和投入产出联系来确定。劳动力池由两个产业之间岗位比例的关系衡量，还有一些作者使用两个产业间这些比例的分布差距衡量。产业间的投入产出联系使用来自其他产业的投入比例和对其他产业的产出比例来衡量。技术接近性用两类变量衡量，第一类是流入和流出其他产业的R&D 比例，第二类是其他产业对本产业专利的引用量。一般情况下，这些变量是不对称的。例如，第一个产业对第二个产业的引用量可能多于第二个产业对第一个产业的引用量，因此，回归中使用的是该变量在两个产业中的最大值。

重要的是，为了控制比较优势效应，埃利森等（2010）在解释变量中引入了一个由自然优势决定的空间共同集聚指数，这是对埃利森和格莱泽（Ellison and Glaeser，1999）提出的自然优势空间集中指数的拓展，结论也是基于共同集聚指数的。实际上，埃利森和格莱泽所提出的标准指数是把空间单元按照经济活动进行了分类，并衡量了在这些单元的集中程度。它的弊端是没有考虑单元的相对区位和它们之间的距离，因此，该指数不随单元排序而变化。例如，如果把这些有大量活动的单元布局到经济中心或周边地区，得到的共同集聚指数是相同的。杜兰顿和奥弗曼（Duranton and Overman，2005）提出了另一种可以解决这个问题的方法。他们度量的空间集中和共同集聚是基于厂商之间的距离分布，并可以在任意空间范围计算。你可以评估在相距 5 英里、10 英里或其他距离的企业之间是否存在集中。埃利森等（2010）利用相距 250 英里的杜兰顿和奥弗曼指数进行了估计。最后，因为解释变量和被解释变量都是根据同样的数据计算的，所以可能存在内生性问题，埃利森等（2010）使用英国的数据代替美国的数据构建了类似变量作为解释变量的工具变量。

结论证实了这三类集聚机制的存在，而且影响最大是投入产出联系，之后是劳动力池。科尔科（2010）对制造业和服务业做了类似研究，用产业内贸易量作为另一种度量产业间联系的变量。他研究了不同空间规模下的集聚和共同集聚：邮区、郡县、大都市区和州。局限性在于没有使用基于距离的集中指数，比如杜兰顿和奥弗曼指数，没有控制由于自然优势所造成的空间集中，也没有使用工具变量来处理内生性。最后，无论对制造业还是服务业，产业间贸易似乎是形成产业共同集聚的主要推动力。更确切地说，服务业贸易似乎更倾向于在一个邮区内，而不是在一个县或州内集聚；相比而言，制造业贸易则更倾向于在一个县或州内，而不是在一个邮区内集聚。投入共享在任意空间层面上都会对制造业和服务业的共同集聚产生正向影响，同时还发现，在某种程度上，职业的相似性也会产生正效应，但只限于服务业而且只在邮区层面成立。至于空间集中，劳动力池是唯一有显著影响的变量，它的影响为正但却只存在于制造业。

克尔和科米尼尔（Kerr and Kominers，2015）按照埃利森（Ellison et al.，2010）的思路进一步研究了空间集中的决定因素。他们计算了不同产业和不同距离的杜兰顿和奥弗曼空间集中指数，把所有的计算结果汇总到一起后，使它对距离虚拟变量和产业知识溢出的交互项进行回归，或者是对距离虚拟变量和产业劳动力池的交互项进行回归。这些因素的变量和其他研究有细微的差异。关于知识溢出，克尔和科米尼尔（2015）比较了 0~10 英里和 30~150 英里的专利引用溢出。对 700 多种职业计算了职业集中的赫芬达尔指数，并用它代表劳动力池。大多数距离虚拟变量交互项的估计系数都随距离递减，且只在短距离下显著。这说明知识溢出较近或劳动力池更大产业中的企业更易于集中。不论使用美国数据还是英国数据计算知识溢出和劳动力池，都可以得到类似结论。但是，需要分开估计这两类集聚经济的途径，没有人把它们放在一起回归。最后，距离虚拟变量和自然优势依赖度交互项的估计系数随距离递增，而且只在距离足够大时才显著。

这也符合我们的直觉，即越独立于自然优势的产业越分散。

这类文献面临的一个困难是因变量是一些变量的复合函数，比如本地产业就业，它和用来构造解释变量的产业内的企业和工厂数量有关。因此，很难说明解释变量在均衡时的预期效应，这也使得对它的解释非常困难。考虑到这个困难，为了评估某些特定集聚途径的作用，杜迈斯等（Dumais et al.，1997）提出要重新审视产业就业方面的文献，这在杜迈斯等（Dumais et al.，2002）中并没有提到。他们考虑了一个设定，用本地产业就业代替产业空间集中指数作为因变量。按照下述方法构建本地层次的马歇尔外部性，并在全国层面上衡量产业间在知识溢出、劳动力池和投入产出联系上的接近性。对于给定的集聚途径，把所有这些产业的接近性按照本地产业份额加权后再加总就得到一个产业的本地变量。这些变量有时候也和5.6.1提出的产业就业本地决定因素相互作用。所有这些都可以作为本地产业就业的解释变量。

最近，霍夫雷–蒙塞尼等（Jofre–Montseny et al.，2011）采用类似方法研究了西班牙直辖市层面和城市层面不同集聚经济对新企业区位选择的影响。[23] 霍夫雷–蒙塞尼等（2014）以同样方式利用西班牙的数据对每个产业分别进行了估计，他的企业区位选择模型包括两个主要的本地解释变量：产业内的和其他产业的本地就业。然后把这两个产业特有的变量对产业特征回归，产业特征的代理变量有知识溢出、劳动力池、投入共享与能源和原材料使用。前边我们提出，很难对就业增长的估计式做出解释，但霍夫雷—蒙塞尼等（2014）提出可以对设定做进一步拓展，即在设定中引入本地决定因素和产业层面上对不同集聚力产生影响的因素的交互项。这种拓展甚至更加模糊，并且比我们在5.6.1讨论的就业增长设定更难做出解释。

总之，这一系列文献是识别集聚经济机制很有意义的尝试，但最终却很难给这些结论做一个明确的解释，并且结论也大都是描述性的。这是因为估计设定和理论模型之间没有很强的联系。另一个问题是是否准确衡量了集中和共同集聚。我们仍然需要研究集中指数的准确特点，即使是杜兰顿和奥弗曼（Duranton and Overman，2005）的度量方法也不例外。另外，我们还需要假定作为解释变量的产业特征确实代表了它们被赋予的作用，并且具有线性可加性，但这些都不确定。例如，理论上当两个产业之间投入的贸易成本很大时，共享投入会促使两个产业的集中。按照这一观点，代表投入产出联系的变量应当和贸易成本之间有相互作用，但文献并没有对此进行研究。最后，可能会有内生性

㉓ 采用相同的研究方法，但却研究集聚经济对TFP影响的文献有Rigby和Essletzbichler（2002）、Baldwin et al.（2010）、Drucker和Feser（2012）以及Ehrl（2013）。

问题，因为因变量和解释变量通常都是用同样的数据计算的，但都很难对内生性的存在性及其作用途径做出评估，也很难推断哪些工具变量有效，因为估计的设定通常都没有很精确的理论框架。另一方面，上一节已经提出，因为现在已经能够合理可信的评估集聚对生产率的总体影响，所以我们认为对集聚途径强度的研究非常重要，并且一定是未来的主要研究方向。可以用这一节所介绍的描述性研究来构建理论模型，并以此得到相关设定，还可以用来识别集聚的途径并找出处理内生性的方法。把结构化方法用于案例研究是在这个方向上走出的第一步，这将在下一节介绍。

5.7.3 案例研究

因为我们已经了解了可能存在的密度效应，并能够对其做出详细说明，所以可以通过企业或产业的案例研究评估集聚经济的具体机制。

霍姆斯（Holmes，2011）提出了一个有趣的结构化方法评估集聚经济对配送成本的重要性。他重点关注了沃尔玛在美国的分布，并考虑了新店开张的地点和营业时间。这些新店会销售日用百货，如果是购物广场，也会销售食品。在商店运营期间，沃尔玛会获取销售收入，但有运营成本，运营成本不仅包括工资、租金和设备成本，还包括固定成本。固定成本取决于本地人口密度，也取决于和最近的日用杂货配送中心的距离，并且可能也和最近的食品配送中心之间的距离有关。商店密度越高会导致和配送中心之间的距离越短。当开一个新店时，距离配送中心较近会节约一定费用，但会侵占现有商店的市场，沃尔玛需要权衡两者之间的关系。对密度效应和与配送中心接近性的估计策略如下，将消费者在商店之间的选择模型化，通过比较预测的和观测到的商品和食品收益估计出需求参数，然后考虑纳入商店位置的沃尔玛利润函数的跨期设定。特别的，该函数取决于扣除成本以后的收益，成本中包括工资、租金、设备成本和固定成本。对一个给定位置的商店，可以通过需求设定得到净收益，其中参数由它们在第一步的估计值代替。为了估计和固定成本相关的参数，霍姆斯（2011）还考虑了沃尔玛商店开业的实际情况，然后把商店两两组合排序后考虑开业时间的偏差，商店实际开业所得到的利润必须至少等于两者的偏差，这会得到一系列不等式，代入数据就可以估计人口密度和距离对配送中心的影响边界。估计结果表明，当沃尔玛商店靠近配送中心1米时，公司的年收益差异大概在3 500美元左右。这衡量了商店的密度收益。

农业中密度经济的收益和相邻土地的使用状况有关，霍姆斯和李（Holmes and Lee，2012）对此做出了估计。当需要使用一种特殊设备时，农场主可以通过在相邻的更多土地上使用它来节约初始成本。另外，如果农场主对某种农作物的种植较为熟悉，就值得在附近土地上种植这种农作物，虽然这可能会降低农作物种植的多样性而不利于抵御风险。可以利用北达科他州红河谷区域的种植决策对此进行研究，因为这里有多年的利用卫星搜集到的多种农作物的种植数据。确切地说，研究重点是这里约 160 英亩大的土地。这些土地可以被划分为 4 个 40 英亩大的地块，每个都能被设定为一个田地。经验方法取决于一个结构化模型，农场主最大化这四块土地的跨期利润，并选择对每块土地种植某种农作物的概率（而不是另一种）。产出取决于土壤质量和投资数量，投资是用来购买种植特定农作物的某种设备。由于密度经济源于在所有土地上对特定设备的使用，所以在一块土地上对某种农作物的最优种植水平不仅取决于本块土地的土壤质量，还取决于其他各块土地的状况。对该式估计得到的参数能用来评估密度经济。结论表明相同地块之间有很强的联系，如果剔除密度经济，则特定农作物的长期种植水平会下降 40% 左右。实际的农作物专业化水平有 2/3 取决于自然优势，1/3 则取决于密度经济。

5.8　结　　论

大多数文献都是研究集聚经济本地决定因素的整体影响，而没有对产生集聚效应的具体机制进行识别。在评估城市的作用时，这非常重要。文献的主要进展是处理了工人和企业的空间排序，以及由遗失变量和逆向因果关系导致的内生性问题，尤其在评估密度对生产率的影响时更是如此。

我们建立了一个一致框架，它包括早期利用总体区域数据对集聚效应的估计和使用个体数据的更复杂的估计策略，另外还包括最近的一些结构化方法。这使我们可以讨论文献中提出的大多经验问题和结论。我们也介绍了一些尝试研究其他本地结果的文献，即就业和企业区位选择，但仍需要做很多研究。例如，在研究本地就业的决定因素时，为了更好地从长期效应中梳理出短期动态以及区分劳动力供给和需求各自的作用，就需要做更多的理论和经验解释。因为很少考虑选择和内生性问题，所以就出现很多研究企业区位选择的文献。令人惊讶的是，很少人关注集聚经济对失业的影响，这很有研究的价值，至少可以对欧洲做一些工作，因为那里的区域间失业率差异仍然很大。最后，识别集聚经济的途径也非常重要，但是除了卡利诺和克尔（Carlino and Kerr，2015）关于创新研究的一些成果外，相关文献仍然很少。我们仍然需要利用完善的理论为评估集聚经济的途径提供有用的策略，当前的经验研究虽然有趣但大都是描述性的。

一些研究开始在本章未提到的方向上做出研究。首先，空间均衡的存在意味着集聚成本和集聚收益是相伴相生的。吉本斯等（Gibbons et al.，2011）证实了这个预测，他表明一旦考虑了住房质量和工人技能，在英国的本地住房成本和名义收入之间有几乎一对一的关系，这两项在大城市的值都会更高。其次，一些作者做了更深入的研究，他们根据集聚成本和集聚收益研究了福利的含义。但是，分析中仍有一些影响没有考虑到，尽管从政策上来说，它们有一定的重要性。例如，为了制定提高城市福利的政策，需要重点考虑城市规模会如何影响环境或道路拥挤成本。

早期只有很少文献尝试评估集聚的成本，而且还都是针对发展中国家的研究（Thomas，1980；Richardson，1987；Henderson，2002）。最近以来，虽然有了更系统的住房和土地价格调查资料，但文章所使用的资料仍不够全面，也有一些对发达国家的研究，如戴维斯和希思科特（Davis and Heathcote，2007）以及戴维斯和帕隆博（Davis and Palumbo，2008）对美国的研究，或者孔贝斯等（Combes et al.，2012a）对法国城市范围内土地价格的研究。后一篇文章估计了土地价格对城市人口的弹性，并据此得到城市成本的弹性。它的大小与集聚收益对生产率的弹性相似。阿尔布依和埃利希（Albouy and Ehrlich，2013）按照这一方法研究了美国大都市区土地价格的决定因素。最后，一些作者试图利用自然实验或可控实验做研究，比如罗西—汉斯博格等（Rossi - Hansberg et al.，2010），他利用在里士曼、弗吉尼亚实施的住房城市复兴计划评估了住房外部性对土地价值的影响。

住房不是存在地区价格差异的唯一商品，但我们对其他商品了解得很少。利用购买交易的条形码数据，汉伯里和温斯坦（Handbury and Weinstein，2015）和汉伯里（Handbury，2013）评估了食品杂货的价格如何随城市规模发生变化。汉伯里和温斯坦（2015）发现原料价格指数随城市规模略微递增，这成为家庭集聚成本的另一项来源。但是，这没有考虑由产品质量所导致的价格差异，也没有考虑 CES 效用函数中多样化偏好产生的影响。一旦考虑了这些因素，价格指数就会随城市规模递减。根据克鲁格曼（1991b）可知，在具有流动工人的经济地理模型中，这是主要的集聚收益。价格指数的降低主要是因为在大城市有大量的多样化产品，还因为这些产品的质量也很高。汉伯里（2013）假定富裕家庭和贫困家庭的偏好存在差异，并得到更深入的结论，即对富裕家庭来说，价格指数随城市规模递减，而对贫困家庭则是递增的。很明显，对这类集聚效应做深入研究已经变得非常重要。

最后，因为有证据表明集聚的收益和成本与区位选择一样在不同工人之间存在差异，所以当你希望评估个体或家庭不平等时，有必要把空间重新引入福利分析。莫瑞提（Moretti，2013）表明，一旦考虑到熟练工人比非熟练工人更倾向于生活在大城市，在过去 30 年里，熟练工人和非熟练工人之间的实际工资差异比名义工资差异增加的要少。事实上，熟练工人和非熟练工人之间住房成本差异可以解释多达 30% 的名义工资差异。阿尔布依等（Albouy et al.，2013）表明在加拿大的城市中，说英语和说法语的人的实际工资差异最大。

但是，这类实际工资的计算没有考虑城市便利设施的差异，也没有考虑可能存在的不同工人对设施评价的差异。因为工人是流动的，所以地区间实际工资的差异应当在一定程度上反映了设施价值的差异（See Roback，1982）。阿尔布依等（2013）表明，他们计算的加拿大城市的实际工资与城市的艺术等级和气候条件略微相关。对于美国，阿尔布依（Albouy，2008）和阿尔布依（Albouy，2009）发现最有价值的城市都靠近海岸线，并且阳光充足、气候宜人。这与迪斯梅特和罗西—汉斯博格（Desmet and Rossi - Hansberg，2013）的结论一致，他们使用了一个更一般的模型，并利用美国数据评估了消除城市间便利设施或摩擦（城市内部的通勤时间、地区税收、政府支出）后产生的福利影响。戴蒙德（Diamond，2013）研究了工人的异质性后发现，在美国，递增的技能排序与高技能城市内部便利设施的内生增长有关。

最近的一些理论成果，比如贝伦斯等（Behrens et al.，2014）、埃克赫特等（Eeckhout et al.，2014）和贝伦斯和罗伯特—尼佑德（Behrens and Robert - Nicoud，2014）都表明在城市内部和城市之间同时研究排序和差异很有价值。格莱泽等（Glaeser et al.，2009）和孔贝斯等（Combes et al.，2012c）分别研究了美国和法国后，发现大城市实际上有更大的工资和技能分布。鲍姆—斯诺和帕文（Baum - Snow and Pavan，2013）进一步证明在美国存在工资和技能在城市内部和城市间的不平等。未来研究的一个挑战是对城市内部和城市间的差异做一个完整的福利评估，它除了需要考虑生产率以及土地和房屋价格外，还要考虑集聚成本和收益、不完全流动的异质工人以及便利设施。

致　谢

我们非常感谢 Gilles Duranton、Vernon Henderson、Jeffrey Lin、Steve Ross、William Strange 和在费城大学沃顿商学院举办的手册讨论会中所给出的有益评论。也非常感谢法国法新社的研究机构、ANR - 11 - BSH1 - 0014 和 ANR - 12 - GLOB - 0005 基金给予的资金支持。

参考文献

Abel, J.R., Dey, I., Gabe, T.M., 2012. Productivity and the density of human capital. J. Reg. Sci. 52, 562–586.

Abowd, J.M., Kramarz, F., Margolis, D.N., 1999. High wage workers and high wage firms. Econometrica 67, 251–333.

Addario, S.D., Vuri, D., 2010. Entrepreneurship and market size. The case of young college graduates in Italy. Labour Econ. 17, 848–858.

Ahlfeldt, G., Redding, S., Sturm, D., Wolf, N., 2012. The economics of density: evidence from the Berlin-Wall. CEP Discussion Papers 1154.

Albouy, D., 2008. Are big cities really bad places to live? Improving qualityof-life estimates across cities. Working paper 14472, National Bureau of Economic Research.

Albouy, D., 2009. What are cities worth? Land rents, local productivity, and the capitalization of amenity values. Working paper 14981. Revised 2014, National Bureau of Economic Research.

Albouy, D., Ehrlich, G., 2013. The distribution of urban land values: evidence from market transactions. Mimeograph, University of Illinois.

Albouy, D., Leibovici, F., Warman, C., 2013. Quality of life, firm productivity, and the value of amenities across Canadian cities. Can. J. Econ. 46, 379–411.

Amiti, M., Cameron, L., 2007. Economic geography andwages. Rev. Econ. Stat. 89, 15–29.

Ananat, E., Fu, S., Ross, S.L., 2013. Race-specific agglomeration economies: social distance and the black-white wage gap. Working paper 18933, National Bureau of Economic Research.

Andersson, F., Burgess, S., Lane, J.I., 2007. Cities, matching and the productivity gains of agglomeration. J. Urban Econ. 61, 112–128.

Andersson, M., Klaesson, J., Larsson, J.P., 2015. The sources of the urban wage premium byworker skills: spatial sorting or agglomeration economies? Pap. Reg. Sci., forthcoming.

Andini, M., de Blasio, G., Duranton, G., Strange, W., 2013. Marshallian labour market pooling: evidence from Italy. Reg. Sci. Urban Econ. 43, 1008–1022.

Arauzo-Carod, J.M., Viladecans-Marsal, E., 2009. Industrial location at the intrametropolitan level: the role of agglomeration economies. Reg. Stud. 43, 545–558.

Arellano, M., Bond, S., 1991. Some tests of specification for panel data: Monte Carlo evidence and an application to employment equations. Rev. Econ. Stud. 58, 277–297.

Arzaghi, M., Henderson, J.V., 2008. Networking off Madison Avenue. Rev. Econ. Stud. 75, 1011–1038.

Au, C., Henderson, J., 2006a. How migration restrictions limit agglomeration and productivity in China. J. Dev. Econ. 80, 350–388.

Au, C.C., Henderson, V., 2006b. Are Chinese cities too small? Rev. Econ. Stud. 73, 549–576.

Bacolod, M., Blum, B.S., Strange, W.C., 2009a. Skills in the city. J. Urban Econ. 65, 136–153.

Bacolod, M., Blum, B.S., Strange, W.C., 2009b. Urban interactions: soft skills versus specialization. J. Econ. Geogr. 9, 227–262.

Bacolod, M., Blum, B.S., Strange, W.C., 2010. Elements of skills: traits intelligences, education, and agglomeration. J. Reg. Sci. 50, 245–280.

Bai, J., 2009. Panel data models with interactive fixed effects. Econometrica 77, 1229–1279.

Baldwin, J.R., Brown, W.M., Rigby, D.L., 2010. Agglomeration economies: microdata panel estimates from Canadian manufacturing. J. Reg. Sci. 50, 915–934.

Barrios, S., Görg, H., Strobl, E., 2006. Multinationals' location choice, agglomeration economies, and public incentives. Int. Reg. Sci. Rev. 29, 81–107.

Basile, R., 2004. Acquisition versus greenfield investment: the location of foreign manufacturers in Italy. Reg. Sci. Urban Econ. 34, 3–25.

Basile, R., Castellani, D., Zanfei, A., 2008. Location choices of multinational firms in Europe: the role of EU cohesion policy. J. Int. Econ. 74, 328–340.

Baum-Snow, N., Ferreira, F., 2015. Causal inference in urban economics. In: Duranton, G., Henderson, V., Strange, W. (Eds.), Handbook of Urban and Regional Economics, vol. 5A. North-Holland, Amsterdam.

Baum-Snow, N., Pavan, R., 2012. Understanding the city size wage gap. Rev. Econ. Stud. 79, 88–127.

Baum-Snow, N., Pavan, R., 2013. Inequality and city size. Rev. Econ. Stat. 93, 1535–1548.

Beaudry, P., Green, D.A., Sand, B., 2014. Spatial equilibrium with unemployment and wage bargaining: theory and estimation. J. Urban Econ. 79, 2–19.

Behrens, K., Robert-Nicoud, F., 2014. Survival of the fittest in cities: urbanisation and inequality. Econ. J. 12 (581), 1371–1400.

Behrens, K., Duranton, G., Robert-Nicoud, F., 2014. Productive cities: sorting, selection, and agglomeration. J. Polit. Econ. 122, 507–553.

Bleakley, H., Lin, J., 2012. Thick-market effects and churning in the labor market: evidence from US cities. J. Urban Econ. 72, 87–103.

Blien, U., Suedekum, J., 2005. Local economic structure and industry development in Germany, 1993–2001. Econ. Bull. 17, 1–8.

Blien, U., Suedekum, J., Wolf, K., 2006. Productivity and the density of economic activity. Labour Econ. 13, 445–458.

Bosker, M., Brakman, S., Garretsen, H., Schramm, M., 2010. Adding geography to the new economic geography: bridging the gap between theory and empirics. J. Econ. Geogr. 10, 793–823.

Brakman, S., Garretsen, H., Schramm, M., 2004. The spatial distribution of wages: estimating the Helpman-Hanson model for Germany. J. Reg. Sci. 44, 437–466.

Brakman, S., Garretsen, H., Schramm, M., 2006. Putting new economic geography to the test: free-ness of trade and agglomeration in the EU regions. Reg. Sci. Urban Econ. 36, 613–635.

Brakman, S., Garretsen, H., Van Marrewijk, C., 2009. Economic geography within and between European nations: the role of market potential and density across space and time. J. Reg. Sci. 49, 777–800.

Breinlich, H., 2006. The spatial income structure in the European Union—what role for economic geography? J. Econ. Geogr. 6, 593–617.

Briant, A., Combes, P.P., Lafourcade, M., 2010. Does the size and shape of geographical units jeopardize economic geography estimations? J. Urban Econ. 67, 287–302.

Brülhart, M., Mathys, N.A., 2008. Sectoral agglomeration economies in a panel of European regions. Reg. Sci. Urban Econ. 38, 348–362.

Brunello, G., Gambarotto, F., 2007. Do spatial agglomeration and local labor market competition affect employer-provided training? Evidence from the UK. Reg. Sci. Urban Econ. 37, 1–21.

Brunello, G., Paola, M.D., 2008. Training and economic density: some evidence form Italian provinces. Labour Econ. 15, 118–140.

Buchanan, J.M., 1965. An economic theory of clubs. Economica 32, 1–14.

Carlino, G., Kerr, W., 2015. Agglomeration and innovation. In: Duranton, G., Henderson, V., Strange, W. (Eds.), Handbook of Urban and Regional Economics, vol. 5A. North-Holland, Amsterdam.

Carlsen, F., Rattsø, J., Stokke, H., 2013. Education, experience and dynamic urban wage premium. Department of Economics Working paper 142013, Norwegian University of Science and Technology.

Carlton, D., 1983. The location and employment choices of new firms: an econometricmodel with discrete and continuous endogenous variables. Rev. Econ. Stat. 65, 440–449.

Chauvin, J.P., Glaeser, E., Tobio, K., 2014. Urban Economics in the US and India. Harvard University.

Chinitz, B., 1961. Contrasts in agglomeration: New-York and Pittsburgh. Am. Econ. Rev. 51, 279–289.

Ciccone, A., 2002. Agglomeration effects in Europe. Eur. Econ. Rev. 46, 213–227.

Ciccone, A., Hall, R.E., 1996. Productivity and the density of economic activity. Am. Econ. Rev. 86, 54–70.

Ciccone, A., Peri, G., 2006. Identifying human capital externalities: theory with an application to US cities. Rev. Econ. Stud. 73, 381–412.

Ciéslik, A., 2005. Regional characteristics and the location of foreign firms within Poland. Appl. Econ. 37, 863–874.

Cingano, F., Schivardi, F., 2004. Identifying the sources of local productivity growth. J. Eur. Econ. Assoc. 2, 720–742.

Combes, P.P., 2000. Economic structure and local growth: France, 1984–1993. J. Urban Econ. 47, 329–355.

Combes, P.P., 2011. The empirics of economic geography: how to draw policy implications? Rev. World Econ. 147, 567–592.

Combes, P.P., Duranton, G., 2006. Labour pooling, labour poaching, and spatial clustering. Reg. Sci. Urban Econ. 36, 1–28.

Combes, P.P., Lafourcade, M., 2005. Transport costs: measures, determinants, and regional policy implications for France. J. Econ. Geogr. 5, 319–349.

Combes, P.P., Lafourcade, M., 2011. Competition, market access and economic geography: structural estimation and predictions for France. Reg. Sci. Urban Econ. 41, 508–524.

Combes, P.P., Magnac, T., Robin, J.M., 2004. The dynamics of local employment in France. J. Urban Econ. 56, 217–243.

Combes, P.P., Duranton, G., Gobillon, L., 2008a. Spatial wage disparities: sorting matters! J. Urban Econ. 63, 723–742.

Combes, P.P., Mayer, T., Thisse, J.F., 2008b. Economic Geography: The Integration of Regions and Nations. Princeton University Press, New Jersey.

Combes, P.P., Duranton, G., Gobillon, L., Roux, S., 2010. Estimating agglomeration effects with history, geology, and worker fixed-effects. In: Glaeser, E.L. (Ed.), Agglomeration Economics. Chicago University Press, Chicago, IL, pp. 15–65.

Combes, P.P., Duranton, G., Gobillon, L., 2011. The identification of agglomeration economies. J. Econ. Geogr. 11, 253–266.

Combes, P.P., Duranton, G., Gobillon, L., 2012a. The costs of agglomeration: land prices in French cities. Discussion Paper 9240, Centre for Economic Policy Research.

Combes, P.P., Duranton, G., Gobillon, L., Puga, D., Roux, S., 2012b. The productivity advantages of large markets: distinguishing agglomeration from firm selection. Econometrica 80, 2543–2594.

Combes, P.P., Duranton, G., Gobillon, L., Roux, S., 2012c. Sorting and local wage and skill distributions in France. Reg. Sci. Urban Econ. 42, 913–930.

Combes, P.P., Démurger, S., Li, S., 2013. Urbanisation and migration externalities in China. Discussion Paper 9352, Centre for Economic Policy Research.

Corrado, L., Fingleton, B., 2012. Where is the economics in spatial econometrics? J. Reg. Sci. 52, 210–239.

Crozet, M., Mayer, T., Mucchielli, J.L., 2004. How do firms agglomerate? A study of FDI in France. Reg. Sci. Urban Econ. 34, 27–54.

Davis, M.A., Heathcote, J., 2007. The price and quantity of residential land in the United States. J. Monet. Econ. 54, 2595–2620.

Davis, M.A., Palumbo, M.G., 2008. The price of residential land in large US cities. J. Urban Econ. 63, 352–384.

D'Costa, S., Overman, H., 2014. The urban wage growth premium: sorting or learning? Reg. Sci. Urban Econ. 48, 168–179.

de la Roca, J., Puga, D., 2012. Learning by working in big cities. Discussion Paper 9243, Centre for Economic Policy Research.

Delgado, M., Porter, M.E., Stern, S., 2010. Clusters and entrepreneurship. J. Econ. Geogr. 10, 495–518.

Desmet, K., Fafchamps, M., 2005. Changes in the spatial concentration of employment across US counties: a sectoral analysis 1972-2000. J. Econ. Geogr. 5, 261–284.

Desmet, K., Rossi-Hansberg, E., 2013. Urban accounting and welfare. Am. Econ. Rev. 103, 2296–2327.

Devereux, M.P., Griffith, R., Simpson, H., 2007. Firm location decisions, regional grants and agglomeration externalities. J. Public Econ. 91, 413–435.

Di Addario, S., 2011. Job search in thick markets. J. Urban Econ. 69, 303–318.

Di Addario, S., Patacchini, E., 2008. Wages and the city. Evidence from Italy. Labour Econ. 15, 1040–1061.

Diamond, R., 2013. The determinants and welfare implications of US workers' diverging location choices by skill: 1980-2000. Stanford University, Mimeograph.

Di Giacinto, V., Gomellini, M., Micucci, G., Pagnini, M., 2014. Mapping local productivity advantages in Italy: industrial districts, cities or both? J. Econ. Geogr. 2, 365–394.

Drucker, J., Feser, E., 2012. Regional industrial structure and agglomeration economies: an analysis of productivity in three manufacturing industries. Reg. Sci. Urban Econ. 42, 1–14.

Dumais, G., Ellison, G., Glaeser, E.L., 1997. Geographic concentration as a dynamic process. Working paper 6270, National Bureau of Economic Research.

Dumais, G., Ellison, G., Glaeser, E.L., 2002. Geographic concentration as a dynamic process. Rev. Econ. Stat. 84, 193–204.

Duranton, G., 2014. Agglomeration effects in Colombia. Mimeograph, Wharton University.

Duranton, G., Jayet, H., 2011. Is the division of labour limited by the extent of the market? Evidence from French cities. J. Urban Econ. 69, 56–71.

Duranton, G., Monastiriotis, V., 2002. Mind the gaps: the evolution of regional earnings inequalities in the

UK 1982-1997. J. Reg. Sci. 42, 219–256.

Duranton, G., Overman, H.G., 2005. Testing for localization using microgeographic data. Rev. Econ. Stud. 72, 1077–1106.

Duranton, G., Puga, D., 2001. Nursery cities: urban diversity, process innovation, and the life cycle of products. Am. Econ. Rev. 91, 1454–1477.

Duranton, G., Puga, D., 2004. Micro-foundations of urban agglomeration economies. In: Henderson, J.V., Thisse, J.F. (Eds.), Handbook of Regional and Urban Economics, vol. 4. North-Holland, Amsterdam, pp. 2063–2117.

Eeckhout, J., Pinheiro, R., Schmidheiny, K., 2014. Spatial sorting. J. Polit. Econ. 122, 554–620.

Ehrl, P., 2013. Agglomeration economies with consistent productivity estimates. Reg. Sci. Urban Econ. 43, 751–763.

Ellison, G., Glaeser, E.L., 1997. Geographic concentration in US manufacturing industries: a dartboard approach. J. Polit. Econ. 105, 889–927.

Ellison, G., Glaeser, E.L., 1999. The geographic concentration of industry: does natural advantage explain agglomeration? Am. Econ. Rev. Pap. Proc. 89, 311–316.

Ellison, G., Glaeser, E.L., Kerr, W.R., 2010. What causes industry agglomeration? Evidence from coagglomeration patterns. Am. Econ. Rev. 100, 1195–1213.

Elvery, J.A., 2010. City size and skill intensity. Reg. Sci. Urban Econ. 40, 367–379.

Faberman, J., Freedman, M., 2013. The urban density premium across establishments. Working paper 2013-01, Federal Reserve Bank of Chicago.

Fallah, B.N., Partridge, M.D., Olfert, M.R., 2011. New economic geography and US metropolitan wage inequality. J. Econ. Geogr. 46, 865–895.

Fally, T., Paillacar, R., Terra, C., 2010. Economic geography and wages in Brazil: evidence from micro-data. J. Dev. Econ. 91, 155–168.

Figueiredo, O., Guimarães, P., Woodward, D., 2002. Home-field advantage: location decisions of Portuguese entrepreneurs. J. Urban Econ. 52, 341–361.

Figueiredo, O., Guimarães, P., Woodward, D., 2014. Firm-worker matching in industrial clusters. J. Econ. Geogr. 14, 1–19.

Foster, N., Stehrer, R., 2009. Sectoral productivity, density and agglomeration in the Wider Europe. Spat. Econ. Anal. 4, 427–446.

Freedman, M., 2008. Job hopping, earnings dynamics, and industrial agglomeration in the software publishing industry. J. Urban Econ. 64, 590–600.

Fu, S., 2007. Smart café cities: testing human capital externalities in the Boston metropolitan area. J. Urban Econ. 61, 86–111.

Fu, S., Ross, S.L., 2013. Wage premia in employment clusters: how important is worker heterogeneity? J. Labor Econ. 31, 271–304.

Fuchs, M., 2011. The determinants of local employment dynamics in Western Germany. Empir. Econ. 40, 177–203.

Fujita, M., Krugman, P.R., Venables, A.J., 1999. The Spatial Economy: Cities, Regions, and International Trade. MIT Press, Cambridge, MA.

Ghani, E., Kerr, W., O'Connell, S., 2013. Local industrial structures and female entrepreneurship in India. J. Econ. Geogr. 13, 929–964.

Ghani, E., Kerr, W., O'Connell, S., 2014. Determinants of entrepreneurship in India. Reg. Stud. 48, 1071–1089.

Gibbons, S., Overman, H.G., 2012. Mostly pointless spatial econometrics. J. Reg. Sci. 52, 172–191.

Gibbons, S., Overman, H.G., Resende, G., 2011. Real earnings disparities in Britain. Discussion Paper 65, Spatial Economic Research Center.

Gibbons, S., Overman, H.G., Patacchini, E., 2015. Spatial methods. In: Duranton, G., Henderson, V., Strange, W. (Eds.), Handbook of Urban and Regional Economics, vol. 5A. North-Holland, Amsterdam.

Glaeser, E.L., Kerr, W.R., 2009. Local industrial conditions and entrepreneurship: how much of the spatial distribution can we explain? J. Econ. Manag. Strateg. 18, 623–663.

Glaeser, E.L., Maré, D.C., 2001. Cities and skills. J. Labor Econ. 19, 316–342.

Glaeser, E.L., Kallal, H., Scheinkman, J.A., Schleifer, A., 1992. Growth in cities. J. Polit. Econ. 100, 1126–1152.

Glaeser, E.L., Resseger, M., Tobio, K., 2009. Inequality in cities. J. Reg. Sci. 49, 617–646.

Glaeser, E.L., Kerr, W.R., Ponzetto, G.A.M., 2010a. Clusters of entrepreneurship. J. Urban Econ. 67, 150–168.

Glaeser, E.L., Rosenthal, S.S., Strange, W.C., 2010b. Urban economics and entrepreneurship. J. Urban Econ. 67, 1–14.

Gould, E., 2007. Cities, workers, and wages: a structural analysis of the urban wage premium. Rev. Econ. Stud. 74, 477–506.

Graham, D.J., 2007. Variable returns to agglomeration and the effect of road traffic congestion. J. Urban Econ. 62, 103–120.

Graham, D.J., 2009. Identifying urbanisation and localisation externalities in manufacturing and service industries. Pap. Reg. Sci. 88, 63–84.

Graham, D.J., Melo, P.S., Jiwattanakulpaisarn, P., Noland, R.B., 2010. Testing for causality between productivity and agglomeration economies. J. Reg. Sci. 50, 935–951.

Greenstone, M., Hornbeck, R., Moretti, E., 2010. Identifying agglomeration spillovers: evidence from winners and losers of large plants openings. J. Polit. Econ. 118, 536–598.

Groot, S.P.T., de Groot, H.L.F., 2014. Estimating the skill bias in agglomeration externalities and social returns to education: evidence from Dutch matched worker-firm micro-data. Discussion Paper 2014-088, Tinbergen Institute.

Groot, S.P.T., de Groot, H.L.F., Smit, M.J., 2014. Regional wage differences in the Netherlands: micro-evidence on agglomeration externalities. J. Reg. Sci. 54, 503–523.

Guimaraes, P., Figueiredo, O., Woodward, D., 2000. Agglomeration and the location of foreign direct investment in Portugal. J. Urban Econ. 47, 115–135.

Handbury, J., 2013. Are poor cities cheap for everyone? Non-homotheticity and the cost of living across US cities. Mimeograph, Wharton University.

Handbury, J., Weinstein, D., 2015. Goods prices and availability in cities. Rev. Econ. Stud., forthcoming.

Hanson, G.H., 1997. Increasing returns, trade, and the regional structure of wages. Econ. J. 107, 113–133.

Hanson, G.H., 2005. Market potential, increasing returns, and geographic concentration. J. Int. Econ. 67, 1–24.

Harada, N., 2005. Potential entrepreneurship in Japan. Small Bus. Econ. 25, 293–304.

Harris, C., 1954. The market as a factor in the localization of industry in the United States. Ann. Assoc. Am. Geogr. 44, 315–348.

Head, K., Mayer, T., 2004. Market potential and the location of Japanese investment in the European Union. Rev. Econ. Stat. 86, 959–972.

Head, K., Mayer, T., 2006. Regional wage and employment responses to market potential in the EU. Reg. Sci. Urban Econ. 36, 573–595.

Head, K., Ries, J.C., Swenson, D.L., 1999. Attracting foreign manufacturing: investment promotion and agglomeration. Reg. Sci. Urban Econ. 29, 197–218.

Heckman, J., Singer, B., 1984. A method for minimizing the impact of distributional assumptions in econometric models for duration data. Econometrica 2, 271–320.

Henderson, J., 1997. Externalities and industrial development. J. Urban Econ. 42, 449–470.

Henderson, V., 2002. Urban primacy, external costs, and the quality of life. Resour. Energy Econ. 24, 95–106.

Henderson, J., 2003. Marshall's economies. J. Urban Econ. 53, 1–28.

Henderson, J., Kuncoro, A., Turner, M., 1995. Industrial development in cities. J. Polit. Econ. 103, 1067–1090.

Henderson, V., Lee, T., Lee, Y.J., 2001. Scale externalities in Korea. J. Urban Econ. 49, 479–504.

Hering, L., Poncet, S., 2010. Market access and individual wages: evidence from China. Rev. Econ. Stat. 92, 145–159.

Hilber, C.A.L., Voicu, I., 2010. Agglomeration economies and the location of foreign direct investment: empirical evidence from Romania. Reg. Stud. 44, 355–371.

Holl, A., 2012. Market potential and firm-level productivity in Spain. J. Econ. Geogr. 12, 1191–1215.

Holmes, T.J., 2011. The diffusion of Wal-Mart and economies of density. Econometrica 79, 253–302.

Holmes, T.J., Lee, S., 2012. Economies of density versus natural advantage: crop choice on the Back Forty. Rev. Econ. Stat. 94, 1–19.

Holmes, T., Sieg, H., 2015. Structural estimation in urban economics. In: Duranton, G., Henderson, V., Strange, W. (Eds.), Handbook of Urban and Regional Economics, vol. 5A. North-Holland, Amsterdam.

Imbens, G., Angrist, J., 1994. Identification and estimation of local average treatment effects. Econometrica

62, 467–475.

Jacobs, J., 1969. The Economy of Cities. Random House, New York.

Jofre-Montseny, J., Marin-Lopez, R., Viladecans-Marsal, E., 2011. The mechanisms of agglomeration: evidence from the effect of inter-industry relations on the location of new firms. J. Urban Econ. 70, 61–74.

Jofre-Montseny, J., Marín-López, R., Viladecans-Marsal, E., 2014. The determinants of localization and urbanization economies: evidence from the location of new firms in Spain. J. Reg. Sci. 54, 313–337.

Kerr, W., Kominers, S.D., 2015. Agglomerative forces and cluster shapes. Rev. Econ. Stat., forthcoming.

Kim, S., 1995. Expansion of markets and the geographic distribution of economic activities: the trends in US regional manufacturing structure, 1860–1987. Q. J. Econ. 110, 881–908.

Kok, S., 2014. Town and city jobs: your job is different in another location. Reg. Sci. Urban Econ. 49, 58–67.

Kolko, J., 2010. Urbanization, agglomeration, and coagglomeration of service industries. In: Glaeser, E.L. (Ed.), The Economics of Agglomeration. National Bureau of Economic Research, Cambridge, MA, pp. 151–180.

Krashinsky, H., 2011. Urban agglomeration, wages and selection: evidence from samples of siblings. Labour Econ. 18, 79–92.

Krugman, P.R., 1991a. Geography and Trade. MIT Press, Cambridge, MA.

Krugman, P.R., 1991b. Increasing returns and economic geography. J. Polit. Econ. 99, 484–499.

Lall, S.V., Shalizi, Z., Deichmann, U., 2004. Agglomeration economies and productivity in Indian industry. J. Dev. Econ. 73, 643–673.

Lee, S., 2010. Ability sorting and consumer city. J. Urban Econ. 68, 20–33.

Lee, B.S., Jang, S., Hong, S.H., 2010. Marshall's scale economies and Jacobs' externality in Korea: the role of age, size and the legal form of organisation of establishments. Urban Stud. 47, 3131–3156.

Lehmer, F., Möller, J., 2010. Interrelations between the urban wage premium and firm-size wage differentials: a microdata cohort analysis for Germany. Ann. Reg. Sci. 45, 31–53.

Lesage, J., Pace, R.K., 2009. Introduction to Spatial Econometrics. CRC Press, New York.

Levinsohn, J., Petrin, A., 2003. Estimating production functions using inputs to control for unobservables. Rev. Econ. Stud. 70, 317–342.

Lindley, J., Machin, S., 2014. Spatial changes in labour market inequality. J. Urban Econ. 79, 121–138.

Lopez, R., Suedekum, J., 2009. Vertical industry relations, spillovers, and productivity: evidence from Chilean plants. J. Reg. Sci. 49, 721–747.

Lucas Jr., R.E., 1988. On the mechanics of economic development. J. Monet. Econ. 22, 3–42.

Mameli, F., Faggian, A., McCann, P., 2008. Employment growth in Italian local labour systems: issues of model specification and sectoral aggregation. Spat. Econ. Anal. 3, 343–360.

Marrocu, E., Paci, R., Usai, S., 2013. Productivity growth in the Old and New Europe: the role of agglomeration externalities. J. Reg. Sci. 53, 418–442.

Marshall, A., 1890. Principles of Economics. Macmillan, London.

Martin, P., Mayer, T., Mayneris, F., 2011. Spatial concentration and plant-level productivity in France. J. Urban Econ. 69, 182–195.

Matano, A., Naticchioni, P., 2012. Wage distribution and the spatial sorting of workers. J. Econ. Geogr. 12, 379–408.

McFadden, D., 1974. Conditional logit analysis of qualitative choice behavior. In: Zarembka, P. (Ed.), Frontier in Econometrics. Academic Press, New York, pp. 105–142.

McMillen, D.P., 2012. Perspectives on spatial econometrics: linear smoothing with structured models. J. Reg. Sci. 52, 192–209.

Melitz, M.J., Ottaviano, G.I.P., 2008. Market size, trade, and productivity. Rev. Econ. Stud. 75, 295–316.

Melo, P.C., Graham, D.J., Noland, R.B., 2009. A meta-analysis of estimates of urban agglomeration economies. Reg. Sci. Urban Econ. 39, 332–342.

Micucci, G., Di Giacinto, V., 2009. The producer service sector in Italy: long term growth and its local determinants. Spat. Econ. Anal. 4, 391–425.

Mion, G., 2004. Spatial externalities and empirical analysis: the case of Italy. J. Urban Econ. 56, 97–118.

Mion, G., Naticchioni, P., 2009. The spatial sorting and matching of skills and firms. Can. J. Econ. 42, 28–55.

Moretti, E., 2004a. Estimating the social return to higher education: evidence from longitudinal and repeated cross-sectional data. J. Econom. 121, 175–212.

Moretti, E., 2004b. Workers' education, spillovers, and productivity: evidence from plant-level production functions. Am. Econ. Rev. 94, 656–690.

Moretti, E., 2013. Real wage inequality. Am. Econ. J. Appl. Econ. 5, 65–103.

Morikawa, M., 2011. Economies of density and productivity in service industries: an analysis of personal service industries based on establishment-level data. Rev. Econ. Stat. 93, 179–192.

Moulton, B.R., 1990. An illustration of the pitfall in estimating the effects of aggregate variables on micro units. Rev. Econ. Stat. 72, 334–338.

Muehlemann, S., Wolter, S.C., 2011. Firm-sponsored training and poaching externalities in regional labor markets. Reg. Sci. Urban Econ. 41, 560–570.

Neumark, D., Simpson, H., 2015. Place-based policies. In: Duranton, G., Henderson, V., Strange, W. (Eds.), Handbook of Urban and Regional Economics, vol. 5A. North-Holland, Amsterdam.

Olley, G., Pakes, A., 1996. The dynamics of productivity in the telecommunication equipment industry. Econometrica 64, 1263–1297.

Overman, H.G., Puga, D., 2010. Labor pooling as a source of agglomeration: an empirical investigation. In: Glaeser, E.L. (Ed.), The Economics of Agglomeration. National Bureau of Economic Research, Cambridge, MA, pp. 133–150.

Phimister, E., 2005. Urban effects on participation and wages: are there gender differences? J. Urban Econ. 58, 513–536.

Pusterla, F., Resmini, L., 2007. Where do foreign firms locate in transition countries? An empirical investigation. Ann. Reg. Sci. 41, 835–856.

Redding, S., Sturm, D., 2008. The costs of remoteness: evidence from German division and reunification. Am. Econ. Rev. 98, 1766–1797.

Redding, S., Venables, A.J., 2004. Economic geography and international inequality. J. Int. Econ. 62, 63–82.

Rice, P., Venables, A.J., Patacchini, E., 2006. Spatial determinants of productivity: analysis for the regions of Great Britain. Reg. Sci. Urban Econ. 36, 727–752.

Richardson, H.W., 1987. The costs of urbanization: a four-country comparison. Econ. Dev. Cult. Chang. 35, 561–580.

Rigby, D.L., Essletzbichler, J., 2002. Agglomeration economies and productivity differences in US cities. J. Econ. Geogr. 2, 407–432.

Roback, J., 1982. Wages, rents and the quality of life. J. Polit. Econ. 90, 1257–1278.

Rodríguez-Pose, A., Tselios, V., 2012. Individual earnings and educational externalities in the European Union. Reg. Stud. 46, 39–57.

Rosenthal, S.S., Strange, W.C., 2001. The determinants of agglomeration. J. Urban Econ. 50, 191–229.

Rosenthal, S.S., Strange, W.C., 2003. Geography, industrial agglomeration, and agglomeration. Rev. Econ. Stat. 85, 377–393.

Rosenthal, S.S., Strange, W.C., 2004. Evidence on the nature and sources of agglomeration economies. In: Henderson, V., Thisse, J.F. (Eds.), Handbook of Regional and Urban Economics, vol. 4. North-Holland, Amsterdam, pp. 2119–2171.

Rosenthal, S.S., Strange, W.C., 2008. The attenuation of human capital spillovers. J. Urban Econ. 64, 373–389.

Rossi-Hansberg, E., Sarte, P.D., Owens III, R., 2010. Housing externalities. J. Polit. Econ. 118, 485–535.

Saito, H., Gopinath, M., 2009. Plants self-selection, agglomeration economies and regional productivity in Chile. J. Econ. Geogr. 9, 539–558.

Sato, Y., Tabuchi, T., Yamamoto, K., 2012. Market size and entrepreneurship. J. Econ. Geogr. 12, 1139–1166.

Serafinelli, M., 2014. Good firms, worker flows and local productivity. Mimeograph, University of Toronto.

Simon, C.J., 2004. Industrial reallocation across US cities, 1977–1997. J. Urban Econ. 56, 119–143.

Solé-Ollé, A., Viladecans-Marsal, E., 2004. Central cities as engines of metropolitan area growth. J. Reg. Sci. 44, 321–350.

Spies, J., 2010. Network and border effects: where do foreign multinationals locate in Germany? Reg. Sci. Urban Econ. 40, 20–32.

Stock, J.H., Yogo, M., 2005. Testing for weak instruments in linear IV regression. In: Andrews, D.W., Stock, J.H. (Eds.), Identification and Inference for Econometric Models: Essays in Honor of Thomas Rothenberg. Cambridge University Press, Cambridge, MA, pp. 80–108.

Suedekum, J., 2008. Convergence of the skill composition across German regions. Reg. Sci. Urban Econ. 38, 148–159.

Suedekum, J., 2010. Human capital externalities and growth of high- and low-skilled jobs. Jahrb. Nat. Stat.

230, 92–114.

Thomas, V., 1980. Spatial differences in the cost of living. J. Urban Econ. 8, 108–122.

Van Soest, D.P., Gerking, S., Van Oort, F.G., 2006. Spatial impact of agglomeration externalities. J. Reg. Sci. 46, 881–899.

Viladecans-Marsal, E., 2004. Agglomeration economies and industrial location: city-level evidence. J. Econ. Geogr. 5, 565–582.

Wang, Z., 2013. Smart city: learning effects and labor force entry. Mimeograph, Brown University.

Wheaton, W.C., Lewis, M.J., 2002. Urban wages and labor market agglomeration. J. Urban Econ. 51, 542–562.

Wheeler, C.H., 2006. Cities and the growth of wages among young workers: evidence from the NLSY. J. Urban Econ. 60, 162–184.

Wheeler, C., 2008. Local market scale and the pattern of job changes among young men. Reg. Sci. Urban Econ. 38, 101–118.

Yankow, J.J., 2006. Why do cities paymore? An empirical examination of some competing theories of the urban wage premium. J. Urban Econ. 60, 139–161.

第 *6* 章
创新与集聚

杰拉德·卡利诺
美国费城联邦储备银行

威廉·科尔
美国哈佛大学
美国国家经济研究局
美国波士顿芬兰银行

摘要

本章回顾了集聚与创新相关的学术研究。我们首先描述了发明和创新这两个概念的区别。然后，我们探讨了这些影响因素的常用数据衡量方法并注意到一些经验规律。创新活动的集聚往往要比产业活动更为显著，我们将从文献研究的角度来探寻这一现象的成因。我们特别注重城市特征（如城市规模与产业多样性）与创新之间的理论联系与经验研究成果，并对维持这些特征的因素进行探讨（如创业融资的本地化）。

关键词

集聚 集群 创新 发明 企业

JEL 分类码

J2 J6 L1 L2 L6 O3 R1 R3

6.1　引　言

本章总结了近年来有关集聚、创新以及其与经济绩效和经济增长的关系的相关研究文献。人口与经济活动之间存在空间集聚的关系。此外，创新与制造业就业相比具有更高的空间集聚特征（Feldman and Audretsch，1996），有研究表明研发活动与就业相比具有突出的集聚的特征（Buzard et al.，2015）。创新活动为什么会出现集聚？衡量这种集聚状态的最佳途径是什么？这种集聚状态对经济活动的影响是什么？本章将着重回答以上这些问题。

6.2 节开始对发明与创新及其衡量研究方法进行了探讨。6.3 节对创新和集聚的模式进行了简单回顾。6.4 节介绍了集聚和创新的理论联系，特别是对本地知识溢出效应及对该效应的近期量化研究的研究成果。本节还尝试分析内生增长理论的相关模型。6.5 节针对维持集聚集群的其他相关因素，与全球集群一起对比，促进大企业或是促进小企业创新及其相关现象进行了探讨。6.6 节是本章的最后一节，是对本章论述内容的总结，并明确了未来值得重点关注的几个研究议题。

本章重点内容如下：

创新具有多样性和多种形式，但是经济学研究中对创新具有明确的界定。6.2.1 节从商业化的角度对发明与创新的概念进行了界定，对商业化的基本变量进行了一系列对比，如进行了勘探开发与研究的对比，产品与工作流程的对比等。而无论是经验研究还是理论研究，对该领域的结果都存在不足，例如简单的利用专利进行简化替代。本文希望在未来的研究工作中能够有更多的研究人员关注于对创新的变化以及这些变化涉及到对集群的影响的研究。由于研究数据获取存在诸多困难等因素的影响，这种研究尝试将是较为艰难的。但更重要的是，在现有研究成果存在不足的背景下，我们需要对创新成果及其与约束变量之间的相互作用关系进行结构性研究。

集聚理论对创新集群的应用研究普遍缺乏经验检验。本章详细介绍了现有的关于集群与经济活动相关联的各种机制和模型。梳理了模型对创新理论的实际应用，发现缺乏有效的对共享输入和知识溢出效应数据。然而，我们通过相关经验文献的梳理发现在这些对创新产业的研究还存在局限性。这是一个未来重要的研究领域，近期也出现了许多数据研究的方法。本章的另一个分主题是对相关领域的已有研究成果的梳理（例如，创业融资）。这种多边界反馈了创新的复杂本质，需要研究人员进行大量而深入的研究。

城市经济学研究工具的发展前沿。在过去的二十年中，城市经济学在经验研究领域，取得了长足的进步。两个突出的例子就是，采用连续距离对经济活动的衡量和对于经济与社会互动在微观水平方面的数据搜集；与创新集群相关的研究正在向这一领域快速发展，但是仍然存在较大差距。

创新的全球化。在本章的末尾介绍了一个重要的研究方向，也是本章所重点强调的内容。本章通过汇总了国内创新集群的有关证据以及考虑到不同国家之间对活动流（flow of activity）的经济学研究方法。并且该研究领域的前沿是国与国之间集群的关联（例如，特别活动的流动：从班加罗尔印度、首尔、韩国到硅谷）。随着创新全球化的不断开展，该领域中理论研究与经验研究相结合的研究方法具有重要性。

本章的文献研究部分重点关注了突出的经典研究与近期凸出的研究成果。较早期的学者如奥德查和费尔德曼（Audretsch and Feldman，2004）以及费尔德曼和科格勒（Feldmanand Kogler，2010）对更为早期的文献资料进行了回顾。本章尝试关注于创新在经济地理学方面的研究，以及其如何作用于相关领域的研究。在过去的十年中，乃至将来的一段时间里，这一研究领域都是较为活跃的重点研究领域。

6.2 创新是什么

本节介绍并对创新和发明的概念进行了区分。我们通过实际于研究中的经典数据集，并探讨了一些科研人员应当注意到的一些相关研究内容与其局限性。

6.2.1 从创新中甄别发明

创新在经济增长中所扮演的角色一直都是研究人员及决策者所热衷于探讨的话题。但是，什么是创新？创新与发明又是如何区别的呢？根据《经济合作与发展组织奥斯陆手册》（2005）中的描述：

> 创新是一种新的或显著改善的产品（商品或服务），或一种过程，一种新的营销方法，或一种新的商业实践中的组织方法的实现场所或其外部联系。

发明一词经常与创新混用，但是在词典中却具有完全不同的意思。根据

《新牛津英语大辞典》，"发明"的定义是：

> 创造出前所未有的事物。

熊彼特（Schumpeter，1939，pp. 84 - 86）对于创新和发明做出了明确的区分：

> 无论是从经济学定义还是社会学定义，创新与发明的结果是完全不同的。他们或许经常被人混淆使用；但是他们从本质上存在着区别，这种混淆只是一种偶然的巧合。属于个人知识能力的发明创造与通过将创造转化成为创新所需要的个人意志品质及方法，属于完全不同的领域。

熊彼特认为，发明是一种新的产品、服务或过程，而与其是否商业化或成功的为市场所接纳没有关系。许多发明都有专利，但是绝大部分专利则都是没有被商业化的，因为从专利转化为实际商品实现利润这一过程需要较长的时间。另外，创新通常与商业化的联系更为紧密，并且也并不需要发明或专利作为必要的支持。创新来源于新事物或与原来所不同的新的领域。因此，无论从定义上还是概念上，创新通过新的产品及对现有产品的改善而具有福利效应，通常伴随着直接的区域或国家增长。

尽管存在着一些差别，但是大多数研究人员并不对创新与发明加以区分。直观地讲，发明看起来更像是创新的前期过程，但是从概念上又不是那么的绝对，创新和发明都是必要且互补的技术进步因素（Scherer，1986）。这种观点表明创新包含了两部分的含义：创意的提出和这些创意成为实际商业产品应用的转化过程。这就是目前主流研究人员对于"创新"这一术语的理解。例如，美国国家科学基金会（NSF）将创新定义为"始于创意并导致新的社会价值产生的一系列步骤"。①

尽管创新与发明的定义边界十分模糊，但是我们通过美国国内的实际案例，能够对发明和创新的经济效应及政策相关性加以区分。新产品或新流程的成功商业化能够导致区域增长，而发明则不然。一个新的产品创意可能发生在某一个城市，但是产品的商业化可以发生在完全不同的区域中。因此，来自地方的公共补贴激励机制，除了能够为地方研究人员和工程师们创新一些就业机会之外，或许不能导致地方经济的增长。

创新与发明的区别是较为重要的，但是本书将着重关注于更广泛的创新的

---

① 这种具有歧视性的定义是一种欠妥的经验研究方式。专利数据是较有意义的创新数据，然而具有一定的限制性。很不幸，高精度的创新数据来源是极为稀少的，因此即便他们自身的研究关注于创新领域，绝大部分研究者依然会采用专利数据作为研究标注。

概念定义。同样，本章将关注知识转移和溢出效应更为广泛的研究证据。虽然这些因素从本质上要比创新更为复杂，但是我们通常将创新的研究成果用于描述知识流动，反之亦然。

6.2.2　创新的类别

创新能够以多种形式所存在。一方面，创新影响的结果既可以是具体的，又可以是抽象的，例如计算机程序或新的商业模式之于高清电视机。在 6.2.3 节，本文对不同领域的这种能力随着时间推移进行衡量。更为重要的另一方面，创新是一个非常宽泛的术语，其自身包括了多种形式。例如中小型企业所追求的创新与科研院所等机构所追求的自然不同。根据下文的调查，本文认为尽管现有的理论研究和经验研究文献趋于统一，但是强调他们之间的区别还是十分必要的。

最早的区分是渐进式创新和激进式创新的区别。渐进式创新，又被称为亚瑟式（Usherian）创新，即主题的变化，是通过不断的经验和实验的积累来进行学习的一个过程（Usher，1929）。一个典型的例子就是电子点火，通过汽油与空气的混合物点燃引擎，从而取代了机械定时点火装置的案例。另一种激进式创新则被称为熊彼特主义或颠覆式的创新，是打破现有趋势或旧有的方法的创新（Schumpeter，1934，1939；Christensen，1997）。例如，晶体管由于体积小能够制造便携式的无线电设备，从而彻底改变了人们听音乐的方式。

第二个主要区别在于产品创新与工艺流程创新（例如，Cohen and Klepper，1996b）。产品创新是指一种新的产品或对现有产品的改良，而工艺创新则是指一个企业的生产技术的不断完善与改进的过程。同时，将现有产品引入新的地区的过程，也可以称之为创新。第三个主要区别不在于产品过程，重点关注于企业内部创新还是企业外部创新的区别，例如探索与开发之间的区别（例如，March，1991；Akcigit and Kerr，2010）。

与创新和发明的区别相类似，这些差异在现有文献中极少为研究人员所关注。尽管这一现象的存在极不可取，然而这却真实反映出经济地理对于该领域极为有限的关注。我们仅描述了可用的研究，但是，由于集聚具有复杂性，这个研究方向还需要更多的科研人员参与进来。例如，杜兰顿和普加（Duranton and Puga，2001）表明，法国企业家更倾向于在多元文化的城市进行产品研发，而在时机成熟的时候，将大规模制造业迁移至成本更为低廉的地区。这一过程表明多元文化的城市的创新与专业化创新之间存在着系统性的差别。

6.2.3　创新的衡量

从目前绝大多数的文献来看，衡量科技创新主要有以下三种途径：（1）由创新过程的投入来衡量，例如通过风险投资或研发支出等项目；（2）通过创新影响的中间产出，例如专利水平等进行衡量；（3）通过创新的最终作用进行衡量，比如新产品的数量等。每一种衡量方式都有其优缺点，本文将会将其逐一列出。通过目前的成果来看，对创新的研究大多趋向于采用单一的，与其他方法相比而言具有优越性的衡量方法。

6.2.3.1　创新过程中的投入

早期的研究由于缺乏足够的创新产出的研究数据，经常使用研发支出作为衡量创新活动的研究指标。费尔德曼（Feldman，1994，pp. 30 - 31）指出这些研究因素能够反映出创新的影响。然而，随着时间的推移，这种基于输入的衡量方法显露出对创新效率缺乏考量的缺陷。此外，一些新的创新的衡量指标如专利数据等更容易获取，为衡量创新的产出经验研究提供了研究基础。除了国家科学基金等研发数据之外，地方层次的研发数据通常难以获取[②]。

随着研发支出越来越少的在经验研究中所使用，今天的研究中更多将不同区域的风险投资水平作为区分不同地区创新水平的重要指标。冈珀斯和勒纳（Gompers and Lerner，2006）提出，风险投资主要是通过收购股权的方式对初创型企业进行投资。从基本概念上来看，基于风险投资的指标主要反映了从输入到输出的创新过程，而不是其创新的最终目标。这样做的优势在于可以从微观层面对创新进行衡量。与专利描述相类似，这种方式为研究人员的研究方式提供了较为宽松的研究环境。将风险投资活动作为创新研究指标注最主要的问题在于投资必须要集中于部分技术领域（如，计算机、软件、生物技术等）和企业的规模（多为初创型企业）的限制，因此并不能够全面的描述创新。

6.2.3.2　专利与引用

许多的区域研究都是用专利数据来对创新进行衡量，因此我们主要分析采用专利数据进行研究的优势及其局限性。本质上讲，一项专利具有一段时间内

---

② 一个特例是许多增长模型都选择在销售方面进行研发投入，并依此作为他们的主要创新方向。在这种情况下，就需要借助模型进行校准，才能够将专利等创新标注在同等条件下有效转化为销售方面的研发投入（e. g. Acemoglu et al. ，2014）。

对创新或过程的合法排他性。专利通过保证了一段时期内的机会垄断，为发明者提供了经济激励。为了保证专利水平，发明必须做实用性、有效性及创新性的声明。

专利的公开包括了发明的具体名称、发明描述以及专利所有人或组织的相关专利技术。美国专利商标局（USPTO）在过去的数年间已经授予了超过 25 万件专利。霍尔等（Hall，2001）通过研究整理出了较为详细的专利数据，格里利赫斯（Griliches，1990）对引用专利数据进行技术变革衡量的使用情况进行了调查。

优势：使用专利作为衡量工具是因为专利是创造的直接结果，要优于研发支出等其他研究标注。此外，专利数据并不受保密限制，可以从微观层面获得，并进行一系列观测、使用和对创造性活动的研究（例如，在某一个技术领域将微软的专利与某个城市单独分离出来）。由于近年来数字技术的进步，专利数据可以追溯到早期阶段。上述优势及其数据的可获取性都保证了专利数据是较为常用的经验研究方法。

劣势：使用专利衡量创新的问题在于专利仅仅反映了创新的第一个阶段，即发明。而发明的成功商业化程度等因素尚未予以考虑。费尔德曼（1994）提出专利和被市场所接纳的新产品之间存在 0.8 的正相关系数，尽管这个系数相对较高，但费尔德曼和科格勒（2010）还是强调，"对于从发明的角度开展对创新的研究必须要谨慎，要学会举一反三"。

另一个使用专利作为创新指标的问题在于，专利价值的高度不平衡。相比较大多数专利而言，少数专利具有非常高的市场价值（例如，Harhoff et al.，1999）。如果一项专利是有价值的，那么专利所有人会在专利到期前进行更新。塞拉诺（Serrano，2010）通过研究表明，在 1983~2001 年，有 78% 的专利都没有获得更新，该项研究表明其中绝大多数专利都没有较高价值。格里利赫斯（1979）、派克斯和格里利赫斯（Pakes and Griliches，1980，P. 378）则认为，采用专利作为创新指标是存在问题的，这是因为并非所有的创新都申请了专利，且专利与实际经济影响还相去甚远。此外，专利所有人通常会阻止后续发明者在相近领域获取新的专利。这些专利的存在就成了篱笆，因而不再是增加社会价值福利的，会导致创新政策出现扭曲。

幸运的是，研究人员可以参照经济学家在杂志中所采用的方法，通过加权的专利引用次数来修正他们用来衡量创新的专利指标。大多数研究人员都会排除自引用（例如，一个微软专利引用了另一个微软专利）。研究中一个重要现象在于对每一个技术领域按照应用的年份及应用领域的不同进行调整。正如在本文 6.4.3 节中提到的，在知识溢出效应中经常使用引文作为研究指标（Jaffe et al.，1993；Murata et al.，2014；Buzard et al.，2015）。

当然，也还有一些不申请专利的情况为研究带来问题。基于 1994 年卡耐基梅隆大学对美国境内 1 500 家工业研发实验室的调查，科恩等（Cohen et al.，2000）表明公司通常都是用一系列制度和措施保护他们的发明回报。在大多数的制造业企业中，专利远远不及商业机密或交易的时间节点优势等因素重要。科恩等（2000）总结了一般条件下企业不申请专利的最典型理由，其一是专利申请过程中对于信息披露的总体要求及法律方面对专利的相关范围的限定；其二是对于中小企业而言专利诉讼的费用太高，难以承受。[③]

另一个问题是不同产业领域间专利申请具有较大的差异。例如，科恩等（2000）通过研究发现，化学、医药、矿产及医疗设备行业的专利申请数量超过了他们行业内创新总量的 2/3；而相比之下，食品、纺织、玻璃、钢铁及其他有色金属行业的专利低于其产品应用水平的 15%。因而，在针对不同行业的研究中，为了有效衡量不同行业创新率的有效增长，需要谨慎对待并处理专利率水平数据。

最后我们来考虑涉及到授予技术专利过程中的纵向调整因素。例如，USPTO 数据的重要趋势之一就是引入软件专利的增长。微软公司于 1975 年正式成立，但在 1990 年的时候企业年收入达到 10 亿美元水平，却仅有 5 件公司专利，而到了 2009 年，公司拥有超过 10 000 件专利，企业年收入超过 580 亿美元。总体来看，过去 30 年中部分领域的专利呈现出缓慢增长的态势，而其他领域却显示出快速增长的迹象。随着技术和产业结构的差异，不同城市和地区的创新衡量方法在城市层次存在偏差或具有较大的误差（例如，西雅图的创新率飙升主要原因在于软件专利的法律约束要求）。勒纳和塞鲁（Lerner and Seru，2014）进一步探讨了这些问题所带来的挑战，并设计了基于地区的研究框架，以分辨重要创造力活动的构成要素。

6.2.3.3 基于文献的创新指标

第三种方法被统称为文献指标法，这是因为衡量标准的变化主要来源于在贸易、工程以及技术出版物等方面的产品公告信息。阿克斯和奥德查（Acs and Audretsch，1988）、奥德查和费尔德曼（1996）、费尔德曼和奥德查（1999）和阿克斯等（Acs，2002）采用了不同于他人的研究方法，通过美国中小企业管理局（SBA）所发布的新产品公告数据作为美国创新活动、特别是美国

---

③ 这些选择问题，也是极其重要的领域，本地企业经常遇到类似的实际情况，即因为信息披露的问题导致企业在部分知识产权保护不力的国家不愿申请专利或对专利持怀疑态度。

大都市区创新活动的重要衡量指标。这一方法的优势在于，新产品的公开信息数据与研发支出相关，且将专利作为新产品具体商业化措施的创新活动的衡量指标。④

虽然新产品的公告数据较为翔实，但是其数据质量还存在一定的问题与缺陷。首先，只有1982年以后的产品公告数据，对1982年之前的数据缺乏相应的跟踪分析。阿克斯和奥德查（1988）表明，相关数据主要是存在于非重点的创新类型之中，如产品创新的过程、服务及管理创新等。另一个问题是，新的产品公告来源于公司的营销部门，因此这些公告中的数据无法通过统一的标准去衡量产品的特征及原创性。并且，产品的公布数据还可能会由于杂志编辑对不同贸易出版物的创新影响认知差异，存在选择性偏差。

总的来说，创新的各项指标之间互有长短。针对创新的空间范畴方面，有的研究采用了多重指标进行研究以期验证：结果是否与指标选择具有强相关性？这些指标之间是否相关？使用专利的新产品公布数据与基于研发支出的新产品公开数据的研究结果是否一致？在未来，一个重要的研究方向就是基于两个或三个研究指标所建立的综合指标体系（Hagedoorn and Cloodt，2003）。同时，我们也期望现在正在进行的数据收集方式能够对未来的研究有所启迪。

6.3　创新与集聚的模式

有大量的证据表明，创新活动存在着空间集聚效应。我们简单的回顾一些基本情况，一般而言都有三个方面：（1）创新活动比一般的经济活动在时间上更为集中；（2）创新活动与本地的其他经济影响相比具有集聚特征；（3）尽管新的集群存在空间集聚，但是集群随着时间推移，存在空间位移的情况（1900年底特律的发展过程与今天的硅谷发展过程具有惊人的相似性）。

6.3.1　特定时点的高度空间集聚

在前文中，每一类创新衡量方法在研究中都表现出大量的空间集聚特征。布扎德和卡利诺（Buzard and Carlino，2013）表明企业研发影响与研发活动自身相比，存在显著的空间集聚特征。图6-1是取自布扎德和卡利诺（Buzard

---

④　卡佩罗和伦齐（Capello and Lenzi，2014）提出了一套基于欧盟统计局的有关企业的调查问卷，调查问题涉及企业的新产品及创新流程，具有良好的研究效果；现在被广泛地应用于其他研发调查问卷之中。

and Carlino，2013）。他们认为大部分产业的研发活动都集中于加州东北走廊、大湖地区以及加州湾区及南加州地区。这种集聚并不仅限于美国，例如卡林凯茨奥克斯等（Carrincazeaux，2001）研究发现法国的六个地区占有全国 75% 的企业研发人员及 45% 的产业工人。

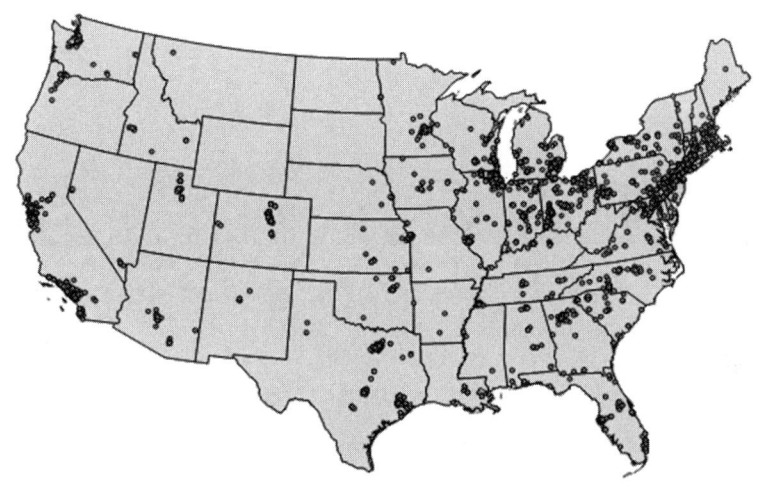

图 6 - 1　1998 年全美研发实验室的位置。地图上每个点代表一个单独的
研发实验室位置，以叠加的形式来表示实验室的空间集群集群。

注：本图来源于布扎德和卡利诺（Buzard and Carlino，2013）。数据来源于《美国的研究和技术目录》（1998 年版）。

从图 6 - 2 可以看出，VC 投资和专利具有集聚的相似性。20 世纪 90 年代，3/4 的美国人口居住在大城市。与此相反，92% 的专利是授予了大城市居民，且原则上全部的风险投资都将大城市纳入投入考量范畴。贝诺克（Bairoch，1988）表明，大城市的专利具有集聚倾向。福纳尔和布伦纳（Fornahl and Brenner，2009）通过对德国的研究，发现德国的专利集中在其进行研究的 97 个地区中的 11 个地区。

根据最终创新产出的研究方法，阿克斯等（Acs，1994）发现新产品的引进比专利更具有空间集聚效应。费尔德曼和奥德查（1999）发现在非大都市区仅有不到 4% 的创新产品出现，而在 1982 年全美大都市的创新产品仅占到全国创新产品 50% 左右的份额。费尔德曼（1994）认为这种集聚现象是由于创新的商业化所要求商务服务需求（例如，公司专业从事市场调研和产品、专门的专利律师和融资的可用性）和相关的基础设施需求。

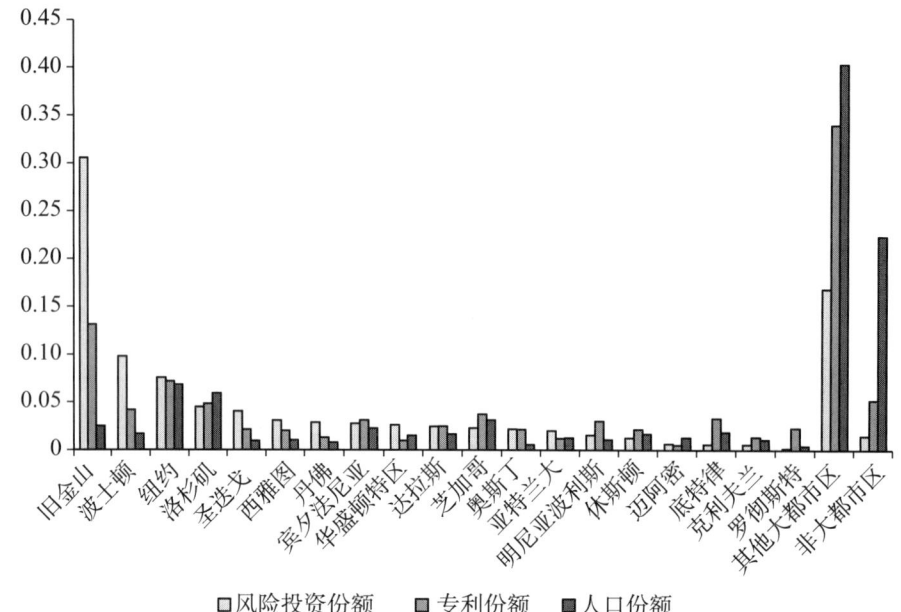

□风险投资份额　■专利份额　■人口份额

图 6 - 2　1990 ~ 2005 年美国专利和风投的空间集聚情况

注：风投数据源自 1990 ~ 2005 年的股权交易额，专利数据则使用了在此期间以城市为单位的专利申请份额。人口数据则是从 1999 年开始。本图截取自查特吉等（Chatterji et al.，2014）的文章。原数据来源：风险投资家杂志、美国专利商标局的专利数据和县一级的人口统计数据。

针对经济活动空间集聚的创新比较研究已经超过了简单的统计数字含义，具有更为丰富的内涵。克鲁格曼（Krugman，1991）以及奥德查和费尔德曼（1996）通过区位基尼系数研究了制造业的空间集群问题。本地基尼系数显示，某行业的就业区位与总就业之间存在的高度相似性（或非相似性）。以 S_{ij} 代表区位 i 在产业 j 方面的就业份额，以 x_i 代表区位 i 中的产业 j 的总就业份额。这样，产业 j 的空间基尼系数则可以被定义为：

$$G_j = \sum_i (x_i - s_{ij})^2$$

其中，$G_j = 0$ 表示表示产业 j 的就业份额与总就业存在适度空间集聚现象，$G_j > 0$ 则表示产业 j 的就业过度集聚。奥德查和费尔德曼（1996）采用 SBA 数据进行了州际层面的经验研究。

采用本地基尼系数研究方法所存在的一个问题是，该指数会随着工厂就业的波动水平导致发生偏差。埃利森和格莱泽（Ellison 和 Glaeser，1997）通过提出产业组织指数（EG 指数）的方式，进一步完善了本地基尼系数的研究方法。通常在随机分布的情况下，EG 指数同制造业空间集聚程度比较而言具有显著性。采用这种方法，埃利森和格莱泽（1997）以及罗森塔尔和斯特兰奇（Rosenthal 和 Strange，2001）通过研究指出，美国的制造业就业分布存在空间集聚的情况。尽管 EG 指数广泛应用于文献中，但是只有以布扎德和卡利诺（2013）为代表的少数研究人员将其作为创新活动的研究变量。

本地基尼系数和 EG 系数对集聚的研究都存在着一些争议。（1）首先就是可塑性单元面积问题（MAUP)⑤。这些度量标准可能由于边界的改变而导致结果千差万别，特别是在集聚增长的研究中更为显著。（2）我们总结为"边界效应"——每个区域都被认为是专属区且其区域的贴近角并未计算在内。因此，尽管费城县和蒙哥马利县的边界都存在相互溢出的活动，但是由于他们与作为参照的洛杉矶县之间距离较远，所以在研究中并不对他们之间的距离与活动进行分析，仅将他们看作相互独立的地区进行研究。这样的研究分类方法通常导致我们无法正确的估算集聚结果。（3）早期的研究指标缺乏统计意义，特别是缺乏显著性检验。如果没有适合的检验方法，很难将看似随机的存在于不同区域的经济活动判定为集聚或非集聚。最近，凯西和史密斯（Cassey and Smith，2014）已经提出了一种检测 EG 指数置信区间的统计研究方法。

针对这些问题，杜兰顿和奥弗曼（Duranton and Overman，2005）研发了不依赖固定空间边界的连续度量方法。这种方法为研究人员提供了相比较于单一边界界定的衡量方法更好的研究方法，即利用连续空间的研究方法。此外，该技术利用蒙特卡洛方法来确定给定距离条件下的厂商数量与随机分布是否具有显著性差异。但是这一方法首先需要研究人员能够获取精确的微观研究数据。其次，这些度量方法需要极强的计算能力，耗费很长的时间。

近期，一些研究人员尝试连续方法衡量空间集聚的创新活动（例如，Inoue et al.，2013；Murata et al.，2014；Buzard et al.，2015；Kerr and Kominers，2015），这也是我们所极力主张的。例如，布扎德等（Buzard，2015）使用点专利法（瑞普利 k 函数分析）对一定空间范围内的区域研发实验室的专利情况进行分析（例如，在半英里、一英里、五英里内等）。这种方法能够对一定空间范围内实验室集聚和集群的距离衰减进行衡量。需要注意的是，这种方法寻找地理空间中的研发实验室集群，与采用模拟技术所具有的统计方法是完全不同的。总而言之，连续研究方法看起来是对创新在经济地理方面的集聚程度的最好的

---

⑤　有关内容请关注 Briant et al.（2010）和 Menon（2012）对于 MAUP 的讨论，及其对空间集聚要素的测度。Duranton and Overman（2005）提出产品集聚的五大主要原则，他们是（1）该指数在不同产业之间能够通用，（2）涵盖其所有产业范围，（3）能够测算产业集中度，（4）对集聚的测算不存在原则障碍，（5）其结构能够进行显著性检验。

方法，本文稍后会探讨这种研究方法在政治边界方面的影响。

6.3.2 创新是促进本地集聚的显著经济动力

马歇尔（Marshall，1890）首先阐述了不同要素的空间集聚。在下一节中，创新涉及到多个马歇尔渠道（Marshall Channels），但是其依然存在密切的知识溢出效应联系。比较研究就能发现，知识溢出效应对于创新的最小空间计量单位起作用。罗森塔尔和斯特兰奇（2001）通过对产业（基于 EG 指数）的空间集聚特征进行回归，衡量了集聚的个体特征。主要分析因素包括邮区、县和州层次。相比诸如劳动力等其他要素在更大的范围内产生集聚，他们发现知识溢出效应仅在邮区层次对集聚产生正向作用。埃利森等（2010）利用产业再选址的专利衡量了连续空间及离散空间下的多种制造业的重要性。他们与产品、工人及知识等要素产生共同集聚效应（coagglomeration）。他们发现针对上述机制和本地知识溢出效应，可以通过采用新的衡量方法分析城市选址。比林斯和约翰逊（Billings and Johnson，2014）同时强调了知识共享的再分布。卡佩罗和伦齐（Capello and Lenzi，2014）通过研究欧盟 262 个地区的数据，指出增长受益于新知识的空间集聚。

通过补充这些区域的计算，一些学者开始对基于生产函数的溢出效应进行研究。这种研究方法侧重于对特殊条件下的知识流和创新活动的集聚。图 6-3 是罗森塔尔和斯特兰奇（2003）对软件产业和制造业的比较研究。为了简化其研究成果，纵轴设定为软件产业一英里的溢出效应，其值等于 1，所有其他溢出效应根据此数据进行对照。水平轴则表示任意两个产业之间的距离。

对于所有行业而言，城市范围内相似领域企业的选址效应随距离迅速衰减——在 1 英里范围内选址效应的正向作用，至少是 2~5 英里范围内选址效应的 10 倍。超过 5 英里的范围，这种效益就会随着距离而衰减，随距离增加，衰减加速。在 10 英里的水平上，不再存在城市的本地选址效应。这并不排除城市内全部企业都从较高的工业集聚度中受益的情况；它只是意味着一家公司在城市内的选址不再必然与溢出收益相联系。需要注意到，罗森塔尔和斯特兰奇（2003）在不同行业是存在较大差异的。制造业、金属制品、机械行业的衰减函数与软件行业的衰减函数相类似。然而，最大的不同在于两者之间的溢出效应大小，制造业的溢出效应水平只有软件业的 20% 左右。

相对软件0~1英里的产业比较分析

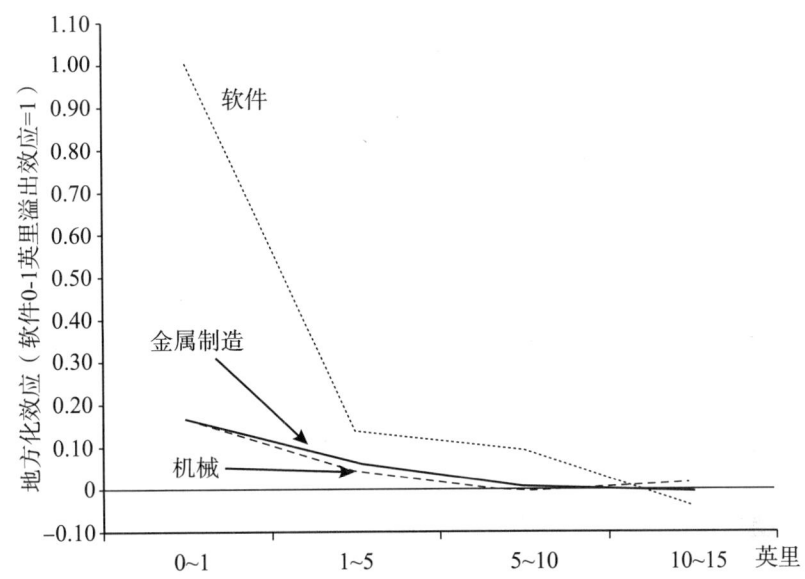

图6-3 企业间基于距离的地方化效应——相对软件0~1英里的产业比较分析。水平轴衡量了产业中两个企业之间的距离，纵轴则衡量地方化效应，即软件产业0~1英里范围内地方化效应等于1。对软件业而言，集群比在金属制造或机械工业中更为重要，特别是0~1英里的范围内。在全部产业中，距离公司1~5英里与0~1英里范围内的公司相比，接近的利益下降。一旦公司距离达到10~15英里的范围，接近不会产生额外的利益，尽管广义层面的城市利益可能依然存在。

注：本图来源于罗森塔尔和斯特兰奇（2003）。

　　罗森塔尔斯特兰奇（2003）的研究成果可以拓展至高度网络化的行业中。阿扎吉和亨德森（Arzaghi and Henderson，2008）通过对曼哈顿的广告公司选址研究提出，广告机构、知识溢出和附近同行业的网络收益具有外生性，但是这种收益在距附近机构超过半英里后快速消失。图6-4展示了选址效应的快速衰减函数，其中距离0~250米的范围内，选址效应被记做1。图6-4中两家公司的收益在500米水平上呈现出80%的衰减。与之前10英里水平的例子相比，广告公司的溢出在750米左右消失。到目前为止，这一研究提供了最为清晰的时间条件下知识流的描述，我们相信它是代表未来的重要例子，其与创新的关系也更为直接。在下一节中我们会更为详细地介绍相关理论。

　　虽然这两种研究方法——基于区域的证据和生产函数回归——同样得出相似结论，即知识流随到中心距离呈现快速衰减，但是它们是基于完全不同的空间范畴进行的研究，因而存在诸多问题。例如，在城市或县层次，软件与机械两个产业的主要集群效应都超过一英里，那么会导致集聚程度过高吗？

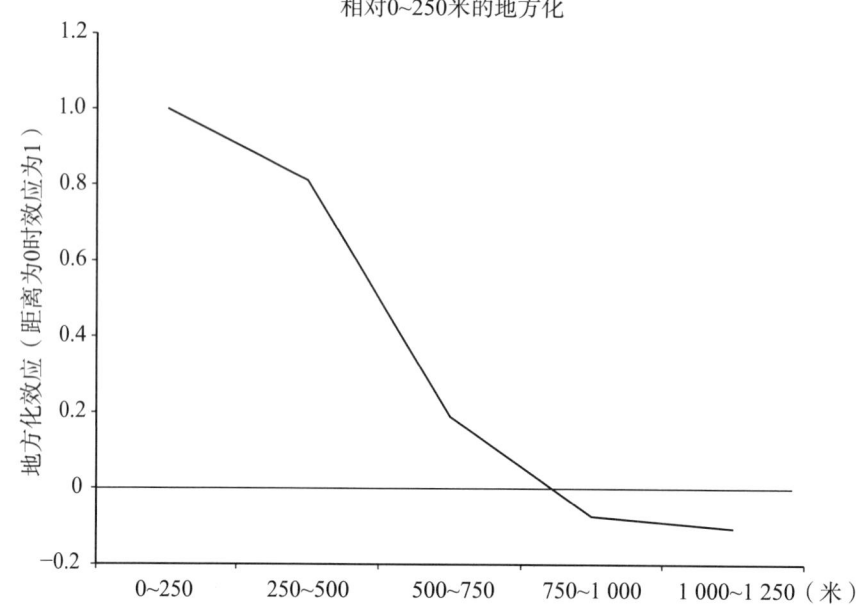

相对0~250米的地方化

图6－4 曼哈顿地区的广告公司在其周围 **0～250** 米的水平范围存在地方化效应。水平轴表示任意产业中两个机构的距离。纵轴表示地方化效应，假设 **0～250** 米其地方化效应等于 **1**。通过与图 **6－3** 进行对比可以得知，广告公司的地方化效应在 **0～750** 米范围内呈现快速衰减。广告公司及其周边从业人员都非常注重网络、信息搜集和共享以及知识溢出效应。

注：图源于阿扎吉和亨德森（Arzaghi and Henderson，2008）。

科尔和科米尼尔（Kerr and Kominers，2015）考虑通过使用不同专利集群之间的变化来研究这一问题。如图 6－5 所示，他们提出的模型描绘了硅谷的技术流动情况。旧金山市中心和加州的奥克兰在北部。地图底部右侧三角形区域是硅谷的核心区域。该区域内包括了 3/4 的地方产业专利，其来源于旧金山湾区地区和 25 个邮区中的 18 个。图中是旧金山市四个最大的邮区中的三个区域的专利情况。并将专利最高集聚地区通过划线标注为三个区域，标注为门洛帕克（MenloPark）的 1 区延伸至硅谷核心地区。标注为红杉（RedWood）的 2 区坐落于北区并紧联门洛帕克地区以及帕罗奥多（PaloAotu）地区。3 区覆盖了南旧金山，是专利技术逐步转移的核心区域。

这些技术区域都具有面积小而相互重叠的地区特征。没有任何的技术开发区遍历整个核心区域，没有集群，仅有最近的邮区门洛帕克延伸到了足够大的范围覆盖了整个硅谷地区最多的专利数。个别企业的技术采购则具有本地化特征，且仅有最近的门洛帕克邮区延伸到足够远的地区从而掌握了最多的专利。

核心区之外的按照邮区标注主要专利地区及其采购地区

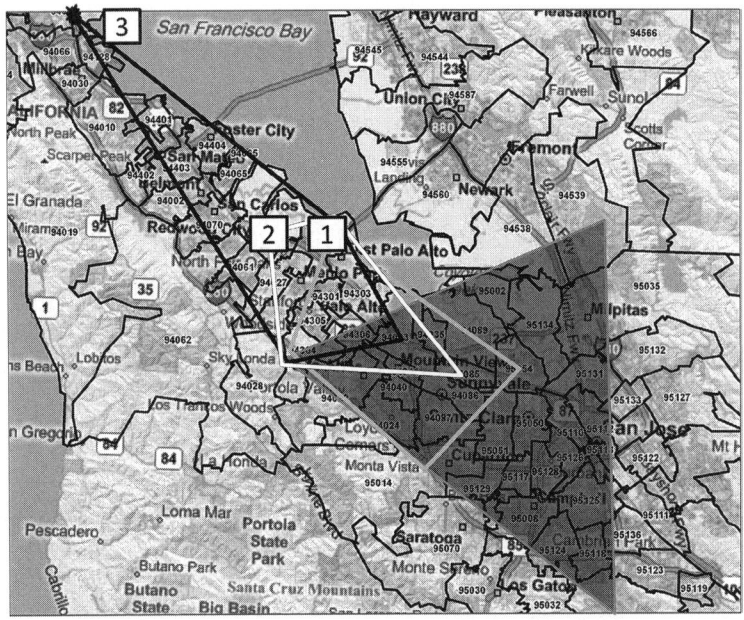

图 6-5 技术来自硅谷。顶级专利邮区以外的核心地区及其采购区。该图展示了硅谷地区技术溢出区域的形状。硅谷的核心区域由阴影三角形部分所标识。硅谷的核心地区占据了 **76%** 的旧金山地区专利。该图包含了技术采购在内的四大邮区其中之三个地区的情况。技术采购去通过专利引文所确定。该表标识的是焦点邮区,其和每一个技术采购区域形状是由其三个邮区所确定的公司在焦点最多的邮区在其工作中最多的引用。地区(1)为最核心的门洛帕克的延伸。区域(2)为红杉城的北移及变化对帕尔奥拓地区的包涵情况。地区(3)标识了南旧金山核心的进一步迁移。这些技术区域都是具有小而重叠的特征区域。没有任何一个技术开发区能够覆盖全部专利核心地区,只有技术区最近的邮区(门洛帕克)包含了专利数量最多的核心地区。且研究表明,该地区的运输路线与地理特征还决定了这些区域的几何形状。

注:图来自科尔和科米尼尔(Kerr and Kominers,2015)。

当技术转让对私人企业存在地方化效应的时候,产业集群会在其周边地区进行扩张。科尔和科米尼尔(Kerr and Kominers,2015)基于此观察,建立了包括小型企业、重叠区域等模型;以该模型为基础的研究融合了基于区域的研究方法和企业层面的分析结果,提出在较大范围内集聚要素受到宏观结构及产业集群密度等因素的影响。科尔和科米尼尔(Kerr and Kominers,2015)通过比较不同技术集群进行了经验研究,发现并证实了相关假设。随着未来进一步扩充研究样本,我们遵循着相同的研究逻辑,能够深入揭示创新集群都集中于较小的地理区位的原因与机制。

6.3.3 集群的时空演变

今天大多数创新集群的创意都源于硅谷，所以关注创新集群随时间的迁移是十分重要的。拉穆尔克斯等（Lamoreaux et al.，2004）等描述了克利夫兰如何作为一个二次产业革命（包括早期的天使融资和孵化器在内的）前沿基础核心。克莱普纳（Klepper，2010）同样描述了 20 世纪前 10 年的底特律与今天的硅谷是何其相似。萨克森涅恩（Saxenian，1994）还描述了半导体产业在 20 世纪 70 年代到 80 年代是如何从波士顿 128 公路迁移到硅谷地区的。科尔（2010a）根据杜兰特（2007）模型描述了特定的技术迁移到新的突破中心。随着长期专利数据的不断积累发展，我们希望在未来能够进一步界定规则以加强这一案例研究证据。

6.4 联系创新和集聚的正式理论

通常创新活动发生在产业集群之中，例如硅谷的半导体产业、纽约市的金融服务和广告行业、洛杉矶的娱乐产业、纳什维尔的制造业以及田纳西州的乡村音乐等。产业集群不仅是创新的源泉和推动生产率的增长，还能够对形成新的商业模式并导致创业活动的持续增长。（Porter，1998）。

我们如何解释某一地区大量创新活动的集聚呢？目前多数现有研究文献都集中于商品生产及服务的外部性等方面，而非对发明自身的研究。然而，存在三个主要机制——共享、匹配和知识溢出效应——与创新活动也具有相关性。[6]

本节讨论了关于这些传统渠道的模式和证据。下一节将主要讨论其他主题及与创新过程相关的领域。在本节中，我们认为传统的马歇尔外部性甚至超越了知识溢出的范畴，对于创新活动的空间集聚而言是特别重要的因素，其重要性要超过上述的全部特征。此外，萨克森涅恩以独特的文化和制度作为特征的"自然优势"，对创新活动的地点问题进行了解读（Saxenian，1994）。

---

⑥ 这些主题主要是由杜兰特和普加（Duranton and Puga，2004）提出发展的。马歇尔经济体系通常表现为客户–供应商联系、劳动力池等因素，另外杜兰特和普加描述了源自如分享、匹配等因素的共同原则的优势。近期的经验研究文献主要集中于集聚经济的主题，主要包括（Eberts and McMillen，1999），（Rosenthal and Strange，2004），（Combes and Gobillon，2015）等的研究成果，他们的成果极大的丰富了本书的内容。

本章主要集中于论述创新集群和本地公司互动的相关证据。这些公司通常被推断为以当地环境为条件的小范围本地集聚活动。在 5.6 节中，我们回到这一问题，并讨论创新是集中于某个大型企业，还是存在于许多本地企业之间。

创新生产函数是一个方便的方式，以表达集聚力量对创新活动的影响：$I_{ic} = g(A_c) F(RD_{ic}, K_{ic})$，其中 I 表示企业 i 在城市 c 中的创新产出，RD 和 K 表示企业 i 的人力资本；$g(A_c)$ 表示内生于城市 c 但外生于企业 i 的集聚经济。[⑦] 如果企业 i 希望加倍其产出 I，它可以选择成倍增加 RD 和 K。需要注意的是，在城市中不需要集聚经济的成倍增加。如果集聚经济也相应成倍增加，那么其总生产量则会超过预期目标。

经验研究的一个重要思路是考虑将 $g(A_c)$ 设为城市规模函数或城市密度函数。这也是卡利诺等（Carlino et al.，2007）所采用的研究方法，采用该方法进行研究，可以发现人均专利——或专利密度——在大都市区要高出 20%，其中雇佣密度（以每平方英里的工作岗位数计算）是另一个大都市区的两倍。[⑧] 虽然发现了这种弹性的存在，但是这种研究方法并不能确定哪种机制能够导致区域密度或专利的增长；这需要对机制作用的理论进一步深入研究。我们将会考虑采用杜兰特和普加的分类方法（Duranton and Puga，2004）依次加以研究。

6.4.1 共享

公共投入的共享取决于给定区位生产规模经济水平。创新集群的本地化能够导致要素市场扩大。这导致集群中每一个成员都能够从更大规模中受益（Porter，1998）。扩大的本地市场允许有效共享各种专业化和有经验的劳动力投入，以及各种专业化的商业服务（例如，专利律师、商业实验室的产品测试及贸易组织等），保障知识能够在其间快速流动（Porter，1990）。本地外包能力的存在，能使公司进一步降低生产库存减少成本。波特（Porter，1998）认为，这种影响对于"先进的和嵌入式技术、信息及服务内容的专业投入"非常重要。产业集群则保证了企业在成本较低的条件下，通过外部资源快速实施其预期创新。

赫尔斯利和斯特兰奇（Helsley and Strange，2002）提出了一个有趣的动态

---

⑦ 详情参见 Audretsch and Feldman（2004）的相关区域知识生产函数。

⑧ Carlino and Hunt（2009）发现无论是否使用加权专利，专利弹性对专利密度都存在约 0.2 的弹性系数关系。

模型，该模型通过集合良好创意进而降低创新成本，形成一个密集的网络输入以促进创新活动的开展。该模型的动态性特征可以解释为之前的地区生产投入创新导致企业活动的持续增长。盖拉赫等（Gerlach，2009）通过研究表明，空间较为独立的公司在投资研发方面的风险要高于空间集群的企业。他们还指出，相似的企业通过关注不同集群的研发项目，可以进一步拓展研发活动的深度与广度。

企业获取收益的重要方式之一，是在某一特定行业通过重新选址加强模块化生产技术。模块化的生产技术是一种制作复杂产品或创造更小子系统的方法；在这种系统下，不同的供应商负责独立模块，每一个供应商遵循一定的通用设计原则，以确保子系统对于整体功能具有良好的适应性（Baldwin and Clark，1997）。⑨ 模块化的一个重要优势是创新活动通过多个企业的互动替代，集中于某单一垂直领域活动，从而完成创新的去中心化过程。去中心化过程能够提升企业技术进步的速度，独立公司能够通过集中于公司特长，从而发挥其整体纵向整合优势。斯特金（Sturgeon，2002）强调模块化生产保障了企业能够利用空间临近收益和全球规模生产网络管理。萨克森涅恩（Saxenian，1991）通过案例研究和访谈总结出，以硅谷为基础的计算机制造商通过产品的快速设计和模块化技术流程，成功降低了成本与风险，提升了企业效率。

总的来看，在企业相关的共享投入对创新活动的重要性方面，缺少经验研究的有关证据，即便有些时候这种关系是较为直观的。费尔德曼（1994）认为，在相关行业中企业本地网络的存在，有助于进一步完善创新活动，而且专业化的商业服务能够提升企业把创新意图转化为创新现实的能力。奥德查和费尔德曼（1996）发现一个更显著的同业产业创新活动趋势，即熟练劳动力是一个重要的投入。我们将在下文中继续详细讨论共享劳动力池。

在更好地建立和分享专业化商业服务方面，创新融资特别具有典型性（天使和风险投资）。传统的融资渠道如银行贷款等，可能无法承担创新性企业存在的高风险、大量融资需求以及信息不对称等问题，这些问题在高科技企业中尤其明显（Gompers and Lerner，2001）。因此，风险投资机构往往在本地进行投资以监控其投资，并为其投资公司提供相应的运营支持（例如，Gompers and Lerner，2001；Horvath，2001）。科立普利斯等（Kolympiris et al.，2011）

---

⑨ 模块化生产已经正式正为生产方式使用了一段时间。一个经典的底特律汽车制造业案例就是汽车制造业在采购汽车车身、变速器、刹车等零部件的时候主要是通过本地的独立供应商提供。最近，计算机系统制造商则几乎主要依赖于本地独立制造商的模块化生产及最终产品。Hellmann and Perotti（2011）认为创新想法最好在市场条件适宜的创新公司中进行，而并非单纯的大型组织企业之中。

发现在生物技术领域内的风险投资特别集中在一个半径 10 英里的地区。投资者们以多种方面进行共享投入，他们的商业模式依赖于一定的规模和本地机会的多样性，通过本地网络提供的企业投资组合获取附加收益（如关键员工的雇用）等。⑩

6.4.2　匹配

另一种理论认为，规模较大的市场改善了本地劳动力市场的匹配质量。赫尔斯利和斯特兰奇（1990，2002）、惠勒（Wheeler，2001）、伯列安特等（Berliant，2006）、斯特兰奇等（2006）以及帕帕耶奥尔尤（Papageorgiou，2013）的模型都支持这一理论。例如，在伯列安特等（2006）中，大城市的劳动力具有更多选择性，因为预期匹配的机会成本较低。尽管人们拥有了更多的选择，但是平均而言他们的匹配却更快。其结果是，匹配的平均产出更高，并且在生产性匹配方面劳动力所占份额更高。斯特兰奇等（2006）等发现企业（外生）对特定产业集群的专业化工人的需求，因为这些集群提供了多样化的选择范围，能够满足不可预见性和挑战性机会。⑪

此外，专业的工人能够更容易的在同一创新集群中找到新的工作机会。例如，福力克等（Fallick et al.，2006）对硅谷工作跳槽的研究及弗里曼对（Freedman，2008）软件发布方面的研究。研究表明，随着产业集中，流动性显现加强趋势。福力克等（2006）发现，硅谷计算机产业中具有大学文凭的男性雇员，其流动性要比加州以外地区的类似男性雇员要高。这种差异性可以被解读为企业和工人寻求更为恰当的匹配机会。此外，福力克等（2006）对这种流动性和模块化之间的关联进行了描述。⑫

尽管劳动力市场共享能够降低企业成本，增加利润份额，但工人和工人的流动性竞争会产生相反的效果（Matouschek and Robert – Nicoud，2005；Combes and Duranton，2006；Gerlach et al.，2009）。在劳动力市场中，竞争公司的集中提升了工人的重要性，导致企业被迫提高劳动力成本。马图斯希克和罗伯特—尼佑德（Matouschek and Robert – Nicoud，2005）通过分析人力资本投资对企业

---

⑩　Samila and Sorenson（2011）研究证据表明风险投资在全美的 MSA 水平上具有正向增长溢出效应，但在风险投资与本地经济增长方面的研究工作还大有可为之处。

⑪　有趣的是，Strange et al.（2006）发现当企业参与创新产品或创新过程的时候，他们更倾向于在大城市中选址，而并非考虑再产业集群之中。

⑫　硅谷的高流动性通常是由于加州法律中有关非竞争条款所导致的（Gibson，1999）。值得注意的是，福力克等（Fallick et al.，2006）发现加利福尼亚州其他行业雇员的离职率并不比其他行业高，这表明非竞争条款导致加州离职率高的主要原因。我们会在 6.5 节中继续非竞争条款的论述。

区位决策的影响，认为无论人力资本投资还是地理集中都取决于谁在进行投资。如果企业对人力资本进行投资，他们就不太可能集聚以避免竞争。如果工人负担人力资本的投资，企业更有可能集聚。

在罗坦博格和塞隆纳（Rotemberg and Saloner，2000）的模型中，当企业集聚时，工人更可能承担人力资本投资。在一个小型劳动力市场中，通过投资获取技能的工人相比当地雇主在议价能力上处于弱势，除非他们愿意承担昂贵的搬迁成本。这一设定条件可以导致买方垄断的雇主产生要挟问题，进而减少工人对技能发展的投资。在较大规模的市场中，由于大量雇员的存在，依然存在要挟问题。

针对这些问题，由于缺少经验研究证据以及位置和投资选择的内生性问题，导致难以进行建模。一种可能的研究方法是通过为工人提供培训的法律要求的国际差异。例如，德国企业需要为他们的工人提供专业技能培训。马图斯希克和罗伯特—尼佑德（2005）则认为，在其他条件相同的情况下，为工人提供技能培训的公司在德国较为分散，与其相比不提供技能培训的公司则相反。通过移民工人的投资及其为其雇主强制性工作的时间，也是一个可行的措施（例如，美国 H－1B 移民签证项目）。

6.4.3　知识溢出

第三个理论则认为，人与人之间地理集中、在城市工作能够促进隐性知识传播，这种传播不易通过正式文件进行。虽然其确切的传播机制尚未被进一步明确，然而其基本思想与马歇尔（1890）较为接近，即地理上的接近导致知识偶然或意外地在人和企业之间传播，从而完成信息交换。

史蒂夫·乔布斯（SteveJobs）认为人与人之间的距离是创新的关键因素。他对皮克斯动画工作室的布局进行了调整和修改，原方案计划为三层办公楼，包括动画师、科学家以及高管的独立办公室；而乔布斯做出了很大的调整，只有一层并保留了巨大的中庭大厅作为核心部分。这种设计确保了动画师、科学家及公司高管们能够方便频繁的互动交流，同时乔布斯将信箱、自助餐厅及会议室都移到了建筑的中心地带。在后来的工作中，皮克斯取得了一系列的令人难以置信的创新成果，在许多重要的领域如计算机图形制作等方面获得了应用性的突破。皮克斯在创新的时候也有高效率的生产，共制作出 14 部电影并荣获 27 项各类奖励。

企业间的信息共享已经成为硅谷企业的一个重要标志。例如，脸谱网（facebook）、谷歌（Google）和推特（Twitter）在公司内部就注重设计内部的工作娱乐空间，以增强员工之间的互动和信息分享的能力。刘（Liu，2010）通过量化生物技术公司的物理布局研究，描述了其内部知识流的情况。奥尔森等（Olson，2003）描述了合作与距离之间存在快速衰减的关系。信息共享不仅仅是硅谷的一种现象，这种面对面交流形式的创新已经被广泛认可。盖特纳（2012）就指出早在 20 世纪 40 年代，贝尔实验室的新楼就被故意设计成彼此之间能够方便交流。在 17 世纪的英格兰，人们集聚在咖啡馆分享彼此的想法，通过不同的咖啡馆来吸引了不同的客户群体。伦敦证券交易所的建立就始于 1698 年商人在咖啡馆里面的偶遇；货主和交易商经常光顾的第二大咖啡馆，日后则成了保险专业交易中心。

虽然知识溢出的理论最初用以解释一般性的产业集中活动，然而后来在解释创新活动的集聚方面起到了重要作用。研发作为最终的产业支柱，取决于新知识的流动情况。通常，最新的技术发展的知识对于企业而言只具有较短时期的价值，并且信息交互的不确定性以及本地企业从事创新的行为可以进一步降低不确定性（Feldman，1994）。因此，创新企业有必要明确附近每一个信息源及每一个相关创新企业的情况。

这一扩展部分回顾知识溢出效应的三个步骤。我们首先概述了知识溢出效应与增长理论及经济地理模型之间的相互影响。这些模型明确了明瑟工资（Mincerianwage）通常被用于经验研究，第二部分则主要强调这一部分的研究工作。虽然我们回顾了大量的使用专利和其他技术的相关研究情况。

6.4.3.1　知识溢出与内生增长

索洛（Solow，1957）认为，物质资本的积累并不足以保证人均产出的长期增长。在索洛模型中，人均产出长期增长率主要取决于外生技术过程，并不能为有效的生产力改善提供合理的解释。这是因为生产力增长是长期增长最重要的决定性因素，这一重要因素却留下许多悬而未决的问题存在。

20 世纪 80 年代中期开始，经济学家进一步研究发展了内生增长理论，其中城市起到了重要作用。卢卡斯（Lucas，1988）强调了人力资本存量在城市经济增长中的重要作用。虽然知识溢出效应的渠道依然不明，但是已经形成基本的想法，即熟练工人或受过专业训练的工人能够从他人处获取更好的新知识。知识获取较为集中于人口密集的城市。因此，城市能够促进知识溢出效应。其基本思想是知识在不同主体之间的交流能够提升生产力，这可以解释为生产依赖于城市的人力资本总量。以 Y_{ic} 代表工人 i 在城市 c 中生产的同质产品，根据：

$$Y_{ic} = H_c^\delta h_{ic}$$

其中，h_{ic}代表工人 i 的人力资本，H_c^{δ} 是人力资本在城市 c 的人力资本总量。注意，工人 i 的人力资本规模收益不变，但在城市层次存在人力资本规模收益递增。参数 δ 反映生产外部收益的重要性。人力资本总量的衡量指标可以表示为：

$$H_c^{\delta} = \left\{ \frac{1}{n} \sum_{n=1}^{N} h_{ic}(n)^p \right\}^{\delta/p}$$

其中，$h_{ic}(n)$ 表示第 n 个工人的人力资本，参数 ρ 则表示不同工人的人力资本数量如何加总为城市人力资本总量的。当 $\rho = 1$ 的时候，城市人力资本的平均水平在外部性中起作用。当 $\rho > 0$ 时，最熟练的工人的技能创造了外部性。格莱泽和塞斯（Glaeser and Saiz，2004）认为，如果最熟练的工人分布在最大的城市，那么城市之间就会存在外部性差异。在大部分相关的经验研究中，均采用卢卡斯模型的设定，并令 $\rho = 1$。

在零利润的条件下，工人名义工资和人力资本总量的关系可用明瑟工资回归加以表示：

$$\ln W_{ic} = \delta \ln H_c + v \ln h_{ic} + \varepsilon_{ic}$$

其中，δ 是我们关注的参数。[13] 稍后我们会回顾相关以工资为基础的研究方法。值得注意的是，这种研究方法留下了许多悬而未决的问题：第一，由于教育总水平与工资可以同时确定，因此估计 δ 是会出现内生性偏差问题。第二，设定并未说明学习效应是在产业内还是产业间。第三，大部分经验研究都考虑对人力资本进行定量研究的方法，如受教育年限等，但是不同人力资本样本彼此之间质量难以保障。第四，前文所提到公式中，溢出效应是静态的。[14] 第五，知识溢出效应之外的因素能够导致明瑟工资回归现象，我们在进行研究的时候必须要对这些关联进行反复验证；这些因素之间具有一致性并足以证明其研究方法具有有效性。

伊顿和埃克斯坦（Eaton and Eckstein，1997）将卢卡斯的人力资本积累模型嵌入城市框架内进行研究。城市在一个多重因素共同作用的平衡增长率下，能够为城市居民提供适于学习的环境。伊顿和埃克斯坦（1997）认为，集聚外部性是静态的。格莱泽（Glaeser，1999）提出了一个集聚外部性的动态模型，其中在不同城市之间的集聚和知识扩散导致劳动力流动。在模型中，无经

---

[13] Duranton and Puga（2014）提出了一个微观基础模型，通过研究人力资本通过创业所产生的外部性。如果创业者大多是受过教育的群体，那么那些获得更高教育水平的创业者所在的城市会发展得更快。相关研究请参照琼斯（Jones，2005）。

[14] 卢卡斯提出了一个动态外部性模型。在卢卡斯的模型中，对个人现有产品的投入程度以及他们为提升技术水平从而付出的时间成本进行了分析。结果显示，城市人力资本的累积是导致增长的最主要的外部性驱动力。在此前提下，人力资本的外部性被广泛认可为增长和集聚经济的重要驱动力。Duranton and Puga（2014）对此进行了深入的研究。

验的工人能够通过向熟练工进行学习提升生产水平。城市为工人提供了直接交流学习的更好环境与机遇。布莱克和亨德森（Black and Henderson，1999）提出了人力资本积累与城市人口增长的研究模型。模型表明人力资本的外部性是导致大城市的工人生产率更高的主要原因。工人们通过把他们的时间投入到人力资本累积上，导致了一方面城市具有更强的吸引力，另一方面城市人口增长，而人口增长又反向强化了城市人力资本的外部性。布莱克和亨德森（1999）建立了一个两部门模型，并假设城市只从事某一主要行业；因而尽管城市规模存在不同，但是所有城市的长期增长率会保持在同一水平。德拉洛卡和普加（delaRoca and Puga，2012）用西班牙数据通过对个体工人的特点和就业历程研究城市工资溢价，发现工人更倾向于获得大城市收益溢价。他们也发现了动态外部性的一个重要证据，工人们在大城市中往往通过积累更多知识的方式来保障自身价值的快速增长。

最近，戴维斯和丁格尔（Davis and Dingel，2013）提出了一种空间均衡框架，借以说明为什么专业技能溢价在大城市中较高。他们提出了一个城市体系模型，其中设定创意的交流具有高价值，并导致集聚经济。该模型同时考虑了流动性和非流动性特征，将劳动力视作唯一的生产要素，假定创意交流仅限于本地区位。主体通过知识交换，根据预期收益原则调节自身活动，伙伴的交易预期越高、越多并且专业能力越强，其收益也就越大。具有优秀能力的主体能够并愿意通过付出一定代价获取新的知识。这种分析框架导致城市规模多样性的存在，而城市中的雇员则表现出更大的技术溢价和生产率，这导致较高的工资以及同时更高的住房成本。

在另一个研究分支的综述中，罗默（1986，1990）研究了知识与经济增长之间的关系。罗默将投入分为两大类：竞争性投入与非竞争性投入。它的基本概念是，一旦某企业提出了一个新的设计，那么这个设计不仅服务于该企业，还服务于其他企业。这种竞争性的知识是罗默经济增长模型的核心。考虑一个规模收益不变的企业 i 在 t 时间的生产函数：

$$Y_{it} = K_{it}^{\alpha} \left(A_t L_{it}\right)^{1-\alpha}$$

其中，Y 表示企业 i 的产出，A 代表 t 时间全部知识的和，K 和 L 分别代表资本和劳动力水平。如果企业 i 想要提升其产出 Y 一倍，它可以通过增加 K 和 L 来实现。根据知识的非竞争性，无须知识储备提升一倍。如果知识储备提升一倍，那么其总产出 Y 的增加将超过一倍。因此，把知识储备纳入生产函数导致规模报酬递增，这是由于知识的非竞争性。

一个值得关注的问题是在竞争市场中，一旦发现一个新的想法，那么其他竞争公司获得该想法的边际成本为零。但是私人企业无法承担这样的高额研发成本。罗默（1990）将知识作为一种准公共产品，解决了这个问题。虽然新知识是非竞争性的，一个新思想的所有者可以通过专利和商业秘密的方式排除其他人的获利行为，且可以通过专利租金等方式作为其创新想法的补偿收益。

专利和商业秘密保护赋予了公司保护垄断的一定理由，即研究模型需要对竞争市场进行分析。这是时下创新文献中继承熊彼特增长理念的研究方法，其主要代表人物包括有格罗斯曼和赫尔普曼（Grossman and Helpman，1991）、阿吉翁和豪伊特（Aghion and Howitt，1992）、阿吉翁等（Aghion et al.，2014）。在这些模型中，创新需要一个"质量阶梯"，这是由临时垄断利润驱动的创新企业家补偿创新成本的方式。每个产品一旦面世，技术扩散和企业竞争的存在会导致竞争对手能够提供相同质量、更低成本的产品，因此获得了较低的销售价格优势。同时，企业家能够通过创新来重新赢得市场优势，从而进一步提升产品质量。

凯利和阿热曼（Kelly and Hageman，1999）和杜兰顿（2007）将质量阶梯模型扩展到了区域研究范畴。杜兰顿（2007）将城市设定为由不同产业所构成，每个产业的生产都集中在与其最新发明相关的领域之中。当一个新的发明专利在产业中的另外一个城市中出现后，产业会向新的城市迁移。这种质量阶梯模型为解释不同城市间的产业流动提供了一个坚实的理论基础，且包含了城市规模的长期稳定分布水平。科尔（Kerr，2010a）为杜兰顿（2007）的研究提供了新的研究证据，通过对 1975～1985 年技术专利水平的突破情况进行分析，认为这些突破影响到相关生产活动是否能够准时准确地完成。

尽管城市与增长具有这一长期理论联系，一个问题是城市经济增长与人力资本相关外部性的量化重要性。杜兰顿和普加（2014）在亨德森（1974）的基础上提出了一个城市体系模型，并解决了相应的研究难点。在最近的文献中，关于集聚经济弹性和城市规模拥堵成本弹性的最新研究中，他们计算城市解释了总产出增长的2/3。尽管这种计算和校准是容易发生疏漏的，今后的基础研究中能够进一步完善。

研究中需要注意到创新集群的内生增长理论和创新集群研究之间的关系。研究人员需要在他们的设定中考虑流动性的角色及相应的均衡条件（如Glaeser，2008）。在许多核心增长模型中，人口被设定为固定变量，因此创新的主要影响是推动人均收入的提高。城市可以调节人口总量，创新的影响可通过人口增长进行替代。以马格瑞尼（Magrini，2004）为代表的研究方法中，全面的说明是需要考虑住房价格、设施和诸如区域收敛标准等问题。这就是如同在城市和非永久性迁移的过程中的技术思想扩散，在相同的逻辑关联和假设条件下，也是影响城市的主要因素。[⑮]

6.4.3.2　本地知识溢出效应的经验研究：工资

知识溢出效应是无形的，他们的经验研究依赖于直接证据。在区域研究中，针对本地知识溢出效应有两种主要的研究方法，分别是明瑟工资回归法和专利引文分析法。我们先从城市和增长的理论模型开始分析，值得注意的是这些研究方法要涉及到当地的人力资本存量的工资水平，因此，尽管他们的知识溢出具有一致性，但是他们并不能够作为经验研究的确凿证据。孔贝斯和戈比永（Combes and Gobillon，2015）在本书中对此问题做了着重的研究探讨。

许多研究文献都采用了教育成就作为衡量城市人力资本存量的指标。其意义在于，一个城市中受过高等教育的工人比例提高，会导致城市总体生产力更强。不同城市之间拥有大学学历水平的劳动力占成年人口份额有较大差异，例如北卡罗来纳州的罗利（Raleigh）地区拥有超过 28％ 的份额，而相对而言，加利福尼亚州的维塞利亚（Visalia）地区只有 9％。莫瑞提（Moretti，2012）通过对劳动市场的研究，提出他们之间存在着 5 倍的巨大差异。在城市增长的相关研究中，通常是通过研究工人的工资来反映生产率水平，将工作经历相似（例如，根据他们的年龄、受教育程度、职业、产业及经验等）的工人的额外收入进行量化，研究其所在城市的高等教育人口占总人口的份额。

利用 1980 年的人口普查数据，劳赫（Rauch，1993）估计工人每增加一年的平均受教育程度，则城市内的工人平均预期工资要增长 3％ ~ 5％。正如研究成果所指出的，内生性是一个重要问题，因为高收入导致的支出变化不仅存在于教育领域，还有其他领域。这种反向的因果关系将导致普通最小二乘法（OLS）对社会教育回报率的估算误差。另外，OLS 估计的社会交易收益会由于熟练工人更容易被吸引到市区，导致其估计结果偏低。此外，还可能存在未观测因素使城市人力资本水平独立于生产率和工资水平，导致估计偏差。

为了解决内生性偏差的问题，阿西莫格鲁和安格里斯特（Acemoglu and Angrist，2000）采用法律中所规定的 12 年义务教育，用其出生和童工相关法

---

⑮　举例而言，一些研究人员将增长理论模型进一步拓展应用于美国的大都市统计地区的研究，例如将加州圣何塞从洛杉矶市分离出来，作为硅谷的核心区域。这种分离的办法显然是欠妥的。事实上，硅谷的许多科技型企业都为其居住在旧金山市中心的员工提供免费的接送班车。

律条款作为确定国家教育水平的工具变量。他们还使用季度个人出生数据作为个体教育的工具变量。通过工具变量的估算结果来看，在平均受教育年限每增加 1 年，工资期望水平增加 1% ~ 2%，相比通过 OLS 回归计算的 7% 的外部收益。这些研究成果需要注意的是，他们主要是对具有中学学历水平的工作与社会劳动力供给之间的经验研究，并非是人力资本溢出理论中所强调的受到高等教育的工人。第二个问题是，州一级的研究范围并非是一个适合的研究范围，特别是对于社会教育回报率的估计容易产生偏差。这些外部性在次一级地理空间中会更显著。

莫瑞提（2004a）估算了 1979 ~ 1994 年具有大学学历的 MSA 的人口份额的社会回报。莫瑞提（2004a）通过 MSA 捐赠的公立学校作为高等教育份额的工具变量，处理了内生性问题。[16] 他发现高等教育水平每增加 1%，其毕业生的工资水平就增加 0.5%。高中毕业生的工资水平每增加 1.5 个百分点，则高中辍学生的工资水平增加近 2%。这种研究方法存在的问题是，公立学校的土地出让在空间上存在高度不平衡（Shapiro，2006）。同样，反向因果关系仍然是一个值得关注和研究的问题。夏皮罗（2006）就指出，现在很难比较大学入学和公立学校入学率之间的相关性，这是因为人口普查数据并没有 1940 年之前的数据。

西科尼和佩利（Ciccone and Peri，2006）指出，大部分的研究报告都可能过高估算了人力资本水平的社会回报，因为可能混淆估计了人力资本需求的外部性。他们认为，一个城市的高等教育技能工人的增加，改变了城市的技能构成可能导致在不存在人力资本溢出情况下，提升了城市的平均工资水平。西科尼和佩利（2006）提出了一种研究方法，在一定的时期，保持劳动力技能组合不变，他们通过研究 1970 ~ 1990 年不同受教育水平的样本，没有发现每提高一年的受教育水平所能带来的报酬，他们曾用这一报酬的概念来解释不同受教育群体之间的不完全替代性。孔贝斯和戈比永（2015）认为这种研究方法必须要重视本地工人技能水平对本地工资水平的重要影响。[17]

杜兰顿（2006）和亨德森（2007）指出，部分研究文献可能存在过高估计了教育回报率水平，因为很多研究工作并没有涉及到城市集聚经济的相关影

---

⑯　对于劳动力的不可观测性特征，Moretti（2014a）通过采用国家青年调查的有关统计数据进行研究，提出劳动力的个性特征并不是劳动力研究失准的主要原因，并采用滞后结构对这种不可观测需求所带来的冲击进行处理。

⑰　Combes 和 Gobillon（2015）针对经验研究中有关技术组和对照组的不完全替代性的问题进行了深入的探讨。Bacolod et al.（2010）指出教育的本质也是劳动力工人的重要的技能因素。在他的框架中，智力、个性及对外部环境的互动是产生技能的基础。他们提出，教育是一种技术决策的重要过程；尽管现实有时候并不那么完美。

响。格莱泽和萨斯（2004）发现熟练工人选择进入大城市，意味着估计得出的人力资本对个体劳动者工资的影响会加速城市规模效应的提升。事实上，当劳赫（1993）在他的回归研究中涉及包括城市土地面积（城市人口规模的），工资方程中的标准大都市统计区的平均教育水平变量的系数仍然是正的，但并不显著。西科尼和佩利（2006）的经验研究包括了城市就业水平的集聚效应。有趣的是，亨德森（2007）指出尽管西科尼和佩利（2006）没有发现人力资本的外部性，但是他们却发现了城市集聚效应的证据，并强调要对这些影响加以区分。

罗森塔尔和斯特兰奇（2008）通过使用2000年的人口普查数据，估算了集聚经济影响和本地化知识溢出对个体劳动者工作的影响。他们认识到，知识溢出效应的外部性随着周边距离的增长而迅速衰减，为此他们关注于"工资—集聚"与距离之间的关系。他们所采用的方法是差分法，并且使用工具变量法来解决集聚和人力资本变量中的内生性和测量误差。首先，他们研究发现5英里以内的就业的空间集聚（集聚经济的衡量）与工资呈正相关。其次，他们发现五英里的范围内如果用没有大学学历的工人来更换原有的50 000名工人，那么其他大学学历及以上文凭的工人工资水平则会提升6~15个百分点。最后，集聚和人力资本效应随距离而急剧衰减。这些在他们研究人力资本外部性过程中都是重要发现，因为他们发现人力资本的溢出效应在"邻里"层次上更为强烈，除此之外，即使在大都市区层次上，人力资本的溢出效应会被严重低估，那么如果扩展到大都市圈的范围，则预测结果会大大地低于真实情况。正如我们所看到的，越来越多的研究报告中指出，知识溢出随着与知识源的距离增加而迅速衰减。

一个重要的问题是，这些文献中忽略了理论上的生产力差异主要表现在土地地租和工资水平两方面。外部性资本化为工资或租金的程度取决于本地的土地和劳动市场的弹性。劳赫（1993）和康利等（Conley et al.，2003）作为代表人物，允许将教育的外部性资本化为工资和租金，并发现对土地租金具有正效应。当仅将工资作为外部性的证据时，可以发现外部性极小或为零；但是了解人力资本外溢幅度是必要的（其影响是工资和租金的总和）。掌握溢出资本化为工资或者租金的程度，具有重要的福利和政策应用。如果外部性很大程度上被资本化为土地价值，那么土地所有者将获益，进而使用土地税资助教育是有效的。然而，如果与其他地区相比，某些地区从知识溢出带来的递增规模报酬中获益较大，那么在那些高等教育存在递减报酬的地区而言，高等教育的公共支出和熟练人口（大学毕业生）的净流出之间存在正相关⑱。

另一个问题是静态的明瑟回归并未能够对工资增长的关联进行分析，而主要是通过利用城市要素不断促进人力素质改善。这些动态优势导致更大的人力资本形成，并带来更多的尝试和创新。格莱泽和马雷（Glaeser and Maré，2001）通过研究表明，工人在大都市区能够更快进行学习。动态外部性是这样的过程，工人新到达一个城市时，其工资的初始影响较小，但经过时间积累就会变化。最近，一些经验研究已经表明大城市的工资增长更快，比如德拉洛卡和普加（delaRoca and Puga，2012）、鲍姆—斯诺和帕文（Baum – Snow and Pavan，2013）、王（Wang，2014）等。洛卡和普加（2012）通过利用西班牙工人纵向数据样本研究了 2004～2009 年城市工资溢价的原因。他们发现在研究样本的 7 年间，一半城市的工资溢价是静态的，另一半城市的工资溢价则会因学习带来动态利益，而随时间不断累积。王（2014）发现较早拥有大学教育水平的工人工资增长速度更快。

总的来看，短期内相关研究取得了一定的进展。从本章的角度来看，未来迫切需要研究的是，如何将城市层面的知识溢出和工资水平增长建立联系。为了更好地提升经验研究与理论研究，需要进一步关注于城市的微观数据，挖掘工资的相关数据，并将这些数据同知识流等其他信息进行汇总分析。随着这些研究变量开始可以被获取，我们可以认为在不远的将来，工资水平、学习和知识流等变量的数据都可为研究服务。

6.4.3.3 本地知识溢出的经验证据：专利

研究知识流的第二种方法是关注专利。专利文件中的引用特别值得关注，这是因为其直接关系到知识流，并且从 20 世纪 90 年代专利数字化出版后，已经进入了文献研究的视野中。贾菲、特拉腾博格和亨德森（Jaffe，Trajtenberg and Henderson，1993，下文简称 JTH）发表了一篇非常著名的论文。JTH 研究了发明家是否会去引用地理上更为接近的其他发明家的有关信息，是否会利用

---

⑱　近期，研究人员已经表明忽视不同城市之间的地租差异会导致对真实收入水平研究的偏差。许多研究档案显示大学生比例的增长是导致 1980～2000 年美国城市工资水平飙升的重要影响因素（Diamond，2012；Moretti，2013；Lindley and Machin，2014）。其原因在于大学生主要位于居住成本较高昂的城市，Moretti（2013）通过计算认为 1980～2000 年间，居住空间成本的差异导致了 22% 的大学生工资水平的增长。其中一个可能性是大学毕业生从城市及其整体环境中收益，更高的成本是在这种收益环境中的门槛费。另一方面，由于高技能水平的劳动生产力的增加也会导致大学生在高成本地区的需求的增长。因此，大学毕业生能够从其整体空间工资水平的偏差中收益。Moretti（2013）总结认为价格调整的福利偏差的影响要小于收入偏差带来的影响。Diamond（2012）同样研究了 1980～2000 年的福利偏差问题。但是与 Moretti（2013）不同的，Diamond 认为，大学生与高中毕业生之间 20% 左右的工资水平差异，主要是由本地消费习惯所导致的，而与地租水平无关。因此，在不同技能水平劳动力之间的福利不均衡相比收入不均衡更为显著。

专利发明家的其他地理位置信息。如果知识溢出仅限于部分大都市区的局部，那么专利引文的范围则会局限于某一区域，与其他同区位的专利引用来源不存在相关性。

　　JTH 检验了两组原始专利数据：1975 年的 950 项专利以及 1980 年的 1 450 项专利数据。此外，他们还考虑了制度变化，并对大学专利与研发表现排名前 200 名的企业及其他本地企业进行了区分。从研究初始，JTH 就注意到了技术相关的活动导致地理集聚的可能性，而并非知识溢出的相关影响。例如，半导体产业集中于硅谷的原因是大量风险投资公司的存在，会导致对知识溢出效应的虚假推理。所以，对于每一个引文，JTH 都对同时代的最原始引文，特别是技术上相类似的引文进行筛选。

　　基于前期存在的技术活动的空间分布，样本匹配法检验了引用是否与所期望的那样更具有本地化特征。JTH 计算了专利引用和原始专利之间的地理匹配频度，并将这些数据与对照样本进行了分析。JTH 提出专利引文中存在显著的"本土偏好"。不包括自引用，引文是 2～3 倍（企业样本）到 6 倍（大学样本）更可能比对照样本专利来源于统一大都市区。由于观测到的专利引文从空间上与对照样本相比更为接近，JTH 将其作为知识溢出效应存在地理集聚特征的强有力证据。[19]

　　这一开创性的研究导致了研究的进一步发展与完善。后续的研究工作首先会分辨专利引文是否能够衡量知识流。贾菲等（2000）通过对发明家的调查深入研究了这一问题。他们不仅发现发明者之间存在通信的证据，而且还指出引文是"外溢效应的噪声信号"。引文可以通过发明家的专利或通过专利审查员的审查和专利申请的批准。2000 年以来，专利处开始对这些引文进行分类。汤普森（Thompson，2006）发现发明者的引文比审核人员所增加的引用更具本地空间效应，这也是本地知识流的重要特征与证据。

　　另一个研究分支则是对照组的鉴别。汤普森和福克斯—基恩（Thompson and Fox‑Kean，2005，下文简称 TFK）重新研究了 JTH 项目，并发现其结果的敏感度与对照组的选择具有相关性。JTH 通过三维数字技术分类绘制了对照专利组的数据特征。在某种程度上，该方法的应用建立在三位数技术分类代表合适的集聚的技术领域；事实上，如果子部分比较突出，且因不同原因集群，那么控制性的专利并不足以解释潜在的技术集群。继续前面的例

---

　　⑲　对于对照组的引用筛选与其他技术水平对本地经济活动的影响可以认为是对创新集聚的一种理解。在一个极端的例子中，知识溢出空间水平极有可能是由于某一专项技术在产业集群之中传播所致。在此前提下，在观测组与对照组之间寻找空间集聚的相关导数是进一步探求本地知识流动的重要研究要素。

子，三位数字半导体技术包括多个相关领域，集聚在多个城市之中。如果这为真，那么他可以更为恰当的通过较低技术水平进行变革。当 TFK 使用六位数字技术分类选择对照专利的时候，发现州或地区层次知识溢出效应的证据大幅减少。

然而，对照专利的选择需要尽可能的准确。事实上，从某种意义上讲，每一个专利都可以被认为是在某一个领域具有独特贡献，然而我们无法准确地对每一个领域的专利进行极为精确的定义；这个问题严重与事实背离，因为三位数字系统中记录了大约 400～500 项技术，就研究期间而言，六位数字水平中有超过 15 000 项技术。因此，对照组研究对比的显著性存在问题，并且在整体研究体系中缺乏中间层次。在最近的研究中，村田等（Murata，2014）使用复杂的敏感技术对 JTH 和 TFK 进行了对比分析，他们发现存在着本地化的显著证据，表明 TFK 可能存在过度分类的问题。

第三个研究方向是在原来研究基础上，通过放松地理边界的假设寻求类似于联系（连续）距离度量的描述。由于知识溢出效应往往是高度局限于城市、州，因此大都市区的地理条件未必适合进行研究。由于在已知研究中，已经发现知识溢出效应随距离增加快速衰减，研究人员利用劳动力市场边界或行政边界对创新活动的选址中知识溢出效应的重要性进行了风险分析。村田等（2014）和布扎德等（2015）使用距离为基本研究方法，并发现大量的专利和专利引文本地化的证据。

进一步地，我们希望研究人员在未来研究中能够使用这一研究技术。其中有一个方法值得特别强调。今天的研究经常使用原始的 JTH 经验方法，对每一个对照引用组进行考察。利用现在计算机的计算能力，研究人员应该进一步运用并改善类似于杜兰顿和奥弗曼（Duranton and Overman，2005）的演进技术。村田等（2014）提供了一个较为全面的描述。通过构建一个更为准确的基准，抽取 100 个反设事实，进而改善单一的抽取，更为重要的是，制定能够判断方差在统计上是否显著地标准并且改善了基础的显著性统计偏差。[20]

其他研究没有发现专利引用本地化的证据。科尔和科米尼尔（Kerr and Kominers，2015）通过专利空间区位对照引用的研究方法，对杜兰顿和奥弗曼（2005）成果进行了检验，提出在极为密集的集群之中，其知识溢出的范围是非常有限的。林（Lin，2014）寻找了专利中知识溢出的证据，以确定申请人有权对同一个发明进行多个专利衍生申请。其基本想法是发明者通过知识共享

---

[20] 相似的，专利通常由不止一位发明家所参与申请。尽管在过去，专利的第一位发明家的区位要进行记录，但是今天却已经不再延续这样的做法。相关做法也已延伸到了技术领域，现在对技术专利的全部申请人都要进行考量，而在过去仅仅会考虑首席申请人。

进行发明创造，因此专利抵触（patentinterferences）或许可以提供发明家之间的知识溢出的证据。如果本地知识溢出效应是重要的，我们应看到，对发明家而言专利抵触与地理距离不存在相关性。林（2014）提出专利抵触更容易在发明者之间被观测到，而不是那些更为遥远的距离——不同的独立发明家之间共同的知识投入具有高度的本地化特征。

布扎德等（2015）描述了研发实验室在地理上是如何集聚的，以决定更多适合的存在知识溢出效应的地理边界。他们提出了一个多规模核心集群方法（multiscale core cluster method）来衡量连续空间中的研发实验室区位问题。其研究人员发现一个坐落在剑桥的以研发实验室为中心的集群，另一个类似集群在硅谷。总体而言，企业研发实验室在空间上的集聚程度明显高于整体就业水平。其次，在大多数集群中专利和引用都呈现出显著的本地化特征。布扎德等（2015）等通过其各自所拥有的专利信息中，筛选出的具有地理集聚匹配特征的专利，发现引用超过 12 次的专利大部分来自于加州的圣何塞地区，而超过 6 次引用的则主要来自于剑桥集群。这一发现不仅为知识溢出对专利引用的本地化提供了重要证据，并且比之前的研究成果都更有说服力。

总的来说，基于专利的研究证据证实了知识流动的本地化特性。这些相关证据涉及知识溢出的极端衰减，见前文图 6-3 和图 6-4（例如，Rosenthal and Strange，2001，2003；Arzaghi and Henderson，2008）。还有一些其他研究也发现知识溢出效应存在与距离相关的快速衰减（例如，Conley et al.，2003；Moretti，2004b，c；Audretsch and Feldman，1996；Adams and Jaffe，1996）。[21] 尽管还有一些细节值得完善，以上就是有关创新的知识溢出本地化的一般性总结。

在未来的研究中一个重要的研究议题是如何评估未来研究的一项重要主题是基于专利的知识流动的评估与其他估计的差异。JTH 提出并非所有的想法都能够转化为专利，其研究结果代表了不同发明者之间的信息流情况。这也可能是基于专利的研究方法低估了知识流的衰减水平。隐性知识的传播可能需要更为紧密的空间细分。有许多研讨会及论文和期刊文章都涉及到这一问题。我们已经看到了阿扎吉和亨德森（Arzaghi and Henderson，2008）有关衰减率的研究成果，为这一方面和未来该方向的研究脉络奠定了良好的基础。

第二个重要的研究主题是将本地知识存量转化为专利的能力（进一步转化为生产力和本地增长的关系）。虽然在这方面存在相关研究证据，但其因果关

---

[21] 其他的非空间的举例因素也存在作用。通过输入—输出法测量不同制造业企业之间的经济距离，Moretti（2004c）同样提出人力资本溢出效应随着经济距离而衰减的现象。

系的识别较难。例如，卡利诺等（Carlino，2007）等发现在他们考虑的因素之中，本地人力资本与美国的专利申请率具有很强的相关性。成年人口中具有大学学位的人口比例每上升1%，专利申请比例就增加一个百分点。卡利诺等（2007）关注于本地就业密度和专利水平之间的关联，然而他并没有能够建立一个完善的人力资本和专利申请率之间的因果关联。他们论文的拓展使用捐赠大学的空间分布作为本地大学比例的工具变量。

6.4.3.4 本地知识溢出效应的经验证据：其他方法

有一些研究方法提供了知识溢出的相关证据，却不适用于对专利或工资进行回归分析。一些研究考察了城市间教育水平的差异如何转化为企业生产效率的差异。这一假设的前提是，企业坐落于人力资本较高的城市，而与之相对比的，是相同生产力水平的企业位于人力资本水平较低的城市，其企业产出水平存在差异。莫瑞提（2004c）通过研究20世纪80年代的制造业企业的产出增长率发现，按照平均水平计算，人力资本溢出效应每变化0.1个百分点，每年的企业产量增加约10 000美元。

里查金等（Lychagin et al.，2010）通过使用1980~2000年的企业生产率数据，评估了本地知识溢出效应的相对贡献率。由于缺乏研发实验室的区位数据，里查金等（2010）使用美国专利局的数据构造了企业发明者的区位空间分布，这被用作企业研发支出的近似。他们研究表明，在存在技术和产品市场溢出的条件下，研发支出近似值和生产率增长之间存在正相关。他们采用预设变量以及阿雷拉诺和邦德（Arellano and Bond，1990）的技术进一步论证了其因果关系。

第二组研究考虑"技能城市"（skilledcity）的出现。格莱泽等（1995）等发现战后人均资本增长较快的城市，其人力资本增长水平也较快。1960年中等收入水平在一年间增长了约3%。格莱泽和赛斯（2004）发现一个大都市区标准差的增加导致该地区2.5%的规模增长。同样的，夏皮罗（Shapiro，2006）发现从1940~1990年，一个大都市区具有大学教育水平的居民总数10%的增长能够导致约2%的就业增长（例如，从20%到22%）。

除了传统集聚文献之外，最近几年陆续出现了几篇较为特殊的、具有独特视角识别知识溢出效应的论文。莫泽（Moser，2011）使用化学品专利增长率的外生性，检验了地理集聚增长效应和其思想的传播。她发现已获奖的发明家在19世纪和20世纪早期的空间集聚情况，虽然专利率的增加导致了创新活动本地化的下降。哈姆和温伯格（Ham and Weinberg，2014）发现科学家在从事化学、医学、物理学工作中谁能够更加"小而美"，谁就能够离诺贝尔奖更近，这表明同业内的知识在个体之间存在溢出效应。梅农（Menon，2009）发现在同一城市中，高效率专利发明者对低效率专利发明者存在正向和滞后效应。

虽然这些研究发现存在于科学家氛围之中具有好处，但是阿祖莱等（Azoulayetal，2010）和瓦尔丁格（Waldinger，2012）质疑已经存在的本地知识溢出效应源于著名学者的理论。瓦尔丁格（2012）通过将被纳粹迫害的科学家作为留下的德国科学家的外生变化来源，处理了内生性问题。他发现德国大学中的物理、化学和数学的科学出版活动与其他学科相比，在 1925 ~ 1938 年几乎未受到明显的影响。阿祖莱等（2010）利用合伙人的意外身亡作为外生变量来源进行研究，发现一个著名科学家的逝世会导致共同作者生产率的降低，且不管彼此之间的距离，产出也出现类似的下降。

总而言之，工资和专利之外的证据也表明本地知识溢出效应的存在，尽管存在一些研究发现其无效。这些研究的核心局限性在于，未能深入研究知识如何在地理距离接近的个体之间进行传播的，在不同个体之间是如何进行传播的。根据推测，这一现象仅在专业和社交网络中存在，且尚未得到研究证实。特别是，亨德森（2007）提出了关于网络如何形成、其成员如何被吸纳以及该现象对空间结果影响等一系列问题。

尽管我们的叙述很大程度上是关于基于市场的交互作用产生的外溢，地理上的邻近可以通过契约形式和市场渠道促进知识交换和传播。知识可以随着工人在不同企业之间的迁移传播到另一个城市，但这并不是一个溢出的过程，这是因为工人在企业之间的流动是源于获取知识补偿。当然，即使存在有竞争力的工资，依然可能产生知识溢出效应，导致这些新雇员或现有员工从中受益。雇主所采用的策略是使用股权激励取代简单的雇佣法规约束（例如，Pakes and Nitzan，1983），以减少流动性带来的知识扩散。最近，我们进行了一系列的研究，表明企业间的劳动力流动或许是本地知识效应的重要组成部分。

6.4.4　马歇尔均衡

杜兰顿和普加（2004）指出各种针对微观基础的经验研究（分享、匹配和学习）都存在一定的问题，这是因为他们都针对某一特定区域进行研究（马歇尔均衡）。罗森塔尔和斯特兰奇（2001）以及埃利森等（2010）尝试提出采用比较的方法研究这一问题。一种定量研究方法被提出，以衡量特定机制的结果。例如，帕帕耶奥尔尤（2013）记录了一系列观测到的职业转换、迁移条件以及大城市工资水平的数据。通过这些特征，他设计了一个工人在大城市中如何更好从众多职业中进行选择的模型。在校准框架中，帕帕耶奥尔尤（2013）发现大城市能够更好地匹配工资溢价，其比例约为40%。尽管匹配外部性的相关研究仍需要进一步的验证，但是量化研究在区域分析中却是一个重要的值得充分研究的工具。

6.4.5　城市规模与产业结构

我们接下来对创新和城市规模之间的关系其产业构成进行总结。这涉及先前提到的一些理论（例如，大规模市场主要存在于大城市中），但也存在一些差异。发明的溢出效应与城市的规模边界存在关联，但是其也受到企业研发部门是集聚分布还是分散分布的内部性及外部性的影响。

从经验上来看，创新的速率一般会在不同的城市规模间不同，但是这一关系在大城市之间并不适用。卡利诺等（2007）通过对德克萨斯奥斯汀的研究，表明城市规模和专利强度之间存在倒 U 型的关系。卡利诺等（2007）认为，如果城市的劳动就业密度增加一倍，则人均专利水平上升约20%。这一关系是单调的，巴尔的摩与费城的专利密度在全美水平最高。[22]

城市的相关研究文献中有多条主线涉及到创新与城市规模或城市密度的理论。马歇尔（1980）的经典理论和雅各布斯（Jacobs，1969）分别研究了由专业化和分工导致的大城市的知识增长。在这些理论中，外生的溢出效应为大城市的知识发展提供了良好的基础。前文所提到的格莱泽（1999）、赫尔斯利和斯特兰奇（2002）已经表明了其单调性，例如拥堵的爆发始终作为限制城市规模的一个因素。

相比之下，赫尔斯利和斯特兰奇（2004）描述了目的性知识与城市规模及知识的非单调关系。模型中城市规模的非单调性源于其在大城市中更容易逃避惩罚，如果他们拒绝进行内生性交流。伯列安特等（2006）建立了目的性更强的搜索和知识交流匹配，这是由城市的特点所决定的。他们的工作描述不足以通过内生性的迁移选择带来城市知识交换。他们的研究描述了为了实现知识的交换引致的向城市内生迁移决策，可能带来的非效率。此外，值得鼓励的是，模型描述了不同城市规模分布间创新的细微差别。

保持本地规模恒定，大量工作讨论了城市多样性在创新和识别"新方法"

---

[22] Albouy（2009）通过对联邦税在不通城市之间存在的不均衡壁垒问题，特别是其价格和规模因素入手。

的角色。这一概念可追溯至雅各布斯（1969），她阐述了如何通过重组和改善现有创意和工具以实现创新。城市中的多样化产业分布为这些创新活动提供了肥沃的土壤。杜兰顿和普加（2001）对小型城市进行了探讨。林（2011）关注于哪些城市是最有创造力的，有哪些工作是以前并没有出现过的新的工作。他发现有 5% ~ 8% 的美国工人从事新的工作，且在受教育程度较高的具备产业多样性的城市地区中，其百分比要高于平均水平。

除了产业多样性外，近期研究还考虑了本地企业分布和创业水平等因素。奥加瓦尔（Agrawal，2014）等探索了城市最佳创新企业的规模与分布情况。他们强调本地需要大量的创业企业与现有企业。本地创业企业集群为初创能力提供了良好的基础，而大型企业对于初创能力转化为生产力提供了良好的保证。这一模式主要涉及到内部创新与外部创新的相关问题，详情我们将在下一节中再进行阐述。在相关研究中，格莱泽等（2015）研究了美国城市是如何于矿山附近建立，而占主导地位的大型公司的存在，并不利于这一动态的形成。这一研究领域中尚有广阔的研究空间。[23]

继续来看，城市的市场规模和创新之间缺乏一个确定的关联。一个必要的距离是集聚有效的重要基础，一个极端的例子是，底特律在市场范围内可以进行汽车创新，好莱坞遵循同样的原则对电影创新。这一逻辑表明，城市规模并不会影响创新（例如，更大的市场带来更大的创新激励机制），至少在美国的今天是这样。然而，这一论断依然存在一些争议。特别是本地市场规模与发明者时间存在关联。托马斯·爱迪生（Thomas Edison）积极支持他自己关于财产诉讼的权利，是推动电影业向西海岸转移的一个重要力量。更重要的是，众多的企业创新选择开始更关注于市场规模的作用。

6.4.6　创新的"自然优势"

传统的自然优势理论主要关注于港口、煤矿等地理特征因素。而对于创新而言，"自然优势"还可以由研究机构、大学和其他创新相关因素构成。这些因素在不同地域之间存非均匀分布，并且在未来一段时间内依然以这种形式存在，这也导致创新集群围绕它们建立。我们按照前面提到的文献，将这些因素从通用教育和技能教育中分离出来。

一个非常显著的因素是研究型大学和专业研发机构（以及军事设施）的

---

[23]　Glaeser 和 Kerr Delgado 等针对本地企业和集群进行了更为广泛的研究。MIchelacci 和 Silva（2007）提出，必须要认识到企业创新的集聚和企业增长并不是简单的等效。

区位选择。企业为了寻求知识溢出收益，导致创新集聚围绕这些区位逐步形成（例如，Jaffe，1989；Anselin et al.，1997），大学不仅仅是通过基础研究创造新的知识，同时还对创新活动所依赖的人力资源提供重要的劳动力池。硅谷和波士顿之所以成为创新中心，接近斯坦福大学是其中一个重要原因（例如，Saxenian，1994；Lee and Nicholas，2012）。

一般经验证据表明，地方大学的研发活动是企业创新活动的重要表现形式。奥德查和费尔德曼（1996）和安瑟兰等（1997）等发现，本地知识溢出效应主要来源于私人企业与大学之间的商业创新活动。安德森等（Andersson et al.，2009）发现，大学研究人员的扩招对本地劳动力市场存在正向作用，能够导致该地区专利水平的增加。阿加瓦尔和科伯恩（Agrawal and Cockburn，2003）根据附加专利贡献等指标，认为如果附近存在大型的研究密集型的企业，地方高校研发成果会更为显著。

考虑到这一相关效果，他们认为在本地专利水平和医学成像、神经网络和信号处理领域的专利和学术出版物之间存在正向相关关系。然而，卡利诺等（2007）认为本地大学的研发活动支出对本地创新活动有影响。他们发现本地大学研发提升 10%，只导致专利水平提升 1%。

最近的研究开始重视大学在一系列研发活动中的角色。坎特和惠利（Kantor and Whalley，2014a）通过使用大学捐助基金和股票市场的波动，研究本地大学与外生性冲击之间的相互关系。他们发现大学存在显著的溢出效应，特别是大学研究效果及本地长期研究活动反映了大学的特点和外溢特征。相似地，豪斯曼（Hausman，2012）对美国大学附近的经济活动进行量化研究，采用了来自于大学的对国家经济活动的冲击——1980 年的贝赫－德勒（Bayh－Dole）法案，考虑在联邦研究基金资助下的大学科研的初始能力及其学术变化的最终优势。豪斯曼发现在本地长期增长与大学活动之间存在相关性，特别是大型机构具有显著的互补性。

有关知识流的具体知识包含在科学家和发明家之间，其分布也存在非均匀特征。祖克尔等（Zucker et al.，1998）针对明星科学家附近区位的早期生物技术活动进行了研究。布雷斯基和梭尼（Breschi and Lissoni，2009）以及辛格和阿加瓦尔（Singh and Agrawal，2011）指出，不同企业间的流动劳动者引致的知识交换集中程度在本地范围内更加频繁，而这种知识往往是内在于劳动者自身。布雷斯基和梭尼（2009）发现在其研究样本中，知识流的主要构成内容是发明家的流动性。这些劳动力的集聚与马歇尔的劳动力共享存在较高的相似性（例如，专业技能与一般性知识投资等）。

美国的创新集群和其他国家的创新集群都有一个特定因素影响其空间区

位。美国非常依赖于移民的创新因素，这些移民通常集聚于美国的大城市中（例如，中国移民主要集中于三藩市）。因此，国家移民管理局的政策对于美国部分地区创新率存在的影响（例如，Hunt and Gauthier – Loiselle，2010；Kerr and Lincoln，2010）。科尔（2010b）研究了中国和印度科学家和工程师在 20 世纪 90 年代对美国技术实力快速增长过程中的贡献率。同时，这些少数民族的发明家更集中于美国城市之中。这二者相结合扭转了美国在 20 世纪 70 ~ 80 年代集聚下降的趋势。有点学者采用相同的观点，研究欧洲本地多样性的相关影响（例如，Ozgen et al.，2011；Parrotta et al.，2014；Nathan，2015）。

纵观这些研究成果，自然优势与固定因素在集群的形成过程中起到了重要作用。然而，创新的空间集聚过于复杂，不能够仅仅由自然优势所导致的外生空间差异所解释（Buzard and Carlino，2013；Murata et al.，2014）。对于其相关的本地溢出效应的长期研究是未来需要重点关注的领域。在这一方面，坎特和惠利（Kantor and Whalley，2014b）对于 19 世纪的农业试验站的研究是一个很好的尝试与探索。

6.5　关于创新和集聚的其他问题

在本章中，我们将探讨与创新集聚和创新创业相关的其他一些有趣的问题。这些问题常常与相邻学科有关。

6.5.1　可持续机制

纵观最近创新集群的成功案例，经常能发现一些其他影响因素。这些因素多与集群的持续和增长相关，而非集群的形成，因此我们将从之前提到的原创理论对它们进行分类讨论。在大多数案例中，直观来看这些因素都有正反馈效应。

对于这种持续性，最自然的表述就是现有创新企业的本地化拆分。克莱普纳（Klepper，2010）通过两个著名案例——硅谷和底特律——对这一过程进行了详细阐述。仙童半导体作为硅谷的行业领军企业，其在晶体管和集成电路产业中创新效果突出。而仙童公司自身就是从肖克利半导体实验室拆分演化出来的，各类报告显示，估计有 400 个或者更多的公司此后又从仙童分立出去，其中包括英特尔和超微半导体公司。克莱普纳（2010）阐述了底特律所经历的与硅谷相似的发展过程。杜兰顿（2007）构建的集群迁移模型与该过程相关，而迁移的地区往往会发生创新行为。

在最近的研究工作也存在一些类似的研究分支。冈帕斯等（Gompers，2005）经过量化分析，指出最近创业企业生产力水平提升的动力主要源于地方上市公司的支持，而这些公司也得到了风险投资的支持。查特吉（Chatterji，2009）指出由此产生的新公司业绩要好于医疗设备产业的新公司，其主要是由于非技术转让的原因，而非技术知识上的原因。

创业融资也被认为在创新集群具有重要作用。我们发现金融中介机构在早期也起到一定的作用，但是很多特征也都有这种反馈机制。现有研究表明，对于新创公司而言，其与投资公司之间的距离是非常重要的，其中包括银行（Petersen and Rajan，1994）、天使投资（Kerr et al.，2014b）和投资公司（Chen et al.，2010）。空间接近便于监控这些公司的风险，保障公司收益，交换有价值的建议和进行一系列相关活动。空间接近也可以保障在信息不对称和道德风险存在的情况下提升声誉。因为市场也可能是狭窄的——例如，合格的风险投资者数量是相对有限的——这些投资公司形成的集聚效应也为集聚提供了持续动力。以谷歌公司为代表的一系列天使投资公司资助了新一代的硅谷初创企业，这一过程就是这种反馈机制的典型表现。

最后，对于创业和创新来讲，不同的城市存在着文化上的差异。朗迪耶（Landier，2005）建立了创业环境的分析模型，模型中因国家和城市不同而存在着很大的差异，曼索（Manso，2011）认为需要对创新和实践的失败具有一定的容忍度。我们经常会发现许多地区的创业活动由于法律不完善及对声誉产生影响等因素，创业者通常都只有一次机会；然而在硅谷，早期的失败对创业者并没有任何负面作用，仅仅是一个经验积累的过程而已。奇尼茨（Chinitz，1961）和萨克森涅恩（Saxenian，1994）利用大数据讨论并阐述了波士顿和硅谷之间存在的巨大的文化差异是半导体产业公司在硅谷能够获得更快发展的重要原因。佛罗里达（Florida，2005）阐述了他们的机构在不同城市中存在的巨大差异及相关的创新差异。最近，霍夫斯泰德（Hofstede，2001）和法尔克等（Falck et al.，2009）也进行了相关的研究工作。

6.5.2 政策选择

国家和地方的政策和监管对创新集群起到重要作用。在地方层面上，辛格和马克思（Singh and Marx，2013）研究发现，即使用连续距离法模型化溢出，政策的边界效应依然发挥重要作用。在美国，最明显的例子就是各州间的关于反竞争和反泄密条款的差异，这就制约了部分工人开创与之前工作的企业存在竞争力的新企业的能力。除了加利福尼亚州，很多州都有这样的雇佣条款。雇主可以利用这些条款去避免专利知识产权泄露给竞争对手。福力克等（Fallick，2006）发现了能证明这些条款优势的各种混合证据，马克思等（Marx，2009）发现当该条款实施时，投资者的流动性显著下降。博兹卡亚和科尔（Bozkaya and Kerr，2014）更加广泛地研究了该雇佣法律条款是如何阻碍不同创业部门之间的劳动力流动的。

贝尔科维奇和怀特（BerKowitz and White，2004）提出州一级的破产法律同样具有重要作用，尽管这种影响取决于愿意承担更大的创新风险和通过出借更多债权来承受更大的债权风险带来的竞争压力。在最近的研究中，塞奎尔洛等（Cerqueiro，2014）发现债权规避降低了小企业制造的专利数量，导致其开拓能力下降，尤其是在财务不独立的部门。

许多决策者都表示他们希望他们所在的城市变成下一个硅谷。决策者经常认为硅谷的成就源自地方经济增长和发展。本章已经多次强调大量的集聚活动对创新具有影响。这种集聚并不是在每一个城市都能够存在，不是每个城市甚至大多数的城市都能变成创新中心，就像德克萨斯州奥斯汀汽车的品牌一样。而且，威尔森（Wilson，2009）发现美国各州扩大的研发支出税收抵扣起到了一定的效果，但这种效果主要是由于附近州的研发能力迁移造成的（"向邻居乞讨效应"）。由于这些因素和一些其他因素的影响，创新政策往往需要区域间甚至国家层面的合作。

更普遍地来看，适合创新集群的生态环境往往很难创造，对此有一个很有争议的政府投资记录（勒纳，2009；查特吉等，2014）。正如杜兰顿（2011）所强调的，政策制定者很难解决协同问题和市场失灵问题，而且由此所导致的创新产出已经入不敷出。也许最好的解决方式是集中力量保证总体情况的稳定——例如功能性的地区基础设施、高效的劳动政策和优质的学校建设。这些努力有助于降低创新和创业的进入成本，也是最有力和最有积极意义的措施。本书的其他章节更为系统地分析了城市政策和决策者对创新产生的影响。

6.5.3　集群之间的关系

最近的研究热点集中在探讨创新集群之间的相互关联。这一领域的研究是以聚焦于世界技术前沿的早期经济模型（例如，Mankiw et al.，1992；Heckscher – Ohlin – Vanek 贸易模型），或者受距离和时间限制的技术扩散过程（例如在同心环中的 S 型扩散）为背景展开的。研究经验表明，即便是在离散的不同的地域条件下，国际研发的溢出效应和技术交流在语言和宗教统一的国家更为显著（例如，Jaffe and Trajtenberg，1999；Keller，2004）。这一领域的前沿研究对象已延伸到本地知识异构传输的特殊关系及其在全球城市之间的影响。

这项研究成果与发达国家的移民发明者和创新者及其所在国的潜在互动关系相联系，尽管还存在其他相似性的网络（例如校友和专业网络）。这种对移民的特殊关注是因为（1）前文提到过的在美国技术发展的重要性。（2）劳动和发展经济学家关于移民对输出国而言是否利大于弊（如人才流失和人才获得的辩论）。尽管源于邻近领域，这项研究正逐步转向城市间的创新目标。

萨克森涅恩是这个领域中的知名权威学者，他分不同层面讨论了硅谷与中国台湾地区、韩国、印度班加罗尔等正在崛起的亚洲新经济体之间存在的特殊关系。这种城市间的有效流动为创新经济的崛起提供了极大空间集群支持。萨克森涅恩（2002）调查了硅谷的移民科学家和工程师，揭示了他们与出生国之间的联系。尽管这一对硅谷移民的调查并不能代表所有移民，但其为这一领域的研究提供了一些思路与数据。调查中有 82% 的中国和印度移民在科学、技术、工程和数学理论领域中与出生国之间存在技术信息交换，有大约 50% 的移民促进了美国和其出生国之间的合作和商业关系，18% 的人进行了跨国商业合作投资。这些调查数据需要谨慎应用，不同数据渠道存在着一定的相似性，因为样本主要来源于硅谷那些保持着紧密国际关系的移民团体（如印度企业家组织）。

抛开这些学术研究和调查案例，尽管数量明显小于之前的案例总量，但经验研究表明其引用的数据证实了美国境内的移民科学家和工程师的确促进了其出生国的技术输入。科尔（2008）强调这些人带来的技术交流在某项新技术发明后的最初 5~7 年最为显著。阿加瓦尔等（Agrawal，2011）发现，美国境内的印度籍移民在先进技术发明交流方面对其出生国的贡献最大，但这是一种个别现象，其总体影响力并不像拥有大量国内发明家那样对科技发明有普适性提升效果。[24]

尽管这些研究对于建立跨国创新集群联系有重要作用，这些集群存在差异。也许最显著的差异就是移民具体通过何种方式将两方之间的需求进行精确对接。有很多种不同的种类：到新经济体的永久性迁移，回迁到家乡，及常态

---

[24] 对于其相关联系的深入探究的工作，主要涉及跨国公司的贸易流动、对外直接投资等。在产业领域及创新相关领域之中，上述相关联系具有重要作用，Kerr（2013）提出不同的集群之中存在这样一种特殊的关联。

化旅游出行。萨克森涅恩（2006，2008）特别强调了后者的重要性，但是目前依然缺少相关研究数据。萨克森涅恩（2006，2008）特别强调，根据目前情况来看，我们没有足够的数据来系统量化这些特征和他们相应的重要性。这方面的数据开发是十分必要的，哈尼塞恩和凯乐（Hovhannisyan and Keller，2010）提供了一个关于正常商业往来的研究案例。

另外，这些研究很少涉及区位特点是如何决定这些关联模式的。南达和卡纳（Nanda and Khanna，2012）提供了一个较为少见的关于这种模式的研究案例。他们对国际软件和服务贸易协会中的印度企业家进行调查，发现那些曾经有过海外生活经验的企业家更容易参与到各种国际联系中来。从这点来看，他们指出社交网络能够成为印度国内非常薄弱机构和能力的替代品。

我们希望有更多的研究，使我们能了解全球创新集群是怎样互相联系的，以及发达国家和发展中国家是如何协调这些相互制约及相互关联的。已经存在的日益增强的创新全球化趋势表明，这些因素将越来越多地决定未来世界的创新经济版图。

6.5.4　企业家集群与大型企业集群中的创新

本章采用很大篇幅集中探讨了小型企业与创新集群发展、组织和相互作用的联系。然而，这种本地初创企业的局部环境不是创新产生的唯一途径，大公司和研发实验室在很多研究案例中都起到了重要作用。在本节中，我们将回顾关于组织选择的若干文献。与涉及到大企业创新的研究相比，我们这里所引用的研究只是冰山一角。

相比于那些相互联系的小企业们，什么因素会更青睐于大型独立的研发实验室呢？在 6.4 节的讨论中，我们定义了几个初始因素。当模块化和实验化产生的收益很小，当公司的主要投资是人力资本，当大的研发实验室受到青睐，当公司足够大能带来内部典型共享资源（例如总法律顾问师）等情况下，大的研发实验室会受到青睐。进一步说，从创新分布的角度来讲，需要大的固定成本，因而较大的实体会更有优势。我们需要注意的重要一点是，固定成本与创新（例如基础性研发）相关，而不是与补充性资产相关（例如制造业和分销能力）。正如生物制药界所举例说明的，如果存在一个创新想法的有效市场，那么一个小型初创企业的集群可能和持有互补性资产的大公司的创新相联系（例如，Gans et al.，2002）。更广泛的说，熊彼特指出大型公司拥有更长远的投资眼光，他们的动机是提高产品的利润，他们可以把剩余资源投资到创新工作中去，等等。显然，参与创新研发和专利申请中的可能性随着公司规模的增大而增大（例如，Cohen and Klepper，1996a；Akcigit and Kerr，2010）。

另一方面，现有文献的大量研究工作也强调了大公司的创新壁垒。主要体现在早期的研究着重强调资源开发与制度关系方面，大公司经常被指因为过多的繁文缛节而限制了创新。尽管公司的层级已有准确划分，但是大公司更青睐那些能够提高现有产品价值的创新，因而很少花费资源在探索性工作上。另一个研究热点则关注于独立公司如何解决激励和补偿约束的问题；例如当一个企业的价值因为一项突破性的发明而达到数十亿美元，大型企业面临政治约束，能否向内部创新者支付超过 CEO 的报酬水平。大公司对于创业失败有更高的容忍度，因为他们有足够的内部资源，因而不用诉诸外部市场，这一点对于通过经验提升创新工作的效率及回报水平是非常重要的（例如，Kerr et al.，2014a）。

除了上述论述外，很多相关理论模型明确考虑了这些方面的权衡（例如模块化和人工培训）。格龙布和沙尔夫斯泰因（Gromb and Scharfstein，2002）以高强度激励机制、独立创业者及大型企业员工知识存量为参数进行了建模，如果外部市场不能完全确定过去项目失败的原因，大公司可从他们正在进行的员工管理和互动中获得优势。作者指出多样化均衡可以产生，甚至可以共存。在一个设定中，创业企业是非常难以存活的，市场对于失败的创业企业是十分苛刻的，这使得大公司内部劳动力市场和创新变得非常有价值。在一个具有高度企业家精神的均衡中，繁荣的劳动力市场和大型企业的强力激励极大鼓舞了大型企业以外的创新活动。

赫尔曼和佩罗蒂（Hellmann and Perotti，2011）考虑了第二个权衡。在他们的模型中，创意在最初是不完善的，必须要经过传播以补足。尽管交流思想是必要的，但是创新者会面临创新被鉴定其创新成果的人窃取的风险。与在独立大公司内部进行创新相比，诸多公司形成的巨大市场使创新者能更好找到创新配套条件。从另一方面说，与把创新想法暴露给外部市场相比，大公司内部的创新思想分享避免了创新被盗窃的风险。与格龙布和沙尔夫斯泰因（2002）相似，这个模型能推导出多样化有组织创新形式的并存（内部创业、衍生公司、创业公司），同时赫尔曼和佩罗蒂（Hellmann and Perotti，2011）的模型中说明了这些不同形式并存和相互促进的可能性。当创新成本较低的时候，创新市场也最好。赫尔曼和佩罗蒂（2011）在这一领域进行了进一步的理论研究。

阿加瓦尔等（Agrawal，2010）采用量化研究的方法，探究了"公司城镇"是如何影响本地创新类别的。大而独立的集群更容易将过去的创新探索反馈在新型技术研发方面。这项研究把企业规模和创新选择（例如，Rosen，1991；Akcigit and Kerr，2010）与杜兰顿和普加（2001）的保姆城市模型相联系。此外，城市类型的发展、企业规模、创新选择这些因素的交互作用，能够很好地增强我们对这些问题的理解。

6.5.5 多单位企业的区位与集群

多单位企业（multiunitfirms）的区位选择是管理文献的一个重要部分。其中重要的一点是，这个工作与之前分析过的产业组织问题相联系。这项研究经常从国外直接投资的角度来进行，因为跨国公司的海外运营更容易识别。阿尔卡塞尔和张（Alcacer and Chung，2007，2014）提供了一个专门将这些区位决策与地方集聚收益相联系的案例，凯乐和耶普尔（Keller and Yeaple，2013）详细描述了知识技术的流入。这些论文也列出了更早的一些文献。克劳德力（Choudhury，2014）以及克劳德力和卡纳（Choudhury and Khanna，2014）将关注点转移到在印度，考察大型跨国公司的资源和劳动力转移如何影响他们所在地区的创新。

随着研究中可以获得更多企业层次的数据，研究者还考察了国内基础设施相对集聚的最优位置。阿尔卡塞尔和德尔加多（Alcacer and Delgado，2013）对比了多单位企业的内部联系和在该地区能获得的外部集聚经济。他们发现企业内部联系关系重大，而经验估计出的集聚经济作用，往往因为没有充分建立与之相关的模型而被夸大。泰库（Tecu，2012）考察了这些多单位企业是怎样实现产业创新的。她也发现公司内部每个计划相互联系的重要性。她的估计表明，研发生产率相对企业工人的弹性几乎与相对所在城市全部专利的弹性处于相同水平。这些内外研究还相对较少，已经进行的工作为将来的研究展示了广阔的前景。

6.6 结 论

马歇尔（1890）很久以前提出，"在产业集群中，行业的秘密不再成为秘密；而似乎是公开的，所以孩子们潜移默化地学习了这些。"自从马歇尔提出的这一关于集聚、知识溢出和创新如何进行结合及其对地方经济和国家经济有何影响的著名论断后，该领域的研究又有了很大发展。在过去的20年间，这个领域的研究成果激增。毋庸置疑，这主要源于研究中对于相关大量数据获取能力的提升、知识经济的发展、硅谷和相似集群的魅力以及类似流行主题。特别令人鼓舞的是，研究从经济地理及相关领域（例如劳动力经济学、企业金融和商业管理等）不断进行延伸拓展。

然而，这一领域的研究还有进一步需要完善的地方。在前文回顾中，我们已经提及少数特例情况下形成的集群相关原理，仍然难以解释集群是怎样进行的。大多数的经验研究主要是对不同地区进行对比研究。就创新而言，集群内的微观相互作用的更好经验，将会指导我们区分相关的模型，以及建立严格的理论框架。幸运的是，我们可以通过数据完成这一研究工作。通过大量的雇主与雇员数据集与相关创新信息（如发明家标记等），可以更为精确地指导企业空间合作研究。在未来的相关研究中，可以尝试以该方法为抓手、依托网络理论、并参考参考杰克逊的相关研究成果进行深入探究。（例如，Jackson，2008；Dempwolf，2012；Kerr and Kominers，2015）。

我们也需要洞察集聚和创新的长期性，即创新区位的生命周期。这一现象不仅存在于国家内部——创新核心在底特律、波士顿、硅谷等地不断转移——而且同样存在于国与国之间。班加罗尔的兴起对了波士顿产生了怎样的影响？在新兴国家经济体中快速发展的全球化创新中心，对于经济体的优势起替代作用还是补充作用？对于集聚和创新的研究之所以仍然在进行，是因为我们在对这些现象的地方性和全球性的理解已经开始获得进展。

最后，我们需要更多的理论，以更好指导地方政策制定者采取措施促进本地城市的集聚和创新。这是一项繁重且困难的问题。更让我们担忧的是，没有全部的答案。然而，政府已经对该问题花费了数十亿美元，且许多政府将会继续资助"下一个硅谷"。在发达经济体，目前正在从资源依赖经济向知识经济过渡的国家，向跨越式增长阶段迈进的发展中国家，以及其他国家，这是事实。经济学家必须继续加快深入研究这些关键问题。

致　谢

我们感谢 Gilles Duranton，Vernon Henderson 和 Will Strange 的指导，以及 Ufuk Akcigit 和参会者的评论建议。本章内容反映的是作者的观点，不反映费城联邦储备银行和联储系统的观点。

参考文献

Acemoglu, A., Angrist, J., 2000. How large are human-capital externalities? Evidence from compulsory schooling laws. In: Bernanke, B., Rogoff, K. (Eds.), NBER Macroeconomic Annuals. MIT Press, Cambridge, MA, pp. 9–74.

Acemoglu, A., Akcigit, U., Bloom, N., Kerr, W., 2014. Innovation, reallocation, and growth. NBER Working paper 18993.

Acs, Z., Audretsch, D., 1988. Innovation in large and small firms: an empirical analysis. Am. Econ. Rev. 78, 678–690.

Acs, Z., Audretsch, D., Feldman, M., 1994. Resource and output trends in the United States since 1870. Am. Econ. Rev. 46, 5–23.

Acs, Z., Anselin, L., Varga, A., 2002. Patents and innovation counts as measures of regional production of new knowledge. Res. Policy 3, 1069–1085.

Adams, J., Jaffe, A., 1996. Bounding the effects of R&D: an investigation using matched establishment-firm data. RAND J. Econ. 27 (4), 700–721.

Aghion, P., Howitt, P., 1992. A model of growth through creative destruction. Econometrica 60, 323–351.

Aghion, P., Akcigit, U., Howitt, P., 2014. What do we learn from Schumpeterian growth theory? NBER Working paper 18824.

Agrawal, A., Cockburn, I., 2003. The anchor tenant hypothesis: exploring the role of large, local, R&D-intensive firms in regional innovation systems. Int. J. Ind. Organ. 21 (9), 1217–1253.

Agrawal, A., Cockburn, I., Rosell, C., 2010. Not invented here? Innovation in company towns. J. Urban Econ. 67 (1), 78–89.

Agrawal, A., Kapur, D., McHale, J., Oettl, A., 2011. Brain drain or brain bank? The impact of skilled emigration on poor-country innovation. J. Urban Econ. 69, 43–55.

Agrawal, A., Cockburn, I., Galasso, A., Oettl, A., 2014. Why are some regions more innovative than others? The role of firm size diversity. J. Urban Econ. 81 (1), 149–165.

Akcigit, U., Kerr, W., 2010. Growth through heterogeneous innovations. NBER Working paper 16443.

Albouy, D., 2009. The unequal geographic burden of federal taxation. J. Polit. Econ. 117 (4), 635–667.

Alcacer, J., Chung, W., 2007. Location strategies and knowledge spillovers. Manag. Sci. 53 (5), 760–776.

Alcacer, J., Chung, W., 2014. Location strategies for agglomeration economies. Strateg. Manag. J. 35, 1749–1761.

Alcacer, J., Delgado, M., 2013. Spatial organization of firms and location choices through the value chain. HBS Working paper 13-025.

Andersson, R., Quigley, J., Wilhelmsson, M., 2009. Higher education, localization and innovation: evidence from a natural experiment. J. Urban Econ. 66 (1), 2–15.

Anselin, L., Varga, A., Zoltan, A., 1997. Local geographic spillovers between university research and high technology innovations. J. Urban Econ. 42, 442–448.

Arellano, M., Bond, S., 1990. Some tests of specification for panel data: monte carlo evidence and an application to employment equations. Rev. Econ. Stud. 58 (2), 277–297.

Arzaghi, M., Henderson, J.V., 2008. Networking off Madison Avenue. Rev. Econ. Stud. 75, 1011–1038.

Audretsch, D., Feldman, M., 1996. R&D spillovers and the geography of innovation and production. Am. Econ. Rev. 86, 630–640.

Audretsch, D., Feldman, M., 2004. Knowledge spillovers and the geography of innovation. In: Henderson, J.V., Thisse, J.-F. (Eds.), Handbook of Urban and Regional Economics, vol. 4. North-Holland, Amsterdam, pp. 2713–2739.

Azoulay, P., Zivin, J., Wang, J., 2010. Superstar extinction. Q. J. Econ. 125 (2), 549–589.

Bacolod, M., Blum, B., Strange, W., 2010. Elements of skill: traits, intelligences, education, and agglomeration. J. Reg. Sci. 50 (1), 245–280.

Bairoch, P., 1988. Cities and Economic Development. University of Chicago Press, Chicago.

Baldwin, C., Clark, K., 1997. Managing in an age of modularity. Harv. Bus. Rev. 75 (September-October), 84–93.

Baum-Snow, N., Pavan, R., 2013. Inequality and city size. Rev. Econ. Stat. 95 (5), 1535–1548.

Berkowitz, J., White, M., 2004. Bankruptcy and small firms' access to credit. RAND J. Econ. 35, 69–84.

Berliant, M., Reed, R., Wang, P., 2006. Knowledge exchange, matching, and agglomeration. J. Urban Econ. 60, 69–95.

Billings, S., Johnson, E., 2014. Agglomeration Within an Urban Area. Mimeo (University of North Carolina Charlotte).

Black, D., Henderson, J.V., 1999. A theory of urban growth. J. Polit. Econ. 107, 252–284.

Bozkaya, A., Kerr, W., 2014. Labor regulations and European venture capital. J. Econ. Manag. Strategy 23, 776–810.

Breschi, S., Lissoni, F., 2009. Mobility of skilled workers and co-invention networks: an anatomy of localized knowledge flows. J. Econ. Geogr. 9 (4), 439–468.

Briant, A., Combes, P.P., Lafourcade, M., 2010. Dots to boxes: do the size and shape of spatial units jeopardize economic geography estimates? J. Urban Econ. 67, 287–302.

Buzard, K., Carlino, G., 2013. The geography of research and development activity in the U.S. In: Giarratani, F., Hewings, G., McCann, P. (Eds.), Handbook of Economic Geography and Industry Studies. Edward Elgar, London.

Buzard, K., Carlino, G., Carr, J., Hunt, R., Smith, T., 2015. Localized knowledge spillovers: evidence from the agglomeration of American R&D labs and patent data. Federal Reserve Bank of Philadelphia Working paper 15-03.

Capello, R., Lenzi, C., 2014. Spatial heterogeneity in knowledge, innovation, and economic growth nexus: conceptual reflections and empirical evidence. J. Reg. Sci. 54 (2), 186–214.

Carlino, G., Hunt, R., 2009. What explains the quantity and quality of local inventive activity? In: Burtless, G., Pack, J.R. (Eds.), Brookings-Wharton Papers on Urban Affairs. Brookings Institution Press, Washington, D.C.

Carlino, G., Chatterjee, S., Hunt, R., 2007. Urban density and the rate of invention. J. Urban Econ. 61 (3), 389–419.

Carrincazeaux, C., Lunga, Y., Rallet, A., 2001. Proximity and localisation of corporate R&D activities. Res. Policy 30, 777–789.

Cassey, A., Smith, B., 2014. Simulating confidence for the Ellison–Glaeser index. J. Urban Econ. 81, 85–103.

Cerqueiro, G., Hegde, D., Penas, M., Seamans, R., 2014. Debtor rights, credit supply, and innovation. Tilburg Law and Economics Center Discussion Paper No. 2014-011.

Chatterji, A., 2009. Spawned with a silver spoon? Entrepreneurial performance and innovation in the medical device industry. Strateg. Manag. J. 30 (2), 185–206.

Chatterji, A., Glaeser, E., Kerr, W., 2014. Clusters of entrepreneurship and innovation. In: Lerner, J., Stern, S. (Eds.), Innovation Policy and the Economy, vol. 14. University of Chicago Press, Chicago, IL, pp. 129–166.

Chen, H., Gompers, P., Kovner, A., Lerner, J., 2010. Buy local? The geography of venture capital. J. Urban Econ. 67, 90–102.

Chinitz, B., 1961. Contrasts in agglomeration: New York and Pittsburgh. Am. Econ. Rev. 51 (2), 279–289.

Choudhury, P., 2014. Return migration and geography of innovation in MNEs: a natural experiment of on-the-job learning of knowledge production by local workers reporting to return migrants. HBS Working paper 14-078.

Choudhury, P., Khanna, T., 2014. The role of firms in fostering within country migration: evidence from a natural experiment in India. HBS Working paper 14-080.

Christensen, C., 1997. The Innovator's Dilemma: When New Technologies Cause Great Firms to Fail. Harvard Business School Press, Boston, MA.

Ciccone, A., Peri, G., 2006. Identifying human-capital externalities: theory with applications. Rev. Econ. Stud. 73, 381–412.

Cohen, W., Klepper, S., 1996a. A reprise of size and R&D. Econ. J. 106 (437), 925–951.

Cohen, W., Klepper, S., 1996b. Firm size and the nature of innovation within industries: the case of process and product R&D. Rev. Econ. Stat. 78, 232–243.

Cohen, W., Nelson, R., Walsh, J., 2000. Protecting their intellectual assets: appropriability conditions and why U.S. manufacturing firms patent (or not). NBER Working paper 7552.

Combes, P., Duranton, G., 2006. Labour pooling, labour poaching and spatial clustering. Reg. Sci. Urban Econ. 36 (1), 1–28.

Combes, P., Gobillon, L., 2015. The empirics of agglomeration economies. In: Henderson, J.V., Duranton, G.,

Strange, W. (Eds.), Handbook of Regional and Urban Economics, vol. 5. North Holland, Amsterdam, pp. 247–348.

Conley, T., Flyer, F., Tsiang, G., 2003. Spillovers from local market human capital and the spatial distribution of productivity in Malaysia. Adv. Econ. Anal. Policy 3 (1), 1–45.

Davis, D., Dingel, J., 2013. A spatial knowledge economy. NBER Working paper 18188.

de la Roca, J., Puga, D., 2012. Learning by working in big cities. CEPR Discussion Paper 9243.

Delgado, M., Porter, M., Stern, S., 2010. Clusters and entrepreneurship. J. Econ. Geogr. 10 (4), 495–518.

Dempwolf, C., 2012. A Network Model of Regional Innovation Clusters and Their Influence on Economic Growth. Ph.D. Dissertation, University of Maryland.

Diamond, R., 2012. The Determinants and Welfare Implications of US Workers' Diverging Location Choices by Skill: 1980–2000. Mimeo (Graduate School of Business, Stanford University).

Directory of American Research and Technology, 1998. Organizations Active in Product Development for Business, 23rd ed. R.R. Bowker, New York.

Duranton, G., 2006. Human capital externalities in cities. In: Arnott, R., McMillen, D. (Eds.), A Companion to Urban Economics. Blackwell Publishing, Ltd., Malden, MA, pp. 24–39.

Duranton, G., 2007. Urban evolutions: the fast, the slow, and the still. Am. Econ. Rev. 97, 197–221.

Duranton, G., 2011. California dreamin': the feeble case for cluster policies. Rev. Econ. Anal. 3, 3–45.

Duranton, G., Overman, H., 2005. Testing for localization using micro-geographic data. Rev. Econ. Stud. 72, 1077–1106.

Duranton, G., Puga, D., 2001. Nursery cities: urban diversity, process innovation, and the life cycle of products. Am. Econ. Rev. 91, 1454–1477.

Duranton, G., Puga, D., 2004. Micro-foundations of urban agglomeration economies. In: Henderson, J.V., Thisse, J.-F. (Eds.), Handbook of Urban and Regional Economics, vol. 4. North-Holland, Amsterdam, pp. 2063–2117.

Duranton, G., Puga, D., 2014. The growth of cities. In: Aghion, P., Durlauf, S. (Eds.), Handbook of Economic Growth, vol. 2. North-Holland, Amsterdam, pp. 781–853.

Eaton, J., Eckstein, Z., 1997. Cities and growth: theory and evidence from France and Japan. Reg. Sci. Urban Econ. 27, 443–474.

Eberts, R., McMillen, D., 1999. Agglomeration economies and urban public infrastructure. In: Cheshire, P., Mills, E. (Eds.), Handbook of Regional and Urban Economics, vol. 3. Elsevier Sciences B.V, New York, pp. 1455–1495.

Ellison, G., Glaeser, E., 1997. Geographic concentration in U.S. manufacturing industries: a dartboard approach. J. Polit. Econ. 105, 889–927.

Ellison, G., Glaeser, E., Kerr, W., 2010. What causes industry agglomeration? Evidence from coagglomeration patterns. Am. Econ. Rev. 100 (3), 1195–1213.

Falck, O., Fritsch, M., Heblich, S., 2009. Bohemians, human capital, and regional economic growth. Jena Economic Research Papers 2009-049.

Fallick, B., Fleischman, C., Rebitzer, J., 2006. Job-hopping in Silicon Valley: some evidence concerning the microfoundations of a high-technology cluster. Rev. Econ. Stat. 88 (3), 472–481.

Feldman, M., 1994. The Geography of Innovation. Kluwer Academic, Boston, MA.

Feldman, M., Audretsch, D., 1999. Innovation in cities: science-based diversity, specialization, and localized competition. Eur. Econ. Rev. 43, 409–429.

Feldman, M., Kogler, D., 2010. Stylized facts in the geography of innovation. In: Hall, B., Rosenberg, N. (Eds.), Handbook of the Economics of Innovation, vol. 1. Elsevier, Oxford, pp. 381–410.

Florida, R., 2005. Cities and the Creative Class. Routledge, New York.

Fornahl, D., Brenner, T., 2009. Geographic concentration of innovative activity in Germany. Struct. Chang. Econ. Dyn. 20, 163–182.

Freedman, M., 2008. Job hopping, earnings dynamics, and industrial agglomeration in the software publishing industry. J. Urban Econ. 64 (3), 590–600.

Gans, J., Hsu, D., Stern, S., 2002. When does start-up innovation spur the gale of creative destruction? RAND J. Econ. 33 (4), 571–586.

Gerlach, H., Ronde, T., Stahl, K., 2009. Labor pooling in R&D intensive industries. J. Urban Econ. 65 (1), 99–111.

Gertner, J., 2012. The Idea Factory. The Penguin Press, New York.

Gibson, R., 1999. The legal infrastructure of high technology industrial districts: Silicon Valley, Route 128, and covenants not to compete. N. Y. Univ. Law Rev. 74, 575–629.

Glaeser, E., 1999. Learning in cities. J. Urban Econ. 46 (2), 254–277.

Glaeser, E., 2008. Cities, Agglomeration and Spatial Equilibrium. Oxford University Press, Oxford.

Glaeser, E., Kerr, W., 2009. Local industrial conditions and entrepreneurship: how much of the spatial distribution can we explain? J. Econ. Manag. Strateg. 18 (3), 623–663.

Glaeser, E.L., Maré, D., 2001. Cities and skills. J. Labor Econ. 19 (2), 316–342.

Glaeser, E., Saiz, A., 2004. The rise of the skilled city. Brookings-Wharton Pap. Urban Aff. 5, 47–94.

Glaeser, E., Kallal, H., Scheinkman, J., Shleifer, A., 1992. Growth in cities. J. Polit. Econ. 100 (6), 1126–1152.

Glaeser, E., Scheinkman, J., Shleifer, S., 1995. Economic growth in a cross-section of cities. J. Monet. Econ. 36, 117–143.

Glaeser, E., Kerr, W., Ponzetto, G., 2010. Clusters of entrepreneurship. J. Urban Econ. 67 (1), 150–168.

Glaeser, E., Kerr, S., Kerr, W., 2015. Entrepreneurship and urban growth: an empirical assessment with historical mines. Rev. Econ. Stat., forthcoming.

Gompers, P., Lerner, J., 2001. The venture capital revolution. J. Econ. Perspect. 15 (2), 169–192.

Gompers, P., Lerner, J., 2006. The Venture Capital Cycle, second ed. MIT Press, Boston, MA.

Gompers, P., Lerner, J., Scharfstein, D., 2005. Entrepreneurial spawning: public corporations and the genesis of new ventures, 1986 to 1999. J. Financ. 60 (2), 577–614.

Griliches, Z., 1979. Issues in assessing the contribution of research and development to productivity growth. Bell J. Econ. 10, 92–116.

Griliches, Z., 1990. Patent statistics as economic indicators: a survey. J. Econ. Lit. 28, 1661–1707.

Gromb, D., Scharfstein, D., 2002. Entrepreneurship in equilibrium. NBER Working paper 9001.

Grossman, G., Helpman, E., 1991. Quality ladders in the theory of growth. Rev. Econ. Stud. 58 (1), 43–61.

Hagedoorn, J., Cloodt, M., 2003. Measuring innovative performance: is there an advantage in using multiple indicators? Res. Policy 32, 1365–1379.

Hall, B., Jaffe, A., Trajtenberg, M., 2001. The NBER patent citation data file: lessons, insights and methodological tools. NBER Working paper 8498.

Ham, J., Weinberg, B., 2014. Geography and Innovation: Evidence from Nobel Laureate. Mimeo (Economics Department, The Ohio State University).

Harhoff, D., Narin, F., Scherer, F., Vopel, K., 1999. Citation frequency and the value of patented inventions. Rev. Econ. Stat. 81, 511–515.

Hausman, N., 2012. University innovation, local economic growth, and entrepreneurship. US Census Bureau Center for Economic Studies Paper No. CES-WP- 12-10.

Hellmann, T., Perotti, E., 2011. The circulation of ideas in firms and markets. Manag. Sci. 57 (10), 1813–1826.

Helsley, R., Strange, W., 1990. Matching and agglomeration economies in a system of cities. Reg. Sci. Urban Econ. 20 (2), 189–212.

Helsley, R., Strange, W., 2002. Innovation and input sharing. J. Urban Econ. 51, 25–45.

Helsley, R., Strange, W., 2004. Knowledge barter in cities. J. Urban Econ. 56 (2), 327–345.

Henderson, J.V., 1974. The size and types of cities. Am. Econ. Rev. 61, 640–656.

Henderson, J.V., 2007. Understanding knowledge spillovers. Reg. Sci. Urban Econ. 37 (4), 497–508.

Hofstede, G., 2001. Culture and Organizations. Harper Collins, London.

Horvath, M., 2001. Imitating Silicon Valley: regional comparisons of innovation activity based on venture capital flows. In: Gambardella, A., Bresnahan, T. (Eds.), Building High-Tech Clusters: Silicon Valley and Beyond. Cambridge University Press, Cambridge, MA, pp. 280–330.

Hovhannisyan, N., Keller, W., 2010. International business travel: an engine of innovation? Center for Economic and Policy Research Discussion Paper No. DP7829.

Hunt, J., Gauthier-Loiselle, M., 2010. How much does immigration boost innovation? Am. Econ. J. Macroecon. 2 (2), 31–56.

Inoue, H., Nakajima, K., Saito, Y.U., 2013. Localization of collaborations in knowledge creation. The Research Institute of Economy, Trade and Industry Discussion Papers Series No. 13-E-070.

Jackson, M., 2008. Social and Economic Networks. Princeton University Press, Princeton.

Jacobs, J., 1969. The Economy of Cities. Vintage Books, New York.

Jaffe, A., 1989. Real effects of academic research. Am. Econ. Rev. 79, 957–970.

Jaffe, A., Trajtenberg, M., 1999. International knowledge flows: evidence from patent citations. Econ. Innov. New Technol. 8, 105–136.

Jaffe, A., Trajtenberg, M., Henderson, R., 1993. Geographic localization of knowledge spillovers as evidenced by patent citations. Q. J. Econ. 108, 577–598.

Jaffe, A., Trajtenberg, M., Fogarty, M., 2000. Knowledge spillovers and patent citations: evidence from a survey of inventors. Am. Econ. Rev. 90 (2), 215–218.

Jones, C., 2005. Growth and ideas. In: Aghion, P., Durlauf, S. (Eds.), Handbook of Economic Growth, vol. 1B. North-Holland, Amsterdam.

Kantor, S., Whalley, A., 2014. Knowledge spillovers from research universities: evidence from endowment value shocks. Rev. Econ. Stat. 96, 171–188.

Kantor, S., Whalley, A., 2014b. Research Proximity and Productivity: Long-term Evidence from Agriculture. Mimeo (Economics Department, University of California-Merced).

Keller, W., 2004. International technology diffusion. J. Econ. Lit. 42 (3), 752–782.

Keller, W., Yeaple, S., 2013. The gravity of knowledge. Am. Econ. Rev. 103 (4), 1414–1444.

Kelly, M., Hageman, A., 1999. Marshallian externalities in innovation. J. Econ. Growth 4 (1), 39–54.

Kerr, W., 2008. Ethnic scientific communities and international technology diffusion. Rev. Econ. Stat. 90 (3), 518–537.

Kerr, W., 2010a. Breakthrough inventions and migrating clusters of innovation. J. Urban Econ. 67 (1), 46–60.

Kerr, W., 2010b. The agglomeration of U.S. ethnic inventors. In: Glaeser, E. (Ed.), Agglomeration Economics. University of Chicago Press, Chicago, IL, pp. 237–276.

Kerr, W., 2013. U.S. high-skilled immigration, innovation, and entrepreneurship: empirical approaches and evidence. NBER Working paper 19377.

Kerr, W., Kominers, S., 2015. Agglomerative forces and cluster shapes. Rev. Econ. Stat., forthcoming.

Kerr, W., Lincoln, W., 2010. The supply side of innovation: H-1B visa reforms and U.S. ethnic invention. J. Labor Econ. 28 (3), 473–508.

Kerr, W., Lerner, J., Schoar, A., 2014a. The consequences of entrepreneurial finance: evidence from angel financings. Rev. Financ. Stud. 27 (1), 20–55.

Kerr, W., Nanda, R., Rhodes-Kropf, M., 2014b. Entrepreneurship as experimentation. J. Econ. Perspect. 28, 25–48.

Klepper, S., 2010. The origin and growth of industry clusters: the making of Silicon Valley and Detroit. J. Urban Econ. 67, 15–32.

Kolympiris, C., Kalaitzandonakes, N., Miller, D., 2011. Spatial collocation and venture capital in the US biotechnology industry. Res. Policy 40 (9), 1188–1199.

Krugman, P., 1991. Geography and Trade. MIT Press, Cambridge, MA.

Lamoreaux, N., Levenstein, M., Sokoloff, K., 2004. Financing invention during the second industrial revolution: Cleveland, Ohio, 1870–1920. NBER Working paper 10923.

Landier, A., 2005. Entrepreneurship and the Stigma of Failure. Mimeo (Stern School of Business, New York University).

Lee, J., Nicholas, T., 2012. The Origins and Development of Silicon Valley. Harvard Business School Case, pp. 813–1098.

Lerner, J., 2009. Boulevard of Broken Dreams. Princeton University Press, Princeton, NJ.

Lerner, J., Seru, A., 2014. The use and misuse of patent data. In: Paper Presented at the Allied Social Science Association Meeting, January 3–5, 2014, Philadelphia, PA.

Lin, J., 2011. Technological adaptation, cities, and new work. Rev. Econ. Stat. 93 (2), 554–574.

Lin, J., 2014. "The paper trail of knowledge transfers." Federal Reserve Bank of Philadelphia Business Review. Second Quarter.

Lindley, J., Machin, S., 2014. Spatial changes in labour market inequality. J. Urban Econ. 85, 121–138.

Liu, C., 2010. A spatial ecology of structure holes: scientists and communication at a biotechnology firm. Acad. Manag. Proc. 1, 1–6.

Lucas, R.E., 1988. On the mechanics of economic development. J. Monet. Econ. 22, 3–42.

Lychagin, S., Pinkse, J., Slade, M., Van Reenen, J., 2010. Spillovers in space: does geography matter? NBER Working paper No. 16188.

Magrini, S., 2004. Regional (di)convergence. In: Henderson, J.V., Thisse, J.-F. (Eds.), Handbook of Urban and Regional Economics, vol. 4. North-Holland, Amsterdam, pp. 2741–2796.

Mankiw, G., Romer, D., Weil, D., 1992. A contribution to the empirics of economic growth. Q. J. Econ. 107 (2), 407–437.

Manso, G., 2011. Motivating innovation. J. Financ. 66, 1823–1869.

March, J., 1991. Exploration and exploitation in organizational learning. Organ. Sci. 2 (1), 71–87.

Marshall, A., 1890. Principles of Economics. Macmillan, London.

Marx, M., Strumsky, D., Fleming, L., 2009. Mobility, skills, and the Michigan non-compete experiment. Manag. Sci. 55 (6), 875–889.

Matouschek, N., Robert-Nicoud, F., 2005. The role of human capital investments in the location decision of firms. Reg. Sci. Urban Econ. 35 (5), 570–583.

Menon, C., 2009. Star and comets: an exploration of the patent universe. London School of Economics SERC Discussion Paper 37.

Menon, C., 2012. The bright side of MAUP: defining new measures of industrial agglomeration. Pap. Reg. Sci. 91 (1), 3–28.

Michelacci, C., Silva, O., 2007. Why so many local entrepreneurs? Rev. Econ. Stat. 89 (4), 615–633.

Moretti, E., 2004a. Estimating the social return to higher education: evidence from longitudinal and repeated cross-sectional data. J. Econ. 121, 175–212.

Moretti, E., 2004b. Human capital externalities in cities. In: Henderson, J.V., Thisse, J.-F. (Eds.), Handbook of Urban and Regional Economics, vol. 4. North-Holland, Amsterdam, pp. 2243–2291.

Moretti, E., 2004c. Workers' education, spillovers and productivity: evidence from plant-level production functions. Am. Econ. Rev. 94, 656–690.

Moretti, E., 2012. The New Geography of Jobs. Houghton Mifflin Harcourt, New York.

Moretti, E., 2013. Real wage inequality. Am. Econ. J. Appl. Econ. 5 (1), 65–103.

Moser, P., 2011. Did patents weaken the localization of innovations? Evidence from World's Fairs. J. Econ. Hist. 71 (2), 363–381.

Murata, Y., Nakajima, R., Okamoto, R., Tamura, R., 2014. Localized knowledge spillovers and patent citations: a distance-based approach. Rev. Econ. Stat. 96 (5), 967–985.

Nanda, R., Khanna, T., 2012. Diasporas and domestic entrepreneurs: evidence from the Indian software industry. J. Econ. Manag. Strateg. 19 (4), 991–1012.

Nathan, M., 2015. Same difference? Minority ethnic inventors, diversity and innovation in the UK. J. Econ. Geogr. 15, 129–168.

OECD, 2005. Oslo Manual: Guidelines for Collecting and Interpreting Innovation Data, third ed. Organization of Economically Developed Countries, Paris.

Olson, G., Olson, J., 2003. Mitigating the effects of distance on collaborative intellectual work. Econ. Innov. New Technol. 12 (1), 27–42.

Ozgen, C., Nijkamp, P., Poot, J., 2011. Immigration and innovation in European regions. IZA Working paper 5676.

Pakes, A., Griliches, Z., 1980. Patents and R&D at the firm level: a first report. Econ. Lett. 4, 377–381.

Pakes, A., Nitzan, S., 1983. Optimum contracts for research personnel, research employment, and the establishment of "rival" enterprises. J. Labor Econ. 1 (4), 345–365.

Papageorgiou, T., 2013. Worker sorting and agglomeration economies. Penn State University Working paper.

Parrotta, P., Pozzoli, D., Pytlikova, M., 2014. The nexus between labor diversity and firm's innovation. J. Popul. Econ. 27, 303–364.

Petersen, M., Rajan, R., 1994. The benefits of lending relationships: evidence from small business data. J. Financ. 49 (1), 3–37.

Porter, M., 1990. The Competitive Advantage of Nations. The Free Press, New York.

Porter, M., 1998. Clusters and the new economics of competition. Harv. Bus. Rev. 76 (November-December), 77–90.

Rauch, J., 1993. Productivity gains from geographic concentration in cities. J. Urban Econ. 34, 380–400.

Romer, P., 1986. Increasing returns and long-run growth. J. Polit. Econ. 94 (5), 1002–1037.

Romer, P., 1990. Endogenous technical change. J. Polit. Econ. 98 (5), S71–S102.

Rosen, R., 1991. Research and development with asymmetric firm sizes. RAND J. Econ. 22 (3), 411–429.

Rosenthal, S., Strange, W., 2001. The determinants of agglomeration. J. Urban Econ. 50, 191–229.

Rosenthal, S., Strange, W., 2003. Geography, industrial organization, and agglomeration. Rev. Econ. Stat. 85 (2), 377–393.

Rosenthal, S., Strange, W., 2004. Evidence on the nature and sources of agglomeration economies. In: Henderson, J.V., Thisse, J.F. (Eds.), Handbook of Regional and Urban Economics, vol. 4. North-Holland, Amsterdam, pp. 2119–2171.

Rosenthal, S., Strange, W., 2008. The attenuation of human capital spillovers. J. Urban Econ. 64 (2),

373–389.

Rotemberg, J., Saloner, G., 2000. Competition and human capital accumulation: a theory of interregional specialization and trade. Reg. Sci. Urban Econ. 30, 373–404.

Samila, S., Sorenson, O., 2011. Venture capital, entrepreneurship and economic growth. Rev. Econ. Stat. 93 (1), 338–349.

Saxenian, A., 1991. The origins and dynamics of production networks in Silicon Valley. Res. Policy 20 (1), 423–437.

Saxenian, A., 1994. Regional Advantage: Culture and Competition in Silicon Valley and Route 128. Harvard University Press, Cambridge, MA.

Saxenian, A., 2006. The New Argonauts. Harvard University Press, Cambridge, MA.

Saxenian, A., 2008. Transnational communities and the evolution of global production networks: the cases of Taiwan, China and India. Industry and Innovation 9, 183–202.

Saxenian, A., Motoyama, Y., Quan, X., 2002. Local and Global Networks of Immigrant Professionals in Silicon Valley. Public Policy Institute of California, San Francisco, CA.

Scherer, F.M., 1986. Innovation and Growth. MIT Press, Cambridge, MA.

Schumpeter, J., 1934. The Theory of Economic Development. Harvard University Press, Cambridge, MA.

Schumpeter, J., 1939. Business Cycles: A Theoretical, Historical and Statistical Analysis of the Capitalist Process, vol. 1. Yale University Press, New Haven, CT.

Serrano, C., 2010. The dynamics of the transfer and renewal of patents. RAND J. Econ. 41 (1), 686–708.

Shapiro, J., 2006. Smart cities: quality of life, productivity, and the growth effects of human capital. Rev. Econ. Stat. 88 (2), 324–335.

Singh, J., Agrawal, A., 2011. Recruiting for ideas: how firms exploit the prior inventions of new hires. Manag. Sci. 57 (1), 129–150.

Singh, J., Marx, M., 2013. Geographic constraints on knowledge spillovers: political borders vs. spatial proximity. Manag. Sci. 59 (9), 2056–2078.

Solow, R., 1957. Technical change and the aggregate production function. Rev. Econ. Stat. 39, 312–320.

Strange, W., Hejazi, W., Tang, J., 2006. The uncertain city: competitive instability, skills, innovation, and the strategy of agglomeration. J. Urban Econ. 59 (3), 331–351.

Sturgeon, T., 2002. Modular production networks: a new American model of industrial organization. Ind. Corp. Chang. 11 (3), 451–496.

Tecu, I., 2012. The location of industrial innovation: does manufacturing matter? Ph.D. Thesis, Brown University.

Thompson, P., 2006. Patent citations and the geography of knowledge spillovers: evidence from inventor- and examiner-added citations. Rev. Econ. Stat. 88 (2), 383–388.

Thompson, P., Fox-Kean, M., 2005. Patent citations and the geography of knowledge spillovers: a reassessment. Am. Econ. Rev. 95 (1), 450–460.

Usher, A., 1929. A History of Mechanical Inventions. Harvard University Press, Cambridge, MA.

Waldinger, F., 2012. Peer effects in science: evidence from the dismissal of scientists in Nazi Germany. Rev. Econ. Stud. 79, 838–861.

Wang, Z., 2014. Location Choice at Labor Force Entry and New Estimates of Selection, Growth, and Level Effects from U.S. Census Data. Mimeo (Fudan University).

Wheeler, C., 2001. Search, sorting, and urban agglomeration. J. Labor Econ. 19, 879–899.

Wilson, D., 2009. Beggar thy neighbor? The in-state, out-of-state, and aggregate effects of R&D tax credits. Rev. Econ. Stat. 91 (2), 431–436.

Zucker, L., Darby, M., Brewer, M., 1998. Intellectual human capital and the birth of U.S. biotechnology enterprises. Am. Econ. Rev. 88 (1), 290–306.

第 7 章
城市与环境

马修·E. 卡恩

美国加州大学洛杉矶分校经济学系
美国国家经济研究局
美国劳动经济研究所

兰德尔·沃尔什

美国匹兹堡大学经济学系
美国国家经济研究局

摘要

本章梳理了最近关于最近环境优美设施和城市增长关系的研究文献。在本章，我们既关注了外生因素的作用，如气候和沿海接近性，也关注了内生因素的作用，如地方空气污染和绿地。城市绿化不仅包括其自然景色，还包括居住在其中的家庭和企业，并呈现出一些反映地方和国家规章制度的特征。

我们探讨了城市可持续发展和环境质量的四个主要问题。首先，引入了一个家庭区位选择模型来强调环境优美设施在城市内家庭区位选择中所发挥的作用。其次，分析了目前持续的郊区化过程如何影响城市的碳足迹。再次，我们探讨了城市系统是如何受城市环境优美设施的动力学影响及这些动力学影响的原因。最后，我们回顾了最近关于"绿色"建筑投资的私人成本和收益的一些文献。纵观本次梳理，我们特别注意经验研究方法，并突出哪些是开放性研究问题。虽然许多文献主要集中在发达国家的城市，我们预计未来对发展中国家城市类似问题的研究兴趣将不断增加。

关键词

城市经济 城市 环境 碳政策 均衡排序 气候变化 绿色基础设施

JEL 分类码

H4 Q5 O3 R1

7.1 引　言

无论是在城市内部和还是城市之间，非市场设施是人们选择居住和工作的一个重要决定因素。虽然我们现在花更多的时间在网络上，在亚马逊上购物，在脸书和推特上进行社交，在 Netflix 看流媒体电影，在家远程办公，但是我们的物理位置持续定义了我们所享受的基于位置的属性特征和我们所接触的环境条件。

如河港和海港这样的特定区位属性，曾经是决定地区生产能力的关键因素，现在不论是作为提供独特景观的设施还是娱乐休闲场所和气候享乐设施，都发挥着核心作用。今天在炮台公园南端的曼哈顿丽思卡尔顿公寓销售已经超过了 1 300 美元/平方英尺，这反映了现代曼哈顿海滨房地产的吸引力。美国人口和收入的大部分都集中在距海岸或五大湖岸 80 公里的县内（Rappaport and Sachs，2003）。这说明经济活动沿着海岸和河流集中是早期聚落形态的历史持续，同时表明在早期工业活动浪潮地理位置的确定中，交通可达性也发挥着关键作用（Bleakley and Lin，2012）。

目前来看，附近河流和海岸的环境优美设施以及生活这些地区或接近沿海所享受的适宜气候，很大程度上支持了这种沿海模式的持续存在。在沿海城市如洛杉矶，富裕的人一直住在靠近海滩的地方，因此其收入驱动的郊区化效应比非沿海大都市区更弱（Lee and Lin，2013）。

当前的非市场设施，如清洁的空气、绿地、温和的气候和街道安全，促进了现代消费城市的发展（Glaeser et al.，2000；Rappaport，2009）。消费者对这些设施的偏好促使更多的富有者进入这些具有吸引力的地方，这一趋势因雇主（比前者资源配置更自由，交通区位限制更少）而得到加强，因为他们选择享乐设施高水平区位的做法对那些潜在员工更具吸引力。同时，一些城市的房价正在急剧增加，如伦敦和旧金山，也有其他城市的人口不断增长，如拉斯维加斯和凤凰城。尽管这些地方都没有得天独厚的高水平享乐设施，但是仍有数以百万计的人们表示渴望生活在这样的城市。因此，通过房价和工资调整实现空间均衡，从而人口和厂商在空间上有序分布。虽然一些中产阶级家庭因他们买不起沿海地区的住房而感到失望，但是也有其他家庭表示，为了获得较大住房，他们非常愿意生活在一个经济实惠的城市，如拉斯维加斯。

在任何时间点上，一个区域的环境属性是其外生地理位置的函数，它由一组家庭，选民和城市内部产业集聚（有意或无意）的区位选择所决定。家庭和企业对某一特定区位的私人利益和他们所支付的租金之间进行权衡。由于高品质社区和城市要求租金溢价，这意味着只有一小部分家庭和企业选址于这些地区。昂贵且高舒适的地区吸引高学历者，如加州的伯克利和俄勒冈州的波特兰。依据蒂伯特（Tiebout）的偏好一致理论，可以对先进环保主义者进行分类排序，以吸引地方厂商迎合这类消费者（即有机农贸市场）。双方的选择效应和处理效应带来的综合影响是绿色城市的出现。像旧金山这样的城市的特色就是几乎没有污染型重工业。相反，这些高品质生活城市的"金鹅"往往是高科技公司，它们反过来也将雇用那些需要高品质本地享乐设施的工人。这些工人/选民支持这样的地方领导人，他们愿意为进一步提高人民生活质量制定政策，这一过程自身形成某种类型的社会乘数效应（Sieg et al.，2004；Bayeret et al.，2007）。

外生性设施（即旧金山独特的海岸风景）和内生性设施（旧金山成为绿色生活中心）之间的这种因果关系是本章的主题之一。这些协同效应为试图衡量对个别公共物品边际支付意愿的经验研究带来了挑战，如空气质量的改善。因为一种地方公共物品的改善（或许是由于地方产业空洞化），将导致异质家庭和企业的重新排序，以至于地方人民生活质量的许多方面会也会受到影响（Kuminoff et al.，2013）。我们的本次调查使用了不同的方法来解决这一问题。

我们探讨了城市可持续发展和环境质量的四个主要问题。首先，引入了一个家庭区位选择模型来强调环境优美设施在城市内家庭区位选择中所发挥的作用。同时讨论了美国城市最近发生的四大主要变化——空气质量的改善，开放空间的需求上升，棕色地带的修复，中心城市生活质量的提高——如何影响大都市区不同收入群体的密集地区和密集方式。

其次，我们分析了目前持续的郊区化过程如何影响城市的碳足迹。郊区城市与碳生产之间的关联是否存在因果关系，这仍然是一个悬而未决的问题。为了令人信服地回答这个问题我们讨论了各种识别策略。

再次，我们探讨了城市环境优美设施动力学的因果关系。城市污染的产生取决于其人口、产业结构的变化以及国家和地方政策。因为随着时间推移地方公共物品也不断变化（即匹兹堡空气质量的提高），我们试图探析这些环境优美设施动力学如何影响跨城市的空间均衡。与标准特征分析不同的是，我们将讨论城市间家庭和企业的排序，以及环境优美设施在区位决策中发挥的作用。我们也探讨了地方和联邦政府的新政策（如本地分区和清洁空气法案的差异化执行）如何影响空间均衡，并研究气候变化出现的新风险和由此带来的沿海城市夏季气温和海平面上升对城市系统的影响。公共物品的任何变化都具有分配效应。所以我们也探究了不同城市生活质量变化的经济影响，以及这些影响对富人、中产阶级和穷苦城市居民的幸福意味着什么。

最后，我们回顾了最近关于"绿色"建筑投资的私人成本和收益的一些文献。在发展中国家，数十亿人口正在向城市迁移。这些城市新住房和商业房地产的建设将持续数十年。由于这些建筑是主要电力消耗方，所以了解城市房地产开发商，投资商，住房租户的电力需求了解是非常重要的，因为这些对温室气体排放具有至关重要的影响，将严重影响未来的气候变化。

7.2　纳入地方和全球环境外部性的区位均衡模型

在本节中，我们提出了一个区位均衡选择模型，研究区位环境优美设施在居住地选择中的作用。该模型融合了早期文献的一些思想，包括埃利克森（Ellickson，1971）、斯塔尔（Stull，1974）、埃普尔和普拉特（Epple and Platt，1998）、埃普尔和西格（Epple and Sieg，1999）、西格等（Sieg，2004）、班兹哈夫和沃尔什（Banzhaf and Walsh，2008）。

假设存在 N 个家庭的连续统一体，且他们的收入为 γ，其分布给定为 $f(\gamma)$，在区间 $[\gamma l，\gamma h]$ 上连续。在收入异质性是第二位关注的情况下，通常假定 $[\gamma l，\gamma h] = \bar{Y}$，即所有家庭的收入水平一致。在大都市区内区位选择是离散的，每个家庭必须在 J 个离散区位选择居住地[①]，记为 $j \in \{1，\cdots，J\}$。在区位选择既定的条件下，每个家庭选择他们最优的土地消费水平[②]。

家庭偏好通过间接效用函数 $V(\gamma，P_j，Z_j)$ 来表示，在这里 P_j 为 j 地区的单位房价，$Z_j = [Z_1，\cdots，Z_k]$ 是区位 j 的享受设施地方向量。此向量由本地与环境相关的公共物品构成，它包括外生的环境区位属性（到沙滩的距离，气候）和内生的环境区位属性（污染，受保护的空地）。同时 Z 还包括就业机会

---

① 在一些模型中，假设家庭随特定享乐设施属性的差异而连续变化。典型的是单中心城市模型，在模型中考虑到不同区位距中心商务区距离的不同，因而区位变化具有连续变化性。

② 此外，还可以假设土地是住房生产的一个具有规模报酬不变的投入要素。然而，尽管这种方法是容易处理的，但是它在不改变模型直觉的情况下带来了一额外问题，即模型中涉及到了相对价格和收入在确定人口密度的作用。

的可得性和非环境设施（犯罪，学校质量）[③]。最后，在大都市区的每个区位都有连续住房供给函数 $S_j(P)$[④]。这是一般性假设，它嵌入了基本的单中心城市模型，理论排序模型如埃普尔和普拉特（1998），班兹哈夫和沃尔什（2008），以及埃普尔和西格（1999）提出经验研究的经验框架。

在均衡状态下，地区间收入类型的排序将取决于土地的收入弹性和区位设施。均衡在模型中是由分配函数向量 $\phi_j(\gamma)$ 来定义的，它确定了各收入类型生活条件的群体在各区位的所占比例以及特定区位 J 房价的一个向量，满足区位均衡条件：

$$V(\gamma,\ P_j,\ Z_j) \geqslant V(\gamma,\ P_k,\ Z_k)\ \forall k,\ \gamma\ \forall j,\ \text{其中}\ \phi_j(\gamma) > 0 \qquad (\text{i})$$

$$N\int_{\gamma l}^{\gamma h} D(P_j,\ \gamma)\phi_j(\gamma)f(\gamma)\mathrm{d}\gamma = S_j(P_j)\ \forall j \qquad (\text{ii})$$

$$\sum_{j=1}^{J} \phi_j(\gamma) = 1\ \forall \gamma \qquad (\text{iii})$$

条件 i 要求在均衡时所有家庭的区位选择为最优；条件 ii 要求在每个区位上市场出清；条件 iii 要求每个家庭处于一个特定区位[⑤]。

按照上述条件，该模型仍然是一般性的。可假定设施向量 Z_j 为一个指数来进一步加以简化，如 $V(\gamma,\ P_j,\ Z_j) = V(\gamma,\ P_j,\ G(Z_j))$，$\dfrac{\partial V}{\partial G} > 0\ \forall \gamma$。在这个假定下，由于区位的垂直性差异存在，各家庭对跨区位"质量"的相对排名达成一致意见。当与均衡条件 i 相结合时，该假定要求享乐设施指数 G 中房价严格递增[⑥]。

---

③ $V(\cdot)$ 同样隐含着计价单位的价格标准化为 1。为了便于处理，$V(\cdot)$ 连续且一阶导数满足 $V_\gamma > 0$，$V_z > 0$ 且 $V_P > 0$。同时为了简化我们假设间接效用函数是给定的，所以相关的土地需求函数独立于享乐设施水平，设为 $D(P,\ \gamma)$，它同样满足连续性且一阶导数满足 $D_\gamma > 0$ 和 $D_P < 0$。需求严格为正且满足以上假定条件。

④ 供给函数描述的是给定价格水平某区位可用土地 L_j 用于住房建设的部分。我们假设每个区位的剩余土地存在竞争性需求，而且具有特殊的竞争使用功能（即农业生产），因而任何土地价格等于或低于预定价格 $\overline{P}_A$ 其具有完全需求弹性。因此，在价格 $\overline{P}_A$ 之下，供住房建设的土地供给为 0。如果价格大于 $\overline{P}_A$，则该供给增加到上限 L_j。

⑤ 注意，通过连续变量 j（即距 CBD 的距离）可以把离散区位假设变为标定区位，然后条件 ii 和 iii 可以据此调整。首先，函数标定为 j 的一个函数（即，$\phi_j(\gamma)$ 变为 $\phi(\gamma,\ j)$）。其次，在条件 ii 中 $S_j(P_j)$ 被替换为 $s_j(P_j)l(j)$，这里 $s_j(P_j)l(j)$ 为连续区位 j 每单位土地上的住房供给，$l(j)$ 为可用区位每单位的土地数量（如果"城市"是从 CBD 和标定位置 j 距 CBD 距离所发出的单位带宽，则上式变为 $s_j(P_j)$）。最后，在条件 iii 中，总和将由 j 的积分所表示，$\int_{j\in0}^{\infty}\phi(\gamma,\ j)dj = 1$。

⑥ 为了有关个人收入的排序具有较强的预测性，这里提出的模型限制了家庭收入这一单一维度的异质性。埃普尔和普拉特（1998）将总体享乐设施水平 G 指数的异质性偏好加入到一个类似模型中。他们的结果表明，在修改的单交性概念中考虑偏好参数和收入，给定收入的所有个体通过收入进行排序，而给定收入的所有个体则基于对公共物品的偏好进行排序，以至于分层出现。通过对 G 指数元素给予随机系数并添加特殊的位置参数（通常假定服从 logit 分布），在经验模型中一般化了这个研究框架，考虑了特定属性和特定区位的偏好异质性。这些分析建立在由 Berry 等（1995）提出的典型随机效用模型框架之上。关于这方面的文献综述见 Kuminoff 等（2013）。

如上所说明的，这个模型仍然过于一般性，以至于不能对收入排序做出预测。通常来说，排序取决于收入、G 的边际（间接）效用和 $P(V_G, V_P)$ 之间的关系。为了方便描述社区间家庭的均衡排序，我们需要进一步加入偏好的限制条件。一个普遍的假设是在这些模型中偏好满足"单交性"性质。这个条件需要在 (G, P) 平面上，间接的无差异曲线的斜率 $-\dfrac{V_G}{V_P}$ 与收入之间是单调的。从直觉上来说，这个假设意味着人们愿意支付的设施消费束与收入之间要么单调递增 $\left(\dfrac{\partial -\dfrac{V_G}{V_P}}{\partial \gamma} > 0\right)$，要么单调递减 $\left(\dfrac{\partial -\dfrac{V_G}{V_P}}{\partial \gamma} < 0\right)$。

在单调递增的情况下，单交性确保均衡区位排序的特征是随 P 和 G 递增的。对于每个"相邻"区位（通过这个等级排序所得），存在一组边界家庭（以收入水平唯一确定），他们在两个区位是无差异的。在边界以下的收入家庭将偏好低阶区位。这导致不同区位的家庭会基于享乐设施指数差异的形成收入分层。

上面的基本模型暗含了空间异质的区位属性是如何影响城市间家庭和收入空间分布的。为了说明该模型的基本机制，考虑这些家庭只关心两个区位享乐设施，就业区位的可得性和环境质量。例如，就业均位于 CBD 中的单一工厂，工厂污染主要靠近城市中心土地的住房区，而远离市中心的其他地区受到的工厂污染较少。差异化的污染接触程度意味着，住房区区位存在两个不同维度（通勤时间和环境质量），两者都是距 CBD 距离的函数，同时也遵循基于 G 函数的指数假定条件。现在，价格将随距 CBD 距离 x 的减少而增加，如果

$$\frac{\mathrm{d}G}{\mathrm{d}x} = \frac{\partial G}{\partial \mathrm{Commute\ costs}} \frac{\mathrm{dCommute\ costs}}{\mathrm{d}x} + \frac{\partial G}{\partial \mathrm{Pollution}} \frac{\mathrm{dPollution}}{\mathrm{d}x} > 0 \quad (7.1)$$

在对此问题的一个连续性表达式中，距 CBD 给定距离的实际租金梯度由下式给出

$$\frac{\mathrm{d}P}{\mathrm{d}x} = \frac{V_g}{V_P} \frac{\mathrm{d}G}{\mathrm{d}x} \quad (7.2)$$

其中，V_g 和 V_P 是选择居住在与 CBD 有 x 距离的个体收入的评估值。

如果我们假设污染水平在超出 CBD 的某一特定距离后下降相对较快，那么总的享乐设施指数与其两个分量将如图 7 - 1 所示，最理想的区位是距 CBD 为 5 英里左右的地方[⑦]。我们的模型也预测该区位价格是最高的，这个社区最

[⑦]　如果城市是一个主要的就业中心，那么这也将创造一个污染"热点"。因为由交通运输、工业活动和个人选择所产生的副产品会带来诸如垃圾、吸烟污染等非预期产出。

富有的个体将会定居在这个点，随着收入下降，我们要么进入 CBD 要么选择城市边缘区，而最低收入者将选择居住在 CBD。关于人口密度的预测更为细致。在模型中，享乐设施水平（G 指数）最高的区位房价最高。因此，在集约边际效应和价格渠道的作用之下，高水平的环境质量（和通常所说的享乐设施）推动开发密度的提高。然而，从集约边际的角度来看，高收入家庭倾向进入具有高水平享乐设施的区位。在其他条件不变的情况下，价格越高，住房销售量越低，因而存在一个收入通道，通过它使得环境优美设施能实现较低的住房密度。

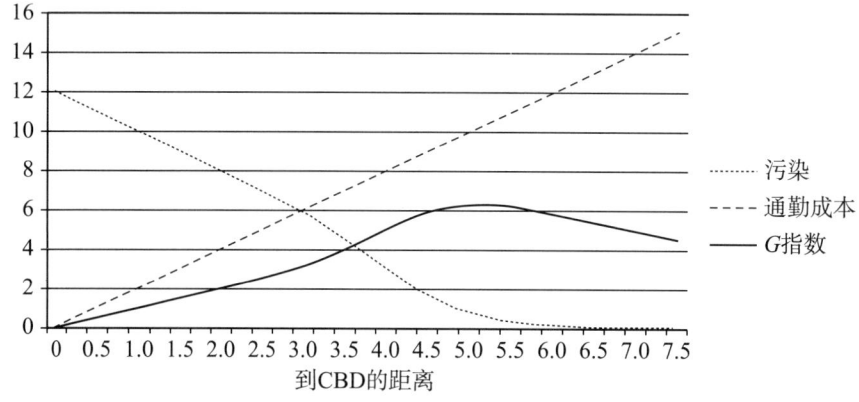

图 7-1　城市内享乐设施的分布

价格效应和收入效应的二分法，有利于理解土地用途限制对住房密度的潜在影响。在享乐设施高水平区位，潜在的高租金对开发商形成很大激励（每单位土地投入产生更大面积的生活空间）。通过放大价格影响的相对重要性，那些潜在的在建设施提高了享乐设施净效应，从而可能会增加住房密度。然而，正是在这些高享乐设施水平的区位，为了防止被密集开发，常会有限制性的土地用途管制。

同样，收入分配形式在决定 G 指数高的区位相对密度中也发挥重要作用。如果存在有限的收入异质性，那么收入排序方法的作用被削弱，而价格效应占据主导地位，这将导致高享乐设施地区的密集化。相反，收入异质性较大时，如果超级富豪有对高享乐设施区的大住房具有高支付意愿的话，我们预期会有大批量和相对低密度的区域被开发，因为此时收入排序方法主导了价格排序方法。

7.2.1　新的城市环境趋势

我们现在研究城市之间的几个动态环境动态，同时探讨这些供给侧的变化如何影响城市经济活动的空间分布。最近城市环境的一个首要趋势是中心城市的生活质量在环境和非环境维度都得到改善。这个趋势对郊区化有着重要意义。在讨论通常所说的中心城市生活质量问题之前，我们首先考虑其他三个具体的环境内容（空气质量，开放空间和棕色地带治理）。

7.2.1.1　空气质量的改善

图 7-1 的典型例子强调了空气质量对城市空间结构形成的潜在影响。从历史上来看，城市化、工业化以及制造业和居民对煤炭过重依赖，这些因素导致了极其严重的污染问题（Barreca et al.，2014）。早在 1879 年，"伦敦雾"就已经上了美国的新闻媒体（Stradling and Thorsheim，1999）。80 年后，1952 年的大雾造成了多达 12 000 名伦敦市民的死亡（Clay and Troesken，2010）。因此，空气质量是地方优美风景的主要组成部分。也许任何地方都在通勤成本和空气污染之间进行权衡，比较典型的例子就是 19 世纪末匹兹堡的东部社区。19 世纪末，该城市的工业发展带来了严重的空气污染，被詹姆斯·帕顿称为"带着盖子的地狱"。严重的空气污染造成"居民被迫逃至拥有更自由空气的东部社区"的情况。由于该地被周围环绕的磨坊拉登河流分开，它成了城市精英和全国精英选择的污染避难所。1900 年，位于匹兹堡市中心五英里内的社区居民，控制着美国多达 60% 的生产性资产（Skrabec，2010）。

在过去的几十年里，美国城市的空气污染物急剧下降。史密斯（Smith，2012）表明在 20 世纪 60 年代早期到 2008 年，美国的空气污染物（由 PM10 衡量）大约减少了 50%。类似的改善在德国和西班牙也有记录。尽管空气污染水平降低，但是经验研究仍然强有力支持空气污染变化对城市内部空间结构有决定性作用。一系列的享乐研究发现，空气质量在房价中的资本化表明其属于区位均衡模型的享乐设施向量[8]。更进一步，班兹哈夫和沃尔什（2008）提供了的直接简化的证据，来说明空气污染在家庭区位决策中作用。这些作者首次发现，当单个区位的舒适性程度增加，一般区位均衡模型预测的密度和收入水平也将提高。然后，他们通过评估 1990~2000 年加州有毒空气污染源的存

---

[8]　Smith 和 Huang(1995) 总结了 37 篇用特征价格分析法来评估空气污染的住房价格效应的文献。Zabel 和 Kiel(2000) 和 Kim 等（2003）指出了空气污染评估的其他特征价格研究。

在和规模变化，来检验上述命题的正确性。

他们的研究广泛支持该模型关于密度和收入的预测。在密度方面，避免与污染设施接触大约增加人口密度5%，相反，与污染设施的新接触将导致人口密度减少类似幅度。该研究关于密度的分析结果可能由两个相关要素导致。第一，通过价格渠道，污染减少激励开发商的高密度开发和住户建筑面积消费的减少。第二，避免与污染设施接触为重建住房用地提供契机。由于最近不断上涨的土地价格，这一过程再次得以加强。就不同收入水平家庭的空间分布而言，新暴露的有毒空气污染会导致家庭平均收入减少1 000美元或更多。反之，据估计，减少与污染设施接触将出现家庭收入增加。

本研究虽然为空气污染在区位均衡模型框架中的潜在重要性提供了简化形式的证据，但其不能清晰地把不同家庭如何对空气污染的外生变化做出反应进行模型化。最近一篇关于住房区排序的文献试图检验环境管制诱发的污染空间分布如何影响城市内部家庭的空间分布。现在富人迁移的区域出现了生活质量的改善吗？少数研究已经试图估计包含空气污染空间异质性的家庭区位选择均衡模型。此方面研究的先驱者是西格等（2004），他们把臭氧浓度的异质性纳入区位均衡模型，并对包括市区和郊区的洛杉矶城市进行了模型估计。然后，他们利用估计的模型计算了一个反事实的均衡模型，它描述了分布在5个南加利福尼亚县的92个不同收入水平社区居民预测的排序，该模型的假设为，如果没有1990年清洁空气法案修正案（CAAA），臭氧含量将如何变化（依据环境保护署的估计）。

为了突出评估区位享乐设施非边际变化时均衡排序的潜在重要性。表7 - 1显示了西格等文中对CAAA县级影响的估计。举个例子，以那些没有实施CAAA的州为基准，一般的家庭都会选择居住在洛杉矶。前三列给出的在基准县（洛杉矶）CAAA对臭氧含量，价格和G指数的影响。平均而言，实施CAAA洛杉矶县将带来其臭氧污染9.40%的改善和平均房价0.20%的降低（如我们下面讨论的，这种价格的下降源于相对于区域整体质量改善而言，洛杉矶县空气质量小幅改善的事实）。G指数平均水平总体上升2.30%，会带来臭氧污染9.4%的改善。然而，在评估CAAA对个别家庭的影响时，有必要考虑到一个事实，即享乐设施的空间分布发生变化时家庭将迁移。最后两列的结果考虑了这些迁移，并给出了相较于没有实施CAAA的区位均衡，在实施CAAA后的区位均衡下，个体实际和预测到的价格和G指数的变化（即说明了对于在两个不同区位均衡下的家庭将选择不同区位而带来的重新定位）。在实施CAAA后的区位均衡下，家庭通常倾向于通过排序从最初的洛杉矶社区迁出并进入舒适性指数稍微增加（2.00%与2.30%）和价格降幅稍大的社区（0.60%

与 0.20%）。在某些情况下，排序的影响可以是相当大的。例如，平均而言，这一分析预测那些最初住在文图拉县的家庭遭遇的公共物品变化是该县平均家庭的 4 倍。

表 7 - 1　　　　　　　　　　　西格等（2004）的研究结果

县（郡）	最初的位置			排序后位置	
	Δozone（%）	Δprice（%）	ΔGindex（%）	Δprice（%）	ΔGindex（%）
洛杉矶	9.40	-0.20	2.3	-0.6	2.00
文图拉	9.40	-2.60	0.40	-1.20	1.60
橙县	10.60	1.60	1.10	1.00	1.50
圣贝纳迪诺	14.30	2.90	5.40	2.80	5.30
河滨	18.30	5.90	7.60	6.30	8.00

对于给定政策下的福利分配，这些差异是非常重要的。例如在这个例子中，局部均衡估计文图拉县的家庭愿意为空气质量改善每年平均支付为 21 美元，而在一般均衡估计中，即考虑重新定位的情况下，他们每年将愿意支付 539 美元。表 7 - 1 还强调了评估环境改善的价格效应时相对改善的重要性。虽然所有县都经历了空气质量的改善，但是，因为那些改进较低的县变得相对缺乏吸引力，它们新的均衡预测价格会下降[⑨]。需要特别注意的是，本研究认为洛杉矶是一个封闭的经济体，且总体上地方空气质量的改善没有促进区域人口的增长。未来我们可以在一个统一的框架下对大都市区和大都市区域之间的选择进行研究。在一个开放的经济体中，很可能会出现即使是那些在空气质量最低的地区仍有加快经济增长速度的情况。

最近的另外两个研究也把空气污染纳入了区位均衡模型中。特拉（Tra，2010）利用随机效用模型（RUM）方法，它结合水平差异分析了空气污染变化对洛杉矶都市区的影响。RUM 方法使用的是随机系数框架，允许单个家庭对享乐设施指数的各个元素赋予不同的权重，包括对特定区位的特殊偏好。特拉的结果和西格等的基本一致。拜尔等（Bayer et al.，2011）结合臭氧污染、犯罪率和种族建立了一个动态随机效用模型，他利用旧金山湾区的数据进行模型估计。他发现平均而言，家庭住户愿意花费 295 美元用来减少 10% 的臭氧

⑨　尽管这些相对变化在 Sieg 等（2004）中没有报告，但是我们也可以预期其与县间收入群的变化相关联，而这些处于县平均收入水平的家庭将面临最大的改善。

含量超过国家标准的天数。

应用这样的结构方法来研究评估发展中国家的城市空气污染是非常有价值的。在发展中国家，中国和印度的城市拥有极高的空气污染水平，而这些城市中的空气污染存在实质性的差异。郑和卡恩（Zheng and Kahn, 2008）对北京2004~2006年新住房公寓每平方英尺的价格与特征地产价格进行了回归估计分析。在控制大量公寓和邻里属性的情况下，他们的估计结果显示，地方房价减少0.5%将会使每立方米的PH10增加一微克。

未来研究中一个会产生潜在丰富成果的领域将是城市污染的空间分布问题。如今，小型颗粒物引起了环境监管者的更大关注，如PM2.5。大气化学研究证明，"热点"存在于连接城市的快速公路附近，如洛杉矶就是这样（Hu et al., 2009）。如果政府管制能够减少这种污染，就会产生重要的经济影响。由于城市快速公路附近出现的小型颗粒物质问题，这对附近的承租人有益吗？或者说他们所面临的定价将不再是先前所支付的社区价格吗？如果富人入住这些地方，那么西格等（2004）在文中所提出的下层住房高档化的形式将会重演，以至于公共物品改善的主要赢家会变成地方的土地所有者吗？

一些城市继续包括租金控制和租金稳定计划。例如，在加利福尼亚的15个城市实行租金管制，其中包括洛杉矶和旧金山[10]。这些计划内的项目租金的定价一般不超出高档住房区的价格水平。此外，各大城市的开发商经常被要求留出一个给定的份额出售给低收入家庭，如20%的新住房单元。从这个意义上讲，地方政府的积极住房政策和环境动态相互作用，导致低收入群体中一小部分享受着便利设施改善带来的好处，他们也没有遇到租金大幅上涨的现象。

7.2.1.2 开放空间保护

在美国，许多地方政府都纷纷引入公共资金购买开放空间发展权，其目的是为了保护这些开放空间的娱乐性和审美特征（Kotchen and Powers, 2006; Banzhaf et al., 2010），这些获得补贴而进行休耕的土地将影响大都市区经济发展的空间格局。

一些研究者已经认识到开放空间在决定城市空间结构中所发挥的作用。这些研究文献本质上是理论性的，而且主要是单中心形式的区位均衡。吴和普兰廷卡（Wu and Plantinga, 2003）将开放空间纳入单中心城市模型中，并发现对城市边缘的土地保护将推动其"跨越式"发展，因为新的保护开放空间远

---

[10] http://www.dca.ca.gov/publications/l 和 lordbook/appendix2.shtml。

离市中心，其享乐设施水平的提高增强该地区的吸引力。特纳（Turner，2005）进一步把开放空间纳入包含城市和郊区的动态模型中。他发现由于开放空间享乐设施的存在，更多偏远地区反而先于中心地区得到发展。紧接着，布吕克纳（Brueckner，2000）指出关于开放空间条款中可能存在的市场失灵问题，本托等（Bento，2006）构建了一个可计算城市边缘空地价值的单中心城市模型。在这个模型中，由于私人开发商没有考虑现有城市居民因离边缘区开放空间距离的增加导致体验效用下降，所以可能出现无效率的大都市区。

在经验方面，有两篇文章在区位均衡框架下考虑到了开放空间保护和/或土地管制问题。沃尔什（2007）拓展了埃普尔和西格（1999）提出的经验研究方法，从结构上建立了包含开放空间和住房市场的北卡罗来纳州韦克县在内的区位均衡模型。该模型包括多个就业中心和两种类型的开放空间（公有的和私有的）。在模型的模拟仿真中采用反事实方法，这包含了私人持有开放空间的内生属性——在模型中基本上是看作剩余土地使用。该研究的一个重要发现是：对给定区域实行开放空间的公共保护，可能会造成街区的整体（公有 + 私有）开放空间供给下降，因为新公共用地带来的享乐设施的吸引力加速了开放空间私人持有者的转变。

第二个具有显著影响的经验分析是切希尔和谢泼德（Cheshire and Sheppard，2006）。他们利用英国雷丁市（the city of Reading）的数据并将其标准化，使用特征价格方法来估算"规划体系下提供的便利设施"的影子价格，并将估算结果纳入经过改进的单中心城市模型。接下来，假定在没有城市规划措施——即没有规划法和开放空间的存在——的反事实结果下，同时假定工业活动均匀分布，该模型通过家庭支出函数的改变来计算这些规划措施所带来的货币价值。在传统的城市模型框架下，切希尔和谢泼德将隐含性加入了一般均衡模型进行了调整和分析。他们的结果表明，规划活动的净损失可能高达年收入的 3.9%，而在这些规划措施中，开放空间提供的正面影响最大。

在另一篇相似的文献中，特纳等（Turner，2014）创新性的使用简化形式方法来评估土地使用规章制度对未开发土地价格的影响。两者的区别主要有 3 个地方："自我效应"（own lot effect），衡量的是自身受土地管制的价格影响；"外部效应"，指的是邻近土地利用管制的价格冲击；供给效应，这源于土地使用法规通过减少开发土地的供给影响均衡价格。他们发现，土地利用规章制度每增加一标准差的冲击将带来土地价值减少 1/3。同时，他们把这种自身影响和外部效应造成的可发展区域土地价格 2% ~ 3% 的减少归因于残差。

最后，我们注意到了大量关于享乐主义的文献，表明开放空间便利设施的使用会带来住房价格上涨。麦康内尔和沃尔斯（Mc Connell and Walls，2005）回顾了近 40 篇使用享乐主义方法评估开放空间资本化的住房价格文献。他们记录的开放空间资本化的各种便利设施包括：一般的开放空间，公园和自然区域；城市周围的绿色地带；城市/郊区的自然保护区；以及农业用地。

7.2.1.3 超级基金、棕色地带和工业用地修复

超过一个多世纪的制造业发展，留给美国城市的遗产是大量过去的工业用地遗址。这些区域遭受有毒物质排放的危害，且土地和周围的水资源受到严重的局部污染（Sigman，2001）。有毒物质最严重的遗址已被列入了国家重点名单（NPL），同时美国环境保护署通过了联邦超级基金计划，把这些区域定为清理目标。1982 年，最初有 400 个地方列入了国家重点名单，目前该名单中的遗址已超过了 1 300 个（US GAO，2013）。然而，这些列入的工业用地仅仅是冰山一角。美国政府审计办公室估计，在美国还有约 450 000 个类似遗址以及 1 000 000 个棕色地带的存在。尽管 NPL 中的区域并不都释放有毒物质，但是这些地区的再开发或潜在有害废弃物的再利用是非常复杂的，它们或者废弃，或者不再使用。大量文献表明，住房价值与到 NPL 的距离是负相关的（See Kiel，1995；Kiel and Williams，2007）[11]。

若对有毒工业遗址进行清理，城市形态和房地产价格的空间分布将会发生什么变化呢？最近两篇文献对该问题做了研究。格林斯通和加拉格尔（Greenstone and Gallagher，2008）就调查片区中位家庭住房估价对 NPL 工业遗址清理的反应进行了检验。他们把首次列入 NPL 的 400 个污染废弃物遗址周边房价上涨情况，与其他 290 个几乎列入 NPL 超级基金计划清理区周边房价变化进行了比较。格林斯通和加拉格尔使用的是含有工具变量（IV）断点回归设计的估计方法。运用此方法是基于以下事实：尽管这里的 690 个工业遗址区中每个区域都有一个得分指数，代表他们清理的优先顺序，但是基于中介机构预测的其能够支付费用进行清理的 400 个遗址区，EPA 随后仲裁的在列表中设定了一个得分排序的分割点。在他们的主要结果等式中涉及到，在住房普查价格变化中该遗址是否为列入 NPL：

$$\Delta \text{Median census tract home price} = \alpha * X + \beta * \text{NPL site} + \varepsilon \qquad (7.3)$$

格林斯通和加拉格尔对列入 NPL 遗址使用虚拟变量。其中，如果该地的污染废弃物得分指数超过基准线 28.5 则设定为 1，否则为 0。

在该研究设计的基础之上，格林斯通和加拉格尔得出的结论为，超级基金

---

[11] 这些研究结果的总结可以见 Sigman 和 Stafford（2011）。

计划中的得分排序几乎对地方的平均住房价格没有影响。最近，甘伯－罗宾德拉和蒂明斯（Gamper－Rabindran and Timmins，2013）再一次对格林斯通和加拉格尔的结果进行检验，结果发现污染废弃物清理对住房价格存在积极影响。两个结果存在差异主要原因是，尽管格林斯通和加拉格尔评估了遗址列入超级基金清理计划的影响，但是甘伯—罗宾德拉和蒂明斯关注的是从 NPL 中删除后的那些遗址区，这些区域实际上是在完成清理计划后才被删除的。因此，格林斯通和加拉格尔测量的是一个工业遗址区被列入 NPL 同时未来可能被清理的这些信息所带来的影响，而甘伯—罗宾德拉和蒂明斯衡量的这些区域实际完成清理后的影响。截至 2014 年 8 月，已有 1 318 个遗址区被列入 NPL 名单，同时也有 383 个遗址区已从名单中删除[12]。这些数据表明，并不是所有列入的遗址区都已被清理，这就提出了一个预期问题，即在未来这些区域是否会被清理、什么时候开始实际清理。购房者可能对这些随机变量有着不同的预期，这也将影响他们对此类遗址区周围的住房出价。

甘伯－罗宾德拉和蒂明斯同时还指出，使用调查区层次的数据可能会隐藏片区内各区域接触污染程度的重要差异。他们的结果显示，污染物清理对区内住房价格分布的较低部分产生更大的影响，而使用的住房数据显示，在受污染影响的调查区内，相对便宜的住房往往靠近 NPL 遗址。

当然，学术界对毒性较低的棕色地带也有研究。最近的三篇文献值得关注。柯里等（即将出版）使用的是 1998～2005 年德克萨斯州、新泽西州、宾夕法尼亚州、密歇根州和佛罗里达州地理编码的住房销售数据，这些数据来自于有毒物质排放清单（Toxics Release Inventory），用来识别有毒气体排放设施，同时他们使用纵向商业数据库（Longitudinal Business Database）的微观数据来识别这些有毒工厂的开张和关闭。他们的研究检验了 1 600 个释放有毒污染的工业厂房的开张和关闭对住房市场和居民健康的影响。结果表明当工厂开张时，一英里内住房价值下降 1.5%；当工厂关闭时，则上升 1.5%。

第二篇值得注意的是泰勒等（Taylor，2012），他们研究了明尼阿波利斯市的 105 个工业遗址区，这些地区大部分都位于城市中心。该文献的一个创新点在于他们研究了清洁工业遗址和有毒污染排放工业遗址的差异，并指出某些特定受污染遗址与一般工商业遗址存在空间上的高度相关性。所以他们认为控制这一类潜在混合因素特别重要。文中结果表明，临近待清洁商业遗址（在 0.3 英里以内），约降低房产价值的 4.5%～5.5%，其中环境污染增加了该负面影响 2.5%～3%。他们发现，一旦这些场所被修复，污染的负面影响将不

---

⑫　见 http：//www.epa.gov/superfund/sites/npl/。

复存在。

第三篇是汉因格等（Haninger，2014）评估了美国为修复棕色地带给予奖励的 EPA 棕地项目，他们利用了一系列的识别策略来评估 327 个被提名清理的棕色地带——其中 197 个棕色地带的清理被给予奖励，而另外 130 个没有。他们利用非参数估计方法确定清洁处理的门槛值为 2 040 米，并估计了清理范围从 5% ~32% 的价格效应。

最近的一篇文献综述论证了接近棕色地带和污染地的相关价格效应是存在的。这些价格效应间接表明了家庭面对这些不愉悦事物所进行的排序行为。然而，从区位均衡框架的视角来看，人们更想看到的是对这种排序行为的直接检验。班兹哈夫和麦克·考梅克（Banzhaf and Mc Cormick，2006）和努南（Noonan，2005）对已有文献做了一个总结。这些文献从联合基督教会（United Church of Christ，1987）开始，大多数研究中都指出了危害性设施与低收入群体/弱势群体之间具有相关性。

然而，鲜有研究探索这种个体的排序行为——反而是从环境正义的角度出发，重点关注种族/弱势群体和污染之间相关关系，进而观察选址决策行为。少数研究者考虑到了有毒废物设施的使用和去除带来的人口变化，但是他们的研究结论不一致[13]。当然，城市的政治领导者是否会把有害设施定位于弱势群体居住社区，或者穷人和弱势群体是否会选择居住在接近类似设施的区域，这仍然是一个悬而未决的问题。

最近的享乐研究发现，那些有毒性区域的清理会带来该地区房价上涨，突出了这些社区可能出现的下层住房高档化趋势。因此从经济上的影响来说，这些区域的土地所有者将会是最大受益方。但是此类享乐研究既没有对社会福利进行重新估计，也没有证明人口密度会随着时间而变化。随着位于城市中心区域位置最好一块的有毒性用地修复后，这很可能推动这个区域的人口密度增加。从这个意义上来说，在美国许多城市中，中心城市土地的再利用有助于中心城市重新释放活力。

7.2.2 中心城市生活质量的改善

近年来，中心城市生活质量的显著改善导致若干趋势，包括中心城市犯罪率的下降（Schwartz et al.，2003；Levitt，2004）；城市空气质量的改善（如前

---

[13] 例如，Been（1994），Been 和 Gupta（1997），Wolverton（2009），和 Cameron 和 McConnaha（2006）。

面讨论的；Kahn and Schwartz，2008；Wolff，2014）；通往市中心载人轨道交通系统数十亿美元的投资（Baum - Snow and Kahn，2005；Kahn，2007）；国家清洁河流和水道的大量投资；修建自行车车道和城市公园，如罗斯·肯尼迪绿道（Tajima，2003）。

同时，也出现了新兴的人口发展分布趋势，如更多的女性参与劳动从而推迟结婚和拥有较少的孩子。这样的家庭也不需要居住在学校集中的郊区。在制造业的就业分配开始萎缩的情况下，更多的人将会选择进入高新技术服务业，而这些产业就得益于市中心的地理区位。此外，这些产业雇用了大量的高学历人才。这些趋势进一步加强了中心商务区的建设和繁荣。

市中心环境的改善，很可能在中心城市复兴的过程中发挥关键作用。尽管很难分解出某一特定因素的个体效应，但是上述影响因素的合力强化了中心城市的复兴，也刺激了私人开发商在新城区房地产项目投资数十亿美元。这些投资的净效应是引导越来越多的年轻人（尤其是年轻人和孩子离开家的老年人）愿意居住在市中心。在高享乐设施的中心城市，如纽约和巴黎，富人就选择居住在市中心（Brueckner et al.，1999；Brueckner and Rosenthal，2009）。

已有学者（Glaeser and Shapiro，2003；Glaeser and Gottlieb，2006）对中心城市的复兴做了详细研究，而且可能继续深入。越来越多的市长选择优先重塑市中心，重点是美观，并且倡导促进滨水区旅游业的发展（见 Carlino and Saiz，2008）。从芝加哥到上海再到首尔，都是很好的例子。随着中心城市生活质量的改善，其房地产价格也在上升。比较 1970 年曼哈顿惨淡的房地产价格和 2012 年迈克·布隆伯格为市长时曼哈顿的房地产价格，就会发现这一现象。随着中心城市房价提高，房产税也不断上升，城市领导者就有更多的财力资助他们看好的清洁环保项目。这绝非偶然，纽约市长关注城市狗类粪便排放法律的实行、自行车道的提供以及禁烟条例的实施。在犯罪率急剧下降的情况下，居民进行户外活动的一项内容就是清洁空气和维护街道安全。

中心城市生活质量的提高引发了下层住房高档化的趋势，反过来又触发了私人部门的投资升级以及更好餐馆和零售商店的提供（Waldfogel，2008）。因此，对提供有机产品高档超市进行地区性分布，是不足为奇的（见 Meltzer and Schuetz，2012），如全食超市。

当然，这种都市生活需求是否会导致数百万人最终选择居住在市中心，关键在于市中心的住房供给弹性。如格拉泽等（Glaeser，2006）和捷尔科和莫洛伊（Gyourko and Molloy，2015）就强调建造更多住房的商业挑战。卡恩（Kahn，2011）使用加利福尼亚州各城市的数据分析发现，越自由的城市越不大可能颁发新的住房许可证。在他们对马萨诸塞州城市的研究中，格拉泽和沃德

（Glaeser and Ward，2009）的研究结论发现，在 1940 年那些拥有更多制造业和少数民族的城市，同样伴有较小的最低地块规模。如果中心城区环境质量得到改善，但是住房供给是高度缺乏弹性的，那么这些住房需求仅仅是转化为市中心更高的房价，只有富人居住在这些区域。上述命题值得正在进行城市化的世界各国进行研究。布吕克纳和斯里达尔（Brueckner and Sridhar，2012）发现，印度城市建筑高度限制了郊区的发展，而高楼比例大的城市将会更加紧凑。

7.3　大都市区内家庭和厂商区位选择加剧全局外部性

上述均衡分类排序模型和享乐模型重点讨论的是影响特定区位选择的需求因素，如较少的空气污染、较短的通勤时间或者便利的学校可得性。家庭将对住房价格和这些属性进行权衡，他们愿意为具有上述属性的住房支付更高价格。然而，均衡排序模型通常忽略了特定家庭区位选择对污染形成的影响，例如，如果一个家庭选择接近公共交通的区位，其可能更倾向于使用公共交通，而减少私家车的使用（Baum - Snow and Kahn，2005）。总的来说，这样的区位选择会减少城市碳足迹，并有助于减少气候变化的风险，即使每个家庭在总的温室气体排放中占较小的份额。

不同于局部环境产品，温室气体排放带来城市碳足迹的上升，不会对不同城市地区的相对吸引力产生任何直接影响，因此研究者运用这类拓展模型测量不同城市空间结构对温室气体排放的影响，将面临很大挑战。

大众媒体的标准说法是，郊区化提高了车辆的使用和电力能源的消耗。这样的因果关系源自于标准的单中心城市模型。郊区家庭远离 CBD 就业区和公共交通路线，导致这些家庭驾驶距离更远。由于土地价格随到 CBD 的距离而递减，因此郊区居民往往会选择一个较大的住房，该住房的功能消耗更多电力，如空调和休闲。这样的郊区居民远离公共交通，因而更可能选择在郊区工作。总之，这些事实表明，他们与居住市中心相比将消耗更多的电力能源。如果车辆燃料为汽油，而家庭电力是由煤和天然气提供，这些活动也带来额外温室气体的产生。

从福利政策的角度来看，上述讨论结果取决于价格机制失灵以及能源消耗和生产的外部性未发挥作用。例如，据帕里和斯莫尔（Parry and Small，2005）估计，若要使得美国汽油消耗外部性内在化，需提高汽油税 1 美元[14]。在这类

---

[14]　Davis（2011）和 Muller 等（2011）定量化了燃煤动力工厂的外部性效应。

税收存在的情况下，郊区居民才可能购买更多的高效节能车辆，同时郊区化的碳外部性才会减少。这个例子强调的是郊区化研究中的社会成本，实际上主要指的是家庭和企业的社会成本在次优领域的扩扩展，而不需要承担自己行为的社会成本。一个关键启示在于，任何关于郊区化外部性的经验研究必须考虑到关键决策者所面临的动态碳定价制度。

温室气体郊区化趋势的影响，取决于家庭用电需求和私家车燃料技术的使用。如今，煤炭和天然气提供了大量的电力，但仍有大量私家车的动力燃料为汽油，这对碳排放产生了很大影响。在未来，如果有更多的家庭拥有太阳能燃料电动汽车，那么美国郊区化居住和就业的碳影响会急剧减少，当然，如何快速推进关于太阳能和电动汽车的广泛扩散是，这一研究前沿仍然尚未解决。

7.3.1　郊区化与家庭能源消费因果关系的检验

典型的研究设计是通过 OLS 回归法（等式 7.4）来验证郊区化造成家庭温室气体排放量增加的假说。在这个等式中，关键的解释变量是可观察变量，分别是家庭到市中心的距离和居住区的人口密度：

$$\mathrm{GHG}_{ijk} = \sum_q \gamma_q X_i^q + \sum_a \theta_a V_j^a + \sum_c \beta_c Z_k^c + \varepsilon_k \tag{7.4}$$

在这个回归分析中，被解释变量是居住在大都市区 j 地块 k 的家庭 i 的温室气体排放量。这个变量由家庭每年汽油消耗、国内化石燃料消耗（如天然气、石油）、电力消耗以及电力设施的碳排放因子所构成（见 Glaeser and Kahn，2010），X_i^q 指的是家庭 i 的个体特征 q，它包括一些家庭的标准属性特征，如家庭收入、住房面积、年龄结构和家庭大小。Z_k^c 表示地块 k 的特征值，例如家庭所在区域的人口密度及其到市中心的几何距离。最后的一系列变量指的是大都市区（MSA）j 属性值 a，由 V_j^a 表示。

OLS 回归估计该等式产生自我选择的问题[15]。因为家庭并不是随机地分配居住区，所以应该值得关注的是，所挑选群体究竟是愿意选择居住在郊区还是市中心。在本部分开始，我们提出了一个住房区位选择模型。这个模型并没有明确包括人们选择居住在大都市区域内所引发的集约边际变化。假设某个家庭享受驾驶，那么他更可能选择居住在远离工作地和购物中心的郊区。如果计量

---

[15]　最近的研究试图量化有关地理区位差异的碳强度变化。Glaeser 和 Kahn（2010），Holian 和 Kahn（2013），和 Lee 和 Lee（2014）估计了城人口密度和交通温室气体排放的关系。Zheng 等（2011）量化了中国城市的碳足迹效应。VandeWeghe 和 Kennedy（2007）比较了人多伦多和加拿大较大的人口普查区的人均汽车拥有量和建筑相关的温室气体排放量。他们发现在最大碳排放密集区（典型是郊区）和最少碳密集排放区（典型是城市）之间，温室气体的排放量超 4 倍。

经济学家忽视了这个自我选择过程，这可能导致基于等式（7.4）的有偏估计，因为距离与家庭某种未被关注的属性存在相关性。使用 OLS 回归的研究者必须承认的是，像地方教学质量或住房需求等其他因素也是区位选择的重要变量，但是这些变量与交通是独立的。生活在接近市中心的高密度人口区会带来个人能源消耗的减少么（即处理效应）？或者，那些从人口中精选的小群体会选择居住在城市中心吗？这种抽样效应可能源自于人口异质性，如倾向于低碳生活方式的人对空间需求较少，更倾向于选择公共交通和步行[⑯]。

应用经济学家已经认识到了这一挑战，并试图利用纵向研究设计以取得进展。许多规划师声称，当人们居住在市中心时他们步行锻炼更加频繁。艾德等（Eid et al.，2008）使用 1979 年全国青年纵向调查（National Longitudinal Survey of Youth）的地理编码数据，这些数据跟踪每个人随时间推移的住房地址、重量和其他个人特征的变化。他们指出，在样本研究期间内，79% 的人至少搬迁一次。然后他们通过一阶差分处理个体效应，并集中测量局部邻里属性与个人身体质量指数（BMI）之间的关系。当然，这种联系因一些家庭移居到了城市中心或者相反而具有可测量性[⑰]。最终他们的检验结果拒绝郊区化会提高肥胖水平的假设。

随机田野实验设计将提供一种更清晰的方式来解决这种选择的处理效应。假定公共住房随机分布在城市的不同社区，那些参加公共住房登记的住户将随机分配到他们的居住地。研究人员关注这些分组人口，研究这些个体的交通行为模式，并建立城市形态和汽车使用的因果关系。然而，这些研究者面临的最大挑战是，这些基于子群体的研究结论是否能够推广到其他群体[⑱]。

这一研究领域的现状是，尽管少量文献强调城市结构和能源消费之间因果关系的识别策略，但仍然有待进一步解决，在发达和发展中国家都值得进一步研究。

7.3.2　郊区化和碳政治

那些高碳生活方式的城市居民，可能会意识到这一问题而反对碳税政策，

---

⑯　这种环境主义的原因仍然是一个开放的研究问题。父母文化和价值观传播的同群效应文献为研究这一问题提供了可能的途径（Becker，1976；Bowles，1998；Iannaccone，1998）。

⑰　当然，作者没有在模型中指出为什么人们会跨地域移动，因此他们隐含的假定为，BMI 变化的迁移决策影响因素和不可观测因素是不相关的。

⑱　作为一个例子，美国住房计划和城市发展的"向机会靠拢"（MTO）引入随机抽奖活动，在该活动中，低收入家庭如果"赢得"抽奖，将可以领取凭证搬到低贫困区域。该试验设计允许研究者研究家庭迁移到一个远离公共交通和城市中心的区域，他们拥有一辆汽车的概率是否会增加。在这种情况下，自然对照组是其他符合 MTO 资格且未赢得抽奖的家庭（Ludwig et al.，2011）。

因为这将带来电力和汽油价格的上涨。例如，克拉格等（Cragg et al.，2013）指出，美国 2009 年清洁能源和安全法案的国会代表的投票与他们区域人均碳排放量呈正相关关系。霍里安和卡恩（Holian and Kahn，2014）表明，居住在加州郊区的选民更加不可能支持国家具有里程碑意义的 AB32 法。加州的 AB32 法要求该州 2020~2050 年最大程度减少温室气体的排放，其中还包括新二氧化碳限额交易的新法规[19]。2010 年，加州选民有机会通过投票支持 23 项议题而废除 AB32 法。这些投票结果为研究者对选区数据的地理空间分布特征进行研究提供便利。霍里安和卡恩（2014）发现，在控制居住在市中心的自由选民的情况下，郊区选民对总量控制和排放交易更可能持反对态度。这个有趣的发现表明了郊区选民的利己主义行为，他们认为碳税政策的存在将使得经常性开支增加。居住在市中心的选民意识到他们居住在小公寓，主要使用公共交通。所以，通过对这些因素的考量，如果实行碳政策他们将面临较低的碳排放支付。2010 年的投票数据证实这一选民空间格局分布的假说。

美国大都市区的工作地点大部分都在郊区。格拉泽和卡恩（Glaeser and Kahn，2001）使用了邮区层次的就业数据为这种跨城市和产业分布形式提供了经验证明。随着道路网的改善和土地价格的上涨，就业也开始郊区化。信息技术进步允许企业碎片化，这减少了它们对不动产的需求，只有那些需要和其他企业面对面交流的工作者留在市中心地区。

居住和工作在郊区的居民一般不使用公共交通。基于这一事实，他们更不可能支持诸如改善公共交通这样的公共政策。这一事实有助于解释在过去的几十年中，为什么超过 16 个大城市致力于城市轨道交通重大投资，但只有波士顿和华盛顿的公共交通系统乘客人数较多（Baum - Snow and Kahn，2005）。

随着世界城市化进程的加快，以及新道路的建设和家庭收入的增长，人口分布的去中心化日益明显。虽然环境经济学家强调相对于预付成本而言，碳税政策的施行可能长期福利效应更大，但是他们忽略了选民的区域分布及其对税收产生的新影响。世界范围的郊区化趋势是否会影响全球碳协议的出现，这是未来一个重要的研究课题。

7.4　城市体系中的环境享乐设施

在目前研究进展中，部分学者的关注点是城市间环境优美设施如何影响城

---

[19]　http：//www. arb. ca. gov/cc/ab32/ab32. htm.

市间工人和企业的竞争，在本节中我们对此加以概览。我们分析一些城市环境改善的成因（污染排放的演变），同时试图理解该变化对异质性工人（不同的人力资本）和相应企业的影响。

存在一些大量截面数据视角下的城市间补偿性工资差异的文献，使用罗森/罗巴克的核心模型结构来估计享乐工资和非市场商品对房地产的影响。城市间生活质量的经典罗森/罗巴克模型的隐含假设为，空间固定属性是外生决定的，且不随时间改变。目前，关于不同城市非市场性生活质量的相关文献，大多都是估计截面在某个时间点的特征均衡，属于静态研究（Graves and Linneman，1979；Blomquist et al.，1988；Gyourko and Tracy，1991；Albouy，2008）。此类研究对了解城市边际移民非市场性商品的综合价格指数很有帮助，也可利用其来构造拉氏价格指数，该指数主要反映消费固定的非市场性地方享乐设施的必要支出（如应对气候变化的设施）（Cragg and Kahn，1999；Costa and Kahn，2003）。当然，如果家庭面对不同的城市间迁移成本，以及他们对地方公共物品的偏好存在显著差异时，上述方法不能提供很多有用信息。此时，享乐价格的梯度变化表示边缘流动人口愿意花钱支付地方地方公共物品，同时这些估计可能揭示的仅仅是那些远离边缘区的家庭的部分偏好（Bayer et al.，2009）[20]。

7.4.1 城市间家庭区位选择模型

本部分修改了7.3中的区位选择模型，对环境质量以及家庭和企业异质性的城市间排序问题展开讨论。这里的城市间家庭区位选择模型基于拜尔等（Bayer et al.，2009）。在某一时间点，某家庭位于特定的大都市区 $j \in J$，其必须决定现在是否迁移；就人力资本禀赋而言，每个家庭不同，并且每个家庭可以预期在潜在区位的收入和房价。此外，家庭意识到他们的迁移存在成本，但将享有特定的区位属性 G。就像前文提出的城市内区位选择模型一样，这些属性包括环境属性，如气候条件、邻近海岸和地方环境质量。最后，我们假定每个家庭可能选择的不同区位 ϵ_{ij} 存在一特殊偏好冲击（误差项）。为简单起见，我们假设一个线性的间接效用函数，因此原来位于社区 j 的家庭 i 若选择社区 k，

---

⑳　例如，假定一个现在能赚取100 000美元的芝加哥居民在旧金山能赚取140 000美元。同时，两地区住房单位大小一致，这个芝加哥居民目前支付20 000美元的租金，但是在旧金山相同的住房他将支付120 000美元。扣除联邦和地方税收后，如果他从芝加哥迁移至旧金山，他将牺牲了60 000美元的个人消费。如果我们能观察其迁移行为，那将有一个更低意愿的支付约束，他愿意为旧金山享乐设施支付超过芝加哥享乐设施的部分为60 000美元。注意，这个例子中迁移成本为0，且使用是经过潜在调整的住房消费水平。假设由于家庭原因，这个人迁移至旧金山面临250 000美元的迁移成本，如果计量经济学家没有观察到此成本，那么他们看到的是其仍然会选择留在芝加哥，从而推断他并不重视旧金山的享乐设施。

其效用如式（7.5）：

$$V_i^{jk} = \beta * \text{Income}_{ik} - \gamma * \text{Price}_k + \Gamma(D_i, v_i) * G_k - \delta * \text{Moving costs}_i^{jk} + \epsilon_{ik} \quad (7.5)$$

在式 7.5 中，如果 $j=k$，则迁移成本为 0。$\Gamma(.)$ 代表的是关于享乐设施（基于人口特征向量，D_i）的系统异质性和随机系数带来的特殊偏好冲击 v_i。通常模型中包含 D_i 和 Γ 是为了反映这一人口统计特征，即不同教育水平的家庭拥有不同环境质量偏好（Kahn，2002）[21]。

在识别初始居住地为 j 的家庭 i 最终选择区位 k 的概率的过程中，假设 logit 误差项能够分解其中隐含的高阶问题，并最终分解为式（7.6）中我们熟悉的 logit 概率表达形式：

$$\text{Probability}_i^{jk} = \frac{e^{\beta * \text{Income}_{ik} - \gamma * \text{Price}_k + \Gamma(D_i, v_i) * G_k - \delta * \text{Moving costs}_i^{jk}}}{\sum_{l \epsilon J} e^{\beta * \text{Income}_{il} - \gamma * \text{Price}_l + \Gamma(D_i, v_i) * G_l - \delta * \text{Moving costs}_i^{jl}}} \quad (7.6)$$

应用上述等式的经验研究有几点值得讨论的地方。首先，决策制定者和计量经济学家之间存在信息不对称的问题。计量经济学家必须估算出这些家庭在每个地方本地劳动市场的所得。尽管不难通过每户家庭在不同城市（如波士顿、休斯敦）所支付的房价来估算土地租金价格，但是诸如当使用已经住在休斯敦的大学毕业生的薪水来估计正准备迁移到该城市的芝加哥人的工资水平，就会产生自我选择问题。为了避免这类问题，研究者必须假定没有未观测的技能，或者城市间技能要素价格相等（Heckman and Scheinkman，1987）。

本部分城市间家庭区位选择模型的一个关键创新点是迁移成本的引入。引入该成本意味着迁移是一种投资，具有前瞻性的迁移者也能对迁移区随时间变化的收入和享乐设施形成自己的预期。固定成本在现代经济中尤为重要，其中的老龄化人口逐渐获得特定区位的社会资本（Glaeser et al.，2002）。在这种情况下，享乐价格差异可能大幅低估了依赖于以谁为临界家庭的享乐设施的边际价值（Bayer et al.，2009）。

假定存在正的迁移成本，拜尔（2009）基于该模型使用迁移数据重新估计了家庭对空气质量改善的边际支付意愿。他们发现，标准的特征分析方法大大低估了家庭对洁净空气和地方其他享乐设施的边际支付意愿，因为边缘家庭尽管追求这些享乐设施，但必须面对高的迁移成本。所以，享乐价格的梯度变化包含家庭对地方享乐设施边际价值评估的有偏信息。在他们的模型应用中指出，这种有偏信息是因为家庭离开他们所在州和/或出生地面临的高迁移成本。大部分美国市民出生在污染水平相对高的区域，拜尔等表示，这并不能说明这些区域的出生地附属关系会给家庭洁净空气的边际支付意愿的估计带来向下

---

[21]　这里所说的偏好并不满足 7.3 中的单交性，将收入加到 Γ 函数中是处理该问题的一种方法。

偏差。

在迁移成本面前，前瞻性家庭住户会考虑到当期的区位享乐设施，同时也预期潜在移居城市的享乐设施水平（See Bishop and Murphy，2011；Bishop，2012）。毕晓普（Bishop，2012）假设犯罪和空气污染的区位属性服从 AR(1) 过程，并且他还运用对特定城市的该过程估计来预测其未来的享乐设施价值。城市的受污染区域有望随着时间而改善，因而现在的享乐设施价值低估了未来的进展。例如，如果 AR(1) 过程是均值回归，那么经济主体将预期随时间推移那些相对高污染的区域会最终改善到均值水平，然而计量经济学估计的是静态模型，并未包含这些动态过程，因此低估了家庭对享乐设施的边际支付意愿。这种有偏性源于计量经济学家观测到目前人们迁移到高污染水平区域，由此推测他们在区位选择中不是优先考虑避免污染。事实上这些家庭的经济决策是，他们预期到长时间内该区位会最终回归到较低污染水平。

7.4.2　城市间地方公共物品供给差异模型

环境和城市经济学家并没有明确 G 指数是如何产生，以及谁正在进行其的"生产"。该观点隐含的意思是，地方公共物品要么是外生的，要么是通过经济活动产生的一种非预期性附属产品。

例如在卡恩（Kahn，1999）或利维特（Levitt，2004）的文中，研究者采取了一种简化方法，即通过一系列样本观测值简单回归测量享乐设施水平（如污染或者犯罪），并组成区位的地方公共物品向量：

$$G_{jt} = f(X_{jt}, Z_t) \tag{7.7}$$

在这个等式中，G 代表的是城市地方公共物品向量，X 表示特定区域内人口和工业的向量，Z 表示国家施行的政策。这一简化形式的等式代表地方公共物品供给，其中包括很多环境属性，突出了城市经济学与产业组织的关键不同。

从罗森（Rosen，1974；2002）开始，城市经济学家把区位视为差异化产品，其属性位于某一特征空间中。从这种意义上来说，城市经济学和产业组织联系紧密。在现代关于 IO 的研究文献中，那些盈利的产品销售人员选择将一些东西与产品捆绑销售（如汽车或者航天飞机的游玩设施）以获得更多收益（Berry et al.，1995；Blonigen et al.，2013）。环境和城市经济学与产业组织的主要区别在于，房地产商不会有意识的选择所有地方公共物品，转化成一种特定的资产。相反，如洁净空气和水资源等公共物品，某一区域内产业和人口分布以及该区域内这种经济行为的日常活动，这些都是管制下所涌现出来的主要特征。

戴蒙德（Diamond，2012）引入了一个更直接的简化形式的内生享乐设施模型，模型假设特定城市的内生享乐设施是城市大学毕业生所占比重的增函数。两者的这种关系可能既反映了选择效应，又反映了处理效应。受过大学教育的个体可能更加富有，因此愿意为生活在支付更多费用而服务更好的地区。这类大学生在较小地理区域的集聚存在处理效应，即本地的高购买力水平吸引那些有绝对优势的零售店和餐馆的进入（Waldfogel，2008）。此时，这一群体将在本地政策的倾向性投票中敦促地方政客们关注生活质量问题（Moretti，2004）。鉴于教育与环境保护之间的正相关关系，这一群体也可能优先考虑环保问题（Kahn，2002）。

具有研究前景的一个方向是，政府如何对高水平地方公共物品（G 向量）和未来公共物品增加预期这两者并存的现象做出反应。在最近的文献中，布吕克纳和纽马克（Brueckner and Neumark，2014）表明，那些拥有更好自然享乐设施（高 G 指数）的地区，公共部门工作者的工资水平更高。其核心逻辑是家庭对这些地区的需求缺乏弹性，地方地方政府能够增加税收而不引起人们迁移（为了收入再分配的目的）。相反，像底特律这样的城市，富人迁出市中心，地方地方政府税收下降，从而对地方公共服务投资也将减少，这样带来的 G 指数下降，会对那些仍居住在底特律以及可能迁出市中心的人群来说，存在选择效应。

7.4.3　企业区位需求和地方享乐设施

在罗巴克（Roback，1982）的模型中，由于异质企业之间不存在比较优势，因此不同企业在某一区位比另一区位获利更多，主要在于企业的区位选择不同。关于跨城市享乐生活质量的文献有两类，其一是企业区位选择经验研究，它关注集聚效应、运输成本和原材料市场在企业区位选择中的作用（Dumais et al.，2002；Rosenthal and Strange，2004；Ellison et al.，2010）。第二类则关注环境法规、劳动法规和能源价格的空间差异如何影响不同企业的集聚行为（Carlton，1983；Henderson，1996；Holmes，1998；Becker and Henderson，2000；Greenstone，2002；Kahn and Mansur，2013）。

目前，像脸书、谷歌、亚马逊和微软这样的公司都位于生活质量高的城市。诸如圣莫尼卡"硅滩"（Santa Monica's Silicon Beach）这样的早期城市群正开始兴起。通常来说，高新技术企业具有集聚在相邻地区的激励，但其中存在协调问题，而生活质量高的地区能够很好地解决此类问题，同时公司可以寻求建立跨城市间的学习和劳动力储备以留住工人在本地的劳动力市场。

无论是工厂还是公司总部，我们都可以描述其选择某地区以最大化利润的区位选择问题。类似拜尔、基欧汉和蒂明斯的家庭区域选择模型，核心区位选择概率模型可以写为：

$$\text{Probability}_i^{jk} = \frac{e^{\beta * \text{Agglomeration}_{ik} - \gamma * \text{Factor price}_{ik} - \delta * \text{Moving costs}_i^{jk}}}{\sum_{l \in J} e^{\beta * \text{Agglomeration}_{il} - \gamma * \text{Factor price}_{il} - \delta * \text{Moving costs}_i^{jl}}} \qquad (7.8)$$

式（7.8）允许产业 k 的企业 i 具有可变系数，从而使模型更有灵活性。在这样的设定下，例如 β 可由 $B_k(C_i, \epsilon_i)$ 替代，这里的 C_i 表示企业层次的特性，ϵ_i 表示企业的随机成分。

企业区位选择问题和家庭区位选择问题的关键不同在于，一些企业希望选址于同产业和互补产业企业的附近。关于企业集聚的研究中，鲜有关注到地区享乐设施在企业区位选择中的决定性作用。对于高新技术企业来说，它们寻求高技能劳动力，也意识到自己的区位选择是一种投资行为。对于未来哪里会成为集聚中心，这些企业会形成自己的预期，同时它们也了解生活质量高的城市（如圣莫尼卡）能够解决其中的协调问题。例如，对高新技术企业来说，式（7.8）的集聚项可能是地方公共物品 G 指数的函数。

这种离散选择方法可用来对异质厂商进行分类。土地集约型企业选择迁往地价较低的地区；劳动密集型企业倾向于避开工会所在州；高污染排放企业则远离空气清洁法案（Clean Air Act）的排放达标县；而能源密集型企业集中关注所选地区的电力价格。像这样的概率分析方法能够用来总体预测各州政策如何影响产业的空间分类。例如，加利福尼亚是一个拥有高地价、高电价且工会势力大的州。因此，该州过去 40 年出现去工业化现象，对此我们来说毫不意外。制造业企业的减少降低了污染水平，进而形成一种良性循环，因为随着享乐设施的改善，有助于增加对区位享乐设施水平要求高的人力资本供给。

7.4.4 城市间环境优美设施差异的演变

在这部分，我们将讨论四个比较静态分析，即城市环境享乐设施的空间分布变化，如何影响异质性企业和家庭的空间分布、制造业动力、空气质量动力、土地利用分区和气候设施。环境享乐设施动态影响家庭和企业在城市间的区位选择。我们很有兴趣讨论的是，在从工业污染中心向后工业化时代商业的高质量生活中心转变中，匹兹堡的环境享乐设施所发挥的主要作用。

7.4.4.1 匹兹堡的案例

从匹兹堡的发展历程来看，在过去 250 年间，自然资源在其存在和演变过程中发挥重要作用。由于在阿勒格尼河（Allegheny）和莫农加希拉河（Mononga-hela Rivers）交汇形成的俄亥俄河处建立了英国贸易点，自 1740 年开始就有欧洲人移民到匹兹堡地区。为了控制天然属于交通运输走廊的这一战略地区，法国和比利时相继在该交汇处建立堡垒。接下来的 50 年，要塞匹兹堡地区的城市人口不断壮大，其经济也主要依赖于贸易和造船业。以此为基础，河流在人口流动和商品向西运输中也发挥着至关重要的作用。

从 19 世纪开始，匹兹堡自然交通禀赋和自然资源禀赋的良好匹配，成为该地区经济增长的引擎。整个 19 世纪和 20 世纪初，煤炭的运输成本是铁（后来是钢）生产空间分布的决定性因素。当地煤炭的现成供应加上接近铁矿石资源区，给匹兹堡带来了关键的自然优势，也使其成为生铁和钢铁生产的国内产业领导者。20 世纪末，这些自然优势使制造商意识到，减少半成品的运输和区域煤炭一体化生产能够降低成本。因此，匹兹堡由于存在自然资源生产优势，一度为燃料供应的世界主宰者超过 200 年（到 20 世纪下半叶）[22]。1950 年，匹兹堡达到 676 000 人的峰值。作为钢铁生产中心 150 年后，这个城市拥有美国第三大企业总部集中区——几乎都是重工业企业。

然而，伴随匹兹堡经济成功而来的是环境和健康成本。随着该市三条河流两岸人口密度的不断增加，居民患传染病的风险也在增加，因为越来越多未经处理的污水被倾入人口密集的居住区。城市公共健康研究表明，人们的死亡保费也不断提高（Haines，2001）。尽管污水处理的大量投资显著降低了城市死亡率，但是城市生活质量又出现了新的问题。因为贸易和造船业让位于钢铁业发展，大大增加了区域性污染活动的规模，这让原本美丽的城市伤痕累累。在 1846 年的一位游客记录中写道：

> 每个听说过匹兹堡的人都知道这是一个永远烟雾弥漫的城市，看起来就像在无底的深渊里建造一样。但是当地非常漂亮，位于两条河流的交汇处，延绵起伏的丘陵环绕，树木葱郁[23]。

当然，这种污染对健康的影响不言而喻。正在进行的流行病学研究表明，生活在煤炭燃烧所在地区的颗粒物会影响人的身体健康（Barreca et al.，2013）。

---

[22] 见 Isard（1948）关于钢铁生产资源型区位演变的讨论。
[23] 见 Case（1846）。

　　众所周知，匹兹堡基于运输和煤炭价格的先天优势，推动了钢铁经济繁荣，但20世纪70年代初，由于美国重工业的开始迁移，匹兹堡的地位也日趋下降。然而，卡恩（Kahn，1999）以及查伊和格林斯通（Chay and Greenstone，2003）的研究表明，铁锈地带（Rust Belt）的衰落（从20世纪70年代开始，1981再一次加速衰退）减少了城市的空气和水污染程度，给匹兹堡的发展带来一线生机。

　　匹兹堡今天的成功转型主要归功于工业污染的减少。为了弥补钢铁产业迁离的损失，该地区把自然资源包装成享乐设施，作为经济生产过程的投入要素，这使得匹兹堡成了医疗辅助性工具的生产基地，目前的城市经济是以高科技和高等教育机构为特点。引用一段谷歌上匹兹堡人才信息网站的招聘材料。

　　回顾过去，这是一座以大烟囱和冶炼厂著称的钢铁城市。如今，它是技术的发源之地，正从过去的产业模式向未来以知识基础的产业模式转变。其中卡内基·梅隆和匹兹堡大学培育了世界一流的工程学人才。同时，这也是美国最适宜居住的城市，如果不信的话，可以看《福布斯》和《经济学人》。

7.4.4.2　空气污染

　　在式（7.7）中我们指出，环境和城市经济学家采用简化形式将某时点的城市 G 指数纳入模型中。在存在空气污染的情况下，标准的核算方法是考虑其规模、组成部分和技术的影响，同时也必须考虑不同产业的排放量是不同的[24]。为了简化问题，假设存在清洁和污染两类产业。在某一时点，城市总的排放量可表示为：

$$\text{Total emissions}_{jt} = \text{output}_{cjt} * \text{emissions factor}_{ct} + \text{output}_{djt} * \text{emissions factor}_{dt}$$

$$(7.9)$$

这里的下标 c 表示清洁产业，下标 d 表示污染产业。

　　如果一个正在增长的城市的经济活动构成从污染生产向清洁生产转变，且污染产业的排放系数远超过清洁产业，那么该城市的污染水平将越来越低。卡恩（1999）以及查伊和格林斯通（2003）指出，美国铁锈地带（Rust Belt）可观测颗粒物的减少是因为大型钢铁企业在面临国际竞争时产出不断减少。卡恩（2003）表明东欧共产主义没落后也有类似现象。现在，在中国东部沿海

---

　　[24]　为了简化污染物排放形成的讨论，我们关注的是工业排放。同时，我们也认为交通运输和家庭是地方空气污染的重要影响因素，同样可以通过规模效应、分解效应和技术效应来研究这些因素所带来的排放水平。

富裕城市，类似的趋势也正在上演（Zheng and Kahn，2013；Zheng et al.，2014a，b）。波佩（Pope et al.，1992）提出了一个早期的自然实验，表明钢铁企业罢工能够实现颗粒物的减少。

在过去的 40 年里，美国大城市产业结构的变化使得制造业企业的就业占比下降，而服务业的从业人员越来越多。这些城市的去工业化现象有很多原因，其中包括工资水平的提高和国际贸易的兴起（Autor et al.，2013）以及清洁空气法案管制的不同执行情况（Henderson，1996；Kahn，1997；Becker and Henderson，2000；Greenstone，2002）。随着大城市制造业就业岗位减少，中等收入家庭居住在这些城市的可能性也将降低。

对于上述讨论话题，我们关注的是美国，但中国现在也有类似的问题发生。因为市中心地价的上涨，土地集约型的制造业企业留在市中心的机会成本不断增加。在许多中国城市，市长都渴望回收制造业企业所用的土地，并卖给房地产开发商（见 Zheng et al.，2014a，b）。一个值得关注的问题是，这些开发商和地方政府是否存在强激励去修复制造业企业带来的污染损害（如局部有毒物质的排放）。在美国，超级基金和棕色地带清理就是为了实现这个目标。

沿海的富裕城市（如上海）环境管制强度大，进一步激励了制造业向地价便宜和环境管制更为宽松的西部省份转移。中国产业的由东部向西部转移，可能会使东部富裕城市环境改善，同时西部城市污染程度加大。这些污染转换程度取决于中国西部新成立工厂内部的排放控制技术（Zheng et al.，2014a，b）。

7.4.4.3　土地利用管制/分区

一系列的经验研究已经表明，沿海生活质量高的城市比一般城市更可能实行土地利用管制。这样的城市有波士顿、旧金山和纽约（Glaeser et al.，2005，2006；Glaeser and Ward，2009；Kahn，2011）。尽管地方的土地利用管制是为了维持地方高质量的生活水平，但是限制特定高享乐设施水平地区的住房供给，可能抬高这些地区的房价，进而使得高收入阶层迁移至住房供给弹性更高的区位，如菲尼克斯（Phoenix）。这反过来又影响公共物品的供给和住房区的碳排放水平。

格莱泽和卡恩（Glaeser and Kahn，2010）指出旧金山和其他城市（如休斯敦）空调系统的碳足迹存在很大差异，这意味着沿海地区严格的土地利用区划通过减少现有住房量，会使人们选择迁移到碳排放更高的地区。同时这也说明，地方试图维持沿海生活质量的措施，会产生一些加速全球气候变暖的难以预期的影响。在此研究基础之上，马格南（Mangum，2014）建立了一个住房需求的动态模型，并使用该模型模拟了住宅部门的温室气体排放如何受不同反事实政策的影响。研究发现，碳排放高的城市实行更为严格的土地利用制度，将减少其碳排放总量的 1.7%（在新建筑区将减少 2.7%），这主要是通过减少人均住房需求；其次是通过人口迁移到低碳排放城市。这个发现基于盖涅等（Gaigné et al.，2012）提出的研究议程，该议程强调在评估地方政策的碳足迹影响时，应考虑其一般均衡效应。

引用盖涅等（2012）的话：

紧凑型（即人口稠密）城市是一种改善城市生态交通系统的有效方法，国际机构和国家政府对此已达成广泛共识。事实上，当给定城市间和城市内的活动分布时，人口密度高的城市更加环保是因为平均通勤距离的减少。然而，当考虑城市间和城市内部面对高人口密度的迁移行为时，后者可能会停止。的确，一项不断增加人口密度的政策会影响价格、工资和土地租金，这些又反过来刺激企业和家庭区位选择的变化。城市系统的这种重塑也可能会产生更高的污染水平。因此，尽管在给定区位时，紧凑型城市更为环保，但是考虑这一政策带来的一般均衡效应，紧凑型措施可能并非一个城市环保的好方法。

这段引文表明了应用经济学文献研究存在的一些争议。大多数的田野实验和断点回归研究采用的是局部均衡方法，他们关注的是对感兴趣的单一参数进行识别。上述引用强调在一般均衡框架下进行估计是非常重要的。

7.4.4.4　气候

大量跨城市享乐研究侧重于气候评估。虽然可能看起来气候是一个静态属性，但是空调的不断普及和家庭收入的增加使得人们对气候的需求具有动态特征。随着人口的地理迁移和享乐价格的上升，人们对暖冬地区的需求正逐渐增加。克拉格和卡恩（Cragg and Kahn，1999）和科斯塔和卡恩（Costa and Kahn，2003）的享乐研究发现，在城市间特征地产回归分析中，暖冬地区的综合住房价格是不断上涨的。他们使用人口普查数据，表明在住房特征回归中，如果其他条件不变，那么冬季温度的隐含价格将随时间上升。除了地处沿海的加州、俄勒冈州和华盛顿，冬季比较温暖的州往往有盛夏的温度。这些"好的"和"坏的"享乐设施抵消了空调不断普及的影响（Oi，1996）。巴雷卡等（Barreca et al.，2013）的研究发现，20 世纪以来极度炎热的天气造成的人口死亡率大幅下降，他们把这归功于空调的广泛普及。

由于随时间推移空调价格变得便宜且质量较好，暖冬和盛夏所在州成为更适宜居住的地方，越来越多的经济活动在这些地区展开。人口区位选择的总趋势如图 7-2 所示。在 1990 年和 2010 年，我们报告的是美国人口分布累计百分比与二月平均气温的函数关系。考虑人口分布的中位数水平。在 1900 年，美国 2 月平均气温 30°F 时人口累积分布达到一半，而在 2010 年，该温度上升到了 37°F。注意，在这里我们两年使用的温度分布情况是一致的。因此，廉价市场产品的引入，抵消了夏季高温大幅改变经济活动空间布局的影响。这个例子强调了市场产品是如何影响气候需求和人们区位选择的。未来的研究可以关注欠发达国家空调普及如何影响其经济活动的空间布局。

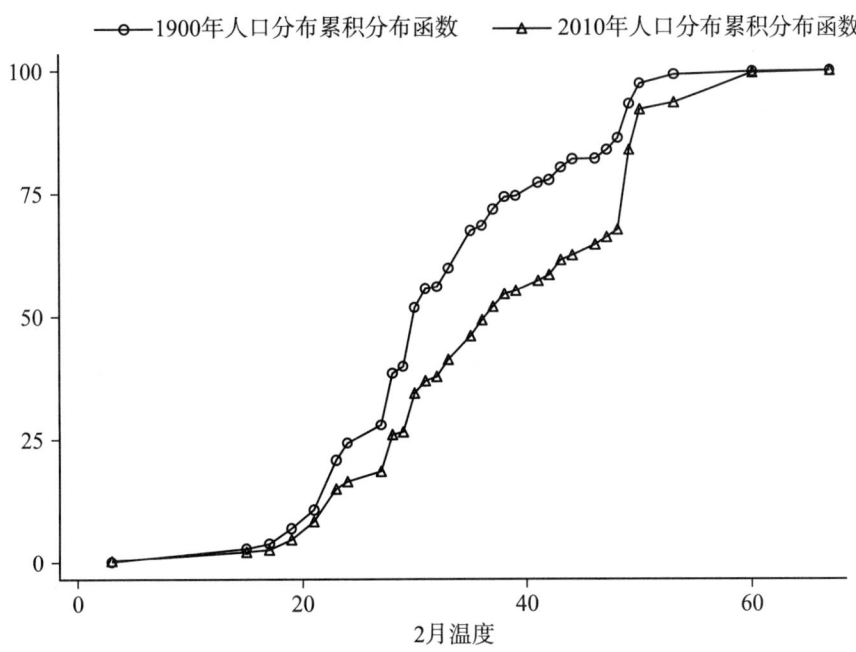

图 7-2　美国 1900 年和 2010 年的人口空间分布

7.4.4.5　应对气候变化冲击

虽然气候变化对不同城市地区的影响有很多未知因素，但是气候学家认为，随着全球温室气体排放的增加，平均气温和温度的方差变化随时间推移加大，降雨和暴风的概率将上升。现有许多气候模型预测到，夏天和冬天的平均气温条件将会发生显著变化。例如，预计西南方的城市拉斯维加斯夏季气温会越来越热。

阿尔布依（Albouy et al.，2013）使用某个时点的城市间享乐分析回归来估计气候的边际价值。他们把自己的估计结果和气候模型对气候条件变化的预测相结合，并预测不同城市因气候变化带来的气候享乐设施价值的改变㉕。除了平均气温和降雨的变化，气候学家们设法了解不确定性模型的准确性以及可能存在的肥尾事件（如超级风暴）。韦茨曼（Weitzman，2009）探讨了"肥尾事件"发生的可能性，同时他指出如果这些事件发生，代价是相当高的。这种研究思路暂时还没纳入到空间特征的分析中。在本节，我们关注气候变化可能影响不同城市的经济活动空间布局这一新兴的研究方向。

在开放的城市系统，家庭和企业允许迁移。当关于气候改变的实际影响开始呈现时，这样的选择权为家庭和企业提供了一种保险。但我们前面也讨论过，迁移成本的存在将抑制这种适应性选择。同时，迁移带来的地价变化会使得边缘家庭和企业并不关心跨区位选择（Rosen，2002）。而现有房地产业主将承受所在城市应对气候变化带来的影响（See Bunten and Kahn，2014）。其中，那些试图离开危险性城市的家庭，其面临的高迁移成本（要么是他们的家庭人口，要么是他们早已建立的特殊区位资本）可能使其遭受很大损失，因为他们可能无法离开那些气候变化的危险性城市，或者一旦离开就会失去宝贵的区位资本。

在全球，大量人口和亿万房地产财富选址于沿海地区。这样的区位接近水域享乐设施，拥有美丽的景色和温和的气候。然而，这些沿海地区也让许多都市人面临海平面上升和自然灾害的风险。

如果气候变化带来了海平面上升和剧烈风暴袭击，那么迈阿密的安德鲁飓风、卡特里娜飓风和桑迪飓风（Hurricanes Andrew on Miami and Katrina and Sandy）的影响可能就是城市所面临挑战的预演。这些自然灾害也凸显了一个新兴的城市研究领域，即各城市和城市居民如何受气候变化的影响？卡恩（2010）认为如果气候变化带来现行城市生活的质量下降，那么迁移赋予城市居民用脚投票的权力，激励城市领导者努力应对各种层出不穷的风险。

危险城市有多种策略来保护自身免受预期风险的影响。新奥尔良正斥巨资建立新海堤应对卡特里娜飓风（Kates et al.，2006）。部分较老的沿海城市面临的威胁是已有超百年历史的基础设施被破坏，如纽约市的地铁，而如果危险发生，重建它将是难以想象的事情。

沿海防御型设施投资产生的非预期性影响是私人自我保护的挤出效应。越来越多的人可能会去沿海市或者留在那里，如果他们感到安全的话（Boustan et al.，2012）。考斯基等（Kousky et al.，2006）提出了一个多重均衡模型。

㉕　这些研究隐含的假设是未来没有技术进步能直接减少夏季高温的不舒适性。

如果处于危险中的城市（如新奥尔良）使用公共资金建立海堤，那么私人投资者更可能因为投资变得安全在当地建立酒店。在这种均衡下，具有外生风险的城市反而会因为公共投资和私人投资的协同作用出现经济增长。如果预期该地没有海堤的建设，酒店投资者也不会进行投资。在这种"自由主义"均衡中，越来越少的经济活动选址于风险地区。从事后观察者的角度来看，一个关键未知因素是对海堤质量的担忧。如果私人投资者和移民对政府提供的海堤质量过于自信，悲剧就会发生。这个例子与佩兹曼（Peltzman，1975）类似，他描述了强制性安全带（安全监管）挤出私人努力的非预期性影响。

对于那些遭受自然灾害的地理区域来说，其长期经济增长会受到影响吗？近期关注轰炸后城市增长的宏观城市研究的结论是"不会"。戴维斯和温斯坦（Davis and Weinstein，2002）研究了第二次世界大战轰炸后日本的人口动态，发现冲击后（如轰炸或者自然灾害）其城市人口快速收敛到人口回归线。与战争轰炸不同的是，沿海城市面临的挑战是预期自己会遭受类似自然灾害的袭击（如新奥尔良未来可能会遭受卡特里娜飓风）。这样的预期可能会使投资者选择风险低的地区。从这种意义上来说，气候变化的风险可能会降低高风险地区的经济增长，而在其他风险较小的地理区域，可能会增加相近替代品的投资。项和吉娜（Hsiang 和 Jina，2014）表明飓风对国民经济增长产生长期影响，也证实地方冲击的巨大持续性。

本节主要讨论的是气候变化对温度和海平面上升的影响，而另一个气候学家关注的气候挑战是干旱。2014 年，西南大部分地区经历了极度干旱。对经济学家而言，明显的适应性策略是当水价上涨时增加淡水供给，促使供给平衡，同时利用技术开发提高淡水供给，如海水淡化。他们面临的复杂目标是权衡一系列的原则，其中包括效率和公平（Timmins，2002），而初始产权纠纷会进一步降低水资源的配置效率（Libecap，2009）。气候变化是否会推动这些非营利者最大化地、更有效率地配置关键性稀缺资源，是一个未来很有研究价值的课题。

7.4.5　明星绿色城市的兴起

许多城市正从生产型城市向消费型城市转变（Glaeser et al.，2001）。在过去，沿海是生产和运输的主要交通枢纽。这意味着，沿海城市和沿河城市在工业活动集中和人口集聚的过程中发挥重要作用，但同时也扩大了污染。2014 年，美国沿海和沿河城市拥有更好的内生享乐设施和高水平的环境质量（外生享乐设施）。在本部分，我们开始从供给侧描绘污染变化的一些相关影响因素，之后，我们关注城市系统内享乐设施改进的不平衡对空间均衡和经济发展的影响。

当前，美国出现了一些昂贵的"绿色城市"，例如旧金山、纽约市、西雅图、波特兰、波士顿、芝加哥、洛杉矶和圣地亚哥。这些城市没有一个是主要制造中心，它们的共同点是由于地形和土地利用条例的原因限制土地供应量（Glaeser et al.，2006；Saiz，2010；Kahn，2011）。同时，这样的"明星城市"房价极高，越来越多的国际投资者选择来这里购买当地的房地产是为了投资而不是为了工作（Gyourko et al.，2013）。

这样，就产生了社会乘数和环境乘数。如果一个外生的环境优美地区（如伯克利）吸引人们选择居住在此，那么这些人（不论是通过对公共物品和税收的投票还是通过私人市场选择，即豆腐需求）将建立内生性的地方特性，随后进一步完善地方享乐设施向量（Waldfogel，2008）。乘数作用可能会吸引更多偏好一致的人们进入这些地区。

标准的政治经济学逻辑是假定投票者为经济利己主义者。这引发了一个预测问题，即特定城市是支持还是反对新的环保法规，如限制燃煤发电厂。在诸如西弗吉尼亚这样的地区，其经济主要依赖于煤炭开发和廉价能源，工人有投票反对环境管制的激励。相反，在高新技术城市，如旧金山，工人可能早已是环保主义者，他们倾向于支持该项管制措施，因为预期这些措施不会影响自己的就业前景。这种对国家环保政策的分歧引致更多家庭和企业的均衡排序，最终的结果是沿海城市成为绿色地区中心；这吸引憧憬这种生活方式的工人和企业进入；接着，作为投票者他们会选择支持环境管制措施，进一步强化了这种生活方式。因此，毫不奇怪的是，红色州/蓝色州出现对温室气体排放政策的分歧（Cragg et al.，2013），而区域国会议员甚至影响联邦监管机构的执法行动（Innes and Mitra，2014）。在这个意义上，城市体系对政治经济的外部减排立法有一定的影响。我们相信，城市增长、经济比较优势和政治投票结果之间的联系是未来重要的研究课题。

同时，沿海高人力资本的自由城市（如波士顿和旧金山）实行严格的区划，但像达拉斯（Dallas）这样的大城市也会提供价格适宜的大房子。在一个人口多样化的地区，人们在追求美好生活前景的同时，可以自由进行蒂伯特（Tiebou）式排序。那些更喜欢在大房子内进行室内休闲的人，更可能会选择住在价格实惠的德克萨斯州。人们对公共物品的偏好不同，即使低收入家庭对沿海大城市有着强烈偏好，但也会因为房价太高被排挤出这些市场。他们最终可能会选择住在近郊或另一个城市。因此，关于这些人群的消费者剩余损失值得进一步研究，因为其表明了收入不平等程度提高带来的成本。

让更多的中产阶级进入这些精英城市的一种途径，是在精英城市中建造更多的住房。反对者认为，如果修建了太多的高层建筑，如巴黎这样的城市将不再是巴黎。在这篇文章里，一个问题是这些明星城市的吸力究竟有多少是由于住房供给管制带来的。这样的管制是通过使城市变得独特，或保留城市魅力而创造了吸引力吗？厘清这些效应需要一个体现内生城市特性的供求模型。在一座多元化的城市里，我们如何汇总民意来确定新型城市建筑多大程度上削弱了的城市"特性"和"魅力"？回到式（7.7），我们讨论了城市的地方公共物品供给，高层建筑的引进又会使旧金山市的生活质量降低多少呢？

7.4.6　跨城市地方公共物品评估的挑战和机会

之前的章节强调了环境转变如何通过改变异质家庭和厂商的区位选择来影响城市体系。本节我们讨论这种变化如何影响计量经济学家重获家庭对地方环境产品（如新鲜空气）支付意愿的边际估值。研究者们试图发现对这类非市场环境产品支付意愿的总体分布，因为这对于进行过去和未来环境管制的成本—收益分析是一个关键要素。

关于估值的文献中，研究者们使用几种不同的显示偏好技术来推断地方公共物品的边际支付意愿。最普遍的技术仍然是对来自横截面数据的特征工资和租金进行回归，其目标是发现各地劳动力市场上标准工人的劳动所得，以及各城市中标准住房单元的价格。特征价格文献尝试通过使用多元回归分析估计如下形式的回归，将这种差异分解为可观测部分。

$$\text{rent}_{ijk} = \sum_q \gamma_q X_i^q + \sum_c \beta_c Z_k^c + \varepsilon_k \tag{7.10}$$

此回归中包含了结构控制变量（X），以及大都市区等级变量（Z），它衡量诸如气候和空气污染等地方公共（好的或差的）物品。在某个时点上利用最小二乘法进行这些回归。这存在一个明显的挑战，即遗漏变量偏误。这些回归有一种"洗碗槽"感觉（"kitchen sink" feel）。在这个实地检验的年代，几乎没有评论者会认为在这样一个回归（它代表了承租人观测的住房的所有属性，而不是计量经济学家观测的）中，所有误差项与解释变量无关的假设是合适的。

针对这个问题，主要论文已采用结合固定效应的面板数据法来消除地理方面的固定属性。参见查伊和格林斯通（Chay 和 Greenstone，2005）对颗粒物排放在区县房价上体现的研究。他们发现，在清洁空气法执行中，各区县归达标或不达标状态的情况不尽相同，并且存在一个固定的"门槛"，作为衡量区县归达标的标准（即，如果一个区县的污染基线低于管制线，那么这个区县面临的管制会非常少，同时它将会被归为达标状态）。他们检验了那些属于达标状态的区县的房价动态，并以那些属于不达标状态且面临着更严格管制的区县作为控制组。他们第一阶段的回归结果表明，那些在清洁空气法治理下的区县的空气质量得到改善。他们使用区县的不达标状态作为 TSP 变动的一个工具变量。

为了使工具变量能够重获第二阶段的一致估计，它也必须通过一个排除限制：

$$\text{Second stage regression}：\Delta \text{Home price} = a + B * \Delta TSP + U \qquad (7.11)$$

$$\text{First stage}：\Delta TSP = \alpha + \gamma * 1(TSP \text{ in } 1974 > \text{threshold TSP level}) + V$$

$$(7.12)$$

在式（7.2）中，1（1974 年的 TSP > 门槛值）是一个虚拟变量，若某一区县 1974 年的环境微粒水平超过了清洁空气法下不达标状态的门槛值，该变量取值为 1。工具变量估计中的标准排出限制要求式（7.11）的误差项与工具变量无关。

外生的环境变化很可能带来居住分化和企业分化，以至于这个关键假设不再成立。式（7.11）中的误差项（U）代表所有无法观测到的城市属性，它们随着时间变化，并且资本化于地方房价变动之中。如果未观测到的房价变化的决定因素（可能包括住房质量，地方学校质量，以及餐馆质量）在管制较强的区县中随时间改进的程度比在管制较弱的区县中大，这样就违背了排除限制。为什么会出现这种情况呢？

查伊和格林斯通的讨论中暗含了一个其他条件不变的假设，管制对房价的影响仅仅通过其对环境空气质量的影响发挥作用。在整个过程中，我们强调了环境改善（如净化空气）会引发家庭和企业的应对反应。回顾一下，如班兹哈夫和沃尔什（Banzhaf 和 Walsh，2008）也表明有毒空气污染接触的变化带来了相应的家庭排序分类。美国各区县也可归属为较强和较弱的管制水平，因此类似的动态很可能在其中出现。

管制减轻了不达标区县的空气污染，这将直接带来空气质量的提高。在中期，它也可能会降低污染源工厂驻留在该区县内的概率，从而实现空气污染的下降。这些工厂更有可能迁到那些管制较弱的达标区县（Kahn，1997；Becker and Henderson，2000；Greenstone，2002）。这类企业的退出将同时减少空气污染和水质污染、有毒气体排放等其他污染。随着这些区县整体环境质量改善，更多受过教育的人会愿意迁入，当地公立学校、同辈效应以及零售和购物品质将得到改善，这些将促使房价上升（Waldfogel，2008）。简而言之，当空气污染由于管制得到明显的改善后，其他一切都不同以往了。[26] 空气质量管制对其他地方设施有间接影响，房价动态反映了总体的变化。[27]

我们假定在如匹兹堡这样的城市，外生的空气质量改善将吸引更多受过教育的人群前来。[28] 他们将迁入并进行住房修缮，通过正外部性影响其邻居（也许，他们的孩子在学校是更好的榜样），这些属性都未被计量经济学家所见。净效应是指在式（7.11）和式（7.12）中呈现的IV型可能夸大了的改善颗粒物对房价产生的局部效应，因为无法保持其他情况不变。空气质量的改善引发了特殊类型人群和零售商的分类，而他们自身对房价就有一定影响（见 Kuminoff et al.，2013；Kuminoff and Pope，2014）。例如，如果现在匹兹堡市的住房由于空气质量改善而升值，并且城市因此可以从房产税获得更多资金，以及提供更好的学校，那么这种次级效应也将被资本化。该例子强调使用小样本连续研究法来推断环境改善的边际估值的研究者们，必须区分局部效应（即其他条件不变时，由管制引起的空气质量改善的边际效应）和总体效应（即由初始更严格的管制引起的房价总变动）。

该例子表明，一个为了研究家庭和企业发生分类的情况下地方环境设施价值的有意义的研究计划，往往包含以下几个组成部分。第一，研究者应该从供给方面来识别造成环境质量提高的外生原因，以及估计他们对地方环境质量的直接影响。[29]

---

[26] 考虑一个来自 Falck 等（2011）的独特案例。利用德国过去的数据，他们表明内生的文化设施影响受过良好教育人群的空间分布。这项研究基于一个自然实验，该实验揭示的事实是，地方政府将修建巴洛克歌剧院作为区域竞争的手段。他们通过跨地区增长的回归估计，发现这些歌剧院的周边地区吸引了高技能人才前来居住，这种人才集聚对地方长期经济增长也起到了积极作用。

[27] 同样的问题也在截面空间断点回归中被提出过。Black（1999）研究了在一个学区边界两侧的房地产价格差异。这些邻近的住房在周边犯罪、污染以及购物达达性和通勤选择等方面相同。她将平均房价的差异解释为学生父母对更好学校支付意愿的反映。这项研究设计隐含了住房价格的不可观测决定因素在学区边界上是平滑的。但是，这个统计假设掩盖了一个隐含的经济假设，该经济假设在地方公共物品边界大幅跳跃时难以维持。考虑如下的家庭分类模型。各个家庭之间只有收入方面的差异，所有家庭从私人消费、学校质量及按摩浴缸的拥有中获得效用。假设家庭在效用上将学校质量和按摩浴缸视为互补品。计量经济学家们观测每套住房的价格和每所地方学校的质量，但不观测住房是否配备按摩浴缸。在这个简单的例子中，富人将居住于质量最好的学校周边，并且拥有按摩浴缸。较贫困者将居住于较差学校的周边，并且没有安装按摩浴缸。计量经济学家进行断点回归研究将会高估学校质量的价值，因为边界上学校质量的跳跃将会导致家庭安装按摩浴缸。同时，在高质量学校地区的住房会溢价出售，因为它们邻近更好的学校以及拥有按摩浴缸。

[28] Kahn（2007）基于对新轨道交通路线的中期效果分析，提出了此类社会乘数效应的另一个例子。在对连接塔夫斯大学、哈佛大学、麻省理工学院至波士顿中心的快速红线的研究中，他证实了这条地铁对附近社区收入和房价增长的影响。他指出随着时间推移，新参观、零售商店，以及地方住房供给的新增投资都会推动站点附近的住房高档化，但这个过程需要一定的时间。

[29] 发展中国家提供了许多自然实验。例如，Cesur 等（2013）证实了土耳其城市的天然气通达的空间部署。他们证实了这种清洁能源是如何取代煤炭，以及如何因此改善地方空气质量和降低婴儿死亡率的。Greenstone 和 Hanna（2011）证实了印度城市的车辆管制的逐步实施是如何减少地方空气污染和婴儿死亡率的。Zheng 等（2014a，b）表明了中国污染产业迁离沿海地区发生的产业模式转型。所有这些案例都存在某种污染空间分布的重大变化，这使得研究者可以估计分类模型，以获得对环境公共物品支付意愿的估计。

第二，根据库明诺夫等（Kuminoff et al.，2013）的研究中所考虑方法的思路，研究者们应该明确地对异质家庭和企业如何对设施改善反应进行建模。第三，分析者们需要探讨家庭和企业构成变化影响地方生活质量其他方面的过程。例如，如果大学毕业生由于城市空气质量改善而搬入其中，地方学校质量会由于城市获得更多的房产税收入和更好同辈群体而得到多少提高呢？综合这些信息，研究者们应该分别识别直接的局部均衡效应以及由设施改善引起的间接均衡效应。

7.5　城市建筑物的能源消耗

在这一节，我们通过探讨地理和现有城市房产的物理属性如何影响电力总需求，来研究城市增长如何推动温室气体的产生。我们重点关注能源经济学和城市经济学之间的五个关键联系。第一，在标准的单中心模型中，靠近城市中心的建筑往往更高，所以不太可能形成一栋建筑只有一个租户生活和工作局面。正如我们接下来要讨论的，在这样的情况下，出现了动机分化的问题。第二，由于建筑物的耐久性，年代更久远的建筑可能距离城市中心更近。能源法规常常是针对新建筑，这意味着能源强度上将存在着重要的空间差异。第三，不同地区之间气候条件、电价、能源效率法规以及节能激励措施不同。最近有文献试图量化这些因素的重要性。第四，选址于大都市区的家庭和企业类型可能影响对太阳能住房和获 LEED 认证建筑的需求。除了诸如最小化运营支出等经济激励之外，环保意识可能在对绿色建筑需求的决定上起关键作用。

7.5.1　电力消耗相关的污染外部性

2012 年，住房和商业建筑电力消耗量占整个美国电力消耗量的 74%。[30] 电力生产仍主要是通过燃烧化石燃料（印度电能 70% 的燃料是煤炭，中国更是超过了 70%），所以城市房地产可谓全球温室气体排放的罪魁祸首。面临诸如中国这样的国家建造成千上万的新住房和商业大厦的现实，研究房地产开发商、建筑物所有者及其租户对能源效率的投资决策日益重要。在未实现全球碳定价的情况下，各国通常还是依靠诸如煤炭和天然气等产生污染的化石燃料来

---

[30] http://www.eia.gov/totalenergy/data/monthly/pdf/flow/primary_energy.pdf, http://buildingsdatabook.eren.doe.gov/docs/xls_pdf/1.1.9.pdf.

发电。这类廉价的化石燃料加剧了气候变化的外部性。

　　火力发电厂是地方污染的主要制造者，它们对人们健康和市容美观造成严重的损害。（Davis，2011）。这些局部损失的经济量值，取决于有多少人居住在这些发电站的顺风方向，以及他们个人为免受污染接触的支付意愿。基于美国和中国数据的研究估计了化石燃料发电厂带来的严重社会成本（Zhou et al.，2006；Muller and Mendelsohn，2007；Muller et al.，2011）。如今美国已经很少建设火电站，一些已有的火电站也已被关闭。从火电厂向天然气电厂的结构转换，应该会减轻地方和全球电力消耗有关的温室气体外部性。这反过来意味着，如果实现电力碳强度的大幅减少，即电力消费产生的碳外部性减少时，绿色建筑带来的社会福利将会减少。

7.5.2　建筑物的能源消耗：自下而上法

　　在任何时点上，城市包含不同年代和规模的住房、商业、工业建筑物。过往已有经验研究专注于探讨这些因素在决定能源消耗上的作用，但它们往往被一些高度合成的数据所限制，诸如国家或年度层面的人均能源消耗量等数据。如今在大数据时代下，研究者们有更多途径从电力公司获取高度分解的数据。这些详细的数据集提供了客户层次的月度，甚至是小时、频率的消耗信息。解释住房和商业在截面和时间上电力消耗的变化已经成为一项活跃的研究课题。利用从当地评估师或类似科斯塔尔这类数据库中获得的具有电力公司结构特征的数据，然后进行合并，研究者们能够观测到一幢建筑物的属性，包括它的位置以及它的能源消耗。若建筑物有不同的属性，研究者可以将能源消耗分解为由物理属性、地方法规结构、能源价格以及地方气候条件等因素引起的能源消耗。

　　有必要考虑一个城市能源的简易模型。就住房能源消耗而言，假设存在四个决定单个家庭能源消耗的关键因素：家庭成员特征（数量、年龄结构、收入、偏好等）、住所特征（大小、年代、质量、能效投资等）、住房所在地气候以及能源价格。对于整个工业部门，我们将每个工业部门加总为一个代表性企业层次。每个工业部门的总电力消耗是其在特定城市内的活动规模、基准能源强度、气候和能源价格的函数。

　　在以上假设下，j 市时间 t 的住房部门的总能源消耗可以表示如下：

$$KWH_j^r = N_j * \int_{h \in H} KWH(\text{household}_h, \text{stucture}_h, \text{climate}_j, \text{price}_j) f_j(h) \, dh$$

$$(7.13)$$

在式（7.13）的右边，H 表示家庭类型的连续体，其在 j 市的分布由 $f_j(.)$ 给出。$KWH(.)$ 是映射 j 市的家庭成员特征和住所结构（不同的家庭类型 h 会有所不同）以及气候和能源价格的函数。N_j 是 j 市的家庭总数目。

类似地，我们可以下式表示 j 市工业的能源消耗总量：

$$KWH_j^i = \sum_{i \in I} KWH(\text{scale}_{ij}, \text{efficiency}_{ij}, \text{climate}_j \text{price}_j) \qquad (7.14)$$

I 代表经济中的工业集合，scale_{ij} 表示 j 市工业部门 i 的规模，efficiency_{ij} 表示 j 市工业部门 i 所有公司的平均能源效率。与此相关的总体温室气体排放等于每个部门的电力消耗之和乘以 j 市所在电力地区的排放因子。根据美国环保署的电子网格数据可以计算得到各地区以及每年的千度电二氧化碳排放吨数（见 http：//www.epa.gov/cleanenergy/energy - resources/egrid/）。一个标准数字是二氧化碳的社会成本为每吨 35 美元。这些数字可以被用来将电力消耗转化为由二氧化碳带来的最低社会成本[31]。

这种会计数据强调了几个微观的来源渠道，城市不断发展的建筑群通过它们影响整个城市的能源消耗动态。例如，在第一期《城市经济学杂志》中，哈里森和凯因（Harrison 和 Kain，1974）呼吁重视作为城市标志性特征之一的耐久资本的重要性。随着时代发展和居民整体收入水平的提高，新建住房与旧住房的比重将呈现日益增大的趋势。在任何时点上，一座城市的现有建筑都将包括不同年代的建筑。在诸如底特律这样的城市中缺乏新建筑，大多数住房都是存在 40 年以上的老建筑物。近些年来，格莱泽和捷尔科（Glaeser and Gyourko，2005）以及布吕克纳和罗森塔尔（Brueckner and Rosenthal，2009）检验了住房耐久性在决定城市形态中起到的作用。

从分析的角度出发，在估计新政策的影响时，理解和控制这些不同渠道之间（建筑存量，气候，能源价格，城市地理等）的相互作用至关重要。例如，如果底特律不建设新住房，那么在基准状态，它会比那些报废旧房而建造新房的城市拥有更高的每平方米电力消耗吗？如果是这样，那么在做跨地区的政策比较时就必须考虑这些差异。

随着时间的推移，新建筑的能源效率标准已经日益严格（见 http：//www.energycodes.gov/regulations）。给定建筑物的耐久度，平均能源强度可能只有在几年后才会被影响。最近有研究探讨了过往建筑规范法规的效果。雅各布森和科奇（Jacobsen and Kotchen，2013）收集了 2000 年前后佛罗里达州的

---

[31] 电力消耗的另一个负效应是地方空气污染。电子网格数据可以被用于计算二氧化硫和氮氧化物排放，以及和地方电力消耗相关的共排放。这些排放物可能会从源头飘散到发电站的下风处（Bayer et al.，2009）。从这个意义上说，电力消耗对地方的影响则不是必然的。

盖恩斯维尔不同年代住房的数据。他们比较了法规变化（2001 年引入法规）前后建筑物的能源消耗，并发现法规与电力消耗 4% 和天然气消耗 6% 的减少有关。

式（7.13）和式（7.14）的第三项是地方气候条件。在更湿热的夏季，不论是住房地产还是商业地产都消耗更多的电力。研究者们利用横截面和面板数据估计了夏季电力消耗与空调使用天数之间的关系（Glaeser and Kahn，2010；Miller et al.，2008；Aroonruengsawat and Auffhammer，2011）。

这里的基础微观经济模型是一个贝克尔家庭生产函数。家庭追求舒适，更高的室外温度会降低舒适度。空调费支出可以"抵消"室外温度的不舒适。降低室内温度 1 度的边际成本是空调装置效率和电价的函数。理性的家庭会安装温度调节器，以使降温的边际收益正好与边际成本相等。在诸如旧金山这样较凉爽的城市，获得相当的舒适度无需那么多市场投入，实际上，很多家庭根本不安装中央空调。在整个 20 世纪，空调在美国的广泛普及使得美国家庭在免受夏季炎热侵袭的同时，也享受到了温暖的冬季（Oi，1996；Barreca et al.，2013）。从这个意义上看，市场产品可以在一定程度上弱化原本与空间绑定的地方特征。加州是世界上为数不多的拥有温和的冬季和夏季的地区。

7.5.3　节能的弱价格激励

对于一个典型的单户房主而言，他们的年度电费通常约为每年 1 200 美元。[32] 实现电力消耗减少 15% 目标的边际成本，超过了当前电价下节约的成本。沃拉克（Wolak，2011）提出了一个行动成本的有限理性模型，其中在低电费时，只有资金节约超过了行动成本，业主才愿意采取这些昂贵的行动（例如关灯节能）。他的分析指出，在高电价的地区，由于住房部门节能行动"更有利可图"，业主将更乐意节能。除了价格自身的影响，家庭还面临着复杂的电费结构。许多电力公司按照累进制对家庭收费，此时价格表的边际价格呈阶梯上涨，当消耗量超过某特定值时，边际价格向上跳跃一阶。例如在南加州，电力消耗按一个五阶的价目表收费，最高价格为超过 30 美分/千瓦时。伊藤（Ito，2014）采用断点回归设计，表明南加州电力消费者是对平均价格而非边际价格作出反应。其研究设计的一个显著特点是比较了坐落于相邻供电区附近家庭的电力消耗。这意味着邻居间的电价存在差异。伊藤估计了电力消耗的平均价格弹性——约为 0.12。这表明居民消费者对价格并非十分敏感。意识到

---

[32]　http：//www.eia.gov/electricity/sales_revenue_price/pdf/table5_a.pdf.

这一点，公司已试图寻求鼓励节能的创新工具，例如呼吁公共节能运动。赖斯和怀特（Reiss 和 White, 2008）研究表明，这些可能只是短期内有效的行为。一种更创新的途径是发布家庭能源报告，这是一种定期发布的报告，它使家庭悉知其电力消耗与邻居的对比情况。如此来自同辈的压力已被证明是鼓励节能的一种有效的社会激励。阿尔科（Allcott, 2011a, b）对这些报告影响的评估指出，它们减少了 2% 的消耗。各项不同的研究设计强调了如何让能源效率意识在家庭中深入人心，这仍然是一个亟待解决的问题。当然，更高的电价会激励家庭投入更多的努力来关注这个问题。

如智能电表这样的新技术使家庭能够观测每 15 分钟的耗电量，以及家庭中不同设备各自的不同耗电量。过去，家庭只能收到一张笼统的月度账单，告诉他们总耗电量和总支出。随着安装智能电表的成本下降，电力消费者成本也下降了。消费者将在耐用品选购上有更多的考虑，以试图减少其运营成本以及全面改善能源效率。对此，利用一个实验来说明，应该很有帮助；当然也可以利用将智能电表随机装配给消费者的方式，来验证上述观点。

7.5.4　商业地产部门

在许多城市，商业地产部门（例如，办公建筑，购物中心，商铺，以及餐馆）占据了所有房产存量的巨大份额，但出乎意料的是关于这个部门经济行为的研究却非常少。直到最近，数据的缺乏仍阻碍研究的开展。美国能源部（DOE）最后一期的商业建筑能源消耗调查（CBECS）是在 2003 年进行的。在某些情况下，与电力公司和私人大型企业的研究伙伴关系使得研究者们有了获得独特微观数据的途径，这推动了相关研究的进展。

卡恩等（Kahn et al. , 2014）与一个主要西方电力公司建立了合作关系，该公司向他们提供服务区内每个商业账户的费用数据。这个研究团队将这些数据和科斯塔尔的数据进行匹配。科斯塔尔出售过去 10 年间建筑交易数据。通过匹配两个数据集，研究者观测每座建筑的月度电力消耗，并获得了一个更大的建筑属性集，包括房产质量、大小、建造年份和租户名单。他们利用这些数据估计式（7.15）形式的回归：

$$\ln\gamma_i = \gamma \cdot X_i + \sum_{n=1}^{k} \varphi_p \cdot T_i^n + \varepsilon_i \tag{7.15}$$

在这个等式中，因变量 $\ln Y_i$ 是平均每日每平方英尺电力消耗的自然对数。X_i 建筑物 i 的结构特征向量，包括建筑大小、年份、质量。为了控制居住者对建筑能源消耗的影响，我们也加入了向量 T_i^n，其衡量被产业 n 占有建筑的百分比（每个产业根据 SIC 标准进行分类）。ε_i 是误差项，假设其为独立同分布。

卡恩等（2014）指出，较新的商业地产比较早的耗电更多，质量"A 级"的地产也比较低质量的耗电更多。他们的解释是，建筑物的质量对其使用者和电力投入而言是互补品。假如建筑物质量是正常品，则世界范围内收入水平的普遍提升将导致商业建筑耗电量的增长。他们也发现租户合同条款对此也有一定影响。当租户在 NNN 租约下支付自己的电费时，他们会选择节约用电。而政府部门承租方由于面临预算软约束，通常会耗电更多。

7.5.4.1　商业地产能源效率和人力资本

单一居民家庭与商业主体之间的一个关键区别在于，前者是小规模的效用最大化者，而后者是大型的利润最大化者。与在电费上支出相当少的居民家庭不同，商业电力消耗主体虽然数量不及家庭多，电费支出却巨大。卡恩和科克（Kahn 和 Kok，2014）利用沃尔玛公司提供的 2006～2012 年整个加利福尼亚州 220 家沃尔玛超市的月度数据，研究了沃尔玛的电力消耗情况。此外，公司还提供了每一家沃尔玛所在地的气候条件、建造年份、大小面积以及该店的目标。卡恩和科克将一组其他大型零售商店作为控制组，这些零售商店都是独立管理的，并且规模和年代与所研究的沃尔玛相仿。对比两组的电力消耗会发现一个有趣的模式。沃尔玛每平方英尺的电力消耗在各店之间几乎没有差异。使用他们的管理系统，沃尔玛在电力消耗上有了明显的减少。对此，人力资本理论的解释为，对于沃尔玛的规模而言，投资于那些关注能源效率和采用成本节约革新的高素质管理者是有成本效益的。这个观点与布卢姆等（Bloom et al.，2010）关于英国制造厂的高素质管理者在生产中用电更少的论点一致。这个研究主题表明，企业管理质量和 X 无效率之间存在负相关。考虑到电力消耗对全球气候变化外部性有推动作用，这个假设以及实现能源效率过程中的规模经济潜力都值得深入研究。

7.5.4.2　绿色建筑市场

城市的住宅建筑和商业建筑是差异性产品。这类产品的一个属性是它们的效率。标准经济逻辑认为，当电价很高或预计会上涨时（也许由于未来会征收碳排放税），将产生对"绿色建筑"的更多需求。有关文献表明，节油混合动力汽车的需求增加与油价上涨相关（Li et al.，2009；Klier and Linn，2010；Beresteanu and Li，2011）。同时还有诸如个人理念等其他因素也与对绿色汽车（如丰田普锐斯）的需求有关（Kahn，2007）。由于汽车司机经常需要加油，油价对汽油需求的影响明显。不同的是，很多家庭从不查看他们的每月电费单，往往都是自动计费并支付。塞克斯顿（Sexton，2014）使用南加州数据的研究表明，当家庭和商业消费者注册了自动计费支付，他们的电力消耗分别增长了4%和8%。他将这种效应归因于没有醒目的账单，消费者们不必正视他们到底为电力实际支付了多少。

虽然燃料节约是"绿色汽车"的基本特征，但对于"绿色建筑"，究竟是什么客观属性可以使一座建筑成为"绿色建筑"依然没有定论。拥有太阳能面板是一种可能的定义。在美国，政府作为一个主导者已经起到了积极的作用。美国环保署和能源部共同资助的"能源之星"计划（The ENERGY STAR program）意在对节能产品、家电以及建筑进行识别和推广。同时，美国绿色建筑委员会已经开发了LEED绿色建筑评级系统，以鼓励"采用可持续的绿色建筑以及发展实践"㉝。自从评级方案采用以来，美国获得认证的绿色商业空间的建筑数量急剧增加（Kok et al.，2011）。

越来越多的享乐房地产定价经验文献试图利用特征回归形式来估计这些绿色属性的市场资本总额：

$$\log(\text{price}_{ijt}) = B_1 * X_{jt} + \delta_t + \pi_j + B_2 * \text{Green}_{it} + \varepsilon_{ijt} \qquad (7.16)$$

在这个回归中，研究者控制住房结构观测值，并包括了时间和地理固定效应的交互作用（例如有年份固定效应的邮编）。控制这些变量后，研究者们检验B_2是否为正值。近期有学者研究了加州圣迭戈和萨特拉门托的太阳能面板在住房价格之中的资本化问题。太阳能面板是环保主义家庭引以为傲的设施，它降低了住房的运行成本。达斯特鲁普等（Dastrup et al.，2012）发现，在其他条件相同的情况下，太阳能住房可以有3%的溢价。一个似乎合理的考虑是，太阳能面板的存在与建筑质量中某些无法直观测度的方面有关。利用住房销售的面板数据，他们观测一些在安装太阳能系统之前售出的太阳能住房。他们利用这个住房差异来表明那些将来会安装太阳能面板的住房，在安装之前售出不会有溢价。

在另一项加州享乐房产研究中，卡恩和科克（2014）研究了加州能源之星和LEED住房的资本化。控制组是与同时售出的节能住房位于同一街道和邮区的住房。卡恩和科克指出，能源之星住房以3%的溢价售出，但LEED住房没有溢价。这里的问题在于，对于节省运行费用、更好的室内空气质量和住房性能而言，这种溢价代表的是什么？

㉝ LEED标签要求在能源使用上具有可持续性，LEED建筑认证比"能源之星"等级对建筑的要求更加综合。对住房的认证流程需要从可持续性的六个部分测度：可持续场地，节水性，材料和资源，室内环境质量，创新，以及能源绩效。另外，邻近公共交通和教育场所也是加分项。

一个想要拥有太阳能面板的房主面临着"造或买"的决定。她可以买一座配备太阳能面板的住房，或者可以买一座住房之后再安装。这个选项限制了二手房的太阳能价格溢价程度。随着时间的推移，国际竞争日益激烈，太阳能面板的价格逐渐下降。政府补贴在鼓励使用太阳能面板上也起到了一定作用（Bollinger and Gillingham，2012）。卡恩和沃恩（Kahn and Vaughn，2009）表明在诸如加利福尼亚州等自由主义/环保主义州内，LEED 建筑存在集聚现象。还有一个开放的主题关注太阳能技术在发展中国家城市的扩散。这些城市通常遭受电网稳定性的挑战，太阳能也许会让家庭用电稍微独立一些。

对于商业地产市场，一系列美国投资者和租户对"绿色"办公空间需求的研究显示，那些被评为"能源之星"的建筑（意味着其属于能源效率前25%的建筑）或 LEED 建筑的租金，与一般办公建筑租金相比要高出 2% ~3%。节能办公建筑的交易价格通常也高出 13% ~16%。进一步分析表明，这些溢价中的横截面差异与真实的能源消耗有强烈联系，这说明了商业物业的租户和投资者已将能源节约资本化于他们的投资决策（Eichholtz et al.，2010，2013）。

近来一些对绿色商业建筑市场供给侧的研究，开始关注于房产所有者和开发商对"最绿色建筑"的竞争动机。LEED 认证对绿色建筑有不同的认证等级，例如银、金、铂金级，同时若想提升一个绿色等级，通过相对较小的投资就可以实现（Noonan et al.，2013；Matisoff et al.，2014）。目前一个问题是，这样的"绿色"竞争是否真的对全面可持续目标有所帮助。LEED 标准包括许多可持续性的指标（例如使用循环材料），而能源之星标准则更专注于能源消耗[34]。

对于"绿色建筑价值"的下一步研究可能有几个方向。注意到式（7.16）的享乐回归没有对建筑物实际能源和水的消耗进行控制。假设在估计式（7.16）时，关键解释变量是一个虚拟变量，并且当建筑获得 LEED 认证时其取值为 1。如果运营支出的连续指标能够被观测，离散的认证虚拟变量还能被资本化吗？若给出建筑的实际运营成本的非对称信息，绿色建筑虚拟变量是否只起到了粗略划分的作用？又或者绿色建筑是否在其他标准下表现得更好，比如提供更高质量的室内空气质量，从而提高劳动者生产率和生活质量了呢？这项研究还可以探究是否绿色认证在平均电价更高的地区会更有价值。通过加入一个这样的交互项，学者们可以研究绿色建筑的需求是否主要与最小化运营成本相关联。这类研究可以参照伊藤（2014）的空间断点回归设计来观察不同电力公司地区周边建筑的定价。

---

[34]　http://www.usgbc.org/Docs/Archive/General/Docs1095.pdf.

7.5.4.3　城市房产能源效率提升的挑战

考虑到城市房产的耐久性，绝大多数的建筑都并非是全新的。一直以来，各城市都在努力提升这些房产的能源效率。由于信息不对称，许多人认为这个均衡不太可能是帕累托最优的。

考虑一个汽车购买者。网络为其提供一个便捷的途径去获取各种品牌和车型的能耗。市场专家指出这应该表示为每公里加仑数，以便买者计算他们的年度运营支出（Allcott，2011a，b）。而对于公寓，却没有类似的能源标识。潜在的租户很可能不了解他们从没住过的公寓的月度电费。这种信息不对称导致了对可持续性的挑战，因为如果潜在的租户拥有每个公寓能源效率的完全信息，那些无效率的公寓将会难以出租（尤其在高电价地区），这将刺激公寓所有者为节能投资更多。

近年加州已通过了几项新法规（AB113），要求住房所有者或经营者公开基准数据，以及为买者、整房承租者或者为住房提供经费的贷款者们提供评级信息。

近期的研究已经利用来自世界各地的数据检验了能源标识的作用。欧盟的能源标识似乎可以有效地解决节能住房中的信息不对称问题：布龙恩和科克（Brounen and Kok，2011）估计了近期荷兰住房的享乐定价梯度，并证实了在能源效率上获得"A"标识的住房可以10%的溢价出售。我们注意到荷兰选择了一种如教育标识系统般好理解的编码，将住房划分为A、B、C等级别。这个成绩单系统与北卡罗来纳州如何对地方学区的学校质量进行评分相似（Kane et al.，2006）。对于能源之星标识，霍德（Houde，2014）利用了一个结构模型来证实消费者对于标识有多种反应，有的消费者非常重视这类标识，有的却不以为意。这些不同反应的原因有待深入研究。

反之，那些被标识为无效率的住房则以相对较大的折扣进行交易。类似证据已被新加坡证实：邓等（Deng et al.，2012）发现被政府设计的绿色建筑标志所标识的住房可以4%～6%的溢价出售。如今在中国，现有建筑排名没有一个可信的标准（Zheng et al.，2012）。可信的能源效率标准是公共物品的一个重要例子，发展中国家政府可以在推进城市环境可持续发展的过程中低成本提供公共物品。

电力公司在对"大数据的力量"加深认识的同时，与学者们积极合作，制定鼓励节能的策略。在加州等地区，电力公司必须符合可再生能源比例标准（定义为购买的绿色电能与生产的总电能的比值）。一个经济核算策略是投资提高能源效率以及缩小分母。监管压力增加了电力公司利用现场实验的方式来学习有效策略的意愿。

7.5.4.4　租户/所有者在城市中分化的激励问题

正如单中心模型预测的，中心城区相对偏远郊区更可能拥有多户家庭的公寓建筑以及多租户的商业建筑。这些高层建筑在土地消费上有显著的规模经济，但它们也产生了关于如何设计合适激励以鼓励所有者和租户们都进行节能投资的问题（See Levinson and Niemann，2004；Maruejols and Young，2011）。

根据 2000 年的人口普查数据，在 65% 的大都市区，五户或更多的住房单元位于 CBD 的 10 英里之内，而在 42% 的大都市区中，单户家庭住房建筑位于 CBD 的 10 英里之内。一篇关于"分化激励"的文献记录了多家庭住房的节能挑战（Levinson and Niemann，2004）。如果公寓所有者支付能源费用，租户面临能源消费的边际成本为零。由于租户预期不会久居于此，他们不太可能更新能源密集型的耐用品，例如冰箱或者其他不便转移的设施。如果由租户来支付能源费用，所有者则几乎没有提高节能投资的激励，例如安装节能窗户或者节能空调系统。商业地产部门的证据可以参见卡恩等（2014）。

这似乎是一个关键的例子，一个随机的现场实验研究设计可能产生有价值的新知识。假设一家房地产投资信托公司愿意在其组合中随机挑选建筑，并且相对于 NNN 租约更愿意提供净租约。租赁合同条款的随机性使研究者得以研究住房管理者和租户面对新的激励时是如何改变行为的。通过研究这些建筑的电力消耗动态，研究者可以估计对于整体的电力消耗而言激励是否起了作用。卡恩等（2014）报告了非实验证据，莱文森和尼曼（Levinson and Niemann，2004）指出激励作用是存在的，但现场实验设计将更可靠明确。

7.5.5　碳定价和建筑物能源效率

目前，全球性搭便车问题阻碍了征收全球碳排放税的措施。这个政策将使得本地电价上升，并刺激开发商和现有建筑所有者去投资提高能源效率。当今许多发展中国家正在经历一场巨大的城市化浪潮，现在进行的投资将持续数十年。如果投资者预期碳定价将成为现实，他们更可能现在就在节能上投资更多。发展中国家的城市在新资本上的节能投资，仍然是未来一个重要的研究主题。内生创新研究（See Acemoglu and Linn，2004）强调了一个乐观的假设。如果"绿色建筑"增长有全球性需求，那么这将对工程师们专注于创造这种新类型住房产生强烈的市场激励。有关引致创新问题的经验文献已表明，能源价格上涨后不久出现新产品能源效率改善的迹象（Newell et al.，1999）。

7.6 结　　论

本章中，我们探讨了城市和环境之间的联系，强调了这种关系之间的双向性质。一组文献综述回顾了环境优美设施在决定经济地理中的作用。第二组相关文献探究了一个城市的经济地理和其耐久性资本的构成是如何影响环境的——主要集中于能源消耗和碳排放的讨论。

我们使用匹兹堡的长期历史来阐释我们广泛的主题，即城市和其环境之间的关系在过去一个世纪以一种系统方式改变。这个变化对居民个体和企业选址产生了深远的影响。这种经济活动的地理转变反过来影响了城市对环境的作用。

在过去，正如匹兹堡的例子所强调的，城市的比较优势很大程度上是由交通可达性和生产资源的可得性决定的，而且这两项都主要由自然环境决定。当这些城市发展步入工业时代后，无节制的外部性严重地妨碍了其居民的生活质量。40年前，诺德豪斯和托宾（1972）写道：

> 许多经济增长的负"外部性"与城市化和拥挤有关。国民净产值数据所记录的进步实际上伴随着由乡村农业到城市工业的巨大移民。若没有这些职业上的和住所上的变革，我们无法享受到科技进步的果实。但城市居民更高收入的一部分可能仅仅是对在城市生活和工作不适的补偿。若如此，我们则不应该将一个人从农场或小镇转移到城市带来的国民净产值的全部增量算作福利的增加。城市生活成本被需要做居住和职业决策的人们所重视，而高工资和高人口密度之间持久稳定的关联为估计城市生活成本提供了一种方法。

由于趋势的共同影响，许多城市经历了一次非市场的生活质量提升，这些收益集中表现在环境的改善上。由于非市场生活质量提升了，其作为现代消费城市的一种互补品，结果使得大城市中要求提供"风险工资"的呼声逐渐减弱了。

空气质量、水质量以及能源效率已经成为工业、建筑、法规、选民以及居住于城市边缘的家庭的一个显著特征。在诸如芝加哥、伦敦、纽约等城市中，这些方面的进步都明显可见。研究者们看到了中国出现了类似的趋势。正如郑和卡恩（Zheng and Kahn，2013）所表明的，中国正在出现的城市体系也在全力应对许多相同的问题。一些中国城市选择专业发展重工业，这产生了污染挑战。同时，中国较发达的东部城市正在去工业化，污染得以减轻。随着世界上城市中产阶级普遍增多，将会有越来越多的市民对非市场生活质量和环保发展提出要求。

致　　谢

我们感谢 Devin Bunten、Brandon Fuller、Todd Sinai 以及诸位提供中肯意见的手册编辑。

参考文献

Glaeser, E.L., Kahn, M.E., 2001. Decentralized Employment and the Transformation of the American City. No. w8117. National Bureau of Economic Research.

Glaeser, E.L., Kahn, M.E., 2010. The greenness of cities: carbon dioxide emissions and urban development. J. Urban Econ. 67 (3), 404–418.

Glaeser, E.L., Shapiro, J.M., 2003. Urban growth in the 1990s: is city living back? J. Reg. Sci. 43 (1), 139–165.

Glaeser, E.L., Ward, B.A., 2009. The causes and consequences of land use regulation: evidence from Greater Boston. J. Urban Econ. 65 (3), 265–278.

Glaeser, E.L., Kolko, J., Saiz, A., 2001. Consumer city. J. Econ. Geogr. 1 (1), 27–50.

Glaeser, E.L., Laibson, D., Sacerdote, B., 2002. An economic approach to social capital. Econ. J. 112 (483), F437–F458.

Goldin, C., 2006. The quiet revolution that transformed women's employment, education and family. Am. Econ. Rev. 96 (2), 1–21.

Graves, P.E., Linneman, P.D., 1979. Household migration: theoretical and empirical results. J. Urban Econ. 6 (3), 383–404.

Greenstone, M., 2002. The impacts of environmental regulations on industrial activity: evidence from the 1970 and 1977 clean air act amendments and the census of manufactures. J. Polit. Econ. 110 (6), 1175–1219 (University of Chicago Press).

Greenstone, M., Gallagher, J., 2008. Does hazardous waste matter? Evidence from the housing market and the superfund program. Q. J. Econ. 123 (3), 951–1003.

Greenstone, M., Hanna, R., 2011. Environmental Regulations, Air and Water Pollution, and Infant Mortality in India: MIT Working paper CEEPR WP 2011–014.

Gyourko, J., Molloy, R., 2015. Regulation and Housing Supply. Handbook of Regional and Urban Economics (Chapter 7).

Gyourko, J., Tracy, J., 1991. The structure of local public finance and the quality of life. J. Polit. Econ. 91 (4), 774–806.

Gyourko, J., Kahn, M.E., Tracy, J., 1999. Quality of life and environmental comparisons. In: Cheshire, P., Mills, E.S. (Eds.), In: Handbook of Regional and Urban Economics, vol. 3. North-Holland, Amsterdam, pp. 1413–1454.

Gyourko, J., Mayer, C., Sinai, T., 2013. Superstar cities. Am. Econ. J. Econ. Policy 5 (4), 167–199.

Haines, M.R., 2001. The urban mortality transition in the United States, 1800-1940. Ann. Démogr. Historique (1), 33–64. Berlin.

Haninger, K., Ma, L., Timmins, C., 2014. The Value of Brownfield Remediation: NBER Working paper 20296.

Harrison, D., Kain, J.F., 1974. Cumulative urban growth and urban density functions. J. Urban Econ. 1 (1), 61–98.

Heckman, J., Scheinkman, J., 1987. The importance of bundling in a Gorman-Lancaster model of earnings. Rev. Econ. Stud. 54 (2), 243–255.

Henderson, J.V., 1996. The effect of air quality regulation. Am. Econ. Rev. 86 (4), 789–813.

Holian, M.J., Kahn, M.E., 2013. The Rise of the Low Carbon Consumer City: NBER Working paper No. 18735. National Bureau of Economic Research.

Holian, M.J., Kahn, M.E., 2014. Household Demand for Low Carbon Public Policies: Evidence from California: NBER Working paper No. 19965. National Bureau of Economic Research.

Holmes, T.J., 1998. The effect of state policies on the location of manufacturing: evidence from state borders. J. Polit. Econ. 106 (4), 667–705.

Houde, S., 2014. How Consumers Respond to Environmental Certification and the Value of Energy Information, University of Maryland Working paper.

Hsiang, S., Jina, A., 2014. The Causal Effect of Environmental Catastrophe on Long-Run Economic Growth: Evidence from 6,700 Cyclones: NBER Working paper #20352.s.

Hu, S., Fruin, S., Kozawa, K., Mara, S., Paulson, S.E., Winer, A.M., 2009. A wide area of air pollutant impact downwind of a freeway during pre-sunrise hours. Atmos. Environ. 43 (16), 2541–2549.

Iannaccone, L.R., 1998. Introduction to the economics of religion. J. Econ. Lit. 36, 1465–1495.

Innes, R., Mitra, A., 2014. Parties, politics and regulation: do Republican Congressmen reduce local enforcement of Clean Air laws? Econ. Inq. forthcoming.

Isard, W., 1948. Some locational factors in the iron and steel industry since the early nineteenth century. J. Polit. Econ. 56, 203.

Ito, K., 2014. Do consumers respond to marginal or average price? Evidence from nonlinear electricity pricing. Am. Econ. Rev. 104 (2), 537–563.

Jacobsen, G.D., Kotchen, M.J., 2013. Are building codes effective at saving energy? Evidence from residential billing data in Florida. Rev. Econ. Stat. 95 (1), 34–49.

Kahn, M.E., 1997. Particulate pollution trends in the United States. Reg. Sci. Urban Econ. 27 (1), 87–107.

Kahn, M.E., 1999. The silver lining of rust belt manufacturing decline. J. Urban Econ. 46 (3), 360–376.

Kahn, M.E., 2002. Demographic change and the demand for environmental regulation. J. Policy Anal. Manag. 21 (1), 45–62.

Kahn, M.E., 2003. New evidence on Eastern Europe's pollution progress. Top. Econ. Anal. Policy 3 (1), 1100.

Kahn, M.E., 2007. Gentrification trends in new transit-oriented communities: evidence from 14 cities that expanded and built rail transit systems. Real Estate Econ. 35 (2), 155–182.

Kahn, M.E., 2010. Climatopolis: How Our Cities Will Thrive in Our Hotter Future. Basic Books, New Jersey.

Kahn, M.E., 2011. Do liberal cities limit new housing development? Evidence from California. J. Urban Econ. 69 (2), 223–228.

Kahn, M.E., Kok, N., 2014. Big-Box Retailers and Urban Carbon Emissions: The Case of Wal-Mart: NBER Working paper No. 19912. National Bureau of Economic Research.

Kahn, M.E., Mansur, E.T., 2013. Do local energy prices and regulation affect the geographic concentration of employment? J. Public Econ. 101, 105–114.

Kahn, M.E., Schwartz, J., 2008. Urban air pollution progress despite sprawl: the 'greening' of the vehicle fleet. J. Urban Econ. 63 (3), 775–787.

Kahn, M.E., Vaughn, R.K., 2009. Green market geography: the spatial clustering of hybrid vehicles and LEED registered buildings. BE J. Econ. Anal. Policy. 9 (2).

Kahn, M.E., Kok, N., Quigley, J., 2014. Carbon emissions from the commercial building sector: the role of climate, quality, and incentives. J. Public Econ. 113C, 1–12.

Kane, T.J., Riegg, S.K., Staiger, D.O., 2006. School quality, neighborhoods, and housing prices. Am. Law Econ. Rev. 8 (2), 183–212.

Kates, R.W., Colten, C.E., Laska, S., Leatherman, S.P., 2006. Reconstruction of New Orleans after Hurricane Katrina: a research perspective. Proc. Natl. Acad. Sci. U.S.A. 103 (40), 14653–14660.

Kennan, J., Walker, J.R., 2011. The effect of expected income on individual migration decisions. Econometrica 79 (1), 211–251.

Kiel, K.A., 1995. Measuring the impact of the discovery and cleaning of identified hazardous waste sites on house values. Land Econ. 71, 428–435.

Kiel, K.A., Williams, M., 2007. The impact of Superfund sites on local property values: are all sites the same? J. Urban Econ. 61 (1), 170–192.

Kim, C.W., Phipps, T.T., Anselin, L., 2003. Measuring the benefits of air quality improvement: a spatial hedonic approach. J. Environ. Econ. Manage. 45 (1), 24–39.

Klier, T., Linn, J., 2010. The price of gasoline and new vehicle fuel economy: evidence from monthly sales data. Am. Econ. J. Econ. Policy 2 (3), 134–153.

Kok, N., McGraw, M., Quigley, J.M., 2011. The diffusion of energy efficiency in building. Am. Econ. Rev. Pap. Proc. 101 (3), 77–82.

Kotchen, M.J., Powers, S.M., 2006. Explaining the appearance and success of voter referenda for open-space conservation. J. Environ. Econ. Manag. 52 (1), 373–390.

Kousky, C., Luttmer, E.F.P., Zeckhauser, R.J., 2006. Private investment and government protection. J. Risk Uncertain. 33 (1–2), 73–100.

Kuminoff, N.V., Pope, J.C., 2014. Do 'Capitalization Effects' for public goods reveal the public's willingness to pay? Int. Econ. Rev. 55, 1227–1250.

Kuminoff, N.V., Kerry, S.V., Timmins, C., 2013. The new economics of equilibrium sorting and policy evaluation using housing markets. J. Econ. Lit. 51 (4), 1007–1062.

Lee, S., Lee, B., 2014. The influence of urban form on GHG emissions in the US household sector. Energy Policy 68, 534–549.

Lee, S., Lin, J., 2013. Natural Amenities, Neighborhood Dynamics, and Persistence in the Spatial Distribution of Income: FRB of Philadelphia Working paper No. 13-48. Federal Reserve Bank of Philadelphia.

Levinson, A., Niemann, S., 2004. Energy use by apartment tenants when landlords pay for utilities. Resour. Energy Econ. 26 (1), 51–75.

Levitt, S.D., 2004. Understanding why crime fell in the 1990s: four factors that explain the decline and six that do not. J. Econ. Perspect. 18, 163–190.

Li, S., Timmins, C., von Haefen, R.H., 2009. How do gasoline prices affect fleet fuel economy? Am. Econ. J. Econ. Policy 1 (2), 113–137.

Libecap, G.D., 2009. Chinatown revisited: Owens Valley and Los Angeles—bargaining costs and fairness perceptions of the first major water rights exchange. J. Law Econ. Org. 25 (2), 311–338.

Ludwig, J., Sanbonmatsu, L., Gennetian, L., Adam, E., Duncan, G.J., Katz, L.F., Kessler, R.C., et al., 2011. Neighborhoods, obesity, and diabetes—a randomized social experiment. N. Engl. J. Med. 365 (16), 1509–1519.

Mangum, K., 2014. The Global Effects of Housing Policy, Georgia State University, Working paper.

Maruejols, L., Young, D., 2011. Split incentives and energy efficiency in Canadian multi-family dwellings. Energy Policy 39 (6), 3655–3668.

Matisoff, D.C., Noonan, D.S., Mazzolini, A.M., 2014. Performance or marketing benefits? The case of LEED certification. Environ. Sci. Technol. 48 (3), 2001–2007.

McConnell, V., Walls, M.A., 2005. The Value of Open Space: Evidence from Studies of Nonmarket Benefits. Resources for the Future, Washington, DC.

Meltzer, R., Schuetz, J., 2012. Bodegas or bagel shops? Neighborhood differences in retail and household services. Econ. Dev. Q. 26 (1), 73–94.

Miller, N.L., Hayhoe, K., Jin, J., Auffhammer, M., 2008. Climate, extreme heat, and electricity demand in California. J. Appl. Meteorol. Climatol. 47 (6), 1834–1844.

Moretti, E., 2004. Human capital externalities in cities. In: Henderson, J.V., Thisse, J.F. (Eds.), Handbook of Regional and Urban Economics, vol. 4. Elsevier, Holland, pp. 2243–2291.

Moretti, E., 2012. The New Geography of Jobs. Houghton Mifflin Harcourt, New Jersey.

Muller, N.Z., Mendelsohn, R., 2007. Measuring the damages of air pollution in the United States. J. Environ. Econ. Manag. 54 (1), 1–14.

Muller, N.Z., Mendelsohn, R., Nordhaus, W., 2011. Environmental accounting for pollution in the United States economy. Am. Econ. Rev. 101 (5), 1649–1675.

Nevin, A.M., 1888. The Social Mirror: A Character Sketch of the Women of Pittsburg and Vicinity During the First Century of the County's Existence. TW Nevin, New Jersey.

Newell, R., Jaffe, A., Stavins, R., 1999. The induced innovation hypothesis and energy saving technological change. Q. J. Econ. 114 (3), 941–975.

Noonan, D.S., 2005. Neighbours, barriers and urban environments: are things 'different on the other side of the tracks'? Urban Stud. 42 (10), 1817–1835.

Noonan, D.S., Hsieh, L.-H.C., Matisoff, D., 2013. Spatial effects in energy-efficient residential HVAC technology adoption. Environ. Behav. 45 (4), 476–503.

Nordhaus, W.D., Tobin, J., 1972. Is growth obsolete? In: Economic Research: Retrospect and Prospect Vol

5: Economic Growth, pp. 1–80. NBER, New York.

Oi, W.Y., 1996. The welfare implications of invention. In: The Economics of New Goods. University of Chicago Press, Chicago, IL, pp. 109–142.

Olmstead, S.M., 2010. The economics of water quality. Rev. Environ. Econ. Policy 4 (1), 44–62.

Parry, I.W.H., Small, K.A., 2005. Does Britain or the United States have the right gasoline tax? Am. Econ. Rev. 95 (4), 1276–1289.

Peltzman, S., 1975. The effects of automobile safety regulation. J. Polit. Econ. 83, 677–725.

Pope III, C., Arden, J.S., Ransom, M.R., 1992. Daily mortality and PM10 pollution in Utah Valley. Arch. Environ. Health Int. J. 47 (3), 211–217.

Rappaport, J., 2009. The increasing importance of quality of life. J. Econ. Geogr. 9 (6), 779–804.

Rappaport, J., Sachs, J.D., 2003. The United States as a Coastal Nation. J. Econ. Growth 8 (1), 5–46.

Reiss, P.C., White, M.W., 2008. What changes energy consumption? Prices and public pressures. RAND J. Econ. 39 (3), 636–663.

Roback, J., 1982. Wages, rents, and the quality of life. J. Polit. Econ. 90 (6), 1257–1278.

Rosen, S., 1974. Hedonic prices and implicit markets: product differentiation in pure competition. J. Polit. Econ. 82, 34–55.

Rosen, S., 2002. Markets and diversity. Am. Econ. Rev. 92 (1), 1–15.

Rosenthal, S.S., Strange, W.C., 2004. Evidence on the nature and sources of agglomeration economies. Handbook Region. Urban Econ. 4, 2119–2171.

Rossi-Hansberg, E., Sarte, P.-D., 2009. Firm fragmentation and urban patterns. Int. Econ. Rev. 50 (1), 143–186.

Saiz, A., 2010. The geographic determinants of housing supply. Q. J. Econ. 125 (3), 1253–1296.

Schwartz, A.E., Susin, S., Voicu, I., 2003. Has falling crime driven New York City's real estate boom? J. Hous. Res. 14 (1), 101–136.

Sexton, S., 2014. Automatic bill payment and salience effects: evidence from electricity consumption. Rev. Econ. Stat. Forthcoming.

Sieg, H., Kerry, S.V., Spencer, B.H., Walsh, R., 2004. Estimating the general equilibrium benefits of large changes in spatially delineated public goods. Int. Econ. Rev. 45 (4), 1047–1077.

Sigman, H., 2001. The pace of progress at superfund sites: policy goals and interest group influence. J. Law Econ. 44 (1), 315–343.

Sigman, H., Stafford, S., 2011. Management of hazardous waste and contaminated land. Annu. Rev. Resour. Econ. 3 (1), 255–275.

Skrabec, Q.R., 2010. The World's Richest Neighborhood: How Pittsburgh's East Enders Forged American Industry. Algora Publishing, New Jersey.

Smith, V.K., 2012. Reflections—in search of crosswalks between macroeconomics and environmental economics. Rev. Environ. Econ. Policy 6 (2), 298–317.

Smith, V.K., Huang, J.C., 1995. Can markets value air quality? A meta-analysis of hedonic property value models. J. Polit. Econ. 103, 209–227.

Stradling, D., Thorsheim, P., 1999. The smoke of great cities: British and American efforts to control air pollution, 1860-1914. Environ. Hist. 4, 6–31.

Stull, W.J., 1974. Land use and zoning in an urban economy. Am. Econ. Rev. 64 (3), 337–347.

Tajima, K., 2003. New estimates of the demand for urban green space: implications for valuing the environmental benefits of Boston's big dig project. J. Urban Affairs 25 (5), 641–655.

Tarr, J.A. (Ed.), 2003. Devastation and Renewal: An Environmental History of Pittsburgh and Its Region. University of Pittsburgh Press, New Jersey.

Taylor, L., Liu, X., Phaneuf, D., 2012. Disentangling the Property Value Impacts of Environmental Contamination from Locally Undesirable Land Uses, Working paper.

Timmins, C., 2002. Measuring the dynamic efficiency costs of regulators' preferences: municipal water utilities in the arid west. Econometrica 70 (2), 603–629.

Tra, C.I., 2010. A discrete choice equilibrium approach to valuing large environmental changes. J. Public Econ. 94 (1), 183–196.

Turner, M.A., 2005. Landscape preferences and patterns of residential development. J. Urban Econ. 57 (1), 19–54.

Turner, M.A., Haughwout, A., van der Klaauw, W., 2014. Land use regulation and welfare. Econometrica 82, 1341–1403.

United Church of Christ. Commission for Racial Justice, 1987. Toxic wastes and race in the United States: a national report on the racial and socio-economic characteristics of communities with hazardous waste sites. Public Data Access.

US GAO, 2005. Report to Congressional Requesters, Brownfield Redevelopment: Stakeholders Report That EPA's Program Helps to Redevelop Sites, but Additional Measures Could Complement Agency Efforts.

US GAO, 2013. Report to Congressional Requesters, Superfund: EPA Should Take Steps to Improve Its Management of Alternative to Placing Sites on the National Priorities List.

VandeWeghe, J.R., Kennedy, C., 2007. A spatial analysis of residential greenhouse gas emissions in the Toronto census metropolitan area. J. Ind. Ecol. 11 (2), 133–144.

Waldfogel, J., 2008. The median voter and the median consumer: local private goods and population composition. J. Urban Econ. 63 (2), 567–582.

Walsh, R., 2007. Endogenous open space amenities in a locational equilibrium. J. Urban Econ. 61 (2), 319–344.

Weitzman, M.L., 2009. On modeling and interpreting the economics of catastrophic climate change. Rev. Econ. Stat. 91 (1), 1–19.

Wolak, F.A., 2011. Do residential customers respond to hourly prices? Evidence from a dynamic pricing experiment. Am. Econ. Rev. 101 (3), 83–87.

Wolff, H., 2014. Keep your clunker in the suburb: low-emission zones and adoption of green vehicles. Econ. J. 124 (578), F481–F512.

Wolverton, A., 2009. Effects of socio-economic and input-related factors on polluting plants' location decisions. BE J. Econ. Anal. Policy 9, 1.

Wu, J., Plantinga, A.J., 2003. The influence of public open space on urban spatial structure. J. Environ. Econ. Manag. 46 (2), 288–309.

Zabel, J.E., Kiel, K.A., 2000. Estimating the demand for air quality in four US cities. Land Econ. 76, 174–194.

Zheng, S., Kahn, M.E., 2008. Land and residential property markets in a booming economy: new evidence from Beijing. J. Urban Econ. 63, 743–757.

Zheng, S., Kahn, M.E., 2013. Understanding China's urban pollution dynamics. J. Econ. Lit. 51 (3), 731–772.

Zheng, S., Wang, R., Glaeser, E.L., Kahn, M.E., 2011. The greenness of China: household carbon dioxide emissions and urban development. J. Econ. Geogr. 11 (5), 761–792.

Zheng, S., Jing, W., Kahn, M.E., Deng, Y., 2012. The nascent market for "green" real estate in Beijing. Eur. Econ. Rev. 56 (5), 974–984.

Zheng, S., Cao, J., Kahn, M.E., Sun, C., 2014a. Real estate valuation and cross-boundary air pollution externalities: evidence from Chinese cities. J. Real Estate Financ. Econ. 48 (3), 398–414.

Zheng, S., Sun, C., Qi, Y., Kahn, M.E., 2014b. The evolving geography of China's industrial production: implications for pollution dynamics and urban quality of life. J. Econ. Surv. 28 (4), 709–724.

Zhou, Y., Levy, J.I., Evans, J.S., Hammitt, J.K., 2006. The influence of geographic location on population exposure to emissions from power plants throughout China. Environ. Int. 32 (3), 365–373.

第 *8* 章
城市土地利用

吉尔斯·杜兰顿

美国宾夕法尼亚大学沃顿商学院

英国伦敦经济政策研究中心

迭戈·普加

英国伦敦经济政策研究中心

西班牙马德里货币与金融研究中心

摘要

我们将提供一系列由单中心城市模型衍生发展的城市土地利用理论文献的综合研究，包括处理多个内生性商业中心、异质性面积和耐久性住宅的扩展。在对理论进行介绍和总结其重要经验启示后，我们细致地回顾了关于城市土地区位价格和发展的差异、城市中不同家庭的区位选择模式、建设无序蔓延和居住区分散及就业分散等问题的经验分析文献。

关键词

土地利用　城市结构

JEL 分类码

R14

8.1　引　　言

本章中，我们将提供一系列由单中心城市模型衍生发展的城市土地利用理论文献的综合研究，包括处理多个内生性商业中心、异质性的不同空间尺度和耐久性住宅的扩展。在对理论进行介绍和总结其重要经验启示后，我们细致地回顾了关于城市土地区位价格和发展的差异、城市中不同家庭的区位选择模式、建设无序蔓延和居住区分散及就业分散等问题的经验分析文献。

　　城市土地利用具有基础性的意义。最显而易见的是，它在企业和家庭进行区位选择时占据着核心地位。美国家庭消费支出的 1/4 用在住房方面，而住宅存量的价值量可能与长达两年的国民生产总值相当。去哪里发展和以何种力度进行发展，在巨大的分配效率方面起着重要决定因素。家庭在不同地点参与各种各样的活动，例如他们的工作、休息、娱乐、上学、购物、访友和看牙医等等活动。[①] 为了在不同地点进行这些活动，人们必须在地点之间来回穿梭。因此，土地利用和交通有着密切的关系。美国家庭在通行中花费了他们时间的 5%～10%，中等收入家庭在交通方面的花费占其预算的 18%，其中大部分是通勤费用。[②]

　　除此之外，城市土地利用在占据世界大部分人口的城市居民生活的物质世界中起着决定性作用。城市土地利用模式，决定不同区位的城市居民以何种出行方式或想要以何种出行方式进行彼此联系。因此，土地利用不仅影响投入到住房、商业地产、公共空间和交通运输中的大量资源，也可能影响劳动力市场及我们进行购买的商品市场。土地利用同样可能影响企业的生产能力。相反，土地利用的这些更广泛的影响可能会对市场的繁荣和公平产生严重影响。

　　图 8-1 描述了巴黎各种用途土地的分布状况。表格上方的地图是一个以巴黎传统中心——巴黎圣母院为中心，以 30 千米为半径圆平面，并将其土地按照五种用途分类。

　　我们可以直观地看到，土地利用模式相当复杂。接下来两个图是根据与巴黎圣母院的距离对不同的土地利用分类信息进行汇总。其中北半部分的地图绘制在水平轴的正方向，南部绘制在轴的负方向上。[③] 第一个图将土地按照空地、交通基础设施用地和建设用地进行划分。第二个图将建设用地类别进行了

---

　　① 这些交通分类与美国全国家庭交通调查的类别密切相关。
　　② 见 Combes 等（2014）对住房数据资源统计和 Couture 等（2012）对交通数据统计。这里报道的数据是美国，但幅度对于其他发达国家和许多发展中国家是相似的。
　　③ 因为他们将空间数据从二维（经度和纬度）转化为一维（距离中心），这些图形更直接与土地利用经济模型进行比较。正如我们下面将看到，通常这些模型会把城市描绘成直线上的一段（例如，Ogawa，Fujita，1980），或者是把它们描绘成假设对称的一个圆盘上（例如，Lucas，RossiHansberg，2002）以便距离盘面中心相同距离的所有点都有相同的土地利用效益。值得强调的是，土地利用经济模型的焦点除了市场力量外，从图 8-1 的巴黎不同用途土地分配中也可看出关注点也包括公共部门的土地用途的决定、重要的限制和相关规定。图 8-1 是基于法国城市和区域规划研究所的土地保有数据集（2012）绘制的。

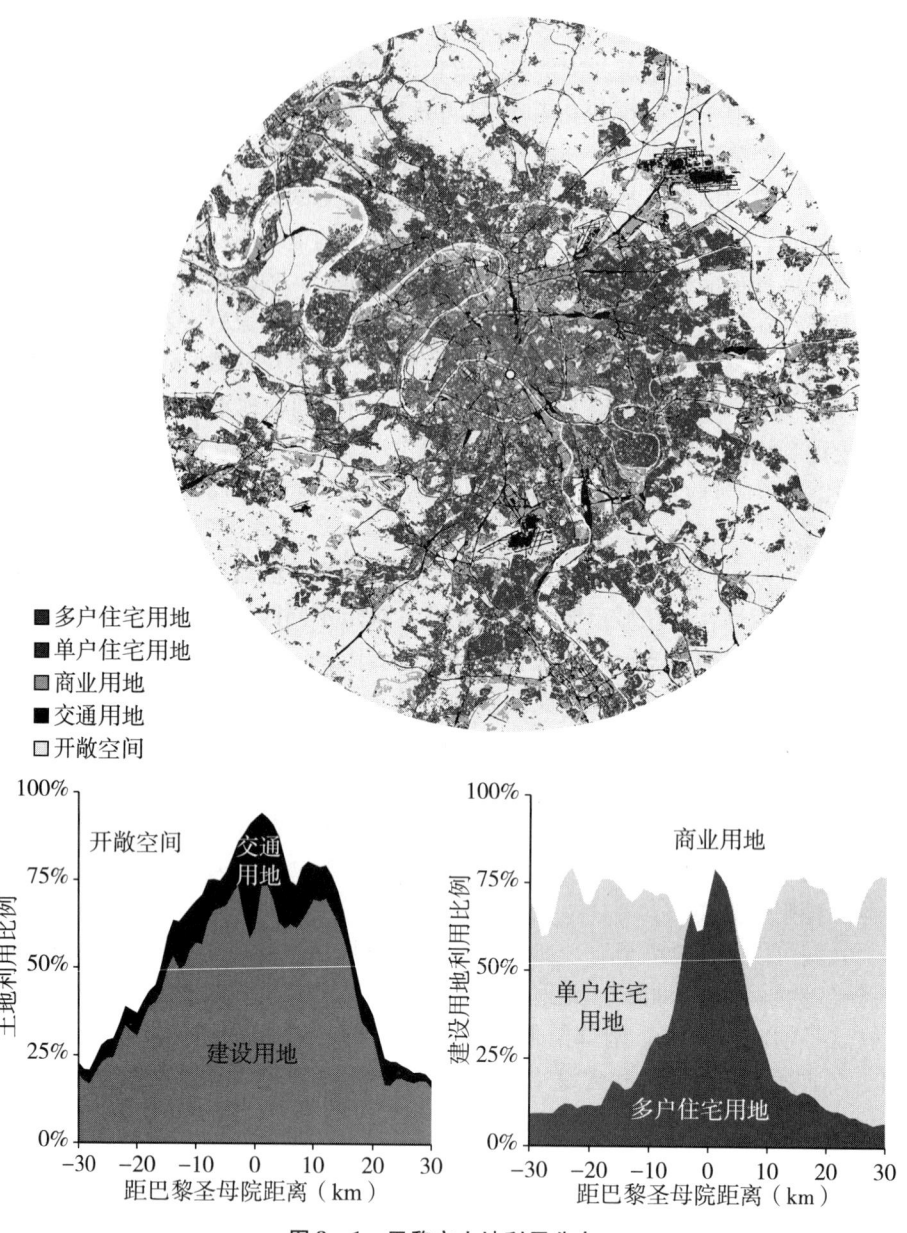

图 8-1　巴黎市土地利用分布

细化，划分为多户住宅区、单户住宅区和商业区。两张图都表现出了一些清晰的梯度变化。特别是，当我们进一步远离中心（圣母院）的时候，土地的建设率就开始下降，取而代之的是更多的空地。住宅区的开发强度也随着远离中心的距离明显下降，其中多户住宅建筑比单户住宅建筑要消失的更快。住宅和商业用地的空间分布没有显示出太大区别，但我们确实看到在土地混合利用的中心区域两侧，商业用地均达到了峰值（指向下方，因为商业用地被绘制在顶部）。同样值得注意的是，交通基础设施占用了多少空间，尤其是靠近区域中心的位置。一个非常生动的例子说明了城市交通是如何与土地利用问题紧密联系在一起的。本章的其余部分将帮助读者理解出现在图 8 - 1 的各种关系的复杂性及顺序。

　　在进一步分析前，我们将为这一章划定一些知识边界，并进一步证明这些知识的组织结构关系。由于一切经济活动都发生在土地之上，土地利用可能涉及大量的研究主题。至少，在本卷的其他章节中，这些讨论主题肯定会有较大的重叠。为保留一个有限的研究范围，我们认为城市土地利用的研究主要集中以下方面：（a）不同区位土地与房地产价格的差异；（b）不同类型和群体用户做出的区位选择模式；（c）土地用途转换模式；（d）城市住宅和商业区位变化模式。

　　为了分析这四类问题，在转向上述问题的经验研究前，我们首先对有关城市土地利用的相关理论进行系统性总结。对经验问题研究采用这种框架而不是提供不同模型的主要原因为：以上列举的每个经验问题的理论基础是统一的，没有必要进行重复说明。此外，在进行土地利用经济分析时，首先会看到经验研究落后或独立于一些重要的理论发展。④ 为了将经验工作和理论重新紧密联系起来，我们不仅要努力使这些模型的经验内容与我们描述的等同起来，而且还要将经验研究和土地利用联系得更加紧密（或者将这些例证之间联系的不足点显现出来）。以一种独立的形式阐述城市土地利用理论有另一个原因。因为这不仅和本章研究问题有关，还与本书其他章节中出现的问题——管理规定、邻里动态和交通，甚至与上面列举的这些问题有关。

　　通过分析大量著名的经济文献后，我们首先得出可达性决定了不同区位的土地与住房的价格。然而，可达性的模式也受到企业和工人的位置选择影响，他们对位置的选择同样是由价格决定的。因此，土地利用问题实质上是一个涉及面较广而又很难平衡的问题。文献中解决这个问题，首先是单独的限制可以到达工作地方的可达性，然后把这些工作地点位置作为一个外生的地理位置和无摩擦市场。这就是我们在 8.2 节中探讨的单中心城市模型。

　　虽然单中心城市模型最简单的版本可能被看作是许多城市最佳的解释，其

---

　　④　我们在下面讨论 Clark（1951）的经验研究是出现在主要框架建立之前的一个例外。也源自 Quigley（1998）对城市土地利用的早期工作做的简要的学术史介绍。

进行了许多精妙的预测但其仍然存在诸多局限。即使我们愿意将生产限制在城市的中心区域，但该模型仍然忽略了城市的一些基本特征。特别是，城市居民在收入、人口统计特征及偏好方面是高度异质的。对城市居民异质性进行研究是非常值得的，因为除了可以对价格与发展强度进行预测，我们也期望合理的土地利用模型可以让城市居民对其生活的地方有深入的了解。居民和现有住房的异质性意味着土地和房地产市场不会像在最简单的土地利用模型中假设的那样无摩擦。此外，基本模型在本质上是静态的，但属性是长期存在的，我们不能期望在城市土地利用遭到任何冲击后都会立即调整。这将会产生进一步的摩擦。我们将在 8.3 节中探讨这些问题。

但对单中心城市模型最典型的批判是越来越少的城市呈现出单中心分布形态。这些主要问题的标准特征不是单中心城市模型不再适应现实的就业分布，而是这种标准的处理方法不会允许工作的内生性，而这与居民的分布交叉在了一起。自 20 世纪 70 年代末以来，许多建模模型一直致力于解决这个交叉问题。居民对可达性与土地及房地产价格之间的关系进行权衡。由于集聚经济效应，企业会因为接近其他企业而获益。但如果他们集聚在一起，除了必须要支付更高的土地价格，还要支付更高的工资来补偿工人们更远的通勤成本。第 8.4 节提供了一个易于处理具有复杂特征的内生商业区位的城市土地利用模型，并总结了有关次中心模型和就业分散的其他研究。

任何没有对政府干预进行探讨的城市土地利用研究都是不完善的。土地及土地之上的财产通常都是妥善管理的。我们将在 8.5 节中探讨产生这些监管的原因及他们可能产生的影响。

我们在梳理理论文献时把工作可达性放在了主导地位。然而更重要的是，工作的可达性并不是土地利用和财产估值的唯一决定性因素。首先，通勤只是城市交通的一个方面。因此，可达性可大致理解为到达邻近的商店、学校、娱乐设施等等的便捷度。其次，区位的其他方面，如异质性与邻里的互动也很重要。这表明，我们对可达性的关注是十分必要的，因为其在广域范围内塑造城市起着特别重要的作用。

一个理论要想变得有用而不仅仅是一种推测，它必须经过经验的检验。这是本章最后四节要讨论的内容。第 8.6 节探讨了有关城市土地利用最简单模型的梯度预测评估的经验研究。8.7 节转向讨论城市居民实际区位模式的异质性。8.8 节的关注点在居住用地开发的模式上。最后，8.9 节探讨了城市商业区位变化。

8.2　城市土地利用模型：单中心城市模型

土地利用是经济分析中最古老的话题之一。李嘉图（Ricardo，1817）和冯·杜能（von Thünen，1826）这两个学科的先驱对此提出了早期的观点。李嘉图认为在其他条件不变的情况下，两块土地的租金差应该和这两块土地上产生的收入差是相等的。杜能对此持有相同的观点，他将该观点嵌入到了一个简单的农地模型中，即在一个平坦的自然条件无差别的平原上，运输成本高的作物靠近村庄的中心，相反运输成本低的作物多在村庄外围种植。⑤ 李嘉图和杜能的观点仍会构成我们如今对城市土地利用问题理解的基础，这一点也会在下文的阐述中越来越明确。

城市土地利用的现代方法起源于阿朗索（Alonso，1964）、米尔斯（Mills，1967）和穆特（Muth，1969）的研究工作中。他们首次将城市的交通、土地利用和人口问题纳入到著名的单中心城市模型中。在这一节中，我们首先对这个模型进行细致的阐述。然后，我们会在 8.3 节和 8.4 节中进行一些扩展。因为这个模型的已经被充分的研究过，我们有选择性地对这些拓展进行了回顾。如果进行详细的回顾，那将会远远超出本章的讨论范围。

在本节中，我们将对已经介绍过的城市单中心模型（Duranton and Puga，2014）的相关阐述进行拓展⑥。通常我们认为单中心城市是线性的，城市土地是内生决定的，且可以用正轴表示。只有必需品的生产和消费同时发生在 $X=0$ 处，即中央商务区（CBD）除了必需品外，居住在城市的个人都需要进行住房消费。城市土地住房的开发可以作如下描述，任何位置上的土地和它上面的房产如今都会被分配给竞价最高的投标者。个人住房消费偏好可以用效用函数 $u(h,z)$ 表示，其中 h 表示个人住房消费，z 表示必需品消费。这个函数的每个参数都是在增长的，而且是严格的凹函数。

通勤成本随着距 CBD 距离的增加而线性增加，因此距离 CBD 为 x 处的居民会产生的通勤成本为 τx，$w-\tau x$ 表示住房和必需品支出。如果我们用 $P(x)$ 表示距 CBD 距离为 x 处住宅的租赁价格，那么该居民的预算约束可以表示为

---

⑤　杜能的工作可能是有史以来第一次完整的详细说明一个正式的经济模型。他也被认为是边际学派的创始人之一（Samuelson，1983；Fujita；2012）。

⑥　更多的阅读请参考 Brueckner（1987）提供的一个非常清晰和直观表示的单中心模型的图形。更详细的介绍可在 Fujita（1989）的经典作品中看到。也可以参考 Zenou（2009）作品的附录，在那里他将马歇尔法和投标租金法进行了进一步的发展和比较。

$w - \tau x = P(x)h + z$。

假设城市中所有居民的收入和偏好都是相同的，并且居民可以在城市中自由移动，那么必须从住房和必需品消费的不同组合中推导出相同的效用水平$\underline{u}$。

相对于经济学导论中研究的标准消费问题，居民的消费有两个不同的方面。首先，居民必须选择住所的区位以及在住房和必需品消费中最优地分配他们的可支配收入。因此，住房的价格和他们面临的预算约束都会随着他们选择的区位而变化。考虑到一般性问题，我们认为每个区位上的居民都可以进行住房和必需品消费间的一个标准预算分配，然后选择那个可以为其提供最大效用的区位。其次，每个区位处的住房价格对于分析者来说都是未知的，必须纳入计算均衡分配的一部分。

单中心城市模型的初期版本有六个基本假设。前三个分别是关于城市的相关线性关系、城市的通勤限制和购买必需品的通勤费用随距离增加的比例。这些假设都是用来解释单中心城市模型的。下面我们推导的大部分结果很容易将单中心城市模型推广到二维的城市，例如及时支付通勤费用和影响效用，这些可能是通行的其他原因及通勤费用的其他限定。我们会重点分析这些依赖于基本假设的少数特殊案例。另外三个假设是表明模型是静态的、工作具有地域的外生性及居民是均质的。接下来的两节探索研究中，我们会尝试着放宽这些假设。最后，我们认为可达性是决定土地利用的唯一因素，我们会分析土地利用的其他决定性是如何与可达性结合在一起。

8.2.1 马歇尔法

有很多方法可以解决这个模型。它们从不同的方面阐释了该模型的机理，我们将依次进行描述。第一种方法就是马歇尔法（有时也被称为间接法）。这种方法解决了每一个位置上个人住房与必需品消费的预算分配，然后在每一个消费者都最优地分配其可支配工资的前提下，通过确保城市中每个位置的效用均衡来得到住房的价格。

最大效用函数$u(h, z)$是关于h和z的函数，并且满足函数$w - \tau x = P(x)h + z$，它也等价于只包含h的极限函数$u(h, w - \tau x - P(x)h)$。这个问题的一阶条件使每个位置上的住房都产生了独特的马歇尔需求，$h(x)$隐含地定义为$\dfrac{\partial u(\cdot)}{\partial h} - \dfrac{\partial u(\cdot)}{\partial z}p(x) = 0$，或等价于：

$$P(x) = \frac{\dfrac{\partial u(\cdot)}{\partial h}}{\dfrac{\partial u(\cdot)}{\partial z}} \tag{8.1}$$

这个式子是居民效用最大化的标准一阶条件，可以解释为每花费更多数量的住房费用产生的边际效用应该等于花费必需品的边际效用。再次引入预算约束，我们可以把表达马歇尔需求的必需品消费函数 $Z(x)$ 当成住房的马歇尔需求函数 $Z(x) = w - \tau x - P(x)h(x)$。

为了达到平衡，假定所有的人都有相同的收入且都可以自由移动，他们必须获得相同的如上面定义中的效用水平 $\underline{u}$（我们在后面会介绍是如何确定的）。因此，

$$u(h(x),\ w - \tau x - P(x)h(x)) = \underline{u} \tag{8.2}$$

式（8.2）关于 x 的全微分方程为：

$$\frac{\partial u(h,\ z)}{\partial h}\frac{\partial h(x)}{\partial x} - \frac{\partial u(h,\ z)}{\partial z}P(x)\frac{\partial h(x)}{\partial x} - \frac{\partial u(h,\ z)}{\partial z}\left(\tau + h(x)\frac{dP(x)}{dx}\right) = 0 \tag{8.3}$$

通过式（8.1），利用包络定理得到的式（8.3）中的前两项可以消去，其暗含：

$$\frac{dP(x)}{dx} = -\frac{\tau}{h(x)} < 0 \tag{8.4}$$

式（8.4）被称为阿朗索—穆特（Alonso - Muth）条件。[⑦] 它表明，在居住的均衡条件下，如果居民稍微远离 CBD，那么他或她目前的住房消费成本下降值会与通勤成本增加值相近。因此，住房的价格会随着离 CBD 距离的增加而减少。这里的房价梯度将会是单中心城市模型系列梯度中的第一个。

马歇尔法的主要缺点是其以一种迂回的方式去解决问题。这种方法首先会在通过居住均衡条件下重新获得某区位住房价格之前，先解决好该位置上的消费函数。然后当住房价格确定后，在选择最优位置之前回到消费选择。马歇尔法的主要优点是它明确了每个位置上的住房价格是内生的出现在城市模型中。

8.2.2　竞租法

阿朗索—穆特条件可以用竞租法（也称为直接法）更直接的推导出来。我们用竞租函数 $\Psi(x,\ \underline{u})$ 表示一个居民愿意支付距离中心（CBD）x 处的一处房屋的最高价格，同时居民可获得效用为 $\underline{u}$，且满足预算约束：

---

⑦　尽管它有时也被称为空间均衡条件，我们更喜欢阿朗索—穆特的标签，同时也保留空间均衡的条件（8.2）。就像下面明确表示的，阿朗索—穆特条件将会出现在一个没有空间条件的模型中，这个空间条件甚至包括一个像式（8.2）那样完整的均衡条件。我们也注意到空间平衡条件也存在于许多其他模型中，包括涉及跨地区的礼仪和工资差异的场景。

$$\Psi(x,\ \underline{u}) = \max_{h(x),z(x)} \{P(x)\ |\ u(h,\ z) = \underline{u},\ w - \tau x = P(x)h(x) + z(x)\}$$

$$(8.5)$$

为了使两个约束变为一个约束，先解出预算约束 $P(x)$，并将其代入到原函数中可得到：

$$\Psi(x,\ \underline{u}) = \max_{h(x),z(x)} \left\{ \frac{w - \tau x - z(x)}{h(x)} \ \middle|\ u(h,\ z) = \underline{u} \right\} \qquad (8.6)$$

然后，我们可以通过对必需品用严格的希克斯条件限制，将其需求函数 $z(h(x),\ \underline{u})$ 替换 $z(x)$，进而把上面的程式转换成一个无约束的最大化问题：

$$\Psi(x,\ \underline{u}) = \max_{h(x)} \left\{ \frac{w - \tau x - z(h(x),\ \underline{u})}{h(x)} \right\} \qquad (8.7)$$

现在阿朗索—穆特条件可以通过将包络定理运用到直接程式（8.7）中获得：

$$\frac{\mathrm{d}P(x)}{\mathrm{d}x} = \frac{\mathrm{d}\Psi(x,\ \underline{u})}{\mathrm{d}x} \bigg|_{h(x) = h(\Psi(x,\underline{u}),\ \underline{u})} = -\frac{\tau}{h(x)} < 0 \qquad (8.8)$$

个人支付租金产生的住房消费可以从方程式（8.7）的一阶条件中得到：

$$\frac{\partial z(h(x),\ \underline{u})}{\partial h(x)} h(x) + w - \tau x - z(h(x),\ \underline{u}) = 0 \qquad (8.9)$$

其也可以写成：

$$\frac{\partial z(h(x),\ \underline{u})}{\partial h(x)} = -\frac{w - \tau x - z(h(x),\ \underline{u})}{h(x)} \qquad (8.10)$$

该等式左边表示的是无差异曲线 $u(h,\ z) = \underline{u}$ 的斜率，右边表示的是预算约束线的斜率。图 8-2 中的曲线图（a）阐明了这种方法。纵轴表示必需品的消费 $z(x)$，横轴代表住房消费 $h(x)$。$z(x) = w - \tau x - P(x)h(x)$ 表示预算约束直线，其交纵轴截距为 $w - \tau x$ 且斜率为 $-P(x)$。当消费者处在预算约束内且能获得效用 $\underline{u}$ 时，他可以支付住房的竞租价或最高价格是通过围绕预算约束线的纵截距并旋转直线与无差异曲线 $u(h,\ z) = \underline{u}$ 相切时得到。[8]

竞租法虽然不太标准，但它仍是解决单中心城市模型更为直接的方式。同时，它也强调每个区位住房（和土地）分配中竞争机制的作用。

为了使竞租法表达的更具体，我们假设，如当 $u(h,\ z) = h^{\alpha}z^{1-\alpha}$ 时，$0 < \alpha < 1$。那么，$z(h(x),\ \underline{u}) = h(x)^{-\alpha/(1-\alpha)}\underline{u}^{1/(1-\alpha)}$。在这种特殊情况下，方程（8.7）可以写成：

---

[8]　注意这不同于标准的消费者问题被解决时推导出的支出函数，那样的函数是使预算约束斜率固定并平行移动直到与函数 $u(h,\ z) = \underline{u}$ 相切。在这里，我们使纵截距固定并旋转预算约束线达到切点。

$$\Psi(x,\ \underline{u}) = \max_{h(x)}\left\{\frac{w - \tau x - h(x)^{\frac{-\alpha}{1-\alpha}} \underline{u}^{\frac{1}{1-\alpha}}}{h(x)}\right\} \tag{8.11}$$

在式（8.11）中求出 $h(x)$ 并将其解重新代入式中，结果服从：

$$h(x) = \left(\frac{\underline{u}}{(1-\alpha)^{1-\alpha}(w-\tau x)^{1-\alpha}}\right)^{\frac{1}{\alpha}} \text{和}$$

$$P(x) = \Psi(x,\ \underline{u}) = \frac{\alpha(w-\tau x)}{h(x)} = \alpha(1-\alpha)^{\frac{1-\alpha}{\alpha}}\left(\frac{w-\tau x}{\underline{u}}\right)^{\frac{1}{\alpha}} \tag{8.12}$$

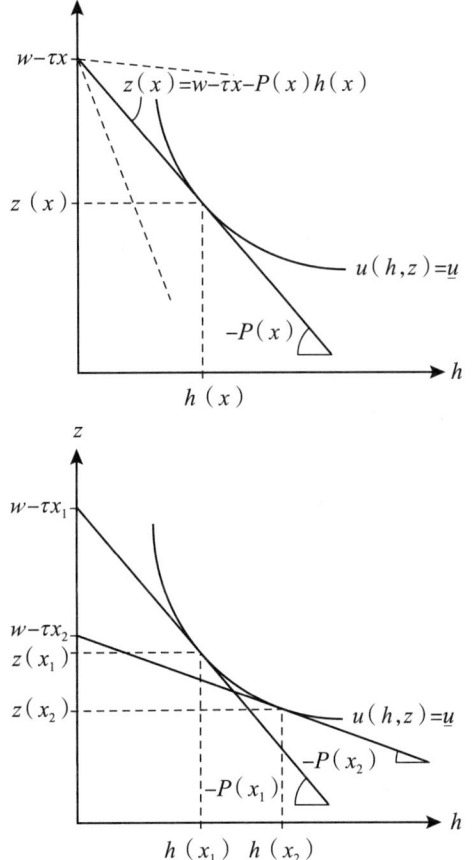

图 8-2 单中心模型的图形表示。（a）：x 处的房价推导图 （b）：比较静态分析。

值得注意的是，在第二个式子中住房支出 $P(X)h(x)$ 是第二个表达式通勤成本占净工资的一个固定份额 α。在这个例子中假设效用函数具有柯布—道格拉斯性质并不为奇。同样注意的还有住房价格的梯度是呈凸性的。

8.2.3 对偶法

对于第三种解决方法，我们使用的效用函数的对偶表示形式 $v(P(x), w - \tau x)$，其中 $\dfrac{\partial v}{\partial P(x)} < 0$，且 $\dfrac{\partial v}{\partial(w - \tau x)} > 0$。住宅均衡可以表述为：

$$v(P(x), w - \tau x) = \underline{u} \qquad (8.13)$$

其中支出函数 $e(P(x), u)$ 的定义为：

$$e(P(x), v(P(x), w - \tau x)) = w - \tau x \qquad (8.14)$$

将式（8.13）代入式（8.14）中并对 x 全微分，结果为：

$$\frac{\partial e(P(x), \underline{u})}{\partial P(x)} \frac{\mathrm{d}P(x)}{\mathrm{d}x} = -\tau \qquad (8.15)$$

该式在使用 Shephard 引理后，就可得到阿朗索—穆特条件：

$$\frac{\mathrm{d}P(x)}{\mathrm{d}x} = -\frac{\tau}{\dfrac{\partial e(P(x), \underline{u})}{\partial P(x)}} = -\frac{\tau}{h(P(x), \underline{u})} < 0 \qquad (8.16)$$

虽然不是那么直观，但对偶法在推导阿朗索—穆特条件时比较直接。因为它使得后续的推导更为容易，所以从现在开始我们主要保留对偶法。[9]

居民在面对低房价时，通常会增加他们的住房消费（如住更大的房子），住的离 CBD 更远。要明白这，只需对 Hicksian 住房需求函数的 x 求微分：

$$\frac{\partial h(P(x), \underline{u})}{\partial x} = \frac{\partial h(P(x), \underline{u})}{\partial P(x)} \frac{\mathrm{d}P(x)}{\mathrm{d}x} \geq 0 \qquad (8.17)$$

方程（8.17）引入了一个二阶梯度：住宅消费量随离 CBD 距离的增加而增加。注意这是纯粹的替代效应，因为效用 u 是保持不变的。方程式（8.17）和式（8.16）联立即可表明住房价格与 CBD 的距离之间的函数是凸的，$\dfrac{\mathrm{d}^2 P(x)}{\mathrm{d}x^2} > 0$：房价下降速度并不需要与通勤成本随距离 CBD 增加而增加的速度一样快，以此来说明居民对距离的增加漠不关心，因为他们喜欢拥有更大的房子（其会自觉的远离 CBD）。这种住房价格的凸性在上面的例子中已经说明。

---

⑨　在城市经济学中对偶法最初是由 Solow（1973）引用，后来又陆续被 Polinsky，Shavell（1975，1976），Henderson（1977），和 Kanemoto（1980）使用。Duranton、Puga（2014）在他们的单中心模型推导中同样也使用了对偶法，但是完全和式（8.13）区分开，他是通过调用罗伊恒等式来推导阿朗索—穆特条件，而不是使用支出函数和 Shephard 引理。

这是模型通有的属性，而不是用来说明偏好的一种函数形式。^⑩

图 8 - 2 中的图（b）对这些结果进行了解释。它研究了两个位置 x_1 和 x_2，其中 $x_2 > x_1$。X_1 处的住房价格 $P(x_1)$ 是由截距为 $w - \tau x_1$ 的预算约束直线的斜率（绝对值）求出，且直线与无差异曲线 $u(h, z) = \underline{u}$ 相切。在无差异曲线和预算约束线的切点处，可以让我们得到该点纵轴上必需品的消费 $z(x_1)$ 和横轴上住房消费 $h(x_1)$。对于 x_2 处的居民，住房价格 $P(x_2)$、必需品的消费 $z(x_2)$、住房消费 $h(x_2)$，同样可以用截距为 $w - \tau x_2$ 的预算约束线以同样的方法获得。为了能与无差异曲线相切，这种较低的预算曲线必须是平滑的，也就是说要涉及一个较低的住房价格。因此可以很明显看出，尽管 x_2 处必需品的消费相对 x_1 处较低，但其住房消费却较高。

我们现在把注意从住房转到住房下面的土地上。为供应住房，一个完全竞争的建筑行业在规模收益下，用土地和资金在距离 CBD 为 x 处的每单位土地上建造的住房面积数量为 $f(x)$。住房的生产函数中所有的参数都是增加的，同时是严格拟合凹函数的。土地的租赁价格为 $R(x)$，随城市地区差异而不同。资本的借贷价格是恒定、内生给定的，因此我们忽略它作为建筑单位成本函数 $c(R(x))$ 的一个参数。于是建筑行业的零利润条件也可以被写成 $P(x) = c(R(x))$。对 x 进行全微分的结果服从：

$$\frac{\mathrm{d}P(x)}{\mathrm{d}x} = \frac{\partial c(R(x))}{\partial R(x)} \frac{\mathrm{d}R(x)}{\mathrm{d}x} \tag{8.18}$$

这表明：

$$\frac{\mathrm{d}R(x)}{\mathrm{d}x} = \frac{\mathrm{d}P(x)}{\mathrm{d}x} \frac{1}{\dfrac{\partial c(R(x))}{\partial R(x)}} = \frac{\mathrm{d}P(x)}{\mathrm{d}x} f(x) < 0 \tag{8.19}$$

其中的简化式由 Shephard 引理推导^⑪。因此，当住房远离 CBD 时，住房价格的下降实际上反映了土地价格的下降。建筑行业通常会降低资本与土地的比率，即在远离 CBD 的地方建造房屋，来应对较低的土地价格。换句话说，当住房远离 CBD 时会产生另外两个变化梯度：土地价格的下降和住房资本密集度的下降（如更少的人将拥有更大的花园和房产权）。

---

⑩　如果通勤成本在距离方面是充分的凸函数，那么住房价格梯度可能是凹函数的，而不是像这里假设的一样是线性的。随着通勤成本成为 $z(x)$ 替换 τx，阿朗索—穆特条件在分子位置上会用通勤的边际成本 $\dfrac{\mathrm{d}\gamma(x)}{\mathrm{d}x}$ 替换掉 τ。因此，只有当通勤函数是足够的凸，住房价格梯度才可能是凹的。通勤成本在距离方面呈高度凸性几乎是不可能的。

⑪　注意土地价格梯度和住房价格梯度之间的关系可以用式 $\dfrac{\mathrm{d}\log R(x)/\mathrm{d}x}{\mathrm{d}\log P(X)/\mathrm{d}x} = \dfrac{f(x)P(x)}{R(x)}$ 替代。因此，土地价格的下降将会是房价下降的多倍。特别是，土地价格降低率与房价降低率之比近似等于住房价格水平与该房产下土地价格水平之比。

如果一处土地作为居住用途需要的租金 $R(x)$ 大于等于作为其他最佳用途（如农业）需要的租金 $\underline{R}$，那么这处土地就将会选择建造住宅。因此，城市边缘处距 CBD 距离为 x 的土地租金为：

$$R(\bar{x}) = \underline{R} \tag{8.20}$$

城市的地域范围足够容纳的人口为 N：

$$N = \int_0^{\bar{x}} n(x) \, \mathrm{d}x \tag{8.21}$$

其中 $n(x)$ 表示在距离 CBD 为 x 处的人口密度。利用方程（8.16）和式（8.19），我们可以将人口密度表示为：

$$n(x) = \frac{f(x)}{h(x)} = \frac{\dfrac{\mathrm{d}R(x)}{\mathrm{d}x} \Big/ \dfrac{\mathrm{d}P(x)}{\mathrm{d}x}}{-\tau \Big/ \dfrac{\mathrm{d}P(x)}{\mathrm{d}x}} = -\frac{1}{\tau} \frac{\mathrm{d}R(x)}{\mathrm{d}x} \tag{8.22}$$

通过方程（8.19）及由公式 $\dfrac{\mathrm{d}f(x)}{\mathrm{d}x} < 0$ 所反映的资本强度随远离 CBD 的距离而下降的事实，可知人口密度也随离 CBD 距离下降而降低，即 $\dfrac{\mathrm{d}n(x)}{\mathrm{d}x} < 0$。当居民远离 CBD 时，居民密度下降梯度是这个模型预测出的第五个梯度。如式（8.22），它表示的是另外两个已经讨论过的梯度的直接含义，即当远离 CBD 时，住房消费增加与资本发展强度下降。

用式（8.22）替换式（8.21）中的 $n(x)$，求积分，再使用式（8.20），结果服从 $N = \dfrac{R(0) - \underline{R}}{\tau}$。这意味着在 CBD 中央（$x = 0$）处一个简单的公式如下：

$$R(0) = \underline{R} + \tau N \tag{8.23}$$

评估在 $x = 0$ 处住房的均衡条件 $v(P(X), w - \tau x) = \underline{u}$ 且使用等式（8.23），我们可以将 CBD 处的房价写成 $P(0) = c(\underline{R} + \tau N)$。因为住房均衡条件适用于城市的任何位置，所以评价任意处的 x 和 $x = 0$ 处的位置，再使用 $P(0)$ 的表达式，可知：

$$\begin{aligned} v(P(x), w - \tau x) &= \underline{u} = v(P(0), w) \\ &= v(c(\underline{R} + \tau x), w) \end{aligned} \tag{8.24}$$

本式反过来可以看成是用含有 x，N，w，τ 和 $\underline{R}$ 的函数来求解房价 $P(x)$。这就是单中心城市模型中"封闭城市"的版本，其中城市人口 N 被当作一个参数。而"开放城市"则允许人口 N 由城市内生决定，可以通过城市间移民来达到一个一般的效用水平。我们可以把城市的效用均衡条件写为：

$$v(c(\underline{R} + \tau N), w) = \underline{u} \tag{8.25}$$

　　这个空间均衡条件反过来也可以看成是含有 u、w、τ 和 $\underline{R}$ 的函数来求解人口 N。

　　到目前为止提到的梯度都可用既定的参数来对城市中的区位进行比较。虽然对模型进行全面的静态比较分析超出了我们的范围，但分析这些参数变化是如何影响城市的，同样很有意义。将注意力转向开放城市的例子中，我们将比较静态视为一些变化的结果，这些变化对城市的影响小于对整个经济的影响。效用水平 u 是受消费者在其他地方获得的多少而被约束。因此，城市中工资的增加也会使城市中的房价普遍增加：式（8.7）也说明了这点，即 $\dfrac{\mathrm{d}P(x)}{\mathrm{d}w} > 0$。当居民需要在经济的其他方面保持同一水平的效用时，房价就需提高来抵消人们的高工资，同时这一切的实现也需要建立在一个人口增加的城市。

　　运输成本的减少（例如，道路或交通改善）也增加了城市各地的房价：$\dfrac{\mathrm{d}P(x)}{\mathrm{d}\tau} < 0$。这种房价的上涨同样是因为居民在获取通勤成本降低而带来的效用后，陆续向城市迁入。为了适应过多的人口，城市自身会不断向外扩张，并且会出现城市人口密度不断提高的现象。考虑到这两种渠道，我们认为单中心模型在预测城市的边界扩张方面也是十分重要的。为了弄清楚这种机理，我们取城市 CBD 与距 CBD 为 x_C 一段距离，并认为这一段是历史的中心城市所在处。然后，我们定义在 x_C 处与城市边缘之间的这一范围为郊区。以 $N_c = \int_0^{x_C} \mathrm{d}(x)$ 表示城市中心区的（内生）人口。然后结合式（8.22）和式（8.23），我们可以计算出城市中心区的人口份额如下：

$$\frac{N_C}{N} = \frac{R(0) - R(x_C)}{R(0) - \underline{R}} \tag{8.26}$$

超出了 CBD 的范围，在给定的任何点（包括 x_C）处单位通勤成本 τ 的减少会带来地租的增加，但它不会影响 CBD 处地租 $R(0)$（因为城市中心处的人不需要通勤或迁移来使获得的效用保持不变），同时城市边缘处的地租也不变，其会固定在 $\underline{R}$。方程（8.26）也意味着，当通勤成本降低时，中心城市的人口份额也会下降。这也说明了地方交通的改善促进了人口的郊区化。

　　综上所述，单中心城市模型提出了一些重要的预测方法，其中最著名的是梯度预测。上面我们已经阐述了五种梯度的预测方法。当远离城市中心 CBD 时，住房价格下降、住房消费量增加、土地价格下降、建筑密度下降（即住房的资本密集度下降）和人口密度下降。这五个梯度是可测量的，并可以很直观的呈现出来。

8.2.4 定量预测

除了这些定性的预测，单中心城市模型也做了许多准确的定量预测。首先，在方程（8.4）中的阿朗索—穆特条件比简单地给一个变化方向更精确，它表明住房价格梯度的斜率等于通勤边际成本 τ 与住房的消费 $h(x)$ 之比。更直观地说，当远离中心 CBD 时，住房价格边际递减值应该被通勤成本的边际增加值完全抵消。在原则上这是可观测的。

这并不是可以从单中心城市模型中获得的唯一定量预测。第二个定量预测出现在方程（8.19）中，住房的最优投资和建筑零利润的结果：地价梯度与房价梯度的比值 $\dfrac{\mathrm{d}R(x)/\mathrm{d}x}{\mathrm{d}P(x)/\mathrm{d}x}$ 应该等于住房的数量 $f(x)$（即单位土地上的建筑面积）。换句话说，如果对于同样的住房价格梯度，地价梯度比它倾斜两倍的话，那么地价梯度应该是有住房梯度的两倍。

第三个定量预测出现在式（8.22）中。它表示的是 x 处的人口密度 $n(x)$ 等于负的土地价格梯度 $\dfrac{\mathrm{d}R(x)}{\mathrm{d}x}$ 与通勤的边际成本 τ 的比值。就像用房价、地价的调整来反应中心区 CBD 通勤成本的提高，但对于土地，这种关系需要由当地居民的数量来衡量。当然，这个条件也就是阿朗索—穆特条件下的土地价格的等值。

尽管单中心城市模型的这三个定量预测限于"本地"也就是它们应用的地点上，它也产生了两个综合性的预测。第一个是由式（8.23）阐述：城市中心 CBD 处与城市边缘处的地租差值 $R(0)-\underline{R}$ 应该与城市人口数量 N 和单位通勤成本 τ 成正比。这是一个很严格的定量预测，它也可在数据中运用。因为它涉及到城市集聚，这种定量预测对我们的建模假设更为敏感，尤其是对于城市上固有的地理特性。例如，中心处人口与级差地租的比率不能在二维城市中实现。[12] 这是因为式（8.21）会变成 $N=\int_0^{\bar{x}} l(x)n(x)\mathrm{d}x$，其中 $l(x)$ 表示距离中心 x 处的土地数量。如果城市坐落在一个均质的平面上，那么 $l(x)=2\pi x$。然而，在现实中受地理的限制，事实上更适合建设的块地会首先得到使用，这也就意味着城市可能会处于一维和二维情况之间（和在一些更极端的情况下可

---

[12] Combes 等（2012）提出的模型提到了二维城市内 CBD 处的地租与人口的比例关系。产生这种结果的三个关键因素分别是住房的等弹性需求、固定的建设收益和效用函数中用乘法可分离的通勤费用。

能低于一维的情况）。

第二个综合性的定量预测表明总通勤成本等于总的级差地租：

$$\text{TCC} = \int_0^{\bar{x}} \tau x n(x)\,dx = \int_0^{\bar{x}} -\frac{x}{\tau}dR(X) = \int_0^{\bar{x}} (R(x) - \underline{R})\,dx = TDLR \quad (8.27)$$

其中使用式（8.22）实现了第一个相等的关系，第二个等式关系需要其他部分来整合。阿诺特、斯蒂格利茨（Arnott 和 Stiglitz，1981）认为城市集聚比例对城市建模不太敏感。地理位置的不同意味着总级差地租与总通勤成本比例的不同，但其每一个结果都是恒量。例如，在二维的圆形城市，总的通勤成本是总级差地租的两倍。通勤成本的线性仍然是这种聚合结果的关键。

最后，还需要说一下单中心城市模型均衡的有效性。这种预期的结果是居民和建筑商的竞争行为造成的，而且其并没有外部性。然而，在米尔利斯（Mirrlees，1972）和迪克西（Dixit，1973）的研究中，非罗尔斯主义规划者想把规划前均匀分布的居民变成规划后不均匀分布的状态。这一点怀尔达什（Wildasin，1986）做出了解释，其认为这种现象的原因是收益边际效用在对称的空间均衡位置处是不同的。因此一个实用性的规划者会根据这里探讨的均衡竞争的案例的不同去配置工人，将会在规划中把工人分散开来，如其中规划前居住在同一位置的居民在规划后会居住在不同位置，但他们的效用水平是相同的。一个罗尔斯主义规划者在规划中会效仿市场效益。这一点在市场配置能够最小化社会成本（通勤总成本、土地机会成本、消费价值成本）需获得效用 u 中可以体现。为了简化，在此不做过多解释，有兴趣的读者可以参考滕田和蒂斯（Fujita 和 Thisse，2013，p.85）的研究。

8.3　单中心城市模型的扩展

上面提出的单中心模型在许多方面都取得了了不起的成就。它汇集了住房、建设、交通、和家庭以一种便利的方式进行区位选择和消费。它也引申出许多预测，这些预测不仅证明了几个梯度的存在，并且也可以从随机观察结果中得到论证。单中心城市模型也是一个非常简洁的结构，它以简单的方式揭示了很多微妙的现象。毫无疑问，阿朗索（1964）、米尔斯（1967）和穆特（1969）的研究创建了一个新经济学领域：城市经济学。虽然这个领域已经将研究对象扩大到各种研究问题当中，但是，正如本书其他章节阐明的那样，大多数城市经济学家仍然认为单中心城市模型是城市研究的核心领域。

这表明，8.2 节中的阐述其实依赖于强大的简化假设。本节我们有三个目标：首先，我们旨在对单中心城市模型的主要扩展模式进行回顾，审视这些文献状态。其次，我们要对增添单中心城市模型丰富性的扩展及其主要问题进行区别。我们这里的评述更强调后者。最后，我们也会强调从8.6节开始对相关经验研究进行扩展。

8.3.1 通勤成本的其他构成元素及可达性展望

本节对单中心模型扩展的回顾不会对从8.2节基准模型得出的主要理论构成挑战。相反，8.2节的理论不仅让我们明确了什么是单中心城市模型，并且有助于突出一些很多极具实践重要意义的问题。

这些问题的首要内容是对通勤成本的详述。通勤成本不仅在经济方面，而且在时间上是昂贵的。运输经济学家通常认为开私家车的时间成本占车主工资的一半（Small and Verhoef，2007）。考虑到通勤的时间成本，我们假设除了付现费用外，每单位距离的通勤会花费 t 单位的时间。我们还假设每个居民选择的劳动供给为 ℓ，休闲消费为 s。休闲消费作为一个正参数进入效用函数，$u(h, z, s)$。位于 CBD（中央商务区），x 距离的每个居民面临着一个经济预算约束：$w\ell(x) - \tau x = P(x)h(x) + z(x)$ 与时间预算约束：$\ell(x) + s(x) + tx = 1$，归一化后是每个居民的总消耗时间。我们可以将后者预算约束代入前者预算约束，得到：

$$w = P(x)h(x) + z(x) + ws(x) + wtx + \tau x = P(x)h(x) + z(x) + ws(x) + T(x)$$
(8.28)

其中 $T(x) \equiv wtx + \tau x$ 是通勤的总成本，并且工资 w 是时间的影子价格。一个在 x 距离的居民在预算约束式（8.28）下，其住房消费、休闲和其他货物最大化效用为 $u(h(x), z(x), s(x))$。我们可以把预算约束函数嵌入到效用函数中并使居民关于住房 h 和休闲 s 的效用 $u(h(x), w(1 - s(x)) - P(x)h(x) - T(x), s(x))$ 最大化。从这里，马歇尔需求可以很容易地得到。在平衡状态下，不同区位处的效用也应该恒定不变：

$$u(h(x), w(1 - s(x)) - P(x)h(x) - T(x), s(x)) = \underline{u}$$ (8.29)

这个空间均衡条件是在引入通勤时间成本后，将其作为时间内生配置条件对方程（8.2）的模拟。简化后，使用关于住房和休闲的一阶条件，对总无差异方程（8.29）的 x 进行全微分以得到住宅收益率的最优选择：

$$\frac{\mathrm{d}P(x)}{\mathrm{d}x} = -\frac{1}{h(x)}\frac{\mathrm{d}T(x)}{\mathrm{d}x}$$ (8.30)

这就是阿朗索—穆特条件，它和上述关于休闲与交通的通勤成本的方程（8.4）表达的意义是对应的。其他所有梯度形式在这个方程中都得到了显示。正如上面所论述的，简单形式的单中心城市模型的总体性更依赖通勤成本的线性度。还需注意，通过假设通勤作为负参数直接进入效用函数 $u(h, z, s)$ 可以得到五个相同梯度的类似结果。另外，解关于 h, z, x 的一阶条件和完全区分模拟方程（8.29）的空间无差异条件，产生了另一个版本的阿朗索—穆特条件和温和条件下负的房价偏好梯度。[13]

尽管一个更实际的通勤建模比 8.2 节假设的单中心模型更复杂，但这并不影响模型的主要特性及其预测功能，一个类似的结论适用于"可达性"。在 8.2 节中简化的单中心模型认为可达性应该与到 CBD 距离是一致的，其约束性原因有两个。首先，因为在现实生活中就业远非围绕一个中心集中，所以工作通勤模式比去一个共同中心的通勤更复杂。在 8.4 节中我们将对这方面进行详述。其次，观察到的大部分通勤发生的原因不仅仅是上下班。库图尔，杜兰顿和特纳（Couture, Duranton and Turner, 2012）研究指出，2008 年，在美国最大的 100 个大都市地区，开私家车的通勤模式占所有通勤模式的比例不足 1/4。购物通勤、休闲通勤和其他个人/家庭商务通勤同样重要。即使在一个单一就业中心的城市，零售、娱乐、家庭和朋友的位置也可能很重要。

虽然这些考虑到的因素在实际的生活中很重要，但可达性概念需要进一步丰富才能使其比较容易地融入到单中心模型中。例如，假设所有就业都集中在单一的 CBD 区域，且存在许多等距的零售中心，那么居民每天需要进行上班，购物，交往等活动。对 8.2 节中的模型进行拓展就可以很轻松地解释这些现象。如果单独考虑这些因素，工作的位置会产生负的住房价格梯度，而零售业的位置，则暗含着在每个零售点都会出现一个小高峰的波动模型。一旦把这两者结合起来，可以很容易地发现，工作可达性梯度是占主导地位的，因为到零售中心的访问量只有去就业中心的一半。而相比之下就业中心只有一个，零售中心却有很多。整体梯度虽然是负的，但在每个零售中心之前会趋于平滑并且在远离 CBD 之后会趋于陡峭状态。不断增加的购物频率或零售中心的平均距离均可以使整体梯度呈现出一种非单调状态。

这些比较复杂的可达性概念可能会通过其他不同的方式融入到单中心模型中。例如，阿纳斯和摩西（Anas and Mose, 1979）以及最近鲍姆—斯诺（Baum–Snow, 2007b）研究在二维城市考虑放射性的通勤高速公路。从而使位于距 CBD 相同距离的房地产产生异质性，虽然这些房地产离 CBD 距离相

---

[13]　我们感谢 FrédéricRobert–Nicoud 的指点。

同，但离 CBD 放射出来主要的公路距离不同。如果在放射状公路的使用中限制有限的出入口数量，梯度也可能成为非单调，因为接近高速公路出口的位置到 CBD 的通行距离会少于另一个远离高速公路出口的位置。

一旦我们考虑将一些通勤模型结合起来，非单调梯度也会自然产生。例如，居民在骑行到 CBD 之前可步行到地铁站。通过用放射状道路的同类型参数，可能会使地铁站附近房价达到局部峰值的区域产生非单调梯度。

正如下面所讨论的，也可能把除了可达性以外的因素嵌入到单中心框架。大都市区通常被分为若干个市区或地域，在一些国家已经考虑关于税收和地方供应公共物品的范围，如美国的教育。地方公共物品的供给随着区域的不同而不同，并在一定程度上影响房价，进而影响土地利用模式（参见，例如 De Bartolome and Ross，2003）。当地设施也可能具有空间维度，其会自然地影响住房价格，从而影响土地使用方式和各种梯度（See Brueckner et al.，1999）。

尽管这些扩展在理论上没有产生令人惊讶的结果，但是它们却使两个关键点在实践上产生高度相关性：可达性不会因为到 CBD 的距离变化而减少和可达性不是决定住房价格和土地利用模式的唯一因素。

8.3.2 居民、产权、时机的异质性

8.2 节中描述的模型是假设存在一个代表性的居民。尽管居民在最后都会选择不同的居住区位，但他们在选择之前都有着对称的相似偏好和相同的劳动收入。从理论角度来看，从事前对称的委托主体关系产生不对称的结果存在一种动力。居民居住在不同地点、具有不同住房消费水平和其他商品，是市场均衡配置的结果。这不是特定区位的含义，也不是城市规划者做出的选择。虽然对具有代表性家庭的研究在理论上是重要的，但了解异质性的家庭如何影响住宅的区位模式仍是最重要的。

第一个模拟家庭异质性的方法是考虑具有不同收入水平群体。[14] 例如，假设有 N_0 个贫困居民，工资收入 W_0 且其效用表示为 u_0，与 N_1 个富裕居民，工资收入 W_1（$>W_0$）且其效用表示为 u_1（$>u_0$）。如果住房是必不可少的，这两个群体的居民必须积极地消费大量的住房。这意味着，一些地方的贫困居民在购房价格上会超过富有的居民。当然，也有与这种情况相反的其他地区。考虑区分富人和穷人的点，用 $\tilde{x}$ 表示一个这样的"边界"点。[15] 在点 $\tilde{x}$，富人和

---

[14]　为了简便起见，我们大部分的重点是在收入异质性。还有其他形式的异质性。种族在美国尤为突出。

[15]　推理可以扩展到贫富共存的区间（尽管他们不发生在平衡阶段）。

穷人的投标竞租价必须是相同的：$P_0(\tilde{x}, \underline{u}_0) = P_1(\tilde{x}, \underline{u}_1)$。否则，如果一组愿意支付更多，那么这一点两侧生活的将都会是富人或者穷人，这会与 $\tilde{x}$ 作为边界点的定义相矛盾。这种跨组竞租的平衡意味着只要住房是一个正常的商品，富有的居民在 $\tilde{x}$ 点对住房消耗比贫困居民要多。也就是说，我们可得到 $h(P_1(\tilde{x}, \underline{u}_1)) > h(P_0(\tilde{x}, \underline{u}_0))$。如果我们使用阿朗索—穆特条件式（8.16），这就意味着 $\dfrac{dP_1(\tilde{x})}{dx} = -\dfrac{\tau}{h(P_1(\tilde{x}, \underline{u}_1))} > -\dfrac{\tau}{h(P_0(\tilde{x}, \underline{u}_0))} = \dfrac{dP_0(\tilde{x})}{dx}$。因此，在租金梯度上贫困居民比富裕居民的更陡。

如果贫穷的居民有一个更陡的住房价格梯度，在平衡中他们会更接近 CBD，而富裕的居民应该会远离 CBD。因此，当这两组通勤费用相同且认为住房是正常商品时，贫困居民预计将占据一些靠近 CBD 并且房价昂贵的小住宅。之所以会造成这种不合常理的结果，关键是因为富有的居民更愿意支付更高的通勤成本从而生活在远离 CBD 的地方，因为更高的工资可以让他们占有更多的土地。

正如 8.3.1 节所讨论的，在实践中通勤成本包括时间成本，并且对于富裕居民来说时间的机会成本可能更大。与这相反方向的事实是贫穷的居民更可能依赖公共交通。穷人和富人之间有不同的通勤成本，它们分别为 τ_0 和 τ_1，贫困居民占据小的中央住房和富裕的居民生活在郊区拥有更大的住宅的条件是：

$$\frac{dP_1(\tilde{x})}{dx} = -\frac{\tau_1}{h(P_1(\tilde{x}), \underline{u}_1)} > -\frac{\tau_0}{h(P_0(\tilde{x}), \underline{u}_0)} = \frac{dP_0(\tilde{x})}{dx} \quad (8.31)$$

文献中有时会直接利用这个条件，这意味着如果单位距离通勤成本与住房消费的比例降低（注意在方程不等式两边前面的负号式（8.31）），富裕居民就会居住在较远处。然而，当考虑到弹性时，该条件的表达也会经常出现。在这种情况下，富裕居民居住较远的条件是通勤费用的收入弹性小于住房需求的收入弹性。[16] 最后，一些研究更倾向于表达就土地需求而言的收入弹性条件（虽然居民没有衡量土地本身，并作为房屋生产投入的间接消耗）。利用方程（8.19），我们可以将方程（8.31）重新写为：

$$\frac{dR_1(\tilde{x})}{dx} = \frac{dP_1(\tilde{x})}{dx} f(\tilde{x}) = -\frac{\tau_1 f(\tilde{x})}{h(P_1(\tilde{x}), \underline{u}_1)} > -\frac{\tau_0 f(\tilde{x})}{h(P_0(\tilde{x}), \underline{u}_0)}$$

$$= \frac{dP_0(\tilde{x})}{dx} f(\tilde{x}) = \frac{dR_0(\tilde{x})}{dx} \quad (8.32)$$

---

[16]　在通勤费用与工资成正比的特定的情况，这种情况意味着富裕居民仍然留在提供住房需求的收入弹性 1 以上的城市的郊区（Becker, 1965）。

注意，$\dfrac{h(P(x),\underline{u})}{f(x)}$ 是土地的需求（嵌入在住房消费），它由住房建筑面

积的 $h(P(x),\underline{u})$ 和每单位建筑面积产生的土地投入 $\dfrac{1}{f(x)}$ 相乘得到。因此，

如果每单位距离通勤成本的土地消耗率较低，富裕居民就会居住较远。另外，在弹性方面的条件是通勤费用的收入弹性必须小于土地需求的收入弹性。

虽然我们讨论了这一结果的经验相关性，也必须对扩展到多个人口群体的若干性质进行讨论。首先，每个人口统计组内的单中心模型仍完全采用 8.2 节中提出的模型，结果受到效用均衡区位的制约。当然，效用均衡的条件必须在组内成立而不能跨组。其次，在任何区位，来自不同群体的居民要消费不同数量的住房。反过来，这暗含着不同陡度的竞租曲线。因此，在均衡状态下，处于最陡竞租曲线的群体将愿意支付最高价格以接近 CBD，而处于平坦竞租曲线的群体将占据接近城市边缘的位置。整体竞租曲线将由不同群体居民的竞租曲线的上包络线形成。这将进一步导致城市竞租曲线向凸形发展。不同群体居民的平衡也意味着这些群体在城市内的完美分离。

建立家庭异质性模型的另一种方法是假设不同特点的家庭连续分布。让我们以收入作为区分家庭的关键维度。一个呈现连续分布的单中心模型有许多约束条件，在连续的收入条件下，我们期望得到连续的效用并且可以不再依赖以上的住宅均衡条件：$u(h,z)=\underline{u}$。

为了让问题更容易处理和核心观点更容易被传达，我们回顾上面的例子，其中使用最大化柯布—道格拉斯效用函数 $u(h,z)=h^{\alpha}z^{1-\alpha}$ 受制于预算约束 $P(x)h+z=w(x)-\tau x$。现在与上述例子主要的区别是，工资是根据概率分布函数 $g(w)$ 分布的，而之前他们呈现离散的分布水平。同时，为简单起见，我们不考虑住房建设情况，并假设每单位土地上有一单位可用住房。[17]

求解该模型涉及到描述住房价格 $P(x)$、工资 $w(x)$ 和每个位置的住房消费 $h(x)$ 等多个函数特性。其实在形式上，我们是在解决分配问题。但不像如固定数量的工人分配得到一个固定数量的机器这样的标准分配问题，我们解决的是居民选择消费多少住房的问题。[18] 为了使论述直接，我们遵循贝克曼（Beckmann，1969）最早提出的启发式方法。[19] 这种启发式方法的作用应被视为与推导异质性居民的马歇尔方法相同。从本质上讲，我们将推导出在每一个

---

[17] 我们也可以解决住房开发，但这将另一个方程引入到下面的系统。

[18] 标准分配问题可以追溯到 Koopmans，Beckmann（1957）的研究。Sattinger（1993）也有一个不错的研究。

[19] Beckmann 的函数选择与我们的略有不同。他提出的解决方案包含后来被 Montesano（1972）纠正的小错误。

位置上的住房需求，并把它等同于住房供应。而贝伦斯等人（Behrens et al.，2015）提出了一个更正式的平衡点分配函数的推导模型。[20]

运用柯布—道格拉斯效用函数，求解住房与必需品的可支配收入得到：

$$h(x) = \frac{\alpha(w(x) - \tau x)}{P(x)} \tag{8.33}$$

该式的一部分在式（8.12）已进行说明。解决居民的区位选择意味着另一个阿朗索—穆特条件：

$$\frac{\mathrm{d}P(x)}{\mathrm{d}x} = -\frac{\tau}{h(x)} \tag{8.34}$$

使用如上所述的同类型论点，我们希望拥有更高工资的居民进一步远离 CBD 居住。详细地说，我们期望使居民（按增加的收入排序）与内生的土地（按到 CBD 的距离排序）之间达到更好的协调匹配。说得更正式些，在位置 x 和 $x + \mathrm{d}x$ 之间，我们会发现居民收入会在 w 到 $w + \frac{\mathrm{d}w(x)}{\mathrm{d}x}$ 之间变动，其中 $\frac{\mathrm{d}w(x)}{\mathrm{d}x}$ 描述了工资如何随位置变化。

我们现在认为位置处于 x 和 $x + \mathrm{d}x$ 之间的住房供需是平衡的。沿用上述制度建设部门提出的简化假设和城市的线性假设，可以认为区位在 x 和 $x + \mathrm{d}x$ 之间的住房供应量为 $\mathrm{d}x$。存在一个收入在 $w(x)$ 和 $w(x) + \frac{\mathrm{d}w(x)}{\mathrm{d}x}$ 之间的居民密度 $g(w(x))$。因此，供需平衡将导致 $h(x)g(w(x))\frac{\mathrm{d}w(x)}{\mathrm{d}x} = \mathrm{d}x$，或经过简化后：

$$\frac{\mathrm{d}w(x)}{\mathrm{d}x} = \frac{1}{h(x)g(w)} \tag{8.35}$$

将式（8.33）代入式（8.34）和式（8.35），我们得到关于 $P(x)$ 和 $w(x)$ 的两个微分方程的系统表达。

当工资的分配规律服从帕累托分布的情况下即 $g(w) = (b+1)\frac{w^{b+1}}{w^b}$，则很容易验证由方程式（8.33）-（8.35）得到的解：

$$w(x) = \underline{w}x, \quad P(x) = P(0)x^{-b}, \quad h(x) = h(0)x^{b+1} \tag{8.36}$$

---

⑳　Brueckner 等人（2002）提出另一种使用启发式竞租方法。更具体地说，他们依靠一个给定类型的居民的竞租应在平衡位置取得最大化的概念。也就是说，他们认为分配土地是通过一个土地所有者能够提取所有盈余的首次价格拍卖。其余的研究中明确或含蓄地将房屋和土地分作为卖方不能够提取所有剩余的二次价格（英文）拍卖或一个封闭式投标的首次拍卖。参见在本书第 13 章中 13.6 节的关于房地产拍卖部分。

这些表达式暗含房价梯度和住房消费梯度都是与 CBD 距离相关的幂函数。这个结果不会令人感到意外，因为花在住房上的固定可支配收入与工资的分布都属于幂函数。这个表达式也解释了为什么工资分布呈现其他形式的闭式解通常是不可用的。如果住房消费和住房价格梯度是幂函数，工资梯度则会是将方程式（8.33）因式分解和简化结果后与 x 线性相关的函数。

比较上面这些具有代表性居民的规范模型，可以很容易看到尽管在城市不同区位间都缺乏效用均衡，异质性居民的局部关键属性仍然保留着。[21] 也就是说，这些模型仍然可以预测表达住房价格梯度的阿朗索—穆特条件。同时，它仍可以预测住房消费梯度、居民的密度等。一个发展梯度也可以由一个更完整的模型推导出来，这个模型中各种结构必须被明确纳入。

注意，这些梯度不同于上面探索的同类居民的情况。运用柯布—道格拉斯效用，表达式（8.12）给出的同类居民房价梯度取决于居民减去通勤费用后的净收入 $w - \tau x$ 提升 $1/\alpha$ 次方，和住房消费的倒数的大小。对于异质的居民，住房价格梯度等于收入在帕累托分布中距离 x 提升 $-b$ 次方。有趣的是，它并不取决于任何通勤成本参数。要解释这个令人惊讶的结果，首先，要注意到，对于一个在其最佳位置的居民，他应该没有进一步远离 CBD 的动机。因此，阿朗索—穆特条件可以继续适用于这类人。其次，土地不再通过一种无差异的方式被分配（该方式下居民必须时刻对区位保持中立）。相反，收入水平不同的居民会相继竞争土地。更具体地说，他会和靠近 CBD 的贫穷的居民竞争，也会和另一边富有的邻居竞争。居民竞价均衡将取决于他或她与贫穷的邻居相比有多富有，以及与他或她富有的邻居相比其有多贫穷。在均衡状态下，收入分配的参数形态影响了住房价格梯度。

最后，当居民远离 CBD 时，通过增加收入的方式对居民进行分类是极端的。在一个富有居民有着不同通勤成本的模型中，贝伦斯（2015）等人研究表明放宽这一结果可以很容易地获得一些社会阶层居住的混居模式。在这种情况下，模型预测只有广泛的趋势，该趋势为平均收入的增加有且仅在选择者远离 CBD 时发生。

分配模型具有能够自然的处理城市居民固有异质性的优势。这种优势得益于较大的技术复杂性。在模型中建立的均衡条件低于这里经常考虑的挑战性，且闭式解只有在特定的情况下适用。由于在分配模型中，一个给定区位处的居民只会在当同一个区位存在其他有更高支付能力和支付意愿的竞争者时支付租

金，这些模型会自然链接不同的次商圈，而不去促使全面的均衡。从布雷德（Braid，1981）开始，这些模型被用来理解不同质量住房市场的价格变化。最近的研究贡献包括马特恩和泰尔维奥（Määttänen and Tervio，2014）以及兰德福格特等人（Landvoigt et al.，2011）。由于这些模型没有明确的土地利用模型，因此我们就不进一步详述。

虽然大部分的研究已经关注了土地使用者的异质性，但是宗地和位于之上的房地产也是具有高度异质性的。孔贝斯等人（Combes et al.，2012）从土地入手后，发现法国 2008 年被开发为独栋房屋的空地平均面积为 1 100 平方米，标准差为 1 200 平方米。甚至在宗地所在城市和到中心的距离被控制之后，仍然存在相当大的异质性。此外，即使宗地的位置和面积不同可以解释，宗地其他维度也有许多不同，包括它们的形状。这是因为宗地的形状更难以描述。孔贝斯等人（2012）采取了房产前方的道路宽度与房产面积的平方根之比的临时措施。在法国新建成的单户家庭的宗地这一比例的均值是 0.68。标准偏差接近 0.50，其中第一个等分为 0.23 和 1/9 等分为 1.07。再次表明在宗地的形状方面存在相当大的异质性。[22]

宗地的异质性很重要。根据孔贝斯（2012）所使用的数据，每平方米土地价格在超过一定阈值后会出现一定幅度的下降。同样，一个临街面积比例的标准差与销售价格的 8% 等价。当考虑到财产不仅是土地时，宗地的异质性根据坐落在其上面结构的异质性复合而成。这个结构的异质性涉及它们的尺寸、质量、折旧水平和风格。

尽管这样的异质性在解释为什么房地产市场不像其他资产市场时被广泛提及，但很少有研究关注宗地和房地产异质性对于城市土地利用的影响。[23] 阿萨密及共同执笔者（参见 Asami 和 Ohtaki，2000）做的几项研究试图提供宗地形状的公理化指标，并探索其发展的影响，还有一个关于土地利用的连续离散模型的讨论。伯列安特（Berliant，1985）质疑将持续土地利用模式的一致性比作是一个大型离散经济体的近似，因为每个居民（连续）处于平衡状态只能占用零量土地。在帕帕耶奥尔尤和派因（Papageorgiou and Pines，1990）以及阿萨密等人（Asami et al.，1991）研究中，他们也试图探讨在什么样的条件下可以合适地定义拥有离散数量居民的城市模型，使其更加接近古典的连续模

---

[22]　住宅和就业密度也有相当大的异质性。Anas 等人（1998）提供了这种在洛杉矶的异质性数据，一种就业密度的极平滑的三维表示法使城市看起来只有几个分中心。分辨率的高水平反而揭示一个高度"锯齿状"的画面。当看如图 8 - 1 所示的巴黎地图的细节时这个功能也是明显的。

[23]　相反，有一个悠久的传统认为宗地异质性需要被排除在外。这通常是通过特征回归完成的。然而，这里提出的模型表明，宗地的位置、宗地面积以及他们的建设强度是同时确定的。这一点对于特征回归指出一些明显的内生性问题。

型。因为，即使在这些作者考虑到的离散模型中，宗地也是内生无摩擦的类型决定的，所以争论是单中心模型的基础，而不是关于宗地异质性的影响。

自然地理和道路在解释一个离 CBD 给定距离处的宗地异质性方面发挥着突出的作用。宗地是异质的，因为土地本身是异质的。此外，道路和其他人为障碍也需要穿过土地。

尽管土地形态不一但其可以作为一个研究对象，我们可以为上面模型所建议的每个宗地提出最优宗地规模和最优开发策略。即使土地不均匀且被道路分割，但是宗地区通常充分大以至其可以调整到宗地最优数值的近似值。宗地和产权的异质性将由一个选择住在相同位置的异质居民反映出来，如贝伦斯等人（2015）的研究表明收入和通勤成本方面的异质性意味着：邻里之间的房屋不同数量反映出不同居民占有不同尺寸的宗地。[24] 注意宗地异质性的方法遵从在8.2 节采用的宗地建模方法，该方法用于居民内生地进行宗地的选择。

然而，有理由相信需求的异质性不是宗地和产权异质性的全部解释。宗地大小和形状可能会有一些（供应）外生性的因素。从字面上看，上述单中心模型意味着随收入增长或通勤成本下降，宗地和产权应该修正。关于上面提到的单中心模型的基础争论也强调宗地和住房单元的不可分割性（Ellickson，1977；Berliant，1985）。在现实中，尽管人们收入会有所改变、交通技术可能取得进步或汽油价格出现大幅波动，但是大多数统计的社区都没有什么大的变化。布鲁克斯和卢茨（Brooks and Lutz，2012）从装配工艺中提供的更直接的证据指出，宗地集合贸易约产生 40% 的溢价。坎宁安（Cunningham，2013）通过不同数据发现了一个较低的溢价，但其依然达到 20%。然而，宗地的溢价是一个持续的问题，或者宗地产权在人们生活范围内的不同阶段是一个开放性的问题。[25] 然而这表明无论宗地位于何处依然存在相当大的摩擦。根据经验，我们想知道相同位置的居民被观察到的异质性中有多少是由异质宗地的外生供给造成的，又有多少是居民异质需求造成的。这里的居民均在两个或两个以上维度内是异质的，且外生地进行宗地及造成产权异质性。[26]

---

[24] 另一种方法是假设居民有城市的位置特殊偏好 Anas（1990），在那里这种审美方面的异质性是运用多元逻辑规范建模的。更大的审美异质性放宽对接近 CBD 的土地的竞争并使竞租曲线趋于平缓。与收入的异质性一样，它也会削弱居民收入的分类。多元逻辑框架的另一个困难是，一块宗地的实用价值是独立于紧邻的宗地的估值。

[25] 参见 See Strange（1995）持续问题的一致性模型。在这一模型中，开发者首先为由不知道开发商获利多少的土地所有者接受或拒绝的宗地出价。土地所有者可以提出由开发商接受或拒绝的反要约。存在许多可能的平衡。弱优势的平衡有许多有趣的特性。第一阶段提供的信息不丰富。规模小的土地所有者要求相对更多，经常坚持项目。在许多情况下，社会利润的项目没有得到实施。

[26] 同样，只有一个维度的异质性，如上述赋值模型，极端的要求排序预计处于平衡状态。只有当居民在两个异质性的维度存在不同时，一些组合会发生。参见 Behrens 等人（2015）或 Epple 和 Platt（1998）不同的建模方法。还可以参见 Davis and Dingel（2013）在城市收入组合的一个模型。

据我们所知，尽管外生宗地异质性的影响还没有正式研究，但是我们可以对它们的影响进行一些猜想。首先，宗地异质性会使一些异质性居民发生混合。其次，作为宗地异质性基础的摩擦也可能是土地利用效率低下的根源，特别是在很久以前开发的地区，即城市中心部分。城市首次开发时，宗地可能是最佳规模。然而，鉴于收入、运输或施工技术的变化，100 年前最佳规模的宗地如今不可能仍然是最佳规模，它们可能已被替代而处于次优状态。了解现有宗地与无约束最优状态的差距将会很重要。获得一个隐性福利损失的想法也很重要，因为如果未达最佳规模的地块所造成的影响可以通过其他的利润（如改变开发强度，提升住房质量及保护历史建筑等）进行部分抵消，那么与最佳规模地块之间的大偏差可能只意味着较小的福利损失。更普遍的是，即使知道围绕这些趋势产生的变化（比如相邻房产间的异质性）对推动土地利用及其影响的机制是非常有益的，但是单就趋势（如梯度）本身的理论研究（和经验研究）远比对这些趋势变化的研究要多。

居民和产权的高度异质性对土地价格的竞标假设是一个挑战。8.2 节中具有代表性的单中心模型和研究的分配模型都假设居民竞相购买土地（或产权），而且在分配土地时是通过第二价格拍卖决定的。供应和需求的异质性将使土地和房地产市场活跃度降低，而且竞标假设可能不再得到保证。并不是每个人都会在同一时间购买或出售土地和房地产的事实降低了其市场的灵活性。而且，到目前为止所使用过的模型中，静态性质也将遭到质疑。

在这个阶段，我们需认识到许多土地和房地产市场可能被描述为搜寻市场更为恰当。在居民试图选房子的简单案例中，该居民将首先搜寻一系列的房地产信息。当他看到一处"足够好"的房产时，便会把该房产与其他进行潜在的对比并作出报价。当然，有时也会有其他潜在买家对同一处房地产感兴趣。更多情况下，这个准买家将会在未来的交易发生之前与卖方一对一协商以达成价格协议。此描述极其贴切地对应了规范化工作搜索模型的机制（Mortensen and Pissarides，1994；Pissarides，2000）。更具体地说，在"产权""卖方"和"居民"的标签被替换成"工作""雇主"和"求职者"之后，对一个典型住房市场的描述通常是适用于求职和标准就业关系的。主要的不同在于，对于劳动力市场而言，供给和需求是独立的，雇主可以通过投资来创造就业机会，而对于房地产市场而言，房屋买卖的卖家往往也是买家。[27]

惠顿（Wheaton，1990）建立的关键模型把房地产市场描述为一个双边搜

㉗ Anenberg 和 Bayer（2013）从理论和经验角度研究了联合服务问题，他们认为其可能放大价格和数量方面的房地产市场波动。

索过程。除了与上段对住房市场简单描述的一致之外，这个模型还有助于复制一些关于房地产市场的有趣事实，如讨价还价的盛行和房地产进出市场持续空缺的存在。

关于房地产市场搜寻的研究一直是存在的。这些相关文献在本书第 13 章中有所讨论。由于经济生活中房地产搜寻与许多其他形式的搜寻之间有密切的相似之处，这些文献的许多研究经验都与住房具有可论证的相关性（参见 Rogerson et al.，2005 年的评论），虽然如此，还是要记住住房和劳动力之间的实质性差异，如上面提到的买方—卖方问题。与理论密切相关的住房搜寻经验研究仍然较少。卡里略（Carrillo，2012）首先做出了研究，他通过调整住房搜寻模型从而推断一些难以察觉的参数。基尼索夫和韩（Genesove and Han，2012a，b）或梅洛（Merlo，2013）等人最近进行了研究。缺乏经验研究的一个关键原因是梳理搜索模型的经验内容是非常困难的（Postel‐Vinay and Robin，2002）。据我们所知，这类模型的最后一个问题是还没有人发现房地产搜寻对土地利用究竟有何启示。[23]

对土地利用有所启示的是另一类搜寻模型：劳动搜寻模型。原因是失业居民找工作花费代价的多或少，这主要取决于他们住在哪里。在一个简单的单中心设定中，假设如果寻找工作需要前往 CBD。那么，找工作的成本增加会与 CBD 的距离有关。这对失业者寻找工作有直接的影响。反过来，这也会影响到城市居住模式和土地开发。也许这样的假设是合理的，那么与 CBD 之间的距离不仅会影响求职成本，而且会影响求职过程的效率。

华斯默和泽诺（Wasmer and Zenou，2002）用显式土地模型构建了的劳动搜寻模型。泽诺（2009）对其进行了进一步研究。在泽诺（2009）提出的最简单的模型中，失业者可根据支配劳动力市场运行的基本参数确定居住地与工作地之间的距离。更具体地说，如果这些参数意味着劳动力市场紧缺，那么失业的个人（或有更大失业倾向的工人）会喜欢靠近 CBD 居住。这样是因为到 CBD 距离的缩短将降低搜索成本，而且密集地寻找工作将会增加找到工作的概率。相反，如果劳动力市场没有足够的紧缺且失业率很高，劳动供求基本均衡，集中搜寻的激励机制是趋缓的，而且失业个人将更喜欢离 CBD 远一点居

---

[23] 例如，在任何时间点上只有一小部分的属性可供使用于市场。这就意味着在他们的搜索时间内，居民可以得到最适合的财产，但不是整体最好的财产。因此，住宅用地可能因为搜索和搬迁摩擦的分配不当，类似的配置不当也会出现在商业性质。这可能会影响生产力。反过来，这可能阻止房屋建筑商提供最优的异质性住房。更具体地说，他们将不再提供更多"极端的房子"，因为他们试图出售的时候可能没有买家。

住。相应的，与工作之间的较远距离将削弱失业者寻找工作的动力。㉙

总之，在土地利用模式中有关异质性的讨论有以下可以采取的几个观点。首先，有关异质性的一些维度的探索仍处于起步阶段。特别是宗地的异质性与异质性居民对宗地的异质性分配问题。由于这种类型的研究往往具有技术挑战性且依靠新领域的技术，所以进展相对缓慢。其次，从现有的研究中得到的一个重要经验，对于许多一阶问题，如不同的社会经济群体的对区位的选择，结果有时受假设的细节或一些关键参数值影响会很大。考虑到异质性居民对结果的影响，甚至有时会对他们的定性进行改变。例如，回顾城市集聚比例的所有成果不再支持居民的异质性，或者土地价格梯度不再只依赖用连续的收入分布表示的简单模型中的通勤成本。最后且最重要的是，尽管二次结果产生了上述变化，但 8.2 节所有重要的结论仍然对异质性居民适用。在个人层面上，所有重要的权衡定性的保持一致，而且对阿朗索—穆特条件合理的重新定义仍然决定着区位的选择和地价、房价、发展强度、人口密度和地块大小的梯度变化。

8.3.3 住房耐久性

当我们在单中心模型作比较静态分析时，我们隐含着让城市完全从头开始重建以适应新的条件。这通常被视为合理的简化过程，因为比较静态分析适合比较建在不同条件下的城市。然而，标准单中心模式的一些重要细节与现实也会产生冲突。例如，模型预测城市将持续建设且建筑高度由中心单调递减。但在现实中，我们发现一些中心地块被闲置而其较远的地块却被开发，并且环绕 CBD 外围建筑物的高度既可能增加也可能减少。用住房是耐久的这种比较现实的假设替代住房是易受影响的假设有助于解决这些缺点。此外，它还为城市如何应对不断变化的环境提供有用的额外的见解。㉚

一旦我们承认住房的耐久性，就必须考虑到房地产开发商将在一段时间内收回投资。而且，考虑他们如何形成他们对未来价格演变的预期也就变得十分重要。一个简单的可能会如阿拉斯（Anas, 1978）研究显示的那样，开发商有短期性预期，而且表现得好像现状将永远持续下去。那么，在距离 CBD 为 x 处拥有一处地块的开发商将在 T 时间内开发它，当且仅当：

㉙ 尽管用次要失业配置与低失业标准下的失业配置相矛盾的高失业率去对多重均衡进行合理描述是可能的，但这不是 Wasmer and Zenou（2002）模型中的例证，因为其模型中的例证是单均衡性的。

㉚ 本节中，我们简要回顾具有耐久性住房特征的单中心模型。有关其他详细信息，请参见 Brueckner（2000）的调查。

$$\int_T^\infty R_T(x)e^{-rt}\mathrm{d}t = \int_T^\infty P_T(x)f(x)e^{-rt}\mathrm{d}t - \int_T^\infty rk_T(x)e^{-rt}\mathrm{d}t \geq \int_T^\infty \underline{R}_T(x)e^{-rt}\mathrm{d}t$$

$$(8.37)$$

开发商希望从 T 时间开发距离 CBDx 远的地块得到的回报 $R_T(x)$，它是在该地块开发数量为 $f(x)$ 单位的住房建筑面积所产生的预期租金现值和用于开发以常数利率 r 为计算资本 $k_T(x)$ 的预期成本现值之差。（注意，Shephard 引理指出 $k_T(x) = \dfrac{\partial c(R_T(x), r)}{\partial r}$ 随 $R_t(x)$ 变化）。对于待开发的土地，这一回报要远大于预期农业租金的现值 R_T。由于短期性预期，所有的变量有时间分指数 T。对方程（8.37）进行积分化简，表示正如标准的单中心静态模型，在时间 T 内城市边缘一直处于相同情况：

$$R_T(\bar{x}) = P_T(x) - rk_T(x) = R_T \tag{8.38}$$

此式和标准模型的方程式（8.20）是一样的，但带有时间分指数 T。因此，正如静态单中心模型，一个随时间成长的城市是持续发展的。关键的区别是，当城市边缘在 T 时间点上而不是现状时，发展资本强度 $k_T(x)$ 在每个点 x 则反映的是时间 T 下的条件。建筑高度和人口密度减少（如静态模型）、保持不变，或与 CBD 的距离增加，这几种情况都可能发生。为了推断这些结果发生的条件，回顾城市边缘发展的最优强度是运用方程（8.38）后通过 $k_T(\bar{x}) = \dfrac{\partial c(R_T(\bar{x}), r)}{\partial r} = \dfrac{\partial c(\underline{R}_T, r)}{\partial r}$ 获得的。因此，除非利率或农业土地租金发生变化，在城市边缘处由较高工资或较低交通成本推动下产生的新发展将维持在同一资本密集度水平。较高工资（城市扩张）和较低利率的组合将导致城市边缘更多的资本密集型发展。另一方面，较高工资（城市扩张）和较高利率的组合将导致城市边缘更少的资本密集型新发展。

虽然方便，但短期预见假设不是很令人满意。例如，在一个正在逐渐增长的城市中，人们希望开发商可以考虑这一增长轨迹。开发商可以很好的预测未来。极端地讲，这意味着假设开发商有完全预见性。卡波扎和赫尔斯利（Capozza and Helsley，1989）就构建了一个发展不可逆和有完全预见性、容易处理的单中心模型，为简单起见他们假设住宅规模和建筑单位面积都等于 1 即 $h_t(x) = f_t(x) = 1$，且每单位土地从非城市用地到城市用地的转变涉及固定数额的资本为 K 而非自发选择数量 $K_T(X)$。指出距离 CBDx 远的地块转化为城市用地的自发性时间为 T，我们可以对于拥有地块的开发商的预期的收益现值表达为：

$$\int_0^T \underline{R}_t e^{-rt}\mathrm{d}t + \int_T^\infty P_t(x)e^{-rt}\mathrm{d}t - ke^{-rT} \tag{8.39}$$

方程（8.39）的第一项是地块仍用于农业用途直到时间 T 可获得的土地租金。第二项是从时间 T 开始建在土地上的住房单位时间获得的租金。第三项是转换成本的现值。注意，不像短期性预期的情况，开发商完全预测农业土地租金 R_t 和住房价格 $P_t(x)$ 的演变。对于开发商来说，一阶条件的建立可以通过对关于 T 的方程（8.39）求微分并使其等于零得到，这意味着：

$$P_T(x) - rk = R_T \tag{8.40}$$

注意短期预见的情况下，这个方程和方程（8.38）是一样的，当城市土地租金减去从农业到住宅使用转换的成本从而等于农业地租时，土地仍然是被开发着的。然而，完全预见却引入了一个重要的差异：土地价格不再与租金成正比。取而代之，土地价格等于方程（8.39）的最大化价值。结果，在一个不断发展的城市，超出城市边缘的土地定价高于预期的农业租金现值，这反映了城市使用转变的预期效果。当我们从外部发达地区靠近城市边缘时，这个模型对于未开发土地会产生一个较高价格的价格梯度。

如果我们让住房的结构特征自发地发生变化，完全可预见的动态单中心模型可能产生跨越式的发展，其中地块从 CBD 开始不会持续发展（Fujita，1982；Wheaton，1982；Turnbull，1988）。相对于方程（8.39）来说，住房的结构特征变化引入了一个有关开发商预期收益的二次选择变量。加上方程式（8.40），会产生开发最优结构特性的额外一阶条件，这是开发的最佳时机。因为对于任何给定的时间 T，这两个一阶条件相交可能会产生超过一个 x 的值，虽然彼此被分开的地块之间可能会留有空地，但被分开的地块仍可能同时被开发。

在这一节中，到目前为止我们假设的是，开发商要么没有对未来的预期和对目前情况长远的预测（短期预见情况），要么不能精确地预测未来（完全预见情况）。在这两者之间有一个更现实的情况，即开发商虽能预测未来，但却意识到租金变化存在不确定性。卡波扎和赫尔斯利（Capozza and Helsley，1990）探讨了在不确定条件下伴有不可逆的发展的单中心模型。正如卡波扎和赫尔斯利（1989）研究结果显示，他们固定了住宅规模和单位土地建筑面积（$h_t(x) = f_t(x) = 1$），开发商仅能选择的变量是农业用地向城市用地转变的时间。转换同样涉及一个常量资本成本 k。他们专注在一个开放的城市，此城市系统的效用水平恒为 $\underline{u}$。随着每个居民一个单位土地面积建造一个单位的住房消耗，这意味着其他必需品 z 的消费水平也是恒定的。每一个城市居民的收入 w 假定是变化的。更具体地说，它遵循一个趋势 $g > 0$、方差 σ^2 的布朗运动。当城市中收入上升，会使得该城市相对于其他城市更具有吸引力，并吸引更多的居民，这样可能提高土地租金直到效用恢复到水平 $\underline{u}$。当收入下降时，城市人口和土地租金下降。从式（8.16）和式（8.18）及 $h_t(x) = 1$，$\dfrac{\partial c(R_t(x))}{\partial R_t(x)} = 1$ 可知，竞标租金曲线是线性的：$\dfrac{dP_t(x)}{dx} = \dfrac{dR_t(x)}{dx} = -\tau$。因此，

$$P_t(x) = w - \underline{z} - \tau x \tag{8.41}$$

卡波扎和赫尔斯利（1990）认为对拥有距离 CBDx 远的地块的开发者，其最优转换日期 T 满足：

$$P_T(x) - rk = \underline{R}_T + \frac{r - \psi g}{\psi r} \tag{8.42}$$

其中

$$\psi = \frac{\sqrt{g^2 + 2\sigma^2 r} - g}{\sigma^2} \leqslant \frac{r}{g} \tag{8.43}$$

通过不确定条件下不可逆转的发展方程（8.42）与完全预见条件下不可逆转的发展方程（8.40）的比较表明，开发商需要较高的城市租金以开发具有不确定性的土地。这意味着，在不断发展的城市中，不确定性会延误城市的发展。因为将土地转换为城市用地的开发商，面对比预期要低的租金时可能会十分惊讶，并会后悔这种用途转换。如完全预见的情况下，超出城市边缘的土地价格高于农业租金预期现值。如今这不仅反映了作为城市增长的预期增长结果和人们对土地用途转变的期望（这是完全可以预见的情况），而且也有对未来城市租金的不确定性而产生的农业用地额外的期权价值的期望。拥有一块农业用地意味着持有可以将它转换为城市用地的选择权，而城市的发展相当于行使这一选择权。

土地开发的一个重要特征是决定开发项目的时间与新增建筑面积投放到市场的时间之间产生明显的滞后性。这些滞后是由施工和获得建筑许可证所需的时间造成的。这些意味着，一个开发商将面对一个非常不同的潜在租金，其相对于项目作出决定时占了上风。此外，开发商也可以选择停止一个不顺利的项目来减少损失。考虑到这两个特性，巴伊兰和斯特兰奇（Bar-Ilan and Strange，1996）扩展了卡波扎和赫尔斯利（1990）的模型。主要的结果是发展滞后减少了延迟量。在卡波扎和赫尔斯利（1990）的研究中，开发人员仍然希望推迟投资，因为他们害怕在未来租金会降低。然而，当租金很高时发展滞后会使延迟的机会成本变得更昂贵。选择停止项目的开发也就阻断了其新开发项目的收益。反过来，开发商可以租赁其开发项目获得收益，但是这会增加土地开发价值的风险。由于距离 CBD 越远租金越低，相同收入的不确定性导致在中心位置租金产生更大的不确定性。在长期发展滞后的情况下，开发商可能更倾向于较远城市的土地利用转化，留下更多待开发的中心位置。这提供

了一个进行跨越式发展模式的动机。

由于建筑寿命期长，而且一旦被转化为城市用地，土地很少会重新被用于非城市用地用途（Burchfield et al.，2006），因此发展是不可逆转的假设是正确的。尽管如此，随着时间的推移，建筑物质量会随着时间的推移出现问题，并需要定期维修，而不发展是罕见的，重建就会非常普遍。因此，不仅要考虑开发商最初的发展决定，对重建的决策也是非常重要的。这样可以在不同的情况下去考虑开发商的预期方案。布鲁克纳（Brueckner，1980）就研究了短期预见的情况。开发商行为的不一致性会通过重建而增强，因为现在目光短浅的开发商们不仅假设目前的租金水平会持续下去，他们还决定现在是否要重新开发，却忽略了他们在未来可能会再次考虑是否重新发展的问题。然而，研究短视开发商的再开发是一项有用的工作，因为一些关键性结论可以对开发商预期进行更复杂的处理。正如阿纳斯（Anas，1978）研究的短期不可逆转的发展情况，在一个发展的城市中，当城市用地的价值减去转换成本等于非城市用地的价值时，土地仍然会被最先开发。主要区别在于存在周期性的再开发。举例来说，假设一个城市中，农业用地租金为常数 R，且工资随时间推移而持续增长。工资增长会导致城市向外扩张。然而，由于开发商目光短浅，他们希望城市的当前状态是永久状态，所以他们让城市边缘的建筑具有相同的资本密集度 $k_t(x) = \dfrac{\partial c(R_t(\bar{x}), r)}{\partial r} = \dfrac{\partial c(R, r)}{\partial r}$。同时，他们可能会发现通过对接近 CBD 的土地进行更高强度地再开发，可能会很好的补偿他们过去目光短浅的行为。因此，靠近市中心的地方将有一些紧邻较矮旧楼的新高层建筑。如果我们隔离同时间建设的建筑，正如标准的静态单中心模型出现的那样，更多中央建筑物将比外围建筑物高。然而，由于会有不同时代建筑的存在，总体格局将会在建筑物高度上呈现一个锯齿形状。

完美预见和重新开发的结合会大大复杂开发商的问题。布鲁克纳（1981）和阿诺特等人（Arnott et al.，1983）认为，一个可能的解决方案应该是使城市集中在一个静止状态下。另外，布雷德（2001）也研究了一个处于非平稳状态的城市，他通过用具体的函数形式，使发生在距离 CBD 任意位置上的开发商问题简单地转换成了单位距离问题。

住房重建有两个重要的组成部分：随着时间的推移现有结构质量的恶化和新结构的最终替代。即使在没有出现质量恶化的情况下，变化的条件也足以产生重建。质量恶化问题加强了重建的动机，同时也产生了新的问题，例如，丰富了我们在 8.3.2 节考虑的收入分类分析。一个开发商可能最初针对高收入居民建造高质量水平的房屋。然而，随时间推移建筑恶化而且它的一些特性已经过时，且提供的有效质量水平会下降。这可能会导致居民搬到一个更高质量的住宅，而低收入居民却可以取代他们。这个筛选过程是由斯威尼（Sweeney，1974a，b）正式提出的，而且被认为对低收入群体的住房供应是至关重要的。罗森塔尔（Rosenthal，2014）对筛选过程进行了经验研究，结果表明随时间推移房屋从居住到租用的趋势会被放大，原因是租赁会加速筛选过程。结合对住房的低收入弹性筛选的放大效应，罗森塔尔（2014）认为筛选可以有效地提供合适的保障性住房。布鲁克纳和罗森塔尔（Brueckner and Rosenthal，2009）开发了一个模型，其中筛选会导致高收入家庭周期性的变化位置。在他们的模型中，住宅有一个固定的时间跨度，在此期间固定大小的住房所提供的服务随着住宅年龄的增长而下降。因此，希望有更好服务的居民则主要居住在较新的住宅。在不断发展的城市，靠近 CBD 的位置会最先发展。随着住宅使用时间的增长，高收入家庭搬迁到城市边缘会消耗更多的住房。最终，中央旧住宅到达其使用期限会被新的结构所取代，促使高收入家庭搬迁到市中心，从而远离现在老龄化郊区的住所。[31]

住房的耐久性的主要影响之一是，不断发展的城市和衰退的城市之间有严重的不对称。这一点由格莱泽和捷尔科（Glaeser and Gyourko，2005）提出，图 8 - 3 以此为基础。此图表示的是一个城市的住房供应和需求，纵轴表示住房价格 P，横轴表示住房数量 H。假设最初这座城市有单位面积售价 P_1 的住宅存量 H_1。如果这个城市受到正的需求冲击，曲线会从 D_1 移动到 D_2，此外，假设适宜的建筑用地是可用的，且新的建筑物不会明显受到规定和分区限制，额外的住房将会被建设，住房存量从 H_1 到 H_2 的增加，会伴有 P_1 到 P_2 小幅度价格上涨。

假设现在这座城市经历一个负的住房需求冲击。这一冲击会使需求曲线从 D_1 向下移动到 D_3。此外，因为住房具有耐久性，现有的住房将仍然存在。那么房地产行业由于缺乏维护可能恶化，但这将非常缓慢地减少住宅需求冲击。因此，一个负的需求冲击将几乎完全反映在价格由 P_1 到 P_3 的急剧下降上，且除了折旧以外几乎没有数量的变化。

把所有的因素放在一起，我们发现最关键的是住房供应将与目前的住房存量水平扭结在一起，如果高于当前的水平，供应就会表现出相对的弹性，且在低于当前水平的情况下会非常缺乏弹性。这有几个含义：第一，如图 8 - 3 所示，正向冲击使人口变化的增加速度超过住房价格的上涨速度，而负向冲击所

---

[31]　请参阅本手册 16 章有关房地产市场筛选的详细信息。

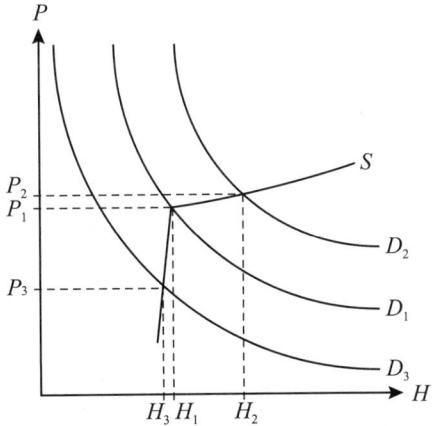

图 8 - 3 增长与衰退型城市之间的非对称

降低的住房价格超过了减少的人口变化速度；第二，城市发展的速度快于其衰退速度。因为现有住房的耐久性会减缓人口的下降速度。第三，因为衰落的城市中人口下降缓慢，出现大量低于建筑成本价格的廉价住房可能是巨大的负向需求冲击的迹象，也可以作为未来库存下降的征兆。格莱泽和捷尔科的研究（2005）表明，这些特性在美国都可以得到经验工作的论证支持。

8.4 集聚和商业用地：多中心城市模型

单中心模型是个非常显著的成就，也是一个非常有用的城市化典型。然而，该模型的两方面内容都特别重视城市的重要经验。一方面，单中心城市模型解释了城市住宅用地和通勤。但是这并不能解释一个人为什么希望生活在这个城市。如果我们把工资 w 看作城市人口方程（8.24）中一个独立的参数，然后取 $\dfrac{\mathrm{d}v}{\mathrm{d}N} < 0$。这意味着任何独自生活的人并不在意城市规模的大小。要完全解释城市的存在，我们必须引入集聚经济。越来越多的证据表明这种集聚经济的重要性，这点显得尤为重要[32]。一个把集聚经济并入单中心模型的简单方法是使工资取决于城市的人口：$w = w(N)$，且 $\dfrac{\mathrm{d}w}{\mathrm{d}N} > 0$。这就在城市成本 $\left(\dfrac{\mathrm{d}v}{\mathrm{d}p(0)} \dfrac{\mathrm{d}p(0)}{\mathrm{d}N} < 0\right)$ 和

---

[32] 这点在本书第 5 章已作解释。

较强集聚经济 $\left(\dfrac{dv}{dw}\dfrac{dw}{dN}>0\right)$ 之间产生了一个折中的不等式（8.24）。单中心城市模型中引入集聚经济的一个更详细阐述是，包括城市建模系统、城市增长系统性和随机性的决定因素分析，这些我们都可以参考杜兰顿和普加（2014）以及本书的第4章。

与现代城市出现分歧的单中心城市模型的第二个方面是其单中心结构：在8.2节描述的单中心模型中，假定在一个单一的中心点，企业不使用任何土地和定位。在现实中，企业将土地投入使用，在城市中，住宅和商业之间的土地用途划分是一个复杂的模式。尤其，正如我们在8.9节讨论的，实际的城市土地利用模式远非假定的单中心城市模型那么极端。1996年，仅约25%的员工在美国大都市圈内5公里的CBD工作（Glaeser and Kahn，2001）。渐渐地，在大都市地区出现越来越多的二元就业中心，他们创造了更多的就业岗位（Anas et al.，1998）。

单中心模型扩展时，土地在生产中的利用是直线上升的，仅仅当涉及到CBD的建模才是作为一个段或盘，而不是作为一个点。鉴于次级中心的位置是外生给定的，不止一个就业中心或地区不改变力学基础模型（见White，1976，一个早期的例子）。可采用一个简单的方法来引入次级中心，这种方法是将中心城市及其容量作为给定条件，且须知道位于城市边缘开发商所遇到的问题。亨德森和米特拉（Henderson and Mitra，1996）研究了这个问题及边缘城市开发商面临的突出权衡问题：定位副中心远离中心城市缓解了争夺土地压力和降低了成本，但这也会削弱中心城市与边缘城市之间的生产率溢出效应。溢出效应的弱化不仅降低了边缘城市的生产力，还降低了中心城市的生产力，加强了开发商的买方垄断势力。

随着伴有商业和住宅的内生化的区域形成，或者区位决策主体通过主体间直接接触或是通过市场的互动产生混合土地用途时，更难得是把整个城市中公司和工人所在区位内生化。这个问题首先被小川、滕田（Ogawa and Fujita，1980）和今井（Imai，1982）独立解决，在企业效益的框架下由于通信的外部性随距离线性衰减而彼此接近。滕田和小川（Fujita and Ogawa，1982）研究了以指数衰减代替外部线性衰减的案例。并被卢卡斯和罗西—汉斯博格（Lucas and Rossi Hansberg，2002）发展和推广。我们现在描述小川、滕田（1980）和今井（1982）的一个简单框架。滕田和蒂斯（Fujita and Thisse，2013）见证了滕田和小川（1982）简洁的博览会框架。

这个城市在实际生产线上占据了一段内生长度，这个长度对应着每个 x 坐标上的每单位可利用土地面积。由企业的内生密度 $m(x)$ 和居民所在位置

x 的内生密度 $n(x)$ 表示。在均衡状态下，存在土地混合使用区（$m(x) > 0$ 和 $n(x) > 0$），商业发展区（$m(x) > 0$ 和 $n(x) = 0$），和住宅开发区（$m(x) = 0$ 和 $n(x) > 0$）。

集聚经济的产生是由于溢出效应，溢出效应能通过企业员工与该地区其他企业员工的紧密互动来提高该企业的生产能力。特定情况下，假设投入一个单位的劳动力和 λ 单位的土地，对于工人每一个单位的通信技术溢出，每一个企业都会产生一个单位的输出。因此当 $A(x)$ 表示通信溢出时，它的成本函数是 $(w(x) + \lambda P(x))/A(x)$。反过来，工人之间的通信溢出取决于他们的岗位距离，在同一地点工作的工人是 β 单位的通信溢出，随之按照 γ 单位的每单位距离通信溢出的比例降低。一个选择在 x 位置的企业输出取决于其他企业的位置，输出公式如下：[33]

$$A(x) = \int_{-\infty}^{\infty} (\beta - \gamma |x - y|) m(y) \mathrm{d}y \tag{8.44}$$

微分方程（8.44）得出 $\dfrac{\mathrm{d}A(x)}{\mathrm{d}x} = -\gamma \left(\int_{-\infty}^{x} m(y)\mathrm{d}y - \int_{x}^{\infty} m(y)\mathrm{d}y \right)$ 和 $\dfrac{\mathrm{d}^2 A(x)}{\mathrm{d}x^2} = -2\gamma m(x)$。这意味着当它处于城市中有一半企业位于其左侧，有一半位于其右侧的一点时，$A(x)$ 会达到全球最大值。不失一般性，在该点设定坐标 $x = 0$，当 $x < 0$ 时，$A(x)$ 随着 x 增大而增大，$x > 0$ 时，随着 x 增大而减小。此外，$A(x)$ 在商业开发区是关于 X 的凹函数（$m(x) > 0$），在非商业发展区是关于 x 的一个线性函数。

企业自由进入消耗他们的利润。商业用地竞租函数为 $\Phi(x)$ 是一个企业在零利润下能够支付在任意位置 x 土地的最高价。

$$\Phi(x) = \frac{1}{\lambda} [A(X) - w(x)] \tag{8.45}$$

在标准的单中心模型中，每个工人每天往返于自身的位置 x 到位于 0 位置的外源 CBD。相反的，一个工人居住在 x 处，现在会选择最适合他的工作位置。我们假定通勤成本以 τ 的速率线性增加。让 $T(x)$ 表示一名居住在 x 位置的工人其工作最大效用选择最大化自己净收入的工作区位：

$$T(x) \equiv \arg_y^{\max} \{ w(y) - \tau |x - y| \} \tag{8.46}$$

因此对于给定的居住位置，工人通过对比工资和通勤成本来选择他们的工作位置。

让我们假设所有的住宅都有相同的单元尺寸，以简化住宅选址问题。然后最大效用 $u(1, z)$ 服从预算约束，$w(x) - \tau |x - T(x)| = P(x) \times 1 + z(x)$ 相

---

[33]　β 值假定充分大且 $A(X)$ 不取负值。

当于最大的消费价值 $z(x) = w(x) - \tau |x - T(x)| - P(x)$。假设所有房屋建造都是用一单位的土地和一个固定的资金量。为了避免掺入额外参数，我们设定整个城市的固定资本成本和农业土地价格为零，所以住房价格和土地价格会是一个相同的常数，并且城市边缘土地价格为零：$P(x) = R(x)$ 和 $R(\bar{x}) = 0$。住房和住宅土地竞租函数 $\Psi(x, \underline{u})$ 是一个居民在每个位置 x 上可以支付消费计价金额 $z(\underline{u})$，并且也使他或她在满足预算约束的情况下享受效用 u 的最高价格。

$$\Psi(x, \underline{u}) = w(T(x)) - \tau |x - T(x)| - z(\underline{u}) \tag{8.47}$$

土地分配给出价最高的人。这就意味着土地的租金价格是通过下式得到

$$R(x) = \max(\Phi(x), \Psi(x, \underline{u})) \tag{8.48}$$

$$R(x) = \Phi(x) \text{ if } m(x) > 0 \tag{8.49}$$

$$R(x) = \Psi(x, \underline{u}) \text{ if } n(x) > 0 \tag{8.50}$$

反过来，土地利用可用下式描述

$$\lambda m(x) + n(x) = 1 \text{ if } R(x) \geqslant 0 \tag{8.51}$$

$$m(x) = n(x) = 0 \text{ if } R(x) < 0 \tag{8.52}$$

劳动力市场出清意味着：

$$\int_X n(x) \, dx = \int_{T(X)} m(x) \, dx \tag{8.53}$$

对于每一个区间 X。最后，我们必须考虑总人口约束，

$$\int_{-\infty}^{\infty} n(x) \, dx = N \tag{8.54}$$

和总企业约束，

$$\int_{-\infty}^{\infty} m(x) \, dx = N \tag{8.55}$$

方程（8.44）~（8.55）是这个框架的平衡条件。

均衡的通式如下。土地利用模式是在点 $x = 0$ 处对称，该点将企业分布分成两半。企业和住宅的共存的混合土地利用中心在 $x = 0$ 处和从 $-x_0$ 延伸到 x_0 的核心区。除了中心混合使用的地区外，在它的两侧，有从 $-x_1$ 延伸到 x_0 和 x_1 延伸到 x_0 的纯商业用地的地区。最后，在纯商业用地旁，有从 $-\bar{x}$ 扩展到 x_1 和从 x_1 扩展到 $\bar{x}$ 的纯住宅用地。居住在混合使用区域的工人在他们居住地工作，而居住在纯居住区的工作人员在纯商业区工作。这些土地利用模式可以更正式地表达为

$$m(x) = \begin{cases} \dfrac{1}{1+\lambda} & x \in [-x_0, x_0] \\[2mm] \dfrac{1}{\lambda} & x \in [-x_1, -x_0] \cup [x_0, x_1] \\[2mm] 0 & x \in [-\bar{x}, -x_1] \cup [x_1, \bar{x}] \end{cases} \tag{8.56}$$

$$n(x) = \begin{cases} \dfrac{1}{1+\lambda} & x \in [-x_0, \ x_0] \\ 0 & x \in [-x_1, \ -x_0] \cup [x_0, \ x_1] \\ 1 & x \in [-\bar{x}, \ -x_1] \cup [x_1, \ \bar{x}] \end{cases} \tag{8.57}$$

每一区间的密度遵从以上描述及式（8.51）、式（8.53）。假设每个企业使用 λ 单位的土地，每个居民使用一单位土地，商业和住宅土地的份额分别是 $\lambda m(x)$ 和 $n(x)$。图 8-4 中图（a）的商业用地所占份额就处于刚才我们描述的平衡中。我们现在表明，存在这样一种平衡，可以平衡通信溢出 $A(x)$，工资 $w(x)$ 和土地价格 $R(x)$，以及，x_0，x_1 的价值。

将式（8.56）代入到式（8.44）得出在城市每个点的通信溢出平衡值：

$$A(x) = \begin{cases} \beta N - \gamma\left(\dfrac{1}{\lambda}x_1^2 - \dfrac{1}{\lambda(1+\lambda)}x_0^2 + \dfrac{1}{1+\lambda}x^2\right), & x \in [-x_0, \ x_0] \\ \beta N - \gamma\left(\dfrac{1}{\lambda}x_1^2 - \dfrac{2}{\lambda(1+\lambda)}x_0\,|x| + \dfrac{1}{\lambda}x^2\right), & x \in [-x_0, \ x_0]\,U[x_0, \ x_1] \\ \beta N - \gamma\left(\dfrac{2}{\lambda}x_1 - \dfrac{1}{\lambda(1+\lambda)}x_0\right)|x|, & x \in [-\bar{x}, \ -x_1] \cup [x_1, \ \bar{x}] \end{cases}$$

$$\tag{8.58}$$

图 8-4 中的图（b）绘制出了平衡溢出 $A(x)$。$A(x)$ 在企业位置所处的区间 $x \in [-x_1, \ x_1]$ 上是凹状的，并且在中间取得最大值，而在 x 属于 $[-\bar{x}, \ -x_1]$ 和 $[x_1, \ \bar{x}]$ 时，$A(x)$ 随着到完全用作居民区中心土地距离间隔的增大而线性降低。也从方程（8.58）中可以看出 $A(x)$ 是连续的并且是 x 的一阶导数。

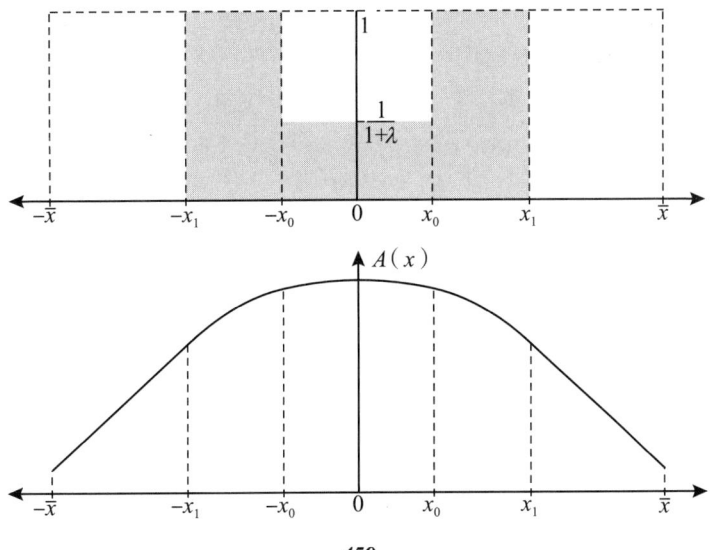

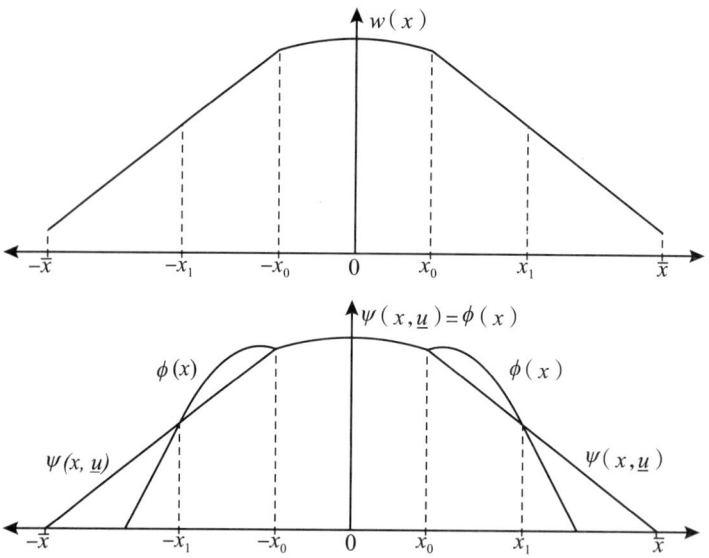

图 8-4　土地利用均衡模式和梯度图（小川和滕田，1980）。图（a）表示商业用地所占份额。图（b）表示溢出效应。图（c）表示工资分布。图（d）表示投标租金梯度。

谈到工资要考虑到企业和员工往返地点的两点 x 和 y。然后，通过对方程（8.46）通勤成本函数的定义，$w(x) - \tau|T^{-1}(x) - x| \geqslant w(y) - \tau|T^{-1}(x) - y|$ 和 $w(y) - \tau|T^{-1}(y) - y| \geqslant w(x) - \tau|T^{-1}(y) - x|$。这两个不等式意味着 $w(x) - w(y) = -\tau(x - y)$。同样，对于任意 $x > 0$，$m(x) > 0$ 和 $T^{-1}(x) \neq x$，有 $\dfrac{dw(x)}{x} = -\tau$ 和对于任意 $x < 0$，$m(x) > 0$，和 $T^{-1}(x) \neq x$，有 $\dfrac{dw(x)}{x} = \tau$。因此，在员工和企业往返的任何区域内，x 远离中心移动时，工资呈线性递减，其斜率绝对值等于通勤成本参数 τ。考虑现在企业的工人不需要往返，因为居住在同一位置即 $T(x) = x$。对于式（8.48）~（8.50）和式（8.56）、式（8.57）在 $x \in [-x_0, x_0]$ 时 $\Psi(x) = \Phi(x)$。把式（8.45）和式（8.47）和 $T(x) = x$ 代入方程中得出 $w(x) - z(\underline{u}) = \dfrac{1}{\lambda}[A(x) - w(x)]$，这样我们就可以得出 $w(x)$。因此，城市的工资梯度由下式得出：

$$w(x) = \begin{cases} \dfrac{1}{1+\lambda}A(x) + \dfrac{\lambda}{1+\lambda}z(\underline{u}), & x \in [-x_0, x_0] \\ w(x_0) - \tau(|x| - x_0), & x \in [-\bar{x}, -x_0] \cup [x_0, \bar{x}] \end{cases} \tag{8.59}$$

图 8-4 中图（c）表示的是工资 $w(x)$。从方程（8.59）我们注意到 $w(x)$ 在 x 处连续。同时由于 $A(x)$ 对于 x 在 $x \in [-x_1, x_1]$ 区间是一个凹函数，并

且在 $x=0$ 处取得最大值。它也符合式（8.59）的 $w(x)$ 对于 x 在 $x\in[-x_1,$ $x_1]$ 区间是一个凹函数，并且在 $x=0$ 处取得最大值。土地混合使用中心区外，x 在远离中心移动时，工资呈线性递减，其斜率绝对值等于通勤成本参数 τ。考虑下一步的投标租金函数。在住房方面，把式（8.59）代入到式（8.47）并在 $x\in[-x_0,x_0]$ 条件用 $T(x)=x$ 得：

$$\Psi(x,\underline{u})=\begin{cases}\dfrac{1}{1+\lambda}[A(x)-z(\underline{u})], & x\in[-x_0,x_0]\\[2mm]\Psi(x_0,\underline{u})-\tau(|x|-x_0), & x\in[-\bar{x},-x_0]\cup[x_0,\bar{x}]\end{cases}\qquad(8.60)$$

注意到 $\Psi(x,\underline{u})$ 是 x 的一个连续函数。同时，它遵从方程（8.60）和区间范围为 $x\in[-x_1,x_1]$ 的凹函数 $A(x)$，就像工资函数一样，住宅用地的竞租函数在 $x\in[-x_0,x_0]$ 范围内是一个凹函数，并在 $x=0$ 时取得最大值。在混合使用区内，员工越靠近中心工资越高，但是这恰好抵消更高的住宅价格。混合使用区中心的外围，随着 x 远离中心移动时，$\Psi(x-\underline{u})$ 呈线性递减，其斜率的绝对值为通勤成本参数 τ。在纯居住区内，居住在靠近中心区的工人在任何特定的往返距离上都可以获得较高的工资，而这一较高的工资恰好抵消了他们更高的住宅价格。

关于土地商业用地的招租函数，把式（8.59）代入式（8.45）得：

$$\Phi(x)=\begin{cases}\dfrac{1}{1+\lambda}[A(x)-z(\underline{u})], & x\in[-x_0,x_0]\\[2mm]\Phi(x_0)+\dfrac{1}{\lambda}[A(x)-A(x_0)]+\dfrac{\tau}{\lambda}(|x|-x_0), & x\in[-\bar{x},-x_0]\cup[x_0,\bar{x}]\end{cases}$$
$$(8.61)$$

注意到 $\Phi(x)$ 是 x 的一个连续函数。从式（8.58）和式（8.61），可以看出 $\Phi(x)$ 尽管在 $-x_0$ 到 x_0 区间上斜率是不连续的，但在区间 $x\in[-x_0,x_0]$ 和 $x\in[-x_1,-x_0][x_0,x_1]$ 是凹函数。除了 x_1 和 $-x_1$ 这两点，$\Phi(x)$ 是 x 的一个线性函数，并且分别在 x_1 和 $-x_1$ 处，取得相同的斜率。

图 8-4 的图（d）是住宅用地和商业用地的竞租函数 $\Psi(x,\underline{u})$ 和 $\Phi(x)$。在区间 $x\in[-x_0,x_0]$ 内，两条函数曲线是重合的，并且该区间内土地是混合使用的。在区间 $x\in[-x_1,-x_0][x_0,x_1]$，企业用地报价高于住宅用地报价，该区间内土地为纯商业用地。最后在 $x\in[-\bar{x},-x_1][x_1,\bar{x}]$ 住宅报价高于企业报价，该区间内土地为纯住宅用地。

城市边缘可以通过整合区间从 $-\bar{x}$ 到 $\bar{x}$ 之间的式（8.51）以及方程（8.54）和式（8.55）的约束得到：

$$\bar{x} = \frac{1+\lambda}{2}N \tag{8.62}$$

为了使土地利用模式式（8.56）和式（8.57）以及平衡条件（8.48）到（8.51）保持一致，我们必须有：

$$R(x) = \Phi(x) = \Psi(x, \underline{u}), \quad x \in [-x_0, x_0] \tag{8.63}$$

$$R(x) = \Phi(x) \geqslant \Psi(x, \underline{u}), \quad x \in [-x_1, -x_0]U[x_0, x_1] \tag{8.64}$$

$$R(x) = \Psi(x, \underline{u}) \geqslant \Phi(x), \quad x \in [-\bar{x}, -x_1]U[x_1, \bar{x}] \tag{8.65}$$

$$R(x) = \Psi(\bar{x}, \underline{u}) = 0 \tag{8.66}$$

由方程（8.64）和（8.65）以及 $\Psi(x, \underline{u})$ 和 $\Phi(x)$ 的连续性推出 $\Phi(x_1) = \Psi(x_1, \underline{u})$，把方程（8.60）和（8.61）代入到这个等式关系中可以得到 $A(x_0) - A(x_1) = (1+\lambda)\tau(x_1 - x_0)$。把方程（8.58）代入到第一个把 x_0 和 x_1 联系起来的关系等式中：

$$\frac{\gamma}{\lambda}\left(x_1^2 - x_0^2 - \frac{2}{1+\lambda}x_0(x_1 - x_0)\right) = (1+\lambda)\tau(x_1 - x_0) \tag{8.67}$$

第二个关于 x_0 和 x_1 的关系等式是通过把方程（8.56）和（8.57）代入到总企业约束（8.55）中得到的：

$$2\left(\frac{1}{1+\lambda}x_0 + \frac{1}{\lambda}(x_1 - x_0)\right) = N \tag{8.68}$$

方程（8.67）和（8.68）有两个解决方案。第一个解决方案是整个城市的土地混合使用：$x_0 = x_1 = \frac{1+\lambda}{2}N = \bar{x}$。这种解决方案会趋于平衡，我们必须确保从这样的结构配置开始，即城市边缘的企业不愿意为了集中生产而给工人支付更高的工资，这样就推动工人向纯居住区生活。当 $x_0 = x_1 = \bar{x}$，$x = x_1$ 时企业投标租金梯度就不会更陡（有更多的负斜率）。对于微分方程（8.60）和（8.61），我们可以把条件 $\left.\frac{d\Phi(x)}{dx}\right|_{x=x_1} \geqslant \left.\frac{d\Psi(x, \underline{u})}{dx}\right|_{x=x_1}$ 表达为 $\frac{2\gamma}{\lambda}\left(x_1 - \frac{1}{1+\lambda}x_0\right) \leqslant \tau(1+\lambda)$。并在 $x_0 = x_1 = \bar{x} = \frac{1+\lambda}{2}$ 点进行评估，我们找到了一个完全的平衡条件即 $N \leqslant \frac{\tau(1-\lambda)}{\gamma}$。

第二个解决方案是方程（8.67）和（8.68）的值 $x_0 = \frac{\tau}{\gamma}(1+\lambda)^2 - \frac{1+\lambda}{2}N$ 和 $x_1 = \frac{\tau}{\gamma}(1+\lambda) - \frac{1-\lambda}{\gamma}N$。我们必须检验这个解值的限制范围 $0 \leqslant x_0 \leqslant x_1 \leqslant \bar{x}$。从答案本身，我们可以看出 $0 \leqslant x_0$ 等价于 $\frac{N}{2(1+\lambda)} \leqslant \frac{\tau}{\gamma}$，$x_0 \leqslant x_1$ 等价于 $\frac{\tau}{\gamma} \leqslant$

$\dfrac{N}{1+\lambda}$。利用方程（8.62）我们发现 $x_1 \leqslant \bar{x}$ 等价于 $\dfrac{\tau}{\gamma} \leqslant \dfrac{N}{1+\lambda}$。此外，我们必须再次检查土地分配给出价最高者的条件即（8.63）~（8.66）。经检验方程（8.60）和（8.61）满足条件（8.63）。因为 $\Phi(x_0) = \Psi(x_0, \underline{u})$，和 $\Phi(x_1) = \Psi(x_1, \underline{u})$ 条件（8.64）和（8.65）分别等价于 $\dfrac{\mathrm{d}\Phi(x)}{\mathrm{d}x}\bigg|_{x=x_0^+} \geqslant \dfrac{\mathrm{d}\Psi(x, \underline{u})}{\mathrm{d}x}\bigg|_{x=x_0^+}$ 和 $\dfrac{\mathrm{d}\Phi(x)}{\mathrm{d}x}\bigg|_{x=x_1} \leqslant \dfrac{\mathrm{d}\Psi(x, \underline{u})}{\mathrm{d}x}\bigg|_{x=x_1}$。通过方程（8.58）、式（8.60）、式（8.61），我们看到它们均满足前提条件 $\dfrac{\tau(1+\lambda)}{\gamma} \leqslant N$。通过确保方程（8.66）被满足，才能确定人口数量。

综上所述，我们能够总结如下：

$$x_0 = \begin{cases} 0 & \text{if } \dfrac{\tau(1+\lambda)}{\gamma} \leqslant \dfrac{N}{2} \\[2mm] \dfrac{\tau}{\gamma}(1+\lambda)^2 - \dfrac{1+\lambda}{2}N & \text{if } \dfrac{N}{2} < \dfrac{\tau(1+\lambda)}{\gamma} < N \\[2mm] \dfrac{1+\lambda}{2}N = \bar{x} & \text{if } N \leqslant \dfrac{\tau(1+\lambda)}{\gamma} \end{cases} \tag{8.69}$$

$$x_1 = \begin{cases} \dfrac{\lambda}{2}N & \text{if } \dfrac{\tau(1+\lambda)}{\gamma} \leqslant \dfrac{N}{2} \\[2mm] \dfrac{\tau}{\gamma}(1+\lambda) - \dfrac{1-\lambda}{2}N & \text{if } \dfrac{N}{2} < \dfrac{\tau(1+\lambda)}{\gamma} < N \\[2mm] \dfrac{1+\lambda}{2}N = \bar{x} & \text{if } N \leqslant \dfrac{\tau(1+\lambda)}{\gamma} \end{cases} \tag{8.70}$$

方程（8.62）、（8.69）和（8.70）的阈值 $\bar{x}$，x_0 和 x_1 分别取决于人口数量。通过利用这三个方程即将方程（8.58）、（8.60）代入方程（8.66），我们可以得出一个城市的均衡人口 N 是一个关于在其他地方能得到效用水平 u 的函数。

在我们讨论这些平衡之前，我们必须做最后的检查：方程（8.46）确定了通勤模式必须是效用最大化。首先请注意在 $x \in [-x_0, x_0]$ 时 $T(x) = x$。在混合使用区的工人上下班已经做得很好了，因为他们的工资不仅低，而且还要承担通勤成本。如果工资增加速率低于通勤成本增加的速率时：$-\dfrac{\mathrm{d}w(x)}{\mathrm{d}x} \leqslant \tau$，他们便不会再前往靠近中心的地方工作。利用方程（8.59）和（8.69），我们知道如果 $0 \leqslant x_0$，条件才能满足。对于生活在纯居住区 $[-\bar{x}, -x_1][x_1, \bar{x}]$ 的员工，他们将在最近的纯商业区工作，如果他们改变工作区，由方程（8.59）知，他们获得的工资将和他们承担变化的通勤成本抵消。具体而言，下面的通勤函数是效用最大化，并实现平衡：

$$T(x) = \begin{cases} \dfrac{x_1(x+x_1)-x_0(\bar{x}+x)}{\bar{x}-x_1}, & x \in [-\bar{x}, \ -x_1] \\ x & x \in [-x_0, \ x_0] \\ \dfrac{x_1(x-x_1)+x_0(\bar{x}-x)}{\bar{x}-x_1}, & x \in [x_1, \ \bar{x}] \end{cases} \quad (8.71)$$

这个表达式表示居住在最远的纯居住区通勤的员工，到距离家最近的纯商业区的通勤是 x_1，员工们也从生活集中向着工作集中转变，直到居住区通勤 x_1，工作通勤 x_0。因此，在方程（8.71）并没有交叉的通勤。

平衡取决于 $\dfrac{\tau(1+\lambda)}{\gamma}$ 的值，该值随着通勤率 τ 的增加而增加，而通勤成本随着距离和企业土地需求 λ 的增加而增加，该值随着生产溢出效应 γ 的减少而减少。如果这个参数组合在一个中间范围 $\dfrac{N}{2} < \dfrac{\tau(1+\lambda)}{\gamma} < N$，我们有最丰富的均衡结构：一个靠近城市中心的混合利用区域，局部有员工居住区；在混合土地利用区域的每一边，都有一个纯商业土地利用区；除了这两个商业区，还有纯住宅区，这里的工人就近在商业区上班。

对企业来说，集聚在一个纯粹的商业区会通过溢出效应（越靠近，溢出衰减率 γ 越高）来提高他们的生产率，但是这要求他们补偿员工的通勤成本（通勤率 τ 越高，每单位距离补偿的通勤成本就越多，企业所占据的份额 λ 也就越大）。如果 $\dfrac{\tau}{\gamma} < \dfrac{N}{2(1+\lambda)}$，生产力溢出效应可以弥补通勤成本并且混合使用区将不复存在。在这种情况下，中央商业区的两边被居住区围着。图 8 – 5 中住宅用地和商业用地的竞租函数为 $\Psi(x, \underline{u})$ 和 $\Phi(x)$，在这个平衡结构布局中商业和住宅用途是完全分离的。这就像一个单中心模型，除此之外，它现在的布局是一个中央商业区所有的企业被一圈住宅用地围绕，这是一个平衡的结果而不是最初的假设。如果不让企业生产占用土地（$\lambda = 0$），进而从方程（8.69）和（8.70），$x_0 = x_1 = 0$ 我们可以精确地得出被所有企业围着的单中心城市中心点。

最后，如果 $N \leqslant \dfrac{\tau(1+\lambda)}{\gamma}$，我们将会得到一个完全相反的情况，通勤成本控制生产力溢出效应且纯商业区和住宅区并不存在。在这种情况下，整个城市都处于混合使用，每个工人都生活在他们工作的地方。

值得注意的是，不同于在 8.2 节中的标准单中心模型，当企业相互产生生产溢出时，该平衡模型可能就无效了。这是因为在选择城市中的某个位置时，企业考虑了来自其他企业的溢出效应，却没有考虑自身产生的对其他企业的溢出效应。因此，计算出最佳的土地利用模式，我们必须在以上计算中用2γ代替γ。在方程（8.69）和（8.70）中用2γ（最佳的）代替γ（市场均衡）很快得出以下几点。如果$\frac{N}{2} < \frac{\tau(1+\lambda)}{\gamma} < N$，市场均衡结构就像是图8-4显示的，但是最优配置包括从$-\frac{\lambda}{2}N$到$\frac{\lambda}{2}N$范围内被纯住宅区围绕的含有纯商业区的单中心城市。如果$N < \frac{\tau(1+\lambda)}{\gamma} < 2N$，市场均衡结构就是整个城市是商用和住宅混合使用，但是最优配置是像图8-4的模式。在这两种情况下，市场提供的商业发展模式都太分散。只有当$\frac{\tau(1+\lambda)}{\gamma} \leqslant \frac{N}{2}$（单中心配置）或当$2N \leqslant \frac{\tau(1+\lambda)}{\gamma}$（完全混合配置），市场均衡才能达到最佳。

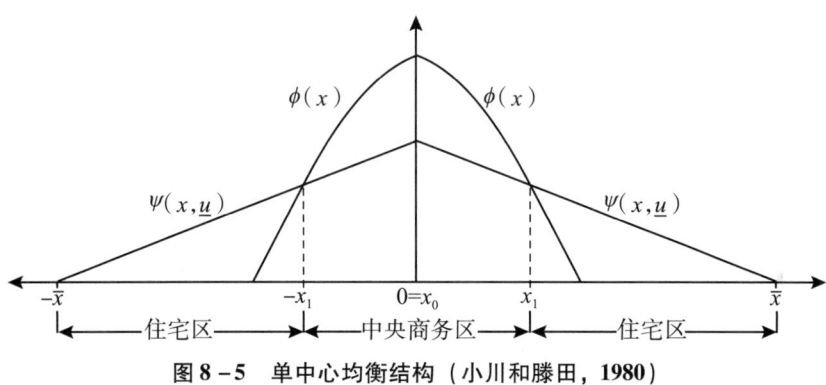

图8-5 单中心均衡结构（小川和滕田，1980）

以上框架可以扩展，并且许多简化的假设条件被放宽。例如滕田和小川（1982）用一个溢出效应的指数衰减取代了其线性衰减。卢卡斯，罗西—汉斯博格（2002）也使用指数函数形式来计算通勤成本，进而允许企业进行土地和劳动力之间的替换，并允许员工选择他们消费的土地。许多一般性公式，不包括线性，关注的不仅是解决多复杂的结构问题，而且还有很复杂的平衡结构的扩张问题。[34]

显然，互相争夺土地的城市企业和员工区位选择模型的建立主要基于几个原因。首先，它表明用于解决单中心模型问题以及它的多个复杂区域扩展的方

---

[34] 同样参见 Helsley（1990）与 Ota and Fujita（1993）的研究。

法同样适用于内在的企业定位问题。为此，我们将构建企业用地的竞租函数，正如前面说的，确保土地分配给出价最高的人。其次，在这种情况下，单中心模型呈现的梯度仍然适用。然而，由于多个生产中心的出现，这些梯度就没必要是固定不变的。例如，在以上描述的丰富配置中，土地租金梯度在市中心和商业区的中心都有局部高峰，在商业区域的中心，它们的相对峰值取决于参数。此外，尤其是对工资来说，新的梯度会出现，这导致在繁华区工资将会更高。再次，我们看到单中心模型是一个企业自由选择位置的平衡模型。当到企业的距离效益与通勤成本强相关时该模型就产生了。最后，我们还能够探索城市土地利用的可替代模式。然而更复杂的是，小川和滕田（1980）提出的更丰富的结构框架是许多城市现实的程式化描述：一个企业与家庭并存且大多数人会选择在本地工作的中心区域，紧挨着的一环是具有较强的商业元素的区域，最外环是人们通勤距离较远的住宅区。而在图 8 - 1 中所示的巴黎商业和住宅用地的建设用地分布规律比图 8 - 4 中图（一）的理论成果更详细。不过，在巴黎，人们可以轻易看到一个有很多混合使用区的中心区域，甚至有两个商业用地的密集区（向下指商业用地的土地份额被绘制在图 8 - 1 的右图顶部）。

8.5　土地用途管制

在大多数国家和城市，土地利用不仅仅是上面所述的市场作用的结果。分区制和其他关于土地利用和产权交易的限制通常在决定一片土地是否被开发、怎样被开发并最终所有权是谁等问题上扮演着至关重要的角色。分区制和其他对土地利用限制的综合评估已经超出了本章的范围，如需了解更多细节，可以参考本书第 19 章，也可以参考菲谢尔（Fischel，2000）出版的文章，其对土地用途管制的概念问题做了一个介绍性的概述。在发展中国家，管制的另一个重要方面主要围绕着土地产权和住房所有权的权属不清问题。第 21 章对发展中国家存在的这方面问题和城市化的其他特殊方面进行了回顾。接下来，我们将简单的解释土地用途管制是如何被纳入到目前为止我们探索出的模型中，以及它们又带来了哪些问题。

在广泛的层面上，土地用途管制限制着土地开发的类型和强度。他们通过将土地用途进行专业化分类并区分不同用户来限制开发的类型并通过限制建筑物的大小、容积率、土地开发面积或直接在漫长的开发过程中运用程序来限制土地的开发强度。

　　需要对用户进行区分主要是因为某些用户可能会对他人产生负外部性[35]。这个观点首次被斯塔尔（Stull，1974）提出，他认为一个城市土地分为中央商业区和围绕商业区呈圈状的居民区，如图 8-5。斯塔尔（1974）从城市开发商的角度探讨土地的分配，这些受到单中心结构影响的开发商为了发挥城市土地最大效益，不得不合理安排城市商业用地和居住用地，而不认为其是企业和居民在城市各处争夺土地平衡的结果，其构造如图 8-5。在土地利用缺乏外部性的情况下，城市商业用地和居住用地在两条地租曲线交点处价格达到最大。

　　现在考虑存在土地利用外部性的情况。例如，商业活动可能产生噪音或污染，这些噪音和污染降低了附近居民的效用。假设这种外部性只影响居民的效用，并且随着离商业用地的距离而递减。这种外部性降低了居民选择居住在CBD 附近的意愿，从而降低了居住用地的地租曲线。因为企业不直接被这种外部性影响，故没有什么变化，而商业与居住地租曲线交点的横坐标会向外移动，也就是说商业活动是在以牺牲居民生活为代价，进而逐渐扩张。然而，企业和工人不仅在土地市场相互影响，在劳动力市场上也相互影响。企业的扩张和居民数量的减少促使工资的上涨，使商业用地的地租曲线降低，居住用地的地租曲线上升。最后，工人工资将提高，商业用地价格将比不存在外部性的情况下低。居住用地价格的高低取决于相对于外部性工资变化的大小。（居住用地价格可能因接近 CBD 而降低，靠近城市边缘而升高。）通过约束商业用地，在商业地租曲线严格高于居住用地地租曲线的点上施加一些限制，城市开发商能获得一个更高的总土地价值。

　　这个例子似乎并不太受关注，因为在发达国家绝大多数 CBD 不再受制造业支配。然而，在城市周边任何不符合标准的土地使用而产生负外部性的区域，这种理论很明显都是适用的。

　　我们刚刚看到一个例子，基于对用户的负外部性考虑，分区制是合乎情理的。同样这也适用于正外部性。我们已经知道，在企业存在密度外部性的情况下，平衡点可能不同于最优，因为企业不考虑他们对临近企业产生的溢出效应，他们可能会分散处于平衡状态。例如，如果 $N < \dfrac{\tau(1+\tau)}{\gamma} < 2N$，城市市场均衡包括混合商业用地和居住用地，但最优配置包括郊区居民区和中央商业区

---

　　[35]　在美国我们有时候把它叫作"欧几里得分区制"，这种叫法起源于 1926 年欧几里得村诉讼安博勒房地产公司的最高法院案件，在这个案件里俄亥俄州克利夫兰市郊区的欧几里得镇反对安博勒房地产公司的工业开发计划。详情可参阅 Fischel（2004）对美国分区制的历史解读。

的完全分离。㊱ 企业没有足够的集群，因为他们不内化自己的溢出效应对其他企业的影响。通过分区，可以实现最优配置。

而这里的外部性研究为专业土地利用和包含不同类型的用户提供了一个强有力的理由，但仍存在一些问题。第一，显然我们很难知道有多少土地应该致力于制造业和其区位如何选择。第二，虽然污染严重的制造业与居住区应该相互分离的理由很充分，但很多城市的这种分离仍不够明显。即使是办公地点和住宅区相互分离的这种情况也远不是那样清晰（甚至没有普遍实行）。第三，尽管分区是合理的，但是可以通过分区制来阻止外部性的发生，或者颁布强制性的法律在事后对产生负外部性的活动给予适当的弥补等措施，哪种方式更好还尚不清楚。如果这种补偿和产生外部性所交的相应庇古税相等，那么后者或许是最优的选择。

颁布法规限制发展的强度，也可以通过类似的外部性观点来实现合理的效率。举例来说，在一个环境良好的街区，最小批量的监管将防止低端住房建设，这可以提高附近的审美品质。㊲ 从某种程度上说，限制住宅开发强度可以使土地利用类型更加细化，甚至可以扩展到二级开发。尽管这种观点逻辑上是一致的，但还是很难让人相信混合不同形式的住宅开发所带来的负外部性可以很显著的证明这些法规的普遍性和重要性，而更加合理的可能性是由居民来评估他们周围的密度。

更具体地说，假设像特纳（Turner，2005）说的那样，居民对他们周围的开放空间进行评估。尽管很难完全经验性地实施开放空间的概念，但是，毫无疑问，城市居民对此非常重视。㊳ 房地产经纪人对住宅属性进行描述时，他们就会重点强调房子好的视野和靠近公园和自然等方面。他们也常使用"隐蔽"或"绿洲"等积极的形容词来尖锐地强调隐私。这都是很常见的。其实，公园和开放空间确实是城市重要的定量指标，即使像纽约这种高度发达的城市也自诩其国土面积的1/4都是用于开放空间、公园和其他娱乐性项目。表8-1中的数据也表明在以巴黎为中心的5千米范围内，开放空间用地占14%。在居民高度关注开放空间时，未开发土地的周围就会有很高的价值。因此，开放空间的存在创新了住宅开发模式。但从均衡的角度来说，这也许会弄巧成拙，

㊱ 在 Imai（1982）的研究中能看到均衡点和最优配置点之间的比较，Rossi - Hansberg（2004）的研究中也可以看到。

㊲ 在大多数情况下限制开发主要是施加一个上限，虽然在这里我们为了简洁起见忽略了下限，但是在某些情况下，下限比如最低密度也可以被使用。他们总能找到理由，要么是对尚未开发的土地进行补偿，要么就是通过开发一些设施如一个社区公园、便利店或公共交通等措施来达到一个"临界质量"。另外还要注意在一些地方的开发可能还存在一个隐含的因素，即其他城市在城市增长边界的地方已经开发过了。

㊳ 例如，可以参考 Irwin（2002）和 Geoghegan（2002）。

可能造成大量开发。反过来，这可以证实限制开发强度的法规的重要性（Turner，2005）。[39] 事实上，这些法规可以有多种形式，如可以最大限度地开发一片区域，提高最大高度，或者在大城市赋予居民上诉反对超高层建筑的权利。

虽然理论上可以限制发展和保留一些未被开发的公园和其他形式的绿地，但实践所知甚少，故对城市规划提供的指导也少。例如，在一个非常低的发展水平下，低密度可以通过统一的发展来实现，就是说，100 公顷土地上可以在每公顷开发一座房子。同样，这 100 公顷土地也可以开发成高密度的 100 户家庭，占地 1 公顷，其余 99 公顷开发成绿地。在此阶段，利用我们现存的模型和居民所熟知的知识来处理这些问题还不够详细。他们可能被误导而用土地的价值来作为决策的指南。尽管，在规划过程中土地价值增值似乎不太可能发生，但是，在理论上，土地价格只会在严格的条件下给公共项目提供一个公正的投资指南。[40] 在缺乏解决这些问题的可靠理论知识情况下，我们当然会怀疑许多现有土地利用法规可能在很大程度上是失败的。

第二个控制开发强度的原因是由通勤可能带来的外部性。这个活动到目前为止一直被视为免费的外部效应，显然这和事实不符。现在越来越多的私家车使交通更加拥挤。这是一个很现实的既定事实（Small and Verhoef，2007），这意味着在 8.2 节提到的单位通勤成本 τ，不应该作为一个常数，而应作为关于通勤者数量的函数。这过程中存在的主要问题是通勤者的数量在城市各处是不相同的。在一个单中心城市中，所有的通勤者都需要进入 CBD，只是住在城市边缘的居民，其到市区消耗的时间估计会更长。更普遍的是，一个给定点处的通勤费用将取决于这个点之外的所有乘客数量。因此，土地利用决定通勤费用，通勤费用又反过来决定土地利用，这个问题在 1972 年被索洛（Solow，1972）研究过。在 x 处的通勤费用取决于居住在 x 处之外的城市居民数量，我们用 N_x 表示，以至（8.16）中的阿朗索—穆特条件等式中将会含有 $\dfrac{\partial(x, N_x)}{\partial x}$，而不仅仅是用 τ 表达的通勤费用关于距离的线性函数。因为平衡情况下住房的价格 $P(x)$ 也决定了居民住房消费的质量和居住密度，这也解决

---

[39] Strange（1992）在其模型里研究了这种类型的反馈效应，该模型说明了临近街区的密度带来了消极的影响，这反过来又影响了住房的开发决定。Turner（2005）也提供了一些关于开发动态发展的有趣结果，即当居民对开放空间表示喜欢时，就表明较远的位置将比较近的居住区更易开发；同时他还常常对在开发过程中才能观察到的跨越现象提供了一致的解释。这些结果的一个限制是，郊区开发往往是 nonatomistic 开发者的工作，这些开发者对模型中的一部分外部性进行内部化。

[40] 参阅 Kanemoto（1988）以进行进一步的讨论。当流动性有缺陷、居民异构或批量开发是内发，土地价格的变化在局部并不能为福利变化提供一种公平的度量。

了非线性二阶微分方程下的土地分配问题，同时这种封闭的解决方法只有在特定情况下（索洛，1972）才是可利用的。

更普遍的是，道路拥挤导致土地利用效率低下。分区制被认为是解决这一问题的途径，派因和萨德卡（Pines and Sadka，1985）研究表明城市规划者可以通过控制片区的大小（和开发的强度）实现土地的最优利用。然而，结果证明控制片区的大小好像不太可能，派因和萨德卡（1985）认为一个城市增长边界能提高次中心的土地利用模式。然而，目前还不清楚为什么诸如地块面积和开发强度的规定等间接手段可以代替更加直接的手段如拥堵收费而被使用。金元（Kanemoto，1980）曾分析过拥堵收费的利弊，他把索洛（1972）所提出的模型和道路拥堵联系起来考虑。使用间接手段的危害是因为不包含重要的其他利润调整。这个结果是派因、萨德卡（1985）和其他学者探索了使用土地用途管制而不考虑交通拥堵费用的可能性时得到的，不过通常要假设每个家庭旅行的次数和他们的目的地都是固定的。严格的土地利用法规和高度富有经验的城市规划者可以成功管理每个区位的居民数量，但不能保证实际会按规定执行。另外，现有的交通拥堵收费制度很难被居民接受。他们还形成了规范且严格的做法：以前常见的警戒线被代替，取而代之的是在每个位置依据交通情况而设的收费站。[41] 尽管拥堵收费是不合理的，也有诸如实行停车收费来代替拥堵收费（Arnott and Inci，2006）。停车收费似乎比综合分区更加容易执行、更加直接、更加灵活。

反过来，交通拥堵问题也引起了人们对交通用地供给问题的关注，这些问题到目前为止已经被忽略了。城市道路和城市停车位正在变得越来越重要。图 8-1 中的数据表明，在巴黎中心 5 公里范围内的公园和其他公共场所用地大约占地 14%，道路、停车位和其他交通基础设施大约占 18%。在美国城市的中心城区，这些数据可能更高，也就意味着那里有更宽的街道，有更多的土地被用于停车位建设。[42] 大部分道路的使用不是排他性的，也就意味着道路服务是公共提供的。在索洛和威克瑞（Solow and Vickrey，1971）所做的开创性工作之后，金元（1980）和派因、萨德卡（1985）所提出的土地利用模型中已经明确将道路用地考虑在内。道路用地的供应不同于其他设施用地如上面提到的公园和绿地的供应，因为道路不直接属于居民。相反，它们使各个位置紧密

---

[41] 参阅 Small 和 Verhoef（2007）对交通拥堵收费做的进一步讨论。最近一些进展更多的是时间依赖的道路定价，但这仍然限于有限的道路，例如美国的，还有世界其他一些国家的城市，如新加坡、斯德哥尔摩和伦敦。

[42] 参阅 Manville 和 Shoup（2003）对这些问题的讨论和为他们提供精准数字的困难做进一步研究。

相连，并且，一条道路可能对它沿途的不同区位造成不同的影响。正如刚才所讨论的，交通拥堵是个很大的问题。尽管道路与当地其他的公共项目有些差异，但我们许多关于道路的结论是相同的：我们知道的太少以至于不能提供好的指导政策，而且土地价格将提供一个不完美的决策指南。[43]

虽然土地用途管制因为有效率的动机和能够控制外部性等作用被认为是合理的，但事实上，出于其他原因分区制也常常被提倡，其在本质上是排他的。[44] 这可能是因为同辈效应。例如，富裕郊区的居民可能想为他们的邻居保持一些排他性，希望就他们自己，或希望从社会上挑选孩子参加当地的学校。虽然这可能是部分原因，但财政外部性可能也在起作用。

在许多国家，包括美国，当地公共物品中的很大一部分，包括教育在内，都是通过征收财产税而被资助的。这可能产生财政外部性，而这种外部性又可通过使用排他性的分区制得以约束。为了充分理解这句话，我们有必要追溯到蒂伯特（Tiebout，1956）最初有关财政联邦制的模型。在他的模型里，一处拥有庞杂人口的地区将演变成多个能有效提供当地公共物品的均匀辖区。在每个管辖区，当地的公共物品应符合当地居民的习惯和收入情况。为了获得有效的结果，我们必须设定一些严格的条件，包括：居民能够自由公平地投票、缺乏跨行政区公共物品的溢出效应和定额税的可用性。事实上，定额税因各种原因而不可用。相反，当地公共物品建设可以通过财产税收进行筹资。通常情况下，因财产支付的税收大体与它的价值相当。这就产生了另一个问题，因为财产税使贫穷的居民可以搭便车，即可以通过移居到富裕的管辖区消费高水平的公共物品，同时他们却通过使用价格较低的住房只支付较低的税收。也就是说，分散提供由财产税资助的公共物品将诱发穷人追逐富人。为了避免这种情况，富人便执行了排他的分区法规。[45]

排他性分区制在一定程度上重塑了一种蒂伯特平衡效应，即使没有体现公

---

[43] 对土地基金道路工具的怀疑首次被 Mohring（1961）与 Solow、Vickrey（1971）提出，在 Mohring 和 Harwitz（1962）之后，交通经济学中利用收费来实现最优道路条款的趋势更加明显。为进一步讨论并为了解道路自筹经费等方面的问题可以参考 Small 和 Verhoef（2007）的研究。

[44] 例如，这章的两个作者之中的一个所在地的市政当局对每片已开发土地的最大份额施加了严格的要求。本条例基于环境表面上是合理的，但是当城市中心部分被高密度修建时，接近郊区土地的 75% ~ 80% 却必须保持未建设或未铺砌，以避免洪水和其他环境破坏，这似乎很难令人相信。更有可能的是，这迫使居民消费更多的土地，并且选择更加富裕的居民，这些居民正如接下来介绍的更愿意投资高品质的小学和中学。其他作者所在地的市政当局基于类似的环境顾虑，通过阻止大部分片区开发而不是每一个独立片区的开发来限制硬化表面的数量。和先前的例子不一样，这减少了大面积建设独立式住宅的数量，但同时也提高了住房价格和选择了居民。这种选择性的监管保护了大型相连的自然空间，而不是导致许多的大型私人花园的建成。然而，这在片区之间产生了巨大的价格差，当地政策根据这些片区情况的不同决定是否开发，这滋养了腐败的潜在可能性。

[45] 为获得更多有关这方面的讨论，参阅 Fischel（1987）。

平性，也能够提升效率。然而排他性分区也会给我们带来担忧，因为它有可能超越蒂伯特平衡范围，并且使城市边缘土地开发维持在无效率低水平利用状态。正如菲谢尔（2001）强有力的阐述，为了财产价值最大化，当地居民或许被鼓励去限制本地开发。在一些国家，包括美国，土地利用管制是当地由业主推选出来的官员针对当地所做的决定。

菲谢尔（2001）指出，尽管一些新建楼盘可能有利于现任业主，但是考虑到事情或许有不按计划发展的风险后，后来的业主可能还是会理性地抵制这些变化。[46] 业主通常对于他们绝大部分的资产投资在他们自己房子的事实感到厌恶。不过，来自新建楼盘的收益高度不均匀的事实也是有可能发生的，一些居民也有可能最终失去这些收益。并且建立适当的补偿方案也是非常困难的。结果就是，这种现状自然会因为一种政治经济平衡产生。

一个更直接的说法是，限制住房供应可能会导致更高的价格。请注意，这个观点需要违背蒂伯特模型的另一个假设：完全的流动性。[47] 如果需求者对地段没有特别的需求（例如居民因区位间可达性的不同而得到不同补偿后就不会特别在意位置的选择），住房必须有效地提供来使地产属性值最大化。换句话说，在完美的流动性和缺乏本地偏好的情况下，居民有优化土地利用法规的动机，因为这可以使自己拥有的财产价值最大化。过分严格的监管将导致住房建设资本的低效利用，并且减少其价值。如果位置不是完全弹性需求（例如，如果居民有一个首选的位置，其他所有条件都形同，现任居民有理由限制其他居民的进入权，并限制在本地的住房供应，事实上就相当于垄断。奥尔塔洛－马格纳、普拉特（Ortalo－Magné and Prat，2014）与希尔伯特、罗伯特－尼佑德（Hilber 和 Robert－Nicoud，2013）提出了一些政治经济论点的版本。如果所说的是正确的，那么在发达地区所实行的过分严格的规定用于解释发展地区过度的城市扩张将是很有说服力的。我们在章节 8.8 中将回到这个问题的探讨。

8.6 经济价格和开发梯度

现在，我们将注意力转向土地利用模型的经验研究，从单中心模型预测的梯度估计开始。在阿朗索（1964）、米尔斯（1967）和穆特（1969）研究之前，研究学者已经对单中心模型预测的一些内容产生了兴趣。而克拉克

---

[46] Breton（1973）为这个观点提供了一个更早的版本。

[47] 正如 Chatterjee 和 Eyigungor（2014）暗示的，过分严格的法规通过集聚效应也可能意味着负面反馈。

（Clark，1951）通常被认为是第一个提出，对于不同城市而言，人口密度都将随着离 CBD 距离的增大而递减。由于克拉克研究的结论简单易理解，而且不要求庞大的数据，所以广受各界人士推崇。在这个传统的研究中，他首先确定了城市的中心，然后在城市中心周围画下不同的圆环。他们计算每个环上的人口数，然后代入回归方程式中求出该环到中心的距离。不出所料的是，多数情况下，人口密度自然地随着离中心距离的增大而减少。这种回归关系通常产生一个较高的相关性 R^2，作者常常将它解释成对单中心模型的强烈支持。然而，这种较高的相关性 R^2 主要还是因为同心环法的平滑化。另一种方法是考虑一个城市的小片区域，例如住宅区，然后将住宅区密度与离中心的距离建立回归分析。这种回归曲线求得的相关性 R^2 很低，因为常常有一些高密度的区域坐落在相对中心较远的区域。[48]

在人口密度与距离的对数呈线性关系的假设下，米尔斯（1972）表示在只知道主要城市的人口、城市的面积和整个市区人口的情况下，密度梯度可以被估计出来。这种两点论的办法可以降低对数据的进一步要求，但可能以高噪声为代价。

克拉克的观点之后，许多文章一般都支持消极的人口密度等级。例如麦克唐纳（McDonald，1989）的早期回顾，和贝尔托、帕拉齐（Bertaud and Malpezzi，2003）从世界各地引用的相关证据都可以看出。金姆（Kim，2007）记载了 20 世纪美国城市的密度梯度逐渐趋缓的过程。有趣的是，包括前社会主义经济体的莫斯科（Bertaud and Renaud，1997）和种族隔离制度下的南非城市（Selod and Zenou，2001）这种负梯度异常的地区，单中心模式下的市场机制功能严重受限。尽管各个国家的城市大体倾向于遵循单中心模型，但也会显现几个有趣的特征。第一，远离城市中心的区域，其密度梯度通常变得较弱；第二，如距离次级中心和各种地理标志距离的远近这类其他变量也常常有一定的解释力。

也有工作试图衡量曾被举证的住房价格梯度，如英格（Yinger，1979）和库尔森（Coulson，1991）。[49] 不过那些文献通常也难以提供住房单价负梯度变化的证据，解释的原因有很多。可能是研究单位住房价格梯度的方法混合的原因，自米尔斯（1969）第一次提出后，大多数文献的聚焦点都转向土地价格

---

[48]　在美国城市远离 CBD 时梯度也趋向于变得更平。从物理角度来说，随着逐渐变为 0，斜率也变为 0，此时弱负梯度将变小。

[49]　重要的是要记住单中心模型提供的是每单位的住房价格而不是总的房产价格。当远离 CBD 时，单位房价是降低的，但对房产面积的期望是上升的。这两种力量的对整体房价的净效益在理论上是模糊的。

梯度上。切希尔和谢泼德（Cheshire and Sheppard，1995）或者是最近的阿尔费尔特（Ahlfeldt，2011）的观点很可能是最先进的。但是这些文献太宽泛而不能详细研究。麦克米伦（McMillen，2006，2010）对此做过调查，尽管这些发现一般支持负的土地价格梯度，但麦克唐纳和鲍曼（McDonald and Bowman，1979）还是存有疑问。

相比较有关密度、住房价格和土地价格的丰富研究，很少有学者致力于预测平均每户住房开发和住房消费的资本强度的梯度。麦克米伦（2006）是唯一的例外，他检查了诸如大都市芝加哥的容积率，展现了其随着距离市中心CBD而强烈下降的趋势。[50] 据我们所知，几乎没有文献谈到在涉及距离市中心不同距离每户家庭的住房消费问题。图8-1为巴黎这个案例提供了一幅原始但非常契合的插图，在这个案例中，显示了住宅用地的比例，而这些住宅用地既包括单一家庭的，又包括多户家庭的，这些用户距离城市中心的距离不一。在距离中心5公里范围内的住宅用地中只有3%的土地是单户家庭。相反，在距离中心5~10公里单户家庭占住宅用地的一半，在距离中心10~20公里将上升到79%，在距离中心20~30公里距离时达到87%。

自从克拉克（1951）到现在60年以来尽管许多工作已经得到发展，关于单中心城市模型的经验知识逐渐积累，但是其扩展知识仍有限。这第一个原因，到目前为止，数据搜集起来仍比较困难。搜集有关城市土地或住宅价格的数据常常需要手动去做。因此，大部分文献在篇幅上是有限的，并且只关注一个特定的城市或者可能是少量的城市。更糟糕的是，这些城市常常被说成是因为特殊原因而被选中优先发展，包括如何发展成单中心或多中心城市。城市中如此显著的十字交叉部分需要避免同样的样本选择问题。

评估一个国家有多少跨城异质性同样也很重要。孔贝斯等人（2012）对这一部分内容特别感兴趣，他们在法国大都市评估土地价格梯度，并且发现了许多的异质性。土地价格相对于距离的弹性在某些城市的第一等分中为-50%，在一些城市的最后等分上基本为零。偶然的观察也表明不同国家的城市其土地利用存在巨大异质性，评论家往往用"美国城市"作为城市扩张的说法，扩张的地方人口密度极低，梯度均匀。相反，"亚洲城市"时常作为在核心区密度极高的同义词。随着时间的推移，梯度渐变的特点也是有趣的，正如我们预期的经济增长和技术进步在过去的200年里一直是影响城市的一个主要方式。麦克米伦的文献是特别的，他利用芝加哥超过150年的综合地价数据证明了一个平稳的地价梯度。很有可能，将来的工作将利用那些现在广泛可用

---

[50] 也可以参阅 Clark（1967）以获得更早的依据。

的数据（至少在一些国家可以），这些数据包括房地产价格、城市土地利用和人口等数据来记录土地利用演变和国内国外间异质性。

数据可用性并不是唯一问题，目前在文献中所使用的数据和方法在以下几个方面是有疑问的。首先是度量问题。这个问题首先出现在中心或次中心的定义上。以往的研究经常基于历史或随意的证据以某种武断的方式定义一个中心。[51] 而最近的研究趋向于计算它的质心，或者使用居民密度的峰值，更好的是使用就业的峰值来找到城市中心。虽然后面的方法可能对于一些应用程序足以计算出 CBD 的位置，但当分析师希望考虑多个副中心时，事情就变得更加复杂了。甄别中心和次中心最令人信服的方法是由麦克米伦（2001）提出的，他的灵感来源于理论中两个相关的特征。第一，次中心将与就业的集中有关。其次，这样的集中将吸引居民，结果就是次中心周边位置的土地和住房价格将受到次中心影响。由麦克米伦（2001）开发的方法有两个步骤，它与上述两个特征基本上是一致的。第一，顺利就业密度函数被非参数估计，候选的次中心分布在那些就业回归分析中具有积极和显著的残差位置。然后是第二步，半参数租金函数会被估算出来，次中心将在第一步分析中，由分析师选出的能为租金提供显著解释力的候选者中挑选。尽管这种方法得到了大家的认同，但这种方法很可能对平滑参数非常敏感，因为绝大多数城市看起来都是绝对的单中心。[52] 在第二步租金回归中任何次中心的重要性也将取决于研究区域的实体发展程度，因为在较大地区规模较小的次中心的影响是很难被发现的。[53]

另一个密度梯度的度量问题是密度的度量通常是在区域层面进行的经验研究，该经验研究旨在估计密度梯度，然而模型的预测通常只针对地块层面。这是一个令人担心的问题，因为较小的一部分土地或许被用于远离 CBD 的住宅目的。这或许就解释了为什么负人口密度梯度可以不考虑对一个地块层面上的密度产生什么样的影响。[54] 一个简单的解决方案是依靠土地登记或任何其他能

---

[51] 在表 8 - 1 中，我们指定巴黎圣母院大教堂为中心。虽然法国政府利用这个位置来衡量距离巴黎的所有距离，但我们不能说这个区域构成了一个 CBD。巴黎的历史商业区据此向西大约是 4 公里，目前拉德芳斯商业区据此向西是 9 公里。同时，表 8 - 1 显示了被开发的土地数量和多户住宅开发比例在圣母院的位置处达到峰值，这暗示了在住宅使用方面城市中心是个合理的选择。巴黎在实践中再一次证明了土地利用配置的复杂性。

[52] 回想一下，所谓的最优平滑只是基于一个经验法则，交易系统降噪与曲率的变化。

[53] 如果想获得更多不受这种批评的局部法，请参考 Redfearn（2007）。另一个可能的批评是，这个过程受理论启发但没有直接从理论开始。这种批评不能令人信服是因为现有理论中没有足够详细介绍土地利用以至于可以超越 McMillen（2001）所使用的广泛特征。此外，人们可能会谨慎使用一个特定的理论来定义次中心，因为更精确的定义可能是由模型的具体特点驱动的。

[54] 当然，远离 CBD 的土地更加便宜的事实解释了在更加复杂的单中心模型中非住宅利用的流行，其中，在单中心模型中，几个不同类型的利用者可能为次中心的土地进行竞争的。但是，区域水平上的负密度梯度和由简单模型预测出来的地块水平上的负密度梯度并不是同一回事。

够确定住宅地块来源的数据。问题是这类数据远没有区域人口数据在地块层面上适用性强。[55]

尽管人口密度测量涉及到一些意想不到的困难，计算单位房价无疑是更加困难的。主要原因是我们通常只观察房子的价格，即住房单位价格和住房面积乘积的结果。例如在库尔森（1991）研究内容中被使用的规范解决方案是通过使用住房特征，并且在估计住房价格梯度的回归分析中去引入这些特征，比如：

$$\log P_i(x) = F(x) + X_i\alpha + \epsilon_i \tag{8.72}$$

其中，$P_{i(x)}$ 是距 CBD 距离为 x 处住房 i 的价格，$F(x)$ 是距离 x 的函数，X_i 是住房的第 i 个特征，ϵ_i 是残项。阿朗索—穆特中的条件（8.4）到旨在估计房价的经验公式之间的对应不是直接的。然而，对于一个相对于给定房子附近的房子，在一阶差分方程（8.4）修改方程式是有可能的。线性化后，我们得到 $\Delta\log P(x) \approx \tau\Delta\log x + \Delta\log h$。与 h 接近，住房单位的数量通过特征向量和相同的假设，服从基于距离效应对数形式下的公式（8.72），在理论模型中选取一个更一般的通勤成本仍能符合收益率方程（8.72）。注意当与 CBD 之间的距离范围变大时，由以上忽略 $\Delta\log x\Delta\log h$ 项的回归方程取得的近似线形值或许得不到保证，使享乐论推导住房异质性也不是不可的，但是在使用这个工具的时候一些众所周知的问题可能都会出现。正如理论预测，最重要的问题是房子特征与 CBD 的距离相关，并且分析师所用观测到的住房特征向量也不太可能是全面和非常详细的。结果可能会丢失与距离相关的住房特征。[56]

文献中大部分注意力都投向方程式（8.72）中距离函数 $F(x)$ 的形式选择（和相应估计密度梯度的等式）。在克拉克（1951）之后，早期的文献通常将因变量用对数形式表示，将距离水平作为解释变量。正如章节 8.2 开发的模型所明确的，土地的价格或许是关于距离的复杂函数，这个函数又取决于有关效用函数、通勤成本和居民收入所做出的各种假设。不能保证作为结果的梯度在距离上将是一个负指数。但是一般来说，这种结果是不会出现的。另一种方法是使用距离的对数而不是它的水平作为解释变量。[57] 孔贝斯等人（2012）认为当为法国城市评估土地价格梯度时，这两个规范大体上是相近的。许多作者

---

[55] Mieszkowski 和 Smith（1991）对休斯敦城市使用地块级别的数据可能是个例外。

[56] 尽可能选择，Epple（2010b）、Combes 等学者（2014）为了完成重建每个属性下住房数量的任务，探讨了新的方法。Epple 等（2010b）使用土地、房产价值以及土地面积。他们把地价当成是房价的函数。因此，在住房单位土地和房屋价值获取生产函数中可以估计资本与土地价值之间的比率的。住房数量也可以算出来。Combes 等（2014）使用利润最大化的一阶条件和自由进入，产生了住房对资本（或土地）的边际产量，并通过集成化恢复住宅的数量。

[57] 尽管负指数函数会产生很多曲率，但正如上面说的，线性规范在另一个极端，理论预测是凸梯度。

通过增加高阶的距离形式来使用更全面的技术参数。这些技术参数明显增加了回归分析的解释力，有时为了更加充分合理，作者通过调用规范去验证他们。[58] 麦克米伦（2010）就使用过非参数或半参数估计方法。

在某种程度上，这种关于估计梯度的函数形式的争论是有问题的，因为它忽略了命题的理论测试。但布鲁克纳（1986）的研究却是一个特例。他建议使用切换回归方法来捕捉不连续引起的老式住房建设的影响，如 8.3.3 节中所描述的。因此，目标不是提高回归的适应性，而是为了捕获一个经验性的重要特征，这恰恰是最简单的模型版本所遗漏的。

8.2 节中描述的理论在单中心城市模型的假设下做出了一系列预测。这些都涉及到可达性问题，主要通过土地和住房价格的阿朗索—穆特条件和有关开发强度、住房消费和人口密度等相关条件。这种单中心的假设主要是为了方便，如同 8.4 节认为的，很多关键命题都很注重房价可访问性的重要性，相反土地价格、开发强度、当地人口密度以及住房消费这些都不依赖单中心而存在。

文献研究中较多的分歧在于单中心模型中城市是否是单中心。而不关注可达性是否和阿朗索—穆特的条件一样被重视。这是两个独立的问题，第一个问题是关于城市地理学的假设，而第二个问题是模型的实质分析问题。也就是说，虽然单中心模型中的城市单中心分布是一个假设，但在模型中存在内生的工作地点，正如 8.4 章节讨论的有可能实现。这表明城市是否近似单中心模式取决于一些能够使得评估单中心城市模型更有价值的条件。不幸的是，大部分的争论一直被误解了。令人关心的问题不是城市是否为单中心分布，严格来说，绝大多数城市不是单中心，并且或许也没有真正意义上的单中心。例如，麦克米伦（2001）提供了令人信服的证据，他研究了很多美国大型城市，发现都包含有次中心，有时还有多个。关于不同方位的地价、房价和人口密度随着远离 CBD 将单调下降的预测常常使人不能在一个高水准的地理环境下工作，出现这种结果的原因在于交通优势或位于主要的干线公路。附加一点，我们不能期望单中心模型所强调的内容成为唯一决定土地、住房价格、住房消费和人口密度的因素。如 8.3 节介绍的单中心模型扩展的观点，其他因素也需要被考虑。世界也不会像最简单的模型那样不去掺杂其他因素。

因为单中心性常常被否决，更有趣的问题便产生了：城市的单中心性有多强？正如上面所说，这里的关键问题是考虑到人口模式的分散分布，梯度回归不能提供一个良好的衡量指标。这里的合理指标能够使我们不依赖对人口和物

---

[58] 尽管这些测试对解释变量的数量有解释力，但对后者需施加某种程度上的专项罚款。

价水平的衡量、不依赖于数据需要多么平滑就可以度量城市单中心的程度，但是这样的指标还没有被探索出来。

关于可达性的问题，已经有一半文献对此进行了解释。我们知道，事实上与中心、次中心和其他周围地标建筑的距离对房子和土地价格方面有着重要作用。也有很多文献已探讨出许多可达性的指标，这些指标可以衡量每个位置到不同中心的距离。阿纳斯等人（1998）对此进行了回顾。即可达性与价格之间的权衡问题是必要的，该问题由阿朗索和穆特强调。然而，这并不能保证可达性会和探讨的那样重要，我们所探讨的都是建立在其他均相等的条件下，即住房价格的差异应该等于两个街区之间运输成本的差异，这里不仅涉及通勤成本还有其他条件。

正如8.2节强调的，单中心模型产生了一些关于总数量和地租的预测。[59] 8.3节中也指出，这些预测比依靠阿朗索—穆特条件得到的预测在理论方面更弱一些。和上面的单中心问题一样，我们关注的不在于这些预测是否正确，他们或许不正确，而在于现实中这些预测离我们还差多远，又是什么导致了这些简单地理论预测和现实的区别。据我们所知，有关总地租和总通勤成本之间比例的城市总量预测从未被严格评估。孔贝斯等人（2012）提出了中心地租与城市人口成比例的命题，他提出了法国城市基于平衡土地价格的城市成本衡量方法。他们把城市人口相对于土地价格弹性的估计值定为0.72，并且他们把0.72和团体之间的不同归于更大城市更大权力的下放。同一篇文章还为回归提供了结果，该结果试图解释不同特征下城市地价梯度，但是结果并没起到多大作用。孔贝斯等人（2012）提出的解释变量没有一个是有特别重要意义的。8.3.2节中探索的异构居民模型预测指出：管理收入分配的参数也将决定地价梯度，但是他们并没有找到有关的证据。显然，在得出明确的结论之前我们有更多关于此问题工作需要做。

最近由阿尔费尔特等人（2012）在结构上估计了城市内部结构的模型。城市是街区的集合，尽管这些街区是固有的，但每个街区的开发强度是内生的。居民消费住房、住宅设施和复合商品。反过来，一个街区的基础设施取决于这一块的基本面和临近街区的设施，这在距离的负指数函数情况下会受到影响。生产需要占用土地和劳动力，正如8.4节描述的模型，企业从集聚经济中受益，而集聚经济是用临近街区的就业密度来衡量，并且就像消费外部性效应一样，集聚效应随着距离的变大而减弱，在街区的不同地块生产率也是不同

59　正如8.2节讨论的，它还预测，土地和住房梯度的比例应该算出住房的数量，然而这种预测超出了我们的知识范围。

的。在选择住宅时，居民不仅考虑（内生因素）房价、当地的基础设施和离工作的距离，也要考虑街区之间的可达性。这些条件说明了住宅和就业两种不同选择的异质性，居民将会选择那些能给他们最高效用的街区。一个关键的技术难题是最高效用是由一个潜在并且难计算的顺序统计量计算的，其是通勤缓冲的分布。为了让问题变得易于处理，阿尔费尔特等人（2012）使用在国际贸易中由伊顿和科特姆（Eaton and Kortum，2002）开发的结构，这种结构依赖于弗雷歇分布。这样做的主要原因是保证最大的一系列变量符合弗雷歇变量式分布。

阿尔费尔特和其他学者于 2012 年提出一个框架，该框架有一个有趣性质，它为通勤流预测了一个重力模式，其中，当去掉来源和目的地的特征后，两个街区间通勤者数量的对数预计将与它们之间的通行时间成比例。显然，附近住宅街区之间的通勤流当在这些街区没有就业者时会变成 0。阿尔费尔特等人（2012）为柏林通勤者提供了一些符合这一特征的证据。他们模型的完整估计要求恢复两个交通费用参数（单位距离通勤成本的基本效用和周围的特殊分散），四个集聚参数（消费和生产外部性的强度和空间衰变）和每个街区的生产力和设施基础。从观测的数据来看，土地租金、开发强度、就业、每个街区居民的数量和建立消费、生产、未知参数和模型原理的建筑模型之间存在一个唯一的映射。

阿尔费尔特等人（2012）的第一个关键性的结果认为生产和消费的集聚效应估计会相当大但是又会非常本地化。他们还及时利用了能够观察到的柏林的三个不同时期：分裂之前、分裂时和之后重新统一。假设每个街区的基本面如意料中都是不变的，他们就可以依据街区所在位置在街区就业和居住组成中复制模型中的变化。

这篇文章很重要，因为以下几个原因：首先，它开创性地运用了结构估计方法去探索城市之间发生了什么。这些方法在过去 10 ~ 20 年之前已经在经济学的其他领域被利用，现在才开始被用来分析土地利用问题。[60] 其次，阿尔费尔特等人（2012）的工作允许在城市中观察到不同梯度的经济解释。如孔贝斯等（2012），这是一个试图拉近经验研究理论的尝试，在这里梯度和其他空间模式不再是为了自己的目的，而是为了学习更根本的问题。再次，该模型中较弱的点或者结果令人不太满意的维度，变得更加清晰明显。例如，在阿尔费

---

[60]　可参阅本书第二章城市经济中结构的评估。结构性方法被用来探索住房和地方财政问题，但这些探索工作几乎没有一个明确的空间维度。Epple 等人（2010a）模型在多元混合框架考虑本地化设施。最近，单中心的定量版本已经开发探索出一系列的应用问题，如简单拥堵收费的福利效应（Brinkman，2013）。

尔特等（2012）看来，通勤行为的建模有点特别，因为它不清楚是什么推动两地区居民通勤的异质性，这是一个未来研究的方向。阿尔费尔特等（2012）的一些引发争论的结论认为关于地方生产和消费集聚效应也可以通过其他方面进行检查。该方法的稳健性也可以通过在其他城市实施来评估。更普遍的是，理论和经验研究之间的相互作用会导致相互质疑同时为发展铺平了道路。

虽然最近有一些贡献，但是更多的是理论工作，缺乏经验研究。在阿朗索（1964），米尔斯（1967），穆特（1969）的探索精神下，土地利用模型的主要推动在于阿朗索和穆特设定的条件，该条件强调了在价格可得性两者之间的关键权衡，且这些条件被经验评估过。在8.3节研究的有关单中心模型的关键扩展已经得到了缺乏经验的关注。正如所争论的那样，关于在不同梯度中收入一致性的影响还不清楚。同样地，关于土地利用的文献还没有真正考虑分区的约束。切希尔，谢泼德（1995）一起整合了一个更广泛的可得性概念，这项工作仅仅是个例外。[61] 正如在本书第16章所描述的那样，其中有一篇重要的文献，该文献处理了住房的耐久性和衰变，但只有一少部分是和更广泛的、更加正式的土地利用模式明确相关的。[62]

8.7 城市住宅分类模式

前一节的经验研究，涉及到8.2节推理的同质化理论。如8.3.2节所讲，用同质居民的单中心模型对异质性居民进行预测，根据居民的显著特点，异质性居民模型也可以做出更多的重要预测。

在最简单的情况下，只能将居民按照一个维度进行完美的划分（例如按照收入水平）。当按照两个以上的不同维度进行划分时，仅能实现部分分类预测。例如，一户高通勤成本的家庭可能会因为对土地需求较高而选择远离 CBD 生活。这户家庭最终可能与通勤成本较低并且对土地需求同样很低的家庭成为邻居。索引文献对收入水平进行了关注，因为在城市中它是评价城市家庭状况的一个重要指标，并且它会产生一种利益吸引。从理论的角度看，收入对离 CBD 居住距离的影响是不确定的。预计家庭收入的增多将加大对住房面积的需求，进一步促使居民远离 CBD 居住。然而，通勤成本高的同时消耗了更多的时间，

---

[61] 在这的主要困难在于，土地利用监管很难衡量且很难处理同时性问题。阅读本手册的第19章可以对这两个问题作进一步的了解。

[62] Brueckner and Rosenthal（2009）的工作是一个例外，下面将进一步讨论。

较高的收入及更高的时间价值使得家庭想要离 CBD 住的更近一点。如 8.3.2 节所述，如果土地需求的收入弹性大于通勤成本的收入弹性，则富裕的家庭比贫困的家庭更想远离 CBD 生活。

在我们讨论这个理论命题的预测能力之前，了解一些基本事实显得格外重要。通过美国的历史，我们了解到勒罗伊和桑斯特利（LeRoy and Sonstelie, 1983）认为，在 19 世纪下半叶，富裕的居民居住在离市区较近的位置。随着电车的出现以及汽车的崛起，颠倒了这种模式，勒罗伊和桑斯特利（1983）认为 20 世纪 70 年代后产生了都市化回流现象，事实上模型属性的这些变化，是由于早期有轨电车和汽车仅提供给较富裕的家庭使用，使他们节省了大量的上下班时间。这可能导致了富裕家庭的郊区化。最终，汽车成为了除最贫困家庭外所有家庭的交通工具，造成居民大范围的分散居住，同时不断上涨的郊区土地价格可能会带动富裕家庭回到城市中心。因此，这种广泛的模式与简单的单中心框架模式是一致的，其中土地需求相对缺乏弹性。

最近，李和林（Lee and Lin, 2013）在美国的主要城市组建了居民收入和人口的长期数据集。他们证实了在 1880 年随着 CBD 之间距离的增大，居民的平均收入呈下降趋势。早在 1930 年时收入梯度开始发生变化，到 1940 年变得非常陡峭。自 1960 年到现在收入梯度已趋于平缓。沿海城市富裕家庭的这种分散与集中模式表现并不明显。李和林（2013）认为居民收入因优良的自然条件而稳定的增加，使得沿海城市中心拥有更好的设施条件。

布鲁克纳和罗森塔尔（2009）也为当代美国城市提供了更详细的证据。他们使用了大量的土地数据后发现了一个趋势，那些远离密集的区域相对更加富裕。重要的是，他们发现这种趋势并不统一，在超出市中心一定的距离出现土地收入平缓，甚至下降的情况。同时他们还发现收入梯度越靠近中心越陡峭。中心城市与郊区之间的收入产生巨大的差距。在大城市地区，最富裕与最贫穷的地区收入差距约为 50%。

但是这个广泛的特征并非是一个绝对的标准。一些美国城市拥有富裕的城市中心。例如，纽约，格莱泽（Glaeser, 2008）等人用 U 型曲线绘制了纽约、芝加哥和费城的收入与离 CBD 的距离函数。重要的是，正如布鲁克纳等人（1999）所强调的，欧洲城市往往拥有富裕城市中心及贫困的城市边缘，但也有一些例外，如布鲁塞尔。除此之外，许多城市也表现出重要的方向性模式。在大多数欧洲城市，西部郊区往往比东部郊区更加富裕。

同样重要的是，居民区分布是不均匀的。埃普尔和普拉特（Epple and Platt, 1998）证实，在波士顿地区，富裕城市平均收入是最贫穷城市的 4 倍。然而，近 20% 最富裕城市的家庭收入低于 20% 最贫困城市富裕居民的收入。

这表示两个城市的收入分布有相当大的重叠。因此，按收入分类推动走向的因素是肯定存在的，但也不是决定性的，因为按收入分类的空间排序还远未完善。

使用异质性居民的单中心模型，用其评估能力去解释按收入划分的住宅区位模式，需要估计住房、土地需求的收入弹性和交通成本的收入弹性。惠顿（1977）第一次尝试比较了这两种弹性，并对于沿着单一维度的单中心模型的性能提出了怀疑。

在他的作品中，惠顿（1977）假定一个恒定弹性替代的效用函数。然后，使用旧金山大都市区海湾高速公路施工前收集的家庭数据来估计效用函数的系数。需要注意的是，上下班作为一个负效用以及支出出现。惠顿（1977）估计，土地需求的收入弹性和通勤成本的收入弹性在0.25左右。这表明，在权衡突出的单中心模型城市时，收入对城市区位的连锁影响较小，无法解释实际居住模式。

格莱泽（2008）等人重新审视了这一问题。他们首先认为，由于上下班需要时间成本，通勤成本的收入弹性为1或接近1。因此，他们把注意力集中在估算土地需求的收入弹性上。他们首先将地块面积对数在家庭收入对数之上进行回归，并估算土地需求弹性在独立住房的0.1和公寓住户的0.3之间。鉴于他们对土地的需求收入弹性的估计远低于他们认为的交通成本单位收入弹性，因此得出结论：异质居民的单中心模式预测，富裕家庭将会居住在美国城市的核心区域。这是明显的事实。下面我们讨论的是，格莱泽（2008）等人将通勤纳入到他们的分析中以解释为什么穷人住在美国城市的中心。然而，在我们讨论交通和其他解释之前，值得注意的是，格莱泽（2008）等人关于单中心模型收入排序的相关程度较高。首先，他们对土地需求收入弹性的估计有可能是存在偏差的[63]。更重要的是，通勤成本的收入弹性很可能是远低于1。

虽然时间成本是通勤成本的重要组成部分，但它并非唯一。以汽车每小时40公里的速度考虑。一辆汽车每100公里消耗12.5升汽油，约5美元[64]。汽车每公里行驶增加12.5美分的折旧费，车辆的可变成本则为每小时10美元[65]。

---

[63] 这有三个原因。首先，土地价格在基于家庭收入的对数之上地块面积对数的回归分析中是不存在的，而在郊区更便宜的土地可能会随着富裕家庭对土地的需求而增长。其次，他们把注意力集中在瞬时的收入，而不是永久的收入上。当他们将教育作为永久性收入的工具时，土地需求的收入弹性便会上升到0.5以上。最后，如果富裕家庭选择生活在一个带有公园和开放空间的较低密度区域，则土地消费可能是衡量有误。考虑每个家庭的土地总面积而不是土地划分的大小提升了土地的需求收入弹性使其接近0.5。

[64] 我们使用2014年的价格接近4美元/加仑。每100公里的汽油消费量为12.5升相当于每加仑19英里，这是略优于福特金牛的燃油经济性。

[65] 这个折旧相当于一辆价值25 000美元的汽车行驶超过200 000公里的完全贬值。这个价格标签略低于福特金牛。

一名低技能工人以每小时 10 美元驾驶这辆车。汽车的花费略低于中等工人工资的一半。运输经济学（Small and Verhoef，2007）估计，在车上的时间价值约为一半的工资。工人的驾驶总成本是每小时 15 美元，时间成本仅为它的 1/3。相对于低技能工人的工资来说，通勤成本的弹性仅为 0.33。即使工人获得每小时接近 20 美元的中等工资，通勤成本的工资弹性仍是 0.5。对于高收入工人，其平均工资接近低技能工人的两倍，每小时 40 美元，这种弹性系数依然是 0.66，这也许与住房的需求弹性没有较大的区别[66]。

因此，用异质性主体的单中心模型其相关性解释收入区位模式是没有依据的。[67] 鉴于缺乏关键性证据，文献提出了一系列的补充说明。在勒罗伊和桑斯特利（1983）看来，格莱泽（2008）等人着重强调了通勤的重要性，阐释了为什么穷人居住在美国的城市中心。尽管大多数美国家庭的每位成年人都期待拥有一辆汽车，但事实上仅 1/3 的成年人拥有一辆车，且约 10% 的人没有车。这意味着相当多的美国成年人需要使用公共交通工具上班与生活。美国大部分城市的交通枢纽是在城市核心区域，一般不在郊区。格莱泽（2008）等人通过公共交通，证明了城市的贫困率与市中心的距离存在密切联系。

尽管这些相关性令人关注，但是他们不建立在任何形式的因果关系之上。格莱泽（2008）等人通过对有、无地铁等公共交通城市的现状进行对比，用以支持有利于公共交通发展的模式。不出所料，在两种不同类型的城市，运输使用的模式有较大差异。在没有使用地铁的城市，运输使用率下降较快。而在使用地铁的城市，在最初的 5 千米内，使用率会显著增长，并在 10 千米以内保持较高水平。在这两种类型的城市，交通使用情况与当地收入水平呈负相关。鉴于大多数地铁已经运行了三代以上，有地铁城市与无地铁城市的差异具有一定的外生性。

布鲁克纳（1999）等人把注意力集中在美国典型城市与欧洲城市之间的差异上，美国的穷人生活在城市核心，而欧洲城市的核心被富人占领，为此他们提出了一种合理的解释。他们对异质性居民单中心模型进行延伸，异质性居民不仅需要到 CBD 的交通工具也需要享受当地的设施。他们对巴黎和底特律进行比较后发现，巴黎的设施都集中在市中心，而底特律的设施位于郊区。根

---

[66]　这种计算忽略了驱动程序可以驱动一个更昂贵的汽车。一辆价值 50 000 美元的汽车和一个 20% 的较低燃料效率，我们把弹性恢复到 0.55。

[67]　Glaeser 等人（2008）提出对土地需求更好的估计将需要解决三个问题。可以说，更好的估计交通费用将是困难的，因为通勤可能直接进入效用函数。调查数据似乎表明，上班族特别不喜欢长时间的交通，但也不想生活在工作的地方（Krueger et al.，2009）。

据土地需求作出相关的假设，均衡配置是可能实现的。当中心设施拉动力足够强且土地需求收入弹性欠缺时，富人居住城市核心的这种巴黎式平衡则可能实现。当土地的需求不是缺乏弹性的时候，周边设施可以诱导富人在郊区居住。他们的分析允许设施是内生的。自然而然的产生在富人居住的地方，可以让他们多重均衡，例如，即使外部的优势如在城市边缘拥有开放的空间，富人也可能会因为内部设施，如足以留住他们的餐厅，而生活在城市的中心。

这种分析的第一个缺点是，它似乎不能排除诸如存在的设施和土地需求的形态这类难以观察的特征，这些特征之间有着微妙的相互作用，这促使许多结构可以合理化为一个平衡结果。布鲁克纳（1999）等人的模型也仍然缺乏明确的经验证据。尽管如此，偶然性证据对这一类型的解释仍有一定的力度。设施也可以解释许多欧洲城市值得注意的一个不对称现象，如已经提到的，西部郊区往往比东部郊区更加的富有。这似乎与这些城市的风向有着密切的关系。当迎风的位置让富人们免受工厂排放废气的影响时，在这些城市中风向将不再是一个重要的问题，但在工业时代的高峰时期确实如此，

在单中心模型中，有 1/3 的扩张和存量房的使用年限有关。布鲁克纳和罗森塔尔（2009）研究发现，在美国的城市中，存量房使用年限的控制解释了远离中心的正收益梯度。坐落在美国城市中央的老建筑质量较低，因此最终被分配给贫困人口来维持平衡。这是 8.3.3 节过滤机制探讨的一个重要元素。评估因果关系是很困难的，因为在某种程度上，国家住房存量是一个内生变量。为了限制这个问题的范围，布鲁克纳和罗森塔尔（2009）将 2000 年的存量房年龄和 1980 年的进行比对。通过使用目前存量房使用年限的分布信息和可能的重建模式，他们对美国城市的人口收入分布进行了 20 年的预测。这些预测意味着城市核心需要进一步高档化。[68]

迄今为止所有的解释均建立在单中心模式上，最后的提出更强调相对位置和可达性以及土地价格之间的权衡。蒂伯特（1956）认为它并非依赖公共财政，并且提供各种公共物品。这两个主要思想是在 20 世纪六七十年代，中心城市开始从事高成本的社会政策和重要的再分配政策，例如，英曼（Inman，1995）形象地说明了费城这些问题。这些政策导致了富裕居民逃到郊区的城市居住。反过来，贫穷的城市核心出现了各种各样的社会弊病，从犯罪问题到学校教育失败问题。这导致了大批的中产阶级从颓败的城市中心搬至郊外。这个猜想是符合现实情况的，中心城市与其周边城市之间的收入存在较大差距。这一猜想刚好可以用以解释与欧洲的差异，欧洲地方政府仅拥有较小的财政自治

---

[68]　更多相关问题请参阅本手册第 16 章。

权，而在美国，教育是地方性的，地方的财政权也相对较大。

在过去的几年里，已经有很多的工作来评估"逃离枯萎"的猜想。在一直探索的社会弊病中，提出了一系列社会问题（Cullen and Levitt，1999），存量房的退化（在本手册 16 章中讨论），种族歧视（Boustan，2010），以及相关学校制度的变化（Baum–Snow and Lutz，2011）。巴托洛梅和罗斯（De Bartolome and Ross，2003）提出了一个模型，在蒂伯特财政竞争方面嵌入了一种由富人与穷人两组居民构成的单中心框架。我们通常会用通勤成本和土地价格之间的权衡来解释城市内部收入的区位模式，但其与财政分权作用之间的差异，我们尚未明确。

在结束本节之前，我们还需要解决一个问题：无论距离市中心有多远，在绝大多数地区都会出现收入上的大规模重合。埃普尔和普拉特（1998）用多个蒂布特社区空间框架的方法解决了这个问题。与通常意义上的蒂布特模型不同，在满足当地居民需要的基础上，他们还引入了位置的特殊偏好。在对模型进行定量估计时，他们发现，特殊偏好能够解释大多数家庭对于位置的选择。这是一个令人失望的结果，由埃普尔和普拉特（1998）引入的特殊偏好机制的最终结果只是显示了我们的无知。同时，这一结果与上述文献中惠顿（1977）的描述保持一致，惠顿（1977）认为富人和穷人在可达性土地价格权衡上的差异未必是导致决定性的分割模式。

拜尔和麦克米伦（Bayer and McMillan，2012）在利用了埃普尔和普拉特 1998 年的成果基础上，使用拜尔等人（Bayer et al.，2011）在 2011 年开发的方法，它更多考虑到工作的可及性与存量房的异质性，将其作为住宅区选择的决定性因素。有趣的是，他们发现，分散的工作和存量住房的异质性能有效地制止由种族、教育和收入导致的家庭分散倾向。尽管他们没有明确地考虑到单中心模式的权衡并且对土地需求收入弹性的关注较少，但是他们发现通勤成本的降低会导致分散情况增加。这是因为较低的通勤成本使得在选择住宅时，对家庭的就业机会考虑较少。

总体而言，单中心模型缺乏预测城市家庭区位收入模式的能力。就其本身而言，这并非是一个失败的单中心模型。首先，文献尚未提出土地需求收入弹性和通勤成本收入弹性的可靠估计。由于大多数的工作都位于城市中心外，如何平衡工作的可达性（甚至一般的可达性）和到城中心的距离，则是一个经验性问题。换句话说，需要更好的工作来减少不确定性。其次，估算土地需求弹性和通勤成本弹性这两个关键弹性指数的方法是相当接近的。这表明，单中心模型预测收入对区位选择只有微弱的影响。事实上，单中心与现实并非十分匹配，但也并非失败。再次，就像在试图理解房价和人口密度的地理模式，单中心模型突出显示的功能可能不仅仅如此。这在房价与可达性之间是成立的。当我们考虑权衡如何随收入变化的时候更是如此。或许不足之处在于只有有限的研究用来阐释收入区位选择模型。上述是一个住房存量影响的有力证据，而在考虑公共财政的影响方面显得不足。同时识别当地设施所引起显著的影响也是研究的挑战。

8.8　住宅用地发展模式

随着时间的推移，城市住宅发展模式发生了显著变化。这些变化被频繁地描述为城市扩张。"扩张"一词被用作不同的含义，由于住宅发展模式的特征如低密度和这种模式可能导致的（例如，汽车通勤）后果（例如，环境质量损失）的分散性，往往混淆了住宅发展模式。然而，最常强调城市扩张的特点是低密度的广泛开发和分散开发（Galster et al.，2001）。图8-1显示了在一个非常密集的城市如巴黎，跨越式发展是非常的普遍。尽管集中在城市中心5~10公里，但是26%的土地尚未开发，18%以城市公园的形式存在，还有8%的开放空间。在市中心10~20公里，公园面积占15%，开放空间面积占31%。

住宅模式的重要变化表现为居民远离城市中心的渐进式位移。通过比较中心城市的人口与城市郊区的人口来简单地衡量人口郊区化。2012年博斯坦和舍特泽发现，1940~2000年，居住在美国大都市中心城区的居民占有率从56%下降到32%（Boustan and Shertzer，2012）。这是20世纪40年代最强劲的下降幅度，但在20世纪下半叶仍在持续下降。

这种人口向郊区移动的现象最常表现在人口密度梯度方面。在第8.6节中讨论的克拉克（1951）密度梯度的研究发现，城市人口密度梯度随着时间的推移而下降。1972年米尔斯研究发现，自1880年以来大多数美国城市人口密度梯度开始下降。埃德蒙斯顿（Edmonston，1975）发现，此下降幅度在20世纪40年代达到最大值，此后仍以平稳的速度在下降。人口密度梯度的下降也被其他许多国家察觉到，但在美国表现更加明显及被更早的发现（Mieszkowski and Mills，1993）。

在一定程度上记录模式的发展是分散或难以紧凑。伯奇菲尔德等人（Burchfield et al.，2006）将基于1976年高空照片的数据和1992年卫星图像的数据进行合并，在此基础上建立了87亿个30米×30米的小单元，用以追踪土地利用在美国的发展。这些高分辨率的数据使我们能够观察到个美国城市每一个房屋附近的空地。因此，他们可以通过计算每个城市房屋平均 1 公里附近未开发土地的数量来衡量城市扩张。伯奇菲尔德等人（2006）发现 1992 年住宅开发没有比 1976 年分散。美国作为一个整体，普通住宅周围一平方公里的土地开放空间比例对比 1992 年占 43%，1976 年占 42%。然而大量分散的住宅始建于 1992 ~ 1976 年，整体上，住宅并没有朝蔓延扩张的方向发展。平均来说，到目前为止，1976 年起建造的密集区域变化不大，早期与已开发区域相邻的待开发区域见证了一些较分散的发展过程，同时由于建设密度较高的因素致使初始发展区域成为该过程中发展程度最高的区域。因此，开发的土地总量大幅增长，但扩张和紧凑开发的比例保持基本不变。比起 1976 年的住房开发，1992 年的住房开发不再分散，同时也适用于大多数个体的大都市区。然而，这种时间的稳定性和大型横断面变化并存：大都市地区扩张的程度有很大的持续性差异。安吉尔（Angel，2012）等人研究了全球 120 个样本城市的分散化发展。除了伯奇菲尔德的分散化指数，他们还计算了其他四项用来描述加密和跨越式发展的指标。他们发现，在发达国家城市，平均开发的周围数平方公里土地的开放空间其比率在 1990 年为 44%，在 2000 年为 39%，数据与伯奇菲尔德（2006）等人对美国的报道非常相似。在他们选取的样本中，发展中国家城市建设更加分散，1990 年和 2000 年每平方公里开放空间占有率分别为 48% 和 43%。

我们已经讨论过扩张的两个方面中，低密度是最容易与单中心模型相关的。较低密度相当于给一个城市的固定人数大量建用地。布鲁克纳和范斯勒（Brueckner 和 Fansler，1983）研究了一个通过单中心模型预测出的城市规模并对其进行了静态对比分析。他们根据美国 1970 年人口普查确定的城市化区域的表面积来估量城市的物理尺寸。这些都是由连续的人口普查和高人口密度聚合构成的。对于数据的可用性，他们把注意力放在一个包含同一县的 40 个小城市化地区。他们针对 40 个城市进行了经验分析，主要包括这些城市的人均面积、平均家庭收入、农业用地的单价，还有两个针对不同交通成本的备选出行方式（如果交通成本较低的话，居民拥有一辆或者更多汽车的比例会更高，同时居民选择公共交通的比例也会更低）。他们发现拥有大量人口时，平均收入更高，并且农用地价值减少的城市占地面积会更大。所有这些研究结果符合单中心模型中封闭式城市的静态对比分析（开放性城市把人口作为内生，但对收入和农业土地租金作出类似的静态对比预测）。两者都不代表通勤费用在统计上的意义。几篇文章使用了更多的城市或其他时间段的数据重复了布鲁克纳和范斯勒（1983）的分析。麦格拉思（McGrath，2005）研究了 1950 ~ 1990 年的大都市区域，而保尔森（Paulsen，2012）不仅研究了几个时期的所有城市，还使用了来自卫星图像的已开发土地的数据。

一个可能的原因解释了为什么布鲁克纳和范斯勒（1983）对通勤成本证明不佳，因为它是内生性的。在一个居民拥有多辆汽车的城市，居民更容易远游，这会导致更多的土地被开发。然而，城市可能因其他原因扩张，而居民可能为了必要的远行购买更多的汽车。通勤成本的其他因素，如道路的可用性，都受到类似的原因干扰。鲍姆—斯诺（Baum – Snow, 2007a）在研究了另外一种用以捕捉郊区化扩张的方法时解决了这些内生性问题。在第8.2.3章节中我们看到单中心模型预测降低通勤成本与相对于郊区人口，人口数量较低的中心城市相关。[69]

鲍姆—斯诺对1950 ~ 1990年中心城市人口的对数进行了回归分析，用以衡量交通成本的增减，同时控制整个都市区和中心城市半径内人口的对数变化。他关于交通成本变化的方法是通过中心城市会聚的州际公路射线数量的改变。当然，城市中心的州际公路数量是导致郊区化结果的一个可能原因。为了解决这个识别问题，鲍姆—斯诺将1947年州际公路计划中的已建路线作为参考项。参考项是有意义的，因为很多计划的洲际公路是对实际建造射线的一种强有力的预测。同时，合理的情况是外生的，因为当时的规划者对于联通美国的城市比较感兴趣，而没有考虑未来的交通模式。鲍姆—斯诺（2007a）发现，在州际公路上延伸一条路线的话，会导致中心城市的人口下降9%。有趣的是，这个参考变量的估计值比最小二乘法得出的结果还要大，这可能是由于高速公路都是建在郊区化较小的城市。格莱泽和卡恩（Glaeser 和 Kahn, 2004）强调私家车的普及不仅降低了交通成本，同时也大大削减了与公共交通有关的固定消费，进而促进了疏散。

鲍姆—斯诺（2007a）发现中心城市人口的相对下降从而降低通勤成本与单中心模型的一致性。与单中心模型协调的困难在于，不论相对值计算还是绝对值计算美国中心城市的人口，其始终都是下降的。1950 ~ 1990年间，中心城市的人口平均下降了17%，而市区总人口增长了72%。一个可能的解释是收入同时期经济系统的增长。单中心城市模型遵循等式（8.24），影响所有城市的收入增长同样使人口保持不变。同时，由等式（8.23）得出CBD的土地租金也没有改变。由于城市边缘的土地被分配做最佳的使用时，将会支付平等的土地租金，那么当房市处在比较正常的状态，经济收入的增长会使得房价出

---

[69] 我们推断上下文中单中心模型的开放型城市的结果。Baum – Snow（2007a）使用了一个单中心模型的封闭城市来激励他的分析。在封闭的城市中，人口是恒定的，当一个通勤成本的下降使土地和房屋的价格梯度平缓，则每个居民消耗更多的住房和土地。这也使城市边界向外扩张和（与内生人口模型的开放城市不一样）降低密度。那么郊区化遵循一些前中部城市居民向郊区的搬迁。

现相对平稳的增长。随着居民向外分散消费更多的土地，城中心的人口减少和
郊区人口的增长是协同的。马戈（Margo，1992）研究收入不断增长对郊区化
的影响。他首先进行了居住在郊区可能性（1950 年）的个体回归分析，以此
作为收入的一个函数，同时控制其他变量。然后，他将平均收入的经济增长应
用到个人水平的估计值并得出结果：在 1950～1980 年，收入增长约占美国人
口郊区化的 40%。但是要注意，这个估算方式没有将住房市场的均衡效应纳
入考虑范围。

　　科佩基和孙（Kopecky 和 Suen，2010）将在郊区化方面就交通成本和收入
影响同时纳入到考量范围内。他们调整了单中心模型，扩展到可以允许两种交
通方式（私家车和公共交通），并进行了反事实的模拟。研究表明，人们购买
汽车的能力不断提升，以及汽车出行的固定时间成本不断降低，是美国人口的
郊区化（1910～1950 年）的主要驱动因素。而在 1950～1970 年，收入增长发
挥了更大的作用。

　　除了交通成本的降低以及收入的增长，关于美国人口的郊区化提出了许多
不同的解释。卡伦和利维特（Cullen 和 Levitt，1999）认为，城市内犯罪率的
提升和郊区犯罪率的下降也是人口郊区化的一个诱因。他们通过以国家刑事司
法制度中惩办主义的滞后性作为参考来明确犯罪率变化的内生性。

　　博斯坦（Boustan，2010）强调郊区化还有另外一个原因（特指美国）：非
裔从南方迁往北方的城市，而白人则往郊区流动。1940～1970 年间，有 400
万的非裔从美国南部迁出。博斯坦估计，每 1 名非裔的到来会导致 2.7 名白人
迁出北方的中心城市。这些可能是由种族歧视或者收入差距导致的。当然也有
可能是白人有其他的动机，通过降低住房价格，鼓励非裔移民到中心城市定
居。为了确定非裔区位选择的内生性，她通过把在南方各州当地农业条件的变
化作为非裔移民的参考，预测非裔移民的流动，同时根据早期非裔移民的聚落
形态分配他们在北方各个城市的流动。她还指出，每 1 名非裔的到来伴随着多
于 1 名白人的离开，这说明白人的迁移并不仅仅是非裔迁入引起房价上升的一
个结果。鲍姆—斯诺和卢茨（Baum - Snow 和 Lutz，2011）的研究探寻了公立
学校中废除种族歧视从而引发郊区城市化的程度。他们发现，从 1960～1990
年，即便废除种族歧视对城市内部的种族分类有非常大的影响，也只会导致很
小一部分城市人口的分散。

　　除了居住人口的分散，城市扩张的另一个方面则是住宅开发的分散性。伯
奇菲尔德等人（2006）通过评估新建房子（1976～1992 年）千米范围内的开
阔地面积占各城市面积的比例和 1976 年各城市的一系列特征之间的关系，研
究城市分散化的决定因素。标准的单中心城市只能通过增大私人开放空间来实

现分散开发（较低的开发资本强度会导致在更大面积情况下出现更加矮小的建筑）。这种开发模式更容易出现在交通成本较低的城市，因为人们可以用汽车很容易到达目的地。他们还发现这种开发模式在汽车较多的城市尤为常见，（特别是在20世纪早期，有轨电车还没有得到广泛应用）。

为了实现分散化跨越式发展的城市扩张，在保留一部分土地不开发的同时，进一步加大其他土地的开发力度。我们要么引入动态模型（见第8.3.3节），要么允许开放空间实现一些经济效益（特纳，2005）。关于动态模型，我们已经了解到，在长期发展的滞后效应下，更大的不确定性对跨越式发展更加有利（Bar-Ilan 和 Strange，1996）。由于在过去的几十年中城市人口的增长率忽高忽低，开发商对于未来城市人口的增长也不能确定，伯奇菲尔德等人用1920～1970年10年间人口增长率的标准差衡量这一不确定性。正如预期的那样，更多的不确定性导致更多的扩张。如果开放空间能在较长的时间内保持在未开发的状态，同时当地条件（例如气候）更加有利于户外活动，那么其价值将会得到进一步提升。伯奇菲尔德等人（2006）还表示，在过去的一段时间内，发展变慢，特别是未开发土地很难得到快速地转化的这类城市，它们开始分散发展，即便是人口的增长得到了很好的控制。同样，拥有更温和气候条件的城市将呈现出更加分散的发展。正如我们在下一节讨论的，比起标准的单中心模型，就业也并不会非常集中。在8.4节中曾提到的内生性多中心城市模型告诉我们，更本地化的集聚溢出效应将引发就业集中在CBD的城市结构，这点和单中心模型是一样的。这类城市，具有较强的经济实力，在拥有高工资的同时，也会有较高的土地和住房价格。这将鼓励更多的资本密集型发展。城市专业从事经济行业，越是接近城市的中心，这种密集的发展也会更加突出。

大多数模型会假设一个均匀的景观。然而，自然地理对空间发展模式很重要。伯奇菲尔德等人调查了自然环境异质性的几个方面。山是地理的一个非常重要的方面。这些都是比较突出的，以洛杉矶为例，山脉就在城市的边缘，这限制了城市向外进一步发展（当地的一种说法是：扩张撞到了墙）。而一般在研究关于山区对城市扩张的影响时，我们需要兼顾两个方面。首先，要关注城市早期发展时周围的山脉，因为他们将对城市的扩展形成障碍。另外，我们还要区分大范围和小范围不规则土地。山脉和丘陵往往会有相反的影响。当城市的扩展遇到山脉时，城乡结合部的进一步分散化开发将会耗资巨大。因此，这类城市会向着更加紧凑和密集的方向发展。另一方面，城乡结合部的小范围不规则土地将会带来不同的效果。因为在陡峭的山坡周围发展成本较高，城市会基于较为平坦的土地进行分散式的发展。

　　扩张的重要影响中另一个物理特性是含水层。美国大多数家庭的用水都是来自市、县的供给。而为了服务城市边缘新的分散化的发展，供水系统也要不断延伸，这需要大量的基础设施投资，通常是由开发商承担费用，并最终反映在住房的价格上。在含水层比较普遍的区域，开发商可以很容易地对其开采，并传输到城市的供水系统。含水层的存在是一个非常有趣的基础潜在异质性的自然景观，这表现在于规模经济的方式：无论城市的边缘区是否会有含水层，生活用水都可以很容易地获取，而且并不会支付太高的费用，这一点非常有利于城市的扩张。

　　分散发展的最终决定因素是政治性的。在舆论中强调的主要维度中的两点（不同规模的城市与城市分散化程度之间的竞争）在实际的扩张中并没有什么关系。市政边界很重要，但基于不同的缘由。伯奇菲尔德等人发现 1976～1992 年间，非自治州的发展呈现出不规律的状态，那里接近现有开发但超出了早期土地用途管制更为松懈的城市边界。与自治州相比，这种发展更为粗犷分散。最后，关于城市扩张的常见投诉之一是随着开发的扩展，市政服务，如道路、下水道、警力和消防等，都需要更多投入。事实上，当相对于地方税款，城市的发展依赖于其他级别政府的时候，发展趋于分散。这表明，当当地纳税人承担基础设施建设费用时，为了降低成本，他们会倾向于更加紧凑的发展模式。

　　安吉尔等人（2012）基于全球的城市样本进行了碎片化的研究，发现越小而且还有着诸多建筑用地的城市会呈现出更加零碎化的发展方式。就像是在城市的发展之初，城市开始分散化发展，随着城市的不断完善成熟，很多未开发用地开始填充进来。就像伯奇菲尔德等人针对美国的研究，他们发现地理环境会影响城市的发展，而含水层还有利于城市的扩张。此外，他们还发现当更多的人拥有私家车时，收入差距也得到很好的控制，城市的发展会呈现更加紧密的状态。汽车是使人们可以便于远距离上下班，这似乎有利于跨越式的发展。比较而言，公共交通系统太过依赖于站点，且之后的发展也会基于这些站点进行延伸，私家车则能够很方便地连接任意两点，可以很好地补充交通。安吉尔（2012）等人的研究也表明，后者的影响占据主导地位。

　　城市的发展之所以会得到社会舆论的广泛关注，主要是其有着非常重要的影响意义。最突出的是，商业住宅的发展将促进汽车的使用。本托等人（Bento，2005）探寻了不同程度的城市形态和集中度对交通形式的选择和远途出行的影响，研究表明城市形态的不同对汽车交通和远途出行的影响不大。而当多种影响因素同时考虑进来的时候，影响效果变大了很多。举例而言，当把亚特兰大看作波士顿的中心，而且保持相同的人口、城市形状和公共交通的可用性，那么基于汽车交通的远途出行将会下降 25%。格莱泽和卡恩（2004）认为，增强对汽车交通的依赖将会对贫困家庭造成伤害，因为并不是每一个工作的成年人都能够拥有自己的汽车。

除了会促进对汽车的使用和需要，城市的扩张有时也被认为会减少社会交往（Putnam，2000），同时会促成很多不良行为，进而提升肥胖的患病率（Ewing et al.，2003；Giles - Corti et al.，2003；Saelens et al.，2003；Frank et al.，2004）。关于社会互动，经验研究表明，更大的活动区域和更低的住宅密度将会有利于社会互动（Glaeser 和 Gottlieb，2006；Brueckner 和 Largey，2008）。关于肥胖，居住在大型社区的人相较于居住在紧凑型社区的人会更胖一些，因为紧凑型社区内，人们可以用过步行到达商店和其他便利设施。然而，通过追踪一段时间的面板数据，艾德（Eid，2008）等人发现居住地和体重之间的关系需要基于不同的条件进行考量。一旦他们在图数据的尺度内没有观测到肥胖的倾向，那么肥胖和城市延伸之间的关系就消失了，即居住形态的变化没有导致体重的改变。居住在大型社区的人之所以会更胖，有着相同的原因（厌恶步行），进而促使他们选择大型社区（这样，他们就可以开车而不是步行）。

8.9　城市就业分散与商业区位模式变化

第 8.8 节探讨了城市住宅分散的原因及现象。然而，分散这一现象不仅影响城市住宅区位模式，也出现在就业分散与经济活动中。

正如格莱泽和卡恩（Glaeser 和 Kahn，2001）指出 1996 年在美国都市区只有 24% 的就业集中在 CBD3 英里（大约 5 千米）的范围内。与此观点相一致，鲍姆—斯诺（2014）认为 2000 年在美国 100 个大都市区内大约有 24% 的工作集中在城市的中心位置。其次，需要说明的是尽管住宅分散比较重要（Glaeser 和 Kahn，2001），但工作的分散现象也需加以考虑。鲍姆—斯诺（2014）指出在美国 100 个最大的都市区中，中心区的就业比重从 1960 年的 61% 下降到 2000 年的 34%。再次，就业的分散是在住宅分散后开始发生的，但城市就业与住宅分散的高相关性导致二者很难区分开。然后，基于工作集聚性高于居民集聚这一现象，所以相对而言工作集聚程度更为明显[70]。除此之外，尽管就业

---

[70]　换句话说，就业密度梯度比居住密度梯度更为陡峭。两种类型的密度梯度已经变得平缓。由于居住密度更为平滑，所以就业密度梯度相对陡峭。

分散化影响着很多行业，但其对制造业的影响大于服务业，而且低技能的就业分散趋势较高技能与管理的更为突出（Rossi - Hansberg 等，2009）。最后，就业分散模式的一致性需要加以考虑。如洛杉矶等一些城市的就业分散表现得极为明显，而像纽约等一些城市则表现出与此相反的趋势。[7]

虽然就业分散已有大量例证，但是很少研究将其中心放在就业分散的空间布局方面上来。正如以上阐述的现象，我们可以从新的城市副中心中去寻求一些答案。加诺（Garreau，1991）对城市副中心进行了最初比较生动的描述，而亨德森和米特拉（Henderson and Mitra，1996）对加诺的观点进行了进一步探究，他们认为 CBD 的部分工作在初始时期会向副中心转移，这种情况可以看作主要 CBD 的小规模复制。

麦克米伦（2001）提出了测度城市副中心的方法，并且麦克米伦和史密斯（McMillen and Smith，2003）受滕田和小川（1982）研究模型的（在本书 8.4 节已探讨）启发对美国大城市的城市副中心数量进行了测度。通过严格的依据模型测度，结果表明在美国 62 个大都市区中（平均人口 210 万），每个都市区的城市副中心数量为 2.7 ~ 4.4 个，并且研究结果还显示具有较多人口和较长通勤时间的都市拥有较多的城市副中心。但是这两个变量仅占据城市副中心样本变量的 80%。

城市就业的分散现象不仅仅出现在城市副中心。就业的分散也有着自身的扩散机理。事实上，城市副中心的形成与就业分散的扩散是难以区分开的。这个现象从小规模的独立设施到单排商业区的集聚办公场所，到具有数百人的小型工业园区，到建设完善拥有数以千计的商业副中心都会出现。尽管就业扩散很难被准确定义与经验性测量，但也有一些模糊的证据表明就业扩散对就业分散产生较大影响。[12]

正如本书 8.4 节所讨论的，当厂商选择非集中化生产时，其将面临一系列复杂的权衡。小川和滕田（1980）在其模型的方程中（本书 8.69 节与 8.70 节）得到了城市的均衡布局，并且得到了三个关键的参数：空间相互作用衰减、土地生产利用强度与通勤成本。厂商在远离城市中心的过程中会失去一些集聚效益，而且越远离其相互作用衰减程度越高。与此同时，位于中心区位的商业地产价值也将越高。因此，厂商在远离城市中心的过程中会减少其土地利用成本。这表明土地越集约土地生产利用强度越高。如果厂商集中在 CBD 区

---

⑦　Glaeser 和 Kahn（2001）的发现暗示：随着城区破碎化程度越来越分散，制度逐渐弱化；城市时代特征弱化；随着城市越来越分散，其人口统计资料也逐渐变得不再重要。

⑫　这些结果虽然很有意思，但其不能去解释其中的原因，只能作为描述性的数据。城市副中心的数量取决于城市人口及通行时间指标。对这种现象的合理解释在这仍是无法达到的。

域范围内，那么将会迫使工人向城市中心通勤而不是在本地工作。为了抵消工人的通勤成本，厂商必须支付给工人较高的工资。这种复杂的权衡可以用商业用地的竞租曲线概括。如果集聚经济在本地产生，生产的土地利用强度与通勤成本将不会太高，商业用地的竞租曲线将会达到峰值且位于居住用地竞租曲线的下方（在本书8.5节已作讨论）。如果集聚经济较易扩散、土地生产利用强度越强或通勤成本越高，那么厂商也就越非集中化。在这个过程中城市副中心首先出现，接着是城市就业的扩散。

小川和滕田（1980）的模型主要探讨了单个生产部门。然而，对其进行比较性静态分析对于揭示生产部门分散是有益的，这些部门一般具有较小范围的集聚经济和较低的土地利用强度。因此，生产性厂房将会最早扩散，而金融服务业则仍有可能集中在CBD区域。通勤成本对一个城市和国家可能会比对支持非集中化用以降低通勤成本的生产部门来说更为重要。当新的区位难以用公共交通到达时，非集中化将会进一步引起可达性问题。在这方面，我们认为北美地区与世界其他地方的主要差异是把汽车作为通勤工具的普遍程度。当大多数工人利用汽车作为通勤工具时，工作的分散（特别是具有更多分散形式的工作）将会更加容易。

标准的单中心模型具有一些重要的梯度。然而，通过假定所有厂商都处在单中心区位时，其使每一个职业都具有一个工资水平。正如8.4节探讨的那样，一旦允许把就业非集中化看作内生因素，那么工资梯度将会直接变成一个新特征。工资梯度的概念最早由马登（Madden，1985），麦克米伦和幸格（McMillen and Singell，1992）提出，阿纳斯等人（1998）对此进行了进一步总结。曼宁（Manning，2003）指出，现今工作的工资梯度主要是建立在工人通勤时间越长其工资越高这一基础上。这与分散的厂商为其工人提供较低工资和从较好访问量上获取收益相一致。然而，在一个单中心的分析框架中，工资与通勤距离呈现出正相关性，这与工人接受较高工资而选择远离CBD居住的现象相符。正如8.3.2表明的那样这是单中心模型延伸至多收益群体的准确预测。最后，如曼宁（2003）所强调的那样，通勤距离与工资之间同样存在正相关性，而这与在空间布局上扩散的厂商拥有买方垄断力相一致。在劳动力市场摩擦的条件下，雇主需要为那些不管居住位置在哪但通勤距离较远的工人提供较高的薪酬。[73] 曼宁（2003）提供的一系列证据与该观点一致。

雇主应该根据他们距工人的距离和工人在这个城市的分布状况搜集薪资梯

---

[73] 如果劳动力市场对于每个厂商来说都需求不大，那么工人将会分散在整个城市。甚至远离CBD的厂商由于其可达性的不足要支付给工人较多的工资。这隐含着反向工资梯度。

度的相关信息，而不是依据工人的居住位置测算工人对工资的接受水平。由于雇主和工人选择区位会同时进行，因此这是一个难题。即使有一个合理的策略，得到有意义的结果也会存在困难。我们在测度就业扩散时的前提是假定其他条件不变，工人会选择最近的工作场所。然而事实上，工人未去距离其最近的地方工作，原因是工人通勤时间越长就越可能得到超过其最小通勤时间的工资。这种现象通常被称为通勤浪费或超额，其最早由汉密尔顿（Hamilton，1982）发现（See Ma and Banister，2006 年的最新研究）。通勤浪费这个概念可能会被误解，源于工人不去距他们居住地最近的场所工作，原因很多，包括对本地特定设施的偏爱，尤其是学校。这说明劳动力还远未成为同质商品。对双职工家庭而言，其在选择工作地时的动机更为复杂。因为其要考虑改变工作后重新选择住所的成本。有趣的是，尽管工作扩散的趋势越来越明显，但工人的通勤时间却保持平稳（Gordon et al.，1991；Levinson and Wu.，2005），这种现象被称为"通勤时间悖论"。把这些因素正确地放在一个统一的分析框架，将可作为经验分析缺乏依据的基础。

除工资梯度外，就业分散的第二个预测是就业分散导致土地与住房价格梯度的扁平化。麦克米伦（1996）指出芝加哥在一个较长的时间段土地价格梯度呈现扁平化。阿纳斯等人（1998）进一步对价格差别的持续缩小进行了研究。价格梯度持续下降的原因是就业集中化不足从而降低了通勤成本。

就业分散的另一个含义是大量工作的分散导致很多工人难以获得就业机会。尤其对一些没有汽车的工人来说得到工作是较为困难的。特别是扩散的工作空间分布零散时，对于无车工人来说到达远离 CBD 的薪酬较高的工作场所将会更加困难。这个"空间失配"假说最早由凯因（Kain，1968）提出。根据该假说，在美国离开市中心的工作去寻找新工作时，对于这些居住在城市中心位置的少数人来说将会更加困难。虽然少数人的困境主要是由职居分离造成的，但该问题仍未得到解决。正如上述，美国中心城区的就业量在过去的 20年间毫无疑问地发生了巨大变化，就业量从 57% 下降到 47%。但这些数字可能低估了部分工人的真实程度，原因是低技能的制造业扩散速度远大于高技能工作，在中心城区中这种现象逐渐出现（Gobillon et al.，2007；Rossi - Hansberg et al.，2009）。鉴于少数人生活在中心城区这一现实，他们得到工作的机会将会越来越少。

"空间失配"假说经验分析的复杂之处在于多重机制可能在其中起作用。正如上述，较远的工作距离会降低工人寻找工作的效率及强度。较差的可达性使工人寻找工作的难度加大，因为除去通勤成本的净工资可能低于保守水平。最后，在主要白人区的少数工作者可能遭受各种各样的歧视。这些歧视从顾客至上服务性工作歧视到圈阅和统计性歧视，这使来自中心城区的工人具有较高的犯罪率。[74]

由于多重机制的作用，从单一渠道进行研究很难得到"空间失配"假说的有效解释。对"空间失衡"的一些经验研究已经开始综合采用多种方法。[75]最为细致的解释来自拉斐尔（Raphael，1998），其对旧金山都市区社区的界面数据进行了两组回归分析。他首先把社区的其他特点作为控制变量，并对按工作可达性测度的社区劳动力市场参与率进行了回归分析。其得出在控制可达性这一变量后，非裔居民量的相关性下降，因此旧金山都市区非裔的低就业率主要是由于社区可达性较差造成的。为了对该观点进行确认，拉斐尔（1998）进行了第二组数据的回归分析，但这次其按种族对社区的就业率进行了分类。通过对不同种族工作就业率存在的差异性进行处理，表明社区可达性确实扮演着重要角色。总的来说，拉斐尔得出20%的就业率差异是由于可达性造成的。这个重要的标识假设居民的选择是外生的。为了最小化该问题，他仅考虑了年龄低于19岁的年轻工作者，并且这些工作者与其父母分开居住。然而，如果年轻工作者的就业能力与其父母的就业能力相关，这个问题将会很难解决，主要是由于他们会在此基础上选择居住地。

即使忽略了这些标识性问题，就政策所表明的结果类型来看，其仍是不清晰的。政策可能会让居民找到工作，给居民带来工作或帮助中心城区的居民找到郊区工作。虽然在本章关于这些问题的例证已有很多，但本书第18章讨论了给中心城区居民工作的地方化政策经常受到人们的质疑。很少有例证表明贫民窟的居民迁移到富人区不能得到就业收益（Katz et al.，2001）。提升道路可达性将会是避免低收益的较好途径，因为其能带来大量的运输投资。在这个问题上支持私人运输是较好的选择（Glaeser 和 Kahn，2004），但大多数的政策制定者对此不感兴趣。

当我们把视角转向就业分散的原因时，对该种原因的推测已有相关研究。正如第8.8节所讨论的那样，交通的变化是日益凸显的（Anas et al.，1998；Glaeser and Kahn，2004；Baum-Snow，2007a）。现今大量的经验研究主要集中在交通对就业分散方面的影响。这些研究在第8.8节已作讨论。鲍姆—斯诺等人（2013）研究了中国交通路网对人口扩散与特定类型的经济活动扩散的影响。他们把历史交通路网作为外生源变量，发现铁路与公路对人口扩散影响程度很大。交通改善对生产高权重工业产量的影响不大，但其对轻工业提升作

---

[74] 参见 Zenou（2009）对这些途径的理论阐述。
[75] 文章中所指出的公众特别途径的关联 Gobillon 等人（2007）已作探讨。

用明显。鲍姆—斯诺（2014）研究了美国职居分离现象，他把美国建设的州际高速公路作为外生变量，并用其识别新建放射状道路对职居分离的影响。他发现新建道路对居住分散有很大影响，并且其还用模型测度了城市中心位置厂商集聚效应的重要性。

除此之外，在美国同种类型的社会弊病迫使中心城区的居民迁移出来，这对商业的扩散也产生一定影响。关于社会弊病在第 8.8 节已作讨论。

还有一个因素对厂商产生影响：通信与计算技术的进步使厂商能够通过各种网络平台对其经营活动进行分散。特别需要指出的是，厂商已有能力将行政职能从生产中分离出来以及把行政职能的高端与前段决策部门从后端事务部门中分离出来。当分散管理活动与分散管理活动集聚性可能损失的成本能够抵消劣势区位较少成本时，其是被希望出现的。这些大量的分散包括后端事务或生产活动迁移到不同的国家（Markusen，2002）和不同的城市（Duranton 和 Puga，2005；Davis and Henderson，2008；Liao，2012）。然而有许多例证表明，管理活动虽仍在 CBD 区域，但近距离的生产协作仍是需要的且后台服务劳动力迁移到了城市边缘区域。

这个假说最早由大田和滕田（Ota 和 Fujita，1993）提出，罗西—汉斯博格等人（2009）随后进行了研究。阿纳斯等人（1998）也对该问题进行了探讨。遗憾的是，尚没有经验研究能够超越通讯科技革命对就业扩散解释的定性描述。

与第 8.8 节不同，本部分想说明城市不仅仅是变化的。最近有许多研究表明城市的模式有许多稳定性因素。布利克利和林（Bleakley 和 Lin，2012）证明美国许多城市的稳定性与连续发展处于直线下降的状态。这些城市发源于船舶运输行业，但是在其经济合理性消失后依旧保持着繁荣。戴维斯和温斯坦（Davis and Weinstein，2008）从另一个视角研究了第二次世界大战以后日本城市人口的短时间恢复和同种类型的经济得到发展，虽然这些城市遭到了严重破坏。

雷德芬（Redfearn，2009）对洛杉矶城市副中心的演化进行了研究，发现在 2000 年对该城市一个区域预言出现了大量的就业分散，而 1980 年该区域也有过同样的就业分散现象发生。回溯到一个人口增长超过 25% 的时期，民族动荡与强大的产业空洞化，但这一时期企业区位的强稳定性确是令人惊讶的。更有趣的是，正如雷德芬（2009）提出的那样，旧高速公路对当前就业空间分布的解释力强于现代化高速系统。

布鲁克斯和卢茨（2013）对洛杉矶进行了同种类型的研究。他们测度了轨道电车的程度，电车的重要程度在 20 世纪前 10 年达到顶点，至 60 年代完全消失，但其仍旧影响着土地的利用格局。他们证明了与电车轨道的距离和同时期的人口密度或者房地产价格有着较强的负相关性。这些相关性随着时间的推移逐步增加，甚至在同时代的交通与区位质量调整后，其仍旧保持稳定。

住房的耐用性与区域格局稳定性对解释城市扩散没有改变城市起着重要作用。希奥德拉（Siodla，2014）提出的间接证据支持这个观点，他指出旧金山在1906年地震后的火灾中发生了变化。火灾摧毁了大部分旧金山，但希奥德拉发现在火灾的边界处，城市密度在火灾区域较没有发生火灾区域增加了40%。

关于居住和就业扩散任何一个结论的底线是百业待举。首先需要做的是记录史实。对就业扩散，格莱泽和卡恩（2001）的论证仍旧是最好的解释。该论证依据近15年的大量县域信息。这些信息中含有大量可利用的空间数据，因此其能够对就业扩散的格局进行一个准确、新颖的记录。然而，我们所了解的绝大多数就业扩散现象都发生在美国，这并不代表普遍性。

虽然对居住分散的驱动因素已有所研究，但这还远远不够。照目前来看，对就业分散和职居分离的研究依旧不多。虽然城市扩散的一些驱动因素研究得益于较好的标识策略——依据交通创新或制度变迁外生性制定，但是一些范围更广的问题需依靠模型假设找出可观察的瞬时数据的关键参数。在这个方向上有一些令人意外的研究。阿尔费尔德等人（2012），鲍姆—斯诺（2014）或布林克曼等人（2012）在该领域做出了前沿性的研究。许多研究指出商住地产的耐用性及分区的持续性产生了一种持续力。较好地理解房屋与建筑是怎样建设、维修及分区规划制定怎样影响扩散过程，这将会为该领域的进一步研究打开通道。[76]

8.10   结   论

本章将有选择性地回顾了一下关于城市土地利用的一些研究。理论研究已经取得很大进展，并得出了许多极具意义的见解。这些研究的基础是阿朗索（1964）、米尔斯（1967）和穆特（1969）提出的单中心城市模型。在8.2节的简单论述中，我们知道单中心模型仍是理论研究不可或缺的一部分，因为该理论从直接假设的相互影响机制中表达出了十分微妙的结果。一些区域的高房

---

[76] 对这些较详细的文献回顾已经超出我们的范围。关于单亲家庭的生产函数，我们已经提到 Epple 等人（2010b）和 Combes 等人（2014）的研究。同时也可以参见 Albouy 和 Ehrlich（2012）的研究。对于许多建筑及其建筑成本的差异，参见 Glaeser 等人（2005）和 Gyourko 与 Saiz（2006）的研究。最后参考 Dye 和 McMillen（2007）在建筑拆除方面的研究。

价抵消了其较好的可达性。然而，高房价反映出了地价较高这一现象，并且高房价会影响住房的销售、住房的开发密度及当地居民的数量与质量。

单中心模型目前还面临三个关键性挑战。第一个是土地利用者的异质性。正如在 8.3 节我们看到的，虽然有许多学者对诸如居民的平均收入与到 CBD 距离相关的大趋势进行了研究，但是很少研究去关注不同区位的地块尺寸、住房及本地居民。虽然实际土地利用模式逐步趋于稳定，但现今模型倾向于对问题的极限形式进行预测。因此，如何理解异质性及其所蕴含的意义仍旧是今后研究的重心。随着最近在异质性方面研究的进展，这个问题的解决看来是行得通的。第二个主要的挑战对住房的耐久性进行调整。尽管计量经济学可以去解决这个简单的问题，但是该问题依旧突出。单中心模型的第三个挑战更难解决。30 多年来城市经济学家一直在努力研究更为复杂的城市空间结构，这包括中心信息的内生性及土地混合利用模式。正如 8.4 节所叙述的那样，这些模型普遍适用性不强且难以利用。

相对于理论研究，经验研究依然欠缺。第一个问题是数据的可用性。在过去的很长一段时间里，最好的经验研究是利用城市地图获得统计性研究数据，并用这些数据去发现理论预测的一些城市模式，通常的结果是这些模式中存在一些差别。近 15 年的数据来源发生了巨大变化，这使得原本缺乏数据研究现状得到了极大改善。美国地质调查局最近发布了从 20 世纪 70 年代中期至今分辨率为 30m（30m 的全世界卫星影像图）。这意味着将有超过 5 000 亿的截面研究数据。

更好的数据将有助于产生更好的和更翔实的描述性研究。对于一阶问题的研究，依旧缺乏基础。很少有人知道城市土地的利用机制。模型经常假设非中心土地为住宅用地，但是商业用地、开放空间、道路及公园可能占据着城市四分之三的土地或者更多。正如 8.8 节和 8.9 节强调的，我们知道的许多关于美国城市扩散与扩张主要来自于很少的一部分研究。关于微观尺度有许多细致性研究，但这些研究很少关注城市广泛的截面数据，甚至很少有研究关注城市扩张的演化。有许多人对美国城市的利用机理进行了研究，但对发展中国家的土地利用却很少有人进行，尽管这些发展中国家的土地利用方式与美国有许多区别。因此，对发展国家城市土地利用的研究显得十分重要。

然而，数据的可得性并不是一切问题的关键。对土地利用经验研究存在第二个问题。尽管许多学者受到了理论的启发，但是其经常草率地将他们提取的模型用于研究。比如，单中心模型的研究仍旧停留在定性方面而不是定量方面。房产价格差别的提出并未考虑其数据与模型是否适用。在今后的研究中，我们需要将理论与经验结合起来。

第三个显著的问题经常被忽略。当我们回到房地产价格梯度的例子，备选解释通常忽略了权衡这种没有依据的可达性价格。因此，尽管我们期望把理论充分地运用到经验研究中，但现今的理论仍旧有许多限制。所以需要很好地理解和认知这些限制具有的实际意义。希望本章的论述对本问题有所启发。

第四，土地利用问题经常被孤立地研究。虽然学者对土地利用的研究兴趣在土地利用本身，但土地利用与其他方面的相关性需要研究。其中土地利用与交通的关系最为明显。尽管土地利用与交通的关系是单中心模型的核心之所在，但是关于土地利用的许多经验研究忽略了交通，或者简单地用临时测量的低质量拥堵数据进行。如本书第20章与8.8节及8.9节的解释，最近关于交通的研究对土地利用的驱动因素提出了一些深刻见解。土地利用及土地利用变化也反映出了科技进步，因为厂商和家庭对区位的选择是依据先进科技及其出行过程中的可替代工具。除了汽车的重要性与变化有关的一些大趋势、厂商做出的一些改变及其组织流程，我们在此领域知道的并不多。如本书第13章所示，关于城市与房地产的精细、复杂研究，能够让我们较好地理解土地与房地产市场。然而，如何更好地理解土地与地产交易规模所带来的空间与土地使用的影响依旧十分需要。

总之，虽然在本章我们强调了当前理论研究的不足之处，但是我们认为未来关于城市土地利用的主要研究应该将其中心放在经验研究上。

致　谢

感谢 Frédéric Robert – Nicoud 早期的评论与新颖的见解及 Frédéric Gilli 提供的数据帮助。同样感谢 Will Strange、Vernon Henderson、Dan O'Flaherty 和 SteveRoss 提出的详细意见。Gilles Duranton 十分感谢沃顿商学院房地产中心提供的基金支持。Diego Puga 十分感谢在经济研究委员会高等研究计划授权的欧盟第七框架项目提供的资金支持（269869）。

参考文献

Ahlfeldt, G., 2011. If Alonso was right: modeling accessibility and explaining the residential land gradient. J. Reg. Sci. 51, 318–338.

Ahlfeldt, G.M., Redding, S.J., Sturm, D.M., Wolf, N., 2012. The Economics of Density: Evidence from the Berlin Wall. Processed, London School of Economics.

Albouy, D., Ehrlich, G., 2012. Metropolitan land values and housing productivity. Working paper 18110, National Bureau of Economic Research.

Alonso, W., 1964. Location and Land Use; Toward a General Theory of Land Rent. Harvard University Press, Cambridge, MA.

Anas, A., 1978. Dynamics or urban residential growth. J. Urban Econ. 5, 66–87.

Anas, A., 1990. Taste heterogeneity and urban spatial structure: the logitmodel and monocentric theory reconciled. J. Urban Econ. 28, 318–335.

Anas, A., Moses, L.N., 1979. Mode choice, transport structure and urban land use. J. Urban Econ. 6, 228–246.

Anas, A., Arnott, R., Small, K.A., 1998. Urban spatial structure. J. Econ. Liter. 36, 1426–1464.

Anenberg, E., Bayer, P., 2013. Endogenous Sources of Volatility in Housing Markets: The Joint Buyer-Seller Problem. Processed, Duke University.

Angel, S., Parent, J., Civco, D.L., 2012. The fragmentation of urban landscapes: global evidence of a key attribute of the spatial structure of cities, 1990–2000. Environ. Urban. 24, 249–283.

Arnott, R., Inci, E., 2006. An integrated model of downtown parking and traffic congestion. J. Urban Econ. 60, 418–442.

Arnott, R.J., Stiglitz, J.E., 1981. Aggregate land rents and aggregate transport costs. Econ. J. 91, 331–347.

Arnott, R., Davidson, R., Pines, D., 1983. Housing quality, maintenance and rehabilitation. Rev. Econ. Stud. 50, 467–494.

Asami, Y., Ohtaki, T., 2000. Prediction of the shape of detached houses on residential lots. Envir. Plann. B 27, 283–296.

Asami, Y., Fujita, M., Smith, T.E., 1991. On the foundations of land use theory: discrete versus continuous populations. Reg. Sci. Urban Econ. 20, 473–508.

Bar-Ilan, A., Strange, W.C., 1996. Urban development with lags. J. Urban Econ. 39, 87–113.

Baum-Snow, N., 2007a. Did highways cause suburbanization? Q. J. Econ. 122, 775–805.

Baum-Snow, N., 2007b. Suburbanization and transportation in themonocentric model. J. Urban Econ. 62, 405–423.

Baum-Snow, N., 2014. Urban Transport Expansions, Employment Decentralization, and the Spatial Scope of Agglomeration Economies. Processed, Brown University.

Baum-Snow, N., Lutz, B.F., 2011. School desegregation, school choice and changes in residential location patterns by race. Am. Econ. Rev. 101, 3019–3046.

Baum-Snow, N., Brandt, L., Henderson, J.V., Turner, M.A., Zhang, Q., 2013. Roads, Railroads and Decentralization of Chinese Cities. Processed, Brown University.

Bayer, P., McMillan, R., 2012. Tiebout sorting and neighborhood stratification. J. Publ. Econ. 96, 1129–1143.

Bayer, P., McMillan, R., Rueben, K., 2011. An Equilibrium Model of Sorting in an Urban Housing Market. Processed, Duke University.

Becker, G.S., 1965. A theory of the allocation of time. Econ. J. 75, 493–517.

Beckmann, M.J., 1969. Distribution of urban rent and residential density. J. Econ. Theory 1, 60–67.

Behrens, K., Combes, P.P., Duranton, G., Gobillon, L., Robert-Nicoud, F., 2015. Household Sorting in the City. University of Pennsylvania, Wharton School.

Bento, A., Cropper, M.L., Mobarak, A.M., Vinha, K., 2005. The effects of urban spatial structure on travel demand in the United States. Rev. Econ. Stat. 87, 466–478.

Berliant, M., 1985. Equilibrium models with land: a criticism and an alternative. Reg. Sci. Urban Econ. 15, 325–340.

Bertaud, A., Malpezzi, S., 2003. The Spatial Distribution of Population in 48 World Cities: Implications for Economies in Transition. Processed, The Center for Urban Land Economics Research, University of Wisconsin.

Bertaud, A., Renaud, B., 1997. Socialists cities without land markets. J. Urban Econ. 41, 137–151.

Bleakley, H., Lin, J., 2012. Portage and path dependence. Q. J. Econ. 127, 587–644.

Boustan, L.P., 2010. Was postwar suburbanization "white flight"? Evidence from the black migration. Q. J. Econ. 125, 417–443.

Boustan, L., Shertzer, A., 2012. Population trends as a counterweight to central city decline, 1950–2000. Demography 50, 125–147.

Braid, R.M., 1981. The short-run comparative statics of a rental housingmarket. J. Urban Econ. 10, 286–310.

Braid, R.M., 2001. Spatial growth and redevelopment with perfect foresight and durable housing. J. Urban Econ. 49, 425–452.

Breton, A., 1973. Neighborhood selection and zoning. In: Hochman, H. (Ed.), Issues in Urban Public Economics. Institut International de Finance Publique, Saarbrücken, pp. 241–251.

Brinkman, J., 2013. Congestion, Agglomeration, and the Structure of Cities. Processed, Federal Reserve Bank of Philadelphia.

Brinkman, J., Coen-Pirani, D., Sieg, H., 2012. Estimating a Dynamic Equilibrium Model of Firm Location Choices in an Urban Economy. Processed, Federal Reserve Bank of Philadelphia.

Brooks, L., Lutz, B., 2012. From Today's City to Tomorrow's City: An Empirical Investigation of Urban Land Assembly. Processed, Trachtenberg School of Public Policy and Public Administration, George Washington University.

Brooks, L., Lutz, B., 2013. Vestiges of Transit: Urban Persistence at a Micro Scale. Processed, Trachtenberg School of Public Policy and Public Administration, GeorgeWashington University.

Brueckner, J.K., 1980. A vintage model of urban growth. J. Urban Econ. 8, 389–402.

Brueckner, J.K., 1981. A dynamic model of housing production. J. Urban Econ. 10, 1–14.

Brueckner, J.K., 1986. A switching regression analysis of urban population densities. J. Urban Econ. 19, 168–198.

Brueckner, J.K., 1987. The structure of urban equilibria: A unified treatment of the Muth-Mills model. In: Handbook of Regional and Urban Economics, vol. 2. Elsevier, North-Holland, pp. 821–845.

Brueckner, J.K., 2000. Urban growth models with durable housing: An overview. In: Huriot, J.M., Thisse, J.F. (Eds.), Economics of Cities: Theoretical Perspectives. Cambridge University Press, Cambridge, pp. 263–289.

Brueckner, J.K., Fansler, D.A., 1983. The economics of urban sprawl: theory and evidence on the spatial sizes of cities. Rev. Econ. Stat. 65, 479–482.

Brueckner, J.K., Largey, A.G., 2008. Social interaction and urban sprawl. J. Urban Econ. 64, 18–34.

Brueckner, J.K., Rosenthal, S.S., 2009. Gentrification and neighborhood housing cycles: will America's future downtowns be rich? Rev. Econ. Stat. 91, 725–743.

Brueckner, J.K., Thisse, J.F., Zenou, Y., 1999. Why is central Paris rich and downtown Detroit poor? An amenity-based theory. Eur. Econ. Rev. 43, 91–107.

Brueckner, J.K., Thisse, J.F., Zenou, Y., 2002. Local labor markets, job matching, and urban location. Int. Econ. Rev. 43, 155–171.

Burchfield, M., Overman, H.G., Puga, D., Turner, M.A., 2006. Causes of sprawl: a portrait from space. Q. J. Econ. 121, 587–633.

Capozza, D.R., Helsley, R.W., 1989. The fundamentals of land prices and urban growth. J. Urban Econ. 26, 295–306.

Capozza, D.R., Helsley, R.W., 1990. The stochastic city. J. Urban Econ. 28, 187–203.

Carrillo, P.E., 2012. An empirical stationary equilibrium search model of the housing market. Int. Econ. Rev. 53, 203–234.

Chatterjee, S., Eyigungor, B., 2014. Agglomeration Economies, Geography and the Value of Urban Land. Processed, Federal Reserve Bank of Philadelphia.

Cheshire, P., Sheppard, S., 1995. On the price of land and the value of amenities. Economica 62, 247–267.

Clark, C., 1951. Urban population densities. J. R. Stat. Assoc. Ser. A 114, 490–496.

Clark, C., 1967. Population Growth and Land Use. Macmillan, London.

Combes, P.P., Duranton, G., Gobillon, L., 2012. The Costs of Agglomeration: Land Prices in French Cities. Processed, Wharton School, University of Pennsylvania.

Combes, P.P., Duranton, G., Gobillon, L., 2014. The Production Function for Housing: Evidence from France. Processed, Wharton School, University of Pennsylvania.

Coulson, N.E., 1991. Really useful tests of the monocentric city model. Land Econ. 67, 299–307.

Couture, V., Duranton, G., Turner, M.A., 2012. Speed. Processed, University of Toronto.

Cullen, J.B., Levitt, S.D., 1999. Crime, urban flight, and the consequences for cities. Rev. Econ. Stat. 81, 159–169.

Cunningham, C., 2013. Estimating the Holdout Problem in Land Assembly. Processed, Federal Reserve Bank of Atlanta.

Davis, D.R., Dingel, J.I., 2013. The Comparative Advantage of Cities. Processed, Columbia University.

Davis, J.C., Henderson, J.V., 2008. The agglomeration of headquarters. Reg. Sci. Urban Econ. 38, 445–460.

Davis, D.R., Weinstein, D.E., 2008. A search for multiple equilibria in urban industrial structure. J. Reg. Sci. 48, 29–65.

De Bartolome, C.A.M., Ross, S.L., 2003. Equilibria with local governments and commuting: income sorting vs income mixing. J. Urban Econ. 54, 1–20.

Dixit, A., 1973. The optimum factory town. Bell J. Econ. Manag. Sci. 4, 637–651.

Duranton, G., Puga, D., 2005. From sectoral to functional urban specialisation. J. Urban Econ. 57, 343–370.

Duranton, G., Puga, D., 2014. The growth of cities. In: Aghion, P., Durlauf, S.N. (Eds.), Handbook of Economic Growth, vol. 2B. Amsterdam, North-Holland, pp. 781–853.

Dye, R.F., McMillen, D.P., 2007. Teardowns and land values in the Chicago metropolitan area. J. Urban Econ. 61, 45–63.

Eaton, J., Kortum, S., 2002. Technology, geography, and trade. Econometrica 70, 1741–1779.

Edmonston, B., 1975. Population Distribution in American Cities. Lexington Books, Lexington.

Eid, J., Overman, H.G., Puga, D., Turner, M.A., 2008. Fat city: questioning the relationship between urban sprawl and obesity. J. Urban Econ. 63, 385–404.

Ellickson, B., 1977. Economic analysis of urban housing markets: a new approach. Report R-2024-NSFRand Corporation.

Epple, D., Gordon, B., Sieg, H., 2010a. Drs. Muth and Mills meet Dr. Tiebout: integrating location-specific amenities into multi-community equilibrium models. J. Reg. Sci. 50, 381–400.

Epple, D., Gordon, B., Sieg, H., 2010b. A new approach to estimating the production function for housing. Am. Econ. Rev. 100, 905–925.

Epple, D., Platt, G.J., 1998. Equilibrium and local redistribution in an urban economy when households differ in both preferences and incomes. J. Urban Econ. 43, 23–51.

Ewing, R., Schmid, T., Killingsworth, R., Zlot, A., Raudenbush, S., 2003. Relationship between urban sprawl and physical activity, obesity, and morbidity. Am. J. Health Prom. 18, 47–57.

Fischel, W.A., 1987. The Economics of Zoning Laws: A Property Rights Approach to American Land Use Controls. Johns Hopkins University Press, Baltimore, MD.

Fischel, W.A., 2000. Zoning and land use regulations. In: Boudewijn, B., Geest, G.D. (Eds.), Encycolopedia of Law and Economics, vol. 2. Edward Elgar, Cheltenham, pp. 403–442.

Fischel, W.A., 2001. The Homevoter Hypothesis. Harvard University Press, Cambridge, MA.

Fischel, W.A., 2004. An economic history of zoning and a cure for its exclusionary effects. Urban Stud. 41, 317–340.

Frank, L.D., Andresen, M.A., Schmid, T.L., 2004. Obesity relationships with community design, physical activity, and time spent in cars. Am. J. Prev. Med. 27, 87–96.

Fujita, M., 1982. Spatial patterns of residential development. J. Urban Econ. 12, 22–52.

Fujita, M., 1989. Urban Economic Theory: Land Use and City Size. Cambridge University Press, Cambridge, MA.

Fujita, M., 2012. Thünen and the new economic geography. Reg. Sci. Urban Econ. 42, 907–912.

Fujita, M., Ogawa, H., 1982. Multiple equilibria and structural transition of non-monocentric urban configurations. Reg. Sci. Urban Econ. 12, 161–196.

Fujita, M., Thisse, J.F., 2013. Economics of Agglomeration: Cities, Industrial Location, and Regional Growth. Cambridge University Press, Cambridge.

Galster, G., Hanson, R., Ratcliffe, M.R., Wolman, H., Coleman, S., Freihage, J., 2001. Wrestling sprawl to the ground: defining and measuring an elusive concept. Hous. Pol. Deb. 12, 681–717.

Garreau, J., 1991. Edge City: Life on the New Frontier. Doubleday, New York, NY.

Genesove, D., Han, L., 2012a. Measuring the Thinness of Real Estate Markets. Processed, University of Toronto.

Genesove, D., Han, L., 2012b. Search and matching in the housing market. J. Urban Econ. 72, 31–45.

Geoghegan, J., 2002. The value of open spaces in residential land use. Land Use Pol. 19, 91–98.

Giles-Corti, B., Macintyre, S., Clarkson, J.P., Pikora, T., Donovan, R.J., 2003. Environmental and lifestyle factors associated with overweight and obesity in Perth. Australia. Am. J. Health Prom. 18, 93–102.

Glaeser, E.L., Gottlieb, J.D., 2006. Urban resurgence and the consumer city. Urban Stud. 43, 1275–1299.

Glaeser, E.L., Gyourko, J., 2005. Urban decline and durable housing. J. Pol. Econ. 113, 345–375.

Glaeser, E.L., Kahn, M., 2001. Decentralized employment and the transformation of the American city. In: Brookings-Wharton Papers on Urban Affairs, pp. 1–47.

Glaeser, E.L., Kahn, M.E., 2004. Sprawl and urban growth. In: Henderson, V., Thisse, J.F. (Eds.), Handbook of Regional and Urban Economics, vol. 4. North-Holland, Amsterdam, pp. 2481–2527.

Glaeser, E.L., Gyourko, J., Saks, R., 2005. Why is Manhattan so expensive? Regulation and the rise in housing prices. J. Law Econ. 48, 331–369.

Glaeser, E.L., Kahn, M.E., Rappaport, J., 2008. Why do the poor live in cities? The role of public transportation. J. Urban Econ. 63, 1–24.

Gobillon, L., Selod, H., Zenou, Y., 2007. The mechanisms of spatial mismatch. Urban Stud. 44, 2401–2427.

Gordon, P., Richardson, H.W., Jun, M.J., 1991. The commuting paradox: evidence from the top twenty. J. Am. Plann. Assoc. 57, 416–420.

Gyourko, J., Saiz, A., 2006. Construction costs and the supply of housing structure. J. Reg. Sci. 46, 661–680.

Hamilton, B.W., 1982. Wasteful commuting. J. Pol. Econ. 90, 1035–1051.

Helsley, R.W., 1990. Knowledge production in the CBD. J. Urban Econ. 28, 391–403.

Henderson, J.V., 1977. Economic Theory and the Cities. Academic Press, New York, NY.

Henderson, J.V., Mitra, A., 1996. The new urban landscape: developers and edge cities. Reg. Sci. Urban Econ. 26, 613–643.

Hilber, C., Robert-Nicoud, F., 2013. On the origins of land use regulations: theory and evidence from US metro areas. J. Urban Econ. 75, 29–43.

Imai, H., 1982. CBD hypothesis and economies of agglomeration. J. Econ. Theory 28, 275–299.

Inman, R.P., 1995. How to have a fiscal crisis: lessons from Philadelphia. Am. Econ. Rev. 85, 378–383.

Irwin, E.G., 2002. The effects of open space on residential property values. Land Econ. 78, 465–480.

Kain, J.F., 1968. Housing segregation, negro employment, and metropolitan decentralization. Q. J. Econ. 82, 175–197.

Kanemoto, Y., 1980. Theories of Urban Externalities. North-Holland, Amsterdam.

Kanemoto, Y., 1988. Hedonic prices and the benefits of public projects. Econometrica 56, 981–989.

Katz, L.F., Kling, J.R., Liebman, J.B., 2001. Moving to opportunity in Boston: early results of a randomized mobility experiment. Q. J. Econ. 116, 607–654.

Kim, S., 2007. Changes in the nature of urban spatial structure in the United States, 1890–2000. J. Reg. Sci. 47, 273–287.

Koopmans, T.C., Beckmann, M., 1957. Assignment problems and the location of economic activities. Econometrica 25, 53–76.

Kopecky, K.A., Suen, R.M.H., 2010. A quantitative analysis of suburbanization and the diffusion of the automobile. Int. Econ. Rev. 51, 1003–1037.

Krueger, A.B., Kahneman, D., Schkade, D., Schwarz, N., Stone, A.A., 2009. National time accounting: The currency of life. In: Krueger, A.B. (Ed.), Measuring the Subjective Well-Being of Nations: National Accounts of Time Use and Well-Being. NBER and University of Chicago Press, Chicago, pp. 9–86.

Landvoigt, T., Piazzesi, M., Schneider, M., 2011. The Housing Market(s) of San Diego. Processed, Stanford University.

Lee, S., Lin, J., 2013. Natural Amenities, Neighborhood Dynamics, and Persistence in the Spatial Distribution of Income. Processed, Federal Reserve Bank of Philadelphia.

LeRoy, S.F., Sonstelie, J., 1983. The effects of urban spatial structure on travel demand in the United States. J. Urban Econ. 13, 67–89.

Levinson, D., Wu, Y., 2005. The rational locator reexamined: are travel times still stable? Transportation 32, 187–202.

Liao, W.C., 2012. Inshoring: the geographic fragmentation of production and inequality. J. Urban Econ. 72, 1–16.

Lucas Jr., R.E., Rossi-Hansberg, E., 2002. On the internal structure of cities. Econometrica 70, 1445–1476.

Ma, K.R., Banister, D., 2006. Excess commuting: a critical review. Transp. Rev. 26, 749–767.

Määttänen, N., Terviö, M., 2014. Income distribution and housing prices: an assignment model approach. J. Econ. Theory 151, 381–410.

Madden, J.F., 1985. Urban wage gradients: empirical evidence. J. Urban Econ. 18, 291–301.

Manning, A., 2003. The real thin theory: monopsony in modern labour markets. Lab. Econ. 10, 105–131.

Manville, M., Shoup, D., 2003. People, parking and cities. J. Urban Plann. Devel. 131, 233–245.

Margo, R.A., 1992. Explaining the postwar suburbanization of population in the United States: the role of income. J. Urban Econ. 31, 301–310.

Markusen, J.R., 2002. Multinational Firms and the Theory of International Trade. MIT Press, Cambridge, MA.

McDonald, J.F., 1989. Econometric studies of urban population density: a survey. J. Urban Econ. 26, 361–385.

McDonald, J.F., Bowman, H.W., 1979. Land value functions: a reevaluation. J. Urban Econ. 6, 25–41.

McGrath, D.T., 2005. More evidence on the spatial scale of cities. J. Urban Econ. 58, 1–10.

McMillen, D.P., 1996. One hundred fifty years of land values in Chicago: a nonparametric approach.

J. Urban Econ. 40, 100–124.

McMillen, D.P., 2001. Nonparametric employment subcenter indentification. J. Urban Econ. 50, 448–473.

McMillen, D.P., 2006. Testing for monocentricity. In: Arnott, R.J., McMillen, D.P. (Eds.), A Companion to Urban Economics. Blackwell, Oxford, pp. 128–140.

McMillen, D.P., 2010. Issues in spatial data analysis. J. Reg. Sci. 50, 119–141.

McMillen, D.P., Singell Jr., L.D., 1992. Work location, residence location, and the intraurban wage gradient. J. Urban Econ. 32, 195–213.

McMillen, D.P., Smith, S.C., 2003. The number of subcenters in large urban areas. J. Urban Econ. 53, 332–342.

Merlo, A., Ortalo-Magné, F., Rust, J., 2013. The Home Selling Problem: Theory and Evidence. Processed, University of Pennsylvania.

Mieszkowski, P., Mills, E.S., 1993. The causes of metropolitan suburbanization. J. Econ. Persp. 7, 135–147.

Mieszkowski, P., Smith, B., 1991. Analyzing urban decentralization: the case of Houston. Reg. Sci. Urban Econ. 21, 183–199.

Mills, E.S., 1967. An aggregativemodel of resource allocation in ametropolitan area. Am. Econ. Rev. Pap. Proc. 57, 197–210.

Mills, E.S., 1969. The value of urban land. In: Perloff, H.S. (Ed.), The Quality of the Urban Environment. Resources for the Future, Baltimore, MD, pp. 231–253.

Mills, E.S., 1972. Studies in the Structure of the Urban Economy. Johns Hopkins Press, Baltimore, MD.

Mirrlees, J.A., 1972. The optimum town. Swed. J. Econ. 74, 114–135.

Mohring, H., 1961. Land values and the measurement of highway benefits. J. Pol. Econ. 69, 236–249.

Mohring, H., Harwitz, M., 1962. Highway Benefits: An Analytical Framework. Northwestern University Press, Evanston, IL.

Montesano, A., 1972. A restatement of Beckmann's model on the distribution of urban rent and residential density. J. Econ. Theory 4, 329–354.

Mortensen, D.T., Pissarides, C.A., 1994. Job creation and job destruction in the theory of unemployment. Rev. Econ. Stud. 61, 397–415.

Muth, R.F., 1969. Cities and Housing. University of Chicago Press, Chicago, IL.

Ogawa, H., Fujita, M., 1980. Equilibrium land use patterns in a nonmonocentric city. J. Reg. Sci. 20, 455–475.

Ortalo-Magné, F., Prat, A., 2014. On the political economy of urban growth: homeownership versus affordability. Am. Econ. J. 6, 154–181.

Ota, M., Fujita, M., 1993. Communication technologies and spatial organization of multi-unit firms in metropolitan areas. Reg. Sci. Urban Econ. 23, 695–729.

Papageorgiou, Y.Y., Pines, D., 1990. The logical foundations of urban economics are consistent. J. Econ. Theory 50, 37–53.

Paulsen, K., 2012. Yet even more evidence on the spatial size of cities: urban spatial expansion in the us, 1980–2000. Reg. Sci. Urban Econ. 42, 561–568.

Pines, D., Sadka, E., 1985. Zoning, first-best, second-best, and third-best criteria for allocating land for roads. J. Urban Econ. 17, 167–185.

Pissarides, C.A., 2000. Equilibrium Unemployment Theory. MIT Press, Cambridge, MA.

Polinsky, A.M., Shavell, S., 1975. The air pollution and property value debate. Rev. Econ. Stat. 57, 100–104.

Polinsky, A.M., Shavell, S., 1976. Amenities and property values in a model of an urban area. J. Publ. Econ. 5, 119–129.

Postel-Vinay, F., Robin, J.M., 2002. Equilibrium wage dispersion with worker and employer heterogeneity. Econometrica 70, 2295–2350.

Putnam, R.D., 2000. Bowling Alone: The Collapse and Revival of American Community. Simon & Schuster, New York, NY.

Quigley, J.M., 1998. Urban diversity and economic growth. J. Econ. Persp. 12, 127–138.

Raphael, S., 1998. The spatial mismatch hypothesis and black youth joblessness: evidence from the San Francisco Bay Area. J. Urban Econ. 43, 79–111.

Redfearn, C.L., 2007. The topography of metropolitan employment: identifying centers of employment in a polycentric urban area. J. Urban Econ. 61, 519–541.

Redfearn, C.L., 2009. Persistence in urban form: the long-run durability of employment centers in metropolitan areas. Reg. Sci. Urban Econ. 39, 224–232.

Ricardo, D., 1817. On the Principles of Political Economy and Taxation. John Murray, London.

Rogerson, R., Shimer, R., Wright, R., 2005. Search-theoreticmodels of the labor market: a survey. J. Econ. Liter. 43, 959–988.

Rosenthal, S.S., 2014. Are private markets and filtering a viable source of lowincome housing? Estimates from a "repeat income" model. Am. Econ. Rev. 104, 687–706.

Rossi-Hansberg, E., 2004. Optimal urban land use and zoning. Rev. Econ. Dyn. 7, 69–106.

Rossi-Hansberg, E., Sarte, P.D., Raymond Owens, I., 2009. Firm fragmentation and urban patterns. Int. Econ. Rev. 50, 143–186.

Saelens, B.E., Sallis, J.F., Black, J.B., Chen, D., 2003. Neighborhood-based differences in physical activity: an environment scale evaluation. Am. J. Public Health 93, 1552–1558.

Samuelson, P.A., 1983. Thünen at two hundred. J. Econ. Liter. 21, 1468–1488.

Sattinger, M., 1993. Assignment models of the distribution of earnings. J. Econ. Liter. 19, 831–880.

Selod, H., Zenou, Y., 2001. Location and education in SouthAfrican cities under and after Apartheid. J. Urban Econ. 49, 168–198.

Siodla, J., 2014. Razing San Francisco: The 1906 Disaster as a Natural Experiment in Urban Redevelopment. Processed, Colby College.

Small, K.A., Verhoef, E.T., 2007. The Economics of Urban Transportation. Routledge, New York, NY.

Solow, R.M., 1972. Congestion, density and the use of land in transportation. Swed. J. Econ. 74, 161–173.

Solow, R.M., 1973. On equilibrium models of urban location. In: Nobay, A.R., Parkin, M. (Eds.), Essays in Modern Economics. Longman, London, pp. 2–16.

Solow, R.M., Vickrey, W.S., 1971. Land use in a long narrowcity. J. Econ. Theory 3, 430–447.

Strange, W.C., 1992. Overlapping neighborhoods and housing externalities. J. Urban Econ. 32, 17–39.

Strange, W.C., 1995. Information, holdouts, and land assembly. J. Urban Econ. 38, 317–332.

Stull, W.J., 1974. Land use and zoning in an urban economy. Am. Econ. Rev. 64, 337–347.

Sweeney, J.L., 1974a. A commodity hierarchymodel of the rental housing market. J. Urban Econ. 1, 288–323.

Sweeney, J.L., 1974b. Quality, commodity hierarchies, and housing markets. Econometrica 42, 147–167.

von Thünen, J.H., 1826. Der Isolierte Staat in Beziehung auf Landwirtschaft und Nationalökonomie. Perthes, Oxford, Hamburg, English Translation: The Isolated State: Pergammon Press, 1966.

Tiebout, C.M., 1956. A pure theory of local expenditures. J. Pol. Econ. 64, 416–424.

Turnbull, G.K., 1988. Residential development in an open city. Reg. Sci. Urban Econ. 18, 307–320.

Turner, M.A., 2005. Landscape preferences and patterns of residential development. J. Urban Econ. 57, 19–54.

Wasmer, E., Zenou, Y., 2002. Does city structure affect job search and welfare? J. Urban Econ. 51, 515–541.

Wheaton, W.C., 1977. Income and urban residence: an analysis of consumer demand for location. Am. Econ. Rev. 67, 620–631.

Wheaton, W.C., 1982. Urban spatial development with durable but replaceable capital. J. Urban Econ. 12, 1–21.

Wheaton, W.C., 1990. Vacancy, search, and prices in a housingmarketmatching model. J. Pol. Econ. 98, 1270–1292.

White, M.J., 1976. Firm suburbanization and urban subcenters. J. Urban Econ. 3, 323–343.

Wildasin, D.E., 1986. Spatial variation of the marginal utility of income and unequal treatment of equals. J. Urban Econ. 19, 125–129.

Yinger, J., 1979. Estimating the relationship between location and the price of housing. J. Reg. Sci. 19, 271–286.

Zenou, Y., 2009. Urban Labor Economics. Cambridge University Press, Cambridge, MA.

第 *9* 章
邻里和网络效应

乔治奥·陶帕

美国纽约联邦储备银行

美国劳动经济研究所

伊夫·泽诺

瑞典斯德哥尔摩大学产业经济研究所

瑞典经济政策研究中心

摘要

在本章，我们将概览关于邻里和社会网络及其对行为和经济影响的研究，并讨论邻里和社会网络在犯罪、教育和劳动市场中作用的经验和理论分析。我们将着重详细讨论同辈、邻里和网络效应的识别问题，及其在整合社会和地理空间方面的政策含义，并对少数族裔做了特别研究。

关键词

社会网络　邻里　基于群体的政策　少数族裔　劳动经济学

JEL 分类码

C23　D85　J15　J64　K42　R14　Z13

9.1 引　言

我们所处的环境（包括邻居、同辈）或更一般而论的社会联系对我们生活很多的方面有重要影响。例如，一个主体关于购买新产品、努力学习、犯罪、吸烟或找工作的决定，往往受到他/她的朋友、熟人、邻居、同学、同事等的影响。经济学家早已认识到在很多环境中，这一非市场联系对塑造行为和结果的重要性，社会学家对此认识更早。这些环境的影响可列成一个长长的清单，其中包括同学和同事的同辈效益、劳动市场推荐、吸烟、犯罪及其他社会病、消费外部性、羊群行为、金融网络中的"传染"、破产清算决策、家庭风险共担、社区、村庄、居住邻里选择、新技术的采纳和扩散、集聚经济在城市形成和企业区位决策中的作用以及人力资本外部性在经济增长中的作用。

我们可以非常抽象地把这些社会互动视为发生在一个"社会空间"，该社会空间可定义为一个人的参照群体，包括同学、同辈、邻里、同事、其他企业等等，有多种方式对这一社会空间进行建模。一般来说，我们需要对（彼此相互影响的）个体的集合以及他们之间的相互联系加以定义，这将帮助我们基于主体在抽象社会空间中的位置定义社会或经济距离的概念。

多数文献在对社会空间建模时，把社会空间简单描述为每个主体的参照群体。对于教育中的同辈效应而言，这些参照群体通常是同学或校友的集合。对于家庭和企业的区位决策而言，参照群体是邻居或同一产业区其他企业的集合。在每个参照群体中，假定主体之间的互动是对称的，不同的参照群体是主体集合的一个子集。该方法的一个具体例子是在关于邻里效应的文献里，试图研究居住邻里结构是如何影响个人结果的，如教育成就、找工作能力或犯罪倾向。

另一类文献关注抽象社会空间中的联系结构，通常用社会网络的理论工具加以建模。如我们在9.3.1节中详细描述的，网络可以定义为主体集合以及描述谁和谁联系的图形。越来越多的经验文献表明，网络结构以及主体在其中的位置，在决策和结果中起重要作用。

根据网络对社会空间建模，并不一定与地理空间相一致。事实上，人们可以和居住或工作在城市另一端，甚至其他国家的人保持密切联系。社会空间及主体间距离可以根据种族、民族、年龄、国籍、爱好等地理距离以外的属性加以定义。同时可以认为，随地理距离增加，联系成本将会提高，因此地理彼此接近的人们之间的社会互动可能更容易、更频繁。因此，基于网络建模的社会空间和居住邻里描述的地理空间之间会存在某些重叠。

最后，社会互动通过若干机制影响行为和结果。社会联系可以促进信息流动，如职位空缺或一项新技术的盈利性，进而影响主体的选择集。社会联系还可以影响人们对特定商品的偏好，影响人们对商品消费的可能性。个人网络或参照群体可以提供风险共担机制和合作机会。社会互动还可以通过生产或消费之间的互补性起作用。

在本章，我们将回顾邻里效应和网络效应的相关文献。这两类文献在很大程度上是单独发展的：邻里效应文献主要关注居住邻里如何对居民形成机会、选择和结果，对城市政策、城市和邻里演化、隔离和不平等的发展等有重要启示。关于网络理论和经验的研究主要关注联系的社会空间及其对结果的影响，不包括地理空间。我们首先单独评述这两类文献，然后试图把他们结合在一起。

值得注意的是，多数邻里效应文献忽略了联系的微观结构，但这是邻里社会互动的基础。很大程度上是因为数据的局限性：直到近期，研究者很少能利用数据集获得主体的网络联系和地理区位的信息。后面我们将讨论数据集方面的近期进展。最后，邻里效应不仅来自于邻里（或邻近的邻里间）的社会互动，还来自于地方冲击或机构，如地方企业关闭，或教堂、俱乐部和邻里协会的存在。这和教育类似，教育的结果不仅受同辈影响，还受教师或学校的影响。

一个重要的问题是邻里或网络效应的识别和估计。因为假定主体相互影响——通过信息互换、偏好或行动，这些效应存在的标志是主体间可观测结果的趋同。但是很难区分这些效应和其他导致趋同的力量。首先，有一个同步性问题：我影响社会联系对象，同时她也影响我。在文献中，这被称作"反身性问题"，我们将在 9.3.2.1 节中对此展开讨论。其次，主体进入邻里或网络基于的相同偏好或属性，可能未被计量经济学家观察到。这再次形成识别挑战。最后，位于同一个邻里或社会网络的主体可能面对类似的冲击，计量经济学家可能也未观察到：例如，好的或差的地方机构，影响整个邻里的环境因素，工厂关闭导致地方失业潮。接下来，我们将讨论下面如何处理这些识别和估计挑战的方法。

长期以来，美国和欧洲积累了大量的邻里效应文献。我们首先给出实验方法，主要关注移民和难民，其中"自然"实验基于这一事实，他们来到新国家是由于祖国地方当局施加的"外生"力量。其他的自然和随机实验包括，在公共住房项目中家庭使用住房券从贫困邻里迁移到条件稍好的邻里。向机会靠拢（MTO）项目可能是最著名的案例。

我们还给出邻里效应分析的非实验方法，其中识别策略非常聪明，基于城市的最小单元，即城市街区。主体向城市街区的分配是拟随机的（即受到与可能未观测到的属性正交的因素驱动），这样研究者可以把邻里效应与其他潜在趋同来源分开。

最后，我们提出一个理论模型产生稳态空间分布的结构方法。将模型产生的空间模拟分布趋同与邻里或城市空间数据的经验进行对应匹配，估计这些模型的参数。

接下来我们转向网络文献。首先我们研究网络的社会情境。在社会情境下，研究战略互动的主要挑战是网络的内生复杂性。如果我们不考虑博弈的特定结构，就很难得出任何结论。我们关注战略互补性，这样，参与人采取某个行动的激励将随着他/她采取（更高）行动的朋友数而增加。我们将特别关注易处理的"线性二次型"设计，其中主体选择连续的行动水平。这一简单的参数设定，可以明确给出网络函数的均衡行为解，并产生有趣的比较静态结果和其他可用于经验研究的结果。

然后，我们给出基于模型最佳反应函数的识别策略。这主要是基于排斥性限制，源于网络联系的部分重叠性：简单地说，我的朋友的朋友可能未必是我的朋友。我们还将表明，当人们考虑内生的网络形成时，识别如何进行（在某些情况下将加强）。需要注意的是非线性互动模型的引入，它将导致多重均衡。我们将讨论存在多重均衡的情况下，估计网络模型的一些早期尝试。在这部分的最后，我们将回顾关于犯罪、教育、劳动、健康等的不同经验结果。

在本章的最后部分，我们将把这两部分文献相结合，分析邻里和网络的综合效应是如何影响个人结果的，重点关注劳动市场。然而，文献仍处于初步发展阶段，我们将回顾关于这一主题的少量证据和理论模型。

本章内容安排如下。接下来，我们将考察邻里效应，分别是邻里效应精简形式的经验文献（9.2.1节）以及结构方法（9.2.2节）。9.3节是网络效应，首先给出一些理论背景（9.3.1节），然后分析与网络经验研究有关的计量问题（9.3.2节），最后给出这一文献的主要经验结果（9.3.3节）。在9.4节中，我们把邻里和网络效应相结合进行研究，首先考察理论模型（9.4.1节），然后讨论理论结果（9.4.2节）和经验结果（9.4.3节）。最后，在9.5节中给出本章的结论。

9.2　邻里效应

在本部分，首先我们将回顾精简形式的经验文献，旨在估计不同情境下的邻里效应。我们检验实验和非实验方法。然后，我们转向更近期的结构模型和经验工作。[①]

---

① 对这一涵盖多个十年的文献的概览，见 Jencks 和 Mayer（1990），Durlauf（2004），以及 Ioannides 和 Topa（2010）。

9.2.1 邻里效应精简形式的经验文献

在经济学和社会学中，邻里效应精简形式的经验研究有着悠久的传统。多数早期研究关注成长于贫困邻里对教育获得、就业和其他社会经济改进指标的影响。公共政策是这类研究的重要部分，其重点关注的是贫困和不平等。[2] 但是，这类研究受到了曼斯基（Manski，1993）对反身性问题的批评。多数早期研究使用个人结果对个人、家庭和社会特征的简单回归，而且通常是邻里结果的平均值。在缺乏经验策略以分别识别这些模型参数的情况下，多数研究受困于基本的识别缺乏。

在认识到这些挑战后，后面精简形式的研究主要基于两类策略。在很多城市，为实施政策进行了随机或拟随机实验，第一类策略利用这些实验带来的一些自然变化。第二类策略使用一些创新方法来识别邻里效应，并利用了详细地理信息的大数据集。

9.2.1.1 实验或准实验证据

第一类研究通过各种随机或自然实验来分析邻里效应。多数研究利用住房重新安置——允许低收入邻里或公共住房项目中的居民迁移到其他邻里——的随机实验结果。原则上，这些实验使得研究者能衡量邻里特征变化对结果的影响。

波普金等（Popkin et al.，1993）研究了芝加哥高特里克斯项目（Gautreaux Project）的影响，该项目帮助低收入家庭从公共住房迁移到芝加哥大都市区的私人住房。项目参与者的选择不是随机的，向城市和郊区邻里的分配是拟随机的，要基于单元的可得性。作者发现在不考虑个人特征差异的情况下，迁移到郊区后被雇用的机会明显大于市中心。对那些过去从未参加工作的人而言，就业收益更大。

另外，雅各布（Jacob，2004）利用了1990年芝加哥高层公共住房项目结束的拟随机特征。受到项目结束影响的家庭可得到住房券，并迁移到大都市区的任何地方。雅各布比较项目是否结束对学生教育结果的影响。显然，项目结束时间与学生未观测到的特征无关。与高特里克斯项目不同，该论文没有发现任何证据来表明项目结束及其后的迁移会影响教育结果。

---

② Jencks 和 Mayer（1990）和 Brooks – Gunn 等（1997）概述了这一早期文献，包括 Wilson（1987），Corcoran 等（1989），以及 Brooks – Gunn 等（1992）。

奥兰普拉斯（Oreopoulous，2003）关注邻里质量的另一个拟随机变化的案例——家庭在多伦多不同住房项目间的分配。通过把项目地址与加拿大人及其父母的管理面板数据相匹配，论文可以考察在不同项目中邻里质量对儿童成人后的长期影响。与雅各布（2004）类似，奥兰普拉斯（2003）也发现邻里差异对各种结果没有影响，包括失业、平均工资、收入和福利参与等。此外，尽管邻里质量不影响结果，家庭背景能够解释30%的收入和工资差异。

大量研究关注MTO项目（Ludwig et al.，2001；Kling et al.，2005，2007）。这是一个大型的随机实验，参与者自愿报名，并被随机分配到三个组中：第一组是控制组（没有新的援助）；第二组能够获得美国住房法案第8款规定的住房券，迁移地址不受限制；第三组获得美国住房法案第8款规定的住房券，迁移到条件稍好的邻里，并接受迁移咨询。相对控制组，另两个组实际上迁移到贫困率和犯罪率显著降低的邻里，居民表明感觉更安全了。

一般来说，MTO研究没有发现明显证据表明存在对经济结果（如收入、福利参与或政府援助数量）的处理效应。但是，研究发现有证据表明存在对诸多成人心理健康指标有大而显著的正面处理效应。对青少年而言，存在一个有趣的二分法：对女性而言，在心理健康和危险行为方面的处理效应为正，男性则为负。对年轻男性身体健康和危险行为方面有特别大的负面影响，表明邻里改变导致了严重的混乱和社会孤立，或者难以接受新邻里中的规范。

最近，路德维格等（Ludwig et al.，2012）研究MTO项目在10~15年后的长期效应。他们关注对诸多结果的意向处理效应，这些结果分为经济自足性、身体健康、心理健康以及幸福程度。结果表明的处理效应如下：经济结果不显著，身体健康为正且不显著，心理健康为正且不太显著，主观幸福程度为正且显著。[3]

我们对这类文献的感受是，认真的评估方法表明，对教育和经济结果的邻里效应估计通常很小，对心理健康的影响较大。MTO相关文献可能是这一方法最好的案例。

但是，需要指出的是，上述方法存在显著局限性。首先，研究的居民必须符合迁移项目的资格要求；这通常意味着样本多少有些"特殊"（即成为公共住房的居民），而且对邻里效应的敏感性和其他居民可能不同。更一般性地讲，即使合格人口是目标人群的代表，基于小样本的实验结果也不能运用于大范围人口，因为那样很有可能会出现一般均衡效应。

---

③　但是，见Bond和Lang（2014）对"幸福规模"的讨论。基于对主观幸福分布的假设，MTO对主观幸福的处理效应可能为正或零。还存在有力证据表明，MTO项目降低了各种幸福指标，如忧愁症状。

其次，实验设计涉及迁移到新邻里，根据设计，新邻里与基准邻里有很大不同。这意味着识别的处理效应衡量的是迁移到新邻里的影响，一开始研究对象很少有社会联系，研究对象与新邻里的普通居民有很大差异。这样，识别的处理效应必然是与邻里变化相关的诸多因素的混合结果，而且难以区分。

另一类文章使用不同的拟随机变化来源——即安置在不同国家的难民。比曼（Beaman，2012）研究了国际救援委员会（International Rescue Committee）2001～2005 年安置在美国不同城市的难民。对于家庭不在美国的难民而言，机构的区位决策无疑是外生的。比曼提出了一个动态劳动市场网络模型，它基于卡尔沃—阿门戈和杰克逊研究成果（Calvó - Armengol and Jackson，2004），其中主体在自己的社会网络中共享工作信息。模型表明，既存在源于找工作者信息竞争导致的拥挤效应，这导致对网络结果的负效应，也存在网络联系对就业结果的正效应，源于新老难民之间的联系。这些效应是动态的：难民规模的扩大会降低即将到来的新难民的期望就业结果，但会逐步增进更后到来的难民的结果。

经验研究利用不同时间、不同城市、不同种族难民规模的变化。网络规模和未观测到的城市和种族特征之间存在相关性（可能源于机构的安置策略），通过控制机构观测到的个人特征、城市和国籍—难民固定效应加以处理。比曼发现，对于新难民而言，上一年难民规模每增加 1 单位标准差，其就业的可能性就会降低 4.9%。相反，长期存续的网络规模每增加 1%，就业结果会提高 4.3%。与年长者的社会联系也会对期望工资产生正面影响。这一研究很有名，其名声源于其强调邻里效应的动态性。模型为识别提供了额外的工具。

艾丁等（Edin et al.，2003）和阿斯伦德等（Åslund et al.，2011）利用一个类似的拟随机变化来源，即 20 世纪 80 年代后期瑞典的一个难民安置项目，分别研究邻里对劳动市场和教育结果的影响。两个作者都令人信服地表明，难民在城市邻里间的初期分配与未观测到的个人特征无关。尤其是，"由于制度安排、住房短缺的实际限制以及居住许可和安置间隔很短，个人不能选择他/她的第一个居住地。"此外，安置官员与移民之间缺乏互动，因此任何安排只能是基于（政府官员和计量经济学家）可观测的特征。

第一个研究发现，在个人被分配的初始区位中，较大的族群规模会对收入产生正面影响，尤其是对低技能移民更是如此：种族集中度每增加一单位标准差，教育程度较低的移民收入将增加 13%。这些正面影响会随着族群质量提高，族群质量用收入或自我雇佣比率加以衡量。第二个研究教育绩效，发现邻里中受过高等教育的成人（和学生同一种族）的比例每增加一单位标准差，义务教育的平均成绩将提高 0.8%。④

达姆（Damm，2009，2014）以及达姆和杜斯特曼恩（Dustmann，2014）还利用了 1986~1998 年一个独特的自然实验，其中到丹麦的难民在邻里间的分配是拟随机的。第一篇论文关注少数族裔的劳动市场结果，而第二篇论文则考察年轻人早期接触邻里犯罪对随后犯罪行为的影响。在第二篇论文中，作者发现有力证据表明，邻里中年轻人的犯罪比例，特别是严重犯罪的比例，将提高邻里中个体随后的犯罪可能性。⑤ 他们的发现表明，社会互动是邻里犯罪与个人犯罪行为相联系的一个关键渠道。我们将在 9.3.3.3 节中转向社会互动和犯罪问题。

最后，我们希望提及一类独立的文献，这些研究也利用自然实验来评估邻里效应，但却是基于住房和土地价格的。例如，罗西—汉斯博格等（Rossi - Hansberg et al.，2010）考察了如何通过土地价格反映给定邻里（或附近的若干邻里）居民间的非市场互动。他们利用给定区位吸引力变化的外生来源，这是由于 1999~2004 年弗吉尼亚州里士满布实施的城市振兴项目引起的。项目为目标邻里提供住房投资基金，包括房屋的拆除、修复和新建。此外，还选择了一个"控制"邻里，其与处理邻里类似，但没有得到任何资助。

研究包含获得资助的房屋位置、资金数量的信息，以及项目实施前后的住房价格和特征。这使得罗西—汉斯博格等（2010）利用享乐方法，估计政策实施前后的土地价格。因而，他们能够估计邻里质量外部性对土地价格影响的程度。而且，通过比较处理邻里和控制邻里，他们可以计算这些外部性的规模。他们发现和预期一样，随着受影响地区的距离增加，土地增值将下降，每 1 000 英尺住房外部性将大幅下降 50%。此外，每投资 1 美元，城市振兴项目外部性将产生 2~6 美元的土地增值。

9.2.1.2　非实验证据

如上所述，就我们的观点来看，更有前景的方法是依靠详细的空间数据集和聪明的识别策略，来识别不同背景下的邻里效应。这些论文本质上是利用主体拟随机地分配到小的地理单元（如普查区），或对社会互动效应的机制进行建模，以使用数据。

拜耳等（Bayer et al.，2008）把给定居住区位中工作地点的空间集中视为

④ Åslund 等（2010）还利用这一移民居住区位的拟随机分配，来重新考察"空间错配"假说。他们发现，在本地接近工作确实会对就业结果产生统计上和经济上的显著影响。

⑤ 对于成长于一个贫困和教育水平低下邻里的长期影响，可见 Jencks 和 Mayer（1990）和 Gould 等（2011）。

地方推荐效应的证据。为了区分劳动市场推荐效应和其他空间相关效应，他们选择了一对居住在同一城市街区（与工作区位不同）的工人与另一对居住在邻近街区（属于参照街区组）的工人，比较他们在同一街区工作愿望的差异，将其称为过度倾向，并进行估计。关键的识别假设（居于可观测特征检验）是，在考虑了更广泛的参照组后，街区居民间未观测特征不存在街区层次的相关性。这一研究设计的另一个暗含假设是，邻居间互动的重要部分本质上是高度地方化的——也就是说，它们发生在同一街区的居民间。[⑥] 我们将在 9.4.3 节中转向这一问题。拜耳等（2008）发现，居住在同一街区使工作区位相同的可能性提高了 33%，这与地方推荐效应一致。如果有人与劳动市场关系密切，或人们之间更愿意互动，如他们的孩子年龄相近，推荐效应会更强。在同一街区工作的过度倾向差异可用于构建指标，来衡量给定邻里中个人可利用的网络质量。这一指标每增加一个标准差，将对各种劳动市场结果产生正面影响：女性工人的劳动参与增加了 3.4%，工作时间平均每周增加 1.8 小时，男性工人的收入增加 3.4%。[⑦]

赫勒斯坦等（Hellerstein et al.，2011）基于拜耳等（2008）的识别策略，使用来自 2000 年雇主—雇员数据库企业层次的匹配数据。他们使用普查地块作为分析的地理单元，研究相比不同企业的雇员居住在同一地块的可能性（可能源于通勤模式，或工作与工人的空间分布），同一企业的雇员居住在同一地块的过度倾向。如果同事中邻居的比例显著高于随机雇佣的比例，则可以推论存在雇佣网络效用。他们发现雇佣居住网络效应的确显著，对拉丁裔和低技能工人以及小企业尤其强。他们还发现种族间的居民劳动市场网络效应强于种族内，表明居民社会网络中存在种族分层。

赫勒斯坦等（2014）利用纵向雇主—家庭动态（LEHD）拓展了这一分析，从而对工人—雇主配对进行纵向观察。这一丰富的数据来源使他们得以研究劳动市场网络的其他特性，包括工作和跳槽效应。[⑧] 主要的发现是居民网络对工人—雇主配对有稳健的影响，降低了跳槽率。对于同一种族或民族的邻居

[⑥] 更一般地，如在 9.1 节中所讨论的，一个重要问题涉及个人社会网络涵盖的社会空间和邻里描述的地理空间之间的重叠程度。若干社会研究考察了这一问题，发现主体间社会互动的重要部分发生于非常邻近的地理空间内，见 Wellman（1996）、Otani（1999），以及 Lee 和 Campbell（1999）。

[⑦] 利用与 Bayer 等（2008）类似的识别策略，Hawranek 和 Schanne（2014）考察邻里如何成为非正式劳动市场的信息池，并考察居住区位的工作推荐效应。他们分析在工作推荐背景下，德国莱茵—鲁尔大都市区共同居住和工作的关系。他们发现了和 Bayer 等（2008）类似的效应。事实上，Hawranek 和 Schanne（2014）发现，共享邻里提高了共同工作倾向 0.14 个百分点。

[⑧] Dustmann 等（2011）和 Galenianos（2013）把工资曲线和跳槽作为时间的函数，提出了对推荐模型的预测。Datcher（1983）使用收入动态面板研究（Panel Study of Income Dynamics）数据，提供了关于跳槽的经验证据。Brown 等（2014）利用关于美国大公司的独特数据集，提供了与推荐模型一致的证据。

而言，这一效应尤其强。在工资方面，尽管与邻居的总体联系会增加工资，组内联系却具有相反的效应，会降低工资。这表明总体的居民网络会使生产率有更高的匹配，而种族或民族的居民网络效应关注的是非工资性的内容。总体来看，这一研究强调社会网络的邻里特性，至少是在劳动市场网络中。

施穆特（Schmutte，2015）也利用了 LEHD 的雇主—雇员匹配数据。使用和拜耳等（2008）类似的识别策略，他研究了居民劳动市场网络是否会导致与高薪雇主的匹配。尤其是，他估计了特定公司的工资溢价（基于 Abowd et al.，1999），发现在具有高质量网络的邻里（用网络成员的平均企业工资贴水来衡量）中，工人更有可能获得工资贴水高的工作。这一结果对于在职者和失业者都成立，而且并非源于企业当前雇员的直接推荐。

这一研究，以及上面讨论的赫勒斯坦等（2011）的论文，通过把拜耳等（2008）的创新识别策略与工人—企业联系的大量数据相结合，为邻里层次推荐效应的本质提供了重要的经验洞察。LEHD 的纵向特性使得研究者可以关注效应的动态性，如赫勒斯坦等（2011）的跳槽率以及施穆特（2015）的推荐网络质量。

在一个不同的背景下，赫莫斯和蒲特纳（Helmers and Patnam，2014）利用印度安德拉邦村庄中的空间接近性，来估计 8～12 岁儿童在认知技能方面的邻里效应（空间同辈效应）。家庭的位置在地图上加以精确标注，作者构造了最近邻居的邻接矩阵，在 9.3.1.1 节中定义为 G_r，以描述村庄层次的社会网络。主要的思想是，在个人社会网络中用地理接近性代表社会距离，这一思想会经常出现在本文献中。

作者还利用布拉莫利等（Bramoullé et al.，2009）的策略处理反身性问题，并从环境同辈效应中分离出内生同辈效应（见 Manski，1993）。这一策略本质上是利用个人网络的部分重叠性，用朋友的朋友作为个人直接社会网络的有效工具。[9] 赫莫斯和蒲特纳还用各种策略解决相关未观测变量进入网络的可能性。他们发现，平均来看，儿童同龄人的认知成就每增加一个标准差，儿童认知成就将增加 0.4 个标准差。此外，社交网络利于一定程度上保护家庭免受异质性冲击，这一冲击会对孩子的认知成就产生不利影响。

帕塔基尼和泽诺（Patacchini and Zenou，2012a）检验了英格兰的社会网络是如何影响少数族裔的劳动市场结果的。他们使用的策略类似于赫莫斯和蒲特纳（2014），把个人之间的社会接近性近似为地理接近性。事实上，由于种族社区通常社会内聚性更强，一个合理的推测是，人口密度可以作为反映人们

---

[9] 对这一识别策略的详细描述见 9.3.2.2 节。

直接朋友数（即强联系）的指标，特别是在地区不太大且人们属于同一族群的情况下。[10] 基于同样的思想，相邻地区的居民密度是间接朋友的衡量指标（即弱联系）。帕塔基尼和泽诺使用这一框架，考察种族就业密度和通过社会联系找到工作的概率之间的关系，并使用空间数据分析技术来考察这些效应的空间规模。他们发现对给定种族而言，其在附近居民中的比例越高，通过社会联系找到工作的概率越高。但是，他们还发现这一效应是高度地方化的。随着距离增加，这一效应迅速衰减，大约在超过 60 分钟行程后将消失。[11]

康利和乌德里（Conley and Udry，2010）使用加纳三个村庄的农民社会网络的直接信息，估计在新耕作技术采纳中的社会学习。这一文章有两个重要创新值得注意。首先，它依赖于对个人网络的实际观察，而不是用空间接近性来代表。其次，它提出一个明确的学习模型，对社会互动的形成有特定的启示，使得作者可以从其他空间相关的复杂因素中单独识别社会效应。种植和收获的连续性使作者能够观察一个农民是如何对其社会联系者的选择和结果进行反应的。与学习模型相一致，作者发现如果其他农民使用等量肥料后期望利润降低，农民更有可能改变肥料的使用量；在农民的社会联系者比自己使用更多（更少）肥料进而实现更高的利润后，他将增加（降低）肥料的用量；如果他们只是刚开始种植某一特定的庄稼，会更多关注邻居的行为；会更关注有经验农民的行为。

随着近期美国住房市场的景气循环，空间邻里效应还在近期的止赎住房文献中扮演重要角色。坎贝尔等（Campbell et al.，2011）研究了止赎物业出售（更一般性地，强制出售）对同一邻里的住房价格的影响。他们使用马萨诸塞 1987~2009 年的综合住房交易数据与个人的死亡和破产信息相匹配。他们发现强制出售（特别是那些与止赎有关的）存在显著的价格贴水。此外，止赎的地方溢出效应非常显著（降低了附近住房的价格），但是随距离增加迅速衰减。哈丁等（Harding et al.，2009）还在止赎中发现了扩散效应的证据。若干机制可用于解释溢出效应，包括价格发现、物业毁坏的视觉冲击、个人对住房价值的估价受邻里物业价值的影响（见 Ioannides，2003）。

9.2.2　使用结构方法估计邻里效应

一类文章使用社会互动的结构模型产生复杂的随机结构进行估计。本质

---

⑩　Wahba 和 Zenou（2005）对埃及案例使用了一个类似的社会空间近似（用物理空间近似）。

⑪　Conley 和 Topa（2002）使用非参方法描述城市失业背景下社会网络存在的若干维度，使用地理综合体、行程时间、教育和种族距离来描述社会距离。

上，这些模型形成一些具有空间特征的静态分布（如，区位间的过度差异，或正的空间相关性）。通过把模型产生的模拟空间分布的矩与邻里或城市空间数据的经验对应部分相匹配，可以估计这些模型的参数。这样，可以估计地方的模型参数。

格莱泽等（Glaeser et al.，1996）通过一个模型解释了美国城市犯罪率的巨大差异。在模型中，主体的犯罪倾向受邻居影响。为此，他们对社会互动的范围进行估计。他们的模型是投票模型的一个版本。其中主体犯罪活动选择受其社会联系者的影响为正。在这一文章中，一个重要创新是考虑了"固执主体"，它们不受邻居行为的影响。一个经济体中（如城市）犯罪结果的方差与其中固执主体的比例成反比。模型中固执主体配对的距离是衡量互动程度的指标。通过把不同犯罪类型的城市间方差与模型结果相匹配，作者为不同犯罪类型估计了邻里效应的范围。

陶帕（Topa，2001）分析了一个失业转换的结构模型，以估计地方社会互动效应对就业结果的影响。模型假定人们能从社会联系（最近的邻居）中的就业者那里获得有用的就业信息，但不能从失业者那里得到有用的就业信息。从就业到失业的转换概率 P_{EU} 仅取决于个人特征：

$$P_{EU} \equiv \Pr(y_{i,t+1} = 0 \mid y_{it} = 1; X_i) = \alpha(X_i)$$

其中 γ_{it} 是主体 i 在时间 t 的就业状态（1 表示就业，0 表示失业），X_i 是个人特征矢量，能够影响劳动市场结果。从失业状态找到工作的逆转换概率 P_{UE} 不仅取决于个人特征，而且取决于主体 i 社会联系中就业者传递的工作信息：

$$P_{UE} \equiv \Pr(y_{i,t+1} = 1 \mid y_{it} = 0; y_t, X_i) = \beta(X_i) + \phi_2(X_i)I_{it}(\gamma_t)$$

其中 $I_{it}(\gamma_t)$ 是接收的工作信息，取决于主体 i 邻居的平均就业率。

模型产生了区位集（在普查地块层次加以定义）的一阶马尔科夫过程，正的地方反馈意味着模拟城市中的失业静态分布表现为正的空间相关性。模型参数通过间接推导加以估计，即通过比较模型产生的模拟失业空间分布与经验对应部分（使用芝加哥市 1980 年和 1990 年的普查数据）。

这一文章的识别策略依赖于这一假设，即相邻普查地块只能通过就业水平来影响给定地块的就业结果，而不是自身特征，并依赖种族距离和地方社区边界（用居民识别）来区分地方社会互动与其他类型的空间相关冲击。首先，关键建设是在地理接近但种族不同的地块之间，或属于不同地方社区的地块之间，网络中信息交换产生的社会溢出非常弱。其次，其他类型的空间相关冲击不会受到这一地块间不连续性的影响。事实上，邻近地块间犯罪结果的空间相关性不依赖于种族距离或两个地块是否属于同一地方社区。最后，估计中还使用了地块层次的控制变量和固定效应。

　　康利和陶帕（2007）使用洛杉矶大都市区的数据，在若干方向上拓展了陶帕（2001）的工作。首先，地方互动和就业转换模型是在单个主体层面上加以定义的，而非地块层面。这使得作者能够通过可追溯的当期人口调查（Current Population Survey，CPS）数据来校准就业转换参数的一个子集。其次，通过在模型中考虑少量长"桥"，模型中空间距离遥远的虚构的主体能形成联系，从而使网络结构得以丰富。这也使得网络结构更为真实，因为上面的社会结构表明，当从地理意义上讲很多网络联系是地方性时，联系相当大的部分发生于空间距离遥远的区位之间。最后，接受的工作信息价值可以变化，这取决于信息是来自于本族成员还是其他族群的成员。

　　转换到失业的概率假定只依赖于主体特征、民族/种族和教育：

$$\Pr(y_{i,t+1}=0 \mid y_{i,t}=1;\ A_i,\ H_i,\ W_i,\ X_i)$$
$$= \Lambda\big[\,(\alpha_{1A}+\alpha_{2A}X_i)A_i + (\alpha_{1H}+\alpha_{2H}X_i)H_i + (\alpha_{1W}+\alpha_{2W}X_i)W_i\,\big]$$

　　其中，A、H 和 W 分别代表非洲裔、拉丁裔和白人，$\Lambda(\cdot)=\exp(\cdot)/(1+\exp(\cdot))$。相反，在时间 t，失业者找到工作的概率取决于他/她的个人特征以及从当前社会联系中的就业者那里获得的信息流。文章对模型进行极端化处理，假设从失业转换为就业只受个人网络联系 N_i 的影响，而从就业转换为失业只受个人特征影响。这样做是为了用 CPS 数据校准后一转换概率的参数。

　　主体 i 接收的信息假定是他/她的邻居集中就业者数目的函数。作者将本民族/种族的就业者数目和其他就业者数目，分别表示为 $I_{i,t}^{\text{Own}}$ 和 $I_{i,t}^{\text{Other}}$。这使得他们可以考察信息流依赖于民族/种族的可能性。当主体 i 是非洲裔美国人时，$I_{i,t}^{\text{Own}}$ 和 $I_{i,t}^{\text{Other}}$ 的定义为：

$$I_{i,t}^{\text{Own}} \equiv \sum_{k \in N_i} y_{k,t} \times A_k \ \text{以及}\ I_{i,t}^{\text{Other}} \equiv \sum_{k \in N_i} y_{k,t} \times (1-A_k)$$

　　$I_{i,t}^{\text{Own}}$ 和 $I_{i,t}^{\text{Other}}$ 的值可近似定义为剩余两个民族/种族部分的成员。非洲裔美国人转换为就业的概率定义为：

$$\Pr(y_{i,t+1}=1 \mid y_{i,t}=0;\ A_i=1,\ X_i,\ I_{i,t}^{\text{Own}},\ I_{i,t}^{\text{Other}})$$
$$= \Lambda\big[\beta_{1A}+\beta_{2A}X_i+\phi_{2A}^{\text{Own}}I_{i,t}^{\text{Own}}+\phi_{2A}^{\text{Other}}I_{i,t}^{\text{Other}}\big]$$

　　复杂的网络结构提出了一个有趣的估计问题：长距离联系的存在意味着截面数据将表现出强依赖性，随着空间距离的增加，诸如空间相关性或混合系数这样的指标只是缓慢衰减。这与只和最近邻居互动的模型形成对比，其中截面数据表现为弱依赖性。因而，即使是大的截面数据，本质上也可以视为一个矢量的时间序列的单次观察。康利和陶帕（2007）利用最小距离准则函数作为检验统计量，提出一个最小距离估计量以获得点估计，并提出一个检验统计反演法来获得区间估计。

由于复杂的模型结构，可用参数估计来评估模型模拟的失业时间分布与来自于 CPS 数据的经验对应的匹配情况。作者发现相比数据而言，模型产生了过多的长期失业（基于估计的参数值）。他们进一步给出描述性方法来阐述模型的特性，通过在时间和空间上模拟脉冲反应函数，以使洛杉矶大都市区影响特定邻里的失业冲击本地化。他们发现在静态分布中，负面失业冲击需要很长时间才能被完全消化（超过 2 年），但影响的空间相对较小。

最后，在转向社会网络效应的文献之前，我们将提到拜耳等（2007）的研究，它基于邻里的社会经济结构和学校质量，提供了一个邻里影响的分析框架。他们的基础模型是一个家庭在邻里间区位决策的复杂离散选择模型，其中家庭偏好基于住房和邻里特征进行定义。这一模型包含享乐价格回归以及传统的离散选择模型。

文章通过在模型中嵌入边界不连续设计，处理了学校和邻里属性的内生性问题。[12] 其思想是利用学区的地理边界，来比较给定边界的两侧家庭特征。假定影响区位选择的未观测属性的潜在分布是连续的，在边界处观测到的任何不连续性，如家庭教育或收入，能使研究者对学校质量进行估计。

边界不连续性设计还用于识别和估计家庭对学校和邻居偏好的完整分布。家庭跨越边界将导致邻里属性的差异，如学校。因而，通过控制边界两侧的学校质量差异，人们可以估计这一邻里属性对家庭的价值。通过在完整的分类模型中嵌入边界不连续性设计，文章提供策略估计家庭对住房和邻里属性的偏好。这一方法在把分类和社会互动效应相结合进行建模方面非常有用，它使得研究者可以对两个渠道分别加以识别。

9.3　网络效应

我们已经看到了邻里效应对不同结果（犯罪、就业等）的重要影响，使用的方法包括自然实验和结构方法。现在，我们将考察网络效应对不同结果的影响。在这里，网络在模型中被视为一张图，其中节点是主体（工人、消费者、企业等），联系表示朋友关系、研发联盟和犯罪互动等。[13]

---

⑫　这一方法基于 Blace（1999）较早期的工作，是 Hahn 等（2001）提出的一般回归不连续设计的特例。

⑬　关于网络经济学的文献，可见 Jackson（2003，2004，2005，2011），Ioannides 和 Datcher - Loury（2004），De Mart'和 Zenou（2011），Zenou（2015a），Jackson 和 Zenou（2015），以及 Jackson 等（2015），as well as the books by Vega - Redondo（2007），Goyal（2007），Jackson（2008），Benhabib 等（2011），以及 Jackson 和 Zenou（2013）。

9.3.1 网络理论

我们将提出一些网络理论，用于网络效应的经验估计。在经济学中，关于网络的文献迅速增长，其中研究者关注网络形成和网络博弈。这里，我们主要描述关于网络的博弈结果，把网络作为既定结果，因为在网络形成文献中没有清晰的结果。但是，当我们在经济学中估计同辈和网络效应时，我们将转向网络的形成。

关于网络的博弈可以采取多种形式，但存在两个突出的和涵盖面广的博弈类型。[14] 这些博弈类型的区别在于，随着邻居中采取某种行动的人数增加，给定参与人采取该行动与不采取该行动的相对报酬是递增的还是递减的。第一类网络博弈是战略互补的，其中合作博弈是典型案例。在战略互补博弈中，随着其他参与人行动的增加，给定参与人采取更高的行动能获得相对更高的报酬。这一博弈的案例包括新技术的采纳、劳动市场搜寻、研发努力、人力资本决策、犯罪行为、抽烟行为等等。战略替代博弈正好相反：随着其他参与人行动的增加，给定参与人采取更高的行动获得的报酬相对较低。战略替代博弈的案例包括地方公共物品供给和信息收集。

在这里，我们主要讨论战略互补博弈，因为它们的经验应用在经济学中最为重要。[15] 存在两个不同的模型。第一个是地方总体模型，它是起作用的有效联系的加总。第二个是地方平均模型，它是起作用的有效联系的平均值。

9.3.1.1 地方总体模型

根据卡尔沃—阿门戈和泽诺（2004）和巴列斯特等（Ballester et al., 2006, 2010），我们考察一个能涵盖任何社会网络的简单模型。考虑一个博弈，其中 $N_r = \{1, \cdots, n_r\}$ 是网络 $g_r(r = 1, \cdots, \bar{r})$ 的一个有限的主体集，其中 $\bar{r}$ 是网络的总体数目。[16] 我们用图 g_r 表示这些社会联系，其中如果主体 i 与主体 j 相联系，则 $g_{ij,r} = 1$，否则 $g_{ij,r} = 0$。联系是相互的，因而 $g_{ij,r} = g_{ji,r}$。[17] 按照惯例，$g_{ii,r} = 0$。我们用 G_r 表示元为 $g_{ij,r}$ 的 $n_r \times n_r$ 邻接矩阵，它可以直接跟踪所有的直接联系。例如，如果我们考虑犯罪活动，则当且仅当 $g_{ij,r} = 1$ 时，主体 i 和

---

[14] 对关于网络的博弈文献的全面回顾见 Jackson 和 Zenou（2014）。

[15] 我们关于战略替代的网络博弈的阐述，参见 Allouch（2012），Bramoullê 和 Kranton（2007），Bramoullê 等（2014），以及 Jackson 和 Zenou（2014）。

[16] 即使我们在理论分析中只考虑一个网络，我们也将保持下标 r，因为这样便于过渡到计量分析。

[17] 这只是为了便于表述。所有结果都要经过直接和加权的网络。

j 共享犯罪行为的信息。对于劳动市场，联系表示主体间工作信息的交换。每个主体 i 决定在某种活动中付出多大努力，表示为 $y_{i,r} \in R_+$。这可能是犯罪、教育、劳动搜寻、研发活动等等。每个主体 i 在网络 g_r 中提供 $y_{i,r}$ 努力的效用可表示为：

$$u_{i,r}(y_r, g_r) = (a_{i,r} + \eta_r + \varepsilon_{i,r})y_{i,r} - \frac{1}{2}y_{i,r}^2 + \phi_1 \sum_{j=1}^{n_r} g_{ij,r}y_{i,r}y_{j,r} \qquad (9.1)$$

其中，$\phi_1 > 0$，y_r 是努力的 n_r 维矢量。这一效用包括两个部分。独立部分为 $(a_{i,r} + \eta_r + \varepsilon_{i,r})y_{i,r} - \frac{1}{2}y_{i,r}^2$，其中提供 $y_{i,r}$ 努力的边际利益为 $(a_{i,r} + \eta_r + \varepsilon_{i,r})y_{i,r}$，它随着 $y_{i,r}$ 增加而增加。$a_{i,r}$ 表示主体 i 的外生异质性，它反映了主体 i 的可观测特征（如性别、种族、年龄、亲职教育）及其最好的朋友的平均可观测特征，即 i 朋友的平均亲职教育水平等（情境效应）。$a_{i,r}$ 可以更为精确地表述为：

$$a_{i,r} = \sum_{m=1}^{M} \beta_m x_{i,r}^m + \frac{1}{g_{i,r}} \sum_{m=1}^{M} \sum_{j=1}^{n_r} g_{ij,r}, x_{j,r}^m y_m \qquad (9.2)$$

其中，$g_{i,r} = \sum_{j=1}^{n_r} g_{ij,r}$ 是主体 i 的直接联系数目，x_i^m 是说明个人特征差异的 M 个变量的集合，β_m 和 γ_m 是参数。在效用函数中，η_r 表示未观测到的网络特征，如邻里/网络 g_r 的繁荣程度，$\varepsilon_{i,r}$ 是误差项，反映了努力收益的其他不确定性。主体（选择努力程度）可以观测到 η_r 和 $\varepsilon_{i,r}$，而计量经济学家则无法观测到。

效用函数的第二个部分为 $\phi_1 \sum_{j=1}^{n_r} g_{ij,r}y_{i,r}y_{j,r}$，相当于地方总体效应，因为每个主体 i 将受到他/她直接联系主体的努力总和的影响。有效联系的数目越高，他/她努力的边际效用越高。这是一个战略互补博弈，因为：

$$\frac{\partial^2 u_{i,r}(y_r, g_r)}{\partial y_{i,r} \partial y_{j,r}} = \phi_1 g_{ij,r} \geq 0$$

在均衡时，每个主体将最大化他/她的效用（9.1），对于每个 $i = 1, \cdots, n$，最佳反应函数可表示为：

$$y_{i,r} = \phi_1 \sum_{j=1}^{n_r} g_{ij,r}y_{j,r} + a_{i,r} + \eta_r + \varepsilon_{i,r} \qquad (9.3)$$

$\mu_1(g_r)$ 表示网络 g_r 的最大特征值，$\alpha_{i,r} \equiv a_{i,r} + \eta_r + \varepsilon_{i,r}$，$\alpha_r$ 为相应的非负 n_r 维矢量。如果 $\phi_1 \mu_1(g_r) < 1$，则支付为（9.1）的同辈效应博弈有唯一的纯策略纳什均衡：

$$y^* \equiv y_r^*(g_r) = b_{\alpha_r}(g_r, \phi_1) \qquad (9.4)$$

其中 $b_{\alpha_r \mu_1}(g_r, \phi_1)$ 是加权卡茨—博纳奇中心性，这是一个著名的指标，由卡茨（Katz，1953）和博纳奇（Bonacich，1987）加以定义。该指标可正式表述为：

$$b_{\alpha_r}(g_r,\phi_1) = (I_{n_r} - \phi_1 G_r)^{-1}\alpha_r = \sum_{k=0}^{\infty}\phi_1^k G_r^k \alpha_r \qquad (9.5)$$

其中 I_{n_r} 是 $(n_r \times n_r)$ 单位矩阵，$\alpha_r = a_r + \eta_r 1_{n_r} + \varepsilon_{i,r}$，其中 1_{n_r} 是 1 的 n_r 维矢量。换句话说，主体 i 的卡茨—博纳奇中心性加总了 g_r 从 i 开始的所有路径数（不仅是最近的路径），权重是基于一个随路径长度下降的衰减系数。由于这样的一个事实，矩阵 G_r^k 记录了网络中的间接联系，即 $g_{ij,r}^{[k]}>0$ 衡量了 g_r 中 i 到 j 长度 $k\geqslant 1$ 的路径的数目。这一结果表明，网络中更接近中心的主体会付出更大的努力。从直觉看，这与均衡行为有关，因为路径把握了所有可能的反馈。在我们的情形下，衰减系数取决于其他人的努力对自己努力报酬的影响。然后可以直接看出，对每个主体 i，均衡效用为：

$$u_{i,r}(y_r^*,g_r) = \frac{1}{2}\left[b_{\alpha_{i,r}}(g_r,\phi_1)\right]^2$$

因此，每个罪犯的均衡效用与他/她的卡茨—博纳奇中心性成比例。重要的是要理解通过卡茨—博纳奇中心性得以反映的由于网络联系存在放大或社会放大的效应。为了理解后一点，考虑二阶情形，其中 $n_r = 2$。为了简化，假设 $\alpha_{1,r} = \alpha_{2,r} = \alpha_r$。如果没有相互作用，即 $g_{12,r} = g_{21,r} = 0$，则唯一的纳什均衡将是 $y_{1,r}^* = y_{2,r}^* = \alpha_r$。在有社会互动的情况下（即 $g_{12,r} = g_{21,r} = 1$），如果 $\phi_1 < 1$，则唯一的纳什均衡为：

$$y_{1,r}^* = y_{2,r}^* = \frac{\alpha_r}{1-\phi_1} \qquad (9.6)$$

在二阶情形下，互补导致努力水平超过独立参与者的均衡值。系数 $1/(1-\phi_1)>1$ 通常被视为社会乘数。网络效应经验分析的重要内容是估计 ϕ_1。例如，如果 ϕ_1 的估计值为 0.5，则社会乘数为 2。考虑犯罪情形，这意味着如果罪犯单独犯罪，其犯罪水平为 α_r，仅由其个人可观测特征决定。现在，如果其只有一个犯罪伙伴，相比单独犯罪的情形，他/她将增加犯罪水平 100%，也就是说，他/她的犯罪水平将为 $2\alpha_r$。这并非由于其个人特征，只是因为他/她和其他罪犯存在互动。

9.3.1.2　地方平均模型

根据帕塔基尼和泽诺（2012b），我们现在提出地方平均模型，其中直接联系的平均努力水平影响效用。对此，让我们把主体 i 的直接联系集合表示为：

$$N_{i,r}(g_r) = \{j\neq i,\ g_{ij,r}=1\}$$

其基数是 $g_{i,r}$。令 $g_{ij,r}^* = g_{ij,r}/g_{i,r}$，对于 $i \neq j$，$g_{ii,r}^* = 0$。根据构造，$0 \le g_{ij,r}^* \le 1$。注意 g_r^* 是初始网络 g_r 的行归一（row-normalization），如下面案例所示，其中 G_r 和 G_r^* 分别是 g_r 和 g_r^* 的邻接矩阵。

案例9.1 考虑下面的网络 g_r

图9-1 一个星形网络

则，$G_r = \begin{bmatrix} 0 & 1 & 1 \\ 1 & 0 & 0 \\ 1 & 0 & 0 \end{bmatrix}$ 并且 $G_r^* = \begin{bmatrix} 0 & 1/2 & 1/2 \\ 1 & 0 & 0 \\ 1 & 0 & 0 \end{bmatrix}$

如上所述，$y_{i,r}$ 表示个人 i 在网络 r 中的努力水平。用 $\bar{y}_{i,r}$ 表示主体 i 最好朋友的平均努力，用下式表示：

$$\bar{y}_{i,r} = \frac{1}{g_{i,r}} \sum_{j=1}^{n_r} g_{ij,r} y_{j,r} = \sum_{j=1}^{n_r} g_{ij,r}^* y_{j,r} \qquad (9.7)$$

每个主体 i 选择一个努力水平 $y_{i,r} \ge 0$，其报酬由下面的效用函数给出

$$u_{i,r}(y_r, g_r) = (a_{i,r}^* + \eta_i^* + \varepsilon_{i,r}^*) y_{i,r} - \frac{1}{2} \gamma_{i,r}^2 - \frac{\lambda_2}{2} (y_{i,r} - \bar{y}_{i,r})^2 \qquad (9.8)$$

其中，$\lambda_2 > 0$。所有参数的含义和式（9.1）相同。现在，让我们解释这一效用函数的同辈效应部分，这是与（9.1）唯一不同之处。事实上，最后一项 $\frac{\lambda_2}{2}(y_{i,r} - \bar{y}_{i,r})^2$ 反映了朋友行为对自己的影响。由于每个人都希望最小化自己和参照群体之间的社会距离，其中参数 λ_2 描述了对一致性的偏好。这里，个人如果和其他人不一致，将损失效用 $\frac{\lambda_2}{2}(y_{i,r} - \bar{y}_{i,r})^2$。这是经济学家对一致性建模的标准方式（见 Kandel et al., 1992；Bernheim, 1994；Akerlof, 1997；Fershtman and Weiss, 1998；Glaeser and Scheinkman, 2001）。

注意除了特殊异质性 $a_{i,r}^*$，还存在第二种异质性，称为同辈异质性，它反映了个人之间由于网络效应存在的差异。这里，它指的是个人有不同类型的朋友，因而有不同的参照群组 $\bar{y}_{i,r}$。其结果是，每个主体 i 面对的社会规范是内生的，取决于其在网络中的位置以及网络的结构。事实上，在一个星形网络中（见图9-1），每个主体和其他主体的距离最多为2，而圆形网络中个人之间的距离可能非常大，二者面对的社会规范价值会有很大差异。

现在，我们来描述博弈的纳什均衡，其中主体同时选择的努力水平 $y_{i,r} \ge 0$。

当 $\phi_2 < 1$，报酬为式（9.8）的同辈效应博弈有唯一的内部纯策略纳什均衡，对每个 $i = 1, \cdots, n_r$

$$y_{i,r} = \phi_2 \sum_{j=1}^{n_r} g_{ij,r}^* y_{j,r} + a_{i,r} + \eta_r + \varepsilon_{i,r} \qquad (9.9)$$

其中 $\phi_2 \equiv \lambda_2 / (1 + \lambda_2)$，$a_{i,r} \equiv a_{i,r}^* / (1 + \lambda_2)$，$\eta_r^* \equiv \eta_r^* / (1 + \lambda_2)$，$\varepsilon_{i,r} \equiv \varepsilon_{i,r}^* / (1 + \lambda_2)$。在矩阵形式下，式（9.9）可写为

$$y_r = (I_{n_r} - \phi_2 G_r^*)^{-1} \alpha_r \qquad (9.10)$$

9.3.1.3 地方总体还是地方平均？理论考虑

在地方总体模型中，是对影响主体 i 的同辈努力进行加总。因此，主体 i 的有效（即提供努力）朋友越多，其效用越高。相比之下，在地方平均模型中，影响主体 i 效用的是对其同辈平均努力的偏离。因此，主体 i 与其朋友的平均努力越接近，其效用越高。

因而，从经济学的观点看，这两个模型有很大差异，即使是从纯技术观点看他们的差异没那么大［相比最佳反应函数式（9.3）和式（9.9）］。特别是网络直接联系的邻接矩阵 G_r 完全描述了地方总体模型中的同辈效应，而矩阵 G_r 转换而来的加权随机矩阵 G_r^*，则描述地方平均模型中的同辈效应。这意味着均衡时，在前一个模型中，个人受他们朋友努力总和的正面影响（非行归一 G_r），而在后一个模型中，他们受朋友平均努力的影响（行归一 G_r）。

从经济学的视角看，在地方总体模型中，即使个人之前是相同（在项 $a_{i,r}$ 和 $\varepsilon_{i,r}$ 中）的，其在网络中位置的不同意味着努力水平将存在差异，因为努力总和会起作用。而在地方平均模型中这一点不成立，因为影响效用的是对朋友平均努力的偏离，在网络中的位置不起作用。

9.3.2 社会网络的经验特性：结构方法

我们现在使用9.3.1节中的模型估计网络的经验影响。我们首先从计量问题开始，然后给出一些经验结果，特别是那些与政策相关的结果。

9.3.2.1 线性均值模型：反身性问题

在标准的线性均值模型（linear-in-means model）中，每个主体受其参照群体的影响。这是标准的同辈效应模型（见9.2节），其中对所有主体而言，参照群体都是相同的。例如在犯罪中，主体 i 的犯罪活动取决于其居住邻里中的平均犯罪活动。其结果是，对居住在同一邻里（在美国，通常是同一普查地

块）的主体来说，这一等式的右侧是相同的。在教育中，这意味着每个学生 i 的成绩取决于学生所在学校或班级的平均成绩。这意味着当我们讨论邻里效应时，我们假定在邻里中（如果我们考虑的是普查地块，平均来看主体 i 要和 4 000 人互动）每个互动是以同样的方式进行。在教室或学校情形下，也要做类似的假设。相比之下，在网络方法中，其中利益单位是双向的，假定主体只与他/她的直接朋友互动。如我们在式（9.4）中所看到的，主体还受间接联系的影响，但他/她对其赋予较低的权重。在式（9.4）中，我们表明在网络中权重与距离成比例，以每个主体的卡茨—博纳奇中心性表示。如果一个主体与主体 i 的距离是 5 个联系，则权重为 ϕ_1^5，这一权重很小，因为 $\phi_1 < 1$。

我们转向线性均值模型。从计量经济学的观点看，互动主体行为的同时性（simultaneity）（即每个主体的内生行为受到参照群体平均内生行为的影响）在群体的期望平均结果和平均特征之间引入了一个共线性问题。因而，难以区分同辈努力的影响与同辈特征的影响（所谓的反身性问题；Manski, 1993）。基本上看，在标准方法中，反身性问题的出现是因为群体中的主体互动，也就是说，主体受到本群体中所有主体的影响，不受群体外其他主体的影响。换句话说，群体相互之间不重叠。让我们在线性均值模型中正式解释反身性问题。

当无法把内生效应从情景效应中分离时，就会出现反身性问题（Manski, 1993）。基本的线性均值模型可以表述为：

$$y_{i,r} = \phi_2 \, \mathbb{E}(y_r) + \gamma \, \mathbb{E}(x_r) + \beta x_{i,r} + \varepsilon_{i,r} \tag{9.11}$$

其中，和上面一样，$y_{i,r}$ 是属于群体 r 的个人 i 的努力或结果（如教育、犯罪等），$x_{i,r}$ 是群体 r 中个人 i 的可观测特征（包括性别、年龄、教育程度等）[18]，$\mathbb{E}(y_r)$ 表示个人 i 的同辈群体 r 的平均努力和结果，$\mathbb{E}(x_r)$ 表示个人 i 的同辈群体 r 的平均特征，$\varepsilon_{i,r}$ 是误差项。我们希望识别 $\phi_2 > 0$（即内生同辈效应），并将其从 $\gamma > 0$（外生情境效应）中分开。要注意的是，与式（9.1）或式（9.8）不同，r 指的是一个群体（即邻里、学校、班级等），不是一个网络。假设 $\mathbb{E}(\varepsilon_{i,r} \mid y_r, x_r) = 0$，如果我们取式（9.11）中同辈组 r 的平均值，并求解等式，我们将得到：

$$\mathbb{E}(y_r) = \left(\frac{\gamma + \beta}{1 - \phi_2} \right) \mathbb{E}(x_r)$$

把 $\mathbb{E}(y_r)$ 的值代入式（9.11），我们得到：

$$y_{i,r} = \left(\frac{\phi_2(\gamma + \beta) + \gamma(1 - \phi_2)}{(1 - \phi_2)} \right) \mathbb{E}(x_r) + \beta x_{i,r} + \varepsilon_{i,r}$$

---

[18] 为了便于表述，我们只考虑个人 i 的一个特征，而不是如式（9.2）中的特征加总 $\sum_{j=1}^{n_r} x_{j,r}^m$。向多个特征拓展并不复杂。

如果人们估计这一等式，会存在识别问题，因为 ϕ_2（内生同辈效应）和 γ（外生情境效应）无法分开识别。存在三个估计系数和四个结构参数，从而导致识别失败。这是反身性问题（Manski，1993）。在同辈效应的政策含义方面，从情境或外生效应中分离出同辈或内生效应极为重要（Manski，1993，2000；Moffitt，2001），因为内生效应会导致社会乘数，而情境效应则不会。例如，考虑犯罪的同辈效应。针对一些主体的特定项目有多重效应：项目影响的主体将降低他/她的犯罪活动，并影响其同辈的犯罪活动，依次又会影响他们同辈的犯罪活动，以此类推。相反，影响情境效应的政策则没有社会乘数效应（如在学校改进学生的性别构成）。现在，让我们表明在社会网络的情形下，反身性问题几乎不会出现，因为参照群体是每个个人拥有的网络联系集合。根据布拉莫利等（2009），让我们表明使用网络方法是如何解决反身性问题的。我们还将表明，它是如何解决内生的网络形成问题的，以及更一般性的相关效应问题。

9.3.2.2　社会网络：地方平均模型

迄今为止，对所有个人而言，参照群体（邻里、班级等）都是一样的，因为同辈效应是一个平均的群体内外部性，它对给定群体的所有成员有相同的影响。特别是，群体边界的确定是武断的，而且是在总体水平上。相反，社会网络利用交叉影响分析的最小单元：双边（二人群体）。在这种情形下，个人 i 的参照群体是其直接联系者（如朋友）。此外，个人 j 作为 i 的好友，其参照群体和 i 不同，因为 j 可能还有其他好友，却不是 i 的好友。作为结果，等式（9.11）现在可表述为：

$$y_{i,r_i} = \phi_2\, \mathbb{E}(y_{r_i}) + \gamma\, \mathbb{E}(x_{r_i}) + \beta x_{i,r_i} + \varepsilon_{i,r_i} \qquad (9.12)$$

其中 r_i 现在是 i 的参照群体（见式（9.7）），因而 $y_{i,r_i} \equiv y_{i,r}$，$\mathbb{E}(y_{r_i}) \equiv \bar{y}_{i,r}$，其中 $\bar{y}_{i,r}$ 根据（9.7）定义。类似地，如果我们考虑个人 i 更多的特征，则利用（9.2），我们得到 $\gamma\, \mathbb{E}(x_{r_i}) + \beta x_{i,r_i} \equiv a_{i,r}$。其结果是，加上网络固定效应 η_r 后，我们发现等式（9.12）恰好等价于式（9.9），它与地方平均模型的唯一纳什均衡相一致，在该模型中，效用函数由式（9.8）给出。

让我们用矩阵形式（包括网络固定效应）表述式（9.12）式（9.9）。我们得到：

$$Y_r = \phi_2 G_r^* Y_r + \beta X_r + \gamma G_r^* X_r + \eta_r l n_r + \varepsilon_r \qquad (9.13)$$

其中 $\bar{r}$ 是样本中网络的总数，n_r 是第 r 个网络中主体的数目，$n = \sum_{r=1}^{\bar{r}} n_r$ 是样本观测总数，Y_r 是对因变量（决策）观测的 $n \times 1$ 矢量，G_r^* 是 G_r 的 $n \times n$

行归一矩阵，X_r 是对外生变量观测的 $n \times 1$ 矢量，1_{n_r} 是 1 的 n_r 维矢量，$\varepsilon_{i,r}$（对应矢量是 ε_r）是独立同分布创新，对于所有 i 和 r，均值为 0，方差为 σ^2。假定 $\mathbb{E}[\varepsilon \mid G_r, X_r] = 0$，则式（9.13）类似于空间自回归模型（Anselin，1988）。

如在一个固定效用面板数据模型中，网络参数 η_r 依赖于 G_r、G_r^* 和 X_r。为了避免当群体数目 r 过大时出现偶发参数问题，我们使用对群体平均值的偏离 $J_r = I_{n_r} - \frac{1}{n_r} 1_{n_r} 1_{n_r}^T$，消除了 $\eta_r 1_{n_r}$ 项。这一转换类似于对固定效应面板数据模型的内部转换。当 $J_r 1_{n_r} = 0$ 时，转换网络模型为：

$$J_r Y_r = \phi_2 J_r G_r^* Y_r + \beta J_r X_r + \gamma J_r G_r^* X_r + J_r \varepsilon_r \tag{9.14}$$

如果 $\phi_2 \beta + \gamma \neq 0$，布拉莫利等（2009）表明，地方平均模型的识别是可能的，因为 $[J_r G_r^{*2} X_r, J_r G_r^{*3} X_r, \cdots]$ 可被用作内生效应的工具变量。注意在一个自然网络中，如果个人 i 和 j 是朋友，j 和 k 是朋友，并不意味着 i 和 k 也必然是朋友。社会联系的不可传递性给出了一个排他性限制，即朋友的朋友的特征 $G_r^{*2} X_r$ 可能并不与自身特征 X_r 和朋友特征 $G_r^* X_r$ 完全相关。因而，人们可以利用类似 $J_r G_r^{*2} X_r$ 这样的工具变量来识别内生和情境效应。基于这一重要观察，布拉莫利等（2009）已经表明，如果矩阵 I_{n_r}、G_r^* 和 G_r^{*2} 是线性独立的，可以识别社会效应。因而，网络结构引入的自然排他性限制保证了模型的识别。[19]

尽管这一设置使得我们可以解决反身性问题，但由于存在影响个人和同辈行为的未观测因素，估计结果可能仍然存在缺陷。因而，难以把内生同辈效应从相关效应中分离出来，相关效应源于这一事实，即同一群体中的个人由于面对共同的环境，倾向于表现出类似的行为。如果个人不是随机分配到群体中，这一问题可能源于主体可能的排序。如果推动这一选择过程的变量未被完全观测到，群体因素和目标回归量之间的潜在相关性将是偏差的主要来源。在我们的分析中，可能出现两类相关效应，分别在网络层次和同辈群体层次。

在这方面，使用网络固定效应被证明是有用的。事实上，假设主体第一步自行选择进入不同的网络，第二步在网络中形成联系。则如布拉莫利等（2009）所观察的，如果联系决策与可观测变量无关，这一联系形成的两步骤模型将产生网络固定效应。假设网络异质性可分离，群体内的特征可作为这些相关效应的控制变量。通过在个人变量中减去网络平均值，人们可以识别社会效应，并从相关效应中分离出内生效应。

---

[19] Cohen-Cole（2006）和 Lee（2007）给出了一个类似的讨论，即在线性均值模型中使用群体外效应以识别群体内效应。

布拉莫利等（2009）还在网络背景下处理了这一问题。他们表明，如果矩阵 I_{n_r}、G_r、G_r^2 和 G_r^3 是线性独立的，那么通过在变量中减去网络平均值（或邻居或直接朋友的平均值），人们也可以识别社会效应，并从相关效应中分离出内生效应。这对条件要求较高，因为一些信息要用于处理固定效应。[20]

一些文章利用网络数据，在具有相关效应的情况下，使用这一策略来识别和估计式（9.13）同辈效应（如 Lee，2007；Bramoullê et al.，2009；Calvó–Armengol et al.，2009；Lee et al.，2010；Lin，2010；Liu and Lee，2010；Liu et al.，2012；Patacchini and Zenou，2012b；Boucher et al.，2014）。如上所述，这些文章利用网络联系结构为内生效应（即间接朋友的特征）构造工具变量，并使用网络固定效应作为选择偏误的补救方案，该偏误源于具有类似未观测特征的个人进入同一个网络。其中暗含的假设是，在每个网络中，这些未观测特征是每个网络的个人所普遍拥有的。

9.3.2.3　社会网络：地方总体模型

迄今为止，我们已经看到在对邻接矩阵加以一定条件时，可以很好地识别地方平均模型。多数研究者使用这一模型估计同辈或网络效应。但在某些情形下，地方总体模型似乎是博弈的自然结果。在这种情况下，布拉莫利等（2009）提出的识别条件是否仍然适用？刘等（Liu et al.，2012）表明并非如此。

如果我们现在考虑 9.3.1.1 节中提出的地方总体模型，则等价于理论模型中最佳反应函数式（9.3）的矩阵为：

$$Y_r = \phi_1 G_r Y_r + \beta X_r + \gamma G_r^* X_r + \eta_r l n_r + \varepsilon_r \qquad (9.15)$$

其中与地方平均矩阵唯一的不同是，对于内生效应，G_r 不是行归一的。

刘等（2012）表明，地方总体模型的识别条件弱于地方平均模型，因为人们可以把邻接矩阵的行加总作为地方总体模型的工具变量，而这在地方平均模型中是不可能的，因为行加总总是等于 1。为了更精确地加以表述，刘等（2012）表明，当对一些网络 r，G_r 的行加总不是常数时，如果 I_{n_r}、G_r、G_r^* 和 $G_r G_r^*$ 是线性独立的，且 $|\beta| + |\gamma| + |\eta_r| \neq 0$，则模型得以识别。[21]

图 9-2 给出了一个案例，其中可以识别地方总体模型，但不能识别地方平均模型。考虑这样一个数据集，其中每个网络用图 9-2（一个星形的网络）表示。对于行归一邻接矩阵 G_s^* 而言，很容易看出 $G_s^{*3} = G_s^*$。因而，按照布拉莫利等（2009），地方平均模型未能识别。另外，当图 9-2 中 G_r 的行加总不

---

[20]　对这些计量问题的概览见 Blume 等（2011）。

[21]　对于 G_r 的行加总为常数，它们还有一些识别条件。

是常数，且 I_{n_r}、G_r、G_r^* 和 $G_r G_r^*$ 是线性独立时，这一网络中的地方总体模型式（9.15）是可以识别的。

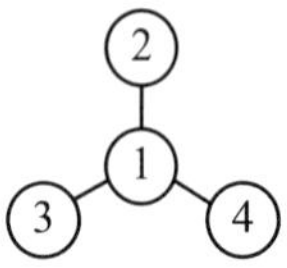

$$G_r = \begin{bmatrix} 0 & 1 & 1 & 1 \\ 1 & 0 & 0 & 0 \\ 1 & 0 & 0 & 0 \\ 1 & 0 & 0 & 0 \end{bmatrix} \qquad G_r^* = \begin{bmatrix} 0 & 1/3 & 1/3 & 1/3 \\ 1 & 0 & 0 & 0 \\ 1 & 0 & 0 & 0 \\ 1 & 0 & 0 & 0 \end{bmatrix}$$

图 9 - 2　可以识别地方总体模型但不能识别地方平均模型的一个案例

9.3.2.4　地方平均模型相对地方总体模型的检验

刘等（2014）提出了一个检验，以评估地方平均模型是否比地方总体模型更适合某些活动，反之亦然。为此，他们先提出了一个理论模型，考虑以下的效用函数：

$$u_{i,r}(y_r, g_r) = \underbrace{\left(\alpha_{i,r}^* + \lambda_1 \sum_{j=1}^{n_r} g_{ij,r} y_{j,r}\right) y_{i,r}}_{\text{利润（benefit）}} - \frac{1}{2}\left[y_{i,r}^2 + \lambda_2 \left(y_{i,r} - \sum_{j=1}^{n_r} g_{ij,r}^* y_{j,r}\right)^2\right]}_{\text{成本（cost）}}$$

（9.16）

这是所谓的混合模型，因为偏好包括了地方平均模型和地方总体模型的特点。个人的最佳反应函数为：

$$y_{i,r} = \phi_1 \sum_{j=1}^{n_r} g_{ij,r} y_{j,r} + \phi_2 \sum_{j=1}^{n_r} g_{ij,r}^* y_{j,r} + \alpha_{i,r} \tag{9.17}$$

其中，$a_{i,r} \equiv a_{i,r}^*/(1+\lambda_2)$，$\phi_1 \equiv \lambda_1/(1+\lambda_2)$，$\phi_2 \equiv \lambda_2/(1+\lambda_2)$。很容易检验当 $\lambda_1 = 0$ 时，我们就回到了地方平均模型［见式（9.3）］，而当 $\lambda_2 = 0$ 时，我们就回到了地方总体模型［见式（9.9）］。

用 $g_r^{\max}$ 表示网络 r 最高的度，即 $g_r^{\max} = \max_i g_{i,r}$。如果 $\phi_1 \geq 0$，$\phi_2 \geq 0$，且 $g_r^{\max} \phi_1 + \phi_2 < 1$，则报酬为式（9.16）的网络博弈有唯一的纯策略内部纳什均衡：

$$Y_r = (I_{n_r} - \phi_1 G_r - \phi_2 G_r^*)^{-1} \alpha_r \tag{9.18}$$

根据计量经济学，在有网络固定效应的情况下，式（9.17）可以矩阵形式表示为：

$$Y_r = \phi_1 G_r Y_r + \phi_2 G_r^* Y_r + \beta X_r + \gamma G_r^* X_r + \eta_r l_{n_r} + \varepsilon_r \tag{9.19}$$

然后，刘等（2014）对地方平均模型相对地方总体模型进行检验，反之亦然。为此，他们对空间计量模型拓展了凯莱基安（Kelejian, 2008）的 J 检验，以在具有网络固定效应的计量网络模型中，区分地方总体和地方平均内生同辈效应。J 检验的思想如下。如果给定模型包括恰当的回归量集，则把一个替代模型的拟合值包括在零模型中不会有显著改进。

9.3.2.5　内生网络形成

但是，如果网络是外生的，布拉莫利等（2009）提出的工具变量策略成立（即其成立的前提是邻接矩阵 G_r 的外生性）。这并非是一般情形，除非人们进行控制田野试验以使网络得以内生形成（如见 Carrell et al. ，2009，2013）。人们需要可靠地排除未观测因素或提出明显外生于互动结构的工具，否则就要对网络形成建模，以考虑能够对行为和网络形成产生重要影响的因素。[22]

这方面的一个方法来自于戈德史密斯—平卡姆和因本斯（Goldsmith - Pinkham and Imbens，2013）。在同质性的假设下，相互联系的个人在影响行为的可观测特征和未观测特征方面可能都是相似的。如果未能说明（未观测）特征的相似性，人们会错误地把相似的行为归功于同辈效应，而这些行为可能只是源于类似的特征。为了强调这一问题，让我们把模型式（9.13）进行如下表述：[23]

$$Y_r = \phi_2 G_r^* Y_r + \beta X_r + \gamma G_r^* X_r + \eta_r l_{n_r} + \underbrace{\zeta v_r + e_r}_{\varepsilon_r} \qquad (9.20)$$

其中，$v_r = (v_{1,r}, \cdots, v_{n_r,r})^T$ 表示个人层次未观测特征的一个矢量，$e_r = (e_{1,r}, \cdots, e_{n_r,r})^T$ 是随机扰动矢量。让我们考虑一个网络形成模型，其中在可观测和未观测特征方面，网络 r（即 $g_{ij,r}$）中的个人 i 和 j 之间联系的解释变量是它们之间的距离，即：

$$g_{ij,r} = \alpha + \sum_{m=1}^{M} \delta_m |x_{i,r}^m - x_{j,r}^m| + \theta |v_{i,r} - v_{j,r}| + \eta_r + u_{ij,r} \qquad (9.21)$$

在未观测特征方面，趋同行为意味着 $\theta < 0$，即两个主体在未观测特征方面越是接近，它们成为朋友的可能性越高。如果 ξ 不为零，在模型中网络 G_r 则是内生的。

这一问题的可检测结果，是要发现在形成一个联系的预计概率（基于可观测特征，用 $\widehat{g_{ij,r}}$ 衡量）与配对的未观测相似性［用式（9.20）残差的差异 $|\hat{\varepsilon}_{i,r} - \hat{\varepsilon}_{j,r}|$ 衡量］之间存在负的相关性。[24] 零相关是网络内生性的反面证据。[25]

处理这一问题的另一个方式是像戈德史密斯—开平卡姆和因本斯（2013）

---

[22]　注意如果人们在不同时点观察网络，这一问题可能得以减轻。例如，König 等（2014a）花费了 20 多年时间研究了企业间的研发合作，使用了时间和企业固定效应。在这种情况下，如果推动企业研发合作的未观测变量不随时间变化，这一方法令人满意。

[23]　对于讨论而言，我们是用地方平均还是地方总体模型并不重要。

[24]　在不协调的配对下（即异质性），可能为正相关。

[25]　见 Patacchini 等（2014），他们进行了这样一个检验。

那样，同时（或依次）估计式（9.21）和式（9.20）。例如康尼格等（König，2014a）提出了一个三阶段最小二乘法估计。其中，在第一阶段估计一个类似式（9.21）的网络形成模型。㉖ 然后，使用邻接矩阵的预测值，作者使用类似布拉莫利等（2009）和上面描述的工具变量方法，对其他阶段进行估计。㉗

戈德史密斯—平卡姆和因本斯的方法面临的一个挑战是，基于一个个相联系的网络形成模型是不太真实的，因为人们必须要考虑相互依赖性（Chandrasekhar and Jackson，2013；Jackson，2013；Jackson et al.，2015）。指数随机图模型是一个有力的和自然的网络形成模型，它考虑这些相互依赖性。㉘ 但是，由于可能的网络数目是给定节点数的指数函数，实践中不可能估计给定网络的可能性，因而存在重要的计算障碍（讨论见 Chandrasekhar and Jackson，2013）。另一个可能的方法是把网络视为演进过程加以建模（如见 Snijders，2001；Christakis et al.，2010；Mele，2013；König et al.，2014b），这样的模型考虑到了相互依赖性，因为新联系的形成要基于已经存在的网络。

9.3.2.6 多重均衡

上一节主要关注线性模型，现在我们考虑社会互动的非线性模型，其通常会产生多重均衡，因为它们会引致外部性。㉙ 比辛等（Bisin et al.，2011a）利用布罗克和杜劳夫（Brock and Durlauf，2001）的社会互动模型研究抽烟的网络效应，他们使用青春期至成人健康数据库（Add Health）的国家纵向青年调查（关于 Add Health 数据的描述见 9.3.3.2 节）的高中数据。该模型是权威的随机效用离散选择模型的拓展，其中每个选择的效用不仅受到个人属性和随机项的影响，还受到一个与网络联系有关项的影响。因而，主体要求解决以下问题：

$$\max_{y_i \in \{-1,1\}} U(y_i, X_i, \pi_i, \varepsilon_i) = y_i(\beta X_i + \phi_2 \pi) + \varepsilon_i(y_i) \qquad (9.22)$$

其中，π_i 反映了主体 i 直接社会联系（在地方互动情形下）中的平均抽烟量或整个学校（如果我们考虑全局互动）的平均抽烟量。随机项 ε_i 取决于抽烟选择 γ_i，服从极值分布：

$$\Pr(\varepsilon_i(-1) - \varepsilon_i(1) \leq z) = \frac{1}{1 + \exp(-z)} \qquad (9.23)$$

㉖ 使用预测邻接矩阵 G_r^* 来构造工具的想法，也见 Kelejian 和 Piras（2014），以及 Comola 和 Prina（2014）。

㉗ 在 9.4.3 节中，我们讨论了 DelBello 等（2014）的文章，他们也同时对式（9.21）和式（9.20）进行估计。

㉘ 关于这些模型的背景，见 Jackson（2008）。

㉙ Glaeser 和 Scheinkman（2001）推导了为形成多重均衡所需互动力量的条件。

根据一阶条件，主体 i 抽烟的概率为：

$$\Pr(y_i = 1) = \frac{1}{1 + \exp(-2(\beta X_i + \phi_2 \pi_i))} \tag{9.24}$$

假设每个学校的主体数目足够大，则大数法则适用，对于全局互动可得到下面的均衡：

$$\pi = \sum_{i \in I} \tanh(\beta X_i + \phi_2 \pi) \tag{9.25}$$

容易表明可能出现非线性效应。抽烟成本的增加（例如烟草税）会导致学校均衡平均抽烟量的上升或下降，这取决于给定学校是从哪个均衡开始。类似的，个人网络中社会互动力量或抽烟朋友初始数目的增加可能导致最终抽烟量的增加或减少，同样取决于初始均衡。从政策视角看这非常重要，它表明由于网络效应造成的非线性反馈，给定政策的影响可能与直觉相反。

可以使用摩洛（Moro，2003）发展的技术来估计模型。[30] 如曼斯基（1993）所讨论的，在非线性模型中反身性问题有所弱化；此外，使用赫克曼（Heckman）式的方法来校正网络选择，可以处理可能存在未观测变量的相关性问题。摩洛（2003）发展了一个两阶段方法，来处理存在多重均衡的均衡模型的估计问题。在第一阶段，使用非参方法对每个学校概要估计均衡的统计量。在第二阶段，以第一阶段估计的各种数据可能性为条件，通过最大似然法估计模型参数。这使得相比多重均衡情形，大量减轻了计算负担。

比辛等（2011a）在学校和个人朋友网络中，都发现了证据，表明吸烟具有很强的网络效应。在 ADD Health 案例考察的学校中，参数估计表明多重均衡广泛存在。如前面提到的，具有参数估计模型的模拟表明，属性、网络形状或各种政策的改变可能是高度非线性的，而且由于多重均衡的存在，抽烟率可能出现巨大变化，有时会有与直觉相反的效应。

9.3.3　经验结果

让我们基于 9.3.1 节给出的理论模型描述经验结果，并讨论政策含义。

9.3.3.1　地方平均模型

这是文献中检验最多的模型。研究者已经使用 9.3.2.2 节中提出的方法检验了式（9.9）。式（9.9）通常没有理论模型作为微观基础。研究者估计这一等式，是因为它类似于空间计量经济学所用的等式（Anselin，1988），而且容易

---

[30]　也见 Aguirregabiria 和 Mira（2007）。

检验。经验结果表明，同辈效应和网络效应在以下方面很重要：教育（Calvó -Armengol et al.，2009；De Giorgi et al.，2010；Lin，2010；Bifulco et al.，2011；Boucher et al.，2014；Patacchini et al.，2014），犯罪（Patacchini and Zenou，2012b），劳动（Patacchini and Zenou，2012a），消费（De Giorgi et al.，2014），抽烟（Fletcher，2010；Bisin et al.，2011a），酒精消费（Fletcher，2012），风险共担（Angelucci et al.，2014）。[31]

等式（9.9）还使用另一个工具变量方法进行检验。其思想是把学校给定年级的学生结构视作拟随机加以处理，并在朋友网络形成过程中分离这一拟随机变化。弗莱彻和罗斯（Fletcher and Ross，2012）使用这一方法，发现有朋友抽烟或喝酒的学生更可能抽烟或喝酒，即使是和同一学校不同群体的类似学生相比，这些学生是基于关键的学生统计特征作出相同的交友选择。弗莱彻和罗斯（2013）发现，在女生所属群体中，如果朋友的母亲受过较高水平的教育，她们的学分绩（GPAs）会高于和她们相似的学生，即使是在控制了和母亲教育相联系的总体同辈效应后。最后，帕塔基尼和泽诺（2014）在宗教实践中发现了强烈的同辈效应。他们用在同一学校和年级中，性别相同、宗教信仰相同和族群相同的学生中信仰宗教者的比例，作为信仰宗教者在个人朋友中所占比例的工具变量。

9.3.3.2 地方总体模型

对地方总体模型的检验非常少。刘等（2012）和林德奎斯特和泽诺（2014）是较为著名的两个，他们检验了犯罪的同伴和网络效应。二者都使用工具变量和网络固定效应（9.3.2.3 节），估计了等式（9.3）或其经验等价式（9.15）。刘等（2012）使用 Add Health 数据估计了这些网络同辈效应。[32] Add Health 数据被设计用于研究社会环境（即朋友、家庭、邻里和学校等）对美国青少年行为的影响，它在全国范围内大约 130 所代表性的样本私立和公立学校中收集 1994～1995 学年（第 I 波）7～12 年级的学生数据。在访谈日，每个样本学校的学生被要求填写一个问卷（在校数据），涉及调查对象的人口和行为特征、教育、家庭背景和朋友等。这一样本包含约 90 000 名学生的信息。从中选出一个子集约 20 000 人，要求他们完成一个较长的问卷，包括更为敏

---

[31] 还存在一些在实验室背景（其他背景见 Kosfeld，2004；Jackson and Yariv，2011；Charness et al.，2014）下对地方平均模型（基于网络的博弈）的检验。还有各种田野试验涉及网络博弈（例如，见 Centola，2010）。

[32] Calvó - Armengol 等（2009），Fletcher（2010），Lin（2010），Bifulco 等（2011），Fletcher（2012），和 Patacchini 等（2014）也使用了这一数据集。

感的个人和家庭信息（家庭和父母数据）。这些项目在 1995 ～ 1996 年（第 II 波）、2001 ～ 2002 年（第 III 波）和 2007 ～ 2008 年（第 IV 波）被重新调查。

从网络视角看，ADD Health 数据最令人感兴趣之处是朋友信息，它基于实际的朋友名单。事实上，学生被要求从学校花名册上指出他们最好的朋友（最多 5 个男生和 5 个女生）。这一信息在第 I 波和第 II 波中被收集。其结果是，人们可以重建朋友网络的整个几何结构。ADD Health 数据集还包括 15 个不良行为项目的信息，调查者会询问学生，他们在上一年多长时间参与一次这些不良行为。

利用 ADD Health 数据，刘等（2012）对第 I 波中分布在超过 150 个独立网络中的 1 297 个罪犯估计了 ϕ_1，网络规模在 4 ～ 77 人。他们发现 ϕ_1 的估计值为 0.045 7，在双边情形下社会乘数为 1.048 ［见式（9.6）］。如果我们考虑一个平均 4 个好友的群体（在网络中彼此联系），每个同伴不良行为增加一个标准差，会导致个人犯罪活动的标准差增加约 17%。

林德奎斯特和泽诺（2014）还使用非常不同的数据集估计了等式（9.15）的 ϕ_1。他们考察瑞典 16 岁以上被怀疑（和证明）至少有过一次犯罪的人。为此，他们使用警方登记获得瑞典所有被怀疑犯罪的人。在这一登记中，警察记录谁被怀疑犯罪，与谁一起。这样，如果两个人被怀疑共同犯罪，他们之间就存在一个（犯罪）联系。定罪数据和嫌犯数据都包括犯罪类型、犯罪日期和接受的制裁。这一数据集相对于 ADD Health 的一个优势是，联系不是自行报告的，因而衡量误差较小。另一个优势是关于联系的信息超过 20 年。因此，林德奎斯特和泽诺（2014）可把个人犯罪的滞后量作为个人层次的控制变量之一。

他们的 ϕ_1 估计值为 0.167。对个人而言，这意味着只有一个朋友会增加犯罪概率 20%。如果我们考虑 4 个朋友（他们的最小网络）的情形，相比较单独犯罪，个人犯罪概率将增加 100%。

9.3.3.3 地方总体模型相对地方平均模型

相比分别检验每个模型，人们可以使用 9.3.2.4 节提出的方法来对一个模型相对另一个模型进行检验。使用 ADD Health 数据，刘等（2014）发现对于"学习努力程度"而言，学生通常遵循朋友间的社会规范（地方平均模型），而对于体育活动而言，社会乘数（地方总体模型）和社会规范效应（地方平均模型）都起作用。相比之下，地方总体模型对犯罪活动更为适用（Liu et al.，2013）。在政策含义方面，基于地方平均模型，有效的政策应该是改变人们对"正常"行为（即他们的社会规范）的认知，因此应该实施基于群体的政策。而对于地方总体模型，则并非如此，应该实施基于个人的政策。

9.3.3.3.1 基于个人的政策：关键参与人

考虑犯罪情形，其中我们可以表明地方总体模型适用，至少是对 ADD Health 数据而言。在这种情况下，关键参与人政策（Ballester et al.，2006）可能是最有效的政策，该政策的目标是去除罪犯，去除罪犯可以最大限度地降低网络中的犯罪总量，因为它可以降低其每个朋友的犯罪活动，进而降低犯罪总量。换句话说，关键参与人的去除之所以对犯罪有很大影响，是因为反馈效应或"社会乘数"（尤其见 Glaeser et al.，1996；Verdier and Zenou，2004；Kleiman，2009）。随着参与犯罪活动的主体比例增加，对其他人的乘数影响会通过社会网络产生。因而，犯罪行为会被放大，犯罪干预会更为有效。

下面加以正式表述。考虑 9.3.1.1 节中给出的地方总体模型，用 $Y_r^*(g_r) = \sum_{i=1}^{n} y_{i,r}^*$ 表示网络 g_r 中犯罪总量的均衡水平。其中 $y_{i,r}^*$ 是式（9.4）给出的纳什均衡努力。再用 $g_r^{[-i]}$ 表示没有个人 i 的网络 g_r。然后，为了决定关键参与人，政策规划者需要求解以下问题：

$$\max\{Y^*(g_r) - Y^*(g_r^{[-i]}) i = 1，\cdots，n\}$$

当初始不良行为网络 g_r 是固定时，这等价于：

$$\max\{Y^*(g_r^{[-i]}) i = 1，\cdots，n\} \tag{9.26}$$

巴列斯特等（2006）和巴列斯特和泽诺（2014）已经表明，如果 $\phi_1 \mu_1$ $(g_r) < 1$，求解式（9.26）得到的关键参与人 i^* 是在 g_r 中具有最高互动中心性（intercentrality）的不良行为者，即对所有 $i = 1，\cdots，n$，$d_{i^*}(g_r，\phi_1) \geq d_i(g_r，\phi_1)$，其中[33]

---

[33] 为了理解式（9.27），令 $M(g_r，\phi_1) = (I_{n_r} - \phi_1 G_r)^{-1}$，其元素为 $m_{ij}(g，\phi)$，计算 g_r 中从 i 到 j 的步数，其中步长 k 的权重为 ϕ_1^k。然后，我们从式（9.5）中知道 Katz – Bonacich 中心性矢量是 $b_{\alpha_r} = M(g_r，\phi_1)\alpha_r$。因而，$b_{i,r}(g_r，\phi_1)$ 是网络 g_r 中 i 的 Katz – Bonacich 中心性，$B(g_r，\phi_1)$ 是网络 g_r 中 Katz – Bonacich 中心性的总和，即 $B(g_r，\phi_1) = 1_{n_r}^T M(g_r，\phi_1)\alpha_r$（其中 1_{n_r} 是 1 的 n 维矢量，$1_{n_r}^T$ 是其转换矩阵），$B(g_r^{[-i]}，\phi_1) = 1_{n_r}^{[-i]}(g_r，\phi_1)\alpha_r^{[-i]}$ 是网络 $g_r^{[-i]}$ 中 Katz – Bonacich 中心性的总和，其中 $\alpha_r^{[-i]}$ 是一个 $(n_r - 1)$ 维列向量，其中 $\alpha_{i,r}$ 被移除，$M^{[-i]}(g_r，\phi_1) = (I_{n_r} - \phi_1 G_r^{[-i]})^{-1}$ 是 $(n-1) \times (n-1)$ 矩阵，其中 i 相应的第 i 行和第 i 列被从 $M^{[-i]}(g_r，\phi_1)$ 中移除。最后，令 $\alpha_r^{[i]}$ 成为 $(n \times 1)$ 列向量，其中除了 i 外的所有元素定位为 $\alpha_r^{[-i]}$，而第 i 项包括最初的 $\alpha_{i,r}$，再令 $M^{[i]}(g_r，\phi_1)$ 成为 $n \times n$ 维矩阵，这样每个元素为 $m_{jk}^{[i]} = m_{ji} m_{ik}/m_{ii}$，因此 $B(g_r^{[i]}，\phi_1) = 1_{n_r}^T M(g_r，\phi_1)\alpha_r^{[i]}$，并且

$$1_{n_r}^T M^{[i]}(g_r，\phi_1)\alpha_r^{[i]} = b_{\alpha_r^{[i]},i}(g_r，\phi_1)\sum_{j=1}^{n} m_{ji}(g_r，\phi_1)/m_{ii}(g_r，\phi_1)$$

$$d_i(g_r, \phi_1) = 1_{n_r}^T M(g_r, \phi_1)\alpha_r - 1_{n_r}^T M(g_r, \phi_1)\alpha_r^{[i]} + 1_{n_r}^T M^{[i]}(g_r, \phi_1)\alpha_r^{[i]}$$

$$= B(g_r, \phi_1) - B(g_r^{[i]}\phi_1) + \frac{b_{\alpha_r^{[i]},i}(g_r, \phi_1)\sum_{j=1}^n m_{ji}(g_r, \phi_1)}{m_{ii}(g_r, \phi_1)}$$

$$(9.27)$$

互动中心性指标式（9.27）强调这一事实，即当行为不良者从网络中被去除后，两个效应会起作用。首先是情境效应，它表明尽管网络 g_r 保持不变，在去除关键参与人后，情境效应 α_r 会发生改变（从 α_r 到 $\alpha_r^{[i]}$）。其次是网络效应，它反映了去除关键参与人后网络结构的变化。更一般性的表述为，不良行为者 i 的互动中心性指标 $d_i(g_r, \phi_1)$ 既说明了一个人对群体中其他人犯罪的影响，也说明了其对他人犯罪影响的贡献。

刘等（2012）第一个用 ADD Health 数据检验关键参与人政策。如上所述，他们发现 ϕ_1 估计值为 0.045 7。然后，他们使用互动中心性指标式（9.27）为每个网络计算关键参与者。他们发现关键参与人未必是网络中最活跃的罪犯。他们还发现无法仅仅通过他/她的犯罪活动或在网络中的位置，就能直接确定哪个不良行为者应该从网络中去除。相比其他罪犯，关键参与人不太可能是女性或宗教信仰者，他们的父母教育程度低，感觉被社会排斥。他们还感觉父母不太关心自己，更可能来自单亲家庭，和老师相处时容易造成麻烦。

林德奎斯特和泽诺（2014）也检验了关键参与人政策，但使用了不同的数据（上面提到的共同犯罪网络）。刘等（2012）仅在一个时点观察网络，而林德奎斯特和泽诺（2014）考虑了两个 3 年期（2000 ~ 2002 年和 2003 ~ 2005 年）。阶段 1 的数据集包括 15 230 个共同犯罪者，他们（平均）被怀疑犯罪次数为 5.91，分布在 1 185 个网络中。他们的数据还包括 3 881 个人，这些人在两个时期中都是 4 人以上网络中的成员。他们表明 23% 的关键参与人不是所在网络中最活跃的罪犯，23% 没有最高的特征向量中心性，20% 没有最高的中介中心性。[34]

如上所述，他们对同辈效应 ϕ_1 的估计值为 0.167。他们表明，对平均的网络（规模为 80 人）而言，关键参与人模型预测犯罪量（平均）下降 30%。其次，犯罪下降与网络规模负相关。如果人们考察规模为平均值两倍的网络（即规模为 160 人），则预测犯罪量下降 26%，而对最小的网络（规模为 4 人）而言，预测犯罪量下降 35%。

既然关键参与人政策可能有争议，而且实施成本高，我们想知道关键参与人政策能比其他政策好多少。因为他们有两个时期（2000 ~ 2002 年和 2003 ~

㉞　特征向量中心性和中介中心性是著名的中心性指标。对不同中心性指标的完整概览见 Wasserman 和 Faust（1994）和 Jackson（2008）。

2005 年），林德奎斯特和泽诺（2014）可以根据关键参与人相对数据实际观测结果的比较，检验犯罪下降的预测值。对此，他们考察关键参与人被去除前后的相对效应。为了做到这一点，他们为每个人创造了一个指标，表明人们在相关时期内是否会死亡以及被关进监狱。他们的结果表明，在真实世界中，关键参与人政策超过随机参与人政策 9.58%，超过去除最活跃参与人政策 3.16%，超过去除特征向量中心性最高参与人政策 8.12%，超过去除中介中心性最高参与人政策 2.09%。[35]

9.3.3.3.2 基于群体的政策

如上所述，如果地方平均模型起作用，则关键参与人政策的影响会非常小，因为它不影响网络中朋友圈的社会规范。为了使政策有效，人们不得不改变每个罪犯的社会规范，这显然是非常困难的目标。在这种情形下，人们需要关注一群不法之徒以降低犯罪。实施群体政策显然比个人政策复杂得多，因为很难改变一个群体的社会规范。考虑一下教育。由于地方平均模型似乎很重要（至少是在 ADD Health 数据中），我们需要改变学校或班级的社会规范，试图贯彻这一种想法，即在学校努力学习很"酷"。[36] 特许学校政策是一个政策案例，它试图改变学生关于教育的社会规范。特许学校善于筛选教师，并挑出最优秀的教师。尤其是，"没有任何借口政策"（Angrist et al.，2010，2012）是一个高度标准化和广泛复制的特许模型，其特征是在校时间长、学年延长、选择性教师雇用、严格的行为规范，并强调传统的阅读和数学技能。该政策的主要目标是通过严明纪律，改变贫困儿童的社会规范。这是一个与地方平均模型相一致的典型政策，因为它旨在改变学生关于教育的社会规范。安格里斯特等（Angrist et al.，2012）关注容易被忽略的特殊需求学生。他们的结果表明，每年特许学校的"知识就是力量"项目（Knowledge is Power Program，KIPP）的平均成绩改进为：数学 0.36 个标准差，阅读 0.12 个标准差。获益最大的是英语技能有限、特殊教育和成绩差的群体。他们表明平均阅读的改进几乎来自于特殊教育和英语技能有限的学生，他们的阅读成绩上升了约 0.35 个标准差。

---

[35] 其他文章对其他活动检验了关键参与人政策。对于研发网络，König 等（2014a）计算了关键企业，关键企业是一旦被去除总体福利将下降最多的企业。Banerjee 等（2013）研究了关键参与人相关问题。他们的数据来自于对印度卡纳塔克邦 7 个村庄的调查，从调查中他们获得了关于网络结构和各种人口特征的信息。他们考察了这些村庄内小额融资项目的扩散影响，并表明如果负责这一项目的银行把目标集中在中介中心性最高的个人，则小额融资项目的扩散效应（即吸纳率）会更好。对关键参与人政策的概览见 Zenou（2015c）。

[36] 这与"表现得像白人"文献相关，其中认为贫困地区的非裔美国人对于在学校努力学习感觉很矛盾，因为这样被视为"表现得像白人"和吸纳了主流观念（Fordham and Ogbu，1986；Delpit，1995；Ainsworth–Darnell and Downey，1998；Austen–Smith and Fryer，2005；Battu et al.，2007；Battu and Zenou，2010；Fryer and Torelli，2010；Bisin et al.，2011b；De Martí and Zenou，2012）。

寄宿学校也可以改变关于教育的社会规范。例如，种子学校（SEED school）是服务于贫困学生的寄宿学校，它位于华盛顿特区和马里兰。种子学校是美国唯一服务于贫民的城市公共寄宿学校，它把"没有任何借口"的特许模型和每周 5 天的寄宿项目相结合。种子学校服务于 6～12 年级的学生。和其他"没有任何借口"的特许学校一样，如 KIPP 或哈莱姆儿童区（Harlem Children's Zone），种子学校延长在校时间，为那些需要帮助的学生提供广泛的课后辅导，主要依靠数据来改变教育的范围、节奏和后果，保持一种具有高期望值的家长制文化。库尔托和弗吕耶（Curto and Fryer，2014）给出了第一个关于参与种子学校对学业成绩影响的因果估计。利用录用抽签，他们表明被种子学校录用后，每年阅读成绩提高 0.211 个标准差，数学成绩提高 0.229 个标准差。

9.4　邻里和网络效应

迄今为止，我们是分别讨论邻里效应和网络效应的文献。我们发现他们之间有一些相似性，尤其是当研究者没有关于社会空间的数据并用地理空间加以近似时（特别是见 Bayer et al.，2008；Patacchini and Zenou，2012a，b；Helmers and Patnam，2014）。但是，这两个空间是不同的，我们需要对二者进行更明确的分析，以更好地理解它们之间的关系以及它们是如何影响结果的。例如，如果我们希望理解对少数族裔不利的劳动市场结果，我们需要对每个空间进行分析，看二者是如何相互强化的。不幸的是，这一分支的文献仍然处于婴儿期，多数研究只是进行理论分析，只有很少的经验检验。下面我们来对这些研究加以描述。[37]

9.4.1　理论：包含社会网络的空间模型

我们将描述把城市空间和社会空间相结合的不同模型。我们先从社会互动模型开始，然后考虑弱联系和强联系，最后是使用图论的网络模型。在我们纳入社会空间时，我们以一个较为简单的方式对城市空间建模，从一般城市模型到只有两个区位的模型。

---

[37]　在经济学中，Ioannides（2012）是一个很好的起点，即使涉及这两个空间的分析很少。在社会学中，有一些关于这一问题的讨论，特别是 Guest 和 Lee（1983），Wellman（1996），Otani（1999），Mouw 和 Entwisle（2006）。

9.4.1.1 包含社会互动的空间模型

在本书，没有明确对社会网络建模，主要是通过社会互动得以体现。相反，地理空间得以明确建模，如在标准城市经济学文献那样（Fujita，1989；Zenou，2009；Fujita and Thisse，2013）。早期的文献讨论企业和工人的内生区位选择以及城市的形成，解释为什么城市会存在，城市为什么在所处位置形成，为什么经济活动集聚在少数位置（Fujita and Thisse，2013）。文献中的关键文章是小川和藤田的，他们求解了一个包含企业和家庭的一般模型（也见Beckmann，1976；Borukhov and Hochman，1977；Papageorgiou and Smith，1983）。他们的文章以劳动和土地市场互动的空间差异为背景，对家庭和区位选择导致的城市中心进行建模。例如，藤田和小川（1982）的模型。这一模型的关键是，一个区位的生产率是诸多区位经济活动密度加权平均值的函数，权重是距离的递减函数。换句话说，集聚力源于企业间的信息溢出。信息的一个重要特征是其公共物品的属性。因而，信息在一系列企业间的扩散产生了类似外部性的利益。假设企业拥有的信息不同，相互联系的收益会随着企业数目的增加而增加，企业区位越是彼此接近，这一收益越大。因而，在其他条件都一样的情况下，企业有彼此靠近的动机，进而推动了企业的集聚。这是这些模型社会互动方面的特点（Beckmann 于 1976 年提出了一个类似的模型，但其是针对个人，而不是企业）。当然，也存在分散效应，因为大量企业在某一地区形成集群会增加工人的平均通勤成本，这反过来又会增加工资和集群周围的地租。因此，企业和家庭的均衡分布是由这些相反力量的平衡决定的。

在藤田和小川（1982）的研究中，这样的设定会产生多种可能的结果。基于空间衰减函数与通勤成本的相对重要性，可能会出现很多城市结构，从纯粹的单中心城市到完全分散。[38] 但是，这些文章中没有一个提供了关于信息外部性或空间衰减函数的细节。[39]

赫尔斯利和斯特兰奇（Helsley and Strange，2007）提出了一个有趣的城市互动空间模型，其中主体选择造访一个特定区位以此来与其他主体互动。[40] 模型的关键是城市企业或家庭的区位决策。造访的总数越大，每次造访的价值越高。但是，造访涉及交通成本，并造成均衡房租、地租和人口密度函数曲线向

---

[38] 这类模型为 Helsley（1990），Ota 和 Fujita（1993），Lucas（2001），Berliant 等（2002），以及 Lucas 和 Rossi – Hansberg（2002）所拓展。

[39] 对这些问题的评述见 Duranton 和 Puga（2004）。

[40] 也见 Brueckner 等（2002），Brueckner 和 Largey（2008）。

右下倾斜。在均衡时，所有这些都必须与中心发生的互动相一致。

为了进行更精确的表述，考虑一个细长的带状地块构成的区位空间，其中每个区位上有 1 单位土地。所有的互动发生在中央商务区（CBD）这一区位上。区位特征完全取决于其与 CBD 之间的距离，用变量 x 表示。消费者是相同的，效用函数取决于居住（或商业）空间 q、其他商品 z（计价商品）和互动（根据额外的可分离效用函数）：

$$u(\gamma_i,\ S) = q_i + z_i + v\ (\gamma_i,\ S)$$

其中，γ_i 是主体 i 造访中心的次数，S 衡量造访的质量。假定 $v(\gamma_i,\ S)$ 是递增和严格拟凹函数，$\partial^2 v(\gamma_i,\ S)/\partial \gamma_i \partial S > 0$。后一个假设意味着造访中心的边际价值随着中心互动质量的提高而增加。每次造访中心涉及两个成本：固定成本 T 和运输成本 tx，$t > 0$。由于假定消费者相同，收入均为 w，我们可以忽略下标 i。收入为 w、位于区位 x 的消费者预算约束为：

$$z = w - R(x)q - (T + tx)\gamma \tag{9.28}$$

其中 $R(x)$ 为与 CBD 距离为 x 处单位空间的租金。我们假设每个消费者占据 1 单位空间，即 $q = 1$。把这两个等式相结合，消费者选择 γ 以最大化：

$$u(\gamma,\ S) = 1 + w - R(x) - (T + tx)\gamma + v(\gamma,\ S)$$

求解这一等式，得到唯一的 $\gamma^* \equiv \gamma\ (S,\ x)$，很容易检验到中心的最优造访数 γ^* 随互动质量 S 递增，随距离 x 递减。这里的关键新概念是互动质量 S。赫尔斯利和斯特兰奇（2007）假设互动质量的均衡水平满足：

$$s = \int_0^{x_f(x)} F(\gamma(S,x))n(S,x)\,\mathrm{d}x \tag{9.29}$$

其中，$x_f(\cdot)$ 是城市边缘，$F(\cdot)$ 是递增和严格凹的，且 $F(0) = 0$。由于每个消费者占据 1 单位空间，每个区位上有 1 单位土地，$n(\cdot)$ 等于人口、人口密度（每单位土地人口）和结构密度（每单位土地上的居住或商业单位）。这里，每个主体与其他主体互动都有潜在利益。但是，与任何特定主体互动的价值表现出边际收益递减效应，反映为 $F(\cdot)$ 的凹性。在这个模型中，主体间的相互依赖源于互动的内生性：主体同时选择对区位的贡献程度和利用程度。容易看到 S 的解是一个不动点。考虑一个可以自由进出的开放城市，从而该模型得以完成。

莫斯和皮卡德（Mossay and Picard，2011，2013）提出一个类似的模型，其中效用函数为：

$$u(q,\ z,\ S) = z + S(x) - \frac{\beta}{2q}$$

其中 β 是居住空间的偏好，社会互动为：

$$S(x) = A - \int n(x') T(x - x') \mathrm{d}x'$$

其中，A 表示与其他主体互动的总收益，$\int n(x') T(x - x') \mathrm{d}x'$ 反映了从区位 x 接近其他主体的成本，其中 $n(x)$ 是人口密度，$\int n(x) \mathrm{d}x = 1$。在这一社会互动公式中，笔者考虑一个线性成本函数 $T(x - x') = 2\tau \, | x - x' |$，其中 τ 是衡量出行成本强度的指标。在这一模型中，每个主体都与所有其他主体互动，假设 A 足够大，以确保对于所有的区位 x，$S(x) \geq 0$。莫斯和皮卡德有一个和式（9.28）类似的预算约束，即 $z = w - R(x)q$，这样消费者选择 q 和 z 以最大化 $u(q, z, S)$。然后，他们在一个单中心城市中计算空间均衡，没有主体有迁移的动机。他们表明，在全局社会互动（每个主体和同一城市的所有其他主体互动）的假设下，存在唯一的空间均衡。

在所有这些模型中，社会空间和地理空间的互动被明确建模。但是，除了居住区位外，工人的其他结果没有被考虑。皮卡德和泽诺（2014）拓展了前面的模型，引入了工人的劳动市场结果，其中假设社会互动是找工作的主要渠道。事实上，考虑两个人群，假设每个类型 i（即属于人群 $i = 1, 2$）中的个人位于距 CBD 为 x 处，只能与他/她所属人群的成员进行互动，但必须决定与其中的多少人互动。每次社会互动的行程成本为 τ（每单位距离），但能得到工作信息。

在此背景下，居住于区位 x、类型 i 的个人期望效用为：

$$u_i(x) = e_i(x)(w - t \, | x |) - T_i(x) - R(x) \tag{9.30}$$

其中，$e_i(x)$ 是个人的就业概率，$T_i(x)$ 是区位 x 处社会互动的总行程成本，$R(x)$ 是距 CBD 为 x 处的土地租金。[41] 在这个表达式中，来自同一群体的所有人，无论是就业还是失业，都彼此进行社会互动。稳定状态下的就业率为：

$$e_i(x) = \frac{\pi_i(x)}{\pi_i(x) + \delta} \tag{9.31}$$

其中 δ 是外生的职位消失率（destruction rate），$\pi_i(x)$ 是来自人群 i、距 CBD 为 x 处的工人找到工作的概率。

让我们更为精确地表述主体间的会面过程。每个类型 i、居住在 x 的主体与所在人群的 $n_i(x)$ 个主体会面，并进行社会互动。这意味着每个主体在模型考察的时期内，以确定的方式与所在人群的同伴会面 $n_i(x)$ 次。由于社会互动发生于潜在信息掌控者的居住地，这些社会互动的成本为 $T_i(x) = n_i(x)c_i$

---

[41]　失业利益被标准化为 0。

(x)，其中：

$$c_i(x) = \frac{1}{P_i} \int_{D_i} \tau \mid x - \gamma \mid \mathrm{d}\gamma \qquad (9.32)$$

衡量单次社会互动的平均成本，P_i 是类型 i 的总人口。注意假设工人均匀分布于城市，因此每个区位的工人密度为 $1/P_i$（每个工人消费 1 单位土地）。因此，每个居住于 x 的工人 i 与所在人群的所有成员进行社会互动，每次互动的单位距离通勤成本为 τ。还要注意，工人 i 所在区位 x 是决定 $c_i(x)$ 的关键因素。例如，如果工人 i 的居所接近 CBD，则其成本 $c_i(x)$ 将相对低。但如果这个工人位于城市边缘，则 $c_i(x)$ 会很高。

由于每次社会互动会带来工作信息，类型 i、居住于 x 处的工人找到工作的概率为：

$$\pi_i(x) = \alpha n_i(x) \frac{E_i}{P_i} \qquad (9.33)$$

其中，α 为正的常数，E_i/P_i 表示类型 i 的工人的就业率。这一等式反映了这一事实，位于 x 的工人 i 与本人群的人们会面 $n_i(x)$ 次，但只有那些就业者提供一些工作信息。这强调随机搜寻过程，因为工人 i 遇到的对象其就业概率仅为 E_i/P_i，而且就业信息不是专门针对会面者。很自然地，个人找到工作的概率随社会互动次数 $n_i(x)$ 及其所在人群的就业率而增加。

在这一模型中，个人选择 $n_i(x)$ 以最大化式（9.30），这可以通过把式（9.33）代入式（9.31）再代入式（9.30）以及把式（9.32）代入 $T_i(x) = n_i(x)c_i(x)$ 再代入式（9.30）获得。当确定最优社会互动水平时，位于 x 的个人 i 对 $n_i(x)$ 增加的收益和成本进行权衡，收益是提高了其获得工作的机会，而更多的互动会导致更高的行程成本 $c_i(x)$。

首先，考虑一个同质人群。然后，在一个单中心城市，人们可以通过求解土地和劳动均衡条件来完成模型，并确保所有事情都是一致的。在这种情况下，容易表明对于城市 $D = [-b, b]$，$c(x) = \frac{\tau}{P}(b^2 + x^2)$，其中 b 是城市边缘，$x = 0$ 是 CBD。皮卡德和泽诺（2014）表明，就业概率 $\pi(x)$ 和最优社会互动数 $n(x)$ 随到城市中心的距离 x 递减。

如果我们考虑两类人群，他们彼此之间不进行社会互动，那么可以表明存在空间分离均衡，其中人群 1 居住在城市中心周围，人群 2 位于城市两端。在这一均衡下，无论他们的相对规模怎样，人群 1 的就业率 E_1/P_1 总是高于人群 2 的就业率 E_2/P_2。还可以表明，每个工人的就业概率 $e_i(x)$ 和社会互动数 $n_i(x)$ 随 x 递减。事实上，对于两个人群而言，距离城市中心较远，会降低他们来自于就业的净收益及其与社会网络的（平均）接近距离。因而，个人找工作的激励较小。这一结果非常有趣，因为它强调了空间及分离对劳动市场结果的反馈效应。如果我们假定人群所有可能的特征都相同，则这些人群之间的就业差异来自于空间分离的存在以及相应的工人社会网络空间组织。工人通过与同一类型人群的社会联系获得工作信息，但在城市地区以不同的方式进行组织。

9.4.1.2 弱联系和强联系空间模型

在上一节中，没有明确对社会网络建模，主要体现为社会互动。例如，在皮卡德和泽诺（2014）中，工人与城市内同类型的所有其他工人互动，如果会面对象是在职者，就可以通过互动获得工作信息。现在，我们丰富社会网络的内容，把工作信息区分为强联系（密切和规律的关系，如家庭和朋友）和弱联系（随机的和不规律的关系）。格兰诺维特（Granovetter，1973，1974，1983）最早提出了强联系和弱联系的概念，[42] 他认为在提供工作支持方面，弱联系优于强联系。事实上，在一个密切的网络中，人们彼此相识，信息共享，信息的价值迅速下降，网络在获取新信息方面迅速变得多余。相反，格兰诺维特强调弱联系的力量，它涉及第二层的熟人关系，位于个人网络的外层，因而能够成为工作机会信息的新来源。

蒙哥马利（Montgomery，1994），卡尔沃—阿门戈等（2007），帕塔基尼和泽诺（2008）以及泽诺（2013，2015b）将弱联系和强联系对工人结果的影响进行建模，他们使用了一个二元关系模型，这样既可以简化社会网络，又能保持两类联系之间的互动。下面进行更为正式的表述。考虑一个人群，假设每个人属于一个彼此排斥的二人组。我们认为，属于同一个二人组的两个人彼此是强联系。我们假设组的成员不随时间改变。强联系一旦形成，就永远不会破裂。个人可以处于两种状态：就业或失业。因而，由两个人构成的二人组可以处于三种不同的状态[43]：全部就业，用 d_2 表示；一个就业，另一个失业，用 d_1 表示；全部失业，用 d_0 表示。用 $e(t)$ 和 $u(t)$ 表示时间 t 的就业率和失业率，其中 $e(t)$，$u(t) \in [0, 1]$，我们有：

$$\begin{cases} e(t) = 2d_2(t) + d_1(t) \\ u(t) = 2d_0(t) + d_1(t) \end{cases} \tag{9.34}$$

---

[42] 在他的创新文章中，格兰诺维特（1973，1974，1983）把弱联系定义为两个主体的个人网络之间所缺乏的重叠性——即弱联系指的是这样一个熟人网络，其中的主体不太可能彼此产生社会联系。更为正式的表述是，如果两个主体 A 和 B 各自的个人网络之间很少或没有重叠，则他们是弱联系。反之亦然，如果主体 A 的多数社会联系也出现主体 B 的网络中，则他们是强联系。

[43] 对成员的内部排序不重要。

人口标准化条件可以表示为：

$$e(t) + u(t) = 1 \tag{9.35}$$

或者：

$$d_2(t) + d_1(t) + d_0(t) = \frac{1}{2} \tag{9.36}$$

让我们来解释社会互动是如何建模的。时间是持续的，个人永远存在。匹配发生于二人组的伙伴之间。在时间 t，个人可以发生弱联系，概率为 $\omega(t)$（因而，$1 - \omega(t)$ 是个人在时间 t 与强联系伙伴会面的概率）。[44] 这些概率是外生的和不变的，不随时间改变，因而可以表示为 ω 和 $1 - \omega$。我们把二人组内的匹配称为强联系，与二人组外的匹配称为弱联系或随机遭遇。在每个配对中，信息交换的方式如下：每个工作机会信息只能被就业者获得，他们可以将其传递给社会联系对象（通过强联系或弱联系）。这一假设是为了便于建模，强调在职信息的重要性。[45] 更为精确的表述是，就业者听到工作空缺的概率为外生的 λ，而他们的去职率为外生的 δ。所有的工作和工人（非技术工种）是相同的，所有的就业者工资相等。因此，听到工作机会的就业者会把这一信息传递给他们当前的匹配伙伴，这可以是强联系或弱联系。很容易看出，在 t 到 $t + \mathrm{d}t$ 期间处于不同状态的二人组的变化为：

$$
\begin{cases}
\dot{d}_2(t) = \left[1 - \omega + \omega e(t)\right]\lambda d_1(t) - 2\delta d_2(t) \\
\dot{d}_1(t) = 2\omega e(t)\lambda d_0(t) - \delta d_1(t) - \left[1 - \omega + \omega e(t)\right]\lambda d_1(t) + 2\delta d_2(t) \\
\dot{d}_0(t) = \delta d_1(t) - 2\omega e(t)\lambda d_0(t)
\end{cases}
$$

$$\tag{9.37}$$

以第一个等式为例。由两个就业者构成的二人组（$d_2(t)$）的变化等于二人组 d_1 的数目，失业者通过强联系找到了工作，概率为 $(1 - \omega)\lambda$，或通过弱联系，概率为 $\omega e(t)\lambda$ 减去二人组 d_2 的数目，其中两个就业者之一失去了工作。注意这里的城市空间结构并不丰富，因为在所有 9.4.1.1 节的模型中，社会互动是本地化的，个人必须通勤到其他人那里以产生互动。均衡时，每个人的社会互动选择必须与城市的全局互动水平相一致（见式（9.29））。

在目前的模型中，社会互动或社会网络不是本地化的。工人可以与强联系会面而无需通勤，因为他们或是居住在一起（如他们是夫妻），或是亲属或朋友，无需通过通勤联系（如通过电话）。工人也可以与弱联系会面且无需付出

---

[44] 如果每个人有 1 单位时间花费在他/她的朋友身上，则 $\omega(t)$ 也可以解释为在弱联系上花费的时间比例。

[45] Zenou（2015b）放松了这一假设，他研究一个模型，其中可以通过社会网络找到工作，但也可以直接通过失业者获得信息。

额外的通勤成本，因为他们在公共场所会面（如在体育馆、网球俱乐部或酒吧）。因此，如果一个人是二人组 d_1 中的失业者，这意味着他/她将用其时间的 $1-\omega$ 与其强联系会面以获得工作，强联系打听到工作空缺的概率必须为 λ。他/她也将用其时间的 ω 与其弱联系会面以获得工作，这一弱联系必须是就业者，打听到工作空缺的概率为 $e(t)\lambda$。

通过求解式（9.37）方程组的稳态，可以发现存在一个内生均衡，其中就业率为：

$$e^* = \frac{\sqrt{\lambda[\lambda + 4\delta(1-\omega)]} - 2\delta + 2\lambda\omega - \lambda}{2\lambda\omega} \tag{9.38}$$

此外，容易检验递增的 ω，即花在弱联系上的时间，能够提高稳态就业率 e^*，这确认了格兰诺维特最初的观点，即弱联系在提供工作信息方面更为突出。这里是因为滞留在二人组 d_0 的工人永远都无法通过其强联系（失业者）找到工作，只能通过弱联系，而这一点在二人组 d_1 中不成立。

根据泽诺（2013），接下来我们可以完成模型，假定所有工人位于一个单中心城市，他们的期望效用类似于（9.30），即[46]：

$$u(x) = e^*(w - tx) - (1 - e^*)stx - T(x) - R(x) \tag{9.39}$$

其中，假设就业者比失业者有更多到 CBD 的通勤成本（$0 < s < 1$ 是失业者用于通勤到 CBD 的时间比例），e^* 由式（9.38）给出。社会互动成本 $T(x)$ 定义为：

$$T(x) = \omega(x) \int \tau |x - \gamma| \, d\gamma$$

如果社会互动成本 ω 是内生的，那么工人选择式（9.39）减去社会互动成本最大化的 ω，这样工人将面对高 ω 和低 ω 之间的权衡，前者提高了他们找到工作的机会，后者降低了他们的成本。可以直接看出，最优的 ω 随到 CBD 的距离 x 递减。这是因为就业者总是比失业者有更多到 CBD 的通勤成本（即 $t > st$），相比距离 CBD 较远的工人，距离 CBD 较近的工人与弱联的互动有更高的边际收益。

这一模型可以通过引入两个人群加以拓展，如非裔和白人工人，其中强联系总是属于同一种族（家庭，最好的朋友），与强联系进行互动没有空间成本，因为他们通常居住在同一邻里。相反，弱联系可以是任一种族，会面意味着到中心（这里是 CBD）的通勤。非裔和白人工人在特征、技能等方面是完全相同的。如果住房市场存在对非裔的歧视（这得到了很好的记录；如见

---

[46] 这一效用函数类似于 Picard 和 Zenou（2014）。见式（9.30）。

Yinger，1986，1987），非裔通常比白人距离工作地点更远，则前者将比后者的失业率更高。事实上，因为非裔工人的居所远离 CBD，他们通常与弱联系互动较少，尤其是与白人，而与强联系互动则较多。弱联系是工作信息的重要来源，如果非裔未拥有这一信息，他们就会有更高的失业率。这是一个恶性循环，因为非裔失业率较高，找工作主要依赖其他非裔，而其他非裔的失业率也很高。由于找工作主要是通过社交网络中的就业者，非裔将被黏在所在区位，无法找到工作。其结果是，当他们发现自己处于二人组 d_0 时，他们几乎没有机会脱离这一状态，因为唯一的途径是与弱联系中的就业者会面。在模型中，非裔和白人所缺乏的社会联系[47]解释了为什么非裔工人的社会网络质量较低，以及为什么非裔的失业率较高。[48]

结论是，在这一框架下，少数族裔失业率较高是因为无论是在城市空间还是在社会空间他们都是被隔离的。[49]

9.4.1.3 具有明确社会网络的空间模型

在这一部分，我们通过像在 9.3.1 节那样对社会网络建模，描述更为丰富的社会网络结构。杰克逊和沃林斯基（1996）开创性的文章是第一个在博弈论框架下对网络形成建模的。在他们的模型中，个人受益于直接联系，也受益于间接联系，但存在衰减。但是，他们要为创造联系付出一个外生成本。约翰逊和吉尔斯（Johnson and Gilles，2000）以及杰克逊和罗杰斯（2005）拓展了这一模型，假定创造联系的成本与两个主体的地理距离成比例，这样距离较远的主体不太可能形成联系，因为成本更高。这些模型很有趣，它们主要表明地理距离能够阻碍主体间的关系和社会互动。但在这些模型中，均衡的网络很难描绘，而且主要关注的是网络形成而不是个人结果。

根据赫尔斯利和泽诺（2014），我们提出一个简单的模型，其中将网络结构和城市空间对工人结果的影响进行分析。与前面的模型相反，只有两个区位（地理空间），中心位于 0，所有的互动发生于此，外围位于 1。每个主体还位于一个社会网络（社会空间），其中如在 9.3.1 节，网络可表达为 $n \times n$ 邻接矩阵 G，项为 g_{ij}，它记录了所有的直接联系，如果主体 i 与 j 相联系，$g_{ij}=1$，否则

---

[47] Mouw 和 Entwisle（2006）在经验上表明，大约 1/3 的种族隔离可归因于居住隔离。这一影响多数源于学校间而不是学校内的居住隔离。

[48] 美国大都市区的种族隔离基于邻里和行政边界。在 1980 年，经过一个世纪的郊区化后，72% 的大都市区非裔居住在中心城市，相比之下只有 33% 的大都市区白人居住在中心城市（Boustant，2010）。

[49] Sato 和 Zenou（2015）考察了城市结构对社会互动的影响。他们表明相比人口密度低的地区，密集地区的个人选择与更多的人互动，并与更多的弱联系会面。

$g_{ij} = 0$。[50]

我们研究一个两阶段博弈，其中 n 个主体首先选择他们的地理区位，然后如赫尔斯利和斯特兰奇（2007）[51] 那样去确定造访中心的次数。考虑 9.3.1.1 节中描述的地方总体模型，网络 g 中个人的效用为：

$$U_i(\gamma_i, y_{-i}, g) = w + \alpha_i \gamma_i - \frac{1}{2}\gamma_i^2 + \phi_1 \sum_{j=1}^{n} g_{ij}\gamma_i\gamma_j \qquad (9.40)$$

其中，$\phi_1 > 0$，w 表示收入，γ_i 是主体 i 造访中心的次数，y_{-i} 是其他 $n-1$ 个主体相应的造访矢量。位于外围的主体必须前往中心以与其他人互动。如果我们令 t 代表边际运输成本，则 $\alpha_i = \alpha - tx_i$。因而，对于每个住在边缘（即 $x_i = 1$）的主体 i 来说，$\alpha_i = \alpha - t$，而对于住在中心（即 $x_i = 0$）的主体来说，$\alpha_i = \alpha$。我们假设 $\alpha > t$，则 $\alpha_i > 0$，$\forall x_i \in \{0, 1\}$，这样 $\forall i = 1, 2, \cdots, n$。我们假定每次造访能带来一次互动，则总造访次数成为衡量总互动次数的指标。如在式（9.1）中，效用式（9.40）对主体间的相互依赖性增加了额外的结构；在式（9.40）中，主体 i 的效用取决于其自身的造访选择以及与其在网络中有直接联系的主体的造访选择——即那些 $g_{ij} = 1$ 的主体。

在网络结构和其他主体的造访选择既定的情况下，每个主体 i 选择 γ_i 以最大化式（9.40）。利用 9.3.1.1 节的结果，可以直接看出，如果 $\phi_1\mu(G) < 1$，造访中心存在唯一的纳什均衡：

$$y^* = (I_n - \phi_1 G)^{-1}\alpha = M\alpha = b_\alpha(g, \phi_1) \qquad (9.41)$$

其中 $b_{\alpha_r}(g_r, \phi_1)$ 是式（9.5）中定义的加权卡茨—博纳奇中心性。这样，主体 i 的纳什均衡造访选择为：

$$\gamma_1^*(x_i, x_{-i}, g) = \sum_{j=1}^{n} m_{ij}\alpha_j = \sum_{j=1}^{n} \sum_{k=0}^{+\infty} \phi_1^k g_{ij}^{[k]}\alpha_j \qquad (9.42)$$

其中，x_{-i} 是其他 $n-1$ 个主体的区位矢量。纳什均衡造访次数 $\gamma_i^*(x_i, x_{-i}, g)$ 取决于在社会网络中的位置和地理区位。一个主体在社会网络中越是接近中心，均衡时前往造访中心的互动次数会越多。从直觉上看，密切联系的主体从互动中获益更大，因而会对任何地理区位矢量付出更大的互动努力。

利用最佳反应函数（见 9.3.1.1 节），我们把主体 i 的均衡效用水平表述为：

$$U_i(\gamma_i^*, y_{-i}^*, g) = w + \frac{1}{2}\left[\gamma_1^*(x_i, x_{-i}, g)\right]^2 = w + \frac{1}{2}\left[b_{\alpha_i}(g, \phi_1)\right]^2 \qquad (9.43)$$

其中，$\gamma_i^*(0, x_{-i}, g)$ 和 $\gamma_i^*(1, x_{-i}, g)$ 分别是主体 i 居住在中心和外围

---

[50] 我们忽略下标 r，因为我们只考虑一个网络。

[51] 见 9.4.1.1 节。

的均衡努力。

这是第二个阶段。在第一阶段，主体 i 根据在每个区位获得的效用式 (9.43)，选择居住在中心（$x_i = 0$）还是外围（$x_i = 1$）。有一个与中心区位相联系的外生成本差异 $c > 0$。假设中心通常有更多的经济活动，这一成本差异可能源于与其他活动竞争中心区位产生的土地租金差异。赫尔斯利和泽诺 (2014) 完整地描述了纳什均衡的完美子博弈，并表明这一描绘依赖于主体的 c、t、α 和中心性，后者取决于他们的 m_{ii} 和 m_{ij}（即他们的卡茨—博纳奇中心性）。特别是，更为中心的主体的居所总是比其他主体更接近中心。如果我们根据主体在网络中的位置定义其类型（根据卡茨—博纳奇中心性），则可以表明，均衡数目等于主体类型的数目加上 1。例如，在一个星形网络中存在两类主体（中心和外围主体），因而根据参数值，存在三个均衡：中心均衡，所有主体居住在中心；外围均衡，所有主体居住在外围；以及中心—外围均衡，中心主体居住在中心，外围主体居住在外围。

一个有趣的结果是，在较为密集的网络中，城市中心的集群程度高于较为稀疏的网络。这是因为在较为密集的网络中有更多的互动，居住在中心的主体会有更多的互动，因而获益更大。

9.4.2 讨论

在这一理论文献中，我们已经看到城市空间和社会空间是如何彼此互动以及它们是如何影响工人劳动市场结果的。我们使用这一框架来解释对少数族裔不利的劳动市场结果，特别是对美国的非裔工人。

如果我们仅考虑 9.2 节中的邻里效应，则城市经济学存在一个重要的文献表明工作距离对工人有害，特别是对非裔工人。这是一个特别的邻里形式，其中邻里与工作的相对空间位置会产生负面影响，而不是邻里结构。这被称为"空间错配假说"（Kain，1968；Ihlanfeldt and Sjoquist，1998；Gobillon et al.，2007；Zenou，2009）。换句话说，因为少数族裔的邻居与他们的工作毫无联系，因此他们会遭遇高失业率。在美国背景下，工作分布在郊区，而非裔则留在城市中心地区，空间错配假说的主要结论是，工作距离是他们高失业率的主要原因。

如果我们仅考虑 9.3 节中的网络效应，则这是因为少数族裔的社会网络质量"低"，导致他们遭遇不利的劳动市场结果。[52] 卡尔沃—阿门戈和杰克逊（2004）

---

[52] 存在明显证据表明劳动市场网络部分是基于种族，种族内的网络联系明显强于种族间（Ioannides and Datcher-Loury，2004；Hellerstein et al.，2011），非裔社会网络质量低于白人（Frijters et al.，2005；Fernandez and Fernandez-Mateo，2006；Battu et al.，2011）。

明确表明了这一点，⑤ 其中可以直接找工作，也可以通过与社会网络中其他工人的联系找工作。他们表明，会出现同一状态工人集中的稳态均衡，因为长期来看，就业者通常是其他就业者的朋友，而失业者也通常是其他失业者的朋友。因此，如果由于一些早期的初始条件导致非裔失业，则在稳定状态下他们仍将失业，因为他们的强联系和弱联系都是失业者。

这里，我们认为邻里和社会网络在解释非裔的高失业率时都很重要。让我们来解释这一点。考虑赫尔斯利和泽诺（2014）的模型（见 9.4.1.3 部分），并用以下方式表述。存在两个区位：一个是中心，是工作所在地和互动发生地；另一个是外围。在这里，两个人之间的互动意味着彼此交换工作信息，因而每次到中心的造访意味着与某人进行工作信息交换。如上所述，γ_i 是主体 i 为了获得工作信息而造访中心的次数，每次造访的结果是一次互动。因此，互动次数越多，工作信息质量越高，找到工作的概率也越高。工人有两种类型：非裔和白人，他们之间的唯一差异是在网络中的位置。我们假设白人比非裔的位置更靠近中心（根据卡茨—博纳奇中心性）。这反映了"老伙计网络"的思想，其中白人一起长大，一起上学，在青少年和成人早期一起社交，并一起进入劳动市场（Wial，1991）。

在对模型的这一解释中，可以直接看出非裔工人很少造访中心，因而与网络中其他工人互动较少，特别是与非常靠近中心的主体，如白人。此外，相比白人工人，非裔工人的居所与工作的距离更远，因为他们很少与中心工人互动。在极端情况下，我们可以得到这样一个均衡，其中所有白人工人居住在城市中心，而所有非裔工人居住在外围。非裔互动较少，而且主要是和非裔互动，因而只有较少的工作信息。这对劳动市场有很大影响，可以解释为什么非裔比白人失业率高。换句话说，缺乏好的工作联系是城市内邻里社会孤立的结构性后果。重要的是，因果关系是从社会空间转向地理空间，因此是非裔工人的社会错配（即他们在社会网络中的"坏"区位）导致他们的空间错配（即他们在地理空间中的"坏"区位）。

我们在 9.4.1.2 节中看到因果关系可以其他方式发展。事实上，在泽诺（2013）中，是非裔工人的空间错配（由于住房歧视）导致他们的社会错配（即与白人的弱联系较少），进而导致他们不利的劳动市场结果。

至于每个模型的政策含义，重要的是要知道因果关系的意义。如果是地理空间导致非裔工人的社会错配，则政策应该关注工人的空间区位，如空间错配

---

⑤ 也见 Calvo'–Armengol（2004），Calvo'–Armengol 和 Zenou（2005），Calvo'–Armengol 和 Jackson（2007），和 Galenianos（2014）。

理论所表述的。在这种情况下，邻里再生政策应该是正确的政策工具。这些政策已经在美国和欧洲通过企业区项目和特许区项目得以实施（如 Papke，1994；Bondonio and Greenbaum，2007；Ham et al.，2011；Busso et al.，2013）。企业区政策包括指定一个特定的贫困城市（或农村）地区，把经济发展作为其目标，然后政府为劳动力和资本提供补贴。

特许区项目的目标是复兴贫困的城市社区，它是社会福利政策和经济发展努力之间的结合。通过实施这种类型的政策，为人们带来工作，进而推进贫困邻里的工作信息流动。另一个降低非裔工人空间错配的方式是采取交通政策，补贴工人的通勤成本（Pugh，1998）。在美国，很多州和县使用一揽子福利拨款和其他联邦基金为福利接受者提供城市交通服务。例如，帮助就业者（特别是非裔）获得一辆旧车的项目——购买信贷、租赁计划、循环信贷安排——可以提供真实的希望，帮助低技能工人能够通勤到中心以获得那里的工作。

如果相反，是社会空间导致非裔工人的空间错配，则政策应该关注工人的社会隔离。促进社会一体化进而增进非裔和白人工人互动的政策，也会对少数族裔的劳动市场结果有正面影响。这些政策已经在美国得以实施，如在 9.2.1.1 节中描述的 MTO 项目。基于我们的模型，另一个降低少数族裔失业率的方式是，制度联系以社会网络过程的方式，创造求职者和雇主之间的联系。例如，学者们已经提出减贫项目以在雇主和贫困的求职者间"创造联系"，如格兰诺维特（1979）和威尔逊（Wilson，1996）。[54]

这最终是一个经验问题——是网络中心的人们迁移到城市，还是远离网络中心的人们迁移到城市，然后成为网络中心。这一经验检验是重要的，但是需要一个带有外生冲击的自然实验，或者令人信服的剖析因果关系的工具变量。在劳动市场解释中，关键问题是非裔首先选择居住在地理孤立的邻里（或是由于住房歧视被迫居住在那里），然后由于缺乏与白人工人的联系而被社会空间孤立，还是非裔工人更愿意主要与非裔互动，因而居住在很少白人的地区，从而远离工作机会。无论是哪种情况，我们认为社会空间和地理空间密切相关，政策要想获得成功，必须同时考虑二者。

9.4.3　经验结果

不幸的是，只有非常少的经验研究对城市空间与社会空间的相互作用及其

---

[54]　这与 9.3.3.3 节中强调的政策问题相关，其中对于那些基于地方平均模型的个人偏好，我们提出基于群体的政策，对于那些基于地方总体模型的个人偏好，我们提出基于个人的政策。显然，MTO 项目向单个家庭发放住房券，是一个基于个人的政策，而企业区项目则是基于群体的政策。

对个人结果的影响进行明确的检验。我们在 9.2.1.2 节中看到，与邻里社会互动的一个重要部分本质上是地方性的，即发生在同一街区的居民之间。[55] 拜耳等（2008）发现，居住在同一街区使共享工作区位的概率提高了 33%，这与社会网络效应相一致。类似地，赫勒斯坦等（2011）和赫勒斯坦等（2014）也发现居民网络具有显著的雇佣效应，对于拉丁裔和低技能工人以及小企业，这一效应尤其强。所有这些证据突出社会网络的邻里特性，至少是在劳动市场网络的背景下。阿纳特等（Ananat et al.，2013）发现当周围的工人中非裔越多时，非裔从地方集聚和人力资本溢出中获得的工资回报就越高，这表明信息流动发生在种族内部。

德尔·贝洛等（Del Bello et al.，2014）提出了一个检验，旨在明确估计社会和地理空间对两个结果的影响：教育和犯罪。他们使用上面描述的 Add Health 数据，该数据提供了 7～12 年级学生的朋友网络信息，还允许他们区分不同普查地块的学生，因而可以确定成为朋友（社会空间）的两个学生是否居住在同一邻里（地理空间）。他们考虑了两种同辈类型：学校同辈，在同一学校，但不在同一邻里；邻里同辈，在同一学校，也在同一邻里。利用 9.3.2.3 节中给出的地方总体模型，他们估计了等式（9.15），为了便于表述我们将其重写为：

$$Y_r = \phi_1 G_r Y_r + \beta X_r + \gamma G_r^* X_r + \eta_r I_{n_r} + \varepsilon_r$$

德尔·贝洛等（2014）把矩阵 G_r 分解为 $G_r = G_{r,S} + G_{r,N}$，其中 $G_{r,S}$ 仅记录网络 r 中的学校同辈，$G_{r,N}$ 则记录网络 r 中邻里同辈。因而，估计的模型为：

$$Y_r = \phi_{IS} G_{r,S} Y_r + \phi_{1,N} G_{r,N} Y_r + \beta X_r + \gamma_S G_{r,S}^* X_r + \gamma_N G_{r,N}^* X_r + \eta_r I_{n_r} + \varepsilon_r \quad (9.44)$$

如在 9.3.2.3 节中，德尔·贝洛等（2014）利用朋友的朋友的特征作为内生同辈效应和网络固定效应的工具变量，估计了这一等式。但是，如 9.3.2.5 节中所表明的，这一经验策略仅在 $G_{r,S}$ 和 $G_{r,N}$ 是外生时起作用。如果学生根据与误差项有关的一些未观测特征选择邻里和朋友，则式（9.44）中的同辈效应 ϕ_{1S} 和 $\phi_{1,N}$ 没有被识别。为了解决这一问题，根据 9.3.2.5 节中的讨论，人们可以同时估计结果等式（9.44）和网络形成等式（9.21）。

德尔·贝洛等（2014）发现，一个人的同辈（朋友）对其教育结果（用学生的平均 GPA 衡量）影响很大，无论是学校同辈还是邻里同辈，尽管学校同辈的影响是邻里同辈的两倍以上。在犯罪方面，他们的结果与教育相反，只有邻里同辈对犯罪活动具有内生的乘数影响。这表明学校（社会空间）的朋友是教育结果的关键，而同一邻里（社会和地理空间）的朋友是其犯罪活动

---

[55] 也见 Arzaghi 和 Henderson（2008），Rice 等（2006），以及 Rosenthal 和 Strange（2003，2008），他们表明互动或集聚效应会迅速衰减。

最重要的决定因素。

这些结果对我们在 9.4.2 节中的政策讨论很重要。根据这些结果，关键参与人政策（见 9.3.3.3 节）以及邻里政策（如 9.4.2 节中提到的邻里再生政策）在降低青少年犯罪方面似乎很关键，而学校层次基于群体的政策，如 9.3.3.3 节中提到的特许学校或寄宿学校政策，对改进年轻学生的教育结果最有效。

9.5 结 论

在本章，我们回顾了关于邻里效应和网络效应的文献。我们看到基于个人迁移或重新安置的实验证据主要局限于美国和加拿大，尽管他们在欧洲也很重要，特别是在斯堪的纳维亚国家。对于后者，我们表明无论是在瑞典还是丹麦，民族聚居区对移民的劳动市场结果和教育结果都有正面影响，特别是对低技能工人。不幸的是，它们似乎对犯罪也有正面影响，因为在邻里中和很多罪犯同时长大对移民犯罪有长期影响。有趣的是，当我们考察美国城市街区的非实验证据时，发现存在很强的邻里效应，因为住在同一城市街区的工人更愿意和附近街区的居民一起工作。换句话说，与邻居互动的重要部分本质上是地方性的，即互动发生于同一街区的个人之间。对同一种族或民族的邻居而言，这一效应尤其明显。我们还讨论了估计邻里效应的结构方法：此处的文献发现证据表明，在犯罪和劳动市场存在重要的邻里效应。

然后，我们转向网络效应，仅关注这样一些研究，即明确以网络为研究对象，并将其当成一个图进行建模。我们主要描述（准）结构方法，其中首先表述模型，然后进行检验。为此，我们首先提出一个简单的模型，其中在既定的网络中，[56] 主体在某些活动中（教育、犯罪、劳动等）选择努力水平，效用是二次线性函数，主体的努力具有战略互补性。在模型的一个版本中，每个主体 i 的网络效应表示为与其直接联系的主体 j 努力的加总（地方总体模型），在另一个版本中，表示为每个主体 i 到社会规范的距离（地方平均模型）。我们计算每个模型的纳什均衡，表明主体在网络中的位置对结果的重要性。然后，我们讨论基于这些模型的不同经验检验以及它们的识别策略。结果表明，在不同活动中（教育、犯罪、健康等）具有很强的网络效应，政策需要考虑哪个模型更符合数据。一个有趣的政策是关键参与人政策，其政策目标指向网

---

[56] 有一个关于网络形成的重要文献，我们这里没有考察，因为这些模型通常充斥着多重均衡，难以进行经验检验。对文献的概览见 Jackson（2008）。

络中的一个主体以最大化总活动或总福利。

在本章的最后，我们研究邻里效应和网络效应的相互作用。首先，我们提出一些模型，其中城市和社会空间是一体的，分析这两个空间相互作用是如何影响工人劳动市场结果的，尤其是对少数族裔。然后，我们转向经验检验，发现在分析中同时包括两个空间的研究非常少。显然，未来需要做一些工作，因为我们正在拥有包含两个空间的更好数据。这对政策非常重要，因为它有助于我们理解邻里相对于同辈和网络对结果的影响，如犯罪、教育和劳动。

致　　谢

本章是为 G. Duranton，V. Henderson，以及 W. Strange（编辑）的《区域和城市经济学手册（第5卷）》准备的。我们感谢 Gilles Duranton，Jessie Handbury，Vernon Henderson，Steve Ross，以及 Will Strange 非常有价值的评论。

参考文献

Abowd, J.M., Kramarz, F., Margolis, D.N., 1999. High wage workers and high wage firms. Econometrica 67, 251–333.

Aguirregabiria, V., Mira, P., 2007. Sequential estimation of dynamic discrete games. Econometrica 75, 1–53.

Ainsworth-Darnell, J.W., Downey, D.B., 1998. Assessing the oppositional culture explanation for racial/ethnic differences in school performance. Am. Sociol. Rev. 63, 536–553.

Akerlof, G.A., 1997. Social distance and social decisions. Econometrica 65, 1005–1027.

Allouch, N., 2012. On the private provision of public goods on networks. Nota di Lavoro 14.2012. Fondazione Eni Enrico Mattei.

Ananat, E., Fu, S., Ross, S.L., 2013. Race-specific agglomeration economies: social distance and the black-white wage gap. NBER Working papers 18933.

Angelucci, M., De Giorgi, G., Rasul, I., 2014. Resource pooling within family networks: insurance and investment. Unpublished manuscript, University of College London.

Angrist, J.D., Dynarski, S.M., Kane, T.J., Pathak, P.A., Walters, C.R., 2010. Inputs and impacts in charter schools: KIPP Lynn. Am. Econ. Rev. Pap. Proc. 100, 239–243.

Angrist, J.D., Dynarski, S.M., Kane, T.J., Pathak, P.A., Walters, C.R., 2012. Who benefits from KIPP? J. Policy Anal. Manage. 31, 837–860.

Anselin, L., 1988. Spatial Econometrics: Methods and Models. Kluwer Academic Publishers, Dordrecht.

Arzaghi, M., Henderson, J.V., 2008. Networking off Madison Avenue. Rev. Econ. Stud. 75, 1011–1038.

Åslund, O., Edin, P.-A., Fredriksson, P., Grönqvist, H., 2011. Peers, neighborhoods, and immigrant student achievement: evidence from a placement policy. Am. Econ. J. Appl. Econ. 3, 67–95.

Åslund, O., Östh, J., Zenou, Y., 2010. How crucial is distance to jobs for ethnic minorities? Old question—improved answer. J. Econ. Geogr. 10, 389–422.

Austen-Smith, D., Fryer Jr., R.D., 2005. An economic analysis of 'acting white'. Q. J. Econ. 120, 551–583.

Ballester, C., Zenou, Y., 2014. Key player policies when contextual effects matter. J. Math. Sociol. 38, 233–248.

Ballester, C., Calvó-Armengol, A., Zenou, Y., 2006. Who's who in networks. Wanted: the key player. Econometrica 74, 1403–1417.

Ballester, C., Calvó-Armengol, A., Zenou, Y., 2010. Delinquent networks. J. Eur. Econ. Assoc. 8, 34–61.

Banerjee, A., Chandrasekhar, A.G., Duflo, E., Jackson, M.O., 2013. The diffusion of microfinance. Science 341, 6144.

Battu, H., Zenou, Y., 2010. Oppositional identities and employment for ethnic minorities. Evidence for England. Econ. J. 120, F52–F71.

Battu, H., McDonald, M., Zenou, Y., 2007. Oppositional identities and the labor market. J. Popul. Econ. 20, 643–667.

Battu, H., Seaman, P., Zenou, Y., 2011. Job contact networks and the ethnic minorities. Labour Econ. 18, 48–56.

Bayer, P., Ferreira, F., McMillan, R., 2007. A unified framework for measuring preferences for schools and neighborhoods. J. Polit. Econ. 115, 588–638.

Bayer, P., Ross, S.L., Topa, G., 2008. Place of work and place of residence: informal hiring networks and labor market outcomes. J. Polit. Econ. 116, 1150–1196.

Beaman, L., 2012. Social networks and the dynamics of labor market outcomes: evidence from refugees resettled in the U.S. Rev. Econ. Stud. 79, 128–161.

Beckmann, M.J., 1976. Spatial equilibrium and the dispersed city. In: Papageorgiou, Y.Y. (Ed.), Mathematical Land Use Theory. Lexington Books, Lexington, MA, pp. 117–125.

Benhabib, J., Bisin, A., Jackson, M.O., 2011. Handbook of Social Economics, vols. 1 and 2. Elsevier Science, Amsterdam.

Berliant, M., Peng, S.-K., Wang, P., 2002. Production externalities and urban configuration. J. Econ. Theory 104, 275–303.

Bernheim, B.D., 1994. A theory of conformity. J. Polit. Econ. 102, 841–877.

Bifulco, R., Fletcher, J.M., Ross, S.L., 2011. The effect of classmate characteristics on post-secondary outcomes: evidence from the Add Health. Am. Econ. J. Econ. Policy 3, 25–53.

Bisin, A., Moro, A., Topa, G., 2011a. The empirical content of models with multiple equilibria in economies with social interactions. NBER Working paper No. 17196.

Bisin, A., Patacchini, E., Verdier, T., Zenou, Y., 2011b. Formation and persistence of oppositional identities. Eur. Econ. Rev. 55, 1046–1071.

Black, S.E., 1999. Do better schools matter? Parental valuation of elementary education. Q. J. Econ. 114, 57–99.

Blume, L.E., Brock, W.A., Durlauf, S.N., Ioannides, Y.M., 2011. Identification of social interactions. In: Benhabib, J., Bisin, A., Jackson, M.O. (Eds.), Handbook of Social Economics. Elsevier Science, Amsterdam.

Bonacich, P., 1987. Power and centrality: a family of measures. Am. J. Sociol. 92, 1170–1182.

Bond, T.N., Lang, K., 2014. The sad truth about happiness scales. NBER Working paper No. 19950.

Bondonio, D., Greenbaum, R.T., 2007. Do local tax incentives affect economic growth? What mean impact miss in the analysis of enterprise zone policies. Reg. Sci. Urban Econ. 37, 121–136.

Borukhov, E., Hochman, O., 1977. Optimum and market equilibrium in a model of a city without a predetermined center. Environ. Plan. A 9, 849–856.

Boucher, V., Bramoullé, Y., Djebbari, H., Fortin, B., 2014. Do peers affect student achievement? Evidence from Canada using group size variation. J. Appl. Econom. 29, 91–109.

Boustant, L.P., 2010. Was postwar suburbanization white flight? Evidence from the black migration. Q. J. Econ. 125, 417–443.

Bramoullé, Y., Kranton, R., 2007. Public goods in networks. J. Econ. Theory 135, 478–494.

Bramoullé, Y., Djebbari, H., Fortin, B., 2009. Identification of peer effects through social networks. J. Econom. 150, 41–55.

Bramoullé, Y., Kranton, R., D'Amours, M., 2014. Strategic interaction and networks. Am. Econ. Rev. 104, 898–930.

Brock, W., Durlauf, S.E., 2001. Discrete choice models with social interactions. Rev. Econ. Stud. 68, 235–260.

Brooks-Gunn, J., Duncan, G., Klebanov, P., Sealand, N., 1992. Do neighborhoods influence child and adolescent development? Am. J. Sociol. 99, 353–395.

Brooks-Gunn, J., Duncan, G.J., Aber, J.L. (Eds.), 1997. Neighborhood Poverty: Context and Consequences for Children, vol. 1. Policy Implications in Studying Neighborhoods, vol. 2. Russell Sage Foundation, New York.

Brown, M., Setren, E., Topa, G., 2014. Do informal referrals lead to better matches? Evidence from a firm's employee referral system. Unpublished manuscript, Federal Reserve Bank of New York.

Brueckner, J.K., Largey, A.G., 2008. Social interactions and urban sprawl. J. Urban Econ. 64, 18–34.

Brueckner, J.K., Thisse, J.-F., Zenou, Y., 2002. Local labor markets, job matching and urban location. Int. Econ. Rev. 43, 155–171.

Busso, M., Gregory, J., Kline, P., 2013. Assessing the incidence and efficiency of a prominent place based policy. Am. Econ. Rev. 103, 897–947.

Calvó-Armengol, A., 2004. Job contact networks. J. Econ. Theory 115, 191–206.

Calvó-Armengol, A., Jackson, M.O., 2004. The effects of social networks on employment and inequality. Am. Econ. Rev. 94, 426–454.

Calvó-Armengol, A., Jackson, M.O., 2007. Networks in labor markets: wage and employment dynamics and inequality. J. Econ. Theory 132, 27–46.

Calvó-Armengol, A., Zenou, Y., 2004. Social networks and crime decisions. The role of social structure in facilitating delinquent behavior. Int. Econ. Rev. 45, 939–958.

Calvó-Armengol, A., Zenou, Y., 2005. Job matching, social network and word-of-mouth communication. J. Urban Econ. 57, 500–522.

Calvó-Armengol, A., Verdier, T., Zenou, Y., 2007. Strong and weak ties in employment and crime. J. Public Econ. 91, 203–233.

Calvó-Armengol, A., Patacchini, E., Zenou, Y., 2009. Peer effects and social networks in education. Rev. Econ. Stud. 76, 1239–1267.

Campbell, J.Y., Giglio, S., Pathak, P., 2011. Forced sales and house prices. Am. Econ. Rev. 101, 2108–2131.

Carrell, S.E., Fullerton, R.L., West, J.E., 2009. Does your cohort matter? Estimating peer effects in college achievement. J. Labor Econ. 27, 439–464.

Carrell, S.E., Sacerdote, B.I., West, J.E., 2013. From natural variation to optimal policy? The importance of endogenous peer group formation. Econometrica 81, 855–882.

Centola, D., 2010. The spread of behavior in an online social network experiment. Science 329, 1194–1197.

Chandrasekhar, A.G., Jackson, M.O., 2013. Tractable and consistent random graph models. Unpublished manuscript, Stanford University.

Charness, G., Feri, F., Meléndez-Jiménez, M.A., Sutter, M., 2014. Experimental games on networks: underpinnings of behavior and equilibrium selection. Econometrica 82, 1615–1670.

Christakis, N., Fowler, J., Imbens, G., Kalyanaraman, K., 2010. An empirical model for strategic network formation. NBER Working paper No. 16039.

Cohen-Cole, E., 2006. Multiple groups identification in the linear-in-means model. Econ. Lett. 92, 157–162.

Comola, M., Prina, S., 2014. Do interventions change the network? A dynamic peer effect model accounting for network changes. Unpublished manuscript, Paris School of Economics.

Conley, T.G., Topa, G., 2002. Socio-economic distance and spatial patterns in unemployment. J. Appl. Econom. 17 (4), 303–327.

Conley, T.G., Topa, G., 2007. Estimating dynamic local interactions models. J. Econom. 140, 282–303.

Conley, T.G., Udry, C.R., 2010. Learning about a new technology: pineapple in Ghana. Am. Econ. Rev. 100, 35–69.

Corcoran, M., Gordon, R., Laren, D., Solon, G., 1989. Effects of family and community background on men's economic status. NBER Working paper No. 2896.

Curto, V.E., Fryer Jr., R.G., 2014. The potential of urban boarding schools for the poor: evidence from SEED. J. Labor Econ. 32, 65–93.

Damm, A.P., 2009. Ethnic enclaves and immigrant labor market outcomes: quasi-experimental evidence. J. Labor Econ. 27, 281–314.

Damm, A.P., 2014. Neighborhood quality and labor market outcomes : evidence from quasi-random neighborhood assignment of immigrants. J. Urban Econ. 79, 139–166.

Damm, A.P., Dustmann, C., 2014. Does growing up in a high crime neighborhood affect youth criminal behavior? Am. Econ. Rev. 104, 1806–1832.

Datcher, L., 1983. The impact of informal networks on quit behavior. Rev. Econ. Stat. 65, 491–495.

De Giorgi, G., Pellizzari, M., Redaelli, S., 2010. Identification of social interactions through partially overlapping peer groups. Am. Econ. J. Appl. Econ. 2, 241–275.

De Giorgi, G., Frederiksen, A., Pistaferri, L., 2014. Consumption network effects. Unpublished manuscript, Stanford University.

Del Bello, C.L., Patacchini, E., Zenou, Y., 2014. Peer effects: social distance or geographical distance? Unpublished manuscript, Stockholm University.

Delpit, L., 1995. Other People's Children: Cultural Conflict in the Classroom. The Free Press, New York.

De Martí, J., Zenou, Y., 2011. Social networks. In: Jarvie, I., Zamora-Bonilla, J. (Eds.), Handbook of Philosophy of Social Science. SAGE Publications, London, pp. 339–361.

De Martí, J., Zenou, Y., 2012. Friendship formation, oppositional identity, and segregation. CEPR Discussion Paper No. 7566.

Duranton, G., Puga, D., 2004. Micro-foundations of urban agglomeration economies. In: Thisse, J.-F., Henderson, J.V. (Eds.), Handbook of Regional and Urban Economics, vol. 4. Elsevier Science, Amsterdam, pp. 2063–2117.

Durlauf, S., 2004. Neighborhood effects. In: Thisse, J.-F., Henderson, J.V. (Eds.), Handbook of Regional and Urban Economics, vol. 4. Elsevier Science, Amsterdam, pp. 2173–2242.

Dustmann, C., Glitz, A., Schoenberg, U., 2011. Referral-based job search networks. Unpublished manuscript, University College London.

Edin, P.-A., Fredriksson, P., Aslund, O., 2003. Ethnic enclaves and the economic success of immigrants: evidence from a natural experiment. Q. J. Econ. 118, 329–357.

Fernandez, R.M., Fernandez-Mateo, I., 2006. Networks, race, and hiring. Am. Sociol. Rev. 71, 42–71.

Fershtman, C., Weiss, Y., 1998. Social rewards, externalities and stable preferences. J. Public Econ. 70, 53–73.

Fletcher, J.M., 2010. Social interactions and smoking: evidence using multiple student cohorts, instrumental variables, and school fixed effects. Health Econ. 19, 466–484.

Fletcher, J.M., 2012. Peer influences on adolescent alcohol consumption: evidence using an instrumental variables/fixed effect approach. J. Popul. Econ. 25, 1265–1286.

Fletcher, J.M., Ross, S.L., 2012. Estimating the effects of friendship networks on health behaviors of adolescents. NBER Working paper No. 18253.

Fletcher, J.M., Ross, S.L., Zhang, Y., 2013. The determinants and consequences of friendship formation. NBER Working paper No. 19215.

Fordham, S., Ogbu, J.U., 1986. Black student' school success: coping with the burden of 'acting white'. Urban Rev. 18, 176–206.

Frijters, P., Shields, M.A., Wheatley Price, S., 2005. Job search methods and their success: a comparison of immigrants and natives in the UK. Econ. J. 115, F359–F376.

Fryer Jr., R.G., Torelli, P., 2010. An empirical analysis of 'acting white'. J. Public Econ. 94, 380–396.

Fujita, M., 1989. Urban Economic Theory: Land Use and City Size. Cambridge University Press, Cambridge.

Fujita, M., Ogawa, H., 1982. Multiple equilibria and structural transition of non-monocentric urban configurations. Reg. Sci. Urban Econ. 12, 161–196.

Fujita, M., Thisse, J.-F., 2013. Economics of Agglomeration: Cities, Industrial Location, and Regional Growth, second ed. Cambridge University Press, Cambridge.

Galenianos, M., 2013. Learning about match quality and the use of referrals. Rev. Econ. Dyn. 16, 668–690.

Galenianos, M., 2014. Hiring through referrals. J. Econ. Theory 152, 304–323.

Glaeser, E., Scheinkman, J.A., 2001. Measuring social interaction. In: Durlauf, S., Young, P. (Eds.), Social Dynamics. Brookings Institution Press and MIT Press, Cambridge, MA, pp. 83–102.

Glaeser, E.L., Sacerdote, B., Scheinkman, J., 1996. Crime and social interactions. Q. J. Econ. 111, 508–548.

Gobillon, L., Selod, H., Zenou, Y., 2007. The mechanisms of spatial mismatch. Urban Stud. 44, 2401–2427.

Goldsmith-Pinkham, P., Imbens, G.W., 2013. Social networks and the identification of peer effects. J. Bus. Econ. Stat. 31, 253–264.

Gould, E.D., Lavy, V., Paserman, D., 2011. Sixty years after the magic carpet ride: the long-run effect of the early childhood environment on social and economic outcomes. Rev. Econ. Stud. 78, 938–973.

Goyal, S., 2007. Connections: An Introduction to the Economics of Networks. Princeton University Press, Princeton.

Granovetter, M.S., 1973. The strength of short-lived ties. Am. J. Sociol. 78, 1360–1380.

Granovetter, M.S., 1974. Getting a Job: A Study of Contacts and Careers. Harvard University Press, Cambridge, MA.

Granovetter, M.S., 1979. Placement as brokerage: information problems in the labor market for rehabilitated workers. In: Vandergoot, D., Worrall, J.D. (Eds.), Placement in Rehabilitation: A Career Development Perspective. University Park Press, New York, pp. 83–101.

Granovetter, M.S., 1983. The strength of short-lived ties: a network theory revisited. Sociol. Theory 1, 201–233.

Guest, A.M., Lee, B.A., 1983. The social organization of local areas. Urban Aff. Q. 19, 217–240.

Ham, J.C., Swenson, C., Imrohoroglu, A., Song, H., 2011. Government programs can improve local labor markets: evidence from State Enterprise Zones, Federal Empowerment Zones and Federal Enterprise Community. J. Public Econ. 95, 779–797.

Hahn, J., Todd, P., van der Klaauw, W., 2001. Identification and estimation of treatment effects with a regression-discontinuity design. Econometrica 69, 201–209.

Harding, J.P., Rosenblatt, E., Yao, V.W., 2009. The contagion effect of foreclosed properties. J. Urban Econ. 66, 164–178.

Hawranek, F., Schanne, N., 2014. Your very private job agency: job referrals based on residential location networks. IAB Discussion Paper No. 1/2014. The Research Institute of the German Federal Employment Agency.

Hellerstein, J.K., McInerney, M.P., Neumark, D., 2011. Neighbors and co-workers: the importance of residential labor market networks. J. Labor Econ. 29, 659–695.

Hellerstein, J.K., Kutzbach, M.J., Neumark, D., 2014. Do labor market networks have an important spatial dimension? J. Urban Econ. 79, 39–58.

Helmers, C., Patnam, M., 2014. Does the rotten child spoil his companion? Spatial peer effects among children in rural India. Quant. Econ. 5, 67–121.

Helsley, R.W., 1990. Knowledge production in the CBD. J. Urban Econ. 28, 391–403.

Helsley, R.W., Strange, W.C., 2007. Urban interactions and spatial structure. J. Econ. Geogr. 7, 119–138.

Helsley, R.W., Zenou, Y., 2014. Social networks and interactions in cities. J. Econ. Theory 150, 426–466.

Ihlanfeldt, K.R., Sjoquist, D., 1998. The spatial mismatch hypothesis: a review of recent studies and their implications for welfare reform. Hous. Policy Debate 9, 849–892.

Ioannides, Y.M., 2003. Interactive property valuations. J. Urban Econ. 53, 145–170.

Ioannides, Y.M., 2012. From Neighborhoods to Nations: The Economics of Social Interactions. Princeton University Press, Princeton.

Ioannides, Y.M., Datcher-Loury, L., 2004. Job information networks, neighborhood effects and inequality. J. Econ. Lit. 424, 1056–1093.

Ioannides, Y.M., Topa, G., 2010. Neighborhood effects: accomplishments and looking beyond them. J. Reg. Sci. 50, 343–362.

Jackson, M.O., 2003. The stability and efficiency of economic and social networks. In: Koray, S., Sertel, M. (Eds.), Advances in Economic Design. Springer-Verlag, Heidelberg, pp. 319–362.

Jackson, M.O., 2004. A survey of models of network formation: stability and efficiency. In: Demange, G., Wooders, M. (Eds.), Group Formation in Economics. Networks, Clubs and Coalitions. Cambridge University Press, Cambridge, UK, pp. 11–57.

Jackson, M.O., 2005. The economics of social networks. In: Blundell, R., Newey, W., Persson, T. (Eds.), Proceedings of the 9th World Congress of the Econometric Society. Cambridge University Press, Cambridge, UK, pp. 1–56.

Jackson, M.O., 2008. Social and Economic Networks. Princeton University Press, Princeton, NJ.

Jackson, M.O., 2011. An overview of social networks and economic applications. In: Benhabib, J., Bisin, A., Jackson, M.O. (Eds.), Handbook of Social Economics, vol. 1A. Elsevier Science, Amsterdam, pp. 511–579.

Jackson, M.O., 2013. Unraveling peers and peer effects: comments on Goldsmith-Pinkham and Imbens' social networks and the identification of peer effects. J. Bus. Econ. Stat. 31, 270–273.

Jackson, M.O., Rogers, B.W., 2005. The economics of small worlds. J. Eur. Econ. Assoc. 3, 617–627.

Jackson, M.O., Wolinsky, A., 1996. A strategic model of social and economic networks. J. Econ. Theory 71, 44–74.

Jackson, M.O., Yariv, L., 2011. Diffusion, strategic interaction, and social structure. In: Benhabib, J., Bisin, A., Jackson, M.O. (Eds.), Handbook of Social Economics, vol. 1A. Elsevier Science, Amsterdam, pp. 645–678.

Jackson, M.O., Zenou, Y., 2013. Economic Analyses of Social Networks. The International Library of Critical Writings in Economics. Edward Elgar Publishing, London.

Jackson, M.O., Zenou, Y., 2015. Games on networks. In: Young, P., Zamir, S. (Eds.), Handbook of Game Theory, vol. 4. Elsevier Publisher, Amsterdam, pp. 91–157.

Jackson, M.O., Rogers, B.W., Zenou, Y., 2015. The impact of social networks on economic behavior. SSRN Working paper 2467812.

Jacob, B.A., 2004. Public housing, housing vouchers, and student achievement: evidence from public housing demolitions in Chicago. Am. Econ. Rev. 94, 233–258.

Jencks, C., Mayer, S.E., 1990. The social consequences of growing up in a poor neighborhood. In: Lynn, L., McGeary, M. (Eds.), Inner-City Poverty in the United States. National Academy Press, Washington, DC, pp. 111–186.

Johnson, C., Gilles, R.P., 2000. Spatial social networks. Rev. Econ. Des. 5, 273–299.

Kain, J., 1968. Housing segregation, Negro employment, and metropolitan decentralization. Q. J. Econ. 82, 175–197.

Kandel, E., Lazear, E.P., 1992. Peer pressure and partnerships. J. Polit. Econ. 100, 801–817.

Katz, L., 1953. A new status index derived from sociometric analysis. Psychometrika 18, 39–43.

Kelejian, H.H., 2008. A spatial J-test for model specification against a single or a set of nonnested alternatives. Lett. Spat. Resour. Sci. 1, 3–11.

Kelejian, H.H., Piras, G., 2014. Estimation of spatial models with endogenous weighting matrices, and an application to a demand model for cigarettes. Reg. Sci. Urban Econ. 46, 140–149.

Kleiman, M.A., 2009. When Brute Force Fails. How to Have Less Crime and Less Punishment. Princeton University Press, Princeton.

Kling, J.R., Ludwig, J., Katz, L.F., 2005. Neighborhood effects on crime for female and male youth: evidence from a randomized housing voucher experience. Q. J. Econ. 120, 87–130.

Kling, J.R., Liebman, J.B., Katz, L.F., 2007. Experimental analysis of neighborhood effects. Econometrica 75, 83–119.

Kosfeld, M., 2004. Economic networks in the laboratory: a survey. Rev. Netw. Econ. 30, 20–42.

König, M.D., Liu, X., Zenou, Y., 2014a. R&D networks: theory, empirics and policy implications. CEPR Discussion Paper No. 9872.

König, M., Tessone, C., Zenou, Y., 2014b. Nestedness in networks: a theoretical model and some applications. Theor. Econ. 9, 695–752.

Lee, L.F., 2007. Identification and estimation of econometric models with group interactions, contextual factors and fixed effects. J. Econom. 140, 333–374.

Lee, B.A., Campbell, K.E., 1999. Neighbor networks of black and white Americans. In: Wellman, B. (Ed.), Networks in the Global Village: Life in Contemporary Communities. Westview Press, Boulder, CO, pp. 119–146.

Lee, L.F., Liu, X., Lin, X., 2010. Specification and estimation of social interaction models with network structures. Econom. J. 13, 145–176.

Lin, X., 2010. Identifying peer effects in student academic achievement by a spatial autoregressive model with group unobservables. J. Labor Econ. 28, 825–860.

Lindquist, M.J., Zenou, Y., 2014. Key players in co-offending networks. CEPR Discussion Paper No. 9889.

Liu, X., Lee, L.F., 2010. GMM estimation of social interaction models with centrality. J. Econom. 159, 99–115.

Liu, X., Patacchini, E., Zenou, Y., Lee, L.-F., 2012. Criminal networks: who is the key player? CEPR Discussion Paper No. 8772.

Liu, X., Patacchini, E., Zenou, Y., 2013. Peer effects: social multiplier or social norms? CEPR Discussion Paper No. 9366.

Liu, X., Patacchini, E., Zenou, Y., 2014. Endogenous peer effects: local aggregate or local average? J. Econ. Behav. Organ. 103, 39–59.

Lucas, R., 2001. Externalities and cities. Rev. Econ. Dyn. 4, 245–274.

Lucas, R., Rossi-Hansberg, E., 2002. On the internal structure of cities. Econometrica 70, 1445–1476.

Ludwig, J., Duncan, G.J., Hirschfield, P., 2001. Urban poverty and juvenile crime: evidence from a randomized housing-mobility experiment. Q. J. Econ. 116, 655–679.

Ludwig, J., Duncan, G.J., Gennetian, L.A., Katz, L.F., Kessler, R.C., Kling, J.R., Sanbonmatsu, L., 2012. Neighborhood effects on the long-term well-being of low-income adults. Science 337, 1505.

Manski, C.F., 1993. Identification of endogenous effects: the reflection problem. Rev. Econ. Stud. 60, 531–542.

Manski, C.F., 2000. Economic analysis of social interactions. J. Econ. Perspect. 14, 115–136.

Mele, A., 2013. A structural model of segregation in social networks. Unpublished manuscript, Johns Hopkins Carey Business School.

Moffitt, R., 2001. Policy interventions low-level equilibria, and social interactions. In: Durlauf, S., Young, P. (Eds.), Social Dynamics. MIT Press, Cambridge, MA, pp. 45–82.

Montgomery, J.D., 1994. Weak ties, employment, and inequality: an equilibrium analysis. Am. J. Sociol. 99, 1212–1236.

Moro, A., 2003. The effect of statistical discrimination on black–white wage inequality: estimating a model with multiple equilibria. Int. Econ. Rev. 44, 457–500.

Mossay, P., Picard, P.M., 2011. On spatial equilibria in a social interaction model. J. Econ. Theory 146, 2455–2477.

Mossay, P., Picard, P.M., 2013. Spatial segregation and urban structure. CREA Discussion Paper Series 13-03. Center for Research in Economic Analysis, University of Luxembourg.

Mouw, T., Entwisle, B., 2006. Residential segregation and interracial friendship in schools. Am. J. Sociol. 112, 394–441.

Ogawa, H., Fujita, M., 1980. Equilibrium land use patterns in a non-monocentric city. J. Reg. Sci. 20, 455–475.

Oreopoulous, P., 2003. The long-run consequences of living in a poor neighborhood. Q. J. Econ. 118, 1533–1575.

Ota, M., Fujita, M., 1993. Communication technologies and spatial organization of multi-unit firms in metropolitan areas. Reg. Sci. Urban Econ. 23, 695–729.

Otani, S., 1999. Personal community networks in contemporary Japan. In: Wellman, B. (Ed.), Networks in the Global Village: Life in Contemporary Communities. Westview Press, Boulder, CO, pp. 279–297.

Papageorgiou, Y.Y., Smith, T.R., 1983. Agglomeration as local instability of spatially uniform steady states. Econometrica 51, 1109–1119.

Papke, L., 1994. Tax policy and urban development: evidence from the Indiana enterprise zone program. J. Public Econ. 54, 37–49.

Patacchini, E., Zenou, Y., 2008. The strength of weak ties in crime. Eur. Econ. Rev. 52, 209–236.

Patacchini, E., Zenou, Y., 2012a. Ethnic networks and employment outcomes. Reg. Sci. Urban Econ. 42, 938–949.

Patacchini, E., Zenou, Y., 2012b. Juvenile delinquency and conformism. J. Law Econ. Org. 28, 1–31.

Patacchini, E., Zenou, Y., 2014. Social networks and parental behavior in the intergenerational transmission of religion. Unpublished manuscript, Stockholm University.

Patacchini, E., Rainone, E., Zenou, Y., 2014. Heterogeneous peer effects in education. CEPR Discussion Paper No. 9804.

Picard, P.M., Zenou, Y., 2014. Urban spatial structure, employment and social ties. CEPR Discussion Paper No. 10030.

Popkin, S.J., Rosenbaum, J.E., Meaden, P.M., 1993. Labor market experiences of low-income black women in middle-class suburbs: evidence from a survey of Gautreaux program participants. J. Policy Anal. Manage. 12, 556–573.

Pugh, M., 1998. Barriers to work: the spatial divide between jobs and welfare recipients in metropolitan areas. The Brookings Institution.

Rice, P., Venables, A.J., Patacchini, E., 2006. Spatial determinants of productivity: analysis for the regions of Great Britain. Reg. Sci. Urban Econ. 36, 727–752.

Rosenthal, S.S., Strange, W., 2003. Geography, industrial organization and agglomeration. Rev. Econ. Stat. 85, 178–188.

Rosenthal, S.S., Strange, W., 2008. The attenuation of human capital spillovers. J. Urban Econ. 64, 373–389.

Rossi-Hansberg, E., Sarte, P.-D., Owens III, R., 2010. Housing externalities. J. Polit. Econ. 118, 485–535.

Sato, Y., Zenou, Y., 2015. How urbanization affect employment and social interactions. European Economic Review, forthcoming.

Schmutte, I.M., 2015. Job referral networks and the determination of earnings in local labor markets. J. Labor Econ. 33, 1–32.

Snijders, T., 2001. The statistical evaluation of social network dynamics. Sociol. Method. 31, 361–395.

Topa, G., 2001. Social interactions, local spillovers and unemployment. Rev. Econ. Stud. 68, 261–295.

Vega-Redondo, F., 2007. Complex Social Networks. Cambridge University Press, Cambridge.

Verdier, T., Zenou, Y., 2004. Racial beliefs, location and the causes of crime. Int. Econ. Rev. 45, 727–756.

Wahba, J., Zenou, Y., 2005. Density, social networks and job search methods: theory and applications to Egypt. J. Dev. Econ. 78, 443–473.

Wasserman, S., Faust, K., 1994. Social Network Analysis. Methods and Applications. Cambridge University Press, Cambridge.

Wellman, B., 1996. Are personal communities local? A Dumptarian reconsideration. Soc. Netw. 18, 347–354.

Wial, H., 1991. Getting a good job: mobility in a segmented labor market. Ind. Relat. 30, 396–416.

Wilson, W.J., 1987. The Truly Disadvantaged: The Inner City, the Underclass, and Public Policy. University of Chicago Press, Chicago.

Wilson, W.J., 1996. When Work Disappears: The World of the New Urban Poor. Knopf, New York.

Yinger, J., 1986. Measuring racial discrimination with fair housing audits. Am. Econ. Rev. 76, 881–893.

Yinger, J., 1997. Cash in your face: the cost of racial and ethnic discrimination in housing. J. Urban Econ. 42, 339–365.

Zenou, Y., 2009. Urban Labor Economics. Cambridge University Press, Cambridge.

Zenou, Y., 2013. Spatial versus social mismatch. J. Urban Econ. 74, 113–132.

Zenou, Y., 2015a. Networks in economics, In: Wright, J.D. (Ed.), International Encyclopedia of Social and Behavioral Sciences. second ed. Elsevier Publisher, Amsterdam.

Zenou, Y., 2015b. A dynamic model of weak and strong ties in the labor market. J. Labor Econ. forthcoming.

Zenou, Y., 2015c. Key players. In: Bramoullé, Y., Rogers, B.W., Galeotti, A. (Eds.), Oxford Handbook on the Economics of Networks. Oxford University Press, Oxford, forthcoming.

第 *10* 章
移民与城市和区域经济

伊森·刘易斯
美国汉诺威达特茅斯学院
美国国家经济研究局

乔瓦尼·佩利
美国加利福尼亚大学戴维斯分校
美国国家经济研究局

摘要

在本章，我们将分析移民及其对城市与区域经济的影响，主要关注的是生产率和劳动力市场。移民政策通常是国家层次的，但国际移民往往更容易影响地方经济。因为相对于本地居民来说，他们的定居点都明显集中在城市和区域。在一些与经济相关的技能方面，移民区别于本地居民，而他们对地方经济的影响正取决于这些技能。我们强调要正确评估这种影响，还需要理解和衡量由移民流动产生的本地调整。工人和企业利用移民带来的机会，并试图使移民福利最大化来回馈他们。我们提出了一般性的概念框架来分析移民的地方效应，并描述了多个应用。本章还讨论了经验文献，这些文献试图分离和识别移民对地方经济的因果影响，并对不同技能类型的本地居民，估计其不同边际反应和相应的结果。最后，我们也探讨了持续推进此项研究的前沿途径。

关键词

移民 劳动市场 技能互补 创新 内生技术变化 劳动力供给 移民聚居地 企业 生产率

JEL 分类码

劳动：J2，J3，J61　　国际：F16，F22　　生产技术和创新：O31，O33　　区域：R11，R12

10.1　引　　言

过去的 40 年里，迁移至美国和其他富裕国家的国际移民数量及人口比例均呈上升趋势。截至 2010 年，经济合作和发展组织国家（经济最发达国家的俱乐部）约 10% 的人口是在外国出生的。美国外国出生的比例是 12.9%，略高于平均水平。最近几十年来，这一份额也在显著增加，因为 1970 年移民只占美国人口的 4.7%。尽管总人数不可忽视，移民之所以受到城市和区域经济学家的关注，是因为他们会明显地集聚在某些区域和城市，美国就是一个很好的例子。无论我们选择什么样的地理单元，移民相较于本地居民在地域上都更为集中。我们将在下一节用更详细的统计数据来说明这一事实。加利福尼亚作为最大的移民州，占美国移民的 25%，只占美国本地出生人口的 9%。纽约作为最大的移民大都市区，占美国移民的 14.5%，但只占美国本地出生人口的 5.5% 是本地居民（作者的计算数据来源于 2010 年美国社区调查［ACS；Ruggles et al.，2010）］。

因此，在移民居住的地方，本地居民跟移民的接触程度（在生活的各个方面）存在很大差异。在 2011 年加利福尼亚州居民中，每两个美国出生的人，就有 1 个外国出生的人。因此，某种形式上，本地居民极易感知到外国出生的人对经济和劳动市场的影响。而在西弗吉尼亚州的居民中，每 99 个本地居民，仅有 1 人是移民。相对于数量众多的本地居民，在经济和劳动力市场方面移民产生的影响是微乎其微的。更为极端的是，2011 年迈阿密和洛杉矶有超过 40% 的外国出生居民[1]（几乎一个本地居民对应一个外国出生的人），而其他大都市区（如约翰斯敦，巴拿马和比林斯，蒙大拿州）仅有不到 1% 外国出生的居民[2]。

移民人口相对于本地居民在地域上的不均衡分布，是研究移民对当地经济影响差别的合理初始设定。在过去几十年里，不同地理区域内的本地工人和企

---

　　[1]　迈阿密外国出生居民的比例是 62%，美国洛杉矶是 43%（作者的计算来源于 Ruggles 等人，2010）。

　　[2]　这些百分比是通过 ACS 微观数据计算的（Ruggles et al.，2010），包括所有年龄在 18～65 岁且不住在集体宿舍的工作者。

业已经接触到不同的移民流入，因此，通过适当地追踪他们在移民流入后的经济表现（本地工人的工资与劳动生产率和企业的生产率），我们也许能够明确移民对这些经济的影响。

当然，从统计联系中得到因果推断必须非常严谨。移民的居住点不是随机的，而是取决于本地的经济条件。繁荣的经济会吸引更多的工人和企业。如果移民对经济激励比本地居民更为敏感（有一些这方面的证据；例如 Cadena and Kovak，2013），移民在人口中份额的增加可能是区域经济繁荣的一种结果（而非一种原因）。通过区域分析来确定移民的总经济效益也要严谨，因为这些区域间是相互关联的：一个地区移民流入的影响可以通过劳动力流动、资本流动或贸易外溢到其他地区。尽管如此，利用移民定居点在区域和城市间的巨大差异，并将这些差异与本地经济成果关联起来，一直是主要经验研究的基础，这些经验研究主要关注移民的本地效应[3]。

我们强调移民相对于本地居民具有地理集中性这一典型特征（技能集中同理，如下文所述），因为这一现象在美国和在大多数工业化国家均存在。欧洲城市（如伦敦、巴黎和巴塞罗那）的移民密度可与美国顶级城市媲美。事实上，这一章将分析移民和地方经济的特征，这些特征在工业国家中非常普遍。同时我们先回顾一些针对美国的研究，由于其数据可用性较高。我们还将讨论和分析许多其他国家特别是欧洲的研究成果，自 2000 年以来，那里的移民流动性特别大，引起了巨大的政策争议，而且由于最近几年已有可用的官方数据，能够使经验分析更加详尽并值得关注。

移民作为一个群体，如果只关注他们不均匀的地理分布，就不能很好地洞察他们对本地居民产生的经济影响。事实上，移民在其他方面与本地居民也有不同的分布，我们广义地定义其为"技能"，在分析移民对本地居民的经济影响时，考虑他们具体的"技能"分布至关重要。一方面，这是因为它为我们提供了另一种变化维度以分析移民的影响；另一方面，更重要的是，在生产专业化和技能间互补的背景下，我们可以建立一个理论方法分析移民的生产效率和经济效益。首先，我们需要确定更合适的单元以最符合同质技能（或"生产要素"）。其次，我们需要指定相互组合的特定模式，使生产具有互补性和替代性。移民和本地居民基于这些技能单元的分布和本地居民跨越技能单元应对移民的能力（对跨地域单元的移动也一样）将成为决定移民生产率、工资和就业效果的重要因素。

---

[3]　在 20 世纪 90 年代和 20 世纪初，研究中利用移民的地理差异来估计经济效应被认定为"区域法"。然而，更多深入的研究常常将移民在地区单元间的技能分布考虑在内，而非简单考虑其密度。

现有文献记载了在技能特性上区别本地居民和移民的三个维度，形成了确定和分析移民影响的不同方法。第一，移民的教育结构与本地居民不同。他们大多学历很高（博士学历）或学历很低（高中以下学历）。第二，年龄分布不同，移民大多是青壮年劳动力（18～35 岁）。第三，移民的职业模式鲜明：低学历群体大多从事手工——体力密集型的工作，高学历群体大多从事科学技术——工程数学（STEM）密集型的工作。相比之下，他们在白领、传播密集型、官僚型的工作岗位上相对少见。这可能是因为他们的语言技能在这些工作中处于相对劣势，而（一方面）体力/动手技能或（另一方面）数学/分析技能在国际上较为通用。

由于移民在某些技能组的集中，我们在分析移民对本地经济影响时，需要考虑三个值得关注的理论结论。首先，移民对本地居民的影响将取决于本地居民的特点：如果个人技能和职业与移民的情况类似，则本地居民将在移民集中处感到更强烈的竞争。职业与移民不相似的本地居民将受到有益的影响或不受影响，这取决于技能间生产率的相互（或互补）作用。其次，这种不均匀的集中度会为本地居民"移出"单元引入不同的动机。虽然他们可能会跨越本地经济，朝着或远离移民集中的地区（取决于技能的互补或竞争），或者从那些主要由移民集聚且受益于移民的技能单元中移出。虽然工人不能改变年龄，但可以改变自己的教育程度、职业和专业化程度，并且通常会重新规划职业生涯。当面对移民时，本地居民会有专业化、升级和调整自己职业的经济动机，以最大限度地从移民中获得回报，并尽可能减少由于移民到来所造成的损失。最后，企业也是重要的参与者。当面对潜在工人跨技能单元集中度的不断变化时，他们可能会采用不同的科技或技术，或改变产品组合，以更充分、有效地利用这些技能，使这些技能变得更加丰富。

传统上，可从移民的短期效应和长期效应进行经济分析。然而，所谓的短期效应主要是一种分解复杂效应的理论方法。当经济学家分析了移民的"短期效应"，他们试图在所有其他变量（包括资本存量，本地居民的技能供给，技术和生产结构）固定的时候，将移民产生的结果分离开来，这被称为"局部"效应。这是一种理解和分离特定效应的方法，而不是一种能预测短期内会发生什么的一种方法。本地居民技能供给的调整、技术的适应和相关的资本投资以及上述产品组合的变化，通常与移民的长期效应有关。然而在过去的几十年里，除了一些特殊的情况，移民效应缓慢而持续。移民的效应很少在一年内短时间爆发（如果有的话），随后缓慢调整。通常情况下，在外国人口快速增长的国家中，移民的年流入量已经达到常住人口的 0.3%～0.6%。随着时间的推移，移民流入出现了重大变化，但观察这些结果的时间是几十年，而不是几年。因此，移民流入与发展的速度和相对的可预测性意味着移民具有"长期"效应。在这个时间范围内，所描述的调整边际（本地技能供给、资金、技术及输出组成的变化）也发挥了重要作用，需要作为移民效应的一部分加以分析。我们需要补充的是，着眼于移民的"长期"效应意味着在一个国家中，与移民流动最相关的指标是外国出生者存量的变化，也就是净移民的变化。因此，移民短期的迁出和回流并不是本章的核心。有一些值得关注的文献专门研究海归的选择及其如何影响剩余移民的特征（如 Abramitzky et al.，2014），我们只关注不回国移民的长期特点及其对本地经济的影响。

在移民接收国人力资本分配的顶部和底端，移民现象的"长期"性和移民的技能特征表明，在国家层次移民对经济增长和经济失衡具有重要作用。特别是由于过去 3~4 年中美国经济不均衡的增长，移民通过劳动力市场的竞争影响教育程度较低的本地居民，已经成为一个潜在的决定因素。卡德（Card，2009）与布劳和卡恩（Blau and Kahn，2012）研究发现，近几十年来，移民在美国加剧的经济失衡中并没有起到显著的作用。在受过大学教育和未受过大学教育的人之间，移民相对平衡的流入与本地市场和工人的反应（我们将在下文分析）意味着移民对本地工资（和收入）不平等的影响很小。此外，虽然有些移民本身处于收入分配的底端，但是他们的人口比例相对较小④。我们将在第 10.3.2 节进行国家层次上的研究⑤。其中，一些文献通过量化移民在美国经济不平等中的贡献，发现他们的作用很小。杜斯特曼等人（Dustmann et al.，2013）更直接地考虑了移民对英国工资分配的影响，发现移民对经济不平等的轻微积极影响，本地居民主要通过与移民之间的互补性实现工资增加。

另外，在国家层次上对移民和经济增长的研究非常有限。奥尔特加和佩利（Ortega and Peri，2014）是少数几个利用跨国分析估计了移民对人均国内生产总值和总生产率的影响的学者。他们利用地理特征对移民进行预测，并且控制了一系列制度、文化和历史的影响因素，以隔离移民的影响。他们发现各国的移民份额对生产率产生了积极作用，并证明这种作用某种程度上源于更多的创新和多样性的其他好处。阿尔西娜等（Alesina et al.，2013）采用类似的方法分析移民"出生国"多样性对人均国内生产总值和生产率的影响，并且发现了积极显著的影响。那些分析高技能移民（科学家和工程师）对美国城市平均工资和生产率增长影响（如在 10.3 节和 10.5 节描述的 Peri 等，2014）的研究也是很有发展前景的。所有提到的研究都值得关注，并且对定

---

④ Peri（2013）分析了移民通过劳动力市场竞争渠道在 1990~2010 年对美国本土贫困率的影响，他发现这种影响非常小。

⑤ 具体参见 Borjas（2003），Borjas 和 Katz（2007），Ottaviano 和 Peri（2012）。

量分析是有用的。然而，在本章中，我们用到的方法将更详细地了解机制和模式，以帮助我们理解移民对经济活动、生产率和劳动力市场的影响。专注于本地经济并阐明这些机制对移民在经济总体不平等和经济增长中的作用，具有很重要的意义。

10.2 节提出一些关于移民在地理与技能空间上分布的统计数据后，10.3节介绍了一种相当普遍的"生产函数法"来研究移民对经济的影响。我们将专注于移民对工资和就业的影响，还将讨论当我们分析专业化和技术选择时需要考虑的生产率效应。该分析方法使用生产函数法在一个城市（或地区）中针对不同类型工人技能的相互影响进行建模。我们特别重视嵌套的 CES 方法，这种方法在教育、年龄和出生地单元组织本地工人和移民工人，然后将工人投入到生产任务中去。该模型的变化在最近的文献中得到了广泛的应用。利用这个框架，我们得出移民对生产率和工资的影响，也对生产的专业化、技术供给量的变化以及生产技术的选择进行预测，然后得到由移民变化引起的技能分布。

10.4 节分析了在地方层次上将移民作为一种技能供给的外部变化来隔离移民的经验方法。我们将考虑用来识别和提出补救措施的潜在困难。特别是，该方法以现有的定居点和目前国家的总流入为依据，其中包括那些集中于移民潮的冲击或政策的变化。10.5 节中，我们回顾了移民对当地经济在工资和生产率方面所产生影响的估计，并将关注本地居民对移民的反应和一般均衡效应。事实上，移民的流入可能会引发当地居民的流动性反应（因为移民改变了他们的相对报酬）。经验表明，最显著的反应不是本地人本地居民在地理区域上净流出或流入表现出来的（2000 年 Card 和 DiNardo 称之为"溜冰场"假说），而是通过提高跨技能单元（专业化、职业升级和教育改善）的流动性。这是很重要的，因为技能空间的流动性与整个地区的流动性相比对本地工资的影响方式不同。特别是如果当地人为了应对移民的流入，从可替代性技能（职业、任务和工作）向与移民更互补的技能转变，这种反应会增加来自于移民的本土收益，这些收益可以在一个经济区域内获得。如果本地居民没有为了规避竞争从该地区迁出，他们可能不会从移民处得到收益，而且区域分析可能会漏掉一些总效应。我们要强调的另一点是企业有可能为了利用移民的技术而引入技术和资本。从长远来看这是很重要的，因为它可能会改变特定技能的生产率。我们将直接影响和诱导反应（本地工人和企业的）相结合研究，以确定所观察到的生产率和工资的结果。

通过分析近期的文献，我们认为，利用跨地区和城市的变化来分化技能单元的方法，在美国和其他发达国家移民的研究中占主导地位。最近，来自不同发达国家（主要是在欧洲）个人层次和企业层次的数据也被用来分析这些影响。来自官方的欧洲数据给研究人员小组提供了可用的随时间推移的个人面板和企业面板数据。识别公司绩效的能力和追踪个体劳动者的可能性使这些数据集能够更详细地显示移民对当地经济影响的微观层次机制。虽然，使用这些数据时仍然存在一些经验和识别问题，但它们为我们理解移民的作用提供了非常重要的工具，特别是在劳动力市场中，可以更深入地了解劳动力市场的工作机制。在10.6节，我们将分析研究方法的可行性和独立面板数据集的可用性，也回顾了一些最近使用历史微观数据来分析历史大迁徙事件中生产对移民反应的研究。最后，10.7节归纳总结本章内容。

10.2　移民分布及与本地居民的接触

移民影响一个国家生产资源（劳动者）的地理和技能分布。定义相关单元分析移民的经济和生产率结果是很重要的。首先，我们描述了美国移民和本地居民在地理和技能方面分布的不同。正是这些差异创造了经济机会和激励机制，以实现本地主体的变化和调整。我们使用2011年美国社区调查的数据，并只选择目前正在工作的个人。⑥　一些简单的统计数据帮助我们了解到，采用都市区作为分析单位时，本地居民接触移民最大的变化是在地理维度。不仅移民跨单位的就业份额大相径庭，而且移民相对于本地居民还表现出在顶层区域更强的绝对集中性。其次，我们利用职业分类的普查分析了不同职业的移民和当地人的分布情况，最终我们描述了整个教育组和年龄组的移民分布情况。已知的经验研究均使用一个或多个维度作为分析单位来确定移民对生产和劳动市场的影响。

表10-1的上半部分显示移民相对于本地居民在不同维度关于整体集中的一些简单的统计。而表的下半部分显示了本地居民接触移民在该单元维度中的变化统计。表的第一列将284个都市区作为单元，第二列考虑50个州，第三列考虑333种职业，第四列使用7种教育程度⑦，第五列考虑70个受教育的年龄组（7个教育组，每个分为10个年龄组，介于18~65岁的工人）。

---

⑥　具体而言，我们认为个人是指18~65岁，不生活在集体宿舍里且至少已经工作一个星期的人。
⑦　分组为没有文凭、高中、大学、大专、本科、硕士和博士。

表 10 - 1　　　　　不同单元结构的本地居民—移民集中和接触衡量

单元	都市区	州	职业	教育单元	教育—年龄单元
数量	284	50	333	7	70
跨单元集中的衡量：移民/本地居民的相对价值					
外国人与本地居民的赫芬达尔指数之比	3.42	2.76	0.87	0.93	0.99
顶层人口中外国人/本地居民的比例	2.48	2.74	1.09	1.03	0.98
前 5% 单元的人口中外国人/本地居民的比例	1.86	2.07	0.92	无	1.05
前 10% 单元的人口中外国人/本地居民的比例	1.60	1.85	0.88	0.94	1.06
本地居民跨单元接触移民的变化衡量					
（移民占居民的比例）前 10%/后 10%	11.1	6.6	4.3	2.6	5.2
（移民占居民的比例）前 5%/后 5%	17.2	10.3	7.3	无	6.8
（移民占居民的比例）最大值与最小值之比	65.1	21.8	63.0	4.6	10.0

　　注：所有统计数据均为美国居民，指 18 ~ 65 岁、不生活在集体宿舍且至少已经工作一个星期的人。数据来自 2011 年美国社区调查。

　　我们下面分析的生产模型考虑到当移民和本地居民在同一个单元时移民对本地居民更强的直接竞争效应。因此，跨单元接触的变化是一个确定直接竞争效应的重要尺度。另外，考虑单元间不同程度的相互作用及本地居民跨单元移动的能力也是非常重要的。更多近期的经验研究已经着重解释这些交叉效应和反应。通常情况下，我们在生产技能互补/替代的背景下分析技能单元的相互作用，在本地居民为应对移民而迁移的背景下考虑跨地理单元的相互作用。

　　大都市统计区（MSAs）间的分布显示移民对本地居民的集中度差异最大。跨大都市统计区集中度赫芬达尔指数的计算方法是对各单元占总人口份额的平方总和，得到该单元的人口集中度。如果大部分美国的城镇人口（移民或本地居民）都集中在最大的都市区，城镇人口的赫芬达尔指数将接近 1（赫芬达尔指数介于 0 和 1 之间）。如果城市人口在同样大小的城市地区均匀分布的话，本质上赫芬达尔指数将是 0。表中显示的移民与本地居民赫芬达尔指数之比，意味着在大都市区中移民的人口集中度是本地居民的 3.5 倍。类似的（第二排），在顶层区域中移民就业的比例是本地居民（在顶层区域中就业比例）的 2.5 倍。前 5% 都市地区的人口中移民是本地居民的 1.8 倍，并且前 10% 都市地区的人口中移民是本地居民的 1.6 倍。在跨都市区中移民相比本地居民更强的集中度也在图 10 - 1 中所示。在该图中，我们可以看到在前 15 大城市的总移民就业百分比明显大于本地居民的就业百分比。当将大都市区根据它们的城市总就业率进行排名时，大量移民相对于本地居民对就业比例非常高的地区有着更加强烈的迁移意愿。当我们考虑州的时候，第二列也显示了一个更强地理集中的类似模式。加利福尼亚州作为移民最多的州，有 25% 的美国工作移民，但只有 9% 的美国本地工人。

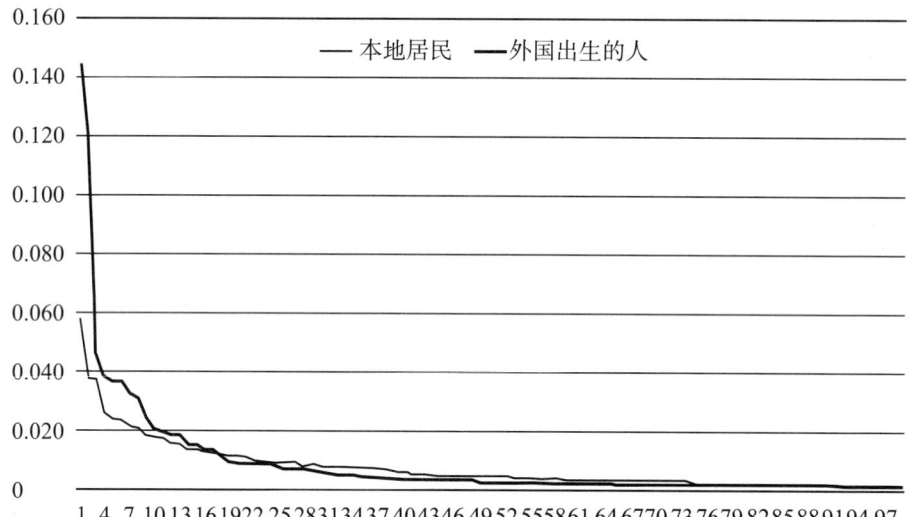

图 10 - 1　前 100 个都市区的城市就业份额排序——本地居民和外国出生者

注：每个都市区的就业份额是基于 2011 的 ACS 数据计算得出的，只包括 18 ~ 65 岁、不住在集体宿舍，且至少已经工作一个星期的人。我们认为，城市人口是美国前 284 个大都市区的总人口。

　　同样，图 10 - 2 显示了前五个大州中，移民相对于当地人更大的集中度。

　　表 10 - 1 的下半部分显示了更值得关注的统计数据。我们将本地居民接触移民程度的范围用移民占居民的最大比例与最小比例之比来表示。最后一行是

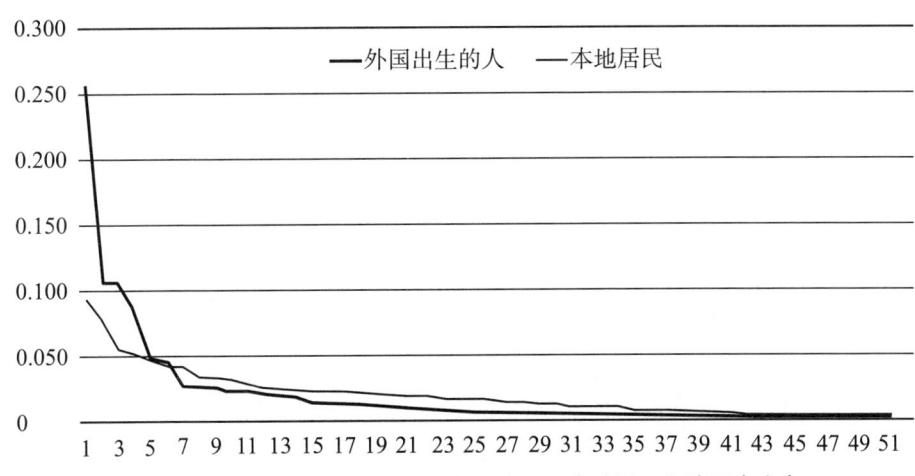

图 10 - 2　每个州的城市就业份额排序——本地居民和外国出生者

注：每个州的就业份额是基于 2011 的 ACS 数据计算得出的，只包括 18～65 岁、不住在集体宿舍，且至少已经工作一个星期的人。我们考虑美国相当于 50 个州加上哥伦比亚特区（因此 51 个单元）。

移民与本地居民最大比例与最小比例的比值；上一行是前 5% 单元与后 5% 单元中移民占居民的比例的比值。倒数第三行显示的是前 10% 单元与后 10% 单元中移民占居民比例的比值。值得注意的是，在最大集中度的城市（迈阿密）中外国出生的份额，是移民相对最少的约翰斯顿（宾夕法尼亚州）的 65 倍。甚至前 10% 单元与后 10% 单元中移民占居民比例的比值也是非常大的，达到 11。这意味着，移民相对于当地人的密度在移民集中度高的大都市地区比集中度低的地区的大 10 倍以上。各州之间的变化也是很显著的，移民相对本土居民最大比例与最小比例的比值接近 22。然而这些差异并不是随机的，通过比较他们的工资、生产率、就业率和其他由经历截然不同的移民存在产生的经济成果单元，如果仔细研究就可以揭示其存在的重要意义。

接着，我们分析通过不同职业（第 3 列）、教育和年龄（第 4 列和第 5 列）计算出的相似统计数据。在职业方面，从绝对数字来看，移民比本地居民并不是更多地集中在它们之间。表中上半部分相对集中度的指标在实际上接近 1。然而，移民的职业分布与本地居民存在很大的不同，并且当地人接触移民的不同程度取决于他们的职业。移民占本地居民的最大比例与最小比例的比值是 63，前 5% 单元与后 5% 单元中移民与本地居民的比例的比值是 7.3。本地居民的工作是"农产品分拣员"（移民中占比最高的职业）接触到移民的比例比一个工作为"殡仪馆馆长（原文如此！）"（移民中占比最低的职业）的高出 63 倍。在大都市地区，因为移民的存在，职业有很大的不同。此外，这两个维度上表现出了本地工人一生中显著的小区间流动，特别是在他们年轻的时候。因此，跨单元不同的移民"压力"可能会引起本地居民在跨单元流动时的显著反应。这并不意味着它们不能被用作分析移民影响的单位，但必须要考虑，本地居民为应对移民而存在潜在流动。

表10-1最后2列显示了移民在不同教育单元和教育—年龄单元的相对集中度和分布情况。在这两个方面，移民和当地人有相似的集中分布（比例接近1）。此外，教育分组仅包括七个单元，因此它比其他分组范围大得多，并没有表现出像其他分组一样本地—移民接触方面极端的差异。甚至当我们考虑70个教育—年龄组时，本地居民接触到移民的范围明显小于地理维度组。表10-1第5列显示了接触范围最大值和最小值的比值为10且前10%和后10%单元中移民与本地居民的比例的比值为5；两个值都远低于地理单元（大都市区和州）的相应比例。将教育—年龄作为技能组的一个值得关注的特征，是由于本地居民为了应对移民而在单元间的小区间流动可能显著小于地理—职业单元。正如我们所看到的，在（全国范围内）每个单元内"特定的"本地供给下，即使移民压力可能会在它们之间有所不同，也已经给利用该单元结构分析移民的效果做出了贡献。

最后，我们要强调的是，在地理和技能单元之间存在一个关键的经济差异。在第一种情况下，人们可以把单元作为单独的单位（在生产和劳动力市场），并考虑以后由于本地商品或资本的流动性和贸易产生的潜在相互作用。这一直是区域和劳动经济学家的方法，首先假设一个独立的单位（城市和州），然后验证他们之间的联系（通过内部迁移或交易）是否会影响研究结果。相反在技能方法中，单元被视为在相同生产过程中相互作用的因素，因此不能分析每个隔离的单元。经济学家们已经清楚地知道，需要将联系和相互作用的模型作为首要关注。我们更倾向的方法是将代表不同生产要素的技能单元和代表不同生产单位的地理单元结合起来。下面介绍一个用技能单元组织工人的框架和一个能够分析单元间相互作用和潜在跨单元移动的简单结构。

10.3 理论框架：国家和地方层次的技能单元法

10.3.1 基本框架：生产和劳动需求

在通常用单元技能法考虑移民影响的框架中，一个区域（特别是一个地区，州或市）通过生产函数结合不同的生产技能和物质资本，以生产同质的可贸易的最终产品。这一最终产品（产出）是计价商品，我们可以认为一个地区的生产函数是一个生产混合产品的经济体的简化型，由各种不同技能类型提供的非贸易中间产品（和服务），在典型最终消费篮子（最终输出）中相互结合。我们将所有生产和消费相同最终产品的地方经济体简化设为 γ。然而它们可能有不同的中间要素（如技能）供给，以及不同的生产技术，进而有不同的边际生产率和技能回报。

另一种替代分析框架是各个地方生产许多不同品种的产品，并且他们对部分产品进行专业生产和交易。于是产生了赫克歇尔—俄林类型的模型，该模型具有更多的调整余地以适应移民带来的技能变化，并表现为产品构成种类的变化。通过使用移民带来的某些技能，本地居民技能的增加能够完全适应生产组合转向集约化生产带来的变化（即所谓的 Rybczynski 效应）。然而，刘易斯（Lewis，2003）以及卡尔和刘易斯（Car and Lewis，2007）等人的研究显示，输出品中各组成要素的调整对移民的影响并不显著。这意味着，恒定输出组合模型（这里是"单产品模型"）将不会遗漏重要的边际调整，这是一个合理的工作模型。

对于地区（区域和城市）r，其产出的生产函数可以用下式表示：

$$y_r = F(A_{K,r}K_r,\ L(A_{1,r}L_{1,r},\ A_{2,r}L_{2,r},\ \cdots,\ A_{n,r}L_{n,r})),\ r = 1,\ 2,\ \cdots,\ R$$

$$(10.1)$$

其中 $L_{n,r}$ 是在地区 r 生产中使用的要素（技能/任务）n 的数量。简单来说，$A_{n,r}$ 是地区 r 中要素 n 的生产率。在一般情况下，我们考虑特定要素的生产率（由所选技术决定）在区位间的变化（根据下标 r）。同时要注意的是，我们考虑从劳动总量要素（L）分离出来的实物资本要素 K（及其生产率 A_K），结合了全部技能组 L_1，$\cdots$，L_n 及其生产率 A_1，$\cdots$，A_n。这意味着实物资本结合了总劳动，并且与所有的技能单元有着相同的替代/互补度。刘易斯（2013a）提出了一个替代假设，研究了实物资本和不同技能组之间不同互补度的结果。尤其在更多关于资本与拥有大学学历工作者之间互补性的案例研究中，刘易斯（2013a）发现资本对拥有大学学历移民的反应会减弱工资的影响[8]。资本—技能

---

[8]　可以用导数形式来表示：$\dfrac{d\ln(w_S/w_U)}{d\ln(L_S/L_U)} = \dfrac{\partial\ln(w_S/w_U)}{\partial\ln(L_S/L_U)} + \dfrac{\partial\ln(w_S/w_U)}{\partial\ln K}\dfrac{\partial\ln K}{\partial\ln(L_S/L_U)}$，相对工资总额对熟练工人（$S$）相对于非熟练工人（$U$）供给变化的反应，相当于它的部分直接影响——$\dfrac{\partial\ln(w_S/w_U)}{\partial\ln(L_S/L_U)}$，逆替代弹性通过资本调整间接影响工作。在资本—技能互补性下，$\dfrac{\partial\ln(w_S/w_U)}{\partial\ln K}$ 和 $\dfrac{\partial\ln K}{\partial\ln(L_S/L_U)}$ 都是正的，所以资本调整减弱了工资的影响 $\left(\dfrac{d\ln(w_S/w_U)}{d\ln(L_S/L_U)} > \dfrac{\partial\ln(w_S/w_U)}{\partial\ln(L_S/L_U)}\right)$。反之，假设资本从生产劳动输入中分离出来，即 $\dfrac{\partial\ln(w_S/w_U)}{\partial\ln K} = 0$，则 $\dfrac{d\ln(w_S/w_U)}{d\ln(L_S/L_U)} = \dfrac{\partial\ln(w_S/w_U)}{\partial\ln(L_S/L_U)}$（便于实现假设）。

互补性是一个值得继续研究的方向，然而最近关于移民对区域影响的文献，大部分还是基于资本和总劳动可分性的假设进行研究[⑨]。

结合资本具有长期流动性和回报长期不变的假设，资本可分性的假设意味着，我们可以从函数中求解实物资本以获得其简化形式：

$$y_r = f(A, \theta_{1,r}L_{1,r}, \theta_{2,r}L_{2,r}, \cdots, \theta_{n,r}L_{n,r}), \quad r = 1, 2, \cdots, R \qquad (10.2)$$

在式（10.2）中，参数 A 是一个复合参数，包括实物资本的收益和产出以及全要素生产率。条件 θ_n 反映了要素（技能）的相对生产率 n，因此。在长期中，工人和企业之间的竞争确保每一要素均达到其边际产量。所以，技能在区域 r 的报酬 $w_{n,r}$ 可以写作下式：

$$w_{n,r} = \frac{\partial F}{\partial L_{n,r}} = f_n(A, \theta_{1,r}L_{1,r}, \theta_{2,r}L_{2,r}, \cdots, \theta_{n,r}L_{n,r}) \qquad (10.3)$$

如果简化形式的生产函数中在总劳动方面规模报酬不变，那么技能的总报酬等于区域 r 的总产出。

10.3.2　CES 生产函数中基于教育和年龄的技能单元：国家层次

尽管早期研究（如 Grossman，1982）尝试了式（10.2）中的生产函数的不同函数形式，比如设定灵活的超越对数，但近期关于地方（和国家）移民影响的研究已经开始关注 CES，尤其是嵌套的 CES 函数。这是因为嵌套的 CES 为各技能的边际生产率的对数函数提供了一个简单的表达式，包含相同技能供给、其他技能供给的简单集合，以及少量的参数。因此，通过观察技能供给和报酬（工资）以及考虑要素总量（同样容易构造），应用（10.3）的公式可以估计几个能够调节工资对技能供给变化响应的参数。

根据奥塔维亚诺和佩利（Ottaviano and Peri，2012）的研究，有必要详述嵌套 CES 法是如何估计重要的弹性系数以及计算移民工资变化影响的。这个方法已经在最近几篇经验研究中有所应用。在嵌套 CES 框架中，与组织单元最相关的特征变量是教育水平、年龄组（或者是经验组）和出生地（国外—本地）。这些变量提供了网络，以组织工人进入各个单元。采用 CES 结构，可以用少量系数来表示生产函数式（10.2）。还可以利用全国作为相关区域来估计这些系数，只需利用技能单元间随时间变化的移民供给。

我们这里描述的单元结构最初是由伯杰斯（Borjas，2003）、卡德和勒米厄（Card and Lemieux，2001）提出的，奥塔维亚诺和佩利（Ottaviano and Peri，

---

⑨　许多关于资本—技能互补性的观点，通过引入内生性技术选择（技术—技能互补性），能够部分地支撑该方法，我们将在 10.3.6 节回顾相关文献。

2012)、马科达等（Manacorda et al.，2012）进行了跟进和丰富，通过后续研究加以进一步深化。所有这些研究把整个国家而非地方作为分析单元，因此在这一节我们省略区域的下标（r）。这种方法一个有吸引力的特点是，它考虑了相对固定的特征变量（如年龄、教育和出生地）以及全国范围的市场，使得当前本地居民的技能供给对移民无响应的假设更为合理。这个方法典型的假设是，本地居民的技能供给完全缺乏弹性（既定）。

我们在文献中描述的这些嵌入了各种替代模型的灵活嵌套 CES 结构，使用一般符号并且对结果进行递归表达。将 4 个特征变量进行编号 $n = 0，1，2，3$，并对其进行如下定义：特征 0 对所有工人是相同的，特征 1 是教育，可以根据受教育程度（比如中专、高中、大学）将工人划分为组 $i(1) = 1，\cdots，M_1$。每个组别本身可以根据特征 2，即年龄（18~65 岁），划分为组 $i(2) = 1，\cdots，$$M_2$。最后，根据特征 3，即出生地，划分为"本地"和"国外"两组[⑩]。这种顺序的划分及其相对符号如图 10-3 所示。该图显示了各组是如何根据指标 n相互嵌套入各层次的。

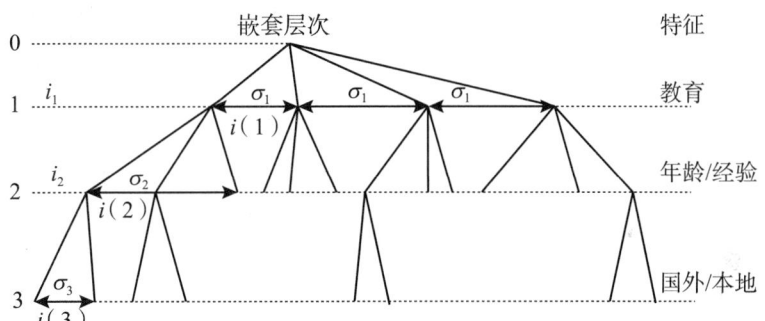

图 10-3　CES 嵌套的总体结构和相关符号表示

嵌套的 CES 结构使我们能够根据接下来的递归形式定义生产函数式（10.2）。将具有 n 个共同特征的工人限定为一组，称为 $i(n)$，并将对应的要素供给定义为 $L_{i(n)}$。在层次 n 的 CES 总量定义如下：

$$L_{i(n)} = \Big[\sum_{i(n+1)\in i(n)} \theta_{i(n+1)} \big(L_{i(n+1)} \big)^{\frac{\sigma_{n+1}-1}{\sigma_{n+1}}} \Big]^{\frac{\sigma_{n+1}}{\sigma_{n+1}-1}} ，\ n = 0，1，2，3 \quad (10.4)$$

其中，$\theta_{i(n+1)}$ 是标准类型 $i(n)$ 相对生产率水平以使 $\sum_{i(n)\in i(n-1)} \big[\theta_{i(n)} \big] = 1$，

---

⑩　有关移民多样性的研究将"出生地"作为相关特征，包括几个国家（或组）作为类别进行分区。具体文献可参考：Ottaviano 和 Peri（2005，2006）。

则如表达式（10.2）所示，任何使生产率提升的要素都被全要素生产率参数 A 所包含。参数 A 和 $\theta_{i(n+1)}$ 都只依赖于外生技术因素。参数 $\sigma_n > 0$ 是类型 $i(n)$ 之间的替代弹性，因此，σ_1 是教育组的替代弹性，σ_2 是在教育分类下不同年龄组间的弹性，σ_3 是相同教育—年龄组的本地居民和移民之间的弹性。随着 n 的增加，特征和顺位的排序分层导致异质性组别 $i(n)$ 越来越少，一个合理的假设是 $\sigma_3 > \sigma_2 > \sigma_2 > 1$。由于类型 $i(0)$ 包含所有的工人，我们可以将式（10.4）定义的嵌套结构代入式（10.2），写为 $y_i = f(A, L_0)$，其中 L_0 是嵌套结构中第一层总量。

应用这一结构和符号，我们可以表示出 $i(3)$ 类型工人的工资，$i(3)$ 为教育、年龄、出生地为特定值的单元，该值即其边际生产率：

$$\ln(w_{i(3)}) = \ln(A) + \frac{1}{\sigma_1}\ln(L_0) + \ln\theta_{i(1)} - \left(\frac{1}{\sigma_1} - \frac{1}{\sigma_2}\right)\ln L_{i(1)} + \ln\theta_{i(2)}$$

$$- \left(\frac{1}{\sigma_2} - \frac{1}{\sigma_3}\right)\ln L_{i(2)} + \ln\theta_{i(3)} - \frac{1}{\sigma_1}\ln L_{i(3)} \qquad (10.5)$$

首先，关注嵌套结构的最后一层，并且考虑到本地组［nat(3)］和国外组［for(3)］前两层即教育和经验［$i(2)$ 和 $i(1)$］具有同样的特征，方程（10.5）意味着：

$$\ln\left(\frac{w_{nat(3)}}{w_{for(3)}}\right) = \ln\left(\frac{\theta_{nat(3)}}{\theta_{for(3)}}\right) - \frac{1}{\sigma_3}\ln\left(\frac{L_{nat(3)}}{L_{for(3)}}\right) \qquad (10.6)$$

因此，处于同一教育—年龄单元的本地居民和移民之间的替代弹性的倒数 $\frac{1}{\sigma_3}$，可以使用固定效应控制 $\ln\frac{\theta_{nat(3)}}{\theta_{for(3)}}$，通过观察时间序列下本地居民和移民的工资以及就业水平进行估计。其次，对于更高一级的嵌套 $m = 1, 2$，我们可以将一个特定工人组别 $i(m)$ 的平均工资定义为 $w_{i(m)}$，然后用 3 代替 m 作为表达式（10.5）的最高层级嵌套，给出 $w_{i(m)}$ 和 $L_{i(m)}$ 之间利润最大化的关系。在这种情况下，当估计 $\frac{1}{\sigma_1}$ 时，经过一段时间的观察，考虑时间固定效应，通过对组 $i(m)$ 的工资对数和 CES 的对数集合 $L_{i(m)}$ 进行回归可以得到 $\frac{1}{\sigma_m}$ 的估计值，以把握总量项 $\ln(A)$ 和 $\ln(L_0)$ 总和的变化。在 $m = 2$ 的情况下，当估计年龄组间的替代弹性时，我们还需要考虑教育年限的影响，以包含不会随特征 2（年龄）变化的因素 $\ln\theta_{i(1)} - \left(\frac{1}{\sigma_1} - \frac{1}{\sigma_2}\right)\ln L_{i(1)}$。

一旦我们估计出处于各个嵌套层次不同类型工人的替代弹性，工资表达式（10.5）还可以用来计算由另一类型 i（指另一个多特征组合）工人劳动供给的变化率引起的某类型 j（指一个特定的教育－年龄－出生地组合）工人工资的变化率。为了用简单方式表达，可以用 s_i^m 表示在拥有 m 个相同特征的工人中，i 型工人劳动收入的份额。则 i 型工人劳动供给的变化，对与其拥有 m 个相同特征的 j 型工人工资影响的百分率可以写作下式：

$$\frac{\Delta w_j^0 / w_j^0}{\Delta L_i / \Delta L_i} = \frac{s_i^0}{\sigma_1} > 0, \ m = 0$$

且

$$\frac{\Delta w_j^m / w_j^m}{\Delta L_i / \Delta L_i} = - \sum_0^{m-1} \left(\frac{s_i^{n+1} - s_i^n}{\sigma_{n+1}} \right) < 0, \ m = 1, 2, 3 \qquad (10.7)$$

这里有三点需要注意。第一，只有当类型 i 和类型 j 的特征 1（这里是"教育"）不同，才能够如式（10.7）所显示的，类型 i 的劳动供给增加会引起另一类型 j 的工资水平上升。在这种情况下，要素是互补的。第二，如果两种类型至少特征 1 是相同的，那么类型 i 的劳动供给增加，在各组替代弹性递增的情况下，总会抑制类型 j（第二种表达式）的工资水平，如 $s_i^{n+1} > s_i^n$ 所示。i 型工人与 j 型工人相同特征的差异越大，这种效应就会越强。因为这意味着式（10.7）中包含了更多的因素。第三是特别针对移民的影响，在同一教育—经验组中移民对本地居民的部分影响是负的，这仅仅是局部影响。移民在其他教育—年龄组中对本地居民工资的影响可能是正的，总的影响可能会因此变为正的。只要我们有工资对劳动力的弹性和工资份额的数据，利用上述生产函数，我们可以用式（10.7）这一简单公式来计算在各个教育—年龄组中移民对本地居民工资的影响。

10.3.2.1 最常用的嵌套结构

在上述的一般结构中，基于嵌套 CES 函数的文献已经趋向在每层嵌套中用一个（或几个）最常用的分类。从较低层次（出生地）开始，自奥塔维亚诺和佩利（Ottaviano and Peri, 2012）起，大部分文献使用两个不完全替代的工人群组：本地居民和外国移民。这样简单划分的原因有以下几点。第一，即使考虑工人有同等教育水平和经验，本地居民和移民的能力、动机、偏好也可能让他们有所区别。第二，在体力和脑力工作中，他们有着特定的文化技能（如烹饪、手工、艺术和运动禀赋）以及限制（如关于移入国文化和语言的知识有限），这些会使他们在同样的工作中产生比较优势。第三，根据比较优势、迁移网络或历史事件，即使给定教育和经验水平，移民也更倾向于选择与本地居民不同的职业。第四，无须事前给定结构中本地居民和移民的完全替代性，二者间的弹性是可以估计的。尽管人们可以想象一个数量庞大的出生地群组，最常见的研究仅仅基于来源地将其分为本地组和国外组。

就嵌套第二层（"年龄和经验"特征）而言，文献研究已经相当广泛。有些研究根据0~40年的工作经验将年龄组分为4组或8组（Card and Lemieux，2001；Borjas，2003），其他研究则只包括两组（青年和老年）。后来研究发现（Ottaviano and Peri，2012），这种划分方式和相对替代弹性，与决定移民和本地居民以及熟练劳动力和非熟练劳动力（通常与受教育程度差异相关）的工资效应并非很相关。在某些情况下（Peri and Sparber，2009；Docquier et al.，2011），这层嵌套被完全忽略了，因为它对移民和本地居民工资分配的结果并无多大影响。最后，重要的是根据受教育程度（特征1）决定分组方式。这一分组方式频繁应用于劳动力研究文献中，划分为两个广泛的教育特征，有高中文凭的"高中学历"，以及受过高等教育并有本科学位的"本科学历"。有数篇论文，尤其是戈尔丁和卡茨（Goldin and Katz，2008）、卡茨和墨菲（Katz and Murphy，1992）（其他论文同样如此[11]），强调大学学历和高中学历难以互相替代，它们的相对供给加上技术进步以及为1.5~2的替代弹性，很好地解释了1960年美国二者的相对工资变动。进一步区分高中毕业生和高中辍学生，对于理解美国的相对工资似乎并无用处（Card，2009；Ottaviano and Peri，2012），因为至少在1950年之后，函数中这两组似乎成了相近的替代品（Goldin and Katz，2008）。因此，对于年龄—经验组，基于2、4、8层或者完全忽略该嵌套层，我们考虑将大学—高中的教育分组以及国外—本地的出生地分组，作为这种方法常用的划分指标。

10.3.2.2 移民部分和全部工资在 CES 模型中的影响

上述嵌套 CES 模型使我们能够区分移民对工资的局部和总体效应。前者是保持其他所有工人劳动力供给不变，由于处于同一教育—经验组的移民供给改变对本地居民工资的影响。这种影响已经成为许多"简化型"方法中主要或唯一关注的系数，它们在相同技能组中将本地居民工资对移民就业的影响进行回归[12]。然而这一效应只是一个局部的"人为"影响，忽略了整个组的交叉影响。相反，总工资也间接影响所有组的工人，这同样是分析移民流（或者移民政策）变化影响时大家的兴趣所在。

相同年龄—教育组中，包含 $N-1$ 个相同特征（即教育和年龄）的移民供

---

[11] 例如 Autor et al.（1998），Krusell et al.（2000），Card and Lemieux（2001），Acemoglu（2002），and Caselli and Coleman（2006）等等。

[12] 例如，在博尔哈斯（2003，第Ⅱ~Ⅵ章）或者博尔哈斯（2006）以及其他受这些开创性论文启发的研究中，移民的直接部分工资效应是主要被估算的工资效应。甚至在最近由 Longhi 等（2005）做的元研究中也将部分效应考虑为相关估计。

给 $\ln L_{i(N)}$，可以通过本地居民工资对数 $\ln(w_{j(N)}{}^{N-1})$ 的面板数据回归估计直接的局部工资效应。并且在进行回归时，详细的计量经济设定（如 Borjas，2003）严格控制特定年限影响（包含时间序列下总劳动 L_0 的变化），以及特征为教育和年龄组的特定年限影响（包含 $L_{i(n)}$，$n=1$，2 的变化）1。应用以上定义的符号，局部弹性估计结果可以表示为：

$$\varepsilon_i^{\mathrm{PART}} = -\left(\frac{1}{\sigma_2} - \frac{1}{\sigma_3}\right) s_i^{N-1} \tag{10.8}$$

公式中 s_i^{N-1} 表示与本地组 i 有着相同教育—年龄条件的工人中移民的工资份额，应当注意的是，直接部分工资效应式（10.8）只与式（10.7）中最后几个因素构成的总和保持一致，包括直接和间接的工资效应。这是因为，弹性 $\varepsilon_i^{\mathrm{PART}}$ 仅仅通过式（10.5）中的 $\left(\frac{1}{\sigma_2} - \frac{1}{\sigma_3}\right)\ln L_{i(2)}$ 捕获了移民劳动力供给变化的工资效应。

因此，可以得出两个重要的观察结果。第一，是负数，不论什么情况，年龄组之间的替代弹性比处于同一教育—经验组的本地居民和外国人之间的替代弹性都要小。如果这些替代弹性各自相近，那么部分影响可以为 0 或者接近 0［（Peri，2011），以及 10.5 节强调了这一点］。第二，关于移民供给变化对国内 j 型工人工资的整体影响，对此，$\varepsilon_i^{\mathrm{PART}}$ 的值反映了部分信息。实际上，式（10.8）仅包含了式（10.7）的最后一部分。为了估计移民对 j 型本地居民总工资的影响，必须结合式（10.7）中，由所有 i（3）单元，包括由移民带来的外国劳动力供给 $L_{i(3)}$ 变化所产生的影响。这意味着移民的总工资效应无法通过回归直接估计得出；然而，可以估计出弹性，把它们和式（10.7）中的收入份额结合起来，并且通过由移民带来 $L_{i(N)}$ 变化的所有群组进行汇总。

对 CES 模型的详细分析很好地示范了识别一般间接效应（在这种情况下是交叉互补性）以把握移民总体影响的重要性。我们将在下一节中考虑移民的另一个重要间接效应，即对本地技术人员供给的影响。

10.3.3　地区方法和劳动供给反应

上一节中描述的嵌套 CES 法，可以在国家或地方层次应用。然而，几位学者对面对移民供给变化时本地居民技能供给固定假设的可靠性进行了批判，他们更倾向将其应用于国家层次（例如 Borjas，1994，2003；Borjas et al.，1997）。他们认为，在国家层次，本地工人刚性劳动力供给的假设是可靠的。而在地方层次，城市与区域间的人口流动使劳动市场的机会差异不复存在。因此，任何移民技能对本地技能需求的潜在影响将匹配其供给变化（通过内部迁移），对本地工资则并无影响（或有削弱影响），并且无法提供地区间工资的对比信息。

这种批判是有根据的，然而它并不能成为舍弃城市和区域数据的理由，那些数据仍然能反映移民流动及其劳动力市场影响的丰富变化。首先，在外国出生人口的所有外生变化影响中，只有当本地居民是长期自由流动并且能够完全消除移民引起的技能供给变化时，技能对工资才有价值。一些经验研究表明这似乎很难实现，因为没有强有力证据表明本地内部迁移对移民影响（Card and DiNardo，2000；Card，2001，2005；Peri and Sparber，2011a，b）。另外，移民的技能分布似乎能够长久影响一个都市区的技能分布，并且不能够被本地居民迁移的差异所消除。如卡德（2009）和2011年美国283个大都市区统计显示（见图10-4），在大都市统计区中，高中辍学劳动力的百分比和移民比例明显呈正相关，这说明城市接收较大份额的移民可能会对他们的相关技能组合产生深远影响。第二，即使允许人口完全（或很大程度）流动，我们也只需考虑这一影响。我们尤其应该将地区层次的本地居民劳动力供给考虑为移民潜在的调整余地，分析移民对此产生的影响。结合上述技能单元模型，如果我们分析区域 r 和 s 的专业技能 n，我们可以认为一个教育—年龄组也许可以通过区域 r 和 s 之间该技能的本地相对供给变化（由区域 r 和 s 之间的净移民引起）建立如下模型：

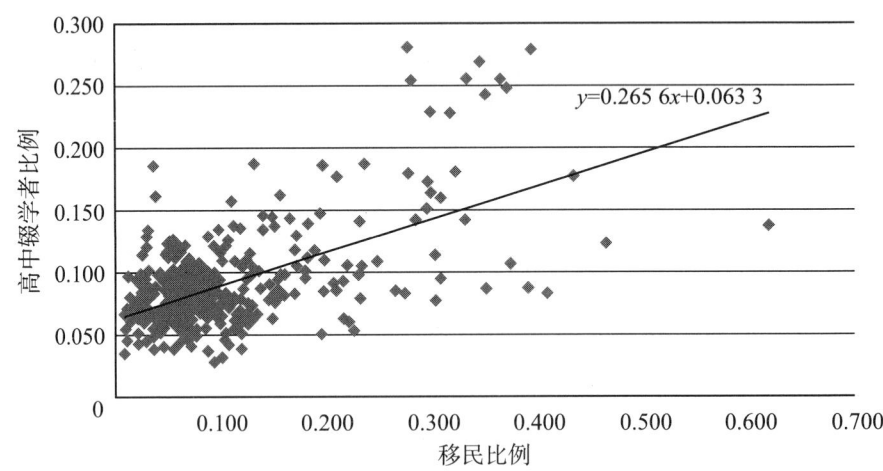

图10-4　283个大都市统计区移民和高中辍学者比例（2011年）

注：作者基于2011年美国社区调查数据计算，调查样本为18~65岁、不生活在集体宿舍且至少已经工作一个星期的人。

$$\Delta\ln\left(\frac{L_{rn}}{L_{sn}}\right)=\gamma_n\Delta\ln\left(\frac{w_{rn}}{w_{sn}}\right),\ \ n=1,\ 2,\ \cdots,\ N \tag{10.9}$$

这是地区 r 和 s 之间具有技能 n 的本地居民劳动力相对供给的对数线性形式。参数 γ_n 是相对劳动供给（把握具有技能 n 的本地工人跨区迁移响应）对两区域间工资差异的弹性。即工资差异扩大将促使人口流向高工资区域，并且有利于改变该区域的相对技能供给。有两种极端情况，$\gamma_n=0$ 表示过高的运行成本对工资差异无响应（垂直劳动力供给），$\gamma_n=\infty$ 表示地区间工资达到均衡。

如果我们观察到大量区位（和/或时间周期）有外生移民流入，以及与之相关的本地就业者（人口）和工资变化，大体上我们可以通过方程（10.2）和方程（10.9）确定每个技能组的劳动需求和供给参数。基于嵌套 CES 生产函数法，我们限制估计的交叉弹性参数数量，可以得出跨地区每个技能的对数线性需求函数式（10.3），进而引入只能为每个额外等式添加一个额外参数（弹性）的专业技能供给（如式（10.9）的对数线性劳动供给）。本地就业相对变化（人口）和本地工资的信息可以用来估计供给和需求的参数。

在式（10.9）描述的供给方程中，一个重要变量考虑了区域 r 和 s 之间本地居民迁移响应可能取决于实际而非名义上的相对工资。其中，当地房价变化被数个研究（如 Ottaviano and Peri，2006；Saiz，2007）证明是移民影响的结果之一，它可以成为调整相对真实工资的独立渠道，因此可能会影响本地居民的供给响应。然而在大多数情况下，房价（或租金）影响是一个普遍的地区层次效应，不会随技能而改变。它可能是由于当地设施的变化（Ottaviano and Peri，2006）或者住房供给的增加（Saiz，2007），但是只要它影响同样的技能组，就会被跨技能的共同地域效应吸收。这种方法在本地供给响应下，能够识别技能单元影响以及普通住房价格影响，佩利（2011）对此进行跟踪研究，我们将在 10.5 节描述。另一方面，佩利等（2014）利用考虑技能供给和（已知的极少数情形之一）特定技能房价的技能单元法，引入由 H－1B 签证带来的美国城市间外生变化，以估计 STEM 移民的供给/需求和生产效率。

卡德（2009）也使用美国城市间的技能单元分析以表明，本地居民就业对移民驱动的技能供给变化的响应并不显著，劳动需求的参数估计（来自嵌套 CES）与国家层次的估计广泛一致（Ottaviano and Peri，2012）。对于国家层次的参数估计，佩利（2013）模拟美国城市间同样的嵌套 CES 教育—年龄的技能模型，结果显示 2000～2009 年美国大都市区的移民流入对低教育程度的本地居民的工资影响较小（通常对受过高等教育移民的互补性有正向影响）。因此，更加谨慎地把握生产中移民技能组成和技能互补性，有利于分析移民的地区影响。考虑到移民和本地居民之间的异质性，对于研究二者的互补效应至关重要。

近期文献如史密斯（Smith，2012）、亨特（Hunt，2012）以及杰克逊（Jackson，2013）发现，移民可能会影响本地居民留在学校的可能性，进而影响他们年龄—教育单元分布。我们将在 10.5.2 节详细介绍。在这里可以说，移民通过改变各个技能单元的相对回报，推动本地居民对其做出反应。我们下面要详细分析的技能单元升级，意味着我们在分析全国市场时不应假定本地技能供给是固定的。

表示本地居民技能组间供给反应的一个简单方式，是改写（或者重新诠释）方程（10.9），作为描述技能组间而非区域间对工资差异的供给反应。尤其是，要省略区域下标，考虑两个技能单元 n_1 和 n_2，我们有：

$$\Delta\ln\left(\frac{L_{n1}}{L_{n2}}\right) = \gamma\Delta\ln\left(\frac{w_{n1}}{w_{n2}}\right) \qquad (10.10)$$

这种关系可被看作是罗伊（Roy，1951）选择模型的一个基本结果，在给定个体能力的前提下，个人选择能够使其回报最大化的技能组，并且对这些组相对报酬变化作出反应。我们将在下一节探讨生产任务时深化这些观点，但是我们已经利用技能单元模型完成了主要工作。

本地人口为应对移民可能会改变其相对技能供给。此外，若不考虑调整边际，我们将低估移民带给本地居民的正向工资效应。例如，设想一个有高、低两个技能水平的简单模型（我们将在后文介绍），如果在低水平技能单元有移民流入，会将本地居民推向高水平技能单元（因为相对报酬增加）。最后，参与竞争的本地居民越来越少，更多本地居民会受益于移民的互补性（假设二者技能是互补的）。如果我们不考虑这些，基于本地居民初始分布的对工资收益和本地居民流失的估计，将会高估竞争性而低估移民对本地居民的互补效应。

10.3.4　职业和任务

上述具有三个层次嵌套（教育，年龄和出生地）的 CES 模型可很好地描述地区间移民工资效应。然而，我们应在本节提出该模型的两个局限。奥塔维亚诺和佩利（Ottaviano and Peri，2012）认为，第一，"年龄—经验"层增加了该模型中单元的复杂程度和数量，尤其是在跨地区分析中，但其在分析移民对本地居民工资及分布的影响时不太相关。这是因为本地居民与移民技能分布的最大差异在于教育组和地区组而非年龄组，同时也因为年龄组具有替代性。此外，迁出地的工作经验或许会在迁入地有不同的劳动市场价值，不论是对于本地居民或是移民工人，都会逐渐产生一个更好的划分标准。因此，不同年龄组的群体具有不同生产率水平，我们结合不同年龄组消除了第二层次嵌套。第二，更重要的是，CES 模型通过在第三层次嵌套内把本地居民和移民划分为不同的组别，以假定本地居民和移民之间的技能差别。通过这种方式，我们可以估计他们之间的可替代性，而解释移民和本地居民在生产过程中提供不同可观测技能的原因和方式时，我们找不到足够的理论支撑。因此，在本节中，我们采用工人在执行与语言能力相关的不同任务时具有生产率差异来替代出生地嵌套，作为国外出生的人和本地居民在生产差异上的基础。

如上所述，我们认为 CES 模型的第一层，即两种教育组的划分，是大学和高中同等学力。我们在 10.5.2 节中对这种划分进行了阐述，即掌握不同生产领域基础技能的差异。这两个群组的任意一个都包含各个年龄的本地居民和移民，在生产函数中引入区域指标并且与之前的表示方法保持一致，可以写成：

$$\gamma_r = A_r \left[\left(\theta_{CO,r} L_{CO,r} \right)^{\frac{\sigma-1}{\sigma}} + \left(\theta_{HS,r} L_{HS,r} \right)^{\frac{\sigma-1}{\sigma}} \right]^{\frac{\sigma}{\sigma-1}}, \quad r=1, \cdots, R \quad (10.11)$$

式中，要素 $L_{CO,r}$ 和 $L_{HS,r}$ 分别表示大学同等学力和高中同等学力对应的职业；参数 $\theta_{CO,r}$ 和 $\theta_{HS,r}$ 表示其相对生产率并加总；A_r 表示全要素生产率，δ（>1）表示大学同等学力与高中同等学力的替代弹性。在每组中，年龄和细分的教育（以及其他属性）可能影响相对生产率。因此，可以按照大学同等学力或高中同等学力支付工人相对工资。即，$L_{HS} = \sum \theta_{HSj} L_{HSj}$ 和 $L_{CO} = \sum \theta_{COj} S_{COj}$。其中，系数 θ_{nj} 是 j 子群工人的相对生产率（工资），它涉及"纯粹"大学同等学力或者高中同等学力的工人。式（10.11）的双因子模型把美国作为一个研究整体，研究表明移民并没有改变太多的技能单元分布，因为移民中受过大学教育和未受过大学教育的比例与本地居民类似[13]。这项研究认为在两大技能组中移民影响工资分配的因素，不单单是教育和年龄，还有他们之间的其他不同特点。

高中同等学力的本地居民和移民最明显的区别是，第二组更加高度集中于使用人工和体能的职业，而不是沟通和互动技巧类型的工作。在农业、建筑业、个人和家庭服务（吸引大量移民工人的领域）等行业中，移民大多成为建筑工、分拣工、保姆、厨师和服务员。他们之中很少有协调者、管理者或销售员。在某种程度上，这取决于他们的受教育程度（没有高中学历）。然而，

---

⑬　截至 2011 年，美国出生的工人有 31% 具有大专及大专以上学历，外国出生的这一比例为 29%。这些数字是由数据 ACS 计算得出。

根据观察，具有高中或者更低学历的移民更多地集中于体力劳动工作，一方面可能是因为移民在语言上不太精通（Lewis，2013b），另一方面因为他们对于体力劳动具有更强的忍受度（较低的负效用）（D'Amuri and Peri，2014）[14]。在任何情况下，这些专业化特征也是大部分富裕国家中低学历移民的特征。德阿穆里和佩利（D'Amuri and Peri，2014）研究表明，这项结论同样适用于欧洲国家，他们认为移民的比较优势是合理的，因此移民专业化于体力劳动工作。

佩利和施帕贝尔（Peri and Sparber，2009）表明了这一事实，并建立了如下的简单模型。他们在上面所提到的高中同等学力两技能划分模型的基础上，根据体力技能（M）和沟通技能（C）提出了新的划分方式，将这两种技能嵌套到 L_{HS} 中，作为较低水平 CES 加总，如下所示：

$$L_{\mathrm{HS}} = \left[(\beta M_r)^{\frac{\sigma_{MC}-1}{\sigma_{MC}}} + ((1-\beta) C_r)^{\frac{\sigma_{MC}-1}{\sigma_{MC}}} \right]^{\frac{\sigma_{MC}}{\sigma_{MC}-1}} \tag{10.12}$$

因此，M_r 和 C_r 分别表示区域 r 提供的体力和沟通技能的总和，β 表示体力技能的相对需求，σ_{MC} 代表体力技能和沟通技能的替代弹性。个人技能的相对供给根据 O*NET 数据（来自美国劳工统计局）推导，它描述了每种类型的技能在每一行业中的应用，并且将体力任务和沟通任务进行分类，其中体力任务包括：力量、协调和操作，沟通任务包括：口头沟通和书面沟通。因此，本地居民和移民的职业分布决定了他们体力和沟通技能的供给。尤其是移民大多就职于劳动密集型行业，反映出他们在体力劳动方面具有比较优势，因为相对于本地居民，他们在语言技能方面不太熟练。我们将用一个简单的方法使这一概念形式化。

我们假设本地居民（N）在从事体力任务和沟通任务时的效率水平分别为 μ_N 和 ξ_N，而移民在从事以上任务的效率水平分别为 μ_F 和 ξ_F。移民在体力任务方面的比较优势表示为 $(\mu_F/\xi_F) > (\mu_N/\xi_N)$。个人选择将自身的劳动（时间）分配给 l_j 单元和 $(1-l_j)$ 单元，来分别从事体力任务和沟通任务，w_M 和 w_C 是其分别完成体力任务和沟通任务获得的单位报酬。随着执行每类任务的报酬

---

[14] 一些证据可以证明语言技能使移民更具比较优势。第一，在美国，Lewis（2013b）研究了本地居民和具体较强语言技能的移民群体的替代弹性，例如那些年轻而语言能力强的移民比语言技能差的移民（如一些年龄大的移民）与本地居民之间的替代弹性更大。第二，一些跨国证据也支持这一观点。在波多黎各（Lewis，2013b）和哥斯达黎加（Castillo et al.，2009）的研究中，移民是本地居民的相当完美的替代品，这两个国家都使用西班牙语，但也并不是所有的跨国证据都支持这一说法。Amuedo Dorantes and de La Rica（2011）研究发现，西班牙移民（这里很大一部分移民说西班牙语）的职业专业化程度比 Peri and Sparber（2009）研究的美国情况高，另外 Manacorda et al.（2012）发现英国的本地居民和移民之间的替代弹性较小。英国移民可能涉及技术转移能力的特殊问题，而在 Manacorda 的研究中没有考虑：调查表明，"高技能"的英国移民主要与分布在低端技能的本地居民进行竞争（Dustmann et al.，2013）。未来的研究可能更多使用理想的协调方法研究跨国比较中的不完全替代性，但在取得工资数据方面存在挑战。

递减，我们把个体的劳动收入写成 $j(=F, N)$。

$$w_j = (l_j)^\delta \mu_j w_M + (1-l_j)^\delta \xi_j w_C \tag{10.13}$$

在公式（10.13）中，能有效提供的任务—服务单元数量是在任务中花费时间和效率的函数来表示，如下所示：$C_j = (1-l_j)^\delta \xi_j$ 和 $M_j = (l_j)^\delta \mu_j$。假设 $\delta < 1$，工人选择收入最大化，就意味着每种类型工人提供的相对任务 C/M 作为任务相对能力（ξ_F/μ_F）与任务相对报酬的正函数。尤其在区域 r 出生 j（= N，F）的工人提供的沟通/体力任务的相对供给的对数是：

$$\ln\left(\frac{C_{jr}}{M_{jr}}\right) = \frac{1}{1-\delta}\ln\left(\frac{\xi_j}{\mu_j}\right) + \frac{\delta}{1-\delta}\ln\left(\frac{w_{Cr}}{w_{Mr}}\right) \tag{10.14}$$

表达式（10.14）显示，同样具有高中学历的本地居民在沟通/体力方面的相对供给要比移民的相对供给高，即 $(C_N/M_N) > (C_F/M_F)$，因为本地居民在沟通技能方面具有比较优势，即 $(\xi_N/\mu_N) > (\xi_F/\mu_F)$。同样，容易表明表达式（10.14），意味着区域 r 移民的流入降低了总体的相对供给 C/M，因此提高了相对报酬 w_{Cr}/w_{Mr}。这样提高了沟通技能类工作的工资，并降低了体力技能类工作的工资。本地居民多集中于沟通密集型行业，他们主要受益于语言的互补效应。此外，基于本地居民在沟通密集型行业具有相对优势，他们将进一步向沟通密集型行业发展以提高他们的相对报酬 w_{Cr}/w_{Mr}。

值得强调的是，方程（10.14）中描述的在移民进入前后，本地居民相对供给变化的反应与公式（10.10）描述的相类似。不同的是，本地居民是根据不同的任务（体力—沟通）再分配，而不是通过不同的技能组再分配。公式（10.14）充分反映了本地居民为应对相对薪酬而进行的技能供给选择，是罗伊（1951）模型的经典。因此，具有高中学历的本地居民从两方面受益于高中学历移民的流入。首先，本地居民薪酬的增加是因为他们已具有更加专业的沟通技能。其次，本地居民为应对移民流入增加了更多沟通技能的供给（通常能获得更高报酬），这些技能是对移民体力技能提供的补充。目前移民要想具有更强的竞争效应，应该培养其自身在劳动密集型行业的专业性，而不是提升工作经验。

事实上，高中同等学力的移民大多从事劳动密集型行业，位于当地职业阶梯的底部。这意味着，在该地区，随着移民的大量流入，本地居民将更迅速地转向沟通密集型和更加复杂的工作。佩利和施帕贝尔（Peri and Sparber, 2009）表明了 1960~2000 年美国各州的这一工作机制，他们通过公式（10.14）的回归估计，采用外国人数量的变化作为相对报酬 $\frac{w_{Cr}}{w_{Mr}}$ 的外生转换，并且发现了本地居民在相对任务供给方面的显著反应。德阿穆里和佩利（D'Amuri and Peri,

2014）研究证明，表明欧洲工人在面对移民的竞争时，他们朝着"复杂"工作发展。福厄兹和佩利（Foged and Peri，2013）在研究丹麦工人应对非欧盟移民时发现了同样的效应。移民给本地居民带来了激励并补充了体力要素，使本地居民能够专门从事具有更好报酬的沟通密集型行业。因此，这些本地居民可以迅速地从劳动密集型和体力密集型行业中退出。本地居民相对技能的变化在衡量移民工资对本地居民整体工资影响中至关重要。其产生的向上流动性作为这种机制的一部分，使本地居民的工资免受竞争。

类似的机制意味着移民在职业（工作）中的专业性会为本地居民的相对技能供给带来一系列的变化，这种情况在受过大学教育的工人中会同样发生。在该组中，移民特别集中 STEM（科学、技术、工程、数学）相关的职业。高技能移民的国际选择和其数学解析能力的高转移性意味着移民在这些技能方面更有生产率。相对而言，本地居民更专业于监督、管理、互动等类型的职业，而不是进一步向移民所在的职业类型发展。佩利和施帕贝尔（Peri and Sparber，2011b）认为，这是本地居民应对受过大学教育的移民的一种专业化机制。伯杰斯和多伦（Borjas and Doran，即将出版的）在一个很小的"数学家专业化"领域发现了类似的调整边际。在苏联解体后，为应对大量俄罗斯数学家的流入，美国数学家转向与俄罗斯数学家更为互补的数学教学领域，以减少与俄罗斯数学家的竞争。

在某种程度上，高技能 STEM（科学、技术、工程、数学）移民依靠其与全球经济的更多联系，或许同样在创新和技术发展方面发挥着特别重要的作用（Saxenian，2002b）[15]。亨特和戈捷·鲁瓦塞勒（Hunt and Gauthier – Loiselle，2010）、克尔和林肯（Kerr and Lincoln，2010）研究发现，国外技术工人主要从事 STEM 相关工作，很大程度上是在专利创新方面做出了贡献。佩利等（2014）直接研究 STEM 移民产生的影响，发现在都市圈层中他们对受过大学教育的本地居民的生产率产生了积极影响。首先，他们发现随着 STEM 移民的大量流入都市圈（由总 H1 – B 签证入境来确定，这是高学历移民的主要入境通道），本地受过大学教育的工人的工资和就业率明显高于流入都市圈的移民。运用工具变量的方法，分析基于签证总变化与本地现有 STEM 移民定位之间的关系，结构显示两者呈因果关系。随后他们证明了这种增加只有在 A_H 显著增加时相一致，A_H 是大学同等学力工人的特定生产率。他们还发现，高中同等学力工人的生产率 A_L 也在增长，但有别于 A_H 的增长。因此，他们强调由于

---

[15] Saxenian（1994）也曾写过关于这一事实，除了深度关注高技能工人（包括移民），支持共享理念的机构和文化也可能是创新和成功创业的必要的投入。

STEM（国外）工人导致生产率的提高似乎是由于这种"技能偏向"，相比于高中同等学力工人，这种"技能偏向"更多地提高了大学同等学力工人的生产率。[16]

移民可能会通过在技术和科学领域的贡献（或通过其他渠道）影响生产率，这开创了移民影响生产的一条新的且非常重要的潜在渠道。移民可能不仅改变了国外技能的供给，诱导本地技能供给方面的反应，而且还通过影响技术、工艺或效率等方面改变了生产率 A_j。在此情况下，移民的总体剩余会比之前计算的结果大很多。特别是，提高 STEM 工人或者大学教育工人份额或许对区域具有正的本地外部性。在西科尼和佩利（Ciccone and Peri，2006）、莫瑞提（Moretti，2004a，2004b）的论文中，强调了美国一些城市通过提高受过大学教育的工人份额来获得生产外部性的重要性。这些影响超出了上面关于互补效应的分析，尤其是受过大学教育的工人可以学习和传播更好的创意和技术，他们中间大部分人来自国外。至少有一篇文章直接将美国城市中大学教育工人的较高比例与高（印度和欧洲）移民的较高比例相联系，以说明其对生产率的积极影响（Iranzo and Peri，2009）。最近，在另外一个文献中，也强调了由于经济合作与发展组织国家移民驱动的人力资源外部性对工资影响的潜在重要性（Docquier et al.，2011）。文献中将经济合作与发展组织国家作为分析单位，强调了 20 世纪 90 年代和 21 世纪迁移到这些国家的移民普遍受过大学教育这一事实。我们采用类似于 10.5.2 节描述的双层嵌套 CES 方法研究了移民在大多数国家的正向工资效应，但考虑了由于受过大学教育工人份额提高而带来的外部性。

在本节的最后，我们需要提到的是，在杜斯特曼等（2013）最近的一篇文章提出了 CES 模型中组织技能单元的另一种方式。该研究报告认为，（工资）生产率相似的工人属于同一技能组，因此，技能组内的工资按十分位间隔分配。虽然这需要设置严格的假设条件（如技能的线性表示），它提出在相似工资水平上，移民对本地居民有更为直接的竞争影响。该研究发现了本地居民与具有相似工资的移民之间具有更强竞争的证据。同时也发现移民通过影响总体生产率（或增强总体互补性），具有提高本地居民平均工资的积极影响。在下一节中我们将关注潜在生产率的影响。

10.3.5　技术选择边际

式（10.11）构建了以具有高中和大学同等学力工人为研究对象的简单生

---

[16]　表 10 - 2 呈现了每增加一个百分点的 STEM 工人的就业率，影响的大小。

产模型，在文献中得到广泛应用。其原因之一在于美国过去的 40 年间结合技能的技术进步，它精准而合理地解释了受过大学教育的工人相对工资的演变过程（如 Katz and Murphy，1992）。更值得关注的是，阿西莫格鲁（Acemoglu，1998，2002）认为，在市场中采用的技术类型取决于技能相对供给能力。当一种类型的技能（如大学毕业生）变得更加丰富，提高生产率（技能互补或技能偏向）的技术变得更加有利可图，从而得到人们更频繁地采用。因此，美国过去 40 年受过大学教育的工人数量的上升，可以解释偏技能型技术的采用（从长远来看）可以提高受过大学教育的工人生产率，甚至提高他们相对于高中毕业生的工资水平。与大学教育的长期提高和偏技能型技术的采用相反，大学—高中教育水平工人的相对供给的波动决定了相对工资的短期变化。

需要注意的是，定向技术变革（Directed Technological Change）具有非常重要的意义。在相对于技术不变的情况下，对于一个给定的相对技能供给的变化，采用定向技术可以提高要素的生产率，从而可以提高其供给水平，这将会减弱其对工资的影响。从式（10.11）中我们可以很容易得到技能的相对报酬：

$$\frac{w_{CO}}{w_{HS}} = \left(\frac{\sigma-1}{\sigma}\right)\frac{A_{CO}}{A_{HS}} - \left(\frac{1}{\sigma}\right)\frac{L_{CO}}{L_{HS}} \tag{10.15}$$

其他一切条件不变的情况下，由于这两个要素是不完全替代的产品，相对供给 $\frac{L_{CO}}{L_{HS}}$ 的提高会降低大学教育水平的工资率。然而，如果相对生产率 $\frac{A_{CO}}{A_{HS}}$ 也受到相对技能供给的积极影响，则这种负面工资效应可以减弱甚至逆转。

刘易斯（2011）在移民引起的相对技能变化的情况下，在地方（大都市区）层次验证了定向技术应用的观点。特别是，随着大量教育程度较低的移民流入大都市统计区，刘易斯（2011）发现，移民较少的大都市区中，企业很少使用经济刺激，而是采用代替体力劳动（如自动化）或补充相对人力资本的技术。相反，使用更有效率的体力工人和非技能工人可以降低自动化和维护，将会使相对生产率 $\frac{A_{HS}}{A_{CO}}$ 提高，因此可以减轻或消除由 $\frac{L_{HS}}{L_{CO}}$ 增加引起的相对工资效应。刘易斯（2011）通过研究不同大都市区的企业对特定机械化与自动化程序的采用，并且把它与教育程度较低的移民流入联系起来。研究发现，正如定向技术应用框架的预测，在移民较少的大都市区，机械化和自动化发展更为迅速，因此高中同等学力工人的供给较少。刘易斯（2011）使用微观数据提供了定向技术采用的证据，佩利（2012）使用美国的面板数据，利用总生产函数模型测算了移民对 $\frac{A_{CO}}{A_{HS}}$ 的影响。其中，式（10.15）确定了一个由文献确

定的参数 σ（大学学历工人与非大学学历工人的替代弹性）。该研究为证明移民的流入和 $\frac{A_{CO}}{A_{HS}}$ 的变化之间具有强负相关关系提供了证据，这与定向技术变革理论相一致。本研究更多细节的经验方法将在 10.5.2 节中展开。

总体而言，最近的一些文献强调了在区域经济中本地居民对移民的反应边际。由移民造成相对技能的变化，导致本地居民相对技能供给的变化（也可表示为专业化、职业化提升，或者也可能是本地居民教育水平的提升）。它也可以引起在技术/技巧采用的变化，并导致相对生产率的变化。两种反应都减少了具有同样技能的本地居民和移民之间的"竞争效应"，即通过移民的涌入增加了本地劳动力剩余。因此，通过分析这种"局部"效应，有助于解释移民对本地居民的负面工资效应比预期的要小（其他方面与预期等同）。当我们提到其他调整，比如本地居民的地区间迁移或产出结构的变化，研究表明这些似乎并没有发挥主要作用。虽然没有研究可以清楚地描述每个边际调整，我们将概述每个的经验研究结果，并且对影响本地居民工资和生产率的综合效应进行评估。

10.3.6 规模外部性、异质性和搜寻

迄今考虑的模型中，移民的流入导致了当地经济规模提高，但并没有在提高生产率和工资水平方面发挥作用（因为规模报酬不变）。移民（仅代表增加工人的数量）引起了经济活动密度的简单增加，并且他们倾向于集中在城市，这有可能对生产率有益（如 Ciccone and Hall，1996；Greenstone et al.，2010）。然而，在这里我们从经济活动密度方面回顾一些移民对当地潜在的外部性，这能更具体地反映移民产生的影响。在最近的一些基于贸易和经济增长的文章中，分析了移民和本地居民之间、移民彼此之间更精确的技能分化。不同国家出生的人代表不同的技能组（生产出差异化的非贸易中间产品），将它们合并到 CES 函数中，用于最终的生产函数，这些研究推导出，一个地区移民的多样性（分散化）指标与地方总体生产率（平均工资或平均租金）是正相关的。在这种框架下，更多来自不同国家的移民对生产率有直接的正效应。奥塔维亚诺和佩利（Ottaviano and Peri，2006）在美国都市区检验了此模型。阿尔西娜等（2013）估计了在世界上不同国家出生的多样性指数对这些国家的影响。查克斯等（Trax et al.，2013）在企业/工厂层次探讨了这种关系。在利用生产函数的条件下，将不同种族看作不同的技术，在地方层次，更多差异性和更多数量的移民增加了中间产品的多样性，从而对生产率产生积极影响。在提到的

文献中有证明这种积极影响的显著证据，出生地是差异化的潜在重要维度。⑰然而，这项研究尚处于起步阶段，我们需要更好理解"出生地多样性"效应起作用的渠道和层次（企业、区域和部门）。当然，在微观层次（企业和工厂）上，应考虑移民和本地居民之间更多技能差异的细节，以判定其对边际的重要影响。

关于移民影响的研究中，大多数都集中在移民和本地居民之间技能的差异，并且通过劳动力市场充分竞争，使边际生产率与工资等价。从长远来看这是合理的。一个引人关注的研究新方向是在不考虑劳动力市场摩擦的情况下，劳动力市场中的供求产生了匹配剩余。特别是莫藤森和皮萨里德斯（Mortensen and Pissarides，1994）在构建搜索模型方面取得了很大成功，他们分析了劳动力市场的重要特征，在最近的一些研究中将移民纳入到搜寻和匹配模型中。在此搜寻背景下，本地居民和移民之间在劳动供给方面产生的差异（尤其是在他们的议价能力和外部选择）可能会产生符合本地工人的剩余。特别是，查萨姆波尼和帕利沃斯（Chassamboulli and Palivos，2014）研究表明，当移民比本地居民具有更差的外部选择或更低的议价能力，即使他们与本地居民具有相同的生产率，但均衡时移民的报酬会较少。反过来，这意味着在移民比例较大的劳动力市场，每当空缺职位被填补时，企业都将获得较大的平均盈余。因此，他们将创造和发布更多空缺职位。如果他们不能在空缺职位中排除本地居民，却需要支付他们不同的工资，那么这些工作将被本地居民占据，这会增加他们的就业机会，并增加他们的工资（通过增强他们的议价地位）。

尽管这个模型有些特殊，但它强调了一个非常普遍的想法。如果企业通过雇用移民来节省成本（由于他们议价能力较弱，只需支付较低工资），他们将获得较大的盈余，他们会愿意提供更多的就业机会并且扩大企业规模。由于追求利润扩张企业规模而产生的新工作也会使本地居民收益。因此，在供给方面的差异也可能导致本地居民和移民之间不同种类的"互补性"，并说明在移民越多的劳动力市场中，提供就业机会的可能性就越大，从而产生有利的影响。以此类似，查萨姆波尼和佩利（Chassamboulli and Peri，2014）分析了减少非法移民的不同政策的影响，并把劳动市场的搜寻匹配模型应用到美国和墨西哥的案例中。这种灵活的框架允许他们描述合法移民和非法移民具有不同的外部选择，以此研究他们对美国经济的就业创造效应。它还允许他们（从美国到墨西哥）隐藏迁移的决定作为搜寻决策变量，从而分析政策对激励迁移

⑰ 大部分的贸易收益是基于类似的收益品种，例如 Broda 和 Weinstein（2006）。

的影响。

文献确定主要框架和统一的方法，用于分析移民对地方经济的影响，现在，我们将关注经验检验，以及识别移民和他们的技能供给变化引起外部变化的相关问题。

10.4 识别对地方经济因果效应的经验方法

如上一节所总结的，技能单元方法意味着移民可能会影响技能的绝对和相对生产率。然而，不同的生产率增长（可能是对特定技能专用）也可能吸引和选择移民。迁入国的经济状况是移民进行迁移的主要动机（如 Clark et al.，2007；Mayda，2010），而且，至少在美国有证据表明，移民可以很好地适应不同条件下的劳动力市场（Borjas，2001；Cadena and Kovak，2013）。这种潜在的内生性问题解决了两个相关的策略：（1）流动者往往是难民，这源于输出国产生的冲击（通常流向少数目的地）；（2）"偏离—份额"（Shift - Share）型工具在很大程度上是利用原始移民流的区域分布自相关性。这两种方法都由卡德（1990，2001）开创。最近在一项研究中，将"偏离—份额"工具与现行移民政策驱动的变化联系起来，是十分有益的发展。

第一，"自然实验"方法是卡德（1990）在研究马列尔偷渡事件中创建的，在1980 年大约有125 000 名古巴难民涌入，他们大多定居在迈阿密。自此以后，一些研究也使用过这种方法，包括珍妮弗亨特（Jennifer Hunt，1992）关于遣返者从阿尔及利亚到法国的研究和卡林顿和利马（Carrington and Lima，1996）关于非洲遣返者到葡萄牙的研究。其他研究也考察了南斯拉夫解体之后难民流动的影响（Angrist and Kugler，2003），其他难民流动的影响（例如，Foged and Peri，2013），以及自然灾害导致的难民流动的影响（Kugler and Yuskel，2008）。这些研究主要涉及低端劳动力市场的移民流入。还有一些相似的事情发生，虽然产生高技能移民的流动很困难，但也不是完全没可能的。弗里德伯格（Friedberg，2001）、拉赫（Lach，2007）和帕塞尔曼（Paserman，2013）[18] 调查了一些关于苏联移民到以色列的影响研究。被纳粹德国解雇的犹太科学家的影响也同样受到关注（Waldinger，2012；Moser et al.，2013）。

这种方法至少面临两个挑战。第一个挑战是，尽管难民危机可能造成额外

的移民，难民选择的区位和职业很可能内生于接收国家的经济机会。因此，定义一个可信的对照组可能是一项挑战。这不是一个简单的问题，而且上述所有的比较，对得到可信的因果推理也不是必要的。[19] 对于第二个挑战，唐纳德和朗（Donald and Lang，2007）提出了一些正确且有意义的关于少量"处理"单元的推论。[20] 随着阿巴迪（Abadie，2010）等合成控制技术（Synthetic Control Technique）的传播，这两个挑战已经变得更容易。该合成控制技术是利用数据密集型技术来构建一个匹配的对照组，并且允许通过估计类似结构化的"对照"回归分布来推理。然而，至今为止，这种方法已经很少在研究移民的文献中使用。[21]

这种方法的另外一个挑战是外部效应：研究一组类型相对较少的移民，最后得到的结果也相对较少，即研究结果可能不会在更多常见类型的移民流动中具有普适性。大多数高移民国家在近 10 年或者更久的时间里，接收了显著的（但不是灾难性的）移民流入，我们对其影响更感兴趣。

卡德（2001）开创的第二种方法，相对于巴尔季克式（Bartik style，1991），其在需求冲击中使用了大量工具。基于类似移民的滞后区位，他预测了区域 r 的移民流动情况。[22] 工具的关键"预测移民流入"部分的基本结构通常的形式为：

$$\hat{F}_r = \sum_c (\text{Lag\_sh}_c^r \times F_c)$$

其中，$\text{Lag\_sh}_c^r = M_c^r / M_c$ 表示移民存量的份额，M_c 表示从来源国"c"居住在目标地区"r"（通常是一个国家内部区域或大都市区）在某一时刻前的分析（通常是分析的最初阶段），F_c 是研究期间来自国家 c 的移民流入总量。

需要注意的是上述公式可以被专门用来表示技能单元。在这种情况下，F_c 就不仅仅表示来自 C 国的移民总数，而是特定技能单元下移民的流动数。通

---

[19] 例如，以苏联解体为背景，许多的研究利用在以色列的苏联移民在企业（Paserman，2013）或城市（Lach，2007）间的位置变化。这可能是内生的，因此还不清楚这些分析是否比 OLS 更可信。为了解决这个问题，Friedberg（2001）利用职业间变化，优先使用移民占据职业的变化数量而不是移民到达的数量作为一种工具。

[20] 这一点是通过 Angrist and Krueger（1999）所谓的 1994 年"马列尔难民事件"作为克林顿政府封锁，似乎是形成了来自古巴规模类似于 1980 年渡船升降机的船队。该分析发现了预期但并未发生的事件对非裔失业率有显著正边际效应（Donald and Lang 使用标准的推理技术，争论错误的筛分实验）。用数量少的单元进行有意义的推理是否可行，同样是一个问题：Donald and Lang 对置信区间的再估计，Card（1990）认为它们在提供信息上不能发挥作用。尽管 Donald and Lang 的研究是在严格的假设条件下提出的；Conley and Taber（2011）采用面板数据和少量的处理单元，提供了一种更为通用的推断程序，这往往会产生更广泛的置信空间。

[21] 其中一个例子是 Bohn et al.（2014）的研究。

[22] 追溯到 Altonji and Card（1991），其使用滞后移民份额作为研究最近移民的方法已经过时了，Card（2001）提出了"偏离—份额"的方法。

常，构建的变量 $\hat{F}_r$ 被称为"估算的"地区 r（或是技能单元 i，如果是特指技能的话）流入移民数。$\hat{F}_r$ 也几乎总是被地方经济规模（或单元）的某种度量标准化——如初次就业率，因而对于区域 r 以及技能单元 i 来说最终的公式为 $Z_{ri} = \hat{F}_{ri}/Emp_{ri}$（$Emp_{ri}$ 指地区或单元内初次就业率）。[23]

关于这个工具有效性的讨论始于这样一个观点：这个工具的各组成部分并不是由目标区域的需求状况决定的，而是由移民输出国的状况以及可能由输入国的总体情况决定的；因此，有时这被称为"供给/推动"工具（如 Card，2001）。以上所有的流动被按照与 Lag_sh^r_c 相同的移民群体历史上的目的地分配到相应区域。严格地说，这一工具的优势来自于新移民倾向于根据同种族现有集中度来选择目的地（Bartel，1989）。该观点的合理性取决于影响劳动供给的因素，例如家庭关系或对相似文化和语言环境的偏好，而非特定区位中该组劳动力的自相关所驱动。[24]

需要注意的是，这种方法并不完全独立于自然试验方法，后者也往往依赖于所研究的移民群体历史上定居的位置（若这个研究本质上是基于区域的），例如古巴人移民到迈阿密。事实上，应用这种工具的一个问题是，当移民的目的地和来源地具有紧密联系时——例如古巴人到迈阿密或阿尔及利亚人到法国——总流动会在一定程度上受目标地区的需求情况影响。例如洛杉矶和芝加哥的需求情况就会显著影响墨西哥人去往美国的数量。

研究人员试图精炼这种工具的一个方法是，尝试在工具的所有组成部分中挖掘更多的外生变动来源。普加希和扬（Pugatch and Yang，2011）将墨西哥经济下滑作为墨西哥向美国移民工具的组成部分。在厄兹登和瓦格纳（Ozden and Wagner，2013）的关于移民对马来西亚影响的研究中，考虑到移民往往集中于相对年轻的群体，作者将菲律宾和印度尼西亚——两个主要的人口输出国——的人口年龄结构运用在工具中。

---

[23] 一种常见的方法是通过反映所关注的内生变量将所预测的移民变量标准化。例如，Card（2009）和 Lewis（2011）使用不同工人受教育水平的比值作为内生变量，因而，预测移民的表达式是将不同教育水平分开计算的（Lag_sh^r_c 的值相同但是 F 的值按照不同国家高、低技能的总流量来区分），并且最终的形式为两个内生变量的比值。Peri 等（2014）将高技能工人/目前的就业作为内生变量；分子由预测的移民数确定，分母由通胀基准年国家的就业增长。Smith（2012）的独立变量是移民数量的增长，通过规定所有市场以相同的初始移民比例，以及全国增长率增长来将变量标准化。他还考虑了公式结构的其他版本，其中一个考虑了不同族群在市场内的混合，而不是他们市场间的分布情况。其中将预测移民变量标准化的方式可能影响公式的结构或排除限制的合理性。

[24] 看待这一问题的一个观点是，每一个民族群体都是特定的基本群体；Gonzalez（1998）关于墨西哥人在美国的工资与房价数据的假设支持这一观点。另一个支持其有效性的证据是，这一工具的一个版本在预测墨西哥人向美国特定大都会地区出现了不相关的就业增长预测 Card and Lewis（2007）Lafortune 和 Tessada 比较了少数民族聚居地的规模和当地的职业组合来预测移民在历史数据内定居的地点，并且发现民族联系在大多数情况下占主导作用。

一个很有研究价值的新进展是将政策变化作为工具的组成部分。除了可能帮助解决内生性问题外，还使得估计更具政策相关性。许多研究都直接或间接使用了 H1－B 签证（在美国出台的专业技术类签证）数量上限的变化，包括佩利等（2014）以及克尔和林肯（Kerr and Lincoln，2010）。[25] 加藤和施帕贝尔（Kato and Sparber，2013）选择其他签证选择国家作为对照组，考察了 H1－B 签证上限在 2003 年大幅下降后对于赴美留学生质量的综合影响。

大量的研究工作通过更长的时滞性使得工具的"分配"（$Lag\_sh_c^r$）部分拥有更可信的外生性。[26] 但再一次，政策驱动的变化正开始被纳入研究中：一些研究开始使用所谓的分散政策，在某些欧洲国家中通过这一政策为移民随机安排公共住房，对移民给予初步安置。格里茨（2012）基于这一政策研究德国劳动力市场对移民的影响。另一个例子是达姆（Damm，2009），基于分散政策研究个体层次居住在丹麦"少数民族聚居区"的影响。福厄兹和佩利（Foged and Peri，2013）虽然并未在分析中直接使用分散政策，但其研究中的变化——非欧盟和难民移民共享本地工资和职业在丹麦各自治市之间的影响——可能来源于这些分散政策的影响。

由于对于滞后的原始份额的随机化缺乏一个明确的定义，另一种方法是控制这一工具接受各种"证伪"的测试。通常可以检查结果或处理的趋势是否与工具使用先于分析阶段有关。目前的难题是，许多相同模式的移民倾向于保持之前的分析阶段，哪怕是以较低的等级。毕竟，事实上这一工具在移民的区域模式的研究中会扩大这种趋势，所以仅仅在前期发现的零相关未必是真实的，但可以肯定的是，其相关性还不足以使工具足够可信。此外这一工具还有助于研究早期移民快速增加的一个时期，例如福厄兹和佩利（Foged and Peri，2013）检验了 20 世纪 90 年代大量难民流入丹麦的影响。[27] 尽管难度加大了，但如果可能的话，同一时期的检验结果应当避免处理方式带来的影响。[28] 尽管对于这一结论的质疑一直存在，由于缺乏新的方法来获得更多移民方面的变化

---

[25] Kerr 和 Lincoln（2010）并没有在工具中使用上述"国家"元素——他们集合了所有的移民群体——并且估计了一个简化的回归。该 H1－B 签证的上限是不针对具体国家的，而是所有国家的总和。

[26] 部分 Pugatch 和 Yang 的研究的变化来自于墨西哥的三个主要过境地区通过历史上的铁路路线到美国的目标市场的联系。该工具尚未得到重视的另一个方面是移民群体被构建的细节，其实际的（小单元尺寸）解释是移民并非来自某一个国家而是一些相似的国家。

[27] 这一赋予他们灵感的分散政策在开始研究前就已经很完善了，但是 Foged 和 Peri（2013）的研究显示在 20 世纪 90 年代大规模难民爆发事件（南斯拉夫和索马里）之前，丹麦几乎没有非欧盟移民。Cascio 和 Lewis（2012）在他们关于本地学区对墨西哥适龄移民的响应行为的研究中，检验了自 20 世纪 70 年代以来的变化，这也是近期大量墨西哥移民涌入到美国加利福尼亚的开端——尽管墨西哥移民在之前的几十年中一直在缓慢增长。他们之前检验了 20 世纪 60 年代的变化。

[28] 例如，Lewis（2011）检验了采取新技术的计划（询问于基准期）与后来的移民驱动的技术混合的冲击是否相关，结果是没有。

以精确估计它对整个经济的影响，目前该工具似乎依然是一种主流的分析工具。

10.5　估计本地居民的反应和对结果的影响

如表 10-1 所示，由地理或技能类别定义的单元间的移民密度，具有相当大的差异，在估计移民对本地的影响时可能有用。但是，正如我们在 10.3 节所阐述的那样，使用这一变量来识别和理解移民的影响存在一种风险：本地居民可以将在单元间流动作为应对移民的措施。本节会更详细的考察本地居民如何通过在不同地域和技能单元间流动以应对移民问题。基于这一理解，本节将估计移民对工资、企业生产率、技术选择的影响及其外部性。

10.5.1　本地居民的地理流动性

早期试图估计移民影响的论文使用了跨地理空间的变量，如格罗斯曼（Grossman，1982）。但是不久之后，本地居民的流动反应就被认为是潜在的干扰因素。伯杰斯（1994）经常被引用的评论文章认为，移民的跨空间影响估计"没有系统的解释"（p. 1699）。事实上，正如式（10.9）所描述的那样，一个允许本地居民供给流动的方法，通过同时估算工资与就业回归，能够揭示结构性需求参数。继这一观点之后，涌现出了大量关于本地居民对移民的流动反应的文章。

通过 10.4 节描述的"巴尔蒂克式"工具，卡德（2001）以及卡德和迪纳尔（Card and DiNardo，2000）没有在各职业类别内发现美国各地移民流入的大都市地区的本地居民流动反应的证据。[29] 伯杰斯（2006）提出了本地居民流动反应移民的相反证据，从大（普查分区）到小（大都市区）的地理单元愈发显著：他发现一个大都市区每流入 10 个移民，就有 6 个本地居民流出。[30] 这一研究与其他两个在相对简单的（教育×经验）技能单元内的检验反馈的不同之处在于，该研究使用观测到的移民流入作为 OLS 而不是 IV 方法的解释变量，并且流动性反应关系是如何确定的。

---

[29]　Card 和 Lewis（2009）发现了类似的针对墨西哥移民的缺乏本地居民的流动响应。

[30]　一篇更早的人口方面的文献同样声称发现了"本土迁移"的证据（如 Filer，1992；Frey，1995）。然而，这篇文献对于各关系的区分与最近关于移民对劳动市场的影响的认识不一致（如 10.3 节所描述的）。特别的，它未能通过技能类别加以区分并且将观察到的移民区位选择看成是随机的。

事实上，佩利和施帕贝尔（Peri and Sparber，2011a）明显关注伯杰斯（2006）使用的设定。他们认为在伯杰斯的设定中，由于当地居民的数量同时出现在因变量（本地人口）以及右侧解释变量的分母（移民作为总人口的一部分）中，其估计结果可能会偏向于负相关。通过模拟设计来配合人口总量，学者们证实了即使是在缺乏流动性的地方，伯杰斯的方法也倾向于寻找本地居民的流动反应的有利证据。具体而言，学者们假设区域（r）×技能（j）单元内的本地居民人口变化 ΔN_{rj} 与单元内外来人员数量 ΔF_{rj} 是相关的。方程结构如下：

$$\Delta N_{rj} = \alpha + \beta \Delta F_{rj} + \varepsilon_{rj}$$

根据有关 β 的不同假设，包括 $\beta = -1$（全部迁移或是"挤出效应"），$\beta = 0$（没有被迫移居），以及最高的 $\beta = 1$（"挤进"），学者们通过随机抽取 ΔF_{rj} 和 ε_{rj}（以及 α）的标准值来匹配总体平均值以及自 1960 年以来美国每 10 年 1 次的人口普查数据中国家×教育×技能单元中检测到 ΔF_{rj} 以及 ΔN_{rj} 的数据的标准差。重申一下他们的研究成果，不论 β 值是多少，伯杰斯的设定（关于移民就业占本地就业份额的记录）都发现了居民被迫移居的"证据"。[31] 通过额外的模拟，他们还发现相比 ΔF_{jc} 以及回归分析中单元的数量，伯杰斯的标准偏差恶化了 ΔN_{jc} 的相对变化，而前者可能有助于解释伯杰斯的估计如何随地理尺度而变化。

那么，可以准确估计本地居民移动量级的模型是什么呢？佩利和施帕贝尔（Peri and Sparber，2011a）发现卡德（2007）使用的模型最为可靠。在该研究中，卡德用 $\dfrac{\Delta L_{rj}}{L_{rj0}}$ 对 $\dfrac{\Delta F_{rj}}{L_{rj0}}$ 进行回归分析，其中 ΔL_{rj} 为劳动力变化，L_{rj0} 是劳动力（移民 + 本地居民）的初始大小。值得注意的是，这与卡德（2001）以及卡德和迪纳尔（Card and DiNardo，2000）所用的模型很相似，这三个研究都很好发现本地居民取代的现象。在这一模型中，系数 1 表示没有取代现象：移民对总技能供给有一对一的影响。作者还指出，可以等价进行 $\dfrac{\Delta N_{rj}}{L_{rj0}}$ 对 $\dfrac{\Delta F_{rj}}{L_{rj0}}$ 的回归分析，在这种情况下系数将直接表明居民取代的程度，系数 0 表示没有取代。

佩利（2011）通过刻画在总量生产函数的基本参数方面的流动性响应进一步推进了研究。具体而言，它反映了奥塔维亚诺和佩利（Ottaviano and Peri，2012）发展并支持的，在第 10.3.2 节中讨论的 CES（固定替代弹性）结构。在这一设定下，使用式（10.5）并采用关于本地居民与移民的就业变化的总

---

[31] Borjas 的规范中同样包含了为减少这种偏差的替代规范，但是作者证明了这一规范同样有强烈的寻找本地移居的证据的倾向：最后，在所有的模拟中，它总能找到移居的现象。

差额，可以证明本地技能组 j 的工资增长在当地经济 r 中将是：

$$\frac{\Delta w_{rj}}{w_{rj0}} = \phi_r + \phi_{r,edu} + \left(\frac{1}{\sigma_2} - \frac{1}{\sigma_3}\right)\frac{\Delta F_{rj}}{L_{rj0}} + \left(\frac{1}{\sigma_2} - \frac{1}{\sigma_3} + \frac{1}{\bar{x}\sigma_3}\right)\frac{\Delta N_{rj}}{L_{rj0}} - \Delta\ln\theta_{rj} \quad (10.16)$$

其中 $\bar{X}$ 是本地工资份额，σ_2 和 σ_3 与 10.3.2 节中的符号一致，分别表示交叉经验单元与本地—移民的替代弹性，其余把握了教育总量与未观测到的生产率项。

佩利（2011）方法的关键假设是完全流动性：本地居民通过迁移实现劳动市场间的工资均衡，因此 $\frac{\Delta W_{rj}}{W_{rj0}}$ 在所有劳动市场中都是相等的。佩利（2011）考虑式（10.16）中市场 r 与国家其余地区的差异，并在变量上标记波浪号"~"表示该差异。然后，以完全流动性与工资均等化为前提，建立了一个等于 0 的微分方程，并解出了 $\frac{\Delta\tilde{N}_{rj}}{L_{rj0}}$ 关于 $\frac{\Delta\tilde{F}_{rj}}{L_{rj0}}$ 的函数。需注意的是，这是佩利和施帕贝尔（Peri and Sparber，2011a，b）模拟所推荐的取代设定。但现在，这一回归系数与 $(\sigma_3 - \sigma_2)$（本地居民和移民之间的替代弹性与交叉经验弹性间的差别）成比例利福尼亚。将加利福尼亚州与全国其他地区进行比较，并使用中美洲国家净流入人口作为 $\frac{\Delta\tilde{F}_{rj}}{L_{rj0}}$ 的工具，佩利发现自 1960 年以来，很少有证据表明这些技能单元内本地居民的流动反应（不管是 OLS 还是 IV）——尽管在此期间大规模移民不断流入加利福尼亚州。因此，在模型中这些可以通过使 $\sigma_2 \approx \sigma_3$ 来合理化。那么其完全流动假设会怎样呢？这并没有被否认：佩利（2011）也关注工资，并没有发现任何反应，其中每个方程（10.16）均可通过使 $\sigma_2 \approx \sigma_3$ 来加以解释。[32] 简单来说，替代/互补结构意味着在技能单元中，移民最终只会对地方工资水平产生很小的影响，人们没有动力离开加州。因此，这同时使"零流动性"发现合理化，并解释了为什么移民似乎对工资结构的影响不大。

对这一文献的合理概括是：本地居民跨地理空间流动以应对移民的现象是相当少的，由于移民对当地工资的稳定性影响很小，这一结果是符合实际情况的。尽管如此，从地理学视角研究移民影响的最好方法是，考虑本地居民流动反应的可能性，以给估算一个恰当的结构性解释，如式（10.9）。

---

[32] 一个合理的问题是，这是否与这些参数的全国数据的直接估算相一致，例如 Ottaviano 和 Peri（2012）中的那些参数。Peri（2011）同样对此有疑问。对 σ_2 的估计倾向于 10 左右，然而对 σ_3 的估计往往在 20 左右。Peri 认为，然而，目前对 $1/\sigma_3$ 的估计可能由于其内生性因素在全国范围的回归分析中偏低。对于这种解释的一个需要注意的问题是，正如 Peri 指出的，区域工资水平的影响可能比其他因素要小，例如其余的内生性（也就是说，尽管有工具的存在），或者是非劳动性的输入调整（参考 Lewis（2013a），注意公式）。

　　另外，一个可能有助于简化这个问题的设定是（如果合适的话），将总供给量以 L_{rj} 或是其他形式作为相关技能单元右侧的变量，则工具中移民的技能供给便完全改变了。换句话说，右侧变量是移民 + 本地居民的总和，而不是像原方法那样将移民所占份额本身作为"处理"变量。以这种方式，第一阶段（对跨区域技术人员移民的劳动力供给的回归分析）暗含了对任何特定技能的本地居民流动反应的调整，也是取代水平的直接指标。事实上这种方法自从卡德（2001）以来已经成为地区研究的标准。[33]

10.5.2　不同技能间的流动性

　　另一种使用跨地理空间的变化来识别移民影响的方法是，利用各技能单元随时间的变化。正如 10.3.2 节所述，该方法由伯杰斯（2003）首先提出，他将这一方法描述为关于移民向特定地区迁移以及本地居民流动反应的问题。但是，根据对技能类别的定义，这一方法可能无法完全避免本地流动的问题。事实上，在一些情况下，如跨职业流动，本地流动反应有助于揭示劳动市场结构的组成要素。另外，正如之前所强调的，没有考虑本地居民流动可能会导致对本地居民从移民中获益的估计过于保守。

　　不同职业移民所导致的本地居民流动反应可能已经有很多经验性研究。佩利和施帕贝尔（Peri and Sparber，2009）首次表明了本地居民的比较优势在这一反应中起重要作用。具体来说，他们检验了这样一个假设：在低技能工人中，本地居民在"沟通"任务密集的工作中具有比较优势（如销售），移民在劳动密集型的工作中具有比较优势（如建筑）。如果是这样的话，他们的模型（见方程 10.12 ~ 10.14）计算中有三个预测：（1）移民促使本地居民转向更为沟通密集型的就业岗位；（2）移民促使整体劳动力转向更为体力密集型的工作；因此，（3）它提高了沟通型工作的相对价格。正如上面所提到的，他们采用来自 O*NET 的企业级数据和人口普查中的职业来测量工作强度。为了测量每一种职业的"价值"，他们根据每种职业的平均体力和沟通强度来调整工资水平，并根据时间进行回归分析。[34] 他们基于美国 1960 ~ 2000 年人口普查数

---

　　[33]　一个有意义的推进是利用移民、本地居民、σ_3 之间内部技能类别的不完善的可替代性的估计，来生成一个更一般的测量技能群体供应的方式，以允许这种不完善的可替代性，也就是说，使用公式（$\left[\left[(1-\theta_{j,IMM})N_{rj}\right]^{\frac{\sigma_3-1}{\sigma_3}}+\left[\theta_{j,IMM}F_{rj}\right]^{\frac{\sigma_3-1}{\sigma_3}}\right]^{\frac{\sigma_3}{\sigma_3-1}}$）来取代 $L_{rj}=N_{rj}+F_{rj}$。

　　[34]　一般来说，他们综合了一些相似的 O*NET 主题转换为"百分制"的指数，用以表征提供就业机会的份额是处于这一水平或更低。一个值得强调的、无法回避的问题是，O*NET 中的职业水平平均数是不随时间变化的，而是在单一的时间点测量的（2000）。尽管职业属性已经在其他较早的调查报告中被测量了，如职业名录字典，在整个调查中可用措施基本没有重叠。

据进行分析，同时使用"流入的墨西哥移民数"（见 10.4 节）以及随时间变化的距墨西哥边境距离的函数作为分析工具。他们发现证据支持这三个预测，以此为基础，还得到了方程（10.12）中工作间替代弹性的估计值 σ_{MC}，大约在 0.6～1.4。通过模拟显示，该水平下的替代性是直接估计移民和当地人替代弹性 σ_3 大小的正确方法（per Ottaviano and Peri，2012）。

在高等教育群体中出现了一个相似的模式：在技能方面，随着移民流入，本地居民转向沟通密集型的工作，并远离分析或定量密集型工作，移民倾向于专业化（Peri and Sparber，2011b）。二者都与由本地居民更好的英语语言技能所带来的比较优势相一致（Lewis，2013b），虽然其他未观测的技术和兴趣差异可能也有助于理解这种模式。

结合佩利和施帕贝尔（Peri and Sparber，2009，2011b）的研究，福厄兹和佩利（Foged and Peri，2013）使用与 O*NET 相似的沟通、分析、体力的职业指标，给出了职业"复杂度"的定义：ln((沟通 + 分析)/劳动)。利用 20 世纪 90 年代中期由重大难民事件引起的（如南斯拉夫解体）大规模非欧盟移民至丹麦（在此之前非欧盟移民对于丹麦来说是微不足道的）为例，他们使用"少数民族聚居地工具"，利用企业中工人层次的数据证明了非欧盟的移民倾向于促使高技能及低技能的本地丹麦人进入更加复杂的职业，其中部分人经历了职业的转换。由于非欧盟移民大规模受雇于低技能工作，一个事实是这些职业的增加及转换同时出现在高技能和低技能的群体中（虽然在低技能群体中规模更大），并且再次与专业化的发展有关。这一研究另一个引人注意的部分是，丹麦的非欧盟移民"聚居地"大部分都是由先前少数由于分散政策分配到全国各地的移民所创造的。与此一致的是，作者同样证明了并没有重要的"预先"（1991～1994 年）的结果。

最近一个引人注意的发现是，移民不仅与本地居民的职业专业化有关，而且更多与本地职业的"升级"转换（即职业有更高的技能需求以及更高的收入）相关。卡塔内奥等（Cattaneo et al.，2013）使用若干欧洲国家中本地居民罕见的个体层次的面板数据，同样发现移民与本地居民为回避竞争而转向高技能工作有关。福厄兹和佩利（Foged and Peri，2013）发现丹麦有同样的现象。在 10.6 节将对这些研究中面板数据属性带来的附加特征加以说明。

正如之前讨论的，即使是在有限的职业中，有时也可以发现专业化的证据。伯杰斯和多伦（Borjas and Doran，即将出版）分析了苏联解体后美国大学中的苏联数学家的有趣案例。苏联数学家主要集中在特定的某些专业，随后这些学者表明在苏联专家进入某些专业后，非苏联专家倾向于离开这些专业。

在其他的研究中，如伯杰斯（2003）、奥塔维亚诺和佩利（Ottaviano and Peri，2012），将技能单元定义为教育和（潜在的）工作经验。人们在潜在经验单元间是很难移动的，同时有新的证据表明，（年轻的）本地居民会提升个人的受教育水平，以应对低技能移民的涌入。利用美国"通勤区"（比大都市区更小且覆盖整个美国）间的差异，史密斯（2012）表明青年就业率对移民特别敏感，这在一定程度上可以由学校招生对移民的反应来解释。通过使用全国层次的变化并仔细计算移民子女在教育系统的影响，亨特（2012）发现，高中辍学的成年移民的增加会使本地居民的高中毕业率增加。同样的，使用州之间的变化并单独控制移民作为学生的影响，杰克逊（2013）发现成年移民中没有大学文凭的相对比例增加与本地居民大学入学率的增加有关。[35] 后者的发现也强化了这样一种认识：以大学教育将劳动力分为两类，是对劳动力市场的一个合理的近似（见10.3.4节和Card，2009）。

10.5.3　移民的影响

一个非常简单的模拟劳动力市场的两要素的竞争模式，比如式（10.11），预测移民可以提高本地居民的职工平均工资（如Borjas，1999），当然经济上也会有"利益获得者"和"利益受损者"。需要注意的是，在这个简单的规模报酬不变的模型中，移民对整体平均工资基本没有影响。正如之前所讨论的，学者们探索了更丰富的模型以计算来自移民的其他潜在收益，如对生产率或生产技术的直接影响。

在过去的10年中，经济学家们关于移民对工资和生产率的影响进行了许多不同的估计。研究者们考虑了更多的细节来测量移民的技能以及工资外的效果，包括投资与技术，他们所考虑的这一机制的复杂性已经增加了。他们还考虑了各种来源的互补性和"溢出"。在表10-2中，我们概览了一些最近的研究（但肯定不是所有），他们试图考察移民对本地工人生产率的影响。尽管过去的一些研究主要关注移民的"局部"影响，即狭隘技能单元内的本地居民[36]——如在式（10.8）中——在这里，我们感兴趣的是移民对本地生产率和工资影响的一般均衡，这已经成为最近10年若干研究的关注点。

一个有用的基准是表10-2第一行中的奥塔维亚诺和佩利（Ottaviano and

---

[35]　所有这些研究均使用了"少数民族聚居地工具"/"巴尔蒂克式工具"。
[36]　这些研究在Longhi等（2005）以及Kerr和Kerr（2011）的研究中已被总结。

Peri，2012），他们估计了嵌套 CES 生产函数中的替代弹性［式（10.4）］，并用其模拟了近期移民对本地居民工资的影响。根据参数的选择，他们发现在 1990～2006 年，（约占 10% 的初始劳动力）移民使本地工人的平均工资提高了 0～0.7%。虽然这个模型依照多种技能分类，其包含四个教育分组×八个经验分组，并允许移民和本地居民在这些单元中可以彼此替换，但它可能考虑不到移民技能多样性的所有有益影响，更不用说通过溢出效应或本地居民反应等其他机制而造成的影响。

表 10 - 2　　　　　　　　文献中移民对总体生产率影响的估计

研究	结果	变量的来源（单元）	处理；工具	OLS	IV
奥塔维亚诺和佩利（Ottaviano and Peri，2012）	本地出生的平均值 ln（工资）	教育×经验	1990～2006 年的实际移民数（大约为总人口的 10%）N/A 模拟	0～0.007	
奥塔维亚诺和佩利（Ottaviano and Peri，2006）	本地出生的平均值 ln（工资）	美国大都市区	全国出生指数的多样性（改变份额的多样性指数）	1.27（0.27）	0.98（0.50）
奥塔维亚诺和佩利（Ottaviano and Peri，2006）	本地出生的平均值 ln（工资）	美国大都市区	国外出生者的比例；仅限 OLS	0.57（0.11）	
佩利（2012）	TFP（剩余 GSP/工人）	美国各州	Δ 移民/人口；少数民族聚居区改变的比例	0.80（0.39）	1.37（0.27）
佩利（2012）	ln（GSP/工人）	美国各州	Δ 移民/人口；少数民族聚居区改变的比例	0.62（0.43）	0.88（0.25）
刘易斯（2011）	产出/工人，制造业	美国大都市区	HS 辍学/HS 毕业；少数民族聚居区改变的比例	-0.14（0.10）	-0.03（0.24）
佩利等（Peri et al.，2014）	本地出生的大学生 ln（工资）	大都市区	就业的中心比例；少数民族聚居区 XH1 - B 的改变	4.10（1.86）	8.03（3.02）
佩利等（Peri et al.，2014）	本地出生的非大学生 ln（工资）	大都市区	就业的中心比例；少数民族聚居区 XH1 - B 的改变	1.16（1.24）	3.78（1.75）

续表

研究	结果	变量的来源（单元）	处理；工具	OLS	IV
福厄兹和佩利（Foged and Peri, 2013）	本地出生的大学生 ln（时薪）	大都市区包括工人和公司	非欧盟移民占人口比例；少数民族聚居区	0.254 (0.121)	0.864 (0.271)
福厄兹和佩利（Foged and Peri, 2013）	本地出生的非大学生 ln（时薪）	大都市区包括工人和公司	非欧盟移民占人口比例；少数民族聚居区	0.236 (0.114)	0.460 (0.234)
查克斯等（Trax et al., 2013）	TFP（剩余增值）	工厂（大都市地区的情况）	移民多样性指数；输入的滞后值	制造业：0.046 (0.027) 服务业：0.090 (0.101)	制造业：0.310 (0.142) 服务业：0.033 (0.280)
帕塞尔曼（Paserman, 2013）	产出工人，制造业	工厂	移民的比例；仅限 OLS	−0.073 (0.030)	
帕塞尔曼（Paserman, 2013）	产出/工人，制造业	三位数产业	移民的比例；比例的改变	−0.028 (0.040)	0.216 (0.554)

奥塔维亚诺和佩利（Ottaviano and Peri, 2006）早期的研究表明，移民的技能多样性机制越完善，其获得的平均工资越高。他们发现移民与工资之间一般呈正相关，并在一定条件下与衡量国家移民多样性的赫芬达尔指数有关。这种收益的部分以文化设施的形式体现，这一指数还与较高的房租有关（Saiz, 2007）。表 10 - 2 中显示了文中所估计的越来越高的国家出生指数多样性的影响。

奥塔维亚诺和佩利（Ottaviano and Peri, 2006）与佩利（2012）还为移民对工资和生产率的影响给出了一个有用的"精简形式"的基准。第一项研究估计本地平均工资对移民份额的弹性是 0.57。奥塔维亚诺和佩利（Ottaviano and Peri, 2006）使用的是 1970～1990 年的数据，我们更新了数据，使用 2000～2010 年的数据重新进行了估计。散点图和回归方程如图 10 - 5 所示。我们利用 219 个大都市区的年收入变化百分数对外国居民份额的变化做回归分析，按初始人口加权，发现本地居民的工资对移民人口之间的弹性是 0.64

（标准差为 0. 30）。[37]

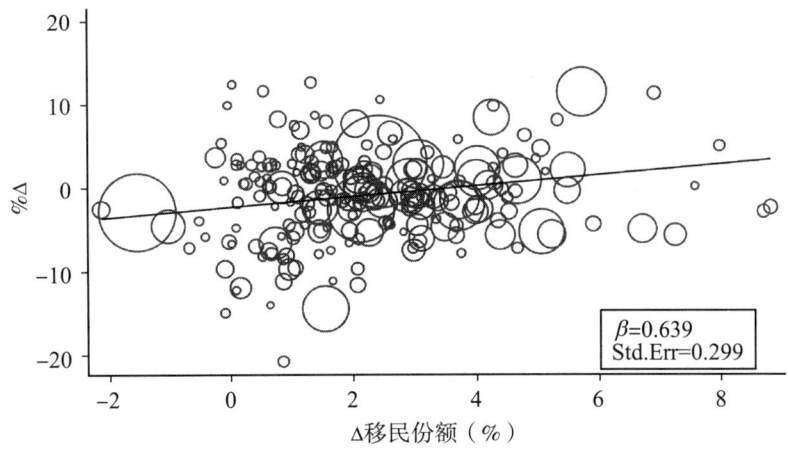

图 10 – 5 本地居民工资与移民份额

注：使用 2000 ~ 2010 年美国城市数据。每个圆圈代表 219 大都市统计区（城市）中的一个区，其数据来源于 2000 年的人口普查和 2008 ~ 2010 年的 3 年美国联合社区调查统计。β 系数是使用 OLS 回归计算工资变动百分比与针对移民份额的变化，并根据异方差性纠正标准差。所有结果都是由 2000 年初始城市人口计算而得，因此圆圈的大小反映了 2000 年的城市规模。

佩利（2012）检验了移民对生产率的影响。合算州生产总值（GSP）数据以估算资本存量和技术混合状态，他将式（10.11）的广义版本对数线性化（特别是增加资本作为一种生产要素），并且将总生产函数每个组成部分中移民导致的人口变化进行回归分析。[38] 在施加一个受过大学教育者与未受过大学教育者之间的替代弹性 $\sigma = 1.75$ 之后（与其他研究结果类似，包括 Katz 和 Murphy，1992；一些其他研究，包括 Hamermesh，1993；Borjas，2003；Ottaviano 和 Peri，2012），他能够估计移民对全要素生产率的影响。他用基本的 OLS 估计表明，移民人口每增加 10%，全要素生产率将上升 8%。以上利用来自国家移民流入墨西哥的距离作为工具，并利用 2SLS 回归进行分析确认：他的 IV 估计接近 14%。总之，各州由墨西哥移民大致的高中同等学力者大量增加，与生产要素生产率或效率的提高有明显的相关性。注意确定 σ 值在识别全要

---

[37] 如果将受过大学教育者与未受过大学教育者的就业情况区分开，会发现受过大学教育者的影响更加积极（受过大学教育者的本地居民与移民之间的工资弹性为 0.93，标准差为 0.58），而对未受过大学教育的移民来说，对他们的工资没有显著影响（弹性为 –0.14，标准差为 0.19）。

[38] 即他的"处理"变化是 $\Delta F/Pop$，ΔF 表示外国出生居民人数变化，Pop 表示人口。

素生产率影响中的关键作用，否则它不能单独确定劳动力供给的直接影响。令人欣慰的是，虽然估计结果显示有一些敏感的弹性选择，但所有的估计结果都是积极的。此外，其对州生产总值/工人的影响是大致相同的（如表 10-2 所示）。

值得注意的是，在佩利（2012）和奥塔维亚诺与佩利（Ottaviano and Peri，2006）研究中，用 OLS 估计移民与平均工资之间的减弱关系要比在奥塔维亚诺与佩利（Ottaviano and Peri，2012）的研究中发现的模拟影响大一个数量级。而潜在的遗漏变量偏差仍是 2SLS 估计的关注点，除了已观测到的技能组合的机制变化，规模较大的测量结果表明存在其他的潜在机制，还包括在工作中影响本地出身工人的工资。其中一种机制就是工作的高效专业化和升级，这在佩利与施帕贝尔（Peri and Sparber，2009，2011b）、福厄兹和佩利（Foged and Peri，2013）、德阿穆里和佩利（D'Amuri and Peri，2014）以及卡塔内奥（2013）等人的研究中有所记录。事实上，佩利（2012）提供了对这样一种机制的初步支持：佩利与施帕贝尔（Peri and Sparber，2009）利用了一种特殊方式对本地平均工作"沟通强度"进行控制，使得移民对生产率的影响和其统计学的意义变得越来越小。[39] 另一种机制是价格效应：利用类似的跨地区方法和少数民族聚居地工具，科尔特斯（Cortes，2008）表明移民降低了非贸易品的价格。[40]

正如在第 10.3.5 节中讨论的，企业可能通过改变他们的生产技术甚至资本密集度以应对移民（Lewis，2011；Peri，2012）。佩利（2012）表明，移民（与工人中大学生份额减少有关）与高中同等学力工人的生产效率增加有关[41]。回到方程（10.15），移民降低了 L_{CO}/L_{HS} 和 A_{CO}/A_{HS}；如式（10.15）所示，由于 L_{CO}/L_{HS} 的转变，后者减弱了工资对移民的各方面影响。式（10.15）说明了识别问题：相对劳动供给对 A_{CO}/A_{HS} 的影响与绝对劳动供给对工资的影响是混淆的（（10.15）的第二项）。像以前一样，佩利通过确定一个 σ 值打破了这一内生性。简而言之，佩利的研究表明，跨州因素在劳动组合方面引起的移民相对工资变化，小于所预测的受过大学教育者和未受过大学教育者的工人之间替代弹性的外部估计。刘易斯（2003）和卡德与刘易斯（Card and Lewis，2007）也做过类似的定性研究，两者都利用大都市区间的差异和少数民族聚居区式工具（后者仅关注墨西哥人的影响），很少发现移民对相对工资的影响。后两个研究有一个优点是，他们考虑了多部门模型中可能出现的产业结构转变。

---

[39] 这种证据只能作为初步分析，因为它试图排除内生解释变量的影响。

[40] 也见 Lach（2007）的研究。

[41] 技能组合变化与生产中技能强度变化有关这一研究发现，与 Caselli 和 Coleman（2006）对多国模式的研究结果相似（未考虑移民）。

这些发现都是微不足道的，所以技能组合的变化在整体中几乎与"少数民族聚居地"一样重要。但有所不足的是，他们与佩利（2012）不同，无法关注到大学生或非大学生的相对供给，而较新的研究表明了相对供给量的利益衡量。

根据式（10.15）显示的识别挑战，是否有一些方法可以处理生产率方面信息，或至少使他们的决定因素更为直接？如上所述，刘易斯（2011）发现低技能移民会使自动化使用和制造业的资本密集度减少。佩利（2012）发现生产技术和投资的这些变化可能部分说明了全要素生产率的影响。然而，刘易斯没有发现低技能移民与人均产出之间有显著相关性。佩利（2012）和刘易斯（2011）估计的生产率反应差异，既可能是导致刘易斯仅关注制造业部门的原因，也是他关注高中毕业率的原因。[42] 在刘易斯（2011）基础上，继续关注大学生毕业率是未来的一个重要研究方向。

移民也可以通过创新精神和企业家精神影响生产率和工资。最近一些研究开始关注移民在专利申请与创新中的突出地位。亨特和戈捷·鲁瓦塞勒（Hunt and Gauthier - Loiselle，2010）表明在大学毕业生中，移民有着更高的专利申请率，这似乎是由于外国大学毕业生接受了更多的教育，因此他们在科学和技术领域表现出更高的专业化水平。同样，布鲁内洛（Brunello，2007）等人的研究表明，在一个美国各州基于时间序列的回归中，国外科学博士密度的增加比国内科学博士密度的增加更能影响专利数量的上升。这一发现的部分原因可能是由于外国科学家的技术外溢到国内科学家创新活动中：亨特和戈捷·鲁瓦塞勒（Hunt and Gauthier - Loiselle，2010）在面板数据回归中发现了类似规律，一个国家外国大学生份额增加与专利申请率增加有关，超过了人们通过截面数据的"机械"分析所预期的移民与较高专利申请率的关系。亨特和戈捷·鲁瓦塞勒仅能够推断出这属于"溢出"效应，然而这是由于专利统计数据不能打破按发源地划分面板数据的方式。[43]

克尔和林肯（Kerr and Lincoln，2010）将专利持有者的名字与一个种族名称数据库相连，一定程度上解决了这个问题，这样他们可以不用根据出生地划分专利数量，而是分成"印度""中国""盎格鲁—撒克逊"的专利。他们专门研究了美国高技能"H1 - B"项目的作用，发现事实上大多数 H1 - B 的签

---

[42]　Paserman（2013）利用可体现以色列制造业公司和行业水平的变量，发现了移民与生产率之间微弱的正相关。帕尔曼研究中的移民大多是来自苏联的"高技能"的移民，虽然他们很多人没有获得高技能的职位。

[43]　截面数据来源于 2003 年全国大学毕业生的调查，面板数据来自 1940～2000 年的美国专利商标局数据。因此，这两次调查时间是不同的，两项调查中移民和专利申请之间的关系存在明显的混合差异。

证持有人来自印度和中国，种族是他们出生地的合理近似。

他们利用美国劳动力市场的变化进行研究。虽然他们无法衡量 H1－B 持有人在地方层次的数量，但他们可以初步估计少数民族聚居地工具的"简化形式"版本：右边变量体现了全国颁发 H1－B 签证存量与当地"依赖" H1－B 型工人的估量的相互作用，这是一种估算存量的方法。他们发现，越是依赖 H1－B 的地区，益格鲁—撒克逊专利率也相对较高。[44]

而较高的专利申请率与国家和行业层次较高的生产率有关（Eaton and Kortum，1996；Furman et al.，2002），专利数量与生产创新并不完全相关（如 Griliches，1990；Jaffe and Trajtenberg，2002）。因此，一个补充性方法是考察本地高技能工人份额和工资之间的直接关系，如佩利等人（2014）。利用 219 个美国大都市区间的差异，学者们估计了 STEM 就业份额变化与工资的关系，STEM 表示高科技职业的份额。他们的识别来自少数民族聚居地工具的一个版本：它体现了由 H1－B 移民组成国家的变化总和与在该地区外国 STEM 劳动力滞后规模之间的互动。两者的 OLS 和 IV 估计均表明，STEM 份额与大学生较高的工资和高中毕业生较低的学历有关。

这些研究证实了有关争论高技能工程师和企业家在创新和发展方面具有作用的轶事证据（Saxenian，1994），尤其对移民而言（Saxenian，2002a，b）。事实上，除了发明更多的专利，移民明显还有着较高的创业率（Hunt，2011），移民与创造更多的小公司有关（Olney，2013）。这是否与生产率上升有关仍有待研究；然而，一个引人注意的事实是，移民者企业生产率平均水平比本地企业高约 12%（Garcia－Perez，2008）。

移民影响平均生产率的最后一个可能方式与第 10.3.5 节中描述的贸易多样性模型有关，即增加了产品的多样性。迪·乔瓦尼等人（Giovanni et al.，2013）通过研究移民与经济规模扩大之间的关系，模拟了提高产品多样性的影响。他们发现在福利方面，提高产品多样性对许多移民流入的发达国家有着相当正面的影响。在经验上，移民与更多的产品多样性有关（Mazzolari and Neumark，2012），尽管出生地多样性的增加（Ottaviano and Peri，2005，2006），而不是单纯的规模效应，可以解释这一事实。马基尼和纽马克（Mazzolari and Neumark，2012）发现移民与餐厅多样性的增加关系最密切，而其他形式的零售业多样性实际上在下降。

---

[44] 大量文献利用其他（非地理）方法衡量移民对创新的影响，包括被纳粹德国解雇的犹太科学家（Waldinger，2012；Moser et al.，2013）。这在 Kerr（2013）的文献回顾中有更全面的描述，这篇文章还涉及移民创业的影响。

10.5.4　生产率影响总结

虽然表 10-2 中总结的关于移民与生产率或工资之间直接联系的研究数量不多，但是一些令人关注的结论或许为未来的研究提供了路径。第一个结论是高技能移民（Peri et al.，2014）与生产率或工资间的相关性比低技能移民（Lewis，2011；Foged and Peri，2013）要高。第二个结论是似乎有另一个"来源多样性"的额外影响独立于一般的移民影响（Ottaviano and Peri，2006；Alesina et al.，2013；Trax et al.，2013）。结合观测到的技能组合对工资结构的"机械"影响似乎很小这一事实（Ottaviano and Peri，2012），这表明拥有诸多技能的移民对其生产率有积极影响，佩利和施帕贝尔（Peri and Sparber，2009，2011b）表明其中一部分也许是直接通过专业化方式施加影响。与本地受教育者工资的联系似乎更密切（Foged and Peri，2013；Peri et al.，2014），这定向技术变革的故事（包括其他）相一致。移民也能通过价格（Lach，2007；Cortes，2008）、产品多样性（Mazzolari and Neumark，2012；di Giovanni et al.，2013）、创新（Hunt and Gauthier-Loiselle，2010；Kerr and Lincoln，2010）及企业家精神（Hunt，2011）影响生产率。

最近，我们有了更丰富的数据，例如包括企业层次的结果，这也许有利于揭示机制，使这些模式合理化。[45] 现在我们将转向讨论这些数据以及如何使用这些数据。

10.6　最新进展：雇主—雇员的面板数据和历史数据

在最近关于移民影响的研究中，利用个人层次的面板数据和接下来讨论历史数据的类似工具应用，使研究取得了两个很有价值的进展。面板数据具有以下几个优点。首先，通过个体随时间的变化，面板数据可以控制未观测到的异质性来源。在第 10.5.1~10.5.2 节里间接明确了该"替代效应"，以上大多数的研究采用基于单元的方法，无法在一个单元里追踪同一个人工资随时间的变化，但是在每个时间点上任何一个人都是有代表性的样本[46]。用这种方法探究

---

　　[45]　例如，值得注意的是，表 10-2 中似乎是外部对公司的影响（Paserman，2013；Trax et al.，2013），虽然如此，如接下来将讨论的，到目前为止企业层次的影响可能还没有被确定。

　　[46]　在重复使用过程中，有代表性的截面样本不一定包括同一个体的情况，有时也被称为"伪面板"。需要注意的是，这说明适用于两个领域的研究，并适用于用"国家"的方法研究劳动力市场对移民的影响。

移民在每一个单元内影响当地居民总量的潜力是最重要的问题（第 10.5.1 ~ 10.5.2 节的主题），即使在解决这一问题之后，由于筛选及裁员，在一个单元中形成的更加微妙的职工组成变化也将造成估计偏差；面板数据通过追踪时间序列下同一个人的变化来解决这样的问题。事实上，这一结构变化可能是理解劳动市场动态的直接关键，揭示了单个工人对移民的动态调整[47]。例如，在佩利和施帕贝尔（Peri and Sparber，2009，2011b）的记录中，通过跟踪单个本地工人为应对移民进行职业转变时生产率如何变化，直接估计移民对本地居民专业化的好处。其次，在一定程度上，由于工人一直在公司内被跟踪，我们首次可以看到公司的产出。这是一个巧合特征，现代面板数据往往来自官方数据样本（社会保障收入纪录），对许多欧洲城市来说，这是长期以来唯一可靠的工资数据来源。[48]

以上提到的卡塔内奥等（2013）利用个人层次的面板数据，研究移民对本国出生工人工资的影响及本地居民应对移民的动态调整情况——具体来说，是在一段时期内在职本地居民换工作的情况。该数据涵盖了很多欧洲国家，这使得其很有用，但其来源于调查数据，而不是官方的公司就业记录。他们发现在本地居民在对移民的反应过程中，存在明显的职业"升级"，即移民提高了在职本地居民的流动性，使其流向更高技能和更高薪酬的工作。他们也发现了对本地居民工资的一些微弱影响。福厄兹和佩利（Foged and Peri，2013）利用 1991 ~ 2008 年丹麦的企业与工人匹配的完整面板数据。[49] 这使得他们能够研究对移民反应的动态调整，并可以分解任何一个因企业与工人的匹配和在公司间变动的影响。这项研究的重点是 20 世纪 90 年代中期开始的非欧盟移民浪潮席卷丹麦的影响，其很大程度上是由于难民潮。

这些移民的平均受教育程度低于本地出生人口，这是佩利（2012）、奥塔维亚诺与佩利（Ottaviano and Peri，2006）发现的共同特点。值得注意的是，在所有这些研究中，系数是类似的量级，尽管福厄兹和佩利（Foged and Peri，2013）有更丰富的控制变量，如表 10 - 2 所示。它们之间最大的差异可能仅仅

---

[47] 其他关于应对移民动态反应的研究，都是在总体层次而非个人层次做出调整，Barcellos（2010）、Cohen - Goldner 与帕尔曼（2011）、默里与沃兹尼亚克（2012）都是如此。

[48] 与美国不同的是，直到最近，欧洲劳动力调查中往往缺乏工资数据，这对研究移民对劳动力市场的影响是一个挑战。值得注意的是，当前许多欧洲国家有意共享由研究人员记录的社会保障收益，这意味着欧洲的数据比美国许多前沿的移民问题相关研究更有价值。类似的数据目前可以在美国的雇主——家庭纵向动态关系（LEHD）数据库中获得，但其获取较为困难，使用方法较为烦琐，并且其覆盖范围不全面，其数据相对于许多欧洲国家提供的数据不尽详细。在克尔（2013）等人的研究中有对这些数据的描述。

[49] 马尔肖—摩勒等人（2011，2012）用同样的丹麦数据分析了移民对特定公司工资和生产率的影响。然而，他们并未分析其他因素，也没有针对个人的分析，因此他们的识别策略是不具说服力的。

是一种巧合，但仍令人震惊。将这些方法应用于其他国家的类似数据是有很用的。

查克斯等（2013）较早地尝试利用德国在工厂和区域层次的社会保障数据，分别估计移民多样性的影响（Ottaviano 和 Peri 用的是同样方法，2006），并使用滞后独立变量作为工具变量。他们研究了两个层次的影响，然而在大都市区层次的影响更大。他们发现在大都市层次，多样性每增加 0.1 个单位，制造业和服务业的工资将分别提高 18% 和 16%，这比奥塔维亚诺和佩利（Ottaviano and Peri，2006）的研究结果高出 50%。需要注意的是，查克斯等人的工具是有待考量的，尽管他们在增加了标准少数民族聚居地工具后，大都市区的结果仍然是类似的。帕塞尔曼（2013）也在公司层次利用了从俄罗斯大量流入到以色列的高学历移民的数据变量，研究以色列制造企业中移民和生产率之间的关系。他在 OLS 估计中很少发现或没有发现联系。

杜斯特曼和格里茨（Dustmann and Glitz，即将发表）利用同一来源的德国工厂层次的数据，研究企业如何适应当地制造业中由移民推动的技能组合变化。他们的发现与佩利（2012）在总体层次发现的生产技术调整相一致，即单位效率对于区域技能组合变化的反应水平令人惊讶。原则上，佩利（2012）关于单位效率的研究结果可能是由企业和行业组成的变化引起的，而非生产技术本身的变化。然而，杜斯特曼和格里茨发现至少对 1985~1995 年的德国来说，区域层次 70% 或以上的技能组合变化是通过工厂层次实现的，尽管与移民有关的相对工资并没有变化。[50] 由于采用适合技能类型的技术，这与单位效率完全抵消的变化一致（式（10.6））。他们使用标准"少数民族聚居区"式工具进行识别。

在美国，我们更难获得连接员工特性与公司的数据。一项最近的研究利用最可用数据研究企业（而非公司）层次高技能移民的影响。克尔等人（2013）利用由美国失业保险记录创建的 LEHD 数据库中 319 个大企业的子样本进行研究，而学者们通过其他公司数据库的数据（包括电子计算机会计数据库）对其进行了补充。[51] 作者利用面板数据进行回归分析，发现在年轻的（40 岁以下）、工资高的（在 2008 年超过 50 000 美元）移民大量涌入时，企业雇用了更多工资高的本地居民，尤其是年轻的本地工人。当他们利用工具变量进行估计时，除了其他方面，将"少数民族聚居区"工具的一个版本应用到企业层

---

[50] 这一数字在公司里存在了整整 10 年之久。他们发现，企业的净进入也有助于该地区的技能组合推向新的层次。学者们还发现在吸收技能混合变化后产品结构变化的一个适度作用，但比以前的研究发现更重要（如路易斯，2003）。

[51] 作者仅选择美国 18 个州中具有显著特征的公司，以保证分析数据可追溯到 1995 年。

次，年长的本地工人所受的影响往往是微不足道的。[52] 利用一个改编自德赛（Desai，2009）等的简单生产模型，他们表明在某些假设下，这一发现足以表明年轻移民补充了年轻的本地居民。[53] 然而，这并不足以证明这些移民真的代替了年长工人，但学者们提出了一些额外的不确定证据，以表明这些移民在企业中确实取代了年长的本地 STEM 工人。[54] 如果是这样，学者们认为这将不符合伯杰斯（2003）嵌套在 CES 生产结构的年龄组成。

最近，另一个值得关注的发展是前沿方法在历史数据的应用，这使关于移民影响的调查处于公司不同产品选择组合和市场结构潜在差异的背景下。因此，历史可能有助于揭示移民的影响是如何取决于环境的（如 Saxenian 讨论的文化和制度因素，1994）。历史数据的另一个优点是，获取商业和个人层次的数据相对容易，而现代数据由于隐私问题较难获得。[55] 但历史数据的一个缺点是，它比现代数据缺少报酬（工资）甚至职业方面的细节，因此，留给研究人员的挑战依旧是为想要得到的指标获取可信的近似。

金（Kim，2007）利用 1860～1880 年美国人口普查中工厂层次的数据（当时每 10 年普查 1 次），并利用美国各州移民份额的变化，进行了类似于表10-2 中描述的——ln（每个工人的产出）和 ln（平均工资）对移民份额的回归。[56] 回归控制了产业和州的影响，但更重要的是没有控制县级固定效应。换言之，与表10-2 中大多数的研究不同，金得到的是截面结果。他用 OLS 方法发现了显著的一致关系，其系数在 0.5～1.5，这不同于表10-2 中的估计结果。工具变量估计利用 1850 年国外出生的份额作为工具，在量级上是相似的。金还表明，移民份额与较大的工厂相联系，可代表"工厂生产"。这是时代的重要创新，也许是生产率提高的部分原因。[57] 需要注意的是，这些结果具有截面性质。特别是，作者发现移民较多的地方更接近纽约，并且水上交通发达。这些因素利于接近更大的市场，并被认为是这个时代工厂生产和生产率提高的

---

[52] 另一种工具交互的 H1-B 的"范围"的大小与公司的 H1-B"依赖"措施联系起来，例如，"劳动条件应用"（LCA）公司的数量在 2001 年被高工资的工人填满。LCAs 是在其他签证过程中雇用拥有 H1-B 签证工人的预兆，Ghosh 和 Mayda（2013）利用 LCA 数据将电子计算机会计数据库与在企业层次的 H1-B 影响研究相联系。

[53] 因素之间的互补性都更清楚地通过要素价格或产量份额的交叉弹性鉴定（例如，路易斯，2013a），但是这些学者们只有就业方面的数据。

[54] 如果这个结果成立，那么这些工人将会发生一些值得注意的问题，原则上可以回答克尔等人（2013）使用的数据。

[55] 例如，历史上许多个人层次的人口和产业普查的记录是公开的。

[56] 需要注意的是，工资数据是工厂的平均水平，因此，在概念性适当的平均 ln（工资）标准并不能简单的给出。

[57] 工厂生产与前身"工匠"生产技术相比，被认为是低技能劳动力的集中。因此，如果移民提高低技能劳动力的相对数量，可能推动采用工厂生产。这一设定可能过于简化了移民的作用，移民中许多人都拥有高技能。

主要驱动力。[58]

最近一些其他历史研究论文考虑了美国县间的差异及影响，而不是依赖于截面差异。有两个研究也使用了"集聚地"式工具。冈萨雷斯—维罗萨等人（Gonzalez - Velosa et al.，2013）利用农业普查数据列表，研究了 1900~1940 年移民对农业部门的影响。他们的研究表明，移民对农业生产率几乎没有影响，但移民可能主要将生产劳动密集程度低的作物（如小麦）的土地，向可生产多种作物的土地转变。[59] 但在有些地方情况并非如此，移民也与更为劳动密集型生产技术的市场有关（从拖拉机到骡子）。后者与美国于 20 世纪 20 年代禁止移民的自然实验现象是一致的（Lew and Cater，2010）。[60]

拉福蒂纳等人（Lafortune et al.，2012）利用县或市产业层次的制造业普查数据列表，研究了 1860~1940 年制造业部门中移民对技能比率（受教育者的份额）变化的影响。他们发现移民引起的技能比率增加与工资和生产率呈正相关（即使用"集聚地"型工具变量），但此结果仅仅是综合的。[61]（缺少一句）这与 20 世纪关于资本与技能互补的观点形成鲜明对比（如 Griliches，1969；Goldin and Katz，1998；Lewis，2011），但与 19 世纪提出的关于制造业"非技能化"的观点一致（如 Atack et al.，2004）。因此，这一类似于金（2007）的研究发现，19 世纪制造业中无技能的移民可能会带来生产方法的更快革新，虽然由此引起的生产率增长可能已经远远超过了金的发现。

10.7 结   论

通过大量的设定和研究方法，相对于大多数本地工人，移民与更高的工资和更高的生产率有关，特别是在跨越地域分析移民时表现得更加明显。这个简单的事实已经经过了大量的检验，并且通过了平均检验，这表明移民不仅仅只

---

　　[58]　例如，Donaldson 和 Hornbeck（2013）的模拟研究表明，通过水路进入市场使当地土地价值明显提高。也见 Chandler（1997）。

　　[59]　产业结构与现代研究结果对比表明，产业结构调整在吸收移民驱动的技术组合变化中起着微不足道的作用。（例如，Lewis，2003；Card and Lewis，2007；Gonzalez and Ortega，2011；Dustmann and Glitz 等即将发表的）

　　[60]　Lew 和 Cater（2010）研究了 20 世纪 20 年代美加边境两侧的农业县，即美国禁止外国工人流入的时期。这与相对于加拿大的美国一侧大量使用节省劳动力的拖拉机有关，也与类似的农业土地有关。

　　[61]　他们工具变量估计值在 0.2~0.3 之间，并且他们的技能混合措施是 ln（受过教育的工作者/未受过教育的工作者）。因此，如果受过教育的工作者比不识字的工人多提供 20%~30% 的生产率，这些结果可以完全解释成分变化。很可惜，没有数据可以测度这一领域个人层次的识字工人的生产率或工资。

是地方劳动力总量变化这么简单。首先，为了探究移民的影响，了解他们的技能和职业是至关重要的。其次，本地工人、企业、部门及潜在本地消费者的反应也是了解移民对地方经济均衡影响的重要因素。就以上方面进行更深入的考察，以及进一步发展基于模型的方法检验本地居民对移民的反应，已经成为这方面研究最新发展的关键部分。而构建一个既能考虑不同技能，又能更好地理解互补和调整边际的用于分析移民影响的模型框架是十分重要的，这对研究移民对生产率可能影响也十分关键。

在不同欧洲国家以及美国已发现移民的生产率影响，这一影响从地方层次（城市或大都市区）到国家层次得以衡量。广义来说，移民对"技能多样性"的积极影响似乎是这一生产率影响背后的一个关键驱动力。采用先进和有效的技术来应对这一更为多样的技能集合，可能也是另一个重要的潜在调整动力。但是，这一影响所基于的确切机制仍然难以确定，但是有证据表明移民可促使本地居民专门从事更复杂的工作，不仅与移民的技能互补，并且可提升创新水平，这两方面都可对生产率产生影响。更多的研究利用工厂或企业层次的数据，可能有助于深层次理解移民影响的实现方式。同时，追踪个人和企业的数据允许我们识别这些生产率影响是如何在企业间和劳动市场间扩散的，以及它们是如何与企业和工人特征互动以确定在这些变化中的获益者和失意者。

参考文献

Abadie, A., Diamond, A., Hainmueller, J., 2010. Synthetic control methods for comparative case studies: estimating the effect of California's Tobacco Control Program. J. Am. Stat. Assoc. 105 (490), 493–505.

Abramitzky, R., Boustan, L.P., Eriksson, K., 2014. A nation of immigrants: assimilation and economic out-comesin the age of mass migration. J. Polit. Econ. 122 (3), 467–506.

Acemoglu, D., 1998. Why do new technologies complement skills? Directed technical change and wage inequality. Q. J. Econ. 113 (4), 1055–1089.

Acemoglu, D., 2002. Technical change, inequality and the labor market. J. Econ. Lit. 40 (1), 7–72.

Alesina, A., Harnoss, J., Rapoport, H., 2013. Birthplace diversity and economic prosperity. NBER Working paper 18699.

Altonji, J.G., Card, D., 1991. The effects of immigration on the labor market outcomes of less-skilled natives. In: Abowd, J.M., Freeman, R.B. (Eds.), Immigration, Trade, and the Labor Market. University of Chicago Press, Chicago, pp. 201–234.

Amuedo-Dorantes, C., de la Rica, S., 2011. Complements or substitutes? Task specialization by gender and nativity in Spain. Labour Econ. 18 (5), 697–707.

Angrist, J.D., Krueger, A.B., 1999. Empirical strategies in labor economics. In: Ashenfelter, Orley, Card, David (Eds.), Handbook of Labor Economics, vol. 3. Elsevier, Amsterdam, pp. 1277–1366.

Angrist, J.D., Kugler, A.D., 2003. Protective or counter-productive? Labour market institutions and the effect of immigration on EU natives. Econ. J. 113, F302–F331.

Atack, J., Bateman, F., Margo, R., 2004. Skill intensity and rising wage dispersion in nineteenth-century American manufacturing. J. Econ. Hist. 64 (1), 172–192.

Autor, D.H., Katz, L.F., Krueger, A., 1998. Computing inequality: have computers changed the labor market? Q. J. Econ. 113 (4), 1169–1214.

Barcellos, S., 2010. The dynamics of immigration and wages. RAND Working paper #WR-755.

Bartel, A., 1989. Where do the new US immigrants live? J. Labor Econ. 7 (4), 371–391.

Bartik, T., 1991. Who Benefits from State and Local Economic Development Policies? W.E. Upjohn Institute for Employment Research, Kalamazoo, Michigan.

Blau, F.D., Kahn, L.M., 2012. Immigration and the distribution of incomes. IZA Discussion Papers 6921.

Bohn, S., Lofstrom, M., Raphael, S., 2014. Did the 2007 Legal Arizona Workers Act reduce the state's unauthorized immigrant population? Rev. Econ. Stat. 96 (2), 258–269.

Borjas, G.J., 1994. The economics of immigration. J. Econ. Lit. 32 (4), 1667–1717.

Borjas, G.J., 1999. The economic analysis of immigration. In: Ashenfelter, O., David, C. (Eds.), In: Handbook of Labor Economics, vol. 3A. Elsevier, Amsterdam, pp. 1697–1760.

Borjas, G.J., 2001. Does immigration grease the wheels of the labor market? Brook. Pap. Econ. Act. 1, 69–119.

Borjas, G.J., 2003. The labor demand curve is downward sloping: reexamining the impact of immigration on the labor market. Q. J. Econ. 118 (4), 1335–1374.

Borjas, G.J., 2006. Native internal migration and the labor market impact of immigration. J. Hum. Resour. 41 (2), 221–258.

Borjas, G.J., Doran, K.B., 2012. The collapse of the Soviet Union and the productivity of American mathematicians. Q. J. Econ. 127 (3), 1143–1203.

Borjas, G.J., Doran, K.B., forthcoming. Cognitive mobility: native responses to supply shocks in the space of ideas. J. Labor Econ.

Borjas, G.J., Katz, L.F., 2007. The evolution of the Mexican-Born workforce in the United States. In: Borjas, G. (Ed.), Mexican Immigration to the United States. NBER, Cambridge, MA.

Borjas, G.J., Freeman, R.B., Katz, L., 1997. How much do immigration and trade affect labor market outcomes? Brook. Pap. Econ. Act. 1, 1–67.

Broda, C., Weinstein, D.E., 2006. Globalization and the gains from variety. Q. J. Econ. 121 (2), 541–585.

Brunello, G., Fredriksson, P., Lamo, A., Messina, J., Peri, G., 2007. Higher education, innovation and growth. In: Brunello, G., Garibaldi, P., Wasmer, E. (Eds.), Education and Training in Europe. Oxford University Press, New York, pp. 56–70.

Cadena, B.C., Kovak, B.K., 2013. Immigrants equilibrate local labor markets: evidence from the great recession. NBER Working paper 19272.

Card, D., 1990. The impact of the Mariel Boatlift on the Miami labor market. Ind. Labor Relat. Rev. 43 (2), 245–257.

Card, D., 2001. Immigrant inflows, native outflows, and the local labor market impacts of higher immigration. J. Labor Econ. 19 (1), 22–64.

Card, D., 2005. Is the new immigration really so bad? Econ. J. 115 (507), F300–F323.

Card, D., 2007. How Immigration Affects U.S. Cities. CREAM Discussion Paper no. 11/07.

Card, D., 2009. Immigration and inequality. Am. Econ. Rev. 99 (2), 1–21.

Card, D., DiNardo, J., 2000. Do immigrant inflows lead to native outflows? Am. Econ. Rev. 90 (2), 360–367.

Card, D., Lemieux, T., 2001. Can falling supply explain the rising return to college for younger men? A cohort-based analysis. Q. J. Econ. 116 (2), 705–746.

Card, D., Lewis, E., 2007. The diffusion of Mexican immigrants during the 1990s: explanations and impacts. In: Borjas, G.J. (Ed.), Mexican Immigration to the United States. University of Chicago Press, Chicago, pp. 193–228.

Carrington, W.J., de Lima, P., 1996. The impact of 1970s repatriates from Africa on the Portuguese labor market. Ind. Labor Relat. Rev. 49 (2), 330–347.

Cascio, E., Lewis, E., 2012. Cracks in the melting pot: immigration, school choice, and segregation. Am. Econ. J. Econ. Policy 4 (3), 91–117.

Caselli, F., Coleman II, W.J., 2006. The world technology frontier. Am. Econ. Rev. 96 (3), 499–522.

Castillo, F., Gilless, J.K., Raphael, S., 2009. Comparing the Domestic Labor Market Impacts of a South-North and South-South Migration: The Cases of Costa Rica and the United States. Mimeo, UC, Berkeley.

Cattaneo, C., Fiorio, C.V., Peri, G., 2013. What happens to the careers of European workers when immigrants 'take their jobs'? IZA Discussion Papers 7282.

Chandler Jr., A.D., 1977. The Visible Hand: The Managerial Revolution in American Business. Harvard University Press, Cambridge.

Chassamboulli, A., Palivos, T., 2014. A search-equilibrium approach to the effects of immigration on labor market outcomes. Int. Econ. Rev. 55 (1), 111–129.

Chassamboulli, A., Peri, G., 2014. The labor market effects of reducing undocumented immigrants: NBER Working paper 19932.

Ciccone, A., Hall, R.E., 1996. Productivity and the density of economic activity. Am. Econ. Rev. 86 (1), 54–70.

Ciccone, A., Peri, G., 2006. Identifying human-capital externalities: theory with applications. Rev. Econ. Stud. 73 (2), 381–412.

Clark, X., Hatton, T.J., Williamson, J.G., 2007. Explaining US immigration, 1971–1998. Rev. Econ. Stat. 89 (2), 359–373.

Cohen-Goldner, S., Paserman, M.D., 2011. The dynamic impact of immigration on natives' labor market outcomes: evidence from Israel. Eur. Econ. Rev. 55 (8), 1027–1045.

Conley, T.G., Taber, C.R., 2011. Inference with 'difference in differences' with a small number of policy changes. Rev. Econ. Stat. 93 (1), 113–125.

Cortes, P., 2008. The effect of low-skilled immigration on US prices: evidence from CPI data. J. Polit. Econ. 116 (3), 381–422.

Damm, A.P., 2009. Ethnic enclaves and immigrant labor market outcomes: quasi-experimental evidence. J. Labor Econ. 27 (2), 281–314.

D'Amuri, F., Peri, G. 2014. Immigration, jobs and employment protection: evidence from Europe before and during the great recession. J. Eur. Econ. Assoc. 12 (2), 432–464.

Desai, M., Friz Foley, C., Hines, J., 2009. Domestic effects of the foreign activities of US multinationals. Am. Econ. J. Econ. Policy 1 (1), 181–203.

di Giovanni, J., Levchenko, A., Ortega, F., 2013. A Global View of Cross-Border Migration. Mimeo, UPF, Barcelona, Spain.

Docquier, F., Ozden, C., Peri, G., 2011. The labor market effects of immigration and emigration in OECD countries. IZA Discussion Papers 6258.

Donald, S.G., Lang, K., 2007. Inference with difference-in-differences and other panel data. Rev. Econ. Stat. 89 (2), 221–233.

Donaldson, D., Hornbeck, R., 2013. Railroads and economic growth: a 'market access' approach. NBER Working paper 19213.

Dustmann, C., Frattini, T., Preston, I.P., 2013. The effect of immigration along the distribution of wages. Rev. Econ. Stud. 80 (1), 145–173.

Dustmann, C., Glitz, A., forthcoming. How do industries and firms respond to changes in local labor supply? J. Labor Econ.

Eaton, J., Kortum, S., 1996. Trade in ideas: patenting and productivity in the OECD. J. Int. Econ. 40 (3–4), 251–278.

Filer, R., 1992. The effect of immigrant arrivals on migratory patterns of native workers. In: Borjas, J., Freeman, R.B. (Eds.), Immigration and the Workforce: Economic Consequences for the United States and Source Areas. National Bureau of Economic Research, Cambridge, MA, pp. 245–270.

Foged, M., Peri, G., 2013. Immigrants and native workers: new analysis using longitudinal employer-employee data. NBER Working paper 19315.

Frey, W.H., 1995. Immigration and internal migration 'flight': a California case study. Popul. Environ. 16 (4), 353–375.

Friedberg, R.M., 2001. The impact of mass migration on the Israeli labor market. Q. J. Econ. 116 (4), 1373–1408.

Furman, J.L., Porter, M.E., Stern, S., 2002. The determinants of national innovative capacity. Res. Policy 31 (6), 899–933.

Garcia-Perez, M., 2008. Does It Matter Who I Work For and Who I Work With? The Impact of Owners and Coworkers on Hiring and Wages. Mimeo, University of Maryland, College Park, MD.

Ghosh, A., Mayda, A.M., 2013. The Impact of Skilled Migration on Firm-Level Productivity: An Investigation of Publicly Traded U.S. Firms. Mimeo, Georgetown University, Washington, DC.

Glitz, A., 2012. The labor market impact of immigration: a quasi-experiment exploiting immigrant location rules in Germany. J. Labor Econ. 30 (1), 175–213.

Goldin, C., Katz, L.F., 1998. The origins of technology-skill complementarity. Q. J. Econ. 113 (3), 693–732.

Goldin, C., Katz, L.F., 2008. The Race Between Education and Technology. Harvard University Press, Cambridge, MA.

Gonzalez, A., 1998. Mexican enclaves and the price of culture. J. Urban Econ. 43 (2), 273–291.

Gonzalez, L., Ortega, F., 2011. How do very open economies absorb large immigration flows? Evidence from Spanish regions. Labour Econ. 18, 57–70.

Gonzalez-Velosa, C., Lafortune, J., Tessada, J., 2013. More hands, more power? The impact of immigration on farming and technology choices in US agriculture in the early twentieth century. Mimeo, Pontificia Universidad Católica de Chile, Santiago, Chile.

Greenstone, M., Hornbeck, R., Moretti, E., 2010. Identifying agglomeration spillovers: evidence from winners and losers of large plant openings. J. Polit. Econ. 118 (3), 536–598.

Griliches, Z., 1969. Capital-skill complementarity. Rev. Econ. Stat. 51 (4), 465–468.

Griliches, Z., 1990. Patent statistics as economic indicators: a survey. J. Econ. Lit. 28 (4), 1661–1707.

Grossman, J.B., 1982. The substitutability of natives and immigrants in production. Rev. Econ. Stat. 64 (4), 596–603.

Hamermesh, D., 1993. Labor Demand. Princeton University Press, Princeton.

Hunt, J., 1992. The impact of the 1962 repatriates from Algeria on the French labor market. Ind. Labor Relat. Rev. 45 (3), 556–572.

Hunt, J., 2011. Which immigrants are most innovative and entrepreneurial? Distinctions by entry visa. J. Labor Econ. 29 (3), 417–457.

Hunt, J., 2012. The impact of immigration on the educational attainment of natives. NBER Working paper 18047.

Hunt, J., Gauthier-Loiselle, M., 2010. How much does immigration boost innovation? Am. Econ. J. Macroecon. 2 (2), 31–56.

Iranzo, S., Peri, G., 2009. Schooling externalities, technology, and productivity: theory and evidence from U.S. States. Rev. Econ. Stat. 91 (2), 420–431.

Jackson, O., 2013. Does Immigration Crowd Natives Into or Out of Higher Education? Mimeo, Northeastern University, Boston, MA.

Jaffe, A., Trajtenberg, M., 2002. Patents, Citations and Innovations: A Window on the Knowledge Economy. MIT Press, Cambridge, MA.

Kato, T., Sparber, C., 2013. Quotas and quality: the effect of H-1B visa restrictions on the pool of prospective undergraduate students from Abroad. Rev. Econ. Stat. 95 (1), 109–126.

Katz, L.F., Murphy, K.M., 1992. Changes in relative wages, 1963–1987: supply and demand factors. Q. J. Econ. 107 (1), 35–78.

Kerr, W., 2013. U.S. high-skilled immigration, innovation, and entrepreneurship: empirical approaches and evidence. National Bureau of Economic Research Working paper 19377.

Kerr, S.P., Kerr, W.R., 2011. Economic impacts of immigration: a survey. Finn. Econ. Pap. 24 (1), 1–32.

Kerr, W., Lincoln, W.F., 2010. The supply side of innovation: H-1B visa reforms and U.S. ethnic invention. J. Labor Econ. 28 (3), 473–508.

Kerr, S.P., Kerr, W.R., Lincoln, W.F., 2013. Skilled immigration and the employment structures of U.S. firms. NBER Working paper 19658.

Kim, S., 2007. Immigration, industrial revolution and urban growth in the United States, 1820-1920: factor endowments, technology and geography. NBER Working paper 12900.

Krusell, P., Ohanian, L., Rios-Rull, J.-V., Violante, G., 2000. Capital-skill complementarity and inequality: a macroeconomic analysis. Econometrica 68 (5), 1029–1053.

Kugler, A.D., Yuskel, M., 2008. Effects of low-skilled immigration on U.S. natives: evidence from Hurricane Mitch. NBER Working paper 14293.

Lach, S., 2007. Immigration and prices. J. Polit. Econ. 115 (4), 548–587.

Lafortune, J., Tessada, J., 2013. Smooth(er) Landing? The Role of Networks in the Location and Occupational Choice of Immigrants. Mimeo, Pontificia Universidad Católica de Chile, Santiago, Chile.

Lafortune, J., Lewis, E., Tessada, J., 2014. People and Machines: A Look at the Evolving Relationship Between Capital and Skill in Manufacturing Using Immigration Shocks. Mimeo, Pontificia Universidad Católica de Chile, Santiago, Chile.

Lew, B., Cater, B., 2010. Farm Mechanization on an Otherwise 'Featureless' Plain: Tractors on the Great Plains and Immigration Policy in the 1920s. Mimeo, Trent University, Peterborough, ON.

Lewis, E., 2003. Local, open economies within the U.S.: how do industries respond to immigration? Federal Reserve Bank of Philadelphia Working papers 04-1.

Lewis, E., 2011. Immigration, skill mix, and capital-skill complementarity. Q. J. Econ. 126 (2), 1029–1069.

Lewis, E., 2013a. Immigration and production technology. Annu. Rev. Econ. 5, 165–191.

Lewis, E., 2013b. Immigrant-native substitutability and the role of language. In: Card, D., Raphael, S. (Eds.), Immigration, Poverty and Socio-Economic Inequality. Russell Sage Foundation, New York.

Longhi, S., Nijkamp, P., Poot, J., 2005. A meta-analytic assessment of the effects of immigration on wages. J. Econ. Surv. 19 (3), 451–477.

Malchow-Moller, N., Munch, J.R., Skaksen, J.R., 2011. Do foreign experts increase the productivity of domestic firms? IZA Discussion Paper 6001.

Malchow-Moller, N., Munch, J.R., Skaksen, J.R., 2012. Do immigrants affect firm-specific wages? Scand. J. Econ. 114 (4), 1267–1295.

Manacorda, M., Manning, A., Wadsworth, J., 2012. The impact of immigration on the structure of wages: theory and evidence from Britain. J. Eur. Econ. Assoc. 10 (1), 120–151.

Mayda, A.M., 2010. International migration: a panel data analysis of the determinants of bilateral flows. J. Popul. Econ. 23 (4), 1249–1274.

Mazzolari, F., Neumark, D., 2012. Immigration and product diversity. J. Popul. Econ. 25 (3), 1107–1137.

Moretti, E., 2004a. Estimating the social return to higher education: evidence from longitudinal and repeated cross-sectional data. J. Econ. 121 (1–2), 175–212.

Moretti, E., 2004b. Workers' education, spillovers, and productivity: evidence from plant-level production functions. Am. Econ. Rev. 94 (3), 656–690.

Mortensen, D., Pissarides, C., 1994. Job creation and job destruction in the theory of unemployment. Rev. Econ. Stud. 61 (3), 397–415.

Moser, P., Voena, A., Waldinger, F., 2013. German Jewish Émigrés and U.S. Invention. Mimeo, Stanford University, Stanford, CA.

Murray, T.J., Wozniak, A., 2012. Timing is everything: short-run population impacts of immigration in U.S. cities. J. Urban Econ. 72 (1), 60–78.

Olney, W., 2013. Immigration and firm expansion. J. Reg. Sci. 53 (1), 142–157.

Ortega, F., Peri, G., 2014. Openness and income: the roles of trade and migration. J. Int. Econ. 92 (2), 231–251.

Ottaviano, G.I.P., Peri, G., 2005. Cities and cultures. J. Urban Econ. 58 (2), 304–337.

Ottaviano, G.I.P., Peri, G., 2006. The economic value of cultural diversity: evidence from US cities. J. Econ. Geogr. 6 (1), 9–44.

Ottaviano, I.P., Peri, G., 2012. Rethinking the effects of immigration on wages. J. Eur. Econ. Assoc. 10 (1), 152–197.

Ozden, C., Wagner, M., 2013. Immigrants vs Natives: Displacement and Job Creation. Mimeo, Boston College, Boston, MA.

Paserman, M.D., 2013. Do high-skill immigrants raise productivity? Evidence from Israeli manufacturing firms, 1990–1999. IZA J. Migration. 2 (6).

Peri, G., 2011. Rethinking the area approach: Immigrants and the labor market in California. J. Int. Econ. 84 (1), 1–14.

Peri, G., 2012. The effect of immigration on productivity: evidence from U.S. states. Rev. Econ. Stat. 94 (1), 348–358.

Peri, G., 2013. Immigration, native poverty and the labor market. In: Card, D., Raphael, S. (Eds.), Immigration, Poverty and Socio-Economic Inequality. Russell Sage Foundation, New York.

Peri, G., Sparber, C., 2009. Task specialization, immigration, and wages. Am. Econ. J. Appl. Econ. 1 (3), 135–169.

Peri, G., Sparber, C., 2011a. Assessing inherent model bias: an application to native displacement in response to immigration. J. Urban Econ. 69 (1), 82–91.

Peri, G., Sparber, C., 2011b. Highly-educated immigrants and native occupational choice. Ind. Relat. 50 (3), 385–411.

Peri, G., Shih, K.Y., Sparber, C., 2014. Foreign STEM workers and native wages and employment in U.S. cities: NBER Working papers 20093.

Pugatch, T., Yang, D., 2011. The Impact of Mexican Immigration on U.S. Labor Markets: Evidence from Migrant Flows Driven by Rainfall Shocks. Mimeo, University of Michigan, Ann Arbor, MI.

Roy, A.D., 1951. Some thoughts on the distribution of earnings. Oxf. Econ. Pap. 3, 135–146.

Ruggles, S., Trent Alexander, J., Genadek, K., Goeken, R., Schroeder, M.B., Sobek, M., 2010. Integrated Public Use Microdata Series: Version 5.0 [Machine-readable database]. University of Minnesota, Minneapolis.

Saiz, A., 2007. Immigration and housing rents in American cities. J. Urban Econ. 61 (2), 345–371.

Saxenian, A.L., 1994. Regional Advantage: Culture and Competition in Silicon Valley and Route 128. Harvard University Press, Cambridge.

Saxenian, A.L., 2002a. Silicon Valley's new immigrant high growth entrepreneurs. Econ. Dev. Q. 16, 20–31.

Saxenian, A.L., 2002b. Local and Global Networks of Immigrant Professionals in Silicon Valley. Public Policy Institute of California, San Francisco, CA.

Smith, C.L., 2012. The impact of low-skilled immigration on the youth labor market. J. Labor Econ. 30 (1), 55–89.

Trax, M., Brunow, S., Suedekum, J., 2013. Cultural Diversity and Plant-Level Productivity. Mimeo, Mercatur School of Management, University of Duisburg-Essen, Essen, Germany.

Waldinger, F., 2012. Peer effects in science—evidence from the dismissal of scientists in Nazi Germany. Rev. Econ. Stud. 79 (2), 838–861.

索引（5A）

A

Add Health database, crime commitment   青春期至成人健康数据库，刑事安置

Agglomeration. See also Innovation   集聚（参见创新）

  agglomeration economies   集聚经济

  city size and industrial composition   城市规模和产业构成

  clusters   集群

  employer-employee dataset   雇主—雇员数据集

  firms (see Firms)   企业（参见企业）

  geographic concentration   地理集中

  industrial clusters   产业集群

  innovative activity   创新活动

  knowledge spillovers (see Knowledge spillovers)   知识溢出

  Marshallian equivalence   马歇尔均衡

  Marshallian externalities   马歇尔外部性

  Silicon Valley initiatives   硅谷创新

  spatial concentration (see Geographic concentration)   空间集中

Agglomeration and land use   集聚和土地利用

  bid-rent function   竞租函数

  communication spillovers   交流溢出

  monocentric equilibrium   单中心均衡

  secondary employment centers   二次就业中心

  spillovers   溢出

B

C

Clean Air Act	清洁空气法案
Clusters	集群
entrepreneurial	企业家的
geographic	地理的
innovation	创新
innovation projects	创新项目
spatial movements	空间运动
Cobb – Douglas function	柯布—道格拉斯函数
Commercial real estate sector	商业地产部门
big data	大数据
dwellings	住处
green buildings	绿色建筑
marketing	营销
regressions	回归
Composition of cities	城市构成
functional composition	功能构成
industry composition	产业构成
skill composition	技能构成
Constant elasticity of substitution（CES）	固定替代弹性
education	教育
effects	效应
entrepreneurs	企业家
flexible translog specifications	灵活超越对数设定
labor supply	劳动力供给
multi-industry model	多产业模型
between natives and immigrants	本地居民和移民之间
nested – CES approach	嵌套的 CES 方法
preferences	偏好
quadratic preferences model	二次偏好模型
selection	选择
structure	结构

D

developers' behavior	开发商行为
dynamic monocentric model	动态单中心模型
expectations	预期
implications	含义
lags	滞后
monocentric model	单中心模型
myopic foresight	短视远见
redevelopment	再开发
supply and demand	供给和需求

E

Econometrician	计量经济学家
household and	家庭
household location choice model	家庭区位选择模型
information set of	信息集
spatial	空间
Economic activity, space	经济活动，空间
distance decay	距离衰减
entry models	进入模型
internal structure, cities	内部结构，城市
policy analysis	政策分析
productivity distribution	生产力分配
specialization of regions	区域专业化
transportation cost	运输成本
Elasticity, log-linear relationship	弹性，对数线性关系
Empirical approaches	经验方法
endogeneity bias	内生偏差
exploits trends	攻击趋势
natural experiment	自然实验
supply/push instrument	供给/推动设备
Empirical investigation	经验调查

F

G

H

Heckscher – Ohlin – Vanek trade models	赫克歇尔—俄林—凡奈克贸易模型
Heterogeneity	异质性
agglomeration economies	集聚经济
assignment models	分配模型
assignment problems	分配问题
demand，housing	需求，住房
housing market	住房市场
labor search models	劳动搜寻模型
land and property markets	土地和财产市场
levels of income	收入水平
parcels（see Parcel heterogeneity）	地块（见地块异质性）
poor and rich residents	贫穷和富有的居民
supply and demand，housing	供给和需求，住房
Heterogeneous agents	异质主体
agglomeration theory（see Agglomeration theory）	集聚理论
inequality	不平等
sorting	排序
Heterogeneous individuals，city size distribution	异质个体，城市规模分布
Household and firm composition impact	家庭和企业构成影响
Household location choice model	家庭区位选择模型
Household sorting，income	家庭排序，收入

I

Immigrant impacts，native responses and effects	移民影响，本地居民反应和影响

Individual-based policies   基于个体的政策

  contextual effect   情景效应

  crimes   犯罪

  network effect   网络效应

  social multipliers   社会乘数

Industrial composition, city size distribution   产业构成，城市规模分布

Industrial employment   产业就业

  dynamic specifications   动态指标

  productivity externalities   生产率外部性

  specialization and diversity   专业化和多样性

Inequality   不平等

  composition（selection and sorting）   构成（选择和排序）

  earnings distribution   收入分布

  heterogeneous agents   异质主体

  size（agglomeration economies）   规模（集聚经济）

  urban（see Urban inequality）   城市（见城市不平等）

Innovation（See also Agglomeration）   创新（还见集聚）

  advantages   优势

  description   描述

  endogenous growth theory   内生增长理论

  entrepreneurial clusters   创业集群

  globalization   全球化

  invention   发明

  literature-based indicators   基于文献的指标

  patents and citations   专利和引用

  R&D expenditures/venture capital investment   研发支出/风险投资

  research   研究

  technological   技术的

  types of   类型

Instrumental variables（IV）estimators   工具变量估计量

  "Bartik" instruments   "巴尔蒂克"工具

  control function   控制函数

Intrametropolitan area location choice	大都市区内区位选择
energy	能源
greenhouse gas emissions	温室气体排放
sorting	排序
suburbs	郊区
Invention	发明
description	描述
disadvantages	劣势
innovation	创新
patent publication	专利出版

K

"Kitchen sink" feel, local public good valuation	"洗碗槽" 感觉，地方公共物品评估
Knowledge spillovers	知识溢出
agglomeration literature	集聚文献
economic geography models	经济地理模型
endogenous growth	内生增长
geographic concentration	地理集中
human capital spillovers	人力资本溢出
patents	专利
prominent scientists	杰出科学家
Silicon Valley	硅谷
skills	技能
wages	工资

L

Labor mobility, agglomeration mechanisms	劳动力流动性，集聚机制
Labor supply	劳动力供给

Local public good valuation	地方公共物品评估
air quality	空气质量
improvements	进步
local environmental quality	本地环境质量
metropolitan area	大都市区
sorting	排序
Locational equilibrium models	区位均衡模型
Ceteris paribus	其他条件不变
crime	犯罪
environmental trends	环境趋势
household preferences	家庭偏好
pollution	污染
price and income effects	价格和收入效应
quality of life	生活质量
school quality	学校质量
single-crossing property	单交性
sorting	排序
spatial heterogeneity	空间异质性
Location choices	区位选择
endogeneity	内生性
firms（see Firms）	企业
individual	个人
intertemporal	跨期
workers	工人
Log-normal distribution, city size distribution	正太对数分布，城市规模分布
Long-term distribution, city size distribution	长期分布，城市规模分布

M

Marginal treatment effect（MTE）	边际处理效应

assumptions	假设
bid-rent approach	竞租方法
central business district（CBD）	中央商务区
consumer problem	消费者问题
dual approach	对偶法
durable housing	耐久住房
Marshallian approach	马歇尔方法
quantitative predictions	定量预测
travel costs and accessibility	出行成本和可达性
Monte Carlo simulations，city size distribution	蒙特卡洛模拟，城市规模分布
Moving to Opportunity（MTO）experiment	向机会靠拢
MSAs. See Metropolitan statistical areas（MSAs）	大都市统计区

N

Neighborhood effects（See also Network effects）	邻里效应（也见网络效应）
labor market	劳动市场
quasi-experimental/experimental evidence	准实验/实验证据
structural approach	结构方法
Network effects	网络效应
empowerment zone（EZ）program	特许区项目
formation	形成
labor market	劳动市场
nonmarket interactions	非市场相互作用
peers	同伴
policy implications	政策含义
reflection problem	映射问题
schools	学校
social contacts	社会接触
social space	社会空间

O

P

Q

housing investments	住房投资
housing projects	住房项目
job seekers	工作搜寻者
labor market	劳动市场
Moving to Opportunity（MTO）program	向工作机会靠拢计划
neighborhoods	邻里
network composition and location	网络构成和区位
refugee resettlement program	难民安置计划
relocation program	区位重置计划
school performance	学校绩效
sorting	排序

R

Randomization	随机化
data-generating process	数据产生过程
economic models	经济模型
internal and external effects	内部和外部效应
Moving to Opportunity（MTO）	向工作机会靠拢
population and data-generating process	人口和数据产生过程
randomized controlled trials（RCT）	随机控制实验
stable unit treatment value assumption（SUTVA）	个体处理稳定性假设
students	学生
treatment intensity	处理强度
treatment variables	处理变量
Randomized controlled trials（RCT）experiments	随机控制实验
cluster	集群
identification	识别
instrument	工具
intervention	干预
linear interactions	线性相互作用
spatial clusters	空间集群

demand estimation	需求估计
discrete choice models	离散选择模型
econometric model	计量经济学模型
housing investments	住房投资
location choice model	区位选择模型
logit model	逻辑模型
probabilities	概率
random coefficient model	随机系数模型
Residential land development	住宅土地开发
central city population	中心城市人口
commuting costs	通勤成本
decentralization	分权化
density gradients	密度梯度
fragmentation	碎片化
leapfrog development	蛙跳式开发
municipal services	市政服务
physical landscape	自然景观
scattered development	分散开发
"sprawl"	蔓延
Residential sorting	居住排序
cost of time	时间成本
filtering mechanism	过滤机制
heterogeneous residents	异质居民
idiosyncratic preferences	特殊偏好
income	收入
public transport	公共运输
rich and poor households	富裕和贫穷的家庭
rich and poor municipalities	富裕和贫穷的市政

S

Selection, agglomeration theory	选择，集聚理论

central business district（CBD）	中央商务区
core-periphery equilibrium	中心—外围均衡
dyad partnership	二元伙伴关系
endogeneity，interactions	内生性，相互作用
endogenous network formation	内生网络形成
geographical distance	地理距离
homogenous population	同质人口
interior equilibrium	内部均衡
Katz – Bonacich centrality	卡茨—博纳西奇向心性
labor and land market interactions	劳动和土地市场相互作用
linear-in-means model	线性方式模型
local-aggregate model	本地集聚模型
local-average model	本地平均模型
meeting process	会议议程
multiple equilibria	多重均衡
public good nature	公共物品性
random search process	随机搜寻过程
social interaction costs	社会交往成本
spatial equilibrium	空间均衡
steady-state employment rate	稳态就业率
strength，weak ties	力量，弱联系
strong tie	强联系
Sorting, agglomeration theory	排序，集聚理论
agglomeration economies	集聚经济
distribution of talent matters	天才分布
firm characteristics	企业特征
heterogeneous agents	异质主体
implications，city sizes	含义，城市规模
individual unobserved heterogeneity	单个未观测的异质性
limitations and extensions	限制和扩展
and selection models	选择模型

city-level productivity	城市层次生产率
endogenous effects	内生效应
fixed effects estimator	固定效应估计量
group membership	会员资格
incomplete interaction matrix.	不完备的相互作用矩阵
neighborhood effects	邻里效应
standard nonexperimental approaches	标准的非实验方法
transformation matrix	转换矩阵
urban economics literature	城市经济文献
weight matrices	权重矩阵
Spatial methods	空间方法
correlated effects	关联效应
cumulative density functions	累积密度函数
description	描述
discretization	离散化
economics literature	经济文献
geographical information systems（GIS）	地理信息系统
hypothesis	假说
and identification	识别
interaction matrix	相互作用矩阵
interaction scheme	相互作用方案
interpretation	解释
measurement error	测量误差
neighborhood effects	邻里效应
network structure	网络结构
nonrandomness	非随机性
non-zero-diagonal matrices	非零对角矩阵
observation	观测
ordinary least squares（OLS）	普通最小二乘法
parameters	参数
randomness vs. nonrandomness	随机性与非随机性
R&D spending	研发支出

local traffic congestion/housing/land prices	本地交通拥挤/住房/土地价格
local unobserved effects	本地未观测效应
location-industry-time random effects	本地产业时间随机效应
locations, movers and nonmovers	区位，迁移者和非迁移者
market externalities	市场外部性
market-mediated agglomeration effects	市场仲裁集聚效应
productivity effect	生产率效应
pure externalities	纯粹外部性
skilled workers value	熟练工人价值
static gains	静态收益
unobserved skills	未观测的技能
urbanization economies	城市化经济
Structural approach	结构方法
boundary discontinuity design	边界不连续设计
employment and unemployment	就业和失业
endogeneity, school and neighborhood attributes	内生性，学校和邻里属性
"fixed agents"	固定主体
identification strategy	识别策略
Los Angeles metropolitan area	洛杉矶大都市区
Markov process	马尔科夫过程
rich discrete-choice model	丰富的离散选择模型
richer network structure	丰富的网络结构
social spillovers	社会溢出
traditional discrete-choice models	传统的离散选择模型
Structural estimation	结构化估计
description	描述
economic activity	经济活动
economic model	经济模型
equilibrium	均衡

T

first-order importance	最重要
railway stations	火车站
spatial equilibrium condition	空间均衡条件
two-dimensional cities	二维城市
Treatment effects	处理效应
assumption	假设
average treatment effect（ATE）	平均处理效应
binary	二元的
cluster randomized trials	集群随机试验
components	成分
control group	控制组
group membership	成员资格
intention to treat（ITT）	意向处理
local ATE（LATE）	局部平均处理效应
marginal treatment effect（MTE）	边际处理效应
Moving to Opportunity（MTO）	向工作机会靠拢
policy evaluation	政策评估
quantile treatment effects（QTE）	分位数处理效应
quasi-random variation	准随机变化
randomization，reflection problem	随机化，映射问题
randomized controlled trials（RCT）	随机控制试验
treatment on the treated（TT）	对参与者的处理
within-group correlation	组内关联

U

United States data，city size distribution	美国数据，城市规模分布
United States Patent and Trademark Office（USPTO）data	美国专利商标办公室数据
Urban economics toolkit	城市经济工具箱
Urban inequality	城市不平等

W

经济学手册
HAND BOOKS
IN ECONOMICS

[美] K.J. 阿罗　　[美] M.D. 英特里盖特 ｜ 总主编

区域和城市经济学手册

第5B卷

[美] 吉尔斯·杜兰顿

[美] 约翰·弗农·亨德森　｜　主编

[美] 威廉·斯特兰奇

郝寿义 孙兵 王家庭 王振坡 ｜ 等译

郝寿义 孙兵 ｜ 校

中国财经出版传媒集团
经济科学出版社
Economic Science Press

图字：01 - 2017 - 0633

图书在版编目（CIP）数据

区域和城市经济学手册. 第5卷/（美）吉尔斯·
杜兰顿（Gilles Duranton）主编；赫寿义等译. —北京：
经济科学出版社，2017. 12
书名原文：Handbook of Regional and Urban Economics Vol. 5
ISBN 978 - 7 - 5141 - 8683 - 3

Ⅰ. ①区…　Ⅱ. ①吉…②郝…　Ⅲ. ①区域经济学 - 手册
②城市经济学 - 手册　Ⅳ. ①F061. 5 - 62②F290 - 62

中国版本图书馆 CIP 数据核字（2017）第 283354 号

责任编辑：孙丽丽　程憬怡
责任校对：徐领柱
责任印制：李　鹏

区域和城市经济学手册：第 5 卷
［美］吉尔斯·杜兰顿　约翰·弗农·亨德森　威廉·斯特兰奇　主编
经济科学出版社出版、发行　新华书店经销
社址：北京市海淀区阜成路甲 28 号　邮编：100142
总编部电话：010 - 88191217　发行部电话：010 - 88191522
网址：www. esp. com. cn
电子邮件：esp@ esp. com. cn
天猫网店：经济科学出版社旗舰店
网址：http：//jjkxcbs. tmall. com
北京季蜂印刷有限公司印装
787×1092　16 开　101. 75 印张　1880000 字
2017 年 12 月第 1 版　2017 年 12 月第 1 次印刷
印数：0001—2000 册
ISBN 978 - 7 - 5141 - 8683 - 3　定价：439. 00 元
（图书出现印装问题，本社负责调换。电话：010 - 88191510）
（版权所有　侵权必究　打击盗版　举报热线：010 - 88191661
QQ：2242791300　营销中心电话：010 - 88191537
电子邮箱：dbts@ esp. com. cn）

译 者 序[①]

区域和城市经济学是一门历史相对较短的经济学分支学科。虽然杜能、韦伯、霍特林、廖什等学者从 19 世纪开始就为空间经济分析做出了开创性的工作，但直到 20 世纪 50 年代中期，区域经济学才作为地理区位—配置问题研究的分析框架为人们接受。尤其是，20 世纪 60 年代以后，随着阿朗索的《区位与土地利用》一书的出版，城市经济学开始成为一门具备统一理论基础的学科。区域和城市经济学虽然只有 60 多年的历史，但是其已发展成为具有明确研究对象和巨大研究潜力的经济学科之一。区域和城市经济学不仅在理论体系上不断完善，而且经验研究方法取得快速发展，逐步成为一门理论与方法完备的经济学分支。《区域和城市经济学手册》（以下简称手册）的价值就在于它全面地反映了区域和城市经济学的研究内容、研究方向、研究方法以及最新的研究成果。通过它，我们可以把握区域和城市经济学研究动态以及最新的成果。借着《手册》第 5 卷中译本的翻译和出版，我们对手册 1～5 卷的主要内容进行梳理，从中可以看到区域与城市经济学研究的演进过程。

一、不同阶段的《区域和城市经济学手册》对区域和城市经济学研究文献的总结

过去 50 多年区域和城市经济学已经发展成为"具有坚定的研究方向和巨大研究潜力的成熟的经济学科之一"，但是区域和城市经济学的发展也遭遇挑战。20 世纪 50 年代中期，区域经济学才作为地理区位—配置问题研究的分析框架，被人们接受。然而，"区域和城市经济学在 80 年代开始衰落……这一领域不再有 70 年代那样的活力和能量……但是转折始于 90 年代早期，学科重新获得了动力。区域和城市经济学再次成为热点……"（阿诺特）。这主要得益于

---

① 译者序的主要内容曾公开发表于《区域经济评论》2017 年第 4 期，马洪福参与了该文的写作。

20世纪90年代以来，新经济地理等理论研究的兴起为区域和城市经济学研究提供了新的理论和研究方法。《手册》（第1～5卷）全面系统归纳和总结了各个时期的区域和城市经济学的研究成果，具体如图1所示：

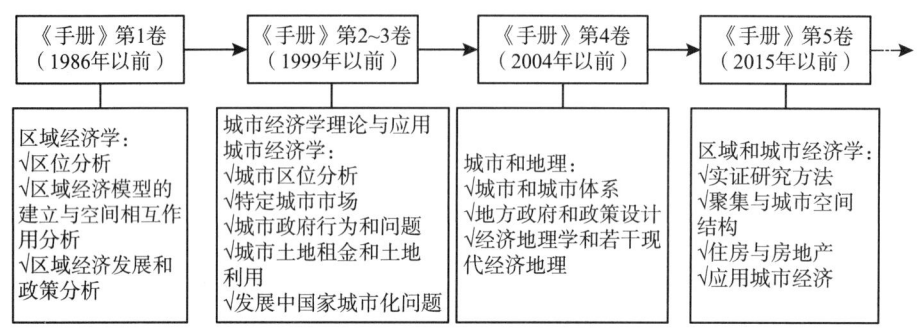

图1　《手册》研究内容脉络

　　《手册》第1～3卷总结20世纪90年代及之前区域和城市经济学的研究成果。《手册》第1卷主要对1986年之前的区域和城市经济学研究成果进行了总结，归纳了区位分析（包括产业和居住区位）、区域经济模型的建立与空间相互作用分析和区域经济发展和政策分析等区域经济学的三个重要研究领域的研究成果。与第1卷不同，《手册》第2卷比较全面地概括了1987年之后的城市经济学理论，主要归纳总结城市区位分析（住宅区位、企业区位以及城市均衡结构）、特定城市市场（住房市场、城市交通与城市公共设施等）与城市问题、城市土地租金和土地利用、城市政府行为和发展中国家的城市化问题。《手册》第3卷则归纳总结了应用城市经济学的主要研究成果，是对《手册》第2卷的补充。应用城市经济学更多强调应用研究以及经济现象的研究方法，该卷主要概括了城市空间及相关研究、城市的特定市场、城市公共经济学和发展中国家的城市等方面的应用研究。从这一时期的研究可以看出，区域经济学和城市经济学被作为既相互联系又相互区别的经济学科。

　　《手册》第4卷是继第1卷、第2卷和第3卷后，对20世纪90年代前后的区域和城市经济学领域的学术进展和知识的又一次全面和系统的归纳总结。这一时期区域和城市经济学领域学术发展出现了一些新的趋势和特点，如新经济地理学、用主流经济学的标准语言讨论区域和城市经济问题。其中对集聚经济的探讨，深化了对集聚经济本质的认识。第4卷的重点主要集中于不同空间规模（邻里、城市和区域）的集聚，内容很多是理论性的，有相当部分属于理论章节，而且在理论和经验之间存在着明显的脱节。第4卷还恰逢克鲁格曼新经济地理学的影响达到顶峰，对集聚的强调意味着很多传统的城市问题没有被涵盖。《手册》第5卷是对第4卷出版后的十年间的研究成果的归纳，既概括了集聚及相关领域取得的学术成果，同时对城市和区域经济学其他的研究领域和方法的扩展进行了总结。该时期的区域和城市经济研究一方面完善集聚经济理论，如集聚经济的经验研究、异质主体的集聚理论和创新与集聚等，深化了对集聚经济本质的认识。另一方面，区域和城市经济学更加注重方法的研究，如对区域和城市经济学的因果推断、结构化估计与空间方法的探讨等。此外，区域和城市经济学对传统研究主题的回归也是这一时期研究的特点和趋势，如对城市住房、城市交通、城市土地利用、城市税收和城市犯罪等研究。该时期的研究表明区域经济学和城市经济学渐趋融合，研究边界逐渐模糊。空间分析重在探究集聚经济的微观机制，揭示空间主体异质性对经济活动空间分布的影响。研究逐步由宏观同质空间向微观异质空间转变，由单纯的地理空间向地理空间与社会空间并行研究转变。

综上所述，《手册》第1~5卷比较系统全面地概览了区域和城市经济学理论与应用的演进，在每个不同时期，区域和城市经济学研究具有一定的阶段特点。《手册》体现了全面反映区域和城市经济学研究方向、研究方法以及最新研究成果的价值，是我国区域和城市经济学研究需要重点参考的研究文献。

二、区域经济学和城市经济学的关系

保罗·克鲁格曼在提出新经济地理理论时，指出："什么是经济活动最显著的地理特征？简短的回答当然是集中，即生产活动在空间上的显著集中。"经济学说史表明，为搞清经济活动的空间问题，很多经济学家已经进行了一些探索，如主流经济学的比较成本理论、国际贸易理论等。但是，主流经济学往往将空间因素排除在外，在一个没有空间维度的仙境中分析经济现象。区域和城市经济学与主流经济学理论的主要区别在于，其正确论述作为各种区位—配置现象之源地的地理空间，在地理空间的内在本质、复杂空间经济系统的时空演化方面取得了巨大的进展。

《手册》第1~3卷对区域和城市研究文献分别进行了归纳。依据手册对区域经济学和城市经济学研究内容的总结，可以看出两个学科既具有内在的密切联系，同时在概念、假定、问题或范式上也存在一定差异。具体而言，《手册》第1卷总结了1986年之前的区域经济学研究成果，该时期的区域经济学研究范围主要集中于区域经济学在区位分析（包括产业和居住区位）、区域经济模型的建立与空间相互作用分析和区域经济发展和政策分析等三个重要领域的研究。《手册》第2~3卷重点概括了城市经济学的理论体系和应用，城市经济学建立了以阿隆索—穆斯—米尔斯的城市土地利用模型与亨德森的城市体系模型为基础的统一城市理论体系，进而对城市形成与发展的微观基础、城市特定市场与城市问题、城市土地租金与土地利用、地方政府支出和税收等问题进行了研究。因此，与区域经济学研究相比，城市经济学具备系统的理论体系；同时，城市经济学更加注重城市内部结构与城市体系的分析，如密度分析、规模分布等问题。这说明城市经济学的研究更侧重于城市内部微观主体的经济行为，而区域经济学则显得更为宏观。

然而，在《手册》第4卷归纳的区域和城市经济研究成果中，城市和区域被作为一个整体进行概览，很多主题体现了城市和区域研究边界融合的趋势，如城市体系理论、蔓延和城市增长、邻里效应、新经济地理以及许多关于经济地理的经验分析。区域和城市经济研究的融合反映了城市化推动城市地区范围扩大并逐渐融合成区域的现实，区域经济学和城市经济学的研究对象趋于重叠。《手册》第5卷中也对城市和区域研究的渐趋融合进行了概述，如克劳斯·迪斯梅特和弗农·亨德森在《国家内部发展的经济地理》中指出，对城乡差别的考察，基于从"更农村"（更小或/和密度更小）和"更城市"（更大和/或密度更大）的角度出发，将区位视为一种"连续性区位"。他们还指出，一旦一个国家变得日益城市化，这些变化以及空间分布经常会从较为狭隘的视角加以考察，只关注城市部门。正如理查森和赫克曼与斯特朗在研究中强调对区域概念的界定主要是独立界定的空间单位，通常是国家经济内的一个地区，区域之间因节点城市或首位城市的不同而不同，或因历史因素的不同而不同。这也可以从该时期的区域和城市经济研究向传统的主题的回归中看出，如对城市住房、城市税收、城市运输、空间政策等问题的研究。区域和城市空间的考察只是选择的尺度以及所包含的空间要素的差异，随着城市化的发展，城市的郊区化和农村规模的缩小，城市和区域的边界融合是一种趋势。

根据《手册》第1~5卷对区域和城市研究成果的总结我们可以得出，区域经济学和城市经济学的研究对象渐趋融合，其中对空间的内在本质以及空间经济系统的时空演化是其主要研究重点，并注重微观主体行为及微观基础的分析。如果说两者存在区别，仅仅在于对空间尺度的认识；但随着城市化的发展、城市规模扩大与分散，区域和城市的研究边界也在不断融合。

三、区域和城市经济学的空间分析

区域和城市经济学研究经济活动的空间分布与协调，而空间经济的一个显著特征是土地的利用强度差异很大，即生产消费活动往往集中于某一特定空间，而不是均匀分布。这也带来了人口、就业和财富的空间分布不均衡成为一种常态的经济景观。区域和城市经济学则把研究的重点放在解释经济活动非均匀分布上，分析经济主体分布不平衡的结果和空间经济的效率。可以看出，《手册》第1~5卷中空间分析研究主要从区位分析和集聚经济考察了空间经济活动集聚的本质。

首先，区位分析是区域和城市经济学的中心议题，传统的区域和城市经济学强调活动的空间集聚产生的经济和不经济之间的权衡。《手册》第1~3卷对区域和城市区位分析的研究成果进行了总结，尤其是《手册》第2~3卷对城市区位理论进行系统研究。《手册》第1卷归纳了基于杜能、韦伯、克里斯塔勒、廖什等学者对区位分析的成果发展的现代区位理论；该时期的区位理论更多是通过将新古典经济学和古典区位论相结合来分析厂商和家庭的区位选择。城市企业区位理论主要以韦伯、杜能的研究为范式和以霍特林、廖什的研究为范式进行研究。但是，对住宅区位理论的关注甚少，集中关注住房市场选择的研究流派也是基于消费者行为的效用最大化和居住流动性分析。《手册》第2卷和第3卷重点对城市经济学的理论和应用进行总结，城市经济学的空间分析一方面继承了杜能、廖什等古典区位论学者的研究思想，分析了城市企业的区位选择。另一方面，城市经济学的理论基础是阿朗索提出的标准区位模型。通过该模型能够得到有关竞租函数、土地消费量和人口密度等定性结论；穆特—米尔斯发展了该模型，对通勤成本和效用函数加以完善，得出了区位均衡的条件，也为城市空间均衡分析提供了理论基础。后继的学者关于住房的研究更加深化对区域住房市场供求理论、住房政策、住房环境特征等因素对城市住宅区位选择的影响；并将享乐分析引入住房市场的分析，研究对住房特征和环境福利设施的需求。由于家庭既是厂商投入的主要供给者，又是厂商产出的主要消费者，家庭的选择和厂商的选择是相互影响的。这一时期的学者已经注意到运输成本对空间经济活动分布的影响，把区位看作距离的函数；但是，大多数研究对运输成本进行同一化处理，使用相同的运费率或看成与所运货物重量成正比，对城市交通的研究相对有限。这在此后的城市经济学研究中得到更多的关注。尤其是，城市经济学对城市空间结构、城市体系以及城市特定市场的研究得到进一步的深化。通过《手册》第1~3卷对区域和城市经济学的研究成果总结可知，早期的学者已经注意到生产的不可分性带来企业的空间集中以及空间相互作用；但研究主要集中于集聚经济的效益（外生）与运输成本的衡量。虽然学者分析了由生产的完全竞争均衡向非完全竞争均衡转变，但是未能找到集聚经济的微观机制，未能揭开集聚经济的本质，这主要受制于一定阶段的研究方法与工具。

其次，对于集聚经济的本质以及城市集聚经济的微观机制的探讨，在《手册》第 4 卷中进行了详细的总结论述；《手册》第 4 卷总结的区域和城市经济研究成果在一定程度上弥补了手册第 1~3 卷研究的不足，从而为学科发展注入了新动力。该时期的区域和城市经济研究更加注重对集聚经济本质的研究。杜兰顿和普加将城市集聚经济的微观基础划分为共享、匹配和学习三种类型，并分别构建了一个或多个核心模型，更好地解释了空间经济活动为何如此集中的问题，以及人口、就业和财富的不平衡分布。以克鲁格曼、藤田和蒂斯等为代表的新经济地理学派，通过构建中间投入模型、知识溢出模型和垂直联系等模型等，对集聚经济的微观基础进行了论证，从而解释了企业区位的选择。同时，《手册》第 4 卷在对集聚经济的微观基础、性质和来源文献研究总结之上，分析了城市体系、城市规模演进、蔓延与城市增长等相关的理论文献。然而，第 4 卷的重点主要集中于不同空间规模（邻里、城市和区域）的集聚，内容很多是理论性的，有相当部分属于理论章节，而且在理论和经验之间存在着明显的脱节。《手册》第 5 卷总结了异质主体的集聚理论，并对集聚经济进行经验分析。正如文中指出，个体和企业层面的数据表明城市总体的宏观关系体现了大量的微观异质性。该时期的研究弥补了新经济地理学研究的不足，同时异质性集聚理论对城市体系进行了分析，并在允许工人和企业可以在城市间自由流动的前提下，探讨了集聚经济、城市成本、异质区位基础因素、异质工人和企业以及选择效应如何相互作用并形成城市的规模、构成、生产率和城市不平等，这在一定程度上补充了《手册》第 4 卷杜兰顿和普加所编写的关于城市集聚经济微观基础的内容。

再次，城市住宅区位和企业生产区位的选择，以及两者相互作用决定了城市区域的一般空间均衡模型；同时，《手册》还对城市体系、城市的动态变化进行了归纳总结。综合《手册》第 1~5 卷对已有区域和城市经济学对空间均衡与空间体系的研究，学者主要对城市的形成、城市空间结构、城市规模与分布、城市空间的动态变化等进行了研究。学者首先对城市内部的空间结构进行了解析，主要描述了城市内部建筑物的密度和高度、居民和企业的分布，并分析了封闭城市和开放城市下结构、城市数量和规模分布的变化。城市均衡模型多是单中心城市假设，并且忽略了城市的运输系统，对城市规模和数量的分析处于描述阶段。后继学者逐渐研究了城市规模分布及其规律，如帕累托分布、随机分布、齐普夫法则。同时，基于对城市集聚经济理论的研究，寻找城市的最优规模以及影响城市增长的决定因素。关于城市增长与蔓延，格莱泽和卡恩在《手册》第 5 卷中总结认为城市可视为人和企业间物理空间的缺乏；如果这样，城市的存在是为了消除商品、居民和思想的运输成本，而且运输技术决定了城市形态。此外，对蔓延的程度（分散化和密度）和原因（交通运输、土地需求和政治作用等）进行了总结分析。其中，交通运输技术以及运输成本成为影响城市蔓延的重要因素。城市经济学已对城市交通进行了深入的研究，如比斯利和科普在《手册》第 2 卷从理论上总结了关于城市交通的供给与需求模型以及城市交通决策等；而斯莫尔和伊瓦涅斯在《手册》第 3 卷进一步总结了城市交通中出现的交通拥挤、空气污染、交通事故和公共交通等相关问题对城市空间结构的影响，以及未来的城市交通政策。另外，雷丁和特纳在《手册》第 5 卷关于运输成本和经济活动的空间组织中描述道，地理空间上的经济活动组织的关键在于商品和人的运输。大部分的消费都要求成品的运输，或是转移到那些供应商品和服务之处。劳动力的迁移的通勤成本与商品的运输成本既影响着住宅区位的选择，也决定着城市土地的利用和企业区位的选择。城市的外部环境、交通运输等空间特征对住宅区位、企业区位，乃至空间均衡具有重要的影响。然而，这些外部性产品在一定程度上属于公共物品或准公共物品，需要政府提供。而这些公共设施和产品的提供既涉及到区位选择，又会关系到资金来源与成本问题。区域和城市经济学已经对公共设施的内涵与区位选择、公共设施对集聚经济的影响进行了探究，并构建了城市公共设施选址模型，分析了不同区域尺度上的公共设施选址决策。同时，作为公共服务和设施提供的资金来源，城市经济学一直关注城市公共服务的融资、地方或城市公共产品的理论研究分析。他们研究了具体的融资来源和税收的征收问题。随着研究的深化，越来越多的学者注重城市层次的税收问题，马吕斯·布鲁尔哈特等在手册第 5 卷中总结了关于城市税收的研究，指出城市层次的税务机关通常位于联邦征税金字塔体系的底层，多数国家还包括中间层次（州、省等）以及国家层次。通过总结相关的文献研究，分析了城市征税的理论依据以及城市税收所具有的三个重要特征：税收当局之间的相互依赖性（水平和垂直）、辖区规模的非对称性和集聚经济的潜力，这也深化对城市政治经济学和财政分权的认识。

最后，区域和城市经济学所研究的空间具有动态性。很多区位在经济地位上表现出了异乎寻常的持续性，且经济地位的巨大差异在邻里和大都市区两个层次上都是常见的；但是由各种人均收入指标来衡量的经济地位的变化却是常见的。罗森塔尔的研究表明，区位的经济地位在邻里和 MSA 这两个层次往往都随着时间而发生改变。斯图尔特·罗森塔尔和史蒂芬·罗斯在《手册》第 5 卷中回顾近期的文献，这些文献思考并解释了邻里和城市经济地位的上升和下降趋势。在邻里层次，讨论了邻里经济地位的静态和动态变化。通过研究发现，耐久但缓慢衰败的住房、运输基础设施和自我强化的溢出效应都会影响地方收入动态，持久的自然优势、设施以及政府的政策也有同样的影响力。斯蒂芬·N.杜劳夫根据已有文献总结指出，邻里效应对个体行为和邻里构成影响，一些包含溢出效应的邻里模型至少在正式结构上和增长（内生）模型相似，这在区域和城市经济学中与企业和工人区位决策的离散选择模型、空间竞争模型存在很多相似。乔治奥·陶帕和伊夫·泽诺在《手册》第5卷通过概览关于邻里和社会网络及其对行为和经济影响的研究，并讨论邻里和社会网络在犯罪、教育和劳动市场中作用的经验和理论分析，其所分析的不同之处在于邻里效应文献主要关注居住邻里如何对居民形成机会、选择和结果，对城市政策、城市和邻里演化、隔离和不平等的发展等有重要启示。关于网络理论和经验的研究主要关注联系的社会空间及其对结果的影响，不包括地理空间。而传统的区域和城市经济学对区域和城市增长的影响因素研究主要从增长的要素投入进行分析，如爱德华·J.马莱茨基等在《手册》第1卷分析了技术和劳动及其资本异质性对区域增长的影响；格雷姆·R.克兰普顿在《手册》第2卷分析了城市劳动市场的空间特征：一方面，分析了居住地和工作地点区位之间的相互联系、流动性和就业搜寻之间的联系；另一方面，分析了不同层次的劳动力市场，如技能、性别和家庭地位等如何影响劳动力市场效率差异，进而带来城市间的差异。恩里克·莫雷蒂则总结研究人力资本总水平的提高对城市经济的影响，分析了教育的外部收益效应对生产率的溢出、犯罪和选举等的影响。

区域和城市经济学对空间分析的研究表明，区位分析和集聚分析均对经济活动分布的集聚本质进行了研究。两者的不同之处主要在于前者假设集聚经济收益外生存在，而后者则没有；但两者均是建立在均质空间上的空间分析，直至异质集聚理论的出现，才开始对集聚空间的异质性进行研究，这表明将微观主体的异质纳入微观机制的研究成为空间分析的重要趋向。

四、区域和城市经济模型与经验研究方法

彼得·尼茨坎普和埃德温·S.米尔斯在《手册》第1卷中指出，经济学的计量革命对区域经济学方法论产生重大影响。区域和城市计量经济模型的出现导致了分析手段相当严谨以及进步。大量可获取的数据以及现代方法的逐步采用深刻改变了经验研究的性质，经验研究越来越重视模型的调整而不是"刻意加工数据"；基于经济理论模型构建与检验的结构化方法被更为广泛的使用。《手册》第1~5卷在论述总结了区域和城市经济学研究中构建的模型，尤其是《手册》第5卷对经验研究方法进行了总结，这是《手册》系列第一次明

显包括关于方法学的章节。根据手册第 1~5 卷对区域和城市经济学研究成果的总结，可以发现区域和城市经济学一方面通过将主流经济学的经济模型方法引入区域和城市经济学研究，来构建包含空间因素的空间相互作用模型；另一方面区域和城市经济学更加重视经验研究，在理论模型的基础上通过选择相应的计量指标与方法，模拟、检验与评价经济现象。

首先，区域和城市经济学对模型的理论框架和微观经济基础的研究，更多是基于主流经济学的理论基础，其中主要是微观理论工具。最初，杜能、韦伯和廖什等学者区位选择理论更多是借鉴新古典经济学的研究方法，分析成本最小化和利润最大化条件下的厂商区位选择；同时，将新古典经济学的供求理论和定价理论应用到区域和城市经济分析中，构建了空间生产均衡模型。《手册》第 1 卷总结了区位选择的线性规划模型、运输与区域间商品流动模型、区域和多区域经济模型等，其显著特点是国家层次的宏观模型在区域层次的应用主要借鉴新古典经济学的研究。《手册》第 2、3 卷则是基于阿朗索—穆特—米尔斯的理论模型和亨德森的城市体系的一般均衡模型设计，构建了完整的城市经济理论模型，并应用于解释城市经济现象。《手册》第 2、3 卷总结了阿朗索的土地市场模型、穆特—米尔斯的住房模型、亨德森的城市一般均衡体系模型、动态城市模型、享乐分析模型等。但是，受限于新古典经济学理论假设和研究方法的局限性，传统的区域和城市经济学对于经济活动的空间集聚解释能力有限。《手册》第 2、3 卷虽然对集聚经济进行了研究，但是集聚经济的本质仍是一个谜。新经济地理学学派对传统经济学的理论框架进行了修正，打破了规模报酬不变和完全竞争的市场结构，通过引入规模报酬递增和不完全竞争框架，研究了集聚经济的微观理论机制，在一定程度上解释了经济活动为何在空间上高度集聚。《手册》第 4 卷则主要概览了关于集聚经济本质的研究，如城市集聚经济的性质、来源、微观基础等研究，在一定程度上揭开了集聚经济这一"黑箱"。当然，随着理论研究的深入和现实问题的出现，新经济地理学的研究假设被证明阻碍了对现实经济活动空间分布的解释。后继学者在不断地放松新经济地理学假设的基础上，引入微观主体的异质性，进而进一步完善了理论基础。《手册》第 5 卷中集聚和城市空间结构中则对集聚经济理论模型进行了补充，构建了包含微观异质性主体的理论模型，并分析了基于理论模型的经验指标的选择。此外，《手册》第 5 卷的经验研究方法中，因果推断、结构化方法和空间方法中，对区域和城市经济学的理论模型构建和经验研究的关系进行论述，如何识别区域和城市经济现象之间的因果关系，进而正确地进行结构化估计，成为区域和城市经济经验研究的重要方法。

其次，区域和城市经济与经济学、数量经济学、社会学、地理学等学科的联系日益紧密，研究领域已经变得越来越具有经验导向。对区域和城市正确定量分析的基本前提是数据的有效性和对数据的正确处理。随着计算机技术和数据库技术的发展，使得应用更为复杂但更为精确的模型成为可能。《手册》第5卷中对20世纪80年代以来的经验研究进行了统计，具体如表1。表1说明经验研究已经成为区域和城市经济研究的重要领域，经验研究模型更为复杂，研究方法也不断地完善；但除表1外列举的方法，《手册》第1~5卷还总结关于对数—线性模型、非参数方法、空间方法、断点回归等方法。

表1 　　　　　在《城市经济学》杂志中不同经验方法的使用程度　　　　单位：%

（1980~2010经验研究文章比例）

年份	经验研究	最小二乘法	工具变量法	logit/probit	面板数据	双重差分	随机化	匹配方法
1980	57	87	10	3	0	0	0	0
1990	49	79	17	13	4	0	0	0
2000	62	64	32	36	14	4	0	0
2010	71	77	46	26	62	8	3	5

注：作者是根据相应年份所有发表在城市经济学期刊上的文章计算的。本表格来源于《手册》第5卷。

此外，随着计算技术的发展，计算机模拟还被用来分析给定城市内部的空间模型，如根据家庭和厂商的区位选择行为进行模拟，可以得出在外部冲击条件下，城市区域的时序变化。计算机模拟更具有动态性特征，《手册》的第2卷总结城市区位的计算机模拟模型，主要考察了城市区位土地利用预测模型和城市住宅市场计算机模拟模型。《手册》第4卷对集聚经济本质的研究更多在于数值模拟，通过计算机模拟不同的条件下空间经济活动的分布与城市体系的动态变化。计算机信息技术和统计分析方法的不断完善有助于区域和城市经济学更加准确地分析空间相互作用，解决传统的计量经济模型中出现的一些如内生性、误差等问题。如何识别空间相互作用成为区域和城市经济学计量研究的重要主题。纳撒尼尔·鲍姆－斯诺和费尔南多·费雷拉、托马斯·霍姆斯和霍尔格·西格分别在《手册》第5卷中回顾了近期关于区域和城市经济学研究中所使用数据的因果关系的识别，前者从模型的构建、方法的选择和变量的选取等做了详细的叙述，构建出区域和城市经济分析的完整计量模型过程，这与之前的学者仅仅通过将理论模型简单引入相区别；后者则通过结构化模型，分析了如何选择与设定、估计一个基于理论的计量模型，而该类模型区别于传统基于统计方法的模型。斯蒂夫·吉本斯和埃莉奥诺拉·帕塔基尼在《手册》第5卷中回顾了关于空间数据的分析方法，其在对随机性概念等空间数据的性质进行探讨的基础上，重点讨论了个体在空间存在相互影响的线性回归模型。然而，空间相互影响如何界定成为复杂的问题，研究会因为用来描述这些效应的术语通常是不精确的且取决于不同的背景而更加复杂。例如，"空间交互影响""社会交互影响""邻里效应""社会资本""网络效应"以及"同辈效应"等都被视为同义的短语，但却有着不同的内涵。乔治奥·陶帕和伊夫·泽诺在第5卷中的邻里和网络效应中概览了关于邻里和社会网络及其对行为和经济影响的研究，并讨论邻里和社会网络在犯罪、教育和劳动市场中作用的经验和理论分析，其总结了邻里效应和网络效应的不同的检测模型，反映了地理空间和社会空间相互作用的区别。

最后，区域和城市经济的经验研究不仅仅在于通过计量模型来分析社会经济现象，而且区域和城市研究还注重评价性模型分析。这主要体现在通过借鉴统计学、运筹学等相关学科的研究方法，构建合理的空间经济评价体系，按照一定的标准作出评价和决策。《手册》第1卷给出了聚合分析、相关分析、主成分分析、谱分析等常用统计方法，并对定性统计模型和多目标决策分析理论进行了详细的总结。《手册》第3卷中对生活质量估测、城市劳动力市场的不协调等问题进行了评估。《手册》第4卷对运用准"自然试验"法研究城市增长的文献进行了总结。《手册》第5卷则对于因果关系的判断、结构化估计和空间方法进行了讨论，并叙述了对空间政策、计量问题识别等问题的研究。区域和城市研究的经验分析不仅仅在于简单的引用计量模型，而是开始注重在识别区域和城市经济现象因果关系的基础上，运用符合经济理论模型的结构化方法，来评析区域和城市问题与政策。

根据《手册》第1~5卷对区域和城市经济理论模型与研究方法的总结，基于经济理论的经验模型识别、选择与估计是未来区域和城市理论与经验研究的主要方向。

五、区域和城市经济发展和政策分析

空间经济活动分布的不平衡是一种常态的经济景观，不平衡分布往往会进一步影响人口、就业和财富的不均衡。空间经济不平衡似乎是路径依赖的，并带有偶然性，这造成区域和城市间的差异，并带一系列的社会问题。区域和城市发展的政策问题常出现在经济效率和社会公平的界面上，效率目标通常在区域和城市政策分析中起重要作用。那么，协调区域和城市经济发展中出现的差异与不均衡，解决区域和城市发展遇到的问题，需要通过制定和实施相应的政策来加以弥补。《手册》第1~5卷对区域和城市发展和政策进行了总结，既分析了发展中国家的发展政策，同时也强调了针对发达国家城市化过程中出现的问题区域的政策。

首先，《手册》第1~5卷对发展中出现的问题及其政策进行了总结。空间经济的集中分布，必然造成人口、就业和财富的非均衡发展，这不仅仅表现为发达国家和发展中国家之间的差距，还表现为城乡差异。与发达的核心地区相比，落后地区（常常是边缘地区）的增长率低、产业结构陈旧和失业率高等问题突出，对于该类地区如何发展，区域和城市经济学已经给出相应的对策。在《手册》第1卷中，H. W. 理查森和 P. M. 汤罗指出空间不均衡发展可由累积因果模型、基本模型和新古典模型来解释，这些解释方式存在不同的政策含义，如新古典主义观点侧重强调生产要素，强调标准化的制造部门的作用。《手册》的第2、3卷集中对发展中国家的城市化模式、城市增长、公共政策与城市问题（土地使用、交通和环境等问题）、发展中国家的贫困以及移民等问题进行了详细的总结，并归纳了城市有效和平等发展的政策。伊森·刘易斯和乔瓦尼·佩利在《手册》第5卷的移民与城市和区域经济一章中，分析了移民及其对城市与区域经济的影响，主要关注的是生产率和劳动力市场，并指出移民政策通常是国家层次的，但国际移民往往更容易影响地方经济。简·K. 布吕克纳和索米克·V. 拉尔在第5卷发展中国家的城市：乡村—城市迁移、土地使用权缺乏保障和可负担住房的短缺一章中，总结了乡村—城市迁移的经验以及影响迁移因素的经验研究，如把接近公共服务引入迁移决策、气候移民等，并总结了对城市最优规模的理论模型和经验研究，以及发展中国家房地产市场的特点，即土地使用权缺乏保障。因此，对发展中国家区域发展和政策研究重要集中在城市化、人口迁移以及由此带来的经济效率和社会公平的平衡问题。

区域政策不仅仅集中于落后地区的问题，同时也关注城市中心区的"问题区域"。在20世纪70年代以来，人们日益认识到城市和区域增长带来的负外部性，如拥挤、污染、犯罪和福利设施缺乏等问题。正如《手册》第1卷指出的，除了边缘地区，许多城市的中心区也被认为是"问题区域"，如衰败的中心商业区。拉克斯曼纳和博尔顿在《手册》第1卷中从理论和经验分析的角度，广泛地、综合地考察了区域能源和环境市场以及政策问题，分析了能源和环境资源的空间分布不均对收入水平的不平衡的影响。空间经济的一个显著特点是土地利用强度的差异，而关于城市土地利用和城市土地租金则是城市经济学理论研究的基础。《手册》第2、3卷总结归纳了与城市土地利用相关的城市住房、城市交通、城市公共设施以及相关的问题和政策。格莱泽和卡恩在《手册》第4卷归纳得出，对土地的需求和撤离恶化的城市中心是蔓延的重要因素。空间变革最显著的特征可能是日益增强的城市化。那么，如何界定城市边界成为城市增长的重要研究内容，然而，城市土地利用是城市经济学的重要基础，吉尔斯·杜兰顿和迭戈·普加在《手册》第5卷中概括了城市土地利用的相关文献研究，提供一系列由单中心城市模型衍生发展的城市土地利用理论文献的综合研究，包括处理多个内生性商业中心、异质性的不同空间尺度和耐久性住宅的扩展，回顾了关于城市土地区位价格和发展的差异、城市中不同家庭的区位选择模式、建设无序蔓延和居住区分散及就业分散等问题的经验分析文献。克劳斯·迪斯梅特和弗农·亨德森在《手册》第5卷国家内部发展的经济地理一章的总结中指出，通过不同视角（城乡差异和部门）观察不同空间尺度下的空间变革，其中，对城乡差别的考察，基于从"更农村"（更小或/和密度更小）和"更城市"（更大和/或密度更大）的角度出发，将区位视为一种"连续性区位"；分析人口和收入的收敛与发散，以及经济活动与人口分布模式的重塑。而通过部门视角观察国家发展和成熟经济行为的结构转型来聚焦连续区位。

综上所述，区域和城市发展政策通常指向问题区域，这不仅仅是解决落后地区（边缘地区）问题的政策，还包括对城市中心问题区域的政策。从区域和城市经济发展政策的研究总结来看，区域和城市经济学更加注重探究空间政策的理论基础。《手册》第5卷的空间政策指出，现有文献已将集聚经济、知识溢出和知识经济、产业地方化、空间错配等作为空间政策的理论基础。另一方面，区域和城市经济研究更加注重对空间政策的评估，《手册》第5卷中的空间政策中总结如何识别政策的影响，同时对住房市场政策、转移拨款、企业区等案例对政策的影响与干预经验性分析进行了概括。

六、区域和城市经济研究趋向

解释为什么经济活动在空间上如此集中，是区域和城市经济学研究的核心议题。正如胡佛认为，区域或"空间"经济学可以归纳为这样的问题：何事在何地，为何，以及应该如何？而对于何地的研究是区域和城市经济的中心。从《手册》第1~5卷对区域和城市经济学研究成果的总结来看，对于"何地"的研究随着经济理论、计量模型与经验方法、发展阶段的演变，逐步揭开了集聚经济的本质，研究也从均质空间逐步向非均质空间转变，更加注重对微观主体异质性的分析。根据《手册》第1～5卷的总结，可以得出区域和城市经济研究呈现出如下的趋向：

首先，区域和城市经济所研究的空间由均质化向非均质化转变，空间经济主体由宏观同质性向微观异质性转变。集聚经济是区域和城市的本质特征，集聚经济的微观基础仍是研究的重点。通过引入微观异质性，如厂商生产成本的差异、劳动技能的差别、消费偏好的不同，弥补了新经济地理学理论的宏观同质性假设，对空间经济活动的解释更加现实。异质性集聚理论研究了城市体系，并在允许工人和企业可以在城市间自由流动的前提下，探讨了集聚经济、城市成本、异质区位基础因素、异质工人和企业以及选择效应如何相互作用并形成城市的规模、构成、生产率和城市不平等。同时，很多文献注重对集聚经济的经验研究，如格莱泽和梅尔首先提出要区分静态效应和动态效应，并研究了如何识别集聚效应的密度、规模和空间范围等，以及怎样选择集聚经济的衡量指标，分析集聚经济的类型，进一步丰富了集聚经济对经济活动空间分布的解释。此外，邻里和网络效应被应用于分析区域和城市空间特征，而两者所分析的空间不同之处在于，邻里效应存在于地理空间，网络效应存在于社会空间；两种空间所包含的要素不同，导致空间选择的行为差异，这也就决定了从非均质空间探究微观主体行为。

其次，区域和城市经济学研究越来越具有经验导向，评价性研究越来越重要。区域和城市经济研究的经验分析对方法的重视程度提高，如何构建符合经济理论的经验模型，并识别其中的因果关系，对区域和城市经济现象做出评估，成为当前经验研究的主要方向。如随机试验已经被成功地应用于发现数据因果关系，通过将非随机试验和随机试验等方法引入，能够根据描述城市与区域现象的数据集进行最为可靠的处理效应估计，而包括双重差分方法、不同的固定效应方法、倾向得分匹配方法、工具变量方法以及断点回归方法等被证明行之有效的识别方法，被用来识别出感兴趣参数的数据中的变异来源。同时，鉴于经济模型对经验模型设定以及解释处理效应估计结果的重要性，学者运用结构化方法识别在观测或者试验数据中永远无法被识别的参数。对因果关系的识别能够使得计量模型能够比较准确地反映数据变异的源泉；也弥补了传统的区域和城市计量模型简单对统计模型的运用，以及计量工具使用中存在的问题。

最后，区域和城市经济研究对象重叠，区域和城市经济学越来越被作为一个整体来研究。克劳斯·迪斯梅特和弗农·亨德森指出传统农村和城市地区的划分，未能发掘一个国家空间转变的全面而丰富的内涵。从"更农村"（更小或/和密度更小）和"更城市"（更大和/或密度更大）的角度出发，将区位视为一种"连续性区位"。人口和经济行为沿着这一"连续区位"的分布，随着发展而发生显著变化，这一变化将影响我们如何看待一个国家整体的经济地理。一旦一个国家变得日益城市化，这些变化以及空间分布经常会从较为狭隘的视角加以考察，只关注城市部门。在城市部门内部，不同城市层级间存在巨大差异性，不同层级经济行为的转换也不同。关于城市住宅市场、城市交通、城市贫困、城市公共设施和城市移民等已有大量研究，而近期学者进一步深化了对城市土地市场、城市税收和城市犯罪等问题的研究，区域和城市经济的研究更加注重城市部分的研究。

《手册》第1~5卷对国外区域和城市经济研究的归纳表明，区域和城市经济学把重点主要放在空间的内在本质以及复杂空间系统的时空演变；同时，空间只有加入要素才具有研究意义，要素配置需要空间主体来完成，不同的空间主体决定了区域和城市经济的研究必须注重微观主体的异质性研究。此外，国外区域和城市经济学更加注重理论模型和经验研究，并不断地完善经验研究方法。

七、对中国区域和城市经济研究的启示

相比国外，我国区域和城市经济学研究相对较晚，20世纪七八年代才起步。目前，我国区域和城市经济学已快速发展，在很多领域取得了丰富的研究成果，为我国推进区域经济发展和城市化进程提供了重要的理论指导。但是，国内区域和城市经济学研究仍存在一些问题，如对区域和城市经济学研究认识的偏差、理论和经验模型与方法的欠缺、政策的设计与评估等方面，与国外的研究存在差距。《手册》第1~5卷所归纳的国外区域和城市经济学研究，对我国的区域和城市经济研究存在以下几点启示：

首先，要正确认识区域经济学和城市经济学的关系。对《手册》第1~5卷的梳理清晰表明，国外正在从把区域经济学和城市经济学早期分开研究向把区域和城市经济作为一个整体来研究，区域经济学和城市经济学的研究边界逐渐重合，区域经济学和城市经济学研究内容和研究对象重叠。随着城市化水平的提高，推动城市地区范围扩大并逐渐融合成为区域；而空间的差异在于土地利用的强度存在差异，简单的将空间划分为城市和农村，并不能从整体上发掘空间的转变。我们应该借鉴国外学者提出的从"更农村"（更小或/和密度更小）和"更城市"（更大和/或密度更大）的角度，将区位视为一种"连续性区位"。探究在这种连续性区位上人口的移动、要素的流动对经济活动空间分布的影响。同时，作为一门与经济学、社会学、地理学、公共财政学、数量经

济学等多学科交叉的学科，未来我国区域和城市经济学应进一步细化研究领域，如城市政治经济学、城市交通、城市犯罪、城市住房、城市税收等，丰富区域和城市经济学的学科体系。

其次，注重空间研究的多维度、多要素分析。空间问题本身是一个综合性的整体，一方面考虑到存在的空间尺度和空间分割问题，研究空间就需要考虑不同区域主体内部和主体之间溢出的内容，这体现了空间研究主体视角下的开放性，这也正是空间计量经济学在当下之所以如此火热的原因。另一方面还由于任何尺度的空间本身就是一个有机整体，所以就需要考虑多个方面的因素，这体现为空间研究的开放性，区域和城市经济学分析不仅仅要关注资本、劳动力、技术、资源和能源等经济要素，还要将社会、文化、政治、生态等相关的因素纳入空间研究中。目前，国外学者通过邻里效应和网络效应分别考察了地理空间和社会空间要素对经济活动分布的影响。未来我国的区域和城市经济研究应该更具开放性，从多区域、多要素角度研究我国经济活动的空间分布，扩宽空间研究的范围。

再次，区域和城市经济学在宏观研究的基础上，要更加注重微观机制的研究。通过运用与主流经济学、地理学、数理经济学等相关的微观经济分析理论，研究空间要素配置主体的经济行为，能够揭开经济活动空间集聚的本质，解释现实的空间不均衡现象。我国的区域和城市经济发展相对较晚，尚未形成比较统一的理论体系，缺乏基于我国经济活动现象的微观机制的研究，更多的是借鉴国外的研究成果应用于解释我国的经济活动。但是，由于缺乏对空间要素的多维性的考虑，使得一些理论研究难以有效对经济活动的现状做出合理的解释。未来我国区域和城市经济研究，应该在借鉴国外先进理论的基础上，研究纳入我国异质要素的空间经济的微观经济机制。

最后，对区域和城市经济的理论模型与研究方法进行有效的创新。《手册》第1~5卷总结了很多的理论模型与研究方法，值得我们借鉴学习。第5卷对研究方法的总结，启示我们要对区域和城市经济研究的方法进行有效的创新；尤其是对于评价性研究应给予充分的重视。目前，我国区域经济发展的不平衡问题比较突出，区域经济发展差距在一定程度上存在扩大的趋势；同时，城市区域内部的问题正在逐步地凸显。如何通过构建理论模型解释区域和城市经济发展，并对区域和城市经济政策作出评价，应该成为区域和城市经济学研究的核心。特别是，对区域和城市政策作出正确的评价，需要通过方法创新来科学研究政策效应。

和前几卷的翻译工作一样，对本卷的翻译工作，我们高度重视，在前几卷翻译工作的基础上，组建了以孙兵、王家庭、王振坡、黄凌翔等为首的专业翻译团队，既能保持《手册》第 5 卷翻译的一致性和连续性，又能使其可长期跟踪该《手册》的翻译工作。本卷翻译的具体分工如下：郝寿义译导论，曹清峰译第 1、2、3 章，张永恒译第 4、5 章，谢延钊译第 6 章，王家庭译第 7、20 章，黄凌翔译第 8 章，孙兵译第 9、17、18、23 章，王振坡译第 10 章，石坚译第 11、15、16、19 章，郝元译第 12 章，郝元、马洪福译第 13 章，郝元、程栋、马洪福译第 14 章，赖迪辉译第 21 章，刘建朝译第 22 章，孙兵译主题词索引；翻译初稿完成后，由孙兵（负责导论、7、10、15、16、19、21、22 章）、王家庭（负责 1、2、3、4、5、6 章）、王振坡（负责 8、9、17、18、20、23 章）、黄凌翔（负责 11、12 章）、石坚（负责 13、14 章）分别进行二校；最后，由郝寿义和孙兵对全书进行终校并定稿，孙兵承担了整卷翻译的具体组织和统稿工作。

感谢南开大学经济与社会发展研究院和周恩来政府管理学院对本卷翻译工作给予的有力支持。本卷的翻译工作得到了经济科学出版社编辑孙丽丽和程憬怡等的全力支持和帮助，她们的支持和帮助使本卷翻译工作得以顺利完成，在此，我要对她们的工作表示感谢，对她们的专业素养和认真的工作态度深表钦佩。

尽管译者在本卷的翻译过程中尽了自己最大的努力，但由于水平有限，书中肯定有许多不足之处，恳请广大专家和读者们批评指正。

郝寿义

2017 年 10 月于南开园

前　　言

　　自2004年《手册》最后一卷（第4卷）出版以来，区域和城市经济学领域有了显著的进展。

　　第4卷的重点主要集中于不同空间规模（邻里、城市和区域）的集聚，内容很多是理论性的，有相当部分属于理论章节，而且在理论和经验之间存在着明显的脱节。第4卷还恰逢克鲁格曼新经济地理学的影响达到顶峰，对集聚的强调意味着很多传统的城市问题没有被涵盖。因此，政策讨论局限于集聚问题，例如，区域不平等和市场一体化的影响（伴随着对"全球化"和欧洲、北美经济一体化加深的忧虑）。第4卷出版后的十年间，集聚及相关领域仍继续取得进展，但城市和区域经济学其他的研究领域和方法也有了重要的拓展。

　　本卷部分是对传统城市研究主题的回归，《手册》系列中的第1~3卷涵盖了这些主题。其中一个例子是住房，它在过去十年间取得了重要的进展。美国和很多发达国家出现的住房危机肯定是住房研究复兴的部分原因。此外，还有很多重要的讨论是关于美国和其他国家的城市蔓延及其影响以及土地利用管制是如何影响城市形态的。技术和立法也改变了我们买卖住房的方式。因此，《区域和城市经济学手册》第5卷特别强调住房和物业市场。

　　住房不是城市研究关注的唯一新主题，运输对城市的影响、邻里和城市动态、城市设施、城市环境问题、城市犯罪、城市成本、土地利用、迁移以及其他主题都重新得到关注。发展中国家和发达国家都在思考这些问题，第5卷也反映了这些知识的扩展。

　　方法是城市和区域经济的另一个重要变化。区域和城市经济学手册系列第一次明显包括关于方法学的章节。大量可获取的数据以及"现代"方法的逐步采用深刻改变了经验研究的性质。这些方法（结构的和准实验的）被更为广泛地使用。本卷的章节中指出了这一点，但同时也指出许多城市和区域研究仍然有待方法的提升。此外，这些章节还提出诸多独特研究方法挑战，它们源于城市和区域研究中使用的空间数据。因而，直接从劳动经济学或产业组织理论中借用方法通常是不够的。幸运的是，关于方法的章节以及其他特定主题都提供了大量关于如何取得进展的建议。在多数情形下，这涉及在理论和经验研究之间建立更为密切的联系。

所有这些问题对公共政策有重要启示。第 5 卷包括关于政策主题的章节，而这些在前几卷中很少涉及，例如抵押贷款、基于位置的政策和城市犯罪。本卷还包括了一些更为传统的问题，例如税收竞争、邻里效应和住房政策，这些传统问题仍然非常重要，但却用更为可信的经验方法进行探讨。尽管这些章节尤为关注政策，其他多数章节也至少在一定程度上与政策相关联，这是出于城市和区域经济学科的应用性考量。

最后，我们把本卷中的章节视为实现理论和经验有效结合的重要尝试，它们既包括了城市经济学的诸多元素，又与政策相关。当然，如果把本卷放在一起，各章节之间存在明显的缺口，正如城市与区域经济学各领域之间存在缺口。例如，过多关于城市问题的经验证据基于美国的城市。尽管有两章讨论发展中国家，但仍需要更多的关于发展中国家城市现象的文献。还有一个例子，尽管有一章讨论区域间运输网络评估问题，但却并未涵盖一些传统的和正在发展的主题，如模式选择、交通高峰定价、使用引致运输成本来评价城市设施，等等。我们希望这些和其他缺口会激励年轻（以及不那么年轻）的研究人员扩展我们的知识。

很多人和一些组织的帮助使本卷得以顺利完成，我们对此表示感谢。作者的贡献是显而易见的，这些论文在多伦多大学罗特曼管理学院房地产中心和沃顿房地产系发起的会议上被与会者提升。部分论文还在城市经济协会会议、北美区域科学协会会议和美国房地产和城市经济学协会全国会议上提交。我们感谢那些使这些交流得以实现的人们和组织。我们还对爱思唯尔的帮助和专业性表示感谢，尤其是乔斯林·柴普赛特－帕吉奥和斯科特·本特利。最后，我们都感谢我们周围的人，感谢他们的耐心和帮助。

吉尔斯·杜兰顿

弗农·亨德森

威廉·斯特兰奇

2014 年 11 月 4 日

目　　录

第2篇 集聚和城市空间结构

第5B卷
第3篇 住房和房地产

第4篇　应用城市经济学

第17章　城市税收

马吕斯·布鲁尔哈特　山姆·布克维斯基

库尔特·斯密德亨尼/1055

第18章　空间政策

大卫·纽马克　海伦·辛普森/1122

第 3 篇

住房和房地产

第 *11* 章
房地产泡沫

爱德华·L. 格莱泽

美国剑桥哈佛大学

美国国家经济研究局

查尔斯·G. 内桑森

美国埃文斯顿西北大学

摘要

住房市场会经历巨大的价格波动、短期价格惯性冲击和长期的价格均值回归的过程。如果将这些情况叠加到一起，特别是在其极端情况下，就构成了经典的资产泡沫。在这章中，我们将回顾典型的住房泡沫事实，并讨论可能解释诸如 2000 年之后发生的从膨胀到萧条这一循环现象的理论。其中一套理论是基于理性假设，并利用住房市场异质性的特点来解释，例如集中搜寻和卖空限制。低成本信贷使得价格的提高变得非常合理，但是暂时的低利率在简单的理性模型中不能解释巨大的价格波动。不合理的低价违约选择可能更合理地解释泡沫的产生。现在有很多基于非理性假设的房地产泡沫理论，但是最有前途的理论都会强调趋势分析，这反过来也反映了有限理性学习的重要性。

关键词

　　房地产　住房　行为经济学　土地　泡沫　预期

JEL 分类码

　　R21

11.1 引　　言

2000～2012 年，美国经历了一次巨大的房地产震动，表现出的各种特征都与房地产泡沫有关。住房价格激增然后回落，到 2012 年，平均实际住房价格保持在 2000 年的价格甚至以下的水平。2000～2006 年是房地产价格增长期，在某些地方尤为突出，但在那些增长更快的地方，回落也是最大的。令人吃惊的是，在菲尼克斯和拉斯维加斯这样对新建筑基本没有短期管制的地方，反而发生了一些最严重的问题（Davidoff，2013；Nathanson and Zwick，2013；Gao，2014）。

在多年来最大的繁荣期，如 2003 年、2004 年和 2005 年，如果将大都市市区中真实房地产价格增长数值对滞后一年的价格增长数值进行回归，那么回归系数大于 1。价格增长速度本身也在增长。这种现象表明了价格增长的一般趋势，这种趋势是与一年的时间序列相关的（Case and Shiller，1989）。另外，空间相关性也很明显，价格膨胀起始于沿海区域，然后蔓延到内陆的大都市区（Ferreira and Gyourko，2012）。

2000～2012 年美国的住房市场周期是极端的，但并不是唯一的。其他国家（例如爱尔兰、西班牙）在这段时期也经历了住房市场的起落。日本住房市场在经历了其在 20 世纪 80 年代和 90 年代早期的剧烈房地产周期后，在 2000 年后一直保持平稳。美国从建国到 80 年代，在历史上有数不清的房地产繁荣与萧条的例子。基于对这些现象的总结，格莱泽（Glaeser，2013）认为，依据过去发展形势分析，尽管这些现象看起来很像泡沫，但即使在高点时，其价格依然可以用标准的房地产估值模型来解释。

在本书的 11.2 节中，我们提出了一个标杆性的理性模型，这样我们在分析典型案例时，就可以评价其实际与模型结果的差异。我们采用了一个简单的使用者成本模型来确定住房的价值，根据海德等（Head et al.，2014），我们称其为线性资产定价模型（LAPM）。这种方法在房地产和住房经经济学中被深入研究，但与第 12 章中戴维斯和范·钮文伯格所研究的宏观经济学家所采用的一般均衡方法不同。自波特巴（Poterba，1984）之后，在所有的使用者成本模型中，价格等于拥有房屋产权后带来的所有利益贴现后的期望值。虽然在一些实际的案例中，这么设定并不恰当，但是很多实际的住宅案例只有在这种模型的框架下才有惊人的发现。这就是为什么我们从一个简单模型开始研究，而不是从典型研究案例开始研究的原因。

住房产品具有一些严格的、本质的特征，比如搜寻和异质性的特征。对于这种情况，LAPM 方法是理性且抽象的。11.2 节还讨论了住房市场区别于其他资产市场的本质特征，包括短期内极难销售、资产的极度异质性、大部分投资者主体的非专业性以及当前资产价值信息的有限性。这些差异确实局限了使用者成本或 LAPM 模型的广泛应用性，但是，该方法对研究住宅价格波动来说，却可以树立一个标准。

11.3 节研究了住宅市场的典型案例。根据 LAPM 模型的预测，住宅市场中价格变化的确有额外方差，但是这些过渡的方差相比其他资产市场来说并不常见，而且从根本上来说，是偶然爆发的。少数过于乐观的交易者更容易控制标准的资产市场，而不是高度民主化的住宅市场。这也许很明显地解释了住宅市场随时间变化更稳定的性质（Nathanson and Zwick，2013）。

11.3 节还注意到了最近住房市场周期中的空间差异性、价格短期呈现很强的正序列相关性以及价格长期呈现更强的反向序列相关性。通过 LAPM 模型很难得到短期正序列相关，但是如果建立在住房供给的反应具有滞后性这一理性假设上，长期的负序列相关很容易通过模型得到。我们还研究了住宅数量的变化，包括住宅建造的数量和住宅销售的数量。最后我们以对美国历史上房地产泡沫的讨论结束此节，这些讨论大部分基于格莱泽（2013）的研究。

11.4 节对看上去不合理的部分进行合理化处理，即采用保持个体理性假设的经济方法去研究巨大的变动。像诺维—马克思（Novy–Marx，2009）、基尼索夫和韩（Genesove and Han，2012）、海德等（2014）和古林（Guren，2014），都是基于对消费者差异化假设。这样会放大对房地产需求的冲击，因此产生了价格短期惯性冲击。如果供给受到外在冲击，差异化的需求也会产生价格波动。我们研究了理性学习可能的作用，但结论是，对于解释典型的案例，完全贝叶斯改进几乎没有任何单独解释的作用。

最后，我们尝试通过理性模型来解释现象，目的是为了研究信贷的潜在作用。米安和苏菲（Mian and Sufi，2014）表明：在很多地区，次级贷的确推高了价格。在标准的 LAPM 模型中，较低的利率对价格的影响作用比较温和。如果假设个体预期利率回归均值水平，这种对违约价格低估的选择将会促使合理泡沫的产生。一个很自然的解释就是，贷款人的违约成本太低了，这个问题存在于金融机构或是贷款发起人与最终贷款证券化的最终拥有人之间的代理问题。我们并没有按照金融机构的结构来建立模型，而是做了合理的假设，那就是放款的代理人希望尽快且便宜地将现金借出。当然，过于便宜的信贷可能也是借出机构过于乐观或有限理性的一种反映。

通常，在住宅市场中，理性泡沫需要违背标准的截面条件（Malinvaud，

1953）：在存在泡沫的情况下，住房的无限预期贴现值（discounted infinite horizon expected value）必须严格为正。① 违反横截条件将使建造商和销售商之间的问题难以解释。这个问题就是，如果价格目前增长很快，为什么我们要选择现在买房子？因此，理性泡沫在非常适中的供给弹性下也很难产生（Glaeser et al.，2008）。如果违约风险被低估，那么理性泡沫在适中的供给弹性下，即使没有违反任何截面条件，也应该可以产生。低估违约风险可能本身反映有限理性，或者换句话说，反映了贷款机构的代理问题。②

在11.5节，我们收集了一些房地产泡沫的非理性模型。我们首先分析的模型中，信心是外生的，这些模型包括格莱泽等（2008），皮亚泽西和施奈德（Piazzesi and Schneider，2009）以及内桑森和茨维克（Nathanson and Zwick，2013）等的研究。这些模型在探讨住宅市场遇到非理性时的特点是非常有用的。例如，在格莱泽等（2008）以及内桑森和茨维克（2013）研究中，都考虑到了土地的可得性；皮亚泽西和施奈德（2009）研究了搜寻动力学。这类研究可能在房地产泡沫的预测方面很有帮助（例如在一些长期土地供应有限的地方很常见），但不能解释关于住宅价格的信心最终来自于哪里。

接下来，我们继续讨论了第二类模型：外推模型。在一类外推模型中，信心形成的过程是假设其特定存在于某一小类交易者中。在第二类模型中，信心形成过程是通过对随机的增长率不完全学习得到的。从某种意义上说，第一类模型中假设极少人具有巨大的非理性，第二类模型假设很多人具有一般的非理性。可能第一类模型更适合标准的金融市场，因为这种市场中，那些握有大量资金的少数交易者可以驱动市场；第二类模型更适合住宅市场。

第三类模型讨论了其他形式的有限理性，包括记忆有限类模型，这些模型基于短期运行数据、经验购买策略以及比较自然地理条件的价格预测假设。这些讨论强调了一个事实，即一旦打破完全理性假设，可能出现的假设是无限的。这就是托尔斯泰（Tolstoy）定理：对最优化问题只有一个正确答案，但是错误答案却是无穷的。

然而，在一些近似理性模型中的发现更为重要。富思特等（Fuster，2010）提出了自然期望，这是指个体可能只是根据很短且有限的历史，通过简单的模型预测未来。这种基于短期历史的预测可能导致购房者忽略了频数低的均值回归和长期供给弹性的影响，最终会使价格降低。格莱泽（2013）研究认为，

---

① 横截条件可以帮助我们确保动态竞争性均衡是帕累托最优选择。这并不意味着横截性确实在资产市场中真实存在，但是很多重要的定理中横截性都起到关键的作用，因此我们不能轻易丢弃它。

② 例如，如果银行不看信贷的质量而只是看借贷的数量，而且如果借贷过程本身需要付出工作，那么银行就会根据借贷的数量来奖励贷款工作人员使之更加努力工作。这会导致贷款的质量降低。

在美国房地产历史上一个不变的特点是，不能将价格供给弹性的长期影响内部化。在 11.5 节的结尾，我们讨论了企业家的社会学习及其可能起到的作用，与成功说服买家的房地产经纪人类似，其通过劝说购房者而带来房价的上升。

最后在 11.6 节，我们研究了房地产泡沫的公共政策含义。这里有两个明显的实际情况。房地产波动确实存在，并且已经显示出对金融机构造成严重破坏的显著能力。尽管我们在泡沫膨胀的过程中不可能或没有能力刺破它，但是，采取一些保护措施还是可能的，这些保护措施可以确保在泡沫破灭之后，对未来的影响不至于那么严重。11.7 节最后总结认为，重新反思那些鼓励个人大量贷款来投资房地产的政策，可能会对社会福利带来一些好处。

11.2　线性资产定价模型和住宅的异质性

在 11.4 节，我们将提出住宅市场最核心与典型的实际问题，这些是需要住宅泡沫模型解决的。对那些有助于理解住宅泡沫的研究来说，我们首先需要明确一些概念。泡沫一般被定义为：在一段时间内，资产价格"远高于或低于内在价值"（Fama，1965）。就房地产而言，这种最基本的价值可以意味着基于租金现金流的价值，"使用者成本"模型和它的变体，LAPM 模型就是这样定义的。此外，还可以意味着生活在某一个特定地点所带来的幸福感。

住宅市场与其他资产市场是有区别的。虽然他们也有相关联的一面，比如在大市场中可交易的房地产投资信托（REITs）或可抵押的按揭贷款。但是，对住宅来说，最显著的特点是通过小型、分散的交易完成的。这个事实在巨大的独居家庭住宅市场中是显而易见的。此外，在商业地产领域也是真实存在的。购买勒克菲勒中心与购买位于街角的都铎式建筑住宅相比，只不过是一个差异化产品的交易，但还有较大的数额差距。

11.2.1　线性资产定价模型或使用者成本模型

尽管如此，住宅价格最基本的模型，还是被称作"使用者成本"模型，该模型假设住宅的唯一价格都是由购买者支出的，购买者基本上都是房屋所有者[3]，价格遵循跨期无套利条件。一个住宅的价值等于今天的收益加上未来的资产价值，或者说 $P_t = R_t + \dfrac{E(P_{t+1})}{1+r}$，在这里，$R_t$ 代表在 t 时间内拥有该住房

---

[3]　Haughwout 等（2011）的研究提醒我们，在景气期，独居住宅的购买者很多其实是投资者。

的净收益，$\dfrac{1}{1+r}$ 代表了一个不变的折现因子。所以，最"基本"的值等于

$E(\sum\limits_{j=0}^{\infty}(1+r)^{-j}R_{t+j})$。实际中，$R_{t+j}$ 的值可以与观测到的市场租金有关（Himmelberg et al.，2005），或者与住在这个特定地方的收益有关，包括便利设施和收入因素（Glaeser et al.，2014；Head et al.，2014）。这些原始数据对价格的变化的影响是可以验证的。

这种方法中一个重要的特征是，它考虑了风险规避以及投资组合。但这些因素对于金融背景的经济学家和研究住宅的宏观经济学家来说尤为重要。在戴维斯和范·钮文伯格的 12 章中将具体阐述。

席勒（Shiller，1981）提出了一个著名的非参数方法来检验额外方差，如果 $\sum\limits_{j=0}^{\infty}(1+r)^{-j}R_{t+j}=E(\sum\limits_{j=0}^{\infty}(1+r)^{-j}R_{t+j})+Error$，且误差是与期望值无关的，那么基本方程的方差肯定比价格序列的方差要大。当然，这对美国股票市场和住宅市场来说却不符合。后面我们还会提到，这种计算方法在折现因素随时间变化时，也需要进行修正。

对于住宅市场方面的研究，给基础值 R_t 假设一个特定的随机过程，然后对结果的含义通过公式进行研究，是普遍采用的方法。简单起见，我们考虑了 4 个随机过程：$R_t=(1+g_R)R_{t-1}+\varepsilon_t^R$（不变增长率，误差独立同分布），$R_t=R_{t-1}+\varepsilon_t^D+\theta\varepsilon_{t-1}^D$（无增长，移动平均误差），$R_t=\delta R_{t-1}+(1-\delta)\overline{R}+\varepsilon_t^D+\theta\varepsilon_{t-1}^D$ [均值回归，移动平均误差，例如 ARMA（1，1）]，以及 $R_t=R_{t-1}+g_t+\varepsilon_t^D$，在这里 $g_t=\lambda g_{t-1}+(1-\lambda)\overline{g}+\varepsilon_t^g$（随机增长率）。移动平均过程可以产生价格的持续变动，但在租金变动的持续性上会差很多。均值回归过程可以使价格回归均值明显，但价格惯性很小。随机增长率过程可以对均值回归和程度一般的价格惯性条件下进行预测，但这个过程也会产生相对较高的价格方差。

最简单的非随机过程是给 R_t 假设一个不变的增长率，使 $R_t=(1+g_R)R_{t-1}+\varepsilon_t^R$，在这里，$\varepsilon_r^R$ 是一个独立且特定分布的（独立同分布）噪声形式。在这种情况下，LAPM 模型就变为 $\dfrac{(1+r)R_t}{r-g_R}$。这个公式的意义之一在于，g_R 的微小差异可以造成价格的巨大差异，这在低利率水平时尤其明显，正如希默尔贝格等（Himmelberg et al.，2005）强调的。由于 LAPM 版本的用户成本模型可以在极高价格—租金比时给出合理的参数估计，因此使得泡沫看上去变得合理。在 2006 年市场顶峰时，LAPM 模型表明价格是合理的，这也恰恰说明了当泡沫产生时，发现并证实它其实困难很大。

席勒（1981）发现，即使很难判断何种价格水平适合采用 LAPM 价格模

型，但是该模型还是可以对价格变化方差和协方差给出预测，而这种预测通过数据很难实现。基于独立同分布方差的固定增长率说明，价格变化的标准差等于 $\dfrac{1+r}{r-g_R}$，或者说是价格租金比乘以 ε_t^R 的标准差，这也是租金变化的标准差。另外一种说法就是，价格变化的标准差与租金变化的标准差之比等于价格租金变化之比。由于冲击是独立同分布的，所以对于每个时间间隔来说，都是如此。除此之外，这种简单的随机游走既不能预测到短期价格变化的序列正相关性（惯性），也不能预测出长期价格变化的序列相关性（均值回归）。

11.2.2　价格惯性、均值回归和随机增长率的过程

在下面两个例子中，我们假设 $g_R = 0$。在这种简单的假设条件下，下一步我们将模型分布复杂化，采用具有移动平均的形式，并且假设 $R_t = R_{t-1} + \varepsilon_t^D + \theta\varepsilon_{t-1}^D$，这里 ε_t^D 是独立同分布的，并且 $\theta \leqslant 1$。这意味着 LAPM 价格为 $\dfrac{(1+r)R_t + \theta\varepsilon_t^D}{r}$。价格变化的标准差与租金变化标准差之比为 $\dfrac{1}{r}\sqrt{\dfrac{(1+r+\theta)^2 + \theta^2 r^2}{1+\theta^2}}$。

租金变化的序列相关系数为 $\dfrac{\theta}{1+\theta^2}$，这意味着价格变化的序列相关系数为

$\dfrac{(1+r+\theta)r\theta}{(1+r+\theta)^2 + \theta^2 r^2}$，一定小于 $\dfrac{r\theta}{1+\theta^2}$。这说明，价格的序列相关系数一定小于利率乘以租金变化的相关系数。如果 $r = 0.1$，那么 θ 值从 $0 \sim 1$ 引起的租金序列相关系数增长变化为 $0 \sim 0.5$，住宅价格序列相关系数的变化仅仅为 $0 \sim 0.047\,5$。说明绝大多数的租金序列相关系数和一般的住宅价格序列相关系数之间密切相关。

这种移动平均过程中，在频数较低的时候无法产生均值回归。为了使之成为可能，我们假设 $R_t = \delta R_{t-1} + (1-\delta)\overline{R} + \varepsilon_t^D + \theta\varepsilon_{t-1}^D$。LAMP 价格将满足：

$$P_t = \frac{(1+r)R_t}{1+r-\delta} + \frac{(1+R)(1-\delta)\overline{R}}{r(1+r-\delta)} + \frac{\theta\varepsilon_t^D}{1+r-\delta} \tag{11.1}$$

在较大频数下产生均值回归符合这种自回归过程，但是与简单的移动平均过程相比，产生固有的惯性将更加困难。只有满足 $\theta > \dfrac{(1+r)(1-\delta)}{r}$，那么最末一期的冲击惯性才会引起今天价格的增长。如果令 $\delta = 1$，那么就是我们之前所讨论过的随机游走过程，只不过具有较高程度的均值回归，即使一期的惯性会变得越来越不合理，我们仍可能得到与租金变化惯性一样大的价格变化惯性。

最后，我们研究随机增长率。我们假设 $R_t = R_{t-1} + g_t + \varepsilon_t^D$，且 $g_t = \lambda g_{t-1} +$

$(1 - \lambda)\bar{g} + \varepsilon_t^g$。增长率在短期是持续的，但是最终会转变为水平的。这些假设意味着 LAMP 价格满足：

$$P_t = \frac{(1+r)R_t}{r} + \frac{(1+r)^2(1-\lambda)\bar{g}}{r^2(1+r-\lambda)} + \frac{(1+r)\lambda g_t}{r(1+r-\lambda)} \qquad (11.1')$$

价格变化的标准差与租金变化的标准差之比与价格租金之比大致很像。一期的自相关租金的冲击惯性为 $\frac{\lambda}{\varphi(1-\lambda^2)+1}$，其中 $\varphi = \frac{Var(\varepsilon_t^D)}{Var(\varepsilon_t^g)}$。一期的价格变化自协方差等于 $\frac{(1-\lambda^2+r)(1+r)^2\lambda}{r(1+r-\lambda)^2(1-\lambda^2)}Var(\varepsilon_t^C)$，是严格为正的。增长率的长期粘性是最根本的，这使得住宅价格序列相关性最有可能达到高级水平。

到目前为止，我们只是通过 LAPM 来研究最基础的变化，但同其他大多数资产定价方程一样，一期无差异条件 $R_t + \frac{1}{1+r}E(P_{t+1}) = P_t$ 允许"理性泡沫"的产生，也就是 $R_t + \frac{1}{1+r}E(P_{t+1} + Bubble_{t+1}) = P_t + Bubble_t$。关键条件是 $\frac{1}{1+r}E(Bubble_{t+1}) = Bubble_t$。当时间足够长时，未来住房价格的折现值将变为 0，此时，这种泡沫就会违反标准横截条件。所有时间泡沫的折现值都与今天的泡沫值相等。

在最合理的方程中，理性泡沫是随机的，也就是说泡沫在每一期都有一个破灭的概率 v。在这些例子中，每一期如果泡沫没有破灭，就乘以 $\frac{1+r}{1-v}$。虽然这些方程在数学上是可能的，但是它需要购买人的期望概率，期望率高的情况下住宅变得极其昂贵也是合理的。例如，在 2006 年，拉斯维加斯的一处住宅价值 30 万美元，其中一半是理性泡沫，后来泡沫破灭后，其价格跌去了一半。此外，这个模型还需要假设购买住房的人知道每年泡沫都有 50% 的破灭概率，且 $r = 0.05$。如果泡沫没破，那么这个住宅在 2007 年就会变为 46.5 万美元（50% 可能性），在 2008 年变为 81.15 万美元（25% 可能性），在 2009 年就会变为 154 万美元（12.5% 可能性）。

这种价格的增长是不是不合理？能不能与其他住宅市场的特征所匹配？格莱泽等（2008）认为，这种价格增长甚至不能与一般的弹性供给相匹配。假设在 2009 年拉斯维加斯的建造商会为了这个高价付出任何代价来建造该住宅，此外，这个 154 万美元的住宅必须要找到买家，至少他们中的一些人需要首付。类似区域间价格的差异是否可能加大并保持该预期呢？正如我们后面将要讨论的，我们发现，在放款人给借款人提供低估的违约选择时，理性泡沫方程合理性会变得更高。

11.2.3　住宅的特殊性

LAPM 模型将住宅作为一种标准的证券来看待,但是这种假设和现实差异很大。住宅是异质的且都是个体交易。住宅的搜寻可能会是一个漫长的过程。现在我们讨论的是住宅市场的独特一面,这使得住宅与其他证券有所不同。

这种分散的、异质的市场意味着:住宅当前价格的形成与通用电气股票当前价格的形成完全不同。此外,在整个美国,尤其是在较大的大都市地区,市场的异质性很强。在 2004～2006 年,FHFA 价格数据显示,菲尼克斯住宅的价值增长超过 50%。在邻近的新墨西哥州阿尔伯克基,住宅价格同期只增长了17%。科罗拉多州的科林斯堡,真实价格在这 2 年其实有所回落。

阿贝尔和德茨 (Abel and Deitz, 2010) 基于 2000～2008 年的数据,将美国住宅市场分为 4 组。数据中很多地区经历了景气到萧条,也有很多两者都没有经历。还有一小部分经历了景气却没有萧条,例如怀俄明州的卡斯珀。更少的一些地区,最著名的是密歇根州的底特律,并没有景气只经历了萧条。这种周期性的过程在全国范围内存在固有的差别,所以我们必须要解释这种异质性。[④]

碎片化的住宅市场或许可以解释为什么景气之后的萧条在住宅市场比其他资产市场更慢。美国证券市场的历史中有各种臭名昭著的日子,这些日子里股票剧烈下跌,例如 1929 年 10 月 24 日 (黑色星期二)、1987 年 10 月 19 日 (黑色星期一) 以及 2008 年 10 月 15 日。在日期上,与住宅价格的骤然下跌没有可比性。在两次住宅市场普跌过程中,价格触底大概经历了几年时间。

这种缓慢的调节过程也反映了住宅的交易成本。那就是销售缓慢,且价格的调节或者说市场支配是靠"业余人士",普通购买者和销售者不如证券交易人员拥有最新的信息。业余人士还会有"损失规避"(Genesove and Mayer, 2001),这使得卖方即使面对市场崩溃时,也不愿意降低询价。[⑤] 这种损失规避还可以解释为什么在泡沫破灭时,交易量下跌如此巨大。施可曼和熊(Scheinkman and Xiong, 2003) 认为,金融市场景气期交易量也处于高水平,这与信心的异质性有关,看上去这种关系在住宅市场上也很可能存在。[⑥]

---

④　全国范围内不同的住宅供给弹性可能可以某种程度上解释这些差异 (Caldera and Johansson, 2013)。

⑤　多谢 William Strange 强调了该问题。

⑥　Hong 等 (2006) 也研究了泡沫和交易量的关系,但是他们的研究仍然建立在一些锁定的局限条件下,例如那些互联网企业家所面对的。

　　住宅市场的碎片化也可以帮助解释为什么住宅市场的"事实"不仅体现在时间序列上也体现在截面上。例如，住宅价格的均值回归总是通过截面数据图展现的，比如图 11-1 和图 11-2 展示了景气期价格增长程度与萧条期价格下跌程度之间的强相关性。实际上，地方房地产市场所体现出的这种额外方差、高频数惯性和低频数的均值回归趋势在全国市场中也适用。

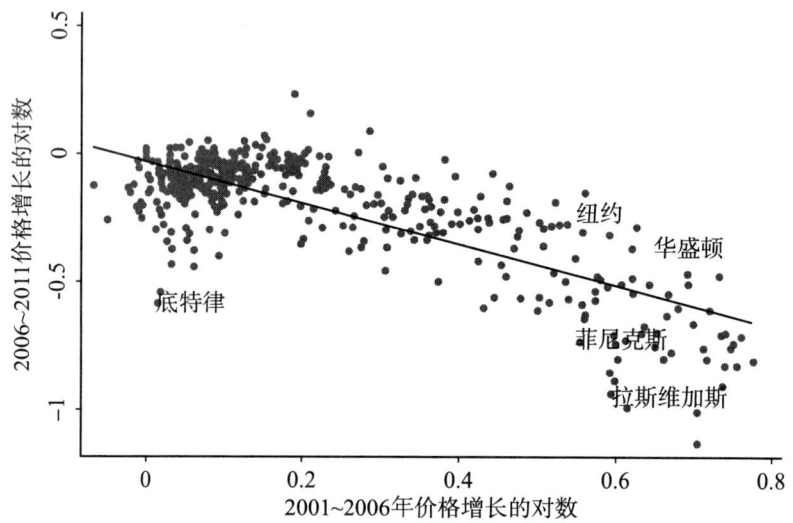

图 11-1　真实价格增长（FHFA），2001~2006 年与 2006~2011 年

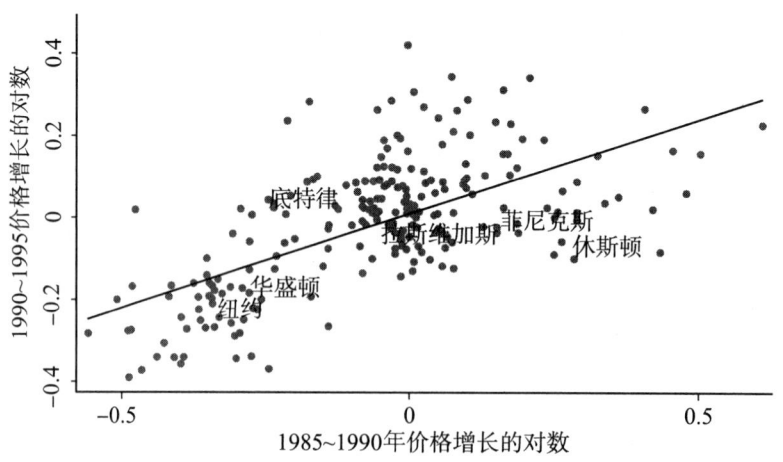

图 11-2　真实价格增长（FHFA），1990~1995 年与 1985~1990 年

地方住宅市场这种碎片化的基本特征也解释了住宅经济学家为什么要依赖两个不同的无套利条件来测量"合理的"住房价格。在当前的使用者成本模型中，拥有一处住宅的福利从 t 时刻开始计算，加上 $t+1$ 时刻的折现，必须等于在 t 时刻购买住房的成本（P_t）加上税费和保证住房运转的其他成本。另外一个空间无套利条件是，在 A 地的生活成本必须等于在 B 地的生活成本加上生活在 A 地相比 B 地额外的福利获得，也就是阿朗索—穆特—米尔斯模型。在住房贷款异质化、风险规避以及存在交易成本的前提下，这两个等式都会变得很复杂，但是考虑到资产定价和房地产泡沫问题，他们提供了非常有用的出发点。

实现这种简单的跨期使用者成本公式有一个难点，即对大多数关键参数的观测。计量经济学家可以获得价格，但是其他的参数却很难直接获得。对于一般的股东来说，拥有股票的福利就是获得股票红利和价格上涨，拥有一个住宅的最基本收益是你可以住在其中生活，这对不同的人来说产生的收益是不同的。此外，所有权还附带其他的成本。其中一些成本是直接可见的，例如房地产税。还有一些其他的成本，例如照看家付出的劳动，就无法直接观测到。成本和收益的有限观测性意味着，住宅的无套利条件相比其他资产市场的等价条件，准确度相差很多。

最直接的将收益定量化的方法是使用租金。如果拥有和租用是一样的话，那么拥有的收益等于租金的收益。此外，还有三个原因来解释为什么采用租金率这种拥有住房的现金流会产生问题：住宅是不相同的、邻里也是不同的、未观测到的成本也是不同的。格莱泽和捷尔科（Glaeser and Gyourko，2009）发现，就租用和拥有产权的结构而言，可以观测到的差异是巨大的：64% 拥有产权的住宅单位都是分离式独居住宅，而租住的住宅单位中只有18% 是这样。拥有产权的住宅单位坐落在市中心的可能性更小，坐落在居民认可度很高的社区的可能性更大。最后，古德曼（Goodman，2005）采用了2003 年《美国时间利用调查》（American Time Use Survey）并发现，拥有住宅的人花了大量的时间用于住宅和庭院维护，但是这种劳动的付出很难量化为成本。

根据罗森（Rosen，1979）和罗巴克（Roback，1982），另外一种方法避开不具有代表性的租金数据，转而关注测量居住于某个大都市地区而非其他大都市带来的收益。在当地的收入和基础设施是当地收益的特有来源时，基础设施却很难完全掌握，而且边际住房购买者的收入也很难直接观测到。最后，由于这种方法本质上是基于比较，所以只能回答为什么某个地区相对于其他地区来说价格的波动是合理的。

与证券和债券相比，住宅还有一个不同点，即住宅是大众的资产，被超过60%的美国家庭所拥有。各种政策和偏好选择都确保了这种住宅所有权是分散在无数美国人手中的，而不是集中在那些准备将住宅租出的专业投资者手中。对这些家庭来说，尤其从长期来看，住宅更像是一个消费品而不是金融资产。所以将证券市场的模型应用在住宅市场上时，必须要注意一些问题，尤其是要注意住宅的稀缺性。当然，房地产市场中的一部分也更像是金融资产，例如商业地产、未开发土地以及那些计算未来现金流的投资者所拥有的用于租用的住房（Nathanson and Zwick，2013）。

住宅所有权是非常分散的，这种自然属性也产生了政策相关性问题，这些问题与住宅市场的繁荣发展有关，其在其他资产市场中并不存在。从历史上看，住宅的风险由住宅所有者和存款机构所有。当从景气走向萧条时，无数平常人的情况将变得很糟，银行系统也将陷入危机。这种痛苦的广泛蔓延及银行系统崩溃可能造成的潜在灾难，使得政策上必须做出严谨的反应，这在其他较小的资产市场崩溃时很少发生。在2002年，没有政策制定者认为那些在国际证券市场中的负债投资人对他们的债权人没有还款的义务，但是在2008年，却有很多人主张反对那些陷入困苦的住宅购买者取消赎买权。

住宅很难实现卖空，这是由于住宅市场中的套利交易。例如在2005年的拉斯维加斯，那些聪明人应该不会让他们的钱逆行于市场的繁荣。短期销售很难，还因为住宅缺少资产的可交换性（Nathanson and Zwick，2013）。通常，短期的行为往往是资产借贷，或卖掉资产并承诺回购。住宅市场间的巨大差异使得住宅的短期销售过程几乎不可能。以债权或REITs为抵押实现短期销售相对来说比较简单，但是这些资产与普通的住宅差异很大。

格莱泽和捷尔科（2009）指出，其他更简单的套利模型，例如延期最终购买模型。由于这种延期购买中的购买是确定的，所以对于一个平常的家庭资产配置来说，会带来很大的风险。资产市场中套利的限制增加了价格背离基准的可能性（Shleifer and Vishny，1997）。住宅套利中的这种极端限制会使这种背离更严重。

住宅市场最后一个独特特征是，新房的内在供给是如此显著，以至于无法忽略，而研究资产定价模型的经济学家按照常理都假设资产供给是固定的。在2002~2006年，美国建造了超过900万套新住宅单位。仅2005年拉斯维加斯批准了差不多4万套新住宅单位，菲尼克斯批准了超过6万套。霍尔（2003）强调，在2000年，互联网新兴企业的供应会影响消费者购买现有企业股票的意愿，但是很多模型假设中都认为资产的供给是固定的。

在历史上住宅市场景气期，价格增长在某些地方通常通过长期住宅供给进行调节。在 1996～2006 年，那些价格供给缺乏弹性的地区的普通住宅，其价格增长速度是那些住宅供给富有弹性地区价格增长速度的 3 倍（Glaeser et al.，2008）。当然，那些富有弹性的城市在住宅市场景气期也经历了价格的大幅增长。例如，拉斯维加斯、菲尼克斯、佛罗里达州的城市以及加利福尼亚州内陆的城市都具有较高的住宅供给价格弹性，在 2000～2006 年见证了全国最大的价格涨幅（Nathanson and Zwick，2013）。

在我们自己的研究中，我们采用了不同但是却有互补性质的方法来解释这些富有弹性的价格膨胀[⑦]。内桑森和茨维克（Nathanson and Zwick，2013）认为这种现象会发生在那些住宅供给当前具有弹性，但是很快将失去弹性的地区。一个例子就是城市具有一个长期的发展边界，城市增长的过程中将不断逼近它。投资者根据城市未来的形态而在土地市场上投机，但是这些地方却很难进行新的市政基础设施建设。这种投机导致了住宅市场的景气和萧条，而那些未开发的土地在景气促进了城市建设。

格莱泽（2013）采用了一个不同的研究方法，认为忽略弹性供给的影响，是全美国的房地产投机者犯的一个普遍性错误。很多情况下，住房供给达到上线需要一定的时间。如果投机者没有意识到供给的调节是逐步的话，价格膨胀后还会萧条。

这些理论在预测什么导致了泡沫破灭上与众不同。根据内桑森和茨维克（2013）认为，是由于当乐观的土地投机者意识到他们这种美好的愿景是错误的时候，萧条就产生了。在格莱泽（2013）的研究中，萧条的产生是由于最终可以通过供给调节。最近的这种富有弹性的膨胀更适用于第一种理论。在这些城市的景气期，建筑量一直很高，到最后也没有调节。此外，消费者需求从 2006 年开始萎缩（Mian and Sufi，2010），这意味着对未来住宅需求愿景的转变，这与泡沫破灭的起始点是一致的。格莱泽（2013）的原理更好地解释了历史事件，例如 20 年代纽约的摩天大楼景气期，那时由于新技术的问题，建设量很难迅速供给。

我们的理论在合理性和方式上都与标准的理性理论有所不同。格莱泽（2013）假设所有的市场参与者都犯了同样的低估未来供给的错误。这种错误在其他市场中也被假设（Hoberg and Phillips，2010；Greenwood and Hanson，2013）。在美国很多城市中，忽略了新的地方供给是无关紧要的——新住宅的供给量足够小，一般都认为忽略供给侧是合理的。更一般而言，经济学家相

---

⑦　Gao（2014），Sockin 和 Xiong（2014）也研究了这一现象。

信，当大多数美国人并不天生具备掌握供给的知识时，经济学的教学会有某种增值。

相比之下，内桑森和茨维克（2013）假设只有很少一部分资本充足的投资者才非常乐观。这种方法具有较小的累积背离理性的特征。但是这也会造成问题，因为住房拥有者肯定不会统一那些住宅的乐观估值，且一定会购买住宅。在 21 世纪初，住房的购买者可能无论付出什么代价都极度渴望搬到拉斯维加斯，即使有资本损失。内桑森和茨维克（2013）显示，在景气期，那些具有大量土地储备的建造商将更多地卖空住宅，这与悲观者存在的观点是一致的。但是悲观的购房者对于住宅市场的看法并不具有代表性。

11.2.4　未来研究方向

使用者成本模型自身已经发展比较完善，未来基于它的研究不太可能得到丰硕成果。如果我们研究出一套更加综合的，关于潜在收益的随机过程与得到的价格序列之间关系的理论，那样就会在某些地方受益。例如，如果我们可以知道价格序列对于观测不到的地方收益（租金）序列可能的范围的影响，那将非常有用。

相比之下，住宅研究的一些独特视角并没有完全整合进入住宅市场的金融模型中，这些研究经常将住宅仅仅看作另外一种资产。尽管这些领域的研究有所进展，但是关于住宅的买卖只有在支付极其高额的转变成本和谨慎搜寻后才能完成的条件下，住房价格序列是如何受到上述影响的，我们还是缺少一般性的理论。此外，我们对于内生供给和价格波动的关系方面也需要进一步研究。

一种很方便的辨别住宅特有现象影响的方法是，检查与住宅市场差异较小的其他市场。例如，商业房地产与住宅房地产有很多共同点，虽然它的所有权也是很分散的，但是都掌握在拥有大量资产投资的资产管理者手中。REITs 可以被卖空，但是个人的住宅建造却不行，所以对 REITs 的研究可以让我们对房地产市场的某些特有特点进行评估。

11.3　住房变化的经验规律

在这里，我们将关注对房地产动态的实际规律研究，在某些例子中，这些数据非常有趣。但在多数例子中，我们首先关心的是这些经验是否与简单的 LAPM 或使用者成本模型相符。首先，我们对那些在某种程度上异常但值得未来深入研究的事实感兴趣。我们选择在提出 LAPM 或使用者成本模型后研究实际问题，则是因为只有在实际情况与基础模型有很大的冲突时，才会出现所谓的异常情况。

　　这段我们将分为 4 个部分。首先，我们研究基于基本面的价格变化的额外方差。从席勒（1981）开始，额外放长就成为资产市场中最大的难题，在住宅市场也是一样。其次，我们将讨论住宅的短期惯性冲击和长期均值回归。再次，我们转向关于定量的经验研究，除了价格，我们还会研究销售量、空置情况以及新建住宅情况。最后，我们将回顾历史上长期的房地产的波动。最后一部分的讨论我们主要基于格莱泽（2013）。

11.3.1　额外方差

　　房地产实际的波动要比基本面所确定的大——这和其他资产市场是一样的（例如 Shiller，1981）。如果波动不是由基本面所产生的，那么就会符合标准（Fama，1965）的泡沫概念：价格变化并不由基本面所造成。但是这种过度的波动幅度在每个时期并不相同。住宅市场可能在很多年间保持平稳状态，但是在一些时期住宅价格会发生剧烈的变化，很难与基本面一致。

　　大都市地区住房市场价格变化的标准偏差是多少？格莱泽等人（2014）表明，在 1990 ~ 2004 年，美国住宅价格 1 年变化的标准差，在阳光地带（美国南部地区）为 2 000 美元，在滨海城市为 1.33 万美元。5 年的价格波动幅度从阳光地带的 5 400 美元到滨海城市的 4.8 万美元。如果利用 FHFA 数据库中全部城市样本的数据，我们估计 1980 ~ 2004 年变化的标准差略低于 1 万美元。

　　该数值是大还是小？如果以租金变化为标准，这种早期年间的变化显得略大。根据 REIT 数据，1 年的租金变化的标准差约为 623 美元。因此，在 1980 ~ 2004 年，价格变化的标准差大约是租金变化的标准差的 16 倍。但是与同期的住宅价格与租金之比相比较，这种差异并不是很大，因此价格的方差并不是那么过高。

　　同样的情况出现在我们比较价格变化与根据收入变化预测的价格变化。格莱泽等人（2014）对住宅价格变化与根据收入波动预测得到的价格变化进行了比较，该研究的数据来源于 HMDA 数据库中可找到的购买者平均收入。在 1990 ~ 2004 年，根据收入波动预测得到了住宅价格变动是类似的。如果采用

BEA 数据库中整个大都市地区的个人收入，而不仅仅是购买者的收入，那么价格波动幅度在沿海大都市地区就显得过高。同样，海德等人（2014）也发现方差符合一个简单的住宅模型[⑧]。

在一段时期内，正如在 2001～2010 年，如果价格突然爆发，就出现了真实的额外方差（Wheaton and Nechayev，2008）。在这段时期中，租金相对固定，且收入没有较大变化。尽管如此，价格变化的标准差超过了 2 万美元。在整个大都市地区来说，相对于任何可见的基本面情况，这都是一个巨大的差异。图 11－3 显示了波士顿和旧金山的租金与价格的变化路径，很明显，租金达到了顶峰，并且在价格达到顶峰前开始下跌。就这些数据来看，并没有显示出住宅价格像其他类资产那样，具有同样普遍存在的额外方差。相反，住宅价格在长期基本稳定趋势下，仅偶尔中断并经历巨大的方差的短期变化。例如，在 1991～1996 年全美国大都市地区价格就极其稳定。如果这种观点是正确的，那么我们的困惑就不是解释不断出现的价格差异，而是解释价格出现短期大起大落的时间段。

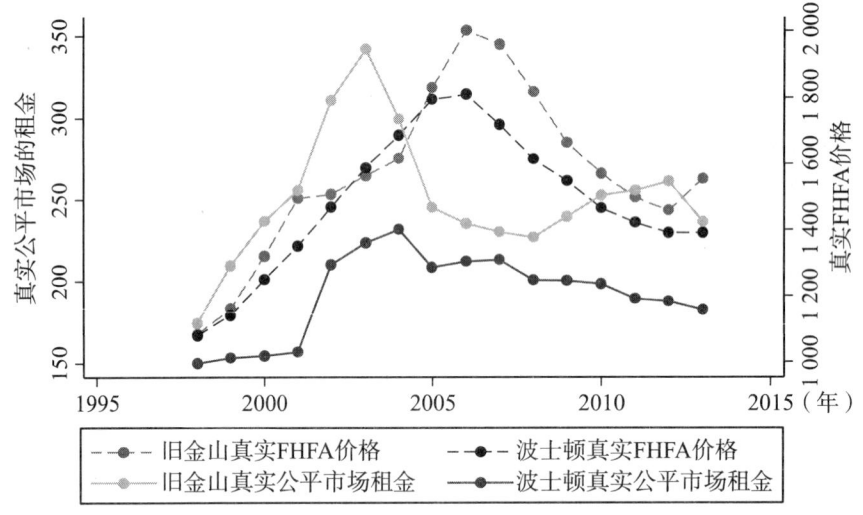

图 11－3　波士顿与旧金山价格与租金的增长

资料来源：FHFA 和 HUD。租金与价格以 2013 年美元计算。

---

⑧　其他的方法中发现了某种意义上过度的波动性。Gelain 和 Lansing（2014）的研究发现，如果采用"简单的 Lucas 式的资产定价模型"，价格—租金比率会有过度的波动性。Ambrose 等（2013）的研究发现，在荷兰，过去的 355 年中，价格相对于基本面来说，都具有过度的波动性。

11.3.2　循环：短期惯性冲击和长期均值回归

对于大多数观察者来说，泡沫是房地产周期循环所固有的，因此这种循环具有超过资产价格方差的特征。一个价格序列，$P_t = \hat{P}_t + u_t$，在这里 P_t 是现实中的价格，$\hat{P}_t$ 是根据基本面确定的价格，u_t 为每日或者每周独立出现的独特的白噪声，这符合法玛（Fama，1965）关于循环的定义，但是并不能很好的抓住价格变动过程中经常伴随着泡沫的特点。这种价格序列实际上是短期剧烈的，而不是可持续的，并且这种短期剧烈的高频数变动对于投资几乎没有影响，对于金融系统的影响也不会很大。

一种流行的观点是，受到例如金德尔伯格（Kindleberger，1978）的经典描述的影响，泡沫的过程具有一个可以被定义的形态。从早期价格上涨开始，可能反映了确实存在好消息或者一些早期的泡沫。然后迅速上涨，在泡沫膨胀期间，价格增长的速度加快，价格增长的路径是凸型的。最终，泡沫通过剧烈的下跌或者缓慢的贬值而结束。

与其他市场一样，住宅价格的变化也呈现出 1 年时期高频数的正相关性和 5 年时期低频数的均值回归（Cutler et al.，1991；Glaeser et al.，2014）。在普通时期内，这种惯性冲击和均值回归像是事物的一般过程。在住宅价格发生巨大变化的时候，例如美国的 2000～2012 年以及日本 20 世纪 80 年代景气及随后的萧条，萧条的路径可以通过惯性冲击和均值回归来定义。

在 1980～2004 年，如果我们只关注城市的变化趋势，1 年期的价格序列相关系数在沿海的大都市是 0.75，在阳光地带是 0.6。1980～2012 年，如果采用全部样本，无论是否存在城市特定的变化趋势，价格对滞后价格变化的回归系数都差不多为 0.63。海德等（2014）认为该系数更大一些，为 0.75。

这些数相对于租金或者收入的变化来说大得惊人，租金和收入的系数约为 0.25。在格莱泽等（2014）提出的具有标志性的城市动态模型中，基本面上的序列相关性意味着价格相关系数实际上为零。由海德等（2014）模型中可以得到一个价格的显著正相关系数，但是也远比从数据中得到的系数低。

1 年期价格变动的正序列相关系数在景气期更为显著。表 11 - 1 显示了每年价格增长率对滞后 1 年期价格增长率进行回归的相关系数。正如图 11 - 4 所看到的，在景气期，系数大于 1。这种价格螺旋增长的趋势是景气期最突出的特征，也是最难与普通的价格变化模型吻合的事实。

表 11 – 1　　　　　　　　价格增长率与滞后期价格增长率之间的相关性

（1）	（2）	（3）	（4）	（5）	（6）
年	一年增长率的对数	与滞后期价格增长率相关系数	滞后期增长率的标准误差	r^2	样本数量
1980	– 0.03	0.00	0.15	0.00	79
1981	– 0.04	0.29	0.10	0.07	116
1982	– 0.01	0.20	0.12	0.02	131
1983	– 0.01	0.03	0.06	0.00	135
1984	– 0.01	0.08	0.05	0.02	146
1985	0.00	0.37	0.05	0.24	168
1986	0.03	0.59	0.05	0.42	187
1987	0.02	0.81	0.05	0.55	214
1988	– 0.01	0.78	0.06	0.42	238
1989	0.00	0.33	0.04	0.16	297
1990	0.00	0.34	0.06	0.10	236
1991	– 0.01	0.11	0.04	0.02	337
1992	0.01	0.21	0.02	0.19	349
1993	0.00	0.68	0.04	0.41	359
1994	0.02	0.89	0.04	0.56	366
1995	0.00	1.14	0.05	0.54	381
1996	0.02	0.17	0.02	0.15	392
1997	0.00	0.52	0.05	0.20	396
1998	0.03	0.17	0.03	0.07	397
1999	0.01	0.46	0.04	0.21	397
2000	0.01	1.19	0.08	0.33	399
2001	0.04	0.57	0.03	0.41	399
2002	0.03	0.44	0.03	0.35	399
2003	0.03	1.10	0.04	0.70	400
2004	0.04	1.11	0.03	0.73	401
2005	0.06	1.48	0.04	0.74	401
2006	0.07	0.83	0.04	0.57	401

续表

（1）	（2）	（3）	（4）	（5）	（6）
年	一年增长率的对数	与滞后期价格增长率相关系数	滞后期增长率的标准误差	r^2	样本数量
2007	0.01	0.02	0.02	0.00	401
2008	－ 0.05	0.52	0.07	0.13	401
2009	－ 0.04	1.22	0.04	0.69	401
2010	－ 0.08	0.33	0.02	0.43	401
2011	－ 0.06	0.54	0.02	0.54	401
2012	－ 0.03	0.58	0.04	0.36	401

资料来源：FHFA。

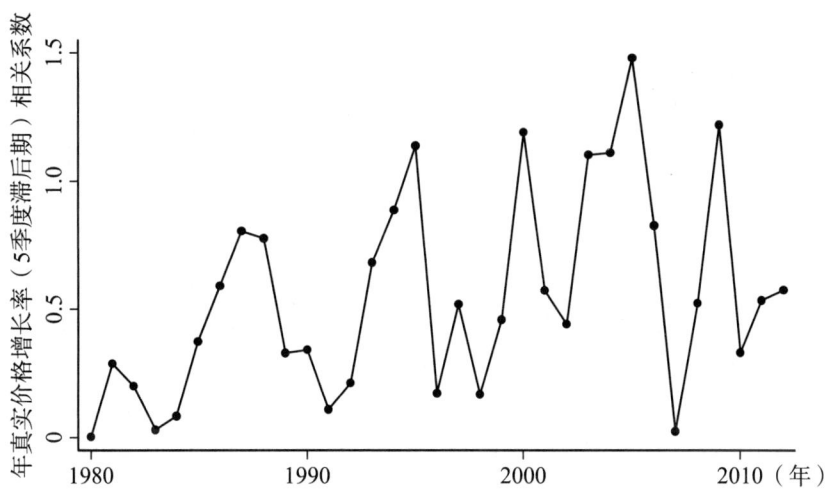

图 11 － 4　年真实价格增长率与滞后期真实价格年增长率

注：因变量是第一季度的年增长率。
资料来源：FHFA。

当住宅价格在高频数显示出惯性时，表示较低频数的均值回归。在超过 5 年的时间段内价格变化与滞后期价格变化的相关系数的变化，由阳光地带的 － 0.24 到沿海大都市的 － 0.57。图 11 － 1 和图 11 － 2 显示了在最后 10 年，5 年均值回归的趋势极为显著。

即使价格幅度在这个特殊时期发生巨大的变化，但这种均值回归的趋势与理性模型相一致。格莱泽等人（2014）提出的动态城市模型本质上有预测功能，如预测数据显示的均值回归的价格。这种价格的均值回归可以通过收入的均值回归或新增建筑来解释。

11.3.3　数量与价格

就住宅数量而言，还有很多突出的问题需要用动态模型来进行解释。该数量既包括单纯的物理性质的部分——建造的住宅数量，也包括与市场相关的部分——在某一时刻市场可以提供的住宅数量。研究住宅供给相关问题的专家倾向于采用第一个数据。而研究市场动态的专家则侧重第二个数据。

建设的波动性是显著的，阳光地带更甚。在阳光地带，大都市地区每年颁发许可数量的标准差超过 5 000 个单位。在沿海大都市地区，标准差下降为 2 000 个单位。尽管这些数据很大，但是与基于合理的住宅供给函数以及当地收入变化所预测的数据来说，并非特别高。

许可的行为也能显示 1 年期的持续性。许可数量超过 1 年期的序列相关系数 0.5。同样，这与简单的理性模型的预测相符。如果住宅建造成本随着建设数量增加，那么持续几年的膨胀是合理的。

对于 5 年期的许可，存在固有的均值回归，这与理性模型并不相符。在某种意义上，这反映了过量建设后发生建设量不足的现象。也许这代表了建设过度景气的一个例子。

海德等（2014）也指出，根据数据，住宅销售量表现出显著的持续性。在 1 年期的频数上，这与其模型相符，但是在更长期的频数上，与模型相比数据则无法显示出应有的持续性。

另外一个特别重要的典型事实是被众所周知的循环中销售量波动与价格之间的关系。在景气期，市场极度活跃，而在泡沫破灭时萧条。一些研究者将其解释为销售方的名义损失规避（Genesove and Mayer，2001）。

11.3.4　历史上的泡沫

历史上出现过很多房地产泡沫，我们需要区分两种不同的类型或现象：一是房地产的部分波动最初受到来自于房地产市场以外的新信息的驱动；二是房地产市场的波动有时仅受到与当地住房市场无关的事件驱动。在 1980 年以前，房地产市场的变化典型与外围事件的不确定性相关。

在席勒（2005）和其他研究中，1830 年芝加哥土地热潮是可作为投机狂热的例子。这次膨胀有个明确的起因：美国宣布将通过资助一条通过芝加哥河的运河来连接五大湖与密西西比河流域。高昂的棉花价格推动了1819年阿拉巴马州的景气，高昂的麦子价格解释了1910年爱荷华州的土地价格变化。在这两个例子中，土地购买者最终蒙受了巨大损失，但是对于价格变化的解释超出了住宅市场本身。我们并不认为这些购买者是理性的或者说价格是基本面相符的，我们只认为这种购买并不是基于以往的价格变化，最终形成了房地产价格的变化。

相比之下，研究2002~2006年外生事件对价格增长的推动作用却更困难。最领先尝试者通过次级技术的扩散使得信用扩展到低收入借贷群体。这种需求的冲击并不像历史上的城市基金之类那样那么明确。但是米安和苏菲（Mian and Sufi，2009）表明，如果社区邻里的信用水平更低，那么在景气期价格增长更多。投资者可能对于这种信用扩散对住宅需求的长期影响并不十分确定（Nathanson and Zwick，2013）。

可以推测，由外在极端事件所驱动的泡沫可能是任何形式的，当然最终都会破灭。一个新的声明发布可能会立即激发价格的突然增长，但这种变化是暂时的，其会回落。或者最初的声明可能会导致价格的持续增长。但是，一个内在驱动的泡沫必须展示出价格增长的序列正相关性——这种惯性几乎定义了住宅价格泡沫。价格增长本身就是一条新闻、事件，进而造成进一步的增长。在极端情况下，它造就了景气期，像菲尼克斯那样的价格峰值图形。

以这种观点看，所有的泡沫都可以通过价格变化的巨大方差来定义，这种方差对应于基本面和最终均值回归。内在驱动的泡沫肯定也会显示出较高频数的价格变化序列正相关性。方差高、高频数的价格变化序列正相关性以及低频数的均值回归，都是住宅市场中所周知的特征（Cutler et al.，1991；Glaeser et al.，2014）。但是究竟这些特征反映了泡沫本身的作用还是例如利率之类基本面的变化，这是值得研究的。

11.3.5　未来研究方向

未来还需要进一步的经验规律性研究，这意味着需要有大量的研究课题。格莱泽等（2014）只是一篇关于住宅价格额外方差的论文。将住宅市场的额外方差与其他资产市场相比较的研究是迫切需要的。如果这种经验规律被证实了，那么泡沫模型就会增加一项挑战，那就是解释为什么住宅市场与其他市场相比，额外方差并不常见。可能有人认为，非专业住房购买者占主导的住宅市场，可能会比专业人员主导的资产市场制造出更多的额外方差。也许，住房购买者获得资源能力的有限性发挥了抑制非理性发展的作用。内桑森和茨维克

（2013）强调，住宅市场的边际购买者来自预期分布的中间层可能性更大，因此最乐观的预期信心不能驱动价格。在资产市场，一两个大的乐观主义者可以主导市场，这也许可以解释资产市场更高级别的额外方差。

这种循环的形态也需要进一步研究。美国住宅市场的数据基本都被研究过，但是我们几乎不能从世界上其他地方获得同样的实际价格信息。格莱泽等（2014）认为新的供给在解释价格的均值回归中只起到一般作用，但这是一个人为的限制性假设。关于新供给如何在使市场回归平均水平过程中发挥作用是未来值得研究的方向。

住宅与其他市场之间的相关性研究也是未来研究不错的方向。这些联系不仅有助于告诉我们泡沫的工作机理，还可以告诉我们，对于个体来说，应该对住宅所有权有一个合理的看待和应对。市场相关性越大，住宅的对冲作用越大。这是因为经历过住宅价格上涨的新来人口，他们认为在其他市场中同样会经历住宅成本价格的上涨。

住宅市场泡沫的历史同样是一个值得期待的未来研究方向。这需对历史事件进行大量的整理工作，指出购买者的明显错误。更多的定量研究也是需要的，尤其是能够对一个时期泡沫膨胀与基本面之间的关系进行研究。

11.4 合理化似乎的非理性：信贷市场的搜寻、异质性和代理人问题

现在，我们采用经济学研究方法来帮助我们理解那些无法用简单的 LAPM 回归模型来解释的住宅价格变动。在这一部分，我们对理性购买者假设的解读进行探讨。在下一部分，我们将关注不完全理性理论。我们将这些理性理论分成三组："搜寻、学习和惯性冲击""信用条件的变化"以及"理性泡沫和代理人问题"。

11.4.1 搜寻、学习和惯性冲击

我们已经强调，在现实中，住宅市场是个高度分散且异质的市场。搜寻是这个市场的一个主要特征，购买者和销售者都无法轻易了解到住宅的当前价格。分散与住宅市场信息的层次有关，一些专家认为直接或隐含地基于市场分散性的惯性冲击之类的特点，在住宅市场中代表了学习的过程。有些作者，例如惠顿（Wheaton，1990）和克莱恩纳（Krainer，2001）的研究显示，搜寻和

学习可以帮助解释住宅价格变化中的关键性特征。韩和斯特兰奇（第 13 章）对住宅市场中搜寻模型的文献进行了研究。

我们接下来要分析有限信息，但是即使拥有完全信息，分散的市场价格交错变化仍然会受到冲击影响，而使实际平均价格产生变化的惯性，在具有黏性的市场中更是如此。在海德等（2014）中，个体进入住宅市场后，选择寻找一个住宅购买或者仅仅是租住。一些住宅所有者也会选择将其住宅卖掉或者租出去。当地收入的增长会导致城市的外来人口流入。这种流入使得空置的住房变成了租住单元，这是由于找到合适的租房者远比找到购房者容易，这种流入还使得有意愿购房者的数量逐步增长，当然不是所有人都能马上购买到合适的住宅。

购房者的增加会使得在一段时期内市场变得紧张，这也是基尼索夫和韩（Genesove and Han，2012）[9] 研究的一个特点。购买者数量相较销售者数量的增长进一步引发了价格增长。最终，新的住宅建设量使得价格回归。这篇论文在匹配住宅市场的很多特征方面做了很多出色的工作，包括销售量和空置情况的变化。但需要注意的是，该研究中，预测价格变化的惯性冲击是基于无法匹配的购买者所导致的市场不断紧张产生的。

尽管如此，这个模型并没有真正预测出泡沫。模型认为，正向冲击需要通过几期时间后才能在整个系统中产生作用，但是模型并没有提出价格变化可能会是基本面所引发变化的数倍。就这点来说，这类搜寻模型看上去已经部分解释了住宅市场泡沫，尤其是其中价格变化惯性的部分，但对于泡沫本身的解释并不充足。

古林（Guren，2014）提出了另外一种搜寻模型，也可以产生对冲击反应的黏性。古林（2014）假设，销售者只能每隔一个周期后改变其住宅价格，这是模型中特定的黏性。结果是，只有一半的销售者在隔期改变了价格，另一半销售者保持价格不变。那些提高价格的销售者，由于市场的原因，并没有吸引到很多搜寻住宅的人。这意味着，销售对于需求上扬的冲击反应是慢的，因为如果快速涨价超过价格均衡点，会使得资产难以变现。即使在需求信息完全可知的情况下，这种缓慢的平衡过程也会导致价格惯性。

以上研究具有一定的局限性。首先，这种规律在解释价格上涨惯性时比下跌时更有效。提高价格代价高昂，这是因为从看房阶段就抑制了购买者；但是降低价格没有类似的代价，降低价格并没有什么强大的力量可以阻止销售者迅

---

⑨　在这篇论文中，紧张过度会放大基本面的冲击。

速向下调整价格。⑩ 第二，在该研究中，如果没有来自外界的力量，例如外生的预期变化，就无法引发过度波动。但是，如 Piazzesi 和施奈德（Piazzesi and Schneider，2009），研究认为如果真的有外界力量造成了过度波动，那么这种分散的市场会放大这种外界力量的影响。

在这些模型中，搜寻主要是指匹配的住宅和购买者喜好的异质性，而不是对市场的基本面的学习。尽管如此，购买者和消费者确实通过搜寻的过程可以逐步学习市场的基本面。即使从最开始搜寻的过程前，他们已经观察了市场上的价格，搜寻过程还是可以使他们对该住宅单位的性质有更完整的评估。在市场上所消耗的时间也使得购买者熟悉了他们看过的住宅的实际销售价格。这也是一种对于市场的学习。

在研究中，有很多对于住宅市场无知和学习的例子。克拉普等（Clapp，1995）提出了各种理性学习的证据。利维特和西维尔森（Levitt and Syverson，2008）研究显示，住宅的销售者显示出对于市场某种程度的无知。虽然，尽管不正确的期望确实会对市场的变化有影响，但是理性学习对于住宅的价格真正能产生多大的变化动力还是未知数。

理性学习表明，购买者形成了某种对基本面的贝叶斯估计，这种不同时期的价格变化估计好像流入市场的细流。一般而言，理性的无知会导致较小的方差，这仅是因为个体会认识到他们几乎什么都不了解。席勒（1981）研究中的方差边界检验就是建立在这一点上。除此之外，标准的学习模型仍然没有预测误差，所以由于预期信心而产生的惯性冲击和均值回归与标准贝叶斯学习模型并不相容。

为了说得更清楚，我们来看一个标准的使用者成本模型，模型中 P_t 等于 $R_t + \dfrac{E(P_{t+1})}{1+r}$。我们假设 $r=0$ 且 $R_t=0$，因此在该例子中，P_t 等于 $E_t(P_{t+1})$。对于任何时间 t 来说都无法预测 t 与 $t+1$ 时刻的变化，因此 $Cov(P_{t+1}-E(P_{t+1}),P_t-P_{t-1})$ 肯定为零。该事实说明，关于自身的理性学习对于理解动能和均值回归没有任何帮助。那些理性但无知个体的学习过程，看上无法通过学习本身产生我们之前讨论的价格变化三个明显特征中的任何一个。

这种观点并不意味着准学习、经验主义（正如 Shiller 于 1999 年的研究），或者外推演绎在解释价格变化时会更有帮助。这些判断似乎很有可能，但稍后我们将在讨论准理性模型时进一步说明。

---

⑩　Novy－Marx（2009）提出了一个更系统性的放大机制，该机制建立在讨价还价和新进入的竞争者上。这篇激进的论文将新增的购买者看作是原始的，而不是在当地租房或者生活上带来满足的人。因此，该研究结果很难说与我们这里讨论的过渡房差过度的方差有多少联系。

11.4.2　信用条件的变化

也许最常用的住宅价格变化的"理性"模型是那些可以反映信贷市场条件变化的模型，这些模型中可以体现低利率、借贷许可或者两者都有。一些典型的外界因素，例如中国的高额储蓄是可以解释其信贷市场变化的，据说也解释了住宅市场的景气和萧条。尽管一般人看来，住宅市场的危机是由于次级贷和全球信贷充盈所致，但是这种观点并没有搞清美国信贷市场在全国或全世界范围的异质性。所以，如果信贷确实是起因，那么如何解释休斯敦并没有经历这一循环，而拉斯维加斯却经历了剧烈的变动呢？如果市场的景气仅仅是由全球借贷的洪潮所致，那么美国全国范围内的异质性也很难解释。这些问题同样与供给异质性条件下一般的、信贷引起的需求冲击不一样（Davidoff，2013）。

诚然，有很多证据表明，更加简捷的信贷确实在 2007 年之前引发了次级贷购买住房（例如 Mian and Sufi 2009 年的研究），更低的利率水平一般与较高的住宅价格有关（例如 Poterba 1984 年的研究）。次级贷的增长与市场景气的确立并没有因果关系，因为借贷本身可能就是一种过度乐观预期的反映，这种过度乐观引发了这两个现象[⑪]。米安和苏菲（2009）紧紧围绕因果论展开，该研究使我们更加确信次级贷促进了价格增长，但即使在该研究中，次级贷看上去仅仅揭示了住宅价格增长的其中一部分。

除此之外，在一个纯理性的模型或者至少是一个没有泡沫的模型中，利率的不稳定是否也会造成住宅价格的剧烈波动的问题也没有被完全弄清。我们在下一部分将通过过于廉价的信贷来研究理性泡沫。在这里，我们简单讨论一下信贷市场的变化在标准 LAPM 模型中对住宅价格的影响。

在标准的 LAPM 模型中，隐含着 $P_t = \dfrac{(1+r)R_t}{r-g_R}$，或者说价格等于 $1+r$ 乘以住宅价值的现金流除以利率与基本面增长率之间的差值。该公式看上去暗示了价格与利率之间的密切关系，但这种关系在高增长的背景下尤其紧密。另外，该公式在景气可用于表明高房价的存在。

但是，尽管这个模型在利率不变的背景下是正确的，在利率发生变动的背景下则不正确。因为，如果利率是均值回归的，那么处于低利率水平这段时间的购买者应该会希望在利率水平较高的时候卖出，反之亦然。关于利率变化的

---

⑪　类似的讨论也可以在投资者购买住房与市场景气的相关性中展开（例如 Haughwout et al.，2011 的研究）。投资者更像是市场热衷程度的反映，而不是独立的价格增长的起因。

理性预期会使得购买者对于利率变化的反应较单纯应用该模型得到的结果来得更小。

不幸的是，动态的利率模型无法得到关于住宅价格简单封闭形式的解，但是格莱泽等（2013）中，在利率变化遵循考克斯—英格索尔—罗斯（Cox‐Ingersoll‐Ross，CIR）发散过程的前提下，模拟了住宅的理性价格。他们研究发现，价格对于利率的反映是半弹性的（价格对数对利率变化的导数），如果考虑了利率变化的均值回归，这种半弹性将会降低2/3。因此，尽管一个简单的模型可以预测利率与价格之间的关系，这种关系大到足以解释2001～2006年的大部分增长，而前向模型（forward‐looking model）无法做到。除此之外，前向模型所隐含的利率与价格之间的关系在解释两者的长期历史关系方面做得更好。

对于利率和价格之间的关系，至少有三种其他理论会削弱这种关系。弹性供给理论削弱了如信用条件等需求侧因素与价格之间的联系。未来的再融资能力同样会使得当前的条件变得不重要。最后，如果购买者基于自身内在的折旧因素来进行折旧，而不是采用市场利率，那么市场利率对于价格的影响作用就会减小。

最后一个问题是关于2003～2010年利率变化的具体时间点。在2004年后，尽管利率小幅增长，但住宅价格持续增长。在2007年后，尽管利率下调，但住宅价格剧烈下跌。尽管如此，我们观测到的价格变化还是能解释为其反映了信贷市场的变化，因为利率并不能反映实际可以得到贷款的可能性。正如上文提到的，全球信贷供给过剩在解释美国和世界其他各地市场异质性方面是有困难的[12]。

我们并不是说信贷条件与住宅市场或在解释泡沫方面没有相关性，只是不能简单地认为这种关系就是LAPM模型所体现的这种简单关系。LAPM模型是基于理性假设的，但针对动态的利率变化过程采用了静态的模型，假设购买者都是短视的，并不是理性的。为了给出一个认知上具有连贯性的框架，我们必须更多地引入有限理性，我们很快会提到该问题。

利率只是信贷市场的一个方面。贷款审批和首付条件也会对住宅价格的增长的形式产生影响，对抵押品赎回权的取消也会加剧住宅价格的下跌。通过对LAPM模型的变化，假设个体具有异质性，允许住宅需求曲线向下倾斜，就可以形成一个最简单的理解上述情况的模型。在这个模型中，R_t 的值对于每个

---

⑫　Mian 和 Sufi（2009）的研究发现，在看上去对信贷的事前约束更多的地方，在市场景气期间，价格的变动越大，这意味着存在一个信贷难易程度的地理因素的假说。尽管如此，这也不能说明该假说可以解释各个大都市地区之间的异质性。

消费者不同，标记为 $R_t(i)$，消费者还是希望花费 $\dfrac{(1+R)R_t(i)}{r-g_R}$。具有最高估值的那个消费者将会成为边际以下消费者，并且我们假设这些估值在具有购买能力的购买者之中的分布为 $G(R_t)$。如果 N_S 表示正在销售的住宅数量，且 N_D 表示潜在购买者中可以获得金融支持的那一部分 θ 的数量，那么 N_S，也就是住宅的供给等于 $(1-G(R_t^*))\theta N_D$，这里 R_t^* 表示边际购买者的价值。

在这个模型中，信贷可获得性的增长是由参数 θ 所确定的，它是可以增加总需求的。价格对 θ 的导数为 $\dfrac{(1-r)(1-G(R_t^*))}{(r-g_R)\theta g(R_t^*)}$，价格对 θ 的弹性等于 $\dfrac{1-G(R_t^*)}{R_t^* g(R_t^*)}$，这与价格对潜在购买者的弹性是完全相同的。理论上，该计算可以表明，可获得批准的利率与价格之间的紧密联系，正如 LAPM 模型看上去表明了利率与价格之间的紧密联系，但是也产生了同样的问题。我们假设了批准率是持续变化的，但是信贷的宽松与收紧却是交替而来的。

如果批准率短时期内增长，那么购买者就会认为未来的批准率会下降。购买者预期了未来的批准率下降，这就会使得那些希望未来再卖掉房子的购买者对于当前的信贷可得性的反映不那么敏感。在首付条件方面也会发生类似的均值回归，这也会抑制住宅价格与信贷市场条件之间的关系。一个完整的、特定的、可以将随时间变化的批准率与住宅价格相联系的模型还没出现。但对于这方面的研究文献来说，会是一个有意义的补充完善。

我们隐含地假设了贷款的获批与个人对住宅的估价无关，那些无法获得信用贷款的人在购房人群中是随机分布的，但事实并非如此。那些具有贷款能力的人会更加富有且愿意出更高的价；或者相反而言，那些最开始就无法获得贷款的人更加渴望购买住房，可能是因为他们更加愿意承担风险。在米安和苏菲（2009）中发现，次级贷的支付能力与价格增长之间存在关系，这个惊人的发现可以通过贷款的宽容性造就了高风险且高度乐观的购买者进入市场的可能性来理解。

斯坦（Stein，1995）提出了另外一种信贷市场影响价格波动的机制。如果个体在信用上受到很大的限制，那么价格的向上变动就会造成当前所有者大量的资本所得，这进而使得他们可以购买更大的住宅。相比之下，价格的下跌意味着这些购买者被最终锁定在现有的住宅中，无法购买其他住宅（Ferreira et al.，2010）。由于对以前住宅价格的评估为未来购买住宅的价格增加了资金流推动力，所以这里存在一个住宅价格的乘数。

本部分关注了一些基本的、信贷市场引起的住宅市场膨胀问题，当然还有大量的文献是关于信贷市场与住宅价格泡沫破灭以及破灭之后相反的结果之间的联系。也许最一般的观点是，住宅市场的膨胀造成了违约，违约又对住宅市场的健康发展造成了相反的结果。帕尔默（Palmer，2013）发现，2007 年后产生的违约浪潮是价格下降的结果，而不是在泡沫破灭前获得信贷的购买者组成的问题。

坎贝尔等（Campbell et al.，2011）发现，被迫卖出（比如，违约）不但使得自身价格下降，也降低了周边住宅的价格。费希尔等（Fisher et al.，2013）发现，在特定位置，对公寓的抵押赎回对于邻里的价格具有反向作用。米安等（即将发表）发现，在 2007 年之后住宅价格下跌越多的那些州，贷款人收回住宅抵押越容易。

为什么违约会引起住宅价格的下跌呢？古林和麦奎德（Guren and McQuade，2014）认为有三方面的作用非常重要：受到损失的卖方会更加焦躁，因此会降低价格以求出售；买方则变得更加具有选择权，因为他们在与沮丧的卖方的互动中机会更多；此外，那些违约的住宅所有者自身就是价格过高无法被市场接受。以上因素加在一起，他们估计收回抵押会造成价格下跌程度增加近 50%。

信用机构也会对中心区住宅市场产生影响。从某种意义上说，住宅市场的泡沫破灭对于金融机构的影响显然主要是因为这些机构为房地产投资者提供了信贷，提供的方式有时是直接的，有时是通过持有房地产证券，例如以贷款债权为抵押的债券。更确切地说，住宅价格看上去具有财富效应，下跌的房价则导致大量的消费者消费和其他经济行为的减少（Mian et al.，2013）。

米安和苏菲（2014）引人注目的研究发现，住宅的财富效应比股票价格的财富效应更强。凯斯等（2005）得到类似的结果。对这种现象的一个解释是，股票是那些更富有的人所拥有的，这些人在信贷方面没有限制，住宅的拥有者通常是那些信贷方面受限的人。放款信贷的限制相较一个信贷上不受限制的个人财富拥有者来说，对消费会造成更大的影响，这也反过来解释了为什么住宅市场的膨胀和泡沫破灭看上去会对外在更大的经济环境产生影响。

我们现在回到理性泡沫模型，在模型中信贷市场条件可以造成价格可能产生剧烈摇摆。

11.4.3　代理结构、低价违约权和理性泡沫

我们讨论了理性泡沫模型在应用于房地产市场时遇到的两个障碍：违反了标准的横截条件以及对一个本质上无限的新住宅供给预测时的不规范问题。如

果住宅购买者自身贷款违约的代价很低，这些问题就会变得没那么严重。

我们现在对贷款的过程进行建模，购买者最开始只需要付出全部住宅购买价格的"d"部分作为首付。在最后，购买者或者卖掉房子并偿还贷款，或者违约，我们假设违约产生的成本是"z"，这是为了与现实相对应，现实中个体即使在对其自身有利的情况下也不会选择违约：

$$R_t = dP_t - \beta EMax(P_{t+1} - (1+r)(1-d)P_{t'} - z) \tag{11.2}$$

其中 r 是市场折现率，可以调整用来体现违约风险。假设 $\beta \leqslant \dfrac{1}{1+r}$ 是很自然的，这是因为住宅的购买者被假设总能通过储蓄（或者通过除了借款以外的方式）获得市场利率，但是他们并不能自由借款，因此他们对于未来美元的估值肯定会大于市场利率。为了使问题更清晰，我们假设 R_t 不具有不确定性，因此如果没有泡沫，价格也会固定，因此有 $P = \dfrac{R}{d(1-\beta)+\beta(1-d)r}$，价格等于现金流除以有效折现率的加权平均值。权重取决于贷款中自付资金的程度。

一个确定的泡沫将满足：

$$B_{t+1} = \left(\frac{d}{\beta} + (1+r)(1-d) \right) B_t \tag{11.3}$$

其中 B_t 表示价格中的泡沫部分。该方程建立的横截性条件和无限住宅供给时，遇到了同样的问题。虽然确定性的泡沫似乎是不可行的，但是如果泡沫导致了相反的违约，那么泡沫就会存在随机性。我们认为值为 B_t 的泡沫在 $t+1$ 时刻的取值 B_{t+1} 具有 $1-v$ 的可能性，否则为 0。为了简化，我们假设 $P_F = \dfrac{R}{d(1-\beta)+\beta(1-d)r}$，该值为基础值，所以在任何情况下具有泡沫的价格等于 $P_F + B_t$。我们进而假设如果泡沫破灭，住房购买者将会违约。这种情况会发生的技术条件是 $P_F(d(1+r)-r)+z < B_t$。随机泡沫的均衡条件是：

$$B_{t+1} = \frac{(d+(1-v)\beta(r-d(1+r)))P_F - R + v\beta z + (d+(1-v)\beta(1+r)(1-d))B_t}{(1-v)\beta}$$
$$\tag{11.4}$$

在极端条件下，如果 $P_F = R = z = 0$，只有泡沫单独存在，上式可以简化为：

$$B_{t+1} = \frac{d+(1-v)(1-d)(1+r)\beta}{(1-v)\beta} B_t \tag{11.4'}$$

如果泡沫不破灭，泡沫的值会一直增加，也就是说，在 $1-v$ 的随机性条件下，在 $t+j$ 时刻的折现值为 $B_t(d+(1-d)(1-v)(1+r)\beta)^{t+j}$。如果 $(1-v)(1+r)\beta = 1$，也就是在一定的利率下，1 美元借款期望的折现值为 1，那么就有 $\dfrac{B_t}{(1-v)\beta} = B_{t+1}$，或者 $B_t = \beta^j E(B_{t+j})$，泡沫的期望值不变。

标准的横截性条件是 $\lim_{j \to \infty} \beta^j E(B_{t+j}) = 0$，但该公式结构违反了这个条件。由于横截条件代表了住宅价值的最基础部分，违反了横截性条件。在长期来看，泡沫自身部分可以决定住宅的价值。迪巴和格罗斯曼（Diba and Grossman，1988）认为，突发性的行为意味着理性泡沫是不可能存在的，尤其在市场得到新供给时更是如此。桑托斯和伍德福德（Santos and Woodford，1997）与之类似，认为承认泡沫存在的条件是"脆弱的"[13]。由于这些文章的影响，我们相信若只代表未来极高的房价，那么理性泡沫看上去并不真实存在[14]。

如果借出方低估了违约风险，那么泡沫就会变得非常合理，这反映了银行代理机构的问题或者借出方的非理性。如果利率过低，以至于 $1 > d + (1 - d)(1 - v)(1 + r)\beta$，那么借出方对于违约的损失将无法得到完全的赔偿。在这种情况下，泡沫的期望值就会随着时间而降低，就不会违反横截条件。住宅价格会随着泡沫而增长，但是这种增长的幅度远没有那么显著。此外，住宅价格会变得极高还是具有非零概率，在这种情况下会因此产生巨大的供给。

通过内生供给的方式可以对模型进行改进。也许住宅的建造者不愿意承担任何风险，在条件完全具备的时候才会进行建设，因此对于未来泡沫破灭的期望会导致有限的产量。在 v 很高，进而违约可能性很高的情况下，这种逻辑更合理。尽管如此，事实上在最近的市场膨胀期，尤其在菲尼克斯、拉斯维加斯和迈阿密，建设量仍然保持极高水平，以此为案例，这种理性泡沫模型很难建立。

此外，由于完全的价格风险会使得泡沫急速膨胀，以至于违反了横截性条件，这种极限价格泡沫需要以对风险的低估为条件。这种低估看上去的确是景气期的一个常见特性，但是它为什么会发生？一种解释是贷款借出方是非理性的，因为某种原因，并没有遵循本段所阐述的逻辑，这样就可以通过理性模型来解释房地产市场泡沫了。

很多研究者也提出了另外一种解释，那就是在借出部门存在代理机构的问题（Green，2008；Diamond and Rajan，2009），这种问题的原因也许是因为联邦存款更加安全（Demsetz et al.，1997）。在理论上，即使没有存款保险，如果银行的资产负债表中有住房抵押贷款，这种问题在银行内部也会产生。银行首席执行官雇佣中介以一个合适的利息率来发放贷款。随着贷款数量的增长或

---

[13] 该研究论证并不相同，采用了另外一种视角，认为泡沫不存在的原因是由于套利会使其消失。Abreu 和 Brunnermeier（2003）的研究提出了一个引人注目的例子，说明与金融市场不同，住宅市场中套利的力量更弱。

[14] Kivedal（2013）发现了在 2000 年和 2013 年之间住宅市场存在泡沫的证据，但是结论却认为该泡沫更像是非理性的。Giglio 等（2014）的研究通过对比很长时期住宅租金合同与无限期的住宅所有权，认为在英国和新加坡的住宅市场并不存在持续的泡沫。

者给付的平均利息的增长，他们的报酬将不断增长；但是当泡沫破灭时，由于有限责任公司所限，不会产生极其严重的惩罚后果。这样的结果就是中介的竞争，进而市场上的利息率对于违约风险来说变得微不足道。巴甫洛夫和沃切特（Pavlov and Wachter，2006）认为，如果一些银行家低估了违约风险，竞争会使得所有银行家都会低估违约风险。

在关于贷款机构的风险讨论中，对抵押贷款为支撑的有价证券有较大的争论。在这种情况下，假设抵押贷款的发起者对于风险完全不敏感，这是因为他们可以将这些风险转嫁给下游最终的有价证券持有者，而这些持有者完全不具备了解真实情况的能力。抵押贷款保险公司的出现，比如房利美（Fannie Mae）和房地美（Freddie Mac），更加削弱了对风险进行合理定价的动机。例如在普纳兰达姆（Purnanandam，2011）中发现，银行发起贷款后，主要都分配给那些下游的投资者，产生了所谓"过低质量的抵押贷款"。皮斯科尔斯基等（Piskorski et al.，2010）发现在资产证券化和违约之间具有关联，这种联系在阿德利诺等（Adelino et al.，2010）中曾被激烈争论。

当然，这类模型也会产生问题。如果风险来自于系统化的泡沫而不是随机风险，那么投资者就会知道他们其实是在对那些购买住房的人提供补贴。理性泡沫的基本特征是所有人对情况的了解是相同的，并且住房购买者对风险应该完全理解。如果他们了解风险，那么最终的投资者也会了解。在理论上，中介机构的问题其实是具有无法被察觉的局部信息问题，但是对整个系统的泡沫来说，没有什么地方是局部的。

对于为什么系统性风险有可能会被补助的最好解释，也许在于政府对尾部风险的容忍。如果公共部门由于政治原因对尾部风险容忍，这会导致对违约风险的低估，进而鼓励了理性泡沫的出现。尽管如此，这个理论还必须要解释为什么私人的抵押贷款保险公司会涉足这种在泡沫破灭时风险最大的次级贷。

另外一种研究这种纯定性的理性泡沫模型的不同方法是在克莱恩纳等（Krainer et al.，2009）的定价模型上，进而像格莱泽（2013）中那样，研究在借款人有零成本违约的选择条件下，住宅价格将会增长多少。该模型需要在时间的连续性上进行改进，因此我们必须假设住宅的现金流价值等于 $r(t)$，在这里 r 遵循几何布朗运动。速度漂移为 g_R；方差为 σ^2。个体的折现率为每期抵押贷款的利息率，或者说 r 乘以未偿还的债务，也就是 $r(1-d)P$，其中 P 指最初的购买价格。借款人只付出抵押贷款的利息。我们假设违约是无成本的，因此住宅的购买价格就应该满足：

$$P_t = \frac{\rho}{\rho d + r(1-d)} \left(\frac{z^z (\rho - g_R)^z (r(1-d)P_t)^{1+z}}{\rho^{1+z}} R_t^{-z} + \frac{R_t}{\rho - g_R} \right) \quad (11.5)$$

其中 $z = \dfrac{g_R - 0.5\sigma^2 + \sqrt{(g_R - 0.5\sigma^2)^2 + 2\sigma^2\rho}}{\sigma^2}$。在括号中的第一项代表违约选择的价值；第二项反映该住宅在没有任何违约可能性下的价值。为对该模型进行修正，格莱泽（2013）对历史上景气期内无成本违约给高房价的贡献进行了估计。该研究假设市场利率及私人的折现率是相同的，进而计算了公式中的第一项。该研究在对最近价格波动的解释不到 17%，由于其假设利率未考虑潜在违约成本，所以该数值肯定会被高估。

这种计算又一次说明：如果信贷市场对住宅泡沫产生极端情况有责任，这种责任体现在信贷市场像是为泡沫的成熟做好了准备条件。这种观点意味着在住宅价格和便捷的信贷之间不存在自动关联，便捷的信贷更像是一个引起价格极端变动的必要条件，而不是充分条件。

11.4.4　未来研究方向

以上所讨论的主题包含一些开放性的研究问题。最近，关于住宅的研究是一个热点话题，一些研究文献也都获得了很多令人满意的成果。但是我们并不确认，对我们在 11.3 节中所提到的实际住宅市场中的这些特征，是否能有某个基本的理性研究模型可以对其进行概括。很明显，在一些模型中可以体现变化的动力，但是这些模型很难测度额外方差。此外，模型能否对住宅市场行为中的横截性变化进行解释也有待观察。

在住宅市场的循环中，信贷市场的作用还远未弄清。实际上，对格莱泽等人（2013）研究的最好解读并不是便捷的信贷没有引发住宅市场循环，而是确信它会引发住宅市场循环，但目前论据不足。因此，我们需要更多的经验研究，尤其是利用国际数据优势，原因是可在信贷条件中找到很多有用的自变量。另外，还需要更多的理论进行补充说明，尤其是在利用近理性模型来分析信贷作用方面。

泡沫与违约风险低估之间的关联在本部分中给出了一个基本轮廓，但是对该问题进行全面分析研究是必要的。对中介机构的问题，如果没有非理性存在，真的可以发生低估的违约风险，以至风险在足够大时产生巨大的理性泡沫么？能否有一个模型可以进行其他预测并对其检验呢？

11.5　各种温和的疯狂：有限理性与住房市场

我们先回到较少理性的模型，这些模型也同样用于房地产市场波动的研究，其特征是：这些模型包含了购买者对未来住宅价格增长过度的乐观预期。凯斯和席勒对近期住宅购买者的调查显示，这种预期的确存在。凯斯和席勒（2003）中显示，在加利福尼亚州的橘子郡，其在 1988 年预期未来 10 年价格的涨幅为每年 14.3%，在 2003 年预期未来 10 年的价格涨幅为每年 13.1%。凯斯等（2012）显示，在马萨诸塞州的米德尔塞克斯郡，购买者对未来 10 年每年的预期价格增长从 2004 年的 10.6% 降低至 2012 年的 3.1%。

这些令人震惊的调查结果需要进一步处理，因为被调查者一定存在对事实数据不了解并对未来过分期待的人。但是，这些数字虽看上去过高，却反映了一个重要的事实：在市场景气期，很多购买者都具有非常乐观的预期，这与经济学家的观点以及价格长期趋势的经验都不一致。

本节我们从外生预期模型开始讨论，该模型中，个体由于某些原因具有不合理的乐观预期信念。由于模型中认为预期信念完全是外生给定不变的，因此模型具有"解释"任何住宅市场情况的潜力。由于这些理论并没有新的因素考虑，所以并不引人注目。外生预期信念的模型在用于展现住宅市场中其他一些问题时很有用处，例如研究外生住宅供给作用时。我们讨论的第二类模型中的预期信念是外推的，我们将讨论两个种形式的模型：一个具有局限性的形式，外推仅仅是一种假设；另一个是更加复杂的形式，其假设外推是由于认识的局限性所产生的。继而我们将讨论更广的认知有限性模型分类，在这些模型中，包含更短的时间跨度以及简单的价格形成公式。最后我们将对社会学习进行讨论。

11.5.1 外生且异质的信念：搜寻、外生住房供给和获取土地

产生泡沫最简单的方法是假设个体是过度乐观的。在标准的定价模型中，$P_t = R_t + \beta E(P_{t+1})$，采用该模型，通过对 $E(P_{t+1})$ 值的不同假设，我们可以得到任何可以想象得到的价格变化过程。类似地，如果价格的形成机制如公式

$$P_t = \frac{R_t}{1-(1+g_R)\beta},$$

那么对未来住宅租金增长预期的外生引发的变化一定会引起价格的波动，也可做出各种可能性变化。由于任何可能性都存在，那么这种外生乐观性的模型自身就无法成为一种社会科学，因为它无法被数据检验而拒绝，无法被拒绝同样意味着无法被检验。本质上说，从完全理性模型到外生预期信念的变化是从一个预测过于狭隘的模型变为一个预测过于宽泛的模型。如果我们坚信预期的信念并不是完全理性的，而且需要对该假设进行检验，那么我们就必须对该预期信念提出一个特定的结构，才能进行检验。

尽管外生的预期信念不能被自身所检验，但如果放到一个更大的模型中，就会有检验的方式。这种结构的研究有两个例子，一个是格莱泽等（2008），一个是内桑森和茨维克（2013）。格莱泽等（2008）假设泡沫是由于住宅购买者对于住宅估价的随机增长产生的。他们对外生的需求变化与供给的关系进行了研究。

在市场景气期，如果将非理性引起的波动看作是一个常数，则那些更缺乏弹性的地方价格会迅速增长，而住宅数量的增长速度会降低。这种观点仅能表明一个关键问题：即使需求曲线会因非理性而移动，《经济学101》的逻辑仍在继续起作用。该观点来自于贝克尔（Becker，1962）。在泡沫过后，供给弹性的影响是巨大的。如果供给非常缺乏弹性，那么在膨胀时期泡沫对于住宅数量无影响，且在膨胀期过后对于价格也无影响。这可能反映出加利福尼亚州东北部或马萨诸塞州的实际情况。在弹性极大的地区，泡沫引发住宅建筑量的爆发，但根据以往经验，只要一个地区持续不断建设，住宅供给的弹性本身会对削弱过度的建设产生影响。

内桑森和茨维克（Nathanson and Zwick，2013）也对外生的预期信念变化进行了研究，但是他们的研究重点在于异质性。他们假设在不同的地区，个人投资者对于房地产的价格具有不同的优先预期信念。他们排除了预期信念会通过学习过程产生变化的可能性。乐观的人买光所有的土地和可以用于租赁的住宅。但是拥有产权的住宅所有者仍然分散在居民中，居民具有各种预期信念，一些居民更希望拥有而不是租住，他们减小了住宅的边际效用。在那些土地广阔或者住宅租赁市场较大的地区，乐观的预期信念对于房价的影响最大。在那些只有自己拥有住宅产权或没有未开发土地的地方，过度乐观并不容易导致价格泡沫破灭。

这种现象解释了为什么在很多具有弹性且具有未开发土地的地区，其住宅价格会膨胀得如此之高。内桑森和茨维克（2013）显示，在大都市地区，土地价格增长基本覆盖了住宅价格变化离差的100%。此外，一些美国公共的住宅建造部门在2001~2006年，也像投机者那样购买了大量的土地，然后承受了资本的损失。在这期间，出现了大量建造商购票卖空的情况，这是悲观者不认可建造商对土地估值过高的证据。

11.5.2　外推信念

最常见的关于住宅市场（也许金融市场也是如此）理性研究的另一种方式是外推法，有时也被称作动量交易或者回眸投资。克拉普和特迪罗格鲁

（Clapp and Tirtiroglu，1994）是较早的基于这种假设关于住宅市场的研究。在房地产领域，格莱泽（2013）将那些盲目采用戈登增长公式来进行外推方法叫作"戈登式"。该理论很简单，投资者采用类似 $P_t = \dfrac{R_t}{1-(1+g_R)\beta}$ 的公式来预测价格，他们采用当前价格近期的增长率来代替基本面的增长率。有两种方式可以达到这种效果。一种选择是假设错误的预期信念是外生的，只存在于一小部分人；另外一种方式是通过基础推导得到这种预期信念。

如何选择这两种方式在某种意义上取决于假设外推的偏离是普遍存在的还是只存在于特定情况。在金融研究方面，传统上都会追溯到德隆等（DeLong，1990），其研究假设非理性只局限于市场的一小部分，然后就这一小部分非理性对于整个市场价格的影响开展研究。采用这种方法的一个优点是假设中只是很少人非理性，保留了大多数人仍为理性的可能性。

巴贝里斯等（Barberis，2015）发现了一小部分进行外推的购买者可以对金融市场的价格产生影响。皮亚泽西和施耐德（Piazzesi and Schneider，2009）提出了一个可以将该传统应用到住宅市场的很好的例子，在其研究中提出，如果全部承租人中只有适当部分的人具有外推的预期信念，那么这一小部分人将会成为新住宅购买者中的大部分，因为新的购买只占全部的一小部分。

古林（2014）在他的研究中采用类似的方法，通过它的搜寻和轻微黏性价格模型研究了后顾性的投资者（例如，外推者）的影响。他的研究发现其模型也加剧了小部分非理性的影响力，使得在整个系统中得以传播。具体来说，小部分的外推者制造了住宅价格时间序列的强正相关性。

尽管皮亚泽西和施耐德（2009）确实令人信服地说明了一小部分乐观的购买者可以制造出泡沫膨胀，但是我们认为 2002～2006 年的膨胀是一个乐观主义泛滥的结果。我们也认为泡沫膨胀时期的价格并不能反映大多数人的观点，当然也不能反映那一部分对市场有怀疑的人的观点。实际上，无数美国人认为这些高昂的价格足以解释住房的购买力。也许这些购买住房的人对近期的住宅价格增长进行了外推，也许他们比较被动，由于看得长远，并没有对于住宅价格进行认真评估。根据调查的数据（Case et al.，2012）表明，尽管调查数据会给予一些警告，但乐观的预期信念的购买者在市场繁荣期普遍存在。

对于严格理性可以做出适当改变，这可以对于少量人采用相对理性的大偏差或者对于较多人采用相对理性的小偏差。尽管一些经济学家认为假设大量住房购买者都遵从特定的外推信念比较合适，但我们更倾向于假设一些相对于理性更小的偏差，因为这种偏差必须适用于大多数购买者。

一种基于宏观的外推预期信念是假设投资者对于未来基本面的增长率并不

确信。我们通过一个特别简单的模型 $R_t = R_{t-1} + g_R$ 来解释我们的观点。恰当的价格公式应满足 $P_t = R_t + \beta P_{t+1}$。该价格公式写为 $P_t = \dfrac{R_t}{1-\beta} + \dfrac{\beta E_t(g_R)}{(1-\beta)^2}$。在所有的时间点 t 上，投资人可以观测到的是 R_t，但是他们无法观测到 R 以前的值，而且只能观察到过去 2 期 P_t 的值。

在初始时间点，个体已知 R_0，但是对于增长率没有任何信息，根据其优先预期 $g_R = 0$ 进行定价。因此，在起始点的价格为 $\dfrac{R_0}{1-\beta}$。在时刻 1，新的购买者出现了，他们观察到 R_1 和 P_0。如果他们是理性的，那么他们可以得到 g_R 的真实值，等于 $R_1 - (1-\beta)P_0$。新的价格等于 $\dfrac{R_1}{(1-\beta)^2} - \dfrac{\beta P_0}{1-\beta}$，这是完全理性的情况。在这里，$R_1$ 的权重很高，反映了其对于确定未来住宅福利流和该福利流增长率的双重贡献。

在时刻 2，如果购买者是有经验的，他们可以看到起始点和时刻 1 的价格，则适当的价格公式为：

$$P_2 = \frac{R_2}{1-\beta} + \beta(P_1 - P_0) = P_1 + (1-\beta)(P_1 - P_0) \tag{11.6}$$

由于这里具有一个持续的增长率，因此会产生动能。价格的增长不会超过该固定的增长率。

但是，假设这些购买人并没有经验，则情况会如何。他们只会根据经验法则假设，由于增长率没有变化，任何时候的价格都只反映了相同的增长率假设。因为他们无法观察到增长率，因此他们无法直接推断出以往的 R 的水平，但是会坚持采用可以观察到的 P 的单一变化，以此来推断增长率。他们相信 $P_{t+1} - P_t$ 等于 $\dfrac{R_{t+1} - R_t}{1-\beta}$ 或者 $\dfrac{g_R}{1-\beta}$。因此，在 t 时刻的价格将等于 $\dfrac{R_t}{1-\beta} + \dfrac{\beta(P_{t-1} - P_{t-2})}{1-\beta}$。这意味着：

$$P_2 = \frac{R_2}{1-\beta} + \frac{\beta(P_1 - P_0)}{1-\beta} = P_1 + \left(1 - \beta + \frac{\beta^2}{1-\beta}\right)(P_1 - P_0) \tag{11.6'}$$

动能的级别也许大大增加，因为增长率由价格变化推导得出，而价格本身已经包括了由增长率而引发的预期变化。

从本质上说，按照艾斯特和拉比（Eyster and Rabin，2005）的说法，购买者被诅咒了，这意味着个体错误地相信"'其他玩家'的行为对于别人的依赖少于实际情况"。艾斯特和拉比（2005）的想法是，完全了解其他人的动机是不可能的，因此，我们不可能总对市场结果做出反应。例如，为了避免赢者诅咒，竞标人必须知道：如果其他人竞价更低，那么他们一定具有使被卖的商品价值更低的信号。当个体意识不到一个愿意与其打赌的人，只是反映了某些个人信息的信号的时候，他们是不应该但是却愿意去下赌注。

格莱泽和内桑森对该方法进行了发展，增长率变为随机的，以前的价格对当前的基本面的增长率具有影响。这种方法的关键弱点还是产生了外推，进而产生了正相关序列，也就是住房购买者相信过去价格的变化反映了基本面的变化，而不是反映增长率预期的变化。

11.5.3 认知的有限性：自然预期、空间基准和经验消费

该模型是一般有限认知模型中的一部分，这些模型中很多都具有可以帮助我们理解房地产市场波动的潜力。席勒（1999）回顾了很多标准的突变行为，这些对于住宅市场是有影响的。但是，人们具有大量潜在的、貌似有理的认知有限性，所以很难只关注其中某一个，这是对该研究提出的理智的挑战。在这里，我们将讨论几种认知有限性，前面提到的外推也可以看作是认知有限性的一个例子：因为无法弄清别人的想法。

富思特等（Fuster et al. , 2010）提出了一个特定的认知有限性的模式，他们称之为自然预期。自然预期模型需要主体基于一个非常吝啬的模型来进行预测。例如，如果真实的 R_t 过程可以被写为 $R_t - R_{t-1} = B_1(R_{t-1} - R_{t-2}) - B_2(R_{t-2} - R_{t-3}) + \varepsilon_t$，那么主体进行估计的回归模型可能仅仅是 $R_t - R_{t-1} = \hat{B}_1(R_{t-1} - R_{t-2}) + \varepsilon_t$。很明显，这会产生错误，但是它确实能够产生过量的波动或者说强的 1 期价格动能。

如果购买者具有理性预期，那么他们将采用一般的价格公式 $\left(P_t = R_t + \frac{1}{1+r}E(P_{t+1}) \right)$，这意味着：

$$P_t = \frac{(1+r)^3 R_t - (1+r)((1+r)B_1 - rB_2)R_{t-1} - (1+r)^2 B_2 R_{t-2}}{r(1+r)(1+r-B_1) - rB_2} \qquad (11.7)$$

自然预期的住房购买者的预期为：

$$P_t = \frac{(1+r)^2 R_t - (1+r)\hat{B}_1 R_{t-1}}{r(1+r-\hat{B}_1)} \qquad (11.7')$$

在表 11-2 中，我们模拟了这些预期，假设 $B_1 = \hat{B}_1 = 0.9$，$B_2 = 0.8$，以及 $B_1 = \hat{B}_1 = 0.5$，$B_2 = 0.3$。利息率为 0.04，冲击的标准差为 1 000 美元。我们

并不认为这些假设的数据是真实的。相反地，选择这些数字只是为了展示自然预期会带来高度的动能和过量的波动。在中等持续性的例子中，收入和租金上都具有较高的惯性冲击。在自然预期中，均值回归更明显，因为购买者并没有认识到今天正向的冲击会导致 2 期后反向的冲击。但是，这并没有产生显著的价格动能。尽管自然预期中，主体意识到今天的冲击会转变为明天的冲击，这种正向的效应还会在价格上立即体现，这意味着这种认知的有限性不会产生过量的惯性冲击。

表 11 - 2		固定供给模型		
(1)	(2)	(3)	(4)	(5)
	中等持续性		高度持续性	
时间范围	理性	推测	理性	推测
价格变化波动				
1 年	32 600	52 800	29 800	349 000
3 年	56 700	86 000	51 300	649 000
5 年	72 900	94 000	65 000	434 600
价格变化序列				
1 年	0.01	0.05	0.01	0.35
3 年	- 0.01	- 0.34	- 0.04	- 0.85
5 年	0.00	0.20	0.00	- 0.20

在大规模的短期运行持续和大规模的中期均值回归的极端例子中，根据自然预期我们确实在价格上得到了惯性冲击，但是理性预期则不行。理性预期主体认为今天的正向冲击会很快被抵消，因此价格的变化会相比更小。自然预期主体会认为价格变动更剧烈，变化的惯性更大。只有当现实清楚后，这种惯性冲击才转变为均值回归。当然，在大规模且具有规律性的情况下，自然预期主体会犯错误，这一点可能很难被许多经济学家所接受。除了需要通过自然预期来拟合住宅价格数据的假设是过于极端的以外，这类研究实践还是很有趣的。

另外一个自然预期的重要应用在于，它可以解释为什么住宅购买者经常忽略会使得价格回归的外生供给。如果建在新的住宅单位总是需要一定时间的话，那么基于短期的预测总会忽略供给的力量。这也意味着自然预期仅会引发需求侧因素的分析，也会引导购买者无法预测到供给将最终引起价格收敛。

为了展示这一点，我们假设 $R_t = \theta_t - \alpha N_t$，在这里 θ_t 是外生需求冲击，N_t

代表了新住宅的供给。我们假设 $\theta_{t+1} - \theta_t = \delta + \rho(\theta_t - \theta_{t-1} - \delta) + \varepsilon_{t+1}$，那么真实的过程就是一个一期的移动平均。我们另生产过程是 2 期的，$E_t(P_{t+2}) = c_0 + c_1 I_{t+1}$ 且 $N_{t+1} = N_t + I_t$。这说明生产的决策决定了 $t+2$ 时刻的供给冲击，但是决策是基于 t 时刻可获得的信息而确定的。

我们研究了 3 种可能性。第一，所有的住房购买者和建造商不可能全部都是理性的。在表 11-3 的第一列中显示了这种情况。在此情况下，波动性属于中等，均值回归显著，几乎没有价格动能。购买者希望所有的未来都能发生变化，但是新的住宅建筑所引发的冲击变化却会随着时间消失。

表 11-3 低建设成本下的供给变化

(1)	(2)	(3)	(4)	(5)	(6)
		$\tilde{I} = I_t$		$\tilde{I} = I_{t-1}$	
时间范围	完全理性	半理性	理性	半理性	理性
价格变化波动					
1 年	6 000	50 400	51 300	51 600	52 500
3 年	9 700	50 500	51 300	73 000	74 300
5 年	11 300	50 700	51 300	73 000	74 300
相关建设量					
1 年	5 500	2 000	2 000	2 000	2 000
3 年	14 600	5 900	6 000	5 900	6 000
5 年	22 300	9 600	9 800	9 600	9 800
建设量相关系数					
1 年	0.75	0.96	0.96	0.96	0.96
3 年	0.55	0.92	0.92	0.92	0.92
5 年	0.41	0.88	0.87	0.88	0.87

在案例中，我们能够让住房购买者正确认知需求的变动，但是对于供给的变动不能完全认知。在两个半理性的例子中，我们假设住宅购买者认为供给是固定的。在（2）和（3）列中，购买者认为供给是按照当前的供给率不变。在（4）和（5）列，购买者认为供给是按照上一期的水平固定不变。对于建造商的理性，我们还有另外 2 种可能性。在（2）和（4）列，住宅建造商选择 I_{t+1}，假设 $I_{t+1} = I_{t+2}$。在（3）和（5）列，建造商都是完全理性的。

在所有的案例中，近理性的假设无法产生任何价格波动。无法对住宅供给的反映产生预期，这确实是造成价格无法因价格增长而产生进一步增长的一个原因。在基本的需求方面确实存在动能，但是自然预期的购买者将其放入 t 时期的价格中。但是，购买者对供给进行预测的有限能力却加剧了价格的波动幅度以及价格的均值回顾。价格波动幅度较高是因为他们没有预测到随着供给的增加，租金将会随着时间降低的事实。均值回归较强是因为价格增长的起始时间更早，但很快回落。

让我们惊讶的是，这种半理性减少了建设量的波动幅度。如果价格起落幅度很大，建设量的变化会较小。另一个较少学习形式的认知有限性是空间基准。这种经验主义遵从了阿朗索—穆特—米尔斯模型和罗森—罗巴克模型的空间均衡逻辑，并应用于价格而不是房租。这种逻辑曾在19世纪80年代被采用，当时市场景气，用于说服投资者相信洛杉矶房地产市场的价格，这是与费雷拉和捷尔科（2012）关于20世纪市场景气的空间扩散研究一致。

如果各个地区的供给量差异很大，那么这种逻辑就会出现问题。我们考虑一个极端的例子，假设城市 A（洛杉矶），供给量是固定的且 $R_{t+j} = e^{gi} R_t$，那么收益是确定要增长的。如果价格公式为 $P_t = \int_{j=0}^{\infty} e^{-\eta j} R_{t+j} \mathrm{d}j$，那么城市 A 的价格为 $P_t = \dfrac{R_t}{r-g}$。

假设在一个时刻，城市 B 产生收益为 $R_t - \delta$。简单的空间外推就可以得出，城市 B 的价格应该等于 $\dfrac{R_t - \delta}{r-g}$，如果城市 B 的价格也按照增长率 g 变化的话，那这就是理性的。该公式可能从根本上就错误的一个原因是，两个地区的增长率是不同的。该例子说明，静态的易产生错误的定价。

另外一个不太明显的错误是对于两个地区供给条件的忽略。为了解释该问题，我们假设 $g=0$，且 R_t 是给定的，在城市 A 中为 R_A。固定的效用流反映了在该假设中，城市 A 中的供给也是不变的。城市 A 中的价格等于 $\dfrac{R_A}{r}$。

在城市 B，$R_t = \theta_B - \alpha N_t$，因此效用流随着居住在该城市人口的增长而降低，这可能是由于拥挤的原因。在 0 时刻，$\theta_B - \alpha N_0 = R_A$，两个地区最初的产出是相当的。因此，简单的空间外推意味着两个城市的价格都等于 $\dfrac{R_A}{r}$。这与理性价格不同，因为个体对新供给是有所预期的。新住宅供给的成本基本随着住宅数量的增加呈线性关系，因此在任何时候，新增住房的价格必须等于 $c_0 +$

$c_1 \dot{N}$。我们假设 $\dfrac{R_A}{1-\beta} > c_0$ 以确保新增建设量是可能发生的。

在 B 城市理性的定价和增长公式满足：

$$\dot{N} = \left(\frac{\theta_B - \alpha N_0}{r} - c_0 \right) \frac{r(r+c_1)}{c_1 r(r+c_1) + \alpha} e^{-c_1 t} \tag{11.8}$$

且

$$P = c_0 + \left(\frac{\theta_B - \alpha N_0}{r} - c_0 \right) \frac{c_1 r(r+c_1)}{c_1 r(r+c_1) + \alpha} e^{-c_1 t} \tag{11.9}$$

即使在 0 时刻，在城市 B 的理性价格也等于 $\dfrac{\alpha c_0}{c_1 r(r+c_1) + \alpha} + \left(\dfrac{\theta_B - \alpha N_0}{r} \right)$ $\dfrac{c_1 r(r+c_1)}{c_1 r(r+c_1) + \alpha}$，该值肯定小于 $\dfrac{R_A}{r}$，也就是最简单的空间期望价格。在城市 B 中最简单的购买者会与城市 A 进行对比，这也许正如 2005 年拉斯维加斯城市中的购买者将拉斯维加斯与洛杉矶进行对比。他们看到的是两个城市可以比较的效用流，对于他们来说，这种可以用来比较的价格最为简单。对于有经验的购买者，他们会认为城市 B 会随着时间增加住房供给，这会造成效用流的降低，进而城市 B 中的住宅会比城市 A 的住宅更便宜。

如果城市 B 中的个体坚持采用适用于城市 A 的价格公式，那么价格等于 $\dfrac{\theta_B - \alpha N_t}{r}$，进而 $\dot{N} = \dfrac{1}{c_1} \left(\dfrac{\theta_B - \alpha N_t}{r} - c_0 \right)$，这在一开始就比不完全理性的价格更高。在短期内，会造成新增建设量的过高，最终，价格会回到不完全理性水平之下。两个城市中的租金水平最开始是一样的，但是由于过度供给的存在会很快产生差异，在最开始的时候价格就反映了可预期的收敛。

价格偏离理性的第三种方式是由于购买者跟随了别人，也可以形容为经验法则。在当前给定的利率条件下，在我们讨论的这些选择中，都会选择那些可支付前提下花销更大的。如果边际住房购买者的收入为 Y 美元，且可以获得无首付的抵押贷款，那么愿意支付的最大值是某个固定比例乘以 Y 除以利率。这种经验法则意味着价格对利率具有很高的弹性，但这在基本模型中为 1 且不变。这还意味着住房的价格与住宅带来的利润不再挂钩，这与几个世纪以来经济学的思维方式背道而驰。在高通货膨胀时期，如果购买者对未来真实利率支付成本期望过高，进而在通胀回落时更多购买住房，这样货币幻觉也会促使"住宅疯狂"（Brunnermeier and Julliard，2008）。

另一个新增的可能性是，个体从一种预期信念的形式跳跃到另一种。例如，他们有时会是理性的，但是在持续增长期间会适应这种环境。或者当未来价格的增值看似不会发生或只是偶然发生时，他们会忽略未来价格的增值。在这些时候，价格遵循租金，但是如果一个事件使得对房价未来增值的预期凸显，那么购买者就会开始对未来的住宅价格增长产生潜在的预期偏差。

11.5.4 社会学习和企业家失误

前面主要研究了从过去价格变化中进行学习，但是个人对住房价格预期信念的形成还受到许多其他因素的影响。人类所依赖的最普遍且重要的信息来源也许就是周围人的意见。绝大多数时间里，这些社会的影响是相对良性的，但是在某些情况下，这些影响可以反映出个人动机与其最佳动机不同。

早期研究热衷在其理性的原因模仿上。例如弗洛特等（Froot et al.，1992）强调，短期投资者只热衷于关注某些信息来源。贝克汉塔尼等（Bikhchandani et al.，1998）和班纳吉（Banerjee，1992）都提出了信息串联模型，模型中个体理性地模仿他人。德考斯特和斯特兰奇（DeCoster and Strange，2012）中，对于开发商也采用了这种逻辑，也同样相互模仿，这是因为他们假设其他先驱者的决策是基于当前情况的有价值信息。这种情况将会造成多度建设。

如果模仿的激励作用超过了理性，那么这种力量就会变得很大。在这种情况下，很自然的一个模型就是再一次假设一种"被诅咒的"行为，这时个体由于其他人的行为影响，低估了社会上的情况。这时，每一个新的购买者都推断，大多数购买者都是靠自身信息来决策的，而不是跟随领导者。在这种情况下，每一个新的购买者都相信，整个购买者群的行为包含了特别丰富的信息，但是实际上，这一大群人可能只是跟随了某一个人。这种错误的干扰会造就影响整群人的行为，也会使得这种热衷变得非常常见。

德考斯特和斯特兰奇强调了建造者的决策，同样的逻辑在某一地区的住宅购买中同样适用，例如2005年的拉斯维加斯。根据这种观点，大量购买拉斯维加斯住宅的人为新的购买者提供了一个表明，那就是在拉斯维加斯投资很划算。这种逻辑进一步激发了新购买者的涌入。

除了模仿，研究文献中还有进一步的关于遵从建议的研究。此类研究中一个非常著名的研究论文来自于洪（Hong，2008），论文中认为那些感兴趣的建议者在刺激泡沫形成的过程中发挥了很重要的作用。根据这种观点，存在对销售证券或房地产感兴趣的人。这些提供意见的人对购买者产生了信息误导，进而使购买者依据错误的信息产生行为。房地产中介机构确实具有鼓动购买者购买的动机，也会花大量的时间来做这些事情。

自然地，这些模型会假设一定程度上的非理性——个体仍然听从建议者的建议，但是建议者很明显却是出于自身利益的。当然，这种关注他人的意见的方式本身就是一种完全合理的经验法则。大多数时候，建议都是公正的（例如，某人配偶或母亲会在下雨天建议其穿外衣），而且不用花很大精力去探求建议背后的动机是最佳选择。也许，在大多数情况下，我们遵从给我们的建议是因为这是一个明智的策略。

"企业家失误"方法中，还有一个很吸引人的方面，那就是可以提供用于检验的应用，这点强于简单的羊群效应观点。羊群效应模型，正如城市经济中的集聚模型一样，个体的行为具有相似性。但是，是由于个体之间的相关性导致了羊群效应（或集聚）还是由于某些同时作用于所有个体却被忽略的因素，目前还没有弄清。相比之下，"企业家失误"的方法给出了更强的预测，那就是整个群体在强大激励和劝说下，沿着失误的供给者所暗示的方向移动。

我们并没有列出所有关于认知局限性的模型，但是这种研究开始的早，我们希望今后的研究能集中在对理性进行完善的几个可能性上，这样是明智的。我们希望今后的研究中能有关于外推预期信念的研究，包括理论研究、一般经验研究以及高产出的实验研究。另一方面的研究，也是经常被忽视的，就是对弹性供给的影响进行更深入研究。最后，如果很难避免必须要假设外生的预期信念，那么应探索采用一些住宅建设和政策的因素使其变得简单。

11.5.5　未来研究方向

在住房市场和住房泡沫的近理性模型研究中，我们处于破晓阶段。在理论的前沿，我们对于那些简单的、由理性推导产生的模型尤其感兴趣，因为这些模型可以产生 11.3 节中曾讨论的典型事实。如果能够专注研究一种近理性模型形式，而不是对每种不规则情况进行解释，也是一种明智的选择。我们认为，具有微观基础的外推模型和社会学系模型是最值得未来深入研究的。

该领域内同样需要经验研究工具。很多奇怪的行为都可以通过实验进行研究，但是考虑到现实中住房的购买往往通过房地产中介机构时，实验条件距离实际情况还是有较大的差距。有关于此的经验研究是最需要的。一般而言，好的行为模型得到的结果和应用是可以被检验的，这些应用将使我们有能力对未来的价值进行判断。

对于近理性购买者的标准范式研究也是特别需要的。在购买者过于乐观或追逐趋势时，对于住房抵押利息减免的最优策略应该是什么？行为的个性化与土地利用控制之间的关系是什么？任何标准范式的研究都应该关注管理者、立法者、投票人的可能近理性问题。

11.6　公共政策和泡沫

房地产泡沫与公共政策积极和规范性。就积极而言，很多观察者都认为，包括低利率、社区再投资法和对房地美和房利美的支持等政府政策会帮助泡沫及其破灭（如 Wallison，2009）。我们已经讨论过，对于便捷的信贷获得和住房泡沫之间的看不到简单的相关性，这也使得我们对于政策会引发膨胀这件事上必须谨慎。当然，这些政策还是有可能会加剧泡沫的恶化及其金融问题，但是对于波动问题很难去责怪政府。除此之外，历史上的泡沫显示，其往往发生在政府干预最小化的时候（Glaeser，2013）。

接下来，我们来看针对住宅泡沫的各个部门的标准政策应用。其中最明显的是宏观机构，例如联邦储备委员会，他们会对是否采用直接的干预政策来降低资产泡沫的波动幅度进行讨论，这也包括房地产泡沫。银行和信贷的管理部门对于那些深受房地产波动影响的机构进行监管。实际存在的房地产泡沫对于银行监管的最优政策影响是怎样的？联邦政府制定了一系列住宅市场政策，这其中就包括住房抵押贷款利息的减免。就最近房地产的波动情况而言，这些政策是否应变化？最后，地方土地利用的管理在产生住宅供应量的责任上是巨大的。这些管理政策也会与住宅泡沫有关（Glaeser et al.，2008）。

我们现在并不是要解决这些政策问题，但我们把它们视为持续的重要议题。美国联邦储备委员会历来不愿采取措施抑制房地产泡沫。例如，在 2005年，珍妮特·耶伦（Janet Yellen）曾明确对当前货币政策表态，即不能用于打击住宅市场泡沫。她提出一个反问反驳这种观点，那就是，"如果泡沫注定要自身瓦解，那么对于经济的作用是否会被过度夸大了？"更重要的是，她认为货币政策并不是"打击住宅价格泡沫的最好工具"。

对于她的第一个反对干预的观点，历史上并不是如此。房地产泡沫破灭后，负面的结果会广泛传播，而且使得未来住房泡沫破灭的危险显得很真实。公平地讲，很多研究住宅的经济学家（至少包括我们其中的一位）至少也犯了和她一样的错误。但是即使在大衰退的教训之后，未来的政策制定者仍然对于住房市场的衰退不会造成严重的后果坚信不疑。

但是，对于宏观政策所带来的风险的认识还不足够清楚。耶伦关于货币政策不是一个"打击住宅价格泡沫"的最好方法的论点在今天来看，与在 2005年一样是站得住脚的。除此之外，由于住宅价格的膨胀或者泡沫会反映出真实市场力量的存在，所以不断重复地反其道而为之可能是一个愚蠢的做法。政策上的结论是不确定的，但是正因如此，在房地产波动很大时，我们需要更多的关于宏观稳定政策的研究。

住宅价格的波动对于金融市场的监管也是有影响的。雷曼兄弟的倒闭与其被曝房地产相关的次级贷款风险是密切相关的。实际上，抵押贷款的证券化被指责不仅制造了泡沫并让衰退的负面影响广泛扩散。尽管如此，对于风险的分散还是减少了泡沫对于银行系统本身的负面影响，这是由于直接在借款机构账上的抵押贷款更少了。

几个世纪的房地产景气和萧条表明，房地产并不是无风险资产。经常出现的均值回归意味着今天的高房价可能明天就会回到较低的均值。如果监管部门的目的是在系统内减少金融灾难的风险，也许这些事实会对银行监管部门有所警示。

曾被提出的一个改革方式是，在对资本所需要的资产价值评估时，需要监管者对均值回归进行预测。如果价格在过去的 5 年中增长了 75%，那么历史的经验会得出未来 5 年中价格降低 25% 并不是不合理的。这样做的一个建议是对房地产相关的资本进行评估时，基于其未来的期望值。

当然，转换为这种方式是还有很多需要注意的问题。房地产并不是唯一显示出均值回归的资产（Cutler et al.，1991），但是如果房地产只是唯一采用该方法的，这就会扭曲资本的流动。无论采用什么样的模式来评估长期价值，都会受到贷款机构与政策之间的博弈的支配，而政策的制定者只会追逐其自身的目标。这里再一次重申，目前能得到的肯定结论就是未来还需要进一步研究。

联邦政府对于推进住宅所有权的提高有明确的政策，那就是对贷款进行补贴。住宅抵押贷款利率的减免间接地补贴了住宅借贷。从商业投资机构的借贷也是可以减免的，当然返还投资机构的钱是要征税的。相比之下，政府并没有直接对房主的租房收入进行征税。房地美、房利美和联邦住房管理局等政府资助的企业也通过对违约进行担保来鼓励住宅的借贷。

房地产市场出现的泡沫对于在房地产上增加杠杆以鼓励购买的公共政策产生了深刻影响。如果房地产是一个安全、没有激情的资产，很少经历大的波动，那么鼓励住宅的购买就会被视为一种鼓励财产积累的稳妥做法。然而，较高的波动幅度意味着，政府支持增加杠杆的借贷政策对他们所创造出来的背负巨大债务的有房阶级会产生负面的影响，因为他们贷款购买的住房失去了价值。

在某种程度上，下跌的风险会被这些房产所有者生活成本的下降所抵消。由于我们生来就没有住宅，因此对住宅的拥有本身意味着一种保值措施（Sinai and Souleles，2008）。当然，地方住宅价格与地方劳动力市场还是存在协方差的，这也有助于解释为什么下降会伴随着房屋止赎。这些房屋止赎是一个直接的例子，说明了风险是与对具有杠杆的房地产信托基金的鼓励相关的，尤其对于低收入美国居民来说更是如此。

那些对房屋借款政策的支持者经常指出，美国人投资组合中住宅比重大，似乎就表明了对住宅所有权的补贴是鼓励资产积累的一条自然路径。然而，由于很多这类政策使得低收入者更容易获得贷款，因此也就减少了购买前储蓄的动机。我们迫切需要关于鼓励住房政策对于一般美国人投资组合影响的严谨研究，尤其要研究在出现住宅价值的波动时这种情况是怎样的。

最后一个与房地产泡沫相关的政策领域是关于地方政府的土地利用政策。住宅的供给至少部分是由地方层面的管理所决定的。住宅供给进而影响了房地产泡沫的特征和持续时间。相关性最强的这种情况在那些开发受到限制的地区尤为显著，比如那些当前不允许建设的地区（Glaeser et al.，2008）以及投资人预计未来管理会使供给受到限制的地区（Nathanson and Zwick，2013）。

在真实的房地产泡沫的世界中，我们是否该降低新增住宅建设的门槛，这样做是否更有价值？答案是未必。即使我们坚信对于住宅建设的管制越少会使得泡沫发生变得不频繁或者不极端，但是我们不能因此认为减少土地使用的限制可以减少泡沫的社会成本。社会成本之一就是建设量过度，建设量过度在那些土地利用限制更加严格的地区会更加突出。这听起来值得怀疑，例如在2001~2006年的价格膨胀在旧金山或者波士顿郊区造成了严重的过量建设，由于新增住宅建设过少，所以即使在泡沫破灭后，住宅价格仍然显著高于建设成本。他们的这种限制可能使得价格波动变得更加严重，但是这些政策也对过度的建设量供给带来的后遗症有所限制。在供给具有弹性且泡沫已经发生的地区，过量建设的社会成本是最高的。

总体来看，政策部门并没有给出能精准指出问题的明确政策导向。政策对房地产泡沫的影响还远未研究清楚。经济学家在这一方面并没有花全部心思去研究，部分原因是因为我们并不愿意接受真的存在泡沫这一事实。然而，无论我们是否使用"泡沫"这个词，2000~2012年令人恐惧的变化也使大家意识到房地产市场经历巨大的震荡是件平常的事情。经济学家必须要加强研究，解释在剧烈变化的房地产市场中，不同的住宅和银行政策对于市场的影响。

我们需要大量与政策相关的研究。政策的制定往往是在被忽视的环境中进行的，因此在我们对于公共政策的基础足够自信之前，我们必须对以上提出的这些积极的问题进行回答。其中最关键的问题就是，如较高的准备金率这样的管理措施是否能有效地在未来发生住宅市场泡沫破裂时保护我们的金融系统。该问题仍然是悬而未决的。一些专家甚至认为更高的利率比管理措施更加有效，因为它可以在整个系统中产生作用，对影子银行也会有影响，这点就是管理机构无法做到的。

如果整个社会都在思考对住房贷款补贴政策的调整，那么一些问题就变得非常重要。比如当前的住房购买补贴体制是否真正可以引导资产积累，还是削弱了用于首付款的储蓄的积极性？房贷的补贴对于一般住房所有者的资产配置风险来说影响是怎样的？

11.7 结 论

本章认为，房地产经历令人印象深刻的景气和萧条，足以说明其存在泡沫。一般来说，价格如果偏离过多就说明其租金或可见的基本面发生了变化。住宅价格在高频次时显示出实质的动能，在较低频次表现为均值回归。这些特点极大地加剧了在 2000～2012 年的景气和萧条。除此之外，在美国和世界历史上经常发生房地产市场震荡，往往带来可怕的后果。

房地产泡沫经济学还处于萌芽阶段，直到 2005 年，主流经济学观点认为这些泡沫并不存在。这种正统的观点与一般金融经济学中的假设是类似的，至少在 2000 年互联网泡沫破灭前是这样的。现在来看，认为住宅价格变化是有序的且完全是被明显的、可以放入基本模型的基本面变化所驱动的观点是非常愚蠢的。

有两种广义分类的模型可以不断阐释显著的住宅市场波动的存在。第一种分类在根本上是尝试通过本质上为理性的因素来解释住宅市场的特征。我们已经讨论了这些模型中的两种变形。首先，一些论文通过搜寻模型研究了住宅市场的变化。这些模型与基本模型相比，可以产生更大的动能，这是因为冲击在整个系统产生作用需要时间。至今，这些模型逐渐无法产生过度的波动幅度，只剩下动能和均值回归，但是他们本身就是巨大的贡献，未来的学习和搜寻模型中，尽管对其是否发生会有所质疑，但也会产生显著的过度波动幅度。

第二种理性模型强调，如果中介问题引发的利率使得违约风险代价过小，那么理性泡沫就会在不违反任何横截条件的前提下出现。这些模型的预测中，价格将变得非常高仍然具有可能性。这很难与具有弹性的住宅供给相协调，这就说明，在新增住宅量受到严格管控的地区，该情况的出现更貌似合理。这些理性泡沫模型并不说明廉价的借贷总是会引发房地产泡沫，只是说它是一个必要条件。

第二类模型放弃了完全理性的假设。我们已经讨论了几个不同的模型，包括预期信念被假设为固定且异质的模型。尽管这种假设对于强调房地产市场的截面问题很有效，但我们对于行为房地产研究的发展将关注于外推信念和简单的理性认知形式所产生的结果是有怀疑的。根据艾斯特和拉比（2005）研究中的认知理性形式的结果，我们描绘了一条通往外推的路径。认知理性看上去很可能会存在于购买者在价格决策过程中不断忽略住宅供给的情况。

了解房地产泡沫的原因似乎特别关键，因为这些情况会产生巨大的社会问题。我们不能奢望这些资产价格的波动会消失，但是我们通过更好的公共政策供给以减少其代价至少是可能的。不幸的是，我们离具有足够的知识以自信地提出特定政策的行为还具有很漫长的路要走。

致　　谢

格莱泽感谢国家和地区政府 Taubman 中心提供的资金支持。William Strange 提供了充足的指导，Rajiv Sethi 和 William Strange 都给出了很好的评论。这一章是为了城市和区域经济学手册所著。

参考文献

Abel, J.R., Deitz, R., 2010. Bypassing the bust: the stability of upstate New York's housing markets during the recession. Fed. Res. Bank N.Y. Curr. Iss. Econ. Finance 16 (3), 1–9.

Abreu, D., Brunnermeier, M.K., 2003. Bubbles and crashes. Econometrica 71 (1), 173–204.

Adelino, M., Gerardi, K., Willen, P., 2010. What explains differences in foreclosure rates? A response to Piskorski, Seru, and Vig: Federal Reserve Bank of Atlanta Working paper 2010-8, Federal Reserve Bank of Atlanta, Atlanta, GA.

Ambrose, B.W., Eichholtz, P., Lindenthal, T., 2013. House prices and fundamentals: 355 years of evidence. J. Money, Credit, Bank. 45 (2–3), 477–491.

Banerjee, A.V., 1992. A simple model of herd behavior. Q. J. Econ. 107 (3), 797–817.

Barberis, N., Greenwood, R., Jin, L., Shleifer, A., 2015. X-CAPM: an extrapolative capital asset pricing model. J. Financ. Econ. 115 (1), 1–24.

Becker, G.S., 1962. Irrational behavior and economic theory. J. Polit. Econ. 70 (1), 1–13.

Bikhchandani, S., Hirshleifer, D., Welch, I., 1998. Learning from the behavior of others: conformity, fads, and informational cascades. J. Econ. Perspect. 12 (3), 151–170.

Brunnermeier, M.K., Julliard, C., 2008. Money illusion and housing frenzies. Rev. Financ. Stud. 21 (1), 135–180.

Caldera, A., Johansson, A., 2013. The price responsiveness of housing supply in OECD countries. J. Hous. Econ. 22 (3), 231–249.

Campbell, J.Y., Giglio, S., Pathak, P., 2011. Forced sales and house prices. Am. Econ. Rev. 101 (5), 2108–2131.

Case, K.E., Shiller, R.J., 1989. The efficiency of the market for single family homes. Am. Econ. Rev. 79 (1), 125–137.

Case, K.E., Shiller, R.J., 2003. Is there a bubble in the housing market? Brook. Pap. Econ. Act. 2, 299–362.

Case, K.E., Quigley, J.M., Shiller, R.J., 2005. Comparing wealth effects: the stock market versus the housing market. Adv. Macroecon. 5 (1), 1–32.

Case, K.E., Shiller, R.J., Thompson, A., 2012. What have they been thinking? Homebuyer behavior in hot and cold markets. Brook. Pap. Econ. Act. 2, 265–315.

Clapp, J.M., Tirtiroglu, D., 1994. Positive feedback trading and diffusion of asset price changes: evidence from housing transactions. J. Econ. Behav. Organ. 24 (3), 337–355.

Clapp, J.M., Dolde, W., Tirtiroglu, D., 1995. Imperfect information and investor inferences from housing price dynamics. Real Estate Econ. 23 (3), 239–269.

Cox, J.C., Ingersoll Jr., J.E., Ross, S.A., 1985. A theory of the term structure of interest rates. Econometrica 53 (2), 385–407.

Cutler, D.M., Poterba, J.M., Summers, L.H., 1991. Speculative dynamics. Rev. Econ. Stud. 58 (3), 529–546.

Davidoff, T., 2013. Supply elasticity and the housing cycle of the 2000s. Real Estate Econ. 41 (4), 793–813.

DeCoster, G.P., Strange, W.C., 2012. Developers, herding, and overbuilding. J. Real Estate Finance 44 (1–2), 7–35.

DeLong, J.B., Shleifer, A., Summers, L.H., Waldmann, R.J., 1990. Positive feedback investment strategies and destabilizing rational speculation. J. Financ. 45 (2), 379–395.

Demsetz, R.S., Saidenberg, M.R., Strahan, P.E., 1997. Agency problems and risk taking at banks: Federal Reserve Bank of New York Research Paper 9709, Federal Bank of New York, New York, NY.

Diamond, D.W., Rajan, R., 2009. The credit crisis: conjectures about causes and remedies. Am. Econ. Rev. 99 (2), 606–610.

Diba, B.T., Grossman, H.I., 1988. The theory of rational bubbles in stock prices. Econ. J. 98 (392), 746–754.

Eyster, E., Rabin, M., 2005. Cursed equilibrium. Econometrica 73 (5), 1623–1672.

Fama, E.F., 1965. The behavior of stock-market prices. J. Bus. 38 (1), 34–105.

Ferreira, F., Gyourko, J., 2012. Heterogeneity in neighborhood-level price growth in the United States, 1993-2009. Am. Econ. Rev. 102 (3), 134–140.

Ferreira, F., Gyourko, J., Tracy, J., 2010. Housing busts and household mobility. J. Urban Econ. 68 (1), 34–45.

Fisher, L.M., Lambie-Hanson, L., Willen, P.S., 2013. The role of proximity in foreclosure externalities: evidence from condominiums: The Federal Reserve Bank of Boston Public Policy Discussion Paper No. 13-2, Federal Reserve Bank of Boston, Boston, MA.

Froot, K.A., Scharfstein, D.S., Stein, J.C., 1992. Herd on the street: informational inefficiencies in a market with short-term speculation. J. Financ. 47 (4), 1461–1484.

Fuster, A., Laibson, D., Mendel, B., 2010. Natural expectations and macroeconomic fluctuations. J. Econ. Perspect. 24 (4), 67–84.

Gao, Z., 2014. Housing boom and bust with elastic supplies: Job Market Paper. Princeton University, Princeton, NJ.

Gelain, P., Lansing, K.J., 2014. House prices, expectations, and time-varying fundamentals. J. Empir. Finance 29, 3–25.

Genesove, D., Han, L., 2012. Search and matching in the housing market. J. Urban Econ. 72 (1), 31–45.

Genesove, D., Mayer, C., 2001. Loss aversion and seller behavior: evidence from the housing market. Q. J. Econ. 116 (4), 1233–1260.

Giglio, S., Maggiori, M., Stroebel, J., 2014. No-bubble condition: model-free tests in housing markets: Working paper #20154, National Bureau of Economic Research, Cambridge, MA.

Glaeser, E.L., 2013. A nation of gamblers: real estate speculation and american history. Am. Econ. Rev. 103 (3), 1–42.

Glaeser, E., Gyourko, J., 2009. Rethinking Federal Housing Policy. American Enterprise Institute, Washington DC.

Glaeser, E.L., Gyourko, J., Saiz, A., 2008. Housing supply and housing bubbles. J. Urban Econ. 64 (2), 198–217.

Glaeser, E., Gottlieb, J.D., Gyourko, J., 2013. Can cheap credit explain the housing boom? In: Glaeser, E.L., Sinai, T. (Eds.), Housing and the Financial Crisis. University of Chicago Press, Chicago, IL, pp. 301–359.

Glaeser, E.L., Gyourko, J., Morales, E., Nathanson, C.G., 2014. Housing dynamics: an urban approach. J. Urban Econ. 81 (2014), 45–56.

Goodman, J., 2005. Housing Situation and Time Use. Advisors, Hartrey.

Green, R.K., 2008. Imperfect information and the housing finance crisis: a descriptive overview. J. Hous. Econ. 17 (4), 262–271.

Greenwood, R., Hanson, S.G., 2013. Issuer quality and corporate bond returns. Rev. Financ. Stud. 26 (6), 1483–1525.

Guren, A., 2014. The causes and consequences of house price momentum: Job Market Paper. Harvard University, Cambridge, MA.

Guren, A., McQuade, T., 2014. How Do Foreclosures Exacerbate Housing Downturns? Boston University, Boston, MA.

Hall, R.E., 2003. Deal Engines: The Science of Auctions, Stock Markets, and E-Markets. W. W. Norton & Company, New York, NY.

Haughwout, A., Lee, D., Tracy, J.S., Wilber, V.d.K., 2011. Real estate investors, the leverage cycle, and the housing market crisis: Federal Reserve Bank of New York Staff Report No. 514, Federal Reserve Bank of New York, New York, NY.

Head, A., Lloyd-Ellis, H., Sun, H., 2014. Search, liquidity, and the dynamics of house prices and construction. Am. Econ. Rev. 104 (4), 1172–1210.

Himmelberg, C., Mayer, C., Sinai, T., 2005. Assessing high house prices: bubbles, fundamentals, and misperceptions. J. Econ. Perspect. 19 (4), 67–92.

Hoberg, G., Phillips, G., 2010. Real and financial industry booms and busts. J. Financ. 65 (1), 45–86.

Hong, H., Scheinkman, J., Xiong, W., 2006. Asset float and speculative bubbles. J. Financ. 61 (3), 1073–1117.

Hong, H., Scheinkman, J., Xiong, W., 2008. Advisors and asset prices: a model of the origins of bubbles. J. Financ. Econ. 89 (2), 268–287.

Kindleberger, C.P., 1978. Manias, Panics, and Crashes: A History of Financial Crises. Basic Books, New York, NY.

Kivedal, B.K., 2013. Testing for rational bubbles in the US housing market. J. Macroecon. 38 (B), 369–381.

Krainer, J., 2001. A theory of liquidity in residential real estate markets. J. Urban Econ. 49 (1), 32–53.

Krainer, J., LeRoy, S.F., Munpyung, O., 2009. Mortgage default and mortgage valuation: Federal Reserve Bank of San Francisco Working paper No. 2009-20, Federal Reserve Bank of San Francisco, San Francisco, CA.

Levitt, S.D., Syverson, C., 2008. Market distortions when agents are better informed: the value of information in real estate transactions. Rev. Econ. Stat. 90 (4), 599–611.

Malinvaud, E., 1953. Capital accumulation and efficient allocation of resources. Econometrica 21 (2), 233–268.

Mian, A., Sufi, A., 2009. The consequences of mortgage credit expansion: evidence from the US mortgage default crisis. Q. J. Econ. 124 (4), 1449–1496.

Mian, A., Sufi, A., 2010. Household leverage and the recession of 2007-09. IMF Econ. Rev. 58 (1), 74–117.

Mian, A., Sufi, A., 2014. House of Debt: How They (and You) Caused the Great Recession, and How We Can Prevent It from Happening Again. University Of Chicago Press, Chicago, IL.

Mian, A., Rao, K., Sufi, A., 2013. Household balance sheets, consumption, and the economic slump. Q. J. Econ. 128 (4), 1687–1726.

Mian, A., Sufi, A., Trebbi, F., 2014. Foreclosures, house prices, and the real economy. J. Financ, Forthcoming. http://scholar.princeton.edu/atif/publication.

Nathanson, C.G., Zwick, E., 2013. Arrested development: theory and evidence of supply-side speculation in the housing market: Job Market Paper. Harvard University, Cambridge, MA.

Novy-Marx, R., 2009. Hot and cold markets. Real Estate Econ. 37 (1), 1–22.

Palmer, C., 2013. Why did so many subprime borrowers default during the crisis: loose credit or plummeting prices?: Job Market Paper. MIT, Cambridge, MA.

Pavlov, A., Wachter, S.M., 2006. The inevitability of marketwide underpricing of mortgage default risk. Real Estate Econ. 34 (4), 479–496.

Piazzesi, M., Schneider, M., 2009. Momentum traders in the housing market: survey evidence and a search model. Am. Econ. Rev. 99 (2), 406–411.

Piskorski, T., Seru, A., Vig, V., 2010. Securitization and distressed loan renegotiation: evidence from the subprime mortgage crisis. J. Financ. Econ. 97 (3), 369–397.

Poterba, J., 1984. Tax subsidies to owner-occupied housing: an asset market approach. Q. J. Econ. 99 (4), 729–745.

Purnanandam, A., 2011. Originate-to-distribute model and the subprime mortgage crisis. Rev. Financ. Stud. 24 (6), 1881–1915.

Roback, J., 1982. Wages, rents, and the quality of life. J. Polit. Econ. 90 (4), 1257–1278.

Rosen, S., 1979. Wage-based indexes of urban quality of life. In: Mieszkowski, P., Straszheim, M. (Eds.),

Current Issues in Urban Economics. Johns Hopkins University Press, Baltimore, MD.

Santos, M.S., Woodford, M., 1997. Rational asset pricing bubbles. Econometrica 65 (1), 19–57.

Scheinkman, J.A., Xiong, W., 2003. Overconfidence and speculative bubbles. J. Polit. Econ. 111 (6), 1183–1220.

Shiller, R.J., 1981. Do stock prices move too much to be justified by subsequent changes in dividends? Am. Econ. Rev. 71 (3), 421–436.

Shiller, R.J., 1999. Chapter 20: human behavior and the efficiency of the financial system. In: Taylor, J.B., Woodford, M. (Eds.), In: Handbook of Macroeconomics, vol. 1(1). Elsevier, Amsterdam, The Netherlands, pp. 1305–1340.

Shiller, R.J., 2005. Irrational Exuberance. Random House LLC, New York, NY.

Shleifer, A., Vishny, R.W., 1997. The limits of arbitrage. J. Financ. 52 (1), 35–55.

Sinai, T., Souleles, N., 2008. Chapter 4: net worth and housing equity in retirement. In: Ameriks, J., Mitchell, O.S. (Eds.), Recalibrating Retirement Spending and Saving. Oxford University Press, Oxford, pp. 46–80.

Sockin, M., Xiong, W., 2014. Learning about the neighborhood: a model of housing cycles: Princeton University Working paper, Princeton University, Princeton, NJ.

Stein, J.C., 1995. Prices and trading volume in the housing market: a model with down-payment effects. Q. J. Econ. 110 (2), 379–406.

Wallison, P.J., 2009. The true origins of this financial crisis. Am. Spect. http://spectator.org/articles/42211/true-origins-financial-crisis (accessed 13 August 2014).

Wheaton, W.C., 1990. Vacancy, search, and prices in a housing market matching model. J. Polit. Econ. 98 (6), 1270–1292.

Wheaton, W.C., Nechayev, G., 2008. The 1998-2005 Housing "Bubble" and the current "correction": what's different this time? J. Real Estate Res. 30 (1), 1–26.

Yellen, J.L., 2005. Housing Bubbles and Monetary Policy. In: Presentation to the Fourth Annual Haas Gala, San Francisco, CA. http://www.frbsf.org/our-district/press/presidents-speeches/yellen-speeches/2005/october/housing-bubbles-and-monetary-policy/051021.pdf.

第 *12* 章
住房、金融与宏观经济

莫里斯·戴维斯

美国纽瓦克罗格斯大学商学院财政与经济系

司迪金·纽沃博格

美国纽约大学斯特恩商学院财政系

摘要

　　在本章中，我们将首先回顾并讨论近十多年里，对于宏观经济、金融、住房三者相互联系的大量深入研究。我们的讨论将重点集中在三大方面：住房与商业周期、住房与投资组合选择及住房与资产收益。之后，我们将回顾近期的一些相关著作，这些著作主要研究 2000 ~ 2010 年，住房市场的景气和萧条同期中的住房与宏观经济。在这一部分中，我们将着重研究那些与数据进行对比的校准模型。在以上的两块内容里，我们会分别从三个主题对那些有影响力的论文进行讨论，这三个主题是：论文中的重点问题、论文运用的主要工具以及论文总结出的深刻见解。目前，对于住房与宏观经济总量之间相互影响的研究，已经取得了长足的进步，但是，仍有大量问题有待进一步研究。例如，经济学家虽然已经认识到信贷市场环境的变化对放大住房价格波动有着重要的影响，但是仍不能掌握变化的时机。在本章的最后，我们就将讨论一部新的著作，这部著作评估了住房政策的宏观经济效应以及福利影响。

关键词

　　住房　住房与宏观经济　住房与投资组合　住房与资产定价　房地产的繁荣与衰退　金融危机　住房危机　住房周期　房地产与商业周期

JEL 分类码

R00 R20 R31 D14 D31 D91 E21 E32 E44 E69

12.1 引 言

就像迪斯科和喇叭裤的潮流轮回一样，住房研究再次成为经济学家眼中的热门课题。住房市场经历了巨大的繁荣（2000～2006 年）及衰退（2006～2010 年）、未曾预料到的抵押贷款违约的俱增，以及最终被引爆的金融危机。此时经济学家不禁要问：发生了什么事？为什么会发生这种事？什么时候还会发生这件事？记住这些问题，因为本章的目的就是介绍到目前为止对于这些问题的研究近况，也就是我们作为经济学家，掌握了的部分以及我们认为尚未了解的部分。在十年之前，还没有发生这些戏剧性的经济事件时，经济学家对住房和宏观经济之间相互作用的调查研究是基于另一个明显的原因，即住房资金在财富总量中占据很大一部分，并且住房的投资活动也占据了整体经济活动中很大的比例。另外，住房又有着一些独特的区别于其他资产的特征，特别是：（a）住房交易并不频繁，而交易行为又受搜寻摩擦和巨额交易成本的支配；（b）与"只是可以提供掩蔽所的建筑物"这种意义上的住房相比，带来收入的住房是具有独特性的，并且在住房自有的情况下，收入难以量化；（c）资产的价值是相当庞大的；（d）联邦政府干涉住房市场和抵押信贷市场。规模庞大的住房市场和抵押信贷市场表明，以上这些独特性，或许会影响到宏观经济结果以及其他资产价格。

有许多优秀的论文都针对这些课题进行研究，我们无法用一章的内容涵盖所有研究成果。我们将提到的论文和课题，几乎都是专注研究美国的数据和经验。我们的目标是总结模型，并且解释近期定量的结果，其中校准模型中，大部分是宏观经济和金融领域研究人员的模型。为了这个目的，本章将分为 8 个部分。首先，我们将重点指出美国住房的一些重点事实。这些事实都被当作典型的校准或评估目标，或者，在某些情况下，它们本身就是具体研究的焦点问题。接下来，我们将谈论在局部均衡模型中的住房与商业周期、住房与投资组合选择，及住房与资产收益（即前文提到的三大方面）。之后，我们要回顾一组近期论文，这些论文主要致力于将住房市场从繁荣到衰退这十年间（2000～2010 年）的商业周期实例、生命周期投资组合实例和均衡资产价格三者综合在一起进行研究解释。我们会区分论文是将住房价格视为固定或外生，还是住房价格由模型内生决定的。本章的倒数第二部分将介绍几篇讨论美国住房政策影响和意义的论文，这些论文着重研究了对于自有住房的税收优惠待遇，以及近期解除取消抵押品赎回权的努力。

虽然这一章讲了很多，但是我们还是无法囊括所有研究成果。举例来说，我们忽略了住房市场中的搜寻摩擦，[①] 忽略了住房和长期人口统计预测间的关系，以及住房对生产与消费的长期增长率的影响，[②] 我们也没有提到有些论文的结论是基于主体对房价的不同预期。[③] 我们还会忽略一些经验文献，这些文献使用应用微观经济学技术，调查与次贷危机的因果关系。[④] 同时还有一些文章调查了抵押贷款融资在放大住房市场景气与衰退过程中的作用，在此我们也未提及。[⑤] 最后，本章内容绝大部分是基于美国的经验。世界各国有不同的住房自有率和抵押贷款融资模式，如果想要解释为什么各个国家会有不同以及这些不同会怎样影响宏观经济结果的话，则需要做更多的研究工作。[⑥]

12.2 程式化事实

12.2.1 若干总量

在这一节中，我们重点指出一组通过美国数据得出的程式化事实，其与住房和宏观经济数据模型得出的结果是匹配的。我们首先将定义一组一阶矩或水平变量，这些是识别偏好和技术参数的关键。图 12 - 1 显示的是总住房财富和住房框架分别在 GDP 中所占的比率。因为住房财富被定义为是住房框架（Housing Structures）和土地市场价值的总和，所以图 12 - 1 中两条曲线中的差额就相当于是土地市场价值占 GDP 的比率。这些数据是摘自戴维斯和希思科特（Davis and Heathcote，2007）的文章，与之相似的数据也体现在联邦储备

---

① 一些宏观经济学家已经在这个领域做出了重要贡献，如 Albrecht 等（2007，2010），Head 等（2011），Wong 和 Wright（2011），Head 和 Lloyd – Ellis（2012），He 等（2013），Hedlund（2014），Landvoigt 等（2013a），Ngai 和 Tenreyro（2014），Piazzesi 等（2013）.

② 见 Mankiw 和 Weil（1989），Davis 等（2014）.

③ 见 Piazzesi 和 Schneider（2009）和 Burnside 等（2011）.

④ 例如，Mian 和 Sufi（2009，2011，2012，2014），Mian 等（2010，2013，2014）.

⑤ 见 Keys 等（2009，2010，2012），Piskorski 等（2010），以及综述文章 Keys 等（2013）.

⑥ 请注意，对于描述经济合作与发展组织国家的经验的文章，许多国家的房价的数据来源是 1990 年之前的，这些会阻碍经验分析，见 Catte 等（2004），Hirata 等（2013）和 Aruoba 等（2014）.

委员会的流动资金账目表中。[7] 根据这些数据，在 1975 ~ 2013 年，住房财富占 GDP 平均比率大约在 1.4，而住房框架的重置成本占 GDP 平均比率则为 0.94。通常，土地市场价格大概占 GDP 的 45%，但是土地股份是波动的，举例来说，在住房市场最景气的时期，土地市场价格几乎可以占到 GDP 的 100%。

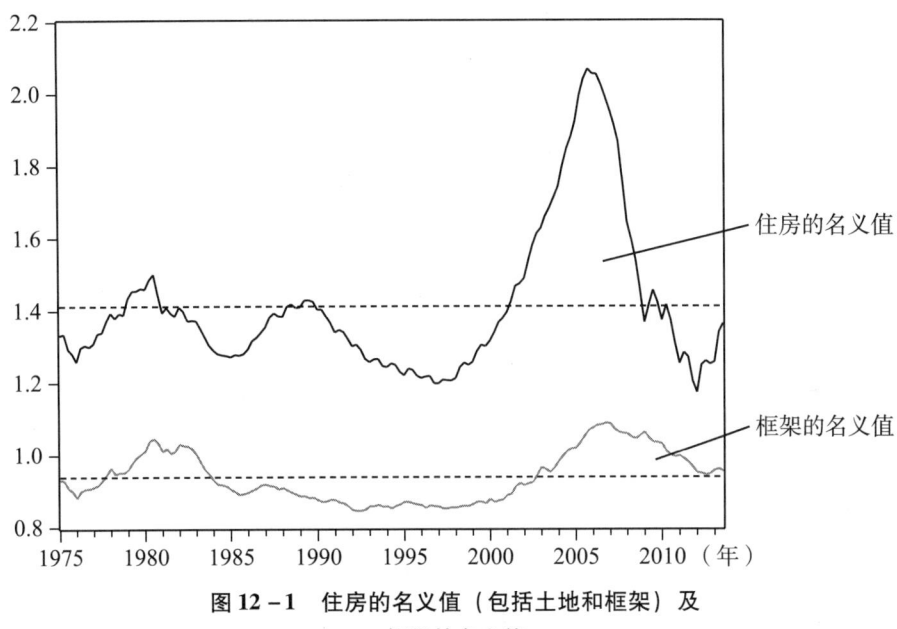

图 12 - 1　住房的名义值（包括土地和框架）及框架的名义值

注：这些都与 1975 年第一季度到 2013 年第三季度的名义 GDP 相关。住房和框架的数据是来自于戴维斯和希思科特（2007），现在可在这个网址下载 http://www.lincolninst.edu/subcenters/land-values/price-and-quantity.asp。名义 GDP 的数据来自国家收入和生产账目。

图 12 - 2 显示的是同一时期住宅投资占 GDP 的比率，[8] 它的平均值是 4.5%。在大多数模型中，知道框架占 GDP 比例的平均值和住宅投资占 GDP 比例的平均值，就可以确定住宅框架的折旧率。为了弄清这一点，注意这个实际框架存量的资本累积公式：

$$k_{t+1} = k_t(1 - \delta_K) + I_t$$

　　[7] 从 Davis 和 Heathcote（2007）的数据支持了住房资本收益变化与 Case - Shiller - Weiss 价格指数相一致，这不是资金流数据的案例。戴维斯和科特（2007）数据来自 http://www.lincolninst.edu/subcenters/landvalues/price-and-quantity.asp。

　　[8] 这些数据来源于国民收入和产品账户（NIPA）表 1.1.5。在 NIPA 中，住宅投资包括支付房屋销售的经纪佣金。虽然我们不在这里做，但作者偶尔会从住宅投资和住宅投资中删除这些佣金以相应调整框架存量的估计。

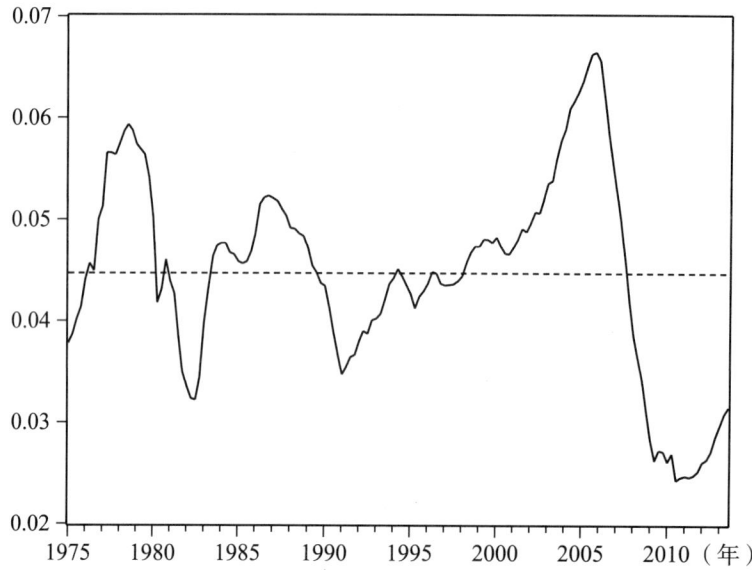

图 12 - 2　1975 年第一季度到 2013 年第三季度中住宅投资占 GDP 的比率
注：数据源自国家收入和生产账目中的表 1.1.5。

如果我们假设通货膨胀率为零，框架相对价格不变，那么我们可以分别将等式两边都除以 GDP 在 t 时间点上的值，即 Y_t，得出：

$$\left(\frac{K_{t+1}}{Y_{t+1}}\right)\left(\frac{Y_{t+1}}{Y_t}\right) = \left(\frac{K_t}{Y_t}\right)(1 - \delta_K) + \frac{I_t}{Y_t}$$

将框架占 GDP 的稳定率、住宅投资占 GDP 的稳定率和实际 GDP 的增长率 Y_{t+1}/Y_t，分别标识为 K/Y、I/Y 和 g_Y，那么，模型所表示的折旧率 δ_K 就可以写为：

$$g_Y + \delta_K = \frac{I/Y}{K/Y}$$

设 I/Y 为 0.045，K/Y 为 0.95，$g_Y + \delta_K$ 等于 0.047。如果实际 GDP（包含人口增长）的增长率为每年 3%，那么 δ_K 的估值则为 1.7%。大多数研究都使用这个估值的近似值。

其他的一些一阶矩可以用来明确那些有关偏好的参数。图 12 - 3 显示了房租加上设施的开支（黑线）与非耐用品和服务的消费总开支的比例，以及只有房租（橙线，或者打印版中的灰线）与非耐用品和服务的消费总开支的比例。[9] 在总消费开支中，大约 21% 是用于住房和设施，但是设施本身只占了

---

[9]　这些数据来自 NIPA 表 2.4.5。

4% 。而且，无论实际消费和租赁价格如何增长，这一比例都维持不变。但是一个有代表性的反对意见认为，从 1975 年以后的平均值看，房租和设施支出总额中至少有 60% 被估算为交给房东的租金。戴维斯和奥尔塔洛 – 马格纳（Davis and Ortalo – Magne，2011）使用了十年人口普查（Decennial Censuses of Housing）中对于租住家庭在 1980、1990 和 2000 年的微观数据表明，随着时间的推移，大都市区中租户的房租和设施开支占总家庭收入比例的中间值约为 24% 。这两种结论目前都具有争议，研究人员结合了图 12 – 3 和戴维斯和奥尔塔洛 – 马格纳（Davis and Ortalo – Magne，2011）中的数据来论证，在不考虑借贷约束和摩擦时，住房租金中有固定支出源于住房和消费的偏好。

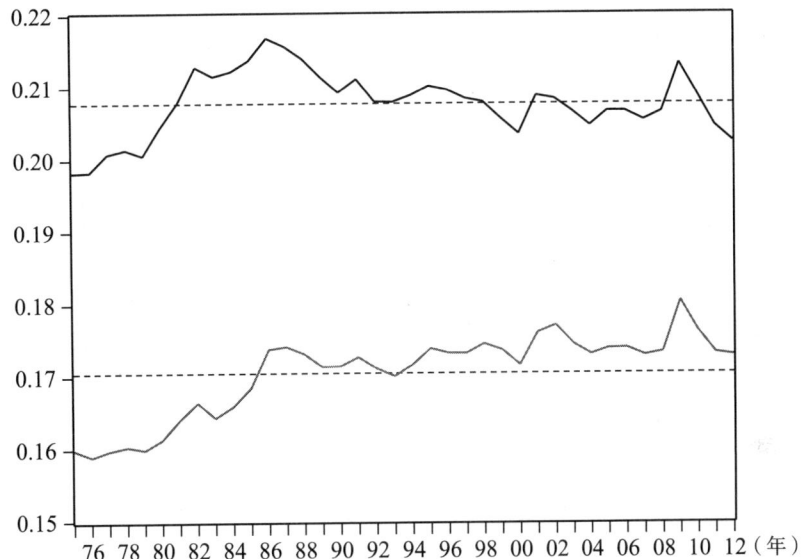

　　图 12 – 3　这张图描绘了 1975 年第一季度到 2013 年第三季度中，住房和设施的总支出（黑色）和住房本身（橙色，或打印版中的灰色）分别与非耐用品和服务的总消费支出的比率。这些数据源于国民收入和生产账目中的表 2.4.5

　　本节最后要讨论的是，许多研究人员利用房价与租金比率数据来校准贴现因子，并用来理解对未来租金和房价增长率的预期。例如，图 12 – 4 显示了房价与租金总比率的估计，它摘自戴维斯等（2008）[⑩]。如图所示，在 2000 年房价对租金的比率有轻微的上升，在 2000 ~ 2006 年出现大幅上升，而从 2006 ~

⑩　这些数据可以在该网址下载：http：//www. lincolninst. edu/subcenters/land-values/rent-price-ratio. asp。

2010 年比率则持续下滑，而这一走势正对应了住房市场的景气、萧条和 2010 年后出现的景气回归倾向。当然，租金一定会被归因于房东，而由于使用不同的标准，不同研究结论也就各不相同。因此，图 12 - 5 又绘制了 5 种附加的全国房价租金比的估计。第一种（圆形标识）标识的，是总住房资产（源自资金流动报告）与总住房消费（源自 NIPA）的比率。之后的三条曲线标识为三个统计重复销售住房价格的指数［正方形标识为房地美指数、上三角形标识为科络捷房价指数、下三角形标识为全国凯斯—席勒房价指数（national Case - Shiller House Price Index）］，分别与美国劳工局的消费者物价指数中有关住房的部分相结合而成。[11] 这些曲线的走势大体一致，资金流动曲线（图 12 - 5 中的"FOF"）和房地美指数曲线（图 12 - 5 中的"Freddie"）呈现出最小的整体波动，而凯斯—席勒房价指数（图 12 - 5 中的"CS"）和科络捷房价指数（图中的"CL"）呈现出较大的波动。

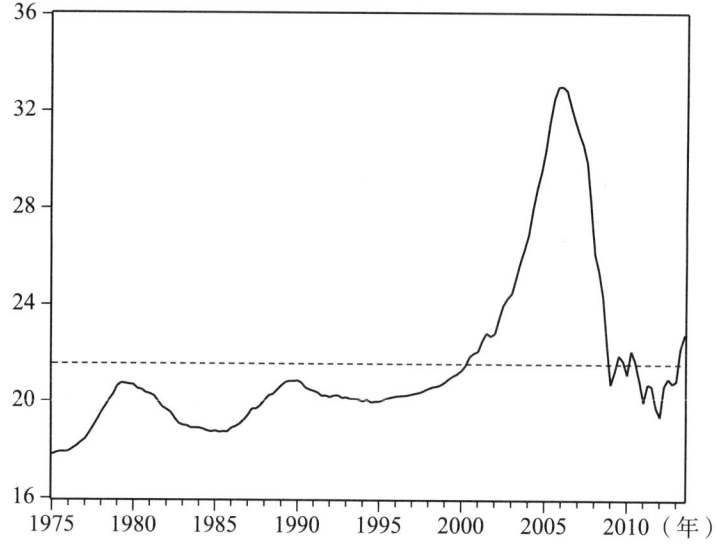

图 12 - 4　家庭房价租金比率从 1975 年第一季度到 2013 年第三季度的走势

资料来源：戴维斯等（Davis et al.，2008）http：//www.lincolninst.edu/subcenters/land-values/rent-price-ratio.asp.

---

⑪　由于价格和租金序列是指数，我们这三个系列设置了价格租金比的第一个观察值（1975 年的第四季度），这等同于对应的资金序列的季度观察值。由于 Case - Shiller 序列开始于 1987 年的第一个季度，我们设置资金流序列以 1987 年的第一个季度数值开始。对于房屋价格指数和重复销售方法更深入的探讨，见 Ghysels 等（2013）。

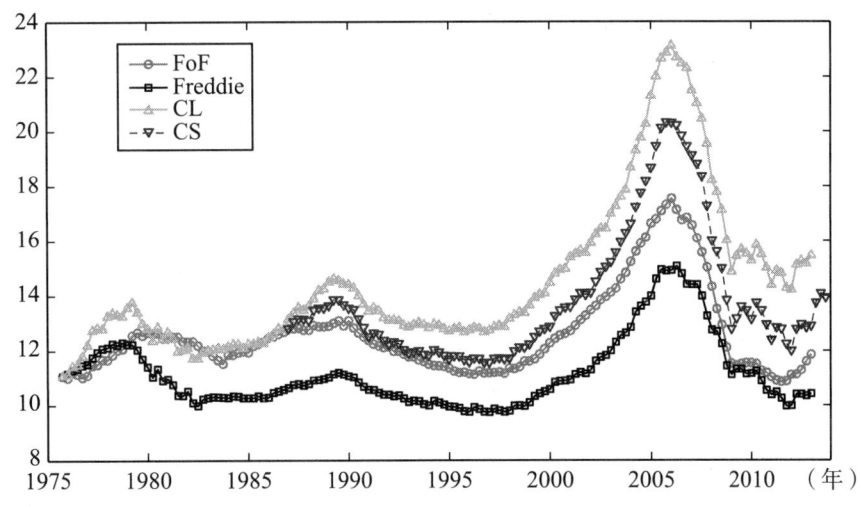

图 12 - 5 房价租金比的 5 种估计（1975 年第一季度 ~ 2013 年第四季度）

注："资金流动报告"是家庭部分的住宅房地产财富（源自资金流动报告），与总住房服务消费（源自国民收入和生产账目）的比率。"房地美"是购买（源自房地美常规抵押贷款住房价格指数）与源自劳工统计局的住所价格指数（测量了租户的租金和房东的估算租金）的比率。"科络捷"是科络捷全国指数与源自劳工统计局的住房价格指数的比率。"Case - Shiller"是凯斯—席勒全国房价指数与源自劳工统计局的住所价格指数的比率。这些数据是以季度为单位，从 1975 年第四季度或不晚于 2013 年第四季度开始计算。

12.2.2 截面事实

对于宏观经济学与金融学研究人员来说，他们的目的通常是了解各个家庭的不同选择和不同结果。在这一节中，我们就来讨论这些与住房相关的变量：家庭之间的分歧和差异。在住房模型中，最重要的异质性维度涉及到租房和买房。图 12 - 6 显示了 1975 年以来住房自有率曲线。与住房价格在 2000 ~ 2010 年的变动相一致，住房自有率也呈现出显著的景气和萧条，即 4 个百分点的增长和 4 个百分点的跌落，其中每个百分点代表了大约 100 万个家庭。[12]

第二个异质性来源涉及到储蓄和借贷。有些家庭靠借钱融资来购买住房，而另一些家庭（部分在国外）则借出这些资金。美国的抵押贷款总额在显著上涨。20 世纪 50 年代抵押贷款总额相当于总住房财富的 20%，到了 20 世纪 70 年代中期相当于 30%，到了 20 世纪 90 年代中期相当于 40%。在住房市场繁荣时期，总"贷款价值"比率保持不变。2009 年房价崩盘之后，抵押贷款

---

[12] 作为一个说明，美国家庭自有住房拥有率急剧增加，在 1940 年，当它处于低 40% 范围，1960 年，当它在较低的 60% 范围内（见 Garriga et al.，2014）。

相对于住房财富的比例达到顶点 62%。家庭去杠杆化（包括违约）加上房产价格恢复将抵押贷款与住房财富比率拉低到 50%。图 12 – 7 中显示了抵押贷款与 GDP 的比率。它追踪了住房市场繁荣时期抵押贷款与家庭财富的比率走势，显示了市场萧条时期出现较强的去杠杆化。在过去的 4 年中，抵押贷款与 GDP 的比率已经从 96% 跌到 76%。

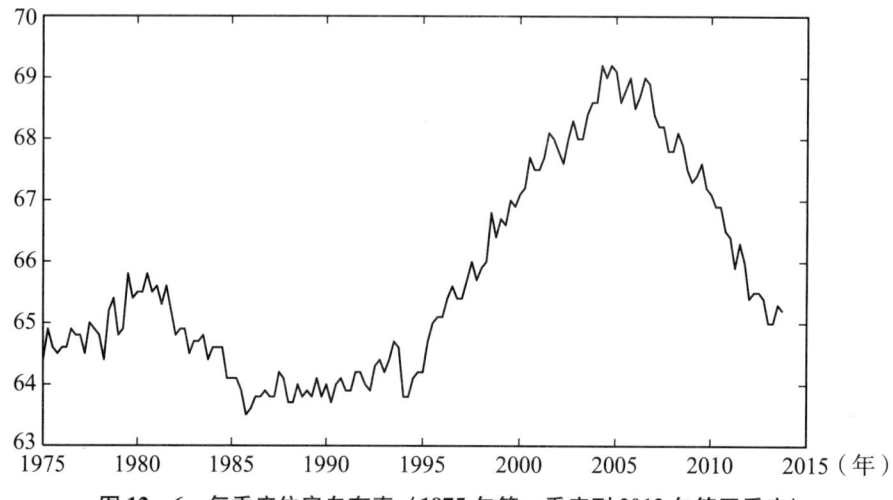

图 12 – 6　每季度住房自有率（1975 年第一季度到 2013 年第四季度）
资料来源：美国商务部人口普查局（FRED 系列 ID RHORUSQ156N）。

接下来，我们要用消费者金融调查（SCF）中的数据来表明一些有关家庭投资组合的重要程式化事实。

图 12 – 8 记录的是 SCF 在 2003 年、2007 年和 2010 年三次调查中，住房自有率在不同年龄段的不同数值。在 SCF 每一次的调查中，住房自有率在 50 岁之前呈递增趋势，而从 50 岁直到 80 岁则保持水平状态。图 12 – 8 还表明在 2007～2010 年，住房自有率在每个年龄段都呈下跌趋势。这表明 2007～2010 年住房自有率的变化涉及大多数人口。

图 12 – 9 显示了住房自有者和租房者之间不同年龄段家庭平均财产净值（即家庭资产减去家庭负债）的不同数值。图中数据都是以 2010 年的美元价值计算。很明显，住房自有者的平均财富要远远高于租房者的平均财富。并且，住房自有者的财富曲线会在生命周期中呈现出明显的驼峰形走势。与此相反，租房者的财富相对较低，而且不同年龄层段也没有太大不同。与图 12 – 8 相结合来看，图 12 – 9 表明住房自有者在晚年消耗的财富是来自金融资产，而非住房资产。图 12 – 9 还表明住房自有者和租房者的生活境遇大有不同。

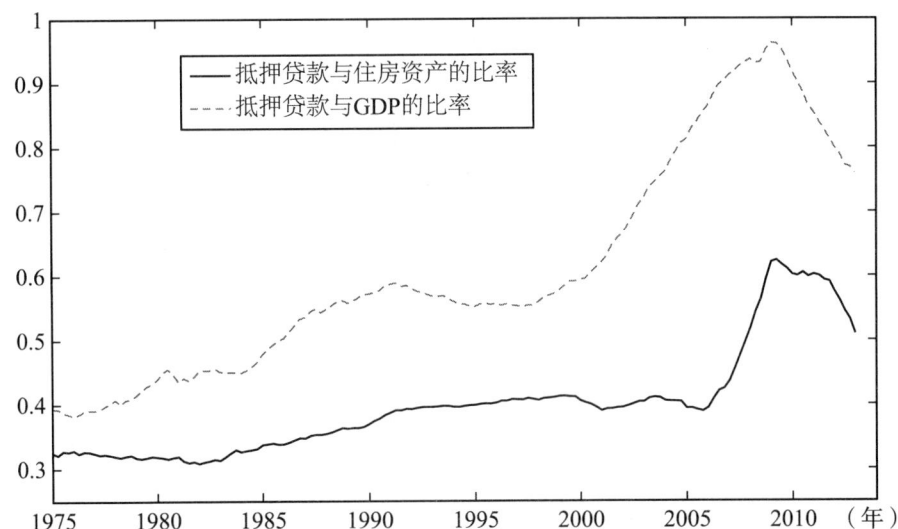

图 12 - 7　这张图绘制了美国在 1975 年第一季度到 2013 年第一季度，相对于家庭部门房地产财富的抵押贷款（实线），和相对于 GDP 的家庭部门的抵押贷款（虚线）。这些数据来源于联邦储蓄委员会的流动资金账目表 **B100. d** 和 **B103. d**。家庭房地产财富不包括非盈利房地产财富，但是包括家庭所有出租住房的价值（列于表 **B103. d** 中，也包含于表 **B100. d** 中的私有商业财富）。相同地，家庭抵押贷款包括非金融非法人部门的抵押贷款。GDP 的数据来自于经济部分析局的国民收入和生产账目

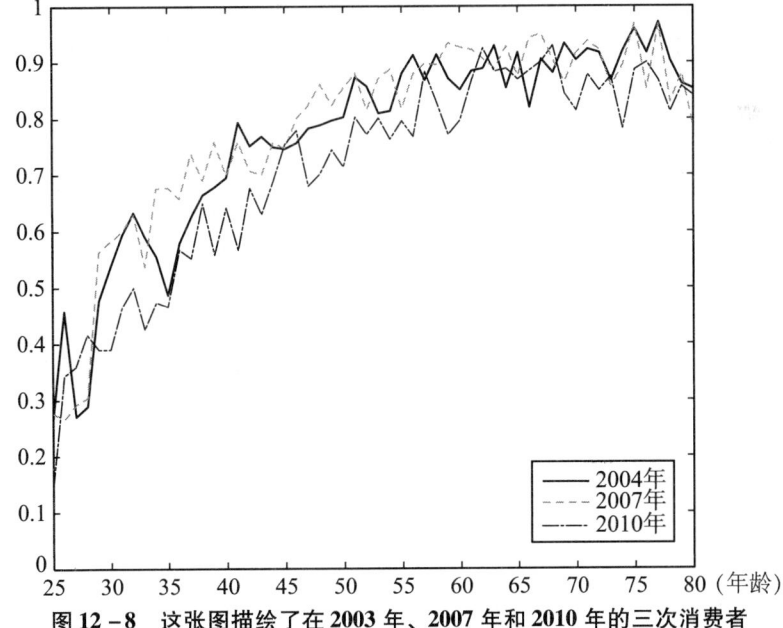

图 12 - 8　这张图描绘了在 2003 年、2007 年和 2010 年的三次消费者金融调查中按年龄分组的住房自有率

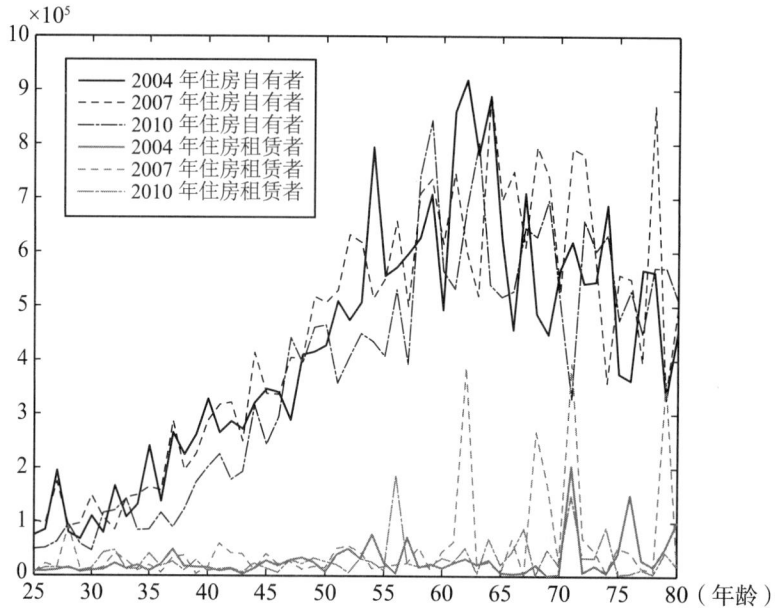

图12-9 消费者金融调查中不同年龄组的平均财富净值（分别为2003年、2007年和2010年）

注：所有名义财富估计已经使用劳工统计局出版的消费者物价指数（基于2010年）加以平减。家庭财富用人均值表示，即总值除以家庭中的成人数。财富为所有资产总和减去所有负债总和。资产包括退休资产、银行账户、IRAs、债券、共同基金、股票、主要居所的价值（如果是自有住房）、其他住房财富、商业财富、其他金融财富、车辆。负债包括信用卡债务、主要居所的抵押贷款、其他财产的抵押贷款、其他债务。

图12-10用2010SCF中的数据描绘了不同年龄段的几种主要资产类别的组合份额。其中左面的图显示了住房自有者的数据，而右面的图显示了租房者的数据。[13] 第一排图显示的是住房、股票、债券和退休金分别在总资产中所占的份额。[14] 第二排图显示的是住房权益、股票、扣除了无担保债务的债券以及作为资产净值一部分的退休金[15]。左上的图表明住房财富在住房自有者年轻时占资产份额的绝大部分（90%）。由于大部分年轻住房自有者需要支付大笔抵押贷款债务，所以虽然住房权益占的比例有点小，但仍占据总资产净值很大一部分（见图12-10）。

---

[13] 房屋自有者被认定为具有正住房资产的家庭。

[14] 退休资产很难分割成股票和债券，所以我们把它们作为一个单独的类别。我们包括银行账户与债券和共同基金持有的股票。四种资产之和为1；对于这些股份的计算，我们忽略了车辆资产类别、"其他"金融资产以及企业财富。

[15] 债券被定义为债券和银行账户的总和减去信用卡债务加上其他金融资产其他无担保债务。家庭权益被定义为"初始住房"和"其他住房"的价值的总和减去所有的抵押债务。股票和退休账户如前面所定义。通过构造，份额的总和为1。

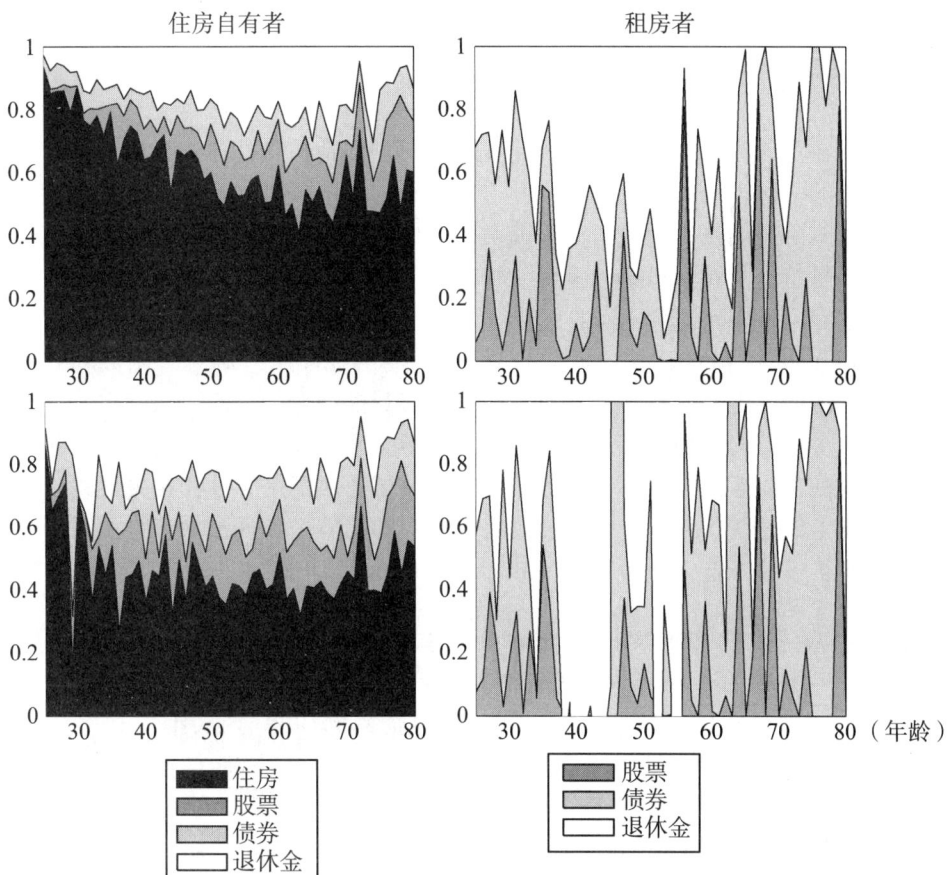

图 12-10　这张图绘制了 2010 年的消费者金融调查中不同年龄段的住房自有者投资组合份额（左面）和租房者投资组合份额（右面）。第一排图是四种资产的份额，分别是住房、股票、债券和退休账户。退休资产很难分成股票和债券，所以我们将它单独列为一个类别。我们把银行账户作为债券，共同基金作为股票。这四种份额总计为 1。对这些份额的估算，忽略车辆、其他金融资产和商业财富的存量资产。第二排图给出了住房权益、股票、扣除了无担保债务的债券，以及作为资产净值一部分的退休金。在这些图中，债券等于债券与银行账户的总和减去信用卡债务再加上其他金融资产减去其他无担保债务。住房权益等于所有自有住房的总价值再减去所有的抵押贷款。股票和退休账户的定义与第一排图中一致，且四种份额的总计为 1。

　　从住房自有者年龄来看，60 岁后住房资产占总资产的比例会下降到 50%，金融财富则占总资产和财产净值的大部分份额。到了晚年退休金会减少，这时股票、债券和住房成为财富的三大主要组成部分。与之相反，租房者拥有较少的股票市场财富，他们的大部分财富集中在退休金和债券。

12.2.3　波动性和相关性

宏观经济研究人员在研究各种商业周期模型的特性时，通常会让模型套用一些重要的一阶矩公式，例如我们前文中提到的那些公式。然后再通过判断模型对重要二阶矩的复制程度，来简略对模型性能进行评估。这一过程是利德尔和普雷斯科特（Kydl and Prescott，1982）的精髓，他们要求宏观经济模型既可与卡尔多（Kaldor，1957）的长期经济增长事实相一致，还要与伯恩斯和米切尔（Burns and Mitchell，1946）的商业周期事实相符。[16] 对生产函数和效用函数的形式通过定义进行适当选择后，许多宏观模型会与一阶矩相一致。这也就是说，对模型的评估应该主要集中于二阶矩。表 12-1 中显示的就是一些二阶矩。这些二阶矩是美国标准数据的研究人员试图匹配差异性和相关性的二阶矩。想要生成这些二阶矩，首先需要将数据中的趋势去除。去除趋势的通常做法是用霍德里克—普雷斯科特（Hodrick-Prescott）滤波法。[17]

表 12-1　　　　　1955 年第一季度到 2013 年第三季度有选择的
去趋势的美国宏观经济数据特性

变量 X	标准差	相对标准差	变量 X_S 和 GDP_t 的相关性						
			$s = t-3$	$t-2$	$t-1$	t	$t+1$	$t+2$	$t+3$
	(1)	(2)	(3)	(4)	(5)	(6)	(7)	(8)	(9)
(a)　GDP	1.54	1.00	0.40	0.64	0.86	1.00	0.86	0.65	0.42
(b)　消费	0.85	0.55	0.49	0.67	0.81	0.84	0.75	0.59	0.41
(c)　非住房投资	4.74	3.07	0.13	0.36	0.61	0.81	0.87	0.82	0.70
(d)　住房投资	9.98	6.47	0.67	0.75	0.76	0.66	0.45	0.21	-0.02
(e)　住房价格[a]	4.16	2.70	0.47	0.53	0.55	0.52	0.46	0.41	0.35
(f)　耐久商品数量	4.49	2.91	0.51	0.67	0.79	0.82	0.65	0.44	0.21
(g)　耐久商品价格	0.93	0.60	0.13	0.05	-0.04	-0.15	-0.24	-0.30	-0.35

注：[a] 数据始于 1975 年第一季度。

数据是季度性数据。除了住房价格数据，所有数据都是源自国民收入和生产账目（NIPA），由经济分析局出版。住房价格数据结合了联邦住房金融局住房价格指数（1975～1986 年）和由宏观市场提供的通用的凯斯—席勒—韦斯指数数据（1987～2013 年）。所有变量都进行了对数运算和平滑参数 λ = 1 600 的霍德里克—普雷斯科特方式过滤。真实的住房和耐用商品价格等于名义价格指数除以非耐用品和服务消费的价格指数。

---

[16]　例如，消费、投资和资本对产出比等长期的平均值是稳定的，但都是与商业周期正相关。

[17]　霍德里克—普雷斯科特滤波去除随机趋势（详见 Hodrick and Prescott，1997）。

对表 12 - 1 检验得出几个重要的程式化事实。首先，消费、非住宅投资、住宅投资和耐用消费品支出与 GDP 正相关（第 6 纵列）。这些主要宏观经济变量间的正相关关系被认为是商业周期的主要特征。其次，消费波动大约是 GDP 波动的 1/2（表格 b2），非住宅投资波动是 GDP 波动的三倍多（c2），住宅投资波动是非住宅投资波动的两倍多（d2），而住房价格波动则是 GDP 波动的 2.5 倍多（e2）。[18] 最后，一旦 GDP 相对于非住宅投资滞后，非住房投资与 GDP 之间相关性最高（c7）。而当住宅投资滞后一到两个季度时，住宅投资与 GDP 之间相关性最高（d4 和 d5）。[19] 因此，住宅投资领先于商业投资大约两个季度。

12.3　住房和商业周期

作为一个经典的话题，住房周期已被讨论了几十年，很多经济学家对此著书立作。经验文献研究住房和其他宏观经济指标之间的超前和滞后关系（如 Green，1997；Leamer，2007；Ghent and Owyang，2010），以及住房价格和住房消费的关系（如 Muellbauer and Murphy，1997；Davis and Palumbo，2001；Case et al.，2005）。[20] 在这一节中，我们主要关注一个特别的文献分支，即"实际商业周期"（RBC）模型，该分支秉承了基德兰德和普雷斯科特（Kydl and Prescott，1982）均衡总体模型的精神。在该模型中，住房价格和数量由模型内生决定，与总消费、投资和产出以及总体市场出清条件一起，被定义为均衡的一部分。[21] 我们所以关注这些模型，不仅因为它们体现了我们的兴趣和研究经验，更因为近期有很多宏观经济学家在研究住房时使用了相似的框架。

第一种 RBC 模型是家庭生产模型，住房变量在该模型中是关注的研究对象（Benhabib et al.，1991；Greenwood and Hercowitz，1991）。这些模型是基德兰德和普雷斯科特（1982）的典型 RBC 模型的两部门扩展。相对于原 RBC 模型来说，扩展主要体现在它们认为家庭有三种使用时间的方式：市场工作与休息（这两个与标准模型一致）以及在家工作。家庭将在家工作与家庭资本存

---

[18]　当真实房价被价格与租金比代替时，都几乎得到同样的统计结果。

[19]　住宅投资并不能促进所有国家的国内生产总值（见 Kydland et al.，2012）。

[20]　见 Cooper 和 Dynan（2013）对那类文献的最新总结。

[21]　例如，我们不会把 Topel 和 Rosen（1988）和 Grenadier（1995）纳入这类文献，因为在这两种模型中，许多总体变量是外生于模型的，并且总体市场清算条件没有被明确。

量相结合，来满足生产力对家庭产出的冲击影响，生产出一种产品叫作"家庭消费"，与休息时间和在市场上的消费购买进行效用互补。这个方法的一个论点是（见 McGrattan et al.，1997），在对时间使用的调查中，家庭平均用大约25%的可自由支配时间，去做一些被视为在家工作的活动。当文献的作者们校准他们的模型时，他们将家庭资本存量等同于住宅框架（即住房减去土地）存量和耐用品存量的总和，并设家庭资本的总投资等于在住宅框架上的投资和耐用品消费（见 Greenwood et al.，1995；McGrattan et al.，1997）。

　　家庭生产文献的一个典型观点是，假定家庭资本和市场资本有一样的单位价格（除了调整成本），并且家庭资本可以被简单模型化为耐用品和住宅框架的总和。图12-11给出了在1975～2013年的真实住房价格、耐用品价格和非居住类固定投资价格，结果表明这些假设与数据并不一致。[22] 上面的图给出的是原始数据。下面的图显示的是取对数之后使用霍德里克—普雷斯科特滤波法处理的数据。上面的图表明，耐用品和商业投资的真实价格都在快速跌落，而住房的真实价格在缓慢上涨。下面的图表明，周期性耐用品价格和周期性非居住类投资价格高度相关，而周期性住房价格却相对不稳定，并且与前两者的关联不大。

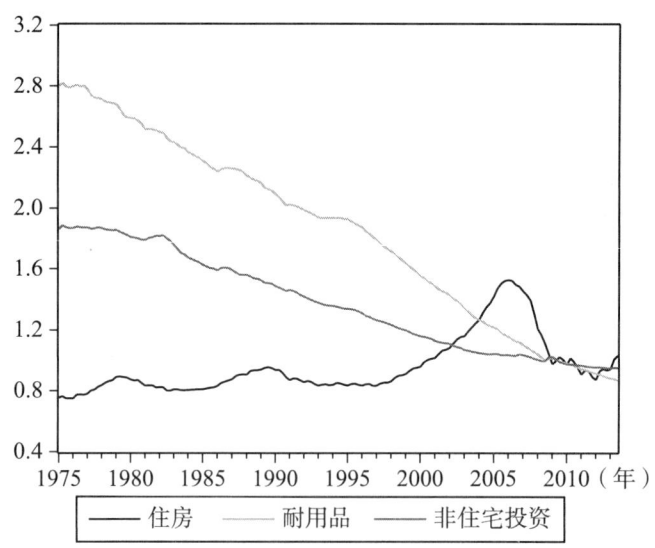

㉒　利用非耐用品和服务消费 NIPA 价格指数，所有名义价格已转换为实际价格。

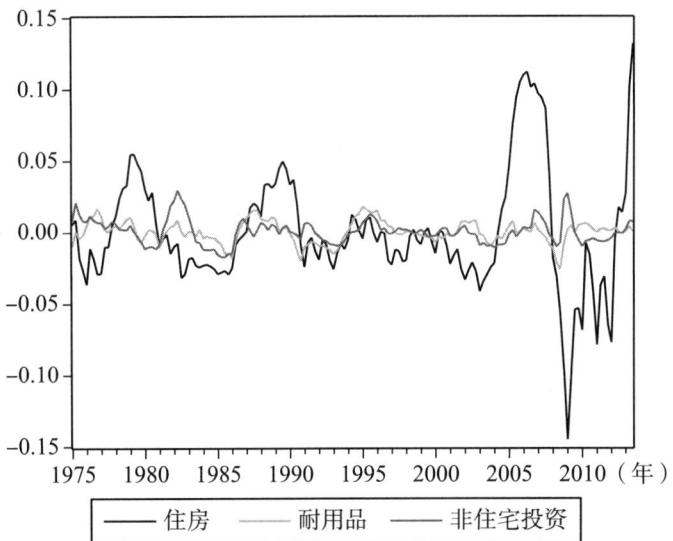

图 12 - 11　1975 年第一季度到 2013 年第三季度的相对价格（2009 年的价格相当于 1.0）。 耐用品价格指数和非住宅投资价格指数来自于全国指数和生产账目。住房价格数据结合了数据来自于联邦住宅金融机构住房价格指数（1975 ~ 1986）和宏观市场（1987 ~ 2013 年）所提供的凯斯—席勒—韦斯指数。通过参考全国指数和生产账目中非耐用品和服务消费的价格指数，所有的价格都已经被平减为真实价格。上面的图显示的是原始数据，而下面的图显示的是取对数且使用霍德里克—普雷斯科特滤波法处理后的数据。

这些价格数据说明，生产力冲击对住房生产造成的影响十分不同于它对其他经济部门的影响[23]。为了更好地说明这一点，可以思考接下来的这个简单两部门经济。在第一个部门（下标 c），生产用于消费和商业投资的普通商品。在第二个部门（下标 h），生产用于居住的住房框架。这两部门的企业分别从家庭获得资本 K 和劳动力 L，产出为 Y，见下面的函数：

$$Y_c = z_c K_c^{\alpha} L_c^{1-\alpha}$$
$$Y_h = z_h K_h^{\alpha} L_h^{1-\alpha}$$

其中 z_c 和 z_h 是两个部门具体生产力冲击。将消费价格标准化为 1，然后设住宅投资的单位价格为 P_h，资本的单位价格为 r，劳动力的单位价格为 w。则每个部门中，企业的利润最大化问题为：

$$\max_{K_c, L_c} z_c K_c^{\alpha} L_c^{1-\alpha} - rK_c - wL_c$$
$$\max_{K_h, L_h} p_h z_h K_h^{\alpha} L_h^{1-\alpha} - rK_h - wL_h$$

---

[23]　"生产力冲击"允许产出水平波动，即使投入数量保持固定。在简化形式下，这些冲击会改变企业管理和组织的方式（例如，物流、管理结构），以更有效地促进产出。

这意味着，对于两部门企业，资本和劳动力最优利用率的一阶条件为：

$$r = z_c \alpha \left(\frac{K_c}{L_c} \right)^{\alpha-1} = p_h z_h \alpha \left(\frac{K_h}{L_h} \right)^{\alpha-1}$$

$$w = z_c (1-\alpha) \left(\frac{K_c}{L_c} \right)^{\alpha} = p_h z_h (1-\alpha) \left(\frac{K_h}{L_h} \right)^{\alpha}$$

这两个等式意味着，我们可以将与之相关的住宅框架价格用等式表示为：

$$p_h = \frac{z_c}{z_h} \tag{12.1}$$

这简单的两部门模型中，我们假设这两部门中的生产的资本份额相同，那么住宅框架的相对价格等于两部门生产力冲击的比率[24]。这一结果可以解释为什么在研究住宅投资和住房价格的周期性表现时，研究者会在商业周期模型中将住房生产的某些细节模型化。

第一篇将影响住房生产的冲击模型化的文章出自戴维斯和希思科特（2005）。戴维斯和希思科特模型的精髓与上述简单两部门模型相似。它们之间的主要区别为，戴维斯和希思科特设计了模型的生产方面，使得模型中所有输入和关键参数都是可以用现有数据来识别。近年采用与此模型相似设计来描述住房生产的其他作者还有卡恩（Kahn，2008）、亚科维耶洛和内里（Iacoviello and Neri，2010），清泷等（Kiyotaki，2011）和多洛芬克等（Dorofeenko，2014）。

在戴维斯和希思科特（2005）中，一个部门的企业生产"中间品"（与Hornstein 和 Praschnik 的 1997 年的文章相似），另一部门的企业将这些中间品转化为最终商品。这里有三种生产中间品的企业：第一种生产建筑产出（下标 b），第二种生产制造产出（下标 m），第三种生产服务产出（下标 s）。这些不同的企业类型被称为"行业"。各行业的产出 x 由从家庭中租赁的资本 K 和劳动力 N 制造，并且受到行业特定生产力冲击 z 的制约，即：

$$x_{it} = z_{it} K_{it}^{\theta_i} N_{it}^{1-\theta_i} \text{ for } i = \{b, m, s\}$$

注意，资本份额 θ_i 允许根据行业的不同而变化。戴维斯和希思科特（2005）为各个行业定义 θ_i，然后使用经济分析局有关 K_i 和 N_i 的数据估计各个行业受到的生产力冲击 z_{it} 的时间序列值。这些 z_{it} 是戴维斯和希思科特模型中唯一存在的冲击。

接下来，戴维斯和希思科特假设有三种生产最终产品的企业。第一种企业生产的产品（下标 c）可以被家庭消费或者进行商业投资。第二种企业生产住

---

[24] 调整成本可以楔入一个在式（12.1）中生产者报价和家庭支付价格额外的安装单位成本（详见 Fisher，1997）。

宅投资（下标 d）。第三种企业生产住房（下标 h），具体讨论见下文。前两种企业生产的最终产品需要建筑、制造和服务产品作为投入。根据下面这个公式，这三种企业所生产的产出（y）为：

$$\gamma_{jt} = b_{jt}^{B_j} m_{jt}^{M_j} s_{jt}^{S_j} \text{ for } j = \{c, d\}$$

B_j、M_j 和 S_j 分别是建筑业、制造业和服务业在住宅投资（$j = d$）和消费以及商业投资（$j = c$）的价值增值份额。

戴维斯和希思科特使用来自 NIPA 投入产出表中的数据，定义生产函数参数 B_j、M_j、S_j。因为这三种中间品都被使用于各种最终产品中，所以对这三种行业的冲击也影响了各种最终产品。从这个意义上讲，与消费和商业投资相比，住宅投资更多集中于建筑，$B_d > B_c$，所以冲击对建筑业部门的影响对于住宅投资决策来说，就显得更加重要。因此，相对那些以 Z_{it} 属性为基础的其他商品，和当 $j = c$，d 时的 B_j、M_j、S_j 的值，住宅投资有不一样的价格。

第三种企业生产的最终产品结合了住宅投资和可建住房的新土地。设 X_d 和 X_l 为住宅投资和已经被开发商购买了的土地，那么新的住房生产总量 Y_h 为：

$$\gamma_{ht} = x_{lt}^{\vartheta} x_{dt}^{1-\vartheta} \tag{12.2}$$

戴维斯和希思科特假设经济中每个周期可用新土地总量固定为 1。这一假设使得在考虑折旧和土地囤积后，能够计算作为过往投资函数的住房总量。无法产生新的土地，可视为新住房生产的调整成本[25]。

对于模型中的家庭，戴维斯和希思科特假设存在一个典型主体，它从市场消费 c_t、休闲时间 $1 - L_t$ 和住房 H_t 中获得效用：

$$\frac{(c_t^{\mu_c} H_t^{\mu_h} (1 - L_t)^{1 - \mu_c - \mu_h})^{1 - \sigma}}{1 - \sigma}$$

在这一表达式中，总工作时间 L_t 等于在建筑、手工和服务三部门的工作时间总和。

表 12 - 2 比对了来自数据和戴维斯和希思科特模型模拟的某些关键矩。a 行的两个数据表明，模型低估了工作时间的波动。这一发现并不意外。尽管事实上戴维斯和希思科特模型包含了三个生产力冲击，所有模型中的活动是在市场上发生，所以三个生产力冲击一旦被合计，则大致会有和标准 RBC 模型中一个生产力冲击一样的属性。而 RBC 模型本身就系统性低估了工作时间的波动性。b 行和 c 行显示了非住宅投资和住宅投资之间的相对标准差。相对于家庭生产文献中的经典结果，如戈姆等（Gomme et al.，2001），戴维斯和希思

---

[25]　每个时期用于开发的土地供给假设是十分方便的，但具体数量多少不清楚。最终，可供开发的新土地的数量决定了住房供应的总弹性，在这个主题上需要更多的研究。

科特模型非常成功地复制了一个事实，即住宅投资波动大约是非住宅投资波动的两倍。除此之外，模型还复制了非住宅投资和住宅投资的同期正相关性（e行）。这个结果的出现是基于一个事实，即土地是快速建造新住房的调整成本。正如费希尔（Fisher, 1997）所记述的，这种类型的调整成本对于住宅投资和非住宅投资间的正向联动关系来说是必需的。

表 12 - 2   戴维斯和希思科特（2005）模型中的商业周期特征

	变量	数据	戴维斯和希思科特模型
标准差，相对 GDP			
(a)	工作时间	1.01	0.41
(b)	非住房投资	2.3	3.21
(c)	住房投资	5.04	6.12
(d)	住房价格	1.37	0.4
时期 t 的相关性			
(e)	住房和非住房投资	0.25	0.15
(f)	住房投资和住房价格	0.34	0.2

注：这个表中的所有结果和数据都是摘自戴维斯和希思科特（2005）中的表10。这个表中的标准差和相关性并没有精准匹配表 12 - 1 中的相关数据。戴维斯和希思科特（2005）使用了不同样本范围（1948～2001 年）的年度数据，他们通过使用平滑参数 $\lambda = 100$ 的霍德里克—普雷斯科特滤波法过滤数据，并且他们使用的住房价格数据也是摘自不同数据来源。

戴维斯和希思科特的模型在三个方面没有匹配住房数据。第一，住宅投资领先 GDP，而非住宅投资滞后 GDP。模型并没有体现出这个研究结果。第二，模型低估了房价的波动性（d 行）[26]。第三，模型预测住宅投资和房价是负相关，但是数据却显示了二者之间是正相关（f 行）。

事实上，模型之所以预测出房价和住宅投资间为负相关，很有可能是由模型中三个冲击的性质决定的[27]。在不考虑调整成本的情况下，简单的两部门模型得出的结果为 $p_h = z_c / z_h$。当住宅投资有相对高的生产率，且 z_h 也相对高时，房价下跌。但当 z_h 值位于高点时，却是建造住房的时间。说得简单些就是，人们应该在建房成本低时建造住房。最后我们要说的是，在戴维斯和希思科特

---

[26] 表 12 - 2 中房价的相对波动性要比表 12 - 1 低得多是因为采样周期和源数据的差异，详见表 12 - 2 的注释。

[27] Fisher（1997）模型还预测了住宅价格与住宅投资的负相关关系。

模型中有两处抵消效应，使得模型的分析更复杂。第一处，土地作为调整成本，但在建筑活动密集期，可供建筑的新土地的固定性会导致房价上涨。第二处，收入效应可以抵消价格效应。再次回到简单模型，我们发现当 z_c 值高时，房价也相对高，收入也会高（因为 z_c 用于消费和商业投资，占 GDP 大部分）。当收入高时，家庭会想要更多的东西，包括住房。

在修复戴维斯和希思科特（2005）这三个反事实的研究结果方面，虽然已经取得了一些进展，但是还远远不够。费希尔（2007）认为当住房在市场生产函数中是一个独立的资本存量时，模型的领先—滞后性（lead – lag proper-ties）会改进。多洛芬克等（Dorofeenko et al.，2014）认为，住房生产的"风险冲击"可以推进住房价格的波动，但要付出代价，即放弃其他的模型统计。利德尔等（2012）表明要想理解为什么住宅投资会引导 GDP 增长，固定利率抵押（FRMs）的定价性质可能是个关键。法维路基斯等（Favilukis et al.，2011）采用了附带抵押约束的异质性主体均衡模型，产生相对更加波动的住房价格。它还对住宅投资和 GDP 之间的领先—滞后关系进行了改良，在住宅投资和住房价格之间形成正相关关系。法维路基斯等（2011）研究的更多细节将会在本章后面加以介绍。

12.4　住房生命周期以及投资组合中的住房

大量的文献研究住房在家庭资产组合中的角色。1952～2013 年的平均值显示，住房财富占家庭财富的 35%，占家庭财产净值（资产减去负债）的 40%，住房权益（住房财富减去抵押贷款）占资产的 23%、占财产净值的 26%。[28] 如图 12 – 6、图 12 – 8 和图 12 – 10 所示，2/3 的美国家庭拥有自己的住房，而且对大部分住房自有家庭来说，住房占据了其总资产相当大的比例。

住房不仅是投资组合中的一项重要资产，它同时还具有很多特性，这使得它有别于其他的金融资产投资。第一，住房的流动性差、变现难。这也就意味着，住房数量的变动可能会花费时间，而且有可能会带来人额的交易成本。第二，住房是不可拆分的：无论何时，都只有有限的几种类别和尺寸可供购买（包含最小尺寸）。第三，住房所有权和消费通常紧密相连。大多数家庭只有一个家，并且住在他们自己购买的房子里。第四，相对于家庭可以借到的贷

---

[28]　数据是从资金流 1952 年的第一季度到 2013 年的第一季度，见表 B100。民营企业的财富重新分配的计算部分在家庭表反映了家庭的房地产可供出租的所有权。同样是做相应的抵押贷款，这种分类是在 B103 表信息的基础上完成的。

款，住房是主要的可用于抵押的资本。住房的投资相对其他金融投资而言，杠杆作用更明显。所拥有的住房的价值限制了家庭投资组合中的杠杆作用的力量。第五，住房依附于某些特别的劳动力市场：人们通常会选择住在离上班地点较近的地方。

在过去15年左右的时间里，研究者给出了相对简单的生命周期决策模型，理性、前瞻、优化的主体可以复制家庭的不同群体〔按居住者状态（自有或租赁）、年龄、收入、财产净值进行分类〕在住房所有权、住房、组合选择上的数据系统差异。结合上面所讲，我们将继续描述一个模型环境，以此代表文献中其他模型研究，并且会描述对典型关键参数和过程的计量。最后，我们会比较详细地讨论这个成熟文献中一些关键文章的结构和结论。

12.4.1 一个典型模型

12.4.1.1 效用

大多作者都假设寿命有限的家庭的效用源于：非住房消费 c、住房服务 h 以及获得这些服务的条件，即拥有住房 $o=1$ 还是租房 $o=0$。这样，每个周期效用可以被表示为 $u(c, h, o)$。在每个周期内，家庭会最大化预期效用的现值，这个预期效用受制于一些约束，我们会在之后谈到。那么，如果确定家庭经历了 T 个周期后会死亡，在当期 $t=0$ 时，家庭最大化：

$$\sum_{t=0}^{T} \beta^t \pi(t) E_0 [u(c, h, o)] \tag{12.3}$$

在上面这个公式中，β 是家庭对未来效用的贴现率，$0 < \pi(t) < 1$ 是周期 t 基于年龄的生存概率，E_0 表示对当前周期的预期。有时，作者会假设家庭有遗赠动机，当他们死后财富为正数时，他们或他们的后代加以继承。这种情况下，效用当前的净现值会有一个附加项，等同于某些死后遗产的回报。

每个周期的效用函数形式可以被一般化为一个对消费束的固定相对风险规避效用（constant relative risk aversion utility），其中风险规避系数 $\sigma \geqslant 1$，消费束是对住房和非住房消费的固定替代弹性（CES）加总，其中跨期弹性系数为 $-\infty < \rho < 1$，预算份额系数为 α：

$$\mu(c, h, o) = \frac{[\alpha c^\rho + (1-\alpha)\xi_o h^\rho]^{\frac{1-\sigma}{\rho}}}{1-\sigma} \tag{12.4}$$

系数 ξ 表明从自有住房的住房服务中获得的额外效用：$\xi_1 > \xi_0$。

12.4.1.2　选择

在模型的每个阶段，家庭都要做出一系列连续的选择和一个离散选择。与连续的选择相关联的是消费、金融资产数量和住房服务数量。其中对待金融资产，不同研究有不同的方式。一些学者将所有的金融资产合在一起作为一个净头寸；另一些学者则考虑一个正金融资产和一个通常为抵押贷款的负金融资产；还有一些学者则只考虑一系列正金融资产，如股票和债券；最后，一些学者允许家庭从众多抵押贷款种类中选择，举例说，是 FRMs（固定利率抵押贷款）还是 ARMs（浮动利率抵押贷款）。家庭能否通过离散选择获得住房服务，主要取决于他们是拥有还是租赁住房。

12.4.1.3　约束

在每个周期，家庭都会受制于一个基本的预算约束、财产净值或者住房权益约束，以及至少一个关于住房选择的约束。下面我们考虑这种情况：租房者一直租房，住房自有者则一直拥有住房。当住房自有者从 $t-1$ 期到 t 期变成租房者，或租房者从 $t-1$ 期到 t 期变成住房自有者，约束会以预计的方式变化。

设劳动收入为 w_t，金融资产（为了方便而合并）为 a_t，金融资产的回报率为 r_t，住房的单位租金价格为 q_t。在所有研究中，收入都设定为随时间而变动。在大多数研究中，住房价格也会随着时间而变化。前期 $o_{t-1}=0$ 的租户和本期选择租住的家庭都受到基本预算和财产净值约束，其直观形式为：

$$c_t + q_t h_t + \tau_t + a_t = w_t + a_{t-1}(1 + r_{t-1}) \tag{12.5}$$

$$a_t \geqslant \underline{a_t} \tag{12.6}$$

$$h_t \leqslant \bar{h} \tag{12.7}$$

第一行是可用资源的简单会计等式，所有未用于消费、税收 τ_t 和房租的资源都会被储蓄。对于租房者来说，税费通常可以用一个包含年龄、收入和资产的简单函数来计算。第二行的公式为花费增加了一些条件。考虑到死亡之前的时间里，即 $T-1$，有可能会发生什么事，所以例如"每个家庭都会在消费和住房上尽其所有"这样的约束并没有被采用。在许多文章中，a_t 在每个时期的都被设为 0，而在另外少数文章中，a_t 是内生决定的，使得家庭以概率为 1 偿还任何债务。最后一个约束是租住的住房面积不能过大。

预算和财产净值的约束对于那些前期购买住房且在当期也依然拥有住房的家庭来说，显得更为复杂。简化模型的形式通常为：

$$c_t + p_t h_t + \tau_t + mc + a_t = w_t + a_{t-1}(1 + r_{t-1}) + p_t(1 - \delta)h_{t-1} \tag{12.8}$$

$$mc = \zeta p_t h_{t-1} \text{ if } h_t \neq h_{t-1}, \ 0 \text{ otherwise} \tag{12.9}$$

$$h_t \geq \underline{h} \tag{12.10}$$

$$a_t \geq -(1-\phi)p_t h_t \tag{12.11}$$

第一行是会计等式。它表明了在可用资源（收入、金融资产以及减去折旧 δ_h 之后的住房财富）中，任何不是用于消费、税、住房支出等的都会被保留。在住房上花费的数额等于住房购买价值加上搬家成本 mc。如式 12.9 所示，如果搬家后拥有住房面积与搬家前相比发生了变化，即 $h_t \neq h_{t-1}$ 时，就会产生搬家成本，一般被视为是所售住房价值的一个固定百分比 ζ。有些作者也会在搬家成本里包含一个固定部分。搬家成本有助于模型反映一个事实，即搬家对于家庭来说并不频繁。

$r_{t-1}a_{t-1}$ 项表示家庭收到或者支付（当净利息为负值时）的净利息。这里面包含一个假设，即家庭可以相同的利率 r 来借入和借出，这样 a 就是所有储蓄扣除所有债务之后的价值。在这个预算约束中，调整债务或资产数值是零成本的，所以家庭可以不计成本随时变动他们的抵押贷款或其他金融资产，只需保证他们的负债水平不过高即可。有一些学者对这个零成本假设进行了调整，他们认为当家庭改变抵押贷款数额（再融资）或者变动股票和债券投资组合时，应该考虑参与成本或其他成本。在很多文献研究中，家庭都需要为进入股市而支付成本（如 Vissing – Jorgensen，2002）。

式 12.10 明确指出自有住房不能过小。式 12.11 是一个关键的约束，它限制了住房自有者的负债最大值。住房自有者最多可以借贷的数额为住房价值的 $1-\phi$，ϕ 在某些时候被称为首付比例。首付约束（或者贷款价值比率约束）加上自有住房最小面积约束，可以使模型给年轻人自动配以较低的住房自有率，因为年轻人需要存钱来负担他们第一套自有住房的首付款。通常这类模型排除违约。[29]

住房自有者的预算约束、已交税金、财富和负债变动的相关法律，在对不同抵押贷款方式如何影响住房需求量的研究中会更为复杂。一些作者假设住房自有者不能以相同的利率来借钱和存钱，且不能以零成本来增加他们的抵押贷款。在这些作者的文章中，通常只在买房者为首次买房时，或者住房自有者搬入另一住房时，才会考虑有关于抵押贷款最大额的约束。也就是说，如果住房发生预期外的贬值且贷款—价值比率提高的情况下，住房自有者（通常）也不会被迫搬家。另外，简单模型还假设抵押债券和 ARMs 一样是一年到期。有些作者明确表明允许长期抵押贷款，通常被模型化为终身年金，设定其票息利

---

[29] 在本节，我们讨论模型是考虑事后违约的。在这些模型中，首付约束限制了违约的可能性，但不排除它。

率符合 FRMS 的平均期限。那些研究抵押贷款方案设计的学者也会将利息和本金的还款时间表分开，并且抵押贷款利息被认为是可以减税的。最后，还有一些作者会考虑负债—收入比约束，作为贷款价值比约束的附加条件。

12.4.1.4　对工资和价格的预期

在这些模型中，收入通常都是随机的，围绕一个已知的特定年龄组的驼峰式轮廓。假设家庭知道工资的变化，但不能预知未来的冲击。对于住房价格的假设是不同的，有些时候住房价格是固定的或是以预定比率增长，但是更多时候它们是随机的。如果住房价格是随机的，通常会假设价格水平是持续的，可以是一个随机游走（可能会随时间变化而游走 Corradin et al, 2014）的过程，或者是一个自回归系数接近 1 的一阶自回归过程。在某些模型中，住房价格不是内生决定的，这种情况下，不同作者会用不同的方法来校准收入冲击和房价冲击的协方差。在这些模型中，家庭在理性预期的基础上具有前瞻性。

12.4.2　校准和估计

有一个两步法，可以用来对这些模型进行估计和校准。贴现因子 β 和相对风险规避系数 σ 被设定标准值：$\beta = 0.96$ 且 $\sigma \in [2, 6]$。[30] 当只有一项金融资产时，这项资产的回报率 r 通常被设定为 4%。按年龄划分的生存概率是外生性的，取决于生命表。税率也被设定为外生性的，对于非退休人员为 40% 左右，而对退休家庭来说为 0。另一些与住房有关的参数值也被列在模型之外，特别是卖房的交易成本 ζ，通常会被设定为 $5\% \sim 10\%$[31]，然后对于买房者的首付约束 ϕ 被设定为 5%、10% 或者 20%。[32]

基于经济分析局的资料，自有住房的折旧率被设定为 $1\% \sim 3\%$。其他参数：给定的 σ、消费和住房之间替代弹性的参数 ρ、与住房相比的消费支出份额 α、自有住房效用溢价、出租房的最大面积 $\overline{h}$，$\overline{h}$ 的出租房每一单元的租金 q，以及遗产赠与函数，这些都被校准和估计，使它们可以与总体的，或者某一生命周期的住房和资金的实际情况相匹配。很多作者会加入一些参数，或者

---

[30]　Chamber 等人（2009a，c），Fisher 和 Gervais（2011）没有依照我们所描述的效应函数，而是从 $\left(\frac{\alpha}{1-\rho_1}\right)c^{1-\rho_1} + \left(\frac{1-\alpha}{1-\rho_2}\right)c^{1-\rho_2}$ 这样的效用形式考虑。Chamber 等人（2009a，c）设定 $\rho_1 = 3$ 且 $\rho_2 = 1$。他们认为这样的设定对于他们数据中匹配自有住房的收入弹性很有意义。Fisher 和 Gervais（2011）则设定 $\rho_1 = 1$ 且 $\rho_2 = 2$ 来保证住房支出会伴随着房价上升。

[31]　对这一估计被广泛引用的文章 Gruber 和 Martin（2003）。一些作者对 ζ 标准化。

[32]　偶尔，该值的估计是基于首次置业者的贷款价值比的数据。

对模型的规格进行微调，以使得模型与他们认为非常重要的数据相拟合。

收入的生命周期轮廓和随机过程是直接取自收入动态追踪调查（PSID）以及一些使用了 PSID 数据的文献。[33] 举例来说，PSID 中收入的对数形式对年龄、年龄平方、婚姻与否、家庭组成以及家庭固定效应进行回归。回归的残差可以用来说明劳动收入的随机成分。按照教育程度分组后，对获得收益变化过程的校准是根据不同组而变化的，且退休收益取该组现有收入的平均值。

如何处理住房价格变化有很多不同的方法。有时房价是固定的，有时房价会随着某个模型以外的因素变化，还有时房价是由模型内生决定的。当住房价格曲线由模型外的因素决定时，大多数研究人员会设定一个进程，以复制住房价格指数的自相关和方差，使得数据与美国联邦住房金融局或凯斯—席勒—韦斯的数据一致。另一些研究人员则尝试复制住房价格模式，其中的数据衍生自 PSID 数据。[34] 这样做的好处是可以给出对个人住房单元价格变化的估计。举例来说，弗莱文和山下（Flavin and Yamashita, 2002）就利用了 PSID 中 1968 ～ 1992 年的住房价值自报数据，构建出一个实际的年度住房回报。他们估计住房的平均回报（包括扣除了维护费后的房租）是 6.6%，标准误差 14.2%。他们还指出，住房回报和股票、债券以及短期国库债券回报之间的相关性几乎为 0。[35] 但是公平地说，如果想要确定股票、债券和个人住房回报之间的相关矩阵，这篇研究文章还是缺了一些高质量数据。[36]

在大多数模型中，收入冲击和住房价格冲击之间的关系对决定如何进行组合投资起着关键作用。许多学者认为个人住房价格回报和个人收入实现之间是零相关。基于 1970 ～ 1992 年的 PSID 数据，科克（Cocco, 2005）却得到了平均住房价格和家庭收入常规部分之间有 55% 的相关性。在他的模型中，他认为住房价格与总体收入完全正相关，且住房价格与临时劳动收入冲击为不完全正相关。韦斯特曼（Vestman, 2012）基于瑞典 2000 ～ 2007 年的数据，估计收入增长的常规部分与全国住房价格增长之间有 63% 的相关性，与个人收入增长的总体关联性为 14%。我们对一些通常观点总结如下。（a）除了很多的特

---

　　[33]　Storesletten 等（2004），Cocco 等（2005）和 Heathcote 等（2010）是标准参考。

　　[34]　文献认为 PSID 样本小，自我报告的房屋价值是有噪音的，并有可能向上的偏差。例如，长期房价的增加可能是由于质量改进或纯粹的升值。然而，有人认为，平均来说，房主在一定程度可以猜测他们的房子的价值。见 Goodman、Ittner（1992），Bucks、Pence（2008），Benitez-Silva 等（2010），和 Davis、Quintin（2014）。

　　[35]　住房估算租金、分红等于房屋价值的一定系数，系数等于实际利率和物业税率乘以边际所得税率。短期利率固定为 5%。

　　[36]　Piazzesi 等（2007）等使用微测数据测算住宅的回报，提高了 Flavin，Yamashita（2002），和 Landvoigt 等（2013b）的方法，为 San Diego，Favilukis 等（2011）提供了高质量住房价格升值率估计，讨论了测量问题，并比较几种方法。

殊因素外，个人住房回报还包含了不多但是却很重要的都市层次及全国层次的因素。（b）住房价格和收入的全国性因素相关且和股票价格相关。虽然我们推测从地理角度划分，比如按普查区划分或按邮区划分，当地劳动收入和当地住房价格之间也是正相关关系，但是目前还缺少微观证据来验证这一推测。

12.4.3　投资组合文献的主要研究成果

投资组合文献的最终目的是创建一个模型，使它可以与自有住房产生率、股市参与发生率、总财富以及住房、股票和债券的市场价值分别在总财富中占据的比例等这些投资的生命周期相匹配，这反映的就是投资组合比例的问题。并且越来越多的文献还想匹配各个家庭组（按照自有或租房、年龄、收入和财产净值分组）之间投资组合比例的系统化差异。在本节的其余部分，我们将讨论文献中三条不同研究线路的主要研究成果。这三条不同路线为生命周期里的住房和消费、最优住房持有和最优金融资产决策之间的相互作用以及抵押贷款选择。在这一节中，我们研究的模型（a）假设住房价格是恒定的，或者虽然是随机的，但是由模型以外因素决定，我们将这种模型称为"局部均衡模型"。（b）没有明确研究政府政策如何影响住房决策。在 12.6 节中，我们将会讨论一些相似的模型，但住房价格是由模型内部决定的，而在 12.7 节中，我们会研究税收和其他政策对于住房的影响。

12.4.3.1　生命周期中的住房和消费模式

12.4.3.1.1　生命周期中的住房自有

早期文献研究了住房市场各个细分领域是如何在简单的生命周期模型中彼此相关联的，此时模型中住房是独立的，且面积固定（Stein，1995；Ortalo-Magné and Rady，2006）。在这种模型中，随着年龄增长或变得富有，搬家是"向上"的，也就是说，人们会买更贵的房子。与我们本节将讨论的模型不同，这些模型并不去尽量匹配生命周期数据，当然它们本身就是被设计用来研究在住房市场不同细分领域中住房价格的均衡差异。我们将在 12.6.3 节，对这些模型进行更详细的讨论。

费尔南德斯-比利亚韦德和克鲁格（Fernández-Villaverde and Krueger，2011）是早期文献的代表之一，虽然这篇文章在 2011 年才发表，但是它其实完成于 2001 年。费尔南德斯-比利亚韦德和克鲁格提出，如果一个局部均衡的生命周期模型包含了住房和特定收入以及死亡风险，这样的模型是否可以适用于消费支出（驼峰式）、耐用品支出（驼峰式）和住房及金融财富等的生命周期组合。在这里，费尔南德斯－比利亚韦德和克鲁格将耐用品和住房视为可交换的。耐用品提供服务流，并且被作为贷款限制的唯一来源。文章的主要研究成果是提出由于借贷约束（见式 12.11）和耐用消费品之间相互关系的影响，年轻人选择在早年累计耐用品，随着年纪的增长，再逐渐增加非耐用品消费和金融资产。

扬（Yang，2009）回顾了费尔南德斯－比利亚韦德和克鲁格（2011）的研究，并且提出不同的看法，认为与耐用品支出不同，在生命周期中住房消费一开始就在增加，而且在老年阶段也不会减少（见图 12－8）。她还在费尔南德斯－比利亚韦德和克鲁格（2011）的框架中加入了住房交易成本，认为借贷约束可以用来解释早期住房积累，同时交易成本应是另一个必须条件，用来解释为什么在生命后期住房数量会缓慢减少。

中岛和泰尤科娃（Nakajima and Telyukova，2012）研究了标准模型对退休家庭的预测。他们认为相比租房者来说，住房自有的退休家庭财富消耗速度较慢。中岛和泰尤科娃的模型之所以得到这种结论，是因为退休家庭不能轻易再为他们的房子贷款，而且退休家庭更渴望长期稳定地居住在现有住房里，不会选择把房子卖掉或者再搬家。相对于标准模型，中岛和泰尤科娃模型明确把医疗支出算入预算约束，并且认可在大型医疗支出冲击事件中的消费。这一点哈伯德等（Hubbard，1995）和阿梅里克斯等（Ameriks，2010）也同样提到。

霍尔基特和瓦苏戴吾（Halket and Vasudev，2014）研究了自有住房的生命周期模型和都市统计区域（MSAs）中的流动性。他们认为，为了适应卢卡斯－普雷斯科特类型的职业流动性（Lucas and Prescott，1974）而改进过的标准模型，可以计算生命周期内的自有住房增长、财富增长以及流动性下降。因为年轻人选择租房，所以相比老年人，他们搬家会更加频繁。同时，在家庭人口数量不确定的情况，也会影响搬家决策。

费希尔和热尔韦（Fisher and Gervais，2011）在研究生命周期中住房自有这个课题时提出一个问题：为什么年轻人的住房自有率在 1980～2000 年大幅下降。他们认为，这种下降趋势几乎可以全部归因于晚婚趋势以及收益风险增高这两个原因。同本文中的大多学者不同，费希尔和热尔韦在他们的模型中只为年龄设定了三个组别（年轻人、中年人、老年人），而且不同年龄组家庭之间的过渡是随机的。

12.4.3.1.2　为了稳定消费而进行的住房抵押

赫斯特和斯塔福德（Hurst and Stafford，2004）和随后的研究者们探讨的课题是，家庭如何利用住房权益来保持稳定的消费水平。在他们的模型中，住房并未纳入效用函数。他们认为较低的流动资产持有和糟糕的收入实现相结合可以预测出针对住房权益的贷款,并且这种贷款是为了保持稳定的消费水平。他们用 PSID 数据来表明他们所描述的机制得到了数据支持。

另一篇相关文章埃哈尔克和兰斯 – 彼得森 (Ejarque and Leth-Petersen,2008) 使用了丹麦家庭面板数据,表明新一代的首次购房者为了买房需要用尽他们的金融资产,此外还要尽可能多地借贷来买房子,当面对收入冲击时,这批人的应对方法是降低消费水平。文章还指出,任何相关的标准模型(如我们之前讨论过的那些)都可以重复这个事实。

赫利什科等 (Hryshko et al.,2010) 为住房抵押品通道提供了进一步经验证明,它使用 PSID 中与 MSA 地理相关的数据,说明在失去劳动能力或没有工作的情况下,当房价处于上涨期时,家庭会利用住房权益稳定消费水平,反之,当房价正在下跌期时,家庭则会选择减少消费。这个研究还预测了首付约束、调整成本、收入与价格增长的相关性,这些条件变化的情况下,经验性结果会产生怎样的相应变化。

另一个相关文献利用微观数据研究房价如何影响消费。坎贝尔和科克 (Campbell and Cocco,2007) 参考英国家庭支出调查数据,在对比了利率、家庭收入、人口统计数据后,估计对于住房自有的老年家庭来说,资产因外因变化而带来的新消费支出弹性最大可为 1.7,而对于年轻的租房家庭来说,这一弹性几乎为 0。消费会因可预测的房价变化而变化,同理,住房抵押效应也是一样。因为总量上的变化是可预测的,而地域性住房价格并不是那么重要,所以抵押效应也会对总量水平产生影响。这个论证与勒斯蒂格和范·钮文伯格 (Lustig and Van Nieuwerburgh,2010) 的结果一致,勒斯蒂格和范·钮文伯格从美国 MSA 层次消费数据中找到总体住房抵押效应的证据,这些我们在后面还会提到。

李和姚 (Li and Yao,2007) 研究房价的外生变化对经济中不同主体产生的不同影响。结果表明,老年住房自有者因为寿命所剩不多,且担负得起更高的消费水平,所以他们会得益于不可预测的房价增长。而这种增长对于年轻住房自有者来说,尽管可以获得资本收益,但因为他们还有较长寿命和更高的买房借贷成本,情况并不乐观。而对于租房家庭来说,这种冲击更为不利,会使他们境况更差。李和姚认为住房价格的波动及不确定性与住房自有概率之间的关系是不明确的,具体取决于家庭风险规避程度。

鲍亚里等 (Bajari et al.,2013) 在 PSID 数据的基础上,结合参考抵押贷款利率数据和房价数据,对上文提到的标准生命周期模型的参数进行估计。文章模拟的模型分别仿真家庭对负面房价冲击和对负面收入冲击的反应。结果表明,面对负面房价冲击,家庭会在之后累积更多的住房,但是不会改变其消费储蓄的生命周期基本形式。相反，面对负面或预期外的收入冲击，家庭会同时减少他们的消费和住房需求。

阿塔纳西奥等（Attanasio et al.，2011）对上述生命周期模型的总体影响进行研究，表明预期以外的房价上升会导致住房单元面积减小，但是不会造成住房自有率下降，同时还会导致老年人消费增加和年轻人消费减少。与李和姚（2007）相比，阿塔纳西奥等（2011）加入了限制条件，即住房权益约束只会在购买时起到约束的作用，比如房价的下跌可能会给家庭带来负住房权益。这个模型基于英国数据加以校准。

最后，卡普兰和维奥兰特（Kaplan and Violante，2014）指出住房的非流动性影响缺少财政刺激支付的消费倾向。很多家庭拥有大量的非流动住房财富，而流动资产则相对有限。增加流动资产的财政转移可以增加总消费，其数量超过经济模型预测的结果，该模型将住房和流动资产进行加总，并都视为可流动的。

12.4.3.1.3　住房价格风险和住房需求

韩（Han，2008）研究当房价不确定且存在交易成本时的住房需求。韩强调虽然购买住房有风险并会拉低需求，但是现有住房是规避未来住房需求冲击的一种方法，因为同一市场上住房的价格波动是彼此相关的。相同观点也在西奈山和苏勒斯（Sinai and Souleles，2005）中提到过。韩使用了一个生命周期框架的拓展来判断，当已知（a）收入的生命周期概况和住房偏好（b）迁移到房价不同的住房市场的可能性，（c）各个市场内生的房价波动，住房的套期保值需求何时可以控制其自生风险。韩（2008）得出结论，不确定的房价的影响取决于家庭对未来的计划。当家庭计划在未来增加住房保有时，他们当下会选择购买更大的房产，以应对房价增长的不确定性。反之，如果家庭计划在未来减少居住面积，那么他们会在当下减少住房保有量。

霍尔基特和阿米尔（Halket and Amior，2013）对住房风险和住房自有之间的关系进行研究，他们依据文献提出，住房价格的波动性分别与住房自有率和 MSA 层次较低的贷款—价值比呈负相关。他们还指出，当住房价值高时，住房价格的波动率也高，因为这些住房价值中土地所占份额较大。他们发现相对标准的住房模型预测高房价地区住房自有率较低。这个模型同时还解释为什么在住房价格波动的地区，贷款—价值比也较低。

12.4.3.2　住房在金融组合中的角色

弗莱文和山下（Flavin and Yamashita，2002）是较早研究住房和组合选择的文献之一，它包含了一个没有劳动收入风险的简单均值方差框架。我们已经在前文中介绍过弗莱文和山下的数据研究成果，这篇文章则是在此基础上强调年轻的住房自有家庭具有高杠杆，这促使他们在其他资产组合中尽量规避风险。这个结论定性地说明为什么年轻家庭的股票持有量较少。文章还对如何解决一个资产配置方面的谜题提出了建议。标准投资组合理论表明，家庭要将零风险资产和有效率的风险资产组合相结合，并且调整二者的持有量以适应他们的风险规避水平。与之相反，投资策划顾问则建议他们的客户变更风险股票和债券的比例。弗莱文和山下（2002）认为，这两个方法中，后者更为理想，因为家庭的无风险利率为 0。

弗莱文和山下（2002）只考虑了业主的最优投资组合，没有将家庭的收入和储蓄决策模型化。与他们不同的是，姚和张（Yao and Zhang，2004）使用了一个生命周期模型研究家庭如何最优化金融资产组合，这个模型与我们之前描述过的另一模型相似，其中家庭在每一阶段决定是租房还是购房。在他们模型中，主体要权衡以下内容：房价是不确定且不稳定的，使得家庭不想持有过多股票；但是住房自有者可以利用住房权益缓冲收入冲击，又使得家庭希望多持有股票。他们指出租房者和住房自有者会选择截然不同的金融资产组合，同时强调，那些没有包含租房或自有选择的生命周期模型所得出的最优资产配置结果，可能会产生误导。举例来说，当一个家庭在模型中从租住变为购房时，总资产中的股票所占份额是减少的，而流动资产中的股票所占份额则是增加的。这是因为股票和住房收益之间关系不大，但高风险溢价又使得持有股票比较有吸引力。

科克（2005）的研究与姚和张（2004）相似，而且一些见解也很相似，比如如何解释生命周期中的股权变化。科克（2005）并不涉及对住房所有权的选择（所有人都是住房自有者），但是文章设定了一个固定的股市参与成本。它的模型得出的结论是，年轻的低财富家庭因为这个固定的参与成本而不会参与到股市。更进一步说，他们的投资组合已经严重倾向于房地产，而且已经是高杠杆，这个结论也得到了数据支持。在这个模型中，庞大且伴有风险的住房投资使得参与高风险股市的行为相对不那么有吸引力。科克（2005）指出，产权投资市场很小的固定参与成本，会导致很大的非参与率。随着家庭的年龄变化、杠杆率下降，股票市场参与率上升，且流动资产所占比例随着股市上涨，就像数据中反映的那样。因此，文章认为只要考虑到住房影响，数据中的股市参与模式就不难理解了。

与姚和张（2004）一样，韦斯特曼（Vestman，2012）在研究股市参与率时也考虑自住和租住两种情况，但是与其他文章不同的是，他还加入了爱泼斯坦 - 兹恩（Epstein-Zin）偏好，这跨期替代弹性会受其他参数的支配，而非风险规避程度。韦斯特曼（2012）还允许这些偏好参数因家庭不同而改变。他的模型与数据中的住房自有生命周期数据图一致，都呈驼峰型，而且相比科克（2005），他的模型可以生成更加平稳、更加精确的股票市场参与的生命周期数据图。韦斯特曼（2012）表明，那些低风险规避和高跨期替代弹性的家庭通常储蓄少、投资少，一般不会参与股票市场，而且大多租房居住。韦斯特曼（2012）使用瑞典的面板数据，发现在购置住房的当年，股票市场参与率下降了1/5，这一结果与模型的结果相似。

12.4.3.2.1 地理

大多数文献研究住房时，最重要特征就是其空间特性。家庭的两大资产：劳动力财富和住房财富，都与家庭居住和工作的地点紧密相关。正如本书选择的很多文章表明，城市经济研究文献中的大部分是围绕地理问题进行研究。为了达到本节的目的，我们将着重介绍一些将地理因素纳入金融组合选择的文章。在奥尔塔洛 – 马格纳和普拉特（Ortalo-Magne and Prat，2013）和海姆（Hizmo，2012）中，家庭从生活之初就需要选择居住地点，在接下来的各个时期里，他们会决定投资组合的构成。[37] 为了便于处理，他们的偏好呈现绝对风险规避，且消费在生命结束时发生。在奥尔塔洛 – 马格纳和普拉特（2013）中，家庭需要支付租金给工作地点，但是他们可以在任何地区投资房产，将住房消费和住房自有分开处理。海姆（2012）认为，家庭会在工作地购买住房。在那些没有足够的风险资产来覆盖所有劳动收入冲击的地区，市场是不完整的。

海姆（2012）研究结果显示，一旦决定了地点，家庭最好持有更多的、回报可以对冲当地收入风险的股票。那些收益与房价密切相关的股票，并不能提供有效对冲，而且需要更多的风险溢价。除了使风险分担不完整外，未覆盖的区域风险还扭曲了劳动力的有效空间配置。风险规避家庭可能会最终选择那些房价波动低的区域，而不是那些可以让他们创造更多价值的地区。这一研究的规范含义是，家庭愿意对降低房价波动的证券进行大量投入。

12.4.3.3 抵押贷款选择

坎贝尔和科克（2003）研究当劳动收入、房价和实际利率都不确定，但住房面积确定的情况下，典型抵押贷款合同 FRMs 和 ARMs 的风险和回报。他

---

[37] Van Nieuwerburgh 和 Weill（2010）和 Davis 等（2013）研究空间平衡模型，模型中居民选择在哪里生活最佳，并每一个时期都是自由流动。然而，这两篇文章的研究住房和移民决策的均衡相互作用，都没有研究投资组合选择问题。Han（2013）还研究在预期回报率在都市区住房的差异，但她的研究在很大程度上是经验性的。

们的模型中有这样的期限结构假设：长期债券和 FRMs 不包含风险溢价。坎贝尔和科克（2003）注意到 ARMs 是有风险的，因为还款额可能比收入更加不稳定，或者可能在收入减少时上涨，这会迫使家庭减少消费。FRMs 较贵，甚至当通胀相对稳定时也是如此，因为它的成本包含了一个提前还款选项，如果利率下调，家庭可以选择支付小额费用后，再为他们的固定利率抵押贷款融资。只有通胀很高的情况下，FRMs 才便宜，他们将这一点称为 FRMs 的财富风险。他们认为那些住房相对收入过大的家庭、劳动收入不稳定的家庭和高风险规避的家庭，都更倾向于 FRM。而那些很有可能会搬家的家庭则通常更倾向于 ARM，因为可以享受较低的利率。他们提出通胀指数化的建议，即合同去除了 ARMs 相关的收益风险和 FRMs 相关的财富风险。

使用 FRM 贷款买房家庭的比例随着时间波动。为了解释这个现象，科伊根等（Koijen et al.，2009）提出一个两阶段抵押贷款选择模型，其中规避风险的家庭根据还款风险，将预期还款轮流用于 FRM 合约和 ARM 合约。凭直觉，模型生成一种抵押贷款的风险收益抉择：在风险溢价越高、实际利率变化越小以及通胀预期变化越大的情况，ARM 合约更适合名义债券。根据模型预测，FRM 总份额随时间的变化是由于受债券风险溢价随时间变化的影响，定义为合约存续期间长期债券回报率（或 FRM 率）和预期平均未来短期债券回报率（ARM 率）之间的差异。科伊根等（2009）在模型中，使用向量自回归、蓝筹股预测数据以及过去的短期利率加权平均，具体说明家庭对未来短期利率预期的形成。这三种都会产生债券风险溢价，它的波动曲线与观测到的美国 ARM 份额波动看齐。门希等（Moench et al.，2010）为这一理论提供了样本外支持，他表明债券风险溢价的近期下降可以解释为什么 2007～2010 年 ARM 的份额异常低。巴达林扎等（Badarinza et al.，2013）将抵押贷款选择期限结构决定因素的分析扩展到多个不同的国家。坎贝尔（Campbell，2013）则研究世界范围的抵押贷款市场设计。

一个自然的问题是，家庭的资产负债表中的资产方（组合选择）与负债方（抵押贷款选择）是如何相互作用的。赫默特（Hemert，2010）扩展了科克（2005）以及姚和张（2004）中的基础框架，加入更多有趣的抵押贷款选择。他允许家庭持有股票以及一年、三年或十年的长期名义债券，还有一份 ARM 或一份 FRM。在他的框架中，ARMs 在一年债券中空头，而 FRMs 在十年债券中空头。在基准校准中，利率是随机的，家庭更愿意选择 ARM 来贷款买房，这样可以避免支付 FRM 中的债券风险溢价。因为年轻人的主要财富是劳动力资本，类似于债券，所以他们更多将金融资产组合投资在股票中。中年家庭持有一些长期债券，以对冲实际利率变化对 ARM 的影响。持有者的年龄越大以及劳动资本越是下降，这些长期债券的地位越显得重要。一个规避风险的退休投资者对 10 年债券持负头寸，而对短期债券持正头寸，对混合 ARM 也是一样。这一头寸避免了通胀风险，从而对冲实际利率风险。

总之，关于投资组合选择和生命周期的文献已经在理解经济力量如何激励家庭的资产和负债选择方面取得长足进步。住房和抵押贷款选择不仅是家庭财富和负债结构的关键组成，同时也是理解家庭对金融资产和负债需求的关键。在下一节中，我们将探讨家庭对住房和金融资产的需求如何影响了均衡资产价格。

12.5 住房和资产定价

由于住房会对家庭最佳投资组合的选择起重要影响，如股票持有量，住房可能会影响均衡状态下股票和其他资产的定价。在这一节中，我们将回顾住房资产定价文献中的观点。尤其是，我们将在下一节研究禀赋经济（endowment economies），并将讨论包括乘积的模型。众所周知，卢卡斯（Lucas，1978）和布里登（Breeden，1979）提出的具有固定相对风险规避偏好（constant relative risk aversion preferences）的典型禀赋经济无法匹配资产定价数据，尤其是对风险溢价预测过低、不随着时间变化而变化、无风险利率过高而且十分不稳定（Hansen and Singleton，1983；Mehra and Prescott，1985；Weil，1989）。耶尔曼（Jermann，1998）和其他研究人员将这些问题放大，从而对模型进行改进，使这些模型可以考虑乘积。

在过去的 20 年间，为了生成与数据相匹配的资产定价行为，资产定价文献在确定随机贴现因子（SDFs）的必需特征这一问题上进行了大量研究。总的来说，SDFs 必须是持久的、反周期的和异方差的，特别是在糟糕时期需要更高的条件方差。在外部习惯框架（Campbell and Cochrane，1999）、长期风险框架（Bansal and Yaron，2004；Bansal，2012）和多变的罕见灾难框架（Gabaix，2012）中，SDFs 都有着上述特点，至少在禀赋经济下是如此。这些框架对偏好和技术的假设，目前还无法直接验证。因此，本节研究住房的经济学家都带着这个问题：一旦考虑可观测的住房市场约束和摩擦，相对标准模型是否可以生成与数据匹配的 SDFs。

12.5.1 典型主体模型

基准模型将卢卡斯（1978）中的禀赋经济典型主体扩展，以在经济中考虑两种不同类型的"树"。一种结出非住房商品和服务的"果实"（红利），而另一种结出住房服务"果实"。典型主体拥有这两种类型的树，而且消费所有的果实。为了简单起见，称非住房商品和服务为非住房消费，设为 c，称住房服务为住房，设为 h。在任何时期 t，这个模型中的家庭选择消费 c_t、以单位价格 p_t 来购买住房 h_t，且资产 A^i_{t+1} 在 $i = 1，\cdots，N$ 时都最大化预期效用的净现值：

$$\sum_{t=0}^{\infty} \beta^t E[\mu(c_t，h_t)]$$

每个时期的预算约束为：

$$c_t + p_t h_t + \sum_{i}^{N} A^i_{t+1} \leqslant \sum_{i}^{N} A^i_t R^i_t + p_t h_{t-1} + w_t$$

这里 w_t 是收入。h_{t-1} 和 $A^i_t R^i_t$ 中的每个 i 是在时期 t 开始时就事先确定的。R^i_{t-1} 的未来实现可能是随机的。

把时期 t 预算约束的拉格朗日系数标记为 λ_t。时期 t 中消费的一阶条件和时期 $t+1$ 中持有资产 i 的最优选择的一阶条件分别为：

$$c_t: \lambda_t = \frac{\partial \mu}{\partial c_t}$$

$$A^i_{t+1}: \lambda_t = \beta E[\lambda_{t+1} R^i_{t+1}]$$

因为家庭可以随意购买任何资产，所以上面的第二个等式必须对所有资产 $i = 1，\cdots，N$ 都成立。当我们将结合上面的一阶条件，资产回报率必须满足以下等式：

$$1 = E_t[M_{t+1} \mathcal{R}^i_{t+1}] \tag{12.12}$$

其中，M_{t+1} 为 β 乘以 $t+1$ 期消费边际效用与 t 期消费边际效用之比。M_{t+1} 是 SDF。式 12.12 可以被解读为，它特指所有资产在考虑了风险之后，必须支付相同的期望收益。决定对每种资产风险补偿要求的项就是 SDF，特别是，风险补偿要求很大程度上取决于 M 和 R 的协方差。

皮亚泽西等（2007）假设住房所有者对消费和住房的 CES 束具有如下的固定相对风险规避偏好，探讨这个模型的资产定价含义：

$$U(c_t，h_t) = \frac{\tilde{c}_t^{1-\sigma}}{1-\sigma}，\quad \tilde{c}_t = (\alpha c_t^{\rho} + (1-\alpha) h_t^{\rho})^{\frac{1}{\rho}} \tag{12.13}$$

其中，α 是非住房消费的比重，$\varepsilon = 1/1-p$ 是 c 和 h 之间的替代弹性。Cobb - Douglas 情形（$\varepsilon = 1$ 或 $\rho = 0$）是个特殊情形，我们将在之后讨论。

给定式（12.13）中确定的偏好，SDF 的对数或称 m_{t+1}，可被写作标准单一商品因素（非住房消费的增长）和一个新因素（把握消费和住房束结构的影响）的乘积：

$$m_{t+1} = \log\beta - \sigma\Delta\log c_{t+1} + \frac{1-\rho-\sigma}{\rho}\log\left(\frac{1+S_{t+1}}{1+S_t}\right) \text{ 且 } S_t = \frac{c_t}{q_t h_t} \quad (12.14)$$

q_t 被定义为单位住房的出租价格，S_t 是非住房消费总额与住房租金的比率。

在 $\varepsilon = 1$ 的特定情形下（即 Cobb – Douglas 偏好），消费和住房的最佳预算分配是固定的，且比率 S_t 是恒定的。在这个情况中，式（12.14）中 SDF 的最后一项消失了。SDF 恢复到单一商品的禀赋经济，同时存在资产定价预测问题。

皮亚泽西（Piazzesi et al.，2007）考虑 ε 值严格大于 1，但非常接近 1。也就是说，ρ 的值略微高于 ε。这个选择使得最后一项的系数为负，且绝对值很大。当给定参数后，考虑 SDF 和资产收益的协方差。在总支出增长与住房支出增长比率 $1 + S$ 较低的时候，资产收益也较低，这是有风险的，因此资产会要求一个高预期收益。当 ρ 比 0 略大时，住房的两因素模型可以解释股权风险溢价。模型同时暗示，非住房消费与住房消费比率预测了未来的股票收益，皮亚泽西等（2007）用数据证实了这个预测。

戴维斯和马丁（Davis and Martin，2009）对这个模型的偏好参数进行估计，并且认为它不能同时给股票和国债定价。他们用广义矩法估计 ρ 值为 0.2（标准差 0.05）。这个值比 0 大的太多，无法放大标准卢卡斯 – 布里登核（standard Lucas-Breeden Kernel）以同时为股票和债券定价。戴维斯和马丁（2009）将他们的模型扩展，考虑休闲和住房生产而不是住房进入效用。在每种情况下，他们都表明模型无法为股票和国债投资组合定价。

在相关文章中，余吴（Yogo，2006）使用爱泼斯坦—兹恩偏好模型，研究非耐用品消费和耐用品消费的 CES 总量。他表示，非耐用品消费和耐用品消费之间的替代弹性如果大于跨期替代弹性的话，消费的边际效应上升，同时耐用品消费减少，这种情况会发生在经济萧条时期。利用资产回报数据，他估计跨期弹性 ε 的值在 0.5 ~ 0.7，并为替代弹性估出一个较低的值 0.023（相比略高的相对风险规避系数）。如果这个 ε 的估计值（0.5 ~ 0.7）对住房有效，那么 SDF 将难以产生似乎可信的资产定价影响。

像先前的文章一样，弗莱文和中川（Flavin and Nakagawa，2008）也使用模型研究对非耐用品消费和对耐用住房的 CES 总体偏好。但是，他们是在格罗斯曼和拉罗克（Grossman and Laroque，1990）著名文章的基础上，研究住房的非流动性如何改变 SDF。非凸调整成本的存在，使得住房成为状态变量（state variable），生成依靠过去财富并大幅波动的 SDF。此外，调整成本允许相关风险规避从跨区替代弹性中分离开来，同时保持标准偏好，即时间可分效用。给定 SDF 的类似特性，加入调整成本的住房模型对外部习惯产生结构性解释。并且，住房调整模型优于标准的外部习惯模型和恒定相关风险规避模型。由于不能否定对个体家庭住房收益的欧拉方程，他们对 σ 估计了一个合理的参数值：$\sigma = 1.8$。他们还估计 $\varepsilon = 0.13$（$\rho = -6.7$），并且指出房价随着住房支出份额增加而上涨，这个结果和戴维斯（戴维斯）和奥尔塔洛—马格纳（2011）以及其他估计得住房支出份额不一致。

最后要谈到最近的一篇文章，吉廖等（Giglio et al.，2014）使用住房数据，特别是长期房产租赁数据，对 SDFs 的形态和结构重新审视。吉廖等（Giglio）等对英格兰、威尔士和新加坡的不动产权（无限期的财产所有权）和土地使用权（非常长时间的有限所有权）二者做出比较，认为相比不动产权，土地使用权交易贴现较大，这表示在遥远的未来住房服务以惊人的低利率贴现。这一结果否定了刚才我们讨论过的坎贝尔和科克伦（1999）、邦萨尔和亚龙（2004）、邦萨尔等（2012）和加贝克斯（2012）等文章中对此的相关观点。结合住房较高的平均收益率，包括整个住房服务流，吉廖等（2014）认为投资住房的大部分报酬体现了短期风险补偿而非长期风险补偿。这个结论与范比恩斯伯根等（van Binsbergen et al.，2012）对股票市场的结论一致。他们的研究结果表明，未来的研究人员应该对偏好和约束进行研究，这样资产定价模型可以产生住房和股票风险溢价向下倾斜的期限结构。

12.5.2　住房抵押物的风险分担

勒斯蒂格和范·钮文伯格（Lustig and Van Nieuwerburgh，2007）研究当住房作为抵押物的资产定价含义。他们使用了皮亚泽西等（2007）的模型理念，即按照两种"卢卡斯"模式的树：非住房商品和住房，对异质主体经济模型化。两种树中的禀赋总额都是随机的，且家庭实现非住房禀赋（劳动收入）的方式不同。这些家庭有一整套有价证券分担相互间的收益风险。模型的关键摩擦是家庭不能承诺偿还他们的债务。这个摩擦限制了出现在阿尔瓦雷斯和耶尔曼（Alvarez and Jermann，2000，2001）的有限承诺模型中的风险分担程度，和其他模型拒绝违约家庭进入金融市场不同，在勒斯蒂格和范·钮文伯格（2007）中，对违约的惩罚是失去住房抵押。其结果是，均衡状态下家庭的可借贷额被限制于抵押物价值之下。这相当于住房抵押约束可以被视为偿付能力约束，从而保证家庭净资产完全为正值。因为未来劳动力收益得不到保证，住房是模型中唯一的可抵押资产。

模型中的一个关键状态变量是住房财富与总财富的比率，即"住房抵押率"。当住房抵押率高时，风险几乎是完全分担，经济分配和价格都与卢卡斯典型主体经济相近。当住房抵押率低的时候，风险分担不完全。在这个环境下，那些受到持久稳定的正收益冲击的主体需要持续参与对非住房消费和住房消费的安排，这样可以鼓励他们继续参与到风险分担。而无约束主体的总消费份额则会减少。这种情况的净效应为消费增长的截面分布扩大以及风险分担恶化。

勒斯蒂格和范·钮文伯格（2007）表明这种经济的 SDF 对数包含了一个新项：$\sigma\Delta\log\xi_{t+1}^a$，用来测量经济中住房抵押约束的程度：[38]

$$m_{t+1} = \log\beta - \sigma\Delta\log C_{t+1} + \frac{1-\rho-\sigma}{\rho}\log\left(\frac{1+S_{t+1}}{1+S_t}\right) + \sigma\Delta\log\xi_{t+1}^a \quad (12.15)$$

值得注意的是，即使住房消费和非住房消费的偏好是分开的，或者当这两种商品效用总量采取柯布—道格拉斯形式，住房抵押同样会产生影响。这个框架的一个主要影响是，住房抵押率可以影响风险分担程度和平均资产价格的变化。住房抵押率的这种持久和反周期性运动，导致了 SDF 的持久和反周期性运动。住房抵押不足导致高市场价格风险和 SDF 很高的条件波动性（异方差性）。另外，模型还给出了股票和住房风险溢价向下倾斜的期限结构，这点与范比恩斯伯根等（2012）和吉廖等（2014）人的观点一致。

勒斯蒂格和范·钮文伯格（2005）对勒斯蒂格和范·钮文伯格（2007）模型中所预测的三个资产定价进行测试。首先，一个低住房抵押率会预测高市场价格风险，从而可以预测股票未来的超额收益。对美国股票收益的可预测性进行回归分析，可以证实上述观点。其次，在截面数据中，同模型预测的相同，当住房抵押匮乏且风险分担机会有限时，风险资产的收益会受到总消费增长的巨大影响，并随之变化。最后，如式（12.15）所示，模型预测一个增强的"有条件"的消费资产定价模型（consumption capital asset pricing model），即包括住房抵押项的消费资产定价模型，应该能够符合有关收益的数据。如式（12.14）所指出的，使用增强的住房抵押消费资产定价模型后，模型能够解释超过80%的截面规模变化、投资市场的投资组合、长期债券投资组合以及整体股票市场。模型还可以使价值股和成长股之间的预期收益保持一致。[39]

有限承诺框架的好处之一是，尽管存在内生的不完全市场，仍会产生独一无二的 SDF。因为世界各地的无约束主体每天都为资产定价，所以 SDF 是不稳

---

[38] 具体来说，ξ_{t+1}^a 是个体横截面 ξ_{t+1}^i 的截面矩。后者是关于住房抵押物约束的累积拉格朗日乘数。当存在主体约束时，这些乘数随着时间推移而增加，否则保持不变。如果没有主体约束，$\Delta\log\xi_{t+1}^a = 0$。

[39] 此外，Lustig 和 Van Nieuwerburgh（2010）使用定量数据证明，当住房抵押物匮乏时，美国都市区之间的风险分担程度降低。

定的，这一点是资产定价预测的关键。该模型的一个缺点是，违约的产生只是由于"战略性"原因。数据显示很多家庭的违约是因为流动性，即低收入现实。我们将在下一节对住房违约模型进行具体的讨论。

12.6　住房市场的繁荣和衰退以及大萧条

最近，很多的文章都在探讨一种模型，它可以同时生成似乎可信的商业周期（见 12.3 节）、现实的消费储蓄和投资组合的生命周期图（见 12.4 节），以及十分不确定的住房和资产价格（见 12.5 节）。大部分文章都集中研究 21 世纪头十年史诗般的住房市场繁荣和衰退，并且研究贷款环境的变化是如何影响到住房自有率、住房价格和其他宏观经济。这些文章通常是与典型主体框架不同：主体是按年龄、收入和资产分类、按租房或拥有住房分类，或者按照借贷或放款分类。我们首先来讨论其中一些文章，它们假设无论是在模型外还是在住房的简单生产函数约束下，住房价格都是固定的。这些文章与我们上文讨论过的组合文献不同，它们研究的是过去 15 年间的事件，且着重点是主体间的异质性。我们之后将回顾另一些研究文章，这些文章中的房价是由经济模型内生决定的。在这两种文章中，我们都将按照允许违约和不允许违约两个方面对模型进行区分。允许违约的模型通常会着重研究房地产泡沫破裂，这类模型比较简单。而那些假设房价外生的文章则受到质疑，认为它们忽略了模型中住房市场的繁荣和衰退导致的环境变化，而这可能会影响到房价。

12.6.1　外生房价，无违约

一个新的研究分支对住房金融改革的后果进行研究，包括低首付约束或者新抵押贷款合同的有效性。西洛斯（Silos，2007a）研究了房主自用住房的均衡模型，其中主体按年龄、收入和资产分类，且住房价格是固定的。他们表明首付约束的放宽不会改变模型的商业周期属性，但是会影响到年轻人和穷人的住宅和非住宅投资决策。西洛斯（2007b）指出，给一些模型加入租房选项，如费尔南德斯 – 比利亚韦德和克鲁格（2011）和迪亚斯和卢恩戈 – 普拉多（Diaz and Luengo-Prado，2010），可以使模型更好解释不同年龄组的财富分配，因为如果没有租房选项，模型将无法将这些较年轻或者较穷的租房者考虑进来。

钱伯斯等（Chambers et al.，2009a）研究包含不同抵押贷款选择的模型，以此判断在 1994～2005 年首付约束的降低和二次抵押的出现在多大程度上对美国住房自有率的上升产生影响。这个模型中的主体有不同的收入，面对不同的死亡风险，同时基于住房销售而获得的收益不同，但是没有总体风险。模型还包括了租赁服务市场。研究表明，这个时期大部分住房自有率的增长都要归功于二次抵押的实施。在与此相关的另一篇文章中，钱伯斯等（2009c）研究了同时存在且互相平衡的多种抵押贷款合同是如何影响到住房自有率、自有住房的面积以及风险分担的。文章首先假设经济中只有一种类型的抵押贷款，即FRM，然后提出问题：如果在经济中再加入另一种抵押贷款类型将会发生什么？他们分别加入不同类型的抵押贷款，认为那些允许低首付或在延长还款时间的抵押贷款合同，随着时间的推移会导致住房自有率上升。

亚科维耶洛和帕文（Iacoviello and Pavan，2013）研究住房生命周期模型中的商业周期特征。在这个模型中，主体按照他们的贴现系数和租房偏好分类，住房价格是固定的，同时不允许贷款违约。他们指出模型可以复制生命周期基本事实，如前文中讨论过的那些，而且模型还可以考虑家庭负债的顺周期性。这个模型表现出丰富的多样性，这是为了匹配财富的不平等性。模型将大缓和时期（Great Moderation，20世纪80年代早期至21世纪早期，在这段时期，主要宏观经济总量的波动性降低）归因于低首付约束和个人收入波动性的增强。一方面，首付的减少导致住房自有率提高以及住房投资波动的下降，因为住房自有者在改变投资时会面对调整成本，而租房者不会面临这样的问题。另一方面，收入波动性增强会使得人们不愿意拥有住房以及购买任何受制于交易成本的资产。因此，住房波动性带来的影响是模棱两可的，因为租房者调整的更快，而住房自有者则因为交易成本而调整较慢。他们认为大萧条时期的住房投资下降是由于财政状况紧缩伴随不利的生产率冲击而引起的。

12.6.2　外生房价，允许违约

文献研究的另一个分支，通过研究房价已知的最优抵押贷款违约模型，旨在了解在住房市场衰退时可观测到的抵押贷款违约。这些文章中有四个（相互影响的）兴趣点：住房价格冲击、失业冲击、住房权益提取以及新抵押贷款合同。

坎贝尔和科克（2012）研究违约率如何因抵押贷款类型的变化而变化（FRM、ARM、纯利息抵押贷款）。他们解决了家庭必需决策的一个问题，即多少支出用于消费，是否进行抵押贷款违约。家庭面对具有个体差异性的收入风险，也面对住房价格风险和利率风险。当住房权益为负值且到一定程度时，家庭选择违约。违约的负资产阈值取决于收入冲击、利率以及抵押贷款合同

（ARMs vs. FRMs）中的条款。高贷款价值比通过增加负资产的可能性以及降低还款激励影响违约概率。同时，高贷款价值比通过降低抵押贷款的承受能力增加违约比率，使借贷约束更倾向于捆绑，降低了可导致违约的负财产净值的阈值水平。

　　将住房价格、利率和总收入设为已知，陈等（2013）研究为什么家庭会在住房市场繁荣时期增加抵押负债。在他们的模型中，主体可以租房也可以拥有住房，如果他们拥有住房的话，他们可以通过抵押贷款对住房融资。在每个时期，主体可以无风险利率投资流动资产、二次抵押贷款融资、去除住房权益贷款（住房权益信用额度）、卖或者选择违约。抵押贷款和住房权益贷款都受制于贷款价值限制和贷款收入限制。其中抵押贷款是长期合同，所以可以成为再融资成本。这篇文章避免使用其他大部分投资组合文献中的一个简化假设，即抵押贷款是负债券。在一系列住房金融摩擦下，研究者表明在已知的可观测收入和房价动态下，模型可以复制观测到的抵押贷款债务累积的数量（图12-7）。

　　与陈等（Chen et al., 2013）相似，劳弗（Laufer, 2013）研究在住房市场衰退时期，住房贷款在解释抵押贷款违约激增现象中的重要作用。在他的模型中，家庭可以将抵押贷款作为成本进行二次融资，并且受到抵押品的约束。在这个模型中，抵押贷款是无追索权的，但是那些违约家庭被强迫租房。他们使用 PSID 中的收入数据、SCF 中的资产数据以及大批洛杉矶住房自有者的经验数据来估计模型中的参数。现实住房价格动态已知，模型可以复制可观测住房贷款的时间序列、住房销售以及不同贷款价值比之下的抵押贷款违约。在这个模型中，当房价上涨且流动资产趋于 0 时，住房自有者会提取资产净值。他们表明当住房自有者对房价上涨的预期很有信心时，他们会将住房贷款拿来为其他的消费做融资。模型使抵押贷款违约增多，这归因于负房价冲击抵消了住房权益，而不是很长一段时间的负收入或失业。劳弗（2013）还使用模型来进行一些反事实经验分析，以此来验证两条有可能减少违约的措施：收紧借贷约束和更强的追索权。经验表明这两条政策都可以使违约大幅下降，且住房资产净值提取减少。

　　哈乔多等（Hatchondo et al., 2013）将抵押贷款违约加入到前文中的标准生命周期模型中，且住房面积设为固定，这与坎贝尔和科克（2003）相似。研究允许家庭在每个时期内来选择他们的首付（也意味着一个特别固定的还款额），之后研究者分别求出每种抵押贷款的零利润抵押贷款利率。[40] 与李和姚

---

[40]　由于拥有正资产的家庭可以再融资，他们可以基本上选择他们的抵押贷款付款的顺序。

（2007）相似，哈乔多等表明住房价格冲击不是消费不平等的重要来源。此外，这篇文章的着重点是两条可以减少违约的政策，即劳弗（2013）所提到的那两条：收紧借贷约束和更强的追索权。首先，与没有首付约束的经济相比，要求 15% 的首付会微弱影响住房自有率（从 63.1% 降到 62.9%），但是却可以减少 30% 的贷款违约（从 0.6% 降到 0.4%）。虽然因为首付约束增加，年轻的潜在买房者的状况会变差，但是现有已购房者则会从中受益，因为他们可以以一个较低的比率来二次融资，这个较低的比例伴随较少的违约。其次，对违约进行临时收入扣发作为惩罚的政策会使消费方差固定，另外，可以降低违约率、促进住房自有率以及降低首付比率。

科尔巴和昆廷（Corbae and Quintin，2015）研究在住房市场衰退期房屋止赎的增多，并且提出问题：大量的高杠杆抵押贷款合同在多大程度上可以解释这个现象。在文章中，模型中的家庭在不同抵押贷款合同之间做出选择，而且面临着外生收入和住房价格冲击。他们表示住房市场衰退时期房屋止赎增多，其中至少 60% 是由住房市场繁荣时信用约束放宽导致的。尽管事实上每种抵押贷款合同都被定价，这使抵押贷款发起人的预期利润为零，所以房屋止赎的激增不能代表事前贷款定价错误。这个结果的出现有两条原因：约束放宽之后较高的贷款—价值比，这意味着家庭更有可能因房价不景气而产生负资产净值；约束合同的放宽允许借款人更倾向于在购买住房时违约（也就是说，借款人收入低且资产少）。

在另一篇相关文章中，加里加和舒拉根赫夫（Garriga and Schlagenhauf，2009）认为研究房屋止赎率的快速上升需要了解的一个根本特征是杠杆效应。杠杆效应的加强使得住房自有者会因房价下跌而面临额外风险。为了量化杠杆效应的重要性，研究人员开发出一种长期抵押贷款选择和违约均衡模型。这个模型把握了次贷危机中不同贷款产品间房屋止赎率的模式。房屋止赎率上涨以及美国住房自有率的下降，很大部分都可以归因于房价的下跌。

总的来说，在繁荣时期的住房贷款（通过新贷款合同提供便利）和持续上涨的房价相结合，加上衰退时期负面的房价冲击，很大程度上导致我们观测到的抵押贷款债务以及随之而来的房屋止赎率。本文的下一步将会把景气和衰退时期的房价内生化。

12.6.3　内生房价，无违约

斯坦（Stein，1995）与奥尔塔洛－马格纳和雷迪（2006）研究住房市场在经历景气和萧条之前，首付约束对均衡住房价格和住房交易的影响。他们解释了约束以及收入变化如何使得人们在买房上走入穷途，并且改变了房价的分布。过去的几年中，这种尝试用首付约束模型来解释繁荣期房价暴涨的研究大量增多。

最近，清泷等（Kiyotaki et al.，2011）使用一般均衡生命周期模型，来研究当利率不包括在模型中时，住房在土地分配中份额预期以外的增长的意义。他们表明当住房价值在土地分配中所占份额上升时，土地和住房价格会对生产力冲击以及国际利率冲击更为敏感，这些冲击会导致净买房者和净卖房者间的财富再分配。他们还表示在因为土地而导致住房比例上升后，收紧金融约束也不能对房价起任何影响。

与清泷等（2011）相反，朱（Chu，2014）认为当业主自住和用于出租的住房供给是无弹性的，且自住和出租之间的相互转换需要支付成本时，放松信贷约束相对于出租房产的租金来说，可以造成住房购买价格的很大变化。朱（2014）还认为，住房供给的变化和收入阶段变化（等级上涨和波动增加）对1995~2005 年的住房价格产生了非常重要的影响。他们表明从最初的稳态到一个新的稳态，收入波动和信用约束都变化了一个等级，在这两个状态之间的过渡期，会产生一个"过火"的房价，即房价一开始会上涨，超过新稳定状态下应有的价值，接下来会慢慢回落。这个结论和奥尔塔洛—马格纳和雷迪（2006）所预测的相同。

在早些时候法维路基斯等（2011）的文章中，他们主要解释了为什么房价比房租更具不稳定性。他们同时也尝试去解释在市场繁荣时期房价租金比为什么会缓慢而大幅度增长。他们研究了一个包括住房产品和非住房产品的两部门一般均衡模型，利用一个和戴维斯和希思科特（2005）相似的框架，但是在他们的框架中，因为金融市场不完善，所以多样性的家庭面对有限的风险分担机会。在这个模型中，住房是可以给家庭带来效用的居住性耐用资产，而且是非流动资产（交易成本很贵），还可以被用作债务的担保抵押。这个经济模型中的人口包含大量世代重叠的家庭，他们从住房和非住房消费中获得效用，并且在他们的生命周期中收入情况是随机的。不完善市场的出现，是因为各种主体都面临无法进行保险的个体和总体风险，另外，也是由于家庭的抵押借贷约束，如我们在 12.4 节中讨论过的。

法维路基斯等（2011）研究住房金融中三个系统性变化的微观经济影响，其中主要研究这些事实如何影响住房市场的风险溢价，以及风险溢价反过来又是如何影响到住房价格，包括住房抵押要求变化带来的影响、借贷成本的变化（抵押贷款利率对无风险债券的价差），以及境外资本流入国内债券市场的影响。[41] 这些都是为了把握美国经济在 2000 年之后的重要变化。[42] 为了把资本流入模型化，即模型的第三个结构性变化，法维路基斯等把外国对国内无风险债券的需求引入到资产市场的出清条件。境外资产购买美国无风险债券，在模型外就已经设定好。[43]

根据模型，由于正面的总生产率冲击与信用标准的放宽同时发生，使得房价租金比在住房市场繁荣时增长。这两个事件使得无论是住房还是股权资产的风险溢价都内生下降。而住房风险溢价的下降又使得住房价格相对（估算的）租金增加。这个模型中风险溢价下降的原因有两个：第一，较低的抵押要求直接提高了信贷获取的可行性，成为收入预期外减少的一个缓冲器。第二，较低的借贷成本减少了增加借贷能力和提供保险的抵押要求的费用。模型把住房市场的衰退归因于突然的信用约束紧缩和一系列消极的经济冲击。

法维路基斯等（2011）认为繁荣和衰退时期房价租金比变化的大部分归因于住房风险溢价的变化，而不是无风险利率的变化。在他的模型中，如果信用标准比之前宽松，则预防性储蓄需求就会下降，而这种下降会导致无风险利率的上涨。如果房价租金比伴随着信用标准的宽松而上涨，其他的变化暂且不谈，模型认为住房风险溢价必会下降，且下降幅度大于无风险利率的上涨幅度。

当然，在繁荣时期，无风险利率并没有上涨，反而还下降了。法维路基斯等将无风险利率的下降归因于国外购买国内债券的增多。他们认为，只是利率下降并不会导致房价相对于租金的繁荣，原因是国外购买国内债券迫使美国有储蓄者去购买更多预期外的股票和房产，也因此使得住房的风险溢价上涨，拉低住房价和其他风险资产的价格。[44] 此外，法维路基斯等认为国外资产流入刺激了住房投资，产生对未来住房的预期冲击，并且拉低了房价。他们由此认为大笔境外资本流入安全证券，降低了无风险实际利率，但是对于房价则只有很少的影响。

总的来说，法维路基斯等认为两股相反的力量影响了繁荣和衰退时期的住房价格风险。在繁荣期，信用标准被放宽，风险溢价降低，但外国人购买更多的美国债券，又抬高了风险溢价。根据模型的校准参数，风险溢价的下降幅度超过了之后的提高幅度。在衰退时期，虽然资产流入保持不变，但是信用标准

---

[41] Garriga 等（2012）研究了这些变化对土地和房屋价格的影响，但他们假定一个代表性的主体，并不考虑对生产力的总的冲击。

[42] Van Nieuwerburgh（2012）和 Favilukis 等（2013）对所有三个变化提供详细的证据和参考文献支持。

[43] Krishnamurthy 和 Vissing-Jorgensen（2012）估计，这样的外国政府持有人如中央银行，对美国国债具备零价格弹性，因为他们的动机是储备货币或监管（Kohn，2002）。

[44] Campbell 等（2009）表明，在房地产繁荣和萧条之前，历史上无风险利率和住房风险溢价的协方差为负。

被收紧到繁荣之前的等级，这时无风险利率仍然较低，但是风险溢价升高，使得住房价格相对于租金来说下降。[45]

博尔德林（Boldrin，2013）探讨建筑部门的角色，来解释在繁荣期的总就业量和产量的变化。他们强调，建筑部门与经济中其他部门都有重要的关联，通过这种关联，住房投资需求的变化可以影响总产出。在对这些关联进行投入产出数据校准之后，他们估计在 2002~2007 年建筑部门带来 29% 的就业增长和 8% 的 GDP 变化。他们还估计在大萧条时期建筑部门也导致了 28% 的就业下降以及 43% 的 GDP 下跌。

对圣地亚哥的住房市场进行系统研究之后，兰德福格特等（Landvoigt，2013b）强调住房质量的异质性。他们表明圣地亚哥地区经历过最大的住房市场繁荣，也经历过最大的住房市场衰退。他们提出一个模型，模型中家庭被分配在不同质量的住房中，之后研究在 2000~2005 年，收入和资产分布的变化如何改变之前的住房分配。兰德福格特等（2013b）认为信用约束的放宽在决定资本收益对房价的截面模式中起重要作用。这篇文章对之前的文献做出了补充，它利用一个大都市区的数据来推论信用约束放宽对于住房价格的重要性。它还通过关注住房质量的多样化，拓展了奥尔塔洛—马格纳和雷迪（2006）的住房阶梯模型。

12.6.4 内生房价，允许违约

一般均衡异质主体文献最后一个分支研究抵押贷款违约。在我们之前12.6.2 节中讨论过的违约模型的局部均衡框架上，这些文章中的模型加入内生的房价决定因素。它们认为衰退期房价大幅下跌是由于房屋止赎和房价之间的相互反馈导致的。特别是在查特吉（Chatterjee，2009，2011，2012）和赫德伦（Hedlund，2014）研究中，创建了一个住房一般均衡模型，用来估计住房价格下跌和住房供给变化对均衡止赎率的影响。与房价外生的违约模型相似，这些文章也探讨近期住房止赎危机的深层次原因及其带来的进一步影响。

查特吉和艾伊古格（Chatterjee and Eyigungor，2009）将房屋止赎危机归因于建造过量，也就是住房供给量的增长并没有需求量增长的匹配。所以房价必须下跌，这样才能消化超额供给。又因为杠杆效应，房价下跌使一些家庭面临房屋止赎，并且迫使这些家庭在租房市场租住较小的住房。为了住房市场出清，房价必会下调，甚至会更进一步深调。

---

[45] 在相关的工作中，Favilukis 等（2012）研究一个外国购买美国国债逆转（随机）的福利影响。

正如 12.7 节讨论的，捷斯克等（Jeske et al.，2013）假定抵押贷款合同持续一个周期，然后研究某个具体住房市场政策所带来的影响。把合同持续一个周期和完全竞争这二者相结合，给出了对均衡抵押贷款利率和违约政策的鲜明描述。[46] 首付的最低要求内生于捷斯克等（2013）的模型。同样的研究成果也出现在阿尔斯兰（Arslan et al.，2013）中，这篇文章也对内生违约房价的模型进行研究，并且评估当首付约束、利率或失业率变化时，模型的预测将如何随之变化。

赫德伦（2014）把搜寻摩擦模型化，通过住房销售的可能性（或者上市的时间）来衡量住房的流动性，流动性不足会增大那些陷入财务困境房主的违约概率。抵押贷款银行在住房流动性不足时，会对新贷款收取较高的违约风险溢价，这会使得借贷约束收紧，并且会导致抵押贷款的流动性不足。更高的抵押贷款率迫使一些家庭变卖住房，而不是对他们的贷款进行二次融资。高贷款价值比的家庭更倾向于这么做。但是由于报价高，他们的住房并不好卖，这就更加剧了住房流动性不足。有很多家庭也会选择房屋止赎，但这样做导致的销售延迟，也会进一步加剧住房市场流动性不足。住房和贷款者流动性不足的相互作用，加大了平均房价的波动性。这种相互作用使得房价、抵押贷款、上市时间和上市抵押品赎回这四者在数据上呈现出线性动态。加强贷款追索权的政策可以降低房价，减少住宅投资，还可以加大现有销售的活跃性，但是却不能减少房屋止赎。

总的来说，文章在解释繁荣和衰退时期的房价方面大有进步，使用了异质借贷者和借出者的模型，且借贷约束取决于内生决定的房价。对于那些较大的且未预见到的信用约束变化，这些模型生成房价繁荣和衰退的走势，与 2000～2010 年观测到的实际走势的振幅几乎相同。虽然这个结果有用且颇有信息量，但是它也留下一系列重要问题没有回答，这些问题在我们看来应该成为今后研究的着重点。这些问题包括：为什么信用约束变化，为什么这些变化不可预见，以及这些较大的不可预见的信用约束变化是否一定会导致房价大幅波动，或者说，还有没有其他变化或机制也可以导致同等程度的景气和衰退？此外，本节中的模型也没有考虑住房价格和违约的任何直接反馈，以衡量总体生产力和更宽泛的经济活动。对这种关联的探索似乎很重要，就像因果经验主义所认为的，一小部分的相关贷款违约造成金融危机，从而最终导致大萧条。

---

[46] 在相关工作中，Mitman（2012）认为，追索权和破产的相互作用对一期的抵押贷款和无成本的融资环境中违约的影响。

12.7　住　房　政　策

大量政策补贴抵押贷款负债，并为自有住房提供财政激励。经济学家和政策制定者关心的是这些政策带来的福利背后的深层意义，以及这些政策对自有住房、住房价格、抵押负债以及金融稳定带来了什么影响。在本节中，我们将简要讨论一些研究成果，这些研究使用现代数量宏观经济学，对政策效果（如住房需求和住房价格）做出评估，也对政策的福利影响进行评估。在我们看来，这个主题十分重要，有必要进行研究。过去 15 年间的各种事件表明，现有的住房金融架构已被证实无法很好保证经济环境稳定，年轻人和穷人都应该对住房自有带来的风险应对自如。想要探索这个现有系统的全面完善带来的影响，就需要一个一般均衡分析，并使用本节中讨论到的工具。我们将简要讨论那些研究货币政策与住房/贷款市场之间相互关系的文章，以及近期对贷款修订项目进行评估的文章。

12.7.1　抵押贷款利率的可抵扣程度

早期文献主要集中研究抵押贷款利率抵扣的影响。热尔韦（Gervais，2002）是最早的研究文献之一研究了在一般均衡模型中，税收法规对住房和其他财产积累的影响。他们发现，无法对自主住房租金征税以及抵押贷款利息的税收抵扣扭曲了相比商业资本的住房资本回报率。如果政府对租金征税，总税收收入不因收入所得税降低而改变，那么得到的结果是：商业资本总量将高出 6%，住房资本总量将低 8%，并且有 1/4 的自有住房家庭将会被视为租房家庭。不考虑抵押贷款利息抵扣的话，整个住房财富总量将保持不变，但相对于自住，租住总量会提升。所有政策都会改善福利。需要注意的是，热尔韦（2002）认为住房价格是固定的，产出可以无成本地按照一对一的比例转换为消费、商业投资和住宅投资。

钱伯斯等（2009b）指出大部分的美国租赁房产都是家庭所有。他们把对租赁房的投资决策模型化，并且对自住业主和房东的差异性税收待遇以及所得税的累进度之间的关系进行分析。他们发现不考虑抵押贷款利息扣除的话，即假设预算中性，会对自有住房有积极影响，因为这样会降低经济中的平均税率，进而会提高平均家庭收入和财富。在房价固定的假设下，财富的增加就意味着租房向买房的转变。

与之前这几篇文章相比，萨默和沙利文（Sommer and Sullivan，2013）不仅将租赁内生化，也将所有权价格内生化。在他们的模型中，包含了一个非常具体的税收法规措施。他们表明取消税收抵扣会导致房价下跌，但是不会对租赁产生影响。而房价下跌以及房价租金比的减少会促进住房自有，因为它鼓励更多的年轻人去省钱来支付买房的首付。在一些税收政策的替代政策模拟中，住房自有率上升了将近8个百分点。如果不考虑抵押贷款利率或者房产税扣抵，会使住房消费从富人普及到穷人，并且伴随整体福利的增加。

弗洛托等（Floetotto et al.，2012）对相同的政策变化做考察，但是关注的是两个稳定状态间的过渡期间福利带来的影响。一旦取消租金税收和抵押贷款利率的抵税，1/4的家庭将经历初始福利损失，与初始稳定状态相比，推动房价下跌4%，然后恢复到下跌1.6%。在他们的模型中，这些没有享受到初始福利的人多数是中等收入者。取消住房自主和住房租赁之间不对称税收待遇的替代性政策，会使更多的人（1/3）无法享受初始福利，而且主要影响富裕家庭。这篇文章强调在评估税收政策如何影响住房市场时，房价内生化的重要性。总的来说，取消现有利于住房自有者的税收支出，会大幅度增加福利、住房自有，还会减少不平等，但可能会导致现有住房自有者暂时性的资产损失。

12.7.2　住房金融中介机构

一个概念上类似的问题是，政府资助的企业（GSEs）房利美（Fannie Mae）和房地美（Freddie Mac）如何扭曲了美国住房市场。[47]捷斯克等（2013）研究了对GSEs的紧急财政救助所带来的影响，模型化为对抵押贷款利率0.3个百分点的补贴，其源自收入所得税。这个利率补贴是累退的，伤害了低收入、低资产的租房者以及小额贷款的住房自有者，却有利于富人。补贴影响住房系统中的杠杆数量和分布，但是对住房自有率的影响却很小。取消补贴将会增加总福利，而且主要受益者是那些低收入低资产的家庭。

对GSEs的研究是未来研究中的重要部分，可以使中介机构在住房金融系统中的作用受到重视。大萧条时期实施的金融监管改革使经济学家更好理解管制是如何影响这些金融中介机构的行为以及住房结果。这个重要主题的量化研究才刚刚开始。兰德福格特（2012）对在借贷者与储蓄者之间起着抵押贷款中介作用的银行部门加以模型化，并且研究银行资本监管的影响，以及对住房

___
[47]　见 Acharya 等（2011）关于政府支持企业的历史沿革和改革计划的讨论。

价格、风险分担和福利的权益增加的成本。他还研究作为银行抵押贷款替代品的低成本抵押贷款证券化的影响。他总结认为,在住房抵押约束宽松时期,证券化导致抵押贷款负债大约 30% 的增长。在模型中,证券化使得借贷成本降低,导致更有价值的抵押品,同时低中介费也会导致向高负债体系加速转变。

12. 7. 3 住房和货币政策

在住房和宏观经济的章节中,如果没有涉及住房在传递货币政策中作用的文献,这一章将是不完整的。这些文献探讨了住房在传递货币政策中的作用。在这个领域中,有两篇文章最有名,它们是由亚科维耶洛(Iacoviello, 2005)和亚科维耶洛和内里(Iacoviello and Neri, 2010)所写。在生产方面,亚科维耶洛和内里(2010)的模型与戴维斯和希思科特(2005)相似,但是在模型的其他主要特性方面,二者则是不同的。亚科维耶洛和内里(2010)没有使用典型家庭,而是将家庭分为两种类型:有耐心的和没有耐心的。没有耐心的家庭总面临借贷约束。房价上涨允许没有耐心的家庭借款更多、消费更多。模型有些特征还与新凯恩斯框架相同:垄断竞争企业、粘性价格以及金融管理局根据泰勒规则设定利率。而模型这些丰富的特征所带来的好处就是,模型可以匹配商业周期的各种时刻。亚科维耶洛和内里(2010)表明货币政策冲击导致了房价和住宅投资周期性变动的 15% ~ 20%。文章还表明,繁荣时期的房价上涨并不能全部归因于科技冲击和货币政策冲击,或者说,他们的模型认为繁荣时期房价 2/3 的增长应该归因于住房偏好冲击。[48]

加里加等(Garriga, 2013)近年的工作建立在利德尔等(2012)的基础上,探讨货币政策如何影响住宅投资动态。不同于亚科维耶洛(2005)以及亚科维耶洛和内里(2010),他们将抵押贷款还款按名义价值计算。货币政策的改变影响了抵押贷款在贷款期限内实际支付的分布("价格"效应),同时也影响了所需支付利息的总额("财富"效应)。他们认为货币政策在具有 ARMs 的经济中,对住房的影响要大于具有 FRMs 的经济,因为价格和财富效应对 ARMs 起相互加强作用,而对 FRMs 则起到相互抵消的作用。

受到米安和苏菲(Mian and Sufi, 2009)中经验性证据的启发,马歇根和菲利蓬(Midrigan and Philippon, 2011)对家庭杠杆、住房价格和失业率之间

---

[48] Aruoba 等(2014)利用模型研究货币政策对住房影响,在模型中的住房被视为一个家庭生产的资本投入。他们研究的焦点是稳定状态的通货膨胀率和房价和总福利水平之间的关系。

相互交叉的关系进行了考察。他们注意到在金融危机时期，家庭债务变化较大的区域同时也会经历失业率和产量的大幅下降。为了与这个现象匹配，他们研究一个具有预付现金约束的模型，在这个模型中，家庭可以通过使用住房权益信用额度，来借用他们的住房权益。他们表明预付现金约束的存在导致借贷约束收紧后的就业率下降，即流动性约束的收紧使得货币周转速度下降，因此引起经济衰退。模型同时还加入工资刚性和劳动再分配摩擦特征，以考虑数据中杠杆和就业的截面模式。

法罗力（Feroli，2012）表明现有住房的物理过剩，即由于房屋止赎而带来的房价低迷和信用紧缩，都使得正常的货币传导机制受损。他们还认为，对资不抵债的抵押贷款的再融资进行补贴，以及加速把止赎住房转变为银行拥有的房产，将加强货币政策的有效性。

12.7.4 抵押贷款修正项目

相关文献分析了2009年的可负担住房修正项目（HAMP），并问了两个问题：HAMP阻止了多少房屋止赎以及付出了怎样的成本（Agarwal，2012；Scharlemanny and Shorez，2013；Hembre，2014）。我们看到一个潜在的研究内容，即将HAMP和其他减缓房屋止赎的政策结合在一起，纳入一般均衡模型中，研究这些政策在多大程度上改变住房价格水平以及总体福利水平。

12.8 结 论

近期住房市场的繁荣衰退以及金融危机，让经济学家对住房、金融和宏观经济之间相互作用的所有类型产生新的兴趣。在本章中，我们调查了这个领域中的研究状况，重点强调它在过去10年间的发展。当然，还有很多其他的进展，也留有很多有待解决的挑战和问题。

其中一个悬而未决的争论涉及住房市场繁荣和衰退的起源，以及与此相关的问题，为什么一个看似不多的贷款违约数量可以引发金融危机以及严重的萧条。关于这个问题的一个常见解释是，住房繁荣是由于使用非传统抵押贷款带来的贷款信用扩张。这种解释将问题倒推回一个层次。特别是，为什么这些贷款产品可以被应用，或者说被广泛接受呢？且这些产品的应用是否带来房价上涨？又或这些产品的出现是否是因为市场参与者期望住房可以持续升值？另一个类似问题是，如果我们归因于住房的预期价格，那么又是什么引发预期的变化呢?[49]

在我们看来，研究者应该更多关注住房和不动产在金融危机中是否起作用，以及那些鼓励住房自有和防止房屋止赎的政策的福利影响。另外，应该有更多的研究把住房和劳动力市场的本地特征纳入标准投资组合选择、资产股价和住房的宏观经济模型。

致　谢

我们感谢 Gilles Duranton，Jack Favilukis，Carlos Garriga，David Kohn，Ralph Koijen，Sydney Ludvigson，Erwan Quintin，和 Will Strange 的评论和建议，以及 Vadim Elenev 出色的研究助理。

参考文献

Acharya, V.V., Richardson, M., Van Nieuwerburgh, S., White, L.J., 2011. Guaranteed to Fail: Freddie, Fannie, and the Debacle of Mortgage Finance. Princeton University Press, Princeton, NJ.

Agarwal, S., Amromin, G., Ben-David, I., Chomsisengphet, S., Piskorski, T., Seru, A., 2012. Policy intervention in debt renegotiation: evidence from the home affordable modification program. Fisher College of Business, Working paper No. 2012-03-020.

Albrecht, J., Anderson, A., Smith, E., Vroman, S., 2007. Opportunistic matching in the housing market. Int. Econ. Rev. 48 (2), 641–664.

Albrecht, J., Gautier, P.A., Vroman, S., 2010. Directed search in the housing market. Georgetown University, Working paper.

Alvarez, F., Jermann, U.J., 2000. Efficiency, equilibrium, and asset pricing with risk of default. Econometrica 68 (4), 775–798.

Alvarez, F., Jermann, U.J., 2001. Quantitative asset pricing implications of endogenous solvency constraints. Rev. Financ. Stud. 14, 1117–1152.

Ameriks, J., Caplin, A., Laufer, S., Van Nieuwerburgh, S., 2010. The joy of giving or assisted lining? Using strategic surveys to separate bequest and precautionary motives. J. Financ. 66 (2), 519–561.

Arslan, Y., Guler, B., Taskin, T., 2013. Joint dynamics of house prices and foreclosures. Indiana University, Working paper.

Aruoba, S.B., Davis, M.A., Wright, R., 2014. Homework in monetary economics: inflation, home production, and the production of homes. University of Wisconsin-Madison, Working paper.

Attanasio, O.P., Bottazzi, R., Low, H.W., Nesheim, L., Wakefield, M., 2011. Inflation, nominal debt, housing and welfare. Institute for Fiscal Studies, Working paper.

Badarinza, C., Campbell, J.Y., Ramadoraim, T., 2013. What calls to ARMs? International evidence on interest rates and the choice of adjustable-rate mortgages. Harvard University, Working paper.

Bajari, P., Chan, P., Krueger, D., Miller, D., 2013. A dynamic model of housing demand: estimation and policy implications. Int. Econ. Rev. 54 (2), 409–442.

Bansal, R., Yaron, A., 2004. Risks for the long run: a potential resolution of asset prizing puzzles. J. Financ. 59 (4), 1481–1509.

---

[49]　对于这些问题的讨论，见 Gerardi 等（2008），Glaeser 等（2013），Van Nieuwerburgh（2012）和 Foote 等（2012）。

Bansal, R., Kiku, D., Yaron, A., 2012. An empirical evaluation of the long-run risks model for asset prices. Crit. Financ. Rev. 1 (1), 183–221.

Benhabib, J., Rogerson, R., Wright, R., 1991. Homework in macroeconomics: household production and aggregate fluctuations. J. Polit. Econ. 99 (6), 1166–1187.

Benitez-Silva, H., Heiland, F., Jimenez-Martin, S., 2010. How well do individuals predict the selling prices of their home? SUNY-Stony Brook, Working paper.

Boldrin, M., Garriga, C., Peralta-Alva, A., Sanchez, J.M., 2013. Reconstructing the great recession. Federal Reserve Bank of St. Louis, Working paper 2013-006B.

Breeden, D.T., 1979. An intertemporal asset pricing model with stochastic consumption and investment opportunities. J. Financ. Econ. 7 (3), 265–296.

Bucks, B., Pence, K., 2008. Do homeowners know their house values and mortgage terms? J. Urban Econ. 64 (2), 218–233.

Burns, A., Mitchell, W., 1946. Measuring Business Cycles. NBER, New York.

Burnside, C., Eichenbaum, M., Rebelo, S., 2011. Understanding booms and busts in housing markets. NBER Working paper 16734.

Campbell, J.Y., 2013. Mortgage market design. Rev. Financ. 17 (1), 1–33.

Campbell, J.Y., Cocco, J.F., 2003. Household risk management and optimal mortgage choice. Q. J. Econ. 118 (4), 1449–1494.

Campbell, J.Y., Cocco, J.F., 2007. How do house prices affect consumption? Evidence from micro data. J. Monet. Econ. 54 (3), 591–621.

Campbell, J.Y., Cocco, J.F., 2012. A model of mortgage default. Harvard University, Working paper.

Campbell, J.Y., Cochrane, J.H., 1999. By force of habit: a consumption-based explanation of aggregate stock market behavior. J. Polit. Econ. 107 (2), 205–251.

Campbell, S.D., Davis, M.A., Gallin, J., Martin, R.F., 2009. What moves housing markets? A variance decomposition of the rent-price ratio. J. Urban Econ. 66 (2), 90–102.

Case, K.E., Quigley, J.M., Shiller, R.J., 2005. Comparing wealth effects: the stock market versus the housing market. Adv. Macroecon. 5 (1), 1–32.

Catte, P., Girouard, N., Price, R.W., Andre, C., 2004. Housing markets, wealth and the business cycle. OECD Economics Department, Working papers No. 394.

Chambers, M., Garriga, C., Schlagenhauf, D.E., 2009a. Accounting for changes in the homeownership rate. Int. Econ. Rev. 50 (3), 677–726.

Chambers, M., Garriga, C., Schlagenhauf, D.E., 2009b. Housing policy and the progressivity of income taxation. J. Monet. Econ. 56 (8), 1116–1134.

Chambers, M., Garriga, C., Schlagenhauf, D.E., 2009c. The loan structure and housing tenure decisions in an equilibrium model of mortgage choice. Rev. Econ. Dyn. 12 (3), 444–468.

Chatterjee, S., Eyigungor, B., 2009. Foreclosures and house price dynamics: a quantitative analysis of the mortgage crisis and the foreclosure prevention policy. Federal Reserve Bank of Philadelphia, Working paper 09-22.

Chatterjee, S., Eyigungor, B., 2011. A quantitative analysis of the US housing and mortgage markets and the foreclosure crisis. Federal Reserve Bank of Philadelphia, Working paper 11–26.

Chatterjee, S., Eyigungor, B., 2012. Maturity, indebtedness, and default risk. Am. Econ. Rev. 102 (6), 2674–2699.

Chen, H., Michaux, M., Roussanov, N., 2013. Houses as ATMs? Mortgage refinancing and macroeconomic uncertainty. University of Southern California, Working paper.

Chu, Y., 2014. Credit constraints, inelastic supply, and the housing boom. Rev. Econ. Dyn. 17 (1), 52–69.

Cocco, J.F., 2005. Portfolio choice in the presence of housing. Rev. Financ. Stud. 18 (2), 535–567.

Cocco, J.F., Gomes, F.J., Maenhout, P.J., 2005. Consumption and portfolio choice over the life cycle. Rev. Financ. Stud. 18 (2), 491–533.

Cooper, D., Dynan, K., 2013. Wealth shocks and macroeconomic dynamics. Federal Reserve Bank of Boston, Working paper.

Corbae, D., Quintin, E., 2015. Leverage and the foreclosure crisis. J. Polit. Econ., forthcoming.

Corradin, S., Fillat, J.L., Vergara-Alert, C., 2014. Optimal portfolio choice with predictability in house prices and transaction costs. Rev. Financ. Stud. 27 (3), 823–880.

Davis, M.A., Heathcote, J., 2005. Housing and the business cycle. Int. Econ. Rev. 46 (3), 751–784.

Davis, M.A., Heathcote, J., 2007. The price and quantity of residential land in the United States. J. Monet.

Econ. 54 (8), 2595–2620.

Davis, M.A., Martin, R.F., 2009. Housing, home production, and the equity and value premium puzzles. J. Hous. Econ. 18 (2), 81–91.

Davis, M.A., Ortalo-Magné, F., 2011. Household expenditures, wages, rents. Rev. Econ. Dyn. 14 (2), 248–261.

Davis, M.A., Palumbo, M., 2001. A primer on the economics and time series econometrics of wealth effects. Federal Reserve Board of Governors, Working paper FEDS 2001-09.

Davis, M.A., Quintin, E., 2014. Default when house prices are uncertain. University of Wisconsin-Madison, Working paper.

Davis, M.A., Lehnert, A., Martin, R.F., 2008. The rent-price ratio for the aggregate stock of owner-occupied housing. Rev. Income Wealth 54 (2), 279–284.

Davis, M.A., Fisher, J.D.M., Veracierto, M., 2013. Gross migration, housing and urban population dynamics. Federal Reserve Bank of Chicago, Working paper 2013–19.

Davis, M.A., Fisher, J.D.M., Whited, T., 2014. Macroeconomic implications of agglomeration. Econometrica 82 (2), 731–764.

Diaz, A., Luengo-Prado, M.J., 2010. The wealth distribution with durable goods. Int. Econ. Rev. 51 (1), 143–170.

Dorofeenko, V., Lee, G.S., Salyer, K.D., 2014. Risk shocks and housing supply: a quantitative analysis. J. Econ. Dyn. Control. 45, 194–219.

Ejarque, J., Leth-Petersen, S., 2008. Consumption and savings of first time owners: how do they deal with adverse income shocks. University of Copenhagen, Working paper.

Favilukis, J., Ludvigson, S.C., Van Nieuwerburgh, S., 2011. The macroeconomic effects of housing wealth, housing finance and limited risk sharing in general equilibrium. Unpublished Paper, New York University.

Favilukis, J., Ludvigson, S.C., Van Nieuwerburgh, S., 2012. Foreign ownership of U.S. safe assets: good or bad? Unpublished Paper, New York University.

Favilukis, J., Kohn, D., Ludvigson, S.C., Van Nieuwerburgh, S., 2013. International capital flows and house prices: theory and evidence. In: Glaeser, E.L., Sinai, T. (Eds.), Housing and the Financial Crisis. National Bureau of Economic Research, pp. 235–299.

Fernández-Villaverde, J., Krueger, D., 2011. Consumption and saving over the life cycle: how important are consumer durables. Macroecon. Dyn. 15 (5), 725–770.

Feroli, M., Harris, E., Sufi, A., West, K., 2012. Housing, monetary policy, and the recovery. In: Proceedings of the U.S. Monetary Policy Forum 2012.

Fisher, J.D.M., 1997. Relative prices, complementarities and comovement among components of aggregate expenditures. J. Monet. Econ. 39 (3), 449–474.

Fisher, J.D.M., 2007. Why does household investment lead business investment over the business cycle. J. Polit. Econ. 115 (1), 141–168.

Fisher, J.D.M., Gervais, M., 2011. Why has home ownership fallen among the young. Int. Econ. Rev. 52 (3), 883–912.

Flavin, M., Nakagawa, S., 2008. A model of housing in the presence of adjustment costs: a structural interpretation of habit persistence. Am. Econ. Rev. 98 (1), 474–495.

Flavin, M., Yamashita, T., 2002. Owner-occupied housing and the composition of the household portfolio. Am. Econ. Rev. 92 (1), 345–362.

Floetotto, M., Kirker, M., Stroebel, J., 2012. Government intervention in the housing market: who wins, who loses? Stanford University, Working paper.

Foote, C.L., Gerardi, K.S., Willen, P.S., 2012. Why did so many people make so many ex post bad decisions? The causes of the foreclosure crisis. FRB Boston Public Policy Discussion Paper Series, Paper No. 12–2.

Gabaix, X., 2012. Variable rare disasters: an exactly solved framework for ten puzzles in macro finance. Q. J. Econ 127 (2), 645–700, Working paper NYU Stern.

Garriga, C., Schlagenhauf, D.E., 2009. Home equity, foreclosures, and bailouts. Federal Reserve Bank of St. Louis, Working paper.

Garriga, C., Manuelli, R., Peralta-Alva, A., 2012. A model of price swings in the housing market. Federal Reserve Bank of St. Louis, Working paper 2012-022A.

Garriga, C., Kydland, F.E., Sustek, R., 2013. Mortgages and monetary policy. NBER Working paper 19744.

Garriga, C., Chambers, M., Schlagenhauf, D.E., 2014. Did housing policies cause the post-war housing boom? A general equilibrium analysis. In: Fishback, P., Snowden, K., White, E. (Eds.), Housing and Mortgage Markets in Historical Perspective. University of Chicago Press.

Gerardi, K., Lehnert, A., Sherlund, S.M., Willen, P., 2008. Making sense of the subprime crisis. Brookings Papers on Economic Activity, pp. 69–145.

Gervais, M., 2002. Housing taxation and capital accumulation. J. Monet. Econ. 49 (7), 1461–1489.

Ghent, A.C., Owyang, M.T., 2010. Is housing the business cycle? Evidence from U.S. cities. J. Urban. Econ. 67 (3), 336–351.

Ghysels, E., Plazzi, A., Torous, W., Valkanov, R., 2013. Forecasting real estate prices. In: Elliott, G., Timmermann, A. (Eds.), Handbook of Economic Forecasting, vol. II. Elsevier, pp. 509–580.

Giglio, S., Maggiori, M., Stroebel, J., 2014. Very long-run discount rates. New York University, Working paper.

Glaeser, E.L., Gottlieb, J.D., Gyourko, J., 2013. Can cheap credit explain the housing boom? In: Glaeser, E.L., Sinai, T. (Eds.), Housing and the Financial Crisis. University of Chicago Press, pp. 301–359.

Gomme, P., Kydland, F.E., Rupert, P., 2001. Home production meets time to build. J. Polit. Econ. 109 (5), 1115–1131.

Goodman Jr., J.L., Ittner, J.B., 1992. The accuracy of home owners' estimates of house value. J. Hous. Econ. 2 (4), 339–357.

Green, R.K., 1997. Follow the leader: how changes in residential and non-residential investment predict changes in GDP. Real Estate Econ. 25 (2), 253–270.

Greenwood, J., Hercowitz, Z., 1991. The allocation of capital and time over the business cycle. J. Polit. Econ. 99 (6), 1188–1214.

Greenwood, J., Rogerson, R., Wright, R., 1995. Household production in real business cycle theory. In: Cooley, T.F. (Ed.), Frontiers of Business Cycle Research. Princeton University Press, pp. 157–174.

Grenadier, S.R., 1995. The persistence of real estate cycles. J. Real Estate Financ. Econ. 10 (2), 95–119.

Grossman, G., Laroque, G., 1990. Asset pricing and optimal portfolio choice in the presence of illiquid durable consumption goods. Econometrica 58 (1), 25–51.

Gruber, J., Martin, R.F., 2003. Precautionary savings and the wealth distribution with illiquid durables. Federal Reserve Board of Governors, Working paper.

Halket, J., Amior, M., 2013. Do households use homeownership to insure themselves? Evidence across U.S. cities. University of Essex, Working paper.

Halket, J., Vasudev, S., 2014. Saving up or settling down: home ownership over the life cycle. Rev. Econ. Dyn. 17 (2), 345–366.

Han, L., 2008. Hedging house price risk in the presence of lumpy transaction costs. J. Urban Econ. 64 (2), 270–287.

Han, L., 2013. Understanding the puzzling risk-return relationship to housing. Rev. Financ. Stud. 26 (4), 877–928.

Hansen, L.P., Singleton, K., 1983. Stochastic consumption, risk aversion, and the temporal behavior of asset returns. J. Polit. Econ. 91 (2), 249–265.

Hatchondo, J.C., Martinez, L., Sanchez, J.M., 2013. Mortgage defaults. Federal Reserve Bank of St. Louis, Working paper.

He, C., Wright, R., Zhu, Y., 2013. Housing and liquidity. University of Wisconsin-Madison, Working paper.

Head, A., Lloyd-Ellis, H., 2012. Housing liquidity, mobility, and the labour market. Rev. Econ. Stud. 79 (4), 1559–1589.

Head, A., Lloyd-Ellis, H., Sun, H., 2011. Search and the dynamics of house prices and construction. Queens University, Working paper.

Heathcote, J., Storesletten, K., Violante, G.L., 2010. The macroeconomic implications of rising wage inequality in the United States. J. Polit. Econ 118 (4), 681–722.

Hedlund, A., 2014. The cyclical dynamics of illiquid housing, debt, and foreclosures. University of Missouri, Working paper.

Hembre, E., 2014. HAMP, home attachment, and mortgage default. University of Wisconsin-Madison, Working paper.

Hirata, H., Kose, M.A., Otrok, C., Terrones, M.E., 2013. Global house price fluctuations: synchronization and determinants. In: Giavazzi, F., West, K.D. (Eds.), NBER International Seminar on Macroeconomics 2012. National Bureau of Economic Research, pp. 119–166.

Hizmo, A., 2012. Risk in housing markets: an equilibrium approach. New York University, Working paper.

Hodrick, R.J., Prescott, E.C., 1997. Postwar U.S. business cycles: an empirical investigation. J. Money Credit Bank 29 (1), 1–16.

Hornstein, A., Praschnik, J., 1997. Intermediate inputs and sectoral comovement in the business cycle. J. Monet. Econ. 40 (3), 573–595.

Hryshko, D., Luengo-Prado, M.J., Sorenson, B.E., 2010. House prices and risk sharing. J. Monet. Econ. 57 (8), 975–987.

Hubbard, G.R., Skinner, J., Zeldes, S.P., 1995. Precautionary saving and social insurance. J. Polit. Econ. 103 (2), 360–399.

Hurst, E., Stafford, F., 2004. Home is where the equity is: mortgage refinancing and household consumption. J. Money Credit Bank. 36 (6), 985–1014.

Iacoviello, M., 2005. House prices, borrowing constraints, and monetary policy in the business cycle. Am. Econ. Rev. 95 (3), 739–764.

Iacoviello, M., Neri, S., 2010. Housing market spillovers: evidence from an estimated DSGE model. Am. Econ. J. Macroecon. 2 (2), 125–164.

Iacoviello, M., Pavan, M., 2013. Housing and debt over the life cycle and over the business cycle. J. Monet. Econ. 60 (2), 221–238.

Jermann, U.J., 1998. Asset pricing in production economies. J. Monet. Econ. 41 (2), 257–275.

Jeske, K., Krueger, D., Mitman, K., 2013. Housing, mortgage bailout guarantees and the macro economy. J. Monet. Econ. 60 (8), 917–935.

Kahn, J.A., 2008. What drives housing prices. Federal Reserve Bank of New York, Staff Report No. 345.

Kaldor, N., 1957. A model of economic growth. Econ. J. 67 (268), 591–624.

Kaplan, G., Violante, G.L., 2014. A model of the consumption response to fiscal stimulus payments. Econometrica 82 (4), 1199–1239.

Keys, B.J., Mukherjee, T., Seru, A., Vig, V., 2009. Financial regulation and securitization: evidence from subprime loans. J. Monet. Econ. 56 (5), 700–720.

Keys, B.J., Mukherjee, T., Seru, A., Vig, V., 2010. Did securitization lead to lax screening? Evidence from subprime loans. Q. J. Econ. 125 (1), 307–362.

Keys, B., Piskorski, T., Seru, A., Vig, V., 2013. Mortgage financing in the housing boom and bust. In: Glaeser, E., Sinai, T. (Eds.), NBER Book Housing and the Financial Crisis. pp. 143–204.

Keys, B.J., Seru, A., Vig, V., 2012. Lender screening and the role of securitization: evidence from prime and subprime mortgage markets. Rev. Financ. Stud. 25 (7), 2071–2108.

Kiyotaki, N., Michaelides, A., Nikolov, K., 2011. Winners and losers in housing markets. J. Money Credit Bank. 43 (2–3), 255–296.

Kohn, D., 2002. Panel: implications of declining treasury debt. What should the federal reserve do as treasury debt is repaid? J. Money Credit Bank. 34 (3), 941–945.

Koijen, R.S.J., Hemert, O.V., Van Nieuwerburgh, S., 2009. Mortgage timing. J. Financ. Econ. 93 (2), 292–324.

Krishnamurthy, A., Vissing-Jorgensen, A., 2012. The aggregate demand for treasury debt. J. Polit. Econ. 120 (2), 233–267.

Kydland, F.E., Prescott, E.C., 1982. Time to build and aggregate fluctuations. Econometrica 50 (6), 1345–1370.

Kydland, F.E., Rupert, P., Sustek, R., 2012. Housing dynamics over the business cycle. NBER, Working paper 18432.

Landvoigt, T., 2012. Aggregate implications of the increase in securitized mortgage debt. Stanford University, Working paper.

Landvoigt, T., Piazzesi, M., Schneider, M., 2013a. Housing assignment with restrictions: theory and evidence from the Stanford campus. Stanford University, Working paper.

Landvoigt, T., Piazzesi, M., Schneider, M., 2013b. The housing market(s) of San Diego. Stanford University, Working paper.

Laufer, S., 2013. Equity extraction and mortgage default. Federal Reserve Board, Working paper.

Leamer, E.E., 2007. Housing is the business cycle. NBER Working paper No. 13428.

Li, W., Yao, R., 2007. The life-cycle effects of house price changes. J. Money Credit Bank. 39 (6), 1375–1409.

Lucas, R.E.J., 1978. Asset prices in an exchange economy. Econometrica 46 (6), 1429–1454.

Lucas, R.E.J., Prescott, E.C., 1974. Equilibrium search and unemployment. J. Econ. Theory 7 (2), 188–209.

Lustig, H., Van Nieuwerburgh, S., 2005. Housing collateral, consumption insurance and risk premia: an empirical perspective. J. Financ. 60 (3), 1167–1219.

Lustig, H., Van Nieuwerburgh, S., 2007. Can housing collateral explain long-run swings in asset returns? New York University, Working paper.

Lustig, H., Van Nieuwerburgh, S., 2010. How much does housing collateral constrain regional risk sharing? Rev. Econ. Dyn. 13 (2), 265–294.

Mankiw, N.G., Weil, D.N., 1989. The baby boom, the baby bust, and the housing market. Reg. Sci. Urban Econ. 19 (2), 235–258.

McGrattan, E.R., Rogerson, R., Wright, R., 1997. An equilibrium model of the business cycle with household production and fiscal policy. Int. Econ. Rev. 38 (2), 267–290.

Mehra, R., Prescott, E.C., 1985. The equity premium: a puzzle. J. Monet. Econ. 15 (2), 145–161.

Mian, A., Sufi, A., 2009. The consequences of mortgage expansion: evidence from the U.S. mortgage default crisis. Q. J. Econ. 124 (4), 1449–1496.

Mian, A., Sufi, A., 2011. House prices, home equity-based borrowing, and the U.S. household leverage crisis. Am. Econ. Rev 101 (5), 2132–2156.

Mian, A., Sufi, A., 2012. The effects of fiscal stimulus: evidence from the 2009 cash for clunkers program. Q. J. Econ. 127 (3), 1107–1142.

Mian, A., Sufi, A., 2014. What explains the 2007–2009 drop in employment? University of Chicago, Working paper.

Mian, A., Sufi, A., Trebbi, F., 2010. The political economy of the US mortgage default crisis. Am. Econ. Rev. 100 (5), 1967–1998.

Mian, A., Rao, K., Sufi, A., 2013. Household balance sheets, consumption, and the economic slump. Q. J. Econ. 128 (4), 1687–1726.

Mian, A., Sufi, A., Trebbi, F., 2014. Foreclosures, house prices, and the real economy. University of Chicago, Working paper.

Midrigan, V., Philippon, T., 2011. Household leverage and the recession. New York University, Working paper.

Mitman, K., 2012. Macroeconomic effects of bankruptcy and foreclosure policies. University of Pennsylvania, Working paper.

Moench, E., Vickery, J.I., Aragon, D., 2010. Why is the market share of adjustable-rate mortgages so low? Curr. Issues Econ. Financ. 16 (8), 1–11.

Muellbauer, J.N., Murphy, A., 1997. Booms and busts in the UK housing market. Econ. J. 107 (445), 1701–1727.

Nakajima, M., Telyukova, I.A., 2012. Home equity in retirement. Federal Reserve Bank of Philadelphia, Working paper.

Ngai, L.R., Tenreyro, S., 2014. Hot and cold seasons in the housing market. Am. Econ. Rev. 104 (12), 3991–4026.

Ortalo-Magné, F., Prat, A., 2013. Spatial asset pricing: a first step. Columbia University, Working paper.

Ortalo-Magné, F., Rady, S., 2006. Housing market dynamics: on the contribution of income shocks and credit constraints. Rev. Econ. Stud. 73 (2), 459–485.

Piazzesi, M., Schneider, M., 2009. Momentum traders in the housing market: survey evidence and a search model. Am. Econ. Rev. 99 (2), 406–411.

Piazzesi, M., Schneider, M., Tuzel, S., 2007. Housing, consumption and asset pricing. J. Financ. Econ. 83 (3), 531–569.

Piazzesi, M., Schneider, M., Stroebel, J., 2013. Segmented housing search. Stanford University, Working paper.

Piskorski, T., Seru, A., Vig, V., 2010. Securitization and distressed loan renegotiation: evidence from the subprime mortgage crisis. J. Financ. Econ. 97 (3), 369–397.

Scharlemanny, T.C., Shorez, S.H., 2013. Does reducing 'underwaterness' prevent mortgage default? Evidence from HAMP PRA. Georgia State University, Working paper.

Silos, P., 2007a. Housing, portfolio choice and the macroeconomy. J. Econ. Dyn. Control. 31 (8), 2774–2801.

Silos, P., 2007b. Housing tenure and wealth distribution in life cycle economies. B.E. J. Macroecon 7 (1), 1–24.

Sinai, T., Souleles, N., 2005. Owner-occupied housing as a hedge against rent risk. Q. J. Econ. 120 (2), 763–789.

Sommer, K., Sullivan, P., 2013. Implications of U.S. tax policy for house prices, rents and homeownership. Federal Reserve Board of Governors, Working paper.

Stein, J., 1995. Prices and trading volume in the housing market: a model with down-payment effects. Q. J. Econ. 110 (2), 379–406.

Storesletten, K., Telmer, C.I., Yaron, A., 2004. Consumption and risk sharing over the life cycle. J. Monet. Econ. 51 (3), 609–633.

Topel, R., Rosen, S., 1988. Housing investment in the United States. J. Polit. Econ. 96 (4), 718–740.

van Binsbergen, J., Brandt, M., Koijen, R., 2012. On the timing and pricing of dividends. Am. Econ. Rev. 102 (4), 1596–1618.

Van Hemert, O., 2010. Household interest rate risk management. Real Estate Econ. 38 (3), 467–505.

Van Nieuwerburgh, S., 2012. The research agenda: Stijn Van Nieuwerburgh on housing and the macroeconomy. Econ. Dyn. Newslett. 13(2). http://www.EconomicDynamics.org/News261. htm#agenda.

Van Nieuwerburgh, S., Weill, P.-O., 2010. Why has house price dispersion gone up? Rev. Econ. Stud. 77 (4), 1567–1606.

Vestman, R., 2012. Limited stock market participation among renters and home owners. Stockholm University, Working paper.

Vissing-Jorgensen, A., 2002. Limited asset market participation and the elasticity of intertemporal substitution. J. Polit. Econ. 110 (4), 825–853.

Weil, P., 1989. The equity premium puzzle and the risk-free rate puzzle. J. Monet. Econ. 24 (3), 401–421.

Wong, Y.-Y., Wright, R., 2011. Buyers, sellers and middlemen: variations on search-theoretic themes. National Bureau of Economic Research, Working paper No. 17511.

Yang, F., 2009. Consumption over the life cycle: how different is housing. Rev. Econ. Dyn. 12 (3), 423–443.

Yao, R., Zhang, H.H., 2004. Optimal consumption and portfolio choices with risky housing and borrowing constraint. Rev. Financ. Stud. 18 (1), 197–239.

Yogo, M., 2006. A consumption-based explanation of expected stock returns. J. Financ. 61 (2), 539–580.

第 *13* 章
住房市场的微观结构：
搜寻、议价和佣金

鲁汉·斯特兰奇

加拿大多伦多大学罗特曼管理学院

摘要

　　本章参阅了住房市场微观结构的相关文献，研究了单边搜寻、随机匹配和定向搜寻模型。同时，也验证了一旦匹配发生将会产生议价，且议价形式多样，包括不同类型的双边谈判和多方参与的住房拍卖。本章不但回顾了房地产经纪人的研究，也综述了中介商的研究，主要集中在房地产经纪人在匹配和议价过程中的作用、房地产经纪行业的竞争实质和进入以及出现的激励问题。本章还研究了经纪行业普遍存在的低效率现象及相关政策的争论。这些问题重要不仅因为住房和中介业务固有的重要性，也因为房地产对宏观经济变化是非常重要的。

关键词

　　房地产　住房　搜寻和匹配　中介　议价　激励　周期

JEL 分类码

　　D82　D83　E32　L85　R21　R31

13.1 引　言

　　要想深入了解住宅市场，必须关注一个事实。一般而言，住房是一个家庭资产组合中最大的部分，所以它是家庭经济的核心。加上住宅的非流动性，使得住宅市场和劳动力市场具有较强的经验相关性。住房也是资本累积的较大组成部分。考虑到住宅的风险性，这也使得它成为经济周期的重要驱动力。尤其是在最近的全球衰退中，住房发挥了特别大的负面作用。很明显，家庭、投资者、经济政策制定者和经济学家自身都没有完全理解住房会如何深刻影响资产负债表和经济活动。

通过越来越多的房地产市场如何出清相关的文献，本章将研究房地产市场的一个关键特性。本章包含了房产的购买和销售全部过程。文中探讨了搜寻、匹配和议价三个模型[①]。文中也讨论了房地产经纪模型。本章不仅回顾了理论研究还有经验分析。不足为奇的是，信息问题是核心问题。[②]

住房市场的分析必须从首先承认住房是一种特殊的商品开始。这意味着其他市场的分析方法不能不加调整地直接用于住房市场，这不是一个新的发现。先前许多住房研究文献主要围绕住房的市场性特征组织（举例来说，Quigley，1979；Arnott，1987）。而我们感兴趣的是住房作为经济产品的特性，住房市场设计的主要代理商和管理住房交易的机制。

对我们的研究目的而言，住房的三个方面非常重要。第一，住宅是异质的。考虑住房单元的许多特征（比如，建筑物及相关的设施的面积，房间的数量和年限）和住房消费连带的公共设施与本地公共产品（比如，寻找工作和学校的质量），异质性就较为明显了。异质性意味着住房市场能够细分。第二，房屋交易的发生具有不确定性。考虑搬迁的买房者并不知道什么样的房屋适合自己的偏好，直到他们开始寻找。而正在考虑搬迁的售房者也不知道什么样的买房者能够很好地匹配他们所希望卖出的房屋。最终，买房者和销售者必须相互搜寻。当他们见面时，买房者和卖房者双方不能够准确地预期到对方在交易中愿意支付或者接受的价格。第三，存在重要的市场摩擦。搜寻是有成本的。另外，房屋交易存在重要的交易成本，包括中介费、交易税和搬迁成本。在这种情形下，住房市场通过价格和时间调整（不像标准的竞争模型）实现出清。在下文将看到，这种流动性对住房的分析有非常重要的应用。

住房市场的独特性还在于它自身的机制和包含在其中的经济代理。住房的一个重要特征是它是一个由非专业人员控制的市场。约 2/3 的北美居民拥有自己的房屋，且这些房屋是典型家庭资产组合中非常重要的组成部分（参考

---

① 大部分的文献涉及如何消化一定的住房库存. 所以开发和再开发不是文章的核心主题。即便如此，一些论文考虑了住宅建设，这将与搜寻相互影响，在一定程度上对住房动态有重要影响。

② 商业地产的研究也存在同样有一个引人的事实。不幸的是，尽管商业市场包含与住宅市场相似的部分，对于搜寻、匹配和中介的研究较少。该领域未来需要投入更多的研究。

Tracy and Schneider, 2001, 可以找到美国的证据）。在房地产代理的帮助下，这些房屋的绝大部分会被交易（National Association of Realtors, 2005）。③ 正式的代理商会被售房者雇佣，一般而言赚取销售价格的一定比例作为佣金。尽管经纪人为买房者服务，在法律意义上，经纪人通常是正式代理商的子代理商。显而易见，通过使用中介商促进房屋交易存在潜在的激励问题。在北美，房地产代理商利用多重列表服务（MLS）帮助他们的客户买卖房屋。一般而言，MLS 被房地产代理协会控制并仅供会员代理商使用。关于这种制度如何服务买卖双方存在着争论。有人已提出它会产生市场支配力，进而导致高额的中介成本。另外，它也被认为能够使买房者和销售者拥有更好的信息，最终会带来致更好的市场结果。

本章参阅了关于房地产市场微观结构的经验研究和理论研究文献。文中将考察反映住房独特性的模型，评估他们解释重要事实的能力，并且将帮助研究者避免某些逻辑错误，这些错误是由于分析缺乏有力的微观基础而导致的。图13-1 采用了图形法来理解文献研究的演进。与其他市场一样，住房市场也存在

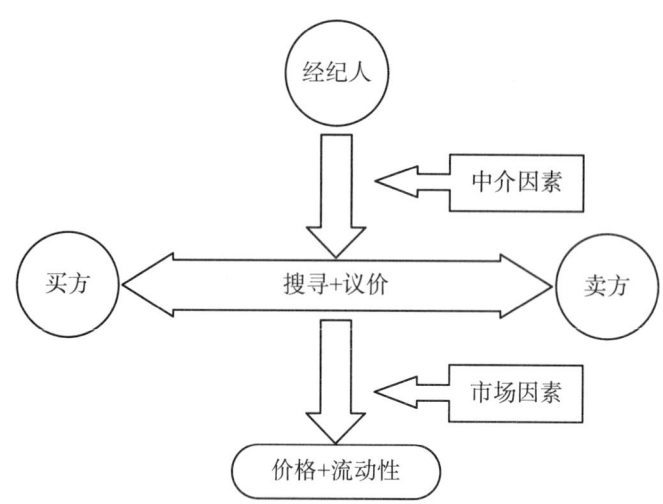

图 13-1　住房市场微观结构

注：图描述了房屋交易中关键的参与者（卖方、买方和经纪人）和关键的结果（价格和流动性）。他们主要通过市场因素（图 13-2 列出）和中介因素（图 13-3 列出）相互影响。

---

③　在这章，我们将遵循惯例，经纪人和代理商是可以相互替代的。事实上，两者之间存在正式的法定区别。做一名经纪人的许可条件更严格，相比代理商需要额外的经验和教育。

买方和卖方。同样可能存在第三方代理人，即在交易中起中介作用的房地产经纪人。这些代理人以多样化的方式相互影响，在买者和卖者之间的匹配以及随后作为核心的谈判交易中发挥作用。关键结果是房屋销售的价格和交易的流动性（如果一项交易发生），一般由卖方交易时长（TOM）来衡量。这里回顾的研究是关于这些结果如何被一系列影响搜寻、匹配与议价的市场和策略力量所影响，同时还包括一些影响中介业务的力量。前者（在图表中定义为"市场因素"）包括卖方特征，房屋特征，市场条件和卖方和买方所采取的一系列策略选择。图 13-2 给出了涉及这些相关因子文献的选择性总结。13.2 节 ~ 13.6 节将会讨论了这一研究。后者（在图中被定义为"中介因素"）包含诸多影响经纪人绩效的因素，比如一项财产的所有权，经纪人的使用，经纪的代理权，合同的排他性和期限性，佣金结构的性质和可行的激励调整问题。图 13-3 有选择地总结了关于这些因素的相关研究。13.7 节 ~ 13.9 节将讨论这类研究以及经纪行业的进入、竞争和效率问题等相关研究。

分类	市场因素	文献举例
卖方特征	卖方动机	Albrecht et al.（2007）and Gloweret al.（1988）
	卖方权益	Genesove and Mayer（2001）
房屋特征	房产的特质	Haurin（1988）
市场条件	需求冲击	Genesove and Han（2012a）
	进入带来的放大	Wheaton（1990），Novy - Marx（2009），Annenberg and Bayer（2013），Ngai and Sheedy（2014）
	季节性	Ngai and Tenreyro（2009），and Salant（1991）
	市场细分度（分散性）	Genesove and Han（2012b）
	周期性变动	Krainer（2001），Diaz and Jerez（2013），and Head et al.（2014）
策略	要价	Albrecht et al.（2013），Han and Strange（2014）
	议价	Merlo and Ortalo - Magné（2004），Merlo - Ortalo - Magné - Rust（2013），and Harding et al.（2003）
	拍卖	Ashenfelter and Genesove（1992），Han and Strange（2013）
	事前搜寻	Williams（2014）and Piazzesi et al.
	广告	Carrillo（2012）

图 13-2　市场因素

注：这张图描述了文献中涉及的一系列市场因素。列举的论文仅仅是一些例子，文章中将进行更详细的探究。

中介因素	文献举例
经纪人拥有房产 vs 客户拥有房产 正式经纪人列表 vs FSBO 类房产	Rutherford et al.（2005），Levitt and Syverson（2008a） Hendel et al.（2009）
传统经纪人 vs 折扣经纪人	Bernheim and Meer（2013），Levitt and Syverson（2008b）
独家代理合同 vs 开放式代理协议	Rutherford et al.（2001，2004），Bar－Isaac and Gavazza（2014）
经纪人代表	Miceli（1991），Yava and Colwell（1999），Gardiner et al.（2007），Han and Hong（2014）
协议期限	Miceli（1989），Anglin and Arnott（1991）
全额佣金经纪人 vs 拆分佣金经纪人	Munneke and Yava（2001），Johnson et al.（2008）
激励缓解：竞争	Williams（1998），Fisher and Yava（2010）
激励缓解：经纪人声誉	Shi and Tapia（2014）

图 13－3　中介因素

注：这张图描述了文献中涉及的中介因素。列举的论文仅仅是一些例子，文章中将进行更详细的探究。

理论文献已经从单一的局部均衡模型向拥有坚实微观基础且不断丰富的一般均衡模型转变。例如，在单边搜寻模型中，双方的出现通过特定方式纳入模型。相比之下，在随机匹配和定向搜寻模型中，其出现是一种均衡的结果，符合所涉及参与者的利益最大化，并且被各方所知。该领域未来的研究方向将继续需要关注微观基础和均衡。

对经纪人和匹配的进一步清晰了解来自于把微观基础理论与数据结合。在简化形式的前提下，采用现代的方法去识别检验具有重要的意义。采用显性结构方法和校准也具有重大的意义。但是，这些方法并不是该领域经验研究进展的唯一来源。该领域已经从最新的可获得数据资源中受益。④ 例如，研究人员已经使用相关的微观数据，包括房子的报价和还价，搜索活动本身以及非传统的营销策略如折扣经纪人。因此，未来的研究既要依赖于经济方法的进步也要依赖于数据的完善。

本章的剩余部分安排如下。13.2 节论述简单的单边买方和卖方搜寻模型。尽管简单，这些模型阐释了市场运行中的关键因素。然后本章继续探究更有意义的搜寻和议价均衡模型。13.3 节主要讲随机匹配模型，而 13.4 节涉及的模型是代理人策略性地将其搜寻集中于细分市场。13.5 节研究定向搜寻。在随

---

④　这些来源包括 CoreLogic，DataQuick，以及基于互联网的数据来源，比如 Trulia，Google，Yelp，Craigslist 等。

机匹配和直接搜寻中，讨价还价通常是在买卖双方见面时发生。13.6 节讨论作为房屋交易手段之一的拍卖，既包括采取传统形式的正式拍卖，也指非实名制的拍卖即竞标战。本章的最后三节探讨作为中介的房地产代理商，包括基本理论概述（13.7 节），竞争的本质（13.8 节）和激励（13.9 节）。13.10 节总结。

13.2　单　边　搜　寻

我们将从单边搜寻模型开始。尽管这些模型简单，但这类理论模型对图 13-1 和图 13-2 中的市场因素如何影响价格和市场交易时长两个关键结果具有重要的解释力。模型也能够为详细的结构化检验提供坚实的理论基础。最常见的单边模型主要研究住房售房者的问题。然而，还有其他类型的单边模型，包括买方搜寻模型和替买卖双方搜寻的房地产代理商搜寻模型。

我们知道最早的该种类型的模型出现在西蒙（1955）的有限理性古典分析中。除了其他内容，这篇论文主要将满意度作为在不确定前提下做出决策的一种结果。文章简单讨论了住宅销售者问题，作为该种决策类型的例子。在附录中，给出了住宅销售者问题的正规模型，在该模型中，报价是从已知的分布中序列出现的。售房者必须接受或者拒绝这些报价，不能回顾先前获准并被拒绝的报价。西蒙得出了存在最优的"接受价格"时的条件。很明显，虽然买房者并不是简单地随机到来并接受这种无选择余地的报价，而一旦他们拒绝，这种报价将会被立即终止且不可撤回。西蒙对终止问题的分析抓住了住房交易的最重要的特征：售房者不知道他们的房屋对潜在买房者的价值，且他们不知道什么类型的买房者将会参观以及何时参观。

把以上问题定义为一类搜寻，并将信息获得作为一种经济过程融入模型中，始于施蒂格勒（1961，1962）。他考察了产品市场和劳动力市场的搜寻，但他没有讨论住房市场。更多现代的住房搜寻处理——所有单边模型——在一些具有创意的模型中提出来 [Courant（1978），Stull（1978），Yinger（1981），Haurin（1988），and Salant（1991）]。

13.2.1　单边买方搜寻：理论研究

在城市研究文献中，库兰特（Courant，1978）首先提出了买方搜寻模型。这个模型阐明了搜寻模型的关键基石和考察搜寻摩擦的关键动机：即该类摩擦能够解释标准竞争模型无法解释的实际结果。

我们来考察以下库兰特模型的简单形式。买方在房屋搜寻每次需要成本 C。他们在社区 $J = 1$、2 之间选择。⑤ 特定的房屋对于买房者的价值 x_j 仅在参观之后才能得知。事前的 x 的分布函数为 $f(x)$，且假设不同社区之间是相同的。存在两种类型的买房者：非裔和白人。售房者是完全相同的，除非某些售房者不愿向非裔销售，这种行为在参观之前是难以观察到的。定义 α_j 表示在社区 J 中歧视性卖者的比例。假设买方搜寻者知道该比例。通过假设价格源于独立于种族的特征价格均衡，库兰特将价格分离出来。我们将简单地假设房屋是同质的且价格保持不变。

在该模型中搜寻存在一定的标准规则，那就是买方一直寻找直到获得超过 x^* 临界值质量水平的房屋。由于存在歧视，搜寻会受到社区的限制。假如 α_j 值非常高，非裔将不会在社区 J 搜寻。因此，搜寻摩擦导致种族隔离。值得注意的是这种隔离仅仅需要某些代理人歧视，而不需要全部。相反，在竞争模型中，歧视性偏好将会因为竞争而消失。库兰特解释了交易成本如何让这种歧视无法被忽视。因此，这里的福利经济学与具备完全信息的完全竞争不同（尽管难以比较他处理得到的价格）。然而，值得注意的是，该模型用统计判别证明存在内生的社区选择，而不是通过外生的价格假设。

除了会导致种族分离，库兰特解释了当社区的成员构成发生重大改变，搜寻和歧视如何相互作用进而使得社区间发生倾斜（tipping）。看待这个问题最自然的方式是设想非裔从来不会拒绝卖给其他非裔，但是一部分白人会。也可以设想某些非裔希望能在白人社区进行寻找。这可以由非裔种族收入的多样性与住房的多样性相结合来加以解释。在这种情形下，随着一个社区非裔住户的增加，买方花费时间搜寻歧视性卖方的可能性降低。这会引致一定比例的非裔住宅拥有者想要在白人为主的社区搜寻住房，这是倾斜的一个例子。

13.2.2 单边买方搜寻：经验研究

相对而言，上节讨论的买方搜寻理论相关的经验研究非常的少。这可能是数据可得性造成的结果。虽然 MLS 数据能使用统一的标准反映售房者的交易时长（下文可以看到），但是对于买房者的交易时长在任何标准数据库里没有相同的标准。结果，买方搜寻活动的经验研究需要花费大量的努力来搜集和整理数据。

---

⑤ Courant 实际上考察了任意个社区 J。

昂林（Anglin，1997）、埃尔德等（Elder et al.，1999）、基尼索夫和韩
（Genesove and Han，2012a）就是这类研究代表。在对买房者调查的基础上，
昂林发现除了其他方面的因素，不管是通过买方交易时长衡量还是用被参观
的房屋数量衡量，信息是买方搜寻的核心。埃尔德等人利用全美房地产经纪
人协会关于买方和卖方的调查得到的横截面数据，考察了每周看房数量。他
们的研究显示，信息不灵通但却有较强动机的外地买房者会进行密集的搜
寻。最近，基尼索夫和韩将从全美房地产经纪人协会（NAR）对买方和卖方
调查得到的数据汇总到都市圈（MSA）层面，该数据可的年份是从 1987 ~
2008 年，进而构建住房搜寻活动的面板数据集。在一个同时考虑了卖方的
双边随机匹配模型中，他们分析了买方的交易时长和被查看的房屋数量。买
方毫无疑问比卖方更活跃，所以要想达到对住房市场更深刻的理解，买方搜
寻的经验研究是必要的。

13.2.3　单边卖方搜寻：理论

将房屋卖方问题模型化为单边卖方搜寻过程的文献非常多。斯塔尔
（Stull，1978）和萨伦特（Salant，1991）发表了两篇此方面很有影响力的文
章。萨伦特（1991）考察了房产所有者的房屋销售过程。

一般而言，传统住房搜寻模型具有许多共性，我们将多方面融合进行分
析。如果存在一个房屋售房者，他面对一系列随机到来的买房者。卖房者设定
一个要价。这种行为在一定程度上被阐述为一种委托，一旦存在一个随机到来
的买方愿意接受价格，销售就发生了。在这个设置中，一个要价会存在一个接
收或拒绝的结果，而随机到来的买方需要考虑这一要价。其他的讨价还价假设
显然是可能的，将在下文涉及。

这些模型都会形成一些基本要价权衡模式：较低的要价不仅会导致一个较
低的销售价格（通过构建），而且会导致提前的销售预期。在任何搜寻模型
中，市场在价格和时间两个要素上达到出清。在住房市场的例子中，时间维度
描述了房屋资产的流动性和住房市场的摩擦性空置率。

萨伦特（1991）提出的模型将一些额外的动态问题加入到分析中。他将
住房搜寻纳入拥有一个固定的住房销售季节（春季和夏季）的非平稳假设中。
尽管维持了通用的假设，即买者到来的概率是固定的，且买者依据他们的参观
决定自己的独特匹配价值，这仍会导致要价随着季节而下降。[6] 总之，关于非

---

[6] Salant 也考察了何时做出雇用代理商的决定，这个问题将在本章后面涉及。

平稳假设下的住房搜寻研究非常少。下文讨论的默洛等人（2013）的研究是近期研究的特例。

13.2.4 单边搜寻的经验分析

13.2.4.1 销售期限

关于价格与流动性关系的研究非常多，研究主要受卖方搜寻理论的启发。卡宾（Cubbin，1974）和米勒（Miller，1978）分别发表了研究价格和卖方交易时长经验关系的文章。

豪林（Haurin，1988）的文章在这类研究中独具创意。他考察了单边搜寻背景下住房的异质性。他尤其感兴趣的是特殊房屋的非代表性特征。如豪林指出，某些房屋具有非同寻常的特征，比如寒带气候的游泳池，或者卧室与洗漱间比不同。在豪林的分析中，这会影响一个房屋价值的变化，但不影响均值。可以更直观地看到，这将会导致一个更严格的终止规则（较高的报价会促使售房者进行交易）和更长的销售期。豪林利用一组来自俄亥俄州哥伦布的小样本数据集（219 次交易）评估了这些预测的经验有效性。在这类文献中，使用来自一个市场的小样本数据集是一种惯例。因为之前大量的截面数据或者面板数据缺乏所需要的特征价格的属性，但这种情况已经改变了。

经验分析中，非代表性特征衡量如下。定义 β_i 表示样本中第 i 个属性的特征价格。令 $\overline{X}_i$ 表示第 i 个属性的均值。给定住宅的非典型性特征就可以定义为住房属性与平均值差的绝对值乘以属性的特征价格的和，$\sum \beta_i |\overline{x}_i - x_i|$。在住房研究中这种衡量非代表性特征的方法已经成为标准方法。[7] 豪林研究的主要结论是代表性特征少的房屋如预期一样需要花费很长时间才能销售出去。

13.2.4.2 卖方动机

有很多文献研究了以单边卖方搜寻模型为理论基础相关的流动性（交易时长）问题。齐尔克（Zuehlke，1987）的研究显示住房空置与交易时长具有正相关性，销售风险会随着市场交易时长而出现。这可以解释为由卖方团体的强烈动机造成的结果。格洛尔等（Glower et al.，1998）直接考察了卖方动机。他们使用了有计划搬迁者的数据，并且发现有计划搬迁的售房者比未有搬迁计

---

[7] 在 Haurin 等人（2010），Bar – Isaac 和 Gavazza（2014），和 Han 和 Strange（2014）等学者的文章中，这种衡量方式常被用来衡量异质性。

划的售房者卖出得更快。他们还证明了有计划搬迁的者的销售时间和卖方交易时长相关，计划尽快搬迁的卖方选择尽快销售。自然地，这一结果由单边搜寻模型的得出。斯普林格（Springer，1996）也考察了动机，同样得到有动机的卖方销售得更快。

13.2.4.3　卖方权益

基尼索夫和迈耶（Genesove and Mayer，1997）虽然没有给出一个明确的搜寻模型，但他们研究的结果可以被理解为符合这一传统的。他们考虑了在住宅销售过程中房屋所有者的权益，可以更直接地通过将拥有不同保留价格的卖方包含进来扩展以上的卖方模型。这种异质性的来源之一是一些售房者或许拥有很少或者负的房屋权益。在这种情形下，如果他们遇到一个愿意出高价的买房者，他们唯一的选择就是卖掉。这会导致房屋的销售价格提高以及在均等的约束下，交易时长会变长。他们用一组卖方与卖方匹配的唯一样本验证了这些预测。售房者的贷款估值比和期限之间的正向关系被证明是相当稳健的。

13.2.4.4　要价

在以上描述的卖方基础搜寻模型中，议价是一种简单的过程。住房市场被当作一个报价市场，买房者到达市场，或者不愿意支付卖方的要价（此情形下，搜寻继续），或者愿意支付（此情形下，交易发生且搜寻停止）。尽管此方法易于处理，但它没有显示住房交易的议价阶段。我们将在下文进行深入的研究这个问题。现在，我们仅仅讨论经验研究，把要价当作一种价格发布，观察要价和搜寻过程的关系。

大量此类研究考察了要价和结果变量之间的关系，其中后者包括销售价格和交易时长。例如可以参考米勒和史拉兹（Sklarz，1987）的论文，他们的观点是定价过高的住宅对于参观者缺乏吸引力，所以市场销售期比较长。然而它也将会以更高的价格销售。在产品市场，这种方法显然是考察搜寻的一种合理方法。如果一个零售商公布的苹果价格高，那么就会有较少的顾客光顾这家店来查看苹果，并决定是否值得购买。然而，住房与苹果有很多的不同之处，其中之一就是住房不总是以公布的价格进行销售（虽然在 Han 和 Strange（2014）的研究中，观察到存在相当比例的会这样）。这意味着定价过高与结果之间的理论联系仍需进一步的思考。参阅普赖斯（Pryce，2011）文章的观察结果，市场将会随着要价的变动而变化，意味着定价过高的度量应该能够捕捉到整个市场的差异。话虽如此，采用简化形式的经验文献明确确认，不同方式的定价过高与市场结果之间存在一种稳健的相关性。亚瓦斯和扬（Yavas and Yang，

1995）认为在控制其他特性不变的前提下，价格越高销售时间则越长。昂林等人（2003）的研究显示要价和销售价格的预测特征值间的差异将影响销售时间。在本章的后面，我们将讨论搜寻和议价相互作用的理论模型，这将帮助我们理解这些重要的结论。

13.2.5 结论

分开来看，以上讨论的每一种单边方法有其合理的微观基础。显然，购房者对所购买的房屋进行评估一定会带来成本（或者租赁，尽管租赁一般不会被考虑）。售房者也会承担成本：在极端情况下，这种成本是分段的；在一个不那么极端的情况下，售房者为了购房者的参观要做一些准备，如要打扫卫生、整理房间、购买花束和亲自迎接。寻找代理有其自己的不确定性和搜索成本，这可以理解为使用了相同类型的模型。搜寻模型似乎是一种很自然的方式来描述这些情况。从这些单边模型中得到的不同形式的重要结论将会在本章重复出现。

然而，单边模模型在构建时，把会引起交易对象到来的过程看作外生的。在默洛等人（2013）的文章中，研究的背景是英国，搜寻过程确实被更好地描述为一种单边卖方搜寻。他们的结构化分析方法将会在下文详细的讨论，他们基于报价达成的经验推导过程，解决了卖方的最优搜寻行为。这种富有洞察力的方法需要报价的数据，但这些数据很难获得。在其他的单边模型中，交易对象到来过程是随机的，结果却难以令人满意。13.3 节将开始研究一般均衡方法，在该方法中卖方和买方均最优化自己的搜寻。

13.3 随机匹配

本节考察了住房搜寻的随机匹配模型。由于议价是搜寻和匹配过程不可缺少的部分，本节也考察了在卖方和买方见面后发生的讨价还价行为。就像图13－1 和图13－2所示，本节将考察影响住房交易的一系列市场因素，本章后面还会提到其他因素。

本节所讨论的模型来自于劳动经济学，搜寻模型在劳动经济学中被证明非常有用。戴蒙德、莫滕森和皮萨利德斯的研究都具有创新意义。例如，可以参阅戴蒙德（1982）、莫滕森（1982）、莫滕森与皮萨利德斯（1994）和皮萨利德斯（1985）等人的文章。这类繁多的文献已经被参阅多次，包括皮萨利德斯（2002）、罗杰森等（2005）、施（2008）和近期的罗杰森与夏默（2011）

等人的文章；而我们这里并不讨论这些文献。相反，我们将集中在这类传统模型如何被应用于住房经济学中。

劳动力研究文献已经证明，搜寻模型有助于理解劳动经济学的一些基本问题。如罗杰森等人（2005）在文章中指出，这些问题包括失业的持续周期、失业和职位空缺并存，失业和流动性的决定问题以及一般均衡中工资和流动性的相互作用。在住房中存在着所有这些类似的问题，包括交易时长，住房空置与流动性，价格的动态变化，建造以及流动性。从下文将看到，住房市场的随机匹配模型如何展示这些问题。

随机匹配模型还有助于理解住房动态学的一些重要的代表性事实，如此将会有助于理解 21 世纪发生的大繁荣与萧条。不同的学者关注不同的事实。作为分类，我们将探究三类已经被观察到的事实。第一，住房市场上的周期存在一定的趋势，一定意义上是讲在短期与价格存在正的序列相关性，但是长期将回归均值（Case and Shiller，1988）。建设同样具有持续性（Glaeser and Nathanson，2014）；第二，基本面的冲击将会导致住房价格和数量的放大效应，"过度波动"就是一个例子（Shiller，1982；Glaeser et al.，2014）；第三，存在有关于价格、销售额和不同规模流动性如交易时长如何随时间一起移动的规律。价格和销售额往往显示正相关，而价格和交易时长存在负相关关系（Stein，1995；Krainer，2001；Glaeser et al.，2014）。格莱泽和内桑森（Glaeser and Nathanson，2014）的文章详细讨论了这些事实如何与房地产泡沫相关。

然而，住房搜寻和其他类型的搜寻之间可类比的问题有时并不是一致的。有些需要解决的问题对于住房是特殊的。其中之一就是住房的买方也是卖方。这意味着住房市场的搜寻摩擦不同，且比劳动力市场更严重。这也被证明会导致波动的增加。它也意味着市场出清依赖于某种价格和买卖双方的流动性。这对经验研究存在一定的启示。另一个关键区别是存在关于价格的讨价还价。尽管也有关于工资的讨价还价，但它不是大多数劳动搜寻模型的特征。在经验和理论上，要价并不是一个公布的价格，这点至关重要。而且，住房搜寻过程中中介商的作用是绝对核心的，而劳动市场的中介商的作用是次要的。我们将要在本节和本章的后面章节研究这些问题。

13.3.1　随机匹配：基础知识

以下是一个包含住房随机匹配模型关键因素的简单例子。尽管它来自基尼索夫和韩（2012a）的文章，但是还有许多研究该类住房模型的文献。[⑧] 令 n_b 和 n_s 分别表示市场中买方和卖方的数量，且双方均为风险中立型。令 $\theta = n_b/n_s$ 表示市场密度。把 $m(n_b, n_s)$ 定义为双方遇见或者联系的比率。常规地，我们假设 $m(-)$ 呈现规模报酬不变。不是所有的合约都会导致匹配，由于某些匹配不是有效率的。一次接触能否实现成功交易依赖于这次交易产生的总剩余。[⑨]

在以上假设的基础上，给定卖方被一个随机买方联系的概率可以表示为：

$$q_s(\theta) = m(n_b, n_s)/n_s = m(\theta, 1) \tag{13.1}$$

同样的，给定买方被一个随机卖方联系的概率可以表示为：

$$q_b(\theta) = m(n_b, n_s)/n_b = m(1, 1/\theta) \tag{13.2}$$

然后，可以得到 $q_s(\theta) = \theta q_b(\theta)$。假设 $m(-)$ 是两个变量的增函数，则有 $q_s'(\theta) > 0$ 且 $q_b'(\theta) < 0$。当一次接触发生，对于特定的买方来说，特定房屋的异质匹配效用 x_{ij} 得以实现。根据经济上预期变化，可以从 $g(x)$ 中得到，且买卖双方均知道该分布。定义 $\gamma = V_b + V_s$ 为买方和卖方的保留价格之和。我们假设 V_b 是外生的，这意味存在许多市场可供买方选择。然后，一个匹配的剩余等于 $x - \gamma$。一次会面达成的交易的概率等于 $G(\gamma) = prob(x - \gamma \geq 0)$。一项交易的条件期望剩余等于 $E(x \mid x - \gamma \geq 0) - \gamma$。当一次会面发生，买卖双方参与到交易带来的潜在剩余的纳什讨价还价中。令 β 代表卖方讨价还价能力，$1 - \beta$ 表示买方的讨价还价能力。在此情形下，给定一项交易，期望价格为：

$$p = V_s + \beta^* [E(x \mid x - \gamma \geq 0) - \gamma] \tag{13.3}$$

最后，用 c_b 和 c_s 分别表示买方和卖方的搜寻成本，相应地令 r 代表利率。内生变量为 γ 和 θ。在均衡时，影响搜寻的资产方程为：

$$rV_s = q_s G(\gamma)^* \beta^* [E(x \mid x - \gamma \geq 0) - \gamma] - c_s \tag{13.4}$$

$$rV_b = q_s G(\gamma)^* (1 - \beta^*) [E(x \mid x - \gamma \geq 0) - \gamma] - c_b \tag{13.5}$$

式（13.4）要求卖方下一期的继续搜寻机会成本必须等于卖方搜寻的净收益。后者等于卖方匹配概率、导致一项交易的会面的概率与卖方接受的价格三者乘积，再减去搜寻成本。式（13.5）有相似的要求，即买方搜寻的机会成本等于买方从继续搜寻中期望获得的净收益。值得注意的是，如果没有买方效用固定这一实用假设，将会产生第三个内生变量，买方效用 V_b。对于买方来说，这将取决于进入条件。下面讨论的一些模型采用了该种方法。

基本的随机匹配模型能够产生一些上文讨论的具有代表性的事实。一定程

---

⑧ 例如，Wheaton（1990），Krainer（2001），Albrecht et al.（2007）and Novy – Marx（2009）.

⑨ 从 Pissarides（2000）的论文可以看到接触和匹配函数概念的讨论。前者指代理人之间的接触，而后者指成功的接触带来的可能的匹配。

度上，它会产生放大效应，一次冲击的短期调整可能产生过度调节。另外，基本随机匹配模型可能形成价格与销量间的正向关系。这个模型需要修正以便能够产生本节开始提到的持续性。在后文中我们将进行讨论。

随机匹配模型也对市场流动性——主要由买方市场交易时长，卖方交易时长和买方造访的次数来加以衡量——如何对冲击作出反应进行预测。一个能够提高一项交易期望剩余的正向需求冲击，将会提高买方与卖方比（市场密度）；这也将进一步的提高卖方被接触概率 $q_s(\theta)$，但会降低买方被接触的概率 $q_b(\theta)$。这种需求冲击同样会提高一次接触条件下实现交易的概率，使得每一次的住房参观更有成效。结果，一次正向需求冲击将既减少卖方的交易时长，也减少了买方做出的参观住房的次数；但是对买方购买交易时长造成的净效应是不明确的。

基尼索夫和韩（2012a）利用美国房地产经纪人协会对买方和卖方所调查得到的 1987～2008 年的数据，对这些预测进行了估计。研究发现收入或人口的增加对卖方交易时长和买方选择的参观次数存在较大的负向影响。然而，在长期这些影响非常小，并不显著。这些结果和一种随机匹配模型相一致，在该种模型中卖方对需求存在时滞，且利率实际上是微不足道的。他们的研究结论也意味着，假设匹配函数为规模报酬不变，与买卖方比例相关的，任何给定的卖方被买方接触的风险弹性是 0.84，因此，买方与卖方比值的每增加 1 倍将会使任何给定卖方被买方接触的可能性提高 79%。[⑩] 如此大的卖方被接触的概率弹性与北美房地产市场卖方列表体制相一致。

13.3.2　强度的选择

基本的随机匹配模型可以从不同的角度被延伸（回忆图 13 - 1 和图 13 - 2）。我们将考察其中的几个模型，首先从搜寻强度的选择开始。

假设买方和卖方选择自己的搜寻强度，且这将会影响匹配发生的可能性。现在，给定卖方的匹配概率依赖于市场密度、自己的努力、其他卖方的努力和买方的努力。自我努力和买方努力增加了匹配的概率，而其他卖方的努力则降低了这种概率。对买方的设定也是相似的。此外，在某些条件的制约下，上文讨论的市场流动性的竞争稳态结果，在修正的匹配模型中被保留。粗略地讲，

---

⑩　值得注意的是 Head 等（2014）使用完全不同的数据进而方法也得到了一个非常相似的估计。我们将在下文讨论该论文。

它满足努力的边际成本上升足够的快，且卖方的努力是徒劳的。[11]

13.3.3　进入

以上基本随机匹配模型把买方的效用当作外生的。相反，诺维 - 马克斯（Novy-Marx，2009）假设买方进入和卖方进入依赖于购买和销售房屋相应得到收益。他通过假设外生函数来验证，假定房屋买方和卖方的数量（准确地说，度量值）是价格的函数。这些函数描述了外部决策。例如，当价格上升时，住房建设几乎一定是增加的。而且，如果买方的房屋将会销售更高价格，买方可能会更情愿移至另一个市场。当然，如果其他市场也是正相关的，这种激励的影响是较弱的（参考韩，2010 的文章，文中讨论了住房交易中的相关性和管控风险）。

然而，该种假设会带来重要的结果，即这些自然地进入过程将会导致冲击的放大。在诺维 - 马克斯的惯用方法中，存在"热门与冷清市场"。放大效应的运行机制如下：假设存在对需求的冲击，也许来自抵押贷款标准的变动，例如允许更多的家户符合房屋抵押贷款资格。买方进入比率的提高会导致交易时长的缩短。然后，这会进一步提高买方与卖方比，进而放大初始买方进入增加带来的效应。放大效应在冷清市场上同样适用。这个结果显示了住房市场搜寻结构如何影响经常观察到的周期性特征。

在这些所有的模型中，买方和卖方是不同的代理人。事实上，如以上讨论，住房的一个非常重要的独特特征是买方也是卖方。只要这类"双重"代理人的流入对买方减卖方得到的净流入没有影响，忽略他们并不会影响稳态分析。然而，对于这类"双重"代理人，他们作为买方或卖方的后续行动是强烈相关的，这也将会影响结果即住房价格和市场流动性。我们现在将开始讨论这类具有创新性的模型。

13.3.4　置换和买方与卖方双向问题

惠顿（Wheaton，1990）提出了一种可以叫作"住房内部搜寻"的模型。这个模型与劳动力搜寻模型相似，劳动力搜索模型中尽管劳动者拥有工作，但是仍然会考虑可能的替代工作。该模型重要的创新是承认购房者通常也是卖房

---

[11]　卖方努力是耗散的，这是因为卖方努力的增加仅仅是从其他卖方哪里争夺买方，并没有影响整体匹配率的提高。可以参考 Genesove 和 Han（2012a）的文章。

者。因此，它是一个房产置换模型。即买房者也是卖房者，以及所涉及的规则是住房搜寻和劳动力搜寻的一个重要差异。

惠顿的模型从经济学角度对该联系进行了考察。假设存在两种类型的住房和房屋所有者。如果房屋所有者占有的房屋与自身的类型不匹配，他们的效用将会遭到损失。随机的冲击使得房屋所有者面临较差的匹配状态，进而促使他们购买一套新房屋。当他们这样做后，他们就拥有两套房屋，其中一套在销售前将处于空置状态。尽管这种方法忽略了住房交易中的一些问题，但它仍抓住了最关键的事实，即给定的代理商以买方和卖方的双重身份运转。该模型的其他因素和以上讨论的随机匹配模型结构一样：存在依赖于代理人努力的随机接触。一个重要的简化是部分分析假设匹配的概率仅仅依赖于努力而不是空置率。

模型证明了住房市场的一些代表性事实：那就是稳态中结构性空置的存在以及基本面的一个小的冲击将会导致价格的较大波动的这种放大可能性。在这种情形中，因为购房者也是卖房者，因此价格需要提高到大体与需求冲击相同。通过这种途径，搜寻对周期振幅的影响主要基于这样的事实，即在该住房市场与其他搜寻市场比较，置换是其差异所在。

在安恩伯格和拜尔（Anenberg and Bayer，2013）的最近的论文中，房产置换是文章研究的核心。他们的研究与惠顿相比，专注于更具体的置换类型，他们主要研究了在同一市场内住房拥有者买卖房屋行为。他们的研究发现，这种内部的置换是非常的不稳定的，且事实上它是住房不稳定的主要因素。随后，他们建立了一个搜寻模型来解释该种不稳定性。对于内部的搬迁来说，拥有两套住房的成本随着周期内生的发生变动。他们利用洛杉矶相关的搬迁、价格和市场销售时间数据估计了搜寻模型。这一经验分析表明这种置换问题放大了房地产周期。

海德等人（Head et al.，2014）利用修正的搜寻模型估计了住房价格、销售量、建设以及买者的进入对城市具体收入波动的动态变化。这使得他们能够评估该模型在多大程度上能够匹配美国住房市场的一些重要的代表性事实。在他们的模型中，新买房者的进入和新住房的建设是内生决定的。由于或者未能适应所居住的城市，或者不能与当前拥有的住房匹配，每一个房屋买房者最终将会变成一个售房者。这种结果将导致住房拥有者搬迁，并短暂租赁，搜寻新的住房，且将自己拥有的房屋放上市场进行出售。伴随着这些新特征的出现，海德等人的研究发现即使收入缺乏持续增长，一个随机匹配模型仍能证明在短期价格会出现持续的上升，且建筑量也会持续增加。同样的，他们修正后的模型解释了约 80% 的由城市收入水平波动驱动的住房价格的不稳定性，也解释了接近1/2 的住房价格增长可观察到的序列相关性。

恩盖和希迪（Ngai and Sheedy，2014）使用了内生化搬迁决策模型。到目前我们考察的其他模型，比如海德等（2014），由于随机过程使得房屋拥有者和住房的匹配变得没有价值。根据假设，当一个匹配变得没有价值时，那么家庭必须搬迁。通过假设一个家庭依据随机的匹配质量选择搬迁，这是一系列微小的波动造成的结果，而不是由于匹配质量的分散和总损失造成的，恩盖和希迪内生化了搬迁决定。一个家庭搬迁的临界匹配质量被决定于一个均衡水平。这将导致市场放大，这是因为由于市场密集效应，一个波动带来的某些家庭的搬迁也将会鼓励进一步的搬迁。这也会导致他们称作的"净化"结果，由于剩下的匹配都是高质量的。这意味着随着经济调整到一个新的稳态，将会出现过度调整的现象。

这类文献非常重要。住房市场明显具有周期性。以上所讨论的文章提供了有助于理解住房市场周期的多种相关途径。他们的研究表明基础要素的微小变动能够导致结果的较大变动，这将有助于解释房地产市场的波动性。同时也有助于解释住房市场的一些关键的周期性特征。这些特征包括短期内住房价格变动的持续性，以及整个周期中价格、存量、流动性和空置率的变动。考虑到近期繁荣和萧条周期的深刻影响，显然存在进一步加强该领域研究的理由。

13.3.5 随机匹配

阿尔布雷希特等人（Albrecht et al.，2007）年提出了一种失望不断增加的模型，以此来提现住房搜寻的特点。他们的模型始于匹配模型的标准化元素。他们用一种创新的且简洁的方式提现了失望，主要是通过假设代理商起初具有较高的热情，此时处于未匹配状态的代理商拥有较高的价值流，且会继续搜寻；然后代理商会依据泊松过程呈现出自己的搜寻失望。他们的研究表明均衡可以采用很多形式，包括非歧视性匹配（在该类型中所有的匹配都是完美的），随机匹配，此时搜寻失望的代理商愿意跟任何人匹配，但是具有较高热情的代理商则愿意等待，希望能够失望的一方相遇。还存在一种仅仅是失望的代理商之间的匹配均衡类型。

该模型与经验研究存在很多形式的一致性，包括交易时长和价格间的关系。模型的双状态结构（轻松和失望）模型考虑到了均衡策略中一些非常突出的特征。当然，对买房者和卖房者来说，这种收益的外生改变不是住房搜寻期间的唯一变动。市场环境或者学习能力可能存在变化。并且这种轻松/失望的心态可以解释为描述了买者和卖者的合理性或者不合理性的行为。

13.3.6 季节性和市场密度

以上分析已经考察了规模报酬不变的匹配函数。匹配函数存在报酬递增也是可能的，在此情况下，将会存在市场集聚效应（参考 Petrongolo and Pissarides，2001）。整个市场密集度的变化存在几种潜在的来源。其中之一就是经典城市经济学现象，即集聚：城市越大，市场就会越密集。其他类型的改变发生在经济周期中，随着住房存量的周期性变动而变化。然而，另外被熟知的发现是房地产市场的季节性。在萨伦特（1991）的售房者问题的单边非稳定模型中描述了房地产的季节性。

最近，恩盖和滕雷罗（Tenreyro，2014）对该问题进行了搜寻和匹配分析。该文章受买者和卖者的偏好变化所启发，双方更偏好在一年中的旺季即二、三季度交易住房。恩盖和阿尔布雷希特使用美国的数据，证实了季节性的存在，且与其他市场证明形式相似。这又引发了另一种模型，该模型中家户的迁移偏好会根据季节变化存在一种外生的变化，这主要由于考虑到学校的日程安排和其他因素。在这种搜寻和匹配模型中，这些外生的偏好将产生市场集聚效应，因此会放大冲击的影响。该模型被修正，且修正后的模型解释了英国和美国的季节性波动。[12]

13.3.7 流动性

目前涉及的模型的共性（以及后面提到一些）是住房市场在流动性和价格上同时出清。这对于住房价格指数的构建和解释有明显的影响。尤其用搜寻刻画的市场摩擦意味着对于买卖双方而言，价格和交易时长之间存在相关性。

克莱恩纳（Krainer，2001）的文章根据这种思想提出了一种著名的模型。他提出了一种随机匹配模型，该模型预测了自有住房的周期流动性。[13] 在该基础模型中，在给定的时期内，售房者面临着因销售失败带来的较高的机会成本，且这将会促使更加迫切的销售。买房者不匹配的机会成本——继续搜寻——被假定等于住房消费的损失。由于假设这种损失在经济繁荣时是非常大的，买房者在繁荣时期希望更快地完成交易。有趣的是，克莱恩纳的研究表明在一个摩

---

[12] Harding 等人（2003）使用美国住房调查数据考察并估计了议价能力。在其文章的有意义结果是对于有孩子的家庭其议价能力具有季节性，这种形式与直觉也相一致。

[13] 参考 Krainer 和 LeRoy（2002）。

擦较小的租赁市场，这些流动性效应不存在，这是由于在繁荣市场中不购买是可以获益的。由于租赁市场和购买市场的同时存在是住房市场的一个重要特征，这是一个有价值的结果。

流动性和价格的相关性导致了直接和最基本的问题。标准的评估模式是一个住房的评估价值应等于在某一交易范围和合理时间内可以成交的销售价格。但是合理的数量是多少呢？如果销售时间依赖于市场状态，那么又该如何评价价格指数的表现呢？此外，长期以来人们一直认为房价可以提供关于未市场化销售的设施的价值信息，这是由于该设施的购买包含在住房购买中。对这些信息的解释，搜寻和非流动性又意味着什么？

一些文章已经考虑到这个问题。金（Kim，1992）研究显示了搜寻如何缩减交易的可能性，并把偏差引入到特征系数的估计中。他提出了最大似然法，并对缩减进行了解释，进而处理偏差。他从萨克拉曼多通过美国住房调查得到租赁数据，检验了该模型。其中一个与搜寻非常相关的结果是，面临较高搜寻成本的新居民，会拥有较高的保留价格。

费希尔等人（Fisher et al.，2003）在相同的背景下，分析了商业房地产指数。文章的核心内容是商业房地产的搜寻模型。买房者和售房者都拥有自身的保留价格，且交易需要一种匹配，在该匹配过程中购房者的保留价格高于售房者的。众所周知，数量（流动性的倒数）具有顺周期变动特征。这可以从费希尔等人的模型中得到，模型假设冲击对买房者和售房者的保留价格的影响不同。在这种情形下，费希尔等人的研究表明指数要对流动性做调整，以便更准确地反映市场状态。⑭

遵循赫克曼（Heckman）的样本选择法，他们实施了一种控制流动性的方法。识别需要对卖房者保留价格而不是买房者保留价格产生影响的变量，反之亦然。流动性控制指数显示住房在繁荣时期存在更高的升值，在萧条时期则会有更大的贬值。如此，修正后的流动性比未修正的更加不稳定。他们发现了更大的区别，修正的流动性指数在样本期存在 0.52% 的复合升值率，而未修正的比率为 0.76%。当然，商业房地产是一个私人市场，市场中的特性是异质的，所以流动性可能是非常重要的指标。

戈茨曼和彭（Goetzmann and Peng，2006）关于住房市场的相关分析同样显示了流动性调整的必要性。他们提出了一套区别于赫克曼方法的程序，主要依赖于保留价格和销售价格模型中误差结构特征。他们使用重复销售方法计算

---

⑭　该论文在是珍贵的，主要在于它在商业背景下，探讨了搜寻。显然的，商业市场是分散的，可论证的是比住宅市场更加分散。然而，数据是稀缺的，这也似乎已经导致在该领域研究的缺乏。

了洛杉矶大都市统计区修正后的流动性指数。如其他的方法一样，他们同样发现在修正序列中存在更大的不稳定性，即在繁荣时期存在较高的增长，在萧条时期存在较大的下降。尽管统计上显著，这种修正的结果远比费希尔等人（2003）分析商业房地产得到的小。

这些文章的分析表明考虑流动性是必要的，以便能够理解住房市场的演进。两篇近期发表的文章在该方面做出了重要进步。卡里略（Carrillo，2013）提出了住房市场的"热度"指数，这来自于对搜寻和流动性的分析。卡里略等人（2014）的研究证明这个指数能够预测未来住房的走势，这一结果与前面所谈及的关于价格要素和价格与流动性在经济周期内联动的结果相关。

这种分析也意味着基于特征价格计算的福利只代表实际情况的一部分，这是由于流动性被忽略了。衡量一种属性的价值需要对非流动性进行修正，这与以上谈论的对住房价格指数的修正可作比较。扎希罗维奇 - 赫伯特和特恩布尔（Zahirovic-Herbert and Turnbull，2008）对学校定价进行了运用。显然，未来这种类型的研究空间还很大。

13.3.8　行为问题

目前所涉及的文献都采用经济学标准假定，即假设所有的代理商是理性的。当然，搜寻摩擦的存在确实意味着这种理性不同于完全信息模型中看到的理性行为。即使如此，所有的理性人都会在做出搜寻、购买和销售决策时最大化期望效用；而这种决策往往是以反映其他代理人均衡策略且不断更新的信息基础上的。

少量却不断增加的文献已经考虑了非理性假设。席勒（Shiller，1999）提供了一个关于代理人也许会遵循的不同行为探索法的全面调查，这些探索法和标准的理性假设方法不同。基尼索夫和迈耶（2001）给出的来自波士顿住房市场的数据与风险厌恶的存在相一致，这是一种特别的行为探索法。

近期的一些文章已经开始研究加入了行为因素的搜寻模型。皮亚泽西和施奈德（Piazzesi and Schneider，2009）的研究阐述了一个微小数量的非理性且乐观的代理人是如何能够在住房市场产生正向的动力。伯恩赛德等人（Burnside et al.，2011）修正了一种模型，其中代理人间的相互联系导致彼此间信念的改变，进而这种信念反过来会影响住房交易。这种模型会产生一种情形，即萧条有时会跟随繁荣而来，但却不总是如此，这与经验观察相一致。彼得森（Peterson，2012）提出了一个搜寻模型，在该模型中，代理人错误地相信有效市场理论始终存在。这一模型用来阐述对住房市场动态性的复制。参考格莱泽和内桑森（Glaeser and Nathanson，2014）的文章可以对不断出现的行为模型进一步讨论。

13.3.9 结论

住房市场随机匹配模型的主要结论是搜寻摩擦会对住房市场如何出清产生重要的影响。这些摩擦可以解释空置率和家庭户积极地寻求搬迁同时存在的现象。他们还可以解释观察到的价格和数量之间的正相关性，这在住房市场单一的完全竞争模型中并不一定会被预测到。他们同样至少可以部分地解释住房市场的不稳定性。最后，他们对住房市场和土地市场摩擦较少的竞租模型提出了疑问。下一节将通过考察不同类型的搜寻指向模型延伸对搜寻和匹配的分析。

13.4 事前搜寻、集中搜寻和细分搜寻

事实上，一个购房者不能均等地搜寻到市场中所有住房。这就像一个售房者不可能碰到从整个市场中随机抽到的参观者一样。相反，实际上存在第一轮的"事前搜寻"，这些搜寻主要基于广告信息，而这又仅能够让购房者查看市场中的部分住房（可以想象为在一个子市场中搜寻）。本节将讨论该类模型，在该类模型中事前搜寻活动为搜寻模型提供了丰富的微观基础。由于这里的关键问题是购房者如何获得和使用信息，以帮助其做出搜寻策略；自然地，我们将从讨论信息的最重要的新来源——互联网开始。

13.4.1 互联网和住房

互联网对社会产生了革命性的影响，且这些影响已经在住房市场显现。尽管不可能像买书那样的方式在网上购买房屋，但互联网的确能够便利购物。例如，一个人可以在线进行初步调查，了解住房和邻里特征。虽然它没有成本但耗费时间，并且从这种事前搜寻方式搜集到的信息，跟传统的参观提供的信息相比不尽完全相同，搜寻过程很明显会受到这种可能的影响。[15]

---

[15] 当然，事前搜寻先于互联网出现，一些列举的文献提供的信息主要基于参观决策。参考 Anglin（1997），关于新闻广告和买方搜寻的有价值的讨论。

几种方法已经被用来模型化互联网的影响。福特等人（Ford et al.，2005）的文章提出互联网能够提供低成本搜寻。卡里略（2008）认为互联网提供了特殊信息。在基尼索夫和韩（2012a），韩和斯特兰奇（2014）以及威廉姆斯（Williams，2014）认为，互联网改变了匹配价值的分布。所有的这些方法可以被看作构建搜寻过程模型的初级阶段，或者是事前搜寻。

福特等人（2005）证明了除了在标准的 MLS 上发布房产信息外，在互联网上公布一项房产和销售价格和市场交易时长的经验关系。该经验分析来源于搜寻理论。这个模型的关键假设是，对于互联网发布房产信息的方式而言，增加一次搜寻的边际成本要更低。线上和传统模型都有递增的边际搜寻成本。根据模型预测，当在网上搜寻时，购房者将会为住房支付更多，这是优越的学习技能带来的匹配改善所导致的结果。模型同时预测了购房者在互联网上的花费的搜寻时间更长，这是这种搜寻带来的巨大净收益的结果。

模型的预测被用来掌握住房房源的详细情况。关键的经验应用是对系统中同时出现的卖方交易时长和销售价格的估计。由于发布信息方式的选择是内生的，一个选择模型可以被估计出来。虽然为了得到米尔斯率的倒数，文献没有阐释什么样的限制条件会得到这种证明；通常认为该证明来自于选择模型的非线性形式。文献研究发现互联网上发布的房产卖出得更多，且花费较长的时间。

卡里略（2008）研究了一定数量的虚拟信息如何与市场结果的相关问题。卡里略的分析主要受到约万诺维奇（1982）的信息发散模型的启发。其观点是住房质量有好也有坏，仅有位于某一临界质量门槛以上的住房会选择提供一定程度的虚拟参观。他的分析得出了销售价格和虚拟信息之间存在正向预测关系。对于售房者的交易时长则得出了一种不确定性的预测；对于某些住房及其他少数，更多的信息也许会带来更好的匹配。在他的经验分析中，卡里略通过采用工具变量法解决了识别财产选择所提供信息量大小的识别问题。他使用了两种工具变量，发布的信息中代理厂商的虚拟信息和附近住房的虚拟信息。两阶段最小二乘法的结果显示了虚拟信息和价格之间存在强烈相关性，每一次虚拟参观过程可以使价格提高 2%，每增加 10 张图片会是价格提高 1.7%。尽管交易时长与虚拟信息之间存在模糊的理论相关性，但经验相关性较强且负相关。住房的信息越多，销售得越快；虚拟参观情形下销售速度要快 20%。

虽然互联网不是研究的焦点，基尼索夫和韩（2012a）同样对互联网有自己的观点。该篇论文同时研究了随机匹配模型中卖方和买方的流动性。文章估计了一定时期的搜寻，其中该时期主要是指购房者在互联网上寻找到房屋的比例从零增加到约 1/3 的阶段。它表明在一个附加物中，互联网如何影响搜寻和匹配，而在这个过程中，互联网的使用主要内生地由需求决定。最小二乘经验分析结果表明如果所有的购房者通过互联网寻找住房，买方市场交易时长和被参观住房的数量将会比无人使用这种方式时分别高出24%和30%。然而对卖方交易时长的影响不显著。当购房者拥有全面的信息来源渠道，他们的搜寻更加的密集，这和搜寻和匹配模型相一致。

最后，韩和斯特兰奇（2014）研究了互联网对住房买方或者卖方以高于公布的销售价格参与竞标战的可能性的影响。文章得出使用互联网的购房者比其他购房者更有可能以高于竞标战价格购买他们的住宅。这与互联作为匹配技术的改善相一致，这种匹配的改善将增加交易量（Pissarides，2000），并且高交易量跟竞标战紧密相关。

这里讨论的所有文章采用简化方法。这类研究未来主要解决的问题是在使用互联网购买或者出售住房的过程中，寻找一种能够实现类似于经验分析变化的途径。该领域现存研究的困难是使用互联网销售的住房，或者通过互联网搜寻的家户与不通过互联网交易的住房和家户存在很多不可观察的差异性。这些不可观察的特征可能在价格方程中或者其他的利率模型中以误差形式被加入，进而会导致有偏估计。

下一节将讨论事前搜寻如何影响房地产市场的一种严谨的理论。

13.4.2 集中搜寻

威廉姆斯（2014）提出了集中搜寻模型，该模型超越了纯粹的随机搜寻过程。集中搜寻模型的关键假设是事前搜寻导致异质匹配价值分布的截断，且新的截断分布很好的近似于幂分布。[16] 幂函数近似法的运用已经在其他应用中被证明有较强的微观基础。但是这里的方法产生了极端的结果。尤其加上无弹性的努力成本的额外假定，模型对于局部均衡的关键变量有显性解，且使得全域稳态均衡分析结果更加显而易见。

模型被用来刻画房地产市场的几个重要现实特征。例如，它区别了现存住房市场和新建住房市场。在这些市场间存在重要的经验性差别。现有住房涉及关于价格的谈判，但是绝不允许定制价格。而新住房允许制定价格，但是一般不允许谈判。文章将均衡定义为当卖方能够多个子市场间分配他们的搜寻努力。该模型以及相应的修正模型符合一些重要的代表性事实。现有住房与可比较的新住房相比销售的更多。购房者在新住房中搜寻的集中度较低，但是购买

---

⑯ 也可参考 Genesove and Han（2012b）关于预先筛分法的相关分析。他们讨论了三个极端家庭的价值分布和一般的帕累托分布，后者关于由于匹配价值的原始分布的截断产生的异质匹配价值的新分布问题。

频率高。新旧住房的区别和他们所提供的不同的定价机制是住房搜寻没有显示的特征，至少在一定的程度上，该种特征是其他类型的搜寻市场所没有的。[17] 这是住房搜寻分析必须遵循住房市场特殊性质的另外一个例子。

13.4.3　细分搜寻

皮亚泽西等人（2013）的文章明确阐述了市场细分问题。他们住房搜寻模型的关键创新在于多市场细分和异质性客户的出现。[18] 他们的方法是使用 trulia. com 网站提供给潜在住房买房者的搜寻警报。[19] 当住房满足列举的特殊标准时，这些警报将会通知购房者。所以，它们能够捕捉到购房者的偏好。原始数据会存在明显的地理划分形式。这种地理细分可用三种相关的方式加以验证。购房者搜索相距不远的邮政编码（对于一个至少搜索两个邮政编码的购房者来说，被搜寻到的所有邮政编码的质心之间的最大距离为 9. 8 英里）。购房者同时也搜寻趋向邻近性和满足上下班的邮政编码（搜寻往往在一个严格区位距离内，比如工作场所）。此外，还存在价格上的细分，有时候还按照淋浴间的数量进行细分，这似乎捕捉到购房者对于质量和数量特征的偏好。

通过使用这种新且丰富的数据集，皮亚泽西等人研究发现，不仅所有细分市场间的销售结果存在重大变化，而且在细分市场内和细分市场间的客户间也存在重大变化。另外，存库和搜寻活动在城市间存在负向相关关系，但是在多数城市内部存在正相关。然后，他们修正了戴蒙德－莫藤森－皮萨里德斯的随机匹配模型的形式，将多市场细分纳入到模型中。在均衡中，置换、库存、价格和搜寻活动的横截面分布与偏好的分布、匹配技术和迁移冲击相关。尤其是异质客户的互动被证明对于了解住房市场活动是非常重要的，这些活动主要通过营业额、库存和售房者市场交易时长等变量来衡量。细分市场这种衡量的异质性也意味着流动性折扣在细分市场之间是变化的。在这种修正中，这种变化是非常大的，越稳定的细分市场置换越少，拥有低存库的且越受欢迎的细分市场跟其他市场相比，显示出更低的折扣。[20] 也可以参考兰德福格特等人（Landvoigt et al. ，2013）的一篇相关文献，他们提出了圣迭戈的住房市场连续

---

[17]　二手车市场似乎拥有一些相似的特征。劳动力市场则不具有。

[18]　Guasch and Marshall（1985）提供了关于跨一个分割租赁市场的空置率和市场持时的早期分析。

[19]　参考 Chauvet 等人（2014）搜寻问卷数据的创造性使用，变动的衡量。住房经验研究中在线信息的使用在近些年已经很热。这种数据好像有潜力能部分的解决该领域搜寻的巨大的障碍，数据的缺失。

[20]　值得指出的是 Levitt and Syverson's（2008a）的工作论文中公布了广告中报道的财产特征和销售价格与市场持时的相关性的结果。这可以解释为细分市场搜寻的描述性证据，这也与 Piazzesi 等人研究的研究存在互补性。

分割配置模型。模型的结果同放宽信贷能够促进圣迭戈住房市场的繁荣，特别是低端住房市场的结论是一致的。

刘等人（Liu et al.，2014）的文章是另外一篇考察住房市场细分性的论文。文章采用动态的方法，且按照房子的大小划分。经验分析主要采用 Phoenix 数据。经验分析的核心发现是在繁荣时期所有的规模细分市场存在同向变动，但是在萧条时期，下降却显示出明显的层次性，拥有较少资产的市场下降得更快。

本节考察了购房者如何分配他们的搜寻和分配到何地，以及这种配置如何影响住房市场活动和交易结果。下一节将考察售房者的策略行为。

13.5 定向搜寻

对于直接搜寻（定向搜寻），代理人可以使用价格影响匹配过程。在前一节讨论的模型中，代理人是通过搜集的强度以及选择搜寻地点来做的。在定向搜寻中，售房者提出一个价格，这对代理人的搜寻选择以及随着而来的匹配起到重要的作用。

彼德森（Peters，1984，1991）提出了具有创新意义的商品市场的定向搜寻模型。前者说明了搜寻摩擦和能力的限制如何解决伯兰特博弈中支付的非连续性。后者对事前报价和搜寻及匹配过程中的协商价格进行比较。研究显示当所有其他搜房者不选择事前定价时，选择事前定价的售房者能够从中获利，该结果意味着不能事先报价的是不稳定的。

多数定向搜寻的文献都是关于劳动或者商品的搜寻。参考罗杰森（Rogerson et al.，2005），罗杰森和夏默（Rogerson and Shimer，2011）以及施（Shi，2008）等人的近期研究，与我们研目的相关的问题如下：第一，标价影响搜寻。第二，从稳态时得到的买方与卖方比来讲，均衡的报价在某些条件下是有效率的，这与奥西奥斯（Hosios，1990）条件下的市场效率相一致。这种效率在没有导向的随机匹配模型中是缺失的，这些模型中奥西奥斯条件所规定的买方与卖方比仅仅会偶然获得。该结果的一种形式可以在摩恩（1997）和施（2001）的论文中看到。第三，均衡时，失业和职位空缺同时存在。这在研究住房的特性的文献中很少被提及。

我们是否应该期望这些结果适用于住房？该问题的回答是，大多数结论可以应用于住房市场，但不是全部。搜寻是贸易摩擦的一种恰当模型，即通过将摩擦模型化为搜寻过程，实现对住房的空置和更加一般的非流动性的理解。然而，住房存在重要的制度性差异，包括中介商的使用（住房中更常见），即市场上代理商既是购房者也是售房者，以及复杂的要价机制。所以一个人可以使用劳动搜寻来理解住房市场，但是必须加以修正。换句话说，住房搜寻的分析能够潜在地丰富搜寻文献研究。

现在我们将转向研究住房特性的模型。

13.5.1　要价是一种策略工具

要价（asking price）可能会通过两种方式影响搜寻环节住房的销售价格。第一，一旦见面，要价也许就会影响买卖双方的讨价还价。这在亚瓦斯和扬（1995）的文章里被研究过。在他们的模型中，如果协议达成，高的标价将会导致更高的销售价格，但是这将会降低售出的可能性。文章经验分析显示，被过高标价的房屋将会售出更高价格，但是这会花费很长时间达成交易，这种房屋的高标价跟认为该住宅奢华享受相关。

要价的第二个影响是鼓励搜寻。亚瓦斯和扬并未考虑到这种影响。霍洛维茨（Horowitz，1992）考虑到这种影响，在他的模型中将标价设为上限，且一个低的标价将会鼓励购房者看房。后者没有给出微观基础。模型的结构化估计显示标价降低的影响并不明显，他认为这一结果解释了标价不经常调整的经验规律。默洛等人（Merlo，2013）指出，这个结果是一个稳定搜寻框架的内在特征，就像霍洛维茨所使用的一样。如下所述，默洛等人为非稳定框架下标价黏性提供了一种解释。

13.5.2　要价是一种委托

陈和罗森塔尔（Chen and Rosenthal，1996a，1996b）提出了一种模型，在该模型中要价作为一种委托机制运行，进而会影响搜寻的方向。这些模型的最简单形式如下。售房者设定一个价格。购房者选择参观某些住宅，并确实能够了解他们的特质匹配值。售房者也学习这些匹配值（就像在其他博弈中，碰面后的价格有讨价还价来决定）。售房者设定一个接受或者放弃的价格，这个价格被假设受到要价的限制。

模型得到的关键结果是搜寻会受到低要价的激励。该结果能够延伸，但是当买房者和卖房者之间的讨价还价能力出现偏差时，这种结果的形式较弱。如果买房者拥有足够讨价还价能力，则要价作为一种承诺对于搜寻的激励作用就不存在了。[21]

---

[21]　参考 Lester 等人（2013）文章的证明，最高要价是一种有效机制。

阿诺德（Arnold，1999）用鲁宾斯坦（Rubinstein，1982）提出的讨价还价博弈方法取代标准纳什法，讨论了价格的决定。如在陈和罗森塔尔的文章中描述的那样，在该子博弈中，要价是价格的上限。这会产生类似于陈和罗森塔尔文章的交易结果，即谈判的结果是较低的要价能够吸引额外的参观者，但是这又会导致更低的价格。阿诺德（1999）的文章与其他文章的关键区别是折扣率和外部选择会影响交易。阿诺德的文章与陈和罗森塔尔（1996a，1996b）以及格林和万德尔（Green and Vandell，1998）的文章相似，要价（索价）被模型化为一种上限。但是要价并不是一种正式的委托。那么在此情形下，要价又是如何起作用的呢？

13.5.3　要价是一种局部委托

尽管要价不具有约束力，但是它似乎很重要。证明该观点的一种方式是要关注到尽管住房以高于或低于它们的要价销售，但是一定明显比例的住房交易会以一种几乎等于要价的价格完成交易（Han and Strange，2014）。换句话说，要价至少在某些时间是被接受的。凯斯和席勒（1988，2003）虽然没对上述事实作出评论，但是该问题在他的几次调查中已经被证明。韩和斯特兰奇（2014）通过使用 NAR20 多年的调研和单一市场近期的调研，进一步证明了该观点。所以，虽然将一个售房者的要价模型化为一种简单的标价（就像产品一样）可能是不正确的，但把要价当作没有意义的也是不正确的。

这会导致两类问题，一类是理论问题；另一类是经验问题。理论上的问题是：一个个体如何在一个完全设定的均衡模型中实现理性，以及即使要价既不是标价或者上限时要价如何引导搜寻？经验问题很自然随之而来：该类型的局部委托如何影响房地产周期中不同阶段的搜寻和住房市场结果。

韩和斯特兰奇（2014）提出一种模型，讨论了当观察到的销售价格高于、低于和等于要价时，要价如何影响住房交易。模型的核心思想如下。假设购房者对特定住房的匹配效用是二项分布的。假设要价在下述意义上是一种局部委托：当所有的购房者得到匹配的效用低于要价时，销售价格由纳什讨价还价博弈方式决定；当两个或更多的购房者得到匹配的效用超过要价时，销售价格的决定就如拍卖一样（我们将在下面进一步的讨论拍卖）。准确地说，当一个购房者相比纳什讨价还价得到的价格更偏好于要价时，则销售价格等同于要价。在这种情形下，售房者将会使用要价来鼓励参观。售者会在要价接受的情况下所牺牲的剩余和竞标战中获利的可能性间做出权衡。

韩和斯特兰奇（2014）提供了与这一规则一致的经验证据。他们的分析与普通分析不同之处在于对购房者搜寻行为数据的使用，他们不仅仅是使用如价格和交易时长等最终的结果。通过研究，他们发现了一些结果。第一，较低的要价增加了住房竞价者的数量（参观者数量的子集）；第二，萧条时期的要价与繁荣时期相比，前者与搜寻活动拥有更强的负相关性；第三，要价也发挥这种引导作用，即使住房不是一个标价市场，此时住房会以高于、低于或等于标价销售。

13.5.4　要价是一种信号

阿尔布雷希特等人（2012）提出了一种定向搜寻模型，该模型包含了符合现实的特征即销售价格能够低于或高于要价。研究始于单一时期模型，在该模型中所有的售房者是完全相同的。购房者选择要参观的住房，参观过程能够向购房者揭示住房的独特匹配价值。然后购房者出价，这种初始出价介于售房者的保留价格（假设购房者知道）和要价之间。如果没有购房者按照要价或高于要价出价，那么住房将卖给出价最高的购房者。如果恰恰有一个购房者按照要价出价（意味着所有其他人出价较低），那么这个住房将按照要价销售。如果多于一个购房者出价要价，那么将会如同英式拍卖进行第二回合的出价。这是假设购房者是在不了解有多少其他购房者可能已经选择参观给定住房的前提下做出参观决定的。在这种同质化的卖方假定下，均衡销售价格低于、等于或者高于要价是可能的。售房者的收入独立于这些随之发生的市场策略。[22]

现在假设售房者的动机（保留价格）不同，这种情形下，要价是一种激励的信号。假设存在两种类型的售房者，我们将会得到两种要价，其中缺乏出售动机的售房者制定的要价较高，而具有较高动机的售房者会制定较低的要价。这意味着具有较高动机的售房者将会有更多的客户来拜访，且有更高的售出可能性（在该模型中描述了流动性）。然而，销售的价格条件将会变低。在两种情形中，如劳动力模型一样，均衡是有效的。

13.5.5　定向搜寻和讨价还价

默洛和奥尔塔洛－马格纳（Merlo and Ortalo-Magne，2004）使用一种非常规的数据集来记录住房交易，通过这种方式避免了定向搜寻问题。他们的数据覆盖了从伦敦区房地产委员得到的市场稳定时期的 1 000 多项交易。然而，包

---

[22]　参阅 Wang（2011）文章中的另外一个模型，可以了解到标价能够象征质量。

括一些包含住房交易特征数据信息通常没有被记录。数据记录了要价的降低以及销售时间的减少。这些数据也记录了所有的报价。在英国的制度规定中，这等同于记录谈判的整个过程，这是由于在英国售房者通常不会不还价，而在北美则会。因此，除了像典型的研究那样研究销售价格和市场交易时长，默洛和奥尔塔洛 - 马格纳在他们的例子中也描述了交易的微观结构。

通过使用这些数据，默洛和奥尔塔洛 - 马格纳的研究显示，高标价与高销售价格相关联，但是会带来缓慢的销售过程。通过提交的意向可以看出，对于那些吸引力较低的住房，清单目录会经常减少。住房往往销售给第一个报价的购房者，但是 1/3 的已经提供报价的匹配未能带来交易。

这篇文章是使用新颖独特的数据来源做出重要研究贡献的极好例子。以前的研究主要使用反映要价和销售价格以及售房者交易时长的数据。这种传统的数据几乎不直接记录搜寻活动（也就是参观者数量），也不记录讨价还价过程（也就是出价和还价），尤其是在碰面之后未能达成销售的情形下。传统购房者的搜寻活动的数据购几乎是静态的。因此，构造如默洛和奥尔塔洛 - 马格纳所使用的数据是非常必要的，或者使用一些基于互联网的新数据，比如皮亚泽西等（2013）文章中使用的数据。

13.5.6　定向搜寻的结构化方法

卡里略（2012）给出并检验了住房市场的稳态均衡搜寻模型。他的模型包含了房地产市场的两个重要特征：购房者和售房者在交易中动机的异质性和要价的导向性作用。在他的模型中我们注意到，住房不再以高于要价的价格销售，因为通过假设，购房者之间不存在事后竞争。该模型使用的估计数据来源于 2000～2002 年 MLS 在弗吉尼亚州夏洛茨维尔市和阿尔伯马尔县采集的房地产交易数据。他发现超过 1/2 的购房者的房屋估价是集中在当房源目录被观察到的时候。另外，该模型被应用到两种用途。第一，它被用来评价参观得到的信息，确定前期参观信息的影响，这些都是搜寻理论的核心问题。第二，他也考察了代理商佣金结构的影响。反常的事实经验表明当存在公布信息外的线上信息或者当佣金率下降时，要价和销售价格同时下降。

默洛等人（2013）采用结构性方法解决了房屋售房者面临的一系列决策问题：起初在何种水平上公布住房信息，如何不断地修正价格，是否接受收到的报价，以及如果报价不具有足够的吸引力，是否该把住房信息撤回。他们在一个有限期的动态规划模型中阐释了这些决策问题，假设售房者对潜在购房者到来和给出初始报价的可能性是已知的，如果被拒绝她做出额外报价的可能性以及报价的水平的期望也是已知的。由于他们使用英国的数据，修正了到达的可能性和谈判过程（就像默洛和奥尔塔洛－马格纳，2004），因此他们采用的是英国的机制。其中一个重要的特征是不存在售房者还价，这意味着谈判包括一些购房者报价，而售房者必须从这些报价中选择是接受还是放弃。模型通过这些与实际相符的自动模拟机制来估计售房者动态最优销售策略。

一些有趣的结果出现了。第一，微小的菜单成本导致要价的调整很少（与萨伦特的理论恰恰相反，在该理论中索价在每个时期都被调整）。然而，保留价格在整个销售期内是不作调整的。文章所采用的此类结构化方法似乎一个非常有效的途径，对于深入了解买房者和售房者的微观行为具有重要的作用。当然，估计需要比通常能够获得的更加丰富的数据。数据不仅包括常用的结果变量（要价、销售价格和市场交易时长），还应包括一些过程变量（购房者做出的报价和要价的修正）。

尽管卡里略（2012）和默洛等（2013）的文章中明确允许购房者对售房者的索价做出直接反应，他们模型化讨价还价过程的方法还是高度程式化的。在前一种情形中，交易以要价水平或者售房者的保留价格达成；在后一种情形中，购房者被当作一种自动投标，且报价过程是单方的。在两种情形中，售房者一次只跟一个购房者互动。这对于被出售的住房来说阻止了购房者事后竞争——这点将会在 13.6 节被再次提到，那里我们将讨论拍卖。

13.5.7　定向搜寻与繁荣和萧条

在 13.3 节中，我们讨论了某些随机匹配的数量模型。迪亚兹和赫雷斯（Díaz and Jerez，2013）估算了定向搜寻的一种数量模型。该模型发现了住房搜寻摩擦效应对住房周期的变动起到决定性作用。这种修正性的应用包括一种更广范围的一般均衡效应。该结果符合住房摩擦会放大冲击以及产生更大的波动。

在一种类似的方式中，卡普林和莱希（Caplin and Leahy，2011）考察了定向搜寻模型如何产生住房市场动态质量特性。他们注意到一个基础的搜寻模型能够证明波动的存在、价格与产量的相关性和库存与价格的负向相关关系。然而，凯斯和席勒（1989）的研究发现，基础的搜寻模型未能证明价格的正向自相关关系。这需要修正，比如由于代理人不知道市场状态带来的信息摩擦。在卡普林和莱希的分析中，讨价还价的能力是内生的周期变化的（不像其他模型，比如惠顿，1990）。

13.5.8　住房搜寻和劳动力市场

到此，我们已经关注到了住房摩擦。当然，住房市场和劳动力市场是相关的，且劳动市场也存在摩擦。这提高了两种类型的摩擦相互影响的可能性。认为住房所有权和劳动力市场的灵活性负相关的观点主要来自奥斯特洛（Oswald，1997）的文章。这种经验性的相关性拥有一定的搜寻理论基础。住房所有者搬迁的频率要比租赁者低，这意味着一个工人由于寻找理想工作而产生区位的变动，对住房所有者的频率的影响要比租赁者小。在某些情形下，这也许会导致劳动市场的不匹配。

奥斯特洛假说的证据已经被融合。科尔森和费希尔（Coulson and Fisher，2002）的研究表明，在横截面中，在最小二乘法框架下，住房所有者不会比租赁者得到更差的劳动力市场。在科尔森和费希尔（2009）的研究中，该结果被延伸至大部分工具变量。他们把奥斯特洛效应缺失的原因归结为厂商的调整。另外，芒奇等人（Munch et al.，2008）证明了丹麦国家住房拥有率和就业流动性的负相关性。同样，巴图等人（Battu et al.，2008）的研究表明，房屋拥有者和公共租赁住房的居民均可能会降低流动性。

海德和劳埃德－埃利斯（2012）提出了一种解决办法。他们提出了劳动力和住房定向搜寻间相互作用的定向搜寻模型。住房的非流动性同样也会带来劳动力市场的摩擦，使接受城外工作职位的比率要低于不需要住房销售的工作变动比率。修正的模型显示低的住房拥有效应伴随着低的失业率。然而，当失业率较大，住房的非流动性会产生一种显著的经济效应。

13.6　拍　　卖

目前我们已经研究了序列搜寻，搜寻中购房者和售房者被一对一匹配。在拍卖中，匹配是多方的。在这种情形下，讨价还价不再是一对一的谈判过程。一次拍卖有时可能涉及很多的购房者对单一的住房竞价。相反，也可能涉及许多的购房者对多个住房单元进行竞价（公寓尤为典型）。本节将讨论这些拍卖。

该主题的第一个要点是拍卖的发生。澳大利亚存在英式住房拍卖（Lusht，1996）。在苏格兰存在密封竞标性质的拍卖（普赖斯，2011），也有多目标拍卖（Ashenfelter and Genesove，1992）。拍卖在单户房和多户房市场均可能发生。拍卖也可能发生在非住宅市场，土地市场也可能发生（Quan，1994 年讨论了许多使用拍卖的领域）。

实际上，拍卖如交易一样在20世纪的大繁荣时已经变得非常的普遍，且他们在萧条中仍保持了一定的普及。我们这里提及的所谓的竞价战，是许多买方为某一房产相互竞争，通常在公布后很快进行。[23] 尽管标准化的数据资源几乎从来没记录住房的竞价过程，当房屋的销售价格高于它的要价时，我们可以推断竞争性的竞标的存在。韩和斯特兰奇（2013）的研究显示2000年前上述公布价格中3%~5%的比例是稳定的。2005年，全国水平上的这一比例约增加了15%，但是2008年却下降了1/2。这一较低的数据跟默洛和奥尔塔洛-马格纳（2004）的研究相一致，该文章的异常数据确实反映了竞标行为，而较高的数字与韩和斯特兰奇（2013）的文章中反映的数据相一致。在某些市场上，竞价战变得非常普遍（几乎占销售的1/3）。这些交易包括在非正规拍卖中的竞价。然而，拍卖是无保障的，那些希望通过拍卖销售房子的卖方最终必须经由传统的序贯机制销售。这也产生了一种"备份供应"的现象（Ashenfelter and Genesove，1992；Quan，2002；Ooi et al.，2006等论文中被讨论过）。在此情形下，拍卖和序贯销售的区别有些模糊。

拍卖的存在自然地会导致两类重要的相关问题：拍卖如何表现出与更加传统的序贯销售相关？什么决定了拍卖何时被选择或者是否是自然发生的？

13.6.1 理论问题

作为一种普遍现象，有很多关于拍卖的文献。克利斯兰（Krishna，2009）的文章是一篇综合性的参考文献。文章提出买方的参与是产生拍卖结果的关键。这种参与具有较高成本。麦卡菲（1993），彼德森与谢韦里诺夫（1997）的文章是关于竞争性拍卖的经典参考文献，在该种拍卖中竞争的发生主要通过公布保留价格。阿尔布雷希特等人（2012）的研究考察了这种设定的效率。王（1993）检验了相关的问题，即拍卖和私人价值设定下的标价销售的绩效的对比。购房者会随机到来，并且他们拥有随机的匹配价值。如果售房者选择标价，只有购房者拥有足够大的匹配价值时，交易才会发生。恰恰相反，拍卖涉及选择一个关键时间，在这一时刻前到达的所有购房者被允许参与拍卖。当卖者等待销售时，在两种机制下均会产生成本。卖者同样也会因举行拍卖而产生一定的固定成本。Wang的研究表明当拍卖的成本为零时，拍卖能够产生巨

---

[23] Pryce 和 Gibb（2006）的研究显示繁荣跟苏格兰地区住房买方竞争者数量的增加相关，在那里这一体系更加接近一个现实的拍卖。

大的报酬。即使存在正的拍卖成本，当买方的价值的边际报酬曲线足够的分散时，拍卖会产生较高的报酬。

布洛和克伦佩勒（Bulow and Klemperer, 2009）考察了为什么卖方可能会偏好拍卖。他们指出最简答的答案是拍卖产生竞争，因此高价格是不完全令人满意的，由于序贯销售机制同样面临来自可能出现的未来竞争买方的竞争。在布洛和克伦佩勒的模型中，序贯搜寻是有效的；一定意义上，他鼓励买方精确参观（参与），而这种参观非常有价值：当先前的买方拥有低价值。相反，当许多买方在没有涉及其他买方匹配价值信息的前提下做出参与决策时，拍卖是无效率的。正是这点原因，拍卖的结果会更加发散。这种发散会鼓励买方参与，而这反过来就是在多数情形下卖方偏好拍卖的原因。布洛和克伦佩勒指出的关键例外是当买方不能公布可信任的"跳跃报价"时，这会取代进一步的搜寻活动。在这种情形下，序贯过程将可能产生一个较高的价格。

关于房地产拍卖的文献研究较少，尤其是理论侧。参阅权（Quan, 1994）对于房地产拍卖的一般搜寻的应用的讨论。亚当斯等人（Adams et al., 1992）将房地产交易模型化为一种"缓慢的荷兰式拍卖"。在该设定中，当售房者面对一种稳定的环境，保持一个固定的要价对售房者来说是最优的选择，而通过采用拍卖来终止这一过程对售房者来说不是最优的。迈耶（1995）指出这种结果需要平稳性。在他的模型中，拍卖会导致住房的快速交易，但是存在一定折扣。在一个下行的市场中，拍卖折扣是比较大的。由于季节性的存在（如Salant, 1991 的论文），最优价格可能会随着市场周期下降，拍卖可能会比序贯机制带来更高的价格。权（2002）提出了一种包含附加因素的模型。模型中买方如卖方一样能够对快速的交易做出偏好的区分。买方将愿意支付更多以避免长周期的搜寻。买方将愿意接受低点的价格。

13.6.2 经验分析

13.6.2.1 拍卖和市场结果

大量文献已经研究了拍卖取代序贯销售机制的使用和住房价格之间的经验关系。拉希特（Lusht, 1996）在拍卖非常普遍的澳大利亚的经济环境中研究了该问题。在控制住房的某些特征后，他发现住房更多是以拍卖方式销售。当然，拍卖的选择是内生的，如果未观察到的住房特征如买方价值与拍卖的决定相关，这可能会导致拍卖系数的有偏估计。权（2002）发现了即使使用矩阵测量法来控制未观察到的异质性，拍卖房产也会产生额外费用。相反，迈耶

（1998）使用一种重复销售估计量来控制拍卖中的内生选择，却发现拍卖存在折扣。这被解释为卖方在价格与流动性之间做出的权衡。邹等（Chow 等，2014）的文章有助于解释这些完全不同的结果，主要是通过阐释拍卖价格和谈判达成的价格之间的区别依赖于房产的类型和市场条件。

所有这些文章都考察了小数据集内拍卖的影响。坎贝尔等人（2011）在一个非常大的数据集中考察了强制销售对价格的影响。他们目标是使用销售类型中的拟经验性变动——强制或非强制——来评估流动性折扣。[24] 他们做这项研究主要通过获取死亡和逾期的数据，这两种环境均可能将房产转移给可能存在住房价值匹配不合适的其他房屋拥有者，所以这也会使得后者有动机销售房屋。在最小二乘法模型中，他们在所有的强制事件中发现了 3% ~ 7% 的强制性折扣。然而，我们有理由关注到住房单元的特征是与强制销售的环境相关的。例如，相比于年轻的家庭而言，老年家庭并不会以同一方式拥有一套住房。他们解决这一问题主要通过估算不同强制环境下的模型，即不同住房拥有者年龄的模型、不同房产类型的模型以及单独的估算了结构模型和房产价值的土地补偿模型。他们发现的证据同与死亡相关的折扣相一致，这主要与不可观测的住房特征相联系。他们对丧失抵押品赎回权或破产的情形没有发现任何证据。在这些情形中，他们总结到强制销售价格的确较低。

13.6.2.2　竞价战

如上所述，在北美，正式拍卖对于非贫困的单户型家庭住宅来说是罕见的。同样，在非贫困的多户型住宅市场也不常见。然而，非正式拍卖确实发生了。竞价战的确存在，住宅（特别是最新发布的）在竞争性买方相互竞价过程中被销售。确切的竞价机制是变化的。在多伦多，书面标价在特定时期被公布，一般由买方的代理人提交。在所有买方竞标后，售房者一般筛选某些或所有的初始竞价者再次进行竞价。这个过程可以重复。买方在提交竞标前，通常会被告知其他竞标者的数目。虽然一场竞标战显然是一种新型的拍卖，但是它不是任何拍卖的标准形式。在华盛顿特区，这一过程更加正式。已经提交的标价会像自动扶梯一样排序来设定竞价会攀升多高。买方通常不知道其他投标者或者标价的数目。这些竞价战与过去比变得更加普遍。如上文指出的，在 20 世纪 90 年代后期和住房恢复的早期阶段，这一比例已经翻了一番多。采用这种销售形式的比例在空间上变化更加显著。

---

[24]　一个同等重要的目标是理解丧失抵押品赎回权的影响，这是住房市场一种特殊类型的强制销售。在这章不是我们的核心关注点。

韩和斯特兰奇（2013）研究了竞标战的决定因素。其分析表明竞标战的比例是顺周期的。同样，也有更多的网络采用竞标战。销售价高于公布的价格被证明发生在住房销售周期的早期。当然这并不意味着售房者能够使用这种非正式的拍卖同时实现高价格和短销售市场交易时长。

所有这些事实都清楚地表明，卖方一般不会在拍卖和序贯搜寻之前做出决策。决策由市场做出。售房者可以通过采用某些策略来销售房屋以期影响市场的决策。低标价的可信性委托可以实现这一规则。某些住房可能会有足够的吸引力，以致在较高的价格实现快速的交易。其他可能并不具备这种优势。至少某些跟拍卖和类拍卖的交易相联系的溢价反映了这种未被观察到的异质性。

或者它可能反映了其他特别不同的地方。阿什菲尔特（Ashenfelter）和基尼索夫（1992）考察了异常行为对房地产拍卖影响的可能性。这种可能性在竞标战的常规讨论中被清楚的列出来，较低的标价会吸引购房者参与竞标，这会导致较高的销售价格，由于在随后的拍卖中，购房者会放弃自己应有的警惕性。

为了研究这种可能性，基尼索夫和阿什菲尔特（Ashenfelter 和 Genesove，1992）研究了来自于一个小型多目标集合拍卖的数据。在这种拍卖中，出价最高的竞标者先选择一项房产。在这一模型中，对于后面的单元价格将会变低，由于在现实偏好下他们处于劣势。由于单元在讨价还价后被重新出售，个人可以通过观察拍卖过程中私人销售价格如何与销售时间相关联来提出被遗漏的住房特征。他们的研究结果令人惊讶。他们发现按照拍卖销售的公寓的价格比按照拍卖后讨价还价后的价格高 13%。这些单元实际上是完全相同的，而不是具有享乐主义所指相同的属性。这被解释为赢家通吃的可能性案例。如果买房者在这种方式中的行为是不理性的，那么售房者则可以从选择拍卖中获益。当然，我们不清楚当有足够多卖方使用拍卖以及买方了解了拍卖，这种策略是否还可行。

近年来竞标战的日益普及，使得研究者有机会经验性地度量住房市场的密度。即使是对该市场的非正式了解，比如多数人的买房或者卖房经验，都将会证实住房市场的基本密度、卖方和买方之间匹配质量的变化，以及买方不做出高昂努力就不能寻找到合适卖方以及替代者，这也构成了所有搜寻和匹配模型的基础。然而，尽管密度本身具有的直观吸引力和根本的重要性，但是它既难以定义也难以衡量。

基尼索夫和韩（2012b）应用一项最新的调查，用两种方法估计了市场密度，这项调查搜集了 2005～2009 年北美大都市区域的住房搜寻、讨价还价和竞价过程信息。第一，控制住房单元间的可观察和不可观察的异质性后，研究发现竞价者数量的翻倍能够使得价格提升 2.4%。这个效应在统计上是显著的，这与密集市场的假设是相反的，在该市场中买方的估价是相同的，所以销售价格对竞价者的数量是不变的。第二，对于给定住房竞价者估值的范围下降幅度为房屋价值的 4% ~ 5%，这一范围主要由潜在分布的标准差来度量。直观上讲，如果房屋之间的差异性较小，一个购房者将会对指定房屋的评估趋近于其他的房屋。对于给定的房屋的估计出的买方估值的巨大方差给出了房地产市场有多稀疏的清晰证明。

13.7   房地产经纪人：基础

在住房市场中，大部分的搜寻、匹配和讨价还价是由房地产经纪人和代理商促成的。[25] 本小节开始考察中介在房地产交易中的作用。本节描述了房地产经纪人的活动，讨论了他们为什么会发挥那样的作用。后面的小节考察了在经纪行业中，竞争和进入的本质，激励问题会影响经纪人绩效和该部门资源配置效率。换句话说，本章节现在继续研究图 13 - 1 和图 13 - 3 所讨论的中介因素。

13.7.1   房地产经纪人的活动

商品市场与金融市场和房地产市场的中间商之间的一关键区别在于前者由市场交易参与者来主导，而后者由中介来主导。根据亚瓦斯（1994）的文章，市场交易参与者设定一个要价和竞标价，在这些价格水平他会用自己的账户买入和卖出。股票市场的交易员和二手车市场的车贩就是例子。相反，中间商会为买方和卖方创造会面而不是自身参与到交易中。一个有趣的现象是住房市场一般仅仅拥有第二种类型的中介，而不是第一种。[26] 昂林和阿诺特（1991）将房地产经销商的缺少归咎于高库存成本和住房相关的风险。运用搜寻理论模型，亚瓦斯（1992）证明了寻找贸易伙伴带来的搜寻成本有助于解释住房市场经纪人比经销商占据优势的现象。

更具体地说，房地产代理商和经纪人都拥有专业资格证书，他们的主要工作就是实现房屋售房者和买房者之间的匹配。总体来说，他们给买房者和卖房

㉕　如 13.1 节指出，我们使用经纪人和代理商两个词语是可互换的。

㉖　然而也有例外。例如存在一些投机者，这些人持有住房是为了一些投机原因，这在 Bayer 等人（2011）的文章中描述述过。现在，这类中介不包含在住房交易中，大概因为转换税、持有成本以及其他相关的障碍。而且似乎存在这样的情形，即经纪人将会购买一户住宅，然后又将住房推回市场。

者提供了一系列的服务。与买方合作的代理人通常被称为"经纪人协理"或"销售代理人"。经纪人协理一般试图寻找与买方偏好匹配的住房，带买方参观他们偏好的房屋，在报价时给出建议，以及在谈判过程中提供帮助。与卖方合作的代理通常被称为"正式代理商"。正式代理商帮助售房者在 MLS 上发布住房信息，帮助售房者分类并销售住房，对公布的价格提出建议，帮助售房者评估报价和制定再报价，为与购房者或其代理商的直接谈判提供帮助，以及在关闭交易时提供帮助。在北美，正式代理商通常以合同的形式被赋予销售的专有权。一般而言，经纪人协理在法律上被认为是正式代理商的副代理商。㉗

对于代理商来说，收到房屋销售价格的一个固定比例作为佣金是很正常的。在北美，一般的佣金为销售价格的 5%~6%。正式代理商与带来购房者进而终止交易的经纪人协理是相同的。两种代理人将于他们所属的经纪公司来分配佣金，这主要是对公司品牌价值和所提供的服务支持的回报。

值得重点注意的是，北美的规定并不是普遍的。比如在英格兰，1%~2%的佣金是常见的，且仅仅存在单方的售房者代表。而且，北美的合同中一般设定单一经纪人的独家代表权，而在英格兰，售房者可以选择支付一个较高比例的佣金，也许 2.5%~3%，由多个代理商来代理。在温哥华，这种合同甚至不是线性的。典型的房地产佣金是收取销售价格的前 10 万美元的 7%，剩余的部分是个较低的比例（通常为 2%~3.5%）。㉘

房地产经纪行业的薪酬结构和竞争的性质一直是先前研究的广泛关注的主题，对于感兴趣的读者而言，优秀的调查研究已经有了（参考 Yavas，1994；Benjamin et al.，2000；Miceli et al.，2007；Zietz and Sirmans，2011 在近期所做的调查）。考虑到我们的研究目的，我们将不会重复该讨论，相反我们将集中在一些关键的话题，如搜寻中介、竞争与效率和信息经济。

13.7.2 房地产经纪人为什么存在？

根据 2005 年 NAR 进行的一项调查，84% 的北美单户型住房的销售是由房地产经纪人促成的。然而，如 13.2 节~13.6 节所描述的，购房者和售房者双方不必非要使用房地产代理商；交易竞争对手可以在住房市场直接接触。如此，这会带来房地产经纪人最根本的问题是：他们为什么存在？

文献达成的共识是房地产经纪人的出现主要在于不完全信息。例如，英格

㉗　在商业房地产中，一般而言，只有一种代理商。

㉘　较低的佣金对于住房价值的边际美元而言，将使得合同相比线性条件变得更加低效。这不可能会改善代理人的激励。

（Yinger，1981）强调了搜寻理论框架中信息的重要性。他讨论了三种类型的不确定性。即买房者数量的不确定性，信息发布的不确定性和匹配的不确定性。在该种假设下，英格证明了 MLS 的存在改善了市场交易结果，如此就赋予了会员经纪人一种竞争优势。吴和科尔韦尔（Wu and Colwell，1986）延伸了英格的模型，他们将买房者和卖房者的行为纳入模型。亚瓦斯（1992）主要通过将讨价还价的阶段纳入模型而进一步扩展了这类文献。在一个简练的搜寻理论模型中，亚瓦斯阐述了不存在经纪人的搜寻经济中低效率的两种来源。第一，如英格所述，经纪人被完全的告知；第二，如许多的搜寻模型，存在正的外部性。买房者或者卖房者的搜寻努力的增加将会提高匹配的概率，因此这是交易对手的报酬。因为没有将自我搜寻对交易对手额外收益的影响纳入考虑，相比两个代理商存在共同利益下，这种正外部性将会导致更少的搜寻活动。这些低效率将导致这样一种局面，房地产经纪人能够潜在的降低不确定性，通过内生化外部性来换取一些利润。如此，房地产经纪人存在的一个理由是他们通过解决信息问题创造了价值。[29]

住房的一系列内在特征强化了中介对信息的需求，这些特征包括：必需品、异质性、不可分性、复杂度、高风险和交易成本（Arnott，1987）。这些特征相互作用，使得买房者和卖房者寻找到合适的交易对象、并就住房价格达成协议变得更加的昂贵。尤其是住房的多维异质性和购房者偏好的多维异质性致使市场变得稀疏。在稀疏的住房市场上，即使存在许多可以获得并销售的住房单元，对于购房者来说，寻找到匹配自身偏好的住房也是困难的。而且，不像金融保险市场的参与者，大多数的房屋买房者和售房者在房屋交易中的经验是非常有限的。因为存在与住房购买和销售相关的较高的交易成本，家庭在一生中一般会购买和销售很少的住房（Haurin and Gill，2002）。此外，考虑到住房在代表性家户的资产组合中是最大的财产（Tracy and Schneider，2001）和住房价格风险并不是轻易能够分散的（Caplin et al.，1997），住房市场匹配失当的成本是相当高的。

总体来说，这些特征意味着搜寻摩擦是非常重要的。拥有涉及房屋买房者和售房者的信息优势，房地产经纪人能够潜在的完善市场函数，通过分散信息和创建一个更协调的匹配方案。如此，自然会问一个问题，那就是什么赋予了房地产经纪人更多资讯？下面的内容，我们将讨论两种潜在的来源。

第一个来源是他们接近 MLS 的优势，这给了经纪人更多的信息。如施蒂

---

[29] 参阅 Kurlat 和 Stroebel（2014）的文章可以得到更加强有力的证据，证明房地产市场存在信息不对称。他们的分析并不主要集中在房地产代理商的作用，而主要基于这一观点，即经纪人能够降低不确定性。

格勒（Stigler，1961）已经表明，市场状态信息的获得能够吸引大量的资源。考虑到上文描述的摩擦，住房市场尤其会是这样。对于任何给定的住房交易，拥有一个汇总销售（列表）的报价的集中信息池，都将会获得某种优势。[30] 这种信息能够帮助购房者加快搜寻过程，也能帮助售房者决定初始要价。通过MLS 的分类，积极地搜集和发布这类信息，房地产经纪人能够潜在地减少住房市场的摩擦，改善信息不完善问题，促成实现一个更加有效率的搜寻和讨价还价过程。如上文指出，MLS 对购房者、售房者和经纪人搜寻策略的影响在英格（1981）和吴与科尔韦尔（1986）的论文中被详细讨论了。

当然，这种形式已经随着互联网的传播，发生了显著的改变。互联网允许购房者能够在 MLS 上看到动态的信息列表。而且，一些线上资源能够帮助参与者更好地了解市场状态，如 Trulia 和 Zillow。然而，值得注意的是经纪人继续对历史完成的交易数据拥有专有的享用权。这些数据包含先前完成交易的销售价格和市场交易时长信息，而不仅仅是动态信息列表所报道出来的标价。所以，即使如上文描述，MLS 赋予了经纪人重要的信息优势。

房地产经纪人信息优势的第二个源泉来自于从他们的专业活动中获得的经验。与代表性的购房者或售房者仅在短时间内涉及一项住房交易不同，一家已成立的房地产代理商会涉及许多的房地产交易。这种经验能够帮助经纪人构建理解市场条件的专业知识，处理包含在完成一项房地产交易中复杂的金融和法律问题。由于存在与住房交易相关的高风险性，这种专业知识对于房屋买房者和售房者都是有价值的，这也意味着匹配不当可能会存在非常高的成本。很自然，对于那些拥有有限的住房市场了解与经验的淳朴的购房者和卖房者来说，房地产经纪人的价值是非常大的。与此相一致，本杰明等人（Benjamin et al.，2007）发现经纪人更有可能被那些对住房交易了解其少的人雇用。

然而，房地产经纪人得到的信息利益并不是无成本的。第一，经纪人索取的佣金使买卖双方产生了价格差。这可能潜在的阻碍了互惠交易的发生。[31] 类似地，在其他金融市场中，这被称为过度中介。在一个没有代理商的市场中，卖房者和买房者之间的交易仅发生在后者的房屋估值超过前者时。存在代理商，当且仅当他们估值差别超过不得不支付代理商的佣金时，他们才会进行交易，这也造成了额外的摩擦。如此，经纪人能否提高福利取决于他们征收的交易成本是否低于他们带来的收益，该种收益主要是通过搜寻成本的节约获得。

---

[30]　一个有趣的问题是为什么不存在一个汇总潜在买房者的信息集中池。

[31]　典型的是司法在交易上强加的税收，这进一步扩大了买方支付价格和卖方收到的价格之间的差价。Dachis 等人（2011）研究发现这会打击交易。类似的情形，发展中国家的弱产权也将会导致搜寻的较低期望支付，较少的搜寻以及非常少的交易。

犹和弗鲁（Jud and Frew，1986）以及亚瓦斯（1992）的研究证明当雇用一名经纪人时，卖房者能够收到一个较高的价格，但是价格的增加低于佣金。这似乎意味着这一差距，即经纪人佣金，可能会大到成为阻碍交易的重要因素。然而，当允许卖房者和买房者选择较低的搜寻强度时，经纪人也可能会改善流动性和匹配质量，如此会产生较低的搜寻成本。[32] 所以，福利经济学中关于佣金的变化是相当复杂的，这主要取决于佣金费、搜寻成本和匹配技术。

第二，在显示弱价格竞争和自由进入特征的市场结构中，将会存在过度进入的趋势。随之而来的低效率可能以规模的低效率形式出现，由于存在太多的经纪人。它也可能会出现一个经纪人花费太多的搜寻成本与其他的经纪人竞争新房源。这些可能对经纪人有一些私人价值，但是对客户和其他经纪人没有价值，因此，可以被认为是社会损失。这一观点将会在 13.8 节进一步的描述。

第三，房地产经纪人拥有的涉及买房者和卖房者的信息优势，也提高了这些代理商可能会采取策略行为的可能性。经纪人最大化佣金收入会导致一系列的激励调整问题，这也可能给房屋搜寻过程带来扰动，导致他们代理的客户遭受重大的福利损失。我们将在 13.9 节阐述这个观点。

13.8　住宅类房地产经纪业的竞争

经纪人行业是众多政策争论的目标。这种争辩的关键问题是市场是否真正是完全竞争的。本节从正向和规范的角度考察了经纪业的竞争性。

13.8.1　竞争的本质

全美房地产经纪人协会（2005）（NAR）的一篇报道提供了房地产经纪业的结构、行为与绩效的经济分析。该篇报道表明该行业竞争是非常激烈的，证据主要是经纪人公司和代理商数目巨大，经纪行业市场的集中率较低以及该行业企业的自由进出。例如，根据联邦贸易委员会（FTC，2007）研究，在美国约有 98 000 个经纪公司经营约 20 万个本地营业所。这些营业所为约 250 万的持证者提供了潜在的就业。全国房地产经纪人协会在 2004 年进一步报道经纪人公司的前 10 名市场份额为 9.1%，前 20 名公司市场份额占比为 10.9%，前

---

[32]　参考 Yavas，（1994）的理论证明，当经纪人被雇用，均衡的搜寻强度下降了。

100 名公司市场份额占比为 17%，前 500 名公司的市场份额占比为 26.6%，以及 96% 的经纪人营业所雇用 10 个人或者更少的房地产代理商。

相关的文献表明经纪人行业的竞争本质也可以由成本低效率的存在来证明。例如，安德森等人（Anderson et al.，2000a，b，c）研究 X 效率，总结到房地产经济的绩效经济上是有效率的。具体来说，相比不能实现成本最小化，公司不能实现利润最大化的可能性较大。

不是所有的研究者都确信房地产经纪业的竞争本质。涉及该问题的争论主要集中于行业的三个结构性特征：低进入门槛、有限的产品差异和价格竞争的缺乏（见图 13 -4）。下面我们将分别讨论这些特征。

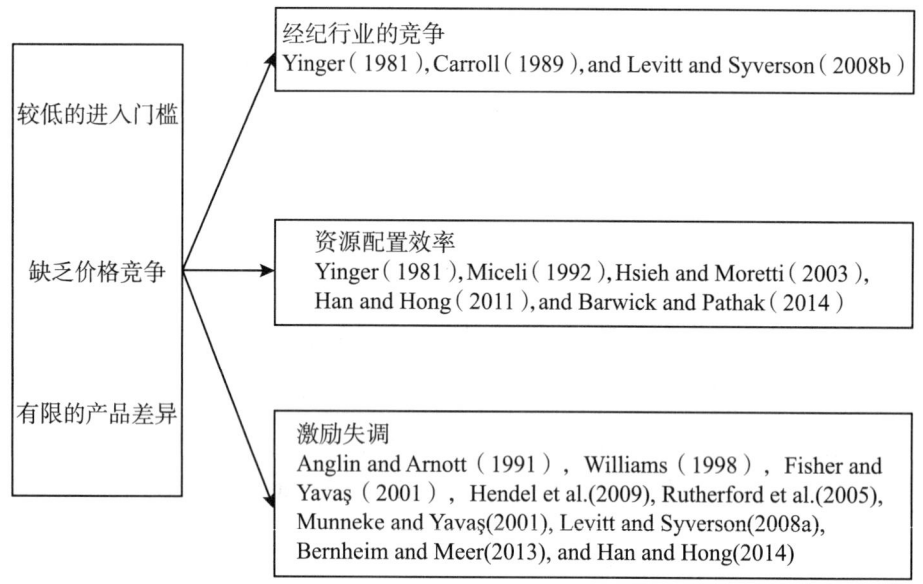

图 13 - 4　房地产经纪业的产业组织

注：这张图列举了经纪行业三个关键特征以及相关联的已经发表的三类文章。列举的文章仅是例子，本文将展开进一步的文献回顾。

13.8.1.1　进入

有三个涉及进入的问题。一是单个代理商和经纪人的进入；二是经纪公司的进入；三是经纪业新的商业模式的引入。

在微观水平上，进入相对容易。成为房地产代理商的必要条件相比其他领域相对简单。1983 年联邦贸易委员会关于房地产经纪行业的报道观察到，"如果普遍的观点认为，进入被理解为获得执照以便开展工作，那么进入就没有显著的门槛"。进入自由在最近 2007 年的司法部和联邦贸易委员会的报告中得到进一步的证实。尤其是对于代理商来说，执业证书考试是仅有的门槛，通过考试的必要条件是有限的。此外，在任何时点，存在着大量拥有执业证且空闲的代理人，当出现赢取利润的机会是，他们随时准备变得活跃起来。根据谢和莫瑞提（Hsieh and Moretti，2003）的研究，约有 20% 的执业代理人是空闲的。在大多数司法范围内，经纪人进入需要代理经验和额外的考试。

经纪公司的进入就更困难了。至少，进入者想成立一家经纪公司必须雇用或者成为一名执业经纪人。此外，一家新近经纪公司可能需要代理商的工作场所、办公场所、办公人员和广告。为了建立可以被认可的公司名称，经纪公司还必须支付一定数量品牌特权使用费，进而隶属于一个全国品牌（如 RE/MAX），或者投入巨大的资金建立自己的品牌。

进入门槛虽然在代理商和经纪公司层次上似乎适中，但是对于挑战传统全服务性代理的新商业模式来说，进入门槛是非常高的。这是因为 MLS 会员制限制在有执业证的房地产经纪人和代理商，这也使得商业以一种特殊的方式组织，因此限制了价格和产品多样性的竞争。比如，联邦贸易委员会（2007）讨论了能区别那些进入排他性代理列表协议的经纪人规则，以及能区别通过虚拟办公网站进行的代理（VOWs）的规则。后者通过房地产经纪人使用创新的商业模式和互联网为客户提供更好的服务而导致"退出"和限制竞争，这会允许经纪人对 VOW 经纪人隐瞒他们的客户信息。这些类型的反竞争规则有效地建立了新商业模式进入门槛，因此会限制该行业的价格和服务竞争。

13.8.1.2　产品差异化

与其他的服务行业相比，经纪人提供的服务存在有限的差异。传统的房地产经纪人倾向于提供整个交易过程的服务，包括买房者执行 MLS 上的房屋搜寻，陪同他们参观，帮助卖房者展示房屋，使得住房能够参观，打广告和设定初始的要价。尽管拆分该整个流程的服务是可能的，但是实际上，由传统的房地产代理商提供的服务在一定范围内存在很大的相似性。如上文所讨论，这部分是与 MLS 相关的市场势力的结果。此外，一些司法管辖区域禁止执业经纪人将 MLS 列表从其他服务中分拆出去。如在某些州，存在所谓的最低服务要求，规定经纪人必须对客户执行完整的服务。自 2007 年起，美国已经有 8 个州有类似的法律在运行（Bernheim and Meer，2013）。

一直存在对服务是否应该捆绑在一起的争议性的辩论。捆绑不存在技术上的理由，标准的经济学认为，允许从服务选择菜单做出选择将会带来更加优越的福利水平。互联网的发展使捆绑的可分性大大增加。比如，折扣经纪人一般仅会提供一项服务，那就是在 MLS 上发布售房者的房产。他们不提供经纪人全流程服务包里的广告或者建议，抑或者其他项目。网上巨大的可得信息可能会成为这些服务的替代品。经纪人提出的反驳是最低服务标准能够确保质量。在 13.9 节我们将回顾一些近期的文献，主要关于一些经验性的检验折扣经纪人和其他商业模式对销售价格和市场交易时长的影响。

尽管服务种类的差异化是有限的，但是房地产代理商的确倾向于将自己按住房市场区域进行区分。几乎所有的经纪人都拥有地理优势。这主要是因为住房市场是高度本地化的，结果是经纪人长时间积累的人力资本，如本地化的经验、关系和执业需求，均依附于本地市场。除了地理上的优势，一些经纪人进一步的专注于价格的区分、住房类型以及客户的种族和社会特征。其他一些经纪人专业于信息的发布或者销售活动。如特恩布尔和多布罗夫（2007）研究表明专业化于发布财产的代理商为他们代表的售房者获得了较高的销售价格，而那些专业化销售的代理商为他们代表的购房者获取了较低的价格。

13.8.1.3 价格竞争

房地产经纪业的研究中一直持续的主题是在什么程度上价格是有竞争力的。一些文献通过使用购房者缴纳的佣金比率证明了佣金率是市场驱动的。如古尔斯比和柴尔兹（Goolsby and Childs，1988）使用 1983～1987 年田纳西州诺克斯维尔的 MLS 数据，发现房地产经纪公司索取的佣金比率存在竞争。尤其是当住房是新的或者具有较高的价值时，经纪公司更愿意接受一个较低的佣金率。[33] 施耐尔和库利克（Schnare and Kulick，2009）的最新研究使用了几个大都市区域 2000～2007 年中的 MLS 数据。他们发现购房者的佣金率与供给和需求侧的变量强烈相关，比如列表价格、交易数量、代理商的数量和正式代理商的有限服务。他们的研究结果说明佣金率是市场驱动和竞争性的。一定程度上，多数佣金率谈判会私下发生在房屋售房者和经纪人之间，并没有在本地 MLS 中得到反映，这些结果可能会低估佣金的真实变化。

然而，许多的观察者相信佣金率在跨市场和时间维度仍然是相当灵活的。欧文（Owen，1977）提供了这种灵活性的证据。随后，联邦贸易委员会（FTC，1983）的报告通过使用从波士顿、明尼阿波利斯、洛杉矶和西雅图等全国具有代表性的调查得到的售房者和 MLS 数据，进一步提供了证据，证明了在 20 世纪 70 年代晚期和 20 世纪 80 年代的早期佣金率具有明显的统一性。

---

[33] 其他同类的研究包括 Carney（1982），Sirmans 和 Turnbull（1997），Sirmans 等（1991），和 Miceli（1992）。

使用消费者支出调查（CEX）得到的 1980～1998 年的数据，谢和莫瑞提（2003）的研究表明佣金率在 1980～1998 年始终保持在约 6%。使用从 2004 年经纪业绩效的真实趋势报告得到的数据，韩和洪（2011）的研究证明佣金率在 2002～2003 年的大约在 5.1%，且跨区域的佣金率变化相对较小。近期，使用波士顿区域 1998～2007 年的交易数据，巴维克和帕塔克（2014）的研究发现尽管互联网和新技术的渗透力提高了，但是佣金随着时间的变化相对较小。

尽管存在与佣金率灵活程度相冲突的证据，但普遍认为房地产经纪行业已经非常成功地保持了其自身相对稳定的佣金率。特别是当将互联网传播下的房地产经纪人的佣金的缓慢变化，与其他以代理为基础的计算机服务行业中佣金的快速变化相比较，如旅游代理、股票经纪人和汽车保险，这种观点很明显是成立的（Levitt and Syverson，2008b）。[34]

这种显而易见但又令人困惑的经纪佣金特征，再加上自由进入和产品差异化的缺乏，导致了图 13 - 4 所描述的三种类型的研究。研究主要解决了房地产经纪业的竞争性，资源配置的效率，经纪人和客户之间目标的可能错配，先前引出的图 13 - 3 给出了涉及每种中介要素的可选择文献的汇总。在 13.8.2 节、13.8.3 节和 13.9 节，我们将相应讨论每个因素的相关研究。

13.8.2 "佣金之谜"和经纪业的竞争性

整个市场和时间维度的统一佣金率已经导致了关于房地产经纪业市场竞争性的长期争论。一些学者将这一固定的佣金率看作与竞争定价相一致。其他学者把它看作价格歧视的一种指标，价格歧视是由经纪人之间的合谋带来的。在本节我们将阐述两种观点的理论研究，然后讨论相关的经验证据。

13.8.2.1 理论研究

有些经济学家认为固定佣金率可能与竞争性定价相一致。假设销售较高定价单元的边际成本是非常高的，在这种情形下，固定的佣金可能与竞争性均衡相一致，在该均衡中定价较高的房屋会收到更多的服务，如此也会支付较多的佣金。

特别地，一些研究已经探讨了经纪业佣金的竞争本质，重点了解了对于所

---

[34]　研究统一佣金率的文献例子包括 Owen（1977），Carney（1982），Crockett（1982），Wachter（1987），Goolsby 和 Childs（1988），Miceli（1992），Williams（1998），and Arnold（1999）. 佣金率的同一性的不同结论可以在 Sirmans 和 Turnbull（1997）的文章中查阅到。

有的客户收取同一比率的佣金的经纪人可能获得收益。例如施勒特（Schroeter, 1987）证明了在序贯模型框架下，固定比例的佣金也许会与房地产经纪行业的竞争性相一致。其模型的核心预测是，保持其他条件不变，为拥有昂贵住房的售房者服务的经纪人比那些代表低房价售房者的服务的客户数量要少。结果是短期而言，高房价的住房会比低房价的在市场待售的时间更长。佐恩和拉森（Zorn and Larsen, 1986）以及卡罗尔（Carroll, 1989）的研究表明固定比例的佣金可能会以委托代理的方式出现。尤其当售房者不能够监督房地产经纪人所应付出的努力时，固定比例的经纪业佣金能够提高福利水平，通过给予经纪人某种激励，促使他们调整对客户需求的服务。因此，存在一个竞争性均衡，在该均衡中那些对经济服务的评价更高的客户愿意支付更多的佣金，相应的他们也会收到经纪人更多的销售努力。诺尔（Knoll, 1988）进一步证明了佣金的差别是如何与经纪人协议的排他性相关的。

不是所有的研究者都确信经纪人佣金是竞争性决定的。实际上，许多经济学家对经济市场的竞争性质持有重要的保留意见。相反，他们把佣金的灵活性归因于串谋。这种观点可以追溯到米勒和谢德（1979），他们的分析致力于解释1970年当底层房屋价格发生戏剧性的上涨，佣金率保持稳定或者甚至有所提高这一事实。这种解释主要基于这样的假设，即串谋定价将会导致佣金率的长期稳定，这表明伴随着经纪业势力的不断提升，他们正利用其自身的垄断势力。在房地产经纪业的经典研究中，英格（1981）把固定比例的佣金的设计看作价格歧视的显著指标，这将会判断市场中政府的干预。他强调"经纪人提供给售房者的服务是寻找到购房者，进而完成一项交易。服务的价格最好能够仅仅与包含的住房价值边际相关，但是高收入的家庭，当然会购买更加昂贵的住房，愿意为该服务支付更多的佣金。"亚瓦斯（2001）提出了一个模型，在该模型中经纪业的固定成本（如执照费；地方、州和全国房地产经纪人协会收费；继续教育的费用和一些办公费用）使得均衡结果中的竞争性佣金不可能实现。他把串谋看作另一个能够解释佣金不统一的因素。[35]

困惑研究者的一个问题是串谋均衡如果存在，如何能够在行业中维持。传统的经济学理论认为串谋维持的难度随着参与者的数量的增加而增加。在2005年，大约有200万名在职的房地产代理商和经纪人，涉及10万家公司（White, 2006）。大量的参与者，外加该市场进入和退出比较自由以及低市场集中率，使串谋更加难以施行（NAR Report, 2005）。

---

[35] Anglin 和 Arnott（1999）提出了佣金决定的正式的一般均衡。他们的模型反映了市场的外部性，比较了均衡佣金和社会最优佣金率。

　　然而，这类文献的研究者已经确认了至少三种共性，使其能够潜在的促成共谋。第一，MLS 提供了降价活动的识别，不鼓励因其能带来激励而实施降价。由于 MLS 可接近仅限于拥有执业证书的房地产经纪人和代理商，这些人能够以某种特殊的方式来施行商业行为，它也为本地房地产委员会增强成员间的串谋提供了一种方式，因此也限制了价格竞争。而且，在 MLS 体系下，当一个代理商提交了服务列表，合伙经纪人可以获得的佣金也就明确了。通过提供较低佣金来招揽房源的经纪人也许会发现自己并不具备优势，由于其他公司的代理商也许偏好于带他们的买房者参观按标准佣金率列表的房源。因此，那些假设房地产经纪业的价格是串谋的经济学家已经表明，每个市场的 MLS 将会消除降价的威胁，通过将佣金相关的信息传递给市场的所有经纪人，这样对于经纪人来说就能够惩罚降价者（FTC，1983；Wachter，1987）。怀特（White，2006）总结到 MLS 集体会员排除竞争对手的能力——尤其是如果那些竞争对手是那些不合常规的降价者，至于佣金——可能是强迫执行高费率结构的有力的方式，也是维持集体行动的市场势力的强有力的途径。

　　第二，在北美的住宅市场，一个完整的房地产交易需要买方代理人与卖方代理的人协商。如此，对于按照传统佣金体系工作的代理商能够处罚降价代理商，通过拒绝带其购房者参观后者的房产（Bartlett，1981；Crockett，1982）。这一机制在强迫执行串谋时会非常的有效，即使缺少 MLS（White，2006）。特别是一些资格代理商需要经纪人协理介绍购房者。传统的佣金代理商不仅能够串谋抵制降价代理商，通过使他们的客户远离该类房源，而且他们也可以使用相同的惩罚来制裁那些跟降价代理商合作的传统佣金代理商。赋予一名经纪人一项排他性的销售权的规则，可能会进一步创造非竞争性（Braswell 和 Poe，1992）。

　　此外，本地房地产委员会和 NAR 采纳的一些政策可能成为竞争的障碍。例如，在那些 VOW 政策适当的地方，代理商可能会持有大部分的住房，这些住房主要是 MLS 中已经发布信息待售的，其对来自于固定费率代理商的 VOWs。另外，10 个州已经明文禁止代理商向其客户提供回扣（Han and Hong，2011）。这些禁令明确禁止房地产经纪人的降价，进一步促进房地产经纪人之间的合谋。

13.8.2.2　经验研究

　　尽管存在过多的关于房地产经纪人间可能存在串谋的讨论，但是关于此话题的经验证据是有限的。经验研究的缺乏大概在源于存在以下挑战。首先，来自于 MLS 数据库的多数佣金数据仅仅记录了买房者一方的佣金，而没有记录售房者一方的佣金。一定意义上，大多数佣金的谈判私下发生在售房者和经纪人之间，没有佣金率真实变化的直接证据。第二，折扣经纪的商业模式一般不会通过 MLS 来记录交易。因此，单独的 MLS 数据对研究者来说，无法对任何偏离标准商业模式的行为是否已经受到同串谋一样的惩罚进行充分验证。第三，竞争定价的检验将会需要经纪人能力和技能、售房者动机和住宅市场每个区域的密度的度量。不能够充分的控制这些因素将会影响经验证据的解释。最后，虽然一些学者已经讨论了串谋的可能性，但是没有经纪业正式的串谋模型被提出来。如卡罗尔（1989）指出，"在这种模型中，统一的佣金率将作为合作博弈的最优有结果。该模型将会解释佣金率如何依赖于市场力量（比如房屋销售价格，经纪人成本和客户的收入）和体制性因素（如信息不对称和法律限制）。"除了此类模型，很难看到其他研究者设计除一种识别策略来甄别串谋。

虽然存在挑战，但是英格（1981）模型的发现为考察该行业的竞争的本质提供了一个基点。这也就是说，如果一个市场是完全竞争的，佣金率应该与房屋价格呈反向变化，与经纪成本呈正向变化。假设两户住宅拥有相同的市场成本。此种情形下，竞争压力将会导致经纪费也是相等的。更加一般地，在竞争性均衡中费用应该等于成本。这将会导致较高价值的住宅的佣金率的曲线变得更陡峭。可以预料到的是，当整个市场的住房供应和需求发生大幅度变化时，整个地区的佣金率将会发生大幅度变动。同样可以预料的是，当互联网的扩散显著地降低了经纪业服务成本时，佣金率也会随着时间的变化而变化。谢和莫瑞提（2003），韩和洪（2011）通过使用消费者支出数据发现，佣金率和住房价格之间缺乏相关性，这意味着佣金率可能不是市场驱动的。另外，佣金率的时间维度的变化似乎是相当有限的，说明佣金率对于技术的改变也是不敏感的。通过使用 MLS 路易斯安那州巴吞鲁日市1985 ~ 1992 年的住房交易的数据，西尔曼斯和特恩布尔（1997）发现佣金率实际上对市场条件的变化会做出一系列惊人的变化，这与单一的竞争定价模型预测是一致的。

第一个正式检验房地产经纪人间串谋的尝试出现在西维尔森（Syverson，2008b）的论文中。他们将关于经纪人串谋行为的一些直觉标准化到一个动态的串谋模型中，在该模型中传统的代理商在一项待定的交易中选择是否与折扣代理商合作。如果他选择合作，那么他将从销售中赚取佣金收入，但是面对较低的未来期望佣金。模型推论出折扣力度越大，未来的佣金减少得越多，如果代理商选择不合作，将会从当前的销售中遭受较小的损失，这都将导致一个较高的合作可能性，进而使得串谋更加容易维持。通过使用三个本地市场的数据，他们发现使用固定费用代理商的住房列表比可观察到的使用完整佣金代理商销售的类似住宅拥有更长的期望销售交易时长，但是最终会以近似的价格销售。这些结果与传统的代理商会将自己的客户带离固定费用列表房屋的假设是一致的，因此提供了房地产代理商间存在串谋行为的第一项证据。

13.8.3　社会的低效率

房地产经纪业固定比例的佣金结构不仅对市场竞争性质分析具有深远的意义，而且对资源的配置效率具有重要的影响。效率研究相关的文献的核心观点是，如果佣金率确实是固定的（或灵活的）以及产品差异是有限的，较低的进入门槛将会导致社会资源支出浪费，这些浪费主要由城市中持有较高住房价格的代理商带来的。尤其由于房地产代理商的进入，他们将会同现存的代理商竞争固定数量的住房销售，这样较高定价区域的较高的佣金收入单纯是一种浪费。在本节，我们将回顾与此问题相关的理论和经验研究。

13.8.3.1　理论研究

太多资源被投入到经纪人搜寻活动中的观点至少要追溯到英格（1981）。他解决的关键问题是传统意义上经纪服务的提供和定价模式是否与效率相一致。主要的发现是经纪人之间传统价格竞争的缺乏也许会导致大批的资源会低效率的配置到营销和推广，这主要由对于客户来说存在过度比率的经纪服务。

受英格观点的启发，克罗克特（Crockett，1982）将该分析从代理商层次延伸到经纪公司层次。他的研究表明经纪公司可以通过雇用更多的代理商来增加其利润，由于更多的代理商可能会将更多的房源转化成交易。另外，代理商的补偿完全取决于他们的交易。如此，经纪公司将会愿意雇用更多的代理商，试图收获可获得公布住房的更大份额。克罗克特总结道，"当价格竞争被垄断，公司间的竞争将采用非价格形式，这些形式的最终影响可能会导致经纪服务的低效率得到增强。"

克罗克特的分析忽略了自由进入。米塞利（Miceli，1992）进一步地将经纪人的自由进入纳入。这使得他能够同时检验非价格竞争和自由进入对经纪业间资源配资的影响。通过对比包含和不包含经纪人的住房市场均衡，他发现如果佣金收入低于买方和卖方自己交易时不得不支付的超额搜寻成本时，经纪人能够为买房者和卖房者创造福利收益。然而，存在自由进入和缺乏价格竞争的情况下，单个经纪人会与其他的经纪人在非价格基准上竞争，以获取可获得住房的较大份额。结果他们将会难以实现平均交易成本的最小化。

13.8.3.2　经验研究

关于进入和效率的经验研究是最近文献研究的一个热点。在一个具有启发性的研究中，谢和莫瑞提（2003）使用了 1980 年和 1900 年人口和住房普查的 5% 的样本。他们证明了当一个城市的土地平均价格上升时，（1）房地产经纪人的比例增加；（2）房地产代理商的人均效率降低了，该效率主要由人均代理商住房销售量和平均每小时销售的住房来衡量；（3）代表性的房地产经纪人的实际工资保持不变。这些证据为在缺乏价格竞争下进入是过度的观点提供了强有力的支持。对于这一解释的合理疑虑是，在住房成本高的城市，较高的佣金可能反映了某种可能性，该可能性主要指经纪人为了实现买方和卖方间的匹配不得不花费更多的时间。例如，昂贵的住房可能拥有较稀疏的市场，使得购房者在做出决定前不得不花费更多的时间进行搜寻。因此，住房价格和房地产经纪人的效率值间的相关性可能反映出房地产经纪人提供的服务质量的区别。谢和莫瑞提解决了这种顾虑，通过证明当城市的住房平均价格增加时，购房者花费在搜寻住宅的时间仅有少量的增加，且住房的平均交易时长下降了。这有助于排除住房质量区别的顾虑。

受谢和莫瑞提的研究激发，韩和洪（2011），巴里克和帕塔克（Barwick and Pathak，2014）提供了该行业低效率程度的量化证据。该种研究的经验性挑战是经纪业相关的成本数据是不可获得的，这就使得研究很难量化经纪行业资源错配带来的福利损失。韩和洪（2011），巴里克和帕塔克（2014）基于结构化的投入产出分析文献（Berry and Reiss，2007）中提出的最新方法，提供了解决上述问题的方法。尤其是，由于观察到的进入决策是潜在盈利的一项指标，基本上可以通过使用个体以及代理商的进入决策信息来完成成本估计。然而，这两篇文章在成本低效率的度量中存在区别。在韩和洪（2011）的文章中，低效率主要通过为了与其他的代理商争夺现存的房源带来的经济成本的过度增加来衡量。这类成本包括已支付的广告费、编写微博、升级网站和潜在客户间的非正式联系。在一定程度上，这些经济活动导致的收益不足以抵销投入的资源，该种类型的非价格竞争被认为是低效率的。在巴里克和帕塔克（2014）的文章中，效率低主要由新进入者可能有选择的赚取收入多少，而这一收入大小是在其不从事代理商时的收入。这种预知的收入是一种低效率，由于代理商的进入大部分会稀释现有代理商的业务，但没有提升经纪行业的整体产出。

更具体地说，韩和洪（2011）估计了一个合理的预期均衡，这主要由进入概率的固定水平来代表，在该均衡中代理商对其他代理商进入的期望与每个代理商做出的进入决策是一致的。然后，他们运用嵌套伪似然算法估计了一个均衡模型（Aguirregabiria and Mira，2002，2007）。通过使用 2000 年人口和住房普查的 5% 的样本，他们发现了自由进入情况下成本低效率的有力证据，尤其是归因于无用的非价格竞争。他们运用反事实研究法，探究了反折扣规定对福利的影响，该规定通常被批评为不利于价格竞争。他们发现禁止回扣会减少福利，不仅仅因为这些禁令阻碍了折扣经纪人之间的价格竞争，而且还因为会鼓励全额佣金经纪人的过度进入。在一个存在反折扣政策的代表性都市区，去除这些折扣禁令将会减少房地产代理商的收入外，会降低约 5.14% 的代理商的均衡数目，且会减少约 8.87% 的总经纪成本。巴里克和帕塔克（2014）通过设定和估计房地产代理商更加完善的动态进入和退出机制的结构模型，进一步的延伸了相关文献研究。通过使用大波士顿地区 1990～2007 年的代理商和交易的综合数据集，他们发现存在较强的业务流失效应，由于进入没有提高销售的可能性或者降低房产销售的时间，反而降低了经验代理商的比例。受这些经验模式的启发，基于已有的动态离散型选择文献（如 Aguirregabiria and Nevo，2010），他们建立并估计了一个简单的动态进入与退出模型。这允许他们能够识别那些不做代理商的进入者能够赚取的收入数量，这主要基于代理商进入和退出决策信息以及他们被观察到的佣金收入。估计值推断出代理商的过去收入是他们被观察到收入的约 80%。运用这些估计，他们进一步计算了从一些有趣的政策经验中得到的相反结果。佣金率降低 1/5 会导致每个代理商销售的住房数量增加 73%，消费者将受益约 20 亿美元。21 世纪初前半段住房价格的上涨导致了所有进入增加 24%，每个代理商销售的住房数量下降 31%。能够提供过去代理商绩效信息的低成本程序有潜力提高整体的效率，引起社会储蓄的显著增加。

如前文所述，社会效率低下的经验研究的主要挑战是经纪成本一般并没有在任何的公共数据资源中被记录。谢和莫瑞提（2003）在他们的分析中处理了该问题，通过观察由代理商的人均销售量衡量的经纪人平均效率的下降。这两种结构的论文采用替代方法，将成本从结构化模式的进入从模型中提出。这解释了采用结构化的方法解决这些问题可能是没有价值的。然而，由于计算的困难，住房单元的异质性和经纪人的异质性并没有在结构化条件下，同时得到解决。如果异质性的经纪人与特殊的财产相匹配，那部分用来吸引客户的资源投入就不是纯粹的浪费。这需要进一步的研究。

13.9　房地产经纪业的激励问题

前一节以讨论经纪行业低效率的特殊类型结尾：经纪人资源的分散使用。本节我们将集中研究一种不同类型的低效率，其与经纪人和购房者与卖房者间的激励冲突相联系。这里考虑的是委托代理情形，卖房者和买房者是委托人，他们各自的经纪人是代理商。委托代理问题的本质特征就是信息变现为非对称。在房地产经纪市场存在两种类型的信息非对称：一是客户不能观察到他的代理商为了销售他的财产付出了多少努力（被称作隐藏行为或者道德风险）；二是客户不了解代理商对市场状态的熟悉程度或者代理商的技能（被称作隐藏信息或者逆向选择）。文献大多数集中于第一种信息不对称造成的激励问题。例如，佣金的结构比例仅能够使经纪人从额外的努力中获取一小部分的边际收益。因此，这就难以实现根据客户的兴趣调整经纪人的激励。在本节，我们将回顾房地产经纪业激励相关的理论和经验文献。

13.9.1　房地产经纪业激励失调：理论研究

从广义上讲，关于房地产经纪的文献是通过一类重要的、关于激励如何被扭曲的文献而被熟知的（如 Gruber 和 Owings，1996；Hubbard，1998；Garmaise 和 Moskowitz，2004；Mehran 和 Stulz，2007）。具体来说，越来越多的文献估计了经纪人激励失调的结果，尤其关注了售房者和代理商之间的道德风险问题。在这种背景下，售房者的核心问题是设计一种佣金合同，以便能够调整自己的利益与经纪人相一致。在北美市场中，典型的经纪合同包括固定的佣金率和固定期限。具体讲，如果经纪人在合同期内将房产卖出，他将在住宅销售时获得售价的固定比例；否则他将得不到任何收益。长期研究表明该类典型合同具有严重的激励问题。

亚瓦斯（1996）证明，在存在一个委托人和代理商的标准假定中，一份最终的住房销售协议是仅仅是一个委托结构，这也会引出代理商的有效强度水平。在亚瓦斯的模型中，存在一个最终的住房销售协议，经纪人是剩余的索取者。任何比例的佣金构成将不会为经纪人付出最优的搜寻努力提供充足的激励，此类佣金构成中经纪人往往不能 100% 得到剩余。[36] 与为他们客户销售房屋相比，这会导致经纪人将自己拥有的房屋放在市场上，并以较高的价格销售（如 Rutherford et al.，2005；Levitt and Syverson，2008a）。佐恩和拉森（1986），昂林和阿诺特（1991），亚瓦斯（1995）和卢瑟福等（2004）人的文章中指出，比例合同难以提供充分的代理激励。[37]

比例佣金合同会产生代理问题的结论主要基于一个经纪人只为一个售房者服务的假设。在这种一对一的假设中，经纪人总是会在休闲和销售单一客户的房产之间分配时间。由于休闲的边际价值不依赖于佣金，一定比例的佣金并不会 100% 导致经纪人消费过度的休闲，因此付出努力不足。

然而，一旦我们放弃一对一的假设，允许经纪人之间的竞争，比例佣金设定可能将不再产生代理问题。在本节中，我们将首先回顾包含经纪人竞争的理论文献，然后回顾一系列激励失调问题的经验文献，这些激励问题主要由当前的佣金结构引起。

威廉姆斯（1998）以及费希尔和亚瓦斯（2010）的论文是关于经纪人竞争的两篇著名文章。两篇文章均提出了一定比例佣金结构下的模型，证明了佣金结构并不会产生代理问题。两篇文章的区别是前者的结果严格的依赖于代理商对于新房源的竞争，而后者要求多个代理商竞相销售从市场上可获得任何已经公布的的房产。

威廉姆斯（1998）引入了经纪人竞争均衡模型，在该模型中，在当前的客户和经纪人间不存在代理问题。他们的模型创新在于以下假设：（1）多个经纪人；（2）每个经纪人可能会面对多个售房者；（3）对于购房者和新进售房者来说搜寻成本昂贵；（4）经纪人之间的竞争均衡。他的模型可以被总结如下：在每个时期，代表性经纪人在劳动和休闲之间做出选择。对于每个客户，经纪人会分配相同的时间或者努力，最后任何的剩余时间都花费在搜寻新客户中。有点令人意外的结果是，每个经纪人花费相同的时间或努力销售每个客户的房产，并选择与其自有住房相同的保留价格。换句话说，含有固定比例佣金的标准合同在均衡中不会产生经纪人和当前客户间的代理问题。这源于这样的事实，即经纪人间的竞争使得每个经纪人花费在每个房源上的努力的边际效率等于搜寻新房源的边际效率，两种边际效率与佣金率成比例，可以推断出

---

[36] 一个相关的观点是如果合同设定了一个随住房价格增加的佣金率，那么合同将会变得更加有效率。例如，合同为价格超过 40 万美元的部分提供的佣金率是 30%，而不是为售价为 50 万美元的住宅支付 6% 的佣金，这会带给经纪人更加强烈的刺激。然而，经纪业主要受售房者信息缺乏的激励，因此不清楚售房者如何决定选择他们可能愿意提供的合同类型。在任何情形下，这类合同似乎在市场中不存在。

[37] 同样可以参考 Larsen and Park（1989）关于非统一佣金的经验性分析。

花费在每个客户身上的最优努力独立于佣金率。然而，这一均衡结果不是有效率的，因为花费在搜寻新客户上的时间对每个代理商而言存在一个私人价值，但是对于他们的客户或者其他代理商而言却没有任何价值。此外，每间住房的购房者平均到达率依赖于所有的经纪人在其他住房上时间的平均分配，这也造成了竞争均衡结果和帕累托最优结果之间的进一步偏离。

与威廉姆斯（1998）不同，费希尔和亚瓦斯（2010）考察了另一种情形，即使在缺乏对新房源的竞争时，比例佣金机制也不会产生代理问题。他们的创新是假设多个代理商竞相销售 MLS 中的任何房源。得到一个购房者的第一个代理商获得全部的佣金，而其他的代理商获得零佣金。在这种类型的佣金规定下，代理商的搜寻强度不仅会影响售房者的收益，也会影响其他代理商的收益。尤其是，代理商之间的竞争会导致每个代理商花费更多的努力去销售给定的房屋，以便能提高自己成为获得客户的代理商的可能性（如 Mortensen，1982）。另外，佣金率并不会如标准的委托代理分析预测的那样，百分百引致经纪人不费努力去销售房屋。在均衡中，这两种低效率会相互抵消，最终导致实现努力水平有效率。亚瓦斯和费希尔的模型虽然推理出了比例拥挤合同的最优水平，但是没有解释整体市场和随着时间变化而观察到的非统一佣金率现象，因为他们模型中的佣金率效率水平可随着住房价格、市场规模和经纪成本变化，这些他们已经指出来了。

威廉姆斯（1998），费希尔和亚瓦斯（2010）文章中的模型是重要的，因为经纪人间的竞争是房地产经纪市场不变的特性，还因为代理问题是关系到购房者和售房者的首要问题。值得注意的是，两种模型均需要很强的假设。例如，两篇文章均假设经纪人和住房是可识别的。异质经纪人会为了销售某种特殊的住房而竞争，这种搜寻努力并不是纯粹的浪费。此外，费希尔和亚瓦斯（2010）假设售房者在 MLS 系统发布他们的房产信息时，不需要首先获得资格代理商。这允许他们能够通过代理商减少对新房源的搜寻，这在威廉姆斯的模型中是一个严格的假定。虽然一些迹象表明，售房者正逐渐获得能直接在 MLS 发布他们房源的机会，但这种创新特性仍然没有在当前的北美市场获得广泛运用。一旦我们偏离了这些假设，标准的代理问题可能会出现。

在大多数此类文章的研究中，经纪人的努力会以一种特定方式产生较高的报酬。埃利希（Ehrlich，2013）的文章是一个例外。他提出了一个单边售房者搜寻模型，其中售房者对市场状态不确定，但是经纪人却不是这样。当收到一项报价时，经纪人会建议售房者是否接受。埃利希获得了一个有趣的结果，即售房者应该总是相信那些建言耐心等待的经纪人，而不是那些建言接受的经纪人。这描述了房地产经纪人的咨询作用，以及比例租金合同带来的道德风险。

斯泰西（2013）的文章是另一个例外，在契约框架下考虑了经纪人的代理作用。他的结果证明了代理商如何改善流动性，这与此处回顾的一些经验性研究相一致。

13.9.2　激励失调的经验研究

大量不断增加的经验文献估计了房地产经纪人和房屋销售目标不一致带来的后果。13.1 节讨论的图 13 - 3 描述了中介的许多方面内容，我们将在本节予以考察。该话题的早期研究主要集中在全额佣金与分摊拥挤协议的对比（Munneke and Yavas，2001），独家代理协议（EA）与独家销售权代理协议（ERTS）的对比（Rutherford et al.，2001）。最新的研究估计了代理商拥有的房产与客户拥有的房产对销售价格和市场交易时长的影响（Rutherford et al.，2005；Levitt and Syverson，2008a），MLS 发布的房地产与拥有者自己销售房地产的对比（Hendel et al.，2009），以及传统代理商销售的房产与折扣代理商销售的房产的对比（Levitt and Syverson，2008b；Bernheim and Meer，2013）。贯穿该类研究的主线是当前的佣金协议已经导致经纪人激励的扭曲，反过来会影响住房的销售量以及销售时间。

13.9.2.1　经纪人拥有的房产与客户拥有的房产

激励的关键问题是经纪人是否能够为他们代表的客户付出足够的努力，如受佣金激励一样。目前的比例佣金制虽然能够激励经纪人为他们的客户争取高价格，但是不能够提供充分的激励，促使经纪人努力获得最高的价格，因为经纪人仅仅从他们投入的额外努力中获得较小比例的边际收益。这一论断已经在昂林和阿诺特（1991），盖尔纳等（1991）等人的文章中被证实。如利维特和西维尔森（Levitt and Syverson，2008a）所强调，经纪人"即使以一个非常低价格，也拥有强烈的动机去尽快销售住房。"

虽然直观上是有说服力的，但是这种假设很难通过经验检验，因为经纪人的努力很难度量。卢瑟福等（Rutherford et al.，2005），利维特和西维尔森（2008a）设计了一种聪明的方法，就是比较经纪人销售自有住房和客户所有住房时的绩效。卢瑟福等人（2005）使用了公寓样本进行了检验——一种可能异质程度较低的住房市场划分。他们发现与销售客户拥有的类似公寓相比，经纪人销售自有公寓时能获得 3% ~ 7% 的额外收益。利维特和西维尔森（2008a，2008b）以相同的思路使用了单户型房屋销售的大数据集，其中部分样本是经纪人拥有的住房，又度量了代理问题。他们发现代理商拥有的房屋的销售价格比客户拥有的住房相比，存在 4% ~ 5% 的溢价，且市场销售时间较长。同时，他们使用赫芬达尔指数测度了给定城市社区的住房异质化水平。他们研究发现最高的溢价出现在异质性最大的社区。

许多其他文献也采用了相似的方法。黄和卢瑟福（2007）估计了房地产经纪人发布的房屋信息与非房地产经纪人发布的对销售价格和交易时长的影响，这里的房地产经纪人指的是 NAR 会员。他们研究发现经纪人在 MLS 上销售的房屋的数量和速度要比不在此分类中的代理商更多和更快。比安等（Bian et al.，2013）考察了一个相关的问题，即经纪人正在销售的住房的数量对价格和流动性的影响。他们的研究表明当存在更多的其他房源争夺一个经纪人的时间时，价格比较低，且房产需要很长时间才能被销售出去。贾和帕塔克（2014）调查了那些支付较高佣金的售房者是否面临不同的销售结果。他们发现较高的佣金与较高的销售可能性密切相关，对交易时长的影响较微弱，而对销售价格整体上没有影响，这与高佣金的代理商会以较低的价格销售住房，进而提升销售的可能性相一致。总之，这些文献为房地产经纪市场的激励冲突的研究提供了有用的证据，而激励冲突主要源自比例佣金机制。

13.9.2.2　经纪人公布的房产与拥有者自售的房产

考察佣金激励的一种可替代方法是比较经纪人销售房屋与业主自己销售房屋的绩效。近年来，随着互联网的传播，FSBO 销售模式（"拥有者自己销售"——意味着房屋的销售不使用经纪人）已经变得越来越受欢迎。因此，研究者基本上能够量化雇佣一名经纪人的收益，这主要通过估计经纪人列表房产与业主自售房产对价格和流动性的影响。然后再比较估算出来的溢价与佣金费，这也实现了对佣金协议效率的一种估计。

虽然估计与房屋拥有者自我销售相关的经纪服务价格溢出听起来是简单的，但近年来一种争论随之而来，这主要是关于如何把估计得到的价格溢价转化到经纪服务净收益的度量中。例如，NAR 报告（2005）发现 FSBO 类住房按 19.82 万美元的中间价销售，而那些通过经纪人销售的住房的中间价为 23 万美元。报告总结认为雇用一名代理商明显会给售房者带来较高的溢价（16%）。对此类分析的一种合理的考虑是我们不清楚对于经纪人列表的房屋和 FSBO 类的房屋而言，售房者和他们的住房是否是不同的，因此，销售价格差异的度量可能反映了综合影响。

另外，也可以通过控制住房特征和市场条件估计与 FSBO 销售模式相关的经纪人服务对价格的影响。然而，这种策略本身缺乏说服力，事实上，经纪人的雇用与房屋和房主的特征是高度相关的。在大多数市场上，FSBO 类售房者组成了一组具有潜在非同寻常特征和倾向的、小且经过筛选的团体。根据埃文斯（2003）的文章，在 2004 年的第一季度，44% 的 FSBO 类房屋从没有被放在公开市场上，这是由于售房者和买房者事先是相互认识的。此外，FSBO 类卖方往往是老年人和拥有较少财富的人（National Association of Realtors，2002）。一些先前的研究运用的是样本选择修正法，但是样本识别全部由函数形式的假设完成而不是由排斥性约束条件完成。同样的，一些早期研究使用的数据集范围非常小且有独特性。

亨德尔等（Hendel et al., 2009）对比分析了威斯康星州麦迪逊区 1998 ~ 2004 年 MLS 中发布的、使用传统的全方位服务经纪人的住房销售量与在一个 FSBO 网站的销售量。他们的分析值得关注，因为他们分析使用的数据集非常大，包括许多的 FSBO 类交易，时间跨度为 7 年，这允许他们能够控制房屋和房主所带来的固定效应。在控制住房和售房者的特征时，他们发现，与在 FS-BOMadison 网站上发布住房信息相比，在 MLS 上发布信息不会带来价格溢价。然而，使用传统经纪人在 MLS 上发布信息确实缩短了销售房屋的时间，且最终更可能达成交易。他们同时也发现了内在排序的证据，验证了缺乏耐心的售房者更倾向于在高佣金，即高水平服务选项中列出自己的住房。我们需要注意他们使用的数据集来自于一个特殊的市场，其中 FSBO 销售份额占据总销售的约 25%。脱离该市场就得不到他们的结论，因为 FSBO 模式的渗透力以及隐藏在 FSBO 模式扩散下驱动力会随着整个市场和时间而发生较大的变化。

13.9.2.3　传统经纪人与折扣经纪人

在使用全方位服务的经纪人和根本不存在经纪人帮助的两种房屋销售极端情况间，存在很多的中间选择。其中一个重要的例子是折扣经纪人（discounted brokers）服务的使用，比如一个经纪人将客户的住房放到 MLS 上销售，但是只收取固定的佣金。假定购房者和售房者对经纪服务的需求存在较大的异质性，将 MLS 的房源与其他的房地产经纪服务取消捆绑就能够提高消费者的福利。因此，这也获得了联邦贸易委员会和司法部的支持。这自然也会产生一个问题，即相比于在 MLS 上列表住房得到的价值，经纪服务为售房者带来多少价值。这一问题的答案并不明确。一方面，经纪人提供了有用的知识和专业经验；另一方面，考虑到我们先前描述的委托代理问题，经纪人不一定代表售房者的偏好。

伯恩海姆和米尔（Bernheim and Meer, 2013）通过研究斯坦福住宅清单为该争论提供了线索。他们分析样本中的住房没有在 MLS 公布。他们比较了有经纪人帮助的房源和 FSBO 模式销售的房源的绩效。他们发现售房者获得相似的价格，但是当他们不选择雇用一名经纪人时，销售时间比较长。在与前者相反的情形下，利维特和西维尔森（2008b）对比分析了全方位服务房地产经纪人和折扣经纪人的绩效。他们发现使用较低成本的经纪人时，住房交易时长会比较长，但是销售价格并没有明显的区别。经纪人的使用对销售价格没有影响，这一共同发现似乎意味着激励失调问题是非常严重的，它抵消了经纪人信息优势所带来的正向收益。

13.9.2.4 独家代理商与经纪人独家销售权

目前为止，我们已经讨论了一种重要的代理问题，其由比例佣金结构造成。进一步的文献研究表明，经纪人投入到客户住房销售的努力水平还依赖于房源合同的性质、正式代理商和经纪人协理之间的关系，以及经纪人与所述经纪公司的佣金分配机制。现在我们将开始讨论这些因素。

经纪人和售房者的代理关系在签署销售代理合同时正式生效。根据卢瑟福等（2001）的研究，签署独家销售权（ERTS）是最普遍的协议制度。该协议签署后，如果住房销售出去，或者在授权协议期满前达成一种象征性的买卖协定，经纪人就可以获得佣金。这种类型的授权协议一般受经纪人偏好，因为它为佣金提供了最强的保障。另外一项代理协议，独家代理（EA）的情况下，如果售房者对实现销售负有责任可以使售房者节约一笔佣金。然而，与独家销售权委托相似，如果任何经纪人在合同到期前完成销售，授权经纪人将会收获一笔佣金。

运用搜寻的理论框架，卢瑟福等（2001）证明，虽然独家代理合同会带来经纪人和售房者较高的努力水平，因而导致比独家销售权合同较快的实现销售，但两种类型的合同将会产生相同的价格。通过使用得克萨斯州达拉斯－沃思堡 1994 年和 1997 年间的 MLS 数据，他们发现与独家销售权合同相比，独家代理合同使得住房销售的更快，且销售的边际价格较低。使用相同的数据，卢瑟福等（2004）进一步考察了按照价格范围区分的住房市场间的区别。他们发现对于较低定价的住房，房产会在市场上销售时间较长，如果由经纪人完成销售，那么价格会打折扣。另外，较高定价的住房则会受到独家代理合同更好的服务。

一个相关的问题是房地产代理合同的期限。在北美，典型合同设定了一个固定的独家代理期。昂林和阿诺特（1991）指出，期限的范围是变化的，而最普遍的期限范围在 61～90 天。合同的期限存在很多的影响。昂林和阿诺特（1991）证实，期限和佣金率变动的合同可以被用来区分能力不同的代理商，低能力的代理商更愿意为了较长的期限牺牲佣金。在米塞利（1989）关于经纪合同最优期限的分析中，发现期限较短的合同可能会修正激励。该观点认为代理商将会投入更多的努力，以便能够在合同到期前完成销售。另一个未被现有文献考虑到的问题是，较短的期限可能不会给经纪人提供激励来在某一特殊住房营销中进行个人关系相关的投入。参阅乔斯科（1987）的研究，可以看到不同背景下关于这一问题的分析。经验分析方面，沃勒等（2010）发现当代理合同较长时，交易时长相应较长，这与米塞利的模型相一致。

13.9.2.5 经纪人代表

当房地产经纪人从售房者那里得到佣金收入，在 MLS 规则下，他将会（公平的）与服务于购房者一方的经纪人协理分摊佣金。这是因为从以往的事实看，经纪人协理被看作售房者的子代理商，代表了售房者最好的偏好。因此，售房者补偿子代理商也是符合逻辑的。这种制度安排存在的显著激励问题是，虽然它能够激励经纪人为了他所服务的客户争取较高的价格，但是它也会造成经纪人为购房者服务的不当激励（见 Lindeman，2004）。

在许多州，买方经纪的出现已经改变了该类关系中的法定代表。在此情形，服务于买方的经纪人不再是卖方的子代理商，仅仅是买方的代理商——被称为买方经纪人。通过使用 1996 年 NAR 的数据，埃尔德等（2000）发现买方经纪人似乎能够减少搜寻时间，但是对购房者的价格没有影响。那些拥有较高搜寻机会成本和对当地市场条件不了解的购房者更有可能寻找买方经纪人。柯伦和施拉格（2000）也考察了买方经纪的影响，研究表明，买方经纪业降低了购房者的搜寻成本，改善了购房者在高端房产的谈判中的位置。然而，如亚瓦斯和科尔韦尔（1999）指出，只要买方经纪人获得销售价格的一定比例，他们的偏好将不会根据购房者的偏好进行调整。

与售房者相比，购房者通常被认为在搜寻和匹配过程中更加积极。这是因为他们可以在较大的利润范围做出决定，比如是否进行搜寻，是否进行报价以及是否购买。认识到购房者和售房者之间的区别，米塞利（1991）提出，销售房者支付给经纪人某一固定的费用在 MLS 上列入一项房产，然后只需要支付佣金给寻找到购房者的经纪人。基于这种制度安排，亚瓦斯和科尔韦尔（1999）进一步提出售房者可能会单独雇用一名经纪人来帮助谈判，而购房者也可能单独雇用一名经纪人来进行房产参观，并在谈判中提供帮助。然而，如米塞利等（2000）指出，此类制度安排仍然没有解决代理问题，这些问题主要与购房者经纪基于销售价格获得补偿相关。

当购房者和卖房者被同一家经纪公司代表——所谓的内部住房交易时，代理关系中的激励问题变得相当严重。在典型的北美住房市场上，内部住房交易约占住房交易的 20%（Han and Hong，2014）。理论上讲，内部住房交易可能会创造信息效率，降低交易成本，进而会导致购房者和售房者之间的有效匹配。然而，同样可能的是代理商会根据自身的经济利益促进内部住房交易。尤其是，由于匹配内部的房源给内部的购房者有利于快速地清理库存，增加两端达成交易的可能性，经纪公司通常会向参与内部住房交易的代理商支付较高的佣金以作为奖励。这些内部住房交易非常自然地反映出代理商的策略性努力，造成了住房交易过程出现扭曲，即这使得代理商获益而不是房屋的买房者和售房者。

如果出现内部住房交易中的策略，则会对房屋的买方和卖方带来至少两方面有害影响。第一，在搜寻阶段，通过将自身利益导向内部客户（买房者），房地产代理商可能会误导购房者（售房者），这会导致消费者的次优选择；第二，在谈判阶段，一个明显的利益冲突来自于买卖双方拥有相同的代理商，这使得代理不可能在不损害一方的前提下帮助另一方。由于这些原因，许多司法管辖区域已经引入了双重代理的披露要求，以便帮助消费者避免未公开和非预期的双重代理关系。法律规定在签署代理协议时，经纪人和代理商必须将双重代理的性质告知购房者和售房者。

许多研究已经估计了双重代理对谈判阶段的影响。例如，加德纳等（Gardiner et al.，2007）发现双重代理降低了销售价格和交易时长，1984年夏威夷州相关法律发生变动，规定双重代理须全部公开，使得这两种影响变得更弱了。使用重复销售的房产数据，埃文斯和科尔比（Evans and Kolbe，2005）表明双重代理的出现对房产价格的影响较小。与此类似，卡地亚里等（2014）使用纽约长岛2004～2007年的10 888项交易数据研究发现，双重代理在整体上对销售价格没有影响。最近，约翰逊等（2014）使用印第安纳州约翰逊县的2000年6月1日～2010年5月31日的MLS交易数据，发现双重代理对销售价格没有影响。通过进一步控制房产权，他们还发现双重代理与代理商所有的房产溢价相关，还与政府所有和银行所有的房产折扣价格相关联。

如房地产经纪已有的研究文献一样，上述研究同样使用销售价格和市场交易时长作为评估经纪人绩效的关键指标。这些度量虽然反映了售房者的利益，但是并没有反映出房屋买房者和所买住房的匹配质量，因此就不能解决住房交易过程中双重代理对搜寻阶段的影响。韩和洪（2014）通过提出内部住房交易的结构化模型解决了这个问题，重新估算了购房者能够从内部房源和外部房源中获得匹配价值。这样做能够允许他们评估激励失调给购房者造成的经济损失。在一个代理商的利益完全与购房者利益一致的世界里，不会存在与内部住房交易相关的效率损失，由于对于购房者来说，所有的交易均代表最佳的匹配结果。另外，如果代理商策略性的干预住房在个人间的配置，购房者的利益将不可避免地被牺牲，并产生一种次优匹配。

韩和洪（2014）利用北美大都市区的房屋交易数据发现，代理商收到经济奖励时，更愿意选择促销内部房源，但是在执行法律规定后，代理商签署协议时必须将双重代理关系告知客户，这类影响变得较微弱了。尤其是，约有64.3%的内部住房交易可以用有效匹配来解释，虽然剩余部分可能由代理商的策略性促销带来——后者显然会给购房者带来效用损失。他们还发现，法律已经减轻了代理商的策略性营销对住房匹配过程的影响，这也解释了为什么规定变化后内部住房交易下降了70%。

13.9.2.6　全额佣金代理商与拆分佣金代理商

一旦经纪人收到佣金，他们将会与所属的经纪公司分摊这笔佣金。一些公司发放事先约定比例的佣金，被称作拆分佣金代理。其他的经纪公司，比如RE/MAX，允许他们的经纪人保留所有的佣金收入，但是必须提前支付固定比例的费用，这被称作全额佣金代理。因为全额佣金代理从销售任何给定的房源获得佣金都比拆分佣金代理多，前者吸引了更多的房源，也在每个房源上投入更多的努力。然而，随着房源的增加，代理商的边际效率却下降了。穆里克和亚瓦斯（2001）使用搜寻理论框架研究发，现在均衡时房产的价格或者销售时间在全额和拆分佣金代理之间不存在差异。穆里克和亚瓦斯（2001）使用美国佐治亚州的房屋销售数据发现，RE/MAX代理商获得的房源明显比其他代理商多。而且，对于销售房屋所花费的时间以及销售价格，两种代理类型在统计上没有显著的区别。艾伦等（2003）使用不同的数据集研究发现，与拆分佣金代理商销售的房产相比，全额佣金代理促销的房产销售的更快，且存在溢价。

在两项研究中，RE/MAX代理商被用来代表全额佣金代理商（因此，更有效率的代理商），而非RE/MAX代理商被用来代表拆分佣金代理商（因此也是低效率代理商）。索尔特等（2007）应用马科维茨投资组合优化理论确定了全额代理商（低风险）和拆分代理商（高风险）的最优组合。他们证实了公司需要保持约10%的全额佣金代理商。这就为公司内存在多样化的代理商提供了可行性解释，也说明了当代理商为同一个公司工作时形成的协作关系。这也意味着，基于RE/MAX所属的代理商的一个简单分类可能会产生显著的度量误差和规范问题。基于对合格经纪人调查得到的实际确定的每个经纪人具体补偿安排，约翰逊等（2008）使用阿拉巴马州蒙哥马利市场区的销售数据，重新检验了佣金拆分结构和代理绩效之间的联系。他们发现与拆分佣金代理人相比，全额佣金代理人销售他们列表中的住房更快，且存在溢价。

这类研究的一种局限性是佣金激励和代理绩效相关性的因果关系方向不明

确。可能会发生更多有效率的代理商选择做全额佣金代理商，而不是较高的佣金会产生较好的绩效（穆里克和亚瓦斯，2001）。例如佐帕诺等（2009）发现，年轻、有更多经验和收入的男性代理商倾向于选择当全额佣金代理商。对于研究者来说，使用一种均衡方法来分析这一重要问题，或者选择合适的工具变量来解决这一选择问题是非常有价值的。

13.9.2.7　租赁市场的激励问题

到目前为止，我们主要集中在住房购买市场的中介问题。租赁市场同时也存在中介，但是形式却不相同。对于住房销售而言，绝大多数的北美经纪协议会形成经纪人和售房者之间的独家代理关系。在租赁市场，既存在独家代理合同，也存在非独家代理合同。此外，对于销售而言，售房者支付经纪费用。而对于租赁，有时房东支付，有时新房客支付。

巴伊兰卡和加瓦扎（2014）使用曼哈顿的数据，考察了租赁合同形式的确定问题。他们发现一种与激励问题相一致的合同模式在租赁经纪中是重要的。更多的非典型单元（如豪林的定义，1988）在独家代理合同下更有可能被销售。在一些较小的市场，很难寻找到匹配得当的房客，而且独家代理合同能够赋予经纪人较强的激励。房东为租金稳定的公寓支付费用允许索要较高的初始租金，这在租金增长受到限制时是重要的。

13.9.2.8　结论

如果用一个主题来统括激励问题的大量经验研究，那就是研究者集中于估计不同形式的中介对住房交易结果的效应，这里的交易结果主要指价格和流动性。然而，中介的形式（如所有者自售与经纪人代理）并不是随机的指定给住房和他们的售房者。因此，数据的变化自然不是实验性的。有很好的理由相信那些采用不同寻常的中介策略的售房者在对价格和交易时长的影响方式上是不同的。虽然现在已经投入很多的精力进行了存在因果关系解释的估计，但是未来需要更多的投入。

13.9.3　激励问题的缓解

尽管存在房地产激励失调相关的大量文献，但很少有文章研究应如何缓解这些激励问题。威廉姆斯（1998）表明代理商为新房源的竞争能够调整激励，在某些情形下会产生最优解。费希尔和亚瓦斯（2010）研究表明，不同类型的竞争——代理商为销售现存房源而相互竞争——同样可能得到最优解。从本质上讲，代理商之间的竞争会鼓励较多的努力，这也平衡了比例佣金下投入较少努力的倾向。

信息的完善也倾向于会解决激励问题。这些信息的完善多是一些竞争效应。互联网已经允许房地产中介新的业务模式创新和扩展。例如大多数的 FS-BO 类销售依赖互联网，他们会直接跟房地产中介代理销售竞争。如上所述，竞争有利于修正激励问题。而且，一般而言，代理问题源于信息不对称。信息技术的提升，如 Trulia 和 Zillow，降低了不对称性，因此可能会提高效率。然而，没有正规的经验研究检验过该问题。

经纪人对可能存在激励问题评论的一个非常自然的反应是经纪人要维护声誉，差的行为会受到惩罚。施和塔皮亚（2014）考察了这个问题。他们的研究主要通过对比离开和不离开北地区的两组售房者的销售结果。前者显然提供的推荐更少。他们发现这组售房者会快速销售，且价格较低。

解决该问题的另一个方法是设计一个具有更好激励的合同。6% 的传统佣金是一个相当低驱动力的激励合同。在温哥华施行的另外一种方法是住房价格的前 10 万美元支付 7% 的佣金，剩余的部分支付较低的佣金，这使得激励变得更加低效。盖尔纳等（1991）讨论了激励问题，并对令人费解的更强激励合同的缺乏进行了评论。

13.10　结　　论

本章回顾了大量考察住房市场是如何运转的研究。这些回顾包括住房搜寻、讨价还价、拍卖和中介文献的回顾。一个值得强调的结论是住房市场流动性不足。住房市场出清的实现主要通过价格和流动的多样化度量，包括售房者和购房者的市场交易时长，购房者和售房者投入的努力。

另一个我们可以明确得出的结论是住房市场明显区别于其他市场。与劳动或商品搜寻不同，住房搜寻所涉及的住房拥有者既是买房也是买方。这对均衡的性质有重要的影响。类似地，房地产经纪人与其他的中介存在很多方面的不同。其中之一是，他们会根据自己的能力频繁地扮演买房者和售房者，这是在其他市场中不可能看到的。这为考察经纪业中的代理问题提供了一种最基本的分析方法。当然，这些仅是其中的一些方式，具体的住房特征会影响住房市场的运作。

对于未来的理论研究，存在强烈的理由去考察含有确定性微观基础的模型。在某种程度上，本章所涉及的大多数其他问题是不完备或不完全信息，而该类问题的模型化是理论分析的核心。例如，理解要价的作用需要对传递给潜在搜寻者的信息进行明确处理。可能的话，也有强烈的理由去研究均衡模型。在我们已经参考的模型中，已经了解到均衡对于流动性、市场动态和多样化的其他显著现象有重要的影响。值得注意的是，在许多这类均衡模型中，稳态框架已经成为理论研究的主流范式。然而，非稳态的均衡模型对于评估住房市场的动态性是非常有用的，比如短期内的过度调整现象和要价的黏性问题。当然，任何理论模型不管是一般均衡还是局部均衡，稳态还是非稳态，必须与经验性的分析相衔接，进而刻画住房市场的独特机制和特性。

理论对经验研究是重要的，因为理论为因果关系的经验性识别提供了引导。住房被公认为是异质性的，住房拥有者和经纪人亦是如此。一个成功的识别策略必须解决一些计量问题，问题来自于基于未观察到的异质性进行的选择和整理。本章已经确定了很多范围，如图 13 - 1 ~ 图 13 - 3 所示，在这些范围内按照内生性问题判定市场和中介因素的影响是很复杂的。

这些问题会很难解决，但是经验过程也许会随着新数据可得性的提高变得容易。与传统的数据来源比，新的数据集有时是非常大的，且通常是面板数据。而且，新数据源有时包含的信息不仅仅是关于交易结果，还有交易过程的详细结构，如讨价还价过程、竞价和买方搜寻活动。因此新数据源提供了搜寻过程、讨价还价过程和买房者、卖房者和经纪人间的中介过程的一种更加综合的描述，这有助于研究者从新的视角来探讨一些过去的困惑，进而处理各种新问题。

致　谢

感谢加拿大社会研究和人力资源研究所和多伦多中央大学的金融支持。同样要感谢 Gilles Duranton，Vernon Henderson，Paul Carrillo，Stuart Rosenthal，Joseph Williams 以及多伦多区域与城市经济学手册的参与者提出的建设性意见。我们还要感谢 Yousuf Haque 和 Jessica Burley 作为研究助理做出的努力。

参考文献

Adams, P.D., Kluger, B.D., Wyatt, S.B., 1992. Integrating auction and search markets: the slow Dutch auction. J. Real Estate Financ. Econ. 5 (3), 239–253.

Aguirregabiria, V., Mira, P., 2002. Swapping the nested fixed point algorithm: a class of estimators for discrete Markov decision models. Econometrica 70, 1519–1543.

Aguirregabiria, V., Mira, P., 2007. Sequential estimation of dynamic discrete games. Econometrica 75, 1–53.

Aguirregabiria, V., Nevo, A., 2010. Recent developments in empirical IO: Dynamic demand and dynamic games, Working paper.

Albrecht, J., Anderson, A., Smith, E., Vroman, S., 2007. Opportunistic matching in the housing market. Int. Econ. Rev. 48 (2), 641–664.

Albrecht, J., Gautier, P., Vroman, S., 2012. Directed search in the housing market. Working paper.

Allen, M.T., Faircloth, S., Forgey, F., Rutherford, R.C., 2003. Salespersons compensation and performance in the housing market. J. Acad. Financ. 1, 62–71.

Anderson, R.I., Lewis, D., Springer, T.M., 2000a. Operating efficiencies in real estate: a critical review of the literature. J. Real Estate Lit. 8 (1), 1–18.

Anderson, R.I., Lewis, D., Zumpano, L.V., 2000b. X-inefficiencies in the residential real estate market: a stochastic frontier approach. J. Real Estate Res. 20 (1), 93–104.

Anderson, R.I., Lewis, D., Zumpano, L.V., 2000c. Residential real estate brokerage efficiency from a cost and profit perspective. J. Real Estate Financ. Econ. 20 (3), 295–310.

Anenberg, E., Bayer, P., 2013. Endogenous Sources of Volatility in Housing Markets: The Joint Buyer-Seller Problem (No. w18980). National Bureau of Economic Research.

Anglin, P.M., 1997. Determinants of buyer search in a housing market. Real Estate Econ. 25 (4), 567–589.

Anglin, P.M., Arnott, R., 1991. Residential real estate brokerage as a principal-agent problem. J. Real Estate Financ. Econ. 4 (2), 99–125.

Anglin, P., Arnott, R., 1999. Are brokers' commission rates on home sales too high? A conceptual analysis. Real Estate Econ. 27 (4), 719–749.

Anglin, P., Rutherford, R., Springer, T., 2003. The trade-off between the selling price of residential properties and time-on-the-market: the impact of price setting. J. Real Estate Financ. Econ. 26 (1), 95–111.

Arnold, M.A., 1999. Search, bargaining and optimal asking prices. Real Estate Econ. 27 (3), 453–481.

Arnott, R., 1987. Economic theory and housing. In: Mills, E.S. (Ed.), Handbook of Regional and Urban Economics, vol. 2. North Holland, Amsterdam, pp. 959–988.

Ashenfelter, O., Genesove, D., 1992. Testing for price anomalies in real estate markets. Am. Econ. Rev. 82, 501–505.

Bar-Isaac, H., Gavazza, A., 2014. Brokers' contractual arrangements in the Manhattan residential rental market. Working paper.

Bartlett, R., 1981. Property rights and the pricing of real estate brokerage. J. Ind. Econ. 30, 79–94.

Barwick, P., Pathak, P., 2014. The impact of commissions on home sales in Greater Boston. Am. Econ. Rev. Pap. Proc. 100, 475–479.

Battu, H., Ma, A., Phimister, E., 2008. Housing tenure, job mobility and unemployment in the UK. Econ. J. 118 (527), 311–328.

Bayer, P., Geissler, C., Roberts, J., 2011. Speculators and middlemen: the role of flippers in the housing market. NBER Working paper Series, 16784.

Benjamin, J.D., Jud, G.D., Sirmans, G.S., 2000. What do we know about real estate brokerage? J. Real Estate Res. 20, 5–30.

Benjamin, J.D., Chinloy, P., Winkler, D.T., 2007. Sorting, franchising and real estate brokerage firms. J. Real Estate Financ. Econ. 34 (2), 189–206.

Bernheim, B.D., Meer, J., 2013. Do real estate brokers add value when listing services are unbundled? Econ. Inq. 51 (2), 1166–1182.

Berry, S., Reiss, P., 2007. Empirical models of entry and market structure. In: Armstrong, M., Porter, R.H. (Eds.), Handbook of Industrial Organization, vol. 3. Elsevier, Amsterdam, pp. 1845–1886.

Bian, X., Turnbull, G., Waller, B., Wentland, S., 2013. How many listings are too many? The impact of agent inventory externalities on selling price and liquidity of client properties. Working paper.

Braswell, M.K., Poe, S.L., 1992. The residential real estate brokerage industry: a proposal for reform. Am. Business Law J. 30 (2), 271–334.

Bulow, J., Klemperer, P., 2009. Why do sellers (usually) prefer auctions? Am. Econ. Rev. 99 (4), 1544–1575.

Burnside, C., Eichenbaum, M., Rebelo, S., 2011. Understanding booms and busts in housing markets. National Bureau of Economic Research Working paper 16734.

Campbell, J.Y., Giglio, S., Pathak, P., 2011. Forced sales and house prices. Am. Econ. Rev. 101, 2108–2131.

Caplin, A., Leahy, J., 2011. Trading frictions and house price dynamics. J. Money Credit Bank. 43 (2), 283–303.

Caplin, A., Chan, S., Freeman, C., Tracy, J., 1997. Housing Partnerships. MIT Press, Cambridge.

Carney, M., 1982. Costs and pricing of home brokerage services. Real Estate Econ. 10 (3), 331–354.

Carrillo, P.E., 2008. Information and real estate transactions: the effects of pictures and virtual tours on home sales. George Washington University. Working paper.

Carrillo, P.E., 2012. An empirical stationary equilibrium search model of the housing market. Int. Econ. Rev. 53 (1), 203–234.

Carrillo, P.E., 2013. To sell or not to sell: measuring the heat of the housing market. Real Estate Econ. 41 (2), 310–346.

Carrillo, P.E., de Wit, E.R., Larson, W., 2014. Can tightness in the housing market help predict subsequent home price appreciation? Evidence from the U.S. and the Netherlands. Real Estate Econ. Forthcoming.

Carroll, W., 1989. Fixed-percentage commissions and moral hazard in residential real estate brokerage. J. Real Estate Financ. Econ. 2 (4), 349–365.

Case, K., Shiller, R., 1989. The efficiency of the market for single-family homes. Am. Econ. Rev. 79 (1), 125–137.

Case, K., Shiller, R., 1988. The behavior of home buyers in boom and post-boom markets. N. Engl. Econ. Rev. 11, 29–46.

Case, K., Shiller, R., 2003. Is there a bubble in the housing market? Brook. Pap. Econ. Act. 2, 299–342.

Chauvet, M., Gabriel, S., Lutz, C., 2014. Fear and loathing in the housing market: evidence from search query data. Working paper.

Chen, Y., Rosenthal, R.W., 1996a. On the use of ceiling-price commitments by monopolists. RAND J. Econ. 27 (2), 207–220.

Chen, Y., Rosenthal, R.W., 1996b. Asking prices as commitment devices. Int. Econ. Rev. 37, 129–155.

Chow, Y.L., Hafalir, I.E., Yavaş, A., 2014. Auction versus negotiated sale: evidence from real estate sales. Real Estate Econ.

Coulson, N.E., Fisher, L.M., 2002. Tenure choice and labour market outcomes. Hous. Stud. 17 (1), 35–49.

Coulson, N.E., Fisher, L.M., 2009. Housing tenure and labor market impacts: the search goes on. J. Urban Econ. 65 (3), 252–264.

Courant, P.N., 1978. Racial prejudice in a search model of the urban housing market. J. Urban Econ. 5 (3), 329–345.

Crockett, J.H., 1982. Competition and efficiency in transacting: the case of residential real estate brokerage. Am. Real Estate Urban Econ. Assoc. 10 (2), 209–227.

Cubbin, J., 1974. Price, quality, and selling time in the housing market. Appl. Econ. 6 (3), 171–187.

Curran, C., Schrag, J., 2000. Does it matter whom an agent serves? Evidence from recent changes in real estate agency law. J. Law Econ. 43, 265–284.

Dachis, B., Duranton, G., Turner, M.A., 2011. The effects of land transfer taxes on real estate markets: evidence from a natural experiment in Toronto. J. Econ. Geogr. 11, 1–28.

Diamond, P.A., 1982. Wage determination and efficiency in search equilibrium. Rev. Econ. Stud. 49, 217–227.

Díaz, A., Jerez, B., 2013. House prices, sales, and time-on-market: a search-theoretic framework. Int. Econ. Rev. 54 (3), 837–872.

Ehrlich, G., 2013. Price and time to sale dynamics in the housing market: the role of incomplete information. Working paper.

Elder, H.W., Zumpano, L.V., Baryla, E.A., 1999. Buyer search intensity and the role of the residential real estate broker. J. Real Estate Financ. Econ. 18 (3), 351–368.

Elder, H.W., Zumpano, L.V., Baryla, E.A., 2000. Buyer brokers: do they make a difference? Their influence on selling price and search duration. Real Estate Econ. 28 (2), 337–362.

Evans, D.S., 2003. Antitrust economics of multi-sided platform markets. Yale J. Regul. 20, 325.

Evans, R., Kolbe, P., 2005. Homeowners' repeat sales gains, dual agency and repeated use of the same agent. J. Real Estate Res. 27 (3), 267–292.

Fisher, L.M., Yavaş, A., 2010. A case for percentage commission contracts: the impact of a "race" among agents. J. Real Estate Financ. Econ. 40 (1), 1–13.

Fisher, J., Gatzlaff, D., Geltner, D., Haurin, D., 2003. Controlling for the impact of variable liquidity in commercial real estate price indices. Real Estate Econ. 31 (2), 269–303.

Ford, J.S., Rutherford, R.C., Yavaş, A., 2005. The effects of the internet on marketing residential real estate. J. Hous. Econ. 14 (2), 92–108.

FTC Report, 1983. The Residential Real Estate Brokerage Industry. Federal Trade Commission.

FTC Report, 2007. Competition in the Real Estate Brokerage Industry. U.S. Department of Justice and Federal Trade Commission.

Gardiner, J., Heisler, J., Kallberg, J.G., Liu, C.H., 2007. The impact of dual agency. J. Real Estate Financ. Econ. 35 (1), 39–55.

Garmaise, M., Moskowitz, T., 2004. Confronting information asymmetries: evidence from real estate markets. Rev. Financ. Stud. 17 (2), 405–437.

Geltner, D., Kluger, B., Miller, N.G., 1991. Optimal price and selling effort from perspectives of the broker and seller. J. Am. Real Estate Urban Econ. Assoc. 19 (1), 1–24.

Genesove, D., Han, L., 2012a. Search and matching in the housing markets. J. Urban Econ. 72, 31–45.

Genesove, D., Han, L., 2012b. Measuring the thinness of real estate markets. Working paper.

Genesove, D., Mayer, C., 1997. Equity and time to sale in the real estate market. Am. Econ. Rev. 87 (3), 255–269.

Genesove, D., Mayer, C., 2001. Loss aversion and seller behavior: evidence from housing markets. Q. J. Econ. 116 (4), 1233–1260.

Glaeser, E.L., Nathanson, C.G., 2015. Housing bubbles. In: Duranton, G., Henderson, J.V., Strange, W.C. (Eds.), Handbook of Urban and Regional Economics, vol. 5. Elsevier, Amsterdam, pp. 699–751.

Glaeser, E.L., Gyourko, J., Morales, J., Nathanson, C.G., 2014. Housing dynamics: an urban approach. J. Urban Econ. 81, 45–56.

Glower, M., Haurin, D.R., Hendershott, P.H., 1998. Selling time and selling price: the influence of seller motivation. Real Estate Econ. 26 (4), 719–740.

Goetzmann, W., Peng, L., 2006. Estimating house price indexes in the presence of seller reservation prices. Rev. Econ. Stat. 88 (1), 100–112.

Goolsby, W.C., Childs, B.J., 1988. Brokerage firm competition in real estate commission rates. J. Real Estate Res. 3 (2), 79–85.

Green, R.K., Vandell, K.D., 1998. Optimal asking price and bid acceptance strategies for residential sales. Working paper.

Gruber, J., Owings, M., 1996. Physician financial incentives and cesarean section delivery. RAND J. Econ. 27 (1), 99–123.

Guasch, J.L., Marshall, R.C., 1985. An analysis of vacancy patterns in the rental housing market. J. Urban Econ. 17 (2), 208–229.

Han, L., 2010. The effects of price risk on housing demand: empirical evidence from US markets. Rev. Financ. Stud. 23 (11), 3889–3928.

Han, L., Hong, S.H., 2011. Testing cost inefficiency under free entry in the real estate brokerage industry. J. Bus. Econ. Stat. 29 (4), 564–578.

Han, L., Hong, S.H., 2014. In-House Transactions in the Real Estate Brokerage Industry. Rotman School of Management, University of Toronto, Working paper.

Han, L., Strange, W., 2013. Bidding wars for houses. Real Estate Econ. 41 (3), 1–32.

Han, L., Strange, W., 2014. What is the role of the asking price for a house? Working paper.

Harding, J.P., Rosenthal, S.S., Sirmans, C., 2003. Estimating bargaining power in the market for existing homes. Rev. Econ. Stat. 85 (1), 178–188.

Haurin, D., 1988. The duration of marketing time of residential housing. Real Estate Econ. 16 (4), 396–410.

Haurin, D.R., Gill, H.L., 2002. The impact of transaction costs and the expected length of stay on home-ownership. J. Urban Econ. 51 (3), 563–584.

Haurin, D.R., Haurin, J.L., Nadauld, T., Sanders, A.B., 2010. List prices, sale prices, and marketing time: an application to U.S. housing markets. Real Estate Econ. 38 (4), 659–685.

Head, A., Lloyd-Ellis, H., 2012. Housing liquidity, mobility, and the labour market. Rev. Econ. Stud. 79 (4), 1559–1589.

Head, A., Lloyd-Ellis, H., Sun, H., 2014. Search and the dynamics of house prices and construction. Am. Econ. Rev. 104 (4), 1172–1210.

Heckman, J.J., 1979. Sample selection bias as a specification error. Econometrica 47, 153–161.

Hendel, I., Nevo, A., Ortalo-Magné, F., 2009. The relative performance of real estate marketing platforms: MLS versus FSBO Madison.com. Am. Econ. Rev. 99 (5), 1878–1898.

Horowitz, J.L., 1992. The role of the list price in housing markets: theory and an econometric model. J. Appl. Econ. 7 (2), 115–129.

Hosios, A.J., 1990. On the efficiency of matching and related models of search and unemployment. Rev. Econ. Stud. 57 (2), 279–298.

Hsieh, C.T., Moretti, E., 2003. Can free entry be efficient? Fixed commissions and social waste in the real estate industry. J. Polit. Econ. 111 (5), 1076–1122.

Huang, B., Rutherford, R., 2007. Who you going to call? Performance of realtors and non-realtors in a MLS setting. J. Real Estate Financ. Econ. 35 (1), 77–93.

Hubbard, T., 1998. An empirical examination of moral hazard in the vehicle inspection market. RAND J. Econ. 29, 406–426.

Jia, P., Pathak, P., 2014. The costs of free entry: an empirical study of real estate agents in Greater Boston. RAND J. Econ. Forthcoming.

Johnson, K.H., Zumpano, L.V., Anderson, R.I., 2008. Intra-firm real estate brokerage compensation choices and agent performance. J. Real Estate Res. 30, 423–440.

Johnson, K., Lin, Z., Xie, J., 2014. Dual agent distortions in real estate transactions. Real Estate Econ. Forthcoming.

Joskow, P.L., 1987. Contract duration and relationship-specific investments: empirical evidence from coal markets. Am. Econ. Rev. 77, 168–185.

Jovanovic, B., 1982. Truthful disclosure of information. Bell J. Econ. 13, 36–44.

Jud, G.D., Frew, J., 1986. Real estate brokers, housing prices, and the demand for brokers. Urban Stud. 23, 21–31.

Kadiyali, V., Prince, J., Simon, D.H., 2014. Is dual agency in real estate a cause for concern? J. Real Estate Financ. Econ. 48 (1), 164–195.

Kim, S., 1992. Search, hedonic prices and housing demand. Rev. Econ. Stat. 74, 503–508.

Knoll, M.S., 1988. Uncertainty, efficiency, and the brokerage industry. J. Law Econ. 31, 249–263.

Krainer, J., 2001. A theory of liquidity in residential real estate markets. J. Urban Econ. 49, 32–53.

Krainer, J., LeRoy, S.F., 2002. Equilibrium valuation of illiquid assets. Econ. Theory 19 (2), 223–242.

Krishna, V., 2009. Auction Theory. Academic Press, New York.

Kurlat, P., Stroebel, J., 2014. Testing for information asymmetries in real estate markets. Working paper.

Landvoigt, T., Piazzesi, M., Schneider, M., 2013. The Housing Market(s) of San Diego.

Larsen, J.E., Park, W.J., 1989. Non-uniform percentage brokerage commissions and real estate market performance. Real Estate Econ. 17 (4), 422–438.

Lester, B., Visschers, L., Wolthoff, R., 2013. Competing with asking prices. Working paper.

Levitt, S.D., Syverson, C., 2008a. Market distortions when agents are better informed: the value of information in real estate transactions. Rev. Econ. Stat. 90 (4), 599–611.

Levitt, S., Syverson, C., 2008b. Antitrust implications of home seller outcomes when using flat-fee real estate agents. Brookings-Wharton Papers on Urban Affairs, 2008.

Lindeman, B., 2004. Attrition of agency in real estate brokerage. J. Am. Acad. Bus. 4 (1/2), 377–383.

Liu, C.H., Nowak, A., Rosenthal, S., 2014. Bubbles, post-crash dynamics, and the housing market. Working paper.

Lusht, K.M., 1996. A comparison of prices brought by English auctions and private negotiations. Real Estate Econ. 24 (4), 517–530.

Mayer, C.J., 1995. A model of negotiated sales applied to real estate auctions. J. Urban Econ. 38 (1), 1–22.

Mayer, C.J., 1998. Assessing the performance of real estate auctions. Real Estate Econ. 26 (1), 41–66.

McAfee, R.P., 1993. Mechanism design by competing sellers. Econometrica 61, 1281–1312.

Mehran, H., Stulz, R., 2007. The economics of conflicts of interest in financial institutions. J. Financ. Econ. 85 (2), 267–296.

Merlo, A., Ortalo-Magné, F., 2004. Bargaining over residential real estate: evidence from England. J. Urban Econ. 56, 192–216.

Merlo, A., Ortalo-Magné, F., Rust, J., 2013. The home selling problem: theory and evidence. Working paper.

Miceli, T.J., 1989. The optimal duration of real estate listing contracts. Real Estate Econ. 17 (3), 267–277.

Miceli, T.J., 1991. The multiple listing service, commission splits, and broker effort. Real Estate Econ. 19 (4), 548–566.

Miceli, T.J., 1992. The welfare effects of non-price competition among real estate brokers. Real Estate Econ. 20 (4), 519–532.

Miceli, T.J., Pancak, K.A., Sirmans, C.F., 2000. Restructuring agency relationships in the real estate brokerage industry: an economic analysis. J. Real Estate Res. 20 (1/2), 31–47.

Miceli, T.J., Pancak, K.A., Sirmans, C.F., 2007. Is the compensation model for real estate brokers obsolete?

J. Real Estate Financ. Econ. 35 (1), 7–22.

Miller, N.G., 1978. Time-on-market and selling price. Real Estate Econ. 6 (2), 164–174.

Miller, N.G., Shedd, P.J., 1979. Do antitrust laws apply to the real estate brokerage industry? Am. Business Law J. 17 (3), 313–339.

Miller, N.G., Sklarz, M.A., 1987. Residential property selling prices. J. Real Estate Res. 2 (1), 31–40.

Moen, E.R., 1997. Competitive search equilibrium. J. Polit. Econ. 105 (2), 385–411.

Mortensen, D.T., 1982. Property rights and efficiency in mating, racing, and related games. Am. Econ. Rev. 72 (5), 968–979.

Mortensen, D.T., Pissarides, C.A., 1994. Job creation and job destruction in a theory of unemployment. Rev. Econ. Stud. 61, 397–415.

Munch, J.R., Rosholm, M.M., Svarer, M., 2008. Home ownership, job duration, and wages. J. Urban Econ. 63 (1), 130–145.

Munneke, H.J., Yavaş, A., 2001. Incentives and performance in real estate brokerage. J. Real Estate Financ. Econ. 22 (1), 5–21.

National Association of Realtors, 2002. Annual Report. The National Association of Realtors, the research division.

National Association of Realtors Report, 2005. Structure, Conduct, and Performance of the Real Estate Brokerage Industry. The National Association of Realtors, the research division.

Ngai, L., Sheedy, K.D., 2014. Moving house. Working paper.

Ngai, L., Tenreyro, S., 2014. Hot and cold seasons in the housing market. Working paper.

Novy-Marx, R., 2009. Hot and cold markets. Real Estate Econ. 37 (1), 1–22.

Ooi, J.T., Sirmans, C.F., Turnbull, G.K., 2006. Price formation under small numbers competition: evidence from land auctions in Singapore. Real Estate Econ. 34 (1), 51–76.

Oswald, A., 1997. Theory of homes and jobs. Working paper.

Owen, B.M., 1977. Kickbacks, specialization, price fixing, and efficiency in residential real estate markets. Stan. Law Rev. 29, 931–967.

Peters, M., 1984. Bertrand equilibrium with capacity constraints and restricted mobility. Econometrica 52, 1117–1127.

Peters, M., 1991. Ex Ante price offers in matching games: non-steady states. Econometrica 59, 1425–1454.

Peters, M., Severinov, S., 1997. Competition among sellers who offer auctions instead of prices. J. Econ. Theory 75 (1), 141–179.

Peterson, B.M., 2012. Fooled by search: housing prices, turnover, and bubbles: Bank of Canada. Working paper 2012–2013.

Petrongolo, B., Pissarides, C.A., 2001. Looking into the black box: a survey of the matching function. J. Econ. Lit. 39, 390–431.

Piazzesi, M., Schneider, M., 2009. Momentum traders in the housing market: survey evidence and a search model. Am. Econ. Rev. Pap. Proc. 99 (3), 406–411.

Piazzesi, M., Schneider, M., Stroebel, J., 2013. Segmented housing search. Working paper. Stanford.

Pissarides, C.A., 2000. Equilibrium Unemployment Theory, second ed. MIT Press, Cambridge, MA.

Pissarides, C.A., 1985. Short-run equilibrium dynamics of unemployment vacancies, and real wages. Am. Econ. Rev. 75 (4), 676–690.

Pryce, G., 2011. Bidding conventions and the degree of overpricing in the market for houses. Urban Stud. 48 (4), 765–791.

Pryce, G., Gibb, K., 2006. Submarket dynamics of time to sale. Real Estate Econ. 34 (3), 377–415.

Quan, D.C., 1994. Real estate auctions: a survey of theory and practice. J. Real Estate Financ. Econ. 9 (1), 23–49.

Quan, D.C., 2002. Market mechanism choice and real estate disposition: search versus auction. Real Estate Econ. 30 (3), 365–384.

Quigley, J.M., 1979. What have we learned about urban housing markets. In: Mieszkowski, P., Straszheim, M. (Eds.), Current Issues in Urban Economics. Johns Hopkins University Press, Baltimore, pp. 391–429.

Rogerson, R., Shimer, R., 2011. Search in macroeconomic models of the labor market. In: Card, D., Ashenfelter, O. (Eds.), Handbook of Labor Economics, vol. 4. North Holland, Amsterdam, pp. 619–700.

Rogerson, R., Shimer, R., Wright, R., 2005. Search-theoretic models of the labor market: a survey. J. Econ. Lit. 43 (4), 959–988.

Rubinstein, A., 1982. Perfect equilibrium in a bargaining model. Econometrica 50 (1), 97–109.

Rutherford, R.C., Springer, T.M., Yavaş, A., 2001. The impact of contract type of broker performance. Real Estate Econ. 29 (3), 389–409.

Rutherford, R.C., Springer, T.M., Yavaş, A., 2004. The impact of contract type of broker performance: submarket effects. Real Estate Econ. 26 (3), 277–298.

Rutherford, R.C., Springer, T.M., Yavaş, A., 2005. Conflicts between principals and agents: evidence from residential brokerage. J. Financ. Econ. 76 (3), 627–665.

Salant, S.W., 1991. For sale by owner: when to use a broker and how to price the house. J. Real Estate Financ. Econ. 4 (2), 157–174.

Salter, S., Johnson, K.H., Webb, J.R., 2007. Theory of the real estate brokerage firm: a portfolio approach. J. Real Estate Portfolio Manag. 13 (2), 129–138.

Schnare, A.B., Kulick, R., 2009. Do real estate agents compete on price? Evidence from seven metropolitan areas. In: Glaeser, E.L., Quigley, J.M. (Eds.), Housing Markets and the Economy: Risk, Regulation and Policy. Essays in Honor of Karl E. CaseLincoln Institute of Land Policy, Cambridge, MA, pp. 308–347.

Schroeter, J.R., 1987. Competition and value-of-service pricing in the residential real estate brokerage market. Quart. Rev. Econ. Business 27, 29–40.

Shi, S., 2001. Frictional assignment I: efficiency. J. Econ. Theory 98, 232–260.

Shi, S., 2008. Search theory (new perspectives). In: Durlauf, S.N., Blume, L.E. (Eds.), The New Palgrave Dictionary of Economics, second ed. Palgrave Macmillan.

Shi, L., Tapia, C., 2014. The discipline effects of concern for referrals: evidence from real estate agents. Working paper.

Shiller, R., 1982. Market Volatility. MIT Press, Cambridge.

Shiller, R., 1999. Human behavior and the efficiency of the financial system. In: Taylor, J.B., Woodford, M. (Eds.), Handbook of Macroeconomics, vol. 1. Elsevier, Amsterdam, pp. 1305–1340.

Simon, H.A., 1955. A behavioral model of rational choice. Q. J. Econ. 69 (1), 99–118.

Sirmans, C.F., Turnbull, G.K., 1997. Brokerage pricing under competition. J. Urban Econ. 41 (1), 102–117.

Sirmans, C.F., Turnbull, G.K., Benjamin, J.D., 1991. The markets for housing and real estate broker services. J. Hous. Econ. 1 (3), 207–217.

Springer, T.M., 1996. Single-family housing transactions: seller motivations, price, and marketing time. J. Real Estate Financ. Econ. 13 (3), 237–254.

Stacey, D., 2013. Information, commitment, and separation in illiquid housing markets. Working paper.

Stein, J.C., 1995. Prices and trading volume in the housing market: a model with down-payment effects. Q. J. Econ. 110 (2), 379–406.

Stigler, G.J., 1961. The economics of information. J. Polit. Econ. 69 (3), 213–225.

Stigler, G.J., 1962. Information in the labor market. J. Polit. Econ. 70 (5), 94–105.

Stull, W.J., 1978. The landlord's dilemma: asking rent strategies in a heterogeneous housing market. J. Urban Econ. 5 (1), 101–115.

Tracy, J., Schneider, H., 2001. Stocks in the household portfolio: a look back at the 1990s. Curr. Issues Econ. Financ. 7 (4), 1–6.

Turnbull, G.K., Dombrow, J., 2007. Individual agents, firms, and the real estate brokerage process. J. Real Estate Financ. Econ. 35 (1), 57–76.

Wachter, S.M., 1987. Residential real estate brokerage: rate uniformity andmoral hazard. In: Jaffee, A (Ed.), Research in Law and Economics, vol. 10. JAI Press, Greenwich, Connecticut, pp. 189–210.

Waller, B.D., Brastow, R., Johnson, K.H., 2010. Listing contract length and time-on-market. J. Real Estate Res. 32 (3), 271–288.

Wang, R., 1993. Auctions vs. posted price setting. Am. Econ. Rev. 83 (4), 838–851.

Wang, R., 2011. Listing prices as signals of quality in markets with negotiation. J. Ind. Econ. 59 (2), 321–341.

Wheaton, W.C., 1990. Vacancy, search, and prices in a housing market matching model. J. Polit. Econ. 98 (6), 1270–1292.

White, L., 2006. The residential real estate brokerage industry: what would more vigorous competition look like? Working paper.

Williams, J.T., 1998. Agency and brokerage of real assets in competitive equilibrium. Rev. Financ. Stud. 11 (2), 239–280.

Williams, J.T., 2014. Housing markets with construction, screening, and focused search. Working paper.

Wu, C., Colwell, P.F., 1986. Equilibrium of housing and real estate brokerage markets under uncertainty. Real Estate Econ. 14 (1), 1–23.

Yavaş, A., 1992. A simple search and bargaining model of real estate markets. Real Estate Econ. 20 (4), 533–548.

Yavaş, A., 1994. Middlemen in bilateral search markets. J. Labor Econ. 12 (3), 406–429.

Yavaş, A., 1995. Seller-broker relationship as a double moral hazard problem. J. Hous. Econ. 4 (3), 244–263.

Yavaş, A., 1996. Matching of buyers and sellers by brokers: a comparison of alternative commission structures. Real Estate Econ. 24 (1), 97–112.

Yavaş, A., 2001. Impossibility of a competitive equilibrium in the real estate brokerage industry. J. Real Estate Res. 21 (3), 187–200.

Yavaş, A., Colwell, P., 1999. Buyer brokerage: incentive and efficiency implications. J. Real Estate Financ. Econ. 18 (3), 259–277.

Yavaş, A., Yang, S., 1995. The strategic role of listing price in marketing real estate: theory and evidence. Real Estate Econ. 23 (3), 347–368.

Yinger, J., 1981. A search model of real estate broker behavior. Am. Econ. Rev. 71, 591–605.

Zahirovic-Herbert, V., Turnbull, G.K., 2008. School quality, house prices and liquidity. J. Real Estate Financ. Econ. 37 (2), 113–130.

Zietz, J., Sirmans, G.S., 2011. Real estate brokerage research in the new millennium. J. Real Estate Lit. 19 (1), 5–40.

Zorn, T.S., Larsen, J.E., 1986. The incentive effects of flat-fee and percentage commissions for real estate brokers. Real Estate Econ. 14 (1), 24–47.

Zuehlke, T.W., 1987. Duration dependence in the housing market. Rev. Econ. Stat. 69, 701–709.

Zumpano, L.V., Johnson, K.H., Anderson, R.I., 2009. Determinants of real estate agent compensation Choice. J. Hous. Econ. 18 (2), 195–207.

第 *14* 章
美国住房政策

埃德加·奥尔森
美国弗吉尼亚大学经济学系
杰夫瑞·扎贝尔
美国塔夫斯大学经济学系

摘要

世界各地的政府都干预住房市场，大多数政府采用多种政策去实现多个目标。本章讨论美国住房政策的两大类型，即通过对抵押贷款市场进行干预的低收入租金补助和鼓励自有住房政策。我们将讨论政策的理论依据、大型政策项目的性质、政策效应的经验依据，以及用来获取政策效应的数据和方法。因为美国政府对这两种类型政策有着广泛的具体应用，这也可以为其他国家的住房政策提供借鉴的经验。

关键词

住房政策　低收入住房项目　低收入住房援助　住房补贴　公有住房　住房券　住房自有率　抵押贷款市场　止赎预防　促进自有住房

JEL 分类码

H5　I3　R21　R28　R31　R38

14.1 引　言

世界范围内各国政府都对住房市场进行干预。住房政策基本上都在追求多种目标，其中大多数政府采取多种方式去追求每一个政策目标①。因为在美国存在更多关于住房市场干预影响的证据，本章将聚焦美国的住房政策。具体来说，本章将研究其中两类大型领域的政府活动，即低收入租房补助和通过干预抵押贷款市场提升住房自有率的政策。政府对这两个领域的干预始于大萧条时期，在导致近期经济衰退的住房危机中更多使用了第二类政策项目。

美国政府同样采取许多的其他手段来提升住房自有率，最著名的是联邦个人所得税中住房自有的特惠待遇；还通过公平住房法规、土地使用规制、影响费用、控制租金和建造与占有法规等相关政策追求其他的目标。菲谢尔（Fischel，2000），格莱泽与捷尔科（Glaeserh and Gyourko，2008），捷尔科和莫洛伊（Gyourko and Molloy，2015），捷尔科和西奈山（Gyourko and，2003），希尔伯特与特纳（Hilber and Turner，2014），奥尔森（Olsen，1998），波特巴和西奈山（Poterba and Sinai，2011），罗森（Rosen，1979，1985），席尔（Schill，2005），和英格（Yinger，1995）对这些干预的经验进行了很好的阐述。

最近的研究已经确认了美国低收入住房援助制度的主要缺陷，这是在几十年前就已经知晓的结论，即以项目为基础导致巨大无效成本和不公平仍然主导着该制度。然而，对低收入住房政策研究的重点在过去的 15 年里却发生了明显的变化。因此，我们可以更好地衡量项目在某方面的绩效，如最大的低收入住房计划对于劳动力收入的影响和对现行制度若干重要改革建议的影响程度。

然而，在一些重要方面我们依然存在认知的空白。我们没有高质量的关于成本效益的证据以及最新低收入住房计划的成果，而且我们也没有关于早先计划的当前数据，而这些项目使得大部分少数民族家庭接收到了援助。例如，我们也还没有做出尝试去确定在几十年来公屋住户居民如果没有这些房屋援助计划处境会好多少或者坏多少。几乎所有的证据都是基于 20 世纪 60 年代和 70 年代的数据，公共住房的老化引起了这些数据对于当前情况适用性的严重质疑。

自 20 世纪 20 年代以来，从联邦政府获得的一个一致信息是，自有住房就是"美国梦"。这成为许多联邦政策来推动住房的背后动机。我们将在本章表明，除了在被定义为大萧条、大衰退的显著经济危机时期的干预，州政府和联邦政府旨在提高住房的政策一般是无效的。事实上，我们已经从最近的金融危机中总结的教训是，推进不应该拥有住房的家庭获得住房会导致灾难性的结果，美国梦可以成为美国的噩梦。

---

① 联合国人居署的适足住房系列，1～4 卷（http：//unhabitat. org/series/adequate-housingseries/）描述了全世界的住房政策。Whitehead 和 Scanlon（2007）对欧洲国家的住房政策进行了详细的阐述。

对于州和联邦政府对于抵押贷款市场干预措施的影响分析很有裨益，可以获得抵押贷款市场活动的更大和更详细的数据，包括抵押贷款水平的数据和绩效。此外，最近的研究采用准实验的方法来，通过定义政府政策中的外生变量来估计因果关系的影响。我们专注于这些研究在政府政策对于提高住房自有率的有效性评价。

第14.2节通过对于美国住房政策研究的最新文献梳理评估，讨论了数据和方法。第14.2节和第14.3节包括低收入住房政策和政府干预抵押贷款市场两个部分。在每一个案例中，我们描述了政策的合理性、所包含最大项目的本质、效应的经验研究，以及所采用的数据和方法。两个政策领域中政府行动的合理性、预期的受益者、项目的性质，以及结果都存在显著的差异。

14.2 方法和数据

美国住房政策研究的主要进展源于使用近年来可获得的大数据资源。我们涉及的大多数研究都使用了多个数据源。例如，抵押贷款市场的研究经常使用贷款层面大数据集，该数据集综合了多个数据源，使得贷款来源信息和贷款类型、贷款发放与借贷者特征相联系。这些样本通常超过100万个观察值。

文献研究还得益于多种理想的计量方法的运用。[2] 众所周知，估计政策对利益结果影响的黄金标准是随机对照试验（RCTs）。随机对照试验包括一项应用于随机抽取的处理组的措施（或政策）。然后，处理组和控制组的结果对比可以归因于该措施或政策。在20世纪70年代对住房补贴试点项目（试验性住房补贴项目）的住房补助需求试验进行了一项经典的社会随机分配试验，用来研究基于租户的各类租赁住房补贴的差异；近期的向机会靠拢项目（MTO）的公平住房示范项目和工作福利券的评估使用该方法研究了更广范围的租赁住房政策的结果。其他较为出色的政策研究主要依赖于因项目的实施而随机分配产生的数据，而不是研究本身。

然而，一般来说，不存在随机对照试验用来评价多数政府政策和项目的因果影响。幸运的是，在经济学中，经验分析近期取得新的进展，即学者提出准自然实验法，并将其应用到因果推论中（Angrist and Pischke，2009）。这种方法主要是基于将关键变量的外生变化作为判别措施（或政策）对利益结果变

---

② 参考鲍姆－斯诺和费雷拉（2015）的文章，其对城市和区域经济学中使用的这些方法获得因果推论进行更加详细的回顾。

量因果影响的手段。归入准自然实验法的方法包括断点回归法、双重差分模型、自然试验、匹配法。

断点回归法主要基于一种实验，该实验由某一预测值或者使变量 X 位于门槛值 c 的任意一侧来决定。如果 $X>c$，那么一个个体将参加实验。然后，那些 X 值接近门槛值 c 的个体被认为是随机分配的；那些 X 值大于门槛值 c 的个体将被分到处理组中，而那些 X 值小于门槛值 c 的个体被分到控制组中。该方法被许多研究者用来评价在《社区再投资法》（CRA）和《政府赞助企业（GSEs）法》下能够实现的住房目标。这些目标包括与区域中等收入（例如 80% 或 90%）相比，那些在某一给定门槛值附近的中等收入的普查区的抵押贷款的最低购买比例或者发放比重。因此，基于对那些高于门槛值或者低于门槛值的人口普查区，设计一种断点回归法是可能的。

双重差分模型使用解释变量的个体内部变化来判断与结果变量的因果关系。这主要通过将个体固定效应加入模型实现。该模型模仿了随机对照实验（RCT），处理效应是在处理在被执行前后，对处理组和控制组的结果变量的双重差分。判断政策变量作用的一种途径是搜集政策被执行前后的数据。对于那些已经存在很多年的住房政策而言，搜集最初一年的大多数住房数据集是不现实的。如果随着时间的演进，政策变量并没有发生变化，那么使用一种边界固定效应的方法来判断政策变量的影响仍然是可能的。例如，当评价国家政策时，可以使用该种方法，这是由于观察个体大都市统计区（MSAs）跨越了州的边界，并且拥有不同政策变量值。例如，这种方法被用来判断国家法律的影响，这需要在止赎程序中司法的参与。

与这些方法紧密相关的是工具变量（IV）估计法，它使用外生变量来判断内生变量与结果变量的因果关系。工具变量的一个来源是自然实验，该实验发生在当外部的环境导致一些类似于随机实验的情形时。这可能会发生在当一项政策或法律在不同时期被执行，或者在不同地区被执行，抑或者运用到一组群体而没有在其他群体中。例如，如果一项法律在一个州通过，而在另一个州未通过，那么可以合理地假设通过法律的州是一个随机事件，然后这项法律可以被当作一种随机实验，在该实验中处理组/控制组分别是通过法律和未通过法律州的人口。

工具变量估计法近期取得的进展是将估计出的影响作为局部平均处理效应（LATEs）。一个工具变量 Z 仅仅代表内生变量 X 变化的一个子集，其会影响利益结果；X 的变化与 Z 相一致，即 X 中与 Z 相关的部分。该部分是受处理（或工具变量）激励的群体或者个体的子集。例如，当使用人口普查区指标，即断点附近的经济适用房的资格，作为贷款量的工具变量，处理效应仅仅是用于那些满足该目标标准的普查区（如不超过 AMI 的 90% 的中等家庭收入）。如果处理效应存在差异性，那么就不可能从全部人口中获得 LATE（在此情形，所有家庭收入中位数的人口普查区低于 AMI 的 90%）。这也适用于断点回归法，该方法使用围绕门槛值附近政策变量的非线性变化来判断处理效应。关键是这种改变在门槛附近仅仅是一种合理的外生变化，所以处理效应仅仅在门槛值上被识别。

另一种经常被用来获得因果检验的方法是匹配。这包括匹配处理组和控制组相类似特征的观察。然后，处理效应仅仅是匹配组和控制组间平均结果的差异。因果推论的预测基于处理组/控制组的分配，独立于结果值。给定大量的可观察协变量，一种普通的匹配方法是倾向得分法。这种方法是将一些协变量融合到一个单一指标中，进而使得匹配更加容易。

一般而言，住房政策不是外生的，所以这些方法对于检验政策的因果关系是必要的。最近许多的研究把其中的方法作为识别和检验美国住房市场的住房政策和其他结果的因果关系的方法。我们文献的评价主要聚焦在使用该类方法的研究，因为这些研究更可能会得出可信性的结果。

14.3　美国低收入租赁住房政策

本节提供了关于美国低收入租赁住房项目实施的事经验据。美国该类项目的运行证据要远比其他国家丰富，且在美国，多数的低收入住房补助以租赁一个单元为前提。因为美国政府使用如此多的方法来提供住房补助，这一证据对于其他国家的住房政策具有重要的意义。

住房政策的最有用的信息是关于支付同样数量的钱来补助相同的人，因所使用方法的不同而产生效果差异的证据。没有研究接近这一目标。多数的研究集中在单一项目结果的小子集中。少数进行项目比较的研究聚焦于少数的结果，或者并没有解释成本的差异。从现有的文献中，将制定好的政策所需要的信息整理出来就像是考古挖掘。这种挖掘揭示了我们知识中的许多空白。然而，由于其对制定政策是重要的，我们试图描述美国三大类低收入住房补助政策运行的区别——公共住房、自有产权补贴项目和住房券。能够及时获得重要问题相关的高质量证据毫无疑问会导致较好的政策（National Research Council，2008，chapter 9）。

因为任何项目的预期结果依赖于其自身的理论逻辑，我们首先讨论低收入住房补助的合理性，且它们的实际结果更重要的是依赖于项目的结构，然后我们将对涉及的项目进行简洁的描述。③ 此后，我们描述了三项主要的研究，这些研究提供了关于重要住房项目结果的高质量信息，或者提出了一些住房政策改革，即工作福利券评估、向机会靠拢的公平住房示范项目，以及试点住房补贴项目，并总结了他们的重要发现。最后，我们描述和评估了低收入住房项目运行方面的主要证据。这些证据包括提供住房的成本—效益、对受助者占有的住房以及邻居的类型的影响、其他商品的消费、成年受助者的劳动收入和就业、参与的其他福利项目、教育对孩子及他们以后成人收入的作用、受助者的健康和家庭组成、与提供的补贴相关的受助者的获益水平、被补助家庭对他们新邻居的影响、项目对未获得补贴的住房租赁的影响，以及这些项目在多大程度上增加了可获得的住房单元数量。

过去的 15 年间，关于低收入住房政策的研究重点已经发生很大的改变。结果是，我们获得了项目运行某些方面更多较好的信息，如大型低收入住房项目对劳动收入的影响，以及当前系统的几项相关重要改革的较大范围的影响。然而，我们的知识中仍然存在重要的空白。我们没有关于大型新低收入住房项目的成本—效益和其他结果的高质量证据，我们也没有过去项目运行的当前证据，而这些项目仍在受助住户中占据一定的比例。例如，在近几十年，没有人尝试判定公有住房承租人所占有的住房比没有住房补助下占有的房屋是好或坏。几乎所有的证据都是基于 20 世纪 60 年代和 70 年代的数据，公共住房存量的老化也引起了对这些结果对当前形式的适用性的疑虑。

14.3.1　低收入住房补助的依据

由于与同等成本的实物补贴相比，受助者更喜欢不受约束的现金补贴，补贴住房消费的依据取决于其他人的偏好。其偏好的缘由可能是利他的或者更加狭隘的自利。除非与现金补贴结果相比，没有受助者更偏好住房津贴结果，住房补助可能是不合理的。

关于低收入住房补助的传统观点是高收入的人群想要帮助低收入家庭，且相信某些家庭的决策制定者低估了自身或者他们后代拥有的住房。这是一种外部效应，其认为如果受助者被给予同等成本的不受约束的现金补贴，提供补助能够使受助者拥有比他们自己选择的质量更好的住房。所有的低收入住房项目中存在的低收入住房标准反映了该观点。另外一个重要的观点是高收入的人群关心这些家户中的孩子，认为他们的父母将家庭资源投入给孩子的太少。提供

---

③　Olsen（2003）和 Weicher（2012）的文章进行了详细的讨论。

住房补助而不是无约束的现金补助会引导更多的补助给孩子。据我们所知，没有人研究非受助者在多大程度上支持这些观点。

有时认为质量较好的住房为那些未生活在其中的人提供了实际的外部利益。毫无疑问，这种类型的外部性是存在的。例如，外貌保持良好的住房能够给予看到他的人一种正向的效用。然而，现有的证据不能够表明这种实质性的外部效应，因此，低收入住房补助的重大公共支出似乎不可能仅仅依据这些外部性收益来调整，尤其是那些并不集中于住房和公寓外貌的补助。低收入住房项目和家庭住房券对受助家户邻居的影响提供了关于实质性外部效应的证据。

缺乏对政府行为依据的严谨思考已经导致许多人接受一些关于住房补助的不相关的观点（即如果被给予同等成本的无约束的现金补助，一个项目将会引致所有的受助者比他们自选时消费更多的住房服务）。例如，近些年来，在非经济学家间关于住房补助的最普遍的观点是与其说低收入家户居住在质量较差的住房，不如说他们在住房上的花费超过了收入。那些提出这种住房补助观点的人似乎相信这些家户被迫支出收入的较高比例在住房上。但是，他们未能意识到在同一个地区内，在家户的当前可获得支出范围内有多少适当规模的租赁单元空置。他们同样未能考虑到这种可能性，即这些人宁愿在其他商品上少支出，也不愿意生活在较差的住房中，或者与不好的邻居毗邻，抑或者生活在缺乏便利的地点。由于住房支出占收入较高比例的唯一的负面结果是其他商品的支出降低，那些提出这种观点的人可能会辩解道低收入家户低估了住房相关的其他商品。如果纳税人想要帮助这些家户，并觉察到他们的选择进而实现有效的资源配置，这需要对除了住房外的其他所有的商品进行补贴，该配置是在缺乏政府行为下，所有人更倾向于选择的配置。

虽然前面是关于住房补助的一种不相关的观点，但是对于项目，通常被称作住房项目而言，它不是一种不相关的观点。对于相同经济环境的家户而言，有些人在住房上的收入支出比例较小，而其他人的支出比例较大。毫无疑问的是某些人高估了住房价值，而某些人低估了住房价值。这些信念为政府项目或者组合项目提供了支持，且如果受助者被给予同等成本的现金补助以及其他人消费较少的住房服务，那么这些项目会引致一些受助者比他们选择时消费更多的住房服务。美国的房地产项目可能会以产生这种效应的方式改变预算线。例如，一些项目在低于市场租金的水平上，为家庭提供了私人住房单元的排他性选择。这个单元也许会比受助者被给予同等成本的无约束现金补助进而自我选择时质量较好或者较差。所以，房地产项目可能给一些受助者提供住房津贴，而对其他人不提供该项津贴。基于本段的逻辑依据，如果一个住房项目为那些相对其他商品而言，对住房偏好较弱的人提供住房津贴，而对那些对住房偏好较强的人不提供该项津贴，那么该项目将会获得成功。

政府采取行动的依据与政府项目的设计和评估是高度相关的。那些起初对该问题有清晰认识的研究者更可能研究那些对发展良好的公共政策相关的重要问题。

14.3.2　美国住房项目

美国大部分的低收入住房补助是由联邦政府资助的，主要通过一些重大的住房项目，这些项目每年总共要花费约 500 亿美元。[④] 在美国，低收入住房体系与其他经受检验的转移支付项目所采用的方式不一样，其并不向大多数符合这些项目的最贫困的家庭提供资助。当系统向新的申请者开放时，那些想要得到资助的有资格家庭必须登记在候补表上。运营一项补贴项目的每个地方公共住房管理局和私人实体在联邦一般性指导规则内建立自己的系统，并根据该系统决定位于候补申请人名单上的家庭获得补助的顺序。

在美国，大多数低收入住房补助是为了租赁一个单元，且所有的租赁项目拥有最低住房标准。[⑤] 租赁住房项目间的最大区别在于补贴是附属于住房单元（基于项目的补助）或者受助家户（基于租户的补助）。如果补贴是附属于租赁住房单元的，每个家庭必须接受提供的特定单元以便获得补助；除非其在搬迁之前能够获得可替代的住房补助，否则将会因搬迁到其他的住房而损失其补贴。提供基于租户补助的每个家庭可以自由占有那些符合项目最低住房标准的任何单元，如租金低于该项目适用上限的单元（如果有的话）也可以，如果住房单元拥有者愿意参加该项目并且提供补贴，也是可以的。如果家庭搬迁到其他满足这些条件的单元，那么他们可以保留补贴。奥尔森（2003，pp. 399 - 404）描述了这些项目如何改变了那些受助家庭的预算线。

美国住房和城市发展部（HUD）的住房选择券方案是唯一基于租户补助的重大项目。它是第二大低收入项目，其约为 200 万家户提供住房服务，约占接受低收入租房补助的所有家户的 30% 。

存在两种大型的项目型租房补助，即公共住房项目和自有产权补贴项目。

---

④　奥尔森（2003，pp. 370 - 376）提供了该项目体系的简短发展历史。
⑤　美国政府也向低收入住房自有者提供住房补助。奥尔森（2007a）说明了当前低收入租房补助系统对于租赁的偏差，对主要的住房自有项目进行了简单的描述，以及总结了这些项目运行的相关方面的事实。奥尔森和路德维格（2013，pp. 218 - 221）搜集了关于两项最大类型的住房自有项目运行的额外信息。然而这些项目的大多数影响都是不明确的。

两种类型均涉及新建筑。几乎在所有的情形下，其均需要对现存建筑物进行重大的修复。许多项目不在补贴新建项目，但是大多数项目建造的房子，低收入家庭在补贴的资助下，会对这些房子进行维护和修复。总体来讲，项目型补助约占所有接受低收入租房补助家户的70%。

虽然拥有大量的联邦补贴和规制选择的法规，但是公共住房项目主要由地方政府组建的地方公共住房管理局开发和经营。在公共住房项目中，政府雇员会做出那些在私人市场上利润未受补贴厂商做出的大多数决策——建什么类型的住房、如何维持以及何时把它摧毁。关于在何处建项目受当地的政治机构的影响较大。公共住房存量自1991达到极值后，已经减少了约30万单元。约有100万户住在公共住房项目建筑中。

政府机构与私人部门签订合同，提供补贴性住房。大多数是以盈利为目的的公司，但是非盈利组织有很大的影响力。这是该系统中最大的部分，涉及多个不同项目。最大的项目是受联邦税收系统资助的低收入住房税收抵免（低收入住房税收抵免）项目，住房管理局的第8条法规和重大修复项目、236条的租赁和合作开发住房项目以及美国农业部门的515/521项目。根据这些项目，为换取一定的补贴，私人团体同意在某一限制租金水平上，将满足某种标准的住房租赁给有资格的家户一定的年数。不同项目的补贴方式也是不同的，这导致项目间用于提供住房服务的投入组合存在差别。这些项目并不是向所有愿意参加的供给者提供补贴。这与他们的运行效果高度相关。一般而言，对某一商品选定卖家的补贴比补贴所有的卖者会产生更大的不同效果。大约有400万家户居住在这种类型的项目住房中。

租户获得的补贴不必跟支付给他或她的房东的补贴相同。从租户的角度来说，补贴在已占用单元的市场租金和承租人租金间是不同的。⑥ 补贴住房项目为居住者在一个特定的市场租金上提供了特定的单元。就占有单元的市场租金而言，住房券受助者拥有一定的选择；在一定的选择范围内，这会影响他们的补贴。在美国，大多数的住房受助者将其调整后收入的30%投入到住房支出，而且他们的补贴随着收入每增加1美元将会减少30%。主要的例外是居住在新建立的低收入住房税收补贴项目的家庭。这些家庭支付的租金不依赖于其收入，且总是至少是其收入的30%。一些税收抵免用于修复现存的受补贴的住房项目，且这些项目的大多数居住者继续将其调整后的收入的30%作为租金支出。

---

⑥ 对承租人的补助不能超过这一数额，纳税人的成本总是会超过对承租人的补贴，而这至少是管理该项目的费用。

14.3.3 三项主要的社会实验

三项主要的社会实验产生了大量与低收入住房政策相关的事经验据。工作福利券评估提供了有关于住房与城市发展部最大的低收入住房项目相较于没有住房补贴时的非常广泛的影响的证据。这个实验所得出的证据将在整个章节中被引用。迁移获得机会项目提供了关于一项重要公共住房潜在改革的影响范围的可靠估计，该公共住房项目是住房和城市发展部最老的低收入住房项目。更久和更大的试验性住房补贴项目研究了现行制度的基础改革的重要影响，更重要的是实施了福利住房券计划。就现实而言，这是美国政府历史上最大的社会试点。我们将在这一节中描述和总结迁移获得机会项目和试验性住房补贴项目的主要结论。

14.3.3.1 工作福利券评估

工作福利券评估呈现了一项随机匹配实验的结果，该实验旨在估计住房与城市发展部的住房券项目对一系列结果的影响——成年人收入、就业率、其他就业结果、接受的其他公共补助、家庭规模和组成、住房条件、邻里特征、去工作的路上所花费的时间、食品支出、成人身体和心理健康、孩子在学校的表现、教育进步、行为问题、时间利用、犯罪和冒险行为。总之，超过 100 项结果被研究，并且许多子组的影响被报道（Abt et al.，2006）。[7] 研究结果在随机匹配后 4.5 年内呈现出来。

实验收集了大量关于 8 731 个符合条件并且愿意参加调查的家庭的信息。这些家庭在亚特兰大、奥古斯塔（格鲁吉亚）、夫勒斯诺、休斯敦、洛杉矶、斯波坎住房管理局的候补名单上，这些家庭已经从贫困家庭临时补助项目中获得资助，或者符合这一方案的资格。贫困家庭临时补助项目（TANF）服务于有孩子的最贫穷的家庭，全国几乎 1/2 的住房券受助者都参与了这个项目。数据收集源自基层和追踪调查，多个项目的管理记录强调追踪方法，公共使用的数据来自美国人口普查局、劳工统计局和定性访谈。

随机选中的家庭被分配给一个会立即提供住房券的试验组，额外的券被分配给住房当局。其他之前同意参加随机选择的家庭组成了控制组。控制组的成员在实验中都没有住房补助。在实验过程中，所有在住房券最初的候补名单中

---

⑦　在 2011 年，作者们发现子群对两种基准的住房群体的影响与附表和文中讨论的不是完全一致的，HUD 的网站里包含了正确的结果。

的家庭中，约有 41% 的控制组家庭使用了住房券，而这一比例在处理组中达到了 67%。在后续的追踪调查中，约有 37% 的控制组家庭仍然持有住房券，而在处理组中这一比例为 51%。控制组中的其他家庭在追踪调查之前居住在或者搬进了标准补贴住房里。因此，意向处理（Intent-to-Treat，ITT）估计的研究是直接提供住房券对目标人群平均影响的估计与当前低收入住房补助系统继续实行的影响的对比。

即刻向所有在住房券候补名单上的家庭提供住房券将会是住房券项目的一个重要的改革，并且住房券提供了相当多的信息需要去评估。一个全面的评估需要一些会产生由纳税人支付的额外费用的信息，以尽快提供住房券。意识到这项改革在为所有符合条件的家庭创造住房券津贴上很落后是重要的。因为住房券候选名单在大多数时候对新的申请者并不是开放的，它们不包含很多使用住房券且符合条件的家庭。此外，实验对于家庭收到来自贫困家庭临时补助项目的补助或者符合它的条件是有限的。

一般来说，意向处理估计大约在参加实验 4 年后在大多数方面会显示出一些小的积极影响。负面影响也是很小的，并且大多数在统计上都是不显著的。最主要的异议是在过去一年里无家可归的人大幅减少了 33%，和一个朋友或亲戚居住生活的减少了 31%。控制组中居住在拥挤的环境中的家庭少了 14%，并且租金平均下降了 10%。意向处理估计效应不显著的原因是在收集数据完成时，处理组和控制组接受的住房补贴的差异明显的缩小了。在实验的早些年份，意向处理估计的效果确实更显著一些。

分析人员提出了一种方法，用来估计处理组中住房券受助者的来在追踪调查中估计控制组中住房券受助者接受资助的平均受助效应，而截止到后续调查之前，这些受助者在当前体系的继续运行下，将不会获得住房券。大约有 26% 的家庭处于该类群体中。这种方法不需要很强的假设，因为试验组与控制组结果的差异完全取决于这一子组。

报告中的资助的平均资助效应估计通常被解释为对收到住房券相较于没有住房补贴的平均效应的估计。严格来说，即使是对于特定的子群，这也是不正确的。这个子群里一些控制组家庭在最后收集数据时确实是居住在补贴项目的住房里。大约 13% 的控制组家庭住在此类项目的住房里，并且一些家庭在后续追踪调查时会继续住在那里。其他一些人在最后数据收集之前搬到补贴项目住房里。然而，因为似乎最后追踪调查时只有很少的控制组家庭收到了住房补助，这儿也没有更好的关于有住房补贴和没有住房补贴时的影响的证据，我们在本章中以通俗的方式解释了资助的平均资助效应的估计。

14.3.3.2　"向机会靠拢"项目中的公平住房示范项目

"向机会靠拢"项目的主要目的是为了弄清居住在一个更好的邻里的影响，而不是一个特定的低收入者住房政策改革的影响。然而，实验理论上被设计用来估计两项重要潜在改革的影响，并且本章将用"向机会靠拢"数据重点讨论研究改革的结果。

像住房券评估一样，"向机会靠拢"项目收集了大量与结果相关的数据。它已经引起了很多高质量的研究，并且毫无疑问，其丰富的数据资源将会在更多高质量的研究中被使用。[⑧]"向机会靠拢"的持续时间是很少见的。该项目搜集了从1994年一直持续到2010年的巴尔的摩、波士顿、洛杉矶、纽约等地区的数据。该项目向公共或私人补贴项目的居住者提供住房券，而这些居住者位于核心城市人口普查区，这些普查取得贫困比率超过40%。[⑨]具体来说，符合条件的参与者被随机的分成三组：（1）一些居住者被提供第8条中规定的住房券，条件是他们必须在贫困率低于10%的人口普查区占有一单元至少1年，且要遵守住房券项目的其他要求；（2）被提供第8条中的定期住房券的居住者；（3）最初仍在他们当前的住房项目，但却被授权追求其他形式的住房补贴。第一组家庭在寻找私人单元住房时收到了大量的咨询和帮助（用2014年的物价水平来衡量，每张券的成本约4500美元）。实验并不是被用来估计控制组这方面独立于其他方面的影响，但一些研究发现，搜索补助大幅增加了住房券的使用（Shroder，2002a；Galiani et al.，2012）。

实验的结果没有显示出提供或者使用住房券相较于继续住在最初的住房里的影响。相反，实验结果显示了与继续实施当前体系相比的影响。控制组和处理组的成员可以自由追求其他类型的住房补贴，并且他们有时候被要求这么做。在实验结束时，大多数的控制组成员离开他们的公共住房单元。事实上，大约42%的"向机会靠拢"住房项目中的公共住房在收集用于最终影响力评估的数据时被拆除。房屋的居住者被提供一个选择，可以选择住房券或者另一个公共住房单元的空置单元。

表14-1显示了控制组和普通住房券组成员在收集中期与最终评估的数据时所接受的住房补助类型。很显然，实验导致所接受的住房类型差异很大，但

---

⑧　三本松等（2011，pp.16-18）总结了"迁移获取机会"项目研究优先参考主要研究的最终评估。克林等（2007）为中期评估提供了一份关于数据收集的权威报告。

⑨　在2000年，只有11%的贫困人口和3%的美国人居住在贫困率这么高的人口普查区。然而，在20世纪90年代中期，36%的公共住房租客居住在这样的人口普查区中（Newman and Schnare，1997，表3）。

是，在收集最后的数据时，大约1/4的控制组的成员有住房券，而许多处理组的成员已经不再接收住房券了。大约62%的普通住房券处理组的家庭使用最初得到的住房券，其他成员通过渠道定期得到住房券，但最终综合评估时，只有不到45%的成员使用了住房券。

表14-1　　　　　　　"向机会靠拢"项目不同住房补助类型的比例

	控制组	标准券组
基准		
公共住房	1.000	1.000
中期评估（参加项目4~7年后）		
公共住房	0.435	0.211
住房券	0.124	0.484
私人补贴项目	0.099	0.062
未记录的补贴[*]	0.342	0.243
最终评估（参加项目10~15年后）		
公共住房	0.296	0.186
住房券	0.252	0.446
私人补贴项目	0.072	0.033
未记录的补贴[*]	0.380	0.335

注：*一些未被记录的补助项目的家庭几乎肯定受到住房项目的补助，而这些项目不需要家庭向住房和城市发展局登记受助者地址。

"向机会靠拢"项目基于家庭参加这个项目4~7年后的结果和参加项10~15年后的最终评估做了一份中期报告（Orr et al.，2003；Sanbonmatsu et al.，2011）。每一个都有很大的价值。"向机会靠拢"项目最后一年的结果对于那些成年的人结果非常有价值，这些人在项目实施的早期还是一名儿童。这比儿童早期的结果更重要，比如测验得分，其重要性在于其能预测未来的结果。最终评估的结果同样对依赖于处理的累积影响的结果是重要的。他们对其他结果的重要性要低很多。对于这些结果，由于最初住房券的提供，结果在整个时间路径上是相关的。由于摩擦和交叉关系的存在，两控制组的很多实验结果的差异随着时间的推移在逐渐融合缩小。然而，判断一个替代项目是否会产生实际效益，比如在实验早期会提供更好的住房，这与评价其成功与否高度相关，即使这种效益最终会随着时间降为零。质量较好房屋的价值源于房屋本身。

与当前体系继续运行相比，三组之间平均结果的简单差异直接反映在向研究涉及住房项目的居住者立刻提供住房券的影响中。"向机会靠拢"项目研究关注的是居住在更好邻里产生影响的普遍问题上，而大多数研究集中在控制组和贫困券组的比较。然而，与住房政策直接相关的这两组对比主要发生在控制组和第 8 条规定的住房券组，以及两组处理组之间。如果沿着这些路线进行改革，几乎肯定的是，会向公共住房租户提供定期住房券。第二个比较与当前住房券项目改革有关，即对住房券的使用增加一个限制条件。"向机会靠拢"项目报告不包含一些关于检验第二项改革假设的必要信息。因此，这一章节将会关注于控制组和第 8 条中的定期住房券组两者之间的比较。我们专注于向处理分析的估计值，因为它们与政策分析的相关性更强。它们是人口间干预的平均影响的估计值，它们的估计是关于人口间干预的平均影响的估计，干预的目的在于帮助分析。

奥尔等（Orr et al.，2003）显示了中期评估的结果。在参加住房项目 4 ~ 7 年后，定期住房券的提供导致处理组的家庭居住在更好和更安全的邻里，并占据了稍微好一点的住房。保持成人身体健康的措施的影响较小，且在 5% 的统计水平上不显著。对于儿童而言，这同样适用的，但是存在一个例外。处理组中的 12 ~ 19 岁男孩中有 50% 的可能受伤，其需要就医治疗。[10] 保持成人心理健康所采取的措施的影响也较小，且在 5% 的显著性水平上并不显著。女孩的心理健康大体上来说更好一些，并且在大部分情况下，在 5% 的显著性水平上是显著的。男孩的心理健康结果是复杂的，且在统计上从不显著。在犯罪方面，女生有更好的表现而男生的表现差一些，但是这些影响通常较小，且统计上很少具有显著性。这一结果同适用于危险行为。儿童所在的学校在很多方面稍微好一些。然而，对教育成果的影响是微不足道的。对于成人收入、就业和参加其他福利项目的影响也是如此。

尽管控制组和处理组收到的住房补助组合在中期和最终搜集到的数据中存在较大的差异，"向机会靠拢"项目的最终报告描述了近似于中期报告的结果（Sanbonmatsu et al.，2011）。定期住房券的提供导致处理组很多家庭居住在更好和更安全的邻里，以及相对较好的住房中。由于相关措施的采取，女孩及其母亲的心理更加健康而且肥胖者更少。这些结果几乎确定的是由于她们居住在更安全的邻里导致她们压力更小而促成的。

中期和最终评估的官方报道包含了很多结果。即使实际影响是零，对某些结果而言，随机抽样几乎肯定会产生一些显著性的结论。为了避免这个问题，

---

⑩ 由于大量的结果和子组研究，这类结果将由随机抽样造成，即使当实际效应为零。

克林等（Kling et al.，2007）分析了在中期评估中研究的 15 个结果中的 5 个集合，也就是，经济的自足、身体健康、心理健康、危险性行为和教育。第一类结果是关于成年人的，而最后两类结果是关于青年人的。对于成年人来说，定期住房券提供的所有结果都是正向的，但是在 5% 的统计显著性水平上都是不显著的。对于女青年来说，所有的结果都是正向的，并且身体健康和危险性行为的影响是很大而且显著的。对男青年来说，大多数结果是负向的，危险性行为和所有结果集合的负面影响是很大而且是显著的。处理组结果的性别差异的具体原因未能被充分的解释，但似乎反映出来自不利环境的男女青年在如何适应和应对新的邻里环境时的差异（Kling et al.，2007，pp. 105 – 107）。

14.3.3.3　试验性住房补贴项目

任何有关住房政策研究的讨论，只要没提及试验性住房补贴项目，它就是不完整的。试验性住房补贴项目的目的是判断基于家庭的住房补助项目的市场效应，以及个人消费决策相关的补助类型的影响。1970 年，国会批准这个项目，项目于 20 世纪 70 年代早期开始试验，并在 20 世纪 70 年代中期收集了相关数据，并且在 20 世纪 70 年代晚期和 20 世纪 80 年代早期完成实验报告。试验大概花费了 2 亿美元（按照 2014 年的价格指数，花费要超过 7 亿美元）。研究和数据搜集就几乎占了 1/2 的花费。运行该实验的研究单位发表了超过 300 篇报告、技术报告、专业性论文以及许多其他对试验性住房补贴项目分析有帮助的文献。⑪

试验性住房补贴项目两个最大且最重要的组成部分是供给试验和需求试验。供给试验的主要目的是明确基于家庭津贴补助项目的市场效应，例如对有指定特征的房屋的市场租金的影响，以及住房供应者面对该项目如何改变他们的单元。⑫ 实验涉及在格林湾和南本德的大都市区执行授权的住房津贴项目。符合条件的家庭（大约为最穷的 20%）如果他们的住房满足了一定的标准就会被提供一些现金补助。家庭越贫困，提供的补助就会越多。在匹茨堡和菲尼克斯的大都市区进行的需求试验主要目的是考察面对基于租户不同类型的住房补助，以及给定类型，不同项目的参数时，受助者将会做出的反应。最具影响

---

⑪　这部著作的引言是供给试验、需求试验、综合分析的总结报告（Kennedy，1980；Struyk and Bendick，1981；Lowry，1983）；一个编辑卷包含 EHAP 研究主要参与者的调查结果摘要（Friedman and Weinberg，1983）；一个编辑卷包含由校外学者所做研究的评估（Bradbury and Downs，1981）；一个专题论文包含一些从需求实验中得到的关于消费者行为的更有技术的结果（Friedman and Weinberg，1982）；而且包含住房与城市发展部（1980）的总结报告。

⑫　我们参考基于家庭而不是基于租客的补助，因为房主和其他出租人一样以相同的条件被提供相同的补贴。大约 40% 的参与者是房主。

力的需求试验研究超越不同的住房补助类型的比较。它比较了几个最低标准的
住房补贴项目和同时现有的几个主要的住房项目的结果。

试验性住房补贴项目产生很多结果，这些结果在住房政策的争论中的影响
较大，尽管随着时间的推移这些结果已经消逝。供给试验的一个最重要的结果
是，授权的住房券项目对市场租金和有不变特征的住房的房价影响是很小的。
这减轻了扩展较小且未授权的第 8 条规定住房券项目的顾虑，而这些项目在试
验的早期实行会对未补贴的单元产生显著的影响。

供给试验另一个重要发现是，项目引致了住房单元供给的大幅度的增加，
且这些住房供给均免租项目的最低标准。尽管提供适当的补贴（考虑到通货膨
胀，约为第 8 条住房选择券项目的受助者家庭平均的纳税人成本的1/2），在
其早期的 5 年间，授权住房补贴项目引致符合最低住房标准的住房公寓增加
9％。这是由于更新现有住房造成的（而不是新租赁住房的建设），这完全是
对基于租户补助的反应，这项补助需要家庭居住在满足该项目的最低标准公寓
里以此来收到补贴。

需求试验另一个重要的发现是基于租户的补助比基于项目的住房补助类型
更有效益。这个结果在说服国会更加依靠基于租户补助的形式来发放津贴发挥
了重要的作用。

14.3.4　低收入住房项目效应的证据

本节主要讨论每个项目或者每种类型的项目效果的证据，并与未实行住房
补助的情况作比较，但本节也研究了一些明确比较不同项目的效果的文献。奥
尔森（2003）调查了约 2 000 多项住房项目效果的证据。当前章节简要总结了
这些证据并详细论述了最近的研究。

14.3.4.1　提供住房补助的成本效益分析

住房项目间最大和最重要的区别在于，在同等环境的邻里提供同等质量的
住房时，不同项目的成本不同。不同项目的成本的差异。他们在提供同样环境
邻里的同等质量的住房时的成本。最有力的证据表明，当其提供与设想大致同
等质量的住房时，基于项目的补贴比基于租户的补贴成本更高。[13] 这些研究将
同等质量的住房定义为那些相同区位的未受补贴且能获得相同数量租金的住

---

[13]　奥尔森（2008，pp. 9–15）提供了一个关于低收入住房计划成本效益证据的详细概要。奥尔
森（2009）提供了一个详细的描述和使用的文献评读的数据和方法。

房。这种衡量考虑了邻里和住房自身的合意性。在一些最好的研究中，额外成本的估计规模相当大。

关于住房和城市发展部最大项目研究的最成功发现是，总额外成本至少为44%，这些项目主要是补贴私人自由项目的建筑物（第 8 条中的新建筑和重大修复）（Wallace et al.，1981）。也就是说，在这个项目下提供住房的成本比住房券项目中提供相同质量住房的总成本至少要高出 44%。这意味着纳税人为了同样的结果至少要额外多花费 72%，使用住房券服务于所有被其他同等好的项目服务的人和在不增加公共支出的情况下提供给更多 72% 的有相同特征的人时可能的。该研究表明公共住房甚至会造成更大的额外成本（Mayo et al.，1980）。最近的证据已经证实第 8 条中的新建筑和重大修复项目造成了大量的额外成本（Finkel et al.，1999，5 - 1；Shroder and Reiger，2000），而且最近美国政府问责局（GAO，2001，2002）已经得出了关于正在建设中主要项目——低收入住房税收抵免项目、HOPE VI，Section 202，Section 515 和 Section 811 项目的类似结果。比尔格（2011）发现税收抵免发起者获取了大部分政府提供给租户的补贴，表明一些超额利润、寻租支出被扭曲使用。埃里克森（Eriksen，2009）提供了关于后者的一些证据。

前面关于基于项目补助的成本效益证据适用于在一项补助建造项目下建造或者重大修缮的单元，并且这些单元仍然处于其初始的使用协议中。按市值计价的项目证据显示了更新自有产权补助项目的使用协议的额外成本（Hilton et al.，2004），以及试验性住房补贴项目提供关于与基于项目住房券相比，基于住户项目较高的成本效益（Mayo et al.，1980，pp. 134 - 139）。

相比之下，多年来一系列的研究发现各种类型的基于租户的住房补贴的总成本已经超过住房单元的市场租金，这并不会超过所涉及的住房单元的项目管理成本。（Mayo et al.，1980；Wallace et al.，1981；Leger and Kennedy，1990；ORC/Macro，2001，chapter V）。也就是说，房东们收到了他们住房单元的市场租金。

没有关于基于租户和基于项目的补助项目中提供相同质量的住房的总成本的巨大差异的各种理由的重要性的证据。那些似乎合理的解释是缺乏做出良好决策的经济动机，和对运行公共住房项目政府工作人员的工作绩效的监督，超额利润不可避免的源自将补贴分配给选择的私人补贴项目，开发商致力于确保有限的补贴的资源，以及投入使用中的扭曲来自补贴形式。后者的一个特例是基于项目的补贴通常和新单元的建设联系在一起。最廉价的提升低收入家庭住房条件的方法包括对改善现有住房存量的严重依赖，这是基于租户补助项目实现其目标主要的途径。

关于不同住房项目的成本效益的结果阐明了迫使销售者竞争购房业务的好处。在基于租户补助的项目中，考虑了自身特征，仅有那些能按照最低价提供住房的供房者才能留在项目中。如果房主试图向住房券受助者收取超过市场租金的租金，租客将不会长期居住在这个单元里，因为他/她可以搬到另一个更好的单元而不需要支付更多的租金。在基于项目补助的项目里，供房者因为他们的住房可以无限期留在这项项目里，且可以收取超过市场租金的更高的支付，因为他们的租客如果搬到其他的地方将会失去他们的住房补贴。这些供应商有一个固定的租客。

尽管存在着大量的证据，但是所有的研究都有一些方法论的问题，没有研究准确的估计运用其方法所需要达到的程度。一些大型且增长最快的项目的证据是最缺乏的。根据现有的一些研究结果和通过很低效的一些项目来进行住房补贴得到的结果，所有关于基于项目的住房补助的主要可自由支配支出的研究应该是住房政策研究最优先考虑的事情，这些基于项目的住房补助包括低收入住房税收补贴项目和住房自有便利贷款目的增量承诺，与自有产权补贴项目拥有者进行的使用协议的更新，公共住房的运营和补贴的改进，以及基于项目的第 8 条中的住房券。

14.3.4.2　住房消费

低收入住房补助的主要目的是让受补助者比在给定同等的不受限制的现金补助下的选择而言，能够获得更好的住房。关于这一目标是否已经实现的文献很缺乏。很少有研究比较住房补助项目和现金补助的影响，且没有最新的研究估算任何住房项目对综合测度的住房消费的影响。

许多以往的研究估计了项目对综合测度的住房消费的影响。当处理一个单个住房市场的数据时，他们运用受补贴单元的市场租金作为其总体需求的指标。当处理来自多个住房的数据时，市场租金除以整个市场相同单元的租金指数。这项指标解释了规模、设施、条件和单元所在邻里环境的差异，以及工作、购物和娱乐的便利性。

这些研究需要估计每个受补贴单元的市场租金以及在没有住房补助时其受助者居住单元的市场租金。受补贴单元的市场租金的估计几乎总是基于享乐回归模型，这个模型是采用未收到补贴的出租单元的数据估计出来的。享乐在所包含的住房和邻里特性清单中表现出较大的差异。大部分都是基于房屋本身特点的详细信息，这些信息与美国房屋调查中的信息类似。然而，享乐模型中邻里设施与工作、购物和娱乐的便利的适当信息可能会导致受补贴单元的市场租金的显著的有偏估计，特别是那些倾向于布局在最差邻里的公共住房项目中。

在较早的研究中，一个受助者在没有住房补助下占有的住房单元的市场租金的估计，往往是基于未受补贴的家庭的平均住房支出，这些家庭都是相同的观测特征。在大多数研究中，项目参与中的自主选择和行政指派都被忽略。

奥尔森（2003，表6-8）总结了8项研究的结果，产生了4个不同的住房项目的18个估计结果。几乎所有的研究都是基于20世纪70年代的数据。公共住房承租人的平均住房消费的估计结果9的增长比例在不同时间和地区从22%变动到82%。城市和住房发展部的自有产权补助项目的居住者的估计结果4的估计值从26%增加到58%，且其住房券受助者由16%上升到63%。这些结果可能与现实相差较多，特别是对补贴项目而言，由于时间较早其差距更大。然而，沃尔特（Walters，2009）提出的证据表明，随后用于更新这些项目的补贴在很大程度上已经抵消了其恶化。

四项研究的结果更加直接地评估低收入住房项目的绩效，这些研究估计了和给予数额等于每个受助者的住房补贴的不受限的现金补助相比（即单元的市场租金和租户的租金之间的差额），他们的住房消费量增加了多少（如果存在）。基于1965~1984年的公共住房数据的四项估计估计结果表明，与同等数量的现金补助相比，该项目使得每个受补助者的平均住房消费由40%增加到53%。基于1976年的数据得出一项关于住房券估计结果表明，与现金补助相比，只有10%的增长。基于1977年数据对整个系统的低收入住房补助的唯一估计表明，与现金补助相比，约有39%的增长。这些结果表明在这些时期，住房项目改变消费模式的方式与传统的理论相一致。

当前项目的最新结果都应是早该完成的。在过去的30年里，关于低收入住房项目对住房消费影响的研究很少，这些研究仅限于少数几个住房的特点或其住房的受补助者的等级。他们并没有试图判断这些项目是否促使受助者占有更好的住房，这主要与如果给予他们相同数量的现金补助下可能做出的选择对比。此外，基于项目的住房补助项目的替代计算方法引发了极大的兴趣。由纳税人承担补贴的房屋项目的成本超过了租户的补贴，这一差额远远超过了由于无效成本引起的项目管理费用。如果这些租户被给予了一定数额的现金补助，且数额等于纳税人的成本减去项目的管理成本，那么现金补助的消费本应该会变得更大。而且这些受助者完全可能会比住房补助项目下消费更多的住房服务和其他商品。这种基于项目的住房补助的替代效应并没有被估计。

使用从1990~1995年的当期人口调查（CPS）和1990年的人口普查的数据，以及两阶段工具变量法解决了项目参与的内生性问题，柯里和耶洛维茨（Currie和Yelowitz，2000）研究发现，居住在一个受补贴的住房项目内减少了过度拥挤，这是住房所捆绑带来的问题之一。这并不奇怪，因为补贴住房项目制定了规则以确保家庭有足够的空间。较大的家庭被分配到有多个卧室的住房单元。因为当期人口调查的受访者表示他们居住在一个公共住房项目内,作者认为他们的研究结果适用于公共住房项目。然而,来自 2011 年美国住房调查和当期人口调查问题的受访者的答案得到的数据,其中前者依据行政记录区分了每个家庭接受的住房和城市发展部的住房补助的类型,数据揭示了大约有 56% 的自称自己住在公共住房项目内的人实际住在自有产权补贴项目中。剩下来的所有人几乎都住在公共住房内。因此,柯里和耶洛维茨的结果适用于将受补贴住房项目看成一组的情况下。

随机分配住房券评估提供了关于城市和住房发展部租赁住房项目对住房消费影响的仅有的最新证据。正如在本节中对实验详细的描述性解释,其 TOT 估计可以合理地作为使用住房券与无补助之间效果比较的证据。研究发现,住房券使用使得拥挤降低了 44%,使得位于住房条件较为良好或者杰出的受助者比例增加了 8 个百分点,且使报告其住房自有七项具体问题中的两项问题的受助者比例下降了 7 个百分点(Abt et al., 2006, 5.3)。后面的两种影响在通常的水平上没有统计学意义。关于基于项目补助的住房和城市发展部项目没有最近的证据。

布龙等(Buron et al., 2000, 表 8)提供了关于税收抵免项目对住房消费影响的唯一证据。该项证据是基于 839 个居住者对于 39 个税收抵免项目的意见得出。总体而言,54% 的人认为税收抵免项目的公寓好于他们以前居住的单元,24% 认为是相同的,22% 认为更差了。认为公寓本身更坏的受访者可能受益于其他方面,比如较低的租金,更好的邻里环境,或者更加便捷的区位。不幸的是,这项研究并没有提供一个关于这些家庭的整体住房消费增加和减少的程度的定量指标。因此,无法获知与那些搬入更差住房的家庭的住房需求的平均下降程度相比,那些搬入更好住房中的家庭的平均改善程度究竟如何。在评估税收抵免项目对住房消费的影响时,重要的是意识到所涉及的单元建造年数均不超过 7 年。随着时间的推移,这些单元的情况肯定会有所恶化。与评估税收抵免项目对住房消费的影响相关的是,将仅限于低收入家庭使用的税收减免项目在整个期间所提供的住房与居住者在没有这项项目的情况下所占用的住房进行一个比较。因为使用协议延长了至少 30 年,这些基于早期项目得出的结果似乎看起来夸大了对住房消费的平均影响,这主要发生在协议对租金进行限制的期间。

关于住房消费的特殊政策利益的一方面对无家可归者而言的。如果谁都可以获得与不受限制的现金补助相对的住房补助,那么这个人必定是无家可归之人。其中有些人患有损害其判断力的严重精神疾病。而其他人将有形的外部成本强加给他人。

阿布特等（Abt et al.，2006）估计得到住房券的领取使得最终数据搜集前一年的某一时刻本应流落街头或者在避难所的家庭数量降低了约9个百分点。由于住房券的领取阻止某些人流落街头，这也成为受助者的估计值，而这些受助者本应该在前一年的某个时点流落街头或者居住在庇护所中。因为参与者为带有孩子的单亲母亲，可以确定的是大多数的人居住在庇护所中。这个问题的数据是搜集得来的。同样的，其他类型的住房补助将会对相同类型的家庭产生相似的影响。据推测，服务于最贫困家庭的项目拥有最大的影响。然而，其他项目的影响并没有被研究。

阿布特的研究讨论了在过去的一年间，与无家可归相关的特殊住房项目对符合住房补助资格的家庭子集的影响。其他研究估计了在某一个时间点上低收入住房补助的整体系统对无家可归者的影响。一些研究估计了接受低收入住房补助的受助者比例，而这部分守着在没有补助的情况下本应成为无家可归的人，以及现有项目的改革和新项目实施对无家可归者的影响。使用已安置和无家可归者的分类数据集合和基于选择的样本抽样方法，厄尔利（Early，1998，2004）发现，最多会有3.8%~5%的受补助的家庭在没有补助的情况下会无家可归。[14] 厄尔利（2004，表1）还称，无家可归者的人均家庭收入不到获得住房补助的家庭的1/2。使用来自于一个全美无家可归者的统计系统的数据，厄尔利和奥尔森（2002）发现，针对最贫穷人口的现有住房补助的显著性增加会减少那些申请补助的无家可归人员。主要的残留问题是说服居住在街头且患有精神疾病的人接受可获得帮助。

曼苏尔等（Mansur et al.，2002）在一篇论文中，修正了阿纳斯和阿诺特的用洛杉矶、圣地亚哥、旧金山和萨克拉曼多等城市数据得出的住房市场一般均衡模型，研究发现一项授权项目将会使四个地区的无家可归认识降低约25%和33%，而这一项向收入最低的1/5的租赁者提供现金补贴。[15] 相对面向最贫困家庭的住房补助而言，这显然不是一个针对防止无家可归的办法，并且这个方法会花费五倍于住房补助目前的支出（Early，2004，p.199）。

---

[14] 重要的是要意识到大多数的无家可归者每天晚上都有庇护的地方。他们生活在一种被称为无家可归者收容所的特殊类型的补贴住房里，并且最好的庇护所能提供良好的住房。同样重要的是要意识到街道上无家可归者的数量被低估了。

[15] 因为模型将所有的住房单元划分为根据市场租金水平的四等份，并且假定每一等份内的单元有着相同的房租和需求，为获得补贴一个家庭必须占用比最好的稍好的单元。平均补贴的范围从萨克拉门托的每户2 708美元（以2014年的价格）到旧金山的每户4 914美元。最穷的会收到相对更多的补贴，因为补贴等同于支付标准（等于家庭收入的30%）。与实际的福利计划不同的发现是，所有符合条件的家庭都被假定为接受了援助。

14.3.4.3 居住邻里

邻里设施是一般认为住房集中的重要组成部分，并且许多接受住房补助的人员都搬至不同的邻里。关于这种影响的较早的研究，通常会对邻里在参与者进入前和进入后的状况立即进行比较（Olsen，2003，pp. 407 – 411）。一般来说，这个证据表明，大多数低收入住房项目对居住邻里的类型有一个适度的影响。而公共住房是例外，其邻里明显比之前居住的邻里更贫困。

近期更多的研究使用了不同的方法却得出了相似的结论。例如，苏辛（Susin，2005，p. 207）发现，公有住房承租人所居住的人口普查区的贫困率要比无补助的普查区高 8.8 个百分点，而住房和城市发展部自有产权补贴计划中的租户所居住地区的贫困率高出 2.6 个百分点，住房券受助者所居住地区的贫困率低 2.3 个百分点。卡尔森等（Carlson et al.，2012a）和雅各和路德维格（Jacob and Ludwig，2012）利用了后文描述的典型的数据和方法发现，住房券导致受助者所居住的邻里仅在一定的维度有所提高。埃里克森和罗斯（2013）得出相似的结论，其主要是基于部分住房券评估得到的数据，并采用工具变量法进行估计，将住房券处理组的分配作为住房券使用的工具变量。他们的研究结果表明，为了获得住房券，许多住房券受助者最初在当前的居住单元或邻里使用住房券，其后会迁移到一个更好的邻里。[16] 即便居住条件没有发生明显改善，受助者随后也将搬迁到条件更好的邻里。根据受助者对邻里满意度报告的不同指标值，最终的住房券评估报告描绘了类似的画面，这些指标包括 5 个犯罪受害指标、一个毒品使用或销售指标和 5 个其他指标（Abt Associate Inc. et al.，2006，图 3 – 8）

布龙等（2000，图 3 – 17）根据受助者的意见提供了关于税务抵免项目的证据。搬进税收抵免项目居住的受访者中约有 19% 是来自同一个邻里。来自于另一个邻里受访者中大约有相同比例的人认为该项目的邻里条件更好，也有大致同等比例的人认为总体上比他们之前居住的邻里更差。受访者还被询问了关于其所在邻里的 10 个具体方面的问题。多数人认为，在这 10 个方面中有 8 个方面，新邻里和以前的邻里是相同的。在 10 个方面中有 9 个方面，认为邻里条件好的人比认为邻里条件差的人多。认为税收抵免项目社区比以前社区更好的家庭比例范围在 40%（由于接近公共交通）到 26%（由于接近学校）之间。引人注目的是，仅有稍多受访者认为，他们的税收抵免项目的邻里与先前

---

⑯ 凭证接受者有 60 ~ 120 天的时间搬进一个满足项目最低住房标准的住房单元，并且许多已经生活在了符合这些标准的住房单元里。

居住的邻里相比，新的邻里对于儿童来说是一个较差而不是较好的居住地。

伦斯等（Lens，2011）在关于住房券受助者、公共住房项目的租户以及税收抵免项目的住户居住的邻里之间的差异有了新的发现。如纽曼和施耐尔（Newman，Schnare，1997），他们发现公共住房承租人所居住地区的贫困率明显比在其他两个项目的参与者要高，且在这方面，住房券使用者和税收抵免项目受助者之间的差异较为适度。但是关于邻里犯罪率的差异很大。税收抵免项目的居住者所在邻里的犯罪率约比住房券受助者高30%，且仅仅略低于公共住房的租户所在邻里的犯罪率。由于住房券受助者关于他们的住房的位置有更多的选择，这表明从受助者偏好的视角看，住房项目的布局较差。在"向机会靠拢"项目中，远离犯罪至今仍是参与者想从他们的公共住房项目迁出的最重要的原因（ORR等，2003，C1.3）。在43%的登记家户中，已有成员在最近的6个月中成为犯罪受害者（Sanbonmatsu et al.，2011，图1-2）。

要理解结果的构成，重要的是要认识到当地政治机构影响住房项目分布的能力。对于公共住房而言，他们对住房的布局有否决权。由于邻里抵制，公共住房，特别是针对有儿童家庭的，通常是建立在条件最差的邻里。对于自有产权补贴计划而言，地方性的政治机构可以通过土地使用条例产生较大程度的影响，例如，通过否决或授予不同的分区条例。此外，这些方案往往激励了开发者选择特定的区位。他们所提出的区位会影响他们被选中接受补贴的概率（Gustafson and Walker，2002）。它也会影响所接受补贴的数额。例如，税收抵免项目提供的补贴比位于有符合资格普查区的项目几乎要高30%。这些地区通常有着大量的贫困家庭。鲍姆-斯诺和马里昂（Baum-Snow，Marion，2009）使用了断点回归法方法表明，这一特征对税收抵免项目的区位有着很大的影响。其他的项目特征对项目的区位也有着重要影响，但是不显著。例如，在大都市区的各处税收抵免项目的租金上限是相同的，并且税收抵免补贴不依赖于土地成本。这给开发商避免选择土地价格较高的邻里提供了激励（Lang，2012）。简而言之，地方性的政治团体和私人开发商共同决定在哪里建造补贴性住房。由于其低于市场的租金，受助者的偏好比私人市场的影响要小。

14.3.4.4 种族和经济融合

由住房补助引起的搬迁导致了宽泛的住房市场中不同程度的经济和种族融合。许多人对这些结果进行了深入的思考。

判断一个项目是否引起了种族或经济融合的常用方法是去比较受助者在接受项目前后的邻里特征。例如，如果一个都市区居住的人中有20%是非裔，在参加项目前，非裔受助者的非裔邻居的平均比例为60%，而参加项目之后的比例为30%，这种方法的结论是项目降低了种族隔离水平。

这种方法无法解释受助者最初的搬迁导致的搬迁约束。一个简单的例子说明了这个问题。假设一个现有的公寓楼被拆除，以建造一个有同等数量住房单元的新的补贴项目。假设这一邻里拥有城市非裔家庭平均比例，即20%。假设新建的房屋和旧房屋有相同比例的非裔家庭。假设搬进邻里的非裔来自于有着20%以上非裔的邻里，而白人则来自于白人占80%以上的邻里。通常的方法会得出结论，住房项目提高了种族融合水平。然而，事实并非完全这样。例如，如果由于拆迁失去住所的白人搬进了由于白人进入住房项目而腾空的住房单元，并且失去住所的非裔搬进了由于非裔进入项目而空出的单元，这对于种族隔离的程度没有影响。

最近的研究已经开始解决标准方法的不足之处。鲍姆 - 斯诺和马里昂（2009）表明，税收抵免项目引致邻里中的某些最初的业主搬迁，并吸引了较低收入家庭入住。霍恩和奥雷根（Horn，O'Regan，2011）探讨了税收抵免的项目可能影响种族隔离的各种机制，并且发现税收抵税项目降低了都市层面的种族隔离水平。

近年来住房需求和邻里选择均衡模型的设定和估计取得了研究进展（Epple and Sieg，1999；Bajari and Kahn，2005；Bayer et al.，2007，2011；Bayer and McMillan，2012），以及随着住房补助的受助者地址数据的可得性的增加，这使得更多关于低收入住房项目对关于经济和种族隔离的影响的研究成为可能。

在第一个应用中，加利亚尼等（2012）使用"向机会靠拢"项目数据估计这一模型，并使用估计的模型来分析住房券受助者在第一年使用住房券的地区选择限制的影响。他们发现将住房券的最初使用限制在一个贫困率低于5%而不是10%的普查区，将会减少住房券的接受比率，以至于会增加提供住房券的家庭所居住邻里的贫困率。大量的家庭仍将留在贫困率较高的先前的邻里。放宽对贫困率低于20%而不是10%邻里的限制，将轻微减少被提供住房券家庭的平均贫困率，但是大大增加了住房券的使用（从39%~58%），并且提高了向家户提供住房券项目的价值。他们还发现，对可能在第一年就被占用的邻里的种族人口构成相关的具体限制，将会降低接受率，但是对经济或者种族隔离的影响非常小。

14.3.4.5　其他商品的消费

受助者和纳税人关心的不仅是受助者的住房消费。以补贴低收入家庭其他商品的消费大型项目的建立表明了纳税人对受助者的其他商品的消费同样感兴趣，并且大多数美国住房项目被设想会增加其他商品的整体消费（通常被描述为增加住房的可承受能力）。许多对低收入住房项目影响的早期研究估计了其对非住房商品和服务的整体消费的影响，也就是扣除价格指数后这些商品的支出。奥尔森（2003，表6－8）总结了四项研究的结果，这四项研究得出了2000年之前三个项目的八项估计值。几乎所有的研究都是基于20世纪70年代的数据。第六项估计得到在不同的时间和地点，公共住房的百分比由5%上升到19%。关于住房和城市发展部的自有产权补贴项目的唯一研究表明，它对其他商品的消费没有影响。然而，在当时这个项目有一个不寻常的特征，即大量的最低租金，这显然使得这个结果不能代表这种类型的住房和城市发展部项目。在大多数时候这些项目几乎肯定会增加受助者对非住房商品和服务的整体消费。关于自有产权住房券项目的唯一研究表明，它增加了50%的其他商品和服务的消费。正如在对整体住房消费影响的较早研究中，几乎所有的研究都忽略了项目参与中的自选择和行政指派。

几乎所有对低收入住房项目对消费模式影响的研究均假设它们对收入没有影响。也就是说，研究已经假定，在该项目下观察到的收入与没有该项目的情形下收入是相同的。因为这些项目减少了收入，这些研究都低估了在未实行这些项目情况下受助者的住房服务和其他商品的消费，因此高估了住房项目对综合商品消费的影响。

最近关于住房项目对非住房消费影响的证据略显不足。住房券评价发现住房券的接收降低了40%的住房支出（Abt et al.，2006，图5－3）。其他商品消费量的增加比例仍没有研究结果。然而根据所提供的信息，其比例大约为50%。假定参与者的经济环境相似以及确定租户租金的公式相同，公共住房和住房和城市发展部自有产权补贴项目可能有大致相同的影响。但没有最近的研究估计结果。

几乎与所有其他的低收入住房项目不同，税收抵免项目似乎对租户的住房支出和其他商品的消费仅有很小的影响。布龙等（2000，图3－9）研究表明，与以前的公寓相比，47%的税收抵免项目的居住者为他们的税收抵免公寓支付较低的租金，13%支付约相同数额的租金，以及40%支付相对更多的租金。由于其中有很少的家庭刚搬进他们的税收抵免的住房单元，以及在此期间同一单元的租金不断地增加，这些结果显然夸大了相对没有税收信贷项目的情况下这些家庭所支付租金降低的程度。

14.3.4.6 租户平均收益和补贴

由于许多经济学家都对住房补贴与一次性补助的差异程度很感兴趣，许多研究比较了受助者从补贴中获得的收益。住房项目研究中衡量受助者获益水平的最常用的是等效益变化，也就是对受助者来说一次性补助金和住房项目能产生同样满意度。⑰ 如上所述，租户的补贴等于被占用的住房单元的市场租金超过租户所支付的租金的部分。⑱ 由于大多数住房项目通过不同于一次性补助金的方式改变了预算空间，我们当然期望任何令人满意的收益的测度会低于大多数所有参与者的补贴。换句话说，我们期望与被给予相同数量的现金补助下的消费选择相比，几乎每一个家庭都会消费不同集合的商品。因此，平均收益应低于平均补贴。

奥尔森（2003，表 6 - 17）总结了七项研究的结果，这些研究估计了一个项目或整个低收入住房补助体系的平均收益和补贴。估计得到的收益是基于已估计出的无差异族或估计得出的等同的需求函数。除了公共住房以外，很少有关于其他项目的估计，且没有任何估计将一个项目或整个系统看成一个整体。估计得出的公共住房的平均收益与平均补贴比值的中位数是 0.76，并且 70% 的估计比值落在 0.71 ~ 0.81。基于一个单独的研究，住房和城市发展部的大型项目即自有产权补贴计划（第 8 条新建和重大修复项目）的平均收益与平均补贴的比率在 0.63 ~ 0.77，而住房券项目的这一比率是 0.83，以及整个体系作为一个整的比率是 0.61。

所有这些研究几乎都高估了租户的收益。他们基于这样的隐含假设，即每个住房补助的受助者都居住在他或她最喜欢的住房单元，这些住房单元的市场租金与居住的项目中的住房单元相同。由于最低的住房标准，即使对住房券受助者来说这也是不真实的。对于生活在补贴项目中的家庭来说，这确实与事实的关系更进一步。他们要么被给予了一个特定区位的特定住所，要么什么都没有提供。未发表的美国低收入住房项目研究解决了这个重要的扭曲问题。格莱泽和卢特默（2003）分析了纽约市租金管制下的住房束中的几种因素类似的扭曲问题。雷和孙（Lui and Suen，2011）则对中国香港地区的住房项目的一种因素进行了分析。

在评估这些结果对公共政策的意义时，重要的是要认识到任何住房项目成功实施，要使得受助者的平均收益要低于平均补贴。为了解释非受助者支持的观点，住房项目旨在实现与不受限制的现金补助不同的结果。

14.3.4.7　收益分配

许多非受助者都关心收益如何在住房补助的受助者中进行分配——不仅是平均收益如何随家庭特征变化，还有具有相同特征的家庭之间平均收益的变

---

⑰　哈蒙德（1987，第 2 章）对低收入住房项目效益估计的演变进行了详细的解释。

⑱　因为他们的管理成本，补贴要比纳税人的费用要低。由于成本无效性，对于基于项目的住房援助而言要小得多。

化。以往估算租户收益的大多数研究也探讨了这些问题。

住房项目的设计并不能保证某个区位内平均收益按照某种方式随家庭收入的不同而不同。在美国，低收入住房补助的大多数受助者（除了那些在税收抵免项目中的）在租金上要花费调整后收入的 30%。因此，如果一个项目所服务的特定规模的整体家户均以相同的市场租金居住在公寓中，那么补贴对于相同规模的最贫困家庭来说要更高。根据基于租户的住房券的所有变量，同等规模家庭间的最大补贴与收入呈反向变动。然而这与事实相差较远，事实是一个成熟的建设项目服务（即一个建筑项目已经存在了很多年）的所有家庭按照相同的实际市场租金占有住房。此外，更高的补贴并不意味着多的收益。如果较贫穷的家庭比富裕的家庭经历较大的消费扭曲，即使他们得到了较多的补贴，他们得到的收益也会较低。

奥尔森（2003，表 6 - 18）总结了估计收益对家庭特征的回归结果，在该回归中，假设平均收益与收入、家庭规模、年龄、种族和其他特征之间存在线性关系。研究中的一些结果是一致的。对于公共住房、住房券和作为整体的体系而言，较贫困家庭的平均收益相对较高，这些家庭在其他特征方面亦相同。同样地，较大规模的家庭的平均收益也较高。当作者通过将收入和家庭规模的平方加入模型，进而允许非单调关系存在的可能性时，这些结论依然成立。当涉及家庭户主的年龄和种族时，这些结论则是不一致的。不同研究的系数的符合不同，且系数往往在统计上不显著，系数的大小意味着那些在这些方面不同的家庭间的平均收益存在较小的差异。

从这些分析中产生了有几个值得注意的结果。首先，一些研究发现在整个地理区域上，公共住房项目、住房券项目和住房补贴体系中的拥有相同实际收入和其他人口特征的家庭间的平均收益存在重大的差异（Murray，1975；Reeder，1985；Hammond，1987）。其次，里德基于参与项目前的消费模式和预算约束的信息，将家户住房偏好的衡量纳入到回归模型中，其研究发现对住房有着强烈偏好的家庭从住房券项目中所得到的收益最大。不同于降低商品价格和允许受助者选择商品消费量的简单补贴，这一结果是会必然发生的。这一结果主要是项目的参数和受助者偏好和收入的联合分布导致的。

14.3.4.8 劳动收入和就业

想帮助贫困人口的长期愿望总是与避免其长期依赖于他人的期望结合起来。对于那些期望获得工作的人来说，理想的方式是帮助他们提高自身的生产效率。提高低收入家庭孩子的未来工作效率已经成为社会感兴趣的事情。约翰逊总统在推进贫困战争时说过"给予人们帮助，而不是施舍"（A Hand Up，

Not A Hand Out）。克林顿总统提出并实施了主要的福利改革以使劳有所得。

虽然福利改革发生在 20 世纪 90 年代，如提高收入的税收抵免幅度，用贫困家庭临时救助（TANF）项目取代有子女家庭补助（AFDC），这种强加的时间限制和其他较强的激励促进了劳动力的市场供给；随着劳动收入的增加，许多向低收入家庭提供补助的项目降低了补助的金额；许多的低收入家庭已经参与到该类型的多种项目中，随着他们收入的增加，他们也面临着补贴的大量下降。

在美国，大多数住房项目会随着收入每增加 1 美元带来补贴减少 30%。经济学家已经集中研究了补贴形式的特征，并思考了这些项目对受补助家庭成年人劳动收入可能会产生的影响。标准的消费者选择模型意味着这种类型的现金补助项目将会导致其受助者获取的利益更少。然而标准经济学理论却没有明确的暗示同样的福利形式对住房项目的影响。当考虑到低收入住房项目中对住房消费的限制，同一般理论相一致的结论是个体将会增加劳动供给以应对这些项目带来的影响（Schone，1992）。

此外，一些学者已经提出了住房补助长期能够提高成年受助者劳动收入的其他机制（Abt et al.，2006，pp. 82 - 84）。例如，住房补助可能使受助者居住在更安全的邻里，在哪里他们可以享受更好的精神和身体健康。类似的结论对受补助家庭的孩子的未来收入具有重要的作用。住房补助可能会使得他们成为更有效率的成年人。补贴项目带来的不足仅仅在一定程度上与受补助家庭的孩子会提前想到并期望今后的生活可以获得低收入住房补助相关。在这种情况下，补贴项目会降低促使他们致力于提高自身潜在收入的动机。

现金补助方案对劳动收入和就业的影响已经被深入研究很长时间了。实物转移支付影响的研究发展的相对缓慢。然而，在 20 世纪 90 年代后期和 21 世纪早期，关于低收入住房项目影响的研究扩展较为迅速。施罗德（Shroder，2002b）引述了该时期完成的 18 篇关于住房补助对就业和收入短期影响的文章。这些研究的结果不统一。大多数的研究发现住房补助降低了收入和就业。然而，一些研究也得出相反的影响。大多数估计得出的影响是比较小的，且假设检验通常不能在标准的显著水平上拒绝没有影响的假设。一般而言，研究中使用的数据并不适合用于研究劳动供给效应。需要强烈的假设才能为结果作为随机效应来解释提供辩解。其结果是忽略了关于这种影响的程度以及方向的较大不确定性。

这种状况在过去的 10 年间已经得到很大的改善。关于美国住房和城市发展部的大型低收入住房项目（住房券方案）的三项研究已经搜集了适用于研究其对成年补助者的劳动供给影响的数据，并使用良好的统计方法做出了分析。其他杰出的研究对项目型住房补助和住房券方案的影响进行了估计。尽管这些研究的结论不尽相同，但是主要结论是明显的。美国低收入住房项目使得成年受助者平均少赚 10% ~ 15%。证据显示较高劳动收入导致的补贴幅度的较少是导致这种效应的重要原因。例如，证据表明三项大型的住房补助项目对劳动收入和就业存在相似的效应。有些研究者认为这些项目在某些方面会对劳动收入产生显著的影响。它们的相同之处在于拥有相同的补贴形式。

雅各和路德维格（2012）提供了关于住房券对劳动供给影响的最好证据。其研究主要是基于 1997 ~ 2003 年，芝加哥被提供住房券的 11 696 家户的选择，且其中有 30 662 家户申请了该住房券，但是被告知它们不可能得到。在 1997 年，管理住房券方案的组织将候补申请人名单向符合条件的约 82 000 户家庭开放足够时间，并允许它们在上面登记。这一数目远超过可以随时提供的住房券的数量。为合理的提供住房券，该组织随机的将每个家庭在名单中分配一个区位。在 1997 ~ 2003 年，约有 18 000 家庭获得了该组织提供的住房券。目前，名单中约有 47 000 家庭仍被告知他们将得不到该券。由工龄和未接受基准住房补助的健全成年组成的两组家户构成了分析所用的控制组和处理组。雅各和路德维格搜集了这些家户的许多基本特征信息，他们的季度劳动收入和公共补助收入（贫困家庭临时救助/有子女家庭补助，食物券和医疗补助金）以及他们接受补助前 6 年的地址和接受补助后 8 年的。

他们对这一令人印象深刻的数据集分析表明，住房券补助收入平均减少了约 6% 的劳动力参与和 10% 的劳动收入。这被称作 TOT 效应，此处处理被定义为提供的住房券至少在被提供后的一年被使用。即使家庭放弃了它的住房券，也被视为已经处理过了。

雅各和路德维格也研究了住房券初始提供后，意向处理分析效应如何随着时间发生变化。他们的研究结果表明对收入和就业的负向效应随着时间增加。这个结果是令人惊讶的，因为某些初始住房券受助者每年都会放弃他们的住房券，且有理由期望住房补助对劳动收入和就业存在长期的正向影响。一个可能的解释是在接受住房补助期间，工作时间的减少和接受挑战低的工作降低了一个人的未来工资率。工作本身能够通过重复和工作培训提高劳动技能。在接受低收入住房补助期间，劳动力参与度降低也可能向未来的雇主发出关于个人能力和追求稳定工作的信号。这些因素可能会超过抵消磨损和其他因素的影响。

最后，雅各和路德维格探索了两种机制，使得其他人相信住房补助将会提高受助者的收入和就业机会，至少在最初的调整时期，即将会促进居住的稳定性，且会使得受助者搬迁到靠近适合自身技能的工作的邻里附近，与那些对于寻找他们有益的邻居居住在一起。雅各和路德维格研究发现住房券对邻里选择和居住的稳定性的影响非常小。这使他们将检验到的工作非激励效应归因于补贴的形式。

就住房券对收入和就业的直接影响而言，另外两项杰出的研究得到了相似的结果。工作福利券项目评估发现住房券补助在前 6 个月使劳动力供给降低了约 12%（Abt et al.，2006，图 4-9）。卡尔森等（2012b）基于其他良好的数据集，得到了关于住房券补助实施第一年的相同的结果。他们的样本包括威斯康星州 2001 年、2002 年和 2003 年的所有家户，而这些家户并不居住在公共住房中，而是贫困家庭临时补助项目或者食品券补助。每年，一些家户成为新的住房券受助者，其他的家户得不到该住房券。管理者会将每个住房券的受助者与其他基于许多特征得到的得分相近的 5 个非券获得者相匹配，其特征包括前 5 年的收入和就业。双差分估计被用来从该样本中得到结果。

如雅各和路德维格的结论一样，阿布特等和卡尔森等也拒绝了一些机制，在这些机制中，住房券补助被假设会影响收入和就业。阿布特等发现券补助对工作途中时间或者交通方式（第 107 页）、通过邻居寻找到工作（第 110 页）或者提高教育和培训水平（第 17 页）的影响较小。卡尔森等（第 136~137 页）研究发现住房券补助对居住邻里的类型的影响较小。这导致卡尔森等（第 143 页）将对劳动收入和就业的负面影响归因于补贴形式。阿布特等（第 128 页）将此影响主要归因于搜寻住房引起的临时中断。

三项研究的几处不同应值得注意。第一，因为解决工作抑制效应的政策与工龄和失去劳动能力的成年人有关，雅各和路德维格与阿布特等限制了对该组人群的分析，且前面的结论有涉及。卡尔森等的主要结论主要基于包括老年人和失去劳动能力的成年的样本，且住房券项目为许多这类人提供服务。如果他们的分析局限于工龄和拥有劳动能力的成年人，那么已经检验的工作抑制效应可能会变大。对于不同年龄段，他们自身的分组效应是非常明显，雅各和路德维格对过了中年的人和残疾人进行了补充分析（原文表 4）。

第二，阿布特等和卡尔森等使用的样本可能会对住房券项目对所有的受助者带来的平均工作抑制效应阐述不足。阿布特等所使用样本中约 80% 接受基准的贫困家庭临时补助项目补贴（第 24 页），且这些补贴包含在这一券项目的固定的收入中。固定的收入每增加 1 美元将会导致住房券补贴减少 30%。对于没有现金补助的家庭，收入每增加 1 美元将会导致补贴减少 30%。对于贫困家庭临时补助项目的受助者来说，这不是个例。贫困家庭临时补助项目随着家庭收入的增加降低了其补贴。结果是，收入的增加不会导致收入每增加 1 美元使住房券补贴减少 30% 的情况发生。在极端的情况下，贫困家庭临时补助项目补贴的下降率为 100%，增加的收入对住房项目的固定的收入以及其补贴没有任何影响。如果在现金补助项目中补贴的下降比率为50%，参与住房项目将会带来整个补贴降低15%，而不是30%，因为收入每增加1美元仅仅会使住房项目的固定收入增加50%。美国现金补助的名义补贴下降比率的一般范围是50%~100%。[19] 简言之，住房补助导致的贫困家庭临时补助项目受助者整体补贴下降的比率比其他住房券受助者要小。这不足为奇，雅各和路德维格（2012，原文表4）研究发现住房券补助对接受贫困家庭临时补助项目基准补贴的家庭的劳动力参与度的影响非常小。

对于卡尔森等的分析而言，这是一个非常小的问题，因为他们的样本主要是基于贫困家庭临时补助项目收入或者食品券补贴，且这一群体中参与贫困家庭临时补助项目的比例低于1/10。不像现金补助，食品券补贴并不包含在固定收入中，这决定了住房券补贴的幅度。对于接受食品券和其他实物补助而不是现金补助的家庭而言，住房补助将会使得补贴降低30%。

与雅各和路德维格的结论不同，卡尔森等和阿布特等的研究发现，尽管比率不同，工作抑制效应会随着时间消退。卡尔森等的结果表明这个消退过程需要约5年的时间；而阿布特等的结果是3年。一个明显原因的可以用来解释这些研究中得到的低收入住房补助效应存在衰减的检验结果，即每年都会有拥有住房补助的家庭放弃接受补助。每年继续接受住房补助的家庭比例也是不断下降的。由于住房项目的补贴下降比率不再与退出该项目的家庭相关，估计效应出现衰减不足为奇。一个项目对个人的影响最终将会消失，因为个人不会永远留在该项目中。只有在相反方向上发挥作用的其他力量的存在才能阻止它。

由于三个研究中的处理组从住房券项目中分离，存在的困惑是随着时间的变化，为什么雅各和路德维格的检验得出的补助的初始受助者的收入和其他效应的下降会更大。一个可能的解释是工作时间的减少和接受风险较小的工作对于那些没有参与贫困家庭临时补助项目的人来说更加重要，这是收到住房补助的结果，且其降低了个人未来工资率。无论是什么解释，雅各和路德维格认为他们更加简洁的检验给出了工作抑制效应较好的时间路线图。

美国住房和城市发展部的项目型租赁补助项目，即公共住房和自有产权补助项目，本质上拥有与住房券项目相同的补贴形式。从租户的视角，补贴是住房单元的市场租金和可得收入的30%的差额。[20] 关于为什么具有相同补贴形式的不同类型的补助对劳动供给的影响不同的争论已经被提出来。然而，证据表明他们拥有非常相似的效应。

---

⑲ Abt Associates Inc. 等（2006，p.83）报道了他们所在地区的TANF的补贴下降率在这一范围。
⑳ 尽管补贴的下降比率是相同的，但是补贴形式因家庭而异，因为他们居住在具有不同市场租金的单元里。

雅各与路德维格和卡尔森等检验了住房券和公共住房间工作抑制效应的差异，发现这些差异是非常小的。苏辛（2005）得到关于三种补助类型的相似的结论，他主要使用住房和城市发展部的行政记录来识别 SIPP 家庭接受的补助类型，且得到了用于分析的受助者和受助者之间匹配的倾向指数。他的研究发现公共住房租户会使其劳动收入减少约 17%，自有产权补贴的租户约降低15%，而住房券受助者降低约 14%。尽管他的样本容量是适中的（670 个受助家庭），且他的数据与前面的三项研究一样并不那么适合用来分析，关于住房券项目结果的相似性也印证了对其他补助类型结果的分析。奥尔森等（2005）基于从住房和城市发展部行政记录得到的 1995～2002 年整个国家受助者的随机样本（约 15 万家庭），以及运用双差分检验，也发现了不同补助类型的工作抑制效应的微小差别。这些记录包含了每个家庭加入某项目前的收入信息。

纽曼等（2009）使用类似于苏辛的方法将收入动态追踪研究（PSID）中未受补助且有孩子的女性为户主的家庭与居住在住房补贴项目中的相似家庭相匹配（公共住房中 116 户，自有产权补贴项目中有 207 户）。他们的点估计标示了两种类型项目的工作抑制效应的统一模式（在公共住房中，21 个点有 18个点满足，而在私人项目中有 17 个）。在大多数情况下，他们不能拒绝在通常意义上的零效应的原假设。但是，对于公共住房中劳动收入减少的点估计变化范围是 12%～29%。这一较高的数值出现在大量的磨损发生前的早些年份。在这些年份，零效应的假设在 5% 的显著水平上被拒绝。对于自有产权补助项目而言，这一效应更小。

阿尼尔等（Anil，2010）评估了废除公共住房项目并在其他的公共住房项目中提供给每个居住者住房券或者空置单元对就业的影响。被废除的项目通常是位于贫困率较高邻里中的大型项目。不像"向机会靠拢"项目，留在当前的项目中并不是一项选择。他们发现这一改革导致了这些项目前居民的较高的就业率。

低收入住房税收补贴尽管是美国最大的且成长最快的住房项目，却没有关于其对劳动收入和就业影响的证据。某些受到资助的家庭从其他项目获得补贴，将它们的租金限定为他们调整后收入的 30%。据推测，这些家庭的工作抑制效应与那些在住房和城市发展部项目中拥有同类特征的家庭是类似的。其他的居住者会支付不依赖于其收入的租金。几乎可以确定的是税收抵免方案对劳动收入和就业的影响非常小。

前面的研究给出了住房项目对受助家庭劳动收入和成年人就业影响的清晰描述。关于低收入住房项目对受助家庭的成年人收入和孩子的就业的影响证据较为缺乏。考虑到福利补助的激励，这确实是一片空白。

基于收入动态追踪研究的补助住房数据库关于1968～1982年10～16岁儿童和1978～1993年青年人的信息，纽曼和哈克尼斯（2002）发现如成年人一样，儿童花费额外的年份居住在公共住房中，会增加他们的劳动收入和就业机会。这方面的证据并不必然为任何形式的公共住房或者住房补助提供支持。投入现金补助中的相同金额的货币可能对收入和就业产生相同的影响。补助如果更多的针对这些结果，那么可以确定的是会产生更大的影响（Jacob et al.，2014）。

许多人相信不同的住房项目会导致受助家庭的儿童拥有不同的成年收入，因为这些项目会使受助者居住在不同的邻里。实际上，这种信念是"向机会靠拢"项目的一个重要动机。奥兰普拉斯（2003）使用多伦多不同公共住房项目中家庭随机分配数据，研究了邻里对这些家庭儿童的成年劳动市场结果的影响。他发现邻里特征对成年人的收入、失业的可能性或者儿童的福利参与的影响较小。

14.3.4.9　其他福利项目的参与

在美国，大多数符合低收入住房补助的家庭同时也符合其他的福利项目，如食品券和贫困家庭临时补助项目，这些项目随着家庭收入的增加，其补贴是降低的。因为它们是紧密相关的，许多学者既研究住房项目对劳动收入影响，也研究对其他福利项目参与度的影响。劳动供给最简单的标准模型有助于解释为什么住房补助的提供将会对某些人变得有吸引力，这些人选择参加住房补助项目，而不参加其他福利项目，从而避免使他们的收入大幅的降低。对于某些家庭而言，住房补助的提供同时也将克服接受福利带来的任何固有的不利损失。代表性研究发现低收入住房补助导致其受助者参与其他福利项目，且这一比例较高。例如，雅各和路德维格研究发现住房券的使用提高了贫困家庭临时补助项目约15%的参与率。阿布特等（2006）也发现了较大的影响。

另一个问题是住房补助在儿童时期对福利项目参与的影响与成年时期的关系。标准理论对该问题没有明确的定义。基于收入动态追踪研究的补助住房数据库关于1968～1982年10～16岁儿童和1978～1993年青年人的信息，纽曼和哈克尼斯（2002）发现如成年人一样，儿童花费在公共住房中额外的年份（这与不接受住房补助的相反）会降低他们成年时福利项目的参与度。

14.3.4.10　儿童的教育成果

过去关于低收入住房项目的研究主要集中在他们对大致设想的消费集的影响以及受助者接受的美元补助变化的影响。近期的研究不断地将研究点投向消费模式变化带来的结果，比如受助者家庭儿童的教育成果。

住房补助影响受助家庭儿童未来劳动收入的主要机制无疑是通过影响他们的教育。虽然在此类家庭中存在成年人收入的减少，住房补助一般为项目中的孩子提供了良好的居住环境，并提高了其他商品的消费水平。这些都应该有助于提高他们的学习能力的提升。住房补助同时还为他们寻找到了较优越的邻里，同时一个对其他人有着混杂影响的教育成果。

单个项目对教育绩效影响的最好证据来自于住房券的评估。阿布特等（2006，图6-5）发现住房券收入（与未获得住房补助相比）对教育成果的影响较小。通过对其11项措施的估计，其系数表明微小的正向和负向影响的混合。仅有一项在统计上是显著的。结果表明在领取券的家庭的孩子存在12%的可能性会重复一个年级。这可能是由于转学到一个较高标准的学校导致的。

补贴性住房项目的证据也不那么令人信服。基于收入动态追踪研究的补助住房数据库关于1968~1982年10~16岁儿童和1978~1993年青年人的信息和两阶段工具变量估计，纽曼和哈克尼斯（2000）的检验结果不能拒绝原假设，即儿童时居住在公共住房中对20岁时的受教育程度没有影响。他们对公共住房中的居住时间和儿童居住时的童年阶段的研究得出了类似的结论。对于自有产权补贴项目的居住者而言，这种结论较为明显。柯里和耶洛维茨（2000）使用其在讨论住房消费结论的数据和方法，得到了公共住房相关的一些更多正向的结论。他们发现在1992~1993年居住在公共项目住房中的家庭的儿童在学校落后的可能性较低，尤其是对那些男孩和非裔。约翰霍普金斯关于住房对健康和社会调节影响的纵向研究（14.3.4.11节将进行详细的阐述）发现伴随着其他商品支出适度增加的住房条件的较大改善对家庭子女的学业成就的影响较小，这种住房条件的改善主要来自于加入到同一个邻里的新的公共住房项目（Wilner et al.，1962）。由于住房的改善主要源自以按照20世纪50年代规则规定的较差住房的标准，因此这也有力地表明由如今住房补助带来的较好住房条件对大多数当前受助者的教育水平的影响较小。

最后，雅各（2004）基于在芝加哥进行的一项自然试验得到的数据得到了公共住房和住房券对儿童受教育程度影响差异的显著可信性估计。在分析的期间内，芝加哥住房管理局封闭一些而不是全部大型的住房项目，主要为重新开发做准备。政府为此行为造成失去住房的家庭提供了选择住房券或者其他公共住房项目中的空置单元。虽然其他楼层的家庭要通过正规的程序才能得到住房券，即在住房券的候补名单中达到顶端的区位，而上述家庭则更有可能得到住房券。雅各使用被规划关闭的建筑的占用作为回归模型的解释变量，解释了对关闭的项目相关的七项教育成果的意向处理分析影响（与其相关的替代补贴），并与当前运行的系统进行了对比，在估计与住房券相关的公共住房的 TOT 效应时，他把它当作工具变量。结果是基于住房管理局的行政记录数据和城市学校系统对 9 个项目的居住在 73 栋建筑中的 10 556 名学生的数据得来的。这些数据包括项目在宣布关闭前后数年的信息。分析集中在关闭宣布时小于 14 岁的儿童。雅各的研究发现无论项目的关闭还是居住在公共住房中，对教育成果的影响均较小。其也补充分析了产生该结果的原因。两者均对所参加的按学生正规数学测试成绩作为判断的学校教学质量没有太大的影响。

14.3.4.11 受助者的健康状况

存在一种观点即更好的住房条件将会给其居住者和其他将要接触的人带来更好的健康状态，该观点在关于低收入住房项目体制的争论中具有重要的影响力，且尽管未受补贴的住房存量的条件获得较大的改善，但是在美国这种观点如今仍然还可以听得到。然而，关于特定低收入住房项目对居住者健康的影响的高质量证据是非常缺乏的；而关于对其他人影响的良好证据是不存在的。

一项被遗忘的经典研究给出了该问题的最佳证据，该研究被称为约翰·霍普金斯关于住房对健康和社会调节影响的纵向研究（Wilner et al. , 1962）。该研究搜集了 20 世纪 50 年代中期，两组约 1 300 个人的每 2 个月的几年的健康结果。最初，在巴尔的摩市，所有的人都在公共住房的候选列表上，且居住在同一邻里。控制组在研究期间始终居住在未受补贴的住房中。处理组搬迁到同一邻里新建设的公共住房项目中。处理组的每个家庭与公共住房候选列表的一个家庭相匹配，两者之间的匹配主要基于包括先前健康状态的许多特征。公共住房项目提供的住房条件更好（Wilner et al. , 1962，pp. 24 - 26）。例如，控制组成员占有的住房单元中，约有 30% 的没有浴室设施，且大约 25% 的住房会有老鼠。公共住房单元则不会存在这样的问题。初始时期过后，即当搬入公共住房的儿童遭遇较差的健康结果时，结果表明住房条件的重大改善会导致更高的健康水平。然而，估计得到的影响的幅度通常是微小的，且很少有在 5% 的统计水平上显著的。由于住房的改善主要源自以按照 20 世纪 50 年代规则规定的较差住房的标准，这强烈地表明从发达国家当前糟糕的住房得到的良好住房对健康结果的影响甚至更小。这项研究的内部效度研究很少。然而，在巴尔的摩市，它适用于那些搬入单一的低收入住房项目的家户。

近期关于补贴住房项目运作的项目对健康影响的最佳研究主要基于脆弱家庭和儿童福利研究的数据，该研究搜集了 1998 ~ 2000 年新生儿童母亲的随机样本信息。有一些母亲居住在补贴住房项目的住房中，其他的则不是。费尔蒂希和莱因戈尔德（Fertig and Reingold，2007）使用居住在一项住房项目中的一系列不变的工具变量并未能发现这种类型的住房补助对健康存在一种显著的影响。如柯里和耶洛维茨研究讨论中所提到的原因，这些结果确实涉及公共住房和自有产权补贴项目的混合。住房补助的类型信息主要通过询问受助者得到。证据表明许多受助者未能够分辨清这两种大型的项目型补贴。

阿布特等（2006，图 5.5）研究发现了这种混合结果，即关于住房券对其有限的健康度量的影响。然而，这些估计效应在通常的统计检验水平上均是不显著的。

14.3.4.12　家庭组成

在美国，住房补助对家庭结构的影响在住房政策研究或者争论中起到的作用较小。住房券评估产生的显著结果，可能会增加学者对该问题的研究兴趣。阿布特（2006，图 5.3）发现住房券候选列表上约 18% 的人同前些年某一时刻也在该表上的人居住在一起，通常带孩子的年轻母亲与其父母或者其他的亲戚居住在一起。当他们得到补助时，他们选择搬出去单独居住。住房券补助使得与他人共同居住家庭的数量减少了约 22%。它将家庭的平均规模几乎缩减了 3/4，且使代纪家庭的数量降低了 20 个百分点（Abt et al.，2006，3.10）。艾伦和奥弗莱厄蒂（2007）对公共住房和住房券项目的研究，得出了相似的结果。

14.3.4.13　受助家庭的邻里效应

低收入住房项目和拥有住房券的家庭对邻里的影响一直是住房政策争论的长期问题。盛行的观点是他们使得邻里的生活环境变差，主要因为这将不太受欢迎的人带入了邻里。然而，有其他的理由期望补贴项目或者住房券能够在某种情况下改善邻里关系（Ellen et al.，2007，pp. 263 – 264）。在一个住房环境最糟糕和贫困家庭普遍存在的低密度邻里施行一项新的补贴项目，几乎可以确定的是，在该项目实行的数年中这个邻里将会对居住变得更有吸引力。

如果一项住房项目使得邻里变成更好或更差的居住地，将会从邻里的财产价值反映出来。该问题的早期研究受限于单个城市少量的项目，或者主要基于简单的方法和数据。[21] 一个主要的例外是，近期的研究同样也受单个城市或者都市区的限制。然而，最佳的研究已经搜集了相当可观的数据集，并采用先进的方法进行分析。结果是，我们得到关于不同住房项目对他们的邻里影响更高。

---

[21]　格拉泽等（1999a，chapter 4）对该类文献进行了回顾。

在早期研究的基础上，李等（1999）研究了费城所有主要城市租赁住房项目的影响。用单一户型家庭单元的销售价格对不超过 1/4 和 1/8 距离内每种类型的受助租赁单元的数量、人口、住房和舒适变量进行回归，他们发现某些项目对邻里的财产价值存在微小的正相关，而其他的则存在微小的负相关。[22]

加尔斯特等（Galster，1999b）在其住房券受助者对邻里财产价值的影响研究中精炼了李，卡尔亨和瓦克泰的研究方法。住房券项目主要是服务于最贫穷的家户（超过 75% 的居民收入低于当地收入中位数的 30%），且其产生了一种强烈的按照平均租金占有一套居住单元的激励。所以，住房券受助者能够迁入拥有大量高收入家庭的邻里。然而，证据表明他们通常不会这么做。因为大多数的住房券受助者迁入了那些仅比起原来的邻里较好的邻里，故在大多数情况下，他们对邻里的财产价值的影响的可能性非常微小。

加尔斯特、塔蒂亚娜和史密斯的研究主要使用了 20 世纪 90 年代中期巴尔的摩的面板数据，包括单一户型单元的销售价格，他们的特征，以及住房券受助者参加项目的某个距离内租赁楼房和单元的数量。为了解释独户住房邻里未观察到的特征的差异，而这些差异会影响住房的销售价格和最终居住在该邻里的券受助者的数量，回归模型在那些研究时期内对住房券受助者有吸引力和没有吸引力的邻里间做了区分。统计上，他们发现了住房券受助者占用的单元对邻里的财产价值存在显著的影响。然而，影响的方向依赖于邻里的性质和项目参与者的集中度，且在大多数情况下该影响是相当小的。由于他们使用样本选择标准排除了超过 98% 的住房券受助者的住房，不清楚的是这些结果是否概括了那个时期巴尔的摩地区的所有住房券项目。回归模型同时也包括对财产价值随着时间变动的严格假设，但是这一假设在后期的研究中被放宽。

圣地亚哥等（Santiago，2001）使用相同的方法，研究发现在大多数情形下，丹佛市的分散公共住房方案对邻里财产价值存在适度的影响。在该项目下，丹佛住房管理局在整个城市购买单户型住房、联式房屋和小型多户型住房，并将它们租赁给公共住房候选名单上的人。在评估结果时，重要的是认识到项目的独特性。这些地点要求高度分散。居住者只有拥有良好的行为才能被选择，住房管理局会对这些单元执行严格的检查和维护政策。

施瓦茨等（Schwartz，2006）精心设计了一项包含对加尔斯特、塔蒂亚娜和史密斯的研究方法重要精炼的研究，该研究主要基于纽约市重要的数据，研

---

[22] 他们误认为联邦管理局（FHA）数据中的受助单元是自住单元。实际上这些单元是自有产权补贴租赁计划中的单元，这些单元主要是在诸如第 221 条（d）（3）和 236 条的项目下，其抵押贷款由 FHA 担保。因此，他们的结果并不属于住房计划。

究发现一批受补贴的建筑和修复项目对邻里财产价值存在重要的正向影响，而这些项目构成了为修复城市中最令人忧虑的区域的城市 10 年规划。这一结果有力地论证了受补贴项目区位的重要性。另一项使用纽约数据的相似研究中，艾伦等（2007）研究发现主要的联邦住房建设项目通常不会导致邻里财产价值的减少，且在某些情形下会提高其价值。使用相同的数据集，艾伦和沃伊库（2006）研究发现非营利组织运营的项目比盈利组织运营的项目对邻里的影响更大。

这些结果的一个疑虑是他们仅适用于纽约城。该城市拥有全国管控最严的住房市场。例如，在该市场中存在温和的租金管控模式。鲍姆 – 斯诺和马里昂（2009）提供了一些关于这些结果适用于国家其他地区的证据。他们使用断点回归方法和国家数据，研究了低收入住房税收抵免项目对邻里的一系列影响。如艾伦等（2007），他们发现补贴型住房项目的建设增加了衰落的邻里的财产价值。在一些稳定和重建地区，他们并没有发现这种影响。

想要明白为什么受补贴住房项目通常不会降低邻里的财产价值，主要是要认识到地方政府对他们区位的影响能力。对于公共住房而言，他们对区位已经拥有了否决权。对于自有产权补贴项目而言，他们可能会通过本地的土地使用法来发挥重大影响，例如通过不同分区条例授予不同的用途。由于社区反对，项目很少建在最好的邻里，事实上项目不会建在任何拥有高吸引力住房的邻里。同样重要的是要认识到自有产权补助项目的运营者面对的激励。例如，最大的项目（低收入住房税收抵免项目）在人口普查区中提供了更高补贴的项目，这些普查区中超过 1/2 的家庭的收入低于本地平均收入的 60%。

罗西—汉斯伯格等（Rossi-Hansberg，2010）最近提出了一种估计住房改善对附近土地价格影响的新方法，并运用它估计了弗吉尼亚州里士满的一项独特的项目，该项目在一些小区域内提供集中居住。支持该项目的基金主要来自于住房和城市发展部补助给州政府和当地政府的，即社区发展补助和住房项目（Community Development Block Grant 和 the HOME Program）。这些项目包含一系列不同类型的住房补助，例如按低于市场利率的贷款给自主居住者修缮他们的住房，补贴那些遴选的开发商建造新的单元租赁或者出售给低收入家庭。作者并没有试图估计不同类型补助的影响。实际上，他们没有描述研究的项目中使用的混合类型。尽管文章将高质量的理论和经验分析相结合，估计得到的项目影响的可信性不大。在所选四个区位中的三个，在补贴较高的地区，在 3 500 英尺内的土地价格高于住房补贴 5～7 倍。在其他的地点，这一比率为两倍大。作者识别出了几个可能的错误来源，并使用可得到的数据，探索了它们对结果影响的可能性。主要的结论是附近结构改善的方式并不能从他们的数据中观察到，这也可能会导致放大估计得到的对土地价格的影响。由集中住房补贴导致的邻里改变的出现，可能会使得高收入家庭搬入该区域，且这些人可能会要求更好的住房条件。

所有的研究中采用的方法基于一种假设，即补贴住房项目对其他邻里的财产价值没有任何影响。本质上讲，作者主要是通过对比补贴项目邻里中财产价值的变化与发生在其他初始相似邻里中的变化，得到最终的结果。在特征方程中，变量的系数为正意味着存在住房补贴项目邻里中出售的财产会使作者得出，住房项目使得他们的邻里变得更加适宜居住。该结论存在的问题是如果这些住房项目对邻里的财产价值没有影响，按照估计得到的系数水平降低了其他邻里的财产价值，那么作者应该得到相同的估计系数。在此情形下，结果的通常解释将可能是完全相反的。显而易见的是，在特征回归方程中，存在无穷多的补贴项目邻里和其他邻里中财产价值变化的组合产生相同的回归系数。系数真正表明的是两种类型邻里间住房补贴项目对财产价值影响的差别。为了从他们的论据中得到其结论，作者隐含的假设了住房补贴项目对那些没有该项目的邻里的财产价值没有影响。

存在反驳该假设的几项理由。第一，已经搬入住房补贴项目中的家庭先前居住在其他邻里，且其搬迁降低了这些邻里的住房需求；第二，居住在住房补贴项目中的家庭在该住房建成之前被迫迁出，因为他们的单元将会被拆毁，以便用来规划新的项目。如果住房补贴项目使得他们原来的邻里变成非常适宜或者糟糕的居住地时，那些邻里中未搬入住房补贴项目的人将会考虑搬迁到另外一个邻里。住房补贴项目在邻里实施之前，均衡时每个家庭将会在实现效用最大化的组合特征下选择住房单元和邻里，这些特征主要考虑到家庭的偏好、收入和每种特征组合下的住房单元的均衡价格。如果住房补贴项目改变了对邻里的期望，那么起初居民在原始的价格水平上处于非均衡状态。这些家庭的搬迁将会导致其他邻里财产价值的改变。鲍姆—斯诺和马里昂（2009）得到了与该推论相一致的结果。他们发现低收入住房税收抵免项目提高了住房自有者间邻里的换手率。

存在一个未被研究的问题是如果住房补贴项目改善了邻里条件，那么谁受益和谁受损了？一个公认的观点是当项目建成时，居住在该邻里中的人是上述问题的答案。然而，经济理论表明邻里环境改善的主要受益者是附近房产拥有者。由于分区法律的规定，围绕着住房补贴项目的多数住房的确是用来租赁的。如果一项新建的补贴项目使得邻里更加适宜居住，这种租赁房屋的拥有者将会索要较高的租金，那么他们财产的价值将会增加。由于该租赁住房的居住者在该项目之前可以通过支付较高的租金，居住在条件更好的邻里中，那么该项目的建设使得居住者受到了损害。实施项目邻里中的贫困人口能够从邻里改造升级获益，仅仅限于那些在项目周围拥有房产或者搬入项目的人。

低收入住房项目主要通过改变生活在其中的人来影响对邻里的期望。关于住房政策最有争议的一个问题是与其最初的居民相比，补贴家庭的搬入使得邻里犯罪率多大程度上提高了。这是一个住房项目可能会影响邻里财产价值的机制。最近的几篇文章阐明了该问题。

艾伦等（2012）使用 10 个大型城市普查区的 1996～2008 年的面板数据，研究发现，邻里中每增加一个住房券受助者对犯罪总数以及单独的财产和暴力犯罪总数存在的影响可以忽略。因为大多数住房券受助者迁入的邻里仅比原先的邻里条件稍好，这样的结论并不让人吃惊。结果也表明公共住房项目中每增加一个单元与每增加一个住房券受助者带来的影响相似。因为公共住房项目中家庭的平均数量约为普查区住房券受助者平均数量的四倍，普查区单一的公共住房项目通常比住房券项目对那个普查区的犯罪率存在较大的影响。研究涉及的 10 个城市中，在公共住房单元占比较大的普查区，约 6 500 个家庭居住在公共住房项目中。在住房券项目占多数的普查区，约有 350 个家庭居住在此项目中。

受大众媒体广泛关注的一篇杂志文章的启发，波普金等（Popkin et al.，2012）集中研究了那些被公共住房项目排除的住房券受助者对他们居住邻里的暴力犯罪率和财产犯罪率的影响。当他们的建筑被摧毁或者大面积的修复时，公共住房的租户被提供在另一项公共住房项目中选择住房券或者空置的单元。作者还考虑了其他的住房券受助者对犯罪率的影响。这类研究使用了亚特兰大和芝加哥 8～10 年的普查区的季度数据，其中这两个城市存在最大的公共住房改造工作。两个城市均拆毁了自身大多数的公共住房单元。随后，土地通常被用来建造新住房，其建筑密度比较低，且通常收入比较混乱。波普金等使用分离法估计了普查区被拆毁公共住房单元和其他普查区对犯罪的影响。如艾伦、伦斯和奥雷根的研究，他们发现法定的住房券受助者对他们居住邻里的犯罪率影响微乎其微。被迫从公共住房项目中重新选择区位的住房券受助者对邻里犯罪率存在正向的影响，而这一犯罪率水平较高。他们的论据表明随着迁入普查区的住房券受助者数目的提高，犯罪率按照一个递增的比率上升。而在拥有公共住房项目的被重新开发的普查区，犯罪率存在明显的下降。净效应是犯罪率存在一个整体的下降。

弗里德曼和欧文斯（Freedman and Owens，2011）研究了建立在标准普查区的低收入住房税收抵免项目对其县的暴力犯罪和财产犯罪主要类型的影响。[23] 如前文所提到的，标准普查区是指那些存在异常数量的贫穷家庭的地区，在这些区域中税收抵免开发商会接受大量的补贴。使用 2000 ~ 2007 年国家层面的面板数据和两阶段最小二乘法，其中将标准普查区的县人口比例作为工具变量，代表这些区域税收抵免单元的数量，他们研究发现这些区域的额外的税收抵免单元的增加降低了盗窃率，但增加了机动车盗窃。对其他类型犯罪的影响 5% 的统计检验水平上不显著。由于他们研究发现这些普查区实行的税收抵免很大程度上是以本县其他地区的税收抵免为代价的，而这些主要是项目区位带来的影响。这种影响水平是非常大的。例如位于标准普查区而不是本县其他地区的平均规模水平（约为 75 户单元）的税收抵免项目每增加一项，将会使县的盗窃率降低 10.5%，且机动车盗窃犯罪将会提高 4.7%。[24] 然而，基于他们的结论，以及其他研究得出的对犯罪警务支出影响的估计结果，他们总结到，通过将提供给标准普查区税收抵免项目的小部分额外补贴支付给警察，同样可以实现盗窃罪相同比率的下降。

要了解税收抵免项目对他们的邻里的影响，牢记两点是非常重要的。第一，税收抵免项目通常涉及拆毁收入非常低的家庭拥有的质量非常差的建筑物。部分被迁移的家庭的确迁入另一个县区。第二，那些不是在其他低收入住房项目建造的补贴项目翻新的税收抵免项目，主要覆盖那些收入是其他项目覆盖家庭收入约两倍的家庭（政府问责局，1997，p. 146）。因此，许多的税收抵免项目确实增加了邻里的收入。

14.3.4.14 市场价格

自 20 世纪 30 年代关于公共住房项目设立的争论以来，住房券会给未获得补贴的低收入家庭造成较高的租金的观点在住房政策的争论中具有重要的影响。为了解决该问题的分歧，美国国会批准了该国历史上最大的社会试验。试验性住房补贴项目的住房补助供给试点（HASE）在格林湾和南本德大都市区域施行了住房补贴项目。该项研究发现住房津贴对任意类型住房单元的市场租金的影响非常小。（Rydell et al.，1982；Lowry，1983）。对于试点前显著低于标准水平的住房单元而言，其租金出现轻微的下降。对于满足标准的中等或者略低于标准的住房单元而言，租金出现轻微的上涨。关于 HASE 证据的详细的重估得到了相同的结论（Mills and Sulli，1981）。曼苏尔等（2002，表 4）在

---

[23] 在美国，普通的县拥有 24 个普查区。
[24] 感谢作者提供这些额外的结果。

修正阿纳斯和阿诺特的住房市场的一般均衡模型的基础上，使用洛杉矶、圣地亚哥、旧金山和萨克拉曼多的数据，得到了一项关于授权项目影响相似的结果，该项目将会向 1/5 的低收入租赁者提供现金补贴。

如果一项对 20% 的家庭都是适合的住房津贴项目对住房价格没有显著的影响，那么有理由得出现存的租户项目对价格的影响非常小。最近的研究总结到住房券项目已经将低质量住房的租金平均提高了 16%（Susin，2002）。这一结论与 HASE 的结论和标准经济学的推论显著不一致。[25] 在不存在住房券的情形下，他们的受助者将会居住在至少合意的住房中。住房券能够使得这些家庭居住在质量较平均的租赁住房单元中。因此，额外提供的住房券将会减少对低质量住房的需求，增加对平均质量租赁住房的需求。如果住房券影响租赁住房的价格，那么在短期，它们的引入将会降低低质量住房的价格，提高平均住房质量的价格。使用与苏辛相同来源（美国住房调查）的数据，但是不同的方法，埃里克森和罗斯（即将出版）得到的结果与理论预期相一致。在短期，额外提供的住房券使至少合意的住房单元的市场租金降低，并适度的增加了平均合意住房单元的租金。这些价格效应在缺乏住房供给弹性的市场较大。

那些认为补贴性建设项目会导致未受补贴的低收入家庭支付的租金较低的观点，在美国住房政策争论中同样具有重要的影响。奥尔森（2007b，p. 622）解释了该种观点在长期与标准的经济理论假设不相一致的缘由，以及为什么在短期其也不是这些假设的结果。在最简单的竞争市场经济模型中，提供同一种产品的厂商在长期是同质的，且长期市场均衡价格等于最低长期平均生产成本。如果当考虑到需要用来支持补贴型建设项目的补贴和税收时，补贴型建设项目增加了住房产出，同时降低了其他产品的产出，那么它们导致了那些大量用来建设住房的投入品的价格相比于其他商品生产投入品价格的提高，并且降低了那些在住房建设中投入最少的产品的价格。这些投入价格变化的净效应将会提高住房服务的最低长期平均生产成本，以及其长期均衡市场价格。这是对产品长期供给曲线向上倾斜的标准化解释。因此，补贴型建设项目会导致未受补贴的家庭面临的住房服务的长期均衡价格上升。在短期，补贴性建设项目降低了未受补贴住房市场的需求和供给。这让我们没有理由相信这些项目降低了住房服务的市场价格。然而，没有学者试图证明这一问题。

关于住房券项目对市场价格影响的综合分析不仅仅需要考虑住房价格，还应该考虑其他产品的价格。如果一项住房券项目（或者实际上是任何的住房项目）使得受助者住房服务消费增加量大于纳税人住房消费的减少量，进而增加

---

[25]　奥尔森（2003，pp. 421 – 422）提供了对 Susin 结论的可行性解释。

了总住房消费量，其必使得对非住房产品的需求降低，因此除非所有的其他商品的供给曲线是完全弹性的，否则其商品的价格必定下降。通过向一部分人征税来补助其他人的方式并不能使经济生产出更多的所有产品。住房和其他商品市场价格的变化是一部人受益，而又会损害一部分的利益。随着投入要素价格的变化，产出方式的变化同样也会导致对某些投入需求的增加，也会减少对其他投入的需求，最终使得有人受益，而另外有人遭受损失。据了解，住房项目的这些影响从没有被研究过。

14.3.4.15　私人供给的挤出效应

那些对住房政策影响较大的人持有一种最简单的观点，即补贴型建设项目将会为每住房单元建筑增添一个住房单元，且住房券对住房存量规模不存在影响；这些观点在致使他们支持按照一种高成本低效益的提供住房补助的决策中发挥着重要作用。默里（Murray，1983，1999），马尔佩齐（Malpezzi，2002），西奈山与沃德佛格（2005）和埃里克森与罗森塔尔（2010）表明了这种最简单的观点与现实的差距。他们发现补贴项目的建设对私人供给产生非常大的挤出，在所有的研究中，这一挤出比例达到50%以上，在其他的研究中接近于100%。研究结果存在差异，主要因为一些研究主要仅仅解决未受补贴新建设项目的挤出，以及其他研究考虑了现存住房单元从住房存量中退出。

一个更为复杂的观点是新建设项目将会增加住房单元的数量，不是逐一增加，且租户型租房券对住房存量的影响非常小。然而，如默里（1999）曾经指出，所有受补贴的住房项目通过提高对差异化住房单元的需求，导致居住房单元数量的增加。任何类型的住房补助的提供将会致使与他人居住在一起的个人和家庭最终居住在自己拥有的住房单元里。阿布特等（2006，p. 23，p. 76）表明住房券候补名单上家庭中，约有26%的家庭正与其朋友或者亲属居住在一起，2%的家庭居住在收容所或者过渡性住房中，而住房券的使用导致这些成员比例的相应降低。由于在最贫穷的家庭中，上述成员比例会翻倍且无家可归者常见，提供给贫穷家庭的项目将会对住房单元的数量产生非常大的净效应。住房券项目服务的家庭比公共住房服务的贫穷，比自有产权补贴项目服务的家庭更加贫穷，这主要是由家庭人均收入来衡量的（Olsen，2003，p. 393）。与该种解释相一致，西奈山和沃德佛格（2005）研究发现租户型住房券比建设项目更能使住房存量获得较高的增加。这种相同的现象能够解释默里（1983，1999）所发现的差异，即在一定程度上，公共住房和自有产权项目会挤出未受补贴的建设项目。在其所研究时期的数据中，公共住房与私人项目相比，主要是为那些更加贫穷的家庭服务（Olsen and Ludwig，2013，表8.2）。

其也阐释了埃里克森和罗森塔尔的发现，即对低收入住房税收抵免项目几乎完全地挤出。去其他项目相比，该项目主要是为那些拥有较高收入的家庭服务。

14.3.4.16　其他

其他研究虽然不直接解决特定低收入住房项目的效果问题，但是提供了对住房政策发展的重要见解。"向机会靠拢"项目研究就是这种类型的研究，其主要是集中对居住在地贫困地区影响的研究。其与在何种程度上住房政策应该促进经济一体化的决策是相关的。另外一项近期的案例是证实筛选过程在向低收入家庭提供住房过程中作用较为显著（Rosenthal，2014）。这与在何种范围内住房政策应该依赖于住房券或者补贴型建筑的决策相关。少部分的研究如厄尔利和奥尔森（2012，section 4）已经估计了当前系统的根本变革的重要影响，系统主要设计用来消除显著的无效率、低质量和住房自有偏差。

14.3.5　**结论**

关于美国低收入租赁住房项目效应的现存证据暗含了许多结论。所有主要的住房项目显著地增加了受助者的住房消费总量，且几乎所有的项目明显地提高了对其他商品的消费。项目实施的结果是住房券受助者的居住条件稍微得到改善，自有产权补贴项目的居住者居住在条件稍差的邻里中，而公共住房项目的居住者居住在条件明显很差的邻里。所有的项目均增加了住房消费总量，这比提供给每个参与者同等住房补贴数额的现金补助带来的住房消费总量要高。住房消费模式变化的净效应是住房项目一般会为它们的受助者提供较大的收益。尽管与受助者的平均收入相比，平均收益相对较高，但是与纳税人的成本相比，平均收益相对较小。与补贴住房建设项目平均补贴相比，平均收益要低75%；而与补助住房券的平均补贴相比，平均收益要低80%。对于住房券，纳税人的成本已经超过了按照适度的行政成本发放的补贴。而对于住房项目而言，纳税人的成本比补贴和行政成本之和更高。研究中得到每个项目的平均收益会随着收入反向变化，随着家庭规模直接变化，但是相似家庭间实际收益在大多数项的变化较大。

美国低收入租赁住房项目已经致使成年受助者平均少赚10%～15%，其也使受助者参与其他福利项目的比例更高。这些项目对受助者的健康或者受助家庭儿童的教育成果的影响非常小。这些项目也使那些在未受补助情况下可能与他人共同居住的家庭，最终选择单独居住。

大多数现有研究发现，一些住房项目对邻里的财产价值存在较小的正向影响，其他的一些项目存在负向的影响。这些影响幅度和方向依赖于涉及的邻里的类型。住房项目对未受补贴住房单元的租金存在微小的影响，这些住房单元通常并不位于受补贴住房单元的附近。

基于住房政策视角的经验文献最重要的发现是，租户型的住房券与其他研究过的任何类型的项目型补助相比，可提供同样好的住房同时成本更低。该发现意味着所有可自由支配资源由项目型补助向租户型住房券的转移，能够在政府支出没有任何增加的同时，向几百万新增家庭在可支付的租金水平上提供足够的住房。

尽管在过去的 15 年间，很多学者在理解低收入住房项目某些方面的效果上做出了重要的贡献，文献的回顾揭示了我们知识中存在的空白和薄弱之处。

对于一些大型项目而言，存在很少或者没有关于其大多数效应方面的证据。尤其是关于解释过去 15 年间新增的大部分住房补助的证据更加的缺乏。同样，也没有关于住房投资伙伴项目（HOME Investment Partnerships Program）效应的可信性证据，该项目将补助金发放给州和地方政府，此项目已经存在超过 20 年，且每年几乎要花费 20 亿美元。由于关于税收抵免住房单元居住者特征、住房的性质以及建设住房单元的数量和区位相应数据的丰富度的早期可得数据的缺乏，税收抵免项目的有限研究集中于其效应的几个方面，主要是集中于其对项目所在邻里的影响和其对私人建筑的挤出程度。

这项调查同时也揭示了关于那些不再补贴住房项目建造而是补贴其运营的项目效应的近期证据的缺乏。对于低收入租赁住房补助，这些项目约占预算的40%，且也为相似比例的所有该类受助者提供服务。其效应的证据对做出关于这些项目的可支配收入的决定是重要的。

不存在关于住房项目潜在重要影响的证据，比如住房项目使用的配给居住单元的方法导致的消费扭曲，即向位于候选名单顶端的家庭提供某一住房单元的非此即彼的选择。关于其他结果的证据是罕见的，比如这些家庭中受助者的健康和实现的儿童教育水平。然而，其他重要结果的证据往往是陈旧的，且存在选择偏倚。结果是，对于某些关键问题我们没有更好的答案，比如与住房补贴或者税收成本相同金额的无约束现金补助带来的住房消费相比，当前的住房项目是否导致住房消费整体上更高的消费。

不存在关于不同方式提供住房补助的成本收益的全新高质量的证据，比如低收入住房税收抵免和住房项目的可支配收入，与自有产权补贴项目拥有者更新使用协议，引导资金在项目间配置的公共住房运行和改造补贴。该问题的证据是非常重要的，因为先前的研究说明了提供住房的成本收益比是非常大的，以及不同住房项目效果的重要差异。

因为在过去的 20 年间没有研究以及在此之前很少有研究比较住房补助受助者的消费模式和补贴相同金额的无约束现金补贴时可能会有的消费模式，不可能说当前的住房项目是否与其理念相一致。与现金补助带来的结果相比，这些项目是否会导致那些相对于其他商品，对住房偏好最弱的受助者居住在更好的住房单元里？这些项目是否会导致那些相对于其他商品，对住房偏好最强的受助者居住在较差的住房单元里？住房项目必须能够带来这些与其初衷相一致的结果。我们对低收入住房项目的实际外部效应的理解仍然是不理想的。例如，什么样的住房特性会产生实际的外部收益？没有这个问题的答案，不可能设计出一种符合成本收益的住房补贴来解决这种外部性。

尽管在许多的其他国家，政府在向低收入家庭提供住房项目中发挥着更大的作用，但是关于除美国外的其他国家的住房项目效果的英文文献是极其少的。[26] 这可能是有许多优秀的研究使用了其本国的语言，但是我们对此表示怀疑。一个困扰学者研究美国外的其他国家的低收入住房项目效应的问题是关于住房单元和其邻里详细特征数据的缺乏。似乎看起来是其他国家没有一个接近于美国住房调查得到的这些方面的详细的数据集。这使得很难得出住房项目对与住房服务数量相对应价格的影响。由于同一大类的不同项目，比如公共住房，可能在不同的国家拥有不同的结构，也就会产生不同的结果。实际上，由于不同国家对私人市场的管控存在差异，预期同一项目在不同国家的效应是不同的是合理的。出于这些原因，关于除美国外的大型住房项目效果的研究将会对这些国家的住房政策的发展做出重大的贡献。

现有的经验证据对住房政策改革的规划具有重要的作用。然而，涉及的公共支出水平需要为作出该决策提供更好的信息。基于近期关于低收入家庭主要住房项目的全方面数据的证据是非常需要的。

14.4　美国住房自有政策

美国住房政策可以直接通过税收系统影响住房自有率，以及间接地通过抵押贷款市场影响住房自有率。前者包括按揭利息和地方财产税的免税，房屋拥有者估算的租金收入的非税收以及免税债券融资（如抵押贷款收入债券）。考

㉖　联合国人居足够住房系列（http：//unhabitat. org/series/adequate-housing-series/）描述了全球住房政策。怀特黑德和斯坎隆（2007）的研究提供了欧洲国家住房政策的更详细的阐述。宾利和沃克（2001）、吉本斯和曼宁（2006）、希尔斯（1991）、拉费雷雷和勒布朗（2004）、勒布朗和拉费雷雷（2001）、雷和孙（2011）以及王和刘（1988）分析了少部分项目的效应。

虑到文献中广泛覆盖的方面，我们将集中于美国政策对抵押贷款市场的影响和这种影响如何转化为住房自有率的变化。[27]

由于拥有住房是"美国梦"，许多政治领导人呼吁采取政策促进住房自有。如住房和城市发展部秘书肖恩·多诺近期在美国白宫博客中所写，"拥有一套住房是责任的象征，也是整个国家成千上万中产阶级家庭安全的来源"。[28]因此，联邦政府积极地推进住房自有，首先是由总统胡佛和罗斯福推动，但是更多的是由近来的里根总统、卡特总统、克林顿总统、乔治·W·布什总统和奥巴马总统推动的。[29] 住房和城市发展部的目标是到2006年促进住房自有率达到70%（实际上2004年已经达到69%）。[30] 联邦住房政策主要是基于一种假设，即单独由市场运行导致的住房自有率是次优的。我们将在14.4.1节讨论采取促进住房自有率政策的依据。

与抵押贷款市场相关的美国住房政策起初是为直接应对大萧条引发的住房市场出现的严重问题。我们将从此开始分析，一直延续到近期的金融和住房危机。为了提供分析的背景，我们在14.4.2节给出了自1890年的美国住房自有率的数据，然后在14.4.3节我们列出了联邦政府在抵押贷款市场的作用的简要历史。

紧接着，我们将在14.4.4节讨论是否存在一些将政府对抵押贷款市场的干预和住房自有率联系起来的随机证据。这包括分析1977年《社区再投资法》（CRA）中建立的可承受得的起的住房目标（the affordable housing goals）和1992年的《政府赞助企业法》是否对近期的金融危机产生重要的作用。可以将止赎（foreclosure）看作住房自有权的丧失，因此我们将研究与止赎相关的联邦和州政策的作用。然后我们将在14.4.5节分析联邦政府颁布的用来缓解近期住房市场危机/止赎危机政策的有效性。我们将以总结对经验性文献的评价作为本节的结尾，而这些经验文献评估了州和联邦政府对抵押贷款市场的干预（14.4.6节）。

---

[27] Hilber 和 Turner（2014）总结到现有文献很少发现抵押贷款利率对住房自有率降低的影响，尽管他们的研究表明在土地利用限制水平较低的美国大都市统计区，对于拥有较高收入的家庭而言，可能会发生一种正向的影响。Durning 与 Quigley（1985）和 Benjamin 与 Sirmars（1987）的研究表明通过抵押贷款收入券提供给房屋购买者的补贴被资本化为住房价格，因此补贴不可能对住房自有率产生显著的影响。

[28] http: //www. whitehouse. gov/blog/2013/08/06/promoting-american-dream-homeownership。

[29] Hardaway（2009，p. 46）提到，"尽管似乎存在一种共识，认为这是罗斯福政府的新政，即首次推动了住房自有概念作为国家的理想，实际上，在1932年，Herbert Hoover 在1932年联邦住房贷款银行法中已经提出，主要目的是向抵押贷款者提供流动资金，建立一个二级市场，最终促进住房自有率的提升"。

[30] 参考 Gabriel（2001）的研究。

14.4.1 促进住房自有的理论依据

相对而言，美国的住房自有政策不是针对低收入家庭的，所以其依据也不同于那些低收入租赁补助政策。现在，我们将阐述文献中出现的关于住房自有的逻辑依据。第一，正外部性能够对促进住房自有的政策作出解释。这些外部性包括改善的外部修缮、家庭和邻里的稳定性、维护地方公共产品中的"既得利益"、更多公民的参与和社会资本的一般性增加（Green and White，1997；DiPasqnale and Glaeser，1999；Coulcon et al.，2003；Dietz and Haurin，2003；Hilbert and Mayer，2009；Coulcon and Li，2013）。有人认为住房自有导致的邻里在低收入地区尤为可贵（Shlay，2006）。也存在一些证据表明住房自有也能够使儿童受益，而这些利益一般并不会全部的内生化到住房自有决策中（Green and White，1997；Boehm and Schlottmann，1999；Harkness and Newman，2003）。

第二，另一外部性与狭小市场（thin market）的信息缺失相关。放贷者基于对房屋的评估价值，决定接受或者拒绝一项抵押贷款申请。由于评估价值主要来源于比较，附近发生的交易越多，那么评估价值越准确。如果本地市场冷清，由于其可能是低收入邻里，评估值的测算将会出现较大的误差，且增加的风险会导致放贷者拒绝一些边际贷款。通过促进服务水平低下社区的交易的提升，政府行为能够帮助克服这种信息缺失（Harrison et al.，2002；Voicu et al.，2014）。

第三，抵押贷款市场的不完全性能够激励政府参与。尤其是，借贷双方间信息的非对称可能会导致经典的柠檬市场现象，其中仅有风险性借款人按照利率贷款，而这一利率对于参与该市场的低风险借款人来说太高了。这可以为政府部门的存在作出解释，而政府部门能够提高主要抵押贷款市场的流动性。这种相关性似乎在经济危机如大萧条和大衰退时尤其显著。非对称信息的第二个来源存在于抵押贷款的二级市场的放款者和借款者间，在二级市场中，放款者充分了解贷款的质量，且存在兜售风险贷款的激励。再次，这可能会导致二级市场的流动性不足。政府的干预能够提高二级市场的流动性，尤其是在大金融危机期间（Glaeser，2010）。

第四，抵押贷款市场存在歧视。歧视的存在可能导致不会覆盖到某些信用良好的借款人，因为一些不相关的特征，比如种族。正如艾利（Avery et al.，2005）所指出的，将信用延伸到这些未被服务到的群体应该能够使得贷款的盈利水平提高。

第五，对于房屋拥有者而言，住房是他们最大的资产。因此，住房价格升值是提高家庭财产的重要手段，尤其是对低收入家庭（Belsky and Duda，2002；Boehm and Schlottmann，2008；Herbert et al.，2014）。此外，偿还按揭贷款本金可以被看作一种储蓄机制，能增加房屋的净值。一般而言，该种资产的累积和储蓄被看作经济的正向产出。考虑到家庭并不会完全将住房自有价值内生化为资产累积的手段，那么政府的参与将发挥一定的作用。

对于大多数的文献而言，解决这些市场不完全性的净效益并没有被准确地测度，因此从经济学角度联邦政府对住房市场的干预是否已经改善了市场状况仍然是一个悬而未决的问题。正如前文提到的，一个能够为联邦政府采取促进住房自有政策提供解释的主要的和长期的理由是"美国梦"。基于此，不清楚的是，受该种信念激励的联邦政府干预是否提高了社会福利。但是需要记住的是，在14.4.4节和14.4.5节，我们主要集中于经验文献的研究，而这些文献主要检验了联邦政府在抵押贷款市场的干预的影响，以及政府对住房危机的反应。

14.4.2　美国的住房自有率

图14-1显示了自1890年起的住房自有率。图14-2绘制了自1965年起每年的住房自有率，自此可以获得以年为基准的信息。住房自有率在1890~1930年是非常稳定的（46%~49%）。然后，受大萧条的影响，住房自有率下

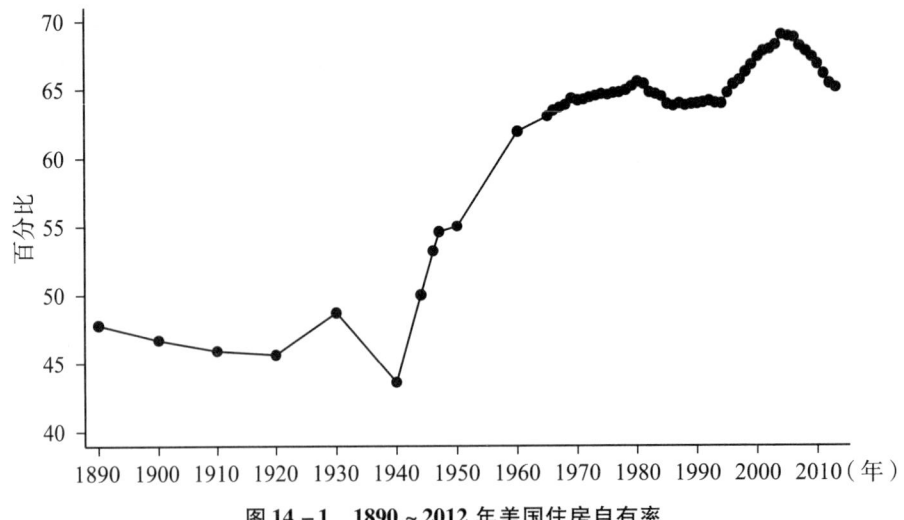

图14-1　1890~2012年美国住房自有率

资料来源：国家历史地理信息系统，美国人口普查局和Fetter（2013a，b）。

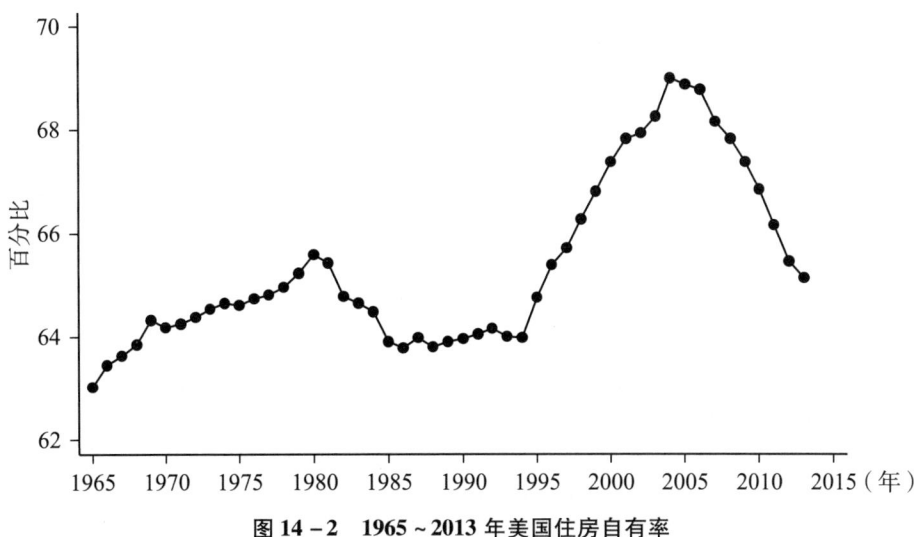

图 14 - 2 1965 ~ 2013 年美国住房自有率

资料来源：美国人口普查局住房空置调查。

降了 5 个百分点，并在 1940 年达到最低值 43.6% 。随后，在接下来的十年，住房自有率上升了 11.4 个百分点，且在 1950 ~ 1960 年上升了 6.9 个百分点，此时的住房自有率达到 61.9% 。在大多数近期的经济文献中无法识别的一项事实是这 20 年间的所有增长中，超过 1/2 的发生在 1945 年末（Fetter，2013b）。住房自有率在 1965 年（63.0%）和 1994 年（64.0%）仅提高了 1 个百分点。接下来，住房自有率实现了稳定的提高，并在 2004 年达到极值，此时的住房自有率 69.0% 。2013 年，随着而来的住房危机导致了住房自有率的缓慢且稳定地下降，达到 65.1% ，这抵消了先前 10 年获得的大部分收益。

非裔住房自有率在 1930 年被估计为 24.6% ，1940 年为 22.8% 。图 14 - 3 显示 1994 ~ 2013 年按种族和民族划分的住房自有率。实际上，在 1980 ~ 1995 年，非裔住房自有率出现了下降，但是在随后的约 9 年间上升了约 7 个百分点，并达到其最高水平，即 2004 年达到 49.1% 。随后，其住房自有率下降了 6 个百分点，达到与 1990 年相似的水平，但是仍然比 1980 年的水平约低 1 个百分点。

图 14 - 4 绘制了两组收入群体的住房自有率：一类是低于 1990 ~ 2013 年中位数收入的家庭，另一类是高于或者等于 1990 ~ 2013 年中位数收入的家庭。清楚的是，就家庭收入而言，任何试图提高较低的 1/2 人口的住房自有的尝试都未能成功。第一，实际上住房自有率自 1990 年的 50.4% 下降到 1994 年的 48.4% ；第二，虽然低收入群体的住房自有率确实提高到 2005 年的 52.9% ，

但是 2013 年起已经退回到 50.3% ——几乎等于 1990 年的住房自有率。

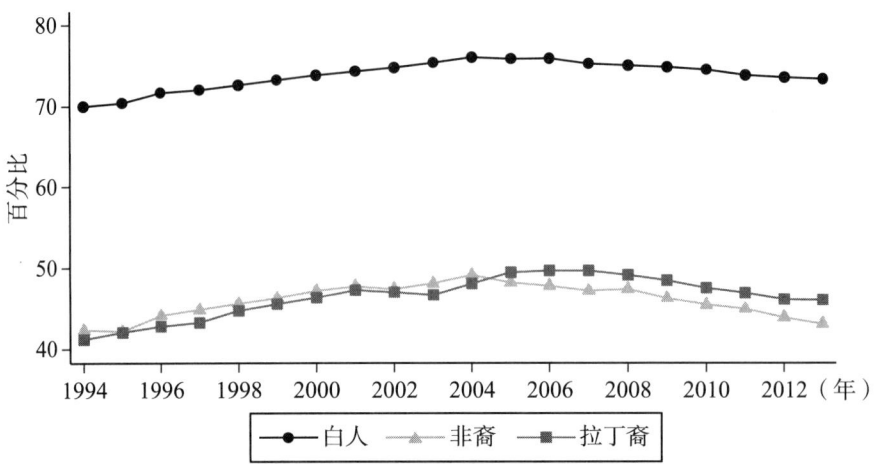

图 14 – 3　按种族/民族划分的美国住房自有率：1994 ～ 2013

资料来源：美国人口普查局住房空置调查。

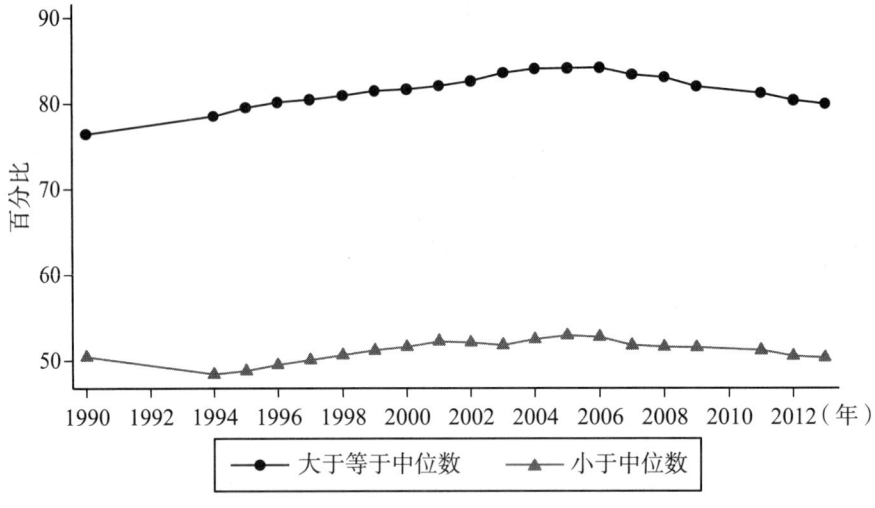

图 14 – 4　按收入划分的美国住房自有率：1990 ～ 2013

资料来源：美国人口普查局住房空置调查和 NHGIS。

　　一个需要回答的问题是联邦政府在决定住房自有率中发挥的作用。联邦政府已经通过两种途径来促进住房自有率的提高：税收（和补贴）系统和对抵押贷款市场的管制、支持与参与。我们将集中于研究后者，主要是因为其与近期的金融危机相关。

14.4.3　联邦政府在抵押贷款市场作用的演变

联邦政府对抵押贷款市场的介入已经成为一个复杂的行为，其主要是包括一些让人困惑的机构、方案、法律和政策（以及缩略词！）。其见证了抵押贷款工具从短期的非分期付款，到具有低贷款价值比率（LTV）的分期付款中最后一笔较大金额的付款的产品，再到如今存在的非常复杂的选择序列的演变。这期间所发生的会潜在的影响住房市场的波动范围，包括对近期的金融/住房危机。正如刚刚所讨论，当美国的住房自有率发生较大变化时，一切全部都发生了。为了全面理解与抵押贷款市场相关的政策和住房自有率之间的随机联系，有必要对联邦政府在抵押贷款市场发挥的作用进行简要的概述。例如，为了了解政府资助的企业实体在近期的金融危机中发挥的作用，以及其如何影响住房自有率，了解他们的起源和在抵押贷款市场作用的变化是非常有用的。

对联邦政府在抵押贷款市场作用演变的简要总结开始于 20 世纪 30 年代早期，并覆盖了近期的金融危机。然后在本节的后面，我们将讨论政府对金融危机的反应，以及在缩减止赎问题中的效率。正如刚提到的，抵押贷款工具的结构已经发生了彻底改变，我们将在 14.4.3.1 节中给出其演变的简要总结。在近期的金融危机中，抵押贷款市场的两方面被看作关键因素，一方面联邦政府为促进低收入和少数家庭住房自有率的提高所做出的努力；另一方面是抵押市场证券化过程的演化。在转向下一节对州和联邦政策对住房自有率的随机影响分析前，我们将以分析以上两方面因素在抵押大款市场的作用作为本节的结尾。

由于大萧条对住房市场造成了灾难性的破坏，联邦政府不得不进行干预。《1932 年联邦房屋贷款银行法》和《1933 年房屋拥有者贷款公司（HOLC）法》是第一次对大萧条带来问题做出应对。前者创立了联邦住房贷款银行委员会（FHLBB），其对该系统的 12 家联邦住房贷款银行（FHLBanks）进行监管。联邦住房贷款银行由加入该系统的储蓄和贷款协会所有。联邦住房贷款银行的目标是向抵押贷款市场提供流动性；每个联邦住房贷款银行的会员都能够按照较低的利率从中借款。若想成为会员，则个体储蓄和贷款协会必须购买联邦住房贷款银行的股票。作为回报，他们将会获得贷款，以及按其拥有的股票数量进行分红。㉛ 房主贷款公司法建立了房屋拥有者贷款公司（HOLC）来购买不良资产，并对其进行再融资。这是为了应对大萧条期间实际利率较高（部分源于通货紧缩）和房价下跌导致的较高的止赎率（Immergluck，2009）。

先驱性政策是《1934年联邦住房法》。㉜《联邦住房法案》授权联邦住房管理局的保险项目，即向抵押贷款市场提供政府担保。卡利纳（Carliner，1998）指出尽管这的确向抵押贷款市场提供了支持，但是联邦住房管理局的最初目的是推动住房建设产业的发展。㉝ 联邦住房管理局可以实现该目的的一种途径是通过降低首付标准使得家庭能够买得起住房成为可能；一般而言，首付标准是50%~60%，而联邦住房管理局将其降低到25%。为了使贷款人能够放出这些贷款，联邦住房管理局通过向借款人索取一定的保证金来向贷款人提供担保，而保证金将会被划入一项基金用于支付违约损失（Green，2014）。

在建立私人二级抵押贷款市场的尝试失败后，该市场的建立将会提高贷款者为这种相对较新的抵押贷款产品提供联邦住房管理局担保贷款的意愿，联邦政府于1938年创立了联邦国民抵押贷款协会（又名房利美），通过该协会从银行中购买抵押贷款（Jaffee and Quigley，2013）。由于存在联邦政府的支持，房利美可以从资本市场按照较低的利率借。虽然房利美的近期地位突出，但是最初其不是联邦住房管理局担保贷款的较大持有者（该贷款主要由保险公司持有；卡利纳，1998）。

在1944年的《军人安置法案》中，政府对抵押贷款市场的干预得到扩展。该法案为退伍军人和现役军人创建了退伍军人管理局（退伍军人管理局）贷款担保项目，其也可以作为军队服务的一项福利，虽然退伍军人管理局贷款项目也被看作刺激住房市场的一种方式（Green and Wachter，2005）。退伍军人管理局贷款的上限（如联邦住房管理局贷款一样）随着时间的变化而变化（1945年为4 000美元，而1950年为7 500美元）。退伍军人管理局抵押贷款项目的较大影响是降低了贷款所需的首付。其显著地提高了政府项目在抵押贷款市场的比例。

在1940年，联邦住房管理局抵押贷款占抵押贷款市场的13.5%（按美元衡量），而到1945年增加到24.7%，在该年退伍军人管理局贷款首次提供。截至1951年，这两项贷款占市场的44.1%，而退伍军人管理局贷款占两项目

㉛ 参见 http：//en. wikipedia. org/wiki/Federal_Home_Loan_Banks.
㉜ 联邦住宅法案也建立联邦储蓄和贷款保险公司。
㉝ von Hoffman（2012）指出许多联邦住房政策强烈的受到两类相互竞争的思想团体的影响：一类是"公共住房者"，其相信政府资助的住房；另一类是私人住房产业，其相信政府的作用应该能够帮助私人企业。

贷款的美元值的 59%。㉞ 自此 10 年的末期，联邦住房管理局和退伍军人管理局贷款的市场份额出现稳定的下降，直到 20 世纪 90 年代末，两项贷款占抵押贷款全部美元价值的比重低于 15%（见图 14-5）。下降的部分原因是联邦住房管理局贷款在低收入人口的逐步集中。这种情况的发生因为在 20 世纪 60 年代联邦推行了更好的服务低收入家庭和少数家庭的政策，因为首付标准的降低，以及联邦住房管理局贷款限制未能与房价的上升保持相同的步伐，在一定程度上，其仅仅覆盖那些收入低于区域中等收入水平的家庭。联邦住房管理局贷款影响的下降也在于 20 世纪 70 年代政治上反对重新分配项的动力。此外，联邦住房管理局在 1965 年成为住房和城市发展部的一部分，在 1969 年和 1970 年住房和城市发展部的重组对联邦住房管理局的结构和组织产生了逆向作用（Vandell，1995）。私人抵押贷款保险和政府资助企业实体带来的竞争的加剧也导致了联邦住房管理局贷款的下降。

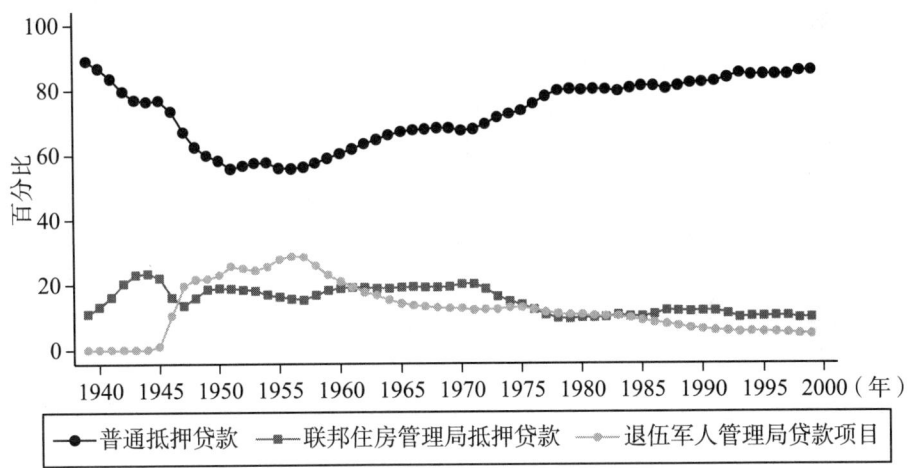

图 14-5　按抵押贷款类型划分的 1/4 家庭住房全部抵押
贷款债务：1939～1999

资料来源：斯诺登，2006。

从历史上看，联邦住房管理局通过向其抵押贷款保险索取足够的费用来弥补成本进而实现自筹。但是其遭遇的 2 个时期的金融困难也加速了其衰亡。在 1989 年，普华永道的独立审核发现联邦住房管理局在过去的 10 年对抵押贷款的定价过低，这导致联邦住房管理局的共同抵押贷款担保基金出现显著的下

㉞　这一信息来源于钱伯斯等（2013）的文章，其引述 Grebler et al.（1956）的文章作为数据来源。

降。政府采取的一系列行动，包括克兰斯顿—冈萨雷斯国民可负担住房法，使得联邦住房管理局到 1995 年获得精算的合理性（Szymanoski et al.，2012）。卖方可以按照虚高的房价，从非盈利或者慈善组织为贷款的首付融资，这允许能够收回发放给具有较差信用历史家户的贷款，而这些家户的违约率非常高。在 2005~2007 年，该种类型的贷款占联邦住房管理局贷款的 30%（Szymanoski et al.，2012）。

20 世纪 40 年代末到 20 世纪 60 年代初，低且稳定的利率为于商业银行和提供抵押贷款的储蓄和贷款行业提供了完美的方案。个人将其收入存入银行能够比购买风险小的短期国库券获得更多的回报，相应地，银行会用这些基金去购买抵押贷款。20 世纪 60 年代后半期通货膨胀率的上升导致短期国库券支付的回报要大于银行，由于在利率上限规定中，银行的利率限制在低于当时国库券利率。这导致大批银行的退出。此外，20 世纪 60 年代中期，住房建设出现不景气，受婴儿潮驱使住房预期需求的增加导致了 1968 年《住房和城市发展法》的颁布。该法使得房利美成为在纽约股票交易所（NYSE）上市的私人公司。现在，房利美能够购买和出售传统非政府担保的抵押贷款。另一项促使房利美成为私人公司的动机是政府能够将房利美的债务从资产负债表中移除。同时，一个新的部门，政府国民抵押贷款协会（Ginnie Mae）被创立来继续购买和证券化联邦住房管理局和退伍军人管理局担保的贷款。

由于联邦政府对其购买的贷款的隐性担保，房利美仍然保持着与联邦政府的关系。其还具有其他特权，比如国家和地方税收豁免。相应地，为了获得这些利益，房利美有义务向低收入和中等收入家庭和服务水平较低的城市区域提供抵押贷款资助。

两年以后，应储蓄机构的请求，即其想获得与商业银行类似的地位，1970 年通过了《紧急住房融资法案》（EHFA）。《紧急住房融资法案》创立了联邦住房贷款抵押公司（又名房地美），其受联邦住房贷款银行委员会的控制。最初，房地美由 12 家联邦住房贷款银行和联邦住房贷款银行委员会系统的会员储蓄和贷款协会所有。在 1989 年，以在纽约交易所挂牌上市形式进行了私有化，但是与房利美具有相同的特权。相同的，房地美和房利美都是政府资助的实体。

图 14 - 6 描绘了储蓄机构、商业银行、保险公司和联邦及其相关部门持有的或证券化的全部未偿付抵押贷款债务的市场份额。后者包括联邦住房管理局、退伍军人管理局和政府资助企业实体。可以看到政府及其相关的部门直到 1975 年一直是这四组中持有量最少的。在接下来的 20 年，联邦部门持有或者证券化的债务的市场份额发生了显著性的变化，由约 10% 上升到 40%。截至

1999 年，其持有全部抵押贷款债务的 41%，商业银行持有的市场份额紧随其后为 23%。政府资助实体的未偿付抵押贷款债务的全部市场份额在 1990 年为25%，而到 2003 年这一份额增加到超过 46%。在接下来的 3 年，其市场份额下降到低于 39%，这主要由于私人实体参与的增加（见图 14 - 7）。

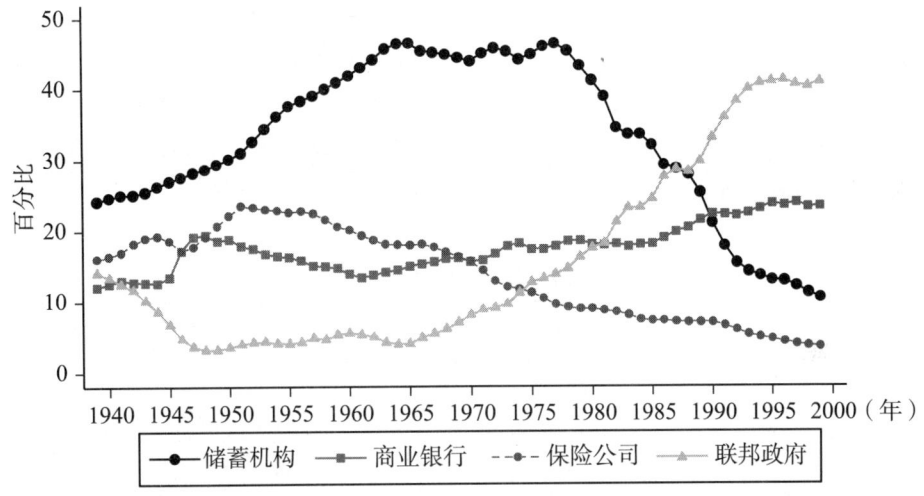

图 14 - 6　按照持有者分全部抵押贷款债务的比重：1939 ~ 1999

资料来源：Snowden，2006。

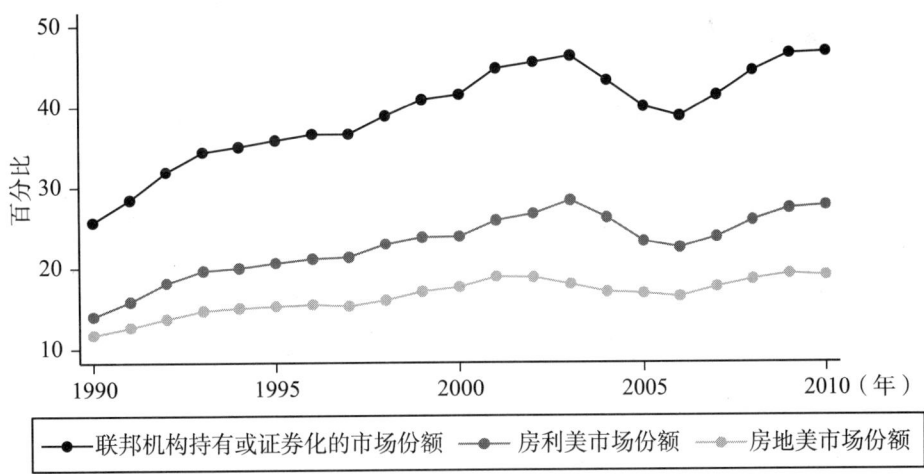

图 14 - 7　房利美和房地美的未偿付的抵押贷款债务的份额：1990 ~ 2010

资料来源：FHFA。

14.4.3.1 抵押贷款结构的演变

由于 1933 年房主贷款公司的成立和 1934 年联邦住房管理局的首次成立，抵押贷款的结构已经发生了巨大的变化。表 14 - 2 提供了关于一个住房单元的抵押贷款的结构，房主拥有的财产始于 1920 年。在联邦住房管理局成立之前，抵押贷款一般是短期的（5 ~ 10 年），不存在分期，在期末全部偿付。未偿付的贷款房价比为 50% ~ 60%。这些贷款的再融资通常基于定期准则，以避免到期整付。但是大萧条导致了房价的下跌（例如，参见 Rose，2011 文章中的图 3），贷款者不愿意进行贷款的再融资，这就导致止赎率的显著上升和抵押贷款市场的巨大缩减。

表 14 - 2　　　　　　　　　　业主自有住房单元的贷款期限

	1920 年	1950 年	1960 年	1970 年	1990 年	2000 年
贷款房价比的中位数	50 ~ 60	75	79	84	85	91
退伍军人管理局		91	91	95	100	100 +
联邦住房管理局		79	83	93	100	99
传统型		66	68	77	77	94
贷款房价比≥100		12	9	14	29	29.5
退伍军人管理局		32	20	34	40	64
联邦住房管理局		1	3	12	32	42
传统型		9	6	10	27	12
贷款期（年）中位数	5 ~ 11	13	20	25	30	30 +
退伍军人管理局		20	25	29	30	30 +
联邦住房管理局		20	24	29	30	30 +
传统型		11	15	21	25	30 +
利率的中位数	6 ~ 7	5	5.1	6	9.5 ~ 9.9	7.1
退伍军人管理局		4	4.5	5.4	9.1 ~ 9.4	7.9
联邦住房管理局		45	4.6	5.8	9.5 ~ 9.9	8.0
传统型		5	5.6	6	9.5 ~ 9.9	7.2

注：1920 ~ 1970 年的数据来源于费特（2013a）的文章。1990 ~ 2000 年的数据来源于美国人口普查局的住房金融调查和第一只抵押贷款股票。贷款房价比被定义为每百分之一的购买价格的首次抵押贷款金额，对于那些需要通过购买才能获得财产，首次抵押贷款在购买时出现。传统型贷款是指没有政府担保的抵押贷款。

联邦住房管理局最大影响之一是一种标准抵押贷款工具的普及——一个 20 年期的支付 20% 首付款的全额分期支付贷款。但是正如卡利纳（1998）指出，联邦住房管理局的初始特性比如严格的评估、建筑和设计的新标准以及税收和担保支付的代管，被运用来降低风险而不是增加住房自有率。

然而，如罗斯和斯诺登（2013）所述，联邦住房管理局没有创建完全的分期支付贷款。总体来说，分期支付贷款是通过住房和贷款（B&L）行业首次引入美国，具体来说是在 19 世纪 70 年代和 80 年代，通过代顿俄亥俄州的建筑和贷款机构引入的。分期支付贷款的普及应用源于其创新，使其从成本—效益角度而言是有益的。但是直到 20 世纪 30 年代，当较为常见的贷款结构即股份累计合同导致较高的失败率时，分期支付贷款在建筑和贷款行业变得非常普及。罗斯和斯诺登指出，这不是由联邦住房管理局和房主贷款公司直接造成的，而是由于建筑和贷款行业并没有太多使用联邦住房管理的担保项目。可能的是联邦住房管理局为建筑和贷款行业的贷款竞争提供了一种间接地压力。

自 1950 年起，与传统的抵押贷款相比，退伍军人管理局和联邦住房管理局贷款倾向于长期限（如 20 年或 25 年），也倾向于拥有较低的首付和利率（退伍军人管理局贷款通常没有首付款）。退伍军人管理局抵押贷款的贷款房价比的中位数是 91；而联邦住房管理局的约为 80；传统抵押贷款的贷款房价比的中位数是 66。退伍军人管理局和联邦住房管理局抵押贷款的贷款期限中位数是 20 年，而传统抵押贷款的贷款期限的中位数是 11 年。在接下来的 40 年间，贷款房价比存在一个缓慢向上变化的轨迹，尤其是联邦住房管理局抵押贷款，结果到 1990 年，联邦住房管理局和退伍军人管理局抵押贷款的贷款房价比的中位数变成 100，而传统抵押贷款的贷款房价比的中位数是 77。到 1990 年，退伍军人管理局和联邦住房管理局抵押贷款的贷款期限是 30 年，而传统型抵押贷款的是 25 年。

在 1980 年以前，大多数的抵押贷款的利率是固定的。20 世纪 80 年代早期较高的通胀率给储蓄和贷款行业造成了较大的问题，使该行业承担着利率上限。为了缓解上述状况，联邦政府通过放弃第一留置权住房抵押贷款的利率上限，放松了对储蓄和贷款协会的管控［1980 年《存款机构解除管制与货币控制法案》（DIDMCA）］，并允许采用可调节的抵押贷款利率（ARMs）（1982 年《甘恩—圣哲曼储蓄机构法》）。可调节的抵押贷款利率通常会有一个初始的"引诱利率"，而后会调整到在整个贷款过程中预先设定的较高的利率。追溯到这一时期的一种利率形式被称作可选择分期的可调节的抵押贷款利率，该种利率选择中的其中之一允许按月支付，且低于贷款到期支付的利率。这导致抵押贷款本金的增加。其也变成了国家大部分地区普及的产品。例如，1996 年加利福尼亚州的 1/3 的贷款是可选择分期的利率可调节的抵押贷款（Foote 等，2012）。借款者明显的优势是较低的初始支付，这也使他们在短期内可以承受得起。抵押贷款结构管制的放松的影响主要集中在传统的贷款市场上，在该市场上贷款房价比的中位数由 1990 年的 77 增加到 2000 年的 94（表 14-2）。虽然目标在于复兴储蓄和贷款业，许多人把管制的放松看作为 21 世纪初的次贷危机埋下了隐患（美国住房和城市发展部发展政策与研究办公室，2010）。

在 20 世纪 80 年代早期放松管制后，抵押贷款市场的演变是一个缓慢而渐进的过程。在很大程度上，其可以由次级抵押贷款市场的演进来表征，次级抵押贷款市场直到 20 世纪 90 年代中期尚未经历显著的增长，而当时再融资贷款蜂拥而来（次级购买贷款也存在增加但是增加比率较低）。这些贷款通常被用于房屋净值贷款的现金支出，而不是用来降低利率。与优质抵押贷款市场相比，次级抵押贷款通常拥有 30 年的固定期限，且利率、费用和罚金较高（Immergluck，2009）。为应对次级贷款来源的增加，1994 年国会通过了《住房所有权和权益保护法案》（HOEPA）。《住房所有权和权益保护法案》对贷款期限和"高成本"贷款业务强加了明显的限制，虽然"高成本"贷款业务仅仅占次级贷款的约 5%（Bostic 等，2008）。令人惊讶的是，霍和彭宁顿—克罗斯（2007）与博斯蒂克等（2008）研究证据表明这种限制实际上能够增加次级贷款，由于这些限制降低了借款人的担忧，因此提高了次级来源的可能性。

自 2001 年起，次级购买贷款出现大幅度的上升；数量几乎翻倍，从 2003 年的 110 万笔上升到 2005 年的 190 万笔。此外，在此期间次级贷款来源增加了三倍以上，如此以美元计算，2005 年次优贷款来源占整体抵押贷来源的 32%（Mayer 等，2009）。[35] 这些次级贷款多为利率可调节的抵押贷款，往往具有低首付、较高的负债收入比，以及如没有或者资质较低的证明、只还利息和负摊销的特征。另一种新的抵押贷款被称为背驮式贷款，该种贷款被用于避免支付私人抵押贷款担保。购买者按照贷款房价比为 80 取出首次抵押贷款，然后通过二级贷款对首付进行融资。因此，实际上贷款房价比是 100。

迈耶等（2009）分析了 2003～2007 年的贷款运行效果的数据。他们发现样本中 75% 的次级抵押贷款是利率可调节的抵押贷款，且该种贷款前两年实行"引诱利率"。次级贷款由占比非常高的固定利率的抵押贷款组成。次级背驮式贷款的份额由 2003 年的 7% 增加到 2006 年的 28%，虽然次级贷款的份额由 2003 年的 12% 增加到 2006 年的 42%。约有 1/3 的次级贷款是没有证明或

㉟　次级抵押贷款一般是向信用等级较差的个体（FICO 得分在 640 以下）提供，虽然次级抵押贷款的定义随着时间已经发生了变化。次级抵押贷款被认为其风险高于符合由政府资助实体购买的抵押贷款。一个典型的原因是不存在借款者收入证明。

者证明资料不全的贷款，而超过 2/3 的次级贷款拥有这项资质的。

迈耶等（2009）研究没有发现证据说明始于 2007 年初债务拖欠和违约的显著增加与新创造的抵押贷款产品相关，这些创新包括诸如拥有初始引诱利率的利率可调节抵押贷款，拥有处罚金、负摊销和只还利息的抵押贷款。相反，作者将较高的违约归咎于贷款标准的退化。首先，在贷款发放后，次级抵押贷款的违约率存在较大的增加。在 2000～2004 年，次级抵押贷款在贷款发放一年内发生违约率为 1.5%，而 2007 年这一比例达到 12%。也就是说，担保标准发生了巨大的下降，借款人基本不可能从一开始就支付款项。第二，较高的贷款房价比以及房价的下跌意味着借款者的资产快速缩水，这也增加了其发生违约的动机。这些高风险借款者不可能获得具有更加标准固定利率且较大首付的优质贷款的批准。正如下文将要讨论，违约和最终的止赎率的上升可能是导致自 2009 年起住房自有率显著下降的原因。

14.4.3.2 低收入和少数种族住房自有政策

低收入家庭的住房自有率总是显著的低于高收入家庭（见图 14 - 4）。联邦政府已经制定了一些相关的住房政策，通过提高低收入家庭的住房自有来缩小这种差距。政策的依据可以通过一般的住房自有信念来解释，即美国梦。也有人认为促进低收入家庭住房自有以符合最低住房标准，能够改善行为方式、社会、经济和邻里条件，而这些在低收入群体中特别差（Shlay，2006）。

从 1938 年开始，联邦住房管理局开始向低收入家庭按照贷款住房比的最大值 90% 担保 25 年期的贷款，其把此作为增加该部分社会群体住房自有机会的途径。这些贷款的上限被设定在 5 400 美元，然而联邦住房管理局担保贷款的初始上限设定在 16 000 美元，这远高于同时期平均住房价值。用于低收入家庭的联邦住房管理局担保的贷款的数量直到 20 世纪 60 年代都是最少的。这部分可以由联邦住房管理局的担保标准来解释，而该标准限制在少数种族地区的贷款。这些具有种族偏见的标准在 1962 年被肯尼迪总统推翻了（Carliner，1998）。

自 20 世纪 60 年代起，联邦政府很少采取行动促进低收入家庭的住房自有。这种改变与 1968 年的《住房和城市发展法》第 235 条规定对那些出售给低收入家庭的新住房建设进行补贴，以及对为低收入家庭现有房产的贷款进行补贴有关。不可忽略的首付和年支付额被限定为最高为收入的 20% 或者 1% 的年利率。

在过去的 10 年中，按照建造 2 600 万套住房单元的目标，建设进展非常快，且联邦住房管理局因腐败造成了监管的缺失，从而最终导致大量不合格住房的建设，并按照虚高的价格出售。这导致了高止赎率（Olsen and Ludwig，2013）。尽管该过程加速，第235条仅为约40万低收入和中等收入家庭在1973年初进行了融资。对于较低吸收的一种解释是项目信息的主要来源是房地产行业，而不是地方联邦住房管理局（Olsen，2007a）。此外，第235条被批评并没有为真正需要的人服务。第235条在1973年因其实施过程中出现丑闻而被暂停。其在1976年恢复运行，此时其利率较高且首付也较高，而在1987年永久终止前其产生了125 000笔贷款。

一项更加成功但是不出名的补贴低收入住房自有的联邦项目是农户住房管理第502条条款的规定，其主要是帮助在农村区域提供抵押贷款。这一条款在1968年被实施，向收入低于当地中等家庭收入80%的农村家庭提供补贴。在1969~1993年，超过100万贷款在该项目下发放（Carliner，1998）。这几乎相当于第235条下发放贷款的两倍。

一项集中向低收入和中等收入家庭提供资金的联邦基金资助项目是住房投资合作项目。其在1990年克兰斯顿—冈萨雷斯《国民可承受住房法案》中被批准，且每年将约20亿美元的联邦基金分配到州和地方政府。在2002年，州和地方政府将其约48%的住房预算投入到住房自有补助中，主要的投入形式是补贴为房屋修复和房屋购买者补助发生的贷款。2002年，住房补贴了超过1/4的住房购买者（Turnham等，2004）。

种族歧视和信用歧视（基于他们的种族特征，在融资领域故意进行限制）在美国住房市场存在很久了。如果分析具体的行为，联邦住房管理局通过相同邻里（种族）间的担保标准的使用来促使歧视性贷款行为的发生，其中主要是通过限制性条款的执行。尽管这一行为被1968年的《公平住房法》宣布不合法（1968年《民权法》第Ⅷ条），20世纪70年代早期出现的证据显示银行仍然存在信用歧视，少数的种族的贷款被拒（如Munnell et al.，1996）。由于银行会将这些地区的存款提走，并在其他地区发放贷款，低收入和少数种族高居住地区获得信贷的机会受到限制。所有这些促使《住房抵押贷款披露法》在1975年实行，且1977年，《社区再投资法》在卡特总统的支持下获得通过。《社区再投资法》规定商业银行和储蓄机构在中等和低收入地区开设的分行必须满足该地区借款者的需求。这些机构会被定期（平均2年或5年）审查是否他们达到了《社区再投资法》的目标。评估的结果分为"杰出""满意""需要改进"或"重大违规"。银行展示合理的绩效的动机是当申请合并、许可证、储蓄保险或者办事处重置时，这一结果将会被参考。

在20世纪80年代晚期和90年代早期，房利美和房地美也被认为鼓励在较高收入地区进行放款，同时通过其担保业务，使得其贷款更难在低收入社区进行发放（Immergluck，2009）。这导致了 1992 年《联邦住房企业财务安全和稳健法》的颁布（GSE Act），该法授权政府资助实体购买一定比例的源自中低收入地块或中低收入者的贷款。政府资助企业法案也同住房和城市发展部成立了新的实体，即联邦住房企业监管办公室（OFHEO），对政府资助的企业进行法律监管。

《社区再投资法》和 1992 年的《政府资助企业法案》在促进少数种族和低收入群体贷款中是如何起作用的？回想在 1995～2004 年，非裔住房自有率上升了约 7 个百分点，但是随后下降了 6 个百分点，达到实际上低于 1980 年比率的水平。低于中等收入的家庭的住房自有率在 2005 年上升 4.5 个百分点之前，1990～1994 年下降了 2 个百分点，但是之后到 2013 年下降到 1980 年相同的水平。一些少数种族和低收入家庭的住房自有率的上升能否归因于《社区再投资法》和《联邦住房企业财务安全和稳健法》可承受的住房目标？

最初，《社区再投资法》根本没有起到作用（很少有银行收到低于"满意"的评级）。鉴于此，1989 年《金融机构改革、复兴和整顿法案》要求《社区再投资法》的考核进行公开披露，且《社区再投资法》的评估过程在 1995 发生变化，使该评估更加以客观绩效为主，减少主观性。布塔（2011）确实发现在 1997～2002 年，《社区再投资法》导致了大都市统计区的大型银行的贷款量上升了 7%。这种发现的合理性在于大型银行更可能合并或者新开分支机构，《社区再投资法》的评级对此非常重要。布塔同时还发现银行附属的抵押贷款公司和未被《社区再投资法》囊括的独立抵押贷款公司的贷款存在上升的趋势。他的解释是从历史上看，《社区再投资法》包括的贷款导致狭小市场的信息外部性（参考 14.4.1 节），这会允许这些银行降低其成本，因此增加其贷款。

限制《社区再投资法》影响的一项特征是它仅适用于存款机构。在 20 世纪 80 年代后期发生的储蓄和贷款危机和非存款抵押贷款公司的增加进而取代其地位后，储蓄和贷款的巨大下降意味着《社区再投资法》适用的抵押贷款市场的比例随着时间逐渐变小。《社区再投资法》覆盖的机构发放的贷款份额在 1977 年约为 77%，1990 年近似为 65%，和 1996 年为 45%（Immergluck，2009）。伴随这一过程，次级抵押贷款的量出现较大的上升，而这些贷款大多数由非存款机构发放的。在 2005 年和 2006 年，发放的次级抵押贷款中仅有 6% 的符合《社区再投资法》的标准（Bhutta 和 Canner，2009）。

在《政府资助企业法案》通过后，政府资助企业在向低收入和少数种族人口区贷款的绩效提升了（Immergluck，2009）。但是正如我们下文将讨论的，很少有证据支撑人口统计区的抵押贷款供给的增加符合《政府资助企业法》规定的可承受住房的目标。这可由政府资助企业的高水平造成的挤出来做出部分解释（Gabriel and Rosenthal，2010）。

14.4.3.3　证券化

1970 年，政府全国抵押协会（Ginnie Mae，又名吉利美）首次发行了抵押贷款证券，房利美在1971 年紧随其后。抵押贷款证券的所有者获得支付的本金和利息，这主要来自组成抵押贷款证券的抵押贷款。这些抵押贷款证券有吉利美和房利美的支持，以及政府的担保，而所有者要支付少量溢价。抵押贷款证券的发行允许吉利美和房利美，以及最终的房地美将利率风险进行转嫁，虽然抵押贷款证券的担保使得信用风险仍然存在。

私人企业（一般而言，指非银行抵押贷款公司）在1977 年首次进入二级市场。这些公司的抵押贷款证券往往是一些非常规的抵押贷款，如大额住房抵押贷款的金额要高于房地美或房利美不能购买的常规贷款的限制。这些被看作私人抵押贷款证券（PLMBSs）。私人抵押贷款证券市场实际上始于21 世纪初，此时主要是组成次级抵押贷款的证券化。考虑到私人抵押贷款证券没有与政府资助企业出售的抵押贷款证券同样明确的政府支持，他们通过不同风险等级的生成或者不同信用等级的相关证券分类来处理信用风险。这些私人抵押贷款证券一般不受监管，因为他们是由非银行抵押贷款公司发行（Ellen 等，2011）。

抵押贷款证券市场的发展在起初非常缓慢。但是，一系列联邦政策为其发展提供了动力。这些政策包括前面提到的1980 年颁布的《存款机构解除管制与货币控制法案》和1982 年《甘恩—圣哲曼储蓄机构法》。随着利率上限的提高，《存款机构解除管制与货币控制法案》允许国家银行仅仅遵守其所在州的利率规定，在本质上讲，将规定运用到较低管理与控制状态中。与遵守本地（潜在较为严格）规章的本地银行而言，这赋予了国家银行一种优势。《甘恩—圣哲曼储蓄机构法》不顾州的法律，允许发放利率可调节的抵押贷款和其他可选择的抵押贷款类型。其也允许先前由州管理与控制的抵押贷款公司选择联邦储蓄和贷款管理会进行监管。最后，在20 世纪80 年代储蓄和贷款危机之后，1989 年《金融机构改革、复兴和整顿法案》彻底地改变了储蓄和贷款行业以及联邦的监管。所有的新规则推动了国家银行和抵押贷款公司的增长（以牺牲储蓄和贷款业为代价），这倾向于依靠证券化作为资金的一个来源（反对储蓄）（Immergluck，2009）。

1985 年发行的抵押贷款证券的全部价值是1 000 亿美元；1995 年这一价

值超过 2 500 亿美元，且几乎所有都是由政府资助企业实体发行。政府资助企业证券化的增加有助于解释其在 20 世纪 90 年代的抵押贷款市场份额的上升。随后，在 21 世纪抵押贷款证券市场开始快速发展；2003 年达到极值，此时发行价值超过 2.5 万亿美元，且绝大多数是由政府资助企业发行，但是 2005 年发行价值为 2 万亿美元多一点，比政府资助企业的发行低 1/2。当然，到 2008 年私人抵押贷款证券的发行量几乎为零。[36]

政府资助企业在 21 世纪初开始购买私人抵押贷款证券。2002 年，他们持有约 1 万亿（2009 年美元价格）美元的私人抵押贷款证券，2005 年将其持有量提高到超过 3.5 万亿（2009 年美元价格）美元（CBO，2010）。政府资助企业通过购买私人抵押贷款证券，能够满足其目标，包括满足政府资助企业法的可承受住房目标的抵押贷款。实际上，抵押贷款能够满足不止一个目标，包含这类抵押贷款的私人抵押贷款证券是可取的。

14.4.4　联邦政府在抵押贷款市场的干预对住房自有率的影响

我们首先集中研究住房自有率发生显著变化的两个时期，即 1940 ~ 1960 年和 1994 ~ 2009 年；以及政府住房政策在两时期的住房自有率变动中究竟发生了多大的作用。其次，我们讨论促进低收入住房自有的政府政策，以及考察这些政策对近期的金融和住房危机的作用程度。再次，分析评估通过政府资助企业的补贴来降低利率进而附随对住房自有的影响的研究。最后，我们将评价联邦政策和州法律对抵押贷款的违约率和止赎率的影响。

14.4.4.1　战后住房自有激增的阐释

1940 ~ 1960 年，住房自有率的大幅度增加与许多的潜在因素有关，比如人口特征的改变、实际收入的提高和抵押贷款市场的变化。但是费特（2013b）认为 1940 ~ 1945 年这一期间巨大的增加主要由于一项非旨在促进住房自有的政府政策，即租金管制的实施，此期间的增长约占 1940 ~ 1960 年整个期间的 1/2。租金的提高是实施租金管制的动机，而租金的提高是由国家某些区域的工人的大量流入造成的，这些工人是为了参与为第二次世界大战（WWII）提供军需产品的生产。联邦政府认为限制租金是有必要的；否则租金的大幅度上涨会导致工资和其他价格的上涨，进而抑制战争的进展。这种管制非常普及，正如费特所说，由于最终美国的租赁住房的 80% 均被强加施行该

㊱　信息的来源是证券业和金融市场协会的结构性融资统计。

种限制。随着房价的上涨（未受管制），限制租金也促使房主将租赁住房单元转化为自有住房。此外，住房自有增加的一个来源，即新房屋的建设，在此期间内不是一种因素，由于新建设是被限制的。

在战争开始之前，租金管制对价格的限定主要是当前的租金。由于战争在不同的时间不同的地区的发生，决定限额的时期也就存在变化（基准时期）。在一个区域被指定为"国防租赁区"后，租金管制将被强制施行 60 天。经过一定的初始期，相关的租金调查会判断该期间内上涨的租金是否威胁到战争的努力，到 1942 年十月美国的大多数剩余地区整体上均实行了租金管制。

费特使用自 1940 年 3 月起 51 个城市的租金指数数据，数据来源于全国工业会议委员会以及人口普查局和劳工统计局住房调查得到的 1944 ~ 1947 年的数据。费特将 1940 年 4 月和劳工局住房调查时期的住房自有率的变化（区位曾经在 1944 ~ 1947 年被调查）与租金管制的程度和最大预控值和基期的初始值间租金的下降比例进行回归。可以从租金管制程度基于基期的变化，在租金管制实行前租金的附随上涨和租金管制实行后租金的最终下降等方面进行识别。一项重要的控制是预控租金极大值的增值（从 1940 年的 4 月到达到最大的预控租金），因此识别源于拥有类似的预控租金升值，但是基于租金的实际下降的不同的租金管制程度。通过加入其他的控制变量和众多的稳健性检验，费特的研究表明租金管制程度变量与其他的未观察到的变量不相关，而这些不可观察变量可能会影响住房自有率。结果表明租金管制能够对 20 世纪 40 年代住房自有率上升作出 65% 的解释。

三篇近期的文章研究了退伍军人管理局抵押贷款项目对 1945 ~ 1960 年间住房自有率较大幅度增长的影响（Vigdor，2006；Chambers et al.，2013；Fetter，2013a）。

维戈多（2006）指出退伍军人管理局抵押贷款项目提供给符合条件的退伍军人的主要好处是降低其首付要求（可能会达到 0）。这可以看作信用限制的放松，使得退伍军人能够较容易地获得抵押贷款，因此会促进住房自有率的提高。使用 1940 年、1970 年、1980 年、1990 年和 2000 年 Integrated Public Use Microdata Series（IPUMS）的数据，维戈多的研究表明成为一名符合条件的退伍军人增加了成为房主的可能性，1970 年这种可能性会提高 0.07——弹性值为 12.2%。他总结到由于 38% 的家庭符合退伍军人管理局项目的补贴，这种影响解释了 1940 ~ 1970 年住房自有率大幅增加的 20%。

为了研究该种易于获得的信用对房价的影响，维戈多使用自 1970 年起 IPUMS 每 10 年的普查数据，将房主的住房价值（单门独户）与大都市统计的租金的中值、退伍军人的比例和两者的交互项进行回归。结果是退伍军人的比例标准差每增加一住房单元将会使租金增加 40 个百分点。维戈多指出 1940 ~ 1970 年，租金系数在全国的增长接近于 60，所以此影响较大。

鉴于该结果是基于横截面的回归，不清楚的是退伍军人比例与租金中值交互项的变动是否是外生的；似乎可能的是存在与房价、租金中值和两者交互项相关的未观察到的变量，最终会是结果产生偏差。

费特（Fetter，2013a）方法与维戈多相似，但是费特使用断点回归框架作为一种提供退伍军人身份外生变化的方法，以此来检验符合条件的退伍军人管理局抵押贷款项目对住房自有的随机影响。退伍军人有资格参加退伍军人管理局项目，费特使用 1945 年第二次世界大战和 1953 年的朝鲜战争中项目的缩减作为军队服务的外生变化来获取因果估计。一个问题是两次战争不存在官方宣布的终止招募（因此这的确模糊的断点回归），所以费特不得不使用结构突变方法来估计这种不连续性：对于第二次世界大战而言，招募开始日期（DOB）是 1928 年 1 月 1 日，而朝鲜战争的是 1933 年 10 月 1 日。与维戈多相似，费特使用了 1960 年、1970 年和 1980 年的 IPUMS 数据。相应地，使用工具变量估计得到的退伍军人管理局项目在 1960 年对"二战"和朝鲜战争的退伍军人的住房自有的影响系数分别是 0.129 和 0.177。相对的弹性系数较大：30% 和 80%。[37]

有趣的是 1970 年和 1980 年的住房自有的影响不显著为零。考虑到"二战"退伍军人和朝鲜战争退伍军人在突破点 1960 年的年龄分别为 32 岁和 26 岁，这支持了一项结果，即退伍军人管理局资格造成了住房自有向以年龄较小的退伍军人为主。这种年龄转变的原因是退伍军人管理局抵押贷款放松了首付标准，且年轻家庭多受收入/财富的限制，因此对首付标准的降低非常的敏感。[38] 注意到 1970 年的不显著性与维戈多的结论恰恰相反，后者发现符合资格的退伍军人显著的愿意拥有一套房屋。这就是维戈多研究中使用的退伍军人比例的变化可能不是外生的证据。

为了确定对住房自有的整体影响，费特推算了 26 岁和 32 岁时估计得到的影响，而这一年龄是从对全部年龄分布的断点回归分析获得。他发现退伍军人管理局项目解释了 7.4% 的 1940 ~ 1960 年住房自有率的上升。费特指出在 21

---

[37]　费特排除了与军队服务相关且可能会影响住房自有的其他因素，比如教育、收入和军队服务自身的差异（以第一次世界大战退伍军人为参考）。

[38]　使用来自 PSID 和 NLSY 的 1984 ~ 1990 年的数据，古德曼和尼古拉斯（1997）同样提供了证据，FHA 担保抵押贷款较低的资格标准仅使得家户成为房主的年龄发生了改变，而不是增加了房主的数量。

世纪中叶时期抵押贷款市场整体变化之一是首付标准由40%～50%下降到20%甚至更低（见表14-2）。使用从退伍军人管理局分析得到的结果，费特估计如果在1960年所有的房主被要求支付50%的首付，那么住房自有率在1940～1960年将会低11个百分点或者是该时期增长的40%。

钱伯斯等（Chambers et al.，2013）指出凯斯－席勒住房价格指数在1935～1960年上升了41.4%（实际上这低于同期实际收入的增长）。他们的目标在于解释战后住房繁荣中住房自有率和房价的联动关系。作者构造了包含住房市场、抵押贷款市场以及包括所有权和租赁选择的消费品的三部门一般均衡模型。他们使用1935～1940年的数据修正了该模型。

钱伯斯等的研究表明人口、收入风险和政府住房融资是1940～1960年住房自有率上升关键性的决定因素。尤其后者是由于从一个大额还款合同变为具有较低首付的长期抵押贷款。因此，所有的三项研究提供了联邦项目对1945～1960年住房自有率上升贡献的证据。

另外，钱伯斯等发现住房成本的上升是由建设成本的增加导致的，而不是政府的住房政策。这与维戈多的发现相反，即退伍军人管理局抵押贷款项目对房价存在较大的影响。这就对维戈多用来识别价格影响的退伍有军人身份变化的外生性产生了质疑。

14.4.4.2　住房自有率的增加

经历了几十年的稳定后，美国住房自有率从1994年的64%增加到2005年的69%。为解释该增长，钱伯斯等（2009；CGS此后）首次发现该时期住房自有率的大部分总增长源于年龄在35岁以下家庭的住房自有率从37%上升到43%。对处于收入2/5和3/5分位数的家庭而言，住房自有率也存在显著的增长。这激励作者将能够降低成为房主带来的财政负担的因素看作参与率提升的潜在来源。

为了这样做，CGS（可计算一般均衡模型）提出了住房和抵押贷款市场的代际一般均衡模型，该模型既包括所有权，也包括租赁选择。他们使用1994年的数据校正了该模型。CGS使用该模型将接下来10年的住房自有率的增加分解成由人口变化和抵押贷款市场创新导致的两部分。他们发现购买房产的交易成本的降低和首付标准的下降对住房自有率的影响较小。背驮式贷款的引入似乎存在显著的影响，这里次级贷款代替了首付款（与标准的固定率抵押贷款拥有20%的首付款相一致）。在该模型中，允许人口和抵押贷款创新的综合影响对观察到的住房自有的变化做出解释，背驮式贷款的引入解释56%～70%的住房自有率的增加，而人口解释了剩余部分。新建筑对于20～34岁年龄组的吸引力特别大，这解释了 1994～2005 年间住房自有率的较大增长。

加布里埃尔和罗森塔尔（2015）研究了决定 21 世纪住房自有率上升和下降的因素。他们使用自 2000 年起十年普查和 2005 年与 2009 年美国社区调查得到的 IPUMS 数据进行分析。他们进行了一个简化回归，用权属状况与人口、劳动力/就业、地理控制变量以及三种衡量本地住房条件的变量进行了回归。后者包括对公共使用的微型居住区而言，业主拥有房屋评估值的中位数、大都市区的提前一年预测的房价，以及大都市区房价波动的测度。使用全部的样本和那些前 12 个月内搬迁的家庭，分别对 21～89 岁的年龄个体进行了单独回归。

作者使用偏离份额分析法将每年间的住房自有率的差异分解为社会人口因素和市场条件导致的变化。他们发现后者是 2000～2005 年住房自有率上升和 2005～2009 年住房自有率下降的关键因素。他们指出存在间接证据表明担保标准的变化在这些改变中发挥着重要作用。也就是说，标准的放松有助于推动前 10 年住房自有率的上升，而抵押贷款供给随后的收紧造成了该 10 年后半段住房自有率的下降。

总之，可计算一步均衡模型和加布里埃尔、罗森塔尔提供的证据都表明易于获得的抵押贷款信用对 1994～2004 年的住房自有率的上升产生了重要影响。

14.4.4.3 可负担住房目标的影响

在 20 世纪 60 年代和 70 年代，信贷歧视事件的持续出现促使联邦政府制定了旨在提高低收入家庭贷款的法案。这些法案中最重要的是 1977 年《社区再投资法案》和 1992 年的《政府资助企业法案》。这些法案授权符合资格的银行和政府资助企业要满足抵押贷款的最低购买标准，而这些抵押贷款主要由低收入和少数种族家庭持有。这些就被当作可负担住房目标。

对于合格银行而言，达到社区再投资法案目标的最常用的方法是通过对低收入和中等收入人口普查区的房产提供或者购买其住房抵押贷款，在这里那些中等家庭的收入低于所在评估区域中等收入的 80%（通常是一些县，在这些县区设有一些存款办事处/分支机构）。贷款给中低收入借款者也能够满足社区再投资法案的目标。中低收入身份取决于 10 年一次的普查数据。独立的抵押贷款银行和信用社不包括在《社区再投资法》中。此外，超过 1/2 由《社区再投资法》包括的机构进行的放贷或者购买的贷款独立于其评估范围，从而限制了社区再投资法包括的贷款数量（Avery and Brevoort, 2011）。

住房和城市发展部依据以下几个方面对政府资助企业设置了可负担住房目

标：（1）低收入和中等收入家庭；（2）从历史上看，房产的购买者位于未覆盖的区域（服务水平低下区域为目标）；（3）居住在低收入区的低收入家庭以及收入非常低的家庭（"特殊的保障"目标）。中低收入目标将低收入或者中等收入家庭定义为那些收入低于或者等于区域家庭中等收入的家户。对于大都市区域，"服务水平低下区域"被定义为或者是（1）那些至少拥有30%的少数种族人口和中等家庭收入等于或者低于区域中等家庭收入的120%，抑或者是（2）中等家庭的收入等于或者低于区域中等家庭收入水平的90%。"特殊的可承受目标"将收入非常低的家庭限定为那些收入低于或者等于区域中等收入60%的家庭。这三项可负担住房任务的目标清单，参见安等（An et al.，2007）的文献。

在本小节，我们通过低收入家庭的住房自有率的提高来考察《社区再投资法案》和《政府资助企业法案》的可负担住房目标的效应。我们也将同时考察那些关于可负担住房目标如何影响贷款量的间接证据，由于它们是这些目标对整体的住房自有率产生影响的必要条件。同时，还讨论了信贷质量的问题，因为信贷质量与金融危机的关系受到非常多的关注，也因为它与信贷供应紧密相连。

一些研究批判《社区再投资法案》和《政府资助企业法案》在导致金融危机中发挥的作用，而这主要通过激励放贷者降低标准，并将信用延伸到高风险借贷者，以期能够达到可负担住房目标。[39] 将此问题放在本文中，如布塔和坎纳（2009）使用 HNDA 的 2005 年和 2006 年的数据所报告的，仅有 6% 的次级抵押贷款发放者符合《社区再投资法案》的资格，且《社区再投资法案》相关的次级贷款的绩效与其他次级贷款相似。在大多数情况下，次级抵押贷款是不符合规范的贷款，所以不管其是否能够用来实现可负担住房目标，其都没有资格被政府资助的企业进行直接收购。因此，任务是证明在鉴于《社区再投资法案》和政府资助企业涉及如此小比例的次级贷款，而他们又是如何对金融危机产生如此大的影响。政府资助企业确实购买了私人抵押贷款支持证券（PLMBSs），包括那么些可被用来实现其可负担住房目标的次级抵押贷款。我们也将该途径看作政府资助企业可能导致金融危机的潜在方式。

关于可负担住房目标对住房自有率的影响和其在金融危机中发挥的作用的可信研究需要对遗漏变量偏差的多方来源进行控制，而该种偏差最终会影响结果的准确性。因此，可负担住房目标对住房自有、贷款供应和贷款质量的影响

㊴ 提供社区再投资法和政府资助企业助推金融危机发生的研究包括 Liebowitz（2009），Wallison（2009）和 Nichols 等人（2011）。但是 Liebowitz（2009）和 Wallison（2009）仅提供了间接证据，而 Nichols 等人（2011）的研究分析明显遇到了内生性问题。

的证据主要基于准实验方法的运用，而这些影响被赋予最大的权重。[40]

对可负担住房目标对住房自有率、贷款量和贷款绩效的合理的因果估计的一种普通方法是使用其切分点作为断点回归分析的基础，或者作为构成政府资助企业法案或社区再投资法案活动的有效工具变量的外生变量的来源，其中切分点是就人口普查区的中等家庭收入与区域中等收入相比，或者个体家庭收入与区域中等收入相比而言。在本小节的剩余部分，我们将讨论可负担住房目标对住房自有率、信贷规模和信贷质量影响的估计。

估计可负担住房目标对住房自有率的影响的文献包括博斯蒂克和加布里埃尔（2006），安等（2007）和加布里埃尔、罗森塔尔（2009）。所有的这三篇文章均使用了 1990 年和 2000 年的人口普查区层面的十年人口普查数据，且后两者使用普查层面的住房抵押公开法（HMDA）数据（ABDG 使用的是 1995 ~ 2000 年；加布里埃尔与罗森塔尔则使用的是自 2000 年的数据）。所有的三项研究均使用一种非正式的断点回归方法对比了普查内的《社区再投资法案》和/或《政府资助企业法》的活动，而这种对比仅仅在可负担住房目标切分点的两侧（例如，对于《社区再投资法案》和政府资助企业分别而言，普查区是指中等家庭收入是区域中等收入的 80% 和 90% 的区域）。就《社区再投资法案》的目标而言，加布里埃尔与罗森塔尔发现该目标对非正规贷款供应存在正向且显著的影响，而对住房自有率正向影响的证据有限。他们认为这就是《社区再投资法案》在提高目标区域抵押贷款供给的效应的证据。另外，该结果没有显示《政府资助企业法案》对住房自有率变动的任何影响。

ABDG 通过将政府资助企业收购的普查区的抵押贷款的比例和该变量的变化作为解释变量，更加直接的研究了《政府资助企业法案》的效应。他们用政府资助企业的目标和 1995 年全部正规贷款量作为以上两个解释变量的工具变量。他们发现，政府资助企业的强度对住房自有率的变化存在显著的正向影响，而政府资助企业去强度的比例的变化对空置率存在显著的负向作用，且对房价存在显著的正向影响。这表明政府资助企业的强度与邻里的改善有关。

加布里埃尔和罗森塔尔（2010）、艾利与布雷武特（2011）、布塔（2011，2012）、根特等（2013）、莫尔顿（2014）和伯洛特尼（2014）等试图证明可承受得起住房目标对信贷量的因果影响的最佳研究（次级或优质）。这些文章的核心主题是在断点回归分析框架内，使用可负担住房目标估计其对信贷质量和数量的因果影响。这些研究的结果是 20 世纪 90 年代中期到 2007 年这一时

---

　　[40]　有大量的研究不使用这种方法来判断可负担住房目标对相应结果的因果影响，因此它们可能会遇到遗漏变量误差。这些研究包括 Quercia 等人（2003），Ambrose 和 Thibodeau（2004），Demyanyk 和 Van Hemert（2011）和 Reid 与 Laderman（2011）。

期，很少有证据能够证明可负担住房目标对任何的这些要素存在显著的影响。阿加瓦尔等（2012b）估计得到《社区再投资法案》导致信贷质量的下降，其主要通过使用为达到制度考核所要求的目标时银行动机合理的外生变化估计得到。但是里德等（2013）和富特等（2013）批判了这些作者使用这种外生性假设来获得他们的估计。

可负担住房目标对抵押贷款市场影响缺乏的原因之一是挤出。也就是说，政府资助企业的活动仅仅是替代了其未出现时可能发生的抵押贷款供应。加布里埃尔和罗森塔尔（2010）表明住房购买市场的挤出（多数与住房自有率相关）与市场活动水平呈正相关；2003～2006年，挤出效应非常的普遍，此时的市场活动水平达到50%。在此市场繁荣前后，很少存在挤出效应，尤其是在2007～2008年，私人中介基本上退出市场。加布里埃尔和罗森塔尔总结道金融危机期间，政府接管政府资助企业能够有效地向抵押贷款市场提供流动性。

根特等（2013）此后是根特—莫尔顿研究估计了可负担住房目标对次级抵押贷款规模、定价和绩效的影响。次级贷款的核心是回答这一问题，即"政府资助企业或者《社区再投资法案》的借贷目标是否助推了金融危机？"由于是次级抵押贷款市场的崩溃而不是初级贷款市场。次级贷款一般不能由政府资助企业直接购买，由于它们是非正规贷款，且大多数的次级抵押贷款不是由符合《社区再投资法案》资格的实体购买的，所以根特—莫尔顿的研究集中于政府资助企业和符合《社区再投资法案》资格的储蓄机构持有的私人抵押贷款支持证券的分析，而该部分证券构成了次级抵押贷款。

根特—莫尔顿发现在他们的样本中，尽管70%的抵押贷款满足可负担住房目标，但是私人抵押贷款支持证券组合中却没有符合《社区再投资法案》目标。这是因为对于抵押贷款支持证券满足《社区再投资法案》的目标存在非常严格的准则（仅仅那些从符合《社区再投资法案》贷款资格的机构评估出的区域获得贷款才能满足该目标）。另外，如果一家政府资助企业购买一项私人抵押贷款支持证券，仅有20%的该类证券的贷款满足政府资助企业法案的目标，政府资助企业可以将这20%的贷款作为其可负担住房目标。但是，问题是政府资助企业主要购买私人抵押贷款支持证券来满足借方相关的可负担住房目标，由于借方收入与区域中等收入比率的均值为1.73。似乎是符合《社区再投资法案》资格的机构和政府资助企业购买私人抵押贷款支持证券仅是为了投资目的。

根特—莫尔顿研究发现可负担住房目标（经由《社区再投资法案》或者政府资助企业）对次级贷款规模、定价或者绩效（90天以上逾期或者起初2

年内止赎）不存在显著的影响。他们总结道仍有可能的是政府资助企业通过购买大量的私人抵押贷款支持证券来影响次级贷款市场，由于这可能会增加信贷供应，而这些新增的信贷供应被用来购买风险更高的抵押贷款。

总之，一些研究发现可负担住房目标对住房自有率存在显著的影响（An等，2007；加布里埃尔和罗森塔尔，2009）。但是一般而言，很少有证据证明政府资助企业和《社区再投资法案》的可负担住房目标对住房自有率、信贷规模或者贷款绩效存在显著的影响。初级贷款和次级贷款中均存在这一事实。根特等（2013）发现的后一种结果是可负担住房目标对金融危机没有影响的强有力的证据，由于这次危机是由次级贷款的不良表现引发的。

14.4.4.4　《政府资助企业法案》对抵押贷款利率的影响

政府资助企业证券化贷款的隐性担保变成了政府资助企业的一种补贴。需要回答的一个问题是"如果存在的话，那么通过较低的利率，该补贴的多大部分被传递给借款人？"政府资助企业仅仅购买低于特定数量以及有具体特征的贷款，这些具体特征与贷款价值比、负债收入比、信贷历史和证据的层次有关。这些贷款被当作正规贷款。超过这一门槛的贷款规模被看作大额贷款。一项已经发起的合理的大型文献研究试图估计大额正规贷款作为一种测度政府资助企业收益的方式而传播，而这种估计主要就较低的利率而言。然后，与住房自有率的联系就是低利率对拥有住房可能性的影响。

在对当前已有文献的分析和基于普遍使用的联邦住房融资委员会的抵押贷款利率调查（MIRS）得到自己的结论，麦肯齐（2002）研究发现大额正规贷款利率差别的估计值的变化范围在 20～25 个基点。然而，正如考夫曼（2014）指出这些研究受选择和序列偏差的影响。因此，我们集中分析那些试图控制这些偏差的近期研究。

安布罗斯等（Ambrose，2004）使用了能够弥补抵押贷款利率调查不足的数据集。数据包括 26 179 项传统的固定利率抵押贷款，这些贷款主要是国家银行在 1995 年 1 月和 1997 年 12 月间发放的，其中所包括的 FICO 信用得分以及贷款规模可以被用来将贷款划分为正规和非正规贷款，以及大额和非大额贷款。他们估计得出正规的政府资助企业贷款和大额贷款之间的利率差是 24 个基点；9 个基点是由正规与非正规贷款的差导致的，另外 15 个基点在是由正规贷款的限额导致。安布罗斯等将前者解释为政府资助企业补贴的传递。

为了试图衡量政府资助企业基金的优势，帕斯莫尔等（Passmore，2005）提出了决定大额和正规贷款收益差的利率模型，其是资助这些类型抵押贷款成本差异的函数。他们的研究表明这不仅是政府资助企业基金优势的函数，而且也是抵押贷款需求和核心存款水平的函数。作者使用源自 MIRS 的 1997 年 4 月到 2003 年 5 月的贷款水平的数据，将样本限制在 100 万美元和 5 万美元的贷款，且超过正规贷款收益上限的 2 倍。结果表明大额正规收益差为 15 ~ 18 个基点，其中 7 个基点可归因于政府资助企业的补贴。

舍伦德（Sherlund，2008）使用 2000 年人口普查得到邮编层面的人口信息，将 MIRS 数据从 1993 年 1 月扩充到 2007 年 6 月。然后，他使用基于贷款规模、贷款价值比和邮编的半参数法，以控制借款人和市场特征的差别以及预期的住房波动。舍伦德得到大额—正规贷款收益差的估计值变化范围为 13 ~ 24 个基点。下限值来自于控制贷款类型选择的内生性，包括样本选择偏差的修正项。

考夫曼（2014）估计了政府资助企业购买资格对抵押贷款利率、贷款的违约率和贷款合同类型的影响。为了控制选择误差和市场的外部性，作者提出了一种基于政府资助企业的正规抵押贷款限额的断点回归构思。此外，他依据这种限额对借款人的分类进行控制，使用评估值作为抵押贷款价值的工具变量。观点是虽然抵押贷款值能被用来满足标准的限度，但是评估值却不能。

样本包括由贷款审核服务应用分析得到的 2003 ~ 2007 年的拥有单户型居住者的具有第一留置权、非联邦住房管理局以及非退伍军人管理局担保的 1 490 万项贷款。Inc. Results 表明政府资助企业的购买资格使得抵押贷款利率降低了 8 ~ 12 个基点。政府资助企业购买资格不会影响违约率或者丧失抵押押品赎回权的比率，或者预付赔偿金、负分期偿还、纯利息贷款、泡沫贷款的可能性，或者债务收入比。考夫曼指出违约率和止赎率不受影响的事实意味着利率的影响完全可以归因于政府资助企业的减息贷款，而不是那些低风险的贷款者获得较低的利率。该种方法的局限性是这些影响仅适用于那些贷款量接近标准贷款限制的借款者。这些借款者倾向于是更加富裕的家庭，因此结果并不适用于中等或者低收入和/或财富的家庭。

这些研究得到的结果表明政府资助企业的补贴导致利率下降了 10 ~ 20 个基点。下一步将判断这是不是影响了住房自有率。注意到住房自有率的变化主要受首次购房者的影响。所以重点是潜在的首次购房者对利率的敏感度。现有的住房自有者对利率的反应将会出现在集约边界上。即较低的利率可能会导致再融资兑现，而该融资应被用于房屋的改善。

佩因特和雷德芬（Painter and Redfern，2002）研究了利率对长短期住房自有率的影响。他们的结果证实了先前文献的发现，即很少有证据证明抵押贷款利率对短期或者长期的住房自有率存在显著的影响。因此，不可能的是政府资助企业的抵押贷款利率补贴对住房自有率存在显著的影响。

14.4.4.5　政府在抵押贷款违约和止赎过程中的作用

抵押贷款违约和止赎可以被看作住房自有的对立面。更确切地说，它通常会导致由住房自有状态向失去住房自有状态的转变。住房自有率的下降可归咎于这一事实，即丧失赎回权的房产或者在存续期间内是空置的，或者是被租赁，抑或者被拆除。此外，由于对信用得分产生负向作用，拥有止赎房产的家庭实际上多年来一直被禁止购买其他住房。[41]

为了对抵押贷款违约和止赎过程中的政府角色的分析划分阶段，我们首先提供了可追溯到 1925 年的历史止赎率，并将它们与住房自有率对比。然后我们详细的介绍一项非常成功的早期的抵押贷款改进项目，即房屋贷款公司（HOLC）。随后，我们将集中研究规范借款人友善行为的国家止赎法对止赎率的作用。

14.4.4.5.1　止赎率和住房自有率的历史变化

由于联邦政府没有对止赎比率进行持续的官方统计，历史数据故而是稀缺的。图 14-8 描绘了 1925～1979 年的止赎比率。数据主要基于斯诺登（2006）文章的两类数据序列：1925～1969 年的非农止赎比率和 1950～1979 年的退伍

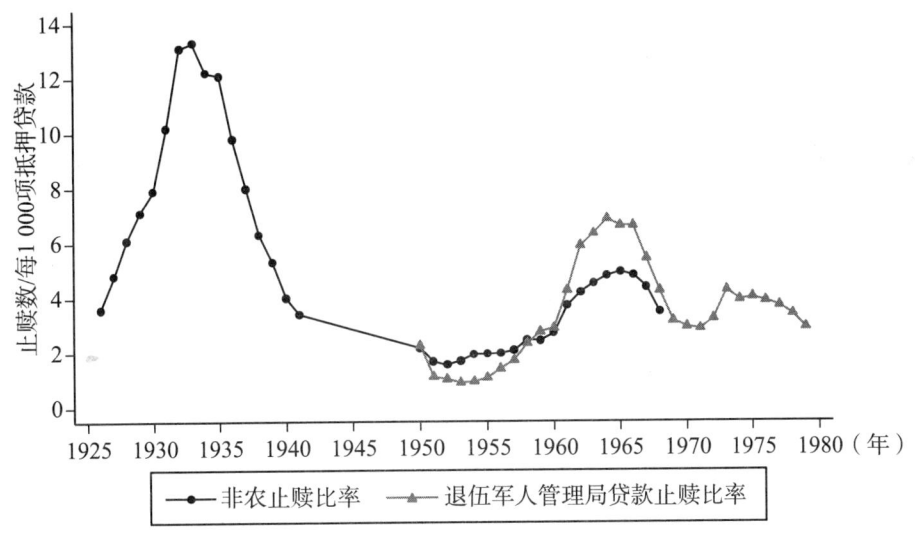

图 14-8　美国每年的止赎比率：1925～1979

资料来源：Snowden，2006。

---

[41]　Molloy 和 Shan（2013）研究发现大多数的家庭在止赎发生后的两年都是租赁者。

军人管理局贷款的止赎比率。在20世纪20年代的后半段，止赎比率呈现稳定的上升趋势，且在20世纪30年代早期止赎比率达到历史的最高点，即1.3%，而在20世纪30年代剩余年份，止赎比率呈现出相同程度的下降。这种显著的下降的原因之一是住房贷款公司的启用（如下）。这两类序列在图14-8中组织的非常清晰，两个序列均显示了1965年左右出现的另外一个高峰，此时的止赎比率至少是每1 000项抵押贷款就会发生5起止赎。

1930~1940年，住房自有率下降了5个百分点，然而止赎比率在1932年达到了极值，并且直到1940年一直处于稳定的下降状态。实际上，非农止赎比率和住房自有率的相关系数为0.28。但是，考虑到1940年前的住房自有率仅是每隔10年报告一次，因此，住房自有率和止赎比率间的实际相关性可能要比有限数据下得到的估计值更加强烈。

图14-9描绘了自2003年以来的分季度止赎比率，其主要基于来自Equifax的数据。尽管该数据序列可能与先前的数据完全兼容，有趣的是全国的止赎比率在2009年的二季度达到了极值，此时每1 000项抵押贷款中会发生2.4次止赎比，这一比率明显低于大萧条时的比率。当然，导致此次危机的缘由是州之间的显著异质性；例如在内华达州，2009年二季度的止赎比率达到极值，即每1 000项抵押贷款中会发生9次止赎。

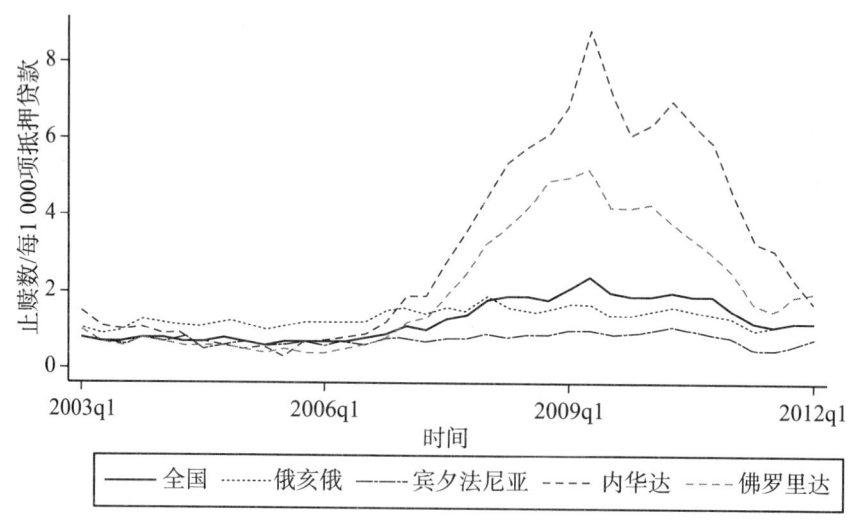

图14-9　美国季度止赎比率：2003年一季度~2012年一季度

（止赎比率/每1 000项抵押贷款；时间）

注：基于信用报告中的人口。

资料来源：FRBNY Consumer Credit Panel/Equifax。

美国住房自有率存在一定程度的下降，从 2004 年的高值 69% 下降到 65.1%。这与该时期止赎比率的上升相一致。哈特利（2010），米安等（2011）和安恩伯格与孔（2014）表明该时期止赎比率的上升导致未出售的住房存量的增加，这也与住房自有率的下降相一致。[42]

14.4.4.5.2 住房业主贷款协会

在 1933 年，依据《住房业主贷款协会法案》成立了住房业主贷款协会，以为不良抵押贷款进行再融资。住房业主贷款协会的目标是使业主居住在自己的房屋，且维持住房自有率稳定。1933 年 6 月和 1934 年 11 月与 1935 年 5 月、6 月的贷款申请被批准。在这之后，贷款申请批准渐渐的降低，直到 1951 年该项目被终止，已发生的贷款被出售给私人贷款机构。

罗斯（2011）指出在美国，所有抵押贷款的 1~4 家庭非农住房单元的 40% 需要进行再融资，且需要近似 100 万美元的贷款，而实际发放了超过 30 亿美元的贷款。住房业主贷款协会通过使用债券从贷款者手中购买贷款，这种债券本质上与美国的国库券是相同的，然后向借款者按 5% 的利率发放新的 15 年期自动分期偿还的贷款。这些贷款不交预付金，且借款人只能支付前三年的利息（Rose，2011）。这代表了贷款结构的一种重要的改变，由于现存的抵押贷款往往是短期的，不能进行自我分期，以及到期时必须全额支付，往往倾向于再融资。这一程序在大萧条时被终止，且止赎比率飙升（参见图 14 - 8）。

住房业主贷款协会的贷款不超过房产估价的 80%。如果初始贷款的价值超过 80%，住房业主贷款协会仅接受那些如果贷款者同意接受 80% 的数值的贷款，因此贷款会发生一定的损失。当然，这种损失是非常小的，由于贷款者可以避免遭受止赎造成的成本。罗斯报告称约 18% 的贷款申请被拒绝了，因为贷款人拒绝承担减少的本金，该减少量主要是需要达到 80% 的门槛发生的损失。使用纽约、新泽西和康涅狄格州的住房业主贷款协会的实际贷款数据，罗斯发现评估值的提高是由于促使贷款者参与住房业主贷款协会项目的动机所导致的。这意味着给借款人造成的损失是较低的。罗斯估计得到本金减少量比例平均为 16%，而如果评估值被设定为实际的市场值，本金减少比例则为 8%。罗斯认为住房业主贷款协会更加关心住房市场的稳定，而不是依据基本的理论来得到对每个住房业主来说最好的分配，其中基本的理论是指稳定的市场和整体经济的复苏将会导致整体较低的止赎比率。

在住房业主贷款协会下，高参与率可归因于一些事实。第一，给贷款人的

---

[42] 想获得止赎对住房自有的因果影响，可以做如米安等人（2011）的分析，使用住房自有率代替未出售的住房存量作为因变量。

慷慨条款；第二，住房业主贷款协会提供的新抵押贷款结构对于借款者而言是一种实际收益；第三，20 世纪 20 年代和 30 年代的担保标准非常高，如此贷款价值比就非常的低，进而使得参与住房业主贷款协会项目的贷款者不得不接受的平均减值要低于当前贷款改进项目（Rose，2011）。

14.4.4.5.3　借款人友好取消抵押品赎回权法

如图 14-9 所示，美国各州间的止赎比率存在较大幅度的变动。这种变动主要在于各州之间的人口特征和收入的差异，但是另外一部分原因在于各州止赎法律的差异。止赎法律存在三项重要的区别与是否允许追索权、赎回过程是否公正（不公正）以及是否允许一定赎回期限相关。所有的这些可能看作借款人的友善特征。所以问题是这些借款人友好取消抵押品赎回权法对住房自有率的影响程度。更确切地说是借款人友善取消抵押品赎回权法律是否有助于住房业主居住在其拥有房屋以及避免止赎，或者它促进了止赎比率的提高，并实际上降低了住房自有率？此外，这些法律在多大程度上增加了贷款者经历止赎过程的成本？贷款者是否更不可能向边缘借款者发放贷款？

一般而言，违约支付发生的第三个月之后，贷款者将开始止赎程序。所有的州都允许公正的止赎程序，尽管 29 个州也允许非公正的止赎程序，被称为"销售权"。在前一种情形，止赎程序通过法院来实施。该程序始于贷款人向法院提起诉讼，详细描述住房业主所欠的债务和止赎的缘由。一项要求业主支付所欠债务的通知或者"未决诉讼"将会发送给业主。通常，业主有 30 天的期限来偿还债务。如果未能如期偿还，贷款者可以要求以拍卖的形式出售该房产。

在非公正止赎程序中，贷款者将违约通知发送给业主和当地的司法机关。如果借款者没有通过偿还违约所欠的债务做出回应，这将会导致拍卖程序的启动，贷款人会提供相应的销售通知。在公正的或者非公正的止赎程序中，拍卖可以在贷款者提出要求后的 2~3 个月进行。止赎程序开始到销售的时间跨度在各州之间不同，同时其也依赖于止赎过程的类型。通常，公正的止赎程序显然要比非公正止赎程序要长（Pence，2006；Pennington-Cross，2010）。例如，一项公正的止赎程序在纽约通常需要花费 18 个月（Schuetz et al.，2008）。在此期间，居住者可以居住在此住房中，而不用向房主支付任何费用。

房产事实上的止赎发生在房产以拍卖的形式出售时（约为所需时间的20%），或者如果未被出售，房产将会被转让给贷款人。在后一种情形中，房产被称为"房地产拥有"（REO），由于其将被转让给贷款人的房地产拥有部门。一旦所有权通过成功的拍卖或者贷款人转让给第三方，先前的拥有者变成了房产的租客。新的房产拥有者必须按照国家规定将先前的拥有从住房中逐出。

　　一些州赋予借款者重获房产所有权的机会，即使是在销售期之后，即在熟知的赎回期内。[43] 为了收回房产的所有权，借款人必须偿还此时期发生的拍卖价格和止赎费用，最多可以持续 18 个月。一般而言，赎回期仅在公正的止赎程序中可以获得。当然，借款人具备偿还这些成本的能力通常是不可能的，除非他中彩票了。

　　影响止赎的另一个因素是抵押贷款是否被认为是有追索权的债务。如果是的话，一旦发生违约，贷款人可以住房债务人的资产来支付抵押贷款价值和止赎财产公证市场价值的差额。这一过程被称为补缺裁决。提交补缺裁决和实际搜集借款人信息的过程在不同州之间存在差别。此外，借款人可以提交第 7 章提到的破产以保护其财产。根特和库德雅克（2011）研究中的表 1 给出了每个州追索权范围的信息，且将每个州划分为实行追索权或者不实行追索权的州（11 个州被列入不实行追索权州）。

　　居住者可以通过偿还拖欠的债务以避免止赎，或者通过与贷款人协商允许进行亏本出售。这种房产的购买是指第三方按照低于未还清抵押贷款本金的价格进行购买。贷款人通常会同意进行亏本销售，从而避免持有房产作为住房自有以及不得不在公开市场上出售带来的成本。这种协商过程也可能会导致房主不得不支付拖欠的全部或者部分所欠的抵押贷款和销售价格的差额。对贷款者而言，一次成功的亏本销售也会产生较低的法律成本。

　　丧失抵押品赎回的一个必要条件是房产的价值低于抵押贷款余额与销售成本之和（否则，房主能够出售房产，并偿还抵押贷款债务）。双向触发的违约理论认为这不足以引起止赎。还需要家庭经历一种糟糕的生活事件，如死亡、受到严重健康问题的侵扰、失业或者离婚，这些都会降低其预期的住房消费（Foote et al.，2008）。另外一个在止赎决定中发挥重要作用的因素是未来价格预期。如果价格预期会上升，房屋拥有者将很少可能违约。

　　使用《住房抵押公开法》（HMDA）相关的 1994 年和 1995 年的数据，且运用边界固定效应分析法来分析美国大都市统计区，彭斯（2006）研究发现贷款规模在止赎程序公正的州较小；也就是说，借款人友善法律可以降低抵押贷款信用的供应，而这增加了贷款者的成本。这可能会对住房自有产生不利的影响。柯林斯等（2011）使用类似的边界固定效应法分析了截至 2007 年 1 月拖欠 60 天以上的贷款以及 15 个月以后的状态（解决、止赎或者仍然拖欠）。

---

　　[43]　直到 2011 年 1 月，止赎期仅在 25 个州存在，http：//www. ehow. com/info_7867003_redemption-foreclosure. html#ixzz2wnAL21Ev。

他们的结果表明他们检验的三个州的止赎政策（公正的止赎程序、赎回的法定权益和全州的止赎预防行动）对 15 个月后的贷款状态没有显著的影响。柯蒂斯（2014）使用 2005 年和 2006 年的《住房抵押公开法》（HMDA）的数据，并使用相同的边界固定效应法给出证据，表明借款人友善法律引起较小的次级贷款市场份额。

赫拉尔迪等（2013）研究发现尽管程序公正州的止赎比率在短期内是比较低的，但是在长期内却不是这种情况。结果是成为一个程序公正的州仅是延长了止赎的过程。他们发现这也是 2008 年马萨诸塞州实行的治愈权法案（"Right-to-Cure" Law）的案例。

根特和库德雅克（2011）使用源自贷款人处理服务应用分析数据库的月度数据，这些数据是关于 1997 年 8 月和 2008 年 12 月间发放的约 300 万美元初级和非初级私人证券化贷款、投资组合贷款和政府资助企业贷款，研究发现尽管绝对和相对违约率在存在和不实行追索权的州之间不存在差异，但是在不实行追索权的州中，潜在借款者的违约率较高。这意味着当住房市场出现下降时，借款者更可能会被冲击，禁止追索权的借款人友善法律可能会增加违约率。此外，当借款人在实行追索权的州的确发生违约时，他们更有可能得到解决，且更有可能按照友善止赎的方式结束。这些结果指出在不实行追索权的州存在较高的止赎比率。当考察贷款的类型时，根特和库德雅克研究发现追索权对违约的影响仅对私人持有的抵押贷款成立，而对政府资助企业持有的抵押贷款不成立。

《防止破产滥用及消费者保护法》（BAR）试图为第 7 章的诉讼请求引入检测手段来降低破产滥用，因此可以看作对消费者不利的法案。在此之前，个人可以申请第 7 条所规定的破产，并清除其无担保债务（比如信用卡债务），从而使得他们能够偿还抵押贷款。Morgan 等（2012）通过检验来考察《防止破产滥用及消费者保护法》（BAR）是否导致拥有较高宅地豁免的州的止赎比率上升。这是因为在《防止破产滥用及消费者保护法》（BAR）实施之前，较高的家庭资产免税意味着申报者拥有更多的资金来偿还他们的抵押贷款。他们还推测这会影响次级贷款的止赎比率，而不会影响初级贷款的止赎，由于初级抵押贷款的持有者申请破产的可能性更小。作者使用 1998 年一季度～2007 年三季度的州层面的面板数据，研究表明《防止破产滥用及消费者保护法》确实增加了拥有较高宅地免税州的次级贷款借款人的止赎比率。但是对初级抵押贷款的借款人的止赎比率没有任何影响。这就是借款人友善法律可能对止赎比率产生不利影响的证据。

总体来说，这些研究并没有提供一致强有力的证据表明借款人友善法律有助于借款人降低止赎比率和最终的住房自有率。最多，这些结果是不一致的。未来需要更多的研究来厘清这种关系。

14.4.5　政府应对住房危机的措施

为应对近期的金融和住房危机，联邦政府施行了一系列的政策。第一项应对措施是 2008 年 7 月 30 日通过的《住房和经济复兴法案》（HERA），而其对住房自有率存在潜在的影响。[44] 除其他事项外，该法案将联邦住房融资委员会和联邦住房企业督察局合并成联邦住房融资局（FHFA）。其第一项重大举措是将房地美和房利美纳入联邦住房融资局的监管之下。《住房和经济复兴法案》也包括《联邦住房管理局现代化法案》《住房补助税收抵免法案》和《人人拥有住房（H4H）法案》。

《联邦住房管理局现代化法案》（1）增加了联邦住房管理局贷款的上限，由区域中等住房价格的 95% 提高到 110%，高达政府资助企业标准贷款上限的 150%，这在 2009 年 1 月 1 日生效；（2）任何联邦住房管理局的贷款要求至少支付 3.5% 的首付；（3）关于住房和城市发展部的风险溢价的实现，其设置了 12 个月的延缓偿付期；（4）禁止卖方融资的首期付款；（5）允许从家庭成员获得首付资助。

由于在《联邦住房管理局现代化法案》下，贷款上限提升了一倍多，联邦住房管理局的单一户型家庭住房购买贷款的市场份额从 2007 年的低点 4% 跃升到 2008 年第三季度接近 25%，并在 2010 年的第二季度达到高点 32%，而在 2011 年和 2012 年保持在 25% 左右（住房和城市发展部的数据）。虽然联邦住房管理局能够帮助填补私人机构从抵押贷款市场退出造成的缺口，数量的较大增加导致较高的违约率，以及需要纳税人紧急补助的损失，尤其是 2008 年和 2009 年具有较高贷款价值比的贷款。尽管存在这些问题，Van Order 和 Yezer（2014）指出"在近期的金融危机中，应通过增加其市场份额，使联邦住房管理局获得较大的信用以有助于支持住房市场"。

HATA 在 2008 年 4 月 9 日和 2009 年 7 月 1 日间设立了首次购房税收抵免。税收抵免是购买价格的 10%，高达 7 500 美元的抵免额。接受税收抵免额的家庭需在 15 年内偿还。同时，对于收入约为 150 000 美元和其他收入在 75 000 美元并提交联合申报的家庭，这种税收抵免将会被逐步取消。HATA 还为废弃重建和止赎比房产提供资助。作为 2009 年《美国经济复苏和再投资法案》

---

[44]　参见 http://en.wikipedia.org/wiki/Housing_和_Economic_Recovery_Act_of_2008。

（ARRA）的一部分，2009 年 1 月 1 日和 2009 年 11 月 30 日购买的房屋的贷款还款额设定在 8 000 美元，如果在 3 年内未被出售，则不存在偿付。最后，2009 年的《工人、住房自有和企业补助法案》（《补助法案》）延长了该时间范围，在此期间内，购房者可以要求《美国经济复苏和再投资法案》形式的贷款期限扩展到 2010 年 4 月 30 日。美国政府问责局报告称截至 2010 年 7 月，在《美国经济复苏和再投资法案》下，约有 100 万名的首次购房者要求 73 亿美元的无利息贷款，而 1 600 万名的首次购房者申请《美国经济复苏和再投资法案》和补助法案安排下 230 亿美元的税收抵免。

贝克尔（2012）指出首次住房购买者贷款的启用将会引起销售和价格的上升，而一旦该项贷款被终止，销售量和价格将会随之下降。因此，价格的最初上升意味着大多数的贷款被传递给购房者。但是研究因果影响的文章的证据是缺乏的，由于其不依赖于准自然实验法框架。不过，贝克尔指出的观点是正确的，即信用贷款仅仅将住房购买提前了，由于信用受助者可能会在随后的某个时间点终止购买，因此其对住房自有率的影响较小。

《人人拥有住房（H4H）法案》授权联邦住房管理局可以担保最高 3 000 亿美元的 30 年期的固定利率贷款，其中贷款对象中违约借款者的贷款价值比高达 96.5%，2008 年 1 月 1 日之前或者正在进行的借款人抵押贷款信用得分较低的比例高达 90%。联邦政府将会获得 50% 的住房价值升值。作为回报，在联邦住房管理局的管理下，贷款人将会获得担保金。目标是改进 40 万项贷款，但是到 2010 年 8 月实际上仅完成 64 项。响应的缺乏可以归因于对于贷款者而言最低激励（Rose，2011）。

第二项联邦应对措施是 2008 年 10 月 3 日通过的《紧急经济稳定法案》（EESA）。《紧急经济稳定法案》授权财政部设立不良资产救助项目（TARP），来购买不良资产。作为不良资产救助项目的一部分，财政部设立了房产可购项目（MHA）。房产可购项目的目的是改进住房自有者的不良贷款和预防某些抵押品赎回权的丧失。房产可购项目设立了房产可购改进项目（HAMP）和房产可购融资方案（HARP）。两者将会持续执行到 2015 年 12 月 31 日。

房产可购改进项目设定了一个改进 300 万~400 万美元的不良贷款的目标（2009 年 7 月份美国总审计局评论）。要想符合不良贷款的改进标准，业主所占有的住房必须是他或者她的首要住房。该住房必须是单个家庭，且其 2009 年 1 月 1 日及以前发放的未偿清的抵押贷款余额不超过 729 750 美元。房产可购改进项目是基于每月的第一留置权抵押贷款（本金、利息、房产税和房屋保险支付）与月度总收入之比（PI）而不是贷款与房屋价值之比。目标是将 PI 降低到 31%，所以在房产可购改进项目框架下，仅有那些 PI 值超过 31% 的房主才是符合资格的。贷款者首先提供一个尝试性的改进，如果借款人支付了约6个月的新付款，那么该项改进将会不变。

房产可购融资方案的一个关键组成部分是净现值（NPV）的计算，其会决定贷款改进与止赎比相比是否是获益的。净现值为正需要贷款者缩短止赎比过程，并提供房产可购改进项目改进。净现值为负则取决于贷款者对继续进行止赎比程度还是提供房产可购改进项目改进的判断。

值得注意的是房主没必要为了达到房产可购改进项目的资格而违约。根据规定如果借款人违约超过 60 天及以上，或者面临经济困难，并被确定为即将违约，那么该借款人就符合其资格。[45] 实际上，对于贷款者和投资者而言，进行贷款改进存在额外的货币激励，此处的借款者按照抵押贷款的限制进行支付。

在房产可购改进项目下，贷款者首先会降低利率，然后将贷款期限延长到最长 40 年，最后设定贷款期末的最后一笔较大金额的付款，以此作为将 PI 减小到 31% 的途径——无须本金的减值。作为补偿，贷款者获得 1 000 美元的一次性支付。基于借款人的支付历史，贷款机构可获得 3 年的每年高达 100 美元的收益。

房产可购融资方案的设立是为了帮助那些未持有不良资产的房主（抵押贷款的当期支付），这些房主经历了负资产（或者接近负资产）再融资贷款。尤其是，房产可购融资方案允许某些房主进行再融资，这些房主必须是那些持有 2009 年 5 月 31 日之前房利美和房地美购买，并持有和提供担保的抵押贷款的房主，以及贷款与房屋价值比大于 80%，最高达到 125% 的房主；如果他们没有拥有，那么这些房主没必要购买私人抵押贷款保险。再融资必然会导致较低的月度支付或者比较稳定的产品（例如从可调节的抵押贷款利率向 30 年固定利率抵押贷款的转变）。所谓的房产可购融资方案 2.0 是房产可购融资方案的改进，其不管贷款与房屋价值是多少，均允许进行再融资。另外，房产可购融资方案下的贷款者的再融资并不对初始贷款上发生的欺诈负责。[46]

阿加瓦尔等（2012a）评估了房产可购改进项目对贷款调整的特征和违约可能性的影响。他们从贷款中抽取投资者所有的贷款（非业主所有的）建立了一个控制组，由于这些贷款不符合房产可购改进项目的标准。使用房产可购改进项目之前的数据，他们的研究表明投资者和住房的业主拥有相似的贷款与住房价值比、利率、调整比率和违约率，虽然与住房业主相比，投资者拥有稍

---

[45] 例如，参见 http://www.freddiemac.com/singlefamily/service/hmp_eligibility.html。

[46] 参见 http://en.wikipedia.org/wiki/Home_Affordable_Refinance_Program。

微较高的 FICO 信用得分和较高的止赎比率。[47] 另一个控制组主要是基于断点回归框架，主要集中于符合房产可购改进项目资格的最大的贷款余额，即729 750 美元。其缺点是少数处于财务困境中的业主的抵押贷款余额仅低于729 750 美元，而这主要是房产可购改进项目框架下获得贷款调整，因此，这一结果也就不具有通用性。

基于第一个投资者控制组，作者估计了房产可购改进项目的短期影响，截至 2012 年 12 月，其导致额外的 120 万美元贷款的调整，降低了约 80 万的止赎比，而这项均低于该项目的目标值。使用第二控制组得到的结果与第一项识别策略是相同的。

最后，阿格拉沃尔等研究发现几家大型贷款机构（约占贷款的 75%）的房产可购改进项目的参与率是其他机构的 1/2。在所有的服务机构中，这些参与率与房产可购改进项目之前的抵押贷款重组率相似，且可以通过一种组织设计来解释，该组织设计有助于（或者不利于）承担贷款调整。因此，房产可购改进项目的低接受率的原因之一是大多数的贷款是由哪些没有被约束进行贷款调整的公司提供的。作者估计得到如果参与率较低的贷款服务机构的贷款调整率翻倍，从而达到与较高参与率的服务机构的，房产可购改进项目下的调整数量将会增加 70%。

海姆布里（2014）使用抵押贷款违约决策的可计算的一般均衡模型，计算了房产可购改进项目的收益。模型参数的识别来自于相匹配的样本数据矩。海姆布里使用参数估计值来模拟反事实的情形，比如房产可购改进项目不存在的情形。他使用了 110 万接受稳定的房产可购改进项目抵押贷款调整的家庭的数据。抵押贷款偿还额年均下降 9 900 美元，这主要是由利率接近 4% 的下降、抵押贷款期限延长 4.5 年和本金余额 6% 的减少造成的。截至 2013 年 6 月，贷款和住房价值间的均差为 54 000 美元，或者 39% 的为当前房产可购改进项目的参与者。与含二次抵押贷款（样本参与者中 20% 的都持有二次抵押贷款）信息的第二数据集和 Zillow 房地产数据相匹配的样本量下降到 5 629 个（样本量的巨大减少是文章的缺点）。

海姆布里发现截至 2013 年 6 月房产可购改进项目阻止了 515 354 项违约的发生，且 5 年规划显示房产可购改进项目阻止了 505 803 项违约的发生。当期的房产可购改进项目成本被核算为 95 亿美元，5 年的预期成本为 208 亿美元或者每阻止止赎发生一次需要花费 41 600 美元。基于坎贝尔等（2011）和哈

---

[47] 虽然貌似是对观测值的合理匹配，控制组的选择是一个值得商榷的问题，考虑到与住房业主相比，投资者一般是风险型借款者（Mayer et al.，2009）。这里的关键是限制那些由主要的银行机构发放的贷款。

丁等（2012）估计的止赎比的外部性，海姆布里估计得到止赎每减少一次，将会获益 16 000 美元。这相当于 800 亿美元的社会总收益，因此 127 亿美元的净亏损。然后，海姆布里模拟了当 HAMP 对贷款进行调整，即首付为收入的 25% 和 38% 时，房产可购改进项目的影响。前者将项目成本和每阻止一次止赎发生的成本分别提高了 29% 和 52%。后者使得项目成本和每阻止一次止赎发生的成本分别降低了 45% 和 23%。收支平衡水平位于支付水平下降到收入的 52% 的水平，在该水平上已有的房产可购改进项目参与者中仅有 25% 是符合资格的。

在理论分析中，马利根（2010）发现房产可购改进项目低效的原因之一是，其以 PI 比率为目标的激励结构和其给借款人造成的不确定性使得其既不可能降低本金，也不可能向更大范围的借款者提供改进。

联邦政府采取了很多的政策来缩短金融和住房危机。在住房市场，许多政策集中于降低止赎比率。这些政策包括人人拥有住房项目、房产可购改进项目和房产可购融资方案。总之，经验证据表明政府在缩短止赎危机做出的努力通常是低效率的。唯一的例外可能是私人机构退出市场时所采取的导致联邦住房管理局市场份额较大增加的政策。

研究得到的诸如房产可购改进项目和房产可购融资方案不成功的原因之一是证券化使得贷款的改良变得更加困难，而证券化本身就具有复杂性。[48] 阿德利诺等（2009）使用工具变量法得出证据表明，证券化实际上增加了抵押贷款被改良的可能性，并降低了其被抵押贷款机构进行止赎比的机会。相反，作者认为抵押贷款支持证券的拥有者被阻止贷款的再谈判，因为他们担心在进行成本高昂的改良后，借款人仍旧会违约，且还因为即使没有改良，违约借款人也将会自救。

14.4.6　小结

美国政府试图通过实施一系列政策，来影响住房自有率。我们已经集中研究了联邦和州的一些与抵押贷款市场相关的政策，尤其是与抵押贷款的结构、规模和质量相关的政策。我们首先研究了政府为应对 20 世纪 30 年大萧条时采取措施，此时的经济低迷和住房条件下降；进而我们继续研究了为应对近期的金融危机，政策所作出的反应。一个结论是尽管继续将住房自有看作"美国梦"，大多数的政策对住房自有率的影响非常小，尤其是在长期。实际上，一些联邦政府在抵押贷款市场的大规模干预比如 1934 年全国卫生协会和退伍军

[48]　例如，参见 http://www.jdsupra.com/legalnews/securitization-和-loan-modification-88901/。

人管理局抵押贷款项目主要是被用来作为经济刺激政策。

在1880年和1930年间，住房自有率是非常稳定的，虽然在20世纪30年代，政府对抵押贷款市场进行了大规模的干预，住房自有率仍下降了5个百分点。尽管出现了下降，联邦住房管理局、房利美和诸如房贷款项目的启用阻止了住房自有率的进一步下降。

接下来的20年中，住房自有率呈现显著的增长，且在此期间，联邦和州政府的政策发挥了重要的作用。费特（2013b）提出了强有力的理由证明"二战"期间实施的租金控制政策导致了住房自有率的明显增长；费特（2013a）和钱伯斯等（2013）等的研究提供证据表明《军人安置法案》和退伍军人管理局抵押贷款项目的引入显著地影响了抵押贷款融资的结构和住房自有率。随着联邦住房管理局抵押贷款保险项目的实施，退伍军人管理局项目提供了具有较高贷款与房产价值比的较长期限的贷款。此外，较高的贷款与房产价值比允许财产有限家庭支付小额的首付来购买房屋。

钱伯斯等（2009）研究发现一些证据表明，抵押贷款融资的变化，如在20世纪30年代后期由政府资助企业首次引入的背驮式贷款，影响了1994年和2005年间住房自有率的增加。但是这是一种短期影响，由于这种融资仅是将一些家庭首次购买房屋的时间前移了。另外，其也导致了许多没有能力偿还抵押贷款的家庭购买了住房，但是这些家庭很快就发生违约，然后失去了他们的住房并止赎。联邦政府在住房自有率的短期增长的作用可能要追溯到20世纪80年代早期开始的解除对抵押贷款市场的管制，这为大型国内非储蓄机构发放的次级贷款的急剧上升奠定了基础。

政府在抵押贷款市场的明显的间接干预可以由政府资助的实体，即房利美和房地美来刻画。虽然从历史上看，两者在抵押贷款市场上发挥的作用较小，其未偿还的抵押贷款债务比例在20世纪80年代开始急剧增长。同时，这增加了政府资助企业的业务量，并随着1977年《社区再投资法案》的通过，1992年的《政府资助企业法案》进一步的授权向低收入家庭和区域增加贷款。许多人把将这些可负担住房目标看作导致抵押贷款标准下降和近期住房危机的主要原因之一。但是很少有证据证明可负担住房目标对住房自有率存在显著的影响（以及贷款规模和效果），可以得到的结论是在这方面，《政府资助企业法案》和《社区再投资法案》对近期的次贷危机产生了较小的作用。

政府资助企业实体在住房危机中的作用较小的部分原因是在2003～2006年的市场繁荣期间，存在强烈的证据表明市场上存在巨大的政府资助企业的挤出。此外，考虑到在2007～2008年存在非常小的挤出，加布里埃尔和罗森塔尔（2010）得出结论在金融危机期间，政府接管政府资助企业实体有效地向抵押贷款市场提供了流动性。这进一步证明了在市场出现明显的不景气（如大萧条和大衰退时期），联邦政府在住房市场的作用是合理的。

联邦政府对抵押贷款市场干预的逆周期作用同样可以延伸到联邦住房管理局。其发放的单个家庭的抵押贷款市场份额在 2004～2007 年繁荣时期约为 3%，而当市场处于大衰退时，即 2009 年起，其市场份额约占 25%。范·奥德和叶泽尔（2014）表明这与联邦住房管理局 1934 年成立时的目标相一致，即在大萧条时期，刺激住房市场。既然住房市场已经稳定，范·奥德和叶泽尔主张联邦住房管理局的贷款上限应该降到先前的水平，以便于其能够再次集中于确保抵押贷款流向首次贷款的低收入和少数种族家庭。

另一个政府资助企业实体对金融危机产生较小作用的原因是其并不与次级抵押贷款市场问题直接相关。就绝大多数而言，由于次级抵押贷款都是非正规的，它们不能够被政府资助企业实体直接购买。政府资助企业实体确实购买了次级私人抵押贷款支持证券，但是根特等（2013）表明这种购买的主要原因并不是为了实现可负担住房目标。即便如此，政府资助企业实体在次级私人抵押贷款支持证券市场上占有较大的份额，且虽然它们仅购买 AAA 级的部分，但是他们倾向于投资高风险的证券（Adelino et al.，2014）。这可能会增加信用供应，主要用于购买风险更高的抵押贷款。然而，可能会发生的是在私人抵押贷款支持证券市场上存在较大的政府资助企业挤出，且即使在不存在政府资助企业干预下，抵押贷款质量的下降已经发生。

美国已经颁布施行了借款人友善止赎法律，主要形式为要求公正的止赎程序、赎回期和一旦止赎则无追索权。文献很少有证据表明这些法律显著地降低了止赎比率，或者最终的住房自有率。即便如此，一项非常成功的联邦住房政策是 1933 年实施的旨在为不良抵押贷款融资的《房主贷款公司法案》。房主贷款公司的普及（40% 的全抵押 1～4 家庭的非农业单位要求在房主贷款公司再融资）归因于给予贷款者的慷慨条款，以及抵押贷款的新结构对于借款人的确是一项实际的福利。与这一成功形成鲜明对比的是政府在近期的住房危机中的反应，尤其是旨在缩短止赎危机的政策，这些政策被证明是无效的。当设定这些近期的项目时，政策制定者可以从研究房主贷款公司的成功中获益。

14.5 结　　论

本章论述了即使在单一国家内，政府的住房政策也呈现出巨大差异。本章论述了美国两项大型住房政策实施的合理性，即低收入租赁补助和旨在促进住房自有的政策，后者主要通过干预抵押贷款市场，还阐述了每种类型大型项目的性质、影响的经验证据和获得这些证据所使用的数据和方法。对证据的回顾发现，不同项目的效果存在较大差异，而这些项目被用于追求相同的目标。本章也揭示了许多重要的认识空白。这些对其他国家的住房政策肯定也是真实的。然而，对其了解仍然甚少。

参考文献

Abt Associates Inc., Mills, G., Gubits, D., Orr, L., Long, D., Feins, J., Kaul, B., Wood, M., Amy Jones & Associates, Cloudburst Consulting, The QED Group, 2006. Effects of Housing Vouchers on Welfare Families. U.S. Department of Housing and Urban Development, Office of Policy Development & Research, Washington, DC.

Adelino, M., Gerardi, K., Willen, P., 2009. Why don't lenders renegotiate more home mortgages? Redefaults, self-cures, and securitization: Federal Reserve Bank of Boston Public Policy Discussion Paper 09-4.

Adelino, M., Frame, W.S., Gerardi, K.S., 2014. The Effect of Large Investors on Asset Quality: Evidence from Subprime Mortgage Securities (unpublished mimeo, March 17).

Agarwal, S., Amromin, G., Ben-David, I., Chomsisengphet, S., Piskorski, T., Seru, A., 2012a. Policy intervention in debt renegotiation: evidence from the Home Affordable Modification Program: NBER Working paper 18311.

Agarwal, S., Benmelech, E., Bergman, N., Seru, A., 2012b. Did the community reinvestment act (CRA) lead to risky lending?: NBER Working paper 18609.

Ambrose, B.W., Thibodeau, T.G., 2004. Have the GSE affordable housing goals increased the supply of mortgage credit? Reg. Sci. Urban Econ. 34, 263–273.

Ambrose, B.W., LaCour-Little, M., Sanders, A.B., 2004. The effect of conforming loan status on mortgage yield spreads: a loan level analysis. Real Estate Econ. 32, 541–569.

An, X., Bostic, R.W., Deng, Y., Gabriel, S.A., Green, R.K., Tracey, J., 2007. GSE loan purchases, the FHA and housing outcomes in targeted, low-income neighborhoods [with comments]. In: Burtless, G., Pack, J.R. (Eds.), Brookings-Wharton Papers on Urban Affairs. Brookings Institution Press, Washington DC, pp. 205–256.

Anenberg, E., Kung, E., 2014. Estimates of the size and source of price declines due to nearby foreclosures. Am. Econ. Rev. 104 (8), 2527–2551.

Angrist, J., Pischke, S., 2009. Mostly Harmless Econometrics: An Empiricist's Companion. Princeton University Press, Princeton, NJ.

Anil, B., Sjoquist, D.L., Wallace, S., 2010. The effect of a program-based housing move on employment: HOPE VI in Atlanta. South. Econ. J. 77 (1), 138–160.

Avery, R.B., Brevoort, K.P., 2011. The subprime crisis: is government housing policy to blame?: Federal Reserve Board of Governors Finance and Economics Discussion Series Working paper 2011-36.

Avery, R.B., Bostic, R.W., Canner, G.B., 2005. Assessing the necessity and efficiency of the community reinvestment act. Hous. Policy Debate 16 (1), 143–172.

Bajari, P., Kahn, M.E., 2005. Estimating housing demand with an application to explaining racial segregation in cities. J. Bus. Econ. Stat. 23 (1), 20–33.

Baker, D., 2012. First Time Underwater: The Impact of the First-time Homebuyer Tax Credit. Center for Economic and Policy Research.

Baum-Snow, N., Ferreira, F., 2015. Causal inference in urban economics. In: Duranton, G., Vernon Henderson, J., Strange, W. (Eds.), In: Handbook of Regional and Urban Economics, vol. 5. North-Holland, Amsterdam.

Baum-Snow, N., Marion, J., 2009. The effects of low income housing tax credit developments on neighbor-hoods. J. Public Econ. 93 (5–6), 654–666.

Bayer, P., McMillan, R., 2012. Tiebout sorting and neighborhood stratification. J. Public Econ. 96 (11–12), 1129–1143.

Bayer, P., Ferreira, F., McMillan, R., 2007. A unified framework for measuring preferences for schools and neighborhoods. J. Polit. Econ. 115 (4), 588–638.

Bayer, P., McMillan, R., Murphy, A., Timmons, C., 2011. A dynamic model of demand for houses and neighborhoods: National Bureau of Economic Research WP17250, Cambridge, MA.

Belsky, E.S., Duda, M., 2002. Asset appreciation, timing of purchases and sales, and returns to low-income homeownership. In: Retsinas, N.P., Belsky, E.S. (Eds.), Low-Income Homeownership: Examining the Unexamined Goal. The Brookings Institution Press, Washington, DC, pp. 208–238.

Benjamin, J.D., Sirmans, C.F., 1987. Who benefits from mortgage revenue bonds? Natl. Tax J. 40, 115–120.

Bhutta, N., 2011. The Community Reinvestment Act and mortgage lending in lower-income neighbor-hoods. J. Law Econ. 54 (4), 953–983.

Bhutta, N., 2012. GSE activity and mortgage supply in lower-income and minority neighborhoods: the effect of the affordable housing goals. J. Real Estate Financ. Econ. 45 (1), 238–261.

Bhutta, N., Canner, G.B., 2009. "Did the CRA Cause the Mortgage Market Meltdown," *Community Div-idend*, March.

Bingley, P., Walker, I., 2001. Housing subsidies and work incentives in Great Britain. Econ. J. 111 (471), C86–C103.

Boehm, T.P., Schlottmann, A., 1999. Does home ownership by parents have an economic impact on their children? J. Hous. Econ. 8, 217–232.

Boehm, T.P., Schlottmann, A., 2008. Wealth accumulation and homeownership: evidence for low-income households. Cityscape 10 (2), 225–256.

Bolotnyy, V., 2014. The Government-sponsored enterprises and the mortgage crisis: the role of the afford-able housing goals. Real Estate Econ. 42 (3), 724–755.

Bostic, R.W., Gabriel, S., 2006. Do the GSEs matter to low-income housing markets? An assessment of the GSE loan purchase goals on California housing outcomes. J. Urban Econ. 59, 458–475.

Bostic, R.W., Engel, K.C., McCoy, P.A., Anthony Pennington-Cross, A., Wachter, S.M., 2008. State and local anti-predatory lending laws: the effect of legal enforcement mechanisms. J. Econ. Bus. 60 (1–2), 47–66.

Bradbury, K., Downs, A., 1981. Do Housing Allowances Work? Brookings Institution, Washington, DC.

Burge, G.S., 2011. Do tenants capture the benefits from the low-income housing tax credit programs? Real Estate Econ. 39 (1), 71–96.

Buron, L., Nolden, S., Heintzi, K., Stewart, J., 2000. Assessment of the Economic and Social Characteristics of LIHTC Residents and Neighborhoods: Final Report. U.S. Department of Housing and Urban Development, Office of Policy Development and Research, Washington, DC.

Campbell, J., Giglio, S., Pathak, P., 2011. Forced sales and house prices. Am. Econ. Rev. 101 (5), 2108–2131.

Carliner, M.S., 1998. Development of federal homeownership "Policy" Hous. Policy Debate 9 (2), 299–321.

Carlson, D., Haveman, R., Kaplan, T., Wolfe, B., 2012a. Long-term effects of public low-income housing vouchers on neighborhood quality and household composition. J. Hous. Econ. 21 (2), 101–120.

Carlson, D., Haveman, R., Kaplan, T., Wolfe, B., 2012b. Long-term earnings and employment effects of housing voucher receipt. J. Urban Econ. 71 (1), 128–150.

CBO, 2010. Fannie Mae, Freddie Mac, and the Federal Role in the Secondary Mortgage Market. CBO, Washington, DC.

Chambers, M., Garriga, C., Schlagenhauf, D.E., 2009. Accounting for changes in the homeownership rate. Int. Econ. Rev. 50 (3), 677–726.

Chambers, M., Garriga, C., Schlagenhauf, D.E., 2013. Constructing the Post-War Housing Boom (unpublished mimeo).

Collins, J.M., Lam, K., Herbert, C.E., 2011. State mortgage foreclosure policies and lender interventions: impacts on borrower behavior in default. J. Policy Anal. Manage. 30 (2), 216–232.

Coulson, E., Li, H., 2013. Measuring the external benefits of homeownership. J. Urban Econ. 77, 57–67.

Coulson, N.E., Imai, S., Hwang, S.J., 2003. The benefits of owner-occupation in neighborhoods. J. Hous. Res. 14 (1), 21–48.

Currie, J., Yelowitz, A., 2000. Are public housing projects good for kids? J. Public Econ. 75 (1), 99–124.

Curtis, Q., 2014. State foreclosure laws and mortgage origination in the subprime. J. Real Estate Financ. Econ. 49, 303–328.

Demyanyk, Y., Van Hemert, O., 2011. Understanding the subprime mortgage crisis. Rev. Financ. Stud. 24 (6), 1854–1880.

Dietz, R.D., Haurin, D.R., 2003. The social and private micro-level consequences of homeownership. J. Urban Econ. 54, 401–450.

DiPasquale, D., Glaeser, E.L., 1999. Incentives and social capital: are homeowners better citizens? J. Urban Econ. 45, 354–384.

Durning, D., Quigley, J.M., 1985. On the distributional implications of mortgage revenue bonds and creative finance. Natl. Tax J. 38 (4), 513–523.

Early, D.W., 1998. The role of subsidized housing in reducing homelessness: an empirical investigation using micro-data. J. Policy Anal. Manage. 17 (4), 687–696.

Early, D.W., 2004. The determinants of homelessness and the targeting of housing assistance. J. Urban Econ. 55 (2), 195214.

Early, D.W., Olsen, E.O., 2002. Subsidized housing, emergency shelters, and homelessness: an empirical investigation using data from the 1990 census. Advances Econ. Anal. Policy 2 (1), 1–34.

Early, D.W., Olsen, E.O., 2012. Geographic price variation, housing assistance, and poverty. In: Jefferson, P.N. (Ed.), Oxford Handbook of the Economics of Poverty. Oxford University Press, Oxford.

Ellen, I.G., O'Flaherty, B., 2007. Social programs and household size: evidence from New York City. Popul. Res. Policy Rev. 26 (4), 387–409.

Ellen, I.G., Voicu, I., 2006. Nonprofit housing and neighborhood spillovers. J. Policy Anal. Manage. 25 (1), 31–52.

Ellen, I.G., Schwartz, A.E., Voicu, I., Schill, M.H., 2007. Does federally subsidized rental housing depress neighborhood property values? J. Policy Anal. Manage. 26 (2), 257–280.

Ellen, I.G., Tye, J.N., Willis, M.A., 2011. The secondary market for housing finance in the United States. In: Smith, M., Wachter, S.M. (Eds.), The American Mortgage System Crisis and Reform. University of Pennsylvania Press, Philadelphia, PA.

Ellen, I.G., Lens, M.C., O'Regan, K., 2012. American murder mystery revisited: do housing voucher households cause crime? Hous. Policy Debate 22 (4), 551–572.

Epple, D., Sieg, H., 1999. Estimating equilibrium models of local jurisdictions. J. Polit. Econ. 107 (4), 645–681.

Eriksen, M.D., 2009. The market price of low-income housing tax credits. J. Urban Econ. 66 (2), 141–149. (in press).

Eriksen, M.D., Rosenthal, S.S., 2010. Crowd out effects of place-based subsidized rental housing: new evidence from the LIHTC program. J. Public Econ. 94 (11–12), 953–966.

Eriksen, M.D., Ross, A., 2013. The impact of housing vouchers on mobility and neighborhood attributes. Real Estate Econ. 41 (2), 255–277.

Eriksen, M.D., Ross, A., Forthcoming. "Housing vouchers and the price of rental housing." *Am. Econ. J. Econ. Policy.* (in press).

Fertig, A.R., Reingold, D.A., 2007. Public housing, health, and health behaviors: is there a connection? J. Policy Anal. Manage. 26 (4), 831–859.

Fetter, D.K., 2013a. How do mortgage subsidies affect home ownership? Evidence from the mid-century GI bills. Am. Econ. J. Econ. Policy 5 (2), 111–147.

Fetter, D.K., 2013b. The Home Front: Rent Control and the Rapid Wartime Increase in Homeownership (unpublished manuscript).

Finkel, M., DeMarco, D., Morse, D., Nolden, S., Rich, K., 1999. Status of HUD-Insured (Or Held) Multifamily Rental Housing in 1995: Final Report. Abt Associates Inc., Cambridge, MA.

Fischel, W.A., 2000. Zoning and land use regulation. In: Bouckaert, B., De Geest, G. (Eds.), Encyclopedia of Law and Economics. In: Civil Law and Economics, vol. 2. Edward Elgar, Northampton, MA.

Foote, C.L., Gerardi, K., Willen, P.S., 2008. Negative equity and foreclosure: theory and evidence. J. Urban Econ. 64 (2), 234–245.

Foote, C.L., Gerardi, K.S., Willen, P.S., 2012. Why did so many people make bad decisions? The causes of the foreclosure crisis. In: Blinder, A.S., Lo, A.W., Solow, R.M. (Eds.), Rethinking the Financial Crisis. Russell Sage Foundation, New York, NY (Chapter 6).

Foote, C., Gerardi, K., Willen, P., 2013. Government Policy and the Crisis: The Case of the Community Reinvestment Act. Real Estate Research Blog, Federal Reserve Bank of Atlanta (August 1).

Freedman, M., Owens, E.G., 2011. Low-income housing development and crime. J. Urban Econ. 70 (2–3), 115–131.

Friedman, J., Weinberg, D.H., 1982. The Economics of Housing Vouchers. Academic Press, New York, NY.

Friedman, J., Weinberg, D.H., 1983. The Great Housing Experiment. Sage Publications, Beverly Hills, CA.

Gabriel, S., 2001. Opening the doors to homeownership: challenges to federal policy. Cityscape 5 (2), 31–41.

Gabriel, S.A., Rosenthal, S.S., 2009. Government-sponsored enterprises, the Community Reinvestment Act, and home ownership in targeted underserved neighborhoods. In: Glaeser, E.L., Quigley, J.M. (Eds.), Housing Markets and the Economy: Risk, Regulation and Policy. Lincoln Institute of Land Policy, Cambridge, MA.

Gabriel, S., Rosenthal, S., 2010. Do the GSEs expand the supply of mortgage credit? New evidence of crowd out in the secondary mortgage market. J. Public Econ. 94, 953–966.

Gabriel, S., Rosenthal, S., 2015. The boom, the bust and the future of homeownership. Real Estate Econ. (forthcoming).

Galiani, S., Murphy, A., Pantano, J., 2012. Estimating Neighborhood Choice Models: Lessons from a Housing Assistance Experiment. Washington University (unpublished manuscript).

Galster, G.C., Smith, R.E., Tatian, P.A., 1999a. Assessing Property Value Impacts of Dispersed Housing Subsidy Programs: Final Report. U.S. Department of Housing and Urban Development, Office of Policy Development and Research, Washington, DC.

Galster, G.C., Tatian, P., Smith, R., 1999b. The impact of neighbors who use section 8 certificates on property values. Hous. Policy Debate 10 (4), 879–917.

GAO, 2001. Federal housing programs: what they cost and what they provide: GAO-01-901R. GAO, Washington, DC.

GAO, 2002. Federal housing assistance: comparing the characteristics and costs of housing programs: GAO-02-76. GAO, Washington, DC.

Gerardi, K., Lambie-Hanson, L., Willen, P.S., 2013. Do borrower rights improve borrower outcomes? Evidence from the foreclosure process. J. Urban Econ. 73, 1–17.

Ghent, A.C., Kudlyak, M., 2011. Recourse and residential mortgage default: evidence from U.S. States. Rev. Financ. Stud. 24 (9), 3139–3186.

Ghent, A.C., Hernandez-Murillo, R., Owyang, M.T., 2013. Did Affordable Housing Legislation Contribute to the Subprime Securities Boom? (unpublished mimeo, August).

Gibbons, S., Manning, A., 2006. The incidence of UK housing benefit: evidence from the 1990s reforms. J. Public Econ. 90 (4–5), 799–822.

Glaeser, E.L., 2010. Housing policy in the wake of the crash. Daedalus 139 (4), 95–106.

Glaeser, E.L., Gyourko, J., 2008. Rethinking Federal Housing Policy. AEI Press, Washington, DC.

Glaeser, E.L., Luttmer, E.F.P., 2003. The misallocation of housing under rent control. Am. Econ. Rev. 93 (4), 1027–1046.

Goodman, J.L., Nichols, J.B., 1997. Does FHA increase home ownership or just accelerate it? J. Hous. Econ. 6, 184–202.

Grebler, L., Blank, D.M., Winnick, L., 1956. Capital Formation in Residential Real Estate. National Bureau of Economic Research, Princeton University Press, Princeton, NJ.

Green, R.K., 2014. Introduction to Mortgages and Mortgage Backed Securities. Academic Press, Amsterdam.

Green, R.K., Wachter, S.M., 2005. The American mortgage in historical and international context. J. Econ. Perspect. 19 (4), 93–114.

Green, R.K., White, M.J., 1997. Measuring the benefits of homeowning: effects on children. J. Urban Econ. 41 (3), 441–461.

Gustafson, J., Walker, J.C., 2002. Analysis of State Qualified Allocation Plans for the Low-Income Housing Tax Credit Program. Urban Institute, Washington, DC, U.S. Department of Housing and Urban Development.

Gyourko, J., Molloy, R., 2015. Regulation. In: Duranton, G., Vernon Henderson, J., Strange, W. (Eds.), Handbook of Regional and Urban Economics, vol. 5. North-Holland, Amsterdam.

Gyourko, J., Sinai, T., 2003. The spatial distribution of housing-related ordinary income tax benefits. Real Estate Econ. 31 (4), 527–575.

Hammond, C.H., 1987. The Benefits of Subsidized Housing Programs: An Intertemporal Approach. Cambridge University Press, Cambridge, England.

Hardaway, R., 2009. The great American housing bubble: re-examining cause and effect. U. Dayton L. Rev. 35 (1), 33–59.

Harding, J.P., Rosenblatt, E., Yao, V.W., 2012. The foreclosure discount: myth or reality? J. Urban Econ. 74, 204–218.

Harkness, J., Newman, S.J., 2003. Differential effects of homeownership on children from higher- and lower-income families. J. Hous. Res. 14 (1), 1–19.

Harrison, D.M., Archer, W.R., Ling, D.C., Smith, M.T., 2002. Mitigating information externalities in mortgage markets: the role of Government-sponsored enterprises. Cityscape 6 (1), 115–143.

Hartley, D., 2010. The effects of foreclosures on owner-occupied housing prices: supply or dis-amenity?: Federal Reserve Bank of Cleveland Working paper.

Hembre, E., 2014. HAMP, Home Attachment, and Mortgage Default.

Herbert, C.E., McCue, D.T., Sanchez-Moyano, R., 2014. Is homeownership still an effective means of building wealth for low-income and minority households? (Was it ever?). In: Belsky, E.S., Herbert, C.E., Molinsky, J.H. (Eds.), Homeownership Built to Last: Balancing Access, Affordability, and Risk After the Housing Crisis. Joint Center for Housing Studies, Harvard University, Cambridge, MA.

Hilber, C.A.L., Mayer, C., 2009. Why do households without children support local public schools? Linking house price capitalization to school spending. J. Urban Econ. 65 (1), 74–90.

Hilber, C.A.L., Turner, T.M., 2014. The mortgage interest deduction and its impact on homeownership decisions. Rev. Econ. Stat. 96 (4), 618–637.

Hills, J., 1991. Distributional effects of housing subsidies in the United Kingdom. J. Public Econ. 44 (3), 321–352.

Hilton, R., Hanson, C., Anderson, J., Finkel, M., Lam, K., Khadduri, J., Wood, M., 2004. Evaluation of the Mark-to-Market Program. U.S. Department of Housing and Urban Development, Office of Policy Development and Research, Washington, DC.

Ho, G., Pennington-Cross, A., 2007. The varying effects of predatory lending laws on high-cost mortgage applications. Fed. Reserve Bank St. Louis Rev. 89 (1), 39–59.

Horn, K.M., O'Regan, K.M., 2011. The low income housing tax credit and racial segregation. Hous. Policy Debate 21 (3), 443–473.

Immergluck, D., 2009. Foreclosed: High Risk Lending, Deregulation, and the Undermining of America's Mortgage Market. Cornell University Press, Ithaca, NY.

Jacob, B.A., 2004. Public housing, housing vouchers, and student achievement: evidence from public housing demolitions in Chicago. Am. Econ. Rev. 94 (1), 233–258.

Jacob, B.A., Ludwig, J., 2012. The effects of housing assistance on labor supply: evidence from a voucher lottery. Am. Econ. Rev. 102 (1), 272–304.

Jacob, B., Kapustin, M., Ludwig, J., 2014. Human capital effects of anti-poverty programs: evidence from a randomized housing voucher lottery: NBER Working paper 20164.

Jaffee, D., Quigley, J.M., 2013. The future of the government sponsored enterprises: the role for government the U.S. mortgage market. In: Glaeser, E.L., Sinai, T. (Eds.), Housing and the Financial Crisis. University of Chicago Press.

Kaufman, A., 2014. The influence of Fannie and Freddie on mortgage loan terms. Real Estate Econ. 42 (2), 472–496.

Kennedy, S.D., 1980. Final Report of Housing Allowance Demand Experiment. Abt Associates Inc., Cambridge, MA.

Kling, J.R., Liebman, J.B., Katz, L.F., 2007. Experimental analysis of neighborhood effects. Econometrica 75 (1), 83–119.

Laferrere, A., Le Blanc, D., 2004. How do housing allowances affect rents? An empirical analysis of the french case. J. Hous. Econ. 13 (1), 36–67.

Lang, B.J., 2012. Location incentives in the low-income housing tax credit: are qualified census tracts necessary? J. Hous. Econ. 21 (2), 142–150.

Le Blanc, D., Laferrere, A., 2001. The effect of public social housing on households' consumption in France. J. Hous. Econ. 10 (4), 429–455.

Lee, C.-M., Culhane, D.P., Watcher, S.M., 1999. The differential impacts of federally assisted housing programs on nearby property values: a Philadelphia case study. Hous. Policy Debate 10 (1), 75–93.

Leger, M.L., Kennedy, S.D., 1990. Final Comprehensive Report of the Freestanding Housing Voucher Demonstration, vols. 1 & 2 Abt Associates Inc., Cambridge, MA.

Lens, M.C., Ellen, I.G., O'Regan, K., 2011. Do vouchers help low-income households live in safer neighborhoods? Evidence on the housing choice voucher program. Cityscape 13 (3), 135–159.

Liebowitz, S.J., 2009. Anatomy of a train wreck: causes of the mortgage meltdown. In: Holcomb, R., Powell, B. (Eds.), Housing America: Building Out of a Crisis. Transaction Publishers, New York.

Lowry, Ira S. (Ed.), 1983. Experimenting with Housing Allowances: The Final Report of the Housing Assistance Supply Experiment. Oelgeschlager, Gunn & Hain, Cambridge, MA.

Lui, H.-K., Suen, W., 2011. The effects of public housing on internal mobility in Hong Kong. J. Hous. Econ. 20 (1), 15–29.

Malpezzi, S., Vandell, K., 2002. Does the low-income housing tax credit increase the supply of housing? J. Hous. Econ. 11 (4), 360–380.

Mansur, E.T., Quigley, J.M., Raphael, S., Smolensky, E., 2002. Examining policies to reduce homelessness using a general equilibrium model of the housing market. J. Urban Econ. 52 (2), 316–340.

Mayer, C., Pence, K., Sherlund, S.M., 2009. The rise in mortgage defaults. J. Econ. Perspect. 23 (1), 27–50.

Mayo, S.K., Mansfield, S., Warner, D., Zwetchkenbaum, R., 1980. Housing Allowances and Other Rental Assistance Programs-A Comparison Based on the Housing Allowance Demand Experiment, Part 2: Costs and Efficiency. Abt Associates Inc., Cambridge, MA.

McKenzie, J.A., 2002. A reconsideration of the jumbo/non-jumbo mortgage rate differential. J. Real Estate Financ. Econ. 25 (2/3), 197–213.

Mian, A., Sufi, A., Trebbi, F., 2011. Foreclosures, house prices, and the real economy. NBER Working paper 16685.

Mills, E.S., Sullivan, A., 1981. Market effects. In: Bradbury, K.L., Downs, A. (Eds.), Do Housing Allowances Work? Brookings Institution, Washington, DC.

Morgan, D.P., Iverson, B., Botsch, M., 2012. Subprime foreclosures and the 2005 bankruptcy reform. Fed. Reserve Bank New York Econ. Pol. Rev. 18 (1), 47–57.

Moulton, S., 2014. Did affordable housing mandates cause the subprime mortgage crisis? J. Hous. Econ. 24, 21–38.

Mulligan, C.B., 2010. Foreclosures, enforcement, and collections under the federal mortgage modification guidelines: NBER Working paper 15777.

Munnell, A.H., Tootell, G.M.B., Browne, L.E., McEneaney, J., 1996. Mortgage lending in Boston: interpreting HMDA data. Am. Econ. Rev. 86 (1), 25–53.

Murray, M.P., 1975. The distribution of tenant benefits in public housing. Econometrica 43 (4), 771–788.

Murray, M.P., 1983. Subsidized and unsubsidized housing starts: 1961–1977. Rev. Econ. Stat. 65 (4), 590–597.

Murray, M.P., 1999. Subsidized and unsubsidized housing stocks 1935 to 1987: crowding out and cointegration. J. Real Estate Financ. Econ. 18 (1), 107–124.

National Research Council, Committee to Evaluate the Research Plan of the Department of Housing and Urban Development, Center for Economic, Governance, and International Studies, Division of

Behavioral and Social Sciences and Education, 2008. Rebuilding the Research Capacity at HUD. The National Academies Press, Washington, DC.

Newman, S., Harkness, J., 2000. Assisted housing and the educational attainment of children. J. Hous. Econ. 9 (1–2), 40–63.

Newman, S.J., Harkness, J.M., 2002. The long-term effects of public housing on self-sufficiency. J. Policy Anal. Manage. 21 (1), 21–43.

Newman, S.J., Schnare, A.B., 1997. " . . . and a Suitable Living Environment": the failure of housing programs to deliver on neighborhood quality. Hous. Policy Debate 8 (4), 703–741.

Newman, S., Holupka, C.S., Harkness, J., 2009. The long-term effects of housing assistance on work and welfare. J. Policy Anal. Manage. 28 (1), 81–101.

Nichols, M.W., Hendrickson, J.M., Griffith, K., 2011. Was the financial crisis the result of ineffective policy and too much regulation? An empirical investigation. J. Bank. Regul. 12, 236–251.

Office of Policy Development and Research of the U.S. Department of Housing and Urban Development. 2010. "Report to Congress on the Root Causes of the Foreclosure Crisis".

Olsen, E.O., 1998. Introduction to economics of rent control. Reg. Sci. Urban Econ. 28 (6), 673–678.

Olsen, E.O., 2003. Housing programs for low-income households. In: Moffitt, R.A. (Ed.), Means-Tested Transfer Programs in the United States. University of Chicago Press, Chicago.

Olsen, E.O., 2007a. Promoting homeownership among low-income households: Opportunity and Ownership Project, Report Number 2. Urban Institute, Washington, DC.

Olsen, E.O., 2007b. A primer on U.S. housing markets and housing policies: a review article. Reg. Sci. Urban Econ. 37 (5), 618–624.

Olsen, E.O., 2008. Getting more from low-income housing assistance: The Hamilton Project, Discussion Paper 2008-13. The Brookings Institution, Washington, DC. http://www.brookings.edu/papers/2008/09_low_income_housing_olsen.aspx.

Olsen, E.O., 2009. The cost-effectiveness of alternative methods of delivering housing subsidies. University of Virginia, Charlottesville, VA. http://economics.virginia.edu/sites/economics.virginia.edu/files/CESurvey2009.pdf (unpublished manuscript).

Olsen, E.O., Ludwig, J., 2013. The performance and legacy of housing policies. In: Bailey, M., Danziger, S. (Eds.), The Legacies of the War on Poverty. Russell Sage Foundation, New York.

Olsen, E.O., Tyler, C.A., King, J.W., Carrillo, P.E., 2005. The effects of different types of housing assistance on earnings and employment. Cityscape 8 (2), 163–187.

ORC/Macro, 2001. Quality Control for Rental Assistance Subsidies Determinations. U.S. Department of Housing and Urban Development, Office of Policy Development and Research, Washington, DC.

Oreopoulos, P., 2003. The long-run consequences of living in a poor neighborhood. Q. J. Econ. 118 (4), 1533–1575.

Orr, L., Feins, J.D., Jacob, R., Beecroft, E., Sanbonmatsu, L., Katz, L., Liebman, J.B., Kling, J.R., 2003. Moving to Opportunity for Fair Housing Demonstration Program: Interim Impacts Evaluation. US Department of Housing and Urban Development, Washington, DC.

Painter, G., Redfern, C., 2002. The role of interest rates in influencing long-run homeownership rates. J. Real Estate Financ. Econ. 25 (2/3), 243–267.

Passmore, W., Sherlund, S.M., Burgess, G., 2005. The effect of housing government-sponsored enterprises on mortgage rates. Real Estate Econ. 33, 427–463.

Pence, K.M., 2006. Foreclosing on opportunity: state laws and mortgage credit. Rev. Econ. Stat. 88 (1), 177–182.

Pennington-Cross, A., 2010. The duration of foreclosures in the subprime mortgage market: a competing risks model with mixing. J. Real Estate Financ. Econ. 40 (2), 109–129.

Popkin, S.J., Rich, M.J., Hendey, L., Hayes, C., Parilla, J., Galster, G., 2012. Public Housing transformation and Crime: making the Case for responsible relocation. Cityscape 14 (3), 137–160.

Poterba, J.M., Sinai, T., 2011. Revenue costs and incentive effects of the mortgage interest deduction for owner-occupied housing. Natl. Tax J. 64 (2), 531–564.

Quercia, R., McCarthy, G., Wachter, S., 2003. The impacts of affordable lending efforts on homeownership rates. J. Hous. Econ. 12 (1), 29–59.

Reeder, W.J., 1985. The benefits and costs of the section 8 existing housing program. J. Public Econ. 26 (3), 349–377.

Reid, C., Laderman, E., 2011. Constructive credit: revisiting the performance of community reinvestment act lending during the subprime crisis. In: Wachter, S.M., Smith, M.M. (Eds.), The American Mortgage System: Crisis and Reform. University of Pennsylvania Press, Philadelphia, PA.

Reid, C., Willis, M.A., Seidman, E., Ding, L., Silver, J., Ratcliffe, J., 2013. Debunking the CRA Myth— again: Research Report. University of North Carolina Center (UNC) for Community Capital.

Rose, J.D., 2011. The incredible HOLC? Mortgage relief during the Great Depression. J. Money, Credit, Bank. 43 (6), 1073–1107.

Rose, J.D., Snowden, K.A., 2013. The New Deal and the origins of the modern American real estate loan contract. Explor. Econ. Hist. 50 (4), 548–566.

Rosen, H.S., 1979. Housing decisions and the U.S. income tax: an econometric analysis. J. Public Econ. 11 (1), 1–23.

Rosen, H.S., 1985. Housing subsidies: effects on housing decisions, efficiency, and equity. In: Auerbach, A. J., Feldstein, M. (Eds.), Handbook of Public Economics, vol. 1. North-Holland, Amsterdam.

Rosenthal, S.S., 2014. Are private markets and filtering a viable source of low-income housing? Estimates from a 'repeat income' model. Am. Econ. Rev. 104 (2), 687–706.

Rossi-Hansberg, E., Sarte, P.-D., Raymond Owens, I.I.I., 2010. Housing externalities. J. Polit. Econ. 118 (3), 485–535.

Rydell, C.P., Neels, K., Lance Barnett, C., 1982. Price Effects of a Housing Allowance Program. The Rand Corporation, Santa Monica, CA.

Sanbonmatsu, L., Ludwig, J., Katz, L.F., Gennetian, L.A., Duncan, G.J., Kessler, R.C., Adam, E., McDade, T.W., Lindau, S.T., 2011. Moving to Opportunity for Fair Housing Demonstration Program: Final Impacts Evaluation. U.S. Department of Housing and Urban Development, Office of Policy Development and Research, Washington, DC.

Santiago, A.M., Galster, G.C., Tatian, P., 2001. Assessing the property value impacts of the dispersed housing subsidy program in Denver. J. Policy Anal. Manage. 20 (1), 65–88.

Schill, M.H., 2005. Regulations and housing development: what we know. Cityscape 8 (1), 5–19.

Schone, B.S., 1992. Do means tested transfers reduce labor supply? Econ. Lett. 40 (3), 353–357.

Schuetz, J., Been, V., Ellen, I.G., 2008. Neighborhood effects of concentrated mortgage foreclosures. J. Hous. Econ. 17 (4), 306–319.

Schwartz, A.E., Ellen, I.G., Voicu, I., Schill, M.H., 2006. The external effects of place-based subsidized housing. Reg. Sci. Urban Econ. 36 (6), 679–707.

Sherlund, S., 2008. The Jumbo-Conforming Spread: A Semi-parametric Approach (unpublished manuscript).

Shlay, A.B., 2006. Low-income homeownership: American dream or delusion? Urban Stud. 43 (3), 511–531.

Shroder, M., 2002a. Locational constraint, housing counseling, and successful lease-up in a randomized housing voucher experiment. J. Urban Econ. 51 (2), 315–338.

Shroder, M., 2002b. Does housing assistance perversely affect self-sufficiency? A review essay. J. Hous. Econ. 11 (4), 381–417.

Shroder, M., Reiger, A., 2000. Vouchers versus production revisited. J. Hous. Res. 11 (1), 91–107.

Sinai, T., Waldfogel, J., 2005. Do low-income housing subsidies increase the occupied housing stock? J. Public Econ. 89 (11–12), 2137–2164.

Snowden, K.A., 2006. Mortgage foreclosures and delinquencies: 1926–1979. In: Carter, S.B., Sigmund Gartner, S., Haines, M.R., Olmstead, A.L., Sutch, R., Wright, G. (Eds.), Historical Statistics of the United States, Earliest Times to the Present: Millennial Edition. Cambridge University Press, New York, Table Dc1255–1270.

Struyk, R.J., Bendick, M. (Eds.), 1981. Housing Vouchers for the Poor: Lessons from a National Experiment. The Urban Institute Press, Washington, DC.

Susin, S., 2002. Rent vouchers and the price of low-income housing. J. Public Econ. 83 (1), 109–152.

Susin, S., 2005. Longitudinal outcomes of subsidized housing recipients in matched survey and administrative data. Cityscape 8 (2), 189–218.

Szymanoski, E., Reeder, W., Raman, P., Comeau, J., 2012. The FHA single-family insurance program: performing a needed role in the housing finance market: Housing Finance Working Paper Series. U.S. Department of Housing and Urban Development/Office of Policy Development and Research.

Turnham, J., Herbert, C., Nolden, S., Feins, J., Bonjorni, J., 2004. Study of homebuyer activity through the HOME Investment Partnership program: Abt Associates Report. U.S. Department of Housing and Urban Development, Office of Policy Development and Research, Washington, DC.

U.S. Department of Housing and Urban Development, 1980. Experimental Housing Allowance Program: The 1980 Report. Government Printing Office, Washington, DC.

U.S. General Accounting Office, 1997. Tax credits: opportunities to improve oversight of the low-income housing program: GGD/RCED-97-55. GAO, Washington, DC.

Van Order, R., Yezer, A.M., 2014. FHA: recent history and future prospects. Hous. Policy Debate 24 (3), 644–650.

Vandell, K.D., 1995. FHA restructuring proposals: alternatives and implications. Hous. Policy Debate 6, 299–394.

Vigdor, J.L., 2006. Liquidity constraints and housing prices: theory and evidence from the VA mortgage program. J. Public Econ. 90 (8–9), 1579–1600.

Voicu, I., Paley, I., Lopez, A.E., Fang, I., 2014. Information externalities, neighborhood characteristics, and home mortgage pricing and underwriting. Real Estate Econ. (forthcoming).

von Hoffman, A., 2012. A rambling edifice: American housing policy in the twentieth century: Working paper W12-9. Harvard University, Joint Center for Housing Studies.

Wallace, J.E., Bloom, S.P., Holshouser, W.L., Mansfield, S., 1981. Participation and Benefits in the Urban Section 8 Program: New Construction and Existing Housing, vols. 1 & 2. Abt Associates, Inc., Cambridge, MA.

Wallison, P.J., 2009. "Dissenting Statement," The Financial Crisis Inquiry Report: Final Report of the National Commission on the Causes of the Financial and Economic Crisis in the United States.

Walters, C.R., 2009. Do subsidized housing units depreciate faster than unsubsidized ones? J. Hous. Econ. 18 (1), 49–58.

Weicher, J.C., 2012. Housing Policy at a Crossroads: The Why, How, and Who of Assistance Programs. AEI Press, Washington, DC.

Whitehead, C., Scanlon, K. (Eds.), 2007. Social Housing in Europe. London School of Economics and Political Science, London.

Wilner, D.M., Walkley, R.P., Pinkerton, T.C., Tayback, M., 1962. The Housing Environment and Family Life: A Longitudinal Study of the Effects of Housing on Morbidity and Mental Health. Johns Hopkins Press, Baltimore.

Wong, Y.-C., Liu, P.-W., 1988. The distribution of benefits among public housing tenants in Hong Kong and related policy issues. J. Urban Econ. 23 (1), 1–20.

Yinger, J., 1995. Closed Doors, Opportunities Lost: The Continuing Costs of Housing Discrimination. Russell Sage Foundation, New York, NY.

第 *15* 章
抵押贷款如何影响城市景观

赛文·陈
美国纽约大学罗伯特·瓦格纳公共服务学院

安德鲁·哈沃

约瑟夫·特雷西
美国纽约联邦储备银行

摘要

　　本章探讨了美国抵押贷款的结构及其在塑造住房所有权模式中所扮演的角色、住房存量的性质和居住活动的组织。本章首先对抵押贷款合同的设计特性提供一些背景资料，以将其与其他类型贷款区别开来，这些内容也对本章其余部分所探讨的问题具有重要意义。之后，本章将探讨抵押贷款如何与公共政策（尤其是税收政策）相互作用以影响一个家庭作出购买或是租住房屋的决定，以及考虑到住房供给的异常性时，业主自用住房的需求变化是如何转化为价格和数量的。本章从获取和价格角度，按照种族、民族、收入、整个生命周期来探讨抵押贷款的分布，特别关注最近的创新，如非优惠抵押贷款证券化以及反向抵押贷款。负权益的程度在过去的 10 年中是前所未有的，本章也将讨论其对策略性违约、住房成交量和住房投资的影响。本章还将描述取消赎回的空间模式，并总结城市邻里的取消赎回溢出的证据。最后，本章将提供一些对抵押贷款未来创新的思考。

关键词

　　抵押贷款　抵押贷款合约　住房市场　住房所有权　取消赎回　违约　负权益　流动性　住房维护　住房投资　邻里　大都市区

JEL 分类码

D1：家庭行为和家庭经济学　G21：银行；其他存款机构；小额信贷机构；抵押贷款；取消赎回　R1：一般区域经济学　R2：家庭分析

80% 以上的美国人生活在大都市区，住房是城市占主导地位的土地使用方式。对于许多美国人来说，拥有住房是一个重要的目标，而人口的绝大多数（包括租房者）都认为拥有住房是改善其财务状况的好方法（房利美，Fannie Mae，2013）。对于许多业主和大多数租房者来说，购买房产就意味着获得抵押贷款。出于这个原因，抵押贷款的可用性和形式是住房自有率的重要决定因素，而住房自有率反之亦会影响住房存量的性质和大都市区内及周边居住活动的组织。

在本章中，我们将回顾美国抵押贷款的文献及其在塑造城市景观上所起的作用。21 世纪初见证了居住地产市场的巨大景气/衰退周期，以及 20 世纪 30 年代以来整体经济最严重的萎缩。一般认为这些事件至少部分是由抵押贷款市场所驱动的，而对于这些事件所具有的显著的空间形态模式的研究才刚刚开始，离完全理解还相去甚远。对于业主居住房屋的地方需求和供给的模型，我们只能对在数据中观察到的模式给予部分令人满意的解释；需要更多的研究工作，无论是在理论方面还是经验方面，以使我们理解为什么景气/衰退周期会发生以及何时何地发生。例如，使用者成本框架长期以来被用作分析信贷条件是如何影响业主居住房屋需求的基础，而这一框架也为理解景气时期需求变化的方向奠定了良好的基础。但是，基础模型需要显著的扩展，以把握我们在 21 世纪初观察到的需求易变性的幅度和区位模式。

同样，这 10 年产生了一些对我们理解需求变化是如何转化为价格和数量这一问题的挑战。为什么价格在那些相对有供给弹性的市场中上涨如此巨大？预期和非居住动机买家在理解这些动态问题上扮演重要角色。另一些关键问题集中在信贷的空间分布及其对大都市区内景气和衰退在空间维度上的影响。对信贷获取这一基本问题的悠久研究传统正在复兴，这次特别强调非优惠信用这一概念。虽然我们在这一领域受到数据不足的制约，但就该主题我们还有很多东西可以学习。

最后，伴随着房价下跌而来的巨大取消赎回浪潮，其对空间模式的影响也许比那些在景气时期的贷款更大。我们开始认识到市场困境下邻里住房价格的复杂动态性，这方面的工作可能将持续很多年。

本章在 15.1 节的讨论始于对抵押贷款合约演变及其显著特性的描述。在 15.2 节，我们对抵押贷款与公共政策——特别是税务代码——相互作用的方式进行分析，这一方式会影响人们租用—购房的决定。需要了解住房供给的性质，以回答业主自住需求的相对变化是如何转化为住房价格和数量这一问题，这个主题我们将在 15.2 节中讨论到。15.3 节从地理和人口统计两方面讨论了抵押贷款在大都市区的分布情况。近年来的重要创新——非优惠抵押贷款证券化和反向抵押贷款——已对大都市区内获得贷款产生了巨大影响，因此这些创新已产生重要影响。美国目前抵押贷款的一个重要特性是，它们没有保证金要求。出于这个原因，房价下降可以把借款人置于负权益境况，我们在 15.4 节中会讨论这种情况带来许多潜在的后果。其中房价下跌最显著的影响就是取消赎回，这一现象在过去 10 年间已成为许多大都市区极其重要的问题。15.5 节讨论了取消赎回的空间模式，并总结城市邻里间与取消赎回有关的"溢出"证据。15.6 节对抵押贷款合约的潜在改革进行了简要总结，并指出未来的研究方向。

15.1　美国的抵押贷款

大多数业主使用抵押贷款购买房屋。对于绝大多数拥有住房的家庭来说，房子占据他们所拥有财富的重要部分，而抵押贷款的可获得性允许这些家庭平衡消费，无须经过多年储蓄再以现金购买住房。例如，一个家庭 2012 年的平均收入为 53 046 美元，他们需要把将近三年半的收入进行储蓄，以购买中等价格的业主居住单元，这个单元的价值是 181 400 美元。[①] 以年储蓄率 20% 计算的话，这个家庭每年要储蓄大约 10 600 美元，这笔钱（假设储蓄的年回报率为 5%）将使这个家庭在 13 年后（假设收入或房价没有变化）购买到这所住房；如果储蓄为全国平均水平，即收入的 4.5%，将需要 33 年时间。

抵押贷款可以让这个家庭在购买住房的同时，无须大幅度牺牲消费。假设抵押贷款年利率为 5%，只要他们存够 20% 的首付，也就是 36 280 美元，这个中等收入家庭将有资格获得抵押贷款，以购买一个中等价格的住房。如果将年收入的 20% 存起来的话，这个家庭大约需要 3 年多一点的时间就能存够首付。该家庭将在未来的 30 年内还清住房贷款，但与此同时他们也在享受购房所带来的好处，而不只是生活在对购房的期待中。

图 15－1 显示了住房自有率随时间推移的变化，图 15－2 显示了抵押贷款在近几年的流行趋势。在 20 世纪 90 年代末和 21 世纪初住房市场景气期间，住房自有率的显著上升（尽管看上去是暂时的）是与抵押贷款大幅增加

---

① 中间值来自美国人口普查，2008～2012 年平均值。

相关的，这强调了两个序列之间的重要关系。在本节中，我们将描述美国抵押贷款的重要特性，并讨论它们如何影响住房市场的重要结果，以及它们所构成的风险。

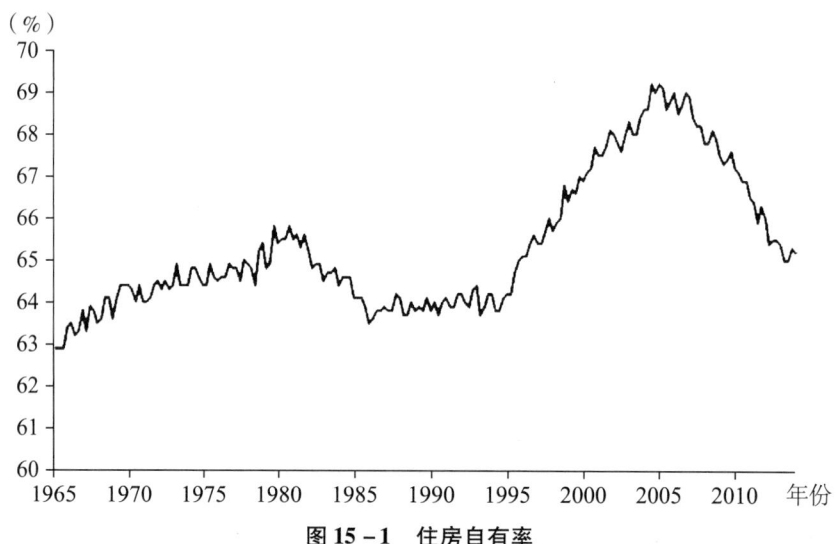

图 15 - 1　住房自有率

资料来源：美国人口普查局，当前人口/住房空置率调查，系列 H - 111。百分比显示的是业主自用住房单元。

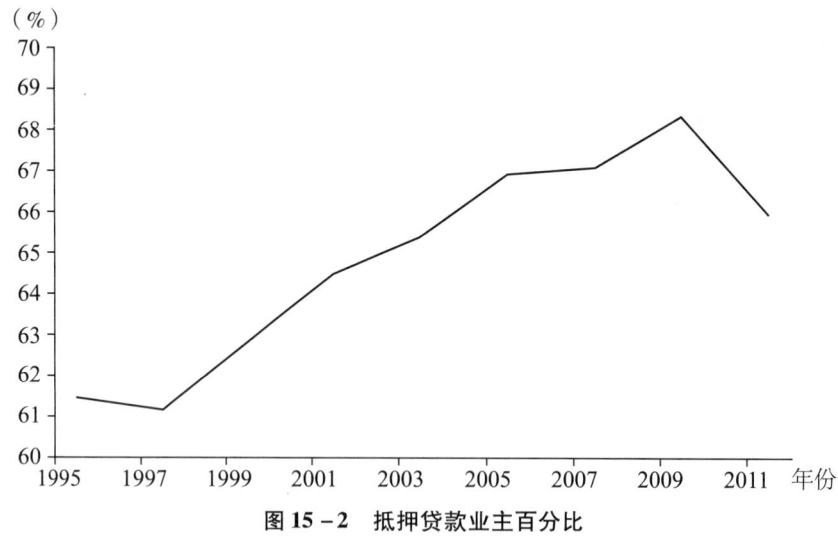

图 15 - 2　抵押贷款业主百分比

资料来源：美国人口普查局，目前的住房报告，系列 H150/01，美国住房调查。百分比显示的是使用抵押贷款的业主自用住房单元。

15.1.1　抵押贷款的重要设计特性

由于历史和体制的原因，美国住房抵押贷款具有区别于其他贷款的一些特性。抵押贷款市场长期以来在显性政府影响与隐性政府影响中均扮演着重要角色，从支持长期、固定利率抵押贷款（FRM）合约到限制贷款人寻求对抵押贷款合同违约的借款人不足额判决的能力。所有这些特性对抵押贷款市场的借贷成本和收益都有影响，因此我们将在下面勾勒出其最突出的部分。

15.1.1.1　抵押品

抵押贷款规定了一个利率或费率表以及保证金要求。保证金要求由一个初始保证金以及可能的维持保证金组成。初始保证金决定了该项贷款起初时超额抵押的程度。它为贷款人提供了抵押品价值下跌时的保护。维持保证金指定了一个借款人必须长时间维持的最低保证金额度。如果借款人未能缴纳保证金，那么贷款人可以追缴贷款。初始保证金和维持保证金的组合模式可以显著抑制贷款"缩水"的可能性，如发生"缩水"情况，抵押品价值将低于未偿贷款余额。

抵押贷款的一个特性是它只能指定一个初始保证金——首付比例，这决定了最初贷款额度与抵押品价值（LTV）的比率。由于抵押贷款没有维持保证金的要求，如果在按揭后房价下降，借款人的权益将减少，甚至可能变为负值。因此，对于抵押贷款来说，负权益是比其他类型的抵押贷款更重要的考虑因素。

维持保证金的一个替代方法是短期抵押贷款。例如，典型的加拿大抵押贷款期限为 5 年。[2] 借款人必须在到期日对抵押贷款进行展期。在展期日，借款人必须至少要重新确立权益的最低等级要求。维持保证金的一个缺点，或者说等同于短期抵押贷款的是，借款人可能无法提供追加保证金（因此不能对贷款进行展期），并被迫陷入出售或违约的境况。这可能导致"降价出售"，并进一步对价格造成压力。[3] 莱亚（Lea，2010）提供的数据显示，相对于较长期的固定利率抵押贷款（FRM），加拿大类型的短期或中期抵押贷款在

---

② 其中一个影响短期的因素是有较高比例的抵押贷款是通过存款提供资金偿付，并且加拿大的存款担保覆盖期限长达 5 年。请参阅 Kiff（2009）。

③ 这一短期抵押贷款的展期风险在美国大萧条时期是一个显著问题，并导致了一个结果就是由联邦住房管理局（FHA）提供长期分期偿还抵押贷款。请参阅 Green 和 Wachter（2005）。

经合组织国家中十分普遍。美国的特点是长期固定利率抵押贷款（FRM）占非常大的市场份额。这将会对住房和抵押贷款市场在面临压力时期如何反应造成影响。

由于没有维持保证金，可能在当前业主和新业主之间就权益问题产生一种不对等。如果房价下降，会将当前的贷款额度与抵押品价值（LTV）推低到初始最低要求，则当前业主通过简单地缴纳每月规定的按揭付款，就可以继续居住而无须增加额外的权益。然而，一个潜在的新业主则将不得不满足最小 LTV 的要求。这意味着，新业主将不得不把比当前业主在住房中所拥有的权益更多的权益投入到该住房。在这种情况下，当前业主也将投入更多的资金，以迁移到一个价格相等的住房（从销售成本中获取）。这会使当前业主抬高其住房标价，即使对其来说这意味着需要更长的时间才能把房子销售出去。基尼索夫和迈耶（Genesove and Mayer，1997）发现证据表明 20 世纪 90 年代初波士顿公寓房市场存在这种效应。

对于长期抵押贷款，贷款人应设定基于对房价风险的感知程度考虑的初始保证金。为了保持一个相对恒定的负权益风险，在房价具有更高波动性的时期或地点，抵押贷款人需要一个更高的首付比例。评估这一状况是否会真实发生是比较困难的，因为我们没有抵押贷款人对房屋价格风险观念的时间序列数据。[④] 然而，如表 15－1 所示，初始 LTVs 的分布在 2004～2006 年住房市场景气高峰期有所上涨。

表 15－1 初始组合 LTV 比率

百分比	所有住房购买[a]				非优惠购买抵押贷款[b]			
	25th	50th	75th	90th	25th	50th	75th	90th
2004	56	80	95	100	80	95	100	100
2005	64	86	99	100	80	95	100	100
2006	70	90	100	100	90	99	100	100

a Glaeser et al. （2013）. DataQuick 来自 89 个大都市区的数据。
b 证券化非优惠抵押贷款的贷款绩效数据。

15.1.1.2 留置权优先

借款人可用同一个房子办理多个抵押贷款。在这种情况下，留置权优先

④ 有关对经济景气时期住房市场观念的异质性的一个有趣的讨论，请参阅 Gerardi et al. （2010）。

对于确定债权人对出售房屋的收益主张顺序非常重要。留置权优先通常是基于该留置权在该县被记录的日期，而不是贷款的开始日期。也就是说，最早记载的现有留置权优先级最高。[5] 这一自动记录系统有力地激励债权人迅速支付记录费。然而，留置权优先可以产生一个旨在帮助经济拮据的借款人对干预的潜在摩擦。比如说，假设现在有一个项目有利于负权益借款人对其抵押贷款再融资，从而减少他们每月所支付的款项。[6] 对于有多个留置权的借款人来说，对于参与该项目拥有第一留置权的贷款人来说，如果这意味着他们需要放弃其第一留置权的位置，他们将不愿意再融资。通常来说，在这种情况下，第二留置权持有人将不得不同意在再融资抵押贷款之后重新使其留置权处于较低地位。[7] 但是，如果借款人在第一和第二留置权间的组合 LTV 足够低的话，那么这一摩擦将消失。在这种情况下，借款人可以通过还清所有贷款和对住房抵押的信贷额度进行再融资，并利用单一再融资抵押贷款进行替换。

15.1.1.3　追索权

抵押贷款可以是无追索权或有追索权的。其中，在无追索权抵押贷款的情况下，贷款人只能通过住房出售收益来清偿到期的抵押贷款余额。相反，在有追索权抵押贷款的情况下，如果住房出售收益并不能还清抵押贷款余额，那么贷款人可以对借款人提出不足额判决（Deficiency Judgment）诉讼。不足额判决允许贷款人使用借款人的其他金融资产来偿还抵押贷款余额。追索权因州而异，对于一些州来说，根据抵押贷款类型的不同而异。似乎只有美国存在这种贷款人能够收集不同程度额度不足的情况。在莱亚（2010）对 12 个发达国家的研究中，在所有其他国家抵押贷款是有追索权的，贷款人通常会因缺陷追索借款人。追索权在违约前或取消赎回期间可能影响借款人的行为。[8]

---

　　⑤　对此规则的一个例外情况是未缴财产税的税收留置权，无论申请日期的时间如何这一税收拥有超级优先权。

　　⑥　假如不存在一个特殊项目，负权益借款人将面临一个再融资的财务摩擦，因为他们必须有足够的财务资源以完全还清现有的抵押贷款，并支付再融资抵押贷款的首付。住房价格的下降可以制造再融资摩擦的程度评估，请参阅卡普林等（1997b）。

　　⑦　各州可允许"衡平法代位求偿权"，其中规定第一留置权持有人在重新确定从属位置时不需要从第二留置权持有人处达成协议，只要再融资的第一留置权持有人不将其他初级留置权持有人置于不利地位。Bond et al.（2013）发现，在其他因素不变的情况下，允许衡平法代位求偿权的各州其再融资利率相对更高。

　　⑧　根特和库德雅克（2011）发现，平均而言，美国借款人在无追索权的情况下更有可能违约，相比有追索权的情况高出 30%。Jones（1993）在 1982~1986 年从加拿大艾伯塔省和不列颠哥伦比亚省抵押贷款的案例中发现追索权可减少策略性违约的发生率。

15.1.1.4 可继承性和可移植性

通常情况下，美国的抵押贷款既没有可继承性，也没有可移植性。[⑨] 如果借款人在出售房产后可将抵押贷款转移给买方，那么这一抵押贷款就具有可继承性，但买方仍必须满足贷款人的审批准则。如果抵押贷款具有可移植性，那么销售和购买房产的借款人可以将现有的抵押贷款转移到新的房产，只要新的房产可以为抵押贷款提供充足的抵押担保品。也就是说，出售具有可继承性抵押贷款的房产后，贷款人最终可能保留抵押品以及重新批准一个新的借款人。相比之下，通过具有可移植性的抵押贷款，贷款人可以最终保留借款人，并重新评估抵押品。正如我们将要讨论的，传统的抵押贷款通常既没有可继承性也没有可移植性这一实际情况，在利率上升的环境下对于 FRMS 来说十分重要。

15.1.1.5 抵押贷款的期限

大部分美国抵押贷款的另一个特性是，他们具有长期性。这一事实十分重要，鉴于抵押贷款的住房抵押品是一种不断贬值的资产，其中折旧速率取决于借款人所采取的行动。一个重要的减少折旧措施是借款人对住房的维护和改进（以下称住房投资）进行投资。相对于房产的价值来衡量，这些支出的效果通常是显著的。

捷尔科和特雷西（Gyourko and Tracy，2006）使用美国住房调查（AHS）从 1985～1993 年的数据显示，平均支出水平为 2 889 美元（2012 年美元）或被报告住房价值的 1.7%。霍沃特等（Haughwout et al.，2013）利用 2007～2012 年的消费者支出调查（CEX）数据显示，平均开支为 3 152 美元（2012 年美元）或住房价值的 1.4%。总的来说，在过去的 20 年里，这些住房投资占新房建设成本的 45%。随着时间的推移，激励借款人持续进行这些大额的投资对维持抵押品价值非常重要。

15.1.2　撤销住房权益

随着时间的推移，通常情况下，贷款人的权益通过房价升值和贷款余额分期偿付的不断累积而受到保护。然而，在大多数情况下，贷款人难以阻止借款

---

⑨　一个例外是 FHA 抵押贷款，这一抵押贷款是具有可继承性的。在加拿大，抵押贷款具有可移植性，在艾伯塔省和不列颠哥伦比亚省，它们也具有可继承性（Traclet，2010；Crawfordet al.，2013）。然而，它们的短期性限制了这一设置的价值。在丹麦抵押贷款也具有可继承性（Green and Wachter，2005）。

人撤销这个附加权益。即使贷款人保留留置权优先，这也可能将贷款人置于风险之中。

业主有三种不同方法来抵付房屋权益，将其转化为可用于消费或其他用途的现金（Greenspan and Kennedy，2008）。第一种是通过"套现"对其第一留置权抵押贷款再融资。在这里，业主用新的、更大的抵押贷款收益付清他们之前的抵押贷款。两种抵押贷款的余额差可提供给借款人作为现金结算，并且借款人可以不加限制地随意使用这些所得。请注意，以这种方式再融资通常会导致在合同最初几年以利息为主的新的按期付款，我们将在税收扣除部分讨论这一内容。

用住房权益作抵押品来借贷的其他方法要么涉及初级留置权，要么涉及反向抵押贷款，我们将在后面予以介绍。有两种形式的初级留置权：封闭式次要留置权（CESs）和住房权益信用额度（HELOCs）。CES 是初级留置权分期贷款，它与一级抵押贷款具有相同的形式。它们提供一个确定的前期资金给借款人，并有一个固定的期限，在期限内借款人应将本金和利息偿还给贷款人。相比之下，HELOCs 是循环工具，更像信用卡。HELOCs 通常有一个举债上限，涉及到总的可用住房权益，而业主在处于"提款"的期间内可以按个人意愿使用，通常为 10 年。[10]

初级留置权，特别是 HELOCs，是在景气时期通过住房担保的债务上升的重要组成部分。HELOC 总余额比 CESs 大得多，通常由具有较高信用评分的借款人持有（Lee et al.，2013）。图 15 - 3 显示了抵押贷款的发展（包括第一留置权和 CESs）以及 HELOC 在 2003 年到 2013 年的余额。HELOC 的余额从 2003 年初的 2 420 亿美元上涨近三倍，在 2009 年超过 7 140 亿美元。自 2009 年，HELOC 余额已经稳步下降，在 2013 年底维持在 5 290 亿美元。

借款人可以把从初级留置权中获取的收益用于多种用途。初级留置权可用于在购买新房时增加杠杆（Greenspan and Kennedy，2008；Lee et al.，2013）。2006 年房地产景气的高峰期间，在像拉斯维加斯和迈阿密这样的地区，所有购房中近一半都包含次要留置权。所谓后续次要留置权——购房后当借款人通过分期偿还和提高房屋价值的组合建立起部分权益时增加的初级留置权——可用于几乎任何目的，比如翻修房屋、支付大学教育、支付无担保信用贷款余额、度假等（Mian and Sufi，2011）。

---

⑩ 在"提款期结束"时，不允许进一步的借贷。在这一点上，HELOCs 开始分期偿还，变得更类似于可变利率封闭式抵押贷款。在撰写本书时，许多在经济景气时期开始的 HELOCs 将很快进入提款期结束阶段。

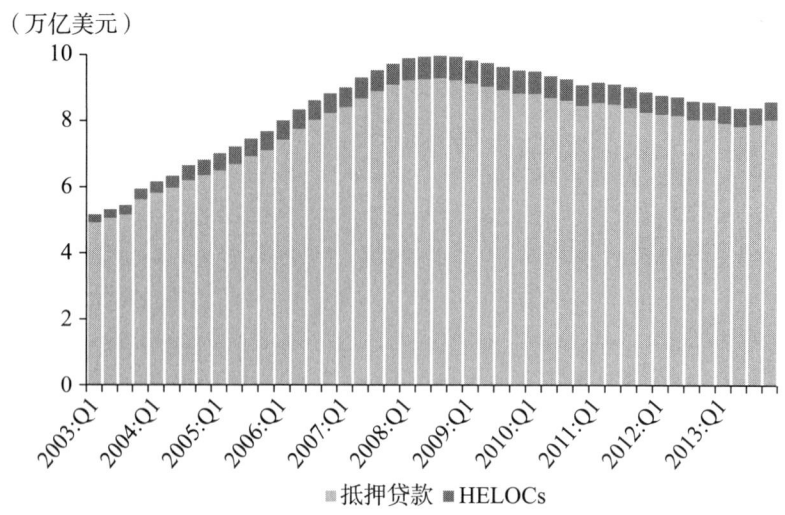

（万亿美元）

图 15 – 3　抵押贷款和 HELOCs。

资料来源：FRBNY 消费信贷面板

CESs 和 HELOCs 的一个重要潜在用途是使提取的权益用于为小企业创业融资，这在房价上涨地区有助于就业增长。新的小企业被认为风险过大，无法吸引银行融资或外部权益融资。因此，企业家必须先自行融资以建立一个业绩追踪记录。在一份有影响力的文章中，赫斯特和卢莎蒂（Hurst and Lusardi，2004）指出，对于绝大多数的财富分配来说，出现小企业所有权的比率与包括住房财富的家庭财富是不相关的。最近更多研究表明，通过控制过渡到自我就业是否为有预谋的，可以重新建立财富和企业家精神之间的联系。对我们来说，特别重要的经验证据表明房价升值与小企业形成呈正相关（Fairlie and Krashinsky，2012；Harding and Rosenthal，2013）。正如下面所要进一步讨论的，这表明在供给无弹性的房地产市场潜在创业率更高。这是今后可供研究的领域。

15.2　抵押贷款如何影响业主自用住房市场

购买住房是一笔巨大的开销，对于大多数家庭来说将花掉他们多年的收入，购房阶段的家庭要么在购房前作出巨大的消费牺牲，要么使用信贷购房。因此，抵押贷款在从租房到拥有住房的这一过渡中起着十分重要的作用。相对于租用住房来说，整体信用状况以及它们在抵押贷款市场的表现是业主自用住房需求水平的一个重要决定因素。在本节中，我们给出了目前文献中常见的住房市场简单供求模型。模型的基本原理将有利于我们讨论后面抵押合同的各种特性及其对税收政策的处理如何影响实际结果，比如价格、房屋交易量和住房自有率。

15.2.1　业主自用住房需求

我们先来看业主自用住房单位的需求。既然每个人都必须消费住房服务，我们的重点是影响自有与租用住房相对吸引力的因素。在这里，抵押合同的两个特性是非常重要的。首付的要求决定了可用于购买给定价值住房的最高抵押贷款额，而抵押贷款利率决定了借款的成本。除了抵押贷款条款如利率和首付的要求外，其他几个所有权的成本和收益也影响租用和自住的相对需求。

公共政策（特别是税法）把住房所有权作为投资的一种特殊类型。要了解其运作方式，对比一下业主自用住房与租用住房的税收待遇，将对我们理解这一问题有所帮助。这两种形式的使用权是十分类似的，我们下面将要进行解释。在每种情况下，都存在一名拥有产权的房主和一名占有这一单位并支付租金给房主的租房者。在租用住房的情况下，这一点尤为明显。在业主自用住房的情况下，房主和租房者的角色仍同时存在，但他们是同一个人，且租金是隐含的，但本质上这两种情况是相同的。然而在这两种情况下，个人所得税则完全不同。租用住房的业主要为其租金收入和拥有房产的成本之间的差额支付所得税（抵押贷款利息、财产税、维修和折旧）。而在另一种情况下，税收待遇是业主为他们自己支付的（隐含）租金收入和拥有房产的成本之间的差额支付税费。然而，自用住房的业主被允许将两笔费用从收入中排除，这一点和将房产租给他人的普通房主一样，但他们还可以将付给自己的隐性租金收入排除在外。在本节中，我们将讨论税法对抵押贷款和住房市场结果之间关系的影响。

除了将隐含的租金收入排除在外，住房所有权的额外税收优惠还包括排除了大多数与住房有关的资本收益，以及州和地方财产税可以从联邦所得税中的抵扣。这些税收支出预计将在 2015 财政年度花费财政部 800 亿美元、570 亿美元和 340 亿美元（OMB，2014，p. 206）。虽然补贴不直接依赖于融资形式——比如，它们不直接影响抵押贷款市场——但它们可能会减少购买住房的税后成本，从而可能增加对各种形式融资的需求，包括抵押贷款。因此，这些税收优惠与抵押贷款利息优惠相互作用，如下所述，可能影响大都市区住房存量的所有权、形式以及位置。波特巴和西奈山（Poterba and Sinai，2008）对业主自用住房税收待遇的各种要素中的收益案例进行了详细分析。

美国并不是唯一在其税法上支持业主自住的国家。在一项对经合组织国家的调查中，布拉萨和格雷斯比（Bourassa and Grigsby，2000）发现只有两个国家（荷兰和瑞典）对住房资本收益课税。布拉萨等（2013）对 24 个国家的调查样本中发现，只有三个国家（波兰、荷兰和瑞士）对全部隐含租金课税。在这 24 个国家中，抵押贷款利息扣除相当普遍，有 14 个国家至少是部分扣除的。

在美国除了给予业主自用住房的税收优惠外，许多金融交易规则都有利于业主自用住房，包括将住房排除在个人破产诉讼以外、房地产税，以及一些项目的资产计算，比如医疗补助和助学贷款（Morgan et al.，2012）。虽然这些优惠独立于抵押贷款合同，其价值将随着住房大小和价值而增加，如可能通过抵押贷款利息扣除而增加。因为相对于租用住房它们影响自有住房的税后成本和收益，所有这些对业主自住的补贴都可能影响到住房需求曲线的位置。

在影响抵押贷款借款人信用净成本的公共政策中，一个主要特性是抵押贷款利息可从联邦政府应纳税所得额中扣减。现行的联邦税法允许业主扣除高达 100 万美元抵押贷款利息用于购买、建造或改善其自己居住的住房单元或一个其他单元。此外，高达 10 万美元的支付其他贷款的利息可为这些房产作担保。例如，HELOCs 可能被扣除，不论这些款项被怎样使用。这一税收支出是国内税收法规中最大的支出之一，预计在 2015 财政年度将花费财政部 740 亿美元（OMB，2014，p. 206）。作为一个实际问题，这种税收优惠降低了抵押贷款和 HELOC 利率下借款人的成本，优惠的价值取决于借款人的边际税率，只要借款人的扣除额超过扣除门槛。对于一名以最高税率纳税的借款人来说，他面临着 35% 的边际利率，一个额外的 100 美元抵押贷款利息将使其应纳税额减少 35 美元，而对于一名 15% 税率纳税的借款人来说，这一扣除将只有 15 美元。除了这一联邦所得税的税收优惠外，34 个州还提供至少部分抵押贷款利息扣除。希尔伯特和特纳（Hilber and Turner，2014）表明这些优惠在不同州间可能存在显著的差别。

税法中抵押贷款的利息优惠对于债务融资的业主自用有好处，这一点已经吸引了住房和公共财政经济学家的关注。对于购房者来说，所得税优惠促使其贷款买房，也因此增加了对抵押贷款的需求，住房借贷成本的下降使得住房需求曲线上移。减少税后利息成本降低了住房的使用成本，使得通过债务融资的业主自用住房相对于其他商品更具吸引力。此外，更大的住房（抵押贷款）相对更有吸引力，因为扣除的美元总额随着支付利息上升。正如我们将讨论的，这些税收利益的经济影响主要取决于当地住房市场的供给弹性。

抵押贷款合同本身的其他特性也可使住房需求曲线移动。例如，将首付要求从购买价的 20% 降低到 10%，意味着购房者可以相对更少的储蓄额购买同一住房，或以相同首付购买更大（更贵的）住房。

这一效应在抵押贷款利率低时会被放大。希默尔贝格等（Himmelberg et al.，2005）证明了抵押贷款利率在影响住房需求曲线位置中的重要性，强调了利率与价格之间的非线性关系。格莱泽等（Glaeser et al.，2013）研究了抵押贷款的几乎所有元素，从利率到首付要求，以探索这些特性对住房需求的影响。

住房所有权的一个额外利益来自于信用市场。受流动性约束的家庭可能更愿意借钱以平衡消费。例如，年轻人可能希望在今天消费他们（更高的）永久性收入的一部分，而不是一直等待，直到得到加薪。得到信用以及信用的成本，对家庭平衡消费的能力来说是重要因素。无担保的抵押贷款——由借款人的偿还债务承诺作抵押——有可能解决这个问题，但由于借款人存在违约（破产）的可能，贷款人不确定贷款金额是否会被偿还。因此在均衡状态下，无担保的贷款必须反映借款人的违约成本（Chatterjee et al.，2007）。除了住房权益，家庭能得到的担保信用是相当有限的；它主要用来购买某些耐用消费品，如汽车和大型家电。

由于 HELOCs 和 CESs 是由不动产留置权作担保，贷款人的合意利率大大低于无担保产品，如信用卡（Chatterjee et al.，2007）。除了次级留置权的利率优惠外，用来支付次级留置权的利息在一定额度内将被免征联邦所得税，和第一留置权一样。业主将有机会获得该信用，而租房者不会；更大住房的业主比那些较小住房的业主获得更多借款。这一事实以及抵押贷款利息课税减免的价值会随收入增加，使得住房融资与城市地区的不平等相关联。

15.2.2　需求变化对价格和数量的影响

现在让我们把注意力转向住房市场的供给方，这将使我们理解抵押贷款推动的需求变化及其税后成本如何影响地区价格和数量。

住房耐久性对于需求改变的方式有重要影响，因此，住房融资的特性会影响到价格和数量。特别是，对于目前价格低于重置成本的存量住房来说，住房供给几乎是完全无弹性的（Glaeser and Gyourko，2005）。也就是说，一旦住房单元被建成，需求下降对单元数量几乎没有影响，因为这些单元只会慢慢贬值。[11] 相反，对住房的需求下降将在很大程度上反映在（减少的）住房价格上。

---

　⑪　对住房物理折旧率的研究相对比较薄弱。评估折旧率的一个难点是业主的维护工作。在本章后面我们将讨论维护的问题。对使用 AHS 数据的全面讨论和评估，请参阅 Harding et al.（2007）。

需求的减少对当地住房市场出清数量几乎没有影响，但在不同市场上，需求上升如何影响数量有所不同。格莱泽等（2008）探讨了住房需求变化在不同市场的影响，这取决于每个市场的供给弹性。他们模型的预测结论是，不管出于什么原因，任何需求的增加将导致更高的价格，但在住房供给无弹性的市场只有适度或可忽略的数量影响。与此相反，在供给弹性相对较高的市场，需求增加将导致新住房投资和较低的价格。

图15-4显示了格莱泽等所述的景气阶段的住房市场，或在抵押贷款成本或可用性更加优惠时的住房市场。图中反映了两种可能的市场。最初，需求是由需求曲线 D_0 表示，已建住房存量是 H_0。平衡点为 A，价格为 $P_0 = c$，其中 c 是建设的边际成本。现在考虑信用扩张或抵押贷款成本降低会使需求曲线移动到 D_1。在完全无弹性供给的市场，由 $S(I)$ 代表，新的平衡由点 B 给出：没有供给变化，价格大幅上涨至 $P_1(I)$。[12] 相反，在一个供给弹性为正的市场中，将有新住房的供给，供给时间表被假定为向上倾斜，由标为 $S_1(E)$ 的部分所描绘。在这个具有弹性市场新的平衡点 C，价格上升到 $P_1(E)$，供给的数量增加至 H_1。

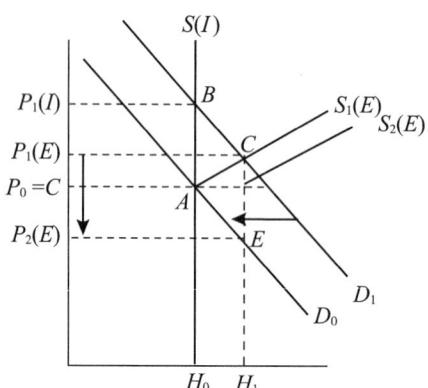

图15-4　住房市场需求和供给

值得重申的是，住房耐久性在当地住房市场需求变化的影响上会产生明显的不对称性。回到我们前面的例子，如果抵押贷款条件改变使得需求变化回到其原来的位置，这将在两个市场产生不同的影响。无供给弹性市场仍处于供给 H_0，均衡会恢复到 A 点，即原有的平衡。然而在供给弹性较高的市场，信用景

---

[12]　Gyourko 和 Molloy（2014）解释了地方政府规章如何能够减少住房供给的弹性。

气引起已建供给 H_1 的增加，需求的下降使价格降到 $P_2(E)$ ——这一价格水平较景气前的平衡更低，而且低于重置成本。当基础需求开始在供给弹性较大的市场上扩大时，价格将向上调整，但没有新的建筑活动。一旦价格恢复到重置成本，新增供给将再次在市场上出现。达到一定程度的过度建设对当地住房市场将产生重要影响。

有一个对于格莱泽等观点的延伸，如图 15－5 所示的耐久住房供给。根据古德曼（Goodman，2013）的研究，我们允许业主和房东放弃房产的可能性。房产被放弃可能导致对该房产中有价值材料的破坏和剥离。房产质量的迅速恶化可能会导致地方政府决定拆除这一建筑。这样一来，在价格极低时，某种弹性将重新在住房供给中出现。

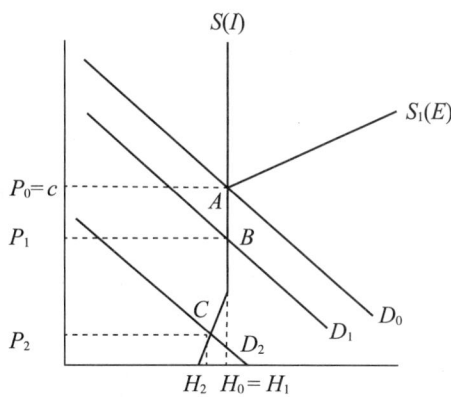

图 15－5　存在放弃情形下住房市场的需求和供给

为探讨这一可能性，我们考虑住房需求从 D_0 跌至 D_1 的情况。住房价格从 P_1 下降到 P_2。然而，假设在 P_2 时，房产的租赁价值足以弥补维持房产的可变成本。在这种情况下，住房供给不受影响，所有不利于需求的冲击通过住房价格调整。现在假设不利的需求冲击更加严重，需求从 D_0 下降至 D_2。在现有住房供给存量 H_0 下，住房价格将下降，对许多房东来说，租赁价值将足够低以至低于可变成本。这些房东就像公司的管理者一样，面临是否做出"倒闭"的决策。如果租赁价值不能涵盖可变成本，房东会选择使房产空置。如果预期需求不会得到改善，房产将被放弃。这一倒闭决策将以极低的价格重新引入供给弹性以反映这些房产的可变成本分布。⑬ 这一行为将减少负面需求冲击对价格的下行压力。

---

⑬　弹性大小要依供给曲线的时间长度等情况而定。在所有其他因素相同的条件下，时间越长，弹性越大。

古德曼（2013）记载的住房供给曲线的这一部分对一些城市（如底特律）十分重要，这些城市从 1970~2010 年经历了 34% 的住房供给下降。

因此，住房耐久性意味着信贷周期具有真正的、长期存在的影响，其在大都市区间有所不同，这取决于它们的供给弹性。特别是，在住房供给有弹性（在上升）的市场，将受到与住房财富效应相关的住房投资行为和消费波动周期的信用景气和衰退的影响。相比之下，无弹性市场的信贷条件几乎完全体现在价格上，进而带来消费相关的财富效应，对住房投资的实际影响更小。两者都会受到衰退后债务积压的负面影响（Mian and Sufi, 2009）。

格莱泽等应用萨斯（Saiz, 2008）开发的住房供给弹性的代用品检验了这个模型的预测。[14] 不过他们指出，若干经历了最近周期的最大景气市场具有较高的供给弹性。这些市场的价格相对于最近周期之前的重置成本变化不大。虽然住房供给有弹性避免了当地市场出现严重住房泡沫的可能性，显然它并不能防止这种情况的发生。

我们现在来探讨上述住房需求的决定因素将如何与供给相互作用，以在不同的市场带来不同的住房价格和数量。上述讨论的每个因素——给予业主自用住房税收优惠，住房权益提供现成的抵押品来源以为消费和投资融资，以及从各类资产检验中可排除住宅资产——都可以增加业主自用住房相对其他资产的吸引力，从而提升住房需求。虽然直觉表明这将必然带来更多的住房所有权购买和更大的住房，显然这种需求转变的影响也将取决于市场的供应方。

正如上述对住房市场供给方的讨论表明，抵押贷款变化引起的需求变化的影响——例如，更低的利率或首付要求——将取决于各种市场中住房供给的弹性。在缺乏供给弹性的市场，即使需求大幅变化也不会增加住房自有率，但将以更高价格体现出来。更高的价格反过来又会提高抵押贷款利息抵税和资本利得排除，这意味着这些政策的受益主要集中在少数地区较高且不断上涨的价格以及富裕业主较高的边际税率（Gyourko and Sinai, 2004）。

希尔伯特和特纳（2014）详细研究了抵押贷款利息扣除如何影响住房自有率，这一直是税收改革者的共同目标。在所有地方，抵押贷款利息的所得税减免会提高住房需求，而需求的变动程度取决于业主的边际税率。对于高收入和高边际税率的业主来说，课税减免的价值较大，而对于那些没有所得税的业主来说，这并不带来任何利益。在供给有弹性的地区，需求的变化将带来更多的住房建设和更高的住房自有率。

但是，在供给缺乏弹性的地区，需求曲线上移将资本化为更高的价格，使

---

[14] 指标是 50 公里半径范围内土地倾斜度小于 15° 的土地的百分比。

得首付对低收入的年轻借款人来说更具压力。对于这个重要群体来说，成本增加降低了过渡到拥有住房所有权的可能性，并且希尔伯特和特纳发现，抵押贷款利息扣除实际上减少了供给无弹性市场的住房所有权。他们的结论是，因为这些抵销效应，抵押贷款利息扣除对总体住房所有权几乎不产生什么影响。

其他国家的经验与此相一致。加拿大、英国和澳大利亚是与美国最具可比性的国家，目前他们中没有一个国家有抵押贷款利息课税减免，但他们的住房自有率与美国十分相似，约为 2/3。⑮ 此外，1975 年当扣除价值占利息支付的比例为 38% 时，英国开始逐步取消抵押贷款利息扣除（Gibb and Whitehead，2007）。到 2000 年，这一扣除已经完全被取消，但住房自有率已经从 1971 年普查时的 50% 上升到 2001 年普查时的 69%⑯，虽然各类其他有关人口、经济和政策的变化也对这些结果有所影响。安德鲁斯和卡尔德拉桑切斯（Andrews and Caldera Sa′nchez，2011）考察了 15 个经合组织国家中驱动推动住房自有率演变的因素。虽然他们的数据不能对住房所有权税收政策的影响进行直接估计，他们发现抵押贷款利息税收补贴越多，减轻住房自有率首付要求的影响就越小。这与一些住房资本较大而引起贷款相关的需求冲击的国家情况相同，在那些国家自有住房具有更为优惠的税收待遇，从而降低了边际买主的住房负担能力，也降低了对住房所有权需求冲击的扩张效应。

正如上述讨论中所暗示的，无论是美国研究还是国际性研究都集中在公共政策对住房所有权的影响上，而不是其他有趣的边际影响，如新住房单元的位置。这并不奇怪，因为所有权是大部分政策的明确目标，也比较好衡量。尽管如此，我们有必要做进一步研究，目的是理解各种补贴如何影响城市间和城市内部活动的空间组织，以及它们如何影响由业主和租房者占有的多种住房。这样的研究将面临许多障碍，其中包括精确测量房屋质量以及确定政治制度内生选择的政策带来的影响。

大卫杜夫（Davidoff，2013b）研究了供给弹性在决定信贷引发的需求冲击如何传递并影响本地市场结果方面的重要性。大卫杜夫发现，常规测量的供给弹性不能很好地解释 21 世纪初信贷周期的幅度，因此未能回答为什么供给有弹性的市场经历了如此大的景气和衰退。一个可能的答案是基尼索夫和韩（Genesove and Han，2013）对 21 世纪初景气/衰退周期的大都市内影响分析发现的。基尼索夫和韩发现，在经济景气阶段，价格上涨往往集中在具有良好就业机会的邻里，因为这些区位是有限的，所以可视为是供给紧缺。在衰退期，

---

⑮　请参阅布拉萨等（2013）表 2 显示的抵押贷款利息税收政策和住房自有率在 24 个国家的比较。
⑯　国家统计局英国办事处；数字来自英格兰和威尔士。

空间价格梯度变平，这与来自最缺乏供给弹性的地区在价格上的最大降幅相一致。许多关于供给弹性的研究已经在大都市区层次进行，但城市内部研究价格和数量动态的做法可能有助于加深我们对抵押贷款未来变化影响的认识。

从住房市场最近的景气和衰退得出的一个主要教训是，21世纪初即使供给弹性较大的市场也经历了很显著的住房价格周期。这强调了一个事实，即我们对于这些市场如何运作还有很多需要了解的地方，尤其是抵押贷款审批、抵押贷款的资金来源，以及未来价格预期如何进行交互作用等问题，这些也将对需求产生重要影响。

证券化是美国很多抵押贷款资金的来源，其本身可能具有空间影响。霍沃特等（2012）表明在景气时期，许多自报为业主自用贷款其实是被拥有多个第一留置权抵押贷款的借款人取出来的，这表明他们实际是作为投资者在操作。这种投资者需求的增加为证券化所推动，因为下游的投资者不同于发起者，他们无法获取到借款人的信用报告，而这一信用报告对于检查借款人的意图非常有用。这些贷款尤其集中在亚利桑那州、加利福尼亚州、佛罗里达州和内华达州的景气市场，并且与交易和定价之间的较大差异有关。当市场价格转头开始下跌，这些贷款的拖欠率很高，最终导致取消赎回在空间上集中。

15.3　抵押贷款的分布

抵押贷款影响城市景观的一个重要方式是通过对住房所有权范围和分布的影响。虽然住房自有率已经在64%～65%徘徊了几十年，图15-1显示了在最近住房周期中住房自有率的大幅上升和下降，尤其对应2007年以来信贷紧缩后的信贷扩张期。此外，在总体住房自有率之下，地域和家庭间的特征显示出相当大的差异性。截至2013年底，总体住房自有率为65.2%，但只有50.2%是由低于平均收入的家庭拥有，其中拉丁裔占45.5%，非裔占43.2%，户主年龄低于35岁的占36.8%。一些差异反映了偏好、业主自用住房的使用成本差异、资产、收入以及信用记录。然而，抵押贷款市场的歧视也可能影响到获得贷款的能力以及支付贷款的价格。在本节中，我们首先关注一些歧视问题，然后考察抵押贷款在整个生命周期中的分布。

15.3.1　抵押贷款获取

图15-6显示了种族和民族的住房自有率持续存在很大差异：非裔—白人

和拉丁裔—白人的差距从未小于 25 个百分点。虽然其他因素在解释这些差异中也明显起到作用，但这些差异的量级很自然地引出一个问题，那就是贷款人是否不公平地剥夺非裔和拉丁裔申请者的抵押贷款。后民权时代的反歧视法律[17]要求贷款人在做抵押贷款资格决定时忽略申请人的种族和民族，不管这些特性是否是影响贷款未观测风险因素的良好指标。法律还禁止贷款人进行基于邻里的种族或种族划分构成的歧视，这一做法被称为"红线"，因为据说贷款人在邻里画红线以确定不会发放贷款的地区。

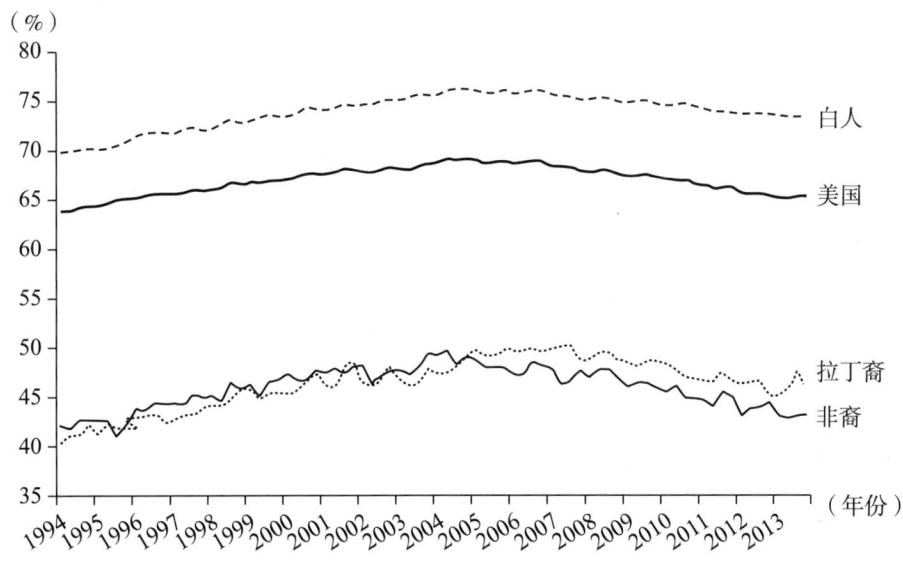

图 15 - 6　种族和民族的住房自有率

资料来源：美国人口普查局，最新人口调查/空置房调查，系列 H－111。户主的种族和民族："白人"是指非拉丁裔白人，"非裔"是指非拉丁裔的非裔，"拉丁裔"可以是任何种族。

关于种族和民族如何影响抵押贷款拒绝的早期研究缺乏足够的用于预测违约和违约成本的关键变量的数据。特别是，家庭抵押贷款公开法令（HMDA）数据（其中包括许多必要的变量）缺乏申请人信用历史和房产价值的信息（因此无法计算 LTV）。这些局限性在影响深远的波士顿联储研究（Munnell et al.，1996）中有所探讨，这一研究考察了波士顿的 HMDA 数据，并将之与一套全面的直接从贷款人处收集的额外变量合并。研究者预测了一个标准贷款拒绝

---

⑰　这些法律包括 1968 年的公平住房法案和 1974 年的信贷机会均等法案。

回归，包括非裔或拉丁裔申请人的指标。即使使用了广泛的控制变量，研究人员发现非裔和拉丁裔申请人的贷款拒绝率仍要高出 8 个百分点。波士顿联储发布了基础数据，他们的结果也受到密切关注。罗斯和英格（Ross and Yinger, 2002）提供了对这个文献的全面评估，并得出结论认为研究中的结果基本上是可靠的，令人信服的证据表明 1990 年波士顿贷款人存在对非裔和拉丁裔的歧视。[18]

地理红线标注研究一直存在同样的推断问题，正如那些考察基于个人种族和民族歧视的研究：红线问题分析不能脱离个人信用历史。[19] 在那些极少数有足够对比的研究资料里，很少或根本没有证据表明，贷款人根据邻里种族和民族系统性地拒绝贷款申请。在一个对波士顿联储研究的扩展中，图特尔（Tootell, 1996）预测了和原始研究类似的贷款拒绝回归，但使用了一组人口普查特性取代人口普查虚拟变量。他发现在个体的种族和民族因素受到控制的情况下，普查地区中的种族和民族构成没有统计学上的显著影响，对于高空置率、独立房产和大比例的低收入居民同样如此。因此，波士顿地区对非白人的歧视显然是个体行为，并没有对于红线问题的证据。亨特和沃克（Hunter and Walker, 1996）得出了一个类似的结论，也采用了波士顿联储的研究数据。

除了对红线歧视的禁止，1977 年的社区再投资法案（CRA）对银行（联邦保险存款机构）强加了一个积极义务，以帮助满足其整个服务区的信用需求，包括低收入和中等收入地区，这些地区的非白人人口比例较高。伯南克（Bernanke, 2007）的解释是，对低收入居民区的贷款可能是具有挑战性的，因为较少的房屋销售和更多样化的住房结构使得作出准确评估更加困难，低收入借款人的短期或不规律的信用记录也使信用评估更加大额。CRA 试图通过引导银行在服务水平低下的地区投资必要的专业知识来纠正市场失灵，并减少潜在的先动问题，当没有贷款人有动力成为第一个进入新市场的先锋。

对 CRA 有效性的研究已趋于找到积极的影响。例如，艾利等（Avery et al., 2003）发现相比那些收入限额高于 CRA 收入限额一点点的地区，略低于 CRA 收入限额的普查区有较高的住房自有率，业主自住单元增长较快，空置率较低；阿普加和杜达（Apgar and Duda, 2003）也得出结论认为，CRA 扩大了低收入借款人获得抵押贷款的可能性，并建议其覆盖范围可以再扩大。然而，一些批评认为 CRA 已经不起作用，不能作为有效的替代政策，或者说其成本超出其优势。巴尔（Barr, 2005）的研究对这些批评提供了一个很好的概述，最终得出结论认为 CRA 仍是克服市场失灵和歧视的合理有效政策。

---

[18] 请参阅拉德（1998）的总结。
[19] 早期研究的回顾请参阅席尔和沃切特（1993）。

15.3.2 高成本贷款分布

在 21 世纪初，抵押贷款变化伴随着大规模的信用扩张，特别是在次级市场，如图 15－7 所示。新的抵押贷款只需更低的首付和更低的信用评分，很少甚至不需要资产和收入的文件记录，次级市场抵押贷款证券化也加剧了这一状况。但显然，这些产品通常也给借款人增加了额外成本。此外，借款人可能并不是十分清楚这些额外成本，因为贷款往往有相对复杂的特性，如最初的"引诱"利率后可能伴随着支付猛增，即使市场利率保持不变。[20] 这演化为一个令人高度关注的问题，即低收入和非白人个体及邻里不成比例地接受成本较高的贷款，尤其是那些大的预期收益率贷款重置以至于借款人不可能负担得起。贷款人和抵押贷款经纪人被指控把借款人引向高成本且不恰当结构化的抵押贷款。对借款人来说，受到关注的不只是信息充分公开，还有金融知识有限以致可能不明白"引诱"利率是如何运作的，以及低估其利率可能增加的比例，或高估其支付更高重置利率的能力，或由于短视或夸张的贴现使其简单认为这一点并不重要。

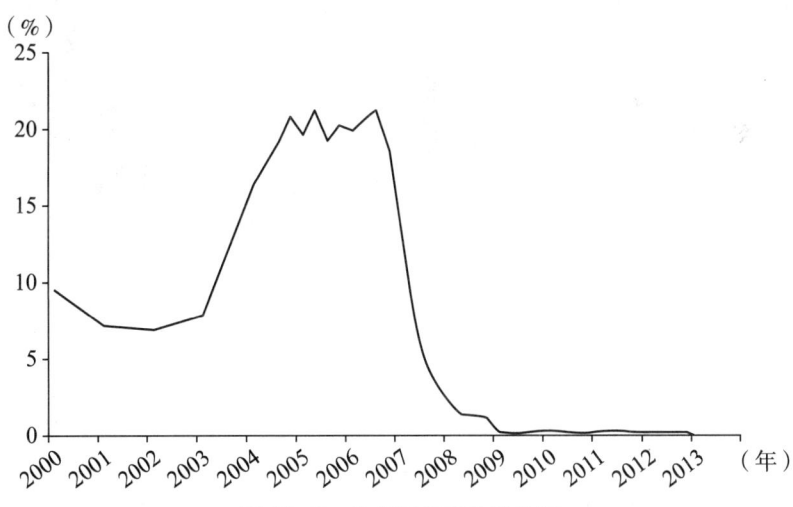

图 15－7 次级抵押贷款的比例

资料来源：抵押贷款内参，2013 年。用抵押贷款余额加权。

---

[20] 迈耶等（2009）提供一个了对次要贷款和次优级抵押贷款的结构和风险特征的很好的说明。

　　许多研究都记录了基于收入、种族和民族的高成本或次级贷款模式。例如，迈耶和彭斯（2009）研究了多个数据源，并于2005年发现即使在控制邮区收入和信用评分之后，次级抵押贷款越来越集中在非裔和拉丁裔居民比例较高的邮区。根据所观测的非裔居民比例，第90百分位的邮区比相应中位邮区的次级贷款高42%，根据所观测的拉丁裔居民比例，第90百分位的邮区次级抵押贷款发放也高出33%。他们还表明，次级贷款可能在信用较难以获得的地方更为普遍，比如中位信用分数的邮区或失业率较高的县。

　　图15-8给出了纽约市一个以非裔和拉丁裔为主的邻里的次级贷款地理集中。阴影显示的是在每个普查区非裔或拉美裔居民所占份额，而每个点代表发放于2006年的成本较高贷款的人口普查位置。正如HMDA所定义的，一个成本较高的贷款是年利率（APR）在财政部可比收益之上高出3个百分点的贷款，这是次级抵押贷款的常用衡量指标。

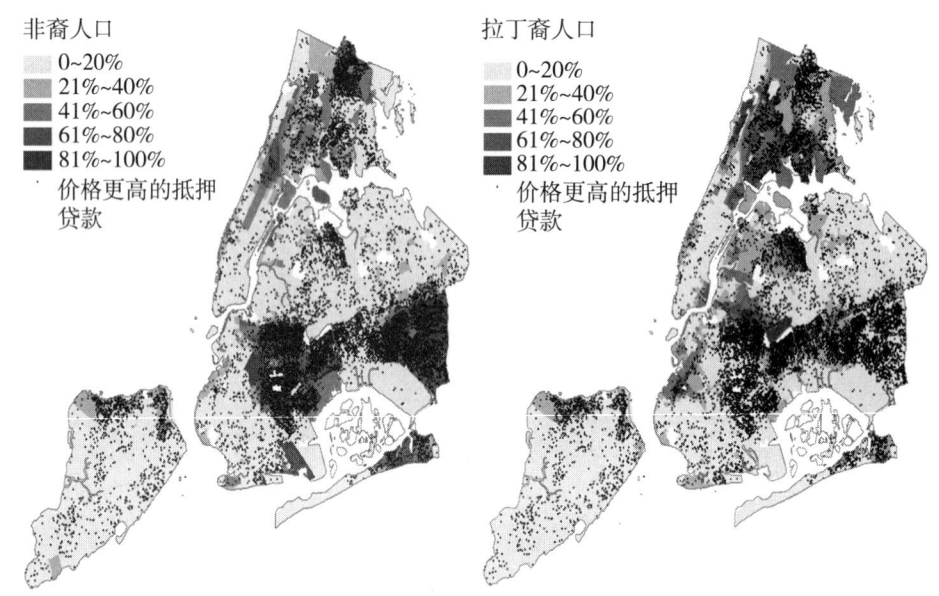

图15-8　纽约市成本较高抵押贷款的分布，通过普查区种族和民族确定

　　资料来源：2000年美国人口普查和2006年HMDA。每个点代表一个价格较高的抵押贷款发放（第一留置权，业主自用购房），随机分布在普查区中。阴影区代表非拉丁裔非裔的比例，以及每区人口中任意种族拉丁裔的比例。

　　虽然不被认为是次级贷款市场的一部分，平托（Pinto，2012）认为许多在此阶段发放的FHA FRMs表现出典型次级贷款的特性，包括低信用评分、低首付、高债务与收入比率，尤其是那些发放于中等家庭收入低于大都市统计区（MSA）中等家庭收入的邮区。正如次级贷款一样，这些贷款经历了非常高的违约率，导致贫困邻里取消赎回率不成比例的高。

在某种程度上，低收入非裔和拉丁裔家庭更可能遭遇信贷限制，且不太能符合传统贷款的要求，高成本次级贷款的扩张可能是一种福利改善，因为它增强了拥有住房的能力或提取住宅资产价值的能力。但是，如果次级贷款是更便宜常规贷款的替代品，那么结果显然是出于对平等获得信贷原因所关注的，即使不考虑后续的取消赎回危机及其相关的负面溢出效应。解开这两种效应的难题是一个挑战，因为我们不可能精确地构造借款人获取抵押贷款资格的设定。此外，抵押贷款在许多方面都有区别。例如，不同期限、摊销和费率表，以及偿还补偿费的贷款，将根据借款人的预计住房持续时间和对房屋升值以及自己未来收入预期轨迹的期待对借款人存在不同的价值。即使我们考察全部选择设定，这些个体因素缺乏信息也使我们难以断定一个贷款对于某一特定借款人来说是否必然会比另一个贷款更加大额。

许多研究使用 HMDA 的 APR 方法考察抵押贷款定价，这一方法摊销了利息支付以及在贷款充分到期的前期费用，并且公布了相对成熟的国库券范围，这一范围至少是 3 个百分点。这种将价格转变为单一的余留审查的方法出现了几个问题。首先，对于一个给定的前期费用和利率上升时间表组合，即使测量的 APR 相同，有较短预期住房久期的借款人将享有更低的成本。其次，借款人很少持有一个抵押贷款直至到期。假设预计久期比成熟期短，两个抵押贷款可以有相同的 APR，但却有着非常不同的预期成本。考虑到非白人更可能有针对性地被收取高昂的前期费用，HMDA 的 APR 方法可能无法反映这一歧视，并可能会低估差距。再次，撇开任何前期费用，APR 的概念也可以因混合可调利率抵押贷款（ARMs）而成为问题，其中借款人中很大一部分在第一次重置时预付费（很多贷款余额有在这个点上过期的偿还补偿费）。因此，贷款人可以通过稍微改变税率调整公式来实现任何 APR，而无须显著影响抵押贷款产生的可能支付流。最后，余留审查可以防止发现信用更好的借款人被歧视，因为他们不太可能有比余留审查"门槛"率更高的费率。

仅仅依靠 HMDA 数据对 2000 年后的数据分析（例如，Avery et al.，2006），往往会发现非裔和拉丁裔实质性的不利定价效应，但它们因解释变量有限而严重受阻，其中包括缺少信用评分或 LTV 的信息。博西昂等（Bocian et al.，2008）通过把 HDMA 与一个大型的专有次级贷款数据集进行合并解决了这个问题，这一数据集包含更多关于借款人风险属性的信息。他们分头对 30 年的次级贷款做了 FRMs 分析，以及最流行的 ARM 分析，称为 2/28（这是一种 ARM 的组合模型，最初 2 年为一个利率，之后每隔 6 个月进行利率重置，持续 28 年）。通过是否偿还补偿费以及通过比较购买与再融资贷款，他们进一步细分这两个组合。总的来说，他们的分析表明，在有偿还补偿费的购房贷款中，非裔和拉丁裔借款人更有可能获得 HMDA 报告的超出国债门槛年利率 3 个百分点的 APR，而这些差距与 2/28 相比，对于 FRMS 来说更大。然而，对于没有偿还补偿费的 FRMS 抑或 ARMs 来说，或对于再融资贷款来说，几乎没有显著差异。博西昂等没有预估由于种族和民族增加 APR 的量，并暗示余留审查使其变为不可能。他们关注的焦点是次级市场遗留的一些更广泛的问题，即是否当一些借款人实际上可能有资格获得更便宜的传统贷款时，却被引到了次级抵押贷款上。

考克兰（Courchane，2007）通过使用 22 个贷款人的（非典型）样品将优级和次级贷款结合。这些专有数据不受制于 HMDA 对 APR 的余留审查，并含有债务收入比、信用评分和 LTV 等关键审批变量。考克兰考察了 2004～2005 年的贷款发放，以估计取出次级抵押贷款的可能性以及 APR 利用内生转换框架获得次要或主要抵押贷款条件的影响因素。结果表明，几乎所有使用次级贷款市场的种族差异和绝大多数非裔—白人和拉丁裔—白人差距可以通过被适当使用在承保和定价中的观测量所解释。与 APR 的差距在经济学上已经微不足道，[21] 而且分析表明，它们基本上来自主要或次级市场内，而非跨越两个市场的选择。

最近，拜尔等（Bayer et al.，2014）将七个城市 2004～2008 年 HMDA 数据与信用报告和公共财产以及抵押行为相链接。合并后的数据使研究者们能对比一组丰富的风险属性，包括初级留置权的存在，并把握主要和次级抵押贷款市场。然而，他们仍然受到作为其高成本定价措施的 HMDA 被余留审查的 APR 所阻碍，并且他们也只将借款人将获得超过 HMDA"门槛"的 APR 贷款的可能性加以建模。拜尔等发现重大的、具有实质性但原因不明的差异，非裔、拉丁裔和年长的借款人更可能接受高 APR 贷款。特别是，他们发现最大的差异存在于分布在信用评分范围内的非裔购房者，尤其是在一些县，在那里近期的非裔购房者不太可能接受过大学教育。对于拉丁裔借款人和年长的借款人来说，差异主要集中在信用分数低或 LTVs 高的借款人。拜尔等还得出这样的结论：相当数量的估计差异是由于对贷款人的挑选，因为当模型中包括贷款人固定效应时差异大幅减少。

---

[21] 与白人借款人相比，对非裔来说 APR 高出 0.09～0.10 个百分点，而对拉丁裔来说高出 0.08～0.11 个百分点。

另一种已经被一些研究采纳的策略是考察一些 APR 的要素，而不是 HMDA 的 APR 本身。这种方法一定要避免选择和操纵的问题，通过更集中于特定产品以考察是否贷款人对不同借款人进行价格歧视，但是这种方法能够形成对任何定价差异大小的预估。霍沃特等（2009）使用的数据来自于与 HMDA 合并的，且专注于 2/28 ARMs 的证券化非主要抵押贷款的服务记录。对比许多以前的文献，他们发现，在对比了风险特征和邻里组成后，非裔和拉丁裔借款人得到稍微优惠些的条件，但这些影响的规模从经济学上来看是微小的。[22] 另外，亚裔借款人支付略高的初始利率和重置利润率。他们还发现，贷款在亚裔、非裔和拉丁裔居民比例更高的邮区以及在失业率较高的县更便宜，这与迈耶和彭斯（2009）对这些地区次级贷款更集中的发现相一致。他们数据的一个缺点是没有包括借款人可能在最初已支付费用或重要节点的信息，因此，有可能预估的较低利率和重置利润率是由于较高的已支付费用造成的，或者说在实践中，即使考虑了略低的利率和利润率后，对非白人借款人收取不成比例的更高费用。当然，这些分析并没有解决产品选择这一范围更大的问题。

根特等（Ghent et al.，2014）使用类似的数据，关注了 2005 年加利福尼亚州和佛罗里达州的非优级贷款的证券化。他们考察了七个最流行的非优级抵押贷款产品，并将其余的作为一类，但不同于霍沃特等（2009）的是，他们对每个产品单独进行分析，并没有考虑在不同类型产品之间或与主要市场的操纵或选择，而且他们也无法查看前期的贷款手续费和费用。他们的经验策略不同于霍沃特等的原因在于，他们还对比了定价模式中的违约和提前还款概率可能存在的差异。根特等的研究结果表明了对非裔和拉丁裔借款人的不利定价，以及对非白人居民比例较高的邻里的不利定价，但这些影响的幅度相对较小。[23] 他们的研究结果还表明，对于 2 年内违约或提前还款的概率而言，这些差异不能完全由个人或邻里种族和民族的影响来解释。需要强调的是，这种形式的统计性歧视是非法的，但尽管如此，这一分析对理解各种差异的来源是有帮助的。这些结果表明，差距超越了这种不合法的、歧视化的统计。

有趣的是，根特等发现再融资抵押贷款几乎没有差别定价。由于再融资的借款人已经有一笔抵押贷款，因而他们更了解抵押贷款市场，研究者们认为这一发现表明，不利定价不是"因为贷款人本身存在歧视问题。"相反，他们认

---

　　[22]　初始抵押贷款率对非裔和拉丁裔来说比平均的 7.3% 低约 0.025 个百分点，重置利润率比平均的 5.9% 低 0.017～0.05 个百分点。

　　[23]　例如，对于 30 年期的 ARM（大多数产品），非裔和拉丁裔借款人面临的利率分别比其他借款人高 0.12 和 0.29 个百分点，而在非裔或拉丁裔所占比例增长 10 个百分点的邻里，最坏的情况是利率增长 0.014 个百分点。

为这是由于与同类白人购房者相比，非白人购房者较少集中或有效地搜索信息，以获得可能的最佳利率，也许是因为非白人购房者不太可能从居住的社区获益或从抵押贷款市场知识的代际转移中获益。值得注意的是，即使更有知识的再融资借款人也不太可能受到积极营销策略和操作的影响，因此，再融资借款人缺乏不利定价影响可能仅仅是因为他们更容易抵制抵押贷款经纪人或贷款人可能的歧视行为。最后，如果借款人的特征对于计量经济学家来说是不可观察的，但对于贷款承保人是可观察到的，那么寻求再融资抵押贷款的借款人相对于寻求购买其第一所住房的借款人来说是一个有代表性的样本。因此，对于观察到的购买抵押贷款定价差异可能反映样本选择问题。

一些研究已经把注意力集中到抵押贷款经纪人在确定借款人支付价格中的作用。经纪人能够直接从借款人（贷款手续费）处以现金形式获得补偿，以及间接通过从贷款人给经纪人的佣金中获取（收益率差溢价）补偿，这将导致借款人更高的利率。伍德沃德和霍尔（Woodward and Hall，2012）使用2001 年发放的 FHA 固定利率购房贷款的样本数据，考察了这两种来源的经纪人佣金总和。在他们的数据中，非裔和拉丁裔借款人比跟他们有相似贷款金额和信用评分的白人借款人支付更高的总经纪人佣金，而来自普查区教育程度较高的借款人支付比其他地方同类借款人更低的佣金。他们的研究结果表明，过少的经纪人导致借款人至少牺牲 1 000 美元，用现金和贷款人佣金两种形式补偿经纪人的借款人，比不用现金支付的借款人多付一倍的钱。他们认为，这种看似非理性行为的主要原因在于借款人的困惑——即借款人可能误解了经纪人的角色是帮助他们寻找"最佳"的抵押贷款，并且他们可能会认为贷款手续费和贷款利率是独立的，而不是一个权衡。伍德沃德和霍尔的结论与考克兰等（2004）是一致的。考克兰等（2004）在 2001 年分析了主要和次级借款人的调查数据。他们发现，即使对比了如 LTVs 和信用评分等承保变量后，那些参与较少搜索活动并有较少抵押贷款市场知识的借款人更可能获得次级贷款。

从这部分文献得出的一个结论是，借款人会从更多的搜索活动中大获裨益，包括从额外的经纪人处购买。但是汉森等（Hanson et al.，2013）也提供了一些证据表明，抵押贷款经纪人对待借款人的态度有所不同，这取决于借款人的种族和他们的信用评分。研究人员进行了一个配对田野试验，通过电子邮件向经纪人发送欲获取抵押贷款援助的请求，邮件来自有不同信用评分和不同种族的虚构借款人。[24] 汉森等发现对非裔客户的回应与白人客户相比，差异虽

---

[24] 对于种族的猜测可能通过使用一些可以使人联想到某一种族的姓名作为标志。请参阅 Ross et al. (2008)。这是一个早期的配对试验例子，在 2000 年抵押贷款申请过程中使用现场人员作为检验者。研究发现芝加哥的非白人与白人相比得到较少的信息和帮助，但在洛杉矶却无此情况发生。

小但是意义重大。[25] 更大的回应差异体现在信用评分上，而对于不同种族的回应差异则更为严重。此外，即使那些对两个种族均予以回应的经纪人，其回复的内容倾向于提供更多的细节和使用更友好的语言（由一个外部审查小组判断），尽管公开的歧视行为（如提供不太有利的条件或转向一个产品）并不常见。

对抵押贷款经纪人的任何差别对待应结合其他参与者在住房房地产市场的行为加以考虑。住房和城市发展部（HUD）从 1977 年开始进行了一系列配对试验研究以监测房地产经纪人的歧视行为。最近特纳等（2013）发现，相比资格基本相同的白人购房者，非裔和亚裔购房者得到的房源信息和看房的数量更少。[26] 这种抵押贷款经纪人的差别对待不仅限制了选择，也引起了住房搜索成本上升，并加剧差别对待或抵押贷款申请过程中搜寻成本的差异。

15.3.3　整个生命周期的抵押贷款

本章前面提到的业主自用住房需求的简单模型集中于房屋的使用成本。标准的经济学理论指出，在没有流动性约束时，家庭在其生命周期的预算限制下，选择消费商品（包括住房）以最大限度地提高各个时期的效用。因此，偏好和持久收入将决定一个家庭所需住房的数量，住房的使用成本将决定这个家庭租房或是购买住房。当然，从获得信用和清算大的整批资产能力两方面来说，流动性约束是真实且重要的。抵押贷款的结构会影响土地使用权决策以及整个生命周期的住房消费数量，也会影响到城市景观。

图 15-9 表明抵押贷款持有下降反映了随着家庭年龄增长住房自有率增加。下面，我们将讨论在当前收入最不可能等于永久收入的情况下，抵押贷款在生命周期的不同阶段的影响。对于较年轻的群体，借款约束是最重要的，而在老龄阶段，减少住房权益的能力是主要关注。

15.3.3.1　住房所有权转变

即使没有流动性约束，我们仍会期望年轻家庭的住房自有率较低。有以下几个原因：首先，处于职业生涯早期的家庭往往会具有较低的边际税率，在其他条件一样的情况下，会增加业主自用住房的使用成本。其次，年轻家庭特别

---

[25]　1.9% 的经纪人对来自客非裔客户的查询没有回应，但他们对白人客户的咨询都会作出回应。

[26]　向经纪人询问关于最近广告刊登的待售房屋的非裔与亚裔购房者所获取的房屋信息分别少17.0% 和15.5%，被带去看的房屋数量分别少17.7% 和18.8%。在拉丁裔购房者方面没有发现显著差异。

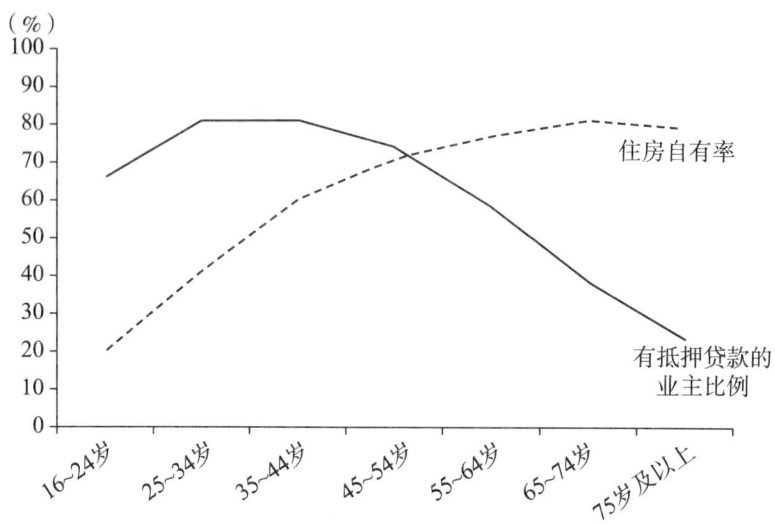

图15-9 住房所有权和整个生命周期的抵押贷款

资料来源：现代人口调查，2013年3月。

是那些单身无子女的家庭，更倾向因劳动市场机会而迁移，寻找的住房地点更可能符合自身情况的服务和设施。这种较大的流动性偏好意味着，与在租赁住房之间迁移相比，他们不太愿意承担与购买和销售住房有关的大量交易成本。最后，在美国的许多地方，自有住房和租赁住房在其物理属性、周围邻里以及获取地方公共物品方面也存在基本区别。对于与私人户外空间和设施分离的独户住房的租赁选择，如高质量的公立学校和低犯罪率，在一些辖区往往是十分有限的，部分是由于分区规则。在用户成本考虑之外，这些特点使用户更愿意拥有住房而不是租赁，而这些对于年轻家庭来说不是那么重要。

抵押贷款结构所引起信用约束，无疑限制了一些家庭实现从租房到自有住房过渡的时机。要想有获得抵押贷款的权利，借款人通常需要证明其有一个愿意偿还债务的信用记录以及显示支付能力的稳定收入流；处于职业生涯早期的家庭不太可能符合任一条件。年轻的家庭也更可能有尚未还清的学生贷款，这会减少进一步获得购房贷款的能力。但是，首付要求是那些想拥有住房的租房者的最大障碍。

对租房者的调查持续显示，首付加上房地产买卖手续费是住房所有权的一个主要障碍。[27] 人口普查局的房屋负担能力指数使用的数据来自收入和项目参与调查（SIPP），根据其收入、资产和债务把握家庭在他们的居住地区购买价

---

[27] 全国房地产经纪人协会（2013）。

格适中住房的能力，并且假设其需要支付一个首付 5% 的 30 年期传统抵押贷款（请参阅 Wilson and Callis，2013）[28]。SIPP 缺乏信用历史信息，因此这个方法不能把握不良信用记录而产生的借款约束。2009 年是可利用数据的最近一年，租房者中的 93% 负担不起购买价格适中的住房，其中 1/4 的人虽然有足够的收入获得抵押贷款，但却没有足够的首付。[29]

对于许多年轻家庭来说，与不为首付存款相比，为首付存款将使住房和其他商品的消费更少。恩格尔哈特（Engelhardt，1994）使用收入动态追踪调查（PSID）估测了与首付存款相关的消费牺牲，发现家庭在为购买第一所住房存款时期，食物消费增长比购房后低 10%。

此外，还有证据表明来自家庭成员的转移能减轻首付约束，并加快过渡到住房所有权。例如，考克斯和杰派利（Cox and Jappelli，1990）发现，代际转移特别针对面临流动性约束的年轻一代。恩格尔哈特和迈耶（1998）发现，家长转移会导致提前购买更大额的住房，家庭帮助的普遍性十分显著：首次置业者中 22% 接受首付馈赠，平均首付馈赠额超过首付的一半。

这些代际转移可以固化财富的集中以及收入、种族和民族间的住房所有权的差异。[30] 目前公认住房所有权是低收入家庭积累财富的重要工具，因为每月偿还抵押贷款起到强制储蓄的功能。此外，杠杆效应是指一名借款人获得房屋价值整体提高的利益，尽管只支付了部分权益（首付）。赫伯特等（Herbert et al.，2014）认为，这些低收入家庭从住房所有权积累的财富收益，即使在近期住房景气与衰退中仍保持不变。通过推迟那些没有获得馈赠家庭的财富积累，首付约束可能加剧财富集中。当我们考虑到累积的住房权益在创造财富时被进一步使用，问题则更加严重，例如小企业的资本或为年轻一代的人力资本积累。[31]

考察借款约束的另一种方式是从住房所有权全有或全无的性质来考虑。住房成本在大部分家庭的预算中占有相当大的份额，而目前把住房分割成部分出租和部分自住的很有限。通常情况下，抵押贷款包括整个房子，因此相对于收入来说，首付要求相当可观。然而，对住房土地使用权的选择存在出租住房和传统拥有住房两种情况下，而且通常被称为权益共享住房所有权。在这种存在替代形式的所有权下，居住者消费住房服务整体，但也是住房资产的部分业

---

[28]　"价格适中的住房"被定义在家庭所在的大都市区或家庭所在州内的业主自用住房的 25 个百分点。

[29]　额外的 74% 没有足够的收入以及没有足够的现金，2% 只是收入不足。

[30]　希尔伯特和刘（2008）提供的证据表明父母转移部分解释了非裔—白人在住房所有权上的差距。

[31]　Lovenheim（2011）发现住房财富对高校招生，尤其是对低收入和中等收入家庭的实质性的积极影响。

主，并承担住房升值或贬值的结果。

现有的权益共享计划通常依赖于一个机构来提供权益的剩余份额。卢贝尔（Lubell，2014）给出了一个重点针对低收入家庭的调查和模型评估，这些家庭通常由地方政府或非营利机构提供权益共享。一些大学为其雇员以共享增值抵押贷款的形式提供权益共享住房计划。[32] 这些抵押贷款的结构各不相同，但它们一般都会向借款人提供利息支付减少或递延，作为份额升值的交换。

相对这些现有模型，卡普林等（Caplin et al.，1997）设计了一个共享所有权的系统，其依赖于非住户权益共享的投资者市场。在这些"住房伙伴关系"中，住房所有人和住户（管理合伙人）与私人投资者（有限合伙人）共同购买住房，并共享销售所得款项。住房所有人要求的借款数额按他们在合作伙伴关系中的份额比例缩减，因此，抵押贷款（包括首付和月供）变得更加实惠。卡普林等设想了一个类似于定期抵押贷款的有限合伙二级市场。

15.3.3.2　老龄阶段的抵押贷款

众所周知，在未来几十年里，由于预期寿命增加以及婴儿潮一代的老龄化，美国人口很可能会严重老龄化。[33] 这种老龄化使得考虑住房抵押贷款对老年人的影响格外重要，因为它可能影响他们对居住区位的选择以及向他们提供的各种社区支持和服务。政策制定者和倡导者普遍认为，居家养老——在自己的家里尽可能长时间地居住——是利于老年人和所在社区的理想结果，也会带来个人和公共部门的成本节约。[34] 适当的住房抵押贷款工具和机构可能会在增加老龄家庭居家养老能力上起到一定的作用。

在老年阶段，对住房所有者来说一个重要的问题是，他们如何能够动用自己积累的住房权益，或者在退休后将其转换成收入流用于消费。如前面图15-9所示，住房自有率随着年龄而增长，65岁及以上的家庭达到了80%以上，而使用抵押贷款的住房所有者份额随年龄而单调下降。此外，住房权益对大多数老年人来说是非养老金财富的主要组成部分。[35] 但不宜居的住房和资产非流动性使问题更加复杂化。希望降低住房权益的住房所有者有几种选择。出售住房、迁移到另一个价值较低的住房或租赁住房，对于变现住房权益来说是一个显而易见的解决方案，但这需要住房所有者迁移，可能涉及到相当大的心理成

㉜　例如，哈佛大学、纽约大学和斯坦福大学对一些员工提供了这样的方案。

㉝　根据预测，65岁及以上人口将在2012～2060年翻一倍以上。美国人口普查局：2012年全国人口推算。

㉞　证据摘要请参阅HUD（2013b）。

㉟　波特巴等（2011）。

本：一个广泛报道的 AARP 调查发现，3/4 的 50 岁或以上的受访者强烈赞同这一说法，"我真正想做的就是留在我目前的住房里越久越好。"㊱

通过减少住房维护和允许住房贬值，是消费住房权益的另一种方法。但不像出于平衡消费目的的住房维护临时延期，住房贬值持续下降不太可能是最理想的情况。大卫杜夫（2006）利用来自 AHS 的数据发现，75 岁或以上的房主在日常维护上的花费显著较少，并且对进行大型维修的意愿要低得多，这导致住房升值减少，大大超过从维护不足中节省下来的钱。这种差异可以解释为与使用这种方法获取住房权益相关的成本。

通过额外的抵押贷款、HELOCs 或通过套现再融资等途径承担更大的住房贷款，可能是不必迁移就能减少住房权益的直接方法。但对于退休的住房所有者，每月额外的支付可能会造成借款资格约束㊲，并且老年阶段医疗成本的不确定性可能会降低退休期间每月更高债权的吸引力。HELOCs 有期末整付的另一个问题，即当信用贷款结束时借款人可能无法融资。

反向抵押贷款具有优势，它允许住房所有者无须每月支付抵押贷款而收回权益，只有当借款人迁移、出售住房或死亡时才必须还清贷款。联邦住房管理局保险的住房反向抵押贷款（HECM）目前几乎占美国反向抵押贷款的全部。HECMs 允许 62 岁及以上的借款人以信贷额度、期限或终身年金、一次付清或这些选项的组合形式获得其住房权益。这些贷款对于借款人及任何继承人是无追索权的。可行的保险费会在覆盖在终止时出现负权益的风险，要么是因为借款人比保险精算评估的预期寿命更长或因房价下跌。

鉴于其优势和潜在可能有资格从这些优势中受益的大量人口，一个长期存在的难题是为何反向抵押贷款仍相对冷门。大量文献对老年人是否想要或应该消费其住房权益做了研究。㊳ 除了与住房相关的金钱问题可能导致离开住房的偏好外，相对于其他资产，作为一种遗产，以及一些社会项目对住房权益的优惠待遇，㊴ 文献强调了非年金财富储备作为预防性储蓄来源的用处，如住房。㊵ 不过，虽然老年家庭因为住房权益提供的保险从而不愿意动用它，但当不利事件实际发生时，有一个可使他们获取权益的工具是十分重要的。

自 21 世纪前 10 年中期，对反向抵押贷款的需求急剧增加，虽然后来有所

㊱　基南（2010）。

㊲　特别是与财富相比，在退休期间界定福利退休金受欢迎度的日益减少加上低年金率可能导致更少的养老金收入。

㊳　总结请参阅波特巴等（2011）。

㊴　各州的规定有所不同，但主要住所经常被排除在医疗补助和补充保障收入资格的资产检验外。

㊵　例如，大卫杜夫（2010）认为，当家庭需要长期医疗时，他们会利用其住房权益，这也解释了对长期医疗保险需求低的原因。

下降，且当贷款发放仍比 2000 年要高得多时，反向抵押贷款仍保持低位。大卫杜夫（2013a）认为，在一套合理的假设下，历史上 HECMs 一直为借款人提供优惠的定价，因此，需求疲软不能归因于其高成本。一些研究表明，21世纪初的需求增长反映了其他形式的住房贷款信用扩张至少部分是由房屋价格增长所推动的。单（Shan，2011）提供了对 2003~2007 年趋势的描述性分析，并得出结论认为，住房价格上涨占了反向抵押贷款市场增长的约 1/3。最近，豪林等（2014）考察了 2000~2011 年 HECMs 吸纳率在州一级上的变化，发现实际住房价格相对历史趋势波动较大的那些州有相当高的吸纳率。他们认为，这种行为是与业主对未来住房价格削减的预期以及锁定他们的权益收益相一致的。

消费者金融保护局（Consumer Financial Protection Bureau，2012）报道指出，HECM 借款人的年龄分布也变得更年轻，而且借款人有更多的贷款，并越来越多地使用他们有资格获得的全额贷款作为一次性付清的预付款（2011 年73% 的 HECM 借款人）。他们表明借款人越来越多地使用 HECM 以对传统的抵押贷款进行再融资，而无须按月支付；本质上他们使用的是现有的住房权益来偿还贷款。相较于传统的抵押贷款产品，这使得他们由于负权益在流动性锁定上将冒更大的风险，当然，他们现在对不可预见费用或未来迁移融资有较少的预防性储蓄。对退休的住房所有者来说，虽然锁定没有劳动力市场影响，配偶死亡或限制日常活动不利健康可能使迁移成为一种良策。但对于个体借款人来说，这些风险需要与额外的现金流以及无限期留在自己住房的能力相平衡。虽然有一些关于借款人如何以及为什么使用反向抵押贷款的调查证据，但目前在这一领域我们仍缺乏相关信息和研究。

我们认识到还没有关于反向抵押贷款借款人住房维护和投资方面的研究。HECM 条款要求借款人要使住房的保养状况良好。[41] 埃里克森等（Eriksen et al.，2013）表明，随着年龄增长，年长的住房所有者应该在住房维护和提升上进行更多投资，以防止发生事故耗费巨大医疗费用。[42] 由于反向抵押贷款可用来资助住房维护改善，它们有潜力来帮助现有住房储备适应日益增长的老年人口。

自从住房市场度过了高峰期，HECM 保险基金因为贷款终止时的负权益已

---

[41] 如果住房陷入不良维护状况，且借款人在被要求进行维修时不作回应，贷款人有取消赎回的权利。

[42] 他们的估计表明，花在住房安全与辅助功能上的每一美元都与 93% 的非致命性跌倒所花的医疗费用有关，并且对于那些 75 岁及以上的老年人来说，医疗费用的减少远远超过这种一美元换一美元的回报。这些估计只包括医疗上的估计，不包括任何心理成本或任何正式或非正式的急性后期照护的价值。

蒙受了巨大损失。[43] 此外，在 2012 年 2 月，近 10% 的 HECMs 因未缴纳财产税或住房所有者保险而违约，使许多住房所有者置于取消赎回的风险中。两个最大的贷款发放机构（他们之间有 36% 的市场份额）于 2011 年退出，其中一个称担心对老年人的取消赎回影响自己的声誉（消费者金融保护局，2012）。作为对这些问题的回应，HUD 最近限制了大量前期支付的能力，并且已经推出了基于收入和信用价值的新承保标准来评估 HECM 借款人满足税收和保险义务的能力。到目前为止，对反向抵押贷款违约决定因素的研究一直受阻于缺乏适当的数据作为风险特征，如信用评分、债务和收入在贷款审批过程中都未使用。[44]

HECM 项目的问题可能反映的是住房市场过去十年中经历了历史上发生过的波动，而不是其长期可持续性。然而，持续性或缺少可持续性，可能成为未来社区塑造中的一个重要因素。随着 HECM 在反向抵押贷款市场上的主导地位，其继续运作可能是影响住房所有者居家养老时利用住房权益能力的一个重要因素。

15.4　负　权　益

住房市场衰退期间房价的显著下跌带来了一个前所未有的负权益水平。图 15-10 显示了随着时间的推移负权益在抵押贷款的份额。科络捷报道称在 2009 年的第四季度，共有 1 130 万美元抵押贷款或者说借款人中的 24% 拥有负权益。美国社区调查的数据表明，住房所有者中大约 2/3 有抵押贷款。这意味着，在 2009 年年底近 16% 的住房所有者是负权益。自 2009 年以来，大多数市场的房价上涨、分期偿还贷款以及取消赎回相结合已经慢慢减少了负权益的规模。科络捷报道称 2013 年的第三季度负权益的按揭贷款数量下降到 640 万美元。

鉴于房地产衰退导致负权益的显著性，探讨地方住房市场负权益可能产生的后果非常重要。考察的三个重要领域分别是策略性违约的影响、住房储备的换手率以及负权益住房在何种程度上得到充分维护。策略性违约显然会影响止赎率，这个问题我们将在本章的后面讨论。换手率非常重要，因为它能决定家庭随着时间推移对房屋进行选择的程度。成交量也有助于发现价格。此外，当

---

[43]　综合金融工程（2012）。

[44]　莫尔顿等（2014）的初步发现认为，信用评分、之前的拖欠和大量的前期支付是重要的预测因素。大卫杜夫（2014）认为，对房价走势的选择和 HECM 借款人的人口统计可以大体解释大约一半在 HECM 贷款上的欠佳表现。

家庭迁入新居时也会有大笔支出产生。⑤ 此外，地方政府的收入来源之一是对房地产销售征收过户费。⑥ 因此，换手率可以对住房以外的地方经济活动产生影响。如前所述，住房投资支出可以抵销地方住房储备的物理折旧率，而且也是本地经济活动的额外来源。

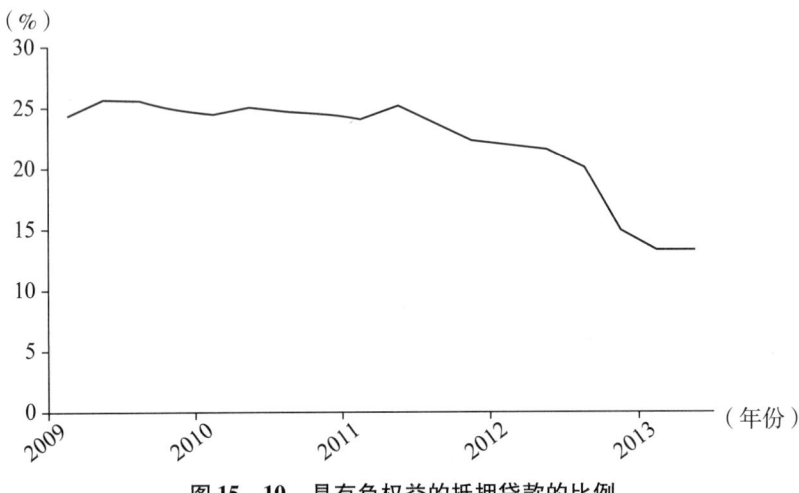

图 15 − 10   具有负权益的抵押贷款的比例

资料来源：科络捷。
注：抵押贷款的比例，这一抵押贷款中未偿贷款比估计的房地产价值要高。

15.4.1   负权益和策略性违约

当一个负权益家庭有能力继续支付抵押贷款金时，他们仍然可能选择违约，在这种情况下，房子将进行取消赎回出售。我们将这一行为定义为"策略性违约"。如果抵押贷款是无追索权的，这个家庭作出这一选择所付出的代价是，他们的信用将受到持续若干年的严重破坏，从而限制他们在未来获得借款，也会提高未来的借款成本。正如我们将要明确的，把房屋出售归因于负权益，将我们的注意力放在策略性违约的情形下是非常重要的。这是相对于作为不利收入冲击和负权益组合结果导致的传统违约而言的。这种类型的违约是由不利的收入冲击驱动，要求把房屋出售，而负权益只是确定房屋的出售方式——由业主出售或由银行出售。

---

⑤   例如，霍沃特等（2013）的报告称就平均而言，家庭在居住期第一年花费在额外住房维护和提升上的支出为 2 500 美元（以 2012 年定值美元）。
⑥   请参阅 Lutz et al.（2011）关于住房景气和衰退对州和地方政府财政收入的影响的详细分析。

估计策略性违约的相对重要性一直因缺乏借款人收入和抵押贷款支付的数据而受到挑战。因此，早期衡量策略性违约的尝试使用了间接推理的方法。例如，百利—奥利弗·怀曼（Experian-Oliver Wyman，2009）使用信用记录以确定潜在的策略性违约者。他们规定，策略性违约者必须满足两个条件：借款人从目前的状况直接进入抵押贷款违约，而且借款人经过 60 天的拖欠抵押贷款后继续支付他们的其他信用义务 6 个月。通过使用这些标准，他们发现违约人中有 18% 似乎是策略性的。这种方法的一个缺点是，它并没有对照两个关键因素——负权益和没有不利收入冲击。

布拉德利等（Bradley et al.，2012）的研究能够弥补这一缺陷。研究者使用合并到信用卡和工资单的每月抵押贷款服务数据。他们的样本选择的借款人是在大企业工作的人，因此这些人更有可能将他们的就业/收入证明外包给一个信用机构。利用百利—奥利弗怀曼的标准，他们确定 21% 的违约是策略性违约。增加负权益和没有不利收入冲击将此数字降低至 14%。研究人员报告称，策略性违约的相对普遍性在借款人的信用评分以及当前 LTV 中增加。他们的研究结果表明，尽管考虑到房地产衰退期间负权益的严重程度，似乎只有少数违约在本质上是策略性的。

15.4.2　负权益和住房成交量

负权益可能如何影响住房换手率？为了便于讨论，我们专注于业主自用（而非租赁）住房的成交量。在这种情况下，当一所住房被出售以及其所有权被转移时，该所住房成交。在房地产衰退之前，负权益的影响相对较低。因此，早期文献关注降低借款人权益的住房价格下跌，但这种下跌还不至于将一个家庭置于负权益的程度。注意力过去都集中在业主正在出售住房且同时购买住房的情况。斯坦（Stein，1995）认为，房屋价格下跌导致的权益减少可以限制流动性，因为借款人没有足够的剩余权益以支付后续购买一个类似价位或更高价位的住房的首付。也就是说，为了获得另一个住房所有权，借款人要么从其他金融资产中拿出资金支付部分新的首付，要么换到一个更便宜的住房。[47] 在任一情形下，价格下跌都会创造销售金融摩擦。

如果这些价格下降足以使家庭置于负权益境况，那么住房价格下降带来的销售金融摩擦将被放大。为了出售住房，一个处于负权益的家庭必须付清抵押

---

[47]　此外，一个家庭可以从拥有住房的情况转移到租赁住房。这里，摩擦是指找到类似住房和/或在租赁市场找到一个类似位置的能力。违约不会是一个合理的结果，只要该家庭有足够的剩余权益以支付出售住房的交易成本。

贷款余额。[48] 这要求该家庭拥有足够的金融资产以弥补抵押贷款余额和从出售住房中获得的收益减去交易成本之间的缺口，不论该家庭对后续土地使用权如何决策，都将会创造一个销售金融摩擦。此外，对于既出售同时也购买后续住房的家庭来说，这个家庭面临一个更大的障碍，那就是它必须付清这个缺口，并且必须有足够资金以负担新的首付。

业主自有住房成交量的负权益的整体预期影响，取决于策略性违约的相对重要性。如果策略性违约不常见，那么在借款人收入保持不变的情况下，我们猜想负权益会减少住房成交量。也就是说，没有违约情况的住房的销售金融摩擦将超过整体住房成交量的策略性违约效果。但是，如果策略性违约在整体违约中占有显著份额，那么负权益可能会增加住房成交量。[49] 如上所述，估计表明大多数违约并非是策略性的。其结果是，绝大多数的住房成交量相关的抵押贷款违约可能是不利收入冲击的结果，而不是由负权益直接造成的。

对负权益和流动性之间关系的经验研究对于如何划分"迁移"这一定义是由什么构成的十分重要。我们将重点放在使用家庭层次数据的研究。[50] 陈（Chan, 2001）、恩格尔哈特（2003）、费雷拉等（Ferreira et al., 2010, 2011）以及安德松和马约克（Andersson and Mayock, 2013）集中在涉及所有权转让的迁移上。相比之下，斯库尔霍夫—沃尔（Schulhofer-Wohl, 2011）、巴克斯和布里克（Bucks and Bricker, 2013）和库尔森和格里科（Coulson and Grieco, 2013）关注家庭住址的变化，无论房产的所有权是否已经易手。这一研究区别是非常重要的，因为不是所有家庭住址的变化都涉及所有权的变更，而所有权的变动几乎总是涉及家庭住址的变更。

迁移的合适定义取决于被调查的具体问题。为了研究负权益对当地住房市场的影响，我们认为，住房成交量是一个相关的概念——也就是说，迁移涉及出售住房。相反，为了研究负权益对劳动力市场的影响，家庭成交量是一个更相关的概念。流动性是劳动力市场运行的一个重要因素。工作的变化可以伴随或不伴随住房成交量出现。鉴于我们关注地方住房市场，因此我们将重点放在涉及住房出售的迁移上。[51]

---

[48] 贷款人可以与该家庭进行卖空协议谈判，即该家庭出售住房，而贷款人同意接受低于抵押贷款的未偿还余额。卖空交易在2008年第一季度只占总住房丧失的6.6%，到2013年第四季度上升至总住房丧失的25.2%。各种问题请参阅OCC抵押贷款度量报告。

[49] 如果策略性违约的影响更高，负权益的程度更大，那么负权益可能对住房成交量产生非线性影响。负权益水平较低可能减少成交量，而负权益水平高可能会增加成交量。负权益和住房成交量之间的"U"形关系的可能性在安德松和马约克（2013）的研究中有所探讨。

[50] 集聚研究示例，请参阅多诺万和施诺（2011）以及尼诺夫（2010）。

[51] 对于负权益和劳动力市场分析的例子，请参阅坎宁安和里德（2013）以及瓦莱塔（2013）的研究。

对于涉及住房所有权转移的迁移举动，有证据支持这一假设，即负权益会限制流动性。然而，没有研究可以提供一个彻底的检验，因为要么所有权变更不能够可靠地识别，要么策略性违约与传统违约没有区分。陈（2001）提供了使用抵押贷款服务数据的最早证据，数据来自化学银行在纽约州、新泽西州和康涅狄格州于 1989 年 11 月～1994 年 1 月之间发放的 ARMs。她研究了抵押贷款提前偿还的条件和时间。提前偿还贷款可能由于借款人出售住房，或借款人再融资抵押贷款。虽然陈不能在其全部数据中对住房销售和再融资进行区分，对于纽约市发放的 ARMs 一个子集来说，她合并了行为记录信息，研究表明在这个时间段里可以代表再融资的 ARMs 的提前偿还极少。抵押贷款违约在违约日时被审查。使用县级重复销售指数更新住房的始发评估值为每笔抵押贷款创建一个更新的 LTV，抵押贷款申请中的人口统计变量（包括借款人的婚姻状况、子女数量、年龄、受教育程度，以及借款人是否第一次购房）被用来对比家庭流动性的许多其他因素。通过使用一个比例风险框架，陈发现，当前 LTVs 高于 0.95 的借款人比当前 LTVs 低于 0.95 的类似借款人在 3 年期内提前偿还（并因此迁移）的可能性低 24%。

恩格尔哈特（2003）使用了 1985～1996 年国家纵向青年调查（NLSY79）的数据。使用这一数据使该研究具有全国性调查的优势。他使用调查数据的保密地址信息来创建流动性指标，目的是将流动性指标限制在那些涉及住房所有者到住房所有者之间过渡的迁移，他利用 NLSY79 中的一个问题将这一限制加于住房所有权上。因此，对于一个家庭是否迁移以及住房所有权是否转移来说，他的流动性指标很可能不是一个完美的指标。首先，住房被出售且家庭迁移到租赁住房的情形在分析中被审查。其次，在家庭迁移但选择租房而不是出售其住房的情形下，NLSY79 没有确定之前住房的所有权状态。因此，恩格尔哈特也不得不审查这些过渡。他试图区分权益减少带来的流动性降低和损失规避带来的流动性降低之间的差别。他控制了初始而不是当前的 LTV，自购买住房以来的已发生的任何名义损失的程度，以及始发 LTV 和损失变量之间的相互作用影响。由于名义损失是基于自报的房屋价值，可能受测量误差的影响，他使用基于重复销售房屋价格指数的隐含损失来测量名义损失。IV 策略导致名义损失变量的标准误差的显著增加，使得推断更为困难。恩格尔哈特将他的研究结果解释为住房价格下降带来的流动性摩擦的主要来源，相比权益影响，其对损失规避相对更有利。

这些早期研究面临的一个挑战是，它们早于住房衰退，因此其数据中负权益的数量有限。费雷拉等（2012）进行了第一个把握住房市场衰退最初影响的分析。研究者们使用了从 1985 ~ 2009 年的 AHS 数据。[52] AHS 在此期间是一年两次的调查。即使包括 2007 年的住房价格下跌，报被告的负权益发生率仍然只有 3.7% 。该 AHS 提供了一个自报的房屋价值。费雷拉等（2012）承认在自报房屋价值中的可能测量误差，并利用从最新评估价值中创造的房屋价值来使用这个变量，而该最新评估价值是利用房屋价格指数得到的。

AHS 的数据非常适合用来分析流动性，因为它包含可以影响家庭流动性的丰富人口统计信息。AHS 数据面临的一个挑战是推断住房的所有权变更。AHS 是住房单元面板，而不是家庭面板。该调查询问家庭是自有还是租用住房，如果是自有住房，当住房被出售且新家庭搬入该住房时，可以观察到住房所有权的变更。"购买年份"变量确认所有权已经发生变化。但是，如果一个住房从自有转变为租用，不能马上知道住房是否已经被出售，因为购买年份变量在出租情况下没有被报告。如果被出租的住房随后又变为自有，则可以知道该住房是否以及何时被出售。正如费雷拉等（2012）所描述的，在相当数量自有转变到租用的案例中，观察到住房原来的业主日后会回到原住房，这意味着该住房没有被出售。与这一发现一致的是，巴克斯和布里克（2013）利用 2007 年和 2009 年消费者融资调查（SCF）的面板数据报告称，在 2007 ~ 2009 年迁移的住房所有者中，大约 1/3 的没有出售他们在 2007 年拥有的住房。如果该住房的所有权状态恢复为自有，观察到一个不同的家庭成为住房所有者，那么我们可以推断该住房已被出售，且购买年份变量可以确定出售时间。然而，如果该住房在最近可用调查中仍处于租用状态，不可能确定是否有出售情况发生。费雷拉等（2010，2012）决定考察这些转变。

AHS 数据的另一个限制是，对于一个迁移家庭来说，不可能知道是否在调查之间的 2 年内，该家庭遭受了任何收入损失或有抵押贷款违约发生。[53] 因此，与传统的或策略性违约有关的迁移无法被识别。不过，他们分析的一个优点是，所有被识别的迁移都涉及所有权的转让。然而，对于负权益家庭来说，他们的迁移定义受到两种形式的误判困扰。首先，一些被识别的迁移是作为一个传统的违约结果发生，其中住房是出于取消赎回的购买以再次作为自有住房被使用。这些迁移不是负权益的结果，但将在负权益系数中反映出来，因为不利的收入冲击被排除在规范之外。[54] 其次，如果在策略性违约后出现由于取消

---

[52] 这是对其早期研究的更新，费雷拉等（2010）使用 AHS 在 1985 ~ 2007 年的数据。

[53] 费雷拉等（2010，2012）对比了 2 年期开始时的家庭收入以跟踪任何迁移举动，以及 2 年期内家庭收入的变化。

[54] 如果对比模型中其他解释变量，一个家庭遭受不利的收入冲击的可能性在房价下跌较大的地区更高的话，那么这往往会对负权益系数产生一个正偏差。

赎回的住房购买以用作出租房产（后续没有观察到重新恢复到自有状态），则当它被当作一种负权益造成的迁移时，该所有权变化被审查。[55]

考虑到这些附加说明，费雷拉等（2010，2012）发现，负权益与大约30%的流动性下降有关。鉴于在负权益中被认定的家庭数量不多，他们没有检验负权益的变化程度。此外，研究者们检验了利率上升环境中 FRMs 产生的金融摩擦的流动性影响。由于大多数 FRMs 既无可继承性，也无可移植性，当抵押贷款利率上升时，家庭将不得不支付更高的抵押贷款以迁移，并提供一个同等规模的新抵押贷款。费雷拉等发现每年 1 000 美元的额外抵押贷款会降低16% 的流动性。他们通过将其与加利福尼亚州 13 号提案对财产税限制所产生的金融摩擦影响进行比较，交叉验证了该发现。他们报告称，每年对住房所有者 1 000 美元的财产税补贴会降低 10% 的流动性。

安德松和马约克（2013）提供了一个最好的方法对负权益以及涉及出售住房的迁移进行研究。他们研究的一个局限性在于，该研究仅涵盖在佛罗里达州的房地产。然而，他们的数据时间跨度是从 1999～2011 年，鉴于佛罗里达州住房价格在衰退期的显著下跌，他们的研究掌握了负权益家庭的最大样本。与依靠自报住房价值的 AHS 和 NLSY79 调查不同的是，他们的研究在每年一月对每一处房产有一个年度评估价值。为了适应他们其他数据的时间，他们使用县级重复销售价格指数将这些数值更新至六月。他们研究的流动性变量是从由 DataQuick 提供的行为记录数据中导出的，这使他们能够识别所有的住房销售。[56] 他们将此与信用机构的年度数据（6 月）合并，从而能够观察到每笔抵押贷款的余额和违约状态。这使得研究者们能够创建一个相对更新的 LTV。他们还比较了与抵押贷款违约相关的住房销售和或不相关的住房销售。然而，他们并没有试图将传统的和策略性违约区别开来。他们将没有违约的住房销售归为"自愿的"出售，将有违约的住房销售归为"非自愿的"出售。这种归类有潜在的测量误差，因为策略性违约被归为非自愿的出售，而非自愿的出售。

佛罗里达州住房价格的急剧下滑也让研究者们检查了流动性发生率的影响以及负权益的程度。他们报告指出，所研究的家庭中 19% 有负权益，其中10% 的更新 LTV 为 1.3 或更高。他们预测了逻辑模型和多项逻辑模型，在模型中对比了借款人的起始信用评分、年龄和住房居住年份。它们还包含时间固定效应。研究者们发现负权益单调减少自愿迁移的可能性，并且显著的负权益

---

[55]　然而，在取消赎回后发生业主自有住房策略性违约的情况下，该迁移将被正确记录。

[56]　无论是否该住房随后被用于自有或租赁，销售都将被确定。此外，如果一个家庭迁移出去但不出售该住房，这将被实事求是地确定为没有出售。

（LTV 超过 1.3）增加了非自愿迁移的可能性。⑤ 总体而言，他们估计住房权益减少使得流动性下降大约 25%。

如前所述，迁移的定义对于负权益和流动性之间关系的估计来说非常重要。斯库尔霍夫—沃尔（2011）、巴克斯和布里克（2013）以及考森和格里科（2013）的研究集中于被定义为家庭住所变更的流动性，无论住房是否被出售。与其对住房市场的潜在影响相比较，迁移的定义更适合于研究负权益对劳动市场的潜在影响。斯库尔霍夫—沃尔使用从费雷拉等（2010）的 AHS 估计样本，并将被审查的从自有转为租赁的变化重新编码，作为一个迁移。正如费雷拉等（2012）在研究中所表明的，这个定义包括许多临时迁移，其中一个家庭离开、将房子出租并在日后某个时间返回。通过重新将流动性的定义集中于家庭而不是住房，斯库尔霍夫—沃尔指出负权益实际上是与流动性呈正相关。

这一发现在库尔森和格里科（2013）的研究中得到证实。他们使用了涵盖 1999~2009 年的 PSID 数据。流动性再一次被定义为一个家庭住所的变化。正如 AHS 一样，PSID 使得库尔森和格里科可以对照一些会影响流动性的人口统计变量。类似 AHS 数据，该分析没有对照违约。库尔森和格里科报告指出，他们的流动性随着家庭负权益的增加而增加。基于陈（2001）和安德松和马约克（2013）的研究证据，在这两个流动性定义之间的结果对比可能是由与迁移相关的违约驱动，以及由不利的收入冲击造成的临时移动所驱动。与此相一致的是巴克斯和布里克（2013），他们使用 SCF 数据报告表明，近一半经历了失业魔咒的负权益住房所有者在 2007 年和 2009 年间迁移。今后的工作将不得不从传统违约中理清策略性违约的影响，以便更好地将负权益的作用与不利收入冲击对住房成交量的影响区分开来。

住房衰退造成金融危机，导致官方采取了积极的财政和货币政策。因此，2013 年 11 月、12 月提供的 30 年期 FRMs 低至 3.35%，抵押贷款利率达到了非常低的水平。对于仍有足够住房权益的 FRMs 借款人来说，抵押贷款利率的急剧下降为其再融资抵押贷款形成强有力激励。然而，对于房地美和房利美担保的机构抵押贷款借款人来说，很多人已经没有足够的权益来支付再融资要求的首付。为此，2009 年 3 月引入住房可偿付再融资计划（HARP），允许这些借款人再融资，只要他们有一个干净的付款历史记录，且其抵押贷款在 2009 年 6 月之前开始。2011 年 12 月，HARP 项目作出了一些变化以扩展其资格，

---

⑤　莫洛伊和单（2013）考察了家庭信用档案的面板数据，并发现大约 50% 的家庭在一个取消赎回开始的 2 年内迁移。似乎只有一小部分家庭与他们的父母一同迁移回去。

并降低相关费用。截至 2013 年 12 月，310 万美元抵押贷款在 HARP 下再融资。[58] FHA 抵押贷款的借款人可以使用不依赖于借款人当前 LTV 的一个精简的再融资计划。2009 年以来，150 万名高 LTV 的 FHA 借款人使用这一项目进行再融资。[59] 总体来看，共 460 万名高 LTV 借款人已经通过再融资得到一个较低的利率。截至 2014 年 1 月，约 4.5% 或更少票面利率的 30 年期 FRMs 总计已达 2.3 万亿美元。

HARP 和 FHA 的简化再融资方案在帮助规避由住房价格急剧下降造成的再融资摩擦方面获得了成功。通过再融资，这些受影响的借款人能够显著降低其每月抵押贷款支付。[60] 这对于这些家庭来说显然是有益的。但必须注意的是，进行正常再融资的机构抵押贷款借款人与那些 HARP 计划下再融资的借款人都收到的是不可预知且不可移动的 FRM。一种含义是，随着经济好转和抵押贷款利率正常化，由于其抵押贷款低于市场利率，这些借款人将面临大的金融摩擦以至于发生迁移。该利息摩擦被奎格利（Quigley，1987）所记录，并由费雷拉等（2010，2011）的研究所更新。[61] 相反，因为 FHA 抵押贷款是可继承的，其简化再融资方案不会产生这一利率锁定效应。

15.4.3 负权益和住房投资

除了影响住房成交量，负权益也可能减少住房投资。住房投资提升住房服务流，对于一个未来持续居住在该房屋的家庭来说，该家庭将直接获得投资收益。事实上，如果该家庭的预期逗留时间超过投资的有效期限，那么该家庭可以获得投资的全部价值。然而在许多情况下，由于许多投资具有耐久性，可以预期来自投资的服务流将持续下去，并超过该家庭的剩余土地所有权期限。如果该家庭出售住房时无法获取剩余服务流的价值，将降低家庭进行长期投资的积极性。

当一个家庭考虑进行住房投资决策时，住房投资资本总额进入房价这一行为可以扩大该家庭的视野。这有助于提升家庭的高效投资模式，无论其在该住房内的预期土地使用权如何。[62] 然而，对于最求高效的投资资本，在进行投资决策的时候，住房所有者必然期望当其住房被出售时能够处于一个积极的权益

---

[58] 请参阅 FHFA（2013）。

[59] 请参阅 HUD（2013a）。

[60] 在 HARP 下再融资的借款人，其每月抵押贷款支付平均下降 137 美元；请参阅朱（2012）。

[61] 假设这些借款人为了迁移将不得不放弃降低每月可减少的 137 美元的抵押贷款还款，这将意味着每年 1 644 美元的金融摩擦。利用费雷拉等（2010，2012）的估计，这将使流动性降低 16%。

[62] 请参阅费希尔（2001）。

位置。也就是说，住房所有者需要全面接触到任何与该投资决策有关的住房价值收益或损失。[63] 在正常的住房市场，这不是一个制约因素，由于住房价格上涨与分期偿还贷款的共同作用，住房所有者的初始权益随时间推移趋于上升。

由于多种原因，负权益导致住房投资减少。首先，如果借款人遭受不利的收入冲击，负权益会将借款人置于未来的违约风险。在违约情况下，来自住房投资的任何资本首先会归于贷款人。因此，负权益造成贷款人与家庭之间的代理问题。贷款人希望家庭继续进行大额的住房投资，但贷款人无法直接投资决策，直到他们通过取消赎回拿到产权。其次，对于那些可能被延迟的对即时住房服务流影响不大的投资类型，该家庭可以选择推迟这些投资以进行谨慎动机储蓄（参阅 Haughwout et al.，2013）。再次，这些家庭可能需要用他们的住房权益对更大的投资项目进行融资，负资产不是获得这一融资的抵押来源。最后，负权益家庭都经历了财富损失，可能导致其总体消费减少，特别是在住房投资方面。我们这里特别关注负权益而不是财富减少，是因为负权益源于抵押合同的特点——没有维护保证金，而财富效应较少依赖于抵押贷款的这一结构。[64]

由于在住房市场衰退前很少有负权益，研究主要集中在维护和改善费用（以下称住房投资）对不利收入冲击的反应，而非对不良资产的冲击。[65] 对于大多数住房投资类别来说，投资可以在没有住房服务流一阶减少的情况下被递延。这表明在短期收入冲击发生时，住房投资流有助于平滑消费。捷尔科和特雷西（2006）使用了 1985～1993 年的 AHS 数据来估计住房投资对短期收入冲击的反应。通过使用 AHS 数据的面板结构，他们预测了家庭收入的差异性增长模型。这使他们能够估算收入残差的短期因素。虽然他们发现住房投资对估计的短期收入冲击有统计上显著的反应，但这一因素在家庭平滑消费的整体策略中作用有限。[66]

再来看负权益对住房投资的影响。霍沃特等（2013）和梅尔泽（Melze，2012）都使用了 CEX 数据来调查这两者的关系。[67] CEX 包括家庭的短面板——基本是连续四个季度的调查。CEX 的一个优点是它包含范围广泛的各类住房

---

[63] 一个重要的问题是，抵押贷款是否降低了借款人对该房屋出售时价值的期望。我们后面将回到这个问题。

[64] 潜在的财富效应通过抵押贷款合同的一个特点受到影响——无论贷款人有追索权与否。在无追索权抵押贷款的情况下，潜在的负面财富效应仅限于借款人的首付。在有追索权抵押贷款的情况下，贷款人可以申请追索借款人的其他金融资产以弥补任何缺陷。

[65] 较早的文献中将财产税的拖欠与住房负投资和最终放弃联系在一起，在极端情况下可以产生负权益。请参阅怀特（1986），奥弗莱厄蒂（1993）和斯卡菲迪（1998）。

[66] 他们还发现，住房投资与估测的永久性收入冲击呈正相关。这可以解释为住房投资的财富效应。

[67] 霍沃特等使用的数据是从 2007～2012 年，而梅尔泽使用的数据是从 2006～2011 年。

投资的详细资料，以及关于家庭的详细人口统计信息。鉴于大多数住房投资并不是一帆风顺，霍沃特等集合了四个调查中的这些支出，而梅尔泽使用季度数据预估其设定。负权益的推断必须根据家庭的自报房屋价值和通过住房担保的所有贷款的当前未清余额。霍沃特等构建了基于初始季度调查信息的负权益指标，然后基于其余三个季度使用负权益指标来构造工具变量。他们认为，自报住房价值测量误差的一个重要组成部分是短期的。梅尔泽没有试图去解决测量误差。另一个设定差异在于霍沃特等控制了家庭收入，而梅尔泽控制的是家庭总支出。霍沃特等四季度的结果表明，负权益与住房投资每年 74%（2 610 美元）的减少有关。而梅尔泽的报告表明，负权益与住房投资每年 30% 或 800 美元的减少有关，这一结果比霍沃特等所报告的要小得多。霍沃特等报告的收入弹性为 0.58，超过捷尔科和特雷西（2006）0.42 的弹性。

一个有趣的问题是，我们是否可以找出可能对住房投资负权益产生这一估测效应的机制。早些时候，我们讨论了这些机制，包括有关投资决策的代理问题、谨慎动机储蓄需求、对借贷的抵押品限制以及财富效应。谨慎动机储蓄、抵押品和财富机制有这样的特性，即它们会影响其他重要耐用消费品的购买，比如家具家居用品和汽车。然而，由于这些耐用商品不依赖于住房，它们不应该受到负权益所产生的代理问题的影响。⑱ 梅尔泽报告称，无论是车辆购买还是家具家居和设备支出，负权益对其都没有显著影响。这些结果为代理提供间接支持，这些对估计的负权益和住房投资关系来说十分重要。然而在其他机制中，下降的房价可能会影响耐用品购买，这样的机制估计会导致在这些类别上的支出减少。

贷款人有两种方式可以保护自己免受住房投资代理问题的影响。第一种是贷款人可以提出一个更高的首付要求。这将减少借款人以负权益终止的可能性。第二种是贷款人可以尝试内生化借款人不维护房产决策的后果，即使在借款人不再拥有任何住房权益之后。为了做到这一点，一个可能的法律手段是使抵押贷款成为有追索权的贷款。有追索权的抵押贷款，可以使贷款人针对剩余的抵押贷款余额和以取消赎回出售住房的收益之间的差额，对借款人进行不足额判决。贷款人可以使用借款人的其他金融资产满足该不足额判决。

实际上，追索权在大多数情况下无法惩罚借款人的住房投资决策。对负权益产生的代理问题提供有效法律补救办法来说，有三件事情是必须清楚的。首

---

⑱ 这两个变量涉及一些计量问题。家具家居类包括一些大型家电，它们已被安装但不能作为合同约定项目的一部分。作为合同约定项目一部分的类似安装的家电设备可被视为家装费用。这会在如何看待这些家电设备的问题上制造不对称性。此外，类别车辆购置包括购买和租赁。对于租赁来说，不可能将新的租赁及现有的租赁区分开来。这使我们无法将车辆的新支出决策隔离开来。

先，借款人必须意识到抵押贷款是一种有追索权的贷款，并了解潜在的金融后果。如果借款人没有意识到贷款人的这一法律权利，那么追索权不会影响他们的住房投资决策。霍沃特等（2013）报告称，在美国有追索权抵押贷款的借款人中，只有56%的借款人能正确判断其抵押贷款的追索权状态。[69] 其次，当借款人正在考虑作出大额的维修决策时，借款人必须在完成取消赎回时拥有超过负权益金额的金融资产。如果负权益已经超过了借款人的金融资产，那么不进行维护导致住房价值的进一步下降，将不会对不足额判决的预期采集产生任何影响。霍沃特等（2013）报告称，在他们的 CEX 估测样本中，负权益达到10 000 美元的借款人只有22% 当前拥有超过 10 000 美元的金融资产。最后，提起不足额判决诉讼成本高昂，尽管各州的具体费用有所不同。贷款人只有在预期索赔超出诉讼费用时才会提起诉讼。这表明，贷款人只有在欠款数量相对较大的情况下才会提起诉讼。美国联邦住房金融局审查员综合报告（FHFA's Inspector General Report，2012）指出，2011 年被提起不足额判决诉讼的政府资助企业，在全部涉及到由政府资助企业担保的抵押贷款取消赎回中仅占10.3%。

负权益对住房投资的影响可能有助于解释取消赎回对附近房产价格的负外部性。其中许多文献关注越来越多的房产进入取消赎回状态，我们将在 15 章第 5 节中对此进行讨论。然而，赫拉尔迪等（Gerardi et al.，2012）将研究关注点扩展到严重违约财产。他们发现，负权益的外部性是适度的，与严重违约一同出现，在取消赎回时达到高峰，并于一年内当贷款人出售后消失。对于该效应的大小和时机的解释是，可能由于负资产的借款人的投资减少。不幸的是，CEX 数据没有关于借款人的违约信息，所以梅尔泽（2012）和霍沃特等（2013）不能确定抑制大额住房投资决策是在借款人进入负权益后发生，还是在借款人达到一定违约水平之后才发生。另外，赫拉尔迪等（2012）发现，负权益外部一年内当贷款人出售后消失，如果大部分的已知维护由新的住房所有者提供，那么这一现象可以得到解释。[70] 这种可能性指向未来使用 AHS 研究的一个有效手段，其中可以观察到新业主的房屋维护决策。

在我们讨论取消赎回问题之前，有必要讨论一下抵押贷款合同的结构可能如何影响住房所有权的社会效益。很多政府政策的目标是增加住房所有率，其信念是住房所有者不仅能更好地看护其财产，也能更好地维护他们的社区。[71]

---

[69] 来自 2013 年的消费者预期调查。

[70] 要不然，贷款人可以在出售前弥补一些维护问题。

[71] 住房所有者倾向于投票支持地方学校债券发行（Bergstrom et al.，1982；Hilber and Mayer，2009）。住房所有者也更愿意参加社会活动，比如在地方选举中投票（DiPasquale and Glaeser，1999）。

菲谢尔（Fischel，2001）认为，住房所有者进行这些大额的投资是因为他们相信这些投资能够提升其住房的价值。不过，这种资本化效果假设住房所有者拥有正权益。霍沃特等（2010）表明住房市场衰退后，在几个位于景气/衰退州的大都市区，中位住房所有者拥有负权益。除了在自己房产的投资激励下降，普遍的负权益可能导致地方公共基础设施投资不足。这将是未来研究的另一个领域。

15.5 取 消 赎 回

图 15－11 显示了住房市场衰退后取消赎回急剧增加。止赎率迅速增加，从 2007 年开始时占抵押贷款的 0.6% 上升到 2010 年的 3.0%，在 2012 年达到 3.9% 的峰值。

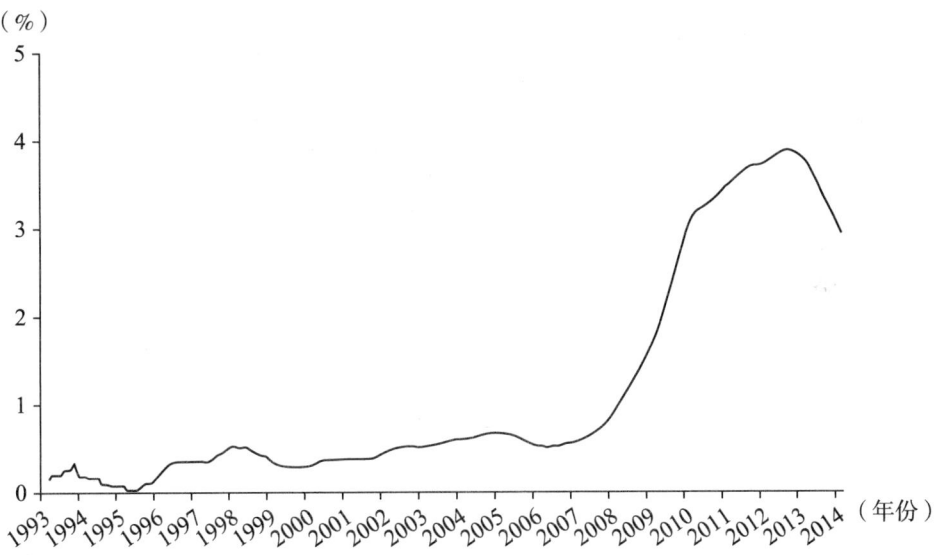

图 15－11 取消赎回中抵押贷款住房的份额
资料来源：贷款处理服务。第一留置权，业主自住购买抵押贷款。

15.5.1 取消赎回分布

有很多理由使我们预期取消赎回存在明显的空间格局。正如前面所提到的，许多研究提供的证据表明次级抵押贷款在非白人和更贫困邻里是不成比例

的高。当然，结果是这些贷款违约在住房市场周期的衰退阶段要快得多。⑫ 图
15 – 12 提供了纽约市非裔和拉丁裔社区违约的空间集中图。和图 15 – 8 一样，
阴影区表示每个人口普查区中非裔或拉美裔居民的份额，但这里的每个点代表一
个 2009 年提起的住房取消赎回申请。正如我们所预期的，图 15 – 8 和图 15 – 12
看起来非常相似。霍沃特等（2012）也发现，投资者发起贷款普遍的空间模式，
事后表明房价开始下跌时会迅速违约。

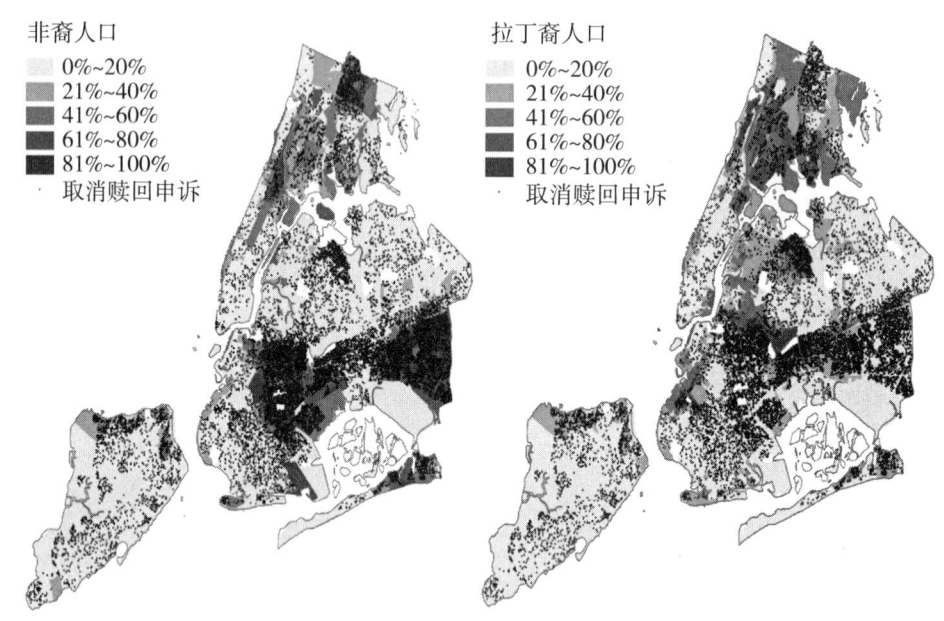

图 15 – 12　纽约市根据人口普查区种族和民族的取消赎回申请分布

　　资料来源：2000 年美国人口普查和 2009 年公共数据公司。每一个点代表一个住房取消
赎回申请（未决诉讼）。阴影区表示非拉丁裔的非裔的比例，以及每个普查区人口中任何
种族的拉丁裔的比例。

　　住房市场周期在一些地区更为明显，从而导致负权益概率更高。收入冲击
在空间上也较为集中，在许多情况下，在同一地区变成最大的住房价格周期。
这些现象在大都市区间以及大都市区内有显著不同。一个重要的研究基准线
是，如某一时期特定类型的次级贷款的抵押品赎回率较高，在多大程度上是由
于这种贷款的认购形式不完善——既在可观察到的风险特征也在不可观察到的
维度内——以及其对日益恶化的经济环境的影响程度。霍沃特等（2008）发

---

⑫　详例请参阅 Chan et al.（2013）以及 Bayer et al.（2014）。

现，可观测因素可以解释2003年和2007年较早期次级贷款违约大幅上涨的不到一半。解释变量中大约70%是经济因素，而不是借款人或贷款的风险特征。研究人员推测未申报投资者可能解释原因不明的大部分早期违约。帕尔默（Palmer，2014）通过研究贷款发放几年后的违约行为，拓展了霍沃特等的分析。帕尔默认为，包含所有未观察到的承保质量的发放年份的影响几乎无法解释违约行为中被观察到的差异。

财产税留置权取消赎回也成为近年来日益严重的问题。虽然与抵押贷款取消赎回存在差异，它们之间也有一些相同的根本原因，并且对周围邻里有相似的外部影响。如果住房所有者在财产税上或其他市政收费上的违约时间超过1年，地方政府通常在财产上施加税收留置权。这些税收留置权优先于任何抵押贷款，并给予留置权人取消赎回权以弥补缺口。

未能缴纳财产税已在前面反向抵押贷款的背景下加以讨论。对于正向（即非反向）抵押贷款，贷款人通常需要一个涵盖财产税和保险的托管账户。然而，大多数2008年以前的次级贷款不包括托管账户，其原因也许是为了使每月贷款支付似乎是可负担的（Rao，2012）。因此，那些在低收入和非白人社区更为普遍的较高成本的次级抵押贷款借款人，不仅具有较高的抵押贷款违约率，也更可能出现税收违约。由于地方政府往往对任何税收违约都征收极高利息并处以极高罚金，且政府拥有第一优先留置权，因此贷款人有动机支付任何非托管税收，只要其住房在抵押贷款取消赎回拍卖上的预期现值超过缴纳税款的预期现值。当然，这在财产价值遭遇大幅缩水的邻里是不太可能实现的，并导致更高的税收取消赎回率以及与抵押贷款取消赎回相关的所有负溢出效应，这一点我们将在下面进行讨论。[73]

15.5.2　取消赎回的外部性

大量文献已经围绕附近社区住房的取消赎回是否存在负价格"外部性"这一重要问题进行了研究（Immergluck and Smith，2006；Schuetz et al.，2008；Campbell et al.，2011）。这个问题的重要性在于其具有规范和实证意义。从实证方面看，对溢出的理解可以帮助我们解释在价格下跌和抵押贷款违约中观测到的空间集中。此外，附近社区住房取消赎回的显著价格溢出效应的存在，可能有助于通过干预措施防止可能发生的取消赎回情形，包括抵押贷款合同本身

---

[73]　财产税留置权出售给第三方投资者，及其在某些情形下的证券化，已经导致许多其他问题，不仅仅是影响有抵押贷款的财产。相关详细信息请参阅 Rao（2012）。

的改革，到事后干预以减少市场低迷期后的取消赎回。

总的来看，这些研究已经发现一些外部性，即当周围邻里更多的财产被取消赎回时，邻近的住房价格下降。例如，坎贝尔等（Campbell et al.，2011）采用1987~2011年马萨诸塞州的销售数据估计了享乐价格回归，与研究住房单元较小距离的取消赎回数量信息对这一估计给出了进一步的补充。这样一来，他们能够控制地方需求冲击的影响，这一影响可能导致取消赎回和地方价格下跌之间的伪相关。结果表明，非强制出售0.05英里（88码）范围内一单位的额外取消赎回可以降低住房单元价格1%。

要确定这些外部性产生的渠道，还需要进行更多的研究工作。有几种假设似乎是合理的。一个很自然的假设是，增加取消赎回会使供给曲线向外移动，从而降低附近住房的价格。最近两项研究对这一假说提供了支持。哈特利（Hartley，2011）使用芝加哥的数据，没有发现多户家庭的取消赎回对附里独户住房单元的价格产生影响。考虑到这两种类型住房需求之间的差异，其他研究中所确定的负溢出一定是出于供给的影响。

安恩伯格和孔（2013）使用了国家数据，并利用REO（拥有的不动产——即银行所拥有的财产）挂牌的时间序列来估计取消赎回对邻里财产的影响。研究人员发现，只有当财产实际挂牌出售时——不是挂牌之前或售出之后——邻近的住房价格才会下降。研究人员发现，当REO挂牌时，附近住房销售价格有1.6%的下降，这一效应随着与REO的距离增加而消失，当距离大约在半英里时为零。如前所述，研究人员发现，价格下降是暂时的，取消赎回财产一经出售，价格就会回升。研究人员认为，这一总体时间模式与由价格竞争所产生的外部性相一致。

如前面所讨论的，我们第二个可能渠道是对取消赎回住房的维护减少，这会造成本地不舒适，赫拉尔迪等（2012）认为这十分重要。邻近住房潜在买家的出价，可能会由于接近取消赎回过程中维护不足的住房单元而减少，这形成邻里负溢出。有趣的是，当发现取消赎回带来的溢出主要是供给变化时，安恩伯格和孔（Anenberg and Kung，2013）对高密度、低价格的居民区进行了进一步的分析，并发现在这些区域有数据支持不舒适性效应的存在。在这样的社区里，取消赎回的财产一开始可能就处于不良状况，随后由于缺乏维护，它们产生负溢出的可能性极高。

虽然梅尔泽（2012）和霍沃特等（2013）发现在负权益开始初期住房投资缩减，住房所有者维护房屋的动力已不明确，但是我们对这个维护减少的时间仍所知不多。我们也不知道这将持续多久。新的住房所有者会加以弥补吗？坎贝尔等的研究中确定了邻里效应的持久性，这一持久性表明新业主们可能不会立即这样做。取消赎回可能会影响邻里财产价值的另一个潜在渠道是犯罪。艾伦等（Ellen et al.，2013）和伊莫拉克和史密斯（Immergluck and Smith，2006b）发现，存在取消赎回经历的邻里的犯罪会增加，这一可能会降低财产的价值。

取消赎回空间集中的第二个重要影响是财产税的减少，因为取消赎回房产的所有者几乎没有动力继续为不会再拥有多久的房产支付税收。此外，随后邻里财产价值的减少将使税基进一步减少，导致服务下降或税率提高，不论哪一个都会给住房价值带来进一步下跌的压力。在之前的研究中，已经发现这是一种可以导致负价格外部性的另一个机制，尽管以前的研究人员所发现的精准的空间模式也表明，还至少存在一个机制，会在一个比大城市尺度更小的地理范围内产生作用。

除了对当地的影响，取消赎回对必须空出住房的借款人的影响也十分显著。这些借款人的信用评级经历了大幅下降，可能需要很多年才能恢复（Brevoort and Cooper，2013），这降低了其平滑收入冲击并对未来投资的能力。对于那些被迫迁移的其他家庭成员来说，这一影响也是巨大的。例如，比恩等（Been et al.，2011）发现在一切条件相同的情况下，纽约市居住在取消赎回住房的小学和初中学生更容易转学（专家一般认为这是不利的），平均而言，他们所转到的学校同龄人成绩更差。

迅速增长的关于取消赎回外部性的文献已经向我们提供了一些重要的事实。我们现在知道取消赎回会对附近财产施加一个负效应——一般来说，是那些半英里以内的或小于半英里的被取消赎回的财产。这些外部影响似乎是短暂的，可能主要是由于价格竞争，而不是不舒适性。这表明孤立的取消赎回不会对大多数邻里产生持久且广泛的影响。不过值得一提的是，在最近的市场衰退期间，取消赎回本身往往在空间上集中，尤其是在更贫困、更密集的接受大量次级贷款的邻里。现有证据清楚地表明对这些财产的维护不足，并且在这些邻里有证据表明溢出是更持久的，且与不舒适性的关系更密切。这一领域的更多研究可以确保我们更充分地理解这些重要动态。

15.6　结　　论

我们关于抵押贷款对居住活动空间模式影响的回顾表明，虽然我们对这些效应如何发挥作用的理解比较充分，但我们仍有许多需要学习的东西。21 世纪初发生的事件为我们提供了丰富的信息，在此基础上我们可以对这些重要问题的未来进行分析。我们还没有充分讨论的一个问题是，抵押贷款目前形式的替代品是否能够对结果所有改善。

在美国，尽管有许多针对抵押贷款体系的创新和改变，但其核心产品——即 20 世纪 30 年代取代了 30 年期分期偿还抵押贷款的标准短期漂浮式抵押贷款——在近一个世纪里基本没有发生任何改变。在此期间，美国社会和经济都发生了根本性的变化。由种族和民族带来的歧视和差异结果，对整个社会来说已经变得更加令人厌恶，抵押贷款在推动差距上的作用得到更加尖锐的关注。医疗和长期护理成本持续上升、寿命持续增长以及传统固定收益养老金普及率不断下降，使住房在作为退休和预防性储蓄重要来源方面的作用得到越来越多的关注。过去 20 年已经见证了住房价格的剧烈波动，由于住房借贷能力的扩大，这些都会对家庭产生更大的影响。此外，近几十年收入不平等大幅上升，这一现象可能会因抵押贷款的现行制度和住房公共政策某些方面的影响而加剧，其中包括税法和抵押贷款行业的监管。

理想情况下，抵押贷款工具的替代品将会减轻住房所有权相关的首付限制，消除抵押贷款资格或价格任何形式的歧视，使家庭能够轻松地积累住房权益，同时也可作为自动储蓄的工具，减少因负权益和取消赎回而产生的摩擦和成本，并降低家庭遭受住房市场波动的影响。虽然有一些提案可能解决这些问题中的一部分，但这一替代工具目前尚不存在。本章前面提到的由卡普林等（Caplin et al.，1997a）提出的住房伙伴关系可以缓解过渡到住房所有权过程中的问题或降低住房资产风险和负权益的后果。席勒（Shiller，2008）曾提出一个连续工作抵押贷款（CWMs），其中抵押贷款余额及付款时间表将系统地、持续地调整，以适应一个地区的住房价格指数以及其他经济指标如失业率，某种程度上为借款人保留一些家庭权益和负担能力。对于贷款人，CWMs 可能是有吸引力的，因为它们可以减少取消赎回成本的风险和增加住房维护。

正如席勒（2014）所指出的，新抵押贷款形式的发展代价昂贵，而其收益难以为私人所有。这些抵押贷款以及其他抵押贷款产品创新的重要性能否提高，关键取决于研究以及行业和政府对试验的支持。现行的 30 年期抵押贷款是政府干预抵押贷款市场的结果，而未来进一步的有益创新并不会自然出现在私人部门中。

致　　谢

感谢 Shaopeng He，Sean Capperis，Neha Hridaya 和 Samuel Kapon 对本章数

字和文献的协助。我们感谢 Karen Pence，Stijn van Nieuwerburgh，and Will Strange 的宝贵意见。本章所代表的观点是作者们的观点，并不必然反映纽约联邦储备银行或美国联邦储备体系的观点。

参考文献

Andersson, F., Mayock, T., 2013. How does home equity affect mobility? Working paper Office of the Comptroller of the Currency (September).

Andrews, D., Sanchez, A.C., 2011. The evolution of homeownership rates in selected OECD countries: demographic and public policy influences. OECD J. 2011, 207–243.

Anenberg, E., Kung, E., 2013. Estimates of the Size and Source of Price Declines Due to Nearby Foreclosures. Board of Governors, Washington, DC (December).

Apgar, W., Duda, M., 2003. The twenty-fifth anniversary of the Community Reinvestment Act: past accomplishments and future regulatory challenges. Econ. Pol. Rev 9, 169–191.

Avery, R.B., Calem, P.S., Canner, G.B., 2003. The effects of the Community Reinvestment Act on local communities. In: Proceedings 878. Federal Reserve Bank of Chicago, Washington, DC.

Avery, R.B., Brevoort, K.P., Canner, G.B., 2006. Higher-priced home lending and the 2005 HMDA data. Fed. Reserv. Bull. 92, A123–A166.

Barr, M.S., 2005. Credit where it counts: the Community Reinvestment Act and its critics. N. Y. Univ. Law Rev. 80, 513–652.

Bayer, P., Ferreira, F., Ross, S.L., 2014. Race, age and high cost mortgage lending: borrower experiences leading up to the crisis. Working paper. Duke University.

Been, V., Ellen, I.G., Schwartz, A.E., Stiefel, L., Weinstein, M., 2011. Does losing your home mean losing your school? Effects of foreclosures on the school mobility of children. Reg. Sci. Urban Econ. 41, 407–414.

Bergstrom, T.C., Rubinfeld, D.L., Shapiro, P., 1982. Micro-based estimates of demand functions for local school expenditures. Econometrica 50, 1183–1205.

Bernanke, B.S., Board of Governors, 2007. The Community Reinvestment Act: its evolution and new challenges. In: Community Affairs Research Conference, Washington, D.C., March 30. http://www.federalreserve.gov/newsevents/speech/bernanke20070330a.htm.

Bocian, D.G., Ernst, K.S., Li, W., 2008. Race, ethnicity and subprime home loan pricing. J. Econ. Bus. 60, 110–124.

Bond, P., Elul, R., Garyn-Tal, S., Musto, D.K., 2013. Does junior inherit? Refinancing and the blocking power of second mortgages. Working paper No. 13-3/R. Federal Reserve Bank of Philadelphia (June). https://www.philadelphiafed.org/research-and-data/publications/working-papers/2013/wp13-3R.pdf.

Bourassa, S.C., Grigsby, W.G., 2000. Income tax concessions for owner-occupied housing. Hous. Policy Debate 11 (3), 521–546.

Bourassa, S.C., Haurin, D.R., Hendershott, P.H., Hoesli, M., 2013. Mortgage interest deductions and homeownership: an international perspective. J. Real Estate Lit. 21 (2), 181–203.

Bradley, M.G., Crews Cutts, A., Gosh, B.K., Liu, W., 2012. Uncovering the risks of strategic default. Working paper. CoreLogic.

Brevoort, K.P., Cooper, C.R., 2013. Foreclosure's wake: the credit experience of individuals following foreclosure. Real Estate Econ. 41 (4), 747–792.

Bucks, B.K., Bricker, J., 2013. Household mobility over the great recession: evidence from the U.S. 2007–09 survey of consumer finances panel: Finance and Economics Discussion Series 2013-53. Federal Reserve Board.

Campbell, J.Y., Giglio, S., Pathak, P., 2011. Forced sales and house prices. Am. Econ. Rev. 101, 2109–2131.

Caplin, A., Chan, S., Freeman, C., Tracy, J., 1997a. Housing Partnerships. MIT Press, Cambridge, MA.

Caplin, A., Freeman, C., Tracy, J., 1997b. Collateral damage: refinancing constraints and regional recessions. J. Money Credit Bank. 29, 496–516.

Chan, S., 2001. Spatial lock-in: do falling house prices constrain residential mobility? J. Urban Econ. 49, 567–586.

Chan, S., Gedal, M., Been, V., Haughwout, A., 2013. The role of neighborhood characteristics in mortgage default risk: evidence from New York City. J. Hous. Econ. 22, 100–118.

Chatterjee, S., Corbae, D., Nakajima, M., Rios-Rull, J.-V., 2007. A quantitative theory of unsecured consumer credit with risk of default. Econometrica 75, 1525–1589.

Consumer Financial Protection Bureau, 2012. Reverse mortgages: report to congress.

Coulson, N.E., Grieco, P.L.E., 2013. Mobility and mortgages: evidence from the PSID. Reg. Sci. Urban Econ. 43, 1–7.

Courchane, M.J., 2007. The pricing of home mortgage loans for minority borrowers: how much of the APR differential can we explain? J. Real Estate Res. 29, 399–439.

Courchane, M.J., Surette, B., Zorn, P., 2004. Subprime borrowers: mortgage transitions and outcomes. J. Real Estate Financ. Econ. 29, 365–392.

Cox, D., Jappelli, T., 1990. Credit rationing and private transfers: evidence from survey data. Rev. Econ. Stat. 72, 445–454.

Crawford, A., Cesaire, M., Jie, Z., 2013. The residential mortgage market in Canada: a primer. Financial System Review, 53–63.

Cunningham, C., Reed, R.R., 2013. Negative equity and wages. Reg. Sci. Urban Econ. 43, 841–849.

Davidoff, T., 2006. Maintenance and the home equity of the elderly. Working paper. http://flatbush.sauder.ubc.ca/REErevise.pdf.

Davidoff, T., 2010. Home equity commitment and long-term care insurance demand. J. Public Econ. 94, 44–49.

Davidoff, T., 2013a. Can 'high costs' justify weak demand for the home equity conversion mortgage? Working paper. Sauder School of Business, University of British Columbia (October). http://ssrn.com/abstract=2146988.

Davidoff, T., 2013b. Supply elasticity the housing cycle of the 2000s. Real Estate Econ. 41, 793–813.

Davidoff, T., 2014. Reverse mortgage demographics and collateral performance. Working paper. (February). http://ssrn.com/abstract=2399942.

DiPasquale, D., Glaeser, E.L., 1999. Incentives and social capital: are homeowners better citizens? J. Urban Econ. 45, 354–384.

Donovan, C., Schnure, C., 2011. Locked in the house: do underwater mortgages reduce labor market mobility? Working paper (May).

Ellen, I.G., Lacoe, J., Sharygin, C.A., 2013. Do foreclosures cause crime? J. Urban Econ. 74, 59–70.

Engelhardt, G., 1994. House prices and the decision to save for down payments. J. Urban Econ. 36, 209–237.

Engelhardt, G., 2003. Nominal loss aversion, housing equity constraints, and household mobility: evidence from the United States. J. Urban Econ. 53, 171–195.

Engelhardt, G., Mayer, C.J., 1998. Intergenerational transfers, borrowing constraints, and saving behavior: evidence from the housing market. J. Urban Econ. 44, 135–157.

Eriksen, M.D., Greenhalgh-Stanley, N., Engelhardt, G.V., 2013. Home safety, accessibility, and elderly health: evidence from falls. Working paper. Texas Tech University. http://meriksen.ba.ttu.edu/Papers/Falls_Eriksen.pdf.

Experian-Oliver Wyman Market Intelligence Reports, 2009. Understanding strategic default in mortgages part I. 2009 Topical report series (August). http://www.hofinet.org/upload_docs/Experian-OliverWyman2009OW_Strategic_Mortgage_Default_Study.pdf.

Fairlie, R.W., Krashinsky, H.A., 2012. Liquidity constraints, household wealth, and entrepreneurship revisited. Rev. Income Wealth 58, 279–306.

Fannie Mae, April 2013. National Housing Survey Q1-2013 Data Summary.

Ferreira, F., Gyourko, J., Tracy, J., 2010. Housing busts and household mobility. J. Urban Econ. 68, 34–45.

Ferreira, F., Gyourko, J., Tracy, J., 2012. Housing busts and household mobility: an update. Econ. Pol. Rev. 18, 1–15.

FHFA, 2012. FHFA'S oversight of the enterprises' efforts to recover losses from foreclosure sales. Audit report: AUD-2013-001. Federal Housing Finance Agency, Office of Inspector General.

FHFA, 2013. Refinance report: fourth quarter 2013. Federal Housing Finance Agency, Washington, DC.

Fischel, W.A., 2001. The Homevoter Hypothesis: How Home Values Influence Local Government Taxation, School Finance and Land-Use Policies. Harvard University Press, Cambridge.

Genesove, D., Han, L., 2013. A spatial look at housing boom and bust cycles. In: Glaeser, E., Sinai, T. (Eds.), Housing and the Financial Crisis. National Bureau of Economic Research, Chicago, pp. 105–142.

Genesove, D., Mayer, C.J., 1997. Equity and time to sale in the real estate market. Am. Econ. Rev.

87, 255–269.

Gerardi, K.S., Foote, C.L., Willen, P., 2010. Reasonable people did disagree: optimism and pessimism about the U.S. Housing Market before the crash. Public Policy Discussion Paper No. 10-5. Federal Reserve Bank of Boston (September). https://www.bostonfed.org/economic/ppdp/2010/ppdp1005.pdf.

Gerardi, K.S., Rosenblatt, E., Willen, P.S., Yao, V.W., 2012. Foreclosure externalities: some new evidence. Working paper No. 12-5. Federal Reserve Bank of Boston (September). http://www.nber.org/papers/w18353.

Ghent, A.C., Kudlyak, M., 2011. Recourse and residential mortgage default: evidence from U.S. States. Rev. Financ. Stud. 24, 3139–3186.

Ghent, A.C., Hernandez-Murillo, R., Owyang, M.T., 2014. Differences in subprime loan pricing across races and neighborhoods. Working paper 2011-033C. Federal Reserve Bank of St Louis (March). http://research.stlouisfed.org/wp/2011/2011-033.pdf.

Gibb, K., Whitehead, C., 2007. Towards the more effective use of housing finance and subsidy. Hous. Stud. 22, 183–200.

Glaeser, E., Gyourko, J., 2005. Urban decline and durable housing. J. Polit. Econ. 113 (2), 345–375.

Glaeser, E.L., Gyourko, J., Saiz, A., 2008. Housing supply and housing bubbles. J. Urban Econ. 64, 198–217.

Glaeser, E.L., Gottlieb, J.D., Gyourko, J., 2013. Can cheap credit explain the housing boom? In: Glaeser, E., Sinai, T. (Eds.), Housing and the Financial Crisis. National Bureau of Economic Research, Chicago, pp. 301–360.

Goodman, A.C., 2013. Is there an S in urban housing supply? Or what on earth happened in Detroit? J. Hous. Econ. 22, 179–191.

Green, R.K., Wachter, S.M., 2005. The American mortgage in historical and international context. J. Econ. Perspect. 19, 93–114.

Greenspan, A., Kennedy, J., 2008. Sources and uses of equity extracted from homes. Oxf. Rev. Econ. Policy 24, 120–144.

Gyourko, J., Molloy, R., 2014. Regulation and housing supply. Working paper. Wharton School (July).

Gyourko, J., Sinai, T., 2004. The (un)changing geographical distribution of housing tax benefits: 1980–2000. In: James, P. (Ed.), In: Tax Policy and the Economy, vol. 18. MIT Press, Boston, MA, pp. 175–208.

Gyourko, J., Tracy, J., 2006. Using home maintenance and repairs to smooth variable earnings. Rev. Econ. Stat. 88, 736–747.

Hanson, A., Hawley, Z., Martin, H., Liu, B., 2013. Experimental tests for discrimination by mortgage loan originators. Working paper. Marquette University. https://editorialexpress.com/cgi-bin/conference/download.cgi?db_name=UEA2013&paper_id=93.

Harding, J., Rosenthal, S.S., 2013. Homeowner-entrepreneurs, housing capital gains, and self-employment. Working paper. University of Connecticut (September). https://www.google.com/#q=homeowner-entrepreneurs%2C+housing+capital+gains%2C+and+self-employment.

Harding, J.C., Sirmans, C.F., Rosenthal, S.S., 2007. Depreciation of housing capital, maintenance, and house price inflation. J. Urban Econ. 61, 193–217.

Hartley, D., 2011. The effect of foreclosures on nearby housing prices: supply or disamenity? Working paper 10-11R. Federal Reserve Bank of Cleveland (May). https://www.clevelandfed.org/Community_Development/events/PS2010/presentations_papers/Hartley_paper.pdf.

Haughwout, A., Peach, R., Tracy, J., 2008. Juvenile delinquent mortgages: bad credit or bad economy. J. Urban Econ. 64, 246–257.

Haughwout, A., Mayer, C., Tracy, J., 2009. Subprime mortgage pricing: the impact of race, ethnicity, and gender on the cost of borrowing. In: Burtless, G., Rothenberg Pack, J. (Eds.), Brookings-Wharton Papers on Urban Affairs. Brookings, Washington, DC, pp. 33–63.

Haughwout, A., Peach, R., Tracy, J., 2010. The homeownership gap. Curr. Issues Econ. Fin. 16, 1–11.

Haughwout, A., Lee, D., Tracy, J., van der Klaauw, W., 2012. Real estate investors, the leverage cycle, and the housing market crisis. Staff report No. 514. Federal Reserve Bank of New York (September). http://www.newyorkfed.org/research/staff_reports/sr514.pdf.

Haughwout, A., Sutherland, S., Tracy, J., 2013. Negative equity and housing investment. Staff report No. 636. Federal Reserve Bank of New York (September). http://www.newyorkfed.org/research/staff_reports/2013.html.

Haurin, D., Ma, C., Moulton, S., Schmeiser, M.D.S., Jason, S., Wei, S., 2014. Spatial variation in reverse mortgages usage: house price dynamics and consumer selection. Working paper. Ohio State University.

Herbert, C.E., McCue, D.T., Sanchez-Moyano, R., 2014. Is homeownership still an effective means of building wealth for low-income and minority households? Was it ever? In: Belskey, E.S., Herbert, C.E., Molinsky, J.H. (Eds.), Homeownership Built to Last. Brookings Institution Press, Washington, DC.

Hilber, C.A., Liu, Y., 2008. Explaining the black–white homeownership gap: the role of own wealth, parental externalities and locational preferences. J. Hous. Econ. 17, 152–174.

Hilber, C.A.L., Mayer, C., 2009. Why do households without children support local public schools? Linking house price capitalization to school spending. J. Urban Econ. 65, 74–90.

Hilber, C.A.L., Turner, T.M., 2014. The mortgage interest deduction and its impact on homeownership decisions. Rev. Econ. Stat. 96 (4), 618–637.

Himmelberg, C., Mayer, C., Sinai, T., 2005. Assessing high house prices: bubbles, fundamentals and misperceptions. J. Econ. Perspect. 19, 67–92.

HUD, 2013a. Annual Report to Congress Regarding the Financial Status of the FHA Mutual Mortgage Insurance Fund Fiscal Year 2010. U.S. Department of Housing and Urban Development.

HUD, 2013b. Measuring the costs and savings of aging in place. Matters, Evidence.

Hunter, W.C., Walker, M.B., 1996. The cultural affinity hypothesis and mortgage lending decisions. J. Real Estate Financ. Econ. 13, 57–70.

Hurst, E., Lusardi, A., 2004. Liquidity constraints, household wealth, and entrepreneurship. J. Polit. Econ. 112, 319–347.

Immergluck, D., Smith, G., 2006a. The external costs of foreclosure: the impact of single-family mortgage foreclosure on property values. Housing Policy Debate 17 (1), 57–79.

Immergluck, D., Smith, G., 2006b. The impact of single-family mortgage foreclosures on neighborhood crime. Hous. Stud. 21, 851–866.

Integrated Financial Engineering, 2012. Actuarial review of the Federal Housing Administration Mutual Mortgage Insurance Fund HECM loans for Fiscal Year 2012.

Jones, L.D., 1993. Deficiency judgments and the exercise of the default option in home mortgage loans. J. Law Econ. 36, 115–138.

Keenan, T.A., 2010. Home and community preferences of the 45 + population. Working paper. AARP (November). http://assets.aarp.org/rgcenter/general/home-community-services-10.pdf.

Kiff, J., 2009. Canadian residential mortgage markets: boring but effective? Working paper 09/130. IMF (June).

Ladd, H.F., 1998. Evidence on discrimination in mortgage lending. J. Econ. Perspect. 12, 41–62.

Lea, M., 2010. International comparison of mortgage product offerings. Special report. Research Institute for Housing America (July).

Lee, D., Mayer, C., Tracy, J., 2013. A new look at second liens. In: Glaeser, E.L., Sina, T. (Eds.), Housing and the Financial Crisis. The University of Chicago Press, Chicago, pp. 205–234.

Lovenheim, M.F., 2011. The effect of liquid housing wealth on college enrollment. J. Labor Econ. 29, 741–771.

Lubell, J., 2014. Filling the void between homeownership and rental housing: a case for expanding the use of shared equity homeownership. In: Belsky, E.S., Herbert, C.E., Molinsky, J.H. (Eds.), Homeownership Built to Last. Brookings Institution Press, Washington, DC.

Lutz, B., Molloy, R., Shan, H., 2011. The housing crisis and state and local government tax revenue: five channels. Reg. Sci. Urban Econ. 41, 306–319.

Mayer, C., Pence, K., 2009. Subprime mortgages: what, where, and to whom? In: Glaeser, E.L., Quigley, J.M. (Eds.), Housing Markets and the Economy: Risk, Regulation, and Policy: Essays in honor of Karl E. Case. Lincoln Institute of Land Policy, Cambridge, pp. 149–196.

Mayer, C., Pence, K., Sherlund, S.M., 2009. The rise in mortgage defaults. J. Econ. Perspect. 23, 27–50.

Melzer, B.T., 2012. Mortgage debt overhang: reduced investment by homeowners with negative equity. Working paper. Northwestern University, Kellogg School of Management (August). http://citeseerx.ist.psu.edu/viewdoc/download?doi=10.1.1.412.7932&rep=rep1&type=pdf.

Mian, A., Sufi, A., 2009. The consequences of mortgage credit expansion: evidence from the U.S. Mortgage Default Crisis. Q. J. Econ. 124, 1449–1496.

Mian, A., Sufi, A., 2011. House prices, home equity-based borrowing, and the U.S. Household Leverage Crisis. Am. Econ. Rev. 101, 2132–2156.

Molloy, R., Shan, H., 2013. The post-foreclosure experience of U.S. Households. Real Estate Econ.

41, 225–254.

Morgan, D., Iverson, B., Botsch, M., 2012. Subprime foreclosures and the 2005 bankruptcy reform. Econ. Pol. Rev. 18, 47–57.

Moulton, S., Haurin, D.R., Shi, W., 2014. An analysis of default risk in the home equity conversion mortgage (HECM) program. Working paper. Ohio State University. http://ssrn.com/abstract=2468247.

Munnell, A.H., Tootell, G.M.B., Browne, L.E., McEneaney, J., 1996. Mortgage lending in Boston: interpreting HMDA data. Am. Econ. Rev. 86, 25–53.

National Association of Realtors, 2013. Housing pulse survey, Washington, DC. http://www.realtor.org/reports/housing-pulse-surveys.

Nenov, P., 2010. Labor market and regional reallocation effects of housing busts. Working paper. MIT.

OCC mortgage metrics report: fourth quarter 2013. Comptroller of the Currency, US Department of the Treasury, Washington, DC (December).

Office of Management and Budget, 2014. Analytical perspectives. Government Printing Office.

O'Flaherty, B., 1993. Abandoned buildings: a stochastic analysis. J. Urban Econ. 34, 43–74.

Palmer, C., 2014. Why did so many subprime borrowers default during the crisis: loose credit or plummeting prices. Working paper. MIT (January).

Pinto, E., 2012. How the FHA hurts working class families and communities. AEI.

Poterba, J., Sinai, T., 2008. Tax expenditures for owner-occupied housing: deductions for property taxes and mortgage interest and the exclusion of imputed rental income. Am. Econ. Rev. 98, 84–89.

Poterba, J., Venti, S., Wise, D., 2011. The composition and drawdown of wealth in retirement. J. Econ. Perspect. 25, 95–118.

Quigley, J.M., 1987. Interest rate variations, mortgage prepayments and household mobility. Rev. Econ. Stat. 69, 636–643.

Rao, J., 2012. The Other Foreclosure Crisis: Property Tax Lien Sales. National Consumer Law Center, Boston, MA (July 14). https://www.nclc.org/issues/the-other-foreclosure-crisis-html.

Ross, S., Yinger, J., 2002. The Color of Credit: Mortgage Lending Discrimination, Research Methodology, and Fair Lending Enforcement. MIT Press, Cambridge, MA.

Ross, S.L., Turner, M.A., Godfrey, E., Smith, R.R., 2008. Mortgage lending in Chicago and Los Angeles: a paired testing study of the pre-application process. J. Urban Econ. 63, 902–919.

Saiz, A., 2008. On local housing supply elasticity. Working paper. University of Pennsylvania. http://papers.ssrn.com/so13/papers.cfm?abstract_id=1193422.

Scafidi, B.P., Schill, M.H., Wachter, S.M., Culhane, D.P., 1998. An economic analysis of housing abandonment. J. Hous. Econ. 7, 287–303.

Schill, M.H., Wachter, S.M., 1993. A tale of two cities: racial and ethnic geographic disparities in home mortgage lending in Boston and Philadelphia. J. Hous. Res. 4 (2), 245–275.

Schuetz, J., Been, V., Ellen, I.G., 2008. Neighboring effects of concentrated mortgage foreclosures. J. Hous. Res. 17, 306–319.

Schulhofer-Wohl, S., 2011. Negative equity does not reduce homeowners' mobility. Working paper No. 16701. NBER (January). http://www.nber.org/papers/w16701.

Shan, H., 2011. Reversing the trend: the recent expansion of the reverse mortgage. Real Estate Econ. 39, 743–768.

Shiller, R., 2008. The Subprime Solution: How Today's Global Financial Crisis Happened, and What to Do About It. Princeton University Press, Princeton, NJ.

Shiller, R., 2014. Why is housing finance still stuck in such a primitive stage? Am. Econ. Rev. 104, 73–76.

Stein, J., 1995. Prices and trading volume in the housing market: a model with down-payment effects. Q. J. Econ. 110, 379–406.

Tootell, G.M.B., 1996. Redlining in Boston: do mortgage lenders discriminate against neighborhoods? Q. J. Econ. 111, 1049–1079.

Traclet, V., 2010. An overview of the Canadian housing finance system. Housing Finance International, 6–13.

Turner, M.A., Santos, R., Levy, D.K., Wissoker, D., Aranda, C., Pitingolo, R., 2013. Housing Discrimination Against Racial and Ethnic Minorities 2012. Research report. U.S. Department of Housing and Urban Development, Office of Policy Development (June).

Valletta, R.G., 2013. House lock and structural unemployment. Labour Econ. 25, 86–97.

White, M.J., 1986. Property taxes and urban housing abandonment. J. Urban Econ. 20, 312–330.

Wilson, E., Callis, R.R., 2013. Who could afford to buy a home in 2009? Working paper. http://www.

census.gov/prod/2013pubs/h121-13-02.pdf.

Woodward, S.E., Hall, R.E., 2012. Diagnosing consumer confusion and sub-optimal shopping effort: theory and mortgage-market evidence. Am. Econ. Rev. 102, 3249–3276.

Zhu, J., 2012. An empirical analysis of the home affordable refinance program's impact on default rates. Working paper. Freddie Mac (May).

第 *16* 章
邻里和城市经济地位的变化及持续性

斯图尔特·罗森塔尔

美国雪城大学经济学系

史蒂芬·罗斯

美国康涅狄格大学经济学系

摘要

我们将在本章中回顾近期的文献，这些文献思考并解释了邻里和城市经济地位的上升和下降趋势。要传达的一个中心思想是，尽管很多区位在经济地位上表现出了异乎寻常的持续性，但是由各种人均收入指标来衡量的经济地位的变化却是常见的。在邻里层次，我们会由一系列典型事实开始讨论，之后讨论邻里经济地位的静态和动态动力。这在大都市区层次也得到了验证。耐久但缓慢衰败的住房、运输基础设施和自我强化的溢出效应都会影响地方收入动态，持久的自然优势、设施以及政府的政策也有同样的影响力。整个章节有三个反复出现的主题：（1）通常需要进行长期观察研究，以充分理解经济地位变化是常见事实；（2）研究历史是很重要的；以及（3）静态和动态力量的组合确保收入动态能够并且的确在不同区位间存在显著差异，但变化的方式是可以理解的。

关键词

邻里收入动态　城市收入动态　耐久住房　运输基础设施　溢出　持久性　路径依赖　周期

JEL 分类码

R0　R1　R2　R3　R4

16.1 引　言

经济地位的巨大差异在邻里和大都市区两个层次上都是常见的。例如，2005～2009 年，美国大都市区在第 75 百分位普查地块和在第 25 百分位普查地块间收入中位数的平均差异为 54.8%。[①] 在整个美国大都市区，第 75 百分位普查地块和在第 25 百分位普查地块间的 MSA（大都市统计区）收入中位数差异为 24.5%。[②] 这些指标背后的区域间收入不平等的广泛性众所周知，而且在许多情况下似乎根深蒂固。比如说，我们很难想象波士顿后湾区著名的褐石洋房或旧金山的自然设施对高收入居民失去吸引力。[③]

尽管如此，一个区位经济地位的变化是常见的。例如罗森塔尔（Rosenthal，2008a）的数据表明 35 个美国城市核心区的所有普查地块中，相对于在 1950 年的经济地位，超过半数的地块在 2000 年的经济地位明显不同。在过去 100 年中，纽约的非裔住宅区哈莱姆区的崛起、衰落和复兴就是这一变化的典型象征。在大都市区层面，格莱泽和捷尔科（Glaeser and Gyourko，2005）强调指出，1950 年 15 个最大的美国城市中的 11 个到 2000 年人口减少；其中最引人注目的是，底特律失去了超过一半的人口！

本章的一个中心目标就是考察最近的文献。区位的经济地位在邻里和 MSA 这两个层次往往都随着时间而发生改变，这些文献对改变的程度和方式提供了新的见解。当我们把焦点放在邻里变化时，我们会把许多讨论放在美国背景下进行，因为这也是我们所考察文献中倾向。然而，从这些文献中所吸取的经验也可以应用到美国以外的城市。当我们着眼于大都市区层次的变化时，这些文献的考察视野更为国际化，这与我们所考察的文献相一致。在大多数情况下，我们将参照各种人均收入指标来表示地方经济地位，但在某些情况下，我们将参照人口和就业的变化。[④]

在本章中，一个反复出现的主题是，要充分理解经济地位的变化是普遍的，长时间的观察研究是必要的。另一个相关的主题是，历史是很重要的，以

[①] 研究者们使用了从 2005～2009 年的美国社区调查（ACS）中 1% 的样本对美国 366 个最大 CBSA（核心统计区）进行计算。

[②] MSA 是指大都市统计区。上述估计是基于作者使用 2010 年 ACS1% 的样本的计算。

[③] 请参阅后湾区邻里协会的网站，其中有对后湾区历史的介绍，直到于 1857 年开始的垃圾填埋场项目，后湾区历史上一直是一个潮沼：http：//www. nabbonline. com/about_us/back_bay_history。

[④] 我们强调的人均收入与 MSA 层次的生产率和增长的过往文献回顾不同，那些文献回顾往往把重点放在人口和就业上（例如，Rosenthal and Strange，2004；Beherns and Robert-Nicoud，本书；Combes and Gobillon，本书；Carlino and Kerr，本书）。

及在某些情况下研究历史对研究路径依赖将有所贡献。第三个主题是，多重力量影响邻里和大都市统计区层次的经济地位，以致收入动态在不同区位上发生变化。其结果是，在一些区位，经济地位表现出异乎寻常的持续性，而在其他地方，经济地位更容易产生推动周期上升和下降的随机系统力。

三种机制在我们的讨论中占有突出地位，且往往互为因果。这些机制包括耐久性和住房的缓慢衰败，运输基础设施的耐久性，以及自我强化效应的溢出，这种溢出可能将种族/少数民族社区固定于某一给定邻里，以及将表面上看似流动的产业固定于某个给定区位。在许多情况下，这些机制对于那些延续了几十年的缓慢变化有所贡献。在其他情况下，经济力量将被建立起来，直到某个临界点出现，在这一临界点之后，变化的步伐可能会非常明显。

在邻里层次，要认识到收入显示了急剧的、非随机的空间格局，这非常重要。这一点在图16－1中以图形化的方式被反映出来，该图显示了2005～2009年美国邻里相对收入作为从城市中心到四个大都市区距离的函数，该地块包括纽约（面板1）、洛杉矶（面板2）、芝加哥（面板3）和费城（面板4）。对于每一个大都市区，邻里相对收入是根据普查地块平均收入除以该土地MSA

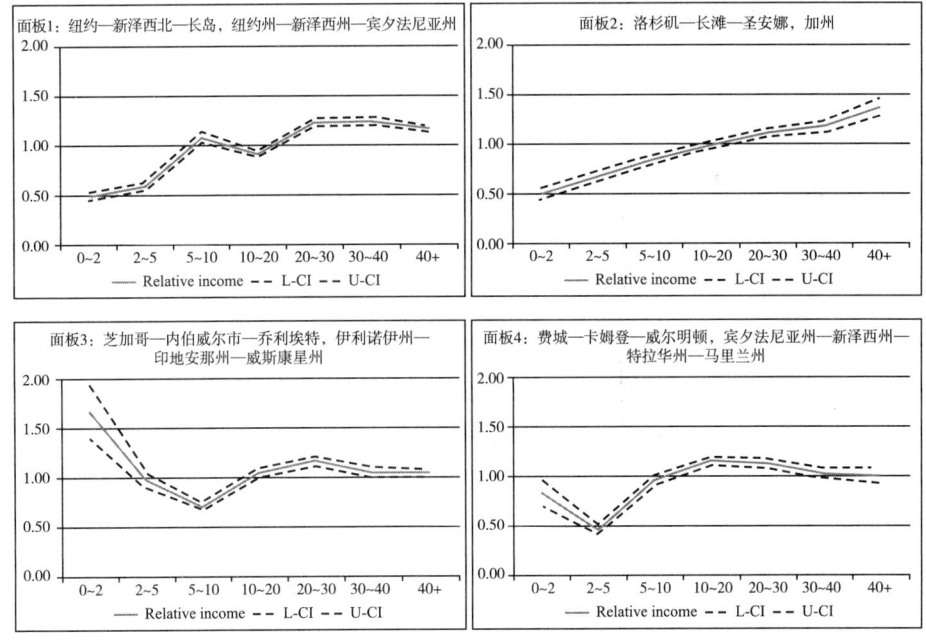

图16－1 普查地块的中位收入与其到MSA中心的距离（英里）

（2005～2009 ACS合并样本）

平均收入来衡量的。在洛杉矶，随着到中心的距离增加，相对收入惊人地单调递增。相对收入随到中心的距离上升这一现象也同样出现在纽约、芝加哥和费城，但不如洛杉矶明显，这一点我们之后会加以讨论。总体而言，这四个城市均表明一个广为人知的典型事实：美国中心城市相对于郊区来说往往较为贫困。

图16－1中显示的很少意识到空间特性，自20世纪60年代末期以来一直是研究的重点。我们很少意识到的是，一个区位的经济地位不是静态的。这一点在图16－2中十分明显，它显示了从罗森塔尔（2008a）表1中得到的概括性指标。在图中显示了四个竖条，每个分成四段，显示了1950年的普查地块经济地位的横向增长以及2000年经济地位的纵向增长。基于以上目的，经济地位由普查地块与其所在城市的相对平均收入比率来衡量。

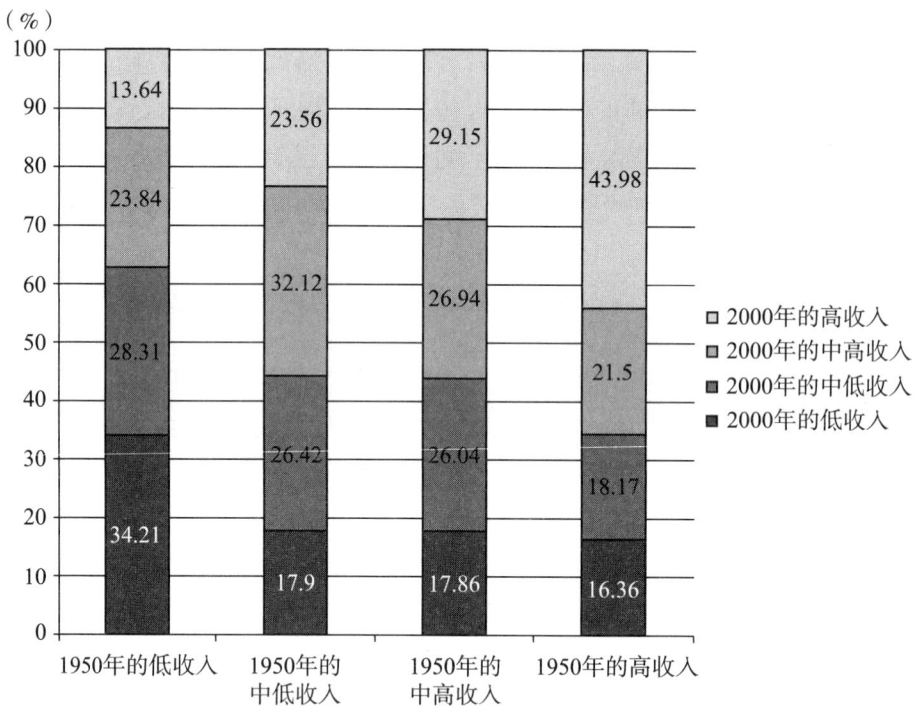

图16－2　1950～2000年普查地块相对收入的变动率

注：基于35个城市的普查地块，按照1950～2000年一致的地理基础。地块相对收入根据普查地块平均收入相对于所讨论的MSA普查中的平均收入来衡量，并且包含在平衡面板中。

资料来源：罗森塔尔（2008a）第2页表1面板（a）。

图 16－2 表明，无论 1950 年的一个普查地块是低收入还是高收入（分别为第一个和第四个垂直条），1950 年所有普查地块的一半相对于这些城市在 2000 年的经济地位有着显著差异。此外，罗森塔尔（2008a）表明无论普查地块是在大城市或是在小城市，这一模式依然成立。上面格莱泽和捷尔科（2005）指出的一些美国最大城市的跌幅也同样惊人。

但是，这些变化需要时间来观察。罗森塔尔指出，普查地块相对于 MSA 的平均收入变化每十年大约为 12%（绝对值）。杜兰顿（2007）指出，对于 1977 年美国 10 个最大的城市来说，在接下来的 20 年，人口规模排名的平均变化在 272 个大都市区中只有 1.2（也是绝对值）。芬德森和休特古姆（Findeisen and Sudekum，2008）记录了德国大都市区类似的变化率。以这样的变化速度，如果研究者的时间跨度比如说 10 年，会很容易忽视邻里和城市的巨大动态性。

不过，这往往是决策者和对邻里和大都市区生产率和增长的学术研究文献的结论，符合我们天生注重近期变化的自然倾向。美国所有租客中的 45% 停留时间不到 2 年，而相似比例的业主在 9 年内迁移。2010 年，14.1% 的人迁移到一个不同的州，16.8% 迁移到同一个州不同的公用微观数据区（PUMA），66.3% 在同一个公用微观数据区内迁移。⑤ 这类流动率和迁移模式有助于解释把重点放在近期，至少在当我们考虑的是影响当地社区经济活力的政策时。⑥

当我们回顾与这些思想有关的文献时，有两个例子有助于构建我们的讨论。随着 1904 年纽约地铁系统延伸到非裔住宅区哈莱姆，当地房地产开发商预计住房需求将出现繁荣，为此开始建造住房，以迎接即将入住的家庭。⑦ 但是，大部分预期中的需求并没有出现，因为从其他区位到曼哈顿市中心的交通也同时得到提升。根据当地民众间的说法，菲利普·佩顿（一位房地产经纪人和企业家）接触了若干非裔住宅区的房东，并说服他们鼓励非裔家庭搬到非裔住宅区以使用这些新的住房存量。到了 20 世纪 20 年代，非裔住宅区已变成了繁荣的非裔社区，拥有丰富的文化、就业和希望。然而这却被 20 世纪 30 年代的大萧条、歧视和社会动荡所打击。非裔住宅区的人口在 20 世纪 60 年代末和 70 年代下降，犯罪、暴乱、被遗弃的财产以及疫病取代了该区域的地标（如

---

⑤ 根据 2010 年美国社区调查者的计算。对于租客来说，14.2% 迁到不同的州，16.3% 迁到同一个州的不同的公用的微观数据区（PUMA），66.9% 在同一个公用微观数据区内迁移。对于业主来说，相应的数字是 13.8%、18.5% 和 64.3%。

⑥ 选举政治也强化了这种专注于近期的倾向，由于在职者和挑战者争夺选区的选票，这一选区不看重未来的事件。

⑦ 请参阅"非裔住宅区遗迹之旅和文化中心的历史"，非裔住宅区遗迹之旅文化中心 RSS。也请参阅 Vincent（2005），"非裔住宅区"。世界流行音乐的连续百科全书：位置。

棉花俱乐部和阿波罗剧院），占据了新闻头条。到了 1990 年，哈莱姆区已成为贫困的非裔社区，人们住在老旧和破烂的房屋里。[8]

被遗弃以及破旧的建筑于 1990 年被重建，新建住房现在的售价超过 100 万美元，与比尔·克林顿的办公室为邻。从 2000 ~ 2008 年，哈莱姆中心区的（Central Harlem）人口由 109 000 人上升到 126 000 人。这些变化也与非裔住宅区 100 年内人口构成的深刻变化相符。在更大范围的哈莱姆区里，非裔不再是多数，只占该地区人口大约 40%，而这一数字在 1970 年高达约 64%。中哈林区的非裔人口比例据说在 1950 年已接近顶峰 98%，但在 2008 年为 62%。[9] 这些变化同时反映了非裔的迁出——哈莱姆中心区的非裔人口在 2008 年已降至 7.7 万人，1920 年以来从未发生过这种情况——以及大批拉丁裔和非拉丁裔白人的迁入。[10] 各种邻里动态表明，非裔住宅区的兴衰，以及从白到黑然后再变化回来的这种过渡，在美国和世界其他地方的许多城市邻里中都有所体现。我们相信，这些动态反映了运输基础设施、耐久但慢慢贬值的住房以及种族和民族的自我强化的文化效应等多重力量。重要的是，我们从文献中得出的一个结论是，哈莱姆区所经历的这种变化在很多（但不是所有）城市邻里都是不可避免的。

1950 年，底特律是美国第五大城市，有大约 185 万人口，其中 45% 是白人，其余几乎都是非裔。到 2010 年，底特律的人口已经降至 70 万人，白人仅占城市人口的 7.9%。2013 年 7 月，当它申请我们在第 9 章提到的破产时，正式宣告其已被压垮，这是美国历史上最大的市政破产（由于债务原因）。底特律这一象征性的急剧衰败也反映在许多美国锈带城市中，包括布法罗、匹兹堡、克利夫兰以及其他一些城市。除美国的锈带城市以外，也出现了这样的城市，比如英国利物浦的人口在 2010 年从其 20 世纪 30 年代的最高点下跌了近50%，还有意大利的都灵在 1970 ~ 1990 年失去了约 25% 的人口。[11] 有些城市已经完全消失，例如埃及的孟菲斯曾经是世界领先的城市。[12] 这些提醒我们，大都市区既可以发展，也同样会萎缩。

---

⑧ "非裔住宅区遗迹之旅和文化中心的历史。"非裔住宅区遗迹之旅文化中心 RSS。

⑨ Payne（2010）"非裔住宅区不再黑了？"The Root，1 月 8 日

⑩ Roberts（2010）"非裔不再占多数，非裔住宅区正处于转型期"，纽约时报，1 月 5 日。

⑪ 请参阅例如 Nurse（2008），利物浦大学，大学新闻，"利物浦观点：底特律对于利物浦的教训"http：//news. liv. ac. uk/2013/08/02/the-liverpool-view-detroits- lessons-for-liverpool/. Power et al.（2008）也记录并讨论了在 1970 ~ 1990 年七个人口下降的欧洲城市，莱比锡（ - 15%）、不来梅（ - 5%）、谢菲尔德（ - 8%）、毕尔巴鄂（ - 13%）、都灵（ - 25%）和圣艾蒂安（ - 20%）（他们的报告见 11 页的表 6）。

⑫ 孟菲斯于大约 5000 年前被发现，毗邻尼罗河三角洲的南端大（Prasad，1977）。从大约公元前 3000 年到大约公元前 2250 年的鼎盛时期，孟菲斯已经被认为是世界上最大的城市，人口可能已高达 50 000 人（Chandler，1987）。然而，在孟菲斯今天所在的地方，只有散落的废墟和小村庄（Waters，1895）。

正如我们对邻里动态的评估，耐久性住房、运输基础设施以及财政政策也都在底特律的发展和困境中发挥了重要作用。交通运输的便利使原材料的获取更加容易，也可以接触到远距离的市场和供应商，促进贸易、提高生产率和促进发展。钢铁是汽车工业的重要组成部分，必要的钢铁生产原材料在五大湖区附近数量庞大，这也推动了印第安纳州的加里以及宾夕法尼亚州的匹兹堡的出现，它们作为钢铁生产城镇，反过来又促进了附近的底特律作为"汽车城"的崛起。

种族纷争、财政管理不善，尤其是底特律作为世界汽车中心比较优势的下降，导致其就业基础 60 年的持续下降。在其崛起过程中，曾经这个城市人口不断增长的那些耐久性建筑，在这个城市的衰落过程中也加深并加快了其衰落过程。这是因为供给无弹性与需求下降相结合导致住房价格暴跌，这也进一步造成其朝低技能、低收入的人口结构转变（例如，Glaeserand Gyourko，2005年）。技能下降同时也使人均收入降低，并加剧了雇主逃离这座城市的倾向。这些变化削弱了地方税收基数，并加剧了城市不断扩大的财政危机。为此，不少美国锈带城市都采用推倒未被充分利用的和废弃的存量住房的政策以加强当地经济，包括布法罗、克利夫兰等，尤其是底特律。本着这种精神，格莱泽（2007）认为布法罗应该"收缩以走向光辉"。

美国锈带城市的历史表明，城市会失去自己的比较优势，这一点尤恩（Yoon，2013）加以记录，此后，耐久性住房储备会推动城市螺旋式急剧下滑。然而，城市会萎缩乃至消失这一概念，几乎在关于城市动态和发展的所有文献中均被忽视。这一点与近期研究形成鲜明对比，譬如戴维斯和温斯坦（Davis and Weinstein，2002，2008）、布科曼等（Brakman et al.，2004）以及格洛克和斯特姆（2013）。这些研究都认为，持久的区位优势有助于确保一个城市的经济安全，甚至在遭遇战争破坏之后。城市不仅会崛起而且也会衰落的观念，对近期的文献形成挑战，这些文献认为一旦城市建成，将内生成长并维持下去，即使在其失去其初始比较优势后（例如，Bleakley and Lin，2012）。

为了探讨这些想法，本章将从邻里层次到 MSA 层次加以讨论。我们首先会描述四个涉及城市内高收入和低收入社区区位的典型事实。接着是一系列的静态和动态讨论，除了早前我们讨论的黑人住宅区哈莱姆所经历的事件，这些讨论也会对近期研究记录的模式进行讨论。一个重要的结论是，虽然随机冲击会影响一个社区的经济地位，但在大多数情况下，邻里经济地位受系统的静态和动态经济力量组合影响。从那里我们会回顾一些讨论大都市层次变化的论文。在这里，我们也列出了四个典型事实，并关注一个城市的经济地位相对于其他大都市区是否是固定的，还是会随时间变化以一种系统化的方式发生变化，以及为什么会发生这样的变化。在最后的结论中，我们会强调指出那些我们认为特别需要进一步研究的领域。

16.2　邻里经济地位

16.2.1　邻里经济地位的四个典型事实

16.2.1.1　富裕的郊区和贫困的市区

美国现代化城市的一个突出特点是，相对市区来说，郊区社群一直维持着较高的收入水平。格莱泽等（2008）、布鲁克纳和罗森塔尔（Brueckner and Rosenthal，2009）以及其他研究者都证实了这一点。我们在这里使用来自 ACS 在 2005~2009 年的汇总普查地块数据，再一次进行这一研究。洛杉矶为我们提供了一个生动的例子，如图 16-1 的面板 2 所示，普查地块与 MSA 的相对家庭收入随着与 MSA 中心距离的增加而单调递增（以英里计）。[13] 纽约的模式如面板 1 所示，也同样是向上倾斜的，虽然图形更多地呈现出锯齿形状。给定洛杉矶和纽约这种显著的模式，以及几十年来对内城区贫困集中现象的关注（例如，Rosenthal，2008b），很容易错误地认为无论是现在还是将来，郊区家庭收入相对于其 MSA 中心来说几乎一定是较高的。然而，我们可以指出一些实例来表明实际情况并非一定如此，其中在美国最引人注目的就是芝加哥。在图 16-1 的面板 3 中，我们注意到芝加哥市区收入相对于整个 MSA 较高，在离市中心大约 5~10 英里的地方跌入低谷，然后再次上升。费城（图 16-1 的面板 4 所示）也显示出明显的 V 形，虽然其市区收入仍相对较低。附录中美国 48 个最大的 MSAs 也有类似情况。虽然明显高收入郊区是一种常态，但同样很清楚的一点是，除了芝加哥和费城等城市，仍有别的城市并非如此，例如华盛顿特区（见图 A1 的面板 7）。但是，尽管存在一些重要的例外，我们的第一个典型事实是，在美国的大部分大都市区郊区收入较高，而市区则相对较低。

---

[13]　在图 16-1 的每个面板上，从人口最密集的土地普查区的距离是沿着横轴绘制的，而相对于 MSA 中位数的普查土地的收入中位数的平均比例是绘制在垂直轴上的。这些数据是根据 2005~2009 年美国社区调查加以综合得到的。

16.2.1.2 邻里经济地位的变化是普遍的

我们会认为某个邻里一旦处在高收入或者低收入状况，很大程度上将是固定的，但这可能不是正确的想法。罗森塔尔（2008a）计算了经济地位不同的邻里间的变动率，采用 35 个城市核心区普查地块的平衡面板，这 35 个城市从1950~2000 年的地理基础保持一致。每个普查地块都被视为一个单独的邻里。经济地位用邻里的平均家庭收入来衡量，根据相对该城市所有普查地块的平均家庭收入以及观察该邻里的年份。邻里地理编码为相对于所有年份的 2000 年普查地块边界。邻里被进一步划分为四组，基于邻里相对收入水平是否位于罗森塔尔（2008a）描述的相对收入的第一至第四个四分位数，分别为低收入、中低收入、中高收入和高收入。

一个显著的模式，如图 16-2 所示。对于样本中的 35 个城市，1950 年所有低收入邻里中只有 34.21% 在 2000 年仍处于低收入状况。对于中下收入的普查区、中高收入的普查区和高收入的普查区来说，对应的值分别为 26.42%、26.94% 和 43.98%。虽然低收入和高收入地区仍然存在不成比例的趋势，但是主导模式是，无论其经济上升抑或下滑，大部分社区在 1950~2000 年经济地位都有所改变。

这些模式指向我们的第二个典型事实：邻里经济地位的变化在美国的城市邻里间是常见的。然而，我们的大多数模型和许多城市政策似乎暗含地将邻里经济地位视作静止不变。

16.2.1.3 邻里经济地位的均值回归也是常见的

由于邻里经济地位如此大的变化，一个很自然的问题是，邻里的发展和衰落是一种系统的、循环的模式，还是个体邻里的经济地位遵循随机游走。表16-1 重复了罗森塔尔（2008a，表3，第5页）预测，以阐明这个问题。该表对回归进行了报告，该回归表征了邻里经济状况变化的程度是连续相关的。如前所述，邻里 i 在 t 期间的邻里经济地位（y_{it}）是按邻里（普查地块）平均收入相对于 MSA 平均收入的比率来计算的。[⑭] 对于 1900 年和 1920 年，每个选区的收入是利用 IPUMS 的职业成绩指数（OCCSCORE）方法来计算的，它基于这些人在 1900 年或 1920 年的实际职业（详情见 www.ipums.org），估计了个体在

---

⑭ 更确切地说，令 γ_{it} 代表邻里 $i(i=1, \cdots, I)$ 在 t 时期的相对收入。此外，γ_{it} 被定义为 $Y_{it}/\overline{Y}_t$，其中 Y_{it} 是 i 地区 t 时期的平均收入水平，$\overline{Y}_t$ 是 t 时期整个城市范围的平均水平。根据构建，所有邻里在 t 时期的 γ 的期望值之和为 1。

1950 年可能赚到的收入。1920 年以后的收入是根据实际报告的个人收入来计算的，并且把每个年份的个人收入都归入回归中使用的地理单元（例如，1900 年选区边界或普查地块）。

表 16 - 1　　　　　　　邻里相对收入增长的序列相关

（t 值基于括号中稳健的标准差）

	费城县选区面板[a]	费城县选区面板[a]	费城县普查地块平衡面板[b]	35 个 MSA 普查地块平衡面板[b]
	$\log(\gamma_{2000}/\gamma_{1950})$	$\log(\gamma_{1980}/\gamma_{1950})$	$\log(\gamma_t/\gamma_{t-1})$	$\log(\gamma_t/\gamma_{t-1})$
$\log(\gamma_{1950}/\gamma_{1900})$	$-0.946\ 5$ (-6.17)	—	—	—
$\log(\gamma_{1950}/\gamma_{1920})$	—	$-0.453\ 8$ (-3.20)	—	—
$\log(\gamma_{t-1}/\gamma_{t-2})$	—	—	$-0.012\ 6$ (-0.24)	$-0.056\ 4$ (-11.27)
常量	$-0.061\ 7$ (-1.10)	$-0.042\ 3$ (-0.82)	$-0.086\ 3$ (-10.66)	
期间长度（年）	50	30	10	10
时间跨度（年）	1900 ~ 2000	1920 ~ 2000	1950 ~ 2000	1950 ~ 2000
县固定效应	—	—	—	125
观测	39	39	1 304	37 676
R 平方/决定系数	0.432 9	0.174 9	0.000 2	0.032 3

[a] All data were coded to year 1900 ward boundaries. See Rosenthal (2008a) for details.

[b] All data were coded to year 2000 census tract boundaries. See Rosenthal (2008a) for details.

Source：Rosenthal (2008a, based on table 3, p. 5).

前两个回归只关注费城，数据为 1900 年各选区的数据。在 1990 年的费城，有 39 个这样的选区。第一个回归的时期跨度为 50 年，是 $\log(\gamma_{2000}/\gamma_{1950})$ 对 $\log(\gamma_{1950}/\gamma_{1900})$ 的回归。在第二个回归中，时期跨度为 30 年，是 $\log(\gamma_{1980}/\gamma_{1950})$ 对 $\log(\gamma_{1950}/\gamma_{1920})$ 的回归。表格中的第三个回归也是关于费城，但是数据来源于 2000 年人口普查追踪。除此之外，人口普查追踪的数据是从 1950 ~ 2000 年，是以 10 年期为基础的 $\log(\gamma_t/\gamma_{t-1})$ 对 $\log(\gamma_{t-1}/\gamma_{t-2})$ 的回归。表中

的第四个也是最后一个回归具有类似的设定，但包括了在 1950 年定义的 35 个大都市统计区的人口普查追踪。最后这一回归还包括了县级的固定效应。

在表 16 - 1 中由左向右的费城数据（1 ~ 3 列）中，我们注意到滞后因变量的系数为 - 0.95、- 0.45 和 - 0.013，相应的 t-ratios 值为 6.3、3.2 和 0.24。这说明，对于费城的典型邻里，一个邻里在 2000 年相对经济位置的 95% 可以追溯到 100 年前的 1900 年。在第二、第三个回归中，时期缩短了，邻里循环并不那么完整，滞后因变量的系数也减小了，在 10 年期模型中，减小到 1.3%。后一个估计式与最后一个通过 35 个城市面板数据得到的回归很接近。在该模型中，滞后因变量的系数为 - 5.6%（t-ratios 值为 11.27）。

该研究结果显示，邻里的收入水平是稳定的，这可以通过面板数据单位根检验。考虑下面的方程：

$$\log(\gamma_{it}) = \theta_{i,o} + \theta_{i,1} \log(\gamma_{i,t-1}) + e_{it} \tag{16.1}$$

其中，$\log(\gamma_{it})$ 表示为一个常数及其一期滞后量的函数，i 和 t 与之前一样，代表普查地块和时间。如果 $\theta_{i,1} < 1$，$\log(\gamma_{it})$ 就是稳定的，具有有限方差和稳定的长期均值。这说明，邻里经济状态显示出均值回归的趋势。相反，如果 θ_1 等于 1，那么对于邻里经济状态的冲击就不会减弱，邻里经济状态会变为随机游走。

根据表 16 - 1 中第 4 列的数据，罗森塔尔（2008a）对面板数据的单位根进行了检验，明确地拒绝了零单位根，这是对邻里沿着长期稳定均值变化观点的支撑。[15] 这些结果也支持了哈林区 100 年兴衰的观点，那种在 16 - 1 中描述的更新并不是独一无二的，邻里经济状态会展现出长期的循环和均值回归。

16.2.1.4 美国城市的收入分隔有所增加

一系列研究提供的证据表明，近几十年里收入分隔在美国大都市区有所增加。梅西和菲舍尔（Massey and Fischer, 2003）给出了 1950 ~ 2000 年区域收入收敛的证据；他们还发现收入不平等和整个普查地块的贫困状况在 1970 ~ 1990 年有所增加，而在 1990 年和 2000 年仅略微下滑。泰勒和弗赖伊（Taylor and Fry, 2012）给出证据表明 1980 ~ 2010 年普查地块层次的收入分隔有所增加，这在更高收入的家庭中尤为明显。惠勒和拉祖尼斯（Wheeler and La Jeunesse, 2007）发现，在美国给定的 MSA 内，普查地块的收入分隔在 20 世纪 80 年代大幅增长。沃森（Watson, 2009）根据收入排名百分位而不是与实际

---

[15] 这两个检验来源于 Levin 等（2002），被称为 LLC，以及 Maddla 和 Wu（1999）提出的费舍方法。

收入水平挂钩的阈值，提出了在大都市区内收入分隔随时间推移的衡量指标。沃森还指出，MSA 内的收入不平等在 1970～2000 年间有所增加，多数发生在 1980～1990 年之间。

16.2.2　邻里经济地位空间差异的概念模型

上述证据表明，邻里经济地位差异往往表现出明显的系统性空间和时间模式，但它们没有解释原因。本节提供了一系列的概念性解释，有助于弄清上述模式背后的原因。

16.2.2.1　静态模型

16.2.2.1.1　"标准"模型：阿朗索（1964），米尔斯（1967），以及穆特（1969）

阿朗索（Alonso，1964）、米尔斯（Mills，1967）和穆特（Muth，1969）（下文简称 AMM）的早期研究工作提出了第一个看似令人信服的解释，即为什么相对于郊区来说现代美国市区往往收入较低。从其最简单的形式来看，在一个大都市区内，所有就业集中在市区（即大都市区的"单中心"），使得通勤成本随着到市区中心（u）的距离而增加，增加的比率为 t。家庭收入为（y），住房价值为（h），非住房消费为（x），其单位价格分别为 $P_h(u)$ 和 1。在家庭相同的情况下，空间均衡将要求住房价格随到市中心的距离增加而下降，以补偿通勤成本差异：

$$\frac{\partial P_h(u)}{\partial u} = -\frac{t(\gamma)}{h(\gamma)} < 0 \tag{16.2}$$

其中，单位通勤成本和住房需求随收入变化。[16] 收入对住房价格函数率的影响由以下公式给出：

$$\frac{\partial^2 P_h(u)}{\partial u \partial \gamma} = c(\gamma)\left[\varepsilon_{h,\gamma} - \varepsilon_{t,\gamma}\right] \tag{16.3}$$

其中，$c(\gamma) = \dfrac{t(\gamma)}{\gamma h(\gamma)} > 0$，$\varepsilon_{h,\gamma}$ 以及 $\varepsilon_{t,\gamma}$ 分别是住房和通勤成本的需求收入弹性。

----

[16]　公式（16.2）由重新安排家庭预算约束获得，以确保住房价格的变化可以补偿家庭在通勤上花费的更多的时间：

$$\gamma = P_h(u)h(\gamma) + x(\gamma) + t(\gamma)u \rightarrow P_h(u) = \frac{\gamma - x(\gamma)}{h(\gamma)} - \frac{t(\gamma)}{h(\gamma)}u.$$

等式（16.3）得到了重要的结论，如果 $\varepsilon_{h,\gamma} > \varepsilon_{t,\gamma}$，住房价格函数随着收入增加趋于扁平，反之亦反。基于这一原则，在 20 世纪 70 年代、80 年代和 90 年代的大部分时间里，美国市区往往更穷的原因是 $\varepsilon_{h,\gamma} > \varepsilon_{t,\gamma}$。在那一情况下，于高收入和低收入家庭的住房价格函数交叉，如图 16－3 所示，高收入家庭对郊区空间的出价高于穷困家庭，而穷困家庭对市区空间的出价高于富人。

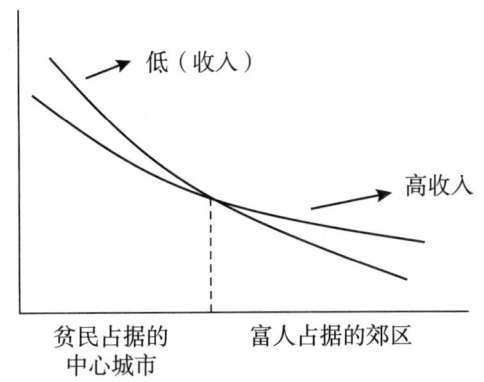

低（收入）

高收入

贫民占据的
中心城市

富人占据的郊区

图 16－3　存在 $\varepsilon_{h,\gamma} > \varepsilon_{t,\gamma}$ 情况下的 AMM 以及收入分层

AMM 模型似乎为高收入和低收入邻里空间模式提供了一个完美的解释，并成为城市经济学课堂标准讨论的一部分。然而，惠顿（Wheaton，1977）最早提出了不同意见，他质疑实践中住房需求是否对收入比对通勤成本更敏感。惠顿的批评在很大程度上被忽视了，直到格莱泽等（2008）或 GKR 重新对其加以审视，他们提供了令人信服的证据表明，相比通勤成本，住房需求对收入的敏感度要低得多。

GKR 强调指出，如果家庭对通勤时间的估价与户主的小时工资成正比，那么通勤成本的收入弹性将等于 1。利用美国住房调查（AHS）中的家庭样本，GKR 也估计了独居家庭用地需求的收入弹性。采用 OLS 估计法，用地需求的收入弹性约为 8%，使用户主教育作为收入的工具变量时，弹性为 25% 左右。[17] 罗森塔尔（2014）最近使用所有家庭而不只是那些流动家庭，来估计住房需求（不是土地）的收入弹性。基于 OLS 估测，罗森塔尔（2014）指出房

---

[17]　住房需求是基于对未来收入的前瞻性预期，因此原则上其更紧密地与永久性收入而非当期收入联系在一起。GKR 使用户主的教育来衡量收入以考虑这种区别，并获得了预期的结果，即收入弹性相对 OLS 估测较高，该 OLS 估测包括作为主要对照的当期收入。GKR 也意识到，教育有可能直接进入住房需求函数，因此其可能不是一个有效的工具。然而，得到的估计数字远远低于 1，这强化了上述论点。

东的收入弹性为41%，租客为12%。总之，这些研究以及许多类似的文献估计都可以确认，住房和土地需求的收入弹性远低于1。

由于有了这些证据，GKR 认为 AMM 模型和式（16.3）可以预测到与美国通常模式相反的模式：具体而言就是，高收入家庭应该占据城市中心，而不是郊区。我们需要对在美国大都市区高收入和低收入社区的空间模式提供新的解释。

16.2.2.1.2 公共运输和使用小汽车

为了解释上述差异，格莱泽等（2008）强调指出，低收入家庭每个成人拥有的汽车数量更少，因此更加依赖于公共运输。此外，公共运输在人口密集的发达市区往往更有效率，而且在那里对于公共运输的需求足够高，从而降低平均固定成本，这也导致更为频繁的公共运输服务。由于这些原因，在市区比在郊区更容易利用公共运输，这也是吸引低收入家庭到市区居住的原因。

GKR 记录了当人们搬离市中心后，其对公共运输的使用普遍显著降低。一个主要例外是，在有地铁系统的大都市区，公共运输的使用在从距市中心前几英里的范围有所增加，然后开始下降（见 GKR 的图3）。我们在这里再次确认这些模式的核心特征。在布鲁克纳和罗森塔尔（2009）中，每个普查地块据说可以提供或好的或坏的公共运输（分别为1或0），取决于普查地块中是否有10%或以上的家庭使用公共运输作为其主要通勤手段。之后把在给定距离带（例如，从中心1英里或从中心1~2英里）内各土地调查间的运输可达进行平均。对于上面四个凸显的大都市区（纽约、洛杉矶、芝加哥和费城）来说，研究结果被绘制成图16-4的面板1~4的实线，在水平可达上离城市中心的距离。附录里图 A2 提供了最大的48个大都市区类似的图表。在所有情况下，这些图表基于2005~2009年普查级合并 ACS 数据。这些图表里的模式重申了，对公共运输的依赖通常随着离城市中心的距离增加而急剧下降。

借鉴这些理念，GKR 修改了标准 AMM 模型以考虑公共运输的影响。他们首先确认的是，平均来看开车出行比公共运输要快（见 GKR 表3，第12页），或 $T_P > T_C$，其中 T_P 是使用公共运输的每英里行驶时间，T_C 是使用小汽车的每英里行驶时间。如果穷人使用公共运输，富人使用小汽车，那么 GKR 表明，穷人将占据城市中心，如果

$$\varepsilon_{h,\gamma} + \left[\frac{T_P - T_C}{T_P} \left(\frac{Y_{\text{Poor}}}{Y_{\text{Rich}} - Y_{\text{Poor}}} + \varepsilon_{l,\gamma} \right) \right] > \varepsilon_{l,\gamma} \tag{16.4}$$

其中，$\varepsilon_{h,\gamma}$ 是在他们讨论中提到的土地需求的收入弹性。因为括号中的项为正，这个条件比 $\varepsilon_{h,\gamma} > \varepsilon_{l,\gamma}$ 更有可能满足，$\varepsilon_{h,\gamma} > \varepsilon_{l,\gamma}$ 是标准模型中穷人占据城

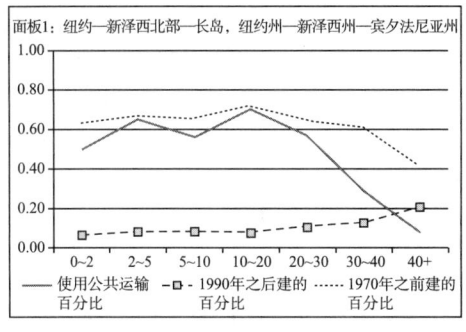

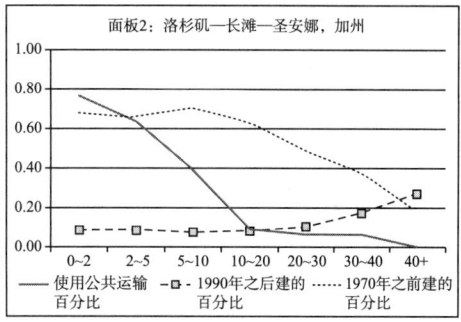

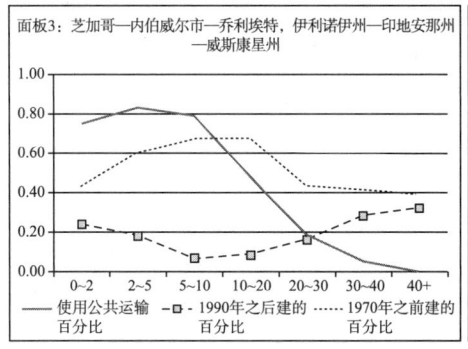

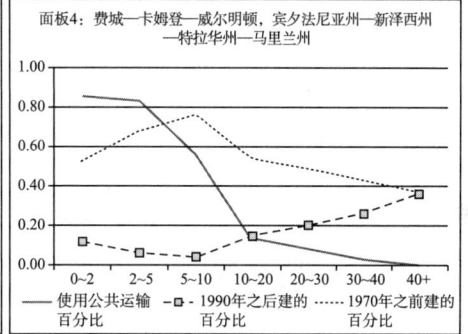

**图 16 - 4　公共运输接近和住房储备的年龄与
到 MSA 中心的距离（2005～2009 年 ACS 合并样本）**

市中心的条件。[18]

　　上述模型的另一个特征是，存在与购买汽车相关的固定成本。部分是因为这个原因，部分是由于一些富人更偏好公共运输（如在有地铁的城市），GKR强调替代上述模型的另一种参数化模型可以产生多种高收入和低收入邻里的空间模式。举一个例子，像在曼哈顿、芝加哥市中心以及巴黎这样拥挤的地区，乘地铁出行比汽车更快。如果高收入家庭在这些城市更喜欢乘坐地铁的话，则上面的模型可以很容易地解释，为什么城市中心区很大一部分是高收入人群。此外，GKR 进一步表明，根据与购买汽车相关的固定成本，当城市中心向外迁移时，大都市区很可能呈现出高收入和低收入邻里的交替带。

16.2.2.1.3　地方公共服务

　　就运输而言，地方公共服务的提供可以解释为什么穷人生活在城市，而富人住在郊区，即使富人通勤的时间成本相当高。埃普尔和罗默（Epple and Ro-

---

　　[18]　GKR 注意到该公式类似于 LeRoy 和 Sonstelie（1983）中的等式（16.7），他们也强调了运输方式和出行速度的影响。

mer，1991）、罗斯和英格（Ross and Yinger，1999）以及多篇其他论文表明，伴随着住房供给相对缺乏弹性时，家庭将按辖区间的收入进行排序。高收入家庭将生活在服务水平高的辖区，这些辖区是低收入家庭无法进入的，因为在这样的邻里中富人对住房的出价高于穷人。这些地方公共财政模式的局限性在于，它们不包含到就业中心地带的空间或通勤。出于这个原因，虽然这些模型意味着穷人和富人是彼此分开的，但它们几乎不能提供关于何处存在低收入社区的信息。

巴托洛梅和罗斯（DeBartolome' and Ross，2003）提出了一个模型，在这一模型中有明确的空间成分，和格莱泽等（2008）一样，其中富人的通勤时间成本更高。他们的模型包括一个中心城市的两个辖区，围绕一个中央出口节点和一个外郊区环。[19] 他们证明稳定均衡是存在的，其中在中心城市穷人占大多数，并选择低水平服务供给，这是富人不愿在中心城市居住的一个原因。

我们会很自然提出的一个问题是，何种过程可能带来这种均衡？巴托洛梅和罗斯（2008）从一个模型开始。在此模型中，所有家庭在一个有外生边界的城市定居。由于其时间成本较低，穷人更接近城市边缘，与富人相比，穷人往返市中心的距离较长。随着人口的增长，会出现两种可能性：要么穷人迁移到城市边界之外，并形成自己的社区，其中服务水平较低（因此对富人没有吸引力），要么提升市中心的房价，推动富人在郊区构建自己的社区。巴托洛梅和罗斯（2008）的模拟研究表明，从一系列实际参数值看，富人总是在穷人溢出城市边界之前就形成在郊区的辖区。这使得巴托洛梅和罗斯（2003）在研究中得到一个均衡，其中穷人占据城市中心。[20]

同辈效应会潜在地加强刚才描述的这种收入分隔。例如，伯拉布（Benabou，1993）研究了两邻里的城市模型，其中由于积极的同辈效应，获取技能的成本随着邻里居民技能的提高而降低。如果家庭根据技能投资对社区分类的话，那么同辈效应会导致邻里更高层次的技能不平等，并使得高收入和低收入家庭分层到不同的社区。[21] 格莱泽等（1996）表明类似的社会交往可用来解释城市间观察到的犯罪率的极高差异。卡拉布莱斯等（2006）以马萨诸塞州是

---

[19] 收入排序模型实施的经验研究请参阅 Epple 等（2010），该收入排序模型包含以匹兹堡数据校准的政治辖区范围内区位特有的设施。该研究中的设施隐含地包括到就业中心地距离和潜在的通勤时间。Hanushek 和 Yilmaz（2007）证明了这种类型的模型会产生均衡影响，更适合观察到的排序模式。

[20] 在相关研究中，Bayer 和 McMillan（2012）模拟了住宅位置的一般均衡模型，并表明更低的通勤成本会在辖区间增加收入、教育和种族的隔离。

[21] 在 Benabou's（1993）的模型中，个体会选择成为高技能劳动力、低技能劳动力或退出劳动市场。如果能够隔离选择成为高技能的人，那么在低技能社区掌握技能的成本会增加，造成潜在的低技能个体退出劳动市场范畴。Benabou 基于同辈排序效率影响的分析主要集中在劳动市场的结果上。早期类似的同辈效应模型请参阅 DeBartolomé（1990），该研究探讨了生产技能或教育服务效率的规范含义。

否存在同辈效应的数据，校准了区位均衡的地方财政模型。将同辈效应添加到模型中，可以增强辖区收入和地方政府开支与住房价格之间的联系。这导致辖区质量的分散化，而这样的分散倾向于加大社区间的收入分隔。

更近期的一系列论文考察了与教育改革相关的排序结果上，同辈效应所起的作用。埃普尔和费雷拉（Ferreyra，2008）以及费雷拉（2009）校准了模型，以使在教育财政改革刚刚开始实施时，模型与底特律相匹配。他们发现，大多数改革的影响是在住房价格方面，而不是根据与基于人口统计的同辈效应相关的人口统计学或学校质量分类的变化。关键点在于，改革并没有改变作为排序基础的社区排名，因此，虽然这些变化资本化入房价，但辖区间排序的总体模式并未发生改变。

费雷拉（2007）使用了类似的模型，来研究芝加哥一个大型消费券计划的效果。在她的模型中邻里存在收入混合，这是因为家庭对邻里位置的异质偏好以及邻里存在多个维度的差异，包括学校的质量。她发现，教育券可以通过削弱一个家庭的居住地点选择和其子女入学机会之间的联系来降低收入分隔。[22]

16.2.2.1.4 物理设施

对于社区间收入分层的一个不同解释是，高收入家庭更有能力也更愿意居住在有吸引力的物理设施附近。布鲁克纳等（1999）强调了这一概念，以解释为什么巴黎拥有高收入的中心。他们认为巴黎拥有极好的中心城市设施，包括丰富的文化地标，如卢浮宫、埃菲尔铁塔和凯旋门等。格莱泽等（2008）在其讨论的结尾也强调了巴黎的这些特点。物理设施似乎也可以说明高收入家庭在中心城市的集中，如不列颠哥伦比亚省的温哥华坐落拥有壮丽景色和其他自然设施环绕的一个半岛上。然而，这种辉煌历史和/或天然设施很大程度上是特殊的。由于这个原因，布鲁克纳等称基于设施的观点有助于解释社区经济地位的总体差异，但并不一定意味着系统的空间模式，其中在一个给定的大都市区会发现高收入和低收入邻里。在这个意义上，基于物理设施的观点可以更好地解释系统空间模式的一些"例外"，而非那些应该被预期为常态的情况。[23]

16.2.2.1.5 非耐久设施

应该指出的是，静态设施不必风景或像凯旋门那样不朽的纪念碑那样的实

---

[22] Epple 和 Romano（1998，2008）和 McMillan（2005）也研究了同辈教育模型中消费券的作用，但是他们的模型不允许跨越特定社区的学校进行排序。关于学校选择及其对排序和流动性的影响的文献回顾请参阅 Brunner（2014），涉及同辈效应的教育生产模型的一个更广泛的文献回顾请参阅 Epple 和 Romano（2011）。

[23] 对于与这一主题有关的近期新增文献还可参阅 Lee 和 Lin（2013）。

体。班兹哈夫和沃尔什（Banzhaf and Walsh，2008）研究了1990~2000年小区域内污染程度的变化。他们发现人口密度增加时污染接触会下降，而且他们发现这一影响对社区收入具有相似性，但程度较弱。他们把这种对收入排序较弱的影响归因于一个事实，即只有当污染程度发生较大变化时才会改变社区的相对排名。还有一个事实是，均衡状况下位置排名才应是对收入构成影响最大的因素，这一点呼应了埃普尔和费雷拉（2008）和费雷拉（2009）结果。[24]

还有一个值得强调的是，许多隔离模型涉及非耐久设施的排序（除了上面讨论过的财政服务），这些设施由社会人口属性以及社区居民的行为内生决定。在库兰特和英格（Courant and Yinger，1977）的边界模型以及谢林（Schelling，1971，1978）的倾斜模型中，家庭排序是基于对个体自己的团体的接近，包括种族、种族划分，或其他一些明显的社会人口因素。依托于这些模型，拜尔等（Bayer et al.，2004）发现社会人口学特征占旧金山湾区种族隔离的很大比例，而收入所起的作用有限。[25]拜尔等（2014）也报告了类似的结果，他们显示非裔中产阶级邻里更可能在美国城市中形成，目前那些城市较高收入的黑人群体足够大。如果没有这样的决定性多数，中等收入非裔更可能要么居住在中等收入白人社区，要么为了能在非裔占大多数的区位居住，必须放弃与那些社区相关的更高水平的公共服务。[26]

沃德佛格（Waldfogel，2008）提供的证据表明，社区层次提供的零售服务类型的内生空间变化，可能导致种族和收入隔离。通过对餐馆使用邮区层次数据，沃德佛格（2008）发现快餐和其他低价餐馆在低收入邻里中更为常见，而且餐馆类型随社区的种族和民族构成有系统性区别。这些模式表明餐馆和其他零售场所会迎合他们所在社区的偏好。这反过来应该能够加强个体选择进入到与自己同类型人集聚的社区中去的趋势。鉴于高收入及低收入家庭对餐馆和其他零售服务偏好差异的程度，这一机制会导致收入分隔。[27]

---

[24] Bayer等（2005）也记载了设施在解释住宅位置模式中强有力的作用，并进一步强调了设施价值往往被资本化到住房价格溢价中。

[25] 在Bayer等（2004）中，收入是非裔隔离的最重要的动力，但最多只能解释10%被观察到的隔离水平。拉丁裔和亚裔隔离的30%以上是由于语言引起的。另外20%拉丁裔的隔离是因为教育程度低。

[26] Bayer等（2005）和Bayer和McMillan（2005）也认为，在邻里形成中存在规模经济，并且因此高收入非裔经常面临邻里设施（如学校质量）和在一个社区内期望的非裔美国人水平之间的权衡。在相关研究中，Bayer和McMillan（2012）表明了在不存在对住房质量的偏好差异的情况下，收入分隔会显着减少，因为高收入非裔选择进入到低收入非裔社区这一趋势的增长。

[27] 对地方公共服务的组成和/或水平的偏好异质性也会导致种族隔离。Alesina等（1999）就提供了这样的一个例子。他们的概念模型暗示了在均衡情况下，拥有对地方公共服务有不同偏好的多家庭类型的邻里倾向于应用水平较低的公共服务。他们研究论文的经验证据确认了种族碎片化与地方福利支持的支出呈负相关。一种含义是种族群体可以分成不同的被隔离的邻里以确保他们得到其偏好的公共服务包。

16.2.2.2　动态模型

在帮助我们理解为什么市区往往相对于郊区更穷这一现象上，上述文献走过了一条漫长的道路。然而，尽管上述论据和文献是令人信服的，其本质上是静态的，而且没有公正对待越来越严重的邻里间收入不平等，以及席卷了美国主要城市的住房再开发和住宅高级化。下面的模型有助于填补拼图中的空白地带。

16.2.2.2.1　耐久住房，过滤和住宅高级化

最近的两篇论文——罗森塔尔（2008a）和布鲁克纳和罗森塔尔（2009）——提供了推动社区分层为高收入和低收入原因的动态观点。这两篇文章都强调美国老旧住房往往会毁坏，而高收入家庭偏好更新的住房，这样的住房往往条件更好且更具吸引力。此外，由于城市往往随时间发展，并向外部再开发，一个特定社区内的住房年龄往往是比较相似的。总之，这些特点意味着长时间的运行周期，期间一个邻里的经济地位在几十年的时间内会上升和下降。这种情况之所以发生，是因为住房最初是为高收入家庭建造，之后住房会衰败并过渡给低收入家庭，并最终被再开发，进而被新一代高收入家庭占据。

布鲁克纳和罗森塔尔（2009）和布鲁克纳（2011，第 3 章）强调开发/再开发的时间和位置之间的相关性。在发展中的城市里，城市/郊区边缘的住房往往是新开发的，并且被高收入家庭所占据。在旧的大都市区，我们也可以发现一些新建住房，这些住房处在与最近再开发的市中心不同距离的一个或多个环状地带上。[28] 这样的位置也被寻求更新住房的高收入家庭所占据。此外，由于再开发的地段逐渐从城市中心向外迁移，高收入和低收入邻里的位置也在发生变化，这将导致市区和郊区相对经济地位在很长时间内发生上升和下降循环。

图 16-5 显示了给定住房缓慢衰败和周期性再开发，一个正处于发展中的城市可以预期的住房存量年龄。有证据支持耐久性住房模型的定性特征，如图 16-4 所示。在我们前面描述的四个面板中（当我们讨论公共运输使用时），不同图形显示了个体从市中心迁离时，不同距离带上的新老住房存量的分布。和前面一样，这些图形是根据 2005～2009 年 ACS 合并普查地块数据绘制的。在附录的图 A2 中提供了美国最大的全部 48 个 MSAs 的类似图形。

让我们首先来考虑一下图 16-4 中的面板 3 和面板 4，分别为芝加哥和费城。对于这两个 MSAs，特别是芝加哥，很明显在靠近城市中心的地区有相当多的新建住宅单元，这可以在图中虚线标记处看到，这些虚线标记描绘了

---

[28]　早期模型可参阅 Braid（2001），其中最佳再开发位置随着时间的推移向外迁移，大都市住房年龄分布在空间上是非单调的。在 Braid（2001）中值得注意的是，开发商具有前瞻性，并考虑到在再开发决定中的人口增长的时间路径。包含再开发和维护的过滤模型还可参阅 Arnott 和 Braid（1997）。

1990 年后建造住房的百分比。同样明显的是，当个体从市中心迁离时（如虚线所示），1970 年以前建造住房的比例有明显上升趋势。在这两个大都市区，旧住房存量在大约离市中心 10 ~ 20 英里的地方达到峰值，之后新建住房的影响逐渐占主导地位。这些模式如图 16 - 1 显示的芝加哥和费城邻里经济地位的显著"V"形曲线。总之，从这些模式中我们可以看出，最近广泛的住房再开发和高级化已经在这些大都市区的中心区附近展开。[29]

相比之下，对于纽约和洛杉矶（面板 1 和面板 2）而言，图形表明相比芝加哥和费城，这两个城市市区的再开发一直不太显著，除了一些例外，如非裔住宅区和其他一些地方。比如说，更靠近城市中心可以观察到更老住房的相对大量存在（虚线）。在如图 16 - 1 所示的邻里经济地位图形中，这些模式还有所体现：比如纽约，在从城市中心到向外 20 英里的地带中，其平均经济地位的变化非常小，在此之后会有所上升，而对于洛杉矶来说，经济地位是随着与市中心距离的增加而单调上升的。

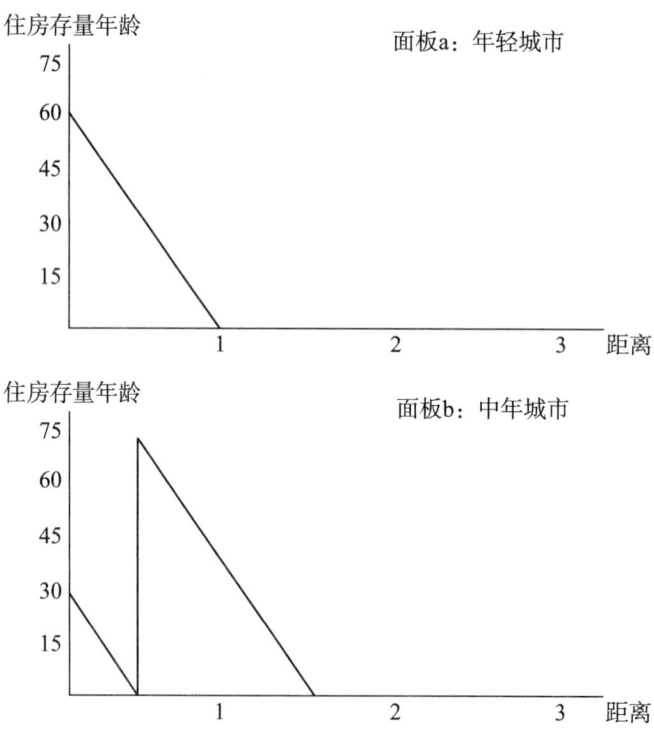

[29] 类似模式也出现在波士顿、迈阿密、明尼阿波利斯—圣保罗、西雅图、巴尔的摩、丹佛和俄勒冈州的波特兰，如附录中图 A1 和图 A2 所示。

－*1002*－

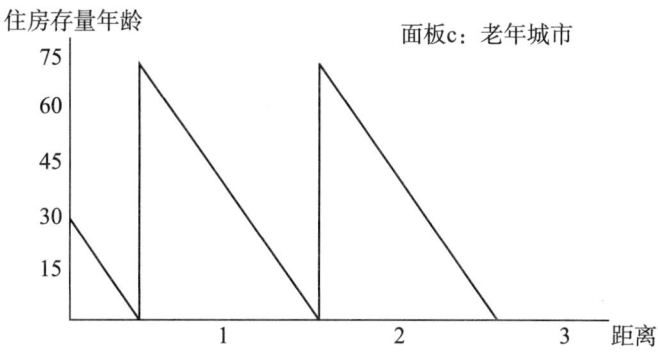

图16-5　老旧住房存量和收入分层

注：面板a为年轻城市。面板b为中年城市。面板c为老年城市。

16.2.2.2.2　社会动力学、隔离与倾斜，以及住房所有权

虽然罗森塔尔（2008a）发现了邻里收入修正平均数的有力证据，他同时也发现在邻里对收入分配变化速度的影响方面，社会人口变量具有很强的解释力，即使在控制住房存量的年龄分布、公共住房的使用以及其他因素之后。拥有高水平积极人口属性的邻里，如居民的教育水平，更容易保持其在收入分配中的地位，正如其在住房存量的年龄方面一样。因此，本节将评述一组社会动力在推动邻里经济地位变化中作用的论文。贯穿这些研究的一个主题是，虽然这些力量是邻里变化的重要动力，正如与物理设施一样，它们并不一定意味着一个系统的空间模式，能让我们预测何处能发现高收入和低收入社区。另一个区别是，社会动力往往以某种方式自我强化，这种自我强化有助于高收入和低收入社区的内生形成。

最近的两篇论文——奥沙利文（O' Sullivan，2005）和圭列里等（Guerri-eri et al.，2013）——就是这样的例子。这两篇文章都将高收入家庭的存在本身作为一种能够吸引更多的高收入家庭来到一个社区的原因。在奥沙利文（2005）中，高收入家庭的存在被假设为可以降低当地的犯罪率，有较高的意愿为社区安全支付费用。这两个假设保证了一组高收入家庭的到来会形成一个自我强化的效应，吸引更多的高收入家庭来到社区，并推动邻里高级化。奥沙利文提供的描述性证据表明，在20世纪90年代，俄勒冈州的波特兰市经历了一个这样的转变。更普遍来看，正如改善学校质量一样，如果更高水平的社区收入有助于改善当地设施的水平以及当地的美学特征，包括花园、修剪过的草坪和干净的街道等，或有口碑的职业网络，邻里收入的任何变化都会趋向于自

我强化。[30]

圭列里等（2013），后面简称 GHH，采取了一个更直接的方法来研究这些思想，通过假设家庭直接价值接近高收入家庭。正如奥沙利文（2005），这一研究产生了许多相同的均衡结果。圭列里等进一步指出，伴随着城市范围内的正面需求冲击，不断增长的高收入家庭人口将越来越多地在毗邻现有高收入邻里的低收入社区里寻找住房，从而扩大现有高收入地区的空间范围。这也应该对紧靠高收入聚居地的低收入社区房价产生正面影响，导致房价变化。GHH 使用从 20 世纪 80 年代末到 2008 年的每季度的 Case‐Shiller 邮区层次的重复销售住房价格指数以及从 1980 年、1990 年和 2000 年普查的普查地块数据来检验他们的模型。检验结果支持了该模型的预测。[31]

上述收入分隔的模型建立在住房种族隔离文献的基础上，包括谢林（1971，1978）著名的临界模型。谢林模型有时被分为两类：空间邻近模型和孤立邻里模型。在空间邻近模型中，家庭沿一条直线（或点阵）排列，流动的个人选择其在该直线上的最佳位置。谢林（1971，1978）假设了一个简单的偏好函数，其中效用会基于对当地种族构成的一个阶梯函数而有所不同。当一个家庭在最接近的邻里中所在组的份额高于固定阈值时，该家庭获得高效用水平，而当家庭所在组的份额低于阈值时，其获得的效用处于低水平。家庭沿着这条线依次移动，并选择位置以使处理家庭类型的当前空间分布的效用最大化。这些模型中得到的典型结果是，即使存在邻里种族构成的极小偏好差异，完全隔离是均衡的结果。

近期研究（参见 Zhang，2004，2011；Pancs and Vriend，2007；O'Sullivan，2009）已经表明，这些结果即使对于更复杂的偏好函数来说也是稳定的，即使当个体有对于融合的相对较强偏好，如整个住宅区位短视的、最佳的个体反应分配过程可以造成隔离，假如至少具有融合偏好的家庭类型存在一些差异（例如，白人比少数民族更倾向于一个融合略少的邻里）。例如，潘克斯和韦兰德（Pancs and Vriend，2007）考虑了一个模型，其中融合时两组家庭效用最大化水平是相同的。他们模型的一个重要特点是，随着自己组份额低于最优值，与自己组份额超过最优值时相比，偏离最佳整合水平的效用下降的速度更快。这种偏好不对称导致了完全隔离，即使纳什均衡设定并不包括完全隔离。所有这

---

[30] Bond 和 Coulson（1989）提出了一个模型，该模型将这样的收入外部性合并到一个包括老化房屋存量和过滤的模型中。他们认为，当住房老化时高收入家庭的离开可能导致邻里迅速的负跃变。

[31] 值得一提的是，Guerrieri 等（2013）的模型意味着住宅高级化的一个特定的空间形式，其中现有的高收入群体倾向于到相邻的低收入地区发展。这与动态模型是相反的，如 Brueckner 和 Rosenthal（2009）的模型，其中新建住房的时空格局可以推动高收入群体位置变化。

些模型的一个基本特征是综合邻里往往是不稳定的，且容易趋于一个隔离结果。

这一结果背后的直觉是相对简单明确的。正如前面所描述的，不对称偏好会导致少数民族个体支持少数民族家庭占较高份额的综合邻里，而非少数民族家庭占较低份额的综合邻里。当少数民族家庭选择离开少数民族家庭占较低份额的邻里，搬到少数民族家庭占较高份额的邻里，邻里会日益被隔离，这种隔离要么朝向少数民族家庭，要么朝向多数民族家庭。

在孤立的邻里模型中，谢林（1971，1978）仍假定家庭对邻里种族构成的偏好是基于一个阶梯函数。然而在这种情况下，多数民族家庭与少数民族家庭拥有对融合的偏好不同，使得存在效用变化的临界自己组的邻里份额（或阶梯）对于更宽容个体来说更低，而对于有更强种族隔离倾向的个体来说则更高。在这种设定中，混合邻里包含每个组中最宽容的成员。此外，在一个邻里内，增加一个组的代表性会降低邻里对替代组的吸引力。在这种类型的模型中，一个单独邻里通常会产生至少三个均衡：全部多数民族（如美国的白人）、全部少数民族，以及综合性的，其中每个组中具有边际偏好的个体在混合邻里与外部选择间是无关紧要的。重要的是，居中的混合邻里是一个很难预料的均衡，也不稳定。因为一个组人口的极小增加，将导致邻里内组的构成朝全部多数民族或全部少数民族的均衡移动。正如空间接近模型，这意味着混合邻里易于向隔离结果过渡。

卡德等（Card et al.，2008，2010），以下简称 CMR，引入了一个基于谢林孤立邻里模型的新的倾斜模型。从他们模型中得出的一个显著结果是，当邻里倾斜时，是朝向少数民族而非朝向多数民族的。他们称此为单边倾斜。

在 CMR 的建模框架中，当白人（他们讨论中的多数民族组）对综合邻里有足够强的偏好时，会出现稳定的混合社区。但是，如果综合邻里的少数民族对住房需求超过临界值时，混合邻里的少数民族代表性会变得过高，以致不能得到白人对融合偏好的支持，因此白人逃离这一邻里，邻里演化出一个全部少数民族和种族隔离的结果。白人家庭对于融合的偏好越强烈，由邻里少数民族份额定义的引爆点越高。在此背景下，少数民族住房偏好的改变可以促进倾斜（如由收入增加而带动），并且假设相比全部少数民族的社区，住房质量在混合邻里更高。

使用美国 1970 ~ 2000 年的普查地块面板，CMR（2008）发现了在大多数城市和郊区倾斜行为的有力证据，这些城市和郊区的引爆点是少数民族家庭比例在 5% ~ 20%（相对于多数民族白人家庭）。他们还发现，引爆点在白人态度更为宽容的大都市区更低。重要的是，倾斜似乎是单边的，在少数民族比例超过其所处大都市区引爆点的邻里，表现出少数民族比例上升的趋势。相比之下，在少数民族比例低于其所处大都市区的引爆点的邻里，少数民族比例相对稳定。

这些倾斜模型的分类明确指出，当家庭部分地基于邻居属性（例如种族、种族划分或收入）来选择邻里时，迁移模式或偏好的较小干扰就能够动摇整个混合邻里，并导致社区隔离。但是，目前还不太清楚当家庭基于其潜在邻居收入进行分类时，倾斜是单边的抑或是双边的，因为这取决于混合收入社区的偏好强度及性质。

社会交往差异往往与住房所有权相关，并且对邻里产生很强的稳定作用。住房拥有者投资于所在社区，这是租房者不能真正与之比拟。由于财政激励，住房拥有者会努力提升地方财产价值，可能通过对其住房内部和外部进行更多的维护、园艺工作、参与邻里的巡查组进行，或投票于可加强邻里吸引力的地方政策。住房拥有者的流动性往往也比租客更小。这些差异表明，住房拥有者的存在可以减少邻里经济衰退的趋势，从而改善社区当前和未来的经济地位。[32]

与这些想法一致的是，使用 1970～2000 年美国普查地块数据，罗森塔尔（2008a）发现较高的住房所有权率会降低一个社区经济地位下滑的可能性，即使在控制了收入、教育、种族构成以及社区许多其他社会经济属性后。此外，由于在高收入邻里拥有住房所有权更为普遍，它的存在有助于解释高收入社区更趋于保持当前经济地位，如图 16-2 所示，我们在早前也讨论过这个问题。[33]

日益丰富的文献提供了很多证据，表明住房所有权可能有助于邻里的稳定。其中一个重要的证据是住房选民假说（Fischel，2001）。这一假说表明，住房拥有者更愿意把选票投给那些能提高邻里质量并提升房产价值的地方政策。这种行为往往会加强上述的排序结果，并加强邻里的经济地位。例如，布伦纳等（Brunner et al.，2001）使用的综合数据以及布伦纳和桑斯特利（Brunner and Sonstelie，2003）使用基于微观的调查数据表明，加利福尼亚州的住房拥有者更有可能投票反对辖区内的教育券，在这些辖区内，如果公投通过教育券将减少财产价值。希尔伯特和迈耶（Hilber and Mayer，2009）表明，当可用于新开发的土地面积有限时，学校的支出会增加，这其中的意义是，住房供给是缺乏弹性的，而且学校质量上升将被资本化为更高的房价。阿尔费尔特和梅尼格（Ahlfeldt and Maennig，2014）报告称，柏林一个计划中的机场开发项目的正面价格效应，会促使更多居住在住房拥有者集中度高的区位的选民

---

[32]　该文献的简短调查请参阅 Ross（2011）。

[33]　住房所有权、收入和教育之间的强正相关是巨大的，并有据可查（例如，Boehm and Schlottmann，2004；Haurin et al.，2007）。

支持该项目。由此他们推断，住房拥有者比租客对资本化的正面影响反应更显著，这与住房选民假说相一致。[34][35]

博斯坦和马戈（Boustan and Margo，2013）提出了关于住房所有权对邻里经济地位影响的一个非常不同的视角。他们提供证据表明，在 1940 年和 1980 年，白人外迁显著增加了非裔在美国中心城市的住房自有率（他们使用 Baum – Snow（2007）计划的高速公路网络指标）。博斯坦和马戈认为出现这种情况部分原因是，白人外迁导致城市中心住房价格下降，这可能为低收入非裔家庭购买住房提供了便利条件。邓等（Deng et al.，2003）和道金斯（Dawkins，2005）也提供证据表明，较低的住房价格带来少数民族住房所有权的提升。这些研究指出了住房所有权一个微妙但重要的内涵，即邻里收入分层的财富分布以及相关的动态。一方面，住房所有权提升了一个社区的经济地位，并提高房产价值，但较低的房产价值有利于低收入购房者的住房所有权。[36] 这些论点表明，住房所有权通过影响那些具有足够财富以接近该社区的家庭类型，以对一个邻里未来的经济地位产生直接和间接的影响。

16.2.3 推动邻里经济地位的证据

从上面的讨论可以明显看出，几种因素共同推动邻里经济地位的静态和动态空间模式。其中第一个是标准 AMM 模型，这一模型强调了通勤时间成本和住房需求的收入弹性之间的张力关系。经过适当加以参数化，这个模型表明经济地位很可能随着与就业中心的距离增加而下降，正如格莱泽等（2008）所强调的那样。第二个机制是使用公共运输，这一点所表明的正好相反，即穷人占据城市中心。第三个是地方公共服务的角色，公共服务往往在高收入社区的质量更高（如学校质量），从而强化了其他机制的空间意义。第四个机制是现有住房存量随时间推移缓慢毁坏，再加上住房存量开发和再开发的时间和地点具有相关性。第五个机制是区位设施的作用，这些设施不需要表现出一个系统

---

[34] Dehring 等（2008）提供了类似的证据，他们研究了一个在 2004 年得克萨斯州阿灵顿进行的针对为达拉斯牛仔队开发公共资助足球场进行的公投的影响。正如 Ahlfeldt 和 Maennig（2014），他们首先用享乐方法来记录公告后的空间模式，除了预先投票对当地房价的影响以外。在第二阶段中，投票模式被部分作为住房价格预期变化的函数而评定。Dehring 等（2008）报告称房价资本化对支持球场开发有积极影响，但没有找到住房价格基于资本化的选区层次住房所有率变化的差异影响（请参阅 Dehring et al.，2008，第 164 页）。后一种结果与 Ahlfreldt 和 Maennig 不同，暗示不存在住房选民效果。

[35] 拥有住房的居民也可能支持限制开发密度的分区条例，试图排除低收入居民并维持一个社区的经济地位。关于使用分区来影响一个辖区的收入和经济地位的讨论，请参阅 Ross 和 Yinger（1999）。

[36] 已有很多研究可以帮助我们理解家庭财富是住房所有权的一个关键动力（请参阅如，Charles and Hurst，2002；Gabriel and Rosenthal，2005；Haurin et al.，2007；Ross and Yinger，2002，第 2 章，这里仅举一些参考资料为例）。

的空间模式，但仍然对家庭起到吸引或阻碍作用。这样的设施包括优美景色和接近湖畔这样的区位物理特征，以及内生的设施，如一个社区的种族/民族构成，民族餐馆以及收入本身。

由于这些机制的不同影响，美国最大的 48 个 MSAs 中邻里经济地位的空间模式存在相当大的差异，正如附录中图 A1 所示。[37] 在纽约、洛杉矶、芝加哥和费城邻里经济地位的空间模式的巨大差异上，这一点体现得尤为明显，我们可以从前面讨论过的图 16 – 1 中看出来。总体而言，仅仅依靠到 MSA 中心的距离来预测一个邻里的经济地位是相当不全面的。

布鲁克纳和罗森塔尔（2009）和格莱泽等（2008）都运行了一系列的回归，帮助确认上面所讨论的各机制在邻里经济地位空间差异中所起的作用。两个研究论文中选出来结果列于表 16 – 2 中，其中第一列和第二列的估计值是根据布鲁克纳和罗森塔尔（2009）绘制的，第三列和第四列的估计值是根据格莱泽等（2008）绘制的。值得注意的是，根据布鲁克纳和罗森塔尔（2009）绘制的第一列和第二列的因变量是 2000 年的邻里相对收入，正如在图 16 – 1（和附录图 A1）中所计算的。根据 GKR 绘制的第三列和第四列的因变量是在 2000 年普查地块收入中位数的对数。

表 16 – 2 的第一列只包括与中心的距离作为控制变量以及 MSA 固定效应，它把握时间不变的 MSA 层次设施和相关属性。这在当经济地位随着与中心的距离增加而上升时成为一个常见的现象。

表 16 – 2　格莱泽等（2008）、布鲁克纳和罗森塔尔（2009）中 2000 年邻里经济地位

	Track Avg Inc. / MSA Avg Inc.[a]		Log（收入中位数）[b]	
	简易模型	包括控制变量	无公共运输的地块	所有地块
距离中心的英里数	0.001 8	– 0.001	—	—
	（– 9.08）	（– 4.28）	—	—
距离中心的英里数——3 英里内	—	—	—	0.221 4
	—	—	—	（0.004 4）

[37]　值得注意的是，尽管城市贫困问题尤其集中在中心城市（例如，Glaeser et al., 2008；Rosenthal, 2008b），邻里收入中位数仍然存在相当大的空间变化。

续表

	Track Avg Inc. / MSA Avg Inc. [a]		Log（收入中位数）[b]	
	简易模型	包括控制变量	无公共运输的地块	所有地块
距离中心的英里数——超过 3 英里	—	—	—	0.051 3
	—	—	—	(0.001 3)
距离中心的英里数——3 英里内——地铁城市	—	—	—	-0.352 3
	—	—	—	(0.012 9)
距离中心的英里数——超过 3 英里——地铁城市	—	—	—	-0.003 9
	—	—	—	(0.003 2)
距离中心的英里数——5 ~ 10 英里	—	—	-0.001 7	—
	—	—	-0.004 4	—
距离中心的英里数——10 ~ 15 英里	—	—	-0.021 9	—
	—	—	-0.005 5	—
1980 年使用公共运输	—	-0.094 5	—	—
	—	(-10.76)	—	—
1980 年 0 ~ 4 年住处#（%）	—	0.996 7	—	—
	—	-34.01	—	—
1980 年 5 ~ 9 年住处#（%）	—	0.321 9	—	—
	—	-9.98	—	—
1980 年 10 ~ 19 年住处#（%）	—	0.619 7	—	—
	—	-21.49	—	—
1980 年 20 ~ 29 年住处#（%）	—	0.650 1	—	—
	—	-18.22	—	—
1980 年 40 年或以上住处#（%）	—	0.536 5	—	—
	—	-16.66	—	—
常量	0.977 2	0.476 5	10.701 1	9.989 3
	(300.09)	(18.53)	(0.040 0)	(0.010 3)

续表

	Track Avg Inc. / MSA Avg Inc. [a]		Log（收入中位数）[b]	
	简易模型	包括控制变量	无公共运输的地块	所有地块
观测值	50 511	48 437	1 394	27 218
MSA 固定效应	Yes	—	Yes	Yes
联合学区固定效应	—	—Yes	—	—
Adj. R – square	0.001 6	0.174 7	0.437	0.342

[a] 从 Brueckner and Rosenthal（2009，表1，第733页）再现。公共运输使用等于1，如果1980年普查总人口的10%或以上使用公共运输，否则为0。住房年龄是按1980年计算的。省略类是30~39岁年龄组。

[b] Glaeser et al.（2008）的研究再现，表6，第17页。

第二列用学区固定效应替换了 MSA 固定效应，其控制了地方层次的公共服务和设施。还为使用公共运输和住房存量的年龄分布加入了其他控制变量，所有数值都是根据1980年的普查地块层次指标，比因变量早20年。这些控制变量直接或间接地处理了上面讨论的所有社区经济地位的动力。

第二列的结果确认了使用公共运输对低收入家庭的强大吸引效应。这一点从公共运输被强调的显著负系数中可以看出。该系数的大小意味着，当其他条件一样时，相比那些不能使用公共运输的社区，可以方便使用公共运输的社区的相对 MSA 收入的中位数低9.45个百分点。

对住房年龄变量的解释更加微妙。首先注意到基于在住房在普查地块中的百分比，住房年龄分布被分成六大类，这些普查地块分别是0~4、5~9、10~19、20~29、30~39以及40年及以上。省略的住房年龄类别是在30~40年住房的百分数，并且所有的住房年龄变量都使用了1980年的数据来衡量，比因变量早20年。在所有被包含进去的住房年龄类别中，正系数和显著系数意味着关于20年住房存量滞后年龄分布对当前邻里经济地位影响的一个"U"形模式。该模式与一个情况是一致的，那就是住房一般来说倾向于随着时间的推移而贬值，且旧的住房最终会被拆毁，并以新的住房来代替。这是因为在1980年时住房年龄在30~40年的住房很少到2000年时会被拆毁，拆毁集中在那些1980年时年龄在40年以上的住房。因此40年以上住房的正系数意味着较老的住房存量正在被替换，这会吸引更高收入的家庭。住房年龄细分在30年以下的正系数表明，这样的住房在2000年比那些1980年时年龄在30~40年的住房提供更有价值的服务流。

我们已经对比了公共运输、地方设施以及住房存量年龄的影响，原则上 AMM 模型预测应该出现收入随与中心距离的增加而下降。这正是由与中心距离的显著负系数所表明的。⊛ 估计系数的大小表明，随着与中心的距离增加每 10 千米，相对于 MSA 的地块收入下降大约 1 个百分点。

第三列显示的结果是从 GKR（2008）的一个有限样本得出的，这一研究控制了上述同样的混杂因素，这些因素可能通过其他方式掩盖预期的 AMM 模式。具体而言，回归是基于一个来自 99 个挑选过的 MSAs 距离市中心 5～15 英里的普查地块样本，除了该距离内的地区，这些 MSAs 其他地区都使用公共运输。GKR 将这些普查地块称为"小汽车区"。他们强调，由于公共运输是在这些地区基本上是不可用的，家庭除了依靠小汽车出行以及上下班（和非工作行程）外没有其他可行的选择。由于所有的家庭都依靠小汽车出行，公共运输对收入排序的影响消失。虽然在 GKR 中没有讨论，这 99 个大都市区很可能比 MSAs 小，由于这个原因，与市中心距离 5～15 英里的住宅存量的年龄倾向于类似。因此他们的抽样策略也有可能降低住房年龄对收入排序的影响。该模型还包括 MSA 固定效应，有助于控制 MSA 层次设施的效应。

GKR（2008）模式也重现了 AMM 模型预测中邻里收入应随与中心的距离增加而下降的趋势。根据第三列反映的数字，与中心距离每增加 1 英里，5～10 英里距离带内的普查地块收入中位数就会下降大约 1.7%，10～15 英里距离带内这一数字为 2%。这两个估计值也具有十分重要的意义。

综上所述，格莱泽等（2008）和布鲁克纳和罗森塔尔（2009）等人研究的证据证实了公共运输和老化的住房存量都会吸引低收入家庭，一般来看，这会减少邻里的收入和经济地位。控制这些因素以及区位设施（通过区位固定效应），这两项研究也提供证据支持 AMM 模型的核心预测：邻里经济地位如预期那样随着与市中心的距离增加而下降，既然令人信服的证据表明住房需求的收入弹性比通勤时间成本的收入弹性小。随之而来还有另外两个含义。首先，收入排序的空间模式在美国大都市区有所不同，甚至对于贫穷的市区和富裕的郊区来说亦是如此。其次，这里强调的排序机制包括静态动力，如使用公共运输，以及动态动力，如现有住房存量的缓慢衰减。

⊛ Brueckner 和 Rosenthal（2009）报告了两个额外的中间模型，其指标介于表 16－2 的第一列与第二列再现的指标之间。用学区固定效应替换 MSA 固定效应会把距离系数由 0.001 8（t 比值 9.08）降低到 0.000 05（t 比值 0.23）。增加对公共运输的对照将距离系数变为 0.000 11（t 比值 0.45），同时产生一个 −0.152 5 的公共运输系数（t 比值 18.06）。只有当住房存量的年龄分布被添加到回归中时——如表 16－2 的第二列所再现的那样——距离系数才真正变为显著负值。

16.2.4 邻里经济地位变化的节奏和时间

上述讨论清楚地表明，对于许多邻里来说，社区的经济地位是动态的，而不是固定的。本节将探讨社区上升和下降的节奏，以进一步揭示变化率的动力。我们首先讨论一些关于住房维修影响住房衰败速率的文献。文献回顾会引导我们讨论拆毁和再开发决定的时间以及邻里和个人住房在经济阶梯上向下和向上的过滤速度。

16.2.4.1 住房维修和住房资本折旧

住房维修是住房供给的一个必不可少但并没有得到充分研究的方面，它对住房贬值的速度有直接影响。任何更换过漏水屋顶、安装过新火炉，或是修理过腐烂窗框的房主，都能深刻体会这一点。因此，关于邻里兴衰的所有讨论都必须认识到维修决策发挥的作用。

表16-3反映了从美国经济分析局（BEA）总结的指标，突出了住房维修投资的幅度。从2000~2012年，每隔一年提供一次以新建筑和维修名义的支出数据。一些模式与我们对邻里动态的讨论尤为相关。

表 16-3   美国住房固定资产投资（不包括预制装配式住房）[a]

	2000 年	2002 年	2004 年	2006 年	2008 年	2010 年	2012 年
新建筑（百万美元）[b]	263 657	295 481	414 619	466 193	225 024	122 298	151 347
占 GDP 的百分比	2.56%	2.69%	3.38%	3.36%	1.53%	0.82%	0.93%
维修/改进（百万美元）[c]	116 725	133 974	159 134	183 626	170 218	159 609	159 505
占 GDP 的百分比	1.13%	1.22%	1.30%	1.33%	1.16%	1.07%	0.98%
新建筑——业主自住（百万美元）	238 055	266 519	376 838	418 887	192 574	109 545	132 891
占全部新建筑的百分比[d]	90.29%	90.20%	90.89%	89.85%	85.58%	89.57%	87.81%
新建筑——租房（百万美元）	25 602	28 962	37 781	47 306	32 450	12 753	18 456
占全部新建筑的百分比[d]	9.71%	9.80%	9.11%	10.15%	14.42%	10.43%	12.19%

续表

	2000 年	2002 年	2004 年	2006 年	2008 年	2010 年	2012 年
维修/改进——业主（百万美元）	81 050	98 759	117 782	146 459	132 094	124 218	123 576
占全部维修/改进的百分比[d]	69.44%	73.72%	74.01%	79.76%	77.60%	77.83%	77.47%
维修/改进——租房（百万美元）	35 675	35 215	41 352	37 167	38 124	35 391	35 929
占全部维修/改进的百分比[d]	30.56%	26.28%	25.99%	20.24%	22.40%	22.17%	22.53%
国内生产总值（十亿美元）[e]	10 290	10 980	12 277	13 858	14 720	14 958	16 245

a 资料来源：美国经济分析局（BEA），固定资产和耐用消费品的详细资料，以及住宅详细估算；网址：http：//www.bea.gov/national/FA2004/Details/xls/detailresidential.xlsx。
b 住宅单元的新投资，不包括预制装配式住房获得和处置成本。
c 作为三个部分的总和计算的修理和改进：增补和替换、主要的替代，以及设备（仅用于租客占用）。
d 基于业主自用和出租单元的总数的全部新建筑和全部修理与改进。
e 资料来源：BEA，国内生产总值，NIPA 表，第 1 节；http：//www.bea.gov//national/nipaweb/GetCSV.asp？GetWhat1/4SS_Data/Section1All_xls.xls&Section1/42

我们可以观察到，相比新建住房支出和国内生产总值，维修支出是很大的。这一点从前四行以美元价值显示的新建筑和维修支出数据及其占 GDP 的百分比可以明显看出。在 2004～2006 年住房景气阶段之前，在新住房建筑方面的支出约占 GDP 的 2.5%，峰值出现在 2004～2006 年，占 GDP 约 3.4%，之后 2010 年回落到 GDP 的 1% 以下。同一时期，住房维修和改进方面的支出大致在 GDP 的 1%～1.3%。

表 16-3 的中间行也很明显，新建筑支出约 90% 是业主自用而不是出租单元。业主自用比租客收入更高，这一点是有据可查的。因此，这种模式与我们前面的讨论相呼应，即新建筑容纳更大比例的高收入家庭，并与高收入邻里相关。

在表中值得强调的最后一个模式是，花在住房维修和改进上的支出大约 3/4 是在业主自用部分。这显著低于新建筑业主自用的份额，但仍大大高于美国总体住房自有率，这一比率在 2000～2012 年期间位于 65%～69%。在某种程度上，这些模式的产生是因为住房年龄，住房的一个倾向就是从业主自用转变为租用（请参阅 Rosenthal，2014）。我们现在来考虑住房维修在何种程度上能减缓住房存量的折旧。

哈丁等（Harding et al. , 2007）使用 AHS 从 1985 ~ 2001 年的数据，来调查业主自用住房维修支出对房价通胀率的影响（质量调整）。他们的记录显示，被报告的住房改进及维修支出分摊到每年，占住房价值刚刚超过 1%，这与表 16 - 3 显示的住房维修和改进的大笔支出是一致的。之后，哈丁等（2007）扩展了重复销售的标准模型（例如，Case and Shiller, 1987），以包括与年龄有关的折旧和维修支出等控制变量，目的是为了估计这些额外的控制变量对住房折旧率的影响。他们的模型采用以下形式：

$$\ln\left(\frac{P_{t+\tau,i}}{P_{t,i}}\right) = \sum_{t=1}^{\tau_i} \gamma_t D_{t,i} + \alpha\log(\tau_i) + \tilde{b}_1\frac{\tilde{M}_{1-3,i}}{P_{t,i}} + \tilde{b}_3\frac{\tilde{M}_{4-6,i}}{P_{t,i}} + \tilde{b}_3\frac{\tilde{M}_{7-18,i}}{P_{t,i}} + \omega_{t+\tau,i}$$

$$(16.5)$$

其中，P_t 和 $P_{t+\tau}$ 分别是住宅在 t 和 $t+\tau$ 时移交的价格。标准的重复销售模型只包括了 $\sum_{t=1}^{\tau_i} \gamma_t D_{t,i}$，在 $t+\tau$ 出售时期、没有出售时期和第一次 t 销售时期，控制变量分别为 $D=1$，0 或 -1。这个式子是通过区分两次不同销售时期的价格特征得到，暗含了住宅所有属性及其影子价格不变的假设。在式（16.5）的扩展模型中，与时间相关的折旧通过 $\alpha\log(\tau)$ 来体现，$\tilde{M}$ 项体现了住宅与 $-t$ 时期相关的维修水平，包括过去 1 ~ 3 年、4 ~ 6 年以及 7 ~ 18 年的每年房屋价值。该模型的局限性在于，折旧必须采用非线性模式（本例子中是 log (τ)）以避免通货膨胀指数 $\sum_{t=1}^{\tau_i} \gamma_t D_{t,i}$ 的完全共线性，那么住宅在一定折旧下的总体维修率就是 α/τ。

使用样本的中位值来估测 τ，哈丁、罗森塔尔和西尔曼斯报告指出，房价贬值的平均年度总维护实际利率大约为 3%。在维修上的支出抵消了折旧的大约 1 个百分点，将房屋贬值的净实际利率降低到 1.94%/年（见表 4，第 212 页，Harding et al. , 2007）。总之，表 16 - 3 的这些结果和总结性指标确认了住房维修支出非常大，且显著减缓了住房折旧的速率。

捷尔科和萨斯（2004）表明，如果业主的住房价值下降到低于建筑成本，他们的维修支出减少将高达 50%，这一结果对邻里动态有重要影响。[39] 我们考虑一个住房价值已经下降到低于建筑成本的城市，正如许多经历过就业急剧下降的典型衰败地区，如底特律。当房价下降时，对于每 1 美元投资来说，住房维修的回报将远远低于 1 美元。此外，在已经受到急剧下降的房价影响的地

---

[39] 和 Harding 等（2007）一样，他们使用 AHS 面板得到这一结果。

区，许多业主发现他们的净权益为负，在这种情况下他们的抵押贷款比住房的市场价值还要高。对于这样的家庭，当他们搬离其住房后，有经济诱因在抵押贷款上违约，也正因为这个原因，这种家庭没有足够动力来维修其住房。

捷尔科和萨斯（2004）研究的这些影响表明，衰败中的社区对于住房维修的投资有可能更少。减少住房维修，反过来会加快住房存量的折旧，并造成邻里（以及城市层次）的衰败。布鲁克纳和赫尔斯利（2011）提出了一个强化这一观点的动态模型。他们认为，把家庭引到郊区以寻找更具吸引力的住房，这会造成市场失灵，压低中心城市房价，并破坏维修中心城市住房的激励。这会导致中心城市住房存量的减少，并进一步导致中心城市的衰败。总之，捷尔科和萨斯（2004），布鲁克纳和赫尔斯利（2011）认为，在维修和邻里变化之间存在重要的动态联系，尽管那种关系在多数文献中并没有得到关注。[40]

16.2.4.2 再开发的决策

我们前面讨论过的布鲁克纳和罗森塔尔（2009）的模型强调，当住房年龄越来越大，住房会慢慢衰败，并最终被拆毁和再开发。如上所述，当更高收入家庭被吸引到新建住房时，这将导致邻里经济地位的周期性循环。本节将讨论一组估计住房再开发决策时间和性质的论文。

罗森塔尔和赫尔斯利（1994）提出并检验了一个模型，该模型描述再开发一块土地的决策。在一个具有完美前瞻性的设定下，他们认为，当土地空置时，土地价值超过该物业的价值时，住房会被再开发，这一财产现有的结构会根据拆迁成本进行调整。对于家庭独居独立式住房销售，1987 年在不列颠哥伦比亚省温哥华市的经验证据支持了这一模型。[41]

罗森塔尔和赫尔斯利（Rosenthal and Helsley，1994）将住房分为两个样本，一个样本是为再开发销售的住房；另一个是保留现有结构的住房。由于对于家庭独居独立式住房来说拆迁成本很小，他们认为那些要被拆除出售的物业可以被视为空置土地来处理。考虑到样本选择效应的存在，之后使用这两个样本对销售价格的进行回归。第二阶段的结构概率模型也支持了这一观点，当一个位置作为空置土地更有价值时，住房会被拆除，相比保留住房当前的结构和

---

④ Lee 等（2013 年）提供了对于住房维修的一个完全不同的观点。他们认为，因为没有关于住房质量的完整信息，住房维修对于准买家来说可能是一个代表住房质量低的信号。根据这一说法，在其他条件不变的情况下，住房维修会减少住房价值。这种说法的一个含义是，关于住房质量的不确定性可能会通过减少维修激励加速这一存量的衰减。

④ 对于这样的一个研究来说，温哥华是一个十分便利的位置，因为在此期间，这个城市经历了一波住房再开发，在 1987 年有近 8% 的家庭独居住房已被出售以供再开发。

用途，这一做法使得这一位置在未来具有开发的可能性。

戴伊和麦克米伦（Dye and McMillen，2007）使用芝加哥大都市区七个城市的数据重新研究了再开发的问题。在 1996 年和 2003 年之间，被再开发的现有存量住房的比例从 2.11%（在帕克里奇）上升到 9.4%（在温内特卡）。芝加哥市的再开发速度为 2.9%。高速再开发与图 16 - 1 中的面板 3 以及图 16 - 4 中的面板 3 的模式相一致。正如前面所讨论的，那些面板指出芝加哥在最近几年经历了广泛的住房再开发和高级化过程。利用这些数据，戴伊和麦克米伦还发现拆除财产的价格约等于空置土地的价值。[42]

最近的三篇文章更清楚地将再开发或部分修改结构作为物业所有者所持有的购买选择权的决定。这种选择权使业主拥有改变结构的权利而非义务，结构的改变要么就是像在拆除和再开发情况下那样的完全改变，要么是像住房改进情况下的那种部分调整。由于它允许人们借鉴期权理论的含义，以这种方式构建的财产所有权有若干优点。在一篇很大程度上是理论探讨的文章中，格思里（Guthrie，2010）认为新的住房价格可能会超过开发成本，即使在没有限制性分区来限制开发的时候。他们强调在竞争性的土地市场中，不确定性鼓励土地投资者推迟小块空置土地的开发。[43] 在格思里的模型中，竞争压低了开发选择权的价值，但不会将选择权价值减少到零（这一点类似于 Bulan et al.，2009）。格思里进一步讨论说，当住房需求的价格弹性很大且利率低时，越来越多的有异质空置土地的城市将呈现出相对开发成本（包括土地和建筑成本）来说更高比例的住房价格。格思里提出这一点，是作为对高价格—成本比率的一种替代性解释，这一高价格—成本比率先前被归因于严格的分区（例如，Glaeser et al.，2005a，b）和限制土地供应和开发机会的地形特征（例如，Saiz，2010）。

克拉普和塞拉维（2010）指出，当结构老化和毁坏时，以改变结构为目的的选择权的价值会提高。克拉普和塞拉维（2010）强调，在其他条件不变的情况下，与更老的物业有关的越来越高的选择权价值将提高物业的价值。麦克米伦和奥沙利文（2013）强调，当再开发的时间临近时，现有结构属性的价值（例如，卧室及其大小）会减少。当再开发到来时，正如罗森塔尔和赫尔斯利（1994）以及戴伊和麦克米伦（2007）所强调的那样，现有结构属性

---

[42] Dye 和 McMillen（2007 年）使用拆除许可证来对住房进行分类，分为哪些作为拆除出售的住房和哪些其现有的结构被保留的住房。他们还精心设计了模型并检验了可能出现的错误分类。结果表明错误分类会出现，但只发生于住房的一小部分中，并不足以影响他们结果。这些研究结果表明，对于作为拆除目的出售的住房来说，拆除许可证是一个有效的分类方法。

[43] Capozza 和 Helsley（1990）还讨论了不可逆转的开发的不确定性增加了未开发土地的选择价值，以及使开发推迟的方式。然而值得注意的是，在有替代条件的情况下，不确定性实际上可以加快开发，正如 Bar-Ilan 和 Strange（1996）所认为的那样，他们考虑了投资者开始一个项目的时间与项目完成时间之间的时间差的滞后影响。

的价值应该为零。

克拉普和塞拉维（Clapp and Salavei，2010）使用 1995～2007 年康涅狄格州格林威治的住房销售对其模型的含义进行了检验。他们制定了对现有结构可能过时的替代措施，这应该与改变或再开发住房的选择权价值呈正相关关系。他们的首选措施是城镇结构的评估值除以地块的评估值，如同该结构被清除。这一指标背后的直观概念是，结构和土地是互补的。那些偏好于位置以及其他与土地相关的特定属性（例如，平方英尺建筑面积）的家庭，通常也想占有该位置有价值的结构。因此，一个较低的结构对地段价值比，是破旧或过时结构住房的潜在特点，这点也为改造或再开发做好了准备。销售价格的享乐回归证实，在控制许多其他属性时，结构对价值比较低会提升销售价格。

克拉普和塞拉维（2010）也进行了关于过时结构的替代指标的类似检验，他们基于住房的楼面面积除以附近新建住房的楼面面积。这一指标背后的直观想法是，新建成的结构可以提供满足当前偏好和需求的内部空间。大小显著不同的现有住房可能会过时。这一点在 20 世纪 80 年代末和 90 年代的温哥华非常明显。小却相对年轻的住房经常被拆除，被更大的住房（例如，Rosenthal and Helsley，1994）所更换。使用这一替代指标，克拉普和塞拉维（2010）的结果在很大程度上类似于那些从其偏爱的指标中得到的结果。

这些结果的一个含义是，允许在传统规范的享乐模型中不对照选项的价值修改结构时，住房年龄对财产价值的影响更为复杂，且是非线性的。克拉普和塞拉维将其过时结构措施与家庭年龄相互作用，所获得的证据与此观点是一致的。麦克米伦和奥沙利文（2013）扩充了这些理念，强调在销售时一所住房是否将很快被翻新或再开发是存在不确定性的。这不同于罗森塔尔和赫尔斯利（1994）和戴伊和麦克米伦（2007），这些研究假定一所住房的拆除状况在出售时是确定的。麦克米伦和奥沙利文（2013）通过估计一个出售后拆除的时间风险模型思考了一个更普遍的观点。然后，他们对住房进行了销售价格的独立享乐模型的估计，一些住房可能会在出售后 2 年内再开发，一些则不太可能被再开发。结果证实，正如从标准期权理论所预期的那样，不确定性会推迟再开发的决定。此外，包括内部空间的那些结构属性，对 2 年内注定会被拆除和再开发的住房的交易价格影响要小得多。[44]

16.2.4.3　过滤和住宅高级化

住房维修和财产再开发的决定显然会影响邻里经济地位变化的节奏和时

---

[44]　请参阅 Brooks 和 Lutz（2012），他们认为征集土地的挑战可以创建延迟市区再开发的摩擦。

间。在这里，我们总结了最近的两篇论文，它们提供证据表明变化发生的速度，也同时揭示变化的附加动力。

罗森塔尔（2008a）以每 10 年为基础，衡量了邻里经济地位的变化。如前所述，经济地位根据普查地块的平均收入除以 MSA 内普查区的平均收入来衡量。如前所述，根据 35 个城市绘制的普查地块平衡面板，普查相对收入变化的范围从 1950～1960 年间的 14.9%（高点）到 1970～1980 年间的 11.5%（低点）。类似的从 1970～2000 年的值，是根据 331 个大都市区数据绘制的普查地块平衡面板。对于此样本，普查相对收入变化的绝对值是 1970～1980 年平均为 12.2%，1980～1990 年为 13.1%，1990～2000 年为 12.4%。

通过考虑个体住房在经济阶梯上下移动的速度，可以更微观地研究这一问题。利用记录住房——而不是个人随时间变化——的 AHS 面板，罗森塔尔观察了住房成交的时间。然后，标准重复销售模型被调整，以适应不同成交日期的新进入居住者的实际收入变化。更具体地讲，当一所住房的年龄分别在 t 和 $t+\tau$ 时，考虑两个连续的成交量。对于这些成交量中的每一个，将要来到的居住者的收入被写为

$$Y_t = e^{\gamma_t} f(\boldsymbol{X}_t;\ \boldsymbol{\beta}_t) \tag{16.6a}$$

$$Y_{t+\tau} = e^{\gamma_{t+\tau}} f(\boldsymbol{X}_{t+\tau};\ \boldsymbol{\beta}_{t+\tau}) \tag{16.6b}$$

这里，$f(\boldsymbol{X};\ \boldsymbol{\beta})$ 是一个未知且潜在为非线性的方程，包含住宅（X）的结构、邻里特征以及它们的影子价格（$\boldsymbol{\beta}$）。如果 X 和 $\boldsymbol{\beta}$ 与时间无关，取对数并改变公式形式，可以看到住房周转中未来住房所有者收入的对数变化：

$$\log\left(\frac{Y_{t+\tau}}{Y_t}\right) = \gamma_{t+\tau} - \gamma_t + \omega_{t+\tau} \tag{16.7}$$

其中，ω 是一个扰动项，且 $f(\boldsymbol{X};\ \boldsymbol{\beta})$ 不同。对于一个经历了不同成交年龄的物业样本（$i=1,\cdots,n$），公式（16.7）的一个可估计版本为：

$$\log\left(\frac{Y_{t+\tau,i}}{Y_{t,i}}\right) = \sum_{t=1}^{\tau_i} \gamma_t D_{t,i} + \omega_{t,i},\ \text{for home } i = 1,\cdots,n \tag{16.8}$$

其中，根据该物业在房龄为 t 时是否为第一次周转、没有周转或者第二次周转，D_t 相应等于 -1、0 或者 1。

罗森塔尔（2014）分别为出租单元和业主自用单元估测了表达式（16.8）。结果表明，通常住房随年龄增加而向下过滤，对于年轻家庭这种过滤会更快。对于出租单元，在其他条件不变的情况下，在房龄为 50 年住房居住的人，实际收入比在新建住房居住的人低大约 70%。对于业主自用住房，差别则较小，只有 30%。整体而言，这些估计可以充分地解释典型事实，除新建的被补贴单元，低收入家庭通常居住在更老的住房里。

　　为了解释这些变动率的微观基础，罗森塔尔（2014）考虑了下面的这个简单住房需求函数：

$$\log(h_{t,i}) = \theta_Y \log(Y_{t,i}) + \theta_q \log(q_{t,i}) \tag{16.9}$$

　　其中，住房（h）被视为一系列同质的质量可调整单位，质量可调整的住房单位租金为 q，参数 θ_Y 和 θ_q 分别是住房需求的收入弹性和价格弹性。重新调整式（16.9），对成交日期进行差分，并加上一个固定的年折旧率 d（例如，$\log(h_{t+\tau,i}/h_{t,i} = d\tau_i)$），得到 $\log(Y_{t+\tau,i}/Y_{t,i})$ 的一个替代表达式

$$\log\left(\frac{Y_{t+\tau,i}}{Y_{t,i}}\right) = \frac{d}{\theta_Y}\tau_i - \frac{\theta_q}{\theta_Y}\log\left(\frac{q_{t+\tau,i}}{q_{t,i}}\right) + \omega_{t,i} \tag{16.10}$$

　　式（16.10）明确指出，过滤速度取决于住房的贬值速度（d）、住房需求的收入弹性和价格弹性（θ_Y 和 θ_q）以及住房通胀率（$\log(q_{t+\tau}/q_t)$）。正如我们所预期的，由于向下倾斜的需求（$\theta_q < 0$）以及需求的收入弹性为正（$\theta_Y > 0$），当 $-\theta_q/\theta_Y > 0$ 时，住房价格的上升减缓了住房过滤的速度。因为住房价格上升在不同位置有所不同，过滤速度也应如此。此外，如果实际房价不改变，正如美国大多数地区长期运行的情况（请参阅 Rosenthal，2014，表6），给出的住房过滤速度为 d/θ_Y。如前所述，格莱泽等（2008）、罗森塔尔（2014）和其他研究均证实了 θ_Y 远低于1。从式（16.10）可以看出，在任何给定的住房贬值速度下，这会提高住房向下过滤的速度。

　　罗森塔尔（2014）分别对出租和业主自用住房估计了式（16.10）。住房价格上涨是用美国联邦住房金融协会（www. fhfa. gov）的重复销售价格指数来衡量的，要么是作为 q 变化的直接指标，要么是将其作为工具，处理实际租金（对于出租单元）和价格（对于业主自用单元）变化的内生控制变量。虽然估计与其他备选参数（如 OLS，2SLS，以及住房固定效应）存在小幅差异，结果表明了出租单元每年实际以大约2.5%的速度向下过滤，而业主自用单元实际每年以大约0.5%的速度向下过滤。[45]

　　总之，有证据表明，邻里经济地位以每10年大约12%的速度发生变化。在一个50年期的时间里，新建出租住房在居住者实际收入方面经历了大约70%的跌幅，而新建的业主自用单元在这方面经历了30%的跌幅。虽然流动家庭可能无法识别他们的社区是否正在缓慢过渡到一个不同的状况，上述变化速度表明对于大多数城市社区来说，邻里经济地位是动态的，并且会经历长期的上升和下降。

---

　　[45]　式（16.10）允许研究者估测过滤速度的基于模型的指标，通过用分别估计的折旧率（d）除以分别估计的对住房需求的收入弹性价值。Rosenthal（2014）进行了这一试验，并取得了附加的，定性的证据支持，即过滤速度随住房贬值速度增加，需求的收入弹性下降到低于1。

16.2.5 住宅高级化是否会对本地居民造成伤害？

住宅高级化：在衰败的城市邻里购买和翻新住房，特别是中等收入的专业人士，这会提高物业价值，但往往会因此取代低收入家庭。

兰登书屋大学词典，修订版，兰登书屋（1981）

高级化是一个具有争议性的话题，并常与负面含义有关。上述定义解释了其中原因。当较高收入家庭选择迁入一个社区，而较低收入家庭由于财产价值上升和租金问题，正处于被迫迁移出该社区的风险时，高级化暗示着一种不对称。本节将回顾一小部分研究论文，这些论文探讨了谁将在高级化过程中获胜或失败，以及较低收入家庭是否必然受到伤害。

弗里曼（Freeman，2005）使用了收入动态追踪调查（PSID）的个人层次数据，来比较居住在正处于高级化过程中的社区的个人流动率以及居住在经济地位类似但没有高级化的社区的个人流动率。弗里曼指出，两组的流动率是相似的，并由此得出结论认为，高级化并不会不成比例地促使低收入家庭的迁离。麦金里希等（McKinnish et al.，2010）使用了1990年和2000年美国人口普查中保密的长表数据（confidential long form data）进行了互补分析。他们评估了谁会迁移出正处于高级化过程中的邻里，现有居民中谁会留在该社区，以及谁会从其他地方迁入。基于一个详细的个人层次数据和普查地块层次数据的评估，麦金里希、沃尔什和怀特的结论是，以非裔为主的低收入社区的高级化会吸引中产阶级的非裔家庭。相比之下，非裔家庭数量有限的正处于高级化的社区，则呈现出非裔高中毕业生高比率向外迁移。

维戈多（Vigdor，2010）是我们知道的唯一将核心经济原则应用到评估正处于高级化的社区，他考察现有居民是否因其邻里地位提升受到伤害抑或从中获益。维戈多的核心是一个排序模型，在该模型中家庭对外生给定的邻里质量的偏好存在差异。在维戈多的模型中，对邻里质量偏好最低的家庭在均衡时会选择最低品质的社区。对邻里质量偏好倒数第二的家庭会占据品质倒数第二的邻里，在质量阶梯上依此类推。在此设定中，维戈多表明在给定邻里质量的外生下降会降低相同或更高品质社区内所有家庭的效用水平。这一现象之所以会出现，是因为接近给定社区的竞争以及住房价格的均衡调整。

维戈多（2010）使用AHS的一个特色来探索其模型的经验意义。随着时间的推移，他仔细跟踪了基于住房单元300英尺内邻里的一套指标变化。这些指标包括废弃的住房数量、窗户的栅栏、年久失修的街道和街上的垃圾。在AHS中还包括一个定性变量，其中受访者评定其对他们所居住的邻里的满意度，该满意度设定为 1 ~ 10 级，其中 10 为最高。该 AHS 还允许研究者对个体单元层次的租金观察住房租金的变化。

控制各种其他因素，结果表明正在改善中的邻里（例如观察到废弃建筑物减少等）租金会呈现上升趋势。接下来的问题是愿意为现有邻里改善的支付意愿是否超过市场租金的增加。这样的证据可能会表明，高级化为现有居民提升福利，而如果房租上涨超过支付意愿的话，结果会是相反的。基于一系列的分析和稳健性检验，维戈多报告称，大多数租客愿意为邻里质量的一个标准差增长支付其年收入 1% ~ 3%，与此同时，由于邻里质量的改善而导致的租金变化远远少于这一支付。从这一评测中维戈多得出结论，至少对许多租客来说，由于高级化而改善的邻里质量会提高福利。

从定性角度来看，维戈多的分析提醒我们，房租上涨是高级化对现有居民福利影响的一个差的替代品，这些居民可以从改善的邻里设施中获益。事实上，高级化可能对当地居民是好的，这一可能性已经在各种大众新闻媒体中被报道，其中一个例子是《纽约》杂志最近的一篇文章（请参阅 Davidson，2014，"所有高级化都是坏的吗？"）。尽管如此，争议仍然存在，正如在 2008 年《纽约时报》威廉姆斯（2008）的一篇文章中可以明显看出，文章题目是"州政府机构声称，非裔住宅区在枯萎"。

16.2.6　美国背景与欧洲

在 16.1 节，我们注意到多数关于邻里动态的文献是在美国背景下进行研究的，由于这个原因，我们对文献的回顾也反映出了这一点。在这里，我们暂时停下来考虑一下，美国城市中两个突出的环境特征对邻里收入动态可能产生的影响以及与欧洲城市的对比。

相比于大多数欧洲城市，美国的城市是年轻的。部分由于这个原因，美国城市很少拥有那种历史性城市中心的特点，像马德里、巴塞罗那、巴黎、巴塞尔、罗马或维也纳，更不用提中东那些真正古老的城市，如耶路撒冷。在许多这样的地方，受保护的历史中心城市提供了一个独特的城市设施，可能会吸引高收入家庭，并具有减缓对经济地位的过滤和相关周期趋势的潜力。布鲁克纳等（1999）对巴黎的研究提供了这方面的证据。在这个意义上，历史悠久的城市中心可能对邻里变化有同样的抑制作用，比如说李和林（Lee and Lin，2013）最近提到的有吸引力的物理设施。部分由于这个原因，邻里收入动态可能在美国比在欧洲更为显著，但这仍然是一个有待进一步研究的问题。

美国城市可能放大邻里收入分层及相关动态的第二个特点是，其种族关系紧张和大迁移的历史。如卡特勒等（Cutler et al.，1999）所描述的，在1890～1970年，美国经历了一个主要是全国各地贫穷的非裔美国人从南方乡村大量流入到城市的过程，特别是在美国南部以及东北部和中西部的工业城市。那次迁移使非裔美国人获得高薪的制造业就业机会，并促成了繁荣的非裔美国人社区，这一点我们在第16.1节对非裔住宅区的讨论中提到过。然而，第二次世界大战后，伴随大迁移而来的是同样戏剧性的白人家庭郊区化（Baum-Snow，2007；Boustan，2010）和制造业郊区化（Glaeser and Kahn，2001年）。到了20世纪70年代，美国制造业急剧下降，南方农村的迁移已经放缓，高度隔离的中心城市的财富和人口不断下降。可以肯定的是，低收入的南方农村黑人大规模迁移到美国城市的现象，加剧了美国城市的种族隔离。这很可能也是促成我们之前讨论过的收入分隔和邻里经济地位长期循环的原因。然而，这仍是一个有待进一步研究探讨的问题。

16.3 城市动态

16.3.1 概述

本节将回顾关于城市动态的一些特别的文献。正如在前一节中，我们的重点是在何种程度上以及在何种条件下，一个区位的经济地位相对于其他区位是固定不变，或是以系统的或非系统的方式随时间而变化。

本节中得出的一个重要结论是，当大都市区地位是基于人口规模被衡量的，正如已在大部分文献中所研究的情况一样，MSA的地位似乎是极其稳定的。然而，当地位是基于经济活动的直接指标，特别是人均收入而衡量时，MSA经济地位的动态性相比已被普遍认可的情况要更强。

正如在前一节对邻里的讨论那样，我们从四个典型事实出发，其中前三个都是从文献中得到，而第四个是新的。之后，我们将讨论最近的各种论文，通过分析MSA层次动态性的含义来解释这些典型事实。

16.3.2 三个之前的程式化事实和一个新的观测

16.3.2.1 接近位序——规模法则的稳定城市规模分布

伊顿和埃克斯坦（Eaton and Eckstein，1997）研究了日本在1876年和

1990 年间 40 个历史悠久的城市，以及法国在 1925 年和 1985 年间 39 个城市相对规模的变化。他们发现，多数城市表现出平行的人口增长。此外，城市规模分布是与位序—规模法则一致的，洛伦兹曲线证实，法国和日本的城市规模分布在一段时间内保持稳定。夏尔马（Sharma，2003）研究过约 100 年间印度的城市规模分布。她发现了长期并行增长路径的短期偏差，但这些偏差往往经过不到十年就会消失。她的结果也证实了城市规模分布是趋于稳定的。

也许，人口稳定的空间分布最引人注目的证据来自戴维斯和温斯坦（2002）。借鉴日本当前的、历史的和考古资料数据，他们计算了遍及日本 39 个地区的人口空间分布，观察它们 8000 年的历史中在何种程度上遵循位序—规模法则。对于每一个时期，他们估计

$$\text{Log}(\text{population rank}) = \text{Constant} - b \log (\text{population size}) \qquad (16.11)$$

其中，系数 b 为 -1 时，排名第 n 的区位规模是最大区位的 $1/n$，满足齐普夫位序—规模法则。

表 16－4 重现了戴维斯和温斯坦（2002，第 1273 页）的表 1 对 b 从公元前 6000 年至 1998 年间 12 个时期的估计。这些模式是惊人的，齐普夫系数在几乎所有时期内都接近 1。在文献中这些估计和其他的估计确认的第一个典型事实是，一国的人口空间分布在长时间内往往极其稳定，近似位序—规模法则。经济增长的这一特性已在各类文献中有所研究，如加贝克斯和约安尼季斯（2004）。

表 16－4   **齐普夫法则在日本的 8000 年**[a]

时期（年）	齐普夫系数	时期（年）	齐普夫系数
−6 000 到 300	−0.809	1600	−1.192
	−0.217		−0.068
−300 到 300	−1.028	1721	−1.582
	−0.134		−0.113
725	−1.207	1798	−1.697
	−0.133		−0.12
800	−1.184	1872	−1.877
	−0.152		−0.14
900	−1.23	1920	−1.476
	−0.166		−0.043
1 150	−1.169	1998	−0.963
	−0.141		−0.025

注：[a] 根据 Davis 和 Weinstein（2002，表 1，第 1273 页），"齐普夫系数"栏。括号中为标准差。

16.3.2.2 个体城市的缓慢移动造成城市规模分布的起落

回到伊顿和埃克斯坦（1997）对日本（1876 ~ 1990 年）和法国（1925 ~ 1985 年）的研究，他们把其城市样本基于一个固定的参考点分成六个相对规模类别。在这两个样本中，伊顿和埃克斯坦（1997）发现，城市在样本范围内过渡到一个不同规模类别的倾向几乎不存在。在日本，0 ~ 22% 的城市过渡到一个不同规模类别，这取决于一个城市被分配的初始类别。在法国，相应的范围是 10% ~ 31%。布莱克和亨德森（Black and Henderson，2003）也得到了类似的结果，该研究结果是从 1900 ~ 1990 年（以及五个城市规模类别）之间 282 个美国大都市区中得出的。正如我们在第 16.1 节强调的，杜兰顿（2007）记录了 1997 年美国 10 个最大的大都市区的这一情况，在接下来的 20 年内，在 MSA 位序—规模分布中，位序的平均变化只有 1.2。此外，这 10 个大都市区里只有 2 个城市（克利夫兰和旧金山）在 MSA 规模分布上经历了超出一个位置的位序变化。

从广义上讲，文献中的这些研究和其他研究提供证据支持了第二个典型事实：城市往往在人口规模分布上非常缓慢地向上和向下移动。总之，前两个典型事实似乎可以表明，单个 MSA 的经济地位基本不会发生变化，甚至在一个较长的时间内也几乎不会。但接下来的这两个典型事实表明，这种理解是不正确的。

16.3.2.3 相对于总就业人数的城市产业结构的快速变化

杜兰顿（2007）是一个重要的与较早的对城市动态文献的背离，该研究集中于地方经济活动的组合随时间变化的节奏。他指出相比人口规模，法国和美国的大都市区都表现出产业结构随着时间的推移相对快速的变化。在一个后续研究中，芬德森和休特古姆（2008）记录了联邦德国类似的模式。

在杜兰顿（2007），芬德森和休特古姆（2008）的研究中，MSA 间产业调整（industry churning）的衡量是通过比较给定的大都市区内各个行业的就业比例随时间变化的程度。因此，调整通过以下公式加以衡量

$$Churn_c = \frac{1}{25}\left(\sum_{t=1977}^{2001}\sum_{z=1}^{n}\frac{|e(z, c, t+1) - e(z, c, t)|}{e(c, t)}\right) \text{for } c = 1, \cdots, 326$$

$$(16.12)$$

其中，e 是在城市 c 的产业 z 在时间 t 的就业水平。在芬德森和休特古姆的研究中，调整是利用联邦德国 32 个 MSAs 从 1977 ~ 2001 年这 25 年间的数据来测算的。杜兰顿（2007）也使用了美国和法国的类似量级的样本。在两项研究中，调整值与每个 MSA 的总就业年平均总体变化相比较，以及与各行业的全国就业比例的年平均变化相比较。

表 16 – 5 复制了芬德森和休特古姆（2008）表 1 对调整的估计。这些估计包括对从杜兰顿（2007）中获取的美国和法国的测算，也包括从芬德森和休特古姆（2008）中获取的对联邦德国的测算。有两个模式尤其引人注目。首先，MSAs 间的调整平均值在联邦德国、美国和法国非常相似。其次，在一个给定的 MSA 内，产业结构的变化速度几乎是容纳 MSA 的总就业水平变化必要速度的两倍。这些模式表明，相比 MSA 就业的总体水平的变化，单个 MSAs 内的产业结构往往变化相当快，这也是我们讨论的第三个典型事实。

表 16 – 5　　　　　　　　　　　整个大都市区的产业走势

时期（年）	调整$_c$	ΔEmp_c	调整$_c$/ΔEmp_c	$\Delta SecEmp$
联邦德国[a]	4.98%	2.29%	2.17	2.62%
美国[a]	8.26%	4.10%	2.01	≈5%
法国[a]	11.40%	5.20%	2.19	≈5%

　　[a] 资料来源：芬德森和休特古姆（2008，表 1，第 329 页）复制。联邦德国的值的计算根据芬德森和休特古姆。美国和法国的值取自杜兰顿（2007）。

16.3.2.4　基于收入的城市经济地位的快速起落

MSA 产业结构相对较快的变化意味着，随着时间的推移，MSA 的经济地位可能发生更大的变化，而非如前两个典型事实所记录的稳定的 MSA 人口规模分布所隐含的情况。在这一节里，我们将介绍加强这种观点的第四个典型事实。

在图 16 – 6 中，我们展示了两个洛伦兹曲线，这两个曲线总结了 2000 年整个美国的大都市区不平等。[46] 实线是基于整体 MSAs 的人口差异，将美国的所有大都市地区的总人口作为归一化因子。虚线以类似的方式被计算，属于较新的文献。该线反映了整体 MSAs 收入中位数的不平等，将所有大都市区收入中位数的总和作为归一化因子（每个 MSA 的权重相同）。MSA 的人口规模分布显示出一种熟悉的高度偏斜的模式，这一模式明显使整个大都市区收入中位数的不平等程度变小。

与其人口模拟相比，MSA 间收入中位数的分布更加平缓，这一点并不奇怪。格莱泽和马雷（Glaeser and Mare，2001）报告称，在超过 100 万人口的 MSAs，1990 年的名义平均工资率比 MSAs 外的农村地区高大约 30%。相较这

---

　　[46]　洛伦兹曲线是研究者使用从 www.ipums.org 获得的 2000 年 10 年一次的人口普查公开微观数据而绘制的。

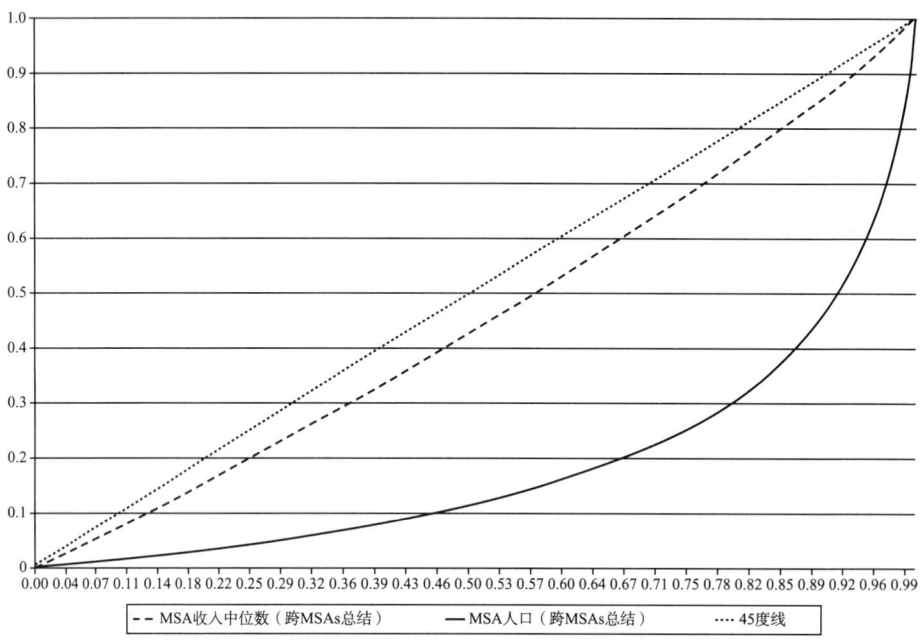

图16-6　洛伦兹曲线收入中位数和人口跨大都市区的不平等指数

样的区域之间的人口密度差异，这一差异并不大。此外，城市工资溢价在控制了工人特征后显著下降。在回顾早期文献时，罗森塔尔和斯特兰奇（2004）指出，在控制工人特征后，城市规模增加一倍将使工资增加 3% ~ 5%（与 Rosenthal and Strange，2008 年的估计一致）。最近孔贝斯和戈比永（本书）回顾了更多的文献表明，更小城市的工资溢价可能低至 1% ~ 3%。然而，这并不意味着 MSAs 间的收入分配差异是固定的。

使用公开的 10 年一次的人口普查的微观数据样本（请访问 www.ipums.org），我们用美国219 个 MSAs 的平衡面板考察在1980 ~ 2010 年 MSA 经济地位的变化。为了这些目的，当我们比较 MSA 收入分配中某一给定点的收入时，一个 MSA 的经济地位是基于它在其他大都市区中的位序而测算的。结果列于表16-6 中，报告基于 MSA 收入的几个不同指标。整个表格包括第 10个百分位的收入、第 25 个百分位的收入、第 50 个百分位的收入、第 75 个分位的收入和第 90 个百分位的收入。对于每一列，在 219 个 MSAs 中的1980 ~ 2010 年的位序变化分布是按行向下显示的，从第 10 个百分位至第 90 个百分位。通过这样的构造，位序的平均变化总是为零，正如第三行所示。位序中位数的变化（在第四行）总是接近零，意味着一个近似对称的分布。这解释了前两行（第 10 个百分位和第 25 个百分位）中的负值以及后两行（第 75 个百分位和第 90 个百分位）中的正值。作为参考，在表中的最后一列报告了基于 1980～2010 年 MSA 人口位序变化的类似指标。

表 16－6	1980～2010 年 MSA 收入位序的变化[a]					
	以百分位衡量的 MSA 收入					
	10th	25th	50th	75th	90th	大都市区人口
百分位第 10 位	－67	－71	－69	－64	－64	－28
百分位第 25 位	－36	－30	－32	－33	－29	－10
均值	0	0	0	0	0	0
中位数	－3	－1	－4	－5	－1	1
百分位第 75 位	34	31	30	25	26	14
百分位第 90 位	65	69	87	78	67	26

注：[a] 研究者的计算是根据从 www. ipums. org 获得的 1980 年和 2000 年的美国 5% 公开微观数据样本（PUMS）个人层次的数据。所有计算基于 219 个 MSAs 的平衡面板。

表 16－6 的模式表明了相比人口来说，MSA 经济位序基于不同收入指标更大的变化。作为例子，在第二行显示的第 25 个百分位，MSA 人口位序下降了 10 个位置。相比之下，根据收入的位序下降了约 30～35 个位置，具体取决于所使用的收入指标。这表明一个新的第四个典型事实：根据人均收入的各项指标，大都市区相对于其他 MSAs 的经济地位上下移动速度非常快，尤其是在与人口位序对比时更是如此。

16.3.3　大都市区经济地位持续的动力

在本节中，我们将强调大都市层次经济地位持续的三个动力，分别是区位的自然优势、集聚和经济活动的自我强化以及文化的持久效应。我们会分别对每个因素进行讨论。

16.3.3.1　自然优势

关于持续性的一些极端和最引人注目的证据是，第二次世界大战期间盟军对日本和德国进行联合轰炸对这两个国家城市人口的长期影响的一系列论文。如前所述，戴维斯和温斯坦（2002）研究了 8000 年来整个日本的区域间人口分布。从石器时代到公元 1200 年，过去和现在（根据 1998 年）区域层次人口之间的相关系数大致是 0.5～0.6，在公元 1200 年之后相关性更高。这些模式表明，数千年前的重要地区在今天依然重要。

戴维斯和温斯坦（2002）也报告了日本 1998～1920 年城市层次的人口相关系数为 0.94。在某些方面，这些模式甚至比 8000 年前的相关系数更加突出，因为许多日本的城市在第二次世界大战期间遭到严重轰炸。[47] 战后的模式表明，尽管在战争期间遭到大面积破坏，当日本重建和恢复时，这种损害对人口在日本的空间分布影响极小。这种均值回归极端倾向的两个特别突出的例子是广岛和长崎，这两个城市均被核爆炸摧毁。戴维斯和温斯坦（2002）显示，虽然两个城市在战争期间遭受了人口的急剧减少，长崎在 1960 年恢复其长期人口增长路径，而广岛在 1975 年恢复其长期人口增长路径（请参阅 Davis and Weinstein，2002 年，图 2，第 1282 页）。

在随后发表的论文中，戴维斯和温斯坦（2008）进一步表明，日本单个大都市区内经济活动的产业结构也显示出相当明显的均值回归和对第二次世界大战期间产生损害的长期弹性。虽然制造业和其他特定产业的就业在第二次世界大战期间遭受到损失，但随后在战争中受损的产业快速大幅增长，单个城市显示出恢复到之前（即战前）的产业构成的强烈倾向。根据这些模式，戴维斯和温斯坦（2008）的结论是，区位基础（即自然优势）对确定人口和产业结构的空间分布起着重要的作用。

布科曼等（Brakman et al.，2004）对德国大都市区在第二次世界大战前和第二次世界大战后的住房存量进行了类似研究。他们发现，西德在盟军轰炸期间损失了最多住房存量的城市，战后呈现出最快的增长。正如日本所呈现出的状况，联邦德国的大都市地区到了 20 世纪 60 年代就恢复到其之前的长期趋势。相反，在民主德国，战后住房存量增长的空间模式大多与战时损伤程度无关。布科曼等（2004）表明战后民主德国的中央计划和有限的财产权可以解释战后恢复模式的两德差异。然而，他们也告诫说，他们研究的民主德国城市样本相对较小，民主德国和联邦德国之间的分裂特性可能会混淆对第二次世界大战后开发模式的解释。

格洛克和斯特姆（Glocker and Sturm，2013）最近通过考察那些战后成为波兰一部分的战前德国城市，进一步解释了这些模式。联邦德国在战后重建城市的努力肯定并不是这些德国城市增长的背后动力。同样，流离失所者倾向于回到其以前居住但现在已被战争摧毁的城市，以恢复和更新之前的社交网络，这似乎也不是影响这些德国大都市区增长的动力。这一点同样适用于任何意义

---

[47] 在美国战略轰炸调查涉及的 66 个日本城市中，估测表明，超过半数的结构被毁，一些城市在战争中失去的人口高达 50%。

上的爱国主义责任，这种责任可能培养出一种重建被破坏地区的愿望。的确，对于第二次世界大战后纳入波兰的那些德国城市的边界改变使以前的财产权失效，并且阻止了流离失所的战前人口的回归。然而，格洛克和斯特姆（2013）也发现，被轰炸的城市完全恢复到其战前的人口比例。因此，总地说来，德国的证据与戴维斯和温斯坦（2002，2008）关于日本的结果是一致的。在这两个国家，城市都恢复了其人口位序的相对地位，其恢复方式暗示了区位优势在塑造经济活动的空间分布上所起到的重要作用。[48]

16.3.3.2　集聚经济

城市经济地位的极端持续性的一个完全不同的论据基于集聚的自我强化。试想一个无差异的平原，经济活动首先在 A 地点开始，而不是 B 地点。如果集聚能促进生产率溢出，那么 A 地点相比 B 地点获得了一个直接的生产率优势，这一优势是自我强化的，除非或直到拥堵成本减缓 A 地点的增长（例如 Cuberes，2011）。在这些条件下，即使那些促成 A 地点的发展的事件，可能也不再是相关的，A 地点由于其更高的生产率将永远是一个比 B 地点更大、人均收入更高的城市。

布利克利和林（Bleakley and Lin，2012）创造性地运用开发历史模式的数据，这使得他们可以寻找刚才描述的那种持续性的证据。他们研究了相邻独木舟搬运路径的发展模式，这些路径曾经为沿美国东部阿巴拉契亚悬崖边缘的天然落差线的急流和瀑布提供了重要的经济路线。这些搬运路径曾经是重要的贸易路线，为当地人口和设备集中作出了贡献，使货物的陆上运输更加便利。因此，搬运路径加速了沿阿巴拉契亚山脉链的各个小城镇的发展。然而，由于轨道交通的出现，搬运路径失去了其经济相关性，在今天除了娱乐性之外，它们已经没有内在的商业价值了。

在没有自我强化的集聚经济的情况下，我们不应该看到现在那些毗邻搬运路径的人口和经济活动的不寻常的集中。布利克利和林（2012）发现了相反的事实，并记录了搬运路径位置如今的就业密度有了显著提高。他们为这样的结果考察了几个潜在的机制，包括铁路、教育、产业构成以及早期使用水力的影响。在其他历史因素被纳入控制变量时，只有早期使用水力的影响仍然存在。搬运城市似乎比沿着相同流域的其他位置更早地利用水力，因此这些城市获得了未来人口增长的优势。更普遍地来看，布利克利和林（2012）的模式支持了这种观点，即集聚经济可以造成一个城市经济地位的极端持续性。

---

[48]　与上述文献一致的是，Acemoglu et al.（2005）认为，西欧在 1500 年后的崛起是由毗邻大西洋的国家间不成比例的增长所推动的。

在类似的一系列研究论文中，杰瓦布和莫拉迪（Jedwab and Moradi, 2014）以及杰瓦布等（2014）考察了非洲殖民地铁路的整体影响，也研究了其在加纳和肯尼亚的影响。这两篇论文都表明，使用殖民地铁路意味着后殖民地时期更高的人口水平，即使殖民地铁路在整个非洲摆脱殖民统治后快速陷入年久失修和废弃的状况。在整个非洲以及在加纳，没有证据表明这一影响在原来的铁路沿线起作用。相反，2000年的人口模式可以完全由1960年的城市化进程来解释，当时殖民统治仍是一种常态。

2000年和殖民地时代的人口模式之间的联系，对于多种识别策略来说是稳健的，包括利用直线距离作为从主要港口到历史首都的铁路运输工具。在肯尼亚，研究者们让我们看到，使用殖民地铁路可以增加现今的人口、城市化以及获得公共服务并减少贫困。研究者们认为，铁路是出于大陆地缘政治的目的而建成的，与肯尼亚当地的经济因素几乎没有关系。此外，没有发现人口对于安慰性线路的影响，这些线路是基于计划要建而实际未建的支线所建的。正如布利克利和林（2012）所示，这些研究表明，过时的交通运输网络对经济活动的当前空间模式会产生持续的效果，这与增长的局部冲击有长期影响的观点是一致的。[49]

16.3.3.3 文化

另一个可以在区域层次造成经济发展的极端持续性的机制就是文化。在控制了国家固定效应、20世纪60年代的入学率以及1850年的城市化作为过去的经济发展指标后，塔贝里尼（Tabellini, 2010）表明1995~2000年欧洲次区域内的经济增长与文化因素有关。当塔贝里尼使用历史变量作为文化的工具变量时，包括1880年的读写能力和1600~1850年政治体制，文化的影响也依然存在。在最近的另一个实例中，法尔克等（Falck et al., 2012）考察了德国学校1879~1888年的语言数据。他们指出，区域层次的迁移决策会受到语言相似性的强烈影响，甚至在控制了地理特征、旅行距离、宗教的界限、历史产业结构以及管辖边界之后亦是如此。正如美国的搬运路径和非洲的殖民地铁路一样，100多年前的识字率、政治体制以及语言的差异能够促进经济活动空间模式的极端持续性。

16.3.4 大都市区经济地位变化的动力

在本节中，我们将讨论在大都市区层次的经济地位变化的动力。这些动力

---

[49] 这还与集聚经济的自我强化作用是一致的，Hanlon and Miscio（2013）发现，由美国内战引起的棉花贸易的中断，曾在战争结束后对那些几十年来依赖于纺织行业的英国城镇的就业产生了显著的负面影响。Wahl（2013）发现，GDP在那些处于中世纪时期贸易中心或靠近贸易中心的位置更高，甚至在控制了基督徒人口的地理、气候以及历史存在而测算的贸易中心状况之后亦是如此。

包括影响劳动力需求的生产率冲击以及影响劳动力供给的设施。我们还将强调住房供给所扮演的角色,当住房供给无弹性时,其有潜力促使并在某些情况下放大大都市区人均收入的动态性。

16.3.4.1 生产率和劳动供给

过往的文献有将城市人口和就业增长与不断提升的生产率和经济地位等同起来的强烈倾向。其中很多文献已经在其他地方被回顾(例如,Duranton and Puga,2004;Rosenthal and Strange,2004;Beherns and Robert-Nicoud,本书;Combes and Gobillon,本书;Carlino and Kerr,本书)。在本节中,我们将强调最近的一些研究文献,这些文献对我们上面提到的典型事实具有直接影响。

较早的文献从勒施(Losch,1954)和克里斯泰勒(Christaller,1966)开始,通常被称为中心地理论,这一文献勾勒了在一个城市框架系统中处于等级的城市的主要静态模型。在其最简单的形式中,非出口型产业的内部规模经济是不同的,并且相对于服务业的人均需求也是不同的。[50] 考虑到行程费用,内部规模经济和人均需求低的产业通常只能在附近拥有大量客户的大都市地区发展。其中一个例子是那些专门的医疗设施。具有较低内部规模经济和较高人均需求的产业可以在各种规模的大都市区发展,正如加油站那样。

中心地理论模型的含义是,大都市区并不只是小城市按比例简单增加的版本,而是拥有更为多元化的经济体。这种多样性有其动态意义,它可促使思路、创新以及增长的相互启发和培育,这一点在雅各布斯(Jacobs,1969,1984)中已被强调,也在各种关于集聚经济论文中被探讨过(如欲回顾这些研究,请参阅罗森塔尔和斯特兰奇,2004)。例如,杜兰顿和普加(Duranton and Puga,2001)提出了明确的动态模型,其中多元化的大城市是作为孵化器和培育创新产业来运行。一种观点是,产业在早期可以从大城市中不成比例地受益,随着产业的成熟也更有可能搬迁到更专业化的区位。与此观点相一致的是杜兰顿和普加(2001)。他们报告称,法国工厂搬迁的72%是从多样化区位到更加专业化区位的迁移。尤其是在创新经济板块,这类搬迁甚至更为极端:研发为93%,而药理学则为82%。

杜兰顿(2007)提出了一个这种早期研究的概念模型,这一模型还可以形成适合上述前三个典型事实的预测。通过增加考虑城市内和城市间创新的跨产业溢出方式,他修改了格罗斯曼和赫尔普曼(1991)的创新和增长模型。在格罗斯曼和赫尔普曼(1991)中,产业内研究企业相互竞争以为一个给定

---

[50] 请参阅 O'Sullivan (2003),第 5 章,第 92~118 页,对这一模型的讨论。

产业开发新技术。一旦某个企业成功并成为业界的下一个技术领先者，则该产业中只有该企业能够运营获利。在杜兰顿（2007）中，一个产业中的机构可能做出使其可以在另一个不同产业里成为技术领先者的新发现。此外，在一个行业中企业只能在该城市运营，该产业的技术领先者也在这个城市中。随着时间的推移，产业间溢出使得城市增加和失去一些产业。

杜兰顿表明他的模型会导致在单个城市内产业结构较快的调整，这与上面的第三个典型事实一致。他还表明，由于每个城市存在多个产业，当目前城市的产业数量随着时间推移而发生变化，城市往往会经历缓慢的经济衰退或经济增长，这与上面的第二个典型事实是一致。最后，使用校准过的适应美国和法国数据的模型参数值，模拟在很大程度上复制了这些国家大都市区现有的规模分布，并接近齐普夫定律。芬德森和休特古姆（2008）在对德国的研究中得到了类似的结果。[51]

在杜兰顿（2007）模型或芬德森和休特古姆（2008）的论文中，暗含了城市规模的发展应该是一个均值回归过程。[52] 以城市初期规模为条件，关于城市规模的预期变化的简单推导证实了这一结果。如在杜兰顿（2007）中，城市体系中有 m 个城市，其中每个城市都有一个非流动的第一性产业。此外，还有 n 个流动（非第一性）产业遍布于城市体系中。所有产业的规模（就业）都是相等的，因此一个城市的规模完全由现有流动产业数量加上一个第一性产业确定。所有产业——包括第一性产业和流动性产业——的产业内创新概率为 D，跨产业创新概率为 C，其中 $D > C$。重要的是，在给定时期内，对于一个特定产业来说，多于一个创新是不可能的，一个给定产业可能有零或一个创新。

现在，考虑城市 p 在 t 时期拥有 η_{pt} 个流动性产业。基于 p 在 t 时期的规模，为了确定其在 $t+1$ 时期的期望规模，我们首先要计算给定产业 q（非第一性）会在 $t+1$ 时刻出现在该城市的概率。将所有流动性产业 $q = 1, \cdots, n$ 的概率相加，可以得到：

$$E[\eta_{p(t+1)} \mid \eta_{pt}] = \sum_{q=1}^{n} \text{Prob}(\text{industry } q \text{ in city } p \text{ in } t+1 \mid \eta_{pt}) \quad (16.13a)$$

接下来，将该等式像式（16.13b）那样分成两部分。第一部分反映了城市 p 中最初的流动性产业集 η_{pt} 对下一个时期流动性产业数量的期望贡献。就一个给定产业 q 而言，这等于在一定时期内，城市系统中并不存在的产业创新

---

[51] 对齐普夫定律以及城市规模分布的深入讨论请参阅 Gabaix 和 Ioannides（2004）和 Desmet 和 Henderson（本书）。在经济学文献之外，也认可由 Duranton（2007）建模的依靠历史的随机过程产生的许多自然和社会系统结果的齐普夫定律位序分布（请参阅 Corominas-Murtra et al.，2014 为例）。

[52] 有关美国各州和各地区宏观经济计量的收敛证据，请参阅 Holmes 等（2013），Mello（2011）和 Choi（2004）。

所得 q 产业的概率加上已经在城市 p 中存在的产业通过创新而得到 q 产业的概率。城市 p 中所有流动性产业 η_{pt} 的加总，给出了 t 时期流动性产业在 $t+1$ 时期仍然存在的期望数目。式（16.13b）中的第二部分反映了 t 时期不在城市 p 中的 $n-\eta_{pt}$ 个流动性产业对于 $t+1$ 时期城市 p 中产业的期望贡献：

$$E(\eta_{pt+1} \mid \eta_{pt}) = \sum_{q=1}^{\eta_{pt}} \left(\text{Prob(no innovation in } q) + \text{Prob(innovation in } q \text{ generated in } p) \right)$$

$$+ \sum_{q=\eta_{pt}+1}^{n} \text{Prob(innovation in } q \text{ generated in } p \mid q \text{ not in } p \text{ at } t)$$

$$(16.13b)$$

根据之前的表示方法，城市 p 中初始的流动性产业（在式（16.13b）中第一部分的第一项）没有创新的概率可以写为 $1-D-(n+m-1)C$，其中 $n+m-1$ 是城市体系中除了自有产业外其他产业的数量，包括流动性产业和第一性产业。在城市 p 内，某个初始的流动性产业创新的概率为 $D+\eta_{pt}C$（在式（16.13b）中第一部分的第二项）。城市 p 中开始不存在的产业，却在城市 p 通过创新获得的概率为 $(\eta_{pt}+1)C$（在式（16.13b）中第二部分）。将这些式子带入式（16.13b），城市 p 在 $t+1$ 时期流动性产业的期望数目可以表示为：

$$E(\eta_{pt+1} \mid \eta_{pt}) = \left[\sum_{q=1}^{\eta_{pt}} (1-D-(n+m-1)C) + (D+\eta_{pt}C) \right]$$

$$+ \left[\sum_{j=\eta_{pt}+1}^{n} (\eta_{pt}+1)C \right]$$

$$(16.13c)$$

式（16.13c）中减去 η_{pt} 得到城市规模在不同时期的期望变化，可以简化为[53]：

$$E(\eta_{pt+1} \mid \eta_{pt}) - \eta_{pt} = (-\eta_{pt}m+n)C \qquad (16.13d)$$

式（16.13d）意味着有唯一的稳态 $\eta^* = n/m$ 存在，在该稳态下，不同时期间城市规模的预期变化是零。这种稳态是"稳定的"，因为当城市规模低于这个水平时，式（16.13d）意味着该城市将增长，而当城市规模高于该稳态时，则情况正好相反。然而必须指出的是，这个结果要求 C 是一个常数。否则，如果 C 对于城市的产业数量敏感，这可能是因为研究和创新中的外部规模经济，那么 C 将会是城市规模的一个非线性函数。在这种情况下，可能有多种稳态存在。

有趣的是，杜兰顿和普加（2001）在他们的孵化器城市论文中假设了这样一个模型，在该模型中，年轻的创新产业会从拥有多元化产业组合的大城市

---

[53] 式（16.13c）简化为 $(\eta_{pt+1} \mid \eta_{pt}) = \eta_{pt} + \eta_{pt}(-(n+m-1)+\eta_{pt})C + (n-\eta_{pt})(\eta_{pt}+1)C$。

中受益。此外，如果 C 随着创新产业类型而变化的话，那么 C 也会随城市的产业构成而变化，而且它取决于城市的经济和工业的历史。这可能会增加多稳态的可能性，并降低了均值回归的可能。

由于这些原因，杜兰顿（2007）的模型对不同城市间长期人口的增长趋势有一些非常不同的含义，相比伊顿和埃克斯坦（1997）的模型，该模型预测不同城市间的平行增长。从经验角度来看，芬德森和休特古姆（2008）确实发现了越来越多的德国大都市区总就业人数均值回归的证据，这种模式与平行增长不一致。然而，伊顿和埃克斯坦（1997）、布莱克和亨德森（2003），以及夏尔马（2003）都报告了与日本、美国和印度的大都市区的长期平行增长基本一致的模式，正如迪斯梅特和拉巴波特（2013）关于20世纪40年代以后美国县的报告。[54]

同样有趣的是，相比 MSA 层次的人口变化，产业调整和 MSA 层次人均收入的变化都是十分迅速的。理解这种差异需要超越杜兰顿（2007）的概念模型，这个模型暗示了 MSA 层次人均收入不随大都市区和时间推移而变化，只要所有的产业都是相似的。对于人均收入随城市规模而有所不同这一情况，必须有一个在特定城市内关于产业质量和数量之间的相互关系。这种相互关系在伊顿和埃克斯坦（1997）中有所暗示，很多关于集聚经济的文献也暗含了这一关系，这些文献往往会认为，更大的城市是更有效率的，其中的含义是人均收入和城市规模应该一起变化。回到表 16-6 中的模式（我们的第四个典型事实），证据表明 MSA 人均收入比人口变化更加迅速，而且似乎比产业结构变化更加迅速，这意味着大都市区正在发生着一些事情，这些正在发生的事情超出了文献所认识到的事实。

16.3.4.2 设施和劳动供给

本节将讨论 MSA 层次人均收入和经济地位变化的一个不同动力。地方设施和生活质量对家庭效用和给定大都市区的生活和工作有直接的影响。这会影响 MSA 层次的劳动力供给、工资平衡以及大都市区的经济地位。城市生活质量的大量文献都强调了这点，包括罗巴克（Roback，1982）、布洛姆奎斯特等

---

[54] Cuberes（2011）开发了一个连续的城市增长模式，这一模式也最终意味着平行增长。在 Cuberes 的模型中，资本一开始流向最大的城市，由于与集聚相关的生产率外溢使得其提供了更大的回报。当超额收益在最大的城市中减退，资本流入到下一个最大的城市，然后朝着更小更新的位置向下继续。在任何给定的时期，增长被集中在一小部分城市，这些城市中相对于系统中的其他城市在规模上有所增长。通过使用许多国家的数据，Cuberes 为他的模型提供了经验支持。Cuberes 框架的一个含义是，随着充足的时间推移，一个国家内所有城市将实现其稳态相对人口规模，并且在此后应表现出平行增长率。

（Blomquist et al.，1988）、捷尔科和特蕾西（Gyourko and Tracy，1991）、捷尔科等（1999）、陈和罗森塔尔（Chen and Rosenthal，2008），以及阿尔布依（Albouy，2008，2009）。[55] 生活质量文献的一个重要研究对象是实际工资在整个大都市区调整，以对流动工人在 MSA 层次的设施差异进行补偿。在这里，我们专注于最近这类文献的一些新研究，这些研究对 MSA 层次的经济地位变化有着直接影响，这一点尤其体现在名义人均收入指标上。

有令人信服的证据表明家庭会被吸引到舒适程度高的城市。例如，格莱泽等（2001）发现，舒适程度高的城市人口增长比舒适程度低的城市更快，并且城市租金的增长超过城市工资的增长，这意味着对居民具有吸引力的地点溢价越来越高。陈和罗森塔尔（2008）记录了退休者特别可能迁移到舒适程度高的地点，那些地点对企业不一定有吸引力（比如坦帕湾，而不是旧金山），因为这些地方能够以更低的成本提供高品质生活。然而，这些模式本身并不能确保高设施城市，更不能说明更大的城市人均收入水平就高。

格莱泽等（2001）和奎格利（1998）都认为，城市规模对于促进消费非常重要，这与我们在前面一节对中心地理论隐含的活动多样性的描述是一致的。高档餐馆、剧院以及其他各种文化设施通常需要大量顾客以降低其平均成本，为此它们在人口更多的大都市区能够得到最好的发展。考虑到这样的文化设施对高收入家庭的吸引力，大城市可以吸引高技能、高收入工人迁入。然后各种研究也明确指出，城市规模和消费质量之间的联系并不局限于高收入家庭。

正如前面所讨论的，沃德佛格（Waldfogel，2008）表明，餐馆的多样性随着当地人口规模而增加，包括高成本和低成本场所。同样，沃德佛格（2003）证明了无线电广播节目的多样性随着不同目标听众的数目和规模而增加。由于少数民族社区在更大城市中往往更大，这样的地点还提供了更多种类的广播节目，包括迎合各民族和种族群体的节目，如非裔、白人、拉丁裔以及其他族裔的听众。乔治和沃德佛格（2003）对报纸及其读者的关系也得到了类似的结果。这些研究和其他研究清楚地表明，更大的大都市区可以提供一个更加多样化以及更具吸引力的消费机会组合，但并不一定以要提高或降低该地区人均收入的方式进行。

为了增强这一观点的可信度，埃克赫特等（Eeckhout et al.，2014）提出了一个空间排序与生产技能互补的模型。在他们的模型中，大都市地区同时提振其高技能和极低技能工人的生产率，他们称之为"极端的技能互补性"。之所以如此，是因为低技能服务型工人提供有价值的服务，使高技能工人把更多的时间用

---

⑤⑤　Gyourko 等（1999）回顾了许多早期这一领域文献。

于市场工作。从经验方面来看，埃克赫特、皮涅罗和斯密德亨尼发现，无论是最高技能还是最低技能的工人，其人数在美国那些最大的城市中不成比例地高，而且这两个群体都享受了技能调整的城市规模工资溢价。[56] 高技能和低技能人口在更大的大都市区的内生增长，都促进了整个经济领域消费机会的多样性，并进一步掩盖了任何大型城市设施提升人均收入与城市经济地位的先验趋势。

上述结论暗含了一个假设，即舒适程度高的大都市区的供应不是有限的。捷尔科等（2013）讨论了一组极具吸引力的"明星"城市，对这样的城市来说情况并非如此。旧金山以及加拿大不列颠哥伦比亚省的温哥华，这两个城市中令人激动的自然美景就是这样的例子，纽约亦是如此，这个城市有非常深厚的文化底蕴和设施，包括百老汇剧院等，在北美没有其他城市可以与之媲美。捷尔科、迈耶和西奈山认为，随着国民收入的上升，对像旧金山这样的明星城市居住需求的增加，会引起住房价格的直线上升。而住房价格的上升会阻碍低收入家庭进入这些地区，并形成一个高收入均衡。捷尔科等（2013）提供了模型的经验支持。他们指出，由于美国高收入家庭的数量增加，在舒适程度高的城市，住房价格的增长比其他城市要快，明星城市的平均收入和收入分配的上尾相对于其他大都市区都有所增长。

当国民收入随着时间的推移而上升，明星城市模型的一个含义是，在舒适程度高和舒适程度低的大都市区间人均收入可能出现较大差异。但是，埃克赫特等（2014）提醒我们，高技能和低技能个体往往相得益彰，因此在舒适程度高的大都市区，高收入群体的人口增长并不一定意味着低收入家庭将会从排除出去。

16.3.4.3 无弹性的住房供给

对于那些住房供给有弹性的正处于发展中的城市来说，开发商将扩大住房存量来满足需求。在这种情况下，住房供给不会对 MSA 的经济地位和相关动态具有长期影响。但是，如果情况正好相反，分区会限制新的建筑，最后住房供给将变为无弹性的，对区位的需求增长很可能与住房价格上涨有关。如果一个大都市区正在萎缩，住房存量的耐久性也会造成需求下降情况下住房供给具有高度弹性。我们将探讨以下每个情景对大都市区收入动态的意义。

16.3.4.3.1 增长城市中的管制

最近的一系列重要研究显示，不断增长、人口密集的城市的管制减少了住房建设，并导致住房租金和价格的上涨。格莱泽和沃德（2009）表明，马萨

诸塞州的土地利用管制与新建筑活动水平的降低和较高的住宅价格有关系。他们还发现，管制对价格的影响完全是通过人口密度的减少起作用。格莱泽等（2005a，b）显示，在成长中的大都市如纽约，住房价格比生产成本要高出许多，他们认为土地利用管制是对造成这种差异的一种自然解释。对于美国 44 个大都市区样本，迈耶和楚里埃勒·萨默维尔（Mayer and Tsuriel Somerville，2000）报告称，土地利用管制与新建筑的较低水平和较低的住房供给价格弹性有关。奎格利和拉斐尔（2005）在加州发现，在严格管制的城市里，增长限制会导致更高的租金和房价，显著减少建筑活动，并使得住房供给弹性近乎为零。

作为一个群体，这些研究表明，成长中的城市的住房管制可以造成新住房供给极度缺乏弹性。在这样的地区，对住宅机会不断增长的需求应该推动价格上涨。然而，住房管制对于大都市层次的人均收入影响不是十分明显，因为这取决于推动需求增长的动力，以及住房管制与富人所喜爱的优化设施的相关程度。例如一些重要欧洲城市拥有极富吸引力的历史中心，这些地方的文化设施随处可见，包括巴黎（如 Brueckner et al.，1999 中所讨论的）、巴塞罗那、塞维利亚、阿姆斯丹，维也纳等。这样的设施要达到何种规模才足以吸引高收入家庭来到大都市区，用来限制人口密度和保存重要文化遗址的管制要达到何种程度才有潜力将一个城市提升到明星城市的地位，与此相关的收入增长曲线在捷尔科等的研究（2013）中也被讨论过。从另一方面来看，如果管制和住房成本的相应增加与地方设施的提升不匹配，分区可能会妨碍向大都市区的迁移。在这种情况下，劳动力供给可能由于对一个城市人均收入和经济地位的潜在不利影响而减少。[57]

16.3.4.3.2 衰退城市中的耐久性住房

正如我们在 16.1 节中强调的，以底特律为代表的美国锈带地区告诉我们，城市是可以萎缩的。[58] 格莱泽和捷尔科（2005）强调，在这种情况下，住房的耐久性确保供给富有弹性，这在需求下降时会造成住房价格的大幅下跌。当价格低于建筑成本时，新建筑会停止，从而进一步减少就业和需求，导致住房价值更低。由此产生的低房价可以吸引低技能、低收入家庭和与劳动力不密切相关的其他家庭（例如，退休人员）。一个城市技术水平下降，对那些寻找有技能劳动力的企业主来说会更加缺乏吸引力，导致更多的企业离开这个城市。因此，在衰退城市中，耐久性住房会加速和深化经济衰退。

---

[57] 在相关中，Saks（2008 年）提出，随着管制水平的提高，积极的需求冲击对就业增长的影响减少，但对工资的积极的影响增强。

[58] 值得注意的是，Black and Henderson（2003）报告的模式表明，美国一些大的衰落中的城市是一个相对较新的现象。

格莱泽和捷尔科（2005）跟踪了 1970 ~ 2000 年的美国大都市区，并报道了一系列不同的模式，这些模式都与刚才所描述的模型相一致。除此之外，他们记录了低技术工人被衰退城市的低房价所吸引。一种含义是，住房的耐久性造成衰退城市人均收入和经济地位的下滑。[59] 对于如何扭转这种下滑，选择是有限的。然而我们要认识到，存量住房成为衰退城市的负担，许多美国锈带城市已经开始清除其存量住房。这些政策的目标是减少住房供给，推动价格上涨，并打破城市的螺旋式下降。事实上，2009 年底特律市长达夫·宾提出要清除底特律住房存量的 1/4。[60]

前面章节的讨论表明，大都市区通常表现出平行的长期增长趋势、相对静止的人口位序以及产业构成的温和调整。我们在表 16 - 6 的分析中表明，人均收入的各项指标表明大都市区经济地位相对快速的变化。但是，对于本节开始概括的全部四个典型事实来说，目前尚不清楚那些模式对于衰落和发展中的区域是否会等同地保持下去。在某种程度上，关于耐久性住房的格莱泽—捷尔科模型明确指出，相比那些正在发展中的大都市区，历史对于这些衰退中的大都市区来说要重要得多。

16.4　结论和将来

一个贯穿整体文献回顾的主题是，在邻里和大都市这两个层次，高收入和低收入社区的位置是由于静态和动态两种力量的共同作用产生的。在某些情况下，一个社区经济地位的系统性循环是能被预见的。在其他情况下，变化是由随机性的冲击所推动的，这些随机性的冲击有潜力长时间延续下去。在另一些情况下，发展的空间模式显示出令人难以置信的持续性。

非裔住宅区的兴起、衰落和更新提醒我们，社区会经历经济地位的显著变化。底特律的大衰退也提醒我们，一个城市目前很强大，并不意味着它在将来

---

⑤⑨　对这些论点进行扩展，如 Broxterman 和 Yezer（2014）指出，如果住房需求的收入弹性小于 1，那么高技能/高收入的潜在工人往往会选择高租金、高工资的城市，而低技能的工人将选择到低租金、低工资的城市。因此，记录在册的对住房需求的低收入弹性，将造成高技能工人远离衰落中的大都市区并形成净迁移，加剧了这些地区的衰落。Yoon（2013）也认为在以前欣欣向荣的城市，如底特律，高技能工人更可能投资于技能，这种投资在其他城市也适销对路，并有利于这些工人在城市衰落时从城市中迁离。相比之下，低技能工人更容易培养适合特定行业的技能，使其更加依赖于某个特定的城市，而在其他地方这种技能未必有其适合的市场。Yoon 认为，这些差异加剧了如底特律这样的地区的衰落。

⑥⑩　例如，可参阅 Snyder（2010）在商业内幕中的一篇文章，"底特律市长铲平全市 1/4 建筑的激进计划"，http：//www.businessinsider.com/the - mayor - of - detroits - radical - plan - to - bulldoze - one - quarter - of - the - city - 2010 - 3。

也一定如此。在这两种情况下，我们通常需要长期的观察，才能充分理解一个区域的经济地位在未来是否与现在完全不同。

关于邻里和大都市区收入动态的进一步研究，仍然存在相当多的机会。对我们来说最明显的是，在邻里层次，鲜有研究对美国背景以外的邻里收入动态进行研究，包括更古老的欧洲城市以及新兴的亚洲巨人。我们还需要更多地了解是否高级化会伤害抑或帮助现有居民，因为地方对高级化以及邻里变化的反对，往往与这个问题紧密联系在一起。在大都市层次，有必要对衰退大都市区的本质和后果进一步研究。虽然世界人口的增加将确保大多数城市会继续增长，我们也在美国锈带以外的地方发现了衰退城市，包括欧洲、俄罗斯的部分地区以及苏联国家的前制造中心（请参阅，例如，Power et al.，2008；Berlinger，2012；联合国人类住区规划署2013年"世界城市状况"报告）。我们还需要进行研究以理解为什么在大都市层次，随着时间的推移，人均收入相对于产业调整和MSA人口显示出更迅速的变化。是否不断增长的明星城市将保有低技能劳动力和高技能劳动力，以及市场和/或政府将如何在这样的地方为更低收入家庭提供住房机会？

最后，我们对文献的回顾使我们更加清楚地理解邻里层次和大都市区层次收入动态的区别，我们大部分时候都将这两者作为两个独立的事件来处理。虽然这一区分是有意义的，MSA层次的事件仍然可以影响邻里排序，反之亦然。例如，在最近的一次讲座中，埃普尔（2012）认为匹兹堡大都市区的衰退不成比例地伤害了中心城市的学区及其所属的社区。这样的事件之所以会发生，是因为衰退中的大都市人口连同耐久性住房会引起郊区住房价格下跌，这又会吸引中心城区的居民来到郊区以享受更好的学校和相关设施。由此产生中心城市空心化在衰退中的大都市区可能显得尤为严重（例如，请参阅Schmitt，2010，《如果再没有相应计划出台，城市的随意拓展将继续掏空克里夫兰地区》）。在相反的方向上，伯拉布（1996）提出了一个模型，其中通过技能和金融资源划分的邻里层次的家庭隔离，有可能损害教育和人力资本积累，在城市层次抑制经济增长。费尔南德斯和罗杰森（Fernandez and Rogerson，1998）同样认为，通过学校的财政改革消除地方的资金差距，将产生很大的福利收益，这样的福利收益将延伸到最接近的学区之外的地方。基于可靠的职业网络对邻里的相关研究，对为什么邻里层次的家庭排序能够影响大都市层次雇主—雇员职业匹配和劳动生产率质量这一问题，作出了进一步的解释（如，Damm，2014；Hellerstein et al.，2014；Topa and Zenou，本书）。虽然这些研究和其他一些研究暗示了邻里层次和大都市层次之间收入动态的联系，这一领域的相关问题仍有待我们进行进一步探讨。

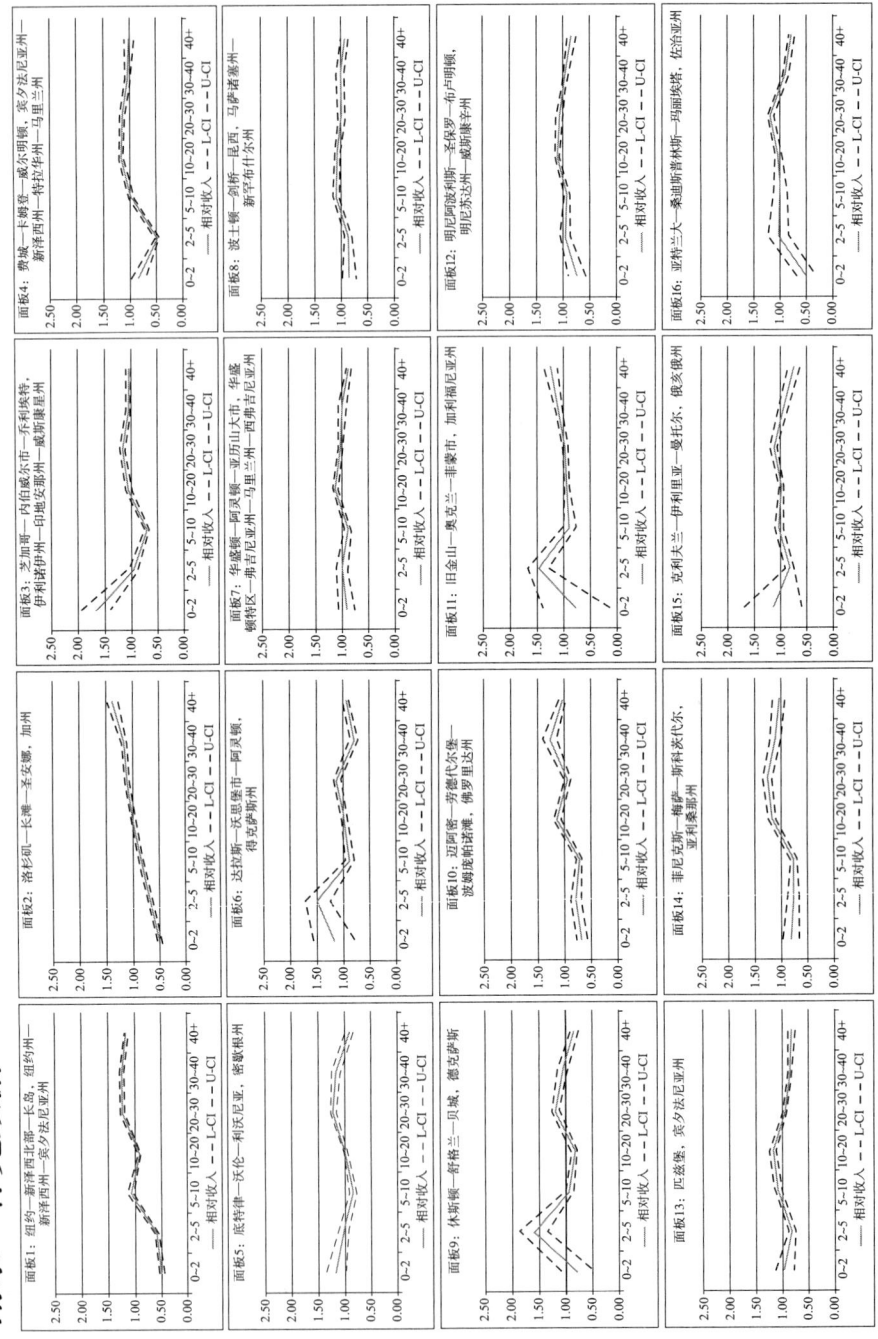

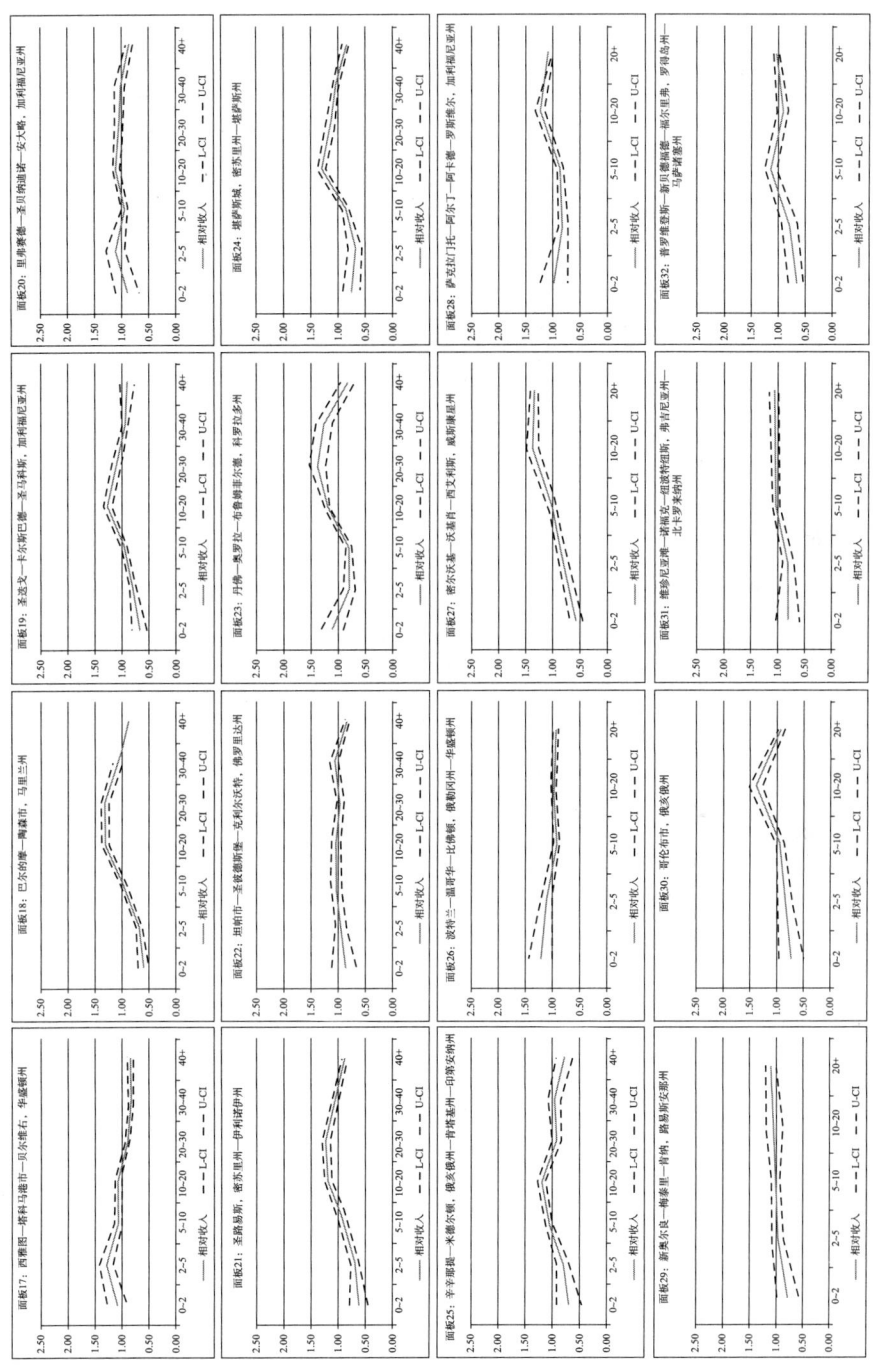

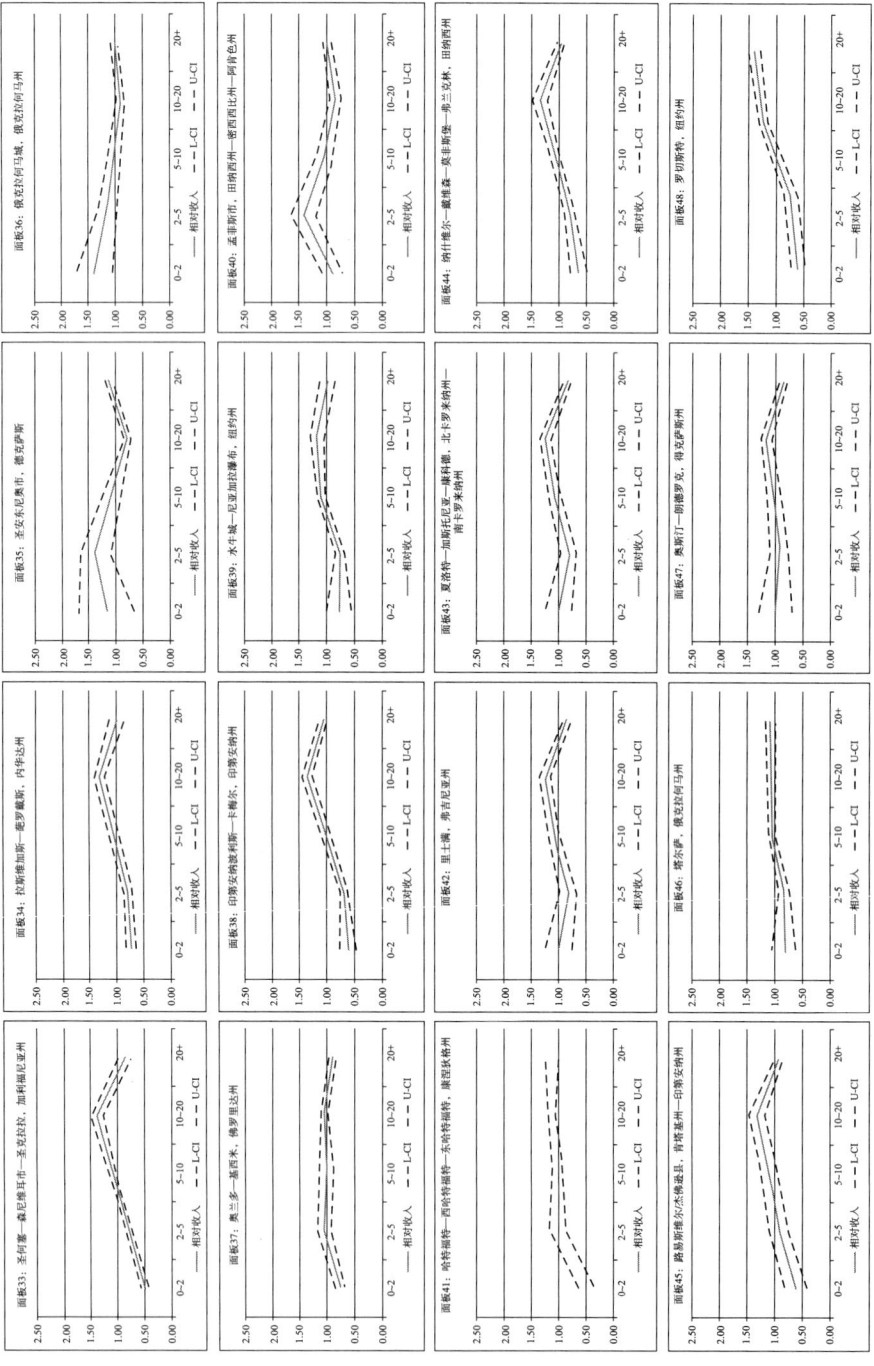

图A1　根据到MSA中心距离（英里）决定的普查地块收入相对MSA，使用ACS 2005~2009年的合并样本

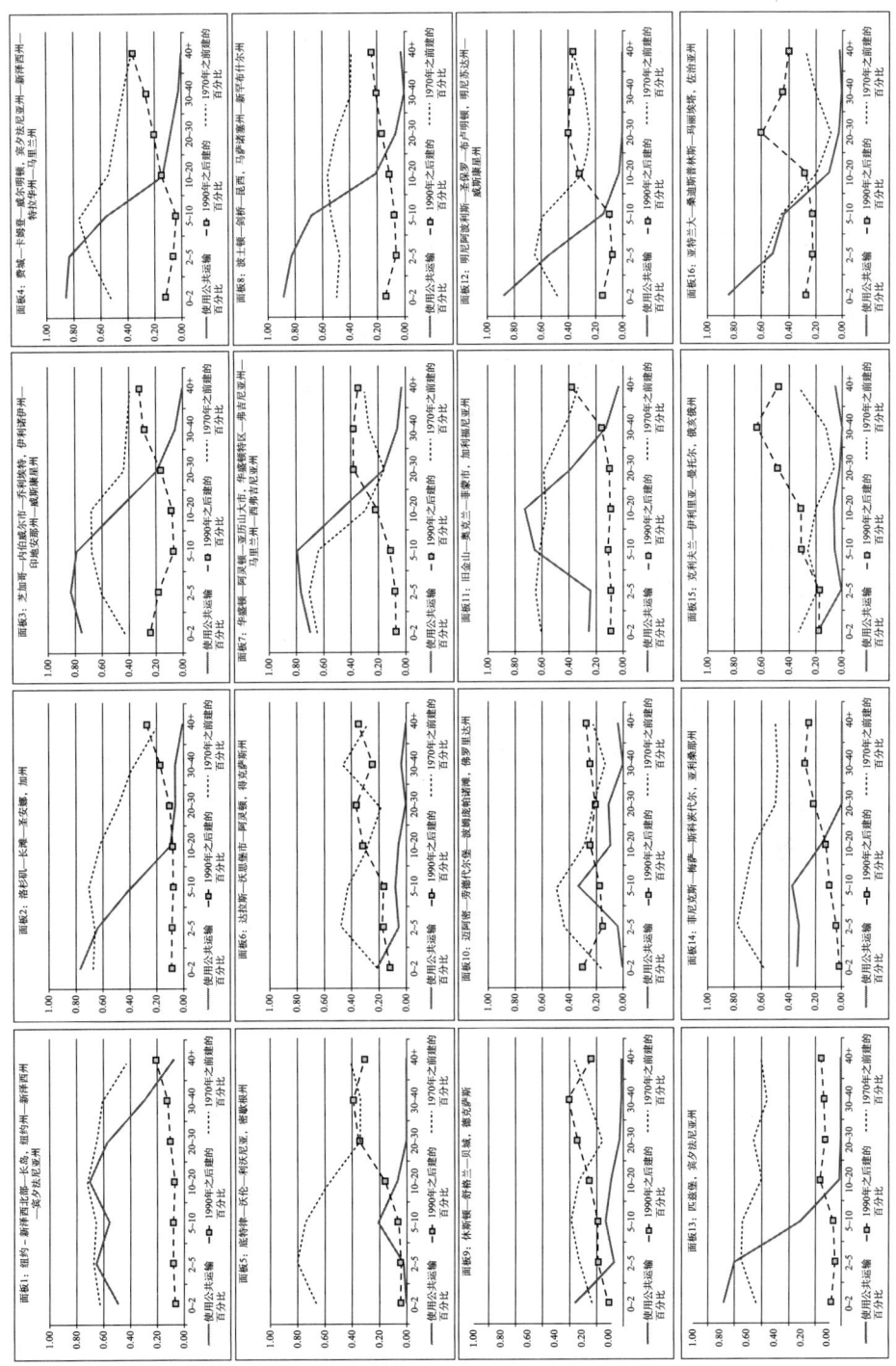

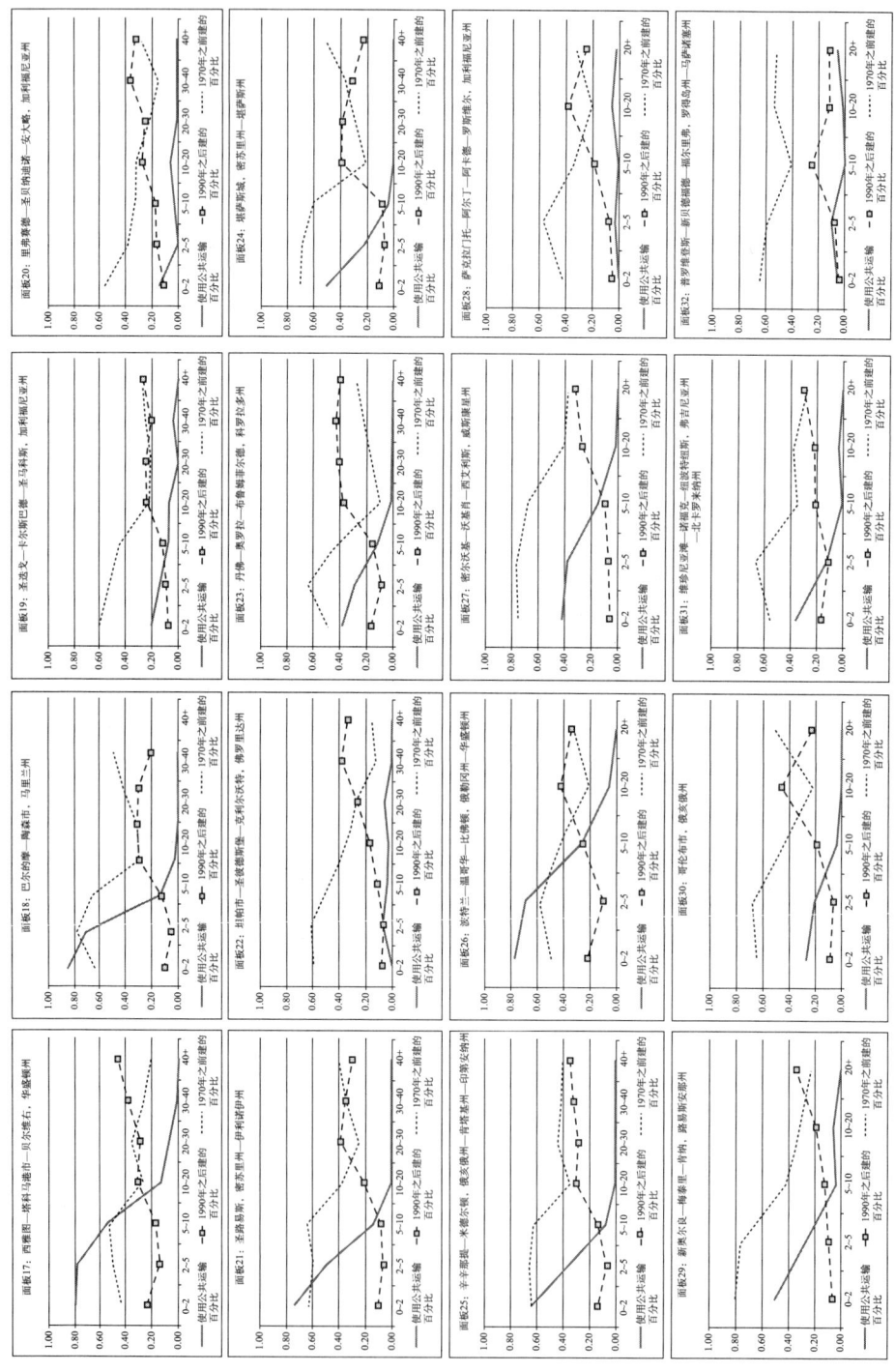

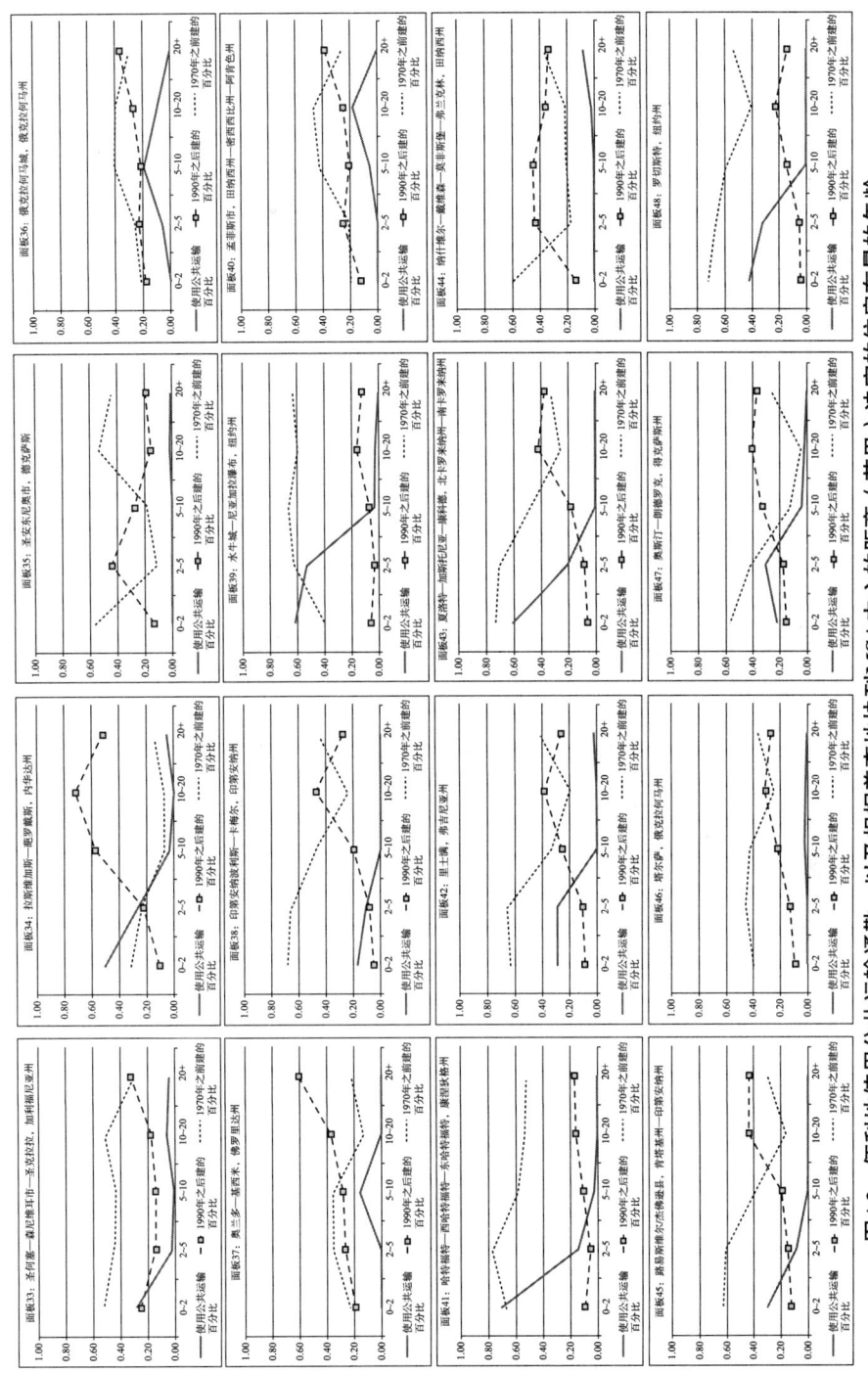

图 A2　便利地使用公共运输通勤，以及根据普查基地块到到MSA中心的距离（英里）决定的住房存量的年龄，使用ACS 2005~2009年的合并样本

致　谢

我们在此感谢 Matthew Turner，William Strange，Gilles 杜兰顿，以及 Vernon Henderson 为本章提出的有建设性的意见。Nuno Mota 为我们提供了极好的协助。通常免责声明适用。

参考文献

Acemoglu, D., Johnson, S., Robinson, J., 2005. The rise of Europe: Atlantic trade, institutional change, and economic growth. Am. Econ. Rev. 95 (3), 546–579.

Ahlfeldt, G.M., Maennig, W., 2014. Homevoters vs. leasevoters: a spatial analysis of airport effects. Working paper.

Albouy, D., 2008. Are big cities bad places to live? Estimating quality of life across metropolitan areas: National Bureau of Economic Research. NBER Working paper No. 14472, November.

Albouy, D., 2009. The unequal geographic burden of federal taxation. J. Polit. Econ. 117 (4), 635–667.

Alesina, A., Baqir, R., Easterly, W., 1999. Public goods and ethnic divisions. Q. J. Econ. 114 (4), 1243–1284.

Alonso, W., 1964. Location and Land Use. Harvard University Press, Cambridge.

Arnott, R.J., Braid, R.M., 1997. A filtering model with steady-state housing. Reg. Sci. Urban Econ. 27 (4–5), 515–546.

Banzhaf, H.S., Walsh, R.P., 2008. Do people vote with their feet? An empirical test of Tiebout's mechanism. Am. Econ. Rev. 98 (3), 843–863.

Bar-Ilan, A., Strange, W.C., 1996. Urban development with lags. J. Urban Econ. 39 (10), 87–113.

Baum-Snow, N., 2007. Did highways cause suburbanization? Q. J. Econ. 122 (2), 775–805.

Baum-Snow, N., Pavan, R., 2012. Understanding the city size wage gap. Rev. Econ. Stud. 79 (1), 88–127.

Bayer, P., McMillan, R., 2005. Racial sorting and neighborhood quality. NBER Working paper 11813, December. National Bureau of Economic Research.

Bayer, P., McMillan, R., 2012. Tiebout sorting and neighborhood stratification. J. Public Econ. 96 (11), 1129–1143.

Bayer, P., McMillan, R., Rueben, K., 2004. What drives racial segregation? New evidence using census microdata. J. Urban Econ. 56 (3), 514–535.

Bayer, P., McMillan, R., Rueben, K., 2005. Residential segregation in general equilibrium. National Bureau of Economic Research. NBER Working paper No. 11095, January.

Bayer, P., Fang, H., McMillan, R., 2014. Separate when equal? Racial inequality and residential segregation. J. Urban Econ. 82, 32–48.

Beherns, K., Robert-Nicoud, F., this volume. Agglomeration theory. In: Duranton, G., Vernon Henderson, J., Strange, W.C. (Eds.), Handbook of Regional and Urban Economics, vol. 5.

Benabou, R., 1993. Workings of a city: location, education, and production. Q. J. Econ. 108 (3), 619–652.

Benabou, R., 1996. Heterogeneity, stratification, and growth: macroeconomic implications of community structure and school finance. Am. Econ. Rev. 86 (3), 584–609.

Berlinger, J., 2012. The 28 fastest-shrinking cities in the world. Business Insider (October 22). http://www. businessinsider.com/cities-that-are-shrinking-2012-10?op=1.

Black, D., Vernon Henderson, J., 2003. Urban evolution in the USA. J. Econ. Geogr. 3 (4), 343–372.

Bleakley, H., Lin, J., 2012. Portage and path dependence. Q. J. Econ. 127, 587–644.

Blomquist, G., Berger, M., Hoehn, J., 1988. New estimates of the quality of life in urban areas. Am. Econ. Rev. 78, 89–107.

Boehm, T.P., Schlottmann, A.M., 2004. The dynamics of race, income, and homeownership. J. Urban Econ. 55 (1), 113–130.

Bond, E.W., Coulson, N.E., 1989. Externalities, filtering, and neighborhood change. J. Urban Econ. 26 (2), 231–249.

Boustan, L.P., 2010. Was postwar suburbanization 'white flight'? Evidence from the black migration. Q. J. Econ. 125 (1), 417–443.

Boustan, L.P., Margo, R.A., 2013. A silver lining to white flight? White suburbanization and African–American homeownership, 1940–1980. J. Urban Econ. 74 (1), 71–80.

Braid, R.M., 2001. Spatial growth and redevelopment with perfect foresight and durable housing. J. Urban Econ. 49 (3), 425–452.

Brakman, S., Garretsen, H., Schramm, M., 2004. The strategic bombing of German cities during World War II and its impact on city growth. J. Econ. Geogr. 4, 201–218.

Brooks, L., Lutz, B., 2012. From today's city to tomorrow's city: an empirical investigation of urban land assembly: Federal Reserve Board of Governors. Working paper, November.

Broxterman, D.A., Yezer, A.M., 2014. City size and skill intensity: is it all housing cost? Social Science Research Network Working paper, SSRN-id2408179.

Brueckner, J., 2011. Lectures on Urban Economics. The MIT Press, Cambridge.

Brueckner, J., Helsley, R., 2011. Sprawl and blight. J. Urban Econ. 69 (1), 205–213.

Brueckner, J., Rosenthal, S.S., 2009. Gentrification and neighborhood cycles: will America's future downtowns be rich? Rev. Econ. Stat. 91 (4), 725–743.

Brueckner, J., Thisse, J.F., Zenou, Y., 1999. Why is central Paris rich and downtown Detroit poor? An amenity-based theory. Eur. Econ. Rev. 43, 91–107.

Brunner, E., 2014. School quality, school choice, and residential mobility. In: Ingram, G.K., Kenyon, D.A. (Eds.), Education, Land, and Location. Lincoln Institute of Land Policy, Cambridge, MA. http://www.lincolninst.edu/pubs/2398_School-Quality-School-Choice-and-Residential-Mobility.

Brunner, E., Sonstelie, J., 2003. Homeowners, property values, and the political economy of the school voucher. J. Urban Econ. 54, 239–257.

Brunner, E., Sonstelie, J., Thayer, M., 2001. Capitalization and the voucher: an analysis of precinct returns from California's proposition 174. J. Urban Econ. 50, 517–536.

Bulan, L., Mayer, C., Tsuriel Somerville, C., 2009. Irreversible investment, real options, and competition: evidence from real estate development. J. Urban Econ. 65 (3), 237–251.

Calabrese, S., Epple, D., Romer, T., Sieg, H., 2006. Local public good provision: voting, peer effects, and mobility. J. Public Econ. 90 (6), 959–981.

Capozza, D.R., Helsley, R.W., 1990. The stochastic city. J. Urban Econ. 28 (2), 187–203.

Card, D., Mas, A., Rothstein, J., 2008. Tipping and the dynamics of segregation. Q. J. Econ. 123 (1), 177–218.

Card, D., Mas, A., Rothstein, J., 2010. Are mixed neighborhoods always unstable? Two-sided and one-sided tipping. In: Newburger, H., Birch, E.L., Wacther, S.M. (Eds.), Neighborhood and Life Changes: How Place Matters in Modern American? University of Pennsylvania Press, Philadelphia, PA, pp. 237–256.

Carlino, G.A., Kerr, W., this volume. Agglomeration and innovation. In: Duranton, G., Vernon Henderson, J., Strange, W.C. (Eds.), Handbook of Regional and Urban Economics, vol. 5.

Case, K.E., Shiller, R.J., 1987. Prices of Single Family Homes Since 1970: New Indexes for Four Cities. New England Economic Review, Boston, MA, pp. 45–56.

Chandler, T., 1987. Four Thousand Years of Urban Growth: An Historical Census. The Edwin Mellen Press, Lewiston, NY.

Charles, K.K., Hurst, E., 2002. The transition to home ownership and the black-white wealth gap. Rev. Econ. Stat. 84 (2), 281–297.

Chen, Y., Rosenthal, S.S., 2008. Local amenities and life cycle migration: do people move for jobs or fun? J. Urban Econ. 65 (3), 519–537.

Choi, C.Y., 2004. A reexamination of output convergence in the U.S. states: toward which level(s) are they converging? J. Reg. Sci. 44 (4), 713–741.

Christaller, W., 1966. Central Places in Southern Germany (Carlisle W. Baskin, Trans.). Prentice Hall, Inc., Englewood Cliffs, NJ.

Clapp, J.M., Salavei, K., 2010. Hedonic pricing with redevelopment options: a new approach to estimating depreciation effects. J. Urban Econ. 67 (3), 362–377.

Combes, P.P., Gobillon, L., this volume. The empirics of aglomeration. In: Duranton, G., Vernon Henderson, J. Strange, W.C. (Eds.), Handbook of Regional and Urban Economics, vol. 5.

Corominas-Murtra, B., Hanel, R., Thurner, S., 2014. Understanding Zipf's Law with Playing Dice: History-Dependent Stochastic Processes with Collapsing Sample-Space Have Power-Law Rank

Distributions. Cornell University Library, Ithaca, NY, arXiv: 1407.2775v2, 12 July 2014.

Courant, P.N., Yinger, J., 1977. On models of racial prejudice and urban residential structure. J. Urban Econ. 4 (3), 272–291.

Cuberes, D., 2011. Sequential city 7growth: empirical evidence. J. Urban Econ. 69 (2), 229–239.

Cutler, D., Glaeser, E., Vigdor, J., 1999. The rise and decline of the American ghetto. J. Polit. Econ. 107 (3), 455–506.

Damm, A., 2014. Neighborhood quality and labor market outcomes: evidence from quasi-random neighborhood assignment of immigrants. J. Urban Econ. 79, 139–166.

Davidson, J., 2014. Is gentrification all bad? New York Magazine (February 2). http://nymag.com/news/features/gentrification-2014-2/.

Davis, D.R., Weinstein, D.E., 2002. Bones, bombs, and breakpoints: the geography of economic activity. Am. Econ. Rev. 92 (5), 1269–1289.

Davis, D.R., Weinstein, D.E., 2008. A search for multiple equilibria in Urban industrial structure. J. Reg. Sci. 48 (1), 29–65.

Dawkins, C.J., 2005. Racial gaps in the transition to first-time homeownership: the role of residential location. J. Urban Econ. 58 (3), 537–554.

DeBartolomé, C.A.M., 1990. Equilibrium and inefficiency in a community model with peer group effects. J. Polit. Econ. 98 (1), 110–133.

DeBartolomé, C.A.M., Ross, S.L., 2003. Equilibria with local governments and commuting: income sorting vs income mixing. J. Urban Econ. 54 (1), 1–20.

DeBartolomé, C.A.M., Ross, S.L., 2008. The race to the suburb: the location of the poor in a metropolitan area. University of Connecticut, Department of Economics Working paper, May.

Dehring, C.A., Depken II, C.A., Ward, M.R., 2008. A direct test of the homevoter hypothesis. J. Urban Econ. 64, 155–170.

Deng, Y., Ross, S.L., Wachter, S.M., 2003. Racial differences in homeownership: the effect of residential location. Reg. Sci. Urban Econ. 33 (5), 517–556.

Desmet, K., Henderson, V., this volume. Cities and development. In: Duranton, G., Vernon Henderson, J., Strange, W.C. (Eds.), Handbook of Regional and Urban Economics, vol. 5.

Desmet, K., Rappaport, J., 2013. The settlement of the United States, 1800 to 2000: the long transition towards Gibrat's law: Federal Reserve Bank of Kansas City. Research Working paper 13-02, September.

Duranton, G., 2007. Urban evolutions: the fast, the slow, and the still. Am. Econ. Rev. 97 (1), 197–221.

Duranton, G., Puga, D., 2001. Nursery cities: urban diversity, process innovation, and the life cycle of products. Am. Econ. Rev. 91 (5), 1454–1477.

Duranton, G., Puga, D., 2004. Micro-foundations of urban agglomeration economies. In: Henderson, V., Thisse, J. (Eds.), Handbook of Urban and Regional Economics, vol. 4. Elsevier, Amsterdam, Netherlands, pp. 2063–2117.

Dye, R.F., McMillen, D.P., 2007. Teardowns and land values in the Chicago metropolitan area. J. Urban Econ. 61 (1), 45–63.

Eaton, J., Eckstein, Z., 1997. Cities and growth: theory and evidence from France and Japan. Reg. Sci. Urban Econ. 27 (4), 443–447.

Eeckhout, J., Pinheiro, R., Schmidheiny, K., 2014. Spatial sorting. J. Polit. Econ. 122 (3), 554–620.

Epple, D., 2012. School choice and urban school districts. Distinguished Lecture in Economics, University of Connecticut, April 12.

Epple, D., Ferreyra, M.M., 2008. School finance reform: assessing general equilibrium effects. J. Public Econ. 92 (5), 1326–1351.

Epple, D., Romano, R.E., 1998. Competition between private and public schools, vouchers, and peer-group effects. Am. Econ. Rev. 88 (1), 33–62.

Epple, D., Romano, R.E., 2008. Educational vouchers and cream skimming. Int. Econ. Rev. 49 (4), 1395–1435.

Epple, D., Romano, R.E., 2011. Peer effects in education: a survey of the theory and evidence. In: Benhabib, J., Bisin, A., Jackson, M.O. (Eds.), Handbook of Social Economics. Elsevier, Amsterdam, Netherlands, pp. 1053–1163 (Chapter 20).

Epple, D., Romer, T., 1991. Mobility and redistribution. J. Polit. Econ. 99 (4), 828–858.

Epple, D., Gordon, B., Sieg, H., 2010. A new approach to estimating the production function for housing. Am. Econ. Rev. 100 (3), 905–924.

Falck, O., Heblich, S., Lameli, A., Südekum, J., 2012. Dialects, cultural identity, and economic exchange. J. Urban Econ. 72 (2), 225–239.

Fernandez, R., Rogerson, R., 1998. Income distribution and public education: a dynamic quantitative evaluation of school finance reform. Am. Econ. Rev. 88, 813–833.

Ferreyra, M.M., 2007. Estimating the effects of private school vouchers in multidistrict economies. Am. Econ. Rev. 97 (3), 789–817.

Ferreyra, M.M., 2009. An empirical framework for large-scale policy analysis, with an application to school finance reform in Michigan. Am. Econ. J. Econ. Policy 1 (1), 147–180.

Findeisen, S., Südekum, J., 2008. Industry churning and the evolution of cities: evidence for Germany. J. Urban Econ. 64 (2), 326–339.

Fischel, F.A., 2001. The Homevoter Hypothesis. Harvard University Press, Cambridge.

Freeman, L., 2005. Displacement or succession? Residential mobility in gentrifying neighborhoods. Urban Aff. Rev. 40 (4), 463–491.

Gabaix, X., Ioannides, Y.M., 2004. The evolution of city size distributions. In: Vernon Henderson, J., Thisse, J.-F. (Eds.), Handbook of Regional and Urban Economics, vol. 4. Elsevier, Amsterdam, Netherlands, pp. 2341–2378 (Chapter 53).

Gabriel, S.A., Rosenthal, S.S., 2005. Homeownership in the 1980s and 1990s: aggregate trends and racial gaps. J. Urban Econ. 57 (1), 101–127.

George, L., Waldfogel, J., 2003. Who affects whom in daily newspaper markets? J. Polit. Econ. 111 (4), 765–784.

Glaeser, E.L., 2007. Can buffalo ever come back? City J. (Autumn).

Glaeser, E.L., Gyourko, J., 2005. Urban decline and durable housing. J. Polit. Econ. 113 (2), 345–375.

Glaeser, E.L., Kahn, M., 2001. Decentralized employment and the transformation of the American city. Brookings-Wharton Papers on Urban Affairs, vol. 2. Brookings Institution Press, Washington, DC, pp. 1–63.

Glaeser, E.L., Mare, D.C., 2001. Cities and skills. J. Labor Econ. 19 (2), 316–342.

Glaeser, E.L., Ward, B.A., 2009. The causes and consequences of land use regulation: evidence from Greater Boston. J. Urban Econ. 65 (3), 265–278.

Glaeser, E.L., Sacerdote, B., Scheinkman, J.A., 1996. Crime and social interactions. Q. J. Econ. 111 (2), 507–548.

Glaeser, E.L., Kolko, J., Saiz, A., 2001. Consumer city. J. Econ. Geogr. 1 (1), 27–50.

Glaeser, E.L., Gyourko, J., Saks, R.E., 2005a. Why is Manhattan so expensive? Regulation and the rise in housing prices. J. Law Econ. XLVIII, 331–369.

Glaeser, E.L., Gyourko, J., Saks, R.E., 2005b. Why have housing prices gone up? Am. Econ. Rev. 95 (2), 329–333.

Glaeser, E.L., Kahn, M.E., Rappaport, J., 2008. Why do the poor live in cities? The role of public transportation. J. Urban Econ. 63 (1), 1–24.

Glocker, D., Sturm, D.M., 2013. War-time destruction and the persistence of economic activity. London School of Economics. Working paper, London, November.

Grossman, G.M., Helpman, E., 1991. Quality ladders in the theory of growth. Rev. Econ. Stud. 58 (1), 43–61.

Guerrieri, V., Hartley, D., Hurst, E., 2013. Endogenous gentrification and housing price dynamics. J. Public Econ. 100, 45–60.

Guthrie, G., 2010. House prices, development costs, and the value of waiting. J. Urban Econ. 68 (1), 56–71.

Gyourko, J., Saiz, A., 2004. Reinvestment in the housing stock: the role of construction costs and the supply side. J. Urban Econ. 55 (2), 238–256.

Gyourko, J., Tracy, J., 1991. The structure of local public finance and the quality of life. J. Polit. Econ. 99, 774–806.

Gyourko, J., Kahn, M., Tracy, J., 1999. Quality of life and environmental comparisons. In: Mills, E.S., Cheshire, P. (Eds.), Handbook of Urban and Regional Economics, vol. 3. Elsevier, Amsterdam, Netherlands, pp. 1414–1443.

Gyourko, J., Mayer, C., Sinai, T., 2013. Superstar cities. Am. Econ. J. Econ. Policy 5 (4), 167–199.

Hanlon, W.W., Miscio, A., 2013. Agglomeration: a dynamic approach. UCLA Economics Department. Working paper, December.

Hanushek, E., Yilmaz, K., 2007. The complementarity of Tiebout and Alonso. J. Hous. Econ. 16 (2), 243–261.

Harding, J., Rosenthal, S.S., Sirmans, C.F., 2007. Depreciation of housing capital, maintenance, and house price inflation: estimates from a repeat sales model. J. Urban Econ. 61 (2), 193–217.

Haurin, D.R., Herbert, C.E., Rosenthal, S.S., 2007. Homeownership gaps among low-income and minority households. Cityscape 9 (2), 5–52.

Hellerstein, J., Kutzbach, M., Neumark, D., 2014. Do labor market networks have an important spatial dimension? J. Urban Econ. 79, 39–58.

Hilber, C., Mayer, C., 2009. Why do households without children support local public schools? Linking house price capitalization to school spending. J. Urban Econ. 65 (1), 74–90.

History of Harlem Heritage Tours & Cultural Center. Harlem Heritage Tours Cultural Center RSS. http://www.harlemheritage.com/history-of-harlem/.

Holmes, M.J., Otero, J., Panagiotidis, T., 2013. A note on the extent of U.S. regional income convergence. Macroecon. Dyn. 17 (1), 1–28.

Jacobs, J., 1969. The Economy of Cities. Vintage, New York.

Jacobs, J., 1984. Cities and the Wealth of Nations: Principles of Economic Life. Vintage, New York.

Jedwab, R., Moradi, A., 2014. Transportation technology and economic change: the impact of colonial railroads on city growth in Africa. The George Washington University, Institute for International Economic Policy. Working papers 2014-03, January.

Jedwab, R., Kerby, E., Moradi, A., 2014. History, path dependence and development: evidence from colonial railroads, settlers and cities in Kenya. Centre for the Study of African Economies, University of Oxford. CSAE Working paper Series 2014-04, January.

Lee, S., Lin, J., 2013. Natural amenities, neighborhood dynamics, and persistence in the spatial distribution of income: Federal Reserve Bank of Philadelphia Working paper 13-48.

Lee, S., Ries, J., Tsuriel Somerville, C., 2013. Repairs under imperfect information. J. Urban Econ. 73 (1), 43–56.

LeRoy, S.F., Sonstelie, J., 1983. Paradise lost and regained: transportation innovation, income, and residential location. J. Urban Econ. 13 (1), 67–89.

Levin, A., Lin, C.-F., Chu, C.-S., 2002. Unit root test in panel data: asymptotic and finite sample properties. J. Econ. 108 (1), 1–25.

Losch, A., 1954. The Economics of Location. Yale University Press, New Haven.

Maddala, G.S., Wu, S., 1999. A comparative study of unit root tests with panel data and a new simple test. Oxf. Bull. Econ. Stat. 61 (S1), 631–652.

Massey, D.S., Fischer, M.J., 2003. The geography of inequality in the United States, 1950-2000. Brookings-Wharton Papers on Urban Affairs, vol. 4. Brookings Institution Press, Washington, DC, pp. 1–40.

Mayer, C.J., Tsuriel Somerville, C., 2000. Land use regulation and new construction. Reg. Sci. Urban Econ. 30 (6), 639–662.

McKinnish, T., Walsh, R., Kirk White, T., 2010. Who gentrifies low-income neighborhoods? J. Urban Econ. 67 (1), 180–193.

McMillan, R., 2005. Erratum to competition, incentives, and public school productivity. J. Public Econ. 89, 1133–1154.

McMillen, D., O'Sullivan, A., 2013. Option value and the price of teardown properties. J. Urban Econ. 74 (1), 71–82.

Mello, M., 2011. Stochastic convergence across U.S. states. Macroecon. Dyn. 15 (2), 160–183.

Mills, E.S., 1967. An aggregative model of resource allocation in a metropolitan area. Am. Econ. Rev. 57, 197–210.

Muth, R.F., 1969. Cities and Housing. University of Chicago Press, Chicago.

Nurse, A., 2008. The Liverpool View: Detroit's Lessons for Liverpool. University of Liverpool, University News, Liverpool, England. http://news.liv.ac.uk/2013/08/02/the-liverpool-view-detroits-lessons-for-liverpool/.

O'Sullivan, A., 2003. Urban Economics. McGraw-Hill Companies, Inc., New York, NY.

O'Sullivan, A., 2005. Gentrification and crime. J. Urban Econ. 57 (1), 73–85.

O'Sullivan, A., 2009. Schelling's model revisited: residential sorting with competitive bidding for land. J. Urban Econ. 39 (4), 397–408.

Pancs, R., Vriend, N.J., 2007. Schelling's spatial proximity model of segregation revisited. J. Public Econ. 91, 1–24.

Payne, L., 2010. Is Harlem no longer black? The Root. http://www.theroot.com/articles/culture/2010/01/is_harlem_no_longer_black.html.

Power, A., Ploger, J., Winkler, A., 2008. Transforming cities across Europe: an interim report on problems and progress: CASEreport 49. Centre for Analysis of Social Exclusion, London School of Economics and Political Science.

Prasad, P.C., 1977. Foreign Trade and Commerce in Ancient India. Abhinav Publications, New Delhi, p. 90.

Quigley, J.M., 1998. Urban density and economic growth. J. Econ. Perspect. 12 (2), 127–138.

Quigley, J.M., Raphael, S., 2005. Regulation and the high cost of housing in California. Am. Econ. Rev. 95 (2), 323–328.

Roback, J., 1982. Wages, rents, and the quality of life. J. Polit. Econ. 90 (6), 1257–1278.

Roberts, S., 2010. No longer majority black, Harlem is in transition. The New York Times (5 January). http://www.nytimes.com/2010/01/06/nyregion/06harlem.html?pagewanted=all&_r=0.

Rosenthal, S.S., 2008a. Old homes, externalities, and poor neighborhoods: a model of urban decline and renewal. J. Urban Econ. 63 (3), 816–840.

Rosenthal, S.S., 2008b. Where poor renters live in our cities: dynamics and determinant. In: Retsinas, N., Belskey, E. (Eds.), Revisiting Rental Housing: A National Policy Summit. Brookings Press, Washington, DC, pp. 59–92.

Rosenthal, S.S., 2014. Are private markets and filtering a viable source of low-income housing? Estimates from a 'repeat income' model. Am. Econ. Rev. 104 (2), 687–706.

Rosenthal, S.S., Helsley, R., 1994. Redevelopment and the urban land price gradient. J. Urban Econ. 35 (2), 182–200.

Rosenthal, S.S., Strange, W.C., 2004. Evidence on the nature and sources of agglomeration economies. In: Henderson, V., Thisse, J. (Eds.), Handbook of Urban and Regional Economics, vol. 4. Elsevier, Amsterdam, Netherlands, pp. 2119–2172.

Rosenthal, S.S., Strange, W.C., 2008. The attenuation of human capital spillovers. J. Urban Econ. 64 (2), 373–389.

Ross, S., 2011. Social interactions within cities: neighborhood environments and peer relationships. In: Brooks, N., Donaghy, K., Knapp, G. (Eds.), Handbook of Urban Economics and Planning. Oxford University Press, New York, NY, pp. 203–229 (Chapter 9).

Ross, S., Yinger, J., 1999. Sorting and voting: a review of the literature on urban public finance. In: Mills, E.S., Cheshire, P. (Eds.), Handbook of Regional and Urban Economics, vol. 3. Elsevier, Amsterdam, Netherlands, pp. 2001–2060 (Chapter 47).

Ross, S., Yinger, J., 2002. Color of Credit: Mortgage Discrimination, Research Methods, and Fair Lending Enforcement. MIT Press, Cambridge.

Saiz, A., 2010. The geographic determinants of housing supply. Q. J. Econ. 125 (3), 1253–1296.

Saks, R.E., 2008. Job creation and housing construction: constraints on metropolitan area employment growth. J. Urban Econ. 64 (1), 178–195.

Schelling, T.C., 1971. Dynamic models of segregation. J. Math. Sociol. 1, 143–186.

Schelling, T.C., 1978. Micromotives and Macrobehavior. Norton Press, New York.

Schmitt, A., 2010. Without a plan, Sprawl will continue to hollow out cleveland region. StreetsBlog USA (Monday, September 13). http://usa.streetsblog.org/2010/09/13/without-a-plan-sprawl-will-continue-to-hollow-out-cleveland-region/.

Sharma, S., 2003. Persistence and stability in city growth. J. Urban Econ. 53 (2), 300–320.

Snyder, M., 2010. The Mayor of Detroit's Radical Plan to Bulldoze One Quarter of the City. Business Insider (March 10). http://www.businessinsider.com/the-mayor-of-detroits-radical-plan-to-bulldoze-one-quarter-of-the-city-2010-3.

Tabellini, G., 2010. Culture and institutions: economic development in the regions of Europe. J. Eur. Econ. Assoc. 8 (4), 677–716.

Taylor, P., Fry, R., 2012. The rise of residential segregation by income: Pew Research Center Report, August 1.

Topa, G., Zenou, Y., this volume. Neighborhood versus network effects. In: Duranton, G., Vernon Henderson, J., Strange, W.C. (Eds.), Handbook of Regional and Urban Economics, vol. 5.

UN-Habitat, 2013. State of the World's Cities 2012/2013: Prosperity of Cities. Routledge Taylor & Francis Group, New York, 711 Third Avenue.

Vigdor, J.L., 2010. Is urban decay bad? Is urban revitalization bad too? J. Urban Econ. 68 (3), 277–289.

Vincent, T., 2005. Harlem. Continuum Encyclopedia of Popular Music of the World: Locations. N.p.: Continuum, Credo Reference. http://search.credoreference.com/content/entry/contpmwl/harlem/0.

Wahl, F., 2013. Does medieval trade still matter? Historical trade centers, agglomeration and contemporary economic development. FZID Discussion Paper, No. 82-2013, November.

Waldfogel, J., 2003. Preference externalities: an empirical study of who benefits whom in differentiated-product markets. RAND J. Econ. 34 (3), 557–568.

Waldfogel, J., 2008. The median voter and the median consumer: local private goods and population composition. J. Urban Econ. 63 (2), 567–582.

Waters, C.E.C., 1895. Egypt. Werner, New York.

Watson, T., 2009. Inequality and the measurement of residential segregation by income in American neighborhoods. Rev. Income Wealth 55 (3), 820–844.

Wheaton, W.C., 1977. Income and urban residence: an analysis of consumer demand for location. Am. Econ. Rev. 67, 620–631.

Wheeler, C.H., La Jeunesse, E.A., 2007. Neighborhood income inequality. Federal Reserve Bank of St. Louis. Working paper 2006-039B, February.

Williams, T., 2008. Harlem area is blighted, state agency declares. The New York Times (18 July). http://www.nytimes.com/2008/07/18/nyregion/18columbia.html?_r=0.

Yoon, C., 2013. The decline of the rust belt: a dynamic spatial equilibrium analysis: Baruch College/CUNY Working paper, New York, 4 December.

Zhang, J., 2004. A dynamic model of residential segregation. J. Math. Sociol. 28, 147–170.

Zhang, J., 2011. Tipping and residential segregation: a unified schelling model. J. Reg. Sci. 51 (1), 167–193.

第4篇

应用城市经济学

第 17 章
城 市 税 收

马吕斯·布鲁尔哈特

瑞士洛桑大学

英国伦敦经济政策研究中心

山姆·布克维斯基

加拿大约克大学

库尔特·斯密德亨尼

加拿大约克大学

瑞士巴塞尔大学

德国慕尼黑经济研究中心

摘要

多数城市拥有针对居民的税收自主权，而且征税权通常由城市内多个自治市政府执行。在本章，我们描述城市层次的征税模式，评述很多关于影响城市税收的关键特征的文献。在 OECD 国家，城市的地方政府税收占总税收比例的均值为 10%，而在非 OECD 国家，该比例约为总税收的一半。我们将说明，多数城市是高度分散化的：超过 50 万居民的城市地区平均被划分为 74 个辖区。多数城市包含一个人口远超其他辖区的中心自治市。这些经验意味着城市税收分析要考虑三个方面：税收当局之间的相互依赖性（横向和纵向）、辖区规模的非对称性和集聚经济的潜力。我们将考察相关的理论和经验文献，尤其是非对称税收竞争模型、税收和收入分类模型以及存在集聚租金的税收模型。

关键词

城市 税收 税收竞争 财政分权主义 集聚 分类

JEL 分类码

H71　H73　R28　R51

17.1　引　　言

城市是一个重要的征税者。在经济合作与发展组织（OECD）中，地方政府税收约占国家总税收的13%，接近80%的人口生活在城市，因而粗略估计平均大约10%的税收属于城市地方政府。在非OECD国家这一比例较低，但随着财政分权化和城市化的发展，接近OECD国家的水平看来只是时间问题。

尽管征税对每个城市政府来说都很重要，但即使是在发达国家，税收也是高度异质性的。在OECD国家，地方政府税收所占份额从1% ~33%不等，地方政府的税收工具也有很大差异，因为自治市政府的税收自主权存在很大差异。

城市层次的税务机关通常位于联邦征税金字塔体系的底层，多数国家还包括中间层次（州、省等）以及国家层次。因此，城市层次的税收关系至少包括三个维度：城市内部的地方政府之间，城市之间，地方政府和上级政府之间。

在本章，我们关注那些对城市税收特别重要却与国际税收关系有很大差异的特征。[①] 我们给出三个城市层次税收的特性，并对其进行讨论。

1. 相互依赖性：由于空间规模相对较小以及税基具有流动性，地方政府的税收决策"横向"相互依赖。此外，由于所有城市层次的政府与一个或多个高于它们的政府层次共生，政府层级间的"纵向"相互依赖也要加以考虑。这些相互依赖性会进一步受到对税收进行再分配（横向和纵向）的财政均等化方案的影响。

2. 非对称性：城市通常包括一个大的中心辖区以及若干较小的外围辖区。中心辖区和非中心辖区在很多方面存在差异，但主要差异是在经济和人口规模方面。

3. 集聚性：一个纳税人在城市内和城市间的区位决策通常与其他主体的区位决策相联系。地方集群中的企业寻求彼此接近，人们通常愿意和与自己相似的人们居住在一起。这一集群和分类现象影响地方税收政策，同时被地方税收政策影响。

关于术语：在本章，我们是在地理而不是政治意义上使用"城市"这一

---

① Wilson（1999）、Gordon和Hines（2002）、Brueckner（2003）、Epple和Nechyba（2004）、Fuest等（2005）、Keen和Konrad（2013）以及Ahmad和Brosio（2006）中的若干章节是相对近期研究政府间财政关系却没有强调城市背景的文献。

术语；也就是说，我们使用这一术语表示功能性的城市地区，与这一术语相近的包括"大都市区""城市地方劳动市场"或"工作出行区"。在一个城市的自治市中，我们区分"中心自治市"或"中心"与"外围自治市"或"郊区"。②

城市征税的理论依据何在？奥茨（Oates，1972）、贝斯利和科特（Besley and Coate，2003）的"分权化定理"是通常提及的分析框架。这一理论强调满足选民偏好的差异性税收政策与辖区间财政溢出效应内部化之间的权衡。此外，考虑到纳税人在城市内部和城市之间流动，由于"用脚投票"，税收分权化是有效率的（Tiebout，1956）。

过去文献中对相互依赖性建模主要基于支出的溢出效应，但布吕克纳（Brueckner，2004）表明相互依赖性还可以基于对流动性税基的竞争。这两个方面在城市内部尤为突出。由于投票者偏好的空间差异性越大以及溢出效应越弱，地方征税的要求就越为强烈，城市内部投票者偏好的异质性起决定性作用。因而，本章将重点关注税收分权化，将其视为人口空间分类的关键。

基于地方辖区的规模分布，从中央或区域层次向地方政府层次的税收分权化有不同的含义。分权化定理也在这一维度适用：更分散的城市将更好地迎合差异性的居民偏好，其代价是只能部分实现溢出效应内部化。此外，更分散意味着地方公共物品供给会因规模经济而产生效率损失（Alesina et al.，2004），同时却可能通过蒂伯特（Tiebout）分类和辖区竞争带来效率改进（Hoxby，2001）。在本章，我们不仅考虑分散化本身，还考虑辖区规模分布非对称性的程度，以及它们与集聚经济之间的相互作用。

我们把本章的内容限制在城市层次的税收以及近期的学术研究。因而，我们不会对城市公共财政进行一个系统的综述，但是我们会为读者指出一些优秀的研究。埃普尔和内希巴（Epple and Nechyba，2004）对财政分权化内生的权衡进行概述，赫尔斯利（2004）评述了关于城市政策的政治和制度因素的成果。城市住房市场和税收资本化的研究见罗斯和英格（Ross and Yinger，1999）。税收均等化政策在很多国家限制了地方财政自主权，其评述见鲍德威（Boadway，2004）。格莱泽（Glaeser，2013）概述了关于美国城市税收三个核心特征的研究：财产税、政府间转移和平衡预算规则。最后，本卷中捷尔科（Gyourko）、莫洛伊（Molloy）、奥尔森（Olsen）和扎贝尔（Zabel）一章从土地和住房方面评述了城市管制政策的决定因素和影响的研究。

---

② 我们通常把地方政府视为单一类型，进而将其抽象为功能性辖区，如学区或其他的特别区，其边界不会重叠。在一个原创性的理论处理中，Hochman 等（1995）表明不同类型地方公共物品最优空间规模的差异推动了城市层次的辖区合并。关于多样性地方功能辖区优点的讨论，可见 Frey 和 Eichenberger（1996）。

本章安排如下。首先，我们给出城市内地方政府分布的跨国经验。接下来，我们对理论和经验文献进行概览，包括与城市税收政策最相关的三个主题：辖区非对称性、人口分类和集聚经济。最后一节是总结。

17.2 制度背景

本节描述城市财政分权化模式，从而说明世界各国城市内的辖区税收竞争是如何产生的。

城市内税收竞争的存在有两个先决条件：首先，城市要划分为若干地方辖区——自治市。其次，地方政府需要拥有足够的税收自主权。我们将在17.2.1节中讨论28个OECD国家的第一个先决条件，然后在17.2.2节中讨论40个OECD国家和非OECD国家的第二个先决条件。17.2.3节结合前两部分的分析结果，并识别出那些城市税收竞争条件好的国家。17.2.4节探讨地方辖区规模的非对称性。

尽管分析受到数据可得性的限制，但是我们认为城市内的税收分权化是一个普遍现象。分析得出的程式化事实将在17.2.5节中加以总结。

17.2.1 全球城市辖区分散化

本部分描述全球城市辖区分散化及税收竞争的程度。我们把城市视为一个大的功能性城市地区，通常跨越多个不同的行政单位。因而，关键的挑战是如何提出一个可操作性的城市定义，且在不同国家具有一致性。基于可利用的数据，我们只考虑大城市，并将其定义为超过50万居民的功能性城市地区。

我们利用OECD和欧盟委员会（EC）的一个合作单位近期收集的数据。[③] OECD/EC的定义包括三个步骤。第一步把目标国家划分为若干1平方千米的网格单元，并基于卫星图像把那些人口密度超过1 500人/平方千米的网格确定为高密度单元。第二步把相邻的高密度单元（至少共享一个边界）视为集群，然后加上周围的低密度单元。总人口超过5万居民的集群被确定为城市核心。第三步利用行政单元数据计算地方辖区（自治市）向城市核心的通勤流。[④] 至少有15%的就业人口在城市中心的地方辖区被分配给城市中心。连续

---

③ 对数据收集方法更详细的描述见 Brezzi 等（2012）、Dijkstra 和 Poelman（2012）。
④ 在美国是用县。

分配的地方辖区集合构成较大的城市区域或功能性城市地区，即我们定义的"城市"。双边通勤流超过就业人口 15% 的非连续城市中心构成一个多中心的较大城市区域。⑤ 图 17 - 1 给出了一个例子，其图示了德国柏林地区的三个步骤。公开的 OECD 数据包含所有超过 50 万居民的功能性城市地区的信息。

高密度单元、城市核心和较大的城市区域（柏林）

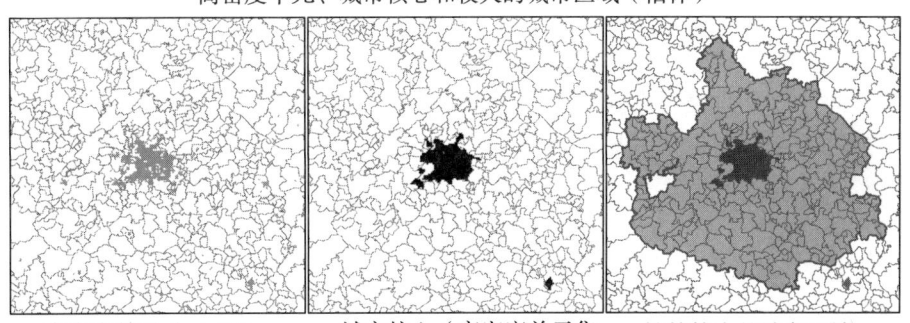

■ 高密度单元（>1 500 　　■ 城市核心（高密度单元集 ■ 柏林较大的城市区域
居民/平方千米）　　　　　群，人口大于 50 000 人）
□ 自治市

图 17 - 1　柏林功能性城市地区的构成

注：左图展示了人口密度超过 1 500 居民/平方千米的高密度单元以及自治市的辖区边界。中图展示了总人口超过 50 000 人的城市核心的构成。右图展示了基于双边通勤流的较大城市区域的构成。

资料来源：欧洲委员会，欧盟区域和城市政策

　　这一 OECD/EC 对城市地区的定义在使用行政城市的人口数据时有重要优势。就我们的目的而言，最重要的是，这一定义在国别之间具有很大的同一性。定义的步骤还确定了那些跨越国界的城市，如日内瓦或巴塞尔。最后，OECD/EC 数据还与其他途径获得的数据互补，这些途径通过对人口集聚的精细卫星图像（Rozenfeld et al.，2008，2011）或夜晚灯光（Henderson et al.，2012）来定义"城市"，但它们缺乏如通勤流这样的空间经济联系资料。因而，OECD/EC 定义是唯一符合我们目的和具有可操作性的功能性城市地区定义。⑥

　　OECD 把"地方政府"定义为具有明确责任的最低层级的综合功能政府。⑦

---

⑤　美国不同，其使用的门槛值是 50% 而不是 15%。见（OECD，2013b）。

⑥　对城市定义的评述和一个基于通勤模式的替代算法，见 Duranton（2013）。

⑦　OECD 对"地方政府"的确切标准如下："一国只有一个层级的地方政府，明显是最低层级（即使可能有超过一个层级的政府对同一地域行使责任）。只包括综合功能的地方政府，排除特定功能的政府（如学区、卫生署等）。英国：对那些废除郡委员会的地区，使用地方当局（大都市区委员会或统一区委员会）。对伦敦，使用自治市委员会。美国：在那些市或镇不代表综合功能政府的地区，考虑使用县政府"（OECD，2013a，p. 174）。

这一定义显然没有考虑特别区，如学区。每个国家地方政府层级的详细描述见表 A.1。我们将用"自治市"这一术语来指代那些各国特定类型的地方辖区。

图 17-2 描绘了 28 个 OECD 国家所有功能性城市地区样本中人口数与自治市数之间的关系。首先可以看到，只有 10 个城市（都在墨西哥）完全属于同一市政管辖，而其他 265 个城市地区中，最多的包括 1 375 个自治市（巴黎，法国）。表 17-1 给出了自治市数目最多的城市。排在前十位的分别是法国（巴黎和其他城市）、韩国（首尔）、美国（芝加哥和其他城市）、奥地利（维也纳）以及捷克（布拉格）。其他最为碎片化的城市也在表 17-1 中列出。平均来看，OECD 国家的城市包括 74 个自治市。

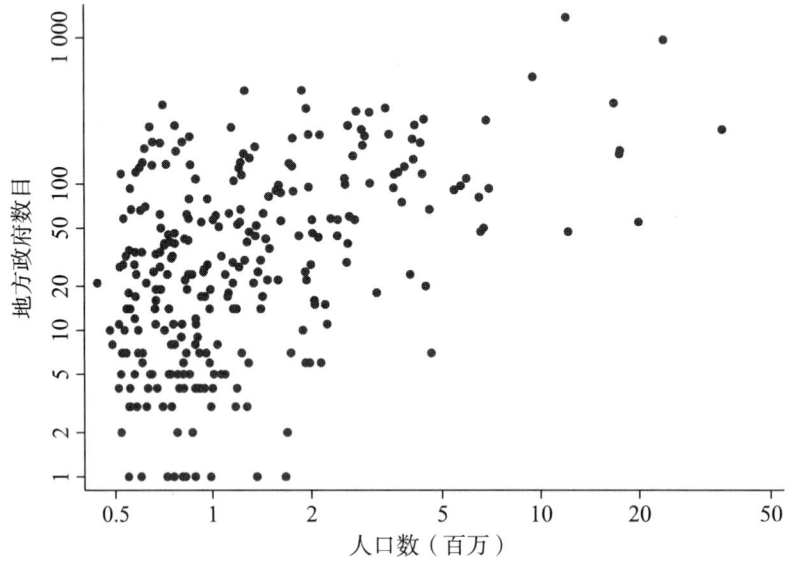

图 17-2　2012 年 28 个 OECD 国家 275 个城市的自治市数目和人口数

资料来源：OECD（区域统计）

表 17-1　　　　　　　　　　　　　最为碎片化的城市

地方辖区的数目				每 100 000 人地方政府数目			
排名	城市地区	ISO 国家代码	数目	排名	城市地区	ISO 国家代码	指数
1	巴黎	FRA	1 375	1	鲁昂	FRA	49.06
2	首尔仁川	KOR	965	2	布尔诺	CZE	38.13
3	芝加哥	USA	540	3	图卢兹	FRA	34.39

续表

地方辖区的数目				每 100 000 人地方政府数目			
排名	城市地区	ISO 国家代码	数目	排名	城市地区	ISO 国家代码	指数
4	布拉格	CZE	435	4	斯特拉斯堡	FRA	32.57
5	图卢兹	FRA	434	5	格勒诺布尔	FRA	29.42
6	纽约	USA	356	6	格拉茨	AUT	28.04
7	鲁昂	FRA	346	7	雷恩	FRA	27.45
8	明尼阿波利斯	USA	329	8	萨拉戈萨	ESP	24.67
9	里昂	FRA	327	9	日内瓦	CHE	23.9
10	维也纳	AUT	313	10	布拉格	CZE	23.28
11	汉堡	DEU	308	14	威奇托	USA	21.54
13	马德里	ESP	272	18	伯拉第斯拉瓦	SVK	18.83
14	米兰	ITA	252	29	波尔图	PRT	11.48
19	里斯本	PRT	235	34	奥格斯堡	DEU	10.96
19	东京	JPN	235	52	魁北克	CAN	6.87
28	日内瓦	CHE	193	53	布达佩斯	HUN	6.39
30	蒙特利尔	CAN	191	54	釜山	KOR	6.35
32	布达佩斯	HUN	183	58	列日	BEL	6.14
45	伯拉第斯拉瓦	SVK	136	59	米兰	ITA	6.13
63	华沙	POL	101	60	瓦哈卡	MEX	6.01
64	布鲁塞尔	BEL	99	77	塔林	EST	5.28
68	雅典	GRC	94	83	卢布林	POL	4.92
95	阿姆斯特丹	NLD	57	86	卢布尔雅那	SVN	4.86
95	哥本哈根	DNK	57	118	塞萨洛尼基	GRC	2.9
100	墨西哥城	MEX	55	121	哥本哈根	DNK	2.84
108	圣地亚哥	CHL	47	125	埃因霍温	NLD	2.74
108	伦敦	GBR	47	132	德岛	JPN	2.5

资料来源：OECD（区域统计），不同年份。

　　大城市通常包括更多的自治市，这很正常。自治市数与人口数对数回归的斜率为 0.90（标准差 0.10，$p < 0.001$）。因而，OECD 还报告了考虑不同城市规模的分散化指数：城市中每 10 万居民拥有的自治市数。表 17 - 1 还给出了该指数最高的城市地区。我们再次发现法国城市位于前 10（如鲁昂每 10 万居民拥有 49 个地方政府），捷克（布尔诺）、奥地利（格拉茨）、西班牙（萨拉戈萨）和瑞士（日内瓦）的城市也位列其中。

下面，我们来对不同国家的城市分散化程度进行比较。图17－3给出了每个国家的城市平均自治市数。首先也是最重要的发现是，所有OECD国家的城市地区都出现了相当程度的碎片化。即使是排名最低的国家（爱尔兰），唯一的样本城市（都柏林）包括7个地方政府。法国在OECD国家中碎片化程度最高，个城市平均包括280个自治市，接下来是捷克、奥地利和葡萄牙。图17－3的右半部分表明不同国家内部存在很大差异，法国波动范围在35～1 375，韩国在27～965，美国在2～540。国内差异超过国家间差异（国内的标准差为109，国家间的标准差为80）。

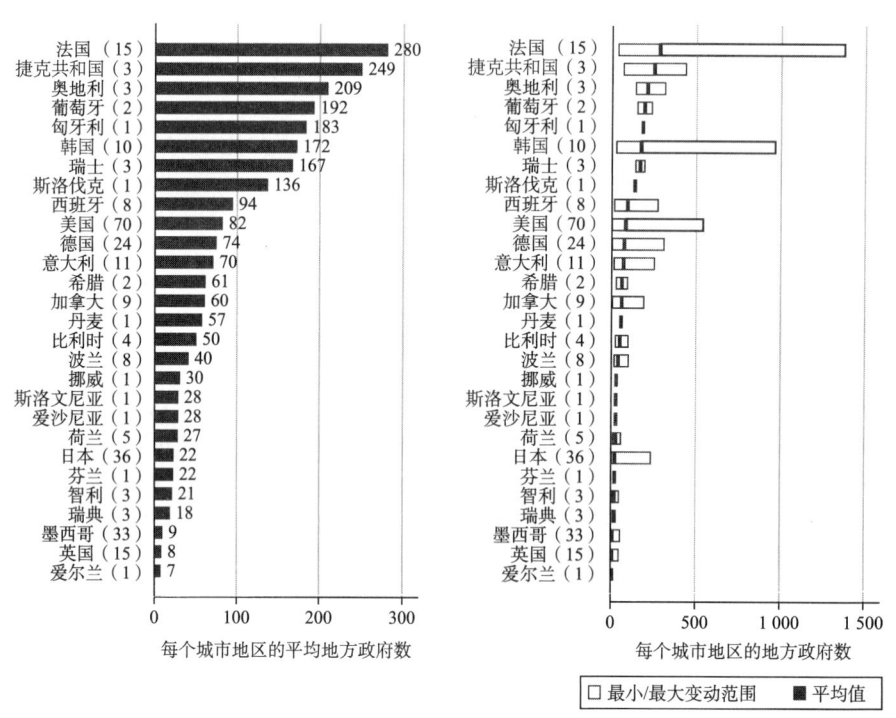

图17－3　OECD城市的自治市数目

注：括号中的是样本城市数

资料来源：基于OECD（区域统计）自行计算。

图17－4给出了每100 000居民的平均自治市数。[8] 捷克成为辖区碎片化平均值最高的国家，其中每100 000个居民拥有24个自治市。其后是法国

---

⑧　我们使用非加权平均值。OECD（2013a，第47页）给出了城市地区基于人口数的加权平均值。非加权平均值能给出描述城市碎片化程度的更多信息。

（21）、奥地利（21）、瑞士（19）。国内再次出现很大的差异，尽管这次小于国家之间（国内标准差为 4.2，国家间标准差 7.2）。例如，法国城市地区在 6（土伦）和 49（雷恩）之间，西班牙在 2（巴塞罗那）和 25（萨拉戈萨）之间，美国在 0.2（坦帕，佛罗里达）和 22（威奇托，肯萨斯）之间。

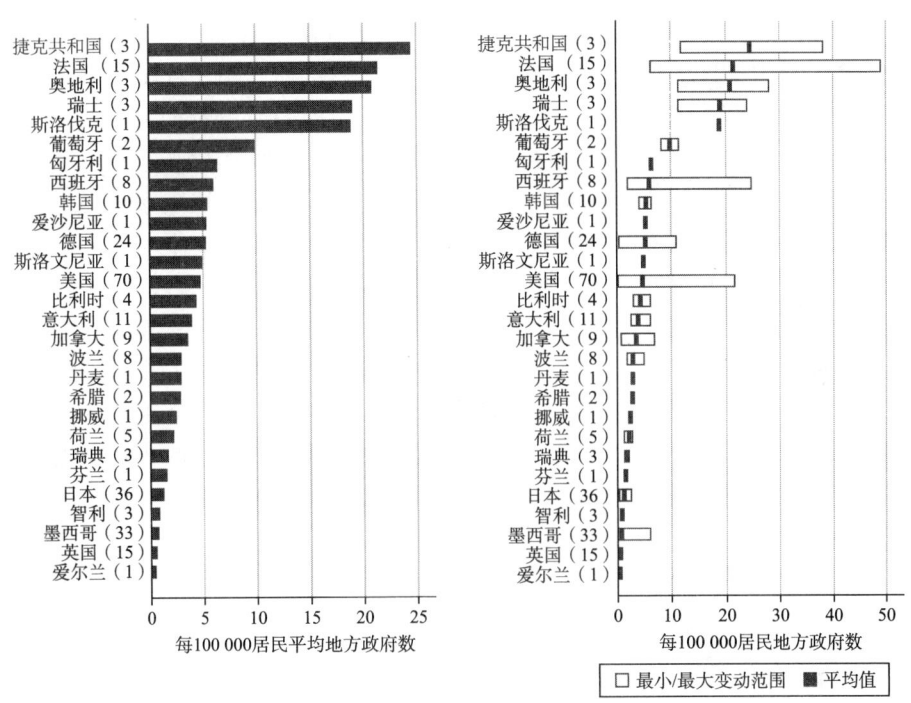

图 17 -4　OECD 城市的辖区碎片化情况

注：括号中的是样本城市数
资料来源：基于 OECD（区域统计）自行计算。

　　总体来看，几乎所有 OECD 国家人口数超过 500 000 的城市都包括若干地方政府（自治市）。每个城市平均拥有 74 个自治市，每 100 000 居民平均拥有 4.9 个自治市。在下一部分，我们将探讨这些地方政府能在何种程度上自主设置地方税。

17.2.2　全球地方财政分权化

　　本部分描述全球 40 个国家地方财政分权化的程度。我们的主要数据来源是国际货币基金组织的《政府财政统计》（GFS）。⑨ GFS 给出了世界各国不同政府单位的收入和支出数据。对很多国家，中央政府、州政府和地方政府等不同层级的政府数据是分开给出的。此外，GFS 还给出了常见的政府总量，以消除来自不同政府层级之间转移支付造成的双重统计。这一数据来源被广泛用于描述次中央政府层次（州加地方）的政府分权化程度（如 Arzaghi and Henderson，2005；Stegarescu，2006）。我们将集中在地方层次（自治市），它与我们在 17.2.1 节中描述的城市辖区碎片化的定义最为接近。GFS 近年没有给出美国不同空间尺度的数据，为此我们使用美国普查局的政府财政数据库（IndFin）的历史数据，并尽可能去接近 GFS 收入和支出分类中的定义。⑩

我们能够获得 40 个国家的自治市税收。使用世界银行的国家分类，我们考察来自 17 个高收入 OECD 国家、其他 4 个高收入国家、12 个中高收入国家和 7 个中低收入国家的数据。⑪ 不幸的是，GFS 在很多国家没有区分区域（州）和地方（自治市）层次。⑫ 例如，法国的"地方"数据在 36 000 个市镇外还包括 26 个区域和 100 个部门，瑞典的"地方"数据除了 116 个市协作体和 290 个自治市外还包括 20 个县委员会。表 A. 3 列出了我们使用的各国样本中的地方政府单位。对每个国家，我们使用能够获得地方层次收入数据的最近年份。考察的年份范围在 2012 年（英国）至 2003 年（斯威士兰）之间。表 A. 3 给出了所有样本国家的考察年份。

斯泰格雷斯库（Stegarescu，2006）给出了几个次中央政府层次（州和自治市）的财政分权化指数。我们将在地方层次（自治市）使用这些指数。第一个指数是地方政府税收占政府总税收的比例：

$$\text{LTS} = \frac{\text{地方政府税收}}{\text{政府总税收}} \tag{17.1}$$

其中，LTS 指的是地方政府税收份额。

---

⑨ 数据收集过程的详细描述见国际货币基金组织（2001）。OECD 的财政分权化数据库是一个替代数据来源，它给出了关于 OECD 国家非常类似的信息。我们使用 IMF 的 GFS 数据库是因为它们涵盖了更多的国家，而且数据更为透明。

⑩ GFS 和 IndFin 包括美国 1987 年和 1992 年的地方数据。基于 IndFin 的分权化指数系统性地低于基于 GFS 的数据。但是，这一差异并不会显著改变国别之间的税收分权化排名。详细比较见附录。

⑪ 我们使用世界银行的经济体清单，http://siteresources.worldbank.org/DATASTATISTICS/Resources/CLASS.XLS（2014 年 2 月）。世界银行根据 2012 年的人均国民总收入把世界各国分为四个收入类别：低收入，等于或低于 1 035 美元；中低收入，1 036 ~ 4 085 美元；中高收入，4 086 ~ 12 615 美元；高收入，12 616 美元或以上。

⑫ 排除的国家包括阿富汗、阿塞拜疆、白俄罗斯、中国、刚果、哥斯达黎加、克罗地亚、塞浦路斯、捷克、丹麦、法国、格鲁吉亚、匈牙利、爱尔兰、以色列、意大利、日本、哈萨克斯坦、韩国、莱索托、毛里求斯、墨西哥、摩尔多瓦、蒙古、摩洛哥、荷兰、挪威、波兰、葡萄牙、罗马尼亚、叙利亚、斯洛文尼亚、瑞典、塔吉克斯坦、泰国、突尼斯、土耳其、乌克兰以及约旦河岸和加沙。问题区域单位的描述见表 A. 4。

LTS 可根据 GFS/IndFin 数据进行计算。对所使用变量的详细描述见附录。图 17 - 5 给出了 40 个样本国家的 LTS；确切数字和平均值见表 A.5。芬兰位于首位，其 33% 的税收由地方政府征收。爱尔兰、爱沙尼亚、瑞士、拉脱维亚和

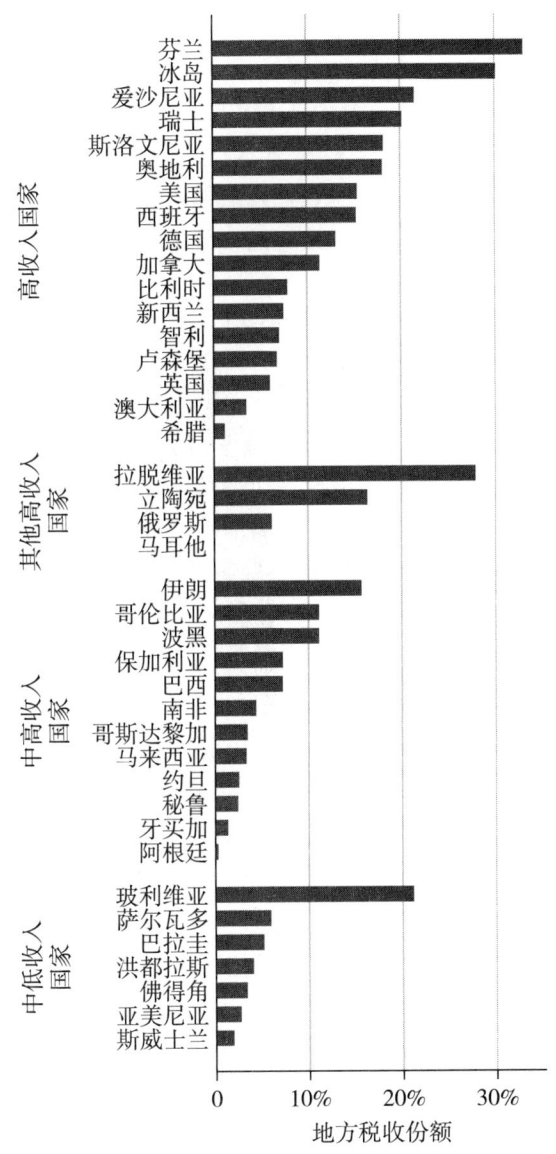

图 17 - 5　地方（自治市）层次的税收分权化

注：地方税收占政府总体税收的份额。

资料来源：根据 IMF（GFS）和美国普查局（IndFin）的数据自行计算。

玻利维亚的地方税收份额也超过了 20%。斯威士兰、牙买加、希腊、阿根廷和马耳他位于榜尾，地方税收份额低于 2%。平均来看，样本国家中 10% 的税收在地方层次征收（OECD 国家为 13%）。图 17 - 5 清楚表明，除美国外，还有很多国家的地方政府征收大量税收。

只要地方政府真正拥有税收自主权，税收竞争就会在地方层次上展开。OECD（1999）把地方税收分为 9 种类型，其中地方的税率和税基决策自主权递减。表 17 - 2 给出了地方政府层次的分类。根据表 17 - 2 的分类，只有（a）~（c）类型真正具有地方税收自主权。斯泰格雷斯库（2006）提出一个指数，计算（a）~（c）类型的地方政府税收在政府总税收中所占的比例。

$$ALTS = \frac{地方政府税收（a）-（c）}{政府总税收} \tag{17.2}$$

其中，ALTS 指的是具有税收自主权的地方政府税收份额。

GFS/IndFin 数据没有给出税收自主权的程度，因而我们需要寻求其他的数据来源。基于各国财政法律和宪法的调查，布洛克莱格和拉比森纳（Blochliger and Rabesona，2009）给出了表 17 - 2（a）~（e）类型中每一组的地方税收份额。对于美国，我们使用斯泰格雷斯库（2006）给出的类似数据，因为布洛克莱格和拉比森纳（2009）没有区分美国的地方税收类型。在我们的 40 个样本国家中，只能获取 14 个高收入国家的数据，在此基础上我们计算 ALTS：

$$ALTS = \frac{地方政府税收 \times 类型（a）-（c）的份额}{政府总税收} \tag{17.3}$$

表 A.6 给出了各个税收类型的份额。

表 17 - 2	地方（自治市）税收分类
（a）	LG 决定税率和税基
（b）	LG 仅决定税率
（c）	LG 仅决定税基
（d）	税收共享
（d.1）	LG 决定收入分成
（d.2）	只有 LG 同意才能改变收入分成
（d.3）	CRG 单方面改变收入分成（立法）
（d.4）	CRG 单方面改变收入分成（年度预算）
（e）	CRG 决定税率和税基

注：LG，地方（自治市）政府；CRG，中央和/或区域政府。
资料来源：根据（OECD，1999，第 11 页）。

图 17 - 6 给出了 15 个高收入国家的 ALTS；具体数值见表 A.5。对多数国

家而言，ALTS 非常接近 LTS。在这些国家，地方税收多数属于（a）~（c）类型。但是，有两个国家有效地方税收自主权显著低于 LTS 所显示的结果：奥地利的自主地方税收仅为全部税收的 1.5%，而在计算全部地方税收时为 18%，在新西兰 ALTS 为 0 而不是 7.4%。在西班牙和德国，自主地方税收也略偏低。芬兰在自主税收分权化方面排名首位。三个国家（芬兰、冰岛和瑞士）地方税收份额高于 20%，六个国家（还包括美国、加拿大和西班牙）份额高于 10%。

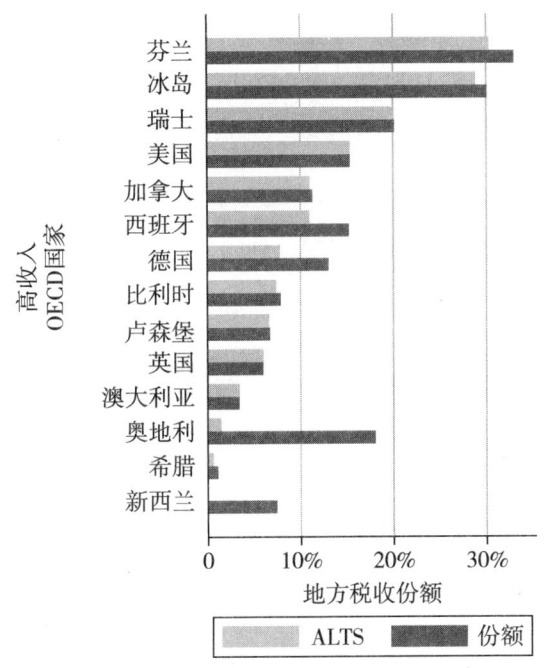

图 17-6 地方（自治市）层次的税收分权化

注：真正拥有自主权的地方税收在政府总体税收中的份额（ALTS）
资料来源：根据 IMF（GFS）、美国普查局（IndFin）和 OECD 数据自行计算。

GFS/IndFin 数据允许我们进一步把地方税收分解为不同的税收来源：家庭收入，公司收入，财产，商品和服务的消费（包括销售额和增加值）以及其他税基。图 17-7 给出了 38 个国家 LTS 的结构；具体数值见表 A.5。在我们给出的样本国家中，财产税是地方税收最重要的来源，占地方税收比重均值为 43%，接下来分别为个人所得税（21%）、消费税（21%）、其他税收（8%）、企业所得税（5%）。然而，在财政分权化程度最高（LTS > 10%）的 16 个国家中，个人所得税占比最高，均值为 42%，接下来分别为财产税（25%）、消费税（21%）、其他税收（7%）和企业所得税（5%）。

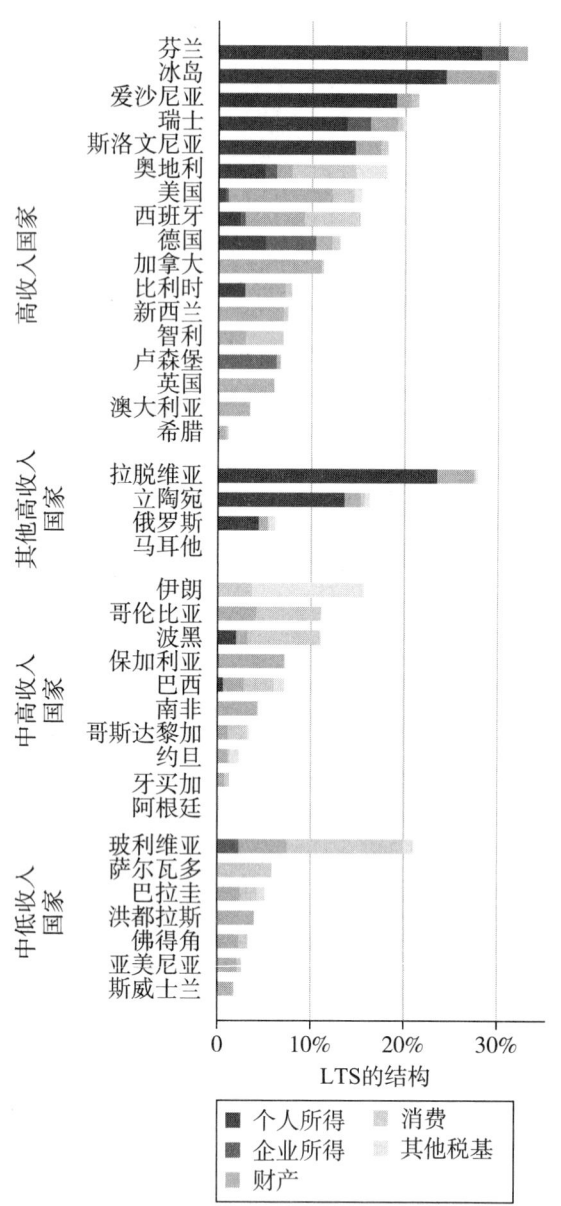

图17-7 地方（自治市）税收分解为个人所得税、企业所得税、

财产税、消费税和其他税收

注：消费税是对商品和服务征税，包括销售额、机动车和酒精等。地方税收给出的是占政府总税收的份额。

资料来源：根据 IMF（GFS）、美国普查局（IndFin）数据自行计算。

在解释地方政府使用何种税收工具时，历史是重要因素。在过去的大不列颠帝国中，财产税是最为重要的。在我们的五个"盎格鲁 – 撒克逊"样本国家中（澳大利亚、加拿大、英国、美国和新西兰），财产税占地方收入比重在72% ~ 100%。在剩余的 12 个 OECD 样本国家中，只有两个国家的这一比重超过 50%（比利时 55%，希腊 75%）。

17.2.3　OECD 国家的城市辖区碎片化和财政分权化

在 17.2.1 节中，我们描述了 OECD 国家的城市是如何分散化为大量地方政府的。在 17.2.2 节中，我们表明世界上很多国家的地方政府拥有很大的征税权。在此处，我们将把两部分的信息加以合并归纳。

我们拥有 13 个 OECD 国家的地方辖区碎片化和财政分权化的数据。对于其中的 10 个国家，我们可以考察信息量更多的分权化指数 ALTS，对另外三个国家我们只考察 LTS 指数。图 17 – 2 展示了 13 个国家在空间分散化和分权化中的位置。只有当城市分散化为若干自治市且拥有针对税率/税基的某些自主权，城市内才会出现税收竞争。瑞士就属于这种情况，在图 17 – 8 中，其在最东北角位置。奥地利辖区分散化程度高于瑞士，但是奥地利的地方政府没有实际

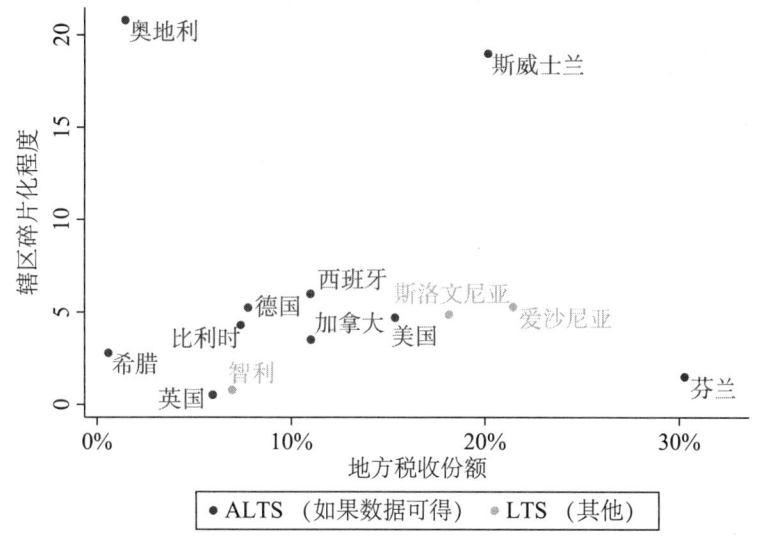

图 17 – 8　辖区分散化（平均每 100 000 居民自治市数）和地方税收分权化（地方税收占政府总体税收的比重）

注：ALTS 考虑真正拥有自主权的地方税收；LTS 考虑所有的地方税收。
资料来源：根据 OECD（区域统计）、IMF（GFS）和美国普查局（IndFin）数据自行计算。

征税权。芬兰的税收分权化程度较高，但是芬兰的城市只有相对较少的地方政府。我们还对很多国家（美国、西班牙、加拿大、德国、比利时）计算了分散化和分权化的数值。斯洛文尼亚和爱沙尼亚也属于这个组，但是我们不清楚这些国家税收自主权的实际分配情况。智利、英国和希腊的分散化和分权化程度都比较低，但即使在这一组国家也存在明显的地方政府税收竞争。

需要注意的是，在图 17-8 中，样本国家是基于能否获取国家间可比数据来确定的。也许有更多国家具有很好的城市税收竞争条件。尤其是，很多税收分权化程度高的 OECD 国家没有包括在内，如瑞典、丹麦、挪威、日本、法国和意大利，因为它们自治市税收份额是未知的。所有财政分权化程度高的非OECD 国家都未考虑，如拉脱维亚、立陶宛、伊朗、哥伦比亚、波黑和玻利维亚（见 17.2.2 节）。

17.2.4 辖区分散化的非对称性

在本部分，我们研究城市内地方辖区的规模分布。通常看法是，中心自治市的人口规模"支配"城市地区。本部分试图定量化这一看法。

OECD 数据没有报告城市内单个自治市的人口数据。因而，我们使用替代性数据，由 EC（2006）和美国普查局（2012）提供（详细情况见附录）。EC数据基于 OECD/EC 对城市的定义。但不幸的是，它们在一些细节方面存在很大的差异。[13] 美国 2012 年的数据是对 EC 数据关于美国城市信息的补充。

我们首先计算最大的地方辖区的人口占整个城市人口的比重。表 17-3 给出了支配性自治市人口比重最高的欧洲和美国城市。其中，居首位的是西班牙的萨拉戈萨，主要自治市的人口占城市人口比重为 93%，接下来是意大利的热那亚（85%）、美国德克萨斯的厄尔巴索（81%）。在 17 个国家 158 个样本城市中，最大城市人口比重的平均值为 38.9%。

最大自治市人口比重需要与城市中其他自治市的人口比重进行比较。我们通过三个指标来进行比较：第一个指标是最大自治市人口与所有自治市平均人口的比率。如果所有自治市规模相同，这一指标值为 1。第二个指标是最大自治市人口与第二大自治市人口的比率。如果城市所有自治市规模相同，这一

---

⑬ EC 数据把德国城市埃森、多特蒙德、杜伊斯堡和波鸿合并为德国最大的城市"鲁尔区"。EC数据和 OECD 数据中的自治市（地方政府）数目是相同的或非常相近的，萨拉戈萨（西班牙）除外，OECD 数据报告了 210 个自治市而 EC 为 21 个，而两个数据来源的人口数相近。EC 数据中所有捷克城市的自治市数大大高于 OECD 数据——例如，在布拉格为 435 对 729。由于这导致 17.2.1 节中缺乏可比性，我们在 17.2.4 节中没有包括捷克。

表 17 – 3　　　　　　　　　　最大自治市的人口比重

排名	城市地区	ISO 国家代码	人口数	地方政府数	最大自治市人口比重（%）
1	萨拉戈萨	ESP	702 349	21	93. 2
2	热那亚	ITA	736 058	38	84. 5
3	厄尔巴索	USA	830 827	7	81. 1
4	罗兹	POL	967 581	17	78. 5
5	马拉加	ESP	729 280	9	76. 8
6	弗罗茨瓦夫	POL	829 453	19	76. 6
7	塔林	EST	536 059	24	73. 3
8	杰克逊维尔	USA	1 190 394	14	70. 3
9	巴勒莫	ITA	968 197	26	68. 6
10	柏林	DEU	4 980 394	246	67. 5
……					
16	维也纳	AUT	2 599 439	313	63. 6
18	布达佩斯	HUN	2 781 514	186	60. 9
22	海牙	NLD	796 581	7	59. 0
30	哥德堡	SWE	894 311	14	54. 7
34	卢布尔雅那	SVN	485 374	26	52. 1
41	马赛	FRA	1 692 351	132	50. 2
52	奥斯陆	NOR	1 113 227	34	47. 3
56	安特卫普	BEL	1 014 444	32	45. 6
60	赫尔辛基	FIN	1 248 302	14	43. 2
102	塞萨洛尼基	GRC	996 428	29	31. 2
103	苏黎世	CHE	1 097 224	130	31. 2

注：表中是人口比重最高的 10 个城市或在各自国家中人口比重最高的城市。

资料来源：欧洲 2006 年的数据来自 EC（城市审计）；美国 2012 年的数据来自 OECD（区域统计）和美国普查局（人口估计项目）。

指标值为 1，如果城市规模分布符合齐普夫法则，这一指标值为 2。[14] 第三个指标是最大自治市人口与齐普夫法则理论规模的比率。[15] 如果城市规模分布符合

---

[14]　齐普夫（1949）在其非随机版本中假设城市规模服从位序—规模法则：$pop_r = pop_1/r$，其中 pop_r 是城市位序 r 的人口，pop_1 是最大城市的人口。

[15]　给定总人口 pop 和自治市数目 N，一个城市地区最大自治市的理论规模可计算如下：
$$pop_1 = pop/[\psi(N+1) - \psi(1)]$$
其中，$\psi(\cdot)$ 是双伽玛函数。$\psi(N+1) - \psi(1)$ 等于有限调和级数 $1 + 1/2 + \cdots + 1/N$。

齐普夫法则，这一指标值为1。

表17-4给出了在这三个指标上排名前列的城市。我们看到对于这三个指标，无论是基于同一分布法则还是位序—规模法则，排名前列的城市都有很大差异。例如，巴黎中心自治市规模是平均规模的268倍，萨拉戈萨的中心自治市规模是第二大自治市苏埃拉的102倍，柏林中心自治市规模是位序—规模法则预测值的4.1倍。

无论是基于同一分布法则还是位序—规模法则，17个样本国家的城市都有很大差异。图17-9给出了每个国家三个指标的平均值。表A.7给出了确切数字以及最大值、最小值。左边顶部是匈牙利，其唯一的城市地区布达佩斯的最大自治市规模是平均规模的113倍；底部是芬兰，其唯一的城市地区赫尔辛基的最大自治市规模是平均规模的6倍。右边顶部是爱沙尼亚，其唯一的城市地区塔林的最大自治市规模是第二大自治市的29倍；底部是芬兰，赫尔辛基的最大自治市只有第二大自治市的2.4倍。

表17-4   **非对称性指标最大的城市地区**

	最大对平均				最大对第二大				最大对齐普夫预测值		
排名	城市地区	ISO国家代码	比率	排名	城市地区	ISO国家代码	比率	排名	城市地区	ISO国家代码	比率
1	巴黎	FRA	268.1	1	萨拉戈萨	ESP	102.1	1	柏林	DEU	4.1
2	汉堡	DEU	229.1	2	热那亚	ITA	57.2	2	维也纳	AUT	4.0
3	维也纳	AUT	199.0	3	维也纳	AUT	43.3	3	罗马	ITA	3.7
4	纽约	USA	178.7	4	巴尔的摩	USA	41.4	4	汉堡	DEU	3.6
5	柏林	DEU	166.2	5	杰克逊维尔	USA	38.5	5	热那亚	ITA	3.6
6	图卢兹	FRA	163.7	6	罗马	ITA	33.1	6	布达佩斯	HUN	3.5
7	芝加哥	USA	155.7	7	纽约	USA	30.1	7	威奇托	USA	3.5
8	布达佩斯	HUN	113.2	8	慕尼黑	DEU	29.3	8	萨拉戈萨	ESP	3.4
9	路易斯维尔	USA	96.5	9	塔林	EST	29.0	9	路易斯维尔	USA	3.4
10	罗马	ITA	96.2	10	弗罗茨瓦夫	POL	29.0	10	纽约	USA	3.2
……											
13	马德里	ESP	93.1	11	布达佩斯	HUN	28.1	12	华沙	POL	2.9
27	华沙	POL	52.1	19	巴黎	FRA	19.1	15	塔林	EST	2.8
34	日内瓦	CHE	43.8	39	苏黎世	CHE	11.3	16	马赛	FRA	2.7
72	雅典	GRC	20.8	43	安特卫普	BEL	10.4	52	卢布尔雅那	SVN	2.0

续表

	最大对平均				最大对第二大				最大对齐普夫预测值		
排名	城市地区	ISO国家代码	比率	排名	城市地区	ISO国家代码	比率	排名	城市地区	ISO国家代码	比率
79	塔林	EST	17.6	52	斯德哥尔摩	SWE	8.4	58	奥斯陆	NOR	1.9
82	奥斯陆	NOR	16.1	56	卢布尔雅那	SVN	8.2	67	安特卫普	BEL	1.8
85	安特卫普	BEL	14.6	59	鹿特丹	NLD	8.1	70	哥德堡	SWE	1.8
88	阿姆斯特丹	NLD	14.1	92	奥斯陆	NOR	5.0	74	鹿特丹	NLD	1.7
91	卢布尔雅那	SVN	13.5	103	雅典	GRC	4.3	78	苏黎世	CHE	1.7
104	斯德哥尔摩	SWE	10.5	135	赫尔辛基	FIN	2.4	97	赫尔辛基	FIN	1.4
136	赫尔辛基	FIN	6.1					115	塞萨洛尼基	GRC	1.2
	平均值		33.7		平均值		9.7		平均值		1.7

注：表中是比率最高的 10 个城市或在各自国家中比率最高的城市。

资料来源：欧洲 2006 年的数据来自 EC（城市审计）；美国 2012 年的数据来自 OECD（区域统计）和美国普查局（人口估计项目）。

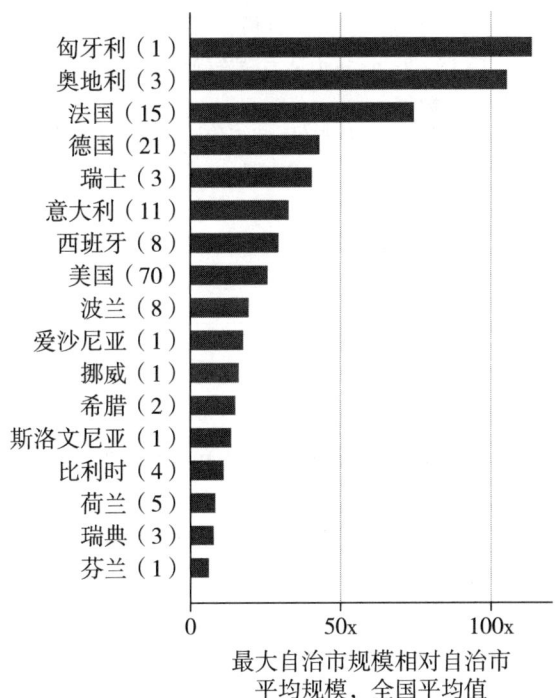

最大自治市规模相对自治市
平均规模，全国平均值

最大自治市规模相对第二大自治市
规模，全国平均值

图 17 - 9　城市内地方政府间的非对称性

注：括号内是样本城市的数目。

资料来源：根据经济合作与发展组织（区域统计）、国际货币基金组织（GFS）和美国普查局（IndFin）数据自行计算。

17.2.5　程式化事实的总结

我们的分析数据来自于国际货币基金组织（GFS）、经济合作与发展组织（区域统计）、欧盟统计局（城市审计）以及美国普查局（IndFin，人口估计项目），从中我们可以总结得到以下四个程式化事实。

结论 17.2.1　除了一些墨西哥城市，所有超过 50 万居民的 OECD 城市分散化为多个地方政府。平均来看，每个功能性城市地区包括 74 个地方政府。城市辖区分散化的程度在一国之内和国家之间都有很大差异。

结论 17.2.2　所有的 40 个样本国家在地方（自治市）层次征收某些税收。平均来看，国家总税收的 10% 是在地方层次征收；6 个国家的地方税收占比超过 20%，16 个国家超过 10%。在某些国家，如果考虑地方税收自主权，会在很大程度上降低税收分权化的有效性。地方财政分权化程度在一国之内和国家之间都有很大差异。

结论 17.2.3　我们观察到 8 个国家的城市内税收竞争程度不低于美国。

结论 17.2.4　多数经济合作与发展组织城市的中心自治市在人口方面居于支配地位，与齐普夫法则预测的结果不同。

17.3　非对称辖区的税收安排

在 17.2 节的若干程式化事实中，中心自治市人口份额的差异以及城市中心自治市数目的差异最为突出。正如产业结构会影响企业定价，城市结构也会影响自治市的税率安排。

17.3.1　横向税收竞争

17.3.1.1　理论

如果政府只有一个层级，辖区规模分布会如何影响税率？关于这一问题的多数理论（和经验）分析使用这里所说的"基础税收竞争模型"，它由威尔逊（1986）、佐德罗（Zodrow，1986）和怀尔达什（Wildasin，1988）提出。在这一模型中，资本在城市内完全自由流动，所有其他生产要素都是不流动的。这一非流动性假设使得基础税收竞争模型相对更适合于更大政府单位之间的竞争，而不是在一个城市内部的自治市之间。在基础模型中，地方公共产出的受益对象仅包括非流动居民，不包括流动资本的所有者。允许（某些种类的）公共支出增加资本回报，将降低或改变政府通过减税吸引资本的激励。在城市公共财政中，对这一模型的重要扩展是考虑居民的流动性，一些尝试将在本部分进行讨论。但到目前为止，还没有逻辑一致和似乎可行的征税模型能包括所有这些特性。新的方法需要分析更为"城市"的财政竞争，其中不同层级的政府、人口分类和地方特性扮演着更重要的角色。

基础税收竞争模型对城市内自治市间的税率分布给出了明确推论：较小的自治市税率较低。布克维斯基（Bucovetsky，1991）和威尔逊（1991）在两辖区情形下得出这一结论，威尔逊（1999）对税收竞争前 15 年的文献进行综述。

这一推论在很多模型的扩展和修正中仍然成立。税率和人口的正相关性是税收竞争模型最明确的推论之一，可能比关于辖区财政反应函数的任何推论都更具一般性。

当城市之间的人口分布存在差异时，基础税收竞争模型还提供了一些关于城市之间税率的推论。可以考虑两个简单的比较静态情形。首先，考虑一个包括 n 个同等规模自治市的城市。在对称均衡中，所有自治市税率相同。基础税收竞争模型预测税率将随着自治市数目 n 的增加而下降。[⑯] 税收是自治市人均税基的函数。财政均等计划再分配税收，将弱化横向税收竞争导致的税率降低效应（见 Kothenburger，2002；Bucovetsky and Smart，2006）。这一财政均等计划的弱化效应已经得到经验研究的确认，见巴特纳（Buettner，2006）和艾格等（Egger，2010）。其次，考虑城市内的非对称性。如果城市内只有两个自治市，基础税收竞争模型预测城市的平均税率将随着非对称性（较大自治市的人口份额）的增加而增加。这一结论与其他模型的预测结果形成对照。新经济地理模型表明，税收差异源于较大辖区从集聚经济中获取租金的能力。这样的模型意味着较大的非对称性与较大自治市的高税收相联系。具有（某些）人口流动性的模型与其结论类似。在坎伯和凯恩（Kanbur and Keen，1993）的跨界购物模型中，更大的非对称性导致每个自治市更低的税率以及整个城市更低的平均税率。[⑰]

基础税收竞争模型这些结论背后的机制是显而易见的。假定一个自治市的产出是流动资本的二次函数。如果资本在自治市之间是完全流动的，吸引到自治市的资本数量将与城市平均税率和该自治市税率之间的差额成正比。如果自治市仅在规模方面存在差异，则每个自治市中税收和资本利用之间的关系是相同的，可以用下式表示

$$k_i = \bar{k} + \beta(\bar{t} - t_i) \tag{17.4}$$

其中，k_i 是自治市 i 内每个居民的资本存量，$\bar{k}$ 是城市内人均资本存量，t_i 是自治市的税率，$\bar{t}$ 是城市平均税率，$1/\beta$ 是生产函数二次项的系数。但是，城市平均税率 $\bar{t}$ 取决于自治市 i 的税率。自治市人口份额越大，自治市 t_i 对 $\bar{t}$ 的影响越大。因此，税收降低对较大自治市的人均资本存量影响较小。这一不同影响意味着城市内自治市人口规模和均衡税率之间存在正相关性。

布克维斯基（2009）推导了城市之间基础税收竞争模型对于税率差异的含义。除了假设一个二次生产函数之外，他假定税收融资的地方消费品与计价物之间的边际替代率为常数。因此，自治市居民在式（17.4）的条件下寻求最大化 $x_i + (1 + \varepsilon)t_i k_i$，其中 x_i 是私人消费 $f(k_i) - (r + t_i)k_i + r\bar{k}$（$r$ 是城市的资本净收益，$f(\cdot)$ 是二次生产函数），$\varepsilon > 0$ 衡量公共消费的贴水。自治市的纳什均衡税率可以表示为城市平均税率和该自治市人口份额的函数。均衡税率不仅是自治市人口的增函数，也是人口的凸函数。

---

⑯ 这一文献假定 n 是外生给定的。对于地方辖区形成的内生模型，可见 Henderson（1985）、Alesina 等（2004）或 Gordon 和 Knight（2009）。

⑰ 这一模型被 Gabszewicz 等（2013）扩展，以分析人口非完全流动情形下的所得税竞争。

由于这一凸性，城市内自治市平均税率取决于人口在自治市之间的集中度。一个人口的"集中指数"，类似于（但不等同）产业组织中使用的集中指标，决定城市平均税率。城市内任何从较小自治市向较大自治市的人口流动都将提高城市的均衡税率。

在这一框架中，最大自治市的人口份额起重要作用。在最大自治市人口份额既定的前提下，城市平均税率还依赖于人口在其他自治市之间的分布。其他自治市人口最集中时，城市平均税率最高；其他自治市人口最分散时，城市平均税率最低。[18] 但如图 17－10 所示，对于给定的最大自治市人口份额，城市平均税率对其他自治市人口分布太过敏感。为了进行比较，图 17－10 还展示了最大辖区的人口份额与前面坎伯和凯因（1993）模型预测的平均税率之间的负相关关系。

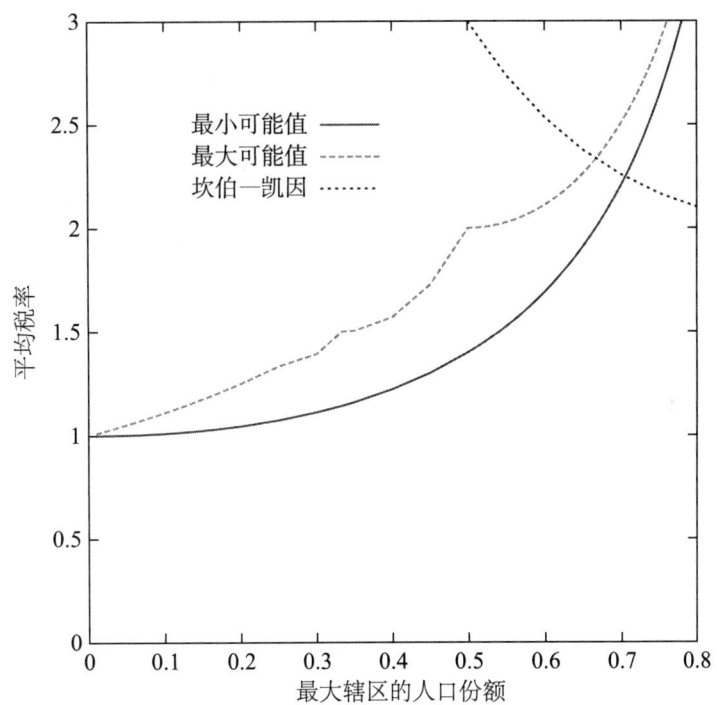

图 17－10 基础税收竞争模型中最大辖区人口份额与平均税率之间的函数关系

注：城市平均税率对最大自治市人口份额特别敏感，但对剩余自治市人口分布不太敏感。

---

⑱ 这里"最集中"的意思是，存在 k 个其他自治市，每一个人口份额都为 s_1，最大自治市和一个其他自治市份额为 $1 - ks_1$，其中 k 是小于或等于 $1/s_1$ 的最大整数。"最分散"的意思是，存在 n 个其他自治市，每一个人口份额都为 $1 - s_1/n$，n 趋于无穷大。

在基础税收竞争模型中，税收只用于为公共消费物品融资。作为替代，佩拉尔塔和范·伊裴塞勒（Peralta and van Ypersele, 2005）假定税收用于向居民支付现金。[19] 他们还允许自治市在两个方面存在差异：人口和人均资本禀赋。他们表明，自治市的人口排名可以与之前的文献类似。[20] 给定二次技术，并假定税收是战略互补的，在人均资本禀赋保持不变的情况下，自治市资本税率的绝对值随着人口增加而增加。[21] 其机制与基础模型类似：税收仅影响城市的贸易地位，对越大的自治市的影响越大。此外，较小的自治市比较大的自治市表现更好。差异性的另一个维度也影响税率。如果人口保持不变，人均资本禀赋较高的自治市税率较低。这里的"较低"并不意味着"绝对值较低"。在均衡时，人均禀赋最高的自治市将会对资本进行补贴。

在皮耶雷蒂和扎纳吉（Pieretti and Zanaj 2011）模型中，也不考虑公共消费品。但在他们的模型中，自治市政府是寻求净税收最大化的利维坦。皮耶雷蒂和扎纳吉（2011）模型还有一些与基础模型不同的其他特性。其中之一是，自治市政府提供使投资者受益的公共中间品；这一特性使该模型与城市区位模型较为相关，其中居民的区位决策受到地方公共部门的影响。自治市政府寻求净税收最大化，净税收为资本税减去为吸引投资的公共中间品成本后的净值。

还有其他两个新颖的特性。每个自治市的资本所有者偏好于投资家庭所在的自治市，而不是其他自治市。同时偏好程度具有异质性。对 x 类型的投资者而言，在家庭所在地以外的自治市投资会引致 αx 的成本。参数 α 衡量对家庭所在地的偏好程度。参数 x 反映对家庭的粘附性，假定其在自治市之间符合区间为 $[0, 1]$ 的均匀分布。此外，假定生产技术不同。每个自治市的资本回报率固定不变，而不是收益递减的函数。[22] 这一固定投资回报率消除了基础模型中人口规模影响税率的渠道。在基础模型中，自治市税率影响城市投资总回报，自治市越大，税率对投资回报影响越大，这解释了为什么它们在均衡时设置更高的税率。在皮耶雷蒂和扎纳吉（2011）的研究中，城市范围的总回报是固定的。

这些对基础模型的调整弱化了人口与税率之间的正相关关系。较小的自治市是否税率较低，主要取决于资本的流动性。如果资本流动性较低（α 较高），较小的自治市将征收较低的税率。但如果资本流动性足够高，即使较小的自治市征收较高的税率，仍然可能成为资本流入的对象，因为其生产性基础设施质

---

[19] 相应地，假定公共消费物品是私人物品的完全替代。
[20] Peralta 和 van Ypersele（2005）命题 4，第 268 页。
[21] 近期的经验研究表明地方税率的战略互补性可能并非是一个无关紧要的假设。
[22] 如见 Marceau 等（2010），或 Kothenburger 和 Lockwood（2010）。

量较高。

关于横向税收竞争的主要结论概括如下。

结论 17.3.1 在横向税收竞争的基础模型中，如果一个城市包含 n 个相同的自治市，则自治市的均衡税率是 n 的减函数。

结论 17.3.2 在横向税收竞争的基础模型中，城市内的税率与自治市人口正相关。

结论 17.3.3 在横向税收竞争的基础模型中，城市内自治市之间人口集中度的提高将导致平均税率的增加。

结论 17.3.4 如果地方公共支出能提高投资回报率，城市税率将与自治市人口成负相关，假定投资回报对自治市投资水平不敏感。

17.3.1.2 经验研究

尽管很多税收竞争的经验研究提供了自治市人口与其税率之间关系的证据，在很多案例中，这一关系并非研究的重点。[23] 估计自治市反应函数（一个自治市税率是另一个自治市税率的函数）的斜率是一个活跃的研究领域。斜率与这里强调的理论结果并不直接相关。[24] 但在这一经验工作中，自治市人口经常用作回归量，提供一些关于税率如何随着给定人口变化而变化的证据。

豪普特迈尔等（Hauptmeier，2012）为传统税收竞争结果提供了相当有力的经验支持，尽管其分析框架更接近于皮耶雷蒂和扎纳吉（2011）的理论。他们分四个不同时期，为巴登符腾堡的样本自治市估计地方税率和地方公共供给（道路）的决定因素。税收回归中的人口的系数为正，而且几乎在所有的估计等式中都是显著的。这里估计的是人口对反应函数的影响，而皮耶雷蒂和扎纳吉（2011）的理论结果是人口对均衡税率的影响。尽管如此，在相对较弱条件下，当所有辖区税率相同时，一个希望设置较高税率的辖区将在均衡时成为选择高税率的辖区。

表 17-5 中的研究都是估计辖区人口对本辖区某些财政变量的影响。除了一个例外，财政变量都是税率：对烟草或汽油的商业财产税率、所得税率或消费税。这个例外出现在索莱—奥莱（Sole′-Olle′，2006）的文章，其中全部

---

[23] 例如，Buettner（2006）研究财政均等化项目对税收设置影响时，人口是一个回归量，但没有报告其系数。

[24] 这些斜率在基础税收竞争模型中是不确定的。Wilson（1991）的两个自治市结果没有考虑这些斜率。Bucovetsky（2009）的假设中扩展为两个以上的自治市，暗含了反应曲线向右上倾斜，但并不意味着结果必然是正的斜率。城市内税收反应函数的一个应用见 Brueckner 和 Saavedra（2001）。另一个有前途的确认税收竞争的新方法不是基于反应函数，而是基于期望税率和均衡税率之间的可估差异，见 Eugster 和 Parchet（2014）。

公共支出是辖区的因变量。（当且仅）当辖区的税基对税率缺乏弹性时，理论预测此处的系数为正。

除了艾格等（2010），表中引用的文章都估计了反应函数。通常相邻辖区加权平均税率的滞后量是自变量利息。艾格等（2010）主要关注均等化拨款规则对辖区税率的影响。这一研究估计了上一节给出的简化形式：自治市均衡税率是外生变量的函数。由于固定效应，因变量是辖区税率的变化，辖区人口的变化是一个解释变量。这一变量的系数接近于 0，在不同回归中符号不同，在所有报告结果中并没有出现显著的异常值。

到目前为止，只有很少关于城市人口集中与城市平均税率关系的经验研究。有一篇文章考察了这一关系，同时也考察了垂直税收竞争，因此将在17.3.2 节讨论。

表 17-5 关于非对称辖区间水平税收竞争的主要经验结论没有反映出多数理论模型的预测结果：

结论 17.3.5 经验估计为人口规模对辖区税率的影响提供了相互矛盾的证据。

表 17-5　　　　　　　人口规模对地方税率影响的经验证据

文章	因变量	国家/省	年份	辖区数目	人口符号
阿勒斯和埃洛斯特（Allers and Elhorst，2005）	财产税	荷兰	2002	496	+
博尔迪尼翁等（Bordignon et al.，2003）	商业财产税	米兰省	1996	143	—
德弗罗等（Devereux，2007a）	烟草、汽油	美国	1977~1997	48	混合的
埃德马克和阿格伦（Edmark and Agren，2008）	所得税	瑞典	1993~2006	283	—
艾格等（2010）	商业税的变化	下萨克森	1998~2004	440	0
豪普特迈尔等（2012）	商业税	巴登符腾堡	1998~2004	1 100	+
索莱—奥莱（2006）	支出	西班牙	1999	2 610	凸性的

17.3.2　纵向税收竞争

在同级政府税收竞争的基础模型中，税率低于有效率的水平。如果不同层级政府共享税基，并且在设置税率时不进行合作，这一结论可能相反。假设存在一个更高层级的城市政府征税，并且税收优先级高于地方政府设置的税收。这一垂直相互作用将形成另一个外部性。如果城市包括 N 个等同的自治市，这一垂直的税收外部性将和水平外部性一样，随着 N 的增加而增加。某个自治市增加税率，将减少更高层级城市政府的税基。自治市居民将承担这一税基下降引致成本的 $1/N$，因此 N 越大，它们就越不倾向于将这一效应的成本内部化。[25] 由于存在这一补偿效应，因此无法马上确定分权化会导致更高的税率还是更低的税率。凯因和柯察甘尼斯（Kain and Kotsogiannis，2004）分析了这类模型。尽管提高分权化程度对税率的影响难以确定，但却能确定对总体福利的影响。既然纵向外部性和横向外部性都随着自治市政府数目的增加而增加，那么均衡时居民的福利一定是下降的。凯因—柯察甘尼斯模型还扩展了基础税收竞争模型，它考虑了可变的资本总供给（对城市），将其视为资本净回报的增函数。没有这一扩展，就不会存在纵向外部性，因为城市税基不会受到自治市税率的影响。

凯因—柯察甘尼斯模型的一个自然拓展是对城市之间的竞争进行建模。威德（Wrede，1997）的论文是第一个进行拓展的尝试，尽管这一论文没有考虑到纵向税收竞争。更为近期的工作包括霍伊特（Hoyt，2001）以及布勒耶和扎纳吉（2013）。布勒耶和扎纳吉保留了固定总资本供给的假设，这一假设在横向税收竞争文献中很普遍。但在多个城市的情况下，即使总资本供给固定，垂直外部性仍然会出现：一个自治市税收的增加将降低整个城市的资本供给。假定生产函数是二次的，并且对不同层级政府提供的公共消费物品的偏好是可分离的，布勒耶和扎纳吉表明，任何自治市的合并必然导致：（1）提高每个城市的税率（包括哪些没有合并的城市）；（2）降低所有的自治市税率；（3）增加全部的综合税率（城市加上自治市）。

结论 17.3.6　在存在纵向外部性的情况下，如果城市资本总供给函数向右上方倾斜，城市税率将随着城市自治市数目的增加而增加。

布鲁尔哈特和贾买提（Brulhart and Jametti，2006）修正了凯因—柯察甘尼斯模型，以使纵向和横向效应的相对重要性得到了经验检验。在他们的理论模型中，假设每个城市包括 N 个等同的自治市。自治市 i 税收增加所带来的边际效应可以分解为两项：一个归因于横向外部性，另一个归因于纵向外部性。在该模型中，自治市数目和税率的正相关性表明了纵向外部性更为重要。

布鲁尔哈特和贾买提（2006）使用瑞士自治市面板数据来估计自治市人

---

[25]　Keen 和 Kotsogiannis（2002），第 366 页。

口份额与其税率的相关性。样本分为两部分：第一部分城市的决策必须由对全体市民开放的公开会议直接批准，第二部分城市的地方政府决策则是通过全体市民投票批准。第一部分样本城市主要由一些市民代表作出决策；第二部分样本城市给予地方政府官员相当的权力，他们可以控制议程。布鲁尔哈特和贾买提发现第一个样本（公开会议）中自治市人口份额及其税率之间存在显著的负相关关系。而在第二个样本（全体市民投票）中也存在负相关关系，但其系数并不显著。

结论 17.3.7 来自瑞士自治市的证据表明，地方层次的垂直税收外部性和水平税收外部性可能同样重要。

17.3.3 投票

基础模型的一个重要缺陷是基于人口不流动的假定。现在，我们考察在人口流动、收入存在差异、人们对税收政策投票等情形下，对自治市人口和税率关系建模的文献。在本部分，我们关注自治市内投票均衡和自治市间分类均衡之间的相互影响。早期的成果见罗斯和英格（1999）一章。在自治市内部，人口收入分布形态将决定税收体系的累进性。罗默（Romer，1975）、罗伯茨（Roberts，1977）以及梅尔策和理查德（Meltzer and Richard，1981）提出了一个广为使用的对所得税税率表投票的模型，其中自利的投票人选择一个固定的所得税税率，税收在居民之间平等分配（因而暗含了税收体系的累进效应），这一扭曲税收的效率损失是税率的二次函数。在这一模型中，根据多数决定原则选择诸多税率，其中的孔多塞赢者税率与中位收入对平均收入的比率成正比。

如果自治市在人口、收入分布方面不同，这些模型可用于解释自治市之间的税率差异。例如，假设一些自治市的收入服从截断帕累托分布，其区间为(L, H)。这一分布的特点是，自治市中位收入对平均收入的比率是最低收入对最高收入比率L/H的减函数，独立于"规模"参数L。这意味着，如果一个自治市只包括收入位于整个大都市区收入分布子区间(L, H)的人口，而且这个区间足够小，则中位数—均值的比率将非常接近1。[26] 换句话说，自治市的实际规模会影响税率的选择：较小的自治市不会投票选择较高的所得税。

假设人们在对税率表投票时，把人口结构[27]当作既定。这就是说，投票者或是因为短视而忽略了他们的选择对流动性的影响，或是投票发生于人们区位

---

[26] 而且如果L远离0。

[27] 例如，这一假定由 Calabrese 等（2006）和 Epple 等（2012）在 17.4.1.1 节中讨论。

决策之后。如果每个自治市包括收入分布的某个部分且不相交，那么分类均衡何时会出现呢？如果自治市基于收入递增排序，即自治市 j 包括收入分布的一个子区间 (L_j, H_j)，其中 $H_j = L_{j+1}$，则人口分类均衡的一个必要条件是：收入为 $H_j = L_{j+1}$ 的人认为自治市 j 和 $j+1$ 无差异。如果人们只关注他们的净收入，而且自治市可以对居民征收进入许可费 p_j，则一个（外生）收入为 γ 的居民选择居住在自治市 j 的回报为 $\gamma(1 - t_j) + t_j \overline{\gamma}_j - p_j$，其中自治市的所得税率为 t_j，所得税收入平均分配给所有的居民。如果均衡是分层的，且自治市 j 的最高收入水平为 γ，则：

$$\gamma(1 - t_j) + t_j \overline{\gamma}_j - p_j - \gamma(1 - t_{j+1}) - t_{j+1} \overline{\gamma}_{j+1} + p_{j+1} = 0 \qquad (17.5)$$

为了使分层均衡存在，不仅收入为 $\gamma = H_j = L_{j+1}$ 的人必须满足式（17.5），式（17.5）的左侧也必须在 $\gamma = H_j = L_{j+1}$ 附近递减：收入低于 H_j 的人严格偏好居住于自治市 j，收入高于 L_{j+1} 的人严格偏好居住于自治市 $j+1$。

因而，在这类模型中，分类均衡存在的一个必要条件是：自治市的收入越高，税率越低。

式（17.5）暗含的一个假设是，所有自治市的进入者都必须支付相同的进入许可费 p_j，而不考虑他们的收入。这一结论可以推广：如果自治市的进入指标根据（单位）住房价格差异加以定量供应，只要住房需求的收入弹性小于 1，这一结论仍然成立。

汉森和凯斯勒（Hansen and Kessler，2001）对税率表投票时使分类均衡存在的两个必要条件相一致：（1）自治市的税率只依赖于自治市内收入分布的形态；（2）居民所在的收入分布子区间越高，自治市选择的税率必须越低。

上面的论述表明，为使分类均衡存在，当向更高的收入子区间移动时，中位收入与平均收入的比率必须递增。这有可能不成立，例如城市的收入分布可能为均匀分布。但如果收入分布为帕累托分布，当（且仅当）向更高收入子区间移动时，最低收入与最高收入的比率递增，上面的讨论表明中位收入与平均收入的比率将递增。现在假定整个城市的收入上限为某个有限值 Y。如果一个自治市足够小，最低收入与最高收入的比率 L/H 将接近 1。因而，如果一个城市只包括两个自治市，其中一个远大于另一个，整个城市的收入分配为截断帕累托分布 $[\gamma_0, Y]$，则在任何分类均衡中较小城市的税率必须更低。

汉森和凯斯勒（2001）对这一结论加以推广。[28] 收入分布可以不限定为帕累托分布。只要总体收入分布区间为有限值即可，自治市包含收入分布足够小

---

[28]　他们需要假设对于整个城市，平均收入高于中位收入，而且整个城市的收入分布是单峰的。后一个条件确保在最富裕的自治市平均收入高于中位收入，这样在均衡时所有的自治市将拥有正税率。

的子区间，则自治市中位收入与平均收入的比率必然接近1。因而他们表明，如果一个城市包括两个自治市，且自治市之间的不对称性足够大，则分类均衡将存在。此外，存在这一较大差异的情形下，分层必然导致收入分布子区间越高，较小的自治市税率越低。

分层不是仅有的可能均衡。完全对称的分布也是一个均衡，其中每个自治市包含所有收入组的相同比例。汉森和凯斯勒（2001，第1109页）表明，某些情形下不存在分类均衡。因而，自治市规模的非对称性有可能导致税收的对称性：只要规模差异足够大，一个混合均衡就可能存在。[29]

关于投票的主要发现可以概括为如下结论：

结论17.3.8　如果自治市基于收入分层，自治市内投票就意味着自治市收入与人口呈负相关。

17.3.4　中心自治市和郊区

中心自治市和郊区的差异看起来很重要，而关于税收竞争的理论文献很少对此加以考虑。近期一些文章强调了这一差异。这些文章中的模型非常特别，其结论对模型假设很敏感。这些文章当然代表了向正确方向的重要进展，但在建立城市结构对自治市税收政策影响可信的和可跟踪的理论方面，仍需要更进一步的工作。

其中一个模型由贾尼巴和奥斯特洛（Janeba and Osterloh, 2013）构建。他们表明，城市之间的税收竞争对中心自治市的影响大于郊区。在他们的模型中，随着城市数目的增加，城市内所有自治市的税率将下降。但是，郊区税率趋近于某个正的水平，而中心自治市税率趋近于零。

在这一模型中，城市间不存在差异，但每个城市内部存在差异。每个城市包括一个中心自治市（占城市总人口份额为 $1-s$）以及 m 个郊区（每个占城市总人口份额为 s/m）。

在模型中，中心和郊区之间的其他差异有助于得到这一结论。模型假设资本可以在城市间和城市内自由流动，但在城市内流动性更高。决策存在顺序。中心政府首先（同时）设置它们的税率，然后资本所有者决定如何在城市间配置它们的资本。接下来，郊区自治市选择它们的税率，此时每个城市的资本数量已经确定。最后，资本所有者决定资本在城市内的空间配置。

---

[29]　对于这个模型，式（17.5）表明如果自治市之间存在任何税率差异，则必然为完全分层。

时间顺序的差异至关重要。笔者以对区位决策者的调研结果作为假设的基础。[30] 调研对市长提出问题，问他们感觉哪个辖区提供了更具竞争力（相对于所在辖区）的商业竞争环境。回应结果表明，人口密度较小的辖区倾向于把州内的其他辖区当成他们最有力的竞争者，而人口密度较大的辖区感受到来自其他州或国家地方政府的竞争。

劳动力供给缺乏弹性，人口是不流动的。每个自治市征收人头税和资本税，提供一种地方公共消费品。人头税的可得性意味着公共物品供给是有效率的。资本税影响资本的净回报：中心政府影响"全国的"净回报率，郊区政府只影响城市内的回报率。

不管城市内和城市间的对称性如何，均衡时资本税都是正的。以正的资本税降低资本回报的激励源于自治市内部非对称性的假设。资本和劳动的所有权模式在城市间（以及城市内的自治市间）相同，但在每个自治市内部存在差异。假设资本禀赋对劳动力禀赋的比率分布是非对称的，且中位值小于平均值，这看起来似乎符合实际。因而，中位投票者从资本净回报的下降中获益，即使没有资本净流入或流出。

假设人均产出是资本—劳动比率的二次函数，这使得研究者可以推导对称均衡时中心和郊区资本税率的闭式表达式。这些税率都是正的。它们依赖于城市数目 n、每个城市内的郊区数目 m 以及每个郊区占城市总人口份额 s。随着城市数目 n 的增加，每个辖区的资本税率都下降，但中心自治市下降更快。[31] 由于非扭曲税收的可得性，这里的公共部门不是必须对资本征税，常规税收竞争的结果是，随着自治市数目变大，税率趋近于零。这一结论对中心成立，但对郊区不成立。城市间资本分配决定后，郊区税收政策的指向是影响城市内部的资本回报。随着 $n \to \infty$，郊区税率趋于某个正值，其与 $\dfrac{\hat{e}}{1+\hat{e}} \dfrac{s}{m-s^2}$ 成正比，其中 $\hat{e}$ 是劳动力禀赋与资本禀赋比率的中间值，税率随着城市郊区数目 m 的增加而下降，中心自治市的人口份额为 $1-s$。由于中心自治区投票者的决策先于郊区投票者，因此（只有）中心投票者关心他们的税收增加对整个城市资本供给的影响。即使每个城市内部在地理上是对称的——这一模型中包括一个中心和一个郊区且人口相同——当超过一个城市时，郊区税率更高。

凯奇林恩（Kachelein，2014）提出了一个与贾尼巴和奥斯特洛（2013）

---

[30] 联系了巴登—符腾堡州的 1108 个市长，其中 714 人有回应。
[31] 这是 Janeba 和 Osterloh（2013）的命题 2。

类似的模型，其中城市内部存在非对称性，不同城市之间是完全对称的。㉜ 但是，财政政策出现于同一个阶段，而且资本流动没有城市内和城市间的差异。在凯奇林恩的模型中，“中心”和“郊区”的差异是不明显的，工人可以在城市内通勤。均衡状态下，工人从较大的自治市向较小的自治市通勤，因此较大的自治市最好视为郊区的总和，而不是中心。

在基础情形下，自治市拥有单一税收工具，即对自治市所利用的资本征收来源地税收。税收用于提供一种公共消费品。㉝ 假设城市数目很大，从而资本整体回报率不受任何单个自治市税率变化的影响。这样，如果不考虑通勤的话，每个自治市将征收相同的税率。

但在这里，每个大都市区只有两个自治市，工人可以通勤，但只能在城市内。因而，每个自治市的资本税率将影响本自治市以及另一个自治市的工资率。此外，还假定自治市人口不同——但非流动的土地要素禀赋相同。在不存在税收差异的情况下，人口更多的自治市中一些居民将选择在其他自治市工作。这意味着较小的自治市可以把基于来源地的资本税负输出给那些来自于较大自治市的工人。文章表明，这一税收输出效应的意义与基础税收竞争模型中人口非对称性有些相似。尤其是（命题2），较小自治市的居民在均衡时的境况将得到改善，较小自治市的税率较低（命题1）。在一个扩展模型中，凯奇林恩表明，征收基于来源地的工资税也不会改变模型的基本结论：自治市仍然征收资本税，较大的自治市倾向于更多依赖工资税而更少依赖资本税。后一个结论是关于人口相对规模对税收体系影响的预测，在多数其他税收和非对称性的模型中没有得出这一结论。

在盖涅等（Gaigne，2013）的研究中，生产不是局限在中心商务区（CBD）。但是，假设城市的地理中心——不需要与中心自治市重叠——生产率更高。工人的生产率是固定的，城市CBD的生产率至少不低于城市其他地区。㉞ 城市（外生地）划分为$m+1$个辖区：一个中心自治市，m个相同的郊区。城市是“一维的”，由m条通向CBD的射线组成。人们沿着射线居住，到CBD距离小于b的是中心自治市居民，超过b的是郊区居民：每条射线包含不同的郊区（m和b都是外生给定的）。

从效率角度看，两个相互抵销的成本决定了区位和就业模式。如前所述，

㉜ Braid（1996，2005）还提出了一个包含通勤的税收竞争模型：居住区位是固定的，但人们可以在城市内通勤，城市的资本供给完全具有弹性，而且自治市的一些土地可以为非居民拥有。他假设城市内所有自治市是相同的，因此没有讨论非对称性，而这是本部分的核心内容。然而，这些论文代表了税收竞争研究的重要一步。

㉝ 这是私人物品的非完全替代品。

㉞ 假定生产不使用任何土地，因此每个区位所有的生产都在同一个点上进行。

CBD 作为城市的地理中心，其工人效率至少不低于其他地区，但是通勤费用昂贵。盖涅等（2013）还假设地方公共部门的成本取决于人口规模。尤其是，每个自治市公共部门的人均成本是服务人口规模的"U"形函数。人口规模对地方公共部门的成本有影响，这意味着自治市边界的位置是重要的，这与自治市就业区位不同。由于整个城市的生产率相同——除了 CBD——把就业置于自治市就业区的中点可以使郊区通勤成本最小化。这一就业区的边界可以与政治边界不同，因为一些郊区居民选择在中心自治市工作。

因而，每个郊区包含一个就业点，就业点与 CBD 距离为 $(\gamma + B)/2$，其中 B 是城市半径，γ 是离工作地点最远的中心工人的居住区位。

从社会规划者的视角看，居住区位可以和就业区位不一致。公共部门的成本函数意味着给定的人口应该在所有自治市之间平均分配。[35] 如果中心自治市就业没有成本优势，通勤成本最小化要求 $\gamma = B/3$。所有自治市人口相等要求中心自治市半径 b 是到城市边缘距离的 $1/(m + 1)$。因而从规划者的角度看，当且仅当 $m \geq 2$ 时，$\gamma \geq b$。当存在三个或三个以上的郊区时，最优状态下一些工人会从郊区向中心通勤。CBD 所具有的生产率优势将强化这一效应。

在分权化的背景下，自治市政府财政政策的目标是使居民收入最大化。和多数文献一样，盖涅等（2013）假定居民区位选择先于地方公共部门，从而简化了目标最大化选择。此外，他们假定自治市土地租金在自治市居民间平均分配，地方公共部门的规模是固定的。每个自治市选择如何分配地方公共部门的成本。税收来源于自治市居民和企业。企业规模收益不变；自由进出以及劳动是生产的唯一投入这一事实，意味着对企业征收的税收完全转嫁给了工人。[36] 当 $b \neq \gamma$ 时，自治市的工人和居民并不一致。

中心和郊区企业税率的任何差异都是扭曲性的。在不存在税收差异的情况下，工人（和企业）在城市内选择最佳区位以使净产出减去通勤成本最大化。中心的企业税率高于郊区意味着无效率的生产模式，中心的生产规模偏小。

盖涅等（2013）表明，如果有来自其他地区的人选择在某个自治市工作，则该自治市将对企业征收正的税率。它可以输出部分税收负担。

但是他们也得出了两个更为特别和令人惊讶的结论。第一个结论是唯一可能的通勤是从郊区到中心。基于通勤成本 β、城市半径 B、中心半径 b 以及 CBD 的成本优势 $E \geq 0$，会出现三种情形：当 $b \geq 5B/3 - 2E/\beta$ 时，所有的生产

---

[35]　由于人口规模为 P 的自治市其公共部门总成本被假定为 $F + \alpha P^2$，当且仅当 $m + 1 \leqslant \sqrt{\dfrac{\alpha}{F}L}$ 时，这些成本随着自治市数目 $m + 1$ 的增加而减少，其中 L 为城市的总人口。

[36]　记住在这个模型中生产不需要土地。

位于中心；当 $5B/3 - 2E/\beta > b \geqslant B/3 + 2E/3\beta$ 时，均衡状态下（$\gamma = b$）没有通勤；其他情况下存在一些郊区向中心的通勤。因而，中心可以选择对企业征税，除了在第二种情形下（$b = \gamma < B$），此时税收为 0。

第二个特别的结论是，均衡时郊区既不对企业征税，也不补贴它们。郊区税率 T 和中心税率 T_0 决定了郊区就业区和中心之间的边界 γ。城市星形的性质确保了不同郊区间不存在相互作用。郊区政府选择税率 T，以使净产出（郊区居民总产出减去居民通勤成本，以及向 CBD 通勤的郊区居民缴纳给中心政府的税收）最大化。零税率被证明能够使这一净产出最大化。

这两个特别的结论意味着向中心的通勤过少。模型得出了一个中心企业税的闭式解：

$$T_0 = \frac{E}{2} + \frac{\beta(B - 3b)}{4} \tag{17.6}$$

式（17.6）暗含了中心人口及其税率之间的关系。由于 b 是中心的半径，B 是城市的半径，式（17.6）意味着中心税率 T_0 将随着中心人口份额的增加而下降。在其他条件相同的情况下，中心人口的增加意味着只能向更少的郊区通勤者转嫁税负，因此中心最优税率 T_0 下降。由于无论郊区大小，郊区都把来源地税率 T 设置为零，盖涅等的模型意味着人口越是集中在中心辖区，整个城市的税率越低。

对于边际工人而言，到 CBD 的最大通勤距离 γ 取决于其在 CBD 的税后净收入，而郊区就业中心位于就业区边界 γ 和城市外围之间的中间位置。因而，γ 必须满足：

$$\beta\gamma + T_0 = \beta\left(\frac{B + \gamma}{2} - \gamma\right) + E + T \tag{17.7}$$

给定式（17.6）和这一对 γ 的定义，均衡时 $T = 0$ 意味着：

$$\gamma = \frac{1}{6}\left(B + 3b + 2\frac{E}{\beta}\right) \tag{17.8}$$

当不同位置生产率相同时（$E = 0$），$\gamma = \frac{B}{6} + \frac{b}{2}$，其小于上面提到的有效率就业半径 $\gamma^\star = B/3$。中心把税负转嫁给通勤者导致 CBD 就业偏少。当 CBD 的生产率优势严格为正时，这一结论仍然成立。

贾尼巴和奥斯特洛（2013）的结论可以表述为：

结论 17.3.9 如果资本可以在城市间流动，而且中心自治市的税率对企业在城市间的区位决策很重要，中心自治市的税率将偏低。

盖涅等（2013）的结论可以表述为：

结论 17.3.10 在一个居民可以通勤的单城市模型中，如果通勤方向是从郊区向中心，中心的资本税率将偏高。税率差异意味着中心自治市的工人过少。

17.4 税收和城市人口分类

17.4.1 税收引致的城市人口分类：理论

17.4.1.1 非空间一般均衡模型

从埃利克森（Ellickson，1971）和韦斯特霍夫（Westhoff，1977）开始，长期以来存在一个传统，即基于蒂伯特（1956）对人口异质性的城市进行财政分权化建模。关于多辖区模型的文献几乎全部是基于地方财产税，手册的前几卷已经对此进行了概览（Ross and Yinger，1999；Epple and Nechyba，2004）。因而，我们在本部分只是对这些模型的基本架构和主要结论加以回顾。

在所有这些模型中，不同收入的家庭在固定数目的辖区（自治市）中选择居住区位。辖区居民对地方公共物品供给投票，资金来源于地方财产税（17.3.3 节）。需要注意的是，严格来讲，这些模型中的地方"公共物品"是一种"公共供给的私人物品"，它的消费具有可排他性和竞争性。地方公共预算是平衡的，住房价格随着地方住房需求进行调整。辖区内和辖区间的距离是无关的，从这个意义上看，模型是非空间的。文献集中讨论非对称均衡，包括辖区间不同的财产税率、公共物品供给量和住房价格。人口分类基于公共物品和住房的性质。在包括财产税的多辖区模型中，家庭的区位决策基于住房的税后价格。因而，财产税率自身并不是一个独立的区位特征。在均衡时，每个家庭要对公共物品供给和税后住房价格进行权衡。对于线性财产税模型，人口分类基于公共物品和住房的性质。

结论 17.4.1 如果住房需求的收入弹性为 1，而且公共物品容易被私人物品替代（例如，纯货币转换），那么富裕家庭选择进入低公共物品供给和低税后住房价格的自治市。如果公共物品难以被私人物品替代，那么富裕家庭偏好高公共物品供给和高税后住房价格的自治市。

注意没有关于自治市收入水平与财产税关系的理论预测。

多辖区模型校准和估计的基础是埃普尔和普拉特（1998），其中家庭的收入和偏好是异质的，这导致基于收入的不完全分类。在埃普尔—普拉特的初始模型中，富裕家庭选择低公共物品供给和低税后住房价格的自治市。这与美国城市中观察到的典型模式相矛盾。因而，模型的实际应用（例如，Epple and Sieg, 1999）使用了埃普尔和普拉特（1998）一个版本，其中公共物品不容易被私人物品替代，富裕家庭选择高公共物品供给和高税后住房价格的自治市。这一基础模型近期在若干维度上被拓展。在卡拉布莱斯等（Calabrese, 2007）的研究中，地方居民可以对区划进行投票，确定最小地块面积。区划加剧了收入分类，提高了总体福利，但与无区划的均衡相比，贫困家庭的福利有很大损失。埃普尔和费雷拉（2008）使用具有同辈效应的模型研究学校财政均等化的效应，发现扩展模型能够正确地预测学校财政改革可观测的影响。埃普尔等（2012）的模型包含了一个代际重叠模型，其中相比较有孩子的年轻家庭，没有孩子的年老家庭对学校质量改进不感兴趣。相比较只包括收入的模型，基于收入和年龄的分类均衡结果降低了教育结果的不公平性。

卡拉布莱斯等（2012）研究了埃普尔—普拉特模型一个校准版本的福利效应。他们发现相比存在人口分类的分权均衡，没有分类的集中均衡出现了人均福利损失和多数人口的福利损失。福利损失不大（小于平均收入的0.1%），主要（超过福利损失的99.5%）由房主承担，机制是租金下降。较小的精英辖区公共物品供给较高，当其分权均衡是蒂伯特式均衡时，这一福利损失是显著的。他们把分权化的财产税均衡归因于"辖区选择外部性，其中郊区相对贫困的家庭通过购买较小的住房以避免税收，实现对较为富裕家庭的免费搭车"（Calabrese et al., 2012, p.1082）。有效均衡的特点是分权化的地方人头税，相比较分权化和集中财产税均衡，它能产生福利改进。有趣的是，相比分权化的财产税均衡，人头税均衡在公共物品供给方面存在更大差异，分类程度也更高，其效率通常与蒂伯特式均衡相联系。

结论17.4.2 如果公共物品难以被私人物品替代，那么家庭在收入和偏好方面将存在差异，富裕家庭和对公共物品有较强偏好的家庭会选择高公共物品供给和高税后住房价格的自治市。分权化财产税均衡并不比这样的均衡更有效率，它们具有相同公共物品供给、集中财产税、没有人口分类。分权化的人头税均衡比财产税均衡明显更有效率，但意味着更为显著的人口分类。

但是，这一福利分析没有考虑分权决策的信息优势（Kessler, 2014），而且它没有考虑公平。

在17.2节中，我们指出财产税是美国和联邦制国家地方政府的主要税收来源。在多数其他的高收入国家，所得税是一个更为重要的地方税收来源。古德斯皮德（Goodspeed, 1989）、斯密德亨尼（Schmidheiny, 2006a, b）以及霍德勒和斯密德亨尼（2006）研究了包括地方所得税的多辖区模型。除了税基，这些模型在多数基本假设上与财产税模型相同。所得税使正式建模出现了若干技术难题：在收入税模型中，税率和住房价格是两个无关的地方特征。如果辖区在超过两个维度（税率、住房价格、公共物品）上存在差异，对异质主体在辖区间的分类分析具有挑战性，只有对家庭偏好施加额外的限制性假设，才会产生明确的分类（Gravel and Oddou, 2014）。除了技术困难，所得税模型的结果与财产税模型非常相似。和财产税模型一样，文献集中讨论了在不同的收入税率、公共物品供给、住房价格情况下辖区之间的均衡。分类基于公共物品和住房的性质。在包含所得税的多辖区模型中，均衡时每个家庭在公共物品供给、住房价格和收入税率之间面临三个双边权衡，导致大量可能的均衡集，这取决于公共物品和住房的性质。古德斯皮德（1989）确立了如下的经验相关结论。

结论 17.4.3　如果住房需求的收入弹性为 1，公共物品容易被私人物品替代（例如，纯货币转换），那么富裕家庭选择进入低所得税率、高住房价格和低公共物品供给的自治市。如果公共物品难以被私人物品替代，那么富裕家庭选择进入低所得税率、高住房价格和高公共物品供给的自治市。

斯密德亨尼（2006b）推导了这一分类结果的充分条件，并将其拓展至不完全的家庭分类，如在埃普尔和普拉特（1998），这些家庭在收入和偏好方面存在差异。斯密德亨尼（2006a）引入了累进的所得税，将其作为预测高收入家庭选择进入低税收自治市的另一个动机。

需要注意的是，在高收入家庭选择低税收、高公共物品供给的自治市的多数相关案例中，住房市场具有基本的支撑作用。高房价阻止了低收入家庭跟随高收入家庭进入低税收、高公共物品供给的区位。

人口基于收入分类是一个普遍的现象，在具有同一税率的城市也能观察到。主要解释是各种社会互动形式。对理论和经验文献的充分讨论见约安尼季斯（Ioannides, 2013）。卡拉布莱斯等（2006）把社会互动形式和税收分权化纳入统一的正式框架中。在模型中，公共物品是教育支出，社会互动形式是教育中的同辈效应。这一模型产生了一个丰富的可能均衡配置集。在调整模型后（17.4.2.2 节），他们发现与没有同辈效应的模型相同，富裕家庭选择进入高公共物品供给和高税后住房价格的自治市。但是，与调整的基础模型不同却与经验观察相一致的是，高收入自治市的财产税比低收入自治市更低。

结论 17.4.4　如果教育供给存在同辈效应，而且教育的公共供给难以被私人供给替代，富裕家庭将选择进入高住房价格、高公共物品供给和低财产税率的自治市。

17.4.1.2 非对称性和向心性

在上一部分给出的模型中没有空间特征：均衡仅仅是自治市名字的排列。多数研究具有如下特点，即中心自治市和其他（郊区）自治市的区别就在于中心自治市范围更大、住房更多。因此，如果中心自治市拥有 40% 的住房，会存在 40% 最贫困的人口居住在中心自治市的均衡，但也会存在另一个均衡，其中 60% 最贫困的人口居住在郊区自治市。

德巴托洛梅和罗斯（de Bartolome and Ross，2003，2004，2007）的三篇文章表明，在分类模型中引入区位异质性能够打破多重均衡。[37] 德巴托洛梅和罗斯假设工人通勤到 CBD，高收入人群的通勤成本高于低收入人群。为了便于处理，假定空间需求不随收入变化。如果城市只有一个自治市，这一模型将会出现一个独特的均衡区位模式。人们根据收入分类，最富裕的人群居住在城市中心附近。

德巴托洛梅和罗斯把城市分为两个部分：一个圆形的以 CBD 为核心的中心自治市，和一个环形的围绕中心的郊区自治市。每个自治市征收人头税，并提供一种公共产品。假定公共产品需求的收入弹性为正。因而，每个辖区提供辖区中间收入居民偏好的公共产出水平。地方公共物品需求的异质性产生了多重均衡。模型中还会有这一均衡，其中大都市区的收入随着到中心的距离单调递减。两个原因推动富裕人群对中心自治市的土地竞租：他们愿意为接近 CBD 支付最高价格，而且他们偏好 CBD 提供的公共物品。

但是，还存在一个"反向均衡"。假定中心的中间收入低于郊区。如果这是事实，富裕居民将面临一个权衡。中心自治市仍然提供进入 CBD 的便利，但是富裕居民更偏爱高收入郊区提供的公共产出。如果公共产品需求的收入弹性比通勤成本的收入弹性更高，那么第二个效应将会超过第一个。上面的理论探讨由德巴托洛梅和罗斯（2003）给出。在接下来的工作中，德巴托洛梅和罗斯构建了一个数值实例，确认了存在城市最富裕人群居住在郊区自治市的均衡。在他们的实例中，城市包括一个圆形的中心自治市及一个环形的围绕中心的郊区自治市。每个自治市根据多数规则选择公共产出水平（由人头税融资），投票者是短视的。在德巴托洛梅和罗斯（2004）中，城市有两个收入阶层，在德巴托洛梅和罗斯（2007）中，（外生的）收入分布是连续的。在每个模型中，必须有一个最高收入阶层选择中心自治市的均衡。但在每个模型中，

---

　　[37] Epple 等（2010）也表明，原则上辖区内的便利（如接近中心）可以结合到上一部分给出的多辖区模型中。但是，他们没有研究均衡的特点。

对于某些参数值还存在第二类稳定均衡，其中最富裕人群在均衡时因为高水平的公共产出而选择郊区。因此在给定辖区内，收入随到 CBD 距离的增加而下降这一观点仍然是正确的。在第二类均衡中，最贫困人群居住在中心自治市的最外围，最富裕人群紧邻他们，位于郊区距 CBD 最近的部分。

第二类均衡似乎缺乏效率，愿意为接近 CBD 支付最高价格的人们最后距离中心相当远，因为他们认为中心自治市是最贫困的。德巴托洛梅和罗斯（2007）表明，在第一类均衡中所有居民的总福利较高，其中穷人居住在郊区。但是，第二类均衡向第一类均衡转变并不必然实现帕累托改进。德巴托洛梅和罗斯计算了一个实例，其中最贫困人群在第二类均衡中境况实际上得到了改善，他们居住在中心。

德巴托洛梅和罗斯（2003，2004，2007）的发现可以概括如下：

结论 17.4.5　假设相比较低收入家庭，高收入家庭对中心有更高的支付意愿，高收入家庭选择进入城市更为中心的部分，该部分构成一个辖区。当城市由一个大的中心自治市和多个小的郊区自治市组成时，这一均衡是稳定的。还存在"反向"均衡，其中高收入家庭选择进入远离中心的郊区自治市。

17.4.2　税收引致的城市人口分类：经验研究

理论上，可通过把个体或总体的区位决策与地方税负相联系，来研究地方税对个人和企业区位决策的影响。[38] 通常看来，两者是负相关关系。但是，这一关系不能解释为因果关系，因为存在内生的反向因果关系问题。基于高收入家庭的宽税基能够产生较高的税收，即使在税率较低的情况下。因而，拥有宽税基的自治市能够以低税率平衡预算。个体区位决策会影响地方税——至少在长期——通过地方预算约束及其背后的政治过程。这产生的反向因果关系在非实验研究中难以克服。本部分给出四种不同的克服内生性问题的方法。[39]

17.4.2.1　个体区位选择的估计

在一个多项反应框架中，第一个经验方法的目标是家庭区位选择。弗里德

---

[38]　例如，Kirchgassner 和 Pommerehne（1996）以及 Feld 和 Kirchgassner（2001）对瑞士自治市数据进行研究表明，高收入家庭位于所得税低的州和自治市，这一现象具有系统性。Liebig 等（2007）表明税率高的瑞士自治市比税率低的自治市有更高的迁移率。他们还表明在税率变化和迁移之间存在正相关关系。

[39]　对均衡分类模型估计的概述也见 Kuminoff 等（2013）。

曼（Friedman，1981）使用一个条件逻辑模型研究了旧金山9个居民区682个家庭的区位选择。内希巴和斯特劳斯（1998）应用同一模型研究宾夕法尼亚郊区6个学区超过22 000个家庭的区位选择。两个研究都表明，高公共支出（例如每个学生的学校支出）和低房价会吸引居民。但是，这些研究无法估计财产税率的影响，因为它只通过税后住房价格影响人们的决策。

这一方法似乎避免了内生性问题，因为从单个家庭的角度看，社区特征可以被视为既定。但是，地方税率仍然是所有个体区位决策的函数。因而，斯密德亨尼（2006a）关注那些给定年份迁入家庭的区位选择。迁入人口在整体人口中只占相对较小的份额，而均衡税率主要受占较大份额的现存人口影响。斯密德亨尼（2006a）估计了瑞士巴塞尔城市区域1997年从中心迁移到其他自治市的家庭的区位选择。他构建了下面的间接效用函数：

$$V_{ni} = \alpha_n \log(p_i) + \gamma_n \log(1 - t_{ni}) + \varepsilon_{ni} \tag{17.9}$$

其中，p_i 是自治市 i 的每平方米住房租金，t_{ni} 是自治市 i 家庭的区位和收入累进税率，ε_{ni} 是家庭和区位误差项。假设 ε_{ni} 服从极值 I 分布，可得到麦克法登（McFadden，1974）的条件逻辑模型。参数 α_n 和 γ_n 在模型中是矢量 x_n 的线性函数，x_n 是可观测的家庭特征，如收入和儿童数目：

$$\alpha_n = \alpha_0 + \alpha_1 x_n \text{ and } \gamma_n = \gamma_0 + \gamma_1 x_n \tag{17.10}$$

这导致在间接效用函数（17.9）中区位和家庭变量的相互作用。在引入区域固定效应 θ_i（包括对所有家庭同等重要的观测到和未观测到的全部区位属性）后，相互作用以及所有其他区位—家庭变量得以识别：

$$V_{ni} = \theta_i + \alpha_1 \log(p_i) \cdot x_n + \gamma_0 \log(1 - t_{ni}) + \gamma_1 \log(1 - t_{ni}) \cdot x_n + \varepsilon_{ni} \tag{17.11}$$

注意住房价格的影响 γ_0 和所有其他区位变量没有在式（17.11）中识别。

斯密德亨尼（2006a）发现地方所得税是家庭区位选择非常显著和重要的决定因素。高收入家庭更容易迁移到低税收的自治市，这部分是由于地方税率的累进性。把可观测的社会相互作用作为控制变量，包括把地方平均收入和种族构成作为解释变量，这一结论仍然成立。

17.4.2.2　均衡状态下个体区位选择的估计

本部分概括的经验方法寻求在间接效用函数中识别所有的参数，效用函数包括区位变量（如住房价格）的影响，是个体区位决策的基础。它还对均衡时个体区位决策如何影响区位特征进行建模，从而使反事实分析得以进行。

方法借鉴了产业组织的经验文献。贝里等（Berry，1995）引入了一个计量模型，根据小汽车的特征估计对小汽车的需求。拜耳等（Bayer，2004）将贝里—莱文索恩—派克斯框架应用于家庭 n 对邻里 j 或住房单元的选择。[40] 在拜耳等（2004）的研究中，第一步是通过下面的间接效用函数估计一个多项逻辑模型：

$$V_{ni} = \alpha_n p_i + \beta_n x_i + \gamma_n z_i + \varepsilon_{ni} \qquad (17.12)$$

其中，p_i 是邻里 i 的住房价格，x_i 是邻里 j 的外生特征，ε_{ni} 是个体和区位的误差项。考虑到社会相互作用，他们还加入了另一个变量 z_i 表示内生区位特征，如平均收入和种族结构。在一个包括地方所得税的经验设计中，税率 t_i 可能是 z_i 中的另一个变量。α_n，β_n，γ_n 的影响只针对个体，假设其是个体 n 的特征 x_n 的线性函数：

$$\alpha_n = \alpha_0 + \alpha_1 x_n, \ \beta_n = \beta_0 + \beta_1 x_n, \ \text{且} \ \gamma_n = \gamma_0 + \gamma_1 x_n \qquad (17.13)$$

因此，间接效用函数为：

$$V_{ni} = \theta_j + \alpha_1 x_n \cdot p_i + \beta_1 x_n \cdot x_i + \gamma_1 x_n \cdot z_i + \varepsilon_{ni} \qquad (17.14)$$

其中，$\theta_i = \alpha_0 p_i + \beta_0 x_i + \gamma_0 z_i$。如果 ε_{ni} 服从极值 I 型分布，这会导致在第一步中估计麦克法登（1974）具有区位固定效应的条件逻辑模型。第一步中的估计通常意味着对大量固定效应 θ_i 的估计，式（17.14）最大可能性的估计中会需要其数值。因而，拜耳等（2004）提出了一个定点计算法以有效地计算 θ_i 的唯一一集，给定参数 α_n，β_n，γ_n，使得在样本 $n = 1$，$\cdots$，N 中选择邻里 i 的预测比例等于观察到的比例。这是条件逻辑模型中最大可能估计量的一个特性，因而 θ_i 是最大可能估计。然后，参数 α_n，β_n，γ_n 通过使一个集中似然函数最大化加以估计。[41]

在估计的第二步，邻里固定效应用邻里特性进行回归：

$$\theta_i = \alpha p_i + \beta_0 x_i + \gamma_0 z_i + \eta_i \qquad (17.15)$$

在第二步，拜耳等（2004）利用贝里等（1995）的思路处理显著的内生性，并利用所有其他邻里的外生特性的函数作为本地住房价格 p_i 的工具变量。随着把住房单元作为决策选择（见脚注[41]），社会环境变量 z_i 的内生性得以处理，方法是把分析限制在学区边界附近的住房样本，并且像布莱克（Black，1999）那样包括边界固定效应。但是，拜耳等（2004）在第一步没有处理内生性问题。[42]

拜耳等（2004）的方法可以进行反事实分析。外生变量 x_j 的变化将通过 β

---

[40]　更多的技术细节和结果也见本书 Holmes 和 Sieg 一章的 2.3 节和 2.4 节以及 Kuminoff 等（2013）。

[41]　Bayer 等（2004）把住房单元作为决策选择，对第一阶段进行了估计。N 个家庭在 N 个选项中进行选择。随着家庭和选项数目变得很大，最大可能性估计会非常昂贵。因而，他们利用 McFadden（1978）的结论：条件逻辑模型可以基于每个家庭选项的随机子集进行估计。这一选择集包括实际选择加上（少量）来自剩余选项的随机选择。这一估计策略依赖于无关方案独立性（IIA）假设。

[42]　注意 Berry et al.（1995）和随后的产业组织文献没有把内生变量 p_j 和个体特征相联系，也不包括社会相互作用变量 z_j。

直接影响均衡区位选择，并通过内生区位特性 z_i 间接影响均衡区位选择。例如，均衡时邻里的种族结构是所有个体区位决策的加总。为进行反事实分析，个体区位选择对内生变量 z_i 的影响必须明确加以建模，并求解新的均衡。

拜耳等（2007）估计了人们对学校质量的边际支付意愿。他们发现对学校绩效改进有显著的支付意愿，并以较高住房价格的形式表现，但其效应低于之前的估计。拜耳等（2011）集中于迁移决策，讨论式（17.14）中的区位变量 z_i 的内生性问题。他们发现基于居民截面数据会低估对舒适因素的支付意愿，如空气质量，却高估对与本种族共居的支付意愿。

就我们的知识而言，拜耳等（2004）的分类策略还没有用于研究城市内税收差异对人口分类的影响。

17.4.2.3　结构估计

17.4.1.1 节中给出的理论模型可用于结构估计。[43] 埃普尔和西格（1999）使用埃普尔和普拉特（1998）的理论模型，该模型引入了家庭异质性，包括收入和对公共物品的偏好。这一、二维异质性在均衡时形成了更为真实的部分分类：平均来看，高收入自治市的居民比低收入自治市的居民富裕，但是收入分布有重叠。在埃普尔和普拉特（1998）的研究中，公共物品是纯粹的货币转移，公共物品进入效用函数，产生更为真实的均衡，富裕家庭进入高公共物品供给和高税后住房价格的自治市。与埃普尔和普拉特（1998）不同，埃普尔和西格（1999）用参数表示家庭间接效用函数和家庭异质性的联合分布（二维对数正态分布）。第一步，在城市的所有自治市中，通过匹配预测的收入四等分和观测到的收入四等分，估计结构参数的一个子集和一系列的自治市固定效应。第二步，使用非线性最小二乘法，把自治市固定效应与公共物品供给观测到的维度（学校质量、犯罪、公园、污染等）和单位住房价格相联系。这一参数化中的误差项是未观测到的公共物品供给，其可能与公共物品观测到的维度和住房价格相关。因而，在第二步中，对这些变量要使用工具加以处理。需要注意的是，与 17.4.2.2 节中的估计不同，不存在特定的冲击使得家庭偏好不同的自治市。埃普尔和西格（1999）使用波士顿大都市区 1980 年 92 个城镇的数据对模型进行估计。估计模型非常符合收入分类、住房价格和公共物品供给观测到的模式。估计模型可用于模拟财产税率对均衡区位模式的影响。

埃普尔等（2001）还在结构估计中使用多数投票均衡的理论条件。他们

---

[43]　更多的技术讨论也见本书 Holmes 和 Sieg 一章的 2.3 节和 2.4 节以及 Kuminoff 等（2013）。

发现参数估计难以与埃普尔等（2001）区位均衡的参数估计相一致。卡拉布莱斯等（2006）在模型估计中加入同辈效应，并表明消除了两者的不一致。埃普尔和西格（1999）假设，尽管家庭对地方公共物品供给水平的偏好不同，所有家庭对公共物品供给的不同维度有相同的评价。埃普尔等（2010）允许不同类型的家庭对公共物品维度有不同的评价。我们在 17.4.1.1 节中对这一文献的主要结果进行归纳。

三个不同经验方法的主要发现如下：

结论 17.4.6　*存在经验证据表明，高收入家庭被吸引到国内低所得税州以及城市内低所得税自治市。*

到目前为止，所有关于地方层次税收引致的人口分类的证据既是基于观测数据的微观计量研究，也是基于结构估计。近期的准实验证据表明，高流动性和技术熟练的工人会被吸引到所得税率低的国家。[44]

17.5　税收和集聚经济

本章截至目前，尽管考虑了家庭之间的相互作用，我们仍假定企业的区位选择是相互独立的。该方法暗含了一个关于经济活动空间分布的推测，密度受无弹性住房竞争的阻碍。更广义地讲，个体区位选择相互独立的假设要求忽略城市经济的核心机制：集聚力。如果主体对邻里的其他主体产生正外部性，则活动会在空间集中，他们对税收的敏感性将与不存在这些外部性的情况下有所不同。因而本部分的目标是，在存在集聚经济的情况下，提供一个关于分权化财政政策的理论和经验文献的概述。

17.5.1　理论

集聚经济对税收竞争模型的主要意义在于，经济活动事实上是不流动的，即使从制度设计角度看是流动的，因为企业需要选址于产业集群以保持竞争力。因而，决策者可以对集聚征税，却不会危及他们的税基。这一机制在"新

---

　　[44]　在欧洲法院出台了博斯曼法案以增强足球运动员的流动性后，Kleven 等（2013）研究欧洲足球运动员的区位选择。Kleven 等（2014）分析了丹麦高收入外籍工人特别税收减免的影响。Young 和 Varner（2011）研究了新泽西高收入者所得税税率大幅增加的影响。与这一调查的关注点相近，Agrawal 和 Hoyt（2013）使用城市内州界来确定税收对通勤时间的影响，他们发现城市居民确实准备接受更长距离的通勤，以换取较低的所得税税率。

经济地理"模型中得到了广泛的讨论，集聚均衡的特征是整个流动性部门由于集聚力位于中心区域，而外围区域只有部分非流动产业（Ludema and Wooton，2000；Kind et al.，2000；Baldwin and Krugman，2004；Krogstrup，2008）。[45] 这一文献的关键洞察是，集聚力使得世界变得"不均匀"：当资本（或任何其他相关的生产要素）是流动的且贸易成本足够低，集聚力会导致经济活动在空间上集聚，且不会被税收差异阻断，至少在一定范围内。事实上，集聚外部性创造了租金，原则上集聚所在辖区可对这一租金征税。此外，分权化财政政策自身可强化集聚趋势，如果公共物品生产具有规模经济，会使得集聚区位更具吸引力（Andersson and Forslid，2003）。[46] 但是，中心—外围结果是非常极端的，尤其是在城市层次加以考察。因而，需要强调的是，集聚经济无须像中心—外围情形下那样突出以降低税收竞争的强度。博尔克和弗鲁格（Borck and Pfluger，2006）表明，地方税收差异可在这样的模型中产生，该模型存在局部集聚的稳定均衡，其中的流动要素无法产生集聚租金。

结论 17.5.1 集聚经济能够产生可税租金，并弱化税收竞争强度。

尽管集聚经济的流动性降低效应以及随之而来的水平税收竞争弱化是讨论最多的新经济地理政策，事实上非常类似的模型能够产生相反的结果：刀锋效应，其中微小的税收差异能造成税基空间分布的大幅调整。在这些结构中，集聚经济实际上增强了企业区位对税收差异的敏感性，因为一个企业的区位选择将引致更进一步的企业流入，以及新集群的形成。在这些结构中，集聚经济加剧了税收竞争的强度（Baldwin et al.，2003，结论 15.8；Konrad and Kovenock，2009）。伯比奇、卡夫（Burbidge and Cuff，2005）和费尔南德斯（Fernandez，2005）发现了相似的结论，他们在这样的模型中研究了税收竞争，其中企业在完全竞争的条件下运营，而所有企业作为一个整体是规模收益递增的。在这些模型中，单个企业的流动性不受集聚经济的限制，政府会比标准税收竞争模型更积极地去吸引企业。

结论 17.5.2 在空间分散的活动中，潜在的集聚经济意味着很大的税基弹性，因而会强化税收竞争。

本质上，这些结论基于两区域模型。在多区域模型中，存在细微的差异。哈恩贝因和赛德尔（Huhnerbein and Seidel，2010）使用一个标准的新经济地理模型，发现如果中心区域进一步细分为竞争性辖区，均衡时中心区域可能难以维持较高的税率。因而，与贾尼巴和奥斯特洛（2013）的模型相似，他们

---

[45] Baldwin 等（2003，chapters 15，16）提供了一个概览。

[46] 相反的机制，即分权化财政政策推动经济分散，也可以进行建模。考虑到广泛记载的这一事实，不同地方政府的公共支出通常存在差异（Brulhart and Trionfetti，2004）。

的模型意味着税收竞争给中心城市带来特别的压力，中心城市与其他中心城市以及腹地竞争流动性税基。

考虑到生产要素是高度流动的，且集聚经济在空间上迅速衰减，这一地理模型在城市内税收政策分析中有特别的前景（Rosenthal and Strange，2004）。如果我们集中考虑地方已经形成稳定集群的情景，这一集聚力可减少地方税收设置中的恶性竞争，使得税收分权化有效率。此外，税收分权化可以作为消除无效率空间均衡的机制，避免产业集群从一开始就锁定在次优区位（Borck et al.，2012）。此外，集聚经济使得分权化在政治上更为可行，因为它有利于形成较大的中心辖区，从而使得中心自治市具有优势，而在没有集聚力的非对称模型中，它们通常会在分权化中失利。

结论 17.5.3　集聚经济可能会增强中心自治市的优势。

因而，集聚经济对城市公共财政的潜在重要性不容低估。但是，企业层次的集聚经济不是塑造城市地理的唯一力量。如我们在 17.4.1.2 节中所讨论的，内生的人口分类可能导致地理上的中心自治市不再成为经济中心。[47]

17.5.2　经验研究

在经济地理中，近期理论工作对税收分权化预测的经验评价可以归为三个层次的嵌套问题（只有前面问题的答案是肯定的，第二、第三个问题才有意义）：

1. 企业进行区位决策时是否内部化集聚经济以使区位间的税负差异相对不重要（或更重要，取决于初始均衡）？

2. 地方政府是否意识到税基流动性受到集聚经济的影响，它们是否相应调整税率？

3. 集聚经济对地方税收设置的影响是否足够强以致显著影响均衡税收竞争结果？

近年来，很多经验研究寻求这些问题的答案。

17.5.2.1　集聚经济是否使企业或多或少对地方税收敏感？

第一个问题是检验地方税负 t_{fij}、集聚效应 a_{ij}、外生因素 x_{ij} 的矢量、随机项 ε_{fij} 对位于区位 i 的产业 j 的企业 f 的区位决策 L_{fij} 的偏效应：

$$L_{fij} = g(t_{fij},\ a_{ij},\ t_{fij} \cdot a_{ij},\ x_{ij},\ \varepsilon_{fij}) \tag{17.16}$$

---

[47]　集聚外部性另一个有趣的结果是，它们一定程度上强化了理论案例中城市内财政均等化的程度（Haughwout et al.，2002；Riou，2006；Gaigné and Riou，2007；Haughwout and Inman，2009；Wrede，2014）。

其中，企业—区位—产业组合与实际区位选择相一致时，L_{fij} 等于 1；对于企业、区位、产业的其他组合，L_{fij} 等于 0。[48] 通常这些模型通过条件逻辑模型或泊松统计模型估计，意味着 g 代表了一个指数均值函数（Schmidheiny and Brulhart，2011；Brulhart and Schmidheiny，2015）。式（17.16）的关键是相互作用项 $t_{fij} \cdot a_{ij}$，其意味着税收效应无法与集聚效应相分离。[49]

德弗罗等（2007b）第一个分析财政政策和集聚对区位决策的影响。它们探讨了式（17.16）的一个变化形式，其中集聚指标只与区位有关，因此它可以写成 ai。利用英国区域拨款的数据（他们的指标 tfij），他们发现在其他条件相同的情况下，企业会对已经存在相关产业活动的地区的财政激励更为敏感。因而，现有产业集群吸引新企业的代价比外围区位的代价更低。这是一个重要且和明显政策相关的结论，但并不是理论预测的必然结果。在一个没有迁移成本的内部均衡中，集聚区位的期望利润和外围相等。财政激励变化是更为有效地吸引企业到中心区位还是外围区位是不确定的，它依赖于实际回报与区位间产业份额关系的函数形式。例如，在博尔克和弗鲁格（2006）给出的模拟中，给定的财政激励如果在外围区位，将比在中心区位吸引更多的企业。此外，罗林等（Rohlin et al.，2014）发现事实上密集区域的所得税对企业跨越州界的阻碍效应更强。

布鲁尔哈特等（2012）探讨了这一问题，他们考虑产业层次的集聚经济是否降低了企业对地方税收差异的敏感性。他们估计了瑞士自治市企业启动阶段的区位选择模型。模型的突出特点是包括一个地方公司税率和埃利森与格莱泽（1997）指数的相互作用项，该指数衡量产业层次的集聚经济（aj）。该项的估计系数如果为正，就意味着集聚程度更高部门的企业区位选择对潜在区位间的税收差异更不敏感。通过使所有部门的自治市公司税相等（这样税收不是单独为单个企业或部门设置，税收可以表示为 ti），并且把税率和集聚指标作为工具变量，他们寻求最小化潜在的内生性偏差。他们发现，平均而言，创业与公司税负成负相关，但在空间集聚程度更高的部门，税收的阻碍效应较弱。在集聚度位于前五等分的部门中，企业对公司税负差异的反应程度低于后五等分部门企业的一半。该发现支持这一理论预测，即集聚经济降低税收差异对企业区位选择的重要性。

霍夫雷—蒙塞尼（Jofre-Monseny）和索莱—奥莱（2012）扩展了布鲁尔哈

---

[48] 尽管下面多数研究的部分或全部变量包含时间维度，我们此处为简化概念，没有加以考虑。

[49] 大量经验文献基于式（17.16）变化形式，却不包括相互作用项。如见 Hines（1999）的调查和 de Mooij 和 Ederveen（2003）的元分析。在地方层次研究税基对税率反应程度的文献包括 Buettner（2003）对德国、Haughwout 等（2004）对美国以及 Duranton 等（2011）对英国。

特等（2012）的方法，他们为加泰罗尼亚城市（地方劳动市场，特点是中心辖区首位度高，40%或更多的就业集中在最大的自治市）和更为分散的城市估计回归模型。他们进而发现了理论预测的证据，即如果企业始于一个分散的经济地理，集聚力能够增强企业区位选择的税收敏感性。和布鲁尔哈特等（2012）不同的是，他们发现相互作用项 ti·aj 显著为负，尤其是在中心自治市首位度很高的城市中。只有把样本限制在辖区首位度很高的中心自治市，相互作用项系数才显著为正。这些结果与理论预测相一致，即集聚经济能够加强或弱化企业对税收差异的敏感性，这取决于初始空间结构。

结论17.5.4 现有证据支持这一理论预测，即集聚经济能够降低企业对辖区间税收差异的敏感性。

这一研究路线为交叉验证和进一步的深入分析留下了相当大的空间。集聚经济敏感性增强和敏感性削弱的分界线可以产生丰硕的成果，尤其是不仅考虑辖区规模存在非对称性，而且产业活动的早期空间配置也存在非对称性。

17.5.2.2 地方层次的税收政策是否考虑集聚经济？

判断集聚经济存在并且在企业对税收差异的反应中起作用，这只是全面评价集聚力影响税收竞争的第一步。第二个问题是，决策者是否意识到了集聚力的存在，并有效地对相应的租金征税或更为积极地进行竞争。

事实上，多数经验文献在讨论第二个问题时，把集聚经济对企业税收差异敏感性的抵销效应作为既定。这些研究估计以下类型的模型：

$$t_{ij} = h(a_{ij}, \ x_{ij}, \ \varepsilon_{fij}) \tag{17.17}$$

其中，a_{ij} 表示集聚经济，x_{ij} 表示除集聚经济之外的地方税率外生决定因素，h 通常表示一个线性的加法函数。

文献的结论可以简单概括为：全部现有研究认为，凡研究者认为是集聚的地区，观测到的税率一般较高。这在早期的文献中尤为显著：巴特纳（2001）发现人口密度较大的德国自治市设置较高的地方商业税率，查洛特和帕蒂（Charlot and Paty, 2007）观察到市场潜力较大的法国自治市设置较高的商业税率。这意味着他们发现区位集聚指标 a_i 大且统计上显著。例如，根据查洛特和帕蒂（2007）的估计，市场准入增加10%意味着商业税率平均增长1.3%。

这些分析面临艰巨的经验难题。问题之一是潜在的反向因果关系，通过 t 影响 A 而不是其他途径———一个理论上完善的联系（如 Andersson and Forslid, 2003）。较为近期的研究试图弱化这一问题，方法是把时间上早于左侧变量 t_i 的区位集聚指标 a_i 作为工具变量（Jofre-Monseny, 2013；Koh 等, 2013；Luthi and Schmidheiny, 2014）。尽管这些方法对弱化反向因果关系问题有帮助，人们不能排除过去一些相关的税收工具，它们在决定集聚模式时起一定作用。

一个更大的经验挑战是，地方财政收入需求成为集聚的混淆因素。更大、更密集和更中心的区位不可避免与城市地区相联系，通常中心自治市不仅与集聚经济相关，而且对公共物品有强烈的需求。研究者通常尽可能去控制观测变量，在区域层次的控制变量 x_i 中加入社会人口特征矢量。然而关于这些控制变量仍然要问，它们是否完全过滤了公共物品需求的差异。

霍夫雷—蒙塞尼（2013）和苏梅等（Koh，2013）讨论了这个问题，他们不仅考虑总的集聚强度（a_i），还考虑区位—产业层次的集聚指标（a_{ij}），从而增加了产业维度，而这在理论上与存在问题的区位维度成正交关系。这两个研究也都发现指标 a_{ij} 与显著较高的平均地方税率相联系。

此外，吕蒂和斯密德亨尼（2014）区分了城市间的差异和城市内（定义为瑞士大都市区）的差异。他们发现在城市之间，辖区规模和向心性（两个 a_i 的替代指标）都与高税率相联系。这与非对称税收竞争模型以及中心—外围模型相一致。但在城市内，只有辖区规模起作用，向心性（在规模方面有附加条件）与观测到的税率并不显著相关。尤其重要的是，在本章的既定主题下，笔者把这一发现解释为，标准非对称税收竞争机制在城市内和城市间都起作用，而集聚机制只在城市间的税收差异中起作用。就我们的知识而言，这是迄今为止唯一在讨论集聚经济时区分城市内和城市间地方税收决定因素的研究。这似乎是进一步研究中一个有前景的领域。

布鲁尔哈特和辛普森（2015）采用了另一个方法处理由于不同财政收入需求导致的潜在遗漏变量偏差。他们利用如下事实，即英国区域发展补助（解释为负的税收）在企业间存在差异，将其作为因变量，表示为 t_{fij}，这样可以从产业维度而不是区位维度加以识别。布鲁尔哈特和辛普森（2015）检验了企业申请的政府补贴是否考虑了企业不同的空间流动性，其取决于埃利森和格莱泽（1997）指数衡量的产业地方化程度。他们发现证据表明，企业申请补贴时将集聚经济内部化，政府机构在提供补贴时也对此加以考虑。

但是，他们也观察到地方政府机构把补贴结构化，目的是保护集聚程度更高产业的现有就业。相比地理模型中公正的地方政府为促进集聚形成税收政策，这一举措更为符合政策捕获理论。简单地说，尽管理论上可对集聚征税，它们也能通过增加在地方经济中的权重以获得税收优惠。这与政治经济理论相一致，理由是既得利益者的寻租行为在地方层次比在国家层次更为突出（Bardhan and Mookherjee，2000；Redoano，2010）。

结论 17.5.5 较大和更接近中心的自治市通常税率较高。这在多大程度上体现了可税集聚租金仍然不清楚。

17.5.2.3 集聚经济是否显著影响税收竞争均衡结果？

对前两个问题谨慎地回答"是"之前最好应概括相关文献：集聚部门的企业对高税率和接近其他企业进行权衡，地方政府似乎一定程度上清楚这一点，并进而设置税收。这是否意味着集聚力显著抵消了城市内和城市间恶性的横向税收竞争？集聚力在多大程度上与个人而不是公司税基相关（如地方分类效应；见17.4节）？这些问题目前仍然没有解决。严格处理可能需要进行结构建模，允许对不同集聚程度进行反事实模拟。

17.6 结 论

如17.2节所示，如果我们把"城市"定义为至少包含50万居民的功能性城市区域，典型的 OECD 城市平均划分为74个自治市，每个自治市20 000居民。这一平均数掩盖了人口规模上的差异：典型的中心自治市占城市人口的40%以上，其规模大约是周边自治市的50倍。这些城市辖区的关键任务之一是获得总税收（地方、区域和国家）的10%。典型自治市收入的43%来自财产税，21%来自个人所得税，21%来自商品和服务的消费税。财产税居支配地位主要是英语国家的特征，在拥有最高税收自主权的国家，个人所得税通常在自治市收入中居支配地位。

这些程式化事实清晰地显示，尽管税收竞争模型最初是在国际化背景下形成的，其在城市地区的税收环境中同样适用，各种不同规模的水平和垂直的辖区竞争流动性的税基。我们已经表明，不同的模型关于自治市人口和税基的关系有不同的含义，典型的城市特性需要更好地包含在这些模型中。

城市内的税收竞争与城市间以及国际间的税收竞争不同，因为城市内的所有税基是高度流动的，包括家庭。这意味着城市内的税收塑造了居民分类，同时又为居民分类所塑造。城市内公共物品供给和融资的分权化允许富裕家庭进入高公共物品供给、低税率和高房价的辖区，并阻止低收入家庭跟随。这一蒂伯特分类是有效的，因为不同（收入）群体消费符合他们偏好的公共物品。但是，调整后的理论模型表明，在财产征税的情形下这一福利收益难以说清。

尽管家庭和企业在城市内是高度流动的，在国内的城市间也具有一定程度的流动性，这一流动性受到集聚力的限制。近年来，这一现象受到了科学研究的详细考察，原因是"新经济地理"模型预言集聚力将导致企业不流动，进而产生可税区位租金。我们在17.5节中回顾了这些文献，并发现尽管理论上集聚力能同时强化和弱化税收竞争，经验证据表明了弱化效应，因为集聚力能够降低企业对地方税收差异的敏感性，但是，这一机制是否在地方税率决定因素中排在首位尚不得而知。

关于城市内税收的文献仍然不完整，尽管我们在本章讨论的很多论文与主题相关，却并非专门讨论这一问题。此外，我们涉及的多数文献均关注确定的理论预测以及相应的数据支持，有力的福利相关结论仍然缺乏，专门考察辖区决策的经验文献也是如此。在全球城市化以及很多国家财政分权化的背景下，这显然是一个很有前景的研究领域。

附录

关于城市地区辖区碎片化的数据来自于 OECD（网址 http：//stats. oecd. org），在"区域和城市"主题和子主题"大都市区"下（DOI 10. 1787/region-data-en）。我们使用变量"大都市区总人口""地方政府"和"地域碎片化"。我们使用 2012 年的数据，它包括 2012 年人口数据和各年地方政府数目。各国各年的数据见 OECD（2013a，p. 174）和表 A. 1。

除了美国，所有国家关于地方财政分权化的数据来自于 IMF，http：//eli-brary-data. imf. org。注意 GFS 数据只能通过订阅获得。我们使用 IMF 查询工具通过以下步骤下载数据：使用用户名和密码"Sign in"，"Query within a data-set：Government Finance Statistics（GFS）"，选择"time"1960 ~ 2012（我们以 10 年为间隔下载数据以缩小数据集的规模），选择"unit"，点击"National currency"和"Euros"，选择"Concept"，展开"2001GFS"，展开"Cash"，标记"Local Government"，点击"Select Branch"。用"Noncash"和"General Government"重复，以得到"Cash"和"Noncash"数据。这一选择结果是在 7 548 项中选择 1 666 项。选择"Country"，点击"Select All"，输出数据。

式（17.1）中的指数 LTS 根据 GFS 变量 GLRT_G01_AC"地方政府税收"作为分子、GGRT_G01_AC"政府总体税收"作为分母计算而得。对于没有报告非现金预算信息的国家，我们分别使用 GLRT_G01_CA 和 GGRT_G01_CA。我们使用所能观测的最新地方数据。我们仅使用那些地方数据中不包括次中央政府（如州和区域）的国家，这些空间单位明显大于城市地区。被使用国家的列表见表 A. 3，未使用国家的列表见表 A. 4。地方税的变量来源如下：GL-RTII_G01_AC 个人所得税，GLRTIC_G01_AC 公司所得税，GLRTP_G01 财产税，GLRTGS_G01 消费税，剩下的 GLRT_G01_AC – GLRTII_G01_AC – GLRTIC_

G01_AC - GLRTP_G01_AC - GLRTGS_G01_AC 是其他税源。对于那些没有报告费现金预算信息的国家,我们使用变量的_CA 版本。式(17.3)中的指数 ALTS 使用类别(a)加(b1)加(b2)加(c)(见 Blochliger and Rabesona,2009,第5页,表 A.2)得到的地方税收份额。

GFS 数据没有提供 2001 年后美国地方财政分权化的信息。因而,我们使用美国普查局提供的历史财政数据库(IndFin)。这一数据库报告 1967 ~ 2011 年各年的财政变量数据。IndFin 不是公开数据,但可以通过 E-mail 申请:govs. census. management@ census. gov。我们使用 2007 年的数据,这是最近可使用地方政府单位数据的年份。我们使用变量 total taxes 作为总体税收,individual income tax 作为个人所得税收入,corpnet income tax 作为公司所得税收入,property tax 作为财产税收入,totsalesgrrectax 作为消费税收入。来自其他税源的收入通过总税收减去上述四种税收计算。全部地方政府税收通过加总所有政府单位的收入获得,其中变量 typecode 取值 2(自治市)、3(镇)、4(特别区)或 5(学区,只包括独立的)。注意 IndFin 数据只报告每年的现金流,因而与 GFS 数据中下标为_CA 的变量相对应。2007 年政府总体税收来自于美国政府财政财务报表第 42 页(下载地址:https://www. fms. treas. gov/fr/07frusg/07stmt. pdf)。我们使用税收类别(a)加(b)加(c)(见 Stegarescu,2006,第32页,表2.2)得到的地方税收份额计算美国式(17.3)中的指数 ALTS。

为了评估 IndFin 和 GFS 的财务框架的可比较性,我们分别对两个数据来源计算了美国 1987 年和 1992 年的分权化指数。两个数据集都报告了基于现金流的数据。1987 年,IndFin 数据的 LTS 指数为 12.8%,GFS 数据的 LTS 指数为 16.8%。1992 年,IndFin 数据的 LTS 指数为 14.2%,GFS 数据的 LTS 指数为 18.9%。尽管 IndFin 数据对分权化有很大的系统性低估,它没有改变数据的次序,也没有导致国家间的税收分权化比较出现重要改变。

关于辖区碎片化的 OECD 数据(http://stats. oecd. org)不包含城市内单个自治市的人口。数据。因而,我们使用了另外一个数据集,由欧盟委员会(城市审计)提供,它列出了欧洲城市中所有自治市的名称和 2006 年的数据。这一数据无法通过公开途径获取,它是由欧盟委员会区域政策分析部的副主任 Lewis Dijkstra 提供。这些数据基于 EC/OECD 对城市的共同定义。但不幸的是,17.2.1 节使用的 OECD 数据和 17.2.4 节使用的 EC 数据存在重要的差异,如见脚注⑬。我们放弃了英国、爱尔兰、丹麦、斯洛文尼亚和葡萄牙,因为欧盟把比 OECD 数据中自治市更小的单位当成地方政府。我们还放弃了捷克,因为其地方政府数目与 OECD 数据中有很大的差异。我们使用了和 17.2.1 节

OECD 数据中同样的样本城市，即我们包括了同样的城市，它们 2006 年人口低于 500 000 而在 2009 年高于 500 000；我们还排除了一些城市，它们在 EC 数据中人口高于 500 000，但却不在 OECD 数据中。对于每个城市中最大和第二大自治市的人口以及总人口，我们使用 2006 年的人口数据。最大自治市的人口份额是用最大自治市的人口除以城市（城市地区）总人口。城市地区自治市的平均规模是用 EC 数据中的 2006 年总人口除以地方辖区的数目。脚注⑮中的齐普夫预测值是基于 EC 数据中 2006 年最大自治市人口和 OECD 数据中 2012 年城市区域总人口。

对于美国，我们使用来自普查局人口估计项目的数据，http：//www. census. gov/popest/data/cities/totals/2013/。我们使用 2012 年地方政府单位的人口数据，例如市和镇。在三个特别的案例中，我是使用"市县合并"，其中市和县的行政机构合并（印第安纳波利斯—马里恩县，印第安纳；路易斯维尔—杰弗逊县，肯塔基；纳什维尔—戴维森县，田纳西）。我们使用来自密苏里普查数据中心的地理通信引擎，http：//mcdc. missouri. edu/websas/geocorr12. html，以把市和县与 OECD 数据中的城市地区相联系，OECD 数据为每个城市地区提供了一个县的清单，http：//www. oecd. org/gov/regional-policy/List – municipalities. xls。

表 A.1   **OECD/EC 数据中的地方政府单位**

国家	ISO 国家代码	年份	来源	OECD 报告中的地方政府
澳大利亚	AUT	2001	欧盟统计局	Gemeinden （LAU2）
比利时	BEL	2001	欧盟统计局	Gemeenten/communes （LAU2）
加拿大	CAN	2006	加拿大统计局	Census subdivisions （towns, villages, etc.） （CSD）
智利	CHL	2002	西班牙统计局	Chile, comunas
捷克	CZE	2001	欧盟统计局	Obce （LAU2）
丹麦	DNK	2001	欧盟统计局	Sogne （LAU2）
爱沙尼亚	EST	2000	欧盟统计局	Vald, linn （LAU2）
芬兰	FIN	2000	欧盟统计局	Kunnat/kommuner （LAU2）
法国	FRA	1999	欧盟统计局	Communes （LAU2）
德国	DEU	2001	欧盟统计局	Gemeinden （LAU2）

续表

国家	ISO 国家代码	年份	来源	OECD 报告中的地方政府
希腊	GRC	2001	欧盟统计局	Demotiko diamerisma/koinotiko diamerisma（LAU2）
匈牙利	HUN	2001	欧盟统计局	Telep ulesek（LAU2）
爱尔兰	IRL	2001	欧盟统计局	Local governments（LAU1）
意大利	ITA	2001	欧盟统计局	Comuni（LAU2）
日本	JPN	2006	日本运输省·建设省	Shi（city），machi or cho（town），和 mura or son（village）
韩国	KOR	2009	韩国统计局	Eup, myeon, dong
卢森堡	LUX	2001	欧盟统计局	Communes（LAU2）
墨西哥	MEX	2010	墨西哥统计局	Municipios
荷兰	NLD	2001	欧盟统计局	Gemeenten（LAU2）
挪威	NOR	2001	欧盟统计局	Municipalities（LAU2）
波兰	POL	2002	欧盟统计局	Gminy（LAU2）
葡萄牙	PRT	2001	欧盟统计局	Freguesias（LAU2）
斯洛伐克	SVK	2001	欧盟统计局	Obce（LAU2）
斯洛文尼亚	SVN	2002	欧盟统计局	Obeine（LAU2）
西班牙	ESP	2001	欧盟统计局	Municipios（LAU2）
瑞典	SWE	2000	欧盟统计局	Kommuner（LAU2）
瑞士	CHE	2000	欧盟统计局	Municipalities（LAU2）
英国	GBR	2001	英国统计局	County councils
美国	USA	2000	美国普查局	Municipalities or townships

注：考虑了地方政府单位的时间。OECD 对"地方政府"的确切标准如下："一国只有一个层级的地方政府，明显是最低层级（即使可能有超过一个层级的政府对同一地域行使责任）。只包括综合功能的地方政府，排除特定功能的政府（如学区、卫生署，等等）。"英国：对那些废除郡委员会的地区，使用地方当局（大都市区委员会或统一区委员会）。对伦敦，使用自治市委员会。美国：在那些市或镇不代表综合功能政府的地区，考虑使用"县政府"

资料来源：（OECD，2013a，p. 174）。

表 A. 2　　　　　　　　　OECD 国家的辖区碎片化

国家	ISO 国家代码	功能性城市 地区人口		每个地区地方 政府数目			每 10 万居民 地方政府数目		
		数量	平均值	最大值	平均值	最小值	最大值	平均值	最小值	最大值

国家	ISO 国家代码	数量	平均值	最大值	平均值	最小值	最大值	平均值	最小值	最大值
澳大利亚	AUT	3	1 323 321	2 737 753	209	140	313	20.8	11.4	28.0
比利时	BEL	4	1 230 263	2 536 106	50	24	99	4.3	3.0	6.1
加拿大	CAN	9	2 181 109	6 671 162	60	6	191	3.5	0.8	6.9
智利	CHL	3	2 803 954	6 531 598	21	6	47	0.8	0.6	1.0
捷克	CZE	3	1 024 677	1 868 631	249	67	435	24.4	11.9	38.1
丹麦	DNK	1	2 007 352	2 007 352	57	57	57	2.8	2.8	2.8
爱沙尼亚	EST	1	530 640	530 640	28	28	28	5.3	5.3	5.3
芬兰	FIN	1	1 476 662	1 476 662	22	22	22	1.5	1.5	1.5
法国	FRA	15	1 706 750	11 862 466	280	35	1 375	21.4	6.3	49.1
德国	DEU	24	1 321 825	4 386 551	74	3	308	5.2	0.4	11.0
希腊	GRC	2	2 256 708	3 547 773	61	28	94	2.8	2.7	2.9
匈牙利	HUN	1	2 862 326	2 862 326	183	183	183	6.4	6.4	6.4
爱尔兰	IRL	1	1 735 182	1 735 182	7	7	7	0.4	0.4	0.4
意大利	ITA1	1	1 672 074	4 109 160	70	14	252	3.9	2.6	6.1
日本	JPN	36	2 426 972	35 441 287	22	3	235	1.2	0.3	2.5
韩国	KOR	10	3 660 358	23 496 373	172	27	965	5.4	4.1	6.4
墨西哥	MEX	33	1 807 044	19 802 161	9	1	55	0.7	0.1	6.0
荷兰	NLD	5	1 244 345	2 406 043	27	11	57	2.1	1.2	2.7
挪威	NOR	1	1 261 977	1 261 977	30	30	30	2.4	2.4	2.4
波兰	POL	8	1 433 687	3 008 921	41	17	101	2.9	1.8	4.9
葡萄牙	PRT	2	2 073 419	2 840 065	193	150	235	9.9	8.3	11.5
斯洛伐克	SVK	1	722 106	722 106	136	136	136	18.8	18.8	18.8
斯洛文尼亚	SVN	1	576 370	576 370	28	28	28	4.9	4.9	4.9
西班牙	ESP	8	2 126 111	6 779 528	94	16	272	6.0	2.0	24.7
瑞典	SWE	3	1 181 950	1 991 310	18	12	28	1.6	1.4	2.1

续表

国家	ISO国家代码	功能性城市地区人口		每个地区地方政府数目			每 10 万居民地方政府数目		
		数量	平均值	最大值	平均值	最小值	最大值	平均值	最小值	最大值

国家	ISO国家代码	数量	平均值	最大值	平均值	最小值	最大值	平均值	最小值	最大值
瑞士	CHE	3	935 770	1 226 332	167	140	193	19.0	11.4	23.9
英国	GBR	15	1 721 399	12 090 254	8	3	47	0.5	0.3	0.8
美国	USA	70	2 400 635	17 378 937	82	2	540	4.7	0.2	21.5

资料来源：根据 OECD（区域统计）自行计算。人口数据是 2012 年，地方政府数目包括多年（见表 A.1）。

表 A.3　　　　　　　GFS/IndFin 数据中被使用国家的地方政府单位

国家	ISO国家代码	年份	IMF 报告的地方政府单位
阿根廷	ARG	2004	1 617 个自治市
亚美尼亚	ARM	2012	900 个社区
澳大利亚	AUS	2012	900 个城市、区委员会、自治市、郡和镇
奥地利	AUT	2011	2 358 个自治市（不包括维也纳）、市政协会（教育服务）、维也纳
比利时	BEL	2011	589 个市镇
玻利维亚	BOL	2007	9 个地区首府和众多其他自治市
波黑	BIH	2012	4 个城市和 140 个自治市
巴西	BRA	2011	5 564 个地方政府
保加利亚	BGR	2011	264 个自治市
加拿大	CAN	2012	市政府
佛得角	CPV	2009	22 个自治市、3 个市政协会以及 15 个供水和卫生署
智利	CHL	2012	自治市和自治市互助基金
哥伦比亚	COL	2011	1 108 个自治市，包括波哥大
哥斯达黎加	CRI	2007	81 个自治市
萨尔瓦多	SLV	2011	262 个自治市
爱沙尼亚	EST	2011	39 个城市委员会和 202 个自治市

国家	ISO 国家代码	年份	IMF 报告的地方政府单位
芬兰	FIN	2011	432 个自治市
德国	DEU	2011	15 000 个自治市和市政协会
希腊	GRC	2011	1 033 个社区和自治市
洪都拉斯	HND	2012	298 个自治市
冰岛	ISL	2011	17 个自治市，包括公共幼儿园、小学和老人院
伊朗	IRN	2009	1 000 个自治市
牙买加	JAM	2005	金斯敦和圣安德鲁公司，市政服务委员会，教区服务委员会，13 个教区委员会
约旦	JOR	2011	大阿曼自治市、172 个自治市和 350 个村委会
拉脱维亚	LVA	2012	109 个混合自治市和 7 个主要城镇
立陶宛	LTU	2012	60 个地方政府和非营利机构（幼儿园、小学、初中等），主要由地方政府控制和出资，市政企业维尔纽斯城市住房公司
卢森堡	LUX	2011	116 个公社机构和自治市
马来西亚	MYS	2001	2 个拥有地方政府职能的机构，12 个城市委员会，38 个市镇委员会，96 个区委员会，国家分别汇报
马耳他	MLT	2011	68 个地方委员会
新西兰	NZL	2011	86 个地方政府单位
巴拉圭	PRY	2012	首都和 239 个自治市
秘鲁	PER	2012	7 个中央机构、194 个省委员会、1 836 个区委员会。区域分别汇报。
俄罗斯	RUS	2012	24 255 个地方政府
斯洛文尼亚	SVN	2011	210 个自治市
南非	ZAF	2011	6 个大都市区、46 个区和 231 个地方自治市
西班牙	ESP	2012	9 000 个自治市和其他地方机构
斯威士兰	SWZ	2003	2 个市委员会、3 个镇委员会、3 个镇董事会
瑞士	CHE	2010	2 600 个市镇
英国	GBR	2012	540 个地方委员会和地方政府单位
美国	USA	2007	19 484 个市、16 475 个镇、35 574 个特别区、13 742 个学区

注：表中给出的是最新拥有地方层次财政收入数据的年份。

资料来源：IMF（政府财政统计年鉴，各年）

表 A. 4			GFS/IndFin 数据中未使用国家的地方政府单位
国家	ISO 国家代码	年份	IMF 报告的地方政府单位
阿富汗	AFG	2011	提供了部分城市信息，没有州层次的报告
阿塞拜疆	AZE	2012	51 个地区包括 5 个城市和 1 494 个自治市；巴库市，包括 52 个自治市；纳希切万自治共和国 171 个自治市属于 7 个地区和纳希切万市
白俄罗斯	BLR	2012	明斯克市、12 个州级市、6 个州/省、118 个区、14 个区级市、1 289 个村和 64 个定居点/镇
中国	CHN	2011	656 个市、2 487 个县、31 个省（不包括台湾、香港、澳门，包括北京、上海、重庆和天津）、333 个省以下的管辖区、44 067 个镇、678 589 个村
刚果	COG	2005	布拉柴维尔和 5 个其他自治市、11 个部门
克罗地亚	HRV	2011	1 个市（萨格勒布）、20 个县、126 个镇、429 个自治市
塞浦路斯	CYP	2011	6 个区、33 个自治市、298 个村
捷克	CZE	2011	8 个区域聚合委员会、14 个区域、6 300 个自治市
丹麦	DNK	2011	5 个区域、98 个自治市、区域和市政机构
法国	FRA	2012	100 个部门、26 个区域、36 000 个市镇
格鲁吉亚	GEO	2012	阿扎尔自治共和国、阿布哈兹自治共和国、62 个辖区、镇、市
匈牙利	HUN	2012	19 个县、3 200 个自治市和少数民族政府
爱尔兰	IRL	2011	5 个区委员会、5 个市委员会、29 个县委员会、75 个镇委员会以及 2 个区域议会和 8 个区域管理局
以色列	ISR	2012	260 个地方政府单位（地方委员会、自治市和区域委员会）
意大利	ITA	2011	2 个自治省、20 个区域、104 个省、311 个自治市联盟和 8 101 个自治市
日本	JPN	2011	1 800 个地方公共实体
哈萨克斯坦	KAZ	2011	2 个市（阿拉木图和阿斯塔纳）和 14 个州（省）
韩国	KOR	2011	6 个大都市区、8 个省、69 个自治区、73 个市、86 个县、228 个基本地方政府单位，特别自治省济州岛、特别大都市区首尔

国家	ISO 国家代码	年份	IMF 报告的地方政府单位
莱索托	LSO	2008	马塞鲁市镇委员会和区委员会
毛里求斯	MUS	2012	4 个区委员会和 5 个市委员会
墨西哥	MEX	1998	联邦特区、31 个州政府、2 418 个市政府
摩尔多瓦	MDA	2012	8 393 个地方政府预算组织、2 个自治市、32 个区
蒙古	MNG	2012	9 个区（乌兰巴托）、21 个省、331 个区（镇）
摩洛哥	MAR	2011	41 个郡、61 个区和省、16 个区域、1 298 个村、132 个贸易联盟、200 个市镇
荷兰	NLD	2012	316 个镇、418 个自治市、12 个省、26 个公共水务委员会
挪威	NOR	2012	18 个县、430 个自治市
波兰	POL	2011	16 个区、372 个县、2 478 个镇
葡萄牙	PRT	2012	亚速尔群岛和马德拉群岛区域政府、18 个区、308 个自治市
罗马尼亚	ROU	2011	1 个市（布加勒斯特）、41 个县、103 个自治市、211 个镇、2 850 个村
塞尔维亚	SRB	2011	自治省伏伊伏丁那、市和自治市
斯洛文尼亚	SVK	2011	8 个区域、2 900 个自治市和其他单位
瑞典	SWE	2012	20 个县委员会、186 个市政协会、290 个自治市
塔吉克斯坦	TJK	2004	3 个省、15 个市、54 个区
泰国	THA	2002	75 个府行政组织、1 129 个自治市、6 745 个区行政组织、曼谷大都市区、芭堤雅市
突尼斯	TUN	2011	24 个政府委员会、264 个自治市
乌克兰	UKR	2011	1 个共和国（克里米亚）、2 个市（基辅和塞瓦斯托波尔）、24 个州、176 个自治市、488 个区
约旦河西岸和加沙	PSE	2010	428 个地方政府/自治市、16 个主要省

注：表中给出最新拥有地方层次财政收入数据的年份。

资料来源：IMF（政府财政统计年鉴，各年）。

表 A. 5 地方（自治市）财政收入的分权化

国家	ISO 国家代码	年份	LTS						ALTS
			总计	个人收入	公司收入	财产	消费	其他	
OECD 国家									
澳大利亚	AUS	2012	3.4	0.0	0.0	3.4	0.0	0.0	3.4
奥地利	AUT	2011	18.0	4.9	1.2	1.7	6.9	3.3	1.5
比利时	BEL	2011	7.9	2.8	0.0	4.3	0.7	0.0	7.4
加拿大	CAN	2012	11.3	0.0	0.0	11.0	0.3	0.0	11.0
智利	CHL	2012	7.0	0.0	0.0	2.9	4.1	0.0	
爱沙尼亚	EST	2011	21.4	19.0	0.0	1.6	0.8	0.0	
芬兰	FIN	2011	33.0	28.1	2.8	2.1	0.0	0.0	30.3
德国	DEU	2011	13.0	5.0	5.4	1.7	0.9	0.0	7.8
希腊	GRC	2011	1.1	0.0	0.0	0.8	0.3	0.0	0.6
冰岛	ISL	2011	30.1	24.3	0.0	5.3	0.4	0.0	28.8
卢森堡	LUX	2011	6.7	0.0	6.2	0.4	0.1	0.0	6.6
新西兰	NZL	2011	7.4	0.0	0.0	6.9	0.5	0.0	0.0
斯洛文尼亚	SVN	2011	18.1	14.6	0.0	2.7	0.8	0.0	
西班牙	ESP	2012	15.2	2.3	0.5	6.3	6.0	0.0	11.0
瑞士	CHE	2010	20.1	13.7	2.5	2.9	0.5	0.5	20.1
英国	GBR	2012	6.0	0.0	0.0	6.0	0.0	0.0	6.0
美国	USA	2007	15.3	0.8	0.3	11.1	2.3	0.9	15.3
非 OECD 国家									
阿根廷	ARG	2004	0.2	0.0	0.0	0.0	0.0	0.2	
亚美尼亚	ARM	2012	2.6	0.0	0.0	2.1	0.5	0.0	
玻利维亚	BOL	2007	21.1	0.0	2.3	5.1	12.6	1.0	
波黑	BIH	2012	11.1	2.0	0.0	1.2	7.8	0.1	
巴西	BRA	2011	7.2	0.6	0.0	2.2	3.1	1.2	
保加利亚	BGR	2011	7.2	0.1	0.0	7.0	0.1	0.0	
佛得角	CPV	2009	3.3	0.0	0.0	2.3	0.9	0.0	
哥伦比亚	COL	2011	11.1	0.0	0.0	4.1	7.0	0.0	
哥斯达黎加	CRI	2007	3.4	0.0	0.0	1.1	2.1	0.2	

续表

国家	ISO 国家 代码	年份	LTS						ALTS
			总计	个人收入	公司收入	财产	消费	其他	
非 OECD 国家									
萨尔瓦多	SLV	2011	5.8	0.0	0.0	0.0	5.8	0.0	
洪都拉斯	HND	2012	4.0	0.0	0.0	4.0	0.0	0.0	
伊朗	IRN	2009	15.6	0.0	0.0	0.0	3.6	12.0	
牙买加	JAM	2005	1.3	0.0	0.0	0.8	0.5	0.0	
约旦	JOR	2011	2.5						
拉脱维亚	LVA	2012	27.8	23.5	0.0	4.0	0.2	0.2	
立陶宛	LTU	2012	16.3	13.5	0.0	1.8	0.4	0.6	
马来西亚	MYS	2001	3.3						
马耳他	MLT	2011	0.0	0.0	0.0	0.0	0.0	0.0	
巴拉圭	PRY	2012	5.1	0.0	0.0	2.5	1.8	0.8	
秘鲁	PER	2012	2.3	0.0	0.0	1.1	0.2	1.0	
俄罗斯	RUS	2012	6.1	4.3	0.1	1.0	0.1	0.7	
南非	ZAF	2011	4.3	0.0	0.0	4.2	0.1	0.0	
斯威士兰	SWZ	2003	1.8	0.0	0.0	1.7	0.1	0	
平均值			10.0	4.2	0.6	3.1	1.9	0.6	10.7
OECD			13.1	6.4	1.1	4.0	1.4	0.3	10.7
Non – OECD			7.4	2.2	0.1	2.3	2.3	0.9	
最小值			0.0	0.0	0.0	0.0	0.0	0.0	0.0
最大值			33.0	28.1	6.2	11.1	12.6	12.0	30.3

表 A.6　　　　　　　　地方政府（自治市）的税收自主性

国家	ISO 国家 代码	不同类别地方税收的份额							
		（a）	（b）	（c）	（d.1）	（d.2）	（d.3）	（d.3）	（e）
澳大利亚	AUS	100.0	0.0	0.0	0.0	0.0	0.0	0.0	0.0
奥地利	AUT	2.6	5.5	0.0	0.0	0.0	65.3	0.0	20.7
比利时	BEL	8.4	85.7	0.0	0.0	0.0	0.0	0.0	5.8

国家	ISO 国家代码	不同类别地方税收的份额							
		(a)	(b)	(c)	(d. 1)	(d. 2)	(d. 3)	(d. 3)	(e)
加拿大	CAN	1.8	95.6	0.0	0.0	0.0	0.0	0.0	1.6
芬兰	FIN	0.0	91.8	0.0	0.0	0.0	0.0	8.1	0.2
德国	DEU	0.0	59.7	0.0	0.0	39.4	0.0	0.0	0.0
希腊	GRC	0.0	53.9	0.0	0.0	0.0	0.0	0.0	46.1
冰岛	ISL	0.0	95.9	0.0	0.0	0.0	0.0	0.0	0.0
卢森堡	LUX	98.5	0.2	0.0	0.0	0.0	0.0	0.0	1.1
新西兰	NZL	0.0	0.0	0.0	0.0	0.0	0.0	0.0	0.0
西班牙	ESP	22.6	49.5	0.0	0.0	17.4	0.0	0.0	5.3
瑞士	CHE	3.0	97.0	0.0	0.0	0.0	0.0	0.0	0.0
英国	GBR	0.0	100.0	0.0	0.0	0.0	0.0	0.0	0.0
美国	USA	71.4	28.6	0.0	0.0	0.0	0.0	0.0	0.0

资料来源：布洛克莱格和拉比森纳（2009）以及斯泰格雷斯库（2006）。份额是百分比。

表 A. 7   城市地区地方政府间的非对称性

国家	ISO 国家代码	最大人口份额			最大/平均			最大/第二大			最大/齐普夫预测		
		平均	最小	最大	平均	最小	最大	平均	最小	最大	平均	最小	最大
奥地利	AUT	46	31	64	105.2	43.5	199.0	23.9	6.6	43.3	2.7	1.7	4.0
比利时	BEL	30	7	46	11.0	7.3	14.6	5.6	1.7	10.4	1.2	0.4	1.8
爱沙尼亚	EST	73	73	73	17.6	17.6	17.6	29.0	29.0	29.0	2.8	2.8	2.8
芬兰	FIN	43	43	43	6.1	6.1	6.1	2.4	2.4	2.4	1.4	1.4	1.4
法国	FRA	31	15	50	74.3	10.5	268.1	7.0	2.2	19.1	1.8	1.0	2.7
德国	DEU	39	11	68	42.9	4.6	229.1	9.1	1.0	29.3	1.9	0.5	4.1
希腊	GRC	25	19	31	14.9	9.0	20.8	3.9	3.6	4.3	1.1	1.0	1.2
匈牙利	HUN	61	61	61	113.2	113.2	113.2	28.1	28.1	28.1	3.5	3.5	3.5
意大利	ITA	53	28	85	32.6	6.9	96.2	15.8	5.3	57.2	2.3	1.5	3.7
荷兰	NLD	41	31	59	8.2	4.1	14.1	4.7	2.5	8.1	1.4	1.1	1.7
挪威	NOR	47	47	47	16.1	16.1	16.1	5.0	5.0	5.0	1.9	1.9	1.9

续表

国家	ISO 国家代码	最大人口份额			最大/平均			最大/第二大			最大/齐普夫预测		
		平均	最小	最大	平均	最小	最大	平均	最小	最大	平均	最小	最大
波兰	POL	55	12	79	19.4	7.0	52.1	14.1	1.4	29.0	2.2	0.5	2.9
斯洛文尼亚	SVN	52	52	52	13.5	13.5	13.5	8.2	8.2	8.2	2.0	2.0	2.0
西班牙	ESP	58	37	93	29.3	6.9	93.1	19.7	3.5	102.1	2.4	1.7	3.4
瑞典	SWE	48	40	55	7.7	4.8	10.5	6.0	2.7	8.4	1.6	1.4	1.8
瑞士	CHE	25	22	31	40.4	36.8	43.8	6.8	3.6	11.3	1.4	1.2	1.7
美国	USA	34	7	81	25.7	1.7	178.7	8.0	1.2	41.4	1.4	0.4	3.5

资料来源：2006 年的欧洲数据来自欧盟委员会（城市审计）；2012 年美国数据来自 OECD（区域统计）和美国普查局（人口估计项目）。

致　谢

我们感谢 Lewis Dijkstra（EC）和 Monica Brezzi（OECD）提供更多关于 OECD/EC 数据的细节，感谢 Hugo Poelman（EC）准备地图，感谢 Jorg Kalbfuss 帮助我们获得和管理各种数据集。来自编辑——Will Strange，Gilles Duranton 和 Vernon Henderson——以及 Andrew Haughwaut 的评论尤其有价值。最后还要向瑞士国家科学基金（协同项目 CRSII1 130648 和 147668）的资金支持表示感谢。

参考文献

Agrawal, D.R., Hoyt, W.H., 2013. State tax differentials, cross-border commuting, and commuting times in multi-state metropolitan areas. University of Georgia and University of Kentucky, Mimeo.

Ahmad, E., Brosio, G. (Eds.), 2006. Handbook of Fiscal Federalism. Edward Elgar, Cheltenham, UK.

Alesina, A., Baqir, R., Hoxby, C., 2004. Political jurisdictions in heterogeneous communities. J. Polit. Econ. 112 (2), 348–396.

Allers, M.A., Elhorst, J.P., 2005. Tax mimicking and yardstick competition among local governments in the Netherlands. Int. Tax Public Financ. 12, 493–513.

Andersson, F., Forslid, R., 2003. Tax competition and economic geography. J. Public Econ. Theory 5 (2), 279–303.

Arzaghi, M., Henderson, J.V., 2005. Why countries are fiscally decentralizing. J. Public Econ. 89 (7), 1157–1189.

Baldwin, R.E., Krugman, P., 2004. Agglomeration, integration and tax harmonisation. Eur. Econ. Rev. 48 (1), 1–23.

Baldwin, R.E., Forslid, R., Martin, P., Ottaviano, G.I.P., Robert-Nicoud, F., 2003. Economic Geography and Public Policy. Princeton University Press, Princeton, NJ.

Bardhan, P., Mookherjee, D., 2000. Capture and governance at local and national levels. Am. Econ. Rev. 90 (2), 135–139.

Bayer, P., McMillan, R., Rueben, K., 2004. An equilibrium model of sorting on an urban housing market, NBER Working paper 10865.

Bayer, P., Ferreira, F., McMillan, R., 2007. A unified framework for measuring preferences for schools and neighborhoods. J. Polit. Econ. 115, 588–638.

Bayer, P.J., McMillan, R., Murphy, A., Timmins, C., 2011. A dynamic model of demand for houses and neighborhoods, NBER Working paper 17250.

Berry, S., Levinsohn, J., Pakes, A., 1995. Automobile prices in market equilibrium. Econometrica 63 (4), 841–890.

Besley, T., Coate, S., 2003. Centralized versus decentralized provision of local public goods: a political economy approach. J. Public Econ. 87, 2611–2637.

Black, S.E., 1999. Do better schools matter? Parental valuation of elementary education. Q. J. Econ. 114, 77–99.

Blöchliger, H., Rabesona, J., 2009. The fiscal autonomy of sub-central governments: an update, OECD Working papers on Fiscal Federalism 9.

Boadway, R., 2004. The theory and practice of equalization. CESifo Econ. Stud. 50 (1), 211–254.

Borck, R., Pflüger, M., 2006. Agglomeration and tax competition. Eur. Econ. Rev. 50 (3), 647–668.

Borck, R., Koh, H.-J., Pflüger, M., 2012. Inefficient lock-in and subsidy competition. Int. Econ. Rev. 53 (4), 1179–1204.

Bordignon, M., Cerniglia, F., Revelli, F., 2003. In search of yardstick competition: a spatial analysis of Italian municipality property tax setting. J. Urban Econ. 54 (2), 199–217.

Braid, R., 1996. Symmetrical tax competition with multiple jurisdictions in each metropolitan area. Am. Econ. Rev. 86 (5), 1279–1290.

Braid, R., 2005. Tax competition, tax exporting, and higher government choice of tax instruments for local governments. J. Public Econ. 89, 1789–1821.

Breuillé, M.-L., Zanaj, S., 2013. Mergers in fiscal federalism. J. Public Econ. 105, 11–22.

Brezzi, M., Piacentini, M., Rosina, K., Sanchez-Serra, D., 2012. Redefining urban areas in OECD countries. OECD, Redefining Urban: A New Way to Measure Metropolitan Areas. OECD Publishing, Paris. Available from http://dx.doi.org/10.1787/9789264174108-en.

Brueckner, J.K., 2003. Strategic interaction among governments: an overview of empirical studies. Int. Reg. Sci. Rev. 26 (2), 175–188.

Brueckner, J.K., 2004. Fiscal decentralization with distortionary taxation: Tiebout vs. tax competition. Int. Tax Public Financ 11, 133–153.

Brueckner, J.K., Saavedra, L.A., 2001. Do local governments engage in strategic property-tax competition. Natl. Tax J. 56 (2), 203–229.

Brülhart, M., Jametti, M., 2006. Vertical versus horizontal tax externalities: an empirical test. J. Public Econ. 90 (10–11), 2027–2062.

Brülhart, M., Simpson, H., 2015. Agglomeration economies, taxable rents, and government capture: evidence from a place-based policy. University of Lausanne and University of Bristol, Mimeo.

Brülhart, M., Schmidheiny, K., 2015. Estimating the rivalness of state-level inward FDI. J. Reg. Sci. 55 (1), 139–148.

Brülhart, M., Trionfetti, F., 2004. Public expenditure, international specialization and agglomeration. Eur. Econ. Rev. 48 (4), 851–881.

Brülhart, M., Jametti, M., Schmidheiny, K., 2012. Do agglomeration economies reduce the sensitivity of firm location to tax differentials? Econ. J. 122 (563), 1069–1093.

Bucovetsky, S., 1991. Asymmetric tax competition. J. Urban Econ. 30 (2), 167–181.

Bucovetsky, S., 2009. An index of tax competition. Int. Tax Public Financ. 16 (6), 727–752.

Bucovetsky, S., Smart, M., 2006. The efficiency consequences of local revenue equalization: tax competition and tax distortions. J. Public Econ. Theory 8 (1), 119–144.

Buettner, T., 2001. Local business taxation and competition for capital: the choice of the tax rate. Reg. Sci. Urban Econ. 31 (2), 215–245.

Buettner, T., 2003. Tax base effects and fiscal externalities of local capital taxation: evidence from a panel of German jurisdictions. J. Urban Econ. 54 (1), 110–128.

Buettner, T., 2006. The incentive effect of fiscal equalization transfers on tax policy. J. Public Econ. 90, 477–497.

Burbidge, J., Cuff, K., 2005. Capital tax competition and returns to scale. Reg. Sci. Urban Econ. 35, 353–373.

Calabrese, S., Epple, D., Romer, T., Sieg, H., 2006. Local public good provision: voting, peer effects, and mobility. J. Public Econ. 90, 959–981.

Calabrese, S., Epple, D., Romano, R., 2007. On the political economy of zoning. J. Public Econ. 91, 25–49.

Calabrese, S., Epple, D., Romano, R., 2012. Inefficiencies from metropolitan political and fiscal decentralization: failures of Tiebout competition. Rev. Econ. Stud. 79 (3), 1081–1111.

Charlot, S., Paty, S., 2007. Market access effect and local tax setting: evidence from French panel data. J. Econ. Geogr. 7 (3), 247–263.

de Bartolome, C.A.M., Ross, S.L., 2003. Equilibria with local governments and commuting: income sorting vs income mixing. J. Urban Econ. 54 (1), 1–20.

de Bartolome, C.A.M., Ross, S.L., 2004. Who's in charge of the central city? The conflict between efficiency and equity in the design of a metropolitan area. J. Urban Econ. 56 (3), 458–483.

de Bartolome, C.A.M., Ross, S.L., 2007. Community income distributions in a metropolitan area. J. Urban Econ. 61 (3), 496–518.

de Mooij, R.A., Ederveen, S., 2003. Taxation and foreign direct investment: a synthesis of empirical research. Int. Tax Public Financ. 10 (6), 673–693.

Devereux, M.P., Lockwood, B., Redoano, M., 2007. Horizontal and vertical indirect tax competition: theory and some evidence from the USA. J. Public Econ. 91 (3–4), 451–479.

Devereux, M.P., Griffith, R., Simpson, H., 2007. Firm location decisions, regional grants and agglomeration externalities. J. Public Econ. 91 (3–4), 413–435.

Dijkstra, L., Poelman, H., 2012. Cities in Europe: the new OECD/EC definition, Regional Focus, 1/2012, EU Commission.

Duranton, G., 2013. Delineating metropolitan areas: measuring spatial labor market networks through commuting patterns. University of Pennsylvania, Mimeo.

Duranton, G., Gobillon, L., Overman, H.G., 2011. Assessing the effects of local taxation using microgeographic data. Econ. J. 121, 1017–1046.

Edmark, K., Ågren, H., 2008. Identifying strategic interactions in Swedish local income tax policies. J. Urban Econ. 63, 849–857.

Egger, P., Köthenbürger, M., Smart, M., 2010. Do fiscal transfers alleviate business tax competition? Evidence from Germany. J. Public Econ. 3–4, 235–246.

Ellickson, B., 1971. Jurisdictional fragmentation and residential choice. Am. Econ. Rev. 61 (2), 334–339.

Ellison, G., Glaeser, E.L., 1997. Geographic concentration in U.S. manufacturing industries: a Dartboard approach. J. Polit. Econ. 105 (5), 889–927.

Epple, D., Ferreyra, M.M., 2008. School finance reform: assessing general equilibrium effects. J. Public Econ. 92, 1326–1351.

Epple, D., Nechyba, T., 2004. Fiscal decentralization. In: Henderson, J.V., Thisse, J.-F. (Eds.), Handbook of Regional and Urban Economics, vol. 4. Elsevier, Amsterdam, pp. 2423–2480.

Epple, D., Platt, G.J., 1998. Equilibrium and local redistribution in an urban economy when households differ in both preferences and income. J. Urban Econ. 43, 23–51.

Epple, D., Sieg, H., 1999. Estimating equilibrium models of local jurisdictions. J. Polit. Econ. 107 (4), 645–681.

Epple, D., Romer, T., Sieg, H., 2001. Interjurisdictional sorting and majority rule: an empirical analysis. Econometrica 69 (6), 1437–1466.

Epple, D., Gordon, B., Sieg, H., 2010. Drs. Muth and Mills meet Dr. Tiebout: integrating location-specific amenities into multi-community equilibrium models. J. Reg. Sci. 50 (1), 381–400.

Epple, D., Peress, M., Sieg, H., 2010. Identification and semiparametric estimation of equilibrium models of local jurisdictions. Am. Econ. J. Microecon. 2 (4), 195–220.

Epple, D., Romano, R., Sieg, H., 2012. The intergenerational conflict over the provision of public education. J. Public Econ. 96 (3), 255–268.

Eugster, B., Parchet, R., 2014. Culture and taxes: towards identifying tax competition. University of St. Gallen and University of Lugano, Mimeo.

Feld, L.P., Kirchgässner, G., 2001. Income tax competition at the state and local level in Switzerland. Reg. Sci. Urban Econ. 31, 181–213.

Fernandez, G.E., 2005. A note on tax competition in the presence of agglomeration economies. Reg. Sci. Urban Econ. 35, 837–847.

Frey, B.S., Eichenberger, R., 1996. To harmonize or to compete? That's not the question. J. Public Econ. 60 (3), 335–349.

Friedman, J., 1981. A conditional logit model of the role of local public services in residential choice. Urban Stud. 18, 347–358.

Fuest, C., Huber, B., Mintz, J., 2005. Capital mobility and tax competition. Found. Trends Microecon. 1 (1), 1–62.

Gabszewicz, J., Tarola, O., Zanaj, S., 2013. Migration, wages and fiscal competition. University of Luxembourg, Technical Report 13–19, CREA.

Gaigné, C., Riou, S., 2007. Globalization, asymmetric tax competition, and fiscal equalization. J. Public Econ. Theory 9 (5), 901–925.

Gaigné, C., Riou, S., Thisse, J.-F., 2013. How to make the metropolitan area work? Neither big government, nor laissez-faire, CORE Discussion Paper No. 2013/65.

Glaeser, E.L., 2013. Urban public finance. In: Auerbach, A.J., Chetty, R., Feldstein, M., Saez, E. (Eds.), Handbook of Public Economics, vol. 5. Elsevier, Amsterdam, pp. 195–256.

Goodspeed, T.J., 1989. A re-examination of the use of ability to pay taxes by local governments. J. Public Econ. 38, 319–342.

Gordon, R.H., Hines, J., 2002. International taxation. In: Auerbach, A.J., Martin, F. (Eds.), Handbook of Public Economics, vol. 4. North-Holland, Amsterdam, pp. 1935–1995.

Gordon, N., Knight, B., 2009. A spatial merger estimator with an application to school district consolidation. J. Public Econ. 93 (5–6), 752–765.

Gravel, N., Oddou, R., 2014. The segregative properties of endogenous jurisdiction formation with a land market. J. Public Econ. 117, 15–27.

Hansen, N.A., Kessler, A.S., 2001. The political geography of tax h(e)avens and tax hells. Am. Econ. Rev. 91, 1103–1115.

Haughwout, A.F., Inman, R.P., 2009. How should suburbs help their central cities? Growth- and welfare-enhancing intrametropolitan fiscal distributions. Ann. Am. Acad. Polit. Soc. Sci. 626, 39–52.

Haughwout, A.F., Inman, R.P., Henderson, J.V., 2002. Should suburbs help their central city? Brookings-Wharton Pap. Urban Aff. 2002, 45–94.

Haughwout, A.F., Inman, R.P., Craig, S., Luce, T., 2004. Local revenue hills: evidence from four U.S. cities. Rev. Econ. Stat 86 (2), 570–585.

Hauptmeier, S., Mittermaier, F., Rincke, J., 2012. Fiscal competition over taxes and public inputs: theory and evidence. Reg. Sci. Urban Econ. 42 (3), 407–419.

Helsley, R.W., 2004. Urban political economics. In: Henderson, J.V., Thisse, J.-F. (Eds.), Handbook of Regional and Urban Economics, vol. 4. North-Holland, Amsterdam, pp. 2381–2421.

Henderson, J.V., 1985. The Tiebout model: bring back the entrepreneurs. J. Polit. Econ. 93 (2), 248–264.

Henderson, J.V., Storeygard, A., Weil, D.N., 2012. Measuring economic growth from outer space. Am. Econ. Rev. 102, 994–1028.

Hines, J.R., 1999. Lessons from behavioral responses to international taxation. Natl. Tax J. 52 (2), 305–322.

Hochman, O., Pines, D., Thisse, J.-F., 1995. On the optimal structure of local governments. Am. Econ. Rev. 85 (5), 1224–1240.

Hodler, R., Schmidheiny, K., 2006. How fiscal decentralization flattens progressive taxes. FinanzArchiv Public Financ. Anal. 62 (2), 281–304.

Hoxby, C.M., 2001. All school finance equalizations are not created equal. Q. J. Econ. 116 (4), 1189–1231.

Hoyt, W.H., 2001. Tax policy coordination, vertical externalities, and optimal taxation in a system of hierarchical governments. J. Urban Econ. 50, 491–561.

Hühnerbein, O., Seidel, T., 2010. Intra-regional tax competition and economic geography. World Econ. 33, 1042–1051.

International Monetary Fond, 2001. Government Finance Statistics Manual 2001 (GFSM 2001). Available online at https://www.imf.org/external/pubs/ft/gfs/manual/.

Ioannides, Y., 2013. From Neighborhoods to Nations. Princeton University Press, Princeton.

Janeba, E., Osterloh, S., 2013. Tax and the city—a theory of local tax competition. J. Public Econ. 106, 89–100.

Jofre-Monseny, J., 2013. Is agglomeration taxable? J. Econ. Geogr. 13 (1), 177–201.

Jofre-Monseny, J., Solé-Ollé, A., 2012. Which communities should be afraid of mobility? The effects of agglomeration economies on the sensitivity of employment location to local taxes. Reg. Sci. Urban Econ. 42, 257–268.

Kächelein, H., 2014. Asymmetric tax competition and choice of tax rate: commuting as an explanation for tax differentials. Int. Tax Public Financ. 21 (1), 50–65.

Kanbur, R., Keen, M.J., 1993. Jeux Sans Frontières: tax competition and tax coordination when countries differ in size. Am. Econ. Rev. 83, 877–892.

Keen, M.J., Konrad, K., 2013. The theory of international tax competition and coordination. In: Auerbach, A.J., Raj, C., Martin, F., Emmanuel, S. (Eds.), Handbook of Public Economics, vol. 5. Elsevier, Amsterdam, pp. 257–328.

Keen, M.J., Kotsogiannis, C., 2002. Does federalism lead to excessively high taxes? Am. Econ. Rev. 92, 363–370.

Keen, M.J., Kotsogiannis, C., 2004. Tax competition in federations and the welfare consequences of decentralization. J. Urban Econ. 56 (3), 397–407.

Kessler, A.S., 2014. Communication in federal politics: universalism, policy uniformity, and the optimal allocation of fiscal authority. J. Polit. Econ. 122 (4), 766–805.

Kind, H.J., Knarvik, K.H.M., Schjelderup, G., 2000. Competing for capital in a 'lumpy' world. J. Public Econ. 78 (3), 253–274.

Kirchgässner, G., Pommerehne, W., 1996. Tax harmonization and tax competition in the European union: lessons from Switzerland. J. Public Econ. 60, 351–371.

Kleven, H.J., Landais, C., Saez, E., 2013. Taxation and international migration of superstars: evidence from the European football market. Am. Econ. Rev. 103 (5), 1892–1924.

Kleven, H.J., Landais, C., Saez, E., Schultz, E., 2014. Migration and wage effects of taxing top earners: evidence from the foreigners' tax scheme in Denmark. Q. J. Econ. 129 (1), 333–378.

Koh, H.-J., Riedel, N., Böhm, T., 2013. Do governments tax agglomeration rents? J. Urban Econ. 75, 92–106.

Konrad, K.A., Kovenock, D., 2009. Competition for FDI with vintage investment and agglomeration advantages. J. Int. Econ. 79 (2), 230–237.

Köthenbürger, M., 2002. Tax competition and fiscal equalization. Int. Tax Public Financ. 9, 391–408.

Köthenbürger, M., Lockwood, B., 2010. Does tax competition really promote growth? J. Econ. Dyn. Control 34 (2), 191–206.

Krogstrup, S., 2008. Standard tax competition and increasing returns. J. Public Econ. Theory 10 (4), 547–561.

Kuminoff, N.V., Smith, V.K., Timmins, C., 2013. The new economics of equilibrium sorting and its transformational role for policy evaluation. J. Econ. Lit. 51 (4), 1007–1062.

Liebig, T., Puhani, P.A., Sousa-Poza, A., 2007. Taxation and internal migration—evidence from the Swiss census using community-level variation in income tax rates. J. Reg. Sci. 47 (4), 807–836.

Ludema, R.D., Wooton, I., 2000. Economic geography and the fiscal effects of regional integration. J. Int. Econ. 52 (2), 331–357.

Luthi, E., Schmidheiny, K., 2014. The effect of agglomeration size on local taxes. J. Econ. Geogr. 14 (2), 265–287.

Marceau, N., Mongrain, S., Wilson, J.D., 2010. Why do most countries set high tax rates on capital? J. Int. Econ. 80 (2), 249–259.

McFadden, D., 1974. Conditional logit analysis of qualitative choice behavior. In: Zarembka, P. (Ed.), Frontiers in Econometrics. Academic Press, New York, pp. 105–142.

McFadden, D., 1978. Modelling the choice of residential location. In: Karlqvist, A. et al., (Eds.), Spatial Interaction Theory and Planning Models. North-Holland, Amsterdam, pp. 75–96.

Meltzer, A., Richard, S., 1981. A rational theory of the size of government. J. Polit. Econ. 89, 914–927.

Nechyba, T.J., Strauss, R.P., 1998. Community choice and local public services: a discrete choice approach. Reg. Sci. Urban Econ. 28, 51–73.

Oates, W.E., 1972. Fiscal Federalism. Harcourt Brace, New York, pp. 75–96.

OECD, 1999. Taxing Powers of State and Local Government, OECD Tax Policy Studies No. 1, Paris.

OECD, 2013. OECD Regions at a Glance 2013. OECD Publishing, Paris.

OECD, 2013b. Definition of Functional Urban Areas (FUA) for the OECD Metropolitan Database. Available online at, http://www.oecd.org/gov/regional-policy/Definition-of-Functional-Urban-Areas-for-the-OECD-metropolitan-database.pdf.

Parchet, R., 2014. Are local tax rates strategic complements or strategic substitutes? University of Lugano, Mimeo.

Peralta, S., van Ypersele, T., 2005. Factor endowments and welfare levels in an asymmetric tax competition game. J. Urban Econ. 57 (2), 258–274.

Pieretti, P., Zanaj, S., 2011. On tax competition, public goods provision, and jurisdictions' size. J. Int. Econ. 84, 124–130.

Redoano, M., 2010. Does centralization affect the number and size of lobbies? J. Public Econ. Theory 12 (3), 407–435.

Riou, S., 2006. Transfer and tax competition in a system of hierarchical governments. Reg. Sci. Urban Econ. 36, 249–269.

Roberts, K.W.S., 1977. Voting over income tax schedules. J. Public Econ. 8, 329–340.

Romer, T., Rosenthal, S.S., Ross, A., 2014. Tax avoidance and business location in a state border model. J. Urban Econ. forthcoming.

Romer, T., 1975. Individual welfare, majority voting, and the properties of a linear income tax. J. Public Econ. 7, 163–168.

Rosenthal, S.S., Strange, W.C., 2004. Evidence on the Nature and Sources of Agglomeration Economies. In: Henderson, J.V., Thisse, J.F. (Eds.), Handbook of Regional and Urban Economics, vol. 4. Elsevier, Amsterdam, pp. 2119–2171.

Ross, S., Yinger, J., 1999. Sorting and voting: a review of the literature on urban public finance. In: Cheshire, P., Mills, E.S. (Eds.), Handbook of Regional and Urban Economics, vol. 3. North-Holland, Amsterdam, pp. 2001–2060.

Rozenfeld, H.D., Rybski, D., Andrade, J.S., Batty, M., Stanley, H.E., Makse, H.A., 2008. Laws of population growth. Proc. Natl. Acad. Sci. U.S.A. 105, 18702–18707.

Rozenfeld, H.D., Rybski, D., Gabaix, X., Makse, H.A., 2011. The area and population of cities: new insights from a different perspective on cities. Am. Econ. Rev. 101, 2205–2225.

Schmidheiny, K., 2006. Income segregation and local progressive taxation: empirical evidence from Switzerland. J. Public Econ. 90 (3), 429–458.

Schmidheiny, K., 2006. Income segregation from local income taxation when households differ in both preferences and incomes. Reg. Sci. Urban Econ. 36 (2), 270–299.

Schmidheiny, K., Brülhart, M., 2011. On the equivalence of location choice models: conditional logit, nested logit and poisson. J. Urban Econ. 69 (2), 214–222.

Solé-Ollé, A., 2006. Expenditure spillovers and fiscal interactions: empirical evidence from local governments in Spain. J. Urban Econ. 59 (1), 32–53.

Stegarescu, D., 2006. Decentralised Government in an Integrating World. Physica, Heidelberg.

Tiebout, C., 1956. A pure theory of local expenditures. J. Polit. Econ. 64, 416–424.

Westhoff, F., 1977. Existence of equilibria in economies with a local public good. J. Econ. Theory 14, 84–112.

Wildasin, D.E., 1988. Nash equilibrium in models of tax competition. J. Public Econ. 35, 229–240.

Wilson, J.D., 1986. A theory of interregional tax competition. J. Urban Econ. 19, 296–315.

Wilson, J.D., 1991. Tax competition with interregional differences in factor endowments. Reg. Sci. Urban Econ. 21, 423–451.

Wilson, J.D., 1999. Theories of tax competition. Natl. Tax J. 52 (2), 269–304.

Wrede, M., 1997. Tax competition and federalism: the underprovision of local public goods. Finanzarchiv 54, 494–515.

Wrede, M., 2014. Agglomeration, tax competition, and fiscal equalization. Int. Tax Public Financ, forthcoming.

Young, C., Varner, C., 2011. Millionaire migration and state taxation of top incomes: evidence from a natural experiment. Natl. Tax J. 64 (2), 255–283.

Zipf, G.K., 1949. Human Behavior and the Principle of Least Effort. Addison-Wesley, Cambridge.

Zodrow, G.R., Mieszkowski, P., 1986. Pigou, Tiebout, property taxation and the underprovision of local public goods. J. Urban Econ. 19, 356–370.

第 *18* 章
空 间 政 策

大卫·纽马克

美国加州大学埃尔文分校、NBER 和劳动研究所

海伦·辛普森

英国布里斯托尔大学 CMPO、OUCBT 和经济政策研究中心

摘要

空间政策通常指向问题区域,如衰败的中心商业区和落后地区。主要政策案例包括企业区、欧盟结构基金和产业集群政策等等。空间政策得到城市经济学和劳动经济学的理论支持,如集聚经济和空间错配理论(涉及市场失灵假说,预言经济表现差劲与居民贫困共存)。企业区的证据非常复杂,我们需要知道关于企业区政策更多的信息,包括何种特性使它们更为有效或无效,谁从这些政策中获益,谁从这些政策中受损,我们如何协调已有的发现。一些证据指出,基础设施支出以及对高等教育和大学研究的投资具有正的收益——可能源于这些政策具有公共物品的性质。但为了更好地引导政策,对政策如何产生长期利益以实现自我维系,我们还需要知道更多。

关键词

空间政策　就业　企业区　专项拨款　高等教育　产业集群　基础设施

JEL 分类码

R12　R38　J68　H25

18.1 引　　言

广义来讲,空间政策指的是政府改进辖区内某个地区经济绩效的努力,典

型形式是创造更多就业机会和提高工资水平。在空间政策中，大概最广为人知的是指向问题地区的政策，如衰败的中心商业区，或欧盟相对贫困的地区。另外，空间政策也寻求进一步改进经济状况良好的地区。

拉德（Ladd，1994）关注空间政策或策略的一个子集，她将其标记为"基于位置的人口政策"。一些空间政策的目标和结构是帮助其中的贫困居民——例如，企业区项目寻求在接近或位于贫困人口居住且工作前景黯淡的地区创造工作机会。与其相反，一些空间政策不考虑目标地区是否存在贫困居民，如复兴中心商业区，包括房地产开发或推动区域产业集群创新。

把基于位置的人力政策与基于人口的政策进行对照，可以看出后者是试图帮助贫困人口，而不考虑他们居住在何处或集中程度如何，包括福利和工作税收抵免（如美国的所得税扣除）。基于人口的政策是公共财政的传统范围，本章不涉及。本章主要讨论空间政策——包括纯粹空间政策以及基于位置的人口政策。

关注人口的空间政策可分为直接和间接政策。直接政策寻求在贫困人口居住的地区提升经济活力和增加劳动需求，而间接政策则鼓励这些贫困人口进入劳动需求旺盛的地区。企业区可视为直接政策，其通常在贫困人口居住的地区创造就业激励或经济活力。美国的高特里克斯项目（Gautreaux Project）和向机会靠拢项目（MTO）以及运输政策促进贫苦地区人口（美国的城市中心）接近工作，它们属于间接政策的案例，旨在减少空间错配。但是，这一章关注的重点是直接政策。[①]

空间政策（包括间接政策）通常有理论支撑，包括解释区域经济落后与贫困居民共生的理论以及某些形式的市场失灵理论。在标准的城市经济学文献中，集聚外部性导致的效率改进对空间政策形成支撑。但这一文献也面临争议，促进地区经济发展的政策是否能产生总体利益改进，基于位置的人口政策最终是否能够帮助那些目标人群。

以我们的观点来看，那些劳动经济学强调的市场缺陷也能够说明空间政策的合理性。首先是空间错配假说。位于某些城市地区的少数族裔或低技能工人可能面临长期贫困，这是因为制造业离开城市造成就业机会下降，同时住房歧视或其他因素限制他们流动到拥有较好就业机会的区位。其次是源于网络效应的正外部性。居民就业能够帮助其他居民获得工作（如 Hellerstein 等，2011）。无论是网络效应的外部性还是空间错配暗含的流动性限制，都为地理导向的政

---

① 关于高特里克斯项目（Gautreaux Project）和向机会靠拢项目（MTO）有很多极好的总结，也有大量关于两个项目或其中之一的理论发现的全面回顾；如见 Duncan 和 Zuberi（2006），Rosenbaum 和 Zuberi（2010），和 Ludwig 等（2013）。

策能增进就业提供依据。本章将回顾这些劳动市场假说的证据，这些假说为空间政策提供支撑，关于标准城市经济学中的集聚和溢出理论，本章只进行粗略讨论，因为这方面已有大量的成果。

本章主要关注空间政策影响的证据，并讨论对因果关系进行经验识别产生的问题。[2] 在这一部分的剩余内容中，我们将给出空间政策类型的更多细节，并强调这些政策的目标表述和受众。在本章的后面，对于政策干预的理论基础及其影响的证据，我们都要考虑这些目标是否能够实现。由于篇幅所限，我们只讨论美国和欧洲的政策，这使我们得以比较两个地区的类似政策，评价文献使用类似的经验方法检验结果，使我们能够得出更一般性的结论。但是，这意味着我们要排除发展中国家的政策，如中国的特殊经济区（见 Alder 等，2013 和 Wang，2013）和印度的国家投资和制造区（National Investment 和 Manufacturing Zones）。

我们也不考虑与政治或财政地方分权相关的政策以及适用于所有辖区的政策（因而不考虑政策目标区域的特征）。这方面的例子包括相机抉择的政策项目，例如密歇根经济增长局（MEGA）为州出口企业提供税收抵免（Bartik 和 Erickcek，2010），辖区之间基于这一政策进行竞争以吸引资本。已有大量文献讨论辖区间的税收竞争——例如通过研发税收抵免（Wilson，2009；Chang，2013），布鲁尔哈特等（2015）对此加以概述。州和市通常被认为在很多方面进行竞争，包括税收、管制和生活质量，这些因素通常被纳入商业环境指数（Kolko 等，2013）。巴尔季克（Bartik，2003）也讨论了为企业提供的经济发展服务可能的作用。由于这些政策或竞争维度超出了空间政策的通常定义，即通过政策促进经济活动在辖区内重新布局或刺激辖区内特定地区的经济活动，因此本章不包括这些政策。

在空间政策中，研究者关注最多的是企业区。在美国，企业区政策存在于联邦和州层次。[3] 例如，根据联邦政府 1993 年发布的特许区项目（Empowerment Zone Program），地方政府在相对贫困、失业率高的普查区申请设立特许区。[4] 同样于 1993 年发布的联邦企业社区项目（Enterprise Community program）也有相同的标准。企业社区要远多于特许区。前者（300 万美元拨款）的补贴要比后者（城市 1 亿美元，农村 0.4 亿美元）小得多（美国政府审计署，2006），

② Kline 和 Moretti（2014a）提供了一个关于空间政策的非常有用的补充性评述，其主要关注地方经济发展项目的福利经济学讨论，对证据只进行非常有限的讨论。相反，我们的目标是对证据提供一个全面的概览和评价。

③ Bartik（2003）给出早期关注贫困社区的一些相关项目，包括 20 世纪 40 年代和 20 世纪 50 年代的"城市更新"、反贫困斗争期间的"模范城市"以及社区开发拨款。

④ 区内所有地块的贫困率都必须超过 20%，至少 90% 的地块超过 25%，50% 的地块超过 35%。此外，每个地块的失业率必须比 1990 全国平均值超过 6.3%（美国政府审计署，2006；Busso 等，2013）。

且雇员工资税收抵免要少得多。⑤ 始于 2000 年的第一轮联邦企业区项目的总计支出为近 4 亿美元的拨款和 2 亿美元的雇员工资税收抵免。在项目实施的第一个 6 年内，企业区居民的人均联邦支出约为 850 美元。

美国还存在大量的州企业区项目——2008 年为 40 个州（Ham et al.，2011）。它们在规模（有的甚至包括整个州）、企业区数目以及支持力度方面存在差异。其中一个案例是加利福尼亚，其州企业区项目得到最广泛的研究。在加州，企业区被视为具有就业创造潜力的地区，接近或等同于目标就业区（Targeted Employment Areas，TEAs），包括在 1980 年普查中半数以上人口的收入低于地区收入中位数 80% 的普查区。⑥ 区内企业获得的最大好处是雇员工资税收抵免。无论其他特征如何，居住于 TEA 的工人都具有工资抵免的资格。显然，联邦企业区项目和这一州项目（其他项目也是如此）目标地区的选择是基于区内居民的特征。

一些欧洲国家也有企业区政策。法国于 1997 年引入一个企业区项目（城市自由区，ZFUs），政策对象是面临严重失业、高贫困率和其他经济挑战的自治市。定义这些地区的标准包括人口、25 岁以下人口、失业率、缺乏技能人口的比率以及地区的财政潜力（与收入有关）（Gobillon et al.，2012）。优惠政策包括财产税、公司所得税减免，为了促进本地就业，只要企业雇员中本地人口不低于 20%，就可以减免工资税。英国从 20 世纪 80 年代到 90 年代中期实施一个企业区项目，涵盖由于产业衰败导致工业用地废弃的地区（Papke，1993），目标是通过新企业和外商直接投资创造本地就业。对企业的政策包括更为优惠的税收减免、商业税（一种地方商业财产税）的免除以及规划管制的放松。⑦

一个特别的政策类型是政府通过基础设施投资来促进经济发展，这需要政府付出很大的努力。一个重要案例是田纳西河谷管理局，其由联邦政府创设以推动田纳西河流域实现经济现代化，范围包括田纳西州的绝大部分地区以及肯塔基、阿拉巴马、密西西比的部分地区。项目要求进行大规模公共基础设施投资，尤其是通过投资水电站促进本地制造业发展，以及其他对学校、洪水控制等的公共支出（Kline and Moretti，2014b）。另一个案例是阿拉巴契亚区域委

---

⑤ 企业社区是在没有获批特许区的申请区中进行选择，这使得 Busso 等（2013）把企业社区描绘为"安慰奖"。在后面讨论的研究中，这些地区的遭拒地位非常突出。在 2000 年，设立了另一个项目"社区更新"（Renewal Communities），其规则与特许区相关但仍存在差异，提供工资税收抵免和其他政策优惠。见 http://portal.hud.gov/hudportal/documents/huddoc？id = 19132_actof2000.pdf（2013 年 7 月 11 日获取。）

⑥ 其他研究为联邦项目（如 Hanson，2009）和其他州的项目（如 Lynch and Zax，2011）描述了类似的标准。

⑦ 在 20 世纪 80 年代，西班牙实施了一个地区再工业化政策，比利时实施了一个就业区项目。法国也在 20 世纪 80 年代后期推进了一个之前的企业区政策。

员会（Glaeser and Gottlieb，2008），从 1963 年开始，该委员会重点对从纽约到密西西比的沿途各州提供运输支持。

在欧盟，结构基金——由欧洲区域发展基金（ERDF）和欧洲社会基金（ESF）构成——对经济发展以及劳动者市场参与和技能改进提供广泛支持；这些政策通常也针对贫困地区。[8] ERDF 支出包括运输或通信基础设施投资，以及与创新、环境或能源相联系的投资。ESF 为减少失业、提高人力资本、增进贫困人口社会凝聚力的项目提供资金。结构基金大多数流入了所谓的目标 1 地区。这些地区的人均 GDP 低于欧盟平均值的 75%。2007～2013 年，很多新加入欧盟的国家被整体划入目标 1 地区，如波兰和罗马尼亚。其他的例子包括外围地区，如意大利南部、西班牙南部、英国的某些落后地区以及民主德国。

在欧盟的法律体系下，政府可以为这些地区的私人企业提供补贴。自 20 世纪 70 年代以来，英国执行了很多专项拨款计划（如区域选择性援助、区域发展补贴、企业补贴），补贴那些明确提出创造或稳定就业以及引致投资的新投资项目。补贴发放给那些指定的、相对贫困的"受援区"，其资格取决于相对欧盟平均值的人均 GDP 和失业率指标。补贴率随地区特性不同而变化，目标 1 地区的补贴率最高。[9] 法国有一个类似的补贴项目，意大利政府也有 488 法令。尽管名义上直接补贴对象是企业，但最终受惠者是这些落后地区的居民；因而，这些项目具有很强的扶贫意义。

欧洲还有其他空间政策，其直接目标是企业，但并不必然有利于贫困人口。例如，支持相对贫困地区以外的产业集群。英国当前的企业区政策始于 2011 年，其目标是增加新的企业投资和创造新的就业。在英格兰，当前有 24 个特定地区不仅提供和前面所述计划类似的税收刺激，还促进产业集群发展和提供地方特定设施，包括铁路和港口这样的运输设施。产业集群政策的动机源于产业地方化导致的生产率改进，或高等教育机构附近的高科技集群现象。在瑞典，政府明确利用新的大学作为区域政策工具以增进地方劳动力技能，以及利用大学研究的潜在溢出效应来吸引私人部门和提高地方生产率。

如这一讨论所表明的，有多种类型的政策可归入空间政策的范畴。表 18-1 对现有的空间政策类型加以总结，并对特定案例的细节进行说明。其中一些已经在前面提及，另一些会在随后加以讨论。

---

⑧ 2007～2013 年，结构基金的支出为 2 780 亿欧元，占欧盟预算的相当大部分（见 http://europa. eu/legislation_summaries/glossary/structural_cohesion_fund_en. htm，2014 年 1 月 6 日获取）。

⑨ 具备资格的地区每 7 年修订一次。定义具备资格的地区的具体经济指标和地理单元会随时间推移而变化。

表18-1　空间政策

政策类型	企业区	企业发展、吸引和保持	集群促进	基础设施投资	专项拨款	社区开发和地方导向措施
案例	加州企业区项目；美国联邦企业特许区；美国联邦企业社区；法国企业区	英国企业区（2011）	法国地方生产体系；巴伐利亚高科技攻势	欧盟结构基金；欧洲区域发展基金（ERDF）；欧洲社会基金（ESF）	英国区域选择性援助；意大利488法令	低收入住房税收抵免；地区再开发；新市场税收抵免
政策目标	工作创造	新企业创立、工作创造；产业集群	促进企业之间、企业与公共机构之间的合作	ERDF：经济发展 ESF：促进劳动市场参与	工作创造和稳定；吸引投资	可负担住房；城市再开发；经济发展
政策对象	贫困和失业人口高度集中的地区	政府指定地区新企业	法国：无地区限制 巴伐利亚：全州	区域内的贫困地区	相对欧盟均值、人均GDP低/失业率高的地区	低收入邻里或低收入住房单元
政策措施	雇用税收抵免；公司和个人所得税扣除；销售和使用税扣除；免税融资；社区一揽子拨款；财产、公司和工资税减免	降低企业利率；放松规划管制；某些情形下提高免税额	法国：补贴项目以促进企业出口；降低电费；改进其他基础设施 巴伐利亚：公共研究设施、创建研究设施和科学园区	ERDF：运输、通信基础设施，创新和能源相关投资 ESF：培训项目	补贴与工作相联系的企业实体投资	税收抵免或住房地产开发；税收增量融资
受益群体	主要是企业；有时是工人；社区	企业	法国：同一个产业的企业 巴伐利亚：五个高科技部门	广泛	主要是制造业企业	房地产开发商或其他企业

18.2 空间政策的理论基础

在评估空间政策的福利影响时，理论指出了一些重要因素以指导政策影响的经验分析。以下是关键问题：政策能否通过集聚外部性或解决市场失灵为目标地区带来长期利益？如果答案是肯定的，那么政策干预是否会给其他地区引致成本，对特定地区的政策干预是否具有全国层次的总体利益？针对特定地区的政策是否会扭曲资本和劳动的流动性，阻止企业或个人流动到其他生产率更高的区位，从而造成效率损失？空间流动性如何影响目标地区的原始居民，空间政策的最终结果是什么？简而言之，政策干预是否有正当的理由，政策的哪些潜在影响要通过经验研究加以识别？

在考察政策干预的效率合理性之前，最好是先从没有市场失灵的状态开始。在劳动力完全流动以及目标地区住房供给无弹性的条件下，理论表明，人口的流入将导致住房需求增加，土地所有者而不是本地居民将从特定区位的政策中获益，这些利益将资本化为地租。如果劳动力不是完全流动，本地居民可能获益，但这些获益需要与其他地区的成本以及税负进行权衡。在存在空间维度市场失灵的环境下，空间政策可能具有合理性。在本部分剩余的内容中，我们将讨论空间政策为什么有助于克服市场缺陷或利用外部性，并考察再分配或公平动机的政策案例，这些政策指向贫困地区，而不仅是贫困居民。

18.2.1 集聚经济

对空间政策来说，效率相关的讨论或集聚经济的存在是城市经济学的核心问题。通过集聚经济，密集的城市人口对资源的生产率产生影响。集聚经济的形成有诸多机制，杜兰顿和普加（Duranton and Puga, 2004）将其概括为"共享、匹配和学习"。莫瑞提（Moretti, 2010）强调密集劳动市场的作用，它促进匹配效率的提高，并引致更多的工人和企业。密集的劳动市场还可以通过降低失业风险或成本，为地方需求冲击提供保险，作为一种补偿机制降低劳动成本。莫瑞提还重视密集的中间投入品市场，特别是那些专业化的和不可贸易的中间投入品。例如计算机编程、法律支持和风险投资这样的专业服务。[⑩] 如果

---

⑩ 张（2007）表明风险资本看起来是在全国市场上提供资本，实则偏好地方产业——如见硅谷的特定环境。

一个企业需要这些外部投入，就有激励选址于使用同样投入的其他企业所在的城市。

集聚经济意味着正外部性，因为额外的人口或企业进入城市地区，将提高区内其他人口或企业的生产率，而这种好处并不为进入决策者获得。因而，对迁入或增长进行补贴是合理的，这可以使私人回报接近社会回报。[⑪] 莫瑞提（2010）认为，空间政策利用集聚经济具有很强的合理性，特别是在动态多重均衡的背景下，其中任何一个区位都会因经济活动流入获益。在这种情况下，一个特定区位从低就业率、低密度均衡向高就业率、高密度均衡跃迁，将产生很大的收益，远超过政策成本（如 Kline，2010 中短暂却大规模的政策干预）。因而，在特定地区空间政策可能促进经济起飞。然而，还需要进一步解决两个问题：哪个地区应该成为政策目标？这些地区的获益是否会被其他地区的损失所抵消？

如格莱泽和戈特利布（Glaeser and Gottlieb，2008）所强调的，决策者在选择促进增长的区位时，应该考虑生产率集聚弹性高的地区（可能不是最贫困的地区），以利用生产率与规模或密度之间关系的变化。在实践中，他们认为——由于难以估计集聚经济规模的区域间变化——决策者对这一弹性在区域间的差异可能所知甚少或一无所知，因而，政策的地区选择缺乏决策基础。此外，如果地区间没有弹性差异，则经济活动的空间再分配就不会产生总体利益。但莫瑞提表明，如果这一外部性的大小存在空间差异，则地方政府间的竞争将成为空间政策的有效来源。他认为，如果地方政府知道这一地方外部性的大小，并基于外部性制定地方财政刺激政策，为吸引企业进行的竞争将增进整体福利，即使地方政府之间吸引企业是潜在的零和博弈，因为地方政府间的政策竞争最终将达到外部性的恰当水平。当然，有理由质疑地方政府吸引企业的动机和激励，因为其他因素——如吸引新企业以赢得选举——也会起作用。

18.2.2　知识溢出和知识经济

知识溢出——或杜兰顿和普加（2004）分类中的学习——是集聚经济外部性最常谈及的来源之一，在城市经济学中已有很长的历史（如 Marshall，1890；Jacobs，1961）。理论假说认为，密集的人口、多样性的城市地区能够促进试验和创新，推动面对面的交流，从而有助于新思想的传播。更一般性的表

---

⑪　以解决协调失败和城市规模为目标的空间政策，可能仅是次优的政策反应，即使决策者在最佳情景中能知道最优规模，例如企业集中于同一地区产生的外部性。很难想象一个政策应对的无效率仅基于区位，例如，由于溢出造成规模收益递增不完全内部化，政策就要考虑企业投资的规模或类型。

述是，人力资本彼此接近，能通过知识共享和更快采纳创新，增加所有人的人力资本和提高企业生产率（Moretti，2010）。基于所掌握的知识和所做的工作，教育程度高的工人更容易产生知识溢出，因而知识溢出本质上比集聚经济具有更为明确的预测效果——尤其是，受教育工人更密集的区位将更成功。[12]

知识溢出可为地方决策者努力培养或吸引技术工人的行为提供解释，如创立或支持教育机构，可能是特定的大学。一般来说，基础知识的公共物品属性使得对研究性大学给予公共补贴具有合理性，而潜在的地方知识溢出则使得空间政策具有合理性。如果溢出随地理接近而递增，而且企业认识到这一点，则大学投资有助于吸引创新企业。地方政府可以通过公共资助的研究来提高知识溢出效应，如在研究型大学附近创设企业孵化器和科学园区，或鼓励大学和企业之间的交流，以克服潜在的信息或协调失败。

除了知识溢出的潜在价值外，莫瑞提（2012）认为相比其他部门，在知识密集型的高科技部门吸引高技能工人具有更大的地方乘数。这可能是由于这些工作的收入高，对这一产业服务的需求高，以及高科技企业能够吸引其他高科技企业。此外，根据莫瑞提的研究结果，高技能工人还能够增加其他人的收入，途径是人力资本外部性、更快地技术采纳以及与低技能劳动力的互补性。

作为对集聚经济一般讨论的回应，格莱泽和戈特利布（2008）根据这一政策的福利含义提出，通过鼓励受教育工人迁移或培育受教育工人，以利用知识溢出。论证是类似的：高技能工人密度和生产率必须存在非线性关系，从而高技能工人的迁移能够使目标地区的生产率增加超过迁出地区的生产率下降，而且政策制定者必须知道这一关系的性质。此外，工人的流动性会抵消一些地方人力资本政策的影响，如教育补贴。对于高等教育而言，这一问题尤为突出，因为工人教育程度越高，流动性就越强。[13]

18.2.3 产业地方化

很多关于匹配、共享和学习的观点适用于产业层次，而且更有说服力，因为很多国家特定贸易部门的就业地方化有系统的记录。例如，地方的知识溢出在同一产业或相关产业的工人之间最为突出。其他集聚经济的来源在产业层次更强，因为作为集聚经济的引擎，密集的劳动市场或中间投入品市场更多是在

---

[12]　从这一意义上看，知识溢出可视为特殊类型的集聚外部性。但是，这一假说在文献中得到了足够的关注，它值得单独加以考虑。

[13]　在本章，我们没有回顾一般教育补贴的证据（Bound et al.，2004；Bartik，2009）。人们会猜想流动性对于这样的教育政策不是大问题，即目标是专门为某个地方产业提供技能，如在社区大学层次。

产业内而不是产业间起作用。这些产业层次的外部性为创立或增强产业集群的政策提供依据。[14]

但是，观察到产业集群的存在及其潜在的外部性，并不能为政策干预提供充分依据。例如，产业集群的驱动力是接近自然资源，而不是集聚经济。杜兰顿（2011）分析了产业集群政策的理论基础，并质疑集群对地方福利的回报规模。他基于集聚外部性的复杂性以及实际政策干预的成本和收益（即，如果企业和工人流动性有限，则政策效力不足，以及证据表明集群对地方生产率和工资只有很小的影响），认为政策干预的理由不充分。此外，实践中政策指向的最优集群规模难以确定，而且需要很多知识，包括伴随集群增长而递增的规模收益，以及由于土地有限和诸如拥挤外部性引致的成本递增。另外，如果实施集群政策，区位间对企业的竞争更有可能推动产业空间分布的优化，这与莫瑞提（2010）的观点一致。

18.2.4　空间错配

有时，其他类型的市场缺陷也能为空间政策提供依据，如劳动或住房市场摩擦会导致非自愿失业和流动性降低，尽管它们不是通常的动因。一个突出的例子是空间错配假说，它适用于美国，认为城市中心的贫困少数族裔之所以就业率低，部分要归因于这些地区工作机会较少（Ihlanfeldt and Sjoquist，1998，第 851 页）。这主要是因为随着产业结构调整，工作机会离开了这些地区（Wilson，1987）。这种状况将得以持续，因为存在外生的居住隔离，而这至少部分归因于住房市场的歧视现象。[15]

少数族裔、移民和经济困难群体的居住隔离问题绝不仅仅存在于美国，尽管我们对其他国家的类似情况知之甚少。近期研究指出了一些国家居住隔离与就业或失业之间的联系，包括法国（Gobillon and Selod，2007）、比利时（Dujardin et al.，2008）、瑞典（Åslund et al.，2006）以及英国（Fieldhouse，1999）。

经济困难群体居住在工作机会较少的地区，意味着这些群体的工资减去通勤成本可能低于他们的保留工资，因此这些地区的居民很少选择工作，尤其是低技能工人，他们的通勤成本占收入的相当大比例。针对少数族裔的顾客歧视，阻碍雇主迁移到低工资少数族裔居住区的就业歧视以及其他地区就业信息的缺乏（Ihlanfeldt and Sjoquist，1998），会强化空间错配效应。

---

　⑭　Bartik（2003）以及 Matouschek 和 Robert－Nicoud（2005）指出，企业集群时可能出现培训投资的市场失灵，并指出在某些情形下，政府干预（特定产业的）培训供给具有合理性。
　⑮　Gobillon 等（2007）回顾了关于空间错配的理论模型和假说。

空间错配假说的要点在于，城市经济学通常假定的流动性可能受到限制；因而，非均衡行为可能持续相当长时期。这一流动性缺失可能削弱城市经济学文献中的某些观点，空间政策——通常由对公平的关注推动（更多在下面讨论）——通过诱使贫困人口留在贫困地区可能是有害的，如果他们很有可能继续留在那里的话。

18.2.5　网络效应

劳动市场的网络效应会影响空间政策的效果。在网络模型中，一些居民的就业将促进就业机会或工人信息的流动，从而降低搜寻成本，促进就业（如Montgomery，1991）。网络可能有空间维度——如相互联系的邻里。赫勒斯坦等（2011，2014）和拜耳等（2008）给出证据表明，居民之间（同一普查地块或更小的范围）的网络联系是重要的。对于某些群体，基于居民的劳动市场网络会加剧居住隔离对劳动市场结果的不利影响：例如，社会网络基于种族（或民族）或基于技能分层。

空间政策讨论通常不考虑网络效应。扩展范围讨论这一因素的部分动机是，它可以反驳一些对政策的批评，如认为空间政策妨碍贫困人口迁移到经济机会较好的地区，政策利益的很大部分归于通勤者和新居民，后者拥有利用新创造就业机会的技能（Glaeser，2007）。

网络效应与空间错配的结合能够加强空间政策的作用，因为网络效应的乘数会放大这些政策的影响，尤其是在就业率低的地区以及少数族裔地区，那里的劳动市场分层意味着劳动市场信息极为缺乏。[16] 但是，即使放松空间错配对流动性限制的假定，失业人口的高度集中也使得这些政策具有合理性。例如，人们可以想象在低就业率和高犯罪率的地区，经济效率未必低到使人们外流至高就业率和低犯罪率的地区。但是，犯罪必然给其他人施加成本，对一个人的就业补贴可以给其他人的就业（以及犯罪）带来正的外部性——例如由于网络效应——因而，在低就业区这一政策是明智的和成本节约的。

这一基本常识给我们以深刻印象。由于邻里间的犯罪溢出和城市享乐消费的区位，很多城市（和郊区）居民——不仅是目标邻里的居民——能够从在贫困地区创造就业的政策中获益。此外，如果网络（或同辈、邻里）效应很

---

[16] 同辈或邻里效应也可以意味着个人之间的外部性（Topa and Zenou，2015）。例如，居民失业可能导致其他居民改变行为规范，从而维持失业状态（Wilson，1987），相反，创造就业能够产生影响他人的道德效应。网络效应还能够弱化空间政策的影响。例如，在政策引导雇主迁移后，如果公司的雇员与本地居民没有网络联系，政策在推动本地居民就业方面可能难有作为。

重要，政策指向失业人口高度集中的地区是有效率的，因为源于这些效应的乘数有更大影响。可以这样来看，当一些就业机会被创造后，网络效应可以提供某种公共物品为人们所利用。这与其他观点相吻合，他们认为空间政策至少部分是合理的，因为政策可以纠正贫困地区由于低税基导致公共物品供给不足的状况（Crane and Manville，2008）。

18.2.6 空间政策的公平动机

对很多空间政策而言，公平动机是把工作机会和收入再分配至工作机会缺乏和收入低的地区。城市经济学教导我们，这种政策在重新分配就业和收入方面的成功是非常复杂的。例如，在特定的低就业城市地区，政府通过税收工具或其他措施（如企业区）创造就业机会，这似乎很自然。但是，人口和资本流动将使政策影响复杂化，甚至可能抵消再分配政策的多数乃至全部利益。

莫瑞提（2010）对此加以详细讨论。考虑企业区这样的政策类型，除非劳动供给弹性无限大，就业补贴将导致更高的工资。如果劳动力可以流动，一些工人将迁移到补贴区，只要住房供给弹性不是无限大，住房价格和租金将会上涨，至少部分抵消原始居民的获益。[17] 当然，部分人口可能拥有物业，他们能从住房价格上涨中获益。在劳动力完全流动的极端情形下，区位间个人效用相等，无论是政策干预之前还是之后。但是，在以公平作为政策目标时，我们可能不会把土地所有者作为目标人口。

因而，除了在不可能出现的刃锋情形下——劳动供给具有无限弹性意味着没有工资上涨，住房供给具有无限弹性意味着住房价格不变，完全流动抵消全部政策收益——流动性只会部分而不会全部抵消再分配政策的影响。然而，福利效应可能和预期存在差异。例如，如果排除劳动力完全流动的条件，假设部分人口偏好某些区位，则在区位间只有效用相等的边际工人（marginal worker）。但在这种情况下，谁从政策中获益可能与期望影响关系不大。目标地区的超边际工人（inframarginal worker）以及其他地区（被征税）的工人受损，而边际工人不受影响。再分配的福利影响可能是决策者所期望的，也可能不是，这取决于超边际工人是谁。例如，没有很好地理由表明目标地区的超边际工人收入是最低的。

这引发对政策受益对象更广泛的关注。如克兰和曼维尔（Crane and Man-

---

[17] 尽管政策对是否要求工人居住在补贴区没有做出规定，补贴应该会推动一些人口进入或接近这些地区。

ville，2008）所强调的，给定流动性和土地价格反应方式，新创造的工作机会可能为富裕居民或移民获得，而土地价格获益看起来不太可能增加贫民的价值。同时他们建议，可以创造某种制度安排（有些乌托邦式），使得土地价值增加为公共部门获得，并部分再分配给目标受益人。例如，他们提出"社区受益协议"，要求从土地增值中受益的开发商提高工资、提供可负担住房、承担社会服务等等。

格莱泽和戈特利布（2008）提出一个问题，鼓励贫困人口留在贫困地区而不是迁移到有更多经济机会的地区，这样的政策措施是否有意义。例如，他们指出，"不知道为什么联邦政府在卡特琳娜飓风后，用超过 1 000 亿美元的支出把人们迁回新奥尔良，这座城市在风灾前也很难说是一个富有经济机会之地"（第 197 页）。但这不是一个通常的情形。相反，如果我们考虑居住在贫困地区的人们，他们愿意留在这一地区，而且我们确定这些人是我们希望通过政策帮助的对象，理论上我们可以基于公平原则为这一政策提供合理性。尽管如此，即使不考虑确定谁是超边际工人的困难，也不清楚这一政策相比其他政策是否更有效率，如补贴移民到其他地区，以及打破空间错配模型强调的居民流动障碍——如果这些障碍确实重要的话。

18.2.7 总结和对经验分析的意义

关于空间政策的经济学基础，有莫瑞提（2010）和格莱泽和戈特利布（2008）这两个评述，他们对政策的效率合理性某种程度上存在分歧，其中莫瑞提持有更为肯定的观点。此外，我们给出其他一些关于政策效率合理性的讨论。但这两个评述都对政策公平的观点提出问题，如莫瑞提认为"从公平的视角看，基于位置的政策旨在把经济发达地区的收入再分配到经济落后的地区不可能是有效率的"（Moretti，2010，第 1242 页）。在工人流动的情况下，政策指向人口而不是位置可能更佳。同样重要的是，要认识到政策的公平和效率目标将相互冲突。例如，格莱泽和戈特利布（2008）给出一些证据表明，知识溢出的非线性可能是凸性的，因此在人力资本已经很高的地区，补贴人力资本投资（或移民）是最有效率的。这样的政策将扩大地区间的收入差异。

前面的讨论突出经验研究的一些教训，即使理论不能完全确定政策的合理性。关于政策福利影响的第一个检验是，它是否给目标地区以及目标居民带来利益。上面的讨论指出，一个政策的有效性取决于一些因素，如人口迁入的情况和本地住房市场的弹性。因而，政策评估不仅要考虑对地方就业影响的证据，也要看对地方失业影响的证据，要看本地居民是否向工作迁移，或是否改变了通勤模式。我们还需要看对本地工资、租金和住房价格的影响，以更好评估对个人福利的影响。此外，还要看对房东、租客，以及更一般的，对不同技能或收入水平的群体，是否存在不同的影响。如在18.4节中所讨论的，政策可以影响对企业和工人的区位激励，也对评估方法和控制地区的选择有实际影响，因为取代可以导致对政策效应潜在的估计偏差。

有两点有助于指导经验工作。首先，地方福利影响可能和总体水平有很大差异。一个地区的集聚外部性可能是以其他地区集聚利益（可能更大）的损失为代价，而且会导致经济活动空间分布的效率扭曲。其次，任何地方获益仅靠自身都难以长期持续。尽管理论表明政策能够推动一个区位跃迁至一个生产率更高的新均衡，其在现实中是否可行以及地区是否会恢复到原来的稳态，都是重要的问题。

但是，基于我们与决策者打交道的经验，总体福利影响或计算会在决策中起重要作用这一观点，是值得怀疑的。而且，决策者更可能从诸如"把工作带到底特律"这样的目标开始。作为城市经济学家，如果我们能为他们提供严格的相关证据，包括给定政策是否达到其陈述的目标、政策造成了哪些权衡（包括再分配），我们就提供了有价值的服务，而且有助于排除那些没有达到目标的政策或者有不利影响（决策者不希望看到的）的政策。因而，本章剩余部分主要关注政策效果的因果效应评价。

但即使不考虑明确的福利估算，对关于就业的经验研究（我们认为是决策者关注的）的重视以及对工资（政策目标地区居民的福利收益）影响的重要性之间存在潜在的显著分离，因为更多的就业可能意味着更大的行为扭曲损失（Busso等，2013）。如前面理论讨论提到的，当劳动不流动时——因而目标地区只有很小的就业增长空间——福利收益更可能归于居民（尤其是工人），而不是财产所有者。当然，这一分离可能仅仅反映了决策者优先考虑工作创造这一事实。或者如克莱恩和莫瑞提（2014a）所指出的，如果劳动市场摩擦导致失业的空间差异，像雇佣补贴这样的政策能够增加目标地区的就业和增进福利，因此工作创造可能会更好地与福利效应相一致。

18.3　关于政策暗含的理论动因和行为假设的证据

格莱泽和戈特利布（2008）和莫瑞提（2010）回顾了关于传统城市经济学观点的证据，包括集聚经济和知识溢出。我们简要概览近期的一些证据，但重点是其他假说的新证据，包括空间错配和网络效应，我们认为它们要在空间政策的背景下加以考虑。

18.3.1 关于集聚经济的证据

当前已有大量证据支持这一观点，即产业内和产业间经济活动密度的增加会带来正的外部性。罗森塔尔和斯特兰奇（2004）总结了集聚经济来源的证据。一些论文已经估计了生产率对就业密度的弹性，弹性范围通常在 0.01 ~ 0.10（详细分析见 Melo et al.，2009）。孔贝斯等（Combes，2010，2012）和格林斯通等（Greenstone，2010）是这一领域近期的但有特色的成果。[18]

孔贝斯等（2010）进行了仔细分析，以解决对经济活动密度和生产率关系估计中的识别问题。他们指出生产率和密度之间存在正相关关系，这至少部分是由于工人选址于生产率更高的区域、高技能工人中作出这一选择的比例更大，还包括一些遗漏因素，它们与就业密度和生产率相关。因而，劳动力的数量和质量都可能是内生变量。为了处理劳动力数量可能的内生性，他们使用了一个 IV 策略，把人口和地理特征作为工具变量，其中人口密度指标的历史数据可以回溯至 1831 年，地方的地理特征指标包括土壤和地形地貌特性，后者用海拔高度的变动加以衡量，这一指标可用于确定人口的住处以及他们的成功程度。为了处理劳动力质量可能的内生性，他们使用关于工资的个人面板数据，这使得他们可以把区位影响与观测到和未观测到的工人特征相分离。从工资和密度大约 0.05 的基准弹性出发，他们发现控制这些因素后，可以得到一个估计值 0.027。此外，他们加入一个市场潜力指标，以考虑集聚经济可能从边界溢出的事实，得到了他们希望得到的估计值 0.02，其中全要素生产率（TFP）与密度的弹性在 0.035 左右。

孔贝斯等（2012）考察了公司决策如何影响城市规模和生产率之间的正相关关系。如果竞争程度随城市规模扩大而加剧，生产率低的企业不太可能在大城市生存，这使得城市规模与企业生产率平均值之间存在正相关关系，因为较大城市生产率分布中左尾被截掉更多。另外，随着城市规模扩大，集聚外部性会导致企业的生产率分布向外扩展，因为所有企业都会从集聚经济中获益，如果生产率最高的企业获得最大的利益，则分布的右尾将变宽。

他们的经验方法估计了观测到的企业生产率分布差异。他们的主要发现是，在就业密度不同的地区之间，企业决策似乎不是 TFP 差异的重要解释变

---

[18] 很多研究讨论城市间的生产率差异，但有一些考察城市内的集聚经济（Rosenthal and Strange，2003；Fu and Ross，2013）。一些证据表明，集聚经济会随着距离增加而迅速衰减，这与目标地区较小的空间政策有关。

量。此外，他们发现证据表明，在密度更大的地区，生产率更高的企业获益更多。他们把密集地区定义为就业密度高于中位值的地区，并发现相比低密度地区，位于 TFP 对数分布最高四等份的企业的生产率收益接近 14.4%。相比之下，密集地区位于较低四等份的企业的生产率收益仅为 4.8%，这意味着企业从城市化外部性获益的程度存在差异。他们还发现 TFP 与就业密度的弹性为 0.032，非常接近孔贝斯等（2010）的结果。

格林斯通等（2010）利用旨在吸引大型新工厂到特定区位的补贴政策，估计美国集聚外部性的规模。我们将在后面讨论他们的发现对这类空间政策的意义。在他们的估计方法中，把排在第二位的地区的信息作为控制变量。他们的估计表明，工厂开业会形成很大的生产率溢出，现有工厂的 TFP 在 5 年后比控制地区的工厂高 12%。当然，作者也承认这些估计是基于非常特别的设定，即大型新工厂的开业，获得该项目的县给出了最高的报价，一定会期望从中获取显著的溢出利益。因而，这种规模的影响在其他政策环境下并不必然存在，但其一定与关于这种类型政策影响的讨论有关。格林斯通等还发现证据表明，不同区位和不同产业的外部性规模存在很大差异。尤其是，在技术和人力资本要求与新工厂更类似的产业中，生产率溢出效应更为显著，这表明工人在企业间流动和知识溢出（是前者的潜在结果）作为集聚经济来源扮演重要角色。

最后，关于生产率对密度的弹性是否随着经济活动密度而改变，进而存在空间差异，在 18.5.5 部分描述的证据——使用更为一般性的政策干预（田纳西河流域管理局）——并不支持这种区位间集聚外部性的差异，尽管理论表明其可以作为空间政策的依据。

18.3.2 是否存在空间错配？

在美国的背景下，检验空间错配的研究试图包含接近工作的直接信息，其与行程时间或附近的工作情况（或工作增长）相关（如 Ellwood，1986；Ihlanfeldt 和 Sjoquist，1990；Raphael，1998；Weinberg，2000）。这些研究倾向于表明，黑人居住在工作机会较少的地点，而工作机会较少有助于解释较低的黑人就业率，其机制大概是黑人面临较长的工作通勤时间进而面临较低的净工资（尽管 Ellwood 表明差异可能并不大）。黑人较长通勤时间的证据并不必然指向空间错配，因为单纯针对黑人的就业歧视就意味着较少的工作机会，进而导致黑人较长的平均通勤时间，即使他们和白人居住在同一地点。总体来说，存在两个综合性评述认为存在大量与空间错配假说一致的证据（Holzer，1991；

Ihlanfeldt 和 Sjoquist，1998），尽管詹克斯和迈耶（Jencks 和 Mayer，1990）对这一假说给出了负面评价。

近期的研究对空间错配假说提出质疑（Hellerstein 等，2008）。关于种族，纯粹的空间错配假说表明只有工作区位影响就业前景，不管他们是被黑人还是白人占据（但大概以技能为前提）。但是，如果种族影响就业——例如通过歧视或劳动市场网络，种族在其中起作用——则即使某个地区有大量工作机会，非裔的就业可能性也会很低。例如，一个大量非裔居民集中的城市地区也可能是白人工作通勤的地区，雇主不太可能雇佣非裔。在这种情形下，低技能非裔的就业问题可能反映的不是居住地缺乏工作机会，而是缺乏提供给非裔的工作机会，赫勒斯坦等将其称为"种族错配"。

作者使用关于居住地点和工作地点的可信普查信息，估计包括工作密度指标的就业模型，模型不仅考虑区位和技能，也考虑种族。[19] 证据与种族错配更为一致，而不是简单的空间错配。非裔工作密度（非裔拥有的本地工作数量与黑人居民数量的比率）对黑人就业有很强的影响，而白人工作密度（白人拥有的本地工作数量与黑人居民数量的比率）则没有影响。此外，在低技能层次，同族关系有很强的影响。在诸多设定下，非裔工作密度指标的估计系数是非非裔或白人工作密度指标的大约 10 倍；其数值分别约为 0.001 和 0.01，后者意味着非裔工作密度增加 10 个百分点将提高非裔男性就业率 1 个百分点。这一证据表明，对非裔来说，工作空间分布自身不是非裔在城市就业的重要决定因素，但是空间错配与雇佣中的种族维度，或者说"种族错配"之间的相互作用影响非裔就业。换句话说，即使非裔居住在工作密集的地区（或者如其他分析所指出的，工作密集于他们的技能水平），如果白人掌控这些工作，则非裔居民的就业率会非常低。赫勒斯坦等（2008）的描述性统计反映了这一点，他们表明非裔居住地的工作密度实际上非常高，即使是考虑非裔的技能水平。这意味着更重要的是哪个群体更可能被雇佣。他们给出了一个简单的模拟分析表明，如果低技能非裔分配到低技能白人的居住地，非裔—白人就业率边际差异将较小（0.025，相比 0.231 的差距）。这恰恰是因为白人工作密度对非裔就业的影响——如果非裔位于在白人的居住地，这一密度将急剧增加——是如此之小。[20] 更为近期的研究表明，这一结果与美国劳动市场上西班牙裔的情

---

⑲ 这些回归没有受到经典映射问题的困扰（如果个人就业对地方就业率回归，这一问题将出现），因为工作密度指标的分子包括居民和非居民（在某地区工作却不住在这一地区的人口）。

⑳ 在一个关注美国非裔—白人失业率差异（以及法国非裔—法国人差异）的劳动和住房市场模型中，Gobillon 等（2013）表明空间因素只能解释非裔—白人失业率差距的 10% ~ 17.5%。

况非常类似（Hellerstein et al.，2010）。[21]

在 18.2.4 部分引用的研究中，欧洲国家的证据与空间错配相一致。一个更有吸引力的证据是阿斯伦德等（Åslund，2006），他们研究导致区位出现外生变化的瑞典难民定居点政策，他们发现那些被分配到低就业率地区的难民的就业率较低。但是，这一证据并不像种族错配分析中那样，单独考虑居住地的工作密度以及特定群体的工作密度。如果空间错配的证据主要来自于少数族裔的低雇佣率，而不是工作可得性低，空间政策的证据可能比空间错配假说所表明的要弱。因而，需要更多其他国家关于空间和种族（或民族）错配证据的信息。

18.3.3 城市劳动市场是否存在重要的网络效应？

拜耳等（2008）给出证据表明，城市地区邻近居民之间会形成劳动市场联系。他们发现在波士顿，相比那些住在同一街区群（一个小的街区集合）却不在同一街区的人，同一普查街区的居民更有可能在同一街区工作。因为同一街区群的居民具有很大异质性，他们的解释是，以上现象反映了非正式劳动市场网络的存在，其基于同一街区的居民之间的网络联系（而不是根据居住地和工作地分类）。

赫勒斯坦等（2011）采取了另一种方法。他们考察邻居是否会在同一家公司工作，以检验以下猜想，即邻里劳动市场网络运行方式之一是向自己的雇主推荐自己网络中的邻居。方法使用美国企业层次的雇主—雇员匹配数据，比较同事中邻居的比例以及在随机雇佣情况下的这一比例（Hellerstein and Neumark，2003）。前者高于后者。不考虑邻居之间的联系，这仅反映了人们希望在居住地附近工作从而接近他们的邻居。同一企业的邻里集群存在一个上限，这是因为在给定的企业规模分布下，基于居住网络的企业间完美分类通常不可能出现。

这一证据表明，基于居住地的劳动市场网络在雇佣中起重要作用。对非裔和白人而言，邻居在企业的"过度集群"——用进入同一企业的邻居的最大比例进行衡量——大约为 10%。控制企业规模后，黑人的这一网络指标接近白人的两倍。基于居住地的网络对拉丁裔更为重要，这一指标值为 22%，对

㉑ Andersson 等（2014）研究大规模失业期间的失业时间与工作可得性指标之间的关系，发现更大的工作可得性与较短的失业时间相联系。关注大规模失业的目的在于，减少个人未观测特征与居住地工作可得性之间的相关性。例如，研究使用一个通用的和一个种族的工作密度指标来比较对黑人的估计。对这两个指标而言，可得性和工作搜寻时间的相关性接近。但是，它的估计没有像 Hellerstein 等（2008）那样同时包括两个指标，这样无法说明是否种族指标优于通用指标。

于西班牙裔移民，以及那些缺乏英语技能难以融入劳动市场且雇主缺乏其可靠信息的人们，这一指标值大约为40%。[22]

基于民族或种族分层的劳动市场有助于解释种族错配的证据，而且与空间政策有关。赫勒斯坦等（2011）以两种不同的方式构建网络指标来检验这一分层：首先，把一个黑人工人的邻居和同事包括在内，衡量企业内黑人工人与黑人或白人邻居集群的程度；其次，重复上述过程，但只包括同一种族的邻居。如果网络是有种族分层的，则黑人与所有邻居同事的可能性应该小于黑人与同种族邻居同事的可能性——这正是证据所表明的。尤其是，当不考虑种族时，网络指标要低40%，这表明黑人—白人邻居间进行劳动市场信息交流的可能性要低于同一种族间。

赫勒斯坦等（2010）给出了另一种分析表明，在近期拉丁裔移民到达和快速增长的城市，拉丁裔的工作密度是西班牙裔就业的最佳预测指标。在这些城市中，网络联系对新移民获得工作尤为重要，因为地方经济缺乏长期雇佣拉丁裔的历史，这些地区的雇主缺乏与拉丁裔工人打交道的经验，尤其是英语表达能力差的工人。这一研究提供了分层网络进一步的证据，并展示了分层网络是如何产生种族或民族错配的。

还有其他与种族分层网络相一致的证据。卡辛尼兹和罗森堡（Kasinitz and Rosenberg，1996）研究布鲁克林的红钩地区，该地区人口主要是低收入黑人（也有部分拉丁裔），失业率高，但在航运业却存在大量的就业机会。他们发现很多地方雇主几乎只雇用来自红钩以外的工人，通过特定（非黑人）族群的社会网络招募雇员。现在转向其他国家。帕塔基尼和泽诺（Zenou，2012）发现在英国，如果一个人居所附近的同族就业率越高，则其通过社会网络找到工作的可能性越大。达姆（Damm，2014）利用丹麦一个难民定居点的准实验，发现如果移民居住在非西方移民和本族人就业率高的地区，会有更大的概率找到工作，而且一旦找到工作，年收入会较高。[23]

这对空间政策的意义是复杂的，因为种族错配或种族分层网络意味着创造工作政策本身在帮助目标地区的居民方面难有作为。有效的政策可能需要在利用目标地区居民和工人的关系方面做更多的工作。[24]

---

[22] 论文中给出的证据表明，居住地点可视为既定，并潜在地影响工作地点，而不是一起工作的人们选择成为彼此的邻居。

[23] 近期关于居住地劳动市场网络的研究使用纵向雇主—家庭动态（LEHD）数据，但在美国很少发现这类居住地劳动市场网络种族分层的证据（Hellerstein等，2014）。

[24] Ananat等（2013）指出，种族错配或种族分层劳动市场网络与集聚经济之间存在潜在的联系——并给出证据表明，当用同一民族和种族群的工人加以衡量时，工资会随着同一产业就业密度的上涨而上涨。

18.4　识别空间政策的影响

很自然地，关于空间政策的经验研究会关注这些政策对利益主体结果的影响。在很多方面，可靠估计这些影响面临的计量经济学挑战和标准评价文献类似，如反事实的选择、政策采纳潜在的内生性问题等。[25] 但是，空间政策分析也有很多独特的问题。在本部分，我们将讨论这些挑战，并举例说明研究者是如何处理这些问题的。

18.4.1　确定政策实施地区及其经济结果

研究首先面临的一个独特挑战是，实施空间政策的地理尺度通常与现有数据来源不一致。这一问题在企业区研究中尤为突出。例如，在加利福尼亚，企业区边界是根据街道和地址定义，与普查区、邮区等的边界不一致。但考虑到数据可得性问题，普查区或邮区经常被用于粗略估计企业区边界（如 O'Keefe，2004；Bondonio and Greenbaum，2007）。这会带来衡量性误差，错误地把某些地区（以及其中的工人或企业）放入在内或排除在外（Papke，1993）。艾尔弗利（2009）指出，在加利福尼亚和佛罗里达，如果企业区定义为与企业区存在重叠部分的所有邮区，则定义的企业区是实际企业区面积的 6 倍，在包括企业区的普查区中，只有不到一半的人口实际居住在企业区内。随机的、不正确的区位分类，会形成偏见认为企业区政策没有影响。

纽马克和科尔科（Neumark and Kolko，2010）在一个加州企业区的研究中，提出一个精确识别企业区边界变动的方法。他们首先从街道地址范围的官方清单及其纳入企业区的年份开始，然后利用 GIS 软件精确识别样本企业区（以及适当的控制组）每年的位置。

一旦边界得以确定，就需要获得这些边界内和控制地区利益主体的数据。这将是又一个挑战，具体取决于工人或企业的可用地理信息。估计加州企业区的影响需要确定企业是在区内还是区外，因为企业能否从企业区的获益要基于其位置。纽马克和科尔科使用一个新的数据来源——国家企业时间序列（NETS）（如见 Neumark et al.，2005b）——提供每年企业准确的街道地址。这些地址将被编码，以获得精确的经度和纬度，这使得这些企业可以放在企业

---

[25]　对城市经济学中因果效应的识别策略的概览见 Baum‐Snow 和 Ferreira（2015）。

区（和控制地区）地图上非常准确的位置。

18.4.2 说明政策选择的地理目标

第二个挑战是为空间政策选择合适的控制地区。关于企业区的研究提出三种方法。在第一个方法中，控制地区类似于企业区，却没有实施企业区政策。在第二个方法中，使用被指定为企业区的地区，但它们要么还没有创立，要么将在未来创立。在第三个方法中，则明确是在企业区内部进行选择。

一些研究使用的未实施企业区政策的控制地区很大，如州内不属企业区的剩余部分（Peters and Fisher，2002；Lynch and Zax，2011）。但是，如此大的控制地区似乎不太可能对企业区进行有效的反事实分析。其他研究中控制地区的选择是基于企业区的特征，或只是简单地接近企业区。奥基夫（O'Keefe，2004）和艾尔弗利（Elvery，2009）使用基于居民和就业特征的倾向分数配对，来匹配接近企业区边界的普查区和其他普查区（控制地区）。当然，倾向分数配对没有说明工作增长差异未观测到的来源，而这可能成为企业区指定的基础。上述研究都没有对企业区设立前后这些控制地区的变化进行比较，而其他一些研究则是在进行比较的基础上使用这些匹配策略。[26]

近期研究使用更详细的地理信息来进行地区筛选，以构建较为可靠的控制组。比林斯（Billings，2009）使用不连续空间模型，考察科罗拉多企业区内边界为 1/4 英里的地区的就业增长，并以企业区外边界为 1/4 英里的地区作为控制组。[27] 纽马克和科尔科（2010）使用加州企业区详细的 GIS 地图，选出围绕企业区的非常狭窄的控制环（1 000 英尺宽），他们的方法基于这一假设，如果不考虑企业区的影响，所考察的企业区和邻近环绕的控制地区的经济条件是非常相似的。但是，邻近和狭窄的控制地区可能遭遇与企业区有关的取代效应；这一问题将在 18.4.4 节中进行讨论。

控制地区的地理接近性不能排除相对处理地区的未观测到的差异，而这些是成为企业区的基础。例如，企业区可以基于对政策的回应性进行选择，在此情况下可以估计对处理对象的平均处理效应（ATT），而不是平均处理效应（ATE）。关于延伸政策到未处理地区的影响，ATT 能为决策者提供的可靠指导非常少。当然，无效的控制地区可能意味着即使 ATT 也无法识别。

第二个方法能够更好地说明企业区的选择，它使用在其他时期可能被指定

---

[26]　见 Papke（1994），Greenbaum 和 Engberg（2004），和 Ham 等（2011）。
[27]　Freedman（2012）基于贫困资格"门槛"使用不连续性地块。

为企业区的地区作为控制地区。例如，纽马克和科尔科（2010）在他们的数据中利用企业区的扩展，对某个被指定的企业区的就业变化和过去被指定或未来将被指定的企业区的同期就业变化进行比较。图18-1是纽马克和科尔科研究中的一个案例，它展示了圣安娜企业区的地图，给出最初指定的街道、扩展的街道和前面提到的1 000英尺控制环。使用其他时期的指定地区来识别影响要比使用邻近地区作为控制地区更可靠，因为政策过程已经表明前者更适合于指定为企业区。比索等（Busso，2013）使用类似的策略，将对成为联邦特许区一部分的普查区和申请失败的普查区的居民就业结果——与纽马克和科尔科类似——与未来将成为特许区一部分的地区进行比较。

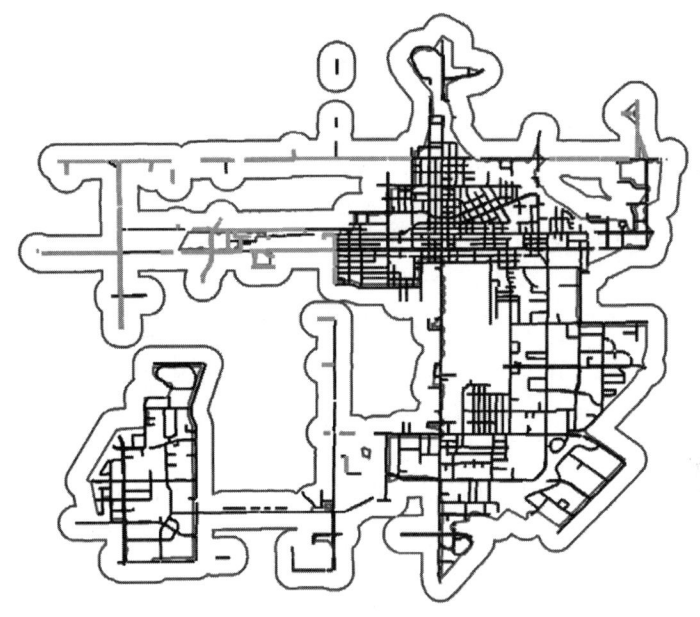

图 18 - 1　圣安娜企业区

　　注：浓黑线，1993年初始指定部分；浅灰线，1994年扩展部分；深灰包络线，控制环。

　　汉森（Hanson，2009）也比较了联邦特许区和申请失败地区的就业情况。他还把区内国会议员的政治影响作为地区申请成功的工具变量。这一方法的潜在优点在于，附近地区和申请失败地区之间的差异可能是在难以衡量的方面，并造成估计影响的偏差。一个预测地区成功的却不直接影响利益主体结果的工具变量，能够减轻这一问题。

18.4.3　存在多重干预时识别特定政策的影响

像企业区这样的空间政策所覆盖的地区，也可能被其他空间政策影响，这些政策有时来自不同层级的政府。为此，需要对政策影响加以分离，以估计单项政策的影响。例如，很多美国城市拥有城市或州指定的再开发地区，鼓励土地开发以消除城市衰败。以加利福尼亚为例，在纽马克和科尔科研究涵盖的时期，数百个市和县的再开发地区与企业区重叠或邻近，因而可以影响处理地区和控制地区。此外，三个联邦项目——社区更新、企业社区和特许区——与州企业区重叠，其政策与州企业区相似。

为了解决这一问题，研究使用受再开发政策和联邦企业区政策影响的地区的数字地图，并把对不同政策影响的识别包含在分析中，以分离州企业区的影响。其他一些企业区研究关注联邦和州企业区的重叠，但没有考虑再开发地区。

18.4.4　说明取代效应

在研究空间政策的影响时，面临的一个严重问题是地区间的溢出效应。例如，企业区导致工作增长的证据可用非常不同的方式处理，这取决于企业区是创造了新工作，还是导致企业在地区间迁移以获取政策优惠——这反映了对其他地区的负面溢出。关于英国企业区较早研究发现，企业区内50%～80%的企业是迁移来的，这导致英国政府逐步停止了这一项目（Papke，1993）。当然，迁移并不必然意味着项目失败，因为有很多理由去增加特定地区的就业，即使以其他地区的损失为代价。尽管如此，决策者必须对目标地区的工作增加情况加以评价，看其工作增加是通过创造新的工作，还是来自其他地区的损失。

有时也会有正的溢出效应。例如，企业区会增加一个地区的交通量，从而刺激附近地区的需求和工作增长。在这种情形下，对某些研究设计而言，我们可能无法发现企业区对就业的影响——或估计值被错误地认为接近零——因为我们是把企业区和受到正面影响的邻近地区进行比较。

估计净溢出是很困难的。假定控制组的变化不是源于政策的影响，利用普通的双重差分方法可得到政策对处理对象与控制组的相对影响。获得溢出效应证据的一个方法是，假定当这些影响可能出现时，控制地区间将产生差异。例如，假定正溢出局限于企业区附近非常狭窄的地理空间。因而，纽马克和科尔科（2010）比较2 500英尺控制环和1 000英尺控制环的结果，看用较大的环是否对就业影响更强，因为较大的环溢出效应较弱。用类似的方法，他们转向 1 000 英尺的控制环，但是在企业区边界设置了 100 英尺的缓冲区（任何方向上）。但是还不清楚这些方法在去除负面溢出方面是否有用，因为这些溢出还可能来自更远的地方，雇主可通过长距离迁移（可能仍在同一城市内）获取企业区利益。

18.4.5   研究指向特定企业的相机抉择政策的影响

一些空间政策具有相机抉择的性质——例如，向特定企业提供补贴以促进投资和就业。这一政策可能限定于目标地区的企业，但主要特征带来额外的识别问题，因为不是目标地区的所有企业都得到政策支持。一个问题是，这一补贴能否有效地促进受补贴的企业扩张经济活动。但是，与未获补贴企业的比较可能存在问题，因为申请补贴和给予补贴的决策可能都是内生的。申请补贴的企业也可能表现差劲或在未来走下坡路，政府官员可能认为未获补贴的企业很难增加额外的投资或就业。因而，相比获得补贴的企业，未申请补贴的企业和未获得补贴的企业可能有一些不同的特性，其中一些难以观测到。

第二个问题是相机抉择政策能否给受补贴企业所在地区带来正外部性。同样，如果地区选择是基于特定的经济特征，则很难在合格地区之外找到适当的控制地区。此外，还可能存在对未受补贴企业的政策外溢（正或负），无论是在合格地区内部还是外部。

克里斯库奥洛等（Criscuolo，2012）分析了一个相机抉择补贴政策的影响，即英国的区域选择性援助（RSA）。作者利用这一事实，即符合补贴政策的地区每隔 7 年要根据欧盟的国家补贴规则修订一次。根据这些规则，补贴只能提供给指定地区，而且每个地区有最大补贴率。合格地区的确定要基于一套指标体系，如人均 GDP 与欧盟均值的相对数。一系列的经济指标被使用。地区是否合格取决于以下因素：地区的经济状况、欧盟的标准以及其他欧盟成员国的经济状况。后者可以影响作为基准值的欧盟平均值。相比地区特征，后两个因素可视为外生的。

为了解决企业资格与地区特征的内生性问题，作者把资格规则的特性作为 RSA 接受补贴的工具变量。在一个估计中，他们把参与项目（即补贴）的工厂或企业层次的指标，作为欧盟规则下最大允许补贴率（随地区—时间变化）的工具变量。他们还包含工厂或企业层次的固定效应，以应对参与的内生性问题，尽管这没有解决随时间变化的未观测变量问题。这一 IV 策略可能提供 ATT 的估计值，例如补贴对投资和就业的影响。他们还估计了精简形式的设定，例如用工厂层次就业的对数对工具变量——地区层次的最大补贴率——进行回归，以提供意向处理效应（原则上，所有最大补贴率非零地区的工厂有资格申请）的估计。

作者还使用地区层次的总体数据，例如就业数据，以把握新企业进入而不是工厂边际增长产生的影响，或企业间溢出的影响。为此，他们用地区层次的结果对最大补贴率进行回归。他们还使用更大范围的总体数据来处理地区间溢出问题，例如由于地区资格转换导致就业从邻近地区转移到新的合格地区。

如上所述，格林斯通等（2010）提供了新工厂开业产生的集聚外部性规模的证据。论文通过考察对现有工厂 TFP 增长、工厂净进入和地区劳动成本的影响，部分评估了美国地方政府提供的专项补贴的效益。他们的方法是处理区位决策内生性的创新识别策略，把在新企业竞争中惜败的次优区位，作为获胜区位反事实分析的对照组。在新工厂开业之前，处理地区和反事实分析地区是高度可比的，远优于所有其他可能区位的可比性。他们认为，使用这些邻近的失败区位作为控制地区，需要消除遗漏变量问题，否则可能导致处理地区和非处理地区结果比较的偏差。[28] 例如，如果企业的区位决策是基于对 TFP 增长有正面影响的未观测特征，则这种异质性将导致新工厂开业对结果影响的估计出现向上偏差。反事实配对被视为某种形式的一对一匹配，但匹配是根据企业决策过程的信息直接决定。作者估计了工厂层次的生产函数，生产函数包括获胜—失败县配对的虚拟变量，以确保工厂开业后的溢出识别是在匹配配对之间进行，进而估计对处理县的现有工厂 TFP 的溢出影响。

大量论文利用补贴分配过程的特征，来评估 488 法令（意大利的一个投资补贴项目）的影响。根据公开标准，项目申请者被给予一个标准化的分值，然后根据分值每年在地区进行排名。项目每年在各地区有预定的支出规模，项目申请者根据其排名给予资金支持，直至资金池耗尽。这些论文把排名较低、未获资助的申请者作为控制组，来处理项目参与的内生性问题。这一方法使用"接近成功"的申请者，在某种意义上，类似格林斯通等（2010）使用"接近成功"的地区，后者用于处理地区选择的内生性问题。

失败的申请者排名较低，这意味着它们与成功者存在差异。为了控制影响补贴可能性的可观测特征，贝尼尼和佩莱格里尼（Bernini 和 Pellegrini，2011）使用构造申请者排名的变量的详细数据。他们将其作为倾向分数匹配的一部分，以控制可观测变量的选择，确保处理组和控制组在可观测特征上得到同等

---

[28] 识别假设在没有新工厂开业的情况下，获胜地区和邻近失败地区可观测变量的结果发生相同变化。这排除了其他未观测到的随地区－时间变化的冲击可能对配对地区产生的不同影响。

对待。此外，作者认为，排名基于特定地区和年份，每个地区每年的项目预算不同，这一事实导致样本企业申请的成功或失败会有内生变化。启动项目在申请时会优先，因而对于现有企业而言，被资助的可能性还取决于所在地区和年份申请资助的启动项目的数量。因而，很可能企业有非常相似的特征、非常接近的分值，在某些地区—年份获得补贴，在其他地区—年份却无法得到补贴。

为了控制未观测到的随时间变化的特征，作者利用双重差分方法，对企业申请补贴年份的数据与补贴结束年份的数据进行对比。显然，对未获补贴的控制组而言，项目完成日期要进行估算，具体是计算不同年份、产业、投资类型的获补贴企业的平均完成时间。作者还认为，受补贴企业对未受补贴企业的溢出效应可能不会影响估计结果，因为受补贴企业仅占合格地区制造企业的很小部分（约3%）。

布龙齐尼和德·布拉西奥（Bronzini and de Blasio，2006）还利用双重差分估计量，并把未获补贴的申请者作为控制变量，来考察488法令的影响。他们发现，获得补贴的高分值企业并非是随机的，为此他们试图解决这一问题，其方法类似于回归间断点（RD）设计（见 Lee and Lemieux，2010；Baum–Snow and Ferreira，2015）。为了做到这一点，他们使用少量的处理企业和控制企业，并分为两组，这些企业接近于补贴"门槛"，排序时分数接近。这些组被定义为边缘组，例如在企业排序分布中，补贴"门槛"企业加上或减去10%或30%的企业。佩利格里尼和马奇格罗索（Pelligrini and Muccigrosso，2013）还使用RD方法，识别488法令对未受补贴企业的影响。他们认为，如贝尼尼和佩莱格里尼（2011），在预算"门槛"附近的企业，能否获得补贴本质上可视为是随机的。

18.4.6　相对效应与绝对效应

最后一个问题是，经验研究能否阐明空间政策的总体效应，特别是，结果是否是一个零和博弈，仅仅是经济活动在空间上的迁移。使用面板数据估计（或其他因果推论方法）只能识别政策对处理地区与控制地区的相对影响，根据定义后者假定不受政策影响。因而，这一方法无法提供关于政策对控制地区潜在影响的信息。考察取代或溢出效应的研究（在18.4.4节中讨论）可以提供对未直接处理地区影响的信息，但是他们通常估计对邻近（通常很小）地区的影响，而且这么做还需要其他假定未受政策影响的控制地区。

更多依靠理论，可以在总体效应方面取得更大进展。如18.2节中所讨论的，如果存在非线性的集聚外部性，经济活动重新配置可以增加总产出（假定经济活动迁移到集聚外部性较强的区位）。一些证据来自克莱恩和莫瑞提（2014b）对田纳西河流域管理局——一个大规模的空间政策——的评估。第二个例子是，如果有足够的理论构造以估计福利效应，则可以得到政策总体效应的证据（类似于其他经济学领域中我们能从结构对非结构方法中得到的信息）。比索等（2013）对联邦特许区的分析提供了这样的方法和估计。

18.5 关于政策干预影响的证据

我们现在转向空间政策评估的证据。我们将讨论各种类型的空间政策，先从企业区开始。所有政策干预最常见的主题是，精准政策设计在政策的最终行为反应中起重要作用，一些政策的理论特征，如最优城市规模、大规模临时性政策如"大推进"、集聚经济条件下的可持续收益等，在实践中的多重政策刺激下几乎看不出来。

18.5.1 企业区

关于企业区的早期研究结果有很大差异。很多研究没有考察企业区的就业影响，尽管一些研究（如 O' Keefe，2004 以及 Wilder 和 Rubin，1996 评述的研究）认为，至少在短期可能对就业有正面影响。相对近期的文献认为，难以发现企业区就业影响为正的证据（Elvery，2009；Ham 等，2011；Lynch and Zax，2011）。

但是，在过去若干年中，很多企业区研究利用创新的数据和计量方法，克服政策评估特别是企业区评估涉及的经验问题。在本部分，我们将对其进行讨论。我们首先考察纽马克和科尔科（2010）对加州企业区的研究。然后，我们转向同期或更近期的证据，突出其他研究是如何处理同样问题的，并试图理解大量新文献的观点，从中发现需要进一步研究的重要问题。

如前面讨论所表明的，空间政策研究中出现的多重挑战意味着分析细节很重要。因而，在某些情形下，我们对细节加以深入剖析，以阐明出现的问题以及研究者是如何处理这些问题以及一些政策选择的潜在后果；这些教训的适用范围超越了企业区研究。在其他情形中，讨论较为粗略，读者可能要参考原始文献以获得更多的细节。

18.5.1.1 加州企业区项目

加州企业区项目包括多重目标——主要是在目标地区吸引企业以增加就

业，同时还要降低贫困和失业以及增加收入。项目为指定地区的企业提供了诸多税收激励，鼓励增加雇佣贫困工人和创办新企业。最大的政策优惠是第一年相当于合格工资（不超过最低工资的150%）50%的税收抵免，然后每年降低10个百分点，直到5年后为零。税收抵免的主要标准是雇佣居住在目标就业区（TEA）——一种低收入的普查区——的工人。TEA居民的雇佣抵免资格不考虑工人特征，很多混合邻里的TEA居民并非贫困人口。然而，既然贫困工人的工资较低，雇佣低技能劳动力的税收抵免能够带来更大的成本降低。

地方向住房和社区发展部进行申请，以使某个地区被指定为企业区。申请标准包括工作创造能力以及经济贫困程度，后者用一系列指标加以衡量。地方还必须包括一个邻近贫困地区的产业区或商业区。此外，企业区申请需要准备一个经济发展计划（包括计划的营销、融资和管理，其他地方激励政策，基础设施发展计划，以及信息管理）。[29] 雇佣抵免支付给区内的企业，但是企业区的企业可以为居住在TEA的居民申请雇佣抵免，而且无须与企业区一致。因而，项目要对位于企业区的企业（或TEA居民）进行评估，而不是企业区居民。

如上所述，纽马克和科尔科利用初始区的扩展构造控制区，控制区来自围绕企业区的狭窄环状地区。他们把初始区、各个扩展区以及控制环（如果使用）界定为"子区"，对每个"子区—年"配对进行观察。他们设定就业对数的回归模型，其中包括企业区状态的虚拟变量以及一个子区和年的虚拟变量；年份效应考虑了在企业区设立时，样本区域就业增长可能会特别高或特别低。他们还给出了一个完整的企业区—年份相互作用集，以考虑到随时间推移，企业区范围可能的人为改变、企业区的扩展及其相应的控制环（如果有）。即使随时间推移企业区会被人为改变，企业区影响也可以通过子区层次的变化加以识别。他们还估计了包括子区线性时间趋势的模型，以及允许企业区改变就业增速的模型。

其他地理导向的政策通过以下两个步骤考虑。首先，对子区—年配对重新定义，使其既能表明是否和何时成为企业区的一部分，还能表明是否和何时成为再开发地区或联邦企业区的一部分。其次，修改设定以包括一个虚拟变量，表明每年子区是位于再开发地区还是联邦企业区。

在诸多设定中，没有证据表明企业区会影响就业。估计量（表18-2加以概括，包括这里其他研究的估计）很小，统计上不显著，而且有时为正，有时为负。证据的统计功效是可靠的，因为就业效应估计的置信区间相当大。就业的基准模型也加以估计，包括很多领先和滞后的企业区虚拟变量，以看企业区是否会设立在就业短期相对衰退的地区，在这一情形下，会强化对就业没有影响的结论

---

[29] 加州企业区项目在2013年出现重大变化，包括去掉雇佣抵免。

（因为均值回归可能会有正的处理效应）。相应地，如果企业区设立在之前已经非常优秀的地区（可能因为这些地区组织得更好，从而赢得企业区），则简单模型估计的影响可能难以发现指定企业区对就业增长的长期正面影响。类似地，很多滞后变量使得数据可以揭示企业区影响是否会在长期出现。估计结果没有展现任何领先或滞后的影响，却再次强化了加州企业区不影响就业的结论。

表 18 - 2　　　　　　　　关于企业区的证据总结

研究	国家	项目	结论
纽马克和科尔科（2010）	美国	加州企业区	区内企业没有显著对就业影响的证据：估计值在 -1.7% ~ +1.8%，大置信区间 [-8%，+6%]；没有溢出的证据
科尔科和纽马克（2010）	美国	加州企业区	努力营销和拓展服务范围的区有正的就业影响；突出税收抵免的区有负影响
艾尔弗利（2009）	美国	加州和佛州企业区	没有证据表明对区内居民有正的就业影响：加州估计值范围在 -0.4% ~ -2.6%，佛州在 -1% ~ -4%
弗里德曼（2013）	美国	德州企业区	对区内居民就业增长有正的影响（每年 1% ~ 2%，有时显著）；就业影响集中在年收入低于 40 000 美元的工作以及建筑业、制造业、零售批发业；对区内雇主工作增长有正的影响（每年 3% ~ 8%，很少是显著的） 对非裔和收入低于贫困线者有负的和不显著的影响 对空置率有显著的负面影响（ -4% ）。 对中间住房价值有显著的正面影响（ 10.7% ）
哈姆等（Ham, 2011）	美国	州企业区，联邦特许区，联邦企业社区	州项目：对失业率（ -1.6% ）、贫困率（ -6.1% ）、工资和薪水收入均值（约 1.6% ）、就业（约 3.7% ）有显著的正面影响[a] 特许区：对失业率（ -8.7% ）、贫困率（ -8.8% ）、工资和薪水收入均值（约 20.6% ）、就业（约 34.2% ）有显著的正面影响 企业社区：对失业率（ -2.6% ）、贫困率（ -20.3% ）、拥有工资和薪水收入的家庭比例（ 4.9% ）、工资和薪水收入均值（约 12.7% ）、就业（约 10.7% ）有显著的正面影响 对邻里普查区有正的但不显著的溢出影响

续表

研究	国家	项目	结论
比索等 (2013)	美国	联邦特许区	对 LBD 的工作增长有正面显著的影响（12% ~ 21%），可能集中在初创企业或雇员超过 5 个的现有企业 对普查数据中的就业有正而显著的影响（12% ~ 19%）；对区内居民就业影响程度（15% ~ 17%）一般大于非居民（6% ~ 16%） 对区内就业居民有正且通常显著的周工资影响（8% ~ 13%）；对区内居民（3% ~ 5%，通常不显著）和非居民雇员（约为 0）的影响程度较小 对租金、人口或空置率没有影响；对住房价值有大而显著的正面影响（28% ~ 37%）
雷诺兹和罗林 (2014)	美国	联邦特许区	对租金和工资贴水（生活质量）之间的差异有正的影响（1.1%，不显著） 对租金和工资贴水（商业环境质量）之和有正的影响（6.4%，显著）
汉森 (2009)	美国	联邦特许区	OLS 估计：对就业率有正而显著的影响（2%）；对贫困率有负而显著的影响（−2%） IV 估计：对就业率无影响（0%）；对贫困率有不显著的正面影响（2%）
汉森和罗林 (2013)	美国	联邦特许区	对地理或经济上邻近特许区的普查区有负的溢出：对企业数量有负且通常显著的影响（−15.2% ~ −36.5%）；对就业有负且有时显著的影响（−52 ~ −1 223，单很多估计的范围为 −300 ~ −600）负的溢出大致抵消了直接处理地区的正面影响 基于对特许区和邻近地区（使用同样的定义）比较的项目影响估计值产生正的影响，大小和负面溢出效应接近
雷诺兹和罗林 (2013)	美国	联邦特许区	对家庭平均收入有正而显著的影响（11%），但对家庭收入中间值没有（只有 1/10） 对贫困率没有显著影响（−1%）；贫困线一半以下家庭的比例（1.1%）以及贫困线两倍以上家庭的比例（1.9%）显著增加，介于二者之间的家庭比例显著下降 收入小于 10 000 美元或高于 100 000 美元的家庭比例显著增加

续表

研究	国家	项目	结论
雷诺兹和罗林（2013）	美国	联邦特许区	其他结果指向高技能、高收入人口的流入：教育程度高、收入高于 100 000 美元的家庭比例增加；价值在 100 000 美元或更高，以至 300 000 美元以上的住房增加 证据表明存在空间分异：最初高于中位贫困率的地区，超过贫困线两倍的家庭比例增加；最初低于中位贫困率的地区，收入低于贫困线一半的家庭比例增加
吉沃尔等（2013）；与迈耶等（2012）结果类似	法国	城市自由区	对企业创业或迁入有正的影响（约 5% ~ 6%）；对就业有类似的估计，但不精确；正面影响被围绕自由区的 300 米环的负面影响完全抵消 布莱恩等（2012）在指出在交通便利的区有更为正面的影响

ᵃ 近似的百分比变化计算方法为，用对相应指标影响的估计值除以 1990 年报告的区相应指标值。

如果企业区项目有正的溢出，能够在区内和区外刺激就业增长，则可能不存在证据表明企业区项目对就业产生影响，因为企业区是与相邻地区相比。但在使用更大的控制环（2 500 英尺）时，证据是类似的。企业区项目是否存在负的溢出，推动工作和企业离开附近地区？包括控制环和不包括控制环的结果具有相似性，削弱了这一可能性。此外，这些负的溢出倾向于产生企业区（相对控制区）确实刺激工作增长的证据。因而，如果存在负溢出，没有正的就业影响的结论会被加强。最后，在州企业区与再开发或联邦企业区重叠的研究中，同样没有证据表明企业区对就业有正的影响，无论它们是否与其他地方政策相结合。

在税收抵免等刺激政策以及对区内企业的其他支持（其中一些难以量化和评估）的规模和性质上，企业区项目存在很大差异。项目间的异质性导致难以从单个项目研究中得出一般结论，这也有助于解释为什么关于企业区就业影响的大量文献得出的结论并不一致。

事实上，早期研究提供了企业区影响异质性的一些证据，包括州内和州间（Erickson and Friedman，1990；Elling and Sheldon，1991；Dowall，1996），而且当税收刺激"与较为传统的经济发展支持（如技术援助、区位分析、特殊人才等）相互补充"时（Wilder and Rubin，1996，第 478 页），证据表明企业区更为有效。这导致拉德（1994）认为所有区同时减免供给侧税收是无效率的，而如技术援助这样的政策能够解释企业区项目的成功（第202页）。

在一个跟进研究中，科尔科和纽马克（2010）探讨了加州企业区的工作创造与所在地区特点以及企业区管理之间的联系。研究对企业区管理者进行调研，向他们提出一些详细的问题，包括营销、区划调整或其他地方管制、工人培训或就业中心运营、推动收入税抵免、鼓励基础设施建设、税收刺激和抵免的提供，以及提供其他地方公共服务折扣等。分析中使用了这些调研信息，以及可能影响项目有效性的企业区特征，如就业密度、产业结构和地形地貌等。

估计指出，企业区项目的有效性存在差异，这对企业区项目的决策者和管理者都有潜在的意义，他们可以通过立法和选择企业区的位置来鼓励某些特点。如果企业区制造业比重较低，管理者进行更多的营销以及提供更多的拓展服务，项目似乎对就业有更为积极的影响。有些令人惊讶的是，企业区项目帮助企业获得雇佣抵免，似乎却产生了与工作创造努力相反的效果，这可能是因为这些努力关注更多的是过去而不是当前的工作创造。[30] 这些发现的一个启示是，企业区文献的证据可能过于悲观，可以发现使企业区更为有效地创造工作的方法。

艾尔弗利（2009）在加州得到和科尔科和纽马克（2010）类似的结论。他关注20世纪80年代中期指定的企业区对1986～1990年区内居民就业的影响。利用倾向分数方法，他把企业区内的地块或和它们有很大重叠的地块与区外地块进行配对。艾尔弗利还估计了一个就业的邻里因素，以考察与个人特征无关的邻里就业差异，以及企业区指定对这一邻里因素的影响。这带来更大的精确性。

艾尔弗利没有发现证据表明企业区对就业有积极影响——从居民就业的角度看（而不是纽马克和科尔科（2010）中的企业区企业的就业，其更适合于企业区和 TEA 存在差异的情形）。事实上，他的点估计总是为负，范围在 -0.4% ～ -2.6%（统计上不显著）。艾尔弗利的确对样本做了一些限制，年龄在18～55岁，而且在某些分析中只考察男性，但很难想象他排除在外的群体的正效应能够抵消他所报告的负效应。

18.5.1.2 美国州和联邦项目其他的近期证据

大量关于美国企业区的近期研究以不同方式处理经验挑战，考察的问题不

---

30 此外，直到 2007 年的改革允许"交叉担保"，其中一个区可以收费以帮助其他区的企业获得抵免。

同，结论有时也有差异。弗里德曼（Freedman，2013）对德州企业区项目的分析是一个好例子，它解决了企业区评估中很多关键挑战。首先，研究利用德州项目一个不寻常的特性构造了适合的反事实分析，即企业区的指定很机械，只考虑2000年普查中的普查区贫困率是否等于或大于20%。因而，弗里德曼利用20%附近的回归间断点，估计对工作增长（他的主要关注对象）以及其他结果的影响。

弗里德曼还仔细考察了实际受政策影响者——这显然很重要（也如加州所表明的），但却不像看起来那么简单。德州项目鼓励雇佣区内居民，但雇佣他们的企业无需位于区内。被指定为"企业项目"的雇主可申请优惠政策（销售和使用税返还5年以上，上限为125万美元），条件是一定比例的雇员来自企业区，或经济上很困难。弗里德曼表明，企业更愿意基于居住地雇佣工人，因为这容易核实。基于这些项目特性，他认为区内居民的雇佣效应要比区内企业更显著，弗里德曼还使用来自普查局纵向雇主—家庭动态（LEHD）项目的数据（包括工人居住地和工作地的信息）对二者进行考察。如下面所讨论的，弗里德曼还考虑了州和联邦企业区的重叠，给出了一些分析，意在避免溢出效应。

弗里德曼的分析大多集中在20%贫困"门槛"附近的群组，表明除了企业区状态，这一"门槛"附近没有明显的其他间断点，这有助于支持RD设计。居民就业估计显示，每年就业增长率增加1%~2%，当累积若干年后这一数字相当可观。对工作地就业而言，证据相对模糊，这与弗里德曼的推测一致，即基于工作地就业的效应相对不明显，尽管点估计有时较大，增加了某些事情发生于指定企业区的可能性。研究还把结果分解为产业和工资类别，可能最有趣的发现是就业效应集中在工资低于40 000美元的类别，尽管因为没有雇佣抵免，而这构成低工资工人收入的较大份额，还不清楚为什么会出现这种情况。但是，论文没有为这一分析提供任何通常的RD数据。

弗里德曼的分析排除了围绕企业区附近的控制群组，以避免负溢出导致影响高估。当这么做时，几乎没有任一就业指标的估计是显著的，在某些情形下，对居民就业的正效应变小，甚至为负。这与以下观点相一致，即效应为正更多是由于附近地区间的迁移造成。

弗里德曼下结论指出"企业区指定对居民就业有正面影响"（第340页）。我们对此结论的信心不那么大，重要的是影响主要反映迁移的限制。尽管如此，这显然是一个非常认真的研究，恰当地处理了很多来自于企业区效应有关的因果推论的挑战。

弗里德曼还基于同样的研究设计，利用美国社区调查（ACS）数据考察其他的结果。回归估计显示，在 20% 的贫困"门槛"上，中间住房价值统计出现了 11% 的显著增加，以及空置住房单元出现了 4% 的下降。点估计还显示了人口的增加和黑人比例的下降，尽管这些估计在统计上不显著。同时，数据显示中间家庭收入没有变化。其中一个解释是——尽管考虑到缺乏重要发现，证据采纳要有所保留——指定企业区导致了一些人口的结构性转换，主要影响似乎是土地价值增加，这一结论也出现在其他研究中，其中一些研究表明这可能是企业区的主要影响（如 Hanson，2009）。[31]

哈姆等（2011）对州和联邦项目进行研究，得出结论"在失业率、贫困率、工资和薪水的比例和就业方面，项目对本地劳动市场具有正且统计显著的影响"（第 779 页）。他们分析的州包括加利福尼亚、佛罗里达、马萨诸塞、纽约、俄亥俄和俄勒冈，还把其他七个州作为一个整体进行分析，这些州只有相对很小的地块位于区内。如他们指出的，在不同的州，企业区产生的利益有很大差异。例如，雇佣抵免——我们认为是与工作创造关系最密切的——在加州 5 年以上的价值为 35 000 美元，在佛罗里达价值也很大。另外，俄亥俄为每个新雇员提供 300 美元抵免，俄勒冈则未提供任何抵免。在联邦企业区内，主要是雇佣抵免，对于 18 ~ 24 岁工人就业的第一年，两个项目提供的抵免额最多为 2 400 美元，特许权也为每个在区内工作的居民提供最长 10 年最多 3 000 美元的抵免，抵免额随时间推移而下降（Busso et al.，2013）。

哈姆等解决选择问题的计量方法是计算一个三重差分估计。因为只关注 20 世纪 90 年代设立的区（或同一时期进行扩展的区），他们对 2000 年和 1990 年设区地块的结果进行一重差分。然后，他们用 2000 ~ 1990 年的差分结果减去 1990 ~ 1980 年的差分结果，得到线性趋势的差异。通过二重差分，他们对三个不同控制变量（通常使用同一年份），减去了相应的双重差分：区外的最近地块，区外相邻地块的均值，州内所有非企业区地块的均值。这一估计量可解释为允许处理区和控制区有不同的截距和线性趋势，但高阶趋势相同。

为了解决项目的重叠问题，哈姆等把关注对象限制在 20 世纪 90 年代仅受三个项目之一影响的地块。为了处理溢出效应，他们估计最近的非企业区地块对每个企业区地块的处理效应，使用次近的非企业区地块作为对照。这一方法的一个潜在问题是，实际企业区的对照地块和潜在的溢出地块是不同的——和二者与较远的不受企业区指定影响的地块的比较不同。

哈姆等给出的州企业区和两类联邦区的总体（平均）效应几乎总是显著

---

[31] 企业区对商业地产影响的证据可能更有吸引力。Burnes（2012）提供了加州企业区收益资本化为商业地产价格的证据。

为正。如表 18-2 的总结，在三类区中，作者大多发现了对他们所考虑结果正而显著的影响。此外他们得出结论，如果有溢出效益的话，则为正，尽管证据通常在统计上不显著，而且有时指向另一个方向；当然，没有显著负面溢出的迹象。同时，他们估计的一些特征令人惊讶且难以解释。首先，对他们所考察的联邦和州项目而言，估计值通常大得难以置信，例如联邦特许区就业增长约 34%，联邦企业社区贫困率下降 20.3%。令人惊讶的是，他们估计的企业社区效应为正，因为其他企业社区的研究者认为，企业社区相比特许区的利益微不足道（Busso et al.，2013；Hanson and Rohlin，2013）。

其次，估计效应的州间差异令人惊讶。估计的加州就业效应小且为负，只有俄亥俄州有显著的正效应。然而，加州的雇佣抵免很大，而俄亥俄州仅为 300 美元。俄勒冈就业效应的点估计为第二大，却没有雇佣抵免。他们对佛罗里达估计的就业效应的确很大（统计上不显著），佛罗里达雇佣抵免很大；而艾尔弗利（2009）对佛罗里达前十年的估计一直为负。[32] 为了增加精确度，哈姆等把州间数据合在一起进行估计。但是，州企业区项目存在的巨大政策差异使得这一做法值得怀疑。如果人们接受了受限制的估计，可能同样会认为它适用于无雇佣抵免或 35 000 美元雇佣抵免的情形。

这些发现表明，在未来的研究中，把企业区政策特性和企业区政策影响相联系，以及在政策评估中利用政策的多样性是有益的。这可能包括雇佣抵免和其他导致就业增长的政策特征的信息，例如企业要提供雇员增长数目以满足政策要求。一个可能性是——尽管可以无法协调所有相互冲突的发现——企业区的影响来自于雇佣抵免以外的因素；在研究联邦特许区时，这一问题会再次出现，我们接下来将对其进行讨论。

比索等（2013）研究了联邦特许区的影响。他们比较了六个城市地区的结果，包括被批准的特许区（拥有全部的优惠和抵免）、被拒绝的申请地区和未来的特许区。与未来特许区的比较结果与纽马克和科尔科（2010）一致，但与哈姆等不同，哈姆等是使用其他城市和州的地块作为控制变量，而不是附近的地块。[33] 除了大量的雇佣抵免，特许区还得到一揽子拨款以进行企业援助、基础设施投资和培训项目，拨款最高可达 1 亿美元。几乎所有申请特许区失败的地区都被批准设立企业社区；这些地区没有得到多少拨款，在雇佣抵免

---

[32] Billings（2009）基于边界不连续设计，利用 1990~2000 年的数据，发现科罗拉多企业区中新设企业就业影响为正，即使科罗拉多的雇佣抵免很小（仅 500 美元，某些情形下增加到 1 000 美元，加上工作培训抵免）。

[33] Busso 等没有处理联邦和州企业区项目重叠问题。他们还认为溢出效应不会影响他们的估计结果，因为多数被拒绝的和未来的企业区位于不同的城市。但其估计中没有排除附近企业迁入区内的影响。

上也受到较多限制。[34] 比索等使用 1980 年、1990 年和 2000 年的普查数据，普查数据包括人们居住地和工作地的私密信息，企业数据来自 1987 年、1992 年和 2000 年的纵向企业数据库（LBD）。在两种情况下，他们都主要估计 1993 年指定的特许区对 20 世纪 90 年代变化的影响。

比索等发现，在普查数据和 LBD 数据中，特许区指定看起来都产生了大量工作增长——LBD 约 21.3%，普查区约 12.2%（不显著）。此外，普查数据表明居民得到的区内工作增加（17.6%），但少有对非居民类似影响（6.4%，不显著）的证据。普查数据还发现区内居民在区外就业的增加（12.3%，不显著），这表明可能存在特许区以外因素的影响。

他们发现的证据表明，对区内工作的居民存在正的工资影响（12%），但对区内的非居民工资没有影响。区内非居民就业的点估计为正，符合特许区指定会提高区内劳动生产率的观点，但并不必然存在正的工资影响，因为雇佣抵免不应该影响区内外的相对工资（在均衡状态下）。

对跨区工作的居民较大的估计就业效应表明，比索等对区内就业的影响估计不能全部归因于雇佣抵免。他们给出的其他对非居民的就业影响（在他们的表 5 中）非常大，尽管这不是他们所希望的估计结果。一揽子拨款数额巨大，一些证据表明拨款（或其他特许区政策）可能吸引大量的外部私人资本，尽管比索等指出证据远非严格。这可能推动区内非居民的就业，而且可能通过溢出效应，推动区内居民在区外的就业。如果实践中拨款起关键作用，这有助于使比索等和纽马克和科尔科（2010）的结果一致，后者发现过度集中于雇佣抵免的加州企业区项目没有就业影响。

作者还提出了一个程式化一般均衡模型，以把握 18.2 节中讨论的福利含义——空间政策的福利收益取决于主体对居住地和工作地的偏好是否为超边际的，当他们的偏好异质性较大时，更可能产生福利收益。在他们的模型框架中，人们可以根据从数据中（其中一些更为精确和有说服力）估计的各种边际反应的弹性，表达对福利的影响。加上对住房价格、租金和人口的估计影响，他们指出有很大潜在福利收益——很大程度上是因为，缺乏特许区指定对人口或租金的正面影响意味着，大的迁移不会耗散项目的收益。尽管没有发现对租金的影响，比索等发现空间政策的福利效应对住房价格有很大的影响。他们猜测这一影响被高估了，部分原因是他们没有发现对空置率或迁出的影响，而其他估计仍然指向正的影响。而且他们表明由于租金控制，租金短期内具有

---

[34] 注意这些城市被 Busso 等作为控制变量（或潜在的控制变量，取决于倾向分数匹配后的结果），而 Ham 等将其作为单独的处理城市组进行研究，有时发现比特许区更大的影响。由于 Busso 等的结果有潜在更大的利益，这可能进一步降低了 Ham 等关于企业社区结果的可信度。

黏性。但是，下面讨论的其他对特许区的评估还发现住房价格增长的证据，而且一些证据指向技能较强工人的比重增加以及空置率下降，意味着福利收益较小。

作者基于估算目标地区工作创造的辅助信息，估计项目的净损失相对较小，尽管他们指出难以确定区内各部门工作创造的数目。他们估计存在大量的福利收益。福利收益来自于区内住房价格影响为正，这增加了人们对项目是否达到其分配目标的质疑。一个关键问题是，一揽子拨款是否提高了区内工人的生产率。在生产率相对较小的改进下（0.5%），收益会超过成本，但是我们不知道这些拨款的实际影响。另一个问题是，就业影响为正的证据是否归因于这些拨款。因而，还需要知道这些拨款是如何使用的，以及是否有相应的证据表明拨款会推动就业——大概与特许区相一致——因为其他证据表明，即使更大的雇佣抵免也不能增加就业。这一讨论再次强调，在未来研究中，解析企业区政策不同维度的影响是有益的。

雷诺兹和罗林（Reynolds and Rohlin，2014）用不同方式评估这些特许区政策的福利影响，他们把分析置于城市经济学的生活质量框架下，在享乐等式中估计特许区指定对工资和租金的影响。他们发现所谓的"商业环境质量"存在显著的改进，这可以通过租金和工资的加总效应把握。他们还发现个人生活质量有一定的改进，这可以通过租金和工资的差异（个人居住于某个地区的倾向）加以把握。[35] 此外，雷诺兹和罗林给出证据表明，工资抵免的作用是微不足道的。这具有潜在的重要性，因为工资抵免的价值仅在政策期内持续，而其他利益则更长久，如企业迁入产生的集聚效应。

很多其他研究考察了联邦特许区的影响，这些研究在很多维度上不及比索等。汉森（2009）拓展了特许区研究，考虑了申请人之间的内生选择问题，从而引入关于未观测变量的选择，而这些变量在匹配方法中没有处理。如果选择是基于经济条件未观测的改进，就会出现正面影响的偏差。这一结果无法直接与比索进行比较，因为在数据和研究设计方面存在差异。它能为前面评估联邦项目的论文中讨论的问题提供大量信息，这些论文使用的数据不变，仅关注不同研究设计中处理的问题。

汉森使用美国众议院筹款委员会中提请特许区的所在地区的议员作为工具变量。汉森考虑了工具变量可能无效的原因，例如筹款委员会的议员为同一地区带来其他收益（或成本）。他提供的证据表明并非如此，尽管他回避了这一问题，即为什么议员只对特许区指定而不是其他公共资源施加影响，而且如果

---

[35] 这一方法可能没有从个人效用加总角度把握福利。但这是一个高阶问题，很多经济学家对进行这一计算所需的程式化模型表示怀疑。然而，通过把握企业区影响的这两个维度，Reynolds 和 Rohlin 成功地将其他研究讨论的准则包括在内，用以确定这些政策是否有效。

议员的确对结果施加影响，则 IV 可能无效。没有工具变量的估计显示，特许区指定显著增加就业 2 个百分点，并显著降低贫困 2 个百分点。但是，IV 估计显示对就业没有影响，对贫困有正却不显著的影响。㊱汉森认为，"OLS 设计高估了 EZ 项目对增加居民就业和降低贫困的影响"（第 728 页）。

汉森和罗林（2013）试图直接估计联邦特许区对附近或类似地区的溢出效应，结果可能为正，也可能为负。他们对接近（地理上或经济上）特许区地块进行识别，并按照相同指标，将其前后变化与其他城市被拒绝的申请者（成为企业社区）附近的地块进行比较。证据表明存在负的溢出效应。对于企业，影响估计在 -15.2 ~ 36.5，而且几乎所有估计量在统计上显著。就业影响更为易变且在半数时间内统计上显著；但是多数位于 -300 ~ -600。㊲此外，当他们基于特许区和邻近地块（使用同一定义）比较项目影响时，正效应和负溢出效应的绝对值几乎相同，这表明特许区项目仅仅是造成经济活动的迁移。

雷诺兹和罗林（2013）一个近期研究强调，特许区正效应的证据掩盖了不利于贫困人口的分配效应。他们使用类似的但不完全相同的方法和数据，结果显示特许区有利于高技能、高收入人口，他们迁入特许区的原因在于项目使得这些地区更具吸引力，而项目对这些地区贫困居民的影响是中性的甚至是有害的。他们很大程度上重复了比索等的发现，即特许区指定推动了平均工资和就业增加——尽管在他们的研究中，记录的是平均家庭年收入，估计上涨幅度接近 11%。但是，对中位家庭收入的影响仅为 250 美元，而且统计上不显著，特许区指定对贫困率几乎没有影响，只有 1% 的下降，而且不显著。㊳

此外，他们发现收入低于贫困线一半的家庭（所谓的"极端贫困"）占比增加了 1.1 个百分点。当他们考虑对家庭收入分布的影响时，只有收入至少为 100 000 美元的家庭出现了大幅（且显著）的增加，而这不可能直接归功于特许区政策（因为雇佣抵免占对低工资工人支付的相当大比例），此外收入低于 10 000 美元的家庭的份额也有增加。㊴他们还给出证据表明，高等教育（大学或更高）人群的份额增加，与高技能工人流入特许区非常一致——正如高收入人群的增加。最后，他们根据最初是高于还是低于中间贫困率，把特许区分解为若干部分，他们发现正的收入效应（100 000 美元或更高）只出现在贫困率

　　㊱ Hanson 还发现 OLS 估计的对中间居民财产价值的影响有不显著的增加，大约 6 600 美元，其小于 Busso 等的结果，也低于下面将讨论 Reynolds 和 Rohlin（2013）的结果。他的 IV 估计很大，增加值超过 100 000 美元，这令人难以置信。

　　㊲ 作者没有给出计算百分比影响的方式，但相对地块人口而言，数目较大，平均约为 4 000 人。

　　㊳ 他们的数据接近 Hanson（2009）。尽管他们的方法接近 Busso 等。贫困估计与 Hanson 并无太大不同，Hanson 发现有 2 个百分点的下降。

　　㊴ 他们不得不使用多年固定的收入分类标准。显然，随着通货膨胀会有一些人进入高收入类别。但是，作者认为既然特许区和非特许区城市都会出现这种情况，它不影响三重差分估计。

较低的地块，而证据表明（统计上不是很显著）贫困率较高的地块低于10 000美元的家庭比例有所增加。[40]

难以界定对居民的影响及结构效应。但是，特许区指定不太可能导致低收入家庭取代高收入家庭。相反，教育水平的提高（以及更高的收入）似乎是一个结构效应。因而，这些结果为联邦特许区给出了一个较为负面的形象，它未能达到帮助该地区低收入家庭的目标，这需要有额外更多的文献来评估公共政策的分配效应——尤其是那些旨在影响收入分配的政策（Neumark et al.，2005a；Bitler et al.，2006）。明显负面的分配效应并不必然与比索等对特许区项目估计的价值相矛盾。但从社会福利的视角看，它们一定会对评价项目收益的方式提出质疑。此外，如果特许区由于住房改进产生利益，在不会作为特许区控制变量的地区，完全有可能存在住房价格抵消效应，因为没有理由认为高技能移民来自于其他贫困地区。

一个明显的问题是，为什么特许区主要有利于高收入家庭，包括鼓励高收入家庭迁入特许区。一个可能是拨款的主要用途产生了改进住房的影响，而不是增加低收入居民的工作机会。关于资金如何使用的信息并不多，尽管2006年GAO（美国审计总署）对各区的做法给出了简短的概述，指出一些特许区和企业社区更多关注社区开发，而不是经济机会创造。它还引用了一些特定案例，这些案例被视为具有这些效应，如为哈莱姆区一个275 000平方英尺的零售综合体、底特律的住房开发和宾夕法尼亚空置单元的清理提供资金。

无论是比索等对特许区的正面评价，还是雷诺兹和罗林（2013）更为负面的评价，都需要弄清大量拨款是如何使用的，因为大量关于企业区的证据表明其他政策要素影响很小，如雇佣抵免。当然，比索等和雷诺兹和罗林（2013）的研究仅关注6个特许区，因而难以想象仅基于这些区间差异进行决策，而且在对这些结果进行一般化时一定要当心。但是，项目已经扩展至额外的23个特许区（21个新的加上2个升级的），而不是两篇论文研究的最初6个特许区，因而针对额外的特许区还有更多的工作要做，尽管这些特许区的拨款相对较少（Mulock，2002；美国审计总署，2006）。

另一个问题是，企业区雇佣抵免是否更为有效取决于它们是如何设计的。例如，加州企业区雇佣抵免没有要求或核实工作增长。相反，俄亥俄的项目则要求就业增长，而且区内就业增长不能造成区外就业减少或设施关闭（尽管人们会怀疑如何确定这一点）。可以想象这些设计能够起作用。例如，在纽马克

---

[40] 作者的结论不同于Freedman（2013），Freedman表明"得克萨斯特许区项目对社区有正面影响，但影响主要局限于收入分布低端的家庭"（第340页）。但是，这一结论并不像Reynolds和Rohlin那样基于综合的分布分析，而是推导自前面讨论的正效应的证据以及ACS数据中对中间收入无影响。

和格里哈尔瓦（2013）关于雇佣抵免的相关研究中，特别要求工作或工资增长，他们发现如果工作创造目标不能实现，那么允许州追回抵免似乎使得这些政策更为有效。这类追回特征，加上支付与特定工作或投资目标相联系，用于后面将讨论的一些专项补贴政策。

18.5.1.3 来自其他国家的证据

法国的自由区（ZFUs）是类似美国企业区的项目。区内雇员低于 50 人的企业可在 5 年内豁免地方商业税、公司所得税和财产税，以及社会保险税（工资低于最低工资的 1.4 倍）；在最初 5 年后，豁免将逐步退出。因而，这一项目非常优惠，而且非常简单，因为它仅基于区位。人们可以想象，既然政策与区位绑定如此之深，项目对区内企业设立或区外企业迁入会有最大的影响。

吉沃尔等（Givord，2013）对 ZFUs 进行研究，他们解决评估空间政策时面临的关键挑战。首先，论文使用关于企业的详尽的行政面板数据，包括精确的位置、企业在该位置的设立日期（是初创还是迁入）以及破产日期（如果发生）；精确的位置信息很重要，因为企业区边界与现有的辖区边界并不一致。[41] 作者还拥有关于就业和薪水、纳税记录和其他企业经营的数据。

其次，论文使用的控制组具有说服力。ZFU 项目的实施包括三个阶段。首先是在 1977 年，政府把 44 个地区界定为 ZFU。此外还确定了 416 个地区，它们的贫困程度略低。然后在 2004 年，又设立了 41 个新的 ZFU，这些新的 ZFU 都来自上面的 416 个地区。作者的识别策略是比较 41 个新的 ZFU 和部分剩余地区（被称作 ZRUs）的变化，ZRU 在初期确定为贫困地区，但在第二轮没有被指定为 ZFU。[42] 第二轮被指定的 ZFU 应该是相对贫困的地区。但是，委员会对 ZFU 的选择必须基于精确的标准，为此构建了一个指数，通过计算人口、失业率、税收、年轻人比例和退学率而得。由于作者可以构建相同的指数，他们可以对第二轮指定的 ZFU 和未被指定但分值相同的地区进行比较，并表明主要的选择标准是，新的 ZFU 要远离第一轮的 ZFU（大概是为了实现更为均匀的地理分布）和接近其他的 ZRU（使得合并达到最小的人口规模）。他们使用倾向分数匹配在 ZRU 中进行选择以估计处理效应，匹配基于指数中使用的

㊶ Givord 等关注无分支机构的企业，因为税收信息是在企业层次，其他属于分支机构层次的数据，有时可以对分支机构进行加总得到。由于 ZFU 政策激励适用于雇员少于 50 人的企业，关注无分支机构的企业可以把握多数受影响的企业。下面的讨论所说的"企业"指的是无分支机构的企业。

㊷ 后面的这些地区被称为城市重振地区（Zones de Redynamisation Urbaine, ZRUs），也包括一些税收激励，但在研究期内可以忽略。

变量、距离和其他变量，包括 ZFU 指定前的结果。[43]

再次，论文密切关注负面溢出，这在政策激励仅基于位置的项目中尤为重要。事实上，相比其他近期研究，这一研究直接关注迁移，迁移是前面讨论的负面溢出的最直接证据。

吉沃尔等首先用通常无法得到的证据表明，相对控制地区，ZFU 项目导致非常低的商业税和社会保险税（在很多美国研究中，对缺乏就业影响的一个潜在解释是，多数公司没有利用税收抵免）。结果是，ZFU 项目对处理地区的企业数目产生积极影响，包括企业创设和迁入，企业数目增加约 5% ~ 7%。创设企业和迁入企业大致相等，但相比平均的迁入/创设比率，对企业迁入的影响相对更大——大约 100% ：25%。

当作者把现有企业从样本中分解出来后，没有发现就业影响的证据；点估计范围在 -6% ~ +9%，统计上不显著。因而，看起来如果有就业增长的话，主要是来自于进入 ZFU 的新企业，尽管无法精确确定。迈耶等（2002）在他们对同一项目的分析中表明，只有工人少于或等于 50 人的企业（销售量低于合格的上限）受到政策的影响，它们决定选址于 ZFU。（它们没有研究已经位于 ZFU 的企业的就业反应。）

最后，由于证据表明在边缘反应最强烈，吉沃尔等探讨对附近地区的负面溢出。这些溢出还要在企业创立中加以证明，因为政策刺激能够影响开办新企业的决策。作者使用一个非常类似纽马克和科尔科（2010）的程序，构建了围绕 ZFU 的 300 米环形地区，并估计 ZFU 政策刺激对这些地区的影响。他们的比较对象是控制地区（ZRUs）周围类似的环形地区。有趣的是，结果与对 ZFU 内活动的影响几乎正好相反，很少设立新企业（包括创设企业和迁入企业，尽管只有对后者的估计在统计上显著）。就业估计通常为负，且估计值大小与 ZFU 内的相似（绝对值），尽管仍然不显著。[44] 尽管迁移可能带来利益，但经济活动在这样小的地理空间上重新配置看起来很难产生利益，或是利益很难抵消前面研究所记载的税收。

布莱恩等（Briant，2012）近期的一篇论文拓展了 ZFU 分析，他们基于地理特性考虑项目影响的异质性，包括交通便利、目标地区和主要就业中心之间

---

[43] 在一篇关于同一项目密切相关的论文中，Mayer 等（2012）使用相同的数据来源，对同一城市的 ZFU 和非 ZFU 地区进行比较。他们认为，这使他们可以控制城市间政策差异和运输基础设施等。在对区内政策激励的反应方面，Mayer 等的发现与 Givord 等在很多维度上非常相似，而且 Givord 等发现的 ZFU 正效应很大程度上被来自 ZFU 附近地区的迁移所抵消（在 Mayer 等的例子中，是城市的剩余部分）。

[44] Mayer 等（2012）还认为 ZFU 项目主要导致迁移，有更强的证据表明反应集中在边缘。在他们的分析中，这基于以下证据，向自治市流入的企业不受自治市内单个 ZFU 指定的影响。

的障碍和距离。布莱恩等基于自治市地理子单元,使用一个简单的双重差分策略。如我们期望的那样,ZFU 指定的影响随着处理地区地理特性的不同而不同,尤其是公路或铁路形成的交通便利对企业有更大的吸引力。此外,一些地理特性更容易推动新企业的创立,而不是现有企业的迁移,这与吉沃尔等的结果不同,他们认为迁移是主要的反应。论文提供了一些令人感兴趣的发现,推动法国和其他国家企业区的进一步研究,并和美国文献一样强调了这一观点,即关于企业区何时更为有效或无效,我们还需要知道更多。

18.5.1.4 关于企业区证据的总结

关于企业区的研究文献值得关注,这主要基于两个原因。首先,对于空间政策的影响,它提供了相对全面的检验。其次,它展示了评价空间政策的分析类型,提供了解决诸多挑战(在项目影响的评估中出现)的详细和创新性的努力,而且——尤其是在最近的研究中——关注的问题超越平均影响,这需要评估分布问题,甚至还要考虑这些政策的福利影响。在总结中,我们无须重复这一文献的贡献,这在前面的讨论中已经被强调。但是,我们要特别对企业区的结论进行总结。

关于三个州项目(加州、佛州和得州)的研究得出结论认为,两个州没有产生就业影响,第三个(得州)发现正的就业影响,主要集中于收入较低的工作。一个考虑很多州的研究也发现了一些正的就业影响,但他们似乎与雇佣抵免没有任何联系。因此,关于这些州项目是否创造就业的证据是混乱的,即使在某些情形下项目的确创造就业,也不是由于雇佣抵免,而雇佣抵免是很多州企业区项目所强调的。

来自美国联邦特区项目的分析证据同样混乱。有研究发现对就业增长和工资有很强的影响,而其他研究指出如果考虑特许区选择的内生性,没有证据表明会产生有利的影响。此外,即使存在收益,也会为较富裕的家庭所获得。如果人们认为联邦项目是有益的,看起来与特许区相联系的大额一揽子拨款起重要作用,尽管由于受影响地区很少,对此加以证实具有挑战性。此外,这些拨款使得地区对较高收入人群有更大的吸引力。后一批特许区没有获得大额拨款,因而对两批特许区的影响进行比较可能对这些问题提供很多信息。

美国溢出效应的证据也很混乱,其中一些研究表明存在负的溢出抵消项目的利益。证据表明法国有很强的溢出效应,法国提供税收减免的主要结果是经济活动从附近地区迁移到目标地区。可能决策者有在空间重新配置经济活动的理由,即使是以其他地区的利益为代价。但显然空间政策很难做出这一决定,特别是在较小空间上的迁移。在最低限度上,我们希望看到经济活动重新配置其他有利影响的证据。例如，为了推动新企业的创立而不是迁移，一些州加入条款禁止企业迁移以获得企业区利益［Wilder and Rubin（1996）以及当前的俄亥俄项目］。⑤

最后，空间政策影响的理论模型显示，福利含义也取决于对住房价格和迁移的影响。关于这些问题，结论同样是混乱的。比索等（2013）认为租金不会增长，不存在结构转换，从而形成相当强的正面评价。而其他研究强调住房价格增长（不仅反映福利收益，也有分配影响）、结构转换，很大程度上是高收入家庭获益。

我们从中能得到什么？主要有两个结论。首先，根据就业创造或福利收益，很难得出结论认为企业区是有效的，尽管有一些研究指出存在正面影响。还需要进一步研究来确定，究竟是项目的何种特性使其更为有效。其次，尽管过去若干年存在大量新研究——很多研究甚至关注相同的项目——协调不同证据的研究仍然不足。这类详细的、有时艰苦的工作有助于使结论更为明确，而在现有研究文献中结论仍然存在争执。

18.5.2　考虑网络效应的空间政策⑥

在前面，我们讨论如果利用与目标地区居民有关的劳动市场网络，空间政策如何更为有效的问题。拉德（1994）回应了这一问题，表明空间政策应该意识到"贫困地区的很多居民存在社会隔离"，其"源于劳动市场信息不完全以及与劳动市场的有限接触，这种接触是工作搜寻成功所需的非正式联系"（第196页）。这是一个很大程度上未知的研究领域，尽管对工作增加（Jobs - Plus）项目的研究提供了一些我们关注的初步证据（Riccio，1999）。工作增加项目控制与收入增加相伴的租金上涨，旨在提高对公共住房居民的劳动供给激励。除了包括就业相关的活动和服务，工作增加努力促进劳动市场网络的形成，或提供网络的类似功能。多数地点有服务雇员的"工作发展者"，其职责包括为本地雇主提供拓展服务，与雇主开展联系，以使工作增加项目的参与者获得工作（Kato等，2003）。项目还雇佣居民作为"地段长"（court captains）或"楼长"（building captains），他们与其他参与者保持联系，包括分享就业机会信息。

工作增加项目具有明显的基于位置的偏好，通过渗透策略把所有健康的适

---

⑤　见 http：//development. ohio. gov/bs/bs_oezp. htm（2013 年 9 月 6 日）。

⑥　本部分的讨论主要基于 Hellerstein 和 Neumark（2012）。

龄居民纳入项目以改造社区，而不是仅仅去改变个人行为。这基于网络相关（和同辈效应相关）理论，即渗透能够带来引爆点，实现大量居民就业。理论认为这些就业居民"向他人展示了工作的可行性和好处，提升和强化了鼓励工作的社会规范，促进了工作支持社会网络的成长，并……导致更多的居民获得和保持工作"（Riccio，1999，第13页）。

无论在收入还是就业方面，都有证据表明项目产生了经济利益（Bloom et al.，2005）。但由于两个问题，难以对劳动市场网络的价值增加得出可靠的结论：首先，工作增加项目中网络要素的推进是分散的，遇到了没有预料到的困难；其次，难以确定工作增加项目的哪个要素为其参与者带来了经济利益。

工作增加项目的报告充斥着关于构建和加强网络所遇问题的讨论。例如，加藤等（Kato，2003）指出，工作的社区支持是发展最慢的要素（第iii页），有一个地区从来就没有开展这一工作（第3页）。布卢姆等（Bloom，2005）指出，关于工作的社区支持，"尽管很多这类活动在试点时进行了一定的尝试，多数并没有持续下去。真正生根——并且成长——的是这样的思想，即用一小群居民作为项目的拓展主体"（第48页）。项目拓展服务时还遇到了其他问题，如一些项目开发遭遇高水平的犯罪活动。对工作感兴趣的居民有时表达了从麻烦中脱身的愿望，这与居民中的犯罪活动有关，"阻碍了他们与其他居民的联系，因为担心他们的邻居可能是同谋"（Kato，2004，第30页）。说得更确切的是，关于网络存在这样一种担心，即你推荐的某人可能会使你难堪。[47]尽管存在上述困难，从项目执行情况的描述中，可以看到很多工作发展者的案例，有时还有通过"地段长"或"楼长"的工作发展方式，把居民和工作机会相联系，这可能为很多劳动市场参与者提供其缺乏的联系方式。

但是，很难把工作增加项目的收益完全归功于网络效应，因为评估关注的是整个项目的成功，而没有分解单个要素的影响。因而，最终很难有证据表明，工作增加项目为空间政策树立了通过加强劳动市场网络联系提高生产率的案例。工作增加项目的主要影响可能来自于财政激励，它重构了收入增加对租金或项目其他要素的影响。

本部分的讨论迄今关注的是网络效应如何帮助城市劳动市场上的低收入居民。但是还有另外一个视角，即网络能够削弱其他政策的效力。例如，在前面企业区部分所指出的，这样的政策在促进本地劳动力市场方面可能是无效的，

㊼ 这一发现与Smith（2005）更为系统性的研究相一致，Smith基于对低收入黑人的深度访谈，得出以下结论："超过80%的受访者……表达了这样一种担心，即他们网络中的找工作者在接受帮助时态度过于消极，需要花费大量的时间和精力，或者对工作太过不负责任，因而会危及联络人自身在雇主眼中的声誉，并对他们业已渺茫的劳动市场前景产生负面影响"（第3页）。

因为企业可能不会雇用这些邻里中的本地居民。狄更斯（Dickens，1999）回应了这一关注（第 394 页），引用了来自卡辛尼兹和罗森堡（1996）的一些案例研究，表明雇主甚至更愿意雇佣居住在远处的工人，因为雇主担心本地居民在工作时会受家庭问题困扰，甚至被迫帮助本地居民从事盗窃。

因而，网络可能是一把"双刃剑"，不仅增加工作信息交流和降低劳动市场搜寻摩擦，同时还因雇佣成本在特定网络内比网络外低而导致刚性，即使后者是为目标地区居民带来利益所必需的。我们相信，对于试图利用劳动市场网络增进就业的空间政策，政策设计和评估在研究中要有较高的优先级。

18.5.3　专项拨款政策

专项拨款政策的特定目标通常包括吸引新的企业和投资，创造就业或避免工作流失。通过评估对受补贴企业的影响，研究考察这些政策是否达到了它们的目标。某些案例中尝试对这些项目的福利效应进行有些宽泛的分析，例如，考察对参与企业和其他企业（这些企业的绩效可能受集聚经济的影响）的影响以及地区间的就业取代。多数研究和企业区文献面临的问题类似，即合格地区同时也满足其他区域援助来源的条件，特别是在欧盟国家。因而，要对其他政策进行控制，以分离专项拨款政策的影响。

大量论文考察这些补贴是否有效地吸引了新企业。两个研究对法国和英国使用微观数据估计了区位选择模型，证据表明专项拨款对企业区位选择的影响在统计上是显著的，但是影响非常小。克罗泽等（Crozet，2004）估计了条件逻辑模型和嵌套逻辑模型，以考察法国国土整治对国外跨国公司在 NUTS3 地区（县）间区位选择的影响。[48] 国土整治拨款旨在创造或稳定落后地区的就业，作者指出该项目每年支出的约一半被外资企业获取。作者使用范围较大的 NUTS2 层次省一年的资金分配数据，衡量该项目在每个潜在区位的资助情况。尽管他们发现证据表明拨款对区位选择有正的影响，但这一影响并不高度稳健，甚至一旦有正的影响，其影响程度会被市场进入和集聚外部性等其他因素削弱。他们还对欧盟区域政策基金进行考察（见 18.5.5 节），这些基金会影响区位对投资的吸引力，但没有发现证据表明欧盟的支出会增强对外国投资者的吸引力。

德弗罗等（2007）分析了英国类似的 RSA 项目对企业区位的影响。政策

---

[48]　欧盟委员会根据标准地域统计单元（NUTS）的分类，定义了三个层次的区域单位，NUTS1 区域是最大的，人口在 300 万~700 万，例如大不列颠的英格兰、苏格兰和威尔士。NUTS2 区域是一国内的行政区，包含 80 万~300 万居民，NUTS3 区域包含 15 万~80 万居民。

对企业新的实体投资提供补贴，最终目标是创造和稳定就业以及吸引 FDI。项目仅仅补贴那些符合基金条件的额外投资。企业的申请会受到评估，条件是达到就业目标。基金只在指定的受援地区使用，补贴率要符合欧盟的规则，随地区特性不同有所变化。与克罗泽等使用地区层次的拨款数据不同，德弗罗等使用给单个企业补贴的微观数据，以预测每个区位上新企业可能获得的补贴，这取决于它们的特征。⑭ 然后，他们把这些预测的补贴用于大不列颠各郡间的条件逻辑区位选择模型。研究发现，拨款对新企业（包括跨国公司和英国现有制造企业设立的新工厂）的区位选择有正且统计上显著的影响。但是，影响的程度极其微弱。在相关产业已有较大规模就业的区位，拨款更为有效——即它们对区位选择影响在受益于地方化经济的地区得到放大——但是总体影响仍然非常小。

总体来看，两个研究的证据都表明，拨款对企业区位选择的影响很小。这一结论对使用这类政策工具创造或增强产业集群有意义。此外，和企业区的证据不同，这类相机抉择的、针对特定工厂的以及潜在管制程度较高的拨款政策，不太可能导致经济活动向目标地区的大规模迁移。事实上，在英国有规则明确指出，只有在不涉及地区间就业取代（如同一企业不同区位的工厂）的情况下，才会批准拨款。

克里斯库奥洛等（2012）评估了德弗罗等（2007）的同一政策，但分析的是其对就业、投资、生产率以及地区间取代效应的影响。他们的 IV 评估策略在 18.4.5 中列出。他们发现 RSA 拨款能有效推动就业和投资，但不能提高生产率。使用工厂层次的面板数据，他们发现接受拨款对就业有正的影响。如果把欧盟允许的最大补贴率作为外生的工具变量——其随时间和地区不同而变动，在不受补贴地区为 0——估计的效应会增加。OLS 估计存在向下偏误，这与以下看法相一致，即企业面临负面冲击时，可以选择申请这一项目并成功获得批准。他们的估计表明，参与 RSA 项目显著提升了工厂层次 43% 的就业，而他们样本中的平均和中位工厂规模分别为 79 个和 6 个雇员。他们还考察了不同规模企业下属的工厂之间政策影响的差异，他们的结果表明，正面影响局限于少于 150 个雇员的小企业下属的工厂。尽管这与以下观点相一致，即较小的企业更容易面临财务约束，对投资的补贴可以减轻这一约束，但同样可能是因为较大企业更善于在这一项目下进行寻租。

然后，他们在企业层次估计了政策对投资和生产率的影响。他们发现对投

---

⑭ 他们还估计第一阶段的选择等式以处理这一事实，即实践中只有特定的企业能够申请，对每个区位上每个新企业期望的补贴，只能根据成功获得项目补贴的企业集的数据进行估计。

资有正的影响，而且再次局限于较小的企业。此外，对投资的估计影响大于对就业的影响，这与政策设计中直接补贴资本相一致。没有证据表明政策会导致企业的 TFP 或平均工资增加。由于他们的统计表明获得补贴的企业通常生产率较低，这意味着对总体生产率有负面影响。在既定的政策设计下——补贴资本以达到创造或稳定工作的就业目标——作者认为尽管补贴可能导致资本/工人的上升，TFP 并无上升的理由，这一观点是正确的。

然后，克里斯库奥洛等在地区层次分析政策影响，发现政策增加了现有企业就业以及促进新企业进入，降低了这些落后地区的失业率。他们还发现很少有证据表明对未参与项目的企业和相邻地区存在取代效应。他们发现的唯一证据是在大企业下属的工厂，因为较大的、多工厂的企业在把工厂或就业从外面迁移到合格地区方面具有更大的灵活性。因为获得补贴的部分地区也符合欧盟结构基金的标准，作者对获得转移支付的地区加入了一个指标，但没有发现证据表明欧盟结构基金增加了就业。此外，控制其他的区域援助来源，不影响对RSA 项目影响的估计。

尽管他们没有对政策进行全面的成本—收益分析，作者对估计的影响程度进行了一些额外的计算。他们的结果表明，补贴率增加 10% 将导致就业增加接近 2.9%。如果平均补贴率为 24%，会导致 1986～2004 年增加约 111 000 个工作（基于制造业雇员为 160 万人），按照 2010 年的价格，每个工作的估计成本接近 4 900 英镑。他们指出这低于之前估计的成本，可能是因为 IV 策略避免了影响 OLS 结果的向下偏误。进一步的计算指出，减少的失业人口的估计数接近工作增加数，再次表明政策主要是要降低失业，而不是要取代来自其他企业或地区的就业。

意大利有一个类似的补贴项目 488 法令。政策旨在通过补贴投资项目，如新的实体投资或项目迁移，来创造新的就业机会。申请企业除了给出投资项目细节外，还要特别指出创造新工作的数目。创造新工作对受补贴的企业具有约束力，如果雇佣数目未达目标，补贴必须全部归还。此外，每单位投资创造的工作数目是一个重要的评价标准，用于对申请企业进行排序，决定补贴的优先级。另外两个主要的标准是企业负担的项目成本份额，以及申请的补贴率与欧盟允许该地区的最高补贴率之间的相对值（Bernini and Pellegrini，2011，第 254 页）。

贝尼尼和佩莱格里尼（2011）以失败的申请者作为控制变量，使用双重差分估计量评估这一政策对受补贴企业绩效的影响。他们考虑了很多的因变量，包括产出增长、增加值、就业、投资、盈利能力和生产率。利用申请前一年和项目完成年的数据，他们发现有力证据表明，尽管补贴促进产出、就业和投资增长，产出增长程度低于就业，劳动生产率和 TFP 是下降的。他们的估计表明，在平均 3.6 年的期间内，受补贴企业的总产出增长为 8% ~ 10%，而就业增长为 16% ~ 17%。实体资本的增长更高，约为 40%。劳动生产率用工人的人均产出衡量，大约下降 7%，TFP 下降 8%。类似克里斯库奥洛等，他们也发现证据表明，对小企业的产出和就业增长的影响较大，一些证据表明劳动生产率下降，但没有证据表明 TFP 下降。

尽管证据表明项目对投资和就业产生了积极影响，对生产率的负面影响可能是由于政策设计导致的扭曲。补贴会鼓励企业从事在外部资本市场不会投资的项目。如果没有政策激励，由于回报不足，企业的最优选择是不进行投资，则任何由于补贴导致的额外投资可能都是生产率相对较低的。对投资补贴再加上创造工作的明确目标（对过高估计新工作数目及实现这一目标的要求具有潜在激励），可能导致企业最优资本—劳动比率的扭曲。此外，项目的设计其至可能激励企业招募低生产率、低工资的工人，以满足就业目标的要求，暗含了在项目就业目标和生产率目标（尽管可能具有正的分配效应）之间的权衡。还有可能未获补贴的企业由于感受到潜在竞争加剧（来自受补贴企业），会有更强的激励去提高自己的效率。

布龙齐尼和德·布拉西奥（2006）考察 488 法令是否引致了额外的投资。他们关注的是，相对未成功的申请者，受补贴企业不同时期的投资情况。他们发现证据表明，在授予补贴 2 年后，受补贴企业的投资增长。这正是这样的一个时点，根据 488 法令要求，从事 2 年投资项目的企业将接受后一半补贴，或是从事长期投资项目的企业将接受第二个 1/3 的补贴。分期支付的条件是企业从事特定的投资项目，因而，2 年也是正面影响应该出现的时点。但从较长时间来看，他们发现 5 年后，也就是最后一批补贴支付 2 ~ 3 年后，相对控制组，接受补贴的企业出现投资下降。

作者把这一现象视作政策实际上没有促进额外投资的证据，企业只是把必要的投资提前而已。与这一结论相一致的是，他们还发现在 5 年的时点上，受补贴企业的负债较低，这表明企业把投资提前并用公共资金替代私人贷款，如果没有公共资金，企业将在随后进行融资。一个问题是，如何使这些发现与贝尼尼和佩莱格里尼（2011）相一致，后者发现补贴对投资有很大的影响。一个解释是后者使用的是项目完成当年的信息，并没有继续考察此后的投资；由于分析的时期相对较短，他们忽视了补贴结束后企业相对控制组的投资下降。

一些政策旨在吸引大规模的新投资项目，进而影响项目所在区位。前面讨论的 PAT 和 RSA 项目包括这方面的内容，例如，使用数百万美元的投资补贴以吸引流动的 FDI。格林斯通等（2010）评估了美国补贴对吸引大规模工厂到特定县的影响。他们关注的不是对受补贴工厂的影响，而是寻找新工厂产生正的集聚外部性或生产率溢出的证据，这些证据为这些补贴提供了合理性。如在 18.4.5 节中所讨论的，研究基于在新工厂竞争中惜败的县进行反事实分析，并使用县相关信息。作者发现了有力证据表明，新工厂导致现有工厂 TFP 提高、更多新工厂的净流入以及县层次劳动成本的增加，后者意味着部分生产率溢出以更高工资的形式归于工人，而不仅仅是增加潜在企业的利润。对现有企业 TFP 的溢出影响通过对工厂生产函数进行双重差分估计加以识别，估计针对成功—失败县的配对，比较新工厂开业前后现有企业的 TFP 增长情况。对工资的影响使用类似的关于个人工资数据的双重差分估计，以工人特性作为控制变量。

尽管论文的主要目标是在大规模工厂开业的背景下可靠地识别集聚外部性，论文也提供了关于补贴收益的证据。但是，由于作者没有使用关于工厂所获补贴的信息，其发现没有用于完整的成本—收益分析。作者发现在新工厂开业 5 年后，相比较竞争失败的县，获胜地区原有企业的 TFP 平均提高了约 12%（相当于从县间 TFP 分布中从第 10 个百等分移动到第 27 个百等分），证据强烈支持这些补贴的外部性和效率收益的存在。作者把这一平均影响转换为现有企业 5 年后产出的增加，约为 4.3 亿美元。对工资的平均影响增长约 2.7%。对现有企业 TFP 的影响是 TFP 增长 4.8%，劳动在总成本中的份额为 23%，这意味着通过更高工资导致的综合成本影响估计约为 TFP 增长的 13%。这些估计的影响反映了新工厂开业的直接效果，以及通过随后进入的工厂、地区产业结构的变化和投入竞争的变化（也会影响对现有工厂的溢出程度和投入价格）导致的间接影响。

对决策者来说，平均生产率溢出效应大概不是最有用的指标。作者没有发现实现区位多赢；事实上对某些县而言，估计的溢出效应是负的。论文基于描述受补贴工厂和现有工厂接近性的一系列经济指标，考察外部性的规模是如何变化的。这些目标旨在把握一些经典渠道，包括劳动市场共享、产业层次的密集劳动市场、知识溢出和投入产出联系（中间投入品密集市场的存在可使上下游的企业收益），通过这些渠道，理论和证据都表明溢出可能变强。结果支持这一观点，即相比新工厂，具有不同特征的现有企业受到的影响具有差异性，但不是通过全部三个机制。对于与新工厂所在产业共享劳动力的产业中的企业，以及那些具有技术联系的企业，溢出收益似乎较强，但不包括与新工厂具有上下游联系的企业。

作者进一步的观点是，如果劳动成本增加出现在获胜县的所有产业，但生产率溢出是在产业内，则对现有企业利润的影响可能是高度不对称的。这一不对称影响的存在可以解释某些区位对特定部门的吸引力以及产业集群长期性的特点。根据溢出效应的范围，差异性影响是否不仅基于与受补贴工厂的经济接近性，还基于地理接近性，这一问题没有包含在分析中，却与关注位置的决策者有关。

如果像结果所表明的，新工厂开业产生的外部性随区位而不同，吸引新工厂的政策可能增进总体和地区层次的福利水平。在这些情况下，对企业的补贴能够提高效率，因为这意味着区位决策产生的外部性实现内部化。但从成本—收益分析的视角看，这一结论还要依赖于地方政策当局能够精确地评估新工厂设立产生的未来收益以及能够付出的代价。如格林斯通等的结果所表明的，来自这些新企业开业的生产率溢出的估计值并不总是为正。

18.5.3.1　对专项补贴证据的总结

考察这些项目影响的文献是创新性的，因为要处理额外的识别问题，这些问题来自于项目中的企业选择以及区位选择问题，后者从定义上看针对的地区是非随机的（见 18.4.5 节）。总体来看，现有证据表明补贴对受补贴企业的投资和就业结果具有正的影响；表 18 - 3 对这些发现加以概览。受补贴的企业要通过最初的审查过程，其结果要受到严格监控，补贴支付要基于是否达到就业和/或投资目标，这些事实可以解释为什么这些政策比其他政策（如企业区项目）更为成功地达到它们所表述的目标。但是，密切监控可能产生管理成本，此外还需要知道一旦监控期结束，额外创造的工作还能持续提供多长时间的证据，以更好地评估对就业更长时期的影响。

表 18 - 3			对专项补贴证据的总结
研究	国家	项目	结果
克罗泽等（2004）	法国	国土整治	PAT 补贴对外国跨国公司区位决策影响小且不稳健
德弗罗等（2007）	英国	区域选择性援助	对国外跨国公司和国内多工厂企业的区位决策影响小 拨款影响区位决策的有效性具有差异；在企业所处产业已有大量较多存在的地区，拨款影响较高

续表

研究	国家	项目	结果
克里斯库奥洛等（2012）	英国	区域选择性援助	对工厂就业（参与工厂就业增长43%）和企业投资有正的影响，但局限于较小企业（雇员少于150人）下属的工厂；没有证据表明对企业的TFP或工资有影响 对地区层次的工厂就业和数目有正的影响（补贴率增长10%，地区就业增长2.9%），对失业有负的影响（补贴率增长10%，失业减少6.9%） 平均来看，没有证据表明存在合格地区对不合格地区的就业或工厂取代，但有证据显示较大企业的工厂之间存在取代效应
贝尼尼和佩莱格里尼（2011）	意大利	488法令	平均3.6年，受补贴企业的产出增长约8%~10%，就业增长16%~17%，实体资本增长约40%；劳动生产率和TFP分别下降7%和8% 对较小企业的产出和就业影响较大
布龙齐尼和德·布拉西奥（2006）	意大利	488法令	接受补贴后最初2年内投资增加，但在第5年，受补贴企业相对控制企业投资下降；项目使得未来的投资提前，而不是带来新增投资
格林斯通等（2010）	美国	吸引大型工厂的区位补贴	在赢得大型工厂的区位，对现有工厂生产率有很大影响，5年后现有工厂TFP增加12% TFP影响在产业间和区位间存在异质性 对县工资有正的影响（2.7%）

　　证据还表明，一些项目设计可能会导致企业的资本—劳动比例、生产率以及福利效应出现扭曲。事实上，项目设计是为了对边缘性投资项目进行融资，这些项目由于资本市场失灵可能难以得到私人部门的融资，因此，受补贴的投资可能生产率相对较低。总体来看，没有任何证据表明补贴会提高受补贴工厂的生产率，而且如英国案例所显示的，如果受补贴企业最初生产率相对较低，随着企业的扩张，会对总体生产率产生负面影响。

　　但是，来自美国的证据表明，影响大型新工厂区位选择的补贴的确会对现有企业产生生产率溢出。这可能是因为欧美提供补贴的地区所处背景有较大差异。格林斯通等指出，相比较美国其他地区，成功引入新工厂的县在收入、人口增长、劳动力参与率等经济指标上表现优异，这印证了格莱泽和戈特利布（2008）在 18.2.7 节中给出的观点，即高效的空间政策能够扩大地区差异。但在欧洲，结论是相反的，因为补贴是投向经济上较为落后的地区。事实上，即使是格林斯通等估计的溢出效应规模也在产业间和区位间具有显著差异，这意味着任何外在于受补贴企业并为补贴提供理论依据的政策收益，都与地方经济特征高度相关。

18.5.4　集群和大学

一些国家把大学的安置作为工具来促进地方经济发展。可以看到，世界一流的大学通常位于经济繁荣的区域和城市，很多高科技集群显然与知名研究型大学密切相关，或至少位于这些大学附近，如硅谷、剑桥大学附近的硅沼（见 Carlino et al.，2012）。但是，关于大学的存在对经济绩效影响的估计相对缺乏，主要是基于相对富裕地区已有的大学，其在落后地区未必适用。

更一般的是，在很多国家，诸多产业的就业在地理上集中，而且集群导致生产率溢出，引发是否应该制定政策促进集群发展的讨论。某些国家如法国明确采用集群政策，而其他国家则强调产业集群是企业区项目的一部分，例如英国 2011 年的企业区项目。

18.5.4.1　集群政策

在本部分，将讨论旨在改进集群绩效的政策以及会影响集群发展的其他政策，并关注这些政策的有效性，这方面的证据非常缺乏。马丁等（Martin et al.，2011）评价旨在推进法国现有集群生产率的政策的影响。该项目为本地生产体系（Local Productive Systems，LPS），为促进同一地区同一产业的企业群进行协作和合作提供资金支持。项目通常基于县（行政区）这一层次或较小的就业区（本地劳动市场区）。通常由地方政府提出项目申请，如果申请成功，企业登记参与。项目涉及地方目标的确定，如推动集群形成或促进出口。项目提供的补贴相对较少，每个项目平均约 40 000 欧元。政策从 1999 年到 21 世纪中期，2005 年被另一个更大规模的政策"竞争集群"（Competitiveness Clusters）所取代。

作者使用一个政府数据集来识别参与 LPS 项目的企业。他们使用双重差分方法和匹配方法，以估计政策是否能对企业绩效产生可识别的影响，如 TFP 和就业。他们还提供关于参与项目的企业类型的证据。项目没有明确提出支持落后地区和产业，但在实践中是这样。尽管 LPS 参与企业相对较大，他们的生产率却较低，这由产业和区位特征决定。例如，作者发现 LPS 企业通常位于符合 PAT 援助项目（在 18.5.3 节中给出）的地区。

关于政策对 LPS 企业 TFP 的正面影响，估计只提供很少的证据，而且如果有的话，也是指出 LPS 企业的 TFP 相对控制企业下降。在一个单独进行的项目前检查中，作者发现相对未参与项目的企业，参与企业的 TFP 甚至在接受资助之前就开始下降，这可能是它们决定申请项目的动因。即使在最好的情况下，结果表明参与项目可能导致 TFP 下降的短暂停顿。作者还考虑对其他结果的影响，但发现对就业增长或企业出口没有影响。

作者还指出参与企业对未参与企业存在溢出效应，至少是在区域内，这可能影响对企业层次的估计。因而，他们采取了第二种估计方法，基于产业—县层次。产业—地区被定义为至少有一个企业参与 LPS 的地区。结果主要是确认企业层次的估计结果，唯一的差异在于有一些证据表明存在出口增长，尽管并不稳健。论文没有发现证据表明在受补贴的产业—地区企业存活率较高。总体来看，结果为项目的影响描绘了非常悲观的情景。潜在的解释包括项目过于关注落后地区因而其发展是政府机构的目标，企业可能的寻租行为，单个项目资金不足以致无法产生可识别的影响。

法尔克等（Falck，2010）分析了德国巴伐利亚州集群政策的影响，政策主要关注高科技部门的创新。从 1999～2004 年，巴伐利亚的高科技攻势项目的重点是 5 个高科技部门，包括生命科学、信息和通信技术、环境技术等。在此期间，为了增进企业绩效和推动该领域的公共部门研究，共支出了 13.5 亿欧元，其中约 50% 的预算用于后者。例如，资金用于公共部门的研究设施，并明确要求设施可为私人企业使用。此外，支出还用于改进州内这些技术部门的企业间网络和合作，还可以利用州支持的风险投资基金。其他措施包括建设科技园区，创新型企业可以免租金。

评价使用一个三重差分设计，针对项目实施前后巴伐利亚州内外受项目影响的产业以及不受项目影响的产业，比较他们在企业层次创新结果的变化。作者估计了对三个结果的影响，引入了三个指标：企业是否有产品或工艺创新，是否记录了相应的专利申请，以及研发支出的对数。结果表明，集群对前两个结果有正的影响，但对第三个影响为负。目标部门的创新概率比基准增加了大约 4.6 个百分点，接近 50%，专利记录的概率增加了 5.7 个百分点。但是，结果表明研发支出大幅下降约 19%。尽管乍一看结果显得有些矛盾，法尔克等指出，研发支出是创新投入的衡量指标，结果可以解释为创新成本的下降。

论文还考察政策是如何改进企业创新生产率的。基于对创新过程的访谈，他们发现很少有企业指出他们的创新活动由于缺乏与公共研究机构的合作机会、难以利用外部专家和无法发现研发人才而受到阻碍。这表明项目成功地促进了公共部门和私人部门的研究合作，并推动了企业间的网络联系。

一些政策可能间接影响集群形成和发展。福力克等（Fallick，2006）提供计算机产业的证据表明，加州法律的某些特性可能促进劳动力流动，并进而提高人力资本外部性和知识溢出等集聚经济来源。更大的流动性可能导致人力资本和技能在企业间配置效率的改进，成为促进企业间知识扩散的潜在副产品。后者降低了企业创新和人力资本投资的个体回报率，导致他们会采用非竞争合约以降低劳动流动性和向竞争企业的知识溢出。但是，加州法律的独特历史特性使得这些合约难以实施。

作为对州法律的支持，论文发现在加州，受到高等教育的员工在硅谷和其他州内计算机集群的月度跳槽率高于州外的计算机集群。但是，在其他产业没有发现同样的模式，没有证据表明加州有显著更高的跳槽率。作者提出了一个模型，在该模型中，如果创新过程的特点是高风险和高回报，最优选择是很多公司独立研究同一个难题，如在一个集群中，这样可以为成功的创新者带来随后的劳动力重新配置。他们认为计算机产业的创新特征符合这一模型。尽管只是提供了间接证据，在支持劳动力流动性和提高知识溢出方面，其结果和加州法律一致。

18.5.4.2　大学

尽管卡利诺和克尔（Carlino and Kerr，2015）对集聚和创新进行了更为一般性的研究，这里我们主要关注大学对私人部门活动影响的证据，包括产业集群以及对就业和工资的广泛影响。在评估大学对地方经济条件的影响时，主要的经验挑战来自于大学的区位、特征和规模不是随机的；类似企业创新、生产率、产业机构、技能结构这样的地区因素很有可能会影响大学的表现；而且未观测到的地方生产率冲击也很有可能会影响私人部门和大学的行为。

坎特和惠利（Kantor and Whalley，2014）试图克服上述识别问题，他们使用 IV 策略来分析大学知识溢出对美国城市县（Urban Counties）非教育部门劳动收入的影响。他们的经验分析考察了非教育部门工资和大学支出之间的关系。他们引入了一个外生变量作为大学支出的工具变量，即由于股票市场冲击引起的外生变化，股票市场的波动会影响大学资产的市场价值，并进而影响大学的支出。

作者使用 1981~1996 年的县—产业面板数据，基本设定涉及非教育部门劳动收入对数的长期差异（$t-x$ 到 t）与县层次人均大学支出的长期差异以及一些年份固定效应的关系。人均大学支出变化的工具变量根据大学资产的市场价值变化（追溯到 $t-x-1$）与标准普尔 500 指数 $t-x$ 时期变化之间的关系加以构造。由于大学按照固定支出规则，即每年支出其资产市场价值的 4% ～ 5%，股票市场的冲击基于大学资产的初始价值，将直接地、差异性地影响每个大学的支出。股票市场冲击和大学资产的变动也必然是地方非教育部门劳动收入的外生变量。[50]

IV 估计表明，大学支出增长 10%，将导致非教育部门工人工资增长 0.8%。但是，这一相对较小的平均效应掩盖了一些差异性。作者对不同产业的影响加以区分，关注那些与大学有密切联系的产业，并对不同县的影响加以区分，关注那些大学较为密集的县。他们发现与大学研究技术联系较为密切的产业（用产业专利引用大学专利的倾向加以衡量），更可能从高等教育的知识溢出中获益，产业会雇用更高比例的研究生，产业中更多的员工会进出高等教育部门。此外，研究型大学更为集中的区位（用大学毕业生中研究生的比例加以衡量）产生更大的溢出。这一结果表明，一个地区的产业和技能结构以及大学的类型决定了地区能够从高等教育中获益的程度。这一影响的异质性表明了结果很可能具有因果关系。

与大学对产业集群影响更为一致的描述性证据包括阿布莱莫夫斯基等（Abramovsky，2007）以及阿布莱莫夫斯基和辛普森（2011），他们分析大学的存在，尤其是大学内排名较高的系，是否与企业研发设施的区位选择有关。他们利用来自英国大学科研评估（Research Assessment Exercise，RAE）的数据，该评估用于对公共资助的研究拨款，并对大学研究部门进行排名，排名最高的研究部门被视为进行国际领先的前沿研究。作者把在地区层次的科研评估信息与私人部门研发实验室的数据相联系。他们发现，对于部分产业，研发实验室的空间分布集中在排名高且产业相关的研究部门所在区位。例如，阿布莱莫夫斯基和辛普森（2011）发现制药企业倾向于不成比例地将实验室置于距世界级化学研究部门 10 公里以内范围。类似的证据存在于研发服务企业——其中很多是服务于制药业。但是，这一结果不能解释为因果关系。他们发现这些关系中的相当部分可以用科技园区的存在加以解释。尽管科技园区可能源于大学研究的存在以及私人部门接近大学的要求，但直接的因果关系仍然很难剖析。[51]

---

[50] 作者进行稳健性检查以处理未观测变量问题，它们可能与过去的资产价值有关，并影响未来的收入增长：例如，企业受到股票市场冲击的影响可能不同，特定类型企业的区位可能与资产初始价值有关。

[51] 其他类似的证据包括 Woodward 等（2006），他们发现接近大学（大学在科学和工程方面的全部研发支出加以衡量）与高科技创新企业数目之间存在正且弱的联系。这与 Abramovsky 等（2007）and Abramovsky and Simpson（2011）不同，他们发现不同产业具有很大的差异性，Woodward 等的发现在很多高科技部门与大学研究的知识溢出相一致。

另一个评估相机抉择政策影响的研究是安德松等（Andersson，2004），他们把高等教育的区位视为区域开发的杠杆。从 1987 年开始，瑞典大规模扩张高等教育，这涉及增加新生入学，成立新的学院，以及晋升四所学院为大学。部分目标是推动高等教育空间分散化，以满足瑞典不同地区学生的需要，包括边远地区。但是，这一政策也通过高等教育部门就业的增加，对这些地区的熟练劳动力需求产生影响，这取决于迁移模式和这些地区的研究生供应。它还通过高等教育部门对私人部门的创新或人力资本外部性产生影响。

安德松等使用自治市层次的面板数据，估计高等教育的存在对本地劳动生产率（单个工人产出）的影响。他们利用两个指标——高等教育机构雇佣的研究人员数目和学生数目——衡量地区高等教育规模的变化。作者区分新的和老的研究机构（最初 6 所大学），并考察影响是否随距离而变化。总体来看，他们发现证据表明：高等教育扩张对地方劳动生产率有正的影响，研究人员扩张的影响大于学生数目的扩张，新机构在两个指标上的影响都高于已有的大学，影响在空间上是高度集中的。最后一个结果意味着估计超过半数的生产率收益归于研究机构所在自治市 20 公里以内的范围。但是，研究无法分解影响劳动生产率的各种因素。例如，理论上人们可能希望区分劳动力构成变化（如通过增加技能水平）的影响或大学研究溢出外部性（导致非教育部门更高的 TFP）的影响。

后来作者在这一问题上走得更远。安德松等（2009）重新考察了政策影响，他们对分析进行拓展，把专利作为创新指标，考察对劳动生产率和产出的总体影响。考虑到大学扩张选择的区位可能与潜在的经济变量（如未来生产率增长的空间）有关，论文还进行了 IV 估计，把地区已有的设施（包括护士学校和军事设施，因为建筑会用作新机构的场所）、地方 18 岁以上人口的比例、对不同政党投票的投票者比例（其中一些是大学分散化的坚定支持者）作为大学存在及规模的工具变量。

在劳动生产率方面，他们的发现与之前的论文一致，面板数据估计的结果表明影响更为地方化。此外，他们估计的面板数据计算模型把一个地区批准的专利数目（可以更好地把握大学研究的知识溢出）与新老机构雇用的研究人员数目相联系。结果表明，在高等教育投资和创新成果方面存在正向联系。地区获得博士学位的人口比例提高，对劳动生产率和创新的影响（同时衡量）都是增加的。这表明分散化政策的收益在地区间是非对称的，这取决于其人力资本禀赋，尽管人力资本禀赋也会因政策而内生演进。

最后，论文还构建了一个非分权化的反事实分析，其中在 1987 年后创设的新机构中的研究人员按比例分配到现有机构，并重新计算每个地区的创新和生产率水平，以在国家层次估计创新和生产率的净收益。结果表明总体上对专利没有影响，这意味着大学研究人员在空间上重新配置不会导致创新活动总体收益的任何增加。但是，利用劳动生产率估计，作者把政策对 GDP 影响的估计调低了 0.01% ~ 0.10%。尽管作者没有试图协调这些发现，其表明总体的 GDP 收益来自于人力资本增加以及纯粹创新以外的渠道产生的集聚外部性。但是，专利可能不是衡量创新活动的好指标，因为不同产业申请专利的偏好不同，而且不是所有的专利都具有同等价值；因而，政策仍然有可能在总体上产生了额外的创新。

18.5.4.3 关于集群和大学证据的总结

关于高等教育机构的证据表明，地区的确会从生产率溢出中获益，但获益高度本地化并局限于特定产业，尤其是与大学有密切联系和雇佣大学研究生比例高的产业。知识溢出可能使现有企业获益，但是证据也表明大学研究设施是通过吸引高科技创新企业到这些地区，进而作为集群形成的基础，通过集聚力量产生长期潜在收益——至少是对特定产业。但是，很多研究是基于长期存在的大学，这些大学很可能是在相对富裕的地区。从把大学作为经济发展工具的视角看，来自瑞典的证据指出对地方劳动生产率产生有益影响——在总体上并未产生额外的影响，而且其可能源于地方人力资本禀赋的增加。因而，证据表明投资于高等教育和科研属于公共行为，能够对地方产生长期影响。但是，关于高等教育投资的最优区位仍然是一个问题，关于这一问题还需要更多的信息，特别是关于高等教育机构影响地方经济活动的具体机制，以及这一影响如何随地方特征变化。

在某种程度上，看起来高科技企业区位决策中确实把公共部门研究产生的外部性考虑在内，尽管科技园区和其他政策激励也有影响。关于巴伐利亚集群影响的结果也表明，除了寻求影响企业的区位决策外，政府干预还能够通过促进私人企业之间的交往和帮助私人企业利用公共研究设施，来克服私人企业的合作失败和增加创新活动的收益。但是，这既是一个目标高度明确的项目，其资金主要流向私人企业和公共部门的研发，又是一个昂贵的项目，特别是与法国 LPS 政策相比，没有任何证据表明其对企业绩效产生有益的结果。

18.5.5 基础设施投资和其他区域政策

欧盟长期有消除不同成员国之间地区差异的政策，资金分配到落后地区，甚至包括人均收入相对较高的国家。主要的政策工具是欧盟结构基金，包括欧盟区域发展基金（ERDF）和欧盟社会基金（ESF），目标是在符合援助条件的地区推动经济增长和就业创造。ERDF 支出通常投向基础设施，例如投向能源、通信或研发，但也包括对企业的投资补贴。ESF 支出的目标是促进就业，例如培训项目或增加劳动市场吸引力的项目。第三个是聚合基金，适用于所有人均 GNI 低于欧盟平均值 90% 的国家。这一项目为跨国运输设施投资（关于运输基础设施和增长的证据讨论见 Redding and Turner，2015）和环境改善投资提供资助。在 2007 ~ 2013 年，这一项目下的支出占整个欧盟预算的 35%（Becker 等，2012），ERDF 支出为 2 010 亿欧元，超过欧盟预算的 50%。[52] 基金的最大部分用于目标 1 地区，即人均 GDP 低于欧盟平均值 75% 的地区。在这些落后地区，政府还被允许在欧盟规则之下提供专项补贴，补贴类型已在18.5.3 节中讨论。

美国也有超大规模区域开发项目的案例。克莱恩和莫瑞提（2014b）分析了田纳西河谷流域管理局（TVA）的长期影响。作者不仅评估了对目标地区的影响，还估计了对整个美国的总体影响，并考察了资助结束后的结果。我们首先讨论 TVA 及相关的美国政策，然后转向欧盟政策。

TVA 开发和现代化政策涉及在公共基础设施方面的巨额投资，包括能源（水电大坝）、运输（路网和运河）和新学校。在发电能力上的投资是为了吸引制造活动到 TVA 地区。在地理空间上，它覆盖了 4 个美国州，包括田纳西州的全部以及肯塔基州、亚拉巴马州和密西西比州的部分地区。项目始于1933 年，在 20 世纪 40 年代和 20 世纪 50 年代的支出达到最高点。克莱恩和莫瑞提指出 1934 ~ 2000 年联邦总支出约为 200 亿美元（按 2 000 美元价值），对家庭的转移支付在 50 年代早期达到峰值，约为该地区家庭平均收入的 10%。

利用项目从 1930 年以来的数据，作者表明相比美国县的总体情况以及其他南部县，项目所涵盖的县发展情况趋于恶化。农业就业比重提高，制造业就业比重降低，制造业工资下降，识字率也下降，这意味着生产率和人力资本降低。考虑到 TVA 县在这些特征方面的系统性差异，克莱恩和莫瑞提利用在美国其他地区存在一些申请类似政策却由于政治原因未获批准的区域管理局，将它们构建为控制地区。为了做到这一点，他们大致确定了 6 个潜在区域管理局的地理边界，并确认它们在 TVA 设立之前，很多经济特性包括之前制造业就业份额的趋势，与 TVA 县非常接近。

作者首先针对一系列结果考虑不同时期对 TVA 县的影响：1940 ~ 2000 年，及其两个区间 1940 ~ 1960 年和 1960 ~ 2000 年。选择 1960 年作为分界点，是

---

[52] 见 http：//ec. europa. eu/regional_policy/thefunds/funding/index_en. cfm（2014 年 1 月 7 日）。

因为 1960 年后联邦对项目的转移支付可以忽略不计。对于整个时期，他们发现相对控制地区，制造业就业增速一直较高（每 10 年增长约 5%～6%），农业就业增速一直较低（每 10 年减少 5%～7%）。此外，中位家庭收入由于政策每 10 年约增长 2.5%。两个区间的结果表明，制造业就业在两个区间都实现了较快增长，尽管在最初两个 10 年的影响大约高 3 倍（在 1940～1960 年每 10 年增长 10%～12%，相比 1960～2000 年每 10 年增长 3%～3.5%）。农业就业一直到 1960 年都经历了快速增长（每 10 年增长 11%～12%），但此后增长较为缓慢（每 10 年约减少 13～17%），这形成了鲜明的对比。

整个 1940～2000 年的结果描绘了这样一幅画面，在 TVA 县的公共设施投资加快了工业化的步伐，农业就业向制造业转移。作者很少发现制造业部门工资增长的证据，这表明劳动力供给富有弹性，包括新工人的流入以及农业就业向制造业的转移。因而，家庭收入的增长主要是由于就业结构的变化，因为制造业工资超过农业。作者把 1960 年后对制造业和农业就业的不同影响归因于制造业集聚外部性的存在。这些外部性使得 TVA 县对新制造活动产生持续的影响力，即使是在联邦资助撤出后初始基础设施投资面临折旧的情形下。作者认为农业就业没有出现快速增长是因为在农业中不存在类似的外部经济（Hornbeck and Naidu，2014）。

接下来，论文分析了 TVA 项目的总体影响——TVA 项目是使全国受益，还是以牺牲其他地区为代价。作者构建了分析全国影响的理论框架，考虑政策能通过两个渠道影响总体劳动生产率：直接效应，其中公共设施投资提高私人部门的生产率；间接效应，源于制造业中集聚经济的存在。如 18.2 节中所列出的，后面这个效应不可能在总体上产生正的影响，除非不同地区的生产率对集聚变化的反应，即地方集聚弹性具有差异性。如果这一弹性在地区间不变，则工人在空间重新配置不会产生总体利益。他们的经验证据支持后一个效应的存在。

除了估计对劳动生产率的影响，作者还假设劳动力完全流动，并估计对制造业就业的影响，它在对劳动生产率改进进行投资时将增加。[53] 论文估计了 TVA 投资对制造业就业的直接影响和间接影响，用滞后的地方制造业就业密度加以衡量。考虑到提高制造业生产率的直接影响会增加制造业就业，进而影响制造业就业密度，一个问题是如何分离直接影响和间接影响。模型使用县层

[53] 他们的数据以十年为间隔；因而，假设必须保持这一频率。在他们的模型中，TVA 投资提高企业生产率，并进而增加工资，导致工人流入，直到长期工资回报达到均衡水平，但制造业就业上升到更高水平。只有当来自投资的生产率增加是持续的，或者生产率对就业密度的弹性是非线性的，这一更高的就业水平才会持续。

次面板数据的一次差分进行估计，独立变量是每 10 年县层次制造业就业对数的变化。直接效应通过引入 TVA 县的虚拟变量（没有差分）加以识别，间接效应通过制造业就业密度的滞后变化加以识别，使用更长期（20 年）滞后变量作为工具变量。

第二个目标是允许集聚弹性随制造业就业密度分布而灵活变化。作者利用制造业就业密度的分段样条，对分布的低、中、高部分估计样条函数。估计使用制造业就业密度对数的样条，衡量制造业就业的集聚弹性，密度分布的三个部分的弹性估计值看起来没有显著差异，密度增加 1% 会导致制造业就业增加 0.4% ~ 0.47%。[54]

在整个样本期间 1960 ~ 2000 年，估计的直接效应为正，但在 IV 估计中并不显著，这意味着没有证据表明 TVA 县的制造业就业增长在这一时期有显著不同。但是，这掩盖了估计的直接效应在三个区间（1940 ~ 1960 年、1960 ~ 1980 年和 1980 ~ 2000 年）中的显著变化。结果表明，在早期，1940 ~ 1960 年 TVA 政策对制造业就业有显著地直接推动，但在后面两个时期，直接效应为负，但不显著。因而，尽管政策的直接效应在联邦给予大量的转移支付时非常明显，但即使在资助被取消后，对 TVA 县制造业就业和生产率的间接影响仍得以持续，这主要是由于集聚外部性，其佐证是受政策影响的县的制造业就业仍然持续快速增长。

最后，他们通过成本—收益分析，对美国的总体影响进行估计。由于固定集聚弹性意味着从整个美国层次看不存在集聚收益，唯一的收益是提高 TVA 县 1940 ~ 1960 年的制造业劳动生产率。他们估计这一项目产生收益的净现值为 238 亿美元，超过了联邦转移支付的净现值 173 亿美元。

总体上看，对于 TVA 县，一旦联邦补贴项目停止，早期提高的农业就业收益最终将下降。但是，通过公共基础设施投资带来的制造业就业增加将因集聚经济而持续。这一基础设施投资对总体制造业生产率的直接影响的估计值为正，估计收益超过项目成本。但是，基于制造业就业对制造业密度的弹性接近常数，源于集聚外部性的总体间接影响接近 0，TVA 地区正的集聚收益将为其他地区的负面影响而抵消。

格莱泽和戈特利布（2008）对阿拉巴契亚区域委员会（ARC）的影响加以讨论。ARC 始于 1963 年，联邦的巨额支出主要用于运输基础设施，也包括健康和教育支出，范围涵盖从密西西比到纽约的广大地区。他们利用同一州未

---

[54] 他们估计的生产率对密度的弹性的中间值约为 0.2，其稍微高于 Melo 等（2009）报告的多数弹性估计值，但并没有超过其估计值的总体范围。

受影响的县作为控制组（不包括那些在海岸线 56 英里内的县），来估计对 ARC 县的影响。他们发现一些证据表明，在 1970~1980 年基础设施投资对人口增长有正面影响，但在 1970~2000 年这一更长期间内，没有统计上显著的证据表明影响的存在，而且重要的是，没有统计上显著的证据表明对人均收入增长有影响。他们的结果与艾泽曼和雷弗安（Isserman and Rephann，1995）之前的研究有很大差异，后者主要对处理—控制配对（这一次不包括那些在海岸线 60 英里内的控制县）之间平均增长率比较，发现项目对人均收入有很大影响。尽管这一明显差异可能是由于作者处理问题的方法不同，格莱泽和戈特利布也承认他们的一些估计标准差过大，以至于他们难以排除掉大量正面影响。事实上，他们的结论是，由于支出在一个较长时期内散布于很大的地理空间，很多其他复杂因素可能会影响经济增长且难以控制，评估这类大范围支出政策是非常困难的。

贝克尔等（Becker，2010，2012）对欧盟政策中基础设施投资的影响进行评价。他们关注结构基金对目标 1 地区就业增长和人均 GDP 的影响。贝克尔等（2010）使用 1989~2006 年三轮结构基金项目中 NUTS2 和 NUTS3 地区的数据。他们利用这一事实，即 NUTS2 地区合格"门槛"原则上严格截至人均 GDP 低于欧盟平均值 75% 的地区，那些接近人均 GDP 门槛值的地区应该具有类似的特征，但只有那些低于门槛值的地区能够得到目标 1 地区的资助，在 RD 评估策略中将对此加以讨论。在实践中，由于定义 NUTS2 层次的资格有一些例外——少量的 NUTS3 地区获得资助以及少量 NUTS2 地区没有严格符合标准——作者采取了一个模糊的 RD 方法，使用合格标准构建了处理地区的身份，并进行了一个稳健性检查，其中处理地区的身份在 NUTS3 层次加以定义。

他们的结果表明，结构基金支出对人均 GDP 有稳健的正面影响，在受资助时期每年估计约为 1.6 个百分点。[55] 但是，他们没有发现就业增长有何影响。作者进行了一个大致的成本—收益分析，表明这一转移支付项目是划算的，有约 20% 的回报率或 1.2 的乘数。但是，他们估计值的置信区间意味着他们无法拒绝仅为 1 的乘数。他们推测，对人均 GDP 有影响是由于来自基础设施投资的生产率收益，但对就业无影响是因为工作创造需要更长的滞后期。但总体上看，他们的结果表明政策在提高目标地区收入方面是划算的。

贝克尔等（2012）拓展了这一分析，考察这一项目的财政援助额度，即处理强度，与人均收入之间的关系。他们的方法可以分析结构基金预算是否可

---

[55] 他们对目标 1 地区人均 GDP 增长有正面影响的证据，还得到了 Mohl 和 Hagen（2010）的支持。其论文的表 1 概括了对欧盟结构基金影响的评价以及计量方法和数据来源。多数研究表明对区域增长或区域收敛有正面影响，只有少数例外。

以在合格的欧盟地区间进行再分配，以实现总体上的更高增速以及更快的收敛速度。其中暗含的想法是，如果转移支付资助的投资表现出收益递减，则超过一定水平的资助有可能是无效的。非常低的转移支付水平在刺激增长方面也可能无效率，因此需要一个最低资助水平以形成大推进。

作者使用 NUTS3 层次过去两轮欧盟结构基金和聚合基金预算（1994~1999年和2000~2006年）转移强度的数据。他们发现地区间转移强度有很大差异，转移强度用基金开始前每年转移支付占地区 GDP 的比例加以衡量。其范围从瑞典地区 GDP 的 0.000 09% 到希腊地区 GDP 的 29%，平均强度为0.756%。论文使用广义倾向分数估计方法，估计不同水平处理强度的影响。这一非参方法是可进行连续处理的倾向分数匹配方法的拓展，它可以分析二元处理的影响。该方法以处理强度可观测的决定因素为条件，使作者能够估计处理效应是否在不同资助强度上存在差异（Hirano and Imbens，2004）。

结果确认了贝克尔等（2010）的发现，即平均来看，项目对区域增长产生了正面效应，但也表明在处理强度和人均收入增长方面存在一个非线性关系。根据这一结果，作者可以提出各种"门槛"：首先，"最大合意处理强度"，可这样加以定义，一旦超出该强度，就无法拒绝对增长无影响的虚假设；其次，"最优转移强度"，即平均来看额外一欧元资助将形成一欧元额外的GDP。

他们发现，约18%的 NUTS3 地区接受的资助超过了最大合意处理强度"门槛"约1.3%。对这些地区而言，资助强度的下降不会对增长产生很大影响。此外，他们估计把资助从这些地区再分配至资助强度低的地区会更有效率，将提高区域增长平均水平，在第一轮和第二轮资助中分别提高人均收入1.11个和0.76个百分点。他们还发现约36%的地区超过了最优转移强度0.4%。基于更低的门槛值在区域间进行资助再分配能够提高总体 GDP 增长，但会影响区域收敛目标，因为再分配将有利于相对富裕的地区。这意味着项目在总体效率最大化和在相对富裕地区更充分利用集聚外部性，与项目特定的再分配目标之间存在一个权衡。作者也没有发现证据表明，为了推动人均收入增长需要一个最低的转移支付水平，即使很小的转移支付也会产生正面影响。

总体来看，分析证据表明 TVA 投资项目和欧盟结构基金项目在推动目标地区生产率增长方面是划算的，可以作为地区间再分配的工具。问题仍然是这些效应能够持续多久，TVA 的直接受益似乎随着时间推移而消失，问题还包括这些增长效应是基于何种具体机制。例如，这类基金通常涵盖大范围的公共基础设施投资，我们需要知道这些投资的相对影响，以及这些投资在促进地方增长方面是否是相互补充的。还有证据表明，基础设施投资能为目标地区带来集聚利益，尽管证据也表明这是以牺牲其他地区为代价的。

18.5.6　社区开发和地方导向措施

最后，我们转向一些较小规模的空间政策，它们并不完全符合前面的分类。首先，在美国有很多关注房地产开发的项目，但有时它们还包括其他政策要素。此外，这些政策经常有一些相机抉择的偏好。上面讨论的企业区已经指向再开发地区。在这些地区，一个常见的政策工具是税收增额融资（TIF），其中财产增值（被假设来源于再开发）导致的物业税增加用于偿还再开发借债。TIF 和再开发或多或少有些矛盾，我们本章中并不对其详细讨论，因为关于它们的研究几乎完全是关注其对房地产价格的影响（如 Weber et al.，2007）。低收入住房项目同样是具有相机抉择偏好的空间政策。西奈和沃德佛格（Sinai and Waldfogel，2005）以及埃里克森和罗森塔尔（2010）考察了它们的影响，主要是对住房市场的影响。

一个近期研究（Freedman，2012）对联邦新市场税收抵免（New Markets Tax Credit，NMTC）项目进行考察，该项目不仅关注房地产开发，还为经济发展提供资源，主要手段是对企业贷款进行补贴或提供优惠利率。研究考察了劳动市场结果，其在企业区文献中已经加以讨论。在所研究的期间内（2002 ~ 2009），对于主要投资于低收入邻里的企业，NMTC 为其提供了 260 亿美元的税收抵免。弗里德曼指出约 70% 的资金进入商业地产开发，剩余的资金中大部分用于企业发展——主要是对企业的贷款。NMTC 资助的渠道是社区开发实体（Community Development Entities，CDEs），通常是银行或金融机构，它们必须要满足一些标准，包括为低收入社区和人口服务或提供资金。通过 CDEs 渠道给了 NMTC 相机抉择的偏好，尤其是考虑到在弗里德曼研究的期间内只有 CDEs 通过竞争过程获得了分配税收抵免的权利。税收抵免流向了对 CDEs 进行权益投资的投资者。

这一研究在很多方面和弗里德曼（2013）对得州企业区项目的研究有相似之处，尽管关注点是国家层面。他使用同样的数据和类似的研究设计，利用 NMTC 资助资格的不连续性，合格地块的主要标准为：2000 年普查中的家庭中位收入低于非大都市区州中位收入的 80%，低于 MSA 和州大都市区中位收入中的较高者。这不是资格决定的唯一规则，因此弗里德曼使用了一个模糊设计，把普查地块是否符合这一规则作为实际 NMTC 资格的工具变量。他多次进行了类似分析以对 RD 设计加以验证，如在企业区论文一样。但是，他没有考虑企业区间的重叠，这可能很重要。

证据表明，基于地块中位家庭收入，在合格"门槛"处 NMTC 投资存在不连续的增加——合格地块比不合格地块有大约超过 100 万美元的 NMTC 投资，以及 5% 额外的企业获得投资。考虑到这些金额看起来很小，似乎可以相信弗里德曼发现的效应——将在下面讨论——主要来自于房地产开发。使用普查数据，弗里德曼发现主要的统计显著的影响是降低贫困率，约降低 0.8 个百分点。他将其描述为有限的和昂贵的影响，因此如果不考虑很小的投资影响，证据表明要花费 23 500 美元以使一个人摆脱贫困。同时，弗里德曼还发现一些与结构变化相一致的证据，一些估计显示住房成交量增加了约 0.75%。这一取代效应意味着降低贫困需要更高的成本。但是，和一些关于企业区的研究不同，弗里德曼没有发现影响中位住房价值的证据，估计值非常接近 0，这与向高收入、高技能人群的结构变化不太一致。对居民贫困的直接影响的推论也具有挑战性，因为没有来自 LEHD 数据的关于就业影响的统计证据。尽管点估计在 1.5% 左右，但是标准差有 3 倍大。弗里德曼大度地得出结论认为存在"对私人部门就业一定的正面影响"（第 1012 页），尽管正的却不显著的影响并不意味着没有影响，这一结论看起来仍然显得过高了。同时结构变化自身也会导致更高的就业。在潜在的结构变化中，难以理解影响如此之小，以及即使不考虑结构变化，小的影响仍然会出现，因此难以把较大的成就归于 NMTC 项目。

一些社区开发政策在政策设计和公共支出方面涉及相当多的地方自治。欧洲的两个案例是意大利帕蒂地区项目——旨在促进增长和就业，以及英格兰的社区新政——关注的是社区开发，包括广泛的免除。阿切图罗和德·布拉西奥 (2012) 评估了设立于 1997 年的帕蒂地区项目的影响。这些地区协议的目标是促进落后地区（符合欧盟援助标准）的经济增长和就业。在分析期间内，原则上项目涵盖整个意大利南部（目标 1 地区），以及意大利中部和北部的部分地区。在这些地区，自治市的地方政府、地方商业团体以及工会将一起达成协议，确定地区发展规划。因而，实践中不是所有的合格自治市都参与这一项目，尽管作者指出平均每个协议涵盖 27 个自治市和 235 000 人。在参与地区，公共资金用于公共基础设施投资以及激励私人部门投资。每个地区最多分配 5 000 万欧元，其中公共基础设施投资支出不超过 1 500 万欧元。

论文估计了项目对就业和工厂数目的影响。显然，无论是合格自治市还是实际参与者都不是随机的结果。在意大利北部和中部，并非所有地区都满足帕蒂地区的资格要求。作者使用倾向分数匹配以识别项目执行前的合格和不合格的自治市，并使用双重差分以估计意向处理效应，对于希望知道项目对目标地区影响的决策者而言，这是一个重要参数。他们还通过对参与地区和可比的不合格地区进行比较，估计了对参与者的处理效应。

这些方法难以在意大利南部评价项目的影响，因为整个意大利南部是目标 1 地区。作为替代方法，双重差分估计对南部参与项目的自治市和未参与项目的自治市的结果进行比较。作者把合格却未参与的自治市作为控制地区，对意大利北部和中部计算等价双重差分估计值，以评价选择参与项目会在何种程度上对南部未观测变量产生影响。作者还考虑了上面讨论的 488 法令也在同期运行的事实。⑤⑥

利用意大利在 1996~2001 年的普查数据，中部和北部对就业和工厂数目的意向处理估计值是负的，且在统计上不显著。尽管这可能反映了对参与地区的正面影响，与对合格但未参与地区的负面溢出或取代效应的组合，然而项目对参与自治市的影响估计也是负的，且在统计上不显著。在南部，对参与自治市和未参与但合格的自治市的结果进行比较，表明项目对就业有正且显著的影响。但是，把这一方法用于北部和中部地区后，结果表明对南部的估计很可能出现向上偏误，如果把南部的样本精简到只有那些未在 488 法令项目中接受资助的自治市，对就业影响的估计值将下降，而且在统计不显著。

这些结果表明，政策对就业和新工厂创立没有正面影响。这提出了一个问题：政策为什么不成功？作者讨论的一个可能性是，每个地区 5 000 万欧元的资金过于分散，难以在这些落后地区促进更多的经济活动。但是，既然这一资助水平在最贫困的南部地区和相对富裕的北部、中部地区同样无效，那么支出限额可能不是唯一的解释。第二个解释是项目沦为寻租活动的牺牲品，自下而上、地方主导的实施途径还可能加剧寻租活动，导致补贴投向劣质的私人部门项目。

第二个政策案例是英格兰始于 2002 年的社区新政。政策的终极目标是促进最贫困邻里的生活标准。在实践中，项目涉及地方委员会划分，并执行一系列政策，旨在促进就业和教育、降低犯罪、改进健康以及解决住房和环境问题。项目增加就业的案例包括为那些希望创办新企业、自我雇佣或发展现有企业的人提供建议和信贷计划，并支持职业培训。39 个邻里参与了这一计划，总计约 20 亿英镑的预算用于在 10 年内支持这些地方措施。

古铁雷斯·罗梅罗（Gutiérrez Romero，2009）使用差分方法分析项目对参与地区就业的影响。控制组与处理邻里位于同一个辖区，原则上符合资格要

---

⑤⑥　对于意大利北部和中部，只有达到帕蒂标准的地区符合 488 法令财政刺激的资格，这会导致影响的估计会潜在地出现向上偏误。对于意大利南部，作为控制的未参与地区也符合 488 法令资格，这会导致影响的估计出现向上或向下偏误，具体取决于 488 法令是如何影响不同地区的。

求，但在项目运行期间没有直接纳入处理邻里。利用对处理邻里和控制邻里的家庭调查，她发现项目增加了特定类型人群的就业可能性，例如那些在项目开始前正处于全日制教育或进行培训的人，以及获得无劳动能力福利的人，但是对获得失业福利的人无影响。古铁雷斯·罗梅罗和诺布尔（Noble，2008）在一篇论文中使用关于获益者的行政数据，结果与古铁雷斯·罗梅罗（2009）部分一致，她们发现在处理邻里中，项目导致获取失业和无劳动能力福利的人口减少。

和在企业区分析中类似，地方采取的措施包括范围广泛的政策元素，在那些获益的案例中，需要弄清何种政策元素在起作用。此外，对于那些没有产生影响的政策，需要更进一步的确切证据以弄清它们为什么无效——是否因为政策范围太广导致财政干预力度过低，或者政策设计是无效率的。此外，对 NMTC 和社区新政的分析强调政策影响的是哪些个体，政策是否达到了目标人群。

18.6　待回答的问题和研究挑战

最后是，我们从可得的证据中学到了什么？答案大概是"还不够"。为了能指导政策，关于什么起作用、为什么起作用——以及对空间政策最关键的是——在何处起作用、对谁起作用，我们还需要更多的知识。我们认为证据可以在五个方面更有效地拓展：考察长期影响，分离政策特定性质以弄清它们为何有效或为何产生不利的扭曲，更为精确地识别影响的内容以及谁获益、谁受损，弄清实施空间政策的辖区之间的潜在战略互动，考察影响更广泛的政策工具是否比空间政策更为有效，如税收。

就我们的观点而言，关于空间政策研究的主要缺陷在于，即使是最有效的证据也不能表明其产生了持续的经济收益。也就是说，至多证据（有时）表明空间政策何时有效，增进了经济活动以及福利。可能存在一些收益，即使政府不得不持续投入。但是，如果某些类型的空间政策帮助某个地区经济起飞，而且可以自我持续——用经济学术语讲，就是地区进入一个新的均衡，那么证据就会更为可靠。莫瑞提（2012）同意这一观点，认为"真正的考验不是［空间政策］是否在推动时创造了就业，相反，我们需要看公共资助的种子最终是否能演化为一个私人部门集群，而且大到能自我维持"（第200～201页）。

上面概括的一些最正面的证据似乎指向基础设施，大概是企业区类的项目中，或更准确地说是欧盟结构基金的一部分以及对高等教育和大学研究的支出。这并不奇怪，考虑到这些投资类型的公共物品属性。但是，关于长期结果还需要更多的证据。克莱恩和莫瑞提（2014b）关于TVA项目投资影响的结论表明，这一大规模推动通过基础设施支出高峰期的直接效应以及随后的集聚外部性，的确使目标地区的制造业就业和收入方面产生了长期持久的增长。但是，即使这一研究也表明，公共投资对地方生产率的影响随时间推移逐步减弱，而且在全国层次加以考量，制造业集聚利益的间接影响接近零。这一分析进一步强调要评估这些投资项目的总体福利影响，而不只是受影响地区的直接影响，以全面考察总体效率与地区间再分配之间的权衡——尽管做到这一点非常困难。

如上面所概括的，到目前为止，关于企业区政策的多数证据意见不一，关于项目影响给出的信息是杂乱的。为了协调现有的发现，考察现有的差异是否源于数据、计量方法，或是不同项目在具有不同经济特征的地区运行其有效性存在真实的差异，还需要做更多的工作。此外，项目的不同特征可能会影响他们的有效性，这可以通过对联邦特许区中一揽子拨款的地位讨论加以例证。这突出我们的第二个观点，即使当前所有的证据都指向同一个方向——例如正的就业影响——其没有告诉我们的，正是这些项目的何种特性在起作用，是雇佣抵免还是基础设施投资的使用？确切知道政策的哪个特定元素在起作用，及其为什么起作用，对决策者具有极为重要的价值。

此外，我们需要知道政策结论在地区间的可推广性。空间政策在具备不同特征的区位执行，不仅政策细节会变化，其所处的经济环境也会发生变化。很多研究已经发现同一政策在不同区位具有不同的影响——大概最著名也是最系统的是布莱恩等（2012），他们基于运输可达性以及目标地区和主要就业中心之间的障碍，研究法国ZFUs有效性的变化。显然，在理解政策有效性变化的来源方面，还需要做更多的工作。

我们认为，关于政策目标的证据非常有价值，而且显然是政策评估的第一步。但是，研究可以考察更大范围的相关结果，以评估综合福利效应。例如，企业区政策是否存在取代邻近地区就业之外的其他扭曲效应？如果企业接受了增加就业的激励政策，是否会出现不利于企业生产率的扭曲效应，例如，从生产率更高区位的工人招募或企业取代？尽管一些关于专项拨款的经验文献评估源于政策设计的潜在扭曲，企业区文献通常并不考察工厂的劳动生产率或TFP，尽管其会考察个人的相关结果，如工资。

研究还可以关注谁从空间政策中获益。如果项目有效地增进了劳动生产率，且住房或建筑的供给缺乏弹性，最终受益者是否实际上是土地所有者？如果政策有效地提高了目标地区的就业率和平均收入，是政策通常指向的低收入居民实际获益，还是迁入的人口获益？政策在合格地区居民间的再分配效应的更多证据有重要价值，特别是与项目特性相联系的证据，如雇佣特定群体的激励政策。

一些经验文献关注空间政策的重叠，但这只是整个冰山漏出的一小部分。考虑到空间政策经常鼓励经济活动的迁移，似乎很自然会想到——至少对地方层次的空间政策——辖区会对附近地区的政策作出反应。这是一个常见的主题，关注福利项目、环境管制和税收政策方面的"底线竞争"（如 Brueckner，1998）。这对经验工作有潜在的重要意义：例如，空间政策在特定辖区执行的短期影响可能把握的是局部均衡效应，而不是一旦其他辖区作出回应形成的一般均衡效应。尽管这一问题被其他州或地方政策所涵盖，看起来在本章考虑的这类空间政策背景下，讨论会富有成果，而且这一问题也与政策是否实际上是零和博弈有关。

最后，我们在前面指出，一些旨在推动地方劳动市场的政策——如降低商业税——不在空间政策定义的范围内，因为它们不是针对地方政府辖区内的某个特定地区。根据空间政策基于的理论，可能存在这样一些政策，它们并非明确指向某个地区，在促进经济活动方面却更有效率。巴尔季克（2012）的评述表明，证据显示较低的平均地方商业税与较高的地方劳动需求相联系，尽管弹性范围如此之大（ $-0.1 \sim -0.6$ ），以至于成本—收益计算毫无意义。他还认为密歇根 MEGA 项目（为来自外部的企业提供边际补贴）的证据表明，这一项目比降低总体的商业税率更有效率（1 美元对未来财政收入的影响为 6 倍多）。巴尔季克还指出，我们对增加劳动供给质量的政策及其如何产生正的外部性（Moretti，2004）知道很多，但对增加人力资本的区域发展政策如何在地方经济中产生更多的工作以及更高质量的工作，我们知道的没那么多。

我们考虑的一个重要研究问题是，空间政策是否本质上比地方经济发展措施更有效或扭曲性更小。我们还没有关注方法比较的研究，但是考虑到政策有效性的证据非常薄弱或高度不确定，至少是对某些空间政策，可能更宽泛的政策更为有效。同时，更宽泛的政策可能无法达到空间政策的某些分配目标，尽管如我们所指出的，空间政策实现分配目标的证据远非清晰。

致　谢

我们感谢 Gilles Duranton，Vernon Henderson，Patrick Kline，Stephen Ross，Kurt Schmidheiny 和 Will Strange 非常有价值的评论。

参考文献

Abramovsky, L., Simpson, H., 2011. Geographic proximity and firm-university innovation linkages: evidence from Great Britain. J. Econ. Geogr. 11, 949–977.

Abramovsky, L., Harrison, R., Simpson, H., 2007. University research and the location of business R&D. Econ. J. 117 (519), C114–C141.

Accetturo, A., de Blasio, G., 2012. Policies for local development: an evaluation of Italy's "Patti Territoriali". Reg. Sci. Urban Econ. 42, 15–26.

Alder, S., Shao, L., Zilibotti, F., 2013. Economic reforms and industrial policy in a panel of Chinese cities. UBS Center Working paper No. 5. University of Zurich, Zurich, Switzerland.

Ananat, E., Fu, S., Ross, S.L., 2013. Race-specific agglomeration economies: social distance and the black-white wage gap. NBER Working paper No. 18933. National Bureau of Economic Research, Cambridge, MA.

Andersson, R., Quigley, J., Wilhelmsson, M., 2004. University decentralization as regional policy: the Swedish experiment. J. Econ. Geogr. 4, 371–388.

Andersson, R., Quigley, J., Wilhelmsson, M., 2009. Urbanization, productivity and innovation: evidence from investment in higher education. J. Urban Econ. 66, 2–15.

Andersson, F., Haltiwanger, J.C., Kutzbach, M.J., Pollakowski, H.O., Weinberg, D.H., 2014. Job displacement and the duration of joblessness: the role of spatial mismatch. NBER Working paper No. 20066. National Bureau of Economic Research, Cambridge, MA.

Åslund, O., Östh, J., Zenou, Y., 2006. How important is access to jobs? Old question—improved answer. J. Econ. Geogr. 10, 389–422.

Bartik, T., 2003. Local economic development policies. Upjohn Institute Working paper No. 09-91. Upjohn Institute, Kalamazoo, MI.

Bartik, T., 2009. What should Michigan be doing to promote long-run economic development? Upjohn Institute Working paper No. 09-160. Upjohn Institute, Kalamazoo, MI.

Bartik, T., 2012. The future of state and local economic development policy: what research is needed. Growth Change 43, 545–562.

Bartik, T., Erickcek, G., 2010. The employment and fiscal effects of Michigan's MEGA tax credit program. Upjohn Institute Working paper No. 10-164. Upjohn Institute, Kalamazoo, MI.

Baum-Snow, N., Ferreira, F., 2015. Causal inference in urban economics. In: Duranton, G., Henderson, J.V., Strange, W. (Eds.), Handbook of Regional and Urban Economics, vol. 5. Elsevier, Amsterdam.

Bayer, P., Ross, S., Topa, G., 2008. Place of work and place of residence: informal hiring networks and labor market outcomes. J. Polit. Econ. 116, 1150–1196.

Becker, S., Egger, P., von Ehrlich, M., 2010. Going NUTS: the effect of EU structural funds on regional performance. J. Public Econ. 94, 578–590.

Becker, S., Egger, P., von Ehrlich, M., 2012. Too much of a good thing? On the growth effects of the EU's regional policy. Eur. Econ. Rev. 56, 648–668.

Bernini, C., Pellegrini, G., 2011. How are growth and productivity in private firms affected by public subsidy? Evidence from a regional policy. Reg. Sci. Urban Econ. 41, 253–265.

Billings, S., 2009. Do enterprise zones work? An analysis at the borders. Public Financ. Rev. 37, 68–93.

Bitler, M., Gelbach, J., Hoynes, H., 2006. What mean impacts miss: distributional effects of welfare reform experiments. Am. Econ. Rev. 86, 988–1012.

Bloom, H., Riccio, J., Verma, N., 2005. Promoting work in public housing: the effectiveness of Jobs-Plus. Final report. MDRC.

Bondonio, D., Greenbaum, R., 2007. Do local tax incentives affect economic growth? What mean impacts miss in the analysis of enterprise zone policies. Reg. Sci. Urban Econ. 37, 121–136.

Bound, J., Groen, J., Kédzi, G., Turner, S., 2004. Trade in university training: cross-state variation in the production and stock of college-educated labor. J. Econ. 121, 143–173.

Briant, A., Lafourcade, M., Schmutz, B., 2012. Can tax breaks beat geography? Lessons from the French enterprise zone program. Paris School of Economics Working paper No. 2012-22. Paris, France.

Bronzini, R., de Blasio, G., 2006. Evaluating the impact of investment incentives: the case of Italy's Law. J. Urban Econ. 60, 327–349.

Brueckner, J., 1998. Testing for strategic interaction among local governments: the case of growth controls. J. Urban Econ. 44, 438–467.

Brülhart, M., Bucovetsky, S., Schmidheiny, K., 2015. Taxation and cities. In: Duranton, G., Henderson, J.V., Strange, W. (Eds.), Handbook of Regional and Urban Economics, vol. 5. Elsevier, Amsterdam.

Burnes, D., 2012. An empirical analysis of the capitalization of enterprise zone tax incentives into commercial property values (Unpublished manuscript).

Busso, M., Gregory, J., Kline, P., 2013. Assessing the incidence and efficiency of a prominent place based policy. Am. Econ. Rev. 103, 897–947.

Carlino, G., Kerr, W., 2015. Agglomeration and innovation. In: Duranton, G., Henderson, J.V., Strange, W. (Eds.), Handbook of Regional and Urban Economics, vol. 5. Elsevier, Amsterdam.

Carlino, G., Carr, J., Hunt, R., Smith, T., 2012. The agglomeration of R&D labs (Unpublished manuscript).

Chang, A., 2013. Tax policy endogeneity: evidence from R&D tax credits (Unpublished manuscript).

Combes, P.-P., Duranton, G., Gobillon, L., Roux, S., 2010. Estimating agglomeration economies with history, geology and worker effects. In: Glaeser, E. (Ed.), Agglomeration Economics. The University of Chicago Press, Chicago, IL.

Combes, P.-P., Duranton, G., Gobillon, L., Puga, D., Roux, S., 2012. The productivity advantages of large cities: distinguishing agglomeration from firm selection. Econometrica 80 (6), 2543–2594.

Crane, R., Manville, M., 2008. People or Place? Revisiting the Who Versus the Where of Urban Development. Lincoln Institute of Land Policy, Cambridge, MA. http://www.lincolninst.edu/pubs/1403_People-or-Place (Land Lines, July; viewed 7 January 2014).

Criscuolo, C., Overman, H., Martin, R., Van Reenen, J., 2012. The causal effects of an industrial policy. NBER Working paper 17842. National Bureau of Economic Research, Cambridge, MA.

Crozet, M., Mayer, T., Mucchielli, J.-M., 2004. How do firms agglomerate? A study of FDI in France. Reg. Sci. Urban Econ. 34, 27–54.

Damm, A., 2014. Neighborhood quality and labor market outcomes: evidence from quasi-random neighborhood assignment of immigrants. J. Urban Econ. 79, 139–166.

Devereux, M., Griffith, R., Simpson, H., 2007. Firm location decisions, regional grants and agglomeration externalities. J. Public Econ. 91, 413–435.

Dickens, W., 1999. Rebuilding urban labor markets: what community development can accomplish. In: Fergusson, R., Dickens, W. (Eds.), Urban Problems and Community Development. Brookings Institution Press, Washington, DC.

Dowall, D., 1996. An evaluation of California's enterprise zone programs. Econ. Dev. Q. 10, 352–368.

Dujardin, C., Selod, H., Thomas, I., 2008. Residential segregation and unemployment: the case of Brussels. Urban Stud. 45, 89–113.

Duncan, G., Zuberi, A., 2006. Mobility lessons from Gautreaux and moving to opportunity. Northwestern J. Law Soc. Policy 1, 110–126.

Duranton, G., 2011. California Dreamin': the feeble case for cluster policies. Rev. Econ. Anal. 3, 3–45.

Duranton, G., Puga, D., 2004. Micro-foundations of urban agglomeration economies. In: Henderson, J.V., Thisse, J.-F. (Eds.), Handbook of Regional and Urban Economics, vol. 4. Elsevier, Amsterdam.

Elling, R.C., Sheldon, A.W., 1991. Comparative analyses of state enterprise zone programs. In: Green, R.E. (Ed.), Enterprise Zones: New Directions in Economic Development. Sage, Newbury Park, CA.

Ellwood, D., 1986. The spatial mismatch hypothesis: are there jobs missing in the ghetto? In: Freeman, R., Holzer, H. (Eds.), The Black Youth Employment Crisis. University of Chicago Press, Chicago, IL.

Elvery, J., 2009. The impact of enterprise zones on residential employment: an evaluation of the enterprise zone programs of California and Florida. Econ. Dev. Q. 23, 44–59.

Erickson, R., Friedman, W., 1990. Enterprise zones: 2. A comparative analysis of zone performance and state government policies. Environ. Plann. C: Gov. Policy 8, 363–378.

Eriksen, M., Rosenthal, S., 2010. Crowd out effects of place-based subsidized rental housing: new evidence from the LIHTC program. J. Public Econ. 94, 953–966.

Falck, O., Heblich, S., Kipar, S., 2010. Industrial innovation: direct evidence from a cluster-oriented policy. Reg. Sci. Urban Econ. 40, 574–582.

Fallick, B., Fleischman, C., Rebitzer, J., 2006. Job-hopping in Silicon Valley: some evidence concerning the microfoundations of a high-technology cluster. Rev. Econ. Stat. 88, 472–481.

Fieldhouse, E., 1999. Ethnic minority unemployment and spatial mismatch: the case of London. Urban Stud. 36, 1569–1596.

Freedman, M., 2012. Teaching new markets old tricks: the effects of subsidized investment on low-income neighborhoods. J. Public Econ. 96, 1000–1014.

Freedman, M., 2013. Targeted business incentives and local labor markets. J. Hum. Resour. 48, 311–344.

Fu, S., Ross, S.L., 2013. Wage premia in employment clusters: how important is worker heterogeneity? J. Labor Econ. 31, 271–304.

Givord, P., Rathelot, R., Sillard, P., 2013. Place-based tax exemptions and displacement effects: an evaluation of the Zones Franches Urbaines program. Reg. Sci. Urban Econ. 43, 151–163.

Glaeser, E., 2007. The economics approach to cities. NBER Working paper No. 13696. National Bureau of Economic Research, Cambridge, MA.

Glaeser, E., Gottlieb, J., 2008. The economics of place-making policies. Brookings Pap. Econ. Act. 1, 155–239 (Spring).

Gobillon, L., Selod, H., 2007. The effect of segregation and spatial mismatch on unemployment: evidence from France. CEPR Discussion Paper No. 6198. London, UK.

Gobillon, L., Selod, H., Zenou, Y., 2007. The mechanisms of spatial mismatch. Urban Stud. 44, 2401–2427.

Gobillon, L., Magnac, T., Selod, H., 2012. Do unemployed workers benefit from enterprise zones: the French experience. J. Public Econ. 96, 881–892.

Gobillon, L., Rupert, P., Wasmer, E., 2013. Ethnic unemployment rates and frictional markets (Unpublished manuscript).

Greenbaum, R., Engberg, J., 2004. The impact of state enterprise zones on urban manufacturing establishments. J. Policy Anal. Manage. 23, 315–339.

Greenstone, M., Hornbeck, R., Moretti, E., 2010. Identifying agglomeration spillovers: evidence from winners and losers of large plant openings. J. Polit. Econ. 118, 536–598.

Gutiérrez Romero, R., 2009. Estimating the impact of England's area-based intervention 'New Deal for Communities' on employment. Reg. Sci. Urban Econ. 39, 323–331.

Gutiérrez Romero, R., Noble, M., 2008. Evaluating England's 'New Deal for Communities' programme using the difference-in-difference method. J. Econ. Geogr. 8, 759–778.

Ham, J., Swenson, C., İmrohoroğlu, A., Song, H., 2011. Government programs can improve local labor markets: evidence from state enterprise zones, federal Empowerment Zones and federal Enterprise Communities. J. Public Econ. 95, 779–797.

Hanson, A., 2009. Local employment, poverty, and property value effects of geographically-targeted tax incentives: an instrumental variables approach. Reg. Sci. Urban Econ. 39, 721–731.

Hanson, A., Rohlin, S., 2013. Do spatially targeted redevelopment programs spillover? Reg. Sci. Urban Econ. 43, 86–100.

Hellerstein, J.K., Neumark, D., 2003. Ethnicity, language, and workplace segregation: evidence from a new matched employer-employee data set. Ann. Econ. Stat. 71–72, 19–78.

Hellerstein, J.K., Neumark, D., 2012. Employment problems in black urban labor markets: problems and solutions. In: Jefferson, P. (Ed.), The Oxford Handbook of the Economics of Poverty. Oxford University Press, Oxford.

Hellerstein, J.K.., Neumark, D., McInerney, M., 2008. Spatial mismatch vs. racial mismatch? J. Urban Econ. 64, 467–479.

Hellerstein, J.K., McInerney, M., Neumark, D., 2010. Spatial mismatch, immigrant networks, and Hispanic employment in the United States. Ann. Econ. Stat. 99 (100), 141–167.

Hellerstein, J.K., McInerney, M., Neumark, D., 2011. Neighbors and co-workers: the importance of residential labor market networks. J. Labor Econ. 29, 659–695.

Hellerstein, J.K., Kutzbach, M., Neumark, D., 2014. Do labor market networks have an important spatial dimension? J. Urban Econ. 79, 39–58.

Hirano, K., Imbens, G.W., 2004. The propensity score with continuous treatments. In: Gelman, A., Meng, X.-L. (Eds.), Applied Bayesian Modelling and Causal Inference from Incomplete-Data Perspectives. Wiley, Chichester.

Holzer, H., 1991. The spatial mismatch hypothesis: what has the evidence shown? Urban Stud. 28, 105–122.

Hornbeck, R., Naidu, S., 2014. When the levee breaks: black migration and economic development in the American South. Am. Econ. Rev. 104, 963–990.

Ihlanfeldt, K., Sjoquist, D., 1990. Job accessibility and racial differences in youth employment rates. Am. Econ. Rev. 80, 267–276.

Ihlanfeldt, K., Sjoquist, D., 1998. The spatial mismatch hypothesis: a review of recent studies and their implications for welfare reform. Hous. Policy Debate 8, 849–892.

Isserman, A., Rephann, T., 1995. The economic effects of the Appalachian Regional Commission: an empirical assessment of 26 years of regional development planning. J. Am. Plan. Assoc. 61, 345–364.

Jacobs, J., 1961. The Economics of Cities. Vintage, New York, NY.

Jencks, C., Mayer, S., 1990. Residential segregation, job proximity, and black job opportunities. In: Lynn, L., McGeary, M. (Eds.), Inner-City Poverty in the United States. National Academy Press, Washington, DC.

Kantor, S., Whalley, A., 2014. Knowledge spillovers from research universities: evidence from endowment value shocks. Rev. Econ. Stat. 96, 171–188.

Kasinitz, P., Rosenberg, J., 1996. Missing the connection: social isolation and employment on the Brooklyn waterfront. Soc. Forces 43, 180–196.

Kato, L., 2004. Mobilizing Resident Networks in Public Housing. MDRC.

Kato, L., et al., 2003. Jobs-Plus Site-by-Site: Key Features of Mature Employment Programs in Seven Public Housing Communities. MDRC.

Kline, P., 2010. Place-based policies, heterogeneity and agglomeration. Am. Econ. Rev. Pap. Proc. 100, 383–387.

Kline, P., Moretti, E., 2014a. People, places, and public policy: some simple welfare economics of local economic development programs. Annu. Rev. Econ. 6, 629–662.

Kline, P., Moretti, E., 2014b. Local economic development, agglomeration economies, and the big push: 100 years of evidence from the Tennessee Valley Authority. Q. J. Econ. 129, 275–331.

Kolko, J., Neumark, D., 2010. Do *some* enterprise zones create jobs? J. Policy Anal. Manage. 29, 5–38.

Kolko, J., Neumark, D., Cuellar Mejia, M., 2013. What do business climate indexes teach us about state policy and economic growth? J. Reg. Sci. 53, 220–255.

Ladd, H., 1994. Spatially targeted economic development strategies: do they work? Cityscape: J. Pol. Devel. Res. 1, 193–218.

Lee, D., Lemieux, T., 2010. Regression discontinuity designs in economics. J. Econ. Lit. 48, 281–355.

Ludwig, J., et al., 2013. What can we learn about neighbourhood effects from the Moving to Opportunity experiment? Am. J. Sociol. 114, 144–188.

Lynch, D., Zax, J., 2011. Incidence and substitution in enterprise zone programs. Public Financ. Rev. 39, 226–255.

Marshall, A., 1890. Principles of Economics. MacMillan, London.

Martin, P., Mayer, T., Mayneris, F., 2011. Public support to clusters. A firm level study of French "Local Productive Systems" Reg. Sci. Urban Econ. 41, 108–123.

Matouschek, N., Robert-Nicoud, F., 2005. The role of human capital investments in the location decision of firms. Reg. Sci. Urban Econ. 35, 570–583.

Mayer, T., Mayneris, F., Py, L., 2012. The impact of urban enterprise zones on establishments' location decisions: evidence from French ZFUs. CEPR Discussion Paper No. DP9074. London, UK.

Melo, P., Graham, D., Noland, R., 2009. A meta-analysis of estimates of urban agglomeration economies. Reg. Sci. Urban Econ. 39, 332–342.

Mohl, P., Hagen, T., 2010. Do EU structural funds promote economic growth? New evidence from various panel data approaches. Reg. Sci. Urban Econ. 40, 353–365.

Montgomery, J.D., 1991. Social networks and labor-market outcomes: toward an economic analysis. Am. Econ. Rev. 81, 1408–1418.

Moretti, E., 2004. Workers' education, spillovers and productivity: evidence from plant-level production functions. Am. Econ. Rev. 94, 656–690.

Moretti, E., 2010. Local labor markets. In: Card, D., Ashenfelter, O. (Eds.), Handbook of Labor Economics, vol. 4B. Elsevier, Amsterdam.

Moretti, E., 2012. The New Geography of Jobs. Houghton Mifflin Harcourt, Boston, MA.

Mulock, B., 2002. Empowerment Zone/Enterprise Communities Program: Overview of Rounds I, II, and III. Congressional Research Service, Washington D.C.

Neumark, D., Grijalva, D., 2013. The employment effects of state hiring credits during and after the Great Recession. NBER Working paper No. 18928. National Bureau of Economic Research, Cambridge, MA.

Neumark, D., Kolko, J., 2010. Do enterprise zones create jobs? Evidence from California's enterprise zone program. J. Urban Econ. 68, 1–19.

Neumark, D., Schweitzer, M., Wascher, W., 2005a. The effects of minimum wages on the distribution of family incomes. J. Hum. Resour. 40, 867–917.

Neumark, D., Zhang, J., Wall, B., 2005b. Are businesses fleeing the state? Interstate business relocation and employment change in California. Calif. Econ. Pol. 1. http://www.ppic.org/content/pubs/cep/EP_1005DNEP.pdf (viewed 8 January 2014).

O'Keefe, S., 2004. Job creation in California's enterprise zones: a comparison using a propensity score matching model. J. Urban Econ. 55, 131–150.

Papke, L., 1993. What do we know about enterprise zones? Tax Policy Econ. 7, 37–72.

Papke, L., 1994. Tax policy and urban development: evidence from the Indiana enterprise zone program. J. Public Econ. 54, 37–49.

Patacchini, E., Zenou, Y., 2012. Ethnic networks and employment outcomes. Reg. Sci. Urban Econ. 42, 938–949.

Pelligrini, G., Muccigrosso, T., 2013. Do subsidised new firms survive longer? Evidence from a counterfactual approach (Unpublished manuscript).

Peters, A., Fisher, P., 2002. State Enterprise Zone Programs: Have They Worked? W.E. Upjohn Institute for Employment Research, Kalamazoo, MI.

Raphael, S., 1998. The spatial mismatch hypothesis and black youth joblessness: evidence from the San Francisco Bay Area. J. Urban Econ. 43, 79–111.

Redding, S., Turner, M., 2015. Transportation. In: Duranton, G., Henderson, J.V., Strange, W. (Eds.), Handbook of Regional and Urban Economics, vol. 5. Elsevier, Amsterdam.

Reynolds, C., Rohlin, S., 2013. The effects of location-based tax policies on the distribution of household income: evidence from the federal Empowerment Zone program (Unpublished manuscript).

Reynolds, C., Rohlin, S., 2014. Do location-based tax incentives improve quality of life and quality of business environment? J. Reg. Sci. 54, 1–32.

Riccio, J., 1999. Mobilizing Public Housing Communities for Work: Origins and Early Accomplishments of the Jobs-Plus Demonstration. MDRC, New York, NY.

Rosenbaum, J., Zuberi, A., 2010. Comparing residential mobility programs: design elements, neighborhood placements, and outcomes in MTO and Gautreaux. Hous. Policy Debate 1, 27–41.

Rosenthal, S., Strange, W., 2003. Geography, industrial organization, and agglomeration. Rev. Econ. Stat. 85, 377–393.

Rosenthal, S., Strange, W., 2004. Evidence on the nature and sources of agglomeration economies. In: Henderson, J.V., Thisse, J.-F. (Eds.), Handbook of Regional and Urban Economics, vol. 4. Elsevier, Amsterdam.

Sinai, T., Waldfogel, J., 2005. Do low-income housing subsidies increase the occupied housing stock? J. Public Econ. 89, 2137–2164.

Smith, S.S., 2005. 'Don't put my name on it': social capital activation and job finding assistance among the black urban poor. Am. J. Soc. 111, 1–57.

Topa, G., Zenou, Y., 2015. Neighbourhood versus networks. In: Duranton, G., Henderson, J.V., Strange, W. (Eds.), Handbook of Regional and Urban Economics, vol. 5. Elsevier, Amsterdam.

US Government Accountability Office, 2006. Empowerment Zone and Enterprise Community Program, Washington, DC.

Wang, J., 2013. The economic impact of Special Economic Zones: evidence from Chinese municipalities. J. Dev. Econ. 101, 133–147.

Weber, R., Bhatta, S.D., Merriman, D., 2007. Spillovers from tax increment financing districts: implications for housing price appreciation. Reg. Sci. Urban Econ. 37, 259–281.

Weinberg, B., 2000. Black residential centralization and the spatial mismatch hypothesis. J. Urban Econ. 48, 110–134.

Wilder, M., Rubin, B., 1996. Rhetoric versus reality: a review of studies on state enterprise zone programs. J. Am. Plan. Assoc. 62, 472–492.

Wilson, W., 1987. The Truly Disadvantaged. University of Chicago Press, Chicago, IL.

Wilson, D., 2009. Beggar thy neighbour? The in-state, out-of-state and aggregate effects of R&D tax credits. Rev. Econ. Stat. 91, 431–436.

Woodward, D., Figueiredo, O., Guimaraes, P., 2006. Beyond the Silicon Valley: university R&D and high-technology location. J. Urban Econ. 60, 15–32.

Zhang, J., 2007. Access to venture capital and the performance of venture-backed start-ups in Silicon Valley. Econ. Dev. Q. 21, 124–147.

第 *19* 章
管制和住房供给

约瑟夫·捷尔科
美国宾夕法尼亚大学沃顿商学院
美国国家经济研究局

雷文·莫洛伊
美国联邦储备委员会

摘要

广泛的地方政府管制会影响住房开发的数量、位置和形态。在本章中，我们将回顾一些文献，这些文献涉及管制产生的原因及其造成的影响。我们首先将讨论研究人员是如何从经验角度衡量管制的，在这一讨论中我们会强调各种限制开发的方法。研究人员已经发展了许多理论以解释为什么要管制，包括业主在地方政治进程中所起的作用、历史上密度的影响以及分区的财政和排外动机。至于管制的影响，多数研究已经发现其对住房市场所产生的实质性的影响。尤其值得注意的是，管制似乎会提高住房价格、减少建筑、减少住房供给的弹性，并改变城市形态。其他的研究也已经发现，管制会影响地方劳动力市场和整个社区的家庭排序。最后，我们将讨论管制的福利意义。尽管一些具体的规则明显会减轻负外部性，管制的好处很难进行量化。总的来说，最近的一些研究表明，对住房开发的限制导致的综合效率损失可能是相当大的。

关键词

管制　住房供给　分区　土地利用

JEL 分类码

R31

19.1 引　　言

　　本章将讨论地方管制产生的原因及其造成的影响，这种地方管制会限制土地利用或以其他方式限制住房的供给。住房经济学、城市经济学以及地方公共财政的研究人员已经投入了相当大的精力致力于这一主题，因为管制似乎是对住房供给唯一的、最重要的影响。相比之下，建筑业似乎要求相对较低的进入成本，因为根据各种经济普查报告，目前在家庭独居住房的建筑领域中存在超过十万家公司。此外，住房建筑不是由少数大型企业主导的，因为绝大多数企业每年的营业额不到 10 万美元。因此，当经济学家们在对住房供给建模时，他们通常会对产业组织类型进行抽象。

　　劳动力和材料成本也不会作为住房开发的主要制约因素。一些市场加入了工会，另一些则没有，这会造成不同地点的建筑成本中劳动力构成差异。更普遍地来看，捷尔科和萨斯（Gyourko and Saiz, 2006）记录了在不同的本地市场中生产成本结构的很大差异性，这与许多投入难以流动有关，包括建筑业工会化的程度、地方工资水平、由高山和群山山脉呈现的地形以及地方管制环境（用网上关于建筑管制讨论的一个指数来衡量）。然而，他们的数据与结论是一致的，即供给结构是竞争性的，因为住房任何特定部分的建造都是规模收益不变的，几乎能够以任何数量进行。

　　图 19 - 1 的明线显示的是在材料和劳动力成本方面的进一步证据，这是根据 1980～2013 年实际建筑成本的演变来绘制的。具体而言，这条明线描绘的建筑成本包括所有的材料和劳动力成本，这一建筑成本涉及物理结构，该建筑成本与符合所有相关建筑规范要求的中等品质家庭独居型住房单元相联系。虽然这个时间序列存在地方市场的差异，但实际上在过去的 30 年间建筑成本已经基本持平。这个轨迹表明，根本上来说住房没有弹性不包括住房结构供给的无弹性。[①]

　　土地市场是另一个完全不同的情况。理论上来看，如果为了满足需求可以尽可能密集地建造住房，那么可利用的建设用地也许不会限制住房单元的供给。但是在美国大多数地方，包括在世界各地，的确存在地方土地利用政策对

---

　　① 图 19 - 1 地块指数值。在水平方向上，一个经济住房的实际建筑成本大约每平方英尺在 85 美元左右。对于最高质量的住房来说，成本大致为前者的两倍，这一数据的提供者 RSMeans 也提供了与此相一致的信息。因此，对于一个 2 000 平方英尺中等质量的住房来说，建筑成本约为 175 000 美元，而对于一个同等面积更高质量的住房来说，建筑成本约为 350 000 美元。

住房开发的限制，这些限制规定了给定土地上建造住房的规模和类型。这样的限制对于建设项目来说，相当于增添了额外的成本，在一所住房的销售价格与购买土地以及建筑成本之间创造了一个可以逐渐扩大的差异。图 19－1 中明线和暗线的差异显示了住房价格以及材料和劳动力成本之间的差额，暗线描绘了根据核心逻辑房地产公司（CoreLogic）的重复销售价格指数得到的实际住房价格演变。[②] 即使在近期住房市场崩溃之后，这一指数在 21 世纪初的时候仍比 20 世纪 80 年代早期高出约 60%。住房价格和建筑成本之间不断扩大的差异说明，土地价格随着时间的推移已经出现了上升的趋势。虽然土地价格上涨的一部分无疑要归咎于地理限制（我们稍后讨论的一个主题），人为限制也一定在发挥重要作用。否则，宝贵的土地将在未来以远远高于目前的密度被建造（Glaeser and Gyourko，2003）。[③]

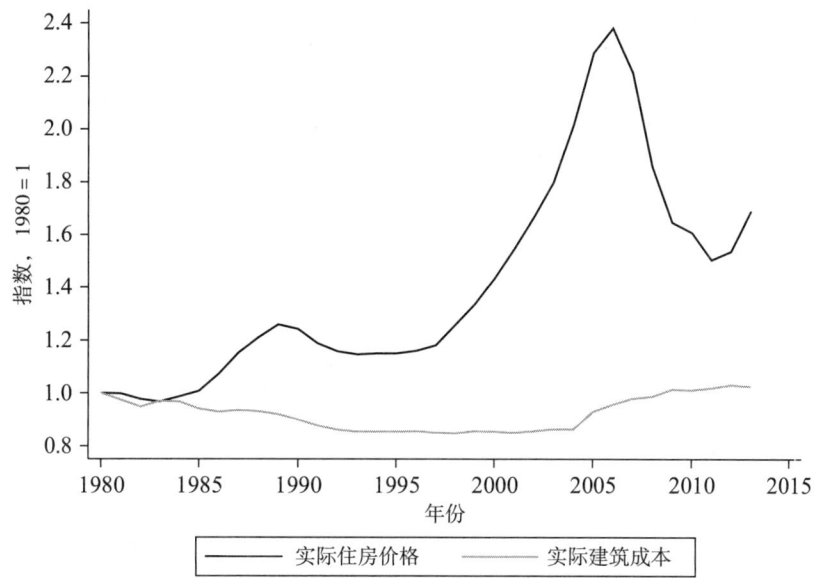

图 19－1　实际建筑成本和住房价格随着时间推移的变化

注：建筑成本是经济住房的成本，通过 RSMeans 公司发布的建筑成本减去消费者价格平减指数得到。住房价格是由核心逻辑公司发布的重复销售指数减去不包括住房服务的个人消费支出价格平减指数。平减指数是研究者们根据经济分析局公布的数据计算出来的。

---

② 此系列的平减指数是不包括住房在内的消费支出的平减指数。
③ 并非所有的人为限制本质上都是管制。例如，Brooks 和 Lutz（2012）表明在洛杉矶市区与组合连续地块相关的摩擦限制了开发。

　　研究者们对于地方土地利用管制如何影响了住房供给弹性的研究兴趣，在过去的几十年里逐步增加。对这一问题的关注，至少部分是由于对地方住房土地利用管制环境越来越严格且随着时间推移限制性越来越强的质疑，特别是在那些有强烈进入需求的地区。捷尔科等（2013）报告的证据与一个假设是一致的，即地方市场上的新建住房在20世纪70年代以前一般不受限制，因为在此期间，高的房价增长几乎总是伴随着大量住房建筑的出现。在以后的几十年里，住房价格上涨与新建筑数量大大减少相一致，这表明了对住房供给的限制。住房供给限制始于20世纪70年代后，这一想法也与弗里登（Frieden，1979）相一致，他最早提出，我们现在称之为邻避主义的现象，是环境影响规则使开发减缓或停止背后的一个因素。

　　现代美国的土地利用管制始于20世纪最初十年间出现的区划法，其目的是分隔不同类型的土地利用，从而限制与某些类型的工业或商业用途相关的负外部性（Fischel，2004；Quigley and Rosenthal，2005）。总的来说，美国的土地利用是由地方政府控制的。美国宪法没有授予联邦政府权力对土地进行管制，各州一般都将这一权利赋予了地方政府。④ 土地利用由地方政府来控制这一事实，造成了管制的异质性。随着时间的推移，管制的不同类型已经扩展开来，目前包括城市增长边界、最小地块大小、密度限制以及高度限制等等。

　　在本章中，我们将回顾迄今为止对管制的研究，并着重讨论一些前景看好的研究领域。我们将讨论限制在政府通过各种形式实施的规则和法律，这些规则和法律限制住房开发的数量、位置、质量或形态。我们不会讨论私人组织（如业主协会）的行动或涉及商业开发的管制，因为这些主题需要回顾的文献远远超过我们所讨论的主题。

　　尽管关于住房供给管制的文献数量越来越多，还有很多问题是我们不理解的。正如我们在下一节中将更充分讨论的，对这一主题的研究由于缺乏关于管制的直接证据而受到阻碍。定义地方土地利用限制的程度是不容易的，因为限制会以各种不同的形式出现。关于管制研究这一主题，最好的信息来源是从调查中得到的。一些调查某个大都市区的大量辖区采集数据，而另一些调查则从大量大都市区的少数辖区采集数据。无论是哪种数据采集方式，之后都要由研究人员将结果组合起来，以便最准确地描述管制强度。这是一个十分艰巨的任务，因为关于不同类型管制的相对重要性我们还不是很清楚。第二个重要的经验问题是，我们没有很好的时间序列以衡量管制的变化。如果只

---

④　在一些欧洲国家，如英国和法国，确实有国家规划的指导方针。

有截面的证据，我们很难将管制的原因和影响，与可能和管制相关的地方人口和社会经济特征区分开来。我们面临的第三个挑战是，许多管制的预期决定因素可能对住房市场结果具有独立影响，甚至在缺乏管制的情况下亦是如此。因此，即使掌握了时间序列数据，对我们来说，如何确定管制的影响仍然是具有挑战性的。

在我们讨论完有关管制的衡量问题以及回顾一些数据收集工作之后，我们将转向对管制决定因素的研究。许多理论已经对业主作为这些管制的主要支持者所起的作用建模，因为业主们有阻止开发的动机，以保护他们的财产价值。我们还将讨论空置土地的有限供给在鼓励管制方面可能产生的影响，这些空置土地可能源于地理限制或过去的开发。文献的第三个重要思想是分区的财政和排外动机。

然后，我们将考察管制的后果，其中绝大多数都集中对住房市场的影响上。最简单的模型预测管制会减少住房供给的弹性，从而导致更快的住房价格上涨，并且当住房需求增加，管制会使住房数量的增长放缓。尽管存在衡量问题，大多数研究论文确实发现了管制与住房价格之间存在很强的正相关关系，而管制和建筑之间则存在很强的负相关关系。管制似乎还减少了住房供给对需求冲击的回应性，并会影响大都市区的规模及其建筑结构的类型。没有太多研究考察过管制在住房市场之外的影响。少数研究已经发现，管制通过收入或其他人口特征与家庭排序相关联，而另一些研究则发现，管制是通过改变工人的迁移模式来降低劳动供给的弹性。

倒数第二部分将回顾一些关于地方土地利用管制的福利影响的文献。政府干预同时有成本和收益，因此不能假定管制本身的效率低下。一些管制的收益几乎肯定是超过其成本的，如建筑法令禁止在隔热材料中含有石棉，或要求使用阻燃屋面产品，因此这些管制似乎被社会所青睐。对更普遍的分区管制进行评测是具有挑战性的。例如，汉密尔顿（Hamilton，1978）在概念上表明，分区可以帮助地方辖区提供有效率的公共服务，并且让建筑商进行排序，以使住房消费的效率提高。然而，巴塞扬和科特（Barseghyan and Coate，2013）最近发现，这个结论在动态背景下并不成立，因为在动态背景下，现有结构不受任何新的分区的规定限制。在这种情况下，有可能出现"过度分区"，其中住房消费无效率地高（虽然公共服务无需这么高）。要充分理解这个重要主题，还有许多研究工作要做，但最近以经验为导向的研究表明，住房开发限制性限制的总体效率损失可能相当大（Glaeser et al.，2005；Turner et al.，2014）。在本章的最后一节，我们将讨论一些领域，在这些领域中更多研究是特别有益的。

19.2 数据：老数据和新数据

数据采集和测量从一开始就落后于理论和建模。也许最重要的原因是开发可能以许多方式被影响。一个最早对土地利用管制的调查显示了管制的异质性。在格里克菲尔德和莱文（Glickfeld and Levine，1992）所进行的这一调查中，他们在加州的数百个社区收集了 14 个不同的控制组、管制组以及和包罗万象的两个"其他"类别的信息。他们发现，干预本质上是广泛的，包括基础设施要求（在最近的一些调查中被称为"强行征收"）、高度限制、已建成或允许建设住房单元的数量上限、人口增长限制、城市边界或绿化分区，重新分区以减少土地利用紧张程度的限制，提升分区用途以提高土地利用强度的限制（包括要求获得选民同意）以及分区委员会或市议会提升分区用途请求的绝对多数原则。⑤ 随后研究人员询问了其他的管制，如最小地块面积要求以及地方政府决策延迟（通常被称为"审批滞后"）。

目前在学者或从业者之间，还没有就地方土地开发受限制程度的定义问题达成一致。对哪个特定的管制或限制的子集是最重要的，也没有达成一个共识。由于缺乏共识，不足为奇的是，经验研究主要集中在对管制的总量指标上，往往是单一规则指数。如果社区使用不同的管制类型，那么对于管制在哪些地方更严格这样的问题，只衡量一种类型就会提供错误的信息。但是，很难搜集目前各种管制的准确数据，更不用说比较一种管制类型与另一个管制类型哪个更严格了。

19.2.1 间接衡量

避开精确衡量复杂的地方土地利用环境难题的一种方法是，使用简单的经济分析来估计捆绑限制。无论是否存在对住房供给的捆绑限制，标准的新古典理论表明，只要市场是充分竞争的，那么价格会等于平均成本。格莱泽等（Glaeser et al.，2005）认为，价格和边际建筑成本之间的巨大差距是一个明确的信号，表明市场是被严格管制的。值得注意的是，住房供给在适应需求变化方面可能会很慢，因此价格可以在短期内偏离成本，即使在无管制的市场中

---

⑤ 在 Glickfeld 和 Levine（1992）中，典型辖区调查存在至少两个以上的前面提到的干预。所有类型的管制在多个辖区同时存在。了解更多细节请参阅他们论文中的表 2。

亦是如此。因此，在 21 世纪最初十年的后期，住房价格的急剧上升和下降似乎与可观测的管制衡量指标并无关联，正如大卫杜夫（Davidoff，2013）所观察到的，这一事实并不与另一个想法冲突，即与成本持续的价格偏离会反映出管制。

格莱泽等（2005）将他们的观点用于曼哈顿公寓市场研究中，在不存在管制的情况下，建筑高度应该上升到这样一个点，即额外增加一个楼层的边际成本等于平均成本。不考虑对建筑规模的限制，建设者的自由进入应使价格等于平均成本。假设边际成本函数是递增的，这看上去似乎是合理的，因为更高的楼层建设更具挑战性，那么管制意味着价格和平均成本都将高于边际成本。因此，格莱泽等（2005）使用了市场价格和增加楼层边际成本之间的差额作为反映住房供给管制程度的指标。[6] 他们将这一差额称作"管制税"，并得出结论认为，这是造成 21 世纪初曼哈顿公寓价格比完全自由开发环境下至少高出 50% 的原因。

格莱泽和捷尔科（2003）以及格莱泽等（2005）针对全国各地的家庭独居住房市场进行了类似的分析。虽然潜在的经济逻辑是一样的，对于这一领域来说经验研究是比较困难的，因为研究人员需要知道土地的自由市场价格，以确定提供一个额外住房的边际成本。不幸的是，对于空置土地销售的观察相对较少，特别是在人口稠密的地区。[7] 可以使用涉及享乐的各种统计技术，但管制税的估计误差可能在家庭独居住房市场比在由高楼主导的市场中更大。[8] 暂且不谈这一附加说明，格莱泽等（2005）报告了在全国各地对于家庭独居住房市场各种"管制税"估计，如在 1999~2000 年，从伯明翰、辛辛那提和休斯敦的 0，到波士顿的近 20%、洛杉矶的 30% 以上，直到旧金山湾区的 50%。

使用这种方法，我们不仅无须得到关于地方管制环境的详细信息，还提供了自然的方式来总结影响土地利用的异质性法规的强度。但这一方法当然也有其缺点，那就是它的证据是间接的，因此它不能使我们深入了解任何特定政策的影响。此外，对于大多数住房市场，这种方法需要对空置土地边际价格进行评估，而这一点并不容易做到。鉴于衡量土地价格的困难以及这种方法对于某些假设的依赖性，我们似乎应该得出这样的结论，只有当估计的"管制税"

---

[6]　土地咨询工程师可以提供对于这样的成本相当精确的估算，因为并不需要建立更多的土地。

[7]　最近，一些研究人员使用了 CoStar 集团有限公司收集的土地销售数据，例如，请参阅 Turner 等（2014）和 Nichols 等（2013）。

[8]　近期住房价格周期提供了如何将土地价格纳入到管制税计算这一问题的有用的说明。Davidoff（2013）表明，在大都市区之间住房价格最近的景气和衰退的幅度与管制的程度是不相关的。然而，我们不应该得出管制税与管制是不相关的这样一个结论，因为土地价格在相同区域会大幅上升和下降，在这些区域住房价格周期最为明显（Nichols et al.，2013）。

很大的情况下，地方管制才具有约束力和经济上的重要性。[9] 即便如此，现有的研究表明，这一管制税对许多市场来说是相当大的，这一问题值得人们继续考察全国各地不同位置的具体管制来进行研究。

19.2.2　建筑法令

第一批收集有关住房供给调控数据的经验研究考察了建筑法令，这些建筑法令是以保证住房安全和卫生，并限制与低质量建筑相关的负外部性为目的的管制。这些管制趋向通过限制使用材料类型或结构的方法来提高建筑成本，但它们并不直接限制可在任何给定土地上建造住房的数量。

诺姆（Noam，1983）是关于这一主题的早期研究之一，他使用了由城市经理人协会收集的超过 1 100 个城市和城镇的数据，来基于 14 个特性或法令条款创建地方建筑法令严格指数。[10] 我们将在 19.4 节中讨论管制影响的经验研究，但可以肯定地说，诺姆（1983）的研究表明了当地住房价格和建筑法令严格性之间的统计学显著相关性，这是基于价格相对于建筑法令严格指数和其他变量的横截面回归方面的相关性。正如引言中所指出的，较高的价格与成本是相匹配的，所以从这种相关性中我们不能得到关于福利的结论。此外，正如我们将在第 19.3 节和 19.4 节中要讨论的，建筑法令可能在高价格地区更为常见，所以在管制和住房价格之间的简单相关性可能会夸大真正的因果关系。

尽管建筑法令似乎与住房价格上涨相关，它们可能会提高住房结构的价格，而不是住房单元占用土地的价格。正如我们上面所表明的，土地价格似乎是美国住房价格高昂且还在不断上涨的根源所在。这一结论被其他研究所证实，研究表明与实际建筑成本相比，这个国家土地价格在一段时间内一直在上涨（例如，Davis and Heathcote，2004；Davis and Palumbo，2008；Nichols et al.，2013）。由于土地占一所住房总价格的较大份额，也许并不奇怪的是，越来越多的研究已经转向衡量地方土地利用限制，而不是研究影响住房结构质量的管制。

---

⑨　住房在本质上是异质性的，因此价格和成本之间的小差异可能反映了任何一个变量的测量误差。如欲了解对其他相关假设来说，建筑商有竞争力的供应是最重要的这一讨论，请参阅 Glaeser 等（2006）。

⑩　对于其他使用建筑法令数据进行的早期分析，请参阅 Colwell 和 Kau（1982）和 Oster 和 Quigley（1977）。

19.2.3　土地利用控制

土地利用管制的第一批研究通常涉及狭义的有针对性的数据收集工作，以分析特定问题。在一个针对增长控制如何影响住房价格增长的研究中，西格尔和斯里尼瓦桑（Segal and Srinivasan，1985）询问了 51 个大都市区的地方和区域规划机构的工作人员，目的是为了估计从发展中被去除的土地在可开发的郊区土地中所占百分比。卡茨和罗森（Katz and Rosen，1987）针对性甚至更强，他们使用邮件和电话调查来获取信息，调查是由加州大学伯克利分校的房地产与城市经济中心增长管理项目进行，这些项目涵盖整个旧金山湾区的城市和城镇。如果在 1973～1979 年的任何一年中，一个社区对建筑许可的数量规定一个具体的上限，那么这一社区会被纳入增长管理方案。地方住房价格对关于增长管理方案存在的二元指数的一个简单 OLS 回归发现，在存在增长管理方案的社区，住房价格比其他社区高 17% 和 38%。[①]当然，正如我们将在下面讨论的，这个横截面相关性或许给出了管制效果的一个有偏估计，因为有增长管理方案的社区会有多种可能影响住房价格的方式，以与其他社区所有区别。

这一在经济学上的显著关系引起了人们对地方土地利用限制的研究兴趣，并且有助于激励发展关于管制控制的更广泛指标。随后的研究包括利纳曼等（Linneman et al.，1990）、格里克菲尔德和莱文（Glickfeld and Levine，1992）、莱文（1999）、埃弗森和惠顿（Evenson and Wheaton，2003）、福斯特和萨默斯（Foster and Summers，2005）、奎格利和罗森塔尔（Quigley and Rosenthal，2005）、彭达利等（Pendall et al.，2006）、格莱泽等（2006b）、捷尔科等（2008）、格莱泽和沃德（Glaeser and Ward，2009），以及萨斯（Saiz，2010）。由于篇幅限制，我们无法在细节上回顾每一个数据收集工作。幸运的是，这些研究工作的范围，包括它们的长处和弱点，可以通过对比最近的三个经验研究来说明，它们是格莱泽等（2006b）、捷尔科等（2008）和萨斯（2010）。

数据采集者面临的第一个问题是准确说明要衡量什么。也许，最直接的方法是在新的数量上设置一个数字上限——这就是由卡茨和罗森（1987）编写和研究的限制类型。但住房供给可能受到许多方式的限制，包括最小地块面积、高度限制、退后要求以及开放空间指定。影响建筑成本的管制也能影响住

[①]　其他早期的数据收集工作包括 1984 年由国际城市管理协会进行的对经济发展的调查。这项调查被寄给各个城市的行政首长，包含有关建筑限制的四个问题。更多关于本次调查的细节请参阅 Clark 和 Goetz（1994）。在州一级，美国注册规划师协会进行了一项有关土地利用总体规划活动类型的调查，由 50 个州分别开展。这些研究结果发表在 1976 年国家土地利用规划活动调查书中。

房供给，正如诺姆（1983）对地方建筑法令分析所表明的。即使这些例子也不足以把握社区影响住房供给范围的努力。地方政府的创意在这种情况下看起来几乎是无限的。

地区间土地使用限制的异质性是如此广泛，以至于几乎不可能描述整体地方管制环境的复杂性。一种策略是专注于少量区位，并尽可能详细收集关于地方管制环境各个方面的数据。格莱泽、舒茨和沃德（下面简称 GSW，2006b）就是这样在波士顿大都市区的一个子集下进行研究。他们对地方分区管制进行了详细的分析，使他们能够相当精确地估计样本中所有地方的潜在住房供给。然而，这一研究工作的艰巨性使其很难在其他市场环境下被复制。

如果说 GSW（2006b）是关于管制研究的"深入而狭窄"的方法，那么另一种策略则是采用"浅显而宽泛"的方法。后一方法的很好例子是捷尔科、萨斯和萨默斯（下面简称 GSS，2008），他们估计了全国 2611 个社区的地方土地利用环境的严格指数，其中约 3/4 涵盖所有 50 个州的 293 个不同的大都市区。他们以牺牲对环境的详细了解为代价，实现了覆盖的广度。

GSS（2008）基于对三组问题的回答，构建了一个管制指标。第一组问题询问管制过程的一般特点：谁参与了该进程（例如，国家、地区、议会、立法机构和法院），以及谁可以批准或否决分区或重新分区的请求。第二组问题涉及地方规则：有没有对数量供给的绑定限制？最小地块面积的要求是多少？可负担住房的要求是什么？各类强制性开发要求是什么？最后一组调查问题询问地块开发成本的变化，并回顾了过去 10 年的一个典型项目。[12]

对这些问题的回答被用于创建地方土地利用体制严格性的一个综合指标，GSS 称为沃顿居住用地管制指数（WRLURI）。具体来说，他们使用因素分析从描述地方管制环境不同方面的 11 个分类指数来创建这个度量一览表，并使结果标准化以具有一个均值为零、标准偏差为 1 的样本。[13]随着管制的限制性提高，指数将增加。表 19 - 1 复制了 GSS（2008）的表 11，该表报告了研究样本中 47 个大都市区的平均 WRLURI 值，该样本中有超过 10 个对调查作出回应的社区。

---

⑫ GSS（2008）以两个其他来源的数据对其调查答复进行补充。一个来源是有关州级别的涉及土地利用政策的法律、立法和行政行为的性质分析，由 Foster 和 Summers（2005）进行。另一个来源是使用环境和开放空间投票倡议的信息对社区压力进行衡量。有兴趣的读者可阅 GSS（2008）以获取更多关于这方面的数据。

⑬ 更具体地看，每个分类指数的主要构成被用来创建社区范围的指数。这 11 个分类指数包括地方政治压力指数、州政治参与指数、州法院介入指标、地方分区审批指标、地方项目审批指数、地方立法机构指数、供给限制指数、密度限制指数、开放空间指数、强制指数，以及审批延迟指数。文献在如何聚合个体管制上并没有体现出来，但考虑最佳的权重方案可能是什么样子的肯定会是有所助益的。

表 19-1	有 10 个以上地方辖区数据的 大都市区的 WRLURI 平均值				
大都市区	WRLURI	观察的 数量	大都市区	WRLURI	观察的 数量
1. 普罗维登斯—福尔里 弗—沃里克，罗得岛州— 马萨诸塞州	1.79	16	15. 斯普林菲尔德，马萨 诸塞州	0.58	13
2. 波士顿，马萨诸塞 州—新罕布什尔州	1.54	41	16. 哈里斯堡—莱巴嫩— 卡莱尔，宾夕法尼亚州	0.55	15
3. 蒙茅斯—海洋县，新 泽西州	1.21	15	17. 奥克兰，加州	0.52	12
4. 费城，宾夕法尼亚州	1.03	55	18. 洛杉矶—长滩，加州	0.51	32
5. 西雅图—贝尔维尤— 埃弗雷特，华盛顿州	1.01	21	19. 哈特福德，康涅狄 格州	0.5	28
6. 旧金山，加州	0.9	13	20. 圣迭哥，加州	0.48	11
7. 丹佛，科罗拉多州	0.85	13	21. 奥兰治县，加州	0.39	14
8. 拿骚—萨福克，纽约州	0.8	14	22. 明尼阿波利斯—圣保 罗，明尼苏达州—威斯康 星州	0.34	48
9. 卑尔根—帕塞伊克， 新泽西州	0.71	21	23. 华盛顿，华盛顿特 区—马里兰州—弗吉尼亚 州—西弗吉尼亚州	0.33	12
10. 劳德代尔堡，佛罗里 达州	0.7	16	24. 波特兰—温哥华，俄 勒冈州—华盛顿州	0.29	20
11. 菲尼克斯—梅萨，亚 利桑那州	0.7	18	25. 密尔沃基—沃基肖， 威斯康星州	0.25	21
12. 纽约，纽约州	0.63	19	26. 阿克伦，俄亥俄州	0.15	11
13. 里弗赛德—圣贝纳迪 诺，加州	0.61	20	27. 底特律，密歇根州	0.12	46
14. 纽瓦克，新泽西州	0.6	25	28. 阿伦敦—伯利恒—伊 斯顿，宾夕法尼亚州	0.1	14

续表

大都市区	WRLURI	观察的数量	大都市区	WRLURI	观察的数量
29. 芝加哥，伊利诺伊州	0.06	95	39. 圣安东尼奥，得克萨斯州	-0.24	12
30. 匹兹堡，宾夕法尼亚州	0.06	44	40. 沃思堡—阿灵顿，得克萨斯州	-0.27	15
31. 亚特兰大，佐治亚州	0.04	26	41. 达拉斯，得克萨斯州	-0.35	31
32. 斯克兰顿—威尔克斯—巴里—黑泽尔顿，宾夕法尼亚州	0.03	11	42. 俄克拉荷马城，俄克拉荷马州	-0.41	12
33. 盐湖城—奥格登，犹他州	-0.1	19	43. 代顿—斯普林菲尔德，俄亥俄州	-0.5	17
34. 大急流城—马斯基根—霍兰德，密歇根州	-0.15	16	44. 辛辛那提，俄亥俄州—肯塔基州—印第安纳州	-0.56	27
35. 克利夫兰—洛兰—伊利里亚，俄亥俄州	-0.16	31	45. 圣路易斯，密苏里州—伊利诺伊州	-0.72	27
36. 罗切斯特，纽约州	-0.17	12	46. 印第安纳波利斯，印第安纳州	-0.76	12
37. 坦帕—圣彼德斯堡—克利尔沃特，佛罗里达州	-0.17	12	47. 堪萨斯城，密苏里州—堪萨斯州	-0.8	29
38. 休斯敦，得克萨斯州	-0.19	13			

注：本表类似 Gyourko 等（2008）的表11。大都市区的定义是基于1999年的边界。联合大都市统计区被分解成相关的主要大都市统计区。

指数被构建以根据地方居住用地环境的严格程度对地点进行排序，但调查数据允许我们去描述平均社区以及管制强和管制弱的社区。在 WRLURI 的样本中，典型社区可能具有如下特点：（1）必须有两个机构（分区委员会、市议会、环保审查委员会等）批准区划调整更改的项目；因此，目前项目需要多层核准，而不能"理所应当"地被批准;[14]（2）有一个适度的最小地块面积要

---

[14] 一个项目可以"正当地"去做，如果它符合所有公布的分区管制，且不要求任何变动。

求，但是对于典型社区来说，这比管制程度高的地点的 1 英亩最小要求要简单得多；（3）存在某些类型的开发负担项目；⑮ 以及（4）一个标准项目（标准的定义由填写调查的社区确定）的许可证在提交和发放之间有 6 个月的时间间隔。

如果我们把 WRLURI 社区分为三部分，将最上面的 1/3 标记为"重度管制"，最下面的 1/3 标记为"轻度管制"，就可以使我们能够在两个组别间对比其特性。一个值得注意的区别是，在管制更严格的地方，地方和州的压力集团更可能参与管制过程中。高度和轻度管制社区之间的另一个重要特点是，重度管制社区的 50% 以上在至少在一个邻里有 1 英亩最小地块面积的限制，而轻度管制社区里不到 5% 有这样的限制。开放空间要求和某些类型的正式开发强制政策，在重度管制的地方几乎无所不在，但在最轻度管制的地方通常不存在。此外，在重度管制社区内，一个标准项目的申请和批准之间的平均延迟时间是轻度管制社区的三倍（分别为 10.2 个月和 3.2 个月）。

WRLURI 另一个值得注意的特点是其成分指数之间极强的正相关关系。本质上，如果某个社区在一个维度上被评定为高度管制社区，它很可能在其他维度上也是高度管制的。这一结果表明，只涵盖有限的一组类型管制的调查，有可能对样本的限制性提供相当准确的描述，但我们应该进行进一步的研究，以便更彻底地弄清这个猜想。

从数据细节和市场覆盖面的角度考虑，GSS（2008）与 GSS（2006b）对比十分鲜明。GSS（2008）只知道一个城镇是否至少某个邻里中存在 1 英亩最小地块面积限制，而 GSW（2006b）知道在整个市区里每平方土地是如何被分区的。例如，在 GSW 样本中，14 个市的最小地块面积超过 70 000 平方英尺（超过 1.6 英亩）。这些地区占整个区域土地面积的 10% 以上，但仅占其人口的 4%。更普遍地来看，波士顿地区最小地块面积限制的多样性令人震惊，范围从不到 1 万平方英尺到超过 7 万平方英尺。模型最小地块面积限制是大约 1 英亩，让我们理解 GSW 样本的许多社区中区划法是多么严格。

GSW（2006b）关于地方管制环境的详细信息，是由作者与先驱公共政策研究所（Pioneer Institute for Public Policy Research）的一个研究小组历经两年多时间，在 187 个社区合作编目的土地利用管制环境的信息，这 187 个社区构成波士顿大都市区的子集。他们进行了一项包含 100 多个问题的调查，采访了地方政府官员，并为这些受访人员提供评论采访结果的机会。这样的细节只有在给定的大都市区范围内是可行的，在其他区域复制这一研究成本极高。

---

⑮ 开发负担都是以货币支付的或以实物支付的，以换取开发权。

好处是相当可观的。波士顿大都市区的情况是值得我们详细分析，因为关键的总结性统计表明，波士顿大都市区受到极为严格的管制。由于一段时间内实际住房价格昂贵且不断上涨，住房营建许可数量严重缩水：从20世纪60年代的172 459个到20世纪80年代的141 347个，再下降至20世纪90年代的84 105个（GSW，2006b）。GSW（2006b）承认存在这种可能性，即建筑许可下降的原因可能是由于波士顿的土地所剩无几，而不是由于人为管制。然而研究人员发现，城市核心区以外地区的密度相当低，这表明波士顿地区的土地资源仍然是相当丰富的。[16]

这一结果使得GSW（2006b）进行了一个对地方区划法的详细研究。通过这样的研究，他们提供了一个使我们了解法律复杂性的难得窗口。他们的调查不仅包括类似于卡茨和罗森（1987）的增长硬性最高限额，而且还包括对形状不规则地块的禁令、大范围的湿地限制、化粪池系统的规定以及各种细分规则。并非所有的规则都旨在限制供给，因为也有"集群条款"以及包容性的分区规定，允许开发人员在一些地方建立更高密度的建筑，还有鼓励给老年人建房的年龄限制分区。

GSW（2006b）在他们的社区中使用了关于许可证的历史数据（追溯到1910年，使用每十年一次的普查数据），来调查众多管制中哪些在限制住房建设方面是真正起作用的。他们的结论是，将最小地块面积限制与新开发联系起来的证据特别具有说服力。最小地块面积每增加1/4英亩，住房营建许可随时间推移大约要减少10%。甚至在最小限额更低的社区，也发现了管制和许可之间的负相关关系。相对严格的湿地管制似乎也以一种经济上有意义的方式限制新的开发。在后续研究中（Glaeser and Ward，2009），两名研究人员使用这些数据来考察管制原因和后果的更多细节因素。我们将在下面讨论这些研究结果。

19.2.4　其他措施

除了考察建筑法令或土地利用管制，萨斯（2010）提出推断供给管制程度的另一种方法，萨斯将地貌的作用纳入美国近100个大都市地区的住房供应弹性估计中。他的方法使用三个不同的数据源。首先，他采用了GIS技术计算大都市区中心50公里半径范围内归于海洋的面积。其次，他使用了美国地质

---

[16]　此外，如果土地是真正稀缺的，额外土地的1/4英亩的价格就会是相同的，不论其是否是扩展现有的地块还是一所新住房所坐落的土地。Glaeser和Gyourko（2003）显示，这不构成波士顿地区的情况。

调查局（USGS）的卫星数据来计算土地归于内部水体和湿地的面积。再次，他基于一个理论，即在任何一个大于 15 度的斜坡进行建设都是极具挑战性且十分昂贵的，他利用 USGS 数字高程模型来计算具有超过 15 度斜坡的土地面积的百分比。综上所述，这三种计算方法提供了一个对大都市区内外生不可开发土地的估计。

之后，萨斯（2010）对地理、管制和城市开发之间的联系进行了调查。正如我们将在下面讨论的，他发现在他对地理限制和 WRLURI 的估计之间存在着很强的统计相关性。也就是说，根据是否沿海、是否有一些类型的内部水体和/或是否有陡峭的海拔等方面而言，管制往往在那些对土地开发存在地理限制的大都市区更高。基于地理限制和 WRLURI，萨斯（2010）估计了他的样本中每个大都市区的住房供给弹性。这些估计已被用于许多其他研究以分析住房供给，并且说明区域间的住房价格的外源性变化。

19.2.5 衡量问题的总结和结论性意见

在过去十年左右的时间里，地方土地利用管制的衡量已经取得了相当大的成就。早期的研究集中于一个相当有限的地理区域内以及只有单一类型的管制。与此相反，GSW（2006b）提供了对单一大都市区总体管制环境的非常详细的描述。虽然积累这种信息的代价非常高，但这将有助于研究者们尽可能多地在其他大都市区复制他们的调查。土地利用管制的详细研究数据甚至会比单独考察一个区域更有价值。

研究者们已经将更多的精力投入到在更广泛的社区内，研究地方土地利用管制环境的一些不太具体以及更普遍的衡量指标，这体现在如 GSS（2008）对 290 多个大都市区的 1 900 多个社区的调查中。虽然这个调查并不包含地方政府可以限制住房开发的所有不同方式的详细信息，但其优点是可以使研究人员在更多的地点和市场对管制进行比较。

除了这些调查以外，萨斯（2010）表明了使用其他数据来深入了解住房供给弹性的可能性。使用土地的地理和地形信息，他记录了地理限制和管制的联系，并且对近 100 个大都市地区的住房供给弹性进行了估计。

由于这种调查在时间和金钱上都是如此昂贵，研究人员应该在如何使用现有数据衡量管制方面有所创意。一个可能性是使用公共记录数据，这些数据通常由少数几个数据提供者收集与销售。这些数据集涵盖绝大多数美国的居住财产信息，包括被允许利用每一块土地的信息。例如，布鲁克斯和卢茨（Brooks and Lutz，2014）使用来自公共记录数据的土地利用编码分析洛杉矶的分区和公共运输。另一种可能性是使用从互联网讨论中得到的数据，如捷尔科和萨斯（2006）。

正如下面将记录的，地方土地利用管制的衡量指标已被广泛用于对管制的原因和结果的经验研究中。然而，这些指标在某种意义上都是局限的，因为每个指标都是截面的。由于管制能够与地区的许多其他属性相关，关于地方管制环境的简单印象对经验研究中的因果关系建立并无助益。因此，至关重要的是，研究人员收集新的数据或以想出各种办法来衡量一段时间内管制的改变。例如，格莱泽和沃德（2009）将 GSW（2006b）转换为基于采用不同类型管制年份的面板数据。同样，杰克逊（Jackson，2014）将格里克菲尔德和莱文（Glickfeld and Levine，1992）转换为加州的管制面板。[17] 除了面板数据，另一种有益的方法是在一个特定的管制内使用双重差分策略来考察变化。有几个这方面的研究的例子，分别是周等（Zhou et al.，2008），这一研究分析了芝加哥分区条例修正案的影响；坎宁安（Cunningham，2007）分析了西雅图城市增长边界的利用；卡恩等（Kahn et al.，2010）分析了加州沿海边界地区的建立；以及托森（Thorson，1997）分析了伊利诺伊州麦克亨利县最小地块面积的增加。

19.3　管制的决定因素

19.3.1　土地价值和分区的共同决定因素

有关分区决定因素的文献所探究的最早一批问题中，其中一个是地方政府设定区划法是否是为了使辖区土地价值最大化。例如，华莱士（Wallace，1988）对分区建模，将其作为县议会最大化其效用的措施，它是土地属性和土地价格的函数。土地价格也是地方特性的函数，以及分区名称的函数。如果分区对土地价值没有影响，那么我们会得出结论，即这些管制仅与在无约束市场中采用的土地利用相一致。华莱士将这个问题称为是否"分区遵循市场"。在华盛顿州国王县的土地地块样本中，她发现对于较大的地块，分区配置倾向于

---

[17] 虽然这些研究尝试在横截面数据上是一个巨大进步，但是它们没有说明调查时已经不存在的那些管制。因此，如果成本不是问题，反复调查将是比使用现有管制的实施数据更好的构建面板数据的方法。

降低地块价格，这表明分区会导致较大的最小地块面积供过于求。[18] 更普遍地来看，她发现在不同的分区指定中土地价值更高。因此，她的结论是，在此样本中分区不会"遵循市场"。她的分析使用了地块的可观察属性以对不同类型的土地被分到不同分区类别中进行校正。然而很难排除另一种解释，即未观测变量会导致更便宜的土地被划分为较大的地块。

麦克米伦和麦克唐纳（McMillen and McDonald，1991）也估计了一个模型，其中土地价值影响分区决定，反之亦然。在他们从芝加哥西北郊区获取的数据中，他们根据地块是否位于库克县的一个指标中发现了分区的决定因素，因为那个县更可能给用于住房建设的未开发土地分区。他们发现，分区模式反映了土地的特性，接近铁路和高速公路的地块更可能被指定用于制造业。他们还发现，当没有指定说明分区时，土地价值方程的估计是有偏差的。

在加州圣克拉拉县的一个样本中，伯克多金斯基和萨斯（Pogodzinski and Sass，1994）区分了土地利用指定和影响地块及其结构特点的管制。他们发现，土地利用指定不影响房屋的价值，这意味着这种类型的分区不会"遵循市场"。相比之下，最小地块面积、最小侧院限制以及最大高度限制不会影响房屋的价值，这意味着这些类型的管制也没有"遵循市场"。

总之，这些早期的研究工作已普遍发现，分区管制没有简单地模仿市场结果。但是，由于他们的研究重点是对土地价值的管制效果，这些研究论文几乎没有提供关于住房供给管制因素的深入探索。

19.3.2 单个社区中的业主、开发商和地方政治

更近期关于管制决定因素的理论已经把一个新概念纳入，即地方居民并不都有相同的目标，因此管制环境将被地方政治参与者的激励和影响塑造。在一些有影响力的文章和书籍中，威廉·菲谢尔（William Fischel）提出了这样一个超前概念，即业主是这些管制类型背后的重要力量。[19] 在住房投票者假说中（2001），他主张业主有强烈动机去联手行动，以限制其不希望进行的开发行为，因为住房通常是他们的主要资产，并且业主没有其他手段来规避财产价值的受损。菲谢尔的中心思想是，地方设施和使人不舒适的环境（如学校质量和

---

[18] 由于分区和土地价值是共同被决定的，她用一个地块被是否作为土地价值衡量工具被绘制成地区图这一指示器，来确定土地价值和分区的两方程模型。解释该规范的理由是一个小地块绘制地图的申请需要耗费大量的时间和金钱成本，提高土地价格，并且分区指定在地块地图被绘制之前就已决定。

[19] Fischel 借鉴了早期讨论业主限制地方开发方面所起作用的研究工作，包括 Sonstelie 和 Portney（1978）和 Ellickson（1977）。在一本早期的著作中，Fischel 提出地方政府强加土地利用管制以使业主自用住房的价值最大化（Fischel，1985）。

垃圾场）被资本化为住房价值。为了支持这一观点，他引用了大量的研究，发现住房价格在那些存在使人不舒适设施的邻里更低，如有毒废物倾倒、更多过境交通或区域化空气污染等。还有研究表明财产税被资本化为住房价格。由于对住房财富的冲击很难承保或分散化，业主会转向地方政治行动来保护他们的投资。

根据菲谢尔的研究，业主反对开发的另一个原因是，他们往往在与其居住地点不同的辖区工作。当新建筑在附近辖区时，业主可以从一些正面效应中获益，例如创造就业，而不会在其邻里由于更高密度引致成本。这个逻辑可以解释为什么在辖区分散化的城市中管制更为严格（Fischel，2008），以及为什么随着郊区化的发展，管制范围在 20 世纪越来越大且变得越来越严格（Fischel，2004）。

基于菲谢尔的见解，一些研究论文已经提出了更多针对业主对分区管制影响的正式理论模型。奥尔塔洛—马格纳和普拉特（Ortalo - Magne and Prat，2014）提出一个前沿的案例，在这个案例中他们使用了一个世代交叠的经济体来，同时建模三项决策：家庭的区位选择（一个受管制的城市对比一个不受管制的乡村）、对居住地产的投资以及地方住房供给管制的集体选择模型。

他们研究的基本设定如下。家庭决定是否要住在乡村，在那里他们支付固定租金，并且获得零收入，或是决定在城市居住，在那里其收入是城市生产率（随时间推移而变化）和一个固定异质性的函数。在城市里，家庭选择投资自用住房或是租房。在业主自用住房的投资回报和租用住房的投资回报之间存在一个固定溢价，这一固定溢价反映了以下因素，包括住房所有权的非金钱利益、优惠的税收待遇、管理租用财产的成本以及租赁市场的道德风险。房屋财富是在个人生活的最后被消费的。因此，土地使用权的选择在业主所有权溢价和与业主所有权有关的价格风险之间进行权衡。[20] 城市新建筑需要建筑许可证，并且被批准的建筑许可证的数量是由城市居民通过多数表决来决定的。许可证分配给开发商，开发商不参与投票，并且必须为每一个新的许可证支付费用。许可证付费在城市居民之间平分。这些费用可以解释为，开发可以带给一个地区经济收益。

城市居民不仅可以获得许可证费用的一部分，而且还能从新建筑中受益，因为更多的住房供给会减少未来的租赁，城市所有居民必须支付租金，要么支付给自己，要么支付给房东。然而，租赁的减少也会导致房价下跌，从而使期

---

[20] 由于家庭会规避风险，没有住房所有权溢价的话，每个人都会选择租房。不被家庭拥有的住房会由风险中性的企业所拥有。

末消费降低。在该模型中，如果中位选民的累积净效益为负，那么新建筑就不会出现——例如，如果由于较低的未来租金和许可费产生的利益小于房价降低导致最终消费减少的话。

利用该模型，奥尔塔洛—马格纳和普拉特的研究表明住房所有权补贴会使家庭更容易负担住房。没有对新建筑的限制，补贴将不会对经济承受能力造成影响，因为它会通过房价增加恰好被抵消。然而，补贴会导致中等城市居民拥有更多的住房，从而对城市发展造成更多阻碍。因此，恰恰是新建筑许可的减少使均衡房价提高，降低了经济承受能力。

与住房所有权补贴相反，增加许可证费用会促进城市发展，从而增加城市规模。住房供给的扩大会降低租金，使城市居民生活更加富裕。这一结果说明了菲谢尔的主张，即住房所有者越多内化新建筑的收益，他们就会越少反对开发行为。

菲谢尔和奥尔塔洛—马格纳以及普拉特预测，与租房者相比，业主应该是住房供给管制更有力的支持者；其他的例子包括格莱泽等（2006b）和希尔伯特和罗伯特—尼佑德（Hilber and Robert – Nicoud，2013）。一些研究已经发现了投票模式支持这一假说。例如，杜宾等（Dubin et al.，1992）记载了在1988年的圣迭戈大选中，在业主占较大份额的选区内，对增长控制投赞成票的比例更大。麦克唐纳（McDonald，1995）还研究了投票模式——休斯敦一个被提议表决的分区条例——并且发现相比低收入选区，中等收入选区更可能支持这一分区条例。虽然他没有直接考察住房所有权，但是中等收入选区与低收入的选区相比很可能有更高的住房自有率。在麦克唐纳研究中，一个有趣的方面是，由于休斯敦不存在分区，所以投票模式没有反映出管制的任何现有模式。

如果业主们支持更严格的管制，那么政策应该在业主政治影响力较强的地区更加严格。然而，难以找到这种关系的证据。洛根和周（Logan and Zhou，1990）在1973年郊区自治市的全国样本中发现，在住房所有权和各种增长控制措施之间几乎没有相关性。类似的结果在各个城市的增长控制措施中已被发现，如圣何塞周边（Baldassare and Protash，1982），在加州的自治市也发现了类似的结果（Donovan and Neiman，1995；Brueckner，1998）。这可能是因为简单的业主存在本身，并不能特别精确地衡量这些因素对地方政策的影响。相反，这些因素的影响力可能会更好地通过地方人口的社会经济特征体现出来，这些特征与他们的组织能力或以其他方式参与地方决策的能力相关。许多研究发现管制与那些可能和业主的政治影响力相关的社会经济特征呈正相关关系，比如收入、教育以及白领或专业人士所占的比例。㉑ 然而应该指出的是，因为所有这些研究本质都是横截面研究，因此很难排除这种可能性，即相关性（或缺乏）是由被遗漏的变量所驱动的。此外，奥尔塔洛—马格纳和普拉特提出的模型表明，由于管制引发住房价格上升，管制程度可能会影响人们成为业主的动力，而这种反向因果关系可能会进一步模糊这些横截面上的关系。

在考察业主在限制住房供给中的作用时，对潜在内生性问题进行解释的研究论文相对较少。希尔伯特和罗伯特—尼佑德（2013）考察了住房所有权以及已婚但无子女夫妇的比例。其想法是，与单身成年人或有孩子家庭相比，已婚夫妇的收入更高且更稳定，这会使他们更可能有资格获得抵押贷款。此外，与未婚情侣相比，已婚夫妇关系可能更稳定，这意味着一个较低的迁移可能性，因此也有更长时间回收购买住房的交易成本。使用这种研究的前提是，已婚无子女夫妇的家庭比例不会通过任何住房自有率以外的渠道影响管制。在1990年对93个大都市区的研究样本中，他们发现在那些已婚无子女家庭占较大份额的区位，同一年中住房自有率更高。使用这一指标，他们发现与我们上一节所述的WRLURI存在正面但并不显著的相关性。此外，估计的影响并不大，因为MSA住房自有率增加一个标准差与管制性限制增加1/3个标准差是相关的。当然，人们还是会担心已婚且无子女家庭的比例要么会被住房供给管制影响，要么与那些和管制相关的被遗漏变量有关系。

格莱泽和沃德（2009）使用了一个不同方法来解决住房所有权和管制的内生性问题，他们考察了相对较新的住房供给管制模式，把住房管制视为1940年或1970年住房自有率的函数。这种方法可以避免反向因果关系的问题。但是，我们还不太清楚这对缓解研究人员对被遗漏变量的担忧是否有所帮助，因为历史上的住房自有率可能也与很多会影响管制的未观察属性相关。在其大波士顿地区的城镇样本中，研究人员发现历史上的住房所有权与一些管制措施关联度极小，如最小地块面积、湿地规则和集群分区。他们还发现，管制与乡镇在1970年的其他属性关联度也是极小的，这些属性可能与业主的影响力相关，如教育程度以及在外国出生人口的比例。

总之，没有多少经验证据表明，那些业主更多的地区会采取更严格的住房供给管制，鉴于许多理论旨在将业主作为管制的驱动力，这一结果是相当令人吃惊的。由于这些证据在本质上大多是横截面的，因此我们需要做更多的研究工作以解决被遗漏变量的问题和反向因果关系的问题。面板数据将增加一个有

㉑ 请参阅以下研究：Lenon 等（1996）、McDonald 和 McMillen（2004）、Evenson 和 Wheaton（2003）、Donovan 和 Neiman（1995），以及 Baldassare 和 Protash（1982）。Glickfeld 和 Levine（1992）是一个例外情况。

用的维度，使研究人员能够观察到在住房所有权模式改变后，管制是如何变化的。如上所述，除了在极少数情况下，还不存在面板数据。因此，重要的是要探索其他可以测量住房所有权的工具。一种可能性来自抵押贷款市场的管制变化，这种变化已经改变了抵押贷款的便利性，从而对不同地区的房屋所有权产生不同的影响，但与影响土地使用政策的因素不相关。该句中有多个条件语句，因此不能确定这种测量方法是强有力且有效的。然而，对经验研究来说至关重要的是，沿着这些思路使我们能够更有创造性地思考住房所有权对管制的因果关系。

除了住房所有者以外，空置土地的开发商和/或业主也可能在地方政治进程中成为重要的参与者。莫罗奇（Molotch，1976）创造了一个术语"增长机器"，这一概念的意思是，一个社区的土地所有者会团结起来支持那些推动地方经济增长的政策。他认为，那些最后在地方政府工作的人，往往是地方的商界领袖和其他类型的领袖，这些人天生关注地方增长。因此，地方政策可能最终会有利于支持那些可以促进经济活动的政策，即使典型的公民群体不支持这些政策。对于缺少住房所有权与管制之间的截面相关性的一个可能解释是，住房自有率较高的地区也可能有更强大的联盟来支持"赞成增长"的政策，也许是因为这些地区的人口是更加富裕的。菲谢尔（2008）认为，开发商对大政府的影响力更多，从而导致大都市区在更严格的管制方面存在更多的政治分歧。

很少有正式模型明确考虑到开发商在塑造住房供给管制过程中所起的作用。希尔伯特和罗伯特—尼佑德（2013）和格莱泽等（2005）表明地方规划委员会如何受到业主和开发商的影响。正如奥尔塔洛—马格纳和普拉特，这些模型预测在业主占较大份额的区位将出现更严格的住房供给管制。此外，研究还表明这些管制将在业主相对于开发商拥有更强政治影响力的辖区更强。然而，他们为这种影响力建模型的方法是相当简单的。在格莱泽等（2005）中，业主花费时间来影响地方规划委员会，而开发商使用现金来影响地方规划委员会，这就使管制在那些规划委员会受时间影响更大的区域更强。希尔伯特和罗伯特—尼佑德（2013）发现，已开发土地的所有者（业主）和未开发土地的所有者（开发商）都使用现金来影响规划委员会，而且他们的游说贡献对其土地价值来说起到了积极作用。

这一研究主题可以说是理论领先经验的一个例子，因为我们对开发商在塑造住房供给管制中所起作用的经验证据知之甚少。对这一前沿领域的间接证据是索莱—奥莱和维拉德坎斯—马沙尔（Sole'-Olle'and Viladecans-Marsal，2012），他们认为当民选官员是以微弱优势赢得投票时，开发商成功影响地方管制的可能性更小。在这种情况下，民选官员将优先遵循选民偏好以连任。通过使用从2003~2007年超过2 000个西班牙市区的数据，他们给出了支持这一假说的证据。

19.3.3　建设用地供给和历史密度模式

希尔伯特和罗伯特—尼佑德（2013）提出的模型中一个有趣的方面是，业主和开发商影响规划过程的激励是土地价值的函数。因此，任何能提高土地价值的东西都会影响管制。具体而言，在他们的模型中，辖区在设施方面有先天的差异，并且家庭会在辖区之间进行选择。希望居住在更有价值设施地区的更大需求，只能部分由拥挤成本来抵消，这就造成了整个地区的设施和开发之间存在一个正相关的关系。在均衡状态下，已开发土地在拥有更理想设施的区位中将占更大份额，因此，会有更多的土地利用管制以防止进一步开发，避免拥堵这样的不舒适问题更加严重化。因此，限制土地供给（已开发土地占更高份额）会以政府管制的形式进一步限制供给。

有更多已开发土地的区位管制将更多。为了支持这一预测，希尔伯特和罗伯特—尼佑德表明，根据WRLURI，已开发居住用地面积占更大份额的大都市区（使用1992年的全国土地覆盖数据来衡量）的管制程度也更大。即使在控制住房自有率之后，这种相关性依然存在，所以它不仅仅反映了以下事实，即在业主占人口更大比例的地方，业主对政策有更大影响。进一步来看，希尔伯特和罗伯特—尼佑德为已开发土地份额构建了工具变量，包括两个反映自然设施的变量——一月平均温度和一条主要海岸线的存在——以及1880年的人口密度，在这一研究中，他们将其解释为反映一个地区在管制前的某一时间就已经拥有的先天有利条件。[22] 这些指标在1992年成为已开发土地份额的强有力预测，利用它们，预测的已开发土地份额对管制具有积极和显著的影响。因此，研究人员将管制和已开发土地之间的正相关关系解释为，它们反映了高舒适性地区对管制具有很强的需求。[23]

---

[22] 更具体地来讲，研究人员的观点是，天然的设施不直接与供给限制相关，因为他们考察的管制类型不包括保护海岸的工作，而且温暖的气候不太可能与环境规划考虑存在显著的相关关系。Saiz（2010）表明，往往在沿海地区存在地理限制和管制之间的紧密关系。他将这种关系解释为一种因果关系。不过，这一结果不会破坏设施作为衡量可开发用地比例的工具的有效性，只要沿海地区更严格管制的原因是它们的可开发土地较少即可。

[23] 对这种效应的经济规模的理解见仁见智。它看起来很大，如果将旧金山的属性分配至盐湖城，可能会后者的管制程度从第56名（一共有93名）移至第35名。另外，已开发土地份额的一个标准差变化与只有三分之一标准差的更严格的管制有关联，这一幅度与研究人员所发现的住房所有权的幅度是大致相同的，如上面所描述。

正如上面所讨论的，萨斯（2010）按照了一个不同的经验策略，使用景观的地理特征来衡量可用于建设用地的供给以及住房供给管制的严格性。萨斯（2010）发现，在那些由于地理限制损失土地比例更大的大都市区，其住房供给管制往往也更加严格，正如使用 WRLURI 所衡量的那样。援引上述讨论的模型，之后的研究者认为，在土地初始价值很高的地方，业主有更强烈的动机来保护自己的住房投资（通过管制），而且地理限制导致土地价值的重要初始差异。与这一解释相吻合的是，萨斯（2010）发现在那些长期以来需求较弱的地区（长期以来需求较弱被定义为 1940 年和 1970 年城市增长之间最低的四分位），地理限制和管制之间的关系并不存在。他提出的解释是，地理限制在低需求的地方不可能太严格，因此，它们不容易影响对管制的激励。

与萨斯（2010）和希尔伯特和罗伯特—尼佑德（2013）形成对比的是，一小部分其他的研究论文已经发现历史密度的模式与管制之间存在着相反的联系。在对大波士顿地区乡镇的分析中，格莱泽和沃德（2009）表明，在 1940 年和 1915 年出现的更高住房密度，与 20 世纪 90 年代末/21 世纪初限制较少的住房分区（由对最小地块面积的要求衡量）相联系。这种关系是相当强的，因为 1940 年的密度可以用来解释目前最小地块面积中 68％ 的变化。更进一步地回溯过去，这些研究人员表明 1885 年拥有更大的最小地块面积的城镇，其森林覆盖率更高。他们的解释是，砍伐森林的历史模式会反映农业生产率。那些拥有更多富饶土地的区位会被最先开发，并且具有较高的土地价值，从而导致这些区位在接下来的许多年里密度更高，并最终因更高的居住密度导致管制出现。

埃弗森和惠顿（Evenson and Wheaton，2003）也使用了从马萨诸塞州获取的数据来探索土地利用管制和过去开发模式之间的关系。他们利用由马萨诸塞州地理和环境信息办公室为每个城镇的航拍照片，衡量了 1999 年的实际土地利用，并且获取了有关分区规章制度中地块层次的信息，以及受同一机构保护的免予开发的土地数量。开阔地的数据与最小地块面积和建筑容积率相结合，确定在现行分区中每个城镇新建建筑的最大可能数量。他们发现，在 1999 年住房密度相对较高的城镇，分区方式往往会带来更高的未来住房密度。此外，居住开发土地占更大份额的城镇往往会进行分区使开阔地中较大份额用于居住。如格莱泽和沃德（2009）发现分区管制会遵循过去的土地利用模式。他们的研究还表明除了少数几个非常接近波士顿的城镇，大多数城镇的未来居住建筑会被限制在一个比目前密度更低的密度（即，分区密度对目前密度的回归线的斜率是正的，但小于 1）。这一结果符合菲谢尔的想法，即郊区的居民更倾向于关注新建筑的消极方面，而在商业机构较多的城市辖区，居民则对额外开发的潜在优势更为敏感。

希尔伯特和罗伯特—尼佑德以及萨斯的研究结果一方面与格莱泽和沃德形成对比，另一方面也与埃弗森和惠顿的研究结果形成对比，这表明我们还需要做更多的研究工作以了解密度模式和管制之间的关系。这两组结果之间的一个区别是，它们使用了非常不同的数据。前两个研究使用 WRLURI 测量数据，涵盖了管制过程的许多方面，包括开发过程中的参与者、对居住建筑的法定限制以及许可证审批延迟等，而后两项研究则集中在对最小地块面积的分区上。[24] 这两组研究的另一个重要区别是，第一组研究考察了整个大都市区的模式，而第二组研究考察的则是在单一的州或大都市区内的跨辖区模式。正如我们将在下面所讨论的，对新开发进行管制的诱因在这两个背景下可能是不同的。除了通过进一步的经验分析来考察可建土地的供给与管制之间的关系以外，考虑解释为什么分区模式似乎与过去的开发相关联的其他模型，对我们的研究或许也是有所助益的。[25]

19.3.4 多社区背景下的管制：排序和战略互动

到目前为止，我们主要集中于讨论在孤立的单一社区背景下土地利用的决策。[26] 但是，当人口在地方辖区间自由迁移，而且每个辖区都有能力确定自身的土地利用政策时会发生什么呢？许多研究文献都深入考察了利用分区引导家庭在辖区间的排序行为。在研究文献中已经被频繁讨论过的动机是"财政"动机，这指的是限制财政外部性的愿望，这一财政外部性的产生是因为家庭按其收入比例纳税，却平等地分享公共支出利益（Hamilton，1978）。在这种情况下，分区限制（例如最小地块面积）会使家庭进入那些与其公共利益偏好类似的家庭所在的社区里。埃普尔等（1988）提出了一个模型，其中那些来到大都市区的家庭类型的不确定性会引起社区业主制定分区政策，以最大限度提高新进入者的净税收贡献。同样，卡拉布莱斯等（2007）表明业主将如何选择一个更低的住房消费下限，以推动整个社区的分区，并因此使地方政府更有效地向居民提供公共服务。

---

[24] 这可能是社区设置地块面积的方式，即允许新建筑去遵循现有建筑密度，但限制新开发以其他方式来进行弥补。

[25] 这一研究方向进展来自 Evenson 和 Wheaton（2002，未发表的研究论文），他们预测了在现有居住密度和未来开发限制之间的负相关关系。其直观概念是，对于一个给定的人口规模，现有密度更高意味着更低的土地总消费。当现有居民消费更少的土地时，从开放空间创造中所获得的资本收益相对于购买该空间的成本将变得更小，所以他们会把更少的空旷土地留出来以满足公共使用的需要。

[26] 一个重要的例外来自 Hilber 和 Robert‑Nicoud（2013），其模型加入了辖区间的流动性。

罗尔斯顿（Rolleston，1987）认为，财政因素会导致社区相互竞争，以维持或改善其相对于其所在地区其他社区的财政优势。因此，在相对其他区域拥有"更健康"财政情况的区域里，分区应该具有更强的限制性。在新泽西州东北部 360 个社区的样本中，她创建了一个基于人均收入的社区"财政能力"指标；住房应税财产、农场用地和闲置土地的人均市场价值；以及商业、工业、电话/电报财产的人均市场价值。她发现，相对财政能力与居住分区的限制性呈正相关，这可通过空置的可开发居住用地的最小地块面积指数加以衡量。

贝茨和桑泰尔（Bates and Santerre，1994）也在康涅狄格州 132 个自治市的样本中发现证据支持分区的财政动机。具体来说，他们发现当社区的非居民税基较大时，该社区分区中居住用土地比例较低，他们认为这反映了居住开发较大的机会成本。他们还发现，居住用途的空置土地比例与过去的人口增长呈负相关，他们将其解释为财政动机，因为人口的快速增长能够"强加给原有居民越来越高的公共服务成本"。另外，他们发现这两个财政动机变量和最小地块之间存在着极小的相关性。此外，他们还发现应税财产的总市场价值——另一个反映分区财政动机的变量——与分区限制性的任何指标之间都不存在任何关系。

由罗尔斯顿（1987）以及贝茨和桑泰尔（1994）发现的对这些研究成果解释存在的一个问题是，用于衡量辖区财政能力的变量也可能反映管制的其他影响因素。此外，这些指标可能会受到该区域管制数量的影响。卢茨（即将出版）通过考察全州范围的政策效应对这些问题的识别进行解释，这一全州范围的政策对地方政府的财政状况有不同的影响。具体而言，在试图平衡教育经费的问题上，新罕布什尔州的一个改革开始基于城镇的物业数量对其拨款。他的研究表明，那些得到较大数额拨款的城镇更可能进行增长管理管制，这与一个想法相一致，即更好的财政状况将使得一个社区去利用管制来限制新进入者。[27]

文献中经常讨论另一个分区动机是，家庭可能使用分区来防止少数民族和/或贫困家庭迁入。这通常在文献中被称为用于分区的"排他性"动机。[28]由于少数民族往往收入较低，最小地块面积要求或对住房质量设置下限的管制措施，可以限制潜在的少数民族居民和低收入居民的接近。在对加州圣克拉拉

---

[27]　接收大笔拨款的城镇也同样经历了建筑活动的激增，所以成长管理的结果也与人口流入导致管制增加的可能性是一致的。

[28]　财产价值与邻里的种族多样性呈负相关关系，这表明分区的排他性动机可能来源于保护自己的财产价值的愿望。

县的普查样本研究中，伯克多金斯基和萨斯（1994）发现，最小地块面积在收入中位数更高的普查区内更大，这可能是由于财政或排他性动机引起的。从另一方面来看，这也可能是由于富裕家庭更善于影响土地利用政策。

罗尔斯顿（1987）试图通过将社区与附近社区的特征进行对比，来寻找排他性动机的证据。她发现相对于其他社区，少数民族占比较低的社区往往具有更严格的居住分区，这与居民试图将其他种族排除在外的观点是一致的。贝茨和桑泰尔（1994）发现了相似的排他性证据，当贫困状况在最近的中心城市相对于被分区的社区来说更严重时，用于居住用途的土地所占份额更小。此外，舍特泽等（2014）记录了芝加哥1922年非裔居民占更大份额的一些邻里社区，其在1923年的综合分区条例中更可能被划为制造业用途，并且该区域中建筑物的密度更高。在他对有关财政和排他性分区的文献调查中，伊兰菲尔德特（Ihlanfeldt，2004）认为大多数研究发现证据支持出于财政动机来限制土地利用，而排他性动机的证据则不足。但他指出，很难区分基于收入进行的排序和基于种族进行的排序，前者可以被解释为基于财政因素，而后者则更可能是排他性的。他呼吁研究人员进行更多的经验研究以在收入和种族之间进行明确区分，这无疑是一个亟待解决的问题。此外，进一步的研究应该尝试将基于财政和排他性动机的排序与基于其他可能使家庭进入某些社区的排序动机区分开来。

一旦管制模型被扩展以纳入人口的跨辖区流动，社区内的土地利用政策将会影响周围社区所做的决策。布吕克纳（Brueckner，1995）通过一个模型解释了这一观点。在这一模型中，地方规划人员寻求社会福利最大化，其中包括支付租金的居民和收取租金的房东的效用。居民在社区间的自由流动性意味着，规划者必须考虑增长控制将如何影响社区中居民的相对需求。他还假定城市规模相对于城市体系是不可忽视的，因此一个城市的人口因管制而被转移将会对增加其他城市的需求压力。他的模型中最普遍的形式是，一个城市的土地利用政策对于另一个城市土地利用政策的影响是不明确的。不过，通过假设个体对住房和所有其他商品具有莱昂惕夫偏好，他表明一个城市的增长控制与远离对称平衡的边际运动形成策略互补。也就是说，一个城市的管制将变得更加严格（宽松），如果其邻近城市的管制变得更加严格（宽松）。[29]

赫尔斯利和斯特兰奇（Helsley and Strange，1995）也对地方社区间的战略互动进行了建模。在他们的研究中，增长控制之所以提高财产价值，不仅仅是因为它们限制住房供给，还因为居民的效用在其社区的人口规模中减少。因

---

[29] Brueckner（1995）也表明这一策略互补在很大程度上远离了最初平衡。

此，社区有动机去排除潜在居民，因为这会降低其他社区的效用，并且使居民更愿意付钱居住在受限制的社区里。由于管制会带来更高的租金，甚至开发商也可能支持采取强有力的增长控制行为。这个结果是耐人寻味的，因为这表明了为什么很难找到住房所有权和管制之间关系的经验证据——也就是说，开发商和业主一样有动力去支持在同类型社区中的管制。上面讨论过的希尔伯特和罗伯特—尼佑德（2013）的模型考虑了在家庭辖区间的流动性，结果表明当其他社区的设施更令人满意（并因此住房供给管制也更强）时，该辖区的管制更弱。

我们再来看一下这些辖区间战略互动的经验证据。布吕克纳（1998）表明当附近城市已实行严格增长控制时，加州的城市更可能实行严格的增长控制。同样，列侬等（Lenon et al.，1996）也发现，当周边乡镇的最小地块面积增大时，康涅狄格州的乡镇最小地块面积也会增大。因为这些研究都是基于截面的相关性，他们的结果可以反映那些地理位置接近的辖区在人口或经济环境方面具有相似性。这也是面板数据好处的另一个例子，因为研究人员可以潜在地观察一个社区采取管制措施是如何给其他社区的管制带来变化的。

让我们来总结一下研究住房供给管制决定因素的文献。分区并不仅仅只是反映出最终导致不受限制市场的土地利用，还反映了地方政府在其区域内改变土地利用以及控制居住建筑物数量和质量的意图。那些深入研究地方政策如何塑造管制的理论，都将重点集中于研究业主限制开发的动机上。地理限制似乎也会通过改变土地价格来影响管制，从而改变限制开发的动机。另外，由于管制可能导致社区间的家庭排序，研究已经考察了防止某些类型的家庭进入社区的分区动机。大部分估计这些理论的经验分析是基于截面关系，这引起了我们对被遗漏变量和反向因果关系的关注。使用管制的面板数据和/或检测工具，将允许我们对所有这些理论做出一个更清晰的评估。

19.4　管制的影响

19.4.1　对住房价格和数量的影响

我们现在把焦点从住房供给管制的决定因素转向住房供给管制的影响。大部分关于这些影响的研究集中于住房市场。在那些简单的只涉及一个城市的模型中，管制会带来更高的租金以及更高的住房价格，新建建筑也会减少，因为管制减少了住房供给的弹性。特别是，管制会增加建筑的边际成本，无论是直接通过成本和时间，还是间接通过要求施工遵循一定的形式（例如，地块面积和收进要求），这些都是建筑商本来不会去做的，或者说这些都会给项目审批造成不确定性。此外，某些类型的调控，通过限制被允许建造的住房单元总数量，实际上会极大增加住房边际成本，比如增长控制。布吕克纳（2009）提出了一系列简单的模型来说明各类管制对于住房价格和数量的影响，包括城市增长边界、容积率限制，以及如延迟或不确定性等增加成本的措施。在大多数情况下，管制会造成更高的地租、更高的住房价格和更小的住房存量。

在一个城市系统中，家庭可以在这些城市之间自由迁移，预计的管制影响不那么明显。在这种情况下，城市间的效用必须是相等的，这样人口流动可以削弱整个地区的价格差异。在由赫尔斯利和斯特兰奇（1995）提出的模型中，一个社区里的均衡土地租金将是一个"被动"社区土地租金的一个函数，这一"被动"社区不设定增长控制、被动社区的人口以及由人口拥堵造成的负效用。在地方设施没有被人口破坏的情况下，土地的租金在所有的社区是一样的。在所有社区中，和没有管制的情况相比，土地租金仍然是较高的，因为增长控制会增加被动社区的人口，从而通过住房需求加大而提高租金。[30] 在拥堵确实会降低效用的情况下，租金在那些有增长控制的社区会更高，因为家庭非常重视生活在一个人口较低的社区。因此，社区之间也存在价格差异，但它们会反映增长控制的设施价值，而不会反映住房供给的更低弹性。正如在单一城市的情况下，管制会减少在那些受控制城市住房单元的数量。

许多论文已经考察了管制、住房价格和建筑之间的经验关系。这些研究中许多都使用单一大都市区内的社区横截面数据，因此这些研究可能会低估住房价格的总体效应。[31] 其他研究对比了整个大都市区管制的平均程度，在这种情况下，人口流动不太可能削弱价格差异。[32] 虽然这种逻辑表明估计的管制对住房价格的影响应该在大都市区间的分析中更大，大都市区层次管制的衡量指标是由大都市区内某些辖区的平均值构建的，因此与那些能更精确地衡量管制的基于辖区级别的数据相比，大都市区层次的估计由于衡量误差可能会存在向下的偏差。

绝大多数研究已经发现，管制更多区位的住房价格更高，且新建筑更少。这些估计影响的幅度在研究之间是难以进行比较的，因为每个研究使用不同的

㉚ Pollakowski 和 Wachter（1990）显示，在美国马里兰州的蒙哥马利县的一个规划区的密度限制会抬高相邻规划区的住房价格，这一情况证明了流动性可以通过价格差异套利的观点。

㉛ 例证包括 Katz 和 Rosen（1987）、Pollakowski 和 Wachter（1990），以及 Quigley 和 Raphael（2005）。

㉜ 例证包括 Malpezzi（1996）、Mayer 和 Somerville（2000），Segal 和 Srinivasan（1985），以及 Black 和 Hoben（1985）。

管制衡量指标——有几个例子，包括用于存在特定管制的指标、用于地区管制类型的数量、受开发限制的空置土地比例、完成申请许可过程需要几个月以及各种各样的管制指数。然而值得注意的是，许多估计似乎是相当大的。正如前面所讨论过的，卡茨和罗森（Katz and Rosen，1987）发现在旧金山湾区，在那些至少有一个正式增长管理项目的辖区内，住房价格要比其他辖区高出至少17%。马尔佩齐（Malpezzi，1996）对 56 个大都市区的研究中发现，将管制水平从平均水平增加一个标准差，会使住房价格增长 22%，建筑量下降 11%。此外，在大都市区的横截面研究中，迈耶和萨默维尔（Mayer and Somerville，2000）发现只要将收到一块土地的批准时间增加 1 个月，就会减少 10% 的建筑许可。在他们的文献调查中，奎格利和罗森塔尔（2005）提供了一系列 40 多篇文章，估计管制对住房价格和数量的影响。

当使用区位的截面数据来推断管制对住房市场的影响时，一个重要的问题是，管制在各区位间的分布并不是随机的。我们在第 19.3 节所讨论的理论认为，更高的住房价格可能会使业主有更大动力去保护他们的财产价值，从而诱发更严格的管制出现。在这种情况下，高房价会导致更加严格的管制，而不会造成相反的情况。此外，增长更快的地区可以实施增长控制以减少拥堵或保护地方设施，这会使我们更难在数据中观察到管制对建筑的负面影响。由于管制的频繁变化，而且管制往往反映了历史上的土地利用模式，但是，简单地使用管制的落后价值可以减轻对反向因果关系的担忧，这一点并不十分明显。识别管制影响的另一个困难是，很多不可观察到的变量可能与住房供给管制相关，比如地方设施价值，并且对住房价格和数量具有独立的影响。

正如我们上面所提到的，少数研究已经构建了面板数据集以帮助解决这些内生性问题。格莱泽和沃德（2009）使用了马萨诸塞州乡镇影响新建筑建设的管制数据——特别是湿地规章制度、处理腐败性物质的规则以及在分区涉及公路和人行道的规则。使用 1980 ～ 2002 年的住房建筑许可证数据，并且在规范中不包括乡镇的固定效应，他们发现湿地规章制度和分区规则分别将减少新建筑约 6% 和 15%。当他们将乡镇固定效应包括进去后，这些估计增加至约10% 和 22%，这表明在那些具有高于平均建筑活动的地区，更倾向于实施这些管制（如上述假设）。然而，这些估计的标准误差相当大，不仅仅因为它们可能彼此之间没有显著差异，还可能因为固定效应设定中分区规则的估计效应不显著异于零。[33]

---

[33]　在一个固定效应规范中，他们还发现，集群分区似乎可以增加新的建设，他们将其解释为暗示这些规则可以通过将其引导到某些地区来鼓励建设，但同样，这个估计并不显著异于零。

格莱泽和沃德没有如所关注的结果那样伴随住房价格给出固定效应设定，这也许是因为他们只有采取了多年管制后的住房价格数据。由于他们样本中的管制与大部分除了历史密度之外的乡镇特征是不相关的，他们认为这些管制可以被视为密度的随机条件，这样他们可以提出关于住房价格对于管制的横截面回归。仅仅控制城镇特征的一小部分，他们发现了一个管制（由湿地规章制度、处理腐败性物质的规则和分区规则组成）指数和住房价格之间具有较小的正相关关系。但是，当控制更多的城镇特征以后，这种相关性就消失了。这些结果与赫尔斯利和斯特兰奇（1995）的模型相一致，价格差异在那些彼此可以相互替代的相近城镇之间可以忽略不计。

扎贝尔和道尔顿（Zabel and Dalton，2011）也使用了马萨诸塞州的时间序列数据来考察住房供给管制的影响。在他们的研究中，他们没有直接观察管制的变化。然而，他们通过考察新建筑可观察的地块面积的第 25 个百分位的变化，来推断最小地块面积限制的变化。他们认为，地块面积的中位数可能并不反映最小地块面积限制，因为这些限制可能只影响到地块面积分布的底部，而第 25 个百分位却可能反映出这些管制。在收集了每个城镇新开工地块面积的第 25 个百分位数据后，他们使用了一个具有结构性突破的框架来识别这些可能反映管制性改变的剧烈变化。在横截面中，他们发现最小地块面积与住房价格是不相关的。在具有分区固定效应的设定中，他们发现最小地块面积每增加 1 英亩（1.5 个标准差），住房价格将提高约 9%。[34]

第三个使用管制面板数据的研究论文是杰克逊（Jackson，2014），他基于格里克菲尔德和莱文（1992）所做的一个调查构建了 1970 ~ 1995 年的加州城市面板，其中包括当管制首次实施时的信息。他发现了一个额外的管制将使居住许可减少 4% ~ 8%，这比其他研究人员使用相同数据在一个横截面所估计的影响要小一些。

没有使用面板数据，伊兰菲尔德特（2007）使用过去的社区特征为土地利用限制构造工具变量，他认为这些特征与业主影响地方管制过程的能力是相关的。具体而言，他的工具变量包括教育程度、55 岁以上居民的比例、种族、住房自有率以及平均收入。他的研究表明这些变量对于管制来说是强有力的预测指标，通过一个辖区内使用的限制性土地管理技术的数量来衡量。尽管有人可能会担心这些社区特征可能与其他独立影响管制的住房价格因素相关，他发

㉞　他们还提供了对这一观点的很好说明，即跨社区的迁移可以削弱价格差异。特别是，对于那些分区权力估计非常弱的城镇来说，因为它们与其他城镇相比具有相似的设施（正如从住房价格对结构特征、年固定效应以及城镇固定效应回归计算的那样），最小地块面积仅仅可以少量提高住房价格。但是，当一个社区的有分区权力更大时，最小地块面积每增加 1 英亩，对住房价格的影响为 15% ~ 20%。

现这套工具通过了标准过度识别测试。奇怪的是，这套测量工具在他的佛罗里达州住房单元研究样本中非常有效，而格莱泽和沃德（2009）发现，这套测量工具在其对马萨诸塞州的城镇研究工作中不起作用。在佛罗里达州的销售交易样本中，他发现了被预测的管制会使得家庭独居住房的价格显著增加。[35] 他还发现，这种影响在包含较多城市的那些县更小，这与另一个观点是一致的，即在那些地方居民对于居住在何处拥有更多选择的地方，人口流动将削弱整个地区的住房价格差异。[36]

到目前为止，我们的讨论一直集中在那些旨在限制住房供给或以其他方式塑造居住开发的管制。影响费（Impact fees）不太适合这一描述，因为影响费是记在开发商账上的一笔费用，其收取的依据是为新开发所要求的公共基础设施进行融资。与基础设施的其他融资方式相比，这些费用会降低居住开发的数量，但其对土地价值可能产生的预计效应并不明确（Brueckner, 1997）。麦克法兰（McFarlane, 1999）指出费用的结构方式对这些预期的影响是十分重要的，不管是对于土地还是住房，抑或是已开发土地的价值来说。在经验方面，斯基德莫尔和佩德尔（Skidmore and Peddle, 1998）发现，伊利诺伊州杜佩奇县的居住开发由于这一影响费征收的冲击而大幅下跌。相比之下，比尔格和伊兰菲尔德特（2006a, b）提出了一个模型，表明影响费可以通过替代排他性规定以及降低对项目审批的不确定性来增加新建筑。在佛罗里达州各县的面板中，他们记录了大多数类型的郊区家庭独居住房的建筑和影响费用之间存在的正相关关系，这些影响费用不包括水和下水道系统改造的花费。这些相同的影响费可以在近郊区扩展多户建筑的建设，而在中心城市或远郊区则不可以。

虽然大多数经验研究都集中在管制对于住房价格和数量的影响上，但有少数研究已通过观察住房市场对于住房需求冲击的反应来考察了管制对于住房供给弹性的影响。萨克斯（Saks, 2008）提出，对地方劳动力需求的冲击会改变住房需求以及劳动力需求。延续巴尔季克（Bartik, 1991）思路，她计算了在一个大都市区内对劳动力需求的冲击，利用大都市区产业结构和产业就业的国家变化，她发现在那些住房供给限制更严格的大都市区，住房需求的增加会导

---

[35] 他发现了当假设管制是外源性时，管制对住房价格的影响更小，这令人有些费解，因为大多数的理论认为管制应该在高价区更强，这导致 OLS 得到的估算效应向上偏斜。

[36] 在另一个研究中，Chakraborty 等（2010）为分区住房单元密度构造工具变量——具体来说，一英亩面积内含有 8 个或 8 个以上单元的那些分区内的单元数量——在六个大都市区的郊区辖区样本中使用 1960 年的白人人口百分比以及与中心城市的距离。其他潜在的工具变量，包括家庭收入中位数的滞后值、教育程度、政府人均收入或支出以及政府碎片化，都与分区密度没有任何关系。他们发现在更高的许可密度和多户建筑变化之间存在较小的正相关关系，这表明密度限制会阻碍多户住房的开发。然而，他们的两个工具变量的 t 统计量在 2~5 之间，并且在测试报告中没有针对测量所使用工具的质疑或任何外部变量的报告。

致住房价格的更大提高以及建筑的减少，正如依据多个数据来源所创建的管制变量指数衡量的那样。然而在某种程度上，如萨斯（2010）所显示的，这些规定可能会与地理限制相关，她的研究结果可能会反映出天然限制以及管制性壁垒对住房供给弹性的影响。

在一个覆盖英格兰 353 个地方规划局（LPAs）的样本中，希尔伯特和默朗（Hilber and Vermeulen，2013）发现，一个类似的劳动力需求冲击会导致在管制更严格的地区住房价格更大幅度的上升。他们的分析为管制构造工具变量，包括使用历史人口密度、在 1983 年投票支持工党的比例以及一项引起了一些地方规划局比其他地方规划局改变更多许可审批流程的国家政策改革。这个研究还通过衡量 LPA 最高和最低高度之间的差异控制地理限制。在这个意义上说，这一研究比萨克斯（2008）所提供的管制影响指标更加明确。他们发现，当管制被视为外生变量时，管制对于住房供应弹性的估计影响更小，这表明在他们的样本中，管制往往在那些由于其他原因缺乏住房供给弹性的地区更加严格。

一些研究并没有使用工具变量来估计住房供给的弹性，而是使用了时间序列模型来估计住房供给的弹性。惠顿等（Wheaton et al.，2014）利用住房价格和住房存量的矢量误差修正模型（Vector Error-correction Model），估计了 68 个大都市区的住房供给弹性。他们发现，住房供给的长期弹性与 WRLURI 呈负相关。此外，在矢量误差修正模型的框架下，哈特—德利曼（Harter - Dreiman，2004）发现相对于那些不受限制的大都市区来说，地方收入变化与受限制大都市区更大的住房价格上升有关系，他们利用马尔佩齐（1996）中 20 世纪 80 年代末纳曼等（1990）的调查来衡量这些限制。格林等（Green et al.，2005）也发现了在建筑与住房价格变化之间的时间序列存在相关性，他们将其解释为一种住房供给的弹性，这种相关性在管制高的大都市区更低，正如纳曼等（1990）所做的同样调查衡量的那样。

如果管制会降低住房供给的弹性，那么在其他条件一样的情况下，我们就可以预期住房价格会变得更加不稳定，而建筑则变得更加稳定。事实上，马尔佩齐和沃切特（2005）表明在管制更多的大都市区（如通过 Linneman 等 1990 年对 20 世纪 80 年代末调查中的七个变量所衡量的），其住房价格变化的标准偏差更高，这通过计算 1979～1996 年的重复销售住房价格指数加以衡量。格莱泽等（2008）发现住房价格上涨在 20 世纪 80 年代更大，在 20 世纪 90 年代早期则更小，这表明在那些住房供给无弹性的地区，住房价格泡沫更加明显。虽然他们的研究关注的是地理限制，但是研究人员同时也指出，这些地理限制与管制是高度相关的。

这些研究中一个值得关注的问题是，在管制更高的地区，住房价格出现的更大波动是冲击所造成的更大波动的结果，而不是由于斜率更大的供给曲线所造成的结果。马尔佩齐和沃切特控制了就业年度变化的标准差和人均实际收入年度变化的标准差，但是这两个变量可能无法用来分辨其他冲击产生的波动。帕齐奥雷克（2013）通过估计和模拟一个动态结构模型解决了这个问题。在他的模型中，相对建筑成本的住房价格变化是投资（即建筑）和密度的一个函数。投资和密度与管制程度之间的相互作用表明，相对这些变量中的每一个变量来说，供给限制是如何改变住房价格的弹性的。他估计了这个模型的参数，通过使用对住房需求的两个冲击来确定住房供给的弹性——一个是巴尔季克式的估计就业冲击，另一个是使用年度大都市区外迁数据和两个大都市区域间平均迁移流量计算的估计迁移冲击。基于这些弹性估计，他随后模拟了价格和建筑对 100 个随机抽取的需求冲击的回应演变过程。他发现在那些管制更多的地区，住房价格对需求冲击的回应更加不稳定。相反，建筑在这些地区却是较少波动的。这些差异是相当大的，从管制的第 90 个百分位到管制的第 10 个百分位的变化导致价格波动减少 20%，同时引起投资波动增加 30%。

大卫杜夫（2013）与上面所提到的研究观点不一致，他指出在最近的住房价格周期中，管制和地理性障碍相对都很小的那些大都市区（如拉斯维加斯和迈阿密）经历了最显著的景气和衰退。值得注意的是，大部分出现巨大住房价格泡沫的大都市区——定义为 2000～2007 年和 2007～2010 年住房价格增长之间的差异——都经历了数量庞大的建设，并且在 20 世纪 80 年代住房价格上涨很小。由于管制会随着时间的推移慢慢演变，管制的巨大变化可以用来解释这两个周期的差异行为这一点看起来似乎并不合理。通过使用州固定效应来控制各个区位需求冲击的差异，他的研究进一步表明管制和地理限制与近期的住房价格泡沫幅度无关。这些结果表明，可以用来解释最近周期中住房市场波动变化的其实是各个区位住房需求相当大的波动，而不是住房供给的较低弹性。在本书的另一章，格莱泽对房地产泡沫进行了更加详细的讨论。

总而言之，大部分模型都预测管制会减少住房供给的弹性，从而导致住房存量减少、住房价格上涨、住房价格波动性加大以及新建筑波动性减少。虽然许多经验研究的确发现了这些关系的证据，但是这些研究主要是截面研究，因此可能会因遗漏变量而产生偏差和反向因果关系。少数研究已经采用面板数据或社区特征以缓解这些影响，但研究人员应该沿着这些思路来进行更多的研究工作。

19.4.2　对城市形态和住房所有权的影响

除了对住房数量的影响，住房供给管制还会影响城市形态的其他方面。米尔斯（Mills，2005）提出了一个模型，以表明在竞争性均衡中，密度控制通过使开发比应有规模得到更进一步的扩展，促进城市蔓延。伯托德和布吕克纳（2005）阐明了建筑物高度限制的类似结果。

当然，某些管制类型的目的是通过禁止在特定边界之外的开发来阻止蔓延，波特兰是一个常见例子。奎格利和斯沃博达（Quigley and Swoboda，2007）描述了一个模型，其中城市增长边界在被许可的范围内会提高开发密度，同时相对不受管制的情况而言，会减少市区的大小。其他类型的管制也可以减少蔓延，比如最大地块面积、最小密度限制、建筑许可的数量限制或影响费（Pasha，1992；Song and Zenou，2006；Geshkov and DeSalvo，2012）。

在一个 2000 年进行的涉及 182 个城市地区的样本中，戈斯科夫和蒂萨尔沃（2012）发现当县级管制包括最小地块面积和最大容积率（即，高度限制）时，城区面积较大，而当管制包括最大地块面积、建筑许可的最大数量、最小密度或影响费时，城区面积较小。他们发现，城市增长边界的存在和城区面积大小之间几乎没有相关性，为此他们推测这可能是因为这些边界不具有限制性或是因为这些边界不完全围绕城市地区，从而使得开发能够朝着这些方向推进。另一个问题是，城市增长边界可能被用于那些人口增长较快的地区，那里的居民都担心地方设施保护问题，因此一般来说，那些使用城市边界的地区可能比那些不使用城市边界的地区更大。

土地利用政策影响的另一个城市形态是家庭独居单元与多户单元的比例。如上所述，不是所有管制类型都具有相同的效果。最小地块面积或高度限制有可能降低多户住房的份额，而城市增长边界可能导致在一个较小的地理区域通过集中开发增加多户住房的比例（Pendall，2000；Nelson et al.，2004）。希尔伯特等（Hilber et al.，2014）提出了一个正式的模型表明管制是如何影响不同类型的住房供给，即使所有的家庭都偏好独居的楼面空间，而非多户楼面空间。在他们的模型中，只要中心城区可用于再开发的土地数量足够大，那么相比家庭独居建筑，家庭收入的突然增加会提高多户建筑的数量，因为这会为土地价格相对较高的地区带来更多的建筑。然而，由于管制的存在，比如最小地块面积或对多户住房的限制，收入冲击在建设方面造成的影响可以被转移到更有利可图的地区，在那些地区可以建造家庭独居住房。

几项研究已经表明在限制住房单元密度的管制和家庭独居住房与多户住房建筑的比例之间存在正相关关系（Shlay and Rossi，1981；Pendall，2000）。奎格利和拉斐尔（2005）发现，一个自治市的土地利用管制数量——包括限制非居住建筑物的密度和高度的管制、要求居住和商业开发有"足够的"现存服务水平以及那些要求选民投票批准或绝对多数的市议会投票以增加密度的管制——和新的家庭独居建筑之间存在一个正相关关系，他们还发现这些管制和新的多户建筑之间不存在相关性。希尔伯特等（2014）使用类似巴尔季克式就业比例的收入冲击代表住房需求，评估管制对住房需求类型的影响。他们发现，收入冲击通常与新建成多户住房比例增加相关，特别是在大都市区的中心城市。相比之下，在那些住房供给管制比平均水平高的大都市区，收入冲击和新建成住房类型之间不存在任何关系。他们得出结论认为，管制确实可以改变住房建设单元的类型。

管制的另一个与住房相关的潜在影响是在住房所有权方面。这一影响可能通过几个渠道。首先是拥有与租用的相对成本。在那些住房价格是未来预期租金现值的模型中，如奥尔塔洛—马格纳和普拉特（Ortalo – Magne and Prat, 2014），住房供给限制将与租金增加成比例地提高，住房所有权并没有发生变化。但是管制可以改变住房用户成本的其他部分。例如，菲谢尔的住房选民假说认为管制可能减少与不良新建筑相关的住房价值下降的风险，而且如果业主比房东更愿意规避风险，那么与住房投资相关的溢价风险下降将提高住房所有权。此外，就管理家庭独居租赁财产比管理多户租赁财产成本更高这一点来说，限制多户住房供给的管制可以提高住房自有率。[37]

只有少数研究论文从经验角度考察了管制对住房所有权的影响。正如我们在上面所详细讨论过的，住房所有权可以带来更严格的管制，所以任何经验分析必须面对反向因果关系的可能性。在其对芝加哥普查的样本中，施莱和罗西（Shlay and Rossi, 1981）发现，管制更多的普查区在 1960 年和 1970 年之间经历了业主自用住房单元数量更大规模的增加，以及租住单元数量更大规模的下降，这表明了住房所有权的增加。他们使用住房存量的变化缓解了对反向因果的担忧，但我们仍然担心管制反映的是过去的建设模式，这反过来可以反映对业主自用住房的需求。在大都市区的截面研究中，马尔佩齐（1996）发现管制与住房自有率的相关性极小。不过他也发现，管制导致住房价格比租金提高更多。基于价格和租金与住房自有率之间的关系，他的结论是管制可以减少住房所有权。

总之，管制对城市形态的预计影响一定程度上取决于考虑的管制类型。似乎最小地块面积和高度限制会促进蔓延，而最大地块面积、建设限制、最小密度要求以及影响费会减少蔓延（Geshkov and DeSalvo, 2012）。同时，密度限制也会增加家庭独居住房的比例（Shlay and Rossi, 1981；Pendall, 2000）。但

---

[37]　虽然 Ortalo – Magne 和 Prat 的研究没有考察管制对业主自用住房投资的影响，但住房价格下降的风险可以被建模为对租金的冲击变化的下降，而租赁住房管理成本的增加可以被建模为住房所有权溢价的增加。

是，正如我们已一再说明的，这项研究是基于截面证据，我们可以从面板数据和其他途径来了解更多，以控制可能与管制和城市形态相关的遗漏变量。至于住房所有权，我们都意识到关于管制对住房所有权影响的研究数量极少，无论是理论上的还是经验上的，因此这一主题也将对今后的研究工作有所帮助。

19.4.3 住房市场以外的影响

通过改变各区位的住房价格分布，住房供给管制可以影响不同类型家庭的区位选择，从而影响任何给定社区家庭的典型特征。也许需要考虑的主要家庭特征是收入，因为更富裕的家庭负担由管制造成的更高住房成本的能力更强（Downs，1973；Ellickson，1977；Neiman，1980；Gyourko and Voith，2002；Gyourko et al.，2013）。当然，从经验角度来看，很难将管制对家庭收入的影响与更高收入家庭投票支持制定更严格管制的可能性区分开来。

了解管制对收入分类影响的一种方法是考察在管制实施后的邻里收入变化。例如，卡恩等（2010）表明在建立沿海边界区域对加州海岸线附近的建筑实施管制后，该区域内土地普查区的家庭收入比该区域外土地普查区的上涨速度更快，即使在控制到海岸线的距离及一组其他普查区特征后亦是如此。莱文（1999）发现，控制 1980 年的收入后，在 1979 年和 1988 年之间实施更多增长控制措施的那些城市在 1990 年的收入更高。[38]

捷尔科等（2013）使用国家需求冲击（由高收入家庭总数量的变化计算）确定了整个大都市区的收入排序。他们发现，一个正面的国家需求冲击会导致在那些"明星"大都市区的高收入居民占有更大份额，这些大都市区被他们定义为在过去 20 年住房价格和住房单元增长的总和超过整个大都市区中位数的地区。由于受高度管制的大都市区往往有高于平均水平的价格增长，在他们的研究样本中，许多这样的"明星"地区往往受到高度管制。因此，总体冲击在受到高度管制的地区会造成更多的高收入家庭。

由于收入与许多其他家庭特征是相关联的，我们可以想象住房供给管制会影响其他家庭特征的地理分布。备受关注的一个特征就是种族。正如上面所提到的，有些人认为种族隔离可能是激励分区管制的一个因素（Rolleston，1987；Nelson et al.，2004）。事实上，一些研究已经发现，受管制更多的社区会经历少数民族人口更为缓慢的增长（Levine，1999；Pendall，2000；Quigley

---

　　[38]　Shlay 和 Rossi（1981）发现，以 1960 年的收入为条件，被划为高密度开发的居住面积比例较低的芝加哥郊区的普查区在 1970 年的收入更高。管制和收入之间的相关性在中心城市的普查区则小得多。

et al. , 2004），或少数民族人口比例的下降（Donovan and Neiman，1995）。这些结果已经被用来论证对存在分区的排他性动机，但是对此解释我们一定要谨慎。分区会导致排序这一事实，并不一定意味着排序是管制的预期结果。另一方面，管制的模式与排他性动机相一致这一情况，肯定应该被进一步详细考察。不管影响是否是预期中的，管制与随后种族隔离的相关性增加，对决策者来说应该是其关注的结果。纳尔逊等（Nelson et al. , 2004）发现，那些有城市控制边界的大都市区在整个 20 世纪 90 年代种族隔离程度增幅较小。他们把这个结果作为证据，来证明这些管制类型比其他类型的土地利用政策的排他性更小，因为这些管制类型经常需要采纳那些在城市区域内鼓励经济适用房的政策。

加农和肖格（Ganong and Shoag，2013）提出了一个模型，表明住房供给管制会导致形成按技能的排序，只要低技能工人为土地付出与其收入不成比例的消费。此外，该模型还预测，住房供给限制将通过限制从低工资地区向高工资地区的迁移，引起区位间收入差异的持续存在。在此模型的基础上，他们断言一些州内管制的增加已经导致了各州更多的技能排序，同时弱化了各州的收入趋同。为了衡量州层次随时间变化的管制，他们清点了那些州上诉法院的案件，在这些案件中，每个州每年都提到"土地利用"，之后他们根据 1940 年以来与土地利用相关的累计诉讼案件数量创建了一个指数。与他们的理论相一致的是，他们发现 20 年的人口增长率仅与那些管制水平较低的州的初始收入水平呈负相关关系。此外，较高的初始收入水平只会导致在那些管制水平低的州内，与迁移相关的人力资本下降。

住房供给管制的影响可以扩展到家庭区位排序之外的范畴。因为大多数人工作地和居住地位于同一个大都市区，住房供给管制会影响劳动力供给，并因此影响地方劳动市场的运作。尤其是，住房供给弹性更低可能意味着劳动力供给弹性更低。为了支持这一猜想，萨克斯（2008）表明在那些住房供给管制更严格的大都市区，巴尔季克式的劳动力需求冲击会带来更低的就业增长和更高的工资。同样，格莱泽等（2006）发现，管制降低了地方人口对地方生产率冲击的回应。我们可以预计这一结果是被削弱的迁移对劳动力需求冲击的反应。然而，扎贝尔（Zabel，2012）发现在那些住房供给弹性更低或平均初始价格水平更高的地区，作为对需求冲击的回应，向大都市区移入和移出更为频繁。这些结果没有直接与萨克斯的研究相对比，因为扎贝尔使用了萨斯（2010）的估计数据来衡量住房供给的弹性，而萨斯（2010）的估计数据是基于地理限制，而不是基于住房供给管制的观察指标确定的。不过，由于管制与地理限制和住房价格水平存在相关性，令人费解的是，迁移数量在弹性更大的地区似乎并没有对需求冲击作出更大的回应。

综上所述，管制可以通过收入、种族或其他特征引起家庭排序。无论是有意的还是无意的，对于政策制定者来说，考虑这些影响都是十分重要的，因为社区构成可以对许多其他结果造成影响，包括地方公共服务的需求和地方税收基数的大小。管制还可以通过限制劳动力供给对劳动力需求变化的反应来影响地方劳动力市场。由于工人迁移是主要的途径，地方劳动力市场可以通过工人迁移对地方需求变化作出反应（Blanchard and Katz，1992），管制施加的限制可能已经对地方社区的经济健康带来有意义的影响。

19.5　管制的福利意义

到目前为止，我们还没有谈到管制的福利意义。对于这一主题的讨论并不简单，因为任何基于模型对福利的评估，都取决于关于管制和地方环境的哪些方面会进入主体效用函数以及它们如何被估值的那些假设。在奥尔塔洛—马格纳和普拉特（2014）中，管制会降低福利，因为其唯一功能就是降低住房单元的数量；它不会增加任何可以弥补其负面影响的地方设施。当城市居民卖掉自己的住房并搬走时，他们的确可以从更高的住房价格中获益，但之后是以更高的租金为代价的。

在赫尔斯利和斯特兰奇（1995）中，人口密度以负数形式进入到居民的效用函数中，所以管制的确可以产生一些益处。即便如此，他们发现管制会降低福利净值，对住房价格的负面影响远远超过更低密度的积极作用，因为从受管制社区到不受管制社区迁移，会引起不受管制社区的住房价格和人口密度上升，同时减少效用。由于自由迁移意味着效用在各区位间相等，因此在受管制社区的居民状况也同样变差。[39]

但是，如果不受管制社区大到足以吸收更多的人口，同时却不会增加密度或住房价格，这一结论将不会成立。在较小的受管制社区模型中，人口控制产生的设施会完全以土地租金的形式资本化，提高了房主和土地所有者的效用，并且降低了未开发土地所有者的效用，对福利总量的净影响是不明确的（Brueckner，1990；Engle et al.，1992）。

衡量土地利用控制效率的经验研究包括格莱泽等（2005），在他们对曼哈

---

[39]　特别是，住房价格在受管制的社区甚至比在不受管制的社区更高，抵消较小规模人口的利益还有余。

顿公寓市场研究中，这一研究提出是否存在足够的平衡溢出使他们所估计的非常高的"管制性税收"具有合理性。在曼哈顿背景下，声称额外增加一个人会破坏该地区的天然田园风光是不能令人信服的。不过，也明显存在与建筑相关的外部成本。例如，现有居民的住房景致被挡住，还有就是城市基础设施更加拥堵，新居民可能造成当前公民的财政负担。研究人员从 193 个城市的样本中通过同一建筑物不同楼层的公寓价格差估计景色的价值，以及通过租金对平均收入和人口规模的回归来估计拥堵的外部性。与管制性税收的规模相比，这两者都能产生相对较小的成本估计。此外，他们认为进入曼哈顿的居民可能代表向城市正的财政转移，因为高房价意味着新居民比现有居民更加富裕，同时，这些移民可能比现有居民孩子更少。因此，格莱泽等（2005）得出结论认为，土地利用控制会使曼哈顿地区的住房供给更加紧张，且这种紧张效率低下。

特纳等（2014）给出了供给限制对福利影响的一个更近期和更雄心勃勃的估计。他们通过将主要产业数据提供商（CoStar）带有 WRLURI 限制指标的关于土地销售的物业数据与 2006 年全国土地覆盖数据库相结合，提供了更多数据来支持这一问题。最终，他们能创建一个全国性的数据集，但是仍无法看到足够的地理细节。

从概念上讲，研究人员发现对土地价值管制的因果影响由三个效应组成：（a）一个"自有地块效应"，反映了管制对土地利用方式的成本，（b）一个"外部效应"，反映了管制对附近土地所有者的价值，以及（c）一个"供给效应"，反映了管制对可开发土地供给的影响。他们用来确定每个影响的经验策略取决于自治市间边界的不连续性。从本质上讲，他们比较跨越城市边界的空置土地的销售价格，在边界地区管制会改变。关键的识别假设是，相关边界两侧土地未观测到的性状的平均差异与同一边界另一边的管制差异并不相关。特纳等（2014）指出，许多边界的外生性及其控制各种协变量的能力有助于确保该假设不被违反。

研究人员报告了一个在统计学上和经济学上较大的和消极的"自有地块"效应。如果体现在 WRLURI 指标的地方管制提高一个标准差，土地价值会减少约 1/3，[40] 研究人员不能拒绝"外部的"成分为零，并且标准差足够小，使

---

[40]　一个负的"自有地块"效应的发现表明，管制会防止土地拥有者将其土地的利用最优化。然而，并非所有土地开发形式的限制需要牺牲土地拥有者的利益。Libecap 和 Lueck（2011）认为土地划界的矩形体系大幅提高了相对边界和范围系统的土地价值，即使它会限制地块的形状。他们认为，即使矩形体系的限制性更强，它通过降低执行成本、交易成本和基础设施投资的协调成本创建了一个更加安全和可交换的产权。

他们能够肯定抵消"自有地块"效应的影响并不是确定的。他们还发现，如果地方管制环境提高一个标准差，可开发土地的供给会少量降低。总体而言，管制指数增加一个标准差会使土地价格下降36%，所以特纳等（2014）还得出结论，如果放松土地利用管制，福利将得到改善。

特纳等（2014）是我们理解土地利用管制的福利效应方面的重要进展。然而，研究人员清醒地认识到他们的分析并非关于这一问题的最终结论。他们对边界不连续性的依赖在计量经济执行方面有很大的优势，但是估计的影响不需要推广到更远的地块，并且在远离已建成的郊区边界的地区有很多开发行为。此外，由于管制的"外部"利益是基于控制几百米范围内的土地价格，因此他们的分析可能会低估管制的"外部"利益，而且，比如说，缓解的交通和更多的开放空间可能造福一个更大的区域。

对于后一点，切希尔和谢泼德（Cheshire and Sheppard，2002）分析了管制的福利效应，这一研究方式使他们能够将更多的地理分散利益包括进去。在英格兰里丁一个待售住房的样本中，他们估计了一个享乐回归和支出份额的公式，以确定家庭对工业土地利用限制以及开放空间提供的价值，这是两个在他们所研究地区内由地方规划系统形成的关键环境设施。虽然他们从这些设施中估计了相当大的总收益，但在一个校准中他们发现净福利将因土地利用管制放松而得到改善，因为住房价格的下降超过环境设施的损失。[41] 尤其是，适度的管制放松将带来家庭收入平均2%的增幅，而显著的管制放松会带来收入大约4%的平均增幅。

总之，大多数的模型和经验估计表明，管制会降低总体福利净值。并且从经济学方面来看，估计的效应往往较大。然而，我们还需要进行更多的研究工作，特别是关于衡量管制给地方居民可能带来的利益的研究。此外，进一步研究谁从管制中获益、谁会因管制受损，以及不同管制类型的福利影响，都将是极其有助益的。

19.6 结　　论

尽管对住房供给管制研究的数量在迅速增长，但是关于其原因和影响的知识还是不够的。我们对住房供给管制的原因和影响认识不够充分的一个原因

㊶　在佛罗里达州的一个住房样本中，Ihlanfeldt（2009）也发现了土地利用总体规划会增加一个社区的吸引力，因为综合土地利用规划的一个平衡预算的扩展会提高住房价格。

是，大多数经验研究是基于截面数据。由于管制可能与地方的地理、人口和经济环境等未观测特征相关，很难从单独的截面数据来估计因果作用。在本章中，我们已经指出了一些使用面板数据的例子，使得我们对管制的原因和影响能进行更清楚的分析与认识。然而，面板数据的收集成本非常高，因为调查必须非常详尽以把握存在于不同区位的各种管制。除了进行更多的调查，研究人员还应探索可能揭示管制程度的其他可用数据。同时，仔细考虑管制有创造性的工具变量和管制的潜在决定因素也对研究有助益，这使我们在不使用面板数据的情况下也能更好进行因果关系估计。

当前住房供给管制数据另一个令人不满的方面是，绝大多数的数据都来自美国。一个值得注意的例外是希尔伯特和默朗（2013），他们使用了英格兰地方规划地区关于重要住房项目拒绝率和延迟超过 13 周的比例的数据。另一个例外是索莱—奥莱和维拉德坎斯—马沙尔（2012），他们使用由西班牙市政府划分为开发目的的新土地数量。[42] 此外，福和萨默维尔（2001）分析了上海的高度限制。本书布吕克纳和拉尔一章讨论了管制在限制发展中国家可负担住房供给中所起的作用。因为从住房供给弹性来看，尤为可惜的是美国似乎处在研究范围的一个端点上，因此缺乏关于管制的国际性证据。卡尔德拉和约翰森（2013）使用一个两方程误差修正模型估计了 21 个经合组织国家的住房供给弹性，并发现美国的住房供给弹性最大。并且在这 21 个国家之中，美国获得建筑许可所需的最低平均时间最短。总的来看，他们发现弹性更大的国家往往取得许可证所需的时间更短。[43]

由于衡量管制存在难度，因此关于这一主题的理论研究往往比经验研究更超前。然而，理论方面也仍然存在一些缺口。其中一个方面就是关于开发商和其他开发支持者在地方政治中所起到的影响。许多研究人员已经提出一些模型来解释住房拥有者在管制形成中所起的作用，但是对于反对力量的研究注意力则少得多。另一个值得进一步探讨的理论研究领域就是管制对住房所有权的影响。许多决策制定者谴责住房供给管制构成了对住房所有权的障碍，因为管制提高了住房价格。然而，简单的管制理论能够预测住房价格和租金成比例增加，使得住房所有权不变。事实上，如果管制能减少可能对地方房价产生负面影响的附近地区开发，管制可能会对住房所有权起到促进作

---

　　[42]　Cheshire 和 Hilber（2008）使用了 Glaeser 和 Gyourko（2003）提出的间接方法为 14 个英国区位和 8 个欧洲大陆区位考察办公空间的供应限制。

　　[43]　其他研究已经估计了一些国家的住房供给弹性，并将其与居住建筑管制环境的定性评估对比。这些研究包括 Vermeulen 和 Rouwendal（2007）对荷兰的研究、Malpezzi 和 Maclennan（2001）对英国和美国的研究、Malpezzi 和 Sa - Aadu（1996）对非洲的研究、Bertaud 和 Malpezzi（2001）对马来西亚的研究、Green 等（1994）对韩国的研究，以及 Whitehead 等（2009）对英国、保加利亚和中国的研究。

用。我们对于这一主题的正式模型还不清楚，因此这些理论对于政策讨论将很有助益。

在本章中，我们也强调了一些值得进一步探索的经验难题。一个难题是，虽然存在许多预言住房拥有者是管制有力支持者的模型，但缺乏管制和住房所有权之间的相关性。文献中的另一个问题是过去的土地利用与管制之间的相关性。当比较大都市区内的区位时，看起来历史上建筑更加密集的自治市当前的管制更少，至少从被允许的未来密度来看是这样的。但在大都市区的截面中，历史密度更大的区位管制程度也更高。第三个难题是在管制程度更高的市场中，最近的住房价格周期振幅并没有变得更大。

有关管制影响的绝大多数论文都关注对住房市场的影响。在本章中，我们已经讨论了住房价格、建筑、住房供给弹性、住房价格和建筑的波动性以及城市的形成。我们还讨论了住房市场以外的效应，包括家庭根据收入和人口特征的排序以及对地方劳动力市场的影响。然而，管制可能会潜在地影响经济的其他诸多方面。有一些想法是值得探讨的，包括管制对劳动生产率和产出的影响，因为住房供给限制会影响可用工人的数量及其技能分配；管制对翻新支出的影响，因为它会鼓励家庭留在他们目前的住房里，而不会将其出售再购买更贵的新建住房；还有管制对于获得信用的影响，通过提高住房价格使住房拥有者的财富增长。

我们以关于管制的福利结果结束本章的讨论。管制会减少福利这一点并不明显，即使管制会提高住房成本，因为许多管制形式旨在形成地方环境舒适设施或减轻负外部性。然而，多数理论和经验研究已经发现，管制成本超过了其利益，且超出幅度相当可观。鉴于这一结果，土地利用管制的普遍存在可能有点令人费解。一种可能是那些从管制中受益的主体对地方政治进程具有更大的影响力，从而以牺牲多数人利益为代价使少数人获益。另一种可能是地方政策制定者和选民夸大了益处或低估了成本。第三种可能是研究人员一直无法充分衡量管制的益处。显然，更多的研究将有助于充分考察管制的福利效应，尤其是分配结果以及这些影响与地方政治进程的相互作用。[44] 随着对于住房供给管制的激增并且随时间推移这些管制变得更加严格，对于提高我们对住房市场、地方公共财政以及家庭空间分布情况和经济活动的理解，关于管制所有原因和结果的进一步研究只会变得越来越重要。

---

[44] Cheshire 和 Sheppard（2002）考察了分布效应，并且发现了管制对大部分样本中的家庭产生了一个正的净成本。但是他们的样本较小，并且仅仅由住房拥有者构成。

致　　谢

Will Strange 和其他编辑都对这一章的编写提供了有益的建议。我们也感谢 Holger Seig 对我们早期版本所提出的意见。当然，我们仍然对本章可能出现的任何错误或遗漏负有责任。J. G. 感谢沃顿商学院的 Samuel Zell 和 Robert Lurie 房地产研究中心研究资助项目提供的财政支持。本章的分析以及提出的结论代表研究人员的观点，并不表示其他研究人员或联邦储备委员会一致赞同。

参考文献

Baldassare, M., Protash, W., 1982. Growth controls, population growth, and community satisfaction. Am. Sociol. Rev. 47 (3), 339–346.

Barseghyan, L., Coate, S., 2013. Property Taxation, Zoning, and Efficiency: A Dynamic Analysis. Cornell University, Revised September 2013.

Bartik, T., 1991. Who Benefits from State and Local Economic Development Policies? W.E. Upjohn Institute for Employment Research, Kalamazoo, MI.

Bates, L.J., Santerre, R.E., 1994. The determinants of restrictive residential zoning: some empirical findings. J. Reg. Sci. 34 (2), 253–263.

Bertaud, A., Brueckner, J.K., 2005. Analyzing building-height restrictions: predicted impacts and welfare costs. Reg. Sci. Urban Econ. 25, 109–125.

Bertaud, A., Malpezzi, S., 2001. Measuring the costs and benefits of urban land use regulation: a simple model with an application to Malaysia. J. Hous. Econ. 10, 393–418.

Black, J.T., Hoben, J.E., 1985. Land price inflation and affordable housing. Urban Geogr. 6, 27–47.

Blanchard, O., Katz, L.F., 1992. Regional evolutions. Brook. Pap. Econ. Act. 1992, 1–61.

Brooks, L., Lutz, B., 2012. From today's city to tomorrow's city: an empirical investigation of urban land assembly. Working paper.

Brooks, L., Lutz, B., 2014. Vestiges of transit: urban persistence at a micro scale. Working paper.

Brueckner, J.K., 1990. Growth controls and land values in an open city. Land Econ. 66 (3), 237–248.

Brueckner, J.K., 1995. Strategic control of growth in a system of cities. J. Public Econ. 57, 393–416.

Brueckner, J.K., 1997. Infrastructure financing and urban development: the economics of impact fees. AEA Pap. Proc. 66, 383–407.

Brueckner, J.K., 1998. Testing for strategic interaction among local governments: the case of growth controls. J. Urban Econ. 44, 438–467.

Brueckner, J.K., 2009. Government land use interventions: an economic analysis. In: Lall, S.V., Freire, M., Yuen, B., Rajack, R., Helluin, J.-J. (Eds.), Urban Land Markets: Improving Land Management for Successful Urbanization. Springer, New York, NY, pp. 3–23.

Burge, G., Ihlanfeldt, K., 2006a. Impact fees and single-family home construction. J. Urban Econ. 60, 284–306.

Burge, G., Ihlanfeldt, K., 2006b. The effects of impact fees on multifamily housing construction. J. Reg. Sci. 46 (1), 5–23.

Calabrese, S., Epple, D., Romano, R., 2007. On the political economy of zoning. J. Public Econ. 91, 25–49.

Caldera, A., Johansson, A., 2013. The price responsiveness of housing supply in OECD countries. J. Hous. Econ. 22, 231–249.

Cervero, R., Duncan, M., 2004. Neighbourhood composition and residential land prices: does exclusion raise or lower value? Urban Stud. 41 (2), 299–315.

Chakraborty, A., Knapp, G.-J., Nguyen, D., Shin, J.H., 2010. The effects of high-density zoning on multifamily housing construction in the suburbs of six U.S. metropolitan areas. Urban Stud. 47 (2), 437–451.

Cheshire, P.C., Hilber, C.A.L., 2008. Office space supply restrictions in Britain: the political economy of market revenge. Econ. J. 118, 185–221.

Cheshire, P., Sheppard, S., 2002. The welfare economics of land use planning. J. Urban Econ. 52, 242–269.

Clark, T.N., Goetz, E.G., 1994. The antigrowth machine. In: Clark, T.N. (Ed.), Urban Innovation: Creative Strategies for Turbulent Times. SAGE Publications, Thousand Oaks, CA, pp. 105–145.

Colwell, P., Kau, J., 1982. The economics of building codes and standards. In: Bruce Johnson, M. (Ed.), Resolving the Housing Crisis. Pacific Institute for Public Policy Research, San Francisco, CA.

Cunningham, C., 2007. Growth controls, real options and land development. Rev. Econ. Stat. 89 (2), 343–358.

Davidoff, T., 2013. Supply elasticity and the housing cycle of the 2000s. Real Estate Econ. 41 (4), 793–813.

Davis, M., Heathcote, J., 2004. The price and quantity of residential land in the United States. Discussion Paper No. 2004-37. Board of Governors of the Federal Reserve System, Finance and Economics, Washington, DC.

Davis, M.A., Palumbo, M.G., 2008. The price of residential land in large US cities. J. Urban Econ. 63, 352–384.

Donovan, T., Neiman, M., 1995. Local growth control policy and changes in community characteristics. Soc. Sci. Q. 76 (4), 780–793.

Downs, A., 1973. Opening Up the Suburbs: An Urban Strategy for America. Yale University Press, New Haven, CT.

Dubin, J.A., Roderick Kiewiet, D., Noussair, C., 1992. Voting on growth control measures: preferences and strategies. Econ. Polit. 4, 191–213.

Ellickson, R., 1977. Suburban growth controls: an economic and legal analysis. Yale Law J. 86, 385–511.

Engle, R., Navarro, P., Carson, R., 1992. On the theory of growth controls. J. Urban Econ. 32, 269–283.

Epple, D., Romer, T., Filimon, R., 1988. Community development with endogenous land use controls. J. Public Econ. 35, 133–162.

Evenson, B., Wheaton, W.C., 2002. Why Local Governments Impose Land-Use Regulations, Mimeo.

Evenson, B., Wheaton, W.C., 2003. Local variation in land use regulations [with comments]. Brookings-Wharton Papers on Urban Affairs: 2013, pp. 221–260.

Fischel, W.A., 1985. The Economics of Zoning Laws: A Property Rights Approach to American Land Use Controls. John Hopkins University Press, Baltimore, MD.

Fischel, W.A., 2001. The Homevoter Hypothesis. Harvard University Press, Cambridge, MA.

Fischel, W.A., 2004. An economic history of zoning and a cure for its exclusionary effects. Urban Stud. 41 (2), 317–340.

Fischel, W.A., 2008. Political structure and exclusionary zoning: are small suburbs the big problem? In: Ingram, G.K., Hong, Y.-H. (Eds.), Fiscal Decentralization and Land Policies. Lincoln Institute of Land Policy, Cambridge, MA, pp. 111–136.

Foster, D., Summers, A.A., 2005. Current state legislative and judicial profiles on land-use regulations in the U.S. Wharton Real Estate Center Working paper No. 512. The Wharton School, University of Pennsylvania, Philadelphia, PA.

Frieden, B., 1979. A new regulation comes to suburbia. Public Int. 55, 15–27.

Fu, Y., Somerville, C.T., 2001. Site density restrictions: measurement and empirical analysis. J. Urban Econ. 49, 404–423.

Ganong, P., Shoag, D., 2013. Why has regional income convergence in the U.S. declined? HKS Working paper No. RWP12-028. Available from SSRN: http://ssrn.com/abstract=2081216.

Geshkov, M.V., DeSalvo, J.S., 2012. The effect of land-use controls on the spatial size of U.S. urbanized areas. J. Reg. Sci. 52 (4), 648–675.

Glaeser, E.L., Gyourko, J., 2003. The impact of building restrictions on housing affordability. FRBNY Econ. Pol. Rev. 9, 21–39.

Glaeser, E., Ward, B., 2009. The causes and consequences of land use regulation: evidence from greater Boston. J. Urban Econ. 65 (3), 265–278.

Glaeser, E.L., Gyourko, J., Saks, R.E., 2005. Why is Manhattan so expensive? Regulation and the rise in housing prices. J. Law Econ. 48 (2), 331–369.

Glaeser, E.L., Gyourko, J., Saks, R.E., 2006a. Urban growth and housing supply. J. Econ. Geogr. 6, 71–89.

Glaeser, E., Schuetz, J., Ward, B., 2006b. Regulation and the Rise of Housing Prices in Greater Boston. Pioneer Institute for Public Policy Research, Boston, MA, Policy Brief PB-2006-1.

Glaeser, E.L., Gyourko, J., Saiz, A., 2008. Housing supply and housing bubbles. J. Urban Econ. 64, 198–217.

Glickfeld, M., Levine, N., 1992. Regional Growth—Local Reaction: The Enactment and Effects of Local Growth Control and Management Measures in California. Lincoln Institute of Land Policy, Cambridge, MA.

Green, R.K., Malpezzi, S., Vandell, K., 1994. Urban regulations and the price of land and housing in Korea. J. Hous. Econ. 3, 330–356.

Green, R.K., Malpezzi, S., Mayo, S.K., 2005. Metropolitan-specific estimates of the price elasticity of supply of housing, and their sources. AEA Pap. Proc. 95 (2), 334–339.

Gyourko, J., Saiz, A., 2006. Construction costs and the supply of housing structure. J. Reg. Sci. 46 (6), 627–660.

Gyourko, J., Voith, R., 2002. Capitalization of federal taxes, the relative price of housing, and urban form: density and sorting effects. Reg. Sci. Urban Econ. 32, 673–690.

Gyourko, J., Saiz, A., Summers, A.A., 2008. A new measure of the local regulatory environment for housing markets: the Wharton Residential Land Use Regulatory Index. Urban Stud. 45 (3), 693–721.

Gyourko, J., Mayer, C., Sinai, T., 2013. Superstar cities. Am. Econ. J. Econ. Pol. 5 (4), 167–199.

Hamilton, B., 1978. Zoning and the exercise of monopoly power. J. Urban Econ. 5, 116–130.

Harter-Dreiman, M., 2004. Drawing inferences about housing supply elasticity from house price responses to income shocks. J. Urban Econ. 55, 316–337.

Helsley, R.W., Strange, W.C., 1995. Strategic growth controls. Reg. Sci. Urban Econ. 25, 435–460.

Hilber, C.A.L., Robert-Nicoud, F., 2013. On the origins of land use regulations: theory and evidence from us metro areas. J. Urban Econ. 75, 29–43.

Hilber, C.A.L., Vermeulen, W., 2013. The Impact of Supply Constraints on House Prices in England. Version: July 24, 2013.

Hilber, C.A.L., Rouwendal, J., Vermeulen, W., 2014. Local economic conditions and the nature of new housing supply. Working paper.

Ihlanfeldt, K.R., 2004. Introduction: exclusionary land-use regulations. Urban Stud. 41 (2), 255–259.

Ihlanfeldt, K.R., 2007. The effect of land use regulation on housing and land prices. J. Urban Econ. 61, 420–435.

Ihlanfeldt, K.R., 2009. Does comprehensive land-use planning improve cities? Land Econ. 85 (1), 74–86.

Jackson, K., 2014. Do land use regulations stifle residential development? Evidence from California cities. J. Urban Econ. Working paper.

Kahn, M.E., Vaughn, R., Zasloff, J., 2010. The housing market effects of discrete land use regulations: evidence from the California coastal boundary zone. J. Hous. Econ. 19, 269–279.

Katz, L., Rosen, K., 1987. The interjurisdictional effects of growth controls on housing prices. J. Law Econ. 30, 149–160.

Lenon, M.J., Chattopadhyay, S.K., Heffley, D.R., 1996. Zoning and fiscal interdependencies. J. Real Estate Finance Econ. 12, 221–234.

Levine, N., 1999. The effects of local growth controls on regional housing production and population redistribution in California. Urban Stud. 36 (12), 2047–2068.

Libecap, G.D., Lueck, D., 2011. The demarcation of land and the role of coordination property institutions. J. Polit. Econ. 119 (3), 426–467.

Linneman, P., Summers, A.A., Brooks, N., Buist, H., 1990. The state of local growth management. Wharton Real Estate Center Working paper No. 81. The Wharton School, University of Pennsylvania, Philadelphia, PA.

Logan, J.R., Zhou, M., 1990. The adoption of growth controls in suburban communities. Soc. Sci. Q. 71, 118–129.

Lutz, B., 2013. Quasi-experimental evidence on the connection between property taxes and residential capital investment. Am. Econ. J. Econ. Pol., Revised January 13, 2014, forthcoming.

Lynch, A.K., Rasmussen, D.W., 2004. Proximity, neighbourhood and the efficacy of exclusion. Urban Stud. 41 (2), 285–298.

Malpezzi, S., 1996. Housing prices, externalities, and regulation in U.S. metropolitan areas. J. Hous. Res. 7, 209–241.

Malpezzi, S., Maclennan, D., 2001. The long-run price elasticity of supply of new residential construction in the United States and the United Kingdom. J. Hous. Econ. 10, 278–306.

Malpezzi, S., Sa-Aadu, J., 1996. What have African housing policies wrought? Real Estate Econ. 24 (2), 133–160.

Malpezzi, S., Wachter, S.M., 2005. The role of speculation in real estate cycles. J. Real Estate Lit. 13 (2), 143–164.

Mayer, C.J., Somerville, C.T., 2000. Land use regulation and new construction. Reg. Sci. Urban Econ. 30, 639–662.

McDonald, J.F., 1995. Houston remains unzoned. Land Econ. 71 (1), 137–140.

McDonald, J.F., McMillen, D.P., 2004. Determinants of suburban development controls: a Fischel expedition. Urban Stud. 41, 341–361.

McFarlane, A., 1999. Taxes, fees, and urban development. J. Urban Econ. 46, 416–436.

McMillen, D.P., McDonald, J.F., 1991. Urban land value function with endogenous zoning. J. Urban Econ. 29, 14–27.

Mills, E.S., 2005. Why do we have urban density controls? Real Estate Econ. 33 (3), 571–585.

Molotch, H., 1976. The city as a growth machine: toward a political economy of place. Am. J. Sociol. 82 (2), 309–332.

Neiman, M., 1980. Zoning policy, income clustering and suburban change. Soc. Sci. Q. 61, 666–675.

Nelson, A.C., Dawkins, C.J., Sanchez, T.W., 2004. Urban containment and residential segregation: a preliminary investigation. Urban Stud. 41 (2), 423–439.

Nichols, J.B., Oliner, S.D., Mulhall, M.R., 2013. Swings in commercial and residential land prices in the United States. J. Urban Econ. 72, 57–76.

Noam, E.M., 1983. The interaction of building codes and housing prices. AREUEA J. 10, 394–404.

Ortalo-Magne, F., Prat, A., 2014. On the political economy of urban growth: homeownership versus affordability. Am. Econ. J. Microecon. 6 (1), 154–181.

Oster, S., Quigley, J., 1977. Regulatory barriers of the diffusion of innovation: some evidence from building codes. Bell J. Econ. 8, 361–377.

Paciorek, A., 2013. Supply constraints and housing market dynamics. J. Urban Econ. 77, 11–29.

Pasha, H.A., 1992. Comparative statics analysis of density controls. J. Urban Econ. 32, 284–298.

Pendall, R., 2000. Local land use regulation and the chain of exclusion. APA J. 66 (2), 125–142.

Pendall, R., Puentes, R., Martin, J., 2006. From Traditional to Reformed: A Review of Land Use Regulations in the Nation's 50 Largest Metropolitan Areas. Metropolitan Policy Program, The Brookings Institution, Washington, DC.

Pogodzinski, J.M., Sass, T.R., 1994. The theory and estimation of endogenous zoning. Reg. Sci. Urban Econ. 24, 601–630.

Pollakowski, H.O., Wachter, S.M., 1990. The effects of land-use constraints on housing prices. Land Econ. 66 (3), 315–324.

Quigley, J.M., Raphael, S., 2005. Regulation and the high cost of housing in California. AEA Pap. Proc. 95 (2), 323–328.

Quigley, J., Rosenthal, L., 2005. The effects of land use regulation on the price of housing: what do we know? What can we learn? Cityscape 81 (1), 69–137.

Quigley, J.M., Swoboda, A.M., 2007. The urban impacts of the endangered species act: a general equilibrium approach. J. Urban Econ. 61, 299–318.

Quigley, J.M., Raphael, S., Rosenthal, L.A., 2004. Local land-use controls and demographic outcomes in a booming economy. Urban Stud. 41 (2), 389–421.

Rolleston, B.S., 1987. Determinants of restrictive suburban zoning: an empirical analysis. J. Urban Econ. 21, 1–21.

Saiz, A., 2010. The geographic determinants of housing supply. Q. J. Econ. 125 (3), 1253–1296.

Saks, R.E., 2008. Job creation and housing construction: constraints on metropolitan area employment growth. J. Urban Econ. 62, 187–195.

Segal, D., Srinivasan, P., 1985. The impact of suburban growth restrictions on U.S. housing price inflation, 1975–1978. Urban Geogr. 6 (1), 14–26.

Shertzer, A., Twinam, T., Walsh, R.P., 2014. Race, ethnicity, and discriminatory zoning. NBER Working paper Series. Working paper 20108 (May). http://www.nber.org/papers/w20108.

Shlay, A.B., Rossi, P.H., 1981. Keeping up the neighborhood: estimating net effects of zoning. Am. Sociol. Rev. 46, 703–719.

Skidmore, M., Peddle, M., 1998. Do development impact fees reduce the rate of residential development? Growth Change 29, 383–400.

Solé-Ollé, A., Viladecans-Marsal, E., 2012. Lobbying, political competition, and local land supply: recent evidence from Spain. J. Public Econ. 96, 10–19.

Song, Y., Zenou, Y., 2006. Property tax and urban sprawl: theory and implications for US cities. J. Urban Econ. 60, 519–534.

Sonstelie, J.C., Portney, P.R., 1978. Profit maximizing communities and the theory of local public expenditures. J. Urban Econ. 5, 263–277.

Thorson, J.A., 1997. The effect of zoning on housing construction. J. Hous. Econ. 6, 81–91.

Turner, M.A., Haughwout, A., van der Klaauw, W., 2014. Land use regulation and welfare. Econometrica 82, 1341–1403, Revised November 2013.

Vermeulen, W., Rouwendal, J., 2007. Housing supply and land use regulation in the Netherlands. Tinbergen Institute Discussion Paper. Version: July 2007. Available from: http://ssrn.com/abstract=1003955.

Wallace, N.E., 1988. The market effects of zoning undeveloped land: does zoning follow the market? J. Urban Econ. 23, 307–326.

Wheaton, W.C., Chervachidze, S., Nechayev, G., 2014. Error Correction Models of MSA Housing 'Supply' Elasticities: Implications for Price Recovery, 3rd Draft: March 9, 2014.

Whitehead, C., Chiu, R.L.H., Tsenkova, S., Turner, B., 2009. Land use regulation: transferring lessons from developed economies. In: Lall, S.V., Freire, M., Yuen, B., Rajack, R., Helluin, J.-J. (Eds.), Urban Land Markets: Improving Land Management for Successful Urbanization. Springer, Dordrecht, pp. 51–69.

Zabel, J., 2012. Migration, housing market, and labor market responses to employment shocks. J. Urban Econ. 72, 267–284.

Zabel, J., Dalton, M., 2011. The impact of minimum lot size regulations on house prices in Eastern Massachusetts. Reg. Sci. Urban Econ. 41, 571–583.

Zhou, J., McMillen, D.P., McDonald, J.F., 2008. Land values and the 1957 comprehensive amendment to the Chicago zoning ordinance. Urban Stud. 45 (8), 1647–1661.

第 *20* 章
运输成本和经济活动的空间组织

史蒂芬·J. 雷丁

美国普林斯顿大学经济系

马修·A. 特纳

美国布朗大学经济系

摘要

本章对经济活动空间分布和运输成本的关系的理论和经验文献进行了回顾。我们建立了经济地理的一个多区域模型,用以理解地方内部和地方之间运输基础设施改善对于工资、人口、贸易和产业构成的一般均衡影响。根据该模型的预测,我们评述了运输基础设施改善对经济发展影响的经验文献,尤其关注对运输基础设施结构变异的外生来源的利用。我们考察了来自不同空间尺度,城市之间和城市内部的证据。最后,我们为进一步研究勾勒出了各种领域,包括区分来自增长和动态的再分配。

关键词

公路 市场准入 铁路 交通运输

JEL 分类码

F15 R12 R40

20.1 引 言

在地理空间上的经济活动组织关键在于商品和人的运输。大部分的生产都包含着来自不同地区的原材料、劳动力，以及燃料等投入品的运输转移。大部分的消费都要求成品的运输，或是人们去到那些供应商品和服务之处。整个运输部门产值通常占 GDP 的 5% 左右，运输网络同时也形成了一些史无前例的大型投资。在美国，洲际公路建设项目拓展公路至 42 795 英里，估计成本为 1 289 亿美元（1991 年价格水平）。[①] 杜兰顿和特纳（Duranton and Turner, 2012）系统测算的每公里洲际车道成本的乘法估计给出了一个更大的数值。中国国家高速公路系统在 15 年间建设了大约 21 747 英里（35 000 公里）高速公路，估计的建设成本大约有 1 200 亿美元（以现行美元汇率计算）。[②]

随着时间推移，运输技术自身也经历了大规模的变化，这反过来重塑了经济活动的空间组织。在人类历史上，大多数时期商品和人的流动受到人类和牲畜体能的限制。铁路的发明降低了运输成本，而且创造了一种枢纽辐射运输网络，其特点是大量的固定成本（如车站和货场），并支持中心城市之间点到点的行程。内燃机的发展（并由此发展的汽车和卡车）反过来创造了更大的运输灵活性，相对中心城市而言的低密度地区纷纷受益。[③] 即便现有运输技术得到了发展，比如海洋运输，经济活动的组织仍发生了大规模的变化，比如集装箱化，以及采用类似计算机的新型信息通信技术。这些创新在集成物流网络的发展中起到了重要的作用，为集成物流网络控制包裹的位移以及整合包装、仓储、运输、库存和管理提供了便利。全新运输方式的开创，比如空运，进一步改变了经济活动位置的相对吸引力。

本章描述的是我们当前对一国运输成本和运输基础设施影响经济活动组织的方式的理解。我们首先展示了一些关于城市内和城市之间运输成本的基本事实。随后我们建立了一个经济地理的多区域模型作为一个框架来组织我们对经验文献的讨论。现有的关于运输成本和基础设施影响的经验文献可以被划分为两部分：第一部分主要考虑的是城市间运输成本的作用，其重点是货物的位移；第二部分则主要考虑城市内部的运输成本的作用，主要是人员的位移。我们的模型结合了城市内和城市间运输的分析，因此我们能够同时考虑上述两个部分的经验文献。我们模型的分析生成了一个结构方程，其与这两部分的经验文献为基础的简化型估计方程相对应。理论上建立的结构方程和简化型估计方程之间的分歧，为简化型估计必须克服的推理问题提供了深刻的理解。最后，除了少数例外现有的文献只对运输基础设施影响的一般均衡提供了一个不全面的理解，以及为福利分析提供了有限的基础。我们建立的模型

---

① 美国运输部，联邦公路管理局，向国会汇报的洲际成本估计数。
② Faber（2015）。
③ 见 Glaeser 和 Ponzetto（2013）的讨论。

为这个问题研究阐明了一个可能的方向。

现有经验文献对道路、铁路和地铁对人口密度，地租和产出的影响提供了可靠的因果估计。除了提供特别的弹性估计，本文提出了三个初步结论。第一，不同类型基础设施的影响在经济发展的不同阶段是相似的，它们对观测单元的空间范围并不非常敏感。第二，不同运输模式不可互换。铁路对生产的影响比对人口的影响大，铁路对生产区域的影响随着产出的重量价值比率系统地变化，但人员的空间组织则对道路和地铁更加敏感。第三，毋庸置疑的，制度至关重要。现有经验文献指出，政策在基础设施配置中起到了重要的作用，在不同国家之间这些政策也有所不同。

确定运输基础设施反映经济增长或重组的影响程度，对于理解其在经济活动空间组织中的作用至关重要。确实，这个问题是福尔格对19世纪末期美国铁路的经典研究的核心。尽管现有的经验文献对运输基础设施的影响提供了可靠的因果估计，但仅凭目前几乎在所有经验研究中都采用的简化型回归，要分开识别运输基础设施对经济活动增长和重组的影响是不可能的。我们对这个问题提出两种应对方法：一是对现有的简化型文献做简单拓展，二是运用我们的结构模型。研究这个问题的少量文章指出，通常改组和增长都相当重要。这是有待进一步研究的重要领域。

本章的其余部分结构如下。20.2节描述了一些关于国家间和不同阶段运输成本的情况。20.3节介绍了我们用以组织讨论经验证据的理论框架。20.4节利用模型来建立一种简化型框架，以检验城市之间和城市内部运输基础设施对经济活动分布的影响。20.5节利用这个简化型框架来评述这些影响的现有文献。20.6节讨论了对现有证据的解释。20.7节总结得出结论。

20.2 关于运输的典型事实

在本节，我们展示了很长的历史时期中以及不同国家间，关于商品和人员运输成本的典型事实。④ 数据的关键特征如下。首先，商品运输成本持续下降；其次，随着时间推移，不同运输方式的相对重要性（如铁路、公路及航空）以及对价值与重量的权衡，都发生了变化。最后，人员运输成本依然很重要。在时间的机会成本和所有家庭支出方面，通勤成本依旧较大。

---

④ 关于美国历年运输成本演变的详细分析，见格莱泽和柯尔海斯（2004）。

20.2.1　商品的运输成本

为了提供一个粗略的指标，来说明现实资源随时间推移在运输部门中的变化，图 20－1 显示了从 19 世纪末期到 20 世纪末期，运输部门产值在美国 GDP 中所占的份额。[5] 一个显著的特征是，运输部门份额的长期持续下降，甚至在 20 世纪末期若剔除航空运输后下降得更快。美国运输部门产值占 GDP 的份额[6]由 1929 年的大约 8% 下降至 1990 年的 3% 左右，其中航空运输大约占四分之一。尽管这些数字很惊人，但它们更主要的是反映了不可贸易的服务日益增加的重要性，而不是运输重要性的日益下降。此外，虽然这些 GDP 数据告诉了我们投入运送货物的资源，但他们没有告诉我们所运送货物的数量和价值。

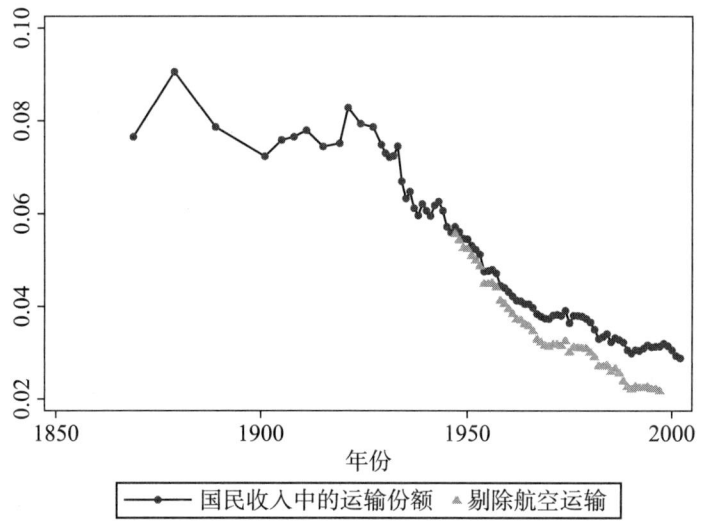

图 20－1　运输部门在美国 GDP 中所占份额

资料来源：美国商务部（自 1929 年来的数据），此前的数据来自《美国历史统计数据》（马丁系列）。

为了提供一个更直接的测度，图 20－2 展示了同一时期美国某种运输方式（铁路）的运输成本（以 2001 年美元价格测度的每吨英里成本）。这组数据再

───────────────

⑤　表 20－1～表 20.4 复制了格莱泽和柯尔海斯（2004）中的类似数据。

⑥　定义为铁路，自来水，管道，货物运输，仓储，航空运输，运输服务，以及地方和城市间的轨道交通。

次证实了一直以来运输成本的持续下降趋势。每吨英里铁路运输的价格从1890年的约18.5美分下跌至2000年的约2美分。图20-3对比了美国在"二战"后卡车、铁路、管道的运输成本的演变（以2001年美元价格测度的每吨英里收入）。由数据可明显看出，卡车运输比铁路运输要昂贵得多，并且自20世纪80年代初以来其实际成本显著下降了。[⑦]

图20-4展示了自20世纪60年代中期以来货运周转量的演变。当我们衡量运送的数量而非价值时，铁路运输比卡车运输更重要，因为一个普遍可见的选择效应决定了更昂贵的物品不成比例地以更昂贵的运输方式运送。[⑧] 格莱泽和柯尔海斯（Glaeser and Kohlhase，2004）发现对于用卡车运送低价值的重型货物（比如木材），在平均运输距离上的运送成本可以高达货物价值的20%。对于更典型的部门，这个数值大约为5%。对于铁路货运，对应该值为0.1% ~ 2%。这些发现强调了运送货物的成本已经大幅地下降了，货物运输大约仅占美国经济的3%，货运费也仅仅是最终产品价值的一小部分而已。

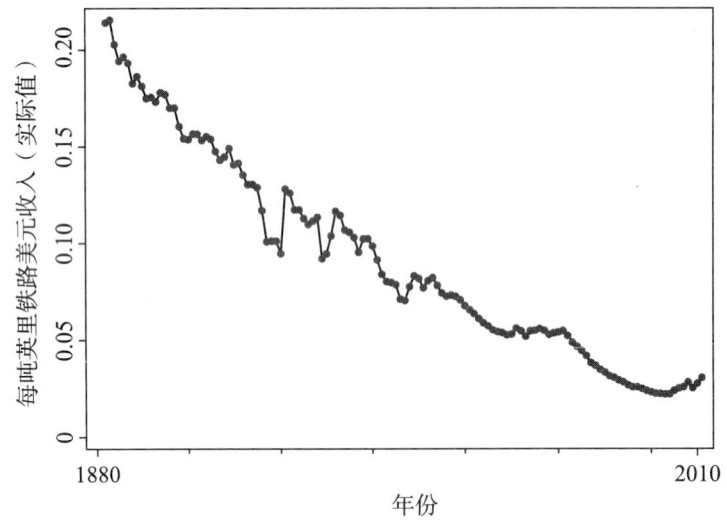

图20-2　铁路运输成本

资料来源：《美国历史统计数据》（1970年之前），1994年和2002年运输统计局年度报告。

---

⑦　这些数据引出了一个问题，卡车运输作为一种名义上更昂贵的方式，为什么人们还要使用它？尽管卡车运输的每吨英里成本高于铁路，但质量调整运输服务的实际成本也由速度、灵活性、可靠性以及其他许多属性决定。内燃机发明之后，运输费用从铁路到卡车的大规模再分配，显示了这项发明与质量调整运输服务的实际成本大幅较少有密切的联系，至少对于许多类型的运输和旅途而言的确如此。

⑧　这是一个国际贸易文献中的阿尔钦—艾伦效应的例子。

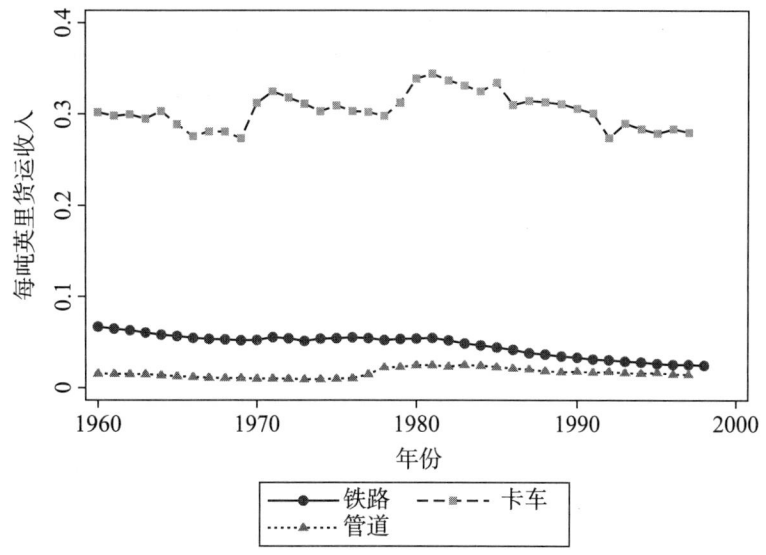

图 20 - 3　每吨英里收入（所有运输方式）

资料来源：历年运输统计局年度报告。

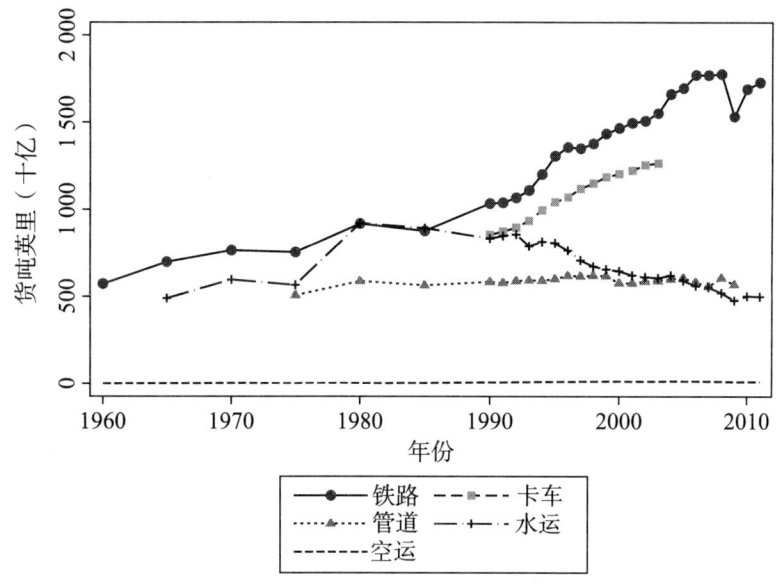

图 20 - 4　1990～2010 年货吨英里趋势图

资料来源：历年运输统计局年度报告。

　　为了说明这些模式不是美国特有的，图 20 - 5 描绘了 7 个国家各种运输方式历年的国内贸易货运周转量。尽管它们不尽相同，但几种模式是清晰可见的。第一，与预期相符，随着时间推移，经济活动水平持续提高，国内贸易量存在总体上升的趋势。第二，在这些国家中，卡车运输不是主要运输方式。第三，被运送的物资的数量十分庞大。[9]

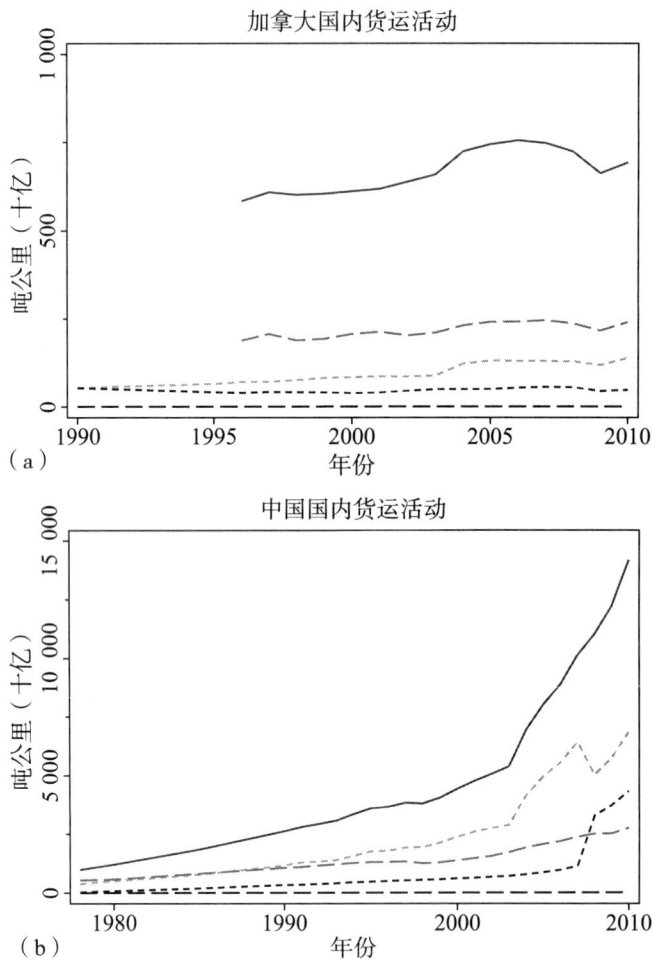

<hr />

⑨　在美国，一列典型的运煤列车大概有 100 节车厢，大约 2 千米长，每节车厢大约能装 100 吨煤，故每列车大约能送 10 000 吨煤。若列车行驶 100 公里，那么它则提供了 100 万吨英里的货运服务。为了每年运送 50 000 亿吨英里货物（略少于当前美国每年总运量），我们需要大约 1 200 列这样的列车，在一年 365 天中，每天 24 小时都以 50 千米/时的速度运行。

－1248－

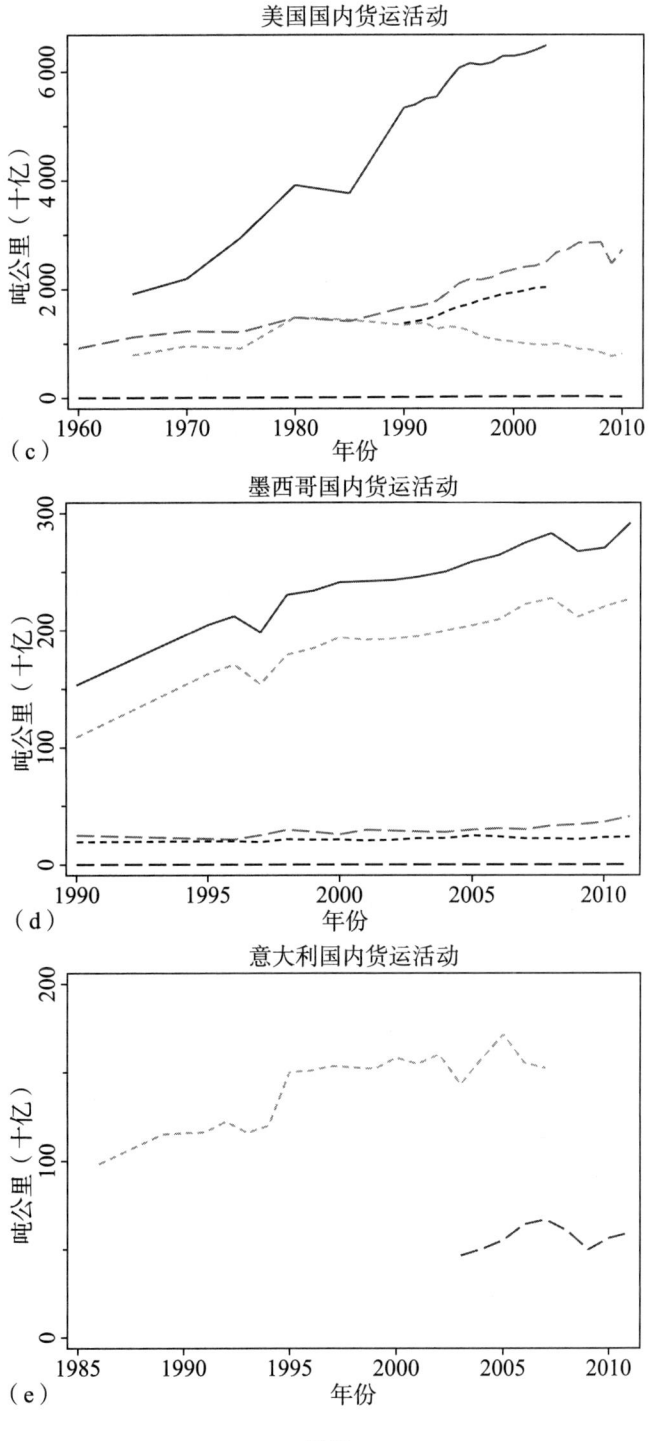

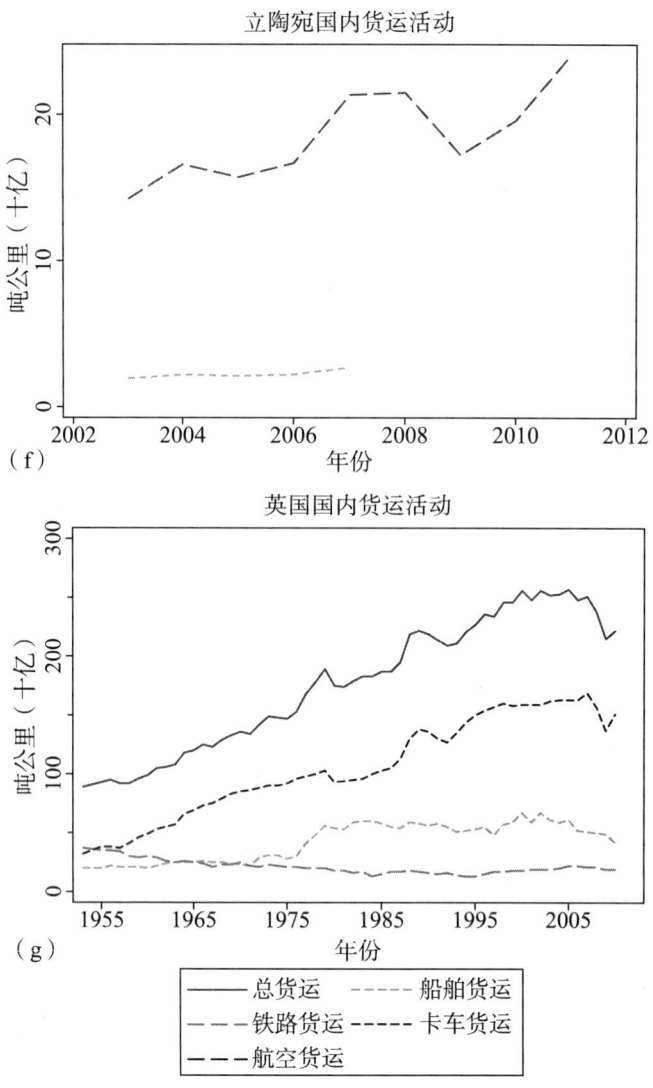

图 20 – 5　几个国家各种运输方式历年的货运周转量

资料来源：（a）北美运输统计（2012c）；（b）中国数据在线（2010）；（c）运输统计局（2012a）；（d）北美运输统计（2012c）；（e）（f）（g）欧盟统计局（2010）。

　　表 20 – 1 列示了 2007 年几个样本国家不同运输方式下的国际贸易价值。在表 20 – 5 中，我们看到空运的商品周转量份额微不足道，反之在表 20 – 1 中，空运的商品价值份额通常却很大。尽管这两组结果不是直接可比的（一个测度的是国内贸易，另一个则是国际贸易），但他们共同强烈地表明了，高价

值货物通常采用航空运输，而低价值货物通常采用轮船或铁路运输。

表 20 - 1　　　　　　　　各国各种运输方式下的总国际贸易份额

	总量	船舶（%）	航空（%）	卡车（%）	铁路（%）
澳大利亚	279	13	8	70	7
比利时	750	26	14	44	2
保加利亚	48	38	4	50	7
加拿大	798	19	11	47	12
塞浦路斯	10	83	16	0	
捷克	194	2	5	82	9
丹麦	186	24	8	11	0
爱沙尼亚	24	34	4	34	10
欧盟 27 国	10 261	29	12	32	2
芬兰	169	69	15	12	4
法国	1 105	25	11	9	0
德国	2 231	27	14	37	3
希腊	106	57	7	33	1
匈牙利	164	1	10	75	9
爱尔兰	198	45	31	11	0
意大利	1 003	40	9	36	3
拉脱维亚	21	18	3	45	14
立陶宛	38	29	3	56	12
墨西哥	554	24	6	56	8
荷兰	995	27	9	39	1
波兰	259	17	3	55	9
葡萄牙	119	37	7	52	0
罗马尼亚	101	25	2	13	3
斯洛伐克	96	13	4	60	12
斯洛文尼亚	56	16	3	64	4
西班牙	615	45	7	44	2
瑞典	313	25	10	15	1
英国					
美国	3 116	45	25	18	4

注：欧洲国家贸易总量以十亿欧元为单位，其他国家则以十亿美元为单位。
资料来源：北美运输统计（2012d）以及欧盟统计局（2012）。

表 20 - 2 对比了加拿大、墨西哥和美国 2002 年和 2003 年不同运输方式下营业性运输的就业情况（根据数据可得性）。运输业就业占的总就业份额通常比产值占 GDP 的份额要小。运输业就业的份额在美国和加拿大大约为 3%，墨西哥大约 6%。这三个国家中，运输就业最大部分主要在于卡车运输。值得注意的是投入到营业性运输的劳动份额与投入到通勤的劳动份额十分接近。

表 20 - 2 营业性运输就业占总就业份额情况

国家	年份	总就业	所有运输方式	航空	铁路	卡车	轮船
加拿大	2002	13	3.56	0.44	0.28	1.29	0.09
墨西哥	2003	35	5.75	0.06	0.04	2.75	0.03
美国	2003	130	3.22	0.41	0.17	1.02	0.04

注：总就业以十亿人为单位，其他则为总量的百分比
资料来源：北美运输统计（2012a）以及运输统计局（2012b）

国际商品贸易的一个显著特征是商品贸易量随着距离增大而下降。希尔贝里和哈姆斯（Hillberry and Hummels，2008）考察了美国矿业、制造业，以及批发公司的发货模式，发现在以货物价值衡量之下，3/4 的发货起点和终点都在相同的邮编地区，对于批发商和零售商的发货则没有类似结论。哈姆斯（Hummels，1999）证实了在 20 世纪 50 年代至 21 世纪首个十年之间，航空货运成本下降约 12.5 倍，船舶货运的成本则大致稳定。作为对比，格莱泽和柯尔海斯（2004）证实了在 110 年间铁路货运成本也相应地下了大约 8 倍，[10]，哈姆斯（1999）证实了同在 1955~2004 年国际贸易的价值和重量增加了 5% ~ 7%，航空运输的贸易价值拥有 11% 的年均增长额。利美尔和维纳布尔斯（Limao and Venables，2001）利用了 20 世纪 90 年代末从马里兰州巴尔迪摩市运送一个标准的 40 尺集装箱至世界各地约 50 个国家的其中之一的市场价格数据。[11] 在总货物运费对内陆国家的海运和陆运距离的回归中，他们发现通过海运运送一个标准集装箱 1 000 公里的成本约为 190 美元，但通过陆运运送相同距离的成本约为 1 380 美元。一个标准集装箱可以承重约 30 吨，据此可知海运费率大约为 0.5 美分每吨英里，陆运费率大约为 5 美分每吨英里，因此陆路

---

[10] 注意到铁路在 1890 年达到其顶峰，航空货运在 1950 年还属于新生事物。
[11] 为了了解样本的特性，以人均铺设道路公里数为依据对各国排序，处于中位的国家是肯尼亚。关于集装箱化对减少国际运输成本的作用，见 Bernhofen 等（2013）。

运输大约比海上运输贵 10 倍有余。这些费率与格莱泽和柯尔海斯（2004）报告的美国卡车和铁路费率相比，仍算是比较低的（卡车运输费率为 28 美分每吨英里，铁路运输为 3 美分每吨英里）。最后，克拉克等（Clark，2004）研究发现，始于和送达美国的所有海上货运的运送成本约为货物价值的 5.25%，并且港口效率是影响这个成本的重要因素。

这些事实描绘了一幅细致的图景。尽管运送货物的实际成本下降到了一个非常低的水平，贸易的权重依然巨大，但并非所有贸易运输都采用最便宜的方式，大多数贸易运输距离都是非常短的，这表明了货物运输每吨价格下降并不会导致"距离消亡"。

对于人员运输而言，人们自然而然地认为时间成本是首要考虑因素，航空运输的兴起也恰恰表明了在途时间对于货物运输而言的重要性日益增加。一个粗略计算支撑了这个观点。一个典型的 40 英尺集装箱的容量大约为 30 吨。杜兰顿等（Duranton，2014）指出，美国电器国内运输的平均每吨价值约为 6 000 美元。因此一个典型的美国电器运输容器可以承载货物的价值大约为 200 000 美元。由格莱泽和柯尔海斯（2004），用铁路运送此容器 1 000 英里需花费 $1\,000 \times 30 \times 0.023 = \$700$。在 5% 的年利率下，一百万美元货物的日利息为 $200\,000 \times 0.05/365 = \$28$，所以对于一个 5 天的途程，运送时间的机会成本大约为货运费的 1/5。对某些货物，平均每吨货物价值还不及其 1/10，而对于如计算机设备等，平均每吨价值可高达其 15 倍以上。至少对于那些价值重量比较高的产品而言，在途时间相当重要。

进一步的，短途贸易的优势意味着重要的不仅仅是运输成本本身，生产地也受到了运输成本的影响。例如，如罗农（Cronon，1991）所论述，19 世纪芝加哥的发展严重地受到其区位，而不是它周围落后的农业腹地的影响。这指出了目前计量经济学解释运输成本数据的一个重要问题：这些数据描述了均衡的运输成本。因此，他们没有孤立运输的供应方生产函数（或成本函数），而是共同受到需求和供给的影响。尽管这些运输成本数据仍只是提示性的，但它们捕捉到了运输成本（供给）和对应运输成本的经济活动空间上内生的组织（需求）。这提出了一些重要和困难的经济计量问题，我们接下来会讨论。

阿塔莱等（Atalay，2013）发现，贸易和生产的微观数据的另一个显著的特征是大多数垂直整合的公司实际上在工厂之间运送物资是非常少的。由上，我们看到了一系列令人费解的事实：运送货物的成本是它们价值的一小部分，大多数的运送都是发生在短距离内，大多数运送不以最便宜的方式进行，以及货运时间成本可能是重要的。将这些事实合理化的一种解释可能是，存在某些比减少运输成本更有价值的东西——那就是包括知识溢出和思想流在内的集聚效应。这种情况下，随着距离增加贸易可能会急剧减少，即使是在一个运输成本非常小的世界中，因为多数经济活动在集聚效应下都是集聚成群的，因此大多数经济互动也可以在短距离内完成。

或者，你可能会怀疑运输成本是否真的如以上一些数据所示，只是增加值的一小部分，可以认为，运输中使用的劳动力应该与生产中所使用的劳动力进行比较，并且我们应该像考虑通勤成本一样，将时间成本和调度成本考虑进来。

20.2.2　家庭出行和通勤

虽然贸易文献通常关注的是货物的位移，而城市文献中运输成本的另一个重要来源是人员的位移。在时间的机会成本方面以及在整体家庭支出所占份额方面，这些运输人员的成本依然相当大。表 20 - 3 列示了一些国家在各阶段平均往返通勤时间（分钟）的可得数据。我们需要考虑不同国家间通勤时间差异反映受到抽样误差和调查方法差异的影响，在注意到这点的基础上，这些数据显示，在数据最齐全的 2000 ~ 2005 年，各国平均往返通勤时间约为 40 分钟。这些时间都相当集中，标准差不超过 8 分钟。如果"工作日"包括通勤时间需要工作 8 个小时，那么通勤大约消耗了劳动的 7.5%。或者，如果我们认为通勤时间的价值只是工资率的一半（常见于运输经济学文献中，见斯莫尔和冯休弗（Small and Verhoef，2007），那么通勤时间的价值大约相当于劳动价值的 3.5%。尽管这已经是一个很大的数字，但由于它未对通勤者和通勤路径的给予重视，还是低估了家庭出行的成本。

表 20 - 3　　　　各国不同时期平均往返通勤成本（分钟）

	1980 ~ 1984	1990 ~ 1994	2005 ~ 2009	2010 ~ 2012
澳大利亚			35	
比利时			41	
加拿大	54		59	63	52
丹麦			38	
芬兰			41	
法国			36	
德国			42	

续表

	1980～1984	1990～1994	2005～2009	2010～2012
希腊			32	
爱尔兰			36	
意大利			30	
卢森堡			35	
荷兰			47	
葡萄牙			29	
西班牙			38	
瑞典			38	
英国			37	53
美国	43	45	51	50

资料来源：加拿大统计局（2010），Turcotte（2005），欧洲改善生活与工作条件基金会（2000），英国国家统计局（2009），美国人口普查局（2009）

　　此外，谢弗（Schafer，2000）总结了来自世界各地的 26 个国家家庭出行调查。平均来看，家庭每日出行时间大约是 73 分钟，标准差大约为 12 分钟。如果我们认为这些时间的价值是工资率的一半，并假设工作日工作 8 小时，那么家庭出行花费的时间价值大约是劳动价值的 8%。[12] 如果我们假设劳动份额占 GDP 比重为 0.6，接近当前美国的水平，那么家庭出行的时间成本则大约在 GDP 的 2.4%～4.8%。

　　表 20－4 列示了 26 个国家几年间中家庭交通运输支出份额。我们发现平均支出份额在 2000～2004 年大约为 16.2%，2005～2009 年大约为 14.6%，标准差分别是 5.4% 和 3.7%。谢弗（2000）使用更多国家、更久远的国民核算数据也对此做过研究，他发现总体平均家庭出行支出份额大约是 11%，标准差大约为 3%。为家庭交通份额设置 0.6 的权重，相当于支出占当前美国 GDP 的份额，加上时间成本，可得家庭出行的总成本在 GDP 的 9%～11.4%。

　　谢弗（2000）给出了两个更深入的观点。第一，在国家层面上，人均出行时间和支出份额是负相关的。第二，在赞比亚，超出 10 公里路程的行程仅

　　[12]　我们注意到，这个估计是有问题的。首先，它认为平均而言旅行者的时间成本与工人的时间成本线性相当，但实际上许多旅行者的时间成本也许并没有这么高。其次，它认为平均而言通勤者的时间成本与工人的时间成本相当，然而工资可能会随着通勤距离而系统地变化。如上所述，在这些调查的基础上，可以粗略推测，家庭旅行的时间成本应在经济中总的劳动价值的 3.5%～8%。

占5%，但在美国，5%出行的路程超过了50公里。这些发现一定程度上是由交通技术的差异导致的，他们指出发达国家对发展中国家交通技术的转移很可能带来经济活动空间组织上的巨大变化。

表 20 - 4　　　各国各年份阶段家庭交通支出占家庭支出的百分比

	1990 ~ 1994	1995 ~ 1999	2000 ~ 2004	2005 ~ 2009	2010 ~ 2012
澳大利亚		15	14	16	
比利时	10	10	13	12	
保加利亚			23	12	
加拿大				15	14
中国（乡村地区）	1	3	6	10	10
中国（城镇地区）	1	5	9		14
克罗地亚				13	
塞浦路斯			23	16	
捷克			26	19	
丹麦		12	11	10	
爱沙尼亚			13	16	
芬兰		12	14	13	
法国	15	13	13	13	
德国	11	13	12	13	
希腊	12	12	14	12	
匈牙利			25	23	
爱尔兰		14	14	9	
意大利	14	15	15	12	
拉脱维亚			15	19	
立陶宛			17	15	
卢森堡	12	14	15	16	
马其顿				16	
马耳他			19	25	
墨西哥					21

续表

	1990～1994	1995～1999	2000～2004	2005～2009	2010～2012
荷兰	9	9	11	11	
挪威				13	
波兰			19	13	
葡萄牙	27	23	21	15	
罗马尼亚			17	12	
斯洛伐克			24	15	
斯洛文尼亚			26	21	
西班牙	14	14	15	12	
瑞典		11	10	12	
土耳其				16	
欧盟 27 国				13	
英国					14
美国				18	16

资料来源：加拿大统计局（2012b），中国数据在线（2011）、欧盟统计局（2009），OECD 统计提取（2012），美国劳工统计局（2012）。

表 20－5　运输排放的二氧化碳量以及各运输方式排放份额（2007）

国家	总排放二氧化碳当量（公吨）	运输（%）	铁路（%）	卡车（%）	轮船（%）	航空（%）
加拿大	561	32	1.32	24.34	1.69	3.14
墨西哥	456	35	0.42	32.53	0.57	1.43
英国	529	29	0.87	25.81	2.38	7.24
美国	5 829	33	0.89	27.72	0.95	2.96

资料来源：加拿大自然资源部（2012a），北美运输统计（2012b），英国运输部（2012）。

20.2.3　外部成本

我们一直以来更多关注的是运输的私人成本、时间以及私人开支。现在我们将重点转向两个极少被定价的运输成本：碳排放和拥堵。

表 20 - 5 展示了 2007 年加拿大、墨西哥、英国和美国运输部门的总二氧化碳当量（CO_2e）排放量。美国 2007 年的总排放量大约是 7 000 公吨，运输部门排放量约占 30%。若这些运输成本不被定价，对运输部门的资源市场配置则往往是无效率的。如果 CO_2e 的社会成本为每吨约 30 美元，那么美国运输部门排放 CO_2e 的社会成本大约为 210 亿美元/年。这大约仅是美国 GDP 的 0.1%。因此，尽管运输的温室气体排放从绝对数值意义上说很重要，但它们相对运输总成本而言却是相当小的。

帕里等（Parry，2007）提供了一个汽车使用外部性的综合调查，包括当地空气污染，全球空气污染、交通拥堵、交通事故，以及其他外部性（比如噪音和公路保养成本）。库图尔等（Couture，2012）估计美国交通拥堵造成的无谓损失的下限大约是每年 1 000 亿美元，尽管我们注意到这些成本已经在上述交通支出中得到了反映。

20.3　理　论　框　架

在本节，我们概述了雷丁和斯特姆（Redding and Sturm，2008）以及雷丁（Redding，2012）对赫尔普曼（Helpman，1998）模型的多区域拓展。这个模型包含了许多地区、地区内部及之间的货物运输，以及地区内部的通勤成本。我们利用这个模型来说明，在地区内部和之间运输基础设施改善对工资、地租、人口、贸易的空间分布的影响。尽管这个模型没有涵盖区域文献和城市文献中所考虑到的所有理论基础，但它捕捉到了许多标准成分，我们可以利用它的预测来进行如下经验证据的评述。[13]

20.3.1　偏好和禀赋

经济体中包含一个地区集合，区位以 n 或 $i \in N$ 表示，n 通常指消费地区，i 则指生产地区。为了表示成对的数量，比如贸易的距离或数量，我们使用两个下标，第一个表示消费地点，第二个表示生产地点。经济体中居住着大量典型消费者，用 $\bar{L}$ 表示，他们在各地区之间是非固定的，并且是被赋予零负效用

---

[13]　这个模型建立在滕田等（1999）的新经济地理文献中。尽管这篇文献假设了企业产品差异化和垄断竞争，但模型拥有完全竞争模型的许多特性，例如伊顿和科特姆（2002）的模型（见 Redding，2012）或产品地区差异的亚明顿模型（见 Allen and Arkolakis，2013）。一些国内经济活动的组织近来又重新得到了关注，如 Cosar 和 Fajgelbaum（2013），以及 Ramondo 等（2012）的研究。

的无弹性供给的单一劳动单元。每个地点 i 的劳动的有效供给取决于它的人口（L_i）和运输技术（b_i），通勤成本假设为冰山运输形式。对于属于地点 i 的每个劳动单元，仅有一部分 b_i 可用于生产，且 $0 < b_i < 1$，剩余的 $1 - b_i$ 部分则损失在运输中了。虽然我们这里视 b_i 为一个模型的基本式，但其可能基本上取决于均衡人口密度（即高人口密度可能会增加拥挤成本）。

偏好是通过可贸易品种的消费指数来定义的，为 C_n，以及一个不可贸易设施的消费，为 H_n，可以解释为住房。为简单起见，我们将房屋存量视为一个基本模型，尽管它在原则上也可能取决于均衡人口密度（即高人口密度可能会增加住房供给）。设上层效用函数为柯布—道格拉斯形式[14]：

$$U_n = C_n^\mu H_n^{1-\mu}, \quad 0 < \mu < 1 \tag{20.1}$$

可贸易商品消费指数采用标准的固定替代弹性形式：

$$C_n = \left(\sum_{i \in N} M_i c_{ni}^{\frac{\sigma-1}{\sigma}} \right)^{\frac{\sigma}{\sigma-1}}$$

其中，σ 是产品间的替代弹性，我们假设各类品种互为替代品（$\sigma > 1$）；c_{ni} 表示某种 i 国生产的产品在 n 国的消费；在此我们默认了所有在 i 地生产的产品都在 n 地以相同的数量 c_{ni} 被消费。假设产品的运输服从冰山贸易成本。为了将 1 单位 i 地生产的产品运送至 n 地，必须有数量为 $d_{ni} > 1$ 的产品需要运输，故 $d_{ni} - 1$ 衡量了一定比例的贸易成本。与可贸易品消费指数 C_n 对偶的价格指数可由下式表示：

$$P_n = \left(\sum_{i \in N} M_i p_{ni}^{1-\sigma} \right)^{1/(1-\sigma)} \tag{20.2}$$

在此我们默认 i 地生产的产品 M_i 面临着相同的需求弹性，以及对 n 地的消费者实行相同的均衡价格 $p_{ni} = d_{ni} p_i$。

对可贸易品价格指数应用谢泼德引理（Shephard's lemma），我们发现在 i 地生产的某种可贸易产品在 n 地的均衡需求为：

$$x_{ni} = p_i^{-\sigma} (d_{ni})^{1-\sigma} (\mu v_n L_n) (P_n)^{\sigma-1} \tag{20.3}$$

其中 $v_n L_n$ 表示总收入，也即总支出，同时，在柯布—道格拉斯效用下，消费者在可贸易品上花费他们收入的一个固定份额 μ。

在固定支出份额以及不可贸易设施的无弹性供给的情况下，不可贸易设施的均衡价格仅仅取决于其支出份额（$1 - \mu$），总收入 $v_n L_n$，以及不可贸易设施的供给 $\overline{H}_n$：

$$r_n = \frac{(1-\mu) v_n L_n}{\overline{H}_n} \tag{20.4}$$

---

[14] 由科布—道格拉斯函数形式隐含的，利用美国数据证实不变住房支出份额的经验证据，见大卫和奥尔塔洛—马格纳（2011）。

总收入是劳动收入和不可贸易设施支出的总和，假设其被一次性重新分配给地方居民：

$$v_n L_n = w_n b_n L_n + (1 - \mu) v_n L_n = \frac{w_n b_n L_n}{\mu} \tag{20.5}$$

由于通勤成本的存在，我们默认 i 地仅有比例为 b_n 的劳动投入了生产。因此，总劳动收入等于有效单位劳动的工资（w_n）与有效单位劳动量之乘积（$b_n L_n$）。

20.3.2 生产技术

对于生产可贸易产品的劳动力而言，存在一项固定成本（$F > 0$），以及一项取决于当地生产率（A_i）的可变成本。一个地区内生产的所有产品的固定成本和可变成本都是相同的。在 i 地生产 x_i 单位某产品所需的劳动（l_i）的数量为：

$$l_i = F + \frac{x_i}{A_i} \tag{20.6}$$

在此我们允许生产率（A_i）在不同地区之间有所变动，以便解释各地生产基本面上的差异。

利润最大化意味着均衡价格为在边际成本之上的一个固定加价：

$$p_{ni} = \left(\frac{\sigma}{\sigma - 1} \right) \frac{d_{ni} w_i}{A_i} \tag{20.7}$$

结合利润最大化和零利润，我们发现每种可贸易产品的均衡产出等于如下的常量：

$$\bar{x} = x_i = \sum_n x_{ni} = A_i F (\sigma - 1) \tag{20.8}$$

每个地区的劳动力市场出清意味着当地的劳动需求等于有效劳动供给，后者又由人口流动性决定。利用每一品种产品的恒定均衡产出式（20.8）以及可贸易品生产技术式（20.6），我们可以写出如下的劳动力市场出清条件：

$$b_i L_i = M_i \bar{l}_i = M_i F \sigma \tag{20.9}$$

其中 $\bar{l}_i$ 表示每一品种产品恒定的均衡劳动需求。这个关系将生产于各地的可贸易产品的度量确定为当地人口、通勤技术，以及模型参数的一个函数。

20.3.3 市场准入和工资

给定所有市场的需求和贸易成本，各地方企业对某种可贸易产品制定的离岸价格（p_i）必须足够低，如此企业才能售出 $\bar{x}$ 的数量，覆盖固定生产成本。由上文可知，价格是边际成本之上的一个固定加价。因此，给定所有市场的需求时，企业为了能够出售 $\bar{x}$ 的数量产品并收回其固定生产成本，i 地的均衡工资 w_i 必须足够低。利用需求式（20.3），利润最大化式（20.7），以及均衡产出式（20.8），我们得到可贸易品工资等式：

$$\left(\frac{\sigma}{\sigma-1} \frac{w_i}{A_i} \right)^{\sigma} = \frac{1}{\bar{x}} \sum_{n \in N} (w_n b_n L_n)(P_n)^{\sigma-1}(d_{ni})^{1-\sigma} \qquad (20.10)$$

上述方程确定的最大工资，也就是考虑所有市场的需求、贸易成本和生产技术的条件下一个位于区位 i 的企业可以支付的劳动报酬。方程右边市场 n 对区位 i 生产的可交易产品需求依赖于在产品可交易类型的总支出、$\mu v_n = w_n b_n L_n$、反映多种竞争性商品价格的可交易产品价格指数 P_n 以及双边贸易成本 d_{ni}。对区位 i 生产的可交易产品总需求是所有市场需求加权后的总和，其中权重是依据双边贸易成本 d_{ni}。

根据雷丁和维纳布尔斯（2004），我们定义企业面对的市场需求的加权总和作为企业市场准入 fma_i，则可交易产品工资方程可以缩写为下式：

$$w_i = \xi A_i^{\frac{\sigma-1}{\sigma}} \left[\mathrm{fma}_i \right]^{1/\sigma}, \ \mathrm{fma}_i \equiv \sum_{n \in N} (w_n b_n L_n)(P_n)^{\sigma-1}(d_{ni})^{1-\sigma} \qquad (20.11)$$

其中 $\xi \equiv (F(\sigma-1))^{-1/\sigma}(\sigma-1)/\sigma$ 包含所有的常数项。因此，工资随着生产力 A_i 和企业市场准入（fma_i）增加。对可以降低运输商品成本（d_{ni}）的基础设施进行投资（$(w_n b_n L_n)(P_n)^{\sigma-1}$）能够提高市场准入和工资水平。通勤技术（$b_n$）的进步提高有效劳动供给（$b_n L_n$），进而提高总收入时也提高了市场准入和工资水平。

20.3.4　劳动力市场均衡

人口可以完全自由流动，则劳动力在不同区位流动将使他们真实收入的差异消失。每个区位的真实收入取决于人均收入（v_n）、可交易产品价格指数（P_n）和不可贸易的舒适度的价格（γ_n）。因此，人口流动性表明：

$$V_n = \frac{v_n}{(P_n)^{\mu}(r_n)^{1-\mu}} = \overline{V} \qquad (20.12)$$

对均衡时的区位而言，我们把常数 $\mu^{-\mu}$ 和 $(1-\mu)^{-(1-\mu)}$ 纳入到了 V_n 和 $\overline{V}$ 的定义中。

从对每个区位 i 可贸易产品种类和离岸价格的测度，以及从区位 i 到区位 n 运输产品的交易产本上，可以得到消费者对可贸易产品的获得性决定了在上述实际收入表达式中的价格指数（20.2）。我们用消费者市场准入（cma_n）来总结消费者可贸易产品的可获得性。其中：

$$P_n = (cma_n)^{1/(1-\sigma)}, \quad cma_n = \sum_{i \in N} M_i (p_i d_{ni})^{1-\sigma} \qquad (20.13)$$

我们替换了 ν_n、P_n 和 γ_n，重新描述了劳动力流动的条件（20.12），得到了一个新表达式，建立起一个区位均衡人口（L_n）与该区位的生产力（A_n）、通勤技术（b_n）、不可交易的福利设施的供给（H_n）和上文已提出的两类内生市场准入的测度（对企业而言，fma_n；对消费者而言，cma_n）的联系：

$$L_n = \chi b_n^{\frac{\mu}{1-\mu}} A_n^{\frac{\mu(\sigma-1)}{\sigma(1-\mu)}} \overline{H}_n (fma_n)^{\frac{\mu}{\sigma(1-\mu)}} (cma_n)^{\frac{\mu}{(1-\mu)(\sigma-1)}} \qquad (20.14)$$

其中，$\chi = \overline{V}^{-1/(1-\mu)} \xi^{\mu/(1-\mu)} \mu^{-\mu/(1-\mu)} (1-\mu)^{-1}$ 表示一般真实收入 $\overline{V}$。

因此，通勤技术水平（b_n）、最终产品生产技术的生产率（A_n）和非交易的福利设施供给量（$\overline{H}n$）都会影响均衡人口（L_n）增加。投资交通基础设施降低了运输产品的成本（d_{ni}），同时提高企业市场准入和消费者市场准入（fma_n）和（cma_n），从而增加了均衡人口。通勤技术（b_n）改进也是通过进一步提高企业和消费者准入对均衡人口产生间接的积极作用。

从土地市场出清式（20.4）和总体劳动收入式（20.5）可得，土地价格可依据工资和总人口写成下式：

$$r_n = \frac{(1-\mu)}{\mu} \frac{w_n b_n L_n}{H_n} \qquad (20.15)$$

因此，虽然更高的消费者市场准入（cma_n）仅通过更高数量人口来提高地价（来自式（20.14）），但是更高的企业市场准入（fma_n）同时通过更高水平的工资（来自式（20.10））和更多的人口数量（来自式（20.14））来提高地价。产品运输成本（d_{ni}）的降低通过影响企业市场准入和消费者市场准入提高了地价。通勤技术（b_n）的进步直接和间接地通过使工资更高和人口更多来提高地价。

20.3.5 贸易流

我们使用需求的固定替代弹性，就可以表示区位 n 在区位 i 生产的产品上支出的份额，如下式：

$$\pi_{ni} = \frac{M_i p_{ni}^{1-\sigma}}{\sum_{k \in N} M_k p_{nk}^{1-\sigma}} \qquad (20.16)$$

利用均衡定价规则和各区位劳动市场出清的条件式（20.9），上述表达式可以写为：

$$\pi_{ni} = \frac{b_i L_i (d_{ni} w_i)^{1-\sigma} (A_i)^{\sigma-1}}{\sum_{k \in N} b_k L_k (d_{nk} w_k)^{1-\sigma} (A_k)^{\sigma-1}} \qquad (20.17)$$

双边贸易份额（π_{ni}）的表示与重力方程相符合，在表达式中，出口商 i 和进口商 n 的双边贸易取决于双边贸易阻力（即分子部分出口商 i 和进口商 n（d_{ni}）交易产品的双边产品）和多边阻力（即分母部分中对进口商而言来自所有出口 $k(d_{nk})$ 的产品的双边成本）。在此重力方程中，双边贸易取决于出口商 i 的特征（例如，在分子部分的出口的工资 ω_i）、双边贸易成本（d_{ni}）和进口商 n 的特征（即分母部分表示的进口与供给来源地的通达性）。[⑮]

我们同时考虑这些支出份额的比例，发现相对于区位内部的贸易（X_{nn}）双边区位间的贸易价值（X_{ni}）可以表示为：

$$\frac{X_{ni}}{X_{nn}} = \frac{\pi_{ni}}{\pi_{nn}} = \frac{b_i L_i (d_{ni} w_i)^{1-\sigma} (A_i)^{\sigma-1}}{b_n L_n (d_{nn} w_n)^{1-\sigma} (A_n)^{\sigma-1}} \qquad (20.18)$$

交通基础设施的进步降低区位间货物的运输成本（d_{ni}），同时也同比例地降低区位内的运输成本（d_{nn}）。因此，交通基础设施的完善和健全使区位间的贸易和区位内的贸易的比值为固定值。在城市内铺设道路就是一个例子。修路使货物在城市内部的流通更为便捷，也使与高速公路的联结更为方便。对所有的区位而言，交通基础设施的进步降低了通勤成本（增加 b_n 和 b_i），也使区位间的贸易与区位内的贸易的比值为固定值。

在此单一部门模型中，所有的贸易都采用了区内贸易的形式，交通基础设施的健全和完善影响区内贸易的规模。一般而言，依据贸易成本的规模可以划分多个不同的部门（例如，高价值 vs 低值部门），在此背景下，交通基础设施的健全和完善也影响区际间不同部门的贸易模式和区内部门间就业和生产的构成。

20.3.6　福利

本小节介绍依据可观察变量使用模型的结构来表达健全和完善的交通基础设施的福利效应。我们使用贸易份额式（20.16），并且根据每个区位与自身和其他参数的贸易额，可以重写价格指数式（20.2）：

$$P_n = \frac{\sigma}{\sigma-1} \left(\frac{b_n L_n}{\sigma F \pi_{nn}} \right)^{\frac{1}{1-\sigma}} \frac{d_{nn} w_n}{A_n} \qquad (20.19)$$

借助价格指数和市场出清的表达式（20.15），人口流动性条件式

---

⑮　回顾国际贸易文献中重力方程的使用，参考 Head 和 Mayer（2013）。

（20.12）表明每个区位的均衡人口可以表达为下式：

$$L_n = \left(\frac{\left(\frac{1}{\sigma F \pi_{nn}} \right)^{\frac{\mu}{\sigma-1}} \overline{H}_n^{1-\mu} b_n^{\frac{\mu\sigma}{\sigma-1}} A_n^\mu}{\mu \left(\frac{1-\mu}{\mu} \right)^{1-\mu} \left(\frac{\sigma}{\sigma-1} \right)^\mu \overline{V} d_{nn}^\mu} \right)^{\frac{\sigma-1}{\sigma(1-\mu)-1}} \tag{20.20}$$

其中，工资（ω_n）已经删除了；整体经济实现劳动市场出清，表明有下式：

$$\sum_{n \in N} L_n = \overline{L} \tag{20.21}$$

人口均衡的表达式（20.20）有一个直观的解释。因为区内贸易额低的区位消费品价格低，这就增加了这些区位对居民的吸引力，因此每个区位的人口 n 会随着区内贸易额（π_{nn}）下降。每个区位的人口会随着该区位的通勤技术（b_n）、生产能力（A_n）、住房供给（$\overline{H}_n$）和交通技术（与 d_{nn} 负相关）的优化而增加。所有区位的效用水平（$\overline{V}$）是内生的，由要求整体经济劳动市场出清这个条件来决定。

我们再次梳理一下人口流动条件式（20.20），可以依据各区位人口数量、区内贸易额和其他参数写出区位的实际收入表达式。

$$V_n = \frac{\left(\frac{1}{\sigma F \pi_{nn}} \right)^{\frac{\mu}{\sigma-1}} L_n^{-\left(\frac{\sigma(1-\mu)-1}{\sigma-1} \right)} \overline{H}_n^{1-\mu} b_n^{\frac{\mu\sigma}{\sigma-1}} A_n^\mu}{\mu \left(\frac{1-\mu}{\mu} \right)^{1-\mu} \left(\frac{\sigma}{\sigma-1} \right)^\mu d_{nn}^\mu} = \overline{V} \tag{20.22}$$

该实际收入的表达式有一个重要的内涵，就是每个区位内贸易额和其人口的变化是降低交易商品成本的运输技术进步的福利效应的充分条件（Redding，2012）：

$$\frac{V_n^1}{V_n^0} = \left(\frac{\pi_{nn}^0}{\pi_{nn}^1} \right)^{\frac{\mu}{\sigma-1}} \left(\frac{L_n^0}{L_n^1} \right)^{\left(\frac{\sigma(1-\mu)-1}{\sigma-1} \right)} = \frac{\overline{V}^1}{\overline{V}^0} \tag{20.23}$$

其中，上标 0 和 1 分别代表运输技术的进步之前时期和之后时期的变量取值。

运输技术的进步降低了通勤成本。虽然运输技术进步所带来的福利效应也与通勤成本的变化直接相关（通过最终增加劳动的有效供给），但是相同的充分统计量适用于运输技术进步的福利效应：

$$\frac{V_n^1}{V_n^0} = \left(\frac{b_n^1}{b_n^0} \right)^{\frac{\mu\sigma}{\sigma-1}} \left(\frac{\pi_{nn}^0}{\pi_{nn}^1} \right)^{\frac{\mu}{\sigma-1}} \left(\frac{L_n^0}{L_n^1} \right)^{\left(\frac{\sigma(1-\mu)-1}{\sigma-1} \right)} = \frac{\overline{V}^1}{\overline{V}^0} \tag{20.24}$$

虽然交通基础设施的健全程度对工资、地价和人口的影响并不平衡，但是劳动力在不同区位的流动性，确保了交通基础设施的完善和健全程度对所有人口集聚地的福利影响相同。

运输技术的进步降低了商品的交易成本。为了更好地理解内部贸易额的变化和运输技术进步的福利变化二者间的关系，我们考虑一个极端情况：有两个能够自给自足孤立的区位，交通运输的改善后使得货物可以在两地交易。靠近商品交易的区位，内部贸易额必须为 1。一旦区位对贸易无限制，就可以专注同其他区位进行贸易以求得收益，同时内部贸易额将低于 1。内部贸易额的下降表明专业化程度的提高，并且与实际收入（福利）的增加直接相关。

为了理解人口变化和运输技术进步所带来的福利变化这两者间的关系，首先要注意劳动力的流动性要求人口集聚区的实际收入均等化。因此。假设商品在区域间可以自由交易，而且一些区域（例如沿海地区）在最初的劳动力配置上可以比其他区域（例如内陆地区）获得更多的收益，则劳动力会因为实际工资的差异而重新选择工作区位。这些受益于最初劳动力配置的高福利区域将面临人口的流入，这会增加对不可流动要素——土地的需求并且导致地价上升。相反地，在最初劳动力配置上低福利的区域将面临人口流出，这降低了对土地的需求同时房价也会下降。这种人口的再配置将一直持续到各个区域实际工资一致为止。因此，在计算运输技术的进步的福利效应时也需要考虑人口变化。

因此，总的来说，一个区域的内部贸易额的变化和其人口的变化能足以表明运输条件改善的效果，而这种运输设施的完善和健全降低了交易商品的成本（d_{ni}）。同时，交通运输技术的进步降低了该地区的通勤成本（b_n），直接影响该地区的劳动力供给的增加。这一点可以考虑融入福利方程。

20.3.7　一般均衡

每个地区的劳动力占比（$\lambda_n = L_n/\bar{L}$）、一个地区花费在其他地区生产的产品上的支出占比（π_{ni}）和每个地区的工资（ω_n）这三个指标可以表示出模型一般均衡的结果。均衡式 $\{\lambda_n, \pi_{ni}, \omega_n\}$ 使用劳动收入式（20.5）、贸易额式（20.16）、人口流动性式（20.20）和劳动市场出清式（20.21）可以解得下列方程组，其中 $i, n \in N$（详见 Redding，2012）：

$$w_i b_i \lambda_i = \sum_{n \in N} \pi_{ni} w_n b_n \lambda_n \tag{20.25}$$

$$\pi_{ni} = \frac{b_i \lambda_i (d_{ni} w_i/A_i)^{1-\sigma}}{\sum_{k \in N} b_k \lambda_k (d_{nk} w_k/A_k)^{1-\sigma}} \tag{20.26}$$

$$\lambda_n = \frac{\left[\overline{H}_n^{\,1-\mu} \left(\frac{1}{\pi_{nn}} \right)^{\frac{\mu}{\sigma-1}} b_n^{\frac{\mu\sigma}{\sigma-1}} A_n^{\mu} d_{nn}^{-\mu} \right]^{\frac{\sigma-1}{\sigma(1-\mu)-1}}}{\sum_{k \in N} \left[\overline{H}_k^{\,1-\mu} \left(\frac{1}{\pi_{kk}} \right)^{\frac{\mu}{\sigma-1}} b_k^{\frac{\mu\sigma}{\sigma-1}} A_k^{\mu} d_{kk}^{-\mu} \right]^{\frac{\sigma-1}{\sigma(1-\mu)-1}}} \tag{20.27}$$

克鲁格曼（1991）和赫尔普曼（1998）提出的"无黑洞"条件，与假设 $\sigma(1-\mu) > 1$ 相匹配。对于满足不均衡的参数值而言，模型的集聚力相对于其拥挤力并不是很强。其中，集聚力形成于垄断竞争情形下不同偏好的存在、规模收益递增和交通成本（和 σ 负相关）。因此，每个区域的实际收入和其人口数量单调递减，这确保了区域间人口唯一稳定的非退化分布的存在。

虽然唯一均衡保证了该模型可使用反事实分析方法进行处理，但是交通运输设施的投资通常是根据多重均衡间的经济活动空间分布的变动来进行计算的。在存在多重均衡的这样情形下，投资交通运输要么需要考虑在多重均衡下模型的参数空间，要么使用一个更充分的理论分析框架。[16]

20.3.8 反事实

一般均衡方程组式（20.25）~式（20.27）可以对戴克利等（2007）中关于贸易的方法进行扩展，以模型为基础进行反事实检验。该方程体系必须在任何反事实变化发生前后都保持不变，例如在交通基础设施水平发生反事实改变前后都使用的是该均衡方程体系。X' 表示在反事实均衡实现时变量的取值，$\hat{x} = x'/x$ 表示使用反事实方法实现最初均衡时变量的相对值。我们使用上述的标记，可以将反事实均衡方程组（20.25）~（20.27）重新改写为下式：

$$\hat{w}_i \hat{b}_i \hat{\lambda}_i Y_i = \sum_{n \in N} \hat{\pi}_{ni} \pi_{ni} \hat{w}_n \hat{b}_n \hat{\lambda}_n Y_n \tag{20.28}$$

$$\hat{\pi}_{ni} \pi_{ni} = \frac{\pi_{ni} \hat{\lambda}_i \hat{b}_i (\hat{d}_{ni} \hat{w}_i / \hat{A}_i)^{(1-\sigma)}}{\sum_{k \in N} \pi_{nk} \hat{\lambda}_k \hat{b}_k (\hat{d}_{nk} \hat{w}_k / \hat{A}_k)^{1-\sigma}} \tag{20.29}$$

$$\hat{\lambda}_n \lambda_n = \frac{\lambda_n (\hat{\overline{H}}^{1-\mu} \hat{\pi}_{nn}^{-\frac{\mu}{\sigma-1}} \hat{b}_n^{\frac{\mu\sigma}{\sigma-1}} \hat{A}_n^{\mu} \hat{d}_{nn}^{-\mu})^{\frac{\sigma-1}{\sigma(1-\mu)-1}}}{\sum_{k \in N} \lambda_k (\hat{\overline{H}}_k^{1-\mu} \hat{\pi}_{kk}^{-\frac{\mu}{\sigma-1}} \hat{b}_k^{\frac{\mu\sigma}{\sigma-1}} \hat{A}_k^{\mu} \hat{d}_{kk}^{-\mu})^{\frac{\sigma-1}{\sigma(1-\mu)-1}}} \tag{20.30}$$

其中，$Y_i = \omega_i b_i L_i$ 表示在初始均衡时的劳动收入。

---

[16] 一些文献已经检测了暂时性大的冲击是否对经济活动区位有持续性影响，同时将这些持续性影响来证明多中心均衡或者路径依赖。相关文献有：Bleakley 和 Lin（2012），Davis 和 Weinstein（2002），Maystadt 和 Duranton（2014），Redding 等（2011），和 Sarvimäki 等（2010）。

交通基础设施水平影响交易成本（$\hat{d}_m$）、通勤成本（$\hat{b}$）的高低。假设交通基础设施发生了一个外生变化，工资（$\hat{\omega}_n$）、人口比例（$\hat{\lambda}_n$）和贸易份额（$\hat{\pi}_{ni}$）发生了反事实的改变，方程组式（20.28）~式（20.30）可以求出相应的解。在进行这些反事实实验时，要求所有区位在初始均衡只有 GDP、贸易份额和人口比例 $\{Y_n, \pi_{ni}, \lambda_n\}$ 的观测值。由于求解出的参数值对应的模型有唯一的稳定均衡（$\sigma(1-\mu)>1$），因此反事实实验可以对交通运输成本的变化造成的影响做出确定性的预测。从上述的福利分析来看，每个地区人口和区内贸易份额的变化充分说明了交通运输技术进步通过影响交易商品成本（$\hat{d}_{ni}$）产生福利效应。相反地，除了人口和区内贸易份额的福利效应，交通运输技术的进步通过影响通勤成本（$\hat{b}_n$）也有直接影响福利水平。在人口完全流动的条件下，这些福利效应在所有人口集聚区是相同的。

20.4 简化形式的计量经济学分析框架

20.4.1 简单分类

我们查看了最近关于基础设施对经济活动地理空间分布的影响的经验文献。这类文献的主体可以用简单的分类来加以描述。

t 表示时期，n 和 $i \in N$ 表示地理区位，常见地就是城市或者县。L_{it} 表示在 t 期区位 i 相关事务的结果：就业、人口、租金，或者集权化。x_{it} 是特定区位和时间的协变量的向量，而 b_{it} 和 d_{it} 是表示交通运输相关的变量。特别地，为了与我们的理论模型的标示一致，b_{it} 表示区位 i 内部交通基础设施水平，d_{it} 表示区位 i 外部交通基础设施的水平。例如，b_{it} 表示一个大都市区域内部辐射式公路的数量，而 d_{it} 表示一个农业县是否已经和高速公路网相连。

使用上述表示方法，定义"城市内部回归"如下：

$$L_{it} = C_0 + C_1 b_{it} + C_2 x_{it} + \delta_i + \theta_i + \epsilon_{it} \tag{20.31}$$

其中，δ_i 表示特定区位、时间变化的不可观测值；θ_t 表示对所有区位而言一般的时间效应；ε_{it} 表示特定区位而随时间变化的残差。系数 C_1 表示城市内部基础设施对城市层面影响的结果。[17]

---

[17] 摩西（1958）和摩西和威廉姆森（1963）开创性的研究了机动车和高速公路对大都市区内人口和经济活动分布重组的作用。

相同地，定义"城市间回归"如下：

$$L_{it} = C_0 + C_1 d_{it} + C_2 x_{it} + \delta_i + \theta_t + \epsilon_{it} \qquad (20.32)$$

其中，与"城市内部回归"不同之处，就是描述区位 i 和其他区位间的交通运输成本的解释变量而不是城市内部基础设施。

我们需要先对方程进行一些讨论之后再转向描述结果。首先，所有待估计方程是方程（20.14）的简化形式，如果是该结果是土地租金的话，待估计的方程就是式（20.15）的简化形式。因此，这些待估计的方程和之前所描述的理论分析结构是一致的。其次，将回归方程同理论分析的部分相比较，推断城市内部和城市间回归将面临有四个问题。

第一，均衡就业或土地租金取决于特定区位的生产力 A_n。通常情况下，生产力是不可观察量，因此反映在回归方程中就是误差项。我们很自然地预期城市内和城市间的基础设施水平是由特定区位的生产力水平决定的，因此在两个回归方程中存在内生性问题。

第二，均衡就业或土地租金取决于特定区位的舒适度 H_n。在我们的模型中，舒适度反映了房屋供给，但是事实上，它也可能反映了一些不能观察到的区位特征，而这些特征能提高或减少所在区位居民的福利。我们可能也会关注在某种程度不可观察的环境因子，他们影响基础设施的配置从而造成内生性问题。表述地更为一般化，就是说城市内和城市间回归不能靠回归自身辨别交通需求和交通供给。

第三，方程（20.14）和（20.15）包括市场准入，但在估计方程中并未有清晰地呈现。从市场准入取决于城市间的运输成本来看，在估计方程中对市场准入的处理值得关注。

第四，从所有区位的交通运输基础设施的一般均衡效应来看，C_1 没有表现这些效应。相反，这些效应体现在 θ_t，并且不能同其他因时变化的要素区分开来。而这些随着时间不断变化的要素在没有进一步假设的情况下所有的区位都是相同的。一般来说，在一般均衡中，在一对区域 i 和 j 的交通投资，也会影响第三个区域 k，但这种影响并不能显示在区域 i 和 j 的交通变量中。

20.4.2　因果效应的识别

正如上文所述，估计城市间和城市内回归式时最大的经验挑战是在缺失交通进步情况下构建合适的反设事实实验。特别地，用最小二乘法（OLS）回归比较处理组和非处理组是不可能一致地估计交通运输进步的因果效应。因为处理组的区位选择是非随机的。经验上解决这一问题主要采用的方法是工具变量法，找到交通进步的替代变量，其满足仅通过交通进步影响经济结果的排他性限制。[⑱] 这种识别因果效应的方法假设了一个额外的一阶回归，该回归决定了交通运输基础设施的取值：

$$\prod_{it} = D_0 + D_1 x_{it} + D_2 z_{it} + \eta_i + \gamma_t + \mu_{it} \qquad (20.33)$$

其中，$\prod_{it} \in \{b_{it}, d_{it}\}$ 是相关的运输变量（区别是在城市内还是城市间）；x_{it} 是来自第二阶段回归式（20.31）或式（20.32）因地区和时间变化的对照组；η_i 表示特定区位下不会随时间变动的不可观察量；γ_t 是时间指标；u_{it} 是不同时期特定区位的残差；z_{it} 是工具变量或是具有排他性的外生变量。

我们把第二阶段方程（20.31）和（20.32）同第一阶段方程（20.33）相结合，使用两阶段最小二乘估计，可以估计交通基础设施对相关的经济产出的影响（C_1）。要想交通基础设施的因果关系得到可靠的识别，需要满足以下两个条件：（1）工具变量在第一阶段回归是有效的（$D_2 \neq 0$）；（2）工具变量满足排他性限定，即 $\mathrm{cov}(\varepsilon_{it}, u_{it}) = 0$，表示在控制变量 x_{it} 为条件下仅通过交通基础设施影响经济产出。

现有的文献使用的工具变量主要有三大类。第一类是规划路线工具变量法，就是事先设计好路线和文件，然后从中得到可观察的基础设施的准随机变化。第二类是历史路线工具变量法，就是从过去的交通运输路线中得到准随机变化。第三类是不重要单元法，就是选取一个样本，从不可观察的特征不影响该地区的基础设施的配置来看，对该样本是不重要的。上述的识别方法的可信度与其实行的细节密切相关，并且有时会引起争议。因此，我们简单描述了这些识别的方法和原理。在此背景下我们避开讨论这些方法的有效性。广义来说，上述所介绍的方法是目前研究交通基础设施与经济活动因果关系可供使用的最好的选择。

20.4.2.1　规划路线工具变量法

鲍姆—斯诺（2007）率先使用了计划路线工具变量法。在该文中，使用大约于1947年对各州间高速公路网络的规划得到准随机变量，从而构建了真实的网络。在该文献中，计算规划中与大都市区连接的辐射高速公路的数量，使用该变量去预测州际高速公路的真实数量。因为该道路网络规划的制定和施行是为了服务军事活动，因此该工具变量的有效性取决于该军事目标与战后通

---

⑱　虽然项目评估文献建议了其他互补的方法，如进行与交通运输进步相关的随机试验或者使用相匹配的估计量，但是在经验文献中很少使用到这些方法。

勤的需要密切相关。另外，一些关于美国道路和高速公路网络的影响的经验文献，基于1947年高速公路规划探究工具变量，休和张（2012）就构建了一个关于日本的相似的工具变量。迈克尔斯等（2012）则使用了一份更早的美国高速公路网络规划，"潘兴规划"，得到美国高速公路网的准随机变化。虽然唐纳森（2015）没有使用假设的规划网络作为现实公路网的工具变量，但是他对既没有铁路也没有规划铁路的区域和没有铁路但是有铁路发展规划的区域发展做了比较。这些区域以相同的方式发展，表明以不同的不可观察特征为基础，规划过程不能区分这些区域。

20.4.2.2　历史路线工具变量法

杜兰顿和特纳（2012）发展了历史路线工具变量法。在预测大都市区经济产出的回归时，作者凭借包括美国大约在1898年的铁路网在内的已经有的运输网络和在1535～1850年在美国内部得到不断探索的考察路线，得到20世纪末期美国州际间高速网络的准随机变化。要使这些工具变量有效，需要以对照组为条件，那些20世纪末对美国经济生产没有直接影响的因素决定了这些历史上路网的布局。有一些文章（Duranton and Turner，2011，2012；Duranton等，2014）使用了两个历史路线工具变量，其中用1947年高速公路规划得到预测大都市区车辆行驶总里程回归的随机变化，使用大都市区就业的变化情况和城市的贸易流量得到州际间高速公路网络的方程。

杜兰顿和特纳（2011，2012）以及杜兰顿等（2014）的一个明显的特点就是基于不同变化来源构建多样的工具变量。在工具变量多于内生变量的情况下，我们可以使用全部工具变量或者工具变量的子集来对问题进行估计，同时可以使用过度识别检验来核查识别假设。在至少一个工具变量有效的前提下，这些过度识别检验就可以检测其他工具变量的有效性。假设工具变量可以解释数据所存在差异性的不同来源，如果一组数据通过过度识别假设，这表明要么所有的工具变量是有效的，要么工具变量和第一和第二阶段回归的误差不存在关系。

还有一些作者建立历史运输网络得到其他地区现代运输网络的准随机变化。鲍姆—斯诺等（2012）使用1962年的中国公路和铁路网，得到2000年后公路和铁路网络的准随机变化。加西亚·洛佩兹等（2013）则使用了18世纪的邮路和古罗马时期西班牙的路网。休和张（2012）利用了日本历史时期的铁路网。马丁库斯等（2012）则在研究秘鲁时使用了印加公路。杜兰顿和特纳（2012）对这些工具变量的有效性进行了更详细地讨论。

20.4.2.3　不重要单元法

为估计城市间回归，研究者经常使用不重要单元法，有时也会与上述所讲的工具变量法结合使用。如果我们从经济角度考虑在大城市间的小单元，那么当两个大城市间这些小单元能十分便利地进行通道联结，我们可以预期城市间的联系不受这些小单元阻隔的影响。换句话说，我们预期大城市间的不可观察的单元特征在路线选择中是不重要的，因此道路对这些单元的影响不会决定这些单元起到的联结作用。钱德拉和汤普森（2000）率先运用了上述方法，分析了美国州际间农业县高速公路体系的影响。他们通过关注农村高速公路，以期可以获得拥有州际间高速公路且靠近大城市的县的随机数据。虽然评估该方法的有效性十分困难，但是迈克尔斯（2008）的回归结果与钱德拉和汤普森（2000）是类似的。其中钱德拉和汤普森（2000）使用的是 1947 年规划高速公路网络得到的结果。两种方法得到相似的估计结果进一步增加了可信度。班纳吉等（2012）在分析中国交通运输网络的影响时也使用了不重要单元法。特别地，他们设想了一个交通网络，该网络可以联结在历史协议里存在的港口和内陆大型贸易中心。在美国，农业县出现在州际高速公路附近可能是随机的，从这个意义上来说，靠近预估网络的县区在此也是随机的。相似地，在中国，法贝尔（2015）设想了联结中国各大城市最小成本的网络，检测了附近农业县靠近该网络对产出的影响。

在解决交通基础设施潜在的内生性问题上，上述提到的三种计量方法都被广泛使用。针对该问题的其他研究方法侧重于自然实验，虽然也可能提供可信的准随机变化结果，但是不便于推广应用。

20.4.3　从重组中辨别增长

福格尔（1964）对 19 世纪铁路建设在经济发展中作用进行了经典分析，评估交通基础设施的经济影响基本上取决于交通成本的变化是否影响经济活动的数量或者是否重组现有的经济活动。例如，一条道路或者一条轻轨线路对既存企业的吸引力和对吸引新企业的创立是有很大不同的。而且这个问题不同于之前所讲的内生性问题。内生性问题源于交通基础设施分配到处理观察组时是非随机的。但是即使交通设施都是随机分配到各个观察量，还是存在区分增长和重组的问题。一个例子：一个地区交通基础设施经历了外生变化，对该地区经济活动可看到的影响要么反映在重组上要么反映为增长。在评估一地区政策的文献中，也同样存在区分增长和重组的问题。纽马克和辛普森（2014）对上述问题进行了探讨。[19]

图 20 - 6 描述一个设想的数据集，该数据集同典型地估计城市间和城市内部的估计方程的数据集有着相同的结构。图 20 - 6 描述的是一个由三个区域组成的样本：一块区域使用某种影响该区域运输成本的方式进行处理——例如，新道路的修建；一块和处理区域相近但是其交通基础设施保持不变的无处理区域；第三部分是其他区域。相关的结果变量用 γ 表示；新修的道路会使处理地区的产出新创造 a 个单位，促使无处理地区 d 个单位产出流向处理地区。

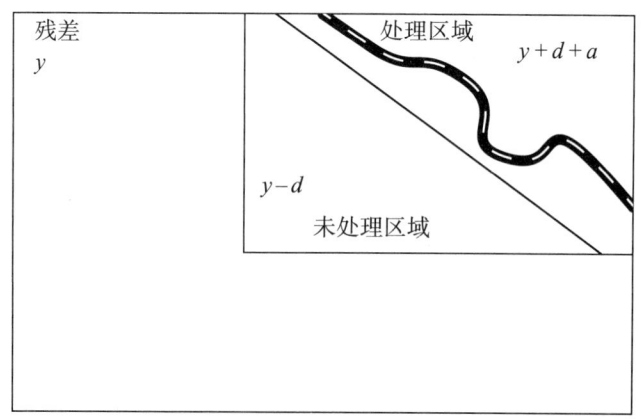

图 20 - 6　一个简单的设想样本

基本上，城市间和城市内回归估计了该做法对处理区域和作为对照的无处理区域差异的影响。图 20 - 6 表示得更为直观。处理区域和无处理区域的产出差异是 $2d + a$，是重组和增长的复合影响。但问题的关键是，区分重组和增长要求我们得到各自的数量结果。如果没有进一步的假设，无论是城市间方程还是城市内方程，我们仅估计一个方程是不能得到各自的数量结果的。为了识别增长效应和重组效应，我们必须估计两个独立的线性方程。

用图 20 - 6 所描述的样本来分析，这两个方程可以包括三个区域中任意两个一组，进行对比——也就是说，处理区域和未处理区域，未处理区域和其他区域，处理区域和其他区域。从而可以使用面板数据，来估计处理区域在交通成本变化后发生的改变，也可以估计处理区域发生变化后未处理区域的变化。虽然已经有很多文献仔细研究交通运输成本和基础设施在区域上未随机配置的问题，但是很少有学者建立方程分析增长和重组各自作用。

---

[19]　与政策相关的区分增长与重组研究方法文献请看 Criscuolo 等（2012）和 Mayer 等（2013）。

图20-6介绍了一种简单区分增长和重组的方法，同时也暗含了简化的假设。特别地，在处理区新修的道路不能导致其他区经济活动的移动，也不能引起无处理区或其他区域的增长。如果我们允许上述效应的存在，处理区新道路的影响将不再是两个参数，而是包括六个参数。为了得到所有的参数，通常要求估计时有6个独立的线性方程，并且就截面数据而言通常也不可能得到所有的参数。在现实的背景下，地理环境更为复杂，很多地区都会受变化的影响，区分增长和重组需要关于这些效应本质的先要条件。

截至目前，很少有人关注这些假设应该是什么。如图20-6所示，该问题可以清晰地解决但是需要专门条件。另外，在20.3节提到的理论模型为区分增长和重组提供了坚实的理论基础，该基础来源于供给和需求假设和交通成本的冰山结构。重要的是，如果在处理区新修道路影响三个区域的经济活动水平，那么截面估计不能包含这种效应。这要求时间序列数据或者如图20-6所示的截面数据。更普遍地来说，对于一条道路或者单一的交通项目，构建可信的如图20-6包括的处理区、未处理区和其他区是有可能的。然而，在评估一国高速公路体系，可能并不存在合理的其他区，在此情况下我们有必要考虑一般均衡的环境。

20.5 简化经验结果

20.5.1 城市内基础设施和经济活动的空间组织

20.5.1.1 基础设施与去中心化

鲍姆—斯诺（2007）以美国大都市区域为样本，将其划分为旧中心商业区、1950年前后的中心商务区和残留的郊区。之后作者估计了城市内回归方程，同方程（20.31）的第一个不同之处是观察单元是美国一个大都市区，使用区际辐射式公路的数量进行基础设施的测度，工具变量是用基于上文已经讨论过的1947年高速公路规划得到的辐射式道路数量进行测度。作者发现区际高速公路网络每一条辐射式道路导致中心城区人口减少约9%。由于一个大都市区辐射式道路数量的标准差是1.5，这表明辐射式道路数量的标准差增加1单位将导致中心城区人口减少约14%。实际来看，在研究期间，美国人口增加了64%，大都市区人口增加了72%，而拥有固定边界的中心城区人口减少了 17%。因此，区际高速公路系统基本可以解释旧城区人口密度的整体下降。值得注意的是，由于鲍姆—斯诺（2007）估计处理区的人口份额，避开了增长和重组的识别问题，因此中心城区的人口份额反映了中心城区和郊区的人口变化以及两地之间人口的流动。

有两篇文章对上述结果进行了进一步的研究。鲍姆—斯诺等（2012）使用中国 1990～2010 年地级市的数据进行了相同的回归分析。首先，他们将每一个城市分割为有固定边界的行政中心城区和残留部分。之后他们估计了一些基础设施测量结果对人口和就业去中心化的效应。他们把历史路线（来自 1962 年）作为城市基础设施准随机变化的来源。他们发现每条高速公路主干道导致中心城区人口减少大约 5%。其他基础设施测量指标（高速公路里程数、环行公路承载力、铁路里程数、环形轨道交通承载力、辐射式轨道承载力）对中国城市人口组织没有显著影响。鲍姆—斯诺等（2012）同时也估计了基础设施对生产组织的影响。他们发现环形铁路和环形高速公路的承载力对生产组织都有显著影响。特别地，每条辐射式铁路导致中心城区约 26% 的制造业向城市边缘迁移，并且环形公路也有显著影响。该效应因产业而异，低重量价值比的产业更易受到影响。作者观察的其他基础设施指标对生产组织没有影响。

最后，加西亚·洛佩兹等（2013）使用 1991～2011 年西班牙 123 个大都市区的数据研究了快速道路对人口组织的影响。他们构建一个城市内回归解释高速公路网络的变化导致了同一时期中心城区人口的变化。他们使用三个历史公路网络作为现代公路网络变化的工具变量，分别是罗马时期公路网络、大约 1760 年的邮政公路网络、19 世纪主要道路网络，发现每条辐射式高速公路会导致中心城区人口减少 5%，同时中心城区或者郊区的高速公路里程数没有可测量的效应。安吉尔·加西亚·洛佩兹（2012）使用了上述相同的工具变量策略，估计交通基础设施改善对巴塞罗那市区人口区位选择的影响。同前文发现一致，他们发现高速公路系统和铁路系统的进步促进了郊区人口的增加，但是轨道交通的发展影响中心商务区内人口的区位选择。[20]

虽然前文提到的去中心化的文章分析基础设施进一步降低到达边缘地区的成本，从而造成对中心城区的影响，但是阿尔费尔德等（2014）考虑同一城市相邻两部分交通成本改变的效应。具体来说，阿尔费尔德等（2014）分析了柏林墙建立和拆除的效应。他们估计了三个时期人口、就业和土地价值，分别是城市分割前的 1936 年、城市统一前夕的 1986 年和城市统一十五年后的

---

[20] 相对而言，城市内文献很少关注交通基础设施在使城市隔离和使一些城市衰败中发挥的作用。

2006 年。也就是说，从西德到东德的通勤成本经历了由低到高再至低三个阶段。

在方法上，阿尔费尔德等（2014）的分析同前文提到的集权化文章有很大的不同。他们的样本是包括大都市区柏林大约 16 000 统计区，在 2005 年每个区约有 250 人。对于每个区，阿尔费尔德等（2014）的研究中记录了三年的区位、人口、地租和就业情况。他们使用上述数据估计了城市间回归的一阶差分变量（方程 20.32）。阿尔费尔德等（2014）简化形式的结果表明柏林墙的建设导致了中心商务区向西柏林区域靠近，而柏林墙的拆除逆转了这一进程。我们要认识到在这个自然实验里假设：从分离到统一的过程中经济活动参与方式的改变与城市组织方式的变化无关。除了简化形式的结果，阿尔费尔德等（2014）同时建立了结构方程，我们将在下文进行讨论。

20.5.1.2　基础设施和多种城市层面的结果

除了研究基础设施与去中心化的文献，杜兰顿和特纳的一系列文章分别探究了公路与就业增加、城市间贸易以及汽车使用间的关系。

杜兰顿和特纳（2012）估计 1984~2004 年美国大都市区就业增加，他们最主要的回归分析是城市内回归的一种变体，即凭借 1947 年高速公路规划、1898 年铁路网络图以及历史上探险路线图，把 1984~2004 年就业增加量作为结果，使用城市内州际高速公路里程对交通进行测度。其研究结果说明 20 年来州际高速公路里程增加 10%，导致就业增加了 1.5%。换句话说，20 年来最初道路一个标准差会导致就业增加变动 15%。这稍微低于样本平均增长率的 2/3。

杜兰顿和特纳（2012）也估计了第二方程，研究了最近的大城市的道路存量的变动对就业增加的影响。就是在图 20-6 中，寻找其他区域的变化对处理区域的影响。作者研究发现没有效应。通过该回归和主要的城市内部回归，初步可以得出结论：道路导致各城市的就业增加而不是简单地就业者在各城市重组。

杜兰顿等（2014）在新一篇文章中使用美国"物流调查数据"探究 2007 年城市间贸易流和州际间高速公路网络的关系。其中一个报告单元比一个大都市区要大一点。他们记录 69 个单元的成对贸易流的货物重量和价值，并得到每个部门每个区域的总的流量。基于雷丁和维纳布尔斯（2004）和安德森和范·温库帕（2003）的方法，他们建立了两个估计方程。第一个是城市间回归方程，解释成对贸易流重量和价值与成对的州际间距离的函数关系。第二个是城市内回归方程，通过贸易重量和价值（与目的地无关）预测每个城市总的贸易流量。在每个方程中，他们使用1947年高速公路规划和1898年铁路网络图得到工具变量。对进行城市内回归分析时，他们也使用1530～1850年主要探险路线得到工具变量。最后，得出以下三个结果。首先，成对的行驶距离减少1%，将导致成对的贸易额增加1.4%，成对的贸易重量增加1.7%。其次，城市内高速公路影响对外贸易重量，但是不影响对外贸易的价值。特别地，在物流调查区内州际高速公路里程每增加1%，对外贸易的重量就会增加0.5%，但对外贸易额没有可测度的效应。使用50年的就业面板数据发现高速公路越多的城市，就会雇用更多的劳动力发展制造业；相反高速公路越少的城市从事重型制造产业的劳动力就越少。

最后，杜兰顿和特纳（2011）研究了公路和高速公路供给对城市内开车出行的影响。具体来说，他们进行城市内部一阶差分和二阶差分的回归分析，被解释变量是美国一个大都市区一年内在特定公路网络上机动车行驶总里程，相关的解释变量用来测度公路网络的区域范围。同样地，他们使用1947年高速公路规划，1898铁路网络图和1530～1850年主要探险路线作为大都市区公路的外生变量。根据公路存量每增加1%，开车出行就会增加1%，他们建立"公路拥堵的基本定律"，发现该定律在他们所有的分析中都是稳健的。他们对引致的边际开车出行来源进行粗略的分解分析，发现边际驾驶行为多半是因为个体行为的改变，而商业驾驶的增加显得并不是很重要。休和张（2012）使用杜兰顿和特纳（2011）的分析方法对日本进行了研究，得出相似的结论：在日本城市公路网络的区域面积每增加1%，城市内开车出行数量就会增加大约1%。

虽然上述提及的文章都是关注交通车流总量和公路里程数关系，但是库图尔等（2012）分析了美国大城市汽车驾驶速度的决定因素。显然地，他们率先建立了分析与出行相关的供给和需求的计量经济框架。其估计的结果用于建立城市层面的驾驶速度指标，之后在车速发生反事实变化后进行福利分析。城市在车速方面呈现很大的差异，并且在车速最低的城市车速改善所获得的福利是很大的。综合来看，这些结果同拥挤带来巨大的社会净损失是相一致的。

虽然大多数城市内文献基于前文讨论的三种工具变量估计方法进行分析，但值得一提的是，冈萨雷斯—纳瓦罗和昆塔纳—多梅克（2013）使用随机试验研究设计，分析墨西哥道路铺装的效应。处理区是道路铺装区，区内住户相对于其他控制街区增加了15%～17%。不考虑外部性的条件下，道路铺装的收益率估计值是2%，加入外部性，收益率估计值增加到55%。

20.5.1.3　地铁与城市内部空间结构及其他相关结果

大量的文献研究了地铁对城市内部空间结构的影响，典型地是分析相对于城市较小的区位单元，例如人口普查区或者邮政编码区。常用的解释变量是距地铁的距离，被解释变量是人口数量或者就业人口密度、地价，或者客流量。也就是说，这些文章进行如方程（20.32）形式的城市间回归（此处名不副实），分析次城市的情况。正如我们在 20.4.2 节和 20.4.3 节中讨论的，这些回归必须要解决两个问题：变量的内生性问题以及增长和重组的区别问题。

与地铁相关的文献数量很多，难以进行全面的概述。其中在我们看来，吉本斯和麦肖恩（2005）、比林斯（2011）和阿尔费尔德等（2014）这三篇文章为变量内生性问题提供了很好的解决方案。鲍姆—斯诺（2007）和加西亚·洛佩兹等（2013）两篇文章表明定性地说城市内公路与地铁有相似的密度变化曲线。鲍姆—斯诺和卡恩（2005）及戈登和威尔逊（1984）这两篇文章用城市截面数据说明地铁的效应。特别地，吉本斯和麦肖恩（2005）和比林斯（2011）进行了更为广泛的调查。

吉本斯和麦肖恩（2005）运用双重差分法得到城市间的估计方程，评估 20 世纪 90 年代后期地铁扩张对伦敦居民住宅价格的影响。他们的样本是一个邮政编码单元，这个行政单元包括 10～15 个家庭。他们观察在伦敦南部码头区轻轨建成前后邮政编码单元的房地产交易，发现由于轻轨的推广，部分样本到地铁站的距离减少了。这就满足了使用双重差分方法的条件：他们对邮政编码区内靠近地铁站的房价变动和不受地铁建成影响的地区房价变动进行比较。

他们发现在地铁站 2 000 米以内的房地产，距离地铁站距离每减少 1 000 米，房价就增加 2%。有用的是，吉本斯和麦肖恩（2005）比较了双重差分估计法的结果和常用的截面数据估计结果，发现仅靠截面数据进行估计结果是双重差分法估计结果的 3 倍。这表明正如我们所猜想的那样，地铁站区位并不是随机被选择的，最有价值的土地更靠近地铁。

比林斯（2011）和阿尔费尔德等（2014）也使用双重差分法分析了地铁的效应。比林斯（2011）发现美国北卡罗来纳州夏洛特市新开通轻轨线后，在车站 1 英里范围内单家庭户型居民住宅房价增长了约 4%，公寓的价格增长了约 11%，并且轻轨对商业地产价格没有影响。阿尔费尔德等（2014）发现距一个 1936 年地铁站超过 250 米的城市住宅区价格比在地铁站范围内 250 米的住宅区由于柏林分裂引起的价格下降了大约 13%。格莱泽等（2008）研究纽约地铁的影响，发现穷人向更靠近地铁站的地方移动。

这些文章每一篇都研究了土地租金随着距地铁或轻轨线距离下降的速率。

鲍姆—斯诺（2007）和加西亚·洛佩兹等（2013）研究了人口密度如何随着到高速公路的距离而变化。鲍姆—斯诺（2007）的研究样本是人口普查区。在1990年美国大都市区的每个人口普查区，他观察了在1970年和1990年的人口密度和到州际间高速公路的距离。这使得他可以用两个面板和一阶差分来估计城市间的方程。他发现到高速公路距离每减少10%，1970年的人口密度增加0.13%，在1990年人口密度增加量更少。一阶差分估计结果类似。加西亚·洛佩兹等（2013）用西班牙的数据进行研究得到了相似的结果。

这些文章虽然都试图解决基础设施配置存在的内生性问题，但是都没有解决是否地铁促进了附近经济活动的增长或重组这个问题。特别地，他们无法测度城市内地铁网络变化是否会影响城市层面的变量。就是在图20−6中，处理区单元的基础设施的变化是否影响三个地区的产出水平。很明显这是一个与公共政策相关的问题。这要求描述地铁和城市产出的城市截面数据，也就是说，这些数据可以用来估计城市内方程［方程（20.31）］。因为地铁相对稀少，这类数据很难去收集。我们了解到两篇文章进行了这方面的努力。第一篇是戈登和威尔逊（1984），构建52个城市的简单面板，描述人口密度、每年地铁载客量和一些控制变量。在此简单的乘客量与密度截面回归中，他们发现强烈的正向关系。鲍姆—斯诺和卡恩（2005）使用美国有地铁的16个大都市区域的分类面板数据，除了描述每个城市地铁网络的范围，这些数据包括乘客通勤时间。总的来说，他们发现美国地铁扩张没有引起公共交通客流量的大幅度增加。

20.5.2 城市间基础设施和经济活动的区域组织

我们现在关注联结样本单元如一个县和其他地区的基础设施的效应。这通常会估计城市间回归方程。首先我们会描述高收入国家的结果，之后转向研究低收入国家和历史数据。

20.5.2.1 高收入国家

钱德拉和汤普森（2000）以美国185个在1969年后拥有高速公路的非都市县和391个没有高速公路的相邻非都市县为样本，研究州际间高速公路体系对样本的影响。钱德拉和汤普森（2000）通过关注非都市县区，希望能随机获得拥有高速公路县区的样本，特别地，不用考虑高速公路对处理区域的影响。他们探索性地使用了不重要单元方法。他们被解释变量选用的是从1969到1993年依据县区、年份和个位数标准工业分类代码得到的年度总收入。

钱德拉和汤普森（2000）估计了包括县区固定效应的城市间分布滞后模

型。特别是他们解释变量中使用 24 个虚拟变量用于测度每年高速公路已使用时长。他们的结果是显著的。他们发现高速公路的通达性对金融、保险、房地产、交通和公共事业组织、零售服务业有 24 年的边际正向影响。他们也发现对制造业和农业的收益的影响是边际负向的。总体上，一个非都市县区的高速公路通达性使 24 年间的收入增长 6% ~ 8%。对非处理的相邻县区的影响大约是相反的。总的来看，非处理的相邻县区的总收入下降了 1% ~ 3%。需要注意的是钱德拉和汤普森（2000）估计了两个不同的方程。参照图 20 - 6 来看，第一个方程预测基础设施变化对处理区的影响，第二个方程预测基础设施变化对相邻非处理县区的影响。这两个方程都需要区分增长和重组。重要的是钱德拉和汤普森（2000）不能拒绝假设：在处理和非处理的所有样本里由高速公路带来的收入的总变动加总是零。

迈克尔斯（2008）以美国 2 000 个县区作为样本使用不重要单元方法进行研究，这些样本中超过一半是农村县区，并且在 1950 年没有高速公路。他建立了 1959 ~ 1975 年用于城市间出行的州际网的分组。他的解释变量为该县区在研究期限内是否在该网络中，他同时也使用了基于 1947 年高速公路规划的规划路线工具变量法。慎重考虑了很多被解释变量。特别是人均货运和零售收益、技术工人和非熟练工人的相对工资。他发现有高速公路的县区的货运和零售收益都增加，正如钱德拉和汤普森（2000）所发现的，并且这两篇文章中只有两个被解释变量是相同的。鉴于是不同的识别策略，这个结果是令人振奋的。他同时发现高速公路导致了技术工人的工资相对于非熟练工人有小幅度的上涨。

有两篇相关但是在方法上有很大不同的文章。雷丁和斯特姆（2008）研究了德国战后分割对经济活动组织的影响。他们发现在靠近东西德边境的德国城市人口增长比远离边界口岸的人口增长更缓慢。也就是说，为了应对东德和西德间运输成本的增加，经济活动从边界区域迁移。杜兰顿等（2014）估计2007 年美国成对城市间的距离对成对城市间制造业商品交易的影响，发现高速公路距离而不是直线距离影响贸易，距离的远近对贸易的影响是巨大的，并且距离的远近对货物重量的影响要大于对货物价值的影响。不出意外地，杜兰顿等（2014）也发现轨道交通的贸易和公路运输贸易相比，对距离更不敏感。他使用哥伦比亚而不是美国的贸易数据，基于杜兰顿等（2014）再次进行了分析。他得到了不同的结论：贸易对距离是不敏感的，贸易的价值和重量对基础设施是同样地敏感，并且贸易值与基础设施有关。

尽管很多关于城市间文献关注公路，但是谢尔德（2014）用美国的数据，估计了大多数区域机场基础设施水平对就业的影响。使用 1944 年国家机场规划作为现有机场分布的工具变量，解决机场规模的潜在内生性问题。结果发现在控制区域总体就业水平下，机场规模对可交易服务的就业份额有积极影响，但是机场规模对制造业或非贸易部门没有可测量的影响。机场规模对区域总体就业水平的影响实际上是零，表明机场会促进专业化分工，但不会带来大都市区域的增长。估计出的与机场规模相关的可交易服务就业水平弹性大约是0.22。

20.5.2.2 低收入国家

唐纳森（2015）使用了印度 235 个行政区作为样本，包括了从 1870 ~ 1930 年印度主体，研究铁路对这些行政区的影响。他使用这些数据估计了带有行政区和年份的固定效应的城市间回归方程。他的结果变量是每单位行政区 17 种农作物年度总产出。在 1870 ~ 1930 年，农业总产出占印度国内生产总值的 2/3，并且唐纳森研究的 17 种农作物占农业总产值的 93%。为考察铁路潜在的内生性问题，唐纳森收集原竞争者设想的铁路规划网络的数据。他发现用规划网络处理街区和不处理街区在产出上没有差异。这表明已建成的铁路网络不是面向最有生产力的行政区的。

唐纳森发现靠近铁路的行政区单位面积农业实际收入比没有铁路的行政区高 17%。因为唐纳森的回归方程包含年份和行政区的效应，这就意味着经过处理而有铁路行政区相对于不经处理的行政区收入增加 17%。这个影响是巨大的。从 1870 ~ 1930 年这段时期，印度实际农业收入仅增加了大约 22%，因此铁路开通的结果相当于 40 多年的经济增长。

在一篇相关的文章中，唐纳森和霍恩贝克（2013）选取美国 1870 ~ 1890 年铁路快速发展时期的 2 200 个县为样本，构建城市间回归的解释变量，该变量中包括县区固定效应、州 - 年份固定效应和一个关于经纬度的三次多项式。相关的结果变量是一个县区农业用地的总产值。

唐纳森和霍恩贝克（2013）发现有铁路县区相对于在同一个州内的其他县区一年内农业总地租增长 34%。如果在此期间农业用地在生产的比重保持稳定，则这可推测出对产出的影响名义上要比印度相应的估计结果大。在此阶段美国增长速度是特别高的，因此与印度行政区 40 多年相比，铁路带来的收益仅相当于 7.5 年的经济增长。

除了县区固定效应和其他控制变量，唐纳森和霍恩贝克（2013）没有解决前文提到的铁路内生性问题。相反，他们进行了替代回归，其中解释变量为市场准入指标。他们对市场准入的测度使用的模型与 20.3 节的模型相似，是关于人口比重指标，即县区人口的逆出行时间加权总和。他们发现这个方法测度的结果和使用连接指标是相似的。同时也发现排除邻近县区的受限制的比重测度方法的结果也是相似的。这两种比重测度方法产生的相似结果表明，铁路对一个县区的影响同样取决于地方距离铁路的远近。

海因斯和马戈（2008）的分析与唐纳森和霍恩贝克（2013）的分析相似。他们以美国 12 个州的 655 个县为样本，估计一阶差分的城市间回归方程。他们的研究时期是从 1850~1860 年，是唐纳森和霍恩贝克研究 1870~1890 年的前一段时期。他们主要的结果变量如下：城市人口比重、农业的工资、每亩农业产值和提高种植面积的份额。他们对拥有铁路的测度基于是否铁路线在这年内穿过该县区得到变量指标。他们发现拥有铁路会激励一个县区提高种植面积比重增加 10%，农民工资增加 3%，对每亩农业产值没有影响，服务部门就业小幅增加以及农业就业减少 4%。尽管海因斯和马戈（2008）的样本和唐纳森和霍恩贝克（2013）大多数相同，并且两篇文章所研究的时期是临近的，海因斯和马戈得到的结果比唐纳森和霍恩贝克（2013）小很多。

博加特（2009）以英国 1692~1798 年大约 3 000 个乡镇为样本，估计一阶差分形式的城市间回归。他的因变量是每亩地租。他对交通基础设施的测度是基于一个乡镇是否靠近一条收费公路或者一条由税收支持改善的公路。他也在一阶差分城市间回归中使用了一个工具变量，他用距主要贸易路线的距离作为存在一条收费公路的工具变量。该不重要单元方法由钱德拉和汤普森（2000）创建的。博加特（2009）发现每一条收费公路在一阶差分估计中可以增加乡镇土地租金大约 11%，使用工具变量的估计结果是增加大约 30%。

班纳吉等（2012）使用中国县级数据估计包括省份和年份固定效应和县级层面的控制变量的城市间回归方程。他们使用了中国 310 个县城作为样本，选取 1986~2006 年中国公路和铁路基础设施快速发展的时期作为研究的时期，收集每年人均国内生产总值。他们也考察了少数年份里大部分县区的企业普查数据。为了测度基础设施水平，班纳吉等（2012）构建了一个假有的连接"通商口岸"和内陆贸易中心的路网，并用这个路网来做工具变量。其实这也是运用了不重要单元法。用县区到假有的路网中公路或铁路的距离来预测到铁路和主要高速公路的距离，所以他们用上述方法来测量基础设施水平。

因为班纳吉等（2012）有一个工具变量和两个内生的被解释变量，靠近铁路和高速公路，因此他们不能分离公路和铁路的效应。这样，他们在进行回归时交通可达性的测度使用到假有线路的距离。因此，正向他们所承认的那样，这些结果在某种程度上很难解释。如上所述，班纳吉等（2012）得到了一个重要而且有趣的结论。特别地，距假有的线路距离每增加 10% 导致县区国内生产总值降低 6%，并且对收入增长没有影响。他们发现企业密度曲线更陡峭些，距假设线路的距离对企业密度的增长率没有影响或者轻微的负影响。

斯托雷加德（2012）用撒哈拉以南非洲地区 287 个小城市 1992~2008 年的数据，估计一阶差分形式的城市间回归。这篇文章的创新点表现在两个方面。第一，使用夜间灯光数据替代数据较难获得的处于发展中小国家城市的国内生产总值[21]。第二，为得到交通运输成本的时间序列的变化，他使用了路网距离同国际市场的石油价格的关系。如他所述，该方法的有效性暗含：以控制变量为条件，石油价格除了通过影响交通运输成本不会影响城市灯光。因此，更为具体的阐述，对于 287 个小城市而言，斯托雷加德（2012）使用的结果变量是稳定边界城市内年平均灯光强度，用来衡量运输成本的指标是路网距离和年均石油价格的互动关系、城市的固定效应以及其他可能的石油价格影响灯光强度的途径的控制变量。斯托雷加德（2012）估计样本城市和通商口岸的城市间距离翻倍将导致国内生产总值减少 6%，并且这接近汽油成本四倍的影响。

杰瓦布和莫拉迪（2013）则用在撒哈拉以南非洲地区铁路建设的数据得到城市间的回归方程。在撒哈拉以南的非洲地区，超过 90% 的铁路线都是在独立前铺设的。结果发现殖民铁路对独立前商品农业和城市增长有显著的影响。我们使用了许多识别策略来验证这些因果关系，包括已经规划单位建设的铁路线和不重要单元法。进一步来说，基于非洲大量的铁路在独立后不再投入使用以及缺少管理和维修的现实，文章显示了殖民时期的铁路对城市有长期的影响。虽然殖民时期的沉没投资（如学校、医院和公路）部分是由于城市的路径依赖，但是有证据表明铁路城市依旧存在，因为他们早期出现是协调当期投资和后期投资的一种机制。

法贝尔（2015）则以 1990 年、1997 年和 2006 年中国 1 300 个农业县为样本，这些县区与大城市的距离都超过 5 万米。他收集县级农业、工业和服务业三部门计算的国内生产总值，和政府支出，以及一系列的控制变量。他使用基础设施测量指标是县区中心到干线路网最近地段的距离。为了解决路网位置潜在的内生性问题，他使用了连个假有的路网。第一个是由班纳吉等（2012）发展的路网。第二个是针对已完成的路网规划，连接一系列大城市成本最小的路网。法贝尔（2015）发现工业生产总值、国内生产总值和政府收入在靠近路网时都会减少。这个结果看起来是稳健的，在文献中是没有先例的。我们看

---

[21] 亨德森等（2012）首次使用夜间灯光数据，同时结果表明在国家层面夜间灯光指标与国内生产总值是高度相关的，斯托雷加德（2012）证实该相关关系在地方层面也是存在的。

到该研究设计的现实推导得出了相反的结论，就是交通基础实施吸引（或创造）经济活动。

加尼等（2013）使用不重要单元法估计"黄金四边形项目"的城市间回归方程。该项目对印度 5 846 千米公路进行质量改造、道路拓宽。使用双重差分法基于高速公路体系的距离比较非节点区。在距黄金四边形项目 0 ~ 10 千米内的非节点区发现有正的处理效应，但是在 10 ~ 50 千米远的地方就不存在，该结论也适用于高进入率和工厂生产效率增加的情形。

20.6　讨　　论

20.6.1　增长与重组

测度基础设施反映出的经济活动水平变化与现有活动重组的影响程度，对于理解基础设施的效应和政策分析都是基础性问题。现有的简化型文献没有提供区分这两种效应的基础性文献。尽管如此，我们可以推测一些关于增长和重组对基础设施有可见影响的初步性的结论，这些结论是基于四组估计结果比较得来的。

第一，杜兰顿等（2014）估计了城市内高速公路对美国城市间贸易的结构和价值的影响。他们发现城市内高速公路的增加将促使城市向生产的专业化发展，但是对贸易总值的影响很小。在此，城市内高速公路的主要效应是重组经济活动，而不是创造经济活动。

第二，依据鲍姆—斯诺（2007）、加西亚·洛佩兹等（2013）和鲍姆—斯诺等（2012），辐射式高速公路数量的标准差每增加 1，将导致中心城市人口分别减少 14%、5% 和 17%，而城市人口增长的实际比率分别是 72%、30% 和55%。因此运输路网导致了城市的重组，并且与影响城市的力量相比，这种城市重组力量更大。另外，杜兰顿和特纳（2012）发现城市内州际高速公路长度的标准差每增加 1，在 20 年里人口将增长大约 15%。可喜的是，鲍姆—斯诺（2007）、杜兰顿和特纳（2012）两篇文章中城市和年份都有大量的重叠。虽然在某种程度上比较受限，但是这表明增长和重组是同等重要的。

第三，班纳吉等（2012）进行城市间的回归，因变量是国内生产总值水平和国内生产总值的增长。他们发现交通基础设施（他们设想了连接通商口岸和内陆贸易中心的路网）对产出有重要影响，但是对增长并没有影响。

第四，钱德拉和汤普森（2000）发现美国州际间高速公路处理的县区高速公路的增加，提高了企业收益，而代价就是未处理区域效应的消失。加总处理区和非处理区的效应，他们不能拒绝没有任何变动的假设。

虽然在此我们的证据是不完整的，但是可以得到两个结论。第一，在大城市内部，关于交通基础设施的经济活动重新配置至少和经济活动的创造一样重要。该结论与现有的集聚效应的估计结果是一致的：如果产出增加了2%，城市规模翻倍，那么即使基础设施可以使人口规模翻倍，我们的生产力也只能小幅度增加。第二，对于非都市县区，高速公路或铁路的首要处理效应是牺牲更远的区域的利益，吸引经济活动，并伴有工业的变化。

20.6.2 交通基础设施对经济活动的影响

20.6.2.1 经济体的不变性

有三篇关于去中心化的文章但是使用的数据差异很大。鲍姆—斯诺（2007）研究美国40年的情况，样本单元平均人口大约16万。加西亚·洛佩兹等（2013）研究了西班牙20年的情况，样本单元大约是12万。鲍姆—斯诺等（2012）研究了20年里中国人口大约为400万的城市。尽管如此，这三项研究发现高速公路对人口从中心城区到郊区的分散的影响是相似的；对西班牙、美国和中国的城市而言每条线路的影响分别是5%、9%、5%。辐射式高速公路对人口去中心化的影响在不同文化背景下是相似的，这表明基础设施的影响对分析中人口的规模或者城市所属经济体的其他情况是不敏感的。[22]

其他的文献比较支持这一观点。首先，杜兰顿和特纳（2011）及休和张（2012）发现在美国和日本的大都市区高速公路每增加1%，开车出行就会增加1%。其次，地铁对地租曲线的影响在伦敦郊区、北美的夏洛特看起来是相同的，同时高速公路对人口密度曲线的影响在美国和西班牙看起来也是一样的。

最后，除了少数的情况外，很多估计城市间回归方程的文章达成了共识。钱德拉和汤普森（2000）发现靠近州际高速公路网的县区企业受益增加6%～8%；迈克尔斯（2008）证实了钱德拉和汤普森（2000）在重叠的两个工业部门的发现；唐纳森（2015）发现印度有铁路的行政区实际农业收入高了17%；海因斯和马戈（2008）发现有铁路的县区农场工资增加3%；博加特（2009）

---

[22] 同时这也表明和现存的20～40年的研究结果相比，辐射式高速公路带来的改变可能更为迅速。

发现有收费公路的县区地租增加 11% ~ 30% ；班纳吉等（2012）发现距设想的贸易路线距离翻倍的话，人居收入下降 6% ；斯托雷加德（2012）发现到首位城市的成本翻倍的话，城市灯光强度下降 6% 。唐纳森和霍恩贝克（2013）及法贝尔（2015）的结果是异常值，预测有铁路的县区农业地租将增加 34% ，有高速公路的县区产出将减少。

如果我们排除法贝尔（2015），忽略班纳吉等（2012）和斯托雷加德（2012）的梯度估计和其他文章离散的处理效应的比较存在的问题，这些估计都在同一个数量级。㉓ 考虑到这些研究所涉及的现有经济体的差异，这看起来是显著的。

总之，文献表明交通基础设施对不同发展程度国家的经济活动有相同的影响。具体说来，高速公路促使经济活动的去中心化和城市经济活动水平的提高，高速公路会促使开车出行数量骤增，高速公路和铁路会促使靠近高速公路的农村地区经济活动的增加。该结论有以下四个注意事项：首先，城市间回归估计的文章中是存在分歧的；其次，虽然文章使用的方法和数据是类似的，但他们并不是完全相同的，因此进行文章比较时需要十分注意；再次，如我们前文强调的，我们没有区分增长和重组的基础；最后，杜兰顿等（2014）和杜兰顿（2014）检验了美国和哥伦比亚公路对贸易的影响，并得到了不同的结果。

20.6.2.2　活动和模式的多样性

虽然前文研究的文献指出了很多一般性的结果，但是同时也暗示了不同活动对基础设施变动的反应存在差异。鲍姆—斯诺（2007），鲍姆—斯诺等（2012）和加西亚·洛佩兹等（2013）这三篇关于去中心化的文章发现运输成本的日益降低促使人口向低密度边缘区迁移。因此，交通运输成本的降低减少了中心城区的人口密度。鲍姆—斯诺等（2012）发现制造业随着人口也开始分散。

进行城市间回归的经验研究结果也显示不同产业的异质性反应。钱德拉和汤普森（2000）发现农业县区不同部门对有州际高速公路的反应是不同的，这一结论也得到迈克尔斯（2008）的证实。海因斯和马戈（2008）发现在美

㉓　Banerjee 等（2012）研究了到公路沿线距离的影响，没有使用公路是否穿过县区作为指标。因此，本文的结果不能直接与由处理指标得到的结果进行比较。但是，在其研究的样本中，平均而言，县区大约是 2 000 平方千米，也就是边长为 45 千米的正方形区域。基于此，县中心到交通沿线距离翻番或者增加 3 倍足够可以忽略公路的交叉段。这表明对现有的公路来说，一个指标变量的效应大约是 6% ~ 12% 。

国 19 世纪土地向农业转移，劳动力向与铁路有关的服务业转移。杜兰顿等（2014）发现在美国城市有越多的高速公路更擅长于生产分量重的商品运输。

最后，班纳吉等（2012）的梯度估计可以直接与估计人口密度或者地租对公路距离的影响的城市内回归进行比较，例如鲍姆—斯诺（2007）和加西亚·洛佩兹等（2013）。这个比较显示，接近农村高速公路的经济活动的曲线，比靠近城市高速公路的曲线更陡峭。

广义上来说，这些研究都认为每单位产出值的重量、生产中土地的份额和对集聚经济的敏感性都是经济上的重要因素，决定一个企业或产业对交通基础设施的反应。但是文献还不够完整，不能更深入地探讨这些要素的相对重要性。我们仍需进一步探索，农村地区的高速公路对经济活动的组织的影响可能比城市地区更大。

20.6.2.3 基础设施配置的政治经济学

如前文所讨论的，评估交通运输进步的影响的中心问题是这些交通进步不是随机配置的。交通运输改善的分配这个过程潜在的证据，可以通过比较城市间和城市间最小二乘法回归方程的系数（可以看到交通基础设施投资的分配受现有的政治进程进行的影响）同工具变量的系数（显示交通基础设施投资通过准实验而产生的影响）进行比较得到。在鲍姆—斯诺（2007）及杜兰顿和特纳（2012）文章中，工具变量的估计结果要比最小二乘法的估计结果大很多。这表明将道路均衡配置到各地，这些地方比随机选择一个城市增长得更慢。鲍姆—斯诺等（2012）和加西亚·洛佩兹等（2013）发现在中国和西班牙存在相反的结果。因此，在他们各自识别策略有效的条件下，这些文章指出不同国家基础设施推动经济上的差异。

检测交通基础设施投资的政治经济学影响需要进一步进行研究。奈特（2002）检验了美国联邦援助高速公路项目，该项目由众议院交通运输和基础设施委员会和参议院环境及公共工程委员会负责。该文章发现州议员团的政治权利影响资金的配置，包括一州工作在交通授权委员会的成员占比、多数党一州代表的占比和一州代表的平均任期。我们发现，联邦高速公路补助金挤出州在高速公路的支出，导致净支出增加很小甚至没有增加。

20.6.3 一般均衡效应

通常来说，研究基础设施对城市内部空间结构的影响不考虑市场准入的作用，即使市场准入是城市间和城市内回归方程理论雏形的组成部分。这主要依赖于隐含的假设，就是城市很小并且是开放的，我们可以不用考虑其他城市来检验城市内部空间结构变化和经济活动水平。事实上，杜兰顿和特纳（2012）明确提出了城市既小又开放的假设，尝试通过度量最近的大城市公路存量的变动对目标城市的影响来检验假设。虽然这并不是一个令人满意的检验，但是他们发现没有影响，这表明在研究基础设施对城市内部工作机制的影响时不考虑城市间的互动关系是合理的。

市场准入的问题值得从两个方面进行进一步研究。首先，对于检验成对贸易流，雷丁和维纳布尔斯（2004）建立了一个研究框架，可以清楚估计市场准入同时也可以基于两步估计法估计方程（20.32）和方程（20.31）。杜兰顿等（2014）使用该研究框架去研究州际间高速公路体系对美国城市成对贸易流的影响。第二，现有的文献可以分为两类。第一类是进行城市层面的回归，内含假设［Duranton 和 Turner（2012）是清晰地进行了假设］城市是独立的单元。在此框架下，每个城市所发生的一切受其他农村地区效用水平的束缚。这也暗含着一个城市所发生的一切不会影响另一个城市。第二类是如雷丁和斯特姆（2008）贸易或新经济地理的文献，假设城市间的互动关系是重要的。使这两种方法相一致是未来进行研究的一个有趣领域。

20.6.4　结构估计、一般均衡和福利

最近简化型文献在识别基础设施对农村地区经济活动的因果关系上已经取得了很大的进步，特别是，估计产业为主的经济活动的变化和城市和农村地区人口的变化方面。我们在开始阶段仅仅研究了不同的运输模式是否有不同的影响。正如前文所说，现有的文献只提供了暗示性证据，来表明基础设施的效应在某种程度上反映了经济活动的重组或者创造。对该问题的深入探讨最重要的是要有一个计量经济框架，要求可以解决一般均衡效应，例如基础设施促使经济活动从一个区位移动到另一个区位。

在本节下面部分，我们讨论使用结构方法进行交通基础设施的城市间或城市内效应估计的研究。这些研究显示了结构方法的四大主要优势：第一，如前文所述，该方法可以得到一般均衡效应；第二，结构方法可以估计，适于特定经济机制的检验；第三，估计的模型可以用来定量化总福利（像 20.3.6 节）；第四，估计的模型可用来进行反事实实验，并且可以为那些尚未实施的政策效果进行事前预测（见 20.3.8 节）。

我们以城市间研究作为开始。雷丁和斯特姆（2008）用第二次世界大战后德国的分裂和在 1990 年德国统一作为一次自然实验，为支持经济地理学的

数量模型提供了证据。如前文所述，在分裂之后，西德靠近东德和西德边境线的城市，相对于其他西德城市，人口增长速度出现了明显地下降，同时估计出小城市的处理效应要比大城市大。在赫尔普曼（1998）模型基础上我们进行多区域扩展研究，分裂对边界线上城市的影响取决于两个参数结合项，该项可以得到集聚力和分散力的强度以及贸易和距离的弹性。对这些参数结合项的合理值，模型可以从数量上解释分裂的平均处理效应，以及解释小城市的处理效应比大城市大。小城市更容易收到分裂的不利影响，这是因为他们的市场过多地依赖其他城市。

唐纳森（2015）将一般均衡贸易模型同印度殖民地时期的档案资料相结合，研究印度铁路网的影响。经验分析的结构是依据顿（Eaton）和科特姆（2002）分析，加入多样的农业商品，该分析和20.3节的理论分析框架有一些相似之处。该模型通过数据得到了4个重要的理论预测：第一，对在地区间交易的商品而言，这些地区的价格差异可以来测度双边贸易成本；第二，模型得到了一个双边贸易流的引力方程，可以用来估计贸易流对贸易成本的反应；第三，题录提高了实际收入水平，该收入由每单位面积土地收入的实际值来测度；第四，如前文由理论框架中得到的，每个区位同自己的贸易份额对福利是充要条件。与模型的这些预计相一致，铁路对实际收入的影响是十分显著的，但是在控制一个地区自有贸易份额这个模型的充要条件之后，该影响就不再显著。这些结果表明，铁路估计出的影响反映了模型中强调的商品贸易机制的作用。[24]

为了定量估计城市间道路建设的影响，杜兰顿和特纳（2012）建立了一个城市模型体系，得到可以用经验方法进行估计的就业和铁路增长的一组方程。每个城市的效用取决于环境的质量、一组计价复合商品的消费、出行距离和土地消耗。复合商品的生产力通过标准的集聚经济随着城市就业人口而增加。每单位出行距离成本通过标准的拥挤效应随公路长度降低，但是随着总机动车量而增加。人口流动表明一个城市的效用等于一个农村区域外部可选择区域的效用。均衡城市规模由涌向城市中心的居民意愿来决定。使用城市和农村地区间效用均等化以及土地和出行市场间的均衡，可以将均衡城市就业数量表示为道路长度的幂函数。如果有一个特定的局部调整，根据城市就业人口增长城市实际人口与均衡人口差距的函数，那么由模型得到的关于城市就业人口增加的方程如下：

---

[24] Fajgellbaum 和 Redding（2013）以19世纪晚期阿根廷进入世界经济作为自然实验进行研究，发现交通基础设施不仅可以促进国家内部贸易，同时也可以推动内陆地区参与对外贸易。

$$n_{it+1} - n_{it} = A_1 + ar_{it} + \lambda n_{it} + c_1 x_i + \epsilon_{1it} \tag{20.34}$$

其中，n_{it} 是城市 i 在时期 t 就业人数的对数形式，r_{it} 是公路的对数形式，x_i 是城市特征的控制变量，ε_{1it} 表示随机误差。如果有一相似的针对公路建设的局部调整，我们可以得到相似的城市公路增长方程：

$$r_{it+1} - r_{it} = A_2 + \theta r_{it} + \eta n_{it} + c_2 x_i + \epsilon_{2it} \tag{20.35}$$

其中，ε_{2it} 是随机变量。假设铁路长度的均衡对数形式取决于城市人口的对数形式、城市特征控制变量 x_i 和工具变量 z_i，上述满足仅通过公路影响城市人口规模的排他性限制：

$$r_{it} = A_3 + c_3 n_{it} + c_4 x_i + c_5 z_i + \epsilon_{3it} \tag{20.36}$$

其中，ε_{3it} 是随机变量。工具变量有效性的识别假设是：

$$c_5 \neq 0 \tag{20.37}$$

$$\text{Cov}(z, \ \epsilon_1) = 0 \tag{20.38}$$

$$\text{Cov}(z, \ \epsilon_2) = 0 \tag{20.39}$$

如前文讨论的，工具变量的估计结果表明城市的州际间高速公路存量每增加 10%，20 年就业增加 1.5%。使用这些工具变量估计出的结果，一定程度上要比最小二乘法估计结果要大。因此，随机配置在公路上的高速公路里程伴随着就业或人口的大幅度增加，大于通过政治程序向城市分配公路所取得的效果。这些结果与下列观点相一致：现有的政治程序倾向于向增长更缓慢的城市配置高速公路。

迪斯梅特和罗西—汉斯博格（2013）城市间的研究强调一般均衡模型可用来度量不同机制的相对重要性和评估福利效应的方法。这篇文献分析了影响城市规模因素包括生产的异质性、环境和拥挤成本。拥挤成本依据城市运输设施进行模型化处理。使用美国大都市区数据估计这些城市的特征，并且将城市规模的变化分解得到各自的贡献率，对于解释城市规模分布中三个特征是很重要的。消除不同城市间在任何特征上的差异会促使大量的人口重新配置，但是只有很小的福利效应（多达 40% 的人口配置只能得到 2% 的福利收益）。这结果与福利在各城市间初始均衡时大约是相等的观点相一致，在这种情况下，包络定理暗含的人口重新配置福利效应很小。相反地，当对中国的城市使用相同的方法，消除各城市间的差异将促使大量的人口再分配，并且福利也会发生很大的变化。两个国家相反的结果与中国的城市政策的作用相一致。中国的城市管理政策对城市相对规模和总福利的大小发挥着重要的作用。

艾伦和阿寇拉克斯（2013）对城市间的研究，也使用了结构方法区来度量可替代的经济机制和评估福利效应。这篇文章建立了贸易和要素流动的阿明顿（Armington）模型，融入了经济和地理要素。在持续存在生产力和环境差异以及双边贸易成本的条件下，经济要素结合商品贸易的比重结构和劳动力流动，决定经济活动在空间的分布均衡。为集聚力和分散力，区位的总产出和环境取决于人口。本章得到了空间经济均衡存在、唯一并且稳定的一般条件。当区位间沿着最低成本路线进行贸易的实时成本不断积累，该模型的地理要素为双边贸易成本提供了微观基础。该模型将经济和地理要素相结合，用贸易成本、生产力和环境来估计美国的地形。发现地理区位至少能够解释美国收入空间变化的20%。据估计，美国州际高速公路的建设可使福利增加 1.1% ~ 1.4%，这远远大于高速公路网络的成本。

现在我们关注城市内部的研究。直到最近，城市内部结构的理论模型高度程式化，这限制了模型在经验研究中的有用性。很多文献关注单中心城市模型，假设企业位于中心商务区，工人决定如何靠近和居住在中心商务区。[25] 卢卡斯和罗西—汉斯博格（2002）首先建立了一个两个维度城市的模型，在此模型中，经济活动的均衡形态可以不是单中心形式。[26] 在其模型中，空间是连续的，假定城市是对称的，因此到中心地的距离是对城市内经济活动组织的整体统计量。然而，在实际生活中，由于区位基础条件的差异，城市并不是完美对称的，并且城市大部分公布的数据都是以像街区一样的离散空间单元形式。[27]

为了应对这些问题，阿尔费尔德等（2014）建立了城市内部空间结构的理论模型，适用于城市内许多离散的区位，这些区位在生产、居住环境、土地供给和交通基础设施的自然优势不同。因为工人进行通勤决策时是随机的，因此该模型适用于经验分析。该随机过程可见于顿（Eaton）和科特姆（2002）和麦克法登（1974）。城市内工人 $\overline{H}$ 是内生变量，这些工人在一个经济实力不断强大的城市里是完全流动的。工人的效用来源于城市内每对潜在居民住宅和就业区位。工人受到其效用的异质型冲击。工人会选择他们的居住和就业区位以及住宅用地和最终产品的消费从而实现他们的最大效用。效用的异质型方程式可以得到从 i 到 $j(\pi_{ij})$ 关于通勤可能性的重力方程：

$$\pi_{ij} = \frac{T_{ij}(d_{ij}Q_i^{1-\beta})^{-\epsilon}(B_iw_j)^{\epsilon}}{\sum_{r=1}^{s}\sum_{s=1}^{s}T_{rs}(d_{rs}Q_r^{1-\beta})^{-\epsilon}(B_rw_s)^{\epsilon}} \qquad (20.40)$$

其中 T_{ij} 是 Fréchet 尺度参数，从居住地 i 到就业地 j 双边通勤的平均吸引力，d_{ij} 是依据 i 到 j 间通勤效用得到的冰山成本，Q_i 是土地价格。B_i 表示住宅

---

[25] 阿朗索（1964），米尔斯（1967）和穆特（1969）中的经典城市集聚模型是单中心城市结构。虽然 Fujita 和 Ogawa（1982）及藤田和克鲁格曼（1995）适用于非单中心城市，但是他们在实数轴上建立了一维城市模型。

[26] 最佳城市土地使用政策的分析，可查看罗西—汉斯博格（2004）。

[27] 关于城市内经济活动的组织对称程度的经验文献，可以查看 Brinkman（2013）。

区位 i 的环境设施，w_j 表示就业区位 j 的工资。

在此背景下，交通运输技术通过双边通勤成本矩阵 d_{ij} 来影响城市内经济活动的组织。住宅环境（B_i）和最终商品生产力（A_j，决定 w_j）特点是集聚经济，因此交通运输技术通过内生的就业分布来影响二者。阿尔费尔德等（2014）使用柏林分裂和统一作为内生冲击，从结构上估计模型集聚力和分散力的强度，以表明模型可以从数量上解释城市结构的变化。该模型也提供了一个用于分析其他公共政策干预效应的框架，例如交通基础设施投资降低了成对区位间的通勤成本 d_{ij}。

库姆斯等（2012）使用了另一种城市内结构方法，他们建立了使用土地交易数据估计拥挤成本（这取决于交通运输技术）。理解这种方法的关键点是看到居民流动性表明城市环境和通勤成本最终能反映土地价格。建立城市模型系统，在该系统中，每个城市都是单中心的并且工人面临到中心商务区的通勤成本。该模型强调城市成本对城市人口的弹性是三种数量的结果：市中心土地价格对人口的弹性、住房用地占比和住房消费支出占比。文章使用该方法后，估计的三种弹性大小分别为：0.72、0.25 和 0.23。依据上述三个参数结果，城市成本相对城市人口的弹性的估计值为 0.041，这个结果接近以城市生产力对城市人口的弹性估计的集聚经济结果。城市以规模收益不变运行，该发现表明空间经济学的基本平衡（集聚经济和拥挤成本）可能有限地解释城市规模分布。反过来该预测与不同城市规模城市存在和发展的事实观察结果相一致。

20.7　结　束　语

研究基础设施对经济活动空间组织的因果关系，研究者必须解决的关键推理问题是基础设施不是随机地配置在各区位上，而是以许多观察不到的影响经济活动的区位特征为基础进行配置的。最近的文献主要以三种方法去解决该问题：规划路线工具变量法、历史路线工具变量法和不重要单元法。虽然这些方法受到了很多批评，仍需进一步完善，但是还是有希望对不能进行实验的环境使用这些方法进行研究。

文献得到了许多关于基础设施效应的初步结论。大多数研究估计出人口或就业密度随着到高速公路或铁路距离（在此铁路是运输的主要形式）的翻倍下降 6% ～15%。高速公路分散了城市人口，同时在较低的确定性下分散制造业生产。他们也可能促成一个互补服务部门的集聚。不同部门对不同运输方式的反映不同，人们和企业的反映也存在差异。基础设施的效应在各个国家不同发展阶段看起来是相同的。

虽然学者们已投入了很多努力解决基础设施非随机配置的问题，但是对区分增长和重组问题的重要研究仍然很少。区分增长和重组对于理解一经济体中基础设施的作用和运输成本是非常重要的。我们在此坚持使用两种方法解决此问题。第一，将现有单方程简化型模型进行两方程一般化。第二，使用结构模型解决此问题。然而文献表明，运输成本和基础设施对经济活动空间组织的估计影响可能是因为重组而不是增长。显然地，优化我们对该问题的理解是未来进行研究的一个重要方向。

除了现在可以获得到的大量的简化式文献，对交通成本的结构化模型和经济活动的空间组织的研究成果正在开始出现。结构化模型在一般均衡效应估计上具有重要优势，例如以理论上地估计方程为基础得到经济活动移民对交通成本变化做出的反应。同时在福利和反事实分析上优势也很明显：计算结果表明同自身交易份额的重要性，其中同自身交易份额是一项福利指标。也就是说，这些模型的基础假设在文献中存在分歧。特别地，我们对城市的认识：城市是吸引乡村的人口还是为了居民同其他城市竞争。解决该问题将是研究取得进一步进展的一项重要先决条件。

最后，现有的文献无论是经验分析还是理论分析都很少关注交通基础设施如何影响经济发展这一动态过程。特别地，很少有人用面板数据进行脉冲反应估计研究。虽然在此领域进行进一步研究很困难，但是其重要性不言而喻。

致　　谢

我们对 Chang Sun 和 Tanner Regan 提供的研究支持表示感谢。我们也十分感谢 Nate Baum – Snow，Gilles Duranton，Will Strange，Vernon Henderson 以及也十分感激区域和城市经济学手册大会的参会人员给予的评论和建议。文章仅代表作者观点，文责自负。

参考文献

Ahlfeldt, G.M., Redding, S.J., Sturm, D.M., Wolf, N., 2014. The economics of density: evidence from the Berlin Wall. Technical report. NBER Working paper 20354.

Allen, T., Arkolakis, C., 2013. Trade and the Topography of the Spatial Economy. Yale University. Processed.

Alonso, W., 1964. Location and Land Use: Toward a General Theory of Land Rent. Harvard University Press, Cambridge, MA.

Anderson, J.E., van Wincoop, E., 2003. Gravity with gravitas: a solution to the border puzzle. Am. Econ. Rev. 93, 170–192.

Ángel Garcia-López, M., 2012. Urban spatial structure, suburbanization and transportation in Barcelona. J. Urban Econ. 72, 176–190.

Atalay, E., Hortacsu, A., Syverson, C., 2013. Vertical Integration and Input Flows. University of Chicago. Processed.

Banerjee, A., Duflo, E., Qian, N., 2012. On the road: transportation infrastructure and economic growth in China. Technical report. NBER Working paper No. 17897.

Baum-Snow, N., 2007. Did highways cause suburbanization? Q. J. Econ. 122, 775–805.

Baum-Snow, N., Kahn, M.E., 2005. Effects of urban rail transit expansions: evidence from sixteen cities, 1970–2000. Brook. Wharton Pap. Urban Affa. 2005 1 (4), 147–197.

Baum-Snow, N., Brandt, L., Henderson, J.V., Turner, M.A., Zhang, Q., 2012. Roads, Railroads and Decentralization of Chinese Cities. University of Toronto. Processed.

Bernhofen, D.M., El-Sahli, Z., Kneller, R., 2013. Estimating the Effects of Containerization on World Trade. University of Nottingham. Processed.

Billings, S.B., 2011. Estimating the value of a new transit option. Reg. Sci. Urban Econ. 41, 525–536.

Bleakley, H., Lin, J., 2012. Portage: path dependence and increasing returns in U.S. history. Q. J. Econ. 127, 587–644.

Bogart, D., 2009. Turnpike trusts and property income: new evidence on the effects of transport improvements and legislation in eighteenth-century England. Econ. Hist. Rev. 62, 128–152.

Brinkman, J.C., 2013. Transportation Technologies, Agglomeration, and the Structure of Cities. Philadelphia Federal Reserve Bank. Processed.

Bureau of Labour Statistics, 2012. Consumer expenditure survey: average annual expenditures and characteristics of all consumer units. www.bls.gov (accessed 2013-06-01).

Bureau of Transportation Statistics, 2012a. National transportation statistics: table 1–49, US ton-miles of freight. www.rita.dot.gov (accessed 2013-05-21).

Bureau of Transportation Statistics, 2012b. National transportation statistics: table 3–23, employment in for-hire transportation and selected related industries. www.rita.dot.gov (accessed: 2013-05-02).

Census Bureau, 2009. Commuting (journey to work): travel time tables. www.census.gov (accessed 2013-06-01).

Chandra, A., Thompson, E., 2000. Does public infrastructure affect economic activity? Evidence from the rural interstate highway system. Reg. Sci. Urban Econ. 30, 457–490.

China Data Online, 2010. China statistical yearbook 2010: table 16–9, freight ton-kilometers. www.chinadataonline.org (accessed 2013-05-23).

China Data Online, 2011. China statistical yearbook 2011: tables 10–5 (urban) and 10–25 (rural). www.chinadataonline.org (accessed 2013-06-18).

Clark, X., Dollar, D., Micco, A., 2004. Port efficiency, maritime transport costs, and bilateral trade. J. Dev. Econ. 75, 417–450.

Combes, P.P., Duranton, G., Gobillon, L., 2012. The Costs of Agglomeration: Land Prices in French Cities. University of Pennsylvania. Processed.

Cosar, K., Fajgelbaum, P., 2013. Internal Geography, International Trade, and Regional Specialization. University of California, Los Angeles. Processed.

Couture, V., Duranton, G., Turner, M.A., 2012. Speed. University of Toronto. Processed.

Criscuolo, C., Martin, R., Overman, H.G., Reenen, J.V., 2012. The causal effects of an industrial policy. Technical report. CEP Discussion Paper No 1113.

Cronon, W., 1991. Nature's Metropolis: Chicago and the Great West. W. W Norton & Co, New York, NY.

Davis, M.A., Ortalo-Magne, F., 2011. Household expenditures, wages, rents. Rev. Econ. Dyn. 14, 248–261.

Davis, D.R., Weinstein, D.E., 2002. Bones, bombs, and break points: the geography of economic activity. Am. Econ. Rev. 92, 1269–1289.

Dekle, R., Eaton, J., Kortum, S., 2007. Unbalanced trade. Am. Econ. Rev. 97, 351–355.

Department for Transport, 2012. Table tsgb0306: greenhouse gas emissions by transport mode. www.gov.uk (accessed 2013-06-08).

Desmet, K., Rossi-Hansberg, E., 2013. Urban accounting and welfare. Am. Econ. Rev. 103 (6), 2296–2327.

Donaldson, D., 2015. Railroads of the Raj: estimating the impact of transportation infrastructure. Am. Econo. Rev. (forthcoming).

Donaldson, D., Hornbeck, R., 2013. Railroads and american economic growth: a "market access" approach. Technical report. NBER Working paper No. 19213.

Duranton, G., 2014. Roads and Trade in Columbia. University of Pennsylvania. Processed.

Duranton, G., Morrow, P., Turner, M.A., 2014. Roads and trade: evidence from the US. Rev. Econ. Stud. 81, 681–724.

Duranton, G., Turner, M.A., 2011. The fundamental law of road congestion: evidence from US cities. Am. Econ. Rev. 101, 2616–2652.

Duranton, G., Turner, M.A., 2012. Urban growth and transportation. Rev. Econ. Stud. 79, 1407–1440.

Eaton, J., Kortum, S., 2002. Technology, geography, and trade. Econometrica 70, 1741–1780.

Eurofound, 2000. Third European survey on working conditions 2000: figure 37. www.eurofound. europa.eu (accessed 2013-06-17).

Eurostat, 2009. Mean consumption expenditure by detailed COICOP level. www.epp.eurostat.ec. europa.eu (accessed 2014-05-18).

Eurostat, 2010. Transport database. www.epp.eurostat.ec.europa.eu (accessed 2013-05-01).

Eurostat, 2012. Extra EU27 trade since 1999 by mode of transport (NSTR). www.epp.eurostat.ec.europa.eu (accessed 2013-06-17).

Faber, B., 2015. Trade integration, market size, and industrialization: evidence from China's National Trunk Highway system. Rev. Econ. Stud. (forthcoming).

Fajgelbaum, P., Redding, S., 2013. External Integration, Structural Transformation and Economic Development: Evidence from Argentina. Princeton University. Processed.

Fogel, R., 1964. Railroads and American Economic Growth: Essays in Econometric History. Johns Hopkins University Press, Baltimore, MD.

Fujita, M., Krugman, P., 1995. When is the economy monocentric? Von Thünen and Chamberlain unified. Reg. Sci. Urban Econ. 25, 505–528.

Fujita, M., Ogawa, H., 1982. Multiple equilibria and structural transition of non-monocentric urban configurations. Reg. Sci. Urban Econ. 12, 161–196.

Fujita, M., Krugman, P., Venables, A., 1999. The Spatial Economy: Cities, Regions, and International Trade. MIT Press, Cambridge, MA.

Garcia-Lopez, M.A., Holl, A., Viladecans-Marsal, E., 2013. Suburbanization and Highways: When the Romans, the Bourbons and the First Cars Still Shape Spanish Cities. Universitat Autonoma de Barcelona and IEB.

Ghani, E., Goswami, A.G., Kerr, W.R., 2013. Highway to success in India: The impact of the Golden Quadrilateral project for the location and performance of manufacturing. Technical report. World Bank. Policy Research Working paper 6320.

Gibbons, S., Machin, S., 2005. Valuing rail access using transport innovations. J. Urban Econ. 57, 148–169.

Glaeser, E.L., Kohlhase, J.E., 2004. Cities, regions and the decline of transport costs. Pap. Reg. Sci. 83, 197–228.

Glaeser, E.L., Ponzetto, G.A.M., 2013. Did the death of distance hurt Detroit and help New York? Technical report. NBER Working paper 13710.

Glaeser, E.L., Kahn, M.E., Rappaport, J., 2008. Why do the poor live in cities? The role of public transportation. J. Urban Econ. 63, 1–24.

Gonzalez-Navarro, M., Quintana-Domeque, C., 2013. Roads to Development: Experimental Evidence from Urban Road Pavement. University of Toronto. Processed.

Gordon, P., Willson, R., 1984. The determinants of light-rail transit demand—an international cross-sectional comparison. Transp. Res. A Gen. 18, 135–140.

Haines, M.R., Margo, R.A., 2008. Railroads and local economic development: the United States in the 1850s. In: Rosenbloom, J.L. (Ed.), Quantitative Economic History: The Good of Counting. Routledge, London, UK, pp. 78–99.

Head, K., Mayer, T., 2013. What separates us? Sources of resistance to globalization. Can. J. Econ. 46, 1196–1231.

Helpman, E., 1998. The size of regions. In: Pines, D., Sadka, E., Zilcha, I. (Eds.), Topics in Public Economics: Theoretical and Applied Analysis. Cambridge University Press, Cambridge, pp. 33–54.

Henderson, J.V., Storeygard, A., Weil, D.N., 2012. Measuring economic growth from outer space. Am.

Econ. Rev. 102, 994–1028.

Hillberry, R., Hummels, D., 2008. Trade responses to geographic frictions: a decomposition using micro-data. Eur. Econ. Rev. 52, 527–550.

Hsu, W.T., Zhang, H., 2012. The fundamental law of highway congestion: evidence from national express-ways in Japan. Technical report. Working paper, Department of Economics, The National University of Singapore.

Hummels, D., 1999. Towards a geography of trade costs. Technical report. GTAP Working paper No. 17.

Jedwab, R., Moradi, A., 2013. Transportation Technology and Economic Change: Evidence from Colonial Railroads and City Growth in Africa. George Washington University. Processed.

Knight, B., 2002. Endogenous federal grants and crowd-out of state government spending: theory and evidence from the federal highway aid program. Am. Econ. Rev. 92, 71–92.

Krugman, P.R., 1991. Increasing returns and economic geography. J. Pol. Econ 99 (3), 483–499.

Limao, N., Venables, A.J., 2001. Infrastructure, geographical disadvantage, transport costs and trade. World Bank Econ. Rev. 15, 451–479.

Lucas Jr., R.E., Rossi-Hansberg, E., 2002. On the internal structure of cities. Econometrica 70, 1445–1476.

Martincus, C.V., Carballo, J., Cusolito, A., 2012. Routes, Exports, and Employment in Developing Countries: Following the Trace of the Inca Roads. World Bank. Processed.

Mayer, T., Mayneris, F., Py, L., 2013. The impact of urban enterprise zones on establishments' location decisions: evidence from French ZFUs. Technical report. CEPR Discussion Paper 9074.

Maystadt, J.F., Duranton, G., 2014. The Development Push of Refugees: Evidence from Tanzania, Wharton. Processed.

McFadden, D., 1974. The measurement of urban travel demand. J. Publ. Econ. 3, 303–328.

Michaels, G., 2008. The effect of trade on the demand for skill—evidence from the Interstate Highway System. Rev. Econ. Stat. 90, 683–701.

Michaels, G., Rauch, F., Redding, S.J., 2012. Urbanization and structural transformation. Q. J. Econ. 127, 535–586.

Mills, E.S., 1967. An aggregative model of resource allocation in a metropolitan area. Am. Econ. Rev. (Pap. Proc.) 57, 197–210.

Moses, L.N., 1958. Location and the theory of production. Q. J. Econ. 72, 259–272.

Moses, L.N., Williamson, H.F., 1963. Value of time, choice of mode, and the subsidy issue in urban transportation. J. Pol. Econ. 71, 247–264.

Muth, R.F., 1969. Cities and Housing. University of Chicago Press, Chicago, IL.

Natural Resources Canada, 2012. Comprehensive energy use database table 8: GHG emissions by transportation mode. www.oee.nrcan.gc.ca (accessed 2013-06-03).

Neumark, D., Simpson, H., 2014. Place-based policies. In: Duranton, G., Strange, W., Henderson, V. (Eds.), Handbook of Regional and Urban Economics, vol. 5. Elsevier, Amsterdam, pp. 1197–1288.

North American Transportation Statistics, 2012a. Table 2–3: employment in transportation and related industries. www.nats.sct.gob.mx (accessed 2013-05-23).

North American Transportation Statistics, 2012b. Table 4–2: greenhouse gas emissions by transportation sector. www.nats.sct.gob.mx (accessed 2013-06-03).

North American Transportation Statistics, 2012c. Table 5–2: domestic freight activity. www.nats.sct.gob.mx (accessed 2013-05-23).

North American Transportation Statistics, 2012d. Table 7–1: international merchandise trade by mode. www.nats.sct.gob.mx (accessed 2013-06-03).

OECD Stat Extracts, 2012. National accounts: table 5, final consumption expenditure of households. www.stats.oecd.org (accessed 2013-06-08).

Office of National Statistics, 2009. Labour force survey: 11.6 time taken to travel to work by workplace. www.ons.gov.uk (accessed 2013-06-08).

Parry, I.W.H., Walls, M., Harrington, W., 2007. Automobile externalities and policies. J. Econ. Liter. 45, 373–399.

Ramondo, N., Rodriguez-Clare, A., Saborio, M., 2012. Scale Effects and Productivity: Does Country Size Matter? University of California at Berkeley. Processed.

Redding, S., 2012. Goods trade, factor mobility and welfare. NBER Working paper.

Redding, S., Sturm, D., 2008. The costs of remoteness: evidence from German division and reunification. Am. Econ. Rev. 98, 1766–1797.

Redding, S., Venables, A.J., 2004. Economic geography and international inequality. J. Int. Econ. 62, 63–82.

Redding, S.J., Sturm, D.M., Wolf, N., 2011. History and industry location: evidence from German airports. Rev. Econ. Stat. 93, 814–831.

Rossi-Hansberg, E., 2004. Optimal urban land use and zoning. Rev. Econ. Dyn. 7, 69–106.

Sarvimäki, M., Uusitalo, R., Jäntti, M., 2010. The long-term effects of forced migration. Aalto University. Processed.

Schafer, A., 2000. Regularities in travel demand: an international perspective. J. Transp. Stat. 3, 1–31.

Sheard, N., 2014. Airports and urban sectoral employment. J. Urban Econ. 80, 133–152.

Small, K.A., Verhoef, E.T., 2007. The economics of urban transportation. Routledge, New York, NY.

Statistics Canada, 2010. Commuting to work: results of the 2010 general social survey, table 1. www.statcan.gc.ca (accessed 2013-06-03).

Statistics Canada, 2012. Cansim: table 384-0041, detailed household final consumption expenditure. www.statcan.gc.ca (accessed 2013-06-03).

Storeygard, A., 2012. Farther on down the road: transport costs, trade and urban growth in Sub-Saharan Africa. Tufts University. Working paper.

Turcotte, M., 2005. The time it takes to get to work and back: table 1. www.publications.gc.ca (accessed 2013-06-03).

第 *21* 章
发展中国家的城市：乡村—城市迁移、土地使用权缺乏保障和可负担住房的短缺

简·K. 布吕克纳

美国加州大学欧文分校经济学系

索米克·V. 拉尔

世界银行可持续发展网络城市发展和再造小组

摘要

本章对发展中国家的城市化和住房问题进行了调查和综合研究。目的是就发展中国家城市的主要问题提供一个统一的概述，绘制一幅连续的画卷，为政策分析提供一个起点。本章包含了乡村—城市迁移的经验研究、迁移与城市规模测定的理论研究、土地使用权保障和非法占屋的理论与经验研究以及可负担住房等问题。

关键词

乡村—城市迁移　非法占屋　产权　可负担住房　土地使用规则

JEL 分类码

R1　O18

21.1 引　言

　　根据世界银行（世界银行，2013）的相关报道，从现在开始到 2050 年，发展中国家需要额外准备大量住房，用于安置 27 亿来自农村地区移民。这些移民正以前所未有的数量迁徙到他们希望居住的城市中。其中一些移民是寻求城市提供的工作，一些人是寻求原先在农村十分稀缺的公共服务，另一些人迫于气候巨变引发的生态脆弱，不得不逃避和进行迁徙。由于发展中国家仍然缺乏足够的资源来提供工作和住房，使得激增的人口会在短时间内对基础服务和城市设施造成巨大的压力（WorldBank，2008）。事实上，国际研究表明在国家达到中等收入之前，许多城市化始于发展的早期。这导致移民常常居住在贫民窟或者违章建筑地区，而这些贫民窟提供的避难所通常有限且缺乏有保障的土地使用权。联合国估计发展中国家中至少有 8.6 亿人口居住在贫民窟，而且从 2000～2010 年，贫民窟的居民数量以每年 600 万的数量增加（United Nations Habitat，2012）。在撒哈拉以南的非洲，贫民窟的人口以每年 4.5% 的数量增加，预计每 15 年翻一倍（Marx et al.，2013）。

　　哈曼（Hammam，2013）认为贫民窟在城市快速发展历史上并不罕见，贫民窟的持续存在很大程度上是由于急剧增加的城市人口与政策失误之间的矛盾引发，这限制了保障住房的供给。通过调整保障性住房获取的方式方法，从而改善当前的居住条件，是城市政策的当务之急。房产作为主要的家庭投资，通常也是大多数家庭最大的资产，在经济发展里扮演了重要的角色。一些估算表明，房产占到实体资本股份的一半，并且占到固定资本形成总值的 1/5～1/3，产生的服务达到消费支出的 10%～30%（Malpezzi，2012）。

　　本章目的是调查并归纳关于发展中国家城市化的现有研究，就发展中国家城市的主要问题提供一个统一研究框架，勾勒一幅清晰的图片，为政策分析提供起点，从 21.2 节开始分析发展中国家城市化的主要驱动力：乡村—城市迁移。传统经验研究对这种迁移进行了总结，并讨论强调新的经验研究，旨在提高对过去的研究水平。新的研究探讨公共服务可用性在迁移决策中的影响，在国内迁移目的地收入风险和环境风险的作用（比如降雨量变化），并且引入更广泛的影响个人迁移和家庭迁移的特征值，来衡量传统经济变量的迁移影响。

　　在迁移的经验研究背景下，21.3 节转向了对一个理论模型的讨论。在发展中国家，乡村—城市迁移决定了城市规模。在著名的哈里斯—托达罗（Harris – Todaro）模型基础上，研究者又考虑城市生活成本的增加限制了农村到城市的移民，生活成本的增加常常体现为更高的房价。这里蕴含了一个平衡机制，它区别于哈里斯—托达罗模型中的失业渠道，也同样解释了混合模型中的失业和城市生活成本，上述两个因素有助于平衡城市规模。通过乡村—城市迁移，让城市规模达到社会最优化，识别无效率的乡村—城市迁移机制，以避免城市规模过大或过小。

21.4 节关注住房使用权的不安全因素，这在发展中国家的房地产市场是一个重要特点，缺乏保障的土地使用权来源于"缺乏保障的土地所有权"或者缺乏保障的土地和房屋产权。最初的讨论强调，在发展中国家，房地产市场频繁提出产权的"整合"理念，但该理念内部成分纷繁芜杂，从完全缺乏土地使用安全性的非法占屋，到中等安全性的有一定法律保障的住所，再到完全可靠的享有法律规范保障的住房。本节的大部分，通过在发展中国家城市进行的非法占屋普查，聚焦土地使用权保障的统一连续性。本节的重点是突出经济学家针对发展中国家城市现象的观察中，已经明确非法占屋研究主题的重要性，佐以大量理论和经验文献。首先考虑了非法占屋的理论背景，回顾并讨论了几种可供选择的有关非法占屋现象的研究，然后转向非法占屋的经验研究工作，试图衡量土地使用权缺乏保障背景下的消费成本以及各种影响（包括违章建筑居民较低的住房投资）。

在发展中国家，可负担住房的缺乏是另一个重要问题，该问在 21.5 节有所阐释，该问题的讨论始于城市化住房供给对于城乡迁移驱动住房市场响应的评估。该问题揭示了面对人口压力时，响应性供给在维持可负担能力的重要作用。随后，注意力转向其他影响因素，包括维持生计的压力，稳定家庭食物支出占比，并防止支出向其他方面转移。文中还讨论了土地管理政策在限制可负担住房供给方面的作用。这些政策包括许多发展中国家普遍存在的法规限制，例如建筑物高度的限制降低了建筑物密度，减少了住房供给。对城市增长边界的限定等抑制了土地供给，提高了房价，对购买力产生了不利影响。本节的结论是，通过发挥城市公共服务的作用，增强移民家庭对城市生活成本的负担能力。本章 21.6 节将给出全部结论。

21.2　乡村—城市迁移的经验

欠发达国家的经济增长伴随着城市化的爆发式发展，联合国的数据表明，1950～2010 年发展中国家的城市人口的年增长率介于 2.7%～4.2%，远远超过发达国家0.6%~2.4%的城市增长率。有介于此，发展中国家的城市人口从1950年的17.6%迅速上升到2010年的46%，但仍远远落后于发达国家2010年77.5%的份额。爆发性的城市增长在发展中国家造就了庞大的城市。2014年，世界上最大的15个城市只有4个在发达国家。

虽然高出生率带来的人口自然增长是发展中国家城市增长的一个重要来源，但城乡迁移在推动城市化进程方面的作用仍然不可忽视。这种迁移业已成为经济学家、人口统计学家和其他社会学家大量研究的重点。菲尔茨（Fields，1982）和舒尔茨（Schultz，1982）早期研究表明，城乡移民以一种自然的方式对经济产生了激励。[①]

移民奔向目的地的迁移过程取决于"拉动式"力量，好似"推动"他们离开原来生活一样。在他们眼中，更好的经济机遇在城市。规模经济既是一个主要的拉动因素，也是一个主要动机。但人们离开了赖以耕种的土地后，农业产出开始严重下降，再加上人口增长的压力和环境的不断变化，农业面临的形势日益严峻。干旱对于发展中国家人口分布方面有全方位的影响，尤其是在撒哈拉以南的非洲和南亚。[②]

在许多中低收入国家，农村地区和经济落后地区缺少基础服务，也是推动人口的内部迁移的另一个重要因素。这种迁移很大程度上在经验分析中被忽视了。事实上，学校、健康养护中心、医院和其他一些便民设施的位置对迁移有至关重要的影响。在非洲，学校和新生儿养护中心在城市、城镇和农村的分布是不同的，郊区附近缺乏学校和养护中心等因素形成了向城市移民的动力。来自中亚的证据表明，在塔吉克斯坦的偏远地区，学校缺乏供暖与饮用水，而且缺乏垃圾和污水处理，也使迁移充满了吸引力。[③]

众多驱动因素对移民产生强烈的激励，其中文化和语言因素往往具有全球性影响。但它们对劳动力迁移的作用仍小于快速变化的资本市场，相对于资本，劳动力受到更多的政治限制和显性、隐性障碍。[④] 例如，房屋落户（或者户口）管理体系对中国的移民而言是一个巨大障碍，因为没有户口，他们就没办法享有公共教育或者医疗福利。最近有关中国的研究表明，消除流动性限制将重新分配跨区域劳动力资源，有助于减少工资差异，降低收入不平等现象

---

① 参见 Lall et al.（2006a）在发展中国家城乡迁移综合普查的文章。
② 参见 Iliffe（1995）在非洲干旱对人口分布的历史的影响，Bryceson（1999）对于荒漠草原和苏丹，并且 Hardoy 和 Satterthwaite（1989）对于毛里塔尼亚。Wandschneider 和 Mishra（2003），引用在 Deshingkar 和 Grimm（2004），提供了证据，关于布鲁吉亚干旱诱发的60 000人移民，在印度的奥里萨邦，2001。
③ 参见 Sahn 和 Stifel（2003）和 Anderson 和 Pomfret（2005）。
④ 参见世界银行（2009）。

（Whalley and Zhang，2004）。

21.2.1 早期研究

哈里斯和托达罗（1970）在发展中国家的城乡移民方面提出了开创性的概念。他们从既定的模型框架出发，通过政策调整保障充分就业和灵活薪资水平，并以此来决定城市最低工资标准，这（最低工资）超越了农民收入，导致城市失业。移民的产生往往是对不同城乡期望薪资的回应，移民过程取决于城市的失业率和迁移收益，直到期望薪资达到平衡点。这种二元经济模型揭示了从农村迁移到城市的合理性——尽管迁移可能引发城市失业。

这个模型产生了一个潜在的悖论——即额外的最低收入政策将引导更多的农民迁移到城市，从而增加失业率。托达罗（1976）研究悖论的产生条件。他分析发展中国家数据并且估算乡村—城市迁移的弹性，发现该弹性值在一定范围看似自相矛盾。在该结论基础上，托达罗（1976）得出结论："没有解决城市失业问题的统一标准方案，农村的发展是至关重要的。"

菲尔茨（1982）和舒尔茨（1982）类似其他的移民领域研究者，继承了哈里斯和托达罗（1970）主要的观点：将就业率的来源和目的地作为决定因素。后续研究证实了该观点的重要性。这些文章也反映经验规范适用于移民研究的各种领域，菲尔茨利用线性回归模型解释迁移，舒尔茨则使用了多元统计方法模型。

此外，引力模型强调在考虑劳动力市场条件下，距离也是不可忽视的影响因素。经验表明，两个地区之间较大的空间距离意味着两者之间较低的迁移流动性。施瓦茨（Schwartz，1973）认为较长的迁移距离也许增加了迁移的精神成本，但降低了目的地信息的获取成本。精神成本的产生，与长途跋涉引发的与家里的亲人和朋友相聚的频率降低有关。即使先进的通信和高科技媒体减弱了该假设发生的可能性，但经验研究展示了距离在迁移决定中扮演的重要的角色。菲尔茨（1982）和舒尔茨（1982）的研究证实了该假设，后续研究不断表明该假设的正确性。

21.2.2 最近的研究

一些近期的迁移研究框架利用过去原始研究的数据，运用开拓性思维挖掘丰富的数据集。在移民决策里有新增的认识和新的研究因素。

21.2.2.1 增加协变量克服选择性偏差

研究表明不可观测的家庭和社区移民特征不同于普通家庭住户，可能性偏置估计的影响是移民决策的显性决定因素。显性影响也许着眼于不同移民目的地对应着不同的工作分区。减少选择性偏差的一个办法是，使用包含更多家庭和住房水平变量的经验模型进行测度，以减少遗漏因素的数量。相应地，家庭变量比如资产和人力资本在移民决策中也有影响，他们影响移民的成本和资金流。生活周期的相关变量，如婚姻状态的变化，也影响迁移的决定。社区到商业中心的交通也要考虑在内，良好的（交通）道路增加了迁移的动力。信息网络有效传递了移民目的地的信息，它可以帮助迁移个体很快适应新环境并找到工作，因此也促进了迁移。

莫拉和泰勒（Mora and Taylor，2007）的多因素评估逻辑模型采用个人、家庭、社区的变量观察迁移结果。计算结果表明，家庭私有土地面积与移民输出量成反比，完善的交通枢纽（衡量服务频率）则促进迁移，村里非农业企业的存在使得村民不太可能迁移到不同的目的地却做同样的工作。莫拉和泰勒的结果表明，家庭要是有其他的成员迁移到别的地方，则对迁移也有风向标式影响。朱列蒂等（Giulietti et al.，2014）利用中国的数据对社会网络理论中弱与强关系的区别（Granovetter，1973）进行研究。他们分别利用直系亲属（紧密联系）和来自同一个村庄的其他居民的出现（弱连接）作为数据来源。马尔（Marre，2009）表示家庭规模和房屋所有权是减少迁移的重要因素，因为他们有强烈的动机，而且与移动成本呈正相关。

21.2.2.2 把接近公共服务引入迁移决策

另一组研究则关注公共基础服务的可用性，并将其作为移民的决定因素，具体做法是评估目标推动因素相对于传统拉动因素孰轻孰重。拉尔等（Lall et al.，2009）研究了巴西移民从落后地区到主要发达地区的迁移过程，他们利用丰富的市政公共服务和个人记录数据库，基于40年来的巴西人口普查数据来评估，公共服务相对于工资差异对移民决定的影响。可以预见的是，工资差异对于移民的选择更为重要，基础公共服务的作用则次之。的确，贫民宁愿接受更低的工资也愿意得到更好的服务。巴西最低收入的工人每小时赚7雷亚尔（巴西货币单位，在2008年2月相当于约2.30美元），每年在额外医疗上的支出大约是420雷亚尔，花87雷亚尔增加11%的自来水消费，花42雷亚尔用于增加11%的电能消费。上述结果尽管表明较好的公共服务有利于个人迁移，拉尔、蒂明斯和于（Lall，Timins and Yu）却认为经济整体上可能会趋向恶化，因为移民产生城市拥挤而没有创建更多地生产效益。[⑤]

学者们还提出了重要的方法论问题，他们指出忽略公共服务差异可能影响估计的工资差异的精确度，因为更多工作机会的地方也许意味着有更好的公共服务。由于无法控制的公共服务差异，计量经济学可能夸大了面对工资差异时的移民意愿。

公共服务推动因素的影响在斯里兰卡一些缺少公共服务地区尤为明显（世界银行，2010），例如水和电也会影响迁移的决定。利用来自斯里兰卡综合调查关于工作年龄在 15 岁～49 岁的人的数据，研究表明 20 世纪 90 年代可获得的井水和电的地区差异影响移民决策，特别是对那些受教育程度较低的人群。对于受中学或更低教育的个人，起源地和目的地之间井水覆盖率 1% 的差异都会增加 0.5% 的迁移可能性。实践表明，供水差异对教育的影响比较微弱。

最近尼泊尔的证据也指出，基本服务的重要性在于其会影响移民决策。杜德威克等（Dudwick et al.，2011）使用 2001 年的人口普查数据来解释为什么移民会被特定的地方吸引。他们审视收入的分配以及所获得的基本服务，发现与社会的距离也影响乡村—城市迁移的决策。他们所列举的基本服务指标包括基础服务设施，如学校、医院、市场和银行。他们发现距这些基建设施的远近对他们迁移具有影响，他们选择搬迁目的地通常要接近学校、医院、市场和银行。此外，地域之间的交通阻碍具有消极的影响。

从政策视角来看，在发展中国家，上述发现意味着提升基础服务的供给有助于消除来自农村地区的迁移诱发因素。[⑥] 发展政策应该意识到这些国家基础设施使用权在人口分布中的重要性。莫洛拉斯和拉格萨斯（Mourmouras and Rangazas，2013）通过对乡村—城市迁移模型进行理论分析，表明政府在两个地区分配公共基础服务符合国家整体福利的最大化目标。

21.2.2.3　气候移民

除了公共服务对移民的影响外，其他的重要驱动力还包括环境因素。根据政府间气候变化专门委员会的研究，21 世纪气候变化对环境的影响加大（Reuveny，2007）[⑦]，鉴于地域广阔和政策力度有限，该影响对发展中国家有甚于

---

⑤　参见 Ferre（2009）对巴西市区内部迁移的影响。

⑥　衡量提供健康服务和其他的公共服务的经济，将导致对空间集中服务的抗拒，农村和城市的分散式理想的平衡分布，但是有潜在的效率低下问题。

⑦　特别地，Reuveny（2007）报道，从 1950 年开始，全球平均温度每十年上升 0.1 度，冬季雪覆盖降低了 10%，不断加剧的干旱、暴风和暖气流的上升，使海平面增加了 20cm。

发达国家。因此，环境威胁农村生计作为一个推动因素，可能发挥着越来越重要的角色。出于这个原因，最近迁移的环境因素开始得到了研究者的注意。

学者们认为由于面临干旱、土地质量下降、森林砍伐等日益严重的环境条件，移民已经成为一种适应性策略。[8] 这种新的观点与劳动经济学家们不谋而合，即收入多元化上升到家庭战略层面，以应对环境变迁与其他风险。亨特等（Hunter，2011）研究了降雨量对墨西哥居民移民的影响。他们关注国际间（尤其是在墨西哥与美国间）移民和其他发展中国家的降雨量模式和移民的关联性，干旱年份导致了移民的迁移，雨水充沛年份则抑制了农村移民的产生。

巴里奥斯等（Barrios，2006）调查了降雨量对撒哈拉以南非洲城市的影响，他们指出撒哈拉以南的非洲经济发展特别依赖降雨量。该地区降雨量自 20 世纪 50 年代末以来持续下降，使依赖农业的农村人口在降雨量变化时极易受打击。气候变化潜在影响乡村—城市迁移模式，极端天气变化可能导致人类居住区规模和城市模式的突然改变，这对撒哈拉以南非洲地区而言尤为明显。

鲁文尼（Reuveny，2007）详尽分析了气候对人们国际间迁移的诱导作用，展现了国家范围内个体在环境因素推动下迁移的数据信息。他列举了 1980 ~ 1990 年土地退化、沙漠化和饮用水安全的影响，这导致甘肃省和宁夏省向区域中心城市迁移了两千多万人口。相似地，鲁文尼的证据展示了在环境衰退与其他因素相结合的影响下，墨西哥有 60 万 ~ 90 万的人口从农村迁移到中心城市或者美国。由于极端天气条件和生态环境的恶化，1990 年约 70 000 人从俄罗斯的北极地区迁移到区域中心城市。[9]

21.2.2.4　影响迁移的收入风险因素

迁移所面临的收入风险也是公认的迁移目的地决策的影响因素，通过衡量迁移目的地家庭成员存在的相关研究可以部分处理该问题，此方法简化了算法复杂性。然而，最近几个收入风险来源的研究模型采用更为基本的方式进行经验检验。布赖恩等（Bryan et al.，2014）以及孟什、罗森堡（Munshi and Rosenzweig，2013）都记录了潜在的移民机会损失，该现象在发展中国家尤为明显。他们的第一篇文章调查了孟加拉国的饥荒地区，与原有推测相反，该地区移民迁出率很低；第二篇文章聚焦于印度，相对于其他国家，印度的乡村—城市迁移很低。上述两个研究都表明：尽管城乡收入差距大到足以吸引更多的移民前来，但移民所面临的迁移收入风险是个巨大制约因素。

---

⑧　参考 Henry 等（2003）的研究，在布基纳法索环境因素对内部迁移的影响。
⑨　详情参见 Reuveny（2007）文中 B 版表 1 所示。

布赖恩等（2014）假设移民事先不知道他是否适合在城市就业（比如他是否会被车主信任，从而被指派作为司机去驾驶汽车），这就产生了迁移的成本风险。该研究关注到孟加拉国贫困区的居民补贴，该补贴涵盖了迁移成本。如果他们选择在收获前的饥荒月迁移到城市的话，补贴就起到了增加移民的作用。通过连续观察发现，补贴停止发放后的一年时间里，移民数量仍在增加。研究说明：移民补贴减少了迁移者的收入风险，让他们学到了技能并找到了合适的工作。布赖恩等建立了一个理论模型验证这一假设，模型表明在贫困线附近挣扎的家庭在没有补贴时是最愿意迁移的。担心意外事件的巨大花费导致可支配收入灾难性的减少，迁移无果而终。该预测在文中得到了各种证据的支持。

孟什和罗森堡（2013）通过大量基础仿真、估算和验证，认为印度的移民收入风险来源于当地农村家庭保险网络在农村地区提供的支持。保险网络提供了一个基础基金帮助家庭走出贫困，移民即使迁移到城市后仍能得到该网络支持（迁移过程也得到基金支持），他们通过基金补贴成为"高收入"农民并从中获益，较之低收入农民有更大的搬迁意愿。其原因不同于布赖恩等（2014），该研究进一步验证：高收入农村居民往往通过网络补贴农村家庭，而不能从中受益，因此比低收入居民有更大的迁移可能性。

21.3　发展中国家迁移和城市规模模型

如21.2节所示，在发展中国家，乡村—城市迁移是驱动城市增长的主要力量。相同的迁移过程在发达国家导致了很高的城市化水平。鉴于发展中国家乡村—城市迁移的向心性，研究者们给出了各种正式处理措施，表明迁移过程是如何决定城市规模的。这些正式模型表明人口在农村的初始流动性受到制约。

更详细的经验研究在21.2节予以讨论，迁移理论模型的激励条件取决于农村和城市地区之间的生活水平差。假设忽略迁移成本，当城市生活水平超过农村的生活水平时，就会发挥乡村—城市迁移的激励作用，它使得人口离开农村，城市得到壮大发展，直至农村和城市的生活水平达到均衡点，迁移就会结束。

从没有移民的起点出发，到一系列乡村—城市迁移的产生，许多作用力是难以准确描述的。它隐含了一个场景：城市中的企业采用现代化的生产技术，很大程度上提高了生产力和公认的薪资水平，导致城乡生活水平产生了很大差距，促进移民向城市迁移。达到迁移均衡后，城乡的生活水平差距逐渐缩小，模型设计体现了缩小差距过程中不同的力的变化。正如前文所述，哈里斯和托达罗（1970）的开创性文章假设失业率打破了多种作用力之间的平衡。随着人口不断涌向城市，失业率上升，移民找到高薪工作的机会降低，迁移被中止。另一种力没有在哈里斯—托达罗模型中完整体现出来，该模型认为迁移流增加了城市的人口，导致了城市生活成本的增加，特别是住房市场租金的升高。该力量在布吕克纳（Brueckner，1990）的模型中得以展现：一旦生活成本升高到足够抵消城市高收入带来的利益时，对移民的激励作用就消失了。布吕克纳和泽诺（Brueckner and Zenou，1999）、布吕克纳和金（Brueckner and Kim，2001）又提出混合动力模型，此类模型的共同点是，假设城市生活成本和失业率同时升高影响了迁移过程的平衡性。

上述模型过度强调了迁移过程的自然静态特性，模型的预测基于城市和农村区域人口稳定变化的前提，并未结合发展中国家的现实。伴随乡村—城市迁移的持续进行，模型的静态属性与现实的动态变化间的矛盾就需要通过纳入动态环境模型，通过采取补救措施，农村和城市的人口会如预测般慢慢向均衡点调整。另外，现实可能涉及不断被打破的静态均衡（例如城市的技术变革往往导致收入的上升），随着城市规模的扩大，经济持续地向新的均衡转变。

移民均衡模型进一步反映了经济效率问题。从社会学观点看，效率问题表现为乡村—城市迁移导致了城市和农村之间的自然分化。下面的内容将讨论这个模型并考虑这个问题。

21.3.1　哈里斯—托达罗模型

乡村—城市迁移模型中存在着许多内生变量，除了城市和农村人口差异外，还包括商品在城市和农村销售时的价格差异、两地工资差异（取决于产出价格）、资金和土地投入量差异以及劳动力产出水平差异。哈里斯和托达罗（1970）假定资金和土地投入是固定的，允许工资和产出价格随人口变化进行调整。由于非住房商品的调整相对于主要影响因素来说是无关紧要的，接下来将不再讨论。相反，这个非住房商品的价格将被固定，反映不同地区生产产品是在全球市场贸易。换句话说，农村生产的农业产品和城市生产的制造业产品可以出口到国外，所以它们的区域价格一定程度上可以反映全球价格，从任何一个国家的角度来看价格都是固定的。

设固定的产出价格等于1，年度工资就等于劳动力的边际产量（年度），年度工资随着工人的雇佣数量而减少。定义城市人口为 N，城市的收入水平为

$y_u(N)$，农村的收入水平为 $y_r(\overline{N} - N)$，其中 $\overline{N}$ 为一个国家固定的总人口。y_u 和 y_r 表示两个地区劳动力（年度）的边际产量，边际产量值可以保持不变也可以减少（y'_u，$y'_r \leqslant 0$）。需要注意的是，分析过程假定单一城市人口总数可以量化，这一假设也可以放松以考虑多城市问题。[⑩]

哈里斯—托达罗模型限制了递减的房屋（或土地）消费，对于城市和农村而言，都假设上述消费仅仅是城乡产品的部分产出，因此两地消费价格是相同的，生活成本完全一致，收入差异成为乡村—城市迁移的主导因素。在没有任何限制的城市劳动力市场，只要满足 $y_u(N) > y_r(\overline{N} - N)$，农村居民就可以迁移到城市。迁移的平衡条件为：$y_u(N) = y_r(\overline{N} - N)$，这个公式决定了城市的人口规模，也促使城乡居民收入趋于均等化。假设城市就业所需的边际生产力高于农村地区（当 $y_u > y_r$，城乡人口规模相同），则大量迁移将会缩小城乡收入差距，N 可能接近 $\overline{N}$。

$$y_u(N) = y_r(\overline{N} - N) \tag{21.1}$$

哈里斯—托达罗模型修改了（21.1）的均衡条件，并将其应用于发展中国家。现实生活中有一个令人费解的现象，即尽管城市的失业率很高，还是会有大量的农村人口迁入城市。对于这一现象，哈里斯和托达罗认为，如果城市的工资高于农村，城市居民的收入期望仍然可以等于农村居民收入。

对于这种想法，哈里斯和托达罗假定城市最低标准工资为年收入 $\overline{w}$。在这个工资水平上，城市的用人单位愿意雇用工人 J，其中 J 满足 $y_u(J) = \overline{w}$。因此，在城市就业岗位总数 J 固定的情况下，农村人口向城市迁移不影响城市已经被雇佣人员的收入，虽然事实上这也降低了城市的预期工资水平。假设没有任何失业援助，城市期望收入等于最低标准工资 $\overline{w}$ 或 $(J/N)\overline{w}$。迁移均衡条件为城市预期收入价值等于农村收入水平，可以表示为：

$$\frac{J}{N}\overline{w} = y_r(\overline{N} - N) \tag{21.2}$$

这一条件假定部分移民的风险偏好是中性的。注意之前 N 的增加降低了城市边际产量（21.1），致使农村人口向城市迁移的吸引力降低；现在 N 的增加也减少了城市的就业机会，与之前的作用效果相同（对于 y_r，迁移引起的上升被加强）。如果农村劳动的边际产量是常量，设为 $\overline{y}_r$，使农村收入不变，那么通过公式（21.2）可以求出 N 的解：

$$N = \frac{\overline{w}}{\overline{y}_r}J \tag{21.3}$$

[⑩]　对于人口数量为 N 的 m 个城市来说，其农村人口数可表示为 $\overline{N} - mN$。内生的城市数量，可以使用类似 Henderson 和 Wang（2005）所使用的方法来求出。

这表明城市人口等于提供岗位数量的倍数（$\bar{w}/y_r > 1$ 成立）。由（21.3）知，可以通过增加 $\bar{y}_r$（农村收入）、减少 N（城市人口），来增加农村吸引力。可以通过增加的就业岗位 J 和 w（平均工资水平，随城市生产力的提高而提高）来抵消弥补城市人口 N 的增加，从而恢复原来的就业可能性。更高的最低工资标准 $\bar{w}$ 将导致就业岗位 J 的减少，对城市人口 N 的影响是模糊的，这个迹象取决 y_u 的弹性函数，如果更高的最低工资水平 $\bar{w}$ 使得 $\bar{w}J$ 增加，那么城市人口数量 N 增加，否则城市人口数量降低。

应该指出，在哈里斯—托达罗模型中，价格是固定的，这与21.3节的描述形成矛盾。其中，J 增加导致失业率上升（J/N 减少）的现象不会发生。这一结论可以在等式（21.3）中直接看出，在这里 J/N 是常数，同时它也可以通过对（21.2）中的 y_r 进行微分得到。因此，价格的弹性变化是引起矛盾的原因。

21.3.2　城市生活成本作为平衡机制

如上所述，哈里斯—托达罗模型中农村和城市地区的生活成本是相同的，所以将此作为一个均衡条件。据布吕克纳（1990）所述，为探讨生活成本差异，可以使用阿朗索（Alonso，1964）、米尔斯（Mills，1967）和穆特（Muth，1969）构建的标准城市模型，来得到人口规模对城市生活成本的影响。在标准城市模型中，居民到城市中心工作的运输成本为每英里（年度）t，从居住地到距离 x 的中心区位的交通成本是 tx。城市居民消费住房代表了最简单的直接消费土地模式以及由城市和农村部门的土地所组成的复合非住宅物业。居民远离市中心，土地租金较低，可以弥补较高的交通费用。地租 p 随 x 的增加而下降，所以居民租金随距离 $\bar{x}$ 的增加也在下降。

由于土地租金和交通支出的综合成本，城市边缘的生活成本高于农村。农村居民居住在工作区附近，不需要花费太多交通费用。以及（如农民）他们为消费的土地支付 Pr，金额小于城市内部居民支付的费用。生活在城市边缘的城市居民支付与农村居民相同地租（Pr），其较高的生活费用完全以较高交通费用的形式呈现。支付这个费用后，城市边缘居民的可支配收入等于 $y_u - t\bar{x}$。由于他们面临着同样的土地租金，如果 $y_u - t\bar{x} = y_r$，农村实际效用将跟生活在任何地方的城市居民是相等的。因此，在这种情况下考虑迁移均衡条件时，收入和城市生活成本都要考虑在内。

接下来利用该条件，采用标准城市模型进行静态比较以分析迁移均衡的性质。惠顿（Wheaton，1974）首次提出了如下结论：设城市的人口数量为 N，$\bar{x}$

（城市收入水平）是城市人口的递增函数。$\bar{x}$ 将随 y_u 的增加而增加，随上下班每英里成本 t 的增加而减少（道路拥挤城市的交通成本相对更高）。因此，在 $\bar{x}_N > 0$，$\bar{x}_{y_u} > 0$ 且 $\bar{x}_t < 0$ 条件下，$\bar{x}$ 可被写成 $\bar{x}(N,\ y_u,\ t)$，带下标的函数表示对下标求偏导得到的偏导数。[⑪] 考虑到收入水平一般取决于 N，迁移均衡条件可以表示为：

$$y_u(N) - t\bar{x}(N,\ y_u(N),\ t) = y_r(\bar{N} - N) \tag{21.4}$$

N 的取值满足这个条件，描述了均衡条件下的城市人口规模。通过探讨这个条件的影响因素，布吕克纳（1990）假设初始劳动力的边际产量不变，从而使城市和农村居民收入固定。将 $\bar{y}_u$ 和 $\bar{y}_r$ 代入地方收入表达式（21.4），这个公式决定了城市人口 N 是作为剩余变量 $\bar{y}_u$，$\bar{y}_r$ 和 t 的函数：

$$\bar{y}_u - t\bar{x}(N,\ \bar{y}_u,\ t) = \bar{y}_r \tag{21.5}$$

从 $\bar{x}$ 的变化轨迹来看，静态条件下的恒等式是简单直观的，当 $\bar{y}_r$ 增加，等式左边也增加，$\bar{x}$ 下降，N 也下降：

$$\frac{\partial N}{\partial \bar{y}_r} = -\frac{1}{x_N} < 0 \tag{21.6}$$

因此，随着居民收入的提高，农村会更有吸引力，城市人口反而会下降。反过来城市人口的下降，也会降低城市居民的生活成本（边缘居民的交通成本），使城市和农村具有同样的吸引力。

其他结论依赖于惠顿（1974）的进一步研究，他表明城市效用水平上升导致城市收入水平 $\bar{y}_u$ 和每英里交通成本 t 上升，这是符合社会规律的。假设边缘居民支付的土地价格为 p_r，城市效用水平的变化必须能够反映边缘居民可支配收入的变化，因此随着 y_u 上升，t 会下降。从（21.5）左侧来看，检验的结果即使不能明确得到，也必须保持 $1 - t\bar{x}_{y_u} > 0$ 和 $-\bar{x} - t\bar{x}_t < 0$。对（21.5）全微分得到：

$$\frac{\partial N}{\partial \bar{y}_u} = \frac{1 - t\bar{x}_{y_u}}{x_N} > 0,\ \frac{\partial N}{\partial t} = -\frac{\bar{x} + t\bar{x}_t}{x_N} < 0 \tag{21.7}$$

直观来看，当 y_u 上升，城市变得更有吸引力，但人口增长带来的生活成本增加（由边缘居民的交通成本表示）已足以抵消其增益。同样地，当 t 上升，表明道路输送能力下降，城市会变得缺乏吸引力，边缘居民的交通成本上涨。随后，城市人口数必须下降，城市边缘居住的生活成本会减少到原来的水平。

回到均衡条件的一般形式（21.4），地方收入不再是固定的，而参数 t 仍

---

⑪　另一个结果是，$\bar{x}$ 随着农村租金水平而下降，但在目前的情况下，这一结论是不适用的。

保持不变。如前所述，t 的增加使（21.4）左边减少，减少了表达式左边和右边的差距，但 N 的变化是目前尚未得知（同样必须增加对差距补偿）。然而，由于（21.4）表达式左边和右边相对于 N 的导数的差别为 $-t\bar{x}_N + \left[1 - t\bar{x}_{y_u}\right] y'_u + y'_r < 0$，所以 N 的下降需要提高其差异性补偿，以抵消较高的 t。在一般模式下，保持 N 和 t 之间的逆相关关系，通过引入均衡因子 y_u 和 y_r 的函数，恢复收入的静态效应，函数写成了 $y_u(N) = a_u f_u(N)$ 和 $y_r(N) = a_r f_r(\bar{N} - N)$。容易看出，$a_u$ 的增加使 N 增加，然而 a_r 的增加使得 N 下降。因此，城市生产力的提高鼓励人们迁移到城市，农村生产力的增加促使人们返回农村。

21.3.3　混合模型

布吕克纳和泽诺（1999）、布吕克纳和金（2001）建立了混合模型，将失业率和生活成本调整相结合以实现农村—城市迁移均衡。在布吕克纳和泽诺模型中，居住在城市不同地区的就业居民、失业居民和在政府救助金扶持下艰难生活的无业居民形成了截然不同的群体。布吕克纳和金提供了一个更简单的模型。该模型重新确定每个时期的就业状况，通过储蓄使得就业和失业之间的过渡更加平滑。通过这种方法，城市收入可以模拟所有居民就业和失业状态的期望收入。假设救助金为零，则期望收入为 $(J/N)\bar{w} \equiv w_e$。

尽管布吕克纳和金是依据第一原理进行分析，还有一个简单和等价的方法依赖于上面的框架。在（21.4）的迁移均衡条件下，他们简单地替换了 $y_u(N)$，因此均衡的特征取决于以下两个条件：

$$w_e - t\bar{x}(N, w_e, t) = y_r(\bar{N} - N) \tag{21.8}$$

$$w_e = \frac{J}{N}\bar{w} \tag{21.9}$$

由于 w_e 和 $y_u(N)$ 一样会随着 N 的减少而减少，所以这种混合模型和一般模型的特点相同。特别是，N 会随着 t 的增加或者农村生产力参数 a_r 的增加而减少。此外，N 随着 J 的增加而增加。这种变化将导致城市生产力参数 a_u 的增加。和之前一样，增加 $\bar{w}$ 的影响依赖于 y_u 函数的弹性，工资 $\bar{w}$ 和其所依托的就业岗位的乘积 $\bar{w}J$ 变大，会使城市人口 N 上涨，否则会下降。

容易看出，上面的混合模型中不会出现哈里斯—托达罗悖论。尤其是，J 的增加会使 N 上升，同时会使失业率降低。如果 N 上升使得 J/N 不变，城市的生活水平实际会下降，土地成本会上升。随着农村人口的下降，导致 y_r 上升或保持不变，它遵循的是较低的城市生活水平，这意味着 N 增加过多。因此，在新的均衡点上，J/N 肯定会更高。

到目前为止各种均衡的稳定性还没有被考虑。当 N 低于其均衡值，均衡的稳定性要求城市可支配收入大于（小于）农村收入。满足这个条件时，迁移激励导致 N 上升时低于均衡值，否则，模型收敛达到均衡。稳定性条件意味着左侧表达式减去在均衡条件下的右侧表达式必须是 N 的一个递减函数，容易看到，这个条件满足上述的所有均衡条件。

21.3.4　动态分析

前面的模型在本质上是静态的，所以缺乏农村—城市的动态迁移分析。从发展中国家的现实情况来看，几十年来乡村、城市人口不断进行迁移，没有明显的停止迹象。协调这一矛盾的一种方法是假设均衡调节是缓慢进行的（参见 Brueckner，1990）。可使用混合模型将这个想法模型化。$N(t, a_\tau, J\overline{w})$ 表示均衡城市人口是模型参数的函数，τ 表示时间，假设参数是相互独立的。根据人口迁移的调整过程，假设 λ 为调整参数（$0 < \lambda < 1$），λ 所引起的城市人口数变化在相邻时期内是可以忽略的，这就体现了均衡调节过程的长期性。一个城市规模 N 从小到大（由于 t 或 a_τ 很低或 $J\overline{w}$ 很高），城市人口会不断增长，而这种增长的速度会趋缓，直至达到均衡 N：

$$\Delta N_{\tau+1} \equiv N_{\tau+1} - N_t = \lambda \left[N(t, \alpha_\tau, J\overline{w}) - N_\tau \right] \qquad (21.10)$$

这种方法还可以进行修正，如果允许 t、a_τ 和 $J\overline{w}$ 与时间有关，均衡人口将是一个动态指标，城市人口数 N 会由于均衡的变化而继续变化。

从字面含义理解，静态模型意味着城市能够瞬时达到均衡，农村地区人口没有进行迁移。因此，式（21.10）的动态模型涵盖了不同背景下乡村—城市迁移的情况。卢卡斯（Lucas，2004）继续对这个模型进行修正，假设城市居民把时间成本计算到人力资本的积累中。这个结构考虑了人力资本的外部性问题，个人资本积累越快，技能最高的城市居民的资本越高，该模型的计算结果表明乡村人口逐渐减少（推理过程较复杂）。亨德森和王（Henderson and Wang，2005）提供了一个简单的储蓄模型，在利率固定时，储蓄大多被用于积累人力资本，这种人力资本的积累更多地体现在城市区域。在支付必要的生活成本后，如果城镇居民收入不断增长，会引起农村人口不断向城市迁移，这一思想是与前述模型相一致的。[12]

---

⑫　他们的设定实际上更加复杂，因为城市的大小是由利润最大化的土地开发商选择的，并且工资取决于城市生产产品的价格。然而，底层的机制似乎与文中的描述类似。

21.3.5 社会最优城市规模

乡村—城市迁移均衡时的城市规模是否有效并且实现了社会福利最大化？在目前的背景下要回答这个问题，可以利用自然福利函数（Natural Welfare Function）。自然福利函数代表了经济产出减去资源成本后的价值。因为在前面的模型中假设资金投入固定，描述社会最优状态时可以忽略资金成本，唯一的资源成本是城市居民的交通成本。总的交通成本通过 $ACC \equiv \int_{0}^{\bar{x}} [2\pi x/q(x, N)] tx dx$ 表示，其中 $q(x, N)$ 是与市中心距离为 x 的土地消费，$1/q(x, N)$ 是人口密度，N 是 q 的解释变量，一般个人土地消费是城市人口数的减函数，见惠顿（1974）。[13] 人口的总体密度乘以 x 为半径的环形土地的区域面积（$2\pi x dx$），得到环形区的人口数量，然后再乘以每个环形区居民的通勤成本 tx，计算结果将涵盖城市所有地区。

首先考虑简单情况，此时城市和农村劳动力的边际产量是常数，由 $\bar{y}_u$ 和 $\bar{y}_r$ 表示。假设在一个单位的土地利用上个人土地消费固定，用 x 和 N 独立评估上述积分的结果为 $ACC = 2t\pi\,\bar{x}^3/3$。因为城市和农村的产出是 $N\bar{y}_u$ 和 $(\bar{N} - N)\bar{y}_r$，这个经济产出网络的交通成本为：

$$N\bar{y}_u + (\bar{N} - N)\bar{y}_r - 2t\pi\bar{x}(N)^3/3 \qquad (21.11)$$

其中，城市人口数 N 是 $\bar{x}$ 的解释变量（之前将收入和参数 t 设为控制变量）。社会最优的 N 将使这一表达式最大化，利用关系式 $N = \pi\,\bar{x}^2$，它表明人口总量与全市土地面积（此时 $q = 1$）、人口密度的关系。对式（21.11）差分并令结果等于0，得到社会最优的 N 满足：

$$\bar{y}_u - \bar{y}_r - 2t\pi\,\bar{x}(N)^2\frac{\partial\bar{x}}{\partial N} = \bar{y}_u - t\,\bar{x}(N) - \bar{y}_r = 0 \qquad (21.12)$$

这个条件和（21.5）是一样的，当收入是固定时的迁移条件，在这种情况下，均衡是有效的。由均衡稳定状态的最后一个表达式（21.12）可知，这里满足二阶条件的社会最优性问题。

在前面的假设下，由于没有外部性，均衡是有效的。假设之一是固定的土地费用，当这种假设由于城市人口数 N 上升产生了正的外部性时，城市可容纳密度量 q 下降，人们更接近于城市的中心，平均密度上升节约了交通成本，所以 N 导致正外部性就越高。因为外部性不考虑农村人口迁移情况，均衡时

---

[13] 实际上，土地消费 q 取决于城市效用水平 u，而且影响是正面的。由于 u 是 N 的减函数，q 也会随着 N 的减少而减少。

的城市人口数量被低估。让 $\Omega(N)$ 获得正外部性（来源于附录），最优化条件为[14]：

$$\overline{\gamma}_u - t\overline{x}(N) + \Omega(N) = \overline{\gamma}_r \qquad (21.13)$$

这一条件意味着最优时 $\overline{\gamma}_u - t\overline{x}(N) < \overline{\gamma}_r$，也意味着在最优时 x 和 N 比均衡时更大。因此，影响交通距离的密度外部性往往使城市太小。

另一个人口外部性的影响是通过交通成本，属于负面影响，模型中会出现交通堵塞。N 的增加会使城市密度和平均交通距离减少，但当 N 增大到一定程度，加剧拥堵、提高交通费用的效应会占主导地位，使人口对交通产生负的外部性。考虑交通堵塞这一条件，模型必须被调整，由此产生的结果可能意味着最优时比均衡时的 N 更大。

生产过程中也会产生外部性。假设收入不是常数，土地消费还是固定的。那么 $Y_u(N)$ 和 $Y_r(\overline{N}-N)$ 是主要的城乡支出，边际产量等于 $\gamma_i(N) \equiv Y'_i(N)$，$i = u, r$。[15] Y_u 和 Y_r 的总和减去 ACC 是目标函数，对于下面的（21.12），其一阶条件是 $\gamma_u(N) - t\overline{x}(N) = \gamma_r(\overline{N}-N)$，这种情况与均衡条件（21.4）在收入可变的情况下是一致的，表明有效均衡，其原因是生产不存在外部性。[16]

要引入这样的外部性，让城市表现出规模经济这一外部性，其来源是城市集聚经济。在这种情况下，城市的生产函数是 $A(N)Y_u(N)$。迁移因子 $A(N)$ 被看作是个别公司的参数，说明经济规模在 N 值较小时满足 $A'(N) > 0$，在 N 的值很大时 $A'(N) < 0$，最终表现为规模不经济（$A'' < 0$ 是假设条件）。在这种背景下，一个公司劳动的边际产量（赋予城市收入水平）是 $A(N)Y'_u(N) = A(N)\gamma_u(N)$。

社会最优 N 最大化 $A(N)Y_u(N) + Y_r(\overline{N}-N) - ACC$，对 N 求导得：

$$A'(N)Y_u(N) + A(N)\gamma_u(N) - t\overline{x}(N) - \gamma_r(\overline{N}-N) \qquad (21.14)$$

如果表达式（21.14）随 N 都递减，通过令表达式的值为 0（二阶条件成立）可得到最优解。在最优解的情况下，如果 $A'(N)$ 是正的，会得到 N 的最小值（（21.14）包括一个额外的正项）。其结果是 $A(N)\gamma_u(N) - t\overline{x}(N) = \gamma_r(N)$，均衡时城市规模太小，忽略了生产外部性带来的收益。然而，如果

---

[14]　假设这一问题的二阶条件保持不变（因为无法检验导数（N）的复杂性）。

[15]　在这一点上，当假设边际产品等于消费者收入时，同时假设有人口影响时，需要对这一假设产生的问题加以解释。事实上，该模型含蓄地将城市描绘成包含一个公司的生产函数，同时假设不管公司的规模大小，该公司在劳动力市场上的竞争力，支付的工资等于边际产品，而不是劳动力向上倾斜的供给曲线的城市。这个问题，是由 Harris 和 Todaro（1970 年）和其他文献中提出的，劳动力的边际产出是常数的情况不会出现。在这种情况下，城市的生产可以被看作是来自大量的小型有竞争力的公司，每个支付的工资等于以通常的方式的边际产品。

[16]　随着土地消费的固定，对收入的依赖性消失。如果土地消耗量是可变的，在社会优化问题中需要考虑 $\overline{x}$ 通过 $\gamma_u(N)$ 对 N 的影响。

$A(N)' < 0$，那么均衡时的城市规模如此之大，以至于产生外部不经济，那么结论是相反的，均衡城市规模过大，迁移忽视了他们的负外部效应。

这一结果如图21-1所示，为简单起见，设 γ_u 和 γ_r 为常数，$Y_u(N) = N\gamma_u$ 是一个倒"U"型函数，均衡时的城市人口 N 位于（也是倒"U"型）与对应于 $t\bar{x}(N) + \gamma_r$ 这条向上倾斜的直线交点处，如图21-1所示。[17] 最优值位于 $A'(N)N\gamma_u + A(N)\gamma_u$ 与同一条直线的交点处，产生收益率较低的值 N，如图所示。即使当 N 的"U"型改变，均衡所处的是向上倾斜的一个函数的范围内，在均衡和最优之间收益率会产生相反的关系（最优时 N 最大）。

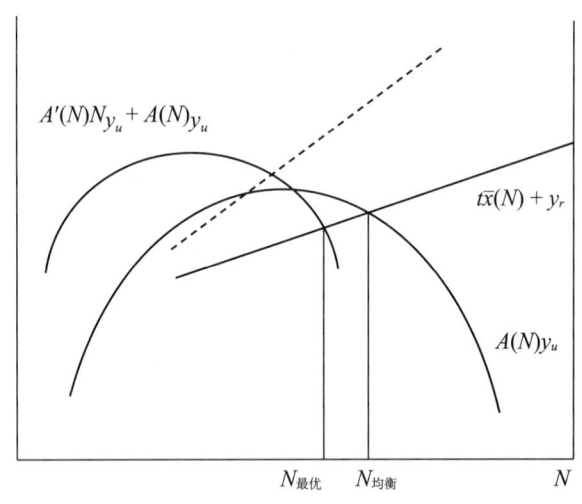

图 21-1 均衡和最优

这一结果出现时，$t\bar{x}(N) + \gamma_r$ 对应图21-1的虚线而非实线。注意 γ_u 是常数，在城市中，均衡和最优之间的差别可以看作是它的平均产量（$A(N)\gamma_u$）而不是它的边际产量 $A'(N)N\gamma_u + A(N)\gamma_u$ 来决定 γ_u 是否移动。

总之，上述分析表明，相对于社会最优规模而言，外部性使得城市规模或大或小。生产或人口对交通拥堵的负外部性影响（没有正式在模型中获得）往往使得城市过大，而生产或人口密度的正外部性影响（对于通勤距离）倾向于使城市太小。这一结论给我们的启示是，外部性是存在的，分散经济发展模式不可靠，它使得城市和乡村之间难以达到最优分工。

弗拉泰斯等（Flatters et al.，1974）在公共经济学文献中关注这种低效

---

⑰ 为了绘制方便，这个表达式通常不需要产生一个线性关系。还需要注意的是，与 U 形曲线（未标出）的另一交点是不相关的，产生不稳定的平衡或福利最小值。

率，并研究城市辖区提供的公共物品在居民之间分配情况。在模型中，通过 A (N) 函数表示了生产的外部性和公共产品成本分摊的外部性。特别地，农民的决策基础是城市辖区公共利益的平均成本（人均），农民进入城市可以通过分摊成本降低人均成本。但他忽略了在这种模型中，辖区间的迁移需要产生有效结果，在之前农村—城市迁移的背景下这种迁移可以是有效的。

阿诺特（Arnoot，1979）、区和亨德森（Au and Henderson，2006）分析了空间经济中的最优城市规模，他们的城市最优规模是独立考虑城市，并没有考虑农村向城市迁移的因素。[18] 换句话说，他们选择 N 来最大化 $A(N)Y_u(N) - ACC$，并没有考虑农村的产出。除了上述结论，区和亨德森（2006）还计算了中国城市的最优规模，看它是否符合上述模型。他们用中国的数据，估计了函数 $A(N)Y_u(N) - ACC$，得到了现有城市分布下的函数最大值，结论是中国现有城市人口规模过小。他们认为这种现象是由于中国的城乡迁移限制（户口制度）。

21.3.6　经验证据

与城市化相关的文献众多，以上理论模型与城市规模高度相关，对布吕克纳（1990）的回归分析起着重要的作用。布吕克纳（1990）回归分析的直接来源是 21.3.2 提出的模型，使用国家的截面数据探讨国家城市化的影响因素。他对城乡收入比（γ_u/γ_r）等变量进行回归分析，发现城乡收入比对国家城市化有积极作用（见式（21.6）和式（21.7））。其他的学者包括罗森和雷斯尼克（Rosen and Resnick，1978），惠顿和宾户（Wheaton and Shishido，1981），埃兹和格拉泽（Ades and Glaeser，1995），穆特鲁（Mutlu，1989），蒙马瓦和夏特尔（Moomaw and Shatter，1996），戴维斯和亨德森（Davis and Henderson，2003），亨德森和王（Henderson and Wang，2007）和巴里奥斯等（Barrios et al.，2006），他们根据城市化的相关指标，包括城市增长或城市首位度（该国最大城市的人口集中程度）指标，[19] 以及截面回归或面板回归解释变量的个数，包括人均 GDP（至少出现了一次）、部门就业比例（农业和制造业）、行政集权（由联邦政府的结构所致）、中央计划经济、开放国际贸易、土地面积、总人口、教育和文化水平、收入不平等、种族差异、交通联系、政治自由措施、对外援助程度。作为联邦制政治结构，更高的人均国内生产总值对城市

---

[18]　这些模型偏离了传统公共经济学，未考虑孤立的管辖权。

[19]　需要注意的是，以前认为的结构化模型不能够处理城市人口在大城市和其他较小规模城市集中共存现象的问题。

化进程有促进作用。

21.2 节中提到了里奥斯等（2006）的研究，其中一些变量是相同的。这项研究重点关注低降雨量地区，低降雨量抑制了那里农民的收入，使其成为促进农村人口向城市转移的一个因素（利用面板数据对非洲国家进行了衡量）。波尔黑科（Poelhekke，2011）提供了一个相关分析，他关注农村的收入风险（可能来自降水变化率），并将其作为人口迁移的动机。他表明在一个大的国际面板数据中，城市人口增长是随时间变化的，这可以作为国家对农业增加值波动的预测。在另一个研究中（下一节将详细讨论），伊达尔戈等（Hidalgo，2011）研究了城市非法占屋对居民迁移的影响，农村居民由于"土地入侵"进入城市。研究表明，在巴西土地入侵更容易发生，农村农业产量较低，说明农村收入低。

杨（Young，2013）为上述模型提供了经验证据。特别地，杨提出的证据表明了城市与农村地区的生活水平差距，这与前面分析的迁移均衡是不同的。他认为这种差距反映了技能水平不同的人（人力资本）在整个农村和城市地区的排序。高技能工人到城市地区，他们的能力可以与现代生产技术相结合，而低技能工人仍留在农村。杨的方法可以与前面的迁移均衡模型相结合，其中关键一步是将移民和非移民分开。掌握关键技术水平的工人对迁移或不迁移的问题保持中立的态度，对于他们来说更高的城市生活成本与更高的城市回报是相当的。如杨（2013）所述，工人技能（低）高于城市（农村）地区的临界水平，其结果将导致两个地区平均生活水平的差距。

21.4 土地使用权缺乏保障：发展中国家房地产市场的特点

根据 21.3 节的分析，城市住房成本在乡村—城市迁移的平衡过程中扮演着重要角色。虽然在发展中国家城市住房市场被简单地描述为土地和住房，但在现实中它却由更复杂的商品属性组成，如同发达国家一样，用它们来描述结构和占据的土地。在价格形成方面，发展中国家的住房市场在某些方面就同发达国家一样，租金或销售价格可以反映房屋属性。认识到这一共性，许多研究人员开始提出发展中国家住房市场的特征价格模型及相关方法，用于衡量居民的住房支付意愿。有数百个来自发达国家的同类研究，作者有福兰等（Follain et al.，1982），奎格利（Quigley，1982），廉等（Lim et al.，1984），福兰和希门尼斯（Follain and Jimenez，1985），丹利尼（Daniere，1994），格罗斯

（Gross，1988），拉尔等（Lall et al.，2008），竹内等（Takeuchi et al.，2008）和布吕克纳（Brueckner，2013a）。

虽然发展中国家与发达国家的房地产市场具有一定的共性，但贫民窟（多为自建）在发展中国家分布更为广泛，即使在发达国家有质量更糟糕的住房。马克思等用一张图描述了发展中国家贫民窟的现状（Marx et al.，2013）。[20] 案例表明，贫民窟居民的很大一部分是非法占屋居民，他们占用了土地却没有向它的所有者支付租金。例如，在孟加拉国的达卡市非法占屋估计为 15%（世界银行，2007），在其他地区的份额可能会更高。[21]

区分发展中国家住房市场与发达国家住房市场的本质特点是非法占屋，非法占屋普遍缺乏终身保障权，或"土地权利"安全。如果驱逐的威胁较低，非法占屋居民实际享受了一定程度的安全保障，但在法律意义上他们并没有享有任何权力。由于法律和土地登记系统不完善，对于许多发展中国家的居民来说，他们的房屋处于产权连续性地位（"Continuum" of Property Rights）与法律的灰色地带，是不安全的。这种不安全感使业主减少了对房地产的投资，这是目前非法占屋最明显的效果。他们住在用废弃材料建造的脆弱的棚屋里，形成了贫民窟。尽管非法占屋居民仅在内部市场进行房屋交易，但土地使用权缺乏安全保障会阻碍住房市场成交，使得房屋的吸引力大打折扣。由于没有法律地位，非法占屋居民不能出售他们的地块给要求合法所有权并继续进行土地开发的正式用户。在土地使用权缺乏保障的同时，还会影响抵押贷款市场的发展，这里的贷款抵押品指居民住房。[22] 这些问题是可以通过政策解决的，在一些发展中国家的某些城市（例如秘鲁和阿根廷，下面会详细讨论），政府将土地所有权转移给了非法居住者。

本节其余部分探讨了问题细节。接下来的小节讨论两个案例：马里和越南的连续产权，之后研究转向了被广泛讨论的非法占屋经济学，相反情景下的土地使用权缺乏保障问题已经成为大家关注的焦点。

21.4.1　连续的产权：马里和越南

塞洛德和托宾（Selod and Tobin，2013）详细探讨了产权、使用权以及西

---

[20] 流动人口的低质量住房，当然，在 21.3 节的模型中并没有提出。

[21] 随着非法占屋住房的拥挤加剧，达卡的非法占屋住房 15% 的份额将转化为人口的将占到更大份额。

[22] 土地使用权缺乏保障的一个好处是，容易说服现有居住者迁移，降低了土地重建的障碍，使土地更易获得。

非国家的不安全因素，提出一个理论模型来解释可见模式的安全性。"习惯保有权"（Customary Tenure）由村长和议会长老执行，在农村和城郊都是普遍存在的，它规定了对土地的要求和对土地的象征性付款。虽然习惯保有权不涉及法律文件，但却是被法律认可的。"归属函"（Attribution Letter）是在土地分配程序（讲公共土地转让给私人）开始时发出的一份文件，提供了一个基本的保障。农村或城市的"居住证"提供了安全的临时使用权，并在临时使用权结束时提供"明确的权证"和充分的权利。虽然城市中的份额更高，但塞洛德和托宾声明在马里的业主只有 8.5% 的人支持这个权证。他们还解释说，这些不同的使用权是富裕的住户"通过复杂的流程"取得的。

考虑了这些成本后，研究人员构建了理论模型。其中家庭对土地占有保障进行投资，成本为 $C(\pi, e)$，π 为保有财产的概率（否则他们的付出将会丧失）。参数 e 衡量家庭为追求土地占有保障与土地管理当局交往的独特能力，e 的提高会降低 C。模型是基于一个空间背景下，需要通勤至中心商业区，它预测家庭根据 e 值在空间上进行分布，具有较高 e 的家庭（他们实现更大的 π 值）位于靠近中心的地方。城市因此呈现出不同的土地占有安全区，市中心安全性最高，城乡结合部安全性最低，这一模式大致与塞洛德和托宾的调查数据相匹配。

在越南，如金（2004）所说，土地最初是国家所有，但通过烦琐的手续将所有权转移到了家庭。证件是建筑占用和土地使用证（BOLUC）。为了获得土地使用证，一个家庭必须出示"法律文件"，这些文件可能包括建筑许可、经过公证的转让合同、当地区委提供的入住权利证明、继承文档以及其他文件项目。金指出，"法律文件"在没有土地使用证的情况下提供了一些安全保障，类似的目的出现在由塞洛德和托宾（2013）描述的马里归属函的论文中。在金的地产样本挂牌出售时，约 1/4 有土地使用证，1/4 有法律文件，1/3 没有产权证明。

为得到财产权对房地产价格的贡献，金对特征价格进行回归，变量包括住房特征及财产权利虚拟变量。她认为，正如预期的那样，拥有任何一种形式的产权都可以提高住房的价格（就像安装电话线那样值得），土地使用证的价值超过两倍的法律文件。有趣的是，拥有法律文件和土地使用证这的价值高于只拥有土地使用证，这显然说明即使一个正式的权证并不提供无可争辩的产权，但仍然可以通过添加更多的权证去补充法律文书的信息。总的来看，金的结果补充了塞洛德和托宾（2013）的证据，发展中国家往往有连续的产权，产权连续体较低和中部的权利仍然可提供利益。

应该注意的是，在一些国家产权是有限的。在中国，土地是政府所有的，政府与私人开发商签署长期可转让的租约。尽管在中国租约可以持续，但原则上在租约终止时用户可能会丧失他们的使用权。

21.4.2　非法占屋经济学：理论

目前，非法占屋在法律上不具有任何形式的财产权。经济学家和其他一些社会学家花费了相当大的精力研究非法占屋现象，并形成了不同的文献。文献的理论贡献是分析激励居民和土地所有者的决策，在经验方面的贡献体现在依靠稀缺数据探讨非法占屋现象的各个方面。本节将梳理理论方面的文献，接下来的小节将进行经验研究。

非法占屋行为的现有理论模型都基于对非法占屋者驱逐的可能性。虽然驱逐是一个结果，发达国家的住房租赁法律人员有时会遇到（虽然它通常是受人保护的法律），在非法占屋区对于驱逐来说非法占用是一个更严重的威胁。然而在一些国家，在保有期内这种威胁似乎是转瞬即逝的。例如，在一个秘密谈话中，里约热内卢市政府研究所所长费尔南多·卡瓦列里声称：必须在入住的第一个星期就把该市非法占屋的居民全部驱逐出去。最近的新闻报道中突出地描述了一个针对新的里约热内卢定居点（Kiernan，2014）的擅自占地者的驱逐（和随后引发的骚乱）［基尔南（Kiernan，2014）］，非法占屋居民驱逐占据显著的地位（和随后的骚乱）。在另一个秘密谈话中，一个名为扎马·马格瓦图的行动小组（南非的一个非政府组织）宣称一个成功的官方驱逐必须发生在占领的最初48小时内。

目前还没有非法占屋驱逐的全球数据，这与现实是相符的。虽然非法占屋会受到威胁，但实际驱逐仍然相对少见。这种观点与兰由和利维（Lanjouw and Levy，2002）（下面详细讨论）的调查结果类似，厄瓜多尔非法占屋居民很可能感觉不到驱逐。然而，驱逐威胁是大多数研究非法占屋的基础，虽然针对这一明显矛盾［布吕克纳和塞洛德，2009；布吕克纳，2013b；沙阿（Shah，2014）］可以通过驱逐威胁和缺席来解释。非法占屋组织者保证他们不扩大规模并及时退出，同时还采取其他措施来防范这一结果。相比之下，在希门尼斯（1985）、霍伊和希门尼斯（Hoy and Jimenez，1991）、特恩布尔（Turnbull，2008）的模型中，驱逐是可能发生事件，取决于非法占屋居民的数量。大规模房地产投资可以提高驱逐成本，使得驱逐的可能性较小。要理解这项工作中的不同观点，勾画出单个模型的主要特点是很有用的。㉓

㉓　驱逐可以被看作是土地未补偿的"拍摄"，在补偿的情况下被非法占用的理由。但是，政府批准征用而没有进行补偿在世界各地是常见的，无论是在发达国家的非法占屋还是在不发达国家的非法占屋。

21.4.2.1　希门尼斯模型

希门尼斯（1985）认为，一个消费者（户主）必须选择成为非法占屋居民或者到正式部门租房，因此非法占屋是一个终身的选择。随着正式入住，消费者支付的租赁单位价格等于 p_f，消费价值为 h_f 的住宅和消费价值为 x_f 的非住宅物品。作为正式居民，消费者面临预算约束是 $x_f + p_f h_f = y$，y 是收入。基于这一约束，消费者选择两个消费水平以最大化效用 $u(x_f, h_f)$。

非法占屋居民面临被驱逐的可能，这种情况迫使他们进入正式市场获得安全住房。在这种情况下，消费者失去所有用在违章建筑（价格 $p_s < p_f$ 每单位）上的资金，而且必须有一个新的住房支出。如果驱逐不发生，就不存在这个双重支出的必要性。注意，尽管存在违法行为的解决方案，希门尼斯模型通过假设由非法占屋居民支付租金，还是描绘了一个发达的非法占屋住房市场。即使土地被查封的是最初没有任何付款的业主，但是随着社区建立，非法占屋住房交易出现了。

伴随着驱逐，非法占屋的预算约束是 $x_{fe} + p_f h_{fe} + p_s h_s = y$，$h_s$ 是违章建筑量，下标 fe 表示在正规部门驱逐下的消费水平。第二项是搬迁所需的正式住房开支，而第三个项目是擅自占用住房的开支。由于当擅自占地者被驱逐时，hs 实际上不被消耗。拆迁效用为 $U(x_{fe}, h_{fe})$。相反，如果驱逐不发生，则预算约束是 $x_s + p_s h_s = y$，效用是 $u(x_s, h_s)$。值得注意的是，在这种情况下住房消费水平等于违章建筑量 h_s，不是 h_{fe}。

驱逐发生的概率是 π，其最终是内生的。违章建筑居民的期望效用等于 $\pi u(x_{fe} - h_{fe}) + (1 - \pi) u(x_s, h_s)$，是驱逐情形和非驱逐情形下效用的加权求和。使用上述两个预算约束消除 x，期望效用可以改写为：

$$\pi u(y - p_f h_{fe} - p_s h_s, h_{fe}) + (1 - \pi) u(y - p_s h_s, h_s) \qquad (21.15)$$

家庭选择 h_s 和 h_{fe} 最大化（21.15）。该最优问题的关键特征是，在意识到其可能永远不会被消费的情况下，选择擅自占地面积水平 hs。既然这一支出可能失去，如果拆迁是不可能的，消费者将把 h_s 置于一个较低水平。此外，如果擅自占用房屋或土地的人被迫进入正式市场，失去的非法占屋住房支出的降低，将导致 h_{fe} 小于由于非法占屋选择的 h_f。

正式的住房价格 p_f 是外生固定的，非法占屋的价格 p_s 由供求力量相互作用下的驱逐概率 π 决定。在需求方面，消费者对非法占屋住房的"支付意愿"可以帮助确定其价格。通过消费者对非法和正式住房无差异推导 p_s，可以获得消费者的支付意愿。如果要这样做，请注意正式效用是固定的，它的值是由 y 和 p_f 确定，这两者都是外生的。非法占屋的预期效用也将取决于这些外生变量，但主要取决于于 p_s 和 π，二者之间任何一个变量降低，期望效用都会增加。随着这两个变量的影响变成负值，保持预期效用固定意味着 p_s 和 π 必须成反比，其中较低的 p_s 伴随较高的 π，反之亦然。其结果是，对于违章建筑的购买意愿是驱逐概率的递减函数：

$$p_s = g(\pi) \tag{21.16}$$

其中，$g' < 0$。容易看出，当驱逐概率为零时，（21.16）式中的 p_s 等于 p_f（这使得正式居住和非法占用房屋相当），而当 $\pi > 0$ 时，$p_s < p_f$。在这种情况下，消费者需要一个价格贴水来承担驱逐风险。

在供给方面，两个因素相互作用：有限的非法占屋面积和固定数量用于驱逐的政府资金。有限的非法占屋面积意味着违章建筑的价格随非法占屋人口规模 N 的增加而增加。将所得的价格等式写为 $p_s = h(N)$，其中 $h' > 0$。政府拆迁资金 G 固定意味着只有 G/E 个非法占屋者被驱逐，其中 E 是每个非法占屋者的驱逐成本。但随着非法占屋人口变为 N，驱逐概率是 $\pi = (G/E)/N$，因为由于土地稀缺，递增的 N 在降低 π 的同时提高 p_s，因此，p_s 和 π 负相关。换句话说：

$$p_s = m(\pi) \tag{21.17}$$

其中，$m' < 0$。[24] 因此，从供给方面来看，非法占屋的住房价格是驱逐概率的减函数，与需求方面相同。

式（21.16）中的需求关系和式（21.17）中的供给关系共同决定非法占屋住房价格 p_s 和驱逐概率 π 之间的均衡值。该均衡点对应于给定曲线式（21.16）及式（21.17）的交点。一旦均衡值 π 已经从这个交叉点确定，非法占屋人口均衡值的大小就能通过公式 $\pi = (G/E)/N$ 得出。由于需求和供给关系都向下倾斜，他们可能有几个交点，这意味着可能存在多重均衡，其中一些均衡将不稳定。

希门尼斯模型基于消费者在需求方面对非法占用房屋和正式住房无差异，以及在供给有限的非法占用房屋伴随固定的拆迁资金。价格 p_s、驱逐的概率 π 和非法占屋的人口规模 N 使消费者在占用模式之间无差异，以确保所有用于驱逐的钱都被支出，并使得非法占屋居民适应可用土地容纳面积，该模型的比较静态分析表明，拆迁费用 G 的增加会在降低 N 和 p_s 的同时提高 π，而收入 y 增加的影响是不确定的。

㉔　正式表述是，公式（21.3）从 π 方程改写为 $N = (1/\pi)(G/E)$，将其代入价格方程 $p_s = f(N)$，得到 $p_s = f[(1/\pi)(G/E)] \equiv \Omega(\pi)$。因为 $f' > 0$，由此得到 $\Omega' < 0$。

21.4.2.2 霍伊—希门尼斯和特恩布尔模型

不是让政府使用固定规模预算驱逐非法占屋居民，霍伊和希门尼斯（1991）和特恩布尔（2008）假定驱逐由房主执行，以把握针对特定地块的新兴开发机会，这些机会是随机出现的，在特定的情况下使驱逐成为随机事件。

在特恩布尔模型中，非法占屋居民被驱逐后的命运比希门尼斯（1985）模型中更严峻。随着住房消费减少到零，期望效用是 $\pi\mu(x_s, 0) + (1-\pi)\mu(x_s, h_s)$，非法占屋预算约束是 $x_s + p_s h_s = y_s$，其中 y_s 是违章建筑居民收入，由于住房被收回，违章建筑住房的开支就不再发生，当住房收回的概率增加时，h_s 变得更小，这种关系被写作 $h_s = t(\pi)$，其中 $t' < 0$。在模型中非法占屋住房价格不重要，可以看作是固定的。此外，希门尼斯模型不存在占用选择。

特恩布尔认为开发一个地块可以赚取的净收入是一个连续的随机变量，不同地块间是相互独立的。土地所有者各自只拥有单一的地块，当地块的收益 r 超过拆迁成本时，任何特定地主都将依法驱逐非法占屋居民，这一成本取决于地块上收回租房之后必须清除的房屋数量，写为 $c(h_s)$，$c' < 0$。当随机开发收益 r 超过 $c(h_s)$ 时，开发商会驱逐非法占屋居民，否则不驱逐。当 $c(h_s)$ 很大并导致 h_s 很大时，驱逐非法占屋居民是不容易的。结果，驱逐非法占屋居民的概率可以写成 h_s 的递减函数，$\pi = q(h_s)$，其中 $q' < 0$。

由于 h_s 是 π 的函数，而 π 取决于 h_s，住房消费水平和驱逐概率是共同决定的，h_s 和 π 相互一致的均衡值必须满足这些关系式，包括 $h_s = t(\pi)$ 和 $\pi = q(h_s)$，因此这些值位于这些方程定义的双曲线的交点。在希门尼斯（1985）的模型中，曲线都是向下倾斜的，提高了多重均衡的可能性。均衡是不稳定的，特恩布尔的比较静态分析表明，当开发回报率提高或非法占屋居民收入下降时，h_s 将下降，π 将提高。

而土地所有者是特恩布尔模型中的原子，每个土地所有者都拥有一个单独的地块，所有权集中在霍伊—希门尼斯设置中，一个地主拥有全部被非法占屋居民擅自占有的土地。此外，实际上随机开发机会是双重的。对于每一个地块，一个发展的机会，得到一个固定的净收入出现的概率为 θ，没有机会出现的概率是 $1 - \theta$。

在特恩布尔模型中，拆迁成本等于 $c(h_s)$，$c' > 0$。此外，根据公式 $h_s = t(\pi)$，住房消费依赖于驱逐概率 π，其中 $t' < 0$。但与特恩布尔模型相比，对于任何给定的地块，π 反映了地块开发收入的随机性（也因此反映了开发决策的随机性），在霍伊—希门尼斯模型中，π 由地主对于将会发生拆迁的部分地块的选择决定。从非法占屋居民的角度，拆迁看起来是随机的，因为没有非法

占屋居民事先知道他/她的地块是否将要拆迁。但是，房屋拆迁分配是由土地所有者事先选定的，拆迁的具体地块的确定取决于该地块随机的开发机会。

霍伊和希门尼斯关注的主要问题是土地所有者的选择 π 和开发机会的概率 θ 之间的关系，它们表示的数量不一定要相等。首先可以明确的是，一个有着良好开发机会的地块不会被驱逐，驱逐发生在一些缺少开发机会的地块。驱逐区位的转变成本不受影响，而收入会上升。对于土地所有者来说，驱逐有开发机会地块上的非法占屋居民时，同时也驱逐没有开发机会地块上的非法占屋居民是最有利的，所以 $\pi > \theta$。原因是较大的 π 将减缓所有地块上的非法占屋投资，限制期望驱逐成本。在这种情况下，霍伊和希门尼斯说出现"显然是多余的"驱逐。第三个可能性是 π 被设置得足够低，使拆迁不会在一些有开发机会的地块上发生，所以 $\pi < \theta$。

霍伊和希门尼斯的主要结论是，这些可能性中有一个是最优的，π 要么小于要么大于 θ，或者也可能等于它。㉕ 比较静态分析表明，当出现不必要的拆迁时，R 或 θ 的边际增长对所选择的 π 没有影响。然而，当最优的 π 小于 θ 时，一个稍高的 R 能提高 π，尽管对 θ 的增幅仍然没有影响。

与霍伊—希门尼斯模型的设定不同，在特恩布尔模型中，驱逐被原子化，一个地块接着一个地块，这意味着不必要的驱逐（在没有获得开发收入的地方）不会发生。相比之下，在霍伊—希门尼斯模型中，少数地主在没有开发机会的地块上进行驱逐，可能是为了增加驱逐带来的普遍威胁，从而减少在非法占屋上的投资（使驱逐变得更容易）。

21.4.2.3　布吕克纳—塞罗德模型

布吕克纳和塞洛德（Brueckner and Selod，2009）的非法占房模型是围绕驱逐问题展开的，但这种方法与以前的研究方法完全不同。就像在霍伊—希门尼斯和特恩布尔模型中，当获得的收入高时，开发被非法占屋居民所占用的土地是可行的。布吕克纳和塞洛德摒弃了前人所说已开发地块拆迁市场规模小的假设，假定该地块在城市正式住房市场上出租。为简单起见，不包括住房资本，土地消费量代表住房，所以当拆迁时让非法占屋居民搬离那块土地时，空置的地块将被正式居民租用或占有。由于非法占屋居民和正式居民瓜分一块固定的土地面积，非法占屋的存在"挤出"正式市场，提高正式市场的单位土地租金，表示为 p_f。

㉕　由于拆迁成本取决于 h_s，h_s 取决于 π，成本为 $k(\pi)$ 为递减函数，因此每一个地块预期成本为 $\pi k(\pi)$，当 $\pi < \theta$ 时，预期利润为 $\pi R - \pi k(\pi)$，当 $\pi \geqslant \theta$ 时为 $\theta R - \pi k(\pi)$。霍伊和 Jimenez 表明 π 的最大价值可以在任何一个范围内。

当 p_f 超过每单位土地的驱逐成本时，驱逐是可取的。而这种"驱逐条件"也遵循其他模型的精髓，与其他模型的关键区别在于，布吕克纳一塞洛德模型中存在非法占屋居民的组织者，即那些能确保驱逐条件不满足就因此不会发生驱逐的人，组织者通过限制正式市场的挤压，预防 p_f 增加，从而控制驱逐成本来达到这个目的。正如上面解释的，这种结构有助于解释现实世界存在驱逐威胁的模式，但它的发生是相对罕见的。

组织者试图控制的驱逐费用部分取决于擅自占地者进行的"防御性支出"，这提高了驱逐的成本。由非法占屋居民的组织者来支配这些支出，部分支出用于政治游说以支持非法占屋社区，部分用于支持非法占屋安全势力来保护定居点。他们可以放弃劳动收入，不再满负荷工作，就像非法占屋居民花时间在家里捍卫自己的土地一样（Field，2007）。希门尼斯（1985）在他的模型里简要地包含了防御性支出，但他主张他们代表一种通过搭便车的公益性开发，这意味着这些支出的均衡水平将为零。一旦非法占屋居民组织者能够独立支配防御性支出，防御的积极性将持续提高。

因而，驱逐成本取决于每个家庭的防御性支出，防御性支出被表示为 A，此外，非法占屋的人口规模 N_s 对驱逐成本有正的影响。在存在较大的非法占屋人口总量时，由驱逐引起的政治抗议也变得更重要，使驱逐成本更高。这些关系可表述为驱逐成本函数 $e(A, N_s)$，它给出了单位土地的驱逐成本。函数 $e(\cdot)$ 随两个参数递增。为了使驱逐对地主来说是不值得的，按正式价格 p_f 给出的驱逐后土地回报不能大于每英亩的驱逐成本。更正式地形式上，这种"非驱逐"约束可写为：

$$p_f \leqslant e(A, N_s) \tag{21.18}$$

挤出过程决定式（21.18）中的 p_f 如下。非法占屋居民的个人土地消费被表示为 h_s，这意味着被非法占屋居民占有的土地总面积等于 $N_s h_s$。随着城市的整体土地面积固定在 $\bar{L}$，剩余的正式土地面积等于 $\bar{L} - N_s h_s$。固定的正式人口必须能容纳在这个地区，这需要调整正式土地的价格 p_f 以便使之与正式居民对土地的总需求量相等。总需求取决于固定的正式人口规模 $\bar{N}_f$，以及对土地的个人需求，由向下倾斜的需求函数 $h_f = d_f(p_f)$ 给出。总需求等于 $\bar{N}_f d_f(p_f)$，以使条件：

$$\bar{N}_f d_f(p_f) = \bar{L} - N_s h_s \tag{21.19}$$

能确保正式居民容纳在现有的土地面积中。

该模型的最后的要素是非法占屋居民效用函数 $u(x_s, h_s)$ 和预算约束。与其他模型相比，假定非法占屋居民不为他们所占有的土地承担直接成本，入侵和占有不向任何人支付，然而，非法占屋居民确实支付了防御性支出，这由非法占屋居民组织者来支配。其结果是，他们的预算约束是 $A + x_s = y_s$，因此效用可以写为：

$$u(y_s - A,\ h_s) \tag{21.20}$$

非法占屋居民组织者决定了 A，控制了非法占屋地块的大小，支配个人土地消费水平 h_s。此外，还控制非法占屋居民的人口规模 N_s，有权限制参与土地入侵的家庭数量。因此组织者控制 A、h_s 和 N_s，选择这些变量的水平来使个人非法占屋的效用最大化。就像式（21.20）给出的，该最优问题的约束是正式的市场出清条件式（21.19）和无驱逐约束式（21.18）。很容易看到这个约束将绑定在解决方案中，以至于土地所有者对于驱逐或不驱逐非法占屋居民保持中立的态度。[26]

鉴于模型的复杂性，对于非法占屋居民的平衡的一般比较静态分析是不可行的。然而，使用一般函数形式，[27] 可以估算均衡的解决方案，表明决策变量如何对外因变量的变化做出回应。解决方案一个令人惊讶的特点（假定函数形式的结果）是，不管其他参数的取值如何，非法占屋居民占有全市一半的土地面积。由于正规部门的土地供给相对固定，正式价格仅取决于正式的需求大小，而不取决于非法占屋的特点，如收入 y_s。然而，非法占屋居民的收入影响 N_s 和 h_s，分别是降低和提高，y_s 以抵消的方式使总的非法占屋土地面积不变。

如果所有非法占屋居民同时有正式居住权，并被要求为他们的土地买单，他们各自的情况可能都会比以前更糟，而正式居民则会比以前更好。正式居民有改进是因为当比原来更正式化时，非法占屋居民群体更少地挤压他们，允许正式居住土地消费的增长。尽管正式居住的非法占屋居民情况更糟糕，分析表明，在不久的将来正式居民可以补偿他们的损失。这种潜在的帕累托改进表明，原来的非法占屋平衡是低效的。

布吕克纳（2013b）通过假设城市有多个非法占屋组织者，他们是租房者而不是慈善代理人，从而扩展这个模型。除了收集防御性开支，组织者要求居民支付租金，他们把这作为收入。本文描述了这种情况下非法占屋平衡的特点，并提出了各种比较静态分析结果。

---

[26]　为了让组织者去面对非法占屋居民的供应意愿，允许他/她控制 N_s，他们实现的效用必须大于供应城市移民的农村地区达到的效用水平，然而，在模型的另一种版本中，主办单位不能控制 N_s，尽管他/她仍然能够支配 A 和 h_s，这种情况下，非法占屋居民直到城市最大化效用降低到农村的水平时才会进入城市。

[27]　假设是无论是非法占屋居民和正式居民都有 Cobb - Douglas 偏好，并且拆迁成本函数是 A 和 N_s 相乘。

21.4.2.4 沙阿模型

布吕克纳—塞洛德模型把非法占屋居民描述为侵占私人土地，实际上很多非法占屋发生在国有土地。沙阿（Shah，2014）用布吕克纳—塞洛德方法来处理这个重要的情形。擅自占用国有土地造成的损失可能涉及放弃阻碍基础设施项目获得的利益，例如环绕非法占屋机场的扩建（孟买，印度，就代表这样一种情况），或放弃来自土地出售收入给住房的私人部门、商业或工业开发。沙阿（2014）以简单和程式化的方式表示这样的损失，通过假设闲置国有土地产生开放空间为正式家庭产生效益（作为一个城市公园），当部分土地被非法占屋居民占用时，效益将会减少。

为了简化，假设正式家庭的住房（土地）消费是外生固定的，正如正式住房价格。一个正式家庭的可支配收入是 $\tilde{y}_f = y_f - \bar{p}_f \bar{h}_f$，条形表示固定值。当 h_f 固定在 $\bar{h}_f$，正式的效用可以写作一个只有非住房消费 x_f 和开放空间的函数，表示为 l。正式效用是 $u_f(x_f, l)$。让 $\bar{L}_G$ 表示用于公园的国有土地总量，非法占屋土地入侵后可用的开放空间的数量由 $l = \bar{L}_G - N_s h_s$ 给出，预算约束由 $x_f = y_f - \bar{p}_f \bar{h}_f = \tilde{y}_f$ 给出，正式效用等于 $u_f(\tilde{y}_f, \bar{L}_G - N_s h_s)$。

如果非法占屋居民被驱逐，所有的开放空间 $\bar{L}_G$ 都能用于享受，但必须产生驱逐费用。政府支付这些费用，但它源于正式家庭的税收。非法占屋驱逐的总费用等于每单位土地成本 $e(A, N_s)$ 乘以土地占用量 $N_s h_s$。所以，每个正式家庭的驱逐税等于：

$$\frac{N_s h_s e(A, N_s)}{\bar{N}_f} \tag{21.21}$$

当执行驱逐时，如果正式居民的效用超过非法占屋居民目前没有驱逐税的效用，就会发生驱逐。因此为了避免驱逐，非法占屋居民组织者必须确保满足下面的无驱逐约束条件：

$$u_f\left(y_f - \frac{N_s h_s e(A, N_s)}{\bar{N}_f}, \bar{L}_G\right) \leqslant u_f(\tilde{y}_f, \bar{L}_G - N_s h_s) \tag{21.22}$$

约束表示驱逐使得正式居民的效用少于或等于存在地方非法占屋时。像以前一样，组织者设置 A，h_s，和 N_s 来使非法占屋效用 $u_s(y_s - A, h_s)$ 最大化，但他/她现在考虑这种驱逐约束的新形式。挤压正式住房市场不是问题，像（21.19）这样的约束并不适用。

就像布吕克纳—塞洛德模型中的情形，沙阿模型的一般比较静态分析是不可行的。在柯布—道格拉斯偏好的简化形式中，这种障碍仍然存在，但当正式居民和非法占屋居民的效用函数是线性的，可以得出结果。正式家庭数量 N_f 的增加会降低人均驱逐税，随着组织者扩大非法占屋人口来防止廉价驱逐，会提高 N_s。这一增长使得防御性开支 A 减少，但它也需要一个较小的 h_s。正式居民对开放空间估值的增加，再次提高驱逐非法占屋居民的动力，具有相同的效果。[28]

像布吕克纳和塞洛德一样，沙阿研究非法占屋的正式化，给予非法占有土地权证以获得租金回报。这些报酬可交给正式家庭，只有当他们对这种空间的估值足够高时，才足够补偿他们由于开放空间的损失（注意对比布吕克纳和塞洛德的无条件形式化的结果）。最后，沙阿研究国有土地和私有土地都发生非法占屋的混合模式，非法占屋居民和之前一样，与挤占正式居民的土地。她认为对非法占屋组织者来说，平均分配他/她的人口是最优的，其中一半人占据私有土地，一半人占据国有土地。

21.4.3　擅自占用房屋的经济学研究：经验研究

尽管对擅自占用房屋有很大的兴趣，但这一专题的经验研究并不多，这主要是由于可用数据有限。部分论文侧重于讨论擅自占地者面临的租赁不安全对寮屋住宅的租金和价值的影响，以及市场交易的可转移性。希门尼斯（Jimenez，1984）、弗里德曼（Friedman et al.，1988）、兰由和利维（Lanjouw and Levy，2002）以及卡普尔和勒布兰科（Kapoor and le Blanc，2008）等研究了这些影响，菲尔德（2005，2007）的文章主要关注占有期不安全感对劳动力参与的影响（包括由此产生的需要捍卫的非法占屋的住房）以及对房地产投资的影响。伊达尔戈等（Hidalgo et al.，2010）指出，非法占屋居民在巴西侵占土地这一问题涉及到当地经济状况中一些变量的产生和规模。这些经验研究之间的联系和21.4.2 中研究的理论将在接下来加以讨论。

希门尼斯（1984）比较了一个非法占屋居民住房的实际租金与在正式市场租赁相同特点住房的预测租金之间的区别与联系。他希望能找到相对于非法占屋住房而言的正式租金折扣，用以反映土地使用权的不安全性。这一预测将

---

[28]　沙阿的模型分析实际上与上述的那个略有不同。不是使用一个驱逐成本函数来给出每单位土地成本，她依靠一个总驱逐成本函数。这给出了驱逐所有非法占屋居民的成本，写为 $E(A, N_s)$。所以，她的驱逐税等于 $E(A, N_s)/\overline{N_f}$，不取决于 h_s，与式（21.11）中的公式形成对比。文章中的描述（不准确的）是为了与布吕克纳—塞洛德模型中的讨论保持可比性，沙阿的比较静态结果不一定会出现。她的特殊结果还需要假设交叉偏导数 E_{N_sA} 为零或负。这种情况表明一个庞大的非法占屋人口减少从防御性支出中获益的边际效用是自然的。

根据等式（21.16）正式得出，这表明当驱逐概率为正时，p_s 小于 p_f。

希门尼斯结合了 1983 年菲律宾非法占屋实际租金情况和其居住特点，构建了正式部门住房估计特征价格的功能函数。这个函数涉及正式出租房间数、确保结构质量的设施（包括存在的厕所设施）、水的可用性指数、电话和电力接入的指标以及邻里特征等相关因素。每个违章建筑住房预计的正式住房租金是依据住房的特征价格函数生成的。这个比率为预测的违章建筑住房租金除以实际租金，再平均到违章建筑住房样本中的比率。该比率的平均值为 1.177，表示约 18% 的正式住房溢价，或者相反，相对违章建筑住房正式租金 15% 的折扣。[29] 这些结果反映了金（2004）对越南的研究结果，表明了正式市场上的居住权保障具有一定程度的价值。

弗里德曼等（1988）使用相同的数据但采取略为不同的方式来回答了同一个问题。他们不是估计一个正式住房的特征价格函数，而是利用虚拟变量代表合并样本中的违章建筑住房，以此来估计两种特征函数，一个为正式部门，另一个为违章建筑住房，进而同时估计混合特征价格函数。站在租房者的角度，单独的正式租房和违章建筑住房的特征没有统计学上的区分，允许使用合并函数而不是从擅自占地系数推断擅自占地者的折扣。同时也可以从违章建筑住房虚拟变量系数来推断违章建筑住房的折扣情况。违章建筑住房折扣系数大约为 10%，不具备统计学上的显著性。独立的特征函数与业主的情况显著不同，所以在预测非法占屋住房折扣时必须将两者都考虑进去。结果表明折扣为 19%，具备统计学上的显著性。[30] 因此，正如希门尼斯（1984）所述，非法占屋住房的折扣大于业主的折扣。

卡普尔和勒布兰科（2008）也开展了相关研究，他们重点研究了正式住房和非法占屋住房的"回报率"之间的差异。这个回报率等于住房的租金与价值的比率，该数据来源于 2002 年的印度浦那。由于非法占屋住房存在被地主扣押的威胁，使得非法占屋住房租金比正式住房租金更加具有不确定性，这表明非法占屋住房的回报率应该更高。换句话说，非法占屋的售价应该是当前租金的一个倍数，而不是正式住宅的价格。卡普尔和勒布兰科的结果表明，正式住房和非法占屋住房的平均回报率分别为 6.7% 和 8.1%，具有统计学差异。

㉙ 对业主自用的非法占屋住宅也进行了同样的实验，而不是使用一个单独的特征价格函数估计为正式业主自用住房。在这种情况下，平均比例是 1.578，这意味着非法占屋业主享有 37% 的折扣。

㉚ 该方法是使用形式特征函数计算非法占屋住宅的正式销售价格，然后使用非法占屋特征函数计算非法占屋住宅的正式销售价格。计算比例之后再对所有的非法占屋住宅进行平均，收益率的平均值为 1.23，这意味着非法占屋住宅有 19% 的贴水。值得注意的是，相对于 Jimenez（1984），唯一的区别是使用非法占屋的预测价格而不是实际价格。

按照预测结果，非法占屋住房的回报率会更高。[31]

这些经验结果对 21.4.2 部分讨论的理论模型之间的关联有何启示？主要教训是，非法占屋居住权保障的不确定性影响租金、价值以及回报率。由于驱逐风险是希门尼斯（1985）、霍伊和希门尼斯（1991）和特恩布尔（2008）模型的关键因素，在这些模型中观点的选取由结果支持。然而，这些结果对布吕克纳和塞洛德（2009）以及沙阿（2014）却不太有利，尽管这些模型也具有一定关联性。

菲尔德（2007）探讨了居住权保障对劳动力供给的影响，认为非法占屋居民鉴于保护家庭的需要，会限制劳动力的供给。菲尔德利用秘鲁国家土地所有权计划全部家庭的发病率变动数据（时间跨度为 1995～2003 年）推导居住权保障的差异性，进而观察样本中劳动力供给的差异性。经验设置为一个双重差分的框架，其中劳动力供应在擅自占地者状态以及擅自占地者状态和虚拟变量的相互作用上反映，劳动力供给是下降的，表明土地所有权所覆盖的居民邻里虚拟变量的空间范围在 1995～2003 年扩大了。结果表明，每周工作减少 13 小时与非法占屋的现状有关，这反映家庭劳动力 14% 的流失。通过以大量劳动收入形式来展示"防御性支出"的巨大负担，菲尔德的调查结果证实了布吕克纳—塞洛德和沙阿模型的结构可信性。

菲尔德（2005）采用了类似的框架来研究居住权保障下降对改善住房的影响。回想一下，更高的逐出概率减少了希门尼斯（1985）、霍伊和希门尼斯（1991）以及特恩布尔（2008）模型中的住房投资，菲尔德的调查与这些驱逐理论密切相关。他的经验设定再次使用不同的框架，这个框架依赖于秘鲁土地所有权空间扩展的差异。结果表明，当非法占屋获得认可时，住房改善支出上升了 68%。加利亚尼和沙格罗斯基（2010）再次利用所有权随机自然实验，发现阿根廷的所有权对居住品质具有类似的影响。结果还表明，所有权减小了家庭规模，提高了子女教育水平。[32]

兰由和利维（2002）的主要研究目标是考察居住权保障与通过出售或出租将住房转移到另一个家庭的能力之间的关系。但在这项调查之前，作者对非法占屋拆迁和组织的可能性提供了证据，他们利用厄瓜多尔 1995 年的数据，对驱逐可能性进行调查，调查中共提供四个选项，分别为"确定或非常有可能""可能""不太可能"和"不可能"。在 142 名受访者（都不是利益相关

---

[31]　每个受访者都被要求说明在市场上为类似他们的住宅指定的租金和销售价值。租客和业主都被问同样的问题，因此，租金、价值和回报率数据在这两个群体中都是可获得的。

[32]　加利亚尼和萨查格罗德斯基（2010）对产权的影响展开了更广泛的调查研究。也见 DeSoto（2000），他认为住房资产的提取是创业资本的一个重要来源，但缺乏产权的发展中国家居民对此拒绝。

者）当中，只有 3.5% 的人给出了"可能"这个回答。这些证据与布吕克纳—塞洛德和沙阿的"拆迁是不可能的"的观点一致。

将受访者按照是否具有组织者分为两组，其中有组织者的为 111 人，无组织者的为 31 人，答复中"确定或非常有可能"和"可能"两个选项的数量都在 3.5% 以下。相比之下，最后两个选项（"不太可能"或者"不可能"）根据群体不同而有所区别。在有组织者社区的受访者中，83% 的人认为迁拆是"不可能"的（13.5% 的受访者认为"不太可能"），但是在没有组织者的受访群众中，有 58% 的人认为驱逐是"不可能"的（39% 的人认为"不太可能"）。因此，非法占屋组织者的存在极大地增强了非法占屋居民对不易被驱逐的感知，这与布吕克纳—塞洛德和沙阿模型中的观点一致。这些结果在概率回归中得到确认，其中包括了驱逐被认为是不可能的其他决定因素（所有权文件的占有，这具有积极的影响；私人土地的非法占用，这具有消极影响）。

为了衡量一个住房可转让性的决定因素，兰由和利维通过对受访者在公平交易且交易对方是陌生人的情况下，对"是否可以出售或者出租"等问题的回答进行概率回归分析。社区年限越久，组织者的影响越大，社区年龄（和因此建立的类型）提高了可转让性，非法占屋组织者的存在也是如此。[33] 因此，兰由和利维对于非法占屋理论研究结果的主要意义在于揭示了非法占屋组织者的重要性。组织者的存在降低了驱逐的感知风险，正如布吕克纳—塞洛德和沙阿的研究模型中所讨论的，通过向非法占屋社区提供更多的组织结构，将便利非法占屋住房内部市场运作。[34]

最后考察的经验研究是伊达尔戈等（2010），在以上农村人口向城市迁移的讨论中已被提及。它使用社区层次的数据，考察非法占屋土地侵占的发生频率和程度。本文显著的数据集列出了 1988 ~ 2004 年巴西不同地区的土地侵占情况。有近 5 300 个土地侵占事件被观察到，并且当侵占发生时，该数据集同时表明了参与家庭的数量。作者检验的主要假设是，如果通过每公顷农作物产量来进行测定的话，土地侵占更可能（和更大规模地）发生在城市周边以农业收入为主的地区。对农业收入内生性问题的关注导致使用工具变量法。伊达尔戈等认为，由于土地侵占迫使人们从农业就业转移，反向因果关系可能出现，这可能会影响收割并降低作物产量，从而降低农业收入。

从线性概率模型中进行估计，可以看出随着农业收入的下降，土地侵占更有可能发生，正如预期一样。在一个不同的设定中，使用的变量等于城市不同

㉝ DiTella 等（2007）探索了土地使用权保障的另一个影响：对市场制度运作的公平性可信度的影响。所有权权证加强了这样的信念。

㉞ 当家庭中有男性，且具有产权权证时，其他协变量也会具有效力，这时可转让性也变得更高。

土地侵占的数量，也表明农业收入类似的负面影响，作为回归变量的是驱逐家庭的数量。[35]

这些结果给出了直观的意义，他们与布吕克纳和塞洛德（2009）、沙阿（2014）的理论成果是相同的。在这些模型的一个自由迁移版本中，假设组织者无法控制非法占屋人口的规模，并且非法占屋人口规模与城市和农村设施的相对水平相适应，其结果是均衡时较低的农村设施水平会导致更大的非法占屋人口规模。

21.4.4　避免非法占屋形成或迁移它们

在非法占屋相关文献中，很少讨论专门限制其人口的政府政策。现有的政策包括限制非法占屋的公共服务，例如水和电，这会降低非法占屋的吸引力，并阻止移民进入。费勒和亨德森（Feler and Henderson，2011）探讨在巴西非正式住房地区，水的可用性是如何影响人口增长的。正如直觉所预测的，他们发现与水连接的非正式住房比例较高会导致城市人口更快的增长。费勒和亨德森也探讨了有水连接城市之间的战略互动，寻找相比邻市，决定非正式住房服务的证据。在此请注意，本文的研究结果中涉及吸引移民的公共服务的研究将在21.2部分进行讨论。更广泛地说，这篇文章旨在发现一些政策，例如公共设施联系的撤除，这是用来限制城市化的，但这同时可能会改善贫民窟条件。换句话说，缺乏公共服务、生活条件恶劣的地区仍然会吸引移民。

政策旨在使非法占屋不具有吸引力，限制农村人口向城市迁移。贫民区和非法占屋一旦被拆迁，将会使得土地被开发并得到更好地利用，这是一些国家所追求的政策。拉尔等（2008）和竹内等（2008）使用印度的数据来研究这类成功政策的前提条件。他们估算贫民窟居民的住房和邻里特征的价值，这些地方必须具备新的特点，才能保证被拆迁地区福利的改善。[36]

21.5　发展中国家可负担住房的提供

上一节讨论的非法占屋的现象是发展中国家缺乏可负担住房的反映。

㉟　研究作者还提出了进一步的规范，包括农业收入的影响取决于该地区土地储备的不平等的互动条款。结果表明，当土地所有权不平等时，农业收入的减少提高了土地入侵的可能性和规模。

㊱　对于发展中国家的土地开发和再开发的其他方法，参见 Lozano – Gracia 等（2013）。

换句话说，早期居民进行非法占屋占据了空地，通过挪用自由土地解决了住房负担问题。因此，加强可负担住房供给的政策，可以减少发展中国家非法占屋现象和贫民窟化的程度，正式住房部门也将通过较低成本获得更好住房而受益。本节重点介绍发展中国家与可负担住房相关的三个问题：住房总体投资规模、土地交易和利用的管制政策，以及对互补基础设施和服务的投资。

21.5.1　房屋投资

21.5.1.1　供给反应

提供可负担住房要求住房供给与农村人口向城市的迁徙数量及收入上升导致的人口增长数量相匹配。在供给方面的经典研究中，伯恩斯和格里伯勒（Burns and Grebler，1976）考察了房屋投资在 GDP 中的份额（通过新住房建设来衡量），数据来源于 39 个国家。通过对投资占人均 GDP 的比重、人口变化以及城市化水平进行回归，他们发现在发展的初期阶段，国内生产总值中住房的投资份额不断增加，但在人均 GDP 超过 6 500 美元（2005 年的美元）后开始下降。令人惊讶的是，在这项研究之后，很少有关于根据城市化的需求来评估住房供应弹性的经验研究。

达斯古普塔等（Dasgupta，2014）在全球 90 多个国家建立了新的住房投资数据集，为住房供给提供了更多的数据。数据集明确包括家庭投资、政府投资以及私人投资。这个数据库使用国民经济核算中的"住房所有权、住房附加值"作为变量，并涵盖了完全或主要用作住房的建筑物（包括船屋、驳船、移动房屋和大篷车），任何其他相关的结构，如车库，以及通常安装在住房内的所有永久设备。这项研究的一个重要贡献是揭示了在许多发展中国家的住房存量（包括非正式住房）中，正式住房占非常小的份额。例如，在许多非洲城市和城镇中，居住在正式住房中的人口不到总人口的10%。

研究表明，随着国家不断接近中等收入水平，住房投资开始逐渐提高。事实上，住房投资按照 S 形轨迹，低收入经济体由于供给和需求的限制而具有较小的收入弹性。在供给方面，物资供给、建筑行业组织僵化以及土地交易新兴市场均限制了城市地区住房的增加。在需求方面，发展初期阶段由于收入较低，其他消费支出类型往往占主导地位，如食品支出。但是经验数据表明，住房投资大约在人均 3 000 美元（2005 年美元）时上升，然后在人均 36 000 美元（2005 年）左右增速将会放缓。

研究表明，随着时间的推移，发展中国家和中等收入国家 GDP 中的住房投资份额将会稳步增长。2001～2011 年，低收入国家住房投资占 GDP 的平均比重为 4.56% （1960～1971 年为 2.51%），中等收入国家为 6.06% （从4.38%），中等偏上收入国家为 9.12% （从 5.11%）。相比之下，住房投资占GDP 比重在高收入（经济合作与发展组织）国家已逐渐下降，20 世纪 60 年代达到顶峰（见表 21－1）。

表 21－1　　　　　　　　　不同收入类别的国家住房供给的
　　　　　　　　　　　　　十年平均值（占 GDP 的百分比）

收入分类（年份）	1961～1970	1971～1980	1981～1990	1991～2000	2001～2011
低收入		3.00	3.58	4.79	4.56
中等偏下收入	4.38	4.97	5.41	6.10	6.06
中等偏上收入	5.11	8.49	9.14	8.86	9.12
高收入：OECD	11.29	9.87	8.06	6.03	5.17

资料来源：达斯古普塔等（2014）；按照世界银行分类。

这项研究的第二个主要发现是，发展中国家住房投资对城市化水平的弹性在稳步上升，在 2011 年该值预计在 4 左右。可见图 21－2 第一幅图，该图为低收入和中等偏下收入国家在过去 40 年的平均弹性。由图可见，中上等收入国家的弹性值也经历了不断上升的过程，但是趋势没有低收入国家明显（见图21－2）。相反，在经济合作与发展组织的国家中，在 1970 年弹性开始下跌。该图反映了在 1961～1970 年有一个中等增长率 2.31%，同时投资份额达到11.29%，1970 年之后城市增长速度放缓。总体而言，这些数字是令人鼓舞的，因为它们表明发展中国家随着城市化的发展，住房供给不断上升，由于农村往城市人口迁徙以及收入增长，市场力量推动了住房需求。

为了更好地理解在城市化进程中住房投资的时机，达斯古普塔等（2014）建立了以下投资模式类型：（a）超前型，在城市化出现之前完成住房投资；（b）同步型，住房投资与城市化同步进行；（c）滞后型，其中住房投资落后于城市化。他们发现，超前型国家比滞后型国家拥有更高的国内外投资规模，以及更大的经常项目贸易赤字。这并不意外，虽然世界上大部分地区的投资和城市化之间有同步关系，但是经济合作与发展组织国家在领导集团中占多数。然而，在撒哈拉以南的非洲地区，住房投资似乎较需求滞后 8 或 9 年，这说明在这一地区供给不足，无法跟上城市化的发展。

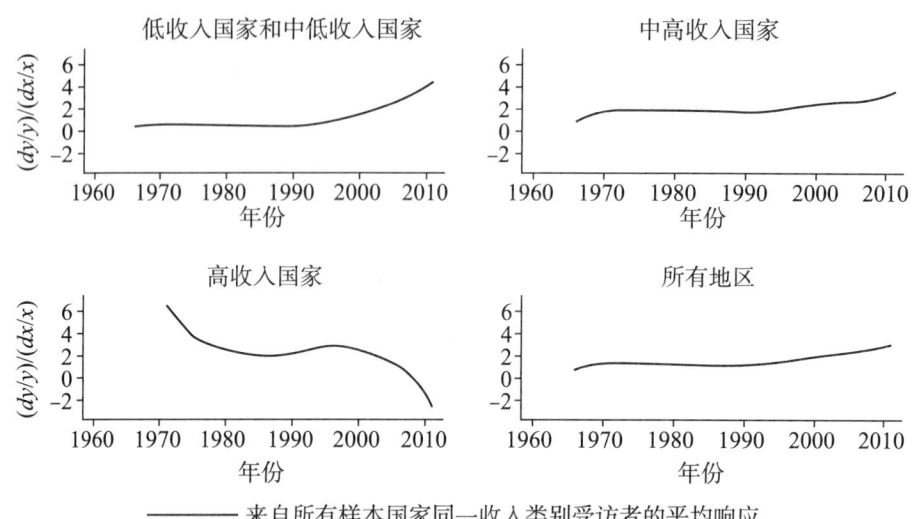

—————— 来自所有样本国家同一收入类别受访者的平均响应

注：*dy/y*表示2005年住房投资的年百分比变化；*dx/x*表示人口增长。

图21－2　收入群体住房供给对城市增长的响应

21.5.1.2　可负担住房的决定因素

除了供给的响应能力，家庭住房承受能力也取决于家庭收入和住房成本，而这又取决于建筑成本，包括水泥与劳动力的价格、建筑行业的市场结构和对建筑标准等的规定。此外，承受能力同时取决于家庭在住房和其他必需品之间的权衡。不幸的是，目前的研究中很少有关于可负担住房或其决定因素的经验证据。科利尔和维纳布尔斯（Collier and Venables，2013）认为承担能力是住房投资的普遍要求。进一步的，他们提供了以下说明性的例子：

每个房间的典型租金是每月10美元左右，而达喀尔的租金约为16美元。所以，对于四居室（相当于19世纪英国的"两上两下"）将很难负担得起，尽管它可能供多人使用，但其还款范围也在每年500～800美元。这意味着一个可行的购买成本取决于实际利率和融资条件，但很难看到这样的还款率能支持一个成本超过约15 000美元的家庭。当然，这包括土地价格，其在达累斯萨拉姆的非正式市场上300平方米地块的价格约为5 000美元。显然，这样的地块可以支持多于一个小房子，但鉴于目前的土地供给，每家的土地成本不可能显著低于2 000美元。

因此支付能力要求建筑成本不超过13 000美元，虽然在正常情况下，这是不可能实现的，科利尔和维纳布尔斯指出，"在达累斯萨拉姆的一个坦噶水泥试点项目上采用的现代预制技术和四层施工技术"实现了这一点。

除了要考虑收入方面的因素，承受能力还必须对普通家庭愿意投入到住房的预算进行评估。最近世界银行对撒哈拉以南非洲地区的研究中得出几份关于住房消费的系统评估报告（Lozano and Young，2014）。该研究认为，整个地区和收入阶层的住房家庭支出普遍偏低，平均约占预算的12%。这种低份额是由高水平的食物支出导致的，最贫穷的1/5人口的食物支出占到了60%，反映出其经济发展正处于早期阶段。

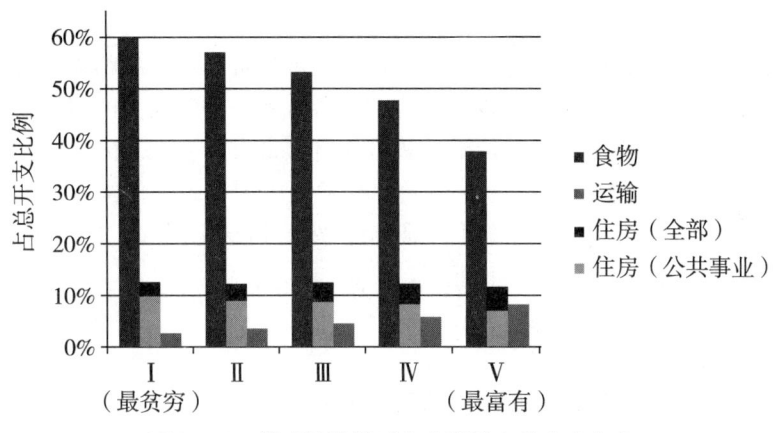

图 21 - 3　撒哈拉沙漠以南非洲城市的家庭支出

在1975年，撒哈拉以南非洲富裕家庭在食品上花费的比例较大，甚至超过韩国平均家庭花费（当时它是一个低收入国家）。考虑到这些数字反映了严重的预算限制，在没有相应收入快速增长的前提下，很难期望住房投资将会在非洲显著增加。本节以非洲作为研究对象。相关证据表明，低收入国家的家庭大约在食物上花费总预算的47%（Regmi et al.，2001），食品支出在中等收入国家的家庭预算中占比较小为29%，在高收入国家仅占13%。相应地，食品收入弹性往往会随着国家收入增长而减小。

21.5.2　土地管理政策

调控土地交易和使用的政策是影响保障性住房供给的另一因素。这类规定往往用来协助公共部门提供公共服务，如污水、道路、公立学校、医疗服务和公共交通。此外，分区法规往往能通过隔离违规土地的使用来减少负外部性。规定可以通过各种渠道影响保障性住房的供给。最低消费标准如果设置过高，可以排除低收入群体。类似密度限制或高度限制的规定，可以通过减少土地的可容纳数量来降低购买力，从而减少供给。城市增长边界（UGBs；有时被称为绿化区）可以通过限制城市可开发用地的数量提高房价。奥特曼（Alterman，2014）针对发展中国家提供了一项规划法规和城市开发控制及其影响的调查。

土地管理规定存在潜在的负面影响，人们自然想知道为什么它们会在第一时间被实施。伯托德（Bertaud，2014）给出了一种解释，城市规划者往往是出于调节城市景观的偏好，而不是依靠市场力量来引导土地利用。在这种观点下，规划者往往是善意的，但在他们塑造城市的热情中，有时会选择对不利于住房负担者和城市居民福利的政策，产生无意识的且是不利的结果。类似城市增长边界的规定，这些规定反映了现有土地所有者对垄断权力的行使，他们可以通过限制住房供给从而提高价格的政策使自己富有，（参见布吕克纳，1999，城市"增长控制"的文献综述）。最后，在发展中国家，降低福利的城市法规可能源于限制农村人口向城市转移的愿望，费勒和亨德森（Feler and Henderson，2011）反映了这一动机。

21.5.2.1　土地消费标准

在发展中国家城市，正式部门的最低土地消费标准往往与经济发展水平和贫困人口收入水平不相适应。虽然通过土地使用法规可以改善正式土地和住房市场的运作，最低标准提高房价收入比，却使穷人负担不起正式住房。例如，在达累斯萨拉姆的最小面积是500平方米，且当局正在讨论是否提高到700平方米（Collierand Venables，2013）。在内罗比，最低法定大小是1/16英亩，这也是普通家庭负担不起的。这样的标准往往是殖民计划的延伸，特别是1947年的英国城乡规划法，在东非和南部非洲占据主导地位。实际上，非洲人均收入不到英国人均收入的5%，但许多非洲监管当局认为现代化是提高标准的代名词。

最低标准的制定使得人们负担不起正式住房，因此贫困家庭选择居住在非正式定居点，或者通过非正式地购买细分的土地或房屋来开发。不过，该标准也可以针对潜在移民使其作为新人纳税，事实上这样会抑制他们往城市迁移，费勒和亨德森（2011）分析反映了拒绝水连接的影响。拉尔等（2006）通过四轮的巴西人口普查数据探讨了这个问题。他们研究国家和市政决策放弃联邦的细分法规和减少土地预留的最低标准以开发低收入住房这一做法的影响。

1979年，巴西联邦政府针对城市土地开发、审批和登记进行立法（联邦法6766）（World Bank，2006）。其中的参数包括，最小面积125平方米，正面最少 5 米，以及义务捐赠 35% 的开发范围用于公共用途和开放空间。对于违背国家意愿的城市，如累西腓、贝洛哈里桑塔、阿雷格里港和贝伦，已对他们的辖区进行分类，从而作为社会利益主体的特殊区域以规范非正式定居点，并为穷人提供可负担住房。社会利益主体的特殊区域有灵活的分区规定，如降低最小面积（贝伦市降低为 90 平方米，福塔雷萨为 50 平方米，贝洛哈里桑塔为 40 平方米）及建筑正面的变化（WorldBank，2006）。拉尔等（2006 年）发现在放松最小面积的情况下，住房供给将随之增加，人口也将得到更快增长。这种增长实际上比正式的住房供给反应更快，同时也将促进贫民窟的形成。这样的结果表明，旨在减少经济承受能力障碍的政策，必须伴随着其他相应措施，以提高住房供给。若缺乏这些措施，扶贫的土地法规实际上可能会加剧贫民窟的形成。

21.5.2.2 密度管制

密度管制是城市规划者使用最频繁的工具之一，即在一块土地上可开发住房数量的上限。这种上限通常通过限制楼层—空间比（FAR）来实现（有时也被称为楼层空间指数，或 FSI）。举个例子，如果 FAR 的上限是 1，开发商只能建造一个总占地面积小于或等于该地块面积的建筑。虽然在某些情况下，它可能会建立一个单层建筑，完全覆盖它（因此等于 1），但是一般情况下开发商通常会建造一个占地面积小于地基的建筑。例如，开发商可以覆盖 25% 的地基，并建设四层楼，此时仍满足 FAR 上限为 1 的限制（WorldBank，2013）。

从城市规划者的角度（参见伯托德，2004，2014），一个地区"恰当的" FAR 限制取决于现有的城市空间结构，如街道格局和宽度、基础设施的水平（是否有足够容量以适应高密度？），以及文化和社会因素（摩天大楼是否可被接受？）。事实上，世界各地的城市关于 FAR 上限的设定有相当大的不同，从 1 ~ 25，如表 21 - 2 所示。表 21 - 2 中表明，除了圣保罗，FAR 最低值是在印度（WorldBank，2013）。其他城市有更高的 FAR 上限，范围从巴黎的 3 到新加坡的 25。在大部分 FAR 上限较高的城市，每英亩土地往往会拥有大量的基础设施建设。

表 21 - 2　　　　　　　　　中心商业区的 FAR 上限

城市	FAR 上限	城市	FAR 上限
圣保罗，巴西	1	旧金山，美国	9
孟买，印度	1.33	芝加哥，美国	12

城市	FAR 上限	城市	FAR 上限
钦奈，印度	1.5	香港特别行政区，中国	12
德里，印度	1.2 ~ 3.5	洛杉矶，美国	13
阿姆斯特丹，荷兰	1.9	纽约，美国	15
威尼斯，意大利	2.4	丹佛，美国	17
巴黎，法国	3	东京，日本	20
上海，中国	8	新加坡，新加坡	12 ~ 25
温哥华，加拿大	8		

新的证据（Annez and Linn，2010）表明，如果一个地区的 FAR 上限远低于某一水平，将被认为是缺乏监管的状态，由此会造成整个城市房价的提高、住房供给减少和可负担住房降低。除此之外，这种情况还将促进城市面积的增长，推动住房不断远离工作中心。伯托德和布吕克纳（2005）在理论模型中展示了这一结果，他们表明对于城市边缘的家庭，其福利损失可由通勤成本的增加来测算。将此结果应用于印度城市班加罗尔（其 FAR 上限在 1.75 ~ 3.25），该研究预测如果没有这一限制，该城市半径将从 12 公里缩减至 8 公里。这种收缩将减少占边缘家庭总收入 4% 的通勤成本，从限制 FAR 值中获得福利增益。布吕克纳和斯里达尔（Brueckner and Sridhar，2012）是依靠经验进行估计的，而不是用模拟得到这一结论。他们使用了截面回归方法，把印度城市面积和城市中心 FAR 的限制以及其他因素（如收入和人口等因素）联系起来。结果表明，较高的 FAR 上限确实缩减了城市面积的蔓延，对于城市边缘的家庭则减少了通勤距离，从而节约了通勤成本。计算表明，一个城市 FAR 上限的整体增加（大约从 3 ~ 4），将为城市边缘家庭节省占其总收入 0.7% 的通勤成本，这表明土地利用管制的边际效益将获得实质性福利。

虽然 FAR 值的限制降低了开发密度，从而影响了住房供给和价格，但是分类管理也可以有降低密度的效果，同时可以通过其他相关渠道提高住房价格。这类干预措施很好地解释了马尔佩齐和梅奥（Malpezzi and Mayo，1997）以及伯托德和马尔佩齐（Bertaud and Malpezzi，2001）的分析，他们的研究是以马来西亚为例，专注于研究新开发地区道路加宽（包括提供后巷）、街道结构多变和社区设施新发展等的规定。这些作者还确定了一个无形的成本增加因素，即在其开发过程中，确保政府批准新项目。由于其结果的不确定性，长期的监管会延误审批流程，提高开发成本。马尔佩齐和梅奥（1997）能够针对住房成本的影响进行精确的数值估计。以一个有代表性的住房为例，其交付成本约为 28 000 马来西亚元，他们认为其中 4 000 马来西亚元可以归因于政府法规的影响，约占 14% 的份额。此外，伯托德和马尔佩齐（2001）还发现，如果把对建筑和道路的限制放宽，将会增加 55% 的可开发土地，那么开发商的利润可能会翻番，从而提供更大的动力来改变其在低收入市场的活动。

21.5.2.3　城市增长边界

众所周知，城市增长边界可以通过限制可开发土地的数量提高房价（参见 Brueckner，2001；Cheshire and Sheppard，2002）。城市增长边界现存于发达国家，也存在于发展中国家的城市化进程中，特别是韩国在过去几年中，一直受其影响。受限于增长边界的城市不同于受限于其他方式的城市（包括额外的土地使用限制），它很难用截面回归分析来分离城市增长边界对住房价格的影响。尽管有这样的限制，研究韩国的学者提出令人信服的证据表明，该国城市增长边界（绿化区）政策对其在过去的高房价有贡献。例如，汉娜等（Hannah et al.，1993）提供的数据表明，韩国住房价格指数在 1974～1989 年增长了 10 倍，而其实际国内生产总值仅增长了 3.4 倍。尽管收入增长对需求无疑起到了推动价格增长的作用，但经济发展也面临着严重的土地制约。1973～1988 年，韩国城市住房用地仅增长了 65%，而与此同时城市人口增长超过了 100%。在绿化区政策的影响下，住房用地供给量缓慢增长，因此，伴随着人口和收入的迅速上升，韩国房价迅速上涨，导致支付能力的下降。

21.5.3　投资配套基础设施和服务

保障性住房增加了家庭福利，这种结构需要配套的基础设施和社会服务的支持，如道路和交通服务、排水、路灯照明、电、水和污物处理服务，连同治安、学校、废物处理和医疗保健等。这些服务带来的福利让城市生活更"实惠"，在某种意义上超越了住房成本。虽然这些服务的成本可能由私人房地产开发商承担，但提供最好的公共服务往往涉及到协调问题。比如有些基于网络的服务，不能单独提供给每个家庭，而且还有些服务在提供给不同家庭时，会造成巨大的外部性，如卫生情况（Collier，2013）。虽然这样的服务相对于社会最优协调情况来说显得供给不足，但公开其规定仍是可取的。

评估服务的经验性工作依赖于条件评估（Cameron，1992；Whittington，2002）、联合离散选择分析（Earnhart，2002）和特征模型的估计（Chattopadhyay，1999；Malpezzi，2003；Palmquist，2005）。最近的几项研究采用的是

用家庭地理坐标调查数据扩展评估公共服务的方法。拉尔和伦德伯格（Lall and Lundberg，2008）采用的是非参数方法以改进传统特征方法。马尔佩齐（Malpezzi，2003）用特征估值方法处理功能性偏差问题，鲍亚里和卡恩（Bajari and Kahn，2005）则提出改善三级评估的程序。拉尔和伦德伯格估计非参数特征函数，并利用一阶条件恢复结构需求参数，接着用家庭特征向量估计需求参数的决定因素。利用家庭地理调查数据估算普纳和印度的模型，他们发现穷人相对高收入家庭来说享受的公共服务价值更大。富人的检查服务（水、交通、教育、安全）费用约占其住房租金价值的29%，而穷人则为67%。尽管检查服务是不全面的，但结果已经表明，即使不相关的公共服务性投资也可以得到改善。同时随着服务种类的增多，贫困人口对住房的支出限制已经不仅仅停留在住房上，城市生活的负担越来越重。

只注重直接服务消费的收益，可能低估了当存在溢出效应时改进服务提供的负担能力所带来的好处。安瑟兰等（Anselin et al.，2010）从印度班加罗尔着手，利用独特的家庭地理调查解决了这个问题。他们对住房价值进行特征分析，明确解释了供水服务的空间外溢效应。他们通过构建一个标准化特征模型，采用明确的空间框架，在邻里水系统升级过程中，允许衡量直接影响和外部溢出效应。结果表明，标准的非空间特征效益估计大约比考虑空间溢出的估计低30%。通过提高福利，这种外溢扩展了与给定租金支付相关的住房/公共服务套餐，从而提高了负担能力。

21.6 结　　论

本章回顾了发展中国家城市化和住房供给的主要理论和经验研究，突出强调了本章标题表明的三个要素。初始焦点在农村地区，农村人口的迁移是发展中国家城市增长的主要驱动力。他们讨论总结了哈里斯—托达罗关于迁移的理论和经验研究，并描述了迁移过程中产生的城市均衡。然后，本章转向发展中国家土地使用权缺乏保障的问题，从理论和经验两个角度集中进行了经济学研究。在发展中国家，非法占屋对有限的可负担住房的反应，是本章考虑的第三个主题。通过对以宏观经济为导向的低收入和高收入国家在住房投资上进行比较可以得出，发展中国家被误导的土地管理政策往往限制住房承受能力，同时本章也指出，城市公共服务必须是保障性住房的一部分。

更广泛地说，分析城市化和城市发展的区别也有助于理解发展中国家的经验。这些过程之间的区别在于，大部分城市化发生在城市早期的发展当中，也就是在国家达到中等收入水平之前。相比之下，城市发展在加速投资耐用房屋和基础设施之后（特别是住房），国家才接近中等收入水平。这种观点表明，城市化是一个混乱的过程，在人口密度激增之前，需要适当的房子、交通和服务等固定投资。为了管理这个混乱的过程，有必要确定有利的政策或政策变化，而这可以通过国家有限的行政和金融功能实现。以下三个情形尤其相关。

首先，土地管理必须消除无意中提高住房成本的政策，正如 21.5 节所讨论的那样。通过这样的政策变化，使住房更具经济实惠，允许发展中国家的城市为新兴人口制定出更好的就业模式。其次，城市基础设施的供给必须进行更加有效地管理，以提高公共服务的交付质量。一些基础设施（街道、基本排水）可以留给私人开发商，而更广泛空间范围内的基础设施（地方道路网络、学校）则应该承担起城市形象的责任，并使全市投资（交通、水、污水）或区域基础设施（电）达到更高水平。当中央政府疲软时，最低水平的权力下放可能是有益的。在进行交通运输投资时，政府应该认识到，通过放宽就业机会，可以改善城市劳动力市场的运作。此外，对于所有类型的基础设施投资，政府均应考虑到公共服务的吸引力，因为这往往会激励农村地区向城市迁移。

再次，住房投资可以激励资本市场的改善，这也应该是一个政策目标。如前所述，由于土地使用权缺乏保障，阻碍了抵押贷款市场的发展。因此，加快居民正式住房的过程，可以激励抵押贷款市场的发展，激发房地产抵押贷款的投资热情。擅自占用房屋的居民和其他非正式居民也会有类似的影响。此外，在美国和其他发达国家的领导下，只要地方抵押贷款市场足够自由，发达国家就可以通过住房抵押贷款证券化的方式来安排住房投资。

本章同时也指出了未来研究的一些可能途径。朱列蒂等（Giulietti et al.，2014）最近的工作是对农村—城市迁移进行经验研究，运用社会网络理论更好地理解并促进移民的人际关系，似乎是一个富有成果的领域，值得进一步研究。这种社会网络方法也适用于由作者自己收集的源自中国以外的国家的个体层次的数据。21.3 节中迁移模型的经验基础还可以进一步探讨。例如，关于农村收入和住在城市边缘职工净收入（收入减去通勤成本）相等问题的模型预测，如果有跨国数据，则可以根据经验（原则上至少）进行探讨。甚至对于城市本身，其净利润的估量也将是有用的，因为它适当地把握发展中国家的城市生活水平，而不再需要住房价格的数据。迁移过程中产生的城市是否接近最优规模，则是另一个可以解决的问题。研究人员可以按照区和亨德森（2006）关于中国重要研究的方法去关注其他国家。

还有很多不同的权属以及不安全工作渠道。对于非法占用（非法占屋居民）的研究将大大受益于非法占用居民的国际跟踪数据，并在发展中国家中避免此类事件的发生。人口估计可以根据非法占屋面积进行衡量，利用卫星数据辅以专业的定居点边界。尽管收集驱逐数据需要监控世界各地城市的大量新闻报道，但在今天的信息时代，这项任务也变得越来越可行。另一个非法占屋的经验是关于非法占屋挤压正式住房市场的测试。从经验来看，目标是预测由于大量的违章建筑居民，正式住房的价格将会更高（但这需要更好的人口数据以及价格数据）。在较小范围内，以塞洛德和托宾（2013）以及金（2004）的案例研究为例，土地使用权缺乏保障的程度提供了非常有益的启示，值得进一步研究。

可负担住房的研究的方向是通过放宽不利生产的土地利用政策获得的可负担利益来得到量化措施。马尔佩齐和梅奥（1997）以及伯托德和马尔佩齐（2001）展示了如何从建筑法规的详细信息中得到这些措施，而布吕克纳和斯里达尔（2012）使用更为综合的方法，衡量放松建筑物高度限制的收益。这些定量信息为世界银行和其他国际机构在说服政府改革土地使用制度方面发挥了关键性作用，而更多这种类型的研究也将协助他们更好地完成这项任务。

附　　录

使用变量 q，条件 $N = \overline{\pi x}^2$ 可替代为 $\int_0^{\bar{x}} [2\pi x / q(x, N)] \mathrm{d}x - N \equiv \Phi - N = 0$。对这一条件进行全微分得到 $\partial \bar{x} / \partial N = (1 - \phi)(\bar{q} / 2\overline{\pi x})$，其中 $\bar{q} \equiv q(\bar{x}, N)$。用 $\mathrm{ACC} = \int_0^{\bar{x}} [2\pi x / q(x, N)] tx \mathrm{d}x$ 对 N 求导得到：

$$\frac{\partial \mathrm{ACC}}{\partial N} = \frac{\partial \mathrm{ACC}}{\partial \bar{x}} \frac{\partial \bar{x}}{\partial N} - \int_0^{\bar{x}} \frac{2\pi x}{q^2} \frac{\partial q}{\partial N} tx \mathrm{d}x$$

$$= \frac{2\overline{\pi x}^2 t}{q} (1 - \Phi) \frac{\bar{q}}{2\overline{\pi x}} - \int_0^{\bar{x}} \frac{2\pi x}{q^2} \frac{\partial q}{\partial N} tx \mathrm{d}x = \overline{tx} + \int_0^{\bar{x}} \frac{2\pi x}{q^2} \frac{\partial q}{\partial N} t(\bar{x} - x) \mathrm{d}x$$

$$\equiv t\bar{x} - \Omega(N) \tag{A.1}$$

其中，$\Omega(N) > 0$，等于倒数第二条线积分的负值，表示由于密度提高（更低的 q 值）导致 ACC 下降。$\partial \mathrm{ACC} / \partial N$ 减去城市收入的增长得到（21.13）。

致　　谢

我们感谢编辑 Susan Wachter 和 Maisy Wong 有益的评论。但是，本章文责作者自负。

参考文献

Ades, A.F., Glaeser, E.L., 1995. Trade and circuses: explaining urban giants. Q. J. Econ. 110, 195–227.

Alonso, W., 1964. Location and Land Use. Harvard University Press, Cambridge.

Alterman, R., 2014. Planning laws, development controls, and social equity: lessons for developing countries. World Bank Law Rev. 5, 329–350.

Anderson, K., Pomfret, R., 2005. Spatial inequality and development in central Asia. Unpublished paper-World Institute for Development Economic Research (UNU-WIDER).

Annez, P.C., Linn, J.F., 2010. An agenda for research on urbanization in developing countries: a summary of findings from a scoping exercise. World Bank Policy Research Working paper No. 5476.

Anselin, L., Lozano-Gracia, N., Deichmann, U., Lall, S., 2010. Valuing access to water: a spatial hedonic approach, with an application to Bangalore. Indian Spat. Econ. Anal. 5, 161–179.

Arnott, R., 1979. Optimal city size in a spatial economy. J. Urban Econ. 6, 65–89.

Au, C.-C., Henderson, J.V., 2006. Are Chinese cities too small? Rev. Econ. Stud. 73, 549–576.

Bajari, P., Kahn, M.E., 2005. Estimating housing demand with an application to explaining racial segregation in cities. J. Busin. Econ. Stat. 23, 20–33.

Barrios, S., Bertinelli, L., Strobl, E., 2006. Climatic change and rural-urban migration: the case of sub-Saharan Africa. J. Urban Econ. 60, 357–371.

Bertaud, A., 2004. Mumbai FSI/FAR conundrum: the perfect storm: the four factors restricting the construction of new floor space in Mumbai. http://alain-bertaud.com/AB_Files/AB_Mumbai_FSI_conundrum.pdf.

Bertaud, A., 2014. The formation of urban spatial structures: markets vs. design. Working paper No. 7, Marron Institute, New York University.

Bertaud, A., Brueckner, J.K., 2005. Analyzing building-height restrictions: predicted impacts and welfare costs. Reg. Sci. Urban Econ. 35, 109–125.

Bertaud, A., Malpezzi, S., 2001. Measuring the costs and benefits of urban land use regulation: a simple model with an application to Malaysia. J. Hous. Econ. 10, 393–418.

Brueckner, J.K., 1990. Analyzing third world urbanization: a model with empirical evidence. Econ. Dev. Cult. Chang. 38, 587–610.

Brueckner, J.K., 1999. Modeling urban growth controls. In: Panagariya, A., Portney, P., Schwab, R.M. (Eds.), Environmental and Public Economics: Essays in Honor of Wallace E. Oates. Edward Elgar Publishers, London, pp. 151–168.

Brueckner, J.K., 2001. Urban sprawl: lessons from urban economics. In: Gale, W.G., Pack, J.R. (Eds.), Brookings-Wharton Papers on Urban Affairs. Brookings Institution, Washington, DC, pp. 65–89.

Brueckner, J.K., 2013a. Slums in developing countries: new evidence for Indonesia. J. Hous. Econ. 22, 278–290.

Brueckner, J.K., 2013b. Urban squatting with rent-seeking organizers. Reg. Sci. Urban Econ. 43, 561–569.

Brueckner, J.K., Kim, H.-A., 2001. Land markets in the Harris-Todaro model: a new factor equilibrating rural-urban migration. J. Reg. Sci. 41, 507–520.

Brueckner, J.K., Selod, H., 2009. A theory of urban squatting and land-tenure formalization in developing countries. Am. Econ. J. Econ. Pol. 1, 28–51.

Brueckner, J.K., Sridhar, K.S., 2012. Measuring welfare gains from relaxation of land-use restrictions: the case of india's building-height limits. Reg. Sci. Urban Econ. 42, 1061–1067.

Brueckner, J.K., Zenou, Y., 1999. Harris-Todaro models with a land market. Reg. Sci. Urban Econ. 29, 317–339.

Bryan, G., Chowdhury, S., Mobarak, A.M., 2014. Under-investment in a profitable technology: the case of seasonal migration in Bangladesh. Econometrica 82, 1671–1748.

Bryceson, D.F., 1999. Sub-Saharan Africa betwixt and between: rural livelihood practices and policies. Working paper 43/1999, Leiden, University of.

Burns, L.S., Grebler, L., 1976. Resource allocation to housing investment: a comparative international study. Econ. Dev. Cult. Chang. 25, 95–121.

Cameron, T., 1992. Combining contingent valuation and travel cost data for the valuation of non-market goods. Land Econ. 68, 302–317.

Chattopadhyay, S., 1999. Estimating the demand for air quality: new evidence based on the Chicago housing market. Land Econ. 75, 22–38.

Cheshire, P., Sheppard, S., 2002. The welfare economics of land use planning. J. Urban Econ. 52, 242–269.

Collier, P., 2013. Building African cities that work. Working paper, Oxford University.

Collier, P., Venables, A.J., 2013. Housing and urbanization in Africa: unleashing a formal market process. In: Glaeser, E., Joshi-Ghani, A. (Eds.), Rethinking Cities. World Bank, Washington, DC (forthcoming).

Daniere, A.G., 1994. Estimating willingness-to-pay for housing attributes an application to Cairo and Manila. Reg. Sci. Urban Econ. 24, 577–599.

Dasgupta, B., Lall, S.V., Lozano, N., 2014. Urbanization and housing investment. Unpublished paper. World Bank.

Davis, J.C., Henderson, J.V., 2003. Evidence on the political economy of the urbanization process. J. Urban Econ. 53, 98–125.

Deshingkar, P., Grimm, S., 2004. Internal migration and development: a global perspective. IOM Migr. Res. Ser. 19, Geneva.

De Soto, H., 2000. The Mystery of Capital: Why Capitalism Triumphs in the West and Fails Everywhere Else. Basic Books, New York, NY.

Di Tella, R., Galiani, S., Schargodsky, E., 2007. The formation of beliefs: evidence from the allocation of land titles to squatters. Q. J. Econ. 122, 209–241.

Dudwick, N., Hull, K., Katayama, R., Shilpi, F., Simler, K., 2011. From Farm to Firm: Rural-Urban Transition in Developing Countries. World Bank, Washington, DC.

Earnhart, D., 2002. Combining revealed and stated data to examine housing decisions using discrete choice analysis. J. Urban Econ. 51, 143–169.

Feler, L., Henderson, J.V., 2011. Exclusionary policies in urban development: under-servicing migrant households in Brazilian cities. J. Urban Econ. 69, 253–272.

Ferre, C., 2009. Is internal migration bad for receiving urban centers? Evidence from Brazil (1995–2000). Unpublished paper. World Bank.

Field, E., 2005. Property rights and investment in urban slums. J. Eur. Econ. Assoc. Pap. Proc. 3, 279–290.

Field, E., 2007. Entitled to work: urban property rights and labor supply in Peru. Q. J. Econ. 122, 1561–1602.

Fields, G., 1982. Place-to-place migration in Colombia. Econ. Dev. Cult. Chang. 30, 539–558.

Flatters, F., Henderson, V., Mieszkowski, P., 1974. Public goods, efficiency, and regional fiscal equalization. J. Publ. Econ. 3, 99–112.

Follain, J., Lim, G.-C., Renaud, B., 1982. Housing crowding in developing countries and willingness to pay for additional space: the case of Korea. J. Dev. Econ. 11, 249–272.

Follain, J.R., Jimenez, E., 1985. The demand for housing characteristics in developing countries. Urban Stud. 22, 421–432.

Friedman, J., Jimenez, E., Mayo, S., 1988. The demand for tenure security in developing countries. J. Dev. Econ. 29, 185–198.

Galiani, S., Schargrodsky, E., 2010. Property rights for the poor: effects of land titling. J. Publ. Econ. 94, 700–729.

Giulietti, C., Wahba, J., Zenou, Y., 2014. Strong versus weak ties in migration. Unpublished paper, Stockholm University.

Granovetter, M.S., 1973. The strength of weak ties. Am. J. Soc. 78, 1360–1380.

Gross, D.J., 1988. Estimating willingness to pay for housing characteristics: an application of the Ellickson bid rent model. J. Urban Econ. 24, 95–112.

Hammam, S., 2013. Housing matters. In: Glaeser, E., Joshi-Ghani, A. (Eds.), Rethinking Cities. World Bank, Washington, DC (forthcoming).

Hannah, L., Kim, K.-H., Mills, E.S., 1993. Land use controls and housing prices in Korea. Urban Stud. 30, 147–156.

Hardoy, J., Satterthwaite, D., 1989. Squatter Citizen: Life in the Urban Third World. Earthscan, London.

Harris, J.R., Todaro, M.P., 1970. Migration, unemployment and development: a two-sector analysis. Am. Econ. Rev. 60, 126–142.

Henderson, J.V., Wang, H.G., 2005. Aspects of the rural-urban transition of countries. J. Econ. Geogr. 5, 23–42.

Henderson, J.V., Wang, H.G., 2007. Urbanization and city growth: the role of institutions. Reg. Sci. Urban Econ. 37, 283–313.

Henry, S., Boyle, P., Lambin, E.F., 2003. Modelling inter-provincial migration in Burkina Faso, West Africa: the role of socio-demographic and environmental factors. Appl. Geogr. 23, 115–136.

Hidalgo, F.D., Naidu, S., Nichter, S., Richardson, N., 2010. Economic determinants of land invasions. Rev. Econ. Stat. 92, 505–523.

Hoy, M., Jimenez, E., 1991. Squatters' rights and urban development: an economic perspective. Economica 58, 79–92.

Hunter, L.M., Murray, S., Riosmena, F., 2011. Climatic variability and U.S. migration from rural Mexico. IBS Working paper.

Iliffe, J., 1995. Africans: The History of a Continent. Cambridge University Press, Cambridge.

Jimenez, E., 1984. Tenure security and urban squatting. Rev. Econ. Stat. 66, 556–567.

Jimenez, E., 1985. Urban squatting and community organization in developing countries. J. Publ. Econ. 27, 69–92.

Kapoor, M., le Blanc, D., 2008. Measuring risk on investment in informal (illegal) housing: theory and evidence from Pune. India. Reg. Sci. Urban Econ. 38, 311–329.

Kiernan, P., 2014. Rio evicts squatters, sparking riot. Wall Street J A9, April 12.

Kim, A., 2004. A market without the 'right' property rights. Econ. Trans. 12, 275–305.

Lall, S.V., Lundberg, M., 2008. What are public services worth, and to whom? Non-parametric estimation of capitalization in Pune. J. Hous. Econ. 17, 34–64.

Lall, S.V., Selod, H., Shalizi, Z., 2006a. Rural-urban migration in developing countries: a survey of theoretical predictions and empirical findings. World Bank Policy Research Working paper No. 3915.

Lall, S.V., Wang, H.G., da Mata, D., 2006b. Do urban land regulations influence slum formation? Evidence from Brazilian Cities. Unpublished paper, World Bank.

Lall, S., Lundberg, M., Shalizi, Z., 2008. Implications of alternate policies on welfare of slum dwellers: evidence from Pune. India. J. Urban Econ. 63, 56–73.

Lall, S.V., Timmins, C., Yu, S., 2009. Connecting lagging and leading regions: the role of labor mobility. World Bank Policy Research, Working paper No. 4843.

Lanjouw, J., Levy, P., 2002. Untitled: a study of formal and informal property rights in urban Ecuador. Econ. J. 112, 986–1019.

Lim, G.-C., Follain, J., Renaud, B., 1984. Economics of residential crowding in developing countries. J. Urban Econ. 16, 173–186.

Lozano, N., Young, C., 2014. Housing demand in urban africa. Unpublished paper. World Bank.

Lozano-Gracia, N., Young, C., Lall, S.V., Vishwanath, T., 2013. Leveraging land to enable urban transformation: lessons from global experience. World Bank Policy Research Working paper 6312.

Lucas Jr., R.E., 2004. Life earnings and rural-urban migration. J. Polit. Econ. 112, S29–S59.

Malpezzi, S., 2003. Hedonic pricing models: a selective and applied review. In: O'Sullivan, A., Gibb, K. (Eds.), Housing Economics and Public Policy. Blackwell Science, Oxford, pp. 67–85.

Malpezzi, S., 2012. Global perspectives on housing markets. Unpublished paper, University of Wisconsin.

Malpezzi, S., Mayo, S.K., 1997. Getting housing incentives right: a case study of the effects of regulation, taxes, and subsidies on housing supply in Malaysia. Land Econ. 7, 372–391.

Marre, A.W., 2009. Rural out-migration, income, and poverty: are those who move truly better off? USDA-Economic Research Center Working paper.

Marx, B., Stoker, T., Suri, T., 2013. The economics of slums in the developing world. J. Econ. Perspect. 27, 187–210.

Mills, E.S., 1967. An aggregative model of resource allocation in a metropolitan area. Am. Econ. Rev. 57, 197–210.

Moomaw, R.L., Shatter, A.M., 1996. Urbanization and economic development: a bias toward large cities? J. Urban Econ. 40, 13–37.

Mora, J., Taylor, E., 2007. Determinants of migration, destination, and sector choice: disentangling individual, household, and community effects. In: Ozden, C., Shiff, M. (Eds.), International Migration, Remittances, and Brain Drain. Palgrave Macmillan, New York, NY, pp. 21–52.

Mourmouras, A., Rangazas, P., 2013. Efficient urban bias. J. Econ. Geogr. 13, 451–471.

Munshi, K., Rosenzweig, M., 2013. Networks and misallocation: insurance, migration, and the rural-urban wage gap. Unpublished paper, Yale University.

Muth, R.F., 1969. Cities and Housing. University of Chicago Press, Chicago, IL.

Mutlu, S., 1989. Urban concentration and primacy revisited: an analysis and some policy conclusions. Econ. Cult. Chang. 37, 611–639.

Palmquist, R.B., 2005. Property value models. In: Máler, K., Vincent, J. (Eds.), Handbook of Environmental Economics, vol. 2. North-Holland, Amsterdam, pp. 763–813.

Poelhekke, S., 2011. Urban growth and uninsured rural risk: booming towns in bust times. J. Dev. Econ. 96, 461–475.

Quigley, J.M., 1982. Nonlinear budget constraints and consumer demand: an application to public programs for residential housing. J. Urban Econ. 12, 177–201.

Regmi, A., Deepak, M.S., Seale Jr., J.L., Bernstein, J., 2001. Cross-country analysis of food consumption patterns. In: USDA, E.R.S. (Ed.), Changing Structure of Global Food Consumption and Trade. United States Department of Agriculture, Washington, DC, pp. 14–22.

Reuveny, R., 2007. Climate change-induced migration and violent conflict. Pol. Geogr. 26, 656–673.

Rosen, K.T., Resnick, M., 1978. The size distribution of cities: an examination of the Pareto law and primacy. J. Urban Econ. 8, 165–186.

Sahn, D., Stifel, D., 2003. Urban-rural inequality in living standards in Africa. J. Afr. Econ. 12, 564–597.

Schultz, T.P., 1982. Lifetime migration within educational strata in Venezuela: estimates of a logistic model. Econ. Dev. Cult. Chang. 30, 559–593.

Schwartz, A., 1973. Interpreting the effect of distance on migration. J. Pol. Econ. 81, 1153–1169.

Selod, H., Tobin, L., 2013. City structure and informal property rights in West Africa: theory and evidence. Unpublished paper. World Bank.

Shah, N., 2014. Squatting on government land. J. Reg. Sci. 54, 114–136.

Takeuchi, A., Cropper, M., Bento, A., 2008. Measuring the welfare effects of slum improvement programs: the case of Mumbai. J. Urban Econ. 64, 65–84.

Todaro, M.P., 1976. Internal Migration in Developing Countries: A Review of Theory, Evidence, Methodology and Research Priorities. International Labour Office, Geneva.

Turnbull, G., 2008. Squatting, eviction, and development. Reg. Sci. Urban Econ. 38, 1–15.

United Nations Habitat, 2012. State of the World's Cities. United Nations Human Settlement Programme, London.

Wandschneider, T., Mishra, P., 2003. The role of small rural towns in Bolangir District, India: a village-level perspective. NRI Report No. 2750, DFID-World Bank Collaborative Research Project on the Rural Non-Farm Economy and Livelihood Enhancement.

Whalley, J., Zhang, S., 2004. Inequality change in China and (hukou) labour mobility restrictions. National Bureau of Economic Research Working paper No. 10683.

Wheaton, W., Shishido, H., 1981. Urban concentration, agglomeration economies and the level of economic development. Econ. Dev. Cult. Chang. 100, 17–30.

Wheaton, W.C., 1974. A comparative static analysis of urban spatial structure. J. Econ. Theory 9, 223–237.

Whittington, D., 2002. Improving the performance of contingent valuation studies in developing countries. Environ. Resour. Econ. 22, 23–367.

World Bank, 2006. Brazil—inputs for a strategy for cities: a contribution with a focus on cities and municipalities. Report 35749-BR. World Bank, Washington, DC.

World Bank, 2007. Dhaka: improving living conditions for the urban poor. World Bank, Bangladesh Development Series Paper No. 17.

World Bank, 2008. World Development Report 2009: Reshaping Economic Geography. World Bank, Washington, DC.

World Bank, 2009. World Development Report. World Bank, Washington, DC.

World Bank, 2010. Connecting People to Prosperity: Reshaping Economic Geography in Sri Lanka. World

Bank, Colombo.

World Bank, 2013. Planning, Connecting, and Financing Cities Now: Priorities for City Leaders. World Bank, Washington, DC.

Young, A., 2013. Inequality, the urban-rural gap, and migration. Q. J. Econ. 128, 1727–1785.

第 22 章
国家内部发展的经济地理

克劳斯·迪斯梅特

美国德克萨斯州达拉斯南方卫理公会大学经济学系

弗农·亨德森

英国伦敦经济学院地理系

摘要

本章描述了经济活动的空间分布如何改变经济的发展和增长。我们从分析发展与城乡迁移的关系入手。接着,我们跨越了一般的城乡界限,聚焦经济中的连续区位,并描述收敛和发散的类型如何随着经济发展而变化。如我们所讨论的那样,这些空间动力经常掩盖了部门间的重要差异。之后,我们将注意力转移至分布的右尾,城市部门。我们分析了发达国家城市层级体系如何随时间而变化,以及最近发展中国家城市层级体系的发展。本章回顾了相关经验证据与理论模型,从而可以解释我们所观测到的数据。当我们讨论地理与发展的典型事实时,我们借鉴了当今发达经济体的历史演变及其比较经验证据。

关键词

地理学　发展　空间　增长　城市规模分布　经济行为空间分布　发达国家　发展中国家　城市层级体系　工业化和城市化

JEL 分类码

R1　R11　R12　O18

22.1　引　言

随着经济的增长和发展，人口、就业和生产的空间分布不断改变。这一空间变革最显著的特征可能是日益增强的城市化。从 1950～2009 年，世界城市人口增长了四倍多，从 732 000 000 增长到 3 400 000 000，世界城市化水平从不到 30% 增加到 50% 多。理解这一快速变革模式，对政策制定者至关重要。80% 以上的政府都关心人口的地理分布，近 70% 的政府已经实施了减少国内迁移的政策（United Nations，2010）。本章的目的是回顾我们所了解的经济活动和发展的空间分布。我们将要做的重要的一点是，通过不同的视角观察不同空间尺度下的空间变革。究竟哪一个更有用，很大程度上取决于兴趣。

传统的划分是农村和城市地区，但未能发掘一个国家空间转变的全面而丰富的内涵。与将区位划分为城市与农村两大类型不同，从"更农村"（更小或/和密度更小）和"更城市"（更大和/或密度更大）的角度出发，将区位视为一种"连续性区位"。人口和经济行为沿着这一"连续区位"的分布，随着发展而发生显著变化，这一变化将影响我们如何看待一个国家整体的经济地理。伴随就业和生产集中而产生的一系列现象经常掩饰一些跨部门的有趣差异。随着时间的推移，制造业和服务业会表现出非常不同的空间增长类型。

一旦一个国家变得日益城市化，这些变化以及空间分布经常会从较为狭隘的视角加以考察，只关注城市部门。在城市部门内部不同城市层级间存在巨大异质性，不同层级经济行为的转换也不同。最后，我们注意到，我们所观察到的变革大都由市场力量推动，但政府在经济增长中的作用正在提升。其结果是，在当今发展中国家，经济政策对经济活动的区位和集中有强烈影响。

本章回顾了描述这些进程的模型和证据。22.2 首先考察城乡差别，之后关注连续性区位。它分析人口和收入的收敛与发散，以及经济活动与人口分布模式的重塑，特别是当今富裕国家的情况，因为他们经历了 19 世纪到 20 世纪的发展。我们讨论的另一个感兴趣的问题是一个经济整体空间结构及其总体增长。22.3 通过部门视角观察国家发展和成熟经济行为的结构转型，来聚焦连续区位。跨部门经济活动的分布不同，这些差异会随着时间的推移和国家的发展而改变。22.4 着眼于城市部门，特别关注城市层级体系。它考察了过去一百多年直到最近大多数发达国家和快速变革的发展中国家中城市部门的变革。22.4 还讨论了另一个关键问题：当今发展中国家政府政策如何影响经济活动的变革和集聚。

我们利用当今发达经济体与发展中经济体的比较，以及对发达国家长期演化分析所得的证据，讨论经济活动空间分布如何随发展而变化。虽然利用今天发达国家的历史证据来解释当今发展中国家的空间模式是有用的，但这应慎之又慎。例如，由于贸易和比较优势，农业向制造业的结构转型在解释当今发展中国家城市化中的作用可能不同于在19世纪欧洲的作用。

22.2　发展与总体空间分布

我们首先讨论城乡迁移模型。对农村向城市部门转移的简要回顾使用发展经济学家的典型方法。本文涵盖了始于刘易斯（Lewis，1954）研究范式的最新发展。之后，我们转向更精细的空间尺度下覆盖整个国家地理的研究视角。

22.2.1　发展：城市与农村

在从马尔萨斯式增长向现代增长转变的背景下，以及在发展中国家城乡迁移的文献中，城市化和发展之间的联系均被反复强调。大量文献强调发展、工业化和城市化之间的联系。然而，鉴于最近非洲和中东地区的经验，城市化和工业化并不总是齐头并进，特别是严重依赖于资源收入的国家。

22.2.1.1　工业化与城市化

现代增长转型的研究文献中，大部分竞争模型以探究从基于农业的农村经济向基于工业的城市经济的渐进式过渡为目标。在收入增长的背景下，大部分文献假设食品的收入弹性小于1，这导致城市物品消费比重上升。一个简单的建模方式是，在标准的柯布—道格拉斯偏好中引入生存约束，得到斯通—格瑞（Stone – Geary）效用函数：

$$U(c_a, c_m) = (c_a - \bar{c}_a)^{1-\alpha} c_m^{\alpha} \tag{22.1}$$

其中，C_a 代表农业消费，C_m 代表制造业消费，C_a 代表农业生存约束。这些变量在工业化模型中被广泛采用（Caselli and Coleman，2001；Desmet and Parente，2012）。这样的设置将人均收入、工业化和城市化直接联系起来，因为与农业部门相比，工业部门的土地密集程度更低，但城市化水平更高。

形成工业化的另一种方法是使农业和工业之间的替代弹性小于1：

$$U(c_a,\ c_m) = (\alpha_a c_a^{\frac{\sigma-1}{\sigma}} + \alpha_m c_m^{\frac{\sigma-1}{\sigma}})^{\frac{\sigma}{\sigma-1}} \tag{22.2}$$

其中，$\sigma < 1$。按照恩盖和皮萨里德斯（Ngai and Pissarides，2007）以及迪斯梅特和罗西—汉斯博格（Desmet and Rossi-Hansberg，2014a）的研究，这接近结构性转换，意味着即使农业生产率较高，就业也会从农业转移至工业。

无论式（22.1）或式（22.2）是否作出假设，"农业革命"必须先于工业革命。这一思想在纳克斯（Nurkse，1953）、罗斯托（Rostow，1960）、舒尔茨（Schultz，1968）以及戴蒙德（Diamond，1997）的研究中被反复强调，他们认为较高的农业生产率是工业起飞的先决条件。与此观点一致，艾伦（Allen，2004）发现在工业革命前的1600~1750年间，英国农业工人的人均产出翻了一番。更高的农业效率使经济可以克服"粮食问题"，进而"创造"剩余工人以从事其他活动，如制造业。在现代发展中国家，如印度，绿色革命起到了类似的作用。戈林（Gollin，2007）等人在一个定量模型中表明，农业全要素生产率（TFP）是解释不同国家起飞时间差异的关键因素。然而要注意，农业生产率和工业化之间的这种正向联系出现可能的逆转时，贸易就会发生。按照松山（Matsuyama，1992）的研究，开放经济条件下较高的农业生产率可能会锁定该领域的比较优势，从而延缓工业化。

在大多数工业革命和现代经济增长转型的模型中，空间和城乡迁移之间的关联是间接的。只有平等对待农业与工业，经济活动空间分布的变化才会影响农业。在一些模型中，从农业向制造业的转换是隐性的（Galor and Weil，2000；Lucas，2004），在其他模型中则是明确的（Hansen and Prescott，2002；Tamura，2002；Doepke，2004；Galor et al.，2009；Desmet and Parente，2012）。但在大多数文献中，重点并不在城乡迁移本身。当然也有例外，如卢卡斯（Lucas，2004）、亨德森和王（Henderson and Wang，2005），我们将在下文中讨论。

22.2.1.2　城乡迁移及其向现代增长的转换

卢卡斯（2004）提出了一个模型来分析结构转换、城乡迁移以及传统技术（无增长）向现代技术（无限增长）转变之间的联系。人力资本在农村是无用的，但在城市部门却可以提高生产率。人力资本积累取决于投资时间和人力资本边界。

卢卡斯（2004）模型研究了一些农村地区典型的城乡迁移事实。首先，随着经济的发展，人们逐步从农村向城市迁移。随时间推移，由于人力资本的边界外移，人力资本积累成本降低，城市更具吸引力。人力资本外部性——事实上，城市是人力资本积累的理想场所—是造成这一结果的关键所在。其次，城市的新移民并不是马上工作，而是花时间改善人力资本。这与哈里斯和托达罗（1970）模型中城市新移民并不就业的论断类似。这里的区别在于，失业是自愿的。第三，因为典型主体是家庭，当移民初到城市时，他们得到了那些留在农村的人的资助，他们后来通过汇款来补偿家庭中留在农村的人口。

相较于卢卡斯（2004）模型中只有一种消费品，在亨德森和王（2005）的模型中，城市和农村地区生产不同的商品。两个部门人力资本积累都在增长，虽然在城市部门人力资本外部性更大些。食品需求完全没有收入弹性。随着人力资本的积累，人们变得更加富裕，人口和生产从农村/农业部门向城市/工业部门转移和发展。这导致了城市化进程加快，即现有城市的增长，以及新城市的出现。

城市化和工业化往往会齐头并进（在许多国家和模型中都是如此），由此导致动力问题。有充分理由相信，因果关系在两方面发挥作用。事实上，卢卡斯（2004）模型和许多其他结构转换模型都揭示了这种循环因果关系。从经验上讲，虽然城市化必然有助于工业化，但大城市中心的工业化未必如此。例如，威廉姆森（Williamson，1965）的研究表明，在美国东北部的历史中，工业化时期的城市化水平表现出收敛，这表明在城市化水平最低的地区，工业化特别突出。如将美国作为一个整体，19世纪的城市化是发散的。在美国东北部以及英国，工业革命中的许多"热点"最初是在相对小的城镇，进而发展为大城市。以利物浦为例，人口在150年间增长了60倍，从1700年的6 000人增长到1850年的376 000人（Bairoch et al.，1988）。对于发展中国家来说，某种程度上这一问题涉及到技术的适应性：它们的农业和工业革新经常涉及两个部门同时引进世界先进技术。在许多发展中国家，农业部门有相当高水平的非农活动，以及存在几十年的传统工业。

22.2.1.3 没有工业化的城乡迁移

城市化和工业化似乎经常同步发生，但并非总是如此。捷尔科等人（Gyourko et al.，2013）证明，非洲（和中东）的城市化已与亚洲同步，尽管非洲工业化水平较低。亚洲遵循标准的发展过程：收入增长、工业化和城市化同时进行。这导致所谓"生产型城市"的出现。相反在非洲，自然资源出口的收入盈余导致对城市中心生产的非贸易品的更大的需求。这导致所谓"消费型城市"的出现。工业化和城市化之间的这一脱节也被费伊、奥珀尔（Fay and Opal，2000）、亨德森等（2013）学者所关注。

我们现在描述戈林等人的模型中的一些细节，他们提出了一个小型的、开放的、包含四个部门（食品、贸易品、非贸易品和自然资源）的经济模型。假定粮食生产是农村活动，贸易品和非贸易品则由城市生产。自然资源在国际市场销售，没有国内市场。在这一模型中，对自然资源的正面冲击（增加库存或增加价格）将导致没有工业化的城市化。出于标准的罗伯津斯基效应（Rybczynski effect），更多的劳动力将受雇于自然资源部门，而较少受雇于食品和贸易品部门。相较而言，由于收入效应为正，对非贸易品的需求将增加。其结果是，食品和贸易品部门会收缩，而非贸易品部门将扩张。如果非贸易品部门扩张超过贸易品部门的收缩，城市化将在没有工业化的情况下得以发展。

除了注重自然资源的作用，戈林等人的工作也表明，比较优势和贸易可以改变一个国家通常的发展道路。因为存在贸易，不是所有国家都需要通过从农业到制造业的结构转变来实现发展。从这个意义上讲，国际贸易可能会使经济活动的空间集聚与发展之间的关系变得更加多样化。一个更广泛的含义是，利用发达国家的历史经验来"预测"发展中国家将要发生的情形，虽然有用，但应谨慎行事。先发国家的比较优势可能与后发国家的比较优势不同，从而改变了发展、工业化和城市化之间的关系。这个关系可见我们之前讨论的松山（1992）的研究。

没有工业化的城市化并必然意味着没有增长的城市化进程。事实上，在戈林等人的模型中，城市非贸易部门的增长是自然资源收入正向冲击的直接结果。但并不是所有人同意这一观点。例如，费伊、奥珀尔（2000）声称非洲便是在没有经济增长的情况下实现城市化。然而，由于非洲的人均收入存在严重的测量问题，亨德森等人（2013）对上述论断表示质疑。事实上，当以平均在校时间作为人力资本积累的衡量指标时，他们发现非洲和世界其他地区相比，与城市化的关系没有什么不同。

22.2.2 发展：连续性区位

虽然持续的城市化是发展的基本事实，但把关注点局限在城乡差异可能会忽视一些更为丰富的增长动态。毕竟，农村地区的面积越来越少，小城市也越来越大。在这一节中，我们采取了一个综合的方法。我们关注所有区位，而不是不同规模的城市。这非常重要，至少有四个原因。第一，城市不是孤岛，它们是人口和经济活动总体空间分布的一部分。第二，当我们沿时间回溯或集中于发展中国家时，我们发现农村人口的比例并非微不足道。第三，一些典型的城市事实在考虑所有区位时可能不再适用。第四，当我们把关注集中于城市，我们引入一个选择性偏差，需要意识到的是，城市是那些过去受益于经济高速增长的区位。

接下来，我们开始分析一些不同规模和密度的区位的程式化事实，然后简要讨论一些模型，从而捕捉一些动态。我们也回顾最近的研究，重点是经济的整体空间结构和其总增长之间的联系。它强调需要拓展模型，以协调可观察到的经济活动空间异质性和主要的宏观增长事实。

22.2.2.1 事实

22.2.2.1.1 人口增长动态与吉尔伯特法则

有几篇论文考虑所有区位的分布时，增长是否与规模正交。霍姆斯与李（2010）把美国划分为一个6英里×6英里的网格（93.2平方千米），由此发现1990~2000年间规模与人口增长呈倒U形关系。人口小于1 000的平均增长率为0.054；人口在10 000到500 000之间的增长达到峰值0.149，然后人口超过500 000的增速为0.06。这可以转换表述为，人口密度在每平方公里100和500人的区位增速最高。这表明当考察整体区位分布时，吉尔伯特法则并不适用。使用同期但重点对人口普查的地方，埃克赫特（2004）发现增长满足吉尔伯特法则。与霍姆斯、李（2010）研究的部分差异是，埃克赫特（2004）普查的地方只覆盖了74%的美国人口，遗漏了一些人口密度非常低的地区。

如果说近期关于增长的正交性有一些疑问，那么过去会有更多的疑问。吉尔伯特法则是一个相当新的现象，如果其可能存在的话。迈克尔斯等（2012）使用美国县级的部门（特别是未成年人民事法庭）数据分析1880~2000年人口密度和人口增长之间的关系。如图22-1所示，数据表明两者呈"U"型关系。在高密度区位变平缓。在低密度区位，1880年人口密度低于7人/平方千米（小于log2），1880年初始密度和1880~2000年间的密度呈现负相关。对于中等密度区位，人口密度为7~55人/平方千米（log2和log4之间），两者关系是正相关的。仅在最高密度的区位，1880年人口密度超过55人/平方千米（在log4以上），该关系为正交。这意味着，如果吉尔伯特法则适用，它只适用高密度的城市，而不是农村。这一发现表明，只考虑城市会对整个地理的变化产生误解，特别是考虑到在1880年约一半的美国人口生活在中等规模区位，这些区位在接下来的一个世纪经历了不同的增长。迈克尔斯等人将这一发现与结构转换联系起来：不同区位的异质增长，从以农业为基础向以制造业为基础的转变是最为突出的，它重塑了整个国家的经济地理。

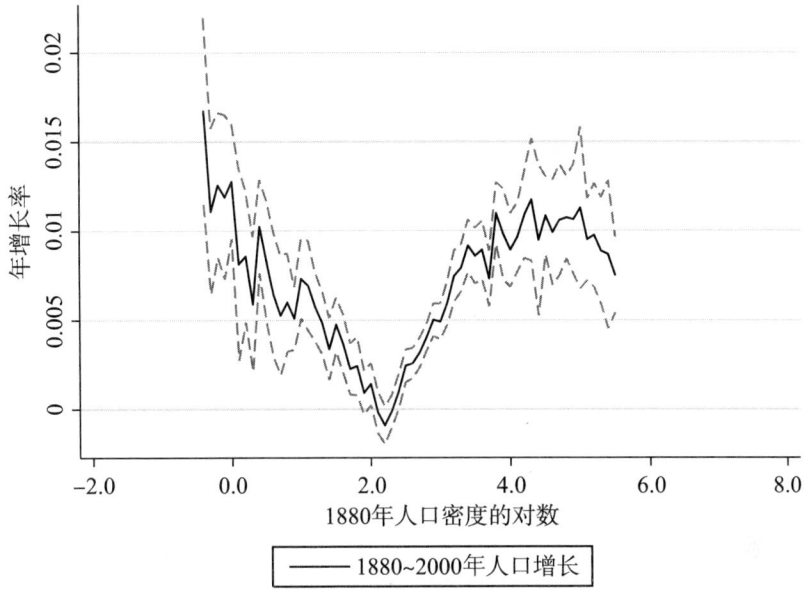

图 22 - 1　1880 ~ 2000 年美国小城市人口增长

资料来源：迈克尔斯等（2012）.

　　在相关的研究中，迪斯梅特和拉巴波特（Desmet and Rappaport，2013）采用美国县级十年一次的人口普查数据，从 1800 年开始直到 2000 年，每 20 年一周期，分析规模和增长之间的关系。直到最近，这一关系仍是高度负向的正交增长。直到 20 世纪 40 年代，较小的县表现出发散（收敛），中型县表现出集聚（分散），大县具有发散（收敛）。在最近一段时期，虽然中等规模的县仍表现出进一步集聚的趋势，较低的县的离散趋势已经消失。他们表明，分布在低端的非均衡性与区位成熟度密切相关。在图 22 - 2 中，a 与 b 显示新的定居（年轻的）区位如何比长期存在（老旧的）的定居区位增长的更快。年轻的区位表现出强劲的收敛增长，而老旧的区位除了最大的区位外，表现出略有不同的增长。虽然多数年轻区位也很小，不是所有的老旧区位都是大的。如图 22 - 2c，年轻区位和老旧区位之间的区别就不仅仅是规模效应了。

　　当美国的西进运动结束时，较小区位之间的收敛增长减弱并消失了。比森和德荣（2002）早期的工作强调了移民对理解美国增长动力的重要性。对于中型区位的离散增长，迪斯梅特和拉巴波特（2013）要么将其与生产用地比例降低的证据相联系（Michaels et al.，2012），要么与新技术的引进导致集聚经济增加的证据相联系（Desmet and Rossi Hansberg，2009）。

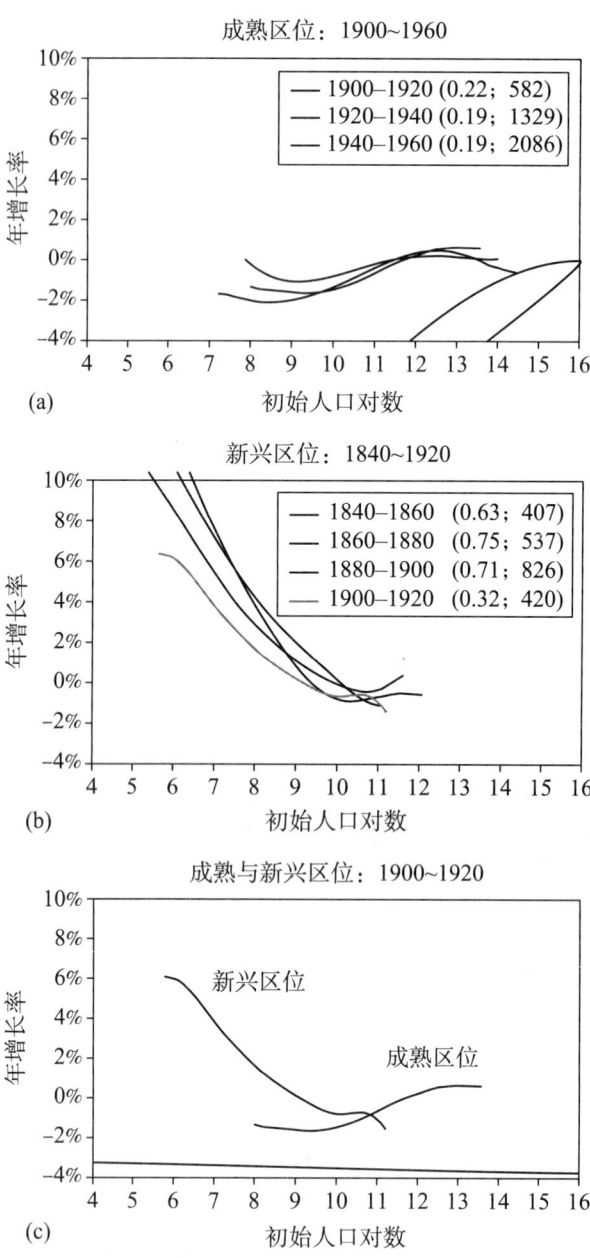

图 22 - 2　1800 ~ 2000 年美国县人口增长

资料来源：迪斯梅特和拉巴波特（2013）.

说明：如果在该州或统治区初设不超过 40 年的时间里，有两个甚至更多的县存在显著的人口增长，则称该区位为"新兴"区位。如果一个区位经历了超过了 60 年显著地理变革，则为成熟区位。

22.2.2.1.2　人口分布

另一个重要发现是，在过去的 200 年中人口（和人口密度）的空间分布已接近对数正态分布。例如，当我们关注 1790 年美国人口在县级层面的分布时，这是真实的，如图 22 – 3 所示。

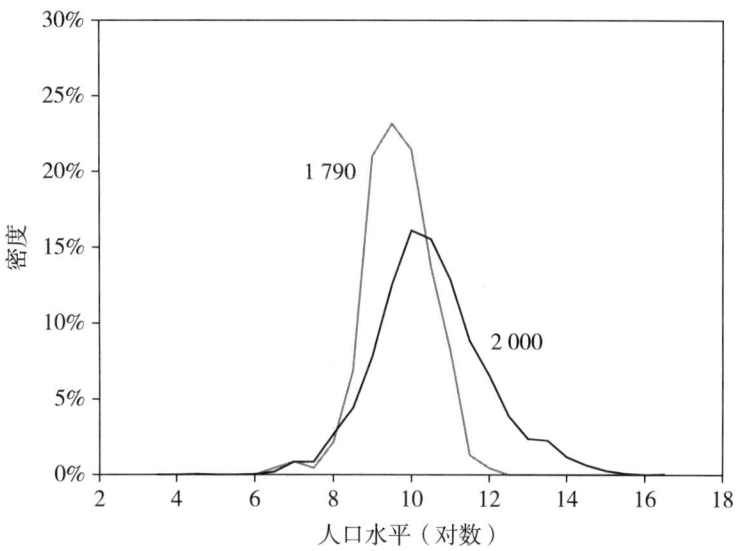

图 22 – 3　1790～2000 年美国县人口的对数分布

图 22 – 4 展示了 1880 年较小城镇的人口密度分布特征。虽然人口基本上仍然是对数正态分布（在这两个水平和密度），离散程度的增加主要是因为当时较大的区位在今天远远大于他们在 19 世纪的规模，而较小的区位则没有发生此类变化。

22.2.2.1.3　收入增长动态

除了关注人口的动态变化外，一些文章强调人均收入动态。迈克尔斯等人（Michaels et al.，2012）表明了结构转型是如何帮助我们理解不同区位间人口增长差异的，卡塞利和科尔曼（Caselli and Coleman，2001）认为 20 世纪的结构转型可以解释观察到的美国区域间人均收入的收敛性。在 1880 和 1980 年间，南方和北方的相对工资从 0.4 上升到 0.9。在 1880 年，美国的州际工人人均收入与农业就业比例之间存在很强的负相关关系。在接下来的一个世纪中，农业比重最高的州也是农业下降最多、人均收入增长最为强劲的。卡塞利和科尔曼（Caselli and Coleman，2001）表明这些结果结合在一起可以解释人均收入的区域收敛。这与金、马戈（Kim and Margo，2004）提供的证据一致，他们

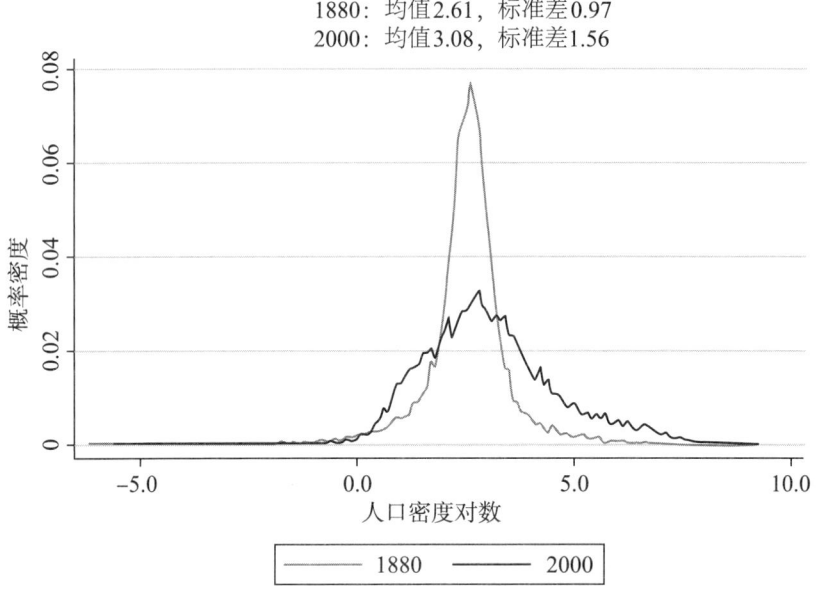

1880：均值2.61，标准差0.97
2000：均值3.08，标准差1.56

图 22 - 4 1880～2000 年美国小城市人口密度的对数分布

的研究表明人均收入在 19 世纪和 20 世纪早期发散，然后急剧收敛。在卡塞利和科尔曼（Caselli and Coleman，2001）的研究中，他们将其与地区间产业结构的变化相联系。在东北地区的工业化和制造业产业带形成过程中，区域差异在专业化程度上有所增加，与人均收入的区域差异一致。在 20 世纪初，这一趋势逆转，区域专业化程度开始下降（金，1998）。

在区域收敛之后，区域发散开始兴起，这是各国普遍经历的过程。人均收入与人均收入的区域分散通常表现为倒 U 型关系，金（2009）称之为"空间库兹涅茨曲线"。在农业经济中，区域差异是有限的。早期工业化导致制造活动集群出现在特定区位，这导致区域收入发散。随着工业化进程和农业经济重要性的丧失，收入差距缩小。这一模式已被记录在《2009 世界发展报告》（World Bank，2009）对发展中国家和发达国家的论述中。

22. 2. 2. 1. 4 空间集聚与增长的关系

上述讨论的重点是不同空间之间人均收入收敛（或发散）与发展之间的关系。另一个同样重要的问题是，整个的经济空间结构是如何影响总体而不是局部增长的。由于政策制定者经常试图影响经济活动的空间分布——如 22.1 所述，近 70% 的政府实施的政策减缓了城市化——一个令人信服的答案似乎是利益。不幸的是，经验研究很缺乏。一个例子是布鲁尔哈特与斯伯格米

（Brülhart and Sbergami，2009）的研究，他们采用面板数据研究欧洲国家就业的空间集聚，发现更大的空间集聚推动人均 GDP 增长到约 12 000 美元（2006价格）。使用城市化代表空间集中度对全球范围内的面板数据进行分析，他们发现了类似的结果。

22.2.2.2　理论

22.2.2.2.1　人口增长动态和吉尔伯特法则

为什么经济活动的空间或人口分布随国家发展而改变？对此有不同的解释。迈克尔斯等人（2012）提出了一个模型，以解释农业向非农业的结构转换如何影响人口（或就业）密度和增长的关系。由于结构转换的时机与一个经济体的发展水平相关，他们的理论对于预测空间增长模式如何改变一个经济体的发展路径非常有价值。他们的理论对人口分散的演变也有影响。

该模型包含一个连续区位，可以使用土地和劳动力生产农产品或非农产品。时间是离散的，记为 t。工人可以在区位间自由移动。工人对农产品消费 c_A 与非农产品消费 c_N 之间的偏好是替代弹性不变的，

$$\left(ac_A^\rho + (1-a) c_N^\rho \right)^{\frac{1}{\rho}}$$

两者的替代弹性小于 1，为 $1/(1-\rho) < 1$。该生产函数是关于土地与生产力的柯布—道格拉斯函数。t 时期 j 部门与 i 部门的产出为：

$$Y_{jit} = L_{jit}^{\eta_j} \Gamma_{jt} \theta_{jit} L_{jit}^{\mu_j} H_{jit}^{1-\mu_j}$$

其中，L_{jit} 和 H_{jit} 表示土地与劳动力，TFP 取决于规模的外部经济 L_{jit}，一个通常是跨区位的部门生产力元素 Γ_{jt}，一个特定区位的部门生产率元素 θ_{jit}。假定农业比非农业更为土地密集，因此 $\mu_A < \mu_N$，农业从集聚经济中的收益比非农业低，所以 $\eta_A < \eta_N$。一个特定区位的部门生产率元素 θ_{jit} 受到异质性冲击 ϕ_{jit}：

$$\theta_{jit} = \phi_{jit} \theta_{jit-1}^{v_j}$$

其中，参数 v_j 是关键，因为它与区位生产率均值回归成负相关。特别是，如果 $v_j = 0$，则生产率很低，从而均值高；如果 $v_j = 1$，则生产率高，从而均值低。假定农业均值回归大于非农业，所以 $v_A < v_N$。

由于工人迁移是无成本的，因此区位间效用均衡和动态平衡演变为一系列的静态平衡。只要与来自土地的分散力相比，集聚经济不太强大，经济均衡便是稳定、唯一的。首先，农业专业化区位的人口密度比非农业专业化区位低。这反映了农业部门土地强度相对较高（$\mu_A < \mu_N$），集聚力相对较弱（$\eta_A < \eta_N$）。其次，非农区位间的人口密度差异大于农业区位间的人口密度。这是非农业中较弱均值回归的结果，意味着在非农业的方差和生产力的最大值均大于农业。第三，结构转换将促进人口从农业向非农产业区位转移，也使一些区位从农业

向非农业转变。农业生产率的相对增加，加上农产品和非农产品之间的替代弹性低于1，导致了这一现象。

这些预测可以解释数据的两个相关特征。一是人口密度的差异性随时间推移而增加，如图22-4所示。非农就业密度相对较大的离差意味着从农业进行结构转型增加了整体人口密度的分散程度。另一个是初始人口密度与增长之间的非线性关系：如图22-1所示，对于低密度区位是负相关，对于中等密度区位是正相关，对于高密度区位是正交的。一方面，在农业区位（往往是低密度的地方），强均值回归意味着密度和增长之间的负相关关系。在这些区位中，更高密度的区位在过去有最高的生产力；在均值回归中，它们的相对生产力（和密度）可能会下降。另一方面，在非农区位（这往往是高密度的），密度和增长之间没有关系。随着 $\nu_N \to 1$，均值回归并不成立表明，增长在本质上与密度正交，因此吉尔伯特法则适用于这些区位。在这两个极端之间，平均来看，非专业化的中等密度区位的农业份额随初始密度降低。结构转型推动非农比重较高的区位人口增长，从而意味着初始人口密度和增长之间的正相关关系。

另一种解释是迪斯梅特与拉巴波特（Desmet and Rappaport，2013）对动力转换与进入时机的研究。在他们的单部门模型中，随着时间推移区位逐渐进入。一旦进入，他们从人口分布中获得生产力。人口正增长带来的摩擦缓慢向上过渡到每个区位的稳定状态，从而导致人口增长从低水平到逐渐收敛。随着时间的推移，每个区位固定土地供应引起的拥堵逐渐减少。这与土地要素收入份额的减少（如迈克尔斯等人，2012）或生产力集聚效应的增加（如迪斯梅特、罗西—汉斯博格，2009）一致。这使得稳态人口水平对外部生产率的差异更加敏感，因此它产生了一种分散力。一旦进入完成，净拥塞程度已经稳定，假定的生产率增长的正交性也会导致人口增长的正交。

22.2.2.2.2 收入增长动态

上述模型无法解释跨空间的人均收入水平差异，根本上是因为只有一种类型的劳动力，且所有的工人在区位间的移动是完全自由的。卡塞利和科尔曼（2001）引入不同的技能类型。虽然工人在空间上是流动的，技能构成上的区域差异将导致人均收入差异。

为了更为精确地表述，他们提出了一个有三个基本假设的北—南的结构转型模型。第一，农业 TFP 增长比制造业高。区域 i 和时间 t 的食品和制造业使用的土地（T）、劳动（L）、资本（K）以柯布—道格拉斯模型表示为：

$$F_t^i = A_{ft}^i (T_{ft}^i)^{\alpha_T} (L_{ft}^i)^{\alpha_L} (K_{ft}^i)^{1-\alpha_T-\alpha_L}$$

且

$$M_t^i = A_{mt}^i (T_{mt}^i)^{\beta_T} (L_{mt}^i)^{\beta_L} (K_{mt}^i)^{1-\beta_T-\beta_L}$$

其中，南方的比较优势在农业，北方则在制造业方面有比较优势。如前所述，它假定（外生的）农业 g_f 全要素生产率的增速超过制造业 g_m。

其次，获取非农技能是有成本的，该成本随着时间的推移下降。人口结构具有时代特征，每个时期都有一个固定的人口和死亡概率。在每个时期，每个人都被赋予一个时间单位。出生时，一个人决定是否立即开始在农场工作，或先花 $\xi_t \zeta^i$ 个时间单位进行制造业工作培训，其中 ξ_t 是提供培训的经济总体效率，ζ^i 是基于时间不变密度函数 $\mu(\zeta^i)$ 在人口之间的分布。假设 ξ_t 随着时间的推移下降，这意味着随着时间的推移，培训变得更便宜。其结果是，在阈值 ζ_t 以下的个人技能投资随着时间的推移上升，这意味着更多的人成为熟练工人。

第三，农产品需求的收入弹性小于 1。特别是，一段时期来自食品 c_f 和制成品 c_m 消费的效用为：

$$u(c_{ft}^i,\ c_{mt}^i) = \frac{((c_{ft}^i - \gamma)\tau(c_{mt}^i)^{1-\tau})^{1-\sigma}}{1-\sigma}$$

其中，$\gamma > 0$ 是粮食消费的生存约束，这意味着粮食需求的收入弹性低于 1。

由于获取非农技能的初始成本高，制造业工人的相对供应量低，这意味着制造业的工资较高。假定南方在农业方面有比较优势，这就意味着工资差距有利于北方，即使劳动力在区域内流动。由于生产率的整体增长，对制造业的需求增加导致从农业转向制造业，整体经济更加发展。由于制造业相比农业生产率增长更快，这一过程得以进一步加强。随着农业比重不断下滑，区域间工资差异缩小。获取非农技能成本的下降强化了区域趋同，导致区域间与区域内的工资差异降低。如果模型没有假设获取制造技能的成本下降，该模型将无法捕捉到后一个特点。

尽管这个模型预测结构转换导致区域间收入收敛，工业化的早期阶段很可能会有相反的情况发生。在该模型中，北方和南方之间会有部分收敛发生，因为平均工资收敛是区域间部门构成趋同的结果。在工业化的早期阶段，当北方日益转向制造业，相反的情况就会发生。如前所述，这与金、马戈（Kim and Margo，2004）的证据相一致，他们描述了一个过程，其中在 19 世纪收入发散，继而收敛，这一收敛在 20 世纪下半叶尤其明显。

大多数模型的假设是，劳动力跨地区流动是自由的。这与西部地区在 19 世纪名义工资和实际工资非常高的证据并不矛盾（伊斯特林，1960；罗森堡，1990；米契纳、麦克林，1999）。在卡塞利与科尔曼（Caselli and Coleman，2001）看来，这种差距可能是由于技能的差异。这似乎并不是全部的故事，因为这些差异也存在于职业之间。在 23 个重点职业中，罗森堡（Rosenbloom，1990）证明在 1870 年西部和南部实际平均工资差异超过 50%；截至 19 世纪末，这种差异继续存在，尽管它已减少一半。这表明劳动力市场没有完全一体化，而且迁移成本导致西部和其他地区工资水平的差异。

22.2.2.2.3　吉尔伯特法则和齐普夫法则

一个有趣的相关问题是吉尔伯特法则如何与齐普夫法则相联系。理论上讲，适度的（或随机）增长应该产生一个对数正态分布（吉尔伯特，1931）。与此一致，埃克赫特（2004）利用人口普查数据表明 1990 年和 2000 年间的增长满足吉尔伯特法则，区位的规模分布是对数正态分布。由于对数正态分布和帕累托分布有很大的不同，吉尔伯特法则似乎与观察到的符合齐普夫法则城市规模分布不一致①。这一难题部分解决时，当城市处于所有区位规模分布的上尾部分，该部分的对数正态分布与帕累托分布非常相似。所以尽管吉尔伯特法则并不意味着总体的帕累托分布，在上尾部分他们是相似的。值得注意的是对将吉尔伯特法则引入齐普夫法则随机过程的限制。例如，加贝克斯（Gabaix，1999）表明，如果城市不能低于最小规模，吉尔伯特法则意味着城市规模分布收敛于齐普夫法则。理由很简单：密度函数在最小的城市规模和在同一时间规模的下限推动更多的城市到达峰值，这便是齐普夫法则的特点。

回到所有区位的对数正态规模分布，是否是由于过去的比例对数正态（或随机）增长导致的？是否是由于一些基本的对数正态分布的区位特点导致的？这些都是悬而未决的问题。迈克尔斯等人（Michaels et al.，2012）与迪斯梅特以及拉巴波特（Desmet and Rappaport，2013）发现美国跨区域增长的正交性直到最近是绝对违背这一规律的，这导致开始怀疑随机增长是否造成人口的对数正态分布。这一怀疑将得到进一步增强，一旦我们观察到 1790 人口的对数正态分布分布，如图 22 - 3 所示。与所观察到的增长率更为一致的是，包含相关因素的稳态人口服从对数正态分布（克鲁格曼，1996；拉巴波特、萨克斯，2003）。这不要求任何对区位具备对数正态分布的特征。如李与李（Lee and Li，2013），只要有足够的因素，人口分布是对数正态分布，即使没有影响因素单个是对数正态分布的。

22.2.2.2.4　空间集聚和总体增长

到目前为止，我们已经分析了空间增长模式，但我们并没有关注空间和总量增长之间的关系。也就是说，一个经济体的总体空间结构如何影响其总体增长率？在这本手册上一版中，存在对两区域新经济地理学模型的动态扩展（Baldwin and Martin，2004）。虽然这些扩展分析了地理和经济增长之间的关系，他们的重点只有少数位置限制了他们对整体经济空间分布的解释力。

---

① 22.4.2.1 对城市规模分布有更详细的讨论。

　　将更丰富的空间结构纳入动态增长模型是复杂的，因为它增加了问题的维度。在迪斯梅特与罗西—汉斯博格（Desmet and Rossi‑Hansberg, 2010）中，当主体的决策取决于经济活动的时间和空间分布时，模型迅速成为棘手的和无法解决的问题。近年来，一些研究已尝试将前瞻性主体纳入具有连续区位的模型（布罗克、契帕迪叶，2008；布克尼等人，2009；布罗克、契帕迪叶，2010）。不幸的是，为了保持这些空间动态模型可解，他们没有考虑许多相关的空间相互作用，如运输成本和要素的流动性。

　　为了解决这个问题，迪斯梅特与罗西—汉斯博格（2014a）施加一定的限制使未来发展的路径不影响当下的决策。通过假设工人自由流动以及企业创新在空间扩散，得到了这个结果。该模型在易处理和丰富空间结构方面取得平衡，使得其与数据相衔接。他们用自己的理论框架，研究过去半个世纪以来美国经济的空间和总体演化。为了突出模型的主要特点，我们提出了一个简化的单部门版本。土地和主体都位于单位区间 [0, 1]，时间是离散的，而总人口是 L。主体求解：

$$\max_{\{c(\ell,t)\}_0^\infty} E \sum_{t=0}^{\infty} \beta^t U(c(\ell, t))$$

使其服从

$$w(\ell, t) + \frac{\overline{R}(t)}{\overline{L}} = p(\ell, t), \ c(\ell, t)$$

　　对所有 t 和 ℓ，$c(\ell, t)$ 是在区位 l 和时间 t 的消费量，$p(\ell, t)$ 是消费品的价格，$w(\ell, t)$ 表示工资，$R(t)$ 表示地租，$R(t)/L$ 是土地所有权的分红，假设主体持有多元化的土地组合。自由流动意味着区位间效用相等。

　　企业使用土地和劳动力生产。区位 l 的每一单位土地在时间 t 的产出是 $Z(\ell, t)L(\ell, t)^{\mu}$，其中，$\mu < 1$，$Z(\ell, t)$ 表示 TFP，$L(\ell, t)$ 是每一单位土地利用的劳动力总和。企业的 *TFP* 取决于技术扩散和创新决策。技术扩散存在于所有时间阶段。在时间 t 的创新决策之前，企业在区位 l 接近于

$$Z^-(\ell, t) = \max_{r \in [0,1]} e^{-\delta |\ell - r|} Z^+(r, t-1) \tag{22.3}$$

　　其中，Z^- 上标的"负号"指创新前区位的技术，而 Z^+ 上标的"加号"指创新后区位的技术。除了通过扩散获得技术，企业还可以决定以 $\psi(\phi)$ 的成本购买 $\phi \leq 1$ 概率的创新，一个公司获得创新机会，从而在下限为 1 的帕累托分布中的技术乘数 z 中引出技术参数 a，所以对于一个期望的技术：

$$E(Z^+(\ell, t) \mid Z^-) = \left(\frac{\phi + a - 1}{a - 1}\right) Z^-$$

　　创新在时间上独立同分布，但在空间上则不是。因此，创新的动态性导致

空间相关性，企业任意靠近彼此获得完全相同的创新。问题的时序如下。在 $t-1$ 到 t 之间，技术在本地扩散。这导致了以技术水平 $Z^-(\ell, t)$ 收购土地，以及对创新的投资。每个公司然后决定其愿意雇用多少工人，竞租多少土地，并在创新上投入多少。只有在一个特定的区位上，出价最高的公司才可以租用这块土地。对创新投资，如果它发生，则导致一个新的技术 $Z^+(\ell, t)$。生产发生在期末。

我们现在转向公司的问题。在一个给定的区位 ℓ，一个企业在时间 t_0 的目标函数是：

$$\max_{\{\phi(\ell,t), L_i(\ell,t)\}_{t_0}^\infty} E_{t_0}\left[\sum_{t=t_0}^\infty \beta^{t-t_0}\left(\begin{array}{c} p(\ell, t)\left(\dfrac{\phi(\ell, t)}{a-1}+1\right)Z^-(\ell, t)L(\ell, t)^\mu \\ -w(\ell, t)L(\ell, t)-R(\ell, t)-\psi(\ell, t)\end{array}\right)\right]$$

其中，β 是贴现因子，$R(\ell, t)$ 是公司的竞租，这是该公司最高土地租金报价。如迪斯梅特与罗西—汉斯博格（2012）所研究的，企业对创新的投资在完全竞争的市场中操作，因此允许他们对土地出价更高。回到上述最大化问题，我们记得劳动力是自由流动的，企业每一个时期与潜在进入者竞争土地和劳动力，因为技术扩散的存在，可以获取相同的技术。关于雇用多少工人和如何竞租土地的决策是静态问题。唯一的动态问题是创新决策，但在这里，动态问题简化为静态问题。在扩散过程中的连续性和创新实现的空间相关性，保证企业的决策不影响预期的技术。因此，未来的配置途径不影响企业当下的决策。这个结果的关键是究竟是什么能促使动态空间模型可解、可计算。

这一框架的重要性在于，它不仅对本地密度与增长之间的相互作用有一定的影响，而且也分析了经济活动空间分布与总量增长之间的相互作用。当应用其框架分析过去 50 年美国经济的发展演变时，迪斯梅特与罗西—汉斯博格（2014a）能够解释主要的空间模式，如土地价格发散的演变过程，以及主要宏观经济程式化事实，如总体增长和工资的演变。更广泛地说，目标是建立一个统一的框架来研究空间与宏观经济之间的相互作用。在其他研究中，他们使用类似的设置定量分析全球气候变暖对经济活动空间分布和全球福利的影响（迪斯梅特、罗西—汉斯博格，2014b）。

22.3　发展、空间与产业

虽然我们接触到农业生产的结构转变，但以上章节的重点是不同区位的总人口增长。在这一节中，我们深入探讨了不同产业集聚或分散的激励机制，并分析了部门就业增长的地理。特别是，我们对制造业和服务业的差异感兴趣。

　　经济活动的空间分布如何发展变化涉及广泛的问题，但至少有两点原因。首先，如果空间增长模式因部门不同而有差异，那么一个国家的整体空间组织将改变，因为它的发展和不同部门的相对重要性发生变化。其次，对于一个给定部门，空间增长模式也可能会随着时间推移及产业成熟度而变化。在下面，我们讨论了一些最近的经验研究成果，并用理论加以解释。

22.3.1　制造业和服务业

　　近几十年，美国制造业在空间上已变得越来越分散，服务业变得更加集中。在 1970 年和 2000 年间美国就业数据的基础上，表 22 - 1 的就业对数表明制造业降低了 70 个百分点，服务业增加了 30 个百分点。这意味着制造业更为平均地在美国县间扩散，而相反情况发生在服务业。当使用就业对数的标准差作为衡量集中度的替代指标时，结果是相似的。由于服务业初始集中度不如制造业，这意味着服务业在空间集中度上更像制造业。

表 22 - 1	就业的空间集中度（对数）	
	1970	2000
第 70 百分位数与第 30 百分位数的差异		
制造业	1.81	1.74
服务业	1.29	1.52
标准差		
制造业	2.05	1.89
服务业	1.40	1.52

Source：REIS，Bureau of Economic Analysis.

　　这是否意味所有区位间制造业在分散，而服务在集中？为了得到更精确的观点，迪斯梅特与法肯姆普斯（2006），迪斯梅特与罗西—汉斯博格（2009）运行非线性核回归形式：

$$L_{t+s}^i = \phi(L_t^i) + e_t^i$$

　　其中，L_t^i 是 i 县 t 年就业的对数。图 22 - 5 显示，在整个分布中，制造业向更大空间分散的趋势正在发生。与制造业发达的县相比，欠发达县制造业的就业增长速度更快。在考虑服务业的情况下，情况更为复杂：规模与增长的关系呈"S"型。

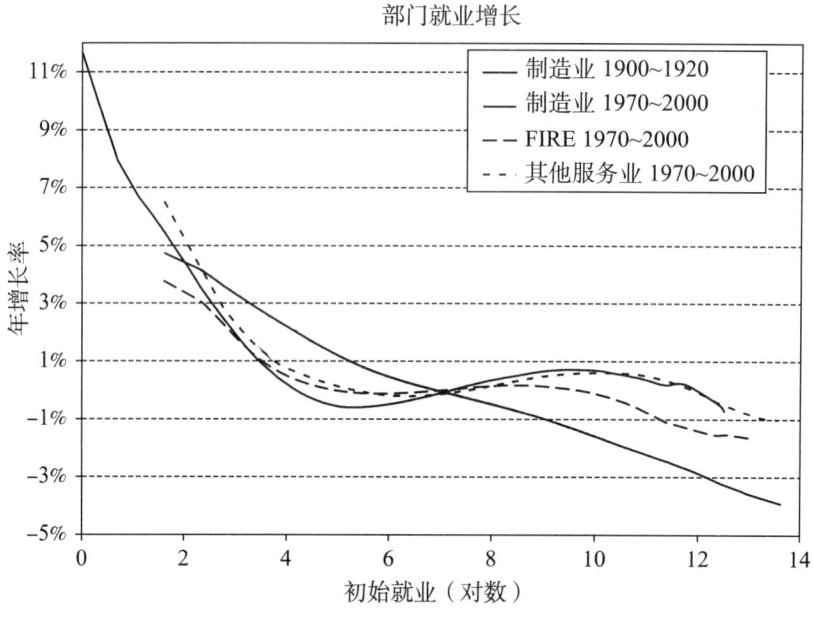

部门就业增长

图 22-5　美国县的部门就业增长

资料来源：Desmet and Rossi – Hansberg（2009）．

　　服务业就业更大空间集中趋势主要影响中等规模的服务就业集群。欧洲地区与美国的县类似：制造业日趋分散，而服务业日益集中。

22.3.2　产业生命周期与空间分布

　　这种趋势的一个可能的解释是，服务业的土地利用强度更大。在高密度的城市环境中，服务业正日益成为制造业的竞争对手。另一个可能的解释是产业的生命周期。较为年轻的产业更能从知识外溢中获益，并受到经济活动地理集中的加强。这有助于我们理解服务业最近更加集中的趋势。如霍宾与约万诺维奇（Hobijn and Jovanovic，2001）所表明的，信息技术（IT）对服务业的影响比制造业更大。他们在1996个不同行业计算了IT强度—IT设备占所有设备存量的比例。其中，服务业是42.4%，制造业非常低，为17.9%。利用IT重要性另一个定义，博斯沃思（Triplett and Bosworth，2002）与巴苏和弗纳尔德（Basu and Fernald，2007）发现制造业和服务业之间的类似的差异。

为了使产业年龄的概念可操作化，迪斯梅特、罗西—汉斯博格（2009）提出使用通用技术（GPT）引进以来所经过的时间。大卫与赖特（David and Wright，2003）以及约万诺维奇与卢梭（Jovanovic and Rousseau，2005）认为，20 世纪的两大 GPT 是电力和 IT。至于他们的时间，约万诺维奇与卢梭（2005）提出把 GPT 扩散达到 1% 时作为 GPT 的起始日期。在电力方面，这是 1894 年水电第一次应用在尼亚加拉大瀑布，相当于 1971 年英特尔 4004 微处理器的发明。至于 GPT 结束日期，他们考虑扩散曲线变得有些平坦的时间。在电力中，这相当于 IT 还没出现的 1929 年。大约来说，在 1900～1920 年之间的电力应用，与 1970 年和 2000 年的 IT 相差不多。

虽然 IT 被视为服务业的主要影响因素，电力的影响主要是在制造业（大卫、赖特，2003）。如果成熟度在一个产业的空间增长模式中起重要作用，我们将期待 20 世纪初制造业的空间增长模式与 20 世纪末的服务业相似。如图 22－5 所示，这确实如此。20 世纪初制造业的空间增长模式与 20 世纪末的制造业有很大的不同，但非常类似于 20 世纪末的服务业。这一发现意味着，在分析空间和增长之间的关系时，经济的部门组成和不同产业的成熟度都发挥作用。制造业呈现出更大分散性的趋势没有什么内在的原因；事实上，如果一个部门处于早期阶段，它将变得越来越集中。

受这方面证据的激励，迪斯梅特与罗西—汉斯博格（2009）提出了一种理论，将产业空间增长与其生命周期联系起来。该模型有三种动力。第一，本地知识溢出构成积聚力量，促进了经济活动的地理集中。第二，来自土地的拥挤成本构成分散力。第三，技术在空间上的扩散。这构成了一个额外的分散力。这三种力量的相对重要性将取决于区位的规模和产业成熟度。他们共同解释一个产业的增长规模是如何在其生命周期中演化的。

为了考察这一点，按照其就业规模可以将区位划分为三种类型：小型区位、中型区位和大型区位。在小型区位，知识溢出很少，所以一个区位的 TFP 是由通过扩散获得的技术决定的。因此，在小型区位，我们应该看到越来越大的差异。在大中型区位，知识外溢成为主导力量。随着拥挤力量变弱，我们看到越来越多的集聚发生在中等规模区位。在大型区位，当地的拥挤力量开始取代邻近区位的知识外溢，占据主导地位。因而，在这些大型区位中，我们将发现持续的分散。

以上的描述表明规模与增长之间存在"S"型的关系：在小型和大型的区位分散，在中等区位集中。回到图 22－5，我们看到服务业近几十年和制造业在 20 世纪初的增长模式是一致的。我们称之为"新兴"的产业，处于其生命周期的开始。相比之下，"成熟"的行业，如近几十年来的制造业，在所有规模的区位中分散程度都更高。中等区位没有出现集中度递增，反映了知识溢出不太可能超过区位通过扩散提升的生产率。中等规模区位可能从相邻区位的知识溢出中的受益已经实现，其生产率不再从他们进一步的提升中受益。当这一切发生时，的规模和增长关系 S 型曲线的向上倾斜部分在年轻产业中便会出现，在其生命周期的后期阶段则消失。

当然，服务业和制造业部门范围广泛：不是所有子部门以同样的方式从 IT 中受益。根据两位标准工业分类（SIC）的服务子部门，宗等人（Chun et al.，2005）、卡塞利与帕特诺（Caselli and Paterno，2001）、麦古金与斯特奥（McGuckin and Stiroh，2002）表明，IT 强度最高的行业是法律服务业，IT 强度最低的行业是汽车修理业。使用县级商业模式数据库中两位 SIC 层次 1977～1997 年的就业数据，图 22-6 显示了法律服务业和汽车维修业的就业增长。正如预期的那样，法律服务具有 S 形的空间增长模式。相比之下，汽车维修看起来像一个成熟的行业，在整个分布中收敛。以同样的方式分析，不是所有的服务活动是集中的，也不是所有的制造业都是分散的。我们预计制造业活动从知识外溢中受益最多，但缺乏扩散的动机。这解释了法拉赫与帕特里奇（Fallah and Partridge，2012）的研究，他们表明高技术制造业对较远的距离付出了相对较高的成本。特别是，高技术制造业距离市中心每增加 1 公里的距离，就业的增长就减少了 0.2%，制造业整体减少了 0.1%。因此，我们会期望高科技制造业比其他产业更为集中。

亨德森（2010）提出了一个产业的生命周期和空间分布之间更一般的联系，他提供证据表明一般制造业是分散的，而高科技制造业是集中的。在互联网的特定情形下，福尔曼等人（Forman et al，2005）表明互联网在美国迅速扩散，但其应用更复杂，如电子商务主要分布在更容易接近互补发明和活动的城市。

随着产业走向成熟，在空间集中后出现空间分散的现象已经在其他国家得以记录。例如，在第 22.4 中，我们将讨论的数据表明，从 1970 年开始首尔从制造业中心向服务业中心转变。和美国和欧洲所发生的类似，经历 1980 年后的工业转型后，汉城的制造业就业减少使农村和小城镇受益。同样，20 世纪 90 年代以来，中国制造业与服务业的比值与城市规模的相关系数是 -0.20，这意味着较大城市更具服务业导向（Au and Henderson，2006a）。与此一致，中国 2008 年的经济普查表明，电信、软件、信息和广播服务高度集中在城市规模分布的上尾。当然，要注意的是，这些转变的时间可能不同于其他国家。例如，在美国 20 世纪 60 年代制造业已经成为一个成熟的产业，但在韩国相同阶段仅在 20 世纪 80 年代才开始，这就强调了我们之前提出的观点：要理解发展与空间之间的关系，重要的是要弄清不同行业的相对规模及其成熟度。

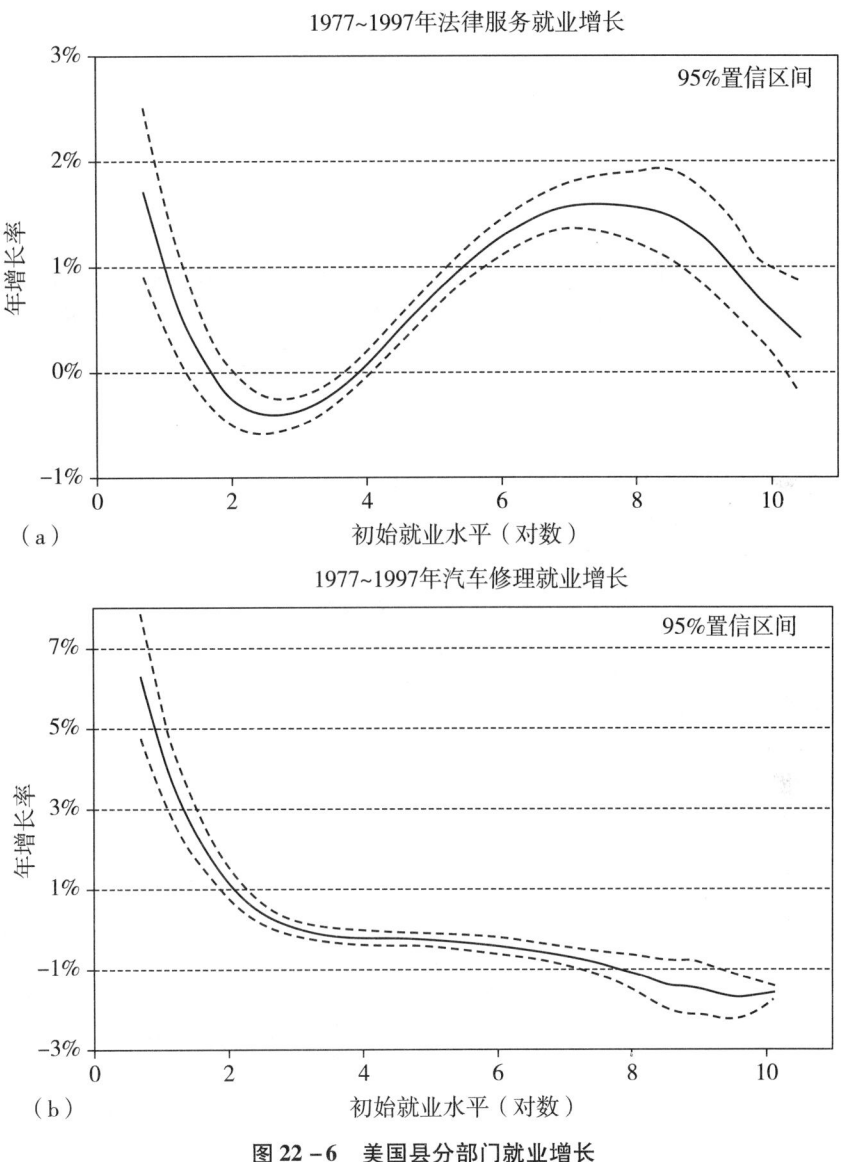

图 22 - 6　美国县分部门就业增长

资料来源：迪斯梅特和罗西 - 汉斯博格（2009）

集群出现于产业生命周期的早期阶段并非近期才有的现象。如特鲁（Trew，2014）记录了 19 世纪英国出现工业热点区域。1750 年英格兰的兰开夏和约克郡西区占英国第二产业就业人口的 65% ~ 70%。最初这些地区并不是密度最高的，但随着工业革命的爆发，它们经历了惊人的人口增长。以 19 世纪的谢菲尔德为例，从一个 60 000 人口的小城市成长为 450 000 居民的大城市。英国最大的城市伦敦，和其他大城市如曼彻斯特和伯明翰一样，也是主要的制造业中心（肖—泰勒、里格利，2008）。

22.3.3　乡村化与郊区化

虽然制造业集群正在扩散，但他们往往不会蔓延太远。如果是这样的话，在集群内部制造业的增速较低，但接近集群则有更高的增长率。使用 20 世纪最后 30 年的美国数据，迪斯梅特与法肯姆普斯（2005）发现确实如此。特别是，制造业本地就业每增长 1%，就会降低制造业就业增长约 2%，而制造业吸纳 40 ~ 50 公里以外的就业每增长 1%，就会增加制造业就业年增长 0.1% ~ 0.2%。这些数字指的是制造业集群，而不是总体集群。

当我们考察总就业时，制造业趋向郊区化而不是乡村化。如果这样，在拥有较高总体就业并与总体集群距离较近的区位，制造业增长应该相对较低。这再次是由迪斯梅特与法肯姆普斯（2005）发现的。本地就业每增长 1%，就会降低制造业就业增长约 0.2%，而制造业吸纳 40 ~ 50 公里以外的就业每增长 1%，就会增加制造业就业年增长约 0.01%。虽然影响程度很小，但这一效应在统计上意义重大，一旦考虑到我们考察的是一个 30 年的平均增长，这一意义将尤为突出。

22.3.4　距离的成本

更为分散的倾向通过几种方式得以缓解。首先，正如已经提到的，高技术制造业往往会在高密度区域集群以利用知识外溢效应。其次，距离遥远的成本差异不仅存在于部门（高技术与低技术部门）之间，也存在部门内的功能之间。随着价值链的碎片化，我们注意到企业把总部和商业服务放在较大的城市，而生产设施则在较小的城市。这方面的证据将在下面考察，下一节将讨论城市功能（而不是产品）专业化。一般而言，自 1950 年以来，较大的城市已经转向管理活动而不是生产活动，而较小的城市已经朝相反方向转变（杜兰顿、普加，2005）。虽然价值链的碎片化和劳动的空间分工对比较优势的标准力量作出了反应，但它们的适用范围是有限的。例如，泰库（Tecu，2013）发现在同一个大都市统计区，典型的美国化学公司每增加 10% 的生产工人，其研发的生产率将增加 1.8%（根据专利）。在每个大都市统计区，拥有平均规模生产设施的化学产业研发能力增加了 2.5 倍。从事生产的工人数量翻了一番，这对一个公司的研发效率影响巨大，因为在大都市统计区产生的专利数量翻了一番。

对迁移至成本较低区位与获得接近溢出进行权衡，可以解释大型公司的各分支机构彼此不能太远。例如，在英国制造业中，属于同一家公司的机构往往不超过 50 公里，而不同公司下属机构的类似集群则缺乏证据（杜兰顿、奥弗曼，2008）。

22.4　城　市　部　门

22.2 节和 22.3 节从讨论城市—农村的区别开始，然后转向分析在一个国家连续空间的经济活动演变，从人口密度最小的区位到最密集的区位。对于连续空间，重点是这些空间功能的空间转换：人口、产业的分布和服务活动如何改变连续区位的经济增长和技术变化。这是大量文献的研究主题，本部分关注面较为狭窄。我们考察空间分布右尾较为密集的区位，通常被标记为城市。由于这一区位庞大的人口数量，往往是公共政策和体制改革的焦点，其他国家的人们将根据本国的最大城市进行比照。

右尾部分的城市部门，是一个包括不同规模和功能的城市层级体系，并随着时间推移而演变，如之前所述的连续性区位的结果。在区域内部，城市相对专业化，而且在一定程度上是绝对专业化，特别是在出口方面，这导致城市的不同规模以及不同的生产活动、职业和职能构成。在某一时间节点，按照规模划分的跨城市层级体系，有明显的专业化或多样性模式，以及随着时间的推移，城市层级根据经济发展水平发生变化。这些城市研究文献通常关注过度集聚的成因，分析为什么生产活动和就业随着时间推移发生变化。前几卷的手册中有很多章节回顾了直到 21 世纪初的详细文献（例如，阿卜杜勒—拉赫曼、阿纳斯，2004；杜兰顿、普加，2004；滕田等人，2004；加贝克斯、约安尼季斯，2004；霍姆斯、史蒂文斯，2004；亨德森，2005）。而我们则关注之后的新进展。

在 22.4.1 节中，我们首先回顾不同国家城市层级体系一些关于专业化的基本事实，然后讨论一些模型，这些模型抓住了城市层级中产业、职业和功能专业化的关键特性。在 22.4.2 节中，我们基于 22.3 节中的结构转换分析，进行更为动态的考察。我们看到大城市与小城市的产品和功能在过去 25 年里发生了巨大的变化，无论是在发达国家还是在发展中国家，但这一转变取决于经济发展阶段。在 22.4.3 节，我们转向对一些政策的考察，特别是对一个国家的城市层级有强烈影响的政策，这些可能影响生产空间组织的相对效率。

22.4.1 城市层级内的生产模式

22.4.1.1 事实

以往的研究用两种方式区分专业化生产。一是利用集群分析把城市划分为钢铁城市、汽车城市、木制品城市等等。二是考察不同部门中就业对城市规模的弹性（Henderson，1997；Kolko，1999；Black and Henderson，2003）。美国出现了一些新的现象。历史形成了中小城市制造业的专业化分工，但专业化程度随着国家去产业化而下降。中小城市标准化服务业的专业化已有所提升。大城市拥有更多元化的产业基础，他们更专注于提供更先进的商业和金融服务。

在此，我们评估最近的工作。对于发达国家而言，近期文献不仅通过产品描述专业化，还通过职能和职业，其观点是大城市更专业化，具有更高技能的职业和职能。虽然专业化仍可以用部门就业对城市规模的弹性来描述，用于说明产品在城市层级体系中哪个部分产出更多，现在的文献也使用空间基尼系数或克鲁格曼指数来表示城市专业化的程度（但并未提及他们的专业化）。文献的另一部分关注与随机分布相比，哪些特定产业更易发生空间集聚而不是扩散。我们不在此赘述。

对于发展中国家来说，最近一些考察专业化的文章有一些不同的观点。一个创新性的文章关注不同的维度：城市之间与城市内部的劳动力分工，其在欠发达层级会发生变化。在 22.4.2 节，我们也考察一些近期的中国城市化模式。

22.4.1.1.1 大城市的功能及构成

图 22 - 7 显示了不同的制造业及其本地就业对大都市区人口的弹性。我们可以从中得知两点。首先，传统生产标准化产品的产业具有较低的弹性，如木制品、家具、纸制品，符合前面的研究结论。高技术产业有较高的弹性，如计算机和电子等行业，因为高技术产品会从大城市的多样化环境中获益。其次，一般而言产业的技能水平与弹性相关，这意味着技能强度也随着城市规模的扩大而上升（例如，戴维斯和丁格尔，2013 分别指出了这一观点）。技能强度可以通过一个产业全国范围内所有工人的平均教育年限来衡量。唯一异常的是服装产业，这是一个低技能、高弹性的产业。这可能反映了最近服装业就业移民比例激增，其中移民的第一个着陆点主要在大城市城市，如纽约和洛杉矶。图

22 - 7 只包括制造业。

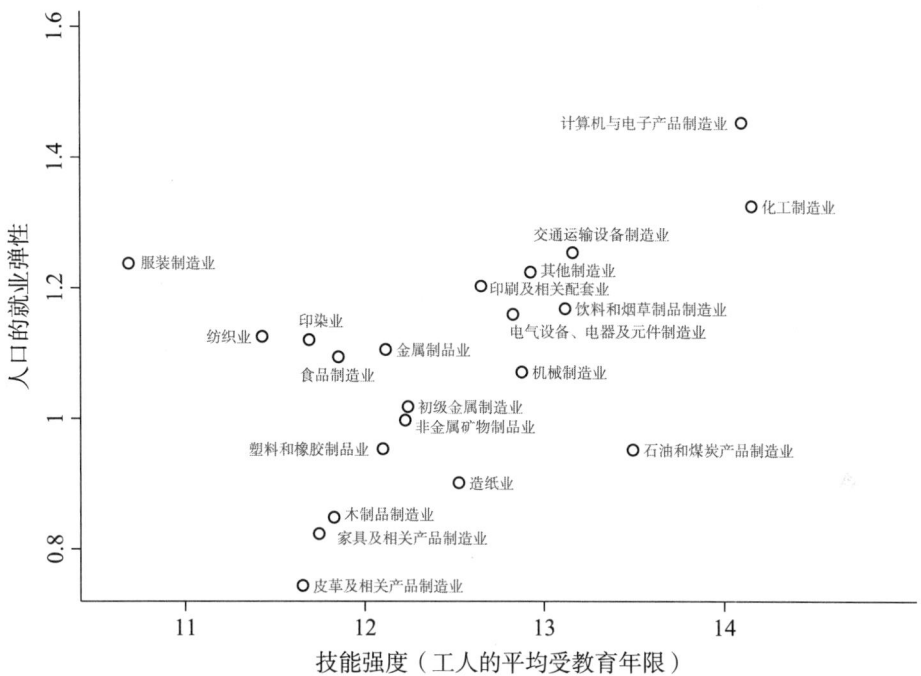

图 22 - 7　城市层级中相对产业布局与产业技能强度的关系

资料来源：戴维斯和丁格尔（2013，Figure 14）.

　　图 22 - 8 考察大城市对工人的作用，主要关注职业结构。传统行业如农业、食品加工、卫生保健分布于弹性和教育水平较低的城市，而计算机、数学、建筑和工程行业分布于弹性和技能水平较高的城市。调查结果显示，美国制造业和服务业中较低技能的工人分布于小城市，较高技术的工人、更具创新和创意的产业和职业则分布在更大的城市中。

　　22.4.1.1.2　城市层级中的专业化

　　下一个特点是城市的专业化程度。对于单个城市，专业化程度标准指标是克鲁格曼（1992）使用的"基尼"专业化指数：

$$K_j = \frac{1}{2} \sum_i^n |s_{ij} - s_i|$$

　　其中，s_{ij} 是城市 j 中子产业 i 占总就业的份额，s_i 是产业 i 占全国总就业的份额。指数越大，专业化程度越高（多样性越低）。取值范围从 0，城市不同

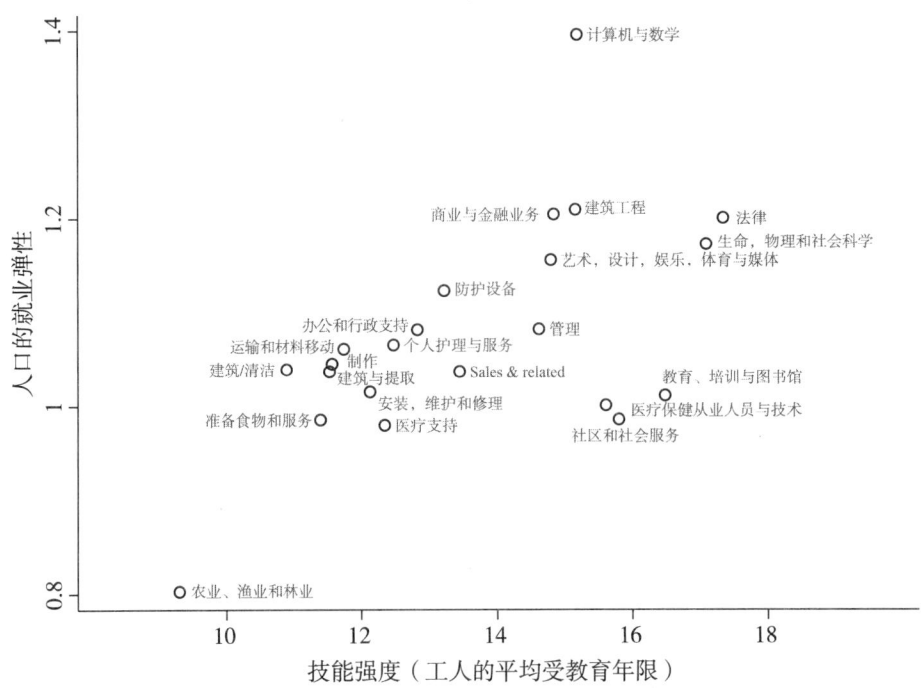

图 22-8 城市层级中相关产业职业地位及其与产业技能强度的关系

产业完全拟合国家不同产业的份额，到接近1，一个城市完全专业化生产小的产品。另一个指数使用偏差的平方，从而给偏差更大的权重。然而，该指数只是机械地反映了随时间推移 SIC 中产业数量的变化（指数只是随着产业数量的上升机械地下降）。克鲁格曼基尼系数则并非如此机械。

表 22-2 的第2、3 列显示了县商业模式数据（County Business Patterns data）中1977 年和1997 年不同规模城市的基尼系数。有两点是显而易见的。首先，通过城市规模划分城市层级，我们发现城市的专业化程度急剧提高。其次，专业化指数随时间呈下降趋势，符合 22.3 对制造业扩散的分析。

表 22-2 中的下一列涉及在城市层级间的活动构成的不同方面：企业如何根据规模等级组织他们的内部职能，导致城市层级间的功能专业化。杜兰顿与普加（Duranton and Puga，2005）计算了所有城市1950~1990 年，制造业主管和经理相对于工人的平均数。然后，他们计算每个规模层级的数目，并表明该年与全国平均值的百分比偏差。在所有年份，大城市拥有较多的主管和经理，但随着时间的推移，中小城市和大城市在主管和经理比例方面的差异性大幅增加。这一变化暗含的背景在于，全国范围企业的功能专业化程度有巨大提高（金，1999），生产导向与管理导向的经济活动越来越趋于发生在不

同区位。

表 22 - 2　　　　　　　　　制造专业化与跨城市规模的功能专业化

人口（百万）	部门专业化（基尼系数）		职能专业化（管理与生产）	
	1977	1997	1950	1990
> 5	0.377	0.374	+ 10.2%	+ 39.0%
1.5 ~ 5	0.366	0.362	+ 0.3%	+ 25.7%
0.5 ~ 1.5	0.397	0.382	10.9%	2.1%
0.25 ~ 0.5	0.409	0.376	9.2%	14.2%
0.075 ~ 0.25	0.467	0.410	2.1%	20.7%
< 0.075	0.693	0.641	4.0%	49.5%

资料来源：Duranton and Puga（2005）.

几篇文章利用微观数据探讨了近年来城市层级结构的功能专业化。小野（Ono，2003）表明，在大城市生产工厂更多依靠总部为他们购买商业服务。更普遍的是，总部设在大城市享受高度的地方规模外部性（Davis and Henderson，2008）。总部会选址于较大的服务型城市，外包大部分服务功能（Aarland et al.，2007）。小型城市有较好的生产性部门，并拥有相对较少的商业和金融服务。

城市专业化和层级还有其他维度。法肯姆普斯与史尔皮（Fafchamps and Shilpi，2005）的著名文章便用来自尼泊尔的劳动力调查数据，提出了发展中国家可能的典型模式。注意尼泊尔处于尚未形成复杂制造业结构的发展阶段，更不用说生产所需的公司结构。数据显示了个人是如何分配工作时间的，包括非农自我雇佣、农业、建筑、食品加工、工艺品及其他工作。他们还列出了 56 种主要个人职业的国际 SIC 职业代码。通过对 719 个覆盖大部分尼泊尔的区域的调查，形成两个主要发现。第一个发现涉及个人时间分配的专业化，这为当前研究提供了一个新的启示。每一区域内专业化的下降，对附近的城市人口或城市化程度不高的地区人口来说，损失不会太大。每个人附近城市人口的增加导致更多个人工作专业化——更"斯密"的专业化。第二个发现涉及根据本地人口评价区域的专业化，其中区域里的人口很少接近附近的城市人口，区域专业化程度增加。这种模式表明，靠近城市的区域可以支持多样化的职业，而偏远的地方则更专业化，与表 22 - 2 的第 2 和第 3 列不同空间尺度的表现相一致。相比之下，个体的"斯密"专业化随着与城市市场更密切的联系而愈加明显。

22.4.1.2 城市层级建模

22.4.1.2.1 层级结构的初始尝试：城市规模和层级的基准模型

城市文献的初始体系（Henderson，1974）设想了一个包括不同类型和相应规模城市的平衡系统，其中每一类型城市专业化生产一种贸易品。其思想是，如果规模效应是本地化（内生于所在产业）的一种，专业化增加了城市规模增加的效率收益，这来自于集聚经济相对于拥挤成本的增加。该模型包括具有相同技能和资本的工人。均衡是自由流动情形，这意味着工人可以自由地跨越城市，在所有地方可以获得同等的效用。亨德森考虑存在两个模式。在第一个模式中，主体如开发商或城市政府在国家土地市场运作以建立城市。在这样一个模式下，城市规模由开发商或地方政府决定，以最大化本地净租金或每个工人的效用。均衡规模表示在生产增加的规模效应边际收益与城市规模扩大导致的通勤或拥堵边际成本之间的权衡。在城市层级中，较大规模的城市专业化于规模扩大能带来较大边际收益的产业。在第二个模式中，没有主体在国家土地市场上运作，这样的城市形式被称为自组织，是由克鲁格曼（1996）提出的一个术语。在自组织下，工人跨越城市以实现私人边际产品均等化，但不能单独地将外部性内生化。正如我们所看到的，在这个模式中，有连续的潜在均衡，其中城市通常过大。

基本模型的初始扩展关注对地方规模经济的微观基础建模，亨德森视其为传统的"黑箱"规模外部性。滕田与小川（Fujita and Ogawa，1982）把信息溢出随距离衰减模型化，从而为人们提供了向集聚区集中的动机。赫尔斯利与斯特兰奇（Helsley and Strange，1990）的模型研究如何在劳动力市场有效率地搜索并配置。基于早期的工作在城市经济学中发展垄断竞争模型[2]，阿卜杜勒—拉赫曼、滕田（Abdel-Rahman and Fujita，1993）把随城市规模扩大导致的本地非贸易中间品多样性模型化，从而为城市汇总最终产品生产商提供了更多的选择和效率。杜兰顿与普加（Duranton and Puga，2004）对在研究规模外部性的微观基础时，如何将更多行为要素加入模型提出了一个详细的分析。

另一些初始模型开始扩展关注城市层级的两个方面。第一，城市并不是只出口一种商品，事实上，城市大多出口一种以上的商品。第二，正如我们所看到的，多样性贸易品生产（即生产商）的增加会提升城市层级。阿卜杜勒—

---

[2] 如1988年Fujita和Rivera-Batiz编辑的区域科学与城市经济学专题。

拉赫曼、滕田（Abdel-Rahman and Fujita, 1993）最早尝试将这些因素加入模型，研究由两个城市和两种最终贸易品构成的空间（可使用多样性的非贸易中间投入品进行生产）。每一种最终商品都需要固定投入，其中一个商品的要求比另一个商品低。但是，如果两个产业在同一区位集聚，则每个部门的上述固定成本都可以得到降低。在均衡中，一个城市专门生产固定成本低的产品，另一个城市的产品则多样化。田渊与蒂斯（Tabuchi and Thisse, 2011）提出了一个类似的模型和结果，但两种商品城际贸易的单位成本不同。在这种情况下，专业化城市具有较低的单位交易成本。虽然上述模型对专业化与多样化城市进行了分析，但研究仍不丰富。外生设置两个城市以及两种商品限制了解释力。

最近的文献中，更多跨城市层级的生产和劳动力动态化构造的模型逐渐出现。我们将在接下来的章节讨论，但作为参考，我们回顾杜兰顿与普加（2004）、阿卜杜勒—拉赫曼与阿纳斯（2004）基本模型的关键方面。

基准模型。对于我们的基准模型，我们使用中间投入多样性框架作为规模外部性的微观基础。它重新表述模式，把规模效益作为其他微观基础，如更大的规模推动工人更大程度的专业化。一个城市最终产品和中间品生产商的生产函数分别为：

$$\gamma = \left(\int_0^m x(h)^{1/(1+\varepsilon)} dh \right)^{1+\varepsilon}$$

且

$$X(h) = \beta l(h) - \alpha$$

其中，$l(h)$ 是企业 h 投入的劳动力，$x(h)$ 和 $X(h)$，分别是作为最终产品 h 的投入，和作为中间产品的 h 产出。m 是外生的中间产品生产企业数目，L 是有效劳动力供应的城市，Y 是最终产品的总产出，最终产品的价格是计价商品，中间品的价格是 q。使用从最终产品标准成本最小化、中间产品利润最大化与中间生产商竞争的结果，[③] 我们发现了城市中一定工资水平下每个工人的最终产品产出的简化表达式，即：

$$\frac{Y}{L} = CL^{\varepsilon}$$

$$w = (\beta/(1+\omega)) m^{\varepsilon} = (\varepsilon/\alpha)^{\varepsilon} (\beta/(1+\varepsilon))^{1+\varepsilon} L^{\varepsilon}$$

每个工人的产出和工资增加与城市规模的扩大同步，最终通过总有效就业衡量。注意简化形式规范看起来像"黑箱"外部性。

---

③ 为了成本最小化，我们有上一期出现的对称均衡下的近似直接派生需求弹性 $-(1+\varepsilon)/\varepsilon$ 及最终价格 $1 = \left(\int_0^m q(h)^{-1/\varepsilon} dh \right)^{-\varepsilon} = qm^{\varepsilon}$。通过中间生产者和自由进入的利润最大化条件允许我们解决的工资水平 $w = \beta/(1+\varepsilon) q$，企业产出 $X = \alpha/\varepsilon$，以及城市中此类产品的总量 $m = \beta \varepsilon/((1+\varepsilon)\alpha) L$。

既然规模增长的正收益越来越大，那么是什么经济力量限制城市规模并抵销源于集聚的规模收益？回答这一问题，需要引入城市规模不经济的来源，这种不经济的典型来源是城市通勤成本增加。标准方法是假定存在一个单中心城市，土地规模固定，所有的生产都集中在城市中心的一个点。按照杜兰顿与普加（2004）对线性城市的研究，每个工人都被赋予了1单位的时间，其中工作时间为 $1-4\tau u$，u 是距离城市中心的距离，4τ 是距离单位通勤成本。这样，很容易得到城市总租金、扣除租金和通勤成本后的净工资、有效的劳动力 L、在城市的总租金、租金和通勤成本后的净工资、所有城市人口 N[④] 的功能的表达式：

$$L = N(1-\tau N); \quad 净工资 = w(1-2\tau N); \quad 总租金 = w\tau N^2$$

最后一步是引入城市规模的决定机制。标准做法是根据亨德森（1974）假设的第一个模式中存在"大型主体"经营国家土地市场以协调集聚。他们可能是拥有城市土地的开发商，他们决定城市规模并对工人或企业进行补贴，以实现其利益最大化，或者（等价地）他们可能是城市政府，他们可以向土地租金收入课税，设定城市规模以实现每个工人实际收入的最大化。例如，开发商试图最大化：

$$利润 = 总租金 - 工人补贴 = w\tau N^2 - sN$$
$$= \left(\frac{\varepsilon}{\alpha}\right)^{\varepsilon} \left(\frac{\beta}{1+\varepsilon}\right)^{1+\varepsilon} \tau N^{2+\varepsilon} (1-\tau N)^{\varepsilon} - sN$$

约束条件为：

$$\bar{\gamma} = \left(\frac{\varepsilon}{\alpha}\right)^{\varepsilon} \left(\frac{\beta}{1+\varepsilon}\right)^{1+\varepsilon} \tau N^{2+\varepsilon} (1-\tau N)^{\varepsilon} - sN$$

其中，s 是开发商对进入城市的工人的补贴，$\bar{\gamma}$ 是全国劳动力市场的实际收入，任何一个城市都能觉察到。[⑤] 假设开发商基于 s 和 N 实现利润最大化，而且由于竞争城市获得零利润，求解这一问题得到均衡（和有效）城市规模[⑥]：

$$N^* = \frac{\varepsilon}{\tau(1+2\varepsilon)}; \quad \partial N^*/\partial \tau < 0, \quad \partial N/\partial \varepsilon < 0$$

---

④ 人口来自城市两大部分的加总，每一个长度为 $N/2$。租金梯度的通过使 u 处个人的租金加通勤成本等于城市边缘 u 的地租为0，可以求解租金梯度。总租金为租金梯度的积分。

⑤ 在此不存在资源错配，尽管存在生产固定成本和垄断竞争，由于多样性投入是唯一的生产要素，而且对称进入。

⑥ 在城市租金支付给工人的补贴以弥补他们产生的边际外部性方面（更多的工人带来更多的品种和更大的最终良好的生产效率）有亨利乔治定理。特别是 $\frac{dY}{dN} = (1+\varepsilon)\left[\left(\frac{\epsilon}{\alpha}\right)^{\epsilon}\left(\frac{\beta}{1+\varepsilon}\right)^{1+\varepsilon} N^{\varepsilon}(1-\tau N)^{\varepsilon}(1-2\tau N)\right]$，在中括号内的项是增加了工人的私人收益（他/她的净工资）和方括号的 ε 次方表达是外部性，这也是平衡。

　　正如所构建的，这也是每个工人净收入最大化的规模，γ，包括等于平均土地租金的补贴。[⑦] 这意味着，γ 是呈倒"U"型函数 N 平衡下最佳城市规模。均衡和最优规模在此时契合，依靠补贴居民有效使规模外部性内在化，通过土地租金资助亦如此。例如，如果土地租金给予空缺的业主，如阿卜杜勒—拉赫曼与阿纳斯（Abdel‐Rahman and Anas，2004）所言，城市将过小。

　　在推进研究之前，有一些非正式结论。自组织制度下发生了什么？纳什均衡对工人区位选择的要求是，没有工人在均衡时希望改变城市。给定收入，γ 是城市规模的倒"U"型函数，这有两方面的含义。第一，均衡规模在波峰或波峰右侧 dγ/dN <0 处。也就是说，如果一个工人转移到另一个城市（增加它的规模），他/她会比他/她在离开的城市（随他/她离开真实收入增加）所获得的收入少。因此，它也是如此，城市规模峰值左侧的 dγ/dN >0 处不能实现纳什平衡。第二，所有城市的规模是相同的，实际收入相等。在峰值及其右侧 N_{max} 处，其中 $γ(N_{max}) = γ(N; N = 1)$，有一个连续的城市规模均衡。超过 N_{max}，工人会偏离形成规模为"1"的城市，这将导致人口流动和自组织，直到形成新的平衡，所有的城市规模普遍在 N^* 和 N_{max} 之间。

　　因此，一般而言，自组织的城市规模过大，甚至是巨大的。然而，一些自组织模型还提出了独特的和更合理的城市规模解。在没有最优城市土地开发商的情况下，亨德森与维纳布尔斯（2009）表明，在这个世界上，耐用的住房投资作为一种承诺策略对城市规模平衡的作用是独特的，然而在超大型城市其作用则很有限。贝伦斯等人（Behrens et al.，2014）得到了其他合理的自组织平衡，在特殊的情形下他们关注异质工人的集合。然而，大多数的文献避开自组织模式，要么假定城市数目是固定的，从而城市形成不是问题，要么假定城市数目是内生的，存在土地开发商作为最优主体以实现潜在的有效和独特结果。

　　最后，如以上所提到的，为了形成层级，我们需要确定有多样化的最终消费产品或部门，每种生产在使用本地非贸易中间品投入时，都有不同程度的规模经济（ε）产生。具有不同的 ε 一般足以保证专业化和层级，但如果我们还假定生产投入是具体到每个最终产品部门，可得到更充分保证。正如前面提到的，这一"地方化"经济假设意味着产业集聚没有利益。在通勤成本方面（通勤距离远和租金高），专业化城市比多样性城市更具效率，因为他们能更充分地利用地方化经济。如亨德森（1974）所言，在固定的最终产品系列和开发商模式下，我们将有不同类型的城市，每个城市专业化生产一种类型的产

---

⑦　即：N^* maximizes $\left[\left(\dfrac{ε}{α} \right)^ε \left(\dfrac{β}{1+ε} \right)^{1+ε} N^ε (1-τN)^ε (1-τN) \right]$，这样，$\dfrac{dγ}{dN} =0$，以及 $d^2γ/dN^2 <0$。

品。一种城市类型下城市规模随不同类型 ε 值的增加而扩大。在这里，专业化的最终产品在质量上是一致的，在最近的许多研究中，他们可以在垄断竞争下销售部门（或类型的城市）内的多样性产品。我们也可以让其在垄断竞争条件不同 ε 值下每个专业化城市专门从事多样化交易产品 Y，如区与亨德森（2006a）估计一个简单的结构模型对中国进行研究。

22.4.1.2.2 第二代层级模型

以这个简单的基准模型为基础，我们现在转向 21 世纪早期杜兰顿与普加发展的第二代层级模型。

孵化器城市和产品周期。第二代层级模型始于杜兰顿与普加（2001），他们将城市数目内生化，引入至少一种多样性城市，发展涉及更广泛经济学文献的模型。在他们 2001 年的这篇文章中，他们构建了源于国际贸易的产品周期假说。该模型旨在解释为什么产品创新发生在主要中心（文中的大城市），但一旦标准化，生产就将移动到低成本区位（文中较小的城市）。在杜兰顿与普加（2001）的研究中，有 m 种类型的最终产品，每个企业使用多种特定类型的非贸易投入品进行生产。多样性的非贸易投入类型 j 必须由相同资质的工人生产，共有 m 种类型的工人。最终产品企业以概率 δ 在一段时期中破产，所以在每个时期内随新进企业出现，企业会出现更替。最关键的是，新进企业会选择它必须使用的理想的中间投入类型，但它不知道该类型是什么。它会实验不同类型 j 的中间投入品，由具有资质 j 的工人生产，以较高成本生产原型，直到找到理想类型。一旦偶然发现理想类型，其生产成本会下降（因此，意味着生产者已经找到它的理想类型）。

这如何纳入城市结构模型？利用城市建立的开发商框架，均衡时会有专业化城市，其中对于类型 j，城市中只有类型 j 工人和中间生产商，所有的最终产品生产商发现其理想类型 j。对这些专业化城市，规模收益只会源于更多类型 j 的中间生产商。因此，如前所述，专业化来自规模效益相对通勤成本的最大化，假定只有一种生产者 j，且没有跨产业规模效应。

第二类城市是新型的：一个多样性的孵化器城市。这样一个城市涵盖所有的部门，而且每种类型的工人数量相同，每种类型中间品的生产商数量相同。最终产品的生产商制造原型以获得理想的技术。为什么这一实验发生在多样性城市，而不是在专业化城市？杜兰顿与普加（2001）认为，从一个城市到另一个城市的移动成本昂贵；最终产品生产浪费了一段时间。因此，通过不同的专业化城市进行实验非常昂贵，而在同一城市改变投入类型进行实验代价较低。

注意孵化器城市均衡的两大关键方面。跨城市移动成本（时间的损失）相对于专业化城市的规模经济必须足够高关，所以新企业不能只在专业化城市实验。但它不能太高，否则一旦企业获取其理想类型，他们出于生活水平考虑，并不希望迁移到一个专业化城市（较低的生产成本）。请注意，这一矛盾也限制了企业的破产概率。该模型的成就不仅仅在于拥有一个新的多样性城市类型，同时也将产品生命周期模型的城市版正式化。最近，经验研究和理论工作更注重创新对城市的直接作用；这项工作在本手册卡利诺与克尔（Carlino and Kerr，2015）的章节进行回顾。

功能专业化与多样性。杜兰顿与普加（2005）探索不同类型的层级结构，其中不仅有产品类型的区别，也有功能区分。企业的生产单位使用总部提供的中间实物和服务投入。总部使用中间服务投入和劳动力提供这些服务。服务和实物中间投入使用劳动力生产，且在城市间不可交易。在孵化器城市模型中，工人属于特定职业（能力），因此企业分布在不同产业中。相比之下，不同企业在任一城市总部的商业服务投入是通用的。因此，所有类型的总部都使用律师和会计师，但只有服装公司使用纺织品投入。企业可以在空间一体化，因而总部和生产位于同一城市，或者他们可能是多区位企业，总部和生产单位在不同的城市。为达到结果，最重要的是，相对于在同一地点生产，多区位生产为获得总部的服务，提高了生产的单位成本 $\rho > 1$。然而，总部设在独立的商业服务专业化城市，可以利用多样化的中间商业服务使所有类型的企业及其总部获益。

鉴于这些暗含的权衡，均衡包括企业的多区位模式，而且有两组城市。一组专业化于总部和商业服务生产。另一组专业化于最终产品及其相应中间投入的生产。杜兰顿与普加（2005）将其称为城市的功能专业化，现在的多样性城市是不同生产部门的总部，享有城市间非贸易的共同商务服务投入的多样性。我们注意到，如果生产单位从其他城市获得总部服务的成本足够高，这一功能专业化的均衡将不存在。[8]

22.4.1.2.3　第三代模型

在过去几年里，有几篇文章引入了更复杂的城市层级模型。以前的工作采取了一个简单的方法来研究城市专业化和多样性，即使是在第二代模型中。最近的工作已经引入了几点创新。首先以及最重要的，是允许劳动力的异质性，不仅是不同的劳动类型（水平差异），还有不同的劳动技能（垂直分化）。这便有了按照人才的技能排序引入城市层级的可能性。第二，大城市企业之间的竞争可能是"残酷的"，可能存在不同的企业质量。最后，基于更为复杂的产业间相互作用和规模外部性的设置，有可能在城市层级之间存在更复杂的产业分类。

---

⑧　如果 ρ 超过某一临界值时，则均衡只有生产一体化。然后每一城市类型只专业化生产一种类型的最终产出，公司的总部及其相应的中间投入和商业服务供应商也会集聚于该城市。

这样的分类是城市生产率评价的关键。在发展中国家和发达国家，一些政策制定者认为大城市的生产率更高。这在某些情况下成为倡导这些大城市应有效补贴小城市的政策基础，我们将在第22.4.3.2讨论这一问题。然而，小城市在发达的市场经济中持续存在，表明他们是有竞争力的进而是有效率的。问题是在数据中，我们通常发现大城市工人较高的人均可计量产出，这可能是政策制定者的评价基础的。但这并不意味着大城市生产率更高。这一谜题可以通过上述分类解释。

首先，我们从图22-7和图22-8中得知，更多受过高等教育和具备高技能的工人会进入大城市。因此，如果我们观察到在较大城市有较高的工人人均产出，问题在于这是由于大城市生产率较高还是由于劳动力质量较高。处理城市间分类的模型有助于我们更好地理解这一问题。其次，如果大城市竞争激烈，因此企业只有提高生产率才能生存，这也降低了纯生产率因素在工人人均产出较高影响中作用。最后，存在城市间的产业分类，只有在大城市能找到某些特定产业。在本节之前的部分，我们讨论了这样的思想，即产业与更大的地方化规模经济应该存在于较大的城市中，那里生活成本也较高，而那些较低的地方化经济可能会存在于较小的城市。国家劳动市场均衡要求实际工资相等，也会要求更高的人均产出和工资来抵销大城市较高的生活成本。关键是不同规模的城市容纳的产业不同；或较小的城市在其所生产的产品上是有竞争力的。然而，近期研究表明，当存在产业间外部性时，该问题更加复杂。也许大城市中地方化程度更高的产业将真正受益于同一区位地方化经济较低的产业，但这可能无法实现市场均衡，这使地方政策制定和生产率评估更为复杂。

有几篇文章研究工人在城市间分类的理论模型，该模型与经验模型相分离，本文在此不涉及（例如鲍姆—斯诺和帕维，2012）。首先，对城市间分类检验的识别，将城市间的分类与城市内居民的分类联系在一起（戴维斯和丁格尔，2013）。为达到这一明确的联系，在这篇文章中分类的方向是更多的熟练工人进入大城市。另一篇文章只关注城市间分类，对单方向的分类假设提出质疑（埃克赫特等，2014）。第三篇文章把城市间工人的分类与大城市的激烈竞争相结合（贝伦斯等，2014）。这篇文章有很多好的创新，包括城市内企业的形成是内生的。其次，我们分析了赫尔斯利和斯特兰奇（2014）面临产业间的规模外部性时对产业在城市间的排序。

城市内与城市间的分类。戴维斯和丁格尔（2013）建立了城市内与城市间的分类模型，尽管城市数目是外生设置的。城市有内部空间，如果工人在其生活的城市工作，这是必要的。与基准模型类似，最终产出只使用中间投入生产，但中间投入部门是固定的。在戴维斯与丁格尔（2013）的研究中，中间投入品进行竞争性销售，在城市内和城市间无交易成本，使用不同技能的工人生产，其中任何部门 σ 的生产技能是完全可替代的。σ 越高部门越"先进"。一个居住在城市 c 区位 δ 的拥有技能 ω 的工人，选择工作在部门 σ 中工作，工资扣除房租后的最大化水平为：

$$\max_{\sigma} p(\sigma)A(c)D(\delta)H(\omega,\ \sigma)-r(\delta,\ c)$$

给定部门中工人按照价格 $p(\sigma)$ 进行生产。城市中的区位通过 δ 值排序，理想取值为 $\delta=0$，$D'<0$（公式一撇不对）。虽然解释具有一般性，为了满足小城市较好的区位具有"相对稀缺性"的想法，我们采用戴维斯和丁格尔的做法，所有的城市都是固定规模的圆形，δ 是距市中心的距离，$D(\delta)$ 是线性的。$r(\delta,\ c)$ 是城市 c 中区位 δ 的租金，$A(c)$ 是城市的生产率水平，$Lf(\omega,\ c)$ 是城市中技能水平为 ω 的劳动力数量。$A(c)=J\left(L\int_{\omega\in\Omega}j(\omega)f(\omega,\ c)\mathrm{d}\omega\right)$，$J'$，$J'>0$。异质个体的密度函数 $f(\omega)$，$\Omega\in[\underline{\omega},\ \overline{\omega}]$。均衡将导致较高技术水平的人留在大城市，因此，$A$ 值较高的原因在于规模和技能的构成。最后，工人技术 $H(\omega,\ \sigma)$ 随 ω 增长，且是超级模块（科斯蒂诺特，1999），因此，在更为发达的部门对于相同技能 ω，H 值更大。

为了解决城市内和城市间分类问题，戴维斯、丁格尔（2013）利用在中间投入品生产技能的完美替代。然后，在平衡时，部门 σ 中 ω 的边际收益独立于 ω 在部门间的分配。由于完全可替代，工人对 σ 的选择简化为 $M(\omega)=\max_{\sigma} p(\sigma)H(\omega,\ \sigma)$，定义 $G(\omega)=H(\omega,\ M(\omega))p(M(\omega))$，$G'>0$，其中城市中工人对部门的选择与其区位选择 δ 独立。这反过来又会产生一个城市中简化的区位问题，$\max_{\delta}A(c)D(\delta)G(\omega)-r(\delta,\ c)$。在一个城市内部，高技能工人出价高于低技能工人以获取更好区位，或 $\frac{\partial^2}{\partial\delta\partial\omega}A(c)D(\delta)<0$。

我们现在可以分析两城市均衡的一些特性，均衡时城市 c 比城市 c' 更大。如果我们把 $A(c)D(\delta)$ 作为城市 c 某区位吸引力的衡量指标，那么 $A(c)>A(c')$ 和 $L(c)>L(c')$。为什么？在每个城市边缘租金为零，最低满意度的区位取得均衡必须拥有相同的吸引力，可以容纳相同类型的最低能（$\underline{\omega}$）的工人。在城市间分类方面，在大城市技术最熟练的人会住在城市中心，这比任何一个小城市都要更为理想。只有 $[\omega,\ \overline{\omega}]$ 中技能最熟练的人生活在大城市 $\delta(c)=0$ 与 $\delta(c)=\tilde{\delta}$。城市 $\delta(c)=0$ 与 $\delta(c')=0$，相同技能的工人在各区位支付相同的租金。对于在两种城市的技能水平 $\omega<\tilde{\omega}$ 的人，他们支付的租金相同，面对相同的 $A(c)D(\delta)$。因此，在大城市同样熟练的人将有一个更高的 δ 和更低的 $D(\delta)$。

鉴于前面提到的小城市较好区位"相对稀缺"假设，戴维斯与丁格尔

（Davis and Dingel，2013）认为更大的城市不仅容纳部分最熟练的人，而且是整个高技能团体，大城市高技能的人多于低技能的人。在此条件下，科斯蒂诺特（Costinot，2009）发现，高技能的人更容易在高水平的部门工作，这样的部门在大城市比例较高。这些成果成为本章所回顾的大城市中更大强度的高技能类型。总之，该模型巧妙地展示了在定义不同城市规模的生产力差异时，技术和规模外部性的交织，甚至考虑到了技能差异对规模效应的贡献。有趣的是，它把城市间分类与城市内分类联系起来。

埃克赫特等人（Eeckhout et al.，2014）提出一个相关的模型，该模型关注城市间分类。但在他们的研究中，分类无须是单调的，即较大城市技能较高。然而，他们的模型包含外生性差异化的专业生产力的、3 个技能类型的 2 个城市。他们的创新是探讨技能类型间互补性程度的影响。他们认为，体现出最高与最低技能类型的大城市（较高的固有生产力）能实现最大限度的技能互补。直观地说，高技能工人享受来自同区位的低技能服务；或者说曼哈顿的白领享受食物推车服务。

分类和选择。在另一个雄心勃勃的文章中，贝伦斯等人（2014）考虑城市间的技能分类和城市内技能选择，在城市中，人们选择成为企业家还是继续作为工人。选择导致了一个问题，大城市的激烈竞争及企业更富生产率是否是内生的。输出设置的基准模型与当地中间输入进入生产销售的最后一个计价单位良好的竞争力。中间投入由企业家使用劳动力 l 生产，产出随着企业家生产力的增加而增长。然后，当他们选择（不可逆）他们将生活的城市时，他们需要一点运气 s。企业家的潜在生产力为 $\psi = st$，企业产量是 ψl。中间商品在垄断竞争下出售给最终生产者，中间企业家赚取利润作为他们的补偿，这一补偿随 ψ 增加。

一个人基于 ψ，决定是否成为一个工人或企业家，在城市内部 ψ 有临界值。低于临界值的人选择的是工人（同样水平的工资和生产率的工人从其高技能或好运中并未获得好处），而那些高于临界值的人选择的是企业家。选择的问题是，大城市中是否有更好的企业。那在城市间进行分类呢？分类和选择问题是相互关联的。虽然在文章中细节都有涉及，但基本的想法是，把规模效应作为基准和分类的收益，如在戴维斯与丁格尔（2013）。大城市的生产率更高，因为他们可以容纳更多的中间投入品，这些规模效应与人才互动。在一个超模对数版本中，人才的预期收益随城市规模的扩大而增加，拥有更多人才的城市集聚的边际收益更高，这一收益在给定的城市规模下与城市不经济性权衡。由于存在分类，均衡状态下选择便无足轻重：每个城市都有相同比例的工人和企业家。所以，尽管大城市有更多优秀的企业，但在每个城市企业数量的相对变化与规模无关。

在贝伦斯（Behrens）等人看来，自由迁移可以导致两种类型的均衡。如果人才技能的差异很有限，所有城市完全相同，且可实现对称的均衡。但有趣的均衡是非对称的。贝伦斯等没有城市开发商，但依靠他们在特殊情况下的特性可以达到均衡，并通过自组织形式确定城市规模。在其特殊案例中，城市的人才是同质化的，而不是一般的情况下每个城市拥有一部分人才分布。每个城市的规模都会随着人才水平的提高而扩大。自组织下的城市会变得太大，但不是灾难性的。直观地说，如果城市变得太大，人才会向次级城市移动。但这种均衡存在的唯一性不能保证。

总之，贝伦斯等人（2014）与戴维斯、丁格尔（2013）类似，包括天赋或技能在城市间的排序，大城市之所以更有效率，部分原因是他们有更多的人才。但他们也研究不同规模城市工人比例相同情况下，选择成为工人或企业家的问题。他们通过建模研究大城市更高生产力的来源，结果表明人才分类是工人人均产出高的重要来源，而选择则不是。这一发现与鲍姆—斯诺、帕维（2012）的经验结果（2012）类似。

外部性与产业分类的交互作用。基准模型假设中对特定外部性的简单区分，可能导致城市专业化。在一个创新的文章中，赫尔斯利与斯特兰奇（Helsley and Strange，2014）探讨广义范畴的交互作用。他们研究城市是混合就业、非专业化还是非专业化层级时的均衡和最优解。本文关注自组织如何使城市专业化，而不是仅仅使城市过大，但也可能有较差的产出结构。该文由本手册贝伦斯与罗伯特—尼佑德（Behrens and Robert - Nicoud，2015）一章总结。一些主要结果如下。在帕累托效率的城市规模下，不同类型的城市有多种类型的人口，不同城市类型中多元化的类型的人口是最优的。在均衡中，在某些类型的城市里，工人会选择与自己同一类型的工人们集聚在一起，虽然这并不是最佳选择。如果当专业互补性弱时，所有城市专业化是有效的，我们会有自组织下专业化城市规模过大的均衡问题。然而，我们也可以有一个混合均衡，结构与规模是低效的。对于政策制定者来说，如何制定最优或次优的政策和制度不是该文的议题，但挑战仍然存在。[9]

---

[9] 我们注意到两个对模型的评论。第一是基于产业间外部性的设定。有 I 种类型的工人，在相应类型的行业中可雇佣其中任何一种类型。城市 j 部门 i 中每个工人的产出是城市不同部门的工人数量向量的函数，n_j，这样，城市 j 部门 i 中每个工人的产出是 $g_i(n_j)$。评论是这项研究的作者认为不仅有区位和城市化经济，即 $\partial g_i/\partial n_{ij} > 0$ 和 $\partial g_i/\partial n_{kj} > 0$，也有互补性，$\partial^2 g_i/\partial n_{kj}\partial n_{ij} > 0$，这是一种特殊但却缺乏经验验证的假设。第二，他们只求解自组织均衡。如何实现均衡要将开发商视将对不同城市类型的工人交叉补贴类型的优化而定，而这还不太清楚，正如是什么样的机构或政策将需要达到最优一样。

22.4.2 城市层级的动态性

到目前为止，我们所提出的模型基本上是静态的，或最多是稳态模型。要考察经济发展中城市体系的快速变化，我们需要动态的城市层次模型。这样的模型数量有限，许多已在早期手册的章节中回顾了（Gabaix and Ioannides，2004；Henderson，2005）。鉴于此，我们采取了不同的论述方法，在第一部分。我们开始交织讨论动态城市层级体系与一些关键模型的经验关系。我们从对城市层级动态性经验关系的讨论入手，简要回顾一些试图解释某些模式数据的关键模型。随着时间推移，城市规模扩大，城市的规模分布趋于稳定。之后，我们转向一个重点，即：为什么单个城市的生产模式与城市层级体系会随时间变化？在此，我们回到经验关系的表现形式，之后是与之相关的模型。

22.4.2.1 城市规模分布的事实与概念

22.4.2.1.1 城市规模的增长

一般而言，近几个世纪以来，城市人口规模不断增长。为了看出这一点，最近一段时间可以利用较好的数据，亨德森与王（2007）包括 1960～2000 年世界所有大都市区，按照任一时间平均规模分组，从而得到相对规模分布，继而定义了一个最小规模相对平均规模随时间推移是稳定的临界点。他们称之为相对规模分布。在这一分布中，绝对平均（和中值）规模从 1960～2000 年翻了一番。对为什么城市规模随着时间推移而扩大有两个解释，城市规模是规模经济和规模不经济之间的权衡决定的。

第一，相对规模不经济，规模经济在持续增加。布莱克与亨德森（Black and Henderson，1999a）提出的内生增长模型，经济增长是人力资本（知识）积累的结果。在这一模型中，人力资本外部性与规模经济在本地相互作用以增强整体经济的集聚。他们把美国城市的增长率差异与当地人力资本的增长率差异联系起来。罗西—汉斯博格与赖特（Rossi – Hansberg and Wright，2007）对城市规模增长采取了类似的建模方法。近期迪斯梅特、罗西—汉斯博格（Desmet and Rossi – Hansberg，2009）的研究有更精妙的处理方法，涉及规模外部性的内生演化，作为动态转换研究的一部分。

一种替代的规模外部性扩大作为城市规模不经济的解释是存在技术进步。阿朗索—穆特模型强调通勤成本的下降是城市蔓延的动力。但它也可以成为城市规模扩大的基础，这着眼于过去 120 年交通运输系统的技术革命—交通系统的发展、汽车的发明与城市道路的射线、环路和多车道高速公路系统建设。杜兰顿与特纳（Duranton and Turner，2012）的经验研究支持这一想法。最后，我们认为如果传统模式外还存在其他模式，那么人均人力资本增长可能与在城市规划和城市缺乏经济性管理中，更好地把技术和管理联系起来。

虽然我们对城市规模增长分析的原因有两个，这并不意味着城市数目必然下降。在布莱克与亨德森（1999a）以及罗西—汉斯博格与赖特（2007）的研究中，城市数目也可能随国家人口增长而增加，只要国家人口增长率超过单个城市的规模增长率。这些文章假设了一个完全城市化的世界。在发展中国家，城市数目的增长也受到城市化或去农业的驱动，如22.2.1所讨论的那样。

22.4.2.1.2 相对城市规模分布和大城市规模排名的稳定性

国家城市规模分布随着时间的推移是非常稳定的，一些研究认为，他们要么是全局（加贝克斯，1999），要么是局部（Eeckhout，2004；Duranton，2007）近似的帕累托分布，从而服从齐普夫法则。亨德森与王（2007）表明从1960~2000年世界范围内的城市规模分布是稳定的。布莱克与亨德森（2003）以及哈里斯—多普金斯与约安尼季斯（Harris－Dobkins and Ioannides，2001）表明过去几十年美国的情况同样类似。注意这些研究只着眼于城市，而不是22.3中描述的普遍空间变化。由加贝克斯（Gabaix，1999）提出并得到罗西—汉斯博格与赖特（2007）以及杜兰顿（2007）更全面发展的理论模型认为，在特定随机过程背景下，如遵循吉尔伯特法则的城市分布随着时间的推移，所有城市分布接近于齐普夫法则的稳定分布。一个潜在的问题是，这些模型也包含所有城市以城市规模分布的形式不断进行的转型，并与以下事实形成部分对比。

有证据表明，一个国家在长期时间里，历史上最大的城市通常会保持该国相对最大城市的地位。在一个国家里，城市排位很少下移（Eaton and Eckstein，1997；Black and Henderson，1999b，2003）。伊顿和埃克斯坦（1997）表明，在法国和日本过去100多年间，城市规模排名一直非常稳定。在一个基于10个十年数据的马尔可夫过程中，布莱克和亨德森（1999b，2003）表明，人口规模排名前5%的美国城市过渡到底部35%用了很多世纪（这是一个时间跨度样本）。

问题是为什么大城市的规模排名下降如此慢？格莱泽和捷尔科（2005）以及亨德森和维纳布尔斯（2009）认为，城市耐用资本是大城市面对不利冲击和竞争时保持人口规模是一种解释。阿瑟（1990）和劳赫（1993）则强调信息外部性的区位嵌入，大城市知识积累规模很大，难以转移。

22.4.2.2 城市层级间的产业扰动与迁移

在这一部分，我们从产业城市间迁移的一般事实开始，这也关系到城市内部的迁移（从核心到外围）。然后，我们讨论最近的相关模型。

22.4.2.2.1 产业迁移的事实

扰动是一个过程，即城市随着时间的推移失去其现有的出口产业，而被不同的出口产业取代。因此，汽车城在未来十年里可能成为电子城市。基于戴维斯和霍尔蒂万格（1998）以及杜兰顿（2007）的研究，扰动可以被直接定义为一个扰动指数，或马尔可夫过程中的平均首次通过时间。一个城市前5%的产业转变为底部产业的平均首次通过时间，只为前5%的人口转变为底部时间的很小比例。

尽管杜兰顿考察美国和法国数据的一般扰动，仍然有其他的经验，特别是对经济发展过程。第一组调查结果涉及城市层级的专业化程度。正如表22-2所指出的，在过去30年里，美国城市的专业化程度已经下降了。相比之下，从1983~1993年的大多数产业中，韩国出现越来越多的专业化的城市，而在集聚程度更高的区域则是多样性不断增加。因此，尽管区域经济变得多样性，但在城市层面，产业集中度却增强了（Henderson et al.，2001）。另一个例子是中国，从1995~2008年，所有空间尺度的专业化水平都增强了。表22-3显示，城市和农村的专业化水平从1995年增长到2008年，这也表现在较大空间尺度的地区和都市区（市）。要注意的是，一般而言，中国城市作为一个群体其专业程度不及单个城市辖区，这与以下观点相一致，即城市中类似活动在邻里集群。

表22-3　　　　中国专业化的演变（三位数字产业分解）

	1995 年克鲁格曼相关系数（制造业）		2008 年克鲁格曼相关系数（制造业）	
	Mean	Median	Mean	Median
区域	0.403 3	0.397 8	0.469 4	0.474 1
城区（城市地区，2010）	0.305 9	0.286 3	0.352 5	0.346 0
县（农村单位，2010）	0.421 8	0.418 5	0.461 2	0.457 4
县（城市单位，2010）	0.435 9	0.429 4	0.482 5	0.474 9

资料来源：作者基于大约150个就业增加的三位数的产业的计算得来。

第二组的经验发现涉及发展中国家的工业由核心向更大范围城市区域扩散的现象。在国民经济发展的早期阶段，一个国家的现代制造业很大程度上只局限于大城市地区的核心城市，原因会在后文探讨。在这一集聚过程后，是两个阶段的扩散：先扩散至核心都市区外围，再向大都市区腹地蔓延。

这一观点是用韩国和中国的数据说明。在韩国，表 22 - 4 显示了首尔制造业份额的变化。虽然首尔大都市区在本地区保持了相当稳定的份额，但其制造业就业人数在 20 世纪 70 年代和 80 年代急剧下降，从最初 1970 年的 76% 下降到 1993 年的 30%。这是产业从首尔向附近卫星城市和城市外围地区的迁移。表 22 - 4 还比较了从 1983 ~ 1993 年短短的 10 年间，通过韩国三大主要都市区、其卫星城市以及国家其他地区考察韩国国家制造业就业份额的演化。这是扩散的第二个阶段，三大核心都市区继续失去份额。损失的份额不再到卫星城市，而是远至内地。内地的份额在 10 年间从 26% 上升到 42%，同期其人口比重略有下降。这种转变与 20 世纪 80 年代初韩国对内地的公路和电信投资有关。制造业的整体扩散与制造业的成熟相一致，正如第 22.3 节所讨论的。

表 22 - 4		韩国分散化的阶段		
首尔在京畿省的份额（首都地区）				
	1970	1980	1983	1993
人口	62%	63%	67%	61%
制造业就业	76%	61%	45%	30%
全国制造业就业份额				
		1983		1993
首尔、釜山和大邱大都市区		44%		28%
首尔、釜山和大邱大都市区的卫星城市		30%		30%
其他城市，农村地区		26%		42%

资料来源：Henderson et al.（2001）和相关的计算。

对中国而言，表 22 - 5 显示了在 1990 年国家确定大都市区的核心城市县，从 1995 ~ 2008 年其制造业就业下降。新的城市县是 1990 年城市核心的外围或新的郊区。他们的就业份额增加超过了两倍。但内地县城的份额小幅上涨。注意 2008 年高水平服务在初始城市核心区集聚（我们不知道服务业 1995 年的数字），远远超过其人口或制造业就业的份额。

表 22 - 5 中国的分散化阶段

国家份额	工业		服务业	人口
	全国工业 就业比重		全国服务业 就业比重	全国人口 就业比重
	1995	2008	2008	2000
1990 和 2000 年各县市区	52%	41%	58%	28%
新的县市区	6.2%	13%	6.3%	5.5%
县、城镇	18%	22%	12%	18%
2010 年其他县市区	24%	24%	24%	48%

资料来源：作者自行计算。

迪斯梅特等（Desmet et al.，2015）表明在印度呈现出一致的趋势，考察了初始集聚区到非集聚区制造业与服务业就业的增长，时间区间很短，是从 2000 ~ 2005 年，但发展模式仍非常惊人。如图 22 - 9 所示，它们反映了误差范围内的趋势，如果减少观测值，这一趋势将向更高密度的区域发展，但误差范围随之扩大。对制造业而言，均值回归很明显，高密度地区在 2000 年的增长远比低密度地区慢。服务业的模式是完全不同的。高密度区相较于中密度区平均有较高的增长率。在上端，增长与密度同步增加。总体而言，这意味着在韩国和中国制造业日趋分散，而服务业在集中度高的地区更为集中，特别是在最大的城市。

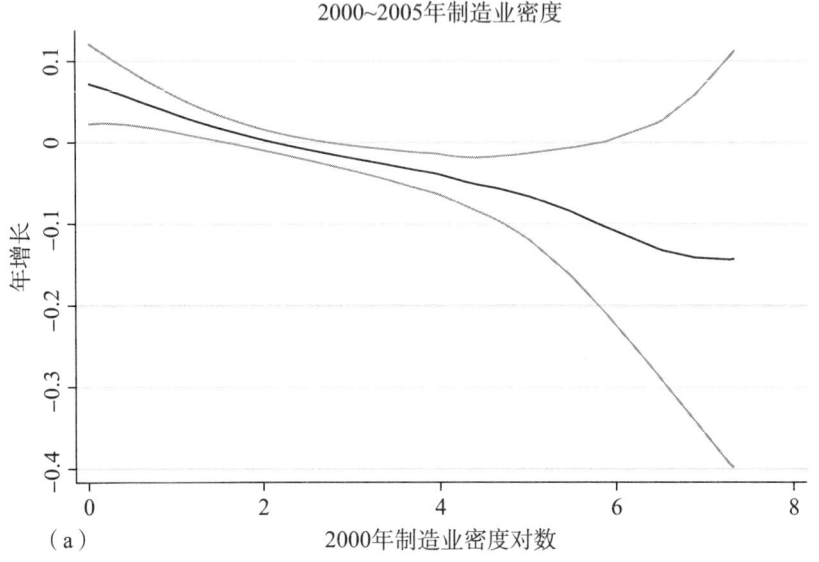

（a）

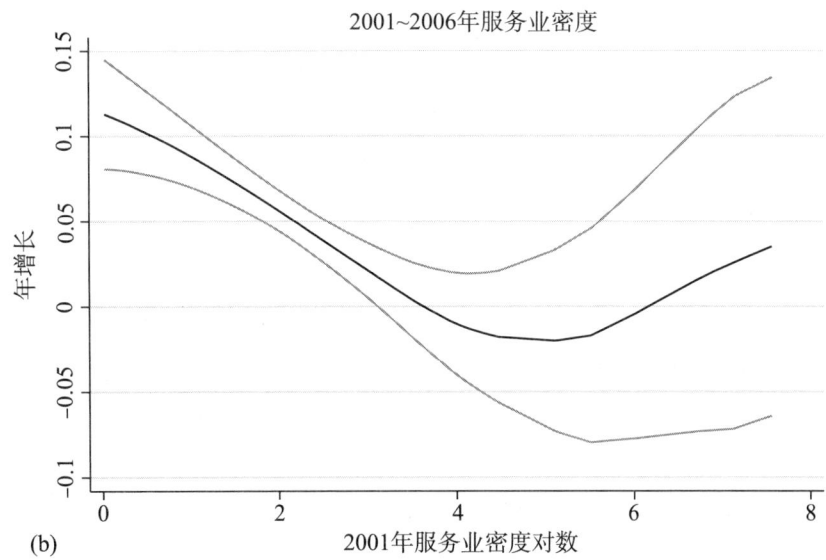

图 22 - 9　印度制造业的分散与制造业的集中：（a）制造业 （b）服务业
资料来源：（a，b）迪斯梅特等（2015）.

22.4.2.2.2　城市间产业迁移模型

前面提出的事实涉及城市内产业的扰动、城市层级专业化程度的变化以及层级间的产业迁移模式。我们勾勒出一个处理大量扰动的模型，然后回顾了各种相关的处理层级间产业迁移的模型。

扰动。杜兰顿（2007）将格罗斯曼—赫尔普曼质量阶梯模型应用于城市环境中，目标是提出一个符合下列事实的模型。城市相对规模的改变是缓慢的；城市总体规模分布非常稳定；产业在城市间的迁移是迅速的，城市不断改变生产模式。在格罗斯曼—赫尔普曼质量阶梯模型中，有一系列固定的消费品，但它们的质量不断提升。质量是一个阶梯过程，其中部门 z 在时间 t 有一个最佳质量 $j(z, t)$。研究公司正在进行研究以提高质量。最终，部门 z 的研究导致一个研究企业发现一个先进的部门。这家企业得到（不可转让）生产专利，并致力于生产活动，享受垄断租金直到移动到下一个阶梯。只有发现最新质量水平的研究公司生产产品，确定价格以排除潜在的低质量生产者。

杜兰顿增加了城市元素。他假设了一个给定的固定城市数目，每个都专业化生产第一属性的产品，假设目标城市不会消失或成为空城。行动存在于第二属性产品中，涉及创新，而且是完全自由的。杜兰顿作出了两个关键假设。生产必须发生在做出发现的获胜研究企业所在地。生产需要的信息来自研究公司，这些信息只在本地扩散，如通过雇用获胜企业的前研究人员参与生产。第二，为了富有生产率，所有集中在创新 z 的研究公司都必须位于目前的城市生产 z。如果所有的创新，如格罗斯曼—赫尔普曼质量阶梯模型，是在所属产业，则生产将不会迁移。杜兰顿引入了产业交叉创新。研究企业 k 对创新 z 的累计经费支出为 $\lambda^k(z)$，有 $\beta\lambda^k(z)$ 的概率成功进入产业 z，但也有 $\gamma\lambda^k(z)(\gamma<\beta)$ 的成功概率进入产业 z'。产业 z 中创新的可能性是 $\beta\lambda(z) + \gamma\sum_{z\neq z'}\lambda(z')$，$\lambda(z)$ 为所有聚焦创新 z 的研究企业的累计投入。如果研究创新 z 的企业正好在 z' 有领先性的创新，z' 的生产将会转移至该企业所在的城市，从而产生产业扰动。

在稳定状态下，有几个关键的结果。第一，存在产业扰动：由于交叉产业创新，自由生产第二属性产品的生产区位会随着时间推移而改变。[⑩] 第二，创新过程导致稳定的城市分布，局部近似齐普夫法则，因此城市规模分布保持不变。第三，但是存在个别城市的运动。更大的城市（偶然）具有积累的创新和生产，随着时间推移会获得或失去部门，但最终的结果将是均值回归，较大的城市相对较小的城市增长更为缓慢（或失去就业）。因此，有一个小城市上升和大城市下降的过渡过程。

随着经济发展持续，解释城市层级间运动模式。城市层级体系中有两种变化。首先是城市和区域专业化程度的变化。其次是产业从最大的都市核心区到边缘再到内地的运动。我们如何解释这些变化？在 22.4.3 中，我们认为公共政策、交通投资和创新可能发挥作用。在这里，我们涉及生产技术变化的建模。在迪斯梅特与罗西—汉斯博格（2009）中，如在 22.3 中所回顾的，两波 GPT—电力和 IT 引导了美国第一次由初始分散的制造业向高密度区位的集聚，在随后的几十年，人口最密集区位的制造业被服务业取代。这两者都涉及更为总体水平上的专业化改变。相应地，我们可能会想到发展中国家经历的技术转让和适应。对国外技术的适应性学习最初集中在最密集的区位；但是，随着制造技术的调整和规范，规模外部性可能会降低和分散。制造业迁出人口最密集的地方，被服务所取代。

迪斯梅特与罗西—汉斯博格（2009）的思想也与美国历史上都市区分散的历史以及发展中国家的现状类似。在 20 世纪早期，美国经历了一个制造业向电气化转变的持续生产过程，这要求是单层建筑，因此导致大量的土地需求。城市边缘的土地比市中心便宜很多，这激励制造业从核心城市迁出，如美国 20 世纪早期和中期那样。与此相关的是，如果城市服务业部门开始

---

⑩ 一个较老的具有启发性的版本是，传统的生产者和他们附近的研究公司变得"自满"，因此创新在新的区位发生。

比制造业享受更大的边际地方集聚收益，服务业在城市中心土地竞价中就会胜过制造业，这一点在迪斯梅特与罗西—汉斯博格（2014a）中得到进一步的发展。[11]

22.4.3　影响资源空间配置的政策

政策和制度都对城市层级有强烈影响。贸易管制、最低工资、资本市场和财政分权等一系列政策对城市层级间的资源配置有影响，这在较早研究（Renaud，1981；Henderson，1988）以及最近工作中得到证实。例如，影响国家产品结构的政策，然后通过贸易政策的产品偏好影响城市的规模和数量。因此，这些政策将通过城市层级影响每个城市。如果贸易政策以牺牲纺织业为代价而有利于钢铁业，国家的城市构成将改变，从事钢材或相关产品生产的城市数量将增加。这些城市可能比从事纺织品和服装生产的城市更大。最低的固定名义工资政策只能在名义工资较高的大城市实施，但实际工资却不高。

有些政策超出了本章的范围。很多政策包含于以往的研究中，学者们做了大量的工作，但最近核心研究则很罕见。其中，特别值得关注的是地方政府和城市被允许对经常性支出征税和基础设施投资等资本项目进行融资的制度。举一个例子，在制度不健全的发展中国家，大都市区政府一般不能够通过举债融资，无论是从债券市场或国际银行（鉴于公共基础设施不能用作抵押品）。当前税收能力有限且收益延续到将来才能兑现，在此情况下，贷款对于有效的分配是必不可少的，因此，这一融资方式将一直持续下去（亨德森和维纳布尔斯，2009）。各国政府可以提供融资或担保贷款，但是，地方政府会在任一贷款上出现违约。当然，国家政府可以使用补助金来选择性地资助当地的项目，但选择可能基于政治考虑，较少考虑当地的经济条件。各国政府的收入来源和借贷能力也可能受到限制。简而言之，它可能是许多城市不能获得足够的资金对基础设施投资（以及一些城市可能会过度投资）。我们知道，对融资不足或过度融资的影响、城市生活品质、城市人口增长或生产率增长缺乏有价值的研究。城市生产力的损失会有多少？如达累斯萨拉姆可怕的城市拥堵，薄弱的公共交通以及对投资不足的脆弱的道路网络。现在正在建设的快速公交影响是什么？我们根本没有发现研究中涉及某个城市或国家类似的问题。

---

⑪　与此相关，在 Fujita 和 Ogawa（1982）模型中，制造业外部性下降（随技术规范，信息价值在城市内部溢出）导致更多远离核心的城市中心形成，由此促进多中心的发展，工人通勤成本更低。

在这一节中，我们专注于两种类型的政策，最近的研究表明其本质上是空间政策。第一个政策涉及交通基础设施投资与城市形态和城市增长的因果关系，这些设施连接城市和腹地以及城市内部的区位。第二个政策涉及城市，或我们所说的大城市，偏向于公共资源配置和市场运作。

22.4.3.1　交通投资与技术变革

模型表明交通基础设施投资对城市和区域专业化和增长模式的变革有很大影响。这本手册由雷丁与特纳（Redding and Turner，2015）撰写的一章的主题，我们只做简短回顾。一个古老的争论涉及与国家经济活动中心联系的改进对内地城镇的影响：联系使得更容易进入市场，却取消了对本地生产商面对外部竞争的保护。唐纳森（Donaldson，2014）对历史上的印度进行研究，他基于伊顿与科特姆（Eaton and Kortum，2002）模型，表明交通运输投资降低区位之间的贸易成本，从而允许所有的城市或区域在从事专业化商品的生产中获益，因为运输成本下降而具有更多比较优势，以摆脱对他人的生产和进口的依赖[12]。对于我们的目的，关键是大范围基础上的专业化提高与我们上面讨论的中国和韩国数据相符合。在由克鲁格曼（1991）提出的新经济地理模型中，在自然尺度下交通改善导致制造业首先在"核心"区域集中并实现专业化，与前面的分析一致。但美国最近的数据显示，进一步的改进（后期开发）如果使核心区变得拥挤，这将导致制造业向城市外围分散（Puga，1999）。在简单的新经济地理模型中，专业化和集中是相互影响的。

交通投资对城市内部的产业分散也有很强的影响。从历史上看，在美国货物装船运到附近的城市，再通过铁路运输到其他城市。例如，在铁路终端的城市，马车是非常昂贵的，因此企业倾向于集聚在城市中心的轨道终端。随着卡车运输以及高速公路系统的发展，迈耶等人（Meyer，1965）认为，20世纪50年代和60年代城市环形道路建设允许各类制造业从城市中心分散到土地更便宜的郊区，然后通过环形道路将商品运至铁路支线和环形路的终端。对中国而言，相应的阶段是1995~2008年间，鲍姆—斯诺等人（Baum - Snow et al.，2013）表明，轨道和环形路是导致在中国城市制造业分散的原因。

22.4.3.2　城市和政治偏见

基于两部门模型（如，概览见 Rey，1998）有了新的发展，它们讨论国家

---

[12]　对中国的经验研究仍欠缺结论。Faber（2014）和 Banerjee 等（2012）就对运输进步对内地财富的影响得出了相反的结论，内地包括经过或未经过运输投资"处理的"。

劳动力或资本市场的偏见和/或政策扭曲，这对城市部门有利，并可能会吸引大量的移民到城市发展。另外，也可能有移民限制，如中国限制城乡迁移的户口制度。在这里，我们转向某种偏见，一个城市或一般意义上的大城市和政治城市，相对其他城市和农村地区更受青睐。正如我们所看到的，受重视有利于一个城市决定自己的规模。

如亨德森（1988）与杜兰顿（2008）所回顾，政治偏见效应的标准建模假设受青睐的城市比未受青睐的城市要大。不同类型和不同规模的城市构成了一个系统。在开发商模式下，城市往往在他们实际收入的倒 U 型曲线的峰值附近运行，在规模上，典型工人在不同类型城市的实际收入是均衡的。在全国劳动力市场，任何一个城市都面临水平的劳动力供给曲线，这将带来真实收入增加。一个在资本市场受到青睐或具有特殊公共服务导致实际收入倒 U 型曲线上移的城市，可以在任何规模具有更高的实际收入/效用。如果城市对资金成本补贴，那就提高了一个有竞争力的企业可以支付的边际产品。在移民无限的情况下，受青睐城市的规模扩张超出了其倒 U 型曲线的峰值。均衡点在峰值右侧，城市实际收入等于其他城市在全国劳动力市场上的实际收入。这意味着在一个自由迁移的均衡中，随着城市规模的扩大超出潜在实际收入的峰值点，受青睐城市的收益通过通勤成本或负面因素的增加得以耗散。

埃兹和格莱泽（Ades and Glaeser，1995）以及戴维斯与亨德森（Davis and Henderson，2003）考察了间接证据。如埃兹与格莱泽（贸易与流通）论文标题暗示的那样，似乎许多国家对首都城市存在明显的偏见，特别是在民主化之前。相对于其经济地位，它们比其他城市大得多，这表明对首都城市投资存在偏见。

作为一个较为规范的例子，区和亨德森（Au and Henderson，2006b）给出了中国的间接证据，他们推断城市部门和农村部门以及城市部门不同类型企业的差异化的回报率。虽然财政数字显示在不同类别的城市人均公共支出较高，这很难与是否受到偏见区分开来，或简单地说，大城市公共部门更有效率，但带来了更严重的拥堵和环境问题。我们期待有效配置收益率均衡的城市间资本市场。杰斐逊与辛格（Jefferson and Singh 1999）发现与农村企业相比，中国 1990 年代初城市企业有更好的回报率。蔡和亨德森（Cai and Henderson，2013）表明中国不同的企业类型（低于国有企业）、城市类型的资本回报率不同。在政治性城市（如北京）中，所有类型的企业受青睐的程度（回报率较低）高于中国普通地级市的企业。图 22 - 10 显示普通地级市私营部门企业回报率的分布和中国东部三个主要的省级城市——上海、北京、天津的比较。

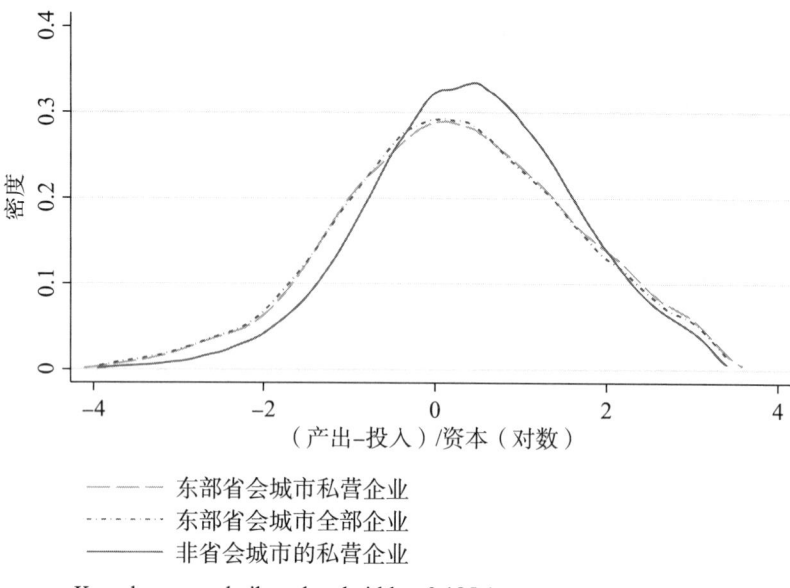

Kernel = epanechnikov, bandwidth = 0.185 1

图 22 – 10　税后分配附加价值除以净资产值（如与资本回报成正比）

图下方图例：
　　— — —　东部省会城市私营企业
　　—·—·—　东部省会城市全部企业
　　———　非省会城市的私营企业

　　青睐导致了另一个关键问题。在实际收入与城市规模倒 U 型曲线的讨论中，显然城市要抵制超越峰值的外来移民。如果城市制定歧视价格，而且城市人口保持稳定，无论是原住民还是开发商都可以限制外来移民和收取费用（亨德森，1988；贝伦斯、罗伯特—尼佑德，2015）。根据特定的框架，城市规模被设置为实际收入最大化的规模（无论是开发商控制的城市还是现有居民控制的城市），位于峰值均衡和自由迁移均衡之间。然而，进入收费和价格歧视并不是城市的直接制度。相反，它们是通过土地市场和监管来使城市居民或城市政府得以限制城市规模。

　　在发达国家，限制城市规模的工具是排他性分区。在捷尔科等人（Gyour-ko，2013）的著名文章中，充满自然情趣的城市受到青睐，试图通过排他性分区限制外来移民。这样的分区可以有效地固定一个地方允许的居住单位数量。有了这个限制，进入城市的关键是获得城市中的一个地块。地块价格上涨使效用降低，从进入城市到选择去城市边缘。在他们的模型中，高技能、高收入的人有更大的意愿为青睐的城市设施买单。因此，随着国家人口和实际收入的增长，受青睐的城市都有更高的价格上涨，人口构成向高收入转变，这些高收入人口对城市设施出价高过别人。在这些框架中，关键的假设是，所有住宅单位由一个正式部门提供，该部门受到分区法的监管。

　　在发展中国家，这些限制是不同的。直到最近，中国一直有明确的迁移限制，从而直接限制流动性。迪斯梅特与罗西—汉斯博格（2013）发现中国城市设施的分散程度比美国的城市更大，并表明了这如何成为受青睐城市限制迁徙证据的解释。在不存在此类限制的情况下，他们发现一些中国最大的城市将变得更大，而且整体福利会显著增加。他们的文章也是一个例子，即定量模型如何在城市经济学用来估计不同政策的福利影响。

大多数国家没有直接的移民限制，即使在中国，现在限制也正逐渐消失。移民限制采取不同的形式。它们涉及土地市场和公共部门，通过间接方式限制进入。在发展中国家有非正规住房部门，这潜在地侵犯了正规部门的规定。在本手册布鲁克纳与拉尔（Brueckner and Lall, 2015）的一章中，发展中国家的政府都没有权力或政治意愿停止非正式部门的发展，或允许他们在次优的框架下开发。非正规部门可能涉及"非法侵占"（Jimenez, 1984），即集体非法占有土地或非法或准合法开发合法拥有的土地。后者的一个例子是巴西的私人垦殖企业开发的分片土地（loteamentos），开发违反国家的分区法律，但建立在合法持有的土地上。另一个例子是中国城市中城中村的发展。城中村建设在城市中农村集体所有的土地上。这些通常都是以前的农村生活区，城市连接农地，但没有连接居住区。这些居住区发展成高密度的移民"贫民窟"。这种"逃生阀"将允许自由移民均衡的出现，但需要一个"抓手"。

这一抓手涉及地方公共服务供给，成为限制外来移民的基础。如蔡（2006）对中国的研究，城中村不享受来自城市的服务（集中供水或下水系统、垃圾收集），他们的孩子一般都被排除在公立学校外。这导致这些区位的移民高成本和/低质量的服务供应，使其迁移成本更高昂。杜兰顿（2008）对此有很好的描述，现有居民面临一个倒 U 型曲线，而移民面临的是另一条曲线，它向下移动。在国家的城市人口供给曲线与移民的有效实际收入曲线相交的点，人口减少。在中国，这一政策被称为"提高门槛"（蔡，2006）。费勒与亨德森（Feler and Henderson, 2011）试图估计巴西拒绝对移民住房集中式供水对人口增长的影响，特别是对低技能人群的增长。在 20 世纪 80 年代的巴西，移民集聚区是不需要公共部门服务的区域。这一分析表明，在某些情况下，发展中国家贫民窟的出现反映了地方的战略决策试图限制外来移民，特别是受青睐的大城市，如国家首都（如北京）或政治精英城市（如上海和圣保罗）。

22.5　结　　论

在本章中，我们描述了随着一个国家增长和发展，经济活动空间分布是如何变化的相关理论和证据。为了做到这一点，我们关注不同的地理单元，从较大的城乡差异开始，之后是整体分布，并以顶端的城市结尾。当求解经济空间组织如何随发展而变化的问题时，文献经常分析今天的发达国家，特别是美国的长期模式。毫无疑问，美国过去的空间发展对今天的发展中国家来说是有价值的经验教训，所以这一战略往往既有用又适用。同时，今天的世界不同于美国和其他发达国家在 19 世纪和 20 世纪所经历的那个世界。例如，贸易影响的增长可能意味着一些国家在没有工业化的情况下实现城市化。传统地理分类数据的缺乏限制了发展中国家经验分析的程度。然而，可用数据的迅速增加连同地理信息系统工具正在改变这一情况。事实上，正如本章所明确的，在过去十年中，越来越多的经验研究使用来自发展中国家的数据。我们认为，有必要进行更多的研究以抽象出程式化的事实，形成地理和发展之间进一步理论研究工作的基础。建模和理解空间和发展之间的关系也需要更多的工作。经济活动的空间分布影响经济增长，反之亦然。一个经济体的城市化程度不仅是其发展的结果，同样也是其发展的决定性因素。为了更好地理解这些关系，需要有更多反事实政策实验的微观分析与定量研究。显然，一个国家的空间组织不是独立于宏观经济表现的。为此，城市和区域经济学家应继续努力发展所需的工具，告诉政策制定者如何制定区域和空间政策以促进福利和增长。

参考文献

Aarland, K.J., Davis, J.C., Henderson, J.V., Ono, Y., 2007. Spatial organization of firms. Rand J. Econ. 38, 480–494.

Abdel-Rahman, H., Anas, A., 2004. Theories of systems of cities. In: Henderson, J.V., Thisse, J.F. (Eds.), Handbook of Regional and Urban Economics, vol 4. Elsevier, Amsterdam, pp. 2293–2339.

Abdel-Rahman, H., Fujita, M., 1993. Specialization and diversification in a system of cities. J. Urban Econ. 33, 189–222.

Ades, A.F., Glaeser, E.L., 1995. Trade and circuses: explaining urban giants. Q. J. Econ. 110, 195–227.

Allen, R.C., 2004. Agriculture during the industrial revolution, 1700–1850. In: Floud, R., Johnson, P. (Eds.), The Cambridge Economic History of Modern Britain, vol. 1. Cambridge University Press, Cambridge, United Kingdom. Industrialisation 1700–1860 (Chapter 1).

Arthur, B., 1990. Silicon valley locational clusters: when do increasing returns to scale imply monopoly. Math. Soc. Sci. 19, 235–251.

Au, C.C., Henderson, J.V., 2006. Are Chinese cities too small? Rev. Econ. Stud. 73, 549–576.

Au, C.C., Henderson, J.V., 2006. How migration restrictions limit agglomeration and productivity in China. J. Econ. Dev. 80, 350–388.

Bairoch, P., Batou, J., Chèvre, P., 1988. La population des villes européennes de 800 à 1850. Centre d'Histoire Economique Internationale de l'Université de Genève, Librairie Droz.

Baldwin, R.E., Martin, P., 2004. Agglomeration and regional growth. In: Henderson, J.V., Thisse, J.F. (Eds.), Handbook of Regional and Urban Economics. first ed., vol. 4. Elsevier, Amsterdam, pp. 2671–2711 (Chapter 60).

Banerjee, A., Duflo, E., Qian, N., 2012. On the road: transportation infrastructure and economic development. NBER Working paper 17897.

Basu, S., Fernald, J., 2007. Information and communications technology as a general purpose technology:

evidence from US industry data. Ger. Econ. Rev. 8 (2), 146–173.

Baum-Snow, N., Pavin, R., 2012. Understanding the city size wage gap. Rev. Econ. Stud. 79, 88–127.

Baum-Snow, N., Brandt, L., Henderson, J.V., Turner, M., Zhang, Q., 2013. Roads, railways and decentralization of Chinese cities. Brown University, processed.

Becker, R., Henderson, J.V., 2000. Intra-industry specialization and urban development. In: Huriot, J.M., Thisse, J. (Eds.), The Economics of Cities: Theoretical Perspectives. Cambridge University Press, Cambridge, UK, pp. 138–166.

Beeson, P.E., DeJong, D.N., 2002. Divergence. Contrib. Macroecon. 2 (1), Article 6, B.E. Press.

Behrens, K., Robert-Nicoud, F., 2015. Agglomeration theory with heterogeneous agents. In: Duranton, G., Henderson, J.V., Strange, W. (Eds.), Handbook of Regional and Urban Economics, vol. 5. Elsevier, Amsterdam.

Behrens, K., Duranton, G., Robert-Nicoud, F., 2014. Productive cities: sorting, selection, and agglomeration. J. Polit. Econ. 122, 507–553.

Black, D., Henderson, J.V., 1999. A theory of urban growth. J. Polit. Econ. 107 (2), 252–284.

Black, D., Henderson, J.V., 1999. Spatial evolution of population and industry in the USA. Am. Econ. Rev. Pap. Proc. 89 (2), 321–327.

Black, D., Henderson, J.V., 2003. Urban evolution in the USA. J. Econ. Geogr. 3, 343–372.

Boucekkine, R., Camacho, C., Zou, B., 2009. Bridging the gap between growth theory and the new economic geography: the spatial Ramsey model. Macroecon. Dyn. 13, 20–45.

Brock, W., Xepapadeas, A., 2008. Diffusion-induced instability and pattern formation in infinite horizon recursive optimal control. J. Econ. Dyn. Control. 32, 2745–2787.

Brock, W., Xepapadeas, A., 2010. Pattern formation, spatial externalities and regulation in coupled economic-ecological systems. J. Environ. Econ. Manag. 59, 149–164.

Brueckner, J., Lall, S., 2015. Cities in developing countries: fueled by rural-urban migration, lacking in tenure security, and short of affordable housing. In: Duranton, G., Henderson, J.V., Strange, W. (Eds.), Handbook of Regional and Urban Economics, vol. 5. Elsevier, Amsterdam.

Brülhart, M., Sbergami, F., 2009. Agglomeration and growth: cross-country evidence. J. Urban Econ. 65 (1), 48–63.

Cai, F., 2006. Floating populations: urbanization with Chinese characteristics. CASS mimeo.

Cai, W., Henderson, J.V., 2013. The Bias towards political cities and state owned firms in China's capital markets. LSE, processed.

Carlino, G., Kerr, W., 2015. Agglomeration and innovation. In: Duranton, G., Henderson, J.V., Strange, W. (Eds.), Handbook of Regional and Urban Economics, vol. 5. Elsevier, Amsterdam.

Caselli, F., Coleman II., W.J., 2001. The U.S. structural transformation and regional convergence: a reinterpretation. J. Polit. Econ. 109, 584–616.

Caselli, P., Paternò, F., 2001. ICT accumulation and productivity growth in the United States: an analysis based on industry data. Temi di Discussione 419, Banco d'Italia.

Chun, H., Kim, J.W., Lee, J., Morck, R., 2005. Information technology, creative destruction, and firm-specific volatility. Unpublished manuscript.

Costinot, A., 1999. An elementary theory of comparative advantage. Econometrica 77, 1165–1192.

David, P.A., Wright, G., 2003. General purpose technologies and surges in productivity: historical reflections on the future of the ICT revolution. In: David, P.A., Thomas, M. (Eds.), The Economic Future in Historical Perspective. Oxford University Press, Oxford, UK.

Davis, D., Dingel, J., 2013. The comparative advantage of cities. Columbia University, processed.

Davis, S., Haltiwanger, J., 1998. Measuring gross worker and job flows. In: Haltiwanger, J.C., Manser, M.E., Topele, R.H. (Eds.), Labor Statistics Measurement Issues. University of Chicago Press, Chicago.

Davis, J., Henderson, J.V., 2003. Evidence on the political economy of the urbanization process. J. Urban Econ. 53, 98–125.

Davis, J., Henderson, J.V., 2008. Agglomeration of headquarters. Reg. Sci. Urban Econ. 63, 431–450.

Desmet, K., Fafchamps, M., 2005. Changes in the spatial concentration of employment across U.S. counties: a sectoral analysis 1972–2000. J. Econ. Geogr. 5, 261–284.

Desmet, K., Fafchamps, M., 2006. Employment concentration across U.S. counties. Regional Sci. Urban Econ. 36, 482–509.

Desmet, K., Parente, S.L., 2012. The evolution of markets and the revolution of industry: a unified theory of growth. J. Econ. Growth 17, 205–234.

Desmet, K., Rappaport, J., 2013. The settlement of the United States, 1800–2000: the long transition to

Gibrat's law. CEPR Discussion Paper #9353.

Desmet, K., Rossi-Hansberg, E., 2009. Spatial growth and industry age. J. Econ. Theory 144, 2477–2502.

Desmet, K., Rossi-Hansberg, E., 2010. On spatial dynamics. J. Reg. Sci. 50, 43–63.

Desmet, K., Rossi-Hansberg, E., 2012. Innovation in space. Am. Econ. Rev. Pap. Proc. 102, 447–452.

Desmet, K., Rossi-Hansberg, E., 2013. Urban accounting and welfare. Am. Econ. Rev. 103, 2296–2327.

Desmet, K., Rossi-Hansberg, E., 2014a. Spatial development. Am. Econ. Rev. 104, 1211–1243.

Desmet, K., Rossi-Hansberg, E., 2014b. On the spatial economic impact of global warming. Working paper.

Desmet, K., Ghani, E., O'Connell, S., Rossi-Hansberg, E., 2015. The spatial development of India. J. Reg. Sci. 55, 10–30.

Diamond, J., 1997. Guns, Germs, and Steel: The Fates of Human Societies. W.W. Norton, New York.

Doepke, M., 2004. Accounting for fertility decline during the transition to growth. J. Econ. Growth 9, 347–383.

Donaldson, D., 2014. Railroads of the raj: estimating the impact of transportation infrastructure. Am. Econ. Rev., forthcoming.

Duranton, G., 2007. Urban evolutions: the fast, the slow, and the still. Am. Econ. Rev. 97, 197–221.

Duranton, G., 2008. Viewpoint: from cities to productivity and growth in developing countries. Can. J. Econ. 41, 689–736.

Duranton, G., Overman, H.G., 2005. Testing for localization using micro-geographic data. Rev. Econ. Stud. 72, 1077–1106.

Duranton, G., Overman, H.G., 2008. Exploring the detailed location patterns of U.K. manufacturing industries using microgeographic data. J. Reg. Sci. 48, 213–243.

Duranton, G., Puga, D., 2001. Nursery cities. Am. Econ. Rev. 91, 1454–1477.

Duranton, G., Puga, D., 2004. Micro-foundations of urban agglomeration economies. In: Henderson, J.V., Thisse, J.F. (Eds.), Handbook of Regional and Urban Economics, vol. 4. Elsevier, Amsterdam, pp. 2063–2117.

Duranton, G., Puga, D., 2005. From sectoral to functional urban specialisation. J. Urban Econ. 57, 343–370.

Duranton, G., Puga, D., 2014. The growth of cities. In: Durlauf, S.N., Aghion, P. (Eds.), Handbook of Economic Growth, vol. 2. Elsevier, Amsterdam.

Duranton, G., Turner, M., 2012. Urban growth and transportation. Rev. Econ. Stud. 79, 1407–1440.

Easterlin, R.A., 1960. Interregional difference in per capita income, population, and total income, 1840–1950. In: Parker, W. (Ed.), Trends in the American Economy in the Nineteenth Century, Studies in Income and Wealth. Princeton University Press, vol. 24. Princeton, NJ, pp. 73–140.

Eaton, J., Eckstein, Z., 1997. Cities and growth: evidence from France and Japan. Reg. Sci. Urban Econ. 27, 443–474.

Eaton, J., Kortum, S., 2002. Technology, geography, and trade. Econometrica 70, 1741–1779.

Eeckhout, J., 2004. Gibrat's law for (all) cities. Am. Econ. Rev. 94, 1429–1451.

Eeckhout, J., Pinheiro, R., Schmidheiny, K., 2014. Spatial sorting. J. Polit. Econ. 122, 554–620.

Ellison, G., Glaeser, E.L., 1997. Geographic concentration in U.S. manufacturing industries: a dartboard approach. J. Polit. Econ. 105, 889–927.

Faber, B., 2014. Trade integration, market size, and industrialization: evidence from China's National Trunk Highway System. Rev. Econ. Stud. forthcoming.

Fafchamps, M., Shilpi, F., 2005. Cities and specialization: evidence from South Asia. Econ. J. 115, 477–504.

Fallah, B., Partridge, M., 2012. Geography and high-tech employment growth in U.S. counties. MPRA Paper 38294.

Fay, M., Opal, C., 2000. Urbanization without growth: a not-so-uncommon phenomenon. World Bank Policy Research Working paper Series 2412.

Feler, L., Henderson, J.V., 2011. Exclusionary policies in urban development. J. Urban Econ. 69, 253–272.

Forman, C., Goldfarb, A., Greenstein, S., 2005. Geographic location and the diffusion of internet technology. Electron. Commer. Res. Appl. 4, 1–13.

Fujita, M., Ogawa, H., 1982. Multiple equilibria and structural transition of non-monocentric configurations. Reg. Sci. Urban Econ. 12, 161–196.

Fujita, M., Henderson, J.V., Kanemoto, Y., Mori, T., 2004. The spatial distribution of economic activities in Japan and China. In: Henderson, J.V., Thisse, J.F. (Eds.), Handbook of Regional and Urban Economics, vol. 4. Elsevier, Amsterdam.

Gabaix, X., 1999. Zipf's law for cities: an explanation. Q. J. Econ. 114, 739–767.

Gabaix, X., Ioannides, Y., 2004. The evolution of city size distributions. In: Henderson, J.V., Thisse, J.F. (Eds.), Handbook of Regional and Urban Economics, vol. 4. Elsevier, Amsterdam.

Galor, O., Weil, D., 2000. Population, technology, and growth: from the Malthusian regime to the demographic transition and beyond. Am. Econ. Rev. 90, 806–828.

Galor, O., Moav, O., Vollrath, D., 2009. Inequality in landownership, human capital promoting institutions and the great divergence. Rev. Econ. Stud. 76 (1), 143–179.

Gibrat, R., 1931. Les inégalités économiques: applications aux inégalités de richesses, à la concentration des entreprises, aux populations des villes, aux statistiques des familles, etc., d'une loi nouvelle, la loi de l'effet proportionnel. Librairie du Recueil Sirey, Paris.

Glaeser, E., Gyourko, J., 2005. Urban decline and durable housing. J. Polit. Econ. 113, 345–375.

Gollin, D., Parente, S.L., Rogerson, R., 2007. The food problem and the evolution of international income levels. J. Monet. Econ. 54, 1230–1255.

Gyourko, J., Mayer, C., Sinai, T., 2013. Superstar cities. Am. Econ. J. Econ. Policy 5, 167–199.

Hansen, G., Prescott, E.C., 2002. Malthus to Solow. Am. Econ. Rev. 92, 1205–1217.

Harris, J.R., Todaro, M.P., 1970. Migration, unemployment and development: a two-sector analysis. Am. Econ. Rev. 60, 126–142.

Harris-Dobkins, L., Ioannides, Y.M., 2001. Spatial interactions among U.S. cities: 1900–1990. Reg. Sci. Urban Econ 31, 701–731.

Helsley, R.W., Strange, W.C., 1990. Agglomeration economies and matching in a system of cities. Reg. Sci. Urban Econ. 20, 189–212.

Helsley, R.W., Strange, W.C., 2014. Coagglomeration, clusters and the scale and composition of cities. J. Polit. Econ. 122, 1064–1093.

Henderson, J.V., 1974. The sizes and types of cities. Am. Econ. Rev. 64 (4), 640–656.

Henderson, J.V., 1988. Urban Development: Theory, Fact, and Illusion. Oxford University Press, New York.

Henderson, J.V., 1997. Medium size cities. Reg. Sci. Urban Econ. 27, 583–612.

Henderson, J.V., 2005. Urbanization and growth. In: Aghion, P., Durlauf, S. (Eds.), Handbook of Economic Growth. Elsevier, Amsterdam.

Henderson, J.V., 2010. Cities and development. J. Reg. Sci. 50, 515–540.

Henderson, J.V., Venables, A., 2009. The dynamics of city formation. Rev. Econ. Dyn. 12, 233–254.

Henderson, J.V., Wang, H.G., 2005. Aspects of the rural-urban transformation of countries. J. Econ. Geogr. 5, 23–42.

Henderson, J.V., Wang, H.G., 2007. Urbanization and city growth: the role of institutions. Reg. Sci. Urban Econ. 37, 283–313.

Henderson, J.V., Lee, T., Lee, Y.J., 2001. Scale externalities in a developing country. J. Urban Econ. 49, 479–504.

Henderson, J.V., Roberts, M., Storeygard, A., 2013. Is urbanization in sub-Saharan Africa different? Policy Research Working paper Series 6481. World Bank.

Hobijn, B., Jovanovic, B., 2001. The information-technology revolution and the stock market: evidence. Am. Econ. Rev. 91, 1203–1220.

Holmes, T.J., Lee, S., 2010. Cities as six-by-six-mile squares: Zipf's law? NBER. In: Glaeser, E. (Ed.), Agglomeration Economics. National Bureau of Economic Research, pp. 105–131 (Chapter).

Holmes, T., Stevens, J.J., 2004. Spatial distribution of economic activities in North America. In: Henderson, J.V., Thisse, J.F. (Eds.), Handbook of Regional and Urban Economics, vol. 4. Elsevier, Amsterdam.

Ioannides, Y., Skouras, S., 2013. US city size distribution: robustly Pareto, but only in the tail. J. Urban Econ. 73 (1), 18–29.

Jefferson, G.H., Singh, I., 1999. Enterprise Reform in China: Ownership, Transition, and Performance. World Bank, Washington, DC and Oxford University Press, New York.

Jimenez, E., 1984. Tenure security and urban squatting. Rev. Econ. Stat. 66, 556–567.

Jovanovic, B., Rousseau, P.L., 2005. General purpose technologies. In: Aghion, P., Durlauf, S. (Eds.), Handbook of Economic Growth. Elsevier, Amsterdam (Chapter 18).

Kim, S., 1998. Economic integration and convergence: U.S. regions, 1840–1987. J. Econ. Hist. 58, 659–683.

Kim, S., 1999. Regions, resources, and economic geography: the sources of USA comparative advantage,

1880–1987. Reg. Sci. Urban Econ. 29, 1–32.

Kim, S., 2009. Spatial inequality and development: theories, facts and policies. In: Buckley, R., Annez, P., Spence, M. (Eds.), Urbanization and Growth. The International Bank for Reconstruction and Development and World Bank, Washington, DC.

Kim, S., Margo, R.A., 2004. Historical perspectives on U.S. economic geography. In: Henderson, J.V., Thisse, J.F. (Eds.), Handbook of Regional and Urban Economics. first ed., vol. 4. Elsevier, Amsterdam, pp. 2981–3019 (Chapter 66).

Kolko, J., 1999. Can I get some service here: information technology, service industries, and the future of cities. Harvard University, Mimeo.

Krugman, P., 1991. Increasing returns and economic geography. J. Polit. Econ. 99 (3), 483–499.

Krugman, P., 1992. Geography and Trade. MIT Press, Gaston Eyskens Lecture Series, Cambridge, MA.

Krugman, P., 1996. Confronting the mystery of urban hierarchy. J. Jpn. Int. Econ. 10, 399–418.

Lee, S., Li, Q., 2013. Uneven landscapes and city size distributions. J. Urban Econ. 78, 19–29.

Lewis, W.A., 1954. Economic development with unlimited supplies of labour. Manch. Sch. 22 (2), 139–191.

Lucas, R.E., 2004. Life earnings and rural–urban migration. J. Polit. Econ. 112 (S1), S29–S59.

Matsuyama, K., 1992. Agricultural productivity, comparative advantage, and economic growth. J. Econ. Theory 58, 317–334.

McGuckin, R.H., Stiroh, K.J., 2002. Computers and productivity: are aggregation effects important? Econ. Inq. 40, 42–59.

Meyer, J.R., Kain, J.F., Wohl, M., 1965. The Urban Transportation Problem. Harvard University Press, Cambridge.

Michaels, G., Rauch, F., Redding, S., 2012. Urbanization and structural transformation. Q. J. Econ. 127, 535–586.

Mitchener, K.J., McLean, I.W., 1999. U.S. regional growth and convergence, 1880–1980. J. Econ. Hist. 59, 1016–1042.

Ngai, R.L., Pissarides, C.A., 2007. Structural change in a multisector model of growth. Am. Econ. Rev. 97 (1), 429–443.

Nurkse, R., 1953. Problems of Capital Formation in Underdeveloped Countries. Oxford University Press, New York.

Ono, Y., 2003. Outsourcing business services and the role of central administrative offices. J. Urban Econ. 53 (3), 377–395.

Puga, D., 1999. The rise and fall of regional inequalities. Eur. Econ. Rev. 43, 303–334.

Rappaport, J., Sachs, J.D., 2003. The United States as a coastal nation. J. Econ. Growth 8, 5–46.

Rauch, J.E., 1993. Does history matter only when it matters a little? The case of city-industry location. Q. J. Econ. 108, 843–867.

Ray, D., 1998. Development Economics. Princeton University Press, Princeton (Chapter 3).

Redding, S., Turner, M., 2015. Transportation costs and the spatial organization of economic activity. In: Duranton, G.J., Henderson, V., Strange, W. (Eds.), Handbook of Regional and Urban Economics, vol. 5. Elsevier, Amsterdam.

Renaud, B., 1981. National Urbanization Policy in Developing Countries. Oxford University Press, Oxford.

Rosenbloom, J.L., 1990. One market or many? Labor market integration in the late nineteenth-century United States. J. Econ. Hist. 50, 85–107.

Rossi-Hansberg, E., Wright, M., 2007. Urban structure and growth. Rev. Econ. Stud. 74 (2), 597–624.

Rostow, W.W., 1960. The Stages of Economic Growth: A Non-Communist Manifesto. Cambridge University Press, Cambridge, UK.

Schultz, T.W., 1968. Economic Growth and Agriculture. McGraw-Hill, New York.

Shaw-Taylor, L., Wrigley, E.A., 2008. The Occupational Structure of England c.1750 to c.1871, http://www.geog.cam.ac.uk/research/projects/occupations/.

Tabuchi, T., Thisse, J.F., 2011. A new economic geography model of central places. J. Urban Econ. 69, 240–252.

Tamura, R., 2002. Human capital and the switch from agriculture to industry. J. Econ. Dyn. Control. 27, 207–242.

Tecu, I., 2013. The location of industrial innovation: does manufacturing matter? US Census Bureau Center for Economic Studies Paper No. CES-WP-13-09.

Trew, A., 2014. Spatial takeoff in the first industrial revolution. Rev. Econ. Dyn 17, 707–725.

Triplett, J.E., Bosworth, B.P., 2002. 'Baumol's Disease' has been cured: IT and multifactor productivity in U.S. services industries. In: Jansen, D.W. (Ed.), The New Economy and Beyond: Past, Present, and Future. Edward Elgar Publishing, Cheltenham, UK and Northampton, MA, pp. 34–71.

United Nations, 2010. World Population Policies 2009. United Nations, New York.

Williamson, J., 1965. Antebellum urbanization in the American Northeast. J. Econ. Hist. 25, 592–608.

World Bank, 2009. World Development Report 2009: Reshaping Economic Geography. The World Bank, Washington, DC.

第23章
城市犯罪

布兰登·奥弗莱厄蒂

美国哥伦比亚大学经济学系

拉吉夫·塞西

美国哥伦比亚大学巴纳德学院经济学系

美国新墨西哥圣达菲学院

摘要

我们考察了关于指数犯罪的文献,尤其关注空间问题。我们注意到龙勃罗梭(个人特征起作用)和贝卡利亚(环境刺激起作用)这样相互对立的理论传统,以及隔离(预测谁将犯罪并阻止他们)和威慑(发现谁犯罪并惩罚他们)这样相互对立的政策传统。犯罪经济学在一些方面与空间经济学相联系,因为指数犯罪需要罪犯和受害者(或他们的财产)接近。我们将探讨这些联系以及其他问题:惩罚的确定性和严重性对犯罪的影响;罪犯、受害者和执法人员之间的互动;受害、犯罪和监禁的种族差异。犯罪经济学已经取得了巨大的进展,但是对大量时间和空间方面的差异仍然所知不多,而且很多非传统解释经常被经济学家忽略,需要进行更为系统性地探讨。

关键词

罪行 受害 犯罪 监控 执行

JEL 分类码

K42 H76 R12

23.1　引　　言

犯罪是政府威胁要进行严厉惩罚的行为。原则上，这一威胁并不取决于第三方对犯罪活动的抱怨。如果没有政府，没有被惩罚的预期，就没有犯罪。

从时间和空间上看，犯罪活动的类型十分广泛。在纽约和世界各地，鸡奸和亵渎神明曾被视为犯罪。在纽约，已婚男人曾经一度可以对他们的妻子施暴而免受惩罚。在美国的很多城市，一些具有轻微外部性的活动被视为犯罪，如性交易、偷成箱的香烟，而有些具有很强外部性的活动却不被视为犯罪，如在地铁高峰期偷走门内的雨伞，在德克萨斯州经营不安全的化肥厂，或在清醒且心不在焉时驾车撞死行人。

对社会来说，多数政府禁止的行为是极为有害的，而且除非城市能够以某种方式抑制犯罪，否则它们可能无法繁荣。但是，可信惩罚及执行也是非常昂贵的，无论是对政府还是惩罚对象及其家庭。这两种成本——禁止的活动和惩罚措施——是犯罪经济学分析的核心内容。

城市经济学家把注意力放在所谓的"指数犯罪"上。指数犯罪是 FBI 所定义的犯罪行为，包括谋杀、抢劫、强奸、攻击、盗窃、入室盗窃和机动车盗窃。[①] 罪犯在实施这些犯罪时，需要接近受害者或者受害者的财产，因而具有内生的空间元素。对于大多行为来说，它们本质上也是罪恶的，几乎在所有社会中都被禁止。但是，犯罪边界并未很好建立，例如车祸、正当防卫、安乐死、约会强暴、婚内强暴等情形。我们也经常会看到犯罪涉及非法药品，因为他们通过多种方式与指数犯罪相联系，包括真实的和想象的方式。

我们关注指数犯罪主要考虑便利以及执法机构的组织方式。但是，因为这些指数犯罪大概是具有明显空间元素的最严重的犯罪，我们的关注点应该没有太大问题。白领犯罪如欺诈、挪用（Anderson，1999）以及网络犯罪，是一个快速增长的问题，但你住在哪里、和谁一同居住以及警察是否在你附近等问题，可能对你是否遭受侵害影响不大。同时，我们还在很大程度上忽略了恐怖主义。恐怖分子也应该包括在指数犯罪中，但是他们的偏好和策略使他们不同于普通的罪犯，因此他们应该在另一个单独的部分被研究。[②]

---

① 根据一项国会法案，1979 年后纵火被列入指数犯罪，但因其数量较少，侦查具有不确定性，我们在本章忽略了纵火。

② 意想不到的恐怖袭击可能导致警察部署突然和可信的外生变化，这可以用来识别警力在指数犯罪中的因果效应，下面我们讨论广泛的文献，但是不讨论恐怖主义本身的原因和后果。

如果从事指数犯罪，必然在某个地方从事犯罪，因此无论是从事犯罪的策略还是避免犯罪的策略都必须考虑犯罪发生的位置。最终，我们主要关心的是什么使得特定地点和时间比其他更为危险，23.6 节（时间）和 23.7 节（位置）两个部分将明确讨论这一问题。如我们在那里所表明的，关于时间和地点的经济学文献非常缺乏，很多重要问题仍然没有被解决。这一评述的大部分可被视为考察各种时空差异的假设，即使关于这些假设的实际文献很少将时间和位置讨论得足够深入。可能由于在附近居住或工作的人们的稳定特征，使得某些区位是危险的。因此，23.2 节考察了我们关于犯罪特征与犯罪者关系的知识。区位的危险性也可能是因为附近的贫困激励，这些激励是负面的（没有足够工作）或正面的（没有警察）；在 23.3 节和 23.5 节将考察这些激励是如何影响犯罪的。可能更复杂的互动和潜在受害者的行为产生了危险，23.4 节相应地将研究互动结构。

在这一评述中，我们专注于犯罪的发生率和降低犯罪努力的有效性。我们并不系统讨论关于犯罪和犯罪控制政策的福利含义。这是由于空间限制和与这一问题有关的哲学难题。例如，我们如何评价犯罪分子从犯罪中得到的好处？如果担心惩罚阻止了潜在的攻击者，他/她的福利损失是社会成本吗？如果不是，那么电力公司由于被迫减排而产生的费用是否也应该被排除在任何福利分析之外？科斯（Coase, 1960）观察到有害的行为具有互惠的特征——一方防止自己被伤害，就是限制它去伤害另一方。因此，公司承担的排污成本通常被视为社会成本，在任何福利分析中都被充分考虑了。但是，这一原则很少在犯罪行为的福利分析被引用。这一问题值得详细考察，但超出了这里需要讨论的范围。

23.2 犯罪特征

我们的常识是，人们对犯罪通常反应是，我们并不会去杀害自己的配偶或猥亵自己的孩子，并会询问什么导致罪犯和其他人不同。如果罪犯是由于其个人特征而犯罪，那么犯罪数量应该和罪犯数目成正比。当罪犯数量上升时，犯罪数量也会上升，反之亦反。罪犯数量高的地方会有很多犯罪，罪犯数量少的地方犯罪数量少。从这一观点来看，研究目标应该是确定什么导致人们成为罪犯，政策目标应该是减少那些可能成为罪犯的人的数目，或者至少应确保他们不会与潜在的受害者发生联系。

这一关于犯罪的观点已有很长的历史。切萨雷·龙勃罗梭（Cesare Lombroso 1835 ~ 1909)——通常被称为现代犯罪学之父,他认为罪犯是"隔代遗传",从出生起就与其他人不一样,并且可以通过一些生理特征加以识别。他们很多特点类似猿人,如倾斜的前额、大小不同寻常的耳朵、面部不对称、凸颚、手臂过长、左撇子等。龙勃罗梭的观点大部分不足信,但是这种观念依然普遍存在,即一些相对固定的特点倾向于使人犯罪,无论是遗传的还是后天形成的。③

这对我们来说可能比较有用,使我们知道陌生人会不会在一个安静的街道上抢劫我们,这比知道为什么芝加哥1990年的汽车窃贼数量会减少更加有用;这对普通民众的实际吸引力是明显的。事实是,在任何一年内,从事指数犯罪的罪犯只占人口的一小部分,而犯罪是连续相关的事实表明,罪犯与其他人与众不同,这使得我们讨论的应该是"罪犯",而不是简单是"犯罪的人"。④

这种关于犯罪的观点具有政策含义。如果使人们倾向犯罪的特征已知,那么可以通过消除这些特征,或者使潜在受害者与具有这些特征的人隔离,来阻止犯罪。预测进而通过监禁来防止犯罪。

政府的政策正是基于这一前提推导。但是,政策面临着一些棘手的伦理问题。一些政策会伤害可能犯罪的人,例如把他们关进监狱,或在大街上叫停他们进行侮辱性搜索。为了预防犯罪而伤害无辜的人使很多人感到震惊,包括美国人权法案的筹划者。帮助那些极有可能犯罪的人的政策——例如向男孩提供比女孩更多的娱乐机会(因为男性比女性更有可能犯罪)——遇到了同样的问题。政府是否应该限制人们的资源,只是因为他们缺乏犯罪特征?

在本节,我们考察那些强调罪犯具有相对稳定特征的犯罪观点。在第一部分,我们考察我们所谓的犯罪特征的强主张(strong claim),即具有一定特点的人的数量影响犯罪数量。在这一意义上,相对少量的特点已经表明会引起犯罪:年轻人,成长过程中空气含铅量高,患有重度抑郁症或注意力缺陷多动障碍(ADHD)。除此之外,强主张是堕胎和监禁会降低犯罪观点的重要内容。本节将讨论堕胎争议,但是把对监禁的讨论推迟到23.5节。

更为大量的研究考察了我们所谓的犯罪特征的弱主张(weak claim),即这些相对稳定的特征能预测潜在罪犯。这些研究表明,具有某些特征的人比不具备这些特征的人更容易犯罪,有时这些特征和犯罪之间具有因果联系。例

---

③ 这个概念继续激励研究。例如,Valla 等(2011)的报告中说,21世纪的大学生善于从匿名的20~25岁白人男性的头像中识别罪犯。

④ 1974年,加利福尼亚州所有18岁的人在接下来的11年中只有24%的人被捕至少一次,这一年龄段是高犯罪率时代犯罪倾向最高的。然而,一旦被逮捕,被逮捕超过一次的概率是45.9%。相应的指数犯罪数据分别为10.5%和36.7%(Tillman,1987)。

如，我们只知道高水平幼儿园的学生很少犯罪；我们不知道如果这样的幼儿园扩张，犯罪总量是否会下降（有适当的延时）。其他人也会犯下这些幼儿园的学生犯过的罪行。

弱主张是关于个人行为：谁犯罪？强主张是关于一般均衡的：总共有多少犯罪？以劳动市场加以类比，弱主张认为相比其他情况类似但受过更好教育的工人，高中辍学的学生更有可能在快餐店工作，强主张则认为辍学人口比例的增加将提高快餐店工人在全部工人中的比例。

本节最后一部分考察不同身份群体之间的犯罪差异，并询问特定社区的犯罪集中有多少能被其独有的特征分布所解释。

区分本节与下一节的一种方式是，本节是关于偏好和禀赋，下一节是关于激励。这种方式近似正确。但事实上，无论是强主张还是弱主张的论文都表明，有问题的特征是通过偏好而不是激励起作用。例如，具有多动症病史的人更有可能犯罪；强主张和弱主张都有论文讨论这一关系。但是，有多动症病史的人更可能犯罪，不是因为他更具侵略性或更冲动，而是因为他们收入较低，因而如果被监禁他们遭受的损失更少。如果仅是因为雇主不喜欢员工犯罪并被逮捕，那么几乎任何指向更多犯罪活动（或更多当前消费）偏好的特征都很可能与收入低相联系。特征也会改变监禁的非金钱成本：不能在监狱外享受快乐和幸福生活的人，进监狱的损失相对较少。我们不认为我们所考察的文章中有明确区分激励和偏好的，尽管洛克纳和莫瑞提（Lochner and Moretti, 2004）在下面有更进一步的讨论，对这一问题进行较为清楚的阐述。

23.2.1　犯罪特征的强主张

23.2.1.1　年龄和性别

2010年约93%的州和联邦罪犯是男性，2011年青少年拘留所中87%是男性，2011年被收监者的87%也是男性。2011年，64.2%的被捕者年龄介于15～34岁之间，占居民总数的27.4%[⑤]。因此，关于年轻人的弱主张无疑是正确的。尽管如此，关于强主张的证据并不一致，并且很多研究未能支持这一观点。普拉特和卡伦（Pratt and Cullen, 2005）提供了对超过200次犯罪生态研究的元分析，大部分包括年龄结构和性别比率的变化。在他们研究的31个预

[⑤] 《刑事司法统计资料》（Sourcebook of Criminal Justice Statistics），表6.33.2010，6.11.2011，6.17.2011和4.4.2011。

测指标中，年龄结构和性别比率分别排在第 16 位和第 19 位。普拉特和卡伦（2005，第 399 页）将它们描述为"中等指标，可能为统计模型中可释方差有显著贡献"，但肯定不像排名更高指标的影响那么稳健。如果有更多研究考察年轻人在人口中的比例，而不是分别研究年龄与性别，也许结果将会更有力[⑥]。

23.2.1.2　童年时期与铅的接触

周围大气环境中的铅影响犯罪的证据，比年龄和性别证据更令人信服。童年时期的铅暴露提高了冲动性和攻击性，降低了智商。动物试验表明了智商与反社会行为活动之间的联系。根据 1970 年的《清洁空气法案》，在 1975～1985 年之间，美国汽油中的铅几乎全部被去除。在六岁以下的儿童中，血液中的含铅量从 1976 年的 18μg/dL 下降到 1991 年的 2.8μg/dL。在不同的州，铅是在不同时间逐渐被去除出汽油，雷耶斯（Reyes，2007）将铅量减少的州际差异用于识别童年时期铅暴露对犯罪的影响。她使用州—年观测数据，将犯罪与童年时期铅暴露的 20～30 年滞后量相联系。暴力犯罪（本质上是抢劫和故意伤害）对铅暴露的弹性大约为 0.8。铅对财产犯罪没有显著影响，对谋杀的影响并不稳健，但可以注意到。由于城市地区每平方公里儿童数量和汽油使用量均比其他地区高，含铅汽油的影响可能集中在城市地区。

这一发现类似其他支持强主张的结果。这些研究不是直接从人口特征分布的变化直接到犯罪数量，而是从一些改变人口特征分布（很少人患有 ADHD）的外部事件开始（在这里是大气中铅的下降），并表明外部事件导致犯罪数量的变化。

23.2.1.3　精神分裂症、注意缺陷多动障碍和重度抑郁症

"精神疾病"指很多不同的情况，而"犯罪"是指很多不同的活动。一些精神疾病（如药物滥用和行为障碍）从定义上来讲甚至属于犯罪。将特定的病症和特定的犯罪联系在一起，要比将两个抽象概念联系在一起更有意义。

我们发现仅有两篇文章为强主张提供了证据。马科特和马科维茨（Marcotte and Markowitz，2011）考察了治疗精神分裂的安定药、各类抗抑郁症药物和治疗 ADHD 的兴奋剂的处方变化。这些精神药物都被认为是有效的。马科特和马科维茨（2011）用处方的州—季度变化来识别对暴力犯罪的影响，包

---

⑥　Jacob 和 Lefgren（2003）以及 Luallen（2006）是两个关于犯罪如何对高中非常规关闭反应的研究，接近于支持强主张，他们表明当高中关闭时，青少年财产犯罪将增加；如果他们的因变量全部是财产犯罪，而不是青少年财产犯罪，他们的研究会是对强主张的支持。

括州和季度固定效应和很多协变量。兴奋剂处方和"最新一代抗抑郁药"——丁氨苯丙酮是这类药物中最为知名的，它大大减少了暴力犯罪。其弹性很小，小于0.1，但由于处方数量的快速增长而在经济上有重要意义。抗精神病药和一些其他试验等级的抗抑郁症药——血清素再吸收抑制剂和去甲肾上腺素再吸收抑制剂——并不能显著降低暴力犯罪。沿着相同的路线，奎利亚尔（Cuellar）和马科维茨（2007）表明更多的州医疗补助支出和医疗补助处方，可以减少暴力犯罪；因此，更多州支出用在了抗抑郁的药上。

弱主张的证据——即具有各种精神疾病的人更可能犯罪——非常丰富；如见富兰克和麦圭尔（Frank and McGuire，2011）。此外，具有精神疾病的人更可能成为犯罪的受害者。关于这一问题，一个对较早期文献的评述归纳指出："受害是比犯罪更为重要的公共卫生考虑"（Choe et al.，2008，P. 153）。因此，关于更多精神药物处方通过改变潜在攻击者的特征分布，从而导致暴力犯罪行为减少的机制，以及如何改变潜在受害者特征分布的运行机制，目前还不清楚。

23.2.1.4 家庭结构

在双亲不全的家庭环境下长大的人更可能犯罪，安塔可和贝达德（Antecol and Bedard，2007）表明这种关系可能具有因果关系（他们使用州离婚法律的变化作为工具变量）。很多截面研究也发现单亲父母家庭的比率与更多犯罪相联系；实际上，普拉特和卡伦（2005）发现家庭破裂是他们的元分析中排名第9的犯罪预测指标。截面研究常常用犯罪对同期家庭结构指标进行回归，这其实不是相关变量。尽管如此，肯德尔和田村（Kendall and Tamura，2010）发现在一州中，更多的非婚生子与15~20年后谋杀和汽车盗窃的增长相关联。据我们所知，还没有通过识别因果关系以检验强主张的尝试。

23.2.1.5 流产

多诺霍和利维特（Donohue and Levitt，2001，2004，2008）提出一个非常著名且充满争议的观点，他们认为，20世纪70年代早期美国流产合法化是导致20世纪90年代犯罪减少的重要原因。这里我们检验了这种观点，因为他们解释这种联系的机制依赖于特征的强主张。这一讨论基于两个命题：首先，流产合法化导致年轻人特征的巨大变化；其次，这一特征分布的改变降低了犯罪。只有第二个命题与本部分相关，因为它是特征强主张的例证。但除非第一个命题是正确的（即流产改变特征），否则流产对第二个命题没有任何意义（特征改变了犯罪）。我们不认为第一个命题得到了可靠证据的支持。

关于流产和特征的简单理论认为，新生儿数量减少与流产数量是一对一的：未流产的生育是不被影响的，具有某一特征的儿童数量的改变正好是具备该特征的流产儿童数量，如果他们出生的话。由于相比未流产过的女性，美国流产过的女性可能会有更多具有犯罪特征的孩子，包括不想要的孩子，这一理论意味着流产导致更少犯罪特征的分布——在 15～20 年后。多诺霍和利维特含蓄地指出这一理论是他们工作的动力，并且它暗示了他们估计的标准。

这种简单的理论并没有真实描述美国流产的经验。一致同意的估计结果是流产合法化降低了 4% 或 5% 的出生数量（Levine et al.，1999；Ananat et al.，2009）。但是流产数相对新生儿数是更大量级的规模：在 20 世纪 70 年代大约为 39% 或者 40%（统计摘要，2001，表 92）。流产合法化增加了怀孕数量——阿纳特等（2009）表明存在因果关系——并且降低了新生儿数与怀孕数的比率。人们可以想象不仅有因为流产未曾出生的婴儿，而且有因为流产而出生的婴儿，以及如果流产非法可能不存在的婴儿。

已有证据表明，流产大体上并不会大幅改变同龄人中的特征分布，尽管它使该年龄段的人口稍微下降。阿纳特等（2006，2009）试图发现对非犯罪结果数目的影响；尽管发现了对此较为温和的影响，乔伊斯（Joyce，2009）在他的评估中明确，他们并没有表明由于流产法律更改而对同龄人的非犯罪结果产生且广泛的影响。关于犯罪结果，阿纳特等（2006）和乔伊斯（2009）都表明流产并没有降低被捕率，尽管总体被捕率因为同龄人更少而降低了。

与流产合法化相联系的最清晰的改变是，同龄人的规模减少了 4%～5%。如我们在 23.2.1.1 节中所看到的，年龄结构对总体犯罪的影响已被广泛研究，而且似乎并非很重要。如果流产是一个清楚的自然实验，是大量降低同龄人数量的外生因素，它可以告诉我们关于这一重要影响的一些事情。但是 20 世纪 70 年代的尝试仅仅是一种清楚的自然实验；罗伊诉韦德案不是马列尔的救生艇。

多诺霍和利维特（2001，2004）表明州犯罪的下降是跟随堕胎率的增加（有一定的滞后），但并未确立这一因果关系。我们不明白为什么总犯罪与流产率的适当滞后量相联系，因为多诺霍和利维特提供的解释并不能够站得住脚。重点在于流产率可能不是外生的，如阿纳特等所论证的，而且促进流产的力量可能还有其他影响（对潜在受害者和罪犯的行为）。女权主义似乎是可能的备选解释：它在 20 世纪 70 年代明显推动了流产，而且它有大规模、普遍和持久的影响。它如何运作以及如何被检测，我们尚不得而知。我们希望未来的学者把多诺霍和利维特关系视作难题，而不是战场。

23.2.2　犯罪特征的弱主张

很多特征看起来倾向于使人犯罪。在本部分，我们只关注那些能引起广泛关注的领域：基因、教育、家庭结构、社会和行为技能、服兵役和同伴。（我们已经注意到弱主张对于年龄、性别和一些精神疾病都成立。）

在这些领域中，某些特点与后来犯罪活动的证据有关，通常是自首、逮捕或者定罪。所以弱主张文章比强主张文章给出了更多的直接证据，毕竟，在强主张文章中，更多的犯罪可能由于潜在受害者或警察的行为改变所导致。但即使是弱主张的文章也无法体现实际犯罪：在攻击的条件下，这些特点可能会改变自首、被捕或被定罪的可能性。[⑦]

23.2.2.1　教育

几乎所有关于教育的工作是针对弱主张的。弱主张已被某些类型的学前教育、学校质量、教育成就，特别是高中毕业率所证明。这些过程的运行似乎不是通过学生经历的认知技能，而是通过其他非认知渠道。

关于高质量的学前教育项目，我们进行了一些随机对照试验（randomized controlled trials，RCTs），其中一些（并非全部）试验表明，项目参与者长大后不太会因犯罪而受到惩罚。在20世纪60年代早期，密歇根的高宽佩里学前教育（The High Scope Perry Preschool）为3~4岁的儿童提供了时长为半天的幼儿园，以及两周一次的家访。到40岁时，它使得男人被捕比例从0.69降低到0.45，女人的被捕比例从0.34下降到了0.24。它还提高了40岁人们的收入。锡拉丘兹大学的家庭发展项目（Family Development Program）使15岁青少年犯罪从22%降低到了6%。另一方面，其他两个涉及类似项目的RCTs——北卡莱罗纳的启蒙项目（Abecedarian Project）和多个地区的婴儿健康和发展项目（Infant Health and Development Program）——在降低犯罪率方面明显失败，尽管参与者被观察的时间分别仅截至21岁和18岁（Lochner，2011）。

一些基于更大型项目的准试验研究通常也表明能减少犯罪，但是存在一些例外。芝加哥儿童父母中心（The Chicago Child Parent Center）与地理上不合

---

⑦　如果某些特点与犯罪相关，基于法庭上提供的证据，根据贝叶斯定理，陪审团更可能给那些具有这些特点的人定罪，同时警察将更可能逮捕他们。陪审团和警察也将继续这种行为，如果他们认为这种联系存在。但这是错误的。因而，Valla等（2011）的实验表明大学生能够从头像中识别罪犯，这种机制可能是陪审团会判定他们认为像罪犯的人有罪，并且大学生和陪审员有同样的想法。也就是说，学生可能会识别出那些更可能被定罪的人，而未必是那些更可能是攻击者的人。

格的附近邻里的匹配样本进行了对比评估。它减少了三分之一的未成年人逮捕率（Reynolds et al., 2001）。其他三个研究——加尔塞斯等（Garces et al., 2002），卡内罗和任雅（Carneiro and Ginja, 2008）和戴明（Deming, 2009）——关注大型联邦政府资助学前项目启蒙计划（head start）。前两篇文章发现被登记在册、与指控犯罪或被判决的人明显下降，特别是非裔美国人，而第三篇文章没有发现对犯罪的显著影响。

关于为什么这些项目具有不同的结果，目前尚无解释。这些项目没有一个提高了青少年认知技能指标，这些结果对高中毕业率的影响是混合的，但只与犯罪结果弱相关。对青少年的干预可以减少青春期和成年犯罪，但我们现在还无法弄清这些干预的内容及其运行机制。

学校质量同样重要：上更好学校的孩子在青春期和成年后犯罪的可能性更小。卡伦等（2006）和戴明（2011）分别在芝加哥和夏洛克梅克伦堡检验了公立学校选择优惠券的结果。获得选择优惠券增加了学生进入更好公共学校的可能性。在任何一种情况下，获得优惠券都提高了学术结果，但两篇文章都发现优惠券获得者被拘留或入狱的可能性更小——卡伦等研究的是高中期间，戴明等研究的是高中以后。

下面考虑教育成就。受到较少教育的人比受到更多教育的人更容易犯罪。在1997年，三分之二的美国监狱在押罪犯是在高中辍学的（Lochner, 2011）。这一联系未必是因果关系：一些其他的因素，如时间偏好或贫困家庭，可以导致人们辍学并且犯罪。通过把法定离校年龄作为工具变量，研究者可以有充分说服力地确定因果关系：低教育程度（特别是没有完成高中学位的）导致了犯罪活动。洛克纳和莫瑞提（2004）第一个对美国确立了这一联系，麦肖恩等（Machin et al., 2011）对英国得出相同的结论。[⑧]

这一影响可能通过收入——进而激励——而不是通过偏好来实现。洛克纳和莫瑞提（2004）通过现成文献综合考虑收入对教育的影响以及收入对犯罪的影响，由此计算了教育对犯罪的影响，如果教育不影响偏好的话。这一估计与他们发现的影响没有很大差异。类似地，当格罗格尔（Grogger, 1998）在截面回归中用教育与收入来解释个人犯罪活动时，教育的系数不太显著。

尽管关于教育弱主张的证据很充分，强主张的证据则很缺乏。例如，在一个关于谋杀和抢劫的跨国研究里，法因西尔伯等（Fajnzylber et al., 2002）发现平均教育成就的影响并不显著。在普拉特和卡伦（2005）元分析的31个犯

---

⑧ 这些文章是关于弱主张而不是强主张的，因为他们只表明受法律变化影响的同龄人犯罪下跌，并非全部犯罪都下跌。

罪预测指标中，教育位列第 29 位，几乎没有影响。一个例外是博南诺和莱奥尼达（Buonanno and Leonida，2006），他运用广义矩方法考察了一个意大利地区面板中的财产犯罪。

23.2.2.2 心理及性格特征

用某些方式对待生活的人比不这样做的人更容易犯罪。愤怒、敌意和冲动等是与行为问题正相关的；易相处（坦率、顺从、利他和信任）以及负责任与行为问题负相关。个性很重要。

更重要的是，性格特征与犯罪之间明显存在因果关系。我们通过一系列 RCTs 得知这一点，即干预人们对待生活的方式可以减少犯罪。[9] 但不是每一个性格改变的干预都能减少犯罪。最著名的一些干预措施都失败了，包括恐吓从善、戒毒教育和军训式矫正中心（Hill et al.，2011）。

降低犯罪的干预措施改变的性格是不稳定的。莫菲特（Moffitt）和罗斯（2011）认为自制力是关键特点。希尔等（Hill et al.，2011）采取更为折中的方法，但强调发展"应对社会环境的更有效策略"的重要性。干预措施改变年轻人应对严峻社会环境的习惯或无意识行为，通常能减少犯罪（但能否使行为改变的年轻人状况改善是未知的）。

成为一个男人（Becoming a Man，BAM）是一个芝加哥的 RCT。这个实验表明，改变青少年男孩社会技能的尝试，降低犯罪的效果令人印象深刻。其前提假设是，很多贫困邻里的青少年男孩是由于社会环境压力大而走上犯罪道路：他们对威胁的反应过度，然后很快将其归因于他人恶意（他们表现出"敌意归因偏见"）。BAM 把接触忠实社会道德准则的成人与认知行为治疗相结合，以形成减少犯罪的习惯。这一干预措施时间很短，成本不高。在第一年，该项目减少了 30%～40% 由于暴力的拘留及其他犯罪（主要是故意破坏、非法入侵和武器攻击）。学术结果也证明了这一点（Heller et al.，2013）。

在第一年之后，犯罪减少在统计上不显著。也许这一"弱化"并不令人惊讶。如果这些男孩居住的邻里在 BAM 之前教育他们以敌意归因偏差方式进行反应，在 BAM 之后，这些邻里会教他们同样的东西。此前教育社会技能的干预尝试，并未取得和 BAM 同样的成功（Hill et al.，2011），海勒等（Heller et al.，2013）推测 BAM 的关键因素在于行为认知疗法。但是，关键因素可能在于 BAM 的样本容量及其广泛性。项目包括 2 740 名参与者，大约占该校男

---

⑨ 当然，这些特点总体上并不会导致犯罪；它们导致的那些犯罪，是 RCT 中的人更可能犯下的，并会因此而被抓。例如，冲动不会使人们更善于贪污，尽管冲动可能使他们因贪污而被抓。

生的3/4。无论如何，在一段时间内，BAM治疗群体中的成员经常遇到其他成员，新习惯将会很快学会。此外，观察到的"弱化"可能并不是真的弱化，而可能是由于控制群体学习到的部分新习惯，治疗群体与控制群体的成员之间交流导致形成一个新的平衡。

23.2.2.3　脑功能、脑结构、子宫内经验和基因

平均而言，犯罪的人——特别是暴力犯罪的人——大脑与不犯罪的人倾向于以不同方式工作。脑结构也倾向于存在差异，这部分是源于脑功能差异。相应地，脑结构差异与产前经验（如贫困家庭和含铅环境）、子宫体验和基因有关。其中一些关系表明具有因果性。龙勃罗梭并未整体忽略这一点。

就像犯罪包含一系列活动与动机一样，罪犯与其他人的不同表现为多种方式（Raine，2013）。部分差异与大脑认知部分相联系，如前额皮质和脑形角回：某些类型的罪犯难以很好控制自己的情绪，并且经常做出错误的判断。但是，犯罪不只是难以理性控制情绪。在大脑的边缘，情感部分和植物性神经系统也很重要：犯罪倾向于大胆和寻求刺激（这与心跳慢有关）；他们还缺乏同情心和道德理性技能（恐惧调节与道德发展相联系）。罪犯处理抑制和学习避免惩罚的大脑皮层也与其他人不同。

在所有这些领域，都发现了功能与结构的差异。如在一个实验中，有41个杀人犯和41个年龄和性别相匹配的控制组，在他们完成一项需要集中精力的重复任务后，对他们大脑的扫描发现存在差异，杀人犯特别是反应情绪化的人，表现出显著较少的前额皮质葡萄糖代谢；他们的脑功能也存在差异（Raine，2013，pp. 66 – 67）。恋童癖的脑功能也与对成人有性吸引力的人存在差异（Ponseti et al.，2014）。脑结构研究表明，反社会人格紊乱者的额前皮质灰质约比平均值多11%，而且这种精神病患者的杏仁体低18%。杏仁核中具有最大体积部分的下降，能控制恐惧调节和逃避学习（Raine，2013，pp. 139，161 – 162）。几乎所有关于脑功能和脑结构的研究都没有提及因果关系，但是其中一些测量了犯罪前的生理技能：例如在毛里求斯，3岁时缺乏恐惧调节能够预测到23岁的犯罪（Raine，2013，pp. 118 – 119）。

是什么导致这些功能和结构上的差异呢？环境显然是主要因素。大多数我们已经表明会影响犯罪的经验——呼吸含铅的空气，使用精神治疗药物，上学，成长于单亲家庭——可能通过脑功能和脑结构的改变起作用。事实上，大脑结构和行为表现之间因果联系的最好证据来自于离奇可怕的"自然实验"，它毁坏了部分人脑并改变其行为。

最著名的神经科学自然实验发生在菲尼斯·盖奇身上。菲尼斯·盖奇本是

个铁路建筑工头，他头脑精明，聪明可靠，自我控制力强。然而，1848年某天下午发生了一起爆破事故，一根长3.5英尺、直径1英尺的装药孔封口铁条，先是插进他的左下脸颊，然后从头顶中间部分穿了出去，刺穿了他的头骨。尽管菲尼斯·盖奇得以幸存，但可能由于该事故导致大部分前额叶皮层遭到破坏，他变得离经叛道、焦躁、易冲动、缺乏责任心、性滥交，难以维持一个稳定工作（Raine，2013，pp. 143 - 145）。

胎儿在子宫内的成长经验也会影响其大脑功能及结构。尤其是，产妇吸烟饮酒与胎儿大脑发育异常及其后的犯罪存在相关性。吸烟会导致孩子吸入二手烟，而饮酒则导致孩子远离亲生母亲被抚养（Raine，2013，pp. 198 - 205）。怀孕期间遭遇饥饿也会导致孩子形成反社会人格障碍；这是根据1944～1945年荷兰"饥饿之冬"这一自然实验得出的结论，纽格伯尔等（Neugebaue，1999）对此加以报告。

最后，遗传也很重要。有关双胞胎和领养孩子的研究都表明，父母的攻击性和孩子的攻击性之间存在相关性，但显然不是因果关系。迄今为止，人们已发现几个基因能影响大脑的结构和功能，以及孩子的攻击行为和犯罪。其中，单胺氧化酶基因的研究最为深入，且最富争议性。单胺氧化酶基因产生的酶叫作单胺氧化酶（MAOA）。这种酶参与5 - 羟色胺和其他几个神经递质的运行。当神经细胞彼此间传递信息时，能够在他们的缝隙产生5 - 羟色胺。如果5 - 羟色胺保持在细胞之外，它将具有毒性。单胺氧化酶基因用于降低5 - 羟色胺，并将其重新吸入细胞。5 - 羟色胺再摄取不足可能导致多动症、吸毒、酗酒和易冲动。单胺氧化酶A还有助于减少杏仁核和眼窝前头皮质的体积（Raine，2013，P. 61、260）。

单胺氧化酶基因具有多个不同遗传多态性，即人们以不同的遗传方式去制造单胺氧化酶。一些人（尤其是一个著名的荷兰家庭）无法产生单胺氧化酶。极少数人有两重生成单胺氧化酶的方式。多数人有3重、3点5重、4或5重生成单胺氧化酶的方式。越多重生成单胺氧化酶方式，产生的酶就会越多。多数研究会把人们划分为"低单胺氧化酶"组，即2重和3重生成单胺氧化酶方式的人，以及"高单胺氧化酶"组，包括其他人。

很多研究认为（尽管并非一致同意），在主要是欧洲血统的说英语的男性中，童年遭受各种虐待、具有低单胺氧化酶的人，比遭受虐待、高单胺氧化酶的人更可能在成年早期从事反社会活动和暴力犯罪。这一结论是基于这样的直觉，即儿童期受到虐待会导致大量5 - 羟色胺的释放，除非已有大量的单胺氧化酶，否则神经细胞会被破坏。然而，这一结果似乎不适用于中国台湾居民（Lu et al.，2003），或非裔美国人（Widom and Brzustowicz，2006）。

在各类人群中，具有低单胺氧化酶基因型的人所占比例为 30% ~ 80% 。在这个意义上，男性群体出现暴力行为的可能性更高。此外，人们在解释基因类型和行为之间关系时应更为谨慎。具有特定基因类型的人并非随机分配给父母。测量的影响是关于基因型，以及具有这个典型基因型的父母。

23.2.2.4　其他特征

加利亚尼等（Galliani，2011）发现退役军人犯罪的可能性更大。在阿根廷，他们使用抽签筛选的结果来识别服军役的因果效应。这一效应存在于战争时期与和平时期。

吃鱼较多的人暴力敌对倾向较低。这在很多研究中得以证明，包括随机对照试验。鱼的活性成分是欧米加 - 3 鱼油，似乎能够从多方面提高脑细胞的活力。

在一个发达国家的截面中，人均海鲜消耗量和人均杀人犯数之间存在负相关关系。因此，人们可能会认为，吃鱼既满足特征的强主张，也满足弱主张，但该说法缺乏充分证据（Raine，2013，pp. 213 - 216）。

23.2.3　种族和民族

到目前为止，我们的讨论忽略了种族和民族因素，因为它们远不只与偏好相关（如果它们和任何偏好相关的话）。但是，它们是与犯罪相关的特征。

就强主张而言，普拉特和卡伦（2005）的生态研究元分析发现，在所检验的 31 个预测总体犯罪的变量中，"非白人比例"位列第四；它与总体犯罪的相关性远强于已讨论的任何变量。因为这些研究大多包括很多其他变量，我们可以确定，种族对总体犯罪的影响不能被传统影响总体犯罪的变量所解释，包括年龄结构和单亲家庭。

那些强主张成立的非传统特征又怎样？这些特征包括铅暴露、注意力缺陷多动障碍、重性抑郁障碍、子宫内经验。少数族裔可能比非拉丁裔白人更容易接触含铅空气，但对其关系并未明确加以探讨。然而，雷耶斯（2007）认为铅暴露主要通过注意力缺陷多动症影响犯罪（智商低下）。

因而，我们来探讨下注意力缺陷多动症和重性抑郁障碍。这两种疾病很难解释种族对总体犯罪的影响，因为群体间的患病率是相当类似的；事实上，这些疾病似乎不成比例地影响非拉丁裔白人。诊断为多动症的非拉丁裔白人孩子（年龄 5 ~ 17 岁）比非拉丁裔非裔或拉丁裔儿童更广泛一点（Akinbami et al.，2011）。凯斯勒等（2006）的大型调查发现，在临床医师评估成人多动症时，非拉丁裔白人比少数族裔更可能患有该疾病；在很多其他变量保持不变后，这种关系依然存在。廖洛等（Riolo et al.，2005）报告称，相比非裔美国人或墨裔美国人，临床医师评估的主要抑郁障碍患者在白人中更为普遍。

弱主张对于种族和民族也成立：对于多数犯罪而言，少数族裔更容易被逮捕和监禁（并可能犯罪更多）。教育不能解释差距：洛克纳（Lochne）和莫瑞提（2004）估计，在非裔和白人监禁率的差异方面，教育成就的影响只占约23%。此外，相比非拉丁裔白人，少数族裔更不可能是退伍军人。2010年，11.3%的退伍军人是非裔美国人，作为对照，非裔美国人占总人口的13.1%，占18岁及以上人口的12.2%。类似地，5.5%的退伍军人是拉丁裔美国人，作为对照，拉丁裔美国人占总人口的16.9%，18岁及以上人口的13.6%。

有些观点认为与偏好相关的特征可能是种族犯罪率差距的主要原因，这在我们23.2.2.2节所讨论的性格特征如攻击性，容易冲动和敌对性中大概最为突出。这些都不是临床疾病，并且没有好的全国患病率数据可用。不过，这些疾病在芝加哥年轻非裔男性中很普遍，为他们设计了BAM。

对于这些特征，人们不清楚的是，它们是先天基因遗传的还是后天早年生活习得的，或很多非裔青年对所处环境的最佳反应。BAM影响的快速"弱化"表明是后者。

基因解释也被考察，尽管很少有基因研究涉及少数族裔。低—单胺氧化酶基因型的患病率因种族而异：它目前存在于约30%的白人男性，56%的毛利人男性，以及77%的中国男性中（Raine，2013），并且在一些样本中，非裔美国人比白人更多，例如萨博尔等（Sabol，1998）发现，59%的非裔美国人和33%的白人是低单胺氧化酶基因型，尽管维德姆和布鲁斯托维茨（Widom and Brzustowicz，2006）发现在白人和非白人男性中，目前低单胺氧化酶基因型存在率为过去的41%；两个样本都包括约100个非白种人或非洲裔美国人，但是萨博尔等人的白人样本更大。由于单胺氧化酶似乎对非洲裔美国人的暴力行为影响不大，多动症患病率不因种族不同而变化，含有中国血统的美国人往往要比白人产生暴力行为更少，很难看出单胺氧化酶基因类型差异是否能很好解释非裔与白人的犯罪率差距。基因变异可能是重要的，但不只取决于单胺氧化酶，而且取决于很多其他的基因。

综上所述，我们这一节讨论的一些特征似乎并不是种族犯罪率差距的重要原因，因此把激励和互动作为行为的决定因素也很重要。在以下各节我们将这样做。

很明显，犯罪特征既不是在空间上均匀分布，在时间上也不稳定。大气中的铅明显是一个极端的空间差异的案例，它集中在城市地区，并随着时间的推移而急剧下降。家庭在居住区位上排序也能导致人口特征在空间上的变化。但是，这一分类至少有部分是对激励的回应，我们将在下面加以考察。当考察犯罪模式跨越时空的变化时，我们将在23.6节和23.7节中回顾这些特征。

23.3　激励和威慑

为了弄清罪犯是谁，以理解他们为什么犯罪，犯罪学的另一个传统是考察罪犯面临的激励。这一传统始于切萨·雷贝卡利亚（Cesare Beccaria，1738 - 1794）的论文关于犯罪和惩罚（Dei Delitti e Della Pene）。雷贝卡利亚认为，人们只有当犯罪符合其最佳利益时，才会理性地实施犯罪，同时他们也会被适当规模的预期惩罚所威慑。他是第一个研究犯罪的经济学家。

雷贝卡利亚的观点同时具有经验和规范的内容。经验意义在于奖励和惩罚的差异可以解释犯罪在时间和空间上的差异。规范意义在于政府应该对各种犯罪进行惩罚，其大小和罪犯从犯罪中的期望收益相当，以对犯罪形成威慑。对于雷贝卡利亚来说，决定一个人是否应受惩罚要考虑的问题是其是否已经犯罪，而不是其是否将要犯罪。刑事司法体系是回溯的；作为上一节的核心关注，预测不能起到任何作用。

两个世纪后，贝克尔（1968）重新启用了雷贝卡利亚的方法：他认为他的"努力可以视为犯罪研究的复兴和现代化，因而我希望改进这些早期的开创性研究"（Becker，1968，P. 209）。贝克尔的文章激励着经济学家的持续研究，尤其是对犯罪激励的研究，他的名字甚至已成为威慑的代名词。

尽管为了便于解释，把研究犯罪的方法分为强调特征（在23.2节）和强调激励（本节），但是两者的差别并非一条不可逾越的鸿沟，而只是所强调问题的不同，强调重点取决于差异在何处。例如，如果我们考察一个截面数据，人们具有的犯罪特征相差不大，但面对不同的动机，这可能因为一些地方维持治安更为有效或惩罚更为严厉，这样激励能较好地预测犯罪，但犯罪特征则不能。相反，如果每个人都面临同样的犯罪惩罚预期，犯罪特征将确定谁犯罪而谁没有。这一点同样适用于时间序列：犯罪随时间的变化是通过激励的变化还是犯罪特征的变化而能得到更好解释，很大程度上取决于问题考察期间哪个变化更大。

规范性的对策也取决于差异在何处。如雷贝卡利亚（1764，P. 101）认为，适当的犯罪惩罚预期应该正是等于犯罪分子通过犯罪实现的收益：低于这一收益是无效率的，高于这一点是不公正的和有福利损失的。然而，这一表述假设犯相同罪行的人们实现的收益不存在异质性。[⑩] 同样地，如果学生是同质的和给予相同"剂量"以减少犯罪，那么通过降低犯罪特征，全面学前教育花的每一美元或在每个学生身上的付出就是有效的，但如果学生是异质的，而且不管有无学前教育，很多没有犯罪的危险，那么这一策略的吸引力就会大大降低。

在本部分，我们回顾了关于威慑的理论和经验结果，以及收入、失业和贫困的激励效应。

23.3.1 确定性和严厉性

惩罚威胁的效力取决于惩罚的确定性以及惩罚的严厉性。传统上认为，确定性和严厉性是惩罚的两个相互独立的维度，并试图分别估计二者的影响。事实上，二者通常不是完全可分的，无论是在政策上还是在估计上，但二者的区别仍然是有用的。雷贝卡利亚（1764，第19章）加入第三个维度，即速度，他认为快速惩罚的效果比延迟惩罚的效果好，但现代经济学并没有跟随他的思路。

对严厉性的经验研究似乎比确定性研究更难。在发达国家，对严重犯罪的主要惩罚是监禁，监禁可以通过剥夺犯罪能力以及威慑减少犯罪（犯人不能继续犯罪，相互隔离的犯人也很难彼此犯罪）。死刑是较为少见的惩罚模式，也能使罪犯丧失犯罪能力（比监禁更有效）。政府和私人团体提供的一些配套惩罚同样被使用，但是很少对其进行研究。[⑪] 一些措施如剥夺公民选举权，难以使罪犯丧失犯罪能力，而其他措施如限制前性犯罪者的居住和活动，主要是为了使罪犯丧失犯罪能力。配套的惩罚措施，如取消学生贷款资格和职业禁止，不会使罪犯丧失犯罪能力；事实上，它们可能在出狱后刺激犯罪。

人们普遍认为，犯罪对确定性比对严厉性有更大的反应，尤其是犯罪对确定性的弹性（绝对价值）大于对严厉性的弹性。举个例子，雷贝卡利亚（1764，P.100）中写道："犯罪可以通过惩罚的确定性而非严重性，而被更有效地阻止。相比担心更严厉却有逃生希望的惩罚，一个确定的轻微惩罚会给人更强烈的印象；因为这是人类的天性：对于最小的不可避免的恶的恐惧，但与此同时，天堂最好的礼物——希望，会让他们有力量去驱逐更大的恐惧，尤其是当存在免于惩罚的例子时，这就是软弱和贪婪经常出现的原因。"

---

⑩　当然，基于罪犯的特征，可能施加不同的惩罚，如收入或财富，很多欧洲国家已经对交通违法行为实施有条件的罚款。

⑪　柯蒂斯等（2013）概述了公共住房当局是如何惩罚因各种罪行而被逮捕或定罪的人及其家庭。

贝克尔（1968）给出了两个独立的情形，其中确定性的弹性大于严厉性的弹性，一个涉及单个潜在罪犯的选择，另一个涉及决策者的策略。

对于单个潜在罪犯而言，当他们在财富等价物上是"风险偏好者"时，确定性的弹性将大于严厉性的弹性。贝克尔用财富等价物来衡量，似乎它们都是罚款。因此，一个人在犯罪后的期望效用 EU_C 是一个不确定性的期望值：

$$EU_C = pu(\gamma - f) + (1 - p)(\gamma)$$

其中，p 是被定罪和惩罚的概率，$u(\cdot)$ 是冯诺依曼—摩根斯坦效用函数，y 是如果不被定罪和惩罚的财富，因此 f 是任何惩罚处理的财富等价物，贝克尔将 p 解释为确定性，f 解释为严厉性。

考虑 p 增加，并调节 f 以保持 pf 不变，写作 $pf = k$；即使得确定性和严厉性的百分比变化相同，但以相反的方向。则：

$$EU_C = pu\left(\gamma - \frac{k}{p}\right) + (1 - p)u(\gamma)$$

因此：

$$\frac{\partial EU_C}{\partial p} = -[u(\gamma) - u(\gamma - f)] + fu'(\gamma - f)$$

根据均值定理，存在一些 $z \in [y - f, y]$ 使得：

$$fu'(z) = u(\gamma) - u(\gamma - f)$$

因而，

$$\frac{\partial EU_C}{\partial p} = f[u'(\gamma - f) - u'(z)]$$

对于一个风险偏好者来说，$u'' > 0$。因此 $u'(z) > u'(y - f)$，因为 $z > y - f$。在这种情况下，增加 p 进而减少 f，可以降低犯罪的预期效用。

对于风险厌恶者而言，相反的情况成立。相比同等百分比的变化，犯罪对严重性的反应比对确定性的反应强烈。

对于政策制定者而言，贝克尔表明如果 p 和 f 是选择的最优值，则在最优值的附近，犯罪对 p 的弹性大于对 f 的弹性。论证是一个反证法，证据是追求利润最大化的垄断者绝不会在需求曲线的无弹性部分运行。

对于贝克尔所说的决策者而言，最佳惩罚使三项成本之和最小化：犯罪成本、侦查成本和惩罚成本。对于任何固定数量的犯罪，最佳配对 (p, f) 使得侦查成本和惩罚成本之和最小化。在犯罪数量既定的前提下，侦查成本取决于 p——警察越多，破案率越高，惩罚成本取决于乘积 pf。假设 (p^*, f^*) 使成本之和最小化，且严厉性的弹性大于或等于确定性的弹性：在边际上，潜在的罪犯都是风险中性和风险规避的。然后，降低 p、增加 f 以保持 pf 不变。这使得惩罚成本不变，（略微）降低犯罪（如果边际潜在罪犯是风险中性，犯罪是固定的）。但如果不提高犯罪的初始水平，则可降低检测成本。因此，(p, f)不能是最佳的。

从本质上讲，对于风险厌恶的罪犯，决策者可以通过一个无限恐怖、概率无限小的惩罚威胁，使得犯罪和执法成本为零。因此，如果(p, f)是最优的，则边际潜在罪犯是风险偏好的，确定性的弹性大于严重性的弹性。[12]

几乎没有理由相信贝克尔的两个条件，即风险偏好的边际罪犯或最优政策，在任何历史时刻能得以满足。但两个弹性不相等不应当被视为次优的标志。只有通过评估特定情况下的成本和弹性，经济学家才能评估特定政策体系的最优性。

23.3.2 威慑的经验研究

由于贝克尔的工作，很多关于威慑的估计得以进行。杜劳夫和纳金（2011）提供一个完整和批判性的回顾。我们将关注最具吸引力的工作。底线是充足的证据发现惩罚的确定性对犯罪有很大的影响，但关于严厉性的证据参差不齐。

23.3.2.1 确定性研究

犯罪是否会被惩罚，主要取决于警察如何回应，因此，确定性研究几乎都是针对警察和他们的行为。法院也很重要（对于法院，1型和2型误差都影响威慑），但我们不关注任何法院误差的研究。

对恐怖袭击的回应

各种恐怖事件和威胁已经使得警察部门以意外的方式重新进行力量部署。这些事件似乎外生于我们研究的世俗罪行，重新部署是一个自然实验，可以考察警力存在对指数犯罪的影响。[13]

迪特利亚和斯卡格罗德斯基（Di Tella and Schargrodsky，2004）考察随着

---

⑫　注意这一观点要求潜在罪犯准确评估侦破概率。相反，基于夸大的"逃避希望"，贝卡利亚对确定性和严厉性之间权衡的理解弥补了对惩罚可能性的低估。如果这一效应是足够强，那么即使是那些基于主观信念是风险规避的人，也可能通过一定的惩罚而不是严厉的惩罚，从而受激励放弃犯罪。换句话说，假设逮捕的概率被系统低估，即使边际罪犯是风险厌恶的，确定性的弹性也可能高于严重性的弹性。

⑬　如在23.1中所指出的，我们不讨论恐怖主义本身的原因或后果。但出于完整性的考虑，我们注意到存在城市形态对恐怖主义影响的文献，从 Mills（2002）和 Glaeser（2007）的理论贡献，到 Blomberg 和 Sheppard（2007），Abadie 和 Dermisi（2008）和 Arbel 等（2010）的经验研究。研究人员还考察了恐怖主义对城市公共财政（Wildasin，2002）和居住隔离（Gautier et al.，2009）的影响。

1994 年犹太中心爆炸案，在布宜诺斯艾利斯的重新部署。警察被派驻在每一个犹太人和穆斯林的机构。在更多警察派驻的街区，汽车盗窃案下降了 75%，而且别处的盗窃案没有上升。理论能够预测受影响街区的下跌，但没有预测完全没有取代效应，除非潜在被威慑的小偷需要走一两个街区，以找到另一个同样有吸引力的目标，因而觉得不值得，或潜在的小偷被绑定在特定街区，他们在该街区的操作不能转移到其他街区。克利克和塔巴罗克（Klick and Tabarrok，2005）对华盛顿特区、波特瓦拉和普利克斯（Poutvaara and Priks，2009）对斯德哥尔摩、左卡等（Draca，2011）对伦敦的研究发现了类似的结论。

简单存在影响的犯罪类型是凭直觉的：华盛顿的汽车盗窃和盗窃汽车，布宜诺斯艾利斯的盗窃汽车，斯德哥尔摩的足球和冰球流氓，伦敦的街头暴力和盗窃（入室盗窃对华盛顿的警察存在作出反应，伦敦没有）。在所有这些文章中，总犯罪对警察存在的弹性约为 0.3 ~ 0.5。注意这是一个对警察的弹性，不是对惩罚概率的弹性，后者是贝克尔理论中的变量。越是接近贝克尔理论中的弹性，估计的精确度越低。

"热点"

某些类型的犯罪，如毒品交易和射击，高度集中在城市非常小的地区。"热点"策略以可见的警力淹没了这些地区。热点政策的实验和准实验已经表现出并被发现可以减少目标地区的犯罪活动。目前还没有发现取代的证据；热点犯罪的减少，并没有导致其他地区犯罪增加。布拉加（Braga，2008）回顾了这些研究。

警察尝试过以多种不同的方式防止犯罪发生，即使这些方法没有一个奏效，部分方法也将会产生统计上显著的积极结果。但对恐怖事件的重复响应和热点表明，积极成果反映的不仅仅是好运气。

感知逮捕概率

洛克纳（2007）发现，认为自己一旦认罪就更可能被逮捕的年轻人，更加不可能认罪。这种感知概率会受生活在辖区中的年轻人的被捕率影响。个人不愿承认犯罪是否会导致其他人也这样做，答案仍然未知。

要注意警察的存在也会影响到感知逮捕概率。该理论认为，比方说一个潜在的罪犯正在偷车的时候，注意到一个警察正站在车的旁边，他会想"如果我现在偷这辆车，那我可能会在我把车门打开前就被捕。"那个潜在罪犯不会想"机动车偷窃在这里被捕入狱的概率是百分之十，这也会是我被抓的概率"。因此在这种情况下，不被逮捕和逮捕率互不影响、互不相关。

这个例子也提醒了我们，"感知逮捕概率"不是一个明确定义的数值；即使是同一个人，在不同犯罪环境下数值差距也会很大。从操作上看，洛克纳使用的变量是基于问卷的答案，问卷并未充分说明设想犯罪的环境。

此外，相关的威慑力程度不是逮捕感知概率，而是犯罪的逮捕概率和未犯罪的逮捕概率之间的感知差异。[14]

实际逮捕率

实际逮捕率——报道犯罪的被捕比例——与报道犯罪数量呈负相关，这一相关性可以是同时的或有一点时间滞后。这一相关性是 20 世纪犯罪学中最有力的研究结果之一（Nagin，1998）。然而，四个独立的问题会使这一相关性难以视作因果关系，或者暗含的弹性，作为贝克尔犯罪对惩罚概率弹性的估计。

第一个问题是测量误差。在通常的回归分析中，报道犯罪既是因变量也是自变量的分母，但它只是实际犯罪的一个令人厌烦的指标（治安的目的是为了减少实际犯罪，即使官员的动机并不与这个目标完全一致）。这种形式的测量误差使得根据报道犯罪估计的弹性绝对值比根据实际犯罪估计的弹性期望值要大。如果报道率高，报道犯罪数也会高，从而逮捕率会低（因为分母大），这在估计弹性中引入了偏差，使它大于实际值。但是，利维特（1998a）认为这种测量误差导致的偏差很小（该方法是要表明，如果偏差很大，那么通过各种等式的估计与理论预测值区别不大。）

第二个问题是内生性。逮捕率是内生的：例如，外部原因会推动犯罪超过警察的力量，使逮捕率降低。几乎没有几篇文献试图去解决这一内生性，一个主要例外是桑普森和科恩（Sampson and Cohen，1988），他们将警察的进取性和专业性指标作为影响逮捕率的工具变量。他们发现逮捕率对抢劫有显著的负面影响，但却不会影响盗窃罪。排他性限制是警察的进取性和专业性只通过逮捕率影响抢劫。根据恐怖主义的文章所表明的，这一限制是令人生疑的。

第三个问题是，由于衡量犯罪和逮捕率的时间区间是有限的，因此逮捕可以从通过剥夺犯罪能力和威慑两方面来减少犯罪。假设数据报告以一年为单位。在一月犯罪而在同月被捕的罪犯，如果不能被保释或在几个月内被审判定罪，就可能会在拘留所或监狱里度过大半或一整年的时间。逮捕率也是连续相关的，因此今年的高逮捕率很可能会是很多前些年被捕的罪犯导致的。

利维特试图通过考察对一项罪行的逮捕是如何影响其他罪行的发生率，来估计监禁的影响。例如，对杀人犯的逮捕仅会通过监禁效应影响入室盗窃，而其逮捕率却不会抑制盗窃的发生。从这个观点出发，他认为监禁效应对一些暴力性犯罪影响较大，例如强奸，但对那些财产犯罪或其他类型的暴力犯罪影响

---

[14] 这在单次决策时成立。奥弗莱厄蒂（1998）表明在重复决策背景下，相较于正确的逮捕概率，犯罪会对错误逮捕概率更敏感。

甚小。可是他没有为逮捕率使用工具变量。

逮捕率研究的最后一个问题是概念性的。被捕概率随人物、时间和环境的变化而变化。研究人员使用的逮捕率是这些特定逮捕概率的平均值。但这不是一个简单的平均；它是犯罪真实发生时各个机会的平均值。

为了说明这一点，假设存在很多犯罪机会（人、时间和环境的组合），用 j 表示，在每个犯罪机会中，罪犯被捕的概率为 p_j。如果有 n 个犯罪机会，每个都是等概率的，其中犯罪的个人收益是相同的，如果被捕受到的惩罚也是一样的。令 $\hat{p}$ 表示最大逮捕概率，此时犯罪是有利可图的。犯罪可视为集合 A 或"活动的机会"：

$$A = \{j \mid p_j \leq \hat{p}\}$$

则观察到的逮捕率为：

$$\frac{1}{|A|} \sum_{j \in A} p_j$$

警察的策略会改变矢量（p_1，…，p_n）。当且仅当警察的策略总是引起 p_j（$j \in A$）相同比例的变化且不影响 A 的元素时，逮捕率就会表现得类似贝克尔的惩罚概率。这是一个强约束，不太可能反映良好的警察工作。

比方说，假设警察关注降低犯罪，并且得到了少量的附加资源。他们会尽最大可能把新资源集中在那些机会 j，其中 p_j 略低于 $\hat{p}$，而且增加了逮捕概率。这可以通过减少集合 A 的元素降低犯罪，但会是剩余犯罪机会的逮捕概率保持不变。但是，因为被终止的犯罪机会是那些被捕概率最高的，总体逮捕率会下降——只有疑难案件留下。所以，逮捕率的变化不是反映犯罪活动的变化或相应逮捕概率的变化。

因此，逮捕率只是贝克尔理论中惩罚确定性的一个较为差劲的指标。

缓刑制裁

缓刑犯是那些已被认定有罪，但被判处社区监督和管制而不是监禁的人。他们失去了一些自由，但不是全部。如果他们被发现违反其缓刑条件，他们会被关押或遭到其他制裁。夏威夷的"希望工程"（Project Hope）修改了传统的缓刑条款，包括常见的药物测试和药物测试失败后的短期监禁期（1 天或 2 天）。常规缓刑的特征是测试不太频繁、并非一直执行的制裁和非常严厉的惩罚。因此，希望工程增加了确定性，减少严厉性。在一个随机对照试验中，结果表明项目具有更好的服从性和更少的监禁天数。（Kleiman，2009；Durlauf and Nagin，2011）

希望工程提供了关于确定性和严厉性的信息。但由于降低了制裁的严厉性后，服从不太可能会增加，因此这是一个相当有说服力的案例，表明确定性可以增加罪犯的服从。

警员的数目

增加警察力量是否会减少指数犯罪，这是一个重要的政策问题，尤其是对那些能提供资金支持的州和联邦政府，但他们可能很难对警察的行为进行直接控制。由于大多数（不是全部）警察关于指数犯罪的举措影响了惩罚的确定性，而不是严厉性或剥夺犯罪能力，它可能是对以下命题的弱肯定，即如果警察能减少犯罪，是惩罚的确定性减少了犯罪。但是，警察力量的正面结果并不必然导致惩罚确定性的命题成立：警察力量的边际增长可能因浪费、懒惰或非生产性活动而被挥霍，也可被用于无受害人的犯罪或交通管制。

现在，证据看起来很明确，平均来看，增加警察力量会减少犯罪指数。普通最小二乘法回归难以应对这一问题，因为内生性（有更多犯罪的地方往往有更多的警察）和测量误差（警察数量不能准确测量）。人们已经采取了几种不同的方法来解决这个问题。

最常见的方法是使用工具变量来处理内生性，但没有校正测量误差。利维特（2002）使用消防员和其他公务员就业作为工具变量，埃文斯和欧文斯（Evans and Owens，2007）使用联邦补贴，而林（Lin，2009）使用州销售税。[15] 所有这些文章都发现警察能减少犯罪，而且对暴力犯罪效果更明显，尤其是谋杀罪，比财产犯罪大得多。暴力犯罪对警察就业的弹性是 0.5 或更高（有时大于 1.0）。

查尔芬和麦克拉里（Chalfin and McCrary，2013）提供了警力规模主要是回应异质性冲击的证据，因此内生性不是一个大问题。但是，他们认为测量误差是一个严重的问题。他们校正了测量误差，并发现和那些使用其他工具变量的文章的结果类似，谋杀案的弹性仍然大于 0.5。

尚未解决的问题是，警察导致总体犯罪减少是否与他们的威慑力有关。正如我们指出的，逮捕指数犯罪通常能剥夺犯罪能力。警察还根据仍有效的拘捕令逮捕犯人，有时当他们逮捕假释犯或犯轻罪的缓刑犯时，会将这些被捕者押入监狱（即使他们不是因指数犯罪被逮捕）。

查尔芬和麦克拉里认为，警察对暴力犯罪影响大于财产犯罪是监禁的证据，但问题仍然存在。一些暴力犯罪必然发生于公共场合，如抢劫、酒吧滋事，那里会有警察存在，而很多财产犯罪则更为秘密地进行——根据定义，暴力犯罪者必须面对受害者。潜在受害者的保护性反应也会起作用；见 23.4。

---

[15] 这个 2002 年的研究是利维特关于该问题的第二篇文章。在第一篇文章中，利维特（1997）使用选举周期作为工具，麦克拉里（2002）发现了这篇文章的缺陷，然后利维特用新的工具和成果作为回应。

这里衡量的警察对犯罪的影响是在潜在受害者调整预防行为后的净效应。

23.3.2.2 严厉性研究

关于严厉性研究的经验文献远远少于关于确定性的研究，这导致结论难以确定。表明存在任何影响的文章很少。这可能是因为严厉性很难衡量，或者因为严厉性经常与监禁联系在一起，或因为它真的很少或根本没有影响。

集体赦免

关于是否更严厉的判决是否会减少犯罪，2006 年的意大利监狱释放事件也许最清晰的检验。因为监狱过于拥挤，意大利当局宣布集体赦免和释放大量罪犯的决定。如果他们再次犯罪，他们将罪上加罪。因此，重复犯罪的罪犯将有更长的刑期，面临更严厉的惩罚。德拉戈等（Drago，2009）发现，由于将面临更严厉的惩罚，罪犯重复犯罪的可能性不大。他们的估计意味着重复犯罪对刑期的弹性为 -0.74，但问题在于，对于不同月份数弹性存在差异。

监狱条件

卡茨等（2003）发现，监狱条件越糟糕，越利于阻止犯罪。他们用罪犯的死亡率代表监狱条件。随着监狱死亡率的上升，凶杀案、暴力犯罪以及财产犯罪都会下降。

成年的年龄

对于成年人的犯罪惩罚比青少年更为严厉。因此，当人们成年后，他们应该会减少犯罪行为。李和麦克拉里（2009）利用个人层次的数据来考察在 18 周岁间断点。他们没有发现（点估计为负，但很小且不显著）。利维特（1998b）发现成年后犯罪率下降，但他的数据很粗糙。

加州加重判决

加利福尼亚的三振出局法（Three Strikes and You're Out law）于 1994 年 3 月生效。它对于第三次重罪，规定了最低 25 年的判决。因此，在 1994 年 3 月之后，判决定罪的严厉性大大增加，并增加了更多的重罪。

此后，加利福尼亚的犯罪率并未明显下降，但个人减少了二次犯罪（或不太可能被定罪）。齐姆林等（Zimring，2001）发现这一群体的犯罪行为在 1994 年 3 月具有不连续性。埃兰和塔巴罗克（Helland and Tabarrok，2007）比较了被判两次重罪的人和那些"几乎"被判两次重罪的人（他们被指控重罪，但最终定为其他罪行）在未来的犯罪情况。那些被判两次重罪的人未来犯罪更少。

23.3.2.3 减少暴力措施

从波士顿的停火行动（Operation Ceasefire）开始，一些城市已经试验过有针对性的项目，以威慑高危人群的暴力行为。这些项目提高了严厉性、确定性、显著性；它们明确设计威慑潜在的罪犯，但是威慑中的元素相互交织在一起，难以解开。虽然细节不同，但多数项目都围绕"造访"（"call-ins"）。一打到两打选定的人——如假释人员或帮派成员——被要求同执法人员和社区领导人见面。执法领导人告诉选定的人，他们正在被监视，而且第一个从事暴力行为的团伙或小组将受到严厉惩罚。如果牵涉枪支，将被联邦而非州关押。他们展示一张与会者可能知道的判决最长的幻灯片。前联邦因犯谈论联邦监狱是什么样的：寒冷，遥远，无人问津，你和你的朋友只是来自全国各地罪犯中的极少数。

然后社区领袖和社会服务机构的代表承诺，会帮助任何想要改变自己生活方式的人，然后允许这些人以非公开方式这样做。谋杀案受害者家属向这些人倾诉他们所承受的痛苦，并力劝参与者不要做傻事而被处死。

因此，减少暴力措施把更大的惩罚确定性（可信承诺）、更重的惩罚严厉性（更糟糕的监狱条件，不只是刑期更长）和增强激励相结合以避免减少暴力。

这些举措已经在波士顿（Kennedy et al.，2001）、里士满（Raphael and Ludwig，2003）和芝加哥加以研究（Papachristou et al.，2007）。总的来说，这些措施似乎降低了谋杀率，尽管早期的研究规模是否足够大以证明其结论的可靠性仍然存在争议（Raphael and Ludwig，2003；Cook and Ludwig，2006）。但是，项目是持续演进的，并积累了更多的数据。

除了其对确定性和严厉性的影响，这些减少暴力措施也可以通过观念协调来实现。预期他人不太可能杀人，可以降低个人率先杀人的动机——例如在一个不断升级的争吵中（O'Flaherty and Sethi，2010c）。在23.4讨论凶杀案时，我们将进一步探讨这一机制。

23.3.2.4 经验研究告诉我们什么

威慑可以起作用。政府能做的事情通常是减少犯罪，尽管不是全部。然而，发现贝克尔的确定性和严厉性弹性的经验关系或许是不可能的[16]。尽管如

---

[16] 在实验室的实验是例外的，如 Harbaugh 等（2013）。该实验表明，无论是确定性还是严厉性都会减少犯罪，参与实验者普遍是风险厌恶的。但由于这些变量不能在实验室以外加以证实，目前还不清楚如何使这一估计一般化。

此，我们还是对各种策略进行"成本—效益"计算。

23.3.3　收入、报酬和就业

一般认为，从事指数犯罪的年轻人大多很贫穷，尽管虽然很难得到他们合法收入的数据。这种关系也许可以直接通过长期的犯罪特征加以解释：同样的特征（例如，作为一个单亲家庭中的高中辍学生，他极易冲动，或者说他的前额叶皮层发育不正常）会使人们倾向于犯罪，也会使他难以在合法的劳动市场赚钱或收入低下，因为这些特征无法吸引雇主。劳动市场条件可能并不会对犯罪产生独立影响。

另外，指数犯罪可能是一个时间密集的活动，因此，对于那些在合法劳动市场上机会有限的人（不论出于何种原因），在犯罪方面会有比较优势（更容易犯罪）。贫困的年轻人可能因受刺激而犯罪，而不是他们的特征。如果这一激励是犯罪的根源，那么激励的变化将影响犯罪量。

标准理论给出了劳动市场机会影响犯罪激励的若干原因。首先，计划、实施犯罪和逃避追捕都需要时间。无工资或低工资的人没有任何机会成本。[17] 其次，被捕和审讯也会耗费大量时间，这会影响一个人正常工作。这里的机会成本不仅包括时间，还包括失去工作的可能，低收入群体的法定补贴也会被取消。再次，对于工资和就业预期较低的人来说，被监禁而浪费的时间价值不高。最后，刑事定罪的污名成本，特别是在劳动市场方面的损失，对高收入人群影响更大。对于一个校长来说，犯罪成本明显高于一个工人。[18]

总体来看，对于较为富裕的人，他们更看重的似乎不只是犯罪的财产损失，更重要的是个人的福利成本。那收益怎样呢？根据关于收入的边际效用的标准假设，收入越高，给定数量货币的福利收益越低。根据这一推理，财产犯罪和抢劫罪的动机是获得财物，我们应为穷人提供更多的福利待遇。对于攻击、谋杀和强奸而言，这些犯罪的动机各不相同，难以进行确定性的表述。[19]

这一劳动市场的一个缺点是，它似乎只适用于依附劳动市场的人们，而很多犯罪的青少年，无论他们本身是富是穷，对劳动市场的依附很有限。但是，

---

[17]　然而，Freeman（1996）提供的一些证据表明，大多数犯罪并不耗费时间，一个人可以在犯罪的同时仍然保证全职工作的进行。

[18]　然而，要注意到某些成本可能只由那些贫穷的人承担：失去获得公共住房或学生助学贷款的机会，这对富人来说并不是很大的问题。此外，进行辩护也需要具有财产基础，所以更富有的人往往不容易被监禁。

[19]　我们这里只考虑指数犯罪，但更普遍的是，存在一些代价昂贵的犯罪，只有拥有足够财富的人才能从事这些犯罪。毕竟，很难通过借钱来雇佣律师侵扰你不喜欢的人，除非你有钱。

多数讨论还是可以很容易地加以拓展，因为成本将在未来实现。青少年拥有高薪工作的机会成本至少比困在监狱里高。相比那些未来不太可能获得有吸引力的劳动市场机会的人而言，学校活动对这些青少年来说尤为可贵。

因此，劳动市场前景不佳的人可能更容易犯罪，而劳动市场条件通过影响犯罪动机来影响犯罪。当前关于第一点只有极少的研究。最前沿的研究正在考察各种收入支持项目是如何通过释放囚犯来影响累犯的。这些研究发现存在收入效应（不只是替代效应），特别是对财产犯罪。例如，伯克和劳马（Berk and Rauma，1983）是这个领域中最早应用断点回归的，发现失业补偿会减少累犯的可能，即使它可能对工作产生消极影响。

第二点得到了更广泛的研究。在他们生态回归的调查中，普拉特和卡伦（2005）发现长期失业对犯罪率的影响已经从第31名升至第2名。贫困排名第10。但是，没有考虑时长的失业指标是唯一中等强度的预测指标。

犯罪对失业或工资的简单回归面临一些问题。第一，劳动市场条件的通常指标可能很难反映处于犯罪边缘的人们面对的劳动市场条件。第二，因为很多犯罪成本体现在未来，短期波动（尤其是失业）可能不太重要，尤其是对青少年。第三，商业周期波动可以减少犯罪收益，同时降低其成本。例如，在失业率上升时，盗窃造成的损失可能减少，而谋杀率会因毒品交易萎缩而下降。这三个问题使得劳动市场激励效应的估计出现向下偏误。

其他三个问题会使得估计出现向上偏误。在经济下滑时，私人和公共保护可能会被削减：城市雇用的警察和私人雇用的保安更少。其次，如果雇主发现犯罪猖獗的环境生产率低，或工人要求差别补偿，犯罪可能会减少就业，尤其是在截面上。最后，犯罪和劳动市场结果的波动可能是特征波动的结果（尤其是标准数据集中未观测到的特征，例如多动症和低血压），因此激励可能没有任何作用。

一些文章已经处理了大量的这些问题，并发现劳动市场的确通过激励影响犯罪。拉斐尔和温特—艾博默（Raphael and Winter – Ebmer，2001）考察了失业。他们用很多控制变量来反映公共当局和潜在受害者的行为，并指定变量描述边缘罪犯（如他们对强奸区分男女失业率）。他们也使用石油价格和国防合同冲击作为州失业率的工具变量。工具变量能够解决反向因果关系和未观测犯罪特征问题。更高的失业水平会引起财产犯罪，但对暴力犯罪的影响是混合的，而且很小。它甚至可以降低谋杀率。

古尔德等（Gould，2002）考察未受大学教育男性的工资和他们的失业率。为纠正可观测特征，他们使用来自工资等式的州—年残差，而不是简单的工资。他们也使用工具变量来反映劳动需求。对于失业率，他们与拉斐尔和温特—艾博默的结果相似。正如所预期的,工资效应略高于失业率效应,并且经常表明对暴力犯罪和财产犯罪有相当大的影响。

约翰逊等(2007)表明这些文章发现的影响中,至少有部分是收入效应而不是替代效应。他们考察了大萧条时期的联邦援助,发现联邦对一个城市援助的增加减少了财产犯罪(包括抢劫)。与无条件的援助相比,工作救济(与就业需求相联系)减少了财产犯罪。

另一方面,科尔曼等(Corman,2013)表明存在一个独立的替代效应。20世纪90年代的福利改革对单亲家庭的收入变化影响不大,但增加了就业。他们发现福利改革减少了女性入店行窃率。因此,约翰逊等(2007)表明存在收入效应。科尔曼等(2013)表明存在替代效应,这两篇文章都表明总效应是加总结果。

从这些文章可得出一个合理的推论,即穷人犯罪多的部分原因是他们的激励不同。但没有研究讨论犯罪中的收入梯度有多少是由于劳动市场的激励。根据同样的推理,在23.2中我们归于犯罪特征的很多影响可能是被高估了,因为很多犯罪特征导致低工资和高失业率。最大的缺口是没有人估计犯罪中的截面收入或工资梯度。

23.3.4　种族与激励

少数族裔尤其是非裔美国人,更容易犯下大多数的指数犯罪,并且更容易因指数犯罪而遭到惩罚。[20]

因为犯罪对确定性和严厉性的弹性都小于1,对这两个陈述的某些解释可以被排除在外,至少是对传统惩罚。并非是因为少数族裔犯罪被惩罚较少,因而他们犯罪更多;这与他们惩罚更多的事实不符合。例如,如果非裔美国人的惩罚预期小于非拉丁裔白人,那前者会犯更多的罪,但不足以使其被捕和坐牢更多。因此,少数族裔犯罪率高一定有其他原因。

犯罪学的早期共识是,根据种族对指数犯罪的逮捕数与犯罪数大致成比例,对指数犯罪的宣判和定罪并没有严重的偏见(Sampson and Lauritsen,1997)。对于这一结论,近期关于起诉和宣判的更多研究发现了很多例外,但模式并不一致,尽管经常有研究发现对非裔和拉丁裔被告的处理更为严厉。但一些研究发现存在相反的情况(Kutateladze et al.,2012)。保释制度似乎是个例外,如艾

---

[20]　这两个表述都需要加以限制。没有人真正知道谁从事指数犯罪,但是相当多的证据表明少数民族犯下多数罪行;见 Sampson 和 Lauritsen(1997)。其次,刑事司法系统中拉丁裔美国人涉案记录很差,因为很多执法机构不收集民族信息,这与联邦政府的指导方针一致。

尔斯（Ayres，2001）发现了对非裔被告有更多的限制性条件，库塔捷拉泽等（Kutateladze et al.，2012）关于近期研究的报告发现了对非裔和拉丁裔的类似调查结果。尽管保释金会影响监禁人数，而不是坐牢人数或逮捕率。

如果预期惩罚较低，少数族裔受到的有效威慑可能就较小，即使实际惩罚一样严厉或更严厉。洛克纳（2007）报告了关于感知惩罚的结果，但描述并不一致。在国家纵向青年调查（National Longitudinal Survey of Youth）的1977个群体中，无论是否以所在县的官方逮捕率为条件，非裔和拉丁裔青年都感觉会因财产犯罪而被捕概率较低，关于暴力犯罪则没有可用信息。在国家青年调查（National Youth Survey）中，非裔和拉丁裔青年感觉因轻微财产犯罪而被捕概率较高，但本质上对暴力犯罪和严重的财产犯罪有相同的感知逮捕概率。

关于处罚的感知严重程度，我们没有注意到任何结论性意见。一方面，少数族裔在少数族裔占多数的监狱里会更舒服（更低程度的不舒服）；他们在自己的社区中不太容易感到耻辱，因为社区中包含更多的前罪犯；他们不会因为雇主不喜欢而失去很多收入，因为他们没有从很多收入开始起步。另一方面，失去投票权和尊严可能会更深地刺痛非裔，因为这是他们在美国通过长期斗争实现的。失去住房补贴可能会伤害更大，因为他们对其有较强的依赖；雇主可能更愿意把一个白人前罪犯视为一个"犯错误的孩子"，而不是僵化的罪犯。事实上，在一个就业审计中，佩吉等（Pager et al.，2009）发现犯罪记录表明对非裔男性的处罚比白人更大。关于惩罚规模的答案没有一个是显而易见的。

反复的诱惑也很重要，尤其是如果少数族裔认为他们更可能受到不公正的惩罚和更可能居住在诱惑经常发生的邻里。在这种情况下，一些贝克尔模型的关于"一次性诱惑"的结论不会延续（O'Flaherty，1998）。本质上，认为无论现在做什么，他们终将进入监狱的人（因为错判或自己的部分疏误），不会受到今天犯罪惩罚的威胁（尤其是，如果他们对未来的贴现率不高）。但就我们的关注，关于这一问题还有任何经验工作。

收入和就业是一个种族差异鲜明的领域，其中有证据表明存在激励效应。当非裔和拉丁裔美国人工作时，他们的工资低于非拉丁裔的白人，并且更可能失业或失去劳动力能力（明显独立于任何刑事司法系统的行动）。因此，逮捕和监禁的威慑力较小。

然而，把该效应量化目前似乎是不可能的。回想一下，并没有高质量研究根据收入考察犯罪的截面变化。很难看到时间序列结果是如何转化为截面的。例如，截面效应可能是非线性的，但时间序列研究仅能发现线性效应。一个重要的截面分析还将对青少年的收入与就业前景进行建模。

时间序列研究发现，相比较暴力犯罪，财产犯罪的劳动市场效应更大。财产犯罪的种族差异远小于谋杀和抢劫。如果时间序列结果转移到横截面上，收入和就业似乎有可能解释财产犯罪与抢劫和谋杀之间种族差距的很大部分。这就是说，对于杀人和抢劫，侵犯和受害之间显著的种族差异难以归因于收入和就业差异。我们将在23.4节中考察互动时，详细讨论这个问题。

总之，劳动市场激励可能解释财产犯罪的种族差异的相当部分，但不能说明杀人和抢劫数据。我们没有理由相信，任何特定的民族或种族很有可能被现有惩罚威慑，而不敢从事指数犯罪。讨论存在于各种各样的效应，很多问题仍然缺乏答案。

23.4 互　　动

尽管贝克尔关心的是最优的监控和执行系统，他的一般方法提供了一个通用框架，其中可以考察各种相关的现象。库克（Cook，1986）考虑潜在受害者和可能犯罪者之间的互动，前者试图保护自己，而后者寻找最有利可图的目标。从这个角度来看，受害者选择可视为一种经济活动，它基于自身权利，对刺激加以响应。潜在的罪犯倾向于针对那些容易发现的目标，反抗最小，收获很大，诉诸法律受限。但最有吸引力的受害者也最倾向于使用防御措施：避开犯罪率高的地区，迁移到所属群体，安装报警系统，等等。

对那些最有可能成为目标的人而言，最终结果可能是较低的人均受害率。这有助于解释一个事实，老妇人不太可能比年轻男性更容易成为抢劫的受害者，而银行被抢劫次数会少于加油站。一些群体中的高水平恐惧将导致犯罪暴露大幅度下降，即使每次犯罪暴露的受害程度很高，群体的总受害率将会很低。[21]

这个视角也表明，通过监禁或矫治方式来消除一些潜在犯罪人口不需要显著降低总体犯罪率。面对竞争弱化，剩下的罪犯将发现回报增加。这会导致他们扩大活动规模，新的参与者可能进入，从而扩大他们的队伍。这就是为什么我们必须区分犯罪特征的强诉求和弱诉求。

在潜在犯罪人群中，互动也非常重要。那些沉迷于贩毒、赌博或卖淫等活动的人，通常是有吸引力的犯罪目标，这既是因为他们很可能拥有现金或其他贵重物品，也因为他们不太可能会去报案。街道恶行也需要在当地作出选择，

---

[21] 在确定受害率方面，可以通过考虑雷击死亡来说明预防的重要性：2006～2012年间，超过80%的受害者是男性（Rice，2014）。虽然这可能是由于生理性别差异，如身体素质等，主要原因似乎很可能是雷电暴露的差异。

这明显和其他人的选择存在互动。杀人有时候是主动的，有时候是被动的，有时是出于名誉考虑，这需要进行战略分析。有效执法很大程度上依赖于证人的合作，其成本取决于其他潜在证人的行为。在本部分，我们就会涉及这样的互动。

23.4.1 个人行为和取代

个人行为，有时候与公共目标相一致，是决定犯罪总体水平和空间分布的主要因素。事实上，没有个人的支持，任何控制犯罪的政策想要发挥作用都是不可能的。首先，受害者和目击者举报犯罪的意愿为警察提供信息，而且他们在法庭上的做证也是法律执行过程的关键部分。警报和锁的使用、安保人员的雇佣、摄像头的安装、信用卡和借记卡取代现金使用，都反过来会去影响财产犯罪。技术进步在简化追踪被盗交通工具或者信用卡的过程中起重要作用。在商店中，价值高的商品具有电子传感器，会使商品盗窃难以进行。但是，在高科技监控成为可能之前，雅各布斯曾宣布"街道上的眼睛"对格林威治村的犯罪起威慑作用。

避免受害的个人行为会具有显著的外部性，这既有正外部性也有负外部性。例如，个人安保目标是特定的区域或场所，而不是在宏观层次减少犯罪。这会导致对其他地点的犯罪取代，在没有降低总体犯罪的同时增加了犯罪暴露的不平等。然而，如果所有的犯罪机会并非都是等价的，对利益最大目标的保护将会降低犯罪的总体回报（Ehrlich，1973）。因此，在犯罪活动和非犯罪活动的边缘，一些地区应该提升对非犯罪活动的回报，以降低犯罪量。举例来说，通过上锁系统或者追踪系统给高价机动车以更好保护，会使犯罪转向低价机动车，同时也会使机动车盗窃收益降低，入室盗窃也会从有栅栏有警卫的社区转移到没有门禁的社区，入室盗窃的收益也会降低（Helsley and Strange，1999）。取代（以及对其他人的负外部性）使犯罪整体下降。

这种观点在范·乌尔斯和沃拉尔德（Van Ours and Vollaard，2013）的一篇文章中被清楚的展示了出来，在电动防盗系统中，一个便宜的设备就使机动车的盗窃难度和成本大幅度增加，除非犯罪者有途径得到钥匙。欧盟要求1998 年在所有新车上强制安装这个设备，从 1994 年开始的五年时间，装这种防盗控制系统的新车比例从几乎为 0 逐渐增加到 100%。作者把政策转变作为一个外生冲击，考察了荷兰的盗窃数据，发现了机动车犯罪总量明显减少的证据，这种现象持续了十多年，只受目标取代的部分抵消。使用该设备后，汽车犯罪比例下降的三分之一都转向了老汽车。随着时间的推移，没有安装这种防盗控制系统的机动车存量持续减少，这一取代效应很快就可以忽略不计。作者认为这项政策很好地提供了成本—收益分析。[22]

通常来说，类似这样的法令可以通过显著的市场失灵表明其合理性，但在这种情况下难以确定。这些防盗控制系统的成本要小于多数车主和保险公司的私人收益，即使人们忽略了安装系统产生的正外部性。[23] 长远来讲，这种管制是一种僵化的工具，没有考虑到个人业主面临的盗窃风险的差异。正如作者提到的，政策目标为降低"一个已经通过一刀切措施得以降低的风险，该措施没有区分高风险和低风险的目标，就为达到正的净效益设置了一个高"门槛"。然而，考虑到在没有强制实施的国家中，技术的市场渗透力有限，作者得出结论认为，在小概率事件的决策中，人们的行为并不总是符合他们的最大利益。

指出这一点很重要，即原则上作为对威慑政策的反应，取代可以造成社会成本相对增加。例如，防盗监控系统的强制使用可能引起潜在的车辆盗窃者转而武力抢劫汽车，从而使其实质上变成了一个受害成本更高的犯罪行为（包括受伤带来的成本）。幸运的是，这种情况并没有大规模出现，这导致有人对这项研究的结论提出质疑。但是，策略性取代将会显著地提升受害成本，这一点应要在未来的政策评估中加以考虑。[24]

赫尔斯利和斯特兰奇（2005）探讨了私人和公共犯罪减少目标的相互关系，只有后者可被用于实行对更严重犯罪递增的边际惩罚。当两类保护行为（公共和个人）战略替代时，通过个人或社区增加对个人的保护，不仅会造成对其他地区的取代效应，也会削弱公共执法的效果，导致犯罪严重程度的总体上升。均衡时私人保护存在过度使用的情况（相对于最佳情形），这表明私人采取的措施应该被征税，而不是予以补贴或者批准，因为它们会产生负外部性。[25]

私人犯罪预防措施也可以产生正外部效应。一个最具代表性的例子是 Lo-Jack，一种防盗/寻回设备。虽然安装成本需要车主支付，但是其好处还是可以向外广泛扩展，因为机动车盗窃的基础被破坏。艾尔斯和利维特（1998）根据一单位订单的收益超过成本，发现安装 LoJack 具有大量的正外部性。即

---

[22] 沿着类似的路径，Vollaard and van Ours（2011）考察了荷兰法律强制要求在所有新建筑中安装防盗门窗的影响。他们发现安装防盗门窗的家庭入室盗窃显著下降，没有任何证据表明对老建筑或相关财产犯罪存在取代效应。

[23] 其中一个效应是，较低的盗窃率降低了警察相关活动的权重。一些成本可能会以车辆维修和存放的形式转嫁给车主。

[24] 例如，近期纽瓦克的一个汽车抢劫事件被归因于引擎防盗系统使用的增加（Santora and Schwirtz, 2013）。

[25] Helsley and Strange（1999）考虑了源于私人保护的更广泛的负外部性，他们表明安全居住区的扩展会导致犯罪转向安全性较差商业区，因而降低了总体就业机会。这反过来会增加犯罪的发生。

使很低的安装比例都足以产生实质性的好处。因为专业小偷的流动性高，不可能长期避开安装了这种装置的车。该设备成功的一个决定性因素源于没有安装痕迹。对这种一般的威慑手段进行补贴可以产生非常有利的情形，使得一些外部效应内部化。例如，如果要求保险公司降低安装 LoJack 的费率，双方可能都会受益，即使没有人会单方面要求大幅降低费率。

库克和麦克唐纳（Cook and MacDonald，2011）调查了私人行为在犯罪威慑中的角色，并给出在洛杉矶商业促进区（Business Improvement Districts，BIDs）有效性的证据。存在公私合作关系允许对（即使是勉强的）企业主进行征税，以为邻里的安全和其他方面的改进融资。库克和麦克唐纳发现收益远远大于成本，抢劫、盗窃和机动车盗窃的比例显著下降。这种犯罪下降并非由于逮捕率增加，因此没有给公共机构带来额外的成本。事实上，他们发现逮捕率显著下降。此外，几乎没有证据表明了取代效应的发生：如果有的话，会立即对周边地区产生中等的正溢出效应。

23.4.2 威慑和选择

有人认为犯罪是一种经济活动，就像其他经济活动一样，需要根据一般的成本收益分析来决策，一旦把罪犯的异质性考虑在内，会出现一些难以预料到的影响。例如，威慑通过激励退出成功地减少了犯罪总量，但那些退出的人不是随机地从现有罪犯中剔除。那些不顾威慑仍然保持活跃的人正是缺乏吸引力的外部选择的人。如果这一属性和其他属性相关，如绝望或暴力倾向，则犯罪性质可能会随着规模而发生改变。

这个观点由奥弗莱厄蒂和塞西（O'Flaherty and Sethi，2009a）基于抢劫的背景提出。抢劫可能涉及受害者的反抗和有条件反抗，也可能不涉及，犯罪中可能涉及暴力，也可能不涉及。如果成功的威慑会导致可能不使用暴力的罪犯的选择性退出，则抢劫造成受害者受伤的比例将上升，尽管总体抢劫案件在下降。这的确是我们从数据中得到的结论。全国犯罪受害调查（National Crime Victimization Survey）数据显示，在 1993～2005 年这 12 年间，抢劫总数显著下降，但是涉及受害者受伤的抢劫数量下降得不那么明显。因此，抢劫变得更加暴力，即使他们已经变得不那么频繁。此外，在反抗条件下使用暴力的可能性急剧上升。反抗的比例有一些下降，因为人们会认为反抗遭遇暴力的可能性很大，但数据没有明确表明这一点。

23.4.3　刻板印象

受害者的反抗本身就是一种威慑，而且是罪犯选择受害者的考虑因素。在对活跃的武装劫匪的人种学研究中，赖特和德克尔（Wright and Decker，1997）对此提供了一些有趣的轶事作为证据。尽管在他们的样本中多数罪犯是非裔，很多人表达了对白人受害者的偏爱。这可能是基于这样的理念，即面对白人受害者时遇到的反抗会少一点，因为非裔受害者不太了解夸大的非裔男性暴力犯罪的刻板印象。[26] 有趣的是，罪犯更加偏爱白人受害者，尽管事实上这类受害人带大量现金的可能性更小。[27] 显然，是否会反抗，而不是身上带多少钱，是选择受害者的主要标准。平均来看，样本中的罪犯感觉到较低的反抗可能性，因为他们更容易从白人那里弄到钱。所以，相对于整体财富而言，损失也比较小。

非裔男性的暴力刻板印象还有很多其他影响。当犯罪者是非裔，受害者反抗的可能性较小，这会增加抢劫的相对回报。[28] 因而，相比罪犯与受害人不存在面对面互动的犯罪，如入室偷窃或盗窃，与刻板形象相关的犯罪，如抢劫，犯罪率表现出更大的种族差异（O'Flaherty and Sethi，2008）。换句话说，刻板印象影响不同类型犯罪行为的相对回报，也影响犯罪与合法活动的相对吸引力。因此，应该考虑逮捕和监禁中的种族差异，即使刑事司法系统完全是非歧视性的。

这一推理不仅能有助于说明犯罪中的种族差异，还能说明受害人与罪犯的感知身份影响犯罪行为表现出的方式。因为遭遇到的白人反抗较少，以白人为目标的犯罪群体会包括那些最害怕遭遇反抗的人。而且，在其他条件都相同的情况下，如果遭遇受害人的反抗，这些个体强迫受害者顺从的可能性更小；如果罪犯的种族保持不变，相较非裔受害者，白人受害者反抗招致暴力的可能性较小。这在某种程度上让人惊讶的预测，事实上具有经验支持（O'Flaherty and

---

[26] 一个罪犯承认："我抢劫的多数是白人……通常我不会有问题 [遭遇反抗]，根本不会。[白人] 获得这一刻板形象，这一神话，即拿着枪或刀的非裔都像是伊迪·阿明或侯赛因。而且，[一个] 人 [相信] 会做任何事 [你所说的]。"相反："一个非裔将试图把枪从你手中抢走。他们将要求你射他们，如果你不得不这样。"另一个看法："白人接受他们被抢劫的事实……一些非裔宁愿死也不会给钱，你不得不杀死 [他们] 才能拿到钱。"（Wright and Decker，1997）。

[27] 一个罪犯抱怨："多数非裔身上只有两美元和信用卡，以及其他类似的东西。"另一个回应这一观点："白人，身上带有信用卡和支票……他们被抢劫后就注销它们。"还有一个："他们所得到的就是塑料和支票。"（Wright and Decker，1997）。

[28] 如果那些对非裔持有特别夸张的刻板印象的白人成为受害者，他们对非裔犯罪者进行反抗的比例比非裔受害者低，这使得白人群体对犯罪来说更有吸引力。这也可以部分解释为什么跨种族的抢劫比杀人、强奸多得多。

Sethi，2008）。

更广泛的观点是，刻板印象可以显著影响受害者和罪犯之间的互动，从而导致在不同类别的群体间犯罪回报存在差异。当受害人不知道罪犯的身份时，刻板印象不能产生影响，常见案例就是入室偷窃或者机动车盗窃。因此，某些犯罪的发生概率的种族差异比起其他犯罪更大，对这一差距的任何分析都要考虑这一事实，即犯罪是一系列高度差异性活动的总和。

23.4.4 种族隔离

种族居住隔离是城市经济学的中心议题。尽管相比1970年前后已经下降了很多，非裔与白人之间的种族隔离依然普遍存在，尤其是在东北部和中西部较大的城市。

解释这一现象的文献可分为三大类：（1）种族隔离是收入分类和种族收入差距的附带影响；（2）住房和信贷市场歧视阻碍非裔进入某些社区的渠道；（3）邻里种族结构偏好与分散的不一致的区位选择相结合，导致了内生的分离。[29]

对于种族隔离，刻板印象在犯罪受害率影响中的角色提供了另一个补充性解释。如果其他条件完全相同，白人比非裔对抢劫犯更有吸引力，那么白人很可能会退出犯罪高发邻里，尽管他们并不关心邻里的种族结构，而且不会从住房和信贷市场的优待中获益。这要求刻板印象基于人们所属群体的收入分布。例如，如果低收入个体被认为很有可能反抗，而且收入分配中存在种族差异，那么潜在的罪犯就会有选择性地回避那些低收入群体。因此，在任何给定区位，两个其他条件完全相同、属于不同收入群体的人，会面临不同的受害率。因而，根据个人收入，那些被明显被视为较富裕群体的人们将更愿意退出犯罪高发邻里，这引起更高水平的种族隔离（O'Flaherty and Sethi，2007）。[30]

这一推理有助于解释，为什么在任何区位那些更具吸引力的受害者的总体

---

[29] 作为一个解释，长期以来，这些因素中的第一点被认为相比其他因素是次要的，因为即使在同一收入阶层中，也存在大量的种族隔离现象，详见Massey和Denton（1987），Farley和Frey（1994），以及Sethi和Somanathan（2009）的研究。关于歧视最令人信服的证据来自审计研究，尤其是英格（1986）的研究。文中有关分类的内容源于Schelling（1971）；相对近期的研究见Sethi和Somanathan（2004），以及Card等（2008）。

[30] Verdier和Zenou（2004）提出了另一个关于种族隔离的理论，刻板印象和犯罪在其中扮演重要角色。在他们的模型中，中心商务区的雇主基于员工的种族和居住区位设计薪酬，这使得那些居住较远以及那些被认为是属于犯罪高发群体的人们工资更低。即使在事前评估中完全相同的群体中，有关非裔的犯罪高发的观念仍然能够自我强化，因为那些被留下了刻板印象的人从工作中获得的薪酬更少，于是他们只能选择租金低廉且远离商务区的居所。这又降低了犯罪的机会成本，并导致更高的犯罪率。

受害率较低。此外，这表明中间收入阶层的受害率种族差异最大，处于这一阶层的人们有足够财力搬到更安全的区位，但也可能因较低的受害率留在原地。

在给定区位，受害率的种族差异会导致对更安全区位的支付意愿差异，这一观点对储蓄率的群体差异有重要意义。在美国，非裔与白人的财富差异远大于收入差异（Blau and Graham, 1990; Oliver and Shapiro, 1995），已经有人认为，除了当前的收入差异，财富的持续差异很大部分源于储蓄率的差异（Altonji and Doraszelski, 2005）。如果白人愿意为更安全地点的住房支付比非裔更高的价格（在已经被确定为犯罪率高的地方），他们当前收入中非住房消费会较低。相应地，他们会表现出较高水平的储蓄以及财富积累，因为住房既是消费品也是投资品。[31]

23.4.5 同伴效应与战略互补

格莱泽等（Glaeser, 1996）认为犯罪发生在时间和空间上具有太大的可变性，以致很难只通过基本因素解释清楚。他们认为地方同伴效应具有重要性，这源于个人有影响其邻居的能力。这增加了一个区位间变化的额外来源，因此，同样的城市，同样的邻里，犯罪率可能完全不同。它还可以增加给定区位时间序列的波动性，超过了源于基本因素导致的波动性。

施拉格和斯科奇默（Schrag and Scotchmer, 1997）还讨论了一些机制，通过这些机制，一部分人犯罪的增加源于其他人犯罪激励的提高。他们指出犯罪激励取决于犯罪与不犯罪回报的差异，更高的犯罪率会增加前者，而减少后者。例如，在固定的执法预算下，对犯罪者进行逮捕的可能性会下降，即使对无辜者逮捕的可能性上升。在陪审团审议中出现了类似的效应：高犯罪率总体上会导致有罪判定的更大误差。这些都是战略互补的例证，某些人犯罪会吸引其他人犯罪，对于给定的基本因素集合，这通常导致多重均衡的犯罪率。[32]

在格莱泽等（1996）模型的最简单版本中，个人有三种类型，被排列在一个（社会）圈。前两种类型不受社会影响，要么总是犯罪，要么永远不会犯罪。第三种类型会受到同伴效应的支配，而且总是模仿左侧相邻者的行为。

---

[31] 如果根据收入，白人无论如何都要比非裔出价更高以进入更加昂贵的邻里，这一效应就会出现。Cutler et al.（1999）认为自 1970 年前后，这已经成为居住选择中的一种持续模式；Sethi and Somanathan（2004）表明这一结果被一个均衡排序模型预测，其中个人既关注邻里平均收入，又关注邻里种族结构。Charles 等（2009），基于个人会通过炫耀性消费来展示高收入的观点，提供了一个种族间储蓄差距的替代和互补理论。低收入群体会有更大的激励这么做。

[32] 战略互补也可能是受害者行为的特征。Helsley and Strange（1999）表明有门禁的社区如何"像瘟疫一样蔓延"，这是因为这些社区日益普及且主要针对社区外的犯罪行为，而这加强了更多家庭寻求更好保护的激励。

任何给定的人口类型分布都与多重犯罪水平相一致，这取决于个体在社会空间中是如何排布的。如果不受同伴影响的罪犯恰巧相邻，并且最边上的罪犯位于不受同伴影响的个人的左侧，则犯罪将处于类型分布的最低水平。但是，如果所有易受同伴影响的人彼此相邻，而且他们位于无论如何都会犯罪的人的右侧，那么犯罪率会很高。这些都是最极端的情形，而各种中间情形则很容易想象到。互动效应引入了一个时空上非基础的变化来源，而且当大部分人易受同伴影响时，这一效应最强。

相反，相对于基础因素的犯罪率可变性，可以解释为衡量特定犯罪的同伴效应的指标。格莱泽等（1996）对估计非基础的变动规模很感兴趣，将其解释为各种犯罪的社会互动强度。他们发现，在抢劫、斗殴、入室盗窃、汽车盗窃和偷盗等犯罪中社会互动水平非常高，而谋杀、强奸、纵火则小得多。

在解释这些发现时，有一点需要牢记，即相比上文考察的其他罪行，谋杀、强奸和纵火是少见的。例如，在研究的作者使用的1986年城市间数据中，每10万人中有超过4 000例盗窃案件，但谋杀案件不超过9例。多数人从未考虑过谋杀，而且我们怀疑潜在杀人犯中，只有很少一部分真的会去杀人。

事实上，相比那些高水平战略互补、并因而在时间和空间上变动的主要犯罪，谋杀具有一个独特的机制——抢占（先机）。谋杀可能出于对被杀的恐惧，这一恐惧本身与背景谋杀率有关。托马斯·谢林（Thomas Schelling）在他1960年的经典作品：《冲突的战略》中对这一观点的逻辑进行了很好的论述：[33]

"如果我晚上持枪下楼去查看不明响动，发现自己正与一个持枪入室的窃贼相对，那么就存在出现我们都不想见到结果的危险。即使他宁愿悄悄离开，而我也确实希望他这么做，也存在他可能觉得我会先开枪，然后他抢先开枪的危险。更糟糕的是，存在着他可能认为我觉得他会开枪的危险。或者他可能认为我觉得他认为我想开枪，等等。（如何进行）'自卫'是不明确的，尤其是当一个人的正当防卫只是为了避免被射杀。"

这一效应有助于解释谋杀案发率在时间和空间上的巨大变动。比如说，纽瓦克市的谋杀案发率在2000～2006年间翻了一倍，而全国的谋杀案发率则基本保持不变。很多这样的谋杀往往起源于熟人之间不起眼的小纠纷（O'Flaherty and Sethi，2010c）。[34] 在一个谋杀很常见的环境里，这种小纠纷升

---

[33] 对这一观点的更规范表述见 Baliga and Sjöström（2004），而且有证明显示，磋商成本低可以有效解决这一问题。

[34] 这一模式非常普遍："大约一半的谋杀受害者，既不是被亲密的家庭成员，也不是被完全陌生的人杀害，而更多是被具有某些事先关系的人杀害：朋友，邻居，普通输入，工作同事，非法活动中的伙伴，自己或竞争帮派中的成员"（Reiss and Roth，1993，第78页）。

级为谋杀的可能性很大，而且谋杀中先发制人的动机也非常明显。在这种恐惧氛围下，谋杀率居高不下。因此，在这种情况下，小幅度减少谋杀率都非常困难，但谋杀率大幅下降并非不可能。有效减少谋杀的政策需要犯罪预期的协调转变，类似于休战。[35]

在这个模型中，"氛围"和"环境"往往具有空间性。正如在战争中，位置通常表明了期望行为的类型。正如行为期望在酒吧不同于在图书馆，相比那些历史上很少犯罪的邻里，犯罪高发的邻里将产生不同的犯罪预期。

这一推理也有助于解释为什么年轻非裔男性的谋杀受害率非常高。这种先发制人的谋杀，其动机是出于恐惧，这不仅取决于本地谋杀率，也取决于在争端中个人可观察的特征。那些胆怯的人更容易被先杀死，这可以诱导他们采取先发制人的行为（O'Flaherty and Sethi, 2010d）。当争端双方都非常恐惧时，这一影响是非常明显的。更具讽刺意味的是，如果受害者是非裔，刑事司法系统会轻罚罪犯，这也导致那些潜在的受害者成为杀人犯。那些担心被杀的人可能先发制人，而那些胆怯的人更可能被杀死。

沿着类似思路，格罗斯让（Grosjean, 2014）表明，在美国那些原本苏格兰和爱尔兰人居住的地区，白人男性中熟人谋杀的概率更高。她将其归因于这些定居者持有的"羊群文化"，其中坚韧的声誉使他们不可能选择偷窃以维持生计。而在南方，正规机构是强大的，这种声誉文化只是法律纠纷解决机制的补充，不像在北方那样有很大影响。虽然她没有提到这一点，但在这一环境下，先发制人的谋杀似乎更合理。

23.4.6　堡垒原则和不退让法

这些考虑对不退让法的影响有重要意义。不退让法指的是，在威胁之下，允许个人合法地杀死别人，甚至是在有机会后退到安全场所的情况下。堡垒原则是指，一个人在家里（或是堡垒里）中，是没有义务退让的。这种不退让法的原则已经延伸到其他地区。佛罗里达2005年设立的不退让法是最早的例子之一，之后其他二十多个州也制定了类似的法律。

这种法律制度的推广，使得受威胁的人更加危险，也更容易先发制人地杀死对方。这一效应在经验检验中非常明显。程和胡克斯特拉（Cheng and Hoekstra, 2012）做了一个实验，对采用不退让法的小组和没有采用这种法律的小

---

[35]　正式表述是，考虑协调后的转变必须足够大，以实现低谋杀率的均衡。如 Schrag 和 Scotchmer（1997）和 Glaeser 等（1996），这一模型可以有多重均衡。更一般性地，战略互补模型表现出对基础因素变化的放大反应——乘数效应——即使只有唯一均衡。

组中的不同实验对象进行检验，并比较两组的谋杀率和其他数据结果。他们发现法律没有禁止偷窃、抢劫等预期效果，然而他们发现了一个意想不到的效应：谋杀率上升，而且在数量上和统计上都很显著。这些并不是为了自卫而杀人，但被归类为正当防卫而不是谋杀。这与先发制人的故事是一致的。

麦克莱伦和泰金（McClellan and Tekin，2012）使用不同的数据来源（美国生命统计，US Vital Statistics，而不是统一犯罪报告，Uniform Crime Report），发现谋杀率的提高和美国采取不退让法有关。但这只适用于白人，尤其是白人男性。

23.4.7　警察阻止

考虑警察通过使可能的罪犯在将要犯罪之前丧失犯罪能力来防止犯罪（这是我们在第 23.2 节所考虑的前瞻目标，而不是我们在 23.3 节中回顾目标）。它将尝试预测谁将犯罪，并在处理中使用这些信息。

对于多数犯罪，犯罪群体不大可能偏离代表性样本太多。因此，在判断和预防犯罪方面，警察的力量通常不受约束，这会激励他们进行广泛分析。也就是说，在决定谁被拘捕时，除了考虑年龄和性别等指标，还会考虑种族和族裔关系。

自 20 世纪 90 年代以来，在一些备受瞩目的诉讼后，执法机构的种族定性已经引起了相当大的关注。[36] 其中，最早的是高速公路上机动车阻止和搜查，发现针对非裔和拉丁裔人的比例是其人口比例的 2 ~ 3 倍（美国审计总署，2000）。近几年，很多城市街道上都实行类似的搜查行动。在 2002 ~ 2012 年间，纽约市警察局阻止和讯问超过 400 多万人次，从 2006 年开始，讯问人次以每年 100 万人的数量增加。[37] 阻止对象中，非裔数量是白人的 9 倍（Fagan，2010），而被阻止的人中只有 0.15% 的枪支被没收。

在文献中受到大量关注的问题是，拘留率的显著差异是反映了警察行为的优化，还是反映了在种族中立标准下对特定群体的偏见。在一篇有影响力的文章中，诺尔斯等（Knowles，2001）提出了一个模型，其特点是在没有任何种族敌意下，警察与司机的均衡行为意味着不同人群之间走私发现率的平等。按这个逻辑，不同人群之间的"命中率"差异作为影响阻止的独立因素，是种

---

[36] 著名的案例见 Wilkins 等 v. Maryland State Police（1995），Chavez v. Illinois State Police（1998），and Floyd v. City of New York（2013）。

[37] 年度概要统计（见 http：//www. nyclu. org/content/stop-and-frisk-data）由纽约公民自由联盟（New York Civil Liberties Union）提供。正式的政策包括禁止、讯问和搜身。

族歧视的证据，具有较低命中率的人群是歧视的受害者。通过马里兰州警察在I-95公路上车辆阻止的实验数据分析，诺尔斯等（2001）没有发现歧视非裔（相对于白人）的证据，而拉丁裔司机遭遇歧视。沙雅（Sanga，2009）发现除I-95这段公路，马里兰州警察同时歧视非裔和拉丁裔人。

这种命中率实验非常简单，且易于实行，但不是没有缺点。警察最优决策（监禁）的逻辑明显的是不同群体间的边际命中率相等（Becker，1957；Ayres，2001）。也就是说，在一些可观测特征上（比如违禁品携带），每个人群的机动车司机的命中率应该几乎相等。否则，一个群体较高的命中率将导致增加对其犯罪活动的侦查。但这些边际司机（或行人）很难从数据中识别。在诺尔斯等（2001）的模型中，平均命中率相等是从严格假设中推导而得。特别是，作者认为，无论个人是否携带违禁品，可观测特征特性都是相互独立的。不可能有犯罪的外部迹象。但是，这意味着对于给定的特征集合（年轻的非裔男性为例，或是有钱的女司机），被搜查的车辆和没被搜查的车辆携带违禁品的可能性都相同。在均衡时，给定个人特征集合，警察会选择被认为更有可能犯罪的对象进行搜查。

此外，达玛帕拉和罗斯（2004）表明命中率结果非常脆弱。基本假设的细微改变，就能表明I-95数据与对少数族裔歧视，或无歧视，或逆向歧视相一致。

比耶克如（Bjerk，2007）所指出的，均衡的无差异性既在经验上无吸引力，又意味着警察阻止是非法的。特别是在个体层面上，他们违反了基于强有力事实进行"合理怀疑"的要求。[38] 这是比可能原因更宽松的标准，但仍要求怀疑是个体层面上，因而对警察的行为形成约束。宪法不允许仅仅基于特征而进行拦截审查，这是一种违法行为。[39] 但是，作为一个发现歧视的工具，考虑这样的外部特征使得命中率检验无效。

安瓦尔和方（Anwar and Fang，2006）以及比耶克（2007）提出了另一个分析模型，他们考虑了可以作为合理怀疑基础的信号。安瓦尔和Fang假设在其他特征不变的情况下，除了种族，警察观测到的是关于犯罪的嘈杂信号，更高价值的信号意味着搜查到违禁品的更大可能性。不同人群之间的信号分布会存在差异，这为统计上的歧视提供了依据，即使没有任何种族偏见。如果警察的身份保持不变，搜寻成本会对被拘者的身份很敏感；这些成本的差异被解释

---

[38] Terry v. Ohio, 392 U. S. 1 (1968)。

[39] 例如，根据纽约市警察局的阻止—询问项目，扣留行人的警察必须填写表 UF-250，这要求他们表明合理怀疑的基础。这包括持有特定物品（如细长的金属棍或撬杆），或包围受害人或地点的行为。

为种族歧视。正如诺尔斯等（2001）所表明的，警察被假定重视违禁品的成功搜查，这样才能在既定搜查成本下，实现回报减去搜查成本的净收益最大化。这要求对每个群体设置一个信号阀值，只有当犯罪信号超过这个阈值后，才进行搜查。[40]

在这一模型中，平均命中率相等既不是没有种族偏见的必要条件，也不是充分条件。模型预测的是在没有种族偏见的情况下，群体间的命中率排序不应该取决于他们所属的群体。使用来自佛罗里达公路巡逻队的调查数据，包括被调查者所属群体的信息，安瓦尔和方无法拒绝不存在偏见的零假设。然而他们认识到，他们的测试说服力较低，因而他们的发现需要进行谨慎地解读。此外，他们发现群体间搜查成本具有显著的异质性，并指出把命中率检验应用于他们的数据会得出警察对非裔和（特别是）拉丁裔洲司机有偏见的结论。

尽管有上述缺点，但命中率检验简单通用并且得到广泛使用。纽约市警察局阻止—讯问数据表明，非裔和拉丁裔以及有武器和违禁物（如药品）的人有更大的命中率。吉尔曼等（Gelman，2007）利用这一结论表明，政策是以歧视性方式执行：资源转变——通过更多拘留白人和减少对非裔和拉丁裔的关注实现资源转移，可以增加发现违禁品。科维洛和佩西科（Coviello and Persico，2013）质疑这一解释，他们认为在命中率上在警区间有相当大的异质性，仅此一点就可以导致总体数据的差异，即使警区内不同群体间的命中率相同。例如，如果命中率低（无论什么原因）也是那些非裔和拉丁裔"拦截"发生率最高的警区，总体数据可以表现出群体逮捕率的差异，即使单个警区的数据并非如此。作者发现，通过考虑警区层次的固定效应来控制这一因素，能够推翻由总体数据得出的结论：相对于非裔和拉丁裔，白人的命中率是略低。然而，他们认识到这可能是由于警区间资源的歧视性分配。[41]

警察阻止是纯粹统计歧视还是涉及种族偏见，这一问题从法律角度来看十分重要，但即使是符合法律约束的统计性歧视也可以给无辜者施加显著的成本，如果他们属于犯罪率高的群体。如果个人认为他/她已经由于种族或民族标志而遭遇羞辱和搜查，那么任何福利分析必须考虑其情感伤痛。由于这些成本可在很大程度上被"色盲"的政策缓解，那么考虑这一问题很重要，即

---

[40] Bjerk（2007）的模型有一个类似的结构，也得出了这一结论，即纯粹的歧视并不意味着平均命中率相等。这两篇文章在理论上的差异小于在用途上的差异。Anwar 和 Fang 进行了经验检验，尽管 Bjerk 从理论上考察了执行色盲政策可能影响犯罪水平的方式。

[41] 此外，如果传唤（而不是逮捕）行为纳入命中率计算，则非裔和拉丁裔的命中率会低于白人，并且与总数据一致。对此的一个可能解释是，对于被侦查到的犯罪，反馈存在差异，白人更愿意收到传票而不是被逮捕。

"色盲"治安政策是否以及在多大程度上将导致更多的犯罪。

比耶克（2007）和哈科特（Harcourt, 2006）认为，关于犯罪的统计性歧视在理论上模棱两可：在一定条件下，转向"色盲"政策甚至可以降低整体犯罪。这是因为最大化抓捕罪犯的可能性时并没有考虑到威慑效应，它可能会影响犯罪的总体发生。任何目标转移将使对于压力放松的群体而言，罪犯可以从他们身上获取更多利益，同时降低了其他群体的吸引力。如果前者占总人口比例小，或对激励反应相对迟钝，而后者数量巨大且对激励有更快的反应，则总犯罪率可能会下降。此外，如果被发现的可能性很小，警察阻止的威慑价值将变得有限，无论他们是如何在目标群体间进行分布的，并且向"色盲"政策的转变不会对犯罪发生有很大的影响。

统计性歧视对犯罪数量的影响不仅在理论上是不明确的，在经验上也很难识别。分离单个警察实践的效应通常具有挑战性，因为一整套举措通常作为总体战略的部分同时实施。即使总体战略成功，通常也很难确定部分的单独影响。自1990年开始的20年内，纽约市经历了犯罪率的急剧下降，而实施的各种警方举措包括针对热点、取缔公共毒品市场、利用CompStat（计算机统计信息比照）系统进行绘制和数据分析、回收枪支、阻止—讯问政策，以及对小的"生活质量"犯罪低容忍。在这一阶段的初期，警力也有了大幅增加。在对证据的综合分析中，齐姆林（2011）得出结论认为，针对热点和毒品市场的举措是非常有效的，同时CompStat系统、枪支回收计划以及增加警察数量都对犯罪率下降有重要贡献。但他没有发现证据支持阻止—讯问政策起重要作用的论断。[42]

如果这是真的，这是一个很重要的问题，因为统计性歧视有显著的福利效应。必须要记住，绝大多数阻止都没有发现任何犯罪的证据，我们看到对无辜者的影响也是一个考虑因素。其中的一个重要问题是，目标对象认为他们之所以被拦截，是基于个人层次的合理怀疑，还是仅仅因为他们处在特定的人口分布中。如果政策唯一的目标是把犯罪发生降低到与掌握资源一致的最低水平，那么群体间逮捕率相等可能是政策成功的恰当指标。但是，如果逮捕率相等要求使用警方关于种族和民族的人口统计信息，那么就会给特定群体的成员施加一个相当大的福利成本。

这一成本必须在政策的任何福利分析中都要加以考虑。对于重点目标群体中的个人来说，最令人厌烦的并不是被阻止的情境，而是认识到其成为目标没

---

[42] 此外，Zimring认为纽约犯罪下降不能归因于"破窗"政策，因为这一政策还没有被真正尝试过。特别是，他认为禁止卖淫和赌博的法令并没有得到一致执行，而且对非毒品的生活质量犯罪的逮捕率急剧下降。其他城市也对这一举措的有效性提供有限支持。

有其他理由，只是因为他/她是群体的成员。在对特雷沃恩·马丁被杀案的评论中，布罗（Blow，2013）给出了如下观点："美国人认为，没有个人证据就普遍怀疑的想法令人厌恶，也是美国非裔不断抗争的。它在警察政策中无处不在——如阻止—讯问以及这一邻里监视案件——不考虑对大多数无辜者的附带伤害。"只有考虑这种附带伤害的福利分析才是完整的。

由于施加给无辜者的成本未能被警察内部化，犯罪侧写的规模可能高得无效率。对无辜者的直接补偿是不可行的，这出于以下几个原因。它将鼓励主动被阻止，因而会侵蚀可疑行为的信息量。如果是阻止朋友以帮助他们，还会引起腐败。除非赔偿取决于人种或种族，否则不会导致公共羞辱产生的身份成本的内部化。[43]

23.5　监　禁

对于曾经犯过重罪的人、将在未来从事更多犯罪的人以及由于坐牢经验释放后犯罪较少的人，监禁表面上能服务于很多目的。对恶行加以惩罚，报应才能实现。威慑之所以起作用，是因为犯罪伴随着惩罚。隔离会起作用，因为因犯通常无法对普通人犯罪。改造的效果取决于观念和偏好被改变的程度。监禁似乎是不同问题的通用解决方案。

但是，就像一个真空吸尘器也能播放音乐和搅拌水果冰沙，或（使用一个更常见的例子）一个什么都会的人却没有专长，隔离可能不擅长做上述四项工作中的任意一项，因为它们之间有内在冲突。主要冲突是在威慑和隔离之间；威慑是回顾的，它关注罪犯犯了什么罪，而隔离是前瞻的，关注某人将会犯什么罪。对于威慑来说最好的监禁策略，对于隔离而言未必是最优的，反之亦然。警察阻止也会出现同样的问题，哈科特（2006）提出了一个统一的处理方式。

由于监禁剥夺了人们渴望的权利和自由，对那些已犯下严重罪行的人，仍应保持监禁；根据法律和传统的报应和威慑应该胜过隔离和矫治，至少要进牢门。但是，前瞻性的考虑还要讨论假释、保释、缓刑和判决的决策，往往要通

---

[43]　一定程度的成本内部化可以通过媒体曝光和法律援助实现，他们都在对阻止—询问的辩论中发挥了突出作用。Hirschman（1970）强调呼吁作为改进组织绩效的一种手段是十分重要的，而且媒体压力已经在印度一些备受关注的谋杀案查处中产生重大影响（O'Flaherty and Sethi，2009b）。但在应对特别令人发指的罪行时，舆论压力也能导致刑讯逼供和冤假错案，在1989年中央公园慢跑者案件中，其中五名未成年被告在2002年被撤销定罪之前曾被长期监禁（McFadden and Saulny，2002）。

过正式的风险评估工具；历史和讨论参见哈科特（2006，第 2 章和第 3 章）。

在本部分，我们重点关注隔离效应，因为我们已经讨论了威慑，经济学家很少提到报应。我们也会适当关注矫治。因为隔离的目标是改变未监禁人群的犯罪特征分布，类似我们在 23.2 节讨论的政策。因此，我们必须既要问弱主张——被监禁的人是否比其他情况相同但未被监禁的人犯罪更少？也要问强主张——更多的隔离能减少犯罪吗？

我们还将关注大规模监禁如何影响邻里囚犯的来去。

23.5.1　解读趋势

在 21 世纪初，美国的监禁率在两方面特别高：它高于美国历史数据，而且远远高于其他发达国家。[44] 男性、非裔美国人、（程度较低）拉丁裔的监禁率是不成比例的。[45]

1980 年以来监禁人数的上升通常主要归因于毒品管制，但是从任何核算的角度来看，这都是不准确的。由于毒品而被监禁的人数，从 1980 年的 41 000 人上升到 2008 年的约 539 000 人，这是一个巨额增长，但在这段时间，监禁总人数仅增长了约 30%（人口调整后上升的比例会大一些）。[46]

但是，毒品犯罪的关押时间比其他罪行短，所以与那些任何时间都被关押的人相比，毒品犯占入狱者和刑满释放者的比例都较高。例如，州监狱约 45% 的入狱者是由于毒品犯罪，尽管只有大约五分之一的州囚犯正在因这些罪行而服刑（Raphael and Stoll，2009b）。当我们考察关押囚犯的历史存量时，毒品犯所占的比重远高于当前的情形。[47]

那么，为什么 1980～2008 年间美国的监禁人数增长如此惊人？拉斐尔和斯托尔（Raphael and Stoll，2009b）使用了一个模型，其中个人在自由、犯罪

---

[44] 在 20 世纪 70 年代末，隔离率多年稳定地低于 0.2%（Raphael and Stoll，2009a，pp. 3 – 4）。峰值出现在 2009 年，每 10 万美国居民中有 756 人被关押在成人的隔离设施，包括联邦和州监狱和地方监狱（Glaze，2010，附录，表 2）。在发达国家中，只有俄罗斯的监禁率在 0.5% ~ 0.6% 之间，接近美国；发达国家每 10 万人中的监禁人口都很低，如英国（153）、挪威（73）、法国（96）、德国（85）、日本（58）、加拿大（117）（国际囚犯研究中心，2011，2008 ~ 2011 年数据）。

[45] 2008 年，非裔美国男性的总体隔离率约为每 10 万人口 4 640 人，拉丁裔男性大约是每 10 万人口 1 650 人。30 ~ 34 岁的非裔美国男子隔离率为每 10 万人口 8 032 人，而总体监禁率，包括监狱，可能超过每 10 万人口 11 000 人。

[46] 1980 年毒品犯罪的相关数据来源于《量刑方案》（The Sentencing Project）（2011 年）。2008 年州和联邦监狱的毒品犯罪数据分别来源于 2008 年《美国司法统计局》（Bureau of Justice Statistics）表 6.001 与表 6.57。监狱囚犯方面，总体数据来源于 Glaze（2010），2004 年毒品罪犯占监狱总人口比例的数据来源于 2004 年《美国司法统计局》（Bureau of Justice Statistics）表 6 – 19。

[47] 我们对 Steve Raphael 的这一观测表示感谢。

后被监禁、假释、假释撤销后再次监禁四种状态之间转换，对 1984～2008 年州监狱的人口，即罪犯主要部分的变化进行分解。在模型的稳定状态下，监禁概率取决于犯罪率与惩罚的确定性和严厉性。每个变量部分取决于个人行为，部分取决于政府行为。犯罪率取决于潜在罪犯和潜在受害者，正常都是私密的群体，但显然政府可以采取很多措施影响犯罪率。惩罚的确定性不仅取决于政府对罪犯拘押、定罪的力度，而且取决于罪犯在逃避检查和抓捕中做出的努力，以及受害人和证人对有关部门的协助。平均服刑时间取决于政府的量刑规定和准则、假释政策（包括假释的授予和撤销）和假释条件的执行，同时还有罪犯和假释犯遵守规定的意愿。[48]

拉斐尔和斯托尔（2009b）比较了模型中隐含的稳定状态；由于一半的监狱人口在一年内出狱，他们认为稳态是长期过程的一个合理近似。1984～2002年，他们发现多数犯罪（人均）均略有下降。犯罪率显然不是州监狱人口增长的主要原因。

对于斗殴和强奸，犯罪的入狱率上涨，但其他犯罪则保持稳定。然而，人均毒品犯罪的入狱人数上涨了五倍，而这一增加的大部分（或者全部）是由于每次犯罪的入狱率的提高。当然，具体比例取决于对毒品犯罪的定义和衡量。

对大部分犯罪来说，假释前预计服刑期增长了约三分之一，而盗窃和强奸增长更多。（由于较轻罪行入狱人数比严重罪行入狱人数上涨更多，平均刑期并没有增加。）然而，严厉性的一个重大变化来自于假释。1980～2003 年，每年假释人员重新被关押的比重从 13% 上涨至 29%。假释后入狱的平均服刑时间上涨约 13%。

由于拥有每次犯罪的三个因素（人均犯罪率、每次犯罪入狱率以及出狱率）和犯罪三个类型（指数犯罪、毒品犯罪和假释违规），不对稳态下监狱人口的变化进行分解将是唯一或自然的。拉斐尔和斯托尔将毒品犯罪包含于其他犯罪之中，并对假释进行单独分析。由于要对毒品区别对待，我们运用他们的表 2-2 和表 2-3 进行了不同的分解。此分解如表 23-1 所示。

---

[48] 该模型明确指出，无论是总体还是对各个群体，从政府政策到隔离之间没有简单的映射。严厉的政府可能拥有大型监狱系统——由于因犯关押时间较长——或者小型监狱系统——由于人们害怕犯罪或者没有人愿意合作和做证。宽松的政府可能拥有很多囚犯，因为犯罪人数多，或较少的囚犯，因为关押时间短，很少有人入狱。

表 23-1　　　　　　　1984～2002 年人均州监狱人口增长的来源

人均稳态监狱人口增加总量的比例

所有来源	100.0%	
指数和其他非毒品犯罪	38.0%	
更长的预期服刑时间		17.8%
其他变化		20.2%
毒品犯罪	28.8%	
更长的预计服刑时间		1.6%
其他变化		27.2%
假释违规	33.2%	
更长的预计服刑时间		1.3%
更多罪犯		10.4%
其他变化		21.5%

资料来源：拉斐尔和斯托尔（2009b）以及作者的计算，参见文本。

　　在每 10 万人中州监狱 272 人的增量中，来自指数罪犯（主要为强奸，攻击和盗窃）、毒品罪犯和假释违规者的数量大致相同，其中指数罪犯是最多的。仅是刑期加长就导致了大约一半的指数犯罪增加，但毒品犯罪或假释违规的增加很少。（这是通过增加服刑期至 2002 年的水平，但保持各类犯罪入狱人数和人均犯罪在 1984 年的水平来计算）。拉斐尔和斯托尔（2009b，第 4 章）发现，服刑时间的增加主要是由于政策变化，如最低服刑时间（mandatory minima）和实际刑法（truth-in-sentencing laws）。

　　每次犯罪入狱率的增长，是指数犯罪的囚犯人数增长的较大动因。由于更高的警察工作效率、缓刑使用频率较低以及犯罪群体规模增大，各类犯罪的入狱人数将会上升。拉斐尔和斯托尔（2013，第 2 章）的研究表明，对于指数罪犯而言，每次犯罪入狱率的增加（略有不同的期间）几乎都是由于每次逮捕入狱率的提高。犯罪自身的变化将减少指数犯罪的罪犯人数；在一个没有公开的分析中，我们发现把人均犯罪改变为 2002 年的水平，但保持服刑时间和每次犯罪入狱率在 1984 年的水平，将使 1984 年指数犯罪的人均囚犯约下降 13%。

　　为何监狱中假释违法更多？部分原因是假释人员增多，而假释人员增多的一部分原因是罪犯数量增多。我们进行一个粗略的尝试来纠正这一点（比拉斐尔和斯托尔所涉及的模型更简单），询问如果假释违规人数增长速度与非假释监狱人口相同，假释违规人数增长速度的状态。约三分之一假释违法者的增加是由于监狱系统的扩展；更多是由于假释撤销的幅度更大。

所以情境的细节是复杂的。监狱数量增长的主要原因是毒品犯罪入狱者增多、指数犯罪每次逮捕入狱率提高、指数犯罪服刑时间增加以及假释撤销速度加快。指数犯罪有所下降，但是监狱人口由于其他因素增多。但是，基本的画面是简单的；政策变化使得克萨斯州监狱系统更具惩罚性。

据我们所知，对于监狱没有出版过类似的分析。关于联邦监狱系统的故事是相似的：其增长是由于政策的变化（Raphael and Stoll, 2013）。联邦的系统虽然较小，但其增长速度比州快：1980 ~ 2010 年间，联邦罪犯的数量从每 10 万人中 11 人上升至 67 人。大部分增长来自毒品犯罪：与毒品相关的联邦罪犯的比例从 1974 年的 28% 上升到 2004 年的 55%。与武器和移民指控相关的罪犯比例也有所上涨，而与财产和欺诈相关的罪犯比例下降。

每年，每 10 万人入狱率增加约两倍，平均保持三倍，产生了六倍的人口增长。毒品、枪支及移民的逮捕率大幅增长，每次逮捕入狱率也同样增长。入狱人数的增长反映的不仅是政策的变化；联邦犯罪数量增加，并且很多问题在转移到联邦法院之前由州法院处理。增加州服刑时间的同类政策变化也带动了联邦服刑时间的增加。（联邦监狱系统没有假释。）

23.5.2 隔离的经验证据

许多不同的研究方向致力于评估监禁对指数犯罪的影响，主要是州监禁。在 23.3.2 节中，我们考察了关于威慑效应的相关文献。对于隔离，各类研究关注弱主张和强主张。最后一组文章处理强主张问题，将威慑和隔离直接结合，而不试图将其分开。

尽管平均每晚约有 75 万人在监狱中，每年约有 1 200 万人在监狱中至少待一晚（Minton, 2012），很少有人知道入狱是如何影响犯罪或人力资本的。

23.5.2.1 隔离的弱主张

最简单的研究询问因犯在入狱之前的作案次数。这类调查结果表明，罪犯每年约作案 16 ~ 20 次（Bushway and Paternoster, 2009）。隐含的反事实分析是，如果他们没有被关进监狱，罪犯会持续他们在上一年被监禁前的表现。使用匹配样本研究的估计值约为这一规模的一半。

关于这一问题的唯一自然实验是欧文斯（Owens, 2009）。2001 年在马里兰，关于青少年逮捕信息使用的判决指南中出现了变化，23 ~ 25 岁的罪犯量刑减短。她估计，受影响群体中的典型因犯每年将增加 1.5 倍以上的指数犯罪。

布什维和佩特诺斯（Bushway and Paternoster, 2009）指出，这些不同的估计值未必不一致，因为研究测量的内容不同。监禁调查可追溯到监禁大幅上升之前，因而那个时代的罪犯都是中坚分子，也更加危险。[49] 欧文斯所研究的群体，青少年逮捕信息起作用的年轻罪犯，也可能是没有代表性的。监狱的隔离效应取决于谁正在被隔离。

23.5.2.2　隔离的强主张

因为将隔离与威慑分开通常比较困难，只有少数文章试图通过隔离来估计监狱对犯罪的影响。

博南诺和拉斐尔（2013）的文章可能是隔离对犯罪影响最有力的研究。他们考察了 2006 年意大利一次意外的犯人集体赦免行动。这一冲击导致每年与此次赦免有关的犯罪（主要是盗窃）增加了约 20 起。[根据 Drago et al（2009）的研究，他们发现对赦免罪犯的量刑增长的威慑较小；参见 23.3.2.2] 在巴巴里诺和马斯特罗博尼（Barbarino and Mastrobuoni, 2014）研究意大利早期的集体赦免，他们从隔离中发现了类似规模的影响力。要注意的是，我们并没有关于谁犯了这 20 个其他罪行的信息，我们只知道它发生了。释放的囚犯可能是受害者；他们可能犯罪更多，但却挤出了其他罪犯；他们可能犯罪更少，但是他们的犯罪却具有传染性。

随着被释放的罪犯增加，那些初始犯罪人口较少的省份犯罪量急剧增加，这一发现与隔离的边际收益递减一致。约翰逊和拉斐尔（2012）在美国各州也发现隔离边际收益递减，但其使用的是更加复杂识别策略。利德卡等（Liedka, 2006）发现，当监禁率在每 100 000 人中 325 ～ 425 人时，犯罪—监禁的弹性下降到零。边际收益递减意味着，在监禁率低于每 100 000 中 100 的人群集体赦免后，意大利每个囚犯的犯罪次数比 21 世纪初的美国多。

沃拉尔德（Vollaard, 2013）也关注一个具有较低监禁率辖区的自然实验。在 21 世纪初，对于超过十项罪名的惯犯，荷兰提出增加量刑的政策。这些罪犯因盗窃罪和其他财产犯罪的刑罚平均从 2 个月增加到 2 年左右。受影响的多数为年龄较大的吸毒者，受影响群体的平均罪行为 30 个。沃拉尔德用不同城市间法律变化——可能是外生的——来估计财产犯罪的大幅下降（在该政策实施之前，受影响罪犯只从事很少的暴力犯罪）。他发现了显著的边际收益递减，

---

　　[49]　这未必正确。例如，如果监禁人数上涨是因为所有刑期增加一倍，囚犯的平均特性就不会改变。但 23.5.1 节表明，刑期更长的原因是入狱人数更多，尤其是对于不太严重的罪行来说。

但是，他没有确定有多少犯罪减少是由于威慑，而不是隔离。

利维特（1996）用监狱过度拥挤诉讼作使州监狱人口下降的工具变量。如果诉讼不影响不在监狱的潜在罪犯——例如，因为他们不知道——但的确影响检察官、法官和假释，那么所测量的应该纯粹是隔离的影响。利维特发现每年关押的指数犯罪减少15，暴力犯罪的弹性为0.4，财产犯罪的弹性为0.3。每监狱一年的犯罪估计与囚犯调查接近。很多关于利维特工具的争论也根据这篇文章（Durlauf and Nagin，2011，P. 52）。例如，如果监狱过度拥挤诉讼降低了过度拥挤，那么监狱条件就有所改进，潜在罪犯可以通过监狱接触学习，无论他们是否知道这一诉讼。

库泽莫库（Kuziemko）和利维特（2004）对那些被判毒品犯罪的囚犯估计了隔离的影响。他们发现，隔离对毒品罪犯的影响和暴力罪犯以及财产犯罪一样相当大。因为关押毒品罪犯不会威慑暴力犯罪和财产犯罪，而且暴力犯罪和财产犯罪的增加不会导致更多的毒品犯罪监禁，这些都是估计隔离的影响。但是有一些问题仍然存在，可能更多毒品犯罪的原因是更多的警察；暴力犯罪和财产犯罪会被导致更多毒品犯罪的相同因素所威慑。此外，库泽莫库和利维特表明，毒品罪犯入狱导致更高的毒品价格，更高的毒品价格可能会降低需求。如果毒品使用量下降，围绕非法毒品使用的暴力犯罪和财产犯罪也会下降。所以，库泽莫库和利维特的估计不能解释为纯粹的隔离影响。

利维特（1996）估计了监狱一年对犯罪的影响，关于弱主张的犯人调查结果使得这一观点很有吸引力，即弱主张意味着强主张：犯罪会随着囚犯数量增加而减少。例如，布什维和佩特诺斯（2009）引用关于热点和恐怖主义导致的监管的文献，并说明由于警察预防的犯罪不会被取代，那么用监禁来预防的犯罪也不会被取代。

这一主张基于的推理值得怀疑。假设A和B正在从缅因街去一个经济讲座的路上，A是早上8：10，B是早上8：15。两个人都是一般的盗窃犯，C把未锁的自行车放在缅因街100号外面。在其他条件都一样的情况下，A将偷车，而B不会偷车。如果现在有一个警察站在缅因街102号，则A和B都不会偷车，一起犯罪就被避免，而且没有取代。但是，如果A恰巧今天早上被关入监狱，而且周围没有警察，那么B就会去偷车；犯罪被取代了。同样地，如果警察占据这一地区，那么犯罪团伙可能会保持低调，但是他们会取代一个正在坐牢的成员。人员取代和空间取代是不同的现象。

当然，取代有积极影响，也有消极影响：个人从监狱中被释放造成的犯罪，比他自己的犯罪多。最简单的例子就是，被释放的罪犯在回家的路上被旧敌射杀。先发制人的谋杀模型，如奥弗莱厄蒂和塞西（2010c），意味着谋杀罪偏好分布的微小变化可以引起螺旋式上升，导致实际谋杀率的巨大变化。

使用上面讨论的 2006 年意大利集体赦免的证据，德拉戈和加尔维亚蒂（Galbiati，2012）发现对于个人的重新犯罪，监狱对同伴抑制的平均值与其个人的抑制因素有同样的影响。一个罪犯的释放会影响很多人的犯罪行为。

23.5.2.3 隔离加上威慑影响

从埃利希（Ehrlich，1973）开始，很多研究用犯罪对监狱人口回归。多诺霍（2009）考察很多近期研究后得出结论，犯罪对州监狱人口的弹性为 0.15 ~ 0.30。这个弹性可以解释是，1977 年每个囚犯可以避免 15 ~ 20 起犯罪，2005 年每个囚犯可以避免 4 ~ 7 起犯罪（Donohue，2009，表 9.2）。

杜劳夫和纳金（2011）认为，在这些回归中，因为自变量监狱人口是内生的，相关性没有明确的解释。这一观点是基于犯罪的回顾，是否监禁仅仅是关于威慑和报应：监狱人口取决于过去的犯罪以及处理过去犯罪的规则和政策。监禁的另一个前瞻视角（这一观点与隔离和矫治更一致）是，当局决定他们可以承受多少人，大致确定他们是谁，然后根据理由逮捕和拘留这些人。在判决、缓刑和假释决策以及监狱人口对预算约束的敏感性（如 Spelman（2005）利用预算数据作为监禁的工具变量）中广泛使用前瞻准则，是监禁的前瞻理论而不是回顾理论的证据。在某种程度上，过去的犯罪不过是监禁的理由，杜劳夫和纳金的批评缺乏力度。还需要更多关于监狱人口正面决定因素的研究。

23.5.3 后监狱效应

监狱可能将改变人们的机会以及性格，这些变化会影响他们的犯罪倾向。如果囚犯的平均服刑期为 3 年（高估），然后再活 30 年，90% 的时间是自由的，那么在稳态下，前囚犯的数目是在押囚犯数目的 4.5 倍。对犯罪的后监狱效应可能比在监狱大。（如果每个监狱每年因为隔离减少 9 起犯罪，但是罪犯释放后，监狱经历会使每个监狱每年增加两起犯罪，则在稳态下州监狱对犯罪没有影响。但是监狱人口增加会减少犯罪，减少会增加犯罪，所以回归会认为这是有效的。）

在前囚犯中，监狱可能增加或减少犯罪。由于囚犯不是随机选择的，前囚犯也不是随机选择的，很难发现因果影响。

监狱经历可以通过几个途径降低犯罪的可能性。第一个就是犯罪学家所谓的"特别威慑"：被抓捕、判罪和入狱的经历使人们改变他们是否能逃脱罪责的想法。正如我们上面提到的，洛克纳（2007）和特别威慑的其他文章中找到这方面的适度影响。监狱经历也可能会改变人们对监狱的看法，但是影响方向不明确：监狱可能是比预期的更好或更坏。

监狱还可以给人们进行传统人力资本投资的机会，因为他们时间的成本比较低。在21世纪初，州监狱因犯中31%参加职业课程，38%参加教育计划（Lerman，2009，P.152）。出狱后较高的合法工资将降低犯罪动机。因犯也可以在毒品和酒精治疗、社会和行为适应以及精神卫生保健方面进行投资。他们可能会在他们的宗教实践中变得更加狂热，或者可以转换为不同的信仰。

另一方面，由于法律禁止和雇主观念，监狱记录不利于合法工作的就业前景。服刑人员在监狱也失去了雇佣联系和技能，可能会累积孩子抚养的债务，进而产生非常高的边际税率。监狱对就业和收入的净效应可能为负；关于这个问题的各种文献见霍尔泽（Holzer，2009）和布什维等（2007）。

然而，两个近期研究把犯罪案件随机分配给法官，并以不同的判决倾向作为监禁的工具变量，它们没有发现对就业的影响。克林（Kling，2006）比较了不同的刑期，看额外的服刑时间是否不利于后来的收入，莱夫勒（Loeffler，2013）考察不在监狱时间（如假释期）和在监狱时间的差异。这些都是本地平均处理效应，但他们在不同的邻里，位于不同的刑期分布。

在一些人群中，监狱被看作是一种仪式。如丽萨·林在2006年玛拉黑帮纪录片所观察的，一个具有极端残暴声誉的犯罪团伙："在MS-13超现实世界中，监狱不是惩罚而是进修学校"。这些监禁完全失去威慑效果的案例是极端的和罕见的，但更常见的是待在监狱的时间越长，犯罪倾向越是增加。例如，拜耳等（Bayer，2009）表明，从事某种类型犯罪（如盗窃罪）的人，如果入狱后有更多时间与同类型罪犯在一起，则在出狱后更容易犯同种罪行。

监狱还可以改变因犯的性格。"恶劣的监狱环境可以因犯更为孤僻，更具暴力倾向，更容易把作为罪犯的污名内生化"（Lerman，2009，第153页）。wikiHow"如何应对监狱生活"建议："最好是打架，失败比被视为懦夫或软蛋好。如果争吵是不可避免的，快速反应并带有侵略性。"[50] 同样，wikiHow"如何在联邦监狱生存"建议："不要相信任何人，这指的是警卫、监狱官员和隔壁的人。如果有人对你友善……他们几乎总是隐藏了一些你不知道的动机。在监狱，没有什么是免费的。"[51] 大多数人不能随时或迅速改变自己的性格。一个人在牢狱生活中所形成的性格，可能对出狱后的平民生活产生不利的

㊿　http：//www.wikihow.com/Deal-with-Being-in-Prison，2013年9月20日获取。
㉛　http：//www.wikihow.com/Survive-in-Federal-Prison，2013年9月20日获取。

影响。这些文献表明，犯人在监狱中培养的性格——侵略性、先发制人的暴力、不信任——很容易导致出狱后暴力与犯罪行为再次出现；这些也正是23.2.2.2节中社会与行为干预试图消除的。

　　经验研究中关于出狱后犯罪经历的调查可以分为两类：一类从特定角度出发发现监禁可以被结构化，另一类对比监禁与一些其他形式的监管（或者是没有任何监管）。在某种意义上矫治起作用，与未参与活动的罪犯相比，一些活动可以减少参与活动罪犯的重犯率：职业培训项目、认知行为疗法、药物疗法，诸如此类（Bushway and Paternoster，2009）。同时，也存在着增加犯罪率的活动，例如对于犯罪程度较轻的罪犯实行的高等级监禁（Chen and Shapiro，2007；Lerman，2009）。这些研究并不能回答这一问题，即相比未入狱的人，入狱并参加有效项目的人是否更容易在出狱后犯罪。

　　第二个问题是，相比其他监管监狱经历是否更容易产生犯罪，这个问题也成为百余个研究项目的主题，其中大多数不属于经济学，一些还采用了元分析。这些研究的结果是混合且不明确的（Lerman，2009，pp. 153 - 154）。尽管纳金等（2009）的一个综述认为监狱对犯罪形成的影响可能非常弱，甚至不存在（Loeffler，2013）。

　　近期两个采取仔细识别策略的经济学研究被纳入了此类文献。艾泽尔和多伊尔（Aizer and Doyle，2013）发现，青少年拘留大大减少了获得高中教育的可能性，并增加了重犯率。迪特利亚和斯卡格罗德斯基（2009）表明，在阿根廷的成人中，监禁比电子监控更易增加重犯率。这两个研究都把随机分配给不同宽容度的法官作为工具变量，因此隐含了研究已经接近监禁边缘的被告人。因此，这些结果的可推广性是有限的。

　　对这种混合的结果，我们不应该感到惊讶。罪犯不同，监狱不同，无监督经历也不同。因此，监狱经历对将来犯罪行为的影响目前不应当形成一个定论。

　　最后一种出狱后影响不是对罪犯自身，而是对他们的孩子。约翰逊（2009）通过粗略计算得出，五分之一的非裔孩子有一个曾被监禁的父亲。父母正/曾被监禁的幼童比其他的孩子更易表现出行为方面的问题。同时约翰逊指出，即使增加了更多的控制变量，这种影响依旧存在——尽管他未能发现其中的因果关系。年幼时期的行为问题常常与成年后的犯罪行为存在相关性。怀尔德曼（Wildeman，2010）也发现父亲被监禁与男孩的身体攻击行为关系更为密切。和约翰逊一样，他也不能确定因果关系，但是他使用了多种方法（倾向分数，固定效应，安慰剂回归）有效地支持这一观点。

23.5.4　监狱帮派

监狱是高度危险且不友善的场所，狱警们无法使和平长存于罪犯之中。与一般的社区相比，监狱存在更高比例具有精神问题与暴力倾向的人，同时提供了更少的自我保护机会。在监狱中，个人无法选择与谁一起进餐、运动、睡觉或是洗澡，无法携带棍棒或枪支，或是转移到更为安全的环境中。州威慑在监狱中也很难有效果：罪犯不能被威胁后立刻失去自由、财产、朋友、性伴侣；或是作为罪犯的污名，或是失去好工作的风险。罪犯无法购买他们想要的物品，特别是进行违禁品交易。

每个罪犯的经验取决于他/她与其他罪犯互动的好坏。当监狱较小且不拥挤时，监狱受罪犯规范支配，暴力行为减少，违禁品交易活跃。随着监狱规模的扩大，这些规范将被打破，流动变得更加频繁，因为监狱系统更加庞大，罪犯更加年轻，人口更加混杂。同时，毒品贩子和吸毒者的涌入使得违禁品交易更容易获利。为了加强秩序，监狱帮派取代了监狱规范（Skarbek，2012）。十分强大的监狱帮派不仅可以保护自己的成员，也可以对非成员进行掠夺。

除此之外，监狱帮派也可能影响监狱外的犯罪行为。囚犯离开了监狱，并不意味着他们一定离开了帮派。帮派成员为他们提供了可信的关系网与联系途径。当他们需要将毒品运输进监狱时，他们的关系网便将毒品走私组织纳入其中。因此，帮派的成员关系给前囚犯在毒品交易或其他类型的犯罪活动提供了相对优势。比如，墨西哥黑手党（La Eme）最初成立于监狱之中，后来变成一个在监狱外也涉及毒品走私的组织。德拉戈和加尔维亚蒂（2012）有关意大利前囚犯同伴效应的发现与这些结论保持一致。

鼓励街头团伙发展是增加还是减少了犯罪发生尚不明确，特别是指数犯罪。一方面，帮派成员资格要求可能迫使已加入或希望加入帮派的成员犯下更多的罪行，而他们可能仅仅是为了寻求保障而加入帮派，如果不加入帮派会更少犯罪。另一方面，帮派可能会在毒品贸易市场形成垄断并减少暴力争端，特别是大规模帮派。墨西哥黑手党最初形成时，就是依靠大量街头团伙成员（Skarbek，2012）。监狱的景气是如何改变监狱外犯罪活动的，这是一个还未被充分研究的主题。

23.5.4.1　监狱影响与监狱文化

监狱帮派的影响不限于出狱后的罪犯，也包括"即将入狱的罪犯"。正像墨西哥黑手党由监狱帮派发家后发展成街头帮派一样，Crips 从街头帮派发展至监狱帮派。没有任何朋友或者帮派关系而进入监狱，是一件非常可怕且危险的事。一个很可能在将来某个时候进入监狱的人，可能被建议在被逮捕入狱之前加入帮派，以建立帮派关系。

可能入狱的心理预期使人们培养出与监狱外生活不协调的性格特征，就像我们在 23.5.3 节中所提及的暴力倾向与怀疑心理。另一个由监狱中发展而来却不适合外界的特征是不希望与任何政府机关合作："不要打小报告。如果你看到了什么违法和暴力行为，走得远远的，而且不要在随后被问起时泄露任何信息。如果你被视为一个爱打小报告的人，其他囚犯将会以你为目标施加报复。"⑫

如果一个监狱外社区充满了将这些互动方式内化的人，将会成为一个非常危险且犯罪猖獗的地方。同时，一个举止不像"囚犯"的人可能发现，按这一方式行事可能符合他们的最大利益。监狱文化——不仅是监狱所引发的潮流——可以扩散。标准的计量经济学技巧并不能有效预测由监狱文化扩散引发的犯罪案件增长。监狱管制可以减少犯罪行为，有监狱经历的人并不会在外表或者是行为方式上与普通人有非常大的差异。

在很多团体之中，与执法机关合作不仅风险系数高，而且花费巨大。此外，就像在 23.4.5 节中所提到的杀人意愿，在法庭上做证或是提供证据可以描述为战略互补。监禁实质上降低了被告伤害证人的能力，而且如果更多的证人能够站出来，就会增加罪犯被定罪的可能性。由于个人的合作成本取决于社区合作的发生率，可能出现多个均衡：高水平合作可能是可持续的，但是也可能同时存在集体沉默式的均衡：没有目击者站出来，是因为没有目击者期望其他人会站出来证实其发言（O'Flaherty and Sethi，2010b）。⑬ 在这种情况下，识别大规模监禁对犯罪的影响在经验上会变得尤其困难。

由于罪犯来自、离开、回归的邻里是空间集中的，因此监禁经验更有可能产生空间影响。儿童的成长环境可以预示不同的人生历程，青少年可能遇到更具攻击性和更加多疑的年轻人，警察可能发现居民普遍不愿意合作，女性可能发现潜在伴侣的数量很少因而缺乏在所形成关系中的议价能力，下一代儿童可能发现他们的生活被父母入狱所打断，孩子也会逐渐变得更具攻击性，同时他们的同龄人被迫使去应对他们的攻击行为。在经济学中，一个全面的空间模型还有待研究，但是犯罪学家正在研究这些后果，如克利尔（Clear，2007）。这

---

⑫　如何在监狱中生存（wikiHow）：http://www.wikihow.com/Deal-with-Being-in-Prison. 内容引于 2013 年 9 月 20 日获取。

⑬　关于集体沉默的案例见 Kocieniewski（2007）。

些邻里效应可能是近期研究发现个人监禁经历对收入或犯罪影响很少或没有影响的原因。莱夫勒（2013）写道："如果监狱只是低质社区的延伸，那么在这两种环境之间流动的影响可能比之前想象的要小。"

23.5.5 权衡

尽管研究的共识是，监禁的平均效应是为了降低犯罪，而且边际效应也是为了这样做，然而现行的监禁规模可能不是减少犯罪的有效方式。

库克和路德维格（Ludwig，2010）使这个问题变得更为简单。假设21世纪判刑和假释都缩减至1984年的水平。根据拉斐尔和斯托尔（2009b）的研究，自1984年始，这一方法可以将州监狱人口的增量降低35%，同时州监狱开支也将随之降低。[54] 如果联邦监狱人口的增量也降低35%，同时开支也随之降低，政府支出节约将会达到每年120亿美元，但是较少的监狱人口可能会在补偿政策没有任何改变的前提下，导致指数犯罪每年上升26 000例，财产指数犯罪每年上升186 000例。但是如果把这12亿美元转移到警察、贫困儿童的幼儿园和问题少年的社会技能训练项目等开支的话，指数犯罪的减少将比这些数量还要大。

这一最后的观点混淆了犯罪特征（这些特征为幼儿园和社会行为技能确立）的弱主张与犯罪特征（不是用于这些干预）的强主张。而且，只有强主张才与和这一计算有关。但是，关于警察的比较仍然足以表明，监狱规模扩大并不是资金最佳的用途，其他强主张确立的干预措施如精神药物，也可以被幼儿园和社会行为训练等替代。

这些成本计算忽略了犯罪的任何变化，这些变化源于重犯、入狱前激励和监狱文化传播的改变。它们还忽略了囚犯不受监禁带来的好处，以及与"罪犯在社会网络和心理归属上相联系"的人们得到的好处。囚犯和他们家人的成本通常很大，但这一成本经常被忽视，或简单地计算为工资损失。多诺霍（2009）在其成本—收益的权威分析中，分别用10页讨论了犯罪对监

---

[54] 库克和路德维格所要求的思维实验并不是表23-1中进行数据计算的思维实验。在那个表中，犯罪率和逮捕率都保持在1984年的水平，问题是以2002年的服刑期为标准，稳态监禁率将会发生什么。库克和路德维格将犯罪率和逮捕率保持在2002年水平的同时，减少服刑期到1984年的水平。这个35%的计算数据以各种类型的罪犯为样本，包括假释出狱的罪犯。对于指数犯罪，人均稳态监禁由1984年的201.8上升到2002年的305.3，提高了103.5。将监禁率和逮捕率保持到2002年的水平，并将服刑期减少到1984年的水平，将形成245.0的监禁率。因此，被消除的增长比例为58.3%。对于吸毒罪犯和其他犯人而言，相同类型的计算方法表明，使用1984年的服刑期标准将会减少44.7%的增长率。联邦监狱比州监狱拥有更多的吸毒罪犯，而更大比例的增长正好来自吸毒罪犯，因此更长服刑期导致联邦监狱增长比例相对州监狱要少。

狱的弹性，用14页讨论了犯罪成本，并且引用了之前的许多研究；此外，他还用未加引用的段落和脚注的一部分来讨论监禁给囚犯带来的当期直接成本。

愿意缴纳大量罚金和承受大额法律费用表明，对多数人来说，坐牢比失去收入要严重得多。库克（1983）认为应当对罪犯进行成本计算，但遗憾的是，这一实践没有得到广泛传播。我们也很少听说有任何研究试图估计罪犯及其家人的成本。

当宣判或假释的决定是基于报应或威慑时，可以认为忽略了罪犯的成本。但是，当这些决定是基于隔离考虑，也就是说还没有犯罪时，很难对忽略罪犯成本加以辩解。毕竟，把可能的罪犯送到度假村或监狱，隔离效果都是一样的。

23.5.6 种族与大规模监禁

很多其他政策——如农业补贴——非常没有效率，但很少有政策能够像大规模监禁那样点燃知名学者的研究热情。对经济学家来说，这种热情应该很容易理解。

监狱是种族色彩非常鲜明的地方。尽管有大量囚犯是非拉丁裔白人，但美国监狱人口主要是少数族裔。实际上，监狱使人由白变黑：据犯人自己报告和他人报告，在监狱外是白人，进入监狱后也和非裔一样。监狱还是高度隔离的；例如，监狱帮派通常是根据种族进行组织的。关于联邦监狱的wikiHow指出，"对于你在监狱中的生存而言，立刻表现出对所属种族的忠诚极为重要。如果你是一个19岁的白人郊区居民，因为从同伙手中购买兴奋剂而入狱，这并不意味着你在监狱中也要和他们联系。如果你是白人，在和你的白人群体握手之前，就和你兄弟一起击掌，那你在整个监狱中就和其他人有了裂痕。"[55]

对于美国长期且骚乱的种族历史来说，身体压迫、毁坏名誉和失去自由——监狱的标志——正是其中心内容。亚历山大（Alexander, 2010, P.2）写道："现在我们对犯人的歧视，如同之前对非裔美国人的歧视一样，合法且被视作正当。只要你被认为是重罪犯，那些古老的歧视形式——就业和住房歧视，剥夺投票权、教育机会、食品券和其他公共福利，以及不提供陪审团服

---

[55] 如何在联邦监狱生存（wikiHow）：http://www.wikihow.com/Survive-in-Federal-Prison。2013年9月20日获取。

务——突然都变得合理合法了。作为一个犯人，你能得到的权利和尊重不会比一个生活在《非裔隔离法》时代的阿拉巴马非裔多。在美国，我们并没有真正结束种族歧视，我们只是重新设计了它。"

劳里（Loury，2008）探讨了对于监狱繁荣的普遍政治反应——即什么真正决定了监禁水平。根据劳里，面对监禁率的明显种族差异，广泛的沾沾自喜情绪有深厚的历史根源。根据帕特森（Patterson，1982），他认为美国奴隶制"并不仅仅是一项法律传统，更是一种使种族等级制度合法化的上层建筑"，而流传已久的"种族污名"正是这一上层建筑的一部分，它不会因奴隶地位合法化而消除。因此，被污名化的群体成员在其他人的视野中，始终"根深蒂固地认为他们低贱，道德缺失，对公共安全有威胁，不适应亲密关系，智力不足"。他认为如果没有这种歧视，大规模监禁中令人惊讶的种族差异就不会被社会广泛接受，也不会在政治上具有持久的生命力。

这一视角同样深刻揭示了对于强制执行的矛盾心理，强制执行受害率最高的内城社区中非常明显。这些受害者并不歧视年轻非裔男性，也不像社会和空间距离较远的人们那样怀有"改变的热情"。此外，它还有助于解释为什么在毒品使用的种族差异可以忽略时，毒品逮捕仍然有显著的种族差异。而且，它还有助于解释杀人犯判刑的显著差异，如果受害者是白人，被告很可能被判死刑。劳里认为，这些有力的政策执行有时在政治上受欢迎，正是因为它们对非裔有不成比例的影响，"在美国，处理罪犯的制度性安排在逐渐失去其有用性之后，已经演化为一种仅停留在表达上的存在"（Loury，2009）。

在这一章中，我们已经进行了充分的讨论，在许多情况下，一种可肉眼识别的成员身份将会影响犯罪互动中犯罪者和受害者的动机。如果非裔罪犯被认为更加孤注一掷，他们在犯罪过程中会遇到更小的反抗，这使他们的抢劫行为收入可观，并间接影响不同群体间的相对犯罪率（见23.4.3节）。在这种情形下，犯罪差异是不同激励驱动的，而不是因为自然特征或深刻文化特征的不同。但是，多数观察者仍然难以发现这些激励，这可能导致劳里所说的"本源归因偏差"（Essentialist Causal Misattributions）。这就是说，这些差异被归因于不可改变的犯罪特征在人群中的普遍存在，却没有认识到他们是源于激励和互动结构。因此，这种差异并不会导致对行为矫治的急迫要求。㊊

㊊ Loury（2002）通过比较两个领域的性别差异阐述了这一观点：科学界和监狱。两个领域都是男性居支配地位，但只有前者需要调整行为，因为"它与我们暗含在社会过程下的基本直觉相违背，即男孩和女孩在学校技术课程中具有不同的成就。"监禁率种族差异没有以同一方式与我们的直觉相违背，这一事实要归因于种族污名。

23.6　犯罪的重大波动

在近期的记忆中，即具有可信数据的时期，有若干次很大地理范围的犯罪率在十年左右时间内一起涨落，就像有一只大手在操控。这方面最为著名且得到最好研究的案例，就是 20 世纪 90 年代北美犯罪的减少。还有一些例子，如北美犯罪在 20 世纪 60 年代中期到 20 世纪 70 年代中期的上升，以及美国和其他富裕国家在 21 世纪初犯罪的下降。

这些波动都很大；超过 50 个百分点的变化很常见。因此，它们通常比宏观经济学家关注的出口和就业变动要大得多。它们的研究价值一点也不低。

关于这些时间的概要性文献主要局限于 20 世纪 90 年代北美犯罪减少：包括利维特（2004）和布隆斯腾和沃尔曼（Blumstein and Wallman，2006b）的论文，以及布隆斯腾和沃尔曼（2000，2006a）和齐姆林（2007）的著作。然而，利维特和齐姆林也讨论了北美的犯罪增长。许多其他文章也试图解释 20 世纪 90 年代美国的一些细节；莱斯（Ryes，2007）至少是其中之一，讨论了 21 世纪的犯罪增长。

在本部分，首先我们会提出一些与这四大波动有关的程式化事实，然后评述关于 20 世纪 90 年代美国犯罪减少的解释，接下来我们会研究其他三次波动并试图对解释进行扩展。我们将从 20 世纪 90 年代的案例开始，因为它被研究得最充分，然后我们将会研究 21 世纪初的案例，因为它与 20 世纪 90 年代的案例相关。

我们的结论是，尽管我们现在还不知道是什么造成这些波动，但是我们应该知道。这并不意味着那些传统研究的因素——如警察、监狱、宏观经济、人口统计——是重要的，或研究它们没有必要。一些其他因素导致这些重大波动，我们现在还不知道它是什么，但它比传统因素更有力。

23.6.1　程式化事实

图 23 - 1 展示了从 1960 ~ 2012 年报道的四种犯罪：谋杀、抢劫、盗窃和机动车盗窃。我们把 1986 年作为中点，令其犯罪率为 100。谋杀和机动车盗窃报道在美国相当多。强奸、恶性攻击、入室盗窃等我们在图中略去的指数犯罪，存在很大的报道问题，尤其是从长期来看。

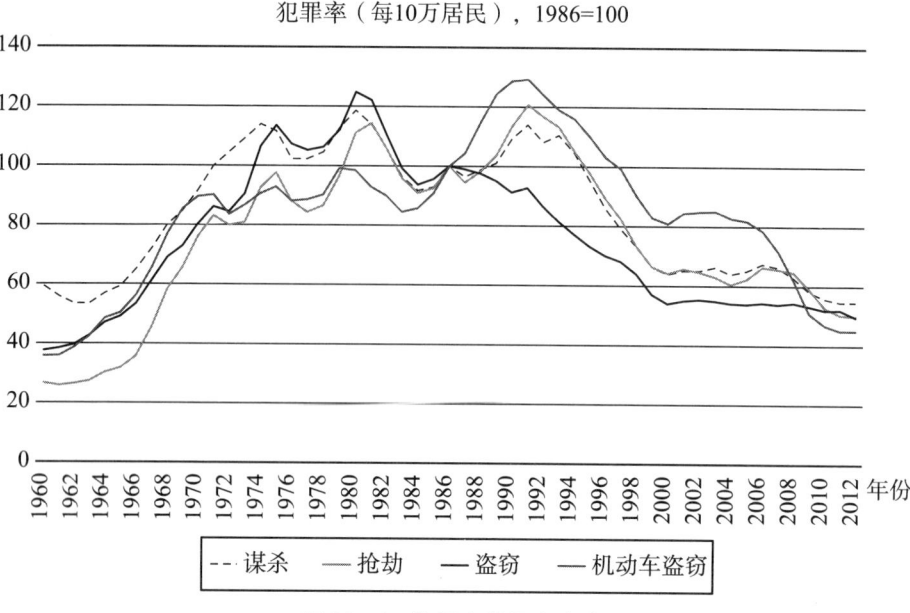

犯罪率（每10万居民），1986=100

图例： -- 谋杀　— 抢劫　— 盗窃　— 机动车盗窃

图 23 - 1　犯罪率的历史波动

在图 23 - 1 中，大幅上升和下降都显而易见，21 世纪的持续下降也是如此。上升和下降幅度是大致相同的，尽管上升相对其起点幅度更大。21 世纪的下降与之前相比幅度较小（机动车盗窃除外），但仍是一个值得关注的事件。

图 23 - 1 处理的是报道的犯罪，但如果能获得数据，受害统计也会遵循相同的模式。直到犯罪大幅上升结束时，国家犯罪受害调查（National Crime Victimization Survey，NCVS）才开始进行，因此不能用于对那一事件进行比较；而且 NCVS 从不给出谋杀数据（由于明显原因）。但在其他方面，NCVS 和 UCR（统一犯罪报告，Uniform Crime Reports）都显示犯罪在 20 世纪 90 年代和 20 世纪前十年全面下降。

那么其他发达国家怎样呢？齐姆林（2007）将美国 20 世纪 90 年代的经验与其他 G7 国家（他排除了德国，因为德国在 1990 年重新统一）进行比较。加拿大的情况和美国类似，但是其他国家——法国、意大利、日本以及英国——并非如此。他的结论是没有统一的模式。利维特（2004）也得出和他类似的结论。

但是，21 世纪出现一个向下的趋势。对于 21 世纪初四种犯罪而言，这一趋势非常明显，具体见表 23 - 2，其中我们考察了更为广泛国家样本，即 2010

年人均 GDP 超过 25 000 美元（购买力平价）的 OECD 成员。⑰ 在这一时期的 G7 国家中，每种犯罪率几乎都在下降，有时下降幅度惊人。唯一例外的是意大利的抢劫，但是报道问题使这一例外有些含混。⑱ 在更长的时期内，美国似乎不是一个局外人，而是一个先驱。

表 23 – 2		四种报道犯罪在 20 世纪前 10 年人均犯罪的变动率		单位：%
	谋杀	抢劫	盗窃	机动车盗窃
澳大利亚	− 31.3	NA	− 45.9	− 50.6
奥地利	− 20.0	− 17.6	− 40.3	− 49.8
比利时	− 14.3	− 14.4	1.2	− 54.2
加拿大	− 6.3	− 14.7	− 41.6	− 56.5
丹麦	− 27.3	− 0.7	− 11.1	NA
芬兰	− 4.3	− 23.2	− 33.1	NA
法国	− 33.3	− 8.0	− 20.0	− 3.7
德国	− 33.3	− 19.4	− 6.7	− 28.2
希腊	128.6	178.9	172.6	103.2
冰岛	− 50.0	− 4.4	− 41.3	NA
爱尔兰	− 10.0	51.3	− 2.8	− 25.4
以色列	− 16.7	− 1.4	− 53.0	NA
意大利	− 30.8	32.9	NA	− 14.6
日本	− 40.0	− 50.0	− 62.2	− 50.1
韩国	30.0	− 46.8	NA	NA
卢森堡	− 11.1	NA	NA	NA

⑰　在表 23 - 2 中，谋杀的报道时期是 2000～2011 年，其他犯罪是 2003～2011 年。例外如下：对于奥地利、西班牙、法国、希腊和荷兰，2004 年的机动车盗窃是用 2003 年的机动车盗窃代替。对于意大利、新西兰、瑞典和荷兰，2005 年的机动车盗窃是用 2003 年的机动车盗窃代替。对于加拿大，2010 年的机动车盗窃是用 2011 年的机动车盗窃代替。对于奥地利、日本和以色列，2004 年的抢劫是用 2003 年的抢劫代替。对于西班牙，2005 年的抢劫是用 2003 年的抢劫代替。对于奥地利和以色列，2004 年的盗窃是用 2003 年的盗窃代替。英国数据是对英格兰和威尔士的；犯罪人口而不是谋杀人口来自英国国家统计办公室的统计公报，2002 年中期到 2010 年中期的英格兰和威尔士人口估计，2012 年 12 月 13 日修订（国家）。

⑱　意大利在 2004 年引入了一个新的犯罪报道系统并逐步完善。欧洲犯罪和刑事审判统计资料汇编（European Sourcebook of Crime and Criminal Justice Statistics，2010 年第 140 页）指出："这一变化意味着 2004 年、2005 年和 2006 年比较警察统计的一个风险。"在联合国毒品和犯罪办公室统计中，2004 年抢劫大幅上升，盗窃分类则不见了。

续表

	谋杀	抢劫	盗窃	机动车盗窃
荷兰	NA	−28.0	NA	−24.8
新西兰	−30.8	NA	NA	−19.0
挪威	109.1	5.4	−45.9	−49.6
斯洛文尼亚	−55.6	13.1	−22.7	−30.9
西班牙	−42.9	−22.8	NA	−53.7
瑞典	−10.0	7.2	−27.3	−51.5
瑞士	−40.0	14.5	−9.8	−89.3
英国	−37.5	−32.2	−42.5	−70.3
美国	−14.5	−20.4	−5.5	−47.2
观察国家数	24	22	19	19
增加数目	3	7	2	1
中位值	−23.6	−11.2	−27.3	−49.6

NA：没有可用数据。
资料来源：联合国毒品和犯罪办公室。

23.6.2　对20世纪90年代美国犯罪率下降的解释

两类解释任何犯罪率变化的变量很容易被提及：传统的和非传统的。传统类的解释变量包括刑事司法变量（警察和监狱）、人口统计变量和宏观经济变量等。"非传统"指的是所有其他的变量。人们的共识是，仅靠警察和监狱不足以解释20世纪90年代的犯罪率下降。多数文章的结论认为，所有传统变量加在一起的解释力也不够，虽然有几篇文章认为传统变量相结合可以解释20世纪90年代财产犯罪下降的大部分。声称解释20世纪90年代全部或大部分犯罪率下降的文章——通常在经济学中——其吸引人之处是各种非传统的解释，尽管即使犯罪下降的很大部分未得到解释，犯罪学的粗略研究已经感到很满意了。

在本部分，我们将从传统变量开始，并对其影响规模给出合理估计。然后我们考察各种非传统变量。相比前者，对后者的讨论更多是探索性的。

23.6.2.1　传统的解释变量

警察规模

利维特（2004）指出，人均警察数量在1991~2001年增长了14%。如查尔芬和麦克拉里（2013）所指出的，警方很难根据地方资料计算，而由于机构分类和地理范围广泛，国家估计会产生新的问题。但毫无疑问，美国警察规模的增长主要是在这十年。

在警察规模如何起作用方面存在争议。犯罪学家通常引用之前的研究，认为很少或没有作用；埃克和马奎尔（Eck and Maguire，2000）对这一文献提供了很好的综述。经济学家后来的文章中提供了良好的识别策略。利维特在他2002年的文章中说明所有类型犯罪对警察数量的弹性为 −0.4。

这一估计似乎有些过时了。查尔芬和麦克拉里（2013）评述了最近几篇文章中的估计。对于谋杀而言，−0.4 的弹性显然是合适的；2002 年之后的文章估计的弹性范围在 −0.50 ~ −2.73，其中位数为 −0.87。对于暴力犯罪，其弹性范围在 −0.34 ~ −1.13，其中位数为 −0.66（弹性远高于强奸或袭击）。另外，财产犯罪的弹性可能会比利维特估计的弹性（−0.4）小一点；文献中的估计值范围在 +0.11 ~ −2.18，其中位数为 −0.26。中位数估计意味着谋杀下降了 11 个对数点，暴力犯罪下降了 9 个对数点，财产犯罪下降了 3 个对数点。

监狱

在利维特考察的时间段内，监狱人口上升了 36%。他使用 −0.3 的谋杀和暴力犯罪弹性和 −0.2 的财产犯罪弹性，以将谋杀和暴力犯罪 12% 的下降（对数点的贡献是 9）和财产犯罪中 7% 的下降（6 个对数点）归因于监狱人口的上升。弹性与文献中的估计高度相关；例如，多诺霍（2009）根据他的综述得出结论认为，数据减至一半将更为合理；这意味着谋杀和暴力犯罪下降的对数点为 4 或 5。

这些估计的主要是当前的隔离影响；正如我们在 23.5 节中提到的，他们忽略了被老囚犯侵犯的可能性。到 20 世纪 90 年代，监狱增长已经进行了足够长的时间，因此老囚犯的存量非常高，并且在这十年中保持增长。

人口统计特征

人们的共识是年龄结构的变化一定程度上造成了 20 世纪 90 年代的犯罪率下降。15 ~ 24 岁的常住人口比例从 1990 年的 14.9% 下降到 2000 年的 13.9%；15 ~ 29 岁的比例从 23.5% 下降到 20.8%（Zimring，2007，第 61 页）。基于 5 岁年龄组人口分布变化的布林德—瓦哈卡（Blinder – Oaxaca）分解和种族变化的校正，利维特（2004）估计变化的人口特征将减少财产犯罪 5 个对数点，将减少暴力犯罪 2 个对数点。他估计对谋杀的影响为零。

齐姆林（2007）表明，人口统计特征的影响可能比这更大，但没有用数据证明他的猜想。他的讨论基于一个排除过程：加拿大经历了与美国类似的犯罪下降，但是警察或囚犯并没有增加。加拿大人口统计经验与美国类似，使齐姆林认为人口特征的影响比其他分析所认为的更加强大。

伊斯特林（Easterlin，1973）首次提出非线性人口特征影响的想法——本质上，大团伙属于特定年龄的犯罪率较高。史蒂芬斯迈埃尔等（Steffensmeier，1987），奥布莱恩（O'Brien，1989）以及利维特（1999）均认为历史证据不支持团伙规模效应的存在。

经济繁荣

就宏观经济表现而言，20 世纪 90 年代被认为是很美好的年代：失业率下降，工资上涨。经济繁荣减少了犯罪（注意相比在 23.3.3 节中我们处理的关于失业和工资对犯罪的影响，繁荣对犯罪的影响是一个更简单的问题），除了谋杀。宏观经济几乎肯定对 20 世纪 90 年代的犯罪率下降有贡献。但是，关于其影响程度并未达成共识。

利维特（2004）集中讨论失业，他概括了自己对现有文献的理解，认为总体失业率 1% 的变化将导致财产犯罪 1 个对数点的变化（同一方向），但不会导致暴力犯罪的变化。这意味着财产犯罪从 20 世纪 90 年代繁荣期降低了 2 个对数点（总体失业率从 1991 年的 6.8% 下降到了 2001 年的 4.8%）。

相比之下，弗里曼（Freeman，2001）在评述有关繁荣和财产犯罪的文献时，对其中一些文章的解释与利维特有两点不同。首先，多数指数犯罪出现在低技能人群中，同时，与此相关的失业率也是指该人群的失业率，而非针对全体大众。其次，工资和失业率同样重要，说工资更重要也是针对那些低技能人群。

弗里曼所用的文章中没有发现对暴力犯罪和谋杀的一致影响，然而对财产犯罪的暗含估计远超过利维特所用的。古尔德等（2002）可能给出了最大的影响估计（他们没有监狱控制变量，没有使用警察控制变量计算工具变量估计；因此，我们使用他们的普通最小二乘法估计，以警察作为控制变量）。从他们的文章中，我们计算得到财产犯罪 8 个对数点的下降，这要归功于低技能工人较低的失业率和较高的工资。

残差

传统的变量没有解释全部甚至大部分 20 世纪 90 年代的犯罪下降。表 23 - 3 总结了我们到目前为止的分析。对于每种类型的犯罪，我们从利维特估计的影响开始，然后基于本部分迄今的讨论，加上更大或更小两列。和利维特不同的是，我们使用的是对数点，而不是原文章等式中使用的百分比。

表 23 - 3   由于传统变量导致的犯罪对数点变化估计（1991~2001）

	谋杀			暴力犯罪			财产犯罪		
	利维特	较小	较大	利维特	较小	较大	利维特	较小	较大
警察规模	- 5		- 11	- 5		- 9	- 5	- 3	
监狱	- 12	- 6		- 12	- 6		- 8	- 4	
人口统计	0			- 2		- 3	- 5		- 7
宏观经济	0		0	0			- 2		- 8
总计	- 17	- 11	- 23	- 19	- 13	- 24	- 20	- 14	- 28
实际（UCR）	- 56	- 56	- 56	- 42	- 42	- 42	- 34	- 34	- 34
残差	- 39	- 45	- 33	- 23	- 29	- 18	- 14	- 20	- 6

因此，只有对财产犯罪和高估计，传统变量接近于解释 20 世纪 90 年代的犯罪率下降。（这与伊莫赫格鲁等（Imrohoroglu，2004）有些一致，他们声称他们可以用执法和工资变量解释财产犯罪的长期下降）。否则，传统因素解释的犯罪下降一直不到 60%，甚至不到三分之一。对于谋杀，未解释的残差超过 30 个对数点，暴力犯罪超过 20 个对数点，财产犯罪超过 10 个对数点。

经济学家习惯于看到未解释的残差，通常不是解释它们，而是迅速给它们加上标签——例如，增长回归中的"技术进步"，种族或性别差异布林德—瓦哈卡分解中的"歧视"。但在犯罪情形中，似乎没有对未解释残差的简单标签，而是把注意力转向非传统的解释。

23.6.2.2 非传统解释变量

在本部分中，我们将回顾许多非传统的解释变量。其中一些有价值，而另一些则没有，还有一些仍有待考验。

死刑

20 世纪 90 年代的死刑执行增加了，尽管相对于监禁总量仍较小。利维特（2004）使用谋杀文献 2 中每次死刑执行避免谋杀的最高估计值，并用其诚意执行数的十年增长；结果是谋杀有 1.5 个对数点的下降。即使是这么小的影响，也有很多理由去加以怀疑，因为不存在死刑对谋杀影响的共识。

堕胎

利维特（2004）把 10%（11 个对数点）的犯罪下降归结为堕胎的全面合法化（基于人口统计的变化）。如我们在 23.2.1.5 节中得出的结论，这种归因可能是错误的。在 20 世纪 70 年代早期的事件和部署与 20 世纪 90 年代的犯罪之间，存在一个有趣的相关性，但这一相关性似乎没有通过堕胎起作用。20世纪90年代犯罪率下降的部分原因是这个"多诺霍—利维特因素"，但我们还不知道这个因素是什么。

霹雳可卡因

霹雳可卡因于1985年左右出现在美国城市，它的引入引发了一轮暴力，特别是年轻非裔男性之间的谋杀，大幅提高了犯罪率（Fryer et al., 2013）。在20世纪90年代早期，暴力得以平息。有两个故事是关于暴力平息的原因的：霹雳可卡因市场形成卡特尔，卖家之间的战争不那么容易爆发，或者是需求下降，因为年轻一代看到霹雳可卡因伤害了他们的哥哥和姐姐。

利维特（2004）以及布隆斯腾和沃尔曼（2006b）把暴力犯罪减少的很大一部分归因于霹雳可卡因的变化，特别是谋杀。从计算来看，这种归因是正确的。如果霹雳可卡因的流行没有发生，或者是始于1995年而不是1985年，美国20世纪90年代的犯罪下降会变得较小。

然而，这一解释未能解决基本问题，即为什么霹雳可卡因传播出现在这个时点，为什么过去没有出现类似的传播，无论是在美国还是在其他发达国家。霹雳可卡因是毒品的技术创新，它肯定没有耗尽这一领域所有的可能技术。许多创新如甲基苯丙胺，自霹雳可卡因以来在毒品领域得以传播，如果回报足够大，甚至能有更广泛的传播，但没有一个对暴力犯罪的影响接近霹雳可卡因。

美国经历了两次对犯罪有很大影响的毒品传播——20世纪80年代末的霹雳可卡因和20世纪70年代早期的海洛因。根据历史记载，两者都集中在非裔美国人的城市邻里，都发生在多数指数犯罪接近峰值时。这只是一个不幸的巧合？这样的冲击没有发生在1970年前的40年或1990年后的20年，只是因为好运吗？

对于每天的天气预报来说，飓风冲击也是随机的。但是飓风通常不会出现在冬天，通常也不会冲击内布拉斯加。气象学解释这些关于飓风的规律。在特定的20年期间，消遣性药物流行集中于非裔美国人城市邻里可能也有规律，并不能简单地归因于偶然性。霹雳可卡因是需要解释的事件；它本身不是一个解释。

警察效率

虽然改进的引人注目的治安策略可能是犯罪下降最流行的解释，犯罪学家和经济学家都认为它们充其量可能只扮演一个次要角色。利维特（2004）假定他们只能解释1个对数点的全面犯罪下降，但他对该值的分配并无太大把握。除了齐姆林（2011）关于纽约的研究，犯罪学家不会更加慷慨。

这种怀疑的主要原因是，没有更有效的证据表明治安策略被广泛采用。在

23.3.2 节中表明热点和恐怖主义引致的警力增加能减少犯罪。没有证据表明热点治安在 20 世纪 90 年代变得越来越普遍。恐怖主义研究关注的策略——例如，在犹太教堂附近集聚——几乎没有创新，他们在 20 世纪 90 年代可能并没有扩展。在此期间，许多采用不同的引人注目治安策略的城市，同时经历了犯罪的大规模减少。

两个创新——"破窗理论"运用和治安信息管理系统（Compstat）——受到公众的广泛注意，也未能使专家信服它们对犯罪下降的贡献。破窗治安源于威尔逊和凯尔（1982）的著名文章，它假设邻里中的混乱——如未修理的破窗——意味着犯罪不受人关注。为此，警察可以通过打击邻里混乱以减少犯罪。

有两个理由使人相信破窗治安对明显的犯罪下降没有贡献。首先，人们一致认为该政策无效："决策者和公众普遍认为，政策执行（主要是逮捕广泛的轻罪犯）导致严重犯罪减少。研究并没有为这一命题提供有力支持"（Skogan Frydl，2004，P. 229）。其次，破窗理论很少得到应用。纽约被认为应该是破窗治安的典范，但齐姆林（2011）表明纽约实际上并没有采用这种策略：缉捕队被关闭，逮捕卖淫——威尔逊和克林（Kelling，1982）的一个主要案例——减少，逮捕赌博经过 20 世纪 90 年代早期的短暂上升后下降。大麻逮捕上涨，但只在男性之间。纽约警察局只是在口头上而不是在实际上加强逮捕。

相比之下，Compstat 的问题是它从未被评估。Compstat 是一个管理实践，其中高层官员使用实时的、小范围的犯罪数据，使辖区警官对本辖区犯罪负责。它是热点和避免松懈的结合。齐姆林（2011，pp. 143 - 144）认为，Compstat 在纽约可能是成功的，因为纽约犯罪率下降特别大，也没有独立证据表明在其他地方 Compstat 不起作用。他承认这一观点基础很脆弱。

因此，很可能引人瞩目的警务创新在犯罪率下降中并不起关键作用。但是，能否通过很多小的、范围广泛的创新来改善警察在 20 世纪 90 年代的绩效——例如，更好地利用数据，更多受教育的官员，更雄心勃勃的上级，等等？在私营部门，人们能够接受不通过有效创新而实现生产率改进。

如果生产率以这种方式增长，那么估计警察对犯罪影响的研究人员将从 20 世纪 90 年代的数据中发现比较早时期更大的弹性。不存在像那样简洁的实验。然而，埃文斯和欧文斯（2007）只使用从 1990 ~ 2001 年的数据，所以当查尔芬和麦克拉里（2013）把他们的结果与埃文斯和欧文斯比较时，他们重新把数据局限在这一时期。他们的主要结果是针对 1960 ~ 2010 年间。对于暴力犯罪，他们估计全部时间的弹性为 - 0. 34，20 世纪 90 年代的弹性为 - 0. 63。对于财产犯罪，他们估计全部时间的弹性为 - 0. 17，20 世纪 90 年代的弹性为 - 0. 31。在 20 世纪 90 年代，平均来看警察比以前效率更高，正如生产率上升的情形。

然而，差异可能在统计上并不显著。

如果警察的生产率在这一时期以和私营部门同样的速度增长，它将对犯罪的大幅下降起重要作用。当然，警察可能不会像私营部门的一般工人：公共部门也许会对创新提供少量激励，形成从较低生产率到较高生产率的资源再分配很难，从定义看，部门间的再分配是不可能的。此外，犯罪生产率的增加可能抵消警察效率的提高。另外，联邦政府在警察相关的研究中投入巨资，从20世纪70年代开始，许多国防技术向警察领域转移。警察局承受着改进绩效的很大压力，谁的犯罪率下降得多，谁就可以得到更多的报酬。很多警察在私营企业做兼职，并且大部分准备退休后在私营企业工作，他们并未切断来自私营部门的进步。电视节目和电影继续把警察当作英雄。这一部门又会落后经济其他部分多少呢？

含铅汽油

正如我们在23.2节中所见到的，儿童在胎儿期和童年期受到铅污染，会导致其易冲动、易怒以及青年期的低智商，这也有可能导致暴力犯罪。在1975～1985年间，汽油中的铅在美国逐步被禁用。雷耶斯（2007）认为这种导致20世纪90年代暴力犯罪数量的下降。它对谋杀和财产犯罪没有明显影响。

这一假设是合理的，同时有一些为数据证实的其他影响。例如，在大气中遍布铅的区域——大型密集城市，犯罪下降的更多。的确，暴力犯罪在大城市中比在人口较少的区域中下降得更多。因此，汽油中铅成分的去除能解释20世纪90年代暴力犯罪下降剩余的一部分。

这种说法在多大程度上解释了这一问题，是一个更为复杂的问题。雷耶斯进行回归分析，表明汽油含铅量的改变导致1992～2002年间暴力犯罪下降了56%（几乎是利维特使用的同一期间）——比暴力犯罪整体的实际下降还多。从表面值来看，这一结果意味着有强大力量在20世纪90年代的犯罪率提升中起作用，但我们并不知道这些力量是什么。它用一个更为困难的问题（什么是暴力犯罪下降的原因？是含铅汽油的逐步退出吗?）取代了一个困难的问题（什么导致犯罪率下降?）

含铅汽油假说在很多方面上很像堕胎假说。一个群体的早期事件改变了犯罪特征在群体的分布；在十年乃至几十年里什么都没有发生；接下来在这一群体达到犯罪年龄时，这种影响突发表现为更低的犯罪率。雷耶斯通过使用和多诺霍和利维特（2001）相同的设定，并使其运行在几乎相同的年份，使得两者更为类似。（Reyes还在其回归中包括了多诺霍—利维特的"堕胎率"，并发现这个变量说明了暴力犯罪下降额外的29%——但在谋杀或财产犯罪中没有显著变化。）

雷耶斯为州——年使用的变量是平均每加仑汽油的含铅量。这取决于高级汽油的出售比例，在州居主导地位的石油公司以及它们与美国环境保护署的关系。贫困儿童对含铅汽油的实际暴露取决于含铅汽油的使用量、儿童在人口中的比例以及儿童与机动车的距离。雷耶斯得到了 1976~1979 年这四年间铅在儿童血液中含量的数据，并且发现这一含量和平均每加仑汽油含铅量（她的独立变量）之间的相关性。但这一相关性并不牢固：即使包括几个协变量和多个固定效应，R^2 也仅为 0.27（Reyes，2007，表3，第3列）。

和堕胎假说一样，含铅汽油假说意味着犯罪下降应该是一种群体现象，但实际上它只是年度现象：所有犯罪群体的逮捕率几乎在同一时间发生逆转。但与堕胎假说不同的是，含铅汽油假说得到了证据支持，这些证据表明 20 世纪 70 年代和 80 年代之间铅暴露的变化改变了犯罪之外的行为维度。雷耶斯（2012）使用个体层次的数据表明，在出生于 20 世纪 70 年代晚期和 20 世纪 80 年代早期的这一群体中，胎儿期和幼年期的铅暴露导致了儿童和青少年行为障碍增加。

然而，个体层次的数据并不意味着行为问题的改变与州层次暴力犯罪数据同样大。例如，"攻击和伤害某人"对铅暴露的弹性大约为暴力犯罪对铅污染弹性的一半。含铅汽油假说因此可能解释了剩余部分的暴力犯罪。因为迄今为止，相关的铅暴露估计是近似的，评估十分困难。由于各种与科学精神无关的因素，铅假说没能引起和堕胎假说相同的严格调查。这很不幸。

孕妇烟草和酒精暴露

我们在 23.2.2.3 节中指出，母亲在怀孕期间吸烟或饮酒的人更容易犯罪，尤其是暴力犯罪。减少孕妇吸烟和饮酒可能导致 15~20 年后的犯罪下降。这种可能性没有经过系统考察，就我们所知，这值得认真考虑。

吸烟的孕妇在美国曾经很常见。1964 年，在一个范围广泛但不甚完整的典型样本中，将近一半的孕妇妊娠晚期吸烟，这些吸烟者平均每天消费半包香烟（Aizer and Stroud，2011，pp. 10 - 11）。我们没有关于孕妇吸烟的时间序列。1964 年卫生局局长作了关于吸烟的报告后，受过教育的女性的吸烟率几乎立即开始下降，但是教育程度较低的女性并没有同样作出快速反应。在 20 世纪 60 年代和 20 世纪 80 年代期间，烟民的教育梯度变得更为陡峭，新生儿健康问题的教育梯度也是如此。之后，教育梯度轰然倒塌，并在 21 世纪早期回到了 20 世纪 60 年代的梯度。艾泽尔和斯特劳德（Aizer and Stroud，2011）对这一记录的解释为，它标志着吸烟的有害影响在教育程度较低的女性中比在教育程度较高的女性中传播得更为缓慢。

对犯罪来说，教育程度较低的女性的行为可能相关程度更高。因此艾泽尔—斯特劳德的记录意味着母亲吸烟现象在这一群体中已经从 20 世纪 70 年代开始下降，而且堕胎合法化和含铅汽油禁令，使得 20 世纪 90 年代的犯罪群体数量更少。

在 20 世纪 70 和 80 年代期间，酗酒孕妇的数量同样难以计算。虽然一般来说，饮酒问题似乎在 20 世纪 70 年代达到顶峰，因此如果孕妇反映了一般人群，来自适龄犯罪的群体本该在 20 世纪 90 年代中后期有更少的犯罪特征。在政府和私人数据中，1978 年是成年人上个月饮酒率的顶峰年份（美国卫生和公众服务部，1991；Newport，2010）。1973 年，胎儿酒精综合征在医学文献中被发现和命名（Jones and Smith，1973），1981 年卫生局局长建议孕妇和有怀孕计划的女性戒酒。因此，可能在公众酒精消耗量达到顶峰前，孕妇的酒精危机意识就在提高。

如另外两个群体研究的解释（堕胎和含铅汽油），任何试图表明母亲吸烟和饮酒行为的变化导致 20 世纪 90 年代犯罪率的部分下降都面临两大障碍。首先，发现这些改变十分困难。其次，群体的情况与 20 世纪 90 年代早期几乎全年龄段逮捕率的同时减少并不完全一致。

精神药物

如我们在 23.2 节中看到的，精神药物的更多使用导致了暴力犯罪的减少（Cuellar and Markowitz，2007；Marcotte and Markowitz，2011）。在 20 世纪 90 年代间，精神疾病的发生率没有增加，但精神病人接受治疗的比例增加了接近一半（Marcotte and Markowitz，2011）。大部分增加的治疗使用了精神药物，而且随着大量新药上市，常规治疗也转移到这一方向。马科特和马科维茨发现在他们所研究的 1997~2004 年这一时间段内，"新一代抗抑郁药物"和兴奋剂减少了暴力犯罪。在新一代抗抑郁药物中，只有曲唑酮和安非他酮在 1988 年和 1985 年被美国食品和药品监督管理局分别批准。他们估计新一代抗抑郁药物的处方增加是 1997~2004 年暴力犯罪率下降 5% 的原因。如果相同比例出现于 1991~2001 年间，它将会导致 2 个对数点的下降。

互动

如在 23.4.5 节中所讨论的，当同伴效应能够影响犯罪是，个人在空间和社交网络中的分布起作用（Glaeser et al.，1996）。例如，暴力或者绝望的个人在社区中比例的变化能够引起其他个体的行为变化。这些影响是高度非线性的：例如，相比集中分布在少数几个区位的情形，最具暴力倾向的个体均匀分布可能导致完全不同的杀人率（O'Flaherty and Sethi，2010c）。在这种情况下，犯罪相关变量对重大变化的反应将是非线性的，试图发现较小变化的线性影响将无法预测 20 世纪 90 年代将会发生什么。

私人保护

库克和麦克唐纳（2011，PP. 333）描述了解释 20 世纪 90 年代犯罪减少的尝试："这一推测中一个令人惊讶的特征是，私人行为在防止和避免犯罪中的作用一直没有引起关注。"安德森（Anderson，1999）发现私人在预防犯罪上的支出和公共支出完全相同，而且存在较少的委托代理问题，可能会更有效。如我们在 23.4 节中所见的，很少有私人安全措施被严格评估，被表明是非常有效的。

就私人保护工作被衡量的程度，它们在 20 世纪 90 年代迅速扩张，它们的生产率至少以与私营部门平均活动相同的速度增长。库克和麦克唐纳（2011，pp. 335 - 336）表明，在这十年之初，保安数量已经超过了警察数量，而且他们的就业增速几乎相同。向警方报告的犯罪比例也增长了；如果想要罪犯被逮捕，报告犯罪是私人团体必须提供的一种不可或缺的援助形式。[59]

商业促进区（BIDs）也在 20 世纪 90 年代变多。虽然第一个商业促进区建立于 20 世纪 70 年代（多伦多的布鲁尔大街），其主要增长始于 20 世纪 80 年代的美国。纽约拥有 BID 的良好持续历史。第一个商业促进区建立于 20 世纪 70 年代，通常与特定的试点商场相联系。在 20 世纪 80 年代，它们扩展得非常迅速。纽约 67 个 BID 中的 31 个建立于 1980 ~ 1985 年间。用规模来衡量会使这一集中更为明显。在最大的四个 BID 中（每年评估值超过 900 万美元），三个建立于 20 世纪 80 年代早期（34 大街，时代广场联盟，中央车站伙伴），一个建立于 1988 年（下城联盟）。福曼房地产和城市政策中心（2007）也表示大型商业促进区在减少犯罪中更加有效，因为很多小商业促进区没有安保预算。

部分由于通过封闭社区的扩展，住房也变得更为安全（Helsley and Strange，1999）。2001 年，美国住房调查第一次收集关于"安全社区"的信息；它发现 700 万户主居住于这种社区中。在美国住房调查中，一个限制性更为严格的阶层在有特殊门禁的安全社区中，包含 400 万户家庭。居住在封闭社区中的居民数量，以及居住在封闭社区中的居民比例，可能在 20 世纪 90 年代上升。那些拥有车库或者车棚———一种防止机动车盗窃的措施———的家庭比例也是如此，即使机动车本身变得更难盗窃。

防盗报警器变得更便宜，更有效，更受欢迎：使用报警系统的家庭比例从 1975 年的 1% 上升到 2003 年的 25%（Lee，2008）。20 世纪 90 年代监控摄像

---

[59] 但是，报告率的上升可能是一个有选择的虚构。在任何犯罪类别中，更严重的犯罪更容易被报告。如果犯罪有选择地下降，其中不太严重的犯罪比更严重的犯罪有更大下降，则即使公众报告犯罪的倾向没有变化，报告率也会上升。奥弗莱厄蒂和塞特（2008）表明对于抢劫，平均严重程度随着犯罪数目的下降而提高。

头数量激增。在 20 世纪 70 年代录影带技术允许图片轻松存储和恢复后，这些设备——更确切地说是监控摄像（CCTV）系统——变得极为实用。在此之前，监控摄像需要持续不断地监控。20 世纪 90 年代最主要的技术突破是数字复接器，它允许运动录像，并允许几个相机的输出同时记录，并被廉价而又实用地进行存储。闭路电视系统在一定程度上可能减少财产犯罪和抢劫；元分析见威尔士和法灵顿（Welsh and Farrington，2009）。

电子物品监控系统同时得到发展，如果你动了放置在服装等商品的标签或洒上墨水，就会激活警报。第一个系统出现于 20 世纪 70 年代，主要的技术进步首先出现在 20 世纪 80 年代，技术持续得到改进。尽管这些装置可能会降低实际入店行窃，其对报告入店行窃的影响是不明确的，因为它们会导致较高的被侦测盗窃比例。

电子银行

20 世纪 90 年代电子银行技术快速传播。虽然 ATM 机早已于 20 世纪 60 年代末发明，但到 1990 年只有 80 200 台终端处理 57.5 亿次交易。到 1999 年，共有 227 000 台终端和 108.9 亿次交易（数据源于统计摘要，2001 年，表 820）。自动取款机能让消费者更小额和更频繁地提取现金，并让企业更加频繁的进行现金存储。因此，消费者和企业会携带更少的现金，能降低成为抢劫、盗窃、入室偷盗的目标的可能性。

其他银行金融创新允许企业和消费者完全不需现金。至少有一个通用信用卡的家庭比例从 1989 年的 56% 升至 2002 年的 73%（统计摘要，2012 年，表 1189）。借记卡使用在 1990 年之前减少，但销售点的终端数量却从 1990 年的 53 000 台上升到 1999 年的 235 万台，同时销售点的交易数量从 1990 年的 1.91 亿升至 1999 年的 24.8 亿（统计摘要，2000 年，表 820）。使用借记卡的家庭比例从 1995 年的 20% 升至 2001 年的 50%（统计摘要，2012 年，表 1185）。直接存款也在增长：1995 年，53% 的家庭使用直接存款，2001 年为 71%（统计摘要，2012 年，表 1185）。

电子银行也影响政府支付，特别是对低收入、无银行账户的人群，他们是抢劫和盗窃更大比例的受害者。在 20 世纪 90 年代，主要关注是食品券，这是一个大型项目，每月分配给低收入家庭食品券，使他们可以在零售商店换取食物（只能是食物）。食品券基本上是现金，并且可以在黑市相当容易地进行交易，是值得盗窃的。在 20 世纪 90 年代，多数州在联邦援助并敦促下，把纸质食品券更换为"电子给付转账"（EBT）（Pirog and Johnson，2008）。通过 EBT，收件人可以使用借记卡或智能卡而不是票券去购买食物；他们不需要银行账户，且智能卡有 PIN 保护。

其他的转移支付计划落后于食品券，但仍减少了对纸张的依赖。政府向符合临时救助条件的贫困家庭按月提供收入；在许多州，支票在同一天给付，收款人必须与他们谈判，月底获得现金。到 2003 年，有 33 个州通过借记卡或智能卡向临时援助的贫困家庭提供资金，其他一些州提供了一个直接存款选项。到 2001 年，13 个州通过 EBT 提供一般援助，有 12 个州提供难民援助，9 个州提供补充保障收入（Stegman et al. , 2003）。

社会保障支付系统也在 20 世纪 90 年代发生变化。使用直接存款的家庭比例在 1990 年为 50%；到 1998 年 12 月为 75%，大概到 2001 年可能又上涨了几个百分点。社会保障管理机构也开始延长收款者获得资金的日期。在 1997 年之前，所有福利的发放日期是每月的第一周；从这一年开始，新的收款者获得资金的日期持续到整个月（美国社会安全局，2000 年，第 5 章）。

这一变化对犯罪影响的相关研究很少。近期最好的文章来自赖特等（2014 年），他们考察密苏里州逐步用 EBT 替代食品券和福利支出。EBT 在不同时间进入各县区，而这一差异可使研究者识别犯罪变化。EBT 使袭击、入室盗窃和盗窃在各县平均降低了 10% 左右（人口加权几何均值）。它并没有对抢劫、强奸或机动车辆盗窃产生显著影响。

关于袭击和抢劫研究结果也许令人惊讶，虽然抢劫一种财产犯罪，但袭击不是。在密苏里州，抢劫主要集中在少数几个县，因此研究人员认为，他们没有足够的差异证明在县—级 EBT 产生了影响。为什么 EBT 应该影响攻击，是一个更难回答的问题。也许是现金的存在导致更频繁和更严重的纠纷，但我们不知道这些纠纷都是什么样的（例如，他们是药物过度使用或犯罪活动或爱或家庭责任）。

网上购物

亚马逊的客户不会偷东西。他们也不需要边走边逛商店，或者购物时把自己的汽车进入商店的停车场，或离开自己的家让盗窃有可乘之机。互联网电子商务还远未到避免犯罪的程度，它可能降低商家和顾客接触传统指数犯罪。电子商务零售从 1991 年的空白上升到 2001 年的 346 亿美元（统计摘要，2012 年，表 1055）。

总之，在 20 世纪 90 年代，人们的生活在许多方面发生变化，使得指数犯罪减少。更好的汽车、更安全的保障、BIDs、更坚固的房子、更多的车库、更安全的社区、防盗报警器、监控摄像机、自动取款机、信用卡和借记卡、直接存款、EBT、网上购物和手机，所有这些使得安全系数不断提高。财产犯罪可能受到的影响最大，抢劫、暴力犯罪也受到一定影响；奥弗莱厄蒂和塞西（2009a）从抵抗率和暴力犯罪率得出推论，"受害者硬化"（victim hardening）是抢劫下降的一部分，但其规模还有待估计。

23.6.2.3　结束语：1991~2001 年美国犯罪率的大幅下降

在考虑了传统解释之后，我们发现仍有待解释的残差，谋杀约为 30 个对数点，暴力犯罪 20 个对数点，以及财产犯罪 10 个对数点。未观测到的警察生产率的净增加应该得到重视，潜在犯罪者如何成长以及他们的思维如何运行的变化主要影响暴力犯罪，潜在受害者生活方式的变化主要影响财产犯罪，互动效应主要影响谋杀。谋杀下降的解释似乎最少，但急诊的改进可以起一定的作用（但是，罪犯可能通过自身的进步，抵消这些技术进步，如半自动武器和高口径武器）。如果我们能够解释为什么霹雳可卡因的流行发生在 20 世纪 80 年代，而没有类似的事件发生在 20 世纪 90 年代，我们也许可以对谋杀大幅下降能有更多的解释。20 世纪 90 年代美国犯罪的大幅下降其实并不神秘；我们只是对非传统解释因素缺乏足够的了解，以致无法讲述完整的故事。

23.6.3　21 世纪美国犯罪率的温和下降

美国犯罪下降一直持续到 21 世纪的第一个十年，虽然下降速度有所放缓。尽管所有四个传统的解释变量在 20 世纪 90 年代朝降低犯罪的方向发展，在 21 世纪前十年只有监禁继续降低，但变化很小。因此，残差并没有缩减太多。

为了进行对比，我们将继续使用利维特（2004）的表格，并按照 2001~2011 年间凶杀、暴力犯罪和财产犯罪。在此期间，UCR 谋杀下降 17.5 个对数点，暴力犯罪下降了 26.5 个对数点，财产犯罪下降了 23 个对数点（在该类别内，机动车盗窃下降了 62.7 个对数点）。

根据人口统计，2000~2010 年在 15~25 岁之间以及 15~30 岁之间的男性人口比重没有发生变化；所以在这十年中人口变化基本没有起任何作用。但是人均拥有警察数量下降了 2.9 个对数点，从 2.45~2.38。这应该使犯罪略有增加。总体失业率从 2001 年的 4.2% 升至 2011 年的 9.1%，这应该也增加财产犯罪的数量。但是监禁率上升幅度不大，只有 3.5 个百分点。

根据同样的参数和 2001~2011 年间的数据重做表 23-3 得到了表 23-4。（"LP"意味着我们使用利维特（2004）的参数，而他并未研究这十年的数据。）

对于谋杀和财产犯罪，传统变量基本上没有解释任何犯罪下降；它不关注使用的是哪个参数。传统的变量表明财产犯罪增加，莱维特参数表明较小的增加。在这两种情况下，信息是一样的：2001~2011 年的犯罪减少全部（或超过全部）是在残差中。暴力犯罪残差大约和我们估计的 20 世纪 90 年代的残差相同；谋杀的残差较小，而财产犯罪的残差较大。

这一结果对于思考23.6.2.2节中的残差是令人鼓舞的，因为很多我们认为可能会在20世纪90年代产生残差的过程，在21世纪前十年中得以继续或加强。

例如，马科特和马科维茨（2011）关于迷幻药使用增加的数据，延长至2004年。非农商业部门劳动生产率以大约相同的速度增长（2000～2007年每年2.7%，2007～2012年每年1.9%；相比1990～2000年为2.2%），国防和反恐研究和投资显著；因此，没有理由期望警察生产率增速的下降。纽约市的BID成长放缓，但并未停止，全国其他地方可能已经落后于纽约。

房屋变得更加安全。监控摄像机的使用持续扩散，部分是因为对恐怖主义的关注；2013年新闻报道不是问纽约的公寓楼有没有安装监控摄像头，而是问安装了多少（Kaufman，2013）。

表 23-4　　　由于传统变量变化导致的犯罪对数点变化估计（2001～2011）

	谋杀			暴力犯罪			财产犯罪		
	LP	较小	较大	LP	较小	较大	LP	较小	较大
警察规模	+1		+2	+1		+2	+1	+0.5	
监狱	-1	-0.5		-1	-0.5		-1	-0.5	
人口统计	0			0		0	0		0
宏观经济	0			0			+5		+10.5
总计	0	+0.5	+1	0	+0.5	+1	+5	+5	+10.5
实际（UCR）	-17.5	-17.5	-17.5	-26.5	-26.5	-26.5	-23	-23	-23
残差	-17.5	-18	-18.5	-26.5	-27	-27.5	-28	-28	-33.5

LP，参数来自利维特（2004）。

自动取款机和借记卡的使用量继续增长。从2001～2007年，家庭使用ATM卡的比例从57%上升到76%，使用借记卡的比例从50%上升到71%（统计摘要，2012，表1185）。使用借记卡的购买金额从3 110亿美元上升至2000年的14 500亿美元（统计摘要，2012，表1187）。

另外，一些对20世纪90年代犯罪残差有贡献的进程可能是不太重要的。2011年比2001年减少了23起死刑；基于对资本惩罚威慑效应的最大估计，这将增加1个对数点的谋杀。安保就业增长，但不像人口增速那么快，人均安保数下降了5个对数点（美国劳工统计局，2013b）。含铅汽油和怀孕时吸烟酗酒在21世纪初仍起作用，但不强烈。防盗警报器可能没有迅速普及。2001年直接存款占家庭比重达到71%，2007年仅增长至80%（统计摘要，2012，表1145）。虽然加利福尼亚是少数较晚转换到食物券EBT的州之一，多数州（但不是全部）

的转换都发生在世纪之交。（2008 年社会保障将没有银行账户的流浪者的纸质支票换成了借记卡）同样，信用卡使用在增长，但增长率逐渐降低。

但 21 世纪其他方面降低犯罪的趋势得以加强。偷窃汽车变得越来越困难，老式的、容易盗窃的汽车从街上消失了。在线购物量从 2001 年的 346 亿美元增长到 2011 年的 1 940 亿美元。手机订阅量从 2001 年的 12 840 万增长到 2011 年的 3 亿 50 万。但复杂性也逐渐显现。手机变成无所不在的监视摄像机，每个人都准备随时随地拍照片。他们也成为信息来源；很少有人迷路，即使当他们迷路时，他们看起来也并非如此。另外，智能手机成了有吸引力的抢劫和盗窃目标，虽然在这一章出版前，解决这一问题的技术方案是可能的（Chen，2014）。

网上交易也可能已经扩展到一些不良产业，最著名的是色情和卖淫，可能是为了确保收益。很可能这一趋势已经影响了匿名出售非法毒品。例如，根据一项联邦起诉书，2011 ~ 2013 年运营的丝路网站，"被数千名毒品贩子和其他非法供应商用于与超过十万买家交易数百公斤的非法毒品和其他非法商品与服务"（美国地区法院，纽约南区，2013）。齐姆林（2011）认为，露天毒品市场已经从纽约市消失，但毒品消费没有下降。

互联网自身的扩展也可能减少指数犯罪。年轻人花费更多的时间在家玩游戏和与朋友聊天，他们可能会花更少的时间在外面逗留，否则他们可能成为潜在的受害者或罪犯。理性贪婪的罪犯可能认为网上诈骗的预期收益大于盗窃的预期收益，这引起了他们的注意力。网络犯罪不是指数犯罪，数据只表明这十年指数犯罪在减少。

因此，21 世纪第一个十年的残差与 20 世纪 90 年代的残差类似，解释它们的备选因素也是如此。

23.6.4　21 世纪的发达国家

多数解释美国残差的备选因素是各种技术变化，无论是当前（如电子银行）或近期（如含铅汽油），所以人们会预见其他发达国家会经历类似的趋势。这并不意味着犯罪实际应在所有发达国家下降，因为传统因素可以朝不同方向变化；它仅意味着残差通常为负。

正如我们在表 23 - 2 中所见的，在四个得到最好报道的犯罪中，在多数经合组织成员国最近出现的变化方向都是负的。尽管存在衰退和紧缩计划，它给警察和监狱预算形成压力。希腊是一个例外：所有类别的犯罪都增加了，这并不令人惊讶。除此之外，其他国家的趋势是明确和一致的。除了希腊，23 个

国家中的 21 个凶杀案发生率下降，21 个国家中 15 个抢劫案发生率下降，18
个国家中 17 个盗窃案减少，所有 18 个国家汽车盗窃案下降了。中位数变化
（包括希腊）在所有罪行上都比美国下降更多，除了抢劫。高收入国家机动车
盗窃的大幅下降，是技术变化特别有力的证据。

　　我们没有对所有这些国家计算残差，但这将是一个有价值的做法。

23.6.5　美国犯罪率急剧上升，1965 ~ 1975

　　1965 ~ 1975 年间，美国报告的犯罪指数基本翻了一番。这一增长部分可能
源于更好的报告（谋杀和机动车盗窃比其他指数犯罪增加略少）。如表 23 - 5 所
示，整个国家的指数犯罪指数普遍增长，虽然在南方稍有些低。

表 23 - 5　　　　　　　　地区谋杀和机动车盗窃比率的变化（1965 ~ 1975）

	人均谋杀率			人均机动车盗窃率		
	1965 年	1975 年	1975/1965	1965 年	1975 年	1975/1965
新英格兰	3.6	7.6	1.11	299.4	652.8	1.18
中大西洋	4	8.9	1.23	282.6	534.1	0.89
中北部	3.7	8.1	1.19	244.5	431.4	0.76
西北中部	3.1	5.5	0.77	176.4	328	0.86
南部	8	12.7	0.59	175.7	329.8	0.88
东南中部	8.4	12.7	0.51	130.6	273.3	1.09
西南中部	7	12.4	0.77	178.5	351	0.97
西部	4.2	9	1.14	351.5	539.1	0.53
太平洋地区	4.3	9.4	1.19	388.3	585	0.51
美国	5.1	9.6	0.89	254.4	469.4	0.85

　　资料来源：UCR，1966，1975。

　　指数犯罪的上升也影响了所有社区类型，虽然它在大（和中等规模）城
市影响更大。有时，上升现象被认为主要发生在非裔美国人中，但根据逮捕反
映实际犯罪的程度，似乎并非如此，除非是汽车盗窃。表 23 - 6 对比了 1966
年和 1975 年各种指数犯罪中非裔被捕者比例。对于更为严重的犯罪，这一比
例一般小幅下降，只有机动车盗窃的比例大幅增加。在这十年中，白人犯罪几
乎肯定增加了一倍。

表 23 - 6   **1966 年和 1975 年非裔被捕者的比例**   单位：%

	1966 年	1975 年
谋杀	57.2	54.4
强奸	46.8	45.4
抢劫	57.7	58.8
严重攻击罪	48.9	39.5
入室盗窃	31.4	28.4
偷窃	29.7	30.6
机动车盗窃	19.6	26.4

资料来源：UCR，1966，1975。

    传统变量无法解释这一犯罪上升。每 10 000 人口警察数从 1.7 上升到 2.1（UCR），每 10 000 人口因犯数则从 108 人上升到 111 人。这两个变化应该会减少犯罪。另外，失业率从 1965 年 6 月的 8.8% 上升到 1975 年 6 月的 4.6%，这应该会增加财产犯罪，而且大部分的 "婴儿潮" 世代已经进入犯罪年龄。齐姆林（2007）在分析不同时期（1960～1970 年）时给出了一个估计，及这一时期年龄结构的变化会增加 13% 的指数犯罪。（我们将对我们的表格使用这一数据。）

    表 23 - 7 给出对 1965～1975 年传统因素利维特式的估计（根据齐姆林的人口估计）。残差是巨大的，需要给出一个解释。含铅汽油是一个可能的因素。第二次世界大战后，汽车数量增加了，汽油含铅量也增加了，导致 20 世纪 60 年代和 20 世纪 70 年代出生的人群在子宫内和童年时对含铅汽油有越来越多的接触。20 世纪 90 年代铅假说的一个有力之处在于，它还能对 20 世纪 60 年代和 20 世纪前十年作出一定解释。

表 23 - 7   **源于传统变量变化的犯罪对数点变化估计（1965～1975）**

	谋杀	暴力犯罪	财产犯罪
警察规模	-8	-8	-8
监狱	-1	-1	-0.5
人口统计	+13	+13	+13
宏观经济	0	0	+4
总计	+4	+4	+8.5
实际变化（UCR）	+63	+89	+76
剩余	+59	+85	+67.5

除了铅，没有其他明显的假说存在。迈伦（Miron, 1999）认为，1971年宣布的反毒战是犯罪数上涨的主要原因，但该说法并未获得支持。一种流行观点认为，非裔美国人的犯罪上升是20世纪60年代骚乱的自然延续，白人在20世纪60年代没有发生骚乱，二者的犯罪上升是同步增加的。计划与未铺开的战争相结合，可以减少20世纪60年代中期监狱的威胁——圣昆汀监狱会比卡森战斗营的情况更糟吗？——但该计划在1972年结束了。州际高速公路系统的建成和空运的普及，增加了罪犯间的流动性和生产率，但在执法生产率方面没有相应的收益。关于这一主题还缺乏严谨的研究。

贝克尔发展了现代犯罪经济学的开创性文章就是在犯罪急剧上升阶段中期出版的。考察这一时期的残差，可以很好地理解为什么经济学家的所作所为没有引起那个时代犯罪学家的注意。当时的犯罪经济学仍处在"泰坦尼克号的甲板椅"上，尚未触及关键的冰山。美国犯罪上升仍然是一个谜，是一个重要的研究课题。

23.7   在哪里犯罪

就像传统因素很少能解释指数犯罪随时间而发生的有趣变化，他们似乎也很少能解释犯罪随空间而发生的有趣变化。这并不是说，废除警察部门或对违反交通规则罚款的辖区，和世界其他部分看起来一样。只是说不存在这样的辖区。

23.7.1   城市间的差异

在多数情况下，指数犯罪是一个不可贸易的活动，所以我们不会看到大都市区的专业化。（例外可能与非法药品的进口相联系，但这是间接的；而且为了避免稽查，非法药品进口设施的分散程度要超过合法的、大规模的商品，如汽车。）

我们利用2012UCR，在州层次为每个指数犯罪计算埃利森—格莱泽集中指数。其值的范围和埃利森和格莱泽（1997, P. 902）所描述的一些产业相同，"人们不可能想到会集中的产业……瓶装和罐装的软饮料（SIC 2086），人造冰（SIC 2096），报纸（SIC 2711）以及各式混凝土（SIC 3272）产业。"表23-8给出了更多的细节。

表 23 - 8 犯罪和其他现象的地理集中指数

	州	大都市区内（纽瓦克）
谋杀	0.004 4	0.262
强奸	0.003 1	0.073
抢劫	0.002 8	0.181
严重攻击	0.002 4	0.111
入室盗窃	0.002 8	0.033
偷窃	0.001 3	0.010
机动车盗窃	0.015 6	0.188
贫民（个人）		0.077
非裔		0.095
汽车制造	0.127	
汽车部件	0.089	
摄影设备	0.174	
毛毯制造	0.378	
软饮料	0.005	
人造冰	0.012	
报纸	0.002	
各式混凝土	0.012	

在美国，犯罪仅与较大的大都市区弱相关。根据格莱泽和萨克多特（1999），我们用人均犯罪的对数（来自 2012UCR）对人口的对数以及一个区域虚拟变量矢量（9 个区域）回归。表 23 - 9 给出了结果。

表 23 - 9 犯罪率对人口的弹性：美国大都市统计区，2012

谋杀	0.16 *
	(5.01)
强奸	- 0.02
	(- 0.79)
抢劫	0.33 *
	(13.28)

续表

严重攻击	0.08*
	(2.92)
入室盗窃	0.01
	(0.26)
偷盗	0.01
	(0.55)
机动车盗窃	0.23*
	(10.90)

注：区域固定效应观测数目：353。t 值在括号中给出。

＊ 显著性在5%的水平。

资料来源：FBI，美国的犯罪，2012，表6。

强奸、入室盗窃和偷窃根本没有表现得与人口规模相关，尽管严重攻击的弹性很小。但是抢劫、机动车盗窃和谋杀在较大的大都市区更为普遍。

在加拿大，这一关系较弱。加拿大使用一个"犯罪严重性指数"，用平均刑期作为犯罪的权重。暴力犯罪严重性指数对人口的弹性是不显著的0.05，全部犯罪严重性指数的弹性是不显著的 – 0.03；数据来自于佩罗（Perreault，2013，表4）。

为什么美国的抢劫和机动车盗窃与大都市区规模强相关是一个开放的问题，仍然没有得到考察。对于两种犯罪，寻找合适的受害人占犯罪成本的很大部分，较大的（和较密集的）大都市区是更有吸引力的搜寻地区。谋杀和攻击可能在较大的大都市区更为普遍，因为那里在历史上有较高的大气铅含量，人们之间的碰撞升级为冲突更为普遍。

23.7.2　大都市区内部的差异

大都市区内的犯罪似乎比大都市区间的犯罪更为高度集中。

我们以纽瓦克大都市区的新泽西部分作为案例。[60] 六个被称为"粗糙城

---

[60] 纽瓦克大都市区的各个部分包括：东桔城（East Orange），欧文顿（Irvington），桔县（Orange），艾塞克斯县（the balance of Essex County）；伊丽莎白（Elizabeth），平原（Plainfield），尤宁（the balance of Union County）；亨特顿县（Hunterdon County）；莫里斯县（Morris County）；萨默塞特县（Somerset County）和苏塞克斯县（Sussex County）。我们忽略了宾夕法尼亚的派克（Pike）县，它占大都市区的面积少于3%。

镇"（rough towns）的自治市占都市区人口的24.9%，土地的2.6%。但在2011年，它们占谋杀的85.6%，抢劫的79.9%，机动车盗窃的77.4%，严重攻击的73.4%。入室盗窃和偷窃不那么高度集中：6个城镇占入室盗窃的51.8%，偷窃的34.9%。

为了更为正式地表述，我们计算了纽瓦克大都市区犯罪的埃利森—格莱泽集中指数，如表23-8所示。[61] 大都市区内的集中度远远大于大都市区间的集中度，尤其是谋杀、抢劫、机动车盗窃。我们还对贫民和非裔人群计算了集中指数。谋杀、抢劫和机动车盗窃比这些居民特征更为集中，但入室盗窃和偷窃不是。（严重攻击集中程度稍高。）

盗窃可能是数量最多的指数犯罪，入室盗窃可能是第二多的，它们也是地理集中度最低的。因而，集中于总体指数犯罪的分析忽略了集中的很大部分。

重要的是要认识到，这些数据是关于在何处犯罪（或在谋杀中，何处发现尸体），而不是罪犯或受害人住在何处。在一个大都市区中，人们可以很容易地穿过自治市和邻里的边界，而且经常这么做。例如，新泽西帕拉默斯的偷盗率全州最高，不是因为那里坏人多，而是因为那里有几个大型购物中心。整个大都市区的人们前往帕拉默斯进行购物、工作，盗窃或被盗。类似地，纽瓦克的谋杀并不局限于纽瓦克的居民。

过于精细的分区也会出现大量犯罪集中。在一个城市内，少量"热点"——如交叉口或位置——是大量犯罪之处，尤其是抢劫和机动车盗窃。谢尔曼等（Sherman，1989）考察了明尼亚波利斯一年内的警察呼叫服务。如果呼叫满足泊松分布，则只有6 854处没有呼叫，没有一处会超过14次。但事实上，45 561处没有呼叫，3 841处超过15次呼叫。这3 841处占整个城市的3.3%，呼叫数量占所有呼叫的50.4%。类似地，独立泊松分布意味着几乎没有位置会有超过两次抢劫呼叫或三次机动车盗窃呼叫，但293处有超过2次抢劫呼叫（其中一个处有28次），541处有超过三次机动车盗窃呼叫（其中一处有33次）（Sherman等，1989，表2）。

为什么特定区位对犯罪具有吸引力是一个得到大量关注的问题。对短期差异的传统解释可能无法适用于大都市区内的空间差异（贫困可能是个例外，但

---

[61] 表23-8中的所有指标使用了Ellison-格莱泽（1997）的空间集中指数。对于犯罪和人口特征，指数是G；对于产业就业，指数是（定义见论文）。犯罪数据反映了报告犯罪相对于总人口的集中情况。州的犯罪和人口数据来自于2012年的UCR。对于纽瓦克大都市区的各个部分，犯罪和人口数据来自于2011年的新泽西警察年度报告。贫困数据反映了贫困人口相对于贫困状态已经确定人口的情况。数据来源是2010~2012年美国社区调查，除了欧文顿和桔县，它们的数据来源是2007~2009年美国社区调查。种族数据反映了相对总人口，确定自己属于某个种族的人，非裔或非裔美国人。数据来源于2007~2009年美国社区调查。产业数据反映了相对总体就业，就业的集中情况。数据源于Ellison-格莱泽（1997，P. 902）。

我们已经看到严重犯罪比贫困更为空间集中）。在纽瓦克大都市区，犯罪率高的城镇不是对年轻人具有明显吸引力的城镇，整个大都市区的监狱系统是一样的（如我们所定义的），警力的作用是相反的（6 个城镇的人口占 24.9%，占整个大都市区警察雇员的 35%）。

23.7.3　解释大都市区内的差异

谢尔曼等（1989）的分析表明，犯罪应被视为集中在某些位置——定义为交叉口或地址——而不是邻里。即使是在高犯罪的邻里中，多数位置在大部分时间是没有犯罪的。鉴于受害人通过逃避或其他预防措施对犯罪活动进行反应的能力，犯罪的高度集中似乎是令人迷惑的。例如，在他们的数据中，明尼亚波利斯的酒吧，因为抢劫犯罪而对警察呼叫频率最高："1 年内有 25 次抢劫，估计每天的平均人流不超过 300 人，莫比·迪克的酒吧抢劫呼叫率为 0.83%——是整个城市呼叫率 0.12% 的 7 倍，1986 年城市人口估计为 362 000 人。"（Sherman 等，1989，P. 44）。

要记住的是，这一空间集中随时间推移非常稳定，即使受害人、警察或地方企业主的行为进行了调整。由于潜在受害人会避开那些暴力犯罪的位置，执法人员会把资源向这些位置转移，如果没有这些因素的话，大都市区的犯罪集中会更大。因此，必然存在一些力量推动集中。

谢尔曼等（1989）认为一些位置——酒吧、酒精商店、成人剧场或昏暗的公园——是犯罪的发源地，而不仅仅犯罪场所。一旦如酒吧这样的设施存在，它们就很难因犯罪而被迁移，也无法改变人们在那里集中。即使在潜在受害人调整自己的行为后，犯罪集中仍然会持续。通过对这些位置更好地执法隔离，无须导致对其他区位的取代。

尽管某些类型的位置可能是犯罪的潜在发源地，仍然存在这样的问题，即为什么他们在某些邻里成为犯罪集中地，而在其他邻里却没有。酒吧和酒精商店可能代表了大都市区高犯罪的设施，但是多数酒吧和酒精商店并不是高犯罪之所。设施位于哪个邻里显然很重要。特别是，在邻里层次上，贫困集中和居民不稳定与暴力犯罪相关。桑普森等（1997）认为这一联系通过集体效能（collective efficacy）起作用，它是社会内聚力和非正式社会控制的结合；这些想法在雅各布斯（1961）中被预见到。社会内聚力指的是邻里中的共享价值观和相互信任，而非正式社会控制指的是在面对某些可能损害邻里的地方活动（如涂鸦、街角游荡和争执等）时愿意进行干预。作者使用调查证据来衡量芝加哥邻里集群的集体效能，发现其与暴力犯罪指标密切相关。他们认为犯罪和邻里特征（如贫困和居民不稳定）之间的联系部分通过集体效能渠道起作用。他们没有检验这一因果关系。

理解指数犯罪在城市内的空间分布，需要我们把注意力扩展到街头不良行为，包括卖淫、赌博和贩毒。这些交易的需求分散，涵盖不同地区、收入水平和身份的人群，但在供给上高度集中，多数位于城市中心的邻里。源于霍特林（1929）和萨洛普（Salop，1979）的空间竞争理论可以解释街头不良行为的集中，这反过来可以帮助我们理解指数犯罪的空间分布。在这里，我们考察贩毒案例，尽管类似的讨论适用于其他街头不良行为类型。

贩毒涉及保护固定成本，这来自于竞争以及政府。贩毒者也使用相对低技能、低工资的劳动力。购买毒品者分散在很大的范围，在运输大量现金或违禁品时面对很大风险。因此，他们倾向于进行少量、频繁的购买。基于这些条件，萨洛普（1979）的空间竞争模型暗含了具有更大需求密度的地区每单位距离会有更多的销售者以及更低的价格。即使每单位人口的需求在空间上是相同的，更大的人口密度意味着更大的需求密度，因而内城比郊区有更低的价格和更高的销售密度。如果城市和郊区间的交易是可能的，来自城市的竞争会降低郊区价格和销售密度。如果这一效应相当强，则所有的交易将迁移到城市，提高城市的销售密度，降低城市的价格（O'Flaherty and Sethi，2010a）。

这些因素表明街头不良行为在人口密集和低工资的中心区位最为普遍。但是他们没有考虑这一事实，即只是在美国，街头不良行为在以非裔为主的邻里中最为普遍。这不是一个近期现象。一个世纪之前，布克·T·华盛顿（1915）表明不良行为在非裔邻里公开进行，接近学校和教堂，吸引了附近的白人顾客。数十年后，缪尔达尔（Myrdal，1944）描述了在禁酒时代非裔邻里中非法经营酒吧的集中，与之相伴的还有赌博、卡巴雷舞和麻醉毒品，所有这些都是为了迎合包括很远地区白人在内的顾客。对不良行为种族特征的地理分布需要加以解释。

和普通的零售设施不同，街头不良行为给地方的非用户带来了显著的成本。贩毒者及其顾客是有吸引力的抢劫对象，因为他们可能带有大量现金或贵重的违禁品，而且一旦被抢劫，不会寻求法律保护。犯罪者之间的争议不会通过法庭解决，因此暴力威胁是普遍的。对那些已经犯有重罪的人而言，与谋杀相联系的边际惩罚很低。这使得贩毒者更可能进行谋杀，而且基于 23.4.5 节中讨论的原因，他们还更可能先发制人。因而，在街头不良行为普遍的地方，抢劫率和谋杀率会更高。一般来说，非法市场和露天市场尤其是"暴力的高风险场所"（Reiss and Roth，1993，P. 18）。

这些负外部性使得经济条件许可的人希望离开问题邻里，至少是对那些非用户而言。在收入和财产价值低的邻里，不良行为将较为普遍。即使是对邻里种族结构适度的偏好也会导致低收入白人大量离开这样的邻里。这是一个自我强化的过程：如果多数白人离开，则那些少数未离开的白人将被邻里外部的人视为买家，会比具有类似收入的非裔更频繁地成为受害者。因此，街头不良行为之所以与种族相关，不是因为不良行为来自于或迁移到非裔邻里，而是因为它的存在导致人们的迁移，并进而改变了居住区位的种族特征和（O'Flaherty and Sethi，2010a）。[62]

为了保证零售得以进行，街头不良行为需要买方和卖方在价格和区位方面能够达成一致。两个其他方面非常类似的街角，随着时间推移可能在各自的顾客群体上存在很大差异。更一般性地，不同区位对占据者的利益会有很大差异。最好的区位通常会被得到最佳保护的销售者占据，他们可以挫败取代者的企图。基于对地盘的良好预期，毒品销售可得以顺利进行，没有频繁或极端的暴力。但是，一旦这些预期被破坏，就会导致谋杀水平迅速上升。

有时这些预期破坏来自于执法机构的行为。如果警察成功地指向最活跃和最有利可图的区位，并隔离那里的潜在贩毒者，对控制地点的竞争可能导致暴力犯罪。为此，更好地执法策略可能是首先指向那些最无利可图的区位，然后逐步指向那些较为活跃和得到较好保护的地区。这一策略可能需要较长时间才能对毒品销售产生影响，但不太会导致谋杀水平迅速上升。

戴尔（Dell，2012）提供了关于这一效应重要性的证据，他使用墨西哥邻近的市政选举结果作为识别策略。在那些仅选择保守的国家行动党（PAN）作为市长的辖区，执法活动迅速增加（相对那些国家行动党候选人失败的辖区）。其机制是 2006～2012 年间地方当局和中央的费利佩·卡尔德龙（属于PAN）政府之间的密切合作。在这些区位，更大的执法力度使非法毒品交易转移到通向高利润美国市场的路线上监控程度较低的地区。Dell 使用一个网络模型预测这些替代性路线，发现在这些新的竞争性区位上暴力显著增加，似乎可信的解释是组织之间竞争"制裁后的地区控制……削弱了现有的非法交易者。"

23.7.4　辖区间的差异

经济学家还考察犯罪是否在较大的辖区更多以及为什么。在探讨这一问题时，格莱泽和萨克多特（1999）集中于总的指数犯罪，主要是偷盗和入室盗

窃，我们已经看到这些犯罪的空间差异与其他指数犯罪的空间差异不同。他们还使用1982年的犯罪数据，在美国犯罪大幅上升之后和犯罪大幅下降之前，犯罪下降在纽约和洛杉矶两个最大辖区尤其明显。（一些犯罪率高的城市，如底特律和费城，自1982年以来人口减少，而一些犯罪率低的城市人口增长。）

因而，在表23-10中，我们粗略地使用2012UCR犯罪数据重做了格莱泽和萨克多特的分析。（他们把样本限制在人口超过25 000人的城市，为此可以在城市和县统计手册中得到完整的信息，但是城市和县统计手册在2012年不再出版。）

表 23 - 10　　　　犯罪率对人口的弹性：美国超过25 000人的警区（2012）

	观测值	弹性
谋杀	951	0.07*
		(2.25)
强奸	1 474	0.14*
		(5.76)
抢劫	1 571	0.59*
		(18.67)
严重攻击	1 578	0.38*
		(13.27)
入室盗窃	1 580	0.20*
		(9.01)
偷盗	1 581	0.10*
		(7.08)
机动车盗窃	1 581	0.43*
		(14.82)

区域固定效应
观测数目不同，因为存在零值和缺失值。t 值在括号中给出。
＊显著性在5%的水平。
资料来源：FBI，美国的犯罪，2012，表6。

弹性比大都市区的要稍大（除了谋杀，其中排除零谋杀的辖区会影响系数），但服从同样的基本模式：区位对抢劫和机动车盗窃作用更大，对偷盗和入室抢劫作用较小。格莱泽和萨克多特提供了一些理论来解释为什么弹性应该为正，并加以检验。对于总体指数犯罪正弹性的解释，最有力的变量是居住在辖区内的单亲妈妈的比例。较大辖区的一些因素吸引（或增加）单亲妈妈（或使她们离开），单亲妈妈吸引（或增加）犯罪。

这一分析所忽略的是辖区的经济理论。格莱泽和萨克多特提供的理论事实上是关于大都市区的理论。存在一些很好的经济理论探讨是什么决定了大都市区的规模，较大的大都市区和较小的大都市区有何差异。缺乏相应的关于警区的理论。这使得他们的结果很难解释。

23.8 结 论

如我们所见，犯罪领域是一个丰富和复杂的研究目标。犯罪发生不仅取决于警察和监狱，还基于我们呼吸的空气（或我们在儿时呼吸的空气），我们的妈妈是否饮酒，我们的窗户是什么做的，我们如何进入小汽车，我们如何付账单，母队是否在足球比赛中获胜，等等。研究主题是丰富的，因为犯罪涵盖了一系列广泛的活动，从毒杀前情人的金鱼到抢劫银行、偷车乱开、袭击竞争毒贩。研究主题的丰富还由于现代城市生活的复杂性。一般均衡可能将成为经济学为犯罪研究提供的主要思想，而不是激励机制。

由于犯罪与生活的其他部分紧密结合，随着技术进步，犯罪也会发生变化。当我们讨论过去二十年的犯罪下降时，我们强调技术的积极作用。但如果我们放松指数犯罪的限制，可以认为我们正在经历前所未有的最恶劣的犯罪浪潮，这一判断并不荒唐。2012 年，NCVS 发现 2 650 万指数犯罪发生在美国，但仅在 2013 年 11 月 27 日至 12 月中旬间的几个星期中，0.7 ~ 1.1 亿人从单一来源被盗窃了宝贵的金融信息（Harris and Perlroth，2014）。通过 E - mail 和网络可同时对数百万人进行诈骗，而网络跟踪和网络欺凌对受害人的伤害程度与偷盗或袭击一样。

未来会怎样，我们并不知道。民用无人机可以帮助一些警察部门，但是它们同样可以运输毒品、进入房间盗窃珠宝以及监控警察和守卫。第一个无人机谋杀可能将在本卷出版之前发生。无人驾驶汽车同样提供了使汽车抢劫者兴奋的新机会。技术是在犯罪者和阻止犯罪者之间的一场赌博，我们不知在哪边押注。

犯罪特点将会变化，并改变经济学家要回答的问题的性质。我们难以自信地预测这些发展，但在一件事情上我们可以确定：发生在龙勃罗梭和雷贝卡利亚之间、隔离和威慑之间以及预警和侦察之间的冲突，将一直是我们理解犯罪和惩罚的中心。

致　谢

本章写作的编辑是 Gilles Duranton，Vernon Henderson 和 William Strange。除了编辑外，我们还要感谢 Douglas Almond，Jeff Fagan，Ally Fedorov，Yiming He，John MacDonald，Robert McMillan 以及 Steven Raphael 对早期版本的评论，感谢 Suxin Shen 的研究帮助。

参考文献

Abadie, A., Dermisi, S., 2008. Is terrorism eroding agglomeration economies in central business districts? Lessons from the office real estate market in downtown Chicago. J. Urban Econ. 64, 451–463.

Aizer, A., Doyle Jr., J.J., 2013. Juvenile incarceration, human capital and future crime: evidence from randomly-assigned judges. National Bureau of Economic Research.

Aizer, A., Stroud, L., 2011. Education, knowledge, and the evolution of disparities in health. Brown University, Working paper.

Akinbami, O.J., Liu, X., Pastor, P.N., Reuben, C.A., 2011. Attention Deficit Hyperactivity Disorder Among Children Aged 5–17 Years in the United States, 1998–2009. US Department of Health and Human Services, Centers for Disease Control and Prevention, National Center for Health Statistics.

Alexander, M., 2010. The New Jim Crow: Mass Incarceration in the Age of Colorblindness. The New Press.

Altonji, J.G., Doraszelski, U., 2005. The role of permanent income and demographics in black/white differences in wealth. J. Hum. Res. 40, 1–30.

Ananat, E.O., Gruber, J., Levine, P., Staiger, D., 2006. Abortion and selection. NBER Working paper 12150.

Ananat, E.O., Gruber, J., Levine, P., Staiger, D., 2009. Abortion and selection. Rev. Econ. Stat. 91, 124–136.

Anderson, D.A., 1999. The aggregate burden of crime. J. Law Econ. 42, 611–642.

Antecol, H., Bedard, K., 2007. Does single parenthood increase the probability of teenage promiscuity, substance use, and crime? J. Popul. Econ. 20, 55–71.

Anwar, S., Fang, H., 2006. An alternative test of racial prejudice in motor vehicle searches: theory and evidence. Am. Econ. Rev. 96, 127–151.

Arbel, Y., Ben-Shahar, D., Gabriel, S., Tobol, Y., 2010. The local cost of terror: effects of the second Palestinian Intifada on Jerusalem house prices. Reg. Sci. Urban Econ. 40, 415–426.

Ayres, I., 2001. Pervasive Prejudice? Unconventional Evidence of Race and Gender Discrimination. University of Chicago Press, Chicago, IL.

Ayres, I., Levitt, S.D., 1998. Measuring positive externalities from unobservable victim precaution: an empirical analysis of Lojack. Q. J. Econ. 113, 43–77.

Baliga, S., Sjöström, T., 2004. Arms races and negotiations. Rev. Econ. Stud. 71, 351–369.

Barbarino, A., Mastrobuoni, G., 2014. The incapacitation effect of incarceration: evidence from several Italian collective pardons. Am. Econ. J. Appl. Econ. 6, 1–37.

Bayer, P., Hjalmarsson, R., Pozen, D., 2009. Building criminal capital behind bars: peer effects in juvenile corrections. Q. J. Econ. 124.

Beccaria, C., 1764. On Crimes and Punishments (Dei Delitti e Della Pene). James Donaldson, Edinburgh, English translation, 1788.

Becker, G., 1968. Crime and punishment: an economic approach. J. Pol. Econ. 76, 169–217.

Becker, G.S., 1957. The Economics of Discrimination. University of Chicago Press, Chicago, IL.

Berk, R.A., Rauma, D., 1983. Capitalizing on nonrandom assignment to treatments: a regression-discontinuity evaluation of a crime-control program. J. Am. Stat. Assoc. 78, 21–27.

Bjerk, D., 2007. Racial profiling, statistical discrimination, and the effect of a colorblind policy on the crime rate. J. Publ. Econ. Theor. 9.

Blau, F.D., Graham, J.W., 1990. Black-white differences in wealth and asset composition. Q. J. Econ. 105, 321–339.

Blomberg, S.B., Sheppard, S., 2007. The impacts of terrorism on urban form. Brook. Wharton Pap. Urban Aff. 257–290, 295–296.

Blow, C., 2013. The whole system failed Trayvon Martin. N. Y. Times. (July 15).

Blumstein, A., Wallman, J. (Eds.), 2000. The Crime Drop in America. Cambridge University Press, New York, NY.

Blumstein, A., Wallman, J. (Eds.), 2006a. The Crime Drop in America. Revised Edition Cambridge University Press, New York, NY.

Blumstein, A., Wallman, J., 2006b. The crime drop and beyond. Ann. Rev. Law Soc. Sci. 125–146.

Braga, A., 2008. Crime Prevention Research Review No. 2: Police Enforcement Strategies to Prevent Crime in Hot Spot Areas. U.S. Department of Justice, Office of Community Policing Strategies, Washington, D.C.

Buonanno, P., Leonida, L., 2006. Education and crime: evidence from Italian regions. Appl. Econ. Lett. 13, 709–713.

Buonanno, P., Raphael, S., 2013. Incarceration and incapacitation: evidence from the 2006 Italian collective pardon. Am. Econ. Rev. 103, 2437–2465.

Bureau of Justice Statistics,. Sourcebook of criminal justice statistics, various years.

Bushway, S., Paternoster, R., 2009. The impact of prison on crime, in: Do Prisons Make Us Safer? The Benefits and Costs of the Prison Boom.

Bushway, S.D., Stoll, M.A., Weiman, D. (Eds.), 2007. Barriers to Reentry? The Labor Market for Released Prisoners in Post-industrial America. Russell Sage Foundation, New York, NY.

Card, D., Mas, A., Rothstein, J., 2008. Tipping and the dynamics of segregation. Q. J. Econ. 123, 177–218.

Carneiro, P., Ginja, R., 2008. Preventing behavior problems in childhood and adolescence. University of Pennsylvania Working paper.

Chalfin, A., McCrary, J., 2013. The effect of police on crime: new evidence from U.S. cities, 1960–2010. National Bureau of Economic Research Working paper 18815.

Charles, K.K., Hurst, E., Roussanov, N., 2009. Conspicuous consumption and race. Q. J. Econ. 124, 425–467.

Chen, B.X., 2014. Smartphones embracing theft defense. N. Y. Times. (June 20).

Chen, M.K., Shapiro, J.M., 2007. Do harsher prison conditions reduce recidivism? A discontinuity-based approach. Am. Law Econ. Rev. 9, 1–29.

Cheng, C., Hoekstra, M., 2012. Does strengthening self-defense law deter crime or escalate violence? Evidence from castle doctrine. National Bureau of Economic Research Working paper.

Choe, J.Y., Teplin, L.A., Abram, K.M., 2008. Perpetration of violence, violent victimization, and severe mental illness: balancing public health concerns. Psychiatr. Serv. 59, 153–164.

Clear, T.R., 2007. Imprisoning Communities: How Mass Incarceration Makes Disadvantaged Neighborhoods Worse. Oxford University Press.

Coase, R.H., 1960. The problem of social cost. J. Law Econ. 3, 1–44.

Cook, P., Ludwig, J., 2006. Aiming for evidence-based gun policy. J. Pol. Anal. Manag. 25, 691–735.

Cook, P.J., 1983. Encyclopedia of crime and justice. In: Kadish, S.H. (Ed.), Encyclopedia of Crime and Justice. Free Press, New York, NY.

Cook, P.J., 1986. The demand and supply of criminal opportunities. Crime Justice 7, 1–27.

Cook, P.J., Ludwig, J., 2010. Economical crime control. National Bureau of Economic Research Working paper.

Cook, P.J., MacDonald, J., 2011. The role of private action in controlling crime. In: Cook, P.J., Ludwig, J., McCrary, J. (Eds.), Controlling Crime: Strategies and Tradeoffs. University of Chicago Press.

Corman, H., Dave, D., Reichman, N., 2013. Effects of welfare reform on womenís crime. National Bureau of Economic Research Working paper 18887.

Coviello, D., Persico, N., 2013. An economic analysis of black-white disparities in NYPD's stop and frisk program. NBER Working papers.

Cuellar, A.E., Markowitz, S., 2007. Medicaid policy changes in mental health care and their effect on mental health outcomes. Health Econ. Pol. Law 2.

Cullen, J., Jacob, B., Levitt, S., 2006. The effect of school choice on participants: evidence from randomized lotteries. Econometrica 74, 1191–1230.

Curtis, M., Garlington, S., Schottenfield, L.S., 2013. Alcohol, drug, and criminal history restrictions in public housing. Cityscape J. Pol. Dev. Res. 15, 37–52.

Cutler, D.M., Glaeser, E.L., Vigdor, J.L., 1999. The rise and decline of the American Ghetto. J. Pol. Econ. 107, 455–506.

Dell, M., 2012. Trafficking networks and the Mexican drug war. Harvard University, Working paper.

Deming, D., 2009. Early childhood intervention and life-cycle skill development. Am. Econ. J. Appl. Econ. 1, 111–134.

Deming, D.J., 2011. Better schools, less crime? Q. J. Econ. 126, 2063–2115.

Dharmapala, D., Ross, S.L., 2004. Racial bias in motor vehicle searches: additional theory and evidence. Contr. Econ. Anal. Pol. 3.

Di Tella, R., Schargrodsky, E., 2004. Do police reduce crime? Estimates using the allocation of police forces after a terrorist attack. Am. Econ. Rev. 94, 115–133.

Di Tella, R., Schargrodsky, E., 2009. Criminal recidivism after prison and electronic monitoring. National Bureau of Economic Research Working paper.

Donohue, J., 2009. Assessing the relative benets of incarceration: the overall change over the previous decades and the benets on the margin. In: Do Prisions Make Us Safer? The Benets and Costs of the Prison Boom.

Donohue, J., Levitt, S., 2001. The impact of legalized abortion on crime. Q. J. Econ. 116, 379–420.

Donohue, J., Levitt, S.D., 2004. Further evidence that legalized abortion lowered crime: a reply to Joyce. J. Hum. Res. 39.

Donohue, J.J., Levitt, S.D., 2008. Measurement error, legalized abortion, and the decline in crime: a response to Foote and Goetz. Q. J. Econ. 123, 425–440.

Draca, M., Machin, S., Witt, R., 2011. Panic on the streets of London: police, crime, and the July 2005 terror attacks. Am. Econ. Rev. 101, 2157–2181.

Drago, F., Galbiati, R., 2012. Indirect effects of a policy altering criminal behaviour: evidence from the Italian prison experiment. Am. Econ. J. Appl. Econ. 4, 199–218.

Drago, F., Galbiati, R., Vertova, P., 2009. The deterrent effects of prison: evidence from a natural experiment. J. Pol. Econ. 117.

Durlauf, S.N., Nagin, D.S., 2011. The deterrent effect of imprisonment. In: Cook, P.J., Ludwig, J., McCrary, J. (Eds.), Controlling Crime: Strategies and Tradeoffs. University of Chicago Press, Chicago, IL, pp. 43–94.

Easterlin, R., 1973. Relative economic status and the American fertility swing. In: Sheldon, E. (Ed.), Family Economic Behavior: Problems and Prospects. Lippincott, Philadelphia, PA.

Eck, J.E., Maguire, E., 2000. Have changes in policing reduced violent crime? An assessment of the evidence. In: Blumstein, Wallman (Ed.), The Crime Drop in America. Cambridge University Press, New York, NY.

Ehrlich, I., 1973. Participation in illegitimate activities: a theoretical and empirical investigation. J. Pol. Econ. 81, 521–565.

Ellison, G., Glaeser, E.L., 1997. Geographic concentration in U.S. manufacturing industries: a dartboard approach. J. Pol. Econ. 105, 889–927.

European Sourcebook of Crime and Criminal Justice Statistics, 2010. Universite de Lausanne, Institut de criminology and de droit penal.

Evans, W.N., Owens, E.G., 2007. COPS and crime. J. Publ. Econ. 91, 181–201.

Fagan, J., 2010. Expert report submitted to United States district court southern district of New York in floyd v. city of new york.

Fajnzylber, P., Lederman, D., Loayza, N., 2002. What causes violent crime? Eur. Econ. Rev. 46, 1323–1357.

Farley, R., Frey, W.H., 1994. Changes in the segregation of whites from blacks during the 1980s: small steps toward a more integrated society. Am. Sociol. Rev. 59, 23–45.

Fleisher, M.S., Decker, S.H., 2001. An overview of the challenge of prison gangs. Corr. Manag. Q. 5.

Frank, R.G., McGuire, T.G., 2011. Mental health treatment and criminal justice outcomes. In: Cook, P., Ludwig, J., McCrary, J. (Eds.), Controlling Crime: Strategies and Payoffs. University of Chicago Press, Chicago, IL.

Freeman, R.B., 1996. Why do so many young American men commit crimes and what might we do about it? J. Econ. Perspect. 10, 25–42.

Freeman, R.B., 2001. Does the booming economy help explain the fall in crime?, in: Perspectives in Crime and Justice: 1999–2000 Lecture Series, NCJ 184245. National Institute of Justice, Washington, D.C, pp. 23–43.

Fryer, R.G., Heaton, P.S., Levitt, S.D., Murphy, K.M., 2013. Measuring crack cocaine and its impact. Econ. Inq. 51, 1651–1681.

Furman Center for Real Estate and Urban Policy, 2007. The benefits of business improvement districts: evidence from New York City. Policy Brief, New York University.

Galliani, S., Rossi, M.A., Schargrodsky, E., 2011. Conscription and crime: evidence from the Argentine draft lottery. Am. Econ. J. Appl. Econ. 3, 119–136.

Garces, E., Thomas, D., Currie, J., 2002. Longer-term effects of head start. Am. Econ. Rev. 92, 999–1012.

Gautier, P.A., Siegmann, A., Vuuren, A.V., 2009. Terrorism and attitudes towards minorities: the effect of the Theo van Gogh murder on house prices in Amsterdam. J. Urban Econ. 65, 113–126.

Gelman, A., Fagan, J., Kiss, A., 2007. An analysis of the New York city police department's "stop-and-frisk" policy in the context of claims of racial bias. J. Am. Stat. Assoc. 102, 813–823.

Glaeser, E.L., 2007. The impacts of terrorism on urban form [comment]. Brook. Wharton Pap. Urban Aff. 291–294.

Glaeser, E.L., Sacerdote, B., 1999. Why is there more crime in cities? J. Pol. Econ. 107, S225–S258.

Glaeser, E.L., Sacerdote, B., Scheinkman, J.A., 1996. Crime and social interactions. Q. J. Econ. 111, 507–548.

Glaeser, E.L., Shapiro, J.M., 2002. Cities and warfare: the impact of terrorism on urban form. J. Urban Econ. 51, 205–224.

Glaze, L.E., 2010. Correctional populations in the United States 2009. US Bur. Just. Stat. NCJ 231681.

Gould, E.D., Weinberg, B.A., Mustard, D.B., 2002. Crime rates and local labor market opportunities in the United States: 1979–1997. Rev. Econ. Stat. 84, 45–61.

Grogger, J., 1998. Market wages and youth crime. J. Lab. Econ. 16, 756–791.

Grosjean, P., 2014. A history of violence: the culture of honor and homicide in the U.S. South. J. Eur. Econ. Assoc. forthcoming.

Harbaugh, W.T., Mocan, N.H., Visser, M.S., 2013. Theft and deterrence. J. Lab. Res. 34, 89–407.

Harcourt, B.E., 2006. Against Prediction: Profiling, Policing, and Punishing in an Actuarial Age. University of Chicago Press.

Harris, E.A., 2014. For target, the breach numbers grow. N. Y. Times January 11.

Helland, E., Tabarrok, A., 2007. Does three strikes deter? A nonparametric estimation. J. Hum. Res. 42, 309–330.

Heller, S., Pollack, H.A., Ander, R., Ludwig, J., 2013. Preventing youth violence and dropout: a randomized field experiment. National Bureau of Economic Research Working paper 19014.

Helsley, R.W., Strange, W.C., 1999. Gated communities and the economic geography of crime. J. Urban Econ. 46, 80–105.

Helsley, R.W., Strange, W.C., 2005. Mixed markets and crime. J. Publ. Econ. 89, 1251–1275.

Hill, P.L., Roberts, B.W., Grogger, J.T., Guryan, J., Sixkiller, K., 2011. Decreasing delinquency, criminal behavior, and recidivism by intervening on psychological factors other than cognitive ability: a review of the intervention literature. In: Cook, P., Ludwig, J., McCrary, J. (Eds.), Controlling Crime: Strategies and Payoffs. University of Chicago Press, Chicago, IL, National Bureau of Economic Research Conference Report.

Hirschman, A.O., 1970. Exit, Voice, and Loyalty: Responses to Decline in Firms, Organizations, and States. Harvard University Press.

Holzer, H.J., 2009. Collateral costs: effects of incarceration on employment and earnings among young workers. In: Raphael, S., Stoll, M.A. (Eds.), Do Prisons Make Us Safer? The Benefits and Costs of the Prison Boom. Russell Sage, New York, NY, pp. 239–268.

Hotelling, H., 1929. Stability in competition. Econ. J. 39, 41–57.

Imrohoroglu, A., Merlo, A., Rupert, P., 2004. What accounts for the decline in crime? Int. Econ. Rev. 45, 707–729.

International Centre for Prison Studies, 2011. World prison population list (ninth edition).

Jacob, B.A., Lefgren, L., 2003. Are idle hands the devil's workshop? Incapacitation, concentration and juvenile crime. National Bureau of Economic Research.

Jacobs, J., 1961. The Death and Life of Great American Cities. Random House LLC.

Johnson, R., 2009. Ever-increasing levels of parental incarceration and the consequences for children. In: Do Prisons Make Us Safer? The Benets and Costs of the Prison Boom. Russell Sage Foundation, New York, NY, pp. 177–206.

Johnson, R.C., Raphael, S., 2012. How much crime reduction does the marginal prisoner buy? J. Law Econ. 55, 275–310.

Johnson, R.S., Kantor, S., Fishback, P.V., 2007. Striking at the roots of crime: the impact of social welfare spending on crime during the great depression. NBER Working paper 12825.

Jones, K., Smith, D., 1973. Recognition of the fetal alcohol syndrome in early infancy. Lancet 2, 999–1001.

Joyce, T.J., 2009. Abortion and crime: a review. National Bureau of Economic Research Working paper 15098.

Katz, L., Levitt, S.D., Shustorovich, E., 2003. Prison conditions, capital punishment, and deterrence. Am. Law Econ. Rev. 5 (2), 318–343.

Kaufman, J., 2013. The building has 1,000 eyes: residences large and small, doorman or no, are stepping up their reliance on surveillance cameras. N. Y.Times October 6.

Kendall, T.D., Tamura, R., 2010. Unmarried fertility, crime and social stigma. J. Law Econ. 53, 185–221.

Kennedy, D., Braga, A., Piehl, A., Waring, E., 2001. Reducing Gun Violence: The Boston Gun Projectís Operation Ceasefire. National Institute of Justice, Washington, D.C.

Kessler, R.C., Adler, L., Barkley, R., Biederman, J., Conners, K., Demler, O., Faraone, S.V., Greenhill, L. L., Howes, M.J., Secnik, K., Spencer, T., Ustan, B., Walters, E.E., Zavlavsky, A., 2006. The prevalence and correlates of adult ADHD in the United States: results from the National Comorbidity Survey Replication. Am. J. Psychiat. 163, 716–723.

Kleiman, M., 2009. When Brute Force Fails: How to Have Less Crime and Less Punishment. Princeton University Press.

Klick, J., Tabarrok, A., 2005. Using terror alert levels to estimate the effect of police on crime. J. Law Econ. 48, 267–279.

Kling, J.R., 2006. Incarceration length, employment, and earnings. Am. Econ. Rev. 96, 863–876, National Bureau of Economic Research Working paper 12003.

Knowles, J., Persico, N., Todd, P., 2001. Racial bias in motor vehicle searches: theory and evidence. J. Pol. Econ. 109, 203–229.

Kocieniewski, D., 2007. A little girl shot, and a crowd that didn't see. N. Y. Times July 9.

Kutateladze, B., Lynn, V., Liang, E., 2012. Do race and ethnicity matter in prosecution? A review of empirical studies. Vera Institute of Justice, New York.

Kuziemko, I., Levitt, S.D., 2004. An empirical analysis of imprisoning drug offenders. J. Publ. Econ. 88.

Lee, D., McCrary, J., 2009. The deterrent effect of prison. Princeton University Department of Economics Working paper.

Lee, S., 2008. The impact of burglar alarm systems on residential burglaries. Ph.D. thesis, In: Rutgers School of Criminal Justice.

Lerman, A.E., 2009. The people prisons make: effects of incarceration on criminal psychology. In: Do Prisons Make Us Safer?: The Benefits and Costs of the Prison Boom. Russell Sage Foundation, pp. 151–176.

Levine, P.B., Staiger, D., Kane, J., Zimmerman, D., 1999. Roe v. Wade and American fertility. Am. J. Publ. Health 89, 199–203.

Levitt, S.D., 1996. The effect of prison population size on crime rates: evidence from prison overcrowding litigation. Q. J. Econ. 111.

Levitt, S.D., 1997. Using electoral cycles in police hiring to estimate the effect of police on crime. Am. Econ. Rev. 270–290.

Levitt, S.D., 1998. Why do increased arrest rates appear to reduce crime? Deterrence, incapacitation, or measurement error. Econ. Inq. 36 (3), 353–372.

Levitt, S.D., 1998. Juvenile crime and punishment. J. Pol. Econ. 106 (6), 1156–1185.

Levitt, S.D., 1999. The limited role of changing age structure in explaining aggregate crime rates. Criminology 37, 581–597.

Levitt, S.D., 2002. Using election cycles in police hiring to estimate the effect of police on crime: reply. Am. Econ. Rev. 87 (3), 270–290.

Levitt, S.D., 2004. Understanding why crime fell in the 1990s: four factors that explain and six that do not. J. Econ. Perspect. 18, 163–190.

Liedka, R.V., Piehl, A.M., Useem, B., 2006. The crime control effect of incarceration: does scale matter? Crim. Publ. Pol. 5, 245–276.

Lin, M.J., 2009. More police, less crime: evidence from US state data. Int. Rev. Law Econ. 29 (2), 73–80.

Lochner, L., 2007. Individual perceptions of the criminal justice system. Am. Econ. Rev. 97, 444–460.

Lochner, L., 2011. Education and crime. In: Cook, P., Ludwig, J., McCrary, J. (Eds.), Controlling Crime: Strategies and Payoffs. University of Chicago Press, Chicago, IL, National Bureau of Economic Research Conference Report.

Lochner, L., Moretti, E., 2004. The effect of education on crime: evidence from prison inmates, arrests, and self-reports. Am. Econ. Rev. 94.

Loeffler, C.E., 2013. Does imprisonment alter the life course? Evidence on crime and employment from a natural experiment. Criminology 51, 137–166.

Loury, G.C., 2002. The Anatomy of Racial Inequality. Harvard University Press.

Loury, G.C., 2008. Race, Incarceration, and American Values. MIT Press.

Loury, G.C., 2009. A nation of jailers. Cato Unbound.

Lu, R., Lin, W., Lee, J., Ko, H., Shih, J., 2003. Neither antisocial personality disorder nor antiscocial alcoholism is associated with MAO-A gene in Han Chinese males. Alcoh. Clin. Exper. Res. 27 (6), 889–893.

Luallen, J., 2006. School's out... forever: a study of juvenile crime, at-risk youths and teacher strikes. J. Urban Econ. 59, 75–103.

Machin, S., Marie, O., Vujic, S., 2011. The crime reducing effect of education. Econ. J. 121, 463–484.

Marcotte, D., Markowitz, S., 2011. A cure for crime? Pyschopharmaceuticals and crime trends. J. Pol. Anal. Manag. 30, 29–56.

Massey, D.S., Denton, N.A., 1987. Trends in the residential segregation of blacks, hispanics, and asians: 1970–1980. Am. Sociol. Rev. 52, 802–825.

McClellan, C.B., Tekin, E., 2012. Stand your ground laws, homicides, and injuries.

McCrary, J., 2002. Using electoral cycles in police hiring to estimate the effect of police on crime: comment. Am. Econ. Rev. 1236–1243.

McFadden, R.D., Saulny, S., 2002. A crime revisited: the decision; 13 years later, official reversal in Jogger Attack. N.Y. Times.

Mills, E.S., 2002. Terrorism and US real estate. J. Urban Econ. 51, 198–204.

Minton, T.D., 2012. Jail inmates at midyear 2011: statistical tables. NCJ237961, Bur. Just. Stat. Accessed at, http://www.bjs.gov/content/pub/pdf/jim11st.pdf.

Miron, J., 1999. Violence and the U.S. prohibitions of drugs and alcohol. Am. Law Econ. Rev. 1, 78–114.

Moffitt, T., Ross, S., 2011. Enhancing childrenís self-control to reduce crime and promote the health and welfare of the population. In: Cook, P., Ludwig, J., McCrary, J. (Eds.), Controlling Crime: Strategies and Payoffs. University of Chicago Press, Chicago IL, National Bureau of Economic Research Conference Report.

Myrdal, G., 1944. American Dilemma: The Negro Problem and Modern Democracy. Harper and Brothers.

Nagin, D., 1998. Criminal deterrence: research at the outset of the 21st century. Crime Justice 23, 1–42.

Nagin, D.S., Cullen, F.T., Jonson, C.L., 2009. Imprisonment and reoffending. Crime Justice 38, 115–200.

Neugebauer, R., Hoek, H., Susser, E., 1999. Prenatal exposure to wartime famine and development of antisocial personality disorder in early adulthood. J. Am. Med. Assoc. 4, 479–481.

Newport, F., 2010. US drinking rate edges up slightly to 25-year high. Gallup Poll, accessed at www.gallup.com/poll/141656/drinking-rate-edges-slightly-year-high.aspx.

O'Brien, R., 1989. Relative cohort size and age-specific crime rates: an age-period-relative-cohort-size model. Criminology 27, 57–77.

O'Flaherty, B., 1998. Why repeated criminal opportunities matter: a dynamic stochastic model of criminal decision-making. J. Law Econ. Organ. 14 (2), 232–255.

O'Flaherty, B., Sethi, R., 2007. Crime and segregation. J. Econ. Behav. Organ. 64, 391–405.

O'Flaherty, B., Sethi, R., 2008. Racial stereotypes and robbery. J. Econ. Behav. Organ. 68, 511–524.

O'Flaherty, B., Sethi, R., 2009a. Why have robberies become less frequent but more violent? J. Law Econ. Organ. 25, 518–534.

O'Flaherty, B., Sethi, R., 2009b. Public outrage and criminal justice: lessons from the Jessica Lal case. In: Dutta, B., Ray, T., Somanathan, E. (Eds.), New and Enduring Themes in Development Economics. World Scientific.

O'Flaherty, B., Sethi, R., 2010a. The racial geography of street vice. J. Urban Econ. 67, 270–286.

O'Flaherty, B., Sethi, R., 2010b. Witness intimidation. J. Legal Stud. 39, 399–432.

O'Flaherty, B., Sethi, R., 2010c. Peaceable kingdoms and war zones: preemption, ballistics and murder in Newark. In: Tella, R.D., Edwards, S., Schargrodsky, E. (Eds.), The Economics of Crime: Lessons for and from Latin America. University of Chicago Press.

O'Flaherty, B., Sethi, R., 2010d. Homicide in black and white. J. Urban Econ. 68, 215–230.

Oliver, M.L., Shapiro, T.M., 1995. Black Wealth White Wealth: A New Perspective on Racial Inequality. Routledge.

Owens, E.G., 2009. More time, less crime? Estimating the incapacitative effect of sentence enhancements. J. Law Econ. 52, 551–579.

Pager, D., Western, B., Sugie, N., 2009. Sequencing disadvantage: bbarriers to employment facing young black and white men with criminal records. Ann. Am. Acad. Pol. Soc. Sci. 623, 195–213.

Papachristou, A., Meares, T., Fagan, J., 2007. Attention, felons: evaluating project safe neighborhood in Chicago. J. Emp. Leg. Stud. 4, 223–272.

Patterson, O., 1982. Slavery and Social Death: A Comparative Study. Harvard University Press.

Perreault, S., 2013. Police reported crime statistics in Canada 2012. Juristat, Statistics Canada.

Pirog, M.A., Johnson, C.L., 2008. Electronic funds and benefits transfers, e-government, and the Winter Commission. Publ. Admin. Rev. 68, S103–S114.

Ponseti, J., Granert, O., van Eimeren, T., Jansen, O., Wolff, S., Beier, K., Deuschl, G., Bosinski, H., Siebner, H., 2014. Human face processing is tuned to sexual age preferences. Biol. Lett. 10.

Poutvaara, P., Priks, M., 2009. The effect of police intelligence on group violence: evidence from reassignments in Sweden. J. Publ. Econ. 93, 403–411.

Pratt, T.C., Cullen, F.T., 2005. Assessing macro-level predictors and theories of crime: a meta-analysis. In: Tonry, M. (Ed.), Crime and Justice: A Review of Research. University of Chicago Press, Chicago, IL, volume 32.

Raine, A., 2013. The Anatomy of Violence: The Biological Roots of Crime. Pantheon, New York, NY.

Raphael, S., Ludwig, J., 2003. Prison sentence enhancement: the case of Project Exile. In: Ludwig, J., Cook, P. (Eds.), Evaluating Gun Policy: Effects on Crime and Violence. Brookings Institution Press, Washington, D.C, pp. 251–286.

Raphael, S., Stoll, M., 2013. Why Are So Many Americans in Prison? Russell Sage, New York, NY.

Raphael, S., Stoll, M.A., 2009a. Introduction. In: Raphael, S., Stoll, M.A. (Eds.), Do Prisons Make Us Safer? The Benefits and Costs of the Prison Boom. Russell Sage, New York, NY, pp. 1–26.

Raphael, S., Stoll, M.A., 2009b. Why are so many Americans in prison? In: Raphael, S., Stoll, M.A. (Eds.), Do Prisons Make Us Safer?. The Benefits and Costs of the Prison Boom. Russell Sage, New York, NY, pp. 27–72.

Raphael, S., Winter-Ebmer, R., 2001. Identifying the effect of unemployment on crime. J. Law Econ. 44, 259–283.

Reiss Jr., A.J., Roth, J.A. (Eds.), 1993. Understanding and Preventing Violence. National Academy Press, Washington, D.C.

Reyes, J.W., 2007. Environmental policy as social policy? The impact of childhood lead exposure on crime. BE J. Econ. Anal. Pol. 7.

Reyes, J.W., 2012. Lead exposure and behavior: effects on antisocial and risky behavior among children and adolescents. Amherst College, Working paper.

Reynolds, A., Temple, J., Robertson, D., Mann, E., 2001. Long-term effects of an early childhood intervention on educational achievement and juvenile arrest: a 15-year follow-up of low-income children in public schools. J. Am. Med. Assoc. 285, 2239–2246.

Rice, D., 2014. USA saw fewest lightning deaths on record in 2013. USA Today, January 11.

Riolo, S.A., Nguyen, T.A., Greden, J.F., King, C.A., 2005. Prevalence of depression by race/ethnicity: findings from the National Health and Nutrition Examination Survey III. Am. J. Publ. Health 95 (6), 998–1000.

Sabol, S.Z., Hu, S., Hamer, D., 1998. A functional polymorphism in the monoamine oxidase A gene promoter. Human Genet. 103, 273–279.

Salop, S., 1979. Monopolistic competition with outside goods. Bell J. Econ. 10, 145–156.

Sampson, R.J., Cohen, J., 1988. Deterrent effects of police on crime: a replication and theoretical extension. Law Soc. Rev. 22.

Sampson, R.J., Lauritsen, J., 1997. Racial and ethnic disparities in crime and criminal justice in the United States. Crime Justice 21, 311–374.

Sampson, R.J., Raudenbush, S.W., Earls, F., 1997. Neighborhoods and violent crime: a multilevel study of collective efficacy. Science. 918.

Sanga, S., 2009. Reconsidering racial bias in motor vehicle searches: theory and evidence. J. Pol. Econ. 117, 1155–1159.

Santora, M., Schwirtz, M., 2013. An epidemic of carjackings afflicts Newark. N. Y. Times (December 28).

Saperstein, A., Panner, A., 2010. The race of a criminal record: how incarceration colors racial perception. Soc. Probl. 57 (1), 92–113.

Schelling, T.C., 1971. Dynamic models of segregation. J. Math. Sociol. 1, 143–186.

Schrag, J., Scotchmer, S., 1997. The self-reinforcing nature of crime. Int. Rev. Law Econ. 17, 325–335.

Sethi, R., Somanathan, R., 2004. Inequality and segregation. J. Pol. Econ. 112, 1296–1321.

Sethi, R., Somanathan, R., 2009. Racial inequality and segregation measures: some evidence from the 2000 census. Rev. Black Pol. Econ. 36, 79–91.

Sherman, L.W., Gartin, P.R., Buerger, M.E., 1989. Hot spots of predatory crime: routine activities and the criminology of place. Criminology 27, 27–56.

Skarbek, D., 2012. Prison gangs, norms, and organizations. J. Econ. Behav. Organ. 82, 96–109.

Skogan, W., Frydl, K. (Eds.), 2004. Fairness and Effectiveness in Policing: The Evidence (Committee to Review Research on Police Policy and Practices). The National Academies Press, Washington, D.C.

Spelman, W., 2005. Jobs or jails? The crime drop in Texas. J. Pol. Anal. Manag. 24, 133–165.

Statistical Abstract, United States bureau of the census, various years.

Steffensmeier, D., Striefel, C., Harer, M., 1987. Relative cohort size and youth crimes in the United States, 1953–1984. Am. Sociol. Rev. 52, 702–710.

Stegman, M.A., Lobenhofer, J.S., Quinterno, J., 2003. The state of electronic benefits transfer (EBT). Center for Community Capital, University of North Carolina at Chapel Hill, Working paper.

The Sentencing Project, 2011. Trends in US corrections.

Tillman, R., 1987. The size of the 'criminal population': the prevalence and incidence of adult arrest. Criminology 25, 561–579.

United States General Accounting Office, 2000. Racial profiling: limited data available on most motorist stops.

U.S. Bureau of Labor Statistics, 2013b. Occupational employment statistics.

U.S. Department of Health and Human Services, 1991. National household survey of drug abuse, highlights.

U.S. District Court, Southern District of New York, 2013. United States of America v. Andrew Michael Jones aka "Inigo", Gary Davis, aka "Libertas", Peter Philip Nash, aka "samesamebutdifferent", aka "Batman73", aka "Symmetry", aka "Anonymousasshit", S1 13 Cr. 950.

U.S. Social Security Administration, 2000. History of the social security administration 1993–2000. Accessed at www.ssa.gov/history/ssa/ssa2000chapter5.html.

Valla, J.M., Ceci, S.J., Williams, W., 2011. The accuracy of inferences about criminality based on facial appearance. J. Soc. Evolut. Cult. Psychol. 5 (1), 66–91.

van Ours, J.C., Vollaard, B., 2013. The engine immobilizer: a non-starter for car thieves. CESifo Working paper: Public Choice.

Verdier, T., Zenou, Y., 2004. Racial beliefs, location, and the causes of crime. Int. Econ. Rev. 45, 731–760.

Vollaard, B., 2013. Preventing crime through selective incapacitation. Econ. J. 123, 262–284.

Vollaard, B., van Ours, J., 2011. Does regulation of built-in security reduce crime? Evidence from a natural experiment. Econ. J. 121, 485–504.

Washington, B.T., 1915. My view of segregation laws. New Republ.

Welsh, B.C., Farrington, D.P., 2009. Effects of closed-circuit television on crime. Ann. Am. Acad. Pol. Soc. Sci. 587, 110–135.

Widom, C., Brzustowicz, L., 2006. MAOA and the ìcycle of violenceî: childhood abuse and neglect, MAOA genotype, and risk for violent and antisocial behavior. Biol. Psychiat. 60, 684–689.

Wildasin, D.E., 2002. Local public finance in the aftermath of September 11. J. Urban Econ. 51, 225–237.

Wildeman, C., 2010. Paternal incarceration and children's physically aggressive behaviors: evidence from the fragile families and child wellbeing study. Soc. Forc. 89, 285–309.

Wilson, J.Q., Kelling, G., 1982. Broken windows, the police, and neighborhood safety, Atlant. Mon. March.

Wright, R., Tekin, E., Topalli, V., McClellan, C., Dickinson, T., 2014. Less cash, less crime: evidence from the electronic benefit transfer program. NBER Working paper 19996.

Wright, R.T., Decker, S.H., 1997. Armed Robbers In Action: Stickups and Street Culture. Northeastern.

Yinger, J., 1986. Measuring racial discrimination with fair housing audits: caught in the act. Am. Econ. Rev.

76, 881–893.

Zimring, F., Hawkins, G., Kamin, S., 2001. Punishment and Democracy: Three Strikes and You're Out in California. Oxford University Press, New York, NY.

Zimring, F.E., 2007. The Great American Crime Decline. Oxford University Press, New York, NY.

Zimring, F.E., 2011. The City That Became Safe: New York's Lessons for Urban Crime and Its Control. Oxford University Press.

索引（5B）

A

traditional（see Crime decline, American）	传统的
twenty-first century	21 世纪
American crime rise, 1965 – 1975	美国犯罪率上升, 1965 ~ 1975
American Housing Survey（AHS）	美国住房调查
Anti-discrimination laws, Post – Civil Rights era	反歧视法, 后民权时代
Appalachian Regional Commission	阿巴拉契亚地区委员会
Armington model	阿明顿模型
Asset pricing and housing	资产定价和住房
representative agent model	典型主体模型
risk sharing, housing collateral	风险分担, 住房抵押品
stochastic discount factors	随机贴现因子
Auctions	拍卖
bargaining	讨价还价
bidding wars	竞价战
buyer's participation	买方参与
competition and prices	竞争和价格
condominiums	公寓
critical time	关键时刻
dispersion encourages buyers	分散的受到鼓励的买家
English auctions	英式拍卖
jump bids	跳叫
real estate	房地产
transactions	交易
Autonomous local tax share	自治市地方税收分担

B

Bankruptcy Abuse Prevention and Consumer Protection Act	禁止滥用破产与消费者保护法

calibrated search model	调整的搜寻模型
cyclical properties，housing markets	循环特性，住房市场
houses and households	住房和家庭
in-home search	居家搜寻
match quality	匹配质量
Wheaton's model	Wheaton 模型
Buyer-side commission rate	买方佣金率

C

Calibration theory models	标定理论模型
California enterprise zone program	加利福尼亚企业区计划
Department of Housing and Community Development	住房和社区署开发
economic development	经济发展
evidence	证据
geographically targeted policies	地理指向性政策
heterogeneity programs	差异性计划
job-creating effects	工作创造效应
targeted employment area（TEA）	目标就业区
Capital employment	资本使用
The Castle doctrine effect	堡垒原则效应
Census tract relative income	普查土地相对收入
metropolitan statistical areas（MSAs）	大都市统计区
transition rates	变动率
Central business district（CBD）	中央商务区
commuting costs	通勤成本
employment	就业
municipalities' employment	市政就业
suburban governments	郊区政府
Central municipalities	中心城市政府
capital taxes	资本税

Crime deterrence	犯罪威慑
actual arrest rates	实际逮捕率
age of majority	法定成年人年龄
California sentence enhancement	加州加重判决
collective pardon	集体赦免
hot spots	热点
number of police officers	警察数目
perceived probability, arrest	感知可能性，逮捕
prison conditions	监狱条件
probation sanctions	缓刑判决
responses to terrorist attacks	对恐怖袭击的反应
and selection	选择
violence reduction initiatives	减少暴力方案
Cross-fertilization, externalities and sorting of industries	产业的交融、外部性和排序

D

Davis and Heathcote model variable	Davis – Heathcote 模型变量
Decentralization of economic activity	经济活动分散化
changing specialization in China	中国的专业化演进
in China	中国
manufacturing and centralization of services in India	印度制造业的分散和服务业的集中
modeling industry movement across cities	城市间产业迁移建模
movement across urban hierarchy	在不同等级城市间迁移
in South Korea	在韩国
Decentralization theorem	分权定理
autonomous tax	自主收税
government tax revenue	政府税收收入

F

Functional specialization and diversity	功能专业化和多样性

G

General equilibrium theory	一般均衡理论
agglomeration forces	集聚力
employment	就业
expenditure	支出
fiscal decentralization	财政分权化
income sorting	收入排序
infrastructure	基础设施
intercity/intracity effects	城市间/城市内效应
local public budgets	地方公共预算
market access	市场进入
property taxation	财产税
public good	公共物品
roadway growth	道路增长
transportation investments	运输投资
General-purpose technology（GPT）	通用技术
Gentrification	住宅高级化
and filtering	过滤
local residents	本地居民
Gibrat's law. See also Population growth	吉尔伯特法则，也见人口增长
dynamics and Gibrat's law	动力学和吉尔伯特法则
Golden Quadrilateral Project	黄金四边形项目
Goods，transportation costs	商品，运输成本
employment	就业
gross domestic product（GDP）	国内生产总值
nontraded services	非贸易的服务
railroads	铁路
revenue	税收

travel time cost	出行时间成本
Government Finance Statistics（GFS）	政府财政统计
fiscal decentralization	财政分权化
government tax revenue	政府税收收入
individual government finances（IndFin） data	单个政府财政数据
local governments	地方政府
local tax share（LTS）	地方税收分担
Government response，housing crisis	政府回应性，住房危机
Federal Housing Administration（FHA）	联邦住房管理局
Modernization Act	现代化法令
GE model	GE 模型
Housing Assistance Tax Act（HATA）	住房援助税法令
housing market	住房市场
Housing Affordable Modification Program（HAMP）	可负担住房修正计划
mortgage renegotiation rates	抵押贷款重新协商利率
Government-sponsored enterprises（GSEs）	政府资助企业
Grossman – Helpman quality ladder model	Grossman – Helpman 质量阶梯模型
Growth vs. reorganization	增长与改组
endogeneity	内生性
hypothetical network	设想的网络
infrastructure	基础设施
intercity and intracity regressions	城市间和城市内回归
railroad construction	铁路建设
replications	复制
transportation infrastructure	运输基础设施
Guthrie's model	Guthrie 模型

H

Harris – Todaro model	Harris – Todaro 模型

Home consumption	家庭消费
Home maintenance and housing capital depreciation	住房维修和住房资本折旧
American Housing Survey（AHS）	美国住房调查
augmented model	扩展模型
declining communities	衰败中的社区
declining house prices	住房价格下降
gross domestic product（GDP）	国民生产总值
investment，US residential fixed assets	美国住房固定资产投资
sample median values	样本中间值
US Bureau of Economic Analysis（BEA）	美国经济分析局
Home Mortgage Disclosure Act（HMDA）data	家庭抵押贷款公开法令数据
Homeowners，developers and local politics	业主，开发商和地方政治
empirical evidence	经验证据
endogeneity	内生性
equilibrium house prices	均衡住房价格
Fischel's argument	Fischel 的观点
growth control measures	增长控制措施
growth machine	增长机器
housing supply regulation	住房供给管制
housing wealth	住房财富
restrict development	限制开发
zoning regulation	分区管制
Home Ownership and Equity Protection Act（HOEPA）in 1924	住房所有权及权益保护法
Homeownership transitions	住房所有权转移
credit constraints	信用约束
"housing partnerships"	住房伙伴关系
intergenerational transfers	代际转移
liquidity constraints	流动性约束

I

Organization for Economic Cooperation and Development（OECD）	经济合作和发展组织
supply responseiveness	供给反应
Isolated neighborhood model	孤立邻里模型

J

Jimenez model	Jimenez 模型
budget constraint	预算约束
community	社区
comparative-static analysis	比较静态分析
consumer	消费者
demand and supply	供给和需求
eviction probability	逐出概率
formal residence	正式住处
housing expenditure	住房支出
optimization	优化
and Turnbull models	Turnbull 模型
Jurisdictional fragmentation，urban	辖区碎片化
functional areas	功能区
government tax revenue	政府税收收入
inhabitants	居民
local governments	地方政府
Organization for Economic Cooperation and Development（OECD）/European Commission （EC）	经济合作与发展组织/ 欧洲委员会
tax competition	税收竞争
uniform distribution and rank-size	一致分布和等级—规模

K

Knowledge spillovers 知识溢出

L

Labor earnings and employment	劳动收入和就业
Aid to Families with Dependent Children（AFDC）	对有子女家庭补助计划
labor force participation	劳动力参与率
low-income housing program	低收入住房计划
Low-Income Housing Tax Credit（LIHTC）	低收入住房税收优惠证
mental and physical health	精神和身体健康
neighborhood occupied	邻里占用
nominal benefit reduction rates	名义收益递减率
productivity of children	儿童的生产力
project-based rental assistance	基于项目的租金援助
PSID – Assisted Housing Database	收入动态追踪调查支持的住房数据库
standard economic theory	标准经济理论
Welfare to Work Voucher program	工作福利券计划
work disincentive effects	工作抑制效应
Labor market equilibrium	劳动市场均衡
commuting technology	通勤技术
and direct housing search	直接住房搜寻
land prices	土地价格
population mobility	人口流动性
real income	真实收入
Land-management policies	土地管理政策
colonial planning	殖民计划

M

marginal product	边际产品
productivity	生产率
public economics	公共经济学
Organization for Economic Cooperation and Development（OECD）	经济合作和发展组织
convergence	收敛
jurisdictional fragmentation	辖区碎片化
local governments	地方政府
municipalities	自治市
population clusters	人口集中
tax revenue	税收收入
Owner-occupied housing	业主自用住房
down payment requirement	分期付款要求
federally taxable income	联邦应税收入
housing demand curve shifters	住房需求曲线移动
implicit rental income	隐含租金收入
liquidity constrained households	受流动性约束的家庭
personal bankruptcy proceedings	个人破产诉讼
public policy	公共政策
tax code	税务代码

P

Panel study of income dynamics（PSID）	收入动态追踪调查
Panel unit root tests	面板单位根检验
Pareto distribution	帕累托分布
Peer effects and strategic complementarity	同辈效应和战略互补性
Physical amenities	物理设施
Place-based policies	基于位置的政策
agglomeration economies	集聚经济
disadvantages	劣势
discretionary effects	相机抉择效应

unemployment rate	失业率
without industrialization	无工业化

S

Salant's model	Salant 的模型
Schelling's models	谢林模型
Search	搜寻
directed	直接
focused	重点
one-sided	单边
presearch	预搜寻
random matching models	随机匹配模型
segmented	分段
Sectoral employment growth, US counties	部门就业增长，美国的县
Shah model	Shah 模型
eviction costs	驱逐成本
formal residents	正式居民
government-owned land	政府拥有的土地
hybrid model	混合模型
land consumption	土地消费
Shipping cost	运输成本
SIC. See Standard Industrial Classification (SIC)	标准产业分类
Subsectors	子部门
Simon's analysis	西蒙的分析
Size distribution of cities	城市规模分布
fast changes	快速变化
rank-size rule	位序—规模法则
slow movement	缓慢移动
very fast movement	极快移动
Social inefficiency	社会无效率

T

W

Z